U0593546

《论语》思想学说会通研究

（上册）

唐代兴 唐梵凌 著

厦门大学出版社
XIAMEN UNIVERSITY PRESS
国家一级出版社
全国百佳图书出版单位

图书在版编目（CIP）数据

《论语》思想学说会通研究 / 唐代兴，唐梵凌著
. -- 厦门：厦门大学出版社，2023.6
ISBN 978-7-5615-8699-0

Ⅰ. ①论… Ⅱ. ①唐… ②唐… Ⅲ. ①儒家②《论语
》—研究 Ⅳ. ①B222.25

中国版本图书馆CIP数据核字(2022)第140295号

出 版 人　郑文礼
责任编辑　王鹭鹏
美术编辑　李夏凌
技术编辑　朱　楷

出版发行　厦门大学出版社
社　　址　厦门市软件园二期望海路39号
邮政编码　361008
总　　机　0592-2181111　0592-2181406(传真)
营销中心　0592-2184458　0592-2181365
网　　址　http://www.xmupress.com
邮　　箱　xmup@xmupress.com
印　　刷　厦门集大印刷有限公司

开本　720 mm×1 000 mm　1/16
印张　100.5
字数　1850 千字
版次　2023 年 6 月第 1 版
印次　2023 年 6 月第 1 次印刷
定价　380.00 元（全三册）

厦门大学出版社
微信二维码

厦门大学出版社
微博二维码

国家社科基金后期资助项目
出版说明

　　后期资助项目是国家社科基金设立的一类重要项目，旨在鼓励广大社科研究者潜心治学，支持基础研究多出优秀成果。它是经过严格评审，从接近完成的科研成果中遴选立项的。为扩大后期资助项目的影响，更好地推动学术发展，促进成果转化，全国哲学社会科学工作办公室按照"统一设计、统一标识、统一版式、形成系列"的总体要求，组织出版国家社科基金后期资助项目成果。

全国哲学社会科学工作办公室

我们所有讨论的前提是:大哲学家们乃是哲学史根源的真实性。他们给予了其后时代发展的动力,创造了养育人类的财富,树立了后代瞻望的榜样。同样存在着反对这些前提的不同意见,他们认为个人乃处在从属的地位,是无关紧要并且可以替代的。

——[德]雅斯贝尔斯:《大哲学家》

通过将流传下来的文献转变成有意识的根本思想,实际上是产生了一种与古老的融而为一的新哲学。自己的思想并不通过其自身而展现:犹太的先知们宣告了上帝的启示,孔子则宣告了古代之声。对于古代的自我尊崇,阻止了傲慢自大,可以从渺小的自我之中提出很高的要求。古代传统使得那些依然生活在本源之中的所有的人,获得更多的机会、信仰以及信众。那种源自纯粹理性的空无的独自思考,乃是徒劳无益的。

——[德]雅斯贝尔斯:《大哲学家》

古人的思想活动,乃是有血有肉的具体的存在。此种抽象的东西,与具体的存在,总有一种距离。因此,由古人之书,以发见其抽象的思想后,更要由此抽象的思想以见到在此思想后面活生生的人,看到此人精神成长的过程,看到此人性情所得的陶养,看到此人在纵的方面所得的承传,看到此人在横的方面所吸取的时代。一切思想,都是以问题为中心,没有问题的思想不是思想。

——徐复观:《中国思想史论集》

在我们考究了有关证据之后,将得出这样的结论:一方面,孔子确实谈论古代文明,并从此资源中汲取了一些重要思想;但另一方面,他并未妄想要努力复古,并且他也未在古人的思想之中找到构成他的思想的那些最基本的概念。事实上,在一些重要方面,孔子是一位革命家,审慎的革命家。

——[美]顾立雅:《孔子与中国之道》(修订版)

先秦诸子共同创造了"轴心时代"的东方思想高峰。在这座高峰中，上通管、老，中励墨翟，下启杨、庄、孟、荀、韩非者，是其"思想范式的创造者"孔子。以语境还原的内证方法重新疏解《论语》，呈现其"思想范式"的形态学面貌：以仁、礼、乐为核心范畴，从"学而"出发修仁习礼，开辟"以仁入礼达乐"的思维-认知路径，其向上展开，开出道德哲学；向下展开，形成政治哲学。其政治哲学围绕君子成己展开，建构以"君子人格"为主题的君子德性理论；其政治哲学围绕君子成人展开，开创出以"修德取位"和"以德正位"为主题的君子事功理论。统摄其道德哲学和政治哲学者，是"正名"为呈现形态的知识论。在此基础上抉发其"思想范式"生成的本体内容，一是拷问"相近习远"的人性，揭明文明向前的实质是再造"习相远"的人性，使之更"相近"。因而，以"以仁入礼"方式再造人性的文道救世方案，构成一个永恒话题，也成为永恒道路。二是以"信而好古"的执着考信历史，建构返本开新的历史认知范式，形成独有的历史哲学，以此建构以"道"为本体的政治哲学、道德哲学和名实相生的知识论。三是基于自然主义人性论和返本开新的历史哲学而探索"学而"成己-成人的教育思想范式和心智主义学说。四是构建起以自然法则（"道"）为依据、以事权为中心和唯德才是举的自由主义政治思想范式和政治实践范式，成为孔子学说中最具革命性和最有创发力的思想，也是其学说获得愈久弥坚的世界意义和未来价值的内在秘密。如上思想内涵和理论形态的"思想范式"使孔子学说必然成为一种集成，一个枢纽，一个传统，一种释放开放性生成的未来和希望。

序

为什么要探索语境还原和内证的方法来重新研究《论语》?

因为《论语》中孔子的思想、孔子的学说、孔子所为世界创造的"思想范式",千百年来在喧嚣中被(善意地或恶意地)遮蔽而并未得到应有的**整体呈现**?

为什么要在尊重《论语》文本结构和传统注疏范式的基础上,尝试通解其思想学说?

是为抉发隐含于《论语》语行录中的孔子思想的内在生成逻辑、概念系统及其所承载的学说体系,突显孔子思想的灵魂、孔子学说的光辉,揭明孔子思想和学说千百年为何"**总是被诉说**"的世界意义和当代价值。

一百多年来,中华民族艰苦奋斗开创从"站起来"到"富起来"的光辉历史而进入"强起来"的当世努力,其经验是以经济为基础,以新科技为动力,以文化为制高点。但文化的核心和源泉,是哲学。中国要成为世界强国,需要一种**本土化的**世界哲学,犹如近世英法崛起的思想基石是其经验论和唯理论哲学,它们分别复兴了亚里士多德主义和柏拉图主义;而在分裂中兴起的德国,却以古典哲学为思想源泉和精神动力。美国走向世界舞台,其最耀眼的方面当然是教育、科技、经济、军事等,但这些均是其形态学显现,其真正爆发出持续强化的张力的源泉依然是其隐而不显的思想动力,即由皮尔士开创、詹姆斯和杜威等人继之发展起来的实用主义哲学,这一纯正的本土哲学重塑了美国精神和美国文化。其后,哲学在美国繁荣,与其教育、科技、经济、军事的发展之间形成一种内生化的互动力机制。

从历史和现实两个方面观,世界强国应有世界哲学。中国走世界强国之路所需要的本土化的世界哲学,既可从原创得来,也可从古代哲学中抉发弘大而来。即使走原创之路,也要扎根传统,回归源头,吸取思想和方法的营养。怀特海在《过程和实在》一书中断言:"欧洲哲学传统最稳定的一般特征,是由对柏拉图的一系列注释组成的。"[①]怀氏此论虽有片面之嫌,却道出欧洲哲学发展的规律:古希腊的自然哲学和由智者开启并经苏格拉

---

① ［英］怀特海:《过程和实在》,周邦宪译,贵阳,贵州人民出版社2006年版,第40页。

底初成格局的人的哲学,经由柏拉图和亚里士多德的两次综合,形成唯理取向的柏拉图传统和经验取向的亚里士多德传统,中世纪的奥古斯丁和托马斯·阿奎那分别运用这两个传统重新论证和解释神学,搭建起古希腊哲学向近代开新的桥梁,开出英国的经验主义和法国的理性主义,二者经德国古典哲学的汇合之后再向前行,形成分析哲学和现象学,前者弘大经验主义传统,后者开新理性主义传统。欧洲哲学的发展史,呈现哲学**返本开新的创造规律**,这一规律也同样指引人类当代哲学——尤其是中国哲学——向前。

历史生活与当世存在是一个连续统,它始终以自身方式返本开新古代智慧,重建古代文化,创建当世哲学,引领未来世界。在源远流长的古代哲学中,最具有世界性思想基因和精神气质的是先秦诸子哲学。遵循哲学之返本开新规律,**回到先秦去,回到诸子去,深入抉发先秦思想和诸子学说**,是创建本土化的**中国世界哲学**的奠基工作。

一、孔子:创造返本开新"思想范式"的思想家

回返先秦开新诸子哲学思想,应当先执其大者,以抓纲举目,带动整体。在先秦诸子中,谁当其"大"? 科学哲学家波普尔在谈到欧洲哲学传统时说:"柏拉图著作的影响(不分好坏)是无法估计的。人们可以说,西方的思想,或者是柏拉图的,或者是反柏拉图的,但在任何时候不是非柏拉图的。"①以此观中国哲学思想发展史,亦相类似:从历史观,中国的哲学思想,或者是孔子的,或者是反孔子的,但在任何时候不是非孔子的。为什么? 这是因为:

孔子以前的文化与思想像旷野的奔流,浩荡又壮丽,它是古中国政治、社会、信仰的支柱。到了春秋时代这支柱本身起了变化,引起变化的主要原因,外部的是由于政治权力的分化,内在的是因信仰重心的坠落。二者互为因果,又使这两种趋势日益增强。前一趋势导致不断的战争和暴乱,于是交通开辟,商业亦渐兴起;后一趋势导致宗教的转化和人文思想种子的散布。这就是孔子崛起前社会文化的概略景象。在这个时代有两项重大的要求:一是社会秩序的重建,其中包括政治领导中心的重振和社会的贫富问题;二是个人内心生活的调理,其中包括道德规范的确立和社会秩序在人性中的基础问题。孔子前

---

① Burnet, J., *Platonism*, Berkeley, CA, University of California Press, 1928, p.1.

或和他同时富有人文思想的政治人物已开始面对这些问题,稍晚兴起的诸子仍然是或多或少,或深或浅,在这个时代内外双重的问题的挑战下发展出他们自己的思想。**孔子是在他前后的人物中最具代表性的一个,因为他对当时的问题认识很深,在处理个别的问题上,他不一定能对每一个问题都处理得比别人好,比别人更有效,但没有一个人能像他关心全面性的问题。晚于他的诸子,不论是赞成他或反对他,也没有一个不受他的影响。认同和责难,都把焦点集中于孔子,适足以证明他已开始居于思想史的中心地位和成为文化思想的代表。**①

回到诸子世界抉发其蕴含世界哲学的思想内容和精神价值,有必要聚焦到孔子学说上来。因为孔子的思想和学说既构成诸子思想的出发点又会聚了诸子思考的焦点,墨子及其墨学,刑赏主义及其法家,甚至老子以其相反对的方式敞开的存在之思,同样可以感受到其以孔子为参照,并在具体的思考方面形成与孔子思想的交汇。从根本讲,哲学始终是哲学家直面己所仟立于其中的当世存在困境和生存危机探求根本的解救之道。诸子所生活的时代,是西周灭亡后由诸侯拥立原废太子宜臼为王而建立起来的东周,甚是弱小,对外,无力解决夷患;对内,已是"天子失官,学在四夷"(《左传·昭公十七年》)。这种状况持续恶变到春秋晚期,先前那种以"尊王攘夷"为基本取向的由霸主维持诸侯与共主之间的动态平衡框架被逐渐打破,诸侯之间战争频仍,周之繁缛制度的败坏已深入骨髓,最为后世赞美的周礼丧失约束与治理功能而沦为形式,维持社会秩序再造社会活力的精英阶层(包括邦君、贵族、士大夫们)的精神整体性堕落。面对如此时代状况,思想家们不得不探求解救时世之策,但其所设计的救世方策却各不相同,比如,比孔子早约一百年的管仲探求"足欲"的方策来施治,几乎与孔子同世的老子却提出"去欲""静心""无为"的救世方策,孔子提出"克己""修仁""复礼"的救世方策,这种方向相反的救世方策实形成于文明史观的根本不同:老子认为文明是对人的堕落,所以历史始终是倒退的;孔子却认为文明由历史创造,历史虽然要经历曲折,但始终向前发展。比较言之,管仲的"足欲"方策体现对战争的包容与运用;老子和孔子的救世思考体现对战争的抗拒和否定,但老子认为解决战争的永久性方案是去智灭欲;孔子认为解决战争的根本方案是再造"以仁入礼"的文明。再结合墨子学说观,历史

---

① 韦政通:《中国思想史》上册,上海,上海书店 2003 年版,第 48 页。黑体引者加。

倒退论与历史发展观,围绕战争与反战展开,形成两相对峙的思想思潮。以战止战的战争主义,以法家为主;反战主义呈现三大派别,以老子为首的老学,以孔子为宗的孔学,以墨子为宗的墨学,却是不同形式不同取向的反战主义:老子是反战的激进主义,认为已有的一切才是战争的根源;孔子是修正主义,认为只有以仁入礼才可阻止战争;墨子是实行主义,认为只有行动才可阻止战争。

先秦诸子虽被后世号称"百家",实不过由管仲、老子、孔子、墨子四子开宗立学,然后各学门徒播散交汇开去,形成学说盛世。从发生学言,诸子发端于四子,但四子的逻辑起点同为经历夏商周经营而建构起来的**以血缘为纽带、以宗法为基石、以人伦为滋养的王道主义**,它的核心理念是"**以王道为目的,以天道为依据,以民道为手段**"。西周灭亡,东周虽继起,却"天子失官,学在四夷"且礼乐崩坏,这实是其王道主义崩解和分裂的形态学呈现,它表现在思想层面,首先是老子将作为"依据"的"天道"予以形而上学超拔形成"道"学。老子对"道"的思考,不仅使之超越和远离王道政治,而且其历史倒退观消解了王道主义传统。一方面,墨子将作为"手段"的"民道"予以"民生"主义鼎新,但另一方面又开出复古自然宗教的倾向。作为其"目的"的"王道"却被分裂出"以刑入礼"的霸道和"以仁入礼"的王道,前者由管仲破之而开出"以力争于世"(被后世名为"法家"的)刑赏主义,他们更主张"开新"故而宣扬"法后王";后者由孔子所倡,探索既**返本又开新**的路子,即立足返本开新的历史发展观,探索以平和方式止战止乱,以为恢复人间秩序,重建人相"生活在一起"(the living-together)①的新社会,这是普遍的人间愿望,亦是人人的生活诉求。正是由于这两个方面,使无论是春秋之世,还是后来的历史,"认同和责难,都把焦点集中于孔子,适足以证明他已开始居于思想史的中心地位和成为文化思想的代表"。

孔子之成为人类"文化思想的代表",孔子的思想学说之能够居于人类"思想史的中心地位",其根本方面不是后世对他的加冕,而在于其思想本身的普世性。

> 收集在第一大组里的人物是通过他们的现存在和人类存在的本质来确定历史的,没有任何其他人能像他们一样。这些人被证明了千余年来一直不断地在发挥着影响。直到今天,他们是苏格拉底、佛陀、

---

① [美]汉娜·阿伦特:《康德政治哲学讲稿》,曹明、苏婉儿译,上海,上海人民出版社2013年版,第203页。

孔子、耶稣,好像我们不可能再举出第五个人的名字,没有谁有像他们那样的高度。我们所考虑的是,是否可以将他们作为哲学家来看待。但是他们对所有哲学都产生过特别重要的意义。他们没有写下任何东西(孔子除外),但他们却成为强大哲学思想运动的基石。我们称他们四人为**思想范式的创造者**。他们鹤立于所有其他的哲学家之前和之后。①

这四位思想范式的创造者真实性的内涵是对人类基本境况的体验以及对人类使命的澄清。他们将这些陈述出来。对这些问题作解答时,他们得到了有关终极的问题。**他们的共同之处在于,实现了人类终极的各种可能性……**在他们那里人类存在的经验与原动力都得到了极致的发挥。②

雅斯贝尔斯在《大哲学家》中将人类历史上的伟大哲学家分为三类,认为第一类只有苏格拉底、佛陀、孔子、耶稣四人,他们是创造人类"思想范式"的思想家,他们创造的"思想范式"呈现两个方面的普世性:一是他们提出人类存在的终极问题;二是他们的思考构成人类哲学思想的源泉。而且他们四人以正态分布的方式降临于人间:西方和东方,各两位;他们分别创造既呈现东西方特征,又能相互关联和贯通的神性存在和世俗生存的"思想范式"——耶稣和佛陀,分别创造出神性存在的东西方思想范式,为**人的存在**提供终极解答,为平凡弱小的人如何自我超拔(苦难、短暂、恶)向上存在,想望未来,拥有希望;孔子和苏格拉底,分别创造出世俗生存的东西方思想范式,为**人的生存**提供终极解答,激发平凡弱小的人不仅仰望天空,更扎根土地,互借智-力耕耘共生存。所以,孔子与略晚于他的苏格拉底,以"人如何可能成为人"为起点,探讨人与他者(他人、家、群体、邦国)如何"在一起"。人与他者如何在一起的问题,既是一个永恒的个人问题,也是一个永恒的家庭问题、社会问题、国家问题、人类问题,所以雅斯贝尔斯指出,孔子作为人类"思想范式"的创造者,他对人类的影响不是历史的,而是现实的、当世的和未来的。生活"在帝国解体的困境之中,在战乱和动荡的时代,孔子便是那些想通过他们的建议使国家得到拯救而到处游历的许多哲学家中之一员。对于所有这些哲学家来讲,出路便是知识,而孔子的解救之道则是有关古代的知识。他的根本问题是:**什么是古代的? 如何能够**

---

① [德]雅斯贝尔斯:《大哲学家》,李雪涛主译,北京,社会科学文献出版社 2006 年版,第 13 页。

② [德]雅斯贝尔斯:《大哲学家》,李雪涛主译,北京,社会科学文献出版社 2006 年版,第 135 页。

获得它? 通过什么方式能实现它"。孔子以有限一生在如上三个方面所做的无限努力,"通过将流传下来的文献转变为有意识的根本思想,实际上是产生一种与古老的融而为一的新哲学。自己的思想并不通过其自身而展现:犹太的先知们宣告了上帝的启示,孔子则宣告了古代之声。对于古代的自我尊崇,阻止了傲慢自大,可以从渺小的自我之中提出很高的要求"①。这是美国哲学家乐安哲和郝大维"反对把孔子的《论语》仅仅看作与中国古代文化的起源和发展相关的伦理规范的集大成,而想把孔子的思想和当前的哲学讨论联系起来"的根本原因②。所以,重新理解《论语》,揭橥孔子"思想范式"的形态学呈现及普遍性精髓,成为我们重新抉发孔子思想学说的世界意义和当代价值的认知出发点。

二、孔子返本开新的学说框架

孔子学说是一个有其内在生成逻辑的思想体系,支撑这一思想体系的认知框架,是以损益为认知论和方法论的返本开新历史观;呈现这一思想体系的形态学结构,是以自然主义人性论为基石,以形而上的道论为指南,并以仁为主导的道德哲学、以礼为核心的政治哲学和以正名为出发点的知识论为基本框架,以学而成君子为枢纽。

其一,返本开新的历史发展观。

抉发孔子思想学说的世界意义和当代价值,须先整体理解孔子思想学说,前提是找到其思想学说得以生成敞开的逻辑起点。如前所述,生于诸侯争强和礼乐崩坏的大变之世的孔子,为重建"社会秩序"和调理"人的内心生活"而"宣告古代之声",以古代文明来"阻止傲慢自大"。这种立足现实存在面向未来而回返古代寻求革新当世文明的知识原理、智慧方法和行动方式,既构成孔子思想学说的逻辑起点,也构成孔子思想学说形成发展的认知源泉。

子曰:"述而不作,信而好古,窃比于我老彭。"(《述而》)

从整体观,《述而》篇应该是孔子相对集中地自述其思想人生。以此观"述而不作"章,应该是孔子自述思想人生的总纲:在"述而不作,信而好古,窃比于我老彭"中,其"述""信""好""比"所要真正表达的内容不是典章、文

① [德]雅斯贝尔斯:《大哲学家》,李雪涛主译,北京,社会科学文献出版社2006年版,第79页。
② [美]郝大维、安乐哲:《孔子哲学思微》,蒋弋为、李志林译,南京,江苏人民出版社2012年版,第3页。

献,也不是古人,而是**古代文明**。在孔子时代,西周只是刚刚过去的近代,古代以及古代文明指周之前的殷商、诸夏以及更久远的历史和文明。由于时间久远,了解古代文明应该从周文明出发向上追溯,这就是"周监于二代。郁郁乎文哉,吾从周"(《八佾》)的根本考虑。孔子心目中的古代文明,主要不是今人所讲的古代典章、制度,因为典章、制度是被定型的死的文明,真正的文明应该是鲜活的、爆发生命原创力的,这就是活在当世之中的君子、贤人及其知识、思想和精神。孔子自言"述而不作,信而好古,窃比于我老彭",实是表达自己对文明的基本看待:**文明是一个返本开新的历史进程**。孔子以此为参照,总结自己怎样自觉于历史的在场以有限的生命和热忱创建返本开新的文明新史和新文明史观。

首先,孔子以"述而不作"方式总结自己如何返本开新而为:孔子认为,自己一生的努力就是以"一以贯之"的方式和"守死善道"的信念,创造性探索古代文明的返本开新方式。在那个"道术将为天下裂"(《庄子·天下》)的时代,孔子既身体力行并终身以往地践履这一新方式,也以此新方式终身不倦地培养门徒身体力行"修德取位"和"以德正位"的君子责任、君子使命。所以,口述成为必须的方式,因为著述只能在书斋中进行,所改变的只是自己;口述却走进社会,改变他人和邦国。并且,只有口述才最大可能地传播古代文明,也只有口述才可在传播古代文明的进程中开出当世新文明。

其次,孔子认为自己一生"述而不作",并不只是述旧,成为古代文明的传声筒,而是要锐意返本开新,所以必须以"信而好古"为前提条件,严肃地考察历史,辨别历史(事件、人物、制度、典籍、文献)的真假,挖掘历史的真相、真知,形成历史真理。这些才是可信的东西,才构成古代文明,才是孔子致力宣告和阐发的"古代之声"。

再次,如果说"述而不作"是孔子总结**自己一生做了什么**,"信而好古"是孔子概括了**自己如何做的**,那么"窃比于我老彭"则是孔子**对自己的历史性评价**:孔子总结自己的一生,虽然希望通过从政来开新古代文明的理想未得实现,但自己应该算得上真君子,在古代的众贤人中,能够与自己比的只有商大夫老彭。

孔子如上自述,实是从三个维度对自己做了两个方面的总结:

首先,孔子总结出历史是发展的文明史观。这一文明史观的核心理念有三:第一,文明不是一成不变的,它既是变化的,也是发展的。第二,文明的发展只能以返本开新方式展开。第三,以返本开新方式开辟文明新史,必须严肃地考信历史,并在此基础上诚实地尊崇和敬畏古代文明,因为只有"对古代的尊崇",才可真正"阻止傲慢自大,可以从渺小的自我之中提出很高的要求"。因为孔子确信"古代传统使得那些依然生活在本源之中的所有的人,获得更多的机会、信仰以及信众。那种源自纯粹理性的空无的独自思考,乃是徒劳无益的"[①]。

其次,孔子以"述而不作,信而好古"方式表述其文明史观,突显出三个核心思想:第一,"述而不作,信而好古"的思想实质,是返本开新。第二,"述而不作,信而好古"的社会路径,是"以仁入礼",即以"返本开新"为依据和准则设计的社会重建方案,就是"以仁入礼"。第三,"述而不作,信而好古"的实践方法论,就是"损益",即"殷因于夏礼,所损益,可知也。周因于殷礼,所损益,可知也。其或继周者,虽百世,可知也"(《为政》)。基于返本开新的历史发展观、认识论和损益方法论,孔子才道出"周监于二代,郁郁乎文哉,吾从周"(《八佾》);周之能创造出"郁郁乎"盛大文明,是因为它以禹夏和殷商两代为镜,并借鉴夏商礼、法精华发展而来。孔子从历史中总结出来返本开新历史发展观,就是以损益方式弘大夏商礼法精华的周道。孔子指出,在诸侯力争和礼乐崩坏的当世,要重新恢复新秩序和重新安顿人的内心生活,必须遵从返本开新的"周道",以殷商宽简之仁来重塑西周繁富之礼,这就"克己复礼为仁":克制逾度的利欲,修养仁德,再造"周监于二代"的礼仪文明,使社会成为**仁的社会**。

其二,孔子思想学说的形态学框架。

孔子自陈"述而不作",实宣布自己一生没有著述。但并不以此认为孔子没有自己的学说,更不能说没有呈现其学说的形态学方式。恰恰相反,孔子以"述而不作"方式"宣告古代之声"并"重建古代文化"的思考被门徒记载下来,并在其身后门徒以"群贤集定"方式构筑"篇章有序"的《论语》文本,使其"蕴含万里"和"经纬世务"的思想学说实现了"圆转无穷"的自我诠释功能(《论语注疏》《序解》)[②];《论语》承载了孔子志于重建古代文化的文道救世理想,从天赋"相近"却"习相远"的人性出发,以"信而好古"的执着考信历史,发现返本开新的历史发展观,探索"修仁入礼达乐"的路径,建构起以人性和自然为双重坐标的**生存哲学**。

生存既是个人的,也是社会的,更体现时代性和历史性。但无论对个人言,还是对社会、时代或历史言,生存始终是存在的敞开。哲学的创发与开新,努力于创构其存在理解方式和存在秩序建构方式。对这一双重"方

---

① [德]雅斯贝尔斯:《大哲学家》,李雪涛主译,北京,社会科学文献出版社2006年版,第79页。

② (三国)何晏注,(北宋)邢昺疏:《论语注疏》,北京,中国致公出版社2016年版,第1页。

式"的生存论阐释或陈述,就形成哲学的精神形态学:哲学不仅是人的世界性存在的精神历史学,亦是人的世界性存在的精神形态学。作为前者,哲学始终向前开辟人的世界性存在的精神道路;作为后者,哲学总是努力再造人的世界性存在的知识谱系、价值系统和存在精神。并且,哲学的精神历史学必须借助其精神形态学,才可实现和展开自身。以此观孔子的生存哲学,亦蕴含独特的精神历史学方式和精神形态学内容,前者即是使之"成为强大哲学思想运动的基石"的"思想范式"①,它具象为"宣告古代之声"再造古代文明的存在理解方式和存在秩序建构方式;后者就是赋形这一返本开新的"思想范式"以知识谱系、价值系统和存在精神。

孔子生存哲学的精神历史学是经验主义的,经验构成其精神历史学的本质。孔子的经验主义,既是一种思想,更是一种方法。无论作为一种思想还是作为一种方法,其所呈现出来的基本特征是将生活经验纳入历史经验之中,并使历史经验本身构成认知的基石。孔子以历史经验为认知基石的生存哲学的形态学呈现,就是关于如何生存的知识谱系。这一知识谱系向上开出重建古代文化的道德哲学;向下探求形成"修德取位"和"以德正位"的君子学说(包括君子伦理学说和君子政治学说)。统摄道德哲学和君子学说使其构成生存哲学整体的是其"学而"("学而时习"的简称)教育和知识论(包括一般知识论和正名知识论),"学而"理论是其生存哲学的动力理论,知识论是其生存哲学的方法理论。

具体言之,孔子以经验为认知基石展开(个人和邦国)如何生存的学说,是由其人性论、历史哲学、知识论、心理学、伦理学、政治哲学、教育学、人生哲学等构成的开放性学说体系:"性相近,习相远"的人性论,构成其思想土壤;返本开新的历史发展观,形成具有普遍意义的历史哲学;仁学,是其伦理学;礼论,是其政治哲学;"学而"成己成人,是其教育理论;中庸,既是其道德学,也是君子成己成人的方法论;乐,是其"志于道,据于德,依于仁,游于艺"的人生哲学。

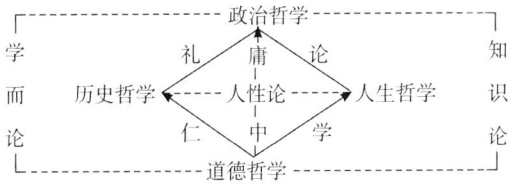

图序-1 孔子生存哲学学说体系

---

① [德]雅斯贝尔斯:《大哲学家》,李雪涛主译,北京,社会科学文献出版社 2006 年版,第19、135 页。

以返本开新的历史发展观为指南，从学而起步，修仁（克己）习礼（成人）达乐，这一路径的敞开，从个人讲，是君子人生的实现；从社会言，是文明的当世重建；从治理讲，就是君子为政从"片言折狱"（《颜渊》）起步，努力于"胜残去杀"（《子路》），达向"讼必无讼"（《颜渊》）这一使"法无所用"的社会，就是"近者悦，远者来"（《子路》）的社会。

三、孔子返本开新的核心思想

汪子嵩等在《希腊哲学史》的导言中指出："任何一种哲学体系都是由许多重要的命题、判断、推理有机地组合而成的。哲学的命题、判断和推理讲的既然是范畴和范畴之间的关系，那么哲学体系归根结底也可以说是由许多范畴关系综合起来的总体。不同的哲学学派、不同的哲学家之间的哲学的不同，往往可以从他们所使用的主要范畴来分辨。"[1]孔子为人类创造出可称"思想范式"的生存哲学，必然有其呈现自身的基本范畴。

孔子没有著述，使其学说和思想得以承传的是身后门徒将"孔子应答弟子、时人及弟子相与言，而接闻于夫子之语"[2]收集、整理然后编纂成语录集《论语》。这些表面看来这些各自独立的语录所蕴含多维向度的语义关联，恰恰通过一些基本概念来呈现。择其主要者，这些基本概念主要有以下四组。

第一组概念：人·性·天·道·命

作为存在之思的哲学，无论东西古今，始终以人为起点并以人为归宿。孔子创造人类"思想范式"的逻辑起点，是类分"人"。

孔子采取三种方式来类分人，首先采用社会学方式，将"人"归类为劳心者和劳力者，前者由王、邦君和有姓氏的"百姓"（即贵族）组成的统治阶级；后者即是民（耕种贵族封地的农民、手工业者和商人），包括无姓氏的本民（世代相袭之民）和有姓氏的遗民、庶民。然后在此基础上，以利、义为准则，将劳心者分为小人和君子：以求利为生之目标者为小人，以求义为生之目标者为君子。最后以"志道-据德"为依据，对君子予以品阶分类，处于"志道-据德"之最高品阶者是圣人君子，其次是善人君子，再次是贤人君子。孔子认为，处于最高品阶的"圣人，吾不得而见之矣，得见君子者，斯可矣"（《述而》）。

人，始终是伫立大地之上仰望天空的存在者。孔子论人，必引出"天"。

---

① 汪子嵩等：《希腊哲学史》第1卷，北京，人民出版社1997年版，第7～8页。
② （三国）何晏注，（北宋）邢昺疏：《论语注疏》，北京，中国致公出版社2016年版，第1页。

《论语》中言"天"者十八次,内容十三章,归纳之,孔子之"天"的主要含义有二:一是外在于人且具有安排世界、决定人之生死祸福的至上神。"在孔子的思想里仍然把'天'看成有意志的,可以对人赏善的"①,比如"获罪于天,无所祷也"(《八佾》)、"天下无道也久矣,天将以夫子为木铎"(《八佾》)、"子见南子,子路不说。夫子矢之曰:'予所否者,天厌之,天厌之'"(《雍也》)、"天生德于予,桓魋其如予何"(《述而》)、"死生有命,富贵在天"(《颜渊》)等均表此义。**二是自然及其自在运行的律令、法则。**比如"大哉,尧之为君也。巍巍乎,唯天为大,唯尧则之"(《泰伯》)和"天何言哉。四时行焉,百物生焉。天何言哉"(《阳货》)即表此。而"岁寒,然后知松柏之后凋也"(《子罕》)和"子在川上曰:'逝者如斯夫,不舍昼夜'"(《子罕》)等亦从不同角度表述对自然及运行的律令和法则的思考。

在孔子的思想世界里,"天"即是人之外的存在世界的简称,孔子对"天"的思考,领悟和把握存在世界如何自存在和自运行所呈现出来的律令、法则和规律,形成粗朴的自然法则观念,进而领悟其自存在和自运行所呈现出来的律令、法则、规律对人间的影响、对人生的作用,或者思考人与天之间的存在关联,形成至上神观念。对至上神观念的发散性思考,演绎出"天命"的思想:如"君子有三畏:畏天命,畏大人,畏圣人之言"(《季氏》)、"四十而不惑,五十而知天命"(《为政》)等即是;对自然法则观念的发散性思考,抽象为"道"。《论语》记载"道"字八十次,其言"道"者五十章,概言之,孔子之"道"有广狭两义:在存在论意义上,就是"天道",多用"天"字来表述;在其自我敞开的生成论意义上,指天道、王道、文道三义。

为"道"所统摄的天道、王道、文道是一个结构系统,居于这一结构系统上位的是天道,它有二义,天道与人发生关联,形成对人和人间的影响(即约束、规训以及激发、引导),就是天命;天道与存在世界发生关联,形成存在世界万事万物对它的遵循,就是自然法则,"天何言哉。四时行焉,百物生焉"(《阳货》)即表此"百物"所以生且生生不息,是遵循天道运行的规律所致。"逝者如斯夫,不舍昼夜"(《子罕》)的江河水之永不停止地流向远方,是因为水之"平淡而盈,卑下而居"的本性使然,人力无法阻挡,只能顺从而在,遵循而生,这既是"人能弘道,非道弘人"(《卫灵公》)的依据,也是"朝闻道,夕死可矣"(《里仁》)的道理。

道统摄天道,天道统摄王道。"大哉,尧之为君也。巍巍乎,唯天为大,

---

① 汤一介:《孔子》,中华孔子研究所编:《孔子研究论文集》,北京,教育科学出版社1987年版,第79页。

唯尧则之"(《泰伯》)是天道统摄王道的经典表述：尧之伟大，是以天为大，并遵从天的法则来治理天下。在孔子之"道"的世界里，**真正的王道，必须对天道的遵从**，所以"天下有道，则礼乐征伐自天子出"(《季氏》)而**天子却必须"唯尧则之"**，因为尧"唯天为大"。孔子一生奔波，不过是热衷于出仕为政，却终身未达，不是没有机会，而是现实的邦国政治生态与他所标榜的"唯天为大，唯尧则之"的王道相去甚远而不愿为之。这是理解孔子"齐一变，至于鲁，鲁一变，至于道"(《雍也》)和"天下有道则见，无道则隐"(《泰伯》)、"天下有道，丘不与易也"(《微子》)、"道不行，乘桴浮于海"(《公冶长》)等言论及其蕴含的深刻生存论思想的正确入口。

生于春秋晚期的孔子，直面"礼乐征伐自诸侯出"继而堕落为"政在大夫""陪臣执国命"的"无道"社会而锐意探求拯救之道。他以"信而好古"的执着探究历史真相，抉发历史真理，并于"殷政宽简之中，发明一仁爱之原则，乃以合之周礼，而成一体用兼具之系统，于是从周之主张始得一深远之意义，而孔子全部政治思想之最后归宿与目的，亦于是成立。此最后目的之仁，即由孔子述其所自得殷道者而创设，故仁言始盛于孔子"[①]。孔子倡仁，并要以仁去重铸其礼，循此探究形成"以仁入礼"的文道救世路径。孔子之所以要采取"以仁入礼"的文道来拯救礼乐崩坏的当世，再造性弥合业已分裂的道术，实是基于人性的拷问而努力于对人性的再造：孔子诊断诸侯力争的乱世，源于礼乐崩坏，但礼乐崩坏却源于道术分裂，道术分裂源于社会精英即"文质彬彬"的君子阶层堕落为唯利是图的小人；君子阶层的整体性堕落源于利欲的野性膨胀，这就是天赋"相近"的人性被泛滥的利欲鼓动而普遍化地"习相远"。所以，暴力和战争不仅不能解决由人性"习相远"造成的社会文化、思想、精神的堕落和政治生态的普遍化败坏，反而会加速这种堕落和败坏。唯一可以阻止暴力和战争，从根本上解决文化、思想、精神的社会化堕落和政治生态的普遍化败坏的正确方式，就是开辟"以仁入礼"的路径来重建文道，即重塑和再造社会精英，其基本社会方式是培养君子"克己、修仁、习礼"成己，并通过成己而成人(为政治理邦国，教化民、人)，使"习相远"的人性重新恢复更"相近"。所以，孔子之救世文道，是以天赋的人性为出发点，以再造人性为动力，以回归天赋的人性为目标，因为天赋的人性源于生生不息的天道，再造"习相远"的人性，即是"弘道"的根本方式，这亦是"人能弘道，非道能弘人"的根本道理。

---

① 萧公权：《中国政治思想史》上册，北京，商务印书馆2013年版，第68～69页。

图序-2　孔子之"道"的结构系统

要言之,孔子所论之道呈现"天道"、"王道"和"文道"三个思想维度,这三个思想维度又在其生成逻辑上构成返本开新的路向,这就是以天道为依据,遵循返本开新的历史发展观和损益方法,来开新传统的王道,其基本方式是"以仁入礼"重建文道以为救世之策。

第二组概念:君子·仁·礼·乐·知

孔子以天道为依据的文道救世学说的落地方式,是伦理和政治,形成其伦理学说和政治学说(对此二者的形上敞开,就是道德哲学)。伦理和政治,当然是以人为起点和归宿,但人的他者性要求伦理和政治必须以社会为敞开方式。社会既是实然的,更需要应然性预设。孔子面对道术分裂和礼乐崩坏的实然状况而设计其应然状貌,不是苏格拉底式的城邦公民社会,而是君子社会,君子社会是仁爱和礼乐的社会,这样的社会必由人来修筑。因而,君子社会构成君子学说的实践目标,君子学说开辟君子社会的基本方式,是培养君子,重塑君子阶层。基于这一定位,人如何成己成人为君子,构成孔子创造人如何与他者(人与人、人与邦国)"生活在一起"之伦理-政治"思想范式"的主题。

在孔子的思想世界里,"君子"作为伦理-政治学说的原初概念,自呈"圣人"君子、"善人"君子和"贤人"君子三维视域。孔子基于人尽其性其力的可能性,将人如何成为贤人君子作为探讨的重心。孔子认为,人要将自己成就为贤君子,必须言行合于仁、礼、乐,但前提却是**知**:"知者不惑,仁者不忧,勇者不惧。"(《子罕》)即知者仁,仁者勇,勇者不惧于礼而求达于乐。所以,以知为动力,探求修仁习礼达乐的成己成人路径,这一路径的社会化铺开,就是对"以仁入礼"文道救世道路的开辟。

具体地讲,君子以知为动力之仁,即是**心存他人**:仁者,乃心存他人而生活者,诉求善待和关爱。善待的准则是"恕",即"己所不欲,勿施于人"(《卫灵公》);关爱的准则是"立",即"己欲立而立人,己欲达而达人"(《雍也》）。孔子认为，人只有获得以仁为内在规定的德性并且其行为遵从"恕""立"的准则，才有资格和能力向君子进发，接受礼的规训。比较言之，孔子之仁，乃人成己成人为君子的内生性要素，需要有个性地修养所成；孔子之礼，是人成己成人为君子的外成性要素，需要遵从性习守所成，使之成为自律性的生活习惯和行为方式。从主体看，仁是个人通过**修养而生成德性品质**、品德，礼却是个人通过**遵循而建构德行方式**、方法；乐则是人成己成人为君子所敞开的生活境界，它是个人之仁和社会之礼，或者个性化的德性与社会性的德行**合生**的主体精神状态和生活面貌。

第三组概念：学·思·行·克己·一以贯之·恒

仁、礼、乐此三者构成君子学说的宏观框架。人要成己成人为君子，修仁、习礼、练乐，是后天所成的功夫，只能"学而时习"地修行。孔子论"学而"修行，提炼出四个准则：

首先，君子修行，必须遵循"一以贯之"（《卫灵公》）之道，这就是"笃信好学，守死善道"，并且必须做到"危邦不入，乱邦不居，天下有道则见，无道则隐。邦有道，贫且贱焉，耻也。邦无道，富且贵焉，耻也"（《泰伯》），这是君子的立身准则，也是君子的行为底线。

其次，君子修行，必须遵其"以仁入礼"路径，围绕"修仁、习礼、达乐"展开，做到个性修养之德性和依则行动之德性的共生，这是成君子的日用常行的生活准则。

再次，君子修行，必须遵循**学、思、行**互为推进的准则，这就是"学之不厌"和"习而不倦"：努力于前者，必须杜绝"学而不思则罔，思而不学则殆"（《为政》）；致力于后者，必以"先事后得"（《颜渊》）为准则而"先之，劳之，无倦"（《子路》）。

最后，君子学而修行仁、礼、乐，必须**时**："学而时习"之"时"的本质是**"恒"**，灵魂是**"守"**。君子学而修行，必以"恒"为准则（即为生活方式和人生方式），这既是"不恒其德，或承之羞"（《子路》）的道理所在，也是"亡而为有，虚而为盈，约而为泰，难乎有恒矣"（《述而》）的根本理由。但恒和守的前提却是克己：**克己、坚守、恒常**，此三者既构成君子修习仁、礼、乐而达于文质彬彬，也推动君子无论在"有道"或"无道"的生存环境中均能达于"安"然存在和安心生活。因为君子修行"笃信好学，守死善道"（《泰伯》）之克己坚守的意志和恒心的过程，也是训练人知性、知天、知命、知"知"（即天赋心智）、知贫知富、知贱知贵和知耻知荣，知过去和未来的责任和使命，这即是"殷因于夏礼，所损益，可知也。周因于殷礼，所损益，可知也。其或继周者，虽百世，可知也"（《为政》）。

第四组概念：孝·弟·忠·恕和中·正·中庸·中行

君子沿其"以仁入礼"的路径学而修行，是为具备成己成人立世的能力，包括入则成家、出则入仕为政治理的能力和伦理能力。孔子特别强调后者，因为他认为这是人成家和为政治邦的奠基性质的根本能力。孔子指出，君子修行的伦理能力包括德性能力和德行能力，也指"己所不欲，勿施于人"道德能力和"己欲立而立人，己欲达而达人"的美德能力。

在孔子的君子伦理能力体系中，基本的道德能力呈两个维度四个方面，一是孝、弟能力；二是忠、恕能力。前者是以血缘为纽带、以家为疆域的私德能力；后者是以公共生活为视域的公德能力，它铺开为事事的道德和事人的道德两个方面，前一个方面主要涉及"忠"，后一个方面主要涉及"恕"。由于事人要通过事事来实现，所以事人的道德和事事的道德本质相通。这个使事人的道德和事事的道德相通的根本准则却是中庸。孔子认为，孝、弟、忠、恕四种日庸常行的道德，必须接受"中庸"的规范；孔子之论"中庸之为德也，其至矣乎！民鲜久矣"（《雍也》），意在强调"中庸之德"的本质是中，根本规范是正；以**中**为本质规定，以**正**为根本规范的德行，即是**中行**："不得中行而与之，必也狂狷乎！狂者进取，狷者有所不为也。"（《子路》）中行，构成君子成己成人立身治世的**基本**道德能力，所以孔子才如此论"其身正，不令而行；其身不正，虽令不从"（《子路》）和"苟正其身矣，于从政乎何有？不能正其身，如正人何"（《子路》）。

四、孔子返本开新思想学说的地位

雅斯贝尔斯认为，公元前 800 年到公元前 200 年是人类文明的"轴心时代"，"在这一时期充满了不平常的事件，在中国诞生了孔子和老子，中国哲学的各种派别的兴起，这是墨子、庄子以及无数其他人的时代……**这个时代产生了所有我们今天依然在思考的基本范畴，创造了人们今天仍然信仰的世界性宗教**……人竭力想规划和控制事件的发展，第一次想恢复或创立一些称心的条件。**思想家在盘算人们怎样才能够最好地生活在一块，怎样才能最好地对他们加以管理和统治**"[①]。人类存在虽有东方西方之分，但东西文明总是能跨越地域的阻隔和空间的限制而达于同步，中国与西方一样，其古文明从遥远的神话到夏商周三代，如浩荡的奔流汇聚于东周，巨橡震撼历史，响彻未来的中国哲学，中国思想，创造出孔子、孔子的"思想范

---

① ［德］雅斯贝尔斯：《人的历史》，田汝康、金重远编：《现代西方史学流派文选》，上海，上海人民出版社 1982 年版，第 38～40 页。

式"和孔子的生存哲学:孔子那以其"思想范式"为内在规定和灵魂的生存哲学,既是一种集成,也是一个枢纽,更成为一个传统。

其一,孔子思想学说作为一种集成。

华夏从远古传说到夏商周,建立起相对自由的"以天道为依据、以王道为目的、以民道为手段"的人伦主义思想认知框架。进入春秋世,帝国解体的动乱催化这一未完成的思想认知获得更为自由的发展,形成诸子盛世。其中,孔子以"信而好古"的执着发掘历史真知,并以返本开新方式宣告古代之声、重建古代文化,这是集成。

孔子思想学说的"集成",是通过"宣告古代之声"的方式来呈现的。孔子"宣告古代之声"的实质是抉发、总结蕴含于历史之中的真理,然后采取"事件的本体论"①的方式讲述出来。孔子以"事件的本体论"的讲述方式集成古代文化、知识和经验创造其继往开来的思想学说体系,敞开方方面面,但最根本的能够纲举目张的却是其历史哲学和人性论两个方面。

首先,孔子以"信而好古"的挚诚考信历史,从远古至于三代的历史中抉发、总结出历史规律,然后以"述而不作"的方式宣告了历史哲学的诞生:

子曰:"周监于二代。郁郁乎文哉,吾从周。"(《八佾》)

孔子指出,周代之所以创造出前所未有的新文明,在于它"借鉴两代治理经验和吸纳两代礼法精华发展"所成。孔子以讲述"周监于二代,郁郁乎文"的方式总结历史本身的逻辑,即是其返本开新的历史逻辑,遵从这一历史逻辑所敞开的历史发展观,蕴含理解过去、现在和未来的认知论和方法论:

子张问:"十世可知也?"子曰:"殷因于夏礼,所损益,可知也;周因于殷礼,所损益,可知也;其或继周者,虽百世可知也。"(《为政》)

孔子以应答子张之问的方式宣告:历史,就是以返本开新的方式创造文明。并且,历史返本开新的本质,是生成;历史返本开新的方法,是损益。孔子通过言说"虽百世而可知"的结果和达于可知的"损益"原理,讲述一种历史哲学:探求历史返本开新方向、道路、规律及其可能性,须具备"变中不变"和"不变中变"的整合姿态。因为,唯有持"变中不变"的姿态,才把握事

---

① [美]郝大维、安乐哲:《孔子哲学思微》,蒋弋为、李志林译,南京,江苏人民出版社2012年版,第7页。

物保持自身区别于他者独立存在的不变因素,发现流动不居的世界背后隐藏亘古不变的法则。同时,唯有持"不变中变"的姿态,才发现自然、生命、事物生生不息的规律,领悟天下万事万物何以使自己常在的根本法则。"变中不变"和"不变中变",是自然宇宙、生命世界的总法则,理解、把握并运用这一总法则来指导认知,必构建起认知的"损益"原理,它蕴含"因革"的方法。孔子论"损益",从遵循"变中不变"和"不变中变"法则必然产生某种良好结果入手;孔子论"因革",却从遵循"变中不变"和"不变中变"法则展开的行为本身观。因而,求知事物和世界之未来可能性的根本原理,应该是整合其结果论和行为论,使之融为一体形成返本开新的认知原理,即"因革-损益"的历史哲学原理。

其次,孔子从生活经验出发,以"信而好古"的挚诚考信历史经验,抉发人性真知,提炼出自然主义人性论。

子曰:"性相近也,习相远也。"(《阳货》)

孔子正面论人性,仅此一章。此章前半句"性相近",是孔子对古代自然主义人性观念的个性化传述;后半句"习相远",是孔子对人性问题的再发现。孔子对人性的再发现,首先揭示人性的基本事实,即天赋的人性既具有相对稳定的不变性,也呈现动态生变的可能性,前者源于人性的与生俱来性;后者源于人的存在本身的未完成、待完成和需要不断完成性。正是后者使天赋相近的人性在其生存敞开过程中,必然要承受来自各方面的利欲的习染,推动天赋"相近"的人性变得"习相远",人性的"习相远",既构成人性复杂性的生存机制,又是人性堕落的根源。

孔子正面言说人性虽只有如上六个字,却用了一生的努力来探求"习相远"的人性何以可能重新回归天赋的"相近"。孔子认为,这是从根本上解决天下道术分裂和礼乐崩坏的当世以重建"社会秩序"和重新安顿"人的内心生活"的唯一正确之道。基于此,孔子探索从"殷政宽简之中,发明一仁爱之原则"来弘大繁富的周礼①的路径,就是"以仁入礼",继而探求如何开辟"以仁入礼"的社会学方法,由此形成"以仁入礼"的"学而"教育和"以仁入礼"的君子学说。致力于前者,孔子以"述而不作"的方式实现了对古代教育的集成,开创出"有教无类"和"因才施教"的"学而"教育理论,建构起中国古典教育学蓝图;努力于后者,孔子同样以"述而不作"的方式集成

---

① 萧公权:《中国政治思想史》上册,北京,商务印书馆 2013 年版,第 68 页。

了君子学说。孔子认为，要使"习相远"的人性回归"性相近"的本原状态的正确社会方式，只能是教育、伦理、政治。从教育、伦理、政治三个方面入手，对人进行"以仁入礼"的引导、规训，使之成仁行礼。由此，孔子立足返本开新的认知论，探讨如何使"习相远"的人性回归天赋"相近"的努力所建构起来的人性论思想，获得存在论、生存论和实践论三维内涵：在存在论层面，人性内容就是"性相近"，它既是天赋的，也是普遍的，更是共通的，这既是孔子对人性的原发性思考，也是孔子对古代人性思想精髓的个性化传述。在生存论层面，人性内容就是"习相远"，揭示人性后天性改变的因素，既是人为的，也是环境的。所以，人性"习相远"既表述着人的生存困境，也造就了人和社会的生存困境。这一双重人性困境引发孔子对人性的继发性思考的重心必然是如何直面"习相远"的人性困境而再造人性，使之重新复归于普遍的和共通的本原性状态。所以，孔子对人性的继发性思考，亦是再造人性的实践论思考，为人性的复归设计再造的社会实施方案，就是"博学内省—敬德修业—以仁入礼—持礼成乐"：博学内省，需要以"学而"为准则的教育；敬德修业，所为之构建的是血缘宗法伦理；以仁入礼，则开辟出从仁德走向公道的政治治理道路；持礼成乐，却是对如上三者所达成的整合性社会生存状态和个体人生境界的抽象表述。

其二，孔子思想学说作为一种枢纽。

客观地看，孔子返本开新的历史发展观和"相近习远"的人性论，既是集成一种学说的枢纽，更是一种集成古今思想、会通各学说的枢纽性方法。

作为集成一种学说的枢纽，首先体现在返本开新的历史发展观集成了古代历史思想、知识和方法，创建起以返本开新为认知论、以损益为方法论、以"变不中变"和"不变中变"为思想基础的历史哲学。其次体现在"相近习远"的人性思考，亦是对古代人性思想、知识和方法的集成基础上，创建起以返本开新为认知方法，以改变"习相远"的人性使之回归更"相近"为目标、以开辟"以仁入礼"为基本路径的人性论理论。

作为贯通古今思想学说之枢纽的方法论，最为集中地体现在孔子立足"相近习远"的人性土壤，以返本开新的历史发展观为认知指南，以"损益"为宏观方法，来综合古代的文化、思想、知识、方法，创建起第一个思想学说体系，这是他所生活的东周时代（春秋和战国）其他所有思想家（比如管仲、老子、杨朱、墨翟、庄子、孟轲、荀况、韩非子等）所不及：诚然，对存在的形而上学思想，孔子远不如老子；相对始于管仲至于韩非子集大成的以变法为主题的法治主义思想，孔子的法治思考亦不及；相对墨子以"兼爱""非攻""尚贤""节用"为主题的民生主义，孔子亦不能比肩。但孔子却贯通所有各学,成为东周时代各学的参照甚至思想的源泉。理解老子的思想,如果缺乏孔子思想学说的维度,很有可能不得要领;孔子以中正为本质规定的仁德-公道伦理和政治学说,应该吸收了管仲的许多思想智慧,比如"晋文公谲而不正,齐桓公正而不谲"(《宪问》)以及"桓公九合诸侯,不以兵车,管仲之力也。如其仁,如其仁"(《宪问》)等表述均体现这一点;尤其是孔子那以"君子怀德"和"君子怀刑"(《里仁》)为起步,从"片言折狱"(《颜渊》)到"胜残去杀"(《子路》)再到"讼必无讼"(《颜渊》)的法治三步论思想,最为实在地呈现对殷商"有旨无简不听"思想和管仲"以刑止刑"思想的返本开新。

孔子思想学说作为一种枢纽,还体现在它自为逻辑地敞开"蕴含万理"和"圆转无穷"的生成性建构功能。雅克·蒂洛和基思·克拉斯曼认为:"哲学一般关注三大领域,即**认识论**(关于知识的研究)、**形而上学**(关于实在之本性的研究)和**伦理学**(关于道德的研究)。"[1]客观地看,这一对哲学的构成描述并不完整,形态完整的哲学除形而上学、知识论和伦理学外,还包括作为哲学之**根**的人性论和作为哲学之**本**的神学。孔子的思想学说也有相近的构成要素和逻辑建构。孔子的思想学说是以(一般认知和正名认知)知识论为枢纽,对它展开形上探究,形成以中正的仁德-公道为核心框架的道德哲学和以"道"为主题的形上哲学;对它展开形下思考,形成以人性为认知基石,以返本开新历史发展观为认知指南,以学而教育为动力的君子政治学说和君子伦理学说。或可说孔子思想学说是以知识论为枢纽,从"相近习远"的人性出发,遵从返本开新的历史发展观"损益"古代文明,并吸取管子探求"以刑入礼"方式"富民强国"的"大仁"智慧,既影响墨学、扬、庄之学和法家以刑赏为准则的法治之学,更开启子张、子夏、曾子、思孟、荀子之学。所以,孔子思想成为诸子学说之枢纽。

其三,孔子思想学说作为一种传统。

孔子遵从返本开新的历史发展观,探求"以仁入礼"的文道救世道路,从上下两个维度展开形成道德哲学和君子学说,将源自古代且渐成轮廓的华夏哲学思想伦理以及道德文明推向成熟进程,必然构成中华文明的大传统。孔子思想学说本身所形成的这一大传统,择其要,有如下几个方面:

第一,孔子以返本开新的历史发展观为认知指南,以损益为方法论、以"变不中变"和"不变中变"为思想基石的历史哲学,构成其史学传统。这一史学传统的灵魂是考信历史事实,探究历史真相,抉发历史真知,弘大历史真理。

---

① [美]雅克·蒂洛、基思·克拉斯曼:《伦理学与生活》,程立显、刘建等译,北京,世界图书出版公司 2012 年版,第 4 页。

第二,孔子以"相近习远"的人性认知为起步,以"以仁入礼"为社会路径,以克己为内动力,以修仁习礼为根本方法,以"仁德-公道"为目标诉求的人性再造理论,不仅开出告子的无善无恶的自然人性论,也开出道德人性论:孟子的性善论,是其道德人性论的正面构建;荀子的性恶论,是其道德人性论的反面建构。从根本讲,孔子"性相近,习相远"的天赋人性论思想,是从历史经验和生活经验感悟得来——"性相近",蕴含人本性善的种子;"习相远",也包含人本性恶的潜在倾向——所以孔子之人性领悟,既为人本性善论张了目,也为人本性恶论提供了契机。仅前者论,人本性善的思想通过《大学》和《中庸》得到系统阐发,再经过孟子的心理学论证而开辟出后世人性本善论的广阔道路,王通、张栻、陆九渊、蔡沈、黄道周、陈确、黄宗羲、焦循等人的人性论探索,都沿着这一路子展开,以道德来阐释人性。晚于孟子的荀子所构建起来的人性本恶的思想,则完全是立足于生活的历史与现实而予以经验的求证,这一求证方式却开辟出一条人性本恶的解释道路。

第三,孔子之前,学在官府。春秋晚期,"天子失官"而"学"播民间,孔子顺应时势开门办学,不仅将自己成就为中国教育史上第一大教育思想家,也由此以返本开新方式构筑起古典教育的源头,其以成己成人立世为三维目标的"学而"教育思想和理论,构成浩荡奔流于后世,润泽中华文明生生繁荣的不竭源泉。

第四,孔子以返本开新方式重建古代伦理,形成以仁来滋养礼的伦理思想范式,这就是比亚里士多德早一百多年的知德-行德范式,它的具体的方式是修仁习礼,孔子将其表述为"博学于文,约之以礼"(《雍也》):"博学于文"以修仁,"约之以礼"以中行。以仁为准则的中行,于个人言,是行必体现"中庸之德";对社会言,是行必达于仁德-公道。孔子之伦理思想范式和由此形成的君子伦理思想学说,不仅构成中华文明繁荣发展的源头活水,而且成为整个东南亚文明及欧美文明鼎新的伦理智慧。

五、孔子返本开新思想学说的无限张力

一般而言,一种思想学说的张力有两个方面,一是其呈现超越时空、超越历史-现实而朝向未来的开放性、容受性和包容性;二是其本身就是一种未完成、待完成、需要不断完成的期待状态。由此两个方面合生使孔子思想学说本身形成不断锲入理解的各种可能性空间,绽放出种种意义和价值生成的无限可能性。

其一,经验·常识·人性的会通张力。

孔子思想学说的张力首先源于它是一种既可上天(形上学之"道")又扎根大地的生存哲学,这种会通经验、常识、人性的哲学,始终既是历史的,也是现实的,更是未来的。赫伯特·芬格莱特在《孔子:即凡而圣》序文开篇写道:"初读孔子时,我觉得他是一个平常而偏狭的道德说教者。对我来说,他的言论集——《论语》,也似乎是一件陈旧的不相干之物。后来,随着逐渐增强的力量,我发现,孔子是一位具有深刻洞见与高远视域的思想家,其思想堂奥的辉煌壮观足可与我所知的任何一位思想家媲美。渐渐地,我已然确信,孔子能够成为我们今天的一位人师——也就是一位饱经人世沧桑、包含人生智慧的思想导师,而不只是给我们一种早已流行的、稍具异国情调的思想景象。孔子所告诉我们的,**不是在别处正被言说着的东西,而是正需要被言说的东西**。他的谆谆教诲会令我耳目一新。"①芬格莱特所言极是,无论好或坏,孔子学说在任何时代都成为**"需要被言说"**的学说,因为它是一种通过成**己成人立世**来重建社会和文明的生存哲学。孔子的生存哲学是建立在经验基础上的,而经验始终以**常识**为基础,常识却以**本性**(人的本性和事物的本性)为源泉。从本性出发,拷问以常识为基础的经验,自然抉发出返本开新的历史哲学、知识论和君子(伦理和政治)学说,开出"学而"教育和法德并举的治世智慧和方法。

其二,理解正名学说的各种可能性。

对孔子思想学说言,能够始终在任何时代、任何语境中"需要被言说的东西"有许多,但最为普遍也最为紧要的却是**名实问题**,这是因为:首先,名实问题既涉及人**如何成人**,也涉及人**怎样立身**,更涉及人**如何为事**的问题,由此将心智、教育、道德、情感等诸多有关于人的问题**带动**起来。其次,名实问题亦将家庭、社群、政治等带动起来,把权与利、公权与私权、权利与责任、知与行、善与恶等等问题网络起来形成一个"牵一发而动全身"的整体。孔子思想学说最具理解空间和诠释空间的一个方面,就是其正名知识论,它从特殊的政治诉求和一般的认知诉求两个方面打开了多维理解人、事、物、世界和历史的可塑性空间。

孔子的正名思想展开主体论与客体论两个维度,对于前者,孔子通过应答齐景公问政之论"君君,臣臣,父父、子子"(《颜渊》)来呈现**正定名实**的本质,是理性的**节制与约束**;对于后者,孔子通过应答子路"必也正名乎"之问而道"名不正则言不顺,言不顺则事不成,事不成则礼乐不兴,礼乐不兴

---

① 〔美〕赫伯特·芬格莱特:《孔子:即凡而圣》,彭国翔、张华译,南京,江苏人民出版社2002年版,第1页。

则刑罚不中,刑罚不中则民无所措手足"(《子路》),以强调正定名实相符的本质规范,是行动的**边界与限制**。

孔子强调必须通过"正名"来实现"言顺"和使"措民手足",实是他将其文道救世政治理想的实践理性化。孔子生活于"天子失官,学在四夷"的春秋晚期,"天子失官",推动"道术将为天下裂"(《庄子·天下》);"学在四夷",加速"世衰道微,邪说暴行有作"(《孟子·滕文公下》)。"道""术"分裂的形态学呈现即是"名""实"分离;世衰道微,"邪说"和"暴行"有作,同样在制造"名""实"相克。孔子正名,就是探索重新弥合"道术"以根除"邪说暴行"的认知论和方法论,重建道术一体的知识系统。但更为根本的努力却是如下三个方面:第一,通过正名来回应他所生活的时代的"两项重大的要求:一是社会秩序的重建,其中包括政治领导中心的重振和社会的贫富问题;二是个人内心生活的调理,其中包括道德规范的确立和社会秩序在人性中的基础问题"①。为此必须探求以返本开新的损益方式重建制度秩序。第二,通过正名来划定权分与责任,以解决"无道""无序""无责""无德"的为政时弊②。第三,划定权分与责任的正名方式,不仅是探求重建古代政治文明的革新方式,也要以此来重建循名征实的政治思想、政治理论和政治方法。孔子如何解决这个核心问题的呢? 胡适先生认为孔子正名,"首先是让名代表它所应代表的,然后重建社会的和政治的关系与制度,使它们的名表示它们所应表示的东西。可见正名在于使真正的关系、义务和制度尽可能符合它们的理想中的涵义"③。孔子从政治实践论和一般认知论两个方面展开正名,寻求历史与现实有机结合的主体论呈现,就是知行统一。在更为开阔的认知视域下,一部《论语》也可以说是一部以正名为主题的知识论。《论语》从其开篇"学而时习之,不亦说乎"到"不知命,无以为君子也。无知礼,无以立也。不知言,无以知人也"结束,所强调的是学知、学思、学行的有机统一,所贯穿的仍然是学知、学思、学行的有机统一,这一双重性质的有机统一,同样是一个连环推进的**循名征实**进而**名实相生**的过程。

其三,为政的限度和目标始终构成人类政治文明的永恒的鲜活话题。

孔子的思想学说**最能够**在任何时代"需要被言说"的重要方面,却是对为政与刑罚的思考。孔子以"唯天则之"的天道为总法则,以"文、行、忠、信"为基本内容的文道为指南,以"事—权—位"为边界的循名征实为准则,探究邦国治理实践的总路线是"为政以德"(《为政》)

---

① 韦政通:《中国思想史》上册,上海,上海书店2003年版,第48页。
② 劳思光:《新编中国哲学史》第1卷,桂林,广西师范大学出版社2005年版,第91~94页。
③ 胡适:《先秦名学史》,合肥,安徽人民出版社1999年版,第41~42页。

牟其礼在《中国思想之渊源》中指出,"孔子关于为政的方法有两个关键的前提(preoccupation)。其一是名实的一致。他称之为'正名'。名不副实是上下失序的明证,结果就是礼崩乐坏。名暗含着实,如果实衰失了,那就证明了人的缺陷。政治之方就在于此,存续名实就是存续秩序","孔子思想中为政的第二个方法是先富之、再教之、最后治之……所以国家首先要提供基本的民生,不能榨取和挥霍。此后,政府方可用道德典范和教育对庶民进行塑造。而只有教化实施了,才能顾及政治本身的目的,而且这也要在有限的幅度之内,不能成为人民的负担"①。孔子"为政"的这两个方面,最终要落实到"德""刑"上来。

> 子曰:"道之以政,齐之以德,民免而无耻。道之以德,齐之以礼,有耻且格。"(《为政》)

梁启超认为:"此章在中外古今政治论中,实可谓为最彻底的见解。试以学校论,道之以政,齐之以刑,则如立无数规条罚则,如何如何警学生之顽,如何如何防学生之惰,为师长者则自居警察,以监视之勤干涉之周为尽职。其最良之结果,不过令学生就就焉期免于受罚,然以期免受罚之故,必至用种种方法以逃监察之耳目,或于条文拘束所不及之范围内故意怠恣,皆所难免。养成此种卑劣心理,人格便日渐堕落而不自觉,故曰免而无耻。道之以德,齐之以礼者,则专务以身作则,为人格的感化,专务提醒学生之自觉,养成良好之校风。校风成后,有干犯破坏者,不期而为同辈所指目,其人即亦羞愧无以自容,不待强迫,自能洗其心而革其面也,故曰有耻且格。此二术者,利害比较。昭然甚明。学校且然,国家尤甚。"②梁启超此解甚得孔子"为政以德"思想精妙。孔子论为政施治必突显出来的刑罚方法和仁德方式,并不或此或彼或非此即彼,而是**刑德并用**,以从不同方面实现对为政权力的限度。正名作为为政施治的基本方法,就是通过循名征实来确立权力履行责任的限度和行为实现权力的边界:权力履行责任的限度,就是"在其位,谋其政"和"不在其位,不谋其政"(《宪问》);行为实现权力的边界,就是名应该副其实:君主必须成为君主,拥有君主的权力的前提担当为君主的责任,父亲成为父亲,必须担当起为父的责任来获得为父的权威。所以,道之以"政""刑",齐之以"德""礼",构成孔子政治学说的两维

---

① [美]牟复礼:《中国思想之渊源》,王立刚译,北京,北京大学出版社 2010 年版,第 50、51 页。

② 梁启超:《先秦政治思想史》,北京,商务印书馆 2018 年版,第 87 页。

基础。因为孔子明确地认识到:道德和刑罚,不仅是两种为政的手段,也是两种权力。无论以道德权力来化育引导民,还是刑罚权力来惩戒规训民,不仅要有限度和边界,更根本的是如何确立和规定这种限度和边界。孔子为此提出了解决之道,即无论德育为政还是刑罚为政,都要遵从的限度准则和边界尺度,就是一个"正"字,"政者,正也。子帅以正,孰敢不正"(《颜渊》),"其身正,不令而行;其身不正,虽令不从"(《子路》)。孔子用"正"来定义"政",明确"为政以德"就是**为正以德**。这里的"为正"是指身正、言正、行正,惟此身、言、行三者皆正,才是正名①。

为政以正,要求必须节制克己。节制克己,就是心存他人;凡事心存他人,就是仁,所以为政以正,就是仁。孔子以"正"求仁为本质规定的为政理论所贯穿的核心思想,是平等;其内驻的伦理精神,是体现平等的仁爱精神。以正为本质规定的为政,既要求为政主体必须求仁和成仁,更要求为政行为必须接受普遍的、客观和共守的礼、法。孔子所论礼,一般将其理解为道德,更多属于误解,因为孔子之论为政治理邦国,是在西周分封的二元制结构的"刑不上大夫,礼不下庶人"框架下展开的,因而其"礼"不是伦理学的,而是与"刑"同为政治学范畴:礼是**治贵族**(或曰百姓)的律法;刑是**治民的律法**。但无论是以礼法治贵族治官,还是以刑法治民,都必须以"正"为准则,具体地讲,必须以"以中正为本质规定的"仁德-公道为尺度。

在孔子的政治哲学思想体系中,"刑"是法、刑法、刑罚的简称。关于刑,孔子的核心思想有二:一是"君子怀德,小人怀土。君子怀刑,小人怀惠"(《里仁》)。孔子认为,君子为政,必须**既要"怀德"又要"怀刑"**。在实际的为政治理中,刑是德的根本前提和保证。二是君子为政,司法必要客观和公正,孔子通过论子路司法做到"片言可以折狱"(《颜渊》)而指出,"片言折狱"必须同时具备主客观条件。"片言折狱"的主体条件,是司法者必须"怀德怀刑",有德刑兼备的为政能力。"片言折狱"的客观条件,是所司之法本身以民为本体,体现普遍中正的功能和平等准则。在如此刑法思想的规范下,孔子提出刑法治理三步阶梯论:第一步,在初级阶梯上,治理邦国往往需要采取刑杀方式,但必须做到"片言可以折狱";以此为基础迈上第二步阶梯,邦国之治要努力化暴虐为善和废除刑杀,这需要几代"善人为邦百年,亦可以胜残去杀矣"(《子路》);化暴虐为善,废除残暴的刑杀,就可以攀登第三步阶梯,则实施"(讼)必也使无讼乎"(《颜渊》)之治,这实是"法无

---

① 郝长墀:《政治与人:先秦政治哲学的三个维度》,北京,中国政法大学出版社 2012 年版,第101页。

所用"之治。一旦达到"法无所用"之治的状态,也就是进入"近者说,远者来"(《子路》)的社会。在这样的社会里,刑法成为预备,司法变成预防,刑法和司法无所发挥其功用,但却对人与人能"生活在一起"过有德的生活起到根本的保障作用。

孔子的刑德并举的基本思想和刑治三步阶梯论的法治理想,呈现现代法治文明的精髓,既使在今天,也构成人类法治文明建设的基本理想。

其四,以中正为本质诉求的"仁德-公道"原理。

孔子思想学说的张力最为集中地体现在它穿越地域和时空的阻隔影响世界,与人类文明共繁荣。早在汉武帝时代,《论语》就开始向越南、朝鲜等国传播,通过对承载孔子思想学说《论语》的广泛研究和运用而形成以孔子思想和精神为导向的儒家文化圈。十四世纪以来,意大利商人马可·波罗和传教士利马窦先后将中国文化带回意大利,通过往来于基督教中枢罗马的各国传教士将孔子学说传播到法国、德国、英国以及整个欧洲,影响莱布尼茨、霍尔巴赫、伏尔泰、孟德斯鸠、魁奈等思想家,并使"欧洲十八世纪思想的启蒙运动,采纳了中国的哲学"①。法国大革命纲领《人权和公民权宣言》中宣称:"自由是属于所有的人做一切不损害他人权利之事的权利,其原则为自然,其规则为正义,其保障为法律,**其道德界限在下述格言之中:己所不欲,勿施于人。**"②理雅各认为"孔子地位之高、影响之大,我认为应归功于两个主要原因:作为古代文献的保存者以及中国黄金时代至理达道的阐释与践行者;亲传弟子以及他们的早期信徒对他的忠实追随。国家和个人的至善在孔子身上得到了统一。"③在政治学方面,"孔子教导的统治是改良后的专制主义。他不允许任何一位'神授王权'(*jus divinum*)者免除个人美德和仁政的约束"④。理雅各所论实是孔子政治学说的核心思想,即"自正正人,自正正事、自正正政"的君子为政思想,内具强大的生命力向英语世界传播,经历几个世纪之后成为美国道德立国的基本思想资源。美国独立战争胜利后,其开国元勋们在创建国家的过程中,吸收孔子的政治思想智慧⑤,**强调法律治国,但前提必须是道德立国**,因为"只有道

① [美]威尔.杜兰特:《世界文明史卷1:东方遗产下》,幼狮文化公司译,北京,东方出版社1999年版,第770页。

② 许明龙:《中国古代文化对法国启蒙思想家的影响》,《世界历史》1983年第1期。

③ James Legge,*The Chinese Classics:With a Translation·Critical and Exegetical Notes*,*Vol. I*,Hong Kong,Hong Kong University Press,1960,p.90.

④ [英]理雅各:《孔子的影响与主要观点》,陈叙译,《中国经学》2013年第1期。

⑤ 王小良:《美国缔造者与中国:中国文化对美国影响的起源》,《亚洲教育》2011年秋季号。

德高尚的人才能拥有自由。如果国家变得腐败和邪恶,人民就更需要主人[①]。所以"本质上,美德或道德是大众或者共和政府主要的、必需的源泉"[②]。从古代到当代,从东亚到欧美世界,孔子政治学说的强大实践生命力,源于他的政治学思想本身蕴含人类政治文明的普遍原则,雅斯贝尔斯将其概括为两个方面:"其一,有能力的人必须在他相应的位置上。'如果一个人拥有王位却不具备必要的精神力量,那他便不足以成就文化的革新。同样的,如果他只有精神的力量而不具备最高的权威,那他也不足以完成文化的革新。'其二,公共的政治环境必须使得革新行为成为可能。如果由于这一时代生活的人不幸,不能够使得理性的有效行为有机会得到实现的话,那么真正的政治家便会隐蔽起来。他在等待时机,他不愿同流合污,也不愿同卑贱之人交往。"[③]从根本讲,孔子思想学说中的这两个原则蕴含现代人类政治文明的思想种子和制度因素,因为这两个原则**本质上是对权力和权威的限度原则,它构成人类政治民主的内在规定**。郝大维和安乐哲指出,人们误解孔子政治学说的"第一个错误在于没有认识到儒家的'权威'思想包含着不可或缺的道德与美学内容。儒教从一开始形成就关注个人的自我教化,而且特别显著地关注君臣的教化。儒学的意识要求统治者以模范德行感召天下。只有在统治者自己是文化的产物而非文化的制造者的情况下,这一点才是可能的。第二个错误是没有认识到儒家'正名'学说的积极意义,儒学'正名'的学说旨在防止个人权威的滥用。一个行为不像父亲的人就不应被称为'父亲',一个统治者行为不符合要求也就称不上是统治者"[④]。赫伯特·芬格莱特指出,孔子是"一位具有伟大地位的思想家和人师,在架构并回答其中心问题的方式时,具有某种更为迫切和普遍性的基础。如果我们力图发现这样一个基础可能是什么,我们就应当更好地理解孔子。我们必须努力将孔子的思想学说视为一种对于社会冲突与动乱的富于想象力和创造性的回应"[⑤]。因为"两种伟大的睿智洞见便融合到了孔子的思想之中。一方面,作为政治人物的孔子的构想:社

---

① Sparks, J. (ed.), *The Works of Benjamin Franklin*, Vol. X, Boston, Tappan, Whittemore and Mason, 1840, p.297.

② Lodge, H. C. (ed.), *The Works of Alexander Hamilton*, Vol. 8, New York, G. P. Putnam's Sons, 1904.

③ [德]雅斯贝尔斯:《大哲学家》,李雪涛主译,北京,社会科学文献出版社2006年版,第79、87页。

④ [美]郝大维、安乐哲:《先贤的民主:杜威、孔子与中国民主之希望》,何刚强、刘东译,南京,江苏人民出版社2004年版,第89页。

⑤ [美]赫伯特·芬格莱特:《孔子:即凡而圣》,彭国翔、张华译,南京,江苏人民出版社2002年版,第60页。

会的危机需要文化上的统一作为一种文明的政治-社会统一所必不可少的根据。另一方面，作为哲学人类学家的孔子，肯定真正礼仪行为的意向中灵动的生命是真正人性的充分必要条件。综合考虑其主题意义，也就是要求政治-社会的统一须符合礼仪。这继而又要求一种传统取向的文化作为基本根据，从那种基本的根据中，礼仪得以滋养生发而出。"①这就是孔子思想学说的世界性影响和超时空张力。

正是这一世界性影响和越时空张力，浩荡奔涌勃发出不断更新的世界性意义和当代价值，二十世纪后半叶以来美国形成专门研究孔子及《论语》思想学说的两大学派，即以倡导"文明对话"为宗旨的波士顿学派和以"本体诠释"为核心的夏威夷学派，他们从不同角度切入探讨孔子政治哲学及整个思想学说的世界意义，阐发它的当代价值。以史华慈、南乐山、杜维明等为代表的波士顿学派主张通过文明对话推动孔子思想学说走向世界；以成中英、郝大维和安乐哲等为代表的夏威夷学派，则希望通过概念、语言的沟通推动孔子思想学说世界化。更有顾立雅、芬格莱特、狄百瑞、余英时、白牧之等学者推出一批研究孔子道德哲学和政治学说的名著。正是这些以美国为中心的孔学研究，将孔子的思想学说播散开去使之世界化。渐进影响当代人类指向对未来文明的再造。A.D.林赛指出："一个民主社会的成立或崩溃取决于相互的理解，即除了他自己以外，每个人都把别人当作目的。"②H.G.顾立雅认为，每个人都把别人当作目的的"是孔子政治哲学的基础。不用消极的惩罚，只有积极的典范；没有让人民不去做什么的严厉规定，只有让他们应该去做什么的教育。没有用恐吓来统治的强权国家，只有一个协作性的共同富强国家，在这样一个国度里，统治者和被统治者之间存在着相互理解和善良意志。**在这一点上，孔子与最现代的民主理论是一致的**"③。政治学史家乔治·萨拜因站在历史的制高点上指出，政治学理论就是为"人类有意识地理解和解决其群体生活和组织中的各种问题而做出的种种努力"④。在这"各种问题"中，最根本的问题是**人如何在一起**。在孔子看来，人如何在一起的问题，既指君与臣如何在一起的问题，也

---

① ［美］赫伯特·芬格莱特：《孔子：即凡而圣》，彭国翔、张华译，南京，江苏人民出版社 2002 年版，第 64～65 页。

② Lindsay，A. D.，*The Modern Democratic State*，New York，Oxford University Press，1947，p.240.

③ ［美］顾立雅：《孔子与中国之道》（修订版），高专诚译，郑州，大象出版社 2014 年版，第 154～155 页。

④ ［美］乔治·萨拜因：《政治学说史》上册，邓正来译，上海，上海人民出版社 2008 年版，第 11～12 页。

指官与民如何在一起的问题，更指家人、朋友，甚至包括认识和不认识的人如何在一起的问题，还包括邦国与邦国如何在一起的问题。这些问题既需要教育和伦理的解决，更需要政治的解决。政治哲学家汉娜·阿伦特认为，政治的理论思考和政治的实践设计必须摆脱"政治涉及的是统治或支配、利益、执行手段等"偏见，**以求真正解决如何"在一起"（being together）的共生存在问题**。① 孔子思想学说对人类的贡献，就在于从"学而成己"至于"学而成人"，进而"为政以德"、"以道事君"和"善教""诚""敬""信""义"等方面设计出人与人和人与群如何"在一起"的社会方案，并给出了人性论依据、政治学理由和存在论原理。孔子思想学能够超越时空而产生历久弥坚的影响，其秘密就在这些方面。

---

① ［美］汉娜·阿伦特：《康德政治哲学讲稿》，曹明、苏婉儿译，上海，上海人民出版社2013年版，第203页。

总目录

凡 例

注疏乃《论语》研究的传统范式，今人变通为译注。本书亦承此范式，但有所拓展和革新。

《论语》原文篇章有多种版本，体例不一。本书参阅诸家所本而划定篇章：《论语》二十篇，共五百零九章。

本书的主体内容：《论语》文本所蕴含的思想及其学说通解，其展开为对《论语》义理的关联分析和逻辑呈现。

一、结 构

语言，作为一种表达形式，客观存在能指与所指的非对应性，正是这种非对应性，使语言既可成为思想情感的直接现实，也可成为遮蔽思想的直接现实。正视语言的"两可性"，尽可能消解研读过程中对文本内容的遮蔽性，本书尝试以"形式呈现"和"思想呈现"为复式结构的研究框架来展开研读，以求呈现潜伏于语言背后、被语言遮蔽的思想情趣和体系的逻辑。

(一)形式呈现

在原著"篇—章"结构基础上，构建以"篇"之**导读**和"章"之**注解**为基本内容的文本框架。

第一部分内容：导读。以"篇"为单位，构成各**篇首**内容。置于篇首的导读，承担三个任务：一是揭示该篇中各章与章之间的语境关联、内容关联或主题关联。二是呈现上下篇之间在内容结构上的"有序"性，以及观念、主张、思想方面的内在联系。三是以简明扼要的语言勾勒孔子思想和学说体系的潜在结构。

第二部分内容：注解。以"章"为单位依次展开。这里的"依次"，当然指依《论语》篇章的编纂结构顺序，但更指以章为单位的"注释—译文—通解"次序。

注释——参照历代各家注解形成，重心是矫正和补遗，使之更具知识的确定性和完整性。

译文——以章篇语境为依据，参照其他版本，以"直""意"结合方式译出每章本义，力求表意完整和表述信达雅。

通解——对每章内容及蕴含的观念、主张、思想予以**会通**诠释。其会

1

通诠释遵循四个方面要求：一是不做现代式观念阐发，尽可能以客观呈现每章内容为**基本原则**；二是深度分析隐蔽于语言背后的思想内涵，以呈现章与章在思想、逻辑、结构等方面的内在关联为**努力方向**；三是以还原孔子生活的当世境遇和其言行语境为**基本方式**；四是以语境法和证明（主要是自证和前证）法为**基本方法**。其整体目标有二：一是**客观呈现**《论语》"章篇有序"的文本结构系统和"经纶世务—圆转无穷—蕴含万理"（邢昺语）的体系性思想学说；二是还原真实生活、真实情趣、真实爱憎、真实思想的孔子，去"圣"化，还孔子本来生活和本来面貌。

（二）思想呈现

二十世纪存在主义哲学家雅斯贝尔斯在《大哲学家》中定义孔子是"创造思想范式"的思想家，指出其所创造的"思想范式"构成其后"强大的哲学思想运动的基石"。然而，孔子创造了什么性质和内容的"思想范式"，以及怎样创造出这一"思想范式"的？这应该是千百年来《论语》研究所未能正面涉及的内容。本著"导读"和"通解"，尝试**整体地呈现孔子"思想范式"的基本内容以及其生成建构的内在逻辑。**

二、通 解

基于"形式呈现"和"思想呈现"之复式结构要求，形成《论语》文本的**形式语义解释**和**生存语义**诠释，前者展开为"注释"，后者展开为"通解"。但重心在"通解"，目的于抉发隐含于《论语》文本之形式语义背后的生存论思想。由此形成"通解"的重心取向展开为如下四个方面：

（一）基本概念辨正

注重呈现孔子思想学说的核心概念的内涵辨正，尤其是性、仁、礼、乐；邦道、正名、中庸、公、正、异端、刑罚；忠、恕、孝、弟；学而、知、思、行；愚、勇、直；克己复礼为仁；为政以德；以道事君；志道、据德、依仁、游艺等等，呈现这些核心概念在内涵和外延两个方面的关联性，或直接语义关联，或间接语境关联。并以还原方式呈现各核心概念与其基本观念、思想主张之间的隐蔽生成逻辑。

（二）抉发章篇中隐含的思想内容

阅读《论语》，往往因其语录体而停留于表面语义的理解，但其语言背后蕴含的深度思想内涵，成为本著"通解"的重心。比如"邦有道，不废。邦无道，免于刑戮"（《公冶长》），各家注疏大同小异地将其理解为"邦国有道，南宫适不会被罢黜；邦国无道，南宫适也可免于刑戮"。在如此理解中，南宫适不过是一个圆滑世故和明哲保身的小人。孔子怎么会赞赏这样的人呢？并且还"以其兄之子妻之"？显然，这既不合事理逻辑，也不合孔子"为政以德"和"以道事君"的政治主张，更不符合孔子"不在其位，不谋其政"的为政原则。注重本章内容的语义和结构逻辑，孔子之特别赞赏南宫适，是因为"**当邦国依道治理，他能勤勉于政务，故不会被罢黜；当邦国逆道而行，他却能以其施治努力使民、人免除刑罚和杀戮**"。根据"性相近，习相远"（《阳货》）的人性取向，在"邦有道"的生活环境里，人们大都能守德畏刑；但在"邦无道"的环境里，守德畏刑的土壤丧失，民、人更易沉沦于刑戮中。在这种境况里，南宫适不仅自"怀其刑"，还坚持行教化疏导，并以中正刑罚规范，使治域中的民、人免于刑戮，其德行非真君子所不能。这是孔子为何"以其兄之子妻之"的根本理由。

又如"周监于二代。郁郁乎文哉，吾从周"（《八佾》）一章，孔安国注"监，视也"；邢昺继之做更详细疏解。今人多从孔、邢之说。但朱熹《论语集注》"言其视二代之礼而**损益**之"，程树德《论语集释》亦从朱说，因为朱说亦有依据：《隶释》曰"监"通"鉴"，有甄别、选择义。由于周文明是选择性发展夏商"两代"文明精华而来，所以孔子**要有损益地**"从周"，这是"监"与"从周"之间的语义结构和认知逻辑关系。理解这一双重关系，此章的本义得到呈现："**孔子说：'周以夏商两代为镜，并借鉴两代礼法精华发展成昌盛的文明，我主张遵从返本开新的周道。'**"

(三)呈现章篇间的语义、逻辑、思想关联

由编纂语录而成的《论语》，表面看，篇章之间无关联，其实不然，篇章之间客观存在"语义、逻辑、思想"三维关联性。比如，由于孔子有"吾从周"和"克己复礼"二说，被后人判为"复古主义"者；由于东汉马融将孔子之"殷因于夏礼"章中的"所因"解释为"三纲五常"，就有后人认定孔子是"吃人的礼教"的祖师爷，所以要"打倒孔家店"。但注意语境，抉发一些重要章篇之间的内涵关联，就可呈现孔子真实的思想。比如，朱熹和程树德诠释"周监于二代"，从中抉发**损益**观念，突显"周监于二代"与"从周"以及"郁郁乎文哉"与"从周"之间的双重逻辑关系；前者表明孔子主张"从周"的理由，是周文明承传和发展夏商文明而来；后者展示孔子"从周"必须遵循"损益"原则。朱、程之所以能从"周监于二代"中发现孔子"损益"思想，或许领悟到了**论语"章篇有序"的结构里蕴含"经纶世务""圆转无穷""蕴含万理"**（邢昺《论语注疏经序序解》）的解释机制："周监于二代"是孔子考信历史得出的结论和应该如何对待传统的态度；历史地展开遵从"损益"原则；对待传统的正确态度是遵从损益原则行**返本开新之道**。在《为政》第二十三章"殷因于夏礼，所损益，可知也。周因于殷礼，所损益，可知也。其或继周者，虽百世,可知也"中,孔子正面提出"损益"原则和返本开新的历史发展观、认知论;在《颜渊》第一章"克己复礼为仁。一日克己复礼,天下归仁焉。为仁由己,而由人乎哉"中,孔子正面表明如何"损益"和怎样返本开新的路径和方法。

(四)呈现章篇语义、逻辑、思想之间的整合关联和体系性生成

《论语》虽然是一本"语行录"汇编本,其章篇之间表面上缺乏语义关联和思想关联,但在**深层次的生存语义层面**却存在章篇语义和思想关联的**体系性**。最早发现此一"篇章语义和思想关联"体系者是东汉郑玄,对其予以语义、思想、逻辑的完整表述的,是宋之邢昺,他认为《论语注疏》"以此书可以经纬世,故曰纶也;圆转无穷,故曰轮也;蕴含万理,故曰理也;篇章有序,故曰次也;群贤集定,故曰撰也"。

《论语》编纂的"章篇有序"和"经纬世务"的思想内容"圆转无穷",虽然为历代一些注疏家所发现,却缺乏概念与概念、章与章、篇与篇在结构、语义、观念、思想等方面的**会通理解**。本书"导论"和"通解",尝试在这方面做会通孔子思想学说的努力。

三、方 法

孔子创造"思想花式"的哲学方法,是融经验和理性于一体的"事件的本体论"方法。理解和领悟这一方法是会通《论语》之形式语义和生存语义的关键。以生态理性思想为指南探索构建语境还原方法,并运用生态化综合贯通考据方法、辨证方法、语境还原方法和证明方法,构成本著会通呈现孔子思想学说的方法体系。

(一)考据方法

考据贯通各篇章的"注释"和"通论"中。有些考据过程得来的结论往往与先贤、时贤不同,有的是章节划分不同,有的是句逗不同,有的是本事不同,更多的是义理不同。这些"不同"都是从不同方面呈现**语境还原**,其最终努力是实现**思想还原**。

(二)辨正方法

顾颉刚总结中国历史是"层累地构造"而"不立一真,唯穷流变"。这也符合《论语》的研究传统,这就是越往后走,《论语》越被附着更多后人的观念和想法。本书遵循孔子之"述而不作,信而好古"的考信精神,在各"紧要处"(《近思录·致知》)辨正,**去伪呈真**,以还原《论语》语境,还原孔子的当世存在处境、生活情趣、爱憎情感和社会理想、历史使命与思想学说的真相。

(三)语境还原方法

人的思考以及由此得来的思想或情感,是境遇生成的;表达其思考及其生成的思想情感的言说,始终是情景定义的。境遇和情景的双重激励或制约,形成经典的研读必然需要语境还原。语境还原方法构成本著的基本方法,从《论语》形成的历史语境、时代语境和《论语》文本的编纂语境、章篇语境等不同维度予以观念、情感、思想等方面的还原努力。

(四)证明方法

《论语》文本经历千百年的注疏释义,层累性生成一个**后证方法传统**。这个传统就是将后人研究《论语》得来的内容作为"依据"来理解《论语》,其结果自然是越来越远离《论语》思想学说本身。本书的基本任务是重新定义证明方法:证明方法是指**证伪或证实**文本内容的根本方法,它包括前证方法、自证方法、同证方法和后证方法四种。运用孔子当世之前的文献辨正《论语》内容的方法,是前证方法;运用孔子当世及其弟子时代的诸子文献来辨正《论语》内容的方法,是同证方法;运用《论语》文本内容来互证或澄清其曲解、误解的方法,是自证方法;运用诸子时代之后亦即秦以降的文献来证明《论语》内容的方法,是后证方法。本书慎重地存疑后证方法,综合运用前证方法、同证方法和自证方法来辨正《论语》内容,尤其注重于运用自证方法来证伪和证实。

上册目录

导　论

　　要了解遗留的文献,如文献本身有问题,当然需要下一番训诂、考据的功夫。在这一点上,不应有任何争论。但仅靠训诂、考据,并不就能把握到古人的思想。在训诂、考据以后,还有许多重要工作。①

　　我们所读的古人的书,积字成句,应由各字以通一句之义;积句成章,应由各句以通一章之义;积章成书,应由各章以通一书之义。这是由局部以积累到全体的工作。在这步工作中,用得上清人的所谓训诂、考据之学。但我们应知道,不通过局部,固然不能了解全体,但这种了解,只是起码的了解。要作进一步的了解,更须反转来,由全体来确定局部的意义;即是由一句而确定一字之义,由一章而确定一句之义,由一书而确定一章之义,由一家的思想而确定一书之义。这是由全体以衡定局部的工作,即赵岐所谓"深求其意以解其文"(《孟子题辞》)的工作,此系工作的第二步。此便非清人训诂、考据之学所能概括得了的工作。这两步工作转移的最大关键,是要由第一步的工作中归纳出若干可靠的概念,亦即赵岐之所谓"意"。这便要有一种抽象的能力。但清人没有自觉到这种能力,于是他们的归纳工作,只能得出文字本身的若干综合性的结论,而不能建立概念。因此便限制了他们由第一步走向第二步的发展。②

　　观古今中外,文明之根深扎于传统,每一当世文明都须从传统中吸取思想、精神和方法的营养。进入后世界风险社会的当代中国,其再造文明的源泉仍然是**本土中国的本土传统**。本土传统的主体是儒学,儒学的直接源头是孔学,呈现孔学的权威经典是《论语》。几千年来,研究《论语》的大家辈出,成果浩瀚,**但其思想和学说的整体仍有待抉发和梳理,这需要更新研究方法**。这是因为《论语》文本的思想和学说的**整体面貌**至今未得到清晰的呈现,形成这种状况有众多因素的制约,**但其中一个最重要因素是研究方法所形成的视域禁锢**。赫伯特·芬格莱特在《孔子:即凡而圣》中指

---

① 徐复观:《徐复观全集·中国思想史论集》,北京,九州出版社2014年版,第129页。
② 徐复观:《徐复观全集·中国思想史论集》,北京,九州出版社2014年版,第129~130页。

出:"我竭力避免引入诠释的材料,我们知道,这些材料是后世中国人的注释或评论。在我看来,在中国'诸子'辈出的时代,形形色色的中国哲学思想的交融互补,似乎很快就赋予孔子的思想学说一种不同的性质和特征。当然,我这种纯化孔子的企图和努力不可能完全成功,而只能取得一定程度的成功。**因为我们所有的文本和解读,都不可避免地受到了历史上各种注释、评论、编撰者的选择和十足的意识形态的影响。**"(引者加粗)①芬格莱特提示我们:《论语》研究呈现或潜伏的所有问题,可能与研究视野和方法有关。芬格莱特的研究特别"避免引入诠释的材料"的努力,是回归《论语》还原孔学的正道探索,这种正道探索的成功或许涉及整个儒学史甚至中华本土传统史的**某些方面的**矫正,这是因为"在中国传统中,人们总是不断地借助于圣人孔子的权威,掩盖了与孔子的学说有重大差别的变革学说;借助于促进传统价值连续性的风俗,从而把自己的学说说成是孔子的学说。例如,在《论语》里,孔子一再避免涉及形而上学问题,但深刻的形而上学著作《中庸》仍然以孔子的名义,将自己归属于孔子。《荀子》也打过孔子的旗帜,而事实上,它代表的是远离孔子学说的一种激进理论。西汉著名的儒家学者董仲舒,与其说是孔子或者先秦儒家的代表,还不如说是西汉调和折衷各学的巨擘"②。其实,《孟子》《礼记》《孔子家语》《孔子世家》等经典,被后世研究者放心大胆地用来研究《论语》的"经典材料",也存在类似的"陷阱"。如果在研究视野和方法上画一条界,**谨慎地**使用那些后来形成的材料,最大可能回归《论语》思想复活孔子学说本身,孔学不仅与荀学、董学之间存在根本区别,与孟学的本质区别也会黙然呈现。由此拓展开去,汉学、宋学与孔学之间根本路线的不同,亦会泾渭分明。

一、《论语》研究的境遇取向

《论语》研究领域相当广泛,包括《论语》文本、《论语》考据、《论语》版本、《论语》源流及研究发展史等。其中,《论语》文本内容构成研究的基础部分,也是研究的基本面向。仅此而言,几千年来,其研究形成的繁富成果,既体现《论语》经典本身的思想张力,同时也呈现出一个很少为人们正视的问题,那就是**境遇**问题。

所谓"境遇",通俗地讲就是**生存的境况和遭遇**,它由变动不居的社会

---

① [美]赫伯特·芬格莱特:《孔子:即凡而圣》,彭国翔、张华译,南京,江苏人民出版社2002年版,第4页。

② [美]郝大维、安乐哲:《孔子哲学思微》,蒋弋为、李志林译,南京,江苏人民出版社2012年版,第14页。

问题、个人问题以及谋求解决的诉求及其作为所整合形成,影响着思想产生、认知选择和研究活动。以此来看《论语》研究的繁富所呈现出来的千姿百态的个性,实际上是《论语》自身境遇与研究者所负载的(社会或个人)境遇之间形成的张力使然。

《论语》作为先秦文化思想原典,对它展开研究,可溯及战国孟子、庄子、荀子以及韩非子,其后两千多年,经历汉代、六朝、唐宋、明清几个阶段发展而至今天,其研究的基本方式是**注疏**,目标是建构智识,抉发义理。因**学术思想始终既是时代问题的求解方式,更是时代境遇的真实反映,所以不同时代其学术发展始终呈现自身特征和个性**。比如,就研究《论语》的方法论,"汉儒所重者,名物之训诂,文字之异同;宋儒则否,一以大义微言为主"①。究其因,境遇各异而已。秦亡汉兴,面临制度重建,汉儒研究《论语》之特别注重文字异同、名物训诂,就是要通过重新抉发、比较而重建制度和制度需要的智识体系和价值体系。经历六朝、隋唐至宋,所面临的境遇却是儒家信仰的空位,这恰恰是宋儒用天理释《论语》以抉发其微言大义的根本之因。

由汉到宋,《论语》解释体例发生根本性的变化,即由汉代以"说""注"为主,向魏晋以"集解"为主(如何晏《论语集解》、卫瓘《论语集注》、孙绰《论语集注》、江熙《论语集解》)再到南北朝以"义疏"为主(如褚仲都《论语义疏》、皇侃《论语义疏》、刘炫《论语述义》、徐孝克《论语讲疏文句义》、张冲《论语义疏》)的演变,却是社会境遇与学术境遇递相变迁使然。汉朝解体后,其政权经历三百多年频繁更迭,而这一政体更迭的过程本身构成重新理解和研究《论语》的宏大社会境遇:"战乱与割据打破了帝国的一元化政治与集权式地主经济体制,定型于西汉中期的以经学为主干、以儒学独尊为内核的文化模式崩解,取而代之的是文化生动活泼的多元发展局面。"②在这一生成性建构的新社会境遇中,一方面,统治者基于确立代表自己观念、理想和精神追求意识形态的迫切需要,既在政策上尊孔重儒,又给予儒、佛、道相竞斗的发展空间;另一方面,国家分裂、政治多元,造成政治中心权威影响力有限,思想控制松弛,形成相对自由的学术环境,必然推动"定型于西汉中期的以经学为主干、以儒学独尊为内核的文化模式崩解,取而代之的是文化生动活泼的多元发展局面"。由此三个方面形成**儒道会通**的思想潮流和学术境遇,推动《论语》研究改变汉儒的经注手法和思维模式,为向宋学过渡开辟道路。

---

① 程树德:《论语集释》上册,北京,中华书局2017年版,第4页。
② 张岱年、方克立:《中国文化概论》,北京,北京师范大学出版社1994年版,第93页。

由于"汉代独尊儒术之后，经学占据统治地位，束缚了人们的独立思考，阻塞了未知领域的前进道路。除少数学者外，多数人都缺乏创新精神"①，致使汉学形成"专门授受，递禀师承，非唯诂训相传，莫敢同异，即篇章字句，亦恪守所闻，学笃实谨严，及其弊也拘"（《四库全书·经部·总叙》）的流弊，引发六朝《论语》研究的自由革新，推动其勃勃发展；但六朝追求自由思想、发展思辨、张扬个性、实现内在精神超越的努力虽然改变汉学"用经验的论证超验的或用经验的论证经验的合理性"的沉闷注经模式②，但同时既削弱了儒学的独统地位并消解了儒学的纯正性，又不断地解构汉代建立的智识体系和信仰体系。这两个方面合谋形成的境遇力量推动宋代《论语》新学的开拓，以诠释义理的方式重建融学术和政治于一体的智识和信仰体系。基于这一境遇，宋代《论语》新学既承汉唐训诂章句之学，又发挥六朝抽象思辨之长，站在哲学高度解读和阐发《论语》经典，形成以注释为手段，借以阐发新儒学（即理学），在方法上形成由训诂以通义理，以期通经明道，重建智识和信仰体系，为政治的合法性提供依据。这一努力以邢昺《论语注疏》的出现为转捩，通过二程开以义理释《论语》风气之先，最后以朱熹博采众说著《论语集注》，实现通经明理之大成。

宋代《论语》新学发展经历元明而至清，其研究进入综合创新的鼎盛时期，仍然是社会境遇与学术境遇双重力量推动使然。首先，明亡而清，已不是简单的王朝更替，而是继元之后大汉民族再次承受少数民族统治的大变动，学者们痛定思痛地一方面将亡国之恨发泄为对空谈义理心性的宋明之学的批判和否定，另一方面被迫思考现实和文化的承传。其次，为化解民族对立，长享国祚，清朝统治者一方面推行"以汉治汉"国策，实施"崇儒崇道"文化政策，另一方面又推行文化专制，特别是嘉、道以降，内忧外患迫使清朝统治者更加强化文化专制，钳制言论，大兴文字狱。这诸多因素交织形成的动态变化的境遇力量，推动《论语》研究从整体上呈现"汉宋兼采"和"经世致用"的双重取向。这种既重学术传统的综合，又重理论与实践的综合的研究，首先体现在张扬儒家理想的强烈经世致用的诉求，这种经世诉求既呈现出深厚的考据色彩，又呈现出摆脱门户之见追求以合于孔门义旨为准则的价值原则。要言之，清代《论语》研究的综合，是融经世、考据、义理于一体的综合。这种性质和取向的综合将《论语》研究提升到很高的学术化境界。

---

① 张岱年、方克立：《中国文化概论》，北京，北京师范大学出版社1994年版，第93页。
② 汤一介：《中国传统文化中的儒道释》，北京，中国和平出版社1988年版，第293页。

(一)核心概念诠释的境遇性辨正

研究《论语》,意在于抉发义理,下手功夫是文字异同、名物训诂,重心是诠释核心概念。基于不同境遇,其核心概念的义理诠释千差万别,许多诠释甚至远离本义。比如"殷因于夏礼,所损益,可知也"(《为政》),孔安国注之为"文质礼变"。马融将"因于"解为"所因,三纲五常",宋邢昺继其说,朱熹进一步强调之。王钧林在《中国儒学史·先秦卷》中将历代注解《论语》之法归为三种,即"小学实证性释读""章句义理式释读方法""会通式释读方法"①。以此来看,孔安国生活在汉代制度和知识体系重建的过程中,其研究《论语》倾向于运用小学实证法,力求以训诂文字语词来推阐《论语》本旨,抉发《论语》本义,以实现其制度和知识体系的重建。具体地讲,孔安国对篇章的核心主旨予以"文质礼变"的解释更接近孔子本意,触及孔子思想学说之"变化"的发展观,这恰恰基于双重境遇的融合:首先,孔安国生活在汉代制度重建过程中,而制度重建落实在学术上,就是重建知识、认知方式、信念、思想和意识形态,力求抉发《论语》本义,是实现其制度、知识体系和价值重建的根本方式。其次,孔安国是孔子第十二世孙,自受承传不替的家学熏染,对《论语》的理解更为切近。最后,作为其血脉承传的直系子孙之孔安国,更有其本能性地还原先祖孔子思想本义的努力。如此三者,构成孔安国注《论语》以训诂字词来推阐《论语》本旨的质朴方法。与此不同,东汉马融以"意义生成"的"义理释读"方法来诠释"因于"为"所因,三纲五常",是为回应东汉重新弥合西汉制度信仰体系和知识体系的境遇性要求。宋之邢昺、朱熹发挥马融之说,却基于以"上行君道"为己任的宋儒们重振儒家信仰、重建儒家主导地位的需要。历史地看,"三纲之说始见于《白虎通》"(《大学衍义》),所以"三纲五常"实与孔子无关。孔子论三代"因于"和"损益",探究"继承"和"发展"的隐蔽关联,意在于总结文明的规律,对待传统的原则,突出其历史发展观,呈现孔子的历史哲学思想。

上例表明诠释者的境遇性取向一旦形成对《论语》文本境遇的偏离,对其核心概念的义理疏解往往偏离《论语》本义,导致曲解。这种情况在自六朝以降至今的《论语》注疏研究中呈普遍性,比如涉及孔子核心思想的"君子""学而""道""德""性""中庸""异端""忠恕""正名""克己复礼为仁""为政以德""以道事君"等核心概念,往往因为"小学实证性释读"或"章句义理式释读"而形成诸多歧义或争议,一旦正视《论语》自身境遇,采取语境方

① 王钧林、修建军、张颂之:《中国儒学史·先秦卷》,广州,广东教育出版社1998年版,第325～331页。

法,会尽可能还原这些核心概念的本义或厘清这些概念的内涵,有助于深入理解《论语》本义。如后人言孔子"一以贯之"之道,均沿曾子"忠恕"之说,但孔子应答子张问仁(《公冶长》)时,将仁、忠、清三者分得很清楚:孔学的最高范畴是"仁",它统摄礼、乐,并由仁开出知、勇、忠、恕。所以孔学"一以贯之"的应是**返本开新方式"以仁入礼"的中正之道,忠恕只是其中正之道的践履原则**(详见附录1《孔子"吾道一以贯之"新解》)。

(二)篇章自身结构和语义逻辑把握

《论语》研究不仅要受研究者的境遇取向影响,更要受《论语》内容自身境遇的规范。因而,研究《论语》,必然涉及研究者的境遇取向与《论语》内容自身境遇要求相合的问题。由此形成《论语》研究的动态性:研究《论语》,抉发义理,如果囿于语言的静态诠释,往往会忽视篇章自身的语义和逻辑结构。

从根本论,诠释《论语》,抉发其本义,深入地正确理解每章内容自身结构的逻辑,是为关键。"齐景公问政于孔子。孔子对曰:'君君,臣臣,父父,子子。'公曰:'善哉!信如君不君,臣不臣,父不父,子不子,虽有粟,吾得而食诸?'"(《颜渊》)这一章内容,往往使孔子的思想成为君主集权专制的思想来源,如果将"君君,臣臣,父父,子子"置于本章"齐景公问政"的真实语境中来理解,这种看法就会改变,因为孔子与齐景公的问答,是围绕如何治邦强国而论的,孔子提出的根本治策是家邦齐治,这是基于分封建制社会结构和血缘宗法制度;家邦齐治的根本方法,是为政以德,必须以担当明确**权责**为要务,这就是"君要遵君道,担当君责;臣要遵臣道,担当臣责;父要遵父道,担当父责;子要遵子道,担当子责"。齐景公听了之后才如是赞赏地说:"你讲得太好啊!假如君不像君,臣不像臣,父不像父,子不像子,纵然有丰足的粮食,我能吃到它们吗?"

(三)篇章之间的语义关联和互释互证机制

诠释《论语》,抉发其本义,既要注重于**还原《论语》文本内容本身蕴含的境遇**,以及由此境遇生成的语境,更要在此基础上把握章与章之间的语义关联,以及其思想生成或相互解释的内在机制。比如"雍也,可使南面"(《雍也》)一章,刘向解"南面者,天子也";包咸、郑玄皆注"南面,谓诸侯也",邢昺、朱熹等从其说。但清初周梦颜《质孔说》诠释"南面者,临民之位也,庶司百职,无不南面,非必定邦君";王引之沿其说而认为"天子、诸侯、长官均可南面而坐"(《经义述闻》)。今人杨伯峻、李泽厚等译为"长官",黄克剑等人定义"南面"为"卿、大夫之位",孔子否定世袭贵族制而主张唯德才是举的根本政治学思想,就这样被彻底地抹灭。客观地看,包咸、郑玄、邢昺、朱熹解"南面者,诸侯也",应合春秋"天子乃天下共主"而"邦国君位应能者居之"的史实,这一史实不仅体现春秋之基本的时代思想精神,也合孔子"贤人政治"观和"唯德才是举"主张。孔子将这一主张推向生活,认为哪怕子女婚嫁,也要遵循"唯德才"准则:孔子"以其子妻"公冶长和"以其兄之子妻"南容,所表达的深层语义是破除门第,其与主张废除世袭传统,倡导贤人执国、君子治邦的"雍也,可使南面"一章内容构成互释机制。

(四)篇章语义整合诠释的可能性

读《论语》,如果以感觉方式展开,其章篇之间似缺乏关联,但实际上并非如此。《论语》各篇,内在地蕴含形式语义与生存思想之间的生成关联。对这一内在生成关联的最早发现者是东汉郑玄,他在《论语注》中释:"论者,纶也,轮也,理也,次也,撰也。"刘熙继之释为:"《论语》纪孔子与诸弟子所语之言也。'论',伦也,有伦理也。'语',叙也,叙己所欲说也。"(《释名·释典艺》),揭示论语章篇之间存在"编排有序"。南朝皇侃在总结前人基础上提出"三途"说:"今字作'论'者,明此书之出,不专一人,妙通深远,非论不畅;而音作'伦'者,明此书义含妙理,经纶今古,自首臻末,轮环不穷。依字则证事立文,取音则据理为义,义文两立,理事双该,圆通之教,如或应示。"(《论语义疏序》)唐代陆德明从皇其说(《经典释文·论语音义》)。宋邢昺引申皇、陆之说,认为"以此书可以**经纶世务**,故曰纶也;**圆转无穷**,故曰轮也;**蕴含万理**,故曰理也;**篇章有序**,故曰次也;**群贤集定**,故曰撰也"①。时人以为"此种说法将'论语'解释得包罗万象、高深莫测,实在是给人一种牵强附会之感,想当初立名之时,孔子弟子断不会有如此丰富的想法,这是尊经崇圣的情感战胜理智的产物,不是科学的态度"②。邢昺在《论语注疏》"序"中曰:"篇者,积章而成篇,遍也,言出情铺事明而遍者也。积句以成章,章者,明也,总义包体所以明情者也。句必联字而言,句者,局也,联字分疆,所以局言者也。"③**这进一步明确论语篇、章、句之间存在结构逻辑和语义表达的隐蔽关联**。邢昺疏解《论语》,在各篇首概括本篇主题和内容大要。朱熹从其方法,亦在各篇首概括本篇主题要旨。时人黄克剑将篇首主题要旨改为篇末"疏解",以更详细的方式梳理本篇的思路结构、主题及内容展开的逻辑。

综上,《论语》编纂"篇章有序"和"经纶世务"的思想内容"圆转无穷",虽已为一些有识的注疏家抉发,但缺乏系统的梳理和逻辑的阐述,概念与

---

① (三国)何晏注,(北宋)邢昺疏:《论语注疏》,北京,中国致公出版社 2010 年版,第 4 页。
② 唐明贵:《论语学史》,北京,中国社会科学出版社 2009 年版,第 45 页。
③ (三国)何晏注,(北宋)邢昺疏:《论语注疏》,北京,中国致公出版社 2010 年版,第 4 页。

概念,以及章与章、篇与篇之间在结构、语义、观念、思想等方面的会通理解,还有很大的抉发空间。

二、《论语》产生的三维视野

要重新抉发《论语》文本内容中概念与概念、章与章、篇与篇之间的结构关系、语义逻辑,以及由此生成的观念-思想体系,需要返回《论语》文本内容诞生的境遇及言行展开的具体语境,其前提是开阔思维,打开视野。

> 一个走大道之路的学者,一个真正的思想者或者说思想家,必须具备三维视野,即历史视野、现实视野和未来视野。要获得这样的三维视野,必须首先涵养关怀品质,培育关怀精神,生成关怀能力,即拥有对历史的关怀,对现实的关怀,对未来的关怀。这种基于关怀而形成的三维视野,落实在对具体对象、问题的思考和探究过程中,它就变成了最实际的宏观方法。具体地讲,这种视野和关怀表现在历史的维度上,是以反思的方式呈现;表现在现实的维度上,是以检讨的方式呈现;表现在基于现实的困境而指向未来可能性的维度上,是以构建的方式呈现。①

如上三维形成的宏观视野,应该是思想学问的创造或研究必备的。但是,创造思想学问与研究思想学问之间应有区别:创造思想学问,必伴随方法的创建;研究思想学问,既涉及方法的创建,也涉及对研究的思想学问本身蕴含的方法的挖掘与运用。只有以挖掘和运用方法的方式研究思想学问,才尽可能接近其研究对象本身。

> 研究论语之法,汉儒与宋儒不同。汉儒所重者,名物之训诂,文字之异同;宋儒则否,一以大义微言为主。惜程朱一派好排斥异己,且专宣传孔氏所不言之理学,故所得殊希。陆王派虽无此病,然援儒入墨,其末流入于狂悍,亦非正轨。**故论语一书,其中未发之覆正多**……论语一书,言训诂者则攻宋儒,言义理者则攻汉学。平心论之,汉儒学有师承,言皆有本,自非宋儒师心自用者所及。《集注》为朱子一生精力所注,其精细亦断非汉儒所及。盖义理而不本于训诂,则谬说流传,贻误后学;训诂而不求之义理,则书自书,我自我,与不读同。②

---

① 唐代兴:《生态化综合:一种新的世界观》,北京,中央编译出版社2015年版,第5页。
② 程树德:《论语集释》上,北京,中华书局2017年版,第4~5页。

程树德所论至为中肯。大体说来,秦以降,《论语》研究可**大致**归于汉学和宋学两大路子,前者之法是训诂考据,后者之法是义理诠释。二者虽截然对立,但结果趋同,那就是偏离《论语》本身。面对这种情况,或许语言本身可为之提供解释路径。语言,既可表达思想,也可遮蔽思想,更是思想创造的自身方式,此三者构成语言的"能指"三维。当此三维"能指"功能向"所指"实现时,就使语言本身获得情境定义的双重语义指涉,即**语词**语义和**生存**语义,前者乃语言的**形式**语义,后者即语言的**本体**语义。在具体语境中,语言的语词语义构成其生存语义的载体,并成为体认、理解其生存语义的路径,语言的生存语义构成语词语义的本体内容并赋予其语词语义的思想深度和认知张力。

以此观《论语》研究,汉学的训诂方式,重在语言的形式语义诠释,这种方式一旦被推向极端,则热衷考据"名物""制度""文字异同"而成为程树德所讲的"书自书,我自我,与不读同";宋学的义理方式,重在生存语义阐发,但因其"师心自用"而达于极端时,就出现观念先行与任性:"一部论语中,何尝有一个'理'字?而《集注》释天为即理也,释天道为天理;又遇《论语》凡有'斯'字或'之'字,悉以'理'字填实之,皆不勉强人就我,圣人胸中何尝有此种理障耶?"①

研究《论语》,要避免如此诠释弊病,前提是回到《论语》本身,获得《论语》本身的视野,它敞开为认知、思想、存在三维度。

《论语》的认知视野,表征为特定的认知疆域。由于"子不语:怪、力、乱、神"(《述而》),《论语》涉限于**人伦与政治**,这一认知疆域自然限定《论语》所思考者,不外人性、正名、仁、礼、乐、学而、中庸等内容。将这些内容贯穿成思考整体的那个概念,应该是"君子":《论语》使用频率最高之词,就是"君子",凡八十六章并出现一百零七次,它构成《论语》的主题概念。"依照传统的说法,儒学具有修己和治人的两个方面,而这两个方面又是无法截然分开的。但无论是修己还是治人,儒学都以'君子的理想'为其枢纽的观念:修己即所以成为'君子';治人则必须先成为'君子'。从这一角度说,儒学事实上便是'君子之学'。"②

君子学说构成《论语》的思想**疆界**。君子学说的实践展开是修治:君子所修,内容是仁,基本方式是学而,目标是使人自具**成己**之德;君子所治,内容是政务(大而言之治理邦国,具体讲治化民、人),工具是礼法,目标是实

①　程树德:《论语集释》上册,北京,中华书局 2017 年版,第 6～7 页。
②　[美]余英时:《现代儒学的回顾与展望》,北京,生活·读书·新知三联书店 2013 年版,第271 页。

现"社会秩序的重建"和"个人内心生活的调理"①:重建社会秩序的基本方式,是"正名分";调节个人内心生活的基本方式,是教化以恢复"中庸之德"(《雍也》)。二者形成合力达到的境界,就是乐(如图 0-1)。

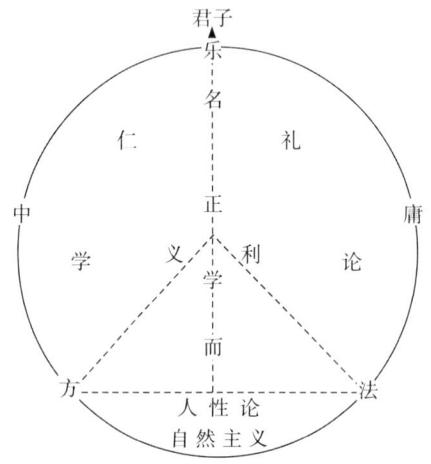

图 0-1 《论语》的认知视野及思想学说疆域

《论语》以仁、礼、乐为核心范畴,从修仁出发习礼,最后达成作为个体主体的**成己之乐**和作为社会主体的**成人之乐**,构成"以仁入礼达乐"的思维-认知路径。这一思维-认知路径向上展开,开出道德哲学;向下展开,形成君子学说。君子学说敞开伦理和政治两个维度,形成君子伦理学和君子政治学:前者围绕君子**成己**展开,形成以"君子人格"为主题的君子德性理论;后者围绕君子**成人**展开,形成以"修德取位"和"以德正位"为主题的君子事功理论。其动力来源是自然主义人性论,基本路径是"学而时习之",根本方法是中庸道德(如图 0-2)。

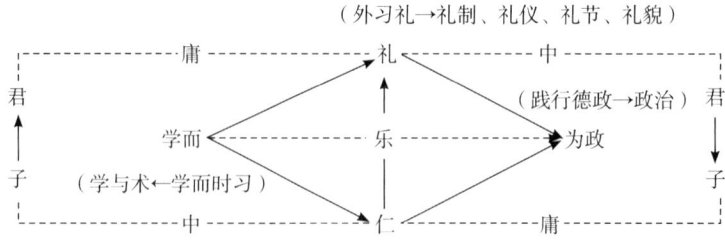

图 0-2 《论语》的思想视野及思想生成的内在逻辑

---

① 韦政通:《中国思想史》上册,上海,上海书店 2003 年版,第 43 页。

考虑《论语》蕴含的**思想视野**的形成展开,必然牵涉孔子作为思想家的存在论视野:

> 孔子以前的文化与思想像旷野的奔流,浩荡又壮丽,它是古中国政治、社会、信仰的支柱。到了春秋时代这支柱本身起了变化,引起变化的主要原因,外部的是由于政治权力的分化,内在的是因信仰重心的坠落。二者互为因果,又使这两种趋势日益增强。前一趋势导致不断的战争和暴乱,于是交通开辟,商业亦渐兴起;后一趋势导致宗教的转化和人文思想种子的散布。这就是孔子崛起前社会文化的概略景象。在这个时代有两项重大的要求:**一是社会秩序的重建,其中包括政治领导中心的重振和社会的贫富问题;二是个人内心生活的调理,其中包括道德规范的确立和社会秩序在人性中的基础问题。**孔子前或和他同时富有人文思想的政治人物已开始面对这些问题,稍晚兴起的诸子仍然是或多或少,或深或浅,在这个时代内外双重的问题的挑战下发展出他们自己的思想。孔子是在他前后的人物中最具代表性的一个,因为他对当时的问题认识很深,在处理个别的问题上,他不一定能对每一个问题都处理得比别人好,比别人更有效,**但没有一个人能像他关心全面性的问题。**晚于他的诸子,不论是赞成他或反对他,也没有一个不受他的影响。认同和责难,都把焦点集中于孔子,适足以证明他已开始居于思想史的中心地位和文化思想的代表。(引者加粗)①

生活于春秋晚期的孔子,之所以成为时代思想的代表和"思想范式的创造者"②,必然面对周"宗法世卿之衰"和"周政尚文之弊"③,探求拯救之道而重新考信历史,发现历史本身是发展的,这就是"周监于二代"和"郁郁乎文哉,吾从周"。然而,代表最高文明的周道为何会衰微呢?"信而好古"的孔子发现,创造和支撑"郁郁乎"周代文明的精英即君子阶层消隐,周道衰微本质上不是周政衰微,而是周之文道衰微。孔子基于返本开新再造周道("从周")的理想,充分运用"天子失官,学在四夷"的社会条件,培养治邦安国的社会精英,以期开辟"以仁入礼"的**文道救世**路径。

要言之,《论语》本身透露出来的认知视野、思想视野和存在视野,整合构成研究《论语》的必备宏观方法。

---

① 韦政通:《中国思想史》上册,上海,上海书店 2003 年版,第 48 页。
② [德]雅斯贝尔斯:《大哲学家》,李雪涛主译,北京,社会科学文献出版社 2006 年版,第 43 页。
③ 萧公权:《中国政治思想史》上册,北京,商务印书馆 2013 年版,第 75 页。

三、《论语》产生的时代认知

思想始终是时代的产物。基于如上视野,研究《论语》的基本努力,是实现时代性认知和思想的回归。

(一)认知回归《论语》产生的时代

《论语》产生的时代,有两义:一是指《论语》编纂的时代;二是指《论语》内容、思想、主张及学说框架和精神结构产生的时代。研究《论语》回归其时代认知,主要指回归《论语》思想、主张和学说产生的时代文化、时代氛围、时代精神,这是理解《论语》思想、主张和学说的方法前提。比如,《论语》中使用频率最高的概念为什么是"君子"? 进而,《论语》学说为何可用"君子之学"来概括? 一旦如此追问时就会发现:第一,"信而好古"的孔子崇周,是因为周之"郁郁乎文",但其盛大文明却源于"周监于二代",并以文质彬彬的君子阶层为支柱。周道衰微的根本原因是支撑周文明的君子阶层呈现自解构态势,其根源于横流的利欲。要谋求根本性的解决,既不能走管仲"富国强兵"的刑赏之路,也不能走老子"弃圣绝智"的无为之道,只能走君子重建之道,因为赏争的刑赏之道,会膨胀性地扭曲人性,导致各种形式的争夺与战争;使"民无知无欲"的无为之道,违背人性和生命法则,不可能行得通。重建君子社会之道,是治化民、人、再造人性、消灭战争、重构社会秩序和调节人的心理生活的根本治策。第二,要重建君子社会,需要培养君子,为重建输送治邦安国的社会精英:"天子失官,学在四夷"(《左传·昭公十七年》)为培养治邦安国的君子提供社会土壤;已有的《诗》《书》《礼》《乐》等典籍为培养治邦安国的君子提供知识内容。第三,孔子有文道救世的理想、"一以贯之"的执着和返本开新的认知体系,唯有三者合于《论语》,"君子"主题才得以确立和彰显。

不仅如此,一旦回到《论语》思想产生的时代,了解这个时代的基本问题,文化氛围和精神,伦理和道德取向,就会厘清礼与仁之间的本来关系,解决孔学到底以仁为主还是以礼为主的问题。萧公权在《中国政治思想史》中考证:"今存比较可信之古籍记载周政者,鲜为仁义之言,如《诗》雅、颂称周先王之德,绝无'仁'字,《尚书》'今文'诸篇亦不言仁。"[①]"仁"的思想只出现于崇尚宽简仁政的殷商社会,"孔子既为殷遗之后,且又好古敏求,于殷政宽厚之传说,亦必深晓。周政尚文,制度虽备,而究不能久远维

---

① 萧公权:《中国政治思想史》上册,北京,商务印书馆 2013 年版,第 68 页。

持,至春秋而有瓦解之势,孔子或深睹徒法不能自行之理,又有取于周之完密而思有以补救之。故于殷政宽简之中,发明一仁爱之原则,乃以合之周礼,而成一体用兼具之系统,于是从周之主张始得一深远之意义,而孔子全部政治思想之最后归宿与目的,亦于是成立。此最后目的之仁,即由孔子述其所自得于殷者而创设,故仁言始盛于孔门"①。萧公所论,甚合史实。尚文之周礼要重新焕发秩序社会和调理人的内心生活的功能,需要殷政宽简之仁的激活,以形成"体用兼具"体系。然而,仁与礼,何者为体? 何者为用? 这要从三个方面看,首先,礼是周文之表征,它落实为社会制度和行为规范;仁是殷政对人和生命的基本看待,它构成政治制度的灵魂,落实为个体主体的价值核心。其次,具体到君子理想,礼表征为文,仁表征为质,只有"文质彬彬,然后君子"(《雍也》第十八章)。最后,有文,大而言之有礼,并不一定有仁;但有仁,其言行必然有礼。所以,仁是礼之体,礼乃仁之用。并且,仁与礼的体用关系,本质上是**生成**关系。以此审视《论语》,无论君子修治,还是再造君子社会以文道救世,其基本路径都是"以仁入礼",这符合孔子返本开新的历史发展观,返本开新的认知论和方法论思想:返本,就是回到殷之宽简仁政;开新,就是运用仁来重新激活周礼,使之达到"文质彬彬"。

回到《论语》产生的时代,是正确理解《论语》思想何以生成的关键。比如,孔子为何反复讲君臣礼道? 君子去留为何要以"道"为准则? 由于我们未及严肃地思考这两个问题,往往造成对"君君,臣臣,父父,子子"的错误理解,使孔子本人背负莫须有的污名。其实,阅读"君君,臣臣,父父,子子",联系其他几章相关内容来完整地复原齐景公问政的语境,如上问题或可迎刃而解。

> 齐景公问政于孔子。孔子对曰:"君君,臣臣,父父,子子。"公曰:"善哉! 信如君不君,臣不臣,父不父,子不子,虽有粟,吾得而食诸?"(《颜渊》)
>
> 定公问:"君使臣,臣事君,如之何?"孔子对曰:"君使臣以礼,臣事君以忠。"(《八佾》)
>
> 子曰:"直哉史鱼。邦有道如矢,邦无道如矢。君子哉蘧伯玉。邦有道则仕,邦无道则可卷而怀之。"(《卫灵公》)
>
> 子曰:"笃信好学,守死善道。危邦不入,乱邦不居,天下有道则见,无道则隐。邦有道,贫且贱焉,耻也。邦无道,富且贵焉,耻也。"(《泰伯》)

---

① 萧公权:《中国政治思想史》上册,北京,商务印书馆2013年版,第68～69页。

孔子所讲君臣关系,不是**服从**关系,而是**道义**关系。孔子从两个方面定义这种以人格和尊严平等为取向的**君臣道义**关系:从大的方面,君主之道是"君君"之道,即只有君主履行君主的权-责契约,并担当为君主的责任,邦国才有道,臣可辅之;反之,将去之。从具体方面,君待臣真诚且有礼有节,就忠心辅佐;反之,则去留自由。孔子之君臣政治思想,不可能在秦以降的政治生活中出现。

为什么?这就需要回到孔子生活的时代。孔子生活的春秋晚期,社会的基本思想风貌是**自由主义**。天子失官、王权衰弱、诸侯坐大、群雄并争,还有学在四夷,培育出自由的社会土壤,造就这个时代的自由,提供培育士君子的自由主义思想,造就诸子兴起。激进的法家,诸如管仲、子产等充分发挥自由主义思想鼓吹变革,厉行变法。道家将自由主义思想推向极端,形成从老子无为到庄子唯我。墨家运用自由主义思想推行兼爱、非攻、尚同、节用。孔子充分释放自由主义思想探索"以仁入礼"的文道救世道路,其以道义为本质规定和基本价值观的君臣礼道思想,不过是其自由主义思想的政治学表达。回到孔子生活的当世,把握其自由主义思想脉搏,再回过头来理解《论语》,就会发现**完全不同的**《论语》经典,**全新的**孔学。

(二)认知回归《论语》思想本身

回到孔子及其《论语》产生的时代,其实质性努力是回到《论语》思想本身。这需要正视两个基本问题:一是《论语》思想是否只是孔子的思想?二是《论语》中呈现的孔子思想是何等性质与取向的思想?

从整体观,《论语》思想是孔子思想;但具体论,《论语》中有弟子或时人的思想,这些思想是弟子或时人对孔子思想的个性理解或发挥。比如孔子"一以贯之"之道,曾子就断言是"忠恕"(《里仁》),后人一直以曾子之言为依据认定孔子"一以贯之"之道乃"忠恕",但孔子本人的思想却不能被"忠恕"概括。因为,忠恕只是孔子之**君子德性达向德行**的具体规范,它属于"礼"的范畴,不能概括孔子之"仁",更不能统摄孔子的学而理论、正名知识论、中庸道德和历史哲学。就思想学说言,《论语》蕴含的思想学说是开放性的体系,它包括以忠恕为表征的礼,以恭宽信敏惠为基本内涵的仁,以中正为本质规定的中庸道德,以及由此形成的"仁智勇"三德目思想,以正名为主题的知识论思想,以"学而"为主题的教育思想,以返本开新为主题的历史发展观。这些思想、理论又以"性相近,习相远也"(《阳货》)的自然主义人性论为认知依据。因为天赋"相近"的人性之所以在后天生存敞开中呈现千姿百态的"相远",根本之因是**利欲**对人性的不断扭曲。孔子对人性向善持深刻的质疑态度,认为使人性向善的光明大道是"以仁入礼",即**通**

过仁的涵养来形成礼、以仁来指导规训礼,以促进人真正做到"克己复礼为仁"(《颜渊》)。克己复礼以为仁,就是克己成己为君子。所以,"君子"概念涵摄性、仁、礼、名、学而、中庸,君子学说统摄自然主义人性论、仁学、礼论、正名理论、学而教育、中庸道德、历史哲学等而呈现完整的孔学。完整意义的孔学,其上行方式是道德哲学,其下行方式是君子学说;君子学说的核心思想,是返本开新的历史发展观(也可以说是历史哲学),目标指向文道救世。一言以蔽之,孔子之道,应是**以"返本开新"为指南、以"以仁入礼"为路径、以中正"仁德-公道"为准则的文道救世思想,或可简称为以"仁德-公道"为准则的中正之道。**

理解孔子以中正为准则的文道救世思想,需要清楚孔子为何要提出文道救世思想。这就涉及"世"为何需要救。解决这两个问题同样需要回到孔子生活的时代。孔子生活的春秋晚期,体现三个方面的状况及倾向:一是春秋前期以"尊王攘夷"为基本取向的由霸主维持诸侯与共主之间的动态平衡框架被逐渐打破,诸侯之间战争越发频仍。二是周之繁缛的制度更加败坏,其根本表征是凝聚君主和贵族的"礼"越来越只有形式,不断丧失约束与治理功能。三是文化衰落,首先表现在"天子失官"带动"学在四夷",其次表现在维持社会秩序再造社会活力的精英阶层,包括君主、贵族、士大夫的精神堕落,行为任性与放纵。思想家们面对如上时代状况,不得不探求解救时世之策,但不同思想家设计的解救方策大不相同,比如,比孔子约早一百年的管仲,采取"顺性""足欲"的方策施治;比孔子略早的老子提出"去欲""静心""无为"的方策来解决时世问题;孔子提出"修仁""克己""复礼""达乐"的方策来解救时世。老子与孔子,二人解救时世的方策完全不同,主要基于对文明和历史的判断不同:老子认为文明是对人的堕落,所以历史朝倒退方向敞开。孔子认为文明创造历史,历史铺展开来,可能会经历曲折,但始终向前发展。

比较观之,管仲的顺性足欲方策,体现对战争的包容与运用。老子和孔子的救世思考,体现对战争的抗拒和否定,但老子认为解决战争的永久性方案,是去智灭欲;孔子认为解决战争的根本方策,是再造"以仁入礼"的文明。再结合稍后于孔子的墨子,春秋时代以及延续于后来的战国时期,历史倒退论与历史发展观,以及由此形成的战争与反战,构成这个时代所有思想思潮和各种思想产生的直接社会动力。仅战争与反战言,由历史倒退论和历史发展观演绎出两相对峙的思想主线:以战止战的战争主义,以法家为主;反战主义出现三大派别,以老子为首的老学,以孔子为宗的孔学,以墨子为宗的墨学,是不同形式不同取向的反战主义。老子是反战的激进主义，毁灭一切，认为已有的一切才是战争的根源；孔子是修正主义，认为只有以仁入礼才可阻止战争；墨子是实行主义，认为只有行动才可阻止战争。

概括上述，只有回归《论语》思想产生的时代，把握其脉搏，才可真正理解孔子以"中正"为准则和"以仁入礼"为路径的文道救世理想的价值与意义。

四、《论语》的经验主义方法

纵观古今的哲学家，呈现一个共同特征，这即是方法创建哲学。哲学家首先是发现一种存在之问的方法，然后运用这种方法来致思存在、世界、人，才生成建构起不同于已有的所有哲学成就的新哲学。孔子的思想学说亦源于他对方法的发现和创建。只有真实地理解孔子之思想方法的构成和内在秘密，才可真正进入孔子以中正为枢纽的知识论、历史哲学和道德哲学、政治哲学世界。

> 孔子把他对人类的要求，不诉之于"概念性"的"空言"，而诉之于历史实践的事迹，在人类历史实践事实中去启发人类的理性及人类所应遵循的最根源的"义法"，这便一方面决定了由他所继承的"史"的传统，不让中国文化的发展，走上以思辨为主的西方传统哲学的道路。一方面，把立基于人类历史实践所取得的经验教训，和他由个人的实践发现出生命的道德主体，两相结合，这便使来自历史实践中的知识，不停留在浅薄无根的经验主义之上；同时又使发自道德主体的智慧，不会成为某种"一超绝待"的精神的光景，或顺着逻辑推演而来的与具体人生社会愈离愈远的思辨哲学。他所成就的，乃是与自己的生命同在，与万人万世的生活同在的中庸之道。①

徐复观所论，为理解《论语》自身方法提供入口。

《论语》作为一部"语行录"汇编集，由"孔子应答弟子、时人"和其弟子"相与言而接闻于夫子之语"两方面内容组成：前者构成《论语》的基本内容；后者构成《论语》的拓展性内容。前者主要敞开两方面：一是孔子给弟子们的讲课内容；二是孔子回答弟子及时人的发问。从方法观，这两方面内容的生成性敞开，既不是柏拉图的论辩式，也不是苏格拉底的助产式，而是直述式，孔子自己将其概括为"述而不作"。这个"述而不作"的"述"有讲

---

① 徐复观：《两汉思想史》第 3 册，上海，华东师范大学出版社 2001 年版，第 157 页。

述、陈述、概述三种形态。从形式观,《论语》的基本方法是陈述、概括、讲述,为表述方便,将其统称为讲述。《论语》的讲述方法源于孔子"述而不作",指既不写作,也不创造的讲述方式,强调关注已有(的历史和现实),表述追求最大限度的简化、简洁、简单。这种追求简化、简洁、简单的讲述方法能得心应手运用的前提,却是经验。所以,《论语》中讲述的内容都属经验范畴,与柏拉图的论辩式方法、苏格拉底的助产式方法根本不同,因为后者从经验起步达向超验或开启先验,往往突破经验而获得新知;与此相反,讲述方法始终从经验起步唤醒经验,实现经验的印证或再造。所以,《论语》的讲述方法具体为经验对经验的证明方法或经验对经验的再造方法。这种"述而不作"的经验主义,却是建立在"信而好古"的历史主义认知论基础上的:

> 子曰:"夏礼吾能言之,杞不足征也。殷礼吾能言之,宋不足征也。文献不足故也。足,则吾能征之矣。"(《八佾》)

如上讲述,不仅呈现孔子的经验实证思想,也是他对讲述方法的定义。孔子认为,讲述有两种方法:一是**事实**讲述,二是**推论**讲述。这两种讲述方法既可单独使用,也可综合运用;在材料缺乏情况下,亦可单独运用逻辑推论的方法。虽然如此,但孔子认为事实讲述是最好的方法,因为事实讲述的本质,是**有一分事实说一分话**。《论语》中有三个方面内容孔子本该说得更多些才是,但他反而说得很少:一是天道与鬼神;二是王道和圣人;三是人性与善恶。对于天道和鬼神,除非不得已而言之,也是敷衍了事,并且行为上也是"敬鬼神而远之"(《雍也》)。至于王道和圣人,孔子只说到尧舜,而且语言极简,甚至根本不认为有圣人:"子曰:'何事于仁,必也圣乎!尧舜其犹病诸!'"(《雍也》)子贡问仁是不是做到"博施于民,而能济众",孔子告诉他这是仁之过。并指出两点:第一,超过仁的那种行为以及行为达到的境界,被称为圣;第二,这种逾仁的"圣人"行为,古今未曾有见。哪怕尧舜也未做到。历史上根本没有圣人,未来也不会有:"圣人,吾不得而见之矣,得见君子者斯可矣。"(《述而》)孔子面对王道和圣人之持如此谨慎态度的根本原因,是其历史主义认知形成的**严谨史实观**,这种史实观要求孔子严格遵循"一分事实说一分话"的准则。

有关于人性和善恶,孔子最该多讲,但他却只说(或《论语》只收录了)"性相近,习相远"六个字,以至后人以为孔子没有明确的人性论思想,其实这是对孔子的最大误解。孔子虽然只用六个字概括对人性的至深至广的思考,却用一生努力来探求再造"习相远"的人性,企图使之回归于更"相近",所遵循的仍然是"一分事实说一分话"的准则,因为天赋的人性相同,不需要多说;人性的后天表现没有抽象的形式,始终是对具体生活情景定义中利害行为的敞开。因而,对于人性的思考,只能是**具体生活事实**的讲述,比如"宰予昼寝。子曰:'朽木,不可雕也;粪土之墙,不可圬也。于予与何诛?'"(《公冶长》),又如"季氏富于周公,而求也为之聚敛而附益之。子曰:'非吾徒也。小子鸣鼓而攻之可也。'"(《先进》),是对"习相远"的人性的讲述,或批判。这种没有抽象推论、演绎的人性论表述,在《论语》中随处可见。

认真说来,贯穿《论语》始终的是历史经验主义,它敞开历史主义和经验主义两个扇面。因其历史主义和经验主义的双重激励,孔子以仁入礼的文道救世理想和返本开新的认知论,最终落实为损益方法论,这就是"殷因于夏礼,所损益,可知也。周因于殷礼,所损益,可知也。其或继周者,虽百世,可知也。"(《为政》)之"损益"方法论。

五、《论语》的文化语境方法

阅读《论语》必涉及语境。所谓语境,指语言表达思想或情感的环境,它敞开宏观与微观两个扇面。《论语》的宏观语境,指内容和思想生成的文化语境,它由历史朝向、传统对现实的要求性以及文化习俗、社会规范、禁忌等要素整合构成。

(一)历史朝向

关于《论语》内容和思想的历史朝向,孔子有明确表述:

> 子张问:"十世可知也?"子曰:"殷因于夏礼,所损益,可知也。周因于殷礼,所损益,可知也。其或继周者,虽百世,可知也。"(《为政》)
> 子曰:"周监于二代。郁郁乎文哉,吾从周。"(《八佾》)

孔子答子张之问,表达明确的历史观。首先,历史朝向未来,绝对不可逆。其次,朝向未来的历史,必以自身方式铺开承传与发展:"周监于二代"表明,殷商文明是对禹夏文明的承传和发展,周文明是对夏商文明的承传和发展,明天的文明是对今日文明的承传和发展,以至于无穷。最后,以承传和发展方式推动历史朝向未来创造更新文明,有规律可循,这就是"损益":损,就是削弱、消解、废弃当世不需要的或者缺乏普遍性的因素;益,就是强化、放大具有普遍性功能且为当世需要的因素,探求和创造更新的东西。所以,以承传和发展方式朝向未来的历史,既体现认知论,也体现方法论,前者是返本开新,后者乃损益。孔子以经验为思维工具探险历史,抉发历史朝向未来的规律,为他展开时代性思考和培养治邦安国的人才提供**以历史为镜**的文化语境。唯有进入这一文化语境,才可理解《论语》的内容和思想。

(二)传统对现实的要求性

《论语》体现出来的历史观,既蕴含独特的传统观,也呈现传统对现实的态度。

其一,传统是客观存在,不以人的意愿为转移。

其二,传统具有"变中不变"和"不变中变"的规律性:变者,是指缺乏普遍指涉性功能,且与其不变的未来朝向不相容的那些内容,需要弱化、消解、放弃甚至革除;不变者,是指体现普遍指涉性功能且与不变的未来朝向相容的那些内容,需要保留、强化、突现,使之继续发挥其功能。孔子将这一"变中不变"和"不变中变"的传统规律,表述"因于"和"损益"方法论,抽象地讲,就是"返本开新"的认知论。

其三,传统之所以体现"变中不变"和"不变中变"的规律,是因为:第一,传统既构成历史本身,也构成文明本身,更构成人本身。没有传统,每一代人都只能从动物开始,都必须重复经历"披发左衽"的生存和"自经于沟渎"的生活(《宪问》)。第二,传统是历史前进的动力和文明上升的源泉:因为传统,才保持不变的稳定,产生秩序、安定和安全,才有"因"的基础和"益"的条件;因为传统,才激活变,促进变化、发展、前进,才有"革"的对象和"损"的内容。

正是基于这样的传统观,"信而好古,述而不作"对正确理解《论语》才彰显特别意义;面对古代历史,理性地把握"能言之"与"不足征"之间的矛盾,遵循"有一分事实说一分话"的史实原则,深入考察《论语》传统观和历史观的巨大价值,才可很好呈现。

其四,传统在"变中不变"和"不变中变"的历史发展进程中表现出来的基本形态,是文物制度,它由文、物、制度三者构成。在《论语》中,表征传统的"物",主要是服饰、礼器、丧葬、交通工具等。比如,颜回死,其父颜路"请子之车以为之椁",孔子不许,并说出两个理由:一是"鲤也死,有棺而无椁,吾不徒行以为之椁";二是"以吾从大夫之后,不可徒行也"(《先进》)。上下尊卑礼节,不能因为"爱颜回"甚于子而可任性地破坏。表征传统的"制度",主要是礼制,《论语》中有大量记载,既体现对殷礼的尊崇,更体现对周礼的维护,意在于突出秩序。孔子对季氏"八佾舞于庭"和"相维辟公,天子穆穆。奚取于三家之堂"(《八佾》)的愤怒,以及纵容"门人厚葬"颜回而将责任推之于"夫二三子"(《先进》)等做法,既体现对礼制传统的坚决捍卫,又流露出对变革礼制的潜在认同。但正是这些表面看来的矛盾,呈现真实的孔子的真实的思想和情感。

表征传统的"文",主要落实在对《诗》《书》《礼》《乐》等典籍的看待与运用上。《论语》特别突出《诗》和《礼》,孔子将其看成传统之"文"的象征:首先,它是最纯正的文,因为经过严格的净化和锤炼而成,"男年六十、女年五十无子者,官衣食之,使之民间求诗。乡移于邑,邑移于国,国以闻于天子。故王者不出牖户,尽知天下所苦,不下堂而知四方"(何休《春秋公羊传解诂》)。"故天子听政,使公卿至于列士献诗,瞽献曲,史献书,师箴,瞍赋,蒙诵,百工谏,庶人传语,近臣尽规,亲戚补察,瞽、史教诲,耆、艾修之,而后王斟酌焉,是以事行而不悖。"(《国语·周语上·邵公谏厉王弭谤》)既体现思想和情感的纯正:"《诗》三百,一言以蔽之,曰:'思无邪。'"(《为政》)更是绝对纯美和优雅:"子所雅言:《诗》、《书》、执礼,皆雅言也。"(《述而》)其次,《诗》和《礼》是人修德成己的最好教科书,也是君子"修德取位"和"以德正位"的最好思想资源。比如孔子教伯鱼学诗学礼,强调"不学诗,无以言"和"不学礼,无以立"(《季氏》),更因为只有"兴于诗,立于礼",才可"成于乐"(《泰伯》)。再次,尤其《诗》,不仅可以训练人博学,认知卓越,更可以培养人格完善、德性完美:"小子,何莫学夫诗? 诗,可以兴,可以观,可以群,可以怨。迩之事父,远之事君。多识于鸟兽草木之名。"(《阳货》)

(三)文化习俗、社会规范和禁忌对语境的构成性

文化习俗属传统的内容,它既构成对现实的要求,更具有对现实的规范功能。同样,禁忌既是传统,更是现实规范。文化习俗、社会规范、禁忌之间的交叉融合,构成宏观语境。此一宏观语境成为阅读理解《论语》内容和思想之一入口。比如,孔子为何要"敬鬼神而远之",这既是祭祀需要的庄严、神圣要求所形成的禁忌,也是相信"皇天无亲""天命自图"的周人灭商后保留殷人敬鬼神的形式而内心只有祖宗的文化心理折射,形成鬼神要在形式上敬而在心理上"远"的文化语境。只有真正理解孔子时代的这一文化语境,才可更好理解"敬鬼神而远之"的语义内涵。又比如,秦以降形成帝王专制的"避讳"制,至于其后不断严酷的"文字狱"和"禁用语",既属禁忌范畴,更属规范范畴。但在孔子时代,这方面的禁止与规范相对弱,这是因为孔子生活在一个自由的时代。这个时代的思想和言论自由,放在中国历史长河中就特别耀眼。促成这个时代成为一个自由的时代,除"天子失官,学在四夷"等因素外,最重要的是这个时代**对知识的崇敬、对学问的**

膜拜、对思想的激赏。这是思想自由、言论自由的两大根本条件之一,且这个条件比另一个条件即制度条件更根本。时代的思想和言论自由构成阅读《论语》的特定文化语境。从其自由的文化语境入手,可能更好地理解孔子任意评品时人,批评权贵,包括在齐景公、鲁定公、鲁哀公、卫灵公、季康子等人面前毫无顾忌地畅言自己的执政思想、理念,直截了当地批评或反驳对方的观点、看法等行为,在秦汉以降的历史中却罕见。当然,《论语》中孔子一再强调慎言、少言,不是出于禁忌、规训的考虑,而是相对言之正确性和实行论:慎言,是强调言必正确;少言,是强调实行的根本性,主张少说多做,先做后说,说做一致。当然,这也是语境规范,它是孔子"修德取位"和"以德正位"的君子理想及要求所形成的君子语境。

六、《论语》的文本语境方法

阅读《论语》,不仅要注意文化语境,更要把握文本语境,包括《论语》的编纂语境、篇章语境和内容语境。

(一)《论语》文本的编纂语境

人们一般认为《论语》篇章杂乱,少有人关注其篇章语境问题,原因在于《论语》研究的注疏方式,不是热衷于语言的训诂,就是过度义理阐发,"历来注释《论语》皆以剖章析句为能事,罕有学者统摄诸章以探究其所在篇帙的总体意趣"①。后世基于阅读《论语》的注疏传统,将最该关注的内容忘记了。形成这种舍本逐末的研究方式之一重要原因,是《论语》内容由语录构成,完全去掉话语的具体语境,这就形成章与章、篇与篇之间失去形式上的语义关联和内在逻辑的显现。解决这个问题的根本方式,是还原其文本语境,但首先要还原其编纂语境。

《论语》是孔子身后由其弟子编纂而成,且编纂的内容是其弟子们平日里记载夫子"述而不作"的言论或事迹。这两个特点使编纂工作必须解决两个根本性问题,首先是对众弟子汇集拢来的材料做如何甄别与选择,其次对甄别、选择得来的内容遵循何种原则审定并做有序编排。邢昺为解决这两个根本性问题打开一扇门径:

> 然则夫子既终,微言已绝,弟子恐离居已后,各生异见,而圣言永灭,故相与论撰,因采时贤及古明王之语合成一法,谓之《论语》也。郑玄云:"仲弓、子游、子夏等撰定。论者,纶也,轮也,理也,次也,撰也。"

①　黄克剑:《论语疏解》,北京,中国人民大学出版社2014年版,第1页。

以此书可以**经纶世务**,故曰纶也;**圆转无穷**,故曰轮也;**蕴含万理**,故曰理也;**篇章有序**,故曰次也;**群贤集定**,故曰撰也。郑玄《周礼》注云"答述曰语",以此书所载皆仲尼应答弟子及时人之辞,故曰语。而在论下者,必经论撰,然后载之,以示非妄谬也。(引者加粗)①

邢昺通过对"论""撰"做词义考释,揭示"经纶世务""圆转无穷""蕴含万理"②的深层语义,潜在地构成编纂选择得来的材料使之"篇章有序"如何由"群贤集定"的依据和方法,甄别的依据有二:一是能够入选的内容最好是夫子原话;二是即或不是夫子原话,也必须符合夫子本意。选择的依据也有二:一为必须是"经纶世务"的内容,二为必须体现普遍的道理。"篇章有序"的依据亦有二:入选的内容经过安排必须产生"圆转无穷"的功能;不仅首尾响应,更能相与论证,互为解释。

邢昺发现《论语》体现明确主题的有序"篇章"结构,承载"经纶世务"的普遍性道理。然而,《论语》"一以贯之"的主题和使其篇章"有序"的那个"序"到底是什么?邢昺无力发现,《孔子哲学思微》却为之揭明:

在孔子思想中,影响最深远的、一以贯之的预设是:**不存在任何超越的存在或原则。这是一种强烈的内在论的先决设定**……对孔子思想作恰如其分的解释,就需要用一种内在论的语言。这种语言设定了法律、规则、原则或规范在某种意义上依赖于社会环境或自然环境。③

另一方面,孔子的哲学**是事件的本体论,而不是实体的本体论**。了解人类事件并不需要求助于"质"、"属性"或"特性"。因此,孔子更关心的是特定环境中特定的人的活动,而不是作为抽象道德的善的根本性质。但这并不意味着他仅仅把目光从道德主体转向道德主体的活动。**按照事件来刻画一个人,就不可能把主体和行动孤立起来考虑。道德主体既是自身行为的结果,又是自身行为的起因。**(引者加粗)④

---

① (三国)何晏注,(北宋)邢昺疏:《论语注疏》,北京,中国致公出版社 2016 年版,"序"第 1 页。

② "蕴含万理"之"万理",乃极言其"理"的普遍指涉性,意为普遍性的道理,亦可理解为"通行的法则"或"普遍法则"。所以,"蕴含万理"是指蕴含具有普遍指涉性的道理,简称为普遍性的道理或普遍法则。

③ [美]郝大维、安乐哲:《孔子哲学思微》,蒋弋为、李志林译,南京,江苏人民出版社 2012 年版,第 5~6 页。

④ [美]郝大维、安乐哲:《孔子哲学思微》,蒋弋为、李志林译,南京,江苏人民出版社 2012 年版,第 7 页。

以**人伦地**存在为基本取向,《论语》是"以**事件**为本体",通过生活事件将**主体间性**的活动有机联系起来形成开放性生成的**生存场域**,构成"孔子应答弟子、时人,及弟子相与言而接闻于夫子之语"的社会环境和自然环境。《论语》通过"群贤集定"之智慧,最大限度呈现这一开放性生成的思想生存场域,既突出夫子"经纶世务"的普遍法则,又使其普遍法则通过有序的**人伦**生存来表达,由此使《论语》呈现如下"篇章有序"的文本结构(如图0-3)。

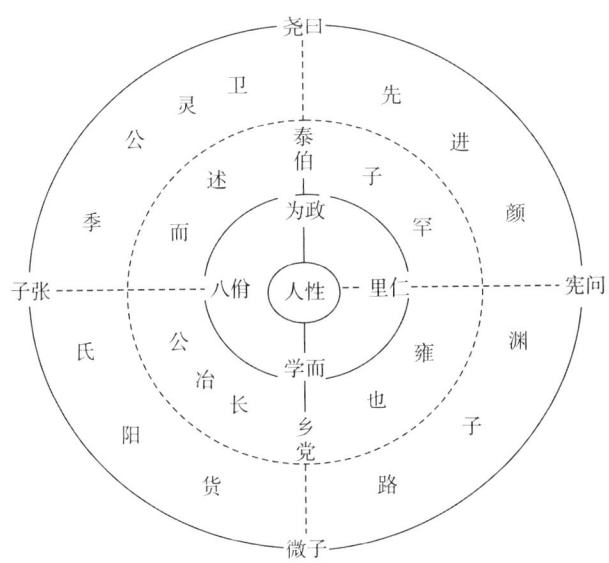

图 0-3　《论语》自具思想生成逻辑的文本结构

(二)《论语》文本的篇章语境

图0-3呈现的四维语义逻辑结构中,其语义内核是人性。孔子面对礼乐崩坏的社会状况探求拯救之道,就是行返本开新重建君子社会,其根本前提是培养治邦安国的君子。培养君子,面临的首要问题是人性。人性的根本问题不是"性相近",而是"习相远":人性为何习相远? 如何将"习相远"的人性变得更"相近"? 这是《论语》思想的逻辑起点,需要引导与己志同道合的一代人"学而"("学而且习"的简要表述),"学而"的目的是为政,即"修德取位"和"以德正位";为政的基本任务是重建社会秩序和调节人的内心生活。因而,"学而习时之"的首要课程,是习礼;习礼才懂得如何重建社会秩序,但前提是有效调节人的内心生活。所以,习礼的主体性前提是**修仁**。**修仁成己才是为政成人**的正确路径和方法,这就是《里仁》。

综上,学而、为政、八佾、里仁,构成《论语》的核心结构,它呈现孔学思想的四个维度:仁、礼、为政、学而;也是孔学思想的四个基本面向:作为道德哲学的仁学,作为政治哲学的礼论,作为政治实践论的为政和作为教育学的学而理论(如图0-4)。

图0-4 《论语》的核心思想构成结构

《论语》编纂以君子理想为主题,学而、为政、习礼、修仁,构成培养君子的**四科目**:一部《论语》,以文道救世为指南培养为政的社会精英,学而、为政、八佾、里仁四篇正面阐述君子目标(为政治国)、君子形成要求(习礼和修仁)和君子"修德取位"和"以德正位"的方式和途径。

《论语》中的君子理论,自始至终彰显孔子两个在当时看来非常激进的思想:一是正面阐发古代"天下为公"的政治理想,并欲将它变成现实。二是治邦安国的人才,应该以德才为准则,不仅如此,世间一切都应以德才为取舍尺度。第五篇《公冶长》因公冶长贤,孔子"以其子妻之"(《公冶长》);因南容贤,孔子"以其兄之子妻之"(《公冶长》)。这种以"事件为本体"的讲述方法所表达的基本思想是:无论在私人生活领域还是在公共政治领域,都应该以德才为准则,做到选贤不避亲疏、不讲出身,不论外在的条件,突出唯德才是举。第六篇《雍也》进一步阐发天下为公、唯德才是举的思想,并以评价"雍也,可使南面"为开篇说明什么叫唯德才是举:第一,不问出身,哪怕出身很贫贱,甚至犯过罪坐过牢,只要有真德才,都应该举,都应该入朝当官,治理邦国;第二,哪怕天子的封君,也应该由有德才者当之,士君子的德才一旦达到为政治邦的水准,亦"可使南面"(《雍也》)。这是孔子行返本开新之文道救世理想的最根本的思想。在这样的思想认识基础上,第七篇《述而》孔子自述其德才达到的境界超过弟子仲弓,要表达的潜在意蕴非常明白:夫子乃"治大国如烹小鲜"之才,既然仲弓"可使南面",那么自己更有资格如此。第八篇剔除窜入其中的曾子言论和事件的五章内容,是以古人之德才来比较和旁证,以为突出第七篇的内容主题。第九篇《子罕》和第十篇《乡党》,是以弟子记述孔子如何"仁"和怎样"礼",进一步丰富第七篇的内容。

(三)《论语》文本的内容语境

所谓内容语境,指《论语》中每章内容本身的生存语义自为地构筑起隐含的阅读语境。比如,"雍也,可使南面"(《雍也》)是言仲弓才德可以居"南面"诸侯位。孔子如是说,简直不可思议,因为在孔子之前,世袭权力是做天子做诸侯的唯一资格,仲弓不仅没有君位继承人的世袭资格,还是一个"犁牛之子"(《雍也》)。孔子说冉雍有资格做邦国之君,不是以世袭权力论,而是以德才论。以德才论政,这在当时来讲是很激进的政治主张:第一,选择治邦安国者,以德性和才能为标准;第二,从政当官不是谋求私利,而是为邦国谋太平,为民、人谋福利。孔子提出如此革命性的政治主张,标明返本开新的历史发展观和以仁入礼的文道救世路径,何以要具体为学而(第一篇)修仁(第四篇)成礼(第三篇)目的于为政(第二篇)。孔子如此认知、思想和主张,准确地把握住春秋晚期诸侯兼并进一步铺开将从根本上改变世袭权力制度的趋势所做的准备性努力。

研读《论语》,首先应理解**章与章之间**形成的语境。比如,"《诗》三百,一言以蔽之,曰:'思无邪。'"(《为政》)一章,后人多从文学切入做审美解释,是基于《诗经》是"第一部诗歌总集"这一先在观念造成的主观性误读。联系篇章语境,此章内容被编入《为政》,绝不是任意或"失误"。联系上下章语境,"《诗》三百"是《为政》第二章,第一章"为政以德",是孔子概述君子政治学的基本主张是"以德正政";第三章"道之以政,齐之以刑,民免而无耻。道之以德,齐之以礼,有耻且格",是孔子从正反两个方面论证"以德正政"对治邦安国的根本性。将"《诗》三百"置于第一章和第三章之间,意在于表达为政者如何才可做到"以德正政":孔子指出,君子修习"以德正政"的正确途径是学《诗》,因为《诗》三百篇纯正无邪,可引发人、激励人做思想情感的纯正训练。如果再运用自证方法,联系《阳货》"诗,可以兴、观、群、怨"的功能,就会更明白本章的真实意蕴所指。

研读《论语》,还应该把握各**章自身**的内容语境。比如"性相近也,习相远也"(《阳货》)章,本身就自设语境:孔子思考人性,从"近"和"远"两个角度入手,预设了两个问题:人性之"近"或"远",各相对什么而论? 对比观之,人性相近,是相对生成言;人性相远,是相对后天展开言。这又蕴含两个问题:第一,相近的人性如何生成? 第二,相远的人性如何展开? 后者有现成答案,即"习"使人性相远;这一答案为解决前一个问题提供思路,因为"习"是后天的作为,相对后天之"习",相近的人性只能是天赋。将孔子对人性的思考纳入历史进程来观照,本章中对人性的思考实际上有两部分内容:第一部分内容是对古代人性思想的总结,并认同古人的天赋人性观。

第二部分内容是拷问天赋的人性之生存敞开状态"习相远"及复杂性。孔子提出修仁习礼培养君子,是为解决使"习相远"的人性更"相近"这一问题而在政治学、伦理学、教育学等方面进行的努力。

七、前证与同证的互补方法

研读《论语》,进入具体内容具体思想层面,单一使用语境法会显得捉襟见肘,需要综合运用证明方法。

要言之,研读《论语》的证明方法,有后证方法、前证方法、同证方法、自证方法四种。其中,最需要慎用的是后证方法。比如,就其主要论,本应将《论语》学问称为"孔学",以与孟学、荀学等相区别,但后人将孔子之学冠为"儒学"。这种称谓最后获得词典定义:所谓"儒学"就是"孔子及其弟子的学说,及早期儒家学说"①,《中国儒学百科全书》如此定义《论语》的依据,可追溯到汉代文献《淮南子》:

> 孔子修成、康之道,述周公之训,以教七十子,使服其衣冠,修其篇籍,故儒者之学生焉。(《淮南子·要略》)

要探究《淮南子》这段文字的先秦文献依据,可能很难。但从汉代入手,或可从汉初统治意识形态的构建运动中发掘:秦亡的历史,使汉统治者害怕沾上法家,墨家兼爱非攻尚贤的思想为汉统治者畏惧,刑名家更不能用,孟子和荀子的学说能够从形式与实质两方面为汉统治者的血缘宗法集权的人治主义提供方便。但要用孟学和荀学,绕不开孔学,因为无论孟子和荀子都标榜自己是孔学正宗传人。要启用孔学,必须抹去其自由主义,改造唯德才是举思想;于是就有"修成、康之道,述周公之训,以教七十子"的虚构,对这种虚构的东西的持续不断地重复修饰,就变成儒家的依据,人们论证孔学的源头时,《淮南子》这段文字成了"史据"。

这一例子说明运用后证方法来研读《论语》潜藏着危险,稍有不慎,就会掉进其陷阱。比如,宋学对《论语》的评注性研究,往往成为后学者阅读《论语》的便捷证据,但这种"便捷证据"有时候却将人推向远离《论语》思想的方向。比如《先进》第二十六章"子路、曾皙、冉有、公西华侍坐"而言其志,孔子点评如上诸位弟子所言之"志"时,出人意料地称道"暮春者,春服既成,冠者五六人,童子六七人,浴乎沂,风乎舞雩,咏而归"的曾点。一生

---

① 中国孔子基金会编:《中国儒学百科全书》,北京,中国大百科全书出版社1997年版,第340页。

以培养治邦安国精英、实施文道救世为己任的孔子，特别赞许曾点那种放荡山水的个人主义生活情调，孔子此举有违其理想取向，但宋代程朱却借以大发圣意，以为"孔子'与点'，盖与圣人之志同，便是尧舜气象"①，并赞美在不适当的场合表演不恰当的高雅的"曾点见得事事物物上皆是天理流行，良辰美景"之中"可乐天理"②。今人阅读此章内容，多以此为依据做诠释。实际上，这不过是程朱等人"观念先行"地望文生义，没有理解孔子称道"吾与点也"时的**喟然叹曰**之隐含语义。何谓"喟然叹曰"？金纲在《〈论语〉鼓吹》中将此译为"夫子感叹说：'我欣赏曾点的情趣。'"③金纲对其语境语义把握得很准确，若在准确的基础上求传神，应译为"孔子长长地叹息说：'我赞赏曾点的情趣。'"孔子称道曾点的不是他的"志向"，而是他的情趣。因为曾点避开"志向"而**表演**情趣。所以，孔子只能称道曾点在如此严肃的"人生志向"汇报会上"鼓瑟希，铿尔，舍瑟而作"的个人**情趣**。程朱们对曾点这种带有炫耀与表演性质的个人情趣做观念先行的圣意阐发，造成了对本章内容的深度曲解。

后证方法指以后人的观念或研究成果为依据，来证明前人思想、观念、理论的方法，这种方法得以运用的前提，是其所引用的材料本身经得起验证，符合被证明的对象。比如在阅读《论语》时，需要慎重运用司马迁《孔子世家》和朱熹《四书集注》中的许多内容：朱熹《四书集注》中的圣人观念和天理思想并不适合用来解释《论语》的基本思想，因为孔子明确反对圣人观念，孔子也根本地罕"言"天道，更不知天理为何物。《孔子世家》反此而美孔子，给后人许多误导。崔述曾批评"《史记》之诬者十七八"④，钱穆更指出："余读《史记·孔子世家》最芜杂无条理。其他若《年表》，若鲁、卫、陈、蔡诸《世家》，凡及孔子，几于无事不牴牾，无语不舛违。诚如崔氏之讥，所谓自为说而自改之者。"⑤

《论语》中，孔子应答弟子、时人及弟子相与言及接闻于夫子之语的许多言行、事件，因剥去具体语境、情境及具体过程，阅读时要正确理解其内容，需要背景、语境、情境的还原，这就涉及前证方法和同证方法。

前证方法是指运用孔子之前的文献材料证明《论语》内容或思想的方法。这些文献主要有《书》《诗》《礼》《乐》《易》，其中最少争议者是《诗》，其

① （北宋）程颢、程颐：《二程集》卷十二，王孝鱼点校，北京，中华书局1984年版，第136页。
② （南宋）朱熹：《朱子语类》卷四十，北京，中华书局1986年版，第1026页。
③ 金纲：《〈论语〉鼓吹：圣贤的光荣与漏洞》，天津，天津人民出版社2007年版，第336页。
④ （清）崔述：《洙泗考信录》，北京，中华书局1985年版，第2页。
⑤ 韩复智编：《钱穆先生学术年谱》卷一，北京，中央编译出版社2012年版，第252页。

次是《书》《礼》。在论及《诗》时,后世编出孔子"删《诗》三千"的故事值得存疑,理由是在《为政篇》和《子路篇》中,孔子两次自道"《诗》三百",说明孔子时广为流传的《诗》已经成型,"学者不信孔子所自言,而信他人之言,甚矣,其可怪也"①。实是后证方法作祟的缘故。孔子生活的当世,《易》乃术数方面的书,对于不语"怪、力、乱、神"的孔子言,难以接受。所以《论语》提到《易》的文字只有一则(《述而》)。根据"孤例不证"的史学原则,这则关于孔子"五十而学《易》"的文字最有可能是《论语》在流传中经由某非孔学者窜入其中。

除前证方法,阅读《论语》还需要同证方法。同证方法指运用与孔子生活同时代文献中的材料来证明《论语》内容或孔子思想的方法。这些文献主要有《左传》《国语》,也可宽泛地推及《古竹书纪年》《老子》,以及战国诸子著作。比如,在阅读理解《论语》及孔子思想时,要涉及哀公"获麟"和孔子"绝笔":前者大体可信,因为:"西狩于大野,叔孙氏之车子锄商获麟,以为不祥,以赐虞人。仲尼观之,曰:'麟也。'然后取之。"(《左传·哀公十四年》)孔子因此"绝笔"是晋杜预注解时所附,故应慎之勿轻信。进而,孔子入仕官至"司寇""大司寇",以及晚年"韦编三绝""修订《六经》"等内容,均需用同证方法予以证实或证伪。

八、自证方法与思想的会通

英国历史学家 E.H.卡尔指出,凡是"在解释工作上,历史家也需要一个标准——也就是客观性的标准——来衡量什么是重要的,什么是不重要的,这标准也必须和眼前的目的有关"②。这个标准从哪里去找?采取什么方式去找?历来有两条路径:一条是外求路径,从研究对象之外寻找解释的标准;另一条是内求路径,从研究对象内部寻找解释的标准。前一条路径,必然看重后证方法;后一条路径,自然重视自证方法。徐复观认为:**"今日治思想史者之责任,乃在显发古人思想中所潜在之逻辑性,使其具备与内容相适应之理论结构"**③徐氏从治思想史角度强调路径和方式以及方法的选择要注意两个要点:一是把握古人思想中的潜在逻辑;二是发现其思想的潜在逻辑一定要与理论结构本身相适应。徐氏讲这两个要点都强调其**内在性**,即从研究的对象中发现**自身的**逻辑。从研究对象中发现自身逻辑这种方法,就是自证方法,它是运用文本中的材料来证明文本内容和思想的方法。

① 黄寿祺:《群经要略》,上海,华东师范大学出版社 2000 年版,第 68 页。
② [英]E.H.卡尔:《历史论集》,王任光译,台北,幼狮书店 1968 年版,第 111 页。
③ 徐复观:《中国学术精神》,上海,华东师范大学出版社 2004 年版,第 270 页。

运用自证方法阅读《论语》,是以《论语》自身内容相互求证。从《论语》中发掘构成对《论语》思想的解释依据,需要发现《论语》内容的自洽性和其思想逻辑的完备性。反过来看,自证方法也是阅读《论语》时,从内部入手对其思想混乱及矛盾、问题的自我澄清方法。如"圣人"观念,《论语》涉及六章内容,其中有五章与孔子相关。

　　　　孔子曰:"君子有三畏:畏天命,畏大人,畏圣人之言。"(《季氏》)
　　　　子曰:"圣人,吾不得而见之矣,得见君子者斯可矣。"(《述而》)
　　　　子贡曰:"如有博施于民,而能济众,何如? 可谓仁乎?"子曰:"何事于仁,必也圣乎! 尧舜其犹病诸!"(《雍也》)
　　　　子曰:"若圣与仁,则吾岂敢。抑为之不厌,诲人不倦,则可谓云尔已矣。"(《述而》)
　　　　太宰问于子贡曰:"夫子圣者与? 何其多能也。"子贡曰:"固天纵之将圣,又多能也。"子闻之,曰:"太宰知我乎。吾少也贱,故多能鄙事。君子多乎哉? 不多也。"(《子罕》)

关于圣人,孔子从一般和特殊两个方面思考。

就前者言,孔子认为圣人不存在。孔子论"三畏",引出"圣人"来,指出君子应该像畏天命和大人那样畏"圣人之言",从表面看,孔子在主张圣人观,但结合"圣人,吾不得见"和"尧舜其犹病诸"两章理解,孔子只假设圣人**可能**存在,认为如果圣人存在,就应该以"圣人之言"为畏。但孔子明确表示圣人不存在,理由有二:首先,"信而好古"严肃考信历史,指出历史上从未有圣人,肯定当世也见不到圣人,认为自己平生最大愿望是能见到君子。其次,在孔子看来,哪怕他特别认同的尧,也不是圣人,因为没做到"博施于民,而能济众"。

就后者论,孔子否认自己是圣人。指出自己虽然不同于一般人,也不过是"多能"而已,认为自己"多能",一是缘于年少时迫于生计多做"鄙事"所成;二是自己"敏而好学"且"学之不厌"所成。孔子否定自己是圣人,是**做人守本分**的要求。对孔子来讲,做人守本分即诚实:"孔子只希望自己是一个人,因为他知道他从来就不是圣人,但最终还是被奉为了神明,这真的是一个令人深思的发展。"[①]

从根本讲,自证的方法,是通过自身相互印证而澄清的方法,所以自证方法的功能展开是互为确证;自证方法的实质,是澄清曲解、误解或谬论。

---

① ［德］雅斯贝尔斯:《大哲学家》,李雪涛主译,北京,社会科学文献出版社 2006 年版,第 106 页。

比如,人们往往根据"周监于二代,郁郁乎文哉,吾从周"(《八佾》)而断定孔子复古,如果抽掉具体语境孤立地看,确可如是认为;但还原"吾从周"的语境,就会发现孔子"从周",一是周创造出盛大文明,二是周之盛大文明是"监于二代"的结果。孔子"从周",指遵从返本开新的**周道**。孔子之返本开新的周道有二义:一指遵从"所损益"的周文化、周文明。"子谓《韶》:'尽美矣,又尽善也。'谓《武》:'尽美矣,未尽善也'"(《八佾》)中,其表面的音乐欣赏,亦表达深刻的"损益"思想:孔子所益者,是历史铺开的礼法文明之美;孔子所损者,是历史铺开的暴虐和屠戮之恶。二是尊崇"周监于二代"的历史精神和理性发展观:周之盛大文明集中表现于礼;周之历史精神集中体现在保持普遍的东西使之不变、改变非普遍性的东西使之不断发展。此二者融入在孔子的时代性思考中自然开出"从周"的两条线路:第一条理论的线路,是总结"周监于二代"的历史规律,这就是"殷因于夏礼,所损益,可知也。周因于殷礼,所损益,可知也。其或继周者,虽百世,可知也"(《为政》),由此形成返本开新的认知论和损益的方法论。第二条实践的线路,就是明确"克己复礼为仁。一日克己复礼,天下归仁焉。为仁由己,而由人乎哉?"(《颜渊》),克制不当的或过度的各种欲望,恢复礼仪文明,实现天下大仁的实践路线,一定要以返本开新的认知论为指南,以损益方法论为规范。以此观孔子"吾从周",很难得出"复古主义者"的结论。结合孔子之君子理想和文道救世目标,由此形成"雍也,可使南面"的唯德才是举思想及行为看,孔子不是复古主义者,而是特别的激进主义者,因为在世袭权力和严格礼制等级传统的存在环境里,孔子如此的思想和行为,其激进似不亚于 20 世纪初五四新文化运动。

由此不难发现运用自证方法研究《论语》的根本和重要。如能结合同证方法、前证方法和语境法来综合使用自证方法,会使《论语》中许多内容自呈清白,去掉后人强加的诸多扭曲,还《论语》本身,也是还孔子本身和孔学思想本身。所以自证方法不是价值证明方法,而是事实澄清、观念澄清和思想澄清方法,是根本的还原方法。唯有真正的澄清,才能还原;只有在彻底澄清中还原,才有真传统可承传和发展。

九、本著的基本内容提要

本著通解《论语》以呈现孔子思想学说,尊重《论语》本身的结构而展开。从《论语》编纂是由"群贤集定",并以"篇章有序"的方式表达"蕴含万理"和"圆转无穷"(邢昺语)的内容观,本著的主体内容分前后两部分,即前十篇和后十篇。但从形式结构言,本著分为上中下三册。上册包括"自序"、"凡例"、"导论"和《学而》第一到《雍也》第六；中册包括从《述而》第七到《子路》第十三共七篇内容；下册包括《宪问》第十四到《尧曰》第二十，外加一"跋文"和两个附文，以及"后记"。

（一）本著的主体内容

本著的主体内容即是对《论语》二十篇凡五百〇九章内容的注释、翻译和通解。

孔子学说是人成为君子何以可能和怎样成为君子的学说。从《学而》开始，至《乡党》，形成相对完整的宏观结构，它的逻辑起点是"君子"：孔子基于文道救世理想，以返本开新方式开辟"以仁入礼"的重建道路，根本任务是培养拯救时世的君子。《论语》从第一篇《学而》到第十篇《乡党》，就围绕此展开。

在《论语》中，人成为君子的核心问题，是何以可能通过成己成人而立世。对于君子言，要成己，必须学而。学而成己要指向成人，必须出仕为政，方可立世。人要通过"学而""为政"，实现成己成人，必须接受礼的规训，前提是修养仁德，这就形成从《学而》到《为政》继之以《八佾》和《里仁》：《八佾》围绕"礼"展开，专门讨论**返本与承传**，形成体现深厚传统的礼论；《里仁》围绕"仁"展开，专门阐发**开新与发展**，形成锐意创新的仁学。第五篇《公冶长》以"事件为本体"的讲述方式呈现"何为君子"的榜样方法。在此基础上，第六篇和第七篇具体讨论"怎样成为君子"，形成一般与个别、拓展与映证的区分：第六篇《雍也》立足一般，讲述"人如何可能成为君子"；第七篇《述而》着眼于具体，孔子自述"怎样成己为君子"。人成己为君子必然追求成人立世，这就需要自我培养**成人立世**之德与功，《泰伯》以历史人物为"事件的本体"，讲述君子成人立世的至德至功及其蕴含的普遍经验和法则；《子罕》以以"夫子自道"为主、以弟子评价为辅的方式讲述修养和才能两个方面成己为成人立世，须做到志道，贯道，行道，守道，矢志不渝，一以贯之，礼成为功，即《乡党》。

《论语》前十篇，主要**以孔子为中心**，阐述孔子学说的核心思想；后十篇**以弟子为中心**，阐述弟子对孔子思想的理解和发挥。以弟子为中心，因有入门先后之别，所以后十篇以《先进》开头，论弟子以修习言行为主题，可看成是对《八佾》篇的充实；第十二篇《颜渊》论君子如何践履于仁，可看成是对《里仁》篇的实践论。孔子君子学说的主题，就个体言，是如何成己成人立世；就整体论，是怎样实现文道救世。而整合其个体的人与整体之社会两个方面的实践路径是为政。第十三篇《子路》和第十四篇《宪问》分别从**君子救世**（即治国安邦）何以可能和君子如何救世两个方面拓展《为政》。

第十五篇《卫灵公》侧重承《里仁》突出返本开新的弘道主题，较为系统地阐述了君子在救世的同时，如何肩负起返本开新弘大中正仁道的使命；第十六篇《季氏》侧重承《八佾》传述怎样以仁来再造返本开新的有理有则的礼道。第十七篇《阳货》集中呈现孔子探求造成其当世社会即春秋晚期礼崩乐坏的根本之因，构成对《卫灵公》和《季氏》的照应，具体地讲，是为《卫灵公》和《季氏》两篇如何传述弘大中正仁礼之道，提供一个（孔子所生活的）当世社会学的解释依据。并且，第十八篇《微子》也直接关联起《卫灵公》和《季氏》，为如何要从为政救世转向弘大中正仁礼之道提供解释依据。所不同的是，《阳货》篇是孔子本人从求仕为政失败于上（期待国君或执政者启用）下（或欲助反叛者以"其为东周"）出发，来审察当世之世道颓败、人心坏死，大厦将倾不可阻止。《微子》篇却是孔子跳出个人情怀，以乱世隐逸为视角，客观地审察当世之世道颓败、人心坏死，大厦将倾不可阻止。在这样的大势下，拯救当世已不可能；以返本开新方式拯救古代文明，既为迫切，亦为可行。从形式观，从《学而》到《微子》，《论语》获得了自身的完整结构体系；从内容论，从《学而》到《微子》，《论语》亦达到了言满意圆。第十九篇《子张》和第二十篇《尧曰》超出如上结构体系：《子张》集中记述孔子身后其弟子言论，呈现孔学在孔子身后分宗立派的不可逆命运；《尧曰》更可能是汉时之作，即以"后序"明王道谱系为尊孔使之为"圣"张目，由此破坏了《论语》的主旨，歪曲了孔子思想和学说。具体地讲，《尧曰》是给《论语》附加上一个孔子道统论和孔子圣王论的主题，使《论语》被迫蒙上不真不实的阴影。

（二）本著的辅文内容

本著的辅文内容由两部分组成，并分布于上册的正文之前和下册的正文之后。

置于上册正文内容之前的是第一部分辅文，它由序、凡例和导论三部分构成。

序

这是一篇近三万字的长序，主要是为读者了解孔子思想学说提供一个宏观视野。

序文以"孔子思想学说的世界意义与当代价值"为主题，是将孔子思想和学说置于人类历史和当代与未来的大视野中来观照，以阐明通解《论语》就是系统地抉发和呈现孔子的思想学说的历史性的世界意义和人类主义的当代价值。并指出，重新系统地抉发孔子的思想学说，是为在巨变的当代世界创建本土化的**中国世界哲学**做奠基工作。首先，考察孔子作为超越地域、超越时空而塑造思想的历史并影响未来和世界的哲学家、思想家何以可能,即他以终身不倦的方式为大中华以及东方世界创造了返本开新的"思想范式",这一"思想范式"不仅以"宣告古代之声"的方式**"阻止了傲慢自大"**,而且通过"对人类基本境况的体验以及对人类使命的澄明"而"成为其后强大哲学思想运动的基石"(雅斯贝尔斯语)。其次,宏观概述孔子返本开新的历史观及历史哲学框架和孔子返本开新的思想学说框架。再次,在此双重认知和思想框架下,以逻辑生成的方式介绍孔子返本开新学说的核心思想。复次,整体性展示孔子返本开新思想学说的独特地位,即孔子那以其"思想范式"为内在规定和灵魂的生存哲学,**既是一种集成,也是一个枢纽,更成为一个传统**。最后,概述孔子思想学说的超地域、超时空、超民族国家而进入世界引领人类文明继续向前的无限张力。这种呈无限可能性的张力来源于孔子思想学说自身的四个方面:一是孔子思想学说对经验、常识、人性会通所形成的张力;二是以天赋的心智为潜在框架,从正名出发探讨一般知识论所展开的各种可能性;三是基于对政治的有限理性的严正考察,所形成的为政的限度和目标始终构成人类政治文明的永恒的鲜活话题;四是以中正为本质诉求的**"仁德-公道"**构成普世的人类原理,并成为人类伦理和政治应该遵从的不二法则。

凡　例

《凡例》主要从三个方面对本著研究予以说明性交代。

第一个方面是对体例结构的交代:本著虽仍然采取传统的注疏范式,但却增加了"通解",并且功夫用在通解上。由此形成本著以**"形式呈现"**和**"思想呈现"**为复式结构的研究框架。其"形式呈现"即是在《论语》原著的"篇-章"结构基础上构建以"篇"之**导读**和"章"之**注解**为基本内容的文本框架。在此文本框架下展开以"导读"和"通解"为两维面向的思想呈现,其努力目标是尝试整体地呈现孔子"思想范式"的基本内容以及何以生成建构起来的内在逻辑。

第二个方面是对"通解"的交代:指出通解的目的是揭橥隐含于形式语义背后的生存论思想。由此形成本著通解的重心有五:第一,注重于呈现孔子思想学说的核心概念的内涵辨正,尤其是天、道、性、仁、礼、乐;正名、中庸、公、正、异端、刑罚;忠、恕、孝、弟;学而、知、思、愚、勇、直;克己复礼为仁;为政以德;以道事君;志道、据德、依仁、游艺等,呈现这些核心概念在内涵和外延两个方面的或直接或间接的语义关联性。第二,还原式呈现各核心概念与其基本观念、思想主张之间的隐蔽生成逻辑。第三,呈现章篇自身结构中隐含的思想内容。第四,呈现章篇之间的语义、逻辑、思想关联。第五,呈现章篇语义、逻辑、思想之间的**整合关联**和**体系性生成**。

第三个方面是研究方法的交代:本著研究展开之一基本方面,就是对《论语》研究方法的探索与重建,并创建语境还原的研究方法和以自证为主体的证明(即证伪和证实)方法,并整合考据方法、辩证方法而形成一个开放性生成的方法系统。

导 论

"导论"的基本主题有二:一是探讨客观、健康地研究《论语》的**应为**视野和方法应该是怎样的。二是集中交代本著对《论语》展开研究以抉发孔子思想学说体系及其内在生成逻辑的基本视野和方法**实际上**是怎样。基于这两个方面的要求,首先,在研究视野和方法上划出一条界,即**谨慎地**使用那些后来形成的材料,最大可能回归《论语》思想复活孔子学说本身,孔学不仅与荀学、董学之间存在根本性区别,与孟学的区别也会豁然呈现。由此拓展开去,汉学、宋学与孔学之间根本路线的不同,亦会泾渭分明。其次,分别从《论语》研究的境遇取向、《论语》产生的三维视野、《论语》产生的时代认知和《论语》的经验主义方法、《论语》的文化语境方法、《论语》的文本语境方法及《论语》思想、观念证伪和证实的前证方法与同证方法的互补等七个方面,对本著研究《论语》的视野和方法予以较为系统的交代,以为读者进入本著提供一种视野的引导和方法的提示。

置于下册正文内容之后的第二部分辅文,主要由一个跋和两篇附录组成。

跋

跋文是对孔子伦理思想学说的宏观勾勒,从伦理角度切入为读者呈现孔子思想学说之整体图景。

孔子时代的学问,既是生态论的,也是整体论的。其生态整体论的学问思考凝聚形成思想学说的基本面向伦理。孔子致思人间社会之伦理问题,是以人性为基石、以返本开新的历史哲学为认知框架,形成君子伦理,向上敞开是道德哲学,向下敞开是政治哲学,将其贯通成为一个思想学说的整体的是以正名为出发点的知识论。跋文首先辨正构成孔子伦理学的概念系统,其次梳理孔子伦理的君子学说内涵;最后勾勒孔子伦理学的体系框架。

附录 1

主要解决一个关于孔子的思想学说到底是什么的问题。这个问题由曾子之徒第三次编纂《论语》而目的性地窜入"曾子路线"而产生,秦以降的儒生,尤其是汉儒和宋儒无限地放大"曾子路线"而将孔子的思想学说核心、灵魂和精髓确定为"忠恕",孔子繁富深远的思想学说由此被人为地阉割了。

为拨如此历史之"乱"而反孔子思想学说本身之"正",本附文首先探讨孔子发问"一以贯之"的潜在动机;其次检讨"忠恕"的本义及在孔子学说中的位置;最后正面分析孔子"一以贯之"的中正之道。以此指出,曾子以"忠恕"定义孔子"一以贯之"之道,被后世所确信,但却在实际上造成了对孔子思想学说的最大误解和曲解。在《论语》中,孔子总是"忠""恕"分言;而且,忠、恕是与孝、弟并列的具体行为规范,此四者接受"中庸"统摄而构成其道德学说的内容。孔子的道德学说,仅是其君子学说的一部分。作为"创造思想范式"的思想家,孔子博大精深的思想学说除了以道德、政治、教育为基本构成的君子学说外,更有以人性论、心智论、知识论、仁学、礼论等为基本内容的道德哲学。贯穿其君子学说和道德哲学的那个"一以贯之"之道,却是以返本开新的历史发展观为认知论、以"以仁入礼"为路径、以仁德-公道为根本规范的**中正**之道。

附录 2

孔子,是东方最伟大的思想家,同时也是人类上古时代最杰出的历史哲学家。他的思想学说是以返本开新的历史观为认知基础和方法论指南。此附文首先澄清理解孔子历史观的基本问题,其次分析孔子返本开新历史观的性质定位与内涵规定,最后概述孔子返本开新历史发展观的理论框架。从整体上揭示孔子返本开新的历史观包括存在发展论、历史主体论、损益方法论和古今互动律。在以此四者为基本内涵的历史发展观中,"变中不变"的是历史本体、传统本质、根本的道,可以简称为"古";"不变中变"的是历史的现象,传统的变数,指向现实的运动,以及朝向未来的可能性,可以简称为"今"。古与今的互动既是传统向现实的新生,更是本体对现象的矫正,也是"变"对"不变"的弘大。它超越地域、时空和民族国家,为人类存在发展提供了永恒的世界意义,具有不可忽视的引导巨变时代文明生生向前的当代价值。

学而第一

　　《论语》二十篇，并不任意杂乱，而是贯穿孔子一生思考和探索的主题，这就是"人如何才成己为君子"？孔子将人**成己为君子**作为终生思考和践履的主题，是时世使然。周以武力夺得殷商天下后，分封亲族子弟，以拱卫周王朝；然后以文化成天下，培育君子（即贵族）阶层以支撑周政之礼乐文明。平王东迁至春秋晚期，维持周文明的君子阶层趋于崩解，礼崩乐坏。生于斯世的孔子，以"信而好古"的执着，发现文明始终向前的历史发展观，探求**文道救世**的社会方式和**重建文明**的道路，是重建君子阶层，由是将"人如何成为君子"的问题突显出来。这一问题具体敞开为两个方面：

　　　　其一，怎样的生活才是君子的生活？
　　　　其二，如何才能过上君子的生活？

　　致思前一个问题，孔子得出第一个答案：**修德取位**和**以德正位**的生活，才是君子的生活。

　　追问第二个问题，孔子得出第二个答案：唯有不倦地"学而时习之"，才能过上君子的生活。

　　由此不难发现，"人如何才成为君子"，既是孔子思考的逻辑起点，也是孔子思考要达及的（个体性）目的。《论语》编纂者既深谙孔子这"**一以贯之**"的思考进路，更深得孔子思想的精髓，将《学而》置于其首，以统摄全书。

一

　　《学而》十六章，从不同方面展开讨论一个问题：人要**成己**为君子，必须"务本"，这个"本"就是"学而"。

　　"学而"何以成为君子必务之本呢？因为学而，既是学文，也是学德，更是修道，也是修业。**学文入道**、**修德进业**，构成人生之本。这是学而成己为君子必务之本的内在理由，也是《论语》以"学而"开篇的最终依据。

　　学而，是"学而时习之"的简化表述，其完整表述是："学"而且"习"。学，指对不知、未知的了解、认知和吸收，有主动谋求之意。习，指对所学到的东西予以**消化**然后**践履**。所以，"习"，首先指"内省领悟"：凡需要学和能学到的东西都体现**公共性**，习就是将所学到的那些共性知识内容消化为**个体人格化**的智慧能量、思维内容，这就是"温故而知新"的"内省"。其次指"外化践履"：习就是运用已经消化了的知识内容来指导自己的生存行动和生活。

　　概言之，学，仅是获知；习，是将获知的东西变成"**智**"和"**用**"。习作为学的后续方式，既是**学智**，也是**学用**，使之变成运用的智慧和方法。

由此来看,孔子所论学而,展开为由学而习的过程,并生成**存用**关系:温故知新,就是存;传而习之,即是用。这一存用关系蕴含两个方面的深刻认知:

首先,学是重要的,因为一切形式的知都源于学。但学并不意味一切。唯有通过学达向温故知新,才是真正的学。所以,由学而习,是学必须经由的**入门阶梯**:学,是起步,为其所学而习,是登高。**学而登高,必习而不止。**

其次,"学而时习之"之"习",涵摄思与行。后来者《中庸》将孔子"学而"思想提炼为"博学、审问、慎思、明辨、笃行",这五个方面内容可归纳为三个步骤:第一步是学,即**学知**,要博广、博远、博大、博厚。第二步是内习,即**学思**,通过"温习"或"内省"将**学知**到的东西变成**智或慧**的内容,需要审问、慎思、明辨来构筑其认知登高的阶梯。第三步外习,即**学行**,运用学到的东西指导生活,其基本方式是**笃行**。

要言之,孔子学而思想由学知、学思、学行三部分组成。此三者又内在地生成建构起双重知-行关系:首先,从学知到学行,构成外在(由学而行的)知-行关系:只有见多才能识广,只有博学才能力行。其次,从学思(内习)到学行(外习),构成内在(由思而行的)知-行关系:只有深思才可力行;只有思之确确,才可行之坦坦。

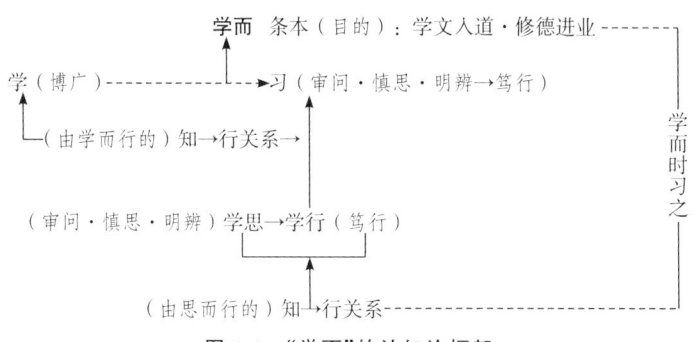

图 1-1 "学而"的认知论框架

二

本篇论学而,以"学而时习之"开篇,直接表达"学而"主题,概述学而的对象范围是学知、学思、学行。然后分别用"说""乐""不愠"表达如何学与思,最后以"人不知而不愠"方式强调怎样学行。

孔子论学而成己为君子的重心,不是书本,而是生活与做人。在孔子生活的农耕社会,生活与做人的根本,是孝弟。孔子教弟子的奠基性内容,必是孝弟。孔子以孝弟为教学内容,广泛而博杂。对夫子之博杂孝弟思想予以深刻生存领悟,然后予以认知提炼成原理的,是有子。在第二章中,有子表达一个基本思想：学做人，是学而的根本任务；学孝弟，是学做人的奠基内容。理由有三：一是孝弟具有构建和维护社会秩序的功能；二是孝弟是人成己为君子的立身之本；三是孝弟是仁的本源，仁是君子成己的必修之德。孝弟与仁的关系，是互为体用的关系：从发生学讲，孝弟是仁之本；从生存论，修仁又培养人孝弟。所以，仁必然成为君子学而的基础内容：君子学而成己的核心任务，是修养仁性、仁心、仁情、仁爱，获得仁德。但在孔子看来，学修仁的前提性训练是学真实、真诚地说话：真实、真诚地说话，是仁；反之，巧言令色，则非仁（第三章）。

学仁涉及两个方面：一是学修仁，二是学行仁。学行仁，有礼的规范；学修仁，是主体性的性、心、情的修养过程，它需要内省方法。这一方法被曾子提炼为"三省"说。君子学仁必修而后有行。修与行之间构成手段与目的关系：修仁的目的是行仁。君子行仁，不外乎家与邦，根本指向是以仁治邦，要旨有五，即敬事、信用、节用、爱人和有节制地役使民（第五章）。

从第二章到第五章，分别讲述学的奠基内容（孝弟）、学的根本内容（仁）和学的重心内容（行仁以治邦）。在此基础上，第六章勾勒学而的完整内容：进出孝弟、谨慎敬事、言行信用、泛爱大众（包括爱人和爱民）、学文（读书），以此突出三点：

第一，仁的本质是爱。

第二，爱有差等，因而爱必须遵循差等原则：由仁而爱，始于爱亲，推及人、民，博之于大众。

第三，建构学而的内容阶梯：孝弟在先，行仁为重，余力于文（第六章）。

三

孔子的如上思想为子夏所觉悟。他以"贤贤易色"（第七章）为喻表达对夫子学而思想的整体把握，揭示学文与学行孝行仁之间的关系，指出只要把"行孝行仁"学好了，即使没有读书，没有学文化经典，也算是学了。其一方面突出行孝行仁的重要性和根本性；另一方面暗示古代文章、文献、经典的基本内容，亦为孝、仁而已。从结构观，子夏的言论是对第六章孔子学而行仁"五维"的补充或强调。君子行仁，必以修仁为前提。第八章讲学修仁持重、不固、忠信、慎友、改过，此"五要"构成孔子学修仁的总论。接下来分论：其一论学修礼，重点落实在修孝礼，孝礼的基本课程是居丧和祭祖，前者的方法是"慎"，后者的方式是"追"，达到的效果是使民德归于敦厚（第九章）。其二论学仁德，应从温、良、恭、俭、让五个方面修炼，既促人成己，更促人"成人"（第十章）。其三论学修孝行之道，孔子将其概括为孝"志"、孝"行"、孝"守"三个要点和三个过程（第十一章）。其四论学用礼之道。有子将孔子的用礼之道概括为两个要点：一是以礼本身为规范，这就是"不以礼节之，亦不可行也"；二是以达到中正之和为准则，这就是"礼之用，和为贵"（第十二章）。这两个要点是"用礼之道"的总钥匙；以其为总钥匙，具体方法是"信近于义""恭近于礼""不失其亲"（第十三章）。

修仁必然要指向修行，修行即行仁，包括行仁于生活和行仁于为政。

行仁于生活，指用仁来指导生活。孔子指出，用仁来指导生活，一食不求享受；二居不求安逸；三勤勉所当之事；四谨慎其言；五以贤人为榜样不断改进自己（第十四章）。要做到此五者，必须学会正确理解贫富与生活、贫富与人生的变动关系，做到即使贫困也不卑屈谄媚，化贫为乐；即使富贵也不骄奢，也应在富贵生活中求道好礼（第十五章）。

第十六章孔子论知，照应第一章学知识、学知人、学做人。学而成己，学知识是起步，重心是学知人，根本努力是学做人。从起点达向目标的核心任务是知己，因为只有知己，才知人。君子学而所"患者"，不是人不知己，而是己"不知人"，前提是"不知己"。学而的根本努力，是真正解决"己知"问题而达向"知人"。只有从"己知"通向"知人"，才可行孝弟，才可交友，才可泛爱众，才可入仕当官，治邦安国。孔子学而**成己知人**的思想，是以"性相近也，习相远也"（《阳货》）的人性为依据，以"为政"为实践指向。所以，"不患人之不己知，患己不知人也"，既照应第一章，又开启《为政》篇。

四

本篇论"学而"，体现"总—分—总"的逻辑结构：第一章总论君子"学而成己"的三大视域，然后分论，最后一章概括君子"学而成己"的核心问题是"己知而知人"，照应第一章蕴含的本质论题。

第二章至第十五章分论君子学而成己的内容，大致可分为三部分：

第一部分论君子学而成己的要点有三：君子学而成己的奠基内容，是孝弟（第二章）；其基础内容，是仁（第三、四章）；其重心内容，是治事（第五章）。第六章是对君子学而成己内容的总括，第七章是对第六章的补充。

第二部分论君子学修仁：第八章总论君子学仁"五要"；从第九章到第十三章，分别讲述学修孝礼、学修温良恭俭让五仁德、学修孝行之道和学修用礼之道（第十二章和第十三章）。

第三部分论君子如何学以仁指导生活，共两章内容：第十四章指出学以仁指导生活应注重"五要"；第十五章指出学以仁指导生活，必须解决对贫富的看待与生活的方法，但本质上是引导弟子在任何环境里都要学会善待自己。只有真正学会正确认知自己和善待自己，才可将自己成就为君子，继而才可学而成人；学而成人，是学而知人的过程，这个过程比己知更复杂、更难。所以孔子才如是说"不患人之不己知，患己不知人也"。

第1章释义

子曰:"学而时习之,不亦说乎? 有朋自远方来,不亦乐乎? 人不知而不愠,不亦君子乎?"

[注释]

子:按周代礼制,实行五等爵位,即公、侯、伯、子、男,"子"乃第四等爵位。后来成为贵族子弟的称呼:西周时,贵族子弟多被称为"小子",即使王,也在神祖面前自称"小子"。至春秋中期,子泛化为对有身份地位者的尊称,卿大夫始以"子"或"夫子"称:"子"是第二人称,相当于"您老人家";"夫子"是第三人称,相当于"他老人家"。春秋之前,学在官府,所有学问会聚为一门做官的学问,长官就是老师,故称为官师之学。春秋以降,"天子失官,学在四夷",治学成一家之言者亦被称为子。比如"诸子"的"子",来源官师,是官学民间化后对学者的尊称。与此同时,老师也称子,这同样来源于官师,是宫廷教育民间化后对老师的尊称。再后来,读书人之间亦尊称"子"。《论语》中凡"子曰"之"子",皆指孔子,或是本门弟子对孔子的尊称,或社会人士对孔子的尊称。

学:求知,指对不知或未知的求了解、认知、理解,所以"学"的古义为"觉":《说文》解"学,篆文,斆省",而"斆,觉悟也"。学,乃是求(内心的)觉悟,因为"学"也是人向事、物,或后生向长者的模仿方式,有"效法"的意思。所以"学"的对象具有广泛性,不仅涉及事物、自然,更涉及历史、文献,由是又可将学理解为诵、读;而诵、读所指向的仍然是对所诵读内容的内化性觉悟。

时:有三种理解,一是按照、适时:"王曰:'时者,学者以时诵习之。诵习以时,学无废业。'"(何晏、邢昺《论语注疏》)二是"时时",朱熹持此说,杨伯峻以为朱熹此解是在"用后代的词义解释古书"。三是"不失时机"。第三解更合本章语义。

习:既与学相联系,又与学相区别。就前者言,习是学之后续活动,是对学的展开:或向深度展开,比如内省得觉悟;或向广度展开,比如践履所学之精义。仅后者论,习是学的进一步,可铺开向内或向外两个维度:向内,是将所学的东西作为对象重新认知,以求内化为个性、人格化的思维内容、思想内容、情感内容等;向外,是运用已被内化的所学来指导践履,即用以指引实做某事。

学而时习之:简称为"学而",指广泛求知并不失时机地内省然后践履。"学而"的灵魂,乃一"**时**"字,意指君子修行"以学促习、以习促行"必须抓紧时间、不失时机,蕴含的根本语义是"恒"和"守":时者,恒也,守也。前者要求将"学而习之"变成恒常,使之成为生活方式、人生方式;后者揭示"学而习之"能"恒"的关键,是克己坚守。克己坚守,是恒的源泉;恒是"学而习之"的动力;"学而习之"是人修行成君子的根本方式,也是人修行的最终保障。**克己、坚守、恒常**,此三者既构成君子修习仁、礼、乐达于文质彬彬,也推动君子无论在"有道"或"无道"的生存环境中均能达于"安"然存在和安心生活。

说:通"悦",喜悦。"悦"与"不亦乐乎"之"乐",都形容高兴、快乐的情态、情状,但有内外区别:高兴、快乐的情感运之于心,为"说",突出**自愉**;高兴、快乐的情感运之于行,则为"乐",也可达于与他者**同愉**。

有朋自远方来:朋者,同类,或志同道合者,此处特指从不同方向投奔孔子并拜他为师的学生,在孔子看来,这些人因知之仰慕于己,自远而来,故为朋。

人不知而不愠:知,了解、知道。愠,怨恨、懊恼。指学以为己之道,不为"人不知"而生怨怼。

君子:中国最初的文字是甲骨卜辞,大致产生于殷商中期。但检索甲骨卜辞,没有"君子"一词,也不见于《虞书》《夏书》《商书》。"君子"一语始见于《周书》(共出现六次,其中三次出于《伪古文尚书》增加的篇目中),其后在《诗》《易》《左传》《国语》等典籍中大量出现。这一现象或许表明:"君子"一语乃周人发明;君子观念,亦诞生于周并流行于周。《诗》主要是记载周之政治、文化、伦理、道德的"义理府库",现存三百零五首的《诗》中,有六十一首描绘君子,其"君子"一语出现达一百八十三次。除此之外,《诗》中还用一般人称代词"彼"和"其"来称代"君子":其中,用"彼"指代"君子"者三百零六次,用"其"指代"君子"者五百二十次。但《诗》《书》《经》中的"君子"与个人品格、德性无关,它与"民"对举,专指有社会地位者。比如,"我西土君子,天有显道,厥类唯彰"(《尚书·泰誓下》)、"盛德不狎侮。狎侮君子,罔以尽人心;狎侮小人,罔以尽人力"(《尚书·旅獒》)、"庶士有正越庶伯君子,其尔典听朕教"(《尚书·酒诰》)、"君子所,其无逸。先知稼穑之艰难,乃逸;则知小人之依"(《尚书·无逸》)等中的"君子",皆指有位者。后来才逐渐获得品德的含义。萧公权认为孔子之前广泛流行的"君子"亦"即或间指品性,亦兼地位言之。离地位而专指品性者绝未之见"[1]。萧公权的判断表述有两层含义:从发生学论,"君子"指有位者,即天子、邦君(王、公、侯、伯)、贵族、大夫,皆称君子。后随着社会变迁,"君子"概念之能指与

---

① 萧公权:《中国政治思想史》上册,北京,商务印书馆 2013 年版,第 74 页。

所指关系发生变化,于是有了"兼指地位与品性"①者。**至春秋晚期,孔子基于文道救世理想,对"君子"概念赋予"修德取位"和"以德正位"的内涵,以此为基本诉求形成他的君子理论。**简言之,孔子的"君子"与"小人"相对立,专指有德才者,他可能有位,也可能无位。

[译文]

孔子说:"求知并不失时机内省并践履它,不也令人愉悦吗?知我慕我的人自远而来拜我为师,不也很快乐吗?学而日进其道,得不到人的理解和举荐,心无怨怼之情,不正是修养成德的君子所具有的吗?"

[通解]

孔子思想,不外"以仁入礼达乐",但基本方式是学而。本章开宗明义讲"学",指出"学"所要达及的目标,就是使自己成为**有乐、是乐、快乐**的人,这样的人就是君子。

什么样的人才称得上乐者?

> 子曰:"博学于文,约之以礼。"(《颜渊》)
> 子曰:"兴于诗,立于礼,成于乐。"(《泰伯》)
> 子曰:"知者乐水,仁者乐山。"(《雍也》)

一个人要有资格、有能力乐,在日常生活中成为乐者,必须**博学厚重,通文成仁,行而知耻,约之以礼**。孔子指出,学的目的是成己:一是通过学使自己拥有博厚、悠远的仁德精神;二是通过学使自己获得广大、高明的公道品质。一旦具备如此视野和情怀的仁德精神和公道品质,无论学还是习,都会生乐,都会乐在其中。

一

孔子论"学",有具体的指涉对象。它既不是今天所讲的一般科学文化知识,也不是现代教育所讲的专业技能知识,更不是古希腊至近代西方人所讲的具有真理含义的客观知识。《论语》中没有作为追求真理意义上的一般知识学,缺乏一般知识学意识。但孔子有自己的经验主义知识论,并且其知识论还有一般和具体的分别:孔子的"一般"知识论,是正名理论;其"具体"知识论,是他的伦理知识学和政治知识学。客观地讲,无论正名知

---

① 萧公权:《中国政治思想史》上册,北京,商务印书馆 2013 年版,第 75 页。

识论还是伦理知识学、政治知识学,都应该建立在一般知识学基础上。从这个角度看,无论正名知识论还是伦理知识学或政治知识学,既应该考察一般知识学何以可能,也应该追问伦理真理和政治真理的构建。但由于孔子不关心一般知识学,也不关心世界的存在真理问题,其知识观因缺乏一般知识学基础和对真理的关怀与追问精神,混合着抒发个人性情和政治感兴的情感道德论。

以此看"学而时习之"的"学",其指涉的具体对象内容有二:一是《诗》《书》《礼》《乐》,其中,孔子最看重《诗》:"不学诗,无以言"(《季氏》);其次是《礼》:"不学礼,无以立。"(《季氏》)二是指德性本身,主要以历史人物和时贤为学的对象。如果说学所指涉的对象内容是知识的话,那么《论语》里面所讲的知识,也仅仅是德性(伦理德性和政治德性)方面的知识和《诗》《书》《礼》《乐》等内容。

孔子所论学的对象内容之所以具有如此特殊性,在于其所倡导之学乃**为己**之学,即要把自己培养成君子,具备为君子的德性品质和德行能力,这既是以德取位的前提,也是以德正位的保障。以德取位,是入仕当官;以德正位,是当好官。其学所成就的学问,就是怎样当官和如何当好官的学问,《诗》《书》《礼》《乐》既是先朝文化,也是先朝历史,更是历代先王、贤人、君子"以德正位"治邦安国的经验汇集和礼仪、典章、制度的汇编。所以,它们必须成为学的对象内容。

这只是具体论,从整体观,其学的内容还囊括"朋友"和"人知"等。

朋,指志同道合者。本章中孔子自谓仰慕自己而远来拜其为师的弟子,他将其称为"朋",这些投奔他而来的"朋"成为学的对象。因为孔子"学而"之教讲究因材施教,前提是对学生了解。但学生却是独立且具特殊性的人,有朋自远方来的快乐,不仅表现为获得教化英才的快乐,更表现为对个性完全不同的人的真实了解、认识的快乐:教之必先识之,教人的快乐最终源于识人的快乐。

孔子之学是为己之学,其目的是成己。为成己而学,乐在自身,他人理不理解、认不认同,无关紧要。哪怕遭到误解或责难、嘲笑或讥讽,也不愠怒,快乐如初。

所以,孔子论学,不仅要求学《诗》《书》《礼》《乐》,也要求学先王、贤人之德,更要求学知人、学知己、学做人。如此三个方面并举以进,持之不弃,最终方可成己为君子。

二

本章中,孔子论学,讲清楚了学应具备的三维视域。

　　首先,学知识。不仅要广博,《诗》《书》《礼》《乐》要学,也包括识"鸟兽草木之名"(《阳货》)以了解自然变化律动的规律;要学先王、贤者、君子的德性,包括道德的知识,至诚的方法,更要学**身体力行**,包括不失时机的温故知新和践履尽性。

　　其次,学知人,包括知人和知己。

　　知人是知己的前提。人的认知总是由外而内,由远及近、由表及里,因为人的感官总是向外,且感官发达才促成心官觉醒,认知也总是由存在世界而至自我、由人及己。比孔子稍晚的苏格拉底,把"认识自己"作为终生探究的哲学命题,通过对一般知识学(即真理)的探讨而认知自己,探索形成助产式的对话论辩方法。孔子却从伦理道德本位出发,通过君子知识学的探究,发明**"反求诸身"**的内修方法,这即通过知人而反求诸己,具体地讲,就是通过对先贤、时贤、君子的道德、德性、至诚品质与精神的"学而"返回内心做自我对照与省视,以达到"内省无疚"和"无忧无惧"之境。

　　孔子所论知己,指通过内省而克己,以达于仁,行于礼。在孔子"学而"中,知己是起步,最终努力是知命,这是学而成己为君子的根本标志,是"不知命,无以为君子"(《尧曰》)。唯有学而知己达于知命,才可真正做到内省无疚,无忧无惧;也唯有学而知己达于知命,才可"一以贯之"地"守死善道",达到"学以致其道"的至诚之境。

　　知己不仅要知人,更要知言:"不知命,无以为君子;不知礼,无以立也;不知言,无以知人也。"(《尧曰》)强调知言是知人的根本前提。何也? 言,涉及名,名涉及位,位涉及立。人要立,必须明确其位;要明确其位,必须正其位;要正其位,不仅需要行来体现,更需要言来确证,因为一切都要通过言来命名,也只有通过言来正名。知其言,构成对人的全面认知、全面了解、全面确立的必须方式。"不知言,无以知人也",强调知人须知言,知言即知人;不仅如此,知言既是正名的过程,也是立人的过程。这个过程又是人与己的互动。正是这一互动过程,生成**主体间性的交流方法和对话理解方法,它落实于教学,就是教学相长。**在这一对话理解抑或教学相长过程中,无论人还是己,获得的不仅是知识视野的开阔、情感的唤醒、德性的提升,更是乐的达成。所以,"有朋自远方来"的快乐,蕴含对"兴于诗,立于礼,成于乐"的生成性。

三

　　因为学而为己,学,永远是自己的事业。

　　因为学而成己,学,永远是成就自己的事业。

　　由于学是自己的事业,学必须使己知。在学中获得快乐,在学中创造快乐,这些快乐可能会达及他人,使他人享有快乐。但这不是目的,目的是学而使自己达于乐境。以此理解"人不知而不愠,不亦君子乎",表达这样一种君子姿态:真正的君子,必须学而为己,且必须学而做人。

"人不知而不愠"的做人方法有二:一是学正确看待自己,对己要豁达,凡事不要跟自己过不去,要善待自己;二是学正确看待他人,待人要宽容,不要凡事跟他人过不去,要善待他人。

善待自己和善待他人,最终要落实到为事上来,要求凡事严肃、严谨、严格。为事以严,是诚的要求。诚者必严,严者必诚。学,既然是为己之事,学之必严且为之必诚,唯有严与诚,才能够学而成己。这是"人不知而不愠,不亦君子乎"的本质含义。

第2章释义

有子曰:"其为人也孝弟,而好犯上者,鲜矣。不好犯上,而好作乱者,未之有也。君子务本,本立而道生。孝弟也者,其为仁之本与!"

[注释]

有子:姓有名若,字子有,鲁国人,与子张、子夏、曾子等一辈,属孔门后进弟子,小孔子三十三岁。"有子",是孔子再传弟子对有若的尊称。有若为人诚实,好德性德行,得孔子喜爱,加之长相酷似孔子,孔子死后,其守丧期间,孔门弟子公推他代孔子,受弟子朝拜。曾子曾为此不满。其后,子贡树孔子为圣人,有若亦是其参加者。

孝弟:古代血缘伦理的核心概念。孝,指事父母孝顺。"孝"字从子从老省"耂",与"考""老"相关:"老"字像弯腰驼背的老人,加根拐杖,就是"考"字。古代称父为"考",当儿子的要孝顺其父,就是爱老、敬老、养老。弟,通"悌",指事兄长要尊敬。兄之长,是家(家族、家庭)中其父的合法继承人,未来的大家长,所以要特别尊敬。

好犯上者,鲜矣:好,喜欢、乐意、愿意。上,居上位者。犯,冒犯、违抗。鲜,少。

作乱:乱,无序。指破坏秩序,搅乱是非。

务本:务,专力经营。本,指原初的、最早的那个东西,是事物存在之根,或事物演变之始。

本立而道生:立,确立、树立。道,《论语》所言之"道",在大多数语境中,无形上指涉性,仅伦理和政治层面的人文之道:从伦理论,是从人心开出的仁道（或曰"仁德"）；从政治论，是从仁礼开出的公道。本章所言之"道"，是伦理意义的人文之道，它的"本"在人心，孝弟之心恰恰是人心的原初形态，即人对人心的最初意识是血缘意识。本立道生，指人文之道从血缘孝弟之心中生长出来。

为仁之本：仁，孔子表述其思想的核心概念，《论语》中，"仁"字出现一百零九次。仁，之于孔子，是一个开放性的概念。孔子论仁，从不同方面赋予不同的经验内涵。虽然如此，但理解仁，需注意君子"学以致其道"是为成己然后成人立世，它是孔子论仁的固有视角：从己出发看待人，就形成仁或不仁：仁，指将人当人看；不仁，指不把人当人看。把人当人看，首先是把自己当人看，这是学而为己；其次是把他人当人看，这是学而成人。正是在这双重意义上，仁，构成人在群化环境中"与人相处"和"和人在一起"的大道。从发生学观，每个人都来自父母，更是在血缘中生长成人，所以孝父母、敬兄长，成为正确看待自己和他人的本原，也成为人善待自己和他人的开始。善待自己，是对父母孝，因为"身体发肤，受之父母"（《孝经·开宗明义》）；孝父母，是对父母给予生命、赐予成长的感恩。这是仁之根本乃孝弟的理由。

[译文]

有子说："一个人孝父母、敬兄长，很少有凌犯尊长的行为。一个人不喜于凌犯尊长，不会有破坏秩序、颠覆家邦的想法或做法。君子做人，首先致力于经营根本。做人的根本得到确立，为人之道必然生成。所以孝父母、敬兄长，是萌生仁道的本原。"

[通解]

上章总论学，讲学以求知、学以知人，最终是为了学以做人。本章围绕学以做人论，讲做人的根本之学是孝弟。

一

有子论孝弟，首先讲孝弟的功能：能够学而成孝弟者，不会犯上作乱。

所谓"作乱"，指违反纲纪、破坏秩序或颠覆家邦。所以作乱，本质上是犯上。

犯上有两种形式：一是直接犯上，比如颠覆家邦；二是间接犯上，比如偷盗、抢劫、贪鄙、淫乱等，虽然只是违反纲纪或破坏生活秩序的行为，但仍然起到间接挑衅王权、颠覆家邦的作用，所以也属犯上。以此来看，作乱必然犯上，犯上既可是作乱的目的，也可是作乱的动机。

作乱者,都是犯上者,因而作乱起于犯上。抑制犯上者,作乱者就消失了。抑制犯上者,前提是消灭人犯上的心理动机。怎样才能做到呢?有子认为,教人学会孝弟是最好的方式。因为当人孝弟时,不会产生犯上的心理动机;当人人成为孝弟者,邦国就会杜绝犯上作乱的行为发生。

孝弟何以具有禁止犯上作乱的功能?

首先看孝弟。孝,是子女对父母之责;弟,是弟对兄之责。孝弟在血缘谱系里是下之于上的伦理要求和道德规范。

其次看犯上作乱。犯上作乱的动机很多,但归纳起来只一个"欲"字。

人生之欲有三,即权欲、物欲、性欲。

权欲,激发人窃国、主政、求霸。《中国历代战争年表》中的"作战次数统计表"和"年表索引"统计表明,春秋时期发生各类战争、战乱共三百九十五起。孔子一生七十三年中,发生战争、战乱一百一十起。这些战争、战乱,许多由各家族间、各邦国间"犯上作乱"引发。[①]

性欲,源于生命的享乐。与此不同,物欲既可源于感官享乐,也可源于生活的窘迫。客观地看,被性欲激发出来的因追求感官之乐而犯上作乱的行为比较少见。并且,一旦有血缘伦理的规范和血缘道德的制约,由性欲引发的犯上作乱可以减少到最低程度。所以,犯上作乱的动机主要是权欲和物欲。

因权欲而犯上作乱的行为,在古代社会,往往通过暴力来解决。

对物欲引发出来的犯上作乱行为的制止,有两种解决之道:一种是管仲式的解决之道,采取以**刑赏**为基本手段推行**富民**之道:"凡治国之道,必先富民。民富则易治也,民贫则难治也。奚以知其然也? 民富则安乡重家,安乡重家则敬上畏罪。敬上畏罪则易治也。民贫则危乡轻家,危乡轻家则敢陵上犯禁,陵上犯禁则难治也。是以善为国者,**必先民富,然后治之**。"(《管子·治国》)管仲的思路是唯物论,基本认知路径是"仓廪实则知礼节,衣食足则知荣辱"(《管子·牧民》)。内在逻辑可简括为"民富则安乡重家—安乡重家则敬上畏罪—敬上畏罪则不犯上作乱"。一种是孔子式的解决之道,采取以**教化**为基本方式的**治正**之道:教之以仁,行之于礼,则物欲可克。在孔子学说中,仁是礼之体(本),礼是仁之用,但仁之本是孝弟。对物欲汹汹者言,最根本的制欲方式是申之以孝弟。人人孝弟,人人重家安乡,自然不会轻易地为物欲而犯上作乱。

以权欲为动机引发的犯上作乱行为,同样在孝弟这一血缘伦理失范的

---

① 金纲:《〈论语〉鼓吹:圣贤的光荣与漏洞》,天津,天津人民出版社 2007 年版,第 6 页。

情况下才产生。孔子所生活的当世,血缘宗法世袭不仅是制度,也是政治传统。因权欲而犯上作乱的情况出现,恰恰是血缘伦理和宗法道德的弱化,这种弱化表现为礼崩乐坏,实质是血缘宗法伦理道德价值体系的崩溃。正是在这种境况下,信而好古的孔子基于"殷因于夏礼,所损益,可知也。周因于殷礼,所损益,可知也。其或继周者,虽百世,可知也"(《为政》)的历史发展观,探求返本开新、以仁入礼的文道救世道路,试图通过全面释放殷商宽简仁爱思想来重建血缘宗法伦理道德纲纪及价值体系。这是有子为何做出如上推论的思想背景和认知理路:人一旦孝弟,就不会犯上;人只要不犯上,就不会作乱;人不作乱,则有可能求仁行礼。

二

孔子的为己之学,乃**成己**的君子之学,它由德和才两个方面构成,但孔子更看重德。一部《论语》,可看成一部道德书。这部有关道德言论的汇编,围绕如何成己展开:

> 一是君子如何成就自我道德?
> 二是君子如何将自我成就的道德运用于生活?
> 三是君子如何将自我成就的道德运用于治邦?

对如何成就自我道德的探讨,形成君子教育学;对如何将自我成就的道德运用于生活,形成君子人生哲学;对如何将自我成就的道德运用于治邦安国,形成君子政治学。在此三者中,君子人生哲学,是将道德运用于私人生活领域以指导人生,其践履的基本方式是修身,其拓展形式是齐家、处邻和交友,所要达到的境界是仁德。与此相反,君子政治学,是将道德运用于公共生活领域以引导或治理社会,其践履的基本方式是治邦安国,所要达到的境界是公道。

无论以道德指导生活,还是运用中正之德治邦安国,都需要君子"自我成就道德"为前提。君子自我成就道德,是关键和根本,这是"君子务本"的**首要**含义。

道德既然是把人成就为君子的根本,那么,这个能够将人成就为君子的道德之本应该是什么呢?追问这个问题,必然牵涉出仁、礼、乐,此三者构成孔子君子道德的总体。其中,仁是君子道德的内在修养,礼是君子道德的行为规范,乐是君子道德的实现境界。

在仁、礼、乐三者中,仁是根本:只有具备仁的修养,获得仁性、仁心、仁爱、仁情,拥有仁德,能时时处处发乎仁而求乎行,自然生发有礼的行为规范;有礼的规范,即言谈举止之礼发乎本心,就达到乐的境界,生活必然乐不可支。所以,**道德是君子之本,仁是道德之本。**君子务本的根本要求是求仁:唯求仁,方得仁;唯不断地求仁得仁,方以仁为乐,这是"君子务本"的**基本**含义。

既然仁是道德的根本,那么什么是仁呢?

孔子说"仁者爱人":仁,就是去爱人。

但"爱人"仅是"仁"之一半,另一半是"恶人":"唯仁者能好人,能恶人。"(《里仁》)这说明"仁"爱既有条件规定,也有范围要求。在孔子仁学世界里,爱人不是仁本身,而是仁的行为指向。《论语》中,孔子倡导仁者爱人和仁者恶人,还指出仁者必须爱其亲:"叶公语孔子曰:'吾党有直躬者,其父攘羊,而子证之。'孔子曰:'吾党之直者异于是,父为子隐,子为父隐,直在其中矣。'"(《子路》)这种"子为父隐"和"父为子隐"的行为表明"仁者爱人"应该有差等:亲与非亲,其爱的程度完全不同;这种不同构成爱人与爱亲的体用关系:

> 不爱其亲而爱他人者,谓之悖德;不敬其亲而敬他人者,谓之悖礼。(《孝经·圣治章第九》)

孝经这段话阐发三层含义:首先,爱与敬都是道德,但爱是仁德,敬是礼德。因为爱是心之所得,敬是行之所成。所以,敬必源于爱,敬亲必出自爱亲。其次,爱亲是爱人的前提,爱人是爱亲的延伸;敬亲是敬人的前提,敬人是敬亲的延伸。最后,爱有差等。

爱有差等,不是理论假设,而是以人性为依据的生活经验事实,它根源于人的生命存在的需要性:每个人都只是个体生命。作为个体生命,人的存在现实是:他诞生于这个世界上,什么也没有;但他的生命存在却需要资源滋养,个体必须为自己能够获得使生命存活下去的各种资源而努力。这是人的现实,也是人的命运。人的这一现实存在命运决定他必须利己,有私,也决定他**为己必多于为人,自爱必多于爱人**。所以,为其生而萌生的为己利己爱己要求性,构成人的行为的终极本质。但人总是群性的存在者,其为己利己爱己行为总要牵涉他人,因为每个人一旦以天赋本性发挥为己利己爱己行为时,往往会相互进入对方的领域,构成对对方的侵犯或伤害。为避免这种情况出现,人必须收缩为己利己爱己的欲望,限制为己利己爱己的行为,以照顾他者的存在,这就是为他利他爱他。但为他利他爱他的最终取向,仍然是为己利己爱己。所以,**己才是一切行为的终极本质**,也是爱有差等的本质含义。

在利爱差等的人际结构中,人与自己关系距离最近的人是父母,其次是子女,然后是兄弟姊妹。因为父母子女、兄弟姊妹有血缘关系,各自的身体里流淌着同样的血液,散发着同样的气息,融通着同样的气质。所以,血缘亲情才生仁爱之心:父母爱子女,是天然的仁;子女孝父母,是发乎身心一体的仁;弟爱兄,是生命同体的仁。在人的世界里,对血缘亲情的热爱与庄敬,是最大的和最根本的仁。所以,**孝弟是仁的根本**,这是"君子务本"的第三层含义。

综上,君子"务本"之"本"有三层含义:**君子之本,是道德;道德之本,是仁;仁之本,是孝弟。所以,孝弟是君子的根本。**

三

仁是道德的本体,孝弟是仁的本体,本立而道生。但"本立而道生"却蕴含三个问题,即作为君子的本体"道德"、作为道德的本体"仁"和作为仁的本体"孝弟";一是应该从何处"立"起来? 二是应该怎样"立"起来? 三是立起来后可发生出何种性质的道?

第一个问题牵涉出一个更深刻的问题:血缘是如何建立的? 进而,血缘是建立在什么基石上的? 仅后者论,血缘是建立在"性"这一生命基石上的:没有性,就没有血缘。"性"为破解第二个问题提供路径:血缘是通过两性行为发动生育成功而建立起来的。

亲亲、尊尊、长长,男女之有别,人道之大者也。(《礼记·丧服小记》)

血缘亲情,内外有别,君臣尊卑,上下有序,是为人道。它构成人间一切行为的总法则:

首先,血缘亲情生成出利爱的差等,形成内外的区别;以血缘家庭为细胞,建立起社会,并根据血缘家庭长幼有序原则建构起社会秩序;家庭之内是父子,宗族之内是君臣。家庭之内必讲血缘亲疏,讲长幼序列,讲男女区别;走出家庭进入宗法社会,只能讲君臣之道和君臣之序。

其次,男女之有别,不仅讲男女尊卑,更强调守伦。在血缘宗法社会中,男女之间要严防禁忌,不能随便突破"有别"的防线,是因为不能随便乱伦。人是感官动物,是性欲冲动最强烈的动物,更是最容易放纵性欲冲动的动物。一旦没有严格的"别",就会普遍乱伦;男女之间一旦可以随便乱伦,血缘亲情将遭到破坏,道德的基石不复存在,同时也不能保证人的生产朝进化方向展开。所以,男女之有别构成血缘亲情保持纯洁性的绝对前提,也是人的生产朝着进化方向展开的绝对前提,更是孝弟、仁、道德能够得以确立的土壤。作为君子的本体"道德",作为道德的本体"仁"和作为仁的本体"孝弟",都是在"男女之有别"的**禁忌和规范**这块土壤中确立起来的。

要言之,道德的确立,得益于仁的生成;仁的确立,得益于孝弟的获得;孝弟的确立,得益于家庭;家庭的建立,得益于两性关系;两性关系的建立和持续的保持,得益于"男女之有别"的禁忌与规范,这是"本立"的基本含义。

本立必然生道。这个道是什么呢? 从内修讲,是仁德;从外行观,是公道。"本立而道生"之"道",是仁德与公道,或可以说是从仁德到公道。孔子君子学说所讲的道德,是对仁德和公道的简称。有子讲"本立而道生",是说确立以"男女之有别"为土壤的孝弟之本,能够获得君子所行的仁德-公道。

四

本章的关键词是"务",由此形成的主题句是"君子务本"。当讲清楚"本",并明晰"本"与"道"的关系,接下来应该理解"务本"之"务"。因为只有"务",才有道德,才可使人成为君子,才能够使本立并使道生。所以,"务"是一切的源泉,也是一切得以产生的前提。

理解"君子务本"之"务",须联系第一章观:"君子务本"之"务",就是学而,即只有通过学而,人才获得把自己成就为君子的根本。因为,只有学而,才生成道德,内生仁心、仁情、仁爱;只有学而,才孝父母,尊敬兄长,学会在生活中度量亲亲之差等关系;只有学而,才可在生活中灵活把握尊尊、长长的等级关系,谨慎构建男女之有别的两性生存关系。

学而是务本的根本途径。怎样学而才能获得本、运用本和使道生? 这就要求将学落实为习:学仅是开始,其真正的入门阶梯是习,包括内习与外习。内习是"吾日三省吾身",并通过"内省无疚"达到"无忧无惧";外习是践履或曰实做,包括做孝子、做贤弟、做仁人、做贤臣。无论内习还是外习,都需要准则和标准,这就是榜样。以榜样为准则和标准,是习的真功夫所在,更是君子"**务**"本和"本立而道生"的真功夫所在。

第3章释义

子曰:"巧言令色,鲜矣仁。"

[注释]

巧言:言,说话,或说出来的话。说话为达意,所以"言"的基本要求是

"直"。与"直言"相对是"巧言",也叫"曲言",指曲折表达欲达之意,说出来的话有可能变成"花言巧语"。

令色:色,面部表情,容颜、容色。人的面部表现出来的容色,随其心、情、思的变化而变化。如果将心、情、思的变化与容色变化阻断,用阳光的、美化的甚至媚人的容色去掩饰真实的内心、情感、思想甚至利欲,就叫"令色",即谄媚的容色。

鲜矣仁:鲜,少义,这里作稀少讲,指很少有真实的仁。

[译文]

孔子说:"用花言巧语来掩盖真实的心理、想法和情感,以谄媚取悦他者,这样的人少有仁心。"

[通解]

上章讲学以做人的根本是学会孝弟。孝弟属血缘伦理,讲在家如何做人。人也是社会的,一旦走出家进入社会,要学会与人交往。与人交往的纽带是利害,准则是诚信,方式是言之以诚。言之以诚,是直言;反之,不诚或非诚之言,必是曲言,或曰巧言。

一

人与人交往,言由心生。心之所想,发之为言。

言的直与曲,表达出言者内心的仁与不仁。巧言令色之所以不仁,因为巧言令色是以修饰的言和谄媚的容颜掩盖内心的不正当欲望或非分企图,以取悦他人,尤其是取悦有位者或上位者,以求达到不当得利的目的。

巧言和令色,是两个不同的"东西":巧言,指花言巧语;令色,指谄媚的面部表情。但二者总是相互启动:在与人交往时,当刻意运用修饰的语言行欺骗,总要启动谄媚的容色与之配合;反之,当想以谄媚的表情迷惑人时,往往也需要花言巧语来促成谄媚之色表现得更具真诚性。

二

巧言令色之所以不仁,是因为其言、色背后蕴藏虚伪、虚假的非诚性。反之,直言表现仁,根源于心仁。孔子从反面讲君子如何在与人交往中学言色有仁,指出学仁应该抛弃巧言令色,因为无论巧言还是令色,不仅不能使人学到仁,成为君子,反而会诱人学会虚假,成为小人。在与人交往中,只能以至诚的、符合本性的姿态学仁,才有可能成为交流中的仁者。所以孔子以"巧言令色,鲜矣仁"的方式告诉弟子们:第一,学要遵从人的本性;第二,学必须启动人的良知。由此两个方面要求,学具有本体论含义。

首先,学仁遵循人的本性,表明仁本身符合人的本性,反之,一切不符合本性的学,都不是为己成仁之学。

其次,要以符合人的本性的态度学仁,需要启动良心,使自己获得良知。这是学仁的首要一步。在此基础上向前,才可用良知来辨别仁与不仁。所以,孔子论"巧言令色,鲜矣仁",是在讲辨别的问题。在与人交往中,辨别其言色是否仁,应该是"以仁与人交"功课中的第一课。如果连是否"仁"都辨别不出来,都不能辨别,哪能学什么仁呢?

君子学仁,首先必须先学辨别仁与不仁。怎样来辨别仁与不仁呢?程颐如此理解孔子的说法:"学者须先识仁,仁者浑然与物同体。义、礼、智、信,皆仁也。"(程颐《识仁篇》)仁的本体与万物的本体同构,这是因为仁者发乎于心。仁者心也,心之存真,心之得诚,心之向善,则言色必正。言色正,才可与人诚交,与人长处。反之,巧言令色,其心必不仁,而"不仁者,不可以久处约,不可以长处乐。仁者安仁,知者利仁"(《里仁》)。

第4章释义

曾子曰:"吾日三省吾身。为人谋,而不忠乎? 与朋友交,而不信乎? 传,不习乎?"

[注释]

曾子:曾参(公元前505~公元前432年),字子舆,鲁人,孔门后进弟子,小孔子四十六岁。孔子在世时,表现平平,孔子评价"参也鲁"(《先进》),说他并不聪慧。孔子死后,其志力于以仁孝为主题弘扬孔子思想,并以"士不可以不弘毅,任重而道远。仁以为己任,不亦重乎? 死而后已,不亦远乎"(《泰伯》)明其志。且广授门徒,形成曾子学派,杨义在《论语还原》中通过文献梳理推论《论语》第三次编纂,是曾子死后不久由其门下弟子主持,贯穿"曾子路线"。读《论语》,可以细心感受到这一点。或许正因为如此,秦以降,许多成就和荣誉赋予曾子,比如《大学》等乃曾子所作。《列传》说:"孔子以(曾子)为能通孝道,故授之业,作《孝经》。"其如是论的依据可能还是《论语》。《论语》记载曾子言论十四章,其中有十章内容涉及孝。曾子对孝的思考,在深度上似不及有子之论"君子务本,本立而道生。孝弟也者,其为仁之本与?"

三省吾身:三,有二义:一是不定虚指代词,言量多,指多次;二是三个方面的事物或事务,即后面所讲的"为人谋""与朋友交""传不习"。本章二义并存。省，察，反身性思考，或可言"内在体认或领悟"。身，不指身体，而指自己，因为身体是自己的，故以"身"表"己"。

为人谋，而不忠：谋，谋划、筹划。忠，既对人言，更对事言。就忠言，对人之忠必通过忠于事而实现和呈现。所以，忠者，言尽己之(为事之)责为忠(人)。不忠，指未尽己之责。

不信：信，对人以实相待、必行其言之谓信。不信，指对人虚待其实、行背其言。

传不习：传，有二义：一是师传于己；二是己传于人。后者更合前后语境。习，温习，反观性体认，意为所要传之于人的东西需要重新省思，以避免粗疏或错误。

[译文]
曾子说："我每天都要多次反省如下三件事：为别人谋事是否有不尽心尽力的地方？与朋友交往是否存在失信用的方面？夫子传授给我的智识是否很好地践履和传播了？"

[通解]
本章是对上章主题的拓展：上章以社会交往为例讲学仁，一要学-习态度端正；二应学-习辨别仁与不仁。本章以内省为主题讲学仁必习的根本方法。

一

学仁，就是要使自己获得仁心、仁情、仁爱。只有如此奠基，才可于日常生活中学行仁，习得仁德，最后才走进社会，使自己成为公道的人。由此不难理解，学仁的过程亦是必习仁的过程：学仁必习，并习以学仁，仍然涉及内外两个方面，即外习讲践履，内习讲内省。学仁必内习的根本方法，只能是"反求诸身"。

反求诸身，指将自己所言所行所为作为对象重新审视、审查。这是严厉地认识自己的方法，也是最严厉的学仁的方法。曾子讲"吾日三省吾身"，是对孔子反求诸身的内省方法的概括性提炼。

"吾日三省吾身"这一内修方法的最大优点，是运用它可以使学-习本身抵达人的本性，发现自我荒疏、懒散、散漫、惰性。因为反身体认自己，是对自己的言行作为或不作为予以检讨，以求对自我荒疏、懒散、散漫或惰性的改正。所以，"吾日三省吾身"的实质，是**自律**。自律涉及心的自律和行的自律两个维度：行的自律，要以心的自律为前提和动力；强调自律其心，所能达到的最终效果是自律其行。

二

曾子言"吾日三省吾身",是以自己的方式传述孔子的思想。"司马牛问君子。子曰:'君子不忧不惧。'曰:'不忧不惧,斯谓之君子已乎?'子曰:'内省不疚,夫何忧何惧?'"(《颜渊》)孔子认为,不忧不惧是成己为君子之一重要条件,因为不忧不惧必须以"内省不疚"为前提。内省不疚的实质,是问心无愧。何以做到问心无愧呢?孔子未直接讲,但联系《论语》整体理解,问心无愧的根本前提是"知天命,尽人事":内在地体认和觉悟到自己来到这个世界上应该肩负的使命和责任,然后尽其努力践履它,不问结果,只求每日尽心尽性于当为之事。因为任何使命和责任,甚至于日常生存劳作,都需要他人或社会的协作方可成就。凡事,只能尽心尽力地做好自己该做好的那部分,不属于他所为的那部分只能任随之。所以,往深处讲,一个人能知天命,意味着深切地领悟其**理性的有限**,并在其有限性之中行事,不在其理性有限之外做任何猜想,这是孔子不轻言天,并且"敬鬼神而远之"的认知根源。

一个人能尽人事,意味着对人生的现实理解,尽其努力做人生该做之事,从不放弃,从不做无谓的慨叹,不怨天尤人,不忧虑惧怕,向着仁和公的方向毅然前行,这是孔学的基本姿态。曾子言"吾日三省吾身",是在传播和弘扬孔学这一基本姿态:以严诚方式对待生活,以自律方式对待自己的言行,以反求诸身方式检讨自己每天的作为或不作为,以求自我改进和完善。

三

曾子主张"吾日三省吾身",呈现出来的首要特点,是主张学内省仁,应从日常生活是否行仁、达仁两个方面进行。以此观之,曾子之"吾日三省吾身"体现了孔子授徒学仁的根本思想,即不唯书本,强调在生活中学,在行为中学,在行为的自我检讨中学。只有这样学来的仁,才是真仁;只有这样的学,才是真正终身受用的学。

"吾日三省吾身"的第二个特点,是把学与习融为一体:学要得成效,必要习。习之首要努力,就是自我省视和检讨,以求达于内化,形成自己的智慧;习之根本任务,是运用学到的东西去指导践履,传播所学,发扬光大。

"吾日三省吾身"的第三个特点,是"三省"。在本章中,"三"不是确定性的实指量词,而是象征性的虚指量词,它意谓多次,象征天天地、持续不断地进行,使之达到自我改进和自我勉励。"吾日三省吾身",意指自我检讨成己为君子的日课:人要学仁,要学成仁,必须把自我检讨贯穿于每日生活的每件事情中去,以求在做中自我改进、自我提高。以此来看,"吾日三省吾身"的内省方法,构成君子"苟日新、日日新,又日新"的主体动力。

四

运用"吾日三省吾身"方法学仁,要在生活中进行,要把日常生活作为反省自励的基本内容,这就面临一个问题:一个人的日常生活和行为如同川流不息的河流,从不间断,是每一样生活内容、每一次生活行为都反省吗?如果这样,人就无法生活了,因为反省都来不及。到底应该反省日常生活哪些方面的内容和行为呢?曾子认为最应该自我反省的生活行为与内容有三个方面:

一是必须随时自我检讨做正事:我承诺为人做的事尽心尽力了吗?

二是必须随时自我检讨交友:我与朋友相交往真的一直很守信用吗?

三是必须随时自我检讨传习学知:我努力践履了从夫子那里学到的智识了吗?

为人谋事,尽心尽力,为之忠;未尽心尽力,则非忠。忠亦为仁,但只是仁的一个方面,主要体现在"为人谋"。"为人谋"而忠,首先不指向人,而指向事,即为人谋划事务,承诺为人做事,必须忠其事。只有忠其事,方能忠其人,不忠其事而言忠其人,那是谄媚,是行不忠而言忠。

忠是对事的尽心尽力。尽心,指以生命投入方式去做事;尽力,是为集中精力,发挥全部才能和潜力应对该做的事。唯有如此尽心尽力,才可谓之忠。所以,在做事方面自我检讨,就是自我省查做事尽心尽力没有?尽心尽力了,哪怕事情没有做好,也是忠;如果没有尽心尽力,虽然把事情做好了,也算不上忠。因为事有难易,条件有好坏,境遇有差异或变化。

与朋友交,言必信且行必果,为之信;只言不行,或行而不果,亦为不信。信亦即仁,但只是仁的另一方面:**忠乃尽心尽力,信则至诚至实**。与朋友交,诚乃前提,有诚才有信,无诚则信不立。所以,诚是信之因,信是诚之果。信与诚之如是生成关系,决定信同样需要尽心尽力,或曰,信亦需要忠。

仁,之于家庭生活是孝弟,之于社会政治生活是忠诚,之于朋友是信义,之于乡党是爱。仁之于先贤和时贤的文化知识、智慧、方法和德性,是传而习之。传习先贤和时贤的文化知识、智慧、方法和德性,为何是仁呢?因为在孔子看来,推动天下文明进步的真正力量,不是民,不是暴民和恶徒,而是贤人、君子,因为暴民和恶徒选择(或"革命")得来的始终是暴政。孔子这一**文明动力观**,在管仲那里已经有了。"古者未有君臣上下之别,未有夫妇妃匹之合,兽处群居,以力相征。于是智者诈愚,强者凌弱,老幼孤独不得其所,故智者假众力以禁强虐,而暴人止。为民兴利除害,正民之德而民师之……上下设,民生体,而国都立矣。"(《管子·君臣篇》)物质财富的创造是民,精神财富的创造和邦国文明的创建,只有贤人和君子才可担当。这是孔子倡导君子文明,并终身致力于培养君子的根本理由。

第 5 章释义

子曰:"道千乘之国,敬事而信,节用而爱人,使民以时。"

[注释]

道千乘之国:道,为"导",即领导,本章应解为统领、执掌。乘,有二义:一是兵车;二是量词,指一辆兵车。一辆兵车配四匹马,车上甲士三人,配步卒七十二人,勤务二十五人,共百人。千乘,千辆兵车,共一万士卒。千乘之国,指拥有千辆甲兵的邦国。春秋时,大国至少拥有上千辆战车,这是衡量邦国实力大小的基本标志。

敬事而信:事,事务,根据本章语境,应作政务讲。敬事,指谨慎地经营政务,需要经营的政务落实于人(即官),就是谨敬本业、本职。信,以实相待、言行相合,不欺诈。春秋时,"思言""敬事""忠信",此三者乃君子的基本操守。

节用而爱人:节,节省、节俭。用,用度、消费。指节省对财货的消费。人,与"民"相对,也与"百姓"相区别,指士大夫及以上有位者,本章特指治邦所需的德才之士,不包括民。

使民以时:使,役使、调遣。民,在《论语》中,亦是在孔子生活的春秋时代,是与"人"相对的那个阶级,那类人,专指从事耕种和工商经营为业者。时,适时、限度。指役使民既有限度,也应不误农时。

[译文]

孔子说:"治理拥有甲兵千乘的大国,应该勤谨政务,并且严守信用。要居安思危节省财用,爱惜和尊重治邦人才。即使不得已役使民众时,应做到既不误民农时,更要有节制,使之不超出民能承受之度。"

[通解]

上章讲学仁必须内习的根本方法是内省,举"为人谋""与朋友交""传习"三方面事务来证明内习的重要性。内习的目的是将学得的东西内化为德才内容然后践履之。本章继之论外习,即怎样学践履的问题。

一

孔子论君子学仁,其目的有二:一是从自我修养论。学仁,是使自己成仁,有德,成贤君子,实现立德。二是从个人作为论。学仁,是为能齐家治邦,使自己立功。比较言之,前者虽是后者的基础,但必须通过后者才可实现。

齐家治邦,是君子践履所学之仁的两个方面,相对而言,根本是齐家,因为齐家涉及孝弟;最重要的方面是治邦,君子学仁必须在内修的同时展开外修,学以仁治邦,以为其后入仕施治积累经验,创造条件。在孔子看来,君子学以仁治邦,应该从学以敬事、学以信用、学以节用、学以爱人和学以使民这五个方面着手。

二

敬事、信用、节用、爱人和使民,是孔子的治邦五要。君子从政,必须学会此治邦五要,否则,执掌邦政,就不会是好邦君;如果主政一方,不会是好臣,相对民而言,不会是好官。

在君子治邦五要中,孔子认为最紧要的是敬事,须最先学、重点学。

为什么要将"敬事"置于治邦五要之首而最先学、重点学呢?

这是因为治邦即治人治事,但治人最终必须落实在治事中,所以,治邦就是治事。治事的目的是使所治之事成,事成才能邦治,事不成则邦不能治。在邦国治理中,面对任何需治之事,要达到治成目的,必须确立正确的治事态度,因为做任何事,哪怕私人之事,其成败从根本上取决于态度,这是孔子强调治事必具敬畏虔诚严谨态度的根本考虑。

治邦必指向治事,治事总要涉及人。在孔子时代,人客观地被分割为"人"与"民"两个阶级:"人"之狭义所指王公大臣和各级等秩的官员,但其广义所指还包括有姓氏无权位的"百姓",即所谓的"国人";与此不同,"民"指从事耕种、商贾等劳力者。治邦涉及这两个阶级的人,所以治事必须取信这两个阶级,既要取信于官、百姓,也要取信于民。

三

治理邦国,无论治事还是治人,都涉及社会财富的积累与调度。管仲治齐,给后来者留下难得的经验,从孔子赞管仲"大仁"观,孔子的节用治邦的思想,不能不说没有受到管仲的影响:

仓廪实则知礼节,衣食足则知荣辱。(《管子·牧民》)

凡治国之道,必先富民。民富则易治也。民贫则难治也。奚以知其然也?民富则安乡重家,安乡重家则敬上畏罪。敬上畏罪则易治也。民贫则危乡轻家,危乡轻家则敢陵上犯禁。陵上犯禁则难治也。是以**善为国者,必先民富,然后治之**。(《管子·治国》)

管子富民而富国的方策,是治邦大道。因为管仲开辟的这条唯物主义道路突显出最根本的人性事实:每个人的基本生存取向,汇聚成治邦必须正视并且不可更改的正道。孔子原本是持有唯心论倾向的道德学家,但他又要做政治家。以此看作为政治家的孔子,既有道德学家的迂腐和天真,也有道德学家的高标、敏锐和严肃。由于前者,孔子未形成明确的富民治邦论思想;因为后者,他不仅发现敬事和信用对治邦的绝对根本性,而且发现邦国财政管理对治理邦国的重要性。这是孔子将"节用"置于治邦五要的第三位的根本理由。

孔子虽未明确提出富民治邦论的思想,但节用的思想里面蕴含富民治邦的思想种子或者说思想倾向。因为邦国财政的丰歉,不仅决定邦国的实力与富强程度,也决定着民、人的贫富。

在孔子看来,邦国富强,首先是物质充沛,财富丰盈;其次是民、人富有。要实现此二者,需要政治清明。政治清明的基本要求有二:一是为政者励精图治,二是为政者清正廉洁。励精图治的重要方面,是奖励勤耕,发展生产,创造财富和节用财富。进一步讲,民富有,是邦富强的前提;邦富强的前提,是邦国要有源源不断地积累财富的能力,这种能力主要体现开源与节流的能力:开源,创造财富;节流,节约财富。对邦国言,开源相当重要,但节流更根本。不善节流和不节流,哪怕创造再多财富,也如暴雨后的无堤河床,涨满大地的水很快会流泄干净。所以,衡量为政者是否有德才,看其是否具有节流的能力和节用的治邦思想。正是在这个意义上,治邦节用,是仁;治邦不节用,不仁。

在孔子看来,治邦是否有节用思想,从根本上体现为政者是否清正廉洁。一般地讲,治邦能节用,必为清正廉洁;反之,无节用的治邦思想和无节用的治理作为,只能是邦国财富的挥霍者,是不仁。进一步讲,非节用的邦国,一定是藏富于官的邦国;节用治邦,一定是藏富于民的邦国。从本质论,治理邦国,节用与否,构成仁政与暴政的根本区别:节用之政,是根本的仁政,它的落脚点是体恤民生之疾苦;挥霍之政,是根本的暴政,它的落脚点是无限地占有有限的社会财富以满足其权力的贪婪之欲,所以必然是"与民为敌,向民抢钱"的暴政。

孔子治邦节用的思想,以及将节用作为治邦仁与暴的根本标准,从根本上体现其**政治理性**。

四

本章讲的"爱人",无论根据上下语境看,还是就《论语》整体言,都不是普遍意义上的人人之"人",而是特指之人,即与小人、民相对的概念,即人君、大人、士人。在这一特指意义上,"节用而爱人"的"爱人",指爱惜、爱护、尊重、尊敬人才。

何谓人才呢?孔子认为君子即人才。在孔子的世界里,君子由三类人组成:第一类是王公大臣、贵族、士大夫;第二类是具有良德的从政官员;第三类是学有所成待仕的士子,或可称为士君子。本章中所讲的"人",指德才兼具的士君子,孔子讲治邦必"爱人",指爱惜这类德才兼具的士君子。孔子认为他们是邦国的财富,是比物质财富更根本的财富,因为他们有文化、有道德、有担当,是社会的精英、邦国的栋梁,是邦国得以治理、社会秩序得以重建的主导力量。

孔子"爱人才"的治邦思想,恰恰是治邦的法宝。正如英国保守主义自由思想家和政治家柏克讲的那样,"没有这些人,就不会有民族和国家"①。更重要的是,孔子把"爱人"作为邦国治理的五要之一,强调爱不爱惜、敬不敬重人才,是衡量上至邦君、下到地方官员治邦治事是否仁、是否有德的根本标准:爱人之治,是仁政,是德政;不爱人之治,是暴政,是野蛮的非德之政。一个暴烈、野蛮和非道德的治政,不符合治邦之道,所以君子必不能学。

五

在孔子的治邦五大要略中,最后一要是"使民以时"。

"使民以时"这句话历来被解释成"爱惜民力"和"不务农时",由此引发出以民力为重。更有人从此语中发现孔子论治邦的"养民之道"。程伊川注之曰:"为民立君,所以养之也。养民之道,在爱其力。民力足则生养遂,生养遂则教化行而风俗美。故为政,以民力为重也。"(《近思录·治体》)程伊川把孔子之"使民以时"解成可以令"教化行而风俗美",是美化"使民",同时曲解了孔子原意。

回到孔子生活的当世,"使民"就是役使民。"使民以时",是指役使民为邦国服劳役应有节制而不能超过民之承受度。役使民为邦国服劳役的制度,延续到 20 世纪末消失。"使民服役"的劳动制度,是统治者以邦国权力的方式强行民免费劳动,这是古代统治者以强权剥削民的方式。在当时的统治者看来是合理的,但对致力于推行德治与仁政的孔子,并不欣赏这

---

① [英]柏克:《自由与传统:柏克政治论文选》,蒋庆等译,北京,商务印书馆2001年版,第89~90页。

种纯粹剥削民力的行为,但这毕竟是历代统治者承传下来的治邦之方,持返本开新历史观的孔子既不能反对,也不能废除,只好采取因革方式提出以"使民以时"的治邦要略。

结合上下语境,"使民以时"与"节用而爱人"相联系。治邦要爱惜和敬重人才,但同时也应该惜民。在古代,民既是劳动工具,也是社会财富。孔子用一个"使"字,将这种从古代承传下来的工具论思想表达得十分明白;同时也用一个"以时",将自己的役民主张表达很清楚。概括二者即:

第一,役使民要有限度和节制。

第二,役使民要不误农时和工时。

这种无报酬地役使民的方式,本质上是剥夺民的存在自由和生存权利。孔子提出有限度地役使民,是主张治邦尽可能尊重民的存在自由和生存权利,尽可能少剥夺民的存在自由,尽可能少侵犯民的生存权利,这是役民"不误农时"的民本工具论观念中所没有的思想,即民的人本思想。

第6章释义

子曰:"弟子,入则孝,出则弟,谨而信,泛爱众,而亲仁。行有余力,则以学文。"

[注释]

弟子:弟,后生的男子为弟。子,人子。指为人弟者与为人子者就是后生弟子。由于古代的师生关系仿父子关系建立,故又指"学生"。本章从前义。

入则孝,出则弟:"入"与"出"相对家言。入,指进入家庭,或回到家中;出,指走出家而进入社会。指在家要孝,进入社会应敬长者和老师。

谨而信:谨,谨慎、寡言。信,信任、守信。

泛爱众,而亲仁:泛,广泛。泛爱众,施爱于不定的任何人。亲,接近、亲近。仁,仁人亲仁,亲近众中仁者。

行有余力,则以学文:行,践履。行有余力,指做到"入则孝,出则弟,谨而信,泛爱众和"亲仁"五者之后还有剩余的时间和精力。以,以之为,即利用这些剩余的时间和精力(去做它事)。文,文章、文艺:仅文章论,指《诗》《书》等古代文献;就文艺言,还包括音乐。学文,指读书和学音乐。

[译文]

孔子说:"弟子在家应该孝父母,出门应该敬师长,说话谨慎做事严谨行为守信,广施爱心,并亲近志士仁人。如此躬行实践还有时间和精力,应悉心阅读《诗》《书》等典籍文献和学习鉴赏音乐。

[通解]

第四章曾子传述夫子"学而时习之"的"内习"方法"吾日三省吾身",第五章孔子自道"学而时习之"的"外习"应学会"五要",本章拓展开来讲君子应在日常生活过程中学践履"孝弟""谨信"等五个方面。

一

本章与上章虽然都讲君子之学,但有主题上的区别:上章讲学**为事之道**,落实为学治邦五要,突出**学必为己,用则为人**的学而主张;本章讲学**为人之道**,落实为如何成人,强调两个方面:一是以血缘亲情为本;二是将亲爱之情推及他人,广施仁德。基于此两方面要求,孔子指出学为人之道必须从三方面着手:

> 在家里,要孝父母,敬兄长。
> 进入社会与人交往,要敬师长。
> 入仕于邦国治理,要将家庭亲情之爱推及民众。

做到如上三个方面,既是亲施仁,更是亲仁,就是仁。

二

孔子倡导的仁,根基是血缘亲情,它构成仁之本体(参见第二章)。孝弟基于血缘亲情产生伦理指向,使生活实现道德。孝弟既是基本的伦理要求,也是道德的实现方式,首先是孝血缘长辈:在家庭,孝父母和祖父母;在家族,孝家族长者。其次"弟":一是弟血缘家庭嫡兄长,二是弟血缘家族堂兄长,三是弟乡邻中平辈年长者。这里涉及对"入""出"的理解和定义:以直接血亲为准则,只有家庭才是"入"的天地,家族亦被列为"出"的范畴;以血缘为准则,家庭和家族都属于"入"的范畴,只有第三个层次上的"弟"才是"出则弟"之弟。以血缘为准则,入则不仅要孝,也要弟,即对家庭或家族中的血缘兄长的敬。这个意义的弟,是家门内的道德要求和道德践履。当把这种血缘亲情之"弟"推及熟人或乡邻生活世界,所形成的道德行为就获得社会学意义,"弟"由原来的私德变成公德。

在古代社会,原初道德是家道德,它属私德。以私为取向的家道德,由家庭进入家族、宗族,其后扩张至乡邻,最后才形成守法性质的邦国社会之公德。道德的这一演绎历史表明:公德由私德推演出来。这一朴素的道德发展论思想,被孔子以"弟子,入则孝,出则弟"的方式表述:孝弟,是仁之根与本,弟子一旦入则孝,出则弟,必然走向对仁的亲近,在社会层面践履仁德,自然形成公道。

三

进门是家,与亲人交道,能够用孝与弟来解决全部问题。所以人在家里,要单纯得多,更自在得多,同时也要散漫得多。哪怕长幼有序、上下有节的礼制多么严格,在家里,血缘亲情都可以融化一切。次一级,人进入家族世界,也因为血缘而成为一家人,但要比在家里等级严格得多,在血缘宗亲的大家族里,仍然要以讲理为准则,家族、宗族世界,仍然是社会。所以,走出家的大门,情况大不一样,因为出门是社会,或家族社会,或乡邻社会,或熟人社会,与人打交道,就不能如家中那样什么事到最后都可以血缘亲情化之,而是必须讲理、讲德、讲法、讲诚、讲信。即使在族人社会里,家族血缘亲情虽然根本,但论事仍然要以理、德、法、诚、信为准则。在乡邻社会或熟人社会里,血缘亲情功能丧失或最大限度地弱化,道理、仁德、法度、诚信、公道,才是根本。这是人一旦出门,必须谨慎和信用的根本原因。

"谨而信"的"信",是诚信、信用。诚信、信用的本质是讲道理;并且,只有讲道理,才行仁德,才有公道。因为诚信、信用必须遵从**不欺之理**,必须讲求言之必行,行之必果:言行于果,既是仁德,也是公道。

"谨而信"的"谨",是谨慎。谨慎的基本要求是**寡言**,首先是"先行其言,而后从之"(《为政》),更要言行有法度,有理性:凡事讲求理性的有限性,不能过度,也不逾度。所以,谨慎、寡言,同样是讲道理,同样是行仁德求公道。正是因为如此,"谨而信"也是亲仁,是得仁,是仁本身。这里的"出门"之"亲",不是血缘亲亲,也不是近情的亲,而是亲近、走近,指言行谨慎又讲诚信、信用,就会亲近仁、走进仁、得到仁,把自己成就为仁者。

四

从"出则弟"到"谨而信"再到"泛爱众",展现由小到大,由家庭而社会的扩张视野。在这个动态扩张的社会里,要把每个人都当成人来爱。因而,从"出则弟"到"泛爱众",孔子完整地展示出仁爱思想的本质规定:爱,从血缘亲情中渗透出来,是血缘道德之孝弟向外的延伸与扩展。孔子仁爱思想的根是血缘亲情,泛爱众,是对血缘亲情之爱的泛化。这种泛化之爱,正好体现孔子仁爱思想中的**差等**观念:人,无论何者,生存于世,最爱的是血亲,其次是稀释了的家族血亲,再次是乡邻、熟人。其**"泛"**字,是对爱有差等的准确表述。

爱有差等,是人性使然。泛爱众,首先体现对利己和爱己之人性的超越与重塑:一方面对人性的全面遵从,这是以孝弟为根本;另一方面超越人性,这是血缘孝弟达向乡邻社会、熟人社会,最后至邦国而泛爱众。

孔子"泛爱众",蕴含博爱的思想种子,生根于孔门之中,后来在子夏那里开花结果,产生"四海之内,皆兄弟也"(《颜渊》)的博爱思想。子夏的"四海之内,皆兄弟也"的博爱思想,是孔子"泛爱众"思想的延展与发挥。更重要的是,孔子的"泛爱众"还蕴含普遍平等的思想倾向,构成子夏提出"四海之内,皆兄弟也"的认知源头和思想土壤。

孔子"入则孝"—"出则弟"—"泛爱众"的仁爱理路,既展示博爱何以可能的进路,也揭示由爱亲到爱众的方法:由家庭、家族的血缘亲情之爱到乡邻之爱、熟人之爱以及邦国社会的大众之爱,不仅要遵循**爱有差等**原则,还要运用**推恩**方法,即把血缘亲情之爱一步一步推向社会,哪怕不认识的陌生人,也要敬与爱。这种敬与爱的推恩方法,后来在孟子那里得到发挥,提出"老吾老,以及人之老;幼吾幼,以及人之幼"(《孟子·梁惠王上》)的主张。再后来,朱熹将其由人推及物,对孔子的"泛爱众"思想予以更大程度的发挥,提出"古人必由亲亲推之,然后及于仁民,又推其余,然后及于爱物;皆由近以及远,自易以及难"①。由此不难发现,孔子的"泛爱众"思想,是一种呈开放性取向的思想,它蕴含超越时空的伦理张力。

五

本章中"行有余力,则以学文"一句,金纲《〈论语〉鼓吹》解释得很到位:他说,此乃"示以门径:孝弟、谨信、爱众、亲仁,这类品格,乃是'行'的功夫(而不是'口头'功夫),只有这些都'做'到了,才有资格去'学文'"②。这里的"行",就是践履,实做,其基本指向是:进门孝顺和恭敬,出门尊敬,处世谨慎、寡言,为人信用,爱乡邻、熟人,亲近仁人。这一切"行"都要有度,都要留有余地。唯有行有限度,才可行有余力;唯行有余力,方可学文。

在孔子看来,在学而成君子的过程中,践履道德与学文之间是本末关系。程伊川讲:"弟子之职,力有余则学文。不修其职而学,非为己之学也。"(《近思录·家道》)"弟子之职"中的"职",乃做人的本职。做人的本职,是孝弟、谨信、爱众、亲仁。只当做好这些做人的本职,才有资格学

---

① (南宋)朱熹:《四书集注》,长沙,岳麓书社1995年版,第303页。
② 金纲:《〈论语〉鼓吹:圣贤的光荣与漏洞》,天津,天津人民出版社2007年版,第15页。

文。在孔子看来,一个人,只有践履好做人的本职时,才可能成为君子,才有资格去学习典章文化、文明。在孔子生活的当世,典章文化、文明属于治平的道术。只有人学习典章文化、文明,懂得并掌握治平的道术,他才有本事去治理邦国。在孔子看来,修身成仁聚德,乃君子成己的根基,它只能靠孝弟、谨信、爱众、亲仁的践履来修炼。修炼好这个根基,才可学文。学文是修习治邦的道术,通过学文掌握治邦道术,才进入成业的领域,实施治邦之志。结合上下文,其"学文"为何需要"行有余力"的问题,就豁然而解了。

这里的"文",指历史、典籍、诗、音乐。"行有余力,则以学文",强调质与文、德与才的关系。关于德与文,孔子认为德比文更重要:质、德是文、才的本体;文、才只是质、德的运用。

概言之,从孝弟到谨信,从谨信到泛爱众,从泛爱众到亲仁,再从亲仁到有余力学文,然后从学文到治邦,这一进路铺开呈现出完整意思:**学而为己**,用必为人。并且,为己而学,是前提;学而为人,是目标指向。其最终实现:就个人言,是立世;仅邦国言,是文道救世;就文明言,是返本开新。

第7章释义

子夏曰:"贤贤易色,事父母,能竭其力。事君,能致其身。与朋友交,言而有信。虽曰未学,吾必谓之学矣。"

[注释]

子夏:姓卜,名商(公元前507年~公元前?),卫国人,与子游、子张、曾子等同为孔门后进弟子,比孔子小四十四岁。专长于学术,对后世学术影响极大。

贤贤易色:贤贤,第一个"贤"动词,意为尊重;第二个"贤"名词,指贤人。指以贤为贤、尊重并推崇贤人。易,有三解:一是代替,二是改变,三是轻视。第一解最当。色,与"好德如好色"(《子罕》)同,像"好色"那样"好德",指只要以贤为贤地尊重贤人,就会以好德之心取代好色之欲。

致其身:致,奉献。身,身体,这里作生命讲。指如子张"士见危致命"(《子张》)那样,只要需要则可奉献生命。

[译文]

子夏说:"尊重贤德之人,如好色那样发自内心。孝父母,致全心竭全力。敬事君主服务邦国,奉献生命。与朋友交往,言而有信。一个人能做到这些，即使他没有学过夫子所教的《诗》《书》《礼》《乐》，也可肯定地说他已经很有学问了。"

[通解]

第五章论学治邦五要，第六章讲学做人五要。本章可看成子夏接受夫子如上教化后，将夫子思想精髓和要点予以个性化概括，由此形成"敬慕贤人""孝父母""忠诚事君""信用朋友"之**人伦四要**：人要成己为君子，必须学会人伦四要。

——

孔子教人成己之道，弟子们按照孔子的要求学成己之道。但学仅是起步，学的入门阶梯是习，包括内省与践履。弟子以此学而习夫子教导，最后对夫子教导予以践履验证，得出个性化总结。此章是子夏对夫子"学而时习之"思想予以个性化总结或践履性的发挥：

> 敬慕贤人：以发自内心的虔诚敬慕贤德者。
> 孝父母：以尽心尽力方式侍奉父母。
> 忠诚事君：以生命投入方式服务君主邦国。
> 信用朋友：交友必以绝对诚信为根本准则。

这是子夏学而习其成己之道的体悟，他将孔子的成己之道概括为四个方面：敬慕贤人、孝父母、忠诚事君和信用朋友。子夏对成己之道的践履体悟，不在于他把成己之道归纳四个方面或者说四种行为，而在于他指出应该以怎样的姿态从四个方面成就自己。子夏说，敬慕贤人，一定要如好色那样，发自内心的虔诚与庄敬；孝父母，不仅要竭尽全力，而且要用心去竭尽全力。用心，就是去"能养"（《为政》），做到"父母，唯其疾之忧"（《为政》）。以己心去体察父母之心，以己情去体察父母之情，用父母爱己之心去爱父母。对父母的孝顺不仅需要物质保障，更是对情感、心灵、精神的**体己而为**。忠诚事君，要奋不顾身，只要需要，可以牺牲自己的生命。信用朋友，要言行一致，言出必行，行必求果。

从另一方面看，本章又是对上章"孝弟""谨信""亲仁"的具体化，然后加上"事君"，构成朱熹所说的"人伦四要"（《四书集注》）。此人伦四要构成人成己之道的根本。子夏以身体力行的践履验证夫子成己之道的根本，是成己必须从敬慕贤人、孝父母、忠诚君主、信用朋友四个方面做起，这是成己立身的根本。

二

在敬慕贤人、孝父母、忠诚君主、信用朋友四个方面,贯穿一条逻辑进路。

首先,忠诚君主必以孝父母为前提,这是因为,不尽心竭力孝父母的人,不可能以身相许地忠诚君主。这样的逻辑进路表达三层意思:

第一,以孝父母为忠诚事君的绝对前提,遵循的是人性原理。孔子讲仁,是在讲人,且始终落实为人性、人情、人理。在孔子看来,天赋相近的人性会"习相远",是因为人性向生存领域敞开的本质取向是**利己爱己**:人最利自己,也最爱自己。从自己出发,与自己最亲的是父母,因为生养己者父母;自己与父母之间是直接血缘,贯通生命之气。所以成己的根本之道,只能是孝父母之道,它是一切之始,也是一切之最。它压倒一切而居于成己为君子的首位,构成衡量其他一切的标准。比如,一个不孝父母的人,很难在忠诚君主、尊敬师长和为人恭敬等方面做得更好,其也难以做到交友诚信。因为,孝父母是至诚的人性,是一切规则的规则、一切法度的法度,也是一切诚信的诚信;人间一切亲情、一切爱,都从这里生发出来;生活中一切仁,都由此产生。

第二,以孝父母为忠诚事君的前提,正好表明了孔学的基石是血缘亲情。孔子所生活的社会,是血缘宗法社会,孔子成己为人之道的底色,是血缘孝弟;子夏领悟夫子成己为人之道,强调忠诚君主、诚信朋友,只能建立在血缘孝弟基石上。这是理解孔子学说的逻辑起点。

第三,从孝父母到忠诚事君,也体现孔子爱有差等的原则和推恩方法。孝父母是爱父母,忠诚事君是爱其君,在爱君与爱父母之间存在差等。每个人与父母是至亲,关系距离最近;与君主的关系距离就远得多。根据爱有差等原则,只能先尽心孝父母,才可忠诚事君。同时,父母与君主,处于私与公两极世界:父母是家庭首长,君主是邦国首长,孝父母是私德,事君主是公德。以血缘为基石的伦理,是从私德衍生出公德的,所以忠诚事君只能从孝父母的家庭道德中衍生出来,必以孝父母的私德为土壤。

其次,无论孝父母或忠诚事君主,或真诚交友,既有与生俱来的天赋本能,又要"学而时习之"方可获得。学之于古代社会,主要不是书本,因为那时的典章文献只有享有很高政治地位的人才有资格阅读。学之于人,主要指向生活学。孝父母、忠诚事君、信用朋友等方面的生活和经验,最为集中地体现在人的言行中,这是学的主要对象不是书本而是人的根本原因。

在芸芸众生之中,哪些人才是学的对象,才可成为学的楷模呢?当然只有贤人:贤人作为道德的楷模,具体展开为孝父母、忠诚事君、信用朋友三个方面。所以,作为道德楷模的贤人,只能是孝父母、忠诚事君和信用朋友的楷模。人要做到尽心尽力地孝父母,以生命投入方式忠诚事君主,诚实信用和言行一致地交往朋友,必须首先向贤人学,按照贤人的言行去做,去"日三省其身"。唯有如此学而习之,方得孝父母之道,并学会忠诚事君之道和信用朋友之道。这是子夏将敬慕贤人置于"人伦四要"之首的根本考虑。

三

本章最后一句相对"人伦四要"论:一个人,只要在生活中做到如上四个方面,即使没读过《诗》《书》《礼》《乐》,也一定是在践履中领悟到《诗》《书》《礼》《乐》真谛,贯通《诗》《书》《礼》《乐》精髓。

子夏之言"虽曰未学,吾必谓之学矣"揭明学成己之道的奥妙:君子成己之道,不在形式,不在书本,不在观念,也不在于知道,而在于"习",在于内省之后的践履。孔子论"学而时习之",学仅是起步,习才是学的入门阶梯;并且,在习的入门阶梯上,践履和实做才是根本。

"虽曰未学,吾必谓之学矣"之论还告诉人们:"学而时习之"成己之道的根本,不是说得好,而是做得好。从历史与现实两方面观,说得好,并不一定做得好;在许多时候,说得好,往往做不好。只有做得好才是一切,哪怕说得不好,甚至说不来,只要做好了,就是好,就是仁,更是德。反之,说得好,做得不好,甚至不做,使做与说分离,其说则成为谎言;不做而只致力于说得好,其越是说得好,越成为更高水平的谎言。谎言不仅远离德,而在政治领域构成根本的暴政。

以践履为根本,以实作为要务,既表明孔子成己为人之道的大法,更表明孔子学问的大法:知必以行为要务,说必以作为原则。知不知,知多知少,主要看做得如何。做得认真,做出实效,做出完满,哪怕自以为不知的方面,其实早已知道了。

进一步讲,孔子成己为人之道的大法,也是身体力行的姿态法。无论学还是习,无论知还是行,无论说还是做,能否达到真正知道,能否达于至诚行动,以及行动的成功能否达于至善至美效果,首先取决于姿态。做是学的实质体现,姿态是做的绝对前提。敬慕贤人很多人都会,但发自内心需求以天生好色的本能方式敬慕贤人,不是所有人能做到的。在"贤贤易色,事父母,能竭其力。事君,能致其身。与朋友交,言而有信"里,强调的不是"贤贤""事父母""事君""与朋友交",而是"易色""竭其力""致其身""言而有信",对此四者的强调,意在于突出敬慕贤人、孝父母、忠诚君主、交结朋友的**姿态**选择,才是学而成己为人之道的大法,也是学之大道。

第8章释义

子曰:"君子不重,则不威。学则不固。主忠信。无友不如己者。过,则勿惮改。"

[注释]

君子不重,则不威:重,老成持重,体现厚重、庄重的特征。威:威严,"有威而可畏谓之威,有仪而可象谓之仪"(《左传·襄公三十一年》)。指人若不持重,将丧失威严不为所敬。

学则不固:固,有二解:一是专一、扎实、坚固;二是固守、固执。后者更合本章语境。

主忠信:主,有二解:一是主要;二是主张、崇尚。后者更合本章语境。

无友不如己者:友,名词作动词,意为"与……为友"。不如己,比自己差者。

过,则勿惮改:过,过错、错误。惮,畏难。勿惮改,指不要害怕或畏惧改正过错。"子曰:'过而不改,是谓过矣。'"(《卫灵公》)"子贡曰:'君子之过也,如日月之食焉。过也,人皆见之;更也,人皆仰之。'"(《子张》)

[译文]

孔子说:"人成己为君子,不持成自重,不会有威严。只有学而不厌,才可避免固执僵化。为人处事,要以忠诚和信用为根本。不要与不如自己的人交朋友。一旦有过错,不要惧怕改正。"

[通解]

第五、六、七章分别从治邦、治事方面讲君子学修行(即践履)成己。修行成己的主体前提,是有德性。本章继之论学修养践履需要的德性,同时也照应第三章"吾日三省吾身"。

一

人学成己之道,是学为君子之道,其首要任务是学会做人自重。

孔子为什么要把自重置于君子修养首位呢?

寻求答案应从"性相近也,习相远也"(《阳货》)入手。人性的本质是利己,爱己。人性的行为展开是利己多于利人,爱己多于爱人。但利与爱只是人性的表里;利,是人性本质的内在规定;爱,是人性本质的展开方式。

既然人性如此,一切言行之于人,无不从人性出发,并以不同方式表彰人性。人要成己为君子,也必须遵循此法则,首先得学会自重。自重就是自爱。自爱,是一切爱的主体前提,无论血缘亲情之爱,或朋友、乡邻之爱,以及君臣之爱,都建立在自爱基础上。比如鲁定公问孔子:"君使臣,臣事君,如之何?"孔子回答说:"君使臣以礼,臣事君以忠。"(《八佾》)孔子在定公的"君使臣"后面加了一个"以礼",是为被"使"的"臣"对使臣的"君"提出要求,这个要求就是君要"使臣",前提是必须"以礼相待臣"。"以礼相待臣",是臣对君的权利,这个权利体现为臣的自重和自爱。在生活现实中,一个不爱自己的人,或者连自己不能爱、不敢爱的人,不可能爱父母、爱亲人、爱乡邻,更不可能有君臣之爱。

自爱是人的自我意识的觉醒,它是人本观念生成的体现。自爱之道,是人性不断觉醒与证诚之道,更是人道情感、人间情爱不断自主验证、确立、践履和发挥的光大之道。所以,自爱之道是成己为君子的首要课程。

自重即自爱,但自爱不等于自重。自重的实质,是自我尊重,自我持重。孔子之言"人不知而不愠,不亦君子乎",是在讲自重:在任何时候都要平等地善待自己,宽容自己,才可容忍别人。但自重只是自爱之一种方式,相对自爱言,除自重外,还有自信、自立、自强等,但这些自爱方式都需要以自重为基础:没有自重,难以有自信、自立、自强。所以自重是自爱得以展开的奠基方式。

自重以人性为基石,构成做人、立人、成君子的根本品质。这种品质表现在两个方面:一是在任何情况下都自我尊重,爱惜自己的形象、名誉、身份、地位;二是在任何情况下都呈现良好的修养、教养,体现君子风度,从不间断地努力于自我完善。

人的自重品质的生成,虽然直接源于自爱,但它一旦获得,则表现为威严、威信。"自重则威",是说人一旦学会自我尊重、自我持重,在任何时候都善待自己,在他人面前享有做人尊严,赢来他人敬重、敬畏,言谈举止自然对人产生积极影响。从根本讲,人生而求自重,最终享有成为榜样的力量,这是自重则威之"威"的深层含义,也是孔子将自重作为成己修养之道的首要课程的根本考虑。

二

人成己为君子,必须固守持重。但固守不是固执:固守指将立身的那些美好的东西(性格、品质、修养、教养、德性)保持下来,使之不变易并发扬光大;固执指不审事度时,有违于变化之道地固执己见,顽冥不化。从根本论,自重包含持守精神,孔子用"笃信好学,守死善道"(《泰伯》)表述这种精神。准确地讲,"笃信好学,守死善道",是自重的内聚方式,持守精神是自重的行为体现。自重的行为展开体现**时变精神**：君子自重，是以不变的善道面对、引导或化解万变的时势和生活，这是君子自重的行动精神，这种精神构成自重的行动原则。

人性乃天赋，它之得以化为自重品格与精神，实乃后天之功。

学而自重，因为学而可以自我持重，自我尊重，自我善待，自我爱惜。

学而自重，在于学而可以自我固守，并通过学而顺纳时变而不故步自封，不自我狭隘。

学而自重，在于学而可以吸纳、辨别、化解一切，择其善者守之，择其不善者弃之。

三

君子之道是**成己为人**之道：君子成己的重要一步，是修养自重；君子为人的根本要求，是践履忠信。

在孔子的思想世界里，忠、信的指涉范围有差异。在一般意义上，忠可指涉人与事；在专门意义上，忠指向人，也包括君主。通过《论语》，人们可感受到，孔子论忠，重心于事，然后指人。对于忠君，却谈得最少，《论语》只有一处记载，而且不是主动谈论，是被鲁定公逼出来的："定公问：'君使臣，臣事君，如之何？'孔子对曰：'君使臣以礼，臣事君以忠。'"（《八佾》）孔子一生都不愿意谈"忠君"的话题，因为在他看来，忠君，在实质上构成君臣之间的不平等关系，对于政治自由主义者的孔子来讲，这是不能容忍的。所以，当定公逼问他"君使臣，臣事君，如之何？"时，他毫不犹豫地纠正定公的错误说法，指出正确的说法是"君使臣以礼，臣事君以忠"。孔子认为，君臣之间本来构成不平等关系，要阻止这种不平等关系变成一种绝对不平等的役使关系，必须要求"君使臣以礼"。"君使臣以礼"规定君臣之间的不平等关系只能**被权责所规定**的道义关系。所以，在孔子看来，人要忠诚事君，必须以道义为指南，这就是"君使臣以礼"，才要求"臣事君以忠"；这更是"以道事君，不可则止"。与此不同，信所指涉的范围有广狭义之分：广义之"信"，涵摄朋友、乡邻、熟人甚至陌生人；狭义之"信"，相对友朋论。但无论哪种指涉范围之"信"，都诉求平等人际关系的建构。

概括上述，人走进社会形成的所有关系，可由"忠信"二字统摄。正是在这个意义上，孔子才说"主忠信"是君子之道。

人在家中，遵循孝弟之道；进入社会，遵循忠信之道。孔子主张的忠信，首先是指为事以忠以诚；在特殊的论域中，具体在政治领域中，或者说在入仕的道路上，则体现以**为事之权责**为基本框架、以道义为根本诉求的为君效力、为邦服务方面，必须投身以忠，才是君子作为；表现在为人方面，必须言之以诚,行之以信,达之必果,并且无论何者,见小不欺,见大不媚,视之同等。但无论对君主,还是乡邻、熟人、陌生人,其忠信都必须通过治事、为事达成:忠者,忠于事而忠于人;信者,诚于事而信人。不忠信,首先是言行无物,但最终是言行无人。无物无人,无忠信可言。所以,君子学忠信,必以事为先,以物为重,唯如此,才可谓对人忠,为人信。

君子之于忠信,亦如自重,仍然是生而习得。进一步讲,君子自重之道,只是学得的结果;学必遵循的根本进路,是先学忠信,它构成君子成己的主要课程。

四

孔子"学而时习之"的教育理论有二:一为孝弟理论,二为忠信理论。孝弟理论培养人子,讲求血缘亲情之道,学的主要课程是孝弟;忠信理论培养君子,讲求自重之道,学的主要课程是忠信。孝弟与忠信,二者是基础与提高的关系,也是奠基与拓展的关系。将孝弟理论和忠信理论联系起来形成整体的是自重方法论。

自重方法论的基石,是人性。

自重方法论涵摄内省和践履两种具体方法。前者要求人"吾日三省吾身",以达到"内省无疚";后者要求人至诚尽性,做到忠信两全。以此理解孔子"学而"教育理论,体现后世中西教育都不具备的两个特点:

第一,无论教人学人子之孝弟,还是教人学君子之忠信,都非常强调方法论的学习:学孝弟,必先学血缘亲情;学忠信,必先学自重。孔子强调学方法论,要求以人性为基石。在孔子"学而"理论中,血缘亲情乃人性之脉动;自重亦人性之发散。这种方法论的学习,强调教育与学习,以对生活的反省与践履为主。所以,孔子的"学而"理论贯穿一条主线,教育和学习是**觉醒人性,践履尽性**。

第二,无论教人孝弟,成为人子,还是教人忠信,成为君子,都以榜样为重,以先贤与时贤为标准。孔子要求学君子之道,向超过自己的君子、贤人学。并且,学君子之道的过程,还是交友的过程,因为"三人行,必有我师焉"(《述而》),更因为学既需要"启",也需要"愤"。而友,既可是师,也可是学的对象。这是孔子主张君子学必"主忠信"时强调"无友不如己者"的深层考虑。

表面看,"无友不如己"讲的是择友原则,实质上,既是学主忠信,更是学为君子的最高方法,这一方法即"取法上上,得乎其上",因为"取法乎上,仅得乎中;取法乎中,只得其下"(唐太宗《帝范后序》),只有"取法上上",才可"得乎其上"。掌握和运用这一"取法上上"的方法,必须领悟两方面要义:第一,确立的目标或选择的学习对象,越高越完善,学到的东西越多,能达到的境界越高。因为,确立的目标与实际达到的效果之间构成正比例关系。第二,预设的目标与实际达到的效果之间始终存在差距,这种差距也成正比例关系。以此看"取法上上,得乎其上"方法,蕴含**动力学原理**:目标越高,动力越大,取得的成就越大;反之亦然。孔子提出"无友不如己"的准则,遵循这个动力学原理。可以说,**孔子是发现和运用"取法上上,得乎其上"这一动力学原理的第一人。**

五

孔子认为,人非生而知之,所以人无完人:在生活中,人犯错误,是常事,也是常态。问题的关键是:人一旦犯错,如何面对?孔子认为,成己为君子,既要学会具备"过,则勿惮改"的正确态度,更应学会掌握"过,则勿惮改"的行动方法。

"过,则勿惮改"与"君子不重则不威"密切关联:孔子教人,首先讲自重,由自重引出"学而不固",其中已包含如何面对犯错。"学问之道无他也,知其不善,则速改以从善而已"(《四书集注》)。在孔子看来,固守学问之道有二:首先,应通过学而知其不善;其次,一旦发现己行不善,迅速改过使己从善和成善。相对前者言,如何才能发现己之不善呢?孔子反复强调内修方法,因为内修不仅以**反省**为基本方式,更以**知耻**为内动力:"行己有耻,使于四方"(《子路》)和"君子耻其言而过其行"(《宪问》)昭示,人一旦具备知耻的内在觉解,就有内省的生命动力。孔子讲"知耻而勇",是说人只有自知羞耻时,才内生勇气,勇敢面对一切。知耻而勇,是内修方法得以展开的动力。孔子主张"过,则勿惮改",指出通过内省发现自己言行不善(错误或过失),仅是前提,能否改正错误或过失,需要行动。但意愿于改正错误或过失的行为的内动力,还是知耻,因为"人非圣贤,孰能无过,过而能改,善莫大焉"(《左传·宣公二年》)。人能知耻,能以错过为耻,实则需要求善,需要有善心。因而,知耻必源于求善。这种求善的内动力源自榜样的力量激励。

概言之,孔子特别强调方法的学习,其既胜过对知识的学习,也胜过对榜样的学习;或者向榜样学习本身构成"无友不如己者"之"取法上上"方法的构成内容。孔子之如此注重方法,在他看来,**方法开辟通向主体建构和德性生成的真实道路。**

第9章释义

曾子曰:"慎终追远,民德归厚矣。"

[注释]

慎终：慎，慎重、谨慎。终，生命结束，本章指父母生命结束，应慎重地操办丧事。

追远：追，追忆、追念。远，与"近"和"当下"相对，既指距离遥远，也指时间久远。本章指逝去的远祖，因为时间久远导致与己距离遥远。

民德归厚：民德，指通过"慎终"的服丧方式和"追远"的祭祀方式化民其德。厚，纯朴敦厚。归厚，使民之德归化于纯朴和敦厚。

[译文]

曾子说："教化民，使他们慎重地居丧守礼，虔敬地祭祀先祖，民德就会化归于纯朴敦厚。"

[通解]

《论语》收录孔子不少有关于生死的思考。但孔子论生死，不是讲生何所生和死亦何所死之道，而是讲怎样面对生和如何处理死。孔学的生死之道，不属于存在论，也无宗教内涵，只是实实在在的人伦问题。有子曾对夫子此一人伦思想予以认知论的发挥（《学而》第二章）；曾子却对夫子此一人伦思想予以实践论概括，由此形成本章内容。

一

孔子君子学说的基本问题，是人伦关系的建构与展开，它涉及生死两个维度，由此构成孔子学说（包括君子理论、道德哲学、伦理学以及政治哲学）的特色。因为古代西方人讲人伦、道德、政治等问题，多关注生，不关心死，死的问题属于宗教范畴；先秦诸子多不关心死的问题，唯有孔子讲人伦和政治时将死纳入其中，使之成为重要维度。

从人伦角度关心个体的生死，其将生死纳入孝的范畴考量，构成君子学说的奠基内容。如第二章有子所论，孔子学说的核心是仁，仁的本体是孝弟。孝弟的本原是孝，弟是孝的拓展；并且，只有孝才涉及生与死。生死之孝，就是"生，事之以孝"和"死，事之以孝"。

将"死"纳入孝的范畴，使"死，事之以孝"这种观念和做法，产生于孔子之前的先王之道：在古代社会，戎和祀，是治邦国的两件大事，涉及邦国安危与盛衰。凡涉及戎，必慎重；祀，涉及死，是对死者的缅怀和对先祖的追远。所以，祀，讲庙堂之礼，求的是道德教化，它始于夏，成于商，成熟于西周，形成完整的祭祀制度。

死作为庙堂之礼，从王及统治的邦国论；从个体及由此衍生的家庭、家族论,死的伦理讲的是祠堂之礼和堂屋之礼。概言之,关于"死,事之以孝"的孝道,展开为三个维度,即邦国天下的庙堂之孝、家族的祠堂之孝和家庭的堂屋之孝。曾子讲的"慎终追远",指如何从这三个层面展开实现"民德归厚"的教化效果。

慎终追远,虽然是对死的关怀,并没有宗教那种对生命之轮的关注,以及由此关注形成生命的存在信仰,指导人们善待现实的苦难生存而祈求于彼岸的福音。并且,慎终追远不关注死本身,也不关注死的存在意义与价值,只是对死者的一种**礼遇**。这种对死者的礼遇通过特定的**礼仪形式**来实现两种东西:一是以此表达人们对自我的安慰;二是达到对活着的人的教化与引导。所以,慎终追远不产生信仰、信念功能,只产生教化功能。这种教化功能往往通过禁忌和对没有的东西的渺茫期许来达成。

二

宗教是一种敬畏,这种敬畏源于上帝,是获得灵魂的拯救,使灵魂和有灵魂的生命与上帝同在。所以,宗教诉诸灵魂和生命本性,不存在祭祀,只存在信仰和崇拜,所信仰和崇拜的对象,是共有的神,比如基督教的"耶和华"、佛教的"佛陀"。并且,宗教信仰和崇拜没有血缘关联性,不存在"私"的问题,它具有非血缘化的无私性,体现普遍平等:只要你信,就有资格信仰和崇拜,没有等级安排,没有资格审查,更没有"什么……什么……优先"的规定,一切都平等。以宗教信仰和崇拜为参照,慎终追远也是一种敬畏,但它一方面来源于对死亡的惧怕和恐惧,另一方面因为现实的功利,不敬畏死者,就会给予活着的人以灾难;如果敬畏死者,就会从死者那里祈求到福音或所需求的东西。在人们代代相传的主观想象的经验中,死者拥有造福或致灾的特殊能力。

由于慎终追远通过祭祀的方式实现,与宗教信仰形成根本区别:信仰崇拜,展开自我灵魂的忏悔和祈求对所犯下过失或罪恶的宽恕,所以它始终是灵魂的活动,而非情感或实利的活动;与此不同,慎终追远的祭祀,既不涉及灵魂的自我忏悔,也不涉及对所犯下过失或罪恶的祈求宽恕,所以,**无论祭祀多么庄敬,怎样虔诚,最终都只是一种仪式,一种形式的庄敬与虔诚,无法触及生命的本质领域,更无法触及灵魂本身**。因为慎终追远只是人伦之德,具体地讲只是孝礼,它所指涉的对象本身不是神,只是一个个在人世间生活过的个体,他们曾经与活着的人一样,存在过,最后死了。这是孔子讲孝,也认同祭祀,却始终保持"敬鬼神而远之"的姿态的根本原因,或者说"敬鬼神而远之",这是孔子的底线。与此不同,曾子倡导的"慎终追远",是以自己的方式跨越了夫子的底线。

曾子"慎终追远"的思想实质,是为活着的人所慎终追远者,客观地存在着等级:首先,慎终的对象只能是父母和其他直系血缘长辈;追远的对象,只能是家庭、家族的远祖。从邦国天下讲,慎终的是刚死去的君王,追远的是远逝的君王。无论刚死的或远逝的君王,必须有一脉相承的血缘宗法关系。所以,在祭祀活动中,慎终的是近亲,追远的是先祖。其次,民的慎终追远只能祭奠,无权祭祀,祭祀权只掌握在君王手中,只有拥有特殊地位和身份者才有资格参与祭祀活动。祭祀的对象有二:一是天地(鬼神);二是君王先祖。所以,祭祀是由历代君王主持的祭祀天地先祖的庙堂之礼。

慎终追远的祭祀活动,为什么在邦国事务中占有如此重要地位呢?祭祀为什么会成为君王垄断的庙堂之礼呢?这是因为它是君主专制的治邦之术。**窃国,动之以武,治邦,行之以德**。什么样的德治才真正行之有效呢?唯有运用死的力量形成的德治,才是真正有效力的德治,这是因为死者给人本能性的敬畏和恐惧,君主专制就是利用人们敬畏和恐惧死者的心理,把死者神圣化,赋予死者既可赐福也可降灾于活人的独特功能,以此达到德治,即使"民德归厚"的效果。

三

慎终追远是具有悠久传统的血缘宗法伦理,它由两部分组成:一是血缘宗法的死亡伦理;二是血缘宗法的生活伦理。前者展开为对死者的慎终追远:慎重地对待死去的父母,居丧守礼,尽其心尽其力;虔诚地祭祀自己的先祖,尽其性。后者表现为对活着者的孝:对死者的孝,不仅是德,而且是大德;并且,对死者的孝德,最终表现为生者之德。因为,每个人都来自父母和血缘家族,对已逝父母或先祖的孝,是对生命的感恩,也是对生命之源的缅怀,更是以这种方式教化后代,以此生生不息。慎终,是热孝;追远,却需要终身事之以孝。这种需要终身事之的孝,经过教化的鼓动和持续展开,可实现对民德的归化,使之归于纯朴和敦厚。

无论对生者的孝弟,还是对死者的慎终追远,都以血缘亲情为土壤。当把以血缘亲情为纽带的生死之孝拓展到以宗法为内核的政治治理中,同样铺开两方面:对天地先祖的祭祀和对生者的主忠信。

比较而言,对天地和先祖的祭祀,对生者的主忠信具有引导功能。因为对生者言,主忠信,完全靠理性力量的推动;对死者的慎终追远、对天地和先祖的祭祀,却需借用巫化的力量来启动天赋予人的那种敬畏死亡和恐惧鬼神的自然情感,所以慎终追远更多地接受非理性的神秘力量的推动。从这个角度观,**通过慎终追远使民德归于纯朴敦厚,往往不是教化的结果,而是恐吓与畏惧使然**。因为民天生愚鲁,需要贤人、君子化解顽愚,使之德归于纯朴敦厚,但用理性教化方式往往不奏效。启动慎终追远这种非理性的祭祀,成为唤醒民敬畏和恐惧的自然情感以使之化归的最好方式。

《论语》编纂者之所以在《学而》篇中安排慎终追远的内容,把它作为君子之学的必须课程,在于既强调死孝对生者之教的绝对重要性,更强调慎终追远对民德归厚的根本性。仅从人的本性论,人基于利爱自己甚于他者的倾向,可能形成对近逝的父亲的忽视,更容易忘记日趋遥远的先祖。唯一可以改变人之遗忘本性的根本方法是慎终追远:对逝世的父母操办丧事,举行丧礼,并虔诚地祭祀远祖。君子一旦努力于以慎终追远方式教化治下之民,民德必然归厚。曾子之在后世被视为是孔子思想的最杰出的传人,根本之处在于两个方面:一是将孔子"一以贯之"之道理解为"忠恕",为孔学被演绎为忠君的伦理-政治学开辟了道路;二是发展了孔子的孝弟思想,提出"慎终追远",为后世血缘宗法专制政治提供德治愚民的巫化力量和方法。

第 10 章释义

> 子禽问于子贡曰:"夫子至于是邦也,必闻其政。求之与? 抑与之与?"
> 子贡曰:"夫子温、良、恭、俭、让以得之。夫子求之也,其诸异乎人之求之与?"

[注释]

子禽:姓陈,名亢,字子禽,其事不详。此人对孔子的行状特别关注,在《论语》中出现三次,均是打探孔子之事:一是《季氏》第三章问孔鲤;另外两次是本章和《子张》第二十五章。

子贡:姓端木,名赐(公元前 520 年～?),字子贡,卫国人,孔子三十五岁自齐返鲁招收的第二批弟子之一,比孔子小三十一岁。子贡善言与辩,被认为孔子"受业身通"的弟子之一,较典型地体现孔子"君子不器"的人才观,孔子曾称他为"瑚琏"。孔子身前死后,传扬、捍卫夫子形象最为得力;推孔子为圣,子贡是孔门中的首倡者。孔子死后,子贡成为孔门中成就最大者,曾事鲁、卫两邦国相,善外交,通财货之道,是儒商始祖。子贡经商致富的秘诀是"君子爱财,取之有道"的诚信,后世将其奉为财神,并将这种诚信精神和"取之有道"的经商准则,称之为"端木遗风"。

至于是邦:至于,到达那个地方。是,这。是邦,这个邦国。

闻其政：闻，通"问"，指听说、听到。比如"子入太庙，每事问"（《八佾》）。指过问所到之邦政事。

温、良、恭、俭、让：温，柔和、温和。良，善良。恭，庄顺、虔敬。俭，节制、克制。让，谦逊。此五者皆人之外在状貌，却蕴蓄于心之德养。

其诸：诸，多。其诸，语气词，表"或者""大概"之意。

[译文]

陈子禽向子贡打听孔子，说："你的老师每到一个邦国，总能了解到该邦的政事。这是他自求得来？还是人家自愿相告诉的？"

子贡回答说："我的老师凭着温和、善良、虔敬、节制、谦逊的品德得来。即使他自己求得，也在方法上与别人不同。"

[通解]

上章曾子从对孝道的修习、体会、总结、提炼出"慎终追远"化民德以敦厚的思想，本章通过子禽之问，讲述子贡如何以夫子为榜样，阐发君子德性通过修习达到自我完善。

一

子禽发问引发关于孔子学说的历史事件，就是**孔子游国**和**干政**。游国、干政这两个历史事件又相互关联：孔子干政不成，才游国；孔子游国，是为了干政。孔子游国而干政，干政不成而继续游国的倔强和生无所息的精神，展示孔子的为人准则和为政原则：在任何情况下都不可修正、不可改变，哪怕终身不仕地穷愁潦倒，也"一以贯之"。这构成孔子道德哲学和政治哲学的本质内涵：从道德哲学讲，表明孔子伦理对个人操守的基本要求；从政治哲学论，揭示孔子政治哲学对为政原则的坚守。

孔子游国，不是传播教育，也不是讲学（虽然起到这两个作用），而是求仕，并向外宣传他那套文道救世的理想，即寻求政治舞台推行"以仁入礼"的文明重建理想，实施仁德-公道治理邦国。

孔子游国失败，意味着他干政不成功。首要原因是孔子主张的那套以血缘亲情为基石、以孝弟忠信为基本价值取向的"仁德-公道"治邦理念落空于那个时代，说明在那个正在向"凭力气争于朝"方向变革的时代，推行文道救世，有如大白天说梦话。更重要的是"对经验事实的考察，可能得出这样一个结论：历史上从来没有实现过纯粹性的儒家立国。真正指导帝制立国的是历代法家。但这并不说明法家比儒家更重要。相反，儒家以及儒家倡导的学说不仅是中国传统伦理也是中国传统政治的'核心力量'"①。孔子抱着文道救世的赤诚理想,推行**立德治邦**,恰恰在于治邦本不是伦理道德的事。伦理道德能给治邦提供社会理想、价值系统和治理邦国的规范原则体系,这是治邦的理想主义;但治理始终是现实的功利,它需要现实主义的规则体系和运作机制,这就是法理,古代称之为刑罚。刑罚之治,是治邦的现实主义,它虽然需要伦理道德的理想主义引导,但理想主义的伦理道德绝不可能取代刑罚之治。孔子游国四处碰壁,就在于他天真地怀抱文道救世理想和伦理道德治邦的理念,对刑罚策略和技术对治理邦国的基本功能认知不足,虽然孔子认同刑罚的治理功能,但他认为刑罚治邦只是基本的方法,而非根本的方法,或者说刑罚相对道德来讲只具有治邦的辅助功能。

然而,孔子游国干政不成功的根本原因,是他怀抱文道救世的天真理想,决不迎合,决不改变,终身坚守自己的做人准则和为政原则。孔子在游国干政的人生旅程中因为"守死善道"而失败,却铸就了他落魄人生的英雄传奇和信仰、思想、精神的永恒。

二

孔子教人"学而时习之"的基本教科书是《诗》《书》《礼》《乐》,但根本教材却是贤人和君子。在孔子的世界中,能够成为教学内容的有先贤和时贤两类,前者包括先王、贤德者,比如尧舜禹、伯夷叔齐;后者如公冶长、南宫适。尤其南宫适,孔子至为赞赏,称之为时贤,是因为他反对暴力,崇尚道德,而且提出"邦有道,不废;邦无道,免于刑戮"(《公冶长》)的主张并践履之。穷愁潦倒的孔子之所以引来如此多的当世俊杰追随,拜他为师,是因为他本人就是春秋晚期最大的时贤。他的学问,他的道德,他那返本开新、文道救世的社会理想和仁德-公道的治邦主张,以及他身上体现出来的锲而不舍、屡挫不馁,对生活信心和生生不息追求人生意义与价值的精神,使他不仅成为弟子们心中最崇敬的当世大贤,也成为那个时代认识他的人、知道他的人心中的大贤。正是因为此,子禽才向子贡打听孔子的行踪与事迹。在《论语》中,子禽三次打听孔子行状,他对孔子抱如此热忱的关注,表明孔子虽然干政不成功,但其才华和德行、思想和智慧,却引来不少人关注,人们把他作为那个时代的大智者、大贤人。正因为如此,子贡回答子禽时才刻意美化和神化孔子。

子贡是孔子最得意的弟子之一,他有口才、善辩,经常为老师申辩,以

---

① 全纲:《〈论语〉鼓吹:圣贤的光荣与漏洞》,天津,天津人民出版社 2007 年版,第 22 页。

维护老师的声誉。并且还擅长外交，善于经商，看重精神生活，孔子死后，他为之庐墓守孝六年。从子贡回答子禽时对老师的尊崇以及他对老师的一贯姿态，可以看出孔子作为那个时代最大的贤人，在弟子们心中的完美形象。

孔子之成为人们关注和了解的对象，不在于他的学问和智慧，也不在于他敏而好学、诲人不倦，而因为他的仁德，他的内在品格、精神与操行。子贡回答子禽所问，实际上在向子禽炫耀。他所炫耀的不是孔子的智慧、才华，而是孔子的德行，他认为这是最值得他们学的，并且也认为这是最值得其他任何人学的："我们夫子是凭着温和、善良、恭敬、节制、谦逊的品德而得到想了解的政事信息。即使夫子向人打听，其打听方式方法也与一般人不同。"

在子贡看来，大贤的品德是温、良、恭、俭、让。孔子作为一代人师，具有此五种品德，它构成对弟子们的最好教育。跟老师学君子之道，就是学老师的温、良、恭、俭、让。

子贡还告诉子禽，温、良、恭、俭、让之于人，不仅是君子品德，还是为人处世、与人交往的大方法。孔子每到一个邦国，能真实地了解到这个邦国的政事，方法最重要。对孔子而言，要别人主动告诉他或要别人真诚回答其询问的根本方法，就是温、良、恭、俭、让。

其实，就当时语境言，子贡的回答分前后两句话，前一句话道的是实情，后一句话有些故意炫耀。但正是这种炫耀意味的回答，道出一个重要的生活经验：在日常生活中，一个人拥有温和、善良、恭敬、节制、谦逊的品德，待人接物、求问事情就能近乎本能地做到温和、善良、恭敬、节制、谦逊，这样，任何人都愿意主动与你交道、交往，都会有求必应。所以，温、良、恭、俭、让之做人品德，具有行为处事、待人接物的方法论功能。子贡回答中的"歪打"，反而道出"正着"。

第 11 章释义

子曰："父在，观其志。父没，观其行。三年无改于父之道，可谓孝矣。"

[注释]

观其志：观，观看、考察。其，指代"父"之"子"。志，志向、想法。

观其行：行，行为、作为、做法。

无改于父之道：无改，不改变。父之道，指父亲在世居家处事为人的准则、方法。

[译文]

孔子说:"父亲在世时,子不主事,便应考察其志向。父亲过世,子亲履家事,应考察其作为。如果三年之内不改变其父居家的规矩和处事为人的准则,可算得上是行孝。"

[通解]

上章子禽与子贡问答,以孔子为例讲人如何学会具备君子五德;本章孔子讲人如何成为有孝德的人子。从内容讲,本章直接照应第九章"慎终追远",从"观其志""观其行""三年无改于父之道"三个方面讲述生死之孝的具体准则。

一

赫伯特·芬格莱特指出:"毋庸置疑,孔子的主要成就之一,就是以一种在中国前无古人的方式发现并教导我们:人的存在有一种精神-道德的维度。"[①]更重要的是,孔子通过身体力行和终身不辍的教化,将这种"精神-道德的维度"变成"生活范式"。子贡将这种生活范式概括为温、良、恭、俭、让。这种以"温、良、恭、俭、让"为基本内容的精神-道德维度,是以血缘亲情为基石,以孝弟和忠信为价值指向。或可说,以温、良、恭、俭、让为内容的君子品德,需要从孝弟和忠信两个方面修炼。由此形成本章内容,不仅直接照应上章和第九章,还与第二章和第六章关联。

在第二章中,有子说"君子务本,本立而道生",而"孝弟则是仁之本"。君子务本,就是务孝弟;君子立本,亦是立孝弟:孝弟立,则仁道生。立孝之道,孔子强调从入门方面去做,曾子强调从慎终追远方面学。但无论入门孝父母,还是为过逝的父母居丧守礼,以及虔诚地祭祀先祖,都属于形式方面的功夫,人们一般都能做到。真正难以做到的是孝,实质功夫其有三:

一是父亲在世时,观其志向是否符合孝道。本章中,"父在,观其志"的"志"有两层含义:其基本含义指孝亲的愿望和打算。孝亲的愿望和打算体现在日常生活中,就是有没有违和自不自专:"父在,子不自专,故观其志而已。父没,乃观其行也。孝子在丧,哀慕犹若父在,无所改于父之道也。"(何晏、邢昺《论语注疏》)"为人子者,父在则观其父之志而承顺之,父没则能观其父之行而继述之。"(范祖禹《论语说》)这是人生中最基本的志,在此

---

① [美]赫伯特·芬格莱特:《孔子:即凡而圣》,彭国翔、张华译,南京,江苏人民出版社2002年版,第46页。

"志"的朗照下,才铺开第二层含义,即谋求振兴或繁荣家业之志以及追求治平光宗耀祖之志,这也是孝,而且比每天亲事父母日常生活之孝的更大之孝。"养志者,父之有子,原欲使其继我之志,我之所未尽而子尽之,我之所未为而子为之,以是乐有子也。盖身有限而志无穷,《大戴礼》言:'黄帝三百生,生而人得其利百年,死而人畏其神百年,亡而人用其教百年。'不特黄帝也,凡人能使其父之志流长不尽者,皆子之事也。不能继志,便是死亲矣。故子之于父,听于无声,视于无形,所谓父在观其志也。"①孔子的学问和道德,本来是积极入世的学问和道德,其孝道理论同样是积极入世致用的孝道理论。对人子言,如上两方面之"志"同时具备,就是完整的孝。

二是父亲过世了,要观察其能不能做到"慎终",能够尽心尽力居丧守礼,符合人子之孝;反之,父没而始无"慎终"的态度,也无尽心尽力居丧守礼的作为,是为不孝。

三是父亲死后,只做到"慎终",还不能算真正的孝。真正的孝是"父没"而"三年无改于父之道"。

理解"三年无改于父之道,可谓孝矣",注意两个语义关键点:一是"三年",既可能是一不定量词,指多年、长期;也指"服丧三年",这是古代丧礼制度规定的。"父没,三年无改于父之道",指父亲过世,服丧三年期间不更改其居家的规矩和处事为人的准则;如果为父之道完全符合人伦,又可全面促进发家,则需要终身以守。二是本章讲的"父道",应该有三方面含义:其一指父亲在世时所订立的家规;其二指父亲在世时营造出来的家风;其三指父亲在世时处事为人准则。所以,"父没,三年无改父之道",指为父守丧三年期间能否完全做到父亲在世时订立的家规、家风和为人处事的准则,如果完全做到了,是真孝;如果父订立的家规、所营造的家风和行事为人的准则极利于家的发扬光大,则需要终身持守,这是大孝。

二

孝,是一永恒话题,只要人类还存在,孝不可避免地构成道德的基石。客观地看,社会道德分两个方面:私德与公德。人类存在发展,首先产生私德,然后才有公德。私德是公德的基础,公德是私德的延展形态。

在人类的私德体系中,原初内容是两性道德与血缘道德。从发生学看,两性道德是源头,是私德之根;人类物种在其人质化进程中,唯有当意识地获得两性道德意识,并将其变成根本的行为规范时,血缘道德才产生。

---

① (清)黄宗羲:《孟子师说》,《黄宗羲全集》第一册,杭州,浙江古籍出版社 2005 年版,第 98 页。

血缘道德虽然后起于两性道德,但一经产生,就对两性道德提出更高要求和规范,使血缘道德构成私德的本体性内容:血缘道德是私德之本。作为私德之根的两性道德,是私德的横向结构;作为私德之本的血缘道德,是私德的纵向结构。二者纵横交错,形成私德的整体框架而千古不变。孔子对血缘道德的把握,不是源于观念推演,而是基于对人类生存历史经验的理性提炼。

在孔子看来,血缘道德中的真正本体,是父子之间的慈孝:父慈子,子孝父,这是血缘道德的基石。这个基石存在,血缘道德就存在;血缘道德存在,两性道德就固守;两性道德固守和血缘道德存在,社会公德就有深厚的土壤。仁与礼就构成社会遵从的行为规范,一旦如此,仁德的人和公道的社会自然形成。孝道在道德体系中就居于这样的地位,发挥如此的功能。孔子专门将此提炼出来教授弟子,要弟子们体味与践履。

三

从人类文明史观,孝道本身没有错,它是人类存在繁衍之必需,也是人类文明发展的大本。但孝道的内容却可能因不同时代的文明程度不同而有所改变。比如,孔子将"三年无改于父之道"称为真孝。在孔子生活的当世,没错。因为在两千多年前的父家长制时代,人类赖以生存的基本生产方式是农耕,农耕社会靠天吃饭,人力无法抗御自然力,人的理性能力还处于艰难的培育阶段,人们只能凭借经验生活,凭经验判断事物和认知、把握事物的规律。但经验总是与经历、阅历、年龄构成对应关系。年长者最尊,因为年长者经历最多、阅历最广阔,积累的经验最丰富,最有发言权,最有辨别能力、判断能力、预设能力,最有决策权,也最有权威。所以,年长本身具有法的性质。在一个家庭里,年长者当然是父亲。父亲的存在,是家庭法则和权威的体现,父亲的经验构成治家治业的法则,即使不在了,也不能轻易更改其父治家治业之道,这就是孝。在这里,**孝,不仅展示为孝,而且蕴含对经验的崇敬,对自然的尊崇:父亲在世,孝之,是报答养育身体之恩;父亲去世,遵从其治家治业的经验之道,是报答养育生存之恩。**

父没,尽心尽力居丧守礼,这是人人的必需,过去如此,现在也应该这样。但父没,"三年无改其父之道",却有待重新审视。父亲生前之道是正道,是好道,当然需守而无改,这是孝;父亲生前的规矩、家风以及处事为人之道是错的,也要三年无改,就有问题。孔子持"三年无改",可能基于这是传统而不好否定,但同时也透露出他发现孝中所蕴含的这一潜在可能性,所以提出"三年无改"。"三年无改",指守孝期间不能改,守孝期过了,或可修正或完善父治家治业之道。所以,"三年无改于父之道",既体现孔子对传统的遵从,也透露出他一以贯之的返本开新思想。

第 12 章释义

有子曰:"礼之用,和为贵。先王之道,斯为美,小大由之。有所不行,知和而和,不以礼节之,亦不可行也。"

[注释]

礼:既指规训体系,也指对其规训体系的制度规范,可作礼制、礼法讲。
用,运用。

和:有三解,一是协调、调和;二是适中;三是中正。第三解更合本章语境和孔学本义。

由:遵循,依从。

斯为美:斯,指代词,既指称"礼",也指称礼之运用所达及"和"的状态。美,无憾,完美。

小大由之:小大,指事之大小。由,任其。之,指称"礼"。

节:节制。

[译文]

有子说:"礼法的运用,贵于达至中正。先王治邦之道中最有价值的内容,是中正思想和精神,它体现出来的中正原则,适合于衡量和矫正一切大大小小的事物。但也有不可行的时候,即人们只知道'中正'而强行'中正',忘记用礼法本身去规范,自然造成其不可行。"

[通解]

对于孔子"三年无改于父之道"的主张,表面看,是孝;深层讲,是论治家的依据何在和怎样治家。治家要遵循父道,但治邦则需要礼道。这是本章与上章在主题和内容方面的起承转合。

一

关于有若,荀子在《解蔽》篇中记载:"有子恶卧而焠掌,可谓能自忍矣,未及好也。"有若学习刻苦,为克服困倦的瞌睡,用火来烫手掌。这可从侧面了解有若何以被尊称为"有子"。

有若作为孔子游国期间入门的后进弟子,在孔子身后被尊为"子",肯定有其独特性。传说他酷似孔子,孔子逝世后众门徒为之居丧期间,公推他代表孔子受孔门众弟子朝拜。此传说或有可信之处。但有若能为众称为"子",根本应不在这里。从整体观,《学而》篇是《论语》思想学说的纲要篇,通观《论语》,编纂者虽然选择有若四则言论,但有三则被分别安排为《学而》篇第二章、第十二章、第十三章。从这个角度看,有若之被尊为"子",可能不仅在于他相貌酷似孔子,而在于他对孔子学说的核心思想深彻觉解所提炼出来的如下四个方面的警世名言。

(1)有子曰:"其为人也孝弟,而好犯上者,鲜矣。不好犯上,而好作乱者,未之有也。君子务本,本立而道生。孝弟也者,其为仁之本与?"(第二章)

(2)有子曰:礼之用,和为贵。先王之道,斯为美,小大由之。有所不行,知和而和,不以礼节之,亦不可行也。(第十二章)

(3)有子曰:信近于义,言可复也。恭近于礼,远耻辱也。因不失其亲,亦可宗也。(第十三章)

(4)哀公问与有若曰:"年饥,用不足,如之何?"有若对曰:"盍彻乎?"曰:"二,吾犹不足,如之何其彻也?"对曰:"百姓足,君孰与不足?百姓不足,君孰与足?"(《颜渊》)

第一则言论,是从社会秩序功能角度切入,精辟概括孔子孝弟思想的本质及与仁德的生成关系,不仅准确把握孔子孝弟思想的精髓,还对夫子孝弟思想予以认知论的提升,这是孔子本人没有达到的认知境界。《学而》篇集中表述孔子关于君子成己之道的"学而"思想,首先要学的是成人子、行孝弟的基本认知,《论语》编纂者却选择有子这则言论,其根本考虑可能源于两个因素:一是有子对孝弟的社会秩序建构和维护的根本功能的认知,很独特;二是有子对君子之仁、道、孝弟三者的本质关系的梳理和把握,异常深刻。这两个方面均体现有子发夫子所未发。在孔门弟子中,最能以承传和播扬孔子仁孝思想扬名后世的曾子,其对孔子孝的思想的再思考和总结,在其认知的广阔性、认知的高度以及深度上,实是远不及有子这则"君子务本"言论(详述参见《子张》第十八章曾子对孔子孝的思想的浅表化理解)。

第二则言论,从传统与运用两个维度揭明礼的功能本质,这是对孔子关于礼的复杂思考和丰富内涵中提炼出礼的本质规定,同样是对孔学"礼论"精髓的把握。

第三则言论,是对孔子的信、义思想和礼、恭思想的细微比较。这种比较恰恰是君子成己之学必须解决的根本性认知问题。

第四则言论,通过答哀公问阐发一个新的观点,即君主治邦的公私问题。从现存较真实的文献《论语》观,孔子关于仁德-公道治邦的问题,虽然讲述了很多,却没有涉及"公私"问题。应该说这是有若向老师学习的过程,对老师的治邦思想的拓展性思考,正是这种拓展性思考,在某种程度上完善了孔子的仁德-公道治邦学说。

二

体-用,是中国哲学的一对基本范畴:体与用,构成一种关系,即本体与运用的关系,但这一关系却建立在本体与衍生的关系基础上。就原初意义观,体,即世界、事物的本体;用,是对本体的衍生物,或可说衍生本体的方式。表面看来,这有些近似于本质与现象的关系,但实质上却不是:体,指世界、事物得以构成的那个最本原的东西,它是原初的、最小的,也是不可分的,并且具有自生与生它的功能。用,指由这个原初的且不可分的东西衍生出来的那些东西。比如,泰勒斯提出世界本原论,认为水是世界的本原,因而"水"构成世界的本体;接下来,泰勒斯以此考察宇宙生成问题,认为宇宙万物均因水的潮湿与蒸发生成,所以由水生成出来的东西就是"用",它是"水"的衍生物。

有子在这里讲"礼为用",省略了"用"所依凭之"体",只强调"用"本身。概括前面几章内容,孔子君子理论**以孝弟为依据,以仁为本体,以礼为运用**。以此观孔子君子理论的体用关系,实质上蕴含如上两层含义:礼既是仁的衍生物,又是对仁的运用。有子对"礼为用"的思考,恰恰揭明孔子学说的思想特征,即**体用不贰**。君子学以成己,一旦拥有仁,即仁性、仁心、仁情、仁爱,必然会行之有礼;反之,一旦行为有礼,其行为主体自然拥有仁。

三

"礼为用,和为贵",揭明礼与和的关系。礼与和,又是一体用关系:礼为体,和为用。只有当人的行为有礼,才产生和的效果。所以,礼是和的本体,和是礼的运用与效果;但前提是"仁为本,礼为用"。

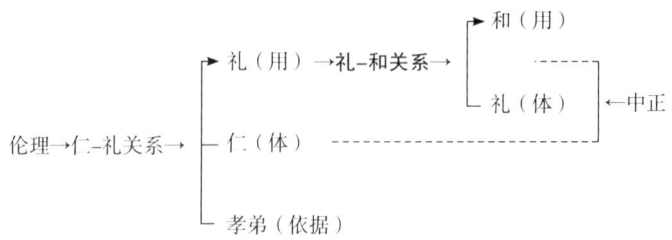

图1-2　伦理的仁-礼关系的多向维度

本章中,"和"字有两层含义:首先是"用"的效用,即中、正、中正。事物或事物关系构成的"中""正"或"中正",当然体现关系的和谐,但它首先是伦理和政治领域中的"行中道",或依据"中道而行"。这个中道,从主体构成看,是"仁"道;从行为看,是"礼"道。和为贵,指行为接受礼的规范,必然达到中、正、中正的境界,产生和的效果。其次指其"中""正"或"中正"效用产生的依据。于是,和,首先是关于何以达到这种"中正"效果或境界的思想、观念,即"和"属于思想、观念层面的内容。思想和观念要变成现实行动,通过行动达到"和"的效果,需要制度的规范以及秩序、方式、方法的约束。

"礼为用"的"礼",首先指伦理-政治的制度,在孔子时代叫作礼制,运用时可称为礼法;其次指礼制规范下的礼仪,即展开其礼的秩序、步骤、方式、方法、要求;最后指礼数,《乡党》中孔子讲怎样会客,如何觐见君主、王公大臣,就是礼仪制度最终落实到等序结构规范下人与人之间的礼数上。

"礼为用,和为贵",还体现孔子学说的整体思维-认知特征:仁、礼、和。此三者构成动态生成性的整体生态关系:礼相对仁言,是用;但礼相对和论,是体。礼兼有双重体-用功能,它既是体又是用,或亦体亦用,体-用为一。其实,和与仁,虽然为礼隔开,但它们之间仍然构成这样的关系:真正的或者最高境界的仁,就是中正之和;真正的或者最高的仁道,就是中正和道。所以,中正之和相对礼论,是用;但它相对仁言,同样具有体的功能。在孔子学说中,一切思想观念之间的关系都是动态生成的,都是体-用集于一身,即**体用不贰**。

四

以仁为本、礼为用并以礼为本、以和为用,这是先王的道德,也是先王治邦的思想、法则和精神,它最具有价值。以仁为本、以礼为用并以礼为本、以和为用的道德和治邦思想、法则、精神之所以具有最高价值,是因为它可适用于任何事物,或运用它应对任何事物,无论治邦大事,还是营造家庭之乐、父慈子孝,都追求"礼为用,和为贵"之精神原则。但是,也有不可行的情况,即当人们知道中正之和,却不能做到中正之和时,才丧失作用。为什么会出现这种情况呢?因为人们追求中正之和,却不会或不愿意用礼去约束、规范、节制自己的行为。中正之和的行动要达到预想的效果,或境界,必须以礼为规范和节制,否则,一切都停留于主观层面,始终只能是主观的。

由此不难看出,有子真正把握了孔子"学而时习之"的根本精神,学仅是起步,习才是学、学到、学会的入门阶梯。习,不仅是"反求诸身"的"内省不疚",更是践履本身:由仁及礼,再由礼而和,是践履的完整过程。正是这一完整过程,才使人成己为君子、贤人,成为民的榜样或楷模。在本章中,有子通过对夫子的由"仁"到"礼"如何达向中正之"和"思想的内省与践履，道出学的根本在于践履。本章的思维落脚点，不是前面的"礼为用，和为贵"，而是后面的"知和而和，不以礼节之，亦不可行也"。

第13章释义

有子曰："信近于义，言可复也。恭近于礼，远耻辱也。因不失其亲，亦可宗也。"

[注释]

信近于义：信，约言。近有二义，一是符合、合于；二是接近。本章二义兼具。义，道义。

言可复也：复，践履、实现，指践履约言。

恭近于礼，远耻辱也：礼，礼法、礼仪。远，远离、避开。指恭敬符合礼仪，才可避免耻辱。

因不失其亲，亦可宗也：因，通"姻"，古代是血缘社会，血缘关系即"宗"，意为依靠、依赖。亲，亲近。因不失其亲，指所因不失其亲。宗，效法、可靠。

[译文]

有子说："与人约而求信誉，必先合于道义，方可践履它。向人表示恭敬，必合于礼仪，才可远离耻辱。遇所因依之事，必先择其可近亲者（亲族），才获得成功于生活的依靠。"

[通解]

为人子者，行孝的本质是谨遵父道（第十一章）。为政治邦，必遵循先王礼方可节之以为和。上章讲"礼之用"如何达于中正之和，本章讲"仁之用"怎样才能信合义、恭合礼、利合亲。

一

孔子论君子成己，是借殷商宽简之仁来复活西周繁富之礼，基本方式是"以仁入礼"。将其落实于"学而时习之"过程中，就是**修仁习礼**。修仁，是涵养德性，形成君子品德；习礼，是践履礼法，具备公道能力。有子讲习礼，如何达于中正之和，就是说践履礼法（即"礼之用"）如何达于公道（即"中正之和"）。君子要能做到践履礼法达于公道的主体性前提，是涵养德性,使仁溢于心。溢之于心的仁向外释放,就是"仁之用"。有子体悟夫子的仁德思想,以为"仁之用"应该"信合于义""恭合于礼"而"利合于亲"。换言之,当主观性的仁向客观性之"用"方向释放时,只有做到信合义、恭合礼、利合亲,才不失为保持(仁)自身。

有子是践履孔子"学而"思想最得力的弟子之一,其对孔子"学而"思想体会得最深,深得孔子学而思想的真传。《学而》篇中记载他三则关于学而的体会和省思。在"君子务本"一章中,有子抓住孔子学必务本的思想,指出"本立而道生",且道生而有德,有道者才不会犯上作乱;具体阐发君子之本在道德,道德之本乃仁,仁之本即孝弟。在"礼之用,和为贵"一章中,有子准确把握孔子的中正思想,阐述孔子"仁—礼—和"三者的内在生成关系,甚得孔子精义。在本章中,有子对孔子"仁之用"的践履思想予以个性化理解。

"仁之用"的践履思想,是君子成己的外在修养思想。孔子将君子"仁之用"的践履思想概括为五个要点,即"恭、宽、信、敏、惠。恭则不侮,宽则得众,信则人任焉,敏则有功,惠则足以使人"(《阳货》)。君子内修形成的仁,向外释放为宽、惠、信、敏、恭五德,有子从中择其信、恭、惠三者,以为"仁之用"的根本内容。对信、恭、惠三者言,有子认为信最紧要,其次是恭,再次是惠。在有子看来,"仁之用"的践履进路,必先求信,才可求恭,最后施惠。

二

信、恭、惠,是仁之践履铺开的三个维度。仁乃信、恭、惠之本,信、恭、惠乃仁之不同呈现形态。所以,信、恭、惠,各自只近于仁,是仁的一个方面,而不是仁本身。正是在这个意义上,道义作为道德本体"仁"的外化状态,如同"仁"本身一样,具有绝对价值,但信却不具有绝对价值,恭与惠也不具有绝对价值。尽管如此,但信与恭、惠相比,它是最重要、最根本的一维,因为它最接近义本身。

"信近于义"的另一含义,是信必须与义相符合。不相符合义的信,是假信,假信不能兑现诺言;只有符合道义的信,才可真正取信于人、事。什么样的信才符合道义呢?这涉及信的本质内容。信之最接近义,在于信蕴含诚。信与否,实质是诚与否。诚者方信,信者必诚。符合道义的信,是能诚和是诚之信。诚信者,道义也。体现至诚品质和要求的信,才是道德之信。

信而必求诚,诚之必恭。恭者,恭敬、谦恭、恭从、恭守。学仁而恭敬、谦恭,才符合礼法,才讲理讲法;学仁而恭从、恭守,才弘扬和光大礼法。在孔子看来,符合并光大礼法的行为,是自我持守、自我庄重、自我尊严的自重行为,所以有子才说它离耻辱最远。

"仁之用"于信与恭,必落实于日常生活而实做。实做,最体现信与恭。实做的方面很多,方式方法也很多,怎样实做才最能实现信与恭呢?那就是对利益的实做。对利益的实做,不是谋取利益,也不是创造利益,而是将已有的或已得到的利益分配给亲族。所以,利益的实做是惠人,惠人的本质是利人。

惠人是义,惠人也是恭,惠人更是仁。因为惠人有两个方面:一是在利益的谋取中考虑他者;二是牺牲自己的利益满足他者需求。惠人是取己利益人,惠人是舍己成人,但最终是舍己成仁;惠人更是轻利重义,或者舍利得仁、得敬。

学惠人,当然从身边亲族做起,把利益分配给亲族,使他们都得到利益的满足而信你恭你,这就是当你以利益去惠其亲族时,亲族就以你为亲,也以你为信,以你为恭。惠人是一种成功方法,惠人本身就是一种成功,这样的成功值得周围的人效法。

"仁之用"于惠人,包含三层人生哲理与立身处世方法。首先,人生而利,以利惠人,才是真仁,才可赢得人的庄敬与依赖。其次,惠人必始于亲,可延及他人。这一进路同样揭示人性之爱的差等原理:先惠其亲,后惠其疏。最后,惠人虽然是亲其亲,却体现公道理念,这恰恰成为人从仁德走向公道的演练方式。

第 14 章释义

子曰:"君子食无求饱,居无求安。敏于事而慎于言,就有道而正焉。可谓好学也已。"

[注释]

食无求饱:饱,用食物充满胃,达到完全的满足。指不要贪图食物方面的享乐。

居无求安:居,居住,指居住环境;安,安逸、舒适。指不要奢求过于安逸享乐的居住环境。

敏于事而慎于言:敏,灵敏、迅捷,作勤勉讲。敏于事,亦同于"君子欲讷于言而敏于行"(《里仁》)。指做事勤勉方得最大功效,这就是"敏则有功"(《阳货》)。慎,谨慎。慎于言,指说话谨慎、寡言。

有道而正焉:道,仁德-公道。有道,有仁德-公道的人。正,中正,指匡正自己。

[译文]

孔子说:"君子之于饮食,不贪求饱足;之于居住环境,不贪求安逸。勤勉于当为之事而说话谨慎,亲近仁德-公道者以匡正自己,这就是好学。"

[通解]

第十一章讲治家之孝,第十二章讲治邦之礼,第十三章讲与人处信合义、恭合礼、利合亲。本章承其上讲治身"四要"。

一

孔子"学而"思想展开三个方面:一博,二思,三行。博学是前提,省思与践履,是实质功夫。但无论博还是思或行,必要"好":**学而必好**,成为孔子"学而"的总法门。

学而必好的"好"字,一为爱好,二为完美。合将起来,"学而时习之"既要有发自内心的爱好、需求,更要有期求改进而自我完美的意愿和努力。

由此不难看出,孔子"学而"思想中的"好"字,首先解决学的动力问题:学的首要前提,必须对学、对所学有内在需求。没有内在需求的人,不能求学,即使勉强为之,也学不到任何东西。学而必好,更指学而必求自我完美。既然学源于内在需求,以内在需求为原动力,其学必要达于最佳效果,达于完美状态,实现最高境界。

所以,学而必好的"好"字,既包含学的动机,也包含学的目的。这是孔子说"好学"之"学"的隐含语义。

二

孔子"学而"思想论博,主要不指书本知识的广博,而指生活知识、人际知识、经验知识的广博。其论博学的重心落实于生活本身,具体讲,落实于生活的日常之事。

孔子的学而思想论省思与践履,不是经天纬地的大事,虽然孔子始终不渝地给弟子灌输治邦安国的大道理,但这是学成之后的事业之为。孔子论省思与践履,强调养性与修身。培养弟子养性,必教之以省思,即"日三省吾身"以达于无疚、无忧、无惧的精神状态;引导弟子修身,必从生活小事做起,这就是"君子食无求饱,居无求安。敏于事而慎于言,就有道而正焉"的真正含义。

孔子告诉弟子,在日常生活中学做,最紧要的是食、居、事、言四个方面,既不能忽视,更不能松懈。

孔子告诫弟子,在食、居、事、言四者中,食与居最根本。人是一个需要资源来滋养的动物性存在,吃、穿、住、行这四个方面的资源是人人必需,每天不可缺少的。孔子选择食与居来论，指出人要学而成己为君子，必须在食与居方面学好、做好。食与居，涉及本能与天性，人的本能和天性与动物没有什么区别，因为人原本也是一种动物，他要成为人，进而成为君子，是要在这**原本没区别的地方做出区别来**，这个区别就是食无求饱，居无求安。

"食无求饱"之"饱"，不是与"饥饿"相对的温饱，所以，不是说一日三餐不要吃饱，是指不要过度。这种"不要过度"，并非指食物量的过度，是指食之质、味、色方面要求不要过度。概括地讲，"食无求饱"是指在饮食上不能追求享受。同样，"居无求安"的"安"，不是与"危险"相对的"安全""安定"，而是指安逸。比较言之，食无求饱，指在吃方面不追求奢侈，不铺张浪费，不每天都把精力放在吃上，成天只围绕如何吃、怎样吃，如何吃出水平和让人羡慕。吃是生活的必需，只要有吃、能吃饱，使自己身体达到体力充沛状态，就行。同样，居住，只要有地方居，住得舒适就行，不要刻意追求安逸和享乐，追求豪华和挥霍。

进一步看，"食无求饱，居无求安"的思想，不仅揭明"学而"是勤勉、艰苦的生活方式，也是对节用思想的具体化。孔子讲节用，认为主要体现在食和居两个方面，只要这两个方面做到了，穿与行两个方面就很容易做到节用。为什么呢？人们通常讲饱食生淫欲，奢侈生贪婪。节用的思想，表面看是抑制对财物的挥霍与浪费，实际上是对人的本能与天性的调适与塑造。节用的人性本质，就是节制欲望。世界上一切丑恶与坏行，一切非人非德之为，都根源于欲望无度。节欲既是使人与动物区别的根本体现，也是使人成为君子的基本要求。节欲的实际体现是节用，节用的日常生活化，是食无求饱，居无求安。

孔子讲君子必学"食无求饱，居无求安"，做到"食无求饱，居无求安"，就是好学。是在告诫和引导弟子，最难学和最不容易学好的方面，就是在食和居两个方面克制动物本性，使之做到欲望适度，节用生活。

客观地看，食而求饱，居而求安，并没有什么错。人活着，不就是希望活得更好吗？活得更好的基本要求，就是食而求饱，居而求安。孔子认为，对于民或小人，只要是通过自己劳动得来，食而求饱，居而求安，既正常也正当。但孔子在这里针对的是成己为君子的人，或曰想要通过学而成己为君子的人，其人生目标是文道救世，为政治邦安国，其生活重心是追求精神的富有，追求仁、义、公，追求立德、立功。所以绝不能在食求饱、居求安方面丧其志。

以此观孔子教弟子"食无求饱，居无求安"，是要告诉弟子学而成己为君子的过程，是吃苦，是过清苦生活。这需要理解孔子发此论的特定语境，才能体会到一个人使自己成就为君子不容易,他必须与平常人有区别,这种区别不仅在食与居等方面与常人不同,在事功选择方面也有所不同。这些不同形成学的内容范围的规定性,比如孔子对樊迟兴趣于学稼圃非常反感,还在背后说他是"小人",也是基于君子要求。孔学,是培养和造就君子的学问,不是培养小人和民的学问。质言之,孔子学问是培养和造就邦国、民族进步和文明的动力力量,具体地讲是培养人成为邦国和时代的精神贵族、文化贵族、道德贵族。一个人只注目于食而求饱,居而求安,永远都不可能有道义担当,有社会责任,有承传使命。孔子培养的君子,是对邦国和当世的道义担当者、社会责任者、历史使命者,所以决不能把兴趣、注意力以至人生目标与生活追求,定位在食而求饱、居而求安方面。一旦这样,哪怕学富五车,也不过是一个小人而已。

三

孔子学说始终来自生活及常识。从现实生存观,凡是以食而求饱、居而求安为人生目的者,不过是物质主义者。在孔子看来,纯粹的或者说极端的物质主义者离动物生活的距离很近,这样的人不能成为君子。人要成为君子,除了食与居方面有节欲的要求外,还有事功和言论方面的要求,这些要求往往和食与居直接关联。比如,食而求饱、居而求安者,其心思、精力,以及全部的天赋潜能都调度到对食与居的关怀上,对其他事自然缺乏兴趣,缺少热情,丧失敏锐心。同样,食而求饱、居而求安者,更多地以物质利益来计较得失,物质利益之失,痛苦不堪,甚至痛不欲生;物质利益之得,趾高气扬,甚至飞扬跋扈,大言不惭。孔子教弟子学而成己为君子,提出食与居方面的要求后,紧接着告诫弟子们,对于好学,"食无求饱,居无求安"仅是起步,接下来应该训练敏锐、敏感、敏捷、勤勉的能力,这种能力的训练通过做事来实现。

"敏于事",指勤勉于当为之事。勤勉于当为的一切事情,需要将当为的一切事情放在心上,用心去做,做好一切当为事,把它做出最高水平,做得最完美。因而,勤勉于事,首先对事要上心,只有上心,才对事心生敏锐、敏感、敏捷。把当为之事放在心上用心去做,前提是克制或放弃"食而求饱""居而求安"的欲望。

孔子还告诫弟子,唯有敏于事,才能慎于言。对当为之事,必勤勉其中,这是实干;只有实干,才有实效。但人总是要以事立身,既然不能做出成效,那就做假,于是产生巧言令色。巧言令色是只说不做,或大说而小做。这种行为恰恰构成小人与君子的根本区别。人要成为君子,除食无求饱、居无求安和敏于事外,还需要训练"慎于言"。

慎于言，是说话谨慎、寡言。怎样才能做到呢？

孔子告诫弟子，一是所说与所做一致。说出的话必须践履以兑现；并且，所说的一定要符合所做的。二是所说的内容必须要有依据，即言而能实，言之有据，言之成理。三是结合"敏于事"论，"慎于言"之于做事，应该把小事当成大事来做，用做大事的力气和心思来做小事，这样，任何小事都可以做得最好，做到完美。人生由小事、细节组成；事功、伟业，由细节、小事连缀而成。只有精细于小事、细节，勤勉于用心去做好小事和细节的人，才有做大事的本领，才能做出属于自己的事功。与此对应，凡说话，却应该遵循另一个原则，就是把大事化小、把大话化小、把小事化无，把小话化无。根据这个原则，凡是可说可不说的话，不说；凡是必须说而不得不说的话，尽可能轻描淡写地说；凡是没有做成或正在做的事，且又可说可不说的情况下，最好不说。

对事要敏，对言要讷，这是君子品格，也是君子风度。高谈阔论、大话连篇、大言不惭，始终成就不了君子。食无求饱、居无求安、敏于事、慎于言，此四者是君子日常生活正道，努力于此正道，最终能自我匡正。孔子讲此日常生活四学，是给予弟子们自我教育的方便说法。一个人要想成为君子，必须具备自我教育的品格与能力。从食、居、事、言的日常小事、细节方面去做，持之以恒，就会自然具备。

第15章释义

子贡曰："贫而无谄，富而无骄。何如？"

子曰："可也。未若贫而乐，富而好礼者也。"

子贡曰："《诗》云'如切如磋，如琢如磨。'其斯之谓与？"

子曰："赐也，始可与言《诗》已矣。告诸往而知来者。"

[注释]

贫而无谄，富而无骄：贫，与"富"相对，指物质方面的贫困；并且，贫不同于穷：贫乃物质匮乏，穷指仕途窘迫或命运塞滞。富，与"贫"相对，指物质占有的富有；并且，富与贵有别：富指物质占有大大超过生活所需，贵指地位高、身份有价。一般地讲，贵者必富，但富者未必贵。这是中国古代社会历来有钱者必想方设法买官鬻爵的原因。谄，谄媚、讨好，卑屈于人。骄，矜肆、骄横，傲慢于人。

如切如磋，如琢如磨：此两句出自《诗经·卫风·淇奥》"有匪君子，如切如磋,如琢如磨"。这"如切如磋,如琢如磨"原指器物加工的工艺,《尔雅·释器》解释"骨谓之切,象谓之磋,玉谓之琢,石谓之磨",其大意为"如治骨那样切,如治象那样磋,如治玉那样琢,如治石那样磨"。后来用以喻道德学问方面的相互研讨和勉励。

其斯之谓与:其,揣测。斯,就。之,这。

告诸往而知来者:往,所已,指过去了的。诸,之于。来,所未,喻未知、未来之事。

[译文]

子贡说:"贫穷不卑屈奉承,富贵却不骄狂傲慢。这样做人怎么样?"

孔子说:"很可以了。但是,不如贫穷而乐在其中,贵富却喜爱道德学问讲求礼法。"

子贡说:"《诗》中的'如治骨那样切,如治象那样磋,如治玉那样琢,如治石那样磨',是不是说人的品德修养和精进也是如此,就如同我们这时相互讨论问题的样子?"

孔子说:"赐啊,现在可以与你讨论《诗》了,告诉你一个道理,你就可以推知另一个道理。"

[通解]

孔子的"学而"涉及生活的方方面面,仅治身言,最紧要的是食、居、事、言。要修治好此四者,必先治心。治心的核心问题是对待和取舍贫富,其本质功夫是治理欲念。这是本章与上章的主题关联和内在推进思路。

一

本章讨论由子贡引发,孔子将其引向深度,由此阐发君子生活四重境界,它由贫富所分领。

孔子指出,君子学而成己的第一重境界,是虽处贫穷但不卑屈谄媚奉承乞怜。虽然这是人成己为君子的基本要求,但在生活中很难做到。因为"贫而不谄",要求做人必有铮铮骨气,尊严地存在。贫穷容易使人丧失做人的骨气与尊严,看富人或权贵脸色行事;并且,贫穷也容易使人堕落,追随富人或权贵者施之的小恩小惠、小利小得而动,难以有自己的存在。所以,"贫而不谄"成为君子与小人的分界。

虽然如此,但"贫而不谄"仅是学而成己为君子的起步,如仅停留于此,不能成为真君子。孔子告诫弟子,人要成为真君子,不仅要做到贫而不谄,还应做到贫而生乐：即使物质生活贫困、仕途窘迫，也要做到自得其乐。因贫求乐、化贫而乐，这是君子的第二重境界。

从贫而不谄到化贫而乐，这是士君子逆境人格修炼的基本方式。孔子讲君子学安贫乐道，不是说君子应该追求贫穷进而追求贫穷的快乐，而是说人在贫穷的逆境中善待逆境，其实质是君子在贫穷的逆境中善待自己，使自己保持君子人格和尊严，最终目的是以积极的姿态和作为，改变贫穷的逆境。所以，孔子讲君子学安贫乐道，不是鼓动人们仇恨富裕、远离富裕、逃避富裕，与富裕绝缘，而是说假如你处于贫穷的逆境时，应该学会在贫穷的逆境中安其身心，使自己继续保持生活的快乐。唯有如此，你才可在心灵、精神、情感以及意志或欲求等方面，真正摆脱贫困对你的吞噬，这是人寻求或创造机会摆脱贫穷的最好姿态和方法。

君子"贫而不谄"，需要做到"食无求饱，居无求安"。如果食而求饱，居而求安，一旦陷入贫穷逆境，必然因贫而出卖人格尊严行阿谀奉承之能。所以，食不求饱、居不求安，是贫而不谄的前提。化贫而乐，需要放大其人生目标和精神需要，唯有如此，心灵可得安顿，精神才有依凭，才有以此为乐的动力和源泉。

要真正理解孔子关于贫中求乐的思想，需要理解古人对"贫""穷"的区别："贫"，主要指物质匮乏；"穷"多指仕途窘迫或命运塞滞。"化贫而乐"意味着：虽然身处物质的匮乏或贫困之境，但并不意味着君子仕途的塞滞或人生的不发达；相反，只要保持心灵安顿、精神丰足，发奋修炼，贫困终可克服和改变。所以，君子贫而不谄和化贫而乐的背后，隐藏着生命运动的原理和生存展开的规律，即世界是变化的，生命是运动的，任何事物都不可能一成不变，万事万物都有因与果的互生关联，今天的贫困，可能导致终身的贫穷和命运的塞滞，但同样可能形成命运的畅达与人生的富有，关键是你能否持守君子之为君子那最可宝贵的心灵向往与精神追求。

君子学而成己的第三重境界是"富而无骄"。

富而无骄，指物质的富裕不能成为骄狂自大的资本。一个人富裕相对容易，难的是富裕后的自重，能如贫困一般保持谦恭、谦卑的为人姿态。对人来讲，富裕容易，富而得贵则难。因为，富仅表示对物质、财富占有多少；贵却是修养品德、人品所得的地位尊贵、身份高贵。君子的真正成己之道，应从富而不骄起步向富而能贵方向努力。

富而能贵，指富裕后要自我持重，藏富于心，为事为人低位，谦卑生活。但这还不是君子富贵的最高境界，其最高境界应该是超越富而能贵，实现富而好礼，这是君子学而成己的第四重境界。

二

富而好礼,指君子应以富贵本身为动力促进自己热爱道德学问,凡事带头表彰礼法。具体地讲,就是坦坦荡荡地以富贵之道生活,以富贵之礼待人处事,自己做自己的主人,也是自己做财富的主人,自己做富贵的主人。

贫富,不属天赋,哪怕承袭祖上福荫,也不是必然和绝对,它总是随生活、社会以及时势变化而变化,今天的贫困也许造就明天的富裕,明天的富裕隐伏着新的贫困。经历祖上由富贵而贫穷的孔子深知,贫富既由人,贫富也不由人。处于贫困之境,不以此为耻,并不羞羞答答,乐而其初,显示出贫困的本色,这体现人的修养与大德。只有如此,变贫困为富贵,才具有心灵、情感和德性的可能性;处于富且贵之境,亦不以此为骄,更不遮遮掩掩,坦坦荡荡地显示出富贵的本色,同样呈现人的修养与大德。也只有如此,人才可能守常富贵。

子贡提出如何看待贫富的问题,认为"贫而不谄"和"富而无骄"应该是君子看待贫富的正确态度和方式。孔子充分肯定"贫而不谄,富而无骄"是君子本色,但提出更高要求,认为君子更应该"贫而乐,富而好礼"。孔子"贫而乐,富而好礼"的思想,体现最真诚的平等思想,平等地善待自己:无论身处贫困或富贵之中,均能平等地把自己当一个人看,不改其生活之乐。

三

贫而无谄不如化贫而乐,富而无骄不如富而求道、富而好礼。这是学的内容,也是对"食无求饱,居无求安"的进一步探讨。对任何人言,食无求饱、居无求安,已经不易,学之且难;贫而无谄、富而无骄,学之则更为不易,学会、学到则更艰难;但最难学到的是化贫而乐和富而求道、富而好礼。这些内容虽然难之又难,却是君子成己所学的必修课程。

君子从"食无求饱,居无求安"起步达向贫富之境而泰然处之,却需要"敏于事"而"慎于言"。敏于事而慎于言,却需要方法的引导。这就是《诗》中所讲的"如切如磋,如琢如磨"。什么叫作切磋、琢磨呢?子贡讲,就如刚才我与夫子之间围绕一个话题各自发表见解,相互交流,相互讨论,以相互启发,相互拓展,相互提高。孔子对子贡的说法很满意,夸奖他说:"赐啊,现在可以与你谈《诗》了,因为我说到前面的内容时,你已经理解后面要说的内容了。"

孔子何以如此夸奖子贡?因为《诗》的表达方式是赋比兴,其中比兴是最基本的表现手法。所谓比兴,就是一个比,一个兴,它们之间有类比的意蕴,形成类比的关联。比兴的手法,基于这种类比关联性而促进交流对话中举一反三,触类旁通。这种手法的运用来源于思维本身,从思维角度讲,是思维本身的活跃性、灵敏性、敏感性。思维能够具有这样的品质与特征，获得如此生发飞跃的潜力，是平时训练的结果，即勤勉于事的结果，因为勤勉于事的最好方法，是切磋、琢磨。只有在学的过程中不懈地切磋不止，琢磨不已，才会达到"告诸往而知来者"的敏捷、灵动境界。

孔子大加赞赏子贡的灵动悟性，是子贡能够践履尽性地体会人的本原存在事实：一个人，当他意识到自己的本原性存在状况，就会有意识地去改变这一存在状况。人的本原性存在状况是：人生来就是生命物，当被某种力量推进社会，获得使自己成为一个人或一个君子的可能性，这种可能性是天赋的。孔子告诉人们，这种可能性对大多数人来讲，仅仅是一种可能性而已，唯有君子，才通过"学而时习"而使之变成现实性。从根本讲，任何人，要使这种可能变成现实，只有通过被塑造或自我塑造来实现：被塑造，就是接受老师的教导，培养和指引；自我塑造，就是自主自为地"敏于事"和"敏于行"。因为任何人"一开始，他就是一块原材料，一块璞玉，必须通过学问的滋养和文化的熏陶才能够得到精心制作，必须以礼来形塑和约束。这种对原材料的加工，'切'、'磋'、'琢'、'磨'，才可能做得很好，也可能收效甚微。通过他个人艰苦并且方向正确的努力和老师对他的良好训练，如果做得很好，那么到了那种程度，他就会直道而行。如果没有能够按照理想塑造好，那么，由于这个缺陷，他将会偏离大道"[1]。

第16章释义

子曰："不患人之不己知，患不知人也。"

[注释]

患：担忧、担心、忧虑。

不己知：古汉语中的谓宾倒装句，即"不知己"。

知：知晓、懂得、了解。知己，指认知了解自己；知人，指认知了解别人。

[译文]

孔子说："不要忧虑无人知道自己，应该忧虑自己不了解别人。"

---

① ［美］赫伯特·芬格莱特：《孔子：即凡而圣》，彭国翔、张华译，南京，江苏人民出版社2002年版，第20页。

[通解]

本章直接承续前面两章内容,指出人要从"食无求饱,居无求安"起步,一步步登上"贫而无谄"—"富而无骄"—"化贫而乐"—"富而好礼"的人生阶梯,要以不断地认知自己为前提、为动力,为内在的思想源泉和精神保障。同时,本章也照应第一章"人不知而不愠"何以是一种人生的快乐。

—

孔子的"学而"思想,无论学知识、学知人,还是学做事、学做人,最后都归结到"学知己":

> 子曰"人不知而不愠,不亦君子乎?"(第一章)
> 子曰:"不患无位,患所以立。不患莫己知,求为可知也。"(《里仁》)
> 子曰:"君子病无能焉,不病人之不己知也。"(《卫灵公》)
> 子曰:"莫我知也夫!"子贡曰:"何为其莫知子也?"子曰:"不怨天,不尤人,下学而上达,知我者其天乎!"(《宪问》)

因为知己最难,所以才学;因为解决知己而学,君子之学必是"成己之学"。由于君子之学是成己之学,在学-习中,学知己最根本,也最难。一个人,可以倾其努力学会学好许多事情,但一个人终其一生努力都不可能把自己全部学懂,全部学会。

事物之于我们,最容易学会,是因为事物天然地客观存在于我们之外,我们最容易发现事物的局限。同样地,他人之于我们,最容易学懂,是因为我们最容易在他人身上找到毛病与弱点。更因为人具有一种辨别事物、挑剔对象的天赋本性。人运用和开发这种本性,就学会如何知道事物和学会怎样知道别人。反之,人学而知自己,却最难。知己之难,难在人的天性。人不仅具有辨别事物和挑剔别人的天性,更具有美誉己长并遮掩己短的天性。两种天性使人善于认识事物和乐于认知别人,却总是不愿意甚至不敢认知自己。由此,在所有认知中,以及在一切形式的学-习中,自己成为一块硬骨头。**认知自己,成为永无休止的攻坚战。**

反过来看,人能否真正认知自己,能在多大程度上认知自己,既是认知的起步,更是认知他人的起步。客观地讲,人之所以具有一种乐意认知别人的冲动,是因为人不愿意认知自己,只有把认知的兴趣点转向别人;人之所以乐于在认识别人的时候善于发现和挑剔别人的毛病与局限,是因为人从根本上不敢认知自己,不敢面对自己的人性弱点与毛病,只能替代性地转向对别人的苛刻。

由于这一认知天性及表现出来的人性弱点，孔子教人的第一课是"人不知而不愠"。"人不知而不愠"，表面看是在说别人不理解自己，别人不知道自己，别人不举荐自己，不要愠怒，不要嗔怪，应该持有宽容、豁达之心来善待别人。实际上是在教育弟子学习善待自己。善待自己，是正确认知自己的问题。人不知而不愠，指出别人不理解、不知道、不举荐你，是别人不认知自己，别人认不认识自己，那是别人的权利，他可以认识你，也可以不认识你，你没有权利要求他，也没有权利责备他。人只有权利和责任要求自己认知自己。认知自己才能善待自己，认知自己同样使自己善待别人，认识自己才使自己在自我善待中学会善待别人，胸怀博大，视野广阔，容纳一切。更重要的是，别人不理解、不知道、不认知自己，对自己并没有形成多少负面作用，产生多少负面影响。重要的是自己认知自己，并在认识自己的基础上认知别人。整个《学而》篇，从学知己开篇，然后到学知人结束。其深长意味，唯有自己体味。

二

学而先知己，是因为知己**是根本**，也因为知己既是认知的起点，也是认知的校准器。

学而知己，最终要走向知人，因为只有通过知人，才可能最终达向知己，所以知己又成为最终的目的，知人成为知己的手段、方式与途径。在这个意义上，知己是一切认知的根本，知人是所有认知的首务，是一切知识的先行对象。《学而》篇最后论知人，是因为知人必须以"知己"为认知起点，必须确立认知的校准器，明确认知的目的所归。

知人是知己得以实现的根本途径、手段和方式，正是因为此，知人才显得绝对重要。从实践理性看，知人的重要程度甚至超过知己，所以孔子才如是说"不患人之不己知，患不知人也"。

需要注意的是，《学而》第一章"人不知而不愠"，是从认知的目的角度论；本章"不患人之不己知，患不知人"，是从手段、途径角度论，指出不知人的危害往往超过不己知："人不己知，己无所失，无可患也；己不知人，则于人之贤者不能亲之用；人之不贤者不能远之退之，所失甚巨，故当患。"（刘宝楠《论语正义》）

认知自己，是达到己知，达到己知的过程，是成就自己为君子的过程。从这个角度看，人不己知，也有危害，这种危害主要体现在自己找不到生活目的，无法明确生活的重心，既不知道怎样做事，也不知道怎样做人，行事盲目。所以，人不己知，难以将自己成就为君子，获得仁德。

己知的基本途径与方式是知人，知人的外在目的是亲人、用人，也在于远人、退人。这里的亲、用、远、退，都是从社会治理角度讲。不知人的危害之远远大于不己知。不己知，危害只在自己一人，使自己不能成就为君子；不知人，就会盲目亲人、用人或盲目远人、退人，不能做到贤者亲之用之，也不能做到不贤者远之退之。不知人的危害是对社会的危害，对邦国的危害。所以，在两相比较必择其一的情况下，人宁愿不己知，也不能不知人。这是孔子讲"患"与"不患"的轻重关系。

三

孔子君子学问乃为己之学。学而为己，无疑是孔子君子教育思想的精髓，却不是孔子君子教育思想的目的。孔子君子教育的目的是学而**成人立世**。要言之，孔子君子教育理论，是学而**成己成人立世**，这是《学而》的主题。从第一章"学而己知"到最后一章"学而知人"，"学而成己成人立世"主题得以完整表达，也为"为政"伏笔。

学而为己，是自我修养仁性、仁心、仁情、仁爱，达于仁德，使自己成为君子。学而成人，是辨贤愚，使贤者亲近之、运用之，愚者远离之、辞退之。抽象地讲，学而成人，是亲贤远愚，治邦安国，立德、立功：从学而成己达向成人的最终指向，就是立世，或可曰：学而成己成人的人生目标是立世。成己成人立世三个方面，构建起孔子君子"学而"的逻辑链条：教育，就是学而时习之；学而时习之，就是沿着"成己—成人—立世—成己—成人—立世……"方向循环递进铺开，在这一循环递进铺开的学而人生进程中，知人构成始终不渝的日课。

为政第二

从践履观，孔子学说乃君子学说。人要成为君子的核心问题有三：一成己，二成人，三立世。成己必要学而不已；成人必求出仕为政，以求达于立德、立功，即立世。这是第一篇论《学而》之后必论《为政》的内在思路。

一

《为政》篇是孔子政治哲学的集中表达。理解孔子政治哲学思想，应从"为政"概念入手。

其一，"政"之于"正"的体用关系

"为"者，指做、干，还有从事、通过、作为等含义。"政"这个词，人们一般将其注解为"政治"，但这种做法与孔子政治哲学本义相违。在孔子的政治思想世界里，"政"字的首要含义不是政治，而是伦理，它意指"正"，即正直、中正、公正、公道。季康子问孔子"何为政"时，孔子斩钉截铁地回答说："**政者正也，子帅以正，孰敢不正。**"（《颜渊》）"政"即"正"，这是孔子对"政"的定义。"为政"即"为正"，指通过**正己**来正人。所以，所谓为政，是指为人正直、站立得直、行走得端正、处事公正，让人信服，使人遵从；并且，只有为人正直、中正，处事公正、公道，才有德；有德，才使人信服。

"正"，是孔子"为政"的本意。在驻守"正"之本意基础上，"政"才获得"政治"的含义，即政治本身应该是德的，德构成政治的本质规定与价值诉求；为政的前提必须是德；为政的行为展开必须体现德。

在孔子的政治哲学思想世界中，作为政治的"政"和作为正直、中正、公正、公道的"正"，二者构成体用关系：作为正直、中正、公正、公道的"正"，是政治之"政"的内在规定；作为政治之"政"，成为正直、中正、公正、公道之"正"的敞开形态和行为方式。由此两个方面规定"为政"的完整语义：第一，正是**政治**的伦理规定，政是**正**的政治表达；第二，政治的本质规定是伦理，伦理的社会学表达是政治。

其二，政治的本质规定

孔子以"正"规定"政"的认知结构中蕴含如下问题张力：

一是伦理为何能构成政治的本质？

二是政治何以需要率先求"正"？

三是为何只有通过正己才能正人？

四是为何只有正己才能彰显其德？

如上问题从不同角度涉及政治的本质及目的。在本篇中，孔子以朴素的历史经验和生活经验从不同方面解读政治的本质及目的：伦理追求善，并且伦理本身是善。正直、中正、公正、公道,既是伦理的具体表现,也是道德的衡量标准、尺度,所以正直、中正、公正、公道表现出来的同样是善的。当政治以正为内在规定时,不仅表明政治的本质是善的,还表明政治追求的目的是对善的实现。因而,政治是一种**善业**,是一种通过**正己而正人**进而**正人而正己**的善业。沿着这一思路进入孔子"为政"世界,可以发现孔子的政治学思想与晚于他的古希腊哲人亚里士多德(Aristotle 公元前 384 年~公元前 322 年)的政治学思想之间构成异曲同工之妙。亚里士多德在《政治学》中提出政治是一种善业:"一切社会团体的建立,其目的总是为了完成某些善业——所有人类的每一种作为,在他们自己看来,其本意总是在求某一善果。"①即使城邦公民人人能过上"优良的生活"②。

二

通览《为政》篇,围绕"政治"实践的基本问题展开。"政治"实践的基本主题是治理邦国,即如何治人和怎样治民。探讨如何治理邦国必须解决三个基本问题:第一,如何构建治理邦国的原则、标准;第二,怎样选择治理邦国的进路、方式、方法;第三,如何明确治理邦国的主体。解决这三个问题的前提是对"政治"本身的确证。

有关于治理邦国的原则或标准,孔子将其定位为"为政以德":第一,政治必须是伦理的,为政必须追求善(即德),创建善业(公道天下),这是治理邦国的总目标。第二,政治的本质是正,为政必须求正,因而,正直、中正、公正、公道此四者构成治理邦国的总原则。其中,正直、中正,是治理邦国的主体标准;公正,是治理邦国的行为标准;公道,是治理邦国的效果标准。

治理邦国的进路,实际上是治理邦国的社会学方法,孔子从正反两个方面概括:反面方法是"道以政,齐之以刑,民免而无耻";正面方法是"道之以德,齐之以礼,有耻且格"。从二者中提炼出正己以正人、正己以正事、正己以正邦的思想,揭明治理邦国的主体论方法。

对治理邦国主体的思考,实际上是什么样的人才有资质入仕为政。孔子明确主张君子治理邦国,认为只有"不器"的君子才有资质成为治理邦国的主体。

三

《为政》篇二十四章,可大致分三部分:第一部分是第一至第八章,主要

① [古希腊]亚里士多德:《政治学》,吴寿彭译,北京,商务印书馆1983年版,第3页。
② [古希腊]亚里士多德:《政治学》,吴寿彭译,北京,商务印书馆1983年版,第7页。

讨论"为政以德"的基本问题；第二部分是第九至第十八章，主要讨论为政者的自身要求和主体条件；第三部分是第十九至第二十四章，主要讨论为政的实践要点与根本策略。

第一部分讨论"为政以德"的基本问题，围绕四个方面展开。

一是"为政"的伦理本质。孔子提出"为政以德"（第一章），不仅为治理邦国确定总原则，而且规定治理邦国的伦理取位："为政以德"就是"为正以德"，并且必须是"为正以德"。它使为政治理邦国获得两个方面的规定：第一，正是政治的本质规定；第二，为政者必须是**为正者**。

二是"为政"的目的是实现德政，达到天地人和的善境。孔子通过讲述"《诗》三百"的政治和伦理功能，突出为政的德政目的有其充分的历史验证。

三是"为政"的正确进路或者说社会学方法及主体性要求。孔子以对比刑、德造成"民免而无耻"和"有耻且格"的不同社会效果，证明"道之以德，齐之以礼"作为"为政以德"的社会学方法的正确性。指出"道之以德，齐之以礼"的社会学方法，就是**德行**方法，这种方法对为政主体提出很高要求，孔子以"吾十有五而志于学，三十而立，四十而不惑，五十而知天命，六十而耳顺，七十而从心所欲不逾矩"（第四章）的自传人生的方式表述为政的德行方法的主体性形成与提升的终身修炼性。

四是"为政"的核心任务，孔子认为是孝弟。因为古代是血缘社会，家邦一体。齐家（即家族，而不是现代意义的家庭）即治理邦国。齐家的根本方式是孝弟。孔子认为孝弟之治，一应无违（第五章）；二应"父母唯其疾之忧"（第六章）；三应"养而必敬"（第七章）；四应有虔诚敬畏之心和绝对淳朴之情（第八章）以孝父母。

第二部分讨论为政者的自身要求和主体条件，主要从两个方面展开。

第一方面讨论具备为政的一般要求。首先通过对颜回"言之终日不违"但"退而省其私，亦足以发"的"学而"方式的评价，阐述君子"学文入道，修德进业"的德行方法形成的人格法则和内在规律（第九章）；然后讨论为政的根本方式，提出为政的首要任务是治人，但治人的奠基功夫是识人。识人既要"以仁为镜子"，更要"以礼为标准"，这样才能辨别出人的真假，目的是把"小人"揪出来，使"人"的队伍纯洁，启用贤人，促进为政的贤人团结一致地教化民事亲以孝，使民德归厚（第十章）。

既然为政必须具备"仁"的镜子和"礼"的尺度，对为政主体来讲，必须从两个方面努力：一是应重视古代的治邦资源，重新挖掘古代治邦知识、思想和方法；二是应将顺应时势变化探索新的政治知识、智慧、思想、方法，寻求探索形成的新知识内容与古代治邦理想及知识体系的融会贯通（第十一章），唯有如此，才可形成"君子不器"的大视野、大格局和远见意识、自由精神（第十二章）。

第二个方面讨论君子修习如何为政的要求要落实为能够践履的主体内容：孔子认为，首先应具备"先行其言而后从之"的为政品德与能力（第十三章）。其次要具备"群而不党"的品德和能力：君子待人没有亲疏，没有厚薄；君子的生活世界和行动世界里没有帮派，没有朋党；君子之治没有无德的利益谋求，只有普遍的公正和公道（第十四章）。以此三者为要求，君子修习为政，须学而不止，以学促思，以思励学（第十五章）。只有如此，才可具备辨别各种不同学说、观点、思想、主张的能力，避免粗暴地排斥、攻击不同的学说、观点、思想、主张的做法，具备广纳和慎取的品质与智慧，坚定不移地守正学而成己成人的君子学说和为政以德的政治立场（第十六章），以养成"知之为知之，不知为不知"的诚实与明智的品德（第十七章）和"多闻阙疑""多见阙殆""慎言其余"的能力与智慧（第十八章）。

第三部分主要讨论为政以德的实践要点与根本策略。

孔子政治哲学思想的重心是实践治理。实践治理的核心问题是治人和治民。相对而言，治人是治理邦国的**条件性**内容，治民是治理邦国的**目的性**内容。为政实践的基本路径是从治人（识人和任用君子）达向治民，所以，治民构成第三部分的主题。围绕这一主题，孔子通过应答哀公问而阐明治民的基本立场，不是以暴力压迫与强制方式使民被迫服从，而应该以"举直错诸枉"的方式使民自愿听从，其心悦服（第十九章）。如何才能做到呢？孔子通过应答季康子问，提出为政者必须以身作则地"临之以庄"、"孝慈"和"举善而教不能"，这样才可引导和教化民"恭敬"对人、"忠诚"于事和相互"勉励"（第二十章）。但在孔子看来，君子为政的根本，是以身作则：第一，以身作则地齐家，即在家以感恩敬畏之心孝父母，友爱兄弟，榜样于乡邻，这是最为根本的德政，也是本质的德政（第二十一章）。第二，以信为准则，做到无信不言、无信不行、无信不立（第二十二章）。第三，一以贯之的守正定力。孔子认为，一个以为政为志业的君子，在礼崩乐坏的当世要自具守正"为正以德"的定力，必须有"百世可知"的预知能力，领悟世界和事物的存在本质，把握事物生变驻留的时代性和事物弃旧图新的不可逆方向，坚定返本开新的历史发展观，运用"因革-损益"的认知原理和理性辨别、明智取舍、开放性整合的宏观方法来武装自己（第二十三章）。第四，以传统为基础，以未来为方向，以返本开新为认知引导，以"以仁入礼"为基本方式，从现实做起，恢复本原的和纯粹的祭祀，这是根本的礼，也是根本的孝；同时弘扬义节和勇敢（第二十四章）。

第1章释义

子曰:"为政以德,譬如北辰,居其所,而众星共之。"

[注释]

为政以德:为,治理、管理。政,既指政治,更指正、中正、堂正、公正。在孔子的思想中,首先指正、中正、堂正、公正,因为政治的本质是正。为政,即施正。为政与执政、从政不同:执政,指执掌政权;从政,指当官,执行政治。为政,指制定或实施邦国政治,这原本属邦君职责,但春秋晚期进入"礼乐征伐自诸侯出"和"政在大夫""陪臣执国命"(《季氏》)的混乱时代,为政权大都落于卿大夫之手。德,悳也,本义乃得,即直心待人有得于心,固之如常,是为德性。指邦君以内外如一的正、中正、公正来从事政治,就是"为政以德"。

北辰:《尔雅·释天》言"北极谓之北辰",人们赋予其"天极星"名:"中宫天极星,其一明者,太一常居也"(《史记·天官书》),以为它居于天的中心,被看成天上最尊贵的星体。

居其所:居,居住。所,住所,也作位置、方位。指北辰星居住于天的中心位置,突出"为政"之"正"的本质规定,强调"为政以德"的实质诉求和根本准则是"中正""公正"。

共:通"拱",拱卫、环绕。

[译文]

孔子说:"邦国的为政者只有具备中正之德,才可如北极星那样安居中央,得到众星拱卫。"

[通解]

本章是《为政》开篇,孔子直截了当表述"为政以德"的政治学主张。这一政治学主张历来被理解为"以德治国",并认为这是"'以德治国'的儒学源头"。[1] 但这种理解曲解了孔子政治哲学思想的本义和原意。

孔子的"为政以德"与人们通常说的"以德治国"有根本区别。所谓以德治国,是指把道德作为治理邦国的基本手段和方法,如果将"为政以德"定位为"以德治国",本章则只能翻译成"用道德来治理邦国,就如同北极

---

① 金纲:《〈论语〉鼓吹:圣贤的光荣与漏洞》,天津,天津人民出版社 2007 年版,第 34 页。

星,安居其中心而众星拱卫环绕"。虽然现在流行的各种版本都大同小异地做如是翻译,却远离孔子本义。在这里,孔子并不讨论为政的手段和方法问题,因为这既不是为政的根本问题,也不是为政的本体问题。在孔子看来,为政的本体问题,是为政的本质问题;为政的根本问题,是为政的主体前提问题,只有对这两个问题的解决,才可为选择为政手段和方法提供根本的依据和标准。在孔子的政治世界里,最根本的问题是定位政治的本质和明确政治实践的主体前提。本章作为《为政》开篇,所讨论的只能是政治的根本问题和本质问题,即必须首先定位为政的本质和明确为政的主体条件。

一

孔子论"为政",提出两个基本政治学主张。

第一个政治学主张:政者,正也。进而,正者,德也。所以,正,才是政治的本质规定。只有"正"成为政治的本质规定,政治获得德、政治走向善,才具有可能性。正之所以规定政治之德和政治之善,是因为"正"的本义是正直、中正、公正、公道。"正"不仅揭示政治的本质,也揭示政治的本体。政治的本体是伦理:政治是伦理的。孔子对政治的"正"之本质和政治的伦理本性的领悟和把握,使他的政治哲学从仁德达向公道成为可能。

第二个政治学主张:为政者必须是**为正者**。只有正者,才可使政治成为善业,实现公道。在孔子的世界里,所谓政治,就是通过治理而使邦有道,这个道就是仁德-公道。所以,治理邦国本身应该是善的,应该成为一种善业。基于这一内在之善的要求,"为政以德"首先指邦国治理者必须"正",必须正而有德、正而彰德;其次指以自正来治理邦国,其治理邦国的行为本身就是德。唯有如此,为政者治理邦国才产生北斗星效应:以自正正人的方式治理邦国,必然产生巨大的向心力和凝聚力而获得众人(国人和邦民)拥戴。所以,正,才是为政的主体前提。以此审视《学而》篇,孔子将君子学而成己的主题锁定为"进德"而不是"积才",其根本理由就在于此;并且,《论语》的编纂之所以将《为政》安排在《学而》之后,其深层考虑亦在于此。

概括上述,孔子"为政以德"表述的基本语义有三:第一,为政的本质是正,所以,政治必须追求正直、中正、公正、公道。第二,为政的本体是伦理的,而不是智术,所以,为政就是实施伦理,构建道德社会。第三,为政就是以己正的方式正人,抑或用正己的方法正人、正社会。这种正己以正人和己正以正社会的治理方法,就是"为正以德",孔子称之"为政以德"。

二

孔子之"为政以德"的"德",不是相对"法"论,而是相对"力"论。德与法对应,是今人比较认知的表达方式。只有当社会进入现代,法才成为基本问题,形成"德"与"法"互为参照的意识和视野。孔子时代盛行"刑"的观念,它是一种古老的传统。《书》载"象以典刑,流宥五刑,鞭作官刑,扑作教刑,金作赎刑。眚灾肆赦,怙终贼刑"和"汝作士,五刑有服,五服三就。五流有宅,五宅三居。唯明克允"(《舜典》)。到春秋晚期,孔子本人同样将"刑"看成邦国治理不可缺少的手段和方式:"礼乐不兴,则刑罚不中;刑罚不中,则民无所措手足"(《子路》),"君子怀刑,小人怀惠"(《里仁》)。从上古至孔子之世,将"法"称为"刑",不是简单的称谓不同,而是"刑"在本质和功能方面根本不同于"法"。在上古,刑是一种治民治邦的方法;进入春秋时代,刑既是一种智术,也是一种权术,它讲求的是"力"。所以在当时不少人看来,以刑治邦,是以智"力"和权"力"治理邦国,可归结为"以力治天下"。孔子就是持这种看法,他虽然认为治理邦国刑不可少,但只能是基本方式,而不是邦国治理的根本方式,因为刑治除体现"智"力和"权"力的"诈"外,还体现"暴"。反战的孔子自然谨慎地看待刑和刑治,强调**刑治应该以正为规范,唯有如此,刑治之仁才不会流于霸**。

春秋以来,以刑为基本工具治理邦国,其实也追求仁,但所遵循的是霸道。以霸称王求仁,构成春秋的基本政治取向。这方面最成功的例子是管仲相齐开创"以霸求仁"的治世模式,这一治世模式的具体操作就是"以刑入礼得仁"。孔子以称赞的方式为管仲"大仁"辩护,也是基于这种"以霸求仁"。但是,"以霸求仁"的方式却是假借方式:"以力假仁者霸,霸必有大国。以德行仁者王,王不待大,汤以七十里,文王以百里。"(《孟子·公孙丑上》)朱熹注之曰:"假仁者本无是心,而借其事以为功者也。霸,若齐桓、晋文是也。以德行仁,则自吾之得于心者推之,无适而非仁也。"(朱熹《四书集注·孟子集注》)自孔孟以至朱子皆持如是观,治理邦国存在王道与霸道的区分,虽然它们都达至仁,实现仁政,取向和根本方法却不同:以王道为目标,实现仁政的根本方法只能是德;以霸道为目标,实现仁政的根本方法必须是力,即刑赏。《大戴礼记》记载,五帝(黄帝、颛顼、帝喾、尧、舜)治天下,采用德,以德化人。春秋五伯(齐桓公、晋文公、宋襄公、秦穆公、楚庄公)治理邦国,运用的根本方法是权诈,是以力服人。"以力服人"导致"道术将为天下裂",这或许是孔子提出"为政以德"主张的历史土壤和社会背景。**但孔子主张"为政以德",首先认同邦国治理应该德刑并举**;其次强调德刑并举之治必须以"正"为导向。只有这样,才可避免诈与暴。**所以"为政以德",既是"为正以德",也是"为正以刑",是"为正以德"和"为正以刑"的抽象讲述。**

三

自上古至孔子之世,治邦的根本方法有三种:一天道,二王道,三霸道。

> 上古之世,人民少而禽兽众,人民不胜禽兽虫蛇。有圣人作,构木为巢,以避群害,而民悦之,使王天下,号曰有巢氏。民食果蓏蚌蛤,腥臊恶臭而伤害腹胃,民多疾病。有圣人作,钻燧取火,以化腥臊,而民说之,使王天下,号之曰燧人氏。中古之世,天下大水,而鲧、禹决渎。近古之世,桀、纣暴乱,而汤武征伐。(韩非子《五蠹》)

遵循天道律令、自然法则治理天下,称为天道。运用天道治理天下,所治的主要对象不是人,而是自然灾害。所以,用天道施治的政治,是**自然政治**。

遵循道德律令治理天下,是王道。运用王道治理天下,所治的根本对象是**不正的人心**,是人的不正;政者正也,所言正人之不正,乃正也,其前提是**正己**,即通过正己来正人之不正,这就是政治。所以,用王道施治的政治,是**道德政治**,即正己以正人的政治。

遵循人的生之本性和趋利避害、避苦求乐的利欲规律治理天下,是霸道。运用霸道治理天下,所治的根本对象是无度的利欲,基本方式是适度奖赏,逾度刑罚。所以,用霸道施治的政治,是强力政治,也可称为**权智政治**。

面对如上三种治邦的根本大法,孔子选择王道,主张为政以德。客观地看,孔子这一政治主张并没有错,但将"为政以德"落实为"以德治国"的方略时,就会出现问题。

首先,虽然这种治理方式历史上很成功,但并不等于它可以成为普遍经验、万世法则。晚于孔子的韩非子以《守株待兔》的寓言方式讲得非常清楚:

> 今有构木钻燧于夏后氏之世者,必为鲧禹笑矣;有决渎于殷、周之世者,必为汤武笑矣。然则今有美尧、舜、汤、武、禹之道于当今之世者,必为新圣笑矣。是以圣人**不期修古,不法常可**,论世之事,因为之备。宋人有耕者,田中有株,兔走触株,折颈而死;因释其耒而守株,冀复得兔,兔不可复得,而身为宋国笑。**今欲以先王之政,治当世之民,皆守株之类也**。(韩非子《五蠹》)

113

时代不同,生存境遇、生活问题以及存在困境也不同,治理邦国的方略一定不同。"不期修古,不法常可,论世之事,因为之备"才是治理邦国的正确态度和思路。韩非子的《五蠹》篇可以看成一篇简要的历史文献,他以动态生变的睿智揭示从远古到当世的历史巨变规律,总结当世特征以及需要做出应对抉择的最终依据:**"事异则备变。上古竞于道德,中世逐于智谋,当今争于气力。"**刑罚统摄道德的治理方法的必然性与合理性,在凭力气争于世,凭力气争于朝的时代,要治"急世之民",决不可采用过去那套"宽缓之政",因为"民固骄于爱,听于威"和"固服于势,寡能怀于义";更因为在这个凭力气争于世的时代,"赏莫如厚而信,使民利之;罚莫如重而必,使民畏之;法莫如一而固,使民知之"(韩非子《五蠹》)。

其实,韩非子讲的这些道理,孔子并非不知道。信而好古的孔子考信历史,发现历史和文明总是向前发展的,但推动历史和文明向前发展有两种方式:一种是非暴力的,在孔子看来最成功的例子是尧舜的禅让,权力交替以"文"的方式实现;另一种是暴力的,在孔子看来,最成功的例子是"汤武革命"和"周革殷命",权力交替以"血流漂杵"的方式进行。孔子反对暴力,在"道术将为天下裂"的乱世中,主张文道救世。这是他的伟大人道情怀所形成的政治理想主义。

孔子以返本开新的方式继承古代的王道政治,主张"为政以德",更在于他对现实的判断,其依据是自然主义人性观:天赋人性是相近的,但人性的生存敞开千差万别。孔子认为使天赋"相近"的人性"习相远"的根本原因是利欲。这是当世邦国治理必须面对并谋求解决的根本问题,其解决的基本方式有二:一压制,二疏导。以霸道为取向的刑罚之治,用暴力和强权压制利欲,使之守德行仁,将其推向极端的实践家是战国的商鞅,理论家是后来的韩非子。以行王道为取向的"为正"之治,启动人心获得对人性的觉悟,以正己方式去正人,即疏导他者,使之守德行仁。前一种方式是被动、被迫的,并且往往放肆杀戮,所以只是手段之治,并且成为不断反复的争夺之治。与此不同,孔子主张"为正"之治,是主动的、自觉的和和平的方式,与前者比较,它是目的之治,孔子认为这是可一劳永逸的本体之治。

四

历史地看,孔子提出以"正"为本质定位和价值导向的"为政以德"政治学主张,在本体论和本质论层面是正确的,因为"正"是古今伦理学和政治学探讨无法绕过的核心问题。但无论古今,那种以"为正以德"作为根本方法、以"为正以刑"为基本形式的治理邦国模式,却无法真正地实践。比如,尧舜禹汤文武周公的治理,仍然以刑赏为治理的根本方略,道德仅仅是辅助形式。认真说来,统治者可以用德治的口号、宣言、主张鼓动民众为他们的特权无阻碍地行施开辟道路,但决不会用没有强制性规范和量化要求的道德来治理邦国,这样的话,结局只能是社会无序。由此可以理解"为政以德"的政治理想主义取向。

首先,孔子的以伦理为本体、以正为本质规定的政治学主张,体现人性光辉的政治学理想,但缺乏普遍推行的人性基础和社会机制,所以这种理想的政治学主张往往会被极权主义所利用。

其次,后世将孔子以"正"为本质规定和价值导向的"为政以德"主张定义为"以德治国"模式,其根本目的在于为权力自由提供美好的托辞。从根本讲,以德治国是以权治国的代名词,它与孔子以"正"为本质诉求和价值导向的"为政以德"政治学主张根本不同。

第 2 章释义

子曰:"《诗》三百,一言以蔽之,曰:'思无邪。'"

[注释]

《诗》三百:《诗》,即《诗经》,共三百零五首,此处举篇之大数。孔子自言"《诗》三百"这一说法本身表明:在孔子生活的当世,《诗》已基本定型并得到广泛传播,后世关于孔子"删诗三千"的说法确可存疑。

一言以蔽之:蔽,盖、遮掩、遮蔽,引申为概括、包含。指《诗》三百,可用一句话来概括其内容之精髓。

思无邪:出自《诗经·鲁颂·駉》"思无邪,思马斯徂",状肥壮的马行直前,孔子引此喻《诗》三百的思想情感纯正无瑕,有如健壮的马直行向前那样。

[译文]

孔子说:"《诗》三百篇,可用一句话概括,那就是:'情思纯正。'"

[通解]

上章讲政治的伦理本质是正,为政者必须具备的主体品质和能力是正;本章讨论为政者如何获得其"正"的主体前提和实践方法。

一

孔子不是诗人,也不是文学家,而是道德哲学家和政治哲学家。孔子关注《诗》，对《诗》感兴趣，均着眼于政治、伦理或教育。理解本章内容，需要从政治角度入手。一旦如此定位，自然暴露出一个问题：《为政》开篇才给出一个讨论政治的话题，为什么要转而论《诗》呢？或者《论语》编纂者为何要将"《诗》三百"置于"为政以德"之后？在"为政以德"的政治语境下，孔子论《诗》的真实目的是什么？或者，本章通过评价《诗》"思无邪"要表达什么？这是阅读本章需要理解隐藏于文字深处的意蕴。

孔子论《诗》，在《论语》中反复出现，但本章为其首论。读本章内容可感知到孔子论《诗》，不是欣赏和讨论《诗》之美，而是论《诗》的纯正。《诗》的纯正问题，既属于教育问题，也属于伦理和政治问题。从伦理、政治、教育等角度论《诗》，这是孔子论《诗》的特征，也是所有哲学家、思想家的诗论特征。比如，古希腊最早论诗的哲学家有柏拉图（约公元前 427 年～公元前 347 年）和亚里士多德。柏氏论诗，从否定入手，认为在理想的城邦中不应该有诗和诗人，因为诗是丧失心智的迷狂呓语，它可能给社会带来秩序的破坏，所以理想的城邦应该将诗人全部驱逐。亚里士多德论诗，从肯定切入，他在《诗学》中对古希腊包括诗在内的艺术做了系统的理论总结。通过柏拉图、亚里士多德以及比他们更早的孔子论诗，呈现两个问题：一是这些古代思想家为何要关心诗？二是这些古代思想家何以要从教育、伦理、政治等方面论诗？具体到孔子，他作为道德哲学家和政治哲学家，其论《诗》的真实用意到底是什么？这需要从《诗》本身入手来理解。

客观地讲，诗，既是文学和艺术的原初形式，也是文学和艺术的最纯正形式。在远古，当先祖们的思维、认知还处于幼稚的感性直观阶段，当一切心灵、情感和思想的表达还只处于朦胧的混沌状态，当人们的思考还没有清晰分出哲学、伦理、政治时，诗成为先祖情思表达的整体性方式。

然而，无论从现代讲，还是从上古论，诗都不只涉及**表达方式**的问题，更涉及**表达的内容**。在远古的初民时代，最让人们刻骨铭心的是神秘莫测又变幻不居的自然万象，给人带来存在的不安全感和生存的无保障感，处于流变不居的时空进程中，人最关心的不是物质性生存，而是人自身存在的漂泊和谋求把握的艰难性。正是这种持久的困境孕育出超越性想象力，在无边无际的想象中，求解现实命运的活动展开了，这就是神话，也是艺术，它以**歌诗**的方式呈现出来。在古希腊，人对自身命运的漂泊与悲剧性意识，通过高悬于头顶的"天宇之象"来表达，于是有了荷马史诗，有了三大悲剧。在中国上古时代，其流变不居的宇宙时空因为辽阔无垠的黄土地而被**地象化**，人对自身命运的漂泊与悲剧性意识，最终生发于涵摄一切的"地土之象"，于是有了《诗》。对于古希腊艺术和史诗，马克思认为它"具有永久的魅力",至今"仍然能够给我们以艺术享受,而且就某方面说还是一种规范和高不可及的范本"。① 中国上古的《诗》也是如此,它一直被人们公认为是"义理的府库"(《左传·僖公二十七年》)。

英国学者克考威尔在《幻觉与现实》第一章《诗歌的诞生》中说:"在一个民族的早期文学艺术中,我们看不到诗歌作为一种单独作品而存在。那是因为,当时它是同整个文化不可分的,是作为历史、宗教、魔术甚至法律所共有的表达工具的。"②不仅遥远的古代,就是在文明高度发达、表达媒介和方式多样化的现代社会,诗仍然不是作为单纯的艺术形式而存在,而是作为人类精神的时代性表达的整体方式而存在。这是因为"诗是最高的意识形态,是时代最敏感的神经",象征主义大诗人艾略特如此定义诗,应该是对诗的崇高地位的贴切表达。

二

用"诗经"一语指称《诗》,始于汉代将它列入儒家经典,在此之前,它叫《诗》,或《诗三百》。

关于《诗》,人们一直认定孔子删诗并使它获得纯正的教化,但实际情况并非如此,因为孔子之前,《诗》已经成为以伦理(包括道德和政治)为主题的包罗万象的百科全书,《诗》涉及的内容,远不止西周社会,它包括史前生活,司马迁认为它"上采契、后稷,中述殷、周之盛,至幽、厉之缺",基本上符合《诗》之历史本身。

《诗》首先是一部文化(思想、政治、伦理、民俗、艺术)总集,然后才是一部诗歌总集,这是因为《诗》**原本**不是纯粹的文学,而是社会治理的产物。这是理解《诗》的根本视角,也是破解孔子在论"为政以德"之后为何要对《诗》三百做价值判断,然后才讨论为政依据(第三章)的根本理由。

从内容看,《诗》主要有两部分:一部分是记载士大夫贵族的活动及宫廷生活、朝政大事,以及诸如祭祀先祖先王、宴享群臣士大夫等,这部分内容主要集中于《雅》《颂》。另一部分内容是"风",主要记叙其时政所反映的民情,这些内容采取两种途径获取:一是朝廷派人到民间采风,了解民风民情及民生状况;二是基层官吏遵照朝廷制度规定收集民风民情、民生状况,形成文字层层上报。前一种形式,是所谓的采诗;后一种形式是所谓的献诗。

---

① 《马克思恩格斯选集》第 2 卷,北京,人民出版社 1995 年版,第 29 页。
② 张启成:《诗经研究史论稿》,贵阳,贵州人民出版社 2003 年版,第 2 页。

故天子听政，使公卿至于列士献诗，瞽献曲，史献书，师箴，瞍赋，矇诵，百工谏，庶人传语，近臣尽规，亲戚补察，瞽史教诲，耆、艾修之，而后王斟酌焉，是以事行而不悖。（《国语·周语》）

这段文字记载后来为《史记·周本纪》全引，并且这段记载应该是对《诗》"风"来源的真实记录。《国语·晋语六》也记载："吾闻古之王者，政德既成，又听于民，于是乎使工诵谏于朝，在列者献诗使勿兜，风听胪言于市，辨妖祥于谣，考百事于朝，问谤誉于路，有邪而正之，尽戒之术也。"有关于采诗献诗这一史实，《汉书·食货志》记载更为详细：

孟春之月，群居者将散，行人振木铎徇于路以采诗，献之大师，比其音律，以闻于天子，故曰王者不出窥户而知天下。

颜师古注此段文字曰："行人，逆人也，立号令之宫。"班固根据史料，不但认为远古有采诗之史实，当时还设有专门的采诗官职。他在《艺文志》中说得更明确："古者有采诗之官，王者所以观风俗，知得失，自考正也。"《公羊传·宣公十五年》何休注，对采诗过程作了更详细的说明："男年六十、女年五十无子者，官衣食之，使之民间求诗。乡移于邑，邑移于国，国以闻于天子。故王者不出牖户，尽知天下所苦，不下堂而知四方。"采诗官乃无子的民间老人，官家给予衣食，叫他们采集民间歌谣，呈报给乡官，乡官呈报给邑官，邑官呈报给诸侯，诸侯再呈报给天子。这中间每个环节，都要经过修改、润饰，最后到天子手中，已经是精雕细刻的文本了。

《公羊传·宣公十五年》何休注曰："劳者歌其事，饥者歌其食。"劳者饥者非村夫鄙妇而何？但饥劳者所唱的只是表达生活疾苦或劳作状况的歌谣，它要变成四言一句的精美之诗，却是经过掌握知识权力的士大夫之手，朱东润认为，《诗》中自言的服饰、地位，也可看出半数以上出于士大夫之手，如认为是劳动者之诗的《卷耳》《采繁》《采菇》《伐木》《硕鼠》等，亦可从中看出是经过士大夫修饰的。

虽然如此，但有两点可以肯定：第一，《诗》的素材，一部分来源于宫廷和士大夫、贵族生活，一部分来源于民间，反映民风民情、民生民况。但无论来源于哪个方面，最终都是士大夫的杰作。第二，通过士大夫之手而写作或修饰出来的诗，成为今天所看到的这个样子，源于两个现实考虑：一是当时的书写工具和手段限制，必须惜墨如金。二是邦国社会治理的需要，即《国语·周语》中所讲的"诗"是"天子听政"的重要方式，目的是使天子

"事行而不悖"。也如《国语·晋语》所说,"诗"是修"政德"的基本途径,即使是上至天子,下及地方官吏"献诗使勿兜,风听胪言于市,辨妖祥于谣,考百事于朝,问谤誉于路,有邪而正之,尽戒之术也"。所以,《诗》不是文学意义的诗,而是**政德**。政德的基本方面有三:一是敬宗崇祖,这是天通的路径;二是民俗民风民情民生状况,这是绝地的路径;三是士大夫贵族的生活,这是人和的路径。**天地人和,就是政德。**《诗》所记载的就是这三个方面,所要表达的就是天地人和的政德。所以,《诗》首先不是诗,《诗》之成为诗,是后人根据其表达形式的审美性、艺术性而将其判定为诗。无论从产生的时代生存(亦政治)动机观,还是从具体内容看,《诗》是其时代性生存的文化记录,是古代的政治和道德。这是阅读理解本章内容的入口。

三

《诗》的政德功能,最早见于《诗》本身,比如"维是褊心,是以为刺"(《魏风·葛屦》)、"王欲玉女,是用大谏"(《大雅·民劳》),《诗》的重要功能是怨刺与讽谏,这是《诗》之政德功能实现的具体方式。

最早阐发《诗》之政德功能者,是比孔子早的赵衰和季札。公元前633年,晋国卿大夫赵衰明确指出《诗》是了解古代文化、思想、政治、伦理道德的义理府库:

> 赵衰曰:"说《礼》《乐》,而敦《诗》《书》。《诗》《书》,义之府也;《礼》《乐》,德之则也。"(《左传·僖公二十七年》)

《诗》享有这种崇高地位,不是因为它的美学价值,而是其政德功能。公元前543年,吴王寿梦第四子季札到鲁国观乐时,对《诗》之风、雅、颂做了一番评论,他认为《诗》是反映当时各国政治社会情况的镜子。他评论《诗》之《周南》《召南》:"美矣!始基之矣,犹未也。然勤而不怨也。"(《左传·襄公二十九年》)这就是后来所谓"治世之音安以乐,其政和"的最初表达。然后评论美妙的情歌《郑风》是"美哉!其细已甚,民弗堪也,是其先亡乎"。指出郑国已有衰落的迹象,这一评论是后来"亡国之音哀以思,其民困"的最初表达。季札评价《诗》,最推崇颂诗,其次大雅,再次小雅,最后风诗。这种排列的程序,对先秦与后世的诗经评论产生重要影响,接受此影响最大者是荀子和刘勰。而且,季札观乐论《诗》时,其风诗排列的顺序与今本(《毛诗》)大体略同。季札观乐论《诗》时,孔子才八岁。这表明在孔子之前,《诗》已有定本,孔子删《诗》并编定《诗经》的说法,更多属于后世**美圣的附会。**

《诗》在春秋时代已被尊奉为经典，其崇高地位及权威性已得到当时的社会公认，这可从《诗》被当时史书和诸子大量引用远超过《书》《易》《礼》《乐》为例证。仅以《左传》为例，在春秋二百四十年间，各种人物引证《诗》（包括逸诗）多达二百三十多次，在孔子二十岁以前，《左传》对《诗》的引用达二百零七次。

《诗》在春秋时之能享有崇高地位与权威性的根本原因有二：一是在那个文、史、哲、政、伦理道德不分的上古时代，《诗》是集诗、乐、舞、政、教、伦理道德于一体的综合体，在当时的人们看来，所谓《诗》三百，是一部以政治、道德为主的包罗万象的百科全书。二是《诗》记载了春秋及之前高层社会和底层社会的生活，具有广泛的社会交流功能。孔子说"《诗》可以兴，可以观，可以群，可以怨；迩之事父，远之事君"（《阳货》），是对《诗》的功能及实现的基本方式的概括。由此可以判断，在春秋时期，人们对《诗》的理解，主要从社会政治、道德义理、修身养性、认识事物等角度着眼，而"兴、观、群、怨"恰恰是《诗》发挥政德功能的基本社会方式。

然而，《诗》何以具有如此丰富的政德功能？《诗》之政德功能为何需要通过"兴、观、群、怨"方式训练才能实现？孔子指出，这是因为《诗》的内容的纯正性。突出《诗》之兴、观、群、怨，发挥《诗》之兴、观、群、怨功能，就是培养人"无邪"的纯正品质。这是"为政"者的根本修养，是君子"为政以德"的主体前提和必备方法。

四

阅读本章内容，关键是理解"邪"字。《贾子道术》曰："方直不曲谓之正，反正为邪。"其"正"，指方正、中正、正直、堂正、坦荡，正之于为政，就是公道，相当于现在的公正；反之，邪者，恶也，亦是不正。因而，"无邪"即正、正直、中正、堂正，或曰公道、公正。《诗》作为"天子听政"而至于"事行不悖"的重要方式和"百官修政"的基本方法，所追求的政德就是"无邪"，即中正、堂正、公道、公正；同时也是"有邪而正之"，即或出现不正或非义，也要拨乱反正，使之达到纯正无邪，这就是政德。

《诗》因其具有使人"事行不悖"和"使勿兜，风听胪言于路，有邪而正之"的功能，所以它在孔子问世之前，一直是贵族子弟必修的课程，因为"古者卿大夫交结邻国，以微言相感，当揖让之时，必称诗以喻其志，盖以别贤不肖而观盛衰焉……春秋之后，周道寝坏，聘问歌咏不行于列国"（《汉书·艺文志》）。班固所言，可从《周礼》得到印证：大司乐"以乐语教国子：兴、道、讽、诵、言、语"（《周礼·春官》）。"乐语"指配乐的歌诗，即士大夫创作或修饰民间歌谣集成的《诗》；"国子"即贵族子弟；"兴、道、讽、诵、言、语"，指运用乐语表情达意的各种不同方式。贵族子弟作为未来的统治人才，要担当起治理邦国或天下的重任，必须修习政德，这只有通过大司乐的乐教，才能接受到严格而良好训练，有效掌握《诗》所蕴含的治政智慧和方法。

当时的统治者不仅严格要求统治阶层的子弟学《诗》，至春秋，也鼓励百姓学《诗》："《诗》者所以记物也……民之能此者，皆一马之田，一金之衣。"（《管子·山权数》）所以，上自天子、诸侯、士大夫，下至百姓，甚至平民，都或多或少懂得一些《诗》。对《诗》的这一教化功能，孔子总结为"兴于诗，立于礼，成于乐"（《泰伯》），礼教和乐教，需要通过诗教来实现，只有经过严格系统的诗教训练的人，才可能把自己成就为标准的君子，有资格从政或为政。

五

政德，就是通天及地人和；学《诗》，是领悟和掌握天地人和的方法与智慧。 如何才可做到呢？孔子认为，其根本方式是领悟《诗》之"无邪"，前提条件是尽性敞心，关键是明"志"："在心为志"（《诗·关雎序》）；而"志，意也。从心出，止于声"（《说文》）。志，联络起认识和情感：仅前者论，志之成者，既是认知的取向与表达，也是认知的成果，作为认知的取向与表达，它就是志向；作为认知的成果，它就是思想、智慧、方法。就后者言，"志"之所成者，就是情意，因为志之内在凝聚形态是意志，其志向外敞开的形态是情感。由此不难看出，"无邪"生成于心"志"：唯有当心有所识，并识之成志，人才无邪，其待人才方正、正直、堂正，其治事治政才公道、公正、正义。《诗》给人们提供的恰恰是如何修习志、怎样运用志和表达志的根本方法、根本智慧。

> 诗者，志之所之也。在心为志，发言为诗。情动于中，而形于言，言之不足，故嗟叹之；嗟叹之不足，故永歌之。永歌之不足，不知手之舞之，足之蹈之也。情发于声，声成文谓之音。治世之音安以乐，其政和。乱世之音，怨以怒，其政乖。亡国之音哀以思，其民困。**故正得失，动天地，感鬼神，莫近于诗。**（《毛诗正义·毛序大序》）

《诗》所发出的声音，完全是志之成者。凡志之所成者，必然获得"正得失，动天地，感鬼神"的功能。正得失、动天地、感鬼神，是政德的基本表达：正得失，指治事治政必有客观标准，这个客观标准就是无邪，就是纯正，或曰中正、堂正和公道、公正、正义。纯正无邪本身符合自然法则，这一法则的敞开是顺生命本性,一旦顺其生命本性,就会达到纯正无邪;一旦做到纯正无邪,就能感动天地和鬼神。

《诗》之如此政德功能,既不是孔子的发现,也不源于《毛诗序》的总结,而是尧舜的治理经验:"帝曰:'夔!命汝典乐,教胄子,直而温,宽而栗,刚而无虐,简而无傲。**诗言志,歌永言,声依永,律和声。八音克谐,无相夺伦,神人以和。**'"(《尚书·舜典》)这种治理经验构成"为政以德"的法宝。孔子的努力,不过是进一步挖掘其历史经验使之成为当世的治世智慧,然后锐意推广。

第 3 章释义

子曰:"道之以政,齐之以刑,民免而无耻。道之以德,齐之以礼,有耻且格。"

[注释]

道之以政:道,通"导",引导、领导。政,政令。

齐之以刑:齐,一致、整齐,指整治使之一致、整齐划一。刑,刑罚、刑治。

民免而无耻:免,免除、避免。耻,耻辱、羞耻。无耻,没有羞耻,没有耻感。

有耻且格:有耻,以之为耻。格,正、方正、匡正。

[译文]

孔子说:"治理邦国以政令为导向,以刑罚为约束方式,民可为免于刑罚而不犯上作乱,但也可能因此丧失羞耻心。以中正德操为引导,用共守的礼法(刑罚)来培育约束,民不仅以犯上作乱为耻,而且自觉以中正之德匡正己行己为。"

[通解]

伦理一旦构成政治的本体,必然要求"正"成为政治的本质,要求为政者必须正,即以己正的方式正人、正事、正邦。基于这一要求,为政者必须学《诗》,接受《诗》之政德智慧和方法,但这仅是为政必须具备的主体资质,为政要获得良好政德效果,必须做到主体资质与客观能力的统一。在为政的客观能力构成中,最重要的是方法能力。本章是在上章基础上讨论"为政以德"的实践方法。

一

在实践层面,为政就是施治,它涉及方方面面,但最紧要的方面是治的对象范围和治的方法。对前者言,有两种设计方案:一是将施治对象定位为人,其范围只限于"民";二是将施治的对象定位为事,其范围具有无限性,即事之所指,乃治之所指。设计不同的施治对象,要求与之相适应的施治方法。以"事"为施治对象,必选择刑赏方法;相反,以"民"为施治对象,必选择德行方法。

运用刑赏方法施治,追求的是效果,讲究手段的客观性与普适性,为此必然排斥情感、情意,强调规矩与通则,并以规矩、通则为灵魂,以效果为目标。与此不同,运用德行方法施治,追求动机的善,讲究手段的主体性与榜样的力量,因此排斥规矩与通则,强调情意的感化与心性的觉悟。

如上两种方法在孔子之前已成为传统。施治的德行传统异常悠远和深厚,可以追溯到传说中的三皇五帝至尧舜的"允恭克让,光被四表,格于上下。克明俊德,以亲九族。九族既睦,平章百姓。百姓昭明,协和万邦,黎民于变时雍"(《尚书·尧典》)。施治的德行方法就是正己以正民、正己以正事、正己以正邦。这种方法在尧那里已达于成熟,通过舜发扬光大:"帝舜曰重华,协于帝。浚哲文明,温恭允塞。玄德升闻,乃命以位。慎徽五典,五典克从,纳于百揆,百揆时叙,宾于四门,四门穆穆。纳于大麓,烈风雷雨弗迷。"(《尚书·舜典》)即使后来以暴力夺得天下的商汤也以此为根本,武王周公也以其为治理的宝典。同样,施治的刑赏方法亦有其悠久的传统:"夏有乱政而作《禹刑》,商有乱政而作《汤刑》,周有乱政而作《九刑》。三辟之兴,皆叔世也。"(《左传·昭公六年》)以刑赏治邦驭民,以刑赏富国强君,这是夏商周历代圣明君王整饬天下、建立秩序、确定尊卑关系的法宝。至春秋,因为管仲治齐而获得因革性发展,由此构成后来者子产、李悝、吴起、商鞅、慎到、申不害等实践社会的丰富思想和方法资源。

二

客观而论,政治在本质上是伦理的。从这个角度看,其施治无论选择刑赏方法还是德行方法,最终目的是实现治理之善。孔子之所以选择施治的德行方法为主导,是因为施治的刑赏方法强调治理规矩和通则的根本性、唯一性。司马谈批评"法家严而少恩,然其正君臣上下之分,不可改也。法家不别亲疏,不殊贵贱,一断于法,则亲亲尊尊之恩绝矣。可以行一时之计,而不可长用也。故曰'严而少恩'。若尊主卑臣,明分职不得相逾越,虽百家弗能改也"(司马谈《论六家要旨》),实是揭露了法家实施刑赏方法所产生的不可分离的正负效应和影响:它"严"而"少恩","不殊贵贱,一断于法"却又使"亲亲尊尊之恩绝"。后来者班固更进一步指出："法家者流,盖出于理官,信赏必罚,以辅礼治。易曰'先王以明罚饬法',此其所长也。及刻者为之,则无教化,去仁爱,传任刑罚,而欲以致治,至于残害至亲,伤恩薄厚。"(《汉书·文艺志》)施治运用刑赏方法,不仅严而少恩,而且"残害至亲,伤恩薄厚";不仅剪断了"亲亲尊尊"血缘伦理传统,而且"无教化,去仁爱"。所以刑赏方法只能是"一时之计",不可成为"长用"的治邦良方。

司马谈、班固等史家对运用刑赏方法治邦产生的弊病的总结,不过是对孔子"为政"方法选择的历史性总结。在孔子看来,政治的伦理性必然要求为政以实现政德为目标。为政以求政德为目标,必要选择德行方法为根本的施治方法,因为它可避免刑赏方法强调规矩与通则而产生无情、少恩、弃教化、去仁爱等根本缺陷。

三

赫伯特·芬格莱特说："缺乏任何道德愧疚或道德责任的概念作为罪过的基础,进而使惩罚作为道德的果报,孔子便无法在刑罚的运用中看到任何人道的潜质。"孔子之所以选择施治的德行方法,是因为他清醒地看到运用刑赏方法治理邦国,虽然可以使民因为刑罚的严酷而畏惧犯罪,却并不以犯罪为羞耻。相反,选择正己以正民的德行方法治理邦国,民就会做到"有耻且格"："夫民,教之以德,齐之以礼,则民有格心;教之以政,齐之以刑,则民有遁心。"(《礼记·缁衣》)刑赏之治与德行之治,所形成的治理效果不仅是行为的,更是心理的;并且,其心理效果比行为效果更根本。因为行为既可是主动、自主的,也可是不自主或被迫的。相比之下,行为的主动性、自主性,才可使该行为获得持续展开,行为才从偶然内化为必然的习惯。客观地看,人的行为的自主性、主动性必源于心理和情感上的认同,所以它是"格心"的。相反,被迫的、不得已的被动式行为,源于心理和情感方面的抗拒,仅出于利害权衡而不得不做出选择,所以它形成"遁心"。"遁心"与"格心"构成"道之以政,齐之以刑"和"道之以德,齐之以礼"的根本区别："道之以政,齐之以刑"的刑赏方法,能构建起外在社会秩序;相反,"道之以德,齐之以礼"的德行方法,可构建起内心秩序和法则,然后构建起自觉遵从的外在社会秩序,这就是"有耻且格"。这个"格"字,既有"来""至"的意思,也有"正"的含义,更可通"恪"而有"敬"的含义。并且,"来""至"不仅意味着"到",更意味着"有"。"格心"即"正心""敬心",但首先是"有心",是心到、心在。所以,以己正的德行引导民,以仁爱之礼教化民,民心就觉悟,就会正心常在、敬心常有。结合第一章和第二章内容,为政者以中正的德操为引导,以礼法为约束方式,首先唤醒民的善良之心,使民心存在,以此引导民生成"正心"和"敬心"。"正心"就是正直、堂正之心。"敬心",就是"诚心",因为唯心诚,才敬;唯心正,才直,才诚。所以,"道之以德,齐之以礼"产生的根本效果,是使民心在、心正、心诚、心敬,这是内在心灵秩序与法则的构建;并且,心在、心正、心诚、心敬,也构成外在社会秩序构建与持存的主体性基石、最终的土壤和源泉。

顾立雅指出,"道之以德,齐之以礼"乃孔子的政治哲学基础:

> 这是孔子政治哲学的基础。不用消极的惩罚而用积极的典范;不要那些人民不去做什么的言论而要那种他们应该去做什么的教育。不是一个用恐吓来统治的警察国家而是一个协作性的共同富强国家。其中,在统治者和被统治者之间将是互相理解和共同利益。在这一点上他与最现代的民主理论是一致的。A.D.林赛写道:"一个民主社会的成立或崩溃取决于相互的理解,即除了他自己以外,每个人都把别人当作目的。"①

顾立雅准确把握孔子"为政"的德行方法,首先在于他对哲学与方法关系的准确领悟:在人们的常识意识中,方法是哲学的产物,但在哲学家的哲学创造中,始终是先内生某种哲学方法,才可以此打开全新的视野和认知,创造出体现这种方法的哲学。孔子的政治哲学亦是如此。因为在孔子看来,政治是伦理的,它在本质上以"正己以正人、正己以正事、正己以正邦"的德行方式塑造人性,塑造以人性为本源的情感-心灵秩序和天赋的内在道德法则。以这种方式构建起来的政治哲学,是使每个人能有良心地生活和有尊严地存在。因为这种政治哲学强调为政者,必是为正者;为政的过程,就是以正己和己正的方式去引导民,帮助、鼓励民们自正和互正、自诚和互诚、自敬与互敬。这种政治哲学通过德行的典范方法,使"己所不欲,勿施于人"和"己欲立而立人,己欲达而达人"成为普世的行事为人的准则。虽然如此,但同时表现出不可忽视的缺陷,这就是**人的理性有限性**。客观地讲,理性之于人始终是有限度的。理性的有限性,既来源于"性相近,习相远"的人性局限,更受制于人作为个体求生求利的生存冲动。所以,对孔子来讲,通过对"道之以政,齐之以刑,民免而无耻"和"道之以德,齐之以礼,有耻且格"的对比分析,**并不意在于否定**刑罚的方法而片面地强调德行方法,如果这样的话,持有清醒的理性有限性的孔子,就从根本上忽视人

① [美]顾立雅:《孔子与中国之道》(修订版),高专诚译,郑州,大象出版社 2014 年版,第 155 页。

(士大夫、贵族、君主)的理性有限性,也忽视民的理性有限性,过度地放大了德行方法的政治实践功能。但事实并非如此,孔子在强调德行方法的根本性的同时,也注重刑罚方法,认为治邦安国如果抛弃了刑罚方法,民就会处于"无所措手足"的状态。所以,孔子通过"道之以政,齐之以刑"和"道之以德,齐之以礼"的比较,重在强调两个方面的基本思考:第一,政德之治,既不能追求单纯的刑罚方法,也不能片面地追求德行方法,因为无论主张前者,还是主张后者,都会在邦国的实践之中难以实现德政之治。只有二者互为辅助,德政之治才会成功。第二,德行方法和刑罚方法的综合运用,客观地存在以何者为主导的问题,管仲治齐的成功秘密,在于推行"以刑入礼",即以刑罚方法为主导,以德行方法为辅助。孔子虽然赞赏管仲治齐的成功,但将其看成治表之法,而是主张**以正为本质规定**的德行方法为主导,以刑罚方法为辅助,或者说以德行为导向,以刑罚为规训的互补性治理,才是德政之治,它所追求的最终目标是"听讼""必也使无讼"(《颜渊》)。

第4章释义

子曰:"吾十有五而志于学,三十而立,四十而不惑,五十而知天命,六十而耳顺,七十而从心所欲不踰矩。"

[注释]

吾十有五而志于学:有,通"又"。十有五,指十又加上五,即十五岁。志,心所欲往之固常,曰志,即志向。学,动词,指追求学问、从事学问。

而立:立,使之站起来。而立,学有所成,提学问使之站立成人。

不惑:惑,迷茫、朦胧不清晰、混沌状态。不惑,指心里明亮、认知清晰、情感纯正。

知天命:知,知晓、觉悟、觉解。天命,上天赋予的使命。指觉解上天赋予己文道救世使命。

耳顺:郑玄注之为"耳闻其言,而知其微旨",是为恰当,无论听到什么,都能从中领悟到背后意义。

从心所欲不踰矩:从,通"纵",放纵、任性而为。踰,即逾,指越过、超过。矩,曲尺,指共守的规矩、规则。

[译文]

孔子说:"我在十五岁时,就明志于学问,到了三十岁,已学所有成。进入四十,于事于人的当然之道不再困惑,五十岁时觉解上天赋予的使命,到了六十,无论听到什么,都能领悟背后的大道,进入七十岁,达到了任性而为但不逾越规矩的自由境界。"

[通解]

金纲在《〈论语〉鼓吹》中认为本章"主要讲进德之序"[1],此说实源于程子"孔子自言其进德之序如此者,圣人未必然,但为学者立法,使之盈科而后进,成章而后达耳"(朱熹《四书集注》)。孔子讲进德之序,自有其独特性:首先,孔子讲进德之序是以自己为例。个人的人生进德必以经验为准则,因为以推理为准则,属于应然的理想,它虽可信,但能否可及,却是另外一回事。反之,以自己人生经历和生活经验论之,是实然达于应然的现实,它具有绝对的可信性和可行性,因为经验本身是**实行**的总结。其次,孔子以自己生活经历为例讲进德之序,实是承续《学而》篇主题展开,即学、知、行怎样落实于人生的过程,形成人生智慧的阶梯。然而,如是解本章内容却存在两个问题:一是《论语》编纂者为何将本章内容置于《为政》篇中?二是《论语》编纂者为何将进德之序的经验谈置于第三章之后?解决这两个问题,才可理解孔子论进德之序的内在考虑和根本目的。以此观之,本章实是承上章而论:以德行方法为主导方法来治理邦国,使民"有耻且格",其善心、正心、诚心、敬心常驻,需要终身修养德性、践履德行。这既是人性敞开形成的理性有限性所要求,也是政治的伦理本质所规定。

一

孔子总结自我经历和经验,揭明人生修德进业的智慧阶梯:人要让自己成就为君子,必须以有限生命攀登学、知、行的无限智慧阶梯,这是自我构筑人生之序的良好敞开过程,它从根本上昭明君子人生的两个内在规律:一是成己的**循序渐进**规律;二是成己的**自强不息**规律。对这两个规律的实践运用,构成**修德进业**的**智慧人生**阶梯。

十五志于学 十五,是人生的起步,也是智慧的起步。在起步阶梯上,根本任务是学,包括学知和学做,前者指求知识和求知人(包括求知他人和自己);后者专指学做人和做事,包括怎样待己、如何待人和怎样待物、接事。

在人生与智慧的起步阶梯上,学,不是可有可无,也不是随随便便,或

---

① 金纲:《〈论语〉鼓吹:圣贤的光荣与漏洞》,天津,天津人民出版社 2007 年版,第 40 页。

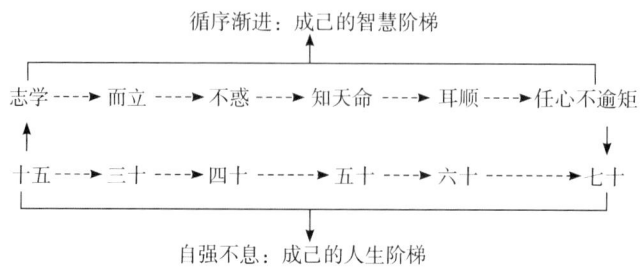

图 2-1　孔子进德修业的人生智慧阶梯

漫不经心,更不是被迫或无奈;而是生命的内在需要,发自内心去求,不学不行,不学好不行。在这个年龄阶段,学,是人生的事业,是生活的全部,所以孔子在"学"字前面用"志于"即志于学,既道出学的主动性、主体性,也道出学需要内在动力,是生命的内在需求的真实体现,更展示学的人生目的性和为学的人生事业性;在人生与智慧的起步阶梯上,学本身既是目的,也是事业。唯有具备如此姿态,学,才能竭尽全力;唯有具备如此姿态,学,才会开启身心的潜能,启动全部的天赋;唯有具备如此姿态,学,才可能达到最佳状态,进入最佳境界;也唯有如此姿态,学,才可把求知识、求知人、求知己、求做人融会贯通,形成真正的智慧,产生真正的德性,为把自己推向君子道路奠定基础。

三十而立　"三十"指人从青年走向成熟的阶段,其主要任务不再是学,而是立。这里的"立",当然指独立,但更指站立、确立。三十而立,意指人到三十,必须**独立地**站立起来,成为顶天立地的人。孔子自我描述,其至于三十,首先是"十五志于学"的学业所成;其次指以所成的学业为武装,自觉担当人生责任和使命,出仕济世。孔子三十五岁适齐,就是求立于仕业的初步。这一阶段既是对"十五有志于学"积累起来的智慧的运用,又是通过践履而磨砺智慧的呈现。

四十而不惑　在古代,四十乃人生壮年,人的身体、心理、情感、精神达向成熟。这个人生阶段所达到的是不惑的人生状态和智慧境界。

孔子所讲的四十"不惑",首先指思维、认知的不惑,思考、思想的不惑;其次指作为的不惑,行动的不惑,具体讲是对己、对人和待物处事的不惑。由此两个方面的内在规定,不惑,首先指凡事有主见。"主见",所强调的是主体性,指人能够且事实上成为主体,凡事有自己的独立思考,独立思想,独立决断,并且有独特方法;除此之外,主体性还指有担当。从这个角度看,不惑指在独立思考、独立决断中独自担当。担当,不仅涉及勇敢、无畏、忠信,更涉及远见、卓识,还涉及情、理、法、道的融会贯通。因而,担当的前提是**合情、顺理、入法、融道**。担当之前的独立思考、独立决断,要以所决断之事本身蕴含的情、理、法、道为依据。唯有如此,才可不惑;也唯有如此,才称得上不惑。

如果说"志于学"是求知的成长智慧;"而立"是独立顶天立地的智慧;"不惑"则是成熟的智慧,是合于人、合于事、合于物,合于人事物本身之情、理、法、道的智慧。

五十知天命 毕达哥拉斯认为数构成世界的本原,一、二、三、四、五、六、七、八、九、十,这十个数构成宇宙生成的基质。表面看,这似乎很荒唐;实际上,数蕴含宇宙的全部玄机与奥妙。毕达哥拉斯对数的玄机和奥妙的领悟和表述,同样在中国原初文化中得到彰显,《易经》中的八卦,仍然由一、二、三、四、五、六、七、八、九、十变化所成。在这十个数中,"五"居中,它表示中间、中央,也象征中正。五之前,是不及;五之后,是过犹。五,才是恰到好处:**中正,才可生成中和**。

《易经》八卦卦象以五为限,很有玄机和奥妙,它是描述自然宇宙和生命世界最深奥玄妙的一个数。孔子用它来描述有限生命处于中间、中央状态的人生阶梯和智慧状态,显出特别意味。在有限的人生历程中,五十之前的人向外生存,包括思维、认知、思考、作为、行动,几乎都以向外为主。一旦过了五十,人开始由外转向内,由向外追求知与做,开始转向内化的生命觉悟或觉解。换句话讲,五十之前主要追求身体之外的宇宙人生智慧,五十之后将转向追求身体之中的宇宙人生智慧。

人的身体之内的宇宙人生智慧,是生命的智慧。有关于生命的智慧,孔子认为其根本内容是关于生命极限的智慧。五十知天命,实际上是领悟、觉解生命的极限。在孔子的生命觉解中,生命的极限由上天安排,所以生命是**天命**所成。

二

孔子讲"五十而知天命"的前提,是生命诞生于偶然,人生充满偶然性。君子求学求立的修德进业人生,就是穿越其偶然性去洞察和把握必然性。"五十而知天命",是说人到五十应该对偶然性的一生有来龙去脉的觉悟,不仅应该明白自己的有限性,更应该明确自己的可能性。唯有当明白自我存在的有限性和可能性,才可抛开执迷追随天命而行。孔子五十有五时,毅然去鲁游国,求仕和传播文道救世理想、广纳年轻俊杰为徒,以为身后志业广播储备人才,这是觉解天命并追随天命的人生决策。试想,孔子没有游国经历,会有如此博大的学问吗? 即使有,如果没有游国,子夏、子张、子游、曾子等人也不会成为孔门之徒,身后怎会有如此波澜壮阔的孔学承传和发展?

知天命，就是在**知其然**基础上**知其所以然**。朱熹认为，知天命就是知晓"天道之流行而赋予物者，乃事物所以当然之故也"（朱熹《四书集注》）。孔子所讲的"天命"，是统摄人的生命智慧并主导人生方向的那种超越性的整体力量，它以自己的方式运行，更以自己的方式推动人自向前。人作为个体，永不可把握和驾驭它，这是人的理性的有限性，亦是人的有限性。唯有领悟这种理性的有限性和人的有限性，进而觉解它，顺从地接纳它并接受它的指引，以打开新的生存空间，这就是理性的可能性，亦是人的可能性。正是对这种可能性的觉悟，才开启"耳顺"和"从心所欲不逾矩"的人生道路。

"耳顺"，即**以知觉会通万物，以身体通达自然**；"从心所欲不踰矩"，指以本性生活，无不符合规矩；以自然方式存在，无不体现法则和规律。在孔子看来，从"耳顺"到"从心所欲不踰矩"，乃是知天命的自然敞开。知天命，是穷尽天理物性人欲，真正觉解天道律令，自然法则，生命本性，不逆天，不怨天，遵道而在，顺性而为，积极于当为而为，努力于应尽人事，不欺人，不尤人。这是真实的孔子：真实的孔子，就是**知天命，尽人力**。这种知天命、尽人力的乐观人生态度和积极人生方法，构成孔子的基本生存方式，亦通过身体力行变成中国人的基本生存方式。更重要的是，孔子的天命观还包含更根本的伦理精神，即**知天达命**精神。知天达命精神，是以达观的人生态度和积极的实干精神去践履天命所归的人生使命。这种知天达命精神，蕴含深刻的存在论思想和人生认知：生命的诞生看似偶然，人生命运的展开看似偶然，但本质上却是必然，上天创造了只属于"这一个我"的生命，必然赋予"我"以人间使命，觉悟天赋己之使命，并按照天命的指引践履之，这是生命与天命合，亦是有限与无限合，是个人与宇宙自然合，更是人性与天性合。正是这种合道、合命、合性，才使孔子"六十而耳顺""七十从心所欲不踰矩"；也正是这种合道、合命、合性，才使孔子以绝对自信的一己之力"担负起承续、播扬仁道和文化纲常的使命"[①]；才使孔子拥有面对"天生德于予，桓魋其如予何"和"天之未丧斯文也，匡人其如予何"之类的人生困境，从不失其坚定的使命信念："孔子这类无可撼动的自信与使命感，已经非常近于宗教情怀。正因为如此，这位有着'当仁不让'精神的圣人，竟被时人认为是'知其不可而为之者'。"[②]

① 金纲：《〈论语〉鼓吹：圣贤的光荣与漏洞》，天津，天津人民出版社 2007 年版，第 41 页。
② 金纲：《〈论语〉鼓吹：圣贤的光荣与漏洞》，天津，天津人民出版社 2007 年版，第 41 页。

第 5 章释义

孟懿子问孝。

子曰:"无违。"

樊迟御,子告之曰:"孟孙问孝于我,我对曰'无违'。"

樊迟曰:"何谓也?"

子曰:"生,事之以礼;死,葬之以礼,祭之以礼。"

[注释]

孟懿子:鲁国大夫,本姓仲孙,也称孟孙,名何忌,谥号"懿",尊称为"子"。

问孝:问,请教。指请教怎样做才孝。

无违:违,违背。指不违礼。

樊迟御:樊迟(公元前 515 年～?),姓樊,名须,字子迟,孔子游国时招收的弟子,《史记•仲尼列传》记载小孔子三十六岁;《孔子家语》记载小孔子四十六岁。凡事好问,求知兴趣广泛。御,驾车。

[译文]

孟懿子向孔子请教如何做才孝。

孔子告诉他说:"不违礼而行。"

樊迟为孔子驾车时,孔子告诉樊迟说:"孟孙氏问我如何才孝,我告诉他'凡事无违于礼'。"

樊迟说:"这是什么意思?"

孔子说:"父母在世时,凡事按礼侍奉。父母过世时,以礼安葬,然后依礼祭祀他们。"

[通解]

为政以德,就是道之以德,齐之以礼:道之以德,指遵循中正之道,以中正之德引导民众;齐之以礼,指用礼制、礼法、礼仪、礼节约束民众,使之修善性,养成正、诚、畏之心。一旦这种心灵秩序和法则在民众心中生成,良好的社会秩序的构建就有人性土壤和道德基石。然而,当以"道之以德,齐之以礼"的方式实施"为政以德"时,"道之以德"的"德"和"齐之以礼"的"礼"如何协调? 这构成阅读理解本章的入门问题。

一

孟懿子,是鲁国大夫孟僖子的长子,其父逝,袭其爵位,为鲁国大夫。

鲁国在鲁桓公之后一分三,孟孙氏是其中势力最大的一家。孟孙问孝,孔子以"无违"作答,依据是周礼,但同时也针对当时礼在鲁国已经崩坏的现实。鲁国的三家大夫,在礼制的运用上已经"有违"了,他们有时用鲁公之礼,甚至有时用天子之"礼",前者如"八佾舞于庭"(《八佾》);后者如"三家者以雍彻。子曰:'相维辟公,天子穆穆。奚取于三家之堂'"(《八佾》)。这种"僭越"行为不仅在鲁国出现,各国已很普遍。或许在这种状况下,孟僖子临终前嘱长子孟孙和他弟弟南宫适跟孔子学礼。

> 三月,公如楚,郑伯劳于师之梁。孟僖子为介,不能相仪。及楚,不能答郊劳。
>
> ……
>
> 九月,公至自楚。孟僖子病不能相礼,乃讲学之,苟能礼者从之。及其将死也,召其大夫曰:"礼,人之干也。无礼,无以立。吾闻将有达者曰孔丘,圣人之后也,而灭于宋。其祖弗父何以有宋而授厉公。及正考父,佐戴、武、宣,三命兹益共……臧孙纥有言曰:'圣人有明德者,若不当世,其后必有达人。'今其将在孔丘乎?我若获没,必属说与何忌于夫子,使事之,而学礼焉,以定其位。"故孟懿子与南宫敬叔师事仲尼。仲尼曰:"能补过者,君子也。《诗》曰:'君子是则是效。'孟僖子可则效已矣。"(《左传·昭公七年》)

此段文字记载孟僖子遗嘱其子学礼的原由:孟僖子以自己"病(担忧)不能相礼"的困境中发现礼乃"人之干",并且,"无礼,无以立"。所以,不仅自己发奋学礼"乃讲学之,苟能礼者从之",而且在临终前嘱咐其二子一定要师从孔丘学礼。

孟僖子所学之礼和孟僖子遗嘱其子应学之礼,均是周礼。周礼,当时是"王官之学"的礼法、礼制、礼仪,是周之血缘宗法社会的灵魂,亦是维系周之封建社会的纽带,因为通过礼法、礼制、礼仪,构建起完整的等级制度。等级制度的功能是使社会产生秩序,让不同阶层、不同身份地位的人各序其位。但自平王东迁以来,诸侯坐大,王权下移,宗法制度开始崩裂,在这种大趋势中,贵族们开始抛弃礼法、礼制、礼仪,忙于扩张势力、争夺地盘,以实现霸权。由此才出现孟僖子不能"相仪""相礼"的情况。在这礼崩乐坏的争霸环境里,孔子既非贵族,也非宗法内部人物,只是殷商遗民后裔,却具有高度的文化自觉,以"礼失而求诸野"(《汉书·文艺志》)的方式,收集整理西周以来典籍典章礼制文明以及殷商旧礼,然后用仁将二者融会贯通,并在官学衰落、私学兴起的境遇中授徒讲学,以此播扬新生的礼。所以,孔子的礼学,已不是单纯的"王官之学",而是**普世性**的为君、为人、为士、为民之学。在诸侯争霸,实力定位的乱伦和无治的时代,孔子之所以播扬古代典章文明,授徒学-习古代之礼,是因为礼是确定社会秩序和人伦关系的根本法则,亦是使人各在其位、各当其责的根本规范。更在于礼是构建等级、确定名分,使之各自安分守己的基本方式。这样一套法则和规范系统,源于远古先民生存的需要,经历夏商而在周制备成熟,且经历生活实践和时间的检验,到孔子时代,还找不出能够替代此套礼法、礼制、礼仪系统来更好地重建社会秩序。更重要的是,周礼这套秩序法则和行为规范系统扎根在血缘宗法土壤里,有深厚的人性依据:"夫礼,禁乱之所由生,犹坊止水之所自来也。故以旧坊为无所用而去之者,必有水败;以旧礼为无所用而去之者,必有乱患。"(《礼记·经解》)它具有超时空的普遍指涉性和张力,既是天子之学,也是诸侯之学、大夫之学,更是士子之学和庶民之学:为君者,礼乃王者之学;为臣者,礼乃官宦之学;为士者,礼乃君子之学,为民者,礼乃生存之学。此四者全,孔子礼学乃全。

二

礼,是社会制度的稳定机制,也是政治治理的社会方法,孔子讲"道之以德"的最终归依是"齐之以礼",而礼的奠基性内容却是孝。孟懿子师事孔子学礼治理邦国的首要课程,是学孝。

孝,在今天看来属私德,但在孔子时代,既是私德,也是公德,更是制度安排的基本方式。在以血缘宗法为取向的古代,"孝"蕴含两个能够进行制度安排和运作制度的独特功能:一是亲的功能;二是尊的功能。亲的功能铺开情感取向,其伦理张力是血缘之爱;尊的功能铺开理智取向,其伦理张力是等级尊卑。由此两种取向形成的两种功能,使孝进入政治生活,成为构建制度的内在依据。也由于这一取向形成的两种功能,使孝自身获得"上下有节"和"内外有别"的本质规定。孝之自身规定的外化释放,获得不可逆的"无违"。礼这一外在规定,首先指不要违背"上下有节"和"内外有别"的血缘亲情取向,其次指不违背父兄尊长的等级尊卑。这种"上下有节""内外有别"的血缘亲情取向和"等级尊卑"规范取向,必然构成不能违和不可违的神圣礼法。这一礼法既是孝的血缘真谛和孝的制度真谛,也是孝的伦理真谛。这是孔子说为政必须通过德行且最终能使所有人"齐之以礼"的原因,这同样是孟懿子学礼问孝,孔子要以"无违"点化之的根本理由。

孝，必须无违。无违，既是孝的本质规定，亦是孝的根本规范。但"无违"仅是对孝的抽象规定，它要获得常驻不衰的生命力，必须达向具体使之成为生存方式和行为方式，这就是"行孝三要"。

孝之于无违，不仅指涉当下、在世，更指涉未来、不在世。由此两方面要求，孝成为循环生死之礼。孝之于人，在家为子，必循父母生死之礼；出门为臣，必循君王生死之礼。尽生死之礼，概括为"事""葬""祭"：无论父母还是君王，其生，必按生礼而事之；其逝，必以葬礼而事之；其久远，必按祭礼而事之。更具体地讲，生之"无违"，是不违背其亲之意欲；死之"无违"，是不改其亲之意志。并且，生之"无违"，乃竭尽全力以事亲；死之"无违"，却是谨行中道，事之既不太过，也不无及。因为无及，乃是遗忘，遗忘至亲，是为不孝；太过，乃是自我损害，自我损害同样是不孝于至亲："毁不灭性，不以死伤生也。"（《礼记·丧服》）这是"死，葬之以礼，祭之以礼"必行中道，否则，就是乱"礼"或失"礼"。由此不难看出，孔子所播之礼，既有无限之规，更讲有限之道，这是生孝与死孝的区别，这一区别同样是孝之"无违"的具体规定。

第6章释义

孟武伯问孝。子曰："父母，唯其疾之忧。"

[注释]

孟武伯：孟懿子之子仲孙彘（？～公元前468年），谥号武，伯是其排行。

唯其疾之忧：其，三解：一是语气助词；二是指代其孝子；三是指代父母。第三种解释更为恰当。疾，生病；忧，忧虑、担忧。

[译文]

孟武伯问怎样才孝。孔子说："以父母忧子生病之心忧父母的健康和生活，就是孝。"

[通解]

孝是礼之大，也是治之大。为政者要"道之以德"，首先是孝者，以行孝的德行引导民众，使之有孝德；并且，为政者，还必须用孝礼去规范民众，使之成为孝子、孝民。这是本章与上章的主题关联和语义展开的逻辑。

一

"生,事之以礼;死,葬之以礼,祭之以礼",不仅是行孝的基本内容,也是孝治的纲要和原则。明确这一纲要并把握这一原则的精义,是区别"生,事之以孝"与"死,事之以孝"的关键。

在孔子的孝治政治学中,为政者无论以自行其孝的行为引导民众,还是运用孝法、孝制、孝仪去规范民众,都必须区分生孝与死孝的差异:生,事之以孝,是行孝的基本方面,要求形式与内容的统一。生,事之以孝,既无限制也无限度,因为它涉及做人的方方面面、生活的每个细节,需要尽心。与此不同,死,事之以孝,是行孝的根本方面,虽然有内容方面的要求,但更是形式的。进一步讲,死,事之以孝,既是内容方面的东西在本质上也是形式的,所以它是有限度的,无须面面俱到,需要的是尽其本性和本心。

孝,既然是为政者"道之以德、齐之以礼"的奠基方面,那么孔子与弟子交流、讨论它所涉及的范围和内容,应该非常丰富,被记录下来的内容也应该很多。但《论语》呈现这方面的内容相当有限,这些内容表面看似乎没有内在逻辑。但这只是人们孤立、静止地阅读《论语》形成的感觉印象。实际上,《论语》的内容选择很有讲究,对其入选内容的编纂也有自身逻辑。《论语》编纂的自身逻辑,构成**对孔子思想内容的生成性安排**。理解《论语》编纂的这一逻辑特征,就会发现读本章是对上章主题的继续:上章论孝,强调生必事之以孝,死亦必事之以孝。相对论之,死,事之以孝虽然根本,但生,事之以孝更重要。这是因为,用德行引导和规范人"生,事之以孝",是在构建生活秩序,用德行引导和规范人"死,事之以孝",是要构建心灵秩序,并且是构建心灵秩序的根本功夫。

二

人活着,其生是日常化的,它展开为方方面面,"生,事之以孝",应该从哪个方面着手呢? 孔子针对孟武伯问孝,用一个"忧"字来概括:"忧",是"生,事之以孝"的**纲,是生孝之纲**。

"忧"既然成为"孝"的纲要,它的内容是什么呢? 孔子认为是"唯其疾之忧"。

"唯其疾之忧",有两种解释:一种解释为"忧父母之疾",比如汉王充在《论衡·问孔篇》中说:"武伯善忧父母,故曰唯其疾之忧。"《淮南子·说林训》曰:"忧父之疾者子,治之者医。"另一种解释为以父母忧子之爱来忧父母之疾:高诱注本章曰:"父母唯其疾之忧,故曰忧之者子。"朱熹所注表述得更清楚:"言父母爱子之心,无所不至,唯恐其有疾病,常以为忧也。人子体此,而以父母之心为心,则凡所以守其身者,自不容于不谨矣,岂不可以为孝乎？"结合上下语境，以及思考孔子孝道的整体理路，朱熹此解更符合孔子本意。但要真正理解"父母，唯其疾之忧"，还需要整合如上两种解释来理解。因为，按照前一种思路来理解，存在一个问题：儿女凭什么"唯其疾而忧"？后一种理解可以解决这个问题。子唯忧其父母之疾，是因为父母唯忧其子之疾：子以父母之心为心、以父母爱子之情为情，来忧父母之"疾"。这里面包含生活经历的回放，更包含经验的反思，即将自己的成长过程予以回放，体会父母关爱儿女之心和关爱儿女之情无微不至；并对这种由经历所层累生成的经验予以理性反思，才可产生以父母之心为心、以父母之情为情、以父母之爱为爱的"父母，唯其疾之忧"的孝感和孝行。**孔子是经验主义者，但孔子亦是理性主义者，是对理性有限性予以深刻认识和领悟的第一人**：孔子关于"学而时习之"的德性教化理论，"为政以德"的实践政治哲学和"以仁入礼"的道德哲学，都是在对生活经验和历史经验的**反思基础上**，对有限理性进行无限开发的方法论。从形而上学角度看，孔子学说本质上是一种方法学，包括学而方法、为德（德性和德行）方法和治邦安国的政治实践方法。作为横跨道德与政治两个领域并使之连络一体的孝道理论，同样是这样一种经验理性方法思考的成果。

要理解"父母，唯其疾之忧"乃孝的深刻含义，还应理解"疾"字。人们一般将"疾"理解为疾病；但除此以外，还有担忧、担心、忧虑、忧心等含义。要理解此，需理解此章语境。

从本章语境看，孔子论"父母，唯其疾之忧"，是针对孟武伯问孝所做的应答。孟武伯，即仲孙彘，其死后以"武"为谥号，则很有讲究。古人谥号，是根据此人生前的主要行状（即所作所为）来命之。在《周书·谥法解》中，"武"字之谥义有五：一是"刚强直理"，即刚不欲，强不屈，怀忠恕，正曲直；二是"威强敌德"，即与有德者敌；三是"克定祸乱"，即以兵往，故能定；四是"刑民克服"，即法以正民能后服；五是"夸志多穷"，即大志行兵，多所穷极。从"武"字之如上含义可推知，孟武伯是一个勇武胆大的人。但凡勇武胆大者，可能会在某些场合或境遇中易于意气行事，缺少节制，对人失礼，甚至或超越礼制。这种性格的人，其生活其为人处事容易为父母所心忧。所以，当孟武伯问孝时，孔子以此对答：孝乃忧父母之疾。或曰：以父母之心为心、以父母之爱为爱、以父母之情为情的方式来忧父母之疾，就是孝。

但从本章的上下文语境看，孔子应答孟武伯问孝，承接第五章"孝之无违"，或可看成对"无违"的具体阐发：既然无违才孝，那么，当父母在世时，作为人子最紧要的无违应该是哪些方面？孔子通过应答孟武伯问孝做出两个方面的讲述：一是在身体健康方面，无违于父母的意愿，必以父母之疾为忧,尽心尽力使父母无疾病地健康生活,这是基本的孝,因为它使孝变成人子的日常生活内容;二是在为人处世上无违于父母的意愿,必忧父母忧子之疾(即担忧、忧虑、忧心),这是根本的孝。这一根本的孝有三个方面:一是使德性合于仁,德行合于礼,处事为人、待人接物,均能做到温良恭俭让,使父母不为之忧虑、忧惧,这是做人的"无违"。二是有后,使家庭繁衍生息,使父母不为之担心、忧虑,这是承传血脉的"无违"。三是有兴家之志、具光耀门庭之力,使父母不为之忧心、操劳,这是兴旺家业的"无违"。真正的孝,就是同时做到和做好如上各方面,方才有资格为政,并从如上各方面入手施治于民,使人人成为人子,只要做到了,民德必然归于纯朴和敦厚。

第7章释义

子游问孝。

子曰:"今之孝者,是谓能养。至于犬马,皆能有养;不敬,何以别乎?"

[注释]

子游:姓言,名偃,字子游(公元前506年~?),孔子游国途中招收的弟子之一,比孔子小四十五岁,是孔子最喜欢的弟子之一。孔子喜欢子游,因为如下三个突出的方面:一是子游非常熟悉古典文献,精通古礼,这对"信而好古"并以"克己复礼为仁"为己任的孔子来讲,无疑是最佳知音。二是子游不仅勤学,而且善习,有很强的独立思想的能力和执着于真理的能力,比如,在教育认知的基本思想上,他与子夏相左,而据理争论;再比如,他还曾经当面纠正过孔子的错误,并且孔子亦承认其错误(详见《阳货》第十七章)。这从一个侧面展示孔子为师的胸襟与气度,更展示孔子培养弟子,不仅鼓励其好学勤习,也不仅注重于因材施教,更看重弟子的独立思想、个性发展、批判意识、质疑精神的养成。三是子游很年轻就从政,做武城县令时,实施孔子"道之以德,齐之以礼"的为政主张和理想,并且颇有成效。子游死后,被称为"子游子"。子游子承继孔子之志,培养后学,发扬孔学,其后学形成阵容不小的独立学术团体,即"子游氏之儒",在当时产生了很大影响。

至于犬马,皆能有养:至于,即使。犬马,犬守御,马代劳。因犬马能侍奉人,故人亦要为之提供食物及相关生活条件,才可使其发挥守御代劳的功能。养,提供物质方面的条件,使之能继续存在、活着。能养,一曰提供使之生活的物质条件;二曰仅限于提供使之生活的物质条件。至于犬马,皆能有养,指即使侍奉人的犬马,也需要人喂养它们。

敬:根据本章的主题,不做恭敬、庄敬讲,指发乎本性的感恩之爱。

[译文]

子游请教怎样做才孝。

孔子说:"现在,人只把为父母提供衣食住行的物质条件看成行孝。但是,即使为人守御代劳的犬马,人们不是也要饲养它们吗?没有发乎本性的感恩来爱父母,仅为父母提供物质生活条件的孝,与饲养畜牲有何区别呢?"

[通解]

实施"道之以德,齐之以礼"的基本方面,是以孝德、孝行、孝礼来引导、规范民众,使之成为人子。《论语》编纂者在本篇中安排这方面的内容,是按照从认知到实践、从一般到具体的进路展开的。第五章论孝的本质和行孝的范围,重在引导弟子明确孝治的目标和方向:孝治的目标是使其"无违";孝治的方向是使民"生,事之以礼;死,葬之以礼,祭之以礼"。第六章孔子以应答孟武伯问孝,告知身体力行地引导、规范民行孝,应该从"忧父母之疾"入手。本章和下章均承上章继续讨论如何无违于父母健康生活意愿。本章讨论无违于父母健康生活意愿的伦理本质;下章讨论无违于父母健康生活的意愿的伦理方法。

一

在孔子看来,对父母"生,事之以礼"的基本内容,是无违于父母的意愿,使其健康生活。父母能健康生活主要体现在两个方面:一是身体无病痛;二是生活有保障,无吃穿住行之忧。父母身体无病痛之苦和生活无"无保障"之忧,是人子的奠基之孝。所以,孔子教导弟子,一旦为政,必以其身体力行方式引导民从这两个方面做到。

对父母"生,事之以礼"的根本内容,是"敬"。孟武伯问孝,孔子指出人子之孝的纲领就是"父母,唯其疾之忧",解决了"生,事之以礼"的基本方面;子游问孝,孔子则答之曰:人子之孝不是"能养",而是"必敬",要解决的是"生,事之以礼"的根本方面。

孔子回答子游之问,其实是续第六章主题,针对孟武伯所问阐发"能养"与"必敬"的根本区别:首先,将"生,事之以礼"锁定在"健康生活"方面;其次,使父母健康生活,客观地存在孝与不孝两种情况。孔子先陈述当前人们对使"父母健康生活"的普遍看法,认为"孝"就是"能养":朱熹在《论语集注》里注释"今之孝者,是谓能养"时,引用胡氏对此句的理解,"世俗事亲,能养足矣。狃恩恃爱,而不知其渐流于不敬,则非小失也。子游圣门高徒,未必至此,圣人直恐其爱逾于敬,故以是深警发之也"。胡氏之论可权且一说,但结合上下语境,或许不能如是解。此论虽然因子游问孝而发,却是对"生,事之以礼"的伦理本质的阐发,其目的不只是要警示子游,而是告诉弟子,对于父母,其在世时"事之以礼"如何才是真正的孝。正因为如此,孔子才接着以类比方式指出孝与非孝的根本区别为何是"必敬"与"能养":"能养"只是喂养行为,不是孝道行为。使父母身体无病痛之苦和生活无"无保障"之忧,仅仅看成能养,或者说仅从"能养"角度使父母生活无"无保障"之忧和无病痛之苦,这不是对父母的孝,而是在喂养牲口。最后以"不敬,何以别乎"的反问方式,正面指出真正的孝,是把具有动物本性的人变成人性的人的根本方式,这就是将父母变成心敬的对象,使自己成为**以心敬人**的人。所以,以敬的姿态赡养父母,持"以敬之心"来使父母无病痛之苦和无"无保障"之忧,这才是孝。

二

从根本讲,养,不仅在其有用性,也体现爱,所以"能养"即"能爱"。但为什么"能养"之爱不是孝呢?这涉及两个问题:

一是"爱"的类型问题。在孔子看来,爱有两类:一类是本能之爱,这类爱是先于人伦的生物之爱,它体现质朴的报答;另一类是人伦之爱,它后于前一类爱,却是对前一类爱的超越,不仅包含报答,在本质上也体现敬。

二是对"敬"的理解定位。在一般意义上,"敬"乃尊敬、敬爱之意。但"敬"的本义却是畏惧,它源自祭神的畏惧,所以敬的本质是畏与惧:因畏、惧而生敬心、敬情。在"不敬,何以别乎"的反问中,孔子告诉弟子:怀畏惧之敬心来事父母,才是真孝。更具体地讲,唯有心怀如同祭神时所具有的畏惧与虔诚来事父母时,才是孝。所以,孝,必须源于心灵觉解,源于神性启示,源于绝对无条件的神圣之爱,而不是来自物质,更不是来自以简单的物质方式表达的粗糙的或者说**无心**的报答。

这既是"能养"与"必敬"的本质区别,更是"爱"与"敬"的根本区别:"爱亲者不敢恶于人,敬亲者不敢慢于人。"(《孝经·天子篇》)爱父母,是不对父母有恶言恶行,但敬父母,却不能骄矜傲慢。"孝子之事亲也,居则致其敬,养则致其乐,病则致其忧,丧则致其哀,祭则致其严。五者备矣,然后能事亲。事亲者,居上不骄,为下不乱,在丑不争。居上而骄则亡,为下而乱则刑,在丑而争则兵。三者不除,虽日用三牲,犹为不孝也。"(《纪孝行章》)判断"能养"与"必敬"之区别的内在尺度,却是**心**,是心之虔诚。唯有心虔诚,才可生敬,以虔诚之心为动力的所有敬爱行为,对于父母来讲都是孝的,哪怕这种虔诚的敬心行为在物质方面是贫乏的,也都是孝行,是更值得敬重的孝行。

第8章释义

子夏问孝。

子曰:"色难。有事,弟子服其劳,有酒食,先生馔,曾是以为孝乎?"

[注释]

子夏:名卜商(公元前507年～公元前402年?),字子夏,尊称为卜子或卜子夏,卫国人,比孔子小四十四岁。子夏长于文学(即学术),他是孔门弟子中对后世影响最大者之一。孔子死后,子夏居住于西河专事教授,培养出大批有作为的弟子,包括魏文侯、田子方、李克、段干木、吴起、禽滑离、公羊高、高行子等,相传战国时著名的经济学家谷梁赤也是其门徒。子夏讲学,以《诗》和《春秋》为基本教材,与汉代经学关系最大。

色难:色,脸色、容色。皇侃注为:"色谓父母颜色也,言为孝之道,必须承奉父母颜色。"可理解为父母的日常情感的变化,简称为父母的日常生活情态。难,困难、难以做到。包咸注曰:"色难,谓承望父母颜色乃为难也。"从皇氏、包氏注解,不能将"色难"理解为"孝事父母,难以有和颜悦色"。

弟子服其劳:弟子,年幼者,指晚辈。但联系本章"子夏问孝"这一主题看,以包咸的注解为当:"弟子,谓为人子弟者也。"服,操持、执持;劳,代劳、劳苦。言:"家中有役使之事,而弟子自执持,不惮于劳苦。"(包咸)

先生馔:先生,年长者,指长辈。但相对"子夏问孝"主题言,谓"父兄"(包咸、马融注),是相对前面的"人子弟者"言。馔,有二义:一是饮食,指吃喝;二是具,指共享。二义兼用。

[译文]

子夏请教如何做才是孝。

孔子说:"事父母,和颜悦色最困难。有事情,子女为之操劳;有酒肉,父兄先享用;仅做到这些难道就是孝吗?"

[通解]

本章承上章继续讨论如何才能做到"生,事之以礼"的问题。上章子游问孝,孔子趁机阐述孝的人伦本质是虔诚敬畏,只有当子女必怀虔诚敬畏之心事父母,才是真孝。本章针对子夏问孝,阐述应容受父母日常情态的和颜悦色方式表达人子虔诚敬畏之爱,与上章比较,本章重在讲孝行的具体方式方法。

一

孔子教人,哪怕同一问题,总因人而异地针对性释疑解惑。在孝亲方面,子夏无可挑剔,但在对待父母的日常态度方面,子夏可能因其"狎恩恃爱"有时显得并不怎么有耐心,由此可能形成与父母在情感上的非完全和谐,心中困惑,于是又问孝。子夏问孝,孔子针对性阐述虔诚敬亲的日常方法,只能以和颜悦色方式容受父母颜色,这是人子之真心虔诚。

在孔子孝治理论中,"生,事之以礼"的情感本质,是心怀虔诚的敬畏;其行为本质,是以和颜悦色方式方法容受父母日常情态。作为君子,其学"为政以德"的奠基功夫,就是以身体力行方式引导和教化民孝亲,必须敬之、悦之。

二

子夏问孝,孔子应答。其基本进路是先正面下判断,然后以反问式举例方式阐述自己的判断。由此阐述孝亲的两个基本方面的内在规定性。

首先,孔子从行孝方式方法入手,对真孝做出具有普遍意义的判断:事亲"色难"。这一判断蕴含两个方面的内容:一是日常事亲,其行孝也难。二是日常事亲,行孝之难,难于色,即难在如何始终容受父母颜色。

本章中讲的"色难",是一个全称判断,即凡事亲者,色难也。并且,"色难"还是一个排除特定情景的普适判断,即人子事亲之"色难",并不在某种情境、某种状况下出现,而是父母生活的日常情态,它构成事亲的日常状况。孔子对孝亲"色难"的普遍性、一般性、日常性的真实把握,源于对人的日常事亲行状的静观默察之后的本质性理解。在日常生活中,孝亲之难,不仅难在"必敬"与"能养"的混淆,更难在难以有和颜悦色的态度和方式去容受父母的日常情态。

孔子对日常事亲之"色难"判断,还道出一个根本性的问题:人们日常事亲为何难以做到容受父母颜色?在孔子看来,日常事亲应孝,孝则必敬,敬之表现为和颜悦色。追溯根本,仍在于心。心之本体乃性,所以心由性生,情由心生,色由情生。要做到日常事亲和颜悦色容受父母日常情态,需要真情真爱;但真情真爱源于淳朴、虔诚、敬畏之心,这种淳朴、虔诚、敬畏之心却是对天赋本性的再造。因而,孝亲之难,虽然表现在敬与色两个方面,但根本却难在人性的自我塑造。孔子讲"性相近,习相远"(《阳货》):人性是天赋是自然之性,却因后天生存之利欲催动表现出巨大差距。正是这种人性状况才产生人如何成为人的普遍问题,才形成事亲的"能养"与"必敬",以及事亲的物质供奉与情感愉悦如何统一的问题。这些问题,既是事亲孝与不孝的伦理问题,也是如何身体力行治民以孝的政治问题。

孔子应答子夏问孝,一个"色难"判断,道出日常事亲的行孝与治孝的双重生存论问题。正是对这一双重生存论问题的正视,孔子才采取反诘方式,从日常事亲的两个基本方面,即"有事,弟子服其劳"和"有酒食,先生馔"两个方面提出反问:"能够做到被称之为'孝'的这些方面真的是孝吗?"这种反诘式问话,不需要回答,因为答案本身蕴含在这种反诘式质问之中:"有事,弟子服其劳"和"有酒食,先生馔"这类被人们视为孝的日常行为,如果没有发自心灵深处的虔诚敬畏之情,不能称作孝,因为日常事亲和颜悦色于父母的日常情态,是虔诚敬畏之心和绝对淳朴之情自然呈现。没有虔诚敬畏之心和绝对淳朴之情的"有事而服其劳"或"奉酒食以先生馔"的事亲行为,实际上离孝很远。因为这种为其服劳和提供酒食的行为,仅是物质层面的奉献,其之于生命的共生存在,以及之于血缘生命一体化生存言,已经"隔"了。真正的孝,是子女与父母生命的**共生存在**,是父母与儿女血缘生存一体化显现,它是纯粹的,是无条件的,是天地之心和血缘之情的融会贯通。所以,孝,不仅在于责任,也不仅在于物质、环境,更不仅在于虔诚的敬畏,最为根本的是对生命来之何所来、去之何所去的心灵照亮和人性觉悟的感恩之情和珍爱之情的行为表达,所以,它要求以虔敬的和颜悦色容受父母的日常情态。无论何人,一旦获得这样的生命觉悟,其和颜悦色必然洋溢于日常事亲的全过程每个具体行为中;并且,为政者一旦能以身体力行方式劝勉民事亲必敬且悦,民德归厚必然水到渠成。

第 9 章释义

子曰:"吾与回言终日,不违,如愚,退而省其私,亦足以发。回也不愚。"

[注释]

回:姓颜,名颜渊(公元前 521 年～公元前 481 年),字子渊。鲁国人,《史记》记载比孔子小三十岁,杨伯峻《论语译注》从其说;但根据毛奇龄《论语稽求篇》和崔适《论语足征记》考证,《史记》的"三十"应为"四十"之误,颜渊实比孔子小四十岁。如果此考证确实,那么颜回卒于三十一岁。颜渊是孔子最喜欢的弟子,视之甚子,死后,孔子为之"恸"(《先进》),认为孔门弟

子中唯颜渊好学:"有颜回者好学,不迁怒,不贰过,不幸短命死矣! 今也则亡,未闻好学者也。"(《雍也》)

与回言终日:言,谈话、说话。指孔子与颜回交谈。终日,有二解:一是整天;二是经常、常常。当以后解最为恰当。

不违,如愚:不违,不悖、不相背离。愚,愚笨。如愚,如愚人,可与"回也,非助我者也,于吾言无所不说"(《先进》)相呼应,亦与后面"不愚"相反对。

退而省其私:退,退出、离开。省,内省、自悟。私,私下。省其私,内在地自悟。回与老师的"言终日"是"学","退而省其私"是自内"习"。

亦足以发:足,足以、完全可以。发,发挥。足以发,完全可以自由发挥其思考。

[译文]

孔子说:"我经常与颜回谈论学问,他从未有不同看法,好像很愚笨。从我这里离开,还继续自省自悟,最终能理解其讲授的内容。其实颜回并不愚笨。"

[通解]

孔子学问是君子之学,重在学而成己。成己所向,必在于仕而求之以治。其基本进路是"道之以德,齐之以礼";其奠基性政务是治民以孝,使民德归厚;其根本方法是身体力行的德行。从第五章到第八章,展示这种方法得来的基本途径是间接经验,他往往由老师有针对性地提供,由是突出教的重要性。从第五章到第八章,从整体上呈现孔子教导弟子应以身体力行方式引导民日常事亲以孝必须具备哪些基本认知、行为规范,以及方式和方法。在孔子看来,"为政以德"的德行方法,无论表现在治民方面,还是体现在治事方面,既有一般的普适性要求与规范,更应该具有人格化领悟与个性化发挥的要求。这是本章与前面诸章内容的内在关联,也是本篇讨论主题从"孝亲"转向"识察能力"培养的内在进路。

一

修习"为政以德"的德行方法,客观地存在"学"与"习"或者说"修养"与"践履"两个方面。在孔子看来,人修习德行的一般途径是学,所得的东西是普遍性的认知、规范、要求或一般方法;修习德行的特殊途径是习,包括内习(反求诸身的内省)与外习(践履实做),所得到的东西是个性化、人格化和创造性的经验、知识、思想。由此可看出,修德行,学很重要,但根本却是习。因为学得的只是一般,是外在化的东西;习得的却是具体,是内在化的东西。德行方法具备的主体前提是德性,德性的形成与提升,主要不是靠外在的学,而是靠内在的习,哪怕是外的学,最终也要通过内在之习内化为德性内容。这是《论语》编纂者在组织《为政》篇内容时,之所以在讨论德性方法时,先要学,然后再习,或者说先需要老师教,然后才可自习的根本考虑。

从另一角度看,无论学以及由学引发出来的教,或者由习展开的内省与践履,都是基于经验。经验始终源于个体并指向个体,但它真正成为经验并获得经验(可资借鉴和可重复操作性)的品质,必须达向对自身个性的超越以获得普适性功能。这是孔子学问的认知特征和方法论特征。理解和把握这一双重特征,才可理解孔子从学和习两个方面引导弟子做德行方法训练时,始终以个体为论说对象、以具体内容或问题为探讨的主题,才可避免静态理解《论语》言论造成的局限或误解。

二

表面看,这段文字是孔子对颜回"学而"的评价,但实际上却是通过对颜回式"学而"方式的评价,阐述君子"学文入道,修德进业"的德行方法生成的人格法则和内在规律。

> 颜子深潜纯粹,其于圣人体段已具。其闻夫子之言,默识心融,触处洞然,自有条理。故终日言,但见其不违如愚人而已。及退省其私,则见其日用动静语默之间,皆足以发明夫子之道。坦然由之而无疑,然后知其不愚也。(朱熹《四书集注》)

要很好地理解朱熹对本章内容的如上注解,须先疏通本章的基本语义。

孔子所讲的"终日",从字面讲,指从早到晚成天之意,但本章所言"终日",夸张或比喻而已,言其经常、常常,意为"我经常对颜回讲(成己、成德、为政等方面)学问,但颜回从来都是静静地聆听,从不发表自己的看法,甚至连赞同或不赞同的表达都没有,所以,看起来很愚笨的样子"。这里的"不违",与第五章中的"无违"同义,即不违背。指颜回对老师所讲的一切东西、所有内容不发表任何不同看法,不提任何问题,也不做任何评价,这就是"不违"。但退而自省,却能豁然洞识,融会贯通,条理分明,敏锐发现夫子学问的精义,并且用之于行,则能发挥自如。由是观之,颜回并不愚笨。

孔子对颜回的评价,道出"学而"精义:首先,学需赤诚。所谓赤诚,一指具备归零的心态聆听,心中无杂念,更无陈见;二指以生命投入方式聆听,以求竭尽全力,一心一意。因为,一心二用,必然分,分者必然杂,杂者难以做到完全聆听,不能完全聆听,自然可能漏掉需学之精义和所学之灵魂。其次,学需要虔敬。所谓虔敬,就是对老师要发自内心的恭敬,对老师讲的学问,发自内心的敬畏、崇敬。唯有如此,才可以生命投入方式聆听,唯恐有任何疏漏、遗漏。学之赤诚和虔敬的具体表现,就是老师讲时默默地聆听,不漏掉任何细节、任何具体内容和任何关键的见解,甚至包括老师讲授时流露出来的错误或局限、偏见或肤浅,都将作为重要的内容默默融进心底。最后,学需要内省,所谓内省,就是反求诸身的领悟、觉解。因为聆听只是吸收,吸收得来的东西始终是老师的东西;老师的东西再正确,或错误,都是老师的。要将从老师那里学得的东西、聆听得来的内容变成自己的,必须内省、反刍,必须启动天赋的神思和心灵的融通机制,予以会通融化,然后才可洞察老师传授的学问的精微与玄妙,梳理出老师传授的学问、思想、见解、方法的内在条理与智慧,在此基础上发现其不足或局限、错误或偏颇,对老师传授的学问的内在深邃和外化张力豁然开朗,然后从这两个方面去充实、拓展和丰富、提升之。这就是朱熹讲"发明夫子之道"的基本含义。这里的"发明",可做发现照亮讲,即发现夫子学问的精微和玄妙,有如宛然获得炽烈的光芒将老师传递给自己的所有内容都照亮了。最后,以其发现的夫子之道去指导自己的行为,使之充满个性张力和人格力量的行为完全合道合德。

更为重要的意义,在于孔子通过对颜回式"学而"方式的评价,阐发他的基本教育理念和教育方法,即"教学相长":夫子"与回言终日"和颜回"退而省其私,亦足以发"。这既是孔子对颜回学而"时习"的高度赞赏,发现他"习"的过程,是自我创发新见解、新视野、新方法与智慧的过程,也是夫子本人从反观颜回式"学而"方式和"学而"行动中获得启发、新见和自我开阔与空灵的过程。被弟子所崇敬的孔子何以能够做到这一点呢?在孔子看来,知,始终是一个不断探求的过程:**知的本身,潜伏着无知;知的行为,**或者说向学生传授所知(学问)的行为,**是打开不知的领域和无知的世界的过程。**正是基于这一基本认知,孔子"与回言终日"之后,才"退而省其私",并在"退而省私"的行为展开过程中"足以发"。所以,弟子的学问,是"学而"尽性的学问;老师的学问,亦是"学而"不辍的学问。二者虽有区别,但也有共同要求,即必须"学而"赤诚和"学而"虔敬。这是"学而"成己、"学而"进德、"学而"为政的根本法则,最高方法。因为,无论对颜回等弟子言,还是就孔子自身论,**赤诚者心灵,虔敬者慧悟。**

三

颜回比孔子小四十岁。在众弟子中,孔子独爱颜回,并不是颜回年龄小,其实子游和子夏年龄更小,他们分别比孔子小四十五岁和四十四岁;亦不在于他安贫乐道,不愿仕途,可能因为他早逝而未及于仕途。《论语》关于颜回的内容共二十一章,大都集中于《雍也》和《先进》篇,其中所记载的最重要的内容大多是孔子对颜回的看待和评价,它由两个方面构成:一是针对颜回早逝的夫子行状,这构成孔门的大事件;二是夫子对颜回的评价,主要围绕他如何潜心"学而"而不考虑物质生活条件,这是后人为之概括的"安贫乐道"。

孔子深爱颜回,不是爱颜回的安贫乐道,无论从孔子学问讲,还是从孔子人生论,都不主张安贫乐道,也不鼓励安贫乐道,虽然他讲"未若贫而乐"(《学而》),而是说在不得已而贫困的状况下应该具备"化贫而乐"的生活态度,这样才可使自己不沉沦于贫困。以此观之,至少在孔子看来,真实的颜回,不是安贫乐道的颜回,只是以生命投入"学而"不辍、默而求慧的颜回。孔子爱颜回,也不是颜回拒绝做官,因为孔子学问不是教人拒绝做官的学问,而是教人如何为政、怎样做官和做好官的学问,颜回没有做官,并不等于他不愿做官和拒绝做官,而是因为他未等到做官的机遇就早逝了。孔子独爱颜回,应该另有原因:首先,颜回对夫子和夫子学问的赤诚、虔敬和崇拜,这种赤诚、虔敬和崇拜,是以生命投入方式聆听和默识融通的方式展开。这种方式独特,也为孔子特别看重。其次,颜回将夫子学问作为一种生活方式,除了跟着夫子"学而",从不考虑其他,纯粹以"学而"而乐,哪怕"一箪食,一瓢饮,在陋巷,人不堪其忧,回也不改其乐"(《雍也》),表明颜回追随夫子求习学问绝对赤诚与虔敬,这是颜回深得孔子之爱的重要方面。最后,颜回以赤诚和虔敬的态度和生命投入方式跟随夫子求学问,养成"终日不违"其师"言",却"退而省其私,亦足以发"的"学而"方式和"学而"方法,在孔子看来,是得到了他的学问真谛。

更重要的是,颜回将跟随夫子求学问作为生活方式,使孔子从中发现自己的君子理论,即成己的教育哲学、进德的道德哲学和为政的政治哲学能够获得统一的现实性和能够践履的可能性。在孔子看来,如果颜回不早逝,或许会进行践履的实证。颜回早逝,使孔子"成己、进德、为政"三位一体践履梦想落空,这或许是孔子为之悲痛不已,大呼"噫!天丧予!天丧予"(《先进》)的根本原因。从根本讲,孔子以"为学、进德、为政"为基本内容的君子理论,能够内在统一的根本方法是"德行"方法,它的灵魂是赤诚与虔敬,或可说以生命投入方式尽性践履。在孔子学说中,为学方法亦是进德方法,更是为政方法。人一旦具备为学的德行方法,也就获得进德的德行方法和为政的德行方法。只有进入孔子君子理论的宏大经验语境中,才可真正理解本章的深刻寓意。同时,唯有将本章内容纳入"为学、进德、为政"的君子理论大框架中,才可真实理解孔子如此评价颜回之学所表达的如上深刻思想。

第10章释义

子曰:"视其所以,观其所由,察其所安,人焉廋哉? 人焉廋哉?"

[注释]

所以:以,有两解:一是因也,即因何而为,指视其因何而为;二是为也,视其何以如此作为。所以,言"视其所行用"(何晏、邢昺《论语注疏》)

视、观、察:三者都指"看",但有程度区别:看近者,谓之视,有入眼"全体"义;看远者,谓之观,有入眼"大体"义;看细节者,谓之察,有入眼"细微"义。

所由:由,经由。指所经由的途径。

所安:安,安顿、安止。所安,指所能使之安于什么或止于何处,它有两解:一是所乐;二是所止。

人焉廋哉:廋,藏匿。人焉廋,人能藏匿于何处。

[译文]

孔子说:"观察人,首先应观察其所作所为,然后考察他何以如此方式作为,再观察他如此这般作为的兴致所在和目的所向。以如此方式展开,真实的人有藏匿的地方吗? 真实的人有藏匿的地方吗?"

[通解]

无论为学成己,还是进德成己,或为政成己,在德行方法的默识慧通上,却共通。为政实践更是如此,因为为政实践本身就是学问,是最复杂和最富变化的学问,对为政学问的真正理解,既需要以生命投入方式去学,更需要赤诚和虔敬的德行方法。唯有如此,才可能走向对人的认识,了解孔子政治哲学的精髓。

一

孔子政治哲学,是"为政以德"的实践学问,学习这种既弘大经验,又体现有限理性的实践学问,需要注意治民和治人两个要点。

本章中，"人焉廋哉"的"人"，与《论语》中其他地方提到的"人"同义，是对有身份、地位、文化的那一类人，包括君主、贵族、官僚、读书人组成的特殊阶层的称谓，有点近似于古希腊时代城邦社会里享有特权的"公民"群体，他们享有相应的特权。

由于"人"享有特权，可能更容易不仁或无礼。在孔子看来，当世社会的礼乐崩坏，很大程度上源于由"人"组成的特权阶层。这是孔子政治学既强调治民，更主张治人的根本原因。孔子指出，在礼乐崩坏的当世社会，民无德，可能犯上作乱；但人无德，却可能扰乱朝政纲纪，其危害性更大。

为政必须治人，治人的奠基功夫只能是识人，即"以仁为镜子"并"以礼为标准"来辨别人的真假，目的是把"小人"揪出来，使"人"的队伍纯洁。"人"的队伍纯洁了，统治阶层内部就团结了。团结本身就是力量，用团结这种力量去治民，教化民事亲以孝，使民德归厚，自然变得容易。

二

按现在的理解，识人就是考察人的真伪，但回到孔子语境中，识人指辨别人的大小，即分辨出人和小人来，所以识人之法也是德行方法。这种德行方法体现在两个方面：首先，识人体现运用此种方法的人的德行，识人者的德行如何，体现其识人取向、水准、能力的差异性。其次，运用这种识人方法的目的，是揭示其人的德行取向及德行状况。更重要的是，在孔子看来，识人方法的运用和识人方法能力的训练，本身就是为政的实践方法：识人的实质是施治，所以，识人是最重要的施治内容，也是最根本的施治方法。

既然识人是根本的为政施治方法，应该怎样运用呢？孔子指出，识人的根本目的，是让所需要辨别的人赤裸地暴露出自己的真面目来，使其无所逃匿、无所隐藏。其具体步骤有三：

一是"视其所以"，这是**行为观察法**。要识别一个人的"大""小"，基本方法是观察他的日常行为和作为。一个人可以在某种情境中一时作秀，一时表演，但不可能时时、事事表演。所以，**为善者总是在行为上本能地行善，作恶者总是在行为上本能地行恶**。

二是"观其所由"，这是**"动机—目的"观察法**。"观其所由"直接承接"视其所以"论，即直接承接人的"行为""作为"论：观察人的所作所为，不仅观察其行为本身，更要进一步考察其行为展开之由来，这既涉及发动该行为的动机①,也涉及由此动机为导向的目的②,更涉及由动机到目的的行为手段的选择性。杨伯峻将"观其所由"的"由"理解为"由此行",其表意更准确,即由此(有意或无意)动机导向(有意或无意)目的的方向展开行动。这种"动机-目的"观察法,是透过行为考察其实质的识人方法。比较言之,"视其所以"是**现象识辨法**,"观其所由"属**本质识别法**。

三是"察其所安",这是**本性审视法**。此处的"所安"有二解:一可解为"所乐",朱熹《四书集注》就作如此解:"所由虽善,而心之所乐者不在于是,则亦伪耳,岂能久而变哉?";二可解为"所止",即本性所主定止之处。结合上下文语境,两解都对,但其"所乐"一解不能涵盖另外的情况,比如,一个人如果干了件坏事,为此而心不安,或者产生严重的负罪感,如何辨别这种行为所产生的结果呢?概括地讲,"视其所以",是行为观察法;"观其所由"是由动机导向目的的手段选择观察法;"察其所安"恰恰是**结果观察法**。行为观察法,是辨别所作所为体现出来的做人的大小;"动机-目的"观察法,是从其动机萌生到行为展开全过程来辨别其做人的大小;结果观察法,却是从对其行为产生的结果的看待来辨别其做人的大小,**它不仅透过现象看本质,还透过本质看本性**。一个人本性善,他的行为产生的结果就善,他就为之而生乐;如果他的行为产生的结果非善,或者恶,他就为此心不安,或者心怀负疚、罪过,其人也是善的。一个人如果心存恶意,其行为结果是善的,但由于他的所乐不在此,也可能面对此善果而不快乐,甚至愤怒。

三

分别理解"视其所以,观其所由,察其所安"之后,再整体地看孔子这三大识人方法,其实是一个动态生成的**过程方法**。孔子告诉弟子,辨别人的大小(或者说好恶)的真正方法,就是将人置于从"行为动机"到"行为手段选择及行为展开"再到"行为结果及内在心理反应"这一全过程来考察,才可真正辨别出其人的大小、好坏,有德还是无德。

孔子这一整体主义的过程识人方法展开三个环节,形成三个步骤,然后揭明三种具体方法。从这三个环节着手,充分运用这三种具体方法,任何人都无可逃遁地暴露其原形。

孔子为自己所创立的这种识人方法的普遍适用性感到非常满意、自豪,所以他才如是连用两个反问句:"人焉廋哉? 人焉廋哉?"

---

① 论及"动机"时,可发现它客观地存在着两种,即有意识的和无意识的。无意识的动机,是本能性的或习惯性的。但无论有意识的动机还是无意识的动机,都体现了行为的本质。

② 从伦理角度论,"目的"同样有两种:一是有意目的,它由有意识的动机所导向生成;二是无意目的,它由无意识的动机所导向生成。

孔子这一整体主义的过程识人方法,是为政的基本方法。因为,为政治理邦国政务,就是治民、治事;将治民、治事政务经营好的前提,是选择、选拔从政者。

> 子路问于孔子曰:"治国何如?"孔子曰:"在于尊贤而贱不肖。"子路曰:"范仲行氏尊贤而贱不肖,其亡何也?"曰:"范仲行氏尊贤而不能用也,贱不肖而不能去也;贤者知其不己用而怨之,不肖者知其贱己而雠之。贤者怨之,不肖者雠之,怨雠并前,中行氏虽欲无亡,得乎?"(《说苑·尊贤》)

识人的根本目的是辨其大小,具体地讲,是辨其贤与不肖,然后尊贤者而用之,贱不肖者而去之。孔子通过对如此识人方法的构建,表达出尊贤用能的为政理想。

第11章释义

子曰:"温故而知新,可以为师矣。"

[注释]

温故:温,有二义:一是本义为炀,炀者,以慢火熟物,故慢火曰温;二是引义,温者,习也。指缓慢地渗浸入内使之融化,有艰难地探寻之义。故,常做二解:一是旧所闻;二是故事、典故。但此二义均不合孔子本义。故,通"古",即古代,但不是指西周,因为对生活于春秋晚期的孔子言,刚逝去不远的西周仅属于近代,真正的古代是周之前的殷商及以上历史。温故,即是探求周之前的古代政治思想智慧和方法资源。

知新:知,探求以使其融会贯通。新,新见、新知。知新,"谓日知其所亡也"(孔安国),指探求新的发现。

可以为师:以,以此。可以,能够达到这种(水平、境界)。为,成为……这样(的人)。为师,指走出师门成为人师,即出师入仕。

[译文]

孔子说:"考信历史,从中抉发古代治理邦国的思想和方法资源,抉发治理邦国的根本智慧,然后将它与我给你们讲的当今治理邦国的基本理念和主要方法融会贯通,使之构成全新的为政知识和完整的为政方法体系。

你们中无论是谁,只要真正做到了这些,就可从我这里走出去,入仕为民、人之师,践履为政治邦的人生抱负。"

[通解]

上章讨论为政识人的方法。这种"视其所以,观其所由,察其所安"的识人方法,应该从何处学来?孔子告诉弟子,首先应该从历史中学,从古代的治政经验世界中去学。于是就有了本章"温故而知新"。

—

表面看,本章一读就懂:对旧知的温习从而发现新知。或可做拓展理解从对已知的重新审视中发现新的未来。历来的注释家都是如此这般地将本章内容理解为学习问题,从未有过怀疑。但问题是:《论语》编纂者为何要将"温故而知新"放在《为政》篇中?并且,为何要将此章内容置于为政的"识人方法"一章之后?这是阅读本章内容时必须质疑的问题。

要解决如上两个问题,需重新理解本章三个基本概念:温故、知新、为师。

首先看"**温故**"。

理解"温故"的关键,是"故"字,一直以来,人们将其理解为"旧""已",然后将其附加上对象性内容,形成"旧知""已知""旧闻",于是,"温故"概念被顺理成章地赋予"温习旧知"的语义内容。

其实,将"温故"理解为"温习旧知",是典型的望文生义。从文字源流看,"故"字通"古",即古代、远古;还有"固"之含义。从词源论,本章"温故"应作"**温古**"解。

"温古"之"温",其字面意思是温习,但根据本章语境,却不能作"温习"讲,而是**寻求或重新抉发**的意思。结合上下文语境和本篇主题,"温古"是指向周之前的古代寻求和重新抉发其为政思想和方法资源,以此作为当世为政的根本、本体。

其次看"**知新**"。

人们习惯于将本章的"知新"理解为"获得新知""知道未来"等,因为这种理解顺承"温故"而来,所以也顺理成章。因为"温故"与"知新"之间的"而"字将其联系起来构成一种语义逻辑上的递进关系。由于"温故"的本意不是"温习旧知",所以顺承"温故"而来的"知新",也绝不可能是"获得新知""知道未来"之类的意思。从字面讲,"知新"的"知"是"知道",但联系上下文,应作"探索"以使之"融会贯通"讲,所以,"知新"意即**探求新知以使之与已知融会贯通**。联系本篇上下文语境,孔子对弟子讲的"新知"的东西,就是如上"为政"方面的知识、智慧和方法。所以,"知新"意即融会贯通(我给你们讲的)当今为政方面的知识、方法与探求到的古代思想、方法资源,使之构成全新的认知系统和方法体系。

最后看"为师"。

当将"温故而知新"理解为"温习旧知而获得新知或未来"时,其"可以为师"一句,很自然地被理解为"这样,(你)就可以做老师了"。但这却是对孔子本意的最大曲解和误解。结合上下文和《为政》篇的整体语境,"为师"的"为"应该理解为"成为……这样的(人)"。因而,"可以为师",即(你)可以此(指"温故而知新")成为践履为政的人(才)。

本章内容的具体语境,是孔子在给弟子讲课所形成的课堂语境。在这一课堂语境中,孔子对弟子们说,要学治理邦国的本事,最为紧要的方面还不是上面给你们讲的(教民事亲、识人用人)那些内容,而是如下两个方面:一是如何正确地探寻远古的治理思想、知识和方法资源来为自己所用,具体地讲,就是竭尽全力去重新发掘古代的治理思想、知识和方法资源,以找到治邦和固国的根本智慧;二是在此基础上,将我在前面给你们讲的当今治理邦国的基本要领和主要方法融会贯通到古代治邦和固国的根本智慧中去,形成一套完整的为政知识、智慧、方法体系。你们中间不管是谁,一旦真正做到这些,就可以从我这里走出去,出师入仕为民、人之师,践履为政治理邦国的抱负。

二

当对本章三个基本概念予以语境还原后,再来理解"子曰:'温故而知新,可以为师矣'",则可发现本章内容才是孔子政治哲学的核心。有关于此,芬格莱特在《孔子:即凡而圣》讲得很到位:"一位具有伟大地位的思想家和人师,在架构并回答其中心问题的方式,具有某种更为迫切和普遍性的基础。如果我们力图发现这样一个基础可能是什么,我们就更好地理解孔子。我们必须努力将孔子的思想学说视为一种对于社会冲突与动乱的富于想象力和创造性的回应,而不是对其时代危机的性质缺乏远见、久视不见。"[①]确实,孔子的政治哲学,包括他的道德哲学、教育哲学在内的整个君子理论,都是基于时代的现实,探求解救当世危机的精神产物。

孔子生活的春秋晚期,是诸侯争霸、王权衰落而周之礼乐文明全面崩坏的时代,后来者庄子将其概括为"道术将为天下裂"(《庄子·天下》)的时

---

① [美]赫伯特·芬格莱特:《孔子:即凡而圣》,彭国翔、张华译,南京,江苏人民出版社2002年版,第60页。

代。身处这一时代的思想家们,围绕如何再造分裂了的道术而展开探索,由于这些思想家各自确立思考时代危机的出发点不一样,形成解决此一根本性时代危机的方法与途径也根本不同,比如,老子及其后的大道学派和黄老别支,从自然主义出发,提出以"去欲""静心""无为"来拯救时世的方案,并设计出实施此一方案的具体操作路径是"贵生""养生""长生"。墨子及墨学一派却为之提供一套反战主义的救世方案,其操作路径是"兼爱""非攻""尚同""非乐"。以管仲为开创者的法家,以政治思想家和政治实践家的敏锐和深邃,正视人性和权力的双重现实,提出"以刑入礼"的刑赏主义救世方案,设计出"以霸称王"为目标动力机制来推进并开辟改革旧制、实施新政的实践路径。孔子却带领门徒重新探索正统的王道主义道路,提出"以仁入礼"的人伦主义救世方案,其操作路径是以"尊尊"和"亲亲"为准则的"仁人"主义教化。

孔子这一解决当世危机的政治思想和实践方案,落实为"为政以德"的实践方式,就是"道之以德,齐之以礼",即以身体力行的德行方式治民和治人,以此实现"民德归厚"和"人德归厚"。在孔子看来,这才是解救当世危机的根本路径和方法。要使这一根本路径得以完全展开和这一根本方法得以全面发挥其实施功能,必须挖掘周代治理社会的知识和方法,但更应该重视古代治理天下的思想和智慧资源,尤其应在重新挖掘周代治理的知识、思想和方法基础上,以古代治理理想和实践智慧作为当世为政的本体性内容加以强化,因为唯有固本,才能弘流;唯有将其顺应时势变化的新的政治知识、智慧、思想、方法与古代的治理理想和知识体系真正融会贯通,才是真正的精通政治,真正知晓如何治理邦国,怎样识人和治民。于是,孔子明确地告知弟子们,不管是谁,只要做到这一点,掌握了融通古今政治智慧和方法,就可以结束对他的培养和教导,欢送他出师出征治邦安国的战场。

第 12 章释义

子曰:"君子不器。"

[注释]

君子:孔子所讲君子,有一般义和特指义:前者指志趣高远、德性纯正、德行坚毅者;后者指修德取位和以德正位者,不仅要求志趣高远、德性纯正、德行坚毅,更要具备文道救世的理想和治邦安国的使命。

不器：器，盛物的器皿，其用途是按照盛物所需而制造，每一器皿的使用功能是限定性的。本章中，"器"引申为"技能"，它与"器皿"具有"使用功能被限定"的共性。不器，指不是器皿、器物。

[译文]

孔子说："君子不是器皿，因为器皿只是某种工具，沦为一种用途。"

[通解]

上章讲为政者必须融通古代的治世知识、思想和方法；本章论为政者必须具备通才的远见、胸襟、气魄和能力。要言之，融通古代思想智慧和治世方法的人，不能只具一艺一才，必须是通才。

一

"君子不器"，是孔子的比喻说法：君子不是器皿。

朱熹注："器者，各适其用而不能相通。成德之士，体无不具，故用无不周，非物一才一艺而已。"朱熹将孔子此论的论域固化在"用途"上，强调君子是成德之士，应具有各种生存能力、技艺，能够在各个方面发挥其作用。从字面解，朱熹此注已很到位了。但是，孔子用器皿作比，所要表达的并不是对君子之用途、功能的认知，而是揭明君子之为君子的自身要求和本来形象。

语言，既具有能指功能，更具有所指功能。语言的能指功能源于语言的自身规定；语言所指功能的生成却源于特定的语境。孔子"君子不器"的特定语境，我们无从追溯，但编纂《论语》所形成的"为政"语境，却可搜索而使之再现。孔子"君子不器"之论被编入《为政》篇中，至少表明"君子不器"与为政有关。沿这一思路展开，就会发现两个基本问题：

第一，孔子之"君子不器"论，是从哪个角度切入论"为政"的？
第二，孔子之"君子不器"论，是从哪个方面表达"为政"思考的？

孔子所论，是成己成人之学。其中，成己的正确途径是为政。为政必治事，治事的首要问题或者说核心问题是识人和治民。这需要两个方面的功夫。一是了解人和人性，为此必须学《诗》、学《礼》、学《乐》，不断寻求和抉发古代治理经验、知识、智慧和方法，以发现和掌握治理邦国的根本。二是使自己成为君子，具备己正的品质、德性和能力。本篇前十一章讨论第一个方面的能力如何具备；从本章开始，讨论为政所需要的君子品德、德性和能力如何可能形成。

孔子引导弟子讨论这个问题,并不热衷于就事论事,而是首先引导弟子思考什么是君子。孔子定位君子,以比喻方式说法,这源于孔子经验主义的一贯思考方式和表达方式。

"君子不器",从修辞讲,是比喻;从语法论,是否定句式。孔子采用"**君子不是什么**"的排除法,间接地表达"君子是什么",以此来树立君子的基本形象。孔子为什么要用否定句式来表达其比喻?结合第四章内容,可以发现孔子的君子观是其人生观和为政观的有机统一:孔子的人生观是不断成己成人,这种不断成己成人的人生观展开为修与治,形成修身与为政互为促进。正是这一互为促进的人生过程,人才将自己成就为君子。所以,"君子"在孔子那里,呈动态生成性和过程化特征,这是孔子讨论何为君子时,只能采取"不是什么"的排除法,而不采取"是什么"的固化定义或描述法的根本考虑。

以此来看"君子不器"这一否定句式背后蕴含的语义内涵:从语言的能指看"器"之含义。"器"乃器皿、器具,其用途是特指的和单一的。这种特指的单一性由器皿本身决定:第一,器皿是一种物,它具有使用功能;第二,器皿是被创造的,它没有主体性能力;第三,器皿的使用功能被固化:"器者,各适其用而不能相通。"

以此看"君子不器",首先,君子不是物,君子也不是驭物者和用物者,这是因为君子是人(而不是小人或民),是驭人者和驭民者。其次,一切形态的器皿都是被制造物,并且,一切被制造出来的东西都是被某种模式所固化的物,所以同类物形态相同、性质相同、结构相同、功能相同、用途相同。反之,君子不是被制造物,而是自我塑造者,它具有个性、主体性,体现主动性和创造性。再次,器皿因为用而被制造,且必须满足制造者所用。相反,君子没有器皿那种制造与被制造、能用与被用的所属性质,君子就是君子,他自我塑造于天地之间,自由地存在于天地之间,不受任何强求,不受任何管制,不受任何用与不用的规定性,一切都在于君子本身的使命和责任。所以,君子是自由的象征:如果不自由,如果不意识和追求自由,如果放弃或遗忘自由,如果不在自由中成就自己,不在自由中释放自己的才艺,实现自己的使命和责任,那就不是君子。最后,君子之为君子,必须突破器物观,超越"一才一艺"的技能观,走向整体和融通而自成其大。所以,大哉,君子!

二

"君子不器"的"器"以"形"为标志:"有形,皆器也;无形,唯道。"(《二程粹言》)以形为标志,形下为器,形上为道。

孔子论"君子不器"，绝不是要分离道器，而是强调：人通过"学而"为己的修养必要成为君子，才可出师为政，成为合格的为政者。以此来看，"君子不器"所表达的是孔子对君子的基本价值定位：**君子重道不重器**。这里的"重"与"不重"，须从"学"与"为"两方面理解。从"学"讲，重器，指以习谋生技艺、手艺、技术为专务；从"为"讲，重器，指以谋求物质性生存为目的和要务。君子"不器"，首先指"学而"不能专习谋生手艺、技艺、技术为动力；其次指"为政"不能以追求功名利禄为目的。基于这两个方面要求，作为"不器"的君子，决不能成为"稻粱谋"者，更不能热衷于稼穑、手工、技艺之类，因为这些都从不同的方面体现功利追逐。更为根本的是，君子之"不器"，是指君子不是政治的工具或当权者的爪牙，不是欲望的马屁精和名利的应声虫。君子必须超越所有这些东西，要以"不器"为出发点追求道：君子是将"道行天下"作为根本人生指南的人。孔子这一君子主张和理想，既要求超越小我，成就社会的使命精神和责任精神；更张扬轻视物欲、超越私利，追求自我完善的精神和公义人间的奉献精神。正是这种精神构成孔子学说的活水源头。

联系《为政》这一大语境，本章内容仍然是孔子围绕"为政"这一基本主题展开的讲课内容：孔子告诉门下弟子，你们当我的学生，跟随我学习古典文明，修养心性，探讨古代的治平邦国的思想、知识和智慧资源，切磋、揣摩治平邦国的基本法则、要领与方法，就是有朝一日运用这些所学到的东西去治邦安国。但是，学到了这些东西，并不一定会成为好的为政者，唯有当你们形成君子意识，获得君子品格，具备君子精神，真正做到以"道行天下"为己任时，才有资格成为真正的为政者，具备驾驭治民、治人的能力。所以，"君子不器"，是孔子在为君子说法，这个"法"就是君子**必须**"道行天下"而不能关心"鄙事"，更不能热衷于"一才一艺"，因为"那些太专注于小事的人通常会变得对大事无能"。

第 13 章释义

子贡问君子。

子曰："先行其言而后从之。"

[注释]

先行其言：行在言先，言随行后，指勤谨实做而讷于言。

后从之：从，随从、跟随。之，指代"先行"之"行"。后从之，话随行后而说出来。

[译文]

子贡请教如何成为君子。

孔子说："成为'君子'的人，一定是脚踏实地做好当为之事，然后根据需要将它说出来。"

[通解]

上章讲应该具备怎样的资质、见识、胸襟、气魄、能力才可成为君子。本章指出唯有践履如上资质、见识、胸襟、气魄和能力获得施治实效，才可成为真正意义的君子。

一

孔子教人，是在阐述自己的思想。孔子通过教人阐述思想，通常采用两种方法：一种是抽象的说理，这是从一般的、普遍的角度论，不涉及具体对象和情境，往往针对某一方面或某个领域或某类问题，做原理性阐述，比如"学而时习之""为政以德""道之以德，齐之以礼""君子不器"等概述皆属此类。另一种方法是具体应答，往往在具体情景中针对具体问题讲述知识、方法、道理或思想，孔子将这种方式称为"不愤不启，不悱不发，举一隅，不以三隅反，则不复也"（《述而》）。比如孔子应答孟懿子、孟武伯、子游、子夏问孝，则属于此类。孔子采用这种方法教弟子，阐发自己对问题的一般认知、一般智慧、一般思想，既是具体的、个别的、针对性的，更是一般的、普遍的和抽象的。在教弟子为政如何具备主体条件方面，孔子亦交互采用这两种方法。具体地讲，孔子首先采用原理阐述方法，从整体上界定"君子不器"，然后运用情境应答方法阐述"君子不器"的具体要求。这是上章过渡到本章，不仅体现主题上的连续，也呈现方法上的转换。

本章是孔子针对子贡提出"怎样才能成为君子"这一问题做进一步阐述。按照"为政以德"要求，人要把自己成就为君子、具备为政德才方面的内容很多，但在孔子看来，最重要的方面是言行能力，只有具备"先行后言"的品质和能力，人才有资格称之为君子。在孔子的认知世界里，"先行后言"成为衡量君子的基本尺度。

孔子之如此应答，当然表明"先行后言"本身之于君子的根本性，更重要的是训导和告诫子贡应该如何加强这方面的修习。因为子贡善言与辩的长处，往往又成为他的弱点。"子贡曰：'我不欲人之加诸我也，吾亦欲无加诸人。'子曰：'赐也，非尔所及也。'"（《公冶长》）孔子为何认为子贡做不到其所说呢？或许是孔子发现子贡在日常生活中有言过于行的情况，这与孔子"敏于事而慎于言"（《学而》）之一贯主张和行事准则不完全吻合。所以，当子贡问什么是君子时,孔子则因势利导启发他,应自我提升"先行其言"的品质和自我增强"先行其言"的能力。

二

"君子"是一个关于人的德才的概念。就德才关系言,孔子认为德比才更根本,所以对"君子"的要求,更偏重于德,但也不忽视"才"。

孔子论德才,是从"学而"开始。孔子论"学而",阐发**君子成己**的根本道理,是"知-行"合一:知是起步,习是学文入道、修德进业的入门阶梯,所以学而的重心是"习"。但"习"本身蕴含更深刻维度的"知-行"关系,即内习是"知",外习是"行"。由此不难发现,第二个层面的"知-行"关系中亦包含另一种关系,即在"知-行"之"行"的层面客观地存在"说-做"问题。在《学而》篇中,孔子与弟子们主要讨论了"学-习"关系和"习"之层面"内省"与"践履"的关系;"践履"层面的"说-做"关系没有显露,它隐而未发。但在《为政》篇中,"为政"本身不仅涉及认知、知识、方法等问题,更涉及行为问题,由此将《学而》篇蕴含于"知-行"关系中隐而未发的"说-做"关系引发出来,构成"为政"不可忽视的重要问题,这个问题可表述为:君子为政,是"说"重要,还是"做"更重要? 在为政过程中摆正说与做的关系,首先要求人在为政前的修德过程中必须确认其"说-做"关系。

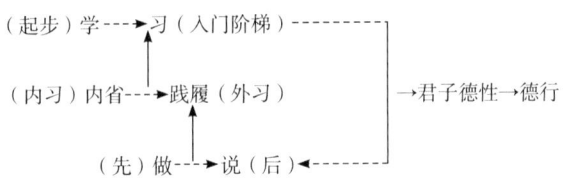

图 2-2　君子"德性—德行"修习逻辑

在行为层面,"说"是形式的行为。一种形式的行为,既有可能是有形并内含其实的行为,也有可能只有形而无其实的行为。所以,"说"的行为可能有德,也可能无德或非德。从"说-做"关系的整体性生成建构角度看,如果唯有其"说",或仅停留于"说",而无意于实做,或根本不"做",这种"说"的形式行为只能属于非德或无德(的谎言)行为。与此不同,"做",始终是实质内容,在一般情况下,"做"是形式与内容的统一,这是孔子在君子主张上更强调"做"的基本考虑。孔子讲"敏于事而慎于言",强调做事时,要脚踏实地和勤勉主动;在说事时,则主张谨慎小心,所言符实。孔子讲"先行其言而后从之",强调做必须优先,凡事唯有先做了,且将事做好了,如果有必要,才说。所以,"先行其言而后从之",并不是说所做的事一定要说,而是指所做成或做好之事,如不需要说或没有必要说,就不说。什么是需要说呢？是指对所做之事需要解释、说明才能让人们理解或更清楚理解时，才可说，而且其说一定要得体、简洁、条理、明白、易懂。

"先行其言而后从之"，这是孔子言行观的基本思想，这一思想强调行动、实做、做好，做出更大成效，才重要和根本，否则，一切形式的表演（即说）都无济于事。因为脱离行动和实做的任何说道、表演，哪怕再完善动人，都属于形式行为，从伦理-政治观，这类只说不做的形式行为，属于违背伦理和污化政治的谎言行为，自然远离君子的行为。孔子主张，君子行为只能是"先行其言而后从之"的行为和"敏于事而慎于言"的行为。孔子之所以要如此定义君子，"是因为对他来说，根本的东西是行为和公共环境，而不是深奥的学说或主观状态"①。君子需要有学说的武装，但君子更需要德性和德行能力的武装，因为唯有以德性为内动力的德行，才可营造公共环境，才可引导社会朝良序方向展开其生存和谋求发展。

第 14 章释义

子曰："君子周而不比，小人比而不周。"

[注释]

周而不比：周，普遍、合群。比，勾结、偏私、偏党。

小人：与君子相对者，在孔子的认知世界中，君子是志趣高远、品德纯正且具文道救世理想和治邦安国志愿的社会精英；与此相对的小人，指有位或有才甚至也有德却以谋求名利为准则或追求个人幸福为人生目的的人，因而小人必为牟私而结党。

[译文]

孔子说："君子持中正之德，其行为普遍合群；小人追求名利，往往拉帮结党营私。"

[通解]

孔子开导子贡，人要想把自己成就为可堪大任的君子，必须具备"先行后言"或"行而要言"的践履能力。但这只是强调做的重要和根本，并不等

---

① ［美］赫伯特·芬格莱特：《孔子：即凡而圣》，彭国翔、张华译，南京，江苏人民出版社 2002 年版，第 41 页。

于所做就合道合德,因为"先行其言而后从之"只表明具有合道合德的可能性,并不一定具其必然性。要使"先行其言而后从之"合道合德,必须使行为避免"比而不周",真正做到"周而不比"。

一

在孔子看来,**在做事中做人,在做人中做事**,这是学而成己为君子的不贰大法。在这个不贰大法中,**做事是做人的具体化,做人是做事的目的要求**。然而,通过做事而做人,并以做人而做事,始终要涉及他人。如何与他人打交道,以怎样的方式联络他人并从而构建起做事做人的伦理关系,这是人学而成己成人的基本课题,因为它成为衡量人"先行其言而后从之"的道德规定:凡事以做为先,在理论意义上是道德的,但在具体情境、语境以及利益要求等条件限制和规定下,往往呈现或然性,只有那些正确地处理好所做之事带动起来的人际关系的实做,才是道德的。

联系本篇语境论,孔子进一步论君子,为何要采用对举方式展开? 因为这种将两组事物或两种形象予以直观对照的方式,最容易使人辨别,并启发人获得认知的深刻性。

孔子以"小人"为参照来突出"君子",具体到以小人的待人方式来对照出君子的待人方式,其目的是坦露君子人格,然后放大,突出君子人格的光明、中正、亮堂。正是这种光明、中正、亮堂的人格,才使君子为政有了内在魅力。在孔子看来,为政的最大魅力、最大亲和力、最大凝聚力,就是为政者的中正、亮堂的人格力量,这种人格力量就是"周而不比"。

二

阅读本章内容,应注意两对概念:

一是"周"与"比"。此对概念语义相反:"周",乃普遍的意思,具体讲,在物理层面,以某点为圆心绕一圈即为周;在事理层面,指普遍的、全面的。具体到本章,是指合群,与人人都能友善相处,或指以共守道德(比如忠信)准则团结任何人,不拉帮结派,不结党营私。反之,"比"之本义为"密",段玉裁注为"亲密",引申为亲近。在本章中作为"周"的反面,"比"指偏私、勾结、偏党等含义,指无视中正道德要求以其眼前利害为准则排挤人和拉拢人,喻拉帮结派,结党营私。

二是"君子"与"小人"。此对概念也是语义相反。在古代,人、民之间有严格区分,但"小人"和"民"这两个概念可以互用:"君子劳心,小人劳力,先王之制也"(《左传·襄公九年》)和"君子劳心,小人劳力,先王之训也"(《国语·鲁语下》)。在孔子的认知世界中,君子、小人与民之间存在严格区分:民是劳力者阶层;君子和小人属于劳心者阶层。在同一阶层中,君子与小人是品级上的区分,是指德性和德行方面的区别:所谓小人,指名利追逐者;所谓君子,指道义担当和践履者。

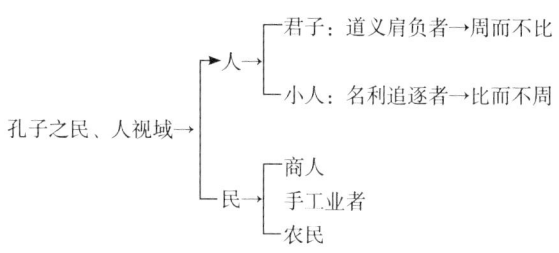

图 2-3　孔子"民·人类分表"

从图 2-3 可以清晰看到本章的基本论域,也是后面大量讨论"君子""小人"的基本论域。在这个论域里,没有"民"的位置。后世在讨论孔子人本思想时,有意无意模糊"民""人"和"民""小人"的区分,放大"人"的概念。还原孔子认识"人"的视域,是阅读"君子周而不比,小人比而不周"一章内容,真正体悟其深邃政治哲学和道德哲学含义。

孔子以君子为标准培养弟子志意于从政,首先教导他们养成"先行其言而后从之"的言行观,目的是培养弟子必备为政所需之正直、中正、公正、公道的君子人格。然后向弟子传授辨别君子与小人的方法:君子以中正的道德(亦可曰"仁德-公道")为准则团结人,所以君子待人不分亲疏,没有厚薄,君子的世界里没有帮派,没有朋党;进而,君子之治没有违德的利益谋求,只有完全的中正、公正、公道。总之,君子的世界是一个真实的道德世界。反之,小人却以利害来取舍、拉拢或排斥人。所以小人待人既有利害之争,更有亲疏和厚薄之分;小人的世界里始终充满帮派,网结朋党,并形成门内门外和圈内圈外。以此来看,小人治事,只能坏事;小人治人,只能害人;小人治理邦国,只能混乱邦国。

孔子教弟子辨别君子与小人的方法,后来被荀子予以更为完整地发挥:

> 君子,小人之反也。君子大心则天而道,小心则畏义而节;知则明通而类,愚则端悫而法;见由则恭而止,见闭则敬而齐;喜则和而理,忧则静而理;通则文而明,穷则约而详。小人则不然,大心则慢而暴,小心则淫而倾;知则攫盗而渐,愚则毒贼而乱;见由则兑而倨,见闭则怨而险;喜则轻而翾,忧则挫而慑,通则骄而偏,穷则弃而儑。传曰:"君子两进,小人两废。"此之谓也。(《荀子·不苟》)

孔子对比"君子周而不比,小人比而不周",向弟子阐明一个根本的认知问题,即君子人格属后天养之所成。同时,孔子还向弟子传授使自己正直、中正、公正、公道的方法,就是"凡事以做为先"。这与常人的观念刚好相左:人们往往强调"先做人,后做事",认为只有做好人,具备良好人格和品德,才可去做事。孔子却认为,人格和德性只有在实做过程中才可养成。凡事以做为先,就是对"敏于事而慎于言"和"先行其言而后从之"的具体化,唯有将"敏于事而慎于言"和"先行其言而后从之"化作具体的行动方法时,人才踏上成己为君子的阳光大道。在这条"凡事以做为先"的阳光大道上,**"先做事,后做人"**构成其实做方法的内在准则。这一准则告诉人们:做人是通过做事做出成就的,正直、中正、公正、公道的德性和德行,亦是要通过脚踏实地做事做成的。

第 15 章释义

子曰:"学而不思,则罔。思而不学,则殆。"

[注释]

思:在本章中,"学而不思"之"思",指"反求诸身",即反思;"思而不学"之"思",指思考,即反复地思考,或可曰苦思冥想。

罔:迷惘、困惑。

殆:疲惫、懈怠、困窘。

[译文]

孔子说:"只热衷于读书求知而忽视反思性思考,总是迷惘和困惑。相反,沉醉于苦思冥想而轻视广泛阅读学习,很容易其心疲惫而懈怠。"

[通解]

"周而不比"的君子德性和德行,均源于后天学而践履所得。上一章讨论君子"周而不比"的德性品质和德行能力的形成,与本章"学""思"之间的生成关联。因为,**学以广识,思以远见**。广识和远见能培养人公私分明、义利明辨。不仅如此,本章更承续第十三章内容:凡事必以做为先,因为君子所成必须是"先做事,后做人",但其做事做人都涉及"学而"。从根本讲,**君子所成,乃"学而"而已**。本章承"学而时习之"进一步探讨学知与内习或曰求知与思考的关系。

一

孔子关于学与思互动生成的思想,为朱熹深刻阐发:"不求诸心,故昏而无得。不习其事,故危而不安。"(《四书集注》)求知必诉诸心,思考方可去昏明理、解蔽达慧。并且,思考必伴之以学,才开阔视野,敞开思维,激活心智。从认识论看,"学而不思,则罔",揭示学之目光始终向外,启动感性思维;"思而不学,则殆",揭示思之目光始终向内,启动知性思维。仅认知层面观,认识生成的基本要求是感性与知性的统一;但提高认识的基本要求,却是**理性对知性的反思**。孔子此论,不仅强调感性与知性的统一,也强调知性与理性的统一,即感性、知性、理性的统一,才既是学,也是思。

二

孔子论学思,既在一般意义上展开思考,更在特殊论域中予以对象性省思。从特殊论域看,孔子论"学而不思,则罔。思而不学,则殆",是在强调"为政"必修养、修习君子人格、德性和德行。以此观"君子周而不比,小人比而不周",是孔子向弟子传授君子人格修习的基本认知和基本方法;本章却是孔子向弟子传授君子德行修养的基本认知和基本方法。孔子向弟子指出,要修习君子从政德行,须从三个方面努力。

一是**明确路径**:君子修习从政德行,必须以事为先,做到"敏于事而慎于言"和"先行其言而后从之"。

二是**端正认知**:以实做为导向,修习君子从政的德行,决不能目光向下"只顾埋头拉车,不知抬头看路",既应目光向上,也要目光向内,将学与思贯穿于实做之事,在做中学,在做中思。学可以使做有明确方向和可行目标,思可以使做有正确方法和内在动力。

三是**正确方法**:君子修习从政德行,凡事以做为先,必须以学为导向,以思为推力;或者,对任何人言,想要成己为君子,无论做事还是为人,既应该以学为实做的激励方法,也应该以思为做的矫正方法。

由此可知,孔子论学与思的关系,更强调思对学的矫正作用和动力功能。这一认知取向恰恰展示孔子本人亦是一位热衷于面对事物和问题沉静于深思的思想家。笛卡儿讲"我思,故我在",孔子论"学而不思,则罔。思而不学,则殆",又何尝不是如此呢?所不同的是,由于关心的论域不同,孔子的深思,多以日用伦常为对象,从教人如何成己为君子的日用伦常中提炼出人的文明,播种和收获伦理道德和为政以德的思想硕果。

第 16 章释义

子曰:"攻乎异端,斯害也已。"

[注释]

攻:有两解:一是专攻,指专一地研习;二是伐,指攻击、诽谤。

异端:异,不同;端,事、物之两头。异端,指执事或物之一头而鄙事或物之另一头。本章中,"异端"概念有多解,指小道、杂书、奇技、邪说,但这些具体的语义显得过实而缩小了孔子本义:所谓"异端",应指不同于己见之见、不同于己道之道、不同于己说之说。攻乎异端,指攻击异己之说、异己之见、异己之道。

斯害也已:斯,指称代词,指代"攻乎异端"这种做法、行为。害,动词,作有害讲。

[译文]

孔子说:"盲目排斥或攻击、诽谤异己之见、异己之说、异己之道,对学而成己成人立世的君子者言,非常有害。"

[通解]

上章讲"学而不思"和"思而不学"的危害。本章则以"攻乎异端"为例来证明这两种危害的性质及其对学而成己成人立世为君子的根本阻碍。因为,如果养成"学而不思"的习惯,往往盲目地接受一切;反之,如果养成"思而不学"的习惯,往往会盲目地排斥一切。

——

"攻乎异端,斯害也已",不是孔子即兴偶发之论,它既是其君子理论的基本思想,也是其"为政"学说的核心思想。

孔子论"攻乎异端",既承上章,也承第十四章:对于学而成己成人立世的君子来讲,只吸收不反思,会缺乏清晰的思考和独立的判断能力;只思考不吸收,会养成故步自封、自以为是的偏执人格。因为,"思而不学"者,往往会养成拒绝新知、排斥异见的盲目自大、自我专断的暴虐人格,具有这种暴虐人格取向的人,不能成为君子,也不能从政。为什么?因为"攻乎异端,斯害也已"。再往上溯第十四章内容,小人喜欢拉帮结派、结党营私,小人何以会如此?这是因为小人具有攻乎异端的卑劣人格。

孔子论"攻乎异端,斯害也已"本身就构成一个由评述其事的方式构成的语境。本章中,孔子首先陈述两件已经发生的或正在进行的事件,第一个已经发生或正在进行的事件,是"攻乎异端";第二个已经发生或正在进行的事件,是"攻乎异端"的行为已产生或即将产生的危害。然后孔子对其陈述的事件予以判断:**"攻乎异端"的行为和做法,是极其有害的**。这里的

"攻",作"攻击""排斥"讲;这里的"异端",既不指"他技""小道",也不是"邪说",更不是指"两端",而是指与己(相持的东西)"不同"(东西)。所以,"攻乎异端,斯害也已",是指(粗暴地)排斥、攻击不同的学说、观点、思想、主张的做法,是有害(于己学的守正)的。

二

说话始终存在语境问题,并且说话始终创造了语境。阅读本章内容,需要理解孔子论说"攻乎异端"的语境。

首先是背景语境。

孔子生活的春秋晚期,因周天子王权衰微、诸侯争霸,渐趋于"道术"被天下分裂(《庄子·天下》)。在这种时代境遇中,各种思想、学说涌起,比如,先于孔子的管仲(公元前725年~公元前645年)、与孔子同时代的子产(?~公元前522年)和老子(约公元前571年~公元前471年),后于孔子的墨子、杨朱、李悝、吴起、商鞅、韩非、申不害等思想家,先后陆续登场,他们的共同目标是重建分崩离析的王道主义,为此而设计"重新收拾旧山河"的社会拯救方案。

从整体看,处于分崩离析中的王道主义,由夏、商、周三代层累性构建,它是"以王道为目的,以天道为依据,以民道为手段"的认知系统和价值系统。在重建这个分崩离析的王道传统中,后起于孔子的墨家发展了王道主义中的民道思想,老子学派发展了王道主义中的天道思想;管仲及其后学和孔子及其后学分别发展了王道主义中的王道思想:管仲及其后来者顺应时势要求探索"由霸而王"的路子,其社会行动路径是"以刑入礼";孔子及其后学坚持守护正统的王道路子,其社会行动路径是"以仁入礼"。

理解这一背景,才可真正区分孔子时代的"异端"与"邪说":异端,指基于共同的王道理想而形成的不同认知视野、不同思想方法、不同探索路径;与此相反,邪说,指从根本上反王道及其"道术"的一切认知、思想。①

其次是思想认知语境。

孔子曾自我画像"述而不作,信而好古"。《论语》所示确实可以说明孔子信而好古。但绝不能以此认为孔子是复古主义者,尽管他还说过"克己复礼为仁"之类的话。因为孔子"克己以复礼"的"礼"学即西周之学,西周之学,相对春秋时代言,只是今学而非古学,古学指夏商之学及前夏商之学。孔子理论的核心内容是仁学和礼学,孔子仁学和礼学的思想资源,分

① 裴传永:《论语外编》,济南,济南出版社1995年版,第360~361页。

别来源于周学和夏商之学:萧公权在《中国政治思想史》中指出,孔子仁学的思想资源主要是后者,因为"今存比较可信之古籍记载周政者,鲜为仁义之言,如《诗》雅、颂称周先王之德,绝无'仁'字。《尚书》'今文'诸篇亦不言仁……若就《周书》《周礼》等观之,则周人所注重而擅长者为官制、礼乐、刑法、农业、教育诸事。封建天下之典章文物,至周始粲然大备"①。孔子之仁的思想源于殷商,因为殷商政治崇尚宽简:《尚书·舜典》记载殷之先祖契为舜的司徒"敬敷五教,在宽";《微子之命》亦谓"乃祖成汤""抚民以宽"。《史记·殷本纪》记载:"汤出,见野张网四面,祝曰:'自天下四方皆入吾网。'汤曰:'嘻,尽之矣!'乃去其三面,祝曰:'欲左,左。欲右,右。不用命,乃入吾网。'诸侯闻之,曰'汤德至矣,及禽兽。'"②殷商之"仁"不仅施于人,也惠及禽兽,其宽厚政德里张扬仁爱。这种体现仁爱的宽厚殷政,对于好古敏求的孔子,必然深晓。"周政尚文,制度虽备,而究不能久远维持,至春秋而有瓦解之势,孔子或深睹徒法不能自行之理,又有取于周之完密而思有以补救之。故于殷政宽简之中,发明一仁爱之原则,乃以合之周礼,而成一体用兼具之系统,于是从周之主张始得一深远之意义,而孔子全部政治思想之最后归宿与目的,亦于是成立。此最后目的之仁,即由孔子述其所自得于殷道而创设,故仁言始盛于孔门。"③萧公权对孔子仁学思想的渊源梳理清晰:仁爱思想源于殷政,但"仁"这一概念却是由孔子体悟殷政精华而提出的,并由此形成孔子的仁学。

孔子自言"述而不作",这应该是自谦之词。从形式讲,孔子没有系统地把自己的思想和理想写成书,但孔子却以言传身教和口耳相传方式传播自己的思想,并在传播的过程中完成了自己的理论体系。具体地讲,孔子传述古代的经验和智慧,是返本,即寻求时代性重建的历史依据和生活依据,这种历史依据和生活依据中蕴含着天道法则和智慧,更蕴含着深刻的人性法则和智慧。但孔子传述古代经验和智慧仅仅是起步,其所追求的是开新。返本开新,既构成孔子的人生目标,也构成孔子学说构建的基本路径。具体地讲,孔子返本开新中的"本",就是经历代代努力而形成的礼制、礼仪文明传统;其所需要开创的"新",是既能使传统新生,更能使时代新生的那个"仁"。所以孔子的返本开新必须以礼为指南、以"仁"为下手功夫,并形成"以仁入礼"的返本开新路径。

"返本开新"的基本诉求和"以仁入礼"的实施路径,形成孔子学说的思

---

① 萧公权:《中国政治思想史》上册,北京,商务印书馆2013年版,第67～68页。

② (西汉)司马迁:《史记》,长沙,岳麓书社1988年版,第15页。

③ 萧公权:《中国政治思想史》上册,北京,商务印书馆2013年版,第68～69页。

想特征，"它不是以打倒现实，去改造现实；而是想攒入到现实之中，采用脱胎换骨的方法去改造现实。这用儒家自己的术语说，即所谓潜移默化。因此，儒家是在封建制度的形式中，注入新的精神，以改造封建制度"①。由夏商周三代形成完备的王道主义礼制、礼仪，通过注入修"仁"的精神内涵得以脱胎换骨。比如，"君子"本是封建社会的贵族称谓，但孔子赋予它"学而时习之，不亦说乎？有朋自远方来，不亦乐乎？人不知而不愠，不亦君子乎"等丰富的修"仁"内涵和精神，就焕然一新了。在孔子看来，只有修仁才可成礼，只有成仁才可行礼，只有以礼生活，才可生乐。然而，修仁成仁的基本路子却是学而不辍。更重要的是，修仁成仁的最好方法是中庸：中庸方法之于意欲修仁成仁的君子来讲，指更应该"人不知而不愠"，不能"过犹不及"。因为无论认知、思考、判断、抉择，还是为人处事，过犹或不及，都是浅见、狭隘、偏私的体现。当人满足一得之浅见，形成狭隘、偏私等陋习时，往往形成专断与蛮横，才盲目地排斥不同的意见、看法和认识，才攻击异己的思想和观点。这是孔子将"攻乎异端"视为妨碍人成己为君子之大害的根本理由，因为它既违背博学内省的学而之道，更违背持守正途的中庸之道。

最后是主题语境。

《论语》共二十篇，但前四篇至为重要，它浓缩了孔子的基本思想，也构筑起孔子君子理论的基本框架。第一篇总论人要成己为君子必须"博学内省"和"修德进业"。第二篇讨论君子"学而"目标是成己成人，实践路径是"为政以德"而立世。围绕"成己成人"目标，君子之学必须从两个方面展开：一是"学而时习"其"礼"，由此形成《八佾》；二是"学而时习"其"仁"，由此形成《里仁》。学而习其礼，是训练德行；学而习其仁，是养成德性。德行与德性统一，就是君子；并且，德行与德性统一，才可真正实现"为政以德"而立世。在孔子看来，只有真正成己为君子的人，才可担当起"为政以德"的重任；一个真正的君子，必须在"学而"不辍的人生过程中修炼德性和践履德行；君子修炼德性和践履德行，既需要"博学而笃志"（《子张》）的高远和"君子不器"（《为政》）的视野，还需要"不患人之不己知，患不知人"（《学而》）的态度和"君子无所争"（《八佾》）并体现拒绝"各于其党"（《里仁》）的胸襟。以此来看，孔子之学是"**有容乃大**"之学，绝不是排斥他技或小道之学，也不是攻击不同思想、见解、观点、主张之学，而是辨别真伪、去粗取精之学。所以，"攻乎异端，斯害也已"，不是在灌输偏激、片面的观念，而是在传授方法，引导弟子学习如何辨别与取舍的思想方法、认知方法。

---

① 徐复观：《中国学术精神》，上海，华东师范大学出版社 2004 年版，第 74 页。

三

孔子论"攻乎异端"，被编排入《为政》篇，亦有深意。本篇二十四章内容围绕"为政以德"这一主题展开，大致可以分成三部分内容：第一部分是第一章到第十章，讨论"为政以德"的基本问题，这些基本问题有三：一是"为政"的伦理本质（第一章）；二是"为政"的本体论方法及主体要求（第二至四章）；三是为政的核心任务（第五至八章）。第二部分是第九章到第十七章，讨论为政者的自身要求和主体条件。首先讨论为政者须具备的一般方法（第九至十章）；其次讨论为政者的主体条件，包括温故固本的政治理想（第十一章）、通才的为政视野（第十二章）、"先行后言"或"行而要言"的为政品格（第十三章）、"周而不比"的人格力量（第十四章）、学知互动的为政习惯（第十五章）、辨别守正的为政能力（第十六至十七章）。从第十八章到第二十四章，是《为政》篇的第三部分，主要讨论为政的实践要点与根本策略。

由此可知，《为政》中每章内容都围绕"为政以德"展开。孔子论"攻乎异端"，是基于人应该具备为政的主体条件论。并且，孔子论为政，是将其作为君子必学的内容来教授弟子。孔子教导弟子：君子的理想应该是治邦安国，这是当世赋予每个君子的使命。君子要能为政并为好政，必须认知为政的道德本质和掌握为政的本体论方法。在此基础上具备为政的主体能力和熟悉为政的实践策略及要点。相对地讲，如上三者中最根本的是为政的主体能力，因为为政就是实行。实行要达到良好效果，必须是为政者德性与德行的统一。关于君子为政的主体能力，孔子认为主要由七个方面内容构成，即为政方法、为政理想、为政视野、为政品格、人格力量、学而能力、辨正能力。孔子就这七个方面依次向弟子做专题讲解，弟子将这七个专题主题内容用简要的语言记载下来，最后被《论语》编纂者选择编辑在《为政》篇中形成现在的文本形态。孔子将君子为政必须具备客观辨正能力的问题，分成两个具体方面予以探讨，可见其辨正能力对"为政以德"的君子来讲，重要与根本。

围绕《为政》的主题语境并联系上下章语境看，"攻乎异端，斯害也已"，是孔子围绕君子如何修养为政德性和德行这一主题，教导弟子们具备"为政以德"的君子理想及实践精神，必须具有守正的思想和能力。孔子告诫弟子，要守正"为政以德"的君子思想，必须在学与思的方法论上下功夫，具体地讲，应该在学与思的辨正修习与掌握方面下功夫。学与思的方法论，既是辨别、辨析正确与错误的能力，也是辨正方向和守正基本思想的能力，这种能力对于为政的君子言，既是内在的德性，更是基本的德行。

孔子为何要教导弟子辨别、辨析，通过其辨别、辨析来辨正方向、守正思想？这是因为孔子生活的当世，各种思想、学说风起云涌，弥合业已分裂的"道术"的社会拯救方案频繁产生，更重要的是，在这一众说纷纭的时代，要持守正道或者说"守死善道"是很难的，尤其是对于心怀施治雄心的英才们来讲更难。然而，这仅仅是时代的一般状况，具体地讲，各家学说、各种社会拯救方案、各种施政思想、进路与方法，已经广为传播，这在事实上对孔子遵从返本开新"周道"的信念和"为政以德"的政治理想及实践方案的实施，造成很大的阻碍。更重要的是，这种种不利的环境和各种政治主张与行动方案，已经对孔门弟子产生诱惑，可能有些弟子已经在悄悄地或明目张胆地学习其他拯救方案、其他施治主张，比如，子夏就是孔门中喜习异端和致力创新的人。这不能不引起孔子警觉和忧虑。因而，正面引导弟子学会辨别、辨析不同政治理想、政治主张、施政方案，使弟子守正"为政以德"的治邦安国实践精神及德性能力，成为衡量君子与小人的根本分水岭。

正是基于如上语境，孔子才将"攻乎异端"作为教学内容，对弟子进行专题讲解，以此引导弟子守正学而成己成人的君子学说和"为政以德"的政治主张。为此，孔子必须向弟子讲清楚流行于当世的不同的政治理想、政治主张、政治行动方案，教给弟子辨别、辨析其不同政治理想、政治主张、政治行动方案与"为政以德"的政治理想、政治主张、政治行动方案的根本方法，引导弟子明确地认识到盲目接受或攻击诽谤这些"异端"的危害，使之具备免疫力。因为，不具备这种免疫力，就会被侵害；如果不知所以而胡乱、任性，或者不进行理性反思地接受这些"异端"，或主动学习这些"异端"，危害就更大。这就是孔子向弟子发出"攻乎异端，其害也已"警告的本原语义：凡是不加思索、不加辨别地攻习不同政治主张或不加思索、不加辨别地攻击不同政治主张的行为或做法，对任何要想"为政以德"的君子来讲，都是有害的。

第 17 章释义

子曰："由，诲汝知之乎！知之为知之，不知为不知，是知也。"

[注释]

由：仲由（公元前 542 年～公元前 480 年），姓仲，名由，字子路，又称季路，季是排行，是孔门先进弟子，比孔子小九岁。子路被后世誉为"孔门十哲"之一，其在世时，受夫子批评最多，也是孔子最得意的弟子之一。孔子敬重子路，主要不在其性格率真，有勇力和才艺，而是另外两方面长处。一是子路凡事有独立见解，有自己的思考，有深邃的洞察力和思想能力，因而，他常常批评其师的错误想法和做法，比如，子路曾两次批评并阻止孔子要到德行不良的叛乱者那里去做官。子路这种以真理为准则，据理力争的品质与能力，恰恰为孔子所特别看重，因为弟子对为师的批评，体现最难得的真诚与诚实。顾立雅在《孔子与中国文化》一著指出："子路是那种极度诚实的人，这种人坚信'是即是，非即非'，他们依靠一些简明的原则行事并认为轻微的调节都是不道德的。他在家中就好似一个圆桌骑士。"或许正因为如此，孔子才发出"三人行，必有我师焉"的感叹。二是子路特别擅长政事的治理。子路曾任卫蒲邑大夫、季氏家宰、卫大夫孔悝家宰等，孔子对子路这方面的能力做过极高的评价，认为他是一个"千乘之国，可使治其赋"(《公冶长》)的人。

诲：告知，教导。

是知：本章前面四个"知"，均作知道、知晓、懂得讲；"是知"之知，却作明知、智识、智慧讲。

[译文]

孔子说："子路啊，我来告诉你'知'的道理吧！以知道为知道，以不知道为不知道，就是明智和智慧。"

[通解]

上章"攻乎异端，斯害也已"，是孔子教导弟子在各种观念、主张、学说兴起的当世，学会广纳和慎取。对于接受主体来讲，任何形式和方法的广纳和慎取，都涉及对纳与不纳、取与不取的东西的真正认知、理解，这是纳与取的前提。所以，本章与上章可看成孔子教弟子具备守正能力的两个方面：上章可看成孔子向弟子讲授应该具备广纳与慎取的正确态度；本章可看成孔子向子路讲授如何学会广纳和慎取的方法。

一

对本章内容，人们习惯性地将其理解为孔子教人求知。但教人求知的一般认识论问题何以要置于《为政》篇呢？这就需要认真阅读孔子讲述本章内容的潜在语境：孔子之"知之为知之，不知为不知"针对什么而论？以此看孔子此论的问题语境，则突显出人们习以为常的两种求知态度：一是以不知为知；二是以知之为不知。

孔子认为这两种求知态度都有问题。先看"以不知为知"这种求知态度，多属于不愿意求知者或以不知为安和以不知为荣。在现实生活中，不愿求知或以无知为安、以无知为荣者是这样三类人：一是品行不良者，他们以无知为荣；二是为权力腐蚀的权威人物，这类人虚荣心重，大都以无知为荣；三是普通的民众，他们多以无知为安，这是一种常人陋习。所以，"以不知为知"实际上有两种情况：一是"不愿意知"，品行不良者和为权力腐蚀的权威者，大都属于这种情况；二是"无能知"，普通民众的"以不知为知"均属于这一类。

如果说"以不知为知"的态度体现了求知的盲目性、盲动性；那么"以知之为不知"的态度，却体现不诚实的虚假，它意在隐藏或隐瞒自己的本来认知状态和实际求知能力。进一步看，这种隐藏或隐瞒的背后，体现很强的实利主义要求，即人们往往以实利及其多寡为准则，判断自己的知或不知。持有这种缺乏起码道德自律的"以知之为不知"的人，往往在生活行为中不讲良心，是最不值得相信的一类人，这类人的日常行为方式，就是制造谎言，成为谎言的暴力者。

二

孔子是一**经验理性**的思想家，他所思考的都是日用伦常问题，但这种对包括个人生活伦常和政治生活伦常的思考所结出的思想果实总能达向一般，形成普遍的认知智慧和方法。正是基于这样的思想特征和认知个性，孔子所论总是必有其因，这个"因"就是具体的针对性。这个具体的针对性，就是"攻乎异端，斯害也已"。从主题关联性讲，本章紧承上章论，或可说这上下两章所记载的内容可能原本是一个话语场景展开过程中的两个环节的内容：上章是孔子教导众弟子要在训练学思并举的成己德行时必须学会辨别、辨析，学会辨正和守正。并且，孔子以当时已广泛流行的异端政治现象、政治主张或学说为例，对弟子们予以正面引导。本章是孔子沿着"攻乎异端，斯害也已"的话题，专门教导擅长政事的子路。

在"攻乎异端，斯害也已"的问题上，孔子之要单独教导子路，可能在孔子看来，擅长政事的子路，却有好勇伉直的性格。因为好勇，子路不时流露出"盖有强其不知以为知者"的毛病；由于生性伉直，子路在认知上虽然坚信"是则是，非则非"准则，也不时流露出认知的单向度性，具体体现在思考不会转弯，不擅反面思考问题。正是这两个方面的认知个性，使孔子感觉到这个擅长政事、最具有守正"为政以德"的弟子，有可能在面对汹涌而来的"异端"政治主张、学说面前表现出不经意、大意，或有可能丧失其守正的德性与能力。所以，孔子要特别辅导这个在他看来很有为政前途的弟子：

孔子问子路，有关于"攻乎异端"的危害，你真正弄懂了吗？在认知上真正搞清楚了吗？如果知道了，清楚了，明白了，你就说知道了，清楚了，明白了。如果还没有真正弄清楚、理解明白，就直截了当地说不知道，没弄懂、不明白。这才是客观的求知态度，也是正确的认知方法。如果你能做到在认知上凡事恪守这一求知的客观态度和正确方法，既是明智，更是智慧。

孔子以"攻乎异端，斯害也已"而专教子路求知的这种客观态度和正确方法，体现理性有限性的实践精神。这种实践精神使孔子"为政以德"的政治理想落实为身体力行的政治实践，开辟出可能性通道和方法论路径。

第 18 章释义

子张学干禄。

子曰："多闻阙疑，慎言其余，则寡尤。多见阙殆，慎行其余，则寡悔。言寡尤，行寡悔，禄在其中矣。"

[注释]

子张：复姓颛孙，名师（公元前 503 年～？），字子张，陈国人，孔门后期弟子，小孔子四十八岁。子张勇武，为人清流不媚俗，孔子以此批评其"性情偏激"。但子张重视德行修养，善广交朋友，主张"士见危致命，见得思义，祭思敬，丧思哀"（《子张》）。子张还好学，好问。孔子逝世后，子张独立门户招收弟子，播扬孔子学说，自成一脉，被名之为"子张之儒"（《荀子·非十二子》）。韩非子在《韩非子·显学》中将孔子后学概括为"八"，将"子张学派"列于其首，可见子张之学在当时影响之大。

干禄：干，谋求；禄，仕之俸禄。干禄，求做官。

多闻阙疑：闻，听。多闻，广泛听取，指广见闻。阙，同"缺"，作搁置、暂且置于一边讲。阙疑，指面对疑问先搁置不要轻率下结论。

寡尤：寡，少、减少。尤，过错、罪过。

阙殆：殆，危险。阙殆，将危险置于一边，意为远离危险。

[译文]

子张请教如何从政当官。

孔子说："广泛听取他人意见，面对疑问时先搁置不要轻易下结论，即使有把握，也谨慎说话留有余地，这样就能尽量减少过错。要多观察他人如何做事,放弃那些无胜算之事,即使有把握的事,也要谨慎行动,这样可使自己减少后悔。说话少过错,做事少后悔,就能当好官,俸禄自在其中。"

[通解]

从第九章到第十七章,分别从一般方法(第九至十章)、政治理想(第十一章)、为政视野(第十二章)、为政品格(第十三章)、人格力量(第十四章)、为政习惯(第十五章)、守正能力(第十六至十七章)等方面讨论君子为政的自身要求和主体条件;从第十八章开始,则集中讨论为政的实践要点与根本策略。本章通过子张与孔子问答,指出出仕当官的必为要点。

一

子张虽是孔门中年龄最小者,却好学,善深思,尤好"审问"。

子张善"审问",涉及面相当广泛。仅《论语》记载有十一次,它涉及什么是成人之道,什么是善人之道,怎样成仁,如何明道达理,如何辨恶从德,怎样行和如何达等,但最紧要的问题却是如何为政、怎样当官。本章记载子张求问当官的智慧。

子张虽然热衷于学干禄,却终身未从政,而是继师志从教而终。子张热衷于干禄之学却终身不仕,从一个侧面透露出两个消息:

一是孔子的学问,不是一技一能的学问,而是整体的学问,通读《论语》可整体感知到孔子之学是集教育、伦理、道德、政治、知识论、人性论等于一体:人是人伦化的人,人伦、道德是人人必学且人人必备的德性和能力。并且,人伦的家庭化是血缘,人伦的社会化是政治。君子无论从政与否,"为政以德"都是必修的课程和必备的学问。这,应该是"君子不器"的具体表述。

二是孔子的学问本质上是入仕的学问。以孔子为师,不管爱好兴趣与否,必学为政,必懂干禄之学,这是孔子的基本学问,也是孔门教育的常规课程和孔门"学而"的常规历程。

具体地讲,孔子学问可概括为日用伦常之学和经世之学,前者是奠基,后者是目标所指。孔子教弟子为学,必着眼于前者而努力于后者。《为政》篇从第一章"为政以德"始至第十七章"知之为知之",是关于为政的主要知识、学问和一般认知要领与方法,孔子将这些认知要领和方法向弟子做系统传授后,接下来就是探讨为政实践的基本问题。为政的实践问题相当复杂,其内容也异常丰富,其首要问题是学做官,因为学做官是为政的第一步,此步不跨出,为政仅停留于想望状态。学做官的知识、智慧与方法,是每个想要入仕为政的人都异常关心的首要问题。所以《论语》编纂者将"子张学干禄"置于"为政实践"诸问题之首,非常有见地。

二

子张向老师请教做官的学问，孔子以此教他为官三法则，即多听、多看和慎言。

第一个法则是多闻阙疑。孔子告诉子张，多听，之所以是做官的首要法则，是因为为政当官必以德导之。这个为政之德就是中正、堂正、公正、公道。当官要做到中正、堂正、公正、公道，前提是全面了解所治之事，以求完全客观，这就需要广泛听取各方面的意见、看法、说法、想法、要求，做到全面了解真实情况，这是断之以公正、公道所必备。

广纳（即多听）之于人，有形式与实质的区分。形式上的广纳，是做样子，摆架子，是听而不纳，所以多听也等于不听。实质上的广纳，是要解决问题，做到公正、公道，因而，听而则纳，且纳之而行，行之求果。多听缘于广纳，但广纳并不意味着凡听来的都要采纳。所以，多听是前提，广纳是目的，将受纳的东西予以采用，这中间须有"阙疑"这一关键环节。所谓"阙疑"，就是慎重判断。"阙"通"缺"，在这里作"搁置""悬置"讲。"阙疑"，意指对听来的一切东西都不要轻易下判断、做结论，应将其搁置起来，过一段时间，让自己冷静下来，跳出多听形成的思维圈子，求得客观的审视角度，然后再进行理性分析，最后对这些听来的东西一一做出判断，最终选择有益的东西，以为所用。

所以，"多闻阙疑"的思考客观地展开三个步骤：第一步是多听，必备的态度是诚，即诚心、诚挚，只有诚，才可引发出真实的交流，听到真实的意见、看法、想法、建议。第二步是明辨，必备的要求是客观理性；第三步是广纳，在明辨基础上排除错误的、无用的、有害的内容，保留怀疑的内容，肯定并采纳那些正确的、有用的、公正的、公道的意见、建议。同时做好这三步，就会少犯过失或错误。这是"多闻阙疑"乃做官之首要法则的根本理由。

第二个法则是多见阙殆。多看，就是博观；"阙殆"即远离危险（的事情）。多见阙殆，就是多方面观察，在观察中辨别危险的事物、危险的迹象，然后远离它，或者努力排除那些（已发生或可能发生的）危险，谨慎地做那些无危险的、可肯定的、且能收到成效的事。这是当官的基本法则。遵循这一法则，就会尽可能避免失误，即使失误发生了，也不后悔。因为遵循这一法则去作为即使发生失误，也是因为：第一，此事乃必为之事；第二，其必为之事要受各种条件限制，在条件不具备或不完全具备条件的情况下为其必为之事，发生失误也在所难免。并且，遵循此一法则为此必为之事，可以将在所难免的失误降低到最低程度，将损失减少到最低限度。

第三个法则是慎言。多闻阙疑，多见阙殆，慎言其余，此三者构成做官三法。孔子教子张为官三法，将"慎言其余"置于最后，"多闻阙疑"重要于"多见阙殆"，"多见阙殆"重要于"慎言其余"。但根据孔子君子德行"敏于事而慎于言""先行其言而后从"的基本准则，"慎言"应该比"多闻阙疑"和"多见阙殆"更根本，所以，它是做官的根本法则。

"慎言其余"，就是谨慎地说必说之话。说必说之话，其实是谨慎地讲行不尽意或行不达意、行必尽意和行必达意的话。除此之外，一切都可不说，都不必说，说之则多余。这就是"慎言其余"的为官法则。

为什么"慎言"是做官的根本法则呢？这是因为当官的职责是施治，包括治民和治人，通过治事得以体现。但施治重在于行动，行动涉及选择，包括目的选择、手段选择、方法选择，甚至场合、时机等方面的选择；选择的前提是收集信息、了解实情、明白状况，这要求对收集得来的信息、情况予以辨别。所以，无论"多闻阙疑"，还是"多见阙殆"，都是施治行动的前提性工作，它们是重要的，但不根本，根本在于施治行动本身。施治行动之于当官者讲，不仅涉及自身的利害，首先且最终涉及施治对象（即民与人）的利害，来不得半点马虎和虚假。必须凡行动必以做为先。所以当官的施治行动，重要的不是说和如何说，而是做和如何做。这要求当官必须慎言，慎言构成当官必须遵守的根本法则。

孔子教子张当官须"慎言"，不仅因为"慎言"必须以实做为先，以做好为要，更重要的是"慎言"体现君子人格。他告诉子张，做官必须是君子，君子为官，人格为要，因为做官为政必须以德导之。慎言，不仅是多做少说，说该说和必说之话，而且是为官慎言，必须杜绝说大话，说空话，话废话，说假话，这是为官的健康人格，也是为政必备的基本官德，或为政当官的道德底线。

进一步讲，孔子论为官的法则，有更深一层含义，那就是当官为政，要施治以德，最紧要的是敬慎，它贯穿于"多闻阙疑""多见阙殆""慎言其余"，构成当官为政的灵魂。所以敬慎，才是孔子当官为政的总法则和最大方法。

第 19 章释义

哀公问曰："何为则民服？"

孔子对曰："举直错诸枉，则民服；举枉错诸直，则民不服。"

[注释]

哀公：鲁定公之子,鲁国第二十六任君主,姬姓,名将,在位二十六年。其间,季孙斯、叔孙州仇、仲孙何忌、季孙肥、叔孙舒、仲孙嬎等人先后执掌鲁政。

何为则民服：为,做、管理、治理。何为,怎样管理,如何治理。服,服从、服气、心悦诚服。

举直错诸枉：举,举荐、选拔。直,正直。错,置、放。枉,邪曲、不正。举用正直者,弃置邪曲者。

[译文]

鲁哀公咨询孔子,说："怎样治理邦国,民众才心悦诚服?"

孔子回答说："举用正直有德的人,远离邪曲无德之徒,民众自然心悦诚服;如果举用邪曲无德之徒而疏远真正有德的人,民众不会心悦诚服。"

[通解]

孔子教子张当官须做到多听、多看、慎言的根本理由,是当官必须为政,为政的基本任务是治民,前提工作却是用人。

为政治民有两个方式：一种是暴力压迫与强制,使其被迫服从,另一种是使民自愿听从、服从。前一种治民方式虽然收到"使民服"的效果,却会造成民生积怨,民心离散,官逼民反是这种治民方式的最终表达。后一种治民方式的效果是民心悦服,并且最终使民德归厚。如何施治才能使民心悦诚服以实现民德归厚? 这是当官为政所面临的根本问题。从内容敞开的逻辑讲,这是上章与本章的主题关联:上章讲当官为政的法则是凡事敬慎;本章讲当官为政的首要法则是如何用人。

一

鲁哀公向孔子问政,其具体语境可大致推测:雄心勃勃的孔子,始终未能在母国获得施展文道救世的舞台,进入天命之轮的孔子最终觉悟到自己的天命,于是五十五岁毅然去鲁游国,但仍然天不假人,孔子在外颠沛流离十四年(哀公十一年)之后,终于在其弟子冉求努力周旋下,执政大夫季康子才安排隆重地将其迎回鲁国,但只是被敬而不用。哀公向孔子问政,应该是孔子晚年回到母国之初的某一天,鲁哀公向孔子求教国事。

哀公向孔子求教的国事,自然是治理邦国的大事,而且还是萦绕君心的紧要大事,这就是怎样管理国政才可使民心悦服? 孔子以"举直错诸枉"应答,其实是给哀公简单可行的方策。孔子所提出的这一治民使之服的方策,要鲁哀公做到如下三个方面:

首先,提拔、使用正直德性,并能行施公正、公道德行的人,罢免、废除、放置那些心术不正且无为官德行和能力的人。

其次,使这些被提拔出来的人才,能够充分释放他们中正、堂正的德性力量,全面发挥他们公正、公道的德行能力,真正树立正气、正道,做到以正压邪,以正制邪,一旦这样,民就会不治而心悦诚服,不教而德行归厚。

最后,作为一国之君,提拔、重用有德才的君子,不会太难;激励、鞭策、引导这些被提拔和重用的人才,使他们充分发挥中正的德性力量和公道的德行能力,也可以办到;但最重要的却是君主自己有没有"举直错诸枉"的意愿与努力。直白地说,管理邦国,使民心悦服的根本前提,是邦君本人德高望重、德才兼备。如果邦君德才兼备且德高望重,就具有"举直错诸枉"的决心、果敢和行动,将天下英才都启用起来,量才录用,让所有无德的邪恶之徒在官场无容身之地。反之,则只能是"举枉错诸直",要使民心悦服,只能是空想和妄想。

二

哀公问政,孔子对答,所提供的邦政方策中包含举用贤能、民心悦服、民德归厚三个方面,其中最重要的方面是为君者本人的德性和德行。所以,在孔子提出的邦政方策中,其关键词是"举",使民心悦服的关键是为君者之"举",邦国君主"举"什么、怎样"举",成为民服与不服的分水岭。这是哀公问政,孔子应对,要借取正反两可的方式来表达其治理邦国方策的根本考虑。

孔子之所以要用正反两可方式来表达其治理邦国方策,因为他深知鲁哀公并不是大德大才之君,真正的治强大策,他并不一定懂,懂了也不一定能用。孔子采取对比的方法,把"举直"和"举枉"对举出来,以突显其不同结果,让哀公自己掂量,自己选择。如果哀公真的要想通过大治来强鲁,那就一定会选择"举直错诸枉"的治理邦国方策;反之,则继续"举枉错诸直"的错误治策。

孔子之如此表达其根治方策,还有更深一层意思,即孔子要借机考察鲁哀公是否真心发奋图强。如果是,那么哀公就一定要选择"举直错诸枉";如果鲁哀公真愿意做这种选择,那么我孔丘这一天下第一治理邦国奇才就坐在你的面前,那你就应该马上礼贤下士,请我出山。然而,孔子清楚,这种想望只能是想望,自己的邦君没有这种胸襟与气魄,自己只能被"敬而不用"的人。所以,哀公问政,孔子才说出"举直错诸枉"和"举枉错诸直"的两可方策来。

孔子的"举直错诸枉"和"举枉错诸直"方策背后,是其"为政以德"的政治理想,这种政治理想在"道术将为天下裂"的时局下和"凭力气争朝"的生存取向下,是不可能被君王们所认同、看重和运用的。因为这种"举直错诸枉"的治邦方策最为直接地建立在对君主的道德期待之上,对于没有多少道德自觉性或根本没有道德自觉性的君主来讲,这种"举直错诸枉"的治邦方策只能是空谈。正是因为如此,哀公最终未采用孔子的对策,并且,最终只对孔子以形式上的"敬",没有给孔子以"用"的任何机会和舞台,孔子也就是在这种"敬而不用"的尴尬中走完他最后的人生。

孔子的"举直错诸枉"和"举枉错诸直",讲的是君主治理邦国必须"用贤臣,远小人":君主一旦任用贤人,小人自然远离了;反之,如果任用小人,贤人也就隐遁了。就事论事地看,孔子"举直错诸枉"和"举枉错诸直"的治理邦国方策并没有错。但问题是这一治理邦国的方策仅仅是建立在君主道德或者君主权威,君主权力基础上,是相当的脆弱。因为君主的贤与不贤本身就成为"直"或"枉"、举与不举的决定因素。这是"大道之行也,天下为公,先贤与能"(《礼记·礼运》)的空疏和孔子君子政治理想悲剧化的症结所在。

第 20 章释义

季康子问:"使民敬忠以劝,如之何?"

子曰:"临之以庄,则敬;孝慈,则忠;举善而教不能,则劝。"

[注释]

季康子:姬姓,季氏,名肥(?～公元前 468 年),谥号"康",史称"季康子",是鲁哀公时期正卿。哀公三年(公元前 492 年),其父季桓子去世,季孙肥继位。哀公十一年(公元前 484 年),齐伐鲁,季康子启用冉有等孔子弟子击退齐军,冉求趁机周旋,使季康子派人以礼迎孔子回国,使孔子得以安度晚年。其间,季康子不时向孔子求教政事,但几乎每次都遭到孔子严厉批评,却使季康子对孔子更加敬重,孔子生病,季康子还为之送药:"康子馈药,拜而受之。曰:'丘未达,不敢尝。'"(《论语·乡党》)哀公二十七年(公元前 468 年)春,季康子去世。其执掌鲁政二十四年期间,不仅大量启用孔门弟子,而且也以宽容方式促进了孔子之学在鲁国自由发展。

使民敬忠以劝:敬,恭敬。忠,忠诚。劝,劝勉。以劝,相互劝勉。

临之以庄:临,面临、对待,引申为治理。庄,庄重严肃。

孝慈,则忠:孝,奉养其老。慈,抚育其幼。孝慈,使民各孝其老、各慈其幼。忠,忠厚、敦厚。则忠,指民自觉于为人忠厚。

举善而教不能:举,启用、举用。善,有德。举善,启用有德者。能,才能。教不能,不能者教之。

[译文]

季康子询问孔子,说:"采用什么办法治理邦国,才能使民恭敬、忠诚和相互劝勉?"

孔子说:"对民言谈举止庄重,就会赢得恭敬;以身作则使民各孝其老、各慈其幼,就会赢得忠诚;任用德才兼具的贤良,教化那些弱能的人,自然会促进民众相互劝勉。"

[通解]

为政治理邦国,围绕治民展开。治民之要有三:一是使民服,二是使民忠,三是使民敬。民服,可能是外力强迫,也可能内在自觉,但忠和敬,却必须靠内在自觉。由此,治民涉及由外而内、由表及里、由行为至内心这样一个展开方向。上章讲治民何以使之服。本章讲治民何以使之忠和敬。

一

季康子向孔子问政,有若干记载,本章是季康子向孔子请教如何治民。

在血缘宗法政治框架,为政的基本问题是治民。治民的根本难题有二:一是如何使民心悦服;二是如何使民忠敬。上章,哀公求问使民心悦服的方策;本章,季康子求问怎样使民忠敬和劝勉。相对地讲,民服是民忠敬劝勉的前提。其理由是:民服,是指下对上,或曰民对君。民对君要心悦服,君必须为民解决两个基本问题:一是民生有保障;二是君道要公正。所以,民服与不服的症结在君。这是哀公问政,孔子要以"举直错诸枉"和"举枉错诸直"两可方式应对的理由。

解决了民服的问题,才可考虑民的忠敬和劝勉问题。因为民的忠敬与劝勉,主要不是指下对上的问题,而是事与人的问题。《论语》中,"忠"字所指涉的对象在具体语境中有根本区别:"忠"用之于君臣,指下对上的尽责,这是忠诚;在另一种语境中,"忠"指向"民"时,则指待人和尽事的姿态、态度,可具体表述为待人忠厚,尽事忠诚。一般而言,臣对君,涉及忠的问题;臣对君忠,当然是道德问题,但首先并且最终是职责问题。与此不同,民对君,只涉及服与不服,不涉及忠与不忠,因为民对君的服从,是职责问题。

以此观之,季康子向孔子求教如何使民"尊敬""忠诚""劝勉",实质上是"如何才可使民德归厚",这个问题不可能诉诸行政命令或暴力强制,只能诉诸道德引导与激励。

二

哀公问政,是要解决"使民服"的问题,但前提却是解决治人的问题。治人的问题主要涉及两个方面:一是选拔和任用官员,这涉及基于什么准则选拔和任命官员;二是用什么方法管理、考核官员。比较而论,前者是根本,因为以什么为标准、准则选拔和任命官员,必然派生出管理和考核官员的方法。这是哀公问政,孔子应对却只注目于前者,而未论及后者的深层考量。

治人的最终结果是使民服。但民服其上,仅仅是民德归厚的前提。在民心悦服上的基础上,使民德归其厚,还必须引导民,教化民。这就暴露出一个问题:为什么治之而使民服的同时还要使民德归厚呢? 这是因为治之而使民服其上,仅仅是一时之功,只有使民德归厚,才是长久和最终的服。季康子以忠敬之事问政于孔子,是想要解决民如何永久地服上的根本方法。

本章所蕴含的内容有两个方面:首先是表层语义内容。民德归厚对于治理邦国者来讲,并不容易,因为实施民德归厚的根本方法,是"为政以德"。为政以德,指邦君、大夫以及各级官员,必以德行导向民,以德行表率民。所以,当季康子毕恭毕敬地请教夫子:"(我为政)如何才能使所治之民尊敬、忠诚而相互劝勉?"孔子告诉他根本的方法是"临之以庄,则敬;孝慈,则忠;举善而教不能,则劝"。将孔子所授方法翻译成现代汉语则是:

> 面对民众的大小事情,你必须严肃认真地对待,并公道地处理,他们才会因此严肃认真地对待你所发布的政令,洁身自好并相互尊重;作为上者,你们能以身作则孝父母、慈爱幼小,民众不仅会因此做到各孝其老、各慈其幼小,而且更能做到为人忠厚;你作为执政者,如果能将有德性和德行的贤人、君子提拔到各个位置来,然后领导他们去教育低能或弱能的民众,自然地促进他们相互勉励。

孔子之论,道出一个严肃的执政问题,即治民要得民,始终有条件要求。这个条件是"临民以庄,则民敬于己。孝于亲,慈于众,则民忠于己。善者举之而不能者教之,则民有所劝而乐于为善"[1]。

---

[1] (南宋)朱熹:《四书集注》,长沙,岳麓书社 1995 年版,第 83 页。

孔子应对季康子之问,其意并不停留于此,而有更深一层"道之以德,齐之以礼"的政治学含义,季康子求教孔子:"(我)采用什么办法才可以使民与民之间做到相互敬重、待人忠厚和相互勉励?"孔子对曰:"教民以举止端庄,就可形成相互尊敬;教民以敬老爱幼,就可使他们忠厚待人,并可做到忠诚其事;举贤用能,以使他们培养和鼓励那些弱小的人,就会使他们自信生存而相互勉励。"由此可见,孔子是在教季氏如何使民德归厚的三大方法:民德归厚的首要方法,是教民自我庄敬,并以此为基础导民互敬;民德归厚的基本方法,是教民推己及人,在家庭孝弟的基础上走向乡邻,相互敬老爱幼,并以此为推动力忠厚待人,忠诚尽事;民德归厚的重要方法,就是善待弱者、培养弱者、鼓励弱者,使他们能够增强自信,相互勉励,勇敢生活。

孔子授季康子"敬忠以劝"民的三大方法,自有内在生成逻辑的先后顺序。"临之以庄"之所以是首要方法,是因为这是主体论方法:"临之以庄",讲的是自我尊重、自我庄敬问题,为政者在民众面前的自我尊重、自我庄敬,并不来源于他的权力,也不来源于民众,而是来源于他本人的作为。具体地讲,为政者在涉及民众的大小事务时,只有严肃地对待并公道地处理好其利害、利益关系时,民众才获得做民的尊严感而心生敬重,为政者所发布的政令才产生权威感而得以畅通实施。为政者的政令畅通于民间,才是民自重和相互敬重的根本保障。所以,"临之以庄"就是为政者以德行引导激发民自我尊严、自我庄重的意识,这不仅是对民的德性的培养,也是对民的德行的训练。唯有这种培养和训练,民才可在尊严和庄敬的觉悟过程中获得敬重他人的德性与德行。因而,从"临之以庄"到敬,这是推己及人。由为政者推及民,民自然以为政者为榜样而行孝道,由孝而慈:孝,只限于家,慈则将孝扩展为乡邻,尊老爱幼。所以,由孝而慈,同样是推己及人。由庄而敬,讲的是由待己推而待人;由孝而慈,讲的是孝父母推而尊老爱幼。这两种推己及人的方法,都是从自我出发推向一般,前者是从自己推向不定的他人,后者是从自己的父母兄弟姊妹推向不定的他人的父母兄弟姊妹。"举善而教不能,则劝",却是从自己推向具体的他者,即将自己的善意、德性、德行推向乡邻社会的弱者。

概言之,孔子应答季康子问政,以最质朴的方式表达了他重民、尊民、敬民、劝勉于民的民生思想。孔子的这一民生思想后来为孟子所发扬光大。

第 21 章释义

或谓孔子曰:"子奚不为政?"

子曰："《书》云：'孝乎，唯孝，友于兄弟，施于有政。'是亦为政，奚其为为政？"

[注释]

为政：有两解：一是执政；二是入仕当官。本章从后解，意为通过出仕当官而有所作为。

孝乎，唯孝，友于兄弟，施于有政：此文出自《尚书·君陈》，是周成王命令周公次子君陈代理周公治理成周，君陈担心自己无为政的实践能力，周成王用策书教导他："君陈，唯尔令德孝恭，唯孝友于兄弟，克施有政。"意思是：你孝父母、友爱兄弟，将这些美德移过来就可以从政了。或可说，你用孝父母、友爱兄弟的美德引导民众，自然会产生良好的治理效果。施，行施、施治。施于，施之于，指将"孝父母，友爱兄弟"的治家方法施之于一方治邦。有政，这就是政治。

是亦为政，奚其为为政：是亦为政，将其治家方法施之于一方，就是治理。奚，疑问代词，为什么。为，作为，这里指当官。

[译文]

有人问孔子，说："先生您是济世之才，为何不出仕做官？"

孔子回答说："《尚书》说'孝啊，就是孝父母，友爱兄弟，以孝弟之道纯化社会并影响政治'，这不也是从政吗？为何一定要出仕当官呢？"

[通解]

上章讲为政必须具备"临之以庄""孝慈""举善而教"；本章讲为政始于"孝父母，友爱兄弟"，终于"孝父母，友爱兄弟"，应该是对上章"孝慈"和"举善而教"的进一步发挥和强调，因为在古代血缘宗法社会，基本的并且根本的善，是孝慈。

一

本章以"或谓孔子曰"开篇，表明孔子应答他人问话的具体语境，已无从考证，但也可以大致推测：孔子此番对答所表现出来的对待从政的心态或姿态，可能发生在孔子人生某个阶段：孔子虽然从二十来岁始就志于走仕途，但直到游国之前却主动放弃了两次做官的机会，一次是公元前505年季氏家宰阳货造反前夕，阳货亲自来请孔子出山，孔子虽然答应了（《阳货》第一章），但最终未成行。另一次是公元前503年季氏费邑宰公山弗扰欲造反请孔子相助，孔子虽很坚决地表达"夫召我者岂徒哉！如有用我者，吾其为东周乎！"（《阳货》第五章）但最终未成行。对于一直想从政实现人生抱负和文道救世理想的孔子,为何放弃这难得的两次为官机会,其原因可能有很多,但其中最重要的因素可能来自子路的坚决反对。孔子与子路既是师生关系,更是诤友关系,在原则问题或重大抉择面前,子路的意见总是使孔子特别珍视,往往采纳诤友谏言。《史记·孔子世家》记载孔子适卫求仕,欲急切地得到卫灵公的任用,孔子准备私下走其宠妃南子的门子,由于南子夫人名声不好,所以遭到子路反对,孔子也由此作罢。如果本章的对话发生在孔子游国之前或游国之途这两个人生阶段,那么孔子的应答就有些言不由衷,因为这不符合孔子的真实愿望和人生努力。一直渴望入仕却苦于没有门路和机会的孔子,面对别人提出这样让人难堪的问题,他不得不违背自己的真实心愿而故作他说。

本章中,孔子与"或谓"者之间的对话语境,也有**可能**源于其回归个人的生活处境。比如"五十而知天命"的孔子,五十五岁时终于鼓足勇气离开鲁国,按照领悟得来的天命指示到国外谋求仕途。游国十四年,最后在六十八岁时无功而返。所以,如果针对别人"子奚不为政"的问话,而借《尚书》之"孝乎,唯孝,友于兄弟,施于有政。是亦为政,奚其为为政"作答,应该是真诚、真实的话。以此推想,这件事最有可能是发生在孔子的垂老之年,即发生在孔子六十八岁回鲁到七十二岁逝世这段时间中的某天。

如果此段问答发生在孔子六十八岁至七十二岁这最后的人生阶段,那么问话者就不怀好意了,即这是故意以调侃方式问孔子:"先生您怀抱济世奇才,为什么不去从政呢?"孔子亦知道此人心怀不轨,所以不直接正面回答,而是引《尚书》之言以挡开其锋芒,迂回地讲述不从政的理由,这个理由就是:不从政也是从政,而且是从事的根本的政治。

然而,无论发生在哪个阶段,对心怀济世理想并期望通过"以仁入礼"方式拯救殷周文明的孔子来讲,这都是一件很尴尬的事。如果发生在前一个人生阶段,孔子的此一应对虽然出于无奈,却更多掩饰成分,因为这对于孔子来讲还有更多的希望与期待;或者,时值五十五岁的孔子毅然去鲁游国求仕,可能与本章的"或谓"之问相关,即可能是他人的善意问话,激活了孔子内心更为顽强的求仕愿意和斗志。如果发生在他的晚年人生阶段,同样表现出无奈,却更多地流露出人生的彻悟与平常,因为从政对垂垂老矣的孔子来讲,已没有任何希望,在这种人生状态中,对政治产生更新的、更宽泛的理解,既是孔子对人生遗憾的自我慰藉,更是孔子对"道之以德,齐之以礼"的德政理想的更深刻领悟。所以,孔子对答他人的有些不怀好意的调侃,却以绝对真诚的姿态来阐发他对"道之以德,齐之以礼"的最新理解,反映出孔子政治哲学的丰富性和深刻性。

二

孔子学说,是遵循王道进路的入仕学说。这一套学说遵循纯正的王道进路,自有其"修达"的严格进阶序列,这就是《学而》篇所论的"修身、齐家、治理邦国",即先修其身,后齐其家,再图治其邦。孔子制定君子从仕进阶序列,遵循的恰恰是成己、成子、成臣的条件规定性:修身必须以至诚学而为前提条件,以成己为目标;齐家必须以具备成己的德性和德行为前提条件,以实现孝弟为目的;治理邦国必须以有齐家实践能力和孝弟品德的具备为前提条件,以安邦使其政通人和为目标。但本章中,孔子却打破人生"修达"的进阶序列,将"齐家"与"治邦"并论,将孝弟与安国并论,认为孝弟就是从政,齐家就是治邦安国。后人认为孔子此应答体现其政治学说的内在张力。但在更为深层的意义上,表达了孔子的美好期待和希望,也暗示本章记载的事件最有可能发生在孔子去鲁游国之前,并可能在事实上构成孔子去鲁游国动机激活的根本性因素。

理解本章内容,关键是理解孔子引《尚书》的内容来对答他人提出的难题。理解孔子引《尚书》中"孝乎,唯孝,友于兄弟,施于有政"这段文字,首先是其直接语义内容,然后是背景语义内容。先看前者。

《书》云:"孝乎,唯孝,友于兄弟,施于有政。"(本章原文)
唯孝,友于兄弟,克施有政。(《尚书·君陈》)

孔子引《尚书》原文时却将"克施有政"改成"施于有政"。孔颖达注之曰:"言善父母者,必友于兄弟,能施有政令。"(《尚书正义》)孔子引用此语,所要表达的思想是:齐家就是孝弟,孝弟能影响政治,因为只要做到孝弟,就能齐好家族;齐好家族,就能成为乡邻的表率和榜样,也是实实在在地使社会纯朴,影响了政治。而纯朴社会、影响政治,就是从政。

孔子此论,自有血缘宗法社会的逻辑进路:孔子所生活的时代,虽然"道术将为天下分裂"了,但仍然保持着血缘宗法社会的基本结构。另一个事实是:个体生命来源于家庭,成长于家族,家庭构成社会的细胞,家族成为邦国的基本单位,家庭首长是父家长,家族首长是族长(或族老);并且,一家之长可能是一族之长。一个人的修养可改变家庭,也可改变家族。一个家庭或家族的改变,总是既影响其乡邻,最后也影响邦国,使其发生变化。鲁国就是由"三桓"所持掌,并且最终由季康子专权。再比如"楚虽三户,亡秦必楚"的流言,却道出一个史实:楚国实际上由屈、景、昭三大氏族所统治,要灭亡秦国,只能是楚国,楚国要做到此,只需屈、景、昭三大氏族团结用力就可以了。由此可以看到,在血缘宗法时代,家对邦国政治的影响力及决定性作用,家的强弱、盛衰,很大程度上取决于家长。孔子应答他人问话,不过以事实说话而已。孔子指出,家长的影响力和号召力,最终源于他践行孝弟的能力及其践履的程度:家长的孝弟能力及其践履力度越强,其对社会和邦国政治的影响也越大;反之,亦然。

进一步看,孔子发表此一观点,还有时代背景,春秋晚期道术为天下分裂的实质表现,是维系邦国天下的血缘宗法伦理的崩溃,血缘宗法道德的隐退。臣弑君、子弑父、兄弟杀戮的事件层出不穷:"晋献公将杀其世子申生……及难,公使寺人披代蒲,公子重耳……逾垣而走,披斩其祛,遂出奔翟。"(《左传·僖公五年》)"卫宣公使盗杀寿子及急子。"(《左传·桓公十六年》)这种"臣弑其君,子弑其父,非一朝一夕之故。其所由来者渐矣"(《周易·文言》)。对于其形成的原因,子夏说得很中肯:"《春秋》之记臣弑其君,子弑其父,以十数矣。皆非一日之积也,有渐而以至矣。"(《韩非子·外储说》)礼制崩坏根源于家庭、家族孝弟的丧失。所以,要重振乾坤,必须"复礼";复礼的核心任务,是重建家族的孝弟伦常。正是在这个意义上,孔子将齐家与治邦等同,将齐家视为比治邦更根本更重要的政治策略。

从孔子引《尚书》这段文字的背景看,需要完整地看这段引文:

> 王若曰:"君陈,唯尔令德孝恭。唯孝,友于兄弟,克施有政。命汝尹兹东郊,敬哉!"(《尚书·君陈》)

将上文译成现代汉语即是:周成王对臣君陈说:"君陈!你有孝顺恭敬的美德。你孝父母,又友爱兄弟,已经具备了治理的能力,你应该出来从政了。我命令你去治理东郊的成周,你要敬慎啊!"

君陈是周公二子,鲁开邦君主伯禽二弟。周公帮助武王灭商后,在都城附近修建一座新城成周城,将殷商贵族(即遗民)强制迁于成周,以便于集中管制。自出现三监叛乱后,周公亲自监管成周城,周公逝世后,周成王命其二子君陈代其父职,监管成周。周成王之所以派遣君陈接管成周,不仅在于他是周公之子而放心,根本因素是君陈在自己的封地行孝弟,将家族管理得亲爱和睦,表明有一套以孝弟治政的能力和经验。

孔子之引《尚书》中周成王命君陈出家为政,向问者表达的表层语义是:齐家就是治理邦国,孝弟就是从政;但其深层语义是:我孔丘过去未出仕当官,是在践履孝弟,积蓄治邦安国经验,有如君陈一样,出仕的机会马上就要来了。而后也如君陈那样,不是我本人去寻求出仕当官的机会,而是英明的君主来请我出去担当大任。

如此，既表达了孔子应对的大智慧，也体现了孔子对自己未来预期充满信心。所以，本章所记载之事，最有可能是孔子去鲁游国之前；并且，此一事件更有可能成为孔子去鲁游国的内在契机。

第22章释义

子曰："人而无信，不知其可也。大车无輗，小车无軏，其何以行之哉！"

[注释]

信：信用、诚信。

大车无輗：大车，牛车。輗，连接车辕的榫头。

小车无軏：小车，套四匹马拉的轻车，古代的猎车、战车以及平常的乘车，都属于轻车。軏，辕端上弯曲处钩衡以驾马的设置。

[译文]

孔子说："人与人之间如果没有诚信，真不知道有什么事情可以做得成功。如同车上辕木与横木之间若没有那个灵活的接榫，无论大车还是小车，怎么可能启动驾行呢？"

[通解]

出仕当官，具备庄敬的德性品质和孝慈的德行能力，还不能很好地为政。真正合格的为政者，必须具备诚信的品德和能力。

——一——

《说文》将"信""诚"相互定义，强调"信""造就人"的含义："信"由"人"和"言"构成，意言而有信则为人。孔子将信视为实现理想人格的必要前提，或可说是人成己为君子的必要前提，也是君子践履德性，推行公道的必要条件。

阅读本章内容，理解孔子对信的实践理性说法，关键是明确"人"这个概念的所指性。在《论语》中，"人"应该是承其"为政"主题指哀公、季康子等上位者及其所属从政者。只有在这个意义上，才可理解《论语》编纂者如何将本章置于《为政》篇的这个位置，这需要对"信"的理解。从一般论，"信"属道德问题，只有当它在特殊论域中，才可成为政治问题。仔细研读本章，孔子所讲的"信"应该是政治层面的，明确"人"这个概念，恰恰是结合上下章语境正确理解本章内容的入口："孔子说：居于高位的邦君，如果（行事）不讲信用，怎么可能立身（于邦国）呢？这如同大车、小车没有横木活销不能驾驶行走一样。"在本章中,车象征邦国;大车、小车,象征大大小小的邦国;站立于大大小小车上驾车的人,是各国的君主;连接车辕与之连动运行,并可自如调整方向的那个"樟",就是君主之"信"。

二

信,即说话算数,对其践履敞开就是言行一致。本章中孔子论为人者的信用,实际上是对第十七、十八、十九章话题的继续。第十七章论为政应多闻阙疑、多见阙殆和慎言,"慎言"不仅是少说话,更重要的是一旦要说,就得说话算数,所以慎言的本质要求是信用。多闻阙疑、多见阙殆,都是为了慎言,即为了说话正确、说话算话,言之必行而做的基本功夫。第十八章论如何使民心悦服,孔子提出"举贤人、弃小人"的对策。贤人,乃正直、公正、公道之人。衡量其人是否真贤,是否正直、公正、公道的基本指标,就是在民面前是否言行一致、说话算数。第十九章论"使民敬"的基本要求要"临之以庄",指出庄重严肃认真地对待民众、谨慎而公道地处理好民事,仍然涉及信用问题。信用是最起码的,如果面对民众连起码的信用都没有,会"临之以庄"吗?没有"临之以庄",何来"敬"呢?所以,信用是"临之以庄"的灵魂,是邦君和官员获得民"敬"的起码前提。

孔子认为,信用是邦君的根本政治德行,其本质是真,灵魂是诚,因而真诚构成信用的内在规定。缺乏真诚,或者没有真诚,难有信用;没有信用或缺乏信用,邦君治理邦国、官治民,就如同缺少横木活销的大小车辆,套不住牛马,会形成民与官的分离、民众与邦君的分离。一旦这样,为政治理邦国沦为空谈,长此以往,国将不国。

孔子以信论政,论信用治理邦国,意在于阐明两点:一是再三强调"为政以德"之"德"的重要与根本,指出为政以德的根本德行是取信于民,取信于事,取信于言,即言行一致、说话算数。有关于此,孔子与子贡另有讨论:"子贡问政。子曰:'足食。足兵。民信之矣。'子贡曰:'必不得已而去,于斯三者何先?'曰:'去兵。'子贡曰:'必不得已而去,于斯二者何先?'曰:'去食。自古皆有死,民无信不立。'"(《颜渊》)可见信在孔子"为政以德"的政治理想和"道之以德,齐之以礼"的政治实践中的重要地位。二是强调取信于民,取信于事,取信于言,均在人为,具体地讲,在于邦君、官员们真诚地善待民;对民,只有"临之以庄",方可生"敬"。

第 23 章释义

子张问:"十世可知也?"

子曰:"殷因于夏礼,所损益,可知也。周因于殷礼,所损益,可知也。其或继周者,虽百世,可知也。"

[注释]

十世可知也:世,有两解:一是古代三十年为一世,一世为一代;二是王朝易姓受命为一世。十世,即三百年,亦指十代。知,预知、推知。十世可知,不是说知晓十世,是指十世以后的事是否可推知。

因:因袭、承袭。

损益:损,损失、削减、减少。益,增加、增长。损益,指增减、盈亏,本章指选择性继承与发展。

其或继周:其,指称代词,那个、那些。或,可能、或许。继,继承、承传。其或继周,指承传周代文明。

百世:百代,以三十年为一代,指三千年。

[译文]

子张问:"十代以后的礼仪制度、道德规范可以预先推知吗?"

孔子说:"殷代的礼仪制度、道德规范承夏代而来,其中虽然有所改变,但确可知道。周代的礼仪制度、道德规范承殷代而来,其中虽然有所改变,也可以知道。其后朝代的礼仪制度、道德规范也要承周而来,哪怕经历百世之久,也是可以推知的。"

[通解]

从第十八章始论为政的实践要旨,其一讲谨敬(多听多看慎言);其二讲"举直错诸枉";其三讲"临之以庄"和"举善而教"以劝勉;其四讲"孝弟"乃为治邦的具体方式;第五讲信用。如上五者是为政应该具备的基本德行品质和能力。但孔子认为,具备了如上五者,还不能成为合格的为政者。要成为合格的为政者,担当起"道之以德,齐之以礼"和"道之以政,齐之以刑"并举的为政大任,还需要具备正确的历史观和神性观。这就是本章和下章所讲述的内容。

一

孔子的政治学,是德化(引导刑赏)政治学。德化政治学的整体要求是"为政以德",其宏观进路是"道之以政,齐之以刑"辅助"道之以德,齐之以礼",基本方法是以身体力行的德行方式治理邦国,重心是教民以孝弟、忠敬和劝勉;其基本要求是"临之以庄"和"取信于民"。概言之,孔子的政治学是以个人德性（仁）为内在规定，以礼为社会规范，以德行为展开方式。基于如此思路，孔子论"为政"的最后一个重要问题，必然是"礼"。

礼，指礼仪和礼制，它是德化政治的规范系统，即礼法系统，构成中国古代特有的政治文明。因为仅一般论，政治本身是一种文明。政治作为一种文明，需要一套表意完整的形式系统来规范和固化它。这套形式系统之于中国古代社会，就是"礼"。

礼作为中国古代政治文明规范系统，必然是生成性。生成性的本质，是时间的敞开，更具体地讲，是时间敞开自身的连续统。所以，生成性决定"礼"这种政治文明形式必然承传。

子张问礼，是质疑这一规范和固化的政治文明形式能否承传久远。子张如此质疑源于礼崩乐坏的现实与孔子对"礼"的倡导和坚守之间形成的紧张关系，由此形成对孔子所倡导和坚守的"礼"产生不自信的质疑。这种不自信的质疑对子张来讲，不源于"礼"这种政治文明本身，而是基于他所生存的时代体现出来的两种倾向：一是对"礼"的抛弃，二是对刑赏之治的热衷。这两种倾向整合形成一种对制度和传统的怀疑态势。孔子之热衷于以返本开新姿态展开文道救世的理想，畅论"为政"主题，很大程度上是对这两种倾向和态势的矫正性回应。《为政》篇则最集中地讲述了这种矫正性回应，由此形成孔子的政治学。《为政》全篇二十四章，前面二十二章从不同角度讨论为什么要"为政以德"和如何"道之以德，齐之以礼"？关注的重心是政治道德，不涉及政治文明的制度问题。子张问"礼"是否得以久远承传，把制度问题提了出来：子张对"礼"能否承传久远的质疑，所要表达的真实思想是："（夫子您所倡导的）礼制是否可以且能一成不变地传递久远？比如，是否可以一成不变地传递十世？"子张之如此问，拓宽了孔子政治学的视野，社会问题、制度问题被纳入其中得到了关注。

二

子张之问，带出制度政治学和制度社会学问题；孔子应答，不仅打开制度政治学的基本视野，也打开制度社会和制度历史学的视野，由此突显孔子的政治社会学和政治历史学方法。这是通过孔子对子张的"十世"之问的作答而形成的。

孔子针对子张对"礼制"是否能承传十世的质疑做了肯定回答：礼仪制度、道德规范不仅可以承传十世，即使承传百世也可以预先推知。孔子所讲的"虽百世，可知也"，翻译成现代语，就是"礼"能薪火承传，世世代代不可熄灭。

孔子针对子张之问,首先做出如此肯定回答,给质疑的子张一个定心丸,然后再阐述为什么"礼"可以薪火承传永不熄灭;文明始终是生成、承传、因革、损益地向前发展。

在孔子看来,礼这种政治文明由夏商周三代承传所生成,如果再追溯更远,可以连接起传说中的三皇五帝和尧舜。孔子此一说法,是一历史陈述。在这种历史性陈述中蕴含两个明确坚定的判断:第一,只有文明传统才需要承传;第二,承传本身是生成的。子张以静态方式审视传统的承传问题,担心它不能传之久远。孔子以动态的眼光,敏锐地捕捉到传统自身的生成性本质是**损益**:礼之所以能世世代代生生不息地传递下去,是因为它被承传的过程始终充满了自我保持和自我更新。礼之自我保持,源于它本质的不变性;礼之自我更新,在于它必须适应时代要求与变化而革新自身,即自我革掉不适应时代要求与变化的那些因素,使自己更具有承传的纯粹性,又使自己更具有在承传中谋自我发展的丰富性。这就是当子张问十代以后的礼仪制度、道德规范是否可以预知时,孔子很自信地告诉子张:殷朝的政治文明沿袭了夏朝的礼仪制度,根据传统承传的生成性原理,这种沿袭有所因革,但其所废除或增加的内容都可以知道;同样,周朝的政治文明沿袭了殷商的礼仪制度,根据传统承传的生成性原理,这种沿袭同样有所因革,并且其所废除或增加的内容也可以知道。时代在变化,但传统不可中断,并且传统始终在时代性因革中保持常新。以此来看今天,哪怕是道术在天下分裂,群雄争霸,但最终会回归正道而重建秩序,其政治文明的传统仍然会继续,周代的礼仪制度必然会为当世所承传,这种承传同样是遵循传统自身的生成论原理而有所损益。以此推论,只要明白政治文明是建立在传统基础上,充分认识到了传统需要承传,真正懂得传统承传的自生成性规律,掌握传统承传的损益原理,其礼仪制度的承传不仅十世可知,而且百世亦可推知。

三

客观地看,每个时代都面临传统,每个时代都需要将(政治文明、道德文明)传统转换成为当代的文明内容,但这种转换却需要遵循转换原理。孔子对子张的质疑与发问予以绝对自信的肯定回答,是因为他掌握了(政治和道德)文明传统必须向当代转换的自生成规律和基本原理。孔子向子张宣讲"百世可知"的道理,其实是在向弟子宣讲传统向当代转换生成的认知原理。

子张所问,是一个十分严肃的问题:十代之后的礼仪制度可以预先知道吗?

孔子回答却很精彩:对未来世界的知与不知,不在于所知的对象和知的行为本身,而是取决于我们求知的基本姿态。能够求知未来的正确姿态是什么呢?孔子没有说,但孔子却通过言说"虽百世而可知"的结果和达于可知的求知原理,表达出了求知的应有姿态。这个姿态是,不只是求知未来,也包括求知任何对象,都要具有"变中不变"和"不变中变"的整合姿态。唯有持"变中不变"的姿态,才会把握事物保持自身区别于他者而独立存在的不变因素,发现流动不居的世界背后隐藏着的亘古不变的法则。同时,唯有持"不变中变"的姿态,才会发现自然、生命、事物生生不息的规律,领悟天下万事万物何以使自己常在的根本法则。"变中不变"和"不变中变",是自然宇宙、生命世界的总法则,理解、把握并运用这一总法则来指导人的认知,就构成认知的"因革"和"损益"原理:孔子论"损益",是从遵循"变中不变"和"不变中变"法则必然产生某种良好结果这一角度入手;孔子论"因革",却是从遵循"变中不变"和"不变中变"法则所展开的行为本身切入。因而,求知事物和世界之未来可能性的根本原理,应该是整合其结果论和行为论,使之融为一体所形成的"因革-损益"原理。

孔子所总结出来的"虽百世,也可知"的"因革-损益"认知原理,所蕴含的第一个认知原则,是认知视域确立原则,即求知事物的未来可能性,必以未来为立足点来审查现在应该怎样做。在这一视域原则规范下,遵循发现原则来审查事物本身。发现原则要求,认知的过程首先是发现使该一事物始终保持自己独立存在个性和特征的那些不变的恒定因素是什么,然后去发现该事物自身蕴含的不适应或阻碍自己继续存在发展的因素是哪些。当完成这一步骤之后,就可进入第三个环节而遵循因革原则:把标示事物本身独立存在个性和特征的那些因素保持下来,使之继续发挥其功能,就是"因";将蕴含于事物中的那些不适应或阻碍自身存在发展的因素消除掉,使之机能健康,就是"革"。因革事物所达到的最后结果状态,是使事物本身获得损益:"损",即把一切不利于事物健康存在与发展的因素都消解干净;"益",就是强化事物自身的不变因素,通过这种强化行为来吸纳许多充满活力的新因素,然后将事物的不变因素与所吸纳的新因素予以整合,使之发挥创新功能。所以,求知事物之未来可能性的根本原理,实际上包含四个层面的内容并展开为四个环节:

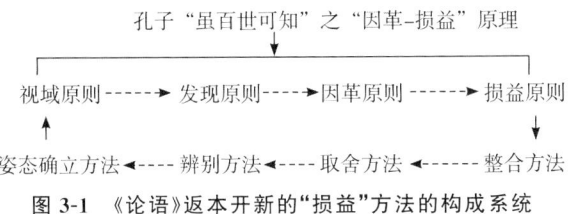

图 3-1 《论语》返本开新的"损益"方法的构成系统

孔子回答子张的提问与质疑，其基本思路是具体而抽象，即先讲已有的事实和历史，然后从中抽象出原理，以此为方法预测未来。这种以事实、历史为依据对未来的预测，让人可信；这种从事实和历史的张力中挖掘、提炼、抽象出特定的认知原理，让人理服。因为，孔子关于礼仪制度的时代性损益理论，既领悟到了世界和事物的存在本质，也把握住了事物生变驻留的时代性特征，更把握了事物弃旧图新的不可逆性。孔子揭示的"损益"认知理论，不仅给后人提供如何认知传统的方法和怎样有选择地发展传统的实践路径，也为如何将传统政治文明（以及伦理道德）转换成建设当世政治文明的资源，提供宏观操作方法，这一方法展开为姿态、辨别、取舍、整合四个步骤。

第 24 章释义

子曰："非其鬼而祭之，谄也。见义不为，无勇也。"

[注释]

非其鬼：鬼，与神相对的灵物。神与鬼，分别象征正邪善恶：前者正、善，故而高居于天上；后者邪、恶，故而只能隐匿于地下。本章中的"鬼"，指不能升天为神的祖先（之灵魂）。"大凡生于天地之间者，皆曰命。其万物死，皆曰折；人死，曰鬼。"（《礼记·祭法》）非其鬼，指非其祖先。

谄：谄媚、取谄。鬼有当祭或不当祭之分：心存崇德或报恩而祭，乃祭所当祭；反之，心怀求福或避祸而祭，皆祭所不当祭，这就是取媚于鬼。

见义不为，无勇：义，道义、正义、公义。为，作为，这里指挺身而出。勇，勇敢、无畏无惧。无勇，指丧失勇敢而怯懦。

[译文]

孔子说："祭祀别人的祖先，属于存心谄媚。遇见正义之事不为，是缺乏敢为的懦弱。"

[通解]

上章讲如何看待历史、怎样对待传统，强调为政要**智**。本章讲如何看待神事、怎样对待道义，强调为政要**纯**。

———

本章中，孔子讲了两件事。第一件事是"非其鬼而祭之"；第二件事是"见义不为"。

"非其鬼而祭之"中的"鬼"，指家鬼。所谓家鬼，就是本族的祖先；"非其鬼",指不是本族祖先的野鬼。孔子论"非其鬼而祭之",意在强调祭祀本族祖先与祭祀非本族祖先,存在本质的区别:祭祀本族祖先,是祭祀圣灵。这种祭祀圣灵的礼制,是最原始的礼制,也是礼制的本原。这种本原的礼制,生成于血亲,是对生命得来、家族承传的感恩,所以祭祀本族祖先体现两个特征和取向:首先,非功利地和无条件地敬畏崇拜和情感寄托;其次,纯粹和绝对至诚,是生命对生命的感恩,是灵魂对灵魂的崇敬。与此不同,祭祀非本族祖先,或者说祭祀对自己来讲没有所属性的鬼神,属于非纯粹和非感恩的野祭行为,夹杂求恩宠、祈福禄、避灾祸的实利目的。孔子反对并且痛恨这种实利诉求的祭祀行为,认为这是活着的人向死者的求媚,即通过谄媚与阿谀的方式达到其私利目的。这种行为不仅是对礼制的亵渎,而且绝对不道德。

孔子何以如此痛恨野祭呢?因为祭祀是本原的礼制,是礼最纯粹的部分,也是最神圣的部分,更是最传统的部分,它构成礼制传统的核心,也是礼制文明的不变因素。礼之政治文明之可以生生不息地承传,在于祭祀始终保持纯粹,保持本原。如果祭祀染上实利色彩,只要因为追求恩宠、祈求福禄或避免灾祸而可任意祭祀"非其鬼",那么以其"礼"为核心内容的政治文明传统必然遭受破坏。

由此可以看出,孔子论祭祀,讨伐"非其鬼而祭之"这种越"礼"、无"礼"主破坏"礼"的行为,意在于进一步回答上章子张"十世可知也"的质疑:礼制政治文明"十世可知""百世可知"是完全可能做到的,但其根本前提是礼制政治文明的核心内容祭祀的纯化和本原化。只有当祭祀本原化和纯化仍然普遍保持与承传,礼仪制度和道德规范传统就可以遵循自身生成原理而承传并生生不息,百世可知。

二

本章中,孔子讲"祭"与"勇"两事,其言辞呈刚烈之势,表达对此两类行为的愤恨之情溢于言表。因为其言辞刚烈,后人推测孔子此论必针对具体事件和行为而发。比如有人认为孔子论"非其鬼而祭之",是针对鲁大夫季氏逾越礼制祭泰山这一事件所发;孔子论"见义不为",或有可能针对鲁哀公放弃讨伐陈桓的怯懦行为所发。此类说法或有可能,但不必拘泥于此。最具可能性的是春秋晚期,礼崩乐坏可能已经扩展到日常生活之中,构成常态,或许正是生活中的这类无礼无德的常态才成为孔子思考的发酵剂。孔子所论"非其鬼而祭之"和"见义不为"这两件事,表面看毫无关联,但孔子为何要将其放在一起评说呢?清末维新派徐致靖注本章时说:"谄渎鬼神者,必不能勇于赴义;放弃义务者,必致迷信虚无,其事互为缘也。"(徐致靖《论语解》)徐注甚是精准地把握住了"非其鬼而祭之"与"见义不为"之间的隐私关系。因为诏渎鬼神者往往是实利主义者,大凡实利主义者,既没有信仰,也没有操守,只有眼前的利害得失,只有对最大得利的谋求,所以诏渎鬼神者不可能见义勇为,更不可能为义赴身。反过来讲,见利忘义者或见义不为者,往往是最胆小怕事者,何也?因为他们以自我利益最大化为取舍依据,绝不可能因义而冒自我损伤的危险。所以,这类人遭遇不决之事或遭遇自己不能掌控之事,总是要祈求于鬼神的护佑。这就是"放弃义务者,必致迷信虚无"的根本原因。

徐致靖所注虽然精辟,但仍不是孔子将此二者置于一起讨论的最终考虑。要真正弄清楚孔子论"非其鬼而祭之"和"见义不为"到底要表达什么意思,还须结合本篇主题和上下章的语义逻辑关系来理解。

《为政》篇的主题是孔子与弟子讨论政治,从第一章到二十四章,孔子政治哲学的基本框架、根本思想、主要观点、基本进路、宏观方法获得整体呈现:孔子用"为政以德"和"道之以德,齐之以礼"来概括自己的政治学理想,其核心是诉诸邦君的"德性"和"德行":"德性"需要修仁,"德行"需要隆礼。修仁、隆礼的依据是礼仪制度。因而,其修仁与隆礼的起点与最终目的,是承传与弘扬古代层累性建构起来的礼,因为这是历史创造的政治文明传统,它经历夏、商、周三代因革与损益所形成,必将哪怕是经历百世,也会发挥其政治文明的光辉。然而,礼之政治文明虽然百世可知,它却面临因革与损益。尤其在礼崩乐坏的当世,要使千疮百孔的礼重新释放出古代政治文明的光辉,却有很艰难的路要走,有很艰难的重建工作要做。在这众多的重建性工作中,孔子认为最需要做的事有两件:

一是恢复本原化和纯粹化的祭祀,这是根本的礼,也是根本的孝。祭祀是重振朝纲的奠基方法,具体地讲,祭祀是确定尊卑、等级、秩序和明确权力边界,抑制权力野心,划定内外亲疏的根本方法。

二应培养邦君和人臣重振礼制、弘扬礼仪的义节和勇敢。这是因为:第一,礼仪制度虽百世可知,却需要因革与损益,更需要有人为其因革和损益而努力,甚至包括奉献生命,具体地讲,需要见义勇为者的践履与护卫。第二,面对礼崩乐坏的态势,拯救礼制文明传统的行动本身就是义和勇,需要为此义和勇的更多践履者。基于这两个方面的考量,将拯救(因革和损益)"百世可知"的制度文明即"礼"作为君子为此献身的责任,是超越功利要求的义行义为,它需要专一(即不能"非其鬼而祭之")的持守,需要终身以许的付出,更需要大无畏的勇敢。

由此来看,孔子通过严厉谴责"非其鬼而祭之"和"见义不为"这两种行为,来反思当世的各种遗忘或消解传统和礼之政治文明的社会现象,以此引导和劝勉弟子认清当世,明确未来,善待传统,坚定返本开新的文明重建方向和具体的文道救世的践履方式。

八佾第三

以"人如何成为君子"为出发点,《论语》前四篇从四个不同维度集中呈现孔子的基本思想:首先,人要成为君子,必须学而成己。然后以其成己为起步去成人(识人和教化民),基本路径是出仕为政。但无论**学而成己**还是**为政成人**,都必须接受礼的规训,其前提是修养仁德,这就形成《八佾》和《里仁》篇。

本篇《八佾》与下篇《里仁》之间语境链条的生成,基于"礼乐要求仁德"的逻辑结构,这一逻辑结构生成两篇之间的语境链条,表述孔子伦理世界互反生成性的整体图景:从《八佾》到《里仁》,既表述其政治理想与道德哲学之间的逻辑进路,同时又敞开人的德性如何**生成建构**规范性德行之间的逻辑进路。这一逻辑进路可以简化表述为"**以仁入礼**":礼乐崩坏的困境,引发对仁的呼唤;或曰:利欲推动行为的无节制,导致礼崩乐坏,收拾礼崩乐坏残局的必为努力,是再造行为主体使之行为有节制,其前提是使人养成仁德成为仁者。而修养仁德,需要同时从学与习两个方面展开,前者是求知以修养仁性、仁心、仁情、仁爱,后者是于日常生活中习礼以践行。

一

人学而成己,必须习礼,得礼道。

人学而为政,必须据礼,行礼道。

孔子论礼,是**以仁释礼**;孔子倡导"复礼",是以"克己"为逻辑起点并以仁为归属。因而,**仁是礼的本体,仁德是礼的目标**。

孔子论礼,是对三代传统的承传和弘扬。仅现存文献观,礼仪文明,发端于尧舜,成熟于周。尧舜之时的礼仪文明主要涉及四个方面:一是祭祀,二是丧葬,三是宾礼,四是刑罚。祭祀始于尧:"乃命羲和,钦若昊天,历象日月星辰,敬授人时。"(《虞书·尧典》)表明尧时人们对上天充满敬畏崇拜之情。人们不仅恭敬地对待上天,还设官祭祀上天,希望获得上帝的保佑和赐福,这就是"寅宾日出"和"寅饯纳日"。与此不同,丧葬制度和宾礼制度,却服务于人,前者乃哀悼死者,并以丧礼哀死亡。后者则是以礼仪接待外宾:"宾于四门,四门穆穆。"(《虞书·舜典》)

为政辅以刑赏、施以礼仪,由尧开创,舜发挥之。《虞书·舜典》不仅描述了舜继尧位接见四方首领的礼仪盛况:"既月乃日,觐四岳群牧,班瑞于群后。"更是详细记载了舜**德刑并举**的治平之功和治平之德:一是引导人敬天畏神,建立祭祀制度,并按照四岳地位尊卑依次举行祭祀;二是制定历法,统一韵律和度量衡;三是划分行政区域,明确所辖十二州疆界,以加强德政的管理和山川河流的治理;四是建立"刑省罚寡"的刑罚制度,并为此创制五种刑罚方法,进行刑赏治理;五是建立五伦常制度,实施"父义、母慈、兄友、弟恭、子孝"五伦常教育;六是修礼乐;七是建立以三年为期的官吏政绩考察制度。(《尚书·舜典》)尧舜成功开辟为政以德、施之礼仪并用之以刑罚的治世模式,为三代所继承、发展而获得成熟形态。孔子欲"从周",就是基于时代变革需要返本开新周之礼仪文明。《八佾》篇集中展示孔子如何评价尧舜以至三代礼仪文明,为文道救世提供思想和方法资源。

二

《八佾》篇的主题是:君子要成己为人,必须修习礼和践履礼,但前提是重建已经崩坏的礼。要在重建中习礼,其基本功夫是从不同方面着手,全面审查"郁郁乎"的周礼是如何崩坏的。邢昺疏曰:(《八佾》)"前篇论为政,为政之善莫于礼乐,礼安上治民,乐以移风易俗,得之则安,失之则危。故此篇论礼乐得失也。"邢昺此疏语,把握了上篇与本篇的内在关系:为政乃**在求善得善**。从实践论,其求善得善从两个方面实现:一是以礼安上治民;二是以乐移风易俗。合起来就是**礼乐正得失**。礼乐之所以能正得失,这是因为:安上治民,是建构各居其位、各得其所的日常生活秩序;移风易俗,是建构安分守己的心灵-情感秩序。所以《为政》篇论政治的本质、为政的主体前提和实践方法,揭示为政**何以需要**正德;此篇专论为政的实践操作途径与规范,即礼乐,揭示**怎样实现**正德以为政。

孔子所论的"礼乐",既指典章制度文物,也敞开为生活的人文世界;在具体的语境中,也指礼仪、礼节和音乐,或符合礼制、礼仪地欣赏音乐。但礼乐首先是制度和规范,它当然是政治的,本质上却是道德的。以道德为本质规定所建立起来的政治制度,其依据是血缘和宗法,其根本框架是权力阶梯。礼乐制度就是以血缘和宗法为土壤,以权力阶梯为框架的社会结构体系。

仅就典章制度言,本篇所论主要指西周典章制度,其展开为刑法和礼乐:前者是刚性政治运作规范制度,后者是柔性政治运作规范制度;统合二者形成整体功能力量的是道德。但它们都是从政治制度中生长出来的。西周政治制度的灵魂是嫡长子继承制,核心是等级主义的分封制。

在本篇中,礼乐虽然连用,并且在语义上二者也没有做严格区分,但实质上有区分:《左传》中,"礼"出现四百六十九次,"乐"仅出现三十三次。《论语》论"礼乐"者凡四十九章,其中,"礼"出现了七十四次,"乐"只出现二十五次,表明礼的使用范围比乐广泛:礼,是日常的行为规范;乐,是特殊的行为要求。从内容观,"礼"表述基本的政治规范,是规范邦国政治运作的基本的权力规范体系;"乐"却侧重于其行为规则,是礼得以实现的行为准则。所以,礼必求乐,乐则循礼。或曰:**乐必以礼为规范,礼必以乐为训练和表达的方式**。否则,就是灭礼僭乐。一旦灭礼僭乐,礼乐就走向反面,泛滥人心,解构秩序。在《八佾》中,孔子四十九次讨论礼乐问题,所表达的基本主题只有一个,即当世天下无道、礼乐崩坏的基本表现,就是灭礼僭乐的人越来越多,礼崩乐坏的事比比皆是。

三

孔子论礼乐,以对礼乐崩坏的批判为展开的主要方式。孔子批判礼乐崩坏现象,不以新内容来否定旧形式,而固执于旧形式来订正旧内容,这就是**"循名以求实"**,这既是孔子批判礼乐崩坏的方法,也成为孔子持守礼乐的基本态度和方法。孔子激进地批评当世礼乐崩坏现象,是为"复礼",即以返本开新方式重建"监于二代"的周道,其实施路径是"克己复礼为仁"。所以,孔子复礼的实质努力和下手功夫是**用仁来再造礼**。这是孔子论礼的根本,也是本篇的主题。

围绕这一主题,本篇审查礼与仁的关系。

首先揭示礼不在形式而在实质,张"克己复礼为仁"的基本主张。其基本思路是举例反证"人而不仁,如礼何"和"人而不仁,如乐何"(第三章)。第一个例子是季氏"八佾舞于庭"(第一章);第二个例子是"三家者以《雍》彻"(第二章)。两例都是上位者僭越礼制;并且上位者僭礼已是普遍现象,这是从季氏"八佾舞于庭"一家到"以《雍》彻"的三家,由此表明礼乐崩坏的普遍性和严重性,揭示推动当世礼乐崩坏的根本动力,是上位者阶层的僭礼乐。上位者阶层僭礼乐,其直接之因是心中无仁,根源却是他们被权力和欲望所俘虏。要改变这种状况,只能"克己复礼为仁"。

其次讨论"克己复礼为仁"的理由何在。其方式是思考礼的本体和本质。第四章"林放问礼之本",孔子以"奢""俭""丧""戚"两相对举来说明**仁是礼的本体,礼是仁的运用**,要克己复礼必须修仁,克己复礼最终为实现仁。然后以"夷狄之有君,不如诸夏之亡"(第五章)和"季氏旅于泰山"(第六章)反证仁对礼的本体功能:化外的夷狄国尚有君长之尊,中原的文明邦国其君反而形同虚设,形成这种状况的根源是君子阶层的消失,体现在个体身上是仁性、仁心、仁爱的丧失。导致其仁性、仁心、仁爱丧失的根本原因,却是利欲得失。不是吗? 负责祭礼的官员林放没有阻止季氏"旅于泰山",就连自己教出来的弟子冉求也为利害得失而对"季氏旅于泰山"不加阻止。

从第四章到第六章,是从正面问答到反面举例证明,得出一个基本结论:仁乃礼的本体。接下来从第七章始到第十二章讨论礼的本质,得出如下基本结论:**以仁为本体的礼,其存在本质是自然的人性,其生存本质是克己的节制,其实践本质是等级和秩序,其行动本质是持本之赤心**。

最后讨论普遍性和历史生成性的礼如何合仁。

孔子与弟子讨论礼的问题,由具体而抽象、由现象而本质、由体而用,步步深入、步步拓展,最后形成跨领域性讨论。第八章从审美切入讨论礼的生成性问题,揭示审美与礼法的本体性融通:既然礼之于生活无所不在,君子之于礼无所不能;那么礼和美能够统一于君子吗?子夏以《诗》向孔子发问,从"巧笑倩兮,美目盼兮。素以为绚兮"到"绘事后素"再到"礼后仁",实现以仁释礼:孔子倡导"复礼",是以"克己"为逻辑起点、以仁为归属。因而,以"仁是礼的本体,仁德是礼的目标"为双重准则,考察"复"礼之传统,必须正视礼的内容的普遍性和历史性生成,然后以此为依据来做"损益"的功夫(第九章)。根据礼的普遍性和历史性生成的要求,传统的礼,哪些需要"损"(革除)?哪些必须"益"(承传)?孔子以鲁君行天子禘礼"不欲观之"(第十章)和关于鲁君行天子禘礼"不知之"(第十一章)为例,与弟子一道进行严肃讨论。

从第十章孔子对禘祭的反感,到第十一章孔子对鲁君僭制行禘祭持沉默态度,从反面讨论礼的损益问题。礼的损益问题本质上是礼如何才合仁,孔子通过对禘祭的省思表达其基本观点:**凡是不合人道的、体现残暴性的礼和僭越之礼,都应该损之**。第十二章"祭如在,祭神如神在"则继续讨论礼如何合仁,仍然以祭礼为例,却是从特殊的天子祭礼和邦君祭祀转向对一般祭礼(家祭),讨论其如何合仁,实质上是阐述祭礼的目的与本质。对于一般祭礼,要敬诚于行。

敬诚于行,涉及礼的情感本质。在这个层面上,第十二章又是对第四、五、六、七章内容的回应,因为这几章分别讨论了礼的存在本质、生存本质、实践本质和行动本质。本章讨论礼的情感本质:敬诚,是礼合于仁的根本人性要求。第十三章贾王孙"奥""灶"之问和孔子"获罪于天,无所祷"之答,是继续讨论礼本于仁,但从祭礼转向日常生活,讨论礼实现形式与本质的统一:孔子应答王孙贾之问,表明一个基本主张:**礼本于仁必合于天**。

四

厘清礼与仁的关系,本篇进入第二部分内容,讨论如何以仁为准则重建当世之礼。

"获罪于天,无所祷也",表露出孔子的天道观,不是周之"敬宗崇祖"的祖道观,而是"头上三尺有神灵"的神灵观,体现孔子对周之敬宗崇祖的"私天下"观的超越,这一超越视野源于他对古代文明,尤其是夏、殷文明(第九章)的严肃考信。只有基于如上超越视野并联系第九章内容,才可理解"周监于二代,郁郁乎文哉,吾从周"(第十四章):作为殷遗民之后的孔子,在考信历史的过程中不得不正视"复殷不可能，复夏更不可能"的历史事实，这是因为第一，夏殷二代的文化历史制度已不可考，文献"不足征"（第九章）；第二，周是对夏殷文明的返本开新，从周，既是对禹夏殷商之古代文明的推崇，也是对禹夏殷商之古代文明的返本开新。所以，从周，只能遵循"损益"原则并运用"损益"方法，即应该抛弃那些不符合普遍性和历史性生成的内容，承传那些体现普遍性和历史性生成的内容。要做到这两个方面，孔子首先以自身初入太庙的经历和做法告诉弟子：对于需要承传的古代文明和礼仪传统，一是要知明，二是要慎守（第十五章）。然后要求弟子必须学会遵循"射不主皮"的古代规则和礼乐之道，这仍然需要从知明和守礼两方面着手做好它（第十六章）。

第十七章"赐也，尔爱其羊，我爱其礼"承上章继续论礼的知明和慎守，通过子贡的想法和孔子的说法，表述礼之尊严源于**名实相生**，对礼的真正知明慎守就是实现名实相生。第十八章"事君尽礼，人以为谄也"的形式主题，是孔子自述守礼反被曲解的境况表明：礼乐崩坏的社会潮流展示传统的君臣礼仪制度难以发挥正人性、定等级、建秩序的功能，改变这种状况的根本努力，就是君臣自身修习仁性、涵养仁心、积累德性、遵循礼道，这即庄敬与忠诚。但礼道的本质却是人道，人道的本质是平等。第十九章孔子与定公之间展开君臣礼道的讨论，揭示了礼道实为人道的平等本质。以此为基本认知起点，孔子首先以《关雎》为喻：揭示"乐而不淫，哀而不伤"是做人的首要礼道（第二十章）。其次针对"宰我应答哀公问社"之具体事例告诫弟子"成事不说，遂事不谏，既往不咎"，阐明掌握做人的根本礼道，以"不说""不谏""既往不咎"的态度来对待礼仪传统。再次应该具备知古知全的大视野、大格局。孔子以批评管仲"小器"为例，指出大格局、大器量者只能是那些古今全知、古今精通的人，也只有这样的人才可返本开新、继往开来，重建当世文明。最后，精通音乐的孔子以谦逊姿态向鲁大师请教音乐的自身说法告诉弟子：人的大气量、大格局，不仅在于知古知全、博古通今，更在于守礼有准则，行礼有方寸。守礼有准则，指对待古代的礼乐应以仁为准则，该损则损之，毫不可惜；需益则益之，必不优柔与犹豫。行礼有方寸，指施礼有等级，在维护等级的基础上做到庄敬与忠诚。

五

本篇的最后三章构成第三部分内容，它从三个不同方面对本篇内容予以总结。

首先，第二十四章借卫国镇守仪邑边境的官员之口，宣告"天下无道也久矣，天将以夫子为木铎"。仪封人之言，不是信口开河的大话，他揭露三个事实:第一,天下无道已成定局。这里的"天下无道",不是指战争,战争只能使"天下无序",而是指天下礼乐崩坏已成定局,恢复旧有的礼乐秩序亦为"成事"和"遂事",既不可评说,也不可挽回,只能是"既往不咎"。第二,无道之于天下,只能是殊态,哪怕它"也久矣",却不可常持,最终得复归于有道,崩坏的礼乐最终必将得到重建。这个重建的方案,就是孔子倡导的"克己复礼为仁"。第三,孔子热衷于仕途的目的,是想通过为政方式重建崩坏的礼仪文明。但是,再造礼仪文明、光复天下大道,并不是少数人从政可以实现的,它必须通过更为广泛的启蒙来实现,这就是"学在四野"的文教。五十有五的孔子,最终将所知的"天命"化为践履的行动,带领追随者踏上游国之途传道布教,继往开来,再造传统文明。

如果说第二十四章重在总结性探讨"克己复礼以为仁"必须开启"学在四野"的启蒙文教救世道路,第二十五章则在总结性探讨重建当世文明之"从周"为何必须回返古代文明之本实施对周代文明的开新。具体地讲,那么第二十五章的表面内容是孔子鉴赏古乐,实际上却是孔子在评价舜帝与武王,或者舜与周之功过得失;从本质论,却是孔子在总结性阐发以仁为准则,以"克己"为前提再造传统(即"复礼"),不仅要再造传统的"尽美",更要再造传统的"尽善"。孔子指出,再造尽美的传统,要重视周文明,更要关注周以前的两代,尤其更遥远的尧舜文明;再造尽善的传统,无法在周找到,只有尧舜时代才有。从历史本身论,周之于春秋,只是刚刚过去的"昨天";真正的古代应始于殷商,它可溯及更远的尧舜时代。克己复礼为仁,再造古代传统文明,应该放开眼界,从殷商中吸收宽简仁爱,从天下为公的尧舜那里吸取尽善尽美的德政智慧。因为,真正的完整意义的古代文明,只能是尽善尽美的古代文明,即如尧舜文明那样没有暴力和杀戮,没有野蛮的征服。为此,只能以返本开新方式和以仁入礼路径来重建以仁为本质规定、以爱为表达方式的礼法文明,其主体性落实,就是居上宽、为礼敬、临丧哀,这是第二十六章所表达的正题,却以"居上不宽,为礼不敬,临丧不哀"的反说方式展开,是为照应第一章:本篇论礼,以"季氏八佾舞于庭"开篇,以"居上宽、为礼敬、临丧哀"结束,首尾照应,意味深长。礼乐崩坏、天下无道,源于居上位者的为富不仁或为权不仁;要想使"天下无道"变成"天下有道",要将崩坏的礼乐传统以损益方式重建,仍然需要"居上位"者的克己为仁。否则,一切都将落空。这是夫子意欲返本开新所面临的难题,也是夫子基于"任重道远"而"守死善道"的根本动力。

第 1 章释义

孔子谓季氏:"八佾舞于庭,是可忍也,孰不可忍也?"

[注释]

季氏:鲁宗室季孙氏,有三人,即季平子(? ~公元前 505 年)、季桓子(? ~公元前 492 年)、季康子(? ~公元前 468 年),此无具体所指,仅就三者的行为观,可能指季平子,因为他专横跋扈,多僭越行为。

八佾舞于庭:佾,即列队,引申为古代舞蹈奏乐,因为这种舞蹈奏乐方式是八人一行,一行则为一佾。"八佾"就是八行,即由八八六十四人组成的舞蹈奏乐队,实施奏乐演唱。庭,堂下的院子,人在堂上观。这里指季氏家庙,季氏在家庙之庭观八佾之舞。

是可忍也,孰不可忍:忍,有两解:一是忍耐;二是忍心。指既不能容忍季氏的僭越行为,更对礼乐如此崩坏痛心不已。此乃成语"忍无可忍"的出处。

[译文]

孔子批评季氏说:"僭用天子的礼仪,在家庙庭院中用八佾阵容的乐队献舞,如果此类行为都可容忍,还有何事不可容忍呢?"

[通解]

如何为政,是孔子教学的基本内容。在孔子看来,实施德政的根本保障是制度,它的根本内容是礼乐。现实的状况却是礼崩乐坏,这种现象不仅普遍,而且表明礼已在根上坏死。孔子在与弟子讨论到这个问题时,很愤怒地指斥季氏僭礼。季氏僭天子礼乐,其"八佾舞于庭"的行为,展示了礼崩乐坏的严重性。

一

按西周礼乐制度,舞蹈奏乐之于人有等级规定:"天子用八,诸侯用六,大夫四,士二。"(《左传·隐公五年》)舞蹈奏乐的最高等级是八佾,唯有天子才有资格配享。当然也有例外,那就是鲁国因为周公定邦安天下功高盖世的缘故,天子特许"受王者礼乐有八佾之舞"。除此,谁也无权逾越严格的规范,否则,就是"逾制"。在礼乐方面逾制,是对礼制的不恭与破坏,这种行为一旦普遍化,就形成"礼崩乐坏"的局面。春秋时礼崩乐坏,是导致"道术将为天下裂"的直接原因。

鲁国乃周公旦封地,其对周代文物、典章制度保存完好,享有"礼乐之邦"的美誉。《左传》记载公元前 544 年(鲁襄公二十九年)吴公子季札观乐于鲁,叹为观止;公元前 540 年(鲁昭公二年)晋大夫韩宣子访鲁,观乐后赞叹"周礼尽在鲁矣"。但这种状况很快被改变了。孔子问世,见"暴行邪说"和"礼崩乐坏"亦尽演于鲁。孔子在这里痛心疾首地记载了当时的政治生活现实:作为周礼故乡的鲁国也礼乐崩坏了。鲁不仅是周礼的故乡,也是周礼的最后堡垒,鲁之丧失周礼,既显明天下无道,更显明"天子失官,学在四夷"(《左传·昭公十七年》)和"礼失而求诸野"(《汉书·文艺志》)的当世状况。

此外,孔子痛切鲁国礼乐崩坏,"八佾舞于庭,是可忍也,孰不可忍也?"这一反问句,既突出孔子对鲁之礼乐崩坏现象的痛心疾首,更突出孔子守护周之礼仪文明传统的坚决和痛斥破坏礼乐文明的权贵的勇敢:你季氏竟敢在自己的庭院里表演只有天子才有资格享受的"八佾"舞乐,那还有什么不敢做的?并且,你季氏仅仅是一个大夫,竟敢逾越礼乐制度在家庙里用八佾舞蹈,如果这种违制行为都可以容忍,还有什么不可容忍的?

季氏逾越礼乐制度,其实源于对邦君的效仿:《春秋诸家解》记载鲁僭越礼乐制度,实始于鲁隐公:《左传·隐公五年》载其"初献六羽,始为六佾"。表明季氏逾越礼乐制度,一般人不敢批评,不仅因为他是执政大夫,握有权柄,而且在于其逾越行为源于榜样的激励,"有据"与"合法",所以一般人不能批评。正是在这种既"不敢"又"不能"的环境中,孔子敢于指名道姓地指斥季氏僭越礼制的行为,至少表明三层含义:首先,孔子有捍卫周代礼乐制度和为政道德秩序的非凡勇气与道义担当,恰恰是孔子对君子理论的践履体现。其次,展示了孔子生存于其中的思想自由、言论自由的当世语境。试想,如果没有思想自由、言论自由的整体社会环境,孔子的这般批判行为,可能也因此丧失人身自由和说话的权利。最后,表明季氏这般僭越礼乐制的行为已很普遍,这种普遍性恰恰源于自由的社会土壤。个人在社会中生存自由度的高低,表现为其言论自由度的高低。在社会生存自由度和言论自由度越高的时代,人们对旧有的制度规训和约束形式的淡漠意识、弃置行为就越普遍。孔子对季氏的僭越行为的激进批判,恰恰从另一个角度展示了社会自由的广度,也展示了孔子的政治保守倾向。

二

孔子的政治保守倾向,并不体现在对构建社会秩序的典章文明、制度规训的护卫,而在于其所采取的"循名以求实"的方法,即固执于周礼的旧形式来订正周礼之旧内容。如果抛开这一点来看孔子的激进批判行为,恰恰体现其激进的革命精神。因为,自夏建国经过殷商而至西周,建立起一种相对成熟的国家政治形态和国家制度形态。在人类历史上,任何一个成熟的国家形态得以创建和维护的主体前提,都是必须培养一个精英阶层,并形成精英治邦。在西方社会的古代,这个精英阶层是贵族、绅士阶层;自近代到现代,就是知识分子。古代的中国仍然与西方同步,自夏至商周,这个治邦的精英集团亦即贵族阶层,也是孔子所讲的君子阶层。他们既是国家文化、典章文明的创造者,也是社会道德的象征,并构成国家得以建立和走向成熟的标志:"**不有君子,其能国乎?**"(《左传·文公十二年》)鲁国的贵族襄仲之所以将君子与国家的废立联系起来,是因为自夏而商周——甚至可以追溯到传说中的三皇五帝时期,其部族联盟的生存世界同样是精英主政。君子不仅掌握部族联盟、邦国或天下的权柄,而且其本身构成社会道德的表率。君子治理的时代,一定是社会政治秩序、道德秩序和心灵秩序共生性构建的时代。这主要体现在如下七个方面:

第一,君子的言行均符合礼节,具体地讲,就是以身体力行方式实现道德,并以身体力行的方式营造道德和文明的社会风尚。

第二,君子为人处事,无论公私,必须体现宽广的胸怀,有兼容并包的品质,不以个人的利欲或恩怨作为判断或取舍的准则,更不因私利而整人害人。《左传·僖公二十四年》记载:晋文公流亡外国时,其管物的随从头须偷了东西逃走,并用这东西四处打点,以使晋文公早日回国。晋文公回国后,头须求见,晋文公推说正在洗头而拒绝见。头须对仆人说"沐则心覆,心覆则图反,宜吾不得见也。居者为社稷之守,行者为羁绁之仆,其亦可也,何必罪居者?邦君而仇匹夫,惧者其众矣"。仆人以之相告,晋文公听后,赶忙出来见头须。因为以个人恩怨而寻私报复,是小人之举。

第三,君子清楚自己的社会职责是劳心于邦国治理和社会文明的创建。"君子劳心,小人劳力,先王之制也。"(《左传·襄公九年》)"君子劳心,小人劳力,先王之训也。"(《国语·鲁语下》)这先王的一"制"一"训",表明邦国必须由精英来治理,政权必须由君子来掌握,绝不能任由普通人(比如低层百姓或民)来掌握,尤其不能让流氓、地痞、蛮夫霸占邦国治理权。

第四,君子必须有极强的担当品质和实际的担当能力。这种能力主要表现为两个方面:一是君子必须仪刑天下,因为"天生民而树之君"(《左传·文公十三年》);二是必有自罪其责的品质和能力。君子作为一国精英,必须为众生负责。因而,自反性思考能力和以正确行动纠错的能力,是君子**自罪其责**的必备功夫。比如,夏之祖先禹"罪己"、商之开邦君主汤为民祈雨,宋潜公在水灾面前自罪"不敬"等,都体现了勇于担当的自责能力。

第五,君子治政,必以民为本,为民治义。"民之有罪,以治义也。"(《国语·晋语一》)"义"者,公正、公道。以"义"治世,才是德政;"义"之反面,就是邪恶。君子的根本社会责任和治理任务,是扶持正义,铲除邪恶。

第六,君子治邦有明确的德政要求。一是内省德、外树德,这就是后来孔子所讲的修身养德性,践履彰德行。二是惠恤其民。"古之治民者,劝赏而畏刑,恤民不倦。赏以春夏,刑以秋冬。是以将赏,为之加膳,加膳则饫赐,此以其劝赏也。将刑,为之不举,不举则彻乐,此以知其畏刑也。夙兴夜寐,朝夕临政,此以知其恤民也。"(《左传·襄公二十六年》)三是去奢就俭。四是举贤以政。

第七,君子必有为君子的内在修养。概括其要有六,且缺一不可:一是由孝而忠:孝即孝亲;忠乃忠事权忠君主;二是必知礼、行礼。三是必敬,包括敬天、敬长、敬人、敬民。四是必谦让。"让,德之主也。让之谓懿德。凡有血气,皆有争心,故利不可强,思义为愈。义,利之本也,蕴利生孽。姑使无蕴乎!可以滋长。"(《左传·昭公十年》)五是必有令德令名的追求。"君子非无贿之难,立而无令名之患。"(《左传·昭公十六年》)对美好名声的追求,构成君子的基本价值诉求和理想方式。六是必明义利之分。晋大夫丕郑认为:"吾闻事君者,从其义,不可其惑;惑则误民,民误失德,是弃民也。民之有君,以治义也。义以生利,利以丰民,若之何其民之与处而弃之也?"(《国语·晋语一》)

由此看君子社会,其实是靠"礼"来维持的。郑国贵族子大叔见赵简子,简子问何为礼,子大叔答曰:"吉也闻诸先大夫子产曰:'夫礼,天之经也,地之义也,民之行也。'天地之经,而民实则之。则天之明,因地之性,生其六气,其用五行。气为五味,发为五色,章为五声。淫则昏乱,民失其性。是故为礼以奉之;为六畜、五牲、三牺,以奉五味;为九文、六采、五章,以奉五色;为九歌、八风、七音、六律,以奉五声;为君臣上下,以则地义;为夫妇外内,以经二物;为父子、兄弟、姑姊、甥舅、昏媾、姻亚,以象天明;为政事、庸力、行务,以从四时;为刑罚威狱,使民畏忌,以类其震曜杀戮;为温慈惠和,以效天之生殖长育。民有好、恶、喜、怒、哀、乐,生于六气,是故审则宜类,以制六志。哀有哭泣,乐有歌舞,喜有施舍,怒有战斗。喜生于好,怒生于恶。是审行信令,祸福赏罚,以制死生。生,好物也;死,恶物也。好物,乐也;恶物,哀也。哀乐不失,乃能协调于天地之性,是以长久。'简子曰:'甚哉,礼之大也!'对曰:'礼,上下之纪、天地之经纬也,民之所以生也,是以先王尚之。故人之能自曲直以赴礼者,谓之成人。大,不亦宜乎?'"(《左传·昭公二十五年》)

以此观之,将"礼"变成"仪",整个社会就会发生根本性逆转,这就是君子阶层的消失,社会精英失声,国家权力掌握在野心家、流氓、地痞甚至是人渣手中,这恰恰是对文明世界的破坏。孔子以激烈的方式批判季氏僭越礼制,是因为季氏之类的权力者抽掉体现国家文明和社会道德的"礼"的实质内容,使之变成只有形式的"仪"式,并用以炫耀其权势或权威。这是对文明的消解,对道德的破坏,对人间社会秩序的解构;这更是历史的倒退,政治的野蛮。从这个角度看,**孔子对季氏"八佾舞于庭"的激烈批判,已经不是对周礼的捍卫与复古、保守的问题,而是对国家文明、制度文明、道德文明的捍卫,对野蛮、倒退的反动与革命问题**。因为,在孔子生活的当世,所能看到的国家文明、社会道德,是用血缘宗法、分封建制的君子之"礼"维系起来的,不能用现代文明的标准去衡量古代文明,更不能用现代文明的标准来要求孔子。应回到孔子生活的当世来看待孔子对季氏的批判行为,则体现了当世最激进的革命性,同时也突出孔子"一以贯之"的**因革精神**。顾立雅曾指出:"在政治上,孔子通常被认为是保守分子,甚至还有人说他的首要目标是复古和捍卫世袭贵族政治特权。**事实上,孔子倡导和促进了一场彻底的社会和政治革新,所以,他应被看作是一位伟大的革命者。**"①

第 2 章释义

三家者以《雍》彻。

子曰:"'相维辟公,天子穆穆。'奚取于三家之堂?"

[注释]

三家:指把持鲁国朝政的三大贵族,即季孙氏、孟孙氏(或仲孙氏)和叔孙氏。

《雍》彻:《雍》,乃《诗》之一篇:"有来雝雝,至止肃肃。相维辟公,天子穆穆。于荐广牡,相予肆祀。假哉皇考!绥予孝子。宣哲维人,文武维后。燕及皇天,克昌厥后。绥我眉寿,介以繁祉,既右烈考,亦右文母。"(《诗经·周颂·雝》)是一首祭祀乐舞,主祭的是天子,以诸侯相礼(即助祭)。彻,通"撤",指祭祀完备然后撤去祭品。

相维辟公,天子穆穆:相,傧相,助祭者;相维,毕恭毕敬地站立。穆穆,至美至敬的样子。

---

① [美]顾立雅:《孔子与中国之道》(修订版),高专诚译,郑州,大象出版社 2014 年版,第 3 页。

奚取于三家之堂：奚，疑问代词，作"怎么"讲。堂，古代宫室，建于台上，前为堂，后为室。三家只是鲁大夫，在自家的庙堂上行此大礼，与其身份不合，这是僭越其礼的行为。

[译文]

鲁国孟孙、叔孙、季孙三家在祭祖仪式结束时，用天子礼仪唱着《雍》诗撤去祭品。

孔子说："《雍》诗中说'四方诸侯来助祭，行礼的天子仪容肃穆'。这样敬而美的诗怎么能唱于三家大夫的庙堂之上呢？"

[通解]

"礼""乐"二词虽被后世连用，但在古代，是指既相联系又根本不同的两套规范系统：前者是一般行为规范系统；后者是特殊行为规范系统。上章讲述鲁贵族如何僭越乐制，以季氏一家为例；本章继之讲述鲁贵族怎样僭越礼制，以把持鲁朝政的孟孙、叔孙、季孙三大家族为例。孔子采取点面结合的方式传述了其所生活的当世鲁之礼乐崩坏的广度和深度。

一

始于尧舜，完备于西周的礼乐制度，是礼制和乐制的简称。其中的礼制，既是特殊的行为规范制度，比如祭礼、宾礼、葬礼制度，又是日常的行为规范制度，比如刑罚制度、孝亲、忠君制度等。与此不同，乐制却只是特殊的行为规范制度，主要指祭祀和迎宾中的乐礼，自尧舜至西周，最根本、最重要的礼乐就是祭祀礼乐。这是因为特定的地域条件促成中国文化源头的形成体现人伦主义定位。以人伦为导向的文化发展到西周，特别强调"天命自图"，因而特别注重于感恩父辈、先祖的创业功勋，由此形成通过敬宗崇祖方式来表达敬天崇神情感的制度，就是祭祀礼乐制度，它既构成根本的社会结构，也构成根本的精神结构和心灵-情感结构。礼崩乐坏的实质，是社会在其根本上趋于解体。季氏僭越乐礼而"八佾舞于庭"虽令人不可容忍，但最致命的却是权贵们对礼制的破坏，尤其是对涉及国家、社稷之根本的祭祀制度的破坏。孔子以鲁三大夫举行家祭时演奏《雍》这一天子祭祖的乐诗为例，来说明鲁作为礼乐文明的最后堡垒，如何沦为礼乐崩坏的典型场所，以此揭示礼乐文明崩坏的普遍性。

二

成熟于西周的礼乐制度，是以血缘宗法为土壤，并建立在嫡长子继承制度和分封-爵位制度基础上的，同时又反过来哺育血缘宗法，维护嫡长子继承制度和分封-爵位制度。从这一视角切入,要真正理解分封-爵位制度如何建构起礼乐制度,以及礼乐制度又是怎样护卫、滋养血缘宗法主义的嫡长子继承制度,需要从"公"和"家"入手。

"公"字产生较早,甲骨文字中已有"公",独体字,象形古器瓮,即"象侈口深腹园底之器"①。卜辞义有二:一是借用作为商先公的统称;二是借用作公室,即公宫。《说文》正是缘其卜辞借用义而释"公,平分也"②。从政治学观,"公"字由"先公""公室"而为"爵位",以周代实施"公、侯、伯、子、男"五等爵位制度为标志,且此"公"爵位后世皆相沿。在此五等爵位中,公乃王以下的最高爵位。

甲骨文"公"

> 天子三公称公,王者之后称公,其余大国称侯。(《公羊传·隐公第三》)
>
> 考仲子之宫,将万焉。公问羽数于众仲。对曰:"天子用八,诸侯用六,大夫四,士二。夫舞所以节八音而行八风,故自八以下。"公从之。于是初献六羽,始用六佾也。(《左传·隐公五年》)

后来,"公"也成为特殊身份者、很高地位者的尊称。比如,西周王朝的几位重要奠基者,后人皆追称为"公",比如公刘、古公亶父,周公、召公等;诸侯死后的谥称,比如齐桓公、晋文公。再往后才扩大为一般的尊称,比如叶公、白公等。

在政治学层面,"公"专指王公、公侯,引申开去,这些王公、公侯的府第及办公场所,被称为"公家""公室""公所";他们担任朝政所行施的事务,被称为"公事"。当"公"作为"公事"时,必然引申出"公平""公正""公道"等含义,由此使"公"字与"私"对举:"公""私"两语,在春秋以前,指涉具体的人、物、事。春秋末期至战国,才逐渐突破具体性而获得抽象语义,即"公"有了公平、公正、公道等语义内涵;与此相对应的"私"字,则意指营私、奸邪、偏私等。

在《论语》中,"公"字出现了五十八次,但大多属于爵位称谓或对人的尊称。本章的"公"与"辟"字连用,意为对诸侯的尊称,即中央朝廷奏《雍》这首祭祖乐诗时,天子肃穆地站在中央,诸侯默然侍立于天子两旁簇拥着。

在公平、公正、公道的意义上,"公"与"私"相对;王公、公侯的"公",亦

---

① 朱芳圃:《殷周文字释丛》,北京,中华书局1962年版,第94页。
② 马如森:《殷墟甲骨文实用字典》,上海,上海大学出版社2008年版,第29页。

与"家"相对。所谓"家",就是从自"身"外推开去的第一差序。在先秦时,其"家"既与今日同,又与今日不同。吕思勉曾说:"周之宗法,亦治理之一法也。古家字有二义:一卿大夫之家,一即今所谓家。今所谓家,其职有四:一是夫妇同居之所;二是上事父母;三是下育子女;四是则一家之率同财,有无相通。此所以相生相养也。"①在《论语》中"家"字出现十一次,有八次指诸侯、卿大夫家。本章中的"家",指大夫之家,具体地讲,指当时把持鲁国朝政的孟孙氏、叔孙氏和季孙氏三大夫。

三

"封建"的本义是"按宗法-等级原则封土建国,封爵建藩"②。封建始于西周,是周人从氏族制度过渡而来所展开的过程:首先是文王在王畿内实施分封以激发周人扩展周边土地;然后是武王灭商之后分封殷纣子禄父(武庚)于殷;最后是周公东征平叛之后,在更广大的疆域内分封姬姓宗亲、开国功臣和姬姓联姻姻戚。所以,"真封建自周公始"③,因为自这时始,才真正实现了周之宗法制、封建制和等级制的共生。

> 故天子建国,诸侯立家,卿置侧室,大夫有贰宗,士有隶子弟,庶人、工、商,各有分亲,皆有等衰。是以民服事其上而下无觊觎。(《左传·桓公二年》)

西周封建,有一个土壤,一个依据。这个土壤是血缘宗法:"昔周公吊二叔之不咸,故封建亲戚屏周",因为"周之有懿德也,犹曰'莫如兄弟',故封建之。其怀柔天下也,犹惧有外侮。扞御侮者,莫如亲亲,故以亲屏周"(《左传·僖公二十四年》)。这个依据是对商之"兄终弟及"王位继承制度改进而来的嫡长子制度,目的是完善和强化血缘宗法,建立起等级分明的大宗小宗服从制度。

封建的实质,是在血缘宗法土壤里建立严格的等级制度。这一等级制度由三个要件构成:一是天子建国。天子建国有三个功夫,即"胙土"(分配居地)、"赐姓"(赐服属的人、民)和"命氏"(给予氏号)。天子是唯一的王,封授诸侯是天子的特权,"故非天子不得专封诸侯,诸侯不得专封诸侯"(《穀梁传·僖公二年》)。天子握有任命封国重要大臣的权力。二是诸侯立家。"侯"之本义是斥侯、守卫,后引申为镇守受封土地的贵族。诸侯可以在自己的封国内向卿大夫封赐采邑;卿大夫供职于诸侯,任官治事。三是"封土"和"授民"一体化,即田地和人民一并封赐。

① 吕思勉:《中国制度史》,上海,上海教育出版社2005年版,第219页。
② 冯天瑜:《"封建"考论》,北京,中国社会科学出版社2010年版,第18页。
③ 梁启超:《先秦政治思想史》,北京,商务印书馆2014年版,第51页。

周通过封建,建立起由天子、诸侯、大夫、士、弟子、庶人、工、商、民九级等级制度。天子居其上,诸侯拱卫之,大夫治理之。由此,封建的九级等级制度落实在天子、诸侯、大夫三级结构中,天子所统治的王国(即天下),与诸侯所统治的封国加上卿大夫掌控受封采邑的行政权,形成了三级社会结构。而士、弟子、庶人、工、商、民,均在大夫治理的采邑中生存,授受大夫的节制。由此不难发现,西周封建的社会结构重心,不在天子和诸侯,而在大夫。解决大夫忠诚诸侯、诸侯忠诚天子的办法有二:一是封赐爵位。天子重臣封公爵,诸侯既可因土地大小而受封侯爵或伯爵,也可因忠诚天子其爵位或由伯而侯或公;同样,治事的大夫也可因特别的忠诚和治理的功能而获得爵位。二是建立完美的礼乐制度。后者才是等级秩序良性运作、封建永续的根本大法。

四

西周社会,追求宗法、封建、等级三制度的共生。在实际运作中,使三者共生的内聚力量和规范力量却是礼乐制度。礼乐制度的向心力是礼,内聚力是乐;礼乐制度的灵魂却是祭祀乐礼,因为它扎根血缘,表彰宗法,其根本激励力量和内聚力量是**慎终追远,人性归厚,人心归厚,人情归厚**,这就是同一个宗法谱系、祖先谱系,将所有不同等级阶梯上的诸侯、大夫、士、庶人或不同爵位的贵族通过血缘情感和宗法精神紧密联系起来,形成一个整体。所以,祭祀礼乐有三大功能:在本体层面,它表彰为跨越时空的血缘宗法化的信仰结构,这是封建社会秩序的底座。在认知层面,它构成凝聚血缘情感和宗法情感的精神结构,这是封建社会秩序的基本框架。在行为层面,它构成各居其位、各守其序的行为规范结构,这是封建社会秩序得以维持和良性运作的操作体系。

这个操作体系也有严格的不可逾越的等级结构。天子祭祀,是**国祭**;其祭祀的乐礼,是国乐礼,必须使用"八佾"乐舞;并且只有天子祭祀周先祖时才可用,还只能是天子亲为主祭,诸侯陪祭,这就是"相维辟公,天子穆穆"。诸侯祭祀,是**宗祭**;其祭祀的乐礼,是次于国祭一个等级的邦祭,只能使用"六佾"乐舞;再往下,就是大夫祭祀,则属于**家祭**,只能使用"四佾"乐舞。这种严格的祭祀乐礼等级,绝对不能逾越;一旦逾越,就意味着国家从信仰到精神再到行为规范的整个社会结构遭受破坏,由此建立起来的社会秩序面临真正的解体。孟孙、叔孙、季孙三家举行家祭撤除祭品时,按礼制,只能用三十二人组成的乐队来演奏乐舞,但他们却用了天子的国乐《雍》来演奏乐舞,这是将自己作为小宗的祖先抬高到了与武王、文王等周之先祖同等的地位,也是将自己与天子并列的做法,这是公然的不敬和叛逆。面对孟孙、叔孙、季孙三家的家祭乱象,孔子发出如下之问:"'助祭的诸侯默默侍立两旁,行礼的天子神情肃穆',《雍》中的这两句诗怎么能取用于三位大夫的家祭呢?"

孔子之问揭露一个现实:春秋晚期,大夫治理采邑的行政权不仅发展成为掌控邦国的行政权,由此出现"大夫执国"的格局;而且以更为激进的方式发展到大夫无视天子和任性无阻碍地滥用国礼国乐的地步。以此来看,孔子之问或可具体为三:

一,社会秩序、国家精神可以随便弃置吗?

二,破坏社会秩序、消解国家精神的行为,是天然的正当吗?

三,天子,作为天下象征的精神何以在鲁国荡然无存? 祭祀乐礼,作为维系天下的信仰基石、维持邦国秩序的基本精神结构和行为规范体系,何以如此衰败不堪?

对于第一、二个问题,孔子的回答是否定的,也是坚决的。

对于第三个问题,或许使孔子最终觉悟:季氏"八佾舞于庭"和"三家者以《雍》彻",源于贵族阶层已从整体上没落腐朽到不堪救治。解决这种状况不能指望贵族,只能另寻他途。这或许是孔子探索"克己复礼为仁"的深层动机。对孔子来讲,社会始终以传统为基础,恢复传统是解救社会、再造文明的必然选择。因而,复礼以再造文明,成为救治社会的目标;但前提却是"克己",努力方式是**人必须成仁**。所以,探索"以仁入礼"的文明再造之路,或许是孔子面对"三家者以《雍》彻"之问的真正自我解答。

第3章释义

子曰:"人而不仁,如礼何? 人而不仁,如乐何?"

[注释]

人而不仁:人,与"民"相对,泛指王公、贵族、大夫、士君子;本章专指如第一、二章中孟孙、叔孙、季孙等"不礼""无礼""僭礼"的大夫。仁与礼相对:仁,指人的德性,孔子赋予它的基本内涵是"恭、宽、信、敏、惠";礼,指对人的行为规范,主要包括孝礼、祭礼、乐礼、事礼。

如礼何、如乐何:如……何,指"拿……怎么办"。

[译文]

孔子说:"人如果丧失了仁,他如何可能得体地运用礼? 人心中如果没有了仁,他怎么可能合礼地使用乐?"

[通解]

第一、二章与本章,可以看成孔子教弟子的一堂较完整的讲课要点记录,抑或是孔子与弟子围绕礼乐崩坏的时世展开交流讨论的要点记录。孔子给弟子讲礼乐如何崩坏,先举例分析,第一个例子是季氏"八佾舞于庭",讲乐坏;第二个例子是"三家者以《雍》彻",讲礼崩。然后对礼崩乐坏的现象做归因总结——"人而不仁",必然礼崩乐坏。

一

本篇讨论的主题是礼乐,首先列举现实生活中礼崩乐坏的两种行为、两种现象,展示礼崩乐坏指什么和礼崩乐坏意味着什么。然后从现象讨论转向本质关注,揭示礼乐既作为一种国家精神和社会结构,更是人各居其位、各有其序的等级制度和应该共同遵守的行为边界与规范方式,最终要落实为个人对它的遵从和守护。礼崩乐坏的社会现象,最终通过个体的行为表现出来:居于不同等级阶梯上的个人放弃了对它的遵从和守护,甚至放纵其人性之恶有意地破坏或践踏其礼乐,尤其是如孟孙、叔孙、季孙等有爵位者或有封地者,他们对礼乐的僭越,构成了对礼乐的最大破坏和解构。由此突出一个问题:礼乐作为一种精神、一种制度、一种规范,要发挥其真实的功能,需要人对它的真诚遵从和守护。但人能真诚遵从和守护礼乐精神、制度和规范,必须具备其先决条件。这个先决条件是仁。如果人而不仁,无论礼还是乐,必然缺乏道德意义,更丧失秩序功能和对人的心志的滋养功能。这就是"人而不仁,如礼何"和"人而不仁,如乐何"!

孔子针对礼而追问仁,揭示礼崩乐坏的生存现实必然孕育出仁的思想光辉。对礼崩乐坏的社会行为和社会现象的批判性反思,必然激发出对仁学的建构。这就是**"礼"的困境引发"仁"的出场**。由"礼"而"仁",构成本篇第一、二章向本章演绎生成的内在逻辑结构,这一内在逻辑结构不仅构成第一、二、三章的语境,也构成本篇其他各章内容敞开的语境。

二

本章中,孔子以双重反问方式引导弟子思考礼与仁的关系。从生存论,礼与仁,既表彰为政治与伦理的关系,也体现规范与德性的关系,更是社会规则与主体修养的关系。从功能论,礼与仁之间呈体用关系:礼之根本在仁,仁之建构和运用循礼。所以仁是礼的本体,礼是仁的表现。它蕴含在"人而不仁,如礼何"和"人而不仁,如乐何"这两个反问中。

要进一步理解礼与仁的体用关系，可以从文字学入手。

"仁"字的甲骨文形式从人、从二。由于汉字属以形表意文字，仁之右"二"，意味自己之外的他者，引申为多。其后，"仁"甲骨文形态结构演变为，为"从千心"，更有人解为"从身心"，认为"'仁'字较早的构形是上'身'下'心'，其字形结构讹变为上"千"下"心"，省变为'仁'"①。"'仁'从心从身，'身'表其声，'心'表其意，意为'心中想着人的身体'，与表示'心中思人'的'爱'字本义大体同构。"②从人的思维进化中从感官向心官方向发展角度看，在人类早年，心中有人的感觉直观，是"心中有他人的身体"。所以仁者，他人、多人、众人。但在本源意义上，"仁"所指涉的他人、多人、众人，并不是社会学意义的，而是血缘意义的。《说文》解为"仁，亲也"。这里的"亲"，指血缘之亲、亲族之爱。正因为如此，孟子才曰："亲亲，仁也。"(《孟子·尽心上》)

甲骨文"礼"字的形态结构像两玉盛于豆中，以示献于神主，乞求佑福。故《说文》释"礼，履也，所以事神致福也"，即照神的旨意做才可自致其福。在先民心中，神的旨意，就是遵从的规矩、规则，或行事为人的边界。人要按神的旨意行事为人，心中必先"事神"，即必通过其心"事神"而自得神意。在人的世界里，神的理想形象是上帝，神的现实对象却是自己之外的他人，这个他人，首先是血亲，其次是亲戚，然后突破家庭而至家族、乡邻、熟人……

要言之，礼者，履也，只有履行事神致福的准则，才可自得其福。前提是必须有事神致福的想望和事神致福的能力，这一想望和能力始终属于人的主体性构成，具体地讲，属于人作为生活主体所拥有的仁性、仁心、仁情、仁爱，这种心中装有他人的仁性、仁心、仁情、仁爱，就是德性。所谓仁，就是人成为人所必须具备的德性，这是事神致福的主体前提，也是事神致福的动力，更是事神致福的准则。任何人，其事神致福的行为都不过是对自身所拥有的"事神致福的想望和事神致福的能力"的践履、运用或证明。所以，行为遵从礼，生活守护礼，必须先修仁性、仁心、仁情、仁爱，具备德性能力。反之，若既无修仁之努力，更无德性之能力，行必践踏礼，乐则终无德。

甲骨文"仁"
甲骨文"仁"
甲骨文"仁"

甲骨文"礼"

第4章释义

林放问礼之本。

子曰："大哉问！礼，与其奢也，宁俭。丧，与其易也，宁戚。"

① 葛兆光：《中国思想史》第1卷，上海，复旦大学出版社2010年版，第95页。
② 刘翔：《中国传统价值观诠释学》，上海，上海三联书店1996年版，第150、159页。

[注释]

林放:鲁国人,有人以为是孔子学生。但结合第六章"曾谓泰山不如林放乎"之问,林放有可能是季氏掌管礼的官员。

礼之本:本,有三解:一是本原,指礼何由产生;二是本质,指礼的内在规定性;三是本分,指礼的功能范围与规范边界。礼之本,指礼何由产生、本质何在和功能范围。

与其奢也,宁俭:奢,奢侈靡费。俭,节俭、朴陋。

与其易也,宁戚:易,治理,本章指耽于治理而求奢侈。戚,哀戚、悲伤。

[译文]

林放向孔子询问礼的根本问题。

孔子回答说:"你提的这个问题十分重大! 一切的礼,与其隆重,不如节俭;丧礼,与其追求奢侈,不如真切悲戚。"

[通解]

从主题和内容两个方面观,本章都可看成是对上章讨论的问题的深入。上章中,孔子采取自问自答的设问方式,引导弟子思考礼与仁的关系;本章却通过问答方式展示礼的本质规定及其功能取向。

一

就逻辑论,本章呈形式与内容双重结构逻辑。

以感觉直观,本章的形式结构逻辑,是林放发问,孔子回答。由此"问-答"式结构使本章呈两部分:

第一部分,林放向孔子请教礼的本质。林放之问体现两个方面:首先,其所问的是个一般问题,表明这个问题在当时已成为普遍问题,即礼的问题成为当世的大问题,孔子作答以"大哉问"开始,恰恰表明了这一点。其次,其"问礼"不是在浅表层次上提出,而是问根本,这表明当世之礼出现问题,成为大问题,与礼的本质的含混、不明正相关。

进一步看,首先,能够问礼的人,不是一般的人;其次,能够问礼的本质的人,更是不一般。这表明两点:第一,林放是一个懂礼的人,本篇第六章孔子批评弟子冉有在为礼正得失方面不如林放这一事实,恰恰证明了林放是鲁国的懂礼者。第二,《左传》有言曰"周礼尽在鲁"(《左传·鲁昭公二年》),鲁国是周礼的故乡,林放作为鲁国人,懂礼是很自然的。然而,懂礼的林放,却不知礼的本质。这一事实表明:懂礼者如此,不懂礼者又若何?这或许折射出孟孙、叔孙、季孙三大夫僭越礼,以及时人弑君弑父、礼崩乐坏等现象产生的一个根本性社会根源，是人们普遍不懂礼，更不知礼何由所生、礼的内在规定性是什么以及礼的边界在哪里？这或许是孔子之所以将礼作为重大社会问题提出来作为教学内容，与弟子们展开广泛探讨的深层社会文化学、政治学和伦理学动机。

第二部分，孔子回答林放所提出的问题。仅内容观，孔子所答有些脱离所问。因为林放问的是礼的一般问题、本质问题，孔子作答的却是礼的具体问题、现象问题。

孔子的回答由两部分内容组成：一部分是对林放所提出的问题的价值判断："大哉问！"即你所提出的问题是一个大问题，是一个根本问题，也是一个紧迫问题，所以意义重大。另一部分内容是指在对问题本身做出价值判断之后，孔子列举了两个实例来说明礼的本质是什么。

孔子首先以生活对物质的用度为例，指出礼的本质蕴含在奢侈与节俭之间。"礼，与其奢也，宁俭"：孔子认为，无论什么性质的生活内容，都涉及对物质的用度。所以凡是对物质的用度，都体现了礼。如果为了讲礼而铺张浪费，或为了炫耀或张扬礼而奢侈消费，就只有礼的形式而丧失礼的内涵。这种只有形式没有内涵的礼，只是"礼"之伪。反之，凡事节俭朴陋，却是礼的形式与实质内涵的内在统一。因为"奢则不孙，俭则固。与其不孙也，宁固"（《述而》）。

孔子以生活物质用度的奢俭为例说明礼，体现普遍性，这种普遍性表明：在日常生活中对奢俭生活方式的选择，体现了对礼的本质的体认、领悟或把握与否。不仅如此，作为特殊生活情境下的礼仪行为，同样体现了人们对礼的本质的把握或弃置。为说明此，孔子以丧礼为例：因为在人们看来，丧礼应该是最讲礼的，并且每个人都会经历的，是最具有普遍指涉性的礼。孔子以为，对于不可避免的丧事所展开的礼，也应做到形式与内容的统一。"与其易也，宁戚"：操办丧事，与其把精力投入大肆铺张浪费追求形式上的礼"足"，倒不如使丧事本身真切地表达对逝者的悲情，这样更能够表达丧礼的实质。"子路曰：'吾闻诸夫子：丧礼，与其哀不足而礼有余也，不若礼不足而哀有余也。祭礼，与其敬不足而礼有余也，不若礼不足而敬有余也。"（《礼记·檀弓》）子路此论，刘向亦有记载："（孔子曰）：处丧有礼矣，则哀为本。"（《说苑·建本》）

二

孔子思考或回答问题，总是喜欢从具体入手，对问题的实质或思考的结论，往往点到为止，不善于进行抽象归纳。表面看，这是给后人留下理解的困难；但实质上给后人预留下了广阔的体认空间。更为重要的是，孔子的这种方法表明一个本质性的认知，即任何有关于人、人的生活、人的伦理和政治等方面的问题、话题，始终呈开放状态，永远没有固定的答案、单一的标准。孔子论礼之本，同样如此。但这并不等于孔子对问题本身无力回答或回避作答，而是将答案寓于具体的实例讲述之中。就本章言，孔子列举的两个生活实例，表面看，是在讲礼与节俭、礼与情感的合度关系，但实际上却涉及人的**欲望和人性**这两个根本问题。

奢侈与节俭相对，消费的都是物，但动机却是欲望：鼓动奢侈的欲望，是本能的，表现为非节制的野性；启动节俭的欲望，却是理性的，表现为节制。因而，奢侈的主体前提是**纵欲**；节俭的主体前提是**克己**。以此观之，礼的本质，不在于其形式，而在于通过形式而实现**实实在在**的**克己**。

丧或祭，其行为敞开的礼仪方式或程序可能有繁与简的区分，但其行为表达出来的根本内容**情感**才涉及礼的实质。丧礼、祭礼所表达的情感性质类型不同，前者是悲哀之情，后者是敬畏之情。但无论悲哀情感还是敬畏情感，都渊源于心性，即人性："性相近也，习相远也。"（《阳货》）从存在本原或发展学讲，人性是天赋的自然；从生存论讲，人性也是后天的生成与建构，它具有易变性。由此使人性产生可两分性，形成人性之自然与相习的区别，这种区分的实质是人性呈真假取向，表现在丧礼上则产生出"哀不足而礼有余"和"礼不足而哀有余"的不同情感取向；表现在祭礼上则出现"敬不足而礼有余"和"礼不足而敬有余"的不同情感取向。从类型学观，举丧"哀不足而礼有余"和祭祀"敬不足而礼有余"的情感取向体现人性之伪，它更多在形式上运用礼，做样子给别人看，根本地缺乏为人之德或做人之仁；举祭"礼不足而哀有余"和"礼不足而敬有余"的情感取向，则体现自然的人性之真，它不太关注礼的形式，而是发乎本性的悲痛与敬畏情感。

综上，孔子作答林放之问，最终所要表达但又需要林放本人领悟才能获得的礼的本质，既与人性相关，又与本能和欲望相关。就前者论，礼的存在论本质，是自然的人性。自然的人性的生存敞开，就是真性情，真心性，真情感；礼的生存论本质，是本能和欲望的限度，本能和欲望的限度的实践表达，就是去纵欲的克己和节制。简言之，礼的存在本质，是**自然的人性**；礼的生存本质，是**克己与节制**。在实际的利欲生活中，保持人性的本然状态，需要克己与节制；只有克己和节制，才可真正避免"习相远"而始终保持"性相近"。通过克己与节制不断避免"习相远"并始终保持"性相近"的努力与作为，就是修仁，或曰涵养德性。从这个角度看，礼的本质表征仁的本质；反之，仁的本质塑造了礼的本质。礼与仁，就是这样地在本质上归于同一。

第 5 章释义

子曰:"夷狄之有君,不如诸夏之亡也。"

[注释]

夷狄:古人将礼乐教化之外的民族称为夷狄,体现一种文明的优越感以及自我中心主义的对外蔑视倾向。夷,指称东部少数民族;狄,指称北部少数民族;用"戎"来指称西部少数民族,以"蛮"来指称南部少数民族。这即是"九夷、八狄、七戎、六蛮,谓之四海"(《尔雅·释地》),郭璞注之曰:"九夷在东,八狄在北,七戎在西,六蛮在南。"

诸夏之亡:诸夏,周天子所分封的中原各诸侯国。"诸夏亲昵,不可弃也。"(《左传·闵公元年》)亡,通"无"。诸夏之亡,有两解:一是夷狄之有君,不像诸夏那样竞于僭篡;二是夷狄纵然有君,不如诸夏之无君。根据上下语境以及孔子生活的当世言,应从前解。

[译文]

孔子感叹地说:"化外的夷狄小国都有君长之尊,本有礼仪文明的诸夏反而丧失了君长之尊。"

[通解]

上章正面讲述礼的本质,以具有普遍性的丧礼和祭礼为例;本章接着讲述礼一旦丧失其本质内涵的后果,是从文明倒退至野蛮,以夷狄与诸夏的对比来证明。

一

本章中,诸夏与夷狄是两相对举的概念:前者是对周灭商后分封建藩所形成的中原各诸侯邦国的总称;后者指中原各诸侯国之外未受礼乐教化的民族。由于"诸夏"与"夷狄"对举,既形成对本章内容的不同翻译,也产生文化与野蛮、人道与君道、道本位与君本位等不同解释。其实,这些解释都体现在对语境的忽视,呈现不同取向的望文生义。

就篇章语境论,本章内容被编排在专论礼乐的《八佾》篇中,意味着它所讨论的主题,绝不可能是夷与夏、野蛮与文明的问题。并且,本章被置于第四章和第六章之间更表明这一点:第四章孔子作答林放对礼的本质之问,第六章孔子批评弟子冉有不能尽心守护礼免被践踏,处于二者之间的本章不可能脱离前后语境而"另表一枝"。从上下语境观之,本章所讨论的主题仍然应该是礼的问题,是对第四章所讨论的问题继续和深入。

第四章虽然论礼的本质,却涉及礼与仁之间的体用关系构成何以可能的问题。为此,孔子做出三个基本判断:第一,礼客观地存在形式与内容能否统一的两可性;第二,形成这种两可性的根本因素不是礼本身,而是礼的运用者是否有德。第三,衡量人有德无德,不能只看他的地位、身份、权力,也不能只看其形式上是否遵循礼,而是要看他是否节俭与真情,更进一步讲,其节俭和真情与否的实质,却是是否克己与节制,是否保持真实的人性。以此三者为依据和尺度,不仅可以判断人的行为,更可以判断诸夏邦国以及化外民族。本章以诸夏与夷狄对举,是对此判断做进一步的实证讨论。

二

礼的存在本质是自然的人性,礼的生存本质是克己的节制;礼的实践本质,恰恰是等级和秩序。等级,就是尊卑;秩序,就是安分守己,具体地讲,就是安其位、乐其责、尽其心并尽其性。孔子以此为准则,与弟子讨论当世的礼乐文明状况,并以历史为依据,进行夷狄与诸夏对比分析,对当前的礼乐文明状况以及形成这种状况的原因予以如下判断:

一,夷狄之地尚有君长之尊,而诸夏邦国却礼崩乐坏,没有了上下分别。

二,夷狄之地尚有位德兼备的君子,而在诸夏,创造文明的君子已经消亡。

首先看第一个判断,是否有事实依据。

司马迁在《史记·太史公自序》中说:"春秋之中,弑君三十六,亡国五十二,诸侯奔走,不得保其社稷者,不可胜数。"司马迁的统计并不准确,仅弑君论,《左传》记载鲁隐公元年到鲁哀公二十七年共二百五十五年时间中,发生弑君的事件四十一起,其目录如下:

1. 公元前 719 年:卫公子州吁弑卫桓公完(《左传·隐公四年》)

2. 公元前 712 年:鲁公子翚弑鲁隐公息姑(《左传·隐公十一年》)

3. 公元前 710 年:宋华督弑宋殇公(《左传·桓公二年》)

4. 公元前 709 年:晋曲沃武公称弑晋哀侯光(《左传·桓公三年》)

5. 公元前 705 年:晋曲沃武公称弑晋小子侯小子(《左传·桓公七年》)

6. 公元前 695 年:郑高渠弥弑郑昭公忽(《左传·桓公十七年》)

7. 公元前 686 年:齐公孙无知弑齐襄公诸儿(《左传·庄公八年》)

8. 公元前 682 年:宋南宫长万弑宋闵公捷(《左传·庄公十二年》)

9. 公元前 680 年:郑傅瑕弑郑子仪(《左传·庄公十四年》)

10. 公元前 662 年:鲁圉人荦弑鲁子般(《左传·庄公三十二年》)

11. 公元前 660 年:鲁卜齮弑鲁闵公启方(《左传·闵公二年》)

12. 公元前 651 年:晋里克弑晋子奚齐、晋子卓子(《左传·僖公九年》)

13. 公元前 642 年:齐人弑齐子无亏(《左传·僖公十八年》)

14. 公元前 636 年:晋公子重耳弑晋怀公圉(《左传·僖公二十四年》)

15. 公元前 626 年:楚太子商臣弑楚成王颓(《左传·文公元年》)

16. 公元前 613 年:齐公子商人弑齐君舍(《左传·文公十四年》)

17. 公元前 611 年:宋旬帅某弑宋昭公杵臼(《左传·文公十六年》)

18. 公元前 609 年:齐邴蜀、阎职弑齐懿公商人(《左传·文公十八年》)

19. 公元前 609 年:鲁公子遂弑鲁太子恶(《左传·文公十八年》)

20. 公元前 609 年:莒太子仆弑莒纪公庶其(《左传·文公十八年》)

21. 公元前 607 年:晋赵穿弑晋灵公夷皋(《左传·宣公二年》)

22. 公元前 605 年:郑公子归生弑郑灵公夷(《左传·宣公四年》)

23. 公元前 599 年:陈夏征舒弑陈灵公平国(《左传·宣公十年》)

24. 公元前 581 年:郑人弑晋景公獳(《左传·成公十年》)

25. 公元前 578 年:曹公子负刍弑曹嗣君曹宣公太子(《左传·成公十三年》)

26. 公元前 573 年:晋程滑弑晋厉公州蒲(《左传·成公十八年》)

27. 公元前 566 年:郑公子骈弑郑僖公髡顽(《左传·襄公七年》)

28. 公元前 548 年:齐崔杼弑齐庄公光(《左传·襄公二十五年》)

29. 公元前 547 年:卫宁喜弑卫殇公剽(《左传·襄公二十六年》)

30. 公元前 544 年:吴阍弑吴王余祭(《左传·襄公二十九年》)

31. 公元前 543 年:蔡太子般弑其君景侯固(《左传·襄公三十年》)

32. 公元前 543 年:莒公子展舆弑莒犁比公密州(《左传·襄公三十一年》)

33. 公元前 541 年:楚公子围弑楚王郏敖麇(《左传·昭公元年》)

34. 公元前 523 年:许太子止弑许悼公买(《左传·昭公十九年》)

35. 公元前 515 年:吴鱄设诸弑吴王僚(《左传·昭公二十七年》)

36. 公元前 497 年:薛人弑薛子比(《左传·定公十三年》)

37. 公元前 491 年:蔡人弑蔡昭侯申(《左传·哀公四年》)

38. 公元前 489 年:齐朱毛弑齐子荼(《左传·哀公六年》)

39. 公元前 485 年:齐人弑齐悼公阳生(《左传·哀公十年》)

40. 公元前 481 年:齐陈恒弑齐简公壬(《左传·哀公十四年》)

41. 公元前 478 年:卫己氏弑卫庄公蒯聩(《左传·哀公十七年》)

这些弑君行为对于最擅长于考信历史的孔子来讲,应该如数家珍,刻骨铭心。并且,在孔子的考信中,诸夏周边的夷狄社会内部却很少出现这类暴行。所以孔子与弟子讨论礼乐崩坏时才痛心疾首地做出"夷狄之有君,不如诸夏之亡也"的断言。

为什么缺乏文明教化的夷狄社会有君长之尊? 有深厚文明滋养的诸夏弑君暴行横行? 孔子探求其原因,认为造成这种礼乐崩坏的根本之因,是君子集团的分化,君子精神、君子德性的消隐。"信而好古"的孔子通过对历史的考信清楚地认知到:文明的创造主体和守护主体只能是君子,并且,文明的社会只能是君子社会。所谓君子,就是有德有位的精神贵族。对于致力于考信历史的孔子来讲,五帝三代以来所建立起来的文明本质上是君子文明,它表现为刑辅德治的礼乐教化。孔子之所以崇周,表面看是因为周创造了"郁郁乎文",实质上却是周有一个君子集团创造了繁荣昌行的文明。这个创造繁荣昌行的周代文明的君子集团所遵从的君子德性、所发扬光大和守护的君子精神可概括为四:

第一,孝亲为上,因为孝乃"礼之始"。

第二,事之忠诚,包括对王室、君王、邦国、职责的忠诚。

第三,循之礼仪,包括知之以礼,行之以礼,因为"礼,王之大经也"(《左传·昭公十五年》)。并且君子治邦必遵循"政以礼成"的原则。

第四,待之诚敬,包括敬天、敬君、敬长、敬贤、敬礼和谦让。因为敬的本质在于戒,戒的实质是节制,是克己。所以《诗经》云:'慎尔侯度,用戒不虞。"

然而在孔子看来,以孝、忠、礼、敬为日常体现的君子德性、君子精神,已在整体上消隐了,以此德性和精神凝聚起来的君子集团也早已解体,只剩下为利欲所虏持的大小权贵。面对这种时代状况,孔子只能悲叹"诸夏无君子,君子在夷狄"。

第 6 章释义

季氏旅于泰山。

子谓冉有曰:"女弗能救与?"

对曰:"不能。"

子曰:"呜呼! 曾谓泰山不如林放乎?"

[注释]

季氏旅于泰山：季氏，结合本文语境和内容看，应该是季康子，因为季康子执政时，冉求为其家宰，才有孔子责问冉求为什么不阻止季康子"旅于泰山"。

旅："旅"字，甲骨为从众人，其旁像旗帜形，字像众人集于军旗之下，以示军队远征。故，旅之本义为军旅，亦可作祭名。[1] 旅字，古文的结构形态"原为示旁，非方旁，有祭祀的含义。读音如'胪'，义亦同'胪陈'"[2]。作为军"旅"之本义，指军队建制单位：古时军队编制为五人为伍、五伍为两、四两为卒、五卒为旅、五旅为师，即两千人组成一旅。周时，"旅"为祭名，即率旅而祭，或可表述为在庞大的军旅护卫下远祭，专指古代天子、诸侯祭祀山川。

甲骨文"旅"

旅于泰山：旅祭山川，是一种非常规祭祀，郑玄注《周礼》之"旅，非常祭也"，指当邦国遭遇凶事时，才"旅"祭山川，以求天地神灵消解之。泰山不仅是鲁国境内名山，亦是天下名山。旅于泰山，应为天子主祭，诸侯助祭。季氏只是鲁大夫，所以其"旅于泰山"的行为不仅僭越鲁侯，更是僭越周天子。

冉有：名求，字子有，孔门中善理财者。鲁哀公三年（公元前 492 年），接替冉雍当季氏宰。冉求做季氏宰的时间约鲁哀公三年至鲁哀公十七年（公元前 492 年～公元前 472 年），孔子询问冉求这番谈话，应该发生在孔子晚年回鲁期间，即鲁哀公十一年到鲁哀公十五年（公元前 484 年～公元前 479 年）之间。

女弗能救与：女，通"汝"。救，营救、补救，这里作阻止讲。指想办法阻止其"旅于泰山"的想法和行为。

曾谓泰山不如林放乎：曾，乃。曾谓，难道、竟然。林放，即第四章向孔子"问礼之本"者，结合本章语境，可能是鲁掌管祭礼的官员。泰山不若林放，指泰山还不如林放，意谓难道泰山之神会接受这样的祭祀吗？

[译文]

季氏准备祭祀泰山。

孔子对冉求说："难道你不能阻止季氏的违礼行为？"

冉求回答说："无法阻止。"

孔子说："天啊！难道泰山还不如林放懂得礼仪，竟愿接受这种僭礼的朝拜？"

---

① 马如森：《殷墟甲骨文实用字识》，上海，上海大学出版社 2008 年版，第 162 页。
② 金纲：《〈论语〉鼓吹：圣贤的光荣与漏洞》，天津，天津人民出版社 2007 年版，第 88 页。

[通解]

上章以夷狄与诸夏对比,讲述礼崩乐坏的广泛性、普遍性,以及所产生的文明倒退影响,即诸夏不如夷狄。本章继续讲述礼崩乐坏,以无人阻止季康子旅祭泰山的僭礼行为,揭示礼崩乐坏的严重程度,即周礼乐制度已从根上坏死了。

一

在孔子看来,导致礼乐崩坏的直接之因,是君子集团的解体,君子德性和君子精神的消隐。孔子的判断虽然可以"春秋之中,弑君三十六,亡国五十二,诸侯奔走,不得保其社稷者,不可胜数"(《史记·太史公自序》)的史实为证,但是否有现实的依据呢? 本章以"季氏旅于泰山"的现实事件来说明礼乐崩坏的严重性。

季氏打算去祭祀泰山,这种策划行为本身是僭越礼制的。"国有大故,天子陈其祭祀而祈之,则旅为天子祭山之名……季氏旅泰山,或亦值大故而用天子之礼行之,故书曰'旅'。与八佾、歌《雍》同是僭天子,非僭鲁侯也,夫子谓冉求之言,其迫切当亦因此。"①

孔子所盛赞的"郁郁乎文"的这个"文",不是今天所讲的文化,而是文明。文明的具体内容是礼乐。"郁郁乎文"是指完备的周礼,它之能代代相承传,靠的是不可僭越的严格等级制度。

周礼是一个无所不包的完备体系,包括祭礼、丧礼、官礼、乐礼等。但其灵魂是祭礼。祭礼之所以构成周礼的灵魂,是因为祭礼确定了天、地、人、官、民此五者的秩序:天地为大,人居其中,官为下,民卑之。在"天、地、人、官、民"中的"人",即天子,后亦称皇帝。天子居于其中,向上,直接与天地之神相交通,这一特权由传说中五帝之一颛顼"绝地天通"所规定,只能为天子独享;向下,则统摄百官以治驭生民。祭祀天地的权力,本质上是神权,是天子与天地之神相交通的权力,通过这种交通,天子才获得驾驭百官、统治万民的神旨,包括智慧和方法。

在大地之上,天子享有祭祀天地的特权这一合法性,是由传说中的颛顼所创制的。颛顼当上部族联盟首领所做的第一件大事,就是"绝地天通",为王独享神权制定了合法性。自颛顼"绝地天通"始,祭祀天地的特权只能由天子独享,绝对不允许有任何人窥视和僭越,一旦窥视或僭越,就是天下最大的罪。季氏不仅敢无所顾忌地在家院里动用八佾乐队演奏舞蹈,家祭奏天子《雍》乐,还敢公然去祭祀泰山,可以想见当时鲁国的礼乐崩坏状况。

---

① 左克厚:《论语旧注今读》,北京,九州出版社2013年版,第37页。

并且,冉求对孔子之问答之以"不能",说明季氏的一系列僭礼行为不可阻挡,既表明其时礼乐崩坏的普遍性,更表明礼乐崩坏的不可挽回性。这是因为创造礼乐文明、守护礼乐文明、光大礼乐文明的主体队伍,即君子集团已经不复存在,君子德性和君子精神已荡然无存,有权有位的人们,不再愿意担当礼乐文明的守护者和发扬光大者。所以,既然君子不存,礼乐文明何在? 这是孔子"呜呼"的原因。

二

面对"季氏旅于泰山",孔子之最痛者尚不在季氏妄行天子之礼而祭祀泰山,而是痛于弟子冉有没有阻止季氏的僭制策划。孔子痛心疾首地发出气愤的质问:

> 按理,神不享非礼。在这个一切只以实利为准则的时代,难道泰
> 山神也不如林放懂礼,愿意接受季氏的僭礼祭祀?

孔子责问泰山神为得实利而放弃原则,这只是表象。实质上是痛责冉求只为保住自己官职和利禄而放弃为君子的责任和道义:

> 冉有啊,算是我白教了,你还不如林放懂礼?

孔子对冉求的苛责,既有理,也没理。

孔子苛责冉求之无理,这是因为:第一,冉有只是季氏一家臣,家臣对主子的影响力相当有限。第二。在私欲和权力膨胀的社会,凡贪婪和野心者,不会为任何道义和规则所约束。第三,对于已经习惯于将僭越礼乐制度视为平常事的季氏来讲,任何道义和规范的劝诫都无济于事。所以,在季氏欲于祭祀泰山这件事上,冉有只有诚实地回答孔子:

> 此事我无能为力。并且,任何人都不可能劝阻住季氏祭泰山的张
> 狂行为。

从实际观,虽然孔子责备冉求没有道理。但从理想论,或者从以创造文明、守护文明、光大文明为己任的君子角度讲,阻止一切形式的破坏礼仪文明、放弃道义责任的行为,是为君子的天职,也是衡量一个人能否有资格成为君子的基本尺度。孔子以文道救世为己任,其根本任务是重塑君子,重建君子集团,并以此来再造社会。并且孔子坚信,自己教出来的弟子一

定是君子,一定会如自己那样为承传、守护、光大文明而有所为,也有所不为:有所为者,则付出一切也在所不惜;有所不为者,当急流勇退。但很可惜,冉求只学会适应现实之不当为,却没有学会君子之当为而为的勇敢与担当。此乃冉有之过? 时代之过? 抑或孔子本人之过? 这些问题或许本身就蕴含在孔子之"呜呼! 曾谓泰山不如林放乎"之追问中。孔子没有意识到一个根本性的问题,季康子之流的权力者可以为所欲为的根本保障,是血缘宗法封建制度本身。

第 7 章释义

子曰:"君子无所争。必也射乎! 揖让而升,下而饮,其争也君子。"

[注释]

君子无所争:无所,没有什么。争,争名夺利。"君子矜而不争。"(《卫灵公》)荀子发挥这一"不争"思想:"(周公旦曰:)君子力如牛,不与牛争力;走如马,不与马争先;知如士,不与士争知。"(《荀子·尧曰》)指君子没有什么可争夺的。

必也射:射,射箭,指古代的射箭比赛。《仪礼》记载古射礼有四种"一,大射礼,属天子诸侯大夫礼,以此选择其治下善射之士以擢升使用;二,宾射,是贵族相互之间在朝见或聘会时使用的一种射礼;三,燕射,贵族平常的娱乐方式;四,乡射,平民生活中的学习射艺。本章所讲之"射",应该属于大射礼,所以要"必之"。

揖让而升:揖,作揖。让,通"攘",指谦让。揖让,作揖以为谦让。升,上场。

[译文]

孔子说:"除比射之外,君子没有什么可竞争的事。君子比射,赛前必相互行礼致敬,赛后一起喝酒以相互祝贺。这样彬彬有礼的竞争,才是体现君子风度的竞争。"

[通解]

本篇从第一章始至第六章,从不同角度讲鲁礼崩乐坏,表现为鲁贵族阶层,尤其是执政大夫的无礼、违礼。溯其根源,是执掌国政的贵族阶层丧失君子德性、君子精神,但其根本动因却是利欲争夺。既然找到根源,其长治之方必然是重塑君子阶层,但前提是明确何为君子。具体地讲,君子应该具备如何的德性和怎样的精神。本章则予以回答:唯有当内在地拥有争与不争之精神的君子,才可有礼、守礼。

一

季康子打算旅祭泰山,时为家宰的冉求不能阻止,孔子责备冉求,不是基于现实的考量,而是基于理想的君子要求:在孔子看来,君子之成为君子,就是当为而为,不当为而不为。然而,当为而为,或不当为则不为,是礼吗? 或者这样符合礼吗? 如何是对礼的符合? 那如何实施? 怎样表现? 如何评价?

如上问题,构成了本章的本体性内容。

要理解如上判断,须回顾前几章内容:在第四章中,林放问"礼之本",孔子举实例分析答曰:礼的存在本质,是自然的人性;礼的生存本质,是克己的节制;礼的实践本质,是等级和秩序。沿此思路行至此,必须面对礼的行动本质问题。结合第六章内容,礼的行动本质,就是当为则必为、不当为则必不为。

何谓当为? 何谓不当为? 其判断的依据、准则何在?

所谓当为,就是正当的、合礼的、需要去做和必须去做的;所谓不当为,指不正当的、违礼的、避免去做和不该去做的。判断当为或不当为的依据,只能是利义。围绕此,孔子做了许多思考,比如:

见利思义,见危授命。(《宪问》)

君子喻于义,小人喻于利。(《里仁》)

富与贵,是人之所欲也,不以其道得之,不处也。贫与贱,是人之所恶也,不以其道得之,不去也。(《里仁》)

子曰:"因民之所利而利之,斯不亦惠而不费乎? 择可劳而劳之,又谁怨? 欲仁得仁,又焉贪? 君子无众寡、无小大、无敢慢,斯不亦泰而不骄乎?"(《尧曰》)

君子谋道不谋食。耕者,馁在其中矣;学也,禄在其中矣。君子忧道不忧贫。(《卫灵公》)

子曰:"饭疏食,饮水,曲肱而枕之,乐亦在其中矣。不义而富且贵,于我如浮云。"(《述而》)

孔子如上说法突出一个基本思想:凡体现义的利,或实现利之义的人事,就当为;反之,则不当为。当为或不当为的准则,从伦理原则论,就是"己所不欲,勿施于人"(《颜渊》)和"己欲立而立人,己欲达而达人"(《雍也》);从政治功能论,就是等级和秩序。

二

"己所不欲,勿施于人"和"己欲立而立人,己欲达而达人",是判断当为或不当为的**原则**准则;等级和秩序,是判断当为或不当为的**功能**准则。以其原则准则和功能准则为规范,礼之当为或不为的行动本质,最终通过个体的日常行为得以展开或实现。作为个体,一旦在日常生活中做到当为则必为,不当为则必不为,就是君子。

进一步讲,当为则必为,不当为则必不为,就是君子之礼,或可说是礼对君子的日常要求,也是君子守礼、行礼的本分。君子遵从礼的要求而生活,作为或不作为,只是尽其本分,不存在争与不争的问题。因为君子遵从礼的要求而本分地生活:相对人言,凡涉及有助于人,并使人美、好的事,必为;反之,凡是"己所不欲"的,或无助于人,甚至有损于人的事,则不为。仅社会论,凡维护秩序的事,或凡属守护文明、光大传统的事,则必为;反之,凡有损文明、消解传统的事,或凡破坏秩序的事,则必不为。孔子认为如上为与不为,构成君子的本分,基于如上两个方面的本分要求,君子既有争,也无争。孔子以比射为例说法:君子无所争,依据礼的行动本质的规定;君子有所争,也是依据礼的行动本质的规定。对于君子或君子社会来讲,其不争缘于礼,其争也缘于礼。所以,礼既无所不在,礼也使人无所不能。

第8章释义

子夏问曰:"'巧笑倩兮,美目盼兮。素以为绚兮。'何谓也?"

子曰:"绘事后素。"

曰:"礼后乎?"

子曰:"起予者商也,始可与言《诗》已矣。"

[注释]

巧笑倩兮,美目盼兮:巧,灵巧。倩,口旁之两颊,笑则两颊楚楚动人,俏丽。巧笑倩兮,形容美人甜蜜的笑,美得动人。美目,美丽的眼睛。盼,指眼目黑白分明,这里形容黑白分明的眼睛转动的美好状貌。兮,感叹语辞。此两句见于《诗经·卫风·硕人》"硕人其颀,衣锦褧衣……手如柔荑,肤如凝脂,领如蝤蛴,齿如瓠犀,螓首蛾眉,巧笑倩兮,美目盼兮。"意为美人的笑容很美,眼神更美。

素以为绚:素,纯白色。绚,多彩。指在纯白底色上绘出异常绚丽的画。

绘事后素:绘事,绘画。后素,有两解:一是"白受采"(《礼记·礼器》),

即白底施彩;二是"绘画之事后素功"(《考工记》),指以白色为彩画钩边。宜从前说,指先有白的底色,才可绘画。

礼后乎:后,后于,在……之后。指礼在仁之后吗?即先有仁然后才有礼。

起予者商:起,启发、发明。予,指称代词,指代说话者自己。

[译文]

子夏说:"《诗》曰'美人巧笑倩丽,美目流盼。天生丽质打扮得如此贵雅。'这几句诗是在表达什么呢?"

孔子说:"你看绘画,不是得先有一个纯白的底色吗?"

子夏说:"你是在说礼仪这种文饰后于人的本朴的性情和真挚的仁德吗?"

孔子说:"子夏啊,你悟到了我的意思并启发了我,现在可以与你讨论《诗》了。"

[通解]

上章讲述能够有礼、守礼的君子,必须具备当为而为的竞争精神和不当为则不为的不争精神。这种当为之争与不当为之不争的精神本质是什么呢? 本章则通过孔子与子夏的审美讨论而得到形象解答:生成建构君子精神的内在源泉是质朴的性情和真挚的仁德;唯有当内在地拥有质朴性情和真挚仁德的君子,才可真正有礼并真诚守护礼。

一

孔子与弟子们讨论礼的问题,由具体而抽象,由现象而本质,由体而用,步步深入,步步拓展,最后形成跨领域性讨论。本章就体现这一特征,从审美角度切入讨论礼的生成性问题,揭示审美与礼法的本体性融通。

既然礼之于生活无所不在,而君子之于礼无所不能。那么礼和美能够在君子身上统一吗? 或者,使礼和美统一于自身的内在动力是什么? 或许正是带着这样的疑问,子夏以《诗经》为由向夫子发问:

"俏丽巧笑,美目流盼,天生丽质打扮得温雅高贵!"——这几句诗是要表达什么意思啊?

"巧笑倩兮,美目盼兮"源自《诗经·卫风·硕人》,诗中之"倩""盼",皆形容笑之绝美:"倩"状之笑洋溢出难以形容的俏丽;"盼"状之笑使美不可言的眼光流盼魅人心魄。后一句"绘事后素"不见于《诗经》，历来的注释将此视为逸诗，其中之"素"，形容天生丽质；"绚"，则指对天生丽质之美的打扮、修饰。如上三句诗，从不同角度形容天生丽质的女人修饰更为完美。以此观子夏所问，是一个审美问题，尤其"巧笑倩兮，美目盼兮"极状齐女庄姜出嫁卫庄公的盛况与美貌，其中着力刻画了庄姜温雅、高贵的气质和美丽的形象。对于子夏来讲，不会不知道此诗描写的是什么，表达的是什么，但子夏却偏偏要问如此大美的诗句"到底表达了什么"，所以子夏之问，已不是一个简单的审美之问，而是借审美所发出的伦理之问，或可说是一个礼的本质性生成何以可能之问。

孔子体会到子夏之问的实质，但他却不点破，既然子夏是从审美发问，那么他就以创造美作答：因为审美之美源于对美的创造，是对美的创造成果的审美直观：

绘画，须先有一个白的底色。或曰，只有在纯白底色上才能画出最美的画来。

子夏明白夫子已经知道自己在问什么，他也不愿再继续玩捉迷藏的游戏，于是直截了当地抛出了实质性的问题：

您是说文饰性的礼生成于本原性的仁吗？

或曰：

先有仁德然后才可讲求礼法？

孔子与子夏之间的一答一问，跨度太大，要得以续接其思维，需先理解"后素"与"绘事"：绘者，描摹、修饰；"素"，天然的、本原的、质朴的样态。但天然的、本原的、质朴的东西，就是未修饰、未打磨的；凡未修饰、未打磨的，才是本质的。所以，"素"，意指（事物之）本质。

由此看来，绘画，既是创造美的活动，也是创造美的方式。但绘画的本体，却是所描绘的存在物本身。这正如女人将自己打扮成美人的首要前提，却是能够被打扮成美人的女人本身的天生丽质。女人的天生丽质，来自天赋，正如存在物能够为绘画提供的本体，是自然的造化一样。所以，从美学角度讲，审美的美学本质是自然；从哲学角度观，审美的哲学本质是审美对象的本原性存在。孔子将二者统合起来，将其统称为"素"。

以此"素"的眼光来打量世间的一切,创造始终以自然为本体,并且以其为蓝本;文饰始终后于质朴,并且必须以质朴为根本规范和源泉。正是在这个意义上,绘画与文饰、审美与礼法,不仅本质相通,而且本体同构。

二

子夏与孔子之间的问答,展示仁之于礼,或者仁德对礼法的本质性生成。

"礼后乎?"

子夏的这一继续追问,既是其设问之自答,也是孔子对子夏发问的譬喻性回答。这个回答是肯定的:本体先于文饰,礼法由仁德所生成,因而,**存在的自然本性是仁德的本原,仁德是礼法的本原,也是礼法的本体。**

这个答案,是孔子与子夏从不同角度讨论自然得出来的共同答案,无须再解释,也无须再讨论。然而,对于后世读者,要理解此,须正视两个问题:

一,礼法何以由仁德所生成?

二,仁德何以能构成礼法的本体?

先看第一个问题,礼法基于建构等级和秩序的需要,建构等级和秩序却基于人的共同生存需要。表面看,礼法服务于等级和秩序;实质论,礼法服务于不同等级阶梯上的人的生存。比如,祭礼,既是不同等级上的特权,也是每个民的基本权利;但孝礼却在普遍性上表现得更为突出。反过来看,人基于生存需要礼(规范、等级性的社会结构和秩序),这是因为人作为个体,不能单凭自己的力量谋生存,人必须与人共生存,这就需要合作,需要协调,需要心中有人。简言之,**只有心中有人时,才有礼;只有心中有人时,才讲边界、规范、法则。**

如上基本认知是理解第二个问题的关键:**心中有人,是人的本性使然。凡事心中有人,需要克己和节制。礼法是建立在人的本性、爱人、克己、节制基础上,又反过来实现、维护和强化人的本性、爱人、克己、节制。**

三

子夏之以描摹姜庄之诗"巧笑倩兮,美目盼兮。素以为绚兮"问礼,孔子乃以"绘事后素"答礼,联系孔子的诸多论《诗经》的言论和说法来理解这一问一答,就会发现**诗乃是仁通向礼和礼达于仁的桥梁**:子夏之问,以诗起兴,发出现象与本体之间的生成关联之问;孔子以作画譬喻,指出现象必以本体为蓝本。子夏触类旁通,颖悟仁与礼、仁德与礼法之间的生成之道,揭示先有仁然后才有礼，礼法只能生成于仁德。孔子以自谦方式对子夏聪慧颖悟仁礼生成之道大加赞赏，然后引导子夏打开视域，讨论诗之于仁、之于礼乐、礼法的独特功能与作用：

> 子曰:《诗》三百，一言以蔽之，曰："思无邪。"(《为政》)
> 子所雅言:《诗》、《书》、执礼，皆雅言也。(《述而》)
> 子曰："兴于《诗》，立于礼，成于乐。"(《泰伯》)
> 子曰："诵《诗》三百，授之以政，不达，使于四方，不能专对，虽多，亦奚以为?"(《子路》)
> 子曰："小子，何莫学夫诗? 诗可以兴，可以观，可以群，可以怨。迩之事父，远之事君。多识于鸟兽草木之名。"(《阳货》)

孔子与弟子讨论诗，应该是其教学的重要环节。孔子以此引导、启发、激励弟子颖悟《诗》如何可能涵养仁德、执着礼乐，成为教学的基本内容。有关于诗如何使仁生成礼、怎样使礼归于仁，参阅如上各章孔子与弟子论诗即可颖悟。

第 9 章释义

> 子曰:"夏礼吾能言之，杞不足征也。殷礼吾能言之，宋不足征也。文献不足故也。足，则吾能征之矣。"

[注释]

夏礼吾能言之:夏礼，夏代的礼仪制度。言，言说、断言。

杞不足征:杞，杞国，周之封国，乃夏之后裔。征，证明、诚证。

宋:周之封国，商汤的后裔，其开国邦君是微子(见《微子》第一章)。

文献不足故也:文，典籍。献，贤达者。足，充分、充足。故，缘故。

[译文]

孔子说:"禹夏有礼仪制度，我可以断言并能说出大概，只是夏之后代杞的礼仪制度缺乏证明。殷商有礼仪制度，我也可以断言并能说出大概，只是殷之后代宋的礼仪制度却缺乏证明。主要是杞、宋两国的典籍和贤人都缺乏的缘故，如果典籍和贤人充足，我一定能够证实它们的存在。"

[通解]

孔子之论"绘事后素",意在于表明**仁先于礼，礼生成于仁**，以揭示本体与现象之间的生成法则：遵循自然之道，这是绘画、诗、审美与道德（仁）、政治（礼法）之间本质相通、本体同构的依据。不仅如此，以"绘事后素"譬喻仁与礼、仁德与礼法的生成关联，亦体现了历史之道，这是本章讨论的基本话题有二：

第一，普遍的必然，是历史的。

第二，人性与国家之间，内隐双重的生成逻辑。

一

礼的生成，不仅源于个体之仁，也源于人需要人的本性。礼更源于传统，源于历史塑造承传，由于这两个方面，礼具有普遍性，比如孝，比如敬，比如诚，比如信等，都跨越时空而常在。所以礼又具有历史性，是历史地生成：首先，礼并不凭空产生，它总有得以产生自身的历史根源。其次，礼并不是一次完成的，它始终处于生成性过程之中不断获得成熟，不断发展。信而好古的孔子从这两个方面入手，对礼予以多维度的考证，最后向弟子们宣读他考信礼史的初步结论。

> 有关于夏礼，我可以断言它确实存在过，但夏人后裔聚居的杞国之礼，我却无法证实；有关于殷礼，我可以断言它也存在过，只是殷人聚居的宋国之礼，也不足以证实了。探究其无法证实的原因，主要是古代文字资料缺乏，加之这两个国家的许多贤人及事迹因为缺乏文字的记载而被湮没。如果有充分的文字资料，一定能够证实如上推断。

论证，有两种基本方法：一是事实论证；二是逻辑论证。这两种方法的创建，均可归功于孔子。

事实论证和逻辑论证这两种方法对于研究者，可以同时交错运用。但在材料缺乏的情况下，亦可单独运用逻辑推论。此其一，其二，事实论证方法的关键，是**有一分事实说一分话**。在这一点上，孔子做得最好，一部《论语》所记载的内容中有两个方面，孔子本该说得更多些才是，但他反而说得很少：一是天道与鬼神；二是王道和圣人。对于前者，除非不得已而言之，也是敷衍了事；至于后者，孔子只说到尧舜，而且语言极简。原因是孔子遵循了"一分事实说一分话"的准则。至于后者，孔子做得最有典范性的，是对社会变迁的趋势和礼的历史性生成的推断。这一推断构成了本章所要讨论的内容。

二

孔子在文字资源严重缺乏的情况下,推断周礼之前的殷礼,以及殷礼之前的夏礼;并且对于夏之前的社会是否有礼,却保持沉默,何也?

孔子对礼的推断,是建立在有充分的文字资源彰显盛大周礼基础上展开的。盛大的周礼,体现为独特的正人心、秩等级、建秩序的功能发挥:既然礼具有正人心、秩等级、建秩序的社会功能,那么,殷商和有夏也一定有礼的存在,否则,就会出现无秩序、无等级、人心涣散,这样的社会是难以保障民、人的共生性存在的。所以,有周礼,必有殷礼;有殷礼,必有夏礼。这个推论背后的逻辑却是**人性的逻辑**。

孔子一生的努力,是要通过仁而再造(恢复)礼,其认知前提是:礼具有正人心、秩等级、建秩序的普遍性,这种普遍性不仅是现实的构成,更是历史地生成。现实和历史之所以从两个方面生成性建构起体现普遍性的礼,是因为"相近习远"的人性。由于人性"习相远",所以必须用礼来规训和引导;因为人"性相近",礼才可能获得并真正发挥正人心、秩等级、建秩序的功能。人性对礼的双重功能,展示了人的历史本质上是人性的历史,礼由周而殷、由殷而夏回溯的历史,是人由夏而周发生变迁的历史。

礼由周而殷及夏的回溯历史,既敞开人性由古而今的变迁历程,也展示了礼由古而今的延续历史,它真实地彰显了国家的逻辑。

从最终意义讲,国家的逻辑本质是人性。但在功能上,国家的逻辑却是财富与权利的博弈:国家诞生于社会财富的产生和人对财富权利的关怀。源于这两个方面的要求,礼法成为必须。换言之,国家诞生之前,社会已经存在,但维持社会秩序并正定人心的却是族约(氏族、部族、族群)和习俗。国家作为最高的社会组织,它是对各不相同的族群的统合,但族约(氏族、部族、族群)和习俗根本不具有如此的统合功能,必须建构能够统合社会各方面因素的礼法,于是,礼法成为国家正人心、秩等级、建秩序的必须工具,而且是普遍的和日常的工具。这是孔子推断礼为何产生于夏的原因。

国家既是人类从蒙昧而野蛮继而进入文明社会的根本标志,又是人类社会从原始性质的"天下为公"走向天下"各私其私"的等级社会的真正起点。由于前者,礼法构成国家文明的象征;因为后者,国家必须不断进化而更好地适应民、人生存的需要。国家的这种努力自然落实在礼法的建设上,即礼法必须有所损益才可承传,必须有所损益才可对不断变迁的社会发挥功能,这就是"殷因于夏礼,所损益,可知也。周因于殷礼,所损益,可知也。其或继周者,虽百世,可知也"(《为政》)。

在孔子的历史世界中,"损益"就是"因革",即以承传为起步的革新,或以革新为准则的承传。按照人性和国家的双重逻辑,既然礼是历史性生成的,而且是在时代性损益中不断实现其历史性生成:**殷礼源自对夏礼的损益,周礼源自对殷礼的损益,那么,要重新收拾旧山河所需要的当世之礼,必然是对周礼的损益而生成。这是孔子讨论礼的普遍性和历史性生成的真正结论,这一结论确立起"克己复礼为仁"**(《颜渊》)这一思想重建和秩序重建的路径。

第10章释义

子曰:"禘自既灌而往者,吾不欲观之矣。"

[注释]

禘:天子的祭祖典礼。按周制,天子新丧,新继者要奉其神主入太庙,必先大祭上至始祖、下及历代之祖,称之为合祭,也曰吉祭。并且形成常制,每五年一禘祭,故禘祭乃常祭中的大者。

灌:禘祭中之一环节,即第一次献酒。以活人(通常是童男童女)代受祭者,称之为"尸",使其闻到酒香。"尸",乃被祭者的替身,一般祭祀男子用男童,祭祀女子用女童。《礼记·曲礼上》记载,孙子可以做祖父的尸,而不能做父亲的尸。"尸"在当时享有很高的地位,是人人要尊重的。《学记》记载:"师严然后道尊,道尊然后民知敬学。是故君之所以不臣于其臣者二:当其为尸,则弗臣也;当其为师,则弗臣也。"是说君王不能把"尸"与"师"当臣子,要把他们当成很尊贵的人。

[译文]

孔子说:"对禘礼,第一次向受祭者献酒后,便不愿再看了。"

[通解]

上章讨论具有普遍性和历史性生成的礼,基于人性与国家的双重逻辑而损益,构成文明薪火承传的基本标志。本章承此继续展开讨论需要"损益"之礼的内容,应该属于什么性质的,或可说:如何来判断和确定所损益的礼?

一

本章讨论的主题是：礼作为文明的象征，应该如何损益自身？或者，时代性生存对礼的损益应遵循什么准则？孔子擅长于以实例来表达抽象的理，将对普遍准则的探讨蕴含在具体的实例陈述或分析中：

> 孔子说："神圣的禘祭之礼，从观看第一次向受祭者献酒，就不忍再观看下去了。"

甲骨文"禘"

孔子为何不愿再观之？要理解此，需要理解禘祭本身。"禘"字从示、从帝，本义"禘祭"，与"神"相联系。殷人崇神，周人崇祖。由此形成殷人祭神，周人祭祖的区别：周人祭祖，是以先祖为神。禘，是周人祭祀先祖的祭礼，是最隆重肃穆的大礼，但酷爱礼的孔子却不愿观看，是基于以下两个原因：

首先，禘礼是一种天子之礼，始于周成王，主祭者只能是天子。鲁是周公封地，因周公对周王朝的特别功勋，周成王特许周公在其封地设禘礼。周公逝世后，鲁国邦君沿袭其禘礼特权。孔子观禘礼，其地点应该在鲁；并且，时间很可能是孔子晚年回鲁受到鲁哀公、季康子特别礼遇给予大夫待遇期间。鲁为周天子诸侯，其继续禘礼显然不合周之礼制，属于越制的僭礼。对于最激烈反对任何僭越礼制行为的孔子来讲，自然反感鲁邦君这种敢行天子祭礼的行为，但见于僭礼者乃鲁邦君，对最为守君臣之礼的孔子来讲，这样庄严神圣的祭祀活动请他参加，他当然要参加。

其次，周原本是殷之小邦，后起而造反灭殷，夺得了政权，但最初一切都沿袭旧制："周虽旧邦，其命维新。"(《大雅·文王》)尤其在天下基本格局、社会基本结构、文化、刑罚和礼乐制度等方面更是如此。在祭祀上，虽然由殷崇神祭神变成崇祖祭祖，但其祭祀方式、方法却大体未变。周天子以童男童女祭先祖的做法，仍然沿夏殷之礼的方式，特别尊重天赋"相近"的人性，但是主张以仁性、仁心、仁爱来"复礼"的孔子来讲，面对这种祭祀仪式，既不能心安理得，更不能容忍；孔子更不能为此心安和容忍，鲁国邦君逾越礼制，用天子之礼来禘祭先祖，所以才不忍看。但又因为是祭祀鲁先祖的大礼，又不便反对，也无力反对。只能以如此"吾不欲观之"的方式以示反感和反对。

二

孔子"禘自既灌而往者，吾不欲观之矣"之行为本身暴露出一个问题：什么样的礼才是孔子所要恢复性重建的礼？

颜渊问仁。子曰:"克己复礼为仁。一日克己复礼,天下归仁焉。"(《颜渊》)

克己复礼,是孔子最响亮的政治-伦理主张,也正是这一主张,他才被历史地定格为保守主义、复古主义。实际上,这是人们未能整体理解孔子思想,以感觉方式望文释义的结果。如果客观理性地面对孔子或尽其可能地还原孔子,绝不能粗暴地将"克己复礼"之"复"简单地理解为"恢复",更不能将"克己复礼"的"礼"简单地认定为"周礼"。结合《论语》语境和其语境呈现出来的整体思想观,这个"复"字,应该与"殷因于夏礼,所损益,可知也。周因于殷礼,所损益,可知也"(《为政》)之"损益"相联系:孔子之对"郁郁乎文"之周礼的"复",就是有"所损益"的再造。因而,克己复礼为仁,就是克制过度的私欲私利再造传统的礼仪文明,使社会成为仁爱天下的道德社会。但这仅是字面的理解,"克己复礼为仁"和"殷因于夏礼,所损益,可知也"本身不仅蕴含"复"什么和"损益"什么的问题,更蕴含以什么为标准、尺度来展开损益的问题。解决这两个问题,必须结合前一章内容来理解。

在一般意义上,所损益的是传统,具体内容是礼法文明。基于损益所再造(即"复")的亦是(夏商周三代所形成的)传统礼法。但是,能够承传不息的礼法内容,只能是普遍性的和历史性生成的,所以,普遍性和历史性生成是衡量具体的礼法内容能否承传的基本准则和具体尺度。以此为准则和尺度,只有体现普遍性和历史性生成的礼法内容,才是可承传的;反之,则不可承传。这是"克己复礼"之"复"和"殷因于夏礼""周因于殷礼"而必要"损益"的理由。孔子以鲁之行"禘"礼为例,做了很形象的区分:第一,一切形式的僭制的礼法内容,是必须"损"(革)的;第二,凡是保留野蛮的习俗或愚昧、残忍的以及非人性的礼法内容,亦是必须"损"去的。反之,凡是符合礼制的礼法内容,可以承传;而且,凡是体现普遍性之"仁"的礼法内容,就应该承传。基于这两方面的规定和正人心、秩等级、建秩序的需要,再造可以承传的礼法内容,才可真正实现"克己复礼为仁。一日克己复礼,天下归仁焉"(《颜渊》)。

第 11 章释义

或问禘之说。

子曰:"不知也。知其说者之于天下也,其如示诸斯乎?"指其掌。

[注释]

或问禘之说:或问,有人向孔子询问。说,说法、学说,关于禘的学说、说法、道理。指获得意义或道理,因为一事或一物对人的身心产生了作用,既是意义,也蕴含某种道理。禘之说,指禘祭大典的意义或道理。

不知:知,知晓、理解、懂得。不知,有两解:一是不知道;二是不智。二义兼取。

示:有两解,一是同"视","示"在古时或与"视"通假;二是作寘,同置、放、摆。意指将其置放或展示使之突显。

指其掌:自指其手掌。

[译文]

有人问孔子禘祭大典的道理和意义。

孔子说:"我不知道。知道禘祭道理和意义的人,是治理天下的人,他对整个天下运于掌中。"孔子一边说,一边指自己的手掌。

[通解]

本章与上章记述的内容可看成同一事件展开过程中对两个不同环节内容的记载。孔子不忍观鲁之禘祭,是因为其僭礼,所以孔子认为此类僭礼行为既无意义,也不明智。却不能说,只以"不知道"来搪塞其人之问。

——

"或问禘之说"的"或问"对象当然是孔子无疑,但问的主体如是孔子弟子,或朋友、熟人,他一定会以实相告,不会应付以"不知也"。根据孔子明知而故言其"不知"来看,"或问"者应该是同观"禘祭"大礼的朝堂官员,他们向孔子询问"禘之说",或者本不懂而真想了解,因为他们知道孔子是当时最博学的人,是最知古礼的人;或有可能因孔子得到特别的礼遇而故意考察享有博学盛名的他是否名实相符。

令求问者感到意外的是,孔子却以"不知也"作答。如果孔子真是不知禘祭这种古礼,那么,其"不知也"讲的是实情。但是根据上下文,孔子并非不知禘祭这种古礼。当他向问者撒谎之后,马上又觉得不妥。这种不妥或者是出于守礼的缘故,或者是基于维护自己博古通今的美誉度,即担心自己"不知也"的撒谎引来问者信以为真,从而小看自己,所以又特别做出一种曲折表达和手势动作的补充:(孔子对问者补充说道)知道治理天下的人,好比把东西摆在那里那么容易,那么简单明白。孔子一边说,还一边指指手掌,意为"治天下其如示诸掌"。

二

孔子以"不知也"搪塞和应付询问者,并不是讨厌问者,否则,不会有后面的补充和示意,而是别有他因。破解这个他因,需要结合上章内容来理解。

鲁君举行禘祭大礼,属于僭礼。在孔子看来,凡是僭礼,既"名不正",也"言不顺"。在凡事较真的孔子看来,凡名不正、言不顺的礼,既缺乏道理,也缺少理由,更没有依据。从根本上缺乏道理、缺少理由,没有依据的礼,无论规格多么高大、形式上多隆重和肃穆,都是丧失其本原意义的。对于已经丧失本原意义的这种禘祭僭礼,又有什么可说的呢? 所以,只有以"不知也"应付之,正如上章以"不欲观之"一样,以求自慰的心安。

不仅如此,鲁国所举行的禘祭大礼,属于天子大典,它与孔子所生活的当世对人性之礼的要求相违背,更与孔子之"克己复礼为仁"的基本政治-伦理主张相违背。所以,哪怕周天子的这种禘祭大礼体现了何等的对周之先祖崇拜的神圣性,但在孔子看来,也难以获得其文明承传与再造的实际意义,因为它同样缺乏人性的依据,缺少正人心、张仁爱的实际道义。所以,面对"或问禘之说",只能苦笑地回答"不知也"。

然而,对于具有明确"克己复礼为仁"的政治-伦理主张和深谙治邦之道的孔子来讲,又不得宣示自己的主张和看法,所以他才如是曲折地表达:真正懂得治理天下的人,手中掌握治理天下的道理其实很简单,这如同将一看就明白的东西随便放在那里一样容易。祭祀先祖,原本是为了更好地治理天下,或者原本是通过祭祀这种方式觉悟先祖治理天下的法理和智慧,它本身应该是简单的、质朴的,这应该是祭礼以及所有礼法的本质规定(见第四章"礼,与其奢也,宁俭")。然而,这种以奢侈浮夸的盛大形式来举行的僭礼,已从根本上丧失求治天下的本意,它又有何道理可讲? 有何意义可言?

第 12 章释义

祭如在,祭神如神在。
子曰:"吾不与祭,如不祭。"

[注释]
祭如在:祭,有两解:一是祭鬼;二是祭祀先祖。根据《周礼》对祭礼的

要求,结合本章语境,应从后解。如,有两解:一是作副词,好像,几乎所有注本都如是解;二是接受询问。根据祭礼的本质规定和本章的语境看,应从后解。言祭祀先祖或神祇,就是虔敬地接受先祖或神祇的讯问。

祭神:根据上下句语境,应指祭祀天地之神,由祭祖到祭神,展开由近及远、由亲及疏、由人及天的进路。这一进路体现周之"**人合天德**"观。

吾不与祭,如不祭:与,参与、参加。不与祭,不亲自参加祭祀。指由他人代祭,就不如不祭,因为这是对所祭对象(祖或神)的不敬。孔子这一祭祀亲任的思想,为后来者董仲舒所发挥:"'孔子曰:吾不与祭,如不祭,祭神如神在。'重祭事,如事生,故圣人于鬼神也,畏之而不敢欺也,信之而不独任,事之而不专恃。恃其公,报有德也;幸其不私,与人福也。"(《春秋繁露·祭义》)

[译文]

祭祀先祖,就是站在祖先面前接受询问;祭天地神灵,就是站在神灵面前接受询问。

孔子说:"对我来讲,无论祭祖还是祭神,如果不亲身临祭,倒不如不祭。"

[通解]

第十章和第十一章讨论礼的损益问题,实际上讲述礼合仁的问题,以天子祭礼和邦君祭礼为例。本章继续讨论礼合仁,仍然以祭礼为例,却又与前两章不同:前两章以天子祭礼和邦君祭祀为例,本章从一般祭祀(或曰家祭)角度讨论礼如何合仁,实质上讲述祭礼的目的与本质。

一

孔子"复礼",是以仁为准则再造"监于二代"的传统之礼。何谓"以仁来再造'监于二代'的传统之礼"?孔子以祭礼为例说明此:天子祭礼,就是合普遍的人性;邦国祭礼,要符合礼制;一般祭礼,要敬诚于行。

敬诚于行,涉及礼的情感本质。正是在这个层面,本章回应了第四、五、六、七章内容,并形成一种贯通。因为这几章内容分别讨论了礼的存在本质、生存本质、实践本质和行动本质,本章则续接如上各章内容来讨论礼的情感本质:敬诚。这是孔子在仁性、仁心、仁情、仁爱层面规定礼合于仁的根本人性要求。为此必须正确理解本章关键词"如"字。

"如"之甲骨文字形从女、从口,"象一人面缚而临之以口乃讯之字",其本义为讯问。讯问,是甲骨卜辞本义:"辛亥卜,何,贞:王曰丁不如,十一

甲骨文"如"

月",大意是"王说:十一月丁日不用讯问"①。"如"字不仅表"讯问"之本义,更表"虔敬"义。"如"作为象形字,其所象一人面缚而临之以接受讯问,示意接受讯问之虔诚、虔敬。概言之,所谓"如",意为虔敬地接受讯问。

《论语》各注本都将"如"字解作副词,定义其义为"好像",由此将"祭如在,祭神如神在"翻译成"祭先祖就像先祖在,祭神灵就像神灵在"。结合上下章语境和本章上下句语义逻辑,这种望文生义的理解和翻译,表面上虽然语句通顺,却歪曲了古代祭祀的本质和古代祭神的目的。

二

根据古代的祭礼要求,**祭祀的目的是不忘其本**。

理解祭祀不忘其本,须从"祭"的本义入手。"祭"字甲骨文形态结构,从肉,从示,象手持肉并有血滴,献于神主之前,以表祭祀。所以,祭乃虔敬之献。从形式论,祭乃虔敬地献牺牲;从本质论,祭乃虔敬地**献赤心**。所谓赤心,乃天赋予人且与神灵相通的**本然之心**,或**本性之心**。所谓祭,是指以奉牺牲的方式敬献赤心。所以,**祭祀,祭的是牺牲,奉献的是赤心**。

甲骨文"祭"

祭,是一种根本的礼,它源于自然神崇拜,最初的祭拜对象是天地万物,颛顼"绝地天通"之后,祭拜的对象由原初的"万物有灵,是物皆神"的众神变成抽象类化的个神。这种由"众"到"个"的自然神崇拜的祭礼,从远古一直保持到殷商时代:"殷人尊神,率民以事神。"(《礼记·表记》)祭祀神灵,构成从王到民的日常生存方式,为何如此?古代人、民,面对严酷的存在环境,不仅深感生存的不易,而且以感觉的直观想象其生存的全部来源,都是自己之外的神秘力量给予的,他们面对变幻不定的自然世界,想象着感觉到的物象世界背后一定是一个神的世界:生命的降生,是神的恩赐;生存的来源,是神的恩赐;甚至灾难、灾祸或疾病,是神的惩罚。因而,获得生命,得到生的保障,必感恩神;承受灾祸或病痛,必向神忏悔。世界得存在的本源,是神;人生存的本源,也是神。向神奉牺牲以献赤心,表面看,是感恩;本质论,却是不忘本。

周灭殷,祭礼仍然保持,但祭祀的对象却由神秘的、普遍的神降格为世俗的、私有的人祖。虽然祭祀的对象和内容变了,但祭祀的目的和本质却

---

① 马如森:《殷墟甲骨文实用字典》,上海,上海大学出版社 2008 年版,第 277 页。

没改变:祭祀的目的仍然是不忘本,即不忘先祖创业、弘业、守业之本。祭祀的本质仍然是敬献赤心。

从根本讲,祭存赤心,是以不忘本为前提。祭祀的真正意义,是不忘本。真正符合礼、弘扬礼的祭祀,是不忘其本。如何才使祭礼本身实现不忘本呢?这个问题才构成本章的主题。孔子指出,祭祀要实现不忘本,就是祭祀行为本身保持祭的本原方式。祭祀的本原方式,就是"如",即以曲身(跪身)的方式奉献上牺牲,然后赤心地聆听神(或先祖)的讯问,以此反躬自省哪些方面做得合于神意或祖训;哪些方面有违神意或祖训,以求自我责罚和改正。这就是"祭如在,祭神如神在"。正是在"祭"的本原意义上,孔子才如是说:凡祭祀,必须祭者亲历、亲为,不能只求心存,更不能找人代劳。如果以心求祭,或以人代祭,不如不祭,因为这些方式都是忘掉祭之根本和初心的做派,其效果比不祭更差。

第13章释义

王孙贾问曰:"与其媚于奥,宁媚于灶。何谓也?"
子曰:"不然。获罪于天,无所祷也。"

[注释]

王孙贾:周王孙,名贾,卫灵公时出任卫国大夫,可见《左传·定公五年》和《定公八年》。《宪问》第十九章曰"王孙贾治军旅",估计此人任卫灵公统军大司马。孔子游国几次适卫,事卫灵公的时间是鲁定公十三年至鲁哀公二年(公元前497年~公元前493年),可推断王孙贾询问祈祷于孔子,大概在这段时间。

与其媚于奥,宁媚于灶:奥,居室的西南角,这是居室中最尊贵的地方,因为古代五种经常性的家祭活动,大多在"奥"这个地方举行。灶,本指烹治食物之所,这里指灶神,是家"五祀"中之一神,但其地位比一室之神的奥神要低。"五祀"一语出于《周礼》:"以血祭祭社稷、五祀、五岳。"(《周礼·春官·大宗伯》)古之"五祀",有公祀与家祀之别:"故有五行之官,是谓五官。实列受氏姓,封为上公,祀为贵神。社稷五祀,是尊是奉。"(《左传·昭公二十九年》)其"公祀"属于"社稷"之祀;家祀之五者,见于《礼记·月令》:"(孟冬之月)天子乃祈来年于天宗,大割祀于公社及门闾,腊先祖五祀。"郑玄注"五祀,门、户、中溜、灶、行也"。媚,取悦、亲近。

获罪于天,无所祷:天,指上天之神,即至上神。获罪于天,指天神降罪。祷,祷告。

[译文]

卫国大夫王孙贾问孔子说:"俗话说,'与其说求媚于奥神,不如说求媚于灶神',这是什么意思?"

孔子说:"此话不对,如果行为得罪了上天,向任何神祷告都没有用。"

[通解]

本篇论礼,重在讨论两个方面的内容:第一个方面的内容集中于第一、二、三章,讨论礼与仁的关系,揭示礼不在形式而在实质,张"克己复礼为仁"的基本主张。第二个方面内容集中于第四章到第十二章,主要讨论两个问题:一是礼的本体是什么,结论是仁乃礼的本体。二是礼的本质何在,结论是**以仁为本体的礼,其存在本质是自然的人性,其生存本质是克己的节制,其实践本质是等级和秩序,其行动本质是持本之赤心**。孔子讨论这两个方面的问题,均以祭礼为实例。本章继续讨论礼本于仁,但从祭礼转向日常生活,从日常生活入手讨论礼如何可能实现形式与内容或形式与本质的统一。

一

本章通过孔子应答王孙贾之问,彰显一个基本主张:**礼本于仁必合于天**。

本章所讲述的事件,应发生于孔子第二次适卫居住三年(公元前 495 年~公元前 493 年)期间,或与孔子第二次适卫之初欲求仕卫灵公一事有关。旧注解王孙贾以"奥""灶"为喻,暗示孔子应以媚己。何晏所注此思路讲得最为清楚明白:"奥,内也,以喻近臣。灶以喻执政者。贾,执政者。欲使孔子求昵之,微以世俗之言感动之。"这种思路的注解是否符合孔子所讲述事件本身的原意已无史据可考。但注家做出如此解释,亦有其依据:"子见南子,子路不说。夫子矢之曰:'予所否者,天厌之,天厌之!'"(《雍也》)孔子游国,就是寻求入仕机会。第二次适卫,可能欲求卫灵公宠姬南子以尽快获得进见卫灵公的机会,但这种想法遭到子路强烈反对,孔子作罢。王孙贾外任于卫大夫,朝堂势孤,盛名的孔子其三适卫以求仕,自然引发特别关注,或因此引来王孙贾的拜访行为,以此试探孔子是否愿意走门道,如果愿意走门道,自己可以出手相助。孔子却委婉拒绝其"好意"。因为王孙贾的发问,既不合礼,更是其心不仁。由是,一个原本体现实利倾向的问题,却引发出孔子的经验理性思考。

王孙贾向孔子提出"与其媚于奥,宁媚于灶"是谓何意?孔子则直截了当地回答说:"与其媚于奥,宁媚于灶"这种说法错误,然后告知"获罪于天"的悲惨结果只能是"无所祷"。

孔子所答语义丰沛,更寓意深奥。谋求事功,必行正道。行正道必循之以礼。但礼尽管重要,仁却更为根本。无仁或不仁而礼,亦不为正道。孔子强调,"尽人力,不得悖天逆理;重仁道,胜过礼数周到。倘已'获罪于天',再去祈祷,已经属于'临时抱佛脚'了"①。礼必以仁为本体,并以仁为归属;而且,礼必本于仁而合于天,不持仁之礼乃为虚假,必有违于天并最终获罪于天。

二

礼本于仁,是讲礼源于赤心,必合于人性。礼必合于天,是讲天赋人性的本质,是天赋神性。只有当合于天的礼,才可真正本于仁;或曰,本于仁的礼,必然合于天。

在这里,孔子之"天",不是自然意义的天,而是超自然的、具有人格神意义的有神灵的天。"获罪于天,无所祷也",是说人的所作所为,自然要循礼,但循礼必求其实。循礼求实,就是本于仁而虔于天。否则,以虚假之礼行坏事之实,即使可以在人间蒙混过关,也逃不过天眼,这就是"人在做,天在看",因为每个人的"头上三尺有神灵"。

不仅如此,"获罪于天,无可祷也"披露了孔子的天道观和祭祀观。首先,在孔子的认知世界中,天有神性并充满神灵,它既构成对人的最终护佑,也构成对人的最终监管。其次,孔子虽然说"郁郁乎文哉,吾从周"(见下一章),但结合第九章观,孔子考信历史形成损益古代礼法文明的视野,不仅止于西周,而且包括夏、殷二代。由此使孔子在看待古代祭礼时容纳了远古至殷商的自然神思想,结合"祭如在,祭神如神在"一章来理解,则更为显明。这恰恰流露出孔子对周之"敬宗崇祖"的"私天下"观的反思性超越。

第 14 章释义

子曰:"周监于二代。郁郁乎文哉,吾从周。"

[注释]

周监于二代:监,有二解:一是视也。孔安国最先做此注,邢昺以此做

---

① 全纲:《〈论语〉鼓吹:圣贤的光荣与漏洞》,天津,天津人民出版社 2007 年版,第 95 页。

更详细疏解。今人多从孔、邢之说。二是通"鉴"（《隶释》），即镜子，有甄别、选择、借鉴义。根据上下文语境，当从后解。朱熹《四书集注》"言其视二代之礼而损益之"，程树德释"从周者，即监二代之义，谓将因周礼而损益之也"（《论语集释》），亦有从后解之意。二代，指禹夏和殷商两朝。

郁郁乎文：郁郁，茂盛、繁盛、盛大，形容文明昌盛状貌。文，典章、文物、礼乐制度。

从周：从，遵从、遵循。周，指"监于二代"之"周代"文明。"周监于二代"体现孔子的历史发展观和文明前进论，以及历史发展和文明前进的方法论，即"殷因于夏礼，所损益，可知也。周因于殷礼，所损益，可知也。其或继周者，虽百世，可知也"（《为政》）的方法论。

[译文]

孔子说："周代以禹夏和殷商两代为镜，并借鉴两代治理经验和吸纳两代礼法精华发展成昌盛的文明，我主张**遵从返本开新的周道**。"

[通解]

上章中，孔子阐发自己的天道观，揭示天道与礼道之间的**本质关联**。本章则阐发自己的历史观，揭示历史与礼仪文明之间的**生成逻辑**。将上下两章合起来看，孔子集中讲述了礼与天人之间的**生成关系**。

———————— 一 ————————

"获罪于天，无所祷也"，表露出孔子的天道观，不是周之"敬宗崇祖"的祖道观，而是"头上三尺有神灵"的神灵观。孔子的这种超越周之"私天下"观局限的视野，源于他对整个古代文明，尤其是夏、殷文明（见第九章）的严肃考信。只有还原孔子这一广阔的历史视野，才可理解本章内容。

"周监于二代"揭明孔子心目中的古代文明，是周之前的夏商文明以及更早的传说中的文明，但由于年代久远，只能从近代的周文明出发去考信。孔子提出"克己复礼"主张，喊出"郁郁乎文哉，吾从周"的口号，自然给擅长望文生义的后人将他定为保守主义、复古主义者提供了口实。

后人论孔子保守和复古，只断章取义"复礼"和"从周"两语，武断地割裂"克己复礼为仁"的整体语境和"从周"与"周监于二代"之间的历史连续性。要理解真实的孔子是否保守和复古，须将被割断了的这两个方面内容予以还原。

关于"复礼""克己""为仁"之间的关联，本篇前十三章内容"通解"已经呈现其整体观：孔子"复礼"，是以仁为准则，通过克己而归于仁；并且，以此为准则和目标的"复礼",只能是对古代的"损益"之礼。在本章中,孔子所要表达的基本思想却蕴含在"复礼""从周""监于二代"的关系之中。

孔子立足礼崩乐坏的当世状况,基于未来,考信历史,确立"克己复礼为仁"的基本战略,认定"复礼"应该从"从周"入手。这一思路蕴含一个问题,即再造传统为何要始于周?难道仅仅是周之"郁郁乎文哉"?

答案既是又不完全是:孔子决意从周,确实因为周代盛大的礼法文明。但周所呈现出来的盛大礼法文明,却是对夏殷二代文明传统的"损益"所成,这就是"周**监于**二代"。从根本讲,孔子"从周",是因为"周监于二代",但这一"从周"理由却是建基于孔子对历史的严肃考辨所得出的三个史学结论:

第一,历史是连续性的,文明是承传发展的。由于这一规律,社会的变革,比如"殷革夏命"和"周革殷命",虽然所有破坏,但本质上却推动了历史进步、文明承传和革新。

第二,由夏而商至周,这是文明发展的过程。在这一过程中,周在继承夏商全部优秀文明成果的基础上,实现了更高水准的发展,这就是"周监于二代";相对夏商及以前整个文明史言,周文明是最高文明,再造文明传统,必须从周文明始,这就是孔子之"吾从周"。

第三,作为殷遗民之后的孔子,在考信历史的过程中被迫面对一个历史事实,即复殷不可能,复夏更不可能,其根本原因有二:首先,夏殷二代的文化历史制度已不可考,文献"不足征"(《八佾》第九章)。其次,周是对夏、殷的继续和发展,从周,实际上也是对禹夏殷商之古代文明的推崇。

二

孔子主张通过"从周",即遵从"返本开新"的**周道**的方式再造古代文明传统,揭示传统与现实的关系,指出现实发展必须正视传统,以传统为基础并应充分释放传统的魅力,这是历史的必然,也是文明对现实的要求,任何主观想象和个人偏好都不可能改变。以此观之,孔子在"周监于二代"认知基础上的"从周",根本不是复不复古的问题,而是对再造文明的历史规律的发现、揭示、把握和运用的问题。仅这一点论,孔子堪称为伟大,因为他**发现**了再造文明的历史规律。判断孔子保不保守,是不是复古主义者,不能以其是否"从周"为依据,而应该观其如何"从周":是全盘接受地"从周",还是有所"损益"地"从周"?

从第十章"不欲观之"到第十一章"不知也"再到第十二章"祭神如神在"和第十三章"获罪于天,无所祷也",这是孔子在一步一步讲述其再造古代文明必"从周"的基本方式:再造古代文明虽然必须从周文明始,但并不是照搬周文明,而是要做**返本开新**的功夫。对孔子来讲,做这一返本开新功夫所必须遵循的基本准则却是**损益**(《为政》):"损益"之"损",就是革除、抛弃;"损益"之"益",就是保留、运用、发挥、发展。"损益",是历史、传统、文明得以承传发展的根本法则:**发展必须以承传为基础,承传必须以发展为准则。或曰,只有能够促进发展的历史内容**(传统和文化),**才是可承传和必承传的**;反之,凡是阻碍发展的历史内容(传统和文化),就是需要抛弃并且必须抛弃的。孔子认为,只有掌握了这一法则,既可反观历史的经验与教训,也可瞻望和预知未来,更可准确地把握现实。这就是"殷因于夏礼,所损益,可知也。周因于殷礼,所损益,可知也。其或继周者,虽百世,可知也"(《为政》)蕴含的深邃思想。

损益,构成孔子"从周"的基本方式。孔子之所以采用"损益"的方式再造古代文明,基于两个理由:首先,周尚文,典章制度"粲然大备"①。孔子从周,就是要再造体现普遍性和历史性生成的周代礼乐、礼乐制度和典章文物。其次,历史始终向前,文明总需发展,传统必须适应历史向前的步伐和文明发展的需要,这是孔子"克己复礼为仁"基本主张的深刻寓意所在:"克己复礼为仁"基本主张,敞开"以仁入礼"之道。孔子所致力于开辟的以仁入礼之道,不仅因为历史的发展规律和文明的前进规律,还因为殷商文明的不同取向所形成的特色,孔子就是要通过"以仁入礼"方式,整合二者来实现对古代文明的时代性再造。具体地讲,周文明崇尚典章文物,殷文明崇尚宽简仁爱,前者重形式,后者重内容。孔子以从周循礼而辟践履仁爱的道路,实欲将二者统合起来再造新的政治和道德秩序,因为这一需要重建的政治和道德秩序,必以对仁爱之心灵秩序的重构为主体前提。从整体观,孔子的政治努力和道德努力,实际上是"托古改制"的社会重建问题,孔子主张"以仁入礼",实是赋有新意的王道实践方案及实践路径的完整设计。

第 15 章释义

子入太庙,每事问。

或曰:"孰谓鄹人之子知礼乎? 入太庙,每事问。"

子闻之,曰:"是礼也。"

[注释]

太庙:古代祭祀开国之君的庙,这里指周公庙。

---

① 萧公权:《中国政治思想史》上册,北京,商务印书馆 2013 年版,第 68 页。

鄹人之子:鄹,作"陬",鲁之小邑,今山东曲阜东南。孔子出生于此,因他的父亲叔梁纥做过鄹邑的大夫。鄹人,古称邑大夫,多以邑名冠人,邑人,指孔子父亲叔梁纥,故人们称孔子为"鄹人之子",实表达轻蔑之意。

每事问:问,求问、请教。汉董仲舒读"每事问"时断言这不是孔子不懂礼,而是出于谨慎:"孔子入太庙,每事问,慎之至也。"(《春秋繁露·郊事对》)或者,还体现谦逊。

[译文]

孔子进太庙,每件事都要问。

于是有人说:"谁说这个从鄹地来的人精通礼?进太庙,每件事都要问。"

孔子听说后,说:"凡事都要问一问,这就是礼。"

[通解]

遵循"所损益"的历史发展观,对"郁郁乎文哉"之周道行返本开新的重建,其前提是必须深入、全面地了解周道,这是孔子入太庙"每事问"的根本理由,也体现孔子严肃的考信态度。或曰,本章是孔子以自己"入太庙,每事问"为实例来说明从周文明起步,以返本开新方式重建古代文明的前提,是必须深入地了解古代文明。

——

后世注家们根据"鄹人之子"而认为这是孔子年轻时发生的事件,或者是孔子初入仕时参与太庙祭祀的事件。如此判断的依据是孔子游国之前曾做过鲁国诸如大司寇之类的朝堂官职,但翻检先秦史料,孔子却没有这类入仕履历(司马迁《孔子世家》中言孔子任大司寇,也缺乏先秦史据)。太庙是其开邦君主享受祭祀的地方,有资格参与太庙祭祀者,至少是朝堂大夫,地方官员少有这机会,官府小吏以及百姓素士均无此资格。以此来看,"子入太庙,每事问"之事,可能发生在晚年,即孔子被季康子隆重迎接回鲁后,给予"大夫"待遇,鲁哀公和季康子不断向孔子请教国事,因为孔子学问渊博,尤其精通古礼,而且德高、望重,所以邦君太庙祭祖,自然少不了孔子。晚年的孔子有幸参与太庙之祭,遭遇人讥讽,亦为自然,因为这只有名位无实职的"大夫",不过是邦君对他的"赏赐"。或许正因为如此,孔子入太庙才装着不懂地"每事问",才以平和的心态向来看望他的弟子们讲述自己"入太庙,每事问"遭人讥讽之事,同时也更进一步阐述什么是礼,于是弟子记载下这则言论。后来《论语》编纂者将之置于是,实是因本章与上章在主题内容方面存在深化拓展关系。

二

上章中,孔子与弟子交流时张扬再造古代文明的基本主张,是以损益方式"从周"。具体地讲,应该抛弃那些不符合普遍性和历史性生成的内容,承传那些体现普遍性和历史性生成的内容。然而,如何承传那些体现普遍性和历史性生成的内容?孔子以入太庙堂的经历和做法告诉弟子:对于需要承传的古代文明和礼仪传统,一是要知明,二是要慎守。

孔子因为博学精通礼而闻名遐迩,其入太庙凡事相问,自然引来朝堂官员们背后讥讽,孔子知道后却以"这才是礼"的方式驳斥其讥讽,主要不是表达孔子"不知而知"的明智,也不是表达孔子"知而复问之"的谨慎或谦逊,而是基于如下考量。

"信而好古"的孔子精通周礼,当然知晓和熟悉鲁太庙之礼。但这种知晓、熟悉、精通,只是在知识、认知、学理的层面,而不是实践操作的层面。孔子入太庙"每事问",恰恰是理论对实践的印证,这自然产生"问"。因为,就生活本身言,理论上的知,并不等于实践操作上的知;认知上的懂得和熟悉,并不等于操作上的懂得和方法上的熟悉。要求理论、认知对实践操作的融会贯通,必须重新学习,这应该是常识。基于这一常识,虽然到了晚年孔子才有幸参加太庙祭事,对于特别认真严肃而又异常敬重礼的孔子来讲,不能有丝毫的差错和不敬,所以入太庙每事必问。

孔子入太庙每事必问的行为,至少表明两点:

第一,仅传统文明和礼仪承传论,要将理论、认知上知晓的礼变成行为上的施礼能力和行礼方法,需要一个学的过程。孔子入太庙每事问,不仅表明其谦逊,更主要体现其自知、坦荡和真诚。而自知、坦荡、真诚的姿态和行为,本身就是礼。而且,不懂就是不懂,不能装懂;不失时机地学习,变不懂为懂,这更是礼。所以,"每事问"体现求真、求实、严谨,既不自欺,更不欺祖。以此观之,孔子"入太庙,每事问",不仅是礼,而且是礼的本质呈现。

第二,孔子以"是礼也"为答表明,承传古代礼仪文明的要旨有二:一是必须知明。所谓知明,指不仅有其相关的知识,道理上的知晓、懂得,而且须有亲历亲为的能力,有掌握熟练操作的方法。唯有如此,才谓知明。二是要守礼。所谓守礼,就是遵循礼仪文明实施的既有程序和方式,每一个细节不得有半点疏忽,更不能有任意的改变。要言之,守礼,就是行礼仪要保持礼仪的本来面貌。

第 16 章释义

子曰:"射不主皮,为力不同科,古之道也。"

[注释]

射不主皮:射,指射礼。皮,皮做的箭靶。主,主导,这里作"以……为准则"讲。射不主皮,指礼射不射穿箭靶。

为力不同科:为,因为。科,等级、品级。力不同科,指射者发出的力量体现不同等级。

[译文]

孔子说:"射箭比赛不要射穿箭靶的皮,主要看是否射中靶心,因为人的力量有大小,这是自古如此的道理。"

[通解]

对古代礼仪文明的"损益"之守,是以对古代礼仪文明的**知明**为前提,这要求既要从认知、理论着手,更要在践履操作和方法方面下功夫,仅后者论,知明古代礼仪文明的核心任务,是掌握施礼、行礼的度,孔子以"射不主皮"的射礼为例来说明如何才可做到"有度"。

一

"皮"指用极具韧性的动物皮做的箭靶;"主",在本章中意为"原则""准则""依据"。"射不主皮",是指训练射箭,当以准(射中箭心)为准则,不以力(射穿箭靶)为标准。

一般论,射箭的要旨有二:一要准,即射中靶心;二有力度,即射穿箭靶。孔子将"射不主皮"作为"古之道"。仅骑射常理论,不可解;如果从学射御有文武之别,则可理解。

射箭,是古时士"学而"必修的科目。到春秋时,培养文人学士,射箭则演变成为象征性的仪式游戏,训练射箭以中靶心为要,这是古代文人学士习练射箭的基本规则,它体现古代的礼乐之道。

二

孔子此论,应该有其特定语境,或可猜想,可能是与弟子们谈论习练射御两科时,讲述其评判标准,弟子中有不同的看法,故孔子有此一训:君子学射,重在准而不在力,精通古代礼乐制度的孔子还找出依据,指出这是古代的礼仪规则,并以古训告诫弟子须谨记之。因为射技之于军旅者言,是卫国保家护身之本领,既要求准,更要求力;之于文人学士言,却是礼仪文明的体现,"射不主皮,主皮之射者,胜者又射,不胜者降"(《仪礼·乡射礼》)。《语类》亦曰:"古人用之战斗,须用贯革之射。若用之于礼乐,则观德而已。"

孔子告诫弟子,文人学士学射御,主要是学习礼乐、训练德性的方式。其基本要旨是严格遵守礼仪规则。以此观之,本章所讨论的内容仍然是对上章主题的拓展,即孔子以学射为例阐明如何承传值得承传的古代礼仪文明:文人学士学射,必须遵循"射不主皮"的古代规则和礼乐之道;而且,要做到这一点,仍然需要从知明和守礼两方面着手,并做好。

第 17 章释义

子贡欲去告朔之饩羊。

子曰:"赐也,尔爱其羊,我爱其礼。"

[注释]

告朔:告,颁发、告知,乃上告下之意。朔,历法、历书。"告朔",指周天子于岁末颁发来岁十二个月历法。依周礼规定:周天子于每年季冬(一说秋冬之交)遍告诸侯,颁发来年每月朔日,诸侯受而藏之于太庙,每月朔日(初一),邦君必亲临太庙,杀一活羊祭庙,然后以天子历法颁之于国人,乃为告朔。

饩羊:祭祀用的活羊。

[译文]

子贡想在徒具形式的告朔祭礼上省去活羊。

孔子说:"子贡啊,你爱惜活羊,我却珍视这告朔之礼。"

[通解]

本章承前继续论礼的知明和执守。通过子贡的想法和孔子的说法,表达礼之尊严源于**名实相生**。

一

子贡,是孔子"受业身通"的弟子之一,《史记·仲尼弟子列传》记载子贡"尝相鲁卫",是说子贡曾先后在鲁国、卫国做过相。本章所记应该是子贡侍鲁期间发生的事,即子贡将欲废除只有应付形式的"告朔"之礼的想法告诉孔子，征求乃师意见，孔子则提出反对意见，以此告诫子贡，尤其是那些只剩下形式但本质上仍然体现普遍性和历史性生成的礼，必须使之承传不息，这不仅根本，而且紧迫。

根据周礼，每年冬季，天子要将第二年的历书颁发给诸侯，诸侯们每月朔日告祭祖庙然后颁布于国人，这就是"告朔"。告朔必须有祭，其名为"朝享"或"视朔"。所谓视朔，就是每月朔日杀一只活羊祭于太庙，且邦君临祭，然后才回朝听政。这种日常性的朝政祭礼，既表达对天地神灵佑护的感恩，又是接受先祖讯问不忘其本的基本勤政方式。但此种勤政的常规祭礼却在鲁文公时就只有形式而无实质内容的半废状态，虽然每月朔日仍然要杀一只活羊祭太庙，但邦君已不临祭，更不听政。子贡想废除这种形式主义的祭礼，也可节约牺牲祭品羊，以免劳民伤财。孔子却提出不同看法，对子贡说"你只可惜那只羊，我却珍视那'告朔'之礼啊"！

二

赫伯特·芬格莱特在《孔子：即凡而圣》中指出："社会在孔子的构想中成为一个宏大壮阔的礼仪活动，这种社会礼仪具有精致的宗教礼仪所拥有的所有的神圣之美，施行这种优雅而充满灵感的礼仪活动，既使人感到肃穆庄严，又使人感到心旷神怡。创造和支撑人类终极尊严的充分条件，既不是个体的存在本身，也不是团体的存在本身……在《论语》中，孔子并不谈论社会和个体。孔子谈论的是做人意味着什么，并且，他发现人是一种独特的存在，具有一种独特的尊严和力量，这种尊严和力量源自于礼，同时也镶嵌在礼之中。"[①]芬格莱特告知我们，只有在人的终极尊严视野下，才可理解本章中"羊"与"礼"的深刻意蕴。

在现象层面，羊与礼，二者没有任何关联性：羊乃一物种生命，它源于天地之灵，存在繁殖于自然之中；礼乃社会行为规范，它产生于人类的想象性制造，不仅构建起社会正人心、秩等级的心灵秩序和社会秩序，而且建构起独特的尊严方式，使人享有作为人的尊严存在。孔子对羊与礼之于人的重要性程度的对比，强调礼对人的存在的根本性，意在于表达"人类的尊严在于礼仪，而不是在于个体的生物性存在"[②]。

联系上下章语境观，正是礼作为人类尊严的象征，承传礼，守护礼，才显得如此紧要。鲁，作为周礼的故乡，已经礼崩乐坏，不仅季氏舞八佾于

---

① ［美］赫伯特·芬格莱特：《孔子：即凡而圣》，彭国翔、张华译，南京，江苏人民出版社2002年版，第75页。

② ［美］赫伯特·芬格莱特：《孔子：即凡而圣》，彭国翔、张华译，南京，江苏人民出版社2002年版，第76页。

庭,也不仅《雍》彻于三家之堂,更在于从鲁文公始已不临祭"告朔"。这种
举国礼崩乐坏的状况,正好表明承传普遍性和历史性生成的礼之迫切。孔
子批评子贡"欲去告朔之饩羊",指出他只看到礼之实质不存而徒有其形且
没有何用的一面,却没有真正知明礼之"名实"之间的本质关联:在礼乐大
崩坏的当世,礼尚存其形,则未必不可复其实;当礼之形式彻底消隐,则必
然无复礼之实的可能性。孔子之所以要主张"克己复礼为仁",必以损益的
方式"从周",是因为他深知,确保那些体现普遍性和历史性生成的但早已
被欲望和野心蛀空其灵魂而只有形式的礼仪传统,这是再造礼仪文明的必
要前提。要做到这一步,必须对这些体现普遍性和历史性生成的处于风雨
飘摇状态的礼仪制度和礼仪形式,予以重新的知明,只有这样,才可致以虔
诚的守护;也只有在此前提下,才可有空间和时间赋予礼以新的内涵、新的
灵魂和新的活力,这就是仁。这更是孔子开导子贡"尔爱其羊,我爱其礼"
的真正用心和深远寓意。

第18章释义

子曰:"事君尽礼,人以为谄也。"

[注释]

事君尽礼:事,侍奉、服事。尽礼,竭尽礼仪。

谄:取媚、讨好、巴结。

[译文]

孔子说:"侍奉君主应该依礼而行,但人们反而认为这是在献媚。"

[通解]

以周文明为起步,行返本开新的重建,必须对古代礼仪文明以知明和
执守。相对而言,知明作为认知,是执守的前提;执守其"损"之后的礼仪文
明,不仅根本和迫切,而且必须扫清各方面的障碍,首先必须重建名实相生
的认知方式,孔子以"尔爱其羊,我爱其礼"为例来说明之;其次必须辨明施
礼、行礼、守礼与谄媚的关系,孔子以对"事君尽礼,人以为谄"的时政乱象
分析为例来阐述之。

—

本章的形式主题,是孔子自述守礼反被曲解的境况。

孔子自述的这种境况,可能发生在晚年回鲁后的最后六年中,孔子不时接受鲁哀公召见,孔子依礼事之,反遭朝堂中人的讥笑。孔子将其遭遇告知弟子,以表其被误解或曲解的不平。

孔子自述其境况至少表明三个方面的内容:

首先,在朝堂之上,君臣之礼已遭破坏,或者,君臣之间已经没有基本的、体现等级、秩序和尊严的礼仪了。因而,不遵守君臣礼仪的君臣行为,已变得正常;相反,遵守君臣礼仪的行为,被视为反常。如果说自鲁文公始,邦君不再临祭告朔以听政,由此引来子贡"欲去告朔之饩羊"的举动,表明鲁之礼乐崩坏的深度;那么孔子以礼事君被视为献媚,则体现鲁之礼乐崩坏的广度。

其次,在礼乐崩坏的社会潮流中,孔子提出"克己复礼为仁"的社会重建方案,不仅是满足于认知和理论的建设,更要诉诸实实在在的践履。这表明孔子以再造古代文明为己任,不只是思想的巨人、社会重建方案的设计者,更是实践探索的先行者。

最后,孔子自述以践履方式重建古代礼仪文明遭遇的普遍不理解和阻碍,既表明"克己复礼为仁"的艰难性,更体现孔子虽有苦闷和委屈,却不轻言放弃的坚韧性。因而,坚韧不拔,任重道远,构成孔子一生最好的写照,这一写照恰恰浓缩在"事君以礼,人以为谄"八个字中,它展示在礼崩乐坏的当世,知明守礼的艰难时态。

二

仅形式主题言,本章不过是上章内容的继续和拓展。但是,孔子自述遵守臣礼被曲解的逆向境况,并不限于表达个人委屈和苦闷,而是通过自述展示礼仪文明传统遭受破坏的广泛性和君臣礼仪消隐的普遍性本身隐含着如下严肃问题:

一是君臣之间应不应该有礼仪文明?

二是若君臣之间应有礼仪文明,它是否体现其普遍性和历史性生成?

三是这种礼仪文明如何体现其普遍性和历史性生成?

如上问题,孔子并未明确地告知,但结合上下各章语境以及本篇所表达出来的整体礼仪认知和思想取向,答案应该是肯定的:首先,君臣之间必须有礼仪文明,因为国家产生意味着君臣的产生。君臣存在的理由和实践价值,是运作国家权力,构建和维护社会秩序。君臣要发挥其存在价值,必须缔造起能够各居其位、各守其责的关系结构,这不仅需要刑罚的强制规范和保障,更需要礼仪的引导和滋润。正是基于如上要求,君臣之间的关系本质上是一种礼法关系。这种礼法关系构成社会关系、社会结构得以建构的基础性框架。其次,单以礼仪言,君臣之间礼仪文明的形成、滋养与纯化,构成整个社会礼仪文明的基本导向。所以,君臣之间的礼仪文明体现普遍性。最后,君臣之间的礼仪文明更体现其历史性生成,这是因为君臣之间的礼仪文明体现时代性即社会变迁所带来的损益。孔子"事君以礼,人以为谄"的现象恰恰表明:礼乐崩坏的社会潮流,展示传统的君臣礼仪制度难以发挥正人心、秩等级、建秩序的功能,要重新发挥礼仪的文明引导功能,不仅需要其时代性再造,更需要君臣自身的修习仁性、仁心,涵养德性。

第 19 章释义

定公问:"君使臣,臣事君,如之何?"
孔子对曰:"君使臣以礼,臣事君以忠。"

[注释]

定公:鲁定公(公元前 556 年~公元前 495 年),姬姓,名宋,鲁昭公之弟,继鲁昭公之后为鲁第二十五任君主,在位十五年(约公元前 509 年~公元前 495 年)。昭公时,鲁经历大乱之后,其国政被孟孙氏、叔孙氏、季孙氏三家掌控,鲁定公继位,不满于做傀儡邦君,意欲图强,其听说孔子开坛讲学,主张"君君、臣臣"之"仁政",召见孔子询问图强君权的治术,于是有了孔子向定公宣示自己文道救世的基本治邦主张。

君使臣,臣事君:使,遣用、指使。事,侍奉、服侍。指君遣用臣,臣侍奉君。

君使臣以礼,臣事君以忠:礼,是外部约束,代表君对臣的权力,指君使臣应该有约束和边界。忠,是内心约束,体现臣对君的责任,即在君待臣以礼的前提下,臣事君应竭尽全力尽到责任。

[译文]

鲁定公对孔子说:"君遣用臣,臣事奉君,应该如何做?"
孔子回答说:"君应该依礼遣用臣,臣应该忠心事君。"

[通解]

以返本开新方式重建周道,其根本的和紧迫的任务是重建君臣礼道。

重建君臣礼道面临的根本难题有二：一是避免君任性地遣用臣；二是避免臣实利地取悦（或曰谄媚）君。解决这两个难题，构成本章的基本努力。在本章中，通过孔子与定公问答，为君臣礼道设置了不能逾越的准则和行为边界。

一

孔子"事君尽礼"的行为之所以被"人以为谄"，是因为在礼乐崩坏的社会潮流中，不少邦国的邦君不成其为君主，对臣颐指气使，将臣当成可私化的工具；此外，为君者的暴虐，自然引发臣为事的敷衍、事君不诚，虚以委蛇或溜须拍马。这种互动生成的恶性循环关系，使纯正守礼的"事君尽礼"必然遭受"人以为谄"的讥讽。这种虚假的君臣关系境况，既造成有作为的君主的困惑，也促使孔子不得不思考体现普遍性和历史性生成的君臣礼道本该是什么样子。由是产生孔子与定公的这番对话，它构成对上章蕴含的问题的正面求解。

二

鲁定公与孔子对话所讨论的核心问题，是如何确定君臣关系：邦君应怎样待臣，臣应该如何事君？孔子面对定公的坦诚之问，予以坦诚回答：邦君应该尊重臣，臣应该忠诚君。

历史地看，自秦汉以降，君臣之间形成严格的尊卑、严格的等级。但秦汉之前的春秋战国之世，君臣之间的关系如何确定，本身是一个问题。这是定公之问的历史背景，也是定公之问的现实困境。正是在这种历史背景和现实困境中，孔子提出"君使臣以礼，臣事君以忠"的主张：**君臣之间不是严格的尊卑，也不是严格的等级，而是制度遵守的约束与道德修养具备的平等性要求**。只有在这样的制度约束和平等道德修养要求下，君臣才缔结成**合作的事功关系**。

君臣之间所以需要缔结成一种**合作的事功关系**，是因为君臣关系构成的核心要素是"**事**"，而不是人。为完成某事所缔结起来的合作关系，是相互需要的事功本身。由于"事"本身对双方的要求性，君臣关系的构成必须遵循**为事原则和平等原则**。这一为事原则和平等原则，就是君臣之间必须遵从的"礼"。从形式论，"礼"即人与人之间相互遵从的礼仪、礼节、礼貌，它的整体抽象形态是礼仪制度；从实质论，"礼"的本质内涵是**规则、章法**。君与臣之间相待、相使表现出来的感性形式，是礼仪、礼节、礼貌；但实质却是规则、章法。这个规则和章法对于继位之初的定公并不清楚，所以他才向孔子请教。孔子明白地告诉定公，这就是**以事为中心**的平等，而不是以人为中心的指令与服从。

首先，君臣之间是平等的。这种平等性具体体现在君使臣以礼，臣事君以忠；并且，**只有君使臣以礼时，臣事君才忠**。基于这种平等要求，**君平**

等地善待臣,构成臣忠诚事君的前提;反之,当君不平等善待臣时,臣可以不忠诚事君,并且也没有必要忠诚事君。

其次,君臣之间的平等关系必**以事功为基础**,即君与臣之间是以事为纽带,而不是以人或权为纽带。在为事上达成一致,君臣关系就构成;如达不成一致,君臣关系就无法构成。并且,所为之事一旦完成,君臣关系就宣告结束;若要继续维持,则必须重续为事关系。治理邦国,这是一项长久的事业,所以君臣之间可围绕这一长久的事业而形成长久的为事关系,但前提却是能否以事为主导并以平等的"礼"来凝聚。孔子在这里所讲的这种君臣关系,不是一种想当然的理想状态,而是春秋战国时代的普遍现象:一国之君是固定的,难以流动;但为官的文人志士则可任意流动,君臣之间随时解除君臣关系是常态。在本章中,孔子应答定公所问,不过是提炼出春秋时代这种常态化的变动的君臣关系,要能保持长久的稳定,必须遵从以为事原则和平等原则为内在规定和根本准则的礼。

三

孔子关于"君使臣以礼,臣事君以忠"的论断,呈现春秋时代君臣关系的本质,它展开为以下四个方面:

首先,正常的君臣关系,是平等的**相使**关系。这表明:君与臣之间没有绝对的指令与服从,没有人身依附。凡是有人身依附的君臣关系,不仅不具有礼,而且是反礼的。

其次,正常的君臣关系,必须是**合礼的**君臣关系。合礼的君臣关系,是**以事为中心的平等相使**关系。这有两层含义:一是指臣要求君对待臣必须有礼,即必须有规则和章法,有限度与边界,不能凭主观意愿、偏好或利害得失对待臣,不能对臣行施权力的任性,这个"礼"就是平等原则和为事原则。君待臣,必须建立在为事原则和平等原则基础上,不能在君臣之间有任何形式的依附关系。二是在此基础上,君有权要求臣必须忠诚君事。

再次,君臣相使必然要求君臣相忠:具体地讲,就是臣对君事要忠,君对臣事亦要忠。这个忠,应该以信和任为前提。**信者是诚,任者是自由。**

君臣相使体现君臣相忠,君臣相忠必以事为准则。所以,君臣相忠,是**忠于事**。以事为准则,"使"才有实际指涉对象:"君使臣以礼",指君必须以礼对待臣,并在以礼待臣的基础上要求臣事君必忠;"臣事君以忠",指臣必须忠诚君事,并通过忠诚君事来体现对君的忠诚,但前提是"君使臣以礼"。概言之,以事为准则,君臣相忠的行为规范,就是礼。这个礼的本质内涵和根本依据,只能是为事原则和平等原则,它表现为君臣相礼,即君臣之间既要彬彬有礼,更要彬彬有理,即有明确的规则、章法和边界、限度。

最后,合礼的君臣关系之构成本质,是以事为准则的平等,这是君臣必须恪守的基本规则和章法,这一必遵的规则和章法落实为日常的为事准则,就是相互礼敬,彬彬有礼和彬彬有理。从行为论,"君使臣以礼",讲的是君对臣要庄敬;"臣事君以忠",讲的是臣为事对君要忠诚。庄敬与忠诚,构成**君臣友道**:君臣之间"使之以礼"和"事之以忠"所遵循的礼,本质上是**一种道义之礼**,体现君臣友道关系。

如上四个方面是理解本章内容的关键,它体现孔子的根本政治学思想。在以人伦为中心的古代社会,君臣思想是古代政治学的核心思想,它建构起政治哲学和政治实践理论的基本框架。只有在"君使臣以礼,臣事君以忠"这一君臣关系基础上,才可理解孔子"君君,臣臣,父父,子子"(《颜渊》)思想的实质,解开人们对孔子君臣思想的根本性误解和曲解。

更难能可贵的是,本章内容为我们提供了解春秋时代封建君臣关系的基本路径:至少在春秋时代,合礼的君臣关系,是"君以礼待臣,臣才忠诚事君"的关系。这种关系不是臣服关系,不是统治与服从关系,而是一种职业**权利与责任关系**;或可说是一种**自由的契约关系**,而不是一种无自由的管制关系。因而,"君使臣以礼,臣事君以忠"思想蕴含一个相反的思想,即"君使臣无礼,臣事君不忠"。并且,当君使臣无礼时,臣事君不忠,是合道德的。在君使臣无礼的情况下,臣事君不忠的根本行为表现,就是不事君,另择高明。所以,在孔子时代,君臣关系是一种**自由选择**的契约关系,**这就是"邦有道,谷。邦无道,谷,耻也"**(《宪问》);**这更是"邦有道如矢,邦无道如矢"和"邦有道则仕,邦无道则可卷而怀之"**(《卫灵公》)。

孔子的这一"君臣"关系思想,却被后来者孟子加以工具主义发挥,倡言"君之视臣如手足,则臣视君如腹心。君之视臣如犬马,则臣视君如国人。君之视臣如土芥,则臣视君如寇雠"(《孟子·离娄下》)。这种工具主义说法,大大弱化了孔子关于君臣之间**自由选择的契约思想**和**以事为本体的平等政治原则**,解构了"君臣友道"精神,为秦以降构建"指令与服从的君臣关系"开辟了认知的道路。

第 20 章释义

子曰:"《关雎》,乐而不淫,哀而不伤。"

[注释]

《关雎》:《诗经·周南》第一篇,也是《诗经》第一篇。从艺术观,它是一首情诗；从伦理观，它是说君子淑女门当户对。在如此德配框架下，其乐而不淫于"窈窕淑女，君子好逑"；其哀而不伤于"求之不得，寤寐思服。悠哉悠哉，辗转反侧"。

乐而不淫，哀而不伤：乐，愉悦、快乐。淫，失其节制，流于放荡。哀，伤感、忧思。伤，损害，哀之过度。

[译文]

孔子说："《关雎》这首求爱诗，快乐却不放荡，忧思却不哀痛。"

[通解]

从遵从"周道"起步，以返本开新方式重建古代礼仪文明，须以"克己复礼为仁"为准则，开辟"以仁入礼"路径，恢复和光大古代礼仪文明的两个基本方面，就是上章的"君使臣以礼，臣事君以忠"和本章的"乐而不淫，哀而不伤"。

一

社会的礼仪文明，展开为政治文明和大众生活文明两个维度：前者的核心内容是君臣礼道，它是**以事权为中心**构筑起来的平等自由之道，其本质内涵是契约规范下的庄敬与忠诚，即只有"君使臣以礼"，才有"臣事君以忠"。后者的核心内容是喜怒哀乐皆有度。具体地讲，为政与从政必遵循君臣礼道，但无论为君还是为臣，首先是人，其做人的根本礼道应该与大众不贰，这一"不贰"的根本礼道是什么呢？孔子以《关雎》为喻告知：快乐而不放荡，忧思而不伤痛，这就是人之日常生活礼道，或曰日用常行之道。

二

《关雎》是《诗经》的首篇。它本是一篇君子追求淑女的婚恋情歌，其中既有"求之不得"而缠绵悱恻的哀怨，也有钟鼓迎娶喜得淑女的欢乐，但无论欢乐还是哀怨，都不能过度。孔子以为，此诗所表达的这一"乐而不淫，哀而不伤"的适度情感，体现出强烈的伦理意趣和礼仪文明，寓含"治世之音"。荀子认为"《国风》之好色也，传曰'盈其欲而不愆其止。其诚可比于金石，其声可内于宗庙'"（《荀子·大略》）。从审美论，好色而不淫，就是美；从伦理-政治观，好色而不淫，就是礼。所以《毛诗序》曰："是以《关雎》乐得淑女以配君子，恢弘在时贤，不淫其色，哀窈窕，思贤才，而伤善之心焉。是《关雎》之义也。"

淑女之能配君子，不仅因为其美，更是因为有贤惠、善良、勤劳的德性。

所以,淑女象征善美。君子之可求淑女,是因为君子乃孝、忠、知、敬集于一身,是德才的象征。"窈窕淑女,君子好逑",是谓以才美融于德,故乐而不失礼。

淑女配君子、君子求淑女之喻,实讲**礼乐合生**之道理。汉语中的礼、乐,是一奇妙的文字组合:表面看,礼乐是一对矛盾。礼是理智、理性、节制;乐是感性、情感、张狂。然而,乐缘于性情,是情感的自由发抒,它从内心涌出,要张扬生命的大美,却需要依据礼来匡正和节制,由是乐而不淫;礼之于人心是一种精神结构,之于行为活动却是一种规则限度,它能发挥其适度的行为功能,却需要心性之乐的调节和性情之美的鼓动。

第 21 章释义

哀公问社于宰我。
宰我对曰:"夏后氏以松,殷人以柏,周人以栗。曰:'使民战栗。'"
子闻之,曰:"成事不说,遂事不谏,既往不咎。"

[注释]

社:土地神。古代建国必立社以祀地神;且立社必树其地所宜之木为社主。

宰我:姓宰,名予,字子我,生卒年不详,鲁人,孔子游国招收的弟子,小孔子二十九岁,善辩。

夏后氏以松,殷人以柏,周人以栗:松、柏、栗,三种苍老坚久之树。因夏居于河东,其地宜松生长,故以松为社主;殷居亳,其地宜柏生长,故以柏为社主;周居丰镐,其地宜栗生长,故以栗为社主。

使民战栗:使,驱使。栗,即慄,被恐吓得发抖。指战栗,恐惧。清代方观旭猜测,"社"是杀殉为祭的地方。哀公向臣宰我问社,实际上是询问能不能除去"三桓",宰我以"周人以栗"为社主,就是"使民战栗"劝哀公应拿出先祖武王、周公灭殷商不惜"血流漂杵"的果敢来彻底解决"三桓"问题。周通过销毁典章文物和不懈的文饰努力,创建起盛大的礼仪文明,彻底掩盖了周抢夺天下那段血雨腥风的残暴历史,宰我说"周人以栗"就是要"使民战栗",其实是在无意识地揭露周统治者灭商的残暴屠戮的历史事实。正是因为这种揭露,才引发孔子的不安,由此对宰我说出那番"成事不说,遂事不谏,既往不咎"的训导来。

成事不说:成事,准备去成就的事情;不说,不能讲。

遂事不谏：遂，就遂、完成。遂事，已经做了的事，或已经完成的事；谏，劝谏、追究。不谏，不要再提及。

既往不咎：既往，已经过去的成为历史的事件。咎，过失、罪过、责备、查处。不咎，不要追究。

[译文]

哀公问宰我，制作土地神主牌位应该用哪种树木。

宰我回答说："夏代用松木，殷代用柏木，周代用栗木。所以要使用栗木，是要'让民众恐惧'。"

孔子听说此事后，说："准备做的事不要说，已经做了的事不要再提及，成为历史的事不能再追究。"

[通解]

以遵从周道起步，以返本开新方式重建古代礼仪文明必须遵循的基本原则是"损益"：所谓"益"，是指恢复、光大或重建那些体现人性光辉和理性精神的古代文明内容，孔子所倡导的"君使臣以礼，臣事君以忠"（第十九章）的君臣之道和"乐而不淫，哀而不伤"（第二十章）的日常生活之道即如是。所谓"损"，一是指剔除、摒弃那些不好的、非人性的礼仪制度和方式，比如前面所讲的"不欲观"的禘祭僭礼（第十章），就是孔子要主张废除的；二是指遗忘那些野蛮的、残暴的礼法制度，比如本章"使民战栗"的周"社"制度以及此一制度得以建立的"周灭商"的屠戮史，亦是返本开新的文明重建必须彻底遗忘的，这就是孔子所说的"遂事不谏，既往不咎"。

一

孔安国注本章内容曰："凡建邦立社，各以其土所宜之木"，是要以此批评宰我胡诌。其实不然，宰我所曰"周人以栗"为"社"，其目的是"使民战栗"，不过是再现了被周刻意销毁和隐瞒的历史真相。

信而好古的孔子，更是对这段历史了如指掌："子谓《韶》：'尽美矣，又尽善也。'谓《武》：'尽美矣，未尽善也。'"（第二十五章）却无法找出证据来证明它，这是因为"文献不足故也。足，则吾能征之矣"（第九章）。更重要的是，即使有充足的文献，也不能去证明它，因为这是"郁郁乎"盛大文明的周极不光彩的野蛮抢夺与杀戮史。这可能是周代之礼何以更重形式的缘故，更可能是孔子何以要以返本开新方式重建古代文明的根本考虑，或者更确切地讲，这是孔子为何要以殷商宽简之"仁"去重建周代之"礼"的根本考虑，因为它内在蕴含文明重建必须采取"既往不咎"的姿态，遵循只能向前看的历史发展观。

二

"社,地主也"(《说文》),俗称土地神,本章中指祭祀土地神时立的牌子,名为社主,它用木雕刻而成,作为祭祀土地神灵的依据。古代选择雕刻社主的材料,要以适宜土地生长的树木,以象征**土地生育繁衍**的力量。由于不同时代,其群居性生存的地域重心有所变化,制作社主牌位的木质材料有所不同。同时,既然土地神是生育繁衍的象征,当然也是**生杀予夺**的象征。所以,选什么树木做雕刻神主牌位的材料,自然融进了确立神主牌位者的主观意愿和取向。

鲁哀公向宰我问社,是在深谙其道的前提下,求证自己的意愿和取向是否能得到学问之士的赞同。宰我则如实回答:

> 周之所以不选用松木和柏木而用栗木,其根本目的是震慑民,使为之害怕和恐惧。

宰我答哀公问,所陈述的是历史事实:夏商周三代选择松、柏、栗立社主的本意,是以杀伐威慑民,使其服从。班固有一段文字讲得很清楚,他说:"《论语》云:'哀公问社于宰我,宰我对曰:夏后氏以松,松者,所以自竦动。殷人以柏,柏者,所以自迫促。周人以栗,所以自战栗。'"(班固《白虎通·宗庙》)夏人立社用松,是要使民恐惧;殷人立社用柏,是要使民迫促;周人立社用栗,是要使民战栗。为何要如此?这是因为"用命赏于祖,弗用命戮于社"(《尚书·甘誓》)。孔子以"岁寒,然后知松柏之后凋也"(《子罕》),无意地表明了这一点:松柏这两种树木之所以能在天寒地冻的环境里挺拔如常,是因为它本身自具坚硬和容纳寒冷的恶劣环境的能力;栗树同样如此。所以,松、柏、栗这三种树木获得了多重象征含义:从反面观,它们象征冷酷、无情、杀伐、恐惧,这是三代分别选择松、柏、栗雕刻土地神牌的根本动机。因为自远古以来,祭社、祭天、祭祖活动相当频繁,而且往往是人祭。所以,三代立社所用的松、柏、栗,构成冷酷、残忍、杀伐、恐惧的象征,它使民恐惧和战栗不已。

宰我对史实所陈,正是哀公所求。哀公问社于宰我,就是希望从有学问的宰我那里得到"立社杀伐"的历史依据。孔子看穿鲁哀公问社的不纯动机,担心宰我的史实陈述会引发鲁哀公的杀伐之心。所以,孔子以此训导弟子,希望弟子树立正确看待传统礼仪文明和制度的历史观。

三

朱熹注本章内容时,谓宰我之言不实,理由是"周人以栗,使民战栗"非立社本意,所以得出孔子所言是对宰我的深深责备。其实是朱熹错读了孔子,孔子认为宰我所说都是事实。

首先,孔子告诫弟子要学会如何看待"成事不说"的历史。孔子所讲的"成事不说",是指历史上的"成事不说",即历史上那些被修饰了的历史趋利者,他们干坏事是不需要说,也不能说,更不能留下任何言辞和证据。即使有证据,也要想方设法销毁不利于自己的证据或伪造有利于自己的证据。这是周的盛大典章文物中难以找到禹夏和殷商的任何文明记录的深刻政治学原因,因为周以"血流漂杵"的屠戮方式消灭殷商之后,是用"今商王受狎侮五常,荒怠弗敬,自绝于天,结怨于民。斮朝涉之胫,剖贤人之心,作威杀戮,毒痛四海。崇信奸回,放黜师保,屏弃典刑,囚奴正士,郊社不修,宗庙不享,作奇技淫巧以悦妇人。上帝弗顺,祝降时丧"(《尚书·泰誓下》)的华美文章进行自我修饰,使自己成为替天行道的正义化身。

其次,孔子告诫弟子对待历史一定要向前看,其基本准则是"遂事不谏"和"既往不咎",具体地讲,已经干成了的坏事不要再提及,进入了历史的罪恶不能去追究,因为重新提及和追究,将可能使整个历史沦为虚无。夏殷周三代分别以松、柏、栗为标志来祭祀土地神,是为礼;但其使人恐惧、战栗的杀戮却是不仁的野蛮行径,是应该"损"去的礼。所以,孔子用"不说""不谏""不咎"来告诫弟子如何对待三代社祭这类体现野蛮和非仁的礼仪传统。

针对三代社祭之礼背后的不仁,孔子告诫弟子应谨记"成事不说,遂事不谏,既往不咎"三大准则,这是孔子对自己的"克己复礼为仁"之"损益"方法如何运用的具体示范。以三代社祭为例,孔子告诉弟子:凡是体现其野蛮、残暴、非人性的礼仪传统,都应该"损"之;凡是体现仁的礼仪传统都需要"益"之。以此为准则,孔子进一步教导弟子:至于那些体现野蛮、残暴、非人性的不仁礼仪制度和礼仪方式,其"损"的具体方法是"不说""不谏""不咎"。孔子的这一"三不"方法,在他看来是如何正确对待传统、传统文化和传统文明的历史观,它由以下三部分内容组成:

第一,承认历史事实。所谓历史事实,在孔子看来,就是已经做了的和业已完成了的所有事情、所有事件,不论好坏,它都已成为"遂事",不容抹去,也无须更改和歪曲,更不应该按自己的意愿去修饰或美化。

第二,对那些需要"损"和必须"损"的历史事实,应该保持沉默,因为这些东西往往体现了野蛮、残暴、杀伐。保持沉默,就是对这些历史内容不评说(不说)、不惋惜(不谏)、不追究(既往不咎)。孔子教导弟子采取"三不"

方式,就是让这些需要"损"和必须"损"的历史内容、礼仪制度在人们的记忆中自然消失,这样可以杜绝历史上那些野蛮的传统、丑恶的礼仪制度为野蛮和丑恶所继续利用。

第三,对需要"损"之且必须"损"之的历史内容、礼仪制度采取"不说""不谏""不咎"的方式处理,并不是消极,相反,它恰恰是积极的建设方式,即毅然抛弃(需要损且必须损的)包袱,轻装前进。具体地讲,就是一心一意地"益"那些能够"益"和值得"益"的历史内容、礼仪制度,以此来再造以仁为准则的传统制度和礼仪文明。这才是孔子主张"成事不说,遂事不谏,既往不咎"的根本考虑。

第 22 章释义

子曰:"管仲之器小哉!"

或曰:"管仲俭乎?"

曰:"管氏有三归,官事不摄。焉得俭?"

"然则管仲知礼乎?"

曰:"邦君树塞门,管氏亦树塞门。邦君为两君之好,有反坫,管氏亦有反坫。管氏而知礼,孰不知礼?"

[注释]

管仲(约公元前 723 年～公元前 645 年):姬姓,管氏,名夷吾,字仲,谥敬。齐国人,四十五岁时从政于齐,官至齐卿(相)位,厉行变革,"作内政而寄军令"(《国语·齐语》),"通货积财,富国强兵",并辅佐齐桓公"九合诸侯,一匡天下"(《史记·管晏列传》),最早在中原实现霸业。管仲治齐成功,在于立足当世变迁,探索以刑赏为基本工具的法治之道,它以自然主义人性论为思想土壤,以功利主义为根本方法,以"富民—富国—强兵"为基本国策,以齐民、畜民、牧民、强民为基本路径,推行"与民俗同好恶",推行"民之所欲,因而与之;民之所恶,因而去之",实施"刑罚威严"和"刑省罚寡"的法治,不仅成为"法家先驱",而且是中国思想史上第一位哲学家、政治家、军事家。

小器:器,器量。小器,指气量狭小。

三归:归,指归宿、住所、府第。古人认为,女子以嫁为归,是指女子嫁夫,获得归宿。三归,娶三姓女,能取三姓女者,自然有能力安排其居住之所。所以,这里指管仲有三处府第可归。"管仲相齐,曰:'臣贵矣,然而臣贫。'桓公曰:'使子有三归之家。'"(《韩非子·外储说左下》)

官事不摄：摄，兼，指兼任、兼职。官事不摄，一事以官，因事设官，各不兼职，杜绝或减少官场人浮于事。

树塞门：树，古人对所设之屏称为树。塞，堵，指遮蔽。指在大门内设立屏墙。

两君之好有反坫：好，友好会见。按古礼，两邦君主相宴，主人斟酒进宾，宾于筵前受爵，饮毕将爵置于坫上，谓之反爵，亦曰反坫。坫，用土筑成的置放酒器的酒台，相当于今天的矮脚几。反坫，可以移动的酒台，后来改成木制品，更易移动。

[译文]

孔子说："管仲作为'国器'似乎并不大啊！"

有人问孔子说："管仲节俭吗？"

孔子说："管仲有三处府第，每事专职，从不兼摄，这哪能算节俭呢？"

又问："那么，管仲知礼吗？"

孔子说："邦君在宫殿门前设照墙，管仲也在相府大门内设照墙。邦君举行国宴在堂上筑有可移动的酒台，管仲宴宾客时也筑有可移动的酒台。如果管仲知礼，那还有谁不知礼呢？"

[通解]

"信而好古"的孔子深谙历史之道。在孔子看来，真实的历史总是真假、善恶、美丑兼具；真实的历史传统中的礼仪文明，同样集真假、善恶、美丑于一体。以仁为准则，以"克己"为前提来"复礼"，实现传统文明的当世再造，必须有所"损益"。整体观之，孔子主张的"损益"观，不仅是再造传统文明的方法论，而且是认知论，是体现历史发展观的认知论。在上章中，孔子围绕哀公与宰我问答的历史内容，阐述如何"损"其传统礼制方面的非人性内容；本章围绕如何看待管仲个人的历史功过，进一步阐述应该如何辨别和损其历史礼仪方面的"非仁"性内容。

一

管仲生于春秋初期，是中国学术思想史上第一位有名有姓的哲学家、思想家和政治家（虽然今人所著《中国思想史》或《中国哲学史》，大多要么以孔子为宗，要么以老子为始，其实都是不尊重哲学思想史实的做法）。齐桓公时，相齐，帮助齐桓公以非暴力的威德方式实现"九合诸侯，一匡天下"的和平，使齐桓公成为春秋第一霸主。梁启超评价："管仲者，中国之最大政治家，而亦学术思想界一巨子也。"（《管子评传》）客观论之，梁氏对管子的评价，实源于孔子。

子路曰:"桓公杀公子纠,召忽死之,管仲不死。曰:未仁乎?"子曰:"桓公九合诸侯,不以兵车,管仲之力也。如其仁,如其仁!"(《宪问》)

子贡曰:"管仲非仁者与?桓公杀公子纠,不能死,又相之。"子曰:"管仲相桓公,霸诸侯,一匡天下,民到于今受其赐。微管仲,吾其被发左衽矣。岂若匹夫匹妇之为谅也,自经于沟渎而莫之知也。"(《宪问》)

孔子高度评价管仲乃仁者,其理由有三:一是管仲相齐,提出"尊王攘夷"的战略,团结"诸夏",南遏荆楚,北伐孤竹,西征白狄,继而"隐武事,行文道,帅诸侯而朝天子"(《国语·齐语》)。二是帮助齐桓公不用武力九合诸侯,一匡天下,以正义之师的威德创造春秋初期的难得和平,避免暴力和流血。三是在齐国实施"富国强兵"的改革:为实现"富国"目的,管仲推行"通货积财"的改革政策;为达到"强兵"目的,管仲实行"作内政以寄军令"的法令。为使二者能顺利实现,管仲提出富民、育民和敬神明的三大治邦行动纲领。并以富国为核心,以民富为前提:"凡治国之道,必先富民,民富则易治也。民贫则难治也……是以善为国者,必民富先,然后治之。"(《管子·治国》)富民的前提是顺民心足民欲:"政之所行,在顺民心;政之所废,在逆民心。"(《管子·牧民》)要顺民心,必须推行"与俗同好恶"的治政方针,即"俗之所欲,因而予之,俗之所否,因而去之"(《史记·管晏列传》)。

二

孔子认为,管仲最为伟大的功绩体现在使"民到于今受其赐"的大仁。如果没有管仲努力创造出来的历史性大仁,"吾其被发左衽矣",或者"自经于沟渎而莫之知也"。孔子盛赞管仲的历史功绩与大仁,但并不认为他全美全善。从国之栋梁角度看管仲,孔子认为他的格局不大,眼界气量不宏阔,也没有节俭的美德;更重要的是没有完全做到君臣礼道。

孔子说管仲格局"小器",是从知今和知古论。孔子认为,大格局、大器量者,必须是既古今全知,又古今精通的人,只有这样的人,才可返本开新、继往开来。管仲治齐且大仁于天下,是建立在知今的认知基础上,缺乏知古的视野和胸襟,所以他才提出"化民以道,自然而治者为帝道。始有制度文明,不用而治者为王道。为以自贵而不伐者重霸道"(《管仲·霸言》),开辟出来的是霸道,而不是"王道",虽然他符合返本开新的"仁道"。

孔子认为,每一个当世都要立足传统而谋求返本开新,要为当世提供返本开新的见识、智慧、思想,以及行动方案和方法,必须知古。在孔子看来,知古,就是知全;所以,知古则可以知今,这就是"闻一知十"。"闻一知十"的具体实践方式、方法,就是**知古通今**的损益。以此观管仲,孔子认为他是仁人,而不是智者,因为智者必须知古通今。管仲既然不知古礼,自然属于"小器"者。

客观地讲,只有理解孔子"知古即全知"的思想,才可明白理解孔子的正名论。因为孔子所讲的名,不是**一般的**名实关系,而是以早已肯定的古名作为判断现实的最高标准。有古名,就必须有其呈现古名的实在,如果缺乏其实在,只有古名这个形式,其名肯定不正。同时,也只有理解孔子"知古通今"的损益历史观和方法论,才可理解本章对管仲的批评。比如,孔子批评管仲:邦君设置宫殿照壁,他也设置相府照壁;邦君举行国宴接待外国邦君,用反爵的坫,他在宴请外宾时也用反爵的坫。在孔子看来这类行为之所以是不懂君臣礼道,是因为君臣礼道属于古礼,它包括三个方面的内容:等级、庄敬、忠诚,即君臣应该在等级平等的平台上做到庄敬和忠诚。齐桓公之于管仲,做到了完全的庄敬。管仲之于齐桓公,做到了绝对的忠诚:且不说管仲帮助齐桓公治邦富民富国强兵之忠诚,且"国必有诽誉,忠臣令诽在己,誉在上。宋君夺民时以为台,而民非之,无忠臣以掩盖之也。子罕释相为司空,民非子罕而善其君。齐桓公宫中七市,女闾七百,国人非之。管仲故为三归之家,以掩桓公,非自伤于民也?"(《战国策·东周策》)管仲做"三归"的目的,是为齐桓公"分谤",将民众对齐桓公的不满引到自己身上,这虽然表现为臣的绝对忠诚,却触犯两个方面的不礼:一是破坏了君臣之间的等级之礼,这是君臣礼道的本质内涵;二是毕竟造成了奢侈,破坏了节俭之礼。这是孔子批评大仁于天下的管仲,未尽到完全的礼道的根本理由。

第23章释义

子语鲁大师乐,曰:"乐其可知也。始作,翕如也。从之,纯如也,皦如也,绎如也。以成。"

[注释]

子语鲁大师乐:语,说、谈论、交流。大,音泰,通"太"。大师,即太师,宫廷乐官之长,相当于秦汉时的大乐令。鲁大师,指《泰伯》第十五章中的"师挚",或《微子》第九章中的"大师挚"。乐,音乐。

翕如:翕,合也,作震动、和谐讲。翕如,指金鼓既起,乐声受到控制,还未完全放开,但闻者已翕然振奋。

从之，纯如也：从，通纵，完全放开来之意，钟声既起，八音齐奏，乐声纵然开放。纯，纯正、美好。

皦：乐声音节清浊分明。

绎：乐声连续不断地展开，如络绎不绝。

以成：指一曲乐声在如此过程中完成。

[译文]

孔子向鲁太师请教音乐演奏的学问。鲁太师说："音乐虽然很深奥，却可以理解，因为乐曲的演奏过程可以辨识：开始时，是整齐的合奏，兴奋而热烈；继尔，是纯正、清晰、绵长的音调，令人回味无穷；不知不觉，一曲演奏很快就结束了。"

[通解]

以返本开新方式重建古代文明及其制度，不仅应尽善，更应尽美。这是本章与如上各章在主题转换上的关联性。

一

音乐本是会通天籁之音、地籁之音和人籁之音的艺术。以此观孔子，虽然确实精通音律，而且曾"在齐闻《韶》"而"三月不知肉味"（《述而》），但孔子毕竟不是专业乐师，因而，将本章理解为孔子向鲁太师讲解音乐演奏的道理（杨伯峻《论语译注》）之类的说法，有欠妥当。鲁太师是鲁国宫廷的音乐官长，音乐大师。对于周之礼乐故乡的鲁国，其是执掌朝堂乐舞的音乐大师，其音乐水平，包括对音乐的理解水平和对音乐的演奏水平，应该不比齐国的乐师差。既然孔子"在齐闻《韶》，三月不知肉味"，那么，对于真正精通古礼并特别谦逊谨慎地以礼待人的孔子来讲，绝不可能在鲁太师面前轻狂地奢谈音乐演奏的道理和章法。此外，孔子"语鲁大师乐"的内容，只不过是关于音乐演奏的基本常识。一个精通音乐的人向一个代表鲁国最高音乐水平的大师大谈音乐演奏的常识，是否妥当？

> 孔子此论，仿佛俗谚所谓：关公面前耍大刀，圣人面前诵三字经。怀疑本章文字可能有脱误；或者孔子讲这些话时另有当下情境；更有可能是，孔子"问乐"，后文为鲁太师答语。①

---

① 金纲：《〈论语〉鼓吹：圣贤的光荣与漏洞》，天津，天津人民出版社 2007 年版，第 106 页。

根据本章内容的语境和上下文语境,似做如下理解更为合理,即孔子谦逊地向鲁太师请教音乐,鲁太师向孔子简要地讲述了一曲音乐展开的基本流程。

二

本章谈论音乐所要表达的主题,不是音乐本身,而是孔子借音乐来说礼。从这一主题观,本章是对上章的继续:人的大气量、大格局,不仅在于知古知全、博古通今,更在于守礼有准则,行礼有方寸。对于孔子来讲,守礼有准则,就是对待古代的礼乐,应以仁为准则,该损则损之,毫不可惜;需益则益之,必不优柔与犹豫。行礼有方寸,就是施礼有等级,即在维护等级的基础上做到庄敬与忠诚。一旦做到"守礼有准则,行礼有方寸",就会达到礼成而尽善也尽美的境界。

孔子以自己向鲁太师问乐为例来说明这个道理:孔子告诉弟子们,本人倡导知古知全,表现在音乐上,我也特别精通,不然,怎么会做到"在齐听《韶》,三月不知肉味"呢?但是,我虽精通音律,却是业余,是爱好,不是专业,更不是专职。所以,当有幸拜会鲁国音乐大师挚时,其实就是爱好对专业、业余对专职,哪怕自己的业余水平高过专业水平,也必须维持等级秩序上的庄敬。或者,鲁太师的音乐水平确实远远高过我本人,对鲁太师更应该庄敬;在音乐方面,更应该以小学生的姿态向大师请教。鲁太师可能知道孔子的学问,却未必知晓孔子精通音律,所以自然向孔子讲起音乐演奏的常识来。但这并不重要,重要的是精通音律的孔子对音乐演奏常识的虔诚聆听,这就是庄敬。

第 24 章释义

仪封人请见,曰:"君子之至于斯也,吾未尝不得见也。"

从者见之。

出。曰:"二三子,何患于丧乎?天下无道也久矣,天将以夫子为木铎。"

[注释]

仪封人请见:仪,卫国一邑名。封人,古代官名,即春秋时诸侯国镇守边地的官员。请见,请求接见。孔子游国入卫时,其镇守边疆的官员闻孔子盛名,请求拜见孔子。

至于斯:至,到达。斯,指称代词,这个地方,即仪地。

从者见之:从者,是指后面的"二三子",即代为孔子通报,并陪孔子见当地官员的人。之,指仪封人。

丧:有两解:一是指孔子丢失鲁国大司寇的官职;二是指离乡背井、无家可归。根据孔子的实际人生经历和上下文语境,后解更合本义。

木铎:以木为舌的铜铃,古代天子施行政教、发号施令所用以召集人们。这里借此喻天降大任于孔子,让孔子为木铎,担当起传道布教天下的责任。这里,仪封人认为孔子为"木铎",其主要使命是"唤醒"而不是"凝聚"。

[译文]

卫国仪地的守疆官员求见孔子。他说:"天下君子经过此地,我从来没有不求见的。"

随从孔子而行的弟子引他去见孔子。

这位官员出来后,对其追随的弟子说:"诸君,你们何必担心追随夫子离乡背井、无家可归呢?天下失道已经很久了。上天要你们的老师成为木铎,让他传道布教唤醒天下。"

[通解]

孔子之以"从周"为起步,志意于以返本开新方式重建古代礼仪文明,使之达于尽善尽美。这绝不是孔子的臆想,更不是孔子的个人偏好或不着边际的狂妄,而是上天赋予孔子的当世责任和历史使命。这是上章以乐论礼与本章借仪封人之口道"天将以夫子为木铎"之间的生成逻辑和主题关联。

一

本章内容,应该是追随孔子游国的弟子记下夫子去鲁游国之初进入卫境时发生的真实事件。时间大概是鲁定公十三年(公元前497年)之后,"五十而知天命"的孔子毅然去鲁,带着弟子踏上游国道路。第一站是卫国,进入卫境,暂在卫邑住下,镇守卫边疆的官员来求见孔子。起初,可能遭到其弟子阻拦,所以这位守边官员如此大口气地说:凡天下往来于此地的君子,我都要求见,并且是没有不相见的。于是其弟子带着这位守疆官员见孔子。这位官员从孔子的房间里出来后,对其弟子说:诸君,你们也不必惶惶然的样子,更不用担心你们所追随的人是在离乡背井、无家可归,他其实是在承上天召唤担当起"木铎"使命,来传布文道拯救天下啊!

二

联系本篇内容,本章具有总结性质。它借卫国一镇守边境的官员之口,宣告了如下事实和使命:

第一个事实：天下无道已成定局。这里的"天下无道"，不是指战争，战争只能是"天下无序"，而是指天下礼乐崩坏已成定局，旧有的礼乐秩序亦沦为"成事"和"遂事"，既不可评说，也不可挽回，只能是"既往不咎"。

第二个事实：无道之于天下，只能是殊态，所以天下无道虽"也久矣"，却不可常久，最终必须复归于有道的天下，崩坏的礼乐最终必将得到重建。这个重建的方案，就是孔子所倡导的"克己复礼为仁"。

第三个事实：孔子热衷于当官，并不是喜欢当官，而是想通过为政方式来重建崩坏的礼乐。但是，再造传统礼仪文明，光复以仁入礼的中正大道，并不是少数人从政可以实现的，它必须通过更为广泛的启蒙即通过"学在四野"的文教来实现。五十有五的孔子，最终将所知的"天命"化为践履其天命的行动，于是带领弟子踏上游国之途，传道布教，继往开来，再造文明传统。

从这位镇守卫国边疆的官员口中流露出来的这番话，是否妄言？要看这位镇守边疆的官员是否有见识。从这位官员自述"凡天下往来经于此的有德君子都要拜见"可得知：第一，这位官员对学问和德行具有赤心的庄敬。第二，这位官员善于求知增识，能够诚心拜见过往卫境的所有德才兼具的君子，身处春秋这一自由行动、自由思想的时代境遇中的这位守边官员，却始终自觉于求知增智的自我精进状态。第三，这位官员是很有见识的，不仅如此，从这位官员口中道出"天下无道也久矣"的判断，亦可知其见识非凡。所以第四，这位官员的预言可信以为真。并且，其后的历史本身证明了这位官员的远见卓识：孔子的当世责任和历史使命，决定了他不可能真正进入朝堂为政以改变礼崩乐坏的当世现状，而是承上天召唤担当起"木铎"使命，传播文道救世理想、智慧和方法。

概言之，卫国这位镇守边疆的官员因其职权和兴趣所在而阅人无数，独对孔子如此庄敬，并对夫子弟子如此预言，乃因孔子是当世一真实生命，他自能振动以警世人昏沉并示人以方向。**孔子作为当世之一真实生命，不仅在于他有真思想、真见解、真德性和德行，更在于他有真准则、真操守、真坚守，从不气馁，从不妥协，从不畏缩，从不后退。**这样的人，生来就负有天命，这个天命就是对人间的拯救，对秩序的重建，对德性和德行光辉的播扬。

第25章释义

子谓《韶》："尽美矣，又尽善也。"谓《武》："尽美矣，未尽善也。"

[注释]

《韶》:传说为舜时乐名。舜受尧禅,并承尧志业以天下为公并以德治化天下,《韶》乐尽抒其天下安居乐业,歌舞升平。所以才"尽美"和"尽善"。

《武》:传说为周武王时的乐曲,颂扬"武王革命",伐纣救民,有德天下,但华彩的乐章似乎流露出为伸张或"实现正义不惜'血流漂杵'",所以虽然"尽美"却并不"尽善"。**美,可以是形式的;但善,却必须是本质的。**

[译文]

孔子评论《韶》乐说:"这乐章不仅形式完美,而且内容至善。"评论《武》乐说:"这乐章形式完美,内容并不尽善。"

[通解]

本章既承第二十三章,进一步以尽美之乐表尽善之礼;同时也承上章,自表重建和传播返本开新的文道救世理想的实质内容,只能是尽善尽美的礼仪文明和制度,它的最终源泉不是周礼,而周之前的宽简仁爱礼仪、仁政文明。在孔子心目中,这种礼仪文明只能是尧舜文明,因为只有尧舜文明才真正达到了"尽善尽美"。

一

《韶》乃舜时乐曲,《武》即周武王时乐曲。精通韵律的孔子鉴赏这两首音乐,评价它们成就的高低,认为《韶》乐尽美尽善;《武》乐虽堪称完美,却未达到十分的善。《武》之"尽美",用季札于鲁欣赏《武》乐时的评价是"美哉,周之盛也,其若此乎"(《左传·襄公二十九年》)。《武》乐之美,美在盛大无出其右者。《武》乐之所以表现出无出其右的盛大之美而"不尽善",是因为《武》乐以表演武王灭商为主题。武王灭商,尽管后来以罄竹难书"纣王残暴"的方式自表为代天行道,是"以至仁伐至不仁"(《孟子·尽心下》),但"信而好古"的孔子远比其后来者孟子"知古知全",而且比孟子之流更具客观的历史理性:孔子非常清楚,"周革殷命"实际上是好战的周人为扩张生存空间,干的是以"血流漂杵"的杀戮来实现所谓的"至仁"的"替天行道",《武》乐就是以音乐方式再现武王灭商"血流漂杵"的盛大胜利,所以尽管形式上华丽至美,但内容却始终抹不尽其野蛮残酷的杀伐之气。这是孔子欣赏《武》乐,评价其"美不尽善"的史实观,也是孔子欣赏《韶》乐而极言"尽美""尽善"的理由。因为传说中的舜,并不是以杀戮得天下,而是因德政而受纳天下,并以仁爱化育天下,使天下安居乐业。

二

孔子反对战争,也在一定程度上容忍战争,却绝对地反对暴虐的杀戮。孔子推崇周治的盛大文明,却并不推崇周抢夺殷商天下的残暴。这是理解本章之隐含主题的入口。

本章的内容,表面看,是孔子在鉴赏古乐,但实际上是孔子借对两首古乐的对比性评价,表达对历史的客观理性的判断。具体地讲,孔子用至美至善的文明标准,来评价舜帝与武王,或者上古舜世与近世周道之功过得失,隐含对所崇之周的历史的不同判断和态度。

从本质论,本章内容却是孔子在总结性阐发以仁为准则,以"克己"为前提再造传统,不仅要再造传统的"尽善",更要再造传统的"尽美"。孔子指出,再造尽美的传统,要重视周文明,更要关注周以前的两代,尤其是更遥远的尧舜时代;要再造尽善的传统,无法在周找到,只有尧舜时代才有。更重要的是,从历史本身论,周之于春秋,只是刚刚过去的"昨天";真正的古代应始于殷商,它可溯及更远的尧舜时代。所以,克己复礼为仁,再造古代文明传统,应该放开眼界,关注周之前的时代,尤其是只有在尧舜这样天下为公的时代里,才有尽善尽美的传统文明可为之吸取。

以此观之,本章是在另一个层面对本篇内容以总结,进一步明确"古代文明"的时空边界和"古代文明"的实质规定:在孔子看来,真正的或者说完整意义的古代文明,只能是**尽善尽美**的文明。孔子认为,真正需要再造的当世文明,就是这样尽善尽美的文明,这种文明没有暴力和战争,更没有野蛮的征服,而是仁,是可重放仁性、仁心、仁爱光辉的传统礼仪文明。

第 26 章释义

子曰:"居上不宽,为礼不敬,临丧不哀,吾何以观之哉!"

[注释]

居上不宽:上,上位。宽,宽大,可作容忍讲,实指心胸广阔、境界高远。

为礼不敬:为,作为,指践履。敬,庄敬、虔敬、敬仰。礼与敬的关系,是形式与内容的关系:"礼,国之干也;敬,礼之舆也。"(《左传·僖公十一年》)或曰"礼,身之干也;敬,身之基也"(《左传·成公十三年》)。

临丧不哀:丧,丧事。哀,悲伤。不仅依礼,而且依人之性与情,应该"临丧则必有哀色"(《礼记·典礼上》)。

何以观之:观,观察、认识。指"苟无其本,则无可以观其所行之得失"(钱穆《论语新解》)。

[译文]

孔子说:"身居上位,不能宽怀容下,践履礼乐典章,无虔诚和畏敬,亲丧而无哀戚之情。这样的人,我何以做出评价?"

[通解]

第二十五章用"尽美尽善"对需要以返本开新方式重建的礼仪文明予以完整定义,指出要重建"尽美尽善"的当世文明,必须以上古为源泉。本章则以否定性方式讲述以返本开新方式行尽善尽美的重建之道,必须重新培养"居上宽""为礼敬""临丧哀"的主体即君子,并以此总结全篇。

一

本篇论礼,以"季氏八佾舞于庭"开篇,以"居上不宽,为礼不敬,临丧不哀"结束,首尾照应,意味深长。

"居上不宽,为礼不敬,临丧不哀",这是孔子以否定方式列举生活三要,更为明确地总结性强调自己的基本政治-伦理主张:再造传统文明,必须克己复礼;克己复礼,必须以仁为准则;其基本进路,就是"以仁入礼",即以本性之仁指导古代礼乐精神和制度的重建。

孔子所举生活三要,即如何对待人、如何对待传统文明和如何对待亲情,此三者构成仁人生活的基本精神框架。在这一精神框架下,孔子从主体性建构角度入手来倡导仁,指出能够肩负弘大传统文明的人,只能是涵养仁性、仁心、仁情、仁爱的君子。从生活践履论,就是爱人。唯有爱人,才可容人;唯有爱人,才可庄敬典章文明,并以此虔敬践履礼仪;亦唯有爱人,才可临丧内生悲恸之情。

二

本章的重心并不在如上内容,而是要通过对"居上不宽,为礼不敬,临丧不哀"行为的批评,指出克己复礼为仁,再造传统文明要成为可能,必须以身居上位者带头"克己复礼为仁"为先决条件。因为这批人的私欲横流,礼乐文明才遭受破坏,比如"季氏八佾舞于庭",或者"三家者以《雍》彻",以及鲁君僭制行禘礼、告朔邦君不临祭等行为,都表明"居上"者才是"天下无道"、礼乐崩坏的罪魁祸首。因而,要想使"天下无道"变成"天下有道",要将崩坏的礼乐传统以损益方式重建,仍然需要"居上"者克己为仁。否则,一切都将落空。这是孔子意欲返本开新面临的难题,也是孔子"任重道远"的真实动力。因为仅前者言,欲使上位者自我革新来改变礼崩乐坏的状况,其可能性渺茫;就后者论,培养新人,再造君子阶层,虽为可行,但既需要时间,更需要空间,还需要机会和舞台。

里仁第四

学而为政，必须据礼：为政行礼道，前提是学礼道。

学而行礼，必须修仁。所以，为政者要运礼道，前提是必修仁德。

萧公权认为："孔子论政，立行仁与正名要旨，前者得孟子而大申，后者经荀子而更备。"①萧公此论，抓住孔子政治哲学的关键，但仁与名、行仁与正名，二者要能内外相生、自为一体，还需要礼贯通其中。质言之，孔子论政，实际上是**行仁、运礼、正名三位一体**，即由仁而名，必经礼方得定。在孔子看来，政治就是正名运动，但正名必须同时从两个方面展开方可实现：一是需要通过行仁来引导和感化（人和民）；二是必须运用礼来约束和规范（人和民）。对前者的运用，发挥政治的柔性功能；对后者的运用，发挥政治的刚性功能。唯有刚柔相济、引导感化与约束规范互生，才名正言顺。所以，**正名是目标，行仁是主体牵引，隆礼是客体规训。**

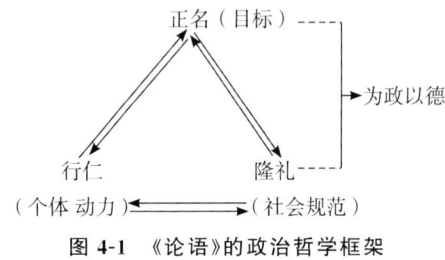

图 4-1 《论语》的政治哲学框架

行仁与隆礼，都是行为运作，前提是必有仁和礼。仁与礼的关系，是主体前提与社会条件的关系；从生成与来源观，仁与礼之间构成如下两维关系：

首先，孔子的政治学是返本开新的政治学，其建构的基本方法是"损益"，或曰"因革"。礼，乃孔子政治学"返本"的对象；仁，乃孔子政治学"开新"的内容。

其次，礼，乃人的行为约束方式，它普遍化为共守的社会规范系统；仁，既是人的主体性修养内生的品德，也是人成己成人立世的自我约束力量。

整体观之，第三篇《八佾》围绕"礼"展开，专门讨论**返本与承传**，从而形成体现深厚传统的礼论。本篇《里仁》围绕"仁"展开，专门阐发**开新与发展**，形成锐意创新的仁学。

在孔子学说中，"仁"与"礼"都是人的生命呈现形态：**仁是精神生命，是生命的本体和光辉；礼是形式生命，是生命的运作与展开。**

---

① 萧公权：《中国政治思想史》上册，北京，商务印书馆 2013 年版，第 108 页。

在孔子学说中,"仁"与"礼"既居不同地位,也发挥不同功能。概论之,"礼"是孔子所承传的东西,它代表传统,代表"因",即承续。孔子之前的春秋及西周,重视典章文物,包括礼仪、礼制、礼器等。仅《左传》,"礼"字就出现四百六十九次,但"仁"字只出现三十三次。晏婴曾对齐景公说:"礼之可以为国也久矣,与天地并。"(《左传·昭公二十六年》)由此可见,在孔子之前,礼既是治邦的基本工具,也是道德的载体和形式。以此观之,如果说西周的礼治,实质上是道德形式治邦;那么,孔子强调礼的教化施治功能必须以仁为主体条件,其"为政以德"的施治工具必须是"以仁统礼",这种统合性的施治要求,实现道德形式与内容的统一。

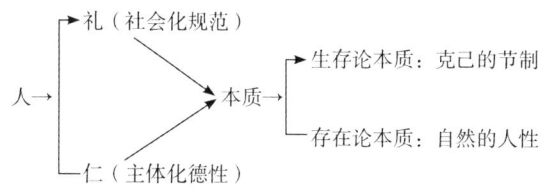

图 4-2 "以仁入礼"的政治哲学本质

"仁"的思想资源虽然来源于殷商的宽简政德之仁爱,但与"礼"相比,并不居主导地位。"仁"一词,在孔子之前已经出现,但并不多见:《诗经》出现一次,《尚书》出现两次,《国语》出现二十四次,《左传》出现三十三次,《论语》却出现了一百零九次。与此对照,"礼"在《论语》中只出现七十五次。这种情况至少表明:一是孔子承传文明,不以周"礼"为重心,而是以殷"仁"为重心。二是孔子虽强调承传,但更注重开新。因而,其承传只是开新的起点、手段、方式。三是在承传与开新的思想世界里,孔子承传周"礼"(包括礼制、礼仪、礼器),是以再造方式铺开;孔子承传殷"仁",是以开新方式铺开。所以,从"礼"到"仁",恰好呈现孔子学说**"返本开新"**的基本诉求。

孔子在"道术将为天下裂"的当世追求返本开新,遵循文明前进论的法则,即历史是一个连续统,这个连续统的展开,必须以已有为起步而指向未来,并且一切未来的可能性都必以已有为母体孕育生成。

一

本篇论仁,其要有二:首先,强调仁既是君子命脉,也是君子灵魂,是人成己为君子的精气神所在。从人出发观之,仁之所在,亦道之所在;从主体构建讲,仁,就是孔学之道,修仁得仁,"朝闻道,夕死可矣"。其次,揭示内驻仁心,具备仁德,才是君子修德取位的根本依据。所以从践履角度论,本篇张扬"以德取位"的思想方法。

孔子仁学思想的核心（或曰灵魂），是中正。在本篇中，从第一章到第十章，主要讨论人如何才能成为中正德道的君子，以及成为君子的主体性构成条件、基本方式和总体原则。从第一章到第七章，讨论什么是"仁"，分别从居仁、安心、处世、端行、安贫、好恶、改过七个方面论。自第八章始，论仁者如何可以"能好人"和"能恶人"。

具体言之，第一章"里仁为美"，论仁的目标。第二章"仁者安仁，智者利仁"，讲以仁为美的路径与过程。第三章"仁能好人和恶人"，讨论以仁为美的准则与尺度。第四章讨论实现以仁为美的主体性动力，不仅突出以仁为美的方向、准则、动力和方法、原理，更昭示何以要如此的根本原因和理由，揭明"苟志于仁，无恶"的实质和重心，就是再造人性。但再造人性的核心问题，却是克制利欲。第五章讨论修仁成己为君子的根本认知和方式，围绕三个问题展开：首先，对生存个体来讲，最根本的利欲是什么？其次，在"苟志于仁"的努力中，必须克制的利欲是什么？最后，修养仁德的生活进程中，如何才能真正克制这些利欲？第六章继而讨论修仁成己的基本态度和方法。

仁在于细节，为仁于小事，成仁于每日不辍的日常生活过程，这是孔子评价"以仁为美"的方法，也是衡量君子的力行尺度。以此观之，"君子无终食之间违仁，造次必于是，颠沛必于是"的修仁、为仁方式，构成常人难以做到的最高要求。第七章进一步讨论人成为"好仁"和"恶不仁"的人，何以如此难的原因，并在此基础上探求无过失修仁、为仁、成仁的不贰方法，即**观过知仁**，这是反面修仁、为仁、成仁方法，运用这种方法，就是发现、探析别人或自己的过失、过错，以此为借鉴，避免犯同类或相似的过失或错误，使"无终食之间违仁，造次必于是，颠沛必于是"的修炼与作为，始终沿着仁的中正大道前行。第八章继之讲观过知仁方法的依据。孔子认为观过知仁的依据是道：只有以道为依据并得道时，才可在日常生活中做到观过知仁。

以中正之道为依据修仁、为仁、成仁，并以中正之道为修仁、为仁、成仁的人生目的。要做到这两个方面，即达到其根本目的，需要言行不贰。这构成第八章与第九章的内在关联：第八章讲修仁、为仁、成仁，必须以中正之道为依据；第九章讲中正之道成为修仁、为仁、成仁的不贰方法；第十章讲中正之道构成修仁、为仁、成仁的唯一准则，通过对"适""莫""义""比"四个关键词的语义辨析揭示义的本体是仁，仁的本质是中正。

二

本篇从第一章到第十章，主要讨论人如何才能成为中正仁道的君子，以及成为君子的主体性构成条件、依据、基本方式和行为准则。自第十一章始,讨论具有中正仁道的君子应怎样施仁? 如何行中正仁道? 第十章论其如何施仁、怎样行中正仁道的总原则,第十一章讨论如何将中正仁道原则运用于邦国治理,或者持守中正仁道的君子应该具备怎样的治邦理念和准则,所要表达的核心观点是君子行仁道必须持德守刑:君子凡事以德、刑为准则,反之,小人生活却恋土怀惠。第十二章继之论小人恋土怀惠造成既损别人也伤自己的危害。孔子以提问的方式展开,讨论正反两个方面的问题:第一,小人能不能成为君子? 如果小人不能成为君子,是因为什么? 第二,如果小人能够成为君子,那又如何才能做到? 第十三章可看成对第十一章主题的续接,展开对以礼为依据的德治方式予以再讨论,并使这种讨论本身成为需要不断思考的常驻性问题。第十四章进一步讨论礼让治邦之方要达到防微杜渐的社会效果,需要从两个方面努力:一是君子出仕当官,要治理一方或邦国,应正确看待位与立;二是应解决"已知"与"可知"的问题。

第十一章到第十四章以中正仁道为准则,讨论君子成仁的社会要求。第十五章对君子成仁之道予以总结:孔子以自我辩解的方式,道出贯通自己学问始终的思想不是忠恕,是文道救世理想。这一理想形成的奠基法则是"性相近,习相远"的人性;这一理想形成的方法论是返本开新,它蕴含着历史发展观;这一理想展开的思想原理,是"以仁入礼"。

孔子的中正仁道思想,是以返本开新为动力机制和方法论,以文道救世为理想,以"以仁入礼"为路径,其中正仁道落实为伦理,是忠恕;落实为政治,是公义。这是第十五章与第十六章的主题关联:孔子采取义利对举方式提出"君子喻于义,小人喻于利",意在于向弟子陈述君子、小人从一般到特殊的三个生存事实,以此概括其利义观的五个要点:一是求利是人人生存的必须。二是求利必须有边界,这就是利义吻合。三是民应该关心的重心是物质财富的生产,君子应该关心的重心是邦国的治理。四是君子必担当两个责任:其一,对己的责任,其二对民的责任。五是小人不同于君子的根本方面,是放弃为君子的德性要求和社会责任,以求利为人生目的而不顾其余。

三

第十七章继续向行,讨论人要成仁为君子,必须以有贤德的人为榜样,以不贤者为镜子。孔子指出,"见贤思齐"的榜样学习方法所体现出来的核心精神,是君子学而"伐无善"和"以善伐己"。第十八章以事父母为例,讲人应怎样做到适度的"伐无善",即对父母之孝,应在"见志不从"面前做到

"又敬不违"和"劳而不怨"。第十九章指出君子仁孝必须做到"父母在不远游"，即使有条件远游，也应该"游必有方"。第二十章继续讨论孝作为根本的仁，不是"事父母，几谏，见志不从，又敬不违"，也不是"父母在，不远游，游必有方"，而是"父没，三年无改于父之道"，因为"三年无改于父之道"，是使已逝的父母天天都生活于己心之正中。

第十八至第二十章分别从生与死两个维度论孝。从生死之历时角度看，第二十一章"父母之年，不可不知也，一则以喜，一则以惧"应该紧承第十九章，但编纂者将其置于第二十章之后，是由生到死、再死而论生，体现一种生死循环、死而犹生的意味。并从两个方面讲只有父母正居于己心，才是真孝：第二十章讲只有父母正居于己心中，才不会"三年无改于父之道"；第二十一章从不忘记父母年龄这类小事来说明真孝何谓必仁的道理。第二十二章继续讨论：修仁，必修言；修言，即修仁。为仁修言，既要慎言，更要行能履言，行能合言，行能实言。

四

从本质讲，修言，就是克己自律为仁。第二十二章接着以"躬之不逮"为耻作为内动力克己自律，应以言与行为展开方式；第二十三章讨论"以约避失"的克己自律。此两章内容实际上是从不同角度强调"为仁由己"：君子修仁，必须以自己为主体，必须主动，必须有发自内心的需求和努力。

孔子所讲之德，本质是中："中庸之为德也，其至矣乎，民鲜久矣。"（《雍也》）所以，"君子讷于言而敏于行"就是德。在孔子的道德世界里，德的行为表现为"讷于言"而"敏于行"，所遵循的德道是中道，或可表述为中正之道。但德的主体构成却是仁，内动力是以仁为准则的耻感：自知其耻，是"为仁由己"的最终解释。第二十五章讲为仁由己的德之所以"不孤"而"必有邻"，既因为人对德的需求性，更源于德本身的普遍性功能。

德之不孤，是因为它具有构建生存关系、免除孤独和促进事功的功能。正是这些功能，人与人、人与群之间的生活秩序，往往需要通过德来建构；君臣或者官秩之间的政治关系，也要通过"德"来构建，朋友之间的关系亦如是；并且，如上三种人之间的关系，也需要借助于德来呈现。这是第二十五章与前一章在主题上的内在关联。第二十六章讨论具有普遍性功能的德，其功能释放仍然是有限度的，基于这种限度，无论相对什么人，都要做到"不可则止"。

第 1 章释义

子曰:"里仁为美。择不处仁,焉得知?"

[注释]

里仁为美:里,古代面积单位,长宽各三百步为一里;由此使"里"成为社会组织的基本单位,即以"里"为基本单位来安置居民,组织居民。周礼规定,二十五家为里。本章之"里"指居住地。里仁,指"同……一起居住必以仁为准则",因而,与仁者一起居住是美的。

处仁:处,居住。处仁,居住于仁地之中,实际上以仁为栖身(的情感和精神)之所。

[译文]

孔子说:"选择仁蔚然成风的地方居住,可以过上善美的生活。选择非仁的环境居住,怎么可以称得上明智呢?"

[通解]

第三篇讲"礼",开篇从反面的"非礼"现实入手讨论礼是什么,应该如何辨别、选择和重建礼道。本篇讲"仁",开篇从正面的"居仁"理想入手讨论何为仁以及怎样修仁。这由"反"而"正",指向于"合",构成"克己复礼为仁"的进路。

一

孔子论"里仁",首先讲述"仁"的来源与本义。

孔子论仁,其思想资源有二:一是西周今学,二是殷商及其之前的古学。萧公权在《中国政治思想史》中指出,孔子仁学的思想资源主要是后者,因为"今存比较可信之古籍记载周政者,鲜为仁义之言,如《诗》雅、颂称周先王之德,绝无'仁'字。《尚书》'今文'诸篇亦不言仁……若就《周书》、《周礼》等观之,则周人所注重而擅长者为官制、礼乐、刑法、农业、教育诸事。封建天下之典章文物,至周始粲然大备"[①]。孔子仁学的思想资源更多源于殷商,因为殷商政治崇尚宽简:《尚书·舜典》记载殷之先祖契为舜的司徒"敬敷五教,在宽";《微子之命》亦谓"乃祖成汤克齐圣广渊;皇天眷佑,诞受厥命;抚民以宽,除其邪虐。功加于时,德垂后裔";《史记·殷本

---

① 萧公权:《中国政治思想史》上册,北京,商务印书馆 2013 年版,第 67~68 页。

纪》记载:"汤出,见野张网四面,祝曰:'自天下四方皆入吾网。'汤曰:'嘻,尽之矣!'乃去其三面,祝曰:'欲左,左。欲右,右。不用命,乃入吾网。'诸侯闻之,曰'汤德至矣,及禽兽。'"①殷商之"仁"不仅施于人,也惠及禽兽,这种宽厚政德张扬的是仁与爱。这种体现仁爱的宽厚殷政,对于好古敏求的孔子来讲,必然深晓。"周政尚文,制度虽备,而究不能久远维持,至春秋而有瓦解之势,孔子或深睹徒法不能自行之理,又有取于周之完密而思有以补救之。故于殷政宽简之中发明一仁爱之原则,乃以合之周礼,而成一体用兼具之系统,于是从周之主张始得一深远之意义,而孔子全部政治思想之最后归宿与目的,亦于是成立。此最后目的之仁,即由孔子述其所自得于殷道而创设,故仁言始盛于孔门。"②萧公权对孔子仁学思想的渊源梳理清晰:仁爱思想源于殷政,但"仁"这一概念却是孔子体悟殷政精华而提出的,并由此形成仁学。所以,《论语》之"仁"学思想源于孔子挖掘殷之宽简仁爱政治思想而系统阐发所成。

宽简政治为何可以成为"仁"的土壤?这是因为宽简政治不仅相对人论,而且相对众人论。宽简政治意味着心中有人,有众人,故曰仁。仁者,不仅指心中有人,而且指行为上亲近人。《说文》释"仁者,亲也。从人从二"。亲,不仅指情感相投,更指空间距离趋"近"。所以,"亲"者,近也。仁,讲的是己与他者的关系距离趋"近",近到将他者放置于自己心中。从根本讲,仁,就是将他人放在心中,把他人当成自己看待,或者以看待自己的方式看待他人。由于以看待自己的方式看待他人,或将他人当成自己看待的这种方式是仁,所以"仁"字还蕴含情感取向的语义:"仁"是一种关怀方式。

二

"里"字本身有二义:一是周代最小的行政建制,即二十五家为一里,这是政治学意义的"里",它构成人的生物性居所,并以物理空间的所属性为标志。二是人学意义的"里",指人的精神家园,它以情感和德性为标志。孔子用"仁"来表述这种构筑精神家园的情感和德性。从句法入手,"里仁为美"的完形结构是"以里仁为美"。理解此句的语义内涵及指向,关键是"里仁"一词,从构词法观,"里仁"一词既可是偏正词组,也可为"意动结构"。如是前者,其意为"地理的仁",即"环境的仁";若属后者,即"以仁为里",可译为"以仁为居所"。由是,本章内容可做如下两译:

---

① (西汉)司马迁:《史记》,长沙,岳麓书社 1988 年版,第 15 页。
② 萧公权:《中国政治思想史》上册,北京,商务印书馆 2013 年版,第 68~69 页。

　　到仁爱成风的地方居住,是最好的选择;选择居所不考虑人文环
境,怎能是明智呢?

　　以仁为居所,那才是善美。生活不求仁,哪有智慧可言?

　　从具体语境观,理解本章的语义及其思想,尚不能对如上内容做非此
即彼的选择。

　　如果恢复其本原语境,本章内容似乎是孔子教学的具体内容,即在一
次具体教学活动中,孔子抛出"生活与美有何关系"这一话题,让弟子们讨
论。通过讨论,孔子最后做总结性概括并向弟子概述自己的基本看法:生
活与美的关系问题,本质上是**做人成仁**(或"成己成人")的问题,即生活得
美,必须为己成仁,将此予以抽象表达,就是以仁为美,或曰:为美而仁。孔
子告诉弟子,**生活要以仁为美,需要为美而仁,即既要以仁为居所,又要选
择仁爱者为邻,生活才是美的**。这种美表现为邻里之间的融洽和睦,更体
现个人内在心灵和情感的和谐。反之,既没有求仁的内在需要,又缺乏对
人居环境的选择,是既不明智也不智慧的生活。

三

　　本章中,孔子不仅提出一个重大生活问题,也提出一个重大理论问题。
仅前者论,孔子提出人的生活本质问题。在孔子看来,人的生活本质既是
存在论的,也是美学的,更是伦理的。在存在论意义上,人的生活本质是存
在事实的真实、真诚;在美学意义上,人的生活本质是美,即共生、简单、和
谐、自由;在伦理意义上,人的生活本质是仁爱。就后者论,孔子提出美学
与伦理的关系,只有真正理解孔子对美学与伦理的关系,才可理解《论语》
中孔子为何大量引用《诗经》并多处解释《诗经》的最终含义。

　　本章表述的仁与美的关系,实际上是善与美的关系;就学问讲,是伦
理、道德与审美、美学的关系,也是心灵与物、内容与形式、体与用的关系。
以此入手,需要从三个层面理解"里仁为美":

　　首先,"美"与"善"的关系。在孔子看来,善是内容的、实质的、本质的;
与此相反,美是形式的、秩序的、现象的。所以,善蕴含于美中,构成美的内
在的和本质的规定;但美却要彰显善,才可获得实质性的内容,才体现凝重
的内涵,产生价值。所以,在美与善的关系中,**善是美的价值构成,美是善
的形式构成**。由此,美与善之间还构成显扬与隐含的关系:作为内容的、本
质的善,相对美而言,始终隐含于生存中内在地凝聚;反之,作为形式的、现
象的美,相对善而论,始终向外张扬,成为现象论的形态显现。

其次,作为美的内容和本质规定的善,其具体形式是德:德的内聚形态,是仁;德的外显形态,是礼。在其外化层面,张扬善的形式之"礼",也是形式的,这种形式既是理智的或理性的,也是感性的。所以,"礼"也是美的。但在内聚层面,德的潜存内化形态是仁。所以,仁始终是内潜的、隐蔽的。

最后,表明里仁为何是美的？"里仁"的"里",一是指内外的"内",然后引申出"本""体""实质""本质"等含义。首先,仁是内在的,它相对"礼"而论:"礼"与"仁"在孔学中是一对范畴。礼是行为的规范,它是形式的;仁是行为产生的主体条件,它是内容的。所以,"仁"相对"礼"言,是内在的、本质的,是里;"礼"相对"仁"言,是外在的、现象的,是表。二是指"仁"相对"美"论,它是本质的、本体的内容,规定美的价值和意义及其根源所在;美相对仁言,它是形式的、现象的内容,表达仁的价值和意义,是仁的价值和意义的形式显现。

综上,孔子的"里仁为美",是从伦理入手立论的,它蕴含两层基本语义:从"表里"讲,人身上蕴含的仁性、仁心、仁情、仁爱,就是美;将蕴含于人精神世界中的那种仁性、仁心、仁情、仁爱表现出来,也是美的。从"乡里"讲,对乡邻,不问身份、地位、贫富如何,心存仁性、仁心、仁情、仁爱,是美的,对乡邻施之仁(仁性、仁心、仁情、仁爱),亦是美的。

第 2 章释义

子曰:"不仁者,不可以久处约,不可以长处乐。仁者安仁,知者利仁。"

［注释］

久处约:处,居住,作生活讲。约,穷困、贫困。

久处乐:处,处理、善待。乐,快乐、安乐。

仁者安仁:仁者,仁爱生活的人。安,使动词,使……安顿于心中。

知者利仁:知,通"智",明智、理智、智慧。利,意动词,以仁为利。

［译文］

孔子说:"心中无仁的人,不可忍受长久的贫困生活,也不能善待生活的安乐。仁爱的人,任何时候都将仁安顿于心中;智慧的人,总是以享有仁爱仁德为最大利益。"

[通解]

上章讲仁与美的关系,指出仁既是美的本体,也是美的本质内涵。本章继之论仁与乐的关系,揭示仁是乐的源泉,也是乐的心灵、情感、精神方法。

一

孔子返本开新的基本进路是"以仁入礼达乐",具体地讲,从修仁入手,达于礼,最后成就(人生生活之)乐。在孔子的思想学说体系中,仁、礼、乐此三者各居其位:仁是起步(主体性建构),礼是途径(践履规范),乐是目标(生活状态或人生境界)。从"学而"目标观,学而成己的实质性努力,是学而为乐者。

当明晰孔子思想学说的进路时,一个问题或可呈现:孔子为何以乐为目标?上章对此做了解答:因为乐是以美为形式要求、以仁为本质规定的生活表达。若从行为论,就是以仁为本质规定、以美为形式呈现的生活行为一定是"从心所欲不逾矩"(《为政》)之乐,即自由,首先是心灵、情感、思想、认知的自由,其次是行为的自由。所以,以仁入礼达乐,就以仁显发礼,实现身心俱谐和言行俱美的自由存在。

对孔子而言,乐有两个层次的内容,即生活之乐和做人之乐。但无论生活之乐还是做人之乐,其生成的主体性前提却是美和仁的统一。由于美仅是仁的形式呈现,所以可简要地讲,乐得以生成的主体性前提是仁,这是理解本章的认知基础。

二

从整体论,乐之于人,始终是一种超越状态,即生活境界和人生境界。

上章中"里仁",既指"环境的仁",也指"以仁为居所"。唯如是理解,本章内容才可讲得通:乐的形式呈现是美,乐的本质生成是仁。所以乐必求仁,乐必以仁为本体,并必以仁为动力。

讨论乐,必涉及情感。情感始终是人的生活体验;并且,对情感的生活体验,始终是个人化的。由于前者,情感虽与物质条件、生活环境等因素相关,但更具主观性;因为后者,情感体验只能发生于个人的主观性感受或领悟。

从性质取向讲,情感体验大致可归两类:滋养身心的或伤害身心的。前一种情感体验呈快乐状态;后一种情感体验呈痛苦状态。所以,乐是一种滋养身心的情感体验状态。

乐这种情感体验状态之所以具有滋养人身心的功能,是因为它本身敞开四个维度的超然性:一是超然于物外,不受现实的物质条件之累。孔子赞美颜渊:"一箪食,一瓢饮,在陋巷,人不堪其忧,回也不改其乐。贤哉,回也!"(《雍也》)表达乐超然物外的境界。二是超然于环境:"子曰:'饭疏食,饮水,曲肱而枕之,乐亦在其中矣。不义而富且贵,于我如浮云。'"(《述而》)孔子如此自表虽终身困顿,却乐不可支,乃为最好的诠释。三是超然于本能欲望,以及由此引出来的放纵。有关于此,孔子以"《关雎》,乐而不淫,哀而不伤"(《八佾》)为喻,做了最形象的表述。四是超然于生存时空。当"叶公问孔子于子路,子路不对"时,孔子却教子路"汝奚不曰:其为人也,发愤忘食,乐以忘忧,不知老之将至云尔"(《述而》)应该是对乐超然于时空的生存本质的简洁表达。

由于如上四个方面的超然性,乐不仅成为超越情境的生活态,更是超越境遇的人生态。也由于如上四个方面的超然性,真正的乐,是生活之乐、做人之乐、人生之乐;真正的乐,是乐本身成为生活、做人、人生的常态。这要求人必须成为仁者:只有当人成为仁者时,乐才成为超然性的常态驻守于身心。

如上,是孔子"不仁者,不可以久处约,不可以长处乐"的整体含义。

三

在孔子看来,乐之以仁为根本要求,乐的主体必须是仁者,是因为合于礼的乐必须是仁。在"以仁入礼达乐"的文道救世进路中,人"入礼达乐"的前提,是必须通过修仁而成为仁者。人要把自己成就为真正的仁者,必须从"安"和"利"两个方面做到仁。

孔子讲"安仁",就是安顿仁,即对仁做出得体的、恰当的、适合于仁本身的安排,使它有自在的去处或居所。所以"安仁"首先指己,然后指人。就前者论,是指将仁安顿于己心,使之常驻不去,这是"仁者安仁"的自我滋养义。但"仁"字的本义是"亲",指通过亲近而达于爱。以此来看,把仁安顿于己心,仅是成己为仁者的主体性前提,只有将"安顿于己心的仁"施之于他,使他者获得仁的光辉照耀和身心滋养,己仁才得以真正的安顿,才有自在的去处。

综上,只有安仁于己心,才有成为仁者的可能性;只有将己心之仁安放于他人生活之中或安置于他人的身心之中,才成为真正的仁者。由此两个方面要求,"仁者安仁"涉及己与他两个维度,这种由己而他的安仁,成为一个连续的过程。并且,这一由己而他的安仁过程,本质上是成己**达向**成人的过程。为实现这一过程,不仅需要内生仁性、仁心、仁情、仁爱,更需要由己而人的智慧和方法,这就是"知":所谓"知者",就是有见识、有思想、有智慧、有策略、有方法的智者。真正的仁者,要将安顿于己心的仁施之于人而安顿于人心,则需要"知",唯有如此,才可实现真正的"利仁"。所谓"利仁",是指以仁为利。以仁为利的具体方式,就是凡生活行为或选择,均要有利于追求或履行仁,或有利于发挥、释放、施予己心之仁。

结合"不仁者,不可以久处约,不可以长处乐","仁者安仁,知者利仁"是讲乐的最高本质,亦是乐的伦理本质,更是乐的社会本质:真正的乐,是使仁者将安顿于己心之仁推及于人,以"乐而忘忧"和"乐而不知老之将至"的方式去乐人。所以,"仁者安仁,知者利仁"揭示基本的伦理生存法则,是以成己之心去成人,以乐己方式去乐人。这一成己成人或乐己乐人的法则,既是孔子"以仁入礼达乐"之利己与利他的统一,也是孔子推己于人的伦理方法的本质性呈现。

第3章释义

子曰:"唯仁者能好人,能恶人。"

[注释]

仁者:以仁爱为准则生活的人,即仁德者。

能:能够,有能力。

好人、恶人:好,喜爱、爱好。恶,讨厌、憎恶。

[译文]

孔子说:"只有仁,才成为引导人去亲近(或喜欢)人的动力;只有拥有仁德的人,才可以仁为准则爱人。同样,只有仁,才能教给人疏远(或厌恶)非德之人的智慧;只有拥有仁德的人,才可以仁为准则疏远(或厌恶)非德的人。"

[通解]

第一章讲仁与美的关系,揭示仁对美的**本体**功能;第二章讲仁与乐的关系,揭示仁对乐的**动力**功能;本章继之讲仁与爱恨的关系,揭示仁如何构成爱恨的**生活准则**。

——

在孔子"以仁入礼达乐"这一返本开新的文道救世进路中,仁是关键,是枢纽,也是灵魂:孔子论礼,必求诸仁;孔子论乐,必返归仁。这是孔子返本何以要开新的理由:**为了返本,必须开新;只有开新,才可返本。**

在孔子的思想学说中,为返本而开新,就是开仁。返本开新,就是以普遍生成性的礼为依据而修仁,并通过修仁使自己成为仁者。

仁者以乐为目的,这仅是预设的理想态;要将其预设的理想态变成超然的生活态和人生态,不仅要求"知者利仁",更要看仁者有无实现乐的生活态、人生态的**自生**能力。这一内在自生能力既决定人能否一心向仁,也构成仁者能否享有常态之乐的关键。落实到具体的语境中,或可说,当孔子向弟子表达"不仁者,不可以久处约,不可以长处乐。仁者安仁,知者利仁"这一对仁的本质理解之后,可能引来弟子的发问,孔子由此做出"唯仁者能好人,能恶人"的回应。

正确理解本章内容的关键词是"好""恶"。"好""恶"对举做对比反衬,均兼具形容词和动词二义。

仅形容词义言:

> 只有仁者才能亲近(喜欢)人,疏远(讨厌)人。

就动词义论:

> 只有仁者才真心地爱人,正确地恨人。

对"仁者"一词,历来注家都理解成"仁德的人"。此种注解并无不当,但如此单一地定义"仁者",将使本章内容丧失原本性张力。应该说,"仁者"之"者",既作名词讲,也有副词功能。

将"仁者"之"者"作为名词,此章可译为:

> 只有具有仁德的人,才能以仁为准则亲近(喜欢)人,并以仁为准则疏远(讨厌)人;并且,只有具有仁德的人,才能以仁为准则真心地爱人,并以仁为准则正确地恨人。

将"仁者"之"者"作为副词,此章可译为:

> 只有仁,才引导人去亲近(喜欢)人,疏远(讨厌)人;或者,只有仁,才激发人去真心地爱人,正确地恨人。

应该说,对如上两种语义的整合,才构成本章的完整内容:

> 只有仁,才成为引导人去亲近(喜欢)人的动力,所以,只有拥有仁德的人,才可以仁为准则真心地爱人;同样,只有仁,才能教给人去疏远(讨厌)人的智慧,所以,只有拥有仁德的人,才可以仁为准则真诚地疏远人。

唯有如此完整的语义内容,才可使上下各章内容相协调。

二

仁成就乐,仁者必然成为乐者,其内在秘密不是它能"好人"和"恶人",而是在道出好人与恶人的伦理本质基础上,揭示判断"好人"和"恶人"的伦理准则和道德尺度。

> 子贡问曰:"乡人皆好之,何如?"子曰:"未可也。""乡人皆恶之,何如?"子曰:"未可也。不如乡人之善者好之,其不善者恶之。"(《子路》)
> 子曰:"众恶之,必察焉;众好之,必察焉。"(《卫灵公》)

孔子明确指出:好人与恶人的分水岭,就是善与恶:好人的伦理本质是善;恶人的伦理本质是恶。但如何辨别善恶呢? 孔子为之提供辨别善恶的道德尺度:中庸。

> 子曰:"中庸之为德也,其至矣乎! 民鲜久矣。"(《雍也》)

道德是辨别和评价人的行为善恶的尺度。但在孔子这里,道德非它,即中庸;并且,中庸作为人间道德,既是最低的行为底线,也是最高的行为准则。

中庸之所以是道德,中庸作为人间道德之所以体现至高性,是因为中庸的本质是正,是中正、公正,它表现为公道。(《雍也》)所以,正、中正、公正,构成仁者"好人"和"恶人"的道德尺度。进一步讲,仁之能引导人去亲近人和真心地爱人,因为仁内含正、中正、公正;仁之能教会人去疏远人并正确地恨人,因为仁表彰公道。

基于仁的伦理本质是善,仁的道德尺度是正,修己成仁的人,必然是爱憎分明的人;反之,不仁者,不仅"不可以久处约,不可以长处乐",而且成为是非不辨、善恶不分的乡愿者:"乡愿,德之贼也。"(《阳货》)

由此看来,爱人并不是仁的本质,它仅仅是仁的行为表达;**仁的本质是正,是中正,是公道**。唯有正、中正、公道,才是真正的合于礼、达于乐的爱;唯有合于礼、达于乐的爱,才是公道的爱,才是仁正,才是仁爱。

由于仁的如此自身规定,仁者,不是爱所有的人,而是爱正、中正、公道的人。反之,对一切不正、非公正、不公道的人,都是仁者所疏远和痛恨的人。

第4章释义

子曰:"苟志于仁矣,无恶也。"

[注释]

苟志于仁:苟,如果。志,存心不弃。志于仁,存仁于心,执之为准则。

无恶:恶,有两解:一是紧承上章言,意为好恶之恶,无恶,指无憎恨、无厌恶,体现仁爱的包容性。二是意为善恶之恶,无恶,指无恶行,体现仁爱的自制性和限度性。根据上下文语境,二解并蕴。

[译文]

孔子说:"如果以仁为志,以修养仁德为日用常行,既可杜绝任何恶行,更可超越个人好恶善待任何人。"

[通解]

本章紧接上章:上章讲仁与爱的关系,呈现仁如何成为爱、恨的准则或尺度。本章讲实现以仁为美、以仁为乐的主体动力。

一

修养仁德何以要以仁道理想的树立为先决条件?

这是基于"修仁成己达乐"的内在要求:"里仁为美",必须通过安顿仁于己心才可推之于人。因为,只有以成己之仁去成人,进而以乐己方式去乐人,才可达到真正的超然之乐。所以,修仁必先树立仁道理想。

修仁,呈个体主义取向;树立仁道理想,体现社群主义诉求。

树立社群主义的仁道理想,是为修仁确立方向,制定准则,并自为建构修仁的动力机制。所以,没有突破自己、超越自利的仁道理想,不可能内生修仁的动力,更不可能形成真实的修仁方向和切实的行为规范。

二

修仁需要心存的仁道理想,就是以"安仁"和"利仁"为志业。只有以

"安仁"和"利仁"为志业,修仁才成为日常生活方式;并且,只有以"安仁"和"利仁"为志业,修养仁德才成为人生过程。由此不难体会到孔子关于"苟志于仁矣,无恶也"的独特体验,蕴含主体性建构方式,并呈示主体性建构原理。

在孔子看来,人成为仁者的主体性建构的基本方式,是修养仁德。通过修养仁德使自己成为主体的人,即君子,具备自我驾驭、自我支配、自我要求和自我超拔的自己。

以修养仁德方式将自己成就为仁者,不能随心所欲,应遵循人生过程原理:修养仁德不是一时之功,也不是一时之为,它成为人一生的事业:人成为仁者(君子)是一生的事业,这是"苟志于仁矣,无恶也"的根本思想表达。

首先,对欲要成己为仁者的人来讲,修养仁德,是每天的事;成为仁者,是每天可成的功夫。这是因为:今天修仁得仁了,不等于明天有仁;昨天通过修养仁德而成为君子,不等于今天就一定是君子。要想仁德驻于每天,要使自己每天都成为君子,必须每日修仁不止。

其次,只有每日修仁不止,才可避免行恶;也只有每日修仁不止,更可避免生活过失。在孔子看来,生活的过失,虽无意为之,但如果严格检查自己,最终还是可以自我归因,那就是对修养仁德的放松、松懈,一旦修仁松懈,就有可能发生无意的过失。如果自以为昨日修养仁德成功了,就可一劳永逸,或以为修养仁德不过是嘴上功夫,不必真正实行,那么生活行恶,会成为必然。

最后,人修养仁德是一生的事,是人性使然,因为天赋的人性在后天的存在敞开中,总是激活本能性利欲;利欲膨胀,成为生活行恶的原动力。修养仁德的日常努力,不过是克制本能、调适欲望,使之符合正道,使行为既不过度,也无不及。所以,以修仁为日常生活方式和人生过程,就是使天赋的人性始终保持"相近"状态,这种"性相近"的生活状态,就是去恶和无恶的为仁状态,也是一种享受美和创造美的生活状态。

第5章释义

子曰:"富与贵,是人之所欲也,不以其道得之,不处也。贫与贱,是人之所恶也,不以其道得之,不去也。君子去仁,恶乎成名?君子无终食之间违仁,造次必于是,颠沛必于是。"

[注释]

富与贵:富,指财富占有多。贵,指身份、地位高。

道:指以仁德为指向的公道,即中、正之道,或中正之道。

得之:之,指称代词,指代前面所讲的"富"与"贵"。

不处:处,意为享用。指不享用富或贵。

不去:去,离开、抛弃。指不离开贫与贱。

君子去仁,恶乎成名:去,抛弃。恶,即乌。

终食之间违仁:终食之间,吃顿饭的时间。违,离开。

造次必于是,颠沛必于是:造次,匆忙、仓促。颠沛,挫折、困顿。是,指称修养仁德。

[译文]

孔子说:"拥有财富和身居高位,是人所向往的,如不以中正之道得来,决不享用。贫困和卑贱,是人所憎恶的,如不以中正之道摆脱它,最终不能摆脱贫困和卑贱的处境。一个君子,如抛弃仁,何以成就君子名声?君子之成为君子,就是哪怕吃饭之间也不忘记仁道,即使仓促匆忙之时也存仁于心,挫折困顿之时更存仁于心。"

[通解]

孔子论"苟志于仁矣,无恶也",其实质是再造人性,指出再造人性的重心,是克制利欲。本章承此而展开,讨论如何克制利欲成己为君子。

——

第三章孔子论"仁者",指有仁德的君子。人要成己为君子,必须修仁克制己欲不止。本章针对"如何修仁制欲成己为君子"这一问题,与弟子一道围绕如下三个问题展开讨论:

一是对生存个体来讲,最根本的利欲是什么?

二是在"苟志于仁"的努力中,必须克制的利欲是什么?

三是在修养仁德的生活进程中,怎样才能真正克制利欲?

通过讨论,孔子总结性地表述自己的观点:

首先,无论何人,其根本的利欲,是对富与贵的想望和对贫与贱的逃避。并且,对富贵的想望和对贫贱的逃避,既构成人成己为君子的根本阻碍,也成为人修养仁德的根本动力。这是因为追求富贵、避免贫贱,既是人性敞开的必然,更是人成己为君子的基本需求。但是,对富贵的过度欲望,对贫贱的绝对厌弃,或者对富贵的不正当谋求,以及对贫贱的不正当避免,又构成人成己为君子的惰性力量。

其次,以仁道为理想,修养仁德的日常努力,是克制想望富贵和逃避贫贱的炽烈欲望。这是最难做到的,即使一时做到了,也难以长久地保持。所以,与炽烈地欲望富贵和绝对地厌恶贫贱的本能做斗争,构成"苟志于仁,无恶"的持久动力。

最后,在修养仁德的生活进程中,要能真正克制对富贵的过度想望和对贫贱的绝对厌弃,必须持守一个准则,保持一种日常方式。

这个必须持守的准则是:凡是不以其中正仁道得到的富与贵,决不享用,也不能享用,因为天底下没有白吃的午餐;凡是不以中正仁道摆脱的贫与贱,决不抛弃它,也不能抛弃掉。概括前者,就是仁道的拒绝配享准则,根据这一准则,不以中正仁道得来的富贵不能配享;归纳后者,就是中正仁道的继续生活准则,根据这一准则,不以中正仁道摆脱的贫贱,必定重新回归于己,使自己继续与贫贱相伴。

这一必须保持的日常方式是:时时刻刻心存仁念,每时每事以中正仁道为依据和准则,须臾之间也不放弃修养仁性、仁心、仁情、仁爱,即使一顿饭的工夫,也不能中断仁念;或者,就是吃饭,也需要修仁;并且,即使吃饭,也是修仁的方式和功夫;哪怕身处偶发的仓促、紧迫之际,抑或身处挫折、困顿之中,也应该心存仁念,修仁不止。唯有如此不辍,才可弃贫贱而得富贵。

二

如上仅是本章的形式内容,其形式内容背后隐含的东西,却需要深度理解。

首先,"富与贵,是人之所欲"和"贫与贱,是人之所恶",从正反两个方面讨论人存在的根本生存问题,是平等问题;无论在原发存在意义上,还是在人性取向上,人对富与贵的向往和对贫与贱的避免这些欲求方面,是人人平等。这种普遍的平等诉求可表述为:人人有追求富贵而避免贫贱的权利,首先是经济权利,然后才是政治权利,更是人的精神权利。因为,富与贫,主要指物质的富裕或匮乏;贵与贱,主要指身份、地位的有无。

"富与贵,是人之所欲"和"贫与贱,是人之所恶",这是孔子从正反两个方面表达**朴素的**平等观。孔子之能够以富贵、贫贱方式表达出来的朴素平等观,源于他所锐意承传"性相近"的自然主义人性思想。"性相近",既道出人性天赋,更道出人性平等。在孔子看来,天赋人性平等,既是一切平等的绝对前提,更是一切平等的依据与来源。

其次,基于人性的本原取向和存在的实际需求,向往富与贵、避免贫与贱,这是正当的;只有当过度的或以不仁的方式向往富与贵或摆脱贫与贱的做法,才是不正当的。在这里,孔子道出另一个根本的伦理思考,也就是对利己与自私的基本认知:在孔子看来,利己是人性的本来,更是存在的必需,所以利己无可厚非。只有利己突破中正的仁道和公正的界线,才堕落为自私:自私是不正当的。所以,凡以自私为驱动力"得之"的富与贵,或以自私为驱动力"去之"的"贫与贱",都是不仁的,也是无德的,这种不仁和无德对于君子来讲,都应该"不处"和"不去"。

最后,孔子告诫弟子:仁者无大事,君子无大德。君子之德,乃日常生活细节之德;仁者修仁,乃不间断地须臾之为而已。须臾之事,构成人的日常生活细节;须臾之为,连缀成君子修仁成仁的日常生活链条。为表彰此一常识伦理的普遍性、重要性和根本性,孔子列举了三事:吃饭之间、仓促之为、面对挫折或困顿,有无仁念,能否以仁为准则,则构成德与不德的晴雨表。由此日常生活三例,既证明修仁乃日常方式,也强调修仁融贯于人生过程的重要性和根本性。

第6章释义

子曰:"我未见好仁者,恶不仁者。好仁者,无以尚之。恶不仁者,其为仁矣。不使不仁者加乎其身。有能一日用其力于仁矣乎,我未见力不足者。盖有之矣,我未之见也。"

[注释]

好仁者,无以尚之:好,喜爱、崇尚。尚,加,作胜过、超过讲。

加乎其身:加,沾染。指不仁的东西沾染到自己身上。

盖:大概。

[译文]

孔子说:"我没有见过崇尚仁德的人,也没有见过讨厌不仁德的人。崇尚仁德的人,应以仁本身为至高无上;憎恶不仁的人,应以修养仁德为日常方式,在任何情况下都要避免来自各方面不仁对自己的影响。有谁可以坚持一整天尽心于修养仁呢?只要一心求仁,就会得仁。因为求仁的心理动力人人都有。我从未见到没有能力修仁的人。也许有这样的人吧,但我没有见过。"

[通解]

上章讲修仁成己为君子的根本认知和方式,本章讨论修仁成己的基本态度和方法。

一

修仁于细节,为仁于小事,成仁于每日不辍的生活过程,这是孔子评价"以仁为美"的方法,也是衡量君子力行于仁的尺度。以此观之,"君子无终食之间违仁,造次必于是,颠沛必于是"的修仁、为仁方式,构成常人难以做到的最高要求。这是因为,修养仁德之所以必须成仁的日常方式和人生过程,在于修仁就是制欲;制欲,不仅是每日之事,更需要每事作为。所以,本章内容,既是孔子对弟子成仁的劝勉,更是对弟子修仁、为仁的告诫。

　　　　子曰:"回也,其心三月不违仁,其余则日月至焉而已矣。"(《雍也》)
　　　　子曰:"贤哉回也! 一箪食,一瓢饮,在陋巷,人不堪其忧,回也不改其乐。贤哉,回也!"(《雍也》)

联系孔子对颜渊的赞誉,或许感觉到孔子此论有些自相矛盾。如果从静态观,孔子这番训诫确实既有些夸大其词,更是言不符实。但联系前几章孔子对仁、仁者和对修养仁德的日常方式及人生过程等基本主张观之,就会发现,孔子对弟子的训诫是实实在在的。

孔子对弟子的训诫,是建立在他对弟子的两个基本判断基础上:首先,孔子认为自己的这些弟子还没有人将仁视为"学而时习之"的日常力行功课;其次,自己的这些弟子还不懂得"君子无终食之间违仁,造次必于是,颠沛必于是"的修仁、为仁精义与要求,因而,还没有人真正进入"君子无终食之间违仁,造次必于是,颠沛必于是"的生活境界。

二

孔子如此训诫弟子,并不是说弟子们在修仁、为仁方面完全没有作为,而是告诫弟子:你们跟我学仁、修养仁德,虽然已经很努力,各自也达到不同程度的境界,但相对真正的仁者,还有很大差距。这个差距不在于你们过去在修仁、为仁方面做到了多少,而在于你们还没有将修仁、为仁、成仁作为每日功课,更没有将修仁、为仁、成仁作为人生的日常志业。因为修仁、为仁、成仁既是"学而时习之"的**日日力行**的功课,更是"无终食之间违仁,造次必于是,颠沛必于是"的奋发图强过程,这个过程既需要自发激励,更要求从无间歇,无任何松懈。

孔子还以此告诫弟子:修仁、为仁、成仁的根本前提,是"好仁"和"恶不仁",这也是辨别修仁、为仁、成仁之真假的唯一方式。在孔子看来,真正"好仁"的人,不会让其他任何顾虑置于其上,关怀仁本身才是至高无上的:"'仁'是一种关怀的形式。因此,'仁'的关怀就是'是否你有志于仁'——如果有志,就没有任何障碍。"①真正关怀仁、以仁为志业的人,不会被任何人超越;或者,任何人都不可能超越真正"好仁"的人,因为真正"好仁"的人,只能并且必须是"恶不仁"的人,对一切不仁的、有损于仁的行为和做法都深恶痛绝并远离之。由此观之,真正"好仁"和"恶不仁"的人,之所以修"仁"心无旁骛,是因为通过至诚的修仁、为仁使自己成为无任何人格缺陷或道德瑕疵的人。孔子不仅劝勉弟子,而且以此自励地说:这样的仁者,不仅你们没有见过,我本人也没有见过。但我本人渴望成为这样的人,我更希望你们将自己成就为这样的人。孔子告诉弟子,成为真正"好仁"的人和"恶不仁"的人,不是没有能力做到,恰恰相反,人人都具有做到的能力,关键在于:一是愿不愿意去做。愿意去做,"仁远乎哉?我欲仁,斯仁至矣"(《述而》)。二是能否每日如初地坚持不懈,鼓动存仁之心以每日用力于仁,从不间断,从不松懈,从不降低对仁的要求。一旦如此至诚修仁、为仁,必然会成为仁者。

第7章释义

子曰:"人之过也,各于其党。观过,斯知仁矣!"

[注释]
过:过失、错误。
党:类,类别、类型。
观:观察、考察、审问。

[译文]
孔子说:"人犯过错,各有其类型。只要考察不同的人犯的不同类型的过错,就能明白仁道的精神所在。"

---

① [美]赫伯特·芬格莱特:《孔子:即凡而圣》,彭国翔、张华译,南京,江苏人民出版社2002年版,第53页。

[通解]

本章承上章内容,进一步讨论人成为"好仁"和"恶不仁"的人,何以如此难,并在此基础上探求无过失修仁、为仁、成仁的不贰方法。

一

本章内容由两部分组成,第一部分是"人之过也,各于其党"。第二部分是"观过,斯知人矣"。合将起来,构成孔子对人成为"好仁"者和"恶不仁"者之难予以人学考察。

首先,人不可避免地要犯过错,所以人是有过之人。

人作为个体,是迫生于世,面对广袤深幽的存在世界,原本就残缺和有限、孤弱和无力。这一原发存在状况的生存化敞开,决定人难以成为完美的存在,虽然后天意识性努力于自我完美,但实际上难以做到。此外,人作为个体,需要资源滋养才可继续存在;但滋养生命的资源往往没有现成的,必须启动生命本身的力量向存在世界谋取,因而,避免贫与贱、向往富与贵的利欲冲动,往往让人难以时时得体地节制或调适,使之完全符合中正的仁道要求。由此先天和后天两方面因素推动,使人沦为有过之人。

"人是有过之人"这一判断包含三层含义:

第一,所谓"过",就是错,它相对"对"而言,意指不正确,但其原发性语义却是残损、不完整、不完美。从道德论,"过"体现非仁或不仁。以此观之,人是过失的存在者。并且,在实际生活过程中,被利欲冲动激励的人往往容易犯过失。从这个角度讲,人是易于犯过失的生活者。并且,人易于犯过失的存在事实,激发人们形成通过修养仁德、持守仁道来避免过失,这种努力虽可以减少过失,却难以彻底根除过失。

第二,人犯过失,不仅有先天因素的激发,更有后天因素的引导。其中,引发人易于犯过失的顽固因素却是人"各于其党"。人各于其党,既可由先天分配所引发,也可能是后天自为形成,或者二者兼而促成之。孔子以其历史生活经验和现实生活经验,将人分为四类,即君子、小人、庶人、民。并根据其生存时代的语境要求,特别地区分了君子和小人,比如:

子曰:"君子坦荡荡,小人长戚戚。"(《述而》)

子曰:"君子成人之美,不成人之恶。小人反是。"(《颜渊》)

子曰:"君子之德风,小人之德草。草上之风,必偃。"(《颜渊》)

子曰:"君子和而不同,小人同而不和。"(《子路》)

子曰:"君子泰而不骄,小人骄而不泰。"(《子路》)

子曰:"君子上达,小人下达。"(《宪问》)

各于其党者,其过失性存在方式不同,其易于犯过失的原因不同,所常犯的过失类型也不一样。朱熹在《四书集注》中引程子之言曰:"人之过也,各于其类。君子常失于厚,小人常失于薄;君子过于爱,小人过于忍。"程子之言,或可为"人之过也,各于其党"做一注。

第三,由于人人谋生易于犯过失,由此形成人之修仁即使做到"无终食之间违仁,造次必于是,颠沛必于是",也难以避免有过,更难以做到彻底根除过失。这种状况既为人难以成为仁者设下种种障碍,也为志于仁的人更加坚定信心必要成为仁者开阔修仁的新视野,提供成仁的新方式、新方法,这就是"观过,斯知仁矣"。

二

从践履方式和方法论,人修仁、为仁、成仁,应该向榜样学习,因为榜样的力量无穷。然而,在修仁、为仁、成仁方面,榜样总是处于空位状态,所以孔子如此悲观地说:"我未见好仁者,恶不仁者……有能一日用其力于仁矣乎,我未见力不足者。盖有之矣,我未之见也。"(第六章)孔子感叹之余却惊奇地发现,榜样虽然空位,但过失却无处不在,无人不有。因而,观过,成为人修仁、为仁、成仁的不贰方法,这种方法就是**观过知仁**。

观过知仁的方法,是反面修仁、为仁、成仁方法,运用这种方法,就是发现、探析别人或自己的过失、过错,以此为借鉴,避免犯同类或相似的过失或错误,使"无终食之间违仁,造次必于是,颠沛必于是"的修炼与作为,始终沿着仁的中正大道前行。

观过知仁方法的实质,是"学而时习之":观过知仁,既是自省或省人的内习方法,也是践履的外习方法,是内省和践履的整合运用。所以,观过知仁,首先是一种修养,然后是一种能力,最后才是一种方法。

"观过知仁"的"观",表面语义是观察,但实质内涵却是发现、省察,这是一种目的性行为,其真实目的是**归因明道,知明方正**,这是"观过,斯知仁"的本义。并且,"观过知仁"之"知",其直观语义是知晓、了解、明白、懂得;但本质语义却是"获得……""践履……"。综合二者,所谓观过知仁,指通过发现、审察(他人或自己)过失,找到其产生过失的真正原因,不仅可以领悟和把握仁道的精神所在,更可获得无过失地修仁、为仁、成仁的精义、智慧和方法。

第8章释义

子曰:"朝闻道,夕死可矣。"

[注释]

朝闻:朝,早晨。闻,听闻、听说。早晨听到(你们中有人得道成为仁者的)消息。

道:有三解,一是天道,或存在、事物当然之理。二是人生的生死之道。三是君子之道,具体讲,君子的中正之道,统贯仁、礼、乐三者,使"以仁入礼达乐"成为可能,并构成"仁德-公道"的本质规定和中庸道德的灵魂。本章之"道",更合第三解。

夕死:夕,傍晚、晚上。指早晨得道,晚上就离开人世。

[译文]

孔子说:"早上听到你们中有人得道成仁的消息,我即使晚上死去,也值得。"

[通解]

上章讲君子成己的观过知仁方法,本章继之讲观过知仁方法的依据,孔子认为是道:只有以道为依据并得道时,才可在日常生活中做到观过知仁。

一

对本章内容,注家多脱离本篇语境和上下文语境,将"道"任意解读为诸如"天道","事物当然之理"或"真理",或"中庸"之道以及"忠恕"之道等。同时,注家们将"朝闻道"之"闻"释为"领悟""觉悟",或者"体认"。为避免这种任性解读,正确方式是应该回归语境。

从大的方面讲,本篇论仁,一直是孔子与弟子围绕"仁"的问题从各方面展开讨论。本章内容仍然属于这一主题范围,因而必须接受该语境的规范。具体论之,本章承上章而来,是对上章主题的拓展。上章的主题内容是要使"君子无终食之间违仁,造次必于是,颠沛必于是"的修仁、为仁、成仁无过失,需要充分运用观过知仁的方法来探求无过失修仁、为仁、成仁的精义和智慧。孔子告诉弟子,无过失地修仁、为仁、成仁的精义和智慧,就是突破"各于其党"的局限和桎梏,持守中正之仁。

从根本论,孔子以"各于其党"的方式概括人的局限性存在,不仅是各有其类,各陷于类,而且各存其私,各固其私。观过,就是发现、审察"各于其党"的构成因素,把握各固其私的深层动机,找到知明方正地突破"各于其党"生活陷阱的方式,矫正"各于其党"的人格缺陷,超越"各于其党"的存在方式和生存进路,真正把握仁并熟练地发挥仁的本质、充分运用仁的法则,无过失地修仁、为仁,并最终持正成仁。

孔子告诫弟子，仁的本质是中正。只有持守中正，在涉及己与人、人与物之利害得失的日常生活中修仁、为仁才可无过失。因为，中正之为仁，在于中正不偏斜，更在于中正本无私，中正更拒绝"各于其党"。中正之为仁，中正更为道，是因为中正本身就是尺度，也是法则，更是准绳，在任何时候、任何状况下都保持中正本身。所以，"观过，斯知仁矣"，是指通过审查、检讨"各于其党"的根本之私，就可能获得、掌握、运用中正仁道的智慧和方法来修仁、为仁、成仁。孔子对弟子们说，你们当中有谁一旦这样做到了，就把自己真正成就为"以仁为美"的仁者。你们把自己成就仁者的这种成功的好消息告知我，即使我早晨听到晚上就离开了你们，也是值得的，因为我作为你们的老师，对你们的培养不仅开出了花，而且结出了果。

二

本章是孔子对弟子们必要践履中正仁道的挚切勉励和殷殷期待。要理解孔子这一至诚情感表达出来的崇高理想，正确理解"朝闻道，夕死可矣"之"闻"，是为关键。

"闻"字的甲骨文形式是从人，从耳，以示听声音，本义"知闻"。《说文》亦如是释："闻，知闻也。"本章中的"闻"字表达的恰恰是其本义，即听到、听说，或得到……消息。按此理解，"朝闻道"，意即"早晨听到道"。显然，这种解读不通：道怎么能够用"听得"呢？如何正确理解"朝闻道"的真实表意呢？这需要结合语境观。

孔子之言"朝闻道，夕死可矣"，显然不是自言自语，而是基于特定场景面对特定对象有感而发。结合上下章观，本章承上章来，其直接话语情境应该是孔子向弟子授课。孔子授课，或自己抛出话题，或弟子提出问题，讨论或解惑，启发或交流，纵向深入；或开启新的话题、新的问题。在这多姿多彩的授课过程中，弟子们将孔子最具有启发性、辨正性、归纳总结性的话记录了下来。本章内容，是拓展上章内容，讨论无过失地修仁、为仁、成仁的精义和智慧到底是什么，众弟子在夫子的引导下，通过讨论交流达成了领悟性共识，对无过失地修仁、为仁、成仁充满自信心。孔子为自己针对"仁"的问题从"里仁为美"开始一路展开启发式教学至此，弟子们终于获得"志于仁"的践履共识。面对弟子们的集体性成长，孔子感到特别高兴，特别富有成就感。正是在这种励志成功的振奋性氛围中，孔子勉励弟子们：你们已经领悟到了无过失地修仁、为仁、成仁的中正之道，只要你们将"志于仁"心无旁骛地践履，一定会持守中正仁道，把自己成就为真正的仁者。如果我有生之年能够听到你们当中谁真正得（中正之）道成仁，哪怕是早上听到这个难得的好消息,晚上就死去,也是值得的。因为你们当中任何人得道成仁的成功,都是我这个老师的成功。

由此可以看出,"朝闻道,夕死可矣",其实是省略句,即"早上得到你们中间有人得道成仁的消息,即使晚上就死去,也是值得的"。这一高度浓缩的假设式省略句,表面看,是孔子对弟子修仁、为仁、成仁的勉励,实质上却是孔子在告诫弟子:"君子无终食之间违仁,造次必于是,颠沛必于是"的修仁、为仁过程,就是得道成仁的过程,这一过程不仅日常人生化,而且异常艰难,需要终身以许,更要以生命为代价。但它却有至高无上的价值,比生命更珍贵。因为生命是个体的,也是有限的;以生命投入方式践履中正仁道,并在践履中真正持守中正仁道,使自己成仁,却超出有限生命的桎梏获得了无限性。

第 9 章释义

子曰:"士志于道,而耻恶衣恶食者,未足与议也。"

[注释]

士:周时,乃最低阶贵族:"天子建国,诸侯立家,卿置侧室,大夫有贰宗,士有隶子弟,庶人工商,各有分亲,皆有等衰,是以民服事其上,而下无觊觎。"(《左传·桓公二年》)其后,士逐渐降落为庶民。春秋时,士成为由平民升入贵族阶层的过渡性身份,指以担当道义为己任的读书人。

耻恶衣恶食:耻,以动词,作"以……为耻"讲。恶,粗劣、不好。恶衣,破旧的衣服。恶食,粗劣的食物。

议:交谈、讨论(道)。

[译文]

孔子说:"一个读书人,虽然扬言有志于行中正仁道,又以简朴生活为羞耻,这种言行不一的人,根本不值得一提,更没有必要与之讨论中正仁道。"

[通解]

以中正之道为依据修仁、为仁、成仁,并以得到中正之道为修仁、为仁、成仁的人生目的,需要言行不贰。这是本章与上章的内在关联。

一

"士"字最早出现于《尚书》中:"是以为大夫卿士。"(《尚书·牧誓》)"大夫卿士",是上古时代的官名:在上古,将掌刑狱的官称士。殷周之际,士隶属于贵族阶层,多为卿大夫家臣:"胄子成人,能治上官,谓之士。"(《周书》)西周以降,士开始分化,至春秋,形成文士、武士之别:武士侧重于承传和弘扬尚武精神;文士侧重于承传和革新文化命脉。仅就文士言,士必须是读书人;但读书人并不一定是士,只有具备道义担当的读书人,才可称为士。进而,能够担当道义的读书人群体,就是文化贵族。在春秋战国时代,凡是有道义担当的读书人,都称为士,儒家、道家、法家、墨家等各家均有士。本章中的士,是如此意义。

"士志于道"的"道",指中正仁道,亦可简称为仁道,即以中正为准则重人、爱人之道。历史地看,仁道,是春秋战国时诸子各家之士实际担当的道义。比如,墨家之士所为之努力的"兼爱、非攻、尚同、尚贤",实际上贯穿仁道。法家之士崇尚"以刑入礼"的本质诉求,仍然是仁道。春秋战国时代,诸子以各自的方式探求拯救社会的方案,却只有孔子才明确提出"仁"的概念,并以此返本开出中正仁道的系统思想。联系上章内容,孔子赋予"道"以中正语义内涵。具体言之,孔子所论之"道",是以礼为依据,以仁为灵魂,以美(即乐)为目标:"子曰:'志于道,据于德,依于仁,游于艺。'"(《述而》)。孟子在《离娄上》中概括"孔子曰:'道二,仁与不仁而已矣'",即此谓。

孔子教学,始终与生活联系,特别重视引导弟子关注常识,重新思考常识,并且常常以实际生活现象为话题,本章亦如是。孔子以现实生活中形形色色的士的行为为话题,引导弟子们展开讨论,辨别真士和假士,并提供辨别真假的具体方法:真士,必志行于道;假士,却假言于道。

二

所谓"士志于道",是说士必须立志于中正仁道,这是读书人成为士的首要条件。

"士志于道,而耻恶衣恶食者",是说有志于行中正仁道的愿望甚至决心,但在物质生活上却以吃粗陋食物、穿破旧衣服为羞耻,这种生存态度和生活方式不是有道义担当的读书人的所为。一个读书人,要成为名副其实的道义担当之士,必须既要有志于中正仁道的愿望、理想、决心,更应该将其愿望、理想、决心化为日常的生活方式,既能"饭疏食,饮水,曲肱而枕之,乐亦在其中矣",又能做到"不义而富且贵,于我如浮云"(《述而》)。唯有如此,才可"笃信好学,守死善道";并可在更为恶劣的生存环境中,做到"危邦不入,乱邦不居,天下有道则见,无道则隐。邦有道,贫且贱焉,耻也。邦无道,富且贵焉,耻也"(《泰伯》)。

概言之,"志于道",是读书人成为士的认知选择、理想定位;安于"恶衣恶食",是读书人成为士的行为选择、生活方式定位。只有认知选择与行为选择有机统一,将理想化为心灵安泰的生活方式,才可真正担当起人间道义,即凡事持守中正仁道,开辟为仁、成仁的生活道路。这种读书人是真士,虽稀少,但很高贵。反之,一个读书人,就算满腹经纶,如果没有志于道的愿望和理想,则与士毫无关系;一个读书人,纵有志于道的愿望和理想,却在生活方式上选择物质至上,毫无原则地追求富与贵,这种人只能是假士,这种假士在现实生活中很多,但没有价值,为人所鄙夷。

结合上章观,本章内容不仅讲述辨别士之真假的方法,并通过讲述将辨别士之真假的方法告知弟子,激励他们去身体力行地成为真正的士。在孔子看来,真正的士,是仁士。人要成为仁士,必须修仁不已。但修仁、为仁而最终成仁,不只是懂得、掌握和持守中正仁道,真正能够将己成就为仁士的是修仁、为仁行为本身。在日常生活中选择修仁、为仁,当然是做仁人、善待人、爱人、帮助人,为人济危解困。但更为根本的却是生活方式的选择,只有真心接纳恶衣恶食并以此为安的生活方式,才可真实地践履其中正仁道,成为仁士。

第 10 章释义

子曰:"君子之于天下也,无适也,无莫也,义之与比。"

[注释]

适:适当,可以。

莫:不肯,不可。

[译文]

孔子说:"君子对于天下事,没有硬性要求必须做什么,也没有明确规定不做什么。做与不做,准则只有一个,那就是一切以中正为依据。"

[通解]

第八章讲修仁、为仁、成仁,必须以中正之道为依据;第九章讲中正之道成为修仁、为仁、成仁的言行不贰的方法；本章则讲中正之道构成修仁、为仁、成仁的唯一准则。

本章内容体现两个特点：一是从表面看，本章内容与上章无关。二是理解本章内容既要结合上下语境，更须先弄清楚"适""莫""义""比"四个关键词。

首先，"适""莫"对举，历来有多种注解，但不必偏执其一。就本义言，适，莫，乃"可"与"不可"，或"是"与"不是"。无论可还是不可，或是与不是，都体现判断的倾向，包括判断的价值倾向和判断的情感倾向，前一种倾向包含"亲疏厚薄"的价值判断；后一种倾向蕴含羡慕或敌视的情感取向。

其次，"义"之本义，乃适宜、合理；"比"的本义是从，引申为顺从、接近、亲近。"义之与比"，意唯义是从，亦可表述为以适宜、合理为准则。《左传·僖公二十七年》记载《诗》《书》，义之府也；礼、乐，德之则也；德、义，利之本也"，应该是对礼、乐、义三者关系的最早阐述；礼、乐，是德的准则；义，是德的本体。为什么礼、乐要以义为本体？因为义乃适宜、合理。然而，义者，何以是适宜、合理？因为它合于仁，体现中正仁道。这是人们为什么以习惯称义为"道义"的缘由。义合于仁，必然体现中正公道。

以此思路理解本章内容，则可发现它与上章的关联：本章所论不过是对上章主题的拓展思考，即修仁、为仁之于个人，是成为仁者，成为君子。持守中正仁道的君子，自有区别常人的方面，这集中表现在看待天下事物时，君子没有预成的认知模式，更没有预成的行为模式，不会以"前见"的姿态或方式武断地判断什么是、什么不是，何谓好、何谓不好；在看待人方面，也不会从成见出发，心存敌视、疏远或盲目的羡慕、亲近。处世待人，一切均以中正仁道为准则，追求正当合理性。

在本章中，孔子拓展思路，引导弟子们关注仁与义的关系，也是中正仁道进入践履领域不得不正视的问题。在孔子之前，人们对礼、乐、义的关系有明确认知：循礼而乐，必须以义为本体；但义以什么为依据，却处于待解的空位状态。孔子则在承传基础上开新，指出**义的本体是仁，仁的本质是中正**。所以，中正仁道构成义的依据，衡量、判断义与不义，必须以中正仁道为准则。义与不义的分水岭，就是正当与不当、合理与不合理；凡正当的，就是合理的；凡正当、合理的，必须是合仁的；凡仁的，必须是中正的。所以孔子告诫弟子：看待天下事物或人，均要以中正仁道为准则，以正当、合理为尺度，这既是"仁"与"不仁"的区别，更是仁者与不仁者、君子与小人在认知判断和行为上的根本区别。

第 11 章释义

子曰:"君子怀德,小人怀土。君子怀刑,小人怀惠。"

[注释]

君子、小人:君子小人对举,在《论语》中共出现十八处,形成十八章内容,由此可以看出,这是孔子思考何为君子的基本方式。在一般意义上,君子指具有中正仁道的人,但在严格意义上,君子不仅有中正仁道之德,还必须有道义,即具备文道救世的担当和承传文明的使命。合起来讲,君子是"修德取位"和"以德正位"者。与之相对的是"小人",它可能有位,却不具备中正仁道之德;或有德,却不具备文道救世的担当和承传文明的使命,比如樊迟热衷于耕种,孔子骂他为"小人",就是取后者之义。

怀德、怀土:怀,思念、关心、关怀、眷念。德,德性,具体指中正仁德,它是中正仁道的实践形态,包括仁德和公道。土,乡土,眷念乡土,即因生于乡土而不忍离去,意指重家、乡而轻邦国之责,缺少文道救世和承传文明的担当,所以"土而怀居,不足以为士矣"(《宪问》)。

怀刑、怀惠:刑,刑法、威罚。怀刑,关心法度、注重刑罚。惠,恩惠、好处、实惠。怀惠,眷念恩惠、关心实利。

[译文]

孔子说:"君子心怀文道救世的中正之德政,小人眷顾个人的故土生活。君子关心刑罚是否公正;小人关心实利是否满足。"

[通解]

本篇从第一章到第十章,主要讨论人如何才能具备中正仁道,成为中正仁道的君子,包括成为君子的主体性条件、依据、基本方式和行为准则。自本章始,讨论具有中正仁道的君子,应怎样施仁? 如何行中正仁道? 第十章是如何施仁、怎样行中正仁道的总原则,本章则讨论如何将中正仁道原则运用于邦国治理,或者持守中正仁道的君子应该具备怎样的治邦理念和准则。

———— 一 ————

本章的核心观点是:君子行道义必须**持德守刑**。为此,须先理解德与刑的渊源。

"德"的观念,至少在西周早期已经出现。西周中期的《师鼎》铭文中出现"先王德""孔德"①等文字。这时的德，不仅指人的品德，还指通过血缘或天赐册命的形式继承得来的东西："昔虞舜以天德嗣光，布功散德制礼"（《大戴礼记·少间》）。周灭殷商，根本的价值观念产生巨大改变，将殷商的"神王合德"改变成"人合天德"，强调"天命自图"，彰显"皇天无亲，唯德是辅"的"天命自图"准则。所以自周以来，德成为王权合法性的依据："凡君即位，卿出并聘，践修旧好，要接外援，好事邻国，以卫社稷，忠、信、卑让之道也。忠，德之正也。信，德之固也。卑让，德之基也。"（《左传·文公元年》）而且，德作为王权合法性的依据，不源于人为，而是源自人力之外的天性、天的意志。"得其天性之谓德"（《淮南子·齐俗》），以德配天的思想，产生于殷末周初，"曰古文王，初戾和于政，上帝降懿德，大屏，匍有上下，迨受万邦"（《史墙盘》）。王德受命于上天的观念，成为周政之合法性观念："茂昭明德，物将自至。"（《国语·周语》）反之，失德，则鬼神不至。摄政王周公认为智、仁、义、德、武，此五者乃王朝久续、天下昌明的根本条件："臣闻之文考，能督民过者德也，为民犯难者武也。智能亲智，仁能亲仁，义能亲义，德能亲德，武能亲武，五者昌于国曰明。明能见物，高能致物，物备咸至曰帝。"（《逸周书·本典》）《周书·常训》亦曰："苟乃不明，哀乐不时，四徵不显，六极不服，八政不顺，九德有奸。九奸不迁，万物不至。"万物不至的状况一旦出现，人间社会就必然出现权威合理性的丧失，这是德的堕落。

德与刑，是一对孪生兄弟。**德刑并举**，构成邦国治理的基本标志。这也是统治与秩序的基本常识，作为春秋晚期拥有最丰富历史智识和文化思想的孔子，自然熟知其常识，并精通其常识背后的普世性思想依据。后人基于各种不可告人的主观意愿而认为孔学主张德治而反对刑治的这种看法，并不符合孔子的政治思想本身。

当然，后人认为孔子只讲德治，反对刑法之治，也有其"依据"，但这个"依据"却是后人的歪曲：鲁昭公六年（公元前536年），郑国子产制刑书；邓析制竹刑（**竹法**）；鲁昭公二十九年（公元前513年），晋国赵鞅铸刑鼎，将贵族秘而不宣的法度公之于众，造成对"公室"的不利，由此引发礼、法之争，孔子也加入这场论争，反对晋国铸刑鼎：

> 冬，晋赵鞅、荀寅帅师城汝滨，遂赋晋国一鼓铁，以铸刑鼎，著范宣子所为刑书焉。仲尼曰："晋其亡乎！失其度矣。夫晋国将守唐叔之所受法度，以经纬其民，卿大夫以序守之，民是以能尊其贵，贵是以能

---

① 葛兆光：《中国思想史》第1册，上海，复旦大学出版社2001年版，第86页。

守其业。贵贱不愆，所谓度也。文公是以作执秩之官，为被庐之法，以为盟主。今弃是度也，而为刑鼎，民在鼎矣，何以尊贵？贵何业之守？贵贱无序，何以为国？且夫宣子之刑，夷之蒐也，晋国之乱制也，若之何以为法？（《左传·昭公二十九年》）

孔子所反对的，不是刑罚之治，而是将刑罚之治的依据即法律条文刻在铜鼎上。孔子认为，晋铸刑鼎，可能导致民不尊贵；民不尊贵，贵贱的尊卑秩序将遭受破坏，礼仪将不复存在，邦国就面临灭亡的命运。从根本讲，孔子反对的不是刑治本身，而且反对将治邦大宝公之于民众，而不利于礼的维护，因为礼是建立在尊卑等级基础上的。阅读上面史信，孔子反对刑鼎的根本理由有二：一是"礼者禁于将然于前，而法者禁于将然之后"（《大戴礼记·礼察篇》），即礼能够事先禁止不法行为的发生，刑却只是后果性的消极惩戒方式。二是"道之以政，齐之以刑，民免而无耻。道之以德，齐之以礼，有耻且格"（《为政》）。

客观地讲，孔子意图返本开新方式重建"监于二代"的周文明，而周文明的核心内容却是"明刑"与"明德"并举，亦可简要地表述为德刑并举：

德、刑、政、事、典、礼不易，不可敌也，不为是征……叛而伐之，服而舍之，德、刑成矣。伐叛，刑也；柔服，德也。二者立矣。（《左传·宣公十二年》）

德、刑、详、义、礼、信，战之器也。德以施惠，刑以正邪，详以事神，义以建利，礼以顺时，信以守物。民生厚而德正，用利而事节，时顺而物成。上下和睦，周旋不逆，求无不具，各知其极。（《左传·成公十六年》）

御奸以德，御轨以刑。不施而杀，不可谓德；臣逼而不讨，不可谓刑。德刑不立，奸轨并至。（《左传·成公十七年》）

周之为政，德刑并举。陶希圣在《中国政治思想史》中讲得好："此所谓'刑'，都是制裁或惩戒的意义。刑与德，是相通的。凡不遵守祖宗传来的规范者应受制裁。故'明刑'与'明德'并举。然而德与刑又是相反的。德相反的刑，可由其起源来看出它所以与德相反之理。"[1]刑起源于氏族时代氏族内部遵守祖传规范的习俗，即对祖传规范的轻慢、不遵守，族人必予以严厉的制裁，这种制裁就是刑。从起源论，刑不过是对礼的护卫方式，即对

---

[1] 陶希圣：《中国政治思想史》上册，北京，中国大百科全书出版社2011年版，第46页。

违反礼的惩戒方式。这种惩戒方式因为具有普遍性而转移成为刑罚,与兵刑不分,或者说古时的兵刑以氏族的族刑为基础而建成。《国语·鲁语上》记载鲁臧文仲之言曰:"刑五而已。大刑用甲兵,其次用斧钺。中刑用刀锯,其次用钻笮,薄刑用鞭扑,以威民也。故大者陈之原野,小者致之市朝。"其实,大刑即战争,小刑即刑罚。刑罚意义上的"刑"是与德相反的,即"德以柔中国,刑以威四夷"(《左传·僖公二十五年》),这是刑德相反的原始意义。

二

孔子论君子,认为君子既要怀德,更应怀刑,应该是对古代德刑并举思想的承传与张扬。意在于强调君子要成为治邦之才,不仅心怀其德,也要心怀其刑。心怀其德,才能身体力行,以中正仁道治理邦国;心怀其刑,才能掌握治理邦国的标准与原则:明确施礼施刑的对象,即治理庶人和民,要施之以刑罚;治理人与官,要施之以礼法。这就是"礼不下庶人,刑不上大夫"。

在孔子看来,德刑并举虽然构成治邦的基本准则,但二者之间亦有轻重,即治邦应以正德为主导,以刑罚为基本方式。在这一大原则规范下,德治施之于前,刑罚施之于后。这有两层意义:首先指治理邦国有两种策略预防之治和善后之治。预防之治是德治,具体地讲是用道德或榜样的力量引导治理,使民德归厚,杜绝不德之事的发生;善后之治指问题出现了,或事情发生了,产生了不良后果或影响,应正确处理,使之平息或不扩散。从治理成本付出的多少和社会秩序稳定看,预防之治是根本,善后之治是辅助方式。其次指出,即使善后之治要运用刑罚方法,也要进行德治,并且使之进入德治,才能最终解决"有耻且格"(《为政》)的问题。所以,孔子并不反对刑治,而是主张正德优越于刑罚,正德之治优越于刑罚之治,强调德治的普遍性和最终目的性。

三

讲德刑,必涉及礼法;论德刑并举,必然要礼法共运。这既是三代之治的传统,亦是孔子返本开新所必要坚守的基本主张或践履准则。

> 圣人治化,必刑政相参焉。太上以德教民,而以礼齐之。其次以政导民,而以刑禁之。化之弗变,导之弗从,伤义以败俗,于是乎用刑焉。(《孔子家语·刑政》)
>
> 古之刑省,今之刑繁。其为教,古有礼然后有刑,是以刑省;今无礼以教,而齐之以刑,刑是以繁。《书》曰:"伯夷降典,折民唯刑",谓先礼以教之,然后继以刑折之也。(《孔丛子·刑论》)

孔子所论,实际上是说,德刑并举的实质,就是礼刑共运,因为德的本质是礼,礼构成德的原则;同样,刑的本质是法,法构成刑的准则。由于德治是预防性治理,根本任务是教人知礼、行礼、守礼。孔子重教化,其原因于此。由于刑治是惩戒性治理,实施刑治的关键是要有严格的边界,根本规范必须是普遍性的法度。

从根本讲,德刑并举之治,就是礼刑共运之治,所涉及的根本问题是**度**。这个度是**正当**与**合理**。正当与合理的依据却是**中正仁道**。无论预防性的德礼之治,还是惩戒性的刑法之治,都必须以中正之仁为度,坚守这个度,治理就使民服;抛弃或者偏离这个度,治理难以服民,甚至可能激变民叛或民反。概括地讲,德刑和礼法之治有度的根本准则,是中正仁道;其治达及的结果性指标,是服民;它的实施原则,乃宽猛相济。

> 郑子产有疾。谓子大叔曰:"我死,子必为政。唯有德者能以宽服民,其次莫如猛。夫火烈,民望而畏之,故鲜死焉;水懦弱,民狎而玩之,则多死焉。故宽难。"疾数月而卒。大叔为政,不忍猛而宽。郑国多盗,取人于萑苻之泽。大叔悔之,曰:"吾早从夫子,不及此。"兴徒兵以攻萑苻之盗,尽杀之。盗少止。
>
> 仲尼曰:"善哉! 政宽则民慢,慢则纠之以猛。猛则民残,残则施之以宽。宽以济猛,猛以济宽,政是以和。"《诗》曰:"民亦劳止,汔可小康。惠此中国,以绥四方。"施之以宽也。"毋从诡随,以谨无良;式遏寇虐,惨不畏明。"纠之以猛也。"柔远能迩,以定我王。"平之以和也。又曰:"不竞不絿,不刚不柔。布政优优,百禄是遒。"和之至也。(《左传·昭公二十年》)

孔子提出的宽猛相济的德刑并治原则,虽然是对古代治世智慧的承传,却予以开新性发展,这就是"道之以政,齐之以刑"(《为政》)。

四

本章的重心,不是正面讨论君子如何治邦,而是讨论君子应该具备怎样的治邦理念和准则。在孔子看来,持有正确治邦理念和准则,既可衡量君子是否真正持守中正仁道,更能判断其是否具备治邦能力。为了使弟子明白此二者的重要性,孔子特别采取对比加以说明:

> 君子心怀德政,小人心怀生活;君子关心刑罚是否公正;小人关心利益是否满足。

君子心怀德政的前提有二:一是关心社会,心系邦国和民生;二是拥有中正仁道。与此相反,小人心怀生活也有两个前提:一是关心乡土,心系家庭、家族;二是有私,且以私我为取向。正是由于各不相同的取向,才形成君子重刑法的公正,小人重私利的多寡。

进一步讲,君子怀德怀刑,指持有中正仁道的人,心系德刑。心系德刑的首要表现是表率德行,赏罚公正;其次是主张德刑并举,礼法共运。小人怀土怀惠,指抛弃、厌恶中正仁道的人,蔑视德刑。蔑视德刑的首要表现是放纵利欲,行为无疆;其次是僭越礼乐,诋毁道德,利益至上,破坏刑法之治。

由此,孔子特别告诫弟子,读书人只有两类:要么是君子,要么成小人。衡量自己到底是君子还是小人,不是看能否把中正仁道挂在嘴上,而是看在日常生活中是心怀德、刑,还是心怀土、惠。如是前者,就是君子;若是后者,必是小人。在孔子的聚光灯下,君子小人泾渭分明。

第 12 章释义

子曰:"放于利而行,多怨。"

[注释]

放于利:放,有两解:一是放纵;二是依照。指放纵利欲,在行为上唯利是图,一切均以利之有无或多少为准则。

多怨:怨,指因唯利是图既招致他者怨恨,也自我心中怨恨,前一种怨恨源于唯利是图给他人造成利益的损害所致,后一种怨恨源于唯利是图始终使自己处于更加匮乏的利欲渴望之中不能完全自我满足所致。所以,唯利是图者多怨。

[译文]

孔子说:"一个人如果放纵利欲,凡事以实利为准则,既招人怨恨也自我怨恨。"

[通解]

上章以君子小人对举,揭明君子小人呈完全相反取向:君子凡事以德、刑为准则,小人生活恋土怀惠。本章继之论小人恋土怀惠造成既损别人也伤自己的危害。

围绕君子小人展开讨论,将如下问题突显出来:

> 一是小人能不能成为君子?
> 二是小人不能成为君子,是因为什么?
> 三是小人若能成为君子,如何才能做到?

这场讨论的激烈情景,已无法复原。这场讨论引发多少问题,得到多少种答案,更无以得知。仅能知道的是:孔子通过这场论争,得出了自己基本判断:

> 放纵利欲以实利为行事准则的人,必定招来许多怨恨。

这是一个因果判断:在利害得失面前,一个人招来怨恨的根本原因,是按照逐利原则行事。

在利害得失面前,君子面对己与他,依据中正仁道原则,考虑德刑并举、礼法共运,权衡利害得失公正、合理,所以君子的行为得到认同和敬重。与此不同,只考虑自己利益的最大化,以实现己利最大化为准则行事,必然损伤他人的利益,自然引来多方面的不满与怨恨。孔子认为,在利害得失面前招致普遍怨恨的人,只能是小人,因为小人不仅"怀土",而且"怀惠"。

人被分出君子小人,究其实,不过利欲而已。利欲有度,是为正当与合理,也体现义;利欲无度,既不正当也不合理,必然呈非义。利欲有度,因为怀德怀刑;利欲无度,由于怀土怀惠。孔子认为,君子、小人,本无定论,关键是"怀"和"喻":改变利欲态度,调整利欲方式,变无度为有度,小人亦可成为君子。反之,在利欲面前,由有度而无度,君子亦可沦为小人。由此可观,君子、小人,其角色亦可转换,关键是**利欲的调适取向**。

第 13 章释义

子曰:"能以礼让为国乎? 何有? 不能以礼让为国,如礼何?"

[注释]

礼让为国:礼,指一套行为规则,它构成人日用常行的法则。让,有两解:一是谦让,比如"君子曰:'让,礼之主也'"(《左传·襄公十三年》)。二是犹"上"。后解更符合本章语境要求。礼上,以礼法为上,或可说以礼法为主导。为,行为、作为,这里作治理讲。为国,治邦。指以礼法为根本准则治理邦国。

何有:动宾倒装式,即有何,意为有什么。

如礼何:即如何礼,指如何实施礼,意谓如果治邦不以礼为法则,礼又有何用场呢?

[译文]

孔子说:"能够以礼让为准则治理邦国吗? 如果能,可能会出现什么问题? 将遭遇哪些困难? 如不能以礼让为准则治理邦国,又何以需要以礼为上?"

[通解]

第十一章孔子以君子小人对举来阐述德刑并举是治邦的完整方式,指出德刑并举之治准则是中正,但依据却是礼法。孔子关于德刑之治的如上思想,源于邦国治理的基本常识。基于这一常识,以礼为依据的德治被置于更为重要的位置,由此成为需要进一步讨论的重要问题。本章则继之对以礼为依据的德治方式予以再讨论,并使这种讨论本身成为需要不断思考的常驻性问题。

一

从主题言,本章直接承上章展开。小人因恋土怀惠的生活取向,必然形成唯利是图的行为准则。以此准则生活和行为,既会招致他人怨恨,也导致自我怨恨。从邦国治理角度讲,抵制唯利是图的小人以及有效限制小人的唯利是图,不仅要予以刑法之治,更要启动德治。这就涉及治邦是否需要以礼让为准则和主导方式。在这里,孔子并没有给出明确的判断,只是陈述问题本身;或许,这场讨论本身不需要结论,因为所有的思考或者说判断已蕴含在问题之中。这场讨论的意义,并不在于礼能不能成为治邦的根本准则和主导方式,而在于揭示另外两个问题:

一是礼作为治邦的准则和主导方式,一旦被运用,将可能产生哪些问题? 或将遭遇什么困难?

二是当以礼为治邦的准则时,其重心是什么? 如何运作它才可产生更好的治理效果?

讨论这两个问题,须先解决如下基本常识。

首先,什么是礼让?

礼让并不是指一个"东西",而是指两个相互关联的内容。所谓礼,大而言之,是礼制;具体地讲,是社会性的行为规范。所谓让,即恭敬、谦逊,实质语义乃序尊卑。"夫人必知礼然后恭敬,恭敬然后尊让,尊让然后少长贵贱不相逾越,故乱不生而患不作。"(《管子·五辅》)让的本质是序尊卑,使"少长贵贱不相逾越";让的行为表现即恭敬、谦逊,即对长者(官长、长辈)恭敬,对少者(同地位、同身份、同辈分,甚或晚辈)谦逊。

其次,礼让既然是相互关联的两套规范,它们之间是什么关系?

君子曰:"让,礼之主也……世之治也,君子尚能而让其下,小人农力以事其上,是以上下有礼,而谗慝黜远,由不分争也。谓之懿德。及其乱也,君子称其功以加小人,小人伐其技以冯君子,是以上下无礼,乱虐并生,由争善也,谓之昏德。国家之敝,恒必由之。"(《左传·襄公十三年》)

晏子谓桓子:"必致诸公!让,德之主也。让之谓懿德。凡有血气,皆有争心,故利不可强,思义为愈。义,利之本也。蕴利生孽。姑使无蕴乎!可以滋长。"(《左传·昭公十年》)

忠信,礼之器也;卑让,礼之宗也。辞不忘国,忠信也;先国后己,卑让也。《诗》曰:"敬慎威仪,以近有德。"夫子近德矣。(《左传·昭公二年》)

让是礼的根本,或者说灵魂;礼是让的形式、规范。

让不仅是"礼之主",也是"德之主"。这是因为礼是相对社会而言的规范,是让的社会形式;德是相对个体而言的规范,是让的个体形式。作为社会形式的礼,相对让来讲,是抽象的制度化的规范,称为礼仪制度,简称为礼制;作为个体形式的德,相对让来讲,融进了对象性的礼和主体性的仁于一体的具体的规范,称为道德,简称德。

二

在孔子的世界里,礼让治邦,实质上是正德之治,即预防性治理邦国。

由于让是"礼之主",就客观地存在形式与内容的关系。形式与内容,在理想状态下是绝对的统一;但在社会运作以及个体行为中,往往形成分离状况。由此,礼让作为治邦的基本方式得到运用,可能产生的根本性问题,是礼与让的分离,即按照礼仪制度的要求和规范来治理邦国。这样一来,礼让治邦就只有形式的成绩而难有实质的效果,其治理不能产生预防作奸犯科的作用,也不能产生阻碍无德行为的效果。这是礼让治邦将可能产生的最大问题,或将遭遇的根本性困难。

杜绝这一类问题发生,解决可能出现的根本性困难的方法,是摆正礼让治邦的重心:以礼让为准则和主导方式治理邦国,不在于追求其形式规范,而是如何实现让的效果。所以,礼让治邦的根本问题,是如何借助于有效的形式(礼制、礼规、礼仪)来落实序尊卑、行恭敬、讲谦让;或可说,礼让治邦的实质,是怎样通过实实在在教化、引导、激励人们懂得尊卑,学会恭敬,言行谦逊、谦让。以此来看,以礼让为准则和主导方式治理邦国,如果只注重于礼的形式,忽视甚至抛弃让的内容,只强行要求人们追求形式的规范而抛弃尊卑、恭敬、谦让的引导,最后将没有真正的礼可言。这种性质的治邦方式,由于不能达到预防性治理的目的,也难以有存在的价值。这就是孔子所讲的:"不能以礼让为国,如礼何?"

第 14 章释义

子曰:"不患无位,患所以立。不患莫己知,求为可知也。"

[注释]

患:忧患、担忧。

位:位置、官位、地位、身份。

立:与"位"为同源字,位是所立之处,立乃位之所在。

莫己知:莫,不要、无须。己知,动宾倒装式,即知己。

求为可知:求,追求。可知,可能理解、能够懂得。

[译文]

孔子说:"不要为眼下的无位而忧患,而应勤省思自己具有多大本领去入仕谋位。不要忧患无人理解和举荐自己,应努力自我培养值得为人所知的本领。"

[通解]

礼是社会规范,让是个人德性,它的本质内涵是仁,所以,让构成礼的血肉和灵魂。

孔子认为,礼让治邦的实质性努力,是如何使民、人(包括小人)行让有德,所遵循的准则是中正仁道。序尊卑、行恭敬、讲谦让的"有让",必须以中正仁道为准则;并且唯有以中正仁道为准则,才可能以礼让治邦的方法培育普遍性的序尊卑、行恭敬、讲谦让之德。基于这一认知,孔子才如此认为:礼让治邦要达到防微杜渐的社会效果,对治理者来讲,应解决的根本问题有二:首先,礼让治邦能否产生实效,取决于治理者如何尽忠职守。其次,礼让治邦能否获得普遍认同,取决于自己为政治理的努力程度。由此,孔子特别告诫弟子习礼让治邦之方,必须从两个方面努力:

首先,出仕当官,治理一方或邦国,应正确看待位与立,这是每个出仕为官者能否成为好官的前提。

"位"与"立"二字,古语互通。在本章中,二者乃可互释,但表意各有侧重:"位"之表面意思是职位、名分,实质上指涉权力,隐含利益。"立"者,直也、站也。运用于政治领域,"立"确实需要"位"来保障,即有"位"乃可"立",无"位"难以"立"。但这仅是"位"与"立"之间的静态逻辑关系。在从政的实际活动过程中,"位"为"立"确立起点,却不能为"立"建立过程。从政者要在过程中"立"得起来,立得住、立得稳固和强大,单靠已有的职"位"不行,必须靠自己的本事,即自己凭什么取得这个职位,又凭什么保住这个职位,以及凭什么可以在现有职位上获得升迁。孔子在这里讲的是经验。这个经验特别地告知从政为官者,必须具备的根本条件不是职位本身,而是取得并发挥其职位的主体能力,这就是德刑并举、礼法共运的能力。其中,特别根本的是中正仁道能力。这一能力要求人从政为官,最该考虑或者说最该经营的不是自己的官职,而是如何更好地发挥其德刑并举、礼法共运的治理方式,使其产生有巨大社会效果的仁正品质和仁政精神。所以,位与立的本质,是职位与能力的互生;进一步讲,是权力与德行的共运。比较而言,孔子更强调后者,因为孔子"一以贯之"的为政主张,是以己正正人,以己正正事(《为政》)。

其次,是"己知"与"可知"的问题。在这里,"己知",就是知己,指别人知道、认知自己;"可知",指所知,即为大家所知晓的东西。己知与可知的关系,表面讲是知人与知事的关系,具体落实为知晓自己和知晓事物的关系,但实质上却是名与实的关系。孔子虽然非常强调名的重要和根本,并认为"名不正则言不顺,言不顺则事不成,事不成则礼乐不兴,礼乐不兴则刑罚不中,刑罚不中则民无所措手足"(《子路》)。但这只是从定尊卑、建秩序、行事功角度讲;如果从为政治理角度论,名虽为实构建起平台,提供了可能性,但实却为名正建立起实绩,赋予诚实的内涵。所以,循名求实,以实正名,才是从政为官,治理社会,造福一方或邦国的正确路子。这是孔子告诫弟子"不患莫己知,求为可知"的深刻含义和从政智慧。

孔子论位与立、名与实的关系,是在社会实践维度上继续讨论人何以为君子的问题。概括本篇的基本内容,关于君子,孔子的基本主张有二:首先,人要成为君子,必须以"无终食之间违仁,造次必于是,颠沛必于是"的姿态修仁、为仁。其次,人要保持君子,必须以"不患无位,患所以立。不患莫己知,求为可知"的方式修仁、为仁。因而,出仕为官,实施德刑并举、礼法共运的治邦过程,本质上是从政者修仁、为仁并成仁不息的人生过程。在这一过程中,能力、本事、德行比职位、权力根本,事功比名分更重要。孔子告诫弟子:在从政为官的人生道路上,最该关心和忧患的不是职位和名分,而是造福社会(具体讲人、民)所付出的德行程度以及由此产生的事功大小。

第15章释义

子曰:"参乎,吾道一以贯之。"

曾子曰:"唯。"

子出,门人问曰:"何谓也?"

曾子曰:"夫子之道,忠恕而已矣。"

[注释]

一以贯之:贯,串,亦为"通",意为贯通。指将其贯穿始终的那个东西。

门人:门徒,指孔门其他弟子。

忠恕而已:忠,事之而尽心诚意,此乃自守之德。恕,推己之心待人,是为敬人之道。

[译文]

孔子说:"曾参啊,你要知道我的学说是由一个思想(亦曰'理念')贯穿始终的。"

曾子回答说:"知道了。"

曾子走出来,有同门问他:"老师所说的'道'指什么?"

曾子说:"将老师的学问贯穿始终的那个'道',就是忠、恕。"

[通解]

上章讲以中正为准则,以礼让治邦必须以事功为准则。本章继之对以君子成己成仁之道予以总结。

—

"道"这个词,甲骨文中没有,最早出现于金文中。孔子之前的《诗》《书》《易》等文献中出现了四十四次,多表道路、说道或陈述、行为、行动路线等义。《论语》中,"道"出现七十九次凡五十六章,《诗》《书》《易》中所论"道"的那些方面的语义,均在《论语》之"道"中有所呈现,但《论语》之"道"却更多地体现"行为之道",即行为所循之道。这个意义的道,就是某种理想方式和由此所形成的行为规范,它可具体表述为先"志于道",然后才可"据于德"(《述而》)。

孔子所讲的这个道,其实是他对如何协调社会和大同世界的洞识,"根据大道的洞识,一个较好的社会终将转变成现实。所以,'道'的概念并不是教导人们不犯错误的枯燥无味的规则,而是一个原则实体,它要求人们采取积极的并且有时是冒险的行动"[①]。"道"作为原则实体,它被定义为个人(即君子)的理想生活方式和邦国的理想存在方式,它"包括所有德行、真诚、正义、慈爱和喜好,它全神贯注于礼和乐的原则,可是,像人的身体一样,它并不是各部分相加的总和,因为它依靠一种'突创的合成'获得了它自己的品质和力量"[②]。孔子之道,既高于法律(即"刑罚"),也高于道德,是道德和法律的依据,构成对道德和法律的规范原则。

二

曾子将孔子的思想精髓概括为忠恕,以为孔学之道即忠恕之道。曾子这一说法,似乎成为定论,构成后世对孔子学说的定向理解。但将孔学之道概括为忠恕,本身成为历史性的错误。

> 子贡问曰:"有一言而可以终身行之者乎?"子曰:"其恕乎!己所不欲,勿施于人。"(《卫灵公》)
> 子曰:"赐也,女以予为多学而识之者与?"对曰:"然。非与?"曰:"非也。予一以贯之。"(《卫灵公》)

子贡问孔子有没有一个词作为行为的准则,孔子告诉子贡说有,这个词就是"恕"。在这里,恕,是"一以贯之"的行为准则,而不是孔子的学问之道;并且,这个贯穿人生始终的行为准则,只是一个"恕"字,而没有"忠"字。恕讲的是如何待人,忠讲的是怎样对事;恕是从态度和方式讲如何待人;忠是从方法和成效讲如何对事。所以,忠之于人必借助于事而获得实效。然而,无论恕还是忠,均属于伦理范畴。伦理,只是孔子学问的一个方面。所以,忠恕,不可能构成"一以贯之"于孔子学问始终的那个"道"。

---

① [美]顾立雅:《孔子与中国之道》(修订版),高专诚译,郑州,大象出版社2014年版,第129页。
② [美]顾立雅:《孔子与中国之道》(修订版),高专诚译,郑州,大象出版社2014年版,第129页。

在"女以予为多学而识之者与?"一章中,孔子向子贡提出这个问题,可能有针对性,即孔子平时对弟子们强调博学多识,可能有弟子认为孔子的学问和思想就是博学多识。孔子之问子贡,是欲自我澄清这种误解。子贡回答:"然。非与?"正好突显出这种误解的普遍性和孔子之所以要自我澄清的必要性。孔子自我辩解说:我虽然强调博闻强记,却不只是一个博闻强记的人,而是一个思想者,并且是用终身追求的道将我的思想贯穿于始终的人。

孔子的自我辩白道出两个方面的信息:

第一,孔子自我定位为一个思想者。孔子的这一自我判断突显出一个问题,即孔子的思想有哪些呢?《论语》的编纂者从第一篇到第四篇展示孔子最基本的思想有四:一是学而思想(《学而》);二是为政思想(《为政》);三是礼论(《八佾》);四是仁学(《里仁》),以及还包括人性论、中庸道德、正名知识论、历史哲学,甚至心理学、天赋论、情感论;等等。将这些诸多方面的思想和理论贯穿起来的那个道,决不是"忠恕"所能担当的。比如,在《论语》中,"忠"出现十九次,"恕"只出现两次,而"仁"出现一百一十九次共五十四章。忠恕能概括"仁"吗?显然不能,相反,仁可概括忠恕。仁,讲人其人;忠,指"人其人"中的诚其事(即使事君之忠也要通过诚事来实现),即以诚其事的方式实现"忠";恕则讲"人其人"中的"如其心",即将心比己,或"以心比心"。

第二,孔子自白道:我的如上繁富的思想表面看似零散,好像没有关联,实际上是一个整体,因为它由一个根本的思想,或者说由一个体现普遍原理和理想精神的思想贯穿。这个体现普遍原理和理想精神的根本"思想",被孔子本人明白地做了如下表述:

> 子张问:"十世可知也?"子曰:"殷因于夏礼,所损益,可知也。周因于殷礼,所损益,可知也。其或继周者,虽百世,可知也。"(《为政》)
>
> 颜渊问仁。子曰:"克己复礼为仁。一日克己复礼,天下归仁焉。为仁由己,而由人乎哉?"颜渊曰:"请问其目。"子曰:"非礼勿视,非礼勿听,非礼勿言,非礼勿动。"颜渊曰:"回虽不敏,请事斯语矣。"(《颜渊》)
>
> 子贡曰:"如有博施于民,而能济众,何如?可谓仁乎?"子曰:"何事于仁,必也圣乎!尧舜其犹病诸!夫仁者己欲立而立人,己欲达而达人。能近取譬,可谓仁之方也已。"(《雍也》)

能够贯通孔子学问始终的思想,不是忠恕,是其文道救世理想。这一理想形成的奠基法则,是"性相近,习相远"的人性;这一理想形成的方法论,是返本开新,它蕴含着历史发展观,并敞开一种历史哲学;这一理想展开的思想原理,是"以仁入礼";实施这一理想的根本准则,是中正原则。实施这一理想的基本路径,是修仁习礼达乐。

三

曾子将孔子"一以贯之"理解为"忠恕",从伦理论,或可勉强成立。从伦理角度观,"忠恕"是其道德哲学的实践论概念,它蕴含着"推"的方法,即推己及人方法。孔子本人对这一方法做了两个方面的规定性:

第一,"己所不欲,勿施于人"(《颜渊》)。它构成推己及人的道德生活准则。

第二,"己欲立而立人,己欲达而达人。能近取譬,可谓仁之方也已"(《雍也》)。它构成推己及人的美德生活准则。

无论作为道德生活准则,还是作为美德生活准则,这种推己及人的方法蕴含着"己与人"统一的原理和要求。要无阻碍地实施这一原理,必须解决如下三个基本的伦理难题:

第一,人的爱人之情如何发生?

第二,个体如何可能捐弃自由本身而追求某种抽象的独立性?

第三,个体在扬弃自由走向他者的过程中如何体现"由家及邦"的要求?

对这三个问题的谋求解决,才真正托出孔子"一以贯之"之道。在孔子学说中,忠恕与孝弟,并为道德践履的基本原则:孝弟,乃私德(家庭道德)践履的原则;忠恕,即公德(社会道德)践履的原则。忠恕和孝弟,并列构成孔子的返本开新、以仁入礼的文道救世之道的实践论内容,并接受其规训与引导。孔子返本开新、以仁入礼的文道救世之道,可概括为**中正仁道**,或曰以"中正"为导向的**仁德-公道**,它指涉个人生活,构成君子**成己**的仁德;它指涉社会作为,构成君子**成人**的公道(附文1《孔子"吾道一以贯之"新解》)。

第16章释义

子曰:"君子喻于义,小人喻于利。"

[注释]

喻于义:喻,晓、通晓。义,道义、公义。

利:利禄、私利。

[译文]

孔子说："君子通晓公义,小人精明利禄。"

[通解]

孔子以返本开新、以仁入礼的文道救世理想为导向的中正仁道,落实为伦理是忠恕孝弟,落实为政治是公义。这是本章与上章的主题关联。

一

在本章中,孔子采取义利对举的方式提出"君子喻于义,小人喻于利",意不在于道德批评,而是从一般与特殊两个维度讲述君子与小人在**三个存在事实**方面的关联与区别。

在一般意义上,君子和小人都是人,所以在一般的需要层次上,没有君子与小人的分别,比如在"食"与"色"两个方面,君子、小子都无法避免地遵循其本性。以此观之,孔子关于"君子喻于义,小人喻于利"的立论,必有其客观前提。这个客观前提呈现出来的第一个普遍的存在事实是:仅就个人论,没有对具体利益的谋求,不仅缺乏基本的生存动力,而且最终丧失生的可能性。仅就社会论,如果没有成事成物的利益规范和依此而成事成物的利益方式,同样不可能存在。所以,利无论对个人还是对社会,都是必须的;人必须求利,由人组成的社会、邦国也必须求利。求利,是人成为人的**最低要求**,也是人成为人的**共同需要**。在这一最低需要面前,或者在存在的基本面上,君子、小人、民等各种类型的人之间没有什么区别。正是因为如此,孔子才如是说"富与贵,是人之所欲也,不以其道得之,不处也。贫与贱,是人之所恶也,不以其道得之,不去也"(《里仁》)。避免贫穷,追求富贵,这是人人的本性;但避免贫穷和追求富贵的努力,必须讲规则,有德性,否则,哪怕是富贵在眼前,也不应该谋求。这是孔子对贫富与道德之间的生成关系的深刻认知,这种认知不是反对和否定求利,而是反对和否定**无德地**求利。

二

在孔子生活的时代,君子和民是不同社会等级阶梯上的人。由有位者和以德取位者构成的君子,其职责是治理邦国,为民谋利;民是被统治的劳动者,既为社会创造财富,也必须谋求己利才得以生存。孔子承认不同阶层的基本生存取向,认为民的基本取向是求利;然后明确君子的人生责任和社会任务,是出仕为政施治而帮助民实现其利。所以,当子张问政于孔子时,孔子则对其予以如下认知引导:

> 子张问于孔子曰:"何如,斯可以从政矣?"子曰:"尊五美,屏四恶,斯可以从政矣。"子张曰:"何谓五美?"曰:"君子惠而不费,劳而不怨,欲而不贪,泰而不骄,威而不猛。"子张曰:"何谓惠而不费?"子曰:"因民之所利而利之,斯不亦惠而不费乎? 择可劳而劳之,又谁怨? 欲仁而得仁,又焉贪? 君子无众寡,无小大,无敢慢,斯不亦泰而不骄乎? 君子正其衣冠,尊其瞻视,俨然人望而畏之,斯不亦威而不猛乎?"子张曰:"何谓四恶?"子曰:"不教而杀谓之虐,不戒视成谓之暴,慢令致期谓之贼,犹之与人也,出纳之吝,谓之有司。"(《尧曰》)

孔子的"因民之所利而利之"的**民利**思想,恰恰是对三代所形成的民道传统的承传与发展。孔子不仅不反对利,更不反对民利,而且大谈民利,主张**为民谋利**;鼓吹要"体民之情"和"遂民之欲",因为这是夏商周三代以来所形成的王道、仁政的基本内容。

在孔子所生活的当世,人依然被分为两个等级,即有身份地位的人和无身份地位的民。但孔子又将有身份地位的人分为两种类型:一种类型是君子,他既有身份地位,也有德性和责任,或者没有身份地位,却有德性和责任;另一种类型是小人,虽然有身份地位,却没有责任和德性,只是谋求利欲的满足。正是面对这一社会阶层状况,孔子才十分严肃地明确区分君子和小人:君子求义,小人求利。无论从一般伦理角度讲,还是从政治道德角度论,小人求利是放弃政治理想和社会责任的做法,也是违背君子操守的行为。

三

利义,原本是一个东西的两个面:利义一体,才是利义的完整呈现,这是因为人们讨论或权衡"利义"时,都是基于具体的生活情境定义中的实际**利害关系**论,纯粹个人的生活世界,不存在利义问题。所谓利义一体,指人们在具体生活情境定义的利害关系中,有限度的求利是合义的;在具体的利害关系中,选择某种义举,也是合利的。前一种情况体现**道德的**利义一体;后一种行为表现为**美德的**利义一体。所以,无论从道德角度讲,还是从美德角度论,**利是义的本质规定,义是利的价值诉求**。或可曰:**义的实质内容是利,利的根本诉求是义**。正是基于对利义的如此认知,当子张向孔子学问"干禄"时,孔子才如此回答说:"多闻阙疑,慎言其余,则寡尤。多见阙殆,慎行其余,则寡悔。言寡尤,行寡悔,禄在其中矣。"(《为政》)

利义原本一体,孔子却将利与义分开来讲,是基于对君子小人的区分。孔子对君子赋予义的要求性,强调君子应以追求义的实现为主要社会责任和使命,是因为孔子所生活的当世,原本一体的利义却被人为地分离了。诸侯和士大夫们一味地趋利避害,达到不合礼且非礼的地步。许多有地位、身份的人,言行没有了德行(礼)的自我要求。在这种状况下,孔子才提出君子必以求义为己任,完全符合其时代要求。

孔子论"君子喻于义,小人喻于利",还提出另一个基本主张:在任何时代、任何环境下,任何人都可以堕落,可以一心向钱看,但士大夫、士不能堕落。因为士大夫、士是社会精英,是文明的主导阶层,是社会的道德表率。孔子激烈地反对有身份地位却无德者,称他们为小人,是因为小人以求利为目的而不顾其余,由此造成"礼坏乐崩"和"天下道术分裂"。君子则相反,他必须从求利处起步而追求其道,所以凡事要体察其义理,更要通过义理体察而通达其道,融贯其道。这就是"君子上达"而"小人下达"的道理。

四

综上观之,孔子的利义观呈现以下五个要点:

其一,求利是人人生存的必需。

其二,求利必须有边界,这个"边界"就是利义吻合,利义一体。

其三,民应该关心的是物质财富的生产,君子应该关心的是邦国的治理。因而,民关心利,具体地讲关心物质生产与收益,是为正当:"民之质矣,日用饮食"(《诗经·小雅·天保》);"民之所欲,天必从之"(《尚书·泰誓》)。君子关心义,具体地讲关心德行与教化,是其必为责任。

其四,君子必担当两个责任:一是对己的责任,二是对民的责任。对己,求利只是生活的必需,因为,君子必须以求利为起步去开辟求道人生,这就是"君子喻于义"。君子喻于义,是指将所求之利喻于义的追求之中。这是孔子所讲的"君子谋道不谋食。耕也,馁在其中矣;学也,禄在其中矣。君子忧道不忧贫"(《卫灵公》)。对民,君子必须"因民之所利而利之",这是王道和仁政对君子的责任要求。

其五,小人与君子的根本区别,是放弃为君子的德性要求和社会责任,以求利为人生目的不顾其余。孔子通过对"君子喻于义,小人喻于利"的区分而提出他的基本主张:士大夫、士必须成为社会的支柱、道德的典范,在任何处境或困境中都不能自甘堕落。具体地讲,君子必须在任何情境下都不能只为自己谋利而生。从现实讲,君子必须为文道救世而不遗余力;从理想论,君子是超现实、越功利的存在者,其所追求的不是具体的既定目的,而是一种成己成人的境界。君子所应达到的境界,是一种**从容中道**的境界,这种境界是一种心身宁静安泰的状态。这种状态来自对求道或行道的深切体会和领悟,并且将求道和行道本身视为具有绝对意义、绝对价值。

"每个人都可以循道而行,无论他个人的发展与技能处于道的什么层次,也无论他的学问处于什么水平。因为对于那些还不够完善的求道者来说,只要全心全意致力于学道,怀抱着对于道的坚定信念,这本身就是道。"①

第17章释义

子曰:"见贤思齐焉,见不贤而内自省也。"

[注释]

见贤思齐:贤,相对人言,指德才完备;更具体地讲,纯备的德性释放为德行即贤。齐,相同、同,这里指"向……看齐"。

不贤而内自省:不贤,有才无德者,或有德无才者;或德才兼具却不纯备,或德才兼具而不践履。自省,自我反省。内自省,回返内心自我反省,或可说,自我反省必须以回返内心为前提。

[译文]

孔子说:"遇见德才纯备的践履者,要以之为榜样努力向他看齐;遇见既无纯备德才又缺乏践履的人,应以此为镜回返内心自我省察是否有类似行径。"

[通解]

上章论君子,以义为准则。本章讨论人要成己为君子,必须以贤德者为榜样,以不贤者为镜子。

一

本章中的"贤",不是指贤人,因为孔子心目中所设定的贤人,有很高的要求,它仅次于圣人。本章中的"贤",指具有贤德的人。具有贤德的人和贤人的区别是:"贤人"是一个历史定格的词,指涉一种人格、品德、德行、境界的完美性,一旦达到,就始终保持。"有贤德的人"却是对成己为君子的生成性表述,指人具有这种品德,但并不一定在任何时候都能够践履这种品德。因而,有贤德的人要成为贤人,需要每日践履。

---

① [美]赫伯特·芬格莱特:《孔子:即凡而圣》,彭国翔、张华译,南京,江苏人民出版社2002年版,第20页。

何谓"有贤德的人"? 孔子按照君子理想赋予其开放性含义:首先,有贤德的人是自我克制者、自我节制者。这里的自我克制、自我节制的是利益。所以,有贤德的人绝不是实利者,而是在日用常行的生活中始终不渝地"喻于义者"。

其次,有贤德的人必须是持守规矩、维护有人性关怀的制度的人,即严守"自上而下"的人性化的制度的人,是自上而下的人性化的制度的坚定维护者和捍卫者。

最后,有贤德的人一定不是"贤而自骄"的人,即"伐无善"的人;同时也不是"以贤(善)自伐"的人。

二

基于如上要求,有贤德的人必定是"见贤思齐"者。孔子所讲的见贤思齐,实际上是指如何"学而"。见贤思齐,讲"学而"的主要功夫,是前人的经验,且前人的经验是作为质疑的依据,这是为信古服务的。见贤而"思齐",就是考虑如何向贤者靠拢,以贤者为榜样,达到贤者的境界。所以,"见贤思齐"虽然强调榜样的力量、榜样的学而方法,但它同时也蕴含着后视思维方式,即凡事向贤者看齐,其实也是凡事向经验看齐,向过去看齐,向已有看齐。

与"见贤思齐"这一榜样学习法相反,"见不贤而内自省"倡导的则是以人为镜的警示方法。榜样方法强调对天赋"相近"人性的舒张;以人为镜的警示方法强调对"习相远"的人性的克制。仅方法讲,"见不贤而内自省"构成"见贤思齐"的反向,具有朝向未来的视野和注意变化的方法。

第 18 章释义

子曰:"事父母,几谏,见志不从,又敬不违,劳而不怨。"

[注释]

几谏:几,包咸训微,表柔顺委婉。谏,规劝。几谏,指柔声下气地好言相劝。

不违:不冒犯、不忤逆。就内容言,"不违"有两解:一是不违其父母;二是不违其原初的"几谏"而"不从"之意。从本章语境论,从后解。

劳而不怨:劳,操心,指为"几谏"而"见志不从"操心,既有忧虑义,也有劳苦义。

[译文]

孔子说:"侍奉父母,对其过错要婉言相劝,如其不果,可再劝之。当父母拒不接纳时,只能任之,但侍奉仍然要恭敬,不要违背他们。尽管为此操劳忧心,但不能心生怨恨。"

[通解]

"见贤思齐"的榜样学习方法和"见不贤而内自省"的自我警示方法从正反两个方面体现出来的核心精神,是君子学而**"伐无善"**和**"以善伐己"**精神。上章通过"见不贤而内自省",指出人如何才能做到"以善伐己";本章则以事父母为例,讲人应怎样做到适度的"伐无善"。

一

君子有义,必须"伐无善"。君子"伐无善",首先涉及如何明确"伐无善"的对象范围。孔子认为,明确伐无善的对象范围应该以"贤"为准则,以"不贤"为对象。这里的"不贤",既指不贤的人,也指不贤的行为,即有贤德却行为不行善,或行为体现出不善。

对不贤的人,伐无善,容易做到;对不贤的行为,做到伐无善,就相对困难。因为"不贤的人",是指不向善、不讲义、唯求利的人,这样的人无所顾忌或可说赤裸地表现不贤,为人们所轻易认识,能够引发群起而攻之,所以伐之无阻碍或少阻碍,伐之得众人支持,伐之不困难。但"不贤的行为",既可能是不贤者的行为,也可能是贤者的行为,即有贤德的人也难以做到时时处处都贤,有时也在行为上表现出不贤。相对后者来讲,其偶尔的或不经意的不贤行为,往往能够为众人所容忍。伐之被视之为"苛",所以,伐之较难。并且,其"不贤的行为",也可能涉及亲人,伐之更难。一旦涉及这些不贤的行为,不仅涉及该不该伐的问题,而且涉及如何伐以及伐的力度和强度应该怎样控制。孔子以如何侍奉父母过程中谏其言行不善为例,来阐明其解决的方式和方法。

二

世界上最亲的人是父母。父母不善,该不该伐?孔子的观点很明确:父母不善,也应该伐,这是人成己为君子的责任。孔子以此表明一个基本观点:在生活世界里,无论是谁,只要不善,都需要伐,都必须伐,这是道德社会必须具备的一种品质,一种能力和方法。

父母是生养自己的人,是最亲自己的人,但是,即使父母有过错或不贤行为,也要"谏"之,并且谏其不从而再之,更何况他人。孔子以此表达君子"伐无善"的第一个基本观点:凡人,只要有过或不贤,都应该伐无善。

虽然"伐无善"的对象是全称意义的:伐无善,是普遍的,是人人都应为之事,并且人人一旦时有不贤都应无条件领受的;但它也必须有限度,并且必须讲方法。孔子以"事父母,几谏,见志不从,又敬不违"来阐明其限度和方法。

首先,父母有过错,或言行不贤,作为子女,应该指出、劝诫其改之。这表明,事父母,不仅仅是"能养",因为畜牲也需要养和能养:"今之孝者,是谓能养,至于犬马,皆能有养,不敬,何以别乎?"(《为政》)事父母,更重要的是做到"唯其疾之忧"(《为政》),即如同父母忧子之疾那样忧父母之疾。父母行有过错,表现出不贤,乃是父母之疾,子女应该在侍奉过程为此消解其疾,于是必劝诫,劝之未果,必再劝诫。

父母如是,其他人更应如是。孔子以此提出君子伐无善的第二个基本观点:凡无善皆需伐,父母不善都可伐,更何况乡邻、朋友,或者上司、邦君。无论是谁,其"过而能改,善莫大焉";并且,对于君子来讲,"不善不能改,是吾忧也"(《述而》)。

虽然如此,但父母有错或行为不贤,"几谏"而"见志不从",只能作罢。为什么?仅仅因为他是父母,或者仅仅因为孝父母?客观地看,当然不排斥这方面的因素,但更为根本的原因却是人性,即**天赋人性的限度**。父母有错、不贤,作为儿女几次劝诫不从,再相劝诫,就会引来父母的反感、对抗,最终会形成不可调和的矛盾,家庭生活会因此无宁日。所以,"几谏,见志不从,又敬不违",讲的是一个"伐无善"的限度问题:根据人性的自尊以及心智的高低,必然形成绝对的限度。劝诫父母之不贤,必然存在一个限度,这个限度就是可以"再而不三",超出这个限度,就会达向反面。

孔子关于事父母"几谏,见志不从,又敬不违"的限度思想,以及由此形成的限度原则,不过是他的经验主义思想的具体运用。孔子教人处事事人的基本原则,就是**限度原则**,伐无善亦是遵循这个原则。在孔子看来,这一限度原则适用于与任何人交往,也适合于与任何人生活或共事,它构成人的**通用原则**,比如,"以道事君,不可则止"(《先进》),又比如交友,"忠告而善道之,不可则止,无自辱焉"(《颜渊》)。

劝诫不贤或过错,超出人自尊的限度和人心智的限度,都会既造成对方的对抗,也会给自己带来羞辱。所以子游将夫子之"君子伐无善"的第三个基本观点概括提炼为"事君数,斯辱矣。朋友数,斯疏矣"(《里仁》)。

其次,父母有错或行为不贤,必相劝诫,但必须有度而得法。这个"谏"之得体的方法是"几":"几谏"之"几",既指柔和,也指顺从。顺从,指姿态:事父母,是父母在上,即使有错或不贤,仍然是父母,所以谏之必须以事父母的姿态展开。柔和,指具体劝诫父母的说话方式和方法,要柔和悦耳,这样才能使父母心顺、情绪顺而可劝诫。

以"几"的方法伐无善,并不仅限于事父母,而是面对所有需伐之"不善"的任何行为和任何人都可适用的基本方法。事君,伐其不贤,要"以道"事之;与朋友交,伐其不善,仍然要以善道之,讲的是方法必须得当。"以道事君,不可则止"之"道",是指事君的准则,以此为伐无善的依据和理由。与朋友交,"善道之"之"善",讲的是方法得当,是以对方能够承受为准则。

第 19 章释义

子曰:"父母在,不远游,游必有方。"

[注释]

远游:游,有两层语义:一指游学,二指游宦。远游,指到远方游学或谋求官职。

游必有方:方,方向。指父母健在,如果要远游,需要向父母明告其去处。

[译文]

孔子说:"父母健在,不应该游学远方或到远方谋仕途,即使要如此,也应告知父母其远游方向和具体地址。"

[通解]

人之为君子必仁。所谓仁,乃心存人,或使人居于己心正中。在孔子看来,仁之于父母,就是孝。对于孝,孔子从不同方面讲得最多。本章着重讲孝与游的关系,即人子之孝与游学、游宦的关系。

在古代,除了贵族,一般生活于平民家庭的人,要能出人头地,唯有当官一条正路。要能当官,必须读书学而。所以,士农工商这"四业"中,士最尊,原因是士直接通达宦途。从这个角度看,游学、游宦,都是人生功利。在人生功利与孝父母这两件事情的选择上,孔子认为事父母,比游学和游宦更根本,这是"父母在,不远游"的根本伦理依据和理由。孔子所讲的这一依据和理由中伫立着一个大写的"仁":生命来源于父母,现在的一切来源于父母,将父母的衣食住行和身心健康放在首位,为父母身心健康的生活,即使远游也不要放弃,这是根本的仁。

父母在，不远游，这是一般论。但父母在，也可远游，只是要求"游必有方"，这是特殊论。这个"特殊"如何确定呢？孔子没有具体说，但根据上下文语境，孔子实际上设定了条件和范围：第一，父母年轻，而且身体健康，可以远游；第二，家中尚有兄弟姊妹代为照顾父母，可远游。第一个条件具备，远游可以放心；第二个条件具备，远游可以安心。由此反观"父母在，不远游"，是说健在的父母已经年迈且家中没有兄弟姊妹，或者有兄弟姊妹但他们却不能担当很好照顾父母的重任，在这种情况下，不能远游。

孔子认为，即使"父母在"而且具备了"可远游"的如上条件，如果真要远游，也应该告知父母其远游的明确方向和具体地址，以为勤联络，使父母少牵挂，不担心。

概言之，无论"父母在，不远游"，还是"父母在，可远游"，都应以父母居于己心正中为准则。这是孔子所理解的"孝"所体现出来的血缘之仁。

第20章释义

子曰："三年无改于父之道，可谓孝矣。"

[注释]

注释见《学而》第十一章。

[译文]

孔子说："父亲逝世后，保持为父的持家行事处世之道，可称得上是孝子。"

[通解]

历来的各种版本，一直以为本章是对《学而》第十一章内容的重复，是因为弟子各记不同，内容完全相同，只是详略有异而已。这种解释很合理，但问题是，《论语》文本至少在秦汉之前经历了几次修订，而且修订者是孔子弟子或再传弟子，他们为什么不将这类"重出"的内容删掉，却偏偏要继续保留？当这样来思考时，本章内容的存在就绝不是简单的**重出**问题，应该是篇章主题探讨的需要使然。

子曰："父在，观其志；父没，观其行。三年无改于父之道，可谓孝矣。"（《学而》）

子曰："三年无改于父之道，可谓孝矣。"（本章）

这种同一种内容安排在不同篇章语境而予以详略处理,是有意味的。将详细的内容安排在《学而》篇中,将简略的记录安排在《里仁》篇中,并不是随意,而是以突出不同语境中不同讨论主题。

在《学而》篇中,第十章论人学而成己为君子,应如何学而修养德性,以子贡赞誉夫子的方式,讲人学而成己为君子,必须修养温、良、恭、俭、让五德性。在此基础上,人学而成己为君子,还要学修养孝德。

关于修养孝德,孔子认为有三点至关根本:第一,修养孝德,是人成己为君子的奠基内容,基本要求。第二,修养孝德之于任何一个人,都是不断展开的人生过程,从生到死,孝不能间断。第三,修养孝德,必须从三个方面检验:一是父在,有无行孝的志愿、想法和自我要求;二是父殁,有无行孝的行为;三是父逝之后,是否还坚持父在时制定的那些合德的持家行事处世的准则。整合地看,君子修养孝德,必须从志、行、守三个方面学而不辍。

与《学而》篇不同,本篇的主题是论仁,具体地讲是论君子如何其心存人,怎样将人安居于己心之正中。第十八、十九、二十、二十一章,均论孝。但第十八章是承君子以贤为榜样、为准则伐无善,以"事父母,几谏,见志不从,又敬不违"为例,来说明劝诫行为必须有限度,才是待父母之仁。第十九章"父母"与"远游"的关系,揭示求功利的"远游"应该让位"事父母"之孝,这实际上对功利与仁的关系定位:仁优先于功利。

对于孝而言,其根本的仁,不是"事父母,几谏,见志不从,又敬不违",也不是"父母在,不远游,游必有方",而是"父没,三年无改于父之道",因为"三年无改于父之道",是已逝的父母天天都生活于自己心之正中。

第21章释义

子曰:"父母之年,不可不知也。一则以喜,一则以惧。"

[注释]

父母之年:年,年龄。指父母的年龄。

不可不知:知,犹识,意为常记于心。指(父母的年龄)不能不常记于心。

一则以喜,一则以惧:喜,为之高兴。惧,为之担心、忧惧。指既喜也惧。

[译文]

孔子说:"父母的年龄,不可忘记,必常记于心。随时想到它,既为父母高寿高兴,也为父母衰老忧惧。"

[通解]

本章与第十八、十九、二十章分别从生与死两个维度论孝。从生死之历时角度看,本章应紧承第十九章。但编纂者将其置于第二十章之后,是由生到死、再死而论生,体现一种生死循环、死而犹生的意味。

孔子之仁,是人居己心之正中。孝之是奠基的仁,因为生命孕之母体,居于父母之心正中,孝不过是儿女回报父母生养之恩,故须使之安居于心之正中,方是为孝。所以,从仁的角度讲,心有父母,或者父母常在己心之正中,比其表现于行更为根本,并且,一切表现于行的仁,最终都根源于心中居人。

孔子从两个方面讲只有父母正居于己心,才是真孝。第二十章讲只有父母正居于心中,才会"三年无改于父之道";本章从不忘记父母年龄这类小事来说明真孝何谓必仁的道理。孔子指出,发自内心之爱的孝,是每天既为父母的高寿高兴,同时也为父母的衰老忧惧。一喜一惧,从两反两个方面表达仁孝的真谛和本质。仁孝,是发乎生命本真的日常之爱。

第 22 章释义

子曰:"古者言之不出,耻躬之不逮也。"

[注释]

言之不出:出,出言,即说话。指不轻易说话。
耻躬之不逮:躬,自身亲为,即躬行。逮,及也,指达到。

[译文]

孔子说:"古人之所以不轻易许诺和承诺,是因为害怕话说出去后自己做不到。"

[通解]

修养仁,既要修义,也要修孝,包括修行孝和心孝,更要修言。因为无论义还是孝,都涉及言,需借助于言来展开和实现。这是本章与前面诸章在主题内容方面的关联。

一

孔子认为,修仁,必修言;修言,即修仁。为仁修言,既要慎言,更要行能履言,行能合言,行能实言。

要使行能做到履言、合言、实言,既要求行以所言为目标,更要求言之能行:"故君子名之必可言也,言之必可行也。君子于其言,无所苟而已矣。"(《子路》)何以才可使言必能行? 言必能行以什么为依据?"子曰:'夫人不言,言必有中。'"(《先进》)孔子讲得好,言必能行的依据是中。所谓中,是指既不无及,也不过。中,既是慎言的标准,更是言必能行的依据。只有以中为标准的言,才体现仁。其行对"中"言的合、实,就是仁。

二

孔子的中言观,以及由此形成的慎言为仁观,并不是孔子本人的发明,而是对古代思想的抉发、运用和发展。在本章中,孔子很诚实地表述自己的中言观和慎言为仁的思想,均是古人的思想,并且还告知人们两个历史事实:

第一,中言、慎言之于古代,并不是一种理想,更不是一种理论的或者理念的倡导,而是一种日用常行的态度、方式和方法。

第二,古代之所以能够以中言、慎言为日用常行方式,是因为古人以"躬之不逮"为耻。

孔子传述这两个历史事实,是要以此表达他的基本主张和思想,即**耻感生存观**和**耻辱感思想**。古人之所以能够做到中言、慎言,是因为能以"躬之不逮"为耻。因而,君子修言以仁的实质性努力,是以"躬之不逮"为耻,以过其行为耻:"子曰:'君子耻其言而过其行。'"(《宪问》)正是基于此,孔子认为,培养君子修言为仁的根本努力,是培养人的耻感,因为"人之所以易其言者,以其不知空言无实之可耻也。若耻,则自是力于行,而言之出也敢易矣。这个只在耻上"(朱熹《四书集注》)。

第 23 章释义

子曰:"以约失之者鲜矣。"

[注释]

约:约束、检束。指收敛、不放纵。

失:发生过失。

鲜:少。指"人能以约自守,则所失自少矣"(《钱穆《论语新解》)。

[译文]

孔子说:"人因克己自律而犯错的情况,很少发生。"

[通解]

修言,是使其"言之必中",实现慎言而仁。基本方法是以"言过其实"和"躬之不逮"为耻。这种耻感训练的实质,却是克己自律。这是孔子"以约失之者鲜"来表述"克己复礼为仁"的道理。

首先,克己,即自律。但自我约束的第一要义是收敛。收敛自己的欲望,收敛自己的才能,收敛自己的张扬和放纵。收敛之于人的首要表现是慎言。收敛的行为要求,是行之得中;收敛的根本方法,仍然是自觉于耻感训练。

其次,克己,是行俭约。俭约的首要前提是杜绝贪婪,去奢侈。

最后,克己,就是守中。守中的基本方法,是自正其礼。"君子博学于文,约之以礼,亦可以弗畔矣夫。"(《雍也》)在孔子看来,克己必须复礼,最终实现仁。但前提是心有求仁的目标,并意愿于行仁的努力。只有在这个意义上,才可真正理解"以约失之者鲜"这一判断的深刻思想内涵。

第24章释义

子曰:"君子欲讷于言而敏于行。"

[注释]

讷于言:讷,说话迟钝。指基于慎言要求而说话迟缓。

敏于行:敏,敏捷、勤勉。指勤勉躬行。

[译文]

孔子说:"君子为己修仁,应做到说话可迟缓,但行事须勤敏。"

[通解]

上章讲人要成己为君子,克己自律为仁。本章接着讲以知耻为内动力克己自律,应以言与行合生为展开方式。

无论第二十二章以"躬之不逮"为耻,还是第二十三章论"以约避失"的克己自律,或者本章"讷于言而敏于行",都是从不同角度讲"为仁由己":君子修仁,必须以自己为主体,必须主动,必须有发自内心的需求和努力。

为仁由己，必须以知耻为内动力，以克己自律为基本要求，以"讷于言而敏于行"为具体方式。这就是孔子所讲的"君子食无求饱，居无求安。敏于事而慎于言，就有道而正焉"（《学而》）。

君子为己修仁"讷于言"，必须以中为依据：言必求中，自然要慎，慎之必须讷。君子为己修仁"讷于言"，必须以慎言为准则，言之必慎，必然会讷。由于这两个方面的要求，君子"讷于言"的主张，贯穿于孔子"君子不争"的思想：君子唯有不争于言，才可脚踏实地去实做，以求"敏于事"。不仅如此，君子不争之于言行，还贯穿于孔子"九思"的思想：因为唯有思，唯有勤思和多思，才进入理性状态；唯有通过思而达于理性，才可达于克己、自律、有节制。对于要成己为君子者言，有节制之于言，就是"讷"；有节制之于事，则是"敏"。

君子为己修仁"敏于行"，是以"讷于言"为前提。具体地讲，是要以中为依据，以慎为准则，以克己、自律、有节制为基本方式。所以，君子"敏于行"以"讷于言"为前提，实质上是以理性节制为根本规范。这就意味着：孔子之论"敏于行"，虽然以"讷于言"为前提，但必须以成其事为目标，以勤勉践履言、实践言、合于言为基本要求。以此审视孔子言行思想，其重心不是言，而是行；不是"讷"，而是"敏"；不是说得如何，而是做得怎样。在孔子看来，唯有"敏于行"，其"讷于言"才有意义；只有成事，其"敏于行"才获得事实定位，产生有成效的实践理性价值。

第 25 章释义

子曰："德不孤，必有邻。"

[注释]

德不孤：德，有两解：一是修德，指"人不能独修成德，必求师友夹辅"（《钱穆《论语新解》》）；二是有德，指即使身处乱世，有德者也不会孤立。根据上下语境，两解并存。孤，孤立、孤独。

必有邻：邻，邻居。本章指接近、靠近、亲近。

[译文]

孔子说："德性和德行高尚的人不会孤独，一定会有志同道合者向他靠近。"

[通解]

在孔子道德世界里,德的行为表现为"讷于言"而"敏于行";其所遵循的德道是中道,即中正之道。但德的主体构成却是仁,内动力是以仁为准则的耻感:自知其耻,这是"为仁由己"的最终解释。

孔子之论"德不孤,必有邻",突显两个存在事实。第一,人对德的需求性。人本身是一动物,是自然人,唯有当他心中有仁,涵养其德,行为有礼,才实现由动物向人的转化。只有当从动物成为人时,才超越孤立,获得群际性,与他人建立起实际的生存关联性。第二,德之于人的普遍性,是因为人从动物走向人,需要群性地存在。人要获得群性存在,必须走向他人,走近他人,但基本方式是有德,这是"德不孤,必有邻"的存在论解释。

"德不孤"的"德",是指有德的人。在孔子的道德世界里,有德的人,既指有德性修养的人,也指有德行能力的人,合言之,是德性与德行者,也可说是修仁成礼者。修仁成礼的人,是不会孤独的。因为修仁,是实现心中有人,是使人居于己心之正中的人;更因为成礼,就是求利有限度,行为有边界。求利有限度,行为有边界的实质,是求利的行为能考虑到人,能够有人,能够使人不损而有益。所以,成礼,本质上是心中有人。抽象地讲,成礼的本质是成仁,这是"克己复礼为仁"的本质理解,也是"德不孤,必有邻"的最终解释依据。

第 26 章释义

子游曰:"事君数,斯辱矣。朋友数,斯疏矣。"

[注释]

事君数:君,有两解:一是邦君;二是上司。根据本章语境,两义并存。数,屡次。

斯辱:斯,指称"事君数"或"朋友数"。辱,使之遭受羞辱。

疏:使动词,使之疏远。

[译文]

子游说:"无论对上司还是邦君,进谏过多,会自取其辱。同样,对于朋友,过多忠告,也会使友谊疏远。"

[通解]

德之不孤,是因为德具有构建生存关系,免除孤独和促进事功的功能。正是这些功能,人与人、人与群之间的生活秩序,往往需要通过德来建构;君臣或者官秩之间的政治关系,也要通过"德"来构建,朋友之间的关系亦如是;并且,如上三种人间关系,也需要借助德来呈现。这是本章与上章在主题上的内在关联。

本章中,子游所要表达的内容重心,不是德的功能,而是德的功能释放的限度。

德,既是一种亲和力,也是一种离心力,因为德本身也是有限度和边界的,如果将德推向无限度无边界的状态,就会使德产生离心力。基于其两可性,德到底产生亲和力,还是形成离心力,取决于德本身的限度。德本身的限度的实际呈现,却是人们对它的运用体现出来的边界。

德的限度由其被运用时呈现的边界来定义,而定义这一边界的依据又是什么呢?子游以臣对邦君,或下级对上级的进谏和朋友之间的忠告为例来阐明。

无论对于邦君还是上级,如果多次向他提建议并要求其采纳,要么遭受冷遇,要么遭受排斥或打压。上下关系是如此,平等的朋友关系同样如此,对朋友行忠告,仍然只能一而再,如果再继之以往,则只能导致关系疏远。子游所陈述的这两种现象,并不根源于不同水平、不同领域、不阶层的人之间缔结成的关系本身,而是根源于天赋相近的人性,是天赋"相近"的人性"习相远"使然。因为,天赋相近的人性敞开,是生。其生之努力的不变人性方向,是自爱多于爱人,自利多于利人。这一不变的人性朝向决定人无论处于哪个阶层、哪种生存水平阶梯上,都本能地希望得到别人的尊重而避免批评。所以,人们接受批评的容忍度相当有限,人们承受批评的意志力也相当脆弱。在一般情况下,人可以偶尔大度地接受一两次批评,次数多了,就突破了人的自我容忍限度,情况就发生逆转,比如,以如此方式事邦君,则君必辱之;以如此方式与朋友交往,则朋友必疏远之。

子游关于"事君数,斯辱矣。朋友数,斯疏矣"的思想,其实不过是对其师孔子的思想的运用和发挥。更具体地讲,既是对夫子"事父母,几谏,见志不从,又敬不违"的仁孝思想的发挥,也是对孔子"所谓大臣者,以道事君,不可则止"(《先进》)和"忠告而善道之,不可则止,毋自辱焉"(《颜渊》)。这一思想的论证,以此揭示夫子"不可则止"成己为仁的原则适用的广泛性。

公冶长第五

基于文道救世的理想,培养治邦安国的社会精英君子,必以"中正仁道"为指南,以"以仁入礼达乐"(或"修仁习礼达乐")为路径,但起步只能是学而,下手功夫是为政。基于"为政以德"的根本要求,为政只能是**为正**,必须己正才可正事、正人。以正己的方式去正事、正人,为政必须循礼。在孔子看来,君子应循之(周)礼已沦为没有实质内容的形式,消解这种状况的正确途径是将仁灌注于礼,用仁来激活礼,因而,君子习礼的前提必须修仁。这是从《学而》至《为政》再至《八佾》而直至《里仁》的内在逻辑思路。学而修仁,成为学而习礼的主体前提:唯有学而修仁,才可学而习礼。

学而修仁,其基本内容不是《诗》《书》《礼》《乐》等典籍,而是**生活**本身。

学而修仁,其根本方法不是记识,而是**向榜样学习**。这是《论语》编纂者将《公冶长》置于《里仁》之后的根本考虑。以此观邢昺"此篇大指明贤人君子仁知刚直,以前篇择仁者之里而居,故得学为君子,即下云'鲁无君子,斯焉为取斯'是也,故次《里仁》"。其论比朱熹"此篇皆论人物贤否得失,盖格物穷理之一端"更合《论语》编纂原意。

一

表面看,本篇是在品评人物,实际上是通过对人物的品评突出"**什么样的人才是君子**"这一主题。这一主题是对前四篇内容的聚焦:从《学而》到《为政》至《八佾》和《里仁》,勾勒培养文道救世的君子的宏观路径,"何为君子"的问题必然呼出。孔子以"事件为本体"的讲述方式决定了呈现"何为君子"的方法,只能是古今人物品评。

本篇凡二十八章,品评人物二十四位。表面看,对所品评的这些人物所表达出来的内容之间好像没有多少关联性,但如果将其纳入《论语》这个大体系中审视,就会发现本篇直接承《里仁》的主题,通过对仁的拓展性阐发来回答何为君子。具体地讲,本篇通过人物品评从两个方面展开对"何为君子"的思考:

第一,人之修仁得仁所形成的仁德(或曰德性),最终要通过日常生活行为或作为表现出来:就行为本身言,是循礼;就行为结果言,是品德。但无论行为循礼,还是行为表现出来的品德,其本质规定都是仁:循礼为仁,品德亦是仁。

第二,习礼必须修仁,修仁必须向心存仁性、仁心、仁情、仁爱的有德者学习。这些有德者既有前人,也有时人,还有孔门弟子。在本篇中,孔子评价二十四个有名有姓的人,他们可归为时人、弟子、前人三类。

时人三人:公冶长、南宫适、宓子贱。

弟子九人：子贡、仲弓、漆雕开、子路、冉求、公西赤、颜回、宰我、申枨，外加孔门弟子群像，即"吾党小子"。

前人十二人：孔文子、子产、晏仲平、臧文仲、尹子文、陈文子、季文子、宁武子、伯夷、叔齐、微生高、左丘明。

更重要的还有孔子本人，他一方面被人评价，另一方面又自我评价。

要言之，本篇内容可分四部分：赞誉时人、论说弟子、品评前人和夫子自我评价。

二

第一部分内容，是孔子赞誉公冶长、南宫适、宓子贱三位时人。

公冶长、南宫适、宓子贱三人，后世认为是孔子弟子。但仔细阅读《论语》可发现：首先，凡是被孔子所称道过，甚至被孔子以骂的方式激励过的弟子，都是孔门优秀弟子，而凡是孔门优秀弟子，在《论语》中往往不止出现一次。如果公冶长和南宫适是孔子弟子的话，加之女婿和侄女婿这一特殊姻亲关系，《论语》中更应该有他们的相关信息。其次，根据本篇内容表述的主题观，仅将视野局限于弟子和历史人物，则会出现认知的片面和残缺，因为无论就孔子本人言，还是就其弟子编纂本篇内容言，其思考"什么样的人可以成为君子"这一问题时，应该具有历史人物、时人、弟子这三维视野。从这个角度看，公冶长、南宫适、宓子贱，不是孔门弟子的可能性更大一些。

检阅《论语》及其他相关文献，作为孔子女婿的公冶长，《论语》中只有一则信息。有关南宫适的信息，《论语》出现两条，孔子不仅将其兄之女许之为妻，而且还盛赞他："君子哉若人！尚德哉若人！"有关宓子贱的信息要多一些，但这些信息却从侧面表明他们不是孔子弟子的可能性更大些。因为孔子对君子有严格要求："子曰：'圣人，吾不得而见之矣，得见君子者斯可矣。"（《述而》）在孔子看来，君子是仅次于圣人的人，但"圣人"却是虚构的东西，信而好古的孔子从未在历史中见到过圣人，哪怕是尧舜也不完善，现实世界不仅找不到圣人，就是见到君子也相当困难，所以孔子才感叹能够在有生之年"得见君子可矣"。正是基于此，孔子对于自己理想中的君子，一般不轻易许人，更不可能轻易地许以自己弟子，哪怕就是最爱的颜回，"可使南面"的仲弓，"瑚琏之器"的子贡以及挚友般的子路，孔子也从不用"君子"来评价或夸奖之。可以想见，孔子以"君子"相赞的宓子贱和南宫适，更有可能是时人。而且，如果是其弟子，孔子也不会以"君子哉若人。鲁无君子者，斯焉取斯"和"君子哉若人！尚德哉若人！"的话语来称赞。

三

公冶长、南宫适、宓子贱三人原本不是孔门弟子，后世将他们三人归于孔门,最大可能是出于"天下君子均出自圣门"的理想主义之奢望,目的是实现对孔子的"造圣"。但客观看,这种主观上的努力反而大大缩小孔子的君子理想的实践可能性和社会意义:如果公冶长、南宫适、宓子贱三人是时人中的君子榜样,文道救世、重建君子社会就有广泛的现实社会基础;反之,如果公冶长、南宫适、宓子贱也是孔门弟子,那么,孔子致力于文道救世、重建君子有没有现实的"社会基础",就成为一个问题;而且,仅就文本内容言,也难以理解孔子何以得出"君子哉若人。鲁无君子者,斯焉取斯"的论断。所以,从《论语》文本本身观,《论语》编纂者选择本篇材料时考虑时人、孔门弟子、前人三个维度,并且编排本篇内容安排"时人—孔门弟子—前人"之顺序,就显出特别的社会-历史学视野和孔子学说的当世意义。

从整体看,本篇的结构安排,体现时空化的双重逻辑:首先是空间顺序,从时人(第一至三章)到弟子,这属于由远至近、由社会及师门的空间敞开顺序;其次是从当世者(时人和弟子)到历史人物,这是时间敞开的顺序。本篇的这两种顺序安排,是为表彰**历史必然性**逻辑和**社会必然性**逻辑。这两种必然性逻辑均围绕**君子理想展开**,以突显君子理想的历史必然性和社会必然性。

孔子君子理想的历史必然性和社会必然性,最终解决如下三方面的问题:

首先,为什么有那么多的当世英才要投奔孔门,追随孔子学君子之道,并积极加入孔子的文道救世行列? 本篇精心选择子贡、仲弓、漆雕开、子路、冉求、公西赤、颜回、宰我、申枨等九位孔门弟子,讲述孔子或与其交谈或批评,呈现他们修仁习礼努力成君子的状貌,最后用"吾党小子"做总结,昭明他们志于追随夫子文道救世的过程中如何自我"斐然成章":志大方求仁,且志大才成仁得仁。有关于此,需要结合孔子与子路、子贡论管仲之人生选择与作为的道德评价来理解:

> 子路曰:"桓公杀公子纠,召忽死之,管仲不死。曰:未仁乎?"子曰:"桓公九合诸侯,不以兵车,管仲之力也。如其仁,如其仁!"(《宪问》)
>
> 子贡曰:"管仲非仁者与? 桓公杀公子纠,不能死,又相之。"子曰:"管仲相桓公,霸诸侯,一匡天下,民到于今受其赐。微管仲,吾其披发左衽矣。岂若匹夫匹妇之为谅也,自经于沟渎而莫之知也。"(《宪问》)

什么是仁? 孔子应答子路和子贡关于管仲之问,鲜明地表达自己"以仁入礼"的文道救世观：不用战争，重建天下秩序，使民人安定、生活富裕，使文明前进，这就是仁！这种仁是孔子文道救世理想的历史依据：孔子致力于文道救世，就是要重建管仲式的天下之仁；孔子"以仁入礼"的文道救世理想，构成"吾党小子"们能够斐然成章的"狂简"之志。

其次，孔子返本开新的君子理想，是不是落后于他所生活的当世？这涉及孔子的君子理想的当世意义和价值。本篇以孔子盛赞公冶长、南宫适、宓子贱三位时人的言行作为，回答了这个问题：重建君子社会，再造君子文明，不是孔子个人的主观偏好，恰恰相反，这是孔子所生活的当世要求和社会取向。公冶长、南宫适、宓子贱三位时人，他们各自以自己的方式践履君子理想，张扬君子风采；而且，公冶长、南宫适、宓子贱这样的君子的出现，并不是偶然，而是必然：他们之所以能在天下道术分裂的乱世中将自己成就为君子，不仅在于他们个人的努力，更在于有使他们将自己成就为君子的社会条件和历史土壤，这就是"君子若哉人。鲁无君子者，斯焉取斯"。

最后，孔子所宣扬的以仁为灵魂、以礼为规范的君子理想有无历史的土壤和承传的依据？这涉及孔子的君子理想以返本开新为认知视野、以仁入礼为路径是否具有可能性和现实性的关键。本篇选择孔文子、子产、晏仲平、臧文仲、尹子文、陈文子、季文子、宁武子、伯夷、叔齐、微生高、左丘明等十二位前人的轨迹，再现刚刚过去不久的"监于二代"的周代确实出现过的君子社会，正是这样的君子社会，才创造出周之盛大的礼仪文明。并且，这一君子社会并未因为春秋以来的礼崩乐坏而消失，因为有一大批志士仁人仍在以自己的方式承传它，这是公冶长、南宫适、宓子贱等时人君子之所以存在的历史土壤和社会条件。所以，《公冶长》表赞时人君子和前人君子，是从现实与历史两个维度展示孔子返本开新、以仁入礼的文道救世理想，既有现实的动力，更有历史的推力。

四

仅主题言，本篇紧承《八佾》和《里仁》，是对《八佾》和《里仁》主题的拓展性讲述：孔子君子学说的主题是人如何成己为君子，围绕这一主题，从学而起步，必须为政，但为政需接受礼法规范，人要自觉接受礼法规范必须修仁。本篇承接《里仁》展开"以仁入礼"主题：以仁入礼的认知理路落实为个人修行，就是**修仁习礼**，并**循礼得仁**。

仁，是德性；礼，是德行。仁是礼的灵魂，礼是仁的表达，并且其表达方式及成果形态呈多样性。于是有了对仁的多种形式的描述，也有了仁与表述它的形式的区分。比如，公冶长的仗义和忍耻，是对其仁的不同描述方式;南宫适在"邦有道"的顺境中守君子常道,在"邦无道"的逆境中振君子仁爱,前者是守礼护仁,后者是行仁弘礼。

孔子评价子贡为"瑚琏之器",是以通神的礼器来喻子贡乃君子大才。在孔子看来,作为君子大才,其根本在于礼。仅就孔子的仁礼学说的逻辑言,礼必须仁的浇灌,即唯有修仁,才可入礼,子贡之可成为神圣的瑚琏,在于他以仁入礼可达到完满圆成之境。

反之,孔子评价"可使南面"的仲弓"仁而不佞",不仅不是君子的缺陷,相反,它构成君子的完美品质,因为君子之德不仅在于"先行其言而后从之"(《为政》),更在于不"巧言令色"(《学而》),还在于"敏于事而慎于言"(《学而》)和"多闻阙疑,慎言其余,则寡尤"(《为政》)。由此不难看出,仁是君子德性,言却表彰为君子德行,构成君子之为君子的行为规范,它属于"礼"的范畴。仲弓的"仁而不佞",其实是修仁习礼,并以礼弘仁。

漆雕开不愿出仕,孔子为之高兴。一心培养治邦安国社会精英的孔子为何高兴?因为"大德不官"(《礼记·学记》)。何谓大德?以超事功方式持守文道救世理想,如同孔子本人培养社会精英播扬君子学说,哪怕"乘桴浮于海",也要"守死善道"。

弟子践履孔子的文道救世理想的方式有两种:一种方式是出仕当官,通过为政治邦来实现;另一种方式是不世而学,通过培养社会精英来实现。漆雕开选择后者,更多的弟子选择前者。以出仕当官的方式践履文道救世理想,最需要德才并举。孔子应答孟武伯之问,评价子路可治千乘之国,冉求任百乘之宰,公西赤可束带立朝。意在阐发仁与能的关系:仁即德性,能却表彰为践履仁之德行。孔子强调仁的修养,但同时也重视培养才和能,这是因为仁与能并不一一对应:心有多少仁,并不一定有多大才能和本领;但对文道救世的君子来讲,有多大的才能和本领,必然有能够统领和驾驭其本领和才能的仁。这是孔子要用"能"来回答孟武伯问"仁"的原因。

对于以文道救世为己任的君子言,其以仁为本质规定和基本诉求的"能"之高低,当然与身体力行实做直接关联,但更与知直接关联。颜回的"闻一以知十"与自谦的子贡之"闻一以知二",体现其知的巨大差异。正是这种差异性,才形成君子践履仁的能力的大小和才干强弱的截然不同。在孔子看来,君子践履其仁的能力不仅与知正相关,更与时间正相关。因为惜时而学,不仅可以增智开慧,更可以使人获得谨严和灵敏。这是"宰予昼寝"的行为被孔子骂得一无是处的根本原因。

懒散非仁,不智非仁。反之,惜时勤奋是仁,学而致知增智是仁,刚正、刚直亦为仁。因为刚直、刚正者无欲无私。这是孔子批评"枨也欲,焉得刚"的理由。但君子践履仁,还有最重要的两个方面:一是凡事克己节制和恕,这是子贡所讲的既"无加诸人",也"不欲人之加诸我"。虽然这很难达到,却是君子践履仁必求达到的。二是践履其仁德和公道时必须专一。子路深得其道,所以在"有闻,未之能行,唯恐有闻"的原因。

<h2 style="text-align:center">五</h2>

孔子评价子贡、仲弓、漆雕开、子路、冉求、公西赤、颜回、宰我、申枨九位弟子,既强调仁与礼的关系,也从不同方面揭示践履仁与实际能力才干之间的动态生存关系,更展示践履仁的不同条件要求及行为表现。本篇第三部分品评前人,则围绕第二部分的主题从正反两个方面进一步深化展开。

首先,孔文子之有"文",是因为其"敏而好学,不耻下问"。在孔子看来,真正的文,是形式和内容有机统一。敏而好学可能只获得知的浅表内容即形式,但不耻下问必然追求知的深度理解和本质把握。所以,唯有敏而好学且不耻下问,才可有知(智)。在孔子这里,有知,既是德行(能力和才干)的前提,更是德性(仁)修养纯正的必为方式。对孔子君子理论言,知是仁与能,或曰德性与德行的有机统一。这种统一体现在为政上,就是"行己也恭""事上也敬""养民也惠""使民也义"(子产);体现在交往上,就是"久而敬之"。不仅如此,仁与能、德性与德行的有机统一,体现在物质生活上,就是节制而不逾其制,这是孔子评价臧文仲不知的根本理由;体现在得失上,就是既不以得喜,也不以失悲(斗子文),更要持守礼道,自正其清(崔杼);体现在思考与决断上,应该"思不过再",这是因为思之过再,就使思本身杂带上私利私欲(季文子);体现在邦有道的顺境中,应以无为方式持守"君臣礼道"之常;体现在邦无道的逆境中,应该以有为方式振兴颓败,弘仁扬礼(宁武子);体现在丧失君臣礼道而暴乱天下的丛林世界中,应该"不念旧恶,怨是用希"(伯夷、叔齐)。

概括地讲,对于君子来讲,必须是仁与能、德性与德行的有机统一。这种统一要求人:第一,必须直(微生高),因为直源于心,心直者心中才有人、存仁,心直才可行正;第二,必须知耻(左丘明),因为知耻是反省的体现,唯有反省性知耻,心才纯正、刚直,行才中正无私而勇往直前、义无反顾,这就是"知耻而勇"。

<h2 style="text-align:center">六</h2>

本篇主题是承《里仁》和《八佾》论基于"以仁入礼达乐"的君子成己路径,如何"修仁习礼"以求怎样达到"循礼弘仁"。选择从当世社会与历史世界两个维度切入,评价二十四位人物来说明之。

品评时人和前人的德性和德行，是为评价自己弟子提供当世和历史两维参照：时人追求君子德性和德行，表明孔子生活的当世虽然呈现礼崩乐坏的态势，但仍然需要君子和君子仁道礼法。孔子表赞前贤的君子德性和德行，是表明礼崩乐坏的当世再造"以仁入礼"的君子社会，有其坚实历史基础和深厚文明土壤。

然而，无论赞誉时人，或是批评弟子，还是品评前人，都只是手段，最终要突出孔子本人的君子理想的精神和君子学说的灵魂。为此，本篇的编纂穿插了有关孔子本人的如下信息内容集中体现在第十三章、第二十二章、第二十七章和第二十八章中。

孔子的君子理想，是基于礼崩乐坏的生存现实培养探求文道救世的精英人才，其基本路径是以仁入礼，具体方式是修仁习礼，基本作为是循礼弘仁。因而，孔子少言人性，因为从本原讲，人性属天赋，天赋的人性相同，故无须多言；后天生存滋生的利欲可以绑架人性使之"习相远"，使之恢复"相近"人性的基本努力是君子学而克己和君子为政的教化引导，所以亦不必抽象地空说；孔子更慎言天道和鬼神，因为天道不可把握，说也无益；鬼神只是基于传统和礼的需要，正确的方式只是"敬而远之"。

孔子的君子灵魂是文道救世之"志"，这是孔子本人的精神支柱，亦是办学培养君子人才的奠基性内容。每一个要想成为"斐然成章"济世安邦的人才，必须具备其志，这就是孔子所讲的"吾党小子狂简"：唯有引导弟子形成文道救世的"狂简"之志，才可培养弟子"斐然成章"。孔子很是欣慰，在自己殚精竭虑的培养下，门下弟子个个成长起来，不仅内生出文道济世大志，而且修养出施治邦国的德性和德行能力。

何以可能达到这样的效果，这是为师的榜样力量。这种榜样的力量主要体现在以下三个方面：

第一个方面由子贡概括出来：孔子的君子之道，就是返本开新的以仁入礼之道，它必须以经验为基础达向对经验的再造。因而，天赋的东西，不必探究；天道和鬼神方面的东西更应该谨慎对待，历史、经验和生活，才构成其基本认知域度。

第二、三两个方面由孔子自道：对文道救世的君子理想的践履，必须终身伴予学而不息。学而不息的精义是内省，即必须具备和不断提升"内自讼"的精神品质和能力；其自强不息的内省品质和能力的形成和不断提升，必须以学为起步，因而，好学成为君子践履文道救世理想的力量之源和智慧之源。由此使本篇实现了对《学而》的照应。

第 1 章释义

子谓公冶长："可妻也。虽在缧绁之中,非其罪也。"以其子妻之。

[注释]

公冶长:姓公冶,名长,生卒年不详。《弟子解》认为其为鲁人,但《列传》又以其是齐人。其家贫但聪颖好学,相传因通鸟语而获罪。

可妻:可以娶人女为妻,指有担当终身照顾伴侣使之不受伤害并幸福生活的品质与能力。

缧绁:缧,黑色的大索。绁,牵引。古代狱中用黑索系罪人以牵之。

以其子妻之:子,古代男女皆称子,此处是孔子自指其女。之,指代公冶长。

[译文]

孔子在谈论公冶长时说:"这个人是正直的君子,我可将女儿嫁他为妻。他现在虽然遭受牢狱之灾,却是无辜获罪。"其后,孔子将女儿嫁与他为妻。

[通解]

本篇承《里仁》而来,进一步论仁。开篇讲述公冶长"无罪而获罪"的故事,表赞其人正心仁,绝对可以信任,所以孔子将女儿嫁与他为妻。

———

公冶长其人,出现于《论语》中仅此一次。因此一见,后世均言公冶长乃孔子弟子,其据乃是本章中孔子对公冶长之言与行。孔子言公冶长两事:一是说公冶长虽然有过牢狱之灾,但并不是他本人有罪,朱熹注"有罪无罪,在我而已",实是曲解孔子之意,孔子本意应该是:公冶长之罪是错判的,其受牢狱之灾是无辜的。二是说可以把女儿嫁与他为妻。然后,孔子履其言,果真将女儿嫁给公冶长。

孔子论公冶长的言行,呈历时性取向:从孔子论公冶长之"言"到将女儿嫁给他之"行"展开为生活的过程,这一生活过程既呈现公冶长的人生命运,也展示孔子如何践履其道的君子逻辑。如上两个方面均蕴含在本章平易的表述中。首先,"谓",本意为"对……说",在"子谓公冶长"中,"谓"作"与……谈论……说"。其次,缧绁,用黑色大索拘拏罪人。最后,"可妻也"乃古汉语意动句,意为"可许其子为妻"。连缀如上三者,可对本章的内容做如下的语义完形:

公冶长被获罪拘禁之事,引发人们多方面议论,由是污秽之语不息。孔子在谈到公冶长其人时说:"公冶长这个人,现在虽然被黑色大索所拘拿遭受牢狱之灾,但他却没有罪,是被冤枉的。以其言其行其德,公冶长应该是一个正直的君子,我以为可以将女儿嫁给他为妻。"其后,公冶长刑满出狱后,孔子果真将女儿嫁给他为妻。

二

公冶长到底是一个什么人,孔子没有交代,《论语》也没有与之相关的补充信息。后来问世的儒家文献从不同方面填补这方面的信息,大多牵强附会。或许因为此,汉初王充在《论衡·孔问》中对本章的非难,则可发人深省:

> 问曰:孔子妻公冶长者,何据见哉? 据年三十可妻邪,见其行贤可妻也? 如据其年三十,不宜称在缧绁。如见其行贤,并不宜称在缧绁。何则? 诸入孔子门者,皆有善行,故称备徒役。徒役之中,无妻则妻之耳,不须称也。如徒役之中多无妻,公冶长尤贤,故独妻之,则其称之宜列其行,不宜言其在缧绁也。何则? 世间强受非辜者多,未必尽贤人也。恒人见枉,众多非一,必以非辜为孔子所妻,则是孔子不妻贤,妻冤也。案孔子之称公冶长,有非辜之言,无行能之文。实不贤,孔子妻之,非也;实贤,孔子称之不具,亦非也。诚似妻南容云,国有道不废,国无道免于刑戮,具称之矣。(《论衡·问孔》)

王充此问,实是要议论孔子何以子妻公冶长?《孔子家语·七十二弟子解》云:"公冶长,鲁人,字五长。为人能忍耻,孔子以女妻之",或可为之提供解密路径。孔子以其女为公冶长妻,就公冶长论,是公冶长能忍耻。公冶长能忍耻,或可见于常行,但更因为虽无罪却甘受缧绁之刑,最能体现其忍耻。或者,公冶长"无罪而狱",既可是主动代人受之,而且主动代人受之罪原本无罪:公冶长行正获罪,罪非其罪。如果是这样,则为最大的忍耻,并且这种忍耻的本质是高义。如果真这样,孔子以其女为之妻则显出特别的君子意义。

孔子说:"知者不惑,仁者不忧,勇者不惧。"(《子罕》)知、仁、勇三者之间的生成关系为:知可生仁,仁者必勇,勇者不惧,但忍耻之勇却是更高水平的勇。孔子以"仁""知""勇"为框架构建起君子德性伦理,指出知的精义是仁,仁的本质是勇;勇既表现为不惧,更表现为义。所以,能够以身代为无罪者受其"罪非其罪"的忍耻壮行,既是大勇,更是高义。皇侃在《论语义疏》引范宁之语曰:"公冶长行正获罪,罪非其罪,孔子以女妻之,将以大明衰世用刑之狂滥,劝将来实守正之人也。"孔子"以其子妻之"之举其意可能正在于此。公冶长代人受'罪其非罪'的壮行,不正是君子之"知仁勇"的集中体现吗?具有如此担当和德性的人,还有什么不可信任?还有什么不可托付?不仅如此,孔子以女为公冶长妻之言行本身,体现孔子作为真君子之德性与德行的有机统一:对孔子来讲,君子并不只是一种观念理想,不只是一种学说符号,而是一种**存在方式**,一种日常生活化的生存**认知理解方式**和生活**行为选择方式**。正是基于如是理解和认知,其弟子在孔子身后辑纂《论语》时将其置于此篇作为首章,以为表彰夫子学说的精义所在。

第 2 章释义

子谓南容:"邦有道,不废。邦无道,免于刑戮。"以其兄之子妻之。

[注释]

子谓南容:谓,评价。南容,南宫适,亦作南宫括,字容。除本章外,《论语》另有两处涉及南宫适:一是《先进》第六章"南容三复白圭,孔子以其兄之子妻之",其内容与本章重复,但重心于陈述事实。二是《宪问》第五章"南宫适问于孔子曰:'羿善射,奡荡舟,俱不得其死然,禹稷耕稼,而有天下。'夫子不答。南宫适出,子曰:'君子哉若人,尚德哉若人。'"南宫适问天下大政,孔子以此盛赞南宫适是"君子",赞赏其"尚德"。

邦:邦国,由周天子所封。

废:抛弃、罢黜。

刑戮:刑,刑罚。戮,诛杀。

其兄:其,指代孔子。其兄,指孔子的兄长,名孟皮。孔子与孟皮是同父异母兄弟。

[译文]

孔子评价南容:"邦国处于依道治理状态,他以德才勤勉政务不被罢黜。邦国逆道而行时,他能依其智慧使治域内的民、人免除刑罚和杀戮。"

于是,孔子将自己兄长的女儿嫁给他为妻。

[通解]

孔子将女儿嫁给公冶长,可能因为公冶长代人受"罪非其罪"的大勇和高义。孔子将兄长之女嫁给南宫适,则因为其德行和智慧达于中道。二者虽各不相同,但都体现君子的仁、知、勇。本章与上章分别从不同方面表彰孔子尊崇德才并**唯德才是举**的思想。

一

孔子对南宫适的德行和智慧的评价,不着眼于日常琐事,也不注重具体利害得失,而是看邦国有道无道的实际处境中作为体现出来的德行。首先,面对邦国有道,南宫适"不废",这里的"废",历来注家解为"见用";但钱穆新解为"弃义"。根据宏观和微观两个维度的语境论,其"不废"之"废"既为"见用",又为不放弃"以道事君"的基本道义;或者,邦有道而被任用,却坚守"以道事君"的道义,这是南宫适德行的正面体现。要真正理解孔子何以将"邦有道,不废"作为选择侄女婿的条件,需要从孔子的君子政治学角度理解。回顾《为政》篇的基本内容,孔子的君子政治学准则是"政者,正也"(《颜渊》);基于这一准则,从政邦国的主体前提必须具备"为政以德"(《为政》)的能力,即以己正之德去为政;其从政的基本原则只能是"君使臣以礼,臣事君以忠"(《八佾》)。南宫适能在有道的邦国中被当政者选拔入朝当官,却不放弃"君使臣以礼,臣事君以忠"的从政原则,做到以正己的方式正事正人,这是社会精英。所以孔子喜欢、赞美,并以兄之女为妻。

二

南宫适的德行不仅表现在"邦有道"的顺境中,更表现在"邦无道"的逆境中做到"免于刑戮"。有关于"邦无道,免于刑戮",各家注解大同小异,即若遭遇邦国无道,南宫适也能危行言逊,避免于刑戮。如此注解,不过字面语义,但并不符合孔子本义。因为照如此注解,南宫适也不过是"明哲保身"的人。这种明哲保身的做法,既不符合孔子的君子政治学理想,也不符合"以道事君""以德正位"的从政原则,更不符合"不在其位,不谋其政"(《泰伯》)和"在其位,必谋其政"的从政要求;并且,也形成与"邦有道,不废"在表意上的逻辑断裂和自相矛盾。孔子"不在其位,不谋其政"的正面表述,是"在其位,谋其政"。在其位谋其政的行为准则,不仅要怀德,而且要怀刑:"君子怀德,小人怀土。君子怀刑,小人怀惠。"(《里仁》)这两个方面的从政要求在"邦无道"的环境里很难做到。所以,历来的君子都会降而求其次,其具体做法有二:一是如史鱼和蘧伯玉,"直哉史鱼。邦有道如矢,邦无道如矢。君子哉蘧伯玉。邦有道则仕,邦无道则可卷而怀之"(《卫灵公》)。二是如宁武子,"邦有道,则知;邦无道,则愚"(《公冶长》)。

在春秋以及后来的战国时代,道义是维系君臣关系的纽带。君子从政做官具有根本的选择自由。邦有道无道,君子均可"如矢"般直来直去。面对"邦无道",可以如蘧伯玉那样"卷而怀之"地将自己放任山林,也可如宁武子那样继续在位而"愚"。这里的"愚"是相对"智"言:邦有道,君子从政就尽心尽力地施展治理才智;邦无道,君子从政只能有条件地释放治理才智,即争取做有可能做到的事,对不允许做的事保持沉默以待时机,这就是邦无道之"愚"。

南宫适特别受到孔子推崇的地方,恰恰在于哪怕在无道的邦国环境里,其从政为官也是尽最大努力,使所治一方的民、人免于刑戮。孔子深知,根据"性相近,习相远"的人性取向,在"邦有道"的生活环境里,社会有秩序,人们大都能守德畏刑;但在"无道"的邦国环境里,往往道术分裂,邪说暴行横行,社会无秩序,欲望野性膨胀,行为放纵,守德畏刑的社会土壤丧失,民、人更容易沉没于刑戮之中。在这种社会境况里,南宫适不仅能自"怀其刑",而且能坚持行教化疏导和中正刑罚规范,以使治域中的民、人更多地免于刑戮,其德行非真君子不能具有。这是孔子为何"以其兄之子妻之"的最为根本的理由。

第3章释义

子谓子贱:"君子哉若人。鲁无君子者,斯焉取斯。"

[注释]

子贱:宓不齐,字子贱,鲁人。

若人:若,指称代词,这、这个。指子贱这个人。

斯焉取斯:斯,指称代词;前一个"斯"指代人,意谓子贱这个人;后一个"斯"指代君子德性。取,取法、获取。

[译文]

孔子在谈论到子贱时说:"子贱这个人啊,是真君子。如果鲁国没有培育君子的土壤,没有君子,他是从哪里得来这些君子品德的呢?"

[通解]

第一、二两章,孔子讲述公冶长和南宫适的独特言行作为和事功,展示他们的君子德行。本章继之表彰宓子贱,探求礼崩乐坏的鲁国君子辈出的历史原因和文化土壤。

一

宓子贱,与公冶长一样,仅在《论语》中出现一次。后世认为他是孔子弟子,或有其可能性。根据孔子对"君子"的高标准定位来看,假如宓子贱是其弟子,这种高规格的评价既超出孔子本人的谨慎和对本门弟子的严要求规则,也超出孔子本人对君子的定义:"子曰:'圣人,吾不得而见之矣,得见君子者斯可矣'。"(《述而》)在孔门众多优秀弟子中,没有哪个享受如此高的殊荣,即使爱之甚于子的颜渊,在孔子眼里也不过是"好学"而已,被认为"可使南面"的仲弓,以及"瑚琏之器"的子贡,对于孔子来讲,也与"君子"有较大距离。在孔子的世界里,君子之于弟子,只是培养他们的理想性目标。所以,认为子贱是孔子弟子,当存疑,这亦可从史实得到旁证。最初记载子贱为孔子弟子的是《史记》和《孔子家语》:

> 宓不齐,字子贱。少孔子三十岁。孔子谓子贱:"君子哉!鲁无君子,斯焉取斯?"子贱为单父宰,反命于孔子曰:"此国有贤不齐者五人,教不齐所以治者。"孔子曰:"惜哉不齐所治者小,所治者大则庶几矣。"(《史记·仲尼弟子列传》)

> 宓不齐,字子贱。少孔子四十九岁。仕为单父宰,有才智,仁爱百姓,不忍欺之,故孔子大之。(《孔子家语·七十二弟子解》)

这两则记录补充交代了孔子盛赞宓子贱的原由。但是,《史记·仲尼弟子列传》不过是对本章内容重复基础上予以想象性放大。《史记·仲尼弟子列传》以为宓子贱小孔子三十岁,《孔子家语·七十二弟子解》中言宓子贱小孔子四十九岁,也就是说孔子逝世时宓子贱才二十四岁,本章中孔子评价宓子贱的事件,至少应该发生在孔子逝世之前,那时,子贱不过是一少年,既尚未出道,何来"仁爱百姓"?并且,一个尚处于成长中的小少年,何以可能达到如此高的君子修养?所以,表面看来可信的如上材料,实际上并非如此,其内容并不能体现无疑问的真实性。汉刘向编纂的《说苑·政理》为此提供了完整的信息:

> 宓子贱治单父,弹鸣琴,身不下堂而单父治。巫马期亦治单父,以星出,以星入,日夜不处,以身亲之,而单父亦治。巫马期问其故于宓子贱,宓子贱曰:"我之谓任人,子之谓任力,任力者固劳,任人者固佚。"人曰:"宓子贱则君子矣,佚四枝,全耳目,平心气,而百官治,任其数而已矣。巫马期则不然,弊性事情,劳烦教诏,虽治,犹未至也。"(《说苑·政理》)

按《说苑·政理》的说法,宓子贱与巫马期同治一地,其效果大体同,但方法却大异,根本在于为政理念各异。同时,也从侧面揭示宓子贱与巫马期虽同治一地,却是前后相续,故而才有"巫马期问其故于宓子贱"。以此来看,宓子贱入仕为官应早于巫马期,可能年龄也长于巫马期(巫马期生卒于公元前521年~公元前489年,是孔子招收的第二批弟子,少孔子三十岁)。恰好表明《史记·仲尼弟子列传》言密子贱"少孔子三十岁"更可信些。

依《说苑·政理》所说,宓子贱任人之治的政绩虽然广泛流传,但真正引来孔子特别关注,不是弟子巫马期与宓子贱同治单父,而是兄子孔蔑与宓子贱"同仕":

> 子兄子有孔蔑者,与宓子贱皆仕,孔子往过孔蔑,问之曰:"自子之仕者,何得何亡?"孔蔑曰:"自吾仕者,未有所得,而有所亡者三。曰:王事若袭,学焉得习?以是学不得明也,所亡者一也;俸禄少,饘不足及亲戚,亲戚益疏矣,所亡者二也;公事多急,不得吊死视病,是以朋友益疏矣,所亡者三也。"孔子不说,而复往见子贱,曰:"自子之仕,何得何亡?"子贱曰:"自吾之仕,未有所亡,而所得者三;始诵之文,今履而行之,是学日益明也,所得者一也;俸禄虽少,饘得及亲戚,是以亲戚益亲也,所得者二也;公事虽急,夜勤吊死视病,是以朋友益亲也,所得者三也。"孔子谓子贱曰:"君子哉若人!君子哉若人!鲁无君子也,斯焉取斯?"(《说苑·政理》)

子贱与孔子兄之子孔蔑同时为官,孔子询问其侄从政为官的得失,子蔑只言无所得而有三失。孔子为此不快,为弄清楚子蔑为官三失的原因,转而询问其同仕的子贱,子贱言其俱无所失唯有三得。孔子大加赞美子贱:"子贱这人,才是真君子啊!鲁国如果没有使人成为君子的土壤和环境,他怎么会有如此优秀的品德呢?"

> 孔子谓宓子贱曰:"子治单父而众说,语丘所以为之者。"曰:"不齐父其父,子其子,恤诸孤而哀丧纪。"孔子曰:"善,小节也,小民附矣!犹未足也。"曰:"不齐也,所父事者三人,所兄事者五人,所友者十一人。"孔子曰:"父事三人,可以教孝矣;兄事五人,可以教弟矣;友十一人,可以教学矣。中节也,中民附矣,犹未足也。"曰:"此地民有贤于不齐者五人,不齐事之,皆教不齐所以治之术。"孔子曰:"欲其大者乃于此在矣。昔者尧、舜清微其身,以听观天下,务来贤人。夫举贤者,百

福之宗也,而神明之主也,惜乎! 不齐之所治者小也,不齐所治者大,
其与尧、舜继矣。"(《说苑·政理》)

孔子大美子贱的弦歌之治,并不是目的,而是告知人们,宓子贱何以能
成就弦歌之治的成功秘密。首先是有可治的社会环境和文化土壤。宓子
贱治单父,得益于单父有贤者五人对他的引导。其次是能任人。宓子贱任
人,就是居敬,不仅"父事者三人,所兄事者五人,所友者十一人";而且"俸
禄虽少,鬻得及亲戚,是以亲戚益亲也","公事虽急,夜勤吊死视病,是以朋
友益亲也"。最后知行合一,"学而"不止,具体地讲,宓子贱从政以来,"始
诵之文,今履而行之,是学日益明也"。

二

《史记·仲尼弟子列传》和《孔子家语·七十二弟子解》虽然分别将宓
子贱收入其中,但并不能以此确信宓子贱是孔子弟子,因为《史记·仲尼弟
子列传》和《孔子家语·七十二弟子解》都是汉代的作品,其所记载的内容
有许多相抵触的方面,亦正好说明这些内容或许与真实的宓子贱其人其事
有相当的出入。

就如此记载的内容言,孔子因其兄子孔蔑与宓子贱"同仕"的缘故而认
知和了解宓子贱,发现其治政理念、思想和方法与自己的君子理想同,故深
为之动容。这是因为孔子为自己的君子理想找到实践中的知音,自然盛赞
宓子贱是君子。此外,宓子贱的施治实绩**反证**了孔子君子理想能够实施的
可能性,这一可能性或许构成本章欲要突出的主题。

本章最为重要的信息是孔子探讨宓子贱成为施治中的君子的原因,是
"鲁无君子者也,斯焉取斯"。宓子贱之所以成为君子,是因为鲁国有使人
成为君子的深厚历史土壤,并且这一深厚的历史土壤培育出了诸多的君
子,哪怕是鲁国上层社会的弄权者们僭越礼制,造成礼乐崩坏,但君子仍然
生生不息。这是"夫召我者岂徒哉! 如有用我者,吾其为东周乎"(《阳货》)
的历史土壤和社会依据。

概括上述,本章是孔子从同代仁人志士的施治实践和历史土壤及社会
需求两个维度确证君子理想的正确性,培养君子实施文道救世的必要性和
必然性。

第 4 章释义

子贡问曰:"赐也何如?"

子曰:"女,器也。"

曰:"何器也?"

曰:"瑚琏也。"

[注释]

赐也何如:赐,子贡名,与老师言己,自称名,以为敬师。子贡询问老师自己是一个什么样的人,言下之意,自己是否已达到君子之境。

女,器也:女,即汝,第二人称代词,你。器,盛物的器皿,孔子认为,精明能干的子贡的修养还处于大"智术"阶段,离入"道"还有距离。

瑚琏:用于宗庙盛黍稷的器皿,竹制玉饰,贵重且华美。

[译文]

子贡问孔子说:"老师,您看赐的修习达到了哪种状态?"

孔子说:"你呀,不过是一种器皿罢了。"

子贡又问:"是一种什么器皿?"

孔子说:"是瑚琏。"

[通解]

子贡与夫子之间的这场对话产生的场景,可能与前面三章内容关联,但这种关联性既可能是内容方面的,也可能是话语情景意义的。就话语场景言,很可能是一场有关于何为君子的课堂教学,在这场课堂教学中,孔子可能列举了生活世界中不同类型的不同人物,做出褒奖或批评性的评价。子贡听后私下将这些不同评价对象与自己对照,可能觉得自己也许达到君子境界,但又不知这种自我判断有几分客观性,于是忍不住想听听老师对自己的评价,于是课后向孔子发问,孔子应答,由此形成这番对话。

一

在这场由子贡引发的对话中,子贡发问,孔子作答,如此两个来回,孔子完成了对子贡的评价性判断。孔子对子贡的这一评价,后世有不同的注解和理解,有的认为是褒奖子贡,比如邢昺疏曰"本章明弟子子贡之德也",其根本理由是瑚琏乃庙堂上盛黍稷之器,贵重而华美,孔子以瑚琏喻子贡乃有德之大才。因为"大抵天下人才最怕是无用。不但庸陋而无用,有一种极聪明极有学问的人,却一点用也没有。如世间许多记诵词章虚无寂灭之辈,他天资尽好,费尽一生心力,只做成一个无用之人。故这一器字,亦是最难得的人，到了器的地位，便是天地间一个有用的人了"①。与此相反的看法认为，这是孔子对子贡的贬损，比如《汉书·食货志传》认为本章是"孔子贤颜渊而讥子贡"。持此类理解的依据有二：一是以"君子不器"（《为政》）为据，既然君子不是器皿，那么孔子以瑚琏这一黍稷之器论说子贡，自然不是褒奖而属贬损了。二是孔子很多时候以颜渊和子贡对比，子贡总是作为陪衬而承受贬抑，"《论语》记颜渊者，凡二十四章，孔子对之，有褒而无贬；记子贡者，凡三十有五章，孔子对之贬多于褒"。②

对本章内容的理解判断，无论取舍哪种说法，都体现一种倾向，即以一般论具体。当以一般论具体时，就会导致理解的蹈空而最后偏离事物本身。因为就思维认知言，一般专注于抽象，其基本方式是消解具体和个性而把握共性和一般；然而，理解始终是具体的理解，具体的理解始终不能抛弃产生具体的情境定义。以文本理解言，具体的理解必然涉及形成此一文本的语境。仅本章内容言，理解的前提条件是必须正视子贡在什么情境状态下向夫子发问，更具体地讲，子贡向夫子如此发问，绝不是无缘无故，必有具体的发问语境和前提性条件。朱熹在《四书集注》中注意到这一点而以为"子贡见孔子以君子许子贱，故以己为问"，李泽厚《论语今读》亦持此论。③ 朱氏、李氏之论，或有望文生义之嫌，因为《论语》是孔子身后弟子们相与"辑纂"而成，辑纂所安排的顺序并不一定是事件发生的时序。虽然他们注意到子贡与夫子此番对话的语境问题，并推测出一种可能性。客观地讲，《论语》所载，乃"孔子应答弟子、时人，及弟子相与言而接闻于夫子之语也"，这种应答的语境不外乎两种：一种是有预设明确话题的授课性语境，另一种是生成话题的情境性交流语境。子贡求问夫子对自己的评价这一对话事件，有可能发生在这两种语境中，但无论哪种语境，其展开过程都有可能涉及人物的评价或批评，比如，孔子或评价时贤，或评价身边的众弟子，或指出身边弟子的好品质或缺陷。比较言之，后两种可能性最大。或许在这样的具体语境中，聪明的子贡也想知道老师对自己的评价，故而有问。

　　　在课堂上，面对夫子对其他弟子的批评或评价。课后，子贡有些急切地问夫子说："老师，您看我是怎样一个人？"
　　　孔子想了想然后板着面孔说："你呀，像一种器皿！"

① 程树德：《论语集释》上册，北京，中华书局 2017 年版，第 339 页。
② 赵纪彬：《论语新探》，北京，人民出版社 1976 年版，第 328 页。
③ 李泽厚：《论语今读》，北京，生活·读书·新知三联书店 2012 年版，第 147～148 页。

　　子贡有些尴尬和沮丧,但忍不住再问:"老师您说,我像什么器皿?"

　　孔子笑嘻嘻地说:"赐啊,你倒是很像敬神的玉器!"

二

　　在孔子的弟子中,子贡看起来是最关心处世也最容易成功的人,他凭借自己的学识、机敏善辩和处世的成功,很可能在许多时候无意间表现出自鸣得意。或许正是这种特别良好的自我感觉,才驱使他敢于甚至有些迫不及待在这种批评性的语境中期望得到老师的明确评价。或许孔子体察到子贡的心思,所以采取先抑后扬的方式:首先是抑,夫子以玩笑的方式对子贡说:"你小子嘛,不过只是一件器皿。"子贡万万没有想到,自己在老师眼中只是一个工具性的人,不是一个君子,仅是有些才艺供人所用而已。子贡很沮丧,但又忍不住想知道自己在老师的法眼中到底是个什么品级的器皿,于是再问,由此引出孔子的再评价。但第二次评价却是扬:夫子颇为自豪地赞美子贡,"赐啊,你虽然是器皿,却不是一般的器皿,而是像瑚琏"。包咸注曰:"瑚琏,黍稷之器,夏曰瑚,殷曰琏,周曰簠簋,宗庙之器贵者。"瑚琏虽为一器皿,却不普通:普通器皿,盛具体的某物,功用只在其"一";瑚琏作为器皿,是敬神的大器,所盛者乃社稷之黍,它居于庙堂之上,既通天地神人之意愿,又体现社稷之福承传发挥。瑚琏体现一种神圣,因为它本身就是神圣的,正如赫伯特·芬格莱特所讲,"这种礼器的神圣性不在于其青铜的珍贵,不在于其雕饰的美丽,不在于其玉器的珍稀,也不在于其中的谷物可以食用。那么,它的神圣性来自何处呢? 它之所以神圣,不是因为它有用或者精美,而是因为它是礼仪祭典中的一个组成部分。它之所以神圣,是由于它参与了礼仪、参与了神圣的典礼"[①]。在这里,孔子以瑚琏为喻,暗示子贡之大才、大用,不仅可以为庙堂之礼,而且可以发挥光大传统,因为瑚琏者,乃夏瑚殷琏之合称也。

　　进一步看,孔子为什么以瑚琏喻子贡之才德? 这不仅"由于在礼仪活动中的角色,个体的人由此也具有终极的尊严、神圣的尊严",而且因为"社会在孔子的构想中成为一个宏大壮阔的礼仪活动,这种社会礼仪具有精致的宗教礼仪所拥有的所有的神圣之美,施行这种优雅而充满灵感的礼仪活动,既使人感到肃穆庄严,又使人感到心旷神怡。创造和支撑人类终极尊

---

　　① ［美］赫伯特·芬格莱特:《孔子:即凡而圣》,彭国翔、张华译,南京,江苏人民出版社2002年版,第74页。

严的充分条件,既不是个体的存在本身,也不是团体的存在本身。正是人生的礼仪的方面才将神圣性赋予那些在礼仪活动中担任某种角色的各种人物、行为以及客观事物"。所以,"在《论语》中,孔子并不谈论社会和个体。孔子谈论的是做人意味着什么,并且,他发现人是一种独特的存在,具有一种独特的尊严和力量,这种尊严和力量源自于礼,同时也镶嵌在礼之中"①。孔子以礼器为喻评价子贡,暗示子贡大才:"故子贡一出,存鲁,乱齐,破吴,强晋而霸越。子贡一使,使势相破,十年之中,五国各有变。"(《史记·孔子弟子列传》)在孔子的审视中,子贡作为大才,其根本在于礼。礼之于孔子,必须仁的浇灌,即唯有修仁,才可入礼,子贡之可成为神圣的瑚琏,在于他以仁入礼达到完满圆成之境:孔子在世,播扬夫子英名②和维护夫子形象及名誉③最为得力;孔子谢世,唯子贡守孝六年:"昔者,孔子没,三年之外,门人治任将归,入揖于子贡,相向而哭,皆失声,然后归。子贡反,筑室于场,独居三年,然后归。"(《孟子·滕文公上》)这就是孔子心中的子贡:"这样一个人已经达到一个(真正的)人的境界。他是完满圆成之人。他是一樽神圣的礼器。"④

第 5 章释义

或曰:"雍也,仁而不佞。"

子曰:"焉用佞? 御人以口给,屡憎于人。不知其仁,焉用佞?"

---

① [美]赫伯特·芬格莱特:《孔子:即凡而圣》,彭国翔、张华译,南京,江苏人民出版社2002年版,第75页。

② 叔孙武叔毁仲尼。子贡曰:"无以为也。仲尼,不可毁也。他人之贤者,丘陵也,犹可逾也。仲尼,日月也,无得而逾焉。人虽欲自绝,其何伤于日月乎? 多见其不知量也。"(《子张》)陈子禽谓子贡曰:"子为恭也,仲尼岂贤于子乎?"子贡曰:"君子一言以为知,一言以为不知,言不可不慎也。夫子之不可及也,犹天之不可阶而升也。夫子之得邦家者,所谓立之斯立,道之斯行,绥之斯来,动之斯和。其生也荣,其死也哀。如之何其可及也?"(《子张》)

③ 太宰问于子贡曰:"夫子圣者与? 何其多能也。"子贡曰:"固天纵之将圣,又多能也。"子闻之,曰:"太宰知我乎。吾少也贱,故多能鄙事。君子多乎哉? 不多也。"牢曰:"子云:吾不试,故艺。"(《子罕》)叔孙武叔语大夫于朝曰:"子贡贤于仲尼。"子服景伯以告子贡,子贡曰:"譬之宫墙。赐之墙也及肩,窥见室家之好。夫子之墙数仞,不得其门而入,不见宗庙之美,百官之富。得其门者或寡矣。夫子之云,不亦宜乎?"(《子张》)

④ [美]赫伯特·芬格莱特:《孔子:即凡而圣》,彭国翔、张华译,南京,江苏人民出版社2002年版,第78页。

［注释］

雍：冉雍(公元前 522 年～?)，字仲弓，鲁国人，孔子自齐返鲁后招收的第二批弟子之一，比孔子小二十九岁。以德行著称，擅长于政事，故才有夫子评价他"可使南面"(《雍也》)。鲁定公十三年(公元前 497 年)，因子路陪孔子出游而辞去季氏宰，由冉雍接替，任职六年，鲁哀公三年(至公元前 492 年)其职位由师弟冉求接任。仲弓为季氏宰，应该是季桓子执掌鲁国政时期，上博楚简《仲弓》一文开篇记载"季桓子使仲弓为宰"，或可说明这一点。孔子逝，孔门弟子庐墓守孝期间，众推冉雍主持编纂《论语》。

佞：有两解：一是多才；二是有口才之美，善辩。后解更合本章语境。

御人以口给：御，对付、抵挡。给，供给、敏捷。口给，言辞敏捷、嘴快话多。

屡憎于人：屡，多次、经常。憎，憎恶、讨厌。

［译文］

有人当着孔子的面评价冉雍说："夫子，您的弟子冉雍看来像仁者，却寡言。您觉得是这样吗?"

孔子回答说："何必要说多余的话? 多余的话往往使人讨厌。我不知道冉雍是否达到了仁，但我知道有仁德的人没有必要说多余的话。"

［通解］

冉雍，其人厚重淳朴不善言辞。"佞"字意能言善说，言多才善辩。但由于"春秋时以多能多闻为圣，以口才之美者为佞"[1]。但此处之"佞"与"巧言令色"(《学而》)不同，并非价值判断而是事实陈述。邢昺疏曰："佞是口才便捷之名，本非善恶之称，但为佞有善恶耳。为善捷敏是善佞，祝鲍是也。为恶捷敏是恶佞，即远佞人是也。但君子欲讷于言而敏于行，言之虽多，情或不信，故去焉用佞耳。"

由于"佞"一词有事实陈述或价值判断两种形式，形成对本章内容的理解重心和落脚点也有不同：一种认为本章内容的重心是在评价冉雍，落脚点是冉雍是否达到了仁。另一种看法认为孔子也不认为冉雍达到了仁，理由是孔子："善言辞、会说道有多大用? 说多了往往会让人讨厌。我不知道冉雍是否有仁德，我只知道为什么要能说会道呢?"还有一种看法，孔子认

---

① 程树德：《论语集释》上册，北京，中华书局 2017 年版，第 340 页。

为冉雍已达到了仁,其理由是孔子一贯反对"巧言令色",认为"巧言令色"非仁,所以孔子以否定口才之能来肯定冉雍达到了仁德。

除此之外,另一种理解或许更合孔子本意,即本章的思考重心不在评价人物,而是借人物评价起兴而论仁与言、仁与知的关系。理由是孔子对其弟子的评价已有定论:"雍也,可使南面。"(《冉雍》)在众弟子中,没有哪位能够获得如此高的评价,即使颜渊,虽然听话地"好学",也不具备"可使南面"的才德。按照孔子"以仁入礼""修德取位"的君子要求,"可使南面"为邦君的冉雍,其仁不言自喻,而且广为知晓。正是冉雍有仁广为知晓,才有人如是说"雍也仁而不佞"。

孔子也正是借着他人评价冉雍"仁而不佞"的话题拓展开去,阐发仁与言的关系:修习仁德,成为君子,与能言善说并不构成**必然**关系。仁者,可善言会说,亦可木讷。善言会说之于仁者,必有度,这个度就是"不佞",即不说多余的话。不说多余的话,不仅涉及仁与能否言说或能否善于言说的问题,更涉及仁与知的问题:凡事不佞者,不仅仁,而且知。仁者必须知,知者未必仁。冉雍之所以"可使南面',就在于恭默厚重,仁知双修,知仁双全。这才是孔子所论的落脚点。

第6章释义

子使漆雕开仕。
对曰:"吾斯之未能信。"
子说。

[注释]

漆雕开:或漆雕开(公元前540年~?),漆雕,姓氏,名开,字子开,鲁国人,孔子最早的弟子之一,小孔子十一岁。

仕:入仕途当官。

吾斯之未能信:斯,指称"入仕当官"。信,自信、确信。未能信,不能自我确信。漆雕开自言其不愿出仕当官,是因为不能自我确信有无当好官的能力和德性。

子说:说,通"悦",作愉快、高兴讲。指孔子为漆雕开的自我坦诚感到高兴。

[译文]

孔子建议漆雕开出仕从政。

漆雕开婉言拒之,说:"我对出仕为政缺乏自信。"

孔子为漆雕开(之坦诚的自我认知之志)高兴。

[通解]

漆雕开是追随孔子的先进弟子之一。孔子逝世后,儒分为八,漆雕开是其八者之一。可见漆雕开重文教而非兴趣于出仕为政。"漆雕之议,不色挠,不目逃,行曲则违于臧获,行直则怒于诸侯,世主以为廉而礼之。"(《韩非子·显学》)说明漆雕开有武士之风,古代士君子佩剑尚武,乃贵族风俗。或许因为尚武侠义,《孔丛子·诘墨》记载他因为非罪而受刑致残:"形废,非行己之致,何伤于德哉。"或因刚直有德,孔子劝其出仕将以行道,漆雕开婉言拒之,对夫子说:"祈老师恕我无能,我对出仕以行道这件事缺少自信。"孔子听后,很为漆雕开的选择高兴。

孔子之所以为漆雕开不愿从仕的选择而高兴,是因为体察到漆雕开学道深远,不急于小成,不欲速就的选择,恰恰体现"大德不官"(《礼记·学记》)的大志。(《周易·蛊卦》)上九曰:"不事王侯,高尚其事。"(《周易·象传》)亦认为不臣事王侯,其"志可则"。不臣事王侯,其"志可则",乃极言君子进退皆合于道义。是故,孔子之"说",既是对漆雕开的褒奖,更是对自己后继有人的自慰。

第7章释义

子曰:"道不行,乘桴浮于海,从我者其由与!"

子路闻之喜。

子曰:"由也好勇过我,无所取材。"

[注释]

道不行:道,是孔子所设定的文道救世的中正仁道,即仁德-公道。行,施行、推行。道不行,指中正仁道不能推行。

桴:用竹木编排的渡水工具,大者叫筏,小者叫桴,这里指代舟船。

从我者其由与:从,跟从、追随。由,子路,即仲由,子路是其字。

无所取材:所,去处。无所,没有去处。材,有两解:一是材料,指编制木筏的材料;二是通"裁",指裁度事理。前解更合本章语境。

[译文]

孔子说："在这你争我夺的大乱之世，救世的仁道理想难以推行，还不如乘木筏漂流到海外去，能陪我同行的大概只有子路一人了。"

子路听夫子如此说，特别的高兴。

孔子说："子路啊，你比我勇敢，可我们到何处搞到造木筏的材料呢？"

[通解]

孔子一生的理想，是以返本开新的中正仁道思想来实施邦国治理，重建君子社会。但理想与现实总有距离，如果抛开后世美孔子的许多内容，孔子在母国鲁的真实从政经历也就只做了为时很短的小官，既然母国不能给予其施展政治抱负的舞台，那就只得另寻他国，于是有了已年届五十五岁的孔子带弟子游国。孔子游国十四年，虽然有一些机会，但最终没有变成现实，不仅如此，其中遭遇许多苦甘，还有诸如匡人围困、陈蔡缺粮等不幸或困境。游国中的诸多酸甜苦辣，也可能使意志特别坚强的孔子偶尔产生退意和困倦。本章内容或许记载了孔子游国困顿中偶然生发出来的特别感叹与困倦情绪。

一

根据人的生活经历与内心情感、认知以及目标践履之间的变动规律看，孔子发此感叹的时间大致于游国中后期，因为游国时间越往后，年龄越大，入仕从政的机会越少，心中困倦和退意情绪越浓烈。人在生活中，尤其是探求进取而屡不顺的生存境况中，情绪的滋生不仅是无意的，而且是慢慢滋长，累积到具有很强冲击力而无法自止时，才可流露于言行，尤其是作为思想家、作为众多弟子老师的孔子，在弟子面前无遮拦地流露自己的"颓废"情绪，表明其"从政无望"的心理运动已经持续许久而且无法抑制而外化流露。此外，即使如此，其内心真实"颓废"情感的流露也不会面对所有弟子，最有可能的本能性选择对象，就是对自己最忠心的、最信任的弟子。在《论语》中，表面看，子路是遭受孔子批评和讥讽最多的弟子，给人们的表象是孔子不喜欢子路，其实恰恰相反，作为老师，唯有在最喜欢的弟子面前才不会考虑对方的感受或者说接受的问题，才可"随心所欲"地说话，因为弟子与老师之间能够构成"最忠心"和"最喜欢"的这种"亲近的关系"，首先是弟子对老师的学问、思想、人格、品性有最深切的了解，并由此形成的最真挚的崇敬；其次老师与学生的交谈、交流没有认知、理解尤其是心理、情感方面的隔膜和障碍，这即所谓的"心灵相通"和"理解同位"。正是因为如此，对老师"最忠心"的弟子与弟子"最喜欢"的老师之间，说话处事从来是"直来直去"。这是阅读理解《论语》中孔子批评子路(当然也包括子贡等优秀弟子)时所应该注意的心理学问题,以此审视本章内容,孔子偶尔抒发"颓废"感兴之所以选择子路为聆听对象,其深层的心理考虑亦在于此。

二

对本章内容,历来的注疏理解都将其截然划分前后两部分内容。前一部分是孔子偶生退意的感叹;后一部分是孔子对子路应和的判断。对于后一部分内容,有两种看法:一种看法认为是孔子对子路好勇的讥讽,比如朱熹《四书集注》曰"子路以为实然,而喜夫子之与己,故夫子美其勇,而讥其不能裁度事理以适于义也"①。另一种看法认为是孔子对直率好勇的子路的戏谑,比如郑玄曰:"子路信夫子欲行,故言好勇过我。'无所取材'者,无所取于桴材。以子路不解微言,故戏之耳。"②

对话,始终是认知、思想或情感生成展开的连续体,它所表达出来的内容是意义整体。任何割裂的方式都将形成对意义整体的伤害或扭曲。以此为理解准则,本章内容的大意应该是:

> 孔子与子路单独散步或对坐闲聊过程中,当涉及继续游国或谈论到时局与天下变化态势,孔子突发感叹地说:"如果我的中正的君子治邦之道还得不到实施,那就乘坐木筏到海外去,如果真是这样的话,可能只有子路你能陪我同道了。"子路听了夫子这番话后,大喜过望。孔子感叹道:"子路啊,你确实比我勇敢!但是,要真的陪我桴浮于海,你到哪里找到造木筏的材料啊。"

本章中"桴浮于海"的"海",既可能实指大海,即临近于鲁的东海,也可虚指中原诸夏的"化外"之地。但无论哪种意指,都是比喻意义,以喻其退出求仕的"江湖",放弃其"修德取位"和"以德正位"的君子理想。

三

本章内容突出两个方面的要点:

首先,突出孔子对子路的特别信任。孔子对子路的信任超过师生关系,达到无话不说的程度,即孔子在子路面前说话没有任何遮掩和顾忌。孔子对子路的特别信任源于子路对老师的绝对忠诚和崇敬。孔子与子路

---

① (南宋)朱熹:《四书集注》,长沙,岳麓书社1995年版,第109页。
② (三国)何晏注,(北宋)邢昺疏:《论语注疏》,北京,中国致公出版社2016年版,第64页。

之间特别信任与忠诚的关系,其实超过单纯的师徒关系,上升成为挚友关系,这种挚友关系既表现在子路是唯一可以直接批评孔子的弟子,也表现在孔子因过失可以不顾师尊严而在子路面前诅咒发誓:"子见南子,子路不说。夫子矢之曰:'予所否者,天厌之,天厌之!'"(《雍也》)正是这种师徒加挚友关系,使子路跟定了孔子而终身追随。所以孔子想到,即使到了穷途末路,所有追随他的人都散了,肯定子路不会离开自己,这就是孔子说"道不行,乘桴浮于海,从我者其由与"的原因。反之,孔子哪怕是偶然抒发"桴浮于海"的情感,子路也必定认为是真的,而且以能够义无反顾地陪伴老师到任何地方去是人生的大快乐,这就是"子路闻之喜"的原因。

其次,展示生活中孔子的真实性。孔子虽然被后世描绘成圣人,但真实的孔子如他本人所讲,并不是圣人,而是一个普通的士,一个普通的教师,一个怀才不遇而又始终持守己道的理想主义者,一个无时无刻不充满喜怒哀乐之生活真性情的人。他既具有很强烈的纯粹理想,更有很强烈的世俗渴望,还有更强烈的"一以贯之"且终身"守死的善道"。正是这种丰富性,即使心中滋生并层累起退隐世俗的"功名之途"的情感冲动,又始终要克制这种情感冲动而迫使自己坚持到最后,这就是"乘桴浮于海"的内心放纵却又"无所取材"的咬牙坚持,继续进行艰苦的"求仕"长征,这对孔子来讲,是**传道命运的召唤**;对子路来讲,是**护法使命的必然**。由于是使命的必然,对子路而言,生命不息,护送老师传道不止。对孔子来讲,唯有当"天不假年"时,他才最后放弃。

第8章释义

孟武伯问:"子路仁乎?"

子曰:"不知也。"

又问。

子曰:"由也,千乘之国,可使治其赋也。不知其仁也。"

"求也何如?"

子曰:"求也,千室之邑,百乘之家,可使为之宰也。不知其仁也。"

"赤也何如?"

子曰:"赤也,束带立于朝,可使与宾客言也。不知其仁也。"

[注释]

千乘之国:国,诸侯邦国。千乘之国,指大邦国。在古代,"乘"是一量词,指用四匹马拉一辆兵车。一辆兵车配甲士三人,步卒七十二人,后勤二十五人,共计一百人。千乘兵车计十万人的军队。千乘之国,指拥有十万军队和千辆战车的诸侯国家。能拥有如此规模的武装力量和战斗力的国家,在春秋时代应该是较大的诸侯国,它比霸主国小,又比中等国大。

治其赋:治,治理、管理。其,指代"千乘之国"。赋,古代根据赋税而征兵,所以征兵员修武备皆称赋;治其赋,指治理千乘之国的内政和军政。

不知其仁:仁,仁德,包括仁性、仁心、仁情、仁爱。仁是内潜于心的东西,十分复杂,也易生变,所以难以轻言,或者即使言之,也不好准确表述,这是孔子言仁,总是以具体事、具体情境论的原因。抽象评价一个人仁或不仁,是很最困难的事,所以孔子以"不知其仁"为托词,其实知道孟武伯所问的这些弟子仁与不仁的真实动机,所以用能或不能来表述。

千室之邑:室即户,一室就是一户;千室即千户。邑,古代百姓居住的城镇及其所辖的周边土地和耕种其土地的民。邑有公私之分,公邑指诸侯直接管辖的城镇;私邑指大夫的采邑和家邑。千室之邑,指拥有上千户籍、十万人口的城镇,这里指拥有十万人左右的封邑,一般讲是诸侯国的大夫,也可能是小诸侯。

百乘之家:诸侯为国,大夫为家。千乘之国的大夫,其家有百乘之富。指可做拥有百乘兵车的大夫的总管。

宰:指大夫家宰或邑宰,家宰是大夫之家的总管;邑宰是一邑地的行政长官。

束带立于朝:束带,指古人在庄重场合束腰的带子。程大中注曰:"古人无事则缓带,有事则束带。"(《四书逸笺》)古代有身份地位的人,穿戴有正式场合与休闲的区别:平时居住束缓带,其束低在腰;遇礼事时,则束带于胸口,高且紧。本章指身着礼服。朝,朝堂、朝廷。

宾客:宾,大宾、贵客,邦交中的邦君、上卿即宾;客,小客,春秋时,邦交中邦君上卿以下者为客。

赤:公西赤(公元前509年~?),姓公西,名赤,字子华,鲁人,孔子弟子。《孔子家语·七十二章》记载比孔子小四十二岁,而且好礼。孔子问其志向时,他说喜欢在礼仪场合担任"小相"(《先进》)。

[译文]

孟武伯询问孔子说:"子路达到仁的境界了吗?"

孔子说:"我不知道。"

孟武伯又问子路的其他方面。

孔子说:"子路这个人,完全可以做千乘大国负责内政和军政的行政长官。至于他仁或不仁,我不知道。"

孟武伯又问孔子:"冉求这人怎么样?"

孔子说:"冉求这个人,可以担任千室大邑的行政长官,或可胜任拥有百辆兵车的卿大夫的家宰。至于他仁与不仁,我也不知道。"

孟武伯再问孔子:"公西华这人怎么样?"

孔子说:"公西华这个人,可以穿上宾相礼服立于朝堂,迎接各方宾客。至于他仁与不仁,我同样不知道。"

[通解]

孔子所设定的君子,从主体修养论,必定内生仁性、仁心、仁情、仁爱,具备中正仁道。第一至三章通过评价时人公冶长、南宫适、宓子贱贤,而论君子之仁。第四章以子贡大器论仁,第五章以冉雍"不佞"论仁,第六章以漆雕开自谦论仁,第七章以子路忠勇论仁,本章继之以子路、冉求、公西华施治才能论仁。以此展示孔子之仁的多元内涵及其开放性生成。

一

孟武伯作为鲁国大夫,是鲁国孟孙氏第十代宗主,鲁国的权贵。他曾向孔子问孝,孔子答曰:"父母,唯其疾之忧。"(《为政》)本章又向孔子咨询子路、冉求、公西华是否仁。孔子的弟子有先进和后进两类:孔子的"先进弟子"有严格与宽泛之义:对孔子言,严格意义上的先进弟子,指最早招收的那批弟子,即孔子三十五岁适齐之前招收的第一批弟子,就是先进弟子。宽泛意义的先进弟子,是孔子游国之前招收的弟子,包括适齐之前的第一批弟子和适齐返鲁后招收的第二批弟子。相对先进弟子而言的"后进弟子",是指孔子游国途中招收的第三批弟子。大而划之,孔子一生招收了三批弟子,子路是孔门第一批弟子中的优秀者,由于他年龄比孟武伯大,所以孟武伯以字相称;冉求是孔门第二批弟子中的优秀者,公西华是孔门第三批弟子中的优秀者,由于他们两人年龄都比孟武伯小,所以孟武伯直称其名。孟武伯考察孔门三个优秀人才,其意很明显,是在遴选治政人才。

孟武伯遴选治政人才,其考察的重心是其仁与否,这至少说明春秋晚期虽然已出现礼崩乐坏的大趋势,但邦国治理人才的遴选,仍然以德为首要条件。由于鲁国是孔子的母国,孔子在五十五岁前均在母国生活,其招生教学,以仁道培养弟子已名播国中,所以孟武伯才专门考察孔门弟子中的优秀人才。

二

子路、冉求、公西华三人，作为孔门中的杰出弟子，其仁有名。但当孟武伯向孔子询问子路、冉求、公西华三人是否仁时，孔子以"不知"而避之言它，其意有三：

首先，孔子知道，作为鲁国的执政大夫孟武伯，以子路、冉求、公西华三人为对象问仁，这不是在一般意义上问仁是什么，而是抱有挑选做官人才之目的来考察此三人。孔子以为，仁是一种为人的德性、品质和生活的准则，并非某些才能本领。更具体地讲，仁不是治邦安国的具体才能本领，虽然治邦安国的才能本领必须以仁为灵魂，或者仁必须融铸为人的具体治邦安国的才能本领。所以，孔子只以"不知"其是否有"仁"为借口而分别大谈子路、冉求、公西华三人治邦安国才能的大小，意在突出和强调仁德与才能、本领的区别性：仁是主体化的心理意义和伦理意义的东西，它既是主体化的，也体现其主观倾向性，既丰富复杂，也变化不已，并不是三言两语所能说清楚，必须付诸具体生活情境中的具体事务或利害关系的处理时才可得到呈现。与此不同，才能、本领虽然也是主体化的，但它却是能够可客观量化的技能和可操作的智慧或方法。由此不难得知，孔子学问，并不仅仅是空洞的道德说教；孔子教人或者说对君子的培养，并不仅满足于德性修养和德行能力的训练，同时也强调实际的治邦安国才能的具备。

其次，孟武伯三问"仁"，孔子三答"不知"，这是对学问浅陋的孟武伯的避重就轻的回答。因为在孔门中，仁是**进德修业**的入门之基，是进入孔门的人"学而"成己成人立世所须臾不可离身的君子灵魂："君子无终食之间违仁，造次必于是，颠沛必于是"（《里仁》）的生活准则，是孔门的精神命脉，它构成演绎理想世道和人心的精神渊薮。孟武伯抱着以仁为入仕当官的绝对准则来考察子路、冉求、公西华是否仁，这在孔子看来，不仅是对孔门学问及精神命脉的无知，也是对孔门人才的扁平看待，更是轻看其杰出弟子子路、冉求、公西华。所以，孔子连以三个"不知"来礼貌地驳回，然后分别以子路、冉求、公西华实际具备多大治政才能来间接地表明他们各自有多大的"仁"：对孔门弟子来讲，其心有多少仁，并不一定有多大才能和本领，因为术有专攻的区别；但有多大的才能和本领，就必然有能够统领和驾驭其本领和才能的仁，这是孔子要用"能"来回答孟武伯所问之"仁"的原因。

三

孔子以"不知"的方式拒绝询问某人是否仁，不是孔子不能对这些跟随他多年且特别优秀和杰出的弟子做出是否仁的客观判断,而是除了上面的原因外,还涉及孔子对仁德的基本看待,或者说这涉及孔子道德哲学的核心问题,或可说灵魂问题。

首先,孔子道德哲学的核心是"仁",它扎根于个体生命之中构成中正仁德。在孔子看来,中正仁德的具备,对任何人来讲都是**动态生成性**的。当持这样的基本态度来看待中正仁德,不仅将进德与修业看成同一个东西的两个面,更将进德和修业看成是没有止境的人生过程,或生无所息的学而过程。在这个过程中,今天有德,并不等于明天一定会有德。说一个人是否有德,是一个全称判断问题,这样的全称判断不适合指涉动态生成性的事物,更不适合于人本身。所以无法用一个全称判断来对一个人做德或不德的判断,因为当你在下如此判断的时候,其人可能已经有了变化。

其次,在孔子那里,德是衡量或判断人是不是人的基本尺度。人是不是人的问题,不只是动物与人的区别,因为其根本性的问题恰恰是利欲,所以德与利欲紧密关联:第一,利欲构成生活的实质性内容,每天都得到呈现;第二,利欲对任何人的每天生活来讲都充满生或变的活性。概括这两个方面,利欲充满滋生性,它构成人每日战斗的内容,成为君子每日斗争的对象,亦构成君子生无所息地每天把自己成就为君子的尺度。

最后,德,内聚为仁,外化为礼。仁与礼之于人的人际关系化的每日生活来讲,既可统一,也存在难以统一的情况。并且,在人的日常生活中,不统一的情况往往频繁出现,比如,行为有礼,并不等于心存仁情和仁爱;反之,心存仁情、仁爱,在许多时候也可能失礼。然而,真正的德,必须是二者的统一。所以,仁与礼必须统一。

由于如上三方面因素的制约,使孔子不敢也不能轻率地对任何人下仁与不仁的判断。当他面对这类"某人是否仁"的发问时,只能以"不知"为答案。这是一种最笨的回答,也是一种最机智的回答。因为在"不知"的答案中,蕴含了仁与德,具体地讲是人与仁和人与礼之间的动态变化性。

第9章释义

子谓子贡曰:"女与回也孰愈?"

对曰:"赐也何敢望回。回也闻一以知十,赐也闻一以知二。"

子曰:"弗如也。吾与女弗如也。"

[注释]

女与回也孰愈：女，即"汝"，指子贡。愈，更加。

何敢望回：敢，胆敢。望，奢望。指怎么能有奢望与颜回比高低的胆子。

闻一以知十：闻，听说，这里指接受老师的教诲并理解。知，推知、会通。指领悟其一而推知相关者十，强调理解或领悟的会通能力。

与："女与回也孰愈"中之"与"，是连词，关联子贡和颜回。"吾与女弗如"中之"与"，却有两解：一是表赞同，意为我（孔子）完全赞同你（子贡）的自我评价：你不如颜回。二是连词，作"和"讲，意为我（孔子）和你（子贡）都不如颜回。根据本章语境和孔子看待颜回的固有姿态所形成的特殊语境，两解并用。

[译文]

孔子问子贡说："赐啊，说说你与颜回两个人在'学而时习之'方面，哪个做得更好些，或者哪个的理解和领悟更深广些？"

子贡回答说："我哪敢奢望与颜回比高低呀！在'学而时习之'方面，颜回接受老师您的教诲，领悟其一就能推知出十个方面的相关内容来；我聆听老师您的教诲，倘能领悟其一时，最多也只能推知出两个方面的相关内容。"

孔子对子贡说："你确实是不如颜回，我完全赞同你的看法。其实，在学而内省领悟方面，我和你都不如颜回。"

[通解]

仁，表现为中正德性，但内聚生成的却是仁性、仁心、仁情、仁爱。这内外两个方面却由仁本身规定：仁之于人，并非天赋，而是后天修为所成。所以修仁乃人成仁的先决条件和主体前提。在孔子的仁学世界里，修仁的正确方式是"学而时习之"，它包含三个方面并展开为三个生成性环节，这即学、思、行。上章讲学而成仁之行；本章继之讨论"学而成仁之行"何以可能的前提性功夫，即成仁之思的能力何以得以自我训练。

一

子贡，是孔子招收的第二批弟子中的佼佼者，不仅以口才、雄辩闻名，而且更有经济头脑、灵敏干练和办事通达之能。这深得孔子喜爱，所以称他为"瑚琏"。颜渊，也是孔子招收的第二批弟子中的佼佼者，其人生性内向，内力深厚，沉稳少语，以生命投入方式内省默悟夫子学问真谛，至为深远,无人能及,孔子爱之独深甚于子。对于这一性格、志趣、理想等方面截然不同的两个优秀徒弟,孔子更注重于对子贡的引导和培养,所以他特别地给子贡设计了一课,叫他自己评价与颜渊在"学而内省"方面孰更深厚更灵敏。"愈"者,历来注为"犹胜也",如此理解"女与回也孰愈",亦可翻译成:"你与颜回比较,哪个更强?"以此观夫子对子贡发问的重心,应该落实在能力、本领方面。但似乎不符合前后表意的一贯性。愈,乃一副词,本意为(在原来的基础上)更加、越发之意,比如"昔我往矣,日月方奥。曷云其还? 政事愈蹙"(《诗经·小雅·小明》)。在本章中,根据其所问的内容言,似该理解为"更加",有深刻、深厚、深远、深广的含义。

从本章呈现的内容整体观,孔子对子贡如此发问,定有其特定语境。一般地讲,任何特定语境的产生必有两个基本条件,即创造语境的主体和话题。孔子发问子贡的具体语境已无可考究,但根据本章内容可以大致推测:第一,创造此一语境的主体,可能只有子贡和孔子师徒二人,这是孔子因人施教方法的日常化运用。第二,二人处于非正式的交谈活动中,或可是子贡陪老师散步、聊天之类的随意性环境。但这种随意的闲谈对于孔门教育来讲,本身就是日常的教-学活动方式。第三,在这一自由自在无拘无束的闲聊过程中,可能涉及对学问、问题的思考理解;并且在其对话交流理解过程中,能言善说的子贡可能表现出得意或骄傲,由此为孔子发问提供了契机和方式。

孔子向子贡发问,采用比较的方式,以促发子贡本人尽可能做出较为客观的双重评价:一是评价颜回,二是评价自己。孔子之问,应该既是孔子对子贡之知己知人能力的考核,也是孔子意欲对性格外向、能言善说的子贡的引导性启发。孔子如此设计问题,希望子贡能够做到客观认知自己的同时客观认知他人(具体地讲颜回),具备不偏颇地断己识人、扬人所长和克己所短的品质和能力。如果做不到,方可借此启发和引导子贡具备这方面的意识和能力。结果,聪慧伶俐的子贡不负师望,向夫子交出一份完满的答案:

> 对曰:"赐也何敢望回。回也闻一以知十,赐也闻一以知二。"

二

孔子反对记问之学,特别强调悟性,学而必须内省领会,自发觉解。在孔子看来,颜回在这方面做得最好,有"闻一知十"的悟性:"回也,非助我者也,于吾言无所不说"(《先进》)和"吾与回言终日,不违如愚,退而省其私,亦足以发。回也不愚"(《为政》)。在孔子眼中,颜回大智若愚。颜回这一大智若愚的形象**填满**孔子的情感世界,所以孔子才说出"吾与女弗如也"的极端言辞,表达对颜回的盛赞。或许,作为老师的孔子,因为喜欢颜回而不经意地在任何场合都对他做出超出客观性限度的夸奖和赞誉,既成为一种动力,也可能变成一种压力,久而久之,这种压力或可积累成为一座大山:

> 颜渊喟然叹曰:"仰之弥高,钻之弥坚,瞻之在前,忽焉在后。夫子循循然善诱人,博我以文,约我以礼。欲罢不能,既竭吾才,如有所立卓尔。虽欲从之,末由也已。"(《子罕》)

将如上文字翻译成现代语言,其完型语义如下:

> 颜渊显得有些绝望地感叹说:"对老师的学问和德性,我抬头仰望,却是越望越高而最终高不可及;我悉心钻研,越是钻研下去就越艰深而最终坚不可入。看着就在前面,忽然又像在后面。老师善于循序引导,以广博的文章丰富我的学养,用严肃的礼法约束我的行为,使我停下脚步都不可能,我已经竭尽全力,但看见老师的学问和德性仍在前面矗立着,高峻而卓绝,我想再向上攀越,却感到已经无路可走了。"

此外,孔子同时也以"弗如也。吾与女弗如也"的方式,既夸奖了颜回,也给子贡以安慰。因为,孔子深知,聪明敏锐的子贡是最善于说话的人。或许,孔子之问"女与回孰愈"这一事件发生在"叔孙武叔语大夫于朝曰:'子贡贤于仲尼'"(《子张》)之后,世之谓子贡贤于孔子,可能孔子亦有所闻。或许孔子忧子贡以此自傲而瞧不起同门,故以"女与回孰愈"来探测子贡,因为在孔子看来,颜回的好学悟性在孔门中无人能比。《论语》记载孔子探测子贡之事,其深广的意义或许钱穆的体察甚得真谛:"世视子贡自谓不如颜渊,孔子亦自谓不如颜渊。然在颜子自视,或将谓不如子贡。以能问于不能,以多问于寡,有若无,实若虚,此圣贤之德,所以日进而不已,学者其深体之。"①

---

① 钱穆:《论语新解》,北京,生活·读书·新知三联书店 2016 年版,第 106～107 页。

第 10 章释义

宰予昼寝。

子曰:"朽木,不可雕也;粪土之墙,不可杇也。于予与何诛?"

子曰:"始吾于人也,听其言而信其行;今吾于人也,听其言而观其行。于予与改是。"

[注释]

宰予:字子我(公元前 522 年～公元前 458 年),亦称宰我。鲁国人,孔子招收的第二批弟子,比孔子小二十九岁。后被列为"孔门十哲"之一。

昼寝:昼,白天。寝,睡觉。指白天睡觉。

朽木不可雕:朽木,腐烂的木材。雕,雕刻。不能在腐烂的木头上雕刻艺术,指白天睡大觉的宰我不可培养。

粪土之墙不可杇:粪,一切污秽物的统称。粪土,指秽土。杇,饰墙的泥刀,指用泥刀抹墙。用粪土垒起来的墙,不能用杇涂抹。

于予与何诛:予,指宰我。诛,责备、教导。指对宰我这样的人不可再教诲。

于予与改是:改,改变、变更。是,指称代词,指代上句"听其言而信其行"。

[译文]

孔子发现宰我大白天睡觉。

于是很是失望地说:"腐烂的木头,已不可能用来雕琢;用粪土堆砌起来的墙,根本无法粉刷。对于宰我,我已没有什么再责备的了。"

孔子又说:"以前我待人,他说什么我就相信他会如此做。现在我看人,不仅要听他如何说,更要看他如何做。我看人的态度和方式之所以有如此的根本改变,是由宰我言行相违所引起的。"

[通解]

宰我是孔子招收的第二批弟子中的佼佼者之一。在《先进》第二章中,孔子按能力专长将弟子分为德行、言语、政事、文学四科,宰我属于言语科。在孔子看来,言语科中最优秀的弟子要数宰我和子贡,而且他认为宰我比子贡更出色,所以将其排名于子贡之前。以此观本章内容,夫子对宰我的责备相当严厉,对宰我的评价显出很强的主观色彩,其认知取向更多受情境性情绪支配。不仅如此,夫子用"朽木""粪土"来形容宰我,不仅太过偏激,也体现某种程度的人格侮辱。孔子以如此态度和方式痛责宰我,一方面呈现出孔子与学生之间的"无间"程度;另一方面,孔子对宰我的这种太过责备,也有违常情。因而,有必要超越常情来看。

首先,宰我白天睡觉,应该不是偶尔行为,或者,孔子发现宰我白天睡觉,不止一次,可能很多次,或者不时发现,多次提醒,但宰我终究陋习依旧,惰性不改。所以才让孔子深感失望,这样一个天资优秀且特别具有语言天赋的人,竟有如此不求长进的惰性,使孔子不能容忍,于是有了对宰我的痛责。这是爱之至切,才责之至深。

宰我白天睡懒觉的陋习和惰性,既不合常人的生活准则,因为"民生在勤,勤则不匮"(《左传·宣公十二年》);也不符合君子要求,因为古代社会,"君子终日乾乾,夕惕若厉,无咎"(《周易·乾卦》)。所以,"古者君子不昼居于内,昼居于内,问其疾可也。宰予无疾而昼寝,与病卧者同讥欤"①,更与孔子"其为人也,发愤忘食,乐以忘忧,不知老之将至云尔"(《述而》)的生存方式相反。《淮南子·修务》云:"若以布衣徒步之人观之,则伊尹负鼎而干汤,吕望鼓刀而入周,百里奚转鬻,管仲束缚,孔子无黔突,墨子无暖席。是以圣人不高山,不广河,蒙耻辱以干世主,非以贪禄慕位,欲事起天下利而除万民之害。盖闻传书曰:'神农憔悴,尧瘦臞,舜黴黑,禹胼胝。'由此观之,则圣人之忧劳百姓甚矣。故自天子以下至于庶人,四肢不动,思虑不用,事治求澹者,未之闻也。"古来圣贤无懒汉,所以宰予的"昼寝"陋习和惰性,使孔子痛其不争的愤怒最终失控而暴发,谓其为"朽木,不可雕也;粪土之墙,不可杇也。于予与何诛?"

宰予"昼寝"表现出言行相违的现象,改变了孔子对言行的重新认知,听其言而信其行,始终是片面的。听其言而观其行,才是客观的识人态度和方法。更为重要的是,通过宰予,孔子更强调"先行其言而后从之"(《为政》)和"君子欲讷于言而敏于行"(《里仁》)。这或许是孔子为何经常批评子贡而更多赞扬颜回的根本原因。

第 11 章释义

子曰:"吾未见刚者。"

或对曰:"申枨。"

子曰:"枨也欲。焉得刚!"

---

① 程树德:《论语集释》上册,北京,中华书局 2017 年版,第 359 页。

[注释]

刚:刚烈、刚直、刚强。指不为利欲所屈从的人格,表现为与人相处、与事相待的"刚直"性格。

申枨:姓申名枨,字周,孔子弟子。

欲:欲望,这里作多欲讲。

[译文]

在谈论性格类型时孔子对弟子说:"我阅人无数,还未遇上真正刚直性格的人。"

有人回答说:"申枨就是这样的人,他表现得很刚直。"

孔子说:"无欲则刚,申枨欲望太多,哪有刚直可言。"

[通解]

本章是孔子与弟子关于性格的讨论,这种讨论由一般到具体,然后以对具体人物性格、人格的品评来表明性格的一般看法。

"刚"之于人,是一种性格。性格的本质是人格,作为一种性格,刚表现为处事待人的基本态度和行为方式;作为一种人格,刚既蕴含利益诉求,也体现价值取舍。这是孔子与弟子对申枨这个人的评价根本不同的原因所在:"或者"从性格方面看申枨,可以认为他是一个刚者;但孔子却透过性格从人格层面审视申枨,认为他不是刚者,因为申枨欲望太多。

有关于"刚",郑玄注曰:"刚,谓强志不屈挠。"皇侃疏曰:"夫刚人性无求,而申枨性多情欲。多性欲者必求人,求人则不得为刚。"邢昺疏曰:"刚谓质直而理者也。夫子以时皆柔佞,故云吾未见刚者。"合论之,"刚"之于人,既指刚直,也指刚毅,更指刚强。刚是直、毅、强整合的性格类型和人格气质。这种性格类型和人格气质表现在行为上,就是德,即刚直、刚毅、刚强之刚德。

孔子特别看重刚德。刚德,不仅是一种品德类型,本质上还是人格类型;具有刚德人格的人,因为直而毅,因为毅而强。直者,正也,即中正、堂正、公正,凡事有准则,有限度,有曲直,不会为私利而屈准则,不会因欲望而愈限度,不会因情感而枉曲直。因为坚守中正、堂正、公正的准则而不受利欲羁绊,行为自然坚毅不屈,凡事不屈不挠,由此在任何情况、境遇下都表现得刚强,即使富贵也不能淫,威武也不能屈。这就是孔子为什么将申枨不具刚德归结为情欲太重的理由,自古有"无欲则刚"之说:嗜欲重,必为物所役。人一旦为物所役,则必不能刚,因为情欲的本质是利害,为利害所系,必定丧失刚直、刚毅、刚强的人格。《老子》曰:"咎莫大于欲得,祸莫大于不知足,故适中之足,常足矣。"(《老子》第四十六章)。所以,无欲人自刚,并且"道常无为,而无不为。无欲以静,天下将自正"(《老子》第三十七章)。

孔子论刚,既是一个心理学问题,也是一个道德哲学问题。它牵涉到利欲,联络人性。对个人言,唯有突破人性的弱点,真正抛弃利欲,超越利害,才能达到"光明正大,坚强不屈"的刚德,这是最高境界的德,是一种"天德";能"全此德者,常伸乎万物之上。凡富贵贫贱,威武患难,一切毁誉利害,举无以动其心"①。孔子赞美这种德,并认为尚未真正见到有此德者,其崇敬之情溢于言表,其践履的努力亦未消解。孔子热心于仕,且终身努力,虽时有为利所动,但最终没有被利欲所役,恰恰体现他终身以往地努力于以刚为准则。

第 12 章释义

子贡曰:"我不欲人之加诸我也,吾亦欲无加诸人。"

子曰:"赐也,非尔所及也。"

[注释]

不欲:欲,想、希望。指不想、不希望。

加诸我:加,凌,意指以非义方式强求、役使。诸,之于的合音。加诸我,意为加之于我,指以非义方式强求或役使我。

非尔所及:尔,第二人称代词,你。及,能、达到。

[译文]

子贡说:"我不希望别人以任何方式强求我或役使我,我也不会以任何方式强求人或役使人。"

孔子说:"赐啊,这不是你想做就能达到的境界。"

[通解]

上章讲仁者必有不为利欲所惑的刚正、刚直、刚毅,以申枨为例。本章讲仁者必有不为利欲所惑的中正、正义、公道,既自我尊重,也尊重别人,以子贡自我要求为例。

---

① 程树德:《论语集释》上册,北京,中华书局 2017 年版,第 365 页。

一

子贡此论,必然有其特定的语境,这个特定的语境可能源于对"恕"的讨论。恕既是一种修养,也是一种德,更是一种道,一种待己待人之道。具有"瑚琏"之德才的子贡很重恕道,为此他曾向孔子请教:"有一言而可以终身行之者乎?"(《卫灵公》)孔子给予肯定回答:"那就是恕。"什么是恕呢?孔子更为具体地告诉他,那就是"己所不欲,勿施于人"(《卫灵公》)。

己所不为的事,不要怂恿别人去做。这是从自己出发来理解恕。从他人角度讲,恕亦意味着人也不能任意地将其意志强加于己。子贡对夫子的恕道予以反推,就形成"我不想将自己的意愿强加于他人,他人也不要将其意愿强加于我"。子贡的这一周全的想法,固然很好,但孔子却泼他的冷水说:"子贡啊,这不是你(想做)就能做到的(事)。"

孔子将"恕"定义为"己所不欲,勿施于人",是说"恕"就是自己要求自己并自己约束自己的行为,不损人,这是自己能做到的。所以,恕是自己必须做且能够做到的。子贡以此反推,认为他人也应如此自我约束而不损于我,孔子认为这种想法很好但很难做到。孔子这一看法源于对人、对人性的认识比子贡更深刻、更冷静、更客观。每个人都是独立的个体,不同的人在行为上的人性表现呈个体差异,这就是"性相近,习相远":天赋的人性决定"恕"道只能是自我要求之道,任何人,可以期望别人如何做,但没有权利强求别人必须这样做。古代的学者之所以成己为目标(《宪问》),孔子之所以要以"学而"方式努力培养君子,是因为个人既不能使群体恕,自己也不能使他人恕。唯有当越来越多的人通过"学而"成为具有己恕德性和能力的君子,而且这样君子成为治邦安国的精英和社会的主导力量时,己恕人的同时才使人恕己。这是孔子为什么说子贡"我不欲人之加诸我也,吾亦欲无加诸人"的恕道很理想却难实现的原因。

二

恕,所涉及的不是人的境界问题,而是人与人互为**不损**的问题。人与人互不相损,涉及量级:轻量级的不损,属于道德范畴;重量级的不损,属于刑罚范畴。这是孔子特别强调道德但并不排斥刑罚的原因,也是孔子主张正己以正人、正己以正事的方式应该成为邦国治理的基本方法的根本考虑,因为这种方法是预防人的利欲之损或消解人的利欲之损的社会方法,一旦这种方法得到普遍实施并产生普遍效果,社会就可以做到"刑省罚寡"。

然而,在子贡看来,恕,本质上是自由问题。子贡提出"我不欲人之加诸我也,吾亦欲无加诸人"的恕道,不正是现代人的自由之道:"容忍是一切自由的根本；没有容忍，就没有自由。"①恕即容忍。容忍是人使自己的自由之欲有节制地释放而不损人。但由于人性的本质是自私，人性的原初冲动是自利，这往往造成人要求别人容易，要求自己很难，容忍也是如此："同样是容忍，要求别人对自己容忍易，要求自己对别人容忍却难。同样是容忍，无权无势的人易，有权有势的人难。容忍，是属于自我训练（self-discipline）一类的行为。当无权无势的人面对权势时，他受到种种限制和压力，这种种限制和压力使得他不能不调整自己的言论或行为之角度以适应求存，或达到某一目标。所以，无权无势的人较易对人容忍。"②这是孔子认为子贡提出"我不欲人之加诸我也，吾亦欲无加诸人"的恕道不可能达到的根源。

第 13 章释义

子贡曰："夫子之文章，可得而闻也，夫子之言性与天道，不可得而闻也。"

[注释]

夫子：古代对老师的尊称，近代以来，称为"先生"。

文章：不是指《诗》《书》《礼》《乐》等典籍，而是指对《诗》《书》《礼》《乐》等典籍的讲授、阐发以及发问、质疑。

得而闻：得，得到、听到。**闻**，本义为听，这里作了解、理解讲。指听到而理解。

性：本性、人性，古代研究这类问题，属于方技之学。

天道：子贡这里所讲的"天道"，属于宇宙论范畴，古代研究这类问题，属于数术之学。

[译文]

子贡（对人）说："夫子经常给我们讲授《诗》《书》《礼》《乐》等文献，但很难听到他关于人性和天道方面的见解。"

---

① 胡适：《容忍与自由》，北京，作家出版社 2016 年版，第 1 页。
② 殷光海：《政治与宽容》，武汉，湖北人民出版社 2009 年版，第 145 页。

[通解]

《论语》言天道者仅本章,言"性"者,除本章外,还有《阳货》第二章。从承传下来的文献观,孔子确实不言"天道";至于"性",却是言过,即"性相近也,习相远也"(《阳货》)。但孔子之言性,可能是对子贡感叹"夫子之言性与天道,不可得而闻也"之后的回应。

——

本章内容可能是子贡与同门在背后谈论夫子学问时发表的看法。这种看法可能不仅仅是子贡所持,只是善言巧语的子贡将大家的看法用恰当的言辞表达了出来而已。子贡此说,或许说明孔门弟子并不满足生活经验、从政治世方面的内容,他们最想从夫子那里了解到的东西,就是人性与天道等方面的智慧和知识,因为人性是关于人自己的认识,天道是关于自然宇宙的认识,只有这两个方面的认识,才可生成**根底**智慧,产生**普遍**知识和真理。然而在子贡(及其同门)看来,夫子对这两个方面的普遍知识与真理始终保持缄默,几乎不能给他们提供任何启发和帮助。今天来看,历史对孔子的定格,主要源于两个方面:一是教育思想家,二是(融人伦和政治的)道德哲学家。这两个方面都可以归结到一点,就是引导人成为**成己成人立世**的真君子。但无论作为教育思想家还是作为道德哲学家,必须懂两个方面的东西,并且必须对这两个方面有独特深邃的体认,这就是人性与自然。认识人性,是了解人的内在自我、内在生命;认识自然,是了解人的外在自我、外在生命。只有对这内外两个方面有真正体认和把握,才可具备教人成为君子的知识,真正懂得怎样引导人成己成人立世。从这个角度看,孔子不是不懂人性和自然,而是对人性和自然的领会说得少而已。

作为教育思想家和道德哲学家的孔子,之所以对人性和自然说得少,是因为他的教育思想和道德哲学建立在返本开新的经验基础上,是基于对历史经验和生活经验的体察验证所形成的教育理论和道德哲学。所以,孔子不是形而上学家,**不是未涉及而是不太专注**存在本体论等一般哲学问题。客观地讲,在本章中,子贡所讲的性与天道,均属于自然的范畴。子贡所言之性,有广狭义之谓,狭义地讲,是人性;在更广泛的意义上,是指本性,包括生命本性、自然本性、存在本性,而不是习性。子贡所言之天道,是指自然或者说宇宙的法则,整体观之,天道,是外在的法则;本性,是内在的规定。性与天道,就是从内外两个方面讲生命、自然何以成为生命、自然的内在规定和外在法则。具体地讲,事物成为事物、生命成为生命、人成为人的内在规定和外在法则,夫子是不作为专门的课程内容讲授的,弟子们即使有所涉及或疑问,只要未提出来,夫子也总是根据"不愤不启,不悱不发,举一隅不以三隅反,则不复也"(《述而》)的教育原则闭而不言。

二

进一步看,孔子何以不轻易地言性和天道?

因为性和天道都是自然,是自然的本真,不是说能够抵达得到的,也不是说能够掌握的,它唯有靠自己去践履,并在践履中领悟、觉解,才可得到。

因为性和天道,既然是自然,它本身就是自然而然地以自身方式敞开存在,自我运行,自我言说,自我呈现,自我展示;它是最纯粹的,也是最完全的,是任何人的言说与表白都不能达及的,所以,性和天道也是根本不需要言说,不需要讨论,只需要践履和觉解。这就是孔子感叹"天何言哉?四时行焉,百物生焉。天何言哉"(《阳货》)的根本理由,也是即使不得已言之,也是如"性相近也,习相远也"(《阳货》)般的只言片语,需要人去身体力行方可悟得(有关于"天道",参见《阳货》第十九章;有关于"人性",参见《阳货》第二章)。

第 14 章释义

子路有闻,未之能行,唯恐有闻。

[注释]

有闻:闻,听说、获得。这涉及听谁说,从哪个地方获得的问题。根据"子路问:'闻斯行诸?'子曰:'有父兄在,如之何其闻斯行之?'"(《先进》)这个所说者应该是孔子。有闻,有两解:一是听说的道理;二是听说的是可行的事情。应从后解更合本章语境。

未之能行:行,践行、实做。指欲践行而未及。

唯恐有闻:恐,担心、害怕。有闻,相对前面的"有闻"而言,指"又听……""再听……"。

[译文]

子路从夫子那里听到某事该做,欲践行时,害怕又听到另一件该做的事,如果这样的话,前一件事情就无法做了。

[通解]

上章论知与悟,以子贡言夫子"不言性与天道"的遗憾为例;本章讲知与行,以子路"未之能行,唯恐有闻"的担忧为例。

一

理解本章内容,最好结合如下内容。

> 子曰:"片言可以折狱者,其由也与?"子路无宿诺。(《颜渊》)
> 子路问:"闻斯行诸?"子曰:"有父兄在,如之何其闻斯行之?"(《先进》)

孔子认为,拥有"片言可以折狱"能力和"无宿诺"的践履品质与精神者,在众多弟子中唯子路一人。这是孔子对子路的治政之才和德性的很高褒奖。子路重行,所以特别关注如何更好地和无阻碍地践行方面的经验和智慧。孔子以最具体的家孝为例,善意地提醒他,践行是有条件的。比如,有父兄在,基于孝父敬兄的基本要求,是不宜随便远行的。或许子路最终没有想明白这一点,才有可能生发出"未之能行,唯恐有闻"的困惑。

子路遭遇的困惑,并不是子路一人的问题,应该是普遍的生存问题,其实质是生活中如何知与行。在理想的或逻辑推论的意义上,人人都赞同或者力主知行并举、知行合一,但从经验(包括历史经验和生活经验)观,这种理想状态毕竟是观念层面的,生活中,人的知与行之间始终存在张力,且往往难以获得无条件的统一。孔子创造的以"返本开新"为认知论、以"以仁入礼达乐"为践履路径、以"仁德-公道"为根本准则的"思想范式",就是立足于历史运动和日常生活的经验来思考事物,反省问题,检讨得失。关于知行关系问题,孔子同样以这样的经验方法来审度和考察。孔子针对子路"闻斯行诸"之问而以"有父兄在,如之何其闻斯行之"提醒子路,在知行关系中,所知之行(甚至包括求知之行)有条件限制,当条件不具备时,即使有知之必行的认知,或知之欲行的愿望和努力,可能最终不能行,或者行了,也不一定能收到预期的效果。

二

客观地看,知与行之间的张力,还不仅源于践行知的条件限制,更体现在子路涉及的困惑方面。历来重行的子路很是痛苦地发现:在日常生活中,人往往是行落后于知。这种状况表现为:或者行不能追赶上知,或者行不能与知并驾齐驱,知始终自我放任前行而不顾于行的"力不从心",这就是"未之能行,唯恐有闻"的困惑。

子路关于"未之能行,唯恐有闻"的困惑,恰恰根源于根本无法消解的"未之能行,唯恐有闻"的知行困境。这是因为人所面对的是苍茫浩瀚的存在世界,在这一存在世界里,人的生存始终是敞开性的,人也始终处于未完成、待完成且需要不断完成的进程之中。正是由于如上三个方面因素的整合激励,知之于人,始终是无限;因求而得之的知汹涌而来,应接不暇,但人的生存的认知之行始终有限。这种有限性不仅体现为践行的条件限制,还体现在另外两个根本的方面:一是人的个体性,决定了人对知之践行的能力有限;二是人之所知,既可以漫长的时间为保证,更可瞬间实现,然而人对知的践行,永不可能成为瞬间之事,它需要相对长的时间保障。这就是"未之能行,唯恐有闻"困惑生成的存在论根源,亦是"未之能行,唯恐有闻"的困惑不只是子路之惑,而是人人生存之惑的根本原因。

子路提出"未之能行,唯恐有闻"的知行困惑,孔子未做出应对性解答,孔门弟子也没有人针对此而应声响应,因为这是不好解答的问题,更重要的是孔子及孔门学者,是经验主义者,"未之能行,唯恐有闻"昭示的知行困惑,却是经验所不能解答的问题。所以,子路关于"未之能行,唯恐有闻"的知行困惑,没有获得应有的认知回应。

第 15 章释义

子贡问曰:"孔文子,何以谓之'文'也?"
子曰:"敏而好学,不耻下问,是以谓之'文'也。"

[注释]

孔文子:孔圉,谥号文,称为文子。卫卿,先后事卫灵公和卫出公。子贡之问,应该发生在孔圉死后,针对其封谥为"文"这件事而言。孔圉死于何时,没有记载,但从《左传》记载看,孔圉大概死于孔子返鲁之后鲁哀公十一年至鲁哀公十五年(公元前 484 年~公元前 480 年)。在居卫期间,孔子与孔圉有所接触,印象不错,所以才针对子贡之问有如此肯定的评价。

何以:以何,指"因为什么"或"凭什么"。

敏而好学:敏,疾速,指敏捷、灵敏。好,喜欢、热衷于。指敏于事而好于知。

不耻下问:不耻,不以之为耻;下问,向地位低于自己或年龄小于自己的人求问或请教。指不以下问为耻。

[译文]

子贡请教孔子说:"孔文子凭什么获得'文'的谥号?"
孔子说:"灵敏于事物热衷于求知,并且不以向比自己地位低或年龄小的人请教为羞耻,这是他被谥之为'文'的理由。"

377

[通解]

在古代，"文"是谥其善美者。子贡质疑孔文子死后被谥为"文"，是因为孔文子生前德行有秽：

> 冬，卫大叔疾出奔宋。初，疾娶于宋子朝，其娣嬖。子朝出。孔文子使疾出其妻而妻之。疾使侍人诱其初妻之娣，置于犁，而为之一官，如二妻。文子怒，欲攻之。仲尼止之。遂夺其妻。(《左传·哀公十一年》)

如此有德行问题的人，为何死后还会封谥为"文"呢？孔子却以孔文子能"敏而好学，不耻下问"为理由为之辩护：孔文子之所以在身后被谥为"文"，是因为他勤敏于事，学而不辍，且能做到以"知之为知之，不知为不知"的准则，不以向比自己地位低或年龄小的人请教为羞耻。

古代之"文"，与现代理解有区别，它是指"美""善"。《礼记·乐记》曰："故礼主其减，乐主其盈。礼减而进，以进为文；乐盈而反，以反为文。"然而，何种性质的美、善可以被谥之为"文"呢？《逸周书·谥法解第五十四》曰"勤学好问曰文"。这或许是孔子如上解释的历史依据。然而，"勤学好问"，即使在古代，也是可以有不少人能做到的。卫国封孔文子"文"的谥号，可能主要不是其"勤学好问"，如苏辙在《论语拾遗》中记载："孔文子使太叔疾出其妻而妻之。疾通于初妻之娣，文子怒，将攻之。访于仲尼，仲尼不对，命驾而行。疾奔宋。文子使疾弟遗室孔结，其为人如此而谥曰文，此子贡之所以疑而问也。孔子不没其善，言能如此，亦足以为文矣，非经天纬地之文也。"薛瑄在《读书录》中有更明白的解释："夫子以孔文子敏而好学、不耻下问为文，取其微善，而不及其显恶。圣人道大德宏，此亦可见。自后人言之，必以其人为不足，而并没其微善矣。"

孔子为孔文子为"文"的辩护虽然不力，但天资聪颖灵敏的子贡亦心领神会，不再追问。孔子之美孔文子，是美封孔文子的卫君。孔子之美卫君，是亦卫护君道；后世儒者以此美孔子之"美"，是为崇圣。然，唯有子贡不以为然。这是子贡如子路般追求知行合一，崇尚名实相符，或许这才是孔学正名思想的真谛。以此观孔子为孔文子辩护的行为本身，却有违他本人提出的"循名求实"的正名思想，这表明知与行合一，其实很难做到，即使孔子本人也可因为对人的主观好恶的情感取向或实际的利害得失而放宽尺度或放弃原则。从孔子有违其"循名求实"原则为孔文子辩护的情况，或可看出"叔孙武叔语大夫于朝曰：'子贡贤于仲尼'"(《子张》)的缘由所在。

第 16 章释义

子谓子产:"有君子之道四焉:其行己也恭,其事上也敬,其养民也惠,其使民也义。"

[注释]

子产:姓公孙,名侨(? ～公元前 522 年),郑执政卿大夫,春秋后期的思想家。

君子之道四:君子之道,指君子德性、品德。四,指恭、敬、惠、义四种德性、品德。

行己也恭:行己,主谓倒装,即己行,指自己的行为。恭,谦逊。指待人的行为谦逊。

事上也敬:事上,事上司或君主。敬,谨慎、恪守上下礼仪。

养民也惠:养,牧养、教化。惠,使之以爱、利。

使民也义:使,役使、驱使。义,道义。

[译文]

孔子评价子产说:"子产身上体现了君子的四种品德:为人行为谦逊恭谨,事君主礼尊庄敬,化育民众慈爱实惠,役使民众讲道义重诚信。"

[通解]

仁者,君子。以仁为准则,君子为人,必名实相符。上章子贡质疑孔文子之谥号"文",因为其为人名不副实。本章论君子为政,以子产"其行己也恭,其事上也敬,其养民也惠,其使民也义"为例说明为政必仁其名实相副应该体现在哪些方面。

一

子产既讲"天道远,人道尔,非能及也"(《左传·昭公十八年》),又崇礼乐、敬鬼神。究其实,子产追求礼法并重,走的是春秋初期管仲"以刑入礼"的路子。孔子盛赞子产,体现如下两点:

一是孔子对不同政治观的包容。或曰,兼容并包构成孔子的基本思想与胸襟,这突出表现在他引导门下弟子正确对待"攻乎异端,斯害也已"(《为政》):第一,引导弟子学会正面**慎取**,这就是面对任何新颖的、刺激的、甚至是充满诱惑或魅力的新说、新见、新观点、新主张、新思想、新理论,都不要盲目轻信,要保持客观和冷静的理解、判断、选择、取舍;第二,引导弟子们学会从反面**广纳**,即一切形式的小道、他技或来自各方面的不同见解、观点、主张、思想、理论、方法,都需以"大海般浩瀚"和"天空般广阔"的胸襟容纳,而不盲目排斥,不任性否定,不凭好恶而主观拒绝(参见《为政》第十六章)。

二是体现孔子客观的返本开新的历史发展观。子产应该是法家的先行者之一,孔子并未因其不同思想主张而排斥,相反,他充分承认子产的治政功绩,不仅体现兼容并包的思想,更以此展示返本开新的历史发展观和方法论。

二

本章所言"君子",其含义不是孔子本人强调的"修德取位"和"以德正位",而是用"有位有德者"的古义。这里讲的"君子之道",指君子的"为政之道"。对孔子来讲,古代的为政之道就是王道,王道的依据是天道,王道实践的手段是民本,亦称为民道。子产关于君子的"为政之道"主要展开为两个方面:一是维护周礼和强化王道;二是治民和生民,即执政于民本之道。子产论不毁乡校、论小国不为坛等,均表现以礼维护王道而开放民道为主题的政治家的坚毅自信,后人赞"诚率是道,相天下君,交畅旁达,放及无垠"(韩愈《子产不毁乡校颂》),"君子宽而不慢,廉而不判,辩而不争,察而不激,寡立而不胜,坚强而不幕,柔从而不流,恭敬谨慎而容,夫是之谓至文。《诗》曰'温温恭人,唯德之基。'此之谓矣"(《荀子·不苟》)。

子产的"君子之道"实施展开为两个维度,孔子将其具体化为四个方面,即将子产践行的古君子之道开新为他本人的"为政之道",即"行己也恭""事上也敬""养民也惠"和"使民也义":"行己也恭"和"事上也敬",是以礼护卫君道;"养民也惠""使民也义"是以宽简方式开辟民道。

护卫君道的核心内容,或者说根本方法是"恭"和"敬"。恭讲行己,即己行严格循礼;敬讲事上,即为君做事必须虔诚不贰。相对前者言,所循之礼必须以仁为灵魂;仅后者论,其敬之事必须以"君使臣以礼"(《八佾》)为前提:只有当"君使臣以礼"时,臣才可"事君以忠"(《八佾》),这是孔子"君子之道"不同于子产"君子之道"的根本方面。

三

实施宽简民道,面临的根本问题是"养"和"使",要解决"养"民和"使"民的核心内容,却是如何"惠"和"义",即如何"使民受(或得)惠"和怎样"使民生义(即有德)"。

子产之"养民也惠"中的"养民",实体现民本工具观:民之所以需要养并必须养,是因为民有用。民是生产的工具,是社会财富的生产者和创造者,也是生产力的生产者,劳动工具的创造者。惠民,张扬民本生存观:要养民,必须惠民。惠民的实际努力,是轻赋税、惜力役,节财用。

轻赋税,是使民"庶之又庶"(《子路》)。使民庶之又庶的基本方法,是轻赋税。在重赋税的社会里,民永远不可富庶。对民"庶之又庶"的基本方式有三:一是为政者必须"节用"。二是为政者必须"以时"于民,这就是"节用而爱人,使民以时"(《学而》),后来者将其有逻辑地表述为"生财有大道。生之者众,食之者寡,为之者疾,用之者舒,则财恒足矣"(《大学》)。三是"教之":"子适卫,冉有仆,子曰:'庶矣哉。'冉有曰:'既庶矣,又何加焉?'曰:'富之。'曰:'既富矣,又何加焉?'曰:'教之。'"(《子路》)

孔子通过对子产的为政之道的总结提炼出"养民也惠,使民也义"的民本思想,是其"为政以德"(《为政》)实践论的基本构成内容。孔子"为政以德"的实践论,也是他的治邦方法论,可用"养""教""治"三个词来概括。首先看养,这是"为政以德"的首要方法,实施其方法的基本工具有三,即惠、德、礼:养民必须惠民,惠民就是予民以利;德民就是以德化民,以德感民,使之心怀感恩戴德;礼民就是使民循守礼制、礼仪、礼节,不逾制。其次是治,讲的是政刑,即以刑罚治政。在孔子的政治思想中,以刑罚治政的前提是以德为先导,并以德为基本的规训方式。正是在这个意义上,"孔子所谓政刑,即一切典章法令之所包,文武方策之所学,周礼之所载,以制度为体而以治人治事为用之官能也"[1]。其三是教,孔子"为政以德"的政刑方式,虽然不属于道德与教化的范畴,但它仍然以道德和教化为启动力:

子曰:"道之以政,齐之以德,民免而无耻。道之以德,齐之以礼,有耻且格。"(《为政》)

季康子问政于孔子曰:"如杀无道,以就有道,何如?"孔子对曰:"子为政,焉用杀。子欲善,而民善矣。君子之德风,小人之德草,草上之风,必偃。"(《颜渊》)

政刑是"为政以德"之治的最后方法,或者说不得已方法,除非不得不用的情况下,尽可能不用;或者,运用养和教的方法能解决问题的情况下,绝不用政刑方法。在孔子的政治学中,政刑方法被限定在最小范围内。也唯有如此,才体现并符合他的"为政以德"的政治学主张。也正是在这样的认知规范下,孔子"为政以德"的**根本方法是教化**。教化既是孔子"为政以德"实践论的奠基方法,也是孔子"为政以德"实践论的综合方法。它贯穿"养"与"治",并统合"养"与"治"方法于其中。概括地讲,孔子"为政以德"

---

① 萧公权:《中国政治思想史》上册,北京,商务印书馆 2013 年版,第 72 页。

实践论的教化方法，就是"道之以德"，它落实在行动中自然形成以身作则和以道诲人这样两种具体方法。孔子特别注重前者，将"以身作则"作为根本的教化方法，将"以道诲人"作为辅助方法。

樊迟请学稼，子曰："吾不如老农。"请学为圃，曰："吾不如老圃。"樊迟出，子曰："小人哉，樊须也。上好礼，则民莫敢不敬；上好义，则民莫敢不服；上好信，则民莫敢不用情。夫如是，则四方之民，襁负其子而至矣。焉用稼？"(《子路》)

季康子问政于孔子。孔子对曰："政者，正也。子帅以正，孰敢不正？"(《颜渊》)

子曰："苟正其身矣，于从政乎何有？不能正其身，如正人何？"(《子路》)

第17章释义

子曰："晏平仲善与人交，久而敬之。"

[注释]

晏平仲：晏子（公元前578年~公元前500年），名婴，字仲，谥号"平"，齐国著名贤相。晏婴是齐国上卿晏弱之子，齐灵公二十六年（公元前556年），其父病逝，晏婴继任为上卿，辅齐国政五十余年，事齐灵公、庄公、景公三代君主。春秋后期著名政治家、思想家、外交家。

善与人交：善，擅长、善于。交，交道、交往、交流。

敬之：之，有两解：一是指代晏婴本人，指与之相交越久，人们越敬重晏婴。二是指代与之交往者，指晏婴与人交往的时间越久，就越敬人。应该两解并存。指在日常交往过程中，晏婴越是持久地敬人，人越敬重晏婴。

[译文]

在谈论到如何与人交时，孔子说："晏婴最善与人交往，他与人相处越长久，越能保持对人的恭敬之心，所以得到人们的持久尊敬。"

[通解]

上章以子产为例，概述君子为政如何做到以礼护卫君道和怎样以宽简方式开辟民道；本章概述君子为政如何交人，以晏婴为例，形成对第十五章的照应，突出与人交的准则是言行合一，名实相副。

一

本章内容表面看很简单，一目了然，实际上并非如此。邢昺疏曰："此章言齐大夫晏平仲之德。凡人轻交易绝，平仲则久而愈敬，所以为善。"孔子盛赞晏婴善交，也是因为善交是德。而德，始终是对不损人（最终不损己）准则的践履和维护。晏婴善交不是"老好人"的无原则之交，而是有道之交，其交既是德行，更让交往者深感到德性的魅力和光荣。有关于晏婴有德（即原则）的交人方式，司马迁根据其史迹在《史记》中做过如此概括："以节俭力行重于齐。既相齐，食不重肉，妾不衣帛。其在朝，君语及之，即危言；语不及之，即危行。国有道，即顺命；无道，则衡命。以此，三世显名于诸侯。"晏婴的国"有道则顺命""无道则衡命"之事公态度、理性力量和交往方式，使之成为"交越久"则"敬越深"。

二

晏婴是春秋后期"以德事君"和"以德正位"的真君子。孔子以晏婴为典范给弟子讲君子为政的交人之道，不仅在于阐明什么是君子、什么是君子之道，更重要的是彰显孔子本人"以身论道"的真君子胸襟和德性。因为相传孔子三十五岁时到齐国求官，齐景公接见了孔子，并先后两次问政，很得景公欣赏，准备把尼谿封给孔子，却遭到上卿晏婴的极力反对："夫儒者滑稽而不可轨法；倨傲自顺，不可以为下；崇丧遂哀，破产厚葬，不可以为俗；游说乞贷，不可以为国。自大贤之息，周室既衰，礼乐缺有间。今孔子盛容饰，繁登降之礼，趋详之节，累世不能殚其学，当年不能究其礼。君欲用之以移齐俗，非所以先细民也。"（《史记·孔子世家》）晏婴在齐景公面前的这番话将孔子说死了。其后，"景公敬见孔子，不问其礼。异日，景公止孔子曰：'奉子以季氏，吾不能。'以季孟之间待之。齐大夫欲害孔子，孔子闻之。景公曰：'吾老矣，弗能用也。'孔子遂行，反乎鲁"（《史记·孔子世家》）。如果此故事属实，对于一心于仕的孔子本该获得的从政机会，就因为晏婴而给说没了，如果是常人，这该是多大的仇与恨？但孔子却不以己失之私怨而如此客观美晏婴，需要怎样的胸襟与德性才可做到？孔子这种以身体之、以力行之的真君子之德，才引来那样多才俊汇聚在他身边，愿意追随他浪迹天下，哪怕穷愁潦倒也不后悔。同时也是理解孔子"君子不以言举人，不以人废言"（《卫灵公》）的不虚和真切。

三

孔子论晏婴"善与人交，久而敬之"，意在引导弟子去体悟和践履"善交之验"(皇侃疏语),是"人交久则敬衰,久而能敬,所以为善"(朱熹《四书集注》)。君子之交,既要杜绝"交久则敬衰"的情况发生,又要做到"久而能敬"。或可说,君子之交,只有避免"交久则敬衰",才可达到"久而能敬";反之,要做到"久而能敬",必须避免"交久而敬衰";要避免"交久而敬衰"的真正前提,却是心正和行正。相对而言,心正是行正的前提;但心正的前提却是具备成君子的准则,并且"一以贯之"(《卫灵公》)和"死守善道"(《学而》),以晏婴的行事方式讲,就是"国有道,即顺命;无道,则衡命"。

第 18 章释义

子曰:"臧文仲居蔡,山节藻棁,何如其知也。"

[注释]

臧文仲:臧孙辰(? ～公元前 617 年),谥号"文",鲁国执政大夫,世袭司寇,史载其执礼以护公室。

居蔡:包咸注"蔡,邦君之守龟,出蔡地,因以为名焉,长尺有二寸"。居,居住,亦谓藏。居蔡,指给大蔡之龟盖居住之所,本章指臧文仲将邦君之守龟藏于一豪华之室。

山节藻棁:节,斗拱。山节,指在房屋的中柱上雕刻成山形的斗拱。藻,原为水草名,本章作绘饰讲。棁,屋梁上的短柱。藻棁,指彩绘的屋梁短柱。山节藻棁,指"古之天子以庙饰"[1],此处形容臧文仲藏龟之室装饰得特别豪华,如同天子祀奉祖先的庙一般,意指其僭越礼制。

知:通智,明智、有见识。

[译文]

孔子说:"臧文仲建造雕梁画栋的大庙专门给占卜用的大龟居住。这算什么明智?"

[通解]

臧文仲约先于孔子百年,作为鲁国执政大夫,先后事鲁庄公、闵公、僖公、文四公四朝,世人誉为鲁之智者。

孔子对世人美誉臧文仲有"智"表示异议,列举其僭礼的具体事实,并

---

① 钱穆:《论语新解》,北京,生活·读书·新知三联书店 2016 年版,第 114 页。

以此为依据提出疑问,批评被美誉为智者的臧文仲不智。孔子之批评臧文仲,是基于两件事。第一件事是臧文仲在朝执政一味维护世袭贵族利益而不能举贤:"子曰:'臧文仲,其窃位者与? 知柳下惠之贤,而不与立也。'"(《卫灵公》)第二件事是本章所讲的为占卜所用的大龟建造庙宇般的奢华居所。臧文仲的这一行为体现两个方面的非智:一是迷信如斯;二是违反礼制。

对臧文仲"居蔡"并为之"山节藻棁"的批评,表现孔子"不语怪力乱神"的一贯态度和经验主义认知特点;对臧文仲执政不举贤,表现孔子反对贵族世袭制度的一贯态度和唯德才是举的基本主张。这是孔子返本开新重建君子社会理想、培养治邦安国的社会精英努力不止的根本动力。

孔子以臧文仲不智为个案,意在于向弟子阐明何为"智者"。真正"为政以德"的智者,一定是"修德取位"和"以德正位"者,真正做到正己以正事、正己以正人。在孔子看来,"为政以德"的智者,第一是"不语怪力乱神"。第二是以仁入礼并以仁守礼,不仅做到"不在其位,不谋其政"(《泰伯》),更要做到行不出其位。第三是为国举贤,即"君子不以言举人,不以人废言"(《卫灵公》)。

第 19 章释义

子张问曰:"令尹子文三仕为令尹,无喜色。三已之,无愠色。旧令尹之政,必以告新令尹。何如?"

子曰:"忠矣!"

曰:"仁矣乎?"

子曰:"未知。焉得仁?"

"崔子弑齐君,陈文子有马十乘,弃而违之。至于他邦,则曰:'犹吾大夫崔子也。'违之,之一邦,则又曰:'犹吾大夫崔子也。'违之。何如?"

子曰:"清矣。"

曰:"仁矣乎?"

曰:"未知。焉得仁?"

[注释]

令尹子文:令尹,楚国统摄百官的官职,相当于相。子文,姓斗,名穀于菟,字子文,楚国贤相。

三仕为令尹:前后三次出任令尹职位。

三已之,无愠色:已,罢免。愠,委屈、怨恨、恼怒。

崔子:崔杼,齐国大夫,曾弑齐庄公。

陈文子:齐国大夫,姓陈,名须无。

有马十乘,弃而违之:古代四马驾一车,十乘即有马四十匹,属于下大夫官禄。违,离去,指因实力不够,无力讨贼,所以抛弃禄位而去。

他邦:邦,诸侯国。指母国之外的其他邦国。

[译文]

子张问孔子说:"楚国令尹子文前后三次出任令尹一职,没有喜形于色的表现。三次被罢免令尹官职,也未表现出委屈或怨恨。每次被罢免时,都要将自己担任令尹时做过的事——告知新令尹。这个人如何?"

孔子说:"称得上是一个忠诚的人。"

子张又问:"他称得上仁者吗?"

孔子说:"我不知道他的整个为人,怎么能轻易地说他是仁者呢?"

子张又说:"崔子杀了他的邦君齐庄公,大夫陈文子因无力讨贼,舍弃四十匹马的禄位,离开齐国。到了另一个邦国,他说:'这里掌权的大夫们如同齐国崔子一样。'于是离开再到另一邦国,他又说:'这个国家掌权的大夫们还是如齐国崔子一样。'于是又离开。这个人如何呢?"

孔子说:"他算得上是一个清白的人,也是一个清高的人。"

子张问:"他是仁者吗?"

孔子说:"我不知道他的整个为人,怎么能轻易说他是仁者呢?"

[通解]

为政善交,久处愈敬,不仅心有其仁,更是行有其礼。本章则以楚贤斗子文、齐大夫陈文子和崔杼的对比陈述,强调为政以礼的根本性:守礼、护礼或违礼、破坏礼,表面讲是德行,实质上是德性,即其人其行有无中正仁道。

一

楚国贤相子文与臧文仲同时,早孔子一百年左右。斗子文为楚令尹,公而无私,一心为国。成语"毁家纾难"写的就是子文为相求解国难:"秋,申公斗班杀子元,斗穀于菟为令尹,自毁其家,以纾楚国之难。"(《左传·庄公三十年》)本章所言子文为相三离三任,皆不是缘于不称职,而是因为生活太贫困,楚成王要给他增加俸禄,因而逃遁,当成王放弃给他增加俸禄时,他主动回来复职,以此反复有三。"昔斗子文三舍令尹,无一日之积,恤民之故也。成王闻子文之朝不及夕也,于是乎每朝设脯一束、糗一筐,以羞子文。至于今令尹秩之。成王每出子文之禄,必逃,王止而后复。人谓子文曰:'人生求富,而子逃之,何也?'对曰:'夫从政者,以庇民也。民多旷者,而我取富焉,是勤民以自封也,死无日矣。我逃死,非逃富也。'故庄王之世,灭若敖氏,唯子文之后在,至于今处郧,为楚良臣。是不先恤民而后己之富乎?"(《国语·楚语下》)

陈文子和崔杼,是与孔子同时代的人。陈文子,齐国贤臣;崔杼,齐国大夫,齐灵公时,崔杼率军伐郑、秦、鲁、莒等国。灵公病危,崔迎立故太子吕光,是为庄公,然后杀太傅高厚而当国秉政,骄横异常。后发现庄公与其妻通奸,故杀之(《左传·襄公二十五年》)。陈文子为此弃官舍家而逃亡,至于数国,发现诸国大夫多类于崔杼,不愿与其同流合污,故不愿居其国,两年后返回齐国。

二

根据本章内容,子张与孔子之间的问答,可能是在一种具体教学活动中展开的。教学的主题是讨论仁的问题。子张以历史和现实两个方面的人物为案例,求问何为仁。首先问斗子文的作为是否体现仁,孔子说斗子文的作为只能算是忠,即忠诚,至于他是否仁,却不知道。然后问陈文子的行为是否仁,孔子认为陈文子的行为只能算清白和清高,至于他是否仁,也无从下判断。子张问仁,引发出忠与清来。孔子告知子张,忠、清、仁,此三者有区别。

忠的观念形成应该相对较晚。表述其观念的"忠"字,未见甲骨文和金文,且《诗》《书》《易》均未出现此字,最早出现"忠"字的文献是《左传》,达七十次之多。这说明忠诚在春秋之前不是问题,"忠"的问题的出现始于春秋。忠,相对"事"论,比如事国、事君、事责、事"事"等,但无论事什么,忠与不忠,均要通过行为体现。所以,"忠"是"事"的行为体现。《论语》中"忠"字出现十八次,均在如上意义上使用的。与"忠"不同,"清"相对"安"论,指向己,比如安顿己心、安顿己身等,意谓在具体环境、处境中如何安顿自己,这种安己也要通过行为来体现。

忠,需要诚,所以忠即忠诚;清,以自视其高为前提,所以清即清高。忠与清,是为人的两种品格,前者是**为事**的品格,后者乃**待己**的品格。忠或清,可能是仁的不同方面的呈现,也可能与仁没有关系,比如愚忠,或者逸责,或者抛弃担当的清高,不仅与仁没有关联,还有反仁的倾向。即使如斗子文或陈文子那样的忠和清,虽然与仁有联系,也不是仁。孔子之仁,不轻易以一字许之。本篇第八章孟武伯问子路、冉求、公西华是否仁,孔子分别言其各自能做什么,却以"不知"为理由拒绝回答他们是否仁。这是因为对孔子来讲,"仁"之于人,不仅体现整全性态势和取向,而且指涉的对象(即人)始终处于生成性状态,对于任何人,在没有对他完全了解的情况下,很难说某人"仁",某人是"仁人"。此外,"'仁',是孔学的伦理本体,最高道德标准,它直接通往'公'道,是对'私欲'的一种克制('克己复礼'为仁)。在孔子那里,能够做到'仁'也即'公'的人物不多。给人物以'仁'的评语,很苛刻。这反映了孔子褒贬的严厉,同时也反映了'仁'的标准的重要"①。由此可以看出,曾子将夫子"一以贯之"的思想概括为"忠恕",确实有违孔子本意。孔学的最高范畴是"仁",由仁统摄"礼""乐",然后由仁开出"知""勇"。所以,孔学一以贯之的思想是"以仁入礼"的中正,忠与恕只是践履"以仁入礼"的中正之道的具体要求。

第20章释义

季文子三思而后行。

子闻之,曰:"再,斯可矣!"

[注释]

季文子:姓季孙,名行父,"文"乃其谥号。鲁大夫,历事鲁文公、宣公、成公、襄公四代。季文子之子是武子宿,武子宿之子为悼子意如,悼子之子为季平子,季平子之子是季桓子,季桓子之子是季康子。

三思后行:三思,多次思考。行,实行。指处事的严肃、严谨,凡事反复省思之后实行。

再:又,作再一次或第二次讲。

[译文]

季文子凡遇事总要反复思虑后才着手实行。

孔子听说后,说:"凡事能思考两次,就可以了。"

[通解]

季文子是鲁国正卿,其历事鲁四朝邦君,执政三十三年(公元前601年～公元前568年),为人谨慎多虑。比如鲁文公六年(公元前621年)秋,季文

---

① 金纲:《〈论语〉鼓吹:圣贤的光荣与漏洞》,天津,天津人民出版社2007年版,第161页。

子要出使晋国,准备好聘礼之后,又让属下"使求遭丧之礼以行",属下不理解其故,季文子则解释说:"备豫不虞,古之善教也,求而无之,实难。过求何害。"(《左传·文公六年》)凡事想要做到有备无患,这是季文子多虑谨慎的性格特征。季文子的谨慎和多虑性格所形成的处事方式,自然远近闻名,亦各有不同看法。当听到人们(或弟子)谈论到季文子,都以"三思而后行"称道他时,孔子却说:"凡事,最多考虑两次就够了,何须再三。"

孔子此论,是对季文子其人于祸福利害计较过细的批评,因为凡对祸福利害过细计较的人,往往平生行事,美恶不相掩。

批评对批评者来讲,不是目的本身,而是要通过批评来阐明自己的处事方式:处事应该思虑成熟,但不必过分谨小慎微。在孔子看来,谨慎但不优柔,这是为政的必需品质和能力,因为"当断不断,反受其乱"(《汉书·霍光传》)。

孔子本是处事很谨慎的人,却不优柔,所以他特别欣赏"由也果,于从政乎何有"(《雍也》)。何也?钱穆道其中奥秘:"事有贵于刚决,多思转多私,无足称。"①这是因为:"思未有失,而失在三,若向利欲上着想,则一旦不可,而况于再?三思者,只是在者一条路上三思。如先两次是审择天理,落尾在利欲上作计较,则叫做为善不终。而不肯于善之一途毕用其思,落尾掉向一边去,如何可总计而目言之曰三?"②

第21章释义

子曰:"宁武子,邦有道,则知;邦无道,则愚。其知可及也,其愚不可及也。"

[注释]

宁武子:姓宁,名俞,谥号"武",卫国世卿。先于孔子。

知:通"智",意为表现治邦的智慧,指宁武子无为的明智。

愚:愚钝,意为表现得愚笨,指宁武子迎逆境而上的不识时务。

[译文]

孔子说:"宁武子这个人,在邦国清明时,表现出无为的明智。当邦国

① 钱穆:《论语新解》,北京,生活·读书·新知三联书店2016年版,第117页。
② 程树德:《论语集释》上册,北京,中华书局2017年版,第392页。

处于混乱动荡时,却表现出不识时务迎逆境而上的愚笨。宁武子在邦有道的顺境中表现出来的那种无为智慧,人们只要愿意学,是可做到的;但宁武子在邦无道的逆境中执着己责的愚钝方式,人们既使学,也很难企及。"

[通解]

宁武子为政,先后事卫文公、卫成公两代邦君。卫文公有道,天下太平,宁武子顺而无为,没有什么建树,被人们认为是"智"。卫成公无道,以至于使之失国,宁武子挺身而出,攘济国家危难:"晋人复卫侯。宁武子与卫人盟于宛濮,曰:'天祸卫国,君臣不协,以及此忧也。今天诱其衷,使皆降心以相从也。不有居者,谁守社稷?不有行者,谁扞牧圉?不协之故,用昭乞盟于尔大神以诱天衷。自今日以往,既盟之后,行者无保其力,居者无惧其罪。有渝此盟,以相及也。明神先君,是纠是殛。'国人闻此盟也,而后不罚。"(《左传·僖公二十八年》)朱熹《四书集注》曰:"成公无道,至于失国,而宁武子周旋期间,尽心竭力,不避难除。几其所处,皆知巧之士所深避而不肯为者,而能率保其身,以济其君,此其愚之不可及也。"

二

孔子论人,不附和时人。上章论季文子,时人皆为智,孔子则以为"三思而行"乃失其智,根源于三思失果断而多优柔,断事优柔而在过多私利掺杂其中,故而难智。本章论宁武子,其事文公无为,时人赞为智;其事成公复国不避艰,人们以为愚。孔子却赞之。这从不同角度表达孔子品骘人物自有其仁学标准。人的作为是智是愚,在于其行为是否公私,季文子凡事思虑太过,往往是公而杂私,故其难智,不智。宁武子事文公,邦有道而不生是非,无为而待,是奉公为智;事成公,邦无道而奋然在人避之不及的环境中主动作为,不避艰难,仍然是一心奉公,故而更智。

孔子之论智,其依据是"公"。公者,不仅与"私"相对,意谓公心,讲究忠诚,更重公道,讲求公正。楚令尹子文"三仕之"无喜色,"三已之"无愠色,是其忠而乃公;宁武子"邦有道,则知;邦无道,则愚",不仅忠,而且公道。

孔子之公,源于仁。孔学,本质上是返本开新的仁学。孔子构筑返本开新仁学的基本路径是"以仁入礼":其以仁入礼的事功之道是公,以仁入礼的人生之道是乐。这是孔子从来拒绝就某一方面论仁的原因,也是孔子不轻言仁,却又常以忠、智、勇等来间接张扬仁的根本考虑。

第22章释义

子在陈曰:"归与,归与! 吾党之小子狂简,斐然成章,不知所以裁之。"

[注释]

在陈:在,滞留、暂居于。陈,陈国(公元前1046年~公元前478年),周之封国。周灭殷商,武王封虞、夏、商三代子孙之后于陈、杞、宋。且周武王将长女大姬嫁给时任文王陶正官员的遏父(帝舜的第三十二世孙)的儿子妫满,并封妫满为陈,使其奉祀虞舜。陈国始建都于株野(今河南柘城胡襄镇),后迁都于宛丘(今河南淮阳城关一带),陈盛时其疆域达至十四邑,即今河南东部和安徽西北部一带。陈建国于公元前1046年,亡于公元前478年陈湣公被楚惠王所杀。陈历二十五世共五百六十八年,其间经历两次亡国和复国。陈亡后,公子陈完(陈厉公妫跃之子)为齐国大夫,其后裔于公元前386年代姜姓的齐国统治而为齐侯,史称田氏代齐。

归与:回家为归,这里指回母国。

吾党:吾,孔子自谓。吾党,指我孔丘门徒,弟子。狂,志大;简,孔安国注之为"大",朱熹注之为"略",可解作"要而疏略";狂简,指志大而事要疏略的才德。

斐然成章:斐,文采。章,文章、乐章。指文理已然成章有可观者。

裁:旧注大都作割正、剪裁讲,根据本章内容和语境,指众弟子(当然包括孔子自己)回到鲁国后应以怎样的姿态接受安排,得归正位。

[译文]

寄居陈国的孔子感叹说:"回去吧! 回去吧! 你们个个志于进取不息,已斐然华章,各具大才,不知道回到鲁国后,怎样才能指导你们积极进取各得其所。"

[通解]

自第十五章始至第二十一章,孔子与弟子一道品评八位先贤,突出君子为政必以中正仁德为依据、以礼为规范。以此为双重标准来审视"吾党小子",大都达到如上双重要求,孔子用"斐然成章"一语表达之。

——

有关于"狂简",黄克剑疏解为"志向高远而处事疏阔"①,这是综合邢

---

① 黄克剑:《论语疏解》,北京,中国人民大学出版社2014年版,第95页。

昺所疏和朱熹之注而成：邢昺疏"狂者，进取也。简者，大也"，意谓"进取大道"。朱熹注"狂简，志大而略于事也"。邢疏乃"狂简"本意；朱注实续孟子"中道不乃退而求其次"之说，孟子曰："孔子'不得中道而与之，必也狂狷乎！狂者进取，狷者有所不为也'。孔子岂不欲中道哉？不可必得，故思其次也。"（《孟子·尽心下》）结合孔子之"不知所以裁之"言，孟子答万章之问，道孔子"中道不得而次之"，实是高蹈孔子"归与"语境而美子之论。按其自身语义逻辑理解本章内容，既不能从"不知所以裁之"推出"吾党小子狂简"乃"不得中道而与之"（孟子语）和"志大而略于事"，既然"吾党小子"进取大道之志不息，终究如织布一般"斐然成章"，这些"斐然成章"的"吾党小子"，实是可用或已用之才了，还用得着去"割正"（朱熹《四书集注》）和"裁制"（何晏、邢昺《论语注疏》；江熙《论语集解》）吗？

二

"子在陈"一句，首先交代孔子发此"归与，归与！吾党之小子狂简，斐然成章，不知所以裁之"感慨和宏论的地点在陈国，其大致发生于居住在陈国期间，因为孔子游国十四年，先后两次居陈，时间约六年。

孔子第一次之陈是鲁定公十五年（公元前495年），居住在陈国司城（相当于司空）贞子家中，孔子在陈滞留三年，不得陈侯所用，最终去陈。几经周折再度回到卫国，此时卫灵公年老体衰且怠于政事，孔子仍不见用，每天只以"击磬""鼓琴"打发时光。是年夏天，卫灵公去世，长孙辄继位，孔子被用的期待破灭，于是带着弟子离开卫国，又到陈国。史书虽未交代他第二次至陈的确切时间，却记载了他在陈国的消息："夏五月辛卯，司铎火。火逾公宫，桓、僖灾……孔子在陈，闻火，曰：'其桓、僖乎！'……秋，季孙有疾，命正常曰：'无死。南孺子之子，男也，则以告而立之。女也，则肥也可。'季孙卒，康子即位。既葬，康子在朝。"（《左传·哀公三年》）鲁哀公三年即公元前492年，是年孔子六十一岁。在游国六年求仕越发渺茫的情况下，鲁国朝堂发生人事变动，季康子继其父执政，给孔子带来新的希望，于是有了"归与"的冲动。

《史记》记载，鲁哀公三年，季桓子临终前曾嘱咐其子季康子道："我即死，若必相鲁；相鲁，必召孔子。"季康子继位后，旋即派出使者到陈国打探孔子的消息。孔子见鲁国来人，心中多生感慨而对弟子说道："归欤！归欤……"《韩诗外传》亦曰："秋七月，季桓子卒。季康子即位，如冉求。冉求将行，孔子曰：'鲁人召求，非小用之，将大用之也。'是日，孔子叹曰：'归乎归乎！吾党之小子狂简……'"如此两则内容，并非可信。理由是如此大事，鲁史必有记载，然而，《左传·哀公三年》只记载了季康子接替季桓子执政而"子在陈",既没有季桓子卒前嘱其子必用孔子的记载,也没有记载季康子召孔子回鲁的任何信息。因而,基本的史实是客居于陈的孔子,得知母国季康子执政,心生回国谋求发展机会的想法,故有"归与"的冲动,以此表达可能大受重用的自信。孔子的自信也是有依据的。首先是孔子断定季康子执政会对鲁有一番革新,而他坚信自己的治邦理念一定能帮助季康子实现其革新。其次是孔子的弟子已有不少回返鲁国,并且受到重用,比如冉求已是季氏宰臣。最后最让孔子自信非凡的是自己培养出来的弟子已羽毛丰满了。所以孔子才如是自信地对面前的弟子说道:"回去吧!回去吧!你们个个都志于进取不息,已斐然华章,各具大才,真不知道回到鲁国后,怎样才能指导你们积极进取各得其所!"孔子之在弟子们面前这番"归与"大言,既是绝对的自信,又是涨满的期待,更有悬于空中的丝丝忧虑。

第 23 章释义

子曰:"伯夷、叔齐,不念旧恶,怨是用希。"

[注释]

伯夷、叔齐:上古,北方(今太行山以东)有一孤竹国。伯夷和叔齐是殷商末年孤竹国第八任君主亚微的长子和三子。最初,孤竹君以三子叔齐为继位者。其父逝,叔齐让位于长兄伯夷,伯夷以父命为尊,于是逃亡;叔齐也不愿为君,亦随同其兄逃亡于西岐。正值周武王以"血流漂杵"的暴虐方式展开伐纣"革命",于是叩马谏伐曰:"父死不葬,爰及干戈,可谓孝乎?以臣弑君,可谓仁乎?"周武王左右欲兵之,姜子牙劝武王说:"此二人义人也,扶而去之。"(《史记·伯夷列传》)周武王灭商,天下宗周,伯夷叔齐以之为耻,耻食周粟,逃隐于首阳山,最终饿死山中。史称其大贤和高义。

不念旧恶:念,记住。旧,已有的、过去的。恶,怨仇。旧恶,宿怨、旧仇。指不记宿怨旧仇。

怨是用希:怨,指心生怨恨。用,因此、因而。希,通"稀",作少讲。指少有埋怨。

[译文]

孔子说:"伯夷和叔齐,不记念他人原来的恶行,心中自然少有怨恨。"

[通解]

表面看,本章与上章之间没有任何关联,但《论语》编纂者将此两章内容编辑于前后,颇具匠心。上章孔子因得知母国执掌国政者有了新人,以为会带来新气候,心生回国谋求发展的"归与"冲动。本章讲述伯夷、叔齐"不念旧恶,怨是用希",或是借此曲折表达自己的心迹:母国虽待我何薄,迫使自己多年游走异国,现在既然有了转机,亦要本着"遂事不谏,既往不咎"(《八佾》)的向前看准则,"归与"期望或可成为现实。

一

伯夷、叔齐是古代有名的高洁义士,孔子尤为推崇,赞美备至:以为"古之贤人也"(《述而》)。伯夷、叔齐之贤,不仅是义,而且是"求仁而得仁"(《述而》)的大仁:

> 孔子曰:"见善如不及,见不善如探汤。吾见其人矣,吾闻其语矣。隐居以求其志,行义以达其道,吾闻其语矣,吾未见其人也。**齐景公有马千驷,死之日,民无得而称焉。伯夷叔齐,饿于首阳之下,民到于今称之,其斯之谓与?**"(《季氏》)
>
> 子曰:"不降其志,不辱其身,伯夷、叔齐与?"(《微子》)

二

孔子论伯夷、叔齐"不念旧恶,怨是用希",不是独语,应该有听众,这个听众最大可能是他的弟子。因而,本章内容可能是孔子给弟子讲课的重要内容被弟子记下了要点。假如是,到底是孔子给弟子讲历史涉及伯夷叔齐,还是孔子与弟子讨论仁与怨时以伯夷叔齐为具体案例?或者是孔子"归与"弘论后引发出来对伯夷叔齐的评价?

结合《述而》《季氏》《微子》等处孔子对伯夷、叔齐的评价,孔子是通过对伯夷、叔齐"不念旧恶,用是怨希"来表明:第一,怨恨根源于恶人,恶人根源于旧恶,因而,怨恨源于旧恶。不念旧恶,必然少有怨恨。第二,仁者少怨恨,源于仁者无旧恶。

然而,伯夷、叔齐不愿继君位,是其义;阻止周武王"以臣弑君"的暴虐,是其礼;反对周武王以"血流漂杵"的杀戮来夺取天下,以及以天下崇周为耻,以食周粟为耻,是其仁。伯夷、叔齐以死彰仁和以死扬义,其是大仁大义:

> 他们用自己的行为书写了一个大义,那就是对"以暴易暴"的抗

议。这个大义具有抽象意义,它是本土最初的"反战"精神,构成了"非暴力"文化形态的逻辑起点。伯夷、叔齐堪称"告别革命"思想的先驱。没有伯夷、叔齐的挺然凸出和绝食抗议,本土就将在这一个文化形态中,呈现为苍白和空洞。他俩除了在武王伐纣大军之前叩马而谏留下的几句话,就唯有《史记》中留下的一首《采薇》:"登彼西山兮,采其薇兮。以暴易暴兮,不知其非矣。神农、虞、夏忽焉没兮,我安适归矣?于嗟徂兮,命之衰兮!"倘编辑《伯夷叔齐全集》也就唯有这不足百字的记录。但这不足百字的记录却是本土文化中弥足珍贵的文献。它昭示的独立之**精神**、自由之思想,是超越于王朝更替的。从历史长时段看问题,就会知道,对"以暴易暴"的批判,其人格精神比起一个王朝的政治崛起更具有价值意义。①

由此不难看出,伯夷、叔齐何来常人所讲的"旧恶"? 伯夷、叔齐确实是以身相恶、以命相恶,但伯夷、叔齐所恶者,是"以臣弑君"的暴虐,是"血流漂杵"的杀戮,是天下崇周之下的惧暴和纳暴。伯夷、叔齐所恶的大恶,既不是旧,也不是新,而是一种文明的永恒、精神的永恒,用孔子的话讲,是"求仁得仁"的永恒,是"齐景公有马千驷,死之日,民无得而称焉。伯夷叔齐,饿于首阳之下,民到于今称之?"的永恒! 这种永恒的所恶,岂能"不念"? 岂能"忘记"? 正是因为不能"不念"、不能不"忘记",才有孔子之赞伯夷、叔齐为"古之贤者",才有"不降其志,不辱其身,伯夷、叔齐与?",才形成孔子受纳伯夷、叔齐以身相恶、以命相恶的精神而开启返本开新方式,重新建构起反战争、反暴力、反杀戮的"以仁入礼"的仁德-公道学说和仁德-公道精神。

第24章释义

子曰:"孰谓微生高直? 或乞醯焉,乞诸其邻而与之。"

[注释]

微生高:微生,乃古代姓氏,因古语"微"通"尾",故"微生"亦可写成"尾生"。微生高,姓微生名高,是鲁国人,以率直见闻于当时。"尾生与女子期于梁下,女子不来,水至不去,抱梁柱而死。"(《庄子·盗跖》)从此故事亦可窥其一斑。

---

① 金纲:《〈论语〉鼓吹:圣贤的光荣与漏洞》,天津,天津人民出版社 2007 年版,第 167 页。

直:正直、忠直、直爽。直有真假,真直,必行正而事之以忠;假直,则更多在形式上下功夫而少正与忠之内涵。

或乞醯焉:或,有人。乞:讨。醯,米醋。指有人向他讨要醯。

[译文]

孔子对弟子说:"谁说微生高为人正直行事直爽?有人向他讨要些醋,他不言其无,却向邻居家讨来给人以充慷慨大方。"

[通解]

孔子批评微生高,是"时自无之,即可答云无。高乃乞之其四邻,以应求者,用意委曲,非为直人也"(何晏、邢昺《论语注疏》)。微生高的如此行为并非真直正,在于他以委曲方式博得虚名,孔子之于人,以小见大,发现其行的隐秘倾向和内心需求,既体现孔子见微知著的洞察能力,更体现孔子的真性情。更为重要的是,孔子通过对微生高其行的评价,表达自己关于"直"的定义:所谓直,真诚无伪,有者即有,无者即无,一切以事实本身为依据,不贪图虚名,不委曲世故。简言之,直,就是无乡愿之情。

第25章释义

子曰:"巧言令色,足恭,左丘明耻之,丘亦耻之。匿怨而友其人,左丘明耻之,丘亦耻之。"

[注释]

足恭:足,充分、充足。恭,谦恭、谦卑。指过分的谦恭,体现真实的虚假性。

耻之:以动用法,以之为耻。前两个"之"指代"足恭";后两个"之"指代"匿怨"。

左丘明:鲁国史官,姓左丘,名明。孔子称道的前贤,生卒年不详。或曰《左传》作者,或曰《左传》和《国语》作者。

匿怨而友其人:匿,隐藏。匿怨,藏怨于心。友,亲近、友好。指以藏怨于心的方式与人交好。

[译文]

孔子说："甜言蜜语,谄媚取悦,过分谦恭,此三者是左丘明羞耻的,也是我孔丘羞耻的。以藏怨于心的方式去友人,是左丘明羞耻的,也是我孔丘羞耻的。"

[通解]

古贤伯夷、叔齐以身护礼,抗暴,既是大仁,也是大义。在孔子看来,无论仁还是义,都内蕴直。所以上章以批评微生高"乞诸其邻而与之"的方式定义何为直,本章继而论直乃必以"巧言、令色、足恭、匿怨"为耻。

一

在《学而》第三章中,孔子曰:"巧言令色,鲜矣仁。"此处再三强调花言巧语和谄媚取悦,不仅非仁,而且是耻。不仅如此,孔子认为,以之为耻的性格,除了巧言、令色,还有就是过分谦恭和藏怨而友。孔子指出,巧言、令色、足恭、匿怨友人,此四耻,不是一己好恶的个人观点,而是一种历史判断,是普遍真理。所以,不仅历史学家左丘明以之为耻,我孔丘也以之为耻。

本章内容可能直接承《学而》第三章,还有《子路》第二十七章:"子曰:'刚、木、讷,近仁。'"或许如上三章内容原本是一个教学单元,即围绕"直何以为仁"或"仁何以必直"而展开的教学讨论,具体讲是分正反两个维度来讨论"仁"与"直"的关系问题。《子路》第二十七章是从正面界定,最接近仁人之直的品质有哪些;《学而》第三章和本章则从反面来界定哪些非直的品质不仁。

二

本章中,孔子首先提出"巧言"和"令色"非仁,并表现为非直。花言巧语和谄媚容色虽然具有诱惑性,由于其表现最为露骨,容易被人们识破,原因是巧言和令色虽然也是通过修饰实现,但修饰的仅是语言和面容,容易为人直观觉察,造成直觉反感。与此不同,足恭、匿怨友人,却是以对行为的伪装来博取人的信任。

从修饰角度讲,巧言、令色是浅表修饰,它之所以容易被识破,是通过华丽的美言和美色,或将自己推上舞台中心,将人聚集在自己的周围,或意欲利用他人推上舞台中心,使自己近距离于他人的周围,以突显自己的优势和他人的劣势。巧言、令色这两种修饰方式的最大失败之处,就是忽视"人,最爱的是自己"这一本性,将别人置于劣势状态。具体地讲,谄媚和奉承,表面看是将所奉承和谄媚的对象置于舞台中心,但实际上是将自己拉近了与所奉承和谄媚的对象的距离,从而将其他的人置于劣势地位。巧言、令色行为往往意外地激发出他人的嫉妒或反感本能,自然很容易被人识破其虚假。

与此不同,足恭和匿怨友人,是两种深度修饰方式。这两种深度修饰方式往往难以让人轻易识破,在于足恭和欺怨友人是借表面的谦虚恭敬或友好对方来修饰自己,这种修饰方法是美化他人、抬高他人而贬低或矮化自己。这种修饰方式往往容易使人沉醉于被恭敬和"被朋友"化的陷阱之中难以觉察。从本质观,足恭和匿怨友人的修辞方式,是悟透了"人,不仅最爱的是自己,最利的也是自己",利用他人的自爱、自尊本能,悄悄地启动人身上隐藏的那种本能性的自高、自能、自全、自美和虚幻意识或激情,往往很受用别人以"足恭"和"匿怨友人"的取悦方式,得到足恭敬者和藏怨友人者特别好感、特别亲近,至于特别照顾。

所以,孔子对巧言、令色和足恭、匿怨友人这四种不仁不直方式的批评,是朝由浅而深、由表及里方向展开。巧言、令色,是浅表的不仁不直,是普通的或者一般的耻;足恭、藏怨友人,是深度的不仁不直,是特别的耻,尤其是后者,其不仁不直之耻具有更大的隐蔽性,所以更应该引发人警觉。

第 26 章释义

颜渊、季路侍。

子曰:"盍各言尔志?"

子路曰:"愿车马、衣轻裘,与朋友共,敝之而无憾。"

颜渊曰:"愿无伐善,无施劳。"

子路曰:"愿闻子之志。"

子曰:"老者安之,朋友信之,少者怀之。"

[注释]

颜渊、季路侍:侍,指以他人为中心的陪伴或陪事。侍有两种形式,即侍立和侍坐。古代书写,凡侍立者皆省言"侍"。指颜渊和子路立侍于夫子两侧。

盍各言尔志:盍,何不。志,志向、理想,或曰人生设计或打算。

衣轻裘:衣,读去声,服也,动词,意为穿。轻,可能为衍文,古本无此字。裘,皮衣。衣裘,指穿皮衣。

敝之而无憾:敝,破、坏,意为损坏,这里指穿破(衣裘)。憾,恨也。子路向夫子表述自己的志向是:愿意将车马衣裘与朋友共用,即使坏了,也心无埋怨或怨恨。

无伐善,无施劳:伐,夸耀、夸张。善,完善,意指擅其所长。施,表白。劳,有两义:一是有功;二是劳苦其事。由于劳苦其事,并非己愿,故不施于人。如按此义解,"愿无伐善,无施劳",是指"无伐善以修己,无施劳以安人"。但如此解,可能并不符合颜渊的心性,因而,取"劳"为"有功"更为恰当。颜渊向夫子表达的志向是:无伐善以修己,有劳而心不己予。

老者安之,朋友信之,少者怀之:之,皆指称代词,分别指称"老者""朋友""少者"。安之、信之、怀之,皆使动用法,即使之安、使之信、使之怀。

[译文]

颜渊和季路侍于夫子两侧。

孔子对他们说:"你们何不说说各自的志向?"

子路说:"如果我发达了,愿意将车马和衣裘与朋友共享,即使用坏了也无怨无悔。"

颜渊说:"如果我能成己成人的话,希望不自我炫耀所长,不归功为己。"

子路问孔子说:"期望能听听夫子您的弘大志向。"

孔子说:"如有机会,我愿尽其努力,使老者安养天年,使朋友相互信任,使少年在健康成长中学会对感恩戴德的关怀。"

[通解]

孔子教人,是使人成己为君子。孔子之君子,是指通过生生不息"学而"具备"修德取位"并"以德正位"的治邦安国德才,即社会精英。所以,启发和引导人立志、明志和践履志向,成为其教学的核心内容。本章记录的或许是一堂启发弟子言志和明志的教学内容。

一

孔子教学的课堂有多种形式,有一般教学内容的大课堂,也有针对性的小课堂;其课堂场所也有室内和室外之分。从课堂方式言,有严肃的讲授式、自由的讨论式和随意的促膝谈心式几种。本章内容展示的可能是室内的小课堂,教学对象是颜渊和子路这两个最为孔子器重的弟子,教学方式是随意的促膝谈心。

本章内容突显存在现实和生存想望之间的博弈张力:子路是孔子首批弟子之一,颜渊是孔子招收的第二批弟子之一,子路的师弟。孔子特别喜爱颜渊,在孔门中人人皆知,但孔子之后,弟子们编纂本章内容,仍然弃其先进后进之固有伦理准则而特别考虑夫子之情,故有"颜渊季路侍"的颠倒书写序列。

在记载弟子"志向"的孔门大事件中,既然将颜渊排于子路之前,当夫子欲其"各言尔志"时,也应该按"颜渊季路侍"的顺序展开,但下面的叙述又遵循了颜渊子路各言其志的本来顺序。性格率真、凡事争先的子路,自然先言其志,沉默寡言的颜渊自然落于其后。当然这种自发方式各言其志所生成的顺序,不仅仅是性格使然,更有师门的伦理规则和行为礼节,子路作为师兄,理该主动先讲;颜渊作为师弟,自然礼让子路先讲。于是有了这样的言志顺序。所以本章体现了一种教育伦理学内容。

<h2 style="text-align:center">二</h2>

子路将"愿车马、衣轻裘、与朋友共,敝之而无憾"作为人生之志,表达两个方面的内容:一是追求**君子治世事功**;二是追求**君子成人之义**。前者相对社会言,其志是做有大用于社会的人;后者相对他人论,做仗义疏财者,真诚地善待每个志同道合的人。总而言之,在子路的志向中,心中装满的是人,是他人和由他人组成的社会。从根本讲,子路之志向,是孔子所张扬的君子志向。

颜渊将"愿无伐善,无施劳"作为人生之志,表达一个基本观念,为人低调,既不张扬自己的长处,也不彰显自己的劳绩。这符合颜渊好静、内向、寡言的性格。但颜渊的志向刚好与子路相反,他的"无伐善,无施劳"的志向始终指涉自己,即为己。表达出颜渊更强调自己的体认、对自己的节制和把握,即努力做本分、真诚、踏实、谦逊的君子,这体现了孔子君子教育的基本要求。

本分不是志向,但本分却构成志向的底色。颜渊志向中流露出来的这种本分底色,既体现孔子"君子耻其言而过其行"(《宪问》)和"先行其言而后从之"(《为政》)的知行教导:凡是没有做的事情不能声张,更不能言过其行。这更体现"思不出其位"(《宪问》)的君子品质。在本章语境中,颜渊谨守夫子"各言尔志"的训导,规规矩矩地回答"原无伐善,无施劳",然后是正襟危坐地听师兄和老师侃侃而谈,但其师兄子路就不这样了,他不仅大谈没有做的事有如完成了的事那样轻松,而且还要反问夫子的志向,这不仅"思出其位"了,而且还造成对老师的逼迫,使孔子不得不向弟子坦露自己的志向:

> 子路说:"我们也想听听老师您的志向呀。"
> 孔子说:"对老者,我愿他们安养天年;对朋友,我愿他们相互信任;对少年,我愿他们心怀感戴之情。"

三

"老者安之，朋友信之，少者怀之"的人生志向，与孔子追求的社会理想有关。

首先，"老者安之"，是使所有老者能颐养天年。这一理想的实质是使孝道天下，家家行孝，人人孝子。孝与仁直接相关，使老者安，指向使天下仁。"老者不安，应该是孝道出了问题。孝道有问题，涉及仁道。仁道不见，孔学整个大厦就等义于坍塌。"①使老者安，这是**以孝入仁**，实现以仁入礼达乐。

其次，"朋友信之"，是使朋友相互信任。既呈现孔子诚信之道，也突显孔子交往之道。人与人之间必要交往，交往诚实信用，才可产生友情，形成朋友。诚的本质是忠，忠于人更忠于事；信的本质是无欺。将诚与信贯穿形成整体的是担当，本质是义，即**去利担义**。所以，使朋友信，这是**以义入仁**，实现以仁入礼达乐。

最后，"少者怀之"，直接表达孔子的教育理想。人始终是他者性的，人的诞生、成长、发展以及衰老或死亡，都由他人成全。人无时不在接受他人恩惠。教育培养人成君子，使少者怀之，是其奠基内容。进一步讲，培养君子治邦安国必须"以德正位"，以德正位的基本任务，不仅要使"养民也惠"（《公冶长》）和"使民以时"（《学而》），更要使"民免而无耻"（《为政》）和"民德归厚"（《学而》），做到"使民也义"（《公冶长》）。然而，"使民也义"和"民德归厚"的基本要求，是使其心存恩惠而感念之。这需要教化民，并且教化民应该从少者着手，这是"少者怀之"的社会理想。所以，孔子的"使少者怀之"，是**以教入仁**，实现以仁入礼达乐。

在孔子的志向中，使老者安，是以仁入礼的**孝道**之乐；使朋友信，是以仁入礼的**义道**之乐；使少者怀，是以仁入礼的**教道**之乐。唯此三乐共享的社会，才是亲亲社会。以此看孔子"亲亲之乐"的理想，不仅是血缘理想，更是大同理想。孔子的大同理想，是人人得教且人人乐教，人人从孝且人人乐孝，人人向往仁人且人人乐仁，人人守礼且人人乐礼。所以，使老者安、朋友信、少者怀的实质，是**仁礼乐共运**。以此观之，子路的志向何其小？颜渊的本分何其微不足道！

第27章释义

子曰："已矣乎！吾未见能见其过而内自讼者也。"

---

① 金纲：《〈论语〉鼓吹：圣贤的光荣与漏洞》，天津，天津人民出版社2007年版，第168页。

［注释］

已矣乎：感叹语，意为"完了""罢了"。

见其过：见，看见，指反观（自己）而发现。过，错误、过失。

内自讼：内，内心。讼，指责、责备。自讼，自我责备。指向内自省批评。

［译文］

孔子说："算了罢！我从来没有看见过明知其错而向内自省的人。"

［通解］

理想，是理性的礼物。性情，是本性的杰作。在日常生活和人生过程中，理想与性情之间充满张力。上章孔子畅谈人生志向和理想，用理想观照生活现实，自然激发性情生活的张力，这种张力对于思想家来讲，却构成理性之思的内动力。

一

从语气和语义两个方面讲，孔子此论属于特定情绪状态下的愤慨之词。至于何种语境下引发心怀大仁大礼的夫子如此说话，已不可知。但至少有一点，那就是让他如此激愤发声的情境，一定是触及他的思想限度或观念底线。比如，樊迟请学稼圃，就触及孔子的教育范围和限度，所以孔子不顾为师尊严而在其他弟子面前骂"小人哉，樊须也"，然后还说出一番樊迟为什么是"小人"的理由："上好礼，则民莫敢不敬；上好义，则民莫敢不服；上好信，则民莫敢不用情。夫如是，则四方之民，襁负其子而至矣。焉用稼？"（《子路》）又比如孔子发现宰我白天睡觉，就骂他是"朽木"和"粪土"，并说出一番"朽木"和"粪土"如何一无是处的道理来："朽木，不可雕也；粪土之墙，不可杇也。于予与何诛？"（《公冶长》）但事实上，宰我是孔子第三批弟子中最优秀者之一。本章所记载的孔子，亦表现出如此激愤性格，说明孔子虽然后来被美为圣人，但实际上他也是凡人，有凡人的喜怒哀乐，更有凡人的个性和性情，也会在特定情境中被情绪主导理性，说出没有道理或者违背其中庸平和之道的话语来。本章内容恰好从一个侧面展现孔子真性情的性格，还原了生活中的真孔子。

二

孔子此言，是为绝对之词，既不合他"信而好古"的历史理性，也不合他的"过错"观。孔子"信而好古"，通过检阅历史，坚信很多东西可承传，可开新，比如古人说"人谁无过，过而能改，善莫大焉"（《左传·宣公二年》）。孔子坚信此，吸取古人这一思想智慧形成"过则勿惮改"（《学而》）的过错观。

他认为若犯了过错,就不要惧怕改正它。还进一步揭示人而有过,主要在于"各于其党",如果走出"各于其党"的怪圈,就会做到"过则勿惮改"。本章记载的孔子之言,却否定自己客观理性的过错观,认为并没有"见其过而内自讼者",因为"未见能见其过而内自讼者",是一全称判断,这一全称判断否定"过而自省"和"过而自责"的可能性。这种全称否定判断并不能涵盖所有"过者",在现实生活中,也可能有"过而知者"并"知而能改者"。但是,"吾未见能见过而内自讼者"这一全称否定判断,又包含内在的合理性,并体现两个方面的思想张力。

首先,孔子发现"己过不易见"这一具有普遍性的生存现象,即人易于发现别人的过错,但很难发现自己的过错。这既有认知方面的原因,也有人性方面的原因。就前者论,人的思维是向外的,认知别人、发现别人过错,是思维-认知向外的自然体现。发现自己的过错,则需要思维-认知向内做自我反观,这要求人能自我提升认知、形成思想的境界,但一般人却难以做到。这或许是孔子培养君子为什么要引导弟子从"学而"内省处下功夫的原因,因为只有学而且内省不息的人,才有"己过易见"的品质和能力。仅后者论,人因生而活、为活而生的生命本性,决定了人自利多于利人、自爱多于爱人。这种自利和自爱本性,往往遮蔽人的自知心智,造成"己不易见"的生存状况。

其次,孔子发现"推诿所知己过"或者说"见己过多自诿自解"的现象,亦较为普遍。己过易推诿,指人具有自知己过的能力,但缺乏自我反省的意识和能力,往往推诿明知的"己之过",即将己过的责任推诿给他者,以此方式消解己责。

"己过不易见"和"推诿所知己过"这两种对待过错的方式,前者源于缺少自我意识的品质和能力,后者源于缺少内省自责的品质和能力。由此突出内省的根本性,因为"内省不疚"(《颜渊》)。只有内省,才无过错;即使有了过错,唯有内省,才可有"过则勿惮改"的内在动力。

第28章释义

子曰:"十室之邑,必有忠信如丘者焉,不如丘之好学也。"

[注释]

十室之邑:室,房屋,这里指家、家族。十室,十个家族。邑,城镇。指居住十族人的小城镇。

好学:好,喜好、爱好。指喜好"学而时习"《诗》《书》《礼》《乐》。

[译文]

孔子说:"即使只有十族人居住的小邑中,也有如我一样以忠诚信用为准则生活的人,却难有如我这般好学的人。"

[通解]

上章记述孔子在特定情境下的激愤之词,揭示"己过不易见"和"推诿所知己过"现象的普遍性,探究形成这种普遍性现象的主体性原因,与无"学而"能力或"学而"能力差正相关。本章是孔子以自表方式表达"学而"能力的养成,对获得中正仁道成己为君子的重要和根本。

一

孔子此论似应该是对弟子所发,只有在弟子们面前说话,孔子才可如此"随心所欲"地思之所发且言之所至,因为孔子痛恨人在他人面前"巧言令色"(《学而》),哗众取宠。

虽然此论属于在弟子面前的放言,但一直主张"先行其言而后从之"(《为政》)的孔子,也不会在弟子面前大放厥词,说出不靠谱的虚妄之辞。以此观孔子面对学生的如此自诩,也一定并非完全言符其实。这可以从孔子说此话时将其独誉己能己才的范围限定在"十室之邑",表明孔子说话的分寸,形成这种分寸的准则恰恰是孔子对自我资质的客观评价。对于一直谨慎稍显过分的孔子来讲,对自我资质的如此评价应该是体现了客观性。

孔子对弟子们说,你们的夫子我,不仅具备忠信的品质和能力,更具有好学的品质和能力。我还告诉你们,有忠信品质和能力的人,可能不少,即使十室之邑的生活区域中都可找出多少个如我这样有忠信品质和能力的人;但有好学品质和能力的人,却很少,比如十室之邑中那些具有忠信品质和能力的人,不一定有我这般好学。

二

本章中,孔子揭示忠信与好学之间只具或然性,没有必然关系。为证明这一点,孔子以自己为例来说明:忠信不是学的产物,是人的本性使然。人的求群、适群、合群本性,驱使人获得忠信,虽然这种获得可能要经历试错交生活学费的过程。所以,没有文化、不学、缺少好学品质和能力的人,也能成为忠信生活的人。但忠信不排斥学,因为学可能使人更好地忠信,具备更高的忠信品质和能力。与此不同,学虽然可间接地涉及人性,形成对人性的塑造,但学本身更直接地涉及"志"和"智":志向激发学,形成学的动力;智力助长学,形成学的广度、深度和高度。从根本讲,好学,必是"志"与"智"的有机统一。孔子讲"吾十有五而志于学"(《为政》),就是强调学必立志,学必有志,而且最后是学必成志。学与志本质关联:志是学的动力。志必于学,学必启智,而智有上下之谓。孔子讲"不如丘之好学也",是说(有忠信品质和能力的人)未发现有我这般资质的好学,意在于指明学不仅有志的激励,更要有智的资质:"生而知之者上也,学而知之者次也,困而学之,又其次也。困而不学,民斯为下矣。"(《季氏》)孔子此论,是在讲天赋之智客观地存在上中下三个等级。孔子自谓是"学而知之者",但好学的资质属于"上"的资质,他将其返本开新之"志"与属上之"智"有机地统一起来形成日常的学问,就是"好学"。

孔子在这里自诩于弟子,其实也是一种教学方式和方法,即以自己已经做到、做好和达到的境界作为激励因素,鼓励弟子如何进一步好学。孔子之所以采取如此激励方式,是要告诫弟子:你们个个都是上智者,只要你们有大志、立大志、行大志不息,就会将其上智充分发挥出来而成为好学者。唯有真正的好学者,才可将自己成就为有德才的社会精英。以此来看,孔子此番真切自诩中蕴含更为凝重的殷殷期待。

雍也第六

对本篇大要的概括,有许多种说法,比如:

> 此篇亦论贤人,君子及仁、知、中庸之德,大抵与前相类,故以次之。①
> 凡二十八章。篇内第十四章以前,大意与前篇同。②
> 本篇自十四章以前,亦多讨论人物贤否得失,与上篇相同。十五章以下,多泛论人生。③
> 《雍也》三十章,前十六章接《公冶长》,依然由人物品题而诲示一种价值导向确然的教化;后十四章论"文质彬彬"、"人之生也直"、"知之"与"好之""乐之"的关系及"知者""仁者""中庸"等,看似头绪多端,却仍是以"为仁"之"道"为一以贯之的义理线索。前面各章所品题的人物多是孔门弟子,喻示于其中的教诲可以"女为君子儒,无为小人儒"(第十三章)作概括。后面各章所述义理当是此前人物品题的价值尺度所在,对其作贯通的理解,则可视"文质彬彬"章(第十八章)、"中庸之为德"章(第二十九章)为纽结。④

如上各种说法表达一个共同观念:《雍也》是《公冶长》的继续。如此定义本篇的依据,是其前十六章也如《公冶长》一样在品评人物。从形式观,确可如是说,但从主题内容论,并非如此。

从实践论观,孔子学说乃君子学说。在孔子的君子世界里,凡君子,必是修习所成。修必"学而"不止;"学而"所习的最好方式是出仕"为政"。然而,"为政",必须正己以正人正事,所以需要"约之以礼"。"约之以礼"的主体前提是**成己居仁**,这需要向榜样学习(《公冶长》),才可成己为君子。本篇则**正面讨论**何以为君子,其主题是"君子不器",从三个方面展开:首先讨论"不器"的君子应该具备什么条件。其次讨论人怎样才可成为"不器"的君子。第三讨论人如何才可具备"不器"君子的智识。

一

围绕"人如何才可成为'不器'的君子?"这一主题展开,孔子认为人成为君子,应有基本的要求。他从正反两个方面讲述其条件要求。从正面讲,君子必须德才兼具,才可出仕为政。君子德才,大到"可使南面"为君(第一章),或治千乘之国,或治一邑。既可以举重若轻,也可以举轻若重地治邦安国。

---

① (三国)何晏注,(北宋)邢昺疏:《论语注疏》,北京,中国致公出版社2016年版,第79页。
② (南宋)朱熹:《四书集注》,长沙,岳麓书社1987年版,第119页。
③ 钱穆:《论语新解》,北京,生活·读书·新知三联书店2016年版,第127页。
④ 黄克剑:《论语疏解》,北京,中国人民大学出版社2014年版,第123页。

君子之德，首先是"居敬而简"（第二章）。公西华出使外国而"乘肥马，衣轻裘"，从侧面衬托"居敬而简"。其次是君子必孝（第九章"闵子骞辞官"）。最后应该公而不私：冉求为公西华之母多请其粟，违背"周急不继富"的准则，这是益友而假公济私；与此不同，第五章"原思为之宰，与之粟九百，辞"的行为，体现"君子喻于义"；孔子建议"毋！以与尔邻里乡党乎？"的理由，却依据于劳酬对等原则，体现不私而公。

君子要做到"居敬而简"和"公而不私"之德，必须具备的主体前提，是**其心必仁**。君子心存其仁，只是日常持守的生活过程、人生过程（第七章"回也，其心三月不违仁"）。要做到日常生活"其心不违仁"，需要从两个方面努力：一是自制其欲而自乐其生，哪怕处于贫困之中，也能乐之如常，孔子认为在这方面，颜回做得最好："一箪食，一瓢饮，在陋巷，人不堪其忧，回也不改其乐"（第十一章）。二是好学，做到"不迁怒，不贰过"（第三章）。

有德，还不能成为君子。只有当有德者同时具备从政才能，才称得上是君子。从政的基本才能是：一要"果"；二能"达"；三必"多艺"（第八章）。在孔子看来，人有德，必心仁；人有才，必自信。仲弓"可使南面"之才，并不是天生如此，而是后天激励所成（第六章）。不仅如此，冉求之能"多艺"，同样是后天激励的造就（第十二章）。

总之，德才兼备，才是君子。

二

从第一章到第十二章，孔子讲述的基本主题是：君子**应该具备什么条件**，从德才两个方面讨论，结论是德才兼备乃君子。从德才兼备出发，第十三章到第十九章，孔子讲述的基本主题是：人**怎样才可成为君子**，或者君子如何才可达到德才兼备。

孔子以教导子夏的方式宣示：人要成为君子，必须成为"君子儒"。所谓君子儒，就是有德有才有文有使命和责任。具体地讲，君子必须是文人和高尚的人的有机结合：首先，君子必须是有良好教养和修养的文人，处事温和，举止彬彬有礼和彬彬有理。其次，君子必须是高尚的人，一是注重个人行动的意义；二是具备极强的责任心，即"位高则任重"；三是具有领袖的努力，包括领袖意识、领袖德性和领袖责任；四是必须守死善道，知足常乐。

在孔子的君子世界里，"儒"，不仅指文、学，更指责任和使命，是其文、学、责任和使命的有机整合。一个人当其德与才、责任和使命融会贯通于一体时，就成为与常人不同的一类人，他们天生就肩负两种使命，一是返本开新承传文明的历史使命;二是以仁入礼文道救世的当世使命。由于如此要求,读书的士和学者,绝不能沦为小人而必须成为君子。

接下来讨论读书的士和学者应该从哪些方面去做才可达到君子之境。第十四章通过澹台灭明的讲述,表明一个人只要拒绝任何形式的捷径,始终坚持行事走正道,就可成为君子。第十五章以孟之反为例,指出在任何境况下都勇敢地担负责任并不居功自夸,就是君子。第十六章揭示"祝鮀之佞"和"宋朝之美"这两类不德不贤的小人,有时也过得很好,只是属于侥幸,以此反衬君子既要拒绝"巧言",更要拒绝"令色"。第十七章以日常生活为喻,指出君子进出必须持正道、行正道,如同进出居所必由门一样。第十八章讲人要能做到进出行正道,必须是本性与修养、本能与约束的互为激励、互为限度。因而,行正道的基本生活状态,是文质彬彬的生活状态。第十九章解释君子之能文质彬彬的理由是直,其依据是性;反之,小人之难以成为君子的原因是"罔",其依据是天赋人性的扭曲。

三

就现实论,人要成为君子,前提是保持本性的直,或者重新矫正被扭曲的人性,如何才能做到?孔子认为,可以使人性保持天赋的直或使扭曲的人性重新恢复天赋的直,其唯一正确的方式是知。所以,求知而智,将是人成为君子的不懈努力过程。从第二十章开始,从不同方面讨论人如何才可达到君子应具的智识。

人要具备成君子的智识,首先须有求智识的正确态度。在孔子看来,求智识的正确态度,就是从"知"走向"好"并必要达向"乐",只有达于由"知"而"乐"之境,才可成为真正的智识者(第二十章)。

求"知""好""乐"的过程,是一个知道、慕道、乐道的过程。这个过程需要学,但更需要交流讨论。孔子认为与人交流讨论,必须做对象的选择,这就是"中人以上,可以语上也,中人以下,不可以语上也"(第二十一章),因为交流讨论既是提升认知的方式,也是提升悟道境界的过程,运用这种方式并展开这个过程,必须"取法乎上"或"取法上上",唯有如此,人才可由知而好、由好而乐、由知道而慕道、由慕道而乐道。

在端正求知态度的基础上,应明确必须求知的内容有三:一是知"务民之义"的根本;二是知"敬鬼神而远之"的要义;三是知"仁"的行为本质"先难而后获"(第二十二章),讲的是先须养民以惠,然后使民以义,因而,知"仁"是为真正实现"务民之义"。

君子智识的建构,起点是知,目的是知其所"知之道",这是求真。求真之知的方向是好,目的是好之所"好之道",不过是人入其心而心生其仁,这就是存善。由真而善的必为目标是乐,目的是乐其所"乐之道",这就是美。由求真之知到存善之好再到扬美之乐,其知的最高境界,是对知、仁、乐或者真善美何以共生的整体之知。孔子以水和山为喻,揭示知真知善的内在关联性和彰显的特殊性,以及君子内在人格、气质、个性养成的差异性:"知者乐水,仁者乐山;知者动,仁者静;知者乐,仁者寿。"(第二十三章)

君子之知道(真)、慕道(善)、乐道(美)的智慧,不仅蕴含于庸常生活之中,更深植于历史之中。真知其真、善、美之道的真谛,就是洞察、领悟、发现历史的演变和发展轨迹:从整体讲,历史的变而向前具有不可逆性;但具体地看,历史的演变始终出现多种可能性,甚至沉沦、倒退。第二十四章是宏大述事,讲齐变必然带来鲁变,鲁变必然同归王道。第二十五章则通过"觚不觚"的具体述事,揭示历史不可逆地向前总是以具体生活内容、行为方式、礼仪规范或约束功能的变化引发,虽然这种变化可能导致许多原本美好的东西的丧失而使人阵痛,但它更预示返本开新之变的迫切性。

四

人要成为君子,既要保持本性的直,也要具备知道、慕道、乐道的智识,更要有仁爱。仁爱,既涉及心,也涉及行,由仁爱之心到仁爱之行,关联起性与知:仁爱之心,生发于天赋的本性;仁爱之行,同样以本性为原动力,但要借助知才可达成。第二十六章宰我关于"'井有仁焉',其从之"的假设,将这个问题凸显出来,揭示君子仁爱必有条件规定性:人成己为君子,必有道。君子之道之于心,就是仁,根本表现是有条件地爱人;君子之道之于行,就是礼,根本要求是"可逝也,不可陷也;可欺也,不可罔也"。在孔子看来,要做到仁道与礼道的统一,只能"博学于文,约之以礼"(第二十七章):孔子告诉弟子,君子之道,乃仁礼之道。君子所成的仁礼之道,必须通过修习得来:君子仁道,通过博古通古的研学得来;君子礼道,通过日常生活践履得来。并且,**对君子来讲,其"博学于文,约之以礼"始终是一个生成性的生命过程,在这一过程中,博学于文,是提升认知以修仁,构建德性,为约之以礼提供德性能力;约之以礼,是践行仁,实现德。**然而,何为德?孔子首先以自己的生活经历为例子说明合礼由道就是德(第二十八章),然后予以总结,指出行至于中庸就是德(第二十九章)。

第1章释义

子曰:"雍也,可使南面。"

[注释]

使:让,安排。

南面:南面,面向南方而坐。古人早知道坐北朝南方向最好,以向南坐为最尊贵。所以"南面者",有三解:一为天子。"南面者,天子也。"(刘向《说苑·修文》)意为天子听政之位。二为诸侯。包咸、郑玄皆注"南面,谓诸侯也"。邢昺以此疏解"仲弓有德行,堪任为诸侯治理一国者也"。《檀弓证义》引郑注"言任诸侯之治",朱熹《集注》亦曰:"南面者,邦君听治之位。言仲弓宽洪简重,有邦君之度也。"三为卿大夫。清初周梦颜《质孔说》之"圣人不敢使弟子为君"条目,将其解释为"南面者,临民之位也,庶司百职,无不南面,非必定是人君";王引之承其说,但又不否认刘向、包咸、郑玄之论,于是在《经义述闻》中认为"天子、诸侯、长官均可南面而坐"。今人杨伯峻译此章为"冉雍这个人,可以让他做一部门或一地方的长官",李泽厚将此章译成"冉雍这个人可以做官",黄克剑等人直截了当地将"南面"定义为"卿、大夫之位"。但根据孔子所生活的当世语境及历史语境,第二解当合孔子言说本义。

[译文]

孔子说:"仲弓这个人,以他的德行和才能,可以南面为君治理一国政务。"

[通解]

本篇的主题是"何以为君子"。《论语》编纂者选择"雍也,可使南面"为开篇,以实例表彰何为君子:君子,就是可使南面者。可使南面者,不仅要求德才兼具,更要求责任和使命的担当。

———————一———————

孔子发仲弓德才"可使南面"的言论时,仲弓应该不在场,可能是孔子在其他弟子面前将仲弓作为榜样来激励弟子当奋发图强,或者是孔子与时人交谈中涉及孔门弟子最优秀者时,孔子向其推举仲弓,极言仲弓格局大,有远见,德才卓尔不凡,以显示自己门下人才出众。如属于前一种语境,实是品评仲弓之贤,以为激励教学。如是后一语境,其有对外宣传的意味。

但无论属于哪种语境,对于谨言慎为的孔子来讲,对仲弓的德才评价都体现其客观性。仲弓确实是孔门大才:孔子曾在临死之前说"贤哉雍也,过人远也"(《荀子·儒效》)。荀子将仲弓与孔子相提并论,认为"今夫仁人也,将何务哉?上则法舜禹之制,下则法仲尼子弓之义,以务息十二子之说"(《荀子·非十二子》)。"彼大儒者,虽隐于穷阎漏屋,无置锥之地,而王公不能与之争名;在一大夫之位,则一君不能独畜,一国不能独容,成名况乎诸侯,莫不愿得以为臣;用百里之地而千里之国莫能与之争胜;笞棰暴国,齐一天下,而莫能倾也。是大儒之征也。其言有类,其行有礼,其举事无悔,其持险应变曲当。与时迁徙,与世偃仰,千举万变,其道一也。是大儒之稽也。其穷也,俗儒笑之;其通也,英杰化之,嵬琐逃之,邪说畏之,众人媿之。通则一天下,穷则独立贵名,天不能死,地不能埋,桀、跖之世不能污,非大儒莫之能立,仲尼、子弓是也"(《荀子·儒效》)。此处孔子在与人谈及仲弓德才时以"可使南面"来概括,孔子以此表达对仲弓的期待,呈现有此德才兼具可为"南面"的弟子的自得之情。

二

本章内容原本简单明了,但因为时间久远的缘故今反生出诸多歧义,这主要集中于对"南面"的不同理解。有关于"南面",主要有三说:一说以刘向为代表,认为仲弓德才可做天子:"上无明天子,下无贤方伯,天下为无道,臣弑其君,子弑其父。力能讨之,讨之可也。当孔子之时,上无明天子也,故言雍也可使南面。南面者,天子也。"(《说苑·修文》);一说以包咸、郑玄为代表,注"南面,谓诸侯也",认为仲弓才德可做诸侯邦君,邢昺、朱熹等从其说。一说是后世儒者们的看法,将"南面"理解为仲弓可做卿大夫或一方长官。比如,清初周梦颜《质孔说》诠释"南面者,临民之位也,庶司百职,无不南面,非必定是人君";王引之认为"天子、诸侯、长官均可南面而坐"(《经义述闻》)。杨伯峻、李泽厚等将其译为"长官",黄克剑等人定义"南面"为"卿、大夫之位"。到底将"南面"定义为什么,不能只凭主观猜测或想象,应根据孔子的基本思想来看他通过对仲弓德才居位的判断表达了什么。

首先,孔子的基本思想,是自夏历商而至于周所形成的具有相对自洽性的王道思想,孔子"郁郁乎文哉,吾从周"表达的周"文",就是"化成天下"的文武之道,即以王道为根本诉求的政治文明。王道思想的基本观点有二:其一,天下共主才是王,虽然春秋末期至于战国初,诸侯开始称王,但那仅是一方诸侯王,不是天下共主,天下共主的王,称之为天子。其二,天下的共主天子,不是凭人德人才而可争得,而是必须具备天德,即天子是天

(神、天帝、上帝)封的。天子与诸侯的最大不同有二:第一,天子是天封的天下共主,天下王,诸侯却是天子封的一国之主,诸侯王;第二,天子具有天德,且其天德永不可变,拥有绝对的合法性,他本身就是法,这是孔子讲"有道"的天下一定是"礼乐征伐自天子出",诸侯具有人德,且其人德可因境遇而变化。所以,一部《论语》反复诉说的天下"有道""无道",均指诸侯(包括执国大夫)如何对待共主、怎样践履王道:诸侯崇周宗天子,就是在遵守王道,这是天下有道的体现。反之,诸侯或执政大夫甚至陪臣形式上崇周宗天子、实际上却阳奉阴违,这是废弃王道的"无道"。通过《论语》的有限记载,找不到孔子对周天子的任何非议、批评甚至轻慢,相反,恰恰对诸侯邦君、执政大夫及陪臣有更多的严厉批评,这种批评的最严厉的表达就是"邦无道"。以此观之,孔子所讲的"南面",不可能解读为"天子",即孔子根本不可能说弟子仲弓"可以做天子",即使仲弓具备当天子的德才,也不会。将"南面"理解为"天子",根本不合孔子的基本政治思想。所以,刘向之说,不足为信。

汉以降的儒者将"雍可使南面"理解为"仲弓可任大夫",其可说出来的理由是"圣人不敢使弟子为君"(周梦颜《质孔说》),其不可说出来的理由是孔子既然被封为圣人,圣人就一定不会僭越王制:"孔子谓:雍也,可使南面。南面者,临民之位也,庶司百职,无不南面,非必定是人君。孔子使雍,犹使漆雕开仕。若因其有邦君之度,欲使之为君,试问置周天子、鲁定、哀(公)于何地? 以事君尽礼之圣人,而蹈语言不谨之咎,可乎? 此系君父大伦,不敢不辨。"[1]后儒们模糊天下共主之王和诸侯之王及其权威和合法性的区别,而等同看待,却不理会上古社会或者说孔子时代天下共主的王和诸侯在其权威和合法性及来源上存在根本不同。所以,将"南面"理解为"卿大夫",不仅理由不足信,而且解释的依据也不可信,即后儒将"南面"解释为"南面者,临民之位也"[2]。因为孔子所生活的时代,"君子南面临官"(《大戴礼记·子张问入官》)。在上古,官是临民之位,邦君是"临官之位",天子是"临诸侯之位"。在上古王道政治框架、社会结构和价值取向中,天底之下,除天子本人,就是天子所亲封的邦君才最为尊贵,因为大夫只是诸侯邦君的家臣,不可能有"归尊贵"的资格和权力,根本不可能配"南面"。大夫可以"南面",是汉以降儒者的虚妄之论。因而,客观地且符合孔子所说的当世语境和话语语境的"南面",应该是"邦君听治之位"。孔子时代,

---

①　(清)周梦颜:《质孔说》下册,北京,中华书局 1985 年版,第 16 页。

②　金纲:《〈论语〉鼓吹:圣贤的光荣与漏洞》,天津,天津人民出版社 2007 年版,第 176 页。

王、君、人、民,都属表政治身份的概念,分得十分清楚:王,只能是周天子;君,是一方面诸侯邦君;人,是有位者,包括邦君、贵族;民,是劳力者。在如此界线分明的政治身份概念规范下,"邦君"概念是指大夫、官所侍的一邦之君。以此来看孔子"雍也,可使南面"的本义,应该是"仲弓这个弟子,已经具备了可做一国之君的德才和能力"。

其次,孔子说仲弓具有居位诸侯的德才,真实揭明孔子"修德取位"和"以德正位"的基本政治学主张。孔子这一政治学主张要得到实施,必须有相应的社会条件,一是废除世袭制度;二是有选贤任能的制度。所以孔子反对世袭制度,但他发现,要废除世袭制度,至少当前不可能,因而主张弱化世袭制度。孔子这一主张可以追溯到管仲那里,管仲亦主张废除世袭制度,但因其世袭制度根深蒂固,只能采取折中方式,推行"赋禄以粟"的新官僚制度,实施"士无世官"和"官事无摄"的措施。应该说,孔子接过管仲的这一未竟事业,以返本开新的历史远见和未来视野,坚信世袭制度必将废除,而且更坚信世袭制度废除之时,就是人才辈出之世。在春秋晚期这一"道术将为天下裂"的大争之世,孔子敏锐地感受到时世的变化正会聚成强大的推动力,加快废除世袭制度的步伐,即将到来的时代恰恰是德才者治世的时代。所以孔子更是从管仲治齐实施的任人唯贤的"三选制度"和"尊贤育才,以彰有德"的用人政策得到启发,借"学在四野"的社会土壤,收徒教学,培养君子,鼓励弟子学而成己、修德取位并以德正位。这个"位"之于孔子来讲,除了天封的天子之位外,其他任何需要人德经营的位,包括诸侯邦君之位,都是可以德才取之,并以德行经营之。这既是孔子的政治主张,也是孔子的教育理想所在。

三

立足于更大的历史语境看孔子之曰"雍也,可使南面",即使是今天,也让人感到异常的不可思议,因为孔子之前,王权是天赋的,在这种天赋的王权结构框架下,唯有世袭权力才是做诸侯做邦君的唯一资格,仲弓不仅没有君位继承人的资格,而且还是一个"犁牛之子"(第六章)。孔子说仲弓有资格做邦君,不是以世袭权力论,而是以德才论。以德才论政,这在当时是**最激进的思想,也是最具有革命性的政治原则**,这一激进政治原则突出两点:

第一,选择治邦安国者,不能以出身为准则,应以德才为标准。在更深意义上,孔子要表达的王道政治学主张是:要使天子王权稳固,破除封国邦君世袭制,推行唯德才是举,也是可以的。联系第五篇《公冶长》,孔子认为,唯德才是举的思想,不能仅限于政治领域,也应该适用于生活领域,这是孔子以公冶长有代人受"不罪之罪"的隐忍大义,而使"其子妻之";也因为南容"邦有道,不废;邦无道,免于刑戮"而将"兄之子妻之"。

第二,孔子"雍也,可使南面"这一破除世袭制的激进政治思想,源于一个根本的认知前提,那就是诸侯邦君的世袭制是在血缘宗法的土壤里瓜分权力,进而瓜分利益,以世袭为合法性的封君、贵族们占有权力只关心私利的最大化而不关心邦国天下,改变这种历史遗留下来的痼疾和"道术分裂"的现实状况的根本努力,就是实施唯德才是举,唯有如此,才可清除朝堂小人,包括庸君和私利野心集于一身的大夫。让那些真正心系邦国兴衰的君子入主正位。孔子"雍也,可使南面"的主张宣示一种政治学理念:无论当国的君主还是为政的大夫、官员,其"在其位"的目的,不能谋求私利,而是为邦国谋太平、为邦民谋福利。孔子之提出如此革命性的政治原则,标明其返本开新的历史发展观和以仁入礼的文道救世路径,既有实施的前景,更有付诸实施的现实性。

第 2 章释义

仲弓问子桑伯子。

子曰:"可也,简。"

仲弓曰:"居敬而行简,以临其民,不亦可乎? 居简而行简,无乃大简乎?"

子曰:"雍之言然。"

[注释]

子桑伯子:子,是对桑伯子的尊称。子桑伯子,一说为秦人,郑玄注"子桑,秦大夫"。一说为鲁人,但其事迹不可考。有人认为桑伯子是秦穆公时(公元前 683 年～公元前 621 年)的子桑(公孙枝),但时间对不上号。也有人以为他是《庄子》中的子桑户,言其与孟之反、子张为友,"子桑户死,未葬,孔子闻之,使子贡往事焉"(《庄子・大宗师》)。《涉江》亦以桑扈与接舆并举,由此可见桑伯子与孔子同时。以仲弓尊称其为"子"观,表明此人抑或在当时有一定影响,加之从本章所表达的语义观,有可能是鲁大夫。

简:与繁相对,意为简朴、简约、简单,亦有质朴义。

居敬:居,居住、生活。敬,恭敬、庄敬。指怀恭敬之心生活。

以临其民:临,面对,对待,亦有治理、统治义。指以恭敬简约方式处理政务和治理民众。

无乃大简:无乃,岂不是。大,通"太";大简,太简约。

[译文]

仲弓问孔子说:"仅德才言,子桑伯子这个人怎么样?"

孔子回答说:"这个人很不错。他做到了为人简朴,处事简约。"

仲弓说:"心怀恭敬之心,说话谨慎,生活简朴,做事简约,以这种方式来治理民众,岂不是很好吗? 如果心怀简慢之心,但为人做事简约散漫,岂不太简约疏远了吗?"

孔子说:"雍啊,你说得很对。"

[通解]

上章以"雍也,可使南面",总论何为君子。本章继之论君子应该具备哪些具体的德才。围绕对桑伯子的评价,昭示君子的基本德才是文质相生,其日用常行是"居敬而行简"。

一

仲弓向夫子求问桑伯子其人,或许桑伯子为人处事过简的事迹广为传播,或孔子亲见其大简。《说苑》曰:"孔子见伯子,伯子不衣冠而处。弟子曰:'孔子何为见此人乎?'曰:'其质美而无文,吾欲说而文之。'孔子去,子桑伯子门人不悦,曰:'何为见孔子乎?'曰:'其质美而文繁,吾欲说而去其文。'故曰文质修者谓之君子,有质而无文谓之易野。子桑伯子易野,欲同人道于牛马,故仲尼曰,'太简无繁,吾欲说而文之。'"(《说苑·修文》)仲弓询问之,孔子以"简"字为答,或许印证了传闻或亲见。

仲弓问桑伯子,孔子以"简"为答。仲弓却对这一针对性的答案予以一般性的思考,他从正反两个方面释"简",实是不赞同子桑伯子凡事以简处之的生活态度和行事方式,孔子予以充分肯定,或许正好表明《说苑·修文》所载之事确有其实;抑或原本是《说苑·修文》将本章内容演绎成如上完整的故事,但无论哪种可能性,至少表明孔子见过或听说过桑伯子的简化生活方式。

二

或许,仲弓之问,是孔子见桑伯子后引发的发酵性讨论。这种讨论的实质是要辨别文质的关系。孔子肯定雍之"言然",表面看是在肯定仲弓对"居敬而行简"和"居简而行简"的根本区别,实质上是在强调"质胜文则野,文胜质则史,文质彬彬,然后君子"(第十八章)。孔子的基本思想围绕"君子"修德和修行展开,在孔子的君子世界中,君子必须文质彬彬:只有文质彬彬,才是君子。在孔子看来,文质彬彬的生活态度和行为方式,就是"居敬而行简",反观之,只有做到"居敬而行简",才可成为真君子。相反,"居简而行简"者,容易野性,具有野性性格的人,缺乏内在约束力,为人处事任性而为,说话随意,做事疏散。

并且,孔子认同雍之"言然",还突出另外两个方面:首先,在孔子看来,所谓"文质彬彬",就是"居敬而行简",或曰,只有居敬而行简者,才是生活中的真君子。其次,本章之置于"雍也,可使南面"章后,是要更具体地说明孔子对仲弓具有可当邦君之德才的评价是客观的。邦君治邦应该具备的基本德才,就是"居敬而行简",而不是"居简而行简"。仲弓对桑伯子之"简"予以正反含义的阐发,以及对"居敬行简"和"居简行简"这两种生活态度和行为方式的评判,揭示仲弓对治邦之简的本质的深刻把握,所以夫子才赞其"言然"。

孔子夸奖仲弓,是因为仲弓把握君子修德到修行的进路:君子修德,即是修仁。仁之内聚于心,凝结为"诚";仁之释放于行,则敞开为"敬"和"简"。敬虽然指向人,但是目的于己。所以,敬在于己诚而诚他,其中蕴含"畏"字,具体地讲,诚包含了孔子所讲的"君子有三畏:畏天命,畏大人,畏圣人之言"(《季氏》)。以"畏"为本原性制约力的"居敬"生活态度,才引导人行己求"简"。以"居敬"为规范的行"简",蕴含对礼法的敬畏,对规则的遵循,对限度和边界的知止。所以,在"居敬而行简"中,蕴含君子成己的"德行"(或曰"行德")逻辑,这就是因"畏"而"敬",由"敬"而"诚","诚"之必"简","简"则回归于"敬"。

第 3 章释义

哀公问:"弟子孰为好学?"

孔子对曰:"有颜回者好学,不迁怒,不贰过,不幸短命死矣! 今也则亡,未闻好学者也。"

[注释]

不迁怒:迁,转移,亦做转嫁讲。迁怒,指将对某人的怨怒忿恨之气发泄到另一人身上。不迁怒,指人有极强的理性自制能力,誉为人修养高。

不贰过:贰,再,又,意为重复。过,过错、过失。贰过,重复同样的或类似的过错。意为过而不苟,有极强的自矫正能力。

短命:古人认为人的天寿应五十以上,人若活不过五十岁,就属于夭、殇,即短命。古人还认为,凡病死、战死者,均属于非正常死亡;凡非正常死亡都属短命,即没有达到天寿的夭、殇。《孔子家语》记载颜回卒时年仅三十一岁,既非病死,也非战死,乃是如汉代王充所说是"**困学**"所促之然:"颜渊困于学,以才自杀。"(《论衡·命义》)

[译文]

哀公问孔子说:"你学府众弟子中谁最好学?"

孔子回答说:"颜回最好学。他从不迁怒他人,更不会重复同一过错。可惜他过早地死了。现在再没有这样好学的人了,再也没有听说有这样好学的人了。"

[通解]

君子德才兼备表现在言行上,就是文质彬彬。对人而言,**质乃天赋所成,文是修养所得**。人要成己为文质彬彬的君子,必须学而。本章承上章论好学,以颜回为例,以阐发人修得文质彬彬何以可能。

一

《孔子世家》记载,颜渊卒于哀公十四年(公元前 481 年),是年孔子七十一岁。孔子逝世于哀公十六年(公元前 479 年),享年七十三岁。哀公问谁好学一事,大致发生于颜渊死后到孔子逝世前这段时间。

孔子游国无成,在冉求等弟子的努力下而得以被执政大夫季康子隆重地迎回鲁国,并给予"大夫"待遇,但并不重用他。其缘由可能有二:一方面是孔子已年迈,不仅季康子,换及他人也不可能用一个垂老之人;二是孔子守死"文道救世"理想而不愿"权变",而当世诸侯纷争,各国或自保或兼并称霸而均需变法图强,执政大夫季康子亦如此追随时态,他首先推行田赋改革,就遭到孔子反对,公开声明与积极协助季康子变法的弟子冉求断绝师生关系,鼓动门徒围攻冉求:"非吾徒也。小子鸣鼓而攻之可也。"(《先进》)另一方面,对鲁哀公来讲,执掌国政实权一直旁落"三家"手中,无力于国政。哀公虽不时与孔子谈,也是一个无执国实权的邦君与一个年迈无成的老人之间做与治邦理政无关的闲聊。哀公问孔门弟子中谁最好学,似有无话找话之意,孔子则认真以对,道出无限的哀伤。

哀伤之一:门下最好学的弟子不幸英年早逝。

哀伤之二:颜回之后,自己门中再没有比他更好学的弟子了。

哀伤之三:年迈的孔子再不可能遇见比颜渊更好学的人了,更直截了当地讲,孔府门前已冷落,弟子们大都各奔前程离开了,已经没有新弟子可收了,这种状况在孔子看来,却是这个世界上已经不存在好学者了。

哀伤之四:自己真正彻底地老了,无用了。所以,孔子哀颜渊,实是自哀之。

二

抛开孔子晚年过度的哀伤之情看孔子之论好学。

孔子直接论好学方面的内容，《论语》中有八章记录，分两个方面：一是孔子言自己好学；二是孔子论什么是好学。这两部分内容是一般经验概括与个案证明的关系。

> 子曰："十室之邑，必有忠信如丘者焉，不如丘之好学也。"（《公冶长》）
>
> 叶公问孔子于子路，子路不对。子曰："女奚不曰：其为人也，发愤忘食，乐以忘忧，不知老之将至云尔。"（《述而》）
>
> 子曰：吾十有五而志于学，三十而立，四十而不惑，五十而知天命，六十而耳顺，七十而从心所欲不逾矩。（《为政》）

《论语》中，孔子自谓好学有如上三章内容。孔子认为，自己好学主要体现在两个方面：一是以学为终身之事。由此来看，孔子才是"终身学习"的最早倡导者，也是"终身学习"的光辉典范。孔子将学视为终身之事，认为学真正标志人的成长，这就是人的"立""不惑""知天命""耳顺"和"从心所欲不逾矩"都源于学而不止。二是以生命投入方式学，其具体表现为"发愤忘食"达到"乐以忘忧"，才是真正的好学。

怎样才能做到学之"发愤忘食"？孔子总结出如下四条：

> 子曰：君子食无求饱，居无求安。敏于事而慎于言，就有道而正焉。可谓好学也已。（《学而》）

如何才能达到学之"乐以忘忧"？孔子提出三条：

第一条是"笃信好学，守死善道"（《泰伯》），即以死守善道的方式学，将好学本身作为人生善道而终身死守之。并且，为守死好学之善道，必须做到"危邦不入，乱邦不居，天下有道则见，无道则隐。邦有道，贫且贱焉，耻也。邦无道，富且贵焉，耻也"（《泰伯》）。

第二条是"六言六蔽"，这即是"好仁不好学，其蔽也愚；好知不好学，其蔽也荡；好信不好学，其蔽也贼；好直不好学，其蔽也绞；好勇不好学，其蔽也乱；好刚不好学，其蔽也狂"（《阳货》）。

第三条是"敏而好学，不耻下问"（《公冶长》）。

孔子结合好学的个人经验和好学的一般经验做一总结：所谓好学，就是"学而时习之，不亦说乎？有朋自远方来，不亦乐乎？人不知而不愠，不亦君子乎"（《学而》）。这一总结包括三个方面：一是学而必广博，包括求知识、求知人和求知己;二是学而必须主动并不失时机地"习之",包括反省性思考和尽心践履。三是学而必做,这是"人不知而不愠"。概括地讲,好学者,就是学、思、行、做的有机统一,贯穿于日常生活的每天,以至于终身以之为死守的善道。

<h1 style="text-align:center">三</h1>

以"发愤忘食"和"乐以忘忧"为准则来审视自己的门徒,孔子认为颜回符合如上条件,所以颜回是最好学的弟子。《论语》记载颜渊的言行事迹共二十一章,直言其好学者有如下六章:

> 子曰:"回也,其心三月不违仁,其余,则日月至焉而已矣。"(《雍也》)
>
> 子曰:"贤哉,回也! 一箪食,一瓢饮,在陋巷,人不堪其忧,回也不改其乐。贤哉,回也!"(《雍也》)
>
> 子曰:"语之而不惰者,其回也与。"(《子罕》)
>
> 子谓颜渊,曰:"惜乎! 吾见其进也,未见其止也。"(《子罕》)
>
> 颜渊喟然叹曰:"仰之弥高,钻之弥坚,瞻之在前,忽焉在后。夫子循循然善诱人,博我以文,约我以礼。欲罢不能,既竭吾才,如有所立卓尔。虽欲从之,末由也已。"(《子罕》)
>
> 子谓子贡曰:"女与回也孰愈?"对曰:"赐也何敢望回。回也闻一以知十,赐也闻一以知二。"子曰:"弗如也。吾与女弗如也。"(《公冶长》)

不难发现,颜回做到了孔子关于从"发愤忘食"达到"乐以忘忧"的"好学"的所有方面。在孔子看来,不仅被称为"瑚琏"之器的子贡好学远不如颜回,就连自谓好学者的孔子本人也认为"闻一以知十"这方面不如颜回。这样优秀的弟子,不幸短命而亡,孔子自然为之悲痛欲绝、感伤不已。

第4章释义

子华使于齐,冉子为其母请粟。子曰:"与之釜。"

请益。曰:"与之庾。"

冉子与之粟五秉。

子曰:"赤之适齐也,乘肥马,衣轻裘。吾闻之也,君子周急不继富。"

[注释]

使：外交官，出使，指(公西赤)作为外交使臣出使他国。

粟：谷子，未脱壳的谷粒为粟，脱壳的谷粒为米。

请益：益，使之增加。请益，请求为之增加。

釜、庾、秉：都是古代的度量单位。釜，作为古量单位，一釜即当时的六斗四升，约今量的三斗二升。庾是比釜小的度量单位，二斗四升为一庾。秉为最大度量单位：十斗一斛，十六斛一秉。

周急不继富：周，通"赒"，接济、救济之意。急，穷困至于极境，无以维系其生存的状况，曰"急"。继，继续保持、维持原来的状况，可理解为"续其有余"。

[译文]

子华奉命出使齐国，冉求代他母亲向孔子请求给予养米。

孔子说："给她一釜吧。"

冉求认为一釜太少，请求再多给些。

孔子说："那就再添加一庾吧。"

冉求还以为少，私自给子华母亲五秉米。

孔子说："子华出使齐国，乘坐肥壮马拉的豪车，穿轻柔暖和的高档皮袍，说明家中原本富有。我听说：君子只接济那些处于贫穷困顿中的人，不为富有的人增益。"

[通解]

君子应该好学，但君子更应该好义。君子好义的最低要求是**周急不继富**，周急不继富的实质是：君子好义必以无偏私为准则，否则，则为假义、非义，不合君子准则。

本章内容为了解孔子办学提供了三方面信息。

首先，孔子办学具有相当规模，而且建制齐全。至少，孔子学府设有保证整个学府所有人吃住的固定住所，其中包括储存粮食的仓库。但供其学府生活的粮食以及其他物资从何处来，至今没有这方面的记载。此处应该是唯一的信息。但根据《论语》，可以有些间接了解，比如家境条件好的门人自捐，或者在春秋那个**"对知识的崇敬、对学问的膜拜、对思想的激赏"**的时代，当地政府或贵族鼓励办学而资助；更有可能是孔门学府自己或有组织地或自发地经营创收，比如子贡，应该是对孔门学府生存发展提供物资保障做出相当大贡献的人之一。不然，一直以培养治邦安国精英为己任而反对将耕种和经营作为学的内容的孔子(比如骂兴趣于耕种的樊迟是"小

人"即可说明），不会如此肯定子贡的经商大才："子曰：'回也其庶乎。屡空。赐不受命，而货殖焉，亿则屡中。'"（《先进》）

其次，孔子不仅负责教学，而且还是学府的当家人，一是一应大小事务都得负责，甚至包括周济贫困弟子家庭粮食这样的事情也要孔子亲自批准。由此或许可以看出，孔子学府的管理体制是"一人负责制"，并且可能是今天行政事业单位"一支笔负责制"的最早形式。二是冉求很可能因为善于理财被夫子任命为内务总管，所以周济同门父母养米的事，也属于冉求职责内的事情。三是冉求越权多给子华母亲养米，应该是违背学府内务管理章程的。尤其是对"肥马轻裘"的子华之母给予超出批示标准的周济行为，更是使孔子感到冉求的胆大妄为，所以孔子才以"吾闻之也，君子周急不继富"的方式批评或可说指责冉求。四是从子华使齐"乘肥马，衣轻裘"来看，其家实富有，但冉求为何要为其母请粟呢？这有两种可能，一种可能是冉求与子华私下交好，以公济私，或者冉求想以此巴结已在鲁做官的子华，这是以权谋私。如是这样，那么真正应该"鸣鼓而攻之"的不是"求也为之聚敛而附益之"，应该是他的"假公济私"或"以权谋私"。这也同样表明孔子所管理的学府也不纯粹，或者说以德培养济世英才的教育模式，本身就潜伏着根本的治理弊端。德需要己正，是自律，但是，当人缺乏自律的己正意识和正己要求时，德行是不能在任何时候得到保障的。由此说明治理，无论是一所学府，还是邦国，更需要他律的刑罚规范和律法体系。另一种可能是子华不孝，自己肥马轻裘，却不给生母基本生活安排和保障。如果是这样，那应该"鸣鼓而攻之"的还有子华。

再次，本章的内容还为我们提供了另一个信息，即可以此了解孔子学府已经有了内部成员的周济制度，这是孔子终身不仕，追随他的弟子乐此不疲的原因，不仅在于孔子学问的影响力，以及孔子关于君子拯救时世的魅力对有为的青年的吸引，还有可能在于进入孔门的弟子，不仅有基本的生活保障，而且学府本身还负有周济其穷困弟子家庭的义务，并具有尽这种有限周济义务的财力。更重要的是，孔子学府的周济制度，也是有原则和规范的，那就是"周急不继富"。

总之，本章内容实际上是研究孔子学府及其内部管理的难得史料，也是研究孔子学府人物德行的难得材料。

第5章释义

原思为之宰，与之粟九百，辞。

子曰："毋！以与尔邻里乡党乎？"

[注释]

原思：即原宪(公元前515年~?)，字思；一说为鲁人(《目录》)，一说是宋国商丘人(《孔子家语·七十二弟子解》)。孔子游国途中招收的弟子之一，小孔子三十六岁。战国秦汉时期的古书记载：孔门中最富有的学生是子贡，最穷困潦倒的学生是原宪。但原宪的穷困，不是为而如此，而是不为而如此。在司马迁的故事中，原宪不是孔子文道救世理想的忠诚信仰者和坚守者，相反，他具有隐逸思想并最后成为隐逸者："孔子卒，原宪遂亡在草泽中。子贡相卫，而结驷连骑，排蔾藿入穷阎，过谢原宪。宪摄敝衣冠见子贡。子贡耻之，曰：'夫子岂病乎？'原宪曰：'吾闻之，无财者谓之贫，学道而不能行者谓之病。若宪，贫也，非病也。'子贡惭，不怿而去，终身耻其言之过也。"(《史记·仲尼弟子列传》)

为之宰：为，做、当。之，指称孔子。为之宰，指原宪被孔子安排做学府总管。

与之粟九百：粟，谷，去壳后为小米，古代以谷为禄，这里为家宰的常禄。粟九百，当时九百斛谷物。古代禄制，大夫家宰，用上士者常禄九百斛。原思被聘为学府总管，给予的是上士的俸禄。

邻里乡党：古代五家为邻，五邻即二十五家为里；二十里即五百家为一党，二十五党即一万二千五百家为一乡。这里指乡亲或邻居。

[译文]

原宪被安排做学府总管。孔子给他九百斛俸禄，原宪认为太多，想辞去一些。

孔子说："不要辞减，你可以拿去周济你的邻里乡亲。"

[通解]

本章与上章有主题关联，两章同是记述君子周急不继富原则背后的无私之义。上章以冉求周济公西华母多粟为反面例子，本章以原宪请辞多粟为正面例子，以突出何为君子有义。

——

本章与上章同，分别从不同侧面记载孔子学府的情况，成为研究孔子办学的难得信史。上章记载孔子学府的经济状况和接济制度，本章继续写孔子学府的接济制度和组织结构、人事安排：上章记载冉求因善于理财，被孔子安排做学府的财务后勤主管。本章则记载原宪被安排做学府总管。

按周官制，宰，大夫家总管或其私邑宰。因此之故，"原思为之宰"一句,历来被理解为这是孔子做鲁大司寇时"原宪任其家宰"。如此理解应该建立在孔子做大司寇这一官职基础上。邦国的大司寇,相当于今天国家的司法部长。孔子做鲁国大司寇,这样大的人事任免,应有相应的记载。但孔子在鲁做过大司寇仅出现于汉代史书《史记·孔子世家》,《左传》《国语》等史籍中却找不到相应记载,其他书中也无其相关记载,所以,司马迁之说确可存疑。此外,孔子办学,在当时来讲,已经是很大规模的学府,学府要有正常的教学秩序,必须涉及管理和经营,由此也产生出内部经营和管理的分工,孔子学府本来就是培养治理邦国、管理社会的人才基地,学府管理人员的选择自然是就地取材,能者就职。上章记载冉求因善于理财而被安排为学府的财务后勤主管,本章的原宪被理解为是孔子安排为学府的行政事务总管,反而更可信。

孔子安排原宪干学府总管这个差事,不仅因为他能做好此职,更因为他家贫而又安贫,孔子特别喜欢他。孔子安排原宪为学府总管的另一动机可能是想以此方式接济原宪,所以特别以上士规格给予原宪报酬。但为何要记载"原宪为之宰"呢?没有做过大夫官职的孔子,怎么有资格配"宰"呢?这不是有违礼制吗?其实,这就涉及漂泊于外十四年的孔子,晚年被季康子隆重地从卫接回鲁后,得到大夫待遇,这就是孔子驳斥颜路无礼时说"以吾从大夫之后,不可徒行也"(《先进》)。也就是说,孔子虽然没有正式当上大夫这样的官,却在晚年享受了大夫的待遇。所以孔子逝后,门人编纂《论语》收录此章内容时,也就将孔子为接济原宪而安排他做学府总管之职写成原宪"为之宰",即原宪做孔子学府总管。

二

上章冉求为子华母多请养米,孔子不愿给;本章原思要辞太多的俸禄,孔子不准辞。这刚好形成一个极端的对照。究其前者,"肥马轻裘"的子华出使外国,孔府按制给予其母以粟,但冉求明知其规制而多请,实有违背学府的管理原则,也违背君子不私的做人原则。后者则不同,原宪主动请辞多粟。因为在原宪看来,夫子"与之粟九百"也是违背原则的:如果按孔子的"先事后得"(《颜渊》)的酬劳对等原则,做学府总管所付出的根本配不上士的酬劳,那么,孔子因为喜欢原宪并想在物质方面接济他而给出"九百斛"报酬,所以才使本分的原宪自感给得太多而不愿领受,这表明孔子的徇私。如果以个人好恶而徇私这种情况属于史实的话,或许说明孔子在生活中有时候也体现出**以情驭理**的倾向,这种倾向并不孤立。比如,孔子独爱颜回,实是情大于理。孔子宣布与冉求脱离师生关系,号召本门弟子对冉求"鸣鼓而攻之",也体现情大于理。包括"颜渊死,门人欲厚葬之",虽然孔子说"不可",但最后纵容"门人厚葬之",其后又将其责任推到弟子们身上："子曰：'回也视予犹父也，予不得视犹子也。非我也，夫二三子也。'"(《先进》)同样体现孔子守礼却因人而异的情感取向。

反之，如果原宪做学府总管，其劳动付出本来就大，"与之粟九百"的报酬是劳该当得，而不是以自己用度多寡为要，则表明孔子是按权责对等、道德应得的基本准则要原思收回请辞，不然不讲规矩就不成方圆。原思以自己生活需要不了这样多的俸禄而请辞，表明其为人本分、节俭、不贪、安贫。原思安贫，不是无能，而是不为。要理解原思何以如此安贫生存，需要联系"宪问耻。子曰：'邦有道，谷。邦无道，谷，耻也'"(《宪问》)一章来理解。"宪问耻"一章与本章所记载的内容可能是同一事件展开的两个环节。或者，原宪拒绝接受劳不当得的报酬而生困惑，由此才有向老师问"什么叫耻"，孔子却从为政角度论，认为邦有道，可以求富；只有邦无道而求富时，才是耻辱的，因为这是为政只为"稻粱谋"。但原宪似乎并不完全赞同其师的观点，因为他从做人角度来理解"耻"，认为凡人之生，能够维持基本生活就够了，超出此而求物质上的富裕，都是耻。以此来看，原思之所以请辞其多，是他以为俸禄多于基本生活所需者，耻；财多于基本生活所需者，亦耻。这种耻感远远超出"邦无道，谷，耻也"的境界。所以，原思请辞之耻境高出夫子"邦无道而谷"的耻境。

如上分析若成立，由此可知"宪问耻"一章，应该是本章的原因，本章是"宪问耻"一章的结果，即先有认知，然后才有生活选择的行为。具体地讲，正是因为原宪对耻有其如此深刻的认知，他宁贫也不愿意接受夫子的善意接济，以至宁贫也不在无道的时代做官，当孔子死后就逃离尘世过隐逸的荒野生活。

第 6 章释义

子谓仲弓曰："犁牛之子骍且角，虽欲勿用，山川其舍诸？"

[注释]

子谓仲弓曰：谓，谈论、评价。本句语义有两解：一说"孔子谈到仲弓时评价说"，其语境似应是有人谈到仲弓贫寒出身尤其是父之不善之行时，孔子为此发表看法，为仲弓辩护，极言仲弓德行可堪大用。一说"孔子对仲弓说"，其语境可能是仲弓因其父不善而自卑或听到别人谈论其父不善而深感压抑，孔子对他予以开导。从本章语境论，后一种说法似更恰当。

犁牛之子骍且角：犁牛，耕地的牛，这里指耕种田地的牛。犁牛之子，指耕牛之子，喻耕种田地的人的儿子，即农民的儿子。骍：赤色，指赤色毛皮。"夏后氏牲尚黑，殷白牡，周骍刚。"（《礼记·明堂位·祭义》）骍刚，赤色的公牛。周以赤为正色，故骍为贵。角，意角周正，合于牺牲之用。用，即用之以祭。古代礼制，耕牛不能做祭祀的牺牲："古者天子、诸侯，必有养兽之官，及岁时，齐戒沐浴而躬朝之。牺牷祭牲，必于是取之。"（《礼记·祭义》）仲弓虽然是"犁牛之子"，但长出来的双角非常周正，而且是赤色，具备可做"牺牲"的资质，意为仲弓虽出身卑微，但其德才可堪大用。

山川其舍诸：山川，指山川之神。舍，抛弃。舍诸？能抛弃它吗？周礼规定，用骍牲者三事，一曰祭南郊；二曰宗庙；三曰望祀四方山川。联系上句，意指生长出赤色周正双角的犁牛，即使不用于祭祀宗庙，也必为山川之神所悦纳。

[译文]

仲弓出身贫贱更因其父行不善之故而多生卑感，孔子劝他说："耕牛也可生产出双角周正、赤色皮毛的犊子，即使人们不想用它做祭祀的牺牲，山川之神愿意舍弃它吗？"

[通解]

上章中，孔子对原宪讲义，引发原宪对耻的思考。本章应该是对耻的进一步思考：君子不仅要义正（或曰正义），更应该知耻。

一

上章讲述原宪请辞"劳不当得"的多余酬劳，体现原宪对君子对酬劳的基本态度，表达原宪对"耻"的基本理解：多得不当劳之酬，就是"耻"。本章是仲弓以出身贫寒且父行不善而深感其"耻"，由此引来夫子对他的开导；人的荣辱耻尊，不在出身，也不在父母作为，而在于自己的修养与德行。

就本章内容言，可能是弟子追记，或者更有可能是仲弓本人的记载。它讲了两事：一是仲弓的贫贱出身；二是如此贫贱出身的仲弓何以成为"可使南面"的大德才者。追记此两事的目的，是展示孔子教育的基本思想及其最成功之处。

二

孔子开导仲弓，可能是仲弓初入孔门时发生的事：仲弓拜孔子为师，但因出身贫贱，加之其父有恶名，在同门面前很自卑。孔子觉察后，特意与仲弓交谈，以犁牛为喻，开导仲弓抛弃贫贱自卑意识，奋发"学而"，修身习才亦可成大器。或许正是由于孔子如此苦心开导和激励,仲弓奋发而学,力修德才,后来竟成为孔门最杰出的弟子之一,孔子夸仲弓"可使南面",殊不知孔子对仲弓如此之高的评价,融进了怎样的得意之情。在孔子看来,仲弓如此德才,完全是他培养君子人才的最得意之作,将一个出身贫贱曾深为自卑的人培养成可居于庙堂之上的邦君或者神器,这是怎样的成功啊!

当然这是后话。本章中孔子以"犁牛之犊可为牺牲"的比喻,阐述他的教育观和人才观:**贫贱之子可立庙堂,关键在于人本身**。将孔子的人才观翻译为现代语言即是:人能够成为什么样的人,不在出身,而是自己的努力与作为,因为人始终是自己想成为那个样子的人,人始终是自我塑造的杰作,是优是劣,是善是恶,全在自己。**孔子承宗法政治,但反对世袭制;同样,孔子讲血缘伦理,但反对血统论**。孔子对仲弓举"犁牛之犊可为牺牲"的比喻,最为形象地表达其对血统论的否定,对命运论的怀疑,主张**命运在己,成才在己**。孔子认为,人在己的基本方式,就是奋发图强,学而不已,修德取位。

同时,孔子以"犁牛之犊可为牺牲"的比喻开导仲弓,使之走出贫贱自卑的困境,而最终努力把自己成就为大德才者的个案,展示孔子教育的真正成功之处有二:一是普遍平等的自然人性思想。人被天赋其平等的本性,如何发挥天赋本性的潜力并锐意使之向何方发挥,就会自我成就为什么样的人。二是心灵开启的疏导方法。每个人,无论出身如何,处境怎样,都有其生存困境,这些困境或源于心灵,或源于情感,或源于认知,但只要抓住实质,善于切入,都可以使之解决并使之焕然新生。孔子在这方面对学生的引导,仲弓是最成功的典型。

第7章释义

子曰:"回也,其心三月不违仁,其余,则日月至焉而已矣。"

[注释]

三月不违仁:三月,有两解:一是实解,三个月,即一季;一是虚解,言其时间长,指长时间坚持不变。根据语境和表意要求,应从后解为当。违,违背、违反,这里做离开、离弃讲。

日月至:日月,指或一天或一月。至,到达……仁心,此处做不违……仁心。指一日一月不违其仁心。所以,三月,言其长久;日月,言其短暂。

[译文]

在讨论对仁的坚守时,孔子对弟子说:"你们当中,只有颜回做到了心中三月不离仁,其他人,只可短时间做到,或一两天,或十天半月,最多一个月。"

[通解]

义,是就他人言,即在利害得失面前心存他人,以他人为重;无私,则就自己言,指在利害得失面前不以己为重,秉持中正之道,本质上仍然是心存他人。从根本讲,义与无私,是从己他两个不同维度定义仁。本章正面论守仁,采取点(颜回)面(颜回的同门)结合方式例证。这是本章与第五、六章在语义逻辑方面的关联性。

一

在以君子为标准的守仁问题上,孔子对众弟子的评判,既有独断之嫌,也有偏爱之私。但以此揭示的仁的问题却体现相当深度,并呈现思想解释的巨大张力空间。比如,颜回为何可以"其心三月不违仁"?

从根本讲,仁的问题,始终属个人的问题:仁要在一个人身上形成、展现,必然呈现其个性化的要求性。由此来看,孔子之所以认为颜回在守仁方面做得最好,可能既与颜回的性格相关,也与颜回的学而态度和学而方式相关。首先,颜回性格内敛,不善言辞,但内心运思不止,知其最深:"回也,非助我者也。于吾言无所不说。"(《先进》)"子谓颜渊曰:'惜乎! 吾见其进也,未见其止也。'"(《子罕》)其次,颜回有无暇于关注物质生活的享受而以生命投入方式至诚精专的态度:"贤哉,回也! 一箪食,一瓢饮,在陋巷,人不堪其忧,回也不改其乐。贤哉,回也!"(《雍也》)更有如痴如狂的学而精神,"语之而不惰者,其回也与"(《子罕》)。再次,颜回具有"闻一知十"的自通和内省觉解的学而方法:"子曰:'吾与回言终日,不违如愚,退而省其私,亦足以发。回也不愚。'"(《为政》)"子谓子贡曰:'女与回也孰愈?'对曰:'赐也何敢望回。回也闻一以知十,赐也闻一以知二。'子曰:'弗如也。吾与女弗如也。'"(《公冶长》)

二

在孔子看来,颜回能够做到"其心三月不违仁",其他弟子只能做到"日月至焉而已矣"。虽然有夸大之嫌。但也由此表明仁虽然可以表现在行为上,但它最终是扎根于心底。当仁扎根于心底,则可在任何时候表现为行,因为扎根于心底的仁,是难以拔出来的,或更可以说,扎于心底的仁,是融入为根和本的仁,这种性质的仁,是根本拔不出来的。相反,当仁没有扎根于心底时,其行为守仁只能是一时一地而已。

仁扎根于心底且表现为行,就是孔子所讲的"克己复礼为仁"(《颜渊》)。仁扎根于心底的前提,是克己;仁一但扎根于心底,就能做到行为有礼,它是对仁的表达或者说实现。

颜回之所以"其心三月不违仁",是因为仁已经深深地扎根于颜回的心底了。颜回之所以能将仁深深地扎根于心底,是因为他的内敛性格、学而态度和学而方法。内敛性格的人,其内省能力或者说领悟觉解能力很强。以生命投入方式求真知的人,必然使之求真的内在行为和求知的智慧力量真正进入生命的底部,获得心灵的呵护。

三

孔子如此近乎独断论地褒奖颜回而批评众门徒,表面上看是对颜回的偏爱,本质上是运用激将法对众门徒的警示和鼓动。孔子是要以此告诫众弟子:第一,仁,是君子成己的命脉,是修德取位和以德正位的灵魂。唯有具备仁,才可行礼与达乐。这就是为什么学而成君子的唯一正确路径是"以仁入礼达乐"。第二,仁当然是行为的,但本质上是心灵的。学而成仁,虽然必须要通过修亦即求知和践履来实现,但其根底功夫是守,这就是**守仁于心,使之根深蒂固**。第三,坚守己仁于心底的根本方法,是"闻一以知十"。孔子告诫众弟子,颜回之所以能做到"其心三月不违仁",就是因为做到践履夫子"语之而不惰"(《子罕》)和"其进不止"(《子罕》)。

通观《论语》,孔子如此反复地以不同方式褒奖颜回,本来是作为人才培育的激将方法,这种方法同样运用于诸如仲弓、子贡、子路等优秀弟子身上,但用这种激将精进的方法来鞭策颜回,对于性格内敛且又愿意求完美而资质并不高的颜回来讲,无异于将其悬于火上烧烤。颜渊喟然叹曰:"仰之弥高,钻之弥坚,瞻之在前,忽焉在后。夫子循循然善诱人,博我以文,约我以礼。**欲罢不能,既竭吾才,如有所立卓尔。虽欲从之,末由也已**。"(《子罕》)最终英年早逝。从教育方法和因人施教角度观,孔子如此独爱颜回并无时不夸饰颜回的激将方法,亦同样具有开放性的启示张力。

第8章释义

季康子问:"仲由可使从政也与?"

子曰:"由也果,于从政乎何有?"

曰:"赐也可使从政也与?"

曰:"赐也达,于从政乎何有?"

曰:"求也可使从政也与?"

曰:"求也艺,于从政乎何有?"

[注释]

从政:出仕当官。在春秋时代,为政者君,执政者卿,从政者大夫。(《四书大全辨》)

果:果断、果敢、雷厉风行,指有凡事果敢决断和毅然实行。

达:通、畅,意谓通达物理、事理和情理,故善与人交。

艺:才艺,意指多才多艺,有综合处理事务的大本事。

[译文]

季康子问孔子说:"可以让子路出仕从政吗?"

孔子回答说:"子路处事果断,有担当,为何不能从政呢?"

季康子又问:"可以使子贡出仕从政吗?"

孔子回答说:"子贡凡事精明,处事通达,为何不能从政呢?"

季康子再问:"可以使冉求出仕从政吗?"

孔子回答说:"冉求既多才又多艺,为何不能从政呢?"

[通解]

本章所述之事,应发生在季康子执鲁政之始。哀公三年(公元前492年),季孙斯(桓子)卒,其子季孙肥(康子)执鲁政,自然选拔人才,更新朝堂班底,于是有了季康子向孔子打听孔门三位弟子是否具有从政的德才,同时也向孔子询问他是否同意其门下这三位弟子出仕从政。因为在古代,弟子出师,必征得夫子同意。

一

季康子执掌鲁政前,仲弓已做季桓子宰五年,季桓子卒,其子季康子继鲁卿位,想要更换家宰人选,于是派人向流亡在他邦的孔子征求意见,子路、子贡、冉求中哪个适合做从政大夫,孔子告知他们三人都行,指出其各自的德才特点,季康子最终选择冉求来接替仲弓的职位。

季康子(派人)向孔子询问子路、子贡和冉求三人时,其排序很有讲究。季康子考虑的首要人选是子路,其次是子贡,最后是冉求。孔子依次回答,这三个弟子都可以担当从政大夫之职。并分别介绍了何以可以做从政大夫的理由：子路有决断能力且更具有实行能力和经验；子贡具有通达善交的能力；冉求则是多才多艺。他们各自所具备的德才做从政大夫都是绰绰有余。这是孔子所讲的"于从政乎何有"。听了孔子的介绍，季康子最后改变想法，选择了冉求。

季康子为何改变初衷，放弃子路和子贡而选择冉求？这是因为在孔子的介绍中，子路、子贡的特点虽突出，但他们只显示出单方面的能力。做执政者手下的大夫，需要综合能力。冉求的"多才多艺"恰恰符合这一要求，因为多才多艺中包含"果"和"达"。这从一个侧面突出孔子以"君子不器"为培养目标来招收学生培养他们成为"不器"的君子，其实并不只是孔子单方面的教育理想，更是社会的用人要求。冉求之被优先考虑，就是因为他"多才多艺"，多才多艺，就是"君子不器"的具体表征。

二

本章内容值得玩味的是：季康子派人到孔子学府来针对性地考察从政官员，孔子介绍子路、子贡、冉求，都只是从能力方面着手，强调和突出他们三人出仕当官具备处理政务的能力特长分别是"果""达""艺"，却没有向用人方介绍此三人的"仁义"德性、"礼法"德行和"中庸"道德。这表明孔子学府的"君子"培养目标，虽然特别强调仁、礼、德，但最终还是要落实到才能上来。或者，孔子向来者介绍子路"果"、子贡"达"和冉求"艺"，都不属于基本素养的范畴，而是做官的基本技艺和专业才能的范畴。

另外，季康子执政之始，选拔治政之才，首选孔子门人，这说明孔子学府的影响力，也展示当时孔子培养出来的治邦人才已被执政者们看好。然而，能够培养如此优秀学生的老师，为什么不被季康子看中呢？这在今天看来固然有年龄的问题，但在古代年龄与当官似乎关系不大，因为古代朝堂为官行的终身制，季康子不考虑孔子本人，可能另有原因。比如，或许同样存在着教练与运动员之间的非对应性关系，教练可以培养出夺金牌的运动员，但教练自己成为运动员时，并不一定能够夺取到金牌。同样，老师可以培养出各种具有特殊才能的人才来，但老师并不一定能够在实战领域也成为具有特殊才能的人。

第9章释义

季氏使闵子骞为费宰。

闵子骞曰："善为我辞焉！如有复我者，则吾必在汶上矣。"

［注释］

季氏：或季桓子，或季康子，均不可确信为何者。

闵子骞：闵损（公元前536年~?），字子骞，孔子招收的首批弟子之一，小孔子十五岁，以德行著称，被后世认为是孔门中最有名的孝子。

费宰：费，地名，今山东费县西北，是季氏的封邑。费宰，费邑的行政长官。

汶上：汶，汶水。汶上，指汶水之北，当时，汶水之北属于齐地。

［译文］

季氏派人请闵子骞出仕做费邑邑长。闵子骞拒绝其任，他对来者说："请你回去好言替我辞掉吧！倘若再来召我，我一定是在汶水北岸了。"

［通解］

在孔子学府的人才归类中，闵子骞属德行科的杰出弟子，排位于颜渊后面。

仅本章内容观，闵子骞不仅有突出的德行，还应该有很强的治理才能和忠信能力，并且在社会上已有名声，不然，权倾鲁国的季氏不会派人来请他做其封邑的行政长官。而且，闵子骞向来人请辞时说"如有复我者，则吾必在汶上矣"，不仅表达闵子骞辞官的决心，是义无反顾；而且展示出闵子骞对自我能力的绝对自信，或者至少表明，他本人的治政才能和由此名播于外的影响力一定会使季氏不会就此放弃，会再派人来请他。

闵子骞何以要辞官？或许费邑宰这个官太小，与他的名声影响力不相符合，或者与他的能力不相符合，被大材小用了，故而辞掉。或者因为"父母在，不远行"，毕竟，闵子骞是有名的大孝子："子曰：'孝哉，闵子骞。人不间于其父母昆弟之言。'"（《先进》）司马迁在为闵子骞写传时，刚好将闵子骞辞官和孔子论闵子骞孝这两件事联系了起来：

> 孔子曰："孝哉，闵子骞！人不间于其父母昆弟之言。"不仕大夫，不食污君之禄。"如有复我者，必在汶上矣。"（《史记·仲尼弟子列传》）

这个因果生成关系似可成立：孔子对闵子骞"孝"的评价和赞誉，可能发生在闵子骞请辞季氏费宰之后，即在此之前，有关于闵子骞孝的街谈巷议，有待证实。闵子骞因为父母而坚决辞掉季氏费邑宰这一行为，让孔子相信闵子骞"孝亲"的说法是真实的。所以才做出如此感叹性评价,这一感叹性评价是对闵子骞的最高褒奖。所以,闵子骞坚辞季氏费宰的原因,是父母年迈而不宜远行。闵子骞因为父母放弃当官,却因为夫子赞誉成就了孝名。

以此观之,君子之于孝亲与功名,当二者不可两全时,选择前者,不仅是德,也是智。

第 10 章释义

伯牛有疾。

子问之,至牖执其手,曰:"亡之,命矣夫! 斯人也,而有斯疾也! 斯人也,而有斯疾也!"

[注释]

伯牛:姓冉名耕,字伯牛,生卒不详。孔子先进弟子之一。在《先进》第二章中,孔子认为其有德行。除此,《论语》再无有关于伯牛的记载。

至牖执其手:牖,窗户。至牖执其手,有二说:一是朱熹注"牖,南牖也。礼:病者居北牖下,君视之,则迁于南牖下,使君得以南面视己。时伯牛家以此礼尊孔子,孔子不敢当故不入其室,而至牖执其手,盖与之永诀也"。朱熹以孔子为"圣人"观而所注是语,有言逾其实之嫌。二是认为伯牛患重病,不欲见,所以孔子至牖执其手。后说更合本章语境。

亡之:有二解:一指无之,意谓伯牛不该生此病;二指丧之,言其疾不治而丧此人。结合上下语境,应从前解为当。

[译文]

伯牛病重。

孔子前去看望,伯牛不愿见夫子,孔子只得从窗外伸手过去握着伯牛的手说:"你没有理由生如此致命的病啊,这真是无可奈何的命! 你这么好一个人,怎么会生如此致命的病呢? 你这么好一个人,怎么会生如此致命的病呢?"

[通解]

仁之于生活,不仅表现为义与无私,也表现为孝,更表现为心存悲悯。这是本章与上面各章的主题关联。

一

冉牛是孔门优秀弟子,《孟子》言曰:"子夏、子游、子张皆有圣人之一体,冉牛、闵子、颜渊则具体而微,敢问所安。"(《孟子·公孙丑上》)是说冉牛、闵子、颜渊三人的圣德几乎接近孔子,远远超过子夏、子游、子张等人。或许,这是冉牛疾,孔子专程看望他的原因。但这仅是孟子之徒造圣的一面之辞,实际情况可能是孔子在世,虽然确实有人以为他是圣人,但孔子本人坚决否认。而在孔门弟子中,被认为达到与夫子同样水准的只有子贡一人,但子贡却极力否定自己而维持夫子的形象:"陈子禽谓子贡曰:'子为恭也,仲尼岂贤于子乎?'子贡曰:'君子一言以为知,一言以为不知,言不可不慎也。夫子之不可及也,犹天之不可阶而升也。夫子之得邦家者,所谓立之斯立,道之斯行,绥之斯来,动之斯和。其生也荣,其死也哀。如之何其可及也?'"(《子张》)所以,本章所记载者,不过是心怀悲悯之情的仁者或者说老师去看望一个优秀的弟子的平常行为。

老师看望弟子,弟子本当感激而热情招待,但冉伯牛却拒绝见孔子。

以伯牛不愿见专程来探视他的老师,或是其病有传染性,伯牛害怕传染,故不见其师;或属不治之疾,且病日久人已不成形,担心夫子见之多生伤悲,故不忍其见。从孔子"至牖执其手"的重复的悲切之言观之,伯牛之疾必是绝症,且来日不多,故孔子重复失态之悲情曰"斯人也,而有斯疾也",既为伯牛将逝悲叹,更为将失去一优秀弟子而惋惜。

二

"亡之,命矣夫",孔子面对来日不多的伯牛发出基于本能的悲悯之愤,触发出心灵底部的命运观:生老病死,均系天命,认命也好,抗拒也罢,人所能为者,唯悲叹之外,只是畏。

并且,孔子论"君子有三畏:畏天命,畏大人,畏圣人之言"(《季氏》)。三畏之中,天命居首,是因为:第一,圣人只是一种可能性,畏圣人之言,也仅是一种可能性;第二,大人是权力、地位、身份和德才的综合体现,既有先天的血统因素,更有后天的努力成分,在一定程度上具有可控性。与此二者不同,生老病死之命和运,纯粹是天赋和天定,人力无法对其发挥任何作用。除了认领,就是悲悯。这表明人在本原意义上的渺小与无奈。

第 11 章释义

子曰:"贤哉,回也!一箪食,一瓢饮,在陋巷,人不堪其忧,回也不改其乐。贤哉,回也!"

[注释]

箪：古代普通人家盛饭的器皿，用竹篾或芦苇编制而成。

瓢：舀水的器具，以瓠为之，将其剖为两半，其半称瓢。

陋巷：陋，简陋，有破败之意。巷，古代的里中之道称巷。陋巷，指简陋破败的屋子。

[译文]

孔子说："真是贤啊，颜回！吃竹篮盛的饭，喝瓢盛的冷水，住在贫穷地方的破败房子里，一般人都无法忍受这种穷困的生活和环境，颜回却以此自足其乐并且从不改变。真正的贤啊，颜回！"

[通解]

第九章闵子骞拒绝出仕从政，是从孝和淡泊名利两个方面论其贤。第十章孔子悲悯重病中的弟子冉牛，是因为冉牛德行优秀近于孔子，亦是论其贤。本章正面论贤，以颜回为例。这种以个人生活为例的正面述贤，又将第六章联系起来。颜回之贤，其根本在于仁，在于从不放弃持守内心的仁。在孔子看来，仁是贤的本体，贤是仁的展开。没有内心的赤诚之仁，难有日常生活的行为之贤。反之，一旦能够毫不修饰地在日常生活中铺展出贤来，一定是内心驻入不可消解的仁。

研读本章内容，感觉其语境，可能是孔子与时人的谈话，更可能是孔子一堂教学活动课。如果属于后者，孔子对颜回的这番赞美，应该是特别的教学设计。孔子赞美的是颜回，但对众弟子来讲却是严肃的训练。孔子对众弟子说道："你们看看你们的同门颜回，他是何等的贤德啊！吃竹筐饭，喝瓢冷水，住穷巷陋室，这样的贫困生活，人人都难以忍受，他却自得其乐，而且从不改其快乐。看你们的同门颜回，是多难得的贤德啊！"

孔子教育的目标，是将人培养成君子。君子不仅有才，更有德。君子应该德才兼备。孔子之谓德，就是心存其仁，行为中正，执守中道。而德之高者，乃贤；贤之大者，谓圣。颜回之被孔子赞誉为贤，是因为他安贫乐道的生活方式超越了中庸道德，不是一般的德。别人都不堪忍受的清贫生活，他却乐在其中，且从不改其乐。

颜回之所以在"人不堪其忧"的生活环境里"不改其乐"，是因为人们为之忧的是物质生活环境、条件和物质生活方式；颜回所乐者，是超越物质环境、条件的精神生活态度、理想和方式，这就是君子之道。孔子的君子之道有二：一是"谋道不谋食"；二是"忧道不忧贫"（《卫灵公》）。对一般的君子言,所谋所忧之道有"四焉。其行己也恭,其事上也敬,其养民也惠,其使民也义"(《公冶长》)。但对颜回来讲,所为之乐(或为之忧)之道,却是夫子的奠基之道,亦可说是为君子的根本之道,这就是"学而"之道。颜回所不改之乐,就是学求知识、学求知人和学求做人之乐。颜回所持的不改之乐,更是将学、知、做化为生命和将生命化为学、知、做之乐。这是一种生命和灵魂谱写出来的"仰之弥高,钻之弥坚,瞻之在前,忽焉在后"(《子罕》)之乐,亦是孔子所欲所行之乐:"叶公问孔子于子路,子路不对。子曰:'女奚不曰:其为人也,发愤忘食,乐以忘忧,不知老之将至云尔。'"(《述而》)孔子之所以如此赞誉颜回,是因为唯有颜回才真正领悟并践履自己的"以仁入礼达乐"之乐道,更因为孔子从颜回在"人不堪其忧"的环境中"不改其乐"中找到了同道("孔颜乐处"的历史性佳话就此形成),而且为此特别的自得。"人不堪其忧,回也不改其乐"的修道成功,不正是孔子自己教导有方的杰作吗? 更为根本的是,孔子之所以在众弟子面前大加赞美颜回"人不堪其忧"中"不改其乐"的生活态度、生活方式和乐道境界,是要以此来激励大家向榜样学习,向颜回看齐。只要执着理想、锐意践履、努力不止,人人都能成就自己为贤人。这是孔子常用的激励方法,在此又一次得到充分的发挥和释放,孔门之所以人才辈出,与这种榜样式的激励教学与引导息息相关。

第 12 章释义

冉求曰:"非不说子之道,力不足也。"
子曰:"力不足者,中道而废。今女画。"

[注释]

说:同"悦",做喜欢、热爱、信奉讲。

中道而废:道,前行的道路。中道,中途。指前行于路程的一半则停止下来,喻做事不能坚持到底。

女画:女,同"汝",指冉求。画,同"划"。指以自划界限的方式做出自我限制。

[译文]

冉求想退学,对孔子说:"先生啊,我不是不喜欢您的教-学之道,确实是我的资质不高、能力不足。"

孔子劝冉求说:"资质不高、能力不足的人,走到半途走不动时才停下来,可你却是划地自限,根本没有起步,何谓资质不高、力量不够呢?"

[通解]

在孔子的教育世界里,人是否为君子的根本标志,是贤与否。人能否贤,起步应具备正确的学而态度和方式,颜回在"人不堪其忧"的环境里"不改其乐",为之提供了正面的或积极的典范;冉求要求退学,却为之提供了反面的或消极的个案。

一

冉求是孔子最优秀的弟子之一,不仅善于理财,更善于政事。孔子夸其多艺(第八章),后接替仲弓做季氏宰,从政有方有力,得季康子赏识,并因此促使季康子迎孔子回国。本章所记载的内容,应该是冉求进孔门之初,不适应其教-学环境而生退意。孔子为此悉心开导,使之最终留下来继续学习,后终成其才。

本章记载的内容表明,初进孔子学府的冉求,并不如此优秀。

冉求与仲弓、子贡、颜回等人,都是孔子至齐返鲁后招收的第二批弟子,初入师门时,或有可能看到同门众多师兄弟才华洋溢,尤其是与自己同进师门的仲弓、子贡、颜回多得夫子夸赞,自己却平平庸庸,深感压力而生退学之念。当然,也可能是不太适应孔子这种自由散漫随意的教-学方式或者在冉求看来有些过分偏激的奖抑教-学方法。比如,宰我白天睡觉,本不算大事,但孔子小题大做地指斥其为"朽木"和"粪土之墙"并将其一棍子打死,既"不可雕",更"不可圬"(《公冶长》)。又比如,居住陋室、吃家常饭、喝冷水,本来就是一般人的生活条件和生活方式,一般人也是在这种生活环境和生活条件中苦乐相生、苦乐相伴,是很平常的事,但何以到了颜回那里,就成了特别不得了或了不得的"不堪其忧"呢?颜回本来就是普通人,过普通人的生活,乐普通人的生活,又何谓特别的"贤"?难道只有颜回"一箪食,一瓢饮,在陋巷"而"不改其乐"的生活才称为贤?与他一样的大多数平常人所过的"一箪食,一瓢饮,在陋巷"而"不改其乐"的生活,就不能称其为贤?

但不管属于哪种情况,冉求对学的厌倦或对孔子学府教-学的内容、方式、方法的不满所滋生出来的退意,其所暴露出来的问题,或者是孔子学府的问题,或者是冉求本人的问题,或者二者兼而有之。孔子对冉求退学的请求,不仅深为不满,而且深为不安。因为这既影响孔府办学的声誉,更影响一个好青年的前程。所以孔子特别耐下心做冉求的思想工作。孔子毕竟是教育大师,更善观人,冉求要求退学,孔子就知道症结在何处,也知道解决之方何在。他紧紧抓住冉求要求退学的理由的漏洞,直截了当地道出"力不足"不是退学的理由:一个人力足与不足,要通过行走本身来检验,行至于半途,确实走不动了,才叫"力不足";行走尚未起步,或者行走刚开始,还没有见出力道来就说"力不足",这肯定是借口。孔子抓住问题的关键,对冉求表明态度:没有正当理由,不能对学心生退意。这样一来,冉求就没了退路,只有乖乖地撤消退学请求,改变想法和态度继续求学。或许更为根本的是,孔子一番开导,真的洞开了冉求心智:"君子必待学而后能知,知而后能行。不欲行者,实未知也;未知者,实未学也。"①冉求的心智一旦被开启,最终必然学有所成。

二

冉求退学一事得到了完美的解决,孔子作为老师是否因为冉求退学事件本身而做反省呢?比如自由散漫的教-学方式和确实有些夸张意味的奖抑性激励方法,是否需要改进,这不得而知。但《论语》收录对冉求退学事件的记载,至少透露了孔子学府方面的两方面信息:

首先,被后世誉为那个时代最伟大的教育家,亦被后儒捧为"圣人"的孔子,其实不过是一位庶民教育者,一位在当时颇有影响的教师。正是因为他的普通性、庶民性社会身份和地位,其所创办的学府也面临许多困境和危机。而其中之一,就是生源问题。或为保证生源充足,孔子学府对来者不拒,孔子才对投奔而来求学的人大为赞赏,称之为"有朋自远方来,不亦乐乎"。在生源不能得到充分保障的境况下,一旦有人要退学,就自然"必忧"。

其次,冉求心生"力不足"的厌学事件侧面告知人们,孔门人才辈出,并且因此而使孔子本人彪炳千秋,只是就结果论。就过程言,其甘苦不已,可能唯有孔子本人自知。

从根本讲,成就一个人,并不容易。尤其在"礼崩乐坏"的无道乱世,要将普通的人培养成有道君子或者治邦安国之才,不是讲讲空洞的仁礼之道或者教教《诗》《书》就能达到的,更为根本、更为烦杂并且更要持续地斗智斗勇的工作,却是心灵的开启、性情的纯化和心志的磨砺。这应该是更为日常的,且更为根本的教学方式和引导方法。孔子何以对修养有道、实干有才的弟子总是不失时机地表扬、赞美,甚至在人面前过度地夸耀,其内在动机或复杂的教育规律,也就在于此。对孔子来讲,每一个弟子的成才,都

① 金纲:《〈论语〉鼓吹:圣贤的光荣与漏洞》,天津,天津人民出版社 2007 年版,第 189 页。

是他的心血、他的理想和生命的浇灌。或许正因为如此,孔子逝世,弟子们才发自心灵深处地自觉为之守孝三年;冉求后来身为季氏宰,念念不忘者乃是漂泊于异邦的夫子,因而左右周旋最终促使执政者季康子派人隆重地将其迎接回国,并给他以大夫待遇,使孔子老有所养,这不能不说是孔子苦心栽培冉求所得的善果。

第 13 章释义

子谓子夏曰:"女为君子儒,无为小人儒。"

[注释]

女:同"汝",指称"你"。

儒:即古代"术士",专事祈雨、祭祀等宗教活动的职业,春秋时,教育降落民间,儒开始指称读书人、学者,并由此逐渐演变成学派名称。

君子:凭修德取位者,或以德正位者。

小人:有位无德者,或有德无为政理想者,比如孔子斥责求问耕种稼圃的樊迟为小人。

[译文]

孔子对子夏说:"你要努力成为君子式的学者,不要沦为小人式的学者。"

[通解]

学而,需要在起步时就具备正确的态度和方式,其目的有二:一是以此使自己成就为有学问的学者;二是以此使自己成就为有德的君子。孔子认为,有学问而无德,只能是小人;有德而无学问,也不能成为君子,君子必须是德与学问的统一,也可说是质与文兼备。这是孔子何以如此教导子夏的理由。

一

儒这种专门的职业始于殷商,与巫、史、祝、卜等相关,属术士一类职业,《说文》定义"儒,柔也,术士之称",主要从事祈雨、祭礼等宗教性活动。至于春秋,儒仍然作为职业的称谓,但"儒"之术士职业却在"天子失官,学在四夷"(《左传·昭公十七年》)的社会背景下获得拓展,即在"王官之学失坠"于野的春秋时代,许多领域基于了解古代典籍和礼仪需要而催生出新的职业,就是诠释古代典籍和礼仪制度规范的职业,这类职业往往是那批因"王官之学失坠"后流落民间的文士从事,所以亦称为"儒"。

本章中,孔子所说的"儒",有其具体的语义规定。首先,孔子这里所说的"儒",不是行业、职业意义的,即既不指术士之儒,也不指以诠释典籍和礼仪规范的职业之"儒";其次,孔子这里所说的"儒",也不是学派意义的,后人尊孔子为儒家创始人,认为孔子创建了儒学派别,这种说法可能与孔子本人无关。因为孔子所讲的"君子儒""小人儒"之"儒",是指读书人,或者因为系统地读书而成为有学问的人,这个意义上的"读书人"或者"学者",没有派别的划分。孔子身后,其弟子或再传弟子给社会造成的刻板印象,使孔子所讲的"读书人"或"学者"意义上的"儒"变成了类分及其竞斗的派别。或许因为后学的这种作为,才使韩非子在《显学》中将孔子的教育称为"儒"业,认为孔子死后其"儒分为八"。**韩非子这种对孔子后学的分门立派所做的体现其客观性依据的归类,给孔子学问贴上了"儒家"学派的标签,后世的以"上行君道"为旨归、以竞斗为内动力的儒生和儒学,其实与孔子没有多少实质上的关联性。**

韩非子将孔学称为"儒"学,将其身后门人分裂的派系,称为八大儒家学派,可能并不是赞誉,或是基于对孔学尤其是对其后学的调侃。就孔子本人言,并没有任何文字记载表明其言儒学,更没有门人自谓儒家。一部《论语》,"儒"字只在本章中出现两次,表达的本义是"文士",即文化人的意思,或者说得更专门些,就是学者。所以,**孔子学问是关于有教养的文人和高尚的人如何统一于自身的君子学问,可以简称为孔学。**

二

君子、小人,是孔子对人所做的品级的区分。要理解孔子这种品级意义的区分,需先厘清"人"与"民"的分别。在春秋时代,人与民有严格的区分:"民",是劳力者,是生产财富的社会大众。

> 君子劳心,小人劳力,先王之制也。(《左传·襄公九年》)
> 君子劳心,小人劳力,先王之训也。(《国语·鲁语下》)
> 好遁,君子吉,小人否。(《周易·遁·九四》)
> 君子所,其无逸。先知稼穑之艰难,乃逸,则知小人之依。(《尚书·无逸》)
> 童观,小人无咎,君子吝。(《易经·观·初六》)
> 硕果不食,君子得舆,小人剥庐。(《易经·剥·上九》)

在孔子之前,人小是民,民亦小人。民与小人属同一阶级,只是称呼不同而已。与此不同,小人与君子却属不同阶级,它们之间不存在**品极**的区别,而是**等级**的区别,是社会政治地位、经济地位和生存权力上的区别。在孔子生活的春秋晚期以及孔子的世界里,"小人"与"君子"则属**同一阶级**,是同一政治、经济、权力、地位等级阶梯上的人在**品级**上的区别,具体地讲是在文化、道德、修养、教养以及价值取向、人生理想等方面的区别:君子指"修德取位"者和"以德正位者"或"有位有德"者;"小人"则指"有位无德"者或"有德错位"者。比如在后人编制的传说中,孔子任大司寇摄相事七天以"小人"定罪少正卯并诛杀之,就属于前者;孔子将求问稼圃的弟子樊迟视为小人,乃属于后者。

与此不同,君子与民之间表征为阶级的区别:就社会地位论,君子属劳心者,民属劳力者;就道德论,君子之德通过"学而"达到;民德却要通过接受官的教化来实现。就职责论,民创造物质财富和为有位者、君子服务;君子要担当起治邦和养民、教民的责任。君子"养民"的实际努力,是使民惠和义:"其养民也惠,其使民也义。"(《公冶长》)养民以义,是教民有德,包括家庭道德和社会大义,它具体展开为两个方面,即教民行孝弟忠信和耕战:"以不教民战,是谓弃之。"(《子路》)"善人教民七年,亦可以即戎矣。"(《子路》)朱熹注解孔子"教民即戎"曰:"教民者,教之孝弟忠信之行、务农讲武之法。即,就也。戎,兵也。民知亲其上,死其长,故可以即戎。"(《四书集注》)

三

在孔子生活的当世,士阶层的社会化兴起与重组过程,也是其自身分化过程。孔子将士阶层的分化予以"名分"上的定格,类分出"君子"与"小人",这种类分既保留了传统的意义,也赋予了新义。

首先是劳力者与劳心者的区别。士向下行成为劳力者,不仅是社会阶层意义上的小人,也沦为精神、道德意义上的小人。樊迟向孔子请教种植庄稼的技术和培育苗圃的技艺,孔子怒其不争骂之为"小人",理由是"上好礼,则民莫敢不敬;上好义,则民莫敢不服;上好信,则民莫敢不用情。夫如是,则四方之民襁负其子而至矣,焉用稼"(《子路》)。与此相反,士向上行,不仅在社会阶层意义上成为劳心者,也是精神、道德意义上的君子。士向上行,就是肩负重建社会秩序的责任和承传文明的使命而坚定不移地"弘毅"(《泰伯》)。胡适对"士不可以不弘毅"予以处境性解释,或许体悟到其"弘毅"思想的实质,他说:"任重道远,不可不早为之计:第一,须有健全之身体;第二,须有不挠不屈之精神;第三,须有博大高深之学问。日月逝矣,三者一无所成,何以对日月? 何以对吾身?"①

其次是德与不德的区别。君子和小人,最初是身份的象征、社会地位的标志:"君子所履,小人所视"(《诗经·谷风之什·大东》)。孔颖达《诗经正义》释此曰:"此言君子、小人,在位与民庶相对。君子则引其道,小人则供其役。"君子指贵族,小人指微贱之人。至于春秋,"君子""小人"在语义指涉上发生变化,尤其在孔子那里,主要被赋予**道德**含义。余英时曾指出:"《论语》以下儒家经典中的'君子'虽然不免'德''位'兼用(其中有分指一义,也有兼具两义者),但是就整个方向说,孔子以来的儒家是把'君子'尽量从古代专指'位'的旧义中解放出来,而强调其'德'的新义。"②孔子对德的强调,以仁为主体要求,以礼为基本规范,以再造"郁郁乎"周代文明为努力方向。以此为判断尺度,凡是达不到此种道德要求或违反这一道德目标的读书人、有位者,都属于小人。

由此划分,君子与小人表现出五个方面的不同:一是否死守善道,这个善道,就是返本开新、以仁入礼的文道救世之道。二是否以道德、道义为重,"君子喻于义,小人喻于利"(《里仁》)。三是否在修为上努力做到谦恭安泰:"君子泰而不骄,小人骄而不泰"(《子路》)。四是否做到通达和对实利的超越:"子曰:'君子不器。'"(《为政》)"君子矜而不争,群而不党。"(《卫灵公》)"君子不以言举人,不以人废言。"(《卫灵公》)五是否做到彬彬有礼和彬彬有理:"子曰:'君子义以为质,礼以行之,孙以出之,信以成之。君子哉!'"(《卫灵公》)"益者三友,损者三友。友直,友谅,友多闻,益矣。友便辟,友善柔,友便佞,损矣。"(《季氏》)

理解孔子对君子与小人的明确内涵界定和性质定义,才可真正理解孔子为什么教导子夏应为有君子胸襟、气量、德行和远见的君子之士(高尚的文化人),而不要做只求谋生的利禄之士(仅有文化的人)。

四

孔子生活之世,有些近似于古希腊的智者时代,"天子失官,学在四夷"记载了民间自由办学是为普遍,比如身为鲁国大夫的少正卯,也办有学府,其学府可能比孔子学府更火热,孔子学府许多弟子都被他吸引过去。比如,冉求之向夫子诉"非不尽说子之道,力不足也"的事件,或有可能与此有关联。为何少正卯的学府比孔子的学府办得火热,个中原因可能在于办学宗旨、培养目标上,孔子学府与少正卯学府有根本区别,比如孔子办学,是要培养高尚的文化人、文道救世的学者;少正卯办学可能没有这方面的

---

① 胡适:《胡适留学日记》下册,合肥,安徽教育出版社2006年版,第3页。
② [美]余英时:《现代儒学的回顾与展望》,北京,生活·读书·新知三联书店2013年版,第275页。

要求。或许正是这种区别,才铸就孔子如是教导子夏"女为君子儒,无为小人儒"。

孔子对子夏的教导,展示孔子学府的办学宗旨和培养目标,是培养安邦治国的君子之士,而不是培养谋求利禄的小人之士。狄百瑞认为:"'君子'的意思由原来没落世袭贵族中的一员,转而代表那些立志通过培养个人的美德和智慧为公众服务的人,也就是说,君子从**出身高贵的人**转变为**高尚的人**。"(引者加粗)①这应该是对"君子"渊源与演变的最好把握,亦是对孔子之"君子儒"本质内涵和精神实质的把握。参照前述,所谓没落的贵族,就是散居于本民中的庶民,并不是所有出身高贵的没落贵族即庶民都能转化为高尚的人,"但是,我必须承认,《论语》中大部分所谓的君子只能被理解为文人。'文人'阶层有着良好的教养,处事温和,举止无可挑剔,同时又有很强烈的道德意识。只有在少数情况下(我认为那些少数的情况其实意义重大),孔子所指的君子才被塑造成崇高和富于自我牺牲精神的角色,也就是君子作为他人的领袖时应当具备的角色。即使君子身处贫困卑微的境地被认为有辱文人的尊严和高雅的品味,人们说君子仍然知足常乐(《雍也》《卫灵公》《微子》),这种对君子的要求并不亚于牺牲生命(《卫灵公》)。我们今天也许仍然把文人当作大家的楷模,学习他们在生活中那种平凡的处世方式和温文尔雅的生活。当然,这些也是君子的特征。但是,高尚的君子还不止于此,而且远远不止于此。对于任何一个可能在社会中扮演领袖角色的人来说,既然生活中需要承担更高的责任(《子张》),那么,高尚的人才是他的榜样。孔子就是在文人和高尚的人这两重意义上说到君子的"②。

狄百瑞的分析和概括是为透彻:君子是文人和高尚的人的有机结合。所谓文人,是指有良好教养和修养,处事温和,举止彬彬有礼和彬彬有理的那类人。与此相对,高尚的人却体现四个方面的生存取向和价值诉求:一是注重个人行动的意义;二是有责任心,即"位高则任重";三是领袖努力,包括领袖意识、领袖德性和领袖责任;四是守死善道,所以才知足常乐。君子就是具有良好教养和修养的文人坚定不移地朝如上四方面努力的人。孔子告诫并勉励子夏应该成为的"君子儒"就是这类**高尚的文化人**,而不应该沦为卑琐时俗的文化人。

孔子为何单独对子夏予以如此告诫性的教导?朱熹注曰:"子夏文学虽有余,然意其远大者或昧焉,故孔子语之以此。"③后世注家大多信朱氏

---

① [美]狄百瑞:《儒家的困境》,黄水婴译,北京,北京大学出版社2009年版,第1页。
② [美]狄百瑞:《儒家的困境》,黄水婴译,北京,北京大学出版社2009年版,第34~35页。
③ (南宋)朱熹:《四书集注》,长沙,岳麓书社1995年版,第125页。

之说,金纲认为此论不对,理由是"子夏在孔子弟子中,传授典籍最多,整理典籍最多;且在魏国做到'帝王师',当时一批名流,如段干木、田子方等都是子夏的弟子。子夏对后世的影响也很大。儒学在承传过程中有两部重要典籍,都与子夏有关。一部是《日知录》,一部是《近思录》"①。钱穆认为:"孔子之诚子夏,盖逆知其所长,而预防其所短。"②此说或合孔子本意,子夏乃孔门后进弟子,孔子列为文学科。子夏更关心孝、忠、诚、信,"子夏曰:'贤贤易色,事父母,能竭其力。事君,能致其身。与朋友交,言而有信。虽曰未学,吾必谓之学矣。'"(《学而》)亦对政治深有领悟:"……樊迟退,见子夏曰:'乡也,吾见于孔子而问知,子曰:举直错诸枉,能使枉者直。何谓也?'子夏曰:'富哉言乎! 舜有天下,选于众,举皋陶,不仁者远矣。汤有天下,选于众,举伊尹,不仁者远矣。'"(《颜渊》)子夏小孔子四十四岁,年少敏而好学,或许为孔子所厚望,故特为关注,特别引导,以促其所长,避其有短。"子夏为莒父宰,问政。子曰:'无欲速,无见小利,欲速则不达,见小利则大事不成。'"(《子路》)孔子之告诫子夏者,是望完其大者也。

第 14 章释义

子游为武城宰。

子曰:"女得人焉尔乎?"

曰:"有澹台灭明者,行不由径,非公事,未尝至于偃之室也。"

[注释]

武城:鲁国一公邑小城,在今山东平邑南魏庄乡南武城村。

澹台灭明:复姓澹台,名灭明,字子羽。子游治武城时发现的特别人才,为孔子所收罗,成为其最晚的弟子。

行不由径:径,小路,捷径。指行事不走捷径。

偃:子游之字,此为子游自称。

[译文]

子游做武城邑长。

孔子说:"你在其治城中发现到人才没有?"

子游说:"有个叫澹台灭明的人,行事正道,没有公事,从来不到我住的公所来。"

[通解]

上章孔子教导子夏如何成为有学问的君子,乃孔子自述如何培养人成为君子。本章通过与子游的对话,讲述怎样发现可培养为君子的人才。

本章内容可能与《阳货》第四章内容为同一个事件展开的两个环节:子游为武城邑长,或邀请夫子游,或孔子到弟子治域考察。无论属于哪种情况,孔子游武城期间,特别关注弟子治政的两件事:一是如何治理城邑:"子之武城,闻弦歌之声,孔子莞尔而笑曰:'割鸡焉用宰牛刀。'子游对曰:'昔者偃也闻诸夫子曰:君子学道则爱人,小人学道则易使也。'子曰:'二三子,偃之言是也。前言戏之耳。'"(《阳货》);二是发现人才。《阳货》第四章着重记述前者,本章则着重记述后者。记述前者,以轻松愉悦的方式展开;讲述后者,以严肃方式展开。

孔子游弟子所治武城邑,当然最关心的是弟子治理一方的情况。在孔子看来,治理一方政务,其要不过二:一是治民事有方,一是发现和培养人有力。子游所治武城弦歌四溢,知子游善以诗、乐化民,很是欣慰,于是再问子游:"你在治下发现人才了吗?"子游回答夫子说:"只发现了一个名叫澹台灭明的人,他从不走捷径寻小道,没有公事,从不到我的住所来。"

从"行不由径,非公事,未尝至于偃之室也"来看,子游所说的澹台灭明,应该是子游治邑中的公人。径者,小路,与正道相对。"行不由径"的意思是:办事循守正道,这个正道,就是公事公办的程序之道,即公道。行而公道的人,必然有德,是君子。子游关于"行不由径"的人才观,不过是孔子人才观的运用。

澹台灭明成为孔子最晚的弟子,或有可能因为子游的推荐,也有可能澹台灭明看到子游作为孔子弟子治理政事有方而想师从孔子,并主动拜孔子为师,尽心而学,才有后来在楚国播扬孔子学说,有弟子三百,孔子逝世后,很有名气和影响。孔子武城访才并收澹台灭明为弟子一事表明:孔门之所以人才济济,有如后来韩非子所言孔子身后孔学播扬四方而成为显学,除了培养目标高远、培养内容独特、培养方式方法超绝外,还有一个很重要因素,就是不断地发现或寻求最优秀的生源。天下优秀的俊杰成为孔门弟子,其主要的途径有二:一是自来,但自来者必须是"朋",即必须是志同道合者;二是访求,即主动发现、考察、遴选可造之才,其考察的重心是德行。而且孔子访求可造之才,是充分利用了门人弟子这一人脉网络来实施。本章所记之事,或可从侧面提供研究孔子学府人才来源及其学缘结构方面的珍贵信史。

第 15 章释义

子曰："孟之反不伐。奔而殿，将入门，策其马，曰：'非敢后也，马不进也。'"

[注释]

孟之反：名侧，字子反，鲁大夫，即《左传·哀公十一年》中的孟之侧。

不伐：伐，夸张、夸耀。指不自我夸耀。

奔而殿：奔，跑，逃跑，败军曰奔。殿，断后。古代行军，前曰启，后曰殿，殿者，断后者。

策其马：策，鞭子。指用鞭子抽马前行。

[译文]

孔子说："孟之反这人从不自夸。打仗兵败撤退时，主动断后掩护。将要进城门时，他故意鞭打自己的坐骑说：'不是我敢于断后，是我的马跑不快啊。'"

[通解]

第十三章孔子言如何培养真君子，第十四章孔子讲述如何发现可培养为君子的真人才，本章讲君子如何为事成己，并以孟子反为例：所谓君子，是将危险留给自己，将安全让给他人，并以此为本分。

本章所记载的是齐鲁之役的最后场景，时间是公元前 484 年春。"齐为鄎故，国书、高无丕帅师伐我……孟孺子泄帅右师，颜羽御，邴洩为右。冉求帅左师，管周父御，樊迟为右……师及齐师战于郊，齐师自稷曲，师不逾沟。樊迟曰：'非不能也，不信子也。请三刻而逾之。'如之，众从之。师入齐军，右师奔，齐人从之，陈瓘、陈庄涉泗。孟之侧后入以为殿，抽矢策其马，曰：'马不进也。'"（《左传·哀公十一年》）孔子为此特别感奋。漂泊于卫的孔子与身边的弟子或教学或闲聊，很自然地谈论到此事。孔子说，此齐鲁之役，鲁师败绩，孟之反断后阻止追兵，掩护其安全撤退，完成任务后，不自夸其断后之功。

年届六十八岁高龄的孔子之所以特别对孟之反的行为感兴趣，是因为孟之反的作为不仅表现为勇，更表现为贤德，即"有功而不伐为善也"（邢昺疏）。在冷兵器时代，鼓勇而前和战败断后，均为勇，且非名将不能任之。但不伐鼓勇向前之功和败绩断后之功，就是贤德。事功，是能力的呈现；使事功本身成为贤德,既需要"先行其言而后从之"(《为政》),更需要"不自伐",这就是"仁者必有勇,勇者不必有仁"(《宪问》)。不自伐的勇者,是真正的仁者,是真君子。

或者,年迈的孔子深知自己不能够为母国出更多的力量,但心灵深处期望母国强大的情感仍然热诚,自己培养出来的弟子诸如冉求、樊迟、子游等成为治邦英才,更有诸如孟之反这样勇敢贤德的人,鲁国的未来必然有望,所以,其心甚自慰。

第 16 章释义

子曰:"不有祝鮀之佞,而有宋朝之美,难乎免于今之世矣。"

[注释]

祝鮀:字子鱼,卫国大夫。《左传·定公四年》记载其为卫侯使,以杰出的辩才,与晋国达成会盟。

宋朝:宋国的公子朝,以美貌闻名当时。

[译文]

孔子说:"一个人如果没有祝鮀那样的辩才,而只有宋朝般的美貌,是难以很好地立身于当今之世的。"

[通解]

君子,必贤。贤者,有德地做人。前几章都从正面讲如何贤而为君子,本章则从现实生活论人有贤德之难,成为有贤德的君子更难。

为突出其主题,孔子采取对比方式讲述"祝鮀之佞"和"宋朝之美"通行于世时,德才兼具的君子要获得生存发展的空间,就相当艰难。在孔子看来,"祝鮀之佞"所崇尚的是巧言,虽然可恶,但有时还有用场;而"宋朝之美"所崇尚的是"令色",只能制造祸乱。公子朝因天生美貌而犯事出奔仕卫,为大夫。据说其事卫期间与卫灵公夫人南子私通:"卫侯为夫人南子召宋朝,会于洮。大子蒯聩献盂于齐,过宋野。野人歌之曰:'既定尔娄猪,盍归吾艾豭。'大子羞之,谓戏阳速曰:'从我而朝少君,少君见我,我顾,乃杀之。'速曰:'诺。'乃朝夫人。夫人见大子,大子三顾,速不进。夫人见其色,啼而走,曰:'蒯聩将杀余。'公执其手以登台。大子奔宋,尽逐其党。"(《左传·定公十四年》)大子蒯聩逃亡的第二年(即公元前 495 年),孔子一行到达卫国,陪卫灵公三年。孔子说此话大概是在仕卫灵公期间[也可能是"子见南子,子路不说"(《雍也》)的原因],孔子所言,乃专对仕卫灵公而未得用而发,感叹世风颓败,唯巧言令色可立朝堂:"祝鲍之佞"乃巧言,"宋朝之美"即"令色"。然而,在巧言令色立于朝的风气下,不靠巧言令色,既无法避免灾祸,更无法实现德才。孔子平生最厌恶"巧言令色",自然明白自己一生只能默默无闻,故而感叹之,并借言讽"祝鲍之佞"和"宋朝之美"来抒泄心中抑郁与失望。

另外,孔子面对"不有祝鲍之佞,而有宋朝之美,难乎免于今之世矣"虽生诸多感慨,但仍然坚守己道而不改其志,这又恰恰预示"祝鲍之佞"之类的"巧言"和"宋朝之美"之类的"令色",最终会烟消云散,能驻守于历史时空的始终是对善道的坚守。

第 17 章释义

子曰:"谁能出不由户? 何莫由斯道也?"

[注释]

出不由户:出,进出房屋或居所。由,经过。户,房门、院门。指进出居所必经由房门、院门。

莫由斯道:莫,无。斯,代词,这里应指孔子的学说之道。

[译文]

孔子说:"能有人进出居所不经由房门吗? 为何做人不能遵循此大道而行呢?"

[通解]

在孔子看来,"祝鲍之佞"之类的"巧言"和"宋朝之美"之类的"令色",虽然可以带来仕途畅通,但毕竟不是贤德者向往和追求的,原因是它并不体现正道。本章中,孔子用两个反问句来表达这一道理。孔安国却将这两个反问句合将起来说这是孔子"言人立身成功当由之道,譬犹出入,要当从户",道出孔子晚年的反思,昭示弟子无论在何种境遇下,都应以日常方式守护成己成人立世之道。

人的身体出入屋宇,有两种行动方式可选:一是"出而由户"方式;二是"出而翻墙"或"出而破墙"方式。前者由户而出,是一种堂正、正直、光明磊落的行动方式,叫作进出有门;后者由墙而出,是一种诡异的、不正当的、非光明正大的行动方式,叫作进出无道。

身体进出屋宇,是日常方式,亦是日常生活的基本内容,人生不过由诸如身体进出屋宇的日常生活内容构成,其所遵循的基本方式,本质上亦是进出屋宇的方式。供进出居所的门道,亦是人生的进出门道。进出居所必行走正、中之门道;生活做人要必行中、正之人道,这个人道是什么呢?

这要结合孔子说话的语境以及诉说听众来理解。孔子此论,不是情境性的想法,应该是基于刻骨铭心的游国生活,以及对颓败世道中诸如"祝鮀之佞"和"宋朝之美"之类生存方式的严肃反思。通过这种反思来重新审查自己的人生理想、行为准则、成败得失,最后确信自己一生的努力依然是正确的:作为邦国,立邦之本必有其道;作为个人,立身之本必有其道。并且,邦国的立国之道能否存在,取决于人的立身之道是否坚守。"出必由户"的行为方式示喻:道不由人,人必守道;并且,道不能"弘人",唯有"人能弘道"(《卫灵公》)。

这个只能由人来弘扬的"人道",应该是孔子的返本开新之道,即是"以仁入礼"为路径、"由仁而公"为指南的文道救世之道:返本开新,是历史、文明的承传创造之道;以仁入礼,是个人立身成功的人生之道;由仁而公,是社会秩序重建的仁德与公道。此三者构成孔子的"斯道",它从三个方面"一以贯之"而构成必须死守的"善道"。所以,"谁能出不由户?何莫由斯道也?"的反问,恰恰展示孔子晚年更加明确"守死善道"的决心,并以此晓谕弟子,这是"君子"成己成人立世的灵魂,亦是孔门的精神,坚守返本开新、以仁入礼、由仁而公的善道,是"出必由户"的保障。在这里,"出必由户"隐喻立身成功之意,进出由门,既意味着立身正、中,更意味着进出畅通无阻。孔子教导弟子,君子进出必由之"户",就是返本开新、以仁入礼和由仁而公。返本开新,是进出所由的"户",即视野、胸襟、远见与境界;以仁入礼,是能够进出由"户"的(行动)力量;由仁(德)而公(道),是进出由"户"的作为。

第18章释义

子曰:"质胜文则野,文胜质则史,文质彬彬,然后君子。"

[注释]

质:本义为朴,意指内在本性的质朴;相对"文"言,指内容、品质。

文：与"质"相对，指形式、文采，其本质语义是修饰。

野：野外，无边界、无止境，意为过度或无度，又有"粗野""粗略"义。

史：官府掌管文书者，或宗庙之祝，意为精巧、文雅，隐含虚饰、浮夸、华丽、浮华等义。因为文的本质是虚饰，虚饰过度则沦为浮夸、浮华。

文质彬彬：彬彬，犹斑斑，物相杂而相适，搭配恰当。指文质形式与内容相得益彰、文采与品质协调互运。

[译文]

孔子说："人的质朴胜过文采会变得粗野，文采胜过质朴会出现浮华。质朴的品质与修养所成的文采相得益彰，这是将自己成就为君子的准则和限度。"

[通解]

上章以"进出由户"的生活经验讲述来凸显何为君子之"斯道"。本章继之正面阐述遵循"进出由户"的"斯道"，可以将人塑造成什么样子，或者说，以"斯道"为指南的君子必是文质彬彬的人。

一

君子是孔子的人本理想，培养君子，构成孔子的教育目标。由此，"君子"自然成为孔子教-学的核心内容。"君子"概念在《论语》中出现一百二十一次，论"君子"凡八十六章。《为政》第十二章以君子**不是什么**来定义君子，本章是以君子**是什么**来定义君子。这一正反定义，从两个不同方面凸显出何为君子。

从反面定义君子："君子不器"（《为政》），是说君子不是器皿，不是任人使用的工具，不是凭借一才一艺技能的谋生者，排除所有可定义的东西之后，君子不可定义，因为君子是通才，是善道的开创者和守护者。

从正面定义君子："文质彬彬，然后君子"，是指人成为君子应有的气质：唯有具备文质彬彬，才可成为君子，唯有文质彬彬的人，才是君子。

二

何为"文质彬彬"？

彬彬，指不同因素搭配得当。

所谓文质彬彬，是指人的本性的力量与文采的智慧相得益彰。当有节制的文采彰显出适度的本性力量的人，就是君子。这是因为，在一个人身上，本性的力量无限度地释放，虽然质朴，却呈野性；反之，过度的文采，会沦为浮夸，并淹没质朴的本性。"祝鮀之佞"和"宋朝之美"，所表述的不仅是两个历史人物的行状和生存取向,而且是要突出它们的象征意义,它在本质上呈现两种人格类型和生存类型。"祝鮀之佞",张扬巧言,是文胜质的典型表现:文胜质,必沦为夸饰,变成虚张,最后是虚假。"宋朝之美",奔放"令色",是质胜文的典型表现:质胜文,必沦为喧哗天赋生命的生物本质,狂放野性,成为野蛮。

文质彬彬,然后君子,表达的不只是君子气质乃质与文的适度生成,因为质的本体是性,文的本质是约束,文质问题,本质上是天性、本性与教化、约束之间何以达成**合生状态**的问题。文质彬彬,讲的是气质不过是天性、本性与教化、约束的相得益彰。没有教化与约束的天性,只能是野性,不能形成气质;教化和约束完全压制甚至泯灭天性、本性,同样使气质丧失。所以,气质一定是天性与教化、本性与约束的共生。君子气质则是天性与教化、本性与约束互为限度的生成。这个互为限度,是文既不胜质、质也不胜文,而是要文质彬彬。

> 孔子的理念是这样的,孤立地来看,个体尽管是一个连续性的个体,个体尽管也是一个动态的存在,但是,个体并不由此就是一个真正或完整的人性的存在。我们可以说,成人"存在"于婴儿之中,或者说完全成长的参天大树"存在"于种子之中。在这个意义上,我们可以说,这样一种连续存在的个体是人性的。正如孔子会说的,个体是"素材",因此,我们现在必须通过教育它如何与我们一起追求"大道"来培养它。①

在孔子看来,文质彬彬,不仅是文与质的互为限度,更在于其互为**限度地生成**,而不是组织。所谓互为限度地生成,就是文蕴含质,并且文本身是质;反之,质彰显文,并且质本身也成为文。最为敏锐和心巧的子贡对夫子的文质彬彬理解得最为透彻,他针对棘子成妄论君子只是"质而已矣,何以文为"时反驳说:"惜乎,夫子之说君子也。驷不及舌。文,犹质也;质,犹文也。虎豹之鞟,犹犬羊之鞟。"(《颜渊》)

孔子之以文质定义君子,是从心理切入,表面上讲君子气质,实质上论君子何以可能使天性与教化、本性与约束达成统一。但这并不是孔子论"文质彬彬,然后君子"的目的,其目的是为君子德性-德行提供人性的、教

---

① [美]赫伯特·芬格莱特:《孔子:即凡而圣》,彭国翔、张华译,南京,江苏人民出版社2002年版,第103页。

育的和心理学的依据:文质彬彬之所以是君子,因为文质彬彬内蕴中正之道,唯有心存中正之道的人,才可有"中庸之德"(《雍也》)。唯有以文质彬彬为心灵底蕴并由此具备中庸之德的人,才可"居敬而行简"(《雍也》)。由此不难看出《雍也》篇的主题,不过是"如何才是不器的君子","居敬而简"与"居简而简"相对,是在讨论君子如何行动的问题,或者说君子的行动方式应该是怎样的。"祝鮀之佞"和"宋朝之美"与"谁能出不由户?何莫由斯道也?"则从正反两个方面讨论君子必守之道是什么。本章讨论君子的内在动力是什么。君子是不器的,但君子一定要**性道互生、形质益彰**,这是君子之为君子的行为之方。

第 19 章释义

子曰:"人之生也,直;罔之生也,幸而免。"

[注释]

人之生也,直:生,诞生、生性。人之生,指人诞生时就拥有的生命本性:人的本性是天赋的。直,本义指不弯曲,既有伸长或自生义,也有不隐藏、坦露、坦荡义,更有自性、自在义。意为凡存在者,必然以不曲不隐的"直"的方式存在,其实是以自身本性的方式自在,这种自性的存在敞开为生。所以,直,即事物或存在的本性。"人之生也,直",指天赋人的本性,就是具有生义的直;或者,直,是人的本性使然。

罔之生:罔,通"枉",与"直"相对,弯曲、隐藏、不直义,亦有欺骗、非诚义。生,生活、人生。

幸而免:幸,同"悻",侥幸。免,免除、避免。

[译文]

孔子说:"天赋人的生命本性,是直。那些扭曲本性之直也生活得很好的人,只是侥幸逃过灾祸而已。"

[通解]

君子必须文质彬彬。文质彬彬之于君子,是学而成己的体现,但必须有人性的依据,包括不可逆的本性朝向和限度。

—

上章论"文质彬彬,然后君子"之"质",本义为朴,根据前后语境,专指人的天赋的质朴。天赋的质朴,是指人诞生为人是天然的纯粹、纯正,只有当它接受欲望驱使并无度地敞开自身时,才沦为野性、野蛮而丧失纯正的质朴。文质彬彬,讲文质互为限度地生成,形成相得益彰的气质(内在品质),但文质彬彬的本质是纯粹的直、正。并且,孔子讲的君子之"正",都是以"直"为依据的:直,是本性;正,是本性敞开态或彰显态。正是基于这一本体的意义,本章构成对"文质彬彬"的深度探讨,以突出文质彬彬的内在规定是中正之道,但其中正之道不是折中,也不是数量上对等,是必须贯穿"直"这个灵魂:文质彬彬必须以直为主导方向。

　　孔子对弟子说:"文质彬彬的君子之生,有直道,巧言令色的小人之生,只是侥幸。"

二

如第十三章言,《论语》中的"人"是与民相对的"劳心者",它实际地分别出君子与小人两类。本章所言"人之生也,直"中的"人",实际上是君子;反之,其"罔之生也,幸而勉"中的"罔"者,实际上指"小人"。君子与小人,就是"人之生"与"罔之生"的区别,具体表述为本性的自在与本性的扭曲的区别,这一区别行为表现就是"文质彬彬"与"巧言令色"两两相对。

孔子之论"人之生也,直",是说人本性彰显出直道。这个直道就是中正、正直、堂正之道,它具体落实为以仁入礼之道、修德取位之道和以德正位之道,其中,以德正位之道,是指从政当官的"由仁而公"之道,即仁德-公道。君子之生有道,是指君子之生必须循直道,并且君子之生必须行直道,直道才塑造君子。君子遵直道和行直道的依据,是人的天赋本性本直、本正,君子遵直道和行直道,是遵行人的本性。小人能得生存往往源于侥幸,同样因为人的天赋本性之直、正。所谓侥幸,就是一时得逞。小人之生基于侥幸,是指小人之生放弃、违背天赋本性之直之正,最终不可长久。

无论是君子之生,还是小人之生,这个"生",首先指人性,然后才指生活、生存,或者人生。无论君子还是小人,其人生的敞开形态是生活,人生的敞开方式是行动。行动是每日生活的实现,亦是"君子人生"或"小人人生"的点滴构筑。正是在这个意义上,萨特才如是认为人的存在"除行动外,无所谓现实"①。"人不外是人所设计的蓝图。人实现自己有多少,他

---

　　① [法]让·华尔:《存在哲学》,翁绍军译,北京,生活·读书·新知三联书店1987年版,第347页。

就有多少存在。因此,他,就只是他的行动的总体;他,就只是他的生活。"①由于小人得生因为侥幸,小人无论以"居简而行简"的方式展开行动,还是以"巧言令色"的方式实现行动,其努力越多,行动越频繁,其存在越少,实现自己的可能性越小,因为小人的行动方式始终违反天赋人性,违反成己成人的纯正、正直、堂正之道,只能是路越走越窄。相反,君子得生走的是直道,越往前走,路越宽广;越往前走,存在的空间越大,实现自我的方式越多,内容越丰富。孔子教导他的弟子宁做君子,一生直道。同时也为人留下君子与小人的自主选择空间:选择做小人,可侥幸得生,其中充满巨大风险或苦难;选择做君子,必直道而生,为其敞开的始终是光明。

第 20 章释义

子曰:"知之者不如好之者,好之者不如乐之者。"

[注释]

知之者:知,知晓、知道。之,指称所知之"道"。知之,知道"知有其道"。知之者,知其所知之道者。

好之者:好,喜欢、爱慕。指好其所好之道者。

乐之者:乐,快乐、乐趣。指知道、慕道而又以学道、悟道为乐趣的人。

[译文]

孔子说:"知晓其'道'的人,不如追慕其'道'的人;追慕其'道'的人,不如乐以为'道'的人。"

[通解]

从现实论,人要成为君子,前提是保持本性的直,或者重新矫正被扭曲的人性,如何才能做到? 孔子认为,唯一可以从正反两个方面做到的方法,就是知。求知而智,将是人成己为君子的不懈努力方式,也是人成己为君子的不懈努力过程。从本章开始,将从不同方面讨论人如何才可达君子所要求的智识。

一

从第十三章到第十九章,讨论君子。第十三章讲读书人、士、学者是与

---

① [法]让·华尔:《存在哲学》,翁绍军译,北京,生活·读书·新知三联书店 1987 年版,第347 页。

常人不同的一类人,他们天生肩负两种使命:一是返本开新承传文明的历史使命;二是以仁入礼文道救世的使命。基于如上使命,读书的士、学者绝不能沦为小人而必须成为君子。接下来讨论读书的士、学者成为君子应该达到哪些方面的要求。第十四章通过子游对澹台灭明其人格品德的描述,表明一个人只要拒绝任何形式的捷径,始终坚持行事走正道,就可成为君子。第十五章以孟之反为例指出在任何境况下都勇敢地担负责任并不居功自夸,是既有德又贤的君子。第十六章揭示"祝鲍之佞"和"宋朝之美"这两类"出不由户"者有时也过得很好,只属于侥幸,反衬君子既要拒绝"巧言",更要拒绝"令色",因为凡巧言令色者均远离君子。第十七章以日常生活为喻,指出君子必须行中正之道,如同进出居所必须经由门道一样。第十八章继之讲述进出行中正之道,必须是本性与修养、本能与约束的互为激励、互为限度,因而,行中正之道的基本生活状态,就是文质彬彬的善美态。第十九章解释君子之能文质彬彬的理由和依据是直,这是天赋人性使然。反之,小人之不能成为君子,是因为天赋人性被人为(个人或社会)扭曲。

文质彬彬的本质是直,这是人性使然。以直为本质规定的君子应遵从人性要求直道而行。本章在主题关联上继如上各章展开,论君子直道而行应追求三重境界,即知道、慕道、乐道。

二

孔子论知,涉及"知""好""乐",由此展示本章内容客观地蕴含解释的不同可能性,这在如何理解和定义本章中"知之""好之""乐之"之"之"到底指代什么。历来各种版本注疏及翻译,往往只将重心放在"知""好""乐"上,对"知""好""乐"的对象内容是什么,并不在意,由此形成人们往往泛泛地将本章中三个"之"理解为"知识""学问"。包咸注之曰:"学问知之者,不如好之者笃;好之者不如乐之者深。"揭示知识、学问得来的三种态度、三种方式以及由此达到的三种境界。邢昺亦如是疏曰:"此章言人之学道用心深浅之异也。言学问,知之者不如好之者笃厚也,好之者不如乐之者深也。"后人亦均沿此说。其实,从篇章语境考虑,编纂者为何如此组织内容,将本章内容编入本篇并置于上章之后?本篇自第十三章"女为君子儒"始到第十九章"人之生也直",都在围绕一个问题展开讨论,即君子之道,其基本结论是:君子之道,即是中正之直道。本章承之讲"知""好""乐"的对象,似不是一般意义上的"学问"之道,应该是君子之中正直道,这样才更符合上下文语境。

孔子说:"对于'人之生也直'之道,与其知道它,不如喜好它;如果喜好它,不如乐于循此而行。"

人生之中正直道,是遵其本性的直道。它内聚于个体,是仁;向社会敞开,是公。所以,君子文质彬彬的中正直道,是由仁而公之道,简称为"仁德-公道"。对以仁德-公道为本质内容的中正直道的体会、领悟、把握与运用,可敞开为不同的品级阶梯,这就是知道它、喜欢它、快乐地践履它。由此,有关于君子的中正直道,自然产生知、好、乐三种方式,形成三种**道境**,即"知道"之境、"慕道"之境和"乐道"之境。由知道到慕道再到乐道,这是**一个由理性到情感、由认知理解到心灵觉解的递进进程**,在这一进程中,"人之生也直"的起步方式,是理智地追求君子之道,其上升阶梯是发自内心地热诚追求君子之道,然后向更高境界进发,以生命投入方式践履君子之道,由是君子之道成为乐生之道。

"知道"是缘之所在;"慕道"是心性所在;"乐道"是生之寄托所在。

> 君子之道足以养生寄情;不达乎《论语》真义者,一般不能理解孔子君子之道何以有寄有养。"知道"属于"向善"的境界;"慕道"属于"求真"的境界;"乐道"属于"审美"的境界;但后一个境界应该是对前一境界的包容。"审美"这个境界就包容了"向善"与"求真",是一种对"道"的生命体验,一种沉浸其中(寄),涵养自然(养),不脱离理性的美妙感觉。①

金纲如上所悟,似应是孔子"人之生也直"的真谛,亦是对"知之者不如好之者,好之者不如乐之者"的妙解。

第 21 章释义

子曰:"中人以上,可以语上也;中人以下,不可以语上也。"

[注释]

中人:专指人的禀赋言,指中等禀赋的人。

语上:语,告知、讲述、讨论、交流。上、下,既相对物体、形相言,也表形上、抽象义。具体讲,第一个"上""下",表位置,指在"上面"或"下面";第二和第三个"上",指超越个体或超越常识但具有普遍性的抽象道理,或高深学问。语上,指讲述或讨论高深的、抽象的、形上的学问。

---

① 金纲:《〈论语〉鼓吹:圣贤的光荣与漏洞》,天津,天津人民出版社 2007 年版,第 194 页。

[译文]

孔子对弟子说:"人有天赋高低和资质聪愚的差异,讨论问题也应该区别对待。对禀赋中等以上者,可与他讲形上问题或讨论高深学问;对禀赋中等以下者,不能对他讲形上问题或讨论高深学问,只能与他们讲实际的问题或浅近的道理。"

[通解]

上章讲君子行直道,前提必须知性,因为认知乃是行动的指南,有何种知,必生发出何种行。虽然孔子一直强调行的重要性,但行之根本还在于知。一旦论及知,必然涉及知的主体差异性,这种差异性同样客观地源于天赋。由此,本章所讨论的问题的重要性被凸显出来:"人之生"之中正直道展示的从"知道"到"慕道"再至"乐道"三步阶梯,所呈现的由"向善"向"求真"再向"审美"攀升的三重境界,并不是人人都能达到的,这不仅涉及努力程度,更涉及个体禀赋的差异与资质的高低。

一

孔子讲对何种人可以"语"或"不语",首先是陈述一个事实,这个事实源于经验观察:人的禀赋与资质,客观地存在着上、中、下三个等级,正是禀赋与资质的差异,才导致"生而知之者上也,学而知之者次也,困而学之,又其次也。困而不学,民斯为下矣"(《季氏》)。也正是禀赋与资质的差异,才形成"唯上知与下愚为不移"(《阳货》)。

二

禀赋的差异,是先天的。先天形成的东西,不易改变,但可以改善。改善的根本途径和方式,唯有"学而"增"智"。然而,在禀赋限制下,通过学而增智,也有限度。这个限度体现为理解和领悟的有限性:中等以下禀赋的人,只能学浅近的东西,只能理解或领悟实践操作层面的内容,对超出物理形态以及相关的高深学问或形上道理,只有具备中等禀赋以上的人才可学,也只有在中等禀赋以上的人之间才可形成交流、讨论。

由此,孔子概述一个经由观察得来的经验理性认知:**禀赋决定资质。禀赋的限度决定资质的限度**。"人之才识凡有九等,谓上上、上中、上下、中上、中中、中下、下上、下中、下下也。上上则圣人也,下下则愚人也,皆不可移也。其上中以下,下中以上,是可教之人也。中人,谓第五中中之人以上,谓上中、上下、中上之人也。以其才识优长,故可以告语上知之所知也。中人以下,谓中下、下上、下中之人也。以其才识暗劣,故不可以告语上知之所知也。"①讲的是禀赋决定学而提高资质的限度,这个限度是禀赋本身。

禀赋决定资质,资质决定理解力、领悟力、思想力和想象力、创造力。在具体的生活中,禀赋也潜在地决定人的社会地位:禀赋下下者,即或通过学而提升资质也是有限的,可能做一个直道的人,但往往处于"质胜文"的"野"性状态,难以成为君子。中等禀赋者通过学可以提升到中中、中上或更高一些,能够达到知道之境甚至慕道之境,但很难上升到乐道的审美境界。以审美的态度或者以美的方式行君子中正直道,需要很高的禀赋和资质,一般应该是上中及其以上禀赋和资质者才可达到。

孔子关于禀赋的先天差异论,不是唯心论,恰恰相反,是唯物论。禀赋是人的生命本性的内在构成,人的生命本性是人作为生物的天赋物性,它是自然物理性质的,而非人的后天的心理构成内容。孔子关于禀赋决定资质、禀赋的限度决定资质的程度的理论,亦是客观的。承认这种客观性,才可理解学习的复杂性和学习的个体差异性。也唯有承认这种客观性,才可理解社会等级形成的最终人性根源、心智根源和心理、思维、认知根源。正是在这个意义上,孔子关于人的禀赋与资质的思想,体现异常深刻的洞察力,它构成学习理论、教育学、社会政治学甚至伦理学、美学认知的逻辑起点。

三

从根本论,禀赋决定资质的**可能性**,资质决定人的理解力、思想力、领悟力、想象力、创造力的有无与强弱;人的理解力、思想力、领悟力、想象力、创造力的有无和强弱,又影响着人对社会的贡献程度。以正常社会为基本视野,人的贡献的大小或多少,决定他的实际劳动收益的多少和社会地位的高低。客观地讲,能力既决定贫富,更决定社会等级,但根源在禀赋和资质。

进一步考察,禀赋和资质造就社会等级,也潜在地制造人与人之间的差异。这一判断表明人与人之间首先存在禀赋和资质的差异,然后才产生社会等级,最后必然因为差异和等级而构建秩序和规范。差异和等级建立起秩序,形成规范。规范既是对秩序的维护,也是对秩序的限度。因为,差异是人性和天赋使然,因为差异而生成等级和秩序,是人求群、适群、合群本性的体现。差异和等级的限度,体现人的进化和社会的文明朝向;反之,因为禀赋和资质形成的差异推动等级无限度地扩张,却是丛林法则在社会生活中的泛滥。

---

① (三国)何晏注,(北宋)邢昺疏:《论语注疏》,北京,中国致公出版社 2016 年版,第 89 页。

更重要的是,孔子的禀赋和资质差异论,揭明两个教育的基本原理,即因材施教原理和教育的限度原理。因材施教原理就是因人施教原理,它的生物学依据是禀赋,它的认知论依据是由禀赋所生成的资质和心智。教育的限度原理揭示无论从接受主体讲还是从传授主体看,教育始终是有限的,形成这一有限性的先天因素是禀赋,其后天性标志却是禀赋所规范的资质和心智。这就是"中人以上,可以语上"和"中人以下,不可语上"的根本学理原因。尊重禀赋和资质的限度原理,才可真正实施因人施教。

第 22 章释义

樊迟问知。

子曰:"务民之义,敬鬼神而远之,可谓知矣。"

问仁。子曰:"先难而后获,可谓仁矣。"

[注释]

知:同智,做理智、明智、智慧讲。

务民之义:务,经营,做教化讲。义,要义、重心。指教化民的要旨。

敬鬼神而远之:敬与远都相对鬼神论。敬,是说必要有善待鬼神的仪式;远,讲心不能随鬼神而去。敬与远,是说人自能敬鬼神,也要远鬼神。

先难而后获:先做事后索取,先耕耘后收获。索取、收获相对做事和付出,要容易得多;反之,做事、付出比索取、收获困难得多,所以先难后获。

[译文]

樊迟向孔子求教君子如何治民才是有智。

孔子说:"君子治民,一是教化民趋向义;二是引导民既敬鬼神又远离鬼神,只要民做到这两个方面,就是有智了。"

樊迟问君子治民如何才能达到仁。

孔子说:"引导民做事先易后难和先耕耘后收获,他们能做到这两个方面,就是仁。"

[通解]

知与仁,既体现形下之义,更蕴含形上之义。根据"中人以上,可以语上"的原则,樊迟问知,孔子答之以"务民之义,敬鬼神而远之";樊迟问仁,孔子答之以"先难而后获",都属于"语上"的认知开启方式。因为孔子关于知与仁的回答,体现形上的抽象性,需要加一番思索领会才可理解其要义所在。

一

樊迟,孔子的后期弟子,比孔子小三十六岁。樊迟曾经向孔子请教如何耕种稼圃而使孔子大为不高兴,责之为"小人"。但切莫以为樊迟不学无术,恰恰相反,《论语》记载樊迟事迹凡六章,涉及问孝、问仁、问德、问知、问稼圃等多方面,表明樊迟是一个好问者。好问之于人,不仅是真诚为学的体现,更体现其禀赋与资质至少属于"可以语上"的"语上"者。

本章中,樊迟向老师问知问仁。仁,属德性的范畴,与善美关联,是如何做人的问题。知,属认知的范畴,与才能关联,是怎样处事或可以将当做之事做到何等程度或境界的问题,这两个问题都属于人如何成己为君子的问题。

《论语》中,对于知,主要有三解,一做认知、知道讲,如"知之者不如好之者";二做智力讲,如"唯上知与下愚为不移"(《阳货》);三做智慧讲,如"知者乐水"(第二十三章)、"仁者安仁,知者利仁"(《里仁》)。根据上下语境及表达的基本内容,本章之"知",乃智慧之义,可做"有智慧"讲。根据具体语境看,樊迟问知问仁,可能是将出仕前如何为政的针对性求问,所以孔子也是围绕"居位临民"之紧要智策而答。所以,本章中樊迟所问之"知"与"仁",不是一般意义的,应该是针对"人之生也直"的君子从政如何"知"和怎样"仁"。以此观之,《论语》编纂者确实独运匠心,既紧承上章展开,又潜在地将本章内容与第十九章和第二十章衔接起来,即君子从政如何践履其"人之生也直",使之乐于道。

二

樊迟与孔子之间的两问两答,实实在在讨论了四个问题,这就是智、仁,智与仁的关系,还有就是鬼神问题。

在孔子看来,所谓有知,就是洞察问题的本质,抓住事物的根本,把握行动的关键。以此看出仕当官,其施治的基本对象是民,其本质工作是教化,根本任务是使民有义,因而,通过教化引导民向义,是君子为政的根本智慧。孔子总结具有典范性的子产的治道是"其行己也恭,其事上也敬,其养民也惠,其使民也义"(《公冶长》)。其中"养民也惠,使民也义",就是本章中回答樊迟之问的答案。

君子出仕从政的智慧,就是抓住根本和关键。这个根本和关键,就是施仁。施仁的要义是"养民也惠,使民也义"。养民与使民,前者易后者难,因为养民,是给予,是使其受惠,民基于求利本能自然欣然接受其养并乐意接受其惠,所以养民相对容易。反之,使民也义,这是要民付出,基于本能,要使民自觉地接受使或乐于使,就要困难得多。

樊迟之问,是君子从政的核心问题,它一分二为知与仁。由知到仁,这是由主体认知走向实践操作、由路径到方法的展开过程。君子从政的首要问题是确立施治的方针、格局和方向,这就是"务民之义,敬鬼神而远之";然后确立其行动的路径和方法,这就是"先难而后获"。

"先难而后获"是"先事后得"(《颜渊》)准则的落实方式。但在本章中,"先难而后获"的基本含义,是先养民以惠,然后使民以义。在孔子看来,一个真正以直道为政的君子,其"养民也惠、使民也义"的根本前提,是必须"以德正位"。以德正位的基本方式,是为从政本身有仁。对于行中正直道的君子言,从政就是正己有仁,这是最容易做到的,以己之行正与仁心仁爱仁德去引导、感化民,使之向善趋义,相对要困难些,但这才是真正的仁。

三

本章中,孔子表达了自己的宗教观。人们认为孔子不相信怪力乱神,不信鬼神。这既是对孔子的正确理解,也是对孔子的误解。"敬鬼神而远之"表明孔子既不相信有鬼神的存在,也相信有鬼神的存在。因为"敬鬼神"的前提,是承认有鬼神,否则,就不存在"敬"的问题。

鬼神之于孔子,既信又不信,如何解释?

首先,孔子认为鬼神存在,这是从超验层面讲:信而好古的孔子知道,鬼神观念从人类记忆开始就有了,不仅有记载,而且口耳相传。既然自古以来人们都信它,敬畏它,祭祀它,表明它是自然存在的,因而必须相信这种自然的存在,所以要敬。

其次,孔子又不相信鬼神存在,这是在经验的层面论:因为鬼神超出了人的经验范畴,也超出了自然的范畴。在孔子看来,鬼神既不属于经验所能体察到的,也无法证明自然世界里有其存在。以此观之,即使鬼神存在的话,它也对人的生活和自然界不发生直接关联。因而,对待鬼神的态度,只能是敬而远之。

敬,是不亵渎它。远,是不亲近它,与之保持相当距离。孔子为什么对鬼神采取这种若即若离或不即不离的态度呢?首先,孔子提出对鬼神要"敬",这是基于礼制传统。这一传统是以生活经验为基础,它具体表现为丧礼和祭礼,它们都是古代传下来的礼仪,构成礼的基本组成部分,所以祭祀鬼神构成礼的基本要求。其次,既然祭祀鬼神是礼的基本内容,那就应该毕恭毕敬地行祭祀之礼。

孔子的这种鬼神观,本质上是一种传统的礼仪观。正是因为如此,墨子才批评儒家"执无鬼而学祭礼,是犹无客而学客礼也,是犹无鱼而为鱼罟也"(《墨子·公孟》)。

孔子之所以在不相信鬼神存在的理性认知基础上,又要主张敬鬼神,虔诚地祭祀鬼神,还在于祭祀作为古礼的重要组成部分,构成治邦治民的重要手段和普遍方式。《国语》曰:"祀所以昭孝息民,抚国家,定百姓也。不可以已。""天子亲春禘郊之盛,王后亲缫其服。自公以下,至于庶人,其谁敢不齐肃恭敬,致力于神!民所以摄固者也,若之何其舍之也。"孔子之所以要以"远之"的方式虔诚地"敬鬼神",是因为他坚信祭祀具有"照孝息民,抚国家,定百姓"和摄固民心的普遍治理功能。

进一步讲,孔子之"敬鬼神而远之",既是祭祀所需要的庄严、神圣要求而形成的禁忌,也是相信"皇天无亲""天命自图"的周人灭商后形式上保留了殷人的敬鬼神形式而内心只有祖没有神的文化心理的折射,这是鬼神要在形式上敬而在心理上"远"的文化语境。

第 23 章释义

子曰:"知者乐水,仁者乐山;知者动,仁者静;知者乐,仁者寿。"

[注释]

知者乐水:知,同"智"。乐,喜爱。乐水,水"缘理而行,周流无滞",快乐如水一般灵动流畅,指喜爱流畅无滞的水。

仁者乐山:仁者,凡事存人于心者。乐山,乐于如山般厚重、宁静而生机勃勃,因为山厚重安固,万物生焉。指喜爱厚重、宁静而充满生机的山。

[译文]

孔子说:"有智者喜爱流畅无滞的江河水,仁德者热爱宁静厚重的山峦。有智者善于运动,仁德者乐于安静。有智者追求快乐,仁德者追求长寿。"

[通解]

君子智识建构的起点是知,目的是知其所"知之道",是为求真。求真之知的方向是好,目的是好之所"好之道",不过是人入其心而心生其仁,是为存善。由真而善展开的必为方向是乐,目的是乐其所"乐之道",是为其美。由求真之知到存善之好再到扬美之乐，其知的最高境界，是对知、仁、乐或者真善美何以共生的整体之知。孔子以水和山为喻，揭示求真存善扬美的内在关联性，彰显君子内在人格、气质、个性养成的差异性。

一

知、仁、乐，是孔子学说的核心内容，孔子学说的形上品质，最为集中地蕴含在对知、仁、乐的体认和领悟中。本章讲知与仁，既可看成对上章主题的承接，更可看成对上章主题的拓展。上章讲知与仁，围绕樊迟将仕求问而展开，孔子从君子居位施治当需何智和当何以行仁出发，阐发知与仁。本章应该是孔子将知与仁作为两个基本的学理问题抛出来与众弟子讨论，所以自然要求"乐"的入场。因为孔子返本开新的思想路径是"以仁入礼达乐"，以仁入礼的起点，是"知"；以仁入礼的结果，是"乐"。

"知"通"智"，即智慧、睿智。仁，是心存善意地有他者驻于己心。乐，既指爱好，也指高兴、快乐。孔子以山水喻知仁乐：智慧的人喜欢水，仁德的人热爱山。这是因为智慧尚动，仁德尚静，其尚动尚静方式的敞开，自然结出不同的人生之果：智慧者多快乐，仁德者多长寿。

二

孔子以水喻智，其个中缘理是：水既缘其本性而存在，也缘其本性而运动，这是水"平澹而盈，卑下而居"的本性。止于平，始终是水的特殊存在状态，它是其本性被外力扭曲的存在状态；运动是水的常态，奔流不息，既是水性的畅然，也是水理的张扬。以水喻智，形象地揭示智慧的本性：智慧是思的成果，但首先是思的方式，智慧的生成与运用，都是思的敞开。并且，唯有当思无阻碍地敞开如江河水般畅然奔流不息，才可生智。

水的本性是运动，运动的本质是生，"流水不腐，户枢不蠹"的至理，就是**生生**。流动不息的水，不弃点滴而自成浩大，这就是生生，是**生生之为大**。水，生生不息地自我喧哗，被审美化为快乐。生命亦如是：生命在于运动，因为运动使生命生生不息，浩荡出空谷回响的歌。生命的内在形态是精神，同样因为生生不息的思敞开源源不断的智慧，张扬与生命同在的快乐。

孔子以山喻仁，其个中缘理是：它起于低洼的地平线，因不弃阿土自成其大，更因自身的安固厚重，使风雨生焉，使万物生焉。如果水"平澹而盈，卑下而居"地运动是生，是生生；那么山以其安固厚重使风雨生、使万物广纳和包容，就是得，是**得得之为大**，是大得。德者，得也，得-德相通。仁德者似山，是因为仁德者心地开朗，胸怀广阔，广纳他者，甚至包容异己。仁德者无私，仁德者无伐，仁德者无忧，仁德者无惧，所以，仁德者必如山一般深厚、安泰、宁静、高远、恒常、长寿。

智者如水,其乐,是**生生不息滋养**的乐。智者的快乐,首先是滋养自己,使智慧生生不息,然后如生生不息的流水那样滋养他者。仁者如山,其乐,是**高远宏阔安泰恒常**的乐,首先是"积土成山"的自积之乐,然后是不断成就风雨和万物,使其生于是的快乐。这两种快乐集于一身,就是君子之乐。将这两种快乐集于一体,就是君子之德。进一步看,**水的本性是运动**,山的本性是固守。以水喻智慧、睿智,强调实行、行动。智慧、睿智,其实如水一般始终是行动的体现,或可说是行动实现的产物。与此不同,**山的本性是固守**,其固守以广纳和包容为基本方式。以山喻善待、德行,强调广纳、包容。善待、德行,其实如山一般始终是广纳、包容的体现,或可说是广纳、包容实现的呈示。孔子认为,人要成为君子,必须具备两种品质,即**实行的睿智和坚守的德性**。"就一个人用其'操作的'智慧('知')来实现世界而言,他是创造性的和能动的,好比是流动的、源源不断的活水。就一个有成就的人而言,他是价值和意义的持有者,就像高山一样巍然耸立,天长地久。'仁者'达到的优越性是一种规范,以此影响着世界,成为一种持久的标准和仿效的楷模。"[①]

第 24 章释义

子曰:"齐一变,至于鲁,鲁一变,至于道。"

[注释]

变:变化,变革。指"如果变革"。

至于:影响,到达。

道:有二解,一是先王之道;二是以"以仁入礼"和"由仁而公"为本质规定的中正文道,它是对先王之道的返本开新。根据孔子学说的基本主张和本章的语境,宜从后解。

[译文]

孔子说:"齐国的变革,已达到鲁国的水平。鲁国如果变革,就能走上返本开新的王道。"

---

① [美]郝大维、安乐哲:《孔子哲学思微》,蒋弋为、李志林译,南京,江苏人民出版社 2012 年版,第 34 页。

[通解]

君子以知道为起步,以慕道为展开方式,以乐道为最终目标,必须集江水般的行动力和大山般的广纳与包容品德。前者是变的动力,后者是变中不变的朝向。以此观天下变势,必起于齐鲁。但无论齐变还是鲁变,都体现不变的方向,即必然朝返本开新的王道方向展开,实现"以仁入礼"并"由仁而公"。

从本章记载的内容观,可能是孔子与弟子讨论礼崩乐坏的当世如何返本开新的问题。返本开新,是孔子的历史发展观,也是如何"救宗法世卿之衰"和"补周尚文之弊"①的认知论和方法论。变,就是变化、变革。齐和鲁,是周的封国,齐的开国之君太公姜尚,是武王的国师和军师,其功是帮助武王灭商建周;鲁的开国之君周公,是武王的弟弟姬旦,其功是摄政成王平定内乱和分封建制,实现血缘宗法世袭制度及其礼乐体系,奠定起"周监二代"的典章制度。齐鲁的这一历史渊源使孔子确信:以周公为开国封君的鲁国,应该成为周文明的象征,是当世返本开新的源头活水。孔子以如此的确信来建构起他对鲁的寄托,这种寄托表达其返本开新的理想,并且认为这种理想可能会变成现实。

孔子齐鲁并说,首先是以鲁国为周文明的大本营和最终希望所在。前者基于鲁是周公的封国且周公是周文明的设计和创建者这一历史事实,表明鲁国比齐国更接近王道。由此形成孔子对鲁国的寄托,即在"道术将为天下裂"的乱世,只有传统深厚的鲁国才有率先重建返本开新文明的可能性。

孔子还认为,西周灭亡,东周尚续的必然是天下变革。这种变革的**起步在齐,实现在鲁**。这应该是现实对历史的回应:武王灭商,因为姜太公出山辅助才得成功;周之由建而治并创建盛大文明,全得益于周公摄政。西周灭亡东周重建,其变革之先,仍然发生于齐国,齐桓公在管仲辅助下"尊王攘夷",九合诸侯,一匡天下,达到了鲁文明的程度。下一步必然是鲁国的变革。鲁国一旦变革,必然成功。鲁国变革成功,就是返本开新的王道重建得以实现。孔子对此深信不疑,并为之努力,希望自己成为鲁国的管仲,周公第二。只可惜,历史一直没有给孔子以机会,其根本原因不是周公创建的王道没有用了,汉代不就重建了周公设计的王道吗?根本原因在于王道始终需要暴力才可实现,孔子却是反暴力者,他所希望的"鲁一变,至于道"的理想,只能变成他本人的遗憾。

如果抛开暴力创建王朝秩序的"历史规律"来看孔子王道理想最终沦

---

① 萧公权:《中国政治思想史》上册,北京,商务印书馆 2013 年版,第 75 页。

为历史性遗憾的重要原因,或许是**孔子本人所理想的道,并不是原汁原味的周道**。因为原汁原味的周道,是"以王道为目的,以天道为依据,以民道为手段"的血缘宗法世袭之道。孔子所欲实现的道,是对周道的返本开新,它也是以王道为准则,但是**以人性为依据、以民道为目标、以君子为主导并以"仁、礼、乐"为价值取向**的亲亲之道。

第 25 章释义

子曰:"觚不觚,觚哉? 觚哉?"

[注释]

觚:一种酒具,上圆下方,有棱角,后去棱,改为圆形,命名为"觚"。

不觚:"觚"有寡少义,因为制这种只可二升的小容量酒器,是为戒人贪饮。但时俗沉湎于酒,虽然持觚而饮,亦不寡少,所以觚虽然是觚,但起不到先前的戒酒作用了。因而,觚失其觚了,以此喻礼丧失对人的约束功能亦不是先前的礼。

[译文]

孔子说:"这觚已没有戒酒功能了。丧失戒酒功能的觚,还称得上是觚吗? 还称得上是觚吗?"

[通解]

变,是社会的必然,也是历史的必然。并且,变,一定向前,体现不可逆性。这是从整体讲,具体论之,变,又始终在历史进程中出现多种可能性,所以变也是曲折的,甚至其中有沉沦,有倒退。这是本章与上章之间的内在联系:上章讲齐鲁之变,是从历史发展和返本开新的**必然性**讲,揭示变的理想状态。本章是在讲鲁国的日常之变,呈现历史发展进程的现实性,揭示变的**阵痛性**。上章是宏大述事,讲齐变必然带来鲁变,鲁变必然实现返本开新、以仁入礼和由仁而公的王道。本章则是对宏大历史进程中的细节述事,通过讲述一个具体事物的存在形式与功能方面的分离性变化,揭示历史发展的向前总是由具体生活内容、行为方式、礼仪规范或约束功能的变化所引发,虽然这种变化可能导致许多原本美好的东西的丧失而使人阵痛,但它更预示返本开新之变的迫切性。

觚,是古代一种行礼的酒器,古人制作觚这种酒器的目的,是戒人贪杯,但当人们持觚而饮却沉湎于酒时,其戒的功能就此丧失。孔子见微知著,从一个器物功能的丧失,窥见礼崩乐坏的变局已经开始,将不可阻止。

孔子是以觚喻"礼",礼的形式虽然还存在,人们大小事宜仍然依礼而行,但它已经丧失了序等级、讲尊卑、叙人伦、明秩序的功能。所以,当世还存在的礼,已不是本来的礼。

然而,觚之饮酒功能继续保持而其约束功能丧失这样一种变化所折射出来的意义,还不止于此。在孔子看来,觚之不觚,可能与它的造型不确相关,形式的非确定性,亦可造成内容的不稳定性。这或许是觚之不觚的自身原因,由此观当世流行的礼,同样有此问题:礼崩乐坏的变局产生,与时势相关,与利欲相关,更与"礼"本身的繁缛形式和非规范性相关。或许正是对如上问题的发现,以及对所发现的问题背后的普遍性道理的领悟,成为孔子探求进行返本开新的重建的努力的真正动力。

李零有一种新的猜测,他说:"我怀疑,'觚'也许只是沽的借字,'觚哉!觚哉!',就是《子罕》的'沽'(贾)之哉,是待价而沽的意思。"①李零的猜测,当然可备一说,但结合《论语》编纂的上下语境,或许面对"礼崩乐坏"之大势而生无能为力之感叹,更为符合孔子本义。即上章对鲁寄于变革而至于道的厚望一旦落实于现实,却是"觚非觚"。然而,虽然"觚非觚",对于仁人志士来讲,"君子可逝也,不可陷也;可欺也,不可罔也"(第二十六章)。**君子之为君子,就是在"觚非觚"的境况中,担负起返本开新的重建工作,使"觚为觚"**,因为孔子坚信"齐一变,至于鲁,鲁一变,至于道"的历史必然性。

第 26 章释义

> 宰我问曰:"仁者,虽告之曰'井有仁焉',其从之也。"
> 子曰:"何为其然也? 君子可逝也,不可陷也;可欺也,不可罔也。"

[注释]

井有仁焉:焉,指称"井",意为仁在那井底之中。对于"仁",一种看法是此句有脱字,应在其后加一"者",即"井有仁者";另一种看法认为"仁"同"人",因为心存于人即是仁。但联系上下语境,二解均不当。"井有仁焉",是说井中有待救之人这一事实,对仁者来讲,其仁就在那井底之中。

---

① 李零:《丧家狗:我读〈论语〉》,太原,山西人民出版社 2011 年版,第 138 页。

君子可逝：逝，到……地方去，往。这里做前往井底救人义，指君子基于仁爱可前往救人。

[译文]

宰我以假设方式向孔子问仁，他说："如果有人告诉一个仁者，有人掉入井中，他会跟着进入井中救人吗？"

孔子说："为何要这样呢？君子可以去救人，但不能使自己陷入井中。他可以被欺骗，但不能因此盲目行动。"

[通解]

孔子论齐鲁之变最终必"至于道"，这是一种清晰且深刻的历史认知。现实生活中"觚，不觚"，源于人们认知的倒退或迷失。宰我以假设方式问仁，提出一个尖锐的问题，即仁与知的关系，具体地讲，仁是否来源于知？仁行是否与知相关联？

一

宰我设问，虽然是在问仁与知的关系，但前提须问仁。

仁，是孔学的灵魂，也是君子的神韵，更是"学而"的命脉。 孔门弟子必须学好仁这一课。所以，一部《论语》记载众多弟子问仁，比如颜渊、仲弓、子贡、樊迟、司马牛、子张等人问仁，但孔子对不同弟子之问的回答各不相同。追问形成这种情况的原因，主要源于问者面对具体生活情境产生的关于仁的困境不同，求问的出发点和角度不同。比如樊迟问仁，求解的是如何行仁的方式，孔子回答"先难而后获"（第二十二章），告知其必须如此做的方式。宰我问仁，可能是困于"仁者爱人"的边界与范围，其关注的重心是如何来确定这个边界和范围。

孔子之仁，就是心中有人，或者他人驻扎于己心，凡事考虑他人。在认知的一般层面，"仁者爱人"这个全称判断命题没有任何问题。但当这一全称判断纳入具体生活情境，问题就随即出现，即**"仁者爱人"是有条件的。** 宰我问仁，实际上是问"仁者爱人"有无条件规定性，孔子答之以"君子可逝也，不可陷也；可欺也，不可罔也"，说明"仁者爱人"是有条件要求的。

二

孔子应答宰我的设问，讲出仁者爱人的条件要求性。

以宰我设问的具体情境言，既然仁者是爱人的人，有人掉进了井中，仁者应该无条件地跟进于井中救人。但孔子反对这种做法，因为这样做是盲目的，这种盲目行动可能救出人，也可能使自己陷入井中而无能自救。所以孔子认为，正确的方式应该是：当人陷于井中，仁者可往视之，并可设法救之，但前提是自己"不陷于井"。

孔子之所以认为"仁者爱人"必须有条件限制，是因为仁者爱人必须以自己的存在为前提，更具体言之，就是以自己有能力爱为前提。

有关于以自己的存在为爱人的前提问题，孔子在另外两个地方做了很好的表述：一是"君子不重则不威"（《学而》）；二是"危邦不入，乱邦不居"（《泰伯》）。前者讲君子自重，不只是人格、尊严方面，首先是生命方面：人必须自我尊重生命。后者讲君子自安，不仅是身心安静，首先是生存安全。"君子可逝也，不可陷也"，是说仁者爱人，不能以生命安全和生存安全为代价。仁者爱人的前提是生命安全得到保障和生存不受威胁。以此来看，孔子"君子可逝也，不可陷也"之答，蕴含君子施仁必须遵循两个前提性原则，即君子自重原则和危境不陷原则。

进一步看，面对人陷入井中的境况，"君子可逝而不可陷"的处事原则，揭明君子与利害的关系，并提出一个严峻的问题：君子到底讲不讲利害？孔子对此态度非常明确：君子也讲利害，并且君子必须在利害面前遵循权衡和选择的基本原则。孔子应答仲弓问仁和子贡问仁，实际上分别表明两个基本原则，一是"己所不欲，勿施于人"（《颜渊》）；二是"己欲立而立人，己欲达而达人"（《雍也》）。这两个为仁的原则，是为君子的利害原则。己所不欲，勿施于人，讲的是自利不损人：自己不愿意做的事，一定是对自己不利的事，就不能怂恿他人去做。所以，利己不损人，这是最低的道德。己欲立而立人，己欲达而达人，讲的是利己也利人，即自己想立也帮助别人立，自己想达也帮助别人达。由此不难看出，无论是"己所不欲，勿施于人"之"不欲"与"勿施"，还是"己欲立而立人，己欲达而达人"之"立己"与"立人"，所贯穿的基本取向和原则，是为己取向和利己利人原则。在最终意义上，人，最爱的是自己，最利的也是自己，这是人性使然，也是生命使然。唯有生命存在，一切才存在；唯有人自己存在，才可爱人和利人。这是仁的本质，也是君子的本分。所以"君子可逝也，不可陷也；可欺也，不可罔也"，构成其根本的人性表达和伦理表达。

第 27 章释义

子曰："君子博学于文，约之以礼，亦可以弗畔矣夫。"

[注释]

博学于文：博，本意为大，有丰富、宽广等引义。当将博与学联系，做广泛、普遍、通晓讲。此处的"博"，应为博古、通古义。文，具体指《诗》《书》《礼》等文献，是孔子指导弟子学习的教材；在更宽泛意义上，是指当时的人文学术。

约之以礼：礼，礼仪制度和礼仪文明，前者指行为规范；后者指修养。约之以礼，以礼来约束行为，使之有修养而且有德。

弗畔：畔同叛，意为背。弗畔，即不违背。

[译文]

孔子说："君子以博古通古方式研学《诗》《书》《礼》等典籍文献，然后用礼来规范自己的言行，这样就可做到不违背君子的中正仁道。"

[通解]

君子之道是以仁入礼的中正仁道。君子要具备以仁入礼的中正仁道，需要学而不止。所谓学而不止，即是以**博古通古**的方式通今，以实现返本开新。

——

君子必有道。

君子之道之于心，内聚为仁，其根本呈现方式是有条件地爱人；君子之道之于行，释放为礼，其根本的准则是"可逝也，不可陷也；可欺也，不可罔也"；将前者予以原则化抽象，就是"己所不欲，勿施于人"的道德原则；将后者予以原则化抽象，就是"己欲立而立人，己欲达而达人"的美德原则。

君子如何才能做到德行有道？或者如何才可做到仁道与礼道的统一？对这个问题的澄清，在孔门似乎经历了一场旷日持久的讨论，包括针对性的交流、个别弟子之间的小众讨论或聚集所有弟子的大众讨论。本章内容或许就是广泛讨论所形成的共识：君子必须做到"博学于文，约之以礼"，唯有如此，其生活其行为才"可以弗畔"。

君子"博学于文"，强调研学《诗》《书》《礼》等典籍文章，务必要**博古通古**。博古通古，就是超越时空，既要打开视野，获得深厚的文化积淀，更应形成历史精神，领悟君子的成仁精髓。君子"约之以礼"，强调实行，实行的基本要求是**以古通今**，实现返本开新地守礼；返本开新地守礼的基本准则是说话有依据，行为有规范，唯有如此，才可领悟君子"有礼"的精华。

二

如前所述,本章内容可能是孔子与弟子围绕"君子"问题,分别从仁、礼、学等方面展开广泛讨论所达成的一种共识性总结。在这一共识性总结中,孔子告诉弟子三个方面的内容:

第一,君子之道,就是对仁礼予以中正为本质规定的仁德-公道,即中正仁道和中正礼道,简称中正之道。

第二,君子所成的**中正仁道**,必须通过博古通古的研学得来;君子所成的**中正礼道**,必须通过日常生活践履得来。

第三,对君子来讲,其"博学于文,约之以礼"始终是生成性的生命过程,这个过程敞开的不可逆路径,是"以仁入礼":只有"博学于文",才可"约之以礼";并且,唯有持续不断地"博学于文",才可持之以恒地"约之以礼"。

从根本说,"博学于文,约之以礼",是孔子对"以仁入礼"君子之道的正面表达:君子的以仁入礼之道,就是"博学于文,约之以礼"之道。只要在日常生活中持之以恒地做到"博学于文,约之以礼",就能在任何时候、任何情境下做到不违背"以仁入礼"的君子之道。以此看孔子的"笃信好学,守死善道"(《泰伯》),首先指出君子"弗畔"的是"以仁入礼"之道,这是君子必须终身"死守"的"善道";其次揭示仁与礼的互动生成性:人要能约之以礼,首先需要博学于文。

在本章中,"约之以礼"喻践履、行动;"博学于文"喻认知、思想。从"博学于文"到"约之以礼",揭示"行动、践履始终需要认知、思想引导"的逻辑。反之,学仁引导行为对礼的达成,必然使礼成为动力要求仁者进一步学而,这就是"笃信好学"的逻辑:深信"约以之礼"带来的好处,必然激励君子更加好学。正是仁与礼的互动生成性,促成喜好于内省领悟的颜渊产生"仰之弥高,钻之弥坚,瞻之在前,忽焉在后。夫子循循然善诱人,博我以文,约我以礼。欲罢不能,既竭吾才,如有所立卓尔。虽欲从之,末由也已"(《子罕》)的学境。

第 28 章释义

子见南子,子路不说。
孔子矢之曰:"予所否者,天厌之,天厌之!"

[注释]
南子:宋女,子姓,以南为氏,卫灵公夫人,受卫灵公宠,故能把持朝政。

因有美色,故有淫行,与美男宋朝通奸(见第十六章"不有祝鮀之佞,而有宋朝之美")。

不说:说,通"悦"。指不高兴,含指责夫子见南子之动机不纯、行为不当之义。

矢之:矢,箭,喻"直",有不隐、公开、坦露等义,此处做"发誓"讲,表公开、坦荡、光明正大之义。之,指代"子见南子"事。矢之,指孔子为见卫灵公夫人一事向子路发誓。

所否:所作所为不循其道、不合于礼。

厌之:厌,讨厌、厌恶,此处做"因厌恶而弃绝"讲。之,指孔子自己,犹我。

[译文]

孔子拜见卫灵公夫人南子,子路为此不高兴。

孔子当着子路对天发誓说:"我的所行,如果违礼弃道了,那就让天抛弃我吧!我也一定会遭到天的厌弃!"

[通解]

上章讲君子"博学于文,约之以礼";本章讲君子在任何情境下,都应做到"约之以礼",并指出"约之以礼"应是君子自为。其自为不仅表现在行为上,但首先要驻心灵中,只要心能约之以礼,哪怕表面看来属于违礼的行为,也是合礼由道的。

一

本章内容,记载了孔子游国至卫为求仕走门道的真实经历。《论语》能将此事件收入其中,表明对事实本身的尊重,这种尊重事实本身的态度和做法,表达孔门弟子对夫子及师学的光明磊落。后儒多为此粉饰,甚至不惜篡改。比如朱熹为此注曰:"孔子至卫,南子请见。孔子辞谢,不得已而见之。盖古者仕于其国,有见其君之礼。而子路以孔子见此淫乱之人为辱,故不悦。"(朱熹《四书集注》)朱熹之论,主观目的是掩其丑,以洁圣人形象,但实际效果却是丧孔学本身之光明磊落。邢昺疏曰:"此章孔子屈己……孔子至卫,见此南子,意欲因以说灵公,使行治道故也。"这是符合事实本身之说。

孔子游国,不是为了游学,而是为求治道。基于这一目的,孔子至卫,为能尽早见到卫灵公,以期顺利得到卫灵公赏识而施展返本开新的文道救世之治道,实现"齐一变,至于鲁;鲁一变,至于道",他先拜见了卫灵公夫人南子。卫灵公夫人品行不端,孔子自然知道,但仍然要私下拜见,是因为南子不仅得卫灵公宠,而且还把持卫国朝政。孔子拜见南子是走捷径,与孔子本人赞赏澹台灭明"行不由径"相比,确实有辱君子斯文,这表明孔子行事并不迂腐,更表明君子为谋合道之正事,也可灵活其方式和手段。

二

孔子拜见南子之事,没有想到会引得子路极不高兴,并且批评夫子此行为有违其礼。子路批评夫子,有两个方面的理由:首先,子路在行君子之道上似比孔子更讲原则,认为求仕应该走正道,方可挺身而立,当然这更符合孔子对他们教导的君子之道。孔子批评"祝鮀之佞"和"宋朝之美"(第十六章),主张"谁能出不由户? 何莫由斯道也?"(第十七章)等君子准则已深入子路骨髓。其次,甚爱其师的子路更加考虑孔子的名声问题,子路清楚南子虽然因宠而把持朝政,但南子的淫乱行为为载于道路,所以夫子求官走南子路线,纵然得到官位,也不光彩。因为在子路看来,夫子不只是一普通的求仕当官以扬名乡里者,而是肩负返本开新历史和文化思想学术命脉的人,其留给社会的形象和留给后世的名声,比谋取官职更重要。

子路的批评,其实已使孔子真正意识到了拜见南子的行为确实有欠考虑,但不便于在弟子面前表示悔意,唯有强行争辩道:自己拜见南子的行为,是符合礼的,没有越礼。为了让子路相信并使之消解不悦之气,孔子当着子路对天发誓:"如果我的所为有不合礼的地方,天一定会厌弃我! 我一定会遭受天的厌弃!"这是孔子对天向弟子发重誓:我见南子的行为真的不合于礼,那一定要遭到天谴,使我终身不能通仕途。孔子的重誓,似乎后来得到了应验:孔子游国十四年,终未得用,最后季康子因冉求等孔门弟子的撮合将其迎回国,季康子以及鲁哀公,除了经常来求教治道外,还是没有启用孔子。

孔子一生不得于仕,是孔子自己的誓言发生了作用,还是孔子返本开新、文道救世的理想不合于当世? 这都不重要。重要的是孔子为使子路消解不悦而对天发誓的行为,既体现孔子纯真得如同孩子,也体现子路在孔子生活中的地位:孔子对子路的特别在意,甚至可以使得孔子不顾师道尊严。前者,或许表明孔子心目中的真君子,如同本人那样,不是没有缺点,没有毛病,不犯过失,而是纯正,即真正的情感纯粹,心地亮堂,行事端正。后者,或许使人领悟到真正的师生关系,本质上是孔子与子路之间的友道关系,这是一种无蔽无隔的君子关系和纯直不染的友朋关系。

第29章释义

子曰:"中庸之为德也,其至矣乎! 民鲜久矣。"

[注释]
中庸:中,中正、堂正。庸,本义为日用器物,含有"用""常"等义。
德:道德。
至:极,达到。
鲜:少,稀少。

[译文]
孔子说:"中庸是道德,它至高无上! 但被民众抛弃很久了。"

[通解]
博学于文,是提升认知以修仁,构建德性,为约之以礼提供德性能力;约之以礼,是践行仁,实现德。然而,何为德? 孔子指出,合礼、由道,就是德。更具体地讲,所谓德,就是行中庸;或者,行至于中庸,就是德。这是第二十七章至本章在内容方面的内在逻辑生成关联。

一

本章内容得以完整呈现的关键词有两个:一是中庸,一是德。
先看"德"字,从《学而》至于此,是第六次出现:

曾子曰:"慎终追远,民德归厚矣。"(《学而》)
子曰:"为政以德,譬如北辰,居其所,而众星共之。"(《为政》)
子曰:"道之以政,齐之以德,民免而无耻。道之以德,齐之以礼,有耻且格。"(《为政》)
子曰:"君子怀德,小人怀土。君子怀刑,小人怀惠。"(《里仁》)
子曰:"德不孤,必有邻。"(《雍也》)

如此五章讲述"德"的文字,是从不同角度论"德"的功能、作用。《学而》一章论"德",指出"孝"德只有通过引导民学会"慎终追远",才可对民发生"归厚"的作用和功能。《为政》两章论"德",揭示德对君子治邦的作用:只要君子以正己以正人、正己以正事的方式治理邦国,就一定会产生"众星共之"的"北斗星"效应,民也因此达到"有耻且格"的德境。《里仁》一章讲德,是在揭示君子与小人的根本区别,然后是"德不孤"一章论君子有德,不仅有道,更有同道。概括如上内容,在此之前的五章论德,分别从治民、治邦、为己三个方面讨论了"德"的功能和作用。本章则讨论"德"是什么。孔子说:所谓德,就是中庸。要理解孔子这一明白清晰的判断,须理解中庸。

二

现存文献记载孔子正面论中庸,只见于本章。并且,"中庸之为德也,其至矣乎"这句话,本来浅显明白。但由于时代远久,加之后人的不同诠释,反而造成理解的陌生化。要理解孔子中庸的本原性思想,需要从词源入手。

"中庸"是一复合词,把握其本原语义,须做分拆性理解。

关于"中庸之德"之"庸",后世注疏多解,但主要者有三:一谓"常",比如何晏注"庸,常也。中和可常行之德也"(《论语集解义疏》),邢昺疏曰"庸,常也"(《论语注疏》),朱熹沿之而注"庸,平常也"(朱熹《四书集注》)。二谓"不易",比如程颐认为"不偏之谓中,不易之谓庸"(朱熹《四书集注》)。三谓"用",依据是《说文》解:"庸,用也。从用从庚,庚更事也。易曰:先庚三日。"①联系《说文》释"庸"的完整语义观,以"用"释"庸"者,实欠当。苗夔在《说文声订》中谓"庸字从用,用亦声"。苗氏的解释符合《说文》本义,"用"形"庸"声,表"庸"之义乃"庚"。《易·巽·九五》:"先庚三日,后更三日,吉。"高亨注:"先庚三日为丁日,后更三日为癸日。丁癸二日则吉。"②甲骨"庸"字象(占卜所用之)器物;其后亦指涉(祭祀或庆典)所用的器物或乐器。郭沫若认为"庚"乃有耳可摇的**乐器**(《甲骨文研究·释干支》)。陈初生由此推测:"'庸'之本义恐也是一种乐器,很有可能就是'镛'字的初文。"③陈之推测有其旁证:《诗经·商颂·那》曰:"庸鼓有斁,万舞有奕。"《经典释文》释:"庸,依字作镛,大钟也。"《尔雅·释乐》曰:"大钟谓之镛。"毛传亦曰"大钟曰镛"。由此可初步推定,"庸"之本义乃(占卜、祭祀、庆典所用的)**日用器物**,"用""常"乃"庸"字引申义,是对"庸"的功能发挥描述。

"用""常"既然是"庸"之引申义,朱熹再将"常"释为"平常",离其"日用器物"本义更远了。或许正是基于如此语义直观,刘宝楠才不同意朱熹之

甲骨文"庸"

---

① (东汉)许慎:《说文解字》,长沙,岳麓书社 2006 年版,第 70 页。
② 马如森:《殷墟甲骨文实用字典》,上海,上海大学出版社 2008 年版,第 34 页。
③ 陈初生:《金文字典编纂的继承与发展》,曾宪通主编:《古文字与汉语史论集》,广州,中山大学出版社 2012 年版,第 152 页。

说,认为"古训以庸为常,非平常之谓也"(《论语正义》)。在刘宝楠看来,"常"字更切近"庸"之本义,"平常"更远离"庸"之本义。从词源论,"庸"字虽象"占卜、祭祀或庆典"之器物,但表征的不是具体性的物,而是整体指涉意义上的精神性、神秘性的"东西"。以此观之,"庸"既蕴含超越性、神圣性的"不易":不仅难以轻易达到,也难以任意驾驭,更难以随便利用;更呈现普通性、普遍性倾向;并且,由于这些表征精神性、神秘性的器物作为日用之物(占卜工具、祭祀器皿、庆典乐器)而与人的吉凶祸福、喜怒哀乐相联系,所以它又是"常",即自为地具有不变性、恒存性。要言之,作为象形日常(占卜、祭祀、庆典)器物之"庸",本身会通超越性、神圣性、普通性、普遍性和不变性、恒存性而成为"常"。所以,古人"训以庸为常",是直观领悟到以"庸"所象形的(占卜、祭祀、庆典所用的)日常器物本身发散出三个方面的特征及价值倾向:一是超然的神圣性;二是恒存的不变性;三是广涉的普遍性。杜维明认为这是"庸"字的基本义。① 或许正是在这个意义上,安乐哲、郝大维才将"庸"释为体现"和谐与平衡"的"日用伦常"②。蕴含超然的神圣性、恒存的不变性和广涉的普遍性之"庸"一旦接受"中"之内涵充实和本质定位,必然获得日用伦常的功能。

概括上述,"中庸"之"庸",应该是孔子对德的**功能**定位;"中庸"之"中",应该是孔子对德的**性质**定位。

> 中庸——这是孔子的最高道德标准。"中",折中,无过,也无不及,调和;"庸",平常。孔子拈出这两个字,就表示他的最高道德标准,其实就是折中的和平常的东西。后代的儒家又根据这两个字作了一篇题为"中庸"的文章,西汉人戴圣收入《礼记》,南宋人朱熹又取入《四书》。司马迁说是子思所作,未必可靠。从其文字和内容看,可能是战国至秦的作品,难免不和孔子的"中庸"有相当距离。(引者加粗)③

杨伯峻认为"中庸"一语表示的**"是孔子的最高道德标准"**。杨氏如此判断孔子的"中庸",源于他对"中"和"庸"的理解。杨伯峻释"庸",复述了朱熹的观点;杨伯峻释"中",既抛弃了何晏、邢昺的"中和"说,也抛弃了程、

---

① [美]杜维明:《〈中庸〉洞见》,段德智译,林同奇校,北京,人民出版社2008年版,第19页。

② [美]安乐哲、郝大维:《切中伦常:〈中庸〉的新诠与新译》,彭国翔译,北京,中国社会科学出版社2011年版,第105页。

③ 杨伯峻译注:《论语译注》,北京,中华书局2004年版,第64～65页。

朱"不偏之谓中……中者天下之正道"①论,将"中"定义为"折中,无过,也无不及,调和"②。

杨伯峻如此释"中"义,表面看没有什么问题,但仔细推究,就会发现"折中""调和"与"无过,也无不及"所表达出来的语义倾向以及蕴含的价值诉求有根本不同。"折中""调和"两词蕴含无原则或逾越原则的语义取向;与此相反,"无过,也无不及"却体现"持中"的原则性。将"中"释为"无过,也无不及",接近"中庸之德"的本义;反之,释"中"为"折中""调和",则有违"中庸之德"本义,因为如果这样的话,孔子"中庸之德"的"德",就蕴含折中的、调和的"和稀泥"取向。

杨伯峻将"中"释为"折中""调和",虽广为当世学者认同,并使之成为常识"真理",但不合"中"本义。《说文》释"中"为:"内也。从囗、丨,上下通也。"意为巫通于天人。王筠在《文字蒙求》中解:"中,以囗象四方,以丨界其中央。"唐兰认为"中"乃为氏族社会中的徽帜:在氏族社会,凡遇大事则建"中"以集众(《殷虚文字记》)。

甲骨字"中",乃独体象物字,其"'囗'标示中间。本义是旗帜,借为中,方位名词"。其卜辞义主要有二:"1. 中日,表时间中午。'……中日至郭兮启'。2. 借用作商第十一位王名,中丁。'癸丑卜,贞:王宾中丁奭妣癸,中亡尤。'"③胡念耕根据河南汲县山彪镇战国墓出土的水陆攻战纹铜鉴上所铸的旗鼓形状,以证实《殷虚书契前编》六、二、三中所摹甲骨"中"字,乃古战场中王公将帅用以指挥作战的旗鼓合体物之象形:"古时每逢大事,君王必建旗击鼓致民,而君王必立'中'位以号令指挥,久而久之,推而广之,'中'就表示一切之中,就象征君位所在。"④所以,"中"者,表中间、位中、正中、中正、正等义。

从文字形态结构观,"中"字如同"庸"字,亦象物之形,本义指物(旗帜),但同样既表方位、取向,也表抽象的精神、力量、信念,包括地位、权力,象征至高无上。但无论表征什么,本质语义是**正**,即**正处中央**(中间)的**正位、正中**,表**中正**。《论语》"尔舜,天之历数在尔躬,允执其中"(《尧曰》)和"政者正也,子帅以正,孰敢不正"(《颜渊》),应该是孔子对"中庸之德"之"中"正的最好诠释。而"允执厥中"(《尚书·大禹谟》)、"中听狱之两辞"

甲骨文"中"

---

① (南宋)朱熹:《四书集注》,长沙,岳麓书社 1995 年版,第 130 页。

② 杨伯峻译注:《论语译注》,北京,中华书局 2004 年版,第 64 页。

③ 马如森:《殷墟甲骨文实用字典》,上海,上海大学出版社 2008 年版,第 20 页。

④ 胡念耕:《孔子"中庸"新解》,《社会科学战线》1997 年第 1 期。

(《尚书·吕刑》)、"王来绍上帝,自服于土中"(《尚书·召诰》),其"中"俱为"正",并构成"中庸"的思想来源。

三

一部《论语》,记载孔子直接论"中庸"的文字,只此一处。所以,"中庸之德"成为孔子正面思考和阐发"中庸"道德的绝唱。却不能以此判断孔子生平只论过一次中庸问题。联系上下文,中庸既然成为"至矣乎"之"德",对于祈望通过以调理"人的内心生活"来实现"社会秩序重建"为己任的孔子来讲,道德成为他思考中最紧要的问题,并且有可能成为与弟子交流最频繁、最深刻的问题。以此推测,"中庸之德"一章内容,可能是孔子与弟子们反复研讨、论辩"中庸"问题所形成的成熟思想的提炼性总结和简要概括。弟子们记下夫子充满深邃和冷静、批判与失望的道德判断,或可成为后世理解孔子道德哲学和伦理世界的真正入口,因为它从三个层面阐述了人间道德的基本问题:

> 定义:中庸之为德。
> 判断:中庸之德蕴含至高要求。
> 评价:中庸之德被遗忘很久了。

下面将依次分析其定义、判断,以还原孔子"中庸之为德"的基本思想。

第一,中庸是道德。

"中庸"一章,共三句话,第一句"中庸之为德也",是孔子对"中庸"的定义。孔子用"德"定义中庸,意在于对两个正相关问题的解决。首先解决"中庸是什么"的问题:中庸属于"德"的范畴,既可理解为"中庸是德的",也可理解为"中庸作为德"。其次解答"德是什么"的问题:德也应该是中庸的,或者,**德应以中庸为准则**,这或许是杨伯峻将"中庸"理解为"是孔子的最高道德标准"的理由,也可能是黄克剑等人将"中庸之为德"译成"中庸作为一种道德准则"[1]的考虑。

首先,"中庸作为德"是最切近"中庸之为德"本意的正面表述:

> 先生说:"中庸之德,可算是至极了!"[2]
> 孔子说:"中庸作为仁德,是最高的了。"[3]

---

① 黄克剑:《论语疏解》,北京,中国人民大学出版社 2014 年版,第 122 页。
② 钱穆:《论语新解》,北京,生活·读书·新知三联书店 2016 年版,第 149 页。
③ 李泽厚:《论语今读》,北京,生活·读书·新知三联书店 2012 年版,第 201 页。

钱穆、李泽厚对"中庸之德"的翻译,切近孔子原意。比较言之,钱穆的翻译最大程度地保持原意。正确理解"中庸之德"有三个关节点:一是"中庸"概念的语义定位;二是"之"的理解;三是"德"的定义。有关"中庸"概念的本原含义及引申义,前面已做讨论。"之"字在古汉语中兼有助词和代词功能。在"中庸之德"中,"之"显然不是助词,应该是代词,并特殊地指代系动词"是"。为避免引来歧义,钱穆不译"之",显出委婉和典雅。李泽厚将"之"译为"作为",比译成"是"更柔和。将"之"译为"是",则更直截了当地使语义明朗。但就实质言,钱、李二位的翻译,都译出了"**中庸是德**"的本原语义。

钱穆新解《论语》,深得孔子思想精微,故对"中庸之为德也"以不译的方式译为"中庸之德"。因为孔子之"德"内涵博大精深,既包括以"仁"为内核的德性,更指以"礼"为规范的德行,还包括以"礼"为规范的德行施于家所形成的"孝弟"和以"礼"为规范的德行施之社会的"忠恕",并诉诸"公道"。所以,以不译"德"义的方式保持了"中庸之为德"之"德"的**完整**内涵。比较言之,李泽厚将"德"译为"仁德",却缩小了"中庸之德"中"德"的含义,因为孔子之"德",是以修仁为起步、以礼为规范并以成仁为归宿。"子曰:'克己复礼为仁。一日克己复礼,天下归仁焉。'"(《颜渊》)李氏将"德"译为"仁德",重在于强调德的本质规定。

其次,"德应以中庸为准则"是最切近"中庸之为德"本意的反面表述。要理解此,须从德本身入手。

仅范围论,孔子之"德"包含道德和美德两个方面,并分别为其确立"己所不欲,勿施于人"(《颜渊》)的道德原则和"己欲立而立人,己欲达而达人"(《雍也》)的美德原则。相对他者言,美德是**助益**(他者),所以讲舍利执爱;道德是**不损**(他者),所以讲权责对等。比如乘公交,排队上车,依序选座,有则坐之,无则站之,是道德的;拥挤上车抢座,是不道德行为。将座位让给需要帮助的人,是美德;不让座者,可能不美德,但不能说其无道德。道德和美德都相对于他者构成的"具体情景生活关系"言,美德以**关爱**为取向,道德以**规矩**为准则。所以,**美德不求持中,道德必求持中**。以此观之,孔子"中庸之德"的"德",实指道德。

仅一般论,人们看待或讨论道德,往往着眼功能。从功能入手审视道德,或可从三个方面揭示道德是什么。首先,道德是(体现利害取向的行为及结果的)评价尺度、标准、准则(可简括为"道德标准");其次,道德是理性(权衡与选择利害取向)的行为或方式;最后,道德是(行为结果体现出来的)价值事实。

具有如上功能取向的道德观,既可能生成良德,也可能造就恶德。正是基于这种两可性,孔子才认为,天下有道无道,并不取决于道①,而在于德。因为"德"是人"为道"或"不为道"的分水岭。良德,可以引导人追随道、持守道;恶德,却刺激人抛弃道、远离道。孔子思考当世之所以"邦无道",是因为滋生或纵容"邪说暴行"的恶德主导其道。基于这一判断,孔子认为在道术分裂、礼乐崩坏的当世,重建社会秩序并调理"个人内心生活"的根本前提,是重建良德,驱逐恶德。这就必须正视"性相近也,习相远也"(《阳货》)的人性和"周监于二代,郁郁乎文哉"(《八佾》)的传统,即以人性为依据再造传统。基于这一质朴认知,孔子考信古代文明发展演变的历史,认为再造传统的必然道路是"以仁入礼":用当世所需之"仁"再造传统之"礼",其依据和准则只能是体现不变的恒存性和普遍性的正。以不变的恒存性和普遍性的正为依据和准则,培育当世之仁去再造传统之礼,就形成(能够调节个人内心生活和重建社会秩序的)道德。从本质论,这种道德就是**中正**的道德;从历史观,这种道德就是**君子**道德;从普遍性讲,这种道德就是**日用伦常**。因而,"中庸之德"亦可做如下正反翻译:

正面翻译:(任何形式的)中正(言行都)是(良)德。简言之:**中正是道德**。

反面翻译:(任何具体形式和言行的良)德都体现中正。简言之,**道德必中正**。

第二,中庸之德蕴含至高要求性。

从逻辑论,"中正是道德"和"道德必中正"从正反两个方面构成"中庸之德"的本质语义,是因为"中庸之德"是一**全称**判断。这一全称判断蕴含两个方面的语义内涵:首先,中庸作为一种道德,既体现普遍性,也体现恒常性;其次,中庸应贯通于一切形式的道德之中,或者,所有形式或领域的道德,都应以中庸为准则。以此观之,"中庸之德"应该是孔子以此表达他自己的道德理想:一是只有真正体现普遍性、恒常性的道德,才是重建当世社会秩序所需要的道德(即良德)。中庸体现了普遍性和恒常性,所以中庸可以作为道德(即良德)。二是体现普遍性和恒常性的道德,呈现其至高要求性。中庸体现了普遍性和恒常性,所以中庸亦蕴含至高要求性。

① 孔子此一观点的集中表述是"人能弘道,非道弘人"(《卫灵公》),后来为《中庸》所阐发,即"道不远人,人之为道而远人,不可以为道"。

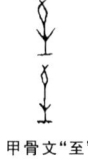

甲骨文"至"

"中庸蕴含至高要求性"，这是孔子的本意吗？《说文解字》解："至，鸟飞从高下至地也。从一，一犹地也。象形。不上去而至下来也。"意为"从……到……地方"，蕴含极限、边界。甲骨"至"，乃合体象形字。从矢、从一，"一"乃矢中之目标，"矢"字象箭射中之形。"至"之卜辞本义是"到"，比如"王至丧"。[①] 甲骨解"至"为"到"，蕴含"极""最"，具有边界、极致等义。综合上述，所谓"至"，就是**到达目的，抵达边界**，或达到极境，**不可逾越**；一旦逾越，就沦为反面。这是"中庸之德也，其至矣乎！"之"至"蕴含"至高"语义内涵的词源依据。"中庸"之为日用伦常，是持中、持正；并且，蕴含**中正**之内在规定性的中庸，一旦运用于日常生活，必然呈现为一种**不损**的行为规则。以中正之内在规定和不损之行为准则为双重规范的中庸，之于人的日常生活是既不可违背，也不可逾越；一旦违背或逾越，就沦为反面，成为不道德或反道德。

在"中庸之为德矣，其至矣乎"中，孔子做了两个精彩而严谨的普世性判断：

第一个普世性判断：(体现普遍性诉求的)道德具有不可轻慢、不可违背、不可逾越，更不可侵犯的至高要求性。反之，一旦这种要求性被消解或被取消，人就可能轻慢或违背它而变得轻浮，也可能逾越或侵犯它而行为无德，如果这类行为无阻碍地扩张开去，社会就会无序，文明就会被解构。

要理解这一普世性判断，需要解决一个隐含性问题，即孔子为什么认为道德之于人(以及社会)具有至高要求呢？这需要从功能和性质两个方面对道德做整全理解。

从性质入手，能够调整个人生活和建构维护社会秩序的道德，只能是体现以共同人性要求和普遍自由限度为内在规定的道德，只有这种性质的道德，才成为日用伦常。从功能入手，所谓道德，就是对充满利害取向的人际关系予以权衡和选择的判断尺度、行为方式及价值事实。将性质和功能予以整合，就形成整全性的三维意义指向，这就是作为品质、作为规范、作为行为敞开状态及结果的道德。在孔子的道德世界里，作为品质的道德可用"仁"(或"仁德")来统摄；作为规范的道德，则用"礼"(或"礼法")来统摄；作为行为敞开及结果的道德，则用"公"(即"公道")来指称。在孔子看来，完整的道德，就是三者的统一。使此三者统一的那个东西就是"中庸"，其中正的内在规定性和**不损**的外在行为准则，使它获得统摄和贯穿"仁""礼""公"的功能。所以，"中庸"成为统摄"仁""礼""公"的伦理概念，因为心中

---

① （东汉）许慎：《说文解字》，长沙，岳麓书社2006年版，第253页。

有仁而行为缺乏规范,很难有德;反之,心中无仁则根本不可能有对礼的要求和行为的自我约束。所以,**修仁习礼**才是道德的前提;并且,修仁习礼必落实到行为上来,做事为人正(方正、中正)才是道德的实现。概言之,"中庸之德"之所以具有其至高要求性,是因为它是**修**、**习**、**行**的真正统一。

第二个普世性判断:人人必须遵守并人人愿意遵守的道德,必然是具有普遍性功能的道德。凡体现普遍性功能的道德,既要接受中正的内在规定,更要以不损为行为准则,这是中庸何以对道德提出至高要求性的另一原因。

四

"中庸之德"是日用伦常,它的功用有二:一是调节个人生活,一是构建或维护社会秩序。

就个人言,其生活敞开为心灵-情感性生活和劳作-功利性生活,中庸对个人心灵-情感性生活的调节,重在于**心正**;中庸对个人劳作-功利性生活的调节,重在于**行正**。但无论心正还是行正,都必须心中有人。心中有人,就是仁;心中有人,既是明性情有限度,也是讲利义有德性。

仅社会论,其秩序建构主要涉及社会规范和社会精神两个领域,中庸可为其提供彬彬有礼和彬彬有理的规训引导,一是家庭血缘孝弟:"其为人也孝弟,而好犯上者,鲜矣。不好犯上,而好作乱者,未之有也。君子务本,本立而道生。孝弟也者,其为仁之本与?"(《学而》)二是邦国治政规范:"季康子问政于孔子。孔子对曰:'政者正也,子帅以正,孰敢不正。'"(《颜渊》)"齐景公问政于孔子。孔子对曰:'君君,臣臣,父父,子子。'"(《颜渊》)三是人际交往准则:"恭、宽、信、敏、惠。恭则不侮,宽则得众,信则人任焉,敏则有功,惠则足以使人。"(《阳货》)四是对民的规范:"中庸之人,平常人也。中庸之道,为中庸之人所易行。中庸之德,为中庸之人所易具。故**中庸之德,乃民德**。其所以为至者,言其**至广至大**、**至平至易**,至可宝贵,而非至高难能。而今之民则鲜有此德久矣,此孔子叹风俗之败坏。"①

作为日用伦常的中庸,调节个人生活和建构、维护社会秩序,是实现人伦世界不可或缺的两个方面,维持并强化这两个方面,使之互为护卫的内在造血机制及凝聚力量,就是正(方正、中正)之道德准则。如上两个方面中任一方面出现问题,都会影响另一方面,并促使它发生改变;并且,任一方面出现问题,都可能是作为日用伦常的"中庸之德"丧失其"正"和"不损"之内外准则所致。

---

① 钱穆:《论语新解》,北京,生活·读书·新知三联书店 2016 年版,第 148~149 页。

　　这就涉及更为根本的问题,即人人遵守的日用伦常为什么必须以"正"和"不损"为准则? 对这个问题的正视,必然将最隐秘的道德本质从"中庸"中突现出来,这就是**利害**。"利害"思想不仅贯穿于孔子"以仁入礼"的思考中,也构成孔子"爱有差等"的伦理原理和"己所不欲,勿施于人"的道德原则的内在规定性。然而,无论是"以仁入礼"的探索进路,还是"爱有差等"原理和"己所不欲,勿施于人"原则,其得以生成建构的思想依据都是"中庸",因为道德不是产生于个人的自足存在,而是产生于个人对群体性、社会性生存的需要。首先,人作为弱小个体,要得存在和生存,必须与他人互助智-力:"为了自保,为了享受幸福,与一些具有与他同样的欲望、同样厌恶的人同住在社会中。因为道德学将向他指明,为了使自己幸福,就必须为自己的幸福所需要的别人的幸福而工作;它将向他证明,在所有的东西中,人最需要的东西乃是人。"(霍尔巴赫)①其次,人是需要资源滋养才能存活的个体生命,但所需要的资源只能靠劳动才可获得,劳动却需要付出,所以人人几乎本能地渴望少付出多获得或不付出而获得,由此必然产生争夺。最后,这种性质的争夺激发人们对平等地、不伤害地、有尊严地生活的需要比物质资源的需要更根本、更迫切。为解决这三个方面的生存需要,人类通过艰难试误而被迫抛弃自然状态下人人"有权如此"的丛林法则,尝试建构并遵从人人"只能如此"的人文法则。在孔子看来,这一人文法则的成熟形式就是以正为本质规定的"中庸之德",它展示孔子对道德本质的深刻理解和定位:道德的本质是利害。正是基于利害,孔子才提出做人必须"先事后得"(《颜渊》);为政必须"不在其位,不谋其政"(《宪问》)。无论民还是邦国君主、士大夫、贵族,其日常生活有道德的行为要求是对具体利害关系的权衡与取舍,其权衡和取舍的依据,是中庸;其权衡和取舍的准则,是体现共同人性要求和普遍自由限度的**正**和**不损**。中庸成为日用伦常,既是其**自正的**准则,同时也是**不损他的**准则。中庸,本义是正,即方正、中正,引申为中道。在日常生活中,面对具体的利害持守中庸,就是**以正为准则**建构己他利害的最佳平衡,即既不损人也不损己的平衡,或既利己也利人的平衡,实现己他两利最大化或己他两害最小化,这是人人的本能渴望,也是人人乐意实现的。

　　以此观之,日用伦常的道德,就是日常生活持守(即运用)"中"道。在日常生活中持守"中"道,是人人必须做到的,亦是人人不能违反的,这是人之为人的底线,但又是神圣不可侵犯的至高规训。然而,人,始终是个体生

---

　　① 周辅成:《西方伦理学名著选辑》下册,北京,商务印书馆1996年版,第89页。

存者；并且，权力和财富相对个体生存者言，始终呈（实际的或想象的）匮乏取向。由此两个方面一旦形成合力，人人必守的日用伦常必然遭受严峻挑战。孔子所生活的当世，人人必为的"中"道在"邪说"和"暴行"横行中遭受了解构，所以孔子为此叹惜：虽然"中庸之为德也，其至矣乎"，但"民鲜久矣"。

孔子所陈述的"中庸之德""民鲜久矣"这一事实的形成或许具有两可性：或者长久以来，民大都缺乏"持守中正"的日用伦常意识和能力；或者民丧失"持守中正"的日用伦常已经很久了。但根据孔子对"尧"的崇敬，以及终身返本开新以"从周"志愿和"克己复礼"努力等方面看，后者更符合孔子对此问题思考所得出"民鲜久矣"的判断。

民何以会很久以前就丧失"持守中正"的日用伦常？这是孔子终身求解的问题。他面对频仍的争夺及"邪说""暴行"，首先发现礼崩乐坏，其次发现造成礼崩乐坏的原因是人心被利欲所绑架，然后追溯"性相近也，习相远也"（《阳货》）的人性根源，不得不正视天赋人性并不能自然地成善，它一旦为利欲所虏掠，必然成为礼乐崩坏的最终动因。基于此一质朴体认，孔子对人性向善持一种**谨慎的**怀疑。在他看来，能够使人性向善的光明大道是**学而修仁**，这一过程就是将天赋人人的"中正"**意愿**变成日常生活的"中道"规范（即礼），其行为表征，就是中庸的日用伦常化。

五

在孔子道德学说中，其"中庸之德"根源于中正之道，其中正之道表征为中庸之德。孔子之"中庸"是德与道的统一，这种统一落实在对社会秩序重建的方案设计上，就是以仁入礼成乐，或者由仁（仁德）而礼为公（公道）。

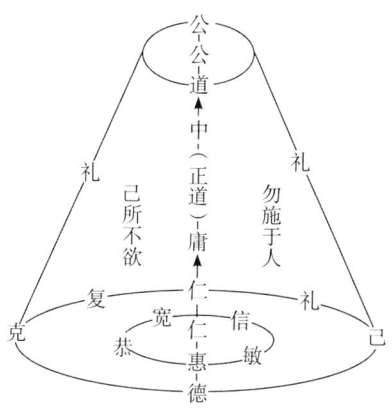

图 6-1　孔子中庸道德体系

清代黄以恭在《爱经居杂著》中说：夫子之论仁，不外中庸。黄氏斯言，甚合孔子本意。道德始终属人,是人对他者(人和物)的需要而建构的个人准则、行为规范及达到"合意"与"共赢"的价值事实、意义状态。这里的"合意",从哲学论,指"目的的合目的性";从心理学论,指目的对动机的吻合,或曰动机指向目的的实现;从主体观,指合个人准则。这里的"共赢"相对己他言有正反两个方面要求:从反面讲,是不损,即既不损己,也不损人;从正面论,是互惠,即在具体生活情境关系中,己他共利或己他互利。道德就是在具体生活情境中己与他必然发生(直接或间接)关联时,行为主体必须追求"合意"并实现"共赢"。所以,在具体生活情境关系中,道德既关联起点与目标、动机与目的,更关联主体与客体。在孔子"中庸之德"的世界里,道德所关联的主体,必须据仁并表现为仁德;道德指向客体达成目的,必然实现其公而张扬公道。

孔子的"中庸"思想,是以"仁"为逻辑起点指向"公",讨论孔子"中庸之德",必须在解决"中庸之德"的自身定位基础上,首先考察"仁"。

孔子论仁,从三个层面展开:首先讨论仁是什么。孔子对此予以概括:"子张问仁于孔子,孔子曰:'能行五者于天下,为仁矣。'请问之。曰:'恭、宽、信、敏、惠。恭则不侮,宽则得众,信则人任焉,敏则有功,惠则足以使人。'"(《阳货》)恭、宽、信、敏、惠之足以使人成人,因为此五者构筑起人作为道德主体的内在品德、德性。其次,从不同角度入手探讨仁的主体性展开及日常表现。"颜渊问仁。子曰:'克己复礼为仁。'"(《颜渊》)"樊迟问仁。子曰:'爱人。'"(《颜渊》)"樊迟问仁。子曰:'居处恭,执事敬,与人忠,虽之夷狄,不可弃也。'"(《子路》)"子曰:'人之过也,各于其党。观过,斯知仁矣!'"(《里仁》)"子曰:'富与贵,是人之所欲也,不以其道得之,不处也。贫与贱,是人之所恶也,不以其道得之,不去也。君子去仁,恶乎成名?君子无终食之间违仁,造次必于是,颠沛必于是。'"(《里仁》)最后,讨论仁的形成。孔子认为虽然"性相近",但仁只能是后天修为所成,所以孔子特别强调"学而时习之,不亦说乎?有朋自远方来,不亦乐乎?人不知而不愠,不亦君子乎"?(《学而》)。

概言之,孔子仁学由三部分构成:一是品德或德性,它通过定义仁及构成而形成,仁即人的品德、德性,其基本构成是恭、宽、信、敏、惠;二是修仁,只有发自内心需要地"学而",才可涵养品德和德性,或曰,只有通过学而且习,才是修养仁性、仁心、仁情、仁爱而生成中庸品德、德性;三是成仁,即日常生活"温、良、恭、俭、让"(《学而》),具体言之,就是克己、爱人、慎言、谦恭、观过、以义取利。

在孔子仁学中,修仁是"仁"的主体性建构,是个人作为道德主体的品德的养成,德性的具备;成仁是"仁"的行为展开,是个体作为道德主体践行仁的成功体现,这就是仁德,仁德是对仁的实现。所以,学而、品德、仁德,此三者既构成孔子仁学的基本框架,亦构成孔子之"仁"动态生成敞开的三维。

进一步论,孔子论仁,是在论道德的主体性建构。在孔子看来,作为日用伦常的道德主体性建构,是一个动态敞开的生成过程,并且还是一个从**修仁**(知德)到**成仁**(行德)的社会化过程,个人通过自我修养德性、内生品德到外化践行生成仁德,必然指向他者,实现公,产生公道,形成良性的社会性影响,又回返自身构成"学而"向前、修行不止的外在推动力量。

对个体言,"学而"修仁得仁,这是品德、德性的养成,人由此成为道德主体。人"学而"修仁得仁的真正意义,是使自己有资质和能力释放成人本性,这就是行仁。行仁的实质体现是**成仁**,即自我节制,以义取利,方向明确地成就仁性、仁心、仁情、仁爱。以自制行为去践行仁性、仁心、仁情、仁爱而努力结下的果实,对个人言是实现仁德,对社会言则达成公道。进一步论,对道德主体践行仁、实现仁德、达成公道的抽象表述,就是**"成己达人"**的修治,它的前提条件是克己。孔子认为,克己必须复礼(《颜渊》),只有通过克制野性利欲来恢复良好社会秩序和安心生活所需要的礼仪(即规范),德性才可养成,行为才体现仁德;如果人人意愿这样做并人人能如此做到,自然公道天下。

孔子之仁必然指向礼,于是修德性、行仁德、达公道,需要克己复礼。"克己复礼"是孔子"以仁入礼"的必为方式,它从根本上解决个人修德性、行仁德、达公道的核心问题,既是个人与社会的关系问题,也是"中庸之德"与"中正之道"的关系问题,将此二者合起来,就是"中庸之德"和"中正之道"达于统一何以可能的主体机制和社会机制。这个将个体和社会融为一体的道德机制,是礼,即恢复社会良秩和安顿个人内心生活所需要的共守规范。做到凡是不符合共守规范的色、乐、观念、利欲"勿视""勿听""勿言""勿动",就是仁;做到凡是符合共守规范的一切人事,都努力为之并产生良好效果,就是仁德。

"克己复礼"一语一直为今人病诉,是因为今人以曲解方式将自以为是的观念强加于孔子,认为孔子所倡导的"克己复礼"之礼就是原封不动的周礼,这种曲解的依据是孔子自道"述而不作,信而好古"(《述而》)和"周监于二代,郁郁乎文哉,吾从周"(《八佾》)。回归历史语境,孔子从周文明始,并不是照搬周文明,而是要做返本开新的功夫。对孔子来讲,返本开新的基本准则是损益:"殷因于夏礼,所损益,可知也。周因于殷礼,所损益,可知也。其或继周者,虽百世,可知也。"(《为政》)孔子认为,损益,乃历史向前的法则。只有掌握了这一历史法则,才可以反观历史的经验与教训,也可以瞻望和预知未来,更可以准确地把握现实。

然而,如何才能辨别和判断所因革的历史内容是真正需要损益的内容呢?或者,能够正确地运用"损益"法则的依据是什么呢?孔子认为,**这个依据就是中庸**:只有**中正之道**才有资格构成因革法则的内在依据;也只有体现中正之道的传统、文明,才是需要承传和创新的历史内容。这是因为它经历了历史的检验,真正构成"周监乎二代,郁郁乎文哉"的内在灵魂和原动力机制:

> 汤执中,立贤无方。(《孟子·离娄下》)
>
> 汝分猷念以相从,各设中于乃心。(《商书·盘庚中》)
>
> 浚哲文明,温恭允塞,玄德升闻,乃命以位。(《虞书·舜典》)
>
> 皋陶曰:"宽而栗,柔而立,愿而恭,乱而敬,扰而毅,直而温,简而廉,刚而塞,强而义。彰厥有常,吉哉!(《虞书·皋陶谟》)
>
> 曰若稽古,帝尧曰放勋,钦、明、文、思、安安,允恭克让,光被四表,格于上下。克明俊德,以亲九族。九族既睦,平章百姓。百姓昭明,协和万邦。黎民于变时雍。(《虞书·尧典》)

中正之道是"中庸之德"的本质规定,是生成"中庸之德"思想并建构"中庸之德"理论的原动力机制,也是"中庸之德"思想及理论指导个人生活和重建社会秩序的规范原则。更具体地讲,"中庸之德"蕴含个人和社会"克己复礼归仁"的行为规范原则,这就是"己所不欲,勿施于人"(《颜渊》)。这一行为规范原则的内在规定是"中正",这一行为规范原则的外在规范是"不损"。

第30章释义

子贡曰:"如有博施于民,而能济众,何如?可谓仁乎?"

子曰:"何事于仁,必也圣乎!尧舜其犹病诸!夫仁者,己欲立而立人,己欲达而达人。能近取譬,可谓仁之方也已。"

[注释]

博施于民,而能济众:博,广泛地,普遍地。施,给予,即施惠。济,求助,惠济。"施"与"济"都属于"惠",但对象不同,性质也不同。"施"之对象是所有的民,是全体,所以用"博"来定义,结合上下语境,"博"者实指治邦安国言,博施之所惠,属于**基本的富民之策**。与此不同,"济"之对象是特殊的民,是个别,并济之使其达到"众民"的生存状态。所以,济之所惠者,是社会治理的**福利政策**,属于抚恤范畴,是特殊的照顾。

何事于仁:事,止、仅;何事,何止。意为"博施于民"的富民政策和"而能济众"的福利制度,超越仁的范畴。

尧舜其犹病诸:病,本义是身体出现故障,此处喻指缺点,或有所不足、不完善。指尧舜所治的社会也不完美,仍然存在不足,未达到"博施于民,而能济众"之境。

近取譬:近,就近,身旁。譬,比喻、比方。指切近己身之事取譬相喻,或曰以己所欲,譬之他人。

仁之方:方,方法、艺术。指修养仁心获得仁德的方法。

[译文]

子贡问孔子说:"为政治理既能做到施惠于全民,又能济扶每个贫困者,这样的人怎样?能称得上仁人吗?"

孔子说:"这何止于仁人啊,能够做到这种境界的人,一定是圣人了。以'博施于民而能济民'为标准衡量,哪怕尧舜,也远没有做到。所谓仁人,就是要做到自己想有所成就时,也帮助别人有所成就,自己想得到利益,也帮助别人得到利益。从自身做起,然后推己及人,这既是修养仁心的方法,也是践履仁德的路径。"

[通解]

上章是孔子正面阐述道德,道德求中,道德的本质是中道,是因为道德以利害为中心,讲权衡和取舍,所求达到的最低结果是实现己利不损人,其基本要求是利己亦利人。利己不损人或利己亦利人,是心中有人,所以中庸之德是仁,并且是惠及众民的基本的仁。孔子认为,以此为基础的更高的仁,应该是"己欲立而立人,己欲达而达人"之仁。

一

第二十二章樊迟问仁,是因为将出仕时不知如何做方可为仁,所以孔子告知以"先难而后获"。本章子贡问仁,是要为自己成为真正意义上的君子而明确仁的水准和境界,所以他提出假设:假如做到博施于民同时还能济扶所有的贫困者,这算不算是君子所应该追求达到的仁境?孔子回答说这是仁之过,并且告诉子贡两点:第一,超过仁的那种行为以及其行为达到的境界,被称为圣;第二,这种逾仁的行为及境界,古今未曾有见。然后,孔子给出自己对仁的理解:所谓仁,就是自己想立,也帮助别人立;自己想达到,也帮助别人达到。这一立己立人、达己达人的基本方法,就是**推己及人**,即以己之所欲譬之他人。

由此,孔子之"仁"的整体图景得到呈现:在孔子看来,仁客观地存在三个维度,也由此产生三步阶梯,形成三种境界。

第一个维度的仁,是众民之仁,它**以求利为动机**,以利己不损人为目的。其行为表现出来的基本伦理,是道德。必须遵守的行为准则,是**己所不欲,勿施于人**。

第二个维度的仁,是君子之仁,它**以义为动机**,以利民利国为目的。其行为表现出来的基本伦理,是美德。应该遵循的行为准则,是**己欲立而立人,己欲达而达人**。

第三个维度的仁,是圣人之仁,它**以富天下**和**福天下为目的**。其行为表现出来的基本伦理,是圣德。应该遵循的行为准则,是**博施于民,而能济众**。

但孔子认为,以利为导向的道德之仁,是基本的仁,也是众民之仁,小人和君子也同样必须遵守这种基本的仁。以义为导向的美德之仁,是高尚的仁,它属于君子之仁。在孔子看来,这种以义为导向的仁,不能要求众民,是君子与小人的分水岭。至于圣德之仁,孔子认为古往今来不可见,所以,这种仁,更有可能只是一种理想,或者一种假设。

二

本章通过子贡与孔子问答,不仅讲述清楚了什么是君子之仁,而且还指出君子成仁和君子行仁的方法和原则。孔子告诉子贡,以己所欲譬之他人,既是仁的方法,也是仁的原则。但这仅仅是仁的正面方法和原则;除此之外,还有仁的反面方法和原则,这就是以己不欲譬之他人:"仲弓问仁。子曰:'出门如见大宾,使民如承大祭,己所不欲,勿施于人,在邦无怨,在家无怨。'"(《颜渊》)己之"欲"或"不欲",都应推己于人,这就是仁,或者说这是仁的正反两个方面,只有这正反两个方面合起来,才形成"仁"的全体。

对孔子来讲,这种全体的仁,也仅从仁的实现角度定义,从仁的条件构成角度讲,仁就是爱人。所以,所谓仁,就是推己及人。推己及人,指既将己之所欲推之于人,又将己不欲推之于人。因而,仁之于人,既是不损,也是共赢或互惠。在这个意义上,**仁的生存本质是利;仁的行动本质是不损或共赢**。

　　孔子针对子贡所假设的仁而提出不同的观点,源于他是一位经验主义思想家,从历史经验和生活经验两个方面做出客观理性判断。以此看孔子的理想,亦是基于经验的理想。在这种性质和格局的理想框架下,孔子对仁的定义,也是经验的,是对经验的历史性和生活化总结。所以,孔子之仁,是能够实行的,更是可达到的。这是因为从本质讲,这种经验主义的仁,是以人性为土壤,并以人性之生、利、爱必须与他者(他人、群体、邦国)**共生**才可实现。在孔子看来,正是因为生、利、爱必须从己出发指向他者但最终归于己的人性朝向,才规定仁只能从"所欲"和"不欲"两个层面推己及人。子贡的"博施于民而能济众"之所以成为超越现实的理想主义之仁,哪怕是历史上最仁德的尧舜都不能做到,是因为这种仁超越了人的己利,其前提是消解了人作为人的本性之欲。这种境界的仁,已经不是仁,而是圣。但圣对于孔子来讲,他从来没有见过:"圣人,吾不得而见之矣,得见君子者斯可矣。"(《述而》)这不仅体现孔子对仁与人性之本质关系的深刻领悟和把握,更是孔子的诚实,也是孔子的本分。正是这种本分和诚实,才融铸成孔子之"仁"学思想,形成他的己之"不欲"和"所欲"的仁学原则和君子成仁行仁的仁学方法。

《论语》思想学说会通研究

（中册）

唐代兴 唐梵凌 著

厦门大学出版社 国家一级出版社
XIAMEN UNIVERSITY PRESS 全国百佳图书出版单位

中册目录

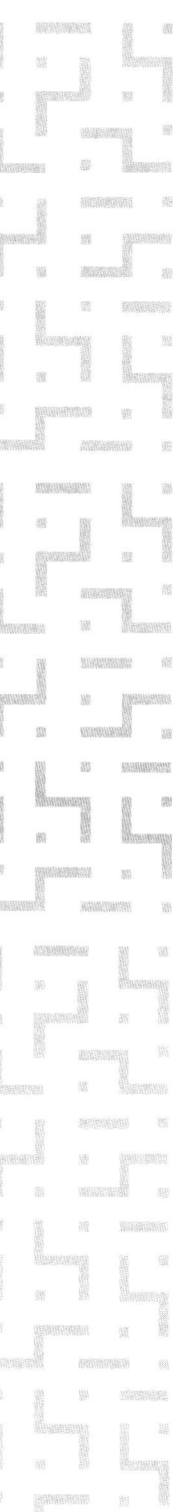

述而第七

邢昺疏："此篇皆明孔子之志行也。以前篇论贤人君子及仁者之德行，成德有渐，故以圣人次之。"邢昺关于"孔子以圣次之"之论，实为妄自揣度，因为"信而好古"的孔子从未在历史中发现圣人，也否认自己是圣人，所以孔子只以君子自求和自许。孔子以返本开新之姿，行文道救世理想，为当世培养和输送"以仁入礼"的君子，这是孔子学问、学说的主题。围绕这一主题，《学而》《为政》《八佾》《里仁》四篇从宏观上勾勒出君子培养的路径和方式。第五篇通过对二十四位古今人物的品评来昭明"何为君子"的大要。第六篇和第七篇具体讨论"怎样成为君子"的问题，形成一般与个别、拓展与印证的区分。第六篇立足一般，讲述"人如何可能成己为君子"；本篇着眼于具体，是孔子自述"自己怎样成己为君子"。更具体地讲，本篇是孔子自述何以通过"志于道，据于德，依于仁，游于艺"（第六章）而成己为君子。

一

本篇中，孔子自表君子的真实目的有二：首先，孔子指出君子是可欲求的，只要执着于成己、成人、立世并"一以贯之"，最终可自我成就。本篇孔子自表君子，实是以自己向世人说法。其次，孔子以自身说法的方式，集中阐发自己的思想。从根本论，本篇是孔子的思想自述（或可说"思想自传"）；从时间观，思想家之思想自述，往往在晚年；从内容看，思想家之思想自述，更多地是通过人生经历、阅历、思想及其变化发展的反观评价来呈现的。孔子作为"思想范式"的创建者，其自述的重心应该是他的基本理想和核心思想。

孔子的理想有二：一是文道救世的社会理想；一是返本开新的学术理想。贯通二者的是"以仁入礼"这一君子理论的核心思想或者说灵魂，是"殷因于夏礼，所损益，可知也。周因于殷礼，所损益，可知也。其或继周者，虽百世，可知也"（《为政》）。它既是返本开新的历史发展观，也是返本开新的认知论和方法论。

二

"述而"一语，其实是个省略句，将其完形即"述……而且……"。要理解"述……而且……"句式结构的含义，须先理解"述"这个词的基本含义。"述"者，既有讲述、陈述之意，也有传述之意，更有阐述之意。在本篇中，这几种含义交叉运用。但无论是讲述、陈述或传述，甚至阐述，都有其基本条件构成，这就是"述"的主体、对象、内容。

首先，本篇所"述"的主体是孔子本人，他是其"述"的在场者，是述者。

其次，本篇所"述"的基本对象也是孔子自己，即孔子讲述自己。当然，孔子在讲述自己的过程中，也会涉及历史、社会、他人三个维度的关联性，以及此三个维度的内容。

再次,本篇所"述"的基本内容是孔子自己如何"学而成己成人立世"的生活。

概括如上三者,本篇的主题是孔子"述而且'学而'"。这一主题可分解为三个层次:第一,"述而且学";第二,"述而且求";第三,"述而且行"。此三者内在地构成一个生成性的链条,即**"学"激发和提升认知,认知引导行动,行动创造意义和价值,其抽象表述是自觉"学而"而"成人"和(以言、德、功)"立世"**。以此观之,整篇"述而",是孔子本人的言论篇:孔子集中阐述自己以怎样的姿态学,如何认知和怎样行动等基本思想,可以看成是孔子的"学而"理论塑造思想人生的自传。

三

第一章是孔子的"自我介绍",着重讲述三个方面:一是为之努力一生的工作方式,是"述而不作";二是展开其工作方式的前提,是"信而好古";三是通过考信而讲述、传述返本开新的历史智慧和以仁入礼的救世行动,以及由此所达到的实际成就,是"窃比于我老彭"。

在第一章的自述中,孔子表达了一生思考的三个核心思想:第一,"述而不作,信而好古"的思想实质,是构建返本开新的历史发展观、认知论和方法论。第二,"述而不作,信而好古"的社会路径,是"以仁入礼",或者说,"以仁入礼"的社会路径也可看成对"返本开新"的社会方案的设计。第三,"述而不作,信而好古"的实践方法论,是"损益",它蕴含在返本开新的历史发展观和认识论之中,孔子表述为"殷因于夏礼,所损益,可知也。周因于殷礼,所损益,可知也。其或继周者,虽百世,可知也"(《为政》)。

要以前贤为榜样,以考信为基础,以讲述、传述为方式,必须会通慧、知、仁(第二章),必须修德、讲习、从道、改过(第三章)。因为"述而不作,信而好古"必有其根与本:这个"根"是"默而识之,学而不厌,诲人不倦"的会通能力;这个"本"是好修德、勤讲学、善从道、自改过的"四修行"能力。具备"默而识之,学而不厌,诲人不倦"的会通能力,是"述而不作,信而好古"的自在自由;获得好修德、勤讲习、善从道、自改过的修行能力,是"述而不作,信而好古"的无忧无惧。纵观孔子一生,其之所以义无反顾、勇往直前地以"述而不作,信而好古"的方式返本开新,其根本动力是如上会通和修行的正相合生。慧、知、仁的会通能力与行德、讲习、从道、改过能力的正相合生,构成"一以贯之"的治生之道,亦是人成为君子必守死的善道。第四、五章讲述一生努力"守死善道",最终志道未酬但岁月已逝、人生衰老。

四

第一章述如何"志于道"；第二、三章述怎样"据于德"；第四、五章述晚年感叹"志道""据德"斗志未酬却岁月已逝。至于第六章"志于道，据于德，依于仁，游于艺"，述其成己必至于"志道""据德""依仁""游艺"四要，这既是承前照应，又是开启后面的内容。

第七、八章述如何以其"道、德、仁、艺"教化天下英才。孔子根据"志道""据德""依仁""游艺"的理念办学，招生的唯一条件就是"自行束脩以上"，宣示只要具备这个条件，任何人都可以成为孔府学生，他将无怨无悔地教好每个学生。孔子宣示的"有教无类"招生原则和教育思想，蕴含普遍平等和自由的教育精神。"自行束脩以上，吾未尝悔焉"表达的是自觉、自愿、主动求学的自由。在孔子看来，**只有来去自由的教育，才可是真正的教育，也只有真正自由的教育，才可培养出修德取位和以德正位的君子**，实施文道救世（第七章）。

具体讲，第七、八章承接第二章"诲人"而来。第七章自述什么样的人可以"诲之"。第八章自述"诲之"的方法：一是唯有当学生"愤"时才"启"；二是唯有当学生"悱"时才"发"；三是当自己举示"一隅"，学生能够"反三隅"时才继续其教学活动。

第九章以"吊丧"为例，讲述怎样"道之以德"才可"行之以礼"。第十章以孔子与子路的对话表述"志于道、据于德、依于仁"者，如何自由地"游于"治世之"艺"。所谓"游于艺"，就是个性自由的治世方策、方法、智慧，孔子将其归纳为"用""行""舍""藏"四个要点，这既是从政之道，也是处世之道（第十章）。前者从**如何作为**论，后者从**怎样自处**论。由此两个方面，"用""行""舍""藏"此四者整合运用，构成孔子的一贯主张，即"隐居以求其志，行义以达其道"（《季氏》）。这一处世之道的抽象表达，是"邦有道则仕，邦无道则隐"，将这一处世之道具体化，则是"君使臣以礼，臣事君以忠"。孔子事鲁以及游国之进退，皆以此为准则。孔子之"用""行""舍""藏"之道的内在规定，是返本开新的文明重建和"以仁入礼"文道救世的君子理想，其精神实质是自由。孔子虽有炽烈的从政欲望和践行救世的理想，但前提是**理想的自由**。孔子一生努力，即使出仕也必须在自由的前提下才认真考虑，这是孔子的特立独行之处。

从第十一章"富而可求"到第十三章"闻《韶》，三月不知肉味"，分别从三个不同角度论如何依据其"志道，据德，依仁"而"游于艺"。第十一章以财富占有和享受为例，说明"用之则行，舍之则藏"应该如何运用，突出"志于道，据于德，依于仁"乃是君子行治生处事之艺。第十二章论治邦之

"艺",如何依据其道、德、仁而"慎"为"齐、战、疾",如何"志于道,据于德,依于仁"而行治邦经世之艺;第十三章"闻《韶》,三月不知肉味",突出如何"志于道,据于德,依于仁"而行治心成己之艺。

第十四章通过对比性讲述伯夷、叔齐弃国"无怨"和蒯聩、蒯辄父子争位,揭明君子"游于艺"必须有仁和德,循道而行,由此回应第十章"富而可求也,虽执鞭之士,吾亦为之。如不可求,从吾所好"。第十五章是对第十四章"求仁得仁"的进一步阐述,也是对"富而可求也,虽执鞭之士,吾亦为之。如不可求,从吾所好"思想的进一步思考和诠释。然而,"饭疏食,饮水,曲肱而枕之"而"乐亦在其中",不仅心有"吾好",而在于心有其知。在其中,最高的有知却是对生命法则和天道规律的觉解,这种触觉才构成志于人间之道而"据德""依仁""游艺"的根本前提(第十六章)。

五

修己与教人,是孔子成己为君子的两个方面的功夫。"志于道,据于德,依于仁,游于艺",是孔子修己与教人的基本准则,以此为基本准则,无论修己还是教人,都必诵《诗》读《书》和赞《礼》;诵《诗》读《书》和赞《礼》,必须用雅言表达。因为雅言不仅正音,更正义。由此揭示,讲述、阐发、传播古代文明的努力,不在于形式,而在于对实质性的内容的把握和理解。更进一步讲,"述而不作,信而好古"的基本工作方式,是细心地正音而正义,体察和领悟古人知识、智慧的精髓。

第十七章"《诗》《书》执礼,皆雅言",自述修己教人庄敬而严诚。第十八章"其为人也,发愤忘食,乐以忘忧,不知老之将至云尔",则自述为事唯尽心尽性。修己教人庄敬严诚和为事尽心尽性,突出孔子修己成君子的日常方式和整体形象。

修己"志道""据德""依仁""游艺",教人"志道""据德""依仁""游艺"和为事尽心尽性,做到这三个方面,就是君子。孔子自谓君子,认为成为君子,也不是天赋,而是后天努力使然。

孔子自述成己为君子,第一个方面的自为努力是"学而知之"、"好古"和"敏求"(第十九章)。对于孔子来讲,其学而知之,好古敏求,其一是确立范围,这就是"不语怪、力、乱、神"(第二十章)。其二是不耻下问,且自我精进,这即是"三人行,必有我师焉。择其善者而从之,其不善者而改之"(第二十一章)。其三是禀承天赋,领悟天赋其德的潜在资质而有意识地弘扬它,这是人之"据于德、依于仁"的根本所在(第二十二章)。其四是无私心私欲,心地坦荡和光明磊落(第二十三章),远拒"亡而为有,虚而为盈,约而为泰"(第二十五章)的劣习。其五是育人必致力"文、行、忠、信"。其六是专注、尽心（第二十六章）和"多闻""多识"（第二十七章）的自我要求。

孔子自述成己为君子的第二个方面的自为努力，是使自己成为仁人。孔子认为，人成己为仁人，应该对任何人都能做到"人洁己以进，与其洁也，不保其往也"（第二十八章）。首先要求心存其仁，因为"我欲仁，斯仁至矣"（第二十九章）；其次是心无偏私，因为若心有偏私，哪怕人在心中，也会不仁（第三十章）。

孔子自述成己为君子的第三个方面的自为努力，是必须以礼乐修身养性。这是因为礼乐本是古代君子生活的一体两面：**礼正行，乐正心**。心与行互为表彰，就是君子。所以讲礼必涉及乐，论乐必然讲究礼。第三十章讲礼，主题是如何正行；第三十一章论乐，主题是怎样正心。孔子认为，其正之礼和正心之乐，唯有付诸日用常行时，才形成文德一体。唯有文德一体，人才真仁，成为文质彬彬的"躬行君子"（第三十二章）。孔子认为，以文德兼备来衡量，自己离真君子还有很大距离，更谈不上有圣："圣人，吾不得见之矣，得见君子者，期可矣。"（第三十三章）

孔子自述成己为君子的第四个方面的自为努力，是不仅要"不语怪、力、乱、神"（第二十章），更应始终坚守"敬鬼神而远之"的无神论信念（第三十四章）。

孔子自述成己为君子的第五个方面的自为努力，是无论物质生活还是礼仪行为，都应该避奢求俭，因为铺张和浪费呈现人性的根本扭曲。抵制铺张和浪费，本质上是反对欲望和占有无节制（第三十五章）。所以孔子论奢俭，实际上主张节制欲望和需求，理性生活。

六

《述而》是孔子自述何以成己为君子的思想自传。从第一章"述而不作，信而好古"到第三十五章论奢俭，分别从修己、教人、为事等方面自述了如何成己为君子。最后两章为小结。

第三十六章是孔子的自画像，通过君子与小人的对比而自彰，以"坦荡荡"一语突出君子光明磊落的性格、人格、胸襟和气度。第三十七章是弟子为孔子画像："子温而厉，威而不猛，恭而安"，描述坦荡荡的孔子在体貌变化上呈现出来的风度、气韵。在弟子们心中，孔子的君子风度跃然纸上，生动传神。

第1章释义

子曰:"述而不作,信而好古,窃比于我老彭。"

[注释]

述:传述,它有陈述、讲述、概述或阐述四种形式。朱熹解"述"为"传旧而已",突出的是陈述,所述尽可能尊重已有的东西本身。讲述、概述或阐述,所述的东西虽然也是已有,却融进了述者的鉴别、选择以及新的理解,所述的内容获得新质新意。

作:体现一定程度的个性或创意的作为,其通常形式有两种:一是制作;一是写作。"述而不作"的"不作",应该指不制作、不写作。

信:有相信、信奉、诚信、考信义。此处应做考信讲:在孔子看来,已逝的历史,包括文明和智慧,只有通过严肃的考辨才能确信。

老彭:历来有三说:一指老聃,即周之守藏吏老子;二指传说中活了八百岁的彭祖;三指殷商的大夫,其好述古事且有贤名。从前后语境观,似指商大夫老彭为当。孔子信而好古,其所比自然是古人,老子虽比孔子年长,但属同时代人。从孔子"一以贯之"的理想和思想观,老子进入不了孔子可比的视域。并且,孔子不是一个为活着而活着的人,而是为理想和未来而活着的人,所以他不会去与活了八百岁的彭祖比高低。孔子以老彭为比照对象,其真实目的是以老彭为尺度来衡量自己这一生走到了哪一步,做到了哪种境界。所以,孔子以商代贤人老彭为可比的对象,实是以老彭喻自己之贤。

[译文]

(晚年的)孔子(对弟子)说:"我这一生主要从教育和政治两个方面心无旁骛地致力于返本开新的工作,其基本方式是讲述而不写作。返本开新地讲述古代文明,其前提是严肃地考察历史、辨别真伪,展示历史真相和真理,以此来看道术分裂的现实,我更喜欢古代文明的真知和真理。如果你们要我对自己做一个评价,与我有些相近的古人大概只有商大夫老彭。"

[通解]

"述而不作,信而好古",应该是孔子晚年对自己一生志业和贡献的自我判断和评价。这种自我判断和评价,应该有具体的谈话对象和特定的听众。如果尝试进行语境还原,可能是其游国回鲁安度晚年期间,弟子们回来看望他的交谈过程中,孔子对自己一生的努力做了如此概括。

一

孔子认为,自己一生的努力,就是以返本开新的方式陈述、讲述、概述或阐述古代文明、文化、文章。陈述,是客观的不入场的方式,讲述、概述或阐述,则是体现主观倾向性的入场的方式。比如《八佾》第十四章前一句"周监于二代",是在客观陈述一个历史事实,周代文明是以夏商文明为基础发展起来的,后一句"郁郁乎文哉,吾从周",却是体现主观倾向性的价值判断的讲述,但无论陈述还是讲述,都要综合运用概括的方式。又比如:"性相近,习相远也"(《阳货》),是孔子对古代人性思想和自己人性思考的概括性讲述;"子曰:'父在,观其志。父没,观其行。三年无改于父之道,可谓孝矣。'"(《学而》),是为陈述。陈述的往往是事实、史实,讲述也在述,但体现价值判断或道理。比如,"子曰:'吾十有五而志于学,三十而立,四十而不惑,五十而知天命,六十而耳顺,七十而从心所欲不逾矩。'"(《为政》)是孔子晚年陈述自己学而成己的人生经历,算是最简单的自传;再如,"孔子谓季氏:'八佾舞于庭,是可忍也,孰不可忍也!'"(《八佾》)却是孔子态度极其鲜明地讲述鲁国贵族越制违礼的事实。

无论陈述、讲述、概述还是阐述,都要求以事实为依据,并经得起经验的验证。这是"述而不作"的基本规范。

"述而不作",指对思想的记录和传播,只采取"述"的方式,而不用"写"的方式。写,有规范和制作的含义,规范,意味着不自由,制作,体现工匠方式。一生以自由为根本取向且主张"君子不器"的孔子,最崇尚的是自由,且一生都远离制作。孔子一生致力于从教和从政(即游国)两个方面,以返本开新方式传播和弘扬古代文明,著书立说不是他的兴趣所在。后世言孔子删《诗》《书》,订《礼》《乐》,赞《周易》并修《春秋》。这些作为,实是前不见古人后不见来者的"大作",但为什么孔子要自谓"述而不作"呢?是孔子自己的话可信,还是后人的话可信?更有人认为:"孔子作《春秋》,一万八千字,九月而书成,以授游、夏之徒,游、夏之徒不能改一字。"①游、夏之徒赞扬孔子,使孔子(感到有些不自在因而)以"述而不作"自我解嘲。然而这种为孔子造业绩、编说法的做法,却经不住对孔子人生史的考信。孔子曾说,"加我数年,五十以学《易》,可以无大过矣"(第十六章)。这大概是孔子四十多岁时说的话。五十岁之后,孔子并未学《易》,却开始长达十四年颠沛

_____

① (清)阮元校刻:《十三经注疏》,北京,中华书局1980年版,第2320页。

流离的游国生活,直到六十八岁(公元前 484 年)时才疲惫不堪地回到鲁国。第二年儿子孔鲤过世,大悲;又二年,爱之甚于子的弟子颜渊卒(公元前 481 年),更悲;次年(公元前 480 年),陪伴自己时间最长也是最忠诚的弟子子路去世,孔子悲之又悲。子路去世,可以说带走了孔子所有的希望,第二年就逝世了。孔子游国十四年,过的是颠沛流离的求仕生活,晚年回鲁国至逝世,其间不到六年时间,先后经历三次人生悲绝之痛,且不说有何心情著述,就是身体也支撑不了删《诗》《书》,订《礼》《乐》,赞《周易》和修《春秋》这样庞大的著述工程。并且,在用竹简做主要书写材料的时代,如此庞大的著述工程能在短短五六年时间完成吗? 就是在今天实行"团队"作战,也未必能完成。由此看来,似乎更应该相信孔子自谓"述而不作"之说,更应该相信孔子真是"述而不作"者。

二

基于《述而》乃孔子自述的历史定位,理解《述而》开篇,应该有一个更为广阔的阅读视角,但这个阅读视角不是由读者来确定,而是由孔子自述本身所定位。孔子用"述而不作,信而好古,窃比于我老彭"三句话,分别自述了三个方面的内容。在理解这三个方面的内容之前,需要弄清楚孔子在这里所讲的"述""信""好""比"这几个概念表达的是什么。历代的注疏顾此失彼,缺乏整体把握。在这里,孔子所述、信、好、比的内容,或者说本章所要表达的主题,不是典章、文献,也不是古人,而是古代文明。在孔子的历史世界中,西周只是刚刚过去的昨天,古代文明是指周之前的殷商、诸夏以及更久远的历史。由于时间久远的缘故,了解古代文明,应该从周文明出发向上追溯并借助于周文明而展开追踪,这就是"周监于二代。郁郁乎文哉,吾从周"(《八佾》)。孔子心目中的古代文明,并不只是今人所讲的古代典章、制度,这些只是古代文明的一部分。在孔子看来,这还不是最重要的那部分内容,因为典章、制度是被定型的"死的文明",真正的文明应该是鲜活的、爆发生命原创力的。这就是活在当世之中的君子、贤人。从《公冶长》走到《雍也》再至于此,孔子在展示文明的全景图之后,定义了古代文明:它是古代社会进程中所形成的典章、制度、文献和所创造出来的光照社会、引导历史的君子、贤人。以此看"述而不作,信而好古,窃比于我老彭",孔子表达自己对文明的基本看待以及其在历史进程中的作为。在这里,孔子不仅概括了自己的文明史观——文明是一个返本开新的历史进程,更总结了自己三个方面的贡献,即怎样自觉于历史的在场,以有限的生命和热忱创建返本开新的文明新史和新文明史观。

首先,孔子以"述而不作"方式总结自己如何返本开新而为。孔子告诉弟子,他一生的努力,是以"一以贯之"的方式和"守死善道"的信念,创造性地探索古代文明的返本开新方式。在那个"道术将为天下裂"的时代,孔子既身体力行并终身以往地践履这一新方式,也以此新方式终身不倦地培养门徒身体力行地去"修德取位"和"以德正位"。所以,口述成为必要和必须的方式,因为著述只能在书斋中进行,所改变的只是自己,口述却走进社会,改变他人、事物、政治甚至邦国。在孔子看来,只有口述才能最大限度地传播古代文明,只有口述才可在传播古代文明的进程中开出当世新文明,这就是文明的返本开新。

其次,孔子告诉弟子们,自己一生"述而不作",并不只是述旧,成为古代文明的传声筒,恰恰相反,他的"述而不作"是以"信而好古"为前提,即必须严肃地考察历史,辨别历史(事件、人物、制度、典籍、文献)的真假,挖掘历史的真相、真知,形成历史真理。由这些因素构成的古代文明,才是可信的东西,才是孔子致力传述、阐发的东西。

再次,如果说"述而不作"是孔子总结自己一生做了什么,"信而好古"是孔子概括了自己如何做的,那么"窃比于我老彭",则是孔子对自己的历史性评价。孔子对弟子说,属于我的时日已经不多了,总结自己的一生,虽然希望通过从政来开新古代文明的理想未得实现,但自己应该算得上真君子、真贤人,在古代的贤人中,我可与商代贤大夫老彭相比,或者说,在古代的众贤人中,能够与我比的只有商大夫老彭。

孔子如上三个方面的自我讲述,其实是从三个维度对自己做了两个方面的总结:

首先,孔子总结了自己的文明史观。这一文明史观就是历史发展观,它的核心理念有三:第一,文明不是一成不变的,它是变化的,也是发展的。第二,文明的发展只能以返本开新的方式展开。第三,以返本开新方式开辟文明新史,必须严肃地考信历史,并在此基础上诚实地尊崇和敬畏古代文明,因为只有"对古代的尊崇",才可真正"阻止了傲慢自大,可以从渺小的自我之中提出很高的要求"。因为孔子确信"古代传统使得那些依然生活在本源之中的所有的人,获得更多的机会、信仰以及信众。那种源自纯粹理性的空无的独自思考,乃是徒劳无益的"①。

孔子返本开新的文明发展史观,以"述而不作,信而好古"的方式表述了三个核心思想:第一,"述而不作,信而好古"的思想实质,是返本开新;第二,"述而不作,信而好古"的社会路径,是"以仁入礼",或者,是孔子以"返

---

① [德]雅斯贝尔斯:《大哲学家》,李雪涛主译,北京,社会科学文献出版社2006年版,第79页。

本开新"为依据和准则设计的社会重建方案;第三,"述而不作,信而好古"的实践方法论,孔子将其表述为"损益",即"殷因于夏礼,所损益,可知也。周因于殷礼,所损益,可知也。其或继周者,虽百世,可知也"(《为政》)。

如上内容从整体上呈现孔子"一以贯之"的东西,也呈现出孔子"死守善道"的内容。

其次,孔子对自己做出历史性的评价"窃比于我老彭",既体现孔子的自信,更呈现孔子的自制。孔子知道自己有名,更知道自己在社会上的影响,还知道自己身后将有更大的影响。鉴于弟子和门人在自己健在时就有使自己成圣的愿望和努力(《雍也》),为防止身故后弟子假借自己造圣,孔子当着弟子的面给自己做一盖棺定论:"你们的先生我,一生努力至今天,只做到了君子,只把自己成就成了贤人。与历史人物比较,你们的先生也只达到了商代老彭的程度。"这就是"窃比于我老彭"所表达的真实语义内容,但结合其他章内容看,孔子对自己予以"窃比于我老彭"的自我评价,还蕴含更深的内容。孔子以此告诉弟子:"你们的先生我'信而好古',广览历史,遍阅古今人世,从来没有见过圣人①。你们要记住,真实的现实和真实的历史中,是没有圣人的,哪怕尧舜也没有做到圣人,也做不到圣人。""子贡曰:'如有博施于民,而能济众,何如? 可谓仁乎?'子曰:'何事于仁,必也圣乎! 尧舜其犹病诸!'"(《雍也》)

第 2 章释义

子曰:"默而识之,学而不厌,诲人不倦,何有于我哉!"

[注释]

默而识之:默,沉默、不言。识,认知、记义,在这里,相对"默"言,应做"会通"讲。之,相对"默"言,指在心中。识之,将默然得来的东西会通于心。指寡言多思,内省领悟,朗然于心。

不倦、不厌:倦,疲倦,做松懈讲。厌,厌倦、厌恶,有抵触义。不倦、不厌,皆含"有恒"义,指学而为己有恒,诲而为人有恒。

何有于我:何有,"有何"的倒装式,意为有何难。指没有什么可以难倒我,没有什么我不知道,没有什么不对我有益。"何有于我"的前提是"默而识之,学而不厌,诲人不倦":只要做到"默而识之,学而不厌,诲人不倦",就能克服所有困难,事事得益。

---

① "圣人,吾不得而见之矣,得见君子者斯可矣。"(第二十五)。

[译文]

孔子对弟子说："如果你们要问我贤在哪些方面，我可以告诉你们：凡事寡言内省，默然于心；终身求知不止；以教人为乐，从不厌倦。始终坚持这三个方面，时时都受教益，任何困难都有法克服，并不断地获得新知。"

[通解]

孔子自道其贤唯老彭可比。弟子们自然想多了解夫子这方面的东西，于是求夫子具体讲讲在哪些方面贤比老彭。孔子则从慧、知、仁三个方面自道何为"窃比于我老彭"。

一

上章中，孔子以"述而不作，信而好古"为依据，自表"窃比于我老彭"，突出一个"贤"字。本章围绕这个"贤"字，解释自己"贤"在哪些方面。孔子从"默而识之，学而不厌，诲人不倦"三个方面自表其贤："默而识之"是慧；"学而不厌"是知；"诲人不倦"是仁。慧、知、仁，此三者集于一身，就是贤。孔子以此自表，绝不是自夸，而是其"十有五而志于学，三十而立，四十而不惑，五十而知天命，六十而耳顺，七十而从心所欲不逾矩"（《为政》）的自然呈现。正是因为自己有慧，有知，有仁，才可达到"何有于我哉"的自在自由状态。这种自在自由状态，不正是"七十而从心所欲不逾矩"的状态？这两段文字可以互释：从"十五志于学"到"七十从心所欲不逾矩"，是孔子晚年对自己一生学识的总结，指出"从心所欲不逾矩"的自在自由的智慧境界、心灵境界不过是一生修养践履其仁的自然呈现。从"默而识之"到"何有于我哉"，这是从慧、知、仁三个方面讲述自己"无有其难""无所不能""无所不得"的自在自由心灵境界和智慧境界。

二

孔子自道"默而识之"，以此总结人生之慧如何形成：默然于心，方成慧，因为默然于心者，必然会通。所以，"默而识之"是讲述会通的方法、会通的能力、会通的智慧。唯有具备会通的方法和能力，才可达到凡事有益、凡事皆知、凡事无难的智识境界。不仅如此，孔子还告诉弟子，默而识之是"述而不作"之"述"的前提，也是"信而好古"之"信"的内在方法。

人生之慧、生活之慧以及思想之慧，当然与天赋相关，但并不直接来源于天赋，而是来源于修养与践行。所以，"默而识之"之慧生成的前提有二：一是学而不厌；二是诲人不倦。孔子自道"学而不厌"，意在总结人生之智如何形成：学之所以不厌，是因为学是训练智力、开阔视野、提升认知的根本方式和人生过程。训练智力,其目的是求真知、得真理;其重心是考信古代文明,这就是邢昺所疏的"学古而心不厌",其方法是"不厌"。所谓"不厌",一指从不间断,持之以恒;二指以之为乐。这就是孔子自谓"信而好古"的"好":终生不渝地以喜欢、热爱、快乐的生命方式考信古代文明。概括孔子"学而不厌":第一,古代文明是真知、真理的源泉,学而求真知、真理,必须"信而好古",因为文明始终是一代一代人生存奋进的想望、认知、思想、知识的结晶,它融进天地之慧和神灵之智。第二,要想从古代文明中求得真知、真理,必须以生命投入的方式,以心乐为本源性动力。第三,探求真知、真理的学而过程,始终是"生无所息"的不倦人生过程。孔子以"十五有志于学"到"七十从心所欲不逾矩"的身体力行,揭示"学而不厌"的本质含义。

孔子自道"诲人不倦",意在于总结自己"默而识之"和"学而不厌"的努力是为"述而不作"。"述而不作"之"述",就是以个性化、创造性地讲述、阐释古代文明的方式教育学生,培养君子,并以此为乐。孔子告诉弟子,自己之所以以述的方式**立身扬世**,是因为在征伐不息、礼崩乐坏的当今之世,最需要的是重建社会秩序,最迫切的是安顿人的心灵秩序,以"述而不作"方式诲人不倦,就是以生命不息、努力不止的方式培养君子,以实现君子社会的重建。因而,诲人不倦,既是孔子的社会理想的传播方式,也是孔子的人本理想的践履方式,这种理想才称得上仁。孔子最终告诉弟子,仁有大小的分别,真正的大仁有三:一是如子产"其行己也恭,其事上也敬,其养民也惠,其使民也义"(《公冶长》)的治邦之仁;一是如管仲的"九合诸侯,不以兵车"(《宪问》)的治世之仁;一是如自己"述而不作,信而好古"的"诲人不倦"之仁。第三种仁不是立于一国一世,而是立于"虽百世,可知也"(《为政》)的返本开新之仁。

三

孔子从"默而识之,学而不厌,诲人不倦"三个方面概述自己何以贤比于老彭,然后以"何有于我哉"总结"慧、知、仁"集于一身就可发挥出来"无所不会""无所不能"的能力。孔子以一生的勤奋和努力成就"默而识之"的会通之慧、"学而不厌"的返本开新之知和"诲人不倦"的不世之仁。孔子告知弟子,此三者,既是人自贤的基本要求,亦是贤者能达及的真实境界。其中贯穿一个东西,那就是恒——**恒心、恒志、恒常、永恒。有恒心者,必有恒志;有恒志者,必恒常;恒常者,心必永恒。**任何人,只要能致力于"默而识之"以恒、"学而不厌"以恒和"诲人不倦"以恒,必会成为"何有于我哉"者。

第 3 章释义

子曰:"德之不修,学之不讲,闻义不能徙,不善不能改,是吾忧也。"

[注释]

德之不修:德,一指德性,二指德行。修,修养、修习义,前者相对德性论,指不修养德性,后者相对德行言,指不修习德行。

学之不讲:学,求知。求知的对象有人、事、史、文以及包括鸟兽草木等自然物,此处指《诗》《书》《礼》等典章。讲,习义,指将学到的东西予以内省消化然后以述的方式传播。

闻义不能徙:闻,听说、听到。义,道义、道理。徙,迁移,做实行讲。

不善不能改:不善,一为不知善,二为不行善,即有过。改,更改、修正。

[译文]

孔子说:"不虔诚地修养德性和践履德行,不精勤于学问的研习和传播,获得真知道理不付诸实行,知其言行有过不能勇于改正,这四方面才是我所忧惧的。"

[通解]

孔子自谓贤者,就是述而不作,信而好古,主体前提是成为慧、知、仁者。慧是仁的心灵土壤,知是仁的主体前提。人若仅有此,只是接近仁,尚未真得仁和真成仁。若不能真得仁和真成仁,则不能称为贤。要真得仁和真成仁,必须修行。修行既是仁的践履方式,也是仁的实行体现。这是本章与第一、二章的内在关联,亦是理解本章内容的正确出发点。

一

本章内容与上章"何有于我哉"之间存在直接的语义关联:一个人要真正达到凡事"何有于我哉"的境界,既要会通慧、知、仁,更要修德、讲习、行道、改过。孔子告诉弟子:从正面讲,贤者就是"默而识之,学而不厌,诲人不倦"的会通者;从反面讲,贤者必须杜绝"德之不修,学之不讲,闻义不能徙,不善不能改"。唯有正反两个方面做到了,做好了,人才贤,才可以达到"何有于我"的贤达人生境界。

孔子论"德之不修",重心在"修",德只是修的对象,表明德的一般认知、智识可以学得,但德的品质和能力需要**修习**形成。修习,即是修养和践履:**修养所成的是德性,践履所成的是德行**。孔子讲修德,就是修养德性和践履德行。

孔子论"学之不讲",重心在"讲"。首先,学只是讲的前提条件:讲必先学,这是因为唯有学才可得新知,才为讲提供所需要的内容或材料。其次,学必达到讲:学而不讲,或者学而不会讲、不能讲,等于学不到家。所以,讲是对学的衡量方式。再次,学与讲的关系,是吸收与传播的关系,也是吐故与纳新的关系,更是成己与成人的关系。"学"既是吸收,也是吐故,并通过吸收和吐故而成己;"讲"是传播,也是纳新,并通过传播和纳新而成人。

孔子论"闻义不能徙",重心在"徙"。徙之本义是"迁",意为行动而改变现状。闻道而徙,强调知行合一,但更突出实行、作为:君子在于实行,贤重在作为。并且,实行、作为必须服从道义引导,不服从道义引导的实行,为君子所不齿。

孔子论"不善不能改",重心在"改",所改的是不善的言行、不善的认知方式和不善的行事方式。不善,即是不道德的、损人的言行。"不善不能改",一指没有自省能力,二指没有自正能力,三指没有自新能力。孔子以"不善不能改"为忧惧,表明孔子非常注重**自省**、**自正**、**自新**的修养。

二

孔子告诉弟子,他之所以能做到"述而不作,信而好古",成为可与老彭比较的贤君子,不仅因为"默而识之"之慧、"学而不厌"之智、"诲人不倦"之仁的会通而具备"何有于我哉"之不惧,更有忧"德之不修,学之不讲,闻义不能徙,不善不能改"的自省、自正、自新力量。正是这"不惧"与"有忧"的正反相生,才形成"述而不作,信而好古"的心灵动力和返本开新的思想洪流。

在这里,孔子教导弟子,君子要会通慧、知、仁,必须身体力行(即修行),他将自己身体力行的经验总结为修德、讲习、从道、改过。唯有践履此四行,才可达于"述而不作,信而好古"。或可说,孔子自道具"述而不作,信而好古"之贤,有其根本:其贤之根,是"默而识之,学而不厌,诲人不倦"的会通能力;其贤之本,是好修德、勤讲学、善从道、自改过的"四修行"。具备"默而识之,学而不厌,诲人不倦"的会通能力,是"述而不作,信而好古"的自在自由;获得好修德、勤讲习、善从道、自改过的修行能力,是"述而不作,信而好古"的无忧无惧。纵观孔子一生,之所以以"述而不作,信而好古"的方式义无反顾、勇往直前地返本开新,哪怕以终身不达为代价也在所不惜,其根本动力就是如上**会通**和**修行**的正反合。慧、知、仁的会通能力是其正,行德、讲习、从道、改过乃其反,这一正一反相合,就是孔子"一以贯之"的治生之道,亦是人成为君子、贤人必须"守死"的"善道"。

第4章释义

子之燕居,申申如也,夭夭如也。

[注释]

子之燕居:子,孔子的尊称。燕居,安然闲居,如天空中自在飞翔的鸟儿那样无拘无束。

申申:状怡然自得的舒展貌。

夭夭:状轻松舒适的和悦貌。

[译文]

孔子闲居生活,衣冠整洁,举止舒展,神情和悦,舒适安然。

[通解]

燕居,可以是在家休闲,亦可解为闲居生活。有人认为本章内容是写孔子"退朝之后,在家休息"①自在自由的生活状态和精神面貌。如果真是这样,本章内容似应该置于《乡党》篇更合适,但编纂者却将其置于《述而》篇,并将其安排在孔子自道学理之间,由此可以推测,本章所记载的内容,应该是孔子晚年的生活情境。

纵观孔子的人生轨迹,一生都在忙碌中度过。能够使孔子闲下来的唯一理由,就是**岁月**。对孔子来讲,所谓燕居,就是**无事可做**。孔子无事可做的岁月,应该是游国回鲁至逝世这六年时间,理由有二:一是年迈从仕无望,同时也鲜有新弟子求学;二是所培养出来的弟子除先他而去者,大都年轻力壮地经营各自的事业而不在自己身边。所以,年迈且行动日渐不便的养老生活,就是闲居。

年迈而无事可做的孔子,自是孤独。在这种孤境中,不时有弟子回来看望他,这对一生都"诲人不倦"的孔子来说,自然珍惜"有朋自远方来"的快乐,自然会精神焕发、滔滔不绝。所以,弟子记下夫子这一精神矍铄的美好欢乐状态和儒雅的、从心所欲不逾矩的自在境界。这是后世了解孔子晚年生活状况的难得材料。

---

① 李零:《丧家狗:我读〈论语〉》,太原,山西人民出版社2011年版,第145页。

第5章释义

子曰:"甚矣,吾衰也! 久矣,吾不复梦见周公。"

[注释]

甚:甚至,加速,更加严重。

衰:有二义:一是身体衰老;二是衰变之世。

不复:复,重复。不复,不再。

周公:姬旦,周文王之子,周武王弟,受封鲁。帮助武王灭商,后辅佐年幼的周成王而摄政,东征平叛,诛"三监",平定淮夷,大定天下,然后行分封,制礼乐。周公既是西周王朝政权的奠基者,也是周代文明的设计者与实施者。中华文明本土化土壤的成熟开垦,始于西周。西周文化,很大程度上是周公在继承夏商传统的基础上制礼作乐所留下的典章文明和道德文明。它主要由两个谱系构成:一是以血缘宗法为土壤、以嫡长子继承制为灵魂的封建政权和王道主义政治谱系;二是以人、民为两级对应结构,以孝、忠为核心价值取向的血缘-宗法主义道德谱系。所以,周公及其奉献,既可视为周代文明的象征,也可视为中华文化的源泉。

[译文]

孔子对来探视的弟子说:"我衰老已极了,很久很久,没有梦见周公了。"

[通解]

本章和上章,都是记录孔子晚年生活状况:上章是他人描述孔子晚年生活的精神状貌,本章是孔子自述晚年生活的精神状况。或许,本章与上章属同一语境(即生活情景)中的两个片段。这个语境可能是晚年生活中有(一个或几个)弟子(专程或顺道)回来看望夫子,并记录下了前后两个生活片段:年迈孤独的孔子看见弟子来了,喜从天降,寒暄,互道问候,越来越衰老而精神日趋萎靡的孔子,一扫孤寂没落的情绪,顿时精神焕发,怡然自得。这幅让弟子放心的美好画面,镌刻在弟子的心中。孔子逝世后,弟子将这幅美好的晚年画境记载了下来,安排在《述而》中。后一个被记录下的永恒片段是,弟子对夫子真切的问寒问暖,很自然地唤醒夫子,使其迅速地回到自己"燕居"的孤寂生活状态中,情不自禁地发出自感来日不多的悲叹:"甚矣,吾衰也! 久矣,吾不复梦见周公。"

孔子所叹的衰老，既是身体方面的，更是精神方面的。身体的衰老，是自然规律的体现。孔子悲叹身体日趋衰老，明白自己已来日不多，流露出来的是悲怆，表达的是"我还能见到你们吗？""我还有再见你们的机会吗？"这种悲怆里面流动的是渴望，渴望摆脱孤独，渴望能与人说话、交谈。孔子的生命与"述"息息相关。孔子之"述"展开的前提，是源源不断地"有朋自远方来"，因此，他渴望弟子们能经常回来陪他说说话，然而，这个渴望难以成为现实：偶尔可以，经常则不可能，因为年轻力壮的弟子们都在各自奋斗的事业途中。所以孔子明白，以"述"为生命源泉的人，离开了"述"，意味着生命的枯竭，衰老加速是为必然。

面对弟子，孔子最为根本的悲叹，是无情的岁月消磨了他生命的锐气，淘尽了他返本开新的文道救世理想，其表现是"久矣，吾不复梦见周公"。周公既象征文道，也象征能够返本开新的文明传统，更象征救世本身。孔子向弟子诉说很久以来没有梦见周公，隐喻两层含义：一指世道日趋衰微，与周公所创建的文明越来越遥远；二指在与日俱衰的世道下，自己也日趋衰老，文道救世的理想也越来越渺茫。

孔子如上之叹刻骨铭心，因为"十五而志于学"的孔子，其人生目标非常清晰，那就是以身体力行方式实现返本开新的文道救世理想，具体地讲，就是希望通过培养救世精英和从仕两个方面来实现这一社会理想。在孔子看来，虽然第一个方面小有成就，自己培养出来的弟子，已有不少走上仕途，但大多只是从政（春秋时代，为政者君、执政者卿、从政者大夫）者或家臣，弟子们的努力距离他的文道救世的理想甚远。更使孔子悲叹的是自己为政、执政的人生理想，最终被十几年游国生涯淘尽，以至于最后靠弟子的努力、靠权臣和邦君的怜悯才回到母国而孤独闲居于此，现实的努力彻底幻灭了，连梦的世界里也没有了理想："久矣，吾不复梦见周公。"孔子想要梦里见周公亦不能，喻指孔子要亲试牛刀、文道救世的努力被残酷的现实彻底地粉碎了。孔子游国，先行齐国，因齐有管仲强国之先，最容易接受新思想，但孔子齐国之行失败了。据说孔子齐国求仕败于晏婴，这说明在人才济济的大国，文道救世的改革阻力来源于人才本身。于是孔子转而选择陈卫这样的小国，小国人才稀少，最容易仕，并且小国因为国小而更容易改革成功。但孔子又失败了，因为在大争之世，大国争，小国保。大国争，渴望变革；小国保，求稳是急，因而最不容易接受变革。

孔子之悲，乃时世所致；孔子之悲，更是己之所欲为之而不能。或许正因为如此，孔子悲叹，不仅愤世，更有不情愿的内在觉解，一以贯之所死守的文道救世之道，却在孔子生命底部衰弱了，甚至在夜深人静的天籁之中，也难以唤起对它的回味。这才是"甚矣,吾衰也! 久矣,吾不复梦见周公"的思想底蕴和情感底色。

第6章释义

子曰:"志于道,据于德,依于仁,游于艺。"

[注释]

志:心之存向,指人生志向和目标。

据:依据,意为执其坚守。

依:顺从,意为不违背。

游:游,游泳。意为自由闲适。

[译文]

孔子说:"我之所以能贤比老彭,是以返本开新的救世大道而立志,据其大道之德而坚守,依其大道之仁而修养,从容其大道之艺而适情。"

[通解]

上章是孔子自叹人生衰老和世道日衰,所欲行之大道亦日远。本章是孔子向弟子讲述自己一生努力所行之大道。《论语注疏》正义曰:"此章孔子言己志慕、据杖、依倚、游习者,道德仁艺也。"应该是较好地把握了孔子自述何以贤或者何以成君子的几个主要方面,亦可看成对第三章忧其"德之不修"的正面展开。

一

从句法观,本章四句话属同一意动式句法结构"……于……",翻译成现代汉语即是"以……为……"。并且,这四个意动句之间又构成内在的逻辑生成关系。

本章中,孔子表达的基本内容,是以道为依据确定人生志向和努力目标。理解本章内容的关键,是知晓孔子所据之道是何道。

概括地讲,孔子所志之道,是他终身守死的"善道",这个善道可称为"大",但它不是老子般的自然宇宙之天道,也不是"怪力乱神"之神道,更不是谋求己利的欲道,而是返本开新重建传统的人间正道,具体讲是以"以仁入礼达乐"方式重建社会秩序和心灵秩序的中正之道。以此大道为准则来确立人生志向和奋斗目标,自然要"据德坚守"。在这里,所据之德,只能是大道之德。这个以大道为规范和引导的德,对于社会实施言,就是礼;依据这个大道所行的主体性建构,是恭、宽、信、敏、惠;将这个大道落实于个体的日常践履,是"己所不欲,勿施于人"和"己欲立而立人,己欲达而达人";以此大道为准则来经营家族和家庭,是孝、弟;以此大道为准则来处理人事,是忠、恕;以此大道为准则来交结友朋,是诚、义;以此大道为准则来处理政务,是正己以正事,正己以正人。

二

"以道立志"并"据德坚守"的主体性前提,是修德。唯有修德才可行德,但修德的依据只能是仁,即以仁"爱人"、以仁"惠民"和以仁"使民",但前提是修己,孔子将其表述为"修己以敬"—"修己以安人"—"修己以安百姓"(《宪问》)。基本任务是惠民,具体地讲就是"其养民也惠,其使民也义"(《公冶长》)。

因道据德,由德而仁再至于将道、德、仁予以日用伦常的践履,就是艺。这里的艺,不是一般的才艺、技艺,而是治世之艺,它既是道艺,也是德艺,更是仁艺,是道、德、仁的整合运用之艺。唯有"游于艺",即整合运用其道、德、仁而治学、治生、治事、治世,才可达于自在、自由、自得的恬然之境。

从志于道到据于德,再到依于仁并最终游于艺,这是由理想到现实、从认知到践履的人生成长过程,更是以仁入礼达乐的修行过程。在这一双重敞开的过程中,"志于道",意在建构人生格局,这一格局是大而非小,是公而非私,是历史发展论的而非个体私利论的。"据于德",意在确定人际交往准则和做人底线,因为只有德才不会使人孤立无援。"依于仁",意在确立君子的内在条件和人格境界。"游于艺"意在明确人生的丰富性方式和方法,构成君子人格的寄托所在。

第7章释义

子曰:"自行束脩以上,吾未尝无诲焉。"

[注释]

束脩: 有两解:一是指具体的肉类食物,即"脩",指干肉,亦称脯。脯以条为单位,称之为脡,十脡为束。意为送一束干肉,就可拜师求学。二是指束带修饰。古人年十五束发,以为成人。意为只要年满十五周岁,就可收为弟子。这恰恰与孔子"十五志学"之自表相契合。

无诲: 诲,教导。意为不管什么人都可以教。

[译文]

孔子说:"不管何人,只要十五周岁以上者送至少一束干肉作拜师礼,我就收之为徒并教之无诲。"

[通解]

本章内容,是孔子自述开府办学,来者不拒。口气之大,源于"志于道,据于德,依于仁,游于艺"的绝对自信。对孔子来讲,如果没有"志于道,据于德,依于仁,游于艺"之大道大德大仁大艺,绝不可能什么人都可以招收,什么人都可以教好。

———一———

孔子如上自述,内含相当丰富的历史内容。

孔子如此自述,构成后世了解孔子学府如何招生的信史。

首先是孔子学府招收学生是否要缴纳学费的问题,涉及对"束脩"的理解。人们往往将孔子之"束脩"理解为收取学费,这是否属于当时的实情,有待考证。如果说一束干肉就是学费,这点学费之于办学来讲,几乎是杯水车薪。所以,将"束脩"理解为拜师礼,似更合于常理。冉求替公西华母请粟(《雍也》)的记载表明孔子学府建制相对齐全,其粮食储存不仅能保证学府的生活,而且还有接济贫困弟子家庭生活的能力。由此可以想见,如果孔子收徒要收学费的话,其学费远不止一束干肉,如果不收学费,办学所需的费用从何而来,这似乎无考。

其次是孔子学府招收学生的条件要求。孔子招收学生,当然要采取寻觅考察人才(《雍也》第十四章)的方式,但主要是学生主动找上门来。

孔子招收学生,有两个硬性条件必须同时具备:第一,求学者必须束发成年;第二,求学者必须行拜师礼。

孔子招收学生,要求学生行拜师礼的要求不高,即十条干肉。这或可说明两点:第一,春秋晚期,已是私学盛行,虽然"天子失官,学在四夷"(《左传·昭公十七年》),但贵族子弟主要还是接受官学或家族私学。像孔子这样的平民教育,招收的对象大都是庶民或世代耕种的富庶民的后代,拜师礼的规格自然体现平民化特征。第二,孔子办学,不为赢利,乃是为教化天下英才以治邦安国,重建文道社会,所以,收受十条干肉作为拜师礼,以示学生对老师的尊重和对学问的景仰,这是起码的。如果不尊重老师同时又缺乏对学问的景仰,这种人是不能做学生的。所以,孔子招收学生,以学生的自愿求学、景仰学问、崇敬老师为根本要求。

二

从本章提供的信息看,只要行一束干肉的拜师礼,就可以成为孔子学府的学生,并得孔子教之"无诲"。这应该是有教无类的教育思想和教育原则在招收学生的基本条件上的呈现。

孔子的有教无类,是相对有教有类言,是对有教有类的教育制度、教育模式、教育思想和准则的突破。有教有类的教育,是学在官府的教育,也可以说,有教有类,是学在官府的前提。学在官府,首先确定了人是有类的,然后规定教是有类的。什么人有资格受教育,受什么内容、范围的教育,这都有严格的规定。所以,有教有类的教育,与庶人、民无关。相反,有教无类的教育,虽然也承认人存在"类",但在受教的资格和权利上却没有类的规则和限制,只要你愿意求知并且能循礼拜师,就可享受到教育。"南郭惠子问于子贡曰:'夫子之门,何其杂也?'子贡曰:'君子正身以俟,欲来者不拒,欲去者不止。且夫良医之门多病人,檃栝之侧多枉木,是以杂也。'"(《荀子·法行》)荀子这则记载可与"自行束脩以上,吾未尝无诲焉"形成对孔子有教无类的互证。同时还表明:第一,有教无类在当时是最新的教育思想,只有孔子这样的以文道救世为己任的教师才愿做和能做的;第二,在春秋这个私学始兴的时代,其所办之学能够深刻影响后世者,孔子之外,几乎再无他人。究其原因,有教无类应该是使其成功的最根本的因素。

孔子之"自行束脩以上,吾未尝无诲焉"所体现的"有教无类"招生原则和"有教无类"教育思想,包含两种本质性的教育精神:一是普遍平等精神,不管"自行束脩"的来者是谁,就算犯过罪、坐过牢的人,只要有心求学,能够"自行束脩",都能成为孔子的弟子。二是自由精神,"自行束脩以上"表达的就是这种自觉、自愿、主动求学的自由,因为孔子最为明白,**只有来去自由的教育,才可是真正的教育,也只有真正自由的教育,才可培养出修德取位和以德正位的君子,实施文道救世。**

进一步来看,**平等和自由,应该是孔子生活的当世社会变革、思想和教育繁荣的精神土壤。孔子"自行束脩以上,吾未尝无诲焉"的招生原则和教育思想,恰恰是春秋晚期社会的基本精神风貌的呈现。**

第8章释义

子曰:"不愤不启,不悱不发,举一隅不以三隅反,则不复也。"

[注释]

愤:意欲疏却郁积于心的情感状态或思维状态,亦曰内心求知其对象而不得通晓的状态。

启:撩开,意为开导。

悱:以内在冲动舒泄而不能言的憋懑状态,或曰想说却找不到恰当语言表达的郁积困境。

发:开发,意谓点拨。

举一隅不以三隅反:隅,角落。指物方者四隅,举一隅示之,当类推其三。如果举示一隅而不知其三隅,表明其思维呆板,不能触类旁通。

[译文]

孔子自道其有教无类的教育方式说:"我教学生,其未达到对问题的心愤求通状态,不予以启发;思想没有陷入欲求表达而无以语的困境,不予以开导;对问题的思考或讨论,没有达到举一隅而类推其三者,则不予提点。"

[通解]

本章与上章内容都承接第二章"诲人"而来。上章是孔子自述:凡"自行束脩以上"者,均可以"教之无诲"。本章孔子总结对凡"自行束脩以上"者"诲之"的方法。

一

孔子自谓诲人的方法有三:一是唯有当学生"愤"时他才"启";二是唯有当学生"悱"时他才"发";三是当自己举示"一隅"而学生能够"反三隅"时他才继续其教学活动。

孔子"诲人"的三种方法,也是三种方式,更是呈现不同思维认知水准的三个环节:

不愤不启,是内在的思维训练方法。这一训练方法展开为开阔视野、提升认知、形成思想、获得方法的训练过程。这一训练过程面对的是问题,或者学理问题,或者生活问题,或者有关仁、礼、乐以及进或退的问题。围绕问题展开深度思考,极尽所能达到思维的极限尚不能突破其困境时,才针对性地予以启示,学生就会顺势登上思维认知的新阶梯或思想生成的新境界。

不悱不发,是表达训练的方法。思考要有对象,因而,思想的形成相对具体的对象而来。表达要有内容,这个内容是由思维训练所形成的思想、认知或观念、看法。思维训练,力求认知清晰,思想正确,将清晰的认知、观念或正确的思想表达出来，要求有序和有条理，这不仅涉及对语言的选择与组织能力，更涉及对表达内容的重新思考，即对所表达的对象内容予以表达性的或者说条理性和层次化的思考。所以，训练学生对思想、情感、认知的表达能力，需要在学生产生强烈的表达冲动但又苦思冥想最终找不到得体的方式和语言来表述时，才给予恰如其分的点拨，帮助学生冲破语言（本质上是思维和思想）的牢笼，获得言之有物和言之有序的能力。

从思维到表达，仅仅属于纯粹认知的训练范畴。教育的目的，是使所有形式的认知训练最终指向对生活问题的解决能力的培养，由此形成第三种方法，即应用拓展训练。应用拓展训练本质上是一种生活实践训练，它涉及选择具体的生活情境、生活问题、生活困境的实战训练，其训练的要点是培养学生举一反三的能力，方法是老师先举隅以示，学生必须紧跟类推。如果老师举隅相示，学生无法积极跟进以一隅之示反三隅之实，老师不会为之再浪费时间和精力，而是中止教学活动。

二

孔子总结的如上三种"诲人"方式和方法，蕴含三个要点：

首先，老师之教，乃为学生之学。所以，老师之教必须服从学生之学。具体地讲，老师之教，必须建立在学生自具其学的主动性、积极性和要求性基础上，唯有如此，教才可产生最优效果。

其次，围绕学生之学展开教，必须得体、恰当、及时，一定要起到画龙点睛的作用。因为，唯有当学生"愤而不通""悱而难言""举隅反三"受阻的情境下，老师之教才产生最优效果。

再次，孔子"诲人"，将思维、表达和应用拓展纳入整体来设计，并发现思想、表达和应用拓展三者之间的内在生成关联：思维（或者说思想认知）的正确是得体表达的前提，应用拓展既要以思维认知的正确为前提，也要以得体表达为前提；同时，应用拓展训练又要以采取"举一隅以反三"的方式将学生引向更高阶梯的思维认知能力的训练为目标，如此循环上升不已的开放性过程，真实地呈现孔子"诲人"的整体教育方式和教学方法。

以孔子"诲人"三法观《论语》，它体现一个整体性的表述风格，即弟子问多少，孔子就答多少。弟子问得多，孔子答得多。为何？这是他的"不愤不启，不悱不发，举一隅不以三隅反，则不复也"的教育方式和教学方法使然。

第9章释义

子食于有丧者之侧，未尝饱也。子于是日哭，则不歌。

[注释]

食：在（有丧者之侧）吃饭。

有丧者之侧：有丧者，死者家属。侧，旁边。

未尝饱：不曾吃饱。

是日哭，则不歌：是日，指参加吊丧这一天。歌，唱歌。指吊丧而哭则当日不乐，此乃当世之礼："吊于人，是日不乐"（《礼记·曲礼上》）。

[译文]

孔子参加丧礼，死者家属陪同进餐，孔子不饱食。第二天出殡，孔子哀其逝而哭，回家后，当天不再唱歌。

[通解]

许多版本将此分为两章，朱熹将其合为一章，钱穆从之。从内容观，理应如此才可还原孔子吊丧的完整过程。在古代（其实这种丧礼也保持在现代生活中），人从逝世至入土为安，展开一个比较长的时间过程，这也是亲戚、乡邻、友人的吊丧过程。一般地讲，除亲戚外，乡邻、友人吊丧死者，往往要前后两次。知道死者逝去，要备丧礼以吊，主要是安慰丧主。出丧日必吊，以最后告别逝者。从本章记载的内容看，孔子与丧主的关系，似属邻里关系。此两章所记原本一事，亦本该一章，它记载孔子吊丧邻里的完整过程：前一句记载邻家有丧，备丧礼以吊，并参加丧主为客人准备的丧餐，孔子尽礼不饱；后一句记载出殡那天，孔子为入土的逝者告别，哭，且当日不歌。

一

亲人过世，哭乃自然，不饱更属人性之本来，故不值得记。

邻人逝，参加丧礼，不饱且哭，即使回家，当天也为其哀而不歌，不仅是丧礼的基本要求，更显共通的人性光辉。记之，有价值。

孔子讲"性相近"，其共通的人性最能够体现在人的生与死两个方面。邻里有丧，孔子从礼，亦往吊之。食之不饱，殡之而哭，既是丧礼要求，也是人性使然。丧礼毕而归，每日以音乐为伴的孔子，当日不歌，已不属于礼的范畴，而是节制之德。试想，出殡的当天，丧主及亲戚尚处于悲痛之中，你高歌自娱，有人性吗？

二

孔子吊丧食之不饱、殡之而哭、归而不歌，这三个环节原本是一个整体，呈现孔子行丧礼的君子之德。礼与德紧密地联系。从规范产生的行为效果论，礼就是德。具体言之，二者有区别：礼是规范，它重在形式，更强调他律性;德更重于实质,强调自律性。尤其丧葬方面,礼与德的区分性体现得更为清晰。孔子参加邻里丧葬,食之不饱、殡之而哭与归而不歌之间体现这种区分。前者可以看成纯粹的礼,后者却是自律性的德,它与之前所行的丧礼已经没有任何关联。孔门弟子之所以记下孔子参加邻居丧礼的全过程,重心不是突出食之不饱和殡之而哭,而是突出归而不歌。在弟子们看来,孔子的归而不歌,才是高德,是贤君子所为。所以,孔门弟子记录下孔子此行,演绎了真正的礼,必须是形式规范与内在性的德的有机统一。唯有这种统一的行为,才是君子所当为者。

第 10 章释义

子谓颜渊曰:"用之则行,舍之则藏,唯我与尔有是夫。"

子路曰:"子行三军,则谁与?"

子曰:"暴虎、冯河,死而无悔者,吾不与也。必也临事而惧,好谋而成者也。"

[注释]

用之则行:用,启用、任用,这里指被举荐做官。行,行动、作为,指推行自己的政治主张和理想。

舍之则藏:舍,与"用"相对,指被抛弃、被忽视,即不被所用。藏,收敛、隐藏自己的政治主张和理想。

谁与:与,同事、共事。谁与,动宾倒装,与谁,指和谁共事。

暴虎、冯河:暴,赤手相搏。暴虎,指赤手空拳与虎相搏。冯,同凭,凭借。冯河,指不假舟楫徒步渡河。此出自《诗·小雅·小旻》"不敢暴虎,不敢冯河"。孔子以暴虎、冯河喻子路粗勇无谋。

临事而惧,好谋而成:临,遭遇、面对;惧,警觉、谨慎。指遇事小心谨慎。好,善于。成,确定。指遇事谨慎、善于谋定而后动,方得成功。

[译文]

孔子对颜回说:"如果被任用,就推行己道;如果不被任用,就藏而等待。这用、舍、行、藏之道,只有你和我两人才能做到。"

子路听后很不以为然地反问夫子说:"假如老师统领三军打仗,希望谁与你在一起?"

孔子回答说:"至少不会与空手搏虎、徒步渡河、至死不悔这三类人共事,只有临事谨慎、善于谋划并能够做事成功的人,才是我愿意共事者。"

[通解]

第六章"志于道,据于德,依于仁,游于艺",既是对前五章内容的概括,也是对其后内容的开启:本篇第一章论如何"志于道";第二、三章述怎样"据于德";第四、五章叹晚年志道未酬而岁月已逝、人生衰老。虽然如此,年轻努力亦有成效。第七、八章述如何以"道、德、仁、艺"教化天下英才。第九章以吊丧为例述如何道之以德,才可行之以礼。本章则以孔子与子路的对话来表述"志于道、据于德、依于仁"者,如何自由地"游于"治世之"艺"。

一

本章所记载的对话事件,其发生和展开,一定有一个具体的语境。

在子路和颜渊均在场的特定语境中,孔子独对颜渊说"用之则行,舍之则藏,唯我与尔有是夫",表明孔子说此话时一定有缘由,记录者掐去其缘由,孔子之言就显得突兀。将其掐去的缘由补上,可能是孔子、子路、颜渊三人谈,孔子特别教授君子的为人经世之道,或许子路对夫子所论的为人经世之道有些不以为然,惹孔子不高兴,所以故意褒奖颜渊,或者借此揶揄的"冷落"方式促子路冷静,或者以此激将方式开导子路。因为孔子清楚自己在子路的心目中的地位,子路对孔子是绝对的崇敬和忠诚,是一个任何情况下都希望能在夫子身边并以之为快乐的人。然而,子路不是子贡,其开朗的性格、直率的个性,使他在夫子面前从来是无所顾忌地放言。当孔子故意以如此方式教导他时,他却转不过弯来,在他看来除了一味迎合老师而别无他能的师弟颜回,竟得到老师如此看重,自然心生不服之气,本性耿直的子路,直截了当地问夫子:老师您那样看重颜回师弟,如果哪一天邦君启用老师,请您统帅三军打仗,您还愿意与颜回师弟在一起?

子路的质问,直截了当,孔子不能回答,但又不能不回答,于是采取答非所问的方式回答,却无意地揭露子路勇而无谋、粗疏不细、敢为不慎的性格缺陷,所以,孔子的回答虽然"答非所问",但也"歪打正着",子路最终无语。

二

孔子与子路的对话,其实是一堂"不愤不启,不悱不发,举一隅不以三隅反,则不复也"的成功教学案例,或者说是孔子对自己的"三不"教育方式和教学方法的具体运用。孔子以暴虎、冯河为喻教育子路,但子路最终未能"举一隅以反三隅",使孔子之"若由也,不得其死然"(《先进》)竟一语成谶。

孔子论"志于道,据于德,依于仁",最终落实于"游于艺"。所谓"游于艺",就是个性自由的治世方策、方法、智慧。孔子在这里将其归纳为"用""行""舍""藏"。对孔子来讲,其"用""行""舍""藏",既是从政之道,也是处世之道。前者从如何作为论，后者从怎样自处论。"用""行""舍""藏"此四者整合运用，构成孔子"隐居以求其志，行义以达其道"（《季氏》）的一贯主张和处世之道。这一处世之道的抽象表达，就是"邦有道则仕，邦无道则隐"；将这一处世之道具体化，则是"君使臣以礼，臣事君以忠"。孔子事鲁以及游国之进退，全以此为准则。孔子"用""行""舍""藏"之道的内在规定，是返本开新的文明重建和"以仁入礼"的文道救世理想，其精神实质是自由。孔子虽有炽烈的从政欲望和践行救世的理想，但前提是理想的自由，出仕也须在自由的前提下才得到认真考虑。这是孔子最了不起的特立独行之处。

第 11 章释义

子曰："富而可求也，虽执鞭之士，吾亦为之。如不可求，从吾所好。"

[注释]

富：禄，亦为今天所讲物质财富，虽然它与"贵"联用，但内涵不同。富，指占有大量的物质财富，意为富有。贵，一指地位、身份的特别；二指德性、品质、文雅等方面体现高品味。在君子时代，二者统一于人本身即是贵。

执鞭之士：执鞭，手握马鞭。在古代，专指手握马鞭牵马为王公贵族开路的人，这类职业也有官秩职位，依周礼，其官秩为下士，故称之为"执鞭之士"。

从吾所好：从，随，信从、服从。所好，所崇信，所主张，所坚持。指服从我所坚持的主张、大道。

[译文]

孔子说："如果物质富有可以依道而谋得，哪怕执鞭为人牵马开道，我也愿意。如果物质富有不能依道求得，那还是崇信我主张的道，依其道生活吧。"

[通解]

"用之则行，舍之则藏"之所以构成为政治世和生活自处的准则，是因为它贯穿了"道""德""仁"于其中，是以"道""德""仁"为内在规定和根本指南。本章则以财富占有和享受为例，说明应该如何运用"用之则行，舍之则藏"。

一

本章中,孔子论富,而不是论富贵,与子夏将富与贵联系起来言"富贵"有区别。因为"富"指禄,是对物质财富的大量占有,"贵"指位,或地位,或品味(地位属社会身份的范畴,品味属德性修养的范畴)。孔子区分富与贵,指出富与贵往往不可统一。表达的基本主题,不是富贵可不可求,更没有说富贵是天命的安排非人力可求,而是认为富有可求。富有可求,这不是一个理论问题,而是一个普遍性的生活意愿:凡人,都本能地求富有。并且,生活在不同阶层中的许多人,实实在在地求到了富有,所以,论证富可不可求、能不能求,以及求不求得到,实际上没有意义。孔子非常清楚这一点,所以他不会无聊地把精力浪费在这方面。孔子阐述的是自己对富有的基本看待:如果富有可以其道求得,哪怕干地位卑贱的职业,也愿意;如果不能以道求得,宁愿不要富有,也不会放弃自己的为道主张和对己道的坚守。

二

孔子关于取舍富有的思考,贯穿"志于道,据于德,依于仁,游于艺"的基本主张:富必须合于道、德、仁、艺。因为求富而弃其道、德、仁、艺,是孔子反对的。以此来看,第一,孔子认为"富而可求"者,必要达于贵。孔子强调的贵,不是身份地位,而是德性、品味,具体地讲是德。第二,孔子主张的德,必须以道为规范,"志于道,据于德,依于仁,游于艺"。德据于道,仁据于德,艺据于道、德、仁。以此观之,求富,在孔子的世界中不过属于"游于艺"的范畴。要使求富本身成为贵,必须为仁,必须有德。当然,为仁即是有德,但在孔子看来,为仁有大小之别,德亦有品味高低。如何辨别?或辨别的依据是什么?孔子明确指出是道。孔子很清楚,道也有君子之道与小人之道、庸常的生活之道与特别的救世之道等方面的区别。孔子反对小人之道而主张君子之道。孔子不反对庸常的生活之道,但他不追求庸常的生活之道,因为他自"十五而有志于学"始就建构起特别的救世之道。所以第三,孔子明确表达自己的主张:"富如能以吾道求之,我也会毫不犹豫地去求得;如不能以吾道求之,我只能且必须继续崇信己道,哪怕贫穷困顿也在所不惜。"孔子发此论的时间,应该属于晚年,可能是在总结自己一生奔波谋求富贵为何终不可得的根本原因,并表达出为自己终生不渝地坚守己道而失去诸多富贵机会的安然自得心态。

三

孔子晚年总结自己的富贵观,有其更丰富和深邃的内涵。品读本章内容,更可以理解孔子道德哲学和政治哲学的实质。

概括地讲,孔子的道德哲学,是以利益为本质规定的哲学。这表明孔子的学说并不排斥利益,他自己一生也努力追求利益,但求利求禄求富与贵必须有道。在孔子看来,对于常人,求利求禄求富与贵,应该有道,但对自己来说,求利求禄求富与贵,必须有大道,即不能放弃返本开新和以仁入礼方式重建古代文明的使命,舍此,利禄、富贵均不可求。

孔子的政治哲学,仍然是以利益为内在规范。在孔子看来,政治本质上既是一种利益定格方式,也是一种利益谋求方式,不同的利益定格方式和谋求方式形成不同的政治理想、不同的政治主张和不同的政治实施方略。孔子以采取返本开新和以仁入礼方式重建古代文明为最大的利益诉求,由此形成他最高的政治理想,并以此终身探求,哪怕窘迫困顿亦不改其道。

第 12 章释义

子之所慎:齐,战,疾。

[注释]

慎:谨慎。

齐:通"斋",斋戒。"齐,必有明衣,布。齐必变食,居必迁坐。"(《乡党》)中的"齐"一样为"斋",指祭祀前沐浴静修,以整洁身心。

战:战争。

疾:疾病,这里应理解为流行性传染病,即瘟疫。

[译文]

孔子所慎重对待的事有三件:一曰祭祀斋戒;二曰战争;三曰瘟疫。

[通解]

上章讲富有的取舍之道,实质上是论治生与处世之"艺",必志道、据德、依仁,孔子将其概括为一个"好"字。本章论治邦之"艺",如何依据"道""德""仁"而"慎"为"齐、战、疾"。

—

孔子何以要如此谨慎地对待"齐、战、疾"三事?

首先,祀与戎是古代最重要的国家大事,"国之大事,在祀与戎"(《左传·成公十三年》),祀,既指祭祀,也指祭典,是古代最庄严的礼。

祭祀表达对先主的恩报。古人坚信,祖上有神灵,能护佑,但前提是必须恩报,由此形成周人的敬宗崇祖的祭祀制度。

祭典表达对天地的敬畏和感恩。古人认为,一切都来源于天地神灵的恩惠,国家以及王公贵族拥有的一切,需要天地之神的护佑,但前提同样是恩报,由此形成祭祀天地之神的制度。

基于如上认知,形成"夫祀,国之大节也"(《国语·周语上》)。古人认为,祭祀既是国家主权的象征,也是王权及合法性的象征,所以主祭者必是一国之君。它成为非常隆重、庄严的国礼:"夫礼,天之经也,地之义也,民之行也。"(《左传·昭公二十五年》)因为它具有"经国家,定社稷,序民人,利后嗣者"(《左传·隐公十一年》)的功能,所以必须慎重以待。

二

戎,兵戎,本义为兵器,泛指军队,象征战争。

战争,就本身言,不仅决定社会的动乱,更关涉国家的存亡。战与不战,需要听从神意,并以神意的方式达成共识,凝聚人心,形成上下同志,这是战无不胜的根本保证。

慎重地对待战争。首先,要充分地认识清楚战争的性质。"天生五材,民并用之,废一不可,谁能去兵? 兵之设久矣,所以威不轨而昭文德也。圣人以兴,乱人以废。"(《左传·襄公二十七年》)宋国贤臣子罕这番话表明慎待战争性质的重要性。其次,应慎重地看待战争的作用。"夫文,止戈为武。武王克商,作《颂》曰:'载戢干戈,载櫜弓矢。我求懿德,肆于时夏,允王保之。'又作《武》,其卒章曰'耆定尔功'。其三曰:'铺时绎思,我徂惟求定。'其六曰:'绥万邦,屡丰年。'夫武,禁暴、戢兵、保大、定功、安民、和众、丰财者也,故使子孙无忘其章。"(《左传·宣公十二年》)能否起到"禁暴、戢兵、保大、定功、安民、和众、丰财"的作用,成为战争取舍的准则。再次,从根本讲,战争关涉民心所向。《左传·庄公十年》曹刿论长勺之战,认为可以应对的重要条件是"忠之属也,可以一战",即鲁庄公忠民,拥有民心。而获得民心的前提,却是厚民、利民、有民、保民,因为"民生厚而德正,用利而事节,时顺而物成。上下和睦,周旋不逆;求无不具,各知其极"(《左传·成公十六年》)。

概括如上内容,则可理解孔子慎之以"战"的原因。

三

孔子论慎于齐、战、疾,此三者本身具有内在的关联性。首先,斋戒关涉恩报和心灵秩序、情感秩序、精神秩序的建构,因为恩报的本质是架设起人与先人、人与天地神灵之间的通道,构建起人的心灵、情感、精神等方面与先人、天地神灵的秩序结构和可自由交通的时空关系。其次，战争关涉国家安全和社会稳定，但它必以心灵、情感、精神秩序的建构为前提，所以，齐是战与不战以及战之必胜的心灵、情感、精神保证。最后，国家安全和社会稳定的重要条件，是人民健康、社会无疾。从这个角度看，瘟疫不仅关涉人的健康，更涉及人的生命是否存在，涉及邦国人口的多少。所以瘟疫不仅威胁社会稳定，决定国家强弱，更关涉恩报是否能正常延续和强化。因为古人相信，人间的灾变，根源于上天、神对邦君的惩罚甚至抛弃。由于人命关涉社稷，人命亦关乎天对邦君的意愿，所以瘟疫一旦产生，就不可掉以轻心，必须慎重对待。

孔子所讲的"齐、战、疾"，不是一般的生存论，而是政治学，是讲为政者应该慎重对待的三件为政大事。面对斋戒、战争、瘟疫这三件大事，慎重或不慎重，决定邦国的安危、民生的疾苦。所以，孔子的三慎，是指治邦安国三要。治理邦国抓住这三件大事，慎重地处理好这三件大事，社会就会有秩序，邦国就会安全，民、人就会安居乐业。

第 13 章释义

子在齐闻《韶》，三月不知肉味。曰："不图为乐之至于斯也。"

[注释]

子在齐：孔子之齐的时间，大约是公元前 517 年，时三十五岁。这年鲁国内乱，孔子来到齐国，为接近齐景公，孔子做了齐相高昭子的家臣。孔子果然受到齐景公的召见，并得到齐景公的特别欣赏，准备将尼谿田封给孔子，据说因晏婴进言反对，未果。虽然求仕不果，但孔子之齐获得的最大收获，是与齐国乐师谈论音乐，因此欣赏到《韶》乐。

《韶》：相传是上古虞舜时的一组宫廷音乐，称为舜乐，纯雅。《八佾》记载"子谓《韶》：'尽美矣，又尽善矣。'"。正是因为《韶》乐尽美尽善，孔子才为之学，而且"三月不知肉味"。

不图：不意谋，想不到。

[译文]

孔子在齐国，欣赏到《韶》乐，因其尽美尽善而学之，三个月不知肉味。孔子感叹说："没有想到音乐之美可以达到使人忘掉食欲的境界啊！"

[通解]

第十一章孔子自述如何"志于道,据于德,依于仁"而行**治生处事**之艺。第十二章是他人记述孔子"慎"于"齐、战、疾",以表达其如何"志于道,据于德,依于仁"而行**治邦经世**之艺。本章则记述孔子"闻《韶》,三月不知肉味"以论如何"志于道,据于德,依于仁"而行**治心成己**之艺。

一

对《韶》乐,孔子欣赏之并做出"尽美尽善"的纯雅评价,表明孔子的音乐能力达到了心领则神会的境界。

因为《韶》乐尽美尽善,孔子听而即学,并且学而必求精通。孔子乐学《韶》三月而会,表明《韶》乐难学,其难学主要不在于演唱的技艺复杂,更在身心修炼。音乐本质上是人对天地神灵的会通,需要尽美,更需要尽善。所以,学习《韶》的过程,实质上是内修善外修美的过程。达到尽美尽善的心灵境界和人格境界时,才可悟《韶》真谛,融通《韶》中的精气神,真正自如地或者说尽美尽善地弹唱《韶》。所以,学《韶》三月的过程,是生命投入"发愤忘食"的过程,必须进入世间唯有《韶》和乐人生、生命、时光的绝对自由状态。进入这种状态,什么都不重要,什么都被抛弃在一边,更何况肉食乎。所以,学《韶》三月不知肉味,不仅极言凡事专注,首先言《韶》乐绝美绝善,更为根本的是极言孔子对人间善美的尽性至诚要求。

二

春秋时,宫廷最有名的两组音乐,一曰《韶》,二曰《武》。孔子对《韶》《武》两组古乐的评价不同:评价《韶》"尽美矣,又尽善矣";评价《武》却是"尽美矣,未尽善矣"(《八佾》)。

美是对乐曲的**有意味的形式**的评价;善是对乐曲**有意味的内容**的评价。

《韶》是舜时的乐曲,舜接受尧禅让而为天子,乃为尽善尽美。《武》是武王时的乐曲,武王兴师伐纣而夺得天下,虽然也正义,但不尽善,理由是武王伐纣"血流漂杵"①:"甲子昧爽,受率其旅若林,会于牧野。罔有敌于我师,前徒倒戈,攻以后北,血流漂杵。一戎衣,天下大定"(《尚书·武成》)。孟子认为武王的灭商战争,是替天行道之至仁,不应该有"血流漂杵"的杀戮,所以,他提出"尽信《书》,则不如无《书》。吾于武成,取二三策而已矣。仁人无敌于天下。以至仁伐至不仁,而何其血之流杵也?"(《孟子·尽心章句下》)。孟子的如上辩护,立足于维护文饰后的周家正统,与孔子

---

① 杨宽:《西周史》上册,上海,上海人民出版社2017年版,第2页。

比较,意味着倒退。信而好古地倡导遵从"周道"的孔子,从盛大文饰的周礼中正视武王灭商"血流漂杵"的杀戮,从《武》中感受到宣扬武王丰功伟绩的华美音乐中充满的杀伐之气,因为这是通过"血流漂杵"杀戮来实现"至仁"的"替天行道",更为客观的历史事实是:好战的周人为扩张生存空间而展开"血流漂杵"的残酷杀戮夺取天下,建立新王朝,所宣扬的"替天行道",虽然通过文饰可获得尽美,却始终不能达到尽善,这是孔子舍《武》而学《韶》,且学之"三月不知肉味"的原因。以此观"子在齐闻《韶》,三月不知肉味。曰:'不图为乐之至于斯也'"之述,不仅仅是欣赏音乐的问题,而是在曲折地表述历史的真相,宣扬反对暴力和战争的思想,以及周对文饰罪恶本身的思考。并且这种思考在子贡那里得到延续:"子贡曰:'纣之不善,不如是之甚也。是以君子恶居下流,天下之恶皆归焉。'"(《子张》)

三

孔子"闻《韶》,三月不知肉味",不仅在古乐修炼和审美能力方面得到提升,更为根本的是领悟到"不图为乐之至于斯也"。好的音乐何以会如此迷醉人心?在孔子看来,好的音乐不仅美,而且善,是美与善的互涵性生成。由此揭明本章蕴含的三个层面的思想。

第一,美和善的关系。孔子认为,善与美必须是一体的,真正的善,必须是美,内在的美,只能是善的。只有形式的美,才与善相脱离,形成善与美相区别的二元论。孔子以《韶》乐"尽美矣,又尽善也"和《武》"尽美矣,未尽善矣"(《八佾》)的对比来说明此。

第二,孔子借此指出人间善美的实质:善是仁,即仁性、仁心、仁爱的体现,它必须基于事实本身,或者人的行为及其造成的结果本身,不容夸饰与虚构。美,既可是仁之实,也可是非仁之饰的形式。所以,美是基于对事实、行为及其结果的取舍性修饰或虚构。正是因为如此,大美、至美、尽美,不能只有形式,还必须内驻内容、实质,存在事实本身体现的善。从这个角度讲,**真正的美必须以善为本质规定,真正的善也必须以美为形式要求**。

第三,孔子舍《武》而学《韶》,更表达善恶美丑的历史观:评价历史的善恶美丑,不能以今天是否掌握了评价的话语权为准则,应该以历史本身为标准。孔子崇周,所崇的是"周监于二代"创造的"郁郁乎文"(《八佾》),对于周灭商的残暴杀戮史,孔子并不认同,他以《韶》尽美尽善而《武》尽美却不尽善之对比,委婉表达自己对这段历史的客观评价。

四

本章不仅在评价美,更在于通过对《韶》美的评价,曲折地阐发自己的历史观和社会理想。

　　孔子通过对"闻《韶》,三月不知肉味"的行为和"不图为乐之至于斯也"的赞美,以曲笔评价周人发迹历史的方式,表达自己返本开新的历史发展观和文道救世的社会理想,反对战争,反对流血,反对暴力。正是在这个意义上,本章与上章之间存在着本质内涵的关联性。上章中,孔子主张为政必须慎重处理好三件大事,其中最重要的是战争,战争不仅关涉邦国安危,也关涉人的安居乐业和生命存在,更关涉历史的走向,文明的存亡。本章借闻《韶》曲折地阐发对周的二分评价:周监于二代创造出来的盛大文明,需要传承和革新而使其发展,周以"血流漂杵"方式夺取殷商天下的作为却不可取。因为暴力在本质上是毁灭方式,不仅是对社会秩序的摧毁,对财富的毁灭,对成千上万的生灵的涂炭,更为根本的是对血脉承传的文化、文明的毁灭。"子曰:'夏礼吾能言之,杞不足征也。殷礼吾能言之,宋不足征也。文献不足故也。足,则吾能征之矣。'"(《八佾》)由此不难理解"信而好古"的孔子说此番话时的沉重历史心情,亦可以整体关联的方式理解孔子终身"述而不作"的原因。周人不仅以"血流漂杵"的方式夺得天下,同时也可能以另外的暴行方式毁灭了上古的文明、典章、文献,导致所有的历史内容和文明都"不足征"。这就是战争的代价,具体地讲周得天下后,为掩盖这段野蛮的暴力史和宣扬自身统治的合法性而需要文明为之付出的代价,从根本上导致周之前的历史和文明的**"不足征"断层**,孔子之叹"不足征",曲折地表述这种断层是何以造成的。并且,孔子以"信而好古"的努力来"述而不作",不过是尽可能对这种断层的弥补而已。

第 14 章释义

　　冉有曰:"夫子为卫君乎?"

　　子贡曰:"诺,吾将问之。"

　　入曰:"伯夷、叔齐,何人也?"

　　曰:"古之贤人也。"

　　曰:"怨乎?"

　　曰:"求仁而得仁,又何怨?"

　　出,曰:"夫子不为也。"

[注释]

为:赞助,帮助,扶助。

卫君:指卫出公,卫灵公之孙。

[译文]

冉求问子贡:"老师会辅佐卫君吗?"

子贡说:"好! 我帮你问问。"

子贡入见,问夫子:"伯夷、叔齐,他们是怎样的人呢?"

孔子回答说:"他们都是古代的大贤人。"

子贡又问:"他们心里有怨恨吗?"

孔子回答说:"他们为求仁而各自放弃欲得,最后都得到了仁,何来怨恨呢?"

子贡从夫子房中出来,告诉冉求说:"老师不会辅佐这位君主的。"

[通解]

从第十一章"富而可求"到第十三章"闻《韶》,三月不知肉味",分别从三个不同角度论如何"志于道,据于德,依于仁"而"游于艺"。本章通过讲述伯夷、叔齐弃国"无怨"反衬蒯聩、蒯辄父子争位,表达君子"游于艺"必须有仁和德,前提是循道而行。

一

伯夷、叔齐,是孔子最仰慕的两位古贤,《公冶长》第二十三章、《季氏》第十二章和《微子》第八章分别对伯夷、叔齐大贤、高义做评价。本章又以伯夷、叔齐让国为镜来反衬蒯聩、蒯辄父子争国之不仁和无德。蒯聩、蒯辄父子不仁和无德的根本原因,是弃道。以文道救世为使命的孔子不会去辅佐无仁、无德、无道的邦君,由此映照"富而可求也,虽执鞭之士,吾亦为之。如不可求,从吾所好"的主张。

本章中,子贡与孔子的对话,既是面对选择的考量,又涉及历史事件,并围绕其历史事件对事件中的主人公做出明确的评价。通过其评价表达孔子自己的立场,这个立场决定了孔子对现实的选择。所以,要了解孔子的基本立场和理由,须对这一历史事件及其背景有所了解。

孔子游国十四年,开始几年和最后几年都在卫国度过。卫灵公执卫,其夫人南子干政,且有不轨劣行,世子蒯聩谋杀南子未遂,被其父灵公驱逐而逃至晋国。鲁哀公二年(公元前 493 年)卫灵公薨,国人立其孙即蒯聩之子蒯辄为君,即历史上的卫出公。但与此同时,晋国执政大夫赵简子派军队将蒯聩送回卫国,形成父亲同儿子争夺君位的局面。面对卫国的这种混乱局面,客居于卫的孔子及其弟子们自然关心卫国的时局,因为这涉及他们的生存及前程。于是有了冉求的急切之问。

冉求很急切地想知道夫子如何打算,但又不敢当面问夫子,因为孔门弟子都知道夫子的脾性,凡是不善问的问题,不仅孔子不答,而且还会遭受批评。故而有问而求诸子贡。子贡被称为"瑚琏",是因为他有通透之才,这种才能不是后人简单概括的能说会道的"巧言",而是凡事能对问题本身有整体的把握和深切的理解,并能够抓住问题的实质找到提问的最佳方式,然后用得体的语言表达出来。孔子所讲的"瑚琏"之器,就是融通地理解事物和准确地把握问题实质并找到解决问题的最佳方法的直观整合能力,这种能力的基础或者根本功夫,是深度的思想力和敏锐的判断力。在孔门中,唯子贡有如此大才,所以孔子不仅赞其为"瑚琏",而且最喜欢子贡提问,凡是子贡所问,孔子必认真回答,从不马虎。

冉求所提的问题,子贡已经了然于心,他知道,直截了当问夫子,夫子定不会说出真实想法,因为对于凡事谨慎的孔子,又客居他国,别国的政局动荡,客居者应该保持沉默以静观时变,否则会惹来不必要的麻烦。因此要套出夫子内心的真实判断与想法,必须采取迂回方式,即找到与当前卫君与其父争夺君位有相似性的历史事件,以此切入提问。于是,伯夷叔齐互让君位而双双逃亡的历史故事,就成为子贡求问夫子的话题。

殷商末期,孤竹君立三子做储君,长子伯夷本无所怨,其父逝后,三弟叔齐将君位相让长兄伯夷时,伯夷因此出逃了。叔齐让君位,是因为伯夷是其兄,理应继君位,其父在时不便反对,父逝,则可矫正其父的偏心。所以叔齐之举,既体现家庭血缘之孝,也体现家庭血缘之敬。相反,伯夷因弟出让君位而出逃,是谨遵父命,是为真孝。伯夷出逃,叔齐也放弃邦君之位随兄一同出逃,是为大敬,也是大贤。所以,子贡两问,孔子两答,其结论早在子贡的预料之中,只不过是要通过夫子之口表达出来:伯夷叔齐,乃殷商时代的贤人,殷商时代其君位承传,没有严格的制度,既可兄终弟即,也可父子相传,即使父传子,可传长子,亦可传次子。周继商,在制度的建设上实施两大变革,一是封建;二是建立嫡长子继承制。在没有明确的嫡长子继承制的殷商时代,基于血缘亲亲的长幼有序和上下有节,叔齐尚且让位长兄伯夷;而在严格的嫡长子制度规范下,卫出公却与父争君位,既是不孝,也是不仁。所以,孔子绝不会辅佐卫出公。

三

孔子回答子贡之问表明的如上态度,实际上是基于具体语境、具体问题的思考来定义仁。有关于仁,孔子有很多说法,其中最著名者就是"仁者爱人"。但在这里,孔子对仁者爱人做了一个具体的注脚:"仁者爱人"的首要定义是仁者爱亲。仁者爱亲的具体表述,是仁者孝亲和仁者敬亲。

伯夷在其父生前逝后都谨遵父命,在任何时候都不违父命,既是仁,也是德,更是道:"子曰:父在,观其志。父没,观其行。三年无改于父之道,可谓孝矣。"(《学而》)

父在,叔齐谨遵父命,这是孝亲之仁;父逝,叔齐还君位以长兄,这是敬亲之仁,更是德,而且贯穿了邦国礼仪文明秩序之道。

伯夷、叔齐,二人相让不下,双双出逃,是大德大道的大贤之仁,这是孔子所谓"求仁得仁"的实质含义。反之,辄辄被立为君,不迎流亡父归,是为不孝。父归国,不知其让,是不仁;与父争位,造成邦国混乱,是不义。不孝、不仁、不义,这是大不道。这种不孝、不仁、不义的无道邦君,对于已至耳顺之年的孔子来讲,必不相助,因为如果相助,也就成为不孝、不仁、不义的无道之人。这是聪慧的子贡出告冉求,孔子必不辅佐卫君的理由。

第15章释义

子曰:"饭疏食,饮水,曲肱而枕之,乐亦在其中矣。不义而富且贵,于我如浮云。"

[注释]

疏食:粗粮做成的食物。

饮水:水,冷水。古人称热水为"汤",叫冷水为"水"。指喝冷水。

曲肱而枕之:肱,上臂。曲肱,将胳膊弯曲。枕之,使之为枕,指以胳膊为枕,将头置于其上睡觉。

乐亦在其中:不是指吃粗饭、喝冷水是享受快乐,是指快乐是富贵贫穷之外的东西,只要你保持了它,即使过吃粗饭、喝冷水的生活,它也伴随着你,使你快乐如常。

[译文]

孔子说:"吃粗饭,喝冷水,以胳膊为枕,如此简朴的生活也使人感受到快乐在其中。相反,违背大道仁义的富贵,也只如天际的浮云稍纵即逝。"

[通解]

本章内容既是对上章"求仁得仁"的进一步阐述,也是对本篇第十一章"富而可求也,虽执鞭之士,吾亦为之。如不可求,从吾所好"思想的进一步思考。

一

在第十一章中,孔子区分了两种富贵观,即常人的富贵观和君子的富贵观。孔子本人的富贵观是财富、身份地位和己道三者有机统一。对于没有符合己道的富贵,绝不可求之,只能选择坚守己道:"如不可求,从吾所好"。常人的富贵观,是财富与身份地位的统一,因为地位身份源于对权力的拥有,所以,常人的富贵是对财富和权力的双重占有。

卫君蒯辄被立为君,不迎父归、不让君位,与其争位,宁愿成为不孝、不仁、不义之人,其作为所体现出来的实不过是常人,为财富和权力所累。其父蒯聩既无叔齐之亲,更无伯夷之贤,与子相争,同样失仁失义,亦为孔子不齿。所以孔子此处所讲的富贵,是以财富和权力为追求目标的富贵,这种性质和内容的富贵对孔子来讲,是远在天际的浮云,会稍纵即逝,既不长久,也不实在。这是孔子选择不辅佐卫出公的根本考虑,这不是明智,而是孔子对"吾道"的坚守,即继续"从吾所好"。孔子知道"从吾所好"的代价,就是不能吃美食,不能住宽大舒适的房子,更无人簇拥与侍候。但孔子不以为然,他说,我已经习惯了吃粗饭、喝冷水和曲肱而枕的生活,更是从中发现了什么是君子的快乐,什么是生活的快乐。**心中有仁,行为有义,生活有道,是快乐的来源**。

二

更具体地讲,孔子围绕己道阐述了两个关联性问题:

一是富贵与道德的关系问题,也可说利益与道德的关系问题。首先,孔子安于清贫,却不刻意追求这种生活,因为孔子不反对富贵,也向往富贵,但孔子向往的是按己道而求的富贵,如果不能以己道求富贵,那就安于清贫生活。其次,孔子既不仇恨富贵,更不向往贫困。清贫生活是为坚守己道不得已为之,因为"富与贵,是人之所欲也,不以其道得之,不处也。贫与贱,是人之所恶也,不以其道得之,不去也"(《里仁》)。孔子反对的不是富贵,而是不义、不仁、无德、无道的富贵。

二是快乐的问题。《吕氏春秋·古乐》记载:"昔葛天氏之乐,三人操牛尾,投足以歌八阕。"表明乐既与后天修为相关,也与天赋相关。就后者论,乐,乃人的天性。正是这种天性,才使人超越物质层面的限制。孔子在齐闻《韶》而学之"三月不知肉味",就是很好的说明。仅前者言,乐与人的社会理想、人生目标和由此形成的价值观选择息息相关。孔子既说"不义而富且贵,于我如浮云",又言"饭疏食,饮水,曲肱而枕之,乐亦在其中矣",其核心理念是:人生活的快乐与否,本质上与物质财富、权力、地位、身份、占有等之间并不构成必然的正相关性。孔子自己一生热忱地追求出仕,最终因"道不同,不相为谋"而甘愿过这种"饭疏食,饮水,曲肱而枕"的生活,且"乐亦在其中",表明快乐的源泉,不在物质,不在权力,不在地位,不在富贵,而在人心,仁心、仁道。仁者,性也;道者,理也。**仁与道贯通、性与理一体,是乐的源泉**。有此源泉,何处不乐?有此源泉,何种处境下不乐?这是孔子哪怕处于性命堪忧的困窘中,也不忘其歌的原因。

第16章释义

子曰:"加我数年,五十以学《易》,可以无大过矣。"

[注释]

加:历来被注疏家解释为"假"字之误,如做"假",意为给予、授予。但从本篇以及孔子一生经历之语境理解,应当做增加讲,可理解为经过、经历。孔子所言之"加",是以现有的实际年龄加上增加的年龄,就是五十岁。

五十:有两种说法:一是"五十"乃"卒"之误,刘聘君、朱熹持此说,后人从之;二是"五十"应为"七十",清代惠栋持此说。但此二说皆为曲解。古人认为"五十"是知天命之数:"子曰:'吾十有五而志于学,三十而立,四十而不惑,五十而知天命。'"(《为政》)古人知天命,主要靠术数,《易》乃古代的术数之学。孔子要知天命,也不例外。

[译文]

孔子说:"再过几年就五十了,人至五十而不惑,那时来研习《易》,就可达到无大过的生活之境。"

[通解]

"饭疏食,饮水,曲肱而枕之"而乐在其中,不仅心有"吾好",更在于有知。最高的有知,就是对生命法则和天道规律的觉解,这构成志于人间之道而"据德""依仁""游艺"的根本前提,这是本章与上章以及第二十章在主题方面的内在关联。

一

对于"五十以学《易》",到底是不是孔子所说,实可存疑。美国《论语》研究专家顾立雅在《孔子与中国之道》(修订版)中认为,《论语》中有些内容是"有必要怀疑它们是被伪造后加入文本之中的,因为在其他地方有与之相反的证据"。[①] 顾所说确实为我们提供了另一种思路。在《论语》中,没有孔子学《易》的相关信息,却有相反的信息:"子不语:怪、力、乱、神。"(《述而》)《易》原本是古代的占卜之书,后来被视是一本关于天道的书,一本形而上学的哲学书。客观地看,作为占卜之学,《易》属于"怪、力、乱、神"的范畴,这是孔子"不语"的原因,也是孔子不学的理由。作为关于天道的书,《易》更是孔子所远离的,因为以文道救世为人生目标的孔子,只关心人事、人伦、政治,不关心天道,由此形成整个《论语》除子贡感叹孔子不言"性与天道"外,"天道"一语再未出现第二次。

《论语》中出现了四十七次"天",可以归为四类:第一类是出现二十二次"天下",它是一个表空间的概念,意为世界或"整个范围";第二类是只出现一次的"天禄",意为上天的福荫;第三类是出现一次的"天",意指人之外的客观存在或高悬于人头顶之上的宇宙力量;第四类是出现三次的"天命",意指客观存在的对人的存在敞开之生死的规定性:"五十而知天命"(《为政》)。"君子有三畏:畏天命,畏大人,畏圣人之言。小人不知天命而不畏也,狎大人,侮圣人之言。"(《季氏》)如上四个方面的"天"观念,都属于生活常识和经验感悟,均未上升到"天道"这个层次来思考问题。因为,对"天道"的意识,必须是形而上学思维,后来的《中庸》以及由此开辟出来的宋代道学和明代心学,或许是这方面最好的证明。顾立雅认为"加我数年,五十以学《易》"一章应该是后人窜入的,其窜入目的很简单,即为儒学神学化确立源头,然后再返回来证明儒学的形而上学的学理化和宗教化。顾氏以此进一步指出,"'十翼'中的常用词几乎是孔子从未讲过的,同时,这些词汇并没有出现在与孔子时代一样早的任何古代文献中,也没有出现在《论语》以及甚至晚到像《孟子》这样的著作中。这个结论也适合于二元论的概念'阴'和'阳',它们出现在整个'十翼'中,除了最后两部分(《序卦》《杂卦》)。同样,'地'的概念,作为在形而上学的天地二元论中的'天'的对应部分,是在前儒家的文献中看不到的,并且没有出现在《论语》中,但它却作为一个明确的形而上学词汇出现在最后两篇所有的'十翼'之中"[②]。

二

从《论语》提供的关于孔子思想及思想生成的人生经历看,此话或有可能是孔子本人所说。"加我数年,五十以学《易》",表明孔子说此话时,正处

---

① [美]顾立雅:《孔子与中国之道》(修订版),高专诚译,郑州,大象出版社2014年版,第296页。
② [美]顾立雅:《孔子与中国之道》(修订版),高专诚译,郑州,大象出版社2014年版,第206页。

于年富力强的人生岁月，是风华正茂地积极谋求出仕的年龄阶段。从孔子五十以后的经历看，五十有五的孔子，因为在母国得不到伸展的机会，带弟子雄心勃勃地游国，期望能够获得干政治国的机会和平台。然而时光飞逝，一晃十四年过去了，已经六十八岁的孔子终于无望地回到母国。孔子这一经历表明，他说此话，也不过是在特定语境中的主观的自我谋划而已，并不可当真，因为每个人都在实际的生活过程中因其特定情境的激励给自己勾画未来人生远景和生活蓝图，但这些因情景激励而描绘的人生远景以及所勾画的生活蓝图，大多不会去践履。孔子也是个平常人，他也可能如是。孔子壮年时的随意这么一说，弟子却信以为真地记载了下来，像子贡这样特别关心天道方面学问的弟子很有可能还一直翘首以待。孔子逝世后，弟子编纂《论语》时将此语收录安排于此，以表夫子人生规划中的未竟事业。汉以来所兴起的造圣运动，将孔子这一特定语境中的情景性的"自许"之言作为依据，制造出孔子研究《易》做《易传》，就显出了虚妄，因为《论语》言及《易》者，仅此一处。如果孔子晚年真的学《易》并删《诗》修订《礼》《乐》以及《春秋》，那孔子一定会与不间断地赶回来看望他的弟子们大谈学《易》和删《诗》修订《礼》《乐》以及《春秋》的心得体会。并且，如此丰硕的成果，孔子也一定会对弟子所有交代。孔子逝，守孝三年而编辑夫子言论的文集《论语》也一定大载特录。更重要的是，如此伟大的文化工程，《左传》《国语》等史书更会有记载。然而，有关于此，史书一片空白，《论语》也没有丝毫记载。

对如上反常情况的唯一解释，是孔子学《易》不实。但孔子确实说过五十而学《易》。这里的问题是，孔子在什么情景下说的这番大话？求解这个问题，可能与子贡相关。子贡曾说："夫子之文章，可得而闻也，夫子之言性与天道，不可得而闻也。"（《公冶长》）子贡的话，乃是实情，即至少在子贡说这话之前，孔子在教学以及各种形式的讨论和交流中，都未涉及人性与天道的问题。子贡说此话，有可能是当着老师面说的，也有可能是与同门谈论后又传到孔子那里，于是，就有两个可能，一是孔子认认真真地与弟子们讨论了人性问题，因为对"信而好古"的孔子来讲，《诗》《书》中已经涉及人性，孔子要走"述而不作"的返本开新之路，确立"以仁入礼达乐"这一文道救世方案，不深研人性，是不可能的。所以，对孔子来讲，在此之前不与学生交流人性的问题，不是他不懂人性，而是不言。相反，孔子的人生目标是文道救世，为此所学的东西都是与此相关的典章、文献、制度，孔子不语"怪、力、乱、神"，不关心天道问题，自然无法与弟子讨论天道问题，但孔子也在特定的场合，向弟子表达自己最后会关注天道问题。这不，他对弟子说"加我数年，五十以学《易》"。

三

孔子五十以前说的话,后来是否践履,或者说五十以后至于逝世这二十多年时间里,孔子到底学没学《易》就需要找依据。这个依据,可以在《论语》中找,在《左传》《国语》中找,还有就是在诸子的著作中找。孟子自视为孔子的正宗传人,是不遗余力鼓吹孔子为圣的第一人(子贡言夫子为圣,可能是出于同门不分崩离析的考虑,见(《子张》第二十四、二十五章),如果孔子真有治《易》的实干与劳绩,孟子一定会大说特说,但《孟子》中没有这方面的任何信息。孔子后学中自成一家的荀子,同样以孔子正宗传人自居,但《荀子》中同样没有这方面的信息。同时,庄子所言"丘治《诗》《书》《礼》《乐》《易》《春秋》"(《庄子·天运篇》),则多不可信,因为《易》和《书》《诗》《春秋》不一样,它体现形而上学思维,这恰恰是老庄大道学派的思维,庄子以此说明孔子倾向大道,与老学有思想、认知方式上的趋同性,或者想要表达孔子向老子学习之意。司马迁的这段文字"孔子晚而喜《易》……读《易》韦编三绝,曰:假我数年,若是,我于《易》则彬彬矣"(《史记·孔子世家》)更不可信。司马迁与孟子、荀子相比,其相隔孔子的年代更遥远,此其一;其二,司马迁对孔子的认同和情感,远不及孟子和荀子。综上,《孟子》和《荀子》都无记载孔子"治《易》《书》《春秋》"的相关内容,《庄子·天运篇》极有可能是刻意制造,司马迁之说不过是想象化地放大了"加我数年,五十以学《易》",将其编造成一个完整的虚妄故事。

所以,孔子五十及其晚年的真实经历中,是没有学《易》的:在五十五岁至六十八岁期间,孔子奔走于游国求仕之途,没有时间和心情学《易》;六十八岁孔子回鲁后,生活虽然安定,但已年迈,其精力和心力难济之以治学;更重要的是孔鲤、颜渊、子路相继早亡,巨大的人生打击一个接一个,孔子坚强不屈的心志不断遭受摧残,最后终于因为子路之死而倒下了。所以孔子学《易》成为永恒的遗憾。然而,从另一个方面看,孔子不学《易》倒显出了文道救世的孔学的真正纯粹。

第 17 章释义

子所雅言:《诗》、《书》,执礼,皆雅言也。

[注释]

雅言:古书中"雅"字与"夏"字关联,上海博物馆楚简皆作"夏"。《荀子·儒效》"居楚而楚,居越而越,居夏而夏,是非天性,积靡使然也"。清人丹徒君在所著《骈枝》中注"居夏而夏"和"君子安雅"曰:"'雅'、'夏'古字通","雅之为言夏也"。夏乃三代之首,是古代文明的标志。姬姜二姓联合灭商建周,周人自谓夏之后裔,承夏而来,所以雅言,乃夏言,亦谓正言。正言与方言相对,是西周王朝京都地区的官话,犹如当今的国语,普通话。

执礼:执,执守。礼,礼制、礼仪。指执守礼制、礼仪。"瞽宗秋学礼,执礼者诏之。"(《礼记·文王世子》)

[译文]

孔子说雅言:他诵《诗》,读《书》,执行礼事,都说雅言。

[通解]

孔子既以"志道""据德""依仁""游艺"为人生准则,也以"志道""据德""依仁""游艺"为培养目标。无论修己,还是教学,在诵《诗》,读《书》和赞礼时,孔子都用雅言表达。

一

雅言,即是古代不同王朝的官话,通常以王朝的政治文化中心地区的语言为标准。因而,夏、商、周三代,其雅言有所区别。

夏建国,其疆域西起河南西部、山西南部,东至河南、山东、江北三省交界处,南达湖北北部、北及河北南部。今之河南偃师、登封、新密、禹州一带,是夏的地理中心。其先后建立的都城阳翟、斟鄩、商丘、纶城等,均在今河南境内。所以,孔子所讲的夏言,主要指河南话。

鸣条之战,汤灭夏,国号"商"(约公元前 1600 年~约公元前 1046 年),建都亳,即今天的河南商丘。其后频繁迁都,先后迁于隞(今河南郑州),再迁于相(今河南安阳内黄),又迁于耿(今山西河津)、邢(今河南温县东)、庇(今山东菏泽)、奄(今山东曲阜)。后由盘庚自奄回迁于亳,十四年后再迁于殷,即今天河南安阳,其国才稳定。殷为商都约二百七十三年(参见《尚书·无逸》和《竹书纪年》相关记载),由是之故,商又称为殷,或殷商。所以商雅言,即是以亳至于殷为核心地带的官话系统。

周灭商(公元前 1046 年),定都镐京(亦丰京),今陕西西安西南。周成王五年(公元前 1037 年)建东都成周(即洛邑),亦今河南洛阳。周人讲的雅言,即以今之西安—洛阳为中心的中原话语。

二

鲁是周公的封国,其"封土不过百里",后来拓展并吞周边极、项、须句、根牟等小国,抢夺曹、邾、莒、宋等国部分土地,才成为"方百里者五"的大国,但统治的地区也仅在今山东省济宁市境内。鲁建国,定都曲阜,终未变。孔子生于鲁,且大多数时间在母国度过。所以,作为鲁人的孔子,平时也是说母语,即鲁语。鲁语是地方方言。孔子读《书》诵《诗》,教学以及执礼事,都用雅言。

孔子诵《诗》读《书》用雅言,体现其严谨、求真的品质。因为雅言与方言,许多字发音不同。语言的读音不同,语义的理解亦不同。诵《诗》读《书》说雅言,是为正音,目的于正义,即正确理解和领会《诗》《书》本义。

凡是执行大小礼事时,孔子亦用雅言,体现其庄严和对"监于二代"的周文明传统的重视和敬重。更重要的是,孔子以"信而好古"的执着,探究和发掘古代文明,并以"述而不作"的方式讲述、阐发、传播古代文明,必须要用雅言。因为古代文明经历时间的淘汰而沉淀下来,主要通过两种方式承传:一是通过文字记载而形成《诗》《书》《礼》;二是通过礼仪规则、礼仪程序而得到保存。但二者要得到承传和发展,必须通过"述"来实现,前者主要通过诵、读;后者主要通过礼仪行为,但这两个方面的"述"要能保持古代文明的原义,必须正音,即必须用雅言来表达。所以,孔子在诵《诗》读《书》和执礼时用雅言,恰恰是有意识有目的地以严谨求真的态度和方式展开对古代文明的"述"。

同时,通过诵《诗》读《书》执礼用雅言,表明孔子讲述、阐发、传播古代文明的努力不在于形式,而在于对实质性的内容的把握和理解。更重要的是,本章内容也给后人提供理解孔子是如何"信而好古"的信息:孔子"信而好古"的基本工作方式,就是细心地体察和领悟古人知识、智慧的精髓,具体落实的方式是通过正音而正义。

第 18 章释义

叶公问孔子于子路,子路不对。

子曰:"女奚不曰:其为人也,发愤忘食,乐以忘忧,不知老之将至云尔。"

[注释]

叶公:楚国的大夫沈诸梁,字子高。曾为楚叶县行政首长。在楚国,小县的行政长官称"尹",大县的行政长官称"公"。大县,一般都是向外扩张灭其周边小国而设置,多派重臣镇守的军事要地。叶县是楚一大县,故对其行政长官以"公"相称。

不对:对,应答义,指不知怎么应对、回答。

云尔:语尾助词,意为如此这样。

[译文]

叶公问子路:"你们的先生是怎样一个人?"子路不知如何回答。回来将此事告诉孔子。

孔子说:"你为何不对他说,孔子这个人啊,发愤于事时,忘记吃饭睡觉;乐其所好时,忘记所有的忧愁,即使衰老降临也不知道。你何不如此这般说呀!"

[通解]

上章述孔子修己为学,其态度庄敬而严诚。本章孔子自述修己为事,唯尽心尽性。为学庄敬严诚,为事尽心尽性,此两个方面突出孔子修己成君子的日常方式和整体形象。

一

没有信史记载孔子在世时到过楚国。叶公乃楚大夫,向子路打听孔子之事,可能是叶公作为使臣逗留于外国期间的事。

叶公向子路打听孔子之事,有可能发生在孔子居陈、卫期间,如果这样,其所言"不知老之将至",应该是实然陈述。但也有可能发生在孔子年轻时短暂适齐期间,如果是这样的话,其自谓"发愤忘食,乐以忘忧"而"不知老之将至",则为主观假设,以突出其"发愤忘食,乐以忘忧"不是一时之为,也不是一段时间所为,而是终身以许、终身以往。

根据孔子自道的内容及所表达的口气,或许有可能发生于适齐闻《韶》"学之三月不知肉味"这段经历中,孔子适齐(公元前517年),是其到国外谋求仕途的最初尝试。他之所以首试于齐,原因有三:第一,齐是大国;第二,齐是最早变革且获得成功的国家,因而,齐更需要人才;第三,齐有齐桓公用人不拘一格的先例或者说传统,加之管仲治齐的巨大成功使孔子心生敬仰之情。孔子适齐求仕,亦想沿管仲的路子做出管仲般的事功。但这毕竟是孔子本人的主观设想,实际情况并不如此。孔子适齐,并未受到应有的重视,虽然齐景公准备用他,却因晏婴进言反对而作罢。晏婴是上大夫,主朝政,晏婴反对,齐景公自然不会用他,所以孔子在齐时间很短,第二年就回到鲁国。孔子适齐时虽只三十五岁,但已有名。作为名士至齐,自然会引来朝堂的关注。齐景公接见了孔子,对孔子印象特别好,准备将尼谿田封给孔子的举动,意味着齐景公要重用孔子。所以,就有了此时使齐的楚大夫叶公向子路打听孔子情况的事情发生。

叶公问孔子是怎样一个人,实际上是想了解孔子到底具有什么特别的能力,为人如何,有何等关系等,一者以甄别齐景公最后是否用他,如果齐景公启用孔子,可能会委给他一个什么样的官职;二者如果孔子得到大用,也算是套套近乎。子路不会体察人的心思用意,自然不好回答。

二

孔子教子路应该如此说大话,实际上在自我炫耀,一方面体现孔子乃悟性中人,另一方面又显出孔子急切之心,即急切地希望有人了解自己,虽然孔子说"人不知而不愠",那是在讲人到了"不知"和"不愿意知"之类的不得已情况下,应该以怎样的态度善待自己。

客观地看,人在本性上既有内敛的一面,更有向外开放的一面。人的这一向外开放的本性具体表现为渴望他人的了解、理解、赏识、任用、尊重。孔子是凡人,其本性亦如是。这是孔子教子路应该如是说的人性动力。

另外,孔子想到了叶公主动来了解自己,其行为本身或许意味着一种可能性:如果齐国不用自己的话,还可以到楚国求仕,说不定叶公会起作用,因为叶公是楚大夫,在朝堂之上有话语权。所以,应该让叶公了解自己是这样的人:"其为人也,发愤忘食,乐以忘忧,不知老之将至。"

发愤忘食,不仅自我表彰好学,更是自我表彰做事专注、严肃、认真、细心,不苟且,不拖沓等,即具备优秀官员所具备的一切求知和做事的品质和能力。

废寝忘食,是孔子自我表彰为事循正道,行事有准则。

一个人循正道而行,所有不顺心的事都可以抛弃干净。从事任何事,都能够尽心尽性。所以,循正道而行的人,是绝对正直、正派并遵守律法的人。这样的人,值得任何人的信赖,任何人都可与之交往;并且,这样的人,任何事都可以托付。

乐以忘忧,是孔子自我表彰人生态度和生活准则,积极、乐观、旷达,心地始终美好,生活永远向前。具有这种人生态度和生活准则的人,始终充满活力,面对任何哪怕是最艰苦的、最艰难的事,也一定会不屈不挠,能够战胜一切困难和阻碍创造成功。具有这种人生态度、生活准则和生存精神的人,应该是为政治邦最需要的人。

"不知老之将至",是孔子对岁月流逝,人生易老的表达。这一表达突出两层意义:一是联系"发愤忘食,乐以忘忧"来讲,是要自我表彰在发愤于学、发愤于事、乐于循道三个方面以生命投入、专心致志的程度,从而让叶公了解乃至崇敬。二是急切地表达出岁月催人衰老,身怀文道救世、治邦安国之绝才,却至今还未得到运用,希望叶公能够引荐。

三

孔子自我表彰所表达出来的这种求仕的急切性,与第十五章"饭疏食,饮水,曲肱而枕之,乐亦在其中矣。不义而富且贵,于我如浮云"形成鲜明的对照,似让人感觉到孔子的前后不一、多重性格、两面人格。其实这两章内容不仅不相冲突,而且从不同角度表达了孔子对"一以贯之"之道是如何"死守"到底的,以此揭示孔子是如何以顽强的自制力成就了成己的伟大和光荣。

第十五章内容的表述,采取的是倒置法。如果将其顺之则为:"不义而富且贵,于我如浮云。饭疏食,饮水,曲肱而枕之,乐亦在其中矣。"这就是孔子自述其志与行的本义:求富贵是人的本能,我孔子也是一个求富贵的人,但我求富贵一定要合道。不合道的富贵,我绝不会求,因为无道的富贵之于我,如天际的浮云。与其享受无道的富贵,还不如过吃粗饭、喝冷水、以双臂为枕头睡觉的清贫生活,这种生活也是乐在其中的。

孔子自述"饭疏食,饮水,曲肱而枕之,乐亦在其中矣。不义而富且贵,于我如浮云",应是晚年的回顾和自我总结,且无任何后悔。孔子在齐的自我表彰,应当是青年时代初次踏上异国求仕道路过程中所发生的事件。虽然因叶公对他的热情打听而向子路说出一番如此自我炫耀的话来,但仍然不采取"曲致"的方式在齐求官,不仅在齐,就是尔后十四年游国求仕过程中,孔子也是光明正大地走正道、守正道,所以终不为所用。但孔子不悔,所以才有"不义而富且贵,于我如浮云"的自得自在和"饭疏食,饮水,曲肱而枕之"的自乐不已。

第 19 章释义

子曰:"我非生而知之者,好古,敏以求之者也。"

[注释]

生而知之:生,降生。知,懂得、知晓世间学问、人伦大道。

好古:好,喜好、热衷于。古,夏商及其之前的历史、智慧、经验、典章、文献。

敏以求之:敏,勤勉、敏锐。求,探求(文道及救世之道)。

[译文]

孔子对弟子说:"我天赋不高,不是生来就知道一切,我能有现在的智识,得益于喜好古人的智慧,勤勉于求知,敏锐发现和探讨各种问题。"

[通解]

第十六、十七、十八章，分别从不同角度述多慧成名乃修己为学和修己为事所成。本章可看成孔子正面总结成己源于后天努力，根本经验是"好古，敏求"，如是而已。

有关本章的内容，后人以为这是孔子自谦。其实，这是孔子自道的大实话。孔子虽然有贵族血统，但毕竟生长于庶民家庭，是从庶民家庭走出来的大智者、思想家，他自然明白自己的学问不是天赋，而是自觉努力发奋的结果。

有关天赋问题，孔子认为人皆有之，明确指出人的天赋因个体性而客观地存在差异性："生而知之者上也，学而知之者次也，困而学之，又其次也。困而不学，民斯为下矣。"（《季氏》）孔子认为自己不属于"生而知之者"，是属于"学而知之者"，且只是"学而知之者"中的佼佼者，或可说是"学而知之"的最高成就者。

对于自己如何成为"学而知之"的大智者，孔子为自己总结两条：一是"信而好古"；二是"敏而好求"。其实，孔子之成为学而知之的大智者，除了"信而好古"和"敏而好求"外，还有就是诵读古代文献、典籍用雅言，探求真知、辩明真理"发愤忘食，乐以忘忧"，更有以"志于道，据于德，依于仁，游于艺"来作为取舍"富"与"贵"的人生准则，以"饭疏食，饮水，曲肱而枕"为快乐的生活方式。尤其是后者，才是"学而知之"的内在动力。

孔子在总结自己如何大智的经验时，强调"信而好古"和"敏以求之"的特别意义有二：

首先，信而好古的求智方式表明，求智必须**务根本**。这个根本是：求智必须为学，为学必须站在前人肩膀上起步，前人之智才是己智的根本。并且，为学必须探求真知、真理的本源，这个本源是天地相通的智慧，它往往在古人那里得呈现，或者说，越古老的智者，越内聚了会通天地之智。这是孔子信而好古的原因，也是其返本开新的理由。

其次，敏而好求，意在于表达探求真知、真理的根本方法，就是考信。孔子热衷的考信，体现出必须的独立思考、存疑品质和敏锐地发现问题，发现古代智识、古人智慧的存在神韵、思维张力、创意空间的发散性思考。这既是敏而好求的"敏"，也是敏而好求之"求"的方法论精髓。

第 20 章释义

子不语怪、力、乱、神。

[注释]

语:谈论、交流、讨论。

怪:指超自然或反自然的奇迹异事。

力:强暴力量,或曰以强暴方式满足己欲、获得己利。

乱:违背常理、常情、常法的行为以及由此行为造成的乱象、混乱。

神:即鬼神,指超人力的神秘力量。

[译文]

无论教学还是与人交流,孔子回避四个方面的内容:一是不涉及超越自然或反自然的奇迹异事;二是不说施暴逞强、以力服人的事;三是不论违背常理、常情、常法的事;四是不讲鬼神方面的内容。

[通解]

对孔子来讲,成己与教学是一体的。孔子成己和教学,就内容言,有四个方面的取向,一是必须严谨地考信历史,以做到"好古,敏求"(第十九章);二是必须学-习《诗》《书》《礼》《乐》等经典,并且学-习这些经典时必须用雅言(第十七章);三是在生活中学-习,并且,向生活学-习的最重要方面是向他人学-习(第二十一章);四是必须以人性和经验为准则,凡是超出人性和经验的事,都不属于其成己和教学的内容。本章内容就是在这样的大框架中得到呈现。

一

本章是孔子自述培养学生在教学、讨论、交流对内容的选择及范围边界。孔子教育,是培养修德取位和以德正位的君子,以期积极入仕实现文道救世理想。基于这一教育目标,其教学内容只源于两个方面:一是教材,这是相对固定的教学内容。教材的选择,只能是历史保存下来的经典,具体地讲,就是《诗》《书》《礼》《乐》,这是经过了历史的反反复复而形成的内容,不存在怪、力、乱、神。二是动态变化的内容,就是人物、事迹、事件,包括历史人物或时人,历史事件或时事。孔子说自己的教学从不涉及"怪、力、乱、神"方面的内容,主要指后一个方面。由此可以看出孔子教育,其培养目标与教育内容一致。

基于不语怪、力、乱、神的基本准则,孔子的教育思想、政治思想、伦理思想、道德理论、知识论、历史观等,也是不语怪力乱神的。孔子学问的思想取向是经验主义,它是基于对历史经验和生活经验的总结性提炼,包括道德哲学和教育哲学、政治哲学和知识论。进一步看，孔子探求、总结、提炼历史经验和生活经验，创建中华文明的"思想范式"（雅斯贝尔斯语）和社会生存发展的"普遍定义"的方法论，却呈功利主义取向。经验主义和功利主义，这是孔子学说的基本特征。

> 君子行不贵苟难，说不贵苟察，名不贵苟传，唯其当之为贵。故怀负石而赴河，是行之难为者也，而申徒狄能之；然而君子不贵者，非礼义之中也。山渊平，天地比，齐、秦袭，入乎耳，出乎口，钩有须，卵有毛，是说之难持者也，而惠施、邓析能之。然而君子不贵者，非礼义之中也。盗跖吟口，名声若日月，与舜、禹俱传而不息；然而君子不贵者，非礼义之中也。故曰：君子行不贵苟难，说不贵苟察，名不贵苟传，唯其当之为贵。诗曰："物其有矣，唯其时矣。"此之谓也。（《荀子·不苟》）

孔子以一生努力探求返本开新的文明，其目的是重建君子常道，再造君子社会。君子常道必须与怪力乱神之"小道"相对立："君子道其常，而小道其怪"（《荀子·荣辱》）。荀子之语精确地概括孔子学说的精髓。形而上学、神学主义、宗教取向等，是孔子教育和孔子学说所力求避免和淡化的。

二

以此来看，秦以降，人们将孔子学说儒学化，这是对孔学的改造。这种改造主要从两个方面入手：一是将孔子学说附庸于绝对权力，即孔子学说经过汉儒的改造而使之成为统治者的意识形态工具。二是宗教化。这种宗教化孔子及其学说的行为主要体现在两个方面：一方面将孔子塑造成圣人，这从孟子开始，汉代形成；另一方面将孔子的经验主义学说附上超验主义或先验主义的内容，先是鼓吹孔子"读《易》韦编三绝"（《孔子世家》），继而在圣化孔子的基础上神化孔子及其学说，由是制造出孔教。以此来看，要了解真孔学，还原真孔子，需要回到孔子的经验主义思想和功利主义方法上来，回到孔子返本开新的历史发展观上来。本章内容为此提供了回返的路径：弟子记录下孔子自表成己为学不涉及怪、力、乱、神，教学不讲怪、力、乱、神。孔子不语怪、力、乱、神的准则，恰好与第一章之曰"述而不作，信而好古"形成互补，是孔子完整地表达自己的经验主义思想、功利主义方法论和返本开新历史发展观。"子不语怪、力、乱、神"告诉人们：孔子的思想被圣化、被神学化、被宗教化，是后人之为，与孔子本人无关，"孔子真正感兴趣的是把一个让人不能忍受的现实生存环境改造成一个良好的世界,他不去做那些与他完全不相干的事情。他忙于真正的实际问题,那就是:如何尽力利用我们所具有的实际能力,有效地做出具有实际收获的行动"①。

孔子不关心怪异、暴力、变乱、鬼神,只关心人如何成己、成人、立世,怎样将社会变成君子社会。基于这一目标设定,孔子只关心君子教育、君子伦理、君子道德、君子政治、君子知识论和方法论。因为在君子看来,君子社会是文质彬彬的社会,这样的社会必须杜绝暴力与变乱,必须排除怪异和鬼神。因为,关于暴力与变乱,是法律的事,属于刑罚(即法治)的范畴。孔子认同刑罚之治,认为刑罚之治也是治理邦国的必须方式和手段,但他却不特别地关注,甚至在教育教学中淡化了这方面的内容。关于怪异和鬼神,这是想象,是未知世界,涉及形而上学问题,同样是孔子想避免的。概括地讲,孔子关心现实,而不涉及其他。择其主要者,孔子只关心现实的伦理-政治,更具体地讲,孔子只关心现实的精神秩序和社会秩序的构建问题,怪、力、乱、神这些东西,不仅无助于孔子的基本努力,而且将有可能阻碍孔子的基本努力,所以他必须排除,因而"不语"。

第 21 章释义

子曰:"三人行,必有我师焉。择其善者而从之,其不善者而改之。"

[注释]

行:既做"同行"讲,也可做"实践"讲。

必有我师:师,不指常师,指师法。意为有我所师法的(人或事物)。

善、不善:善,指好的,优秀的,有价值的。不善,意指不好的,坏的,无价值的。

[译文]

孔子说:"只要三人同行,其中一定有我所师法的人,更有我所要学的东西。用他们的优点来提高自己,以他们的缺点为镜来改进自己。"

[通解]

第十七章和第十九章,孔子分别从"《诗》、《书》、执礼,皆雅言"和"好

---

① [美]顾立雅:《孔子与中国之道》(修订版),高专诚译,郑州,大象出版社 2014 年版,第 127 页。

古、敏以求之"两个方面讲怎样向经典学习,以及如何向古代文明、历史经验教训学习。本章则转向第三个方面,讲如何向时人学习、向共存在同生活的人学习。

一

从根本论,学习的本质,是以他者为镜改进自己,提升或完善自己:向他人学习,是以人为镜;向古代文明、历史经验和教训学习,是以历史为镜;向经典学习,是以古代的天人之智为镜。以经典为镜,存在文字的硬化阻碍,要突破文字的硬化,需要正确方式和方法,这就是诵《诗》读《书》必须"雅言"(第十七章),更需要超常的理解力和领悟力;向历史学习,存在着时空的阻隔,要解决这个问题,需要考信与求证的能力;向时人学习,乃面对面的直观,感性而生动,完整而立体,需要有意和心诚。所以,以经典和历史为镜,对于一般人,犹如以水为镜。"君子不镜于水而镜于人。镜于水,见面之容;镜于人,则知吉与凶。"(《墨子·非攻》)以人为镜,既是最好的学习方式,也是最好的自我改进与完善方式。

以人为镜,敞开两个维度,即以古人为镜和以时人为镜。本章讨论如何以时人为镜。孔子认为,以时人为镜,向时人学习,是最直观的学习方式和方法。孔子提出向时人学习,是基于直观经验的提炼:凡是有人的地方,就有值得学习的东西;凡是人,其身上总会闪耀着能够为自己学知的内容。这既因为"性相近,习相远",更因为人的个体性所形成的多方面的差异性,现实地构成人们可学的东西的丰富性。但这些都不是孔子强调的重心,孔子所强调的是:**人有无向人学习的意识、要求和虚心以求的敏锐感**。

二

"三人行,必有我师焉"的学习方式和学习方法,揭示一个更为根本的认识论问题。首先,人的感知是向外的,人最容易认知的对象是自身之外的对象;其次,人的认知是可多层次、多角度的,但必须在转换认知方位和方式的前提下才可实现,因为在一种相对不变的状况下,人的认知始终与特定的认知对象构成单一的认知关系,所认知的东西往往是片面的。基于这两个方面的限制性要求,运用以人为镜的认知方式和学习方法,客观地存在以一人为镜或以多人为镜的差异性。在特定的生活环境中,直接面对一个人与直接面对多个人,所形成的"镜"客观地存在"平面"或"多棱"的区别,其认知信息必然客观地存在"寡"与"多"的问题。这是孔子为何要说"三人行,必有我师焉",而不是说"与人行,必有我师焉"的认知论道理。

孔子之"三人行,必有我师焉",还总结出一条学习经验和方法,即**学习既要有常师,也要无常师**。常师,使学习获得系统的指导;非常师,使人的学习获得动态性、开放性、灵活性,并且可使学习更具个性化、创意性。因为常师指导下的学习,既有主动性,更存在被动性;与此不同,非常师的学习,要求学习者必须成为学习主体,有学的强烈意愿、敏锐心、发现力和自我反省的智慧,以及自我改进的力量。所以,"三人行,必有我师焉"的学习方式和学习方法,**本质上是自我教育、自我培养的方式和方法,是人自觉成己的最好学习方式和学习方法。**

"三人行,必有我师焉"不仅强调师法无常人,而且告诉人们:人,不分贵贱、贫富,都有师的天赋,都有成为师的条件,因为从根本讲,人的优点和缺点本身就是智慧,就能够成为学的内容。所以,学习、求真知、得真理要师法无常人,首先需要去除心中的高低贵贱贫富之念。

第 22 章释义

子曰:"天生德于予,桓魋其如予何?"

[注释]

天生德于予:生,生育,意为降临、赋予。德,品德与能力。予,指称代词,我。

桓魋:宋国司马向魋,因他是宋桓公的后代,故又称为桓魋。

[译文]

宋国司马桓魋想要加害孔子,弟子相告。孔子说:"天生我并赋我大德,是要我完成使命,小小的司马桓魋能把我怎样?"

[通解]

在孔子看来,无论向古代典章历史学习,还是向同行的人学习,其重要目的是训练"**敏求**"的品质、精神和能力。这是使人成为智者的内在标志。本章是孔子以自己如何应对生活危机的经历来说明敏求品质、精神、能力养成的重要与根本。

"天生德于予,桓魋其如予何?"孔子如此这般说,并不是炫耀或吹牛,而是基于特定语境下生发出来的特殊智慧。

事情发生在孔子五十九岁那年。孔子带着弟子离开卫国向西行,取道曹国至宋国,与弟子讲习于大树之下。宋国司马桓魋得知后派人来将大树砍倒,弟子劝孔子赶快逃命。孔子却不慌不忙,缓缓而行,然后说出这番大话。

孔子如是说,一方面是安定众弟子之心。桓魋之所以与孔子有仇,是因为孔子之前在宋逗留时批评过桓魋。孔子很清楚,自己与桓魋的过节如此而已,桓魋的报复也只是叫人砍倒一棵树来吓唬吓唬自己而已,不会真正加害他。自己是天下名士,莫说一个小小司马,就是宋君也不会干加害自己的蠢事,所以孔子才如此镇定自如。如何让弟子们相信没有危险?孔子就假借自己是被上天赋予使命而来者,让弟子知道,天底下还没有人有这个权力和能力加害自己。另一方面也是孔子兴之所至的狡黠幽默:洞察到桓魋砍树的真实用意后,向被吓坏了的弟子表现一下面对危境和处理危机的敏锐和机智,也可以说是以此高智慧的方式逗逗弟子,以此表达出孔子博学、敏锐的情境智慧,如此而已。

第 23 章释义

子曰:"二三子,以我为隐乎?吾无隐乎尔,吾无行而不与二三子者,是丘也。"

[注释]

二三子:子,孔子对弟子的尊称。指几个弟子,或众弟子。

隐:藏,意为隐瞒、隐匿。

[译文]

孔子说:"你们几个小子,以为我对你们隐瞒了什么吗?我告诉你们,我对你们没有什么可隐瞒的呀!我所行无不与你们在一起,我孔丘就是这样一个光明磊落的人。"

[通解]

第十五章"饭疏食"到第二十一章"三人行,必有我师焉",从不同方面讲学,包括学什么和怎样学。从第二十二章开始,讲述的主题由学转向德。上章讲己德禀承天赋。领悟天赋其德的潜在资质而有意识地弘扬它,这是人之"据于德、依于仁"的根本所在。本章承之而展开,讲天赋己德以灵魂,就是做人光明磊落、坦荡。

一

孔子讲理,总是"以事件为本体",即以对事件本身的展示来揭示普遍性的理。孔子讲天赋其德以灵魂也是如此,即针对有弟子对他的误解而阐发。比如,有弟子喜欢人性与天道,但孔子不讲;又比如孔子公开向弟子们宣示自己"不语怪、力、乱、神",可能有弟子不能理解,误认为这是老师故意隐之。这段自我申辩和表白,可能是在这类背景下产生的。

关于孔子这番自我申辩和表白,历来认为属于教与学方面的事,是由孔子因材施教引发的。包咸注曰:"圣人知广道深,弟子学之不能及,以为有所隐匿,故解之。"邢昺疏之为:"此章言孔子教人无所隐情也。"如从教学论,弟子以为有所隐,可能既涉及因人施教的方式问题,也涉及孔子"不愤不启,不悱不发,举一隅不以三隅反,则不复也"的方法问题。从因人施教方式论,对不同的弟子予以不同的教学内容,其收获自然不一样。从愤、启、悱、发的方法论,求知的主动性程度和求知的动力大小所触发出来的问题的多少,形成孔子能够怎样教和教多少,以及教至何种程度,比如,同样教学,孔子举一,你以此触类旁通,孔子就继续教,如果孔子举其一,你不能悟之反三,孔子就停止教你。后者如果不能理解,就以为老师隐瞒了。这是个人因其敏锐、理解、领悟的差异或缺少反思性直观所形成的外在化的感觉性错觉。

其实,另有一种情况更为普遍,那就是言说、话语本身的遮蔽性。**"诗亡隐志,乐亡隐情,文亡隐意"**(《孔子论诗》),孔子强调"《诗》无隐志",因为《诗》始终"思无邪"。以《诗》《书》为准则的孔子,强调自己亦如《诗》一样"无隐"。这只是主观的想望或努力,隐,并非作者本意,但因个体性以及特定的语境,往往形成交流理解的遮蔽性,这就产生了"隐"。另外,文字语言形成"文",是去事件展开的过程与细节而硬化内容的过程,这个过程产生了遮蔽,而用言说的话语方式述,比如诵《诗》读《书》,就涉及正音正义问题,这一正的过程也可产生程度不同的遮蔽。隐,本身是一种遮蔽,或者说言说行为本身具有的遮蔽性,导致了隐,使隐获得神秘性。缺乏会通力的人,往往对孔子教学点到即止的方式和内容不理解,认为孔子故意隐其深意。

二

本章所述孔子向弟子表白的事件,或许发生在游国途中,弟子认为老师有所隐瞒的可能不是学问,而是其他方面的内容。比如孔子在卫私见卫灵公夫人南子。二三子以为孔子有所隐瞒,是不是就是这件事?在本章中,孔子向弟子做了这番申辩和表白后,子路仍然"不悦",孔子才又单独向子路发誓"予所否者,天厌之,天厌之"(《雍也》)。

无论尝试以哪种语境来理解孔子的这段自我申辩,至少透露出如下方面的史实:

其一,孔子与弟子们之间,也存在误解、矛盾、冲突。这表明凡是多人存在的生活场域里,总是体现丰富性、开放性、误解甚至利害冲突、矛盾等方面的张力,正是这种张力,才形成教与学的多姿多彩。

其二,孔子与弟子之间的关系,在本质上是自由、平等、堂正的朋友关系,这种关系的日常化敞开,自然会产生许多波澜,这些生活的波澜即便是利害、矛盾、冲突,也是可能通过公开、平等、自由的交流得到化解。在这方面孔子做出为师的榜样。本章中孔子为弟子的误解而自我申辩;同样,《雍也》篇孔子见南子的行为引来子路的批评,孔子竟对天发誓以表清白,均表现孔子与弟子之间的这种平等、自由、公开的朋友式的师生关系。

其三,体现孔子的率真、无蔽、坦荡真性情的人格魅力。孔子游国颠沛流离,弟子始终不弃,孔子逝世后众弟子以父事之而守孝三年方去。这些不仅因为孔子的学问,更为根本的是其德性德行以及由此呈现出来的光明磊落的大美人格魅力。这种魅力恰恰通过本章得到充分的展现。

其四,由此可以大致了解到,孔子教育的重心,不在《诗》《书》,不在"信而好古",而是与弟子同苦乐甚至是共误解同竞技的日常生活。孔子教育的真谛,不是历史的智慧,也不是经典中的思想,而是身教,即孔子自己日常生活的言行(即"述")本身彰显出来的真性情、真知、真理。"三人行,必有我师焉"的谦逊,是如此;"天生德于予,桓魋其如予何"的临危不惧,亦是如此。

其五,孔子在弟子面前的自我申辩和表白,表达出来的是鲜活的大"德"大"仁"。有关于德和仁,孔子在不同场合说了许多,但孔子论德和仁的最重要最根本的方面,却是他以"自述"的方式释德和仁。德者,仁也;仁者,不仅是心中有人,根本在于以什么样的心装下他人。在这里,孔子以平等、自由、坦诚、公开无遮蔽的赤裸方式待弟子,将自己置于众弟子之中,通体透明。这才是真正的德和仁。正是在这个意义上,芬格莱特才如此有意味地说:"在《论语》中,'仁'又笼罩着吊诡和神秘的色彩。'仁'似乎强调个体、主观、特性、情感和态度;简言之,它好像是一个心理学意义的概念。如果有人像我一样,认为《论语》本质的思想表达并不基于心理学的概念,那么,'仁'的诠释问题就变得特别的棘手。"[1]"对很多诠释者来说,'仁'似乎是一种美德、一种无所不包(all-inclusive)的美德、一种精神状态、一种态度和情感的复合、一种神秘的统一体。它和'礼'以及其他一些重要概念之间的关系仍然是模糊不清的。"[2]韦利认为,仁是一种"神秘的统一体"(mystic

---

① [美]赫伯特·芬格莱特:《孔子:即凡而圣》,彭国翔、张华译,南京,江苏人民出版社2002年版,第37页。

② [美]赫伯特·芬格莱特:《孔子:即凡而圣》,彭国翔、张华译,南京,江苏人民出版社2002年版,第38页。

entity)①,"但仍有一种观点认为,孔子'从未言仁',因为对于'仁'本身是什么,我们所考察的这些言论实在并没有告诉我们什么东西,假使还有一些的话。然而,我们不应当假设孔子向我们隐瞒了什么东西"②。

第24章释义

子以四教:文、行、忠、信。

[注释]

子以四教:教,教育、培养。指孔子从四个方面培养弟子。

文:文献(古代遗文,亦称之文献)、文章,"子贡曰:夫子之文章,可得而闻也。"(《公冶长》)。

行:践履,即身体力行。

忠:忠诚。

信:信用,守信。

[译文]

孔子着重从四个方面教人:一是典籍文献;二是践履德性;三是为事忠诚;四是为人信义。

[通解]

第二十一章"三人行,必有我师焉"讲"行";第二十二章"天生德于予"和第二十三章"二三子,以我为隐乎"讲遵从天赋其德而行,是根本的忠信。本章可视为孔子承前而概括其育人之道。

孔子教育,其具体的目标是把人培养成君子。为此,孔子将知识与生活有机结合,形成其"学而"教育。孔子的"学而"教育,增长人成君子的智识,通过教人典籍文献来实现,具体地讲,是通过《诗》《书》等典籍文献的讲习、阐述来培养弟子的历史智慧,引导他们探求真知、真理,形成成己的独立思想和会通能力。培养人成君子的德性,还要教人在日常生活中践履德性,这是引导人身体力行,自我修炼。

教人学典籍文献,是培养才;教人生活践履,是训练德。才德兼备,就

---

① [美]阿瑟·韦利:《孔子的论语》,纽约,兰登书屋1938年版,第28页。

② [美]赫伯特·芬格莱特:《孔子:即凡而圣》,彭国翔、张华译,南京,江苏人民出版社2002年版,第41页。

是君子。教人生活践履,有很多方面,孔子教育行纲举目张之策,即以忠信为纲。引导人践履为人为事忠诚,为人为事必守信。践履为人为事忠诚,根本是"在其位,必谋其政",强调忠诚必须尽职尽责。践履为人为事守信,就是言行一致。

由此可知,孔子四教,有其展开的逻辑理路:教育的起步是求知,探求真知、真理。教人的落脚点,是养成德性-德行生活。教人的重心,是使人忠信。因为对人对事,忠信乃践履之方,所以"子张问行。子曰:'言忠信,行笃敬,虽蛮貊之邦行矣。言不忠信,行不笃敬,虽州里行乎哉?立,则见其参于前也;在舆,则见其倚于衡也。夫然后行。'子张书诸绅。"(《卫灵公》)生活践履,使人忠信,必然是忠之于前,信之随后。这是因为"忠为令德"(《左传·昭公十年》)。对人对事,没有忠诚的态度,不可能讲信用,更不可能守信。

第 25 章释义

子曰:"圣人,吾不得而见之矣,得见君子者,斯可矣。"

子曰:"善人,吾不得而见之矣,得见有恒者,斯可矣。亡而为有,虚而为盈,约而为泰,难乎有恒矣。"

[注释]

圣人:圣,东周辞书《尔雅》将其定义为"献,聖也"。《说文解字》解"聖,通也,从耳,呈聲",意为"从耳闻的具体事物通晓其根本",这是从**闻声知情**的本意中演绎出此意。段玉裁在《说文解字注》中注为"凡一事精通,亦得谓之聖"。"不听国政,卑圣侮士"(《国语·齐语》)中则将"圣"与"士"对举。**"圣人之弘也,而犹有惭德,圣人之难也"**(《左传·襄公二十九年》)指能够欣赏音乐并从音乐中直观到隐含变势的文化人。后来用以指有权有位、全德全能兼济天下的人。儒者以为圣人乃通大道、辨万物且应变无穷的人。孟子认为圣人"可欲之谓善,有诸己之谓信,充实之谓美,充实而有光辉之谓大,大而化之之谓圣,圣而不可知之之谓神"(《孟子·尽心章句下》)。而孔子理解的"圣人",是"博施于民,而能济众"(《雍也》)的"大仁"者、"全善"者。

善人:在孔子的世界中,所谓"善",应该是"志于道,据于德,依于仁,游于艺"。善人,指善之典范者,即完美的"志于道,据于德,依于仁,游于艺"者。

有恒者:恒,持常。指持守于常的人。

亡而为有:亡,无,没有义。指将无夸饰为有。

虚而为盈:虚,空,意为无。盈,丰裕、充足。指把空虚夸饰为丰裕。

约而为泰:约,贫困。泰,富贵、奢华。指将贫困夸饰为富有。

[译文]

孔子说:"圣人,过去未得见,今后不可能得见。能在有生之年见到君子,就很幸运了。"

孔子又说:"全善的人,过去没有,今后也看不到。能在有生之年见到向善不止的人,就很幸运了。将无吹嘘有,将空虚夸饰为丰裕,将贫穷装扮为富裕,都是打肿脸充胖子的做法,这样的人很难一心向善。"

[通解]

何为君子?孔子从两个方面概括:一是从基本品德论,具备文、行、忠、信的人,是君子。二是从边界和限度论,既不全善也非圣人的文、行、忠、信者,就是君子。

———

孔子生活的当世,圣人观念开始流行。曾有人称孔子为圣,弟子也认为孔子可以成为圣人了。

> 太宰问于子贡曰:"夫子圣者与?何其多能也。"
> 子贡曰:"固天纵之将圣,又多能也。"
> 子闻之,曰:"太宰知我乎?吾少也贱,故多能鄙事。君子多乎哉?不多也。"(《子罕》)

太宰以为孔子圣,故而问子贡。子贡也以此为夫子炫耀。孔子得知此事后,首先否定自己是圣人,认为自己多能,是为谋生存多劳与后来勤学的结果。然后上升到一般,认为人间根本不存在圣人,也不存在全善之人。进而借此批评这种许以为圣人、善人的夸饰之风。孔子如此严厉地批评,可能与太宰向子贡问孔子圣这件事有关,或许就是针对此事而在弟子面前表明自己的立场,禁止弟子将自己圣人化、善人化,同时也批评子贡的夸饰虚荣心,以此告诫众弟子应守**凡事诚实**的本分,行要光明磊落。在孔子看来,人守诚实本分,行光明磊落,其要有二:一是"无隐瞒";二是"不夸饰"。第二十三章以自己为例讲如何不隐瞒;本章同样以自己为例讲怎样"不夸饰"。

二

孔子以自己从未见过圣人,断言自己今后也不会见到圣人,表达自己对"圣人"观念的否定。孔子否定圣人观,是基于历史和现实两个方面。孔子认为,现实生活中没有圣人,也不会产生圣人,信而好古的孔子也没有在历史中发现圣人,哪怕就是他所推崇的尧舜,也达不到圣人的境界:"何事于仁,必也圣乎!尧舜其犹病诸!"(《雍也》)孔子摆出古今无圣人的事实,进一步指出古代不可能有圣人的理由:圣人是"博施于民,而能济众"的大仁、全仁,基于人的生之本性,任何人都达不到这种境界,就是尧舜也达不到。孔子认为,这种全道全德全仁全艺的"圣人",或许可以作为一种人格理想、社会理想而存在,但现实的努力目标只能是君子。

正是基于对历史、现实以及未来的认知,孔子才否定自己是圣人。孔子之所以自我否定圣人,不仅因为历史和现实中没有圣人,更因为他以对人性的反思本身为据,认为自己没有摆脱名和利,也根本无法摆脱名和利。孔子认为,自己是做不成圣人的,但自信可以把自己成就为君子,因为孔子评价自己不仅"信而好古,敏而好求",而且"发愤忘食,乐以忘忧",更能做到"不义而富且贵,于我如浮云",达到"饭疏食,饮水,曲肱而枕之,乐亦在其中矣"的境界。

孔子不仅否定自己是圣人,更否定自己已经成为善人,断定自己终其一生也做不成全善者。但孔子自信自己是一个一心向善的人,依据是他能够做到本朴、诚实、不矫情、不虚饰、不自以为是。孔子通过对"亡而为有,虚而为盈,约而为泰"这三类性格的人绝不可能有一心向善的批评,来表述自己在这三个方面呈现出来的本朴、诚实、实事求是、善待自己的品质,就是君子所能够修习成己的品质。

孔子否认自己是圣人和善人,也否认世界上真有圣人和善人。孔子认为,人,真正可以成就自己为君子:君子不是善人,是一心向善的人。孔子借此表达一个非常重要的思想,即**过程生成论思想**:人成己是一个不断生成的人生过程,这是因为人在本质上是未完成、待完成和需要不断完成的生命过程。人成己的这一过程生成性根源于"性相近,习相远"的人性:天赋的人性向生存领域敞开必然遭遇利欲本能,必然使人的成己努力成为与生生不息的利欲本能相博弈的人生过程。因此,孔子不仅断言圣人不得见,而且善人也不得见,唯一可得见的是君子,是一心向善不断成就自己的人,或者说以善为目标而不断成就自己的人,就是君子。

第 26 章释义

子钓而不纲,弋不射宿。

[注释]

钓而不纲:纲,结网的大绳,悬挂多钩,横于流,以一举获多鱼。

弋不射宿:弋,用带丝线的箭来射鸟。宿:歇息,这里指歇息的鸟。

[译文]

孔子钓鱼,只用鱼竿钓而不撒网捕鱼。孔子射鸟,只射飞鸟而不射栖宿之鸟。

[通解]

本章注疏历来多谓微言大义,曰"孔子仁心"。钱穆以为本章不过"述"孔子"游于艺之事,非依于仁之事。否则一鱼之与多鱼,飞鸟之与宿鸟,若所不忍,又何辨焉"①。钱穆之论更合本章原意。

孔子对君子的基本定义是"君子不器"(《为政》)。君子不器的基本要求是"志于道,据于德,依于仁,游于艺"(第六章)。道、德、仁、艺,此四者乃君子必修。本章讲述孔子游于艺二事:一为钓鱼;二是射鸟。钓鱼不用网捕,射鸟不射宿鸟,表明孔子钓鱼和射鸟之艺技熟练和高超。以此既可从一方面观孔子生活兴趣广泛,更可感觉到孔子的专注、用心和自我要求,即使游艺活动,也是高标准地训练自己。由此可以窥见孔子之乐的前提,是无论做何事,只要全身心投入,就会得乐,就会乐在其中。

第 27 章释义

子曰:"盖有不知而作之者,我无是也。多闻,择其善者而从之,多见而识之,知之次也。"

[注释]

作:乃"述而不作"之"作",意为制篇立说。

识:知,认识,理解。

---

① 钱穆:《论语新解》,北京,生活·读书·新知三联书店 2016 年版,第 176 页。

次:次之,差之。知之次也,多沿孔子"生而知之者,上也,学而知之者,次也"(《季氏》)的思路理解。黄克剑从"述而不作,信而好古"入手,以为"当指导次于古圣贤创始之作"(《论语疏解》)。从其思路,因为"多闻,择其善者而从之,多见而识之,知之次也"一句,是在否定"不知而作之者"后,提出自己"述而不作"的做法,好处在哪里。

[译文]

孔子说:"大概有那种不学无智却妄意创制立说的人,我却没有这种坏毛病。我主张广泛地听闻,吸取有益的东西而遵行,同时多观察、多留意、广见识,从不同方面领会其要领,这样形成的智识与古代智者相比,是次一级,但它毕竟是脚踏实地探求得来。"

[通解]

孔子之所以"钓而不纲,弋不射宿",是遵循生命之道和自然之道,一切皆顺乎本性,顺乎自然而为,必达佳境。这是因为一切大道、法则、德仁、艺术都蕴含在生命之中,但最终蕴含于自然之中。上章,孔子以"钓"和"射"表达如上思想,本章以阐述方式说明如上思想。

一

在第二十五章中,孔子认为古代世界和现实生活均无圣人可寻。古代虽然没有圣人,但古代有智者。孔子认为,能够称得上智者的人,一定是真知、真理的原创者。在孔子的严肃考信中,关于治邦安国、学而为君子,以及秩序与道德、性与爱、仁与礼等方面的真知、真理,古人早已原创成制了。后人只能在其基础上返本开新。从根本讲,恣意妄作,实际上是无知;对于今人,一旦真知了古人的原创智慧,就不会恣意妄作了。所以,孔子主张信而好古,是要追求对古人原创智慧的真知。

孔子之如此崇敬古人,是因为在他看来,创制立说是非常神圣的事,非大智大慧所不能,否则就是"无知而妄作"。孔子虽已为当世大智者,但他认为自己还不够创制立说,只能"述而不作"。并且,孔子认为,要真正做到述而不作,不仅需要"信而好古",还需要"多闻,择其善者而从之,多见而识之"。唯有这两个方面都做到并都做好了,才有资格"述",或者说才可以"述"的方式替代"作"。

孔子还认为,"述而不作"的智慧,虽然与古代智者的原创智慧相比,要差一个等级,但可以对古代的原创智慧予以返本开新。这是因为他所能述和要述的智慧,是通过对现实生活"多闻,择其善者而从之,多见而识之"形成的智慧,所以,虽次之,但有新;虽次之,但却彰时变精神。

二

孔子基于对古代智慧的敬畏,更基于对原创的古代智者的崇敬而"述而不作"。但究其实,不制篇立章的返本开新之"述",在本质上仍然是一种"作"。这种立体的、活动着的"作"要求具备开放的生成性,因此对述者之"述"有更高的要求。正是因为此,孔子提出述必多闻和多见。

孔子主张"多闻",是因为"述"的绝对前提是必须去"无知"而达于"知"和"大知";更重要的是,"多闻"还要"择其善者而从之"并择"其不善者而改之"。不仅如此,孔子强调在"多闻"的同时要"多见",在于"多见阙殆,慎行其余,则寡悔"(《为政》)。并且,一旦在"述而不作"的过程中真正做到了多闻"言寡尤"和多见"行寡悔",也就"禄在其中矣"(《为政》)。

第 28 章释义

互乡难与言,童子见,门人惑。

子曰:"与其进也,不与其退也。唯何甚?人洁己以进,与其洁也,不保其往也。"

[注释]

互乡:一地名,以"互乡"命名的地方不止一个,前人考证,有以为在河南鹿邑,亦有说在江苏徐州,但到底为何处,现无确考。谓其乡风习恶,难善交。邢昺以为"其乡人言语自专,不达时宜"而已。本章所记之事,可能发生在孔子一行游国途经的异国他乡。结合第十七章"子所雅言"观,互乡应该属于说非官话(即"雅言")的偏僻且相对封闭的乡村,由于封闭生存,少与外界接触,其方言更专,言语不通,交流时往往表意错解或误解,甚而至于引发许多意想不到的不好后果,导致互乡人不愿意与外界交往,对过往路人冷漠以对。这或许就是"言语自专,不达时宜"。孔子游国经过这里,也可能因为言语不通而遭遇到冷漠甚至责难,让人感到此地此俗不可理喻。

童子见,门人惑:童子,未成年的少年、男孩。惑,困惑、不理解。门人,陪孔子游国的弟子。指随从弟子不理解孔子为何要见互乡童子。

与:赞同。

唯何甚:甚,过分,言有何过分之处。

人洁己以进:洁,去除污秽。意为童子求见,其必然有洁身自好之心。

不保其往:保,担保。其,指当前、现在。其往,有两义:一是在此之前,即过去;二是以此向前,即未来。指只关注现在,既不追求其过去,也不保证其未来。

[译文]

互乡是个偏僻的地方,因言语不通,过往行人往往惧之与其打交道。孔子一行路经此地,也与一个少年发生过不愉快的冲突。没想到这个少年后来竟主动求见孔子,孔子接见了他。弟子大惑不解。孔子说:"我只赞同他来求见我,并不赞同他过去的行为,何必揪住人的过错不放呢?应该充分理解他来求见的洁身自好之心。我赞许他能上进,不希望他退回到过去状态,这有什么不妥当吗?"

[通解]

在孔子看来,人要将自己成就为君子,必有一心向善的努力(第二十一章)。一心向善,首先是"有恒"有常而不夸饰(第二十五章),这需要遵从天赋的本性和自然法则(第二十六章),才能做到"多闻,择其善者而从之,多见而识之"而不妄作(第二十七章)。唯有如此方可胸襟阔大而心有人焉。这是孔子接见童子"人洁己以进,与其洁也,不保其往也"的根本理由,这个理由的本质含义是"志于道,据于德,依于仁"而善待任何人,哪怕曾对自己言行无礼的那个互乡少年。

一

童子求见孔子,孔子接见童子,门人以为孔子如此客气地接见一个无礼于他们的野少年,是大没有必要。孔子却对弟子发宏论,表面看是在为自己见童子找理由,实际上却在教育弟子处事、待人之法。

如何处事、怎样待人的问题,也是"多闻"与"多见"的问题。从这个角度可以看到《论语》编纂者的精心安排,本章实际上直接承上章"多闻""多见"而来,具体地讲一心向善的君子应如何"多闻""多见"。孔子指出,一心向善的君子,其探求真知、践履真理的多闻多见,应该立足于日常生活、身边小事和利害相关的自身经历。互乡这个地方,历来被讹传为"难与言",实际上是寡闻寡见使然。童子求见孔子,说明互乡这个地方的人,也不是绝对的"自专",仍然有与外界、过往客人交流的愿望。如果这位求见的童子曾经与孔子一行人发生过不愉快或者根本不友善的冲突,那么,他主动求见孔子,并且根据孔子对弟子所做的那番解释来看,一定是童子心存善意来向孔子赔礼道歉。由此更说明互乡这个地方的人本性的友善,待人诚恳,并且还知错能改。如果孔子不抱着多闻、多见的开放性姿态,拒绝接见童子,将会出现什么情况?由此可见多闻,才能"择其善者而从之"(第二十一章),多闻才能"阙疑";多见才能搞清问题的实质,理解处事为人的要领;也只有多见,才可"阙殆,慎行其余,则寡悔"。

二

本章记述的内容的意义重大,还在于孔子以身体力行方式告诉弟子:看待或处理事情,要尽可能去其主观性,力求客观,这样才会发现事情的真相,清楚事物的本来状况。看人,不能表面,不能带成见,即或是"眼见为实",也有可能误导你对人产生偏见或误判。避免偏见或误判的根本之法,就是多闻、多见。要做到对人多闻、多见,其前提是不能以身份、地位、好恶取人,应该平等待人。只有平等心,才可胸襟阔大;也只有平等心,才可化解仇怨恨;只有平等心,才可在多闻中辨其善恶,在多见中达于要领,把握关键。孔子接见求见的童子,不仅使童子得到领受教益的机会,也为引导弟子提供最好的素材。

当然,孔子接见童子的平等心,不应该是阶级、阶层的平等,也不是生存论意义的平等,因为这种平等尚不可能进入孔子的视野,应该是人格和道德意义上的平等,或可说是求道德、求学问、求智识方面的平等。

童子主动求见孔子,或者因为先前发生过冲撞而求致歉,或者为孔子之名而求教益,但无论属于哪种情况,孔子接见"难与言"的童子这一让弟子不解的平常行为,却真切地体现了孔子"有教无类"的教育思想。这一思想的具体表述是"与其进也,不与其退也。唯何甚?人洁己以进,与其洁也,不保其往也"。任何人,只要他愿意改过求进,或者真诚求知,都应该给予接受教益的机会,都应该毫不保留地给予真诚指导、引导,使其学会处事为人,进而引导人获得真知、获得真理。这是为教育的责任,也是君子化德人间的使命。

第 29 章释义

子曰:"仁,远乎哉?我欲仁,斯仁至矣。"

[注释]

仁,远乎哉:远,相隔距离大,做遥远讲。指问仁离我们遥远吗。

我欲仁,斯仁至:欲,欲望、想要。至,到达,指来到。斯仁至,这个(想望达到的)仁会来到(自己的身上)。

[译文]

孔子说:"德性德行之仁,距离我们遥远吗? 不! 只要我愿意求仁,它就会来到我身边,进入我心中,化为我的行为。"

[通解]

从主题关联性言,本章可看成继上章展开:上章叙事,陈述孔子身体力行善待乡野童子,彰显其仁;本章说理,是孔子正面阐述仁在何处,可以何种方式得到仁,实现仁。

一

互乡童子求见孔子,孔子见之,并以弟子之惑而宏论"与其进也,不与其退也。唯何甚?人洁己以进,与其洁也,不保其往也",阐发的核心理念是何为君子和君子何为。孔子指出,君子者,求仁得仁之人也。

何谓求仁得仁之人?

孔子告诉弟子,心有其人并时时处处善待人的人,应是求仁得仁之人。

人们恶互乡,以为"难与言",是心中无互乡之人。孔子见"难与言"的互乡童子,是因为心中有人。心中有人,对孔子来讲不是一个大词,而是日常生活中的身边人:"厩焚,子退朝,曰:'伤人乎?'不问马。"(《乡党》)孔子不问马而先问人,心中装的是生活中的身边人。所谓生活中的身边人,就是具体的、能够感受到呼吸的人。童子主动求见,就成为身边人。无论他过去做了什么,或者他未来可能做什么,都不重要,重要的是他现在站立在你面前,你就必须像对待自己那样对待他,这就是仁。所以孔子说:仁难道很遥远吗?你们可能会这样看,但我不这样认为。实际的情况是,只要我想到仁,或者只要愿意求仁、行仁,这个仁就来到了我身边,就成为我(待人接物)的行为。

二

心有其人,指心中装进了人。心中如何装进人?孔子说,其关键不过一"欲"字。这里的"欲",指想、欲望、想望、希求:"唐棣之华,偏其反而。岂不尔思?室是远尔。子曰:'未之思也。夫何远之有?'"(《子罕》)这一对人的真正意识(想),才使"克己复礼为仁。一日克己复礼,天下归仁焉。为仁由己,而由人乎哉"(《颜渊》)。

正是基于"为仁由己",孔子才否定"仁远"的说法,认为"仁远"是谎言。为证明这一点,孔子设问"仁远哉乎",然后自问自答:仁是远的,但仁又是很近的。远与近,都在人本身:如果你不理解人、冷漠人、讨厌人,仁就远离你,并且遥远得让你不可企及。反之,如果你理解人、渴望人、希求人,仁就一定来到你身边,注入你的身体和生命之中,将你武装成为有仁性、仁心、仁情、仁爱的人。由是,仁远与不远本身蕴含如下问题:

第一,仁为何是遥远的?

第二,仁为何能欲之可得?

这两个问题的答案，既有同构的内容，也有不同的内容。仅同构性内容言：根本说来，仁，既是人的本性，也是天赋的生命之道。人的本性与生命之道，都属自然，都是不以人的意愿为转移的客观存在。以此审视，在自然状态下，源于人性与生命之仁，始终是遥远的，是高不可及的。

这只是问题的一个方面，另一方面，既然人性与生命之道构成仁的源泉，那就意味着仁之于人也是可及的，是近的，因为它本身潜藏在人的生命之中，也因为人性的觉悟是通达生命之道的方式，更因为人性的觉悟可能通过后天修习而实现。所以仁又是离我们最近，它潜藏于人的生命底部，只要愿意，随时都可以自我展现出来。

三

仁，根源于本性，首先指出仁符合人性，其次揭示人性与仁合，是后天"习"之体现：没有后天自觉自为的"习"，人性不可能升华为仁。所以，仁是人对人性的自我塑造。牟宗三认为，孔子讲"一日克己复礼，天下归仁焉""我欲仁，斯仁至矣"等"看似无把柄，然亦可以说**任说任通，句句精熟**，这是**圆音**，并非滞辞。他在这里表现了开朗精诚、清通简要、温润安安、阳刚健行的美德与气象，总之他表现了'精神'、生命、价值与理想，他表现了**道德的庄严**。性与天道是自存潜存，是客观的，实体性的，**第一序的存有**，而仁智圣则似乎是**凌空的、自我作主地提起来的生命、德性**，其初似乎并不能直接地把它置定为客观的、实体性的、自存潜存的存有，因此它似乎是**他自己站起来自己创造出第一层的价值生命。**"①

仅不同方面讲，仁之可能远人，只有一种情况，那就是当你凌驾于仁之上时，哪怕你无穷无尽地思考仁，或者殚精竭虑地追索仁，仁也不会来到你的身边，因为你一旦把自己凌驾于仁之上，你生活周围的人、你身边的人都被拒斥于外，无法进入你的心中。当你心中无人时，何来仁？这就是仁之于人的遥远。

相反，仁之所以能欲之可得，同样因为人性。天赋共通的人性，使每个人的生命中具有天然的亲生命性、亲人性。当人能够以多闻、多见的姿态和方式体察日常生活本身时，就会激发出天然的亲生命性、亲人性，身边的人自然地进入你心中，驻入你心灵，一旦你意识到他在你生命中存在，你就获得了仁。这时候，仁不但在你的身边，而且在你的生命之中，与你的心灵、与你的灵魂、与你的本性相遇、相融。这就是"我欲仁，斯仁至矣"的生存论呈现。

———————

① 牟宗三：《心体与性体》，上海，上海古籍出版社2007年版，第187～188页。

第 30 章释义

陈司败问:"昭公知礼乎?"

孔子曰:"知礼。"

孔子退,揖巫马期而进之,曰:"吾闻君子不党,君子亦党乎?君取于吴,为同姓,谓之吴孟子。君而知礼,孰不知礼?"

巫马期以告。

子曰:"丘也幸。苟有过,人必知之。"

[注释]

陈司败:司败,是一官职名称,陈、楚两国称掌管司法的司寇为司败。陈司败,即陈国司寇。

巫马期:孔子弟子,姓巫名施,字子旗,比孔子小三十岁。

昭公:鲁邦君,名裯,襄公庶子,襄公死后,继位为君,谥为昭,史称鲁昭公。

揖巫马期而进之:揖,作揖。进,接着,继续。之,指代鲁昭公是否有礼这个话题。

君子不党,君子亦党乎?:党,阿私。"君子不党"之"君子",乃一般义,指真正的君子不偏私。"君子亦党乎"之"君子",有特指义,即特指被人敬称为"君子"的孔子,指,你的老师作为君子不也偏私吗?

君取于吴:取,通"娶",鲁、吴皆姬姓,同姓不能通婚。"子云:取妻不取同姓,以厚别也。故买妾不知其姓,则卜之。"(《礼记·坊记》)君取于吴,指鲁昭公从吴国娶了一位夫人,这是同姓通婚,为掩饰其违背"同姓不婚"的礼制,昭公称其夫人为"吴孟子"。"孟子者何,昭公之夫人也。其称孟子何?讳娶同姓,盖吴女也。"(《公羊传》)古人为何要禁止同姓通婚?《白虎通·嫁娶》曰:"不娶同姓者何,重人伦,防淫泆,耻与禽兽同也。"这只是从人伦道德论,并未揭示"同姓不能婚"的禁忌何以上升为必须遵守的礼制规范。从生物进化论和物种优生说角度看,就会明白禁止同姓通婚,实际上是优化人种基因,进化生育,有利于人种的繁衍、家族的壮大。因为在古代,人口的生产,才是最根本的生产力。对于统治阶层来讲,人口的优生优育,才是统治昌盛的根本保证。

[译文]

陈国司寇询问孔子说:"鲁昭公知晓礼制吗?"

孔子回答说:"鲁昭公知晓礼制。"

孔子走后，陈司败向巫马期作揖后继续说："我听说真正的君子不偏袒有私，你的老师被世人敬为君子，也能不偏袒行私吗？鲁昭公娶一吴女做夫人，吴鲁同为姬姓，他却改名换姓地称其为吴孟子。如果鲁昭公都算是知礼，还有谁是不知礼的人呢？"

巫马期以陈司败之言告诉孔子。

孔子说："我真是个幸运的人。如果我有过失，一定有人知道其错在哪里。"

[通解]

本章承前两章而来：孔子互乡见童子，是以童子为人而平等相待，故其行为是仁（第二十八章），以此孔子正面论"我欲仁，斯仁至矣"（第二十九章）。本章继续论仁不仅在于心中有人，还在于心不偏私。如果心有偏私，哪怕人在心中，也会不仁。

一

孔子游国，已成山东诸国的名士。公元前 493 年，卫灵公逝，时值五十九岁的孔子次年离开卫至于陈，凡三年。此事应发生在孔子一行居陈期间，作为当世名士的孔子，其居陈自然引来各色人等对他的关注，包括考察和探讨问题。陈司败就属于其中一人，他见孔子，询问昭公是否知礼，就是刻意考察孔子是否名实相符。因为孔子以君子为标榜，以培养君子为己任。并且孔子认为君子必须正派不私，不偏私结党恰恰是君子的基本要求，也是孔子一以贯之的政治主张："君子矜而不争，群而不党。"（《卫灵公》）

陈司败采取以子矛攻子盾的方式来考察孔子：你母国的邦君昭公是否知礼？

陈司败提这个问题，就是要孔子对母国邦君的作为是否都合礼制做一评判，这给孔子出了难题，因为陈司败之问挑战了孔子为人处事的原则。

孔子奔波于游国之途，给自己定了一个自保的原则："居是邑，不非其大夫。"（《荀子·子道》）孔子所信从和遵循的这个实利原则，可能还是老子教给他的一种生存智慧。遵循这一生存智慧，到一个国家，不评价这个国家朝堂上的官员，不说这个国家的坏话，更包括不评价其邦君及其为政得失。当然，孔子也非常清楚，虽然游国于外，仕途未卜，说不定什么时候还得回母国谋求发展；即使自己游国成功，最终还得与母国打交道，还要落叶归根。所以游国过程中，凡涉及鲁国大夫和邦君的事，孔子一概不议论，对诸侯国，做官时不议论，离开后则可以任意地议论。于是孔子向陈司败说了违心的话:"昭公知礼。"但实际情况是昭公不知礼,其不知礼的典型行为就是娶同姓女为夫人。吴鲁同宗,甚至没有文化的人都知道,更何况博学勤礼的孔子?"鲁昭公有礼",这是明知而故意瞎说。本来就是来与孔子较真的陈司败,自然极不满意孔子的回答,所以有了对巫马期的那番说法,直截了当地指责孔子睁着眼睛说瞎话,而且批评孔子不是君子。如此严重的批评,巫马期自然要告知孔子,孔子才说出:我孔丘真是个幸运的人。陈司败给我上了一课,教我明白了:一个人如果犯了错误,是隐瞒不住,是人人都知道的。

二

本章记述了孔子违背自己所主张的"不党"君子准则这一件事,从一个侧面揭示现实生活过程中,一个人成己为君子的艰难性,以此间接证明第二十五章"圣人,吾不得而见之,得见君子者,斯可矣"的论断的客观性。

《论语》编纂者将此事件辑于本篇,作为孔子思想自述的有机构成内容,是因为此事件从三个维度表述了孔子自己的思想。

首先是"君子不党"的问题。

"君子不党"的实质,不是君子有私无私的问题,因为君子首先是人,最终还是人。是人,皆有私。有私,既是人的本性,更是人存在、生存的必须。因此问题不是君子有不有私,该不该私,而是君子偏不偏私、隐不隐私的问题。君子不党,讲的是君子可以如常人样正大光明地有私,但不能偏私和隐私。在现实生活中,偏私、隐私的基本方式就是结党,即通过结党的方式掩盖不正当的私欲、私利、私情。

孔子认为,君子与小人的根本区别,就是小人结党,君子无党。君子无党,是孔子对君子的基本道德判断,也是孔子为政的基本政治主张。陈司败之所以考察孔子是否属于他自己所标榜的真君子,是因为孔子适陈,就是为了在陈国谋仕。陈司败是主管司法的官,讲究的是公正无私,所以陈司败特别关心来陈求仕的孔子是否真的能做到君子不党。结果令陈司败失望,孔子考试不及格,这或许是孔子前后两次入陈均未得仕的原因之一。

其次,"君子有礼"与"君子不党"的关系问题。

君子必须有礼,这是孔子生活的当世的基本要求。礼,既是伦理道德,也是政治规范,其实质是行为有边界。对有位的君子来讲,二者须合而为一,因为它本质上一体两面。君子有礼,必然会不党;反之,君子不党,必须做到有礼。孔子所信守"居是邑,不非其大夫"的为人处事的准则,本质上是和稀泥的实利主义准则。客观地看,和稀泥的实利主义准则破坏了边界,也破坏了礼,当以言行破坏有明确边界和限度的礼时,必然走向**互隐**的结党道路。

再次,陈司败对孔子的批评,使孔子明白:无论是谁,错误是不能被掩盖的,因为"好事不出名,坏事传千里",错误最终会人人知道,结党掩盖错误是无用的。

然而,孔子从陈司败的批评中所领悟到的教育,远不止于此。孔子以"丘也幸"的方式表达对陈司败的批评的感激,是因为它使孔子最终明白:一个人犯下的过错,只有他本人承担,其他任何人都无法为其担责。这就是"苟有过,人必知之"的真实含义。并且,当一个人为利害得失考虑而主动放弃光明正大的君子准则,或被迫为他人遮过,这种行为本身就是过错,这种过错比为之遮盖的他人过错性质更为恶劣,因而最终仍然是"人必知之"。更为重要的是,人因利害得失计而为他人遮过的行为最不明智,因为这种主动为他人遮过的行为,不仅不能为其去过,反而增加他人之过,因为这种替人遮过的行为无形中结成了党,**结党之过**超过了任何个体行为之过。孔子之所以为陈司败的批评深感幸运,还因为他可能最终明白了自己"居是邑,不非其大夫"的和稀泥的处事为人准则,实际上与自己的君子主张相违背。

最后,孔子"丘也幸"的感激性表达和"苟有过,人必知之"的反思性认知,生动地呈现孔子鲜活的直率、坦诚的性格和宽广的、知错能改的人格精神。古人曰:"人谁无过,过而能改,善莫大焉。"(《左传·宣公二年》)孔子不仅知错能改,还公开自己的错和公开自己错在何处,这体现了孔子的君子气度和君子胸襟。孔子知过能改,且以此警示弟子要引以为戒,这一行为再造了君子形象,丰富了君子理念,也开新了君子理论及认知方法。

第31章释义

子与人歌而善,必使反之,而后和之。

[注释]

歌而善:善,好,完美。指歌唱得更好。

反之:反,重复,反复。反之,重复唱。

和之:和,跟随,附和。和之,跟着唱。

[译文]

孔子和别人一起唱歌。别人唱得好，就请他再唱，自己也跟着唱。

[通解]

礼乐，不过是古代君子生活的一体两面，后来也成为孔子之"仁"的一体两面：**礼正行，乐正心**。心与行互为表彰，是为君子。所以，讲礼必涉及乐，论乐必讲究礼。这是上章与本章的内在逻辑关联：上章讲礼，主题是如何正行；本章论乐，主题是怎样正心。

一

本章是一则记事，仍然是在表彰孔子之自"述"。

孔子自述的内容是"游于艺"，即与人一道唱歌。但这仅是所述的表层事实，其深层之述有二：

首先，邢昺疏曰："此章明孔子重于正音也。"此番正义应符合孔子歌而"反之"和"和之"的本意。孔子喜欢歌唱，但对"学而时习之，不亦悦乎"的孔子来讲，歌而"复之"和"和之"的过程，也是有意识地学-习的过程。这一学-习的唱和过程，就是正音过程。联系"子所雅言"一章观，"雅言"和"雅乐"刚好是"述而不作，信而好古"的两个基本方面。古代的雅言、雅乐要得以流传，或者要以之歌唱，都须正声。雅言正音，乃正义，即矫正和彰显大义；雅乐正音，乃正心，即矫正和弘扬心志。这是喜欢音乐的孔子，乐于与人一道唱歌的原因之一。

其次，孔子认为，对音乐的正，必须通过歌来实现。孔子与人歌，才发现其音的正与不正。别人比自己唱得好，表明自己唱音不正，为矫正己音，所以邀请别人再唱，然后自己附和，这是孔子"与人歌而善"之"善"的实质所在。所以，孔子歌而"反之""和之"，不过是通过他人矫正己音而已。然矫正己音仅仅是手段，目的是矫正己心己志。这才是歌唱的本质，这也是歌而"乐"的本质。

二

此则记事还呈现孔子多才艺，尤其擅长音乐。多才艺的孔子为何尤其擅长音乐？这与音乐的本质功能相关：即音乐调心绪，正心志，而知得失。

故天子听政，使公卿至于列士献诗，瞽献曲，史献书，师箴，瞍赋，蒙诵，百工谏，庶人传语，近臣尽规，亲戚补察，瞽、史教诲，耆、艾修之，而后王斟酌焉，是以事行而不悖。（《国语·周语上·邵公谏厉王弭谤》）

对天子,通过音乐调正音律调正心志来正天下之得失;对一国之君,通过正音律调正心志来正一国之得失;对于个人,通过调正音律正心志以正生活、正做人之得失;对于君子,通过调音律正心志以正君子之得失。

除此之外,孔子之特别擅长音乐,还因为他的君子理想。孔子的君子理想,是一个亲亲之乐的理想社会。这一君子理想化成君子的人生训练、生活训练就是"志于道,据于德,依于仁,游于艺"(第六章)。君子之成为君子,必须有道,必须守道;君子有道守道的展开方向,必须达于德、行于仁而游于艺。"游于艺",是以艺术的方式生活。音乐是最高的艺术,也是孔子生活的当世的根本艺术。所以,"游于艺"的生活的基本标志,是音乐,进一步讲是生活的音乐化。生活的音乐化,就是每天生活歌声不断;音乐的生活化,还是以音乐来开辟生活的道路,以音乐来创造每日的快乐。孔子之所以能"饭疏食,饮水,曲肱而枕之,乐亦在其中矣",是因为他特别喜爱音乐,每日必歌。

音乐何以使人过清贫艰苦生活也乐在其中? 这是因为音乐是开启心灵、敞开自由的大门。音乐是自由的艺术,心灵自由、人格自由、情感自由、思想自由等,都可通过音乐得到释放,得到再创造、再升华。这是孔子"与人歌"必求尽善尽美,亦是孔子与人歌而求尽善尽美一定要"反之""和之"的根本原因。顾立雅说:"在古代中国的主要哲学流派中,儒学的高明之处在于发现了这样一个意义深远的生理学事实:愉悦不只一种生活追求,也是生活中不可或缺的一部分。"因而,"孔子也并非不同意娱乐,除非它与德行和真诚不相一致,甚至相反。孔子称赞将学习作为一种乐趣,并把音乐看作是纯粹的娱乐之源,这是很独特的看法"①。

第32章释义

子曰:"文、莫,吾犹人也? 躬行君子,则吾未之有得。"

[注释]

文、莫:有二解:一读"文莫",乃"忞慔"的假借词,意为黾勉、努力。二为两词:文,文章,引为学问知识。莫,大约,或许。后一解更合本章语境。

躬行君子:躬,身体,引义为本身、自身。躬行,即身体力行。指按照君子的要求身体力行。

---

① [美]顾立雅:《孔子与中国之道》(修订版),高专诚译,郑州,大象出版社2014年版,第65页。

[译文]

孔子自我评价说:"在智识、学问、德性方面,我尚能及人。但在身体力行践履道德方面,还做得不够。"

[通解]

本章中,孔子从两个方面定义君子,一是德性,包括"志于道,据于德,依于仁"以及如何修养达及此三者的学问方面,孔子自认为能够与其他贤者相比,因为他自己不仅致力于"信而好古"(第一章)和"敏以求之"(第十九章),做到了"不愤不启,不悱不发,举一隅不以三隅反,则不复也"(第八章),也做到了"默而识之,学而不厌,诲人不倦"(第二章),还做到了"多闻,择其善者而从之"和"多见而识之"(第二十七章)。但在践履道德和学问方面,孔子认为自己虽然已经做到了"如不可求,从吾所好"(第十一章)"不义而富且贵,于我如浮云",也达到"饮疏食,饮水,曲肱而枕之,乐亦在其中矣"(第十五章),但孔子认为自己离达到君子境界还有距离。这不是谦逊,而是实事求是的自我判断。比如,对陈司败问昭公是否有礼的违心回答,说明自己有偏私。以此来看,本章内容,有可能就是孔子接受陈司败的批评之后的自我反省。

君子的德性和德行,前者可以修养日进,不断完美;后者要求每天践履得从头开始。赫拉克利特说"太阳每天都是新的","人不能两次踏进同一条河流",是因为无论自然世界还是人本身,生命每天都必须新生。因为人始终是未完成、待完成并需要不断完成的生存过程,这个过程使人成己为人必须每天从零开始;学问、德性以及成己的意识境界等主体性内容,都可以层累生成,唯有对德性的践履,每天都要面对新的欲望、新的需要、新的情感渴望或情绪状态而重新开始。所以,昨天践履德性可以成为百分之百的君子,但今天要成为君子,必须重新努力,昨天的君子不代表今天的生活和行为。正是因为如此,孔子才说圣人不得见,只能见到一心向善的君子。**人成为君子的看家功夫和根本作为,不是你已经做出了什么,也不是你已经做得怎样,而是你每个今天在怎样做**。孔子说君子是一心向善的人,其实是说,**君子就是每天从零做起,每天重新践履善的人**。

唯有在这个意义上,我们才可理解孔子"躬行君子,则吾未之有得"之义。因为孔子每天都一心向善,并且每天都在以善为准则来行善,但总不能保证每天都做得好。对于一心向善而行的人来讲,每天都践履德行,但有一天没有做到,或者有一事没有做到,都不能说自己是真正的躬行君子。所以,**躬行君子,始终在路上**。

第 33 章释义

子曰："若圣与仁，则吾岂敢。抑为之不厌，诲人不倦，则可谓云尔已矣。"

公西华曰："正唯弟子不能学也。"

[注释]

抑：不过，只不过是。

可谓云尔：可以这样说，可以如此说。

正唯弟子不能学：正，正是。唯，指代"为之不厌，诲人不倦"；正是在"为之不厌，诲人不倦"这方面，弟子学不到。

[译文]

孔子对弟子说："如果要以圣人和仁人来称呼我，我断不敢接受。不过，从一心向善，从不止步地践履仁和不知厌倦地教人这些方面，倒是可以这样讲。"

公西华回答说："夫子您在这些方面的成功，却是我们学不到的。"

[通解]

本章承上章内容，进一步讲何为君子，并以此区分君子与圣人、仁人。

一

孔子论君子，强调文与德的统一。文与德统一，即是文质彬彬。

在上章中，孔子自谓修养德性、践履学问，自己堪称有文，堪称文君子；但认为在践履德性方面，做得不是怎样好，还不配称德君子。做一个文德兼备的真君子，自己还有很大距离，更谈不上有圣。本章既承上章而来，更接第二十五章"圣人，吾不得而见之矣，得见君子者，斯可矣"，进一步表明孔子认为自己连文德兼具的君子都没有做到，没有做好，怎么有资格称圣人、仁人呢？

本章此论，应该是孔子对他人评价自己的回应。从《孟子》记载的如下文字，或许可以推测孔子做此自我评价时一定有具体的针对性：

> 昔者子贡问于孔子曰："夫子圣矣乎？"
>
> 孔子曰："圣则吾不能，我学不厌而教不倦也。"

子贡曰:"学不厌,智也;教不倦,仁也。仁且智,夫子既圣矣。"
夫圣,夫子不居,是何言也?(《孟子·公孙丑下》)

孔子自谓"学而不厌,诲人不倦,何有于我哉",子贡就认为圣人不过是智仁兼具,并认为老师做到了学而不厌,达到了圣人之智;诲人不倦,达到了圣人之仁,既然是做到了智仁双修,为什么不能称圣?这是子贡的看法,孔子却极不赞成子贡的看法,提出如上反驳,认为仅仅是"不厌"和"不倦"而已。

二

就内容观,本章首先陈述一个事实:时人及弟子称孔子为圣并誉之为仁的理由有二:一是孔子学而不厌,践履不止;二是孔子诲人不倦。前者是成己,后是成人。孔子成己,成为榜样,不仅是弟子的榜样,也是时人的榜样。孔子成人,亦是榜样,不仅是弟子的榜样,也是时人的榜样。孔子在成己成人方面做出来的榜样力量,是人所不能及的,所以为圣。由此看来,圣,济世,本质上是济人,但首先是济己。

其次,本章还陈述了另一个事实:即在面对时人或弟子称己为圣为仁时,孔子不是喜而受之,而是拒绝接受这种荣誉和称谓。其理由有二:第一,自己不过是一心向善地成己而已;第二,自己不过是一心向善地教人而已。一心向善地成己,这是为人本分,也是做人的责任;一心向善地教人,这是为师的责任,也是为师的本分。本分和责任,无论做得怎样好,都仅仅是本分和责任,既不能以此标榜仁,更不能以此标榜圣。

另外,孔子还认为,自己过成己的生活,也仅仅做到了"不厌",自己做成人的工作,也仅仅做到了"不倦"。在孔子看来,"不厌",仅仅是济己;"不倦",仅仅是济人,都不是济世,所以,将济己之智和济人之仁,称为圣,是矮化了圣,或者是庸俗化了圣。因此,孔子不以为圣。

再次,济己与济人之间,形成互动生成的关系,只有做到从不厌倦地济己的人,才可能不倦地济人;也只有不倦地济人的人,才可终身不厌地济己。并且,济己与济人互动生成,表明无论济己还是济人,都是一个过程,它有起点,却没有终结。正是在这个意义上,孔子否认自己达到了圣。也正是在这个意义上,公西华才如此景仰地感叹:我们永远学不到老师您这种成己(学而)"不厌"和成人(教人)"不倦"的精神、品质和能力。

第34章释义

子疾病,子路请祷。

子曰:"有诸?"

子路对曰:"有之。《诔》曰:祷尔于上下神祇。"

子曰:"丘之祷久矣。"

[注释]

子疾病:疾病,古代,小病称疾;重病称病。不是指孔子得了重病,而是指孔子病更加严重了。

请祷:古人认为,当疾病久而无医药针石可治时,就只能向鬼神祈祷,以乞求神灵消除灾痛。祷,向神灵祈求保佑。请祷,请求代(孔子)祈于鬼神。

诔:祈祷文。

[译文]

孔子的病越发严重了,子路请求代为向神祇祈祷以消除病灾。

孔子知道此事后问子路:"真可以向神祇祈祷就能消除病灾吗?"

子路回答说:"确实是有的。《诔》上说'到天神、地神那里去祈祷'。"

孔子说:"如果是这样的话,我已经祈祷很久了。"

[通解]

上章自述对名声的看法,以"圣人"和"仁人"为例说明。本章自述对鬼神的看法,以疾病和祈祷为例。

一

《论语》记载孔子疾病的文字,除本章内容,还有下面一章:

子疾病,子路使门人为臣。

病间。曰:"久矣哉,由之行诈也。无臣而为有臣,吾谁欺?欺天乎?且予与其死于臣之手也,毋宁死于二三子之手乎。且予纵不得大葬,予死于道路乎?"(《子罕》)

两章内容,都是写孔子疾病。本章记述孔子病情日趋严重,医药针石已无效,所以子路才"请祷",以求神灵保佑去病消灾。《子罕》一章却记载孔子病更加严重,子路感到其生命已无力回天,所以才悄悄地为之准备后事。如果联系地看,这两章内容或许记载的同一件事的两个环节,这种假设如得以成立,就有两个问题需要考虑:

此事发生在什么时候?已无可确考。但根据此次孔子病重如此状况观,很有可能是其晚年,推测最有可能发生于孔子六十八岁回鲁到子路卒之前这段时间。在这段时间里发生两件大事:首先是孔子独子孔鲤死了,这是孔子回国的第二年,时值六十九岁高龄的孔子白发人送黑发人,是何等的悲痛。回国后文道救世理想几近无望的打击已使风烛残年的孔子难以承受,此时又独子早夭,亲情血脉中断,这几乎是要命的事情。但丧子之痛尚未抚平,爱之甚于子的颜回又死了,其打击更甚于丧子,所以孔子最终扛不住而倒下了,且一病不起。弟子们赶回来陪侍他。于是就有了子路的"请祷"的努力和"使门人为臣"的忙碌安排。

如果此两章记载的是孔子同一次疾病两个阶段的事情,那么,《论语》编纂者为何将此原本同一事件分拆到不同篇目中去呢?这需要从两章内容表述思想的取向和侧重看:《子罕》一章,重心在于礼和礼敬,即弟子对孔子身后的礼敬和这种礼敬是否符合礼本身的问题;而本章内容侧重于自述对鬼神的基本看待。

二

本章紧承第二十章"子不语怪、力、乱、神",进一步表述不信神。不仅孔子不信,所教弟子也不信神。孔子病每日更重,不进医药针石。弟子如热锅里的蚂蚁,病急乱求医,子路临时想到神,为了孔子的病有所减轻甚至能愈,子路临时抱起"佛脚",这是人的求生本能敞开的感性状态,由此也使子路爱其师的赤诚跃然纸上。

然而,孔子却始终坚守"敬鬼神而远之"的无神论态度,哪怕是生命处于垂危状态,也不改变其基本认知和由此认知形成的"一以贯之"的信念。

在神学认知世界里,乞求鬼神,是因为人有罪,祈祷是为了自反性认罪。只有当人在神灵面前自反性悔罪,神灵才会饶恕之,其病灾或可得到消除。孔子既不自反也不信神,是他认为自己无罪可释,这基于两条理由:一是自己不信鬼神,不讲怪力乱神,既然平时都不信神,为何临来抱佛脚?对这种临来抱佛脚的想法和做法,孔子认为是不诚,是欺骗,是邪僻,君子不为。二是认为自己人生一心向善,学而不厌,诲人不倦,根本不可能得罪于神,所以即使这个世界上有神,自己也与神没有干系。正是因为如此,孔子才提出反问,并说出"丘之祷久矣"。

第 35 章释义

子曰:"奢则不孙,俭则固。与其不孙也,宁固。"

[注释]

奢则不孙:奢,奢侈。孙,通"逊",意为恭顺。指奢侈生骄而无有恭顺。
俭则固:俭,节俭。固,简陋。指节俭必然简陋。

[译文]

孔子说:"生活过分奢侈,就会骄妄。过分节俭,就会简陋和寒酸。但是,与其骄妄,宁愿简陋和寒酸。"

[通解]

孔子言奢俭,不仅指物质,也指礼仪。"礼,与其奢也,宁俭。"(《八佾》)无论物质生活之奢,还是礼仪之奢,都是铺张和浪费。孔子反对铺张和浪费,本质上反对欲望和无节制占有。所以,孔子论奢俭,实际上是主张节制欲望和需求,理性生活。因为"一个被奢华腐蚀了的灵魂,它的欲望是很多的,它很快就成为拘束它的法律的敌人"。①

一

奢侈为何使人丧失谦恭而骄妄?

节俭为何容易使人生活简陋和寒酸?

孔子认为,无论日常生活的奢侈,还是礼仪的过分铺张,都是逾度和无度的体现。逾度或无度,都是对限制的突破,形成无限制状态,它是对欲望本能的泛滥,强化占有欲。占有欲望越强,人将越失性。失性者唯有丧失本性的状态本身,既无有节制的自己,更无他者的存在。所以,奢侈必然滑向无谦逊恭顺的骄妄境况。

反之,节俭是对限制、边界的遵从。但若过分地节俭,也会使人滑向失性。过分节俭所导致的失性,本质上仍然是占有的失性。所不同的是,前者乃浪费的占有,释放无限度的自我膨胀,既危害自己,也危害他人和社会,因为过于奢侈,则易于骄妄;骄妄,很容易滑向欺凌弱小,侮慢他人。所以,骄妄不仅伤害身体,而且破坏人间正道。后者属于囤积的占有,这种无限度地释放占有的欲望,更多地损害自己。

----

① [法]孟德斯鸠:《论法的精神》上册,张雁深译,北京,商务印书馆 2004 年版,第 116 页。

二

孔子论"奢则不孙,俭则固",是倡导中道。在孔子看来,无论日常的物质生活,还是精神性的礼仪行为,既不要过奢,也不应过俭,持守中道。因为唯有中道,才是德:"中庸之为德也,其至矣乎!"(《雍也》)这是因为中道既不过,也无不及,位于正中,持守中正。过奢,人易膨胀虚狂;过俭,人易内敛卑琐。

中道是最好的。但孔子清楚,人世间,生活中,中道最难做到。在奢与俭很难达到平衡的情况下,孔子认为宁愿选择俭,也不要选择奢。因为孔子已经看到世界的限度性,资源的有限性。过俭虽然容易使人内敛、卑琐,甚至困顿,但无伤世界的限度本性,符合资源的限度性要求。更重要的是,过奢推动欲望的消费性膨胀而失性,与德性的修养和践履完全背道而驰。与此不同,过俭虽然也推动欲望膨胀,却是推动欲望囤积性膨胀,这种囤积性膨胀的失性形成的生活倾向,恰恰与人的德性养成和践履正相关,即与君子的俭朴生活正相关:越是简朴、简陋的生活环境,越能磨炼人的君子品德,这就是孔子"不义而富且贵,于我如浮云",也是"饭疏食,饮水,曲肱而枕之,乐亦在其中矣"的原因。要言之就是:过奢是欲望泛滥,消费无度,必然导致无德,或者反道德;过奢,是道德的敌人。过俭是欲望内敛,消费有度,必然促进生活有德;过俭,是道德的朋友。所以,宁愿节俭生活,也不要奢侈生活。

第 36 章释义

子曰:"君子坦荡荡,小人长戚戚。"

[注释]

坦荡荡:坦,平。荡荡,状貌其宽广。坦荡荡,意为心存堂正、胸怀宽广。

长戚戚:长,与短相对,意为持续不断。戚戚,蹙缩貌,示内心忧惧状态。指始终处于忧惧蹙缩的状态。

[译文]

孔子说:"君子任何时候都胸怀宽广,身心舒畅。小人总是患得患失,忧惧蹙缩。"

[通解]

《述而》篇,是孔子自述何以成为君子。从第一章"述而不作,信而好古"到第三十五章论奢俭,分别从不同方面自述如何将自己成就为君子。在此基础上,本章用"坦荡荡"一词做小结,为了突出君子"坦荡荡"的光明磊落性格、人格,采取与小人对比方式展开。

一

一部《论语》,"君子"出现一百零七次,共八十六章,除去弟子言君子之外,孔子论君子共六十章。"君子"概念在孔子的思想世界中大频率出现,是因为君子问题构成孔子思考的核心内容,也是孔子教育教学的基本问题。

孔子正面论君子,总是与其反面对举,形成强烈的比较,产生使人不忘的认知效果。

> 子曰:"君子怀德,小人怀土。君子怀刑,小人怀惠。"(《里仁》)
> 子曰:"君子喻于义,小人喻于利。"(《里仁》)
> 子曰:"君子周而不比,小人比而不周。"(《为政》)
> 子曰:"君子和而不同,小人同而不和。"(《子路》)
> 子曰:"君子泰而不骄,小人骄而不泰。"(《子路》)
> 子曰:"君子上达,小人下达。"(《宪问》)
> 子曰:"君子求诸己,小人求诸人。"(《卫灵公》)

这些方面的两两对比,揭示君子与小人的本质区别。本章则从精神面貌、精神状态方面比较君子与小人的区别。君子于人于事无所不容,所以襟怀宽广,为人坦荡;小人于利无所不求,故而成天计算别人、计较得失,自然无事无人能使自己放心、满意、高兴,忧惧日积于心,牢骚满腹。

二

小人长戚戚,是因为有忧,是忧。忧产生愁苦,也产生畏惧,更产生蹙缩之情,所以忧者不仅伤身,更损心。君子坦荡荡,并不是说君子无忧:"子路问于孔子曰:'君子亦有忧乎?'孔子曰:'君子其未得也,则乐其意,既已得之,又乐其治。是以有终身之乐,无一日之忧。小人者,其未得也,则忧不得;既已得之,又恐失之。是以有终身之忧,无一日之乐也。'"(《荀子·子道》)君子也有忧,喜怒哀乐,乃人之本性使然,乃为人之常情。故凡人,必有其忧之情感,因有其可忧必忧之事变。君子坦荡荡,是说"君子易知而难狎,易惧而难胁,畏患而不避义死,欲利而不为所非,交亲而不比,言辩而不辞,荡荡乎,其有以殊于世也"(《荀子·不苟》)。君子坦荡荡,更言君子"志于道,据于德,依于仁",即使过"饭疏食,饮水,曲肱而枕之"的简陋生活,也"乐在其中"。因为"志于道,据于德,依于仁"而有远见,大胸怀、广物量,故能广纳和慎取,是以凡事能乐,凡事乐而化忧,故有"乐以忘忧"之情,并且达于"乐而无忧"之境。君子之所以坦荡荡,就是因为君子独立不倚,君子自在自由。独立不倚的人格、自在自由的生活,哪怕生活条件简陋,生活简朴,也是乐在其中,自然坦荡荡地存在。坦荡荡地存在,就是君子。

第 37 章释义

子温而厉,威而不猛,恭而安。

[注释]

温而厉:温,温和、和顺。厉,严肃、威严、严厉。

威而猛:威,威严。猛,剧烈、刚直。

恭而安:恭,谦恭、恭敬、恭顺。安,安稳、安静、安详。

[译文]

孔子既温和又严厉;既威风凛凛,又不咄咄逼人;既谦恭,又安稳。

[通解]

本章承上章展开,进一步总结自己何以是君子。上章是正面的自我总结,以"小人"与"君子"对举的方式,自述其成己为君子的胸襟、气度。本章乃弟子描述夫子体貌变化呈现出来的君子风度和神韵。上章是孔子自画像,通过君子与小人对举自彰。本章是弟子为夫子画像:在弟子心中,孔子的君子风度跃然纸上,生动传神。

一

在孔子学府,弟子给夫子画像,各有特色,这是因各自的性格特长不同,得到孔子的指点与教诲内容、程度不同,孔子在弟子们心中的形象自然也有差异。比如,颜回之画中的孔子是"仰之弥高,钻之弥坚,瞻之在前,忽焉在后"(《子罕》)。子贡心目中的孔子形象却是"文武之道,未坠于地,在人。贤者识其大者,不贤者识其小者,莫不有文武之道焉,夫子焉不学? 而亦何常师之有"(《子张》)。颜回、子贡,都是从学问、人格、德才刻画孔子形象;子夏却从体态变化绘孔子音容笑貌:"君子有三变:望之俨然,即之也温,听其言也厉。"(《子张》)子夏所言甚是,孔子风度就是他所倡导的君子风度。

二

孔子的君子风度,体现在三个方面,一是性格,既温和又严厉,待人温和处事严厉,这是工作学习与休闲生活的区别。二是个性,既威严又不猛戾。三是性情,恭顺有加,又安泰自如。

孔子风度,是君子风度的典范。

孔子风度最有魅力、最难以学的方面,不是其"温而厉",也不是其"威而不猛",而是其"恭而安"。因为人在人面前恭敬、恭顺、谦恭,其心常常易于不安,所以最难是恭而有安、恭而能安、恭而是安。孔子修中正之气,正中庸之德,气貌协调、文质相生,必以"志于道,据于德、依于仁,游于艺"为方向,以坦荡荡为方式,自然修得安然自得之慧心和心法。孔子的"恭而安",他人学不会,也学不来,因为孔子的"恭而安"是"兼具德行、性情、理性与学问的儒雅风范。具有仁学背景的大知识分子往往如此;越是襟怀坦荡,越是恪守'公道-仁德'理念,越是'恭而安'。学问界亦然,越是半瓶子醋,仿佛世界都装不下他的学问,越是长戚戚,越是骄妄,浮躁。"①

---

① 金纲:《〈论语〉鼓吹:圣贤的光荣与漏洞》,天津,天津人民出版社 2007 年版,第 238 页。

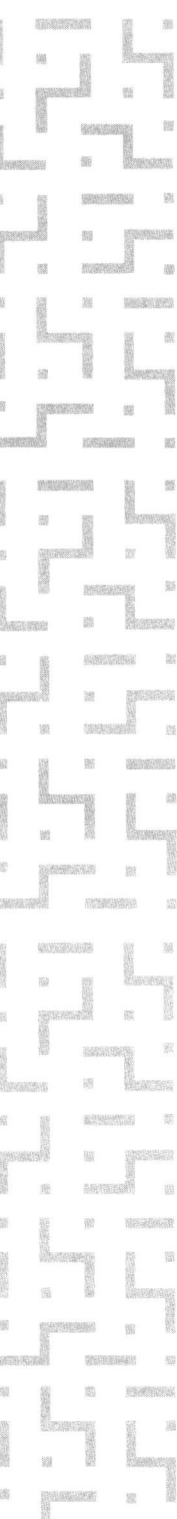

泰伯第八

探求志行道术之源、君子之德行乃古代治邦的根本。

尧舜禹、泰伯、文王等,其所弘扬者,是君子之至德,道术一体。

以古贤为标榜,君子既是德才兼具者,更是功德圆满者。这是孔子对君子的基本定义:德、才、功统一于身者,就是君子。以此看《述而》与《泰伯》的内在关联:《述而》篇,孔子自述如何在修养和才能两个方面成己为君子;但要成为完整的君子,还需要**成人立世**的功、德,《泰伯》以历史人物为"事件的本体",讲述君子成人立世的至德至功及蕴含的普遍经验和法则。

一

孔子向弟子讲述君子成人立世的至道从周始。首先讲述有关周之王德的故事:殷商王朝的小诸侯周,其始祖古公亶父的长子泰伯为成全父愿而携二弟虞仲出逃并"三让天下"。孔子推崇泰伯的行为体现了君子"至德"。

在孔子看来,至高的德,必化为日用常行的治世之礼。这是孔子乐意以返本开新方式继"周道"的根本理由,因为其"郁郁乎"文中充盈醇厚的德与礼。第一章讲周之至德,第二章讲周之至礼,正面阐述礼的治世功能、作用和边界。就前者言,孔子将其概括为恭、慎、勇、直:"恭而无礼则劳,慎而无礼则葸,勇而无礼则乱,直而无礼则绞";就后者论,孔子认为主要展开为两个方面:一是笃于亲,二是不遗故旧。君子有礼于前者,重人伦的民风自然纯朴厚重;君子有礼于后者,同情仁爱的向善民习必然焕然回归。

二

本篇二十一章,除第三到第七章记述曾子事件外,其余十六章均是孔子言论。从整体观,曾子论五章,乃后来窜入其中的痕迹非常明显,因为它客观上使本篇君子成人立世的至德至功这一主题产生一种**游离性**拓展。

第三章至第七章,虽是曾子论,但仍然围绕"德"与"礼"展开。第三章记述重病的曾子自感来日不多,乃召集门人,要求他们亲如手足,强调同门友爱、谦让、齐心团结,可看成是"曾门遗教"。第四章是重病中曾子训导来看望他的孟敬子,希望自己之后弟子团结一心,发展和光大其未竟的事业。

曾子以孔子思想的正传者自居,教导弟子如何遵德守礼。第三章述其德教,第四章述其礼教,第五章则述其德礼合生之教:"以能问于不能,以多问于寡,有若无,实若虚",是学德;"犯而不校",是人礼。曾子认为,教人德礼,仅仅是培养人具备成为君子的个体条件,人要成己为真君子,还需投入社会,成为社会的中流砥柱,堪当大任:一是能够担当托孤的重任;二是能够担当摄国政的重任;三是可以临危受命而始终保持大节。只有这样的人,才有资格称为君子,才是君子(第六章)。曾子告诫弟子,君子不仅堪当大任,更应该担当使命,通过接受"托孤""寄命""守大节"之类的重任,开辟文道救世的大道(第七章)。

三

从第一章到第六章分别从一般和具体两个维度述德与礼对君子成人立世的根本性。第七章讲君子成人立世,必须立志。德、礼、志,三者何以具备？要解决这个问题,自然要回到孔子的教导。孔子告诉弟子,诵诗、行礼、习乐,是君子志道、据德、成礼的三种方式。第八章孔子与弟子讨论诗、礼、乐三者的关系,以及如何围绕"人"这个主体生成性地发挥功能和作用。

第八章"兴于《诗》,立于礼,成于乐",讲君子如何成己;第九章"民可,使由之,不可,使知之",讲君子怎样治化民(即成人)。孔子认为,当民懂得礼仪文明,能够自觉遵守道德法令时,就应居敬行简,任民自由地生活;反之,君子必须担当起教化民的责务,即责任和政务,引导和规训民知晓并遵守礼仪文明。在孔子看来,"民可,使由之;不可,使知之",应该是君子为政治民的总准则。对为政者言,最难做到的是"民可"而"居敬行简",任民自由;最难做好的是民"不可"而"使知之"。第十章和第十一章着眼于后者,讨论民"不可"而"使知之"之难。第十章讲述"好勇疾贫"者和"疾人而不仁"这两类人为何教之甚难,因为前一类人因崇尚勇武并痛恨贫困,往往采取暴力解决贫困,这种方式无意中成为暴力动乱社会的根源;后一类人过分崇尚仁德而痛恨一切形式的无德言行,这种求全责备的要求往往会将产生过"有过无德"之举的人逼向动乱的困境,这类人无意中成为道德杀人的工具。君子为政要教化和规训这两类人,首先应有周公之美,戒忌"骄且吝",具备谦德。其次应将学得的东西会通为治智和治术的能力(第十二章)。

第十三章论"学三年"而"至于谷"的弟子,出师出仕应该怎样走才是成人立世的君子正道。孔子指出,出仕行正道的总准则是"笃信好学,守死善道",并由此提出三个行正道的原则:一是"危邦不入,乱邦不居",这是"守死善道"的首要行为原则;二是"有道则见"而"无道则隐",这是"守死善道"出仕与不出仕,或为政与不为政、当官与不当官的基本行为原则;三是"邦有道,贫且贱焉,耻也"和"邦无道,富且贵焉,耻也",这是"守死善道"应该遵循的贫富选择原则。贯通如上三大原则使之灵活一体的总原则,即是君子为政的独立人格原则。第十四章则继之讲述在邦国有道的前提下,君子仕业必须遵循的为官准则,从正面讲,就是安分守己做好本职:"在其位,谋其政";从反面论,就是守定本职的边界:"不在其位,不谋其政"。

第十五章应该是对第八章"兴于《诗》,立于礼,成于乐"的照应。第十六章可看成对第十四章内容的补充,也是对第十五章内容的拓展思考:孔子通过对"狂而不直,侗而不愿,悾悾而不信"这种人格类型的描述及对比,表达对"人心不古"的感叹和"今不如昔"的忧虑。这种忧虑不基于民风民习的败坏,而是源于有位者和上位者的乱为或不为:有位者和上位者乱为,就是"民可"而不"使由之";有位者和上位者不为,是民"不可"而不"使知之"。第十六章内容又与"泰伯让国"(第一章)"周公之才之美"(第十一章)构成潜在的关联性,并以泰伯让国之"至德"和周公才美之"谦德"为标准,批评时下三类上位者:一类是"狂而不直"者,他们以其暴戾和权谋将邦国搞成了"危邦"或"乱邦";一类是"侗而不愿"者,他们以其愚蠢和心计将邦国变成了"危邦"和"乱邦";一类是"悾悾而不信"者,他们以其无诚无信将邦国弄成了"危邦"和"乱邦"。第十七章针对此述改变之策:改变这种民风民习的根本努力是教化民"使知之",但前提是改变从政为政者的人格生态,其基本方式只有学。所以孔子教导弟子出师于仕业要能够做到"民可,使由之;不可,使知之"(第九章),必须以赛跑的方式学古典文明(第十七章),因为古典文明是由古代贤君子身体力行"唯天则之"的施治构筑而成。

四

孔子告诫弟子,典章文明是由古代伟大的贤君子前赴后继开创得来。在这些伟大的贤君子中,首先值得赞美的是舜和禹,他们不以力争而得天下,并以其才德美化了天下,却又不据天下为己有(第十八章)。然而,舜和禹的伟大却源于尧。尧以天为大,效法天道法则而施之于人间:一是虚怀若谷,无私于天下,把天下变成人人的天下,使人人拥有天下,最伟大的创举是实施"禅让制";二是以德自训,以德励人,以德化治。(第十九章)

通过"舜禹之有天下"和"唯天为大"两章,孔子阐述了文道治世的根本是邦君要有至德,其核心是"不自居其私"和"以天下为公"。第二十章继续向前推进,指出文道治世非邦君一人所能实现,必须有善治的贤臣辅助:"舜有臣五人而天下治";武王有"乱臣十人"而天下兴,是紧承前章专门讲述禹兴天下民利的事功,以此对比历史和隐喻现实:天下有道或无道,其原动力不在民,也不在官,而在王公诸侯有无道。孔子明确指出:王公诸侯之道,就是行人道。王公诸侯所应行之人道有四:一是不自居其私;二是以天下为公;三是身体力行兴天下之利;四是上下尊卑君臣位秩。孔子认为,在这四个方面,文王做得最好。殷商的"三分天下"被他抢夺走了"二分",但他仍然以纣王为正朔,"以服事殷"。在孔子看来,这才是"周之德,其可谓至德也已矣",以此照应第一章"三以天下让"的泰伯,"其可谓至德也已矣"。

第1章释义

子曰："泰伯,其可谓至德也已矣。三以天下让,民无得而称焉。"

[注释]

泰伯:亦称太伯,周先祖古公亶父的长子,亦即吴国始祖。

至德:至,达到,极限。指德之至极,意为最高的和最完美的德。

三以天下让:有两种说法:一指泰伯三次让天下给季历。第一次,泰伯出逃于吴以为让;第二次,其父没,泰伯不返而奔以为让;第三次,泰伯断发文身终身不返以为让。二指公季、文、武相传而终有周,皆乃泰伯所让之正果。"昔史佚有言曰:'动莫若敬,居莫若俭,德莫若让,事莫若咨……居俭动敬,德让事咨,而能避怨,以为卿佐,其有不兴乎!'"(《国语·周语下》)根据语境,宜从前说。

民无得而称焉:称,称道,赞美。民无所得而称,指泰伯让国,无迹可寻,人们无从赞美。相传,泰伯逃于吴,以采药为名,后断发文身不归,由于心在于让而无让事,故无可称道之事。

[译文]

孔子说:"泰伯的品德至为高尚,他三次让出君位,并且做得无迹可寻,以至于民众无从赞美他。"

[通解]

或许是讲授古典文明的教学过程中,孔子向弟子讲述了一个有关于周之王德的故事。周的始祖古公亶父,不过是殷商王朝的一个小诸侯。这个居于遥远西部的小诸侯有三个儿子,长子泰伯,次子虞仲,三子季历。季历之子姬昌长得独有气象,古公亶父很是喜爱,故此意欲将君位传给三子季历,以使其后将君位传给自己喜爱的孙子姬昌。长子泰伯知道其父最看重三弟的儿子姬昌的德行,就与二弟虞仲一起出走至南方的勾吴,后成为吴国的始祖。古公亶父死后,季历继位,是为公季;公季死后,其子姬昌继其位,是为西伯侯,其子武王灭商建周,追称其父为周文王。这就是孔子讲的"泰伯,其可谓至德也已矣"的"至德"。

—

孔子以历史人物泰伯为表彰对象来讲述什么叫作"至德"。

所谓至德,就是德之至极。德,既可指道德、品德,也可指德性和德行。

至德，是指人通过德行使主体性的德性（道德、品德）达到人所不及的最高境界。《论语》中，除本章外，孔子还在另外两章论至德：

> 子曰："中庸之为德也，其至矣乎！民鲜久矣。"（《雍也》）
>
> 舜有臣五人而天下治。武王曰："予有乱臣十人。"孔子曰："才难，不其然乎？唐虞之际，于斯为盛，有妇人焉，九人而已。""三分天下有其二，以服事殷，周之德，其可谓至德也已矣！"（《泰伯》）

在《雍也》中，孔子论道德之一般，即民德。所谓民德，指人人必须遵守的道德。民德之所以"至矣乎"，是因为它是人人必须遵从的规范和约束方式，即中正（详述见《雍也》第二十九章"中庸之为德"）。

在《泰伯》中，孔子论道德之特殊，即君德。所谓君德，就是让与从的道德。文王之至德，在于将殷商的天下三分之二据为己有后，还在形式上承认商纣王这个共主，继续称臣，这就是"三分天下有其二，以服事殷，周之德，其可谓至德也已矣"：文王之至德，是**从德**。与之不同，泰伯之至德，是**让德**。有关于泰伯让国，因为无迹可考，到底其让是主动还是被迫，后世不得而知。"信而好古"的孔子说其"三以天下让，民无得而称焉"，表明孔子本人也没有确切考信，无法从泰伯让国的动机论，只能从泰伯让国的结果论。

从泰伯让国的结果论，或许泰伯之让乃属于被迫或无奈。

其一，泰伯一让，为何要拉上二弟虞仲一起出走？其合理解释是泰伯之让并非主动，而是情势所迫，并且，这种情势不仅迫使泰伯这位邦君的合法继承者不得不出走，而且无君位继承权的二弟虞仲也不能继续待在国中。这是泰伯与二弟一起出逃的原因。

其二，泰伯让国，并不是因为他本人无心经国，而是他没有获得经国的授权许可证，不然，出走于南方勾吴的泰伯，为何还要打拼出一个吴国来经营，由此成为吴国的始祖？泰伯这一行为正好说明他本人经国的欲望其实很强烈，而且经国的能力亦相当强大。他之所以出逃以"让"，并不是他无能经国和无心经国，而是不敢，不仅不敢，并且，如果继续留在邦国中，会有生命之忧，唯一解脱其生命之忧的方式，就是出逃。其弟虞仲之所以愿意与之同逃，仍然是出于生命安全计。

其三，其父逝，根据古代血缘宗法之孝礼，泰伯应回国尽孝，这应该是最低的德，但泰伯却"不返而奔"，即不仅不赶回国中尽人子和人臣之大孝，还要逃跑得更远。这不是什么至德，而是被迫无奈的无德，因为泰伯不敢回国尽孝。泰伯的不敢，有可能是已经继位的三弟不仅不准回国尽孝，更有可能派人追杀泰伯,所以泰伯才如此悖逆人伦大德地"不返而奔"。进一步看,泰伯的第三让,也就是泰伯"断发文身"这一行为,实质上是历史上最早的也是最原始的自我移容:泰伯以断发和文身的移容方式,改变自己的面貌和形象,以避免被人认出来。这样做的目的只有一个,那就是寻求保命。那么,泰伯为何要以"断发文身"的方式自保性命呢?唯一的解释是有人要取其性命。根据其"不返而奔"的举动来看,这个要取泰伯性命的人,只有可能是继其君位的三弟公季。

其四,周灭商后,在完整继承殷商制度的基础上,进行了两个方面的改良,由此形成周制对殷商血缘宗法制度的进一步完善,其一是封建以拱卫王朝的制度;其二是嫡长子继位制度。在周之前,王位继承制度,是兄终弟及和父子相袭。这种王位继承制度有一个优点,就是能者上前,当然是以德才能者上前,但在尚暴的历史时代,也给暴力、血腥之能者提供了上前的舞台。在这种王位继承制度面前,作为长子的泰伯并没有生来继承王位的特权,能不能继承王位,一是本人的天赋才德气象;二是君主的意欲。仅泰伯言,有弟兄三人,其成为储君的可能性只有三分之一,其父是否意欲立他为储君以及他本人的经营智慧,成为根本。然而,泰伯之父由于特别喜欢孙子姬昌,所以意欲以姬昌之父即泰伯的三弟为储君,泰伯自然没了希望。如果老实本分示弱地生存,无论是作为邦君的古公亶父,还是作为储君的三弟季历,都会给他一个生存的空间。可能恰恰是泰伯犯了大忌,想违其父之意志而不安分。如此一来,古公亶父为让自己喜爱的孙子姬昌安全顺利地继承王位,必须解决两个问题:一是让三子季历成为储君,并顺利继位;二是季历之后能保证王位顺利由姬昌来接。古公亶父明白,自己之后季历继位,必有风波,但有自己掌舵,却无风险;但季历之后君位要过渡给孙子姬昌,却面临"兄终弟及"的问题。唯一将两个问题一齐解决的全善办法,就是使大儿子泰伯和二儿子虞仲永不争位。于是有了泰伯与虞仲兄弟二人同出逃;更有了古公亶父去世后,继位的季历必须下决心对可能出现的后患做最终解决的努力,这或许是泰伯得知其父逝世,"不返而奔"和"断发文身"的根本原因。

二

孔子"信而好古",讲的是他对历史必须予以严肃考信,没有确信的历史内容,他从不乱说。但在泰伯与文王的故事面前,他却没有把持住自己"信而好古"的考信准则而有些信口开河的味道,原因何在?

这就涉及孔子的君子社会理想和返本开新的历史发展观。

孔子的君子社会理想,力主文道救世,而不是武道救世,这是他与管仲等刑赏主义思想家的根本区别。孔子之所以将文道救世作为君子社会的目标,是基于对"郁郁乎"周代文明的热爱与推崇。孔子以文道救世为目标的君子社会理想,又是要建立在返本开新的历史发展观基础上。其返本开新的历史发展观的核心要义有二:

第一,历史是发展的。具体讲,周是对商的发展,商是对夏的发展。其历史发展始终从过去朝向未来这一不可逆方向展开,其根本实绩是以文道为主要命脉,以道德为灵魂和以礼制为基本内容。所以,返本开新的历史发展观必须以夏商周三代层累性创建起来的文明为本源,然后以当世所需为开新的动力。

第二,对以夏商周三代层累性创建起来的文明承传的实质性表述,是"继周道",这是孔子的基本认知定位。基于这一认知定位,应该有其可继的具体内容。这个内容被孔子概括为两个方面:一是文;二是德。文,即是典籍、典章制度;德,就是古代的贤君子和贤君王,尤其是周之贤君子和贤君王。所以,孔子必须收集表彰这两个方面的内容。收集表彰前一个方面的内容,就有了诸如许由、巢父的"高洁",伯夷、叔齐的"高义"。泰伯、文王则成为后一个方面的典范内容,以至于还有周公的绝对忠诚辅政等,都是其弘扬返本开新的历史发展观,建构君子社会和践履文道救世理想的鲜活教材。这是泰伯这样被迫逃命的人,也被孔子选来赞美,并许以"让国"之"至德"的根本考虑。

从根本讲,孔子赞泰伯,修饰其出逃行为为"让国"壮举并体现"至德",其目的是要表达其既定的社会政治学信念。

第 2 章释义

子曰:"恭而无礼则劳,慎而无礼则葸,勇而无礼则乱,直而无礼则绞。君子笃于亲,则民兴于仁,故旧不遗,则民不偷。"

[注释]

恭而无礼则劳:恭,谦恭、恭逊。无礼,意为不以礼节制。劳,苦困。指"言为恭孙,而无礼以节之,则自困苦"(《论语注疏》)。

慎而无礼则葸:葸,胆怯、怯懦、畏惧,胆小怕事。指不以礼来节制谨慎,使其过分,自然形成胆怯和畏惧。

勇而无礼则乱:乱,逆恶,暴戾。指不以礼节制其勇,必产生暴戾,会生逆恶。

直而无礼则绞:直,正曲为直,意为刚直、刚正。绞,绞刺,意为说话尖刻。指性格过度刚直,就会尖刻。

君子笃于亲:笃,厚,意为忠实。指厚爱亲属。

民兴于仁,故旧不遗,则民不偷:兴,起。故旧,故交旧友。偷,薄,即松弛、刻薄、淡薄。

[译文]

孔子说:"不以礼节制谦恭,会造成劳扰不安;不以礼节制谨慎,则多生胆怯畏惧;不以礼节制勇敢,就会形成暴戾逆恶;不以礼节制刚直,就会偏激尖刻。身居上位的君子,能笃爱亲属,自然产生教化的作用,民间就兴起仁厚风尚;同样,人居于上位,做到不遗弃故交旧友,民间就会杜绝冷漠无情的风习。"

[通解]

本章与上章之间存在主题的逻辑关联:上章讲周之**至德**,本章论周的**至礼**,正面阐述礼的治世功能、作用和边界。

——

孔子首先讲礼是什么。

在后人自誉的"礼仪之邦"里,总是将孔子所说的"礼"视为美德。但在孔子返本开新的社会发展观和以仁入礼达乐的社会伦理-政治学中,礼,不是张扬个性的美德,而是**普遍遵从的规范**。礼作为规范,既是个人对个人言,也是社会对个人论。仅前者言,礼是一套道德规范体系;就后者论,礼是一套社会政治规范系统。以此来看,孔子所讲的礼,同时指涉个人和社会两个维度,并求得统一。因为,礼无论指向个人还是社会,最终都会落实为对个体的规范,礼始终通过具体生活情境指向个人。个人接受礼的规范,并按照此一规范处事为人,就是行礼。行礼,是道德的实现,也是社会政治的实现。仅后者言,礼实现对人间秩序、社会秩序的维护或强化。

从伦理角度观,礼作为规范的道德,它既是对规范的描述,也是对规范的实现。因为只有道德才讲规范;相反,美德却不涉及规范,只讲个性自由。从根本讲,《论语》中所讲的礼,只属于道德的范畴,不属于美德的范畴。在本章中,孔子分别从恭、慎、勇、直、笃、故等六个方面入手,阐述"礼"作为道德规范,落实在日常生活情境定义中,如何才能成为"得体的行为规范"。

礼既然作为道德规范而存在,它本身既是约束,也是边界,并由此约束和边界构成对生活的限度,包括对行为的限度,对利害的限度,对性格和个性的限度,对为人处事方式的限度,对道德本身的限度。唯有在这些具体的意义上,才能理解孔子这段关于礼的宏大阐述的伦理和政治含义。具体地讲,孔子在这里既阐述了礼的道德,也阐述了礼的政治。其基本思路是从个人到社会:从个体到社会,就是从道德到政治,形成本章内容的个人-社会和道德-政治双重结构,即"恭而无礼则劳,慎而无礼则葸,勇而无礼则乱,直而无礼则绞",论礼作为道德如何表现,怎样判断;"君子笃于亲,则民兴于仁,故旧不遗,则民不偷",却是论礼作为政治规范应该怎样和如何做到;从对"礼"予以道德阐述到政治表达,背后贯穿的那个东西,就是礼之"规范"本身。

二

客观地讲,恭、慎、勇、直,是孔子力倡的四种基本的德。

德,既是主体性的修养、品德,也是客观性的践履。仅前者言,德即是德性;就后者论,德就是德行。孔子论恭、慎、勇、直,首先论修养、品德,指出君子必须具备恭敬、谨慎、勇敢、刚直四种品德。对品德的修养,既无止境,也无限度。所以品德的修养不涉及礼,它仅是礼的前提性条件,或主体性条件。行礼,必须具备品德修养。礼所指涉的是品德达于践履,融入行为,这是德性向德行的转化和实现。礼就是人的德性如何向德行转化并达于自我实现的行为规范,它有边界和限度。

德性向德行转化和实现的具体落实,是恭、慎、勇、直付诸行为本身的限度。刚好达及这个限度,就是礼;达之不及这个限度,无以成礼;达之超过这个限度,也不是礼。概言之,德性向德行转化和实现的过程中,其过犹或不及都是违礼。只有达之既不无及也无过,才是礼。这种既不无及又不过的行为,就是中,即正中、中正。通俗地讲,中,就是礼,也是德。或者,中,首先是道德,然后才是礼,因为,只有道德的,才是合礼的;反之,合于礼的,必然是道德的。这是孔子说"中庸之为德也,其至矣乎,民鲜久矣"(《雍也》)的理由。中庸作为道德,体现至高要求性,这是因为行为中正,实是难以达到。民之所以放弃"中庸之德"很久了,是因为君子衰落很久了。只有当君子兴起并主导社会时,民才可重新拾回放弃已久的中庸道德。这是孔子从"恭而无礼则劳,慎而无礼则葸,勇而无礼则乱,直而无礼则绞"之道德阐述到"君子笃于亲,则民兴于仁,故旧不遗,则民不偷"之政治表达的真实隐喻。这一隐喻是:**君子有礼,民必生德**。

三

君子有礼,主要表现在哪些方面?

孔子指出,君子之礼主要表现在两个方面:一是笃于亲,二是不遗故旧。君子有礼于前者,重人伦的民风就纯朴厚重;君子有礼于后者,同情仁爱的向善民习就焕然回归。

然而,君子如何才能做到有礼?

孔子认为只要从四个方面践履即可:一是不足恭,二是不足慎,三是不足勇,四是不足直。何以要如此才可做到有礼?孔子分别阐述了其理由:

首先,谦逊是德,但行为的过度谦逊,就会自劳于苦困之中,生活、做人均不能自安稳。因为"敬而不中礼谓之野,恭而不中礼谓之给"(《礼记·仲尼燕居》)。其中,"野"即鄙俚、鄙俗;"给"意谓过分、过度。"恭而不中礼",是指过度的谦恭、谦逊、恭从,仍然是失礼的体现。

其次,谨慎是德,但行为的过度谨慎,不仅致心生怯懦和畏惧,更有可能养成虚伪、逢迎拍马的性格。

再次,勇敢是德,但行为过度求勇,最容易养成暴戾的性格和逆恶的心境。所以,"好勇疾贫,乱也。人而不仁,疾之已甚,乱也"(第十章)。解决这种"勇而无礼则乱"的方法,只有好学:"好勇不好学,其蔽也乱。"(《阳货》)

最后,刚直、正直、耿直是德,但行为的过度直率,既易于偏激,更会形成尖锐、刻薄、寡义的性格。孔子与叶公关于直的对话,或可说明直之品德如何才可在践履中做到中(《子路》)。孔子认为,解决这种"直而无礼则绞"的方法仍然只有好学:"好直不好学,其蔽也绞"(《阳货》)。

第 3 章释义

曾子有疾,召门弟子曰:"启予足,启予手。《诗》云:'战战兢兢,如临深渊,如履薄冰。'而今而后,吾知免夫!小子。"

[注释]

曾子疾:疾,相对病言,小病为疾,重疾为病。本章指曾子病情加重。

启予足,启予手:启,开、打开,此处指掀开被子看。予,第一人称代词"我"。指你们掀开被子看看我的脚,看看我的手。

战战兢兢,如临深渊,如履薄冰:战战,状恐惧貌。兢兢,状戒谨貌。临,面对。履,行走。如临深渊,如履薄冰,意为临渊恐坠,履冰恐陷,指面临危险就心生恐惧。"战战兢兢,如临深渊,如履薄冰"三句出自《诗经·小雅·小旻》,曾子引此以告知身边弟子:同门乃手足之情,这种感情对人生和事业异常重要和根本,它如自身手足,可以使人临危互助。

[译文]

曾子对身边的弟子说:"你们看看我的脚,看看我的手!《诗》中说:'小心啊! 小心啊! 谨慎啊,谨慎啊! 就像身临深渊,如同脚踩薄冰。我已来日不多了,很快要免除这种谨慎小心了,可你们却要继续。"

[通解]

自本章始至于第七章,虽是曾子论,但仍然围绕"德"与"礼"展开。第一章孔子述泰伯为成全其父意愿而携二弟逃亡,既是血缘家庭至孝之德,也是血缘宗法政治之德。本章中曾子要求本门弟子亲如手足,强调同门要友爱、谦让、齐心和团结。

一

曾子是孔门后进弟子,小孔子四十六岁。孔子逝世时,仅二十七岁,但享年七十三岁,临终之时,离孔子去世已近五十年。曾子逝世时,其同门的先进弟子已都不在世。所以本章以及后面的第四、五、六、七章内容应是曾子之后,其弟子主持修订《论语》时插入其中的。

孔子在世时,曾评价曾子"鲁",看重的是子张、子夏、子游、公西华等俊杰,但曾子并不以为然,自视甚高。孔子在世时,曾子以正确理解夫子学问自居;孔子逝世后,他以孔学正传自励而广纳门徒,传播孔子学说,并以自己的理解方式阐发孔子的一些基本思想:

曾子曰:"慎终追远,民德归厚矣。"(《学而》)

子曰:"参乎,吾道一以贯之。"曾子曰:"唯。"子出,门人问曰:"何谓也?"曾子曰:"夫子之道,忠恕而已矣。"(《里仁》)

曾子曰:"吾日三省乎吾身。为人谋而不忠乎? 与朋友交而不信乎? 传不习乎?"(《学而》)

不仅如此,孔子逝世之后,曾子以孔学真传者自居:

曾子曰:"士不可以不弘毅,任重而道远。仁以为己任,不亦重乎? 死而后已,不亦远乎?"(《泰伯》)

为此,曾子创建孔学曾门学派,传播孔子忠孝之学,并对孔子学说予以改造性发展,比如:

曾子曰:"君子思不出其位。"(《宪问》)

曾子曰:"君子以文会友,以友辅仁。"(《颜渊》)

《论语》收集曾子言论共十三章,从不同角度阐发孔子思想。本章所记之事,应该是曾子晚年患重大疾病时召集门人交代后事的情景,亦可从中窥见曾子学府的状况。

二

曾子对弟子的这番近似于临终遗言的话有三解:

一是曾子以病态身体现身说法,告诫弟子要珍重生命,爱惜身体。身体不好,疾病缠身,手脚不便,人就什么也不行了。曾子揭开被子,以自己久病枯萎的脚和手作为直观教材演示,告知弟子健康重要和根本,教导他们要倍加珍惜和爱护。所以,曾子所示的"手足",乃生命及健康的象征。

二是曾子在久病不愈且自知来日不多的情况下,向弟子做交代:"父母全而生之,子全而归之,可谓孝矣。"(《孝经》)意思是,自己死后,应该善待之,使其"全而归之"父母,以为代尽最后之孝。所以,曾子所示的"手足",是父精母血凝聚的血脉亲情的表达。

三是告诫弟子,自己之后,同门切戒互争互残,要相亲相扶,互尊互爱,同门如手足,同门是手足。只有手足全、手足健康、手足协调,才可众人一心,曾门学派才会发展壮大。

曾子这番"临终遗言",可以视为"曾门遗教",它不可能仅仅指"受身体于父母,不敢毁伤",叮嘱弟子谨慎小心地养护受之父母的身体发肤,务使其不受损伤;还应该有更深远的意义:曾子在孔子逝世后,以"士不可以不弘毅,任重而道远"之志来弘扬师学,开创出以忠孝为仁之本义的曾门学派,自己虽将不存,但夫子的忠恕仁学不可不继续弘扬,这就需要曾门弟子做到"仁以为己任,不亦重乎? 死而后已,不亦远乎"(《泰伯》)。首先,同门弟子必须同心共大业,这是整体前提;其次,同门弟子应个个身体健康,这是个体前提。以此还原其语境,曾子的"临终遗教",当然可能涉及善待发乎于父母的身体,但重心却是身后其门徒如何团结一心亲如兄弟。因为曾子非常清楚,自己之后,学门潜伏着分散或者分裂的可能性。这种担忧不正是来源于曾子本人的经历:孔子身后,同门不是相互争斗而最后各自立门户吗?

或许正是在这个意义上,曾子"临终遗教"成为孔学发展史中最珍贵的信史材料,也成为最珍贵的文化思想发展史料。

第4章释义

曾子有疾,孟敬子问之。

曾子言曰:"鸟之将死,其鸣也哀;人之将死,其言也善。君子所贵乎道者三:动容貌,斯远暴慢矣;正颜色,斯近信矣;出辞气,斯远鄙倍矣。笾豆之事,则有司存。"

[注释]

孟敬子:仲孙氏,名捷,孟武伯的儿子,为鲁大夫。《礼记》记载这位鲁国大夫言语有些鄙俗,故而有曾子这番议论,以为对孟敬子的训导。

动容貌、正颜色:动、正,可互义,意为端正、和悦。容、色,古代文献中皆表肢体的语言,意为"体面"。动容貌,正颜色,意为端正容貌,和悦颜色。

暴慢:粗暴、怠慢。

出辞气:辞,言语。气,声音。指注意自己说话的语气。

远鄙倍:鄙,鄙陋。倍,通"背",违背义。鄙倍,鄙陋背理。

笾豆之事:笾,盛果品的竹制礼器。豆,盛肉用的木制礼器。笾豆,指祭祀和典礼时的具体事宜。

则有司存:有司,主管具体事务的官吏。存,掌管。指由主管具体事务的官吏负责。

[译文]

曾子病日益加重,孟敬子来探望他。曾子对他说:"鸟要死的时候,其鸣叫声音很悲哀。人要死的时候,所说的话也多善意。君子遵道必以三事为重:注意自己容貌的庄严,就能远离粗暴和傲慢;留意自己神色的严肃,就能近于诚信。说话优雅,表情端庄,就能避免庸俗和悖谬。至于祭祀、典礼等事宜,应该由主管部门负责。"

[通解]

从内容看,本章与上章所述应该是同一事件进程中的两个片段:本章中言曾子疾病与上章的疾病,应该是同一次疾病。上章记载曾子病中召集门人发布"曾门遗教",希望自己之后本门弟子能团结一心,发展和光大自己未竟事业,所承的是第一章"至德"主题;本章记录曾子病中对孟敬子的教导,所承的是第二章"为礼"主题。

一

孟敬子与曾子是什么关系？无考。但从孟敬子专门探望病危的曾子和曾子如此教训孟敬子这两个方面看，孟敬子应该比曾子年轻，属于晚辈；或有可能，孟敬子是曾子的晚辈亲戚，或者孟敬子师从曾子，但又未正式入门拜师，大概属于那种以执弟子礼方式经常向曾子求教相关事宜的"编外弟子"。如此，曾子如同教训弟子一样教训一个朝堂官员，才有合理性。

另外，孟敬子来探望曾子，是孟敬子主动，还是曾子叫门人通知孟敬子，告知自己病危，并"有话要说"。根据本章内容，可能属后者。孟敬子虽为鲁国大夫，但为人任情，言语粗鄙或常悖理，且处事苛细，故而曾子临终前如此训导孟敬子。

二

曾子训导孟敬子有二：一是以何姿态相待于人间；二是以何姿态为事。

关于以何姿态相待于人间，曾子从"动容貌""正颜色""出辞气"三个方面训导孟敬子，要做到端庄、严肃、优雅。用孔子的话概括，就是言行"文质彬彬"。

关于以何姿态为事，曾子从职业权力入手予以告诫：孟敬子可能是掌管朝堂礼部事宜的最高行政长官，曾子针对他处事苛于精细的毛病，建议他要学会分权，学会权责管理，集中力量做自己的正事。这其实是孔子"不在其位，不谋其政"的为官准则，即做自己职责范围内的事，不属于你职责的事，不要插手，包括既不插手上司职权范围的事，也不插手下属职权范围的事。因为，既设一职，必有一职的职责与权力。从这个角度看，处事的本质还是与人相待的问题。

曾子将动容貌、正颜色、出辞气视为君子必修之礼。君子之为君子，一是仁，二是礼，三是乐。仁是君子成己的德性修养，礼是君子成己的行为修养。曾子将孔子君子成己的行为概括为"动容貌""正颜色""出辞气"三个要点，虽只是个人的体会，但也不乏启迪性。俄罗斯作家冈察洛夫曾说"面容是心灵的反映"，面容是人的思想、思维、情感运动和变化的晴雨表，更可以从人的面容及变化中感受到善恶意愿及取向。所以，人能够有意识地庄重容貌、和悦颜色，既是获得人信任的直观方式，也是人能够与有修养的人交流的必备能力。

第5章释义

曾子曰："以能问于不能，以多问于寡，有若无，实若虚，犯而不校，昔者吾友尝从事于斯矣。"

[注释]

以能问于不能：是谓自己懂得很多,但有些事不能明白,因而需要找人请教。苏轼讲述戴嵩画牛马的故事时引"耕当问奴,织当问婢"(《苏东坡集》)来说明"以能问于不能"。

犯而不校：校,一做计较讲,二谓对抗、抵抗,包咸注"校,报也。言见侵犯不报",其实二者只是"报"的程度差异而已。在生活中,"犯而不校"的情况,原本就是程度各异的。既可理解为被人触犯,不与之计较;也可理解为被人侵犯,不与之反抗。

昔者吾友尝从事于斯：昔者,往昔、过去;吾友,马融认为是颜回,后人皆以为是。但结合"尝从事于斯"来看,似与颜回性格以及学习方式不符合,最好做不定对象的"学友"理解。

[译文]

曾子说："自己高才,仍然向不如自己的人请教其不知。自己学问渊博,却愿意向学问不如自己的请教其不知。拥有了,却像没有;充实了,却像空虚。别人无理冒犯自己,也不与之计较。我以前的许多学友,都曾在这方面下过大功夫。"

[通解]

曾子以孔子思想的正传者自居,教导弟子如何遵德守礼。第三章曾子述其德教,第四章曾子述其礼教,本章则合述其德礼之教:"以能问于不能,以多问于寡,有若无,实若虚",是学德;"犯而不校",是人礼。

一

根据内容呈现出来的语境,本章可能是曾子教弟子如何为学,提出"以能问于不能,以多问于寡,有若无,实若虚,犯而不校"五个方面,以"昔者吾友尝从事于斯矣"为例,强调勤问、深思、宽容之学的根本性和重要性。

曾子在这里讲的"吾友",旧说将其实指为颜回。由于孔子树立颜回为孔门学习"标兵"并独爱之的缘故,颜回的典型学问性格或者思维品质被美化为"其心唯知义理之无穷,不见物我之有间"[①]。但就曾子所讲"以能问于不能,以多问于寡,有若无,实若虚"的思维个性和发问精神看,在孔门中,完全相合者唯有子贡。子贡是孔门众弟子中最好问、最能问,并且也是最善问的一个,同门弟子不敢问的问题,都找子贡向夫子求问。与此不同,

---

颜渊虽被孔子视为最好学的弟子,就学习主动发问言,《论语》记载颜回事迹二十一章中,其求只有两次,一是问仁(《颜渊》),二是问邦(《卫灵公》)。除此再无所问。乃至于孔子曾经为之颇感失望地说:"回也,非助我者也。于吾言无所不说。"(《先进》)颜回的学习方式,是默默地接受、听取,很少提出问题。在孔子这般讨论式教学活动过程中,学习的要义是提问,因为提问不是接受,而是在接受过程中发现问题。发现问题的过程本质上既是独立思考,形成思想的过程,也是拓展视野,提升认知的过程。沉默接受状态,不发问,实际上没有发现,没有独立思考,没有形成自己的思想。教育的本质,是教与学的互动生成思想、拓展视野、提升认知、获得真知的过程,学生能够发问并善于发问,这是增进老师学问的最大推进动力。孔子感叹颜回不能"助我",正是基于此。以此来看,曾子在此所讲的"吾友"如果是某一实指对象的话,最有可能的不是颜回,而应该是子贡。但是否指子贡,没有这方面的佐证信息,所以,就前后语境论,对此处的"吾友",最好宽泛地理解为善于虚心求教、善于提问和思考的同门。

二

曾子此论,是在发挥孔子"学而"成己的思想。孔子"学而"成己思想集中表述为"学而时习之,不亦悦乎? 有朋自远方来,不亦乐乎? 人不知而不愠,不亦君子乎?"(《学而》)。孔子学而思想的精髓有三:一是以博学内省为快乐;二是以与朋友广泛交流学问、切磋琢磨问题为快乐,或曰以"不耻下问"为快乐;三是以"人不知而不愠"为快乐。曾子所发挥者,是孔子之"不耻下问"和"人不知而不愠"。

"不耻下问",是孔子论学问的深度掘进和广度拓展。要做到此,必须在日常生活中养成"三人行,必有吾师焉"的好学求问的习惯。"人不知而不愠",是孔子讲如何学而做人。曾子就其予以具体的解释性发挥,提炼出具体的应对方法:当被别人无意地触犯时,不与之计较;当被别人有意地侵犯时,也不要对其报复。因为无论是无意冒犯还是有意侵犯,都是"不知"或"无知"之举,君子学而成己,就是远离鄙陋和粗暴。"人不知而不愠",是君子远离鄙陋和粗暴的总原则;"犯而不校",可看成是君子应对鄙陋和粗暴的具体方法。

学而成己的快乐,是本朴自然的自在自由状态,而不是装腔作势。曾子之言"有若无,实若虚",并不是刻意地修饰,而是指君子学而达到的学问和德性的境界。这种境界是大有若无,大实若虚:联系上下语境,就是通过"以能问于不能"和"以多问于寡"的勤思好问、潜心学业,从深度和广度两个方面探求真知、真理,最后达到无所不知的学问和德性的会通状态。唯有达到这种会通境界,才是真正的乐的状态。也唯有达到学问和德性的深度会通状态,才可做到"犯而不校",或可说达到孔子所讲的"人不知而不愠"的真君子境界。

第 6 章释义

曾子曰:"可以托六尺之孤,可以寄百里之命,临大节而不可夺也,君子人与? 君子人也。"

[注释]

托六尺之孤:托,托付、委托。六尺,指人身高六尺,约一百四十厘米,这是十五岁左右的少年身高。"国中自七尺以及六十,野自六尺以及六十有五,皆征之。"郑玄以此注:"六尺年十五者……以其国中七尺为二十,对六十,野云六尺对六十五,晚校五年,明知六尺与七尺早校五年,故以为六尺为十五也。"(《周礼·乡大夫职》)这里的"六尺之孤",指未成年的幼主。

寄百里之命:寄,寄托,与"托"互文。百里,地域空间或者国土的丈量单位,长宽各一百里的封国,在春秋时期算是大国。指摄国政,即接受治理国家的委托。

大节:节,关节、关键。指涉及邦国安危或个人生死存亡的关键时刻。

君子人:指可辅弼明君的忠诚要臣,这样的人具有三种担当品质和能力:一是可以托付幼主;二是可以托付邦国;三是能经受任何形式的事关大节的考验而其节不亏。

[译文]

曾子说:"可以托付幼主的人,可以托付邦国命运的人,可在重要关头临危受命而不失大节的人,是君子吗? 这样的人当然是君子。"

[通解]

本章与前两章有主题内容方面的内在关联性:第四章曾子病危中训导孟敬子应学会"动容貌""正颜色""出辞气",认为这是人为君子的正道三要。但做到此三要,也只具备君子应会之"礼"。人要成为君子,还必须"以能问于不能,以多问于寡"和"有若无,实若虚",前者是君子必备的真学问;后者是君子必备的真德性。然而,无论是"动容貌""正颜色""出辞气"之礼,还是"以能问于不能,以多问于寡"的真学问和"有若无,实若虚"的真德性,都只是人成己为君子的个体要求。个人修养和修为的具备,确实可以使人成为主体意义上的君子;但要成为客观意义上的君子,必须将其主体性修养和修为投入社会,成为社会的中流砥柱。唯有在具备如上主体性条件的基础上堪当大任时,才是真君子。

什么叫堪当大任?曾子提出三个方面"担当"要求:一是能够担当托孤的重任;二是能够担当摄邦政的重任;三是可以临危受命而始终保持大节。只有这样的人,才有资格称为君子,才是真君子。真君子是堪当大任者;堪当大任者,必须是德才兼备者。

本章以及上章所记载的内容,应该是发生在孔子之后,是曾子自立门户建立学派传扬孔子学说,对孔子君子学问的个性化表彰,其核心思想是"忠恕"。要言之,第四、五两章从修养和修行两个方面表述君子应该怎样"恕",本章则从"托六尺之孤""寄百里之命"和"临大节而不可夺"三个方面讲君子必须如何"忠"。合起来看,就是竭力宣扬孔子文道救世的"忠恕"理想。所以康有为在注本章时说:"昔尝编论语孔门诸子学案,曾子之言皆守身谨约之说,唯此章最有力,真孔子之学也。"

第 7 章释义

曾子曰:"士不可以不弘毅,任重而道远。仁以为己任,不亦重乎? 死而后已,不亦远乎?"

[注释]

士不可以不弘毅:士,古代读书人。具体语境中之"士",应是指有志于君子之道的读书人,简称为志士。弘,扩张使其大、弘大、博大。毅,强而能断。弘毅,意为弘大、宽广而坚毅的性格。

任重而道远:任,责任、使命。重,重大、深沉。道远,路途遥远。"子曰:仁之为器重,其为道远;举者莫能胜也,行者莫能致也。取数多者,仁也。夫勉于仁者,不亦难乎?"(《礼记·表记》)意为负重而道远。

[译文]

曾子说:"仁人志士者,不能没有弘大博远的志向和践履其志向的坚毅品格,因为肩负重任且道路遥远。以奉行仁道为己任,担当文道救世的使命,其责任不是很重大吗? 担负起如上责任和使命义无反顾地前行至死方休,这样的努力和影响不是很辽远吗?"

[通解]

从语义表达看，本章紧承上章而来。上章讲真君子是堪当大任的人，是紧承君子修养和修行论；本章讲君子担当大任，不等于当大官、握大权，或者说不能把君子担当大任简单地理解为"托六尺之孤""寄百里之命""临大节而不可夺"，而是通过接受"托孤""寄命""守大节"之类的重任，开辟以忠恕为基本内容的仁道。曾子认为，真君子既能践履"托六尺之孤""寄百里之命""临大节而不可夺"的德才，更要具备"仁以为己任"的社会责任和使命，唯有以"仁以为己任"的使命为指南，担当"托六尺之孤""寄百里之命""临大节而不可夺"的大任才获得巨大价值，才可真正产生"死而后已，不亦远乎"的强大社会推动力和弘远的历史影响力。

一

曾子此论，或许是孔子逝世后，自立门派所设立的目标，即弘扬孔子的文道救世理想。他将孔子的文道救世理想修正性地表述为"仁以为己任"，将孔子未竟的"以仁入礼达乐"的文道救世理想自觉地定义为"仁以为己任"的责任和使命。为此，曾子立誓：一是必须自励地具备弘大博远的社会志向和践履其志向的坚毅品格；二是必须充分地认识到自觉担负这一责任和使命的重大及其道路的遥远；三是必须以生命投入来探索其路径，具备"死而后已"的决心。曾子认为，只要同时从这三方面着手，终生不渝地努力，即使到死都不能实现，但也必然会产生辽远无疆的影响力，激励后来者继续前行。

二

曾子以"当仁不让"之志，接手孔子文道救世的中正之道，并要最终做到"死而后已"，不是一时心血来潮的感言，而是实实在在的分宗立门之教，这可从第三章的"临终遗教"，到第四章对孟敬子的"临终训导"看出。曾子"当仁不让""死而后已"的弘毅精神，确实构成曾门的精神坐标，它对后世读书人产生了巨大影响。比如二十世纪中国思想界领袖胡适解释"士不可以不弘毅"时说："任重道远，不可不早为之计：第一，须有健全之身体；第二，须有不挠不屈之精神；第三，须有博大庙堂之学问。日月逝矣，三者一无所成，何以对日月？何以对吾身？"①西学武装的胡适先生，骨子里面的文道救世理想和救世精神，仍然是曾子式的。

---

① 胡适：《胡适留学日记》上册，合肥，安徽教育出版社2006年版，第43～44页。

第 8 章释义

子曰:"兴于《诗》,立于礼,成于乐。"

[注释]

兴于《诗》:兴,引发、激发、勃发。指吟诵《诗》可以引发人的心志、情感,甚至思想、认知,因为"《诗》可以兴,可以观,可以群,可以怨。迩之事父,远之事君。多识于鸟兽草木之名"(《阳货》)。

立于礼:立,站立、立身。礼,礼制、礼仪、礼节。指礼乃立身之本,或曰立身须以礼成。

成于乐:成,完成、达成、实现。乐,音乐、娱乐。指乐的陶冶可以完成"君子"成己的修养。

[译文]

孔子说:"人之心志情思的勃发更多地通过诵《诗》来展开,但人要卓然挺立需要接受礼的规范与约束来实现,人的纯正君子情感需要通过乐的陶冶来完成。"

[通解]

第一章到第六章,分别从一般和具体两个维度述德与礼对成己为君子的根本性。第七章讲成己为君子还须有志。德、礼、志,三者何以具备?本章则指出,诵《诗》、行礼、习乐,是君子志道、据德、成礼的三种方式。

一

本章中,孔子讨论了《诗》、礼、乐三者的关系,这三种关系围绕"人"这个主体而生成,揭示《诗》、礼、乐在使人成己方面的实际功能。

理解孔子关于《诗》、礼、乐对人的主体性生成功能,必须在"志于道,据于德,依于仁,游于艺"(《述而》)这个大框架中展开。在"志于道,据于德,依于仁,游于艺"这一框架结构中,相对"仁"言,其"德"可以理解为"礼",因而或可表述为"志于道,据于礼,依于仁,游于艺"。这样,其语义逻辑结构获得如下清晰度:

道,是君子成己的社会目标。它不是哲学本体论和形而上学意义的,而是社会政治哲学和道德哲学意义的,落实到实践探索层面,指返本开新的救世"文道",这一救世文道的基本内涵是仁与礼,本质规定是中正,合言之,即中正的仁德-公道,简称为中正仁道,或中正之道。

礼,是君子成己的规范。它是政治学意义的,是基于文道救世所规定的返本开新的周礼,其化为践履的行为准则即是中正的公道。

仁,是君子成己的内在源泉。它是伦理学或者说道德哲学意义的,是基于文道救世所规定的"孝、亲、爱"和"恭、宽、信、敏、惠",对其予以主体性抽象,就是中正的仁德。

艺,是君子成己的方法。它是美学意义的,同样是基于文道救世所要求的礼、仁所规范的乐道,包括音乐之道和其他娱乐之道。

二

孔子之"兴于《诗》,立于礼,成于乐",是在如上思想认知框架下展开的具体表述:

首先,人的心志勃发需要通过诵《诗》来展开,其前提是心中要有志。但其心所具之志,必须以道为准则。或可说,人心中所立之志,是其救世的中正文道。诵《诗》,不过是一种手段或方式,即通过诵《诗》而唤醒心中之志,使其勃发生机,成为内在励道力量。《诗》可以勃发人心中之志,是因为"《诗》三百篇,一言以蔽之,曰:'思无邪'"(《为政》)。

其次,人卓然挺立必须接受"礼"的规训。礼成就"人站立为人"这一思想,并不是孔子的创造,因为它早已成为孔子之前的君子社会的常识:"礼,人之干也;无礼,无以立。"(《左传·昭公七年》)干,是指人的躯体的主干。用人的躯体主干来形容礼对人成己的根本性,很形象。但孔子并不是简单地述其传统观,因为孔子论礼,是以仁为出发点并以仁为目的。在孔子的君子学说中,仁构成"立于礼"的主体前提。如果说"礼是人的躯体的主干",仁则是内驻于人的躯体主干之中的灵魂和脊梁。孔子讲君子"立于礼",必须是"以仁入礼"为路径:只有修仁入礼,才可获得卓然挺立的"躯干"——"不学礼,无以立"(《季氏》)、"不知礼,无以立"(《尧曰》)。在孔子的君子世界中,就是修仁,修仁才可习礼,修仁才可得礼,并且习礼、得礼本身又是"成仁之方"。"子曰:'克己复礼为仁。一日克己复礼,天下归仁焉。**为仁由己**。'"(《颜渊》)

再次,孔子讲"成于乐",应该说君子成己最终于"乐道"。这个乐道,就是会通"道"并以"道"统摄"仁""礼"的陶冶之道。以陶冶之道为准则的具体方法,或音乐,或射御,或垂钓。比如"子钓而不纲,弋不射宿"(《述而》)的陈述,体现了与众不同的艺道。

"兴于《诗》,立于礼,成于乐",是孔子的宏大叙事,即以宏大的视野讲述君子成己的路径与过程,诵《诗》,是基本的学。学之根本目的不仅是"志于道",更是经常地以此激励勃发心中之志道,使之不断地强化内动力,明确方向,努力于修仁习礼,并践履礼道,内化仁心,纯正情感,洁化志道。所以,成于乐,是人性再造的真正实现。

第9章释义

子曰:"民可,使由之;不可,使知之。"

[注释]

民可:民,从事物质财富的生产和流通的社会群体、阶层、阶级。可,可以,能。指民能够做到、达到。

使由之:使,让,任其。由,行,自由。由之,自行为之。指任其自行为之。

使知之:知,认识、知道、懂得。指让其懂得、知晓礼义。

[译文]

孔子说:"当民懂得礼仪文明,自觉遵守道德法令时,就任其自由生活;民如果不会自觉遵守道德法令,就要教化他们,使其知晓礼仪文明,遵守道德法令。"

[通解]

孔子的君子之道,即是成己而成人的立世之道,具体表述为以返本开新为指南、以以仁入礼为路径、以文道救世为目标的中正大道。上章"兴于《诗》,立于礼,成于乐",讲君子如何成己;本章"民可,使由之;不可,使知之",讲君子怎样成人。君子成人涉及两个维度,即成就人和教化民,使其德"归厚"。本章讲君子成人,专指如何使民成为"德归其厚"之民。

一

本章内容,后世争议最大。其论争的中心是孔子是否有**愚民**思想。引发这种论争的依据,是**句读**。汉以降至清,本章的句读都是"民可使由之,不可使知之"。清代宦官懋庸(1842—1892年)在《论语稽》里尝试将其句读为"民可,使由之;不可,使知之",由此拉开纷争的序幕。

懋庸将本章内容句读为"民可,使由之;不可,使知之"后,其"可"字成为意动词,意为认可。由此译为"(下令税赋)民一旦认可,就任其不管;如果不认可,就需要教化引导使其认可"。懋庸之后,对本章的理解获得更为广泛的开放性,不同的句读方式,所呈现出来的语义内容则大不同,比如:

民可使，由之不可；使知之——以此句读，其表达的基本内容是："如果民可以被支使，放任自由是不行的，必须加以引导。"

民可使由之？不。可使知之——以此句读，形成孔子自问自答，所表达的基本内容是："孔子说：'民可以放任不管吗？不。还是要进行教育。'"

民可使，由之；不可使，知之——以此句读，"可使"一语做"被支使""被使用""被驱使"讲。如此一来，其表达的基本内容是："民，若可任其支使，就让他们听命；若不可任其支使，就让他们明理。"

金纲在《〈论语〉鼓吹：圣贤的光荣与漏洞》中将本章内容予以不同形式的句读，使之形成二十二种表述形态。本著以孔子的基本思想为判断依据，依从清代宦官懋庸的句读方式，根据其语境而呈现如下语义内容，或以为最符合孔子的**民生思想**原意。

<h2 style="text-align:center">二</h2>

要很好地理解"民可，使由之；不可，使知之"思想，首先需要理解孔子对"民"的社会定位。

"民"这个字，既是政治学意义的，也是社会学意义的。作为政治学意义的"民"，是与统治阶级相对的劳动者阶级；作为社会学意义的"民"，是社会劳动分工的产物，指劳力者，即生产财富的社会大众。

> 君子劳心，小人劳力，先王之制也。（《左传·襄公九年》）
>
> 君子劳心，小人劳力，先王之训也。（《国语·鲁语下》）
>
> 好遁，君子吉，小人否。（《周易·遁·九四》）
>
> 君子所，其无逸。先知稼穑之艰难，乃逸，则知小人之依。（《尚书·无逸》）
>
> 童观，小人无咎，君子吝。（《易经·观·初六》）
>
> 硕果不食，君子得舆，小人剥庐。（《易经·剥·上九》）

在孔子之前，小人就是民，民亦是小人。民与小人属同一阶级，只是称呼不同而已。与此不同，小人与君子却属不同阶级，它们之间只存在等级（即阶级）上的区别。在孔子所生活的当世，人、小人、民，这三个概念的指称有了变化。这种变化在《论语》中获得清晰明确的定位：

统计《论语》一书，"人"字出现一百一十四次，它指上位者、君子和小人。具体地讲，孔子将生活世界中有别于"民"的"人"划分为三类：第一类是君子，包括有位的君子和待仕的君子，前者指在位有德者或在位修德者；后者指修德取位者，比如"人不知而不愠，不亦君子乎"（《学而》）、"不患人之不已知,患不知人也"(《学而》)即是。第二类是"小人",包括修德不取位者和在位不修德者,前者如热心于学稼圃的樊迟,就被孔子称为"小人";后者主要指"怀土""怀惠""喻于利"(《里仁》)之类的"人"。第三类是下人,即不从事耕种或商贾而专以伺候人为营生的那类人,比如"厩焚,子退朝,曰:'伤人乎?'不问马"(《乡党》)中的"人",就是孔子府中的下人。与"人"相对的"民",是指以从事耕种和商贾为营生者。

三

本章中,孔子从知与礼两个方面讨论对民的基本看待,提出为政如何从知与礼两个方面对待民。孔子是从民生认知观出发,表达以民为本的思想。

在孔子那里,以民生为本的实质指向,是敬民、信民、宽民、富民、教民。

孔子认为,为政必须以敬民为先,构成为政者仁与不仁的标志。在孔子看来,敬民,首先是对民要信和宽。"民可,使由之;不可,使知之",直接表达为政者应该如何信民和宽民。基于这一基本思想,孔子借冉雍之问提出为政者要落实这一信民宽民的总准则,就是"出门如见大宾,使民如承大祭,己所不欲,勿施于人,在邦无怨,在家无怨"(《颜渊》)。

后世理解孔子"己所不欲,勿施于人"的为仁道德原则时,总是脱离具体的语境论。其实孔子讲"己所不欲,勿施于人"的道德原则是针对民而论的:"对民来讲,你自己做不到的事,就不要强加给他们,使每个民对自己所生活的邦国无怨恨,对自己的家庭无怨恨"。孔子讲得非常清楚,善待民、信民、宽民的基本为政原则,就是凡是你自己不愿意的事,就不能强加于民,这种态度和做法就是为仁。孔子讲仁,表面看是对君子的要求,但最终落实是君子如何"任重负远"。君子"任重负远"的**脚下事务**是治民。治民的首要准则是"民可,使由之;不可,使知之";治民的具体行动原则是"己所不欲,勿施于人"。

四

孔子为何要提出如此的信民和宽民主张?

在孔子看来,为政治邦,只有宽待民且对民守信诺,才能得到民的信任,邦国的长治久安才有基石,礼乐秩序才可真正建立,君民百姓就各安其位,各尽其责,亲亲之乐必然为人人共享。所以,当子贡问政,"子曰:'足食,足兵,民信之矣。'子贡曰:'必不得已而去,于斯三者何先?'曰:'去兵。'子贡曰:'必不得已而去,于斯二者何先?'曰:'去食。自古皆有死,**民无信不立**。'"(《颜渊》)社会丰衣足食、有强大的军队和黎民的信任,此乃邦国强盛的三大条件。但信民是立邦的基石,即使食不足、兵不强,也不能失信于民。如果失信于民,哪怕丰衣足食了,或者兵强马壮了,邦国也不会强大,因为失信于民,就会民心涣散,邦必衰弱。

信民必须待民以宽。所谓宽民,就是谦让、宽大和容忍。在孔子看来,谦让乃最高的君子之德,它是民心归依的根本方法。君子的谦让德性源于其宽宏博大的视野和胸襟,其宽宏博大的视野和胸襟又源于亲民:"君子笃于亲,则民兴于仁,故旧不遗,则民不偷。"(第二章)亲民不仅要取信于民,更要对民信任。这种对民的取信和信任集中体现在"民可,使由之;不可,使知之"。

五

《论语》的各种版本,将孔子这句话句读为"民可使由之,不可使知之",甚至朱熹的《四书集注》也是如此,由此误导人们认为孔子是在宣扬愚民思想。其实,这是后人句读的错误并由此造成对孔子民生思想的曲解。根据孔子的整个民生思想语境,此语应做如此句读才符合孔子本意:"民可,使由之;不可,使知之。"如此展示出孔子民生思想的核心精神是"民生为邦本",但"民生为邦本"的根本,是宽民,即善待民,使民有**自在自由**的存在空间和生存环境。

在"民可,使由之;不可,使知之"中,其"可"与"不可",相对礼仪文明或者说善行而言是指:当民懂得礼仪文明,知道善行,可撒手不管,任其自由。这里的"由之",乃(邦君或百官)的居敬行简:"民可,使由之",意为一旦民懂得礼仪文明、知道善行并遵守道德法令,为君为官者,就居敬行简,**任民自由**。反之,当民不懂礼仪文明、不知善行或无视道德法令时,邦君(和百官)就有责任教化他们,使其能知而行。所以,"民可,使由之;不可,使知之",体现对民真诚的敬、信、亲,更体现对民的无知无礼的容忍,因为"民"本身虽有知的天性和善的资质,却处于待觉醒的"瞑"状态。教民以知,使之明礼知义行善,是邦君(及百官)的天职。

进一步看,在"民可,使由之;不可,使知之"中,其"可"与"不可",均相对民是否自觉为民论。关于民是否自觉为民的问题,孔子认为,民自觉为民的基本要求是遵守道德法令,民遵守道德法令的前提,却是民懂得礼仪文明。所以,本章中的"可"与"不可",有两个方面的衡量指标:一是民自觉遵守道德法令,就"可";反之,就"不可"。二是民懂得礼仪文明,就"可",否则,就"不可"。孔子指出,当民处于"可"的状态,为政者必须对民"居敬行简",任其自由地做自己生活的主人。以此来看,孔子的民生思想世界里没有"为政就是'为民做主'"的主子思想。唯有当民处于"不可"的状态时,为政者才有责任施以教化。

对民来讲,遵从道德法令,不应该是被强迫的,而应该是自觉遵守。这就涉及知的问题。民知与不知的前提,是民是否有知的主体性,这就涉及民是否有"智"的问题。

关于这个问题,后世一直认为孔子持民愚论,所以才持愚民的政治观。人们之所以产生这种看法,是因为《论语》的相关表述。

子曰:"唯上智与下愚不移。"(《阳货》)

孔子曰:"生而知之者上也,学而知之者次也,困而学之,又其次也。困而不学,民斯为下矣。'"(《季氏》)

上智下愚,是孔子对人的心智水准类型做的客观陈述,并不是说民一定是下愚。孔子认为人有天然的禀赋,并认为这一天然禀赋源自"性相近,习相远"的共同人性。智本身是后天的产物。孔子认为,智的得来以及人与人之间形成的智之差异性,主要来源于学与不学,以及学的主动性或被迫性程度。在这种认知框架下,民有智无智,以及民智多智少等问题,仍然主要由学造成,他认为**导致民智"斯下"的根本原因,是民"困而不学",而不是民天生愚,更不是天生无智。**

正是基于这一客观认知,孔子才如此郑重地提出教民的根本性和重要性:为政者的基本责任,就是教化民,使其懂礼仪文明,遵守法令,生活道德。如果民达不到这一认知水准,就是为政者的失责,就应该弥补上这一课。这就是"民可,使由之;不可,使知之"的为政责任和政治学含义。

更为重要的是,孔子还表达了一个基本的为政思想,追求获得上智,是君子成己的根本要求,也是君子"修德取位"和"以德正位"的能力资格。但君子获得如此能力资格的目的,不是高高在上于民,而是要担当起教化民的责任,即要从根本上改变那种由来已久的为政陋习。这种陋习就是任意地迫使民顺从,驱使他们做任何事情,但不引导民理解个中缘由。孔子在这里陈述了一个事实,阐述了一个道理:这个事实就是,统治者往往只要民做什么,却不让民知道为什么要如此做;基于对这一事实的反思得出的这个道理就是,民如果没有得到适当的训练和指导,就不应该盲目地驱赶他们去做不知之事,这样反而做不好。比如,如果不给民以恰当的训练和指导,就不要将他们送去打仗,因为"以不教民战,是谓弃之"(《子路》);只要"善人教民七年,亦可以即戎矣"(《子路》)。所以,"民可,使由之;不可,使知之",贯穿了"教民以知"的思想,这一思想又是其"有教无类"教育思想的大众化、民生化。

第 10 章释义

子曰:"好勇疾贫,乱也。人而不仁,疾之已甚,乱也。"

[注释]

好勇疾贫:勇,本义勇敢,此处做逞强好斗、勇武好胜讲。疾,恶,痛恨,厌恶。指崇尚勇武而厌恶贫困。

疾之已甚:甚,超出,过分。指不仁行为被过度地痛恨。

[译文]

孔子说:"崇尚勇武而厌恶贫困的人,容易铤而走险,多生祸乱。有无德之举的人如被过分地憎恶,也容易沦为祸乱社会的因素。"

[通解]

上章孔子陈述为政治民的总准则是"民可,使由之;不可,使知之",它包含**任民自由**和**教民以智**两个具体原则。对为政者来讲,最难做到的是"民可"而"居敬行简",任民自由;最难做好的是民"不可"而"使知之",教民以智。本章主要讨论后者。

一

君子之所以"任重道远",是因为不仅要修行成己,更要施治成人立世。修行成己,是要"兴于《诗》,立于礼,成于乐"。施治成人立世,必须"为政以德",即既要"道之以政,齐之以刑",更要"道之以德,齐之以礼"(《为政》)。其实践论要义是训导民众克制不当的或过度的欲望、偏执,懂得礼仪文明,遵守道德法令。这样的为政过程,就是使民众或整个社会"立于礼"的过程,也是为政者立于世(即自我成就社会)的过程。

基于这一通过教化而重建文明的基本政治设计,孔子从两个方面展开讨论:首先基于一般,讨论如何立礼于民的问题,他提出"民可"而"居敬行简"的治民思想;其次讨论为政治民的特殊性问题,指出有两类人往往会成为社会祸乱的根源,必须强化对这两类人"道之以德,齐之以礼"。

孔子认为,这两类特殊的人就是"好勇疾贫"者和"疾人不仁"者。前一类人因崇尚勇武并痛恨贫困,往往采取暴力来解决贫困,孔子之后的社会反复出现"杀富济贫"的现象,更多由这类人的作为体现。后一类人因过分崇尚仁德而痛恨一切形式的无德言行,往往会激发有过无德行为的人滑向动乱的困境。前一种类型的人无意中成为暴力动乱社会的根源,后一种类型的人无意中成为道德杀人的工具。

在现实生活中,这两种类型的人存在的共同人格缺陷是,持己之德而无度运用之。孔子认为,勇可以成为一种德,但勇而无度,则是无德和反德,比如"勇而无礼则乱"(第二章)即属此。仁不仅是一种德,而且是众德之德,但过度地苛求人仁无瑕,同样是无德,或者反德。因为用绝对无瑕的标准要求有道德瑕疵者,对其吹毛求疵,不仅不能导其遵守道德法令、崇尚礼仪文明,反而会将人逼向反面。

孔子对这两类人的过度性格、过度行为的批评,意在于揭示所"立"之"礼",既然是约束和规范,必然成为限度。礼本身是有限度的,运用礼去规范和引导人与社会,同样要遵循限度原则。因为,没有约束与规范的礼,往往会沦为只有形式没有实质的非礼;与此相反,没有限度的礼,同样是对礼的混乱,最终会造成社会的动乱。所以,"立于礼"的前提是必须"约之以礼",使礼成为约束和限度,然后才可用它去约束、规范和引导人与社会。

二

本章讨论的核心问题,由"疾"这个关键词凸显出来。因为它展示与礼密切相关的四个问题:

其一,社会的根本问题是贫富。孔子对"好勇疾贫,乱也"的判断,客观地呈现民的现实生存的两种可能性,即"好勇不疾贫"的情况和"好勇者富"的情况,这两种情况都不会产生动乱。以此来看"好勇疾贫,乱也"的最终根源,不是好勇,而是好勇者的贫困本身。

其二,只有贫富才导致社会混乱,形成天下无序。所以,当贫富成为普遍的社会状况时,它本身就成为无礼,并必然促成礼崩乐坏。

其三,因为巨大的贫富差距扭曲了人性,这种扭曲的必然结果,是民心中无仁。无仁,何来有德?

其四,造成社会混乱无序、仁心丧失的根源,是经济的不平等,因为政治和道德都是建立在经济基础上的。

如上四个方面的社会现实,既激发孔子从中总结出"性相近,习相远"的人性,同时也以现实生活为实据来解释"相近"的人性总是形成"习相远"的原因,然后探求解决社会混乱无序的途径与方法:一是使民富;二是富而必教。"子适卫,冉有仆,子曰:'庶矣哉。'冉有曰:'既庶矣,又何加焉?'曰:'富之。'曰:'既富矣,又何加焉?'曰:'教之。'"(《子路》)富民和教民,是解决"好勇疾贫"之乱和"人而不仁,疾之已甚"之乱的根本方法,也是孔子"为政以德"政治哲学的实践论精髓。

第 11 章释义

子曰:"如有周公之才之美,使骄且吝,其余不足观也已。"

[注释]

周公之才之美:才,治安之才能。美,美德。言周公多治安之才能和美德,尤其是才能大于美德。周公旦作为武王之弟,助其灭商;武王逝,成王年幼,周公摄政七年,东征西伐而定周,然后分封建制、定礼乐,是周文明的实际奠基者。

使骄且吝:骄,骄傲、矜夸、骄横、霸道。吝,鄙啬、悭啬。指持私己之才而不及人,见而恃才凌人。

余不足观:余,除此之外,其他。足,足够,达到。观,看,考察,借鉴。指除这些之外其余的不值得探究。

[译文]

孔子说:"一个人即使有周公的才能和美德,如果兼有骄傲和吝啬,其他方面都不值一提。"

[通解]

第九章论为政治民的总法则,做到"民可,使由之;不可,使知之"。第十章论治民要特别注意教化和规训"好勇疾贫"和"人而不仁,疾之已甚"这两类人,使之不过。为政要做到如上两方面,既要具备周公般的才德,更应戒骄吝。

一

关于周德,孔子讲了两个故事:一个是泰伯让国,后来才有了周的至德承传。一个是周公辅政,后来才有了郁郁盛大的周文明。泰伯之至德,在于让国;周公之至德,在于谦而不骄。《韩诗外传》(卷三)记载了周公谦而不骄之德:

> 周公践天子之位七年,布衣之士所贽而师者十人,所友见者十二人,穷巷白屋先见者四十九人,时进善百人,教士千人,官朝者万人。成王封伯禽于鲁,周公诫之曰:"往矣! 子无以鲁国骄士! 吾,文王之子,武王之弟,成王之叔父也,又相天下,吾于天下亦不轻矣。然一沐三握发,一饭三吐哺,犹恐失天下之士。吾闻:德行宽裕,守之以恭者荣;土地广大,守之以俭者安;禄位尊盛,守之以卑者贵;人众兵强,守之以畏者胜;聪明睿知,守之以愚者善;博闻强记,守之以浅者智。夫此六者,皆谦德也……"

周公之谦德,其自我归纳为恭、俭、卑、畏、愚、浅六个方面。这六个方面可以概括为不以其才能自逞强。这才是其他德的基础。周公美誉后世,不仅在于"相周天下"这一前无古人后无来者之才能,更因为其谦德之美。周公之才之美,美在他不居功自傲和自贪。孔子之以周公作比,意在于阐发君子必戒骄戒吝。

二

孔子盛赞周公之才之美,是为说明为政切忌"骄且吝"。孔子指出,人为政居位无德,始于骄和吝。因为骄者,易生傲慢,傲慢总是带来横暴。所以,骄乃人成己为君子之天敌,它是人性被外物扭曲和异化的体现。与此同时,人为政吝,易生贪婪,贪婪总是滋生野心。因为吝的本质是匮乏和占有,匮乏和占有总是同时敞开为内外两个方面:向内,对已有的吝啬,拒绝任何形式的给予和付出;向外,总认为凡是自己所看重的都只能是自己的,因而总想方设法据为己有。所以,吝之贪婪和野心,更是人性从根上烂坏的体现。

正是因为如此,孔子才认为骄吝者无德,为政要做到"民可,使由之;不可,使知之",必要去骄吝。为政者要去骄吝,应该如周公那样有谦德,即以恭为荣,以俭为安,以卑为贵,以畏为胜,以愚为善,以浅为智。此六者兼具,就是谦。谦者,君子;君子,守谦者。

孔子主张文道救世,更赞美文道治天下。故以周公为楷模要求君子具有谦德,居高位而不骄吝。这种将天下治理的根基和土壤假定为君子贤德,构成孔子政治哲学的根本局限。**国家政治的本质是治权,因为权力的本性是自我扩张,这是"权力导致腐败,绝对权力导致绝对腐败"**[①]**的根源,而君子理想和个人德性并不能构成对权力的刚性约束机制。**

第 12 章释义

子曰:"三年学,不至于谷,不易得也。"

[注释]

三年学:学,求学,学习。指通过多年学习。

不至于谷:至,达到。谷,孔安国注为"善",解本章内容为"劝学";邢昺正义此章:"言人勤学三岁,必至于善。若三岁学,不至于善,不可得言必无

---

① [英]约翰·阿克顿:《自由与权力》,侯健、范亚峰译,北京,商务印书馆 2001 年版,第 342 页。

也,所以劝人学也。"郑玄注"谷"为"禄",古代官吏以谷为俸禄,此解更合本意,因为孔子生活的当世,士皆以学而求仕为目的。并且,当官是当世读书人唯一可以选择的职业,有如今天学而找职业一样。孔子教育也是培养学生以入仕为目的,只是要培养学生求仕有更高的职业道德要求和责任使命而已,具体地讲,他以君子理想和标准培养学生,使学生获得精通从政为官施治的智慧和艺术,以此实现返本开新的文道救世。

[译文]

孔子说:"如果随我学习三年还不能会通为政之业,就不可能将所学汇聚到入仕所需要的实践智慧和艺术上来,这样的话,即使想入仕也很难谋得恰当官位。"

[通解]

君子为政,既要有准则(第九章),更要有谦德(第十一章),还得有将学得的东西会通为治道和治术的能力。这是本章与前几章在内容上的关联性。

一

孔子教育的社会理想是文道救世。将这种社会理想落实为教育,就是培养学生入仕为官施治的才德。因为孔子生活的当世,种田之民和工商之民,不需要读书;士子求学的唯一职业选择是入朝为官。孔子教育也是在这一舞台上展开,培养人具备从政为官的才德,更要他们通过从政为官来实现文道救世的社会理想。

《皇疏》孙绰释注"三年学足以通业,可以得禄",属史实。在古代,成年人三年学,能够精通为政职业的知识和德才。所以《周礼》有"三年大比",即每三年,州里要举行一次大考,以选贤举能。

二

教育,始终是当世的产物,必须体现当世要求。孔子培养弟子仍然要吻合其社会节拍。并且,孔子认为,自己培养学生,比社会上其他学府在既定时间内达到的水平和要求更高。所以孔子才如是说,学了三年,如果仍不具备出师入仕的实践智慧和艺术,就不一定是好的学生或者说最有出息的学生。实际上,孔子弟子虽然众多,跟随他学习三年不出仕的弟子,虽然有诸如颜回、曾子、漆雕开等人,但这样的弟子并不多。孔子带着弟子游国,一方面是为自己寻求出仕的更好舞台,同时也为弟子学而能仕寻求更多的机会。

结合上下文,从曾子论"托孤""寄命"至于志于"弘毅"和"任重而道远",再到孔子论《诗》、礼、乐和使民"知之",都是在讲君子成己的使命和责任;接下来孔子批评"好勇疾贫""人而不仁,疾之已甚"和"骄吝",是论君子要担负其使命和责任,必须戒除坏性格、坏习性。即使这些主体性条件都具备了,如果不具备"三年学,不至于谷"的本事,也没有达到君子成己的要求。

第 13 章释义

子曰:"笃信好学,守死善道。危邦不入,乱邦不居,天下有道则见,无道则隐。邦有道,贫且贱焉,耻也。邦无道,富且贵焉,耻也。"

[注释]

笃信好学:笃,专一、诚恳、忠实。信,信仰、坚守。好,喜好、爱好、热爱。学,学业,或为所喜好者而学习。指坚信此道而至诚学业,专一学习。

守死善道:守死,以动句,意为**以死相守**,表示终身坚守不弃。善道,指先生所授之道和弟子所学之道,这个"道"是孔子自立的返本开新方式救世的中正文道,它内蕴"仁、礼、乐",贯穿"以仁入礼达乐"的个人理想和社会理想,张扬仁德和公道,是其当世理想和历史理想的有机统一,故为"善道",并要以死相守。

危邦不入,乱邦不居:邦,封建的诸侯国。危邦,指处于即将颠覆状态的邦国。乱邦,指处于混乱无序状态的邦国。入,由外而进,指从一邦到他邦;居,居住生活。

耻之:耻,羞耻、耻辱。之,指称"邦有道而贫且贱"和"邦无道而富且贵"。耻之,意动句,指"以之为羞耻"。

[译文]

孔子说:"为学的根本准则是坚信非此(文道救世之)道不能至诚学业,专一学习";为仕的根本准则是必须以死相守此(文道救世之)善道。遵循如上准则,方能'博学于文,约之以礼',具备'文质彬彬'的君子德性和德行。坚守'文道救世'的中正善道,就会做到不入将要颠覆的邦国,也不居住在动荡混乱的邦国。并且,只有当邦国具有渴望和施行文道救世的风气、机会和舞台,才应该出仕从政当官,施展才华和抱负;邦国如果没有渴望和施行文道救世的风气、机会和舞台,应该怀才隐居。邦有善道,君子必以贫贱为耻辱;邦无善道,君子应以富贵为耻辱。"

[通解]

上章讲"三年学"必精通"至于谷"的治道和治术;本章论"学三年,至于谷"的弟子,出师求仕应该怎样走和如何做。

一

孔子首先给出**学业与仕业的总准则:笃信好学,守死善道**。这个总准则由两个具体准则构成,一个是"笃信好学"的学业准则;一个是"守死善道"的仕业准则。

虽然笃信好学准则的落脚点是"好学",但重心是"笃信":唯有至诚信仰其道,才可为道而至爱学业,心无旁骛,专心学习。唯有如此,"三年学"才可能获得"至于谷"的治道和治术。

对于君子言,其笃信好学仅是手段,目的是获得仕业。孔子告诉弟子,一旦通过笃信好学的三年努力优秀完成学业,走上仕途开辟人生最有价值的仕业,必须守死善道。在"守死善道"中,"善道"是要守死的对象,"守死"是实现"善道"的方式,也是决心和毅力。所以,如果说"笃信好学"里面包含"君子博学于文,约之以礼,亦可以弗畔矣夫"(《雍也》)的学而精神;那么,"守死善道"里面就包含"士不可以不弘毅,任重而道远。仁以为己任,不亦重乎?死而后已,不亦远乎"(第七章)的志业精神。将二者合将起来,就是孔子"仁德-公道"精神,即中正文道精神。此一精神的具体表述,就是返本开新的"以仁入礼"精神。

辨证地看,"君子博学于文,约之以礼,亦可以弗畔矣夫",是对"以仁入礼"精神的正面表达;本章之"笃信好学,守死善道",是对"以仁入礼"精神的反面表达。抑或说,前者是顺讲"以仁入礼"的逻辑:只有博学以文,才能约之以礼,即只要在日常生活中持之以恒地做到"博学于文,约之以礼",就能在任何时候、任何情境下不违背"以仁入礼"的君子之道;后者是逆讲"以仁入礼"的逻辑:唯有深信其礼(笃信),才能博学于文(好学),即深信"约之以礼"带来的好处必然激励君子更加好学。

以此看"笃信好学,守死善道",首先解释所"弗畔"的是"以仁入礼"之道,是君子必须终身"守死"的"善道"。其次揭示仁与礼的互动生成性:人要能约之以礼,首先需要博学于文。在这里,"约之以礼"喻践履、行动;"博学于文"喻认知、思想。从"博学于文"到"约之以礼",遵循"行动、践履始终需要认知、思想引导"的逻辑。反之,学仁引导行为对礼的达成,必然使礼成为动力要求仁者进一步学,这是"笃信好学"的逻辑。

二

孔子"守死善道"的志业(或"仕业")精神,后来为子张表彰为"执德不弘,信道不笃,焉能为有,焉能为亡?"(《子张》)。"守死善道"的志业精神又在另一个维度上照应第一章泰伯让国之至德。泰伯一让其国,因其父私爱而做出或主动或被迫的选择;泰伯二让其国,其父逝不仅"不返",而且还"奔远",这是因为泰伯本能地判断父逝之后邦国对自己来讲已经是"危邦",所以他不仅不入,还要逃跑得更远。不仅如此,泰伯还感觉到自己虽逃奔于去国万里的南方,但仍然身处"危邦"之中,因而以"断发文身"的化装方式以求自保。

孔子虽然从文道救世角度盛赞泰伯"至德",但"信而好古"的孔子不会不深知泰伯让国的根本之因,是古公亶父私好违礼。"太王有废长立少之意,非礼也;泰伯又探其邪志而成之,至于父死不赴,伤毁发肤,皆非贤者之事。就使必于让国而为之,则亦过而不合于中庸之德矣。其为至德何邪?曰:太王之欲立贤子圣孙,为其道足以济天下,而非有爱憎之间,利欲之私。"(《论语或问》)朱熹发现了问题,但基于崇周美周的儒家家法,朱熹自然不能完全地突破其虚构,于是在面对其不可消解的问题时,就想方设法以和稀泥的方式"自圆其说",既表现自己的聪慧和敏锐,又体现自己的圆滑和世故。但仅历史事实本身言,正如朱熹所言,古公亶父的行为是"非礼"。非礼即是无德。国家无德根本地源于邦君的无德,邦君无德的具体表现就是强行权力意志以满足自己的私欲,包括好恶爱憎情感之私。邦君滥用权力满足私欲的行为是任何人、任何力量都无法阻拦的,其所造成的结果只能是邦国成为"乱邦"或"危邦"。

正在基于对如上历史的反思和对当世拨乱反正之努力,孔子首先提出"危邦不入,乱邦不居"的主张,认为这是"守死善道"的基本行为要求。然后在此基础上进一步提出守死善道的第二个要求,出仕与不出仕,或为政与不为政、当官与不当官,所依据的原则只能是天下"有道则见,无道则隐"。守死善道的第三个要求,是对待或追求贫富所应该遵循的具体原则,只能是"邦有道,贫且贱焉,耻也;邦无道,富且贵焉,耻也"。

三

孔子将志于仕需要"守死善道"的准则,具体为三个取舍原则,并不是抽象的说教,是他对自我人生选择和经历的反观所总结提炼形成的独特政治准则。比如,鲁昭公二十五年(公元前 517 年),鲁季平子与郈氏昭伯因斗鸡的缘故得罪了鲁昭公,昭公率师攻击季平子,季平子与孟氏、叔孙氏三家联盟反攻昭公,昭公师败后逃于齐,其后顷之,鲁由是乱(《左传·昭公二十五年》)。其后,孔子离鲁去齐求仕,亦可能与鲁内乱相关,即孔子基于"乱邦不居"的生存原则而毅然离鲁去齐。

孔子为实现以返本开新方式所确立的文道救世理想,做出两个方面的努力,一是积极投入求仕之途并终身不倦;一是倾其智-力培养弟子以向大争之世输送治邦安国的社会精英并乐此不疲。但孔子深知,在无道的乱世,个人的力量是有限的,所以既不能以热血对抗暴力,更不能靠个人的力量去逆转危邦和乱邦。基于如此清醒的认知,孔子一方面积极救世,另一方面又赞同隐世。这是孔子何以如此盛赞泰伯让国以及最后"断发文身"乃至德的理由,也是他赞美伯夷叔齐不与暴力政权合作而隐于深山最终饿死乃高义的原因。一生以"以仁入礼"的中正文道救世为己任的孔子,却以更为旷达的胸襟和远见,倡导贤人隐世,君子避难:"子曰:'贤者辟世,其次辟地,其次辟色,其次辟言。'"(《宪问》)在孔子看来,贤人、君子始终是时代社会的难得精英,是极其珍贵的少数,是未来的希望,不能做无谓的牺牲。孔子非常清楚地意识到,在人性被完全扭曲、丑恶全面登台的乱世,"以仁入礼"文道救世始终是"任重道远"的文明事业,这需要一代又一代人的努力,所以,贤人、君子隐世,是保存文明的火种,这是文道救世理想能够继往开来、生生不息的源泉。

第 14 章释义

子曰:"不在其位,不谋其政。"

[注释]

不在其位:位,职位。指居于其官位。

不谋其政:谋,谋划,出谋划策。政,政务、政事、时政。指不筹划政务。

[译文]

孔子说:"不居于那个官位,不能谋划该官位所属的政务活动。"

[通解]

上章述君子成己立世必须谨守"笃信好学,守死善道"的总准则。在这一总准则规训下,君子必须做到:第一,"危邦不入,乱邦不居",这是君子仕业必要遵循的人身安全原则;第二,天下"有道则见,无道则隐",这是君子仕业必要遵循的价值判断原则;第三,"邦有道,贫且贱焉,耻也;邦无道,富且贵焉,耻也",这是君子仕业必要保持独立人格的道德原则。本章继之讲述在天下有道、邦国有序的环境里,君子仕业必须遵循的为官之道。

一

理解孔子主张的为官之道精髓,需先正确理解"位"与"政"、"位"与"谋"这两对概念。

孔子所讲的"位",是指具体的官位,这表明本章的论域。联系上章内容,指遵循仕业的三个选择原则,在有秩、有道的邦国谋取到应有的官位后,应该怎样当好官。孔子提出"位"的问题。出仕当官,"位"的问题涉及两个方面:从内涵讲,位既涉及官职大小,更涉及官权大小;从外延讲,位既关乎官职责任的范围,更关系到官职权力的边界。

然后是"政",本章中所言之"政",既不指空洞抽象的政治,也不是宏大的国政,而是指具体的政务活动,更具体地讲,是官员所必须担当的官职工作。

将"位"与"政"联系形成整体的是"谋"。在本章语境中,"谋"字有两层含义:一是"实做";二是"出谋划策"。通过"谋"将"位"与"政"联系起来形成如下正反两个方面的整体语境:

一,在其位,谋其政。
二,不在其位,不谋其政。

翻译:

一,身居这个官位,必须谋划这一官位要求的政务,并努力做好它。
二,不在其他的官位上,不能谋划那些官位上的事务,更不能插手那些官位上的事务。

孔子认为,出仕做官,也是有规则的。这个规则的正面要求是:属于您官职范围内的政务,必须认真谋划,并必须认真做好,这就是"在其位,谋其政",否则,就是放任本职,当官不合格。这个规则的反面要求是:凡不属于你官职范围内的事情,决不能插手,这就是"不在其位,不谋其政",否则,就是超越本职,打乱官秩,破坏官责范围,扩张权力边界,也是不合格的官,而且本质上是乱官、贪官或者野心乱政、祸国的官。

二

孔子从正反两个方面规定为官的责任和边界,强调职权和事权的对应和统一。这既是为政的经验陈述,也是为政的理性思考所形成的原则提炼:官职、官秩,之所以古今皆然,就是因为它以**事权**为准则。

所谓事权，是指谋划、处理、执行具体政务的权力。

事权决定官职的大小：有多大事权，就有多大官职；反之，有何等官职，就有何等事权。官职与官职的边界，形成官秩的边界。但界定官秩的那个东西还是定义官职的事权。理解这一点，才真正理解孔子为什么要提出"不在其位，不谋其政"的为官原则。

从政当官，只能在你官职规定的事权范围内展开工作，施行你的职能权力；一旦超过所任官职的事权范围，叫作越权。越权于政务，从轻的方面讲，是打乱了官秩，破坏了事权范围体系；从严重的方面讲，是野心和图谋不轨。这是从政为官最忌讳的，弄得不好，不仅丢官，而且掉脑袋。所以孔子特别教导弟子，出仕当官最该守住而不能逾越的为官准则，是谨守本分，只做自己分内的事，绝不能将自己的手伸到别的官职上去争事情做，这既是违制的事，更是吃力不讨好的事。

孔子"不在其位，不谋其政"的为官准则，强调君子为官必须安分守己：做好自己的本职（"在其位，谋其政"），守定自己的边界（"不在其位，不谋其政"）。安分守己，是"政者正也"之"政"，也是"政者正也"之"正"，即正己与正事，正己以正事，正己以正邦，这就是为政，这也是做官。

第 15 章释义

子曰："师挚之始，《关雎》之乱，洋洋乎盈耳哉！"

［注释］

师挚：鲁国乐师，师，是其官职；挚，是其名。此人卒年不详，但与孔子私交好，晚年常在一起谈论音乐。

《关雎》之乱：《关雎》，《诗·国风·周南》首篇，也是《诗三百》第一篇。乱，与"始"对应，"始"乃乐之开启；"乱"是乐之终了，即音乐的最后一段。

洋洋乎盈耳哉：洋洋，丰富。盈、满、溢，意为充满、溢出。指感叹弹奏的乐音充溢，声乐盛美不绝于耳。

［译文］

孔子说："从太师挚指挥乐队演奏《周南》开始，到《关雎》之合乐终结，盛大美妙的乐声洋溢我耳中！"

[通解]

古代音乐,有歌有笙,有间有合,由此形成凡四节,第一节是乐之始,称之为"升歌三终",必以瑟配之;继之以笙入第二节,就是"笙入三终",必以磬配之;三终之后有间歇,然后进入第三节"间歌三终",先笙后歌,歌笙相弹,亦三终;最后进入第四节"合乐三终",歌瑟笙并作,三终而后结束。《关雎》之乱,是指演奏《关雎》作为结束。

"《关雎》之乱"是承"师挚之始"而生成的。"师挚之始"句,一般将其理解为"乐师挚演奏声乐开始",这个"始"是指师挚开始演奏,这样理解,就不好应对其后的"《关雎》之乱"。中间存在一个问题,即这个"师挚之始"的"始",到底是演奏《关雎》之始,还是演奏《周南》之始?后世注译者均以为是前者,但按古乐凡升歌三终、笙入三终、间歇三终和合乐三终四节构成观,《关雎》一诗谱成声乐,显然不够其升歌三终、笙入三终、间歇三终和合乐三终四节长度,无法演奏出"洋洋乎盈耳哉"的盛美气势。所以,比较合理的说法应该是后者,即太师挚指挥宫廷乐队演奏的音乐应该是《周南》。《周南》是由《关雎》《葛覃》《卷耳》和《召南》的《鹊巢》《采蘩》《采蘋》组成的六诗,《关雎》是对谱成乐曲六诗的简称。

第 16 章释义

子曰:"狂而不直,侗而不愿,悾悾而不信,吾不知之矣。"

[注释]

狂而不直:狂,无度、狂放。直,直率、直爽。指狂放而不直爽。

侗而不愿:侗,幼稚、无知。愿,谨慎憨厚,意为老实本分。指幼稚无知而不老实本分。

悾悾而不信:悾悾,同空空,意为"空空如也"(《子罕》),意为愚悫、无能。信,确信、信任。指无知而不可信任。

[译文]

孔子说:"粗狂而不直爽,无知而不忠厚,无能又不可信,我无法理解这些人。"

[通解]

本章在主题内容上承第九、第十两章:君子为政施治,需要教化和规训的民，是那些既不知晓道德法令又不遵守礼仪文明的民。这些民既包括"好勇疾贫"者和"人而不仁，疾之已甚"者，也包括"狂而不直，侗而不愿，悾悾而不信"者。然而，"狂而不直，侗而不愿，悾悾而不信"的民风民习，却根源于有位和上位者的"狂而不直，侗而不愿，悾悾而不信"的恶劣人格。

一

理解本章内容，不仅要结合第九、十章内容，还应参照"古者民有三疾，今也或是之亡也。古之狂也肆，今之狂也荡；古之矜也廉，今之矜也忿戾；古之愚也直，今之愚也诈而已矣"（《阳货》）。古代人的三种人格毛病，今人都没有，但今人有新的人格毛病，并且这些新的人格毛病远甚于古代，这就是人心不古。古人虽然狂放但直率，今人狂放却放纵妄为；古人骄矜自大但尚刚直方正，今人却既无知又蛮横乖戾；古人愚昧无能但诚实迂直，今人愚憨却挟私行诈。

本章内容是孔子对时人的扭曲人格特征及其取向的类型学描述。这种基于现实生活中道德败坏现象的描述以及历史对比，使孔子发出"人心不古""今不如昔"的感叹。这种感叹背后却是理性的审查和深刻的忧虑。因为孔子感叹"人心不古""今不如昔"，并不是基于民，而是基于有位者和上位者的乱为或不为。有位者和上位者乱为，就是"民可"而不"使由之"；有位者和上位者不为，则是民"不可"而不"使知之"。所以，本章内容又与"泰伯让国""周公才美"构成潜在的关联性，并以泰伯让国之"至德"和周公才美之"谦德"为标准，批评和抨击时下三类上位者：一类是"狂而不直"的王公大臣，他们以暴戾和权谋将邦国搞成"危邦"或"乱邦"；一类是"侗而不愿"的王公大臣，他们以愚蠢和心计将邦国变成"危邦"和"乱邦"；一类是"悾悾而不信"的王公大臣，他们以其无诚无信将邦国弄成"危邦"和"乱邦"。

二

孔子批评"狂而不直，侗而不愿，悾悾而不信"这三类败坏的人格，谴责这三类人对礼仪文明的破坏，探讨"危邦""乱邦"形成的根源。因为政由人出，人不正，政亦不正；政之不正，邦自然不正，而且是礼崩乐坏、社会秩序瓦解，必然沦为危邦或乱邦。孔子谴责这几类人，既表达义愤，更表达自己决不与这几类人同流合污，这就是"吾不知之矣"。

孔子"笃信好学，守死善道"的志业准则和"危邦不入、乱邦不居。天下有道则见，无道则隐。邦有道，贫且贱焉，耻也；邦无道，富且贵焉，耻也"的三大选择原则，应该是其不与"狂而不直，侗而不愿，悾悾而不信"者同流合污所确立的自我准则,也是教化和训练弟子必须遵守的师门规训。孔子一旦不愿与"狂而不直,侗而不愿,悾悾而不信"者同流合污,其文道救世的途径自然不能畅通,即使畅通了,孔子也会放弃。相传孔子游国之前在鲁国做到大司寇,正是因为不愿同流合污,才自动辞掉了大司寇之职,带着弟子踏上十四年游国之旅,并又因为不能与这些"狂而不直,侗而不愿,悾悾而不信"者合作,终身奔波而无法实现干政救世的理想。结合前面"笃信好学,守死善道"的志业准则和"危邦不入、乱邦不居"等三大选择原则,孔子文道救世的理想必然是悲剧的,孔子本人也必然是悲剧的。这种悲剧体现在他处于"人心不古"的当世,明知不可为而偏为之。然而,也正是这种悲剧塑造了孔子的**伟大和永在**。

第 17 章释义

子曰:"学如不及,犹恐失之。"

[注释]

学如不及:及,达到、追赶。不及,追赶不上。指求知有如赛跑,唯恐追赶不上。

犹恐失之:恐:害怕、惧怕。失之,使之丧失。指在求知的赛跑场上,即使追赶上,又担心落后。

[译文]

孔子说:"求知有如赛跑,始终处于你追我赶状态,唯恐追赶不上,即使追赶上了,也担心被他人超越。"

[通解]

从主题关联言,本章可视为是对上章的拓展。上章陈述两个事实:当世"狂而不直,侗而不愿,悾悾而不信"的恶劣民风民习,根源于有位者和上位者的"狂而不直,侗而不愿,悾悾而不信"。改变其民风民习的根本努力,是教化民"使知之",但前提是改变从政为政者们的人格生态,这需要通过学来实现。所以孔子教导弟子,要学,应该以赛跑的方式求知增慧据德。

——

人以修德为奠基。在修德基础上,人能在多大程度上成己,取决于才、命、力、学四个因素。

首先是才,它属天赋。孔子关于"生而知之者上也,学而知之者次也,困而学之,又其次也。困而不学,民斯为下矣"(《季氏》)和"中人以上,可以语上也,中人以下,不可以语上也"(《雍也》)的论述,都是在论人的天赋之才:天赋之才的多少,构成人能在多大程度上成己的奠基石。

其次是命,它也是天赋的。命与才,虽同属天赋,但功能不同。才是天赋于人可做和能做的**潜力限度**;命是天赋于人能够达到何种高度或境界的极限。并且,天赋之才,往往既需要通过学来启动,更需要通过命来启动。如果二者都未启动,天赋之才只能处于天然的沉睡状态;如果只有学而无命,天赋之才更多地处于荒疏状态。但需要注意的是,天赋之命,需要通过内在体认、领悟、觉解而发挥功能。这种功能的发挥敞开为两个方面:一是获得内在使命感和责任心。孔子说"天生德于予,桓魋其如予何"(《述而》),并不完全是在弟子面前吹牛说大话,其大话中也包含大实话:孔子之所以终身"当仁不让"地担负起文道救世的重任,就是因为他内在体认了天赋于他的"命",觉解了"笃信好学,守死善道"的人生使命。二是这种使命和责任最为现实地构成了人启动自己天赋之才的内在力量和生命方式。

再次是力,它是人的天赋之才和命的内在整合形成的力量。这是一种内在化的生命力量,也是一种生命的智慧,其本质内涵不属于智商的范畴,而是属于情商和心商的范畴,比如高远、广阔、博大、坚韧、顽强、不屈不挠、勇往直前、义无反顾等,都是其力的呈现形态。

最后是学,这是人的才、命、力、学结构中的最后一个因素,虽然它不是最根本的因素,却是最重要的因素。因为,唯有学,可以改变才、命、力的结构;或者,唯有学,可能丰厚其命运。这是孔子强调"我非生而知之者,好古,敏以求之者也"(《述而》)的理由,也是其特别地以学为生命敞开的基本方式的原因:"吾十有五而志于学,三十而立,四十而不惑,五十而知天命,六十而耳顺,七十而从心所欲不逾矩。"(《为政》)

二

只有在如上认知基础上,才可理解本章的真正含义:本章乃孔子警学之思。它从四个方面警示弟子们:

第一,求知之于人的本来状态,就如同赛跑,只要起步,就是一个你追我赶的过程。在这个过程中,及与不及,失或不失,全赖自己的努力程度。

第二,求知的努力程度,首先取决于学者求知的动力是**内生**的还是**外予**的。根据"性相近,习相远"的人性,每个人都有学的天赋、学的潜力。关键问题是有无**学的想望,求知的动力**。有学的想望,求知的动力是内在生成的;无学的想望,求知的动力可能是外予的。并且,学的想望越高远,越强烈,求知的内动力越强,求知达于"及"并始终"不失"的可能性越大。反之,亦然。

第三,学的想望与否,决定着求知的主体性前提的有无。求知的主体性前提,是确立如何求知的姿态。真正的求知姿态,是凡事皆须用心,即以心求知。所谓以心求知,指以生命投入方式求知。唯有如此,才会乐之而勇往直前,从不知倦。

第四,君子求知不倦,就是学习古代的典章文明,主要是《诗》《书》《礼》《乐》。

第 18 章释义

子曰:"巍巍乎,舜禹之有天下也,而不与焉。"

[注释]

巍巍:高大壮伟貌。

舜禹:中国上古史中两个被神化的人物。舜是"五帝"传说中的人物,排行第五,称为虞君;禹,是"五帝"传说中黄帝的玄孙、颛顼的孙子,夏后氏首领,夏之开邦君王。

有天下:有,得到,拥有。有两解:一是舜禹得到天下。二是舜禹通过治平使天下为其所有,或曰因为舜禹的治平之功而将天下以舜禹名之。

不与:有两说:一是舜禹得天下,非为力取,是禅让的结果。二是舜禹之所以有天下,是因为任贤使能,实施无为而治。

[译文]

孔子说:"何等伟大啊!虞舜、夏禹,他们获得天下并非力求;他们美化天下,却不据天下为己有。"

[通解]

本章与上章一样,属于孔子的教学内容,并且有可能是一堂诵读经典课展开的不同环节内容。上章讲君子以赛跑方式学,涉及所学的典章文明从何而来?本章认为,典章文明是由古代的伟大人物身体力行创造得来。孔子认为首先值得赞美的这些伟大人物,是舜禹。

—

舜禹之值得孔子赞美,首先在于舜禹得到天下不以力争,而是禅让所成;尧因其子丹朱不肖而选贤任能,培养舜,并最终将天下共主之位让给舜;舜也承尧之传统,放弃无能的儿子商均,将帝位让给禹。

舜禹得天下的禅让说,在《尚书》中得到记载。孔子以《书》为据盛赞舜禹以才德得天下,可能更多地基于反对暴力、倡导"以仁入礼"的文道救世理想,要证明其可行,需要这样的历史人物为佐证。既然《书》有此载,也就用之以教弟子。

其实,"信而好古"的孔子,不会找不到相反的证据,那就是舜禹力取天下的真实信史,在《竹书纪年》有其记载:"舜篡尧位,立丹朱城,俄又夺之",其做法是"舜囚尧,复偃塞丹朱,使不与父相见也"和"舜囚尧于平阳,取之帝位",《竹书纪年》在尧被舜囚禁的真实记载的后面虽然栽了一个"昔尧德衰,为舜所囚也"这样的道德尾巴,但舜篡尧位,却是一个事实。其后,韩非子也对此做出存疑的记载:"舜逼尧,禹逼舜,汤放桀,武王伐纣,此四王者,人臣弑其君者也。"(《韩非子·说疑》)吕不韦也对舜禹原本暴力篡位的史实却被写成"禅让"的文字大为困惑:"世皆誉之,人皆讳之,惑也。"(《吕氏春秋·当务》)

二

舜禹不以力得天下,实属后世美化,孔子信之,实乃非暴力论的政治主张和以"以仁入礼"之文道救世理想培养弟子所需。但舜禹以力得天下后,选贤任能,使天下得治,这是孔子真心赞美舜禹的根本理由。

《尚书》之记载舜,可能有许多虚构,但透过这些虚构,也可窥到舜的施治之功,突现其大德无私。第一,敬天畏神,建立起祭祀制度,按其山岳地位的尊卑依次祭祀;第二,制定历法,统一韵律和度、量、衡;第三,划分行政区,明确其所划分的十二州疆界,以加强管理与对山川河流的治理;第四,建立"刑省罚寡"的刑罚制度和五种刑罚方法,以赏罚治理社会;第五,全面推行父义、母慈、兄友、弟恭、子孝之"五常"制度,进行五常教育;第六,修礼乐;第七,建立以三年为期的官吏政绩考察制度。

禹的伟大,首先体现在他"子承父业",治理洪水,三过家门而不入,其无私奉献精神,可歌可泣。其次是以远见卓识提出"德唯善政,政在养民"的治政思想、养民的"九功"理论和德治与刑罚互动的治理方略。禹的另一德性,就是既善于归人之功为人,并以人之智而杜己之所短。前者表现在他不失时机地赞扬、举荐皋陶等大臣的智谋、能才、德性和贡献,不据贪天之功为己有。后者表现在他善于采纳别人的好建议,以弥补自己思考或认知的不足,比如禹征三苗,就是听从伯益的建议,大施文教,苗族自服。

舜禹选贤能任,施治文教,德化天下,吻合孔子"以仁入礼"之文道救世理想。这是孔子教学何要以舜禹为内容的根本考虑。

第 19 章释义

子曰:"大哉,尧之为君也。巍巍乎! 唯天为大,唯尧则之。荡荡乎! 民无能名焉。巍巍乎,其有成功也。焕乎! 其有文章。"

[注释]

大哉:大,伟大。言其"伟大呀"。

巍巍:崇高。

唯天为大:唯,唯一,只有。指天为大,唯天道最大。

唯尧则之:则,准则,取法,效法。指尧通天道,且以天道为准则行政。

荡荡:浩荡。

民无能名:名,用言语称道。指不可用言语称道。

焕乎! 其有文章:焕,光明貌。焕乎,意光明灿烂。文章:礼仪典章,或礼乐法度。

[译文]

孔子说:"伟大啊,尧君! 崇高啊,天最大,唯有尧才能效法它! 尧的恩泽广阔无边,百姓却不知道用怎样的语言来称道。巍巍乎崇高啊! 是尧治天下的成功。荡荡乎光明啊! 是尧创造的典章、礼乐、法度。"

[通解]

上章赞舜禹伟大,但留下一个问题:伟大的"舜禹之有天下也,而不与焉"的源泉何在? 本章指出舜禹的伟大源于尧的伟大。

一

既然舜禹的伟大源于尧,那么尧的伟大又源于何处呢? 孔子认为,尧的伟大,源于尧本身**以天为大**,效法天道法则施之于人间。

《庄子·秋水》曰:"当尧、舜而天下无穷人。"无穷人的天下,到底是不是普遍平等的太平盛世,今天已无从知晓。但尧舜当政何以可能把天下治理得无穷人呢?《战国策·赵策》里有一段话道出其秘密:"尧无三夫之分,舜无咫尺之地"。一个天下共主,竟没有自己的私有财产,一切为公,而一切归公。

尧以"无三夫之分"而治理天下,使天下无穷人的治平盛史,确实为后来者立下了为政的道德大碑。只有真正做到在财产和权力两个方面完全无私的人,才是真正的君主,才有资格和能力从事天下的治理。唯有具备如此德性和操守的王,才可使天下无穷人,人人富裕,个个幸福。反之,当天下还有穷人,那一定是统治者、权力者太有私、太贪婪、太无德。孔子之论,虽属历史经验,却是普世真理。

二

尧"无三夫之分"的无私品德,让孔子敬仰。不仅如此,尧之成为孔子心目中文道天下的楷模,还在于尧"钦、明、文、思、安安,允恭克让,光被四表,格于上下。克明俊德,以亲九族。九族既睦,平章百姓。百姓昭明,协和万邦。黎民于变时雍"(《尚书·尧典》)。

尧作为天下共主,敬业,节俭,待人温和,凡事宽容,并且绝对地忠诚人事。只有对自己提出如此道德要求并不断对自我做出如此道德要求的人,才道德纯备。尧就是这样一个人,他拥有纯备的道德。要言之,尧最为了不起的道德典范力量体现在两个方面:

一是他虚怀若谷,无私于天下,把天下变成人人的天下,使人人拥有天下,他治政七十年,从平民中发现一个单身汉虞舜,对他进行种种考验,包括将其"纳于大麓,烈风雷雨弗迷",最终证明虞舜有"德",于是把帝位传给虞舜,而不是自己的儿子。尧的这一壮举,真正实现了天下为公,开创推举制的先河,是民主社会的雏形。

二是以德自训,以德励人,以德化治:"昔尧治天下,不赏而民劝,不罚而民畏,今子赏罚而民且不仁,德自此衰,刑自此立,后世之乱自此始矣。"(《庄子·天下篇》)

在孔子的世界里,所推崇的最古的王是尧。后世儒家论道统,无限地往上溯及帝喾、颛顼、黄帝以及"三皇",则更多任意。"信而好古"的孔子,以其考信所发现的能够为他所推崇的文道治世的王,也只是尧。尧推行文道治世的最伟大的功绩,是"唯天为大"而"唯尧则之",尧之所以"无三夫之分",是因为天不其私,故而天下为公。天不其私,天下为公,这是天道法则。遵其天道法则,可不治而天下平。这是文道治世的最好模式,更是文道治世的最好方法。孔子以此崇之,是为表达:面对"道术将为天下裂"的当世,要以文道救世,必须返本开新。这个所要返之本,是"唯天为大,唯尧则之";这个所要开之并使其焕然一新的,仍然是"唯天为大"而"唯尧则之"。

第20章释义

舜有臣五人而天下治。

武王曰:"予有乱臣十人。"

孔子曰:"才难,不其然乎?唐虞之际,于斯为盛,有妇人焉,九人而已。三分天下有其二,以服事殷;周之德,其可谓至德也已矣!"

[注释]

舜有臣五人:相传舜为天下共主时,有五大贤臣,即禹、稷、契、皋陶、伯益。

予有乱臣十人:予,第一人称代词,我,为周武王自称。乱,古义"治",治的对象是乱,不乱治何?乱而有治,治之使乱有序。乱臣,治乱之臣。武王的十大治乱之臣分别是:文母(即文王妻太姒;或曰武王邑姜)、周公、召公、太公、毕公、荣公、太颠、闳夭、散宜生、南宫适。

才难,不其然乎:才难,指人才难以求得。不其然乎,不是这样的吗?

唐虞之际:唐,封地名,是尧的封地。传说中,尧,是帝喾之子,最初封于陶,后又封于唐,被称为陶唐氏,也称唐尧,简称帝尧为唐。舜,姓姚名重华,生长于有虞氏部落,尧时封舜于虞,故称虞舜,虞乃帝舜的简称。唐虞之际,是指从尧到舜这两个时期,可简称为尧舜之世。

于斯为盛:斯,指称代词,指西周。盛,繁茂、强盛。有二解:一指尧舜时代强于周;一指尧舜时代不如周。根据上下文语境,孔子所言重在文道治世,应以前解为当。

有妇人焉,九人而已:妇人,女人,或文王后妃太姒,或武王妻子邑姜,根据语境,应为武王妻。九人,相对前面的"予有乱臣十人"言,除去一女性,即治乱之臣九人。

三分天下有其二,以服事殷:三分天下,指拥有天下的三分之二,其拥有的主体是周文王。周文王所拥有的三分之二的土地,是殷商的土地。"以服事殷",指甘为纣臣的姿态。"以服事殷",意为以臣的身份事殷纣王。指周文王虽然抢占了殷商天下三分之二的土地,但他还是向殷商王称臣。

[译文]

孔子说:"舜得五个贤臣辅佐而治平天下。"

武王说:"我有十个善于治世的贤臣"。

孔子说:"古人说贤才难得,不正是这样吗?从尧、舜时代到武王时期,能治世的贤才最多也不过如此。武王说的十个大贤臣中还有一个是女人,除去这个女人,就只有九人。周文王在世时,已经拥有了殷商天下三分之二的土地,但他还是奉殷商王朝为正朔。周文王的品德至高无上。"

[通解]

本章继续展开"以仁入礼"方式的文道治世思考。"舜禹之有天下"和"唯天为大，唯尧则之"两章，孔子讲述"以仁入礼"文道治世的根本，是君王要有至德，这个至德的核心是"不自居其私"和"以天下为公"。本章继续向前推进，述"以仁入礼"文道治世非君王一人所能实现，必须有善治的贤臣辅佐。

一

孔子考察舜时代，天下之有治，不过集了禹、稷、契、皋陶、伯益五大贤臣的智德。

武王以力获天下，仍然是善于运用能臣良才的结果。虽然武王自谓灭商建周乃有十大贤臣辅佐，但孔子认为实际上只有九人。

基于这种考信，孔子由此感叹，自古治世之才难得，借古喻今，当今天下需要"以仁入礼"文道救世，但更需要善治的大才。这样的救世大才虽然少之又少，但总是不绝如缕。今不如昔的是，当世没有了尧舜、武王这样"巍巍乎""荡荡乎"光明正大的君主了，这不，像我孔丘这样的旷世贤才，却没有人识得，更无人用得！

二

是什么原因导致当世君王弃贤才不用呢？

孔子认为，才能尽用的世道，一定是君王具有"不自居其私"和"以天下为公"的至德。尧舜禹之德，可以巍巍乎与天媲美。武王之德虽然也大，但不能达于至其美："子谓《韶》：'尽美矣，又尽善也。'谓《武》：'尽美矣，未尽善也。'"（《八佾》）因为武王得天下，是以"血流漂杵"的武力得来，自然用人更多。从所能发现和运用的数量讲，武王时代盛于唐虞之际，但从人才实施文道治世而使天下昌明言，唐虞之际应该繁盛于武王时代。这是孔子一直不言武王"至德"的原因，也是孔子只赞尧、赞舜、赞禹、赞文王而不赞武王的根本考量。

孔子是反暴力论者，孔子更是"以仁入礼"的文道救世的理想主义者。正是基于此，孔子极赞尧之"唯天为大"，竭尽所能描绘其"巍巍乎"和"荡荡乎"，相信舜禹因禅让得天下的传说，亦更赞赏文王的至德，文王虽野心勃勃地吞食了主子三分之二的天下，但在形式上还维持臣子对主子的侍奉关系。孔子评价文王至德，表面上，是与武王相比：文王作为殷商臣子，虽然不地道，不顾一切地拓展自己的地盘，已将主子的天下吞食了三分之二，但他还是在名义上向商王称臣，承认殷商王朝是正朔。文王之后，其子武王就下作了，他拉起杆子把商王朝灭了。所以，孔子说武王为"救民于水火"而灭商做到了"尽美"但不"尽善"，算不上"至德"。

在更深的层次上,孔子之言文王"至德",也是在与舜禹比。文王至死都是一个懂得秩序和规矩的人,抢占了商王朝三分之二的天下还在形式上向商王称臣;舜和禹虽被后世修饰为"禅让",但实际上还是迫不及待地以力取得来,并且是用诈力所得:"舜逼尧,禹逼舜,汤放桀,武王伐纣,此四王者,人臣弑其君者也。"(《韩非子·说疑》)所以,虞舜、夏禹、成汤、武王四人不过半斤对八两。这是孔子为何盛赞舜禹的事功"巍巍乎",却不赞其有"至德"的隐私理由。因为在"信而好古"的孔子所检索到的古代君王中,有至德的除了唐尧,就是文王了。唐尧"以不自居其私"和"以天下为公"为至德,文王虽然暗地里抢夺主子地盘但至死不渝地承认纣王为主子的这种至德,之值得表赞,是因为"天下有道,则礼乐征伐自天子出;天下无道,则礼乐征伐自诸侯出"(《季氏》)。当今之世有尧这样"不自居其私"和"以天下为公"的君主吗?有文王这样死守天子-诸侯之间君臣上下秩序之道的邦君吗?如果有,我孔丘也会仕之不渝的。

第21章释义

子曰:"禹,吾无间然矣。菲饮食而致孝乎鬼神,恶衣服而致美乎黻冕,卑宫室而尽力乎沟洫。禹,吾无间然矣!"

[注释]

无间然:间,间隙、空隙,意为非难、异议。无间,无可非议。

菲饮食而致孝乎鬼神:菲,薄。菲饮食,指饮食极为简单。致,给予,集中。孝,敬奉。指克薄自己,饮食简单,却将丰盛的食物聚集起来作为牺牲孝敬鬼神。

恶衣服而致美乎黻冕:恶,讨厌、厌恶。恶衣服,厌恶穿华美的衣服,指平时穿旧衣服。黻,礼服。冕,礼帽。指祭祀穿戴的衣服。

卑宫室而尽力乎沟洫:卑,卑贱,意为破败。卑宫室,指使宫室破败,意为居住的宫室简陋。沟洫,田间的水渠,指治理洪灾,兴修水利。

[译文]

孔子说:"对于夏禹,我没有任何可挑剔的。他饮食粗简,却以丰盛牺牲祭祀鬼神;衣着简朴,但祭祀时却穿戴华丽的冠冕;居住的宫室低矮简陋,却竭尽全力治理洪灾,兴修水利。"

[通解]

本章既与上章有主题关联,更是对第十八章的照应,专门讲述禹兴天下民利的事功,以此对比历史和隐喻现实。

一

第十八章舜禹的伟大是其"有天下也,而不与焉"。第十九章论舜禹何以如此伟大,是因为有唐尧的榜样力量。唐尧为舜禹开创"有天下也,而不与焉"的盛世,树立了"唯天为大,唯尧则之"的榜样。唐尧效法天道源于两个方面:一是"不自居其私";二是"以天下为公"。唐尧因此做出两个方面的佳绩,一是"无三夫之分";二是将天下共主之位"禅让"给舜。

在"不自居其私"方面,禹做得并不好,因为他最终将天下私有化,即废除了禅让制,将王位传给儿子启,开启王位血缘继承制。但在克己敬神兴天下之利的事功方面,却发展了唐尧虞舜之德,近乎完美。孔子认为在这些方面他对禹唯有赞美而没有任何批评,因为在兴天下民利的事功方面,无论是热衷于抢占地盘扩张势力范围而形式上又尊王的文王,还是热衷于暴力灭商的武王,都远远不及。所以,在事功之德方面,孔子对文王和武王保持了缄默。

二

本篇从第十七章到二十一章共五章内容,孔子以古论今的系列讨论告一段落。通过这个系统讨论,孔子借"先王"功德来向"今王"(包括公卿诸侯)讨说法:

唐尧"唯天为大,唯尧则之"——是以天道成就人道,当世的王公诸侯你们能行吗?

舜禹"有天下也,而不与焉"——得天下不用暴力,当世的王公诸侯你们能行吗?

虞舜"有臣五人而天下治"——启用贤才平治天下,当世的王公诸侯你们能行吗?

夏禹饮食粗简、生活简朴、虔诚敬神且尽兴天下之利——当世的王公诸侯你们能行吗?

文王"三分天下有其二",却守君臣尊卑礼制礼规——当世的王公诸侯你们愿意吗?

孔子以"先王"功德反衬"今王"卑鄙,倡导"法先王",后世以此认定孔子是复古主义者。表面看确可如是理解,但实际却不符合孔子本意。本篇从第一章泰伯"三以天下让"到最后几章论尧、舜、禹、文王、武王,不过是要表达一个基本思想:天下有道或无道,其原动力不在民,也不在官,而在王公诸侯有无道。

通过本篇讲述,孔子确指出:王公诸侯之道,是行人道。王公诸侯所应行之人道有四:

一,不自居其私。

二,以天下为公。

三,身体力行兴天下之利。

四,讲上下尊卑君臣位秩。

在孔子看来,如上四者是王公诸侯必须做到也能够做到的,因为尧舜禹文王的作为已经做出榜样。尤其应该将"唯天为大,唯尧则之"告诸后来者:王公诸侯所应行的人道必须由天道来成就;只有真心诚意地效法天道,才可有人道。尧以之事天,舜以之事尧,禹以之事舜,开出尧舜禹三代繁盛。在孔子看来,以尧舜禹为榜样,效法天道而行人道,即是"君君,臣臣,父父,子子"(《颜渊》)。泰伯"三以天下让",首先是尊"父父,子子"之序,然后是守"君君,臣臣"之位;由尧而舜,由舜而禹,以及抢占"三分天下有其二"的文王,也仍服事商王,不就是"君君、臣臣"的王道秩序吗?

抛开具体的社会结构性质观看,无论古今,任何有人的社会,都应该有道;任何有道的社会,都应该有秩序;任何有秩序的社会,都应该由权力、职位的序列构成其必须的边界。这就是天下,也是国家。对孔子的政治学,既可以做具体的理解,更应该看到他的一般性和普世性蕴含。

子罕第九

　　本篇"子罕"的"子"，指孔子。"罕"乃稀少之意。"子罕"一语，规定本篇讨论的内容范围：孔子平时少谈及的内容。哪些方面的内容该说却说得很少呢？《论语》编纂者选了六个方面内容。以"夫子自道"为主，以弟子评价为辅的方式展开。本篇共三十一章，夫子自道二十二章，与弟子对话六章，弟子评价夫子三章。在基本主题上，继续和深化《泰伯》，拓展和丰富《述而》，是孔子继续自述在修养和才能两个方面成己为君子，做到志道，贯道，行道，守道，矢志不渝。

一

　　第一章开宗明义，弟子评价夫子平生少言"利、命、仁"三者，揭示利与命的关系和利与仁的关系。这两种关系中蕴含两个核心问题，即利与命的生成性和仁与利的相融性问题，前者表述为利不生命，而生于命；后者揭示利之无度可害仁，利之有度可生仁。所以，仁需要利的滋养，利需要仁来引导，其具体方式是用礼来规范利。

　　孔门弟子认为，夫子之学最精深的内容是利、命、仁，孔子以"罕言"方式对待三者，表明其独特的体认与厚重的智慧，使夫子本人"无所不能"，虽"博学而无所成名"，是因为要成为文道救世的"驭手"（第二章）。

　　第一章"子罕言利，与命，与仁"，极言其博学；第二章述孔子多才能。博学和多能，必须化为实际的礼而灌注于生活行为中，第三章孔子自述如何懂礼与循礼。第四章遵从追求大义的命运召唤，心怀其仁而"毋意、毋必、毋固、毋我"。这是孔子拥有文道救世使命和责任的原动力量。第五章孔子述文道救世的使命和责任来源于天赋。当孔子获得对天意的觉解，自然在危境中自信、自得与自安。孔子自觉于使命和责任的努力，被时人视为圣人，孔子本人则强调是"学而知之"和"多能鄙事"所成（第六章）。

二

　　从第一章到第六章，讲述孔子罕言"利、命、仁"而论礼与德。由仁于礼，必然引出艺。第七、八两章讨论"艺"这个话题。孔子关于技艺、才艺、道艺之论，或许是子贡（也可能还有其他人）记下了前一部分，子琴则记下了后一部分。孔子逝，弟子编纂《论语》时将其合将拢来形成上下两章。

　　第七章通过琴牢所述，区分技艺、才艺、道艺：技艺为生存所需，是为稻粮谋之艺；才艺是为生活快乐所需；道艺是为济世所需，治邦安国才需要道艺。孔子指出，打点生计或享受生活的艺术，前者是技艺，后者是才艺。技艺的本质是技，遵循的是技本身，其操作表现是术；才艺的本质是才，遵循的是才本身，表达出来的是才气、才情。道艺的本质是道，遵循的是道本身。第七章区别技艺、才艺、道艺，着眼于功能取向的差异。第八章借答鄙夫之问,从认知层面揭示道艺之问的认知方式是剖根究底的学问认知方式。

孔子对追求道艺的运用为使命,自然遭遇"博学而无以为名"的命运。由此形成孔子"凤鸟不至,河不出图,吾已矣夫"(第九章)的感叹,但从不悔改而仍然一以贯之。第十章孔门弟子记述孔子生前如何身体力行于礼。孔子行礼,以心诚之,这是仁;仁人方礼,仁人方行真礼。孔子行礼,不论贫富贵贱年长年幼。这是仁爱无类,礼之平等。孔子不仅自行道艺无疆、仁爱无类、礼之平等,而且以此基本要求培养弟子,赢得弟子之至爱。第十一章颜回以"仰之弥高,钻之弥坚,瞻之在前,忽焉在后。夫子循循然善诱人,博我以文,约我以礼"表达对孔子的挚爱和崇敬。第十二章"子疾病,子路使门人为臣"的行为,更是体现子路以及整个孔门弟子对夫子的崇敬之爱。

第十一章和第十二章记述的事件具有发生学意义的关联性:如果第十一章内容成为"颜子遗言",那么颜回困学而亡给孔子以巨大打击,而一病不起。于是有了"子路使门人为臣"的故事发生。子路何以如此大胆地以大夫规格为其准备后事? 这是因为"十有五而志于学,三十而立"文道救世之志的孔子,坚信上天赋予的使命,但一生求仕无果,以至于晚年病危无救时,弟子只得以僭越礼制的方式为其圆从政为官之梦。然而,博学多才据艺的孔子何以沦落如此呢? 第十三章予以了解答:只为"求善贾而沽诸"错过所有机会。第十四章"子欲居九夷"的退隐生活的想法,可能发生在游国中后期,其游国求仕屡遭挫折,致使孔子有些心灰意冷。接下来第十五章"吾自卫返鲁,然后乐正"则明确记载六十八岁的孔子被执政大夫季康子以隆重礼节迎接回母国后的闲逸生活。

三

第十六章以降,是对孔子返鲁后几年安居生活中的诸多思想的总结。

第十六章孔子概述一生如何担当起为人的基本责任:一是在家侍奉父兄尽心;二是出门侍奉公卿尽责;三是办理丧事尽力尽心;四是无论公私之事做到有节制。此四方面既是总结性自表,更是以"何有于我哉"的反问式自警。如上四个方面不过是君子成己的日用常行,过去虽然做到过,今后能做到吗? 孔子不敢肯定地回答,只能说不松懈地努力,或做得更好些。

人要做到人生四要,最重要的保证是时间。第十七章"子在川上",可看成孔子教导弟子如何善待生命和怎样珍惜时光,只是这种教诲产生于特定的人生情境中。"逝者如斯夫,不舍昼夜",是孔子自述观水这一"物"理,发现生命向死而生的不可逆本性和规律,第十八章是孔子自述察"色"与"德"这一"人"理,发现好色的生物本性的敞开和好德文明本性的敞开,亦体现"逝者如斯夫,不舍昼夜"的不可逆规律。对于性与德,孔子将其聚焦为色与德。孔子认为,抑制好色本性,使之有节制,必修而好德,但成败的关键在于坚持:坚持成己;反之,必弃己。

第十九章孔子以"垒山"和"平地"为喻,阐述修养德性、践履德行的成己精神,就是"**不止而往**"。这一精神可概括为成败于己,祸福于己。

第十九章孔子以垒山和平地为喻,是君子成己的一般认知论。第二十章和二十一章,孔子以颜回为例,具体讲述君子如何成己。孔子指出,君子"不止而往"地成己,必须从两个方面做:一是学而修养德性,必须"不止而往";二是学而践履德行,必须"不止而往"。就前者言,孔子认为颜回在两个方面做得最好:一是"不止而聆听"(第二十章);一是"不止而深进"(第二十一章)。虽然如此,但孔子深感颜回在教学相长方面对他没有任何帮助;不仅如此,而且早死。颜回"不止而往"地"语之而不惰"和"见其进,未见其止"的努力,却酿成人生悲剧。什么原因呢? 孔子在为颜回之死的悲痛中予以反思性思考,发现君子成己"不止而往"达于成功,并不是必然的,而是充满或然性。何以如此呢? 孔子最终发现"苗而不秀者有矣夫,秀而不实者有矣夫"(第二十二章):人的禀赋和资质才是人成己的主体条件和最终制约因素。当顺其禀赋和资质,以自由舒展方式展开进退相宜之学和进退相宜之教,人的成长才会达到"苗而秀,秀而实",成为各具个性的成己者。反之,只能产生颜回式的悲剧。或者,孔子或有可能以"苗而不秀"和"秀而不实"为喻探求颜回式好学悲剧发生的自身原因。

第二十二章以稻田谷物生长为喻,讨论人成长的主体性条件和根本法则,首先揭示教人成己的逻辑起点,只能是顺其禀赋和资质;其次揭示教人成己的基本方式,只能遵循进退相宜原则。第二十三章进一步思考教人成己的基本态度和重心:教人成己,应该培养人具备敬畏的姿态;教人成己,需要引导人"有闻于道",即接受道的熏染、陶冶,获得道的正心而正行。君子成己"必循其则":首先,君子学而成己必须遵从唯法理原则,是"法语之言,能无从乎? 改之为贵";其次,君子学而成己必须遵从辨伪求真原则,是"巽与之言,能无说乎?绎之为贵"(第二十四章)。将这两个原则化为日用常行,就是"主忠信"和"毋友不如己"。要做好这两个方面,必须养成"过则勇改"的自我激励力量。孔子认为,过则勇改,是学而成己的反面激励原则;主忠信和交强友,是学而成己的正面规范原则。这正反两个原则的整合践履,必内在地生成建构起君子学而成己的道德力量(第二十五章)。

第十七章到二十五章,分别从不同角度讲述学而成己的准则。孔子认为,贯穿这些准则使之主体化的根本条件是立志:"三军可夺帅也,匹夫不可夺志也"(第二十六章)。哪怕是匹夫,亦不可任人剥夺所坚守的"志道",

何况成己的君子？面对有辱"志道"的情景或场合，君子会拒绝任何利欲和诱惑，使自己"不降其志，不辱其身"。

对于成己的君子来讲，志于道绝对重要，但致之于道"以道行之"才是根本。孔子通过对子路的赞誉和训导指出，以道行之，是将"志道"日常生活化，或者以"志道"指导生活，不贪求，不嫉妒（第二十七章）。这需要自我培养坚守精神，在任何艰难的环境下都不丧其志、不失其道。孔子认为，真正成己的君子，是"岁寒，然后知松柏之后凋"（第二十八章）者。人能够如众木凋谢的岁寒中的葱郁松柏那样自在傲立的内在秘密，是他本人具备知、仁、勇三德（第二十九章）。孔子指出，对于成己的君子，贫穷、困苦、乱世，是岁寒。处于贫穷、困苦、乱世之中仍"志于道"并"以道行之"的君子，其特立独行的本事，是知而不惑，仁而不忧，勇而不惧。孔子还指出，在知、仁、勇三者中，知是仁的方式，仁是知的显达。知仁一体，自然勇而无惧。因为真正的勇，只是知仁之勇。知仁之勇，是知之"内省"所得，亦为仁之自为敞开状态。所以，勇的本体动力是知，勇的行为动力是仁。

君子成己，必为知仁勇者。知仁勇，只能修习得来。其修习的过程敞开**求道**、**适道**、**守道**、**用道**四个环节，也构筑起君子志于道的四步阶梯：在第一步**求道**阶梯上，重心是闻，亦可谓"闻道"；在第二步**适道**阶梯上，重心是志，亦可谓"志道"；在第三步**守道**阶梯上，重心是恒，亦可谓"恒道"；在第四步**用道**阶梯上，重心是化，亦可谓"化道"，亦即孔子所讲的"从心所欲不逾矩"，这个无论怎样做都不会逾越的"矩"，就是灵活变化之"道"（第三十章）。

从第二十八到第三十章，孔子总结君子成己三要：第一，必须具备知、仁、勇三德；第二，必须从求问学道始，继而适道、守道，最后达于化道；第三，必须达于"可权"之境，掌握随心所欲的权变大道，任其自由地运用大道而救世、治世。从根本论，孔子总结的成己三要，实是君子成己的三步阶梯。在现实生活中，同志同心同力同用地登上这三步阶梯者寡。孔子得出一个结论：大哉，君子者寡，君子者孤。然而，君子何以孤、寡？孔子引"唐棣之华，偏其反而。岂不尔思，是室远而"为起兴告诉弟子：君子之道终从者寡的根本原因，是人们"志于道不坚"（第三十一章）。

孔子将"君子之道，终从者寡"归结于"志于道不坚"，意在于表达：坚志于道，道必贯尔；一日坚志于道，一日道贯于尔；日日坚志于道，日日道贯于尔。一以贯之，守死终身，绝不"降其志"，这就是孔子本人，亦是孔子对自己的思想、理想、道德、人格、精神的完整自画像。

第1章释义

子罕言利,与命,与仁。

[注释]

子罕言利:罕,稀,少,不多。言,说,论及,讨论。利,利益,利害。指孔子很少论及利益这个问题。

与命,与仁:与,有两解:一是连词,做"和""同"讲;二是动词,意为赞同、推许、推崇。根据语境,宜从前说。命,生命、天命、命运。

[译文]

孔门弟子回顾其受教经历后发现:夫子平时极少主动交谈利,也很少主动谈命,更是很少主动谈仁。

[通解]

本章内容是弟子所述,可能是孔子逝世后,弟子们对夫子教育的回顾和总结。这种回顾和总结,不是价值判断,只是事实陈述。

一

本章陈述孔门教育的两个事实:一是"利""命""仁",此三者都属于孔门教育的重要教学内容。二是相对其他教育内容言,孔子很少主动谈论"利""命""仁"这三大问题。

本章所记载的这两个事实,蕴含两个隐蔽的问题:

第一,孔子为什么极少主动谈论"利"?

第二,孔子为什么极少主动谈论"命"和"仁"?

二

先看孔子"罕言利"。

孔子之"罕"相对"多"或"常"论:孔子虽然论"利"的频率比讨论其他问题要低得多,但并不等于说孔子不论利。孔子也是论利的。《论语》收录了孔子直接论利的内容有七章:

　　子曰:"不仁者,不可以久处约,不可以长处乐。仁者安仁,知者利仁。"(《里仁》)

　　子曰:"放于利而行,多怨。"(《里仁》)

　　子曰:"君子喻于义,小人喻于利。"(《里仁》)

子夏为莒父宰,问政。子曰:"无欲速,无见小利,欲速则不达,见小利则大事不成。"(《子路》)

子曰:"今之成人者何必然。见利思义,见危授命,久要不忘平生之言,亦可以为成人矣。"(《宪问》)

子曰:"工欲善其事,必先利其器。"(《卫灵公》)

子曰:"因民之所利而利之。"(《尧曰》)

除此之外,《论语》中用"富""禄"等语来讲述或讨论"利"的内容有十三章。由此可见,孔子与人交谈"利"的时候也不少。只是相对"命"和"仁"来讲,就少了。

这只是数量论。从内容观,孔子为何谈论"利"的频率要低于谈论"命"和"仁"?这涉及解读本章内容时历来被人们所忽略的两个方面的事实。

首先,孔子所言之"利",无论是利益,还是利害,都是日常生活问题,它时时刻刻与每个人的每天生活相关,并构成每个人的每天生活内容,所以"利"不是一个仅供讨论的问题,它是一套每天作用于人的日常生活的准则、规范、方式、方法。比如,这个东西,你的就是你的,我的就是我的,没有讨论的必要,大家都本能遵守这一共同的规则。又比如,趋利避害是人之本能,也用不着讨论。再比如,求利是人生存的基本前提,也是人生存的基本方式,无须讨论。所以,在大众的日常生活层面,利是不用讨论的。即使需要讨论,也不是孔子讨论的范围,因为孔子所关心的不是大众生活问题,而是人如何成为君子以及社会如何为君子所主导的问题。

其次,在君子生活层面,"利"却是需要讨论的,因为人要成为君子,应该学会如何善待利。君子求利所必须明确的界限、准则,构成孔子讨论的基本问题。孔子认为,在人生目标上,君子必须与民和小人不同。民和"小人喻于利",君子只能"喻于义"(《里仁》),并且,君子首先是常人,在日常生活中必须求利。但君子求利必以道为准则,凡不合于道、违背道的求利,均是耻:"子曰:'富与贵,是人之所欲也,不以其道得之,不处也。贫与贱,是人之所恶也,不以其道得之,不去也。'"(《里仁》)"子曰:'富而可求也,虽执鞭之士,吾亦为之,如不可求,从吾所好。'"(《述而》)"子曰:'笃信好学,守死善道。危邦不入,乱邦不居,天下有道则见,无道则隐。邦有道,贫且贱焉,耻也。邦无道,富且贵焉,耻也。'"(《泰伯》)

孔子与弟子讨论利,是讨论君子对待利的准则、边界、限度,这些内容一旦讲清楚了,就成为共守的不变规则,对任何想做君子的人来讲,需要的是遵守和执行。这是孔子很少主动言利的原因,也是孔子与弟子很少讨论

"利"的根本原因。更重要的是,孔子"罕言利",还关涉孔子"生死有命,富贵在天"的基本主张:人的贫富贵贱,由先天确定,后天过多地谈论反而对人有害。所以孔子"罕言利"。

三

再看"命",孔子为何也"罕言"?

如果仅就数量言,孔子"罕言命"不成立,因为在《论语》中,"命"字出现二十四次;与"命"字相关的"天"字出现十八次,"天道"出现一次,"天命"出现三次。并且,用除了"天命""天道""命运"等概念以外的名字表述"命"的次数,在《论语》中,亦不少。比如,"子曰:'君子无所争。必也射乎!揖让而升,下而饮,其争也君子。'"(《八佾》)君子之争与不争,都是"有命"的规定,然而君子之使命,却由上天赋予。天赋人以命,必须安之以为。又比如:"子曰:'朝闻道,夕死可矣。'"(《里仁》)孔子所说之"道",应该是人间大道,它必由天道成就,只能"唯天为大,唯尧则之"(《泰伯》)。历史上伟大的人物,以效法天道来成就人间之道;现实生活中的君子同样需要效法天道来践履人道,哪怕早上达到了,晚上死去也是其身自全了。更重要的是:朝,象征诞生;夕,象征死亡,从"朝"到"夕",不正是生命展开自身的完全过程,即命吗?

由此可以看出,孔子谈论命的时候,也不少。但为什么要说孔子"罕言命"呢?这里的"罕言",不是指说得少,而是指在一般情况下不主动说,只有在特殊的语境中才讨论或思考它。形成如此状况的原因有三:

第一,命是一个**非常**的问题,很难说。这在于:首先,它指生命,比如:"子曰:'天何言哉?四时行焉,百物生焉,天何言哉?'"(《阳货》)"命"不仅指人,首先指四时、百物以及天,这是一个生生不息的生命运动过程。面对这一生命过程,你如何说?用有限的语言表述无限的生变运动,你能够说出多少?即使说出来了,你又说到了多少?又比如:"子在川上曰:'逝者如斯夫!不舍昼夜。'"(《子罕》)面对滔滔奔流的江水,除了感叹飞逝而去的有限生命,还能说什么呢?其次,它也指天命、命运。人的生命得之于天,受之于地,承之于(家庭、家族、种族)血脉,而后才可能形之于父母,获得成人的发肤身体。从根本讲,人的生命是天地神人共铸的杰作,它会聚天地之灵,自然贯通天地之道,其个体之命展开为运。作为个体,面对秉天之命,其实无法言说,只能默默地体认与领悟。并且,个体的人面对秉天之命敞开的生存之运,更不能说,因为:"'命者,天之命也'者,谓天所命生人者也。天本无体,亦无言语之命,但人感自然而生,有贤愚、吉凶、穷通、夭寿,若天之付命遣使之然,故云天之命也。云'仁者,行之盛也'者,仁者爱人以

及物,是善行之中最盛者也。以此三者,中知以下寡能及知,故孔子希言也。"(《论语注疏》)

第二,在孔子的世界里,命既指生命,也指命运,更指天命。作为生命,我们每天持有,无时不在运作,故无须说。更重要的是,生命始终是个体的,每个人的生命唯有自己才能感受、困惑甚至痛苦,也只有自己才能体会或领悟,理解和思想,因为生命之于他人,是无法言说的内容,**只能以身体之,以身行之**。

第三,生命是自己的,但这只是自己感觉得来的东西。从根本论,生命最终是超越感觉而挺立于天地之间的存在,它上承天而天道灌注之,下续地而地道上溯之,其由天而地和由地及天所敞开的是命运,它恒而多变,且变不离其宗,既是说不得,也是不得说的。

正是因为命本身呈现出如上三个方面的发散性,使孔子总是不主动言命,唯有在不得已的情况下,才有对命的讨论与言说。

四

然后看"仁"。在《论语》中,孔子之于仁,说得最多,因为孔子返本开新的文道救世方策的实施途径,是"以仁入礼达乐"。多言仁很自然,然而,孔门弟子为何说夫子"罕言仁"呢?

必须再三强调的是,孔门弟子断言夫子"罕言",不是一个数量问题,而是指孔子主动谈论这些内容的时候很少。孔子论仁也是如此。细心阅读《论语》,就会发现孔子论仁,大多情况下是被动为之,即往往是"被问"而不得不说,包括弟子问,也包括时人问。所以孔子对"仁"的言说多是被问出来的。正是因为如此,孔子关于仁的言说,体现多元的解读性,有些还呈现不完全相融的情况,原因在于孔子由问而言仁,始终具有情境性、境遇性。

孔子既然以"以仁入礼"为原理,又"以仁入礼"为路径来展开君子教化,来推行文道救世,为何又不主动论仁呢?这是因为,仁既是一个主体性问题,又是一个客观性问题。作为主体性建构的仁,是不能谈的问题;作为客观性践履的仁,是没有必要谈的问题。

何也?

作为主体性建构的仁,属于德性。德性靠修养所成,不是靠要嘴皮子。正是因为如此,论及仁时,孔子只能说如何修仁,却不谈什么是仁。因为仁的主体性建构,是完全个体性和个性化的,只能讨论主体如何修养仁的一般方法,不能讨论仁本身。同样,作为客观性践履的仁,却是如何守礼、行礼的问题,也不需要且更不能谈什么是礼成之仁。所以,孔子被问及何为仁的时候很多,但他只能说"以仁入礼",即只有讲怎样修养仁和如何进入礼而得到仁。

　　更重要的是,孔子之所以"罕言仁",是因为在他看来,仁是一个难以达到的人生境界,这如黑格尔所言:"道德的完成是不能实际达到的,而毋宁是只可予以设想的一种绝对任务,即是说,一种永远有待于完成的任务。"①因为"仁"之于孔子,乃全德,是真实的生命。牟宗三认为,孔子之仁,是"以感通为性,以润物为用;它超越乎礼乐(典章制度、全部人文世界)而又内在于礼乐;在仁之通润中,一一皆实。体现了仁之最高境界是'钦思、文明、安安',是天人不隔,是圆融无碍。孔子讲仁是敞开了每一人光明其自己之门,是使每一个人精进其德性生命为可能,是决定了人之精神生命之基本方向,是开辟了理想、价值之源。是谓理想之'直、方、大'"②。

　　孔子不仅罕言仁,而且从不言圣,因为圣是仁的达成,只有当一个人完全达到仁,才成为圣。孔子反对圣,实因为仁。从这个角度观孟子及其后来者鼓吹圣,其实是对仁无知,当然,或可能出于有私。

五

　　本章中,通过弟子记述孔子"罕言利,与命,与仁"这一事实,展示出三者的关系,除上面讲到的仁与利的关系外,就是利与命的关系和利与仁的关系。这两种关系中蕴含两个核心问题:一是利与命的生成性问题,可表述为**利不生命**,相反,**利生于命**,这是"富贵有命,生死在天"的认知依据。二是仁是否排斥利?孔子认为利既可害仁,也可生仁,前者讲利之无度,必害仁;后者言利之有度,必生仁。利与仁的辩证生成关系是:仁,需要利的滋养;利,需要仁的引导,其具体方法是用礼来规范利。

第2章释义

　　达巷党人曰:"大哉孔子,博学而无所成名。"
　　子闻之,谓门弟子曰:"吾何执?执御乎,执射乎?吾执御矣。"

[注释]

　　达巷党人:达巷,地名,为贵族居住区。党,古代地方的户籍编制单位,五百家为一党,党也是州、乡以下,闾、里以上的区划单位。党人,指居住在达巷这一地带的居民。

　　执御乎,执射乎:执,掌握。御,驾车。射,射箭。古代君子必学礼、乐、射、御、书、数六艺,御与射,分别为六艺之一。

---

① [德]黑格尔:《精神现象学》下卷,贺麟、王玖兴译,北京,商务印书馆 1979 年版,第 129 页。
② 牟宗三:《心体与性体》,上海,上海古籍出版社 1993 年版,第 211 页。

[译文]

居住在贵族达巷的人们说:"孔丘的学问真博大! 他博学多才,无所不能,却不知道他能在哪个方面有所成名。"

孔子听说后,对弟子说:"我的专长该是什么呢? 是驾车呢,还是射箭呢? 我想还是做专职的赶车人吧。"

[通解]

上章弟子讲述"利""命""仁"这些最基本的也是最紧要的问题,孔子以"罕言"的方式对待之,以此极言孔子之学精深,显示孔子独特的体认与厚重的智慧。本章拓展开去言孔子之学博大,且因其博大得"无所不能",突出"君子不器"(《为政》)的品质与精神。

一

本章内容借居住于贵族达巷中人们之口陈述了两个事实:一是孔子博学;二是孔子无成。仅后者言,本章所记载之事,可能发生于孔子中年或其后,孔子多年奔波于求仕之途而不果,故受"博学有何用?"之质疑;就前者言,孔子确实博学,并且其博学形成许多特点。

孔子学问博大,不仅缘于自学努力,也源于主动投师求学。"三人行,必有我师焉",应该是孔子善以他人为师的经验总结。相关典籍中记载孔子三次拜师:第一次是二十七岁时,孔子拜很小的郯国邦君郯子为师。

> 秋,郯子来朝,公与之宴。昭子问焉,曰:"少皞氏鸟名官,何故也?"郯子曰:"吾祖也,我知之。昔者黄帝氏以云纪,故为云师而云名;炎帝氏以火纪,故为火师而火名;共工氏以水纪,故为水师而水名;大皞氏以龙纪,故为龙师而龙名。我高祖少皞挚之立也,凤鸟适至,故纪于鸟,为鸟师而鸟名。凤鸟氏,历正也。玄鸟氏,司分者也;伯赵氏,司至者也;青鸟氏,司启者也;丹鸟氏,司闭者也。祝鸠氏,司徒也;雎鸠氏,司马也;鸤鸠氏,司空也;爽鸠氏,司寇也;鹘鸠氏,司事也。五鸠,鸠民者也。五雉为五工正,利器用、正度量,夷民者也。九扈为九农正,扈民无淫者也。自颛顼以来,不能纪远,乃纪于近,为民师而命以民事,则不能故也。"仲尼闻之,见于郯子而学之。既而告人曰:"吾闻之,天子失官,学在四夷",犹信。(《左传·昭公十七年》)

第二次拜老子为师:

> 孔子之所严事,于周则老子。(《史记·弟子列传》)

第三次拜七岁小孩项橐为师：

> 甘罗曰:"大项橐生七岁为孔子师。今臣生十二岁于兹矣,君其试臣,何遽叱乎?"(《史记·樗里子甘茂传》)

二

孔子将博学作为生活方式,终身为之:"三人行,必有我师焉,择其善者而从之,其不善者而改之。"(《述而》)"吾十有五而志于学,三十而立,四十而不惑,五十而知天命,六十而耳顺,七十而从心所欲不逾矩。"(《为政》)

孔子博学,不是为成稻粱谋者,如果要成为稻粱谋者,确实应该努力于一才一艺,把自己成就为专家。专家本质上是稻粱谋者,不仅当今是这样,古代亦如是。孔子之所以反对君子成为一才一艺之"器",主张"君子不器",强调博学多才,是因为他意识到在道术分裂、礼乐崩坏的乱世,要担当起文道救世的天赋使命和责任,一是要成为大才;二是要努力培养"不器"的君子,因为大才必须通,必须成为通才。能够践履文道救世,并能够在践履中使文道救世成功,必须通才和大才为政治邦。

孔子成名当然是博学多才,但使他扬名天下的真正因素,可能与博学多才关系不大,而是他面对乱世"为"与"不为"的选择。具体地讲,孔子"笃信好学,守死善道"这一仕与不仕的总准则,以及由此形成的"危邦不入,乱邦不居""天下有道则见,无道则隐"和"邦有道,贫且贱焉,耻也。邦无道,富且贵焉,耻也"(《泰伯》)的三大选择原则,使他扬名邦国。

正是基于这一仕与不仕的准则和具体的三大选择原则,孔子面对达巷党人带有讥讽意味的质疑泰然处之,并以反问弟子的方式自答曰:

> 吾何执? 执御乎,执射乎? 吾执御矣。

孔子的自问自答,既幽默,又自嘲,也很智慧,它融进隐喻:要说我孔丘啊,也是有成名天下的专艺的。这个专艺,就是要重新驾驭这个大乱的时代,使之朝文明秩序重建的大道上奔跑。孔子愿意做御手,是御国御天下文明的大御手。孔子通过博学早就准备好了全套技艺,就是在等待"御"的机会。

第3章释义

> 子曰:"麻冕,礼也。今也纯,俭,吾从众。拜下,礼也。今拜乎上,泰也。虽违众,吾从下。"

[注释]

麻冕：冕，朝仪或祭祀时戴的礼帽。制作礼帽的材料，有纯与不纯的区别。有关于麻与纯，有两种理解：一是冕麻是由麻布制成的礼帽，纯冕是用丝绸制作的礼帽；二是麻冕是麻布制作的礼帽，纯冕是用麻制作的礼帽，直接用麻制作的礼帽，自然比用麻布制作的礼帽要俭些。应从后说："王麻冕黼裳，由宾阶隮。卿士邦君，麻冕蚁裳，入即位。太保、太史、太宗，皆麻冕肜裳。"（《尚书·周礼·顾命》）

纯：黑丝，指以黑纯为原料制作成的礼帽。

拜下：古代礼制，臣见君，须拜于堂下，君辞让，方拜于堂上。

拜乎上：指臣见君，径直拜于堂上。

泰：舒坦、随意，指傲慢、骄恣。

[译文]

孔子说："用麻布做礼帽，合于古代的礼制。现在都穿戴纯麻做的礼帽，比较节俭，我也遵从大家的做法。按古代礼制，臣子拜见君主，应先拜于堂下，君辞让后方才拜于堂上；现在都直接上堂拜见君主，这既太过随意，也体现傲慢。即使与大家的做法相违背，我还是赞同臣见君应先拜于堂下。"

[通解]

第一章述孔子学问精深源于生活和生存本身。第二章述孔子博学多才能，突出"君子不器"。生活本身的精深和开放性生成，要求君子必须博学多能；博学多能最终指向生活，必明礼和遵礼，这是本章陈述的基本主题。

一

孔子论礼，同样在具体情境中针对具体事务展开。

孔子认为，礼既有不易于世的内容，也有随世而变的内容。

礼随世而变，并不随意，而是有规律。这种规律根源于历史始终向前发展。发展着的历史总是推动已有和传统努力去适应未有和创造新有。这一历史发展观落实在礼仪文明上，体现返本开新。返本开新，指从已有开出未有或新有，这一过程既有保持，又有弃之革新。因而，返本开新的本质是"变中不变"和"不变中变"。有的东西始终在时变中保持自身的不变，这是礼之不易或不移；有的东西在时变中实现自我变革，这是礼之时易或时移。孔子举两个例子予以说明：一是孔子穿戴礼帽可以随世变而和众；二是孔子拜君主却必固守古礼而先拜于堂下然后再拜于堂上。

二

孔子讲述戴礼帽可应时变与拜君必守古礼之事例,意在于表达如下四个基本观点:

第一,礼,既是人间社会秩序的规范方式,更是人与人之间的交往方式。只要有人际关系存在的地方,必然有礼的存在。社会的变化,历史的发展,所变化的是礼的内容、礼的形式,不涉及**礼本身**存在的合法与不合法。

第二,对于礼,不能抽象地说哪个时代的礼好或哪个时代的礼不好,具体地讲,不能以为古代的礼都是好的,而一成不变地固守;也不能认为古代的礼不好,要全面地废除。古代的礼好与不好,取决于具体的礼制、礼仪、礼节——从形式到内容——是否更符合人性的要求,更暖人心。朝仪或祭祀是戴麻冕或纯冕,并不影响人性和人心的向度,所以可"以俭"为准则进行变革;君臣相拜之礼则关涉朝纲威严和人心向度,所以应该固守古代之礼。

第三,孔子坚持一以贯之"宁俭勿奢"的思想,认为在礼制、礼仪上俭才是礼的本质,也是礼仪文明的本质:"子曰:'大哉问! 礼,与其奢也,宁俭;丧,与其易也,宁戚。'"(《八佾》)"子曰:'奢则不孙,俭则固。与其不孙也,宁固。'"(《述而》)但是,孔子又认为俭也应该有限度和边界。确定这个限度和边界的规则是:礼制的对象内容,可以随世变而变,即可由奢入俭;但礼制秩序却不可随世而变,即不能由奢而俭,必须保持固有。由此彰显孔子辨正礼仪文明的思想,体现礼仪文明在继往开来上灵活性与原则性的统一。

第四,孔子对礼的如此认知,体现对鬼神和人的两分态度。"敬鬼神而远之",是孔子对鬼神的基本态度,因为鬼神居于未知的世界,其敬的形式可以大于内容。与此相反,孔子坚持"敬邦君而近之",这是因为邦君生活于现实世界,其敬必须是形式为内容所统一,并且,必须是心敬本身对形式之敬的要求。在孔子看来,只有心敬,人才不会生随意与傲慢之态。这是孔子主张祭祀穿戴的礼帽礼服可以随世变而俭,而拜邦君的礼节却不可径直于堂上的深层理由。

第4章释义

子绝四:毋意、毋必、毋固、毋我。

[注释]

绝四：绝，断绝、断无、绝对没有。绝四，完全没有这四种（毛病）。

毋意、毋必、毋固、毋我：毋通勿，意为无。意，同臆，主观推测，无依据的凭空猜想；指不做主观推测。必，不改变，没有余地，有坚持、坚决、武断、不知变通等义。固，顽固、固执。我，私自，意为主观，指不切实际地从主观想象出发。

[译文]

孔门弟子评价孔子说夫子做到了杜绝四心：一是无臆测心，遇事不凭空猜测；二是无期必心，凡事不绝对，不一意孤行；三是无过执心，凡事不固执己见；四是无绝对自我心，不自以为是。

[通解]

遵从追求大义的命运召唤，心怀其仁而行循于礼，必成君子。本章则循此思路论君子"四绝"，以孔门弟子评价孔子为例。

一

本章可能是孔子逝世后弟子追忆孔子君子德性时做的概括性评价。孔门弟子这一评价是以孔子生前教给他们的君子准则为标准，指出夫子的君子德性是无主观臆想、无自私自利、无固执己见、无唯我独是。然后指出，人成为君子必须杜绝主观臆想、自私自利、固执己见、唯我独是这四种恶习。

主观臆想、自私自利、固执己见、唯我独是等恶习，其实人皆有之。这人皆有之的四种恶习的生成或滋长，自有其深刻的人性根源和生存根源，这就是人性天赋"相近"却"习相远"。超越这四种恶习，只有君子能之。因为君子从道不从利。

在孔子看来，道与利，并不绝对地对立。因为君子既不鄙视利，也讲利，要利，但是不以利为谋求目的。在利与道的取舍上，君子首先且最终选择对道的谋求与坚守。以利为动机和目的，是小人和民的取向。相反，从道不从利，是超越民或小人的利欲生存模式所能真正达到的人的境界。君子就是人的一种境界，一种使自己超越被使用的生存状况达向以人的方式存在和生活的境界。

二

本章所论"毋意、毋必、毋固、毋我"中的"意、必、固、我"，当然是四种行事处事方式，但首先是四种心理方式，即臆测心、期必心、过执心、唯我心。

此四心说,表述了人性的反向,即天赋"相近"的人性向生存领域敞开,一旦以己利为准则时,必然生出"意、必、固、我"这四种反向的人性态势,由此将原本无善恶的天赋人性附着上恶的性质,使之朝恶的方向敞开。从这个角度看,"意、必、固、我"这四种"习相远"的人性朝向,为后来者荀子的性恶说提供了心理依据,或可说,对"意、必、固、我"这四种"习相远"的心理方式的放大,予以人性论概括,就形成"性恶"论。

"意、必、固、我"这四种"习相远"的心理方式形成的原发动力,是人的生之本能。当这种生之本能遭遇现实生活的利害时,必然激活趋利避害的本能性选择而强化为己的意识和情感,一旦这种被本能强化的为己意识和情感带来期望的好处,自然会重复演绎地生成出特有的心理方式。这四种心理方式由此构成人类的顽固心理痼疾,一般人难以根除这些心理痼疾。只有具有极其强大的以成己为君子的心理动力的人,才可内生出克己力量战胜这四大心理恶疾。在孔门弟子看来,孔子就具有这种制服"意、必、固、我"四大心理顽疾的力量,真正做到"毋意、毋必、毋固、毋我"。孔子能做到,是基于使命和责任这两种根植于内心的人生原动力。

孔子的使命和责任是文道救世。基于文道救世这一使命和责任,探求自我成就的路径和方式,就是"以仁入礼达乐"。孔子之所以能做到此"绝四",是因为"以仁入礼达乐"的日常化修炼使其达到"不义而富且贵,于我如浮云"和"饭疏食,饮水,曲肱而枕之,乐亦在其中矣"(《述而》)。孔子以一生努力所达到的"毋意、毋必、毋固、毋我"心理品质和超越勇力,使"习相远"的人性回返更"相近"的共生状态成为可能,也为后来者孟子关于人性本善的"四心说"提供演绎的原初蓝本。

三

孔子之"毋意、毋必、毋固、毋我",既是对"意、必、固、我"这四种趋恶的心理冲动形成原因的揭明,也是对制服"意、必、固、我"这四种趋恶的行为方式的探讨,指出制服"意、必、固、我"的根本方法就是"毋"凡事不凭空猜测,不一意孤行,不固执己见,不自以为是。因而,毋其"意、必、固、我"的根本方法中蕴含四种处事原则,即毋意、毋必、毋固、毋我原则。这四种处事原则亦可再抽象提炼为中道原则:毋意、毋必、毋固、毋我,是中道原则落实为日常生活的践履原则,或可说是中道原则日常生活化的自我约束原则。

孔子的这四种心理体认方式和四大处事原则,之所以在其身后被弟子总结,是因为"毋意、毋必、毋固、毋我"本身构成孔子最为根本的教-学方法,包括教学心理方法和教学行为方法。弟子们耳濡目染,必然深刻领悟而成为人人的思想和精神财富。

第 5 章释义

子畏于匡,曰:"文王既没,文不在兹乎! 天之将丧斯文也,后死者不得与于斯文也;天之未丧斯文也,匡人其如予何?"

[注释]

子畏于匡:匡,宋国境内邑名,今河南长垣县西南。畏,《四书集注》等理解为"戒""惧",但《荀子·赋》和《史记·孔子世家》解为"拘囚":"拘焉五日"(《史记·孔子世家》),从后义,做拘囚、囚禁讲。相传匡人长期遭遇阳虎欺凌。孔子一行人进入匡地,因其相貌与阳虎似,被匡人误以为阳虎,故被匡人拘五日,欲杀之。

文不在兹:文,文道,或承载文道的礼乐制度。兹,指称代词,指我这里。

后死者:死于后来者,指孔子自己。

匡人其如予何:如予何,奈我何,指匡人能把我怎么样。

[译文]

孔子一行人进入宋境,被匡人所拘,弟子恐慌,孔子说:"周文王虽然死了,他所创建的文道,需要我来继承和发扬! 上天若要消灭文明,就不会让我得知文道。若上天不愿消灭文道,匡人又敢把我怎么样?"

[通解]

孔子之所以完全克服"意、必、固、我"这四种恶性,独具"毋意、毋必、毋固、毋我"的健康人格和君子品德,是因为孔子拥有文道救世的使命和责任这一原动力量。本章通过记述"子畏于匡"这一事件,探讨文道救世的使命和责任来源于何处。

一

本章叙述孔子与弟子游国途中发生的一次危机事件:鲁定公十三年(公元前 497 年)初,五十五岁的孔子离鲁适卫。十月之后,去卫往陈,路经宋国匡地,匡人误认为孔子是曾经于匡地施暴的阳虎,兴兵围困并捉拿拘禁孔子一行,准备杀之以为泄愤。在这种危机面前,孔子发出如上临危不惧的宏论。

二

孔门弟子记载下这一难得的游国困厄,是因为这一事件中孔子临危不惧的宏论蕴含多重孔学语义。

首先,表述孔子临危不惧之勇。孔子说君子必须具备仁、智、勇三德性。"子曰:'君子道者三,我无能焉。仁者不忧,知者不惑,勇者不惧。'子贡曰:'夫子自道也。'"(《宪问》)孔子所自道之勇,不是一夫之勇,而是仁者之勇和为仁之勇:"仁者必有勇,勇者不必有仁。"(《宪问》)一夫之勇,是蛮力之勇。仁者之勇,是文道救世、仁爱天下之勇。为仁之勇,是为文道救世、仁爱天下在所不惜,更何况生命?匡人扬言杀之以泄恨,随行弟子为此惧时,孔子却如此大义凛然地说出这番话来,可见其**勇从仁来**。

其次,勇而不惧,无论一夫之勇,还是为仁之勇,均源于勇者的绝对自信。对于一夫之勇者,勇而不惧源于对自我技艺超群实力的绝对自信;对于为仁之勇者,其勇而不惧源于自在仁心、仁德和为仁的义无反顾、死而后已。孔子面对匡人暴虐而镇静自若,在于他拥有会通了历史与未来的仁,更来源于对文道救世的使命和责任的颖悟与觉解。这种颖悟和觉解又源于他对历史发展观和文明返本开新的承传规律、法则的最终理解和真正把握。孔子坚信人间的文道文教文明,决不会因为"文王没"而消逝或消亡,更坚信匡地亦是文道文教文明化育之地,匡人必是有文明有人性之人,其暴虐欲虽可一时蒙蔽其心,但文明之光最终会复照。

再次,孔子许之以文道救世,并不是主观臆想或盲目自大,而是对天命的觉解。如上章所言,凡事不凭空猜测、不一意孤行、不固执己见、不自以为是,这是孔子的基本心理品质、认知方式和行事准则。具有如此认知品质和行为准则的孔子,之所以敢大言"天之将丧斯文也,后死者不得与于斯文也;天之未丧斯文也,匡人其如予何?"是因为他深知自己的责任在身、使命未尽,上天是不会收回他的生命的。上天给予人生命,人间任何人都不能奈何。因为在人间,无论邦君还是常人,都必须"唯天为大"。所不同的是,尧可自觉于"唯天为大"而主动地"唯天则之",常人无知"唯天为大",但天必然以另外方式使其"唯天则之"。孔子之如此自信地领悟到上天的愿意和法则,是因为他从"殷因于夏礼,所损益,可知也。周因于殷礼,所损益,可知也"(《为政》)的历史进程中把握到"其或继周者,虽百世,可知也"的历史规律和文明方向,觉解其历史始终向前发展,文明始终以自相"损益"的方式不断繁荣。并且,"信而好古"的孔子透过考信历史和历史人物发现,历史的发展、文明的前进,必须有其推动者,这个推动者就是历代的智者和贤人。每一个历史阶段,每一个历史阶段上文明"损益"向前,都因为有领悟、觉解和掌握其历史规律、文明规律的智者、贤人来担负其使命和责任。"或可继周"的当世之所以生我孔丘,之所以让我"信而好古,述而不作",之所以使我孔丘去探索、提炼和传播文明再造的法则,就是因为上天赋予我文道救世的使命。所以匡人无论如何气势汹汹,最终不可能把我怎么样。这是孔子对天意的觉解,亦是孔子在危境中的自信、自得与自安。果然,匡人最终放了孔子一行,让其过匡而继续游国,完成他的周游传道使命。

第 6 章释义

大宰问于子贡曰:"夫子圣者与? 何其多能也。"

子贡曰:"固天纵之将圣,又多能也。"

子闻之,曰:"大宰知我乎? 吾少也贱,故多能鄙事。君子多乎哉? 不多也。"

[注释]

大宰问于子贡:大宰,即太宰,古代吴、陈、鲁、宋四国的大夫官名。亦有人以为是吴国太宰伯嚭,但孔子生前的活动区域只在以鲁为核心的周边地带,即周游于陈卫齐几个国家之间,现存的史料没有记载孔子有周游荆楚吴越的经历,且孔子除早年在每国做过小吏外,几乎没有出入朝堂的为官经历。汉以来的《孔子世家》《孔子家语》《说苑》等关于孔子在鲁做至大司寇时自辞官游国的说法,缺乏可信的史据,比如《左传》《国语》和《竹书纪年》等典籍没有这方面的任何记载,诸子文献尤其是《孟子》《荀子》也无此相关信息。子贡有如子路一样,是孔子最忠实的弟子,孔子在世时一直陪伴孔子从未离开,所以说吴国太宰伯嚭有问于子贡,尚不确实,故从前说为好。此事应发生于孔子游国期间,求问于子贡的太宰,属陈、卫、宋之太宰的可能性较大。

固天纵之将圣:纵,无以限制,使自作之,意为放纵。天纵,上天放纵。将,大;将圣,大圣。

鄙事:鄙,卑鄙、鄙俗。鄙事,以之为鄙俗之事。

[译文]

大宰向子贡打听孔子说:"你的老师一定是圣人吧? 不然怎么会如此多才多艺?"

子贡很得意地回答说:"这是上天使他成为圣人的,而且又让他多才多艺。"

孔子知道此事后说:"这太宰了解我吗? 我年轻时贫困,从事了不少低贱职业,所以才有这些技艺。君子需要这么多技艺吗? 是不需要的。"

[通解]

孔门弟子追述夫子之德,用"毋意、毋必、毋固、毋我"概括之。这种凡事不凭空猜测、不一意孤行、不固执己见、不自以为是的行事准则贯穿孔子一生。但接下来在"子畏于匡"的处境中,孔子却说出"天之将丧斯文也,后死者不得与于斯文也;天之未丧斯文也,匡人其如予何"的大语狂言,这是不是与其"毋意、毋必、毋固、毋我"准则相违背? 如果基于常人思维,这种存疑或可成立,但若从孔子以生命方式觉解使命和责任角度看,孔子言论体现最高程度的真实性。这种真实性一旦被世人的世俗眼光打量,就是圣。

一

当太宰向子贡打听孔子是不是圣人时,其实在太宰的心目中,孔子已经是圣人了,其理由如《述而》"若圣与仁"章所论,圣人的本义是通才者,如果孔子不是圣人,那他的博学多才是怎么来的? 子贡为了向太宰炫耀自己的老师,故意吹嘘说自己老师博学多才是上天赋予的,以此表示老师成圣也是上天的意愿。孔子对子贡的回答很不满意,但因为弟子是为自己在别人面前吹牛,不好直接批评,便以委婉方式纠正子贡和太宰的说法:自己多才是受早年生活的逼迫,谋求生存才是使自己多才的内动力。孔子如此说,是要表明三个基本观点:

第一,孔子认为自己不是圣人。这是他一贯的主张,他认为这个世界上没有圣人。即使"唯天为大"而"唯天则之"的尧,也不是圣人。"子曰:'何事于仁,必也圣乎! 尧舜其犹病诸!'"（《雍也》）

第二,博学和多才与圣人没有必然的关联性。因为圣人是天生的,博学多才是生而学得的。孔子以"大宰知我乎? 吾少也贱,故多能鄙事"来说明此。

第三,孔子再三申明"圣人不得见",能够得见的是君子。何谓君子?从才艺角度讲,"君子不器":君子既不求一才一艺,更不求多才多艺。因为无论一才一艺,还是多才多艺,都是为生存计,都属于稻粮谋的手段,而"君子谋道不谋食"（《卫灵公》）,君子不需要过多的才艺,只需要道艺。道艺需要博学,需要考信,需要思想,需要大德至德。孔子指出自己之所以多才,不是因为道艺所得,而是因为早年生活所迫不得不做许多"鄙事"养成。这是"君子多乎哉? 不多也"的基本含义。

二

进一步研读本章会发现,其思想内涵如果仅限于此,那么本章内容的思想史价值将会大打折扣。联系上章理解孔子之"君子多乎哉? 不多也",则有更深层的语义内涵,这需要进一步理解其"君子"义。从践履角度讲,君子乃"修德取位"和"以德正位"之士;从人对社会文明的理想角度讲,君子乃文道救世者。结合本章语境和"信而好古"的孔子对"舜有臣五人而天下治"(《泰伯》)一章所述贤才治邦的历史检阅观,此处所讲君子应该是后者,即"文道治世"或"文道救世"的君子。这样的君子历来都是不多的:舜治平天下只有五人,武王得天下也只十人,并且其中还有一位女性。周之创建盛大文明,最终不过得力于周公一人。所以,文道治世或文道救世的君子,不仅不多,也毋需多,这就是"君子多乎哉?不多也"的反问句式表达的正反两个方面的含义。

第7章释义

牢曰:"子云:'吾不试,故艺。'"

[注释]

牢:此乃人名,相传他姓"琴",字子开。《孔子家语》将琴牢和子张看成一个人,引人质疑,比如王引之在《经义述闻》和刘宝楠在《论语正义》中都认为琴牢和子张是两个人。从《论语》的记叙方式看,本章内容应该是琴牢本人记载。

吾不试:不,没有。试,用,任用,指出仕。吾不试,是孔子说自己没有出仕当官。

[译文]

琴牢说:"孔子曾经说过:'我一直不见用于世,所以才学了那么多技艺。'"

[通解]

从主题关联观,本章似承上章内容继续讨论道艺与才艺的问题。

——

孔子讨论问题,总是基于经验,着眼于具体的事物、人物、经历而展开,不善于在抽象层面做一般的形上探讨。但这种基于经验和具体对象而展开的问题探讨,总会结出形而上的思想果实,提炼出准则、原理、原则、方式、方法的智慧来。琴牢转诉孔子自谓"吾不试,故艺",同样基于太宰向子贡打听或者说求证孔子博学多才与成圣的关系。孔子自我解释圣人自古未有,自己也不是圣人,如果说自己有什么特别,那是自己可以称为君子。但君子虽然与博学必然相关,却与多才艺无必然关联。

孔子关于君子求道艺不求才艺的这番宏论,可能是对众弟子言。或许,子贡(也可能还有其他人)记载下了前半截,子琴则记下了后半截。孔子逝,弟子们编纂《论语》时将其合将拢来,形成上下两章。

二

在上章中,孔子告诉弟子们,自己博学多才艺,不是为了成己为君子,而是因为年少为谋求生存而通过做许多"鄙事"所以学会了。但这只是一方面;另一方面,虽然自己"十有五而志于学,三十而立,四十而不惑,五十而知天命"(《为政》),真正领悟和觉解到君子道艺,但由于自己始终不见用于世,所以仍然不得不为了生存而继续学会许多技艺。孔子所言,是感叹纵有救世的大道天才,仍然为了生存不得不习练生存技艺,以谋求生活。比如,为了打通关节,孔子也学着走门道:"子见南子,子路不说",结果反被子路小看,不得不向弟子解释甚至向弟子对天发誓(《雍也》)。这是孔子的大道天才被废置,不得不屈辱地习用技艺的悲苦。孔子叹"吾不试,故艺"所表达的,正是这种悲苦与愤懑之情。

孔子反复讲技艺、才艺与道艺的区别,是要表达一个基本思想:技艺、才艺只用于生存,技艺用于谋稻粮,才艺用于休闲娱乐,比如"子钓而不纲,弋不射宿"(《述而》)即是如此。相反,道艺则用于治世。"子之武城,闻弦歌之声,夫子莞尔而笑曰:'割鸡焉用宰牛刀?'"(《阳货》)孔子与子游讨论的不是"大材小用"的问题,而是治邦安国的艺术与打点生计或享受生活的艺术有根本不同。治邦安国的艺术是道艺,遵循道本身,或者说其艺的本质是道,道的展开是准则、原理、原则、方式、方法。相反,打点生计的技艺和享受生活的才艺,其本质规定与道艺根本不同:技艺的本质是技,遵循的是技术本身,其操作表现是术;才的本质是才,遵循的是才本身,折射出来的是才气、才情。

第 8 章释义

> 子曰:"吾有知乎哉? 无知也。有鄙夫问于我,空空如也,我叩其两端而竭焉。"

[注释]

鄙夫:鄙,鄙陋,卑贱。夫,男人。鄙夫,有二解:一是乡野之人;二是从事低贱职业者。根据其语境,应从后义。

空空如也:空空,其中无物,形容了无所知的状态。如,指代"空空",形容一无所知的样子。空空如也,有二解:一是孔子自谓无知;二是孔子所讲的鄙夫心中空空。根据语境,应从前解,指孔子在鄙夫之问面前自谓心中空空。

叩其两端而竭焉:叩,本义敲,这里为询问,指孔子以鄙夫之问而自问。两端,事物或问题相对的两面。

[译文]

孔子说:"我是有知的人吗?其实我也有很多的无知。曾经有个从事低贱职业的人向我请教问题,我却一无所知。我把他的问题予以正反的反复琢磨,最后才真正弄清楚。"

[通解]

上章论道艺、技艺、才艺的不同。但这种区别只是从功能方面讲,本章则借鄙夫问孔子以及孔子自省问的过程展开,说明道艺、技艺、才艺在认知方面的根本区别。

一

技艺用于生存,才艺用于生活,学习与掌握的技法、艺法,或者说程序、步骤、操作要领,其所开发的是技术性思维和程序性知识。这种思维认知得到的是直线式的"是什么"的知识,至于为什么要如此程序、步骤、操作的问题,则不关心。鄙夫问孔子,或是生活,或是职业方面的问题,这些问题都属于技艺或才艺范畴。孔子虽然也因为生存和生活而习得或运用许多技艺或才艺,但认知的兴趣及其取向却在道艺领域,所以当鄙夫以生活或职业中的问题求教孔子,孔子习惯性地以道艺方式去认知,却一时语塞无以回答。其后,孔子还是以道艺的认知方式对鄙夫所问予以"叩其两端"的重新审视,提炼出解决道艺之问的认知方式。

概括地讲,道艺之问的认知方式,就是学问的认知方式。所谓学问的认知方式,简单地讲,是剖根究底的认知方式。孔子将这种认知方式形象地比喻为"叩其两端"。叩其两端,即是探究问题的来龙去脉,这是一种既要考量"是什么"的认知方式,更是追问"为什么是"和"何以如此是"的认知方式。所以,叩其两端的认知方式,必须是多元开放的认知方式,或者说是上下、左右、正反等多角度、多侧面、多层次认知对象、思考问题的认知方式。

二

要很好地理解孔子关于探究道艺学问的认知方式,需要进一步理解"叩其两端"。

"叩其两端"的"端"字,据卜辞与金文,其字形皆象植物萌芽形态。《说文》段玉裁训解其义相同。《孟子·公孙丑上》和《墨经上》中言"端"者,揭示其有"道""始"等含义。本章"叩其两端"的"端"亦有其哲学含义。再看两端之"两"字,侯外庐在《中国思想通史》中,通过考证《左传》《荀子》《韩非子》《说文》《尔雅》等典籍指出,"两"字本有"分离"、"矛盾"或"不调和"等语义,以此看"两端",其本义应是对立、矛盾。

本章中,孔子论"叩其两端",由"有知"与"无知"引发。孔子对"有知"与"无知"的困惑,直接源于鄙夫之问。鄙夫之问孔子的动机,是自己认知有困而不能自解,故求之于人;鄙夫求问孔子的前提是知道孔子多知。但既让鄙夫失望,也使自己羞愧的是,孔子无以答问,于是就有其后对此无以作答之问予以"叩其两端"的追问,其追问结果止于"叩其两端",即终止发现和掌握"叩其两端"的认知方式和认知方法。

那么,终结"叩其两端"的认知方式和认知方法的是什么呢?这需进一步理解"叩其两端"本身。焦循注解"叩其两端"曰:

> 盖凡事皆有两端:如杨朱为我,无君也,乃曾子居武城,寇至则去。墨子兼爱,无父也,乃禹手足胼胝,至于偏枯。是故,一旌善也,行之,则诈伪之风起;不行,又无以使民知劝。一伸枉也,行之,则刁诉之俗甚;不行,又无以使民知惩。一理财也,行之,则头会箕敛之流出;不行,则度支或不足。一议兵也,行之,则生事无功之说进;不行,则国威将不振。凡若是,皆两端也。(《论语补疏》)

按焦循所解,孔子所谓"两端"乃属认识方法,"即在事物的内部,发现其构成分子的矛盾性,并依此内部矛盾的成长,把握事物在自身发展中导出转化为自身的对立物的方法"①。仅实际论,孔子"叩其两端"以"竭"鄙夫之问,首先是一种认知方式,然后才体现为一种认知方法,这种认知方式既呈向上取向,有可能开辟出形而上学的智慧来;也呈向下取向,则形成具有可教可学的认知方法,这一认知方法有些近似于苏格拉底的"诘问法"或"助产术"。孔子通过"叩其两端"而终结其"叩其两端"的认知方式和方法,恰恰是既可向上推也可向下推的**中正位态**的认知方式和方法。这种认知方式和方法,就是中道。

三

本章"叩其两端"中的"两端",又与《为政》第十七章中的"异端"相关

---

① 侯外庐、赵纪彬、杜国庠:《中国思想通史》第1卷,北京,人民出版社2004年版,第182页。

联,后来许多注疏家将二者联系起来讲。比如,皇侃、邢昺、朱熹等人的注疏,都将"攻乎异端,斯害也已"中的"异端"解释为"邪说",并以"距"来训"攻"。侯外庐曾在《中国思想通史》中指出这种注疏的错误,他提出两条证明:第一条,以"异端"为错误学说或危险思想的意识、观念,在孟子时代均无此义,更不用说孔子时代。因为在《孟子》中,孟子只称杨朱墨子的思想为"邪说",而不是"异端"。侯外庐以此认为"异端"观念说"实始于汉代":"汉世儒者以异己者为异端,尚书令韩歆上疏欲立费氏易、左氏春秋。范升曰:费、左二学无有本师,而多反异,孔氏曰:攻乎异端,斯害也已。"(《后汉书》)又比如:"袁绍客多豪俊,并有才说,见玄儒者,未以通人许之,竞设异端,百家互起。玄依方辩对,咸出问表,皆得所未闻,莫不嗟服。"(《后汉书》)第二条,孔子时代,墨杨之学均未形成,诸子百家亦未出现,故孔子之"异端"概念,不可能用以指称"邪说"。

侯氏所提出的论据,确实为重新理解孔子的"异端"一语打开视野。要正确理解孔子"异端"本义,需理解"异"字。《论语》中,除"攻乎异端"外,"异"字还出现八次。

> 子贡曰:"孔子求之也,其诸异乎人之求之与?"(《学而》)
>
> 子曰:"吾以子为异之问,曾由与求之问。"(《先进》)
>
> 鼓瑟希,铿尔,舍瑟而作,对曰:"异乎三子者之撰。"(《先进》)
>
> 子曰:"……诚不以富,亦祇以异。"(《颜渊》)
>
> 邦君之妻,君称之曰"夫人",夫人自称曰"小童",邦人称之曰"君夫人",称诸异邦曰"寡小君",异邦人称之亦曰"君夫人"。(《季氏》)
>
> "我则异于是,无可无不可。"(《微子》)
>
> 子张曰:"异乎吾所闻。"(《子张》)

如上各章中"异"字均可训为"二"、"贰"或"离",与"一"相对,与"两"为同义语。清儒宋翔凤在《论语发微》中解"两即异,异端即两端"。"异端"不仅与"两端"同义,而且在认知方式和认知方法上意义相同,亦同为暴露矛盾、推进矛盾发展以改自身。以此观之,孔子"叩其两端"揭示的认识方式和方法,体现两个方面的认知论意义:

首先,孔子并不肯定"两端",而是"叩其两端"。在孔子看来,"两端"的认知方法是错误的,所以他才竭其"两端"而使之改变这种错误的认知方法。"鄙夫来问,必有所疑,唯有两端,斯有疑也。故先叩发其两端,谓先还问其所疑,而后叩其所疑之两端穷尽其意,使知所向焉。"(焦循《论语补

653

疏》)这里的"使知所向",就是让求问的鄙夫放弃"两端"之偏执,而达向中道,所以焦循继续说道:"此两端叩中庸'舜执其两端用其中于民'之**两端**也……盖凡事皆有**两端**……皆有所**宜**;得所**宜**叩为**中**。孔子叩之,叩此也;竭之,竭此也;舜执之,执此也;用之,用此也。处,则以此为学;用,则以此为治。通变神化之妙,皆自此**两端**而宜之也。'"(《论语补疏》)

其次,在认识上追求中道,这是孔子认知方法论的核心。这可以在如下言论中得到进一步证明:

> 子曰:"君子之于天下也,无适也,无莫也,义之与比。"(《里仁》)
> 子曰:"质胜文则野,文胜质则史;文质彬彬,然后君子。"(《雍也》)
> 子曰:"过犹不及。"(《先进》)
> 子曰:"中庸之为德也,其至矣乎,民鲜久矣。"(《雍也》)
> "子绝四:毋意、毋必、毋固、毋我。"(《子罕》)

第9章释义

子曰:"凤鸟不至,河不出图,吾已矣夫。"

[注释]

凤鸟不至:传说中的一种神鸟,象征祥瑞,这种鸟出现意味天下太平。据传尧择舜为天下共主时,凤鸟曾出现过。文王时此鸟也鸣于岐山。至,来到,飞来。

河不出图:河,黄河。图,河图,相传伏羲时代黄河中有龙马负图而出。这也是吉祥的象征。

[译文]

孔子说:"凤鸟不飞来,也不见龙马负图出河。祥泰已消失,世道全然昏暗,我此生就这样完了。"

[通解]

本篇从第一章到第四章,言孔子成己为君子的基本德性和完整人格,其形成源于对文道救世的使命和责任的觉解与磨砺(第五章)。时人将孔子这种内在觉解和磨砺所形成的博学多才视为天赋。孔子从不同方面予以辩解,由此形成第六章到第八章的内容。人不真理解孔子,世不当用孔子,使孔子在时不我待的生命旅程中发出悲怆之叹,这就是"凤鸟不至,河不出图,吾已矣夫"。

一

本章记录的内容大概是孔子晚年对自己怀天道大才不得用的悲叹,其大致时间可能是司马迁虚构的"获麟绝笔"之后。

孔子五十五岁去鲁游国,求仕路绝,于六十八岁回母国安享晚年。七十一岁这年春天,亦即鲁哀公"十四年春,西狩于大野,叔孙氏之车子钮商获麟,以为不祥,以赐虞人。仲尼观之,曰:'麟也。'然后取之。"(《左传·哀公十四年》)由是自伤曰:麟原本吉祥物,被人猎获,麟失其麟,自然不祥,孔子见之,以麟喻己,故而自伤而叹:"凤鸟不至,河不出图,洛不出书,吾已矣夫。"

孔子之自伤,是一种悲绝的自伤。有关于孔子悲绝之伤,后世以为:"夫子自伤不王也。己王,致太平;太平则凤鸟至,河出图矣。今不得王,故瑞应不至,悲心自伤,故曰:'吾已矣夫。'"(王充《论衡·问孔》)汉代以来的儒生骨子里积蓄太强旺的"圣"与"王"的野性激情,总是要强加孔子是圣为王,以为他们求圣求王或获得更大私利张目。然而,春秋晚期的真实的孔子,却是一个"不在其位,不谋其政"的孔子,也是将"八佾舞于庭"(《八佾》)和"三家者以《雍》彻"(《八佾》)的季氏视为乱臣贼子的孔子。将孔子"凤鸟不至,河不出图,吾已矣夫"之叹理解为孔子"自伤不王",完全颠倒了孔子的思想,抹黑了孔子的为人。孔子自谓君子,担负返本开新文道救世的大道使命,他开门授徒,游国求仕,都是为了实现这一使命而主动谋求当其大责。然而,这个已全然"道术分裂"的大争世界却不给他舞台,上天也不给他机会,更不给他时间。年迈的孔子见被击毙的麒麟,自感来日不多,面对更加昏暗的世道,想到文道救世的一腔理想一事无成,故而悲绝不已,情不自禁地唱出"吾已矣夫"的悲歌。

二

古人认为"凤鸟至,河出图"是象征圣人受命而王之兆。孔子在这里以"凤鸟不至,河不出图"叹自己再无希望,是因为自己的有生之年,并未有幸遇到如尧、舜、禹、文王这样的至德君王。

什么原因呢?

孔子以为,他所生活的当世不是一个出至德君王的时代。因为这个时代既见不到凤鸟飞来,也见不到龙马负图出河。所以,孔子悲伤自己,更悲伤他所生活的当世,孔子坚韧不拔持守的那种"天之将丧斯文也,后死者不得与于斯文也;天之未丧斯文也,匡人其如予何"的当仁不让的救世雄心之塔,最终因"见麟而已知"地轰然崩塌了。孔子"吾已矣夫"之叹,是一代思想家和文化巨人在巨大孤独中高呼"天丧予! 天丧予!"的最后一叹。

第 10 章释义

子见齐衰者,冕衣裳者,与瞽者。见之,虽少,必作;过之,必趋。

[注释]

子见齐衰者:子见,指孔子见来人。齐,缝缉,缉衰之边者曰齐。衰,同缞,丧服。齐衰,用麻布做的丧服,指穿丧服的人。

冕衣裳者:冕,冠,周代天子、诸侯、大夫朝仪或祭祀时戴的礼帽。裳,上衣。古代,上衣为裳,下衣为服。冕衣裳,贵者所穿的盛服,亦指官服,指穿华贵衣服的人。

瞽者:无目的盲人。"见齐衰者,虽狎必变。见冕者与瞽者,虽亵必以貌。"(《乡党》)

见之,虽少,必作:见之:指人来见孔子。少,年龄比孔子小。作,直立、站立,肃立。

过之,必趋:过,经过。趋,疾行。指古人以疾行表示敬意。

[译文]

孔子见穿丧服、穿官服的人以及盲人,都要示以礼敬。他们来见孔子,即使是年轻人,孔子也一定会从坐席上起来肃立;从他们身边经过时,必定要快步走以表示敬意。

[通解]

本章既承第二章继续讲"礼",也承第四章论如何"毋意,毋必,毋固,毋我",具体讲如何待人。

———

本章是弟子记述孔子如何身体力行于礼。

行礼,就是待人礼仪,有礼貌,行礼节,以示心中有人。

心中有人,才有礼;待人无礼,源自心中无人。孔子无论碰见何人,认识的或不认识的,都要行礼;孔子接见人,无论年幼年长,都以礼待之。表明孔子生活时时处处心中有人。生活时时处处心中有人,这就是心仁。心仁,才可行仁,即有礼。

孔子行礼,以心诚之,这就是仁;仁人方礼,仁人方行真礼。

孔子行礼,不论贫富贵贱年长年幼,这是仁爱无类,礼之平等。

二

孔子礼敬所遵循的基本准则有二:一曰诚意;二曰平等。

诚意,讲礼由心生。所以,哪怕年轻人来拜访或拜望他,他也会起而肃立以示敬意。

平等,讲礼彰于行,见人即人。

对于孔子见人即人的礼敬之德,孔门弟子选择了三种类型的人来说明。丧者家属、高官、盲人,构成生活世界的三个维度。孔子对这三类人的礼敬,实际上是对祭祀活动、大人、残疾人的平等礼敬,而且出自内心的礼敬,尤其是对残疾人的礼敬,孔子表现出一贯性:"师冕见,及阶,子曰:'阶也。'及席,子曰:'席也。'皆坐,子告之曰:'某在斯,某在斯。'师冕出,子张问曰:'与师言之,道与?'子曰:'然。固相师之道也。'"(《卫灵公》)古代乐师都是盲人,孔子以如此细心的方式,如此暖心的话语接待师冕,子张问其中是否也有道,孔子回答说这本身就是道。什么是道呢? 见人是人,与之以礼,乃仁人之道,亦曰仁爱之道。

孔子见人是人的"以礼"行为方式,表达对礼的内在自觉。这种对礼的内在自觉的前提,必是修养至于仁和修养至于诚。有仁,不诚,亦不能达于礼的内在自觉。所以,孔子见人是人的礼敬,表面看是礼的自觉,本质上是仁的至诚。以此观之,孔子倡导礼,本质上是立仁立诚。这是孔子立文道救世之理想为何要走"以仁入礼"路径的真正考虑。孔子倡导礼化天下,本质上是希望仁浴天下。因而,以仁化礼,以礼隆仁,这是孔子文道救世的基本努力。

第 11 章释义

颜渊喟然叹曰:"仰之弥高,钻之弥坚,瞻之在前,忽焉在后。夫子循循然善诱人,博我以文,约我以礼。欲罢不能,既竭吾才,如有所立卓尔。虽欲从之,末由也已。"

[注释]

喟然:叹息的声音。

仰之弥高,钻之弥坚:弥,益,越发,更是。弥高,更高,形容高不可及。钻,穿。坚,刚,意为坚硬。弥坚,意指坚不可入。

瞻之在前,忽焉在后:瞻,仰望。忽,忽视。瞻之在前,意谓其过;忽焉在后,意谓不及。指对问题的把握、对学问的理解,不是过之,就是无及,仿佛所欲理解的对象内容本身恍惚不可捉摸,难以达到恰到好处的中正状态。

循循然:有次序的状貌,指有条不紊的样子。

卓尔:高卓峻绝,指高山仰止而力不能至。

[译文]

颜渊叹息说:"对夫子的学问和德性,我引颈仰望,越望越觉得高不可及。我悉心钻研,越钻研越感到艰深终不可入。看着就在前面,忽然又像在后面。夫子善于循序引导,以广博的典章文明丰富我的学养,用严谨的礼法约束我的行为,想停下歇歇都不可能,我已竭尽全力,但夫子的学问和德性仍在前面矗立着,高峻而卓绝,我欲努力再向上攀越,却深感已无路可走了。"

[通解]

本章与第九章在时间上构成推进关系。第九章述孔子见麟自伤悲,叹其"凤鸟不至,河不出图,吾已矣夫"。孔子如此自伤不久,则颜回去。其人将去之,总有预感,颜回亦如是,本章内容可能是颜回将去之前对自己追随夫子求学一生的"自我总结",也可看成颜回逝前的"遗言"。这份"颜子遗言"的内容,既有幸运,也有遗憾,更有悔恨,除此,或许还可成为孔门教育最珍贵的个案资料。

一

颜回发感叹的这段文字由三部分组成:首先,颜回讲述夫子的学问博大精深,使其无法理解和把握:"仰之弥高,钻之弥坚,瞻之在前,忽焉在后"。其次,颜回说夫子的德性至高无上,举夫子如何教导和培育自己成人为例,这就是"循循然善诱人,博我以文,约我以礼"。再次,颜回讲述自己陷入**学困**之中,力所不逮造成不能自拔的痛苦与绝望,这就是"欲罢不能,既竭吾才,如有所立卓尔。虽欲从之,末由也已"。

从颜回自述看,颜回确实好学。

从颜回临终遗言看,颜回好学本身却成为颜回悲剧的根源。颜回的悲剧,是颜回穷其一生,没有走出夫子对他的"好学"定义。

颜回"好学",既由自己定义,也由其师孔子为之定义。颜回自我定义好学,最为典型者,就是本章内容。孔子为之定义其好学,则有如下文字:

　　哀公问:"弟子孰为好学?"孔子对曰:"有颜回者好学,不迁怒,不贰过,不幸短命死矣! 今也则亡,未闻好学者也。"(《雍也》)

　　季康子问:"弟子孰为好学?"孔子对曰:"有颜回者好学,不幸短命死矣。今也则亡。"(《先进》)

　　子曰:"吾与回言终日,不违如愚,退而省其私,亦足以发。回也不愚。"(《为政》)

　　子曰:"回也,其心三月不违仁,其余则日月至焉而已矣。"(《雍也》)

　　子曰:"语之而不惰者,其回也。"(《子罕》)

　　子谓颜渊曰:"惜乎! 吾见其进也,未见其止也。"(《子罕》)

　　如上六则文字,是孔子在不同场合和语境下对颜回"好学"的定义。第一、二则文字,是颜回死后,孔子答鲁哀公和季康子之问时,对颜回"好学"予以追认性的正面定义。第三、四、五、六则文字,是孔子在颜回生前的不同场合对其"好学"的称赞。这些称赞表达同一个意思:颜回是一个以生命投入方式追随夫子默默地如痴如醉地学而不止的人。所以,当哀公问孔门弟子中谁最好学时,孔子毫不犹豫地说是颜回,感叹颜回"今也则亡,未闻好学者也"。这绝不仅仅是感伤之语,而是孔子的真判断、真表达。

二

　　颜回是孔门高徒,更是孔门名人。颜回在后世的声誉,孔门其他弟子无人能及。颜回的名人效应,一方面是后人基于造圣需要添砖加瓦所形成的,另一方面是孔子有意树立孔门学习榜样所形成的。在孔门中,无论才德,比颜回更高者不乏其人,仅博学好学言,颜回不如子贡,《论语》记载子贡事迹三十三章,其中三十二章论学和问学。《论语》记载颜回事迹二十章,涉及颜回论学和问学的有三章内容,孔子论颜回好学的九章,其余皆杂事。以子贡与颜回比较,在孔门中,孔子定义弟子"好学"或"不好学"的标准,并不完全由弟子本人学与不学来确定,更多由老师来评判。老师评判弟子好学或不好学,其中有一个因素很重要,那就是其好学的方式、习惯为老师喜不喜欢。子贡与颜回两人是很好的对比,子贡的好学,表现为好问和对问题的独立判断,比如,"子贡曰,夫子之文章,可得而闻也,夫子之言性与天道,不可得而闻也"(《公冶长》)。如此评价夫子,唯有子贡才敢,如果是颜回,决不会这样说。第一,孔子"不在其位,不谋其政"的为官原则,后来被曾子转化为"思不出位"的认知原则,颜回则把孔子"不在其位,不谋其政"的为官原则转换成"思不出位"的学习原则,决不超出老师所讲的内容范围、思考范围和观念范围,这就是"语之而不惰者,其回也"(《子罕》)。哪怕老师天天重复过去的话,哪怕老师讲的东西自己已烂熟于心了,仍然会专心致志地听。第二,颜回绝不可能像子贡那样直截了当说老师在学问上的局限,因为这是在揭老师学问的短,颜回绝不会做出这类事来。

在孔门中,不独颜回好学,但孔子独表颜回好学,在于颜回的学习态度、学习方式和学习方法,体现了唯师是从,将老师说的话、老师讲的观念和内容统统照单全收。颜回更多的是听话,而且听话异常认真,很少说话,即使说话,也是揣摩了老师的想法和意愿,如此顺着说去,老师爱听。总之,在孔门,颜回是个好学生。

其实,任何老师,如果只带一个弟子,这个弟子无论采取怎样的学习方式都可以;如果带两个、三个、四个,或者带十几二十个弟子,比如像孔子那样号称"弟子三千"地办学,就需要倡导一个主流的学习姿态、学习方式、学习方法。或者,这就涉及老师教,学生听不听,以及老师教学生学,学生专一或不专一的问题。于是,要众弟子都能听话好学,必然要树立典型,使之起表率作用。颜回就是这样的典型,所以孔子无时不在塑造颜回是好学生的典型形象。但孔子自己也明白,颜回作为孔门学习的典型,是完全合格的,但要说优秀,就不一定轮得到颜回了。正因为如此,孔子也深感在教学相长方面最不能助他的就是颜回:"子曰:'回也,非助我者也。于吾言无所不说。'"(《先进》)颜回只是说老师学问好,老师学问高,并且养成一种思维模式,一直到学到死,也没有改变这种思维模式,从来没有发现问题,从来不说自己的想法。这种情况使孔子感到与颜回论学,自己只是出,没有进;相反,颜回只有进而没有出。这就是颜回"遗言"中所说的"仰之弥高,钻之弥坚,瞻之在前,忽焉在后"。颜回最后也有所觉悟,觉得这种学习方式、思维模式最终不能成就己学。颜回虽然为此挣扎过,却发现为时已晚了,这就是他所讲的"欲罢不能"。悲乎颜回,他彻底地陷入老师表彰的"好学"模式里,既然"欲罢不能",那就硬头皮继续向前,看能不能突破。然而颜回再一次发现,他竭尽全力,却仍"如有所立卓尔",这个"如有所立卓尔",就是前面所讲的"仰之弥高,钻之弥坚,瞻之在前,忽焉在后"。颜回彻底绝望了:"虽欲从之,末由也已。"彻底绝望带来的连锁效应,就是心死,最后导致生命的结束。孔子所为之悲呼"短命",是不是感受到"好学"奖掖的方式通过颜回本人转换成"仰之弥高,钻之弥坚,瞻之在前,忽焉在后"的大山,最后将颜回压死? 这或许是一个永不可解的谜。然而,颜回这种接收式学习方式和孔子将这种接收式学习方式定义为标准的"好学"方式,是不是值得反思呢?

三

孔子教育,最大的特点是因人施教。这种教育理念的形成,自有许多因素,其中最重要的是学生的性格和禀赋资质,孔子将其归纳总结为两条:一条是"生而知之者上也,学而知之者次也,困而学之,又其次也。困而不学,民斯为下矣"(《季氏》)。另一条是"中人以上,可以语上也,中人以下,不可以语上也"(《雍也》)。就颜回为学"仰之弥高,钻之弥坚,瞻之在前,忽焉在后",且"既竭吾才"仍"如有所立卓尔"来看,其资质不过属于"困而学之"者,只能算是"中人以下"的禀赋和资质,孔子为了要塑造一个学习典范,却将原本只有"中人以下"禀赋和资质的颜回,当成"中人以上"者对待,最终导致颜回"虽欲从之,末由也已"的绝望、短命而去。

以此来看本章中颜回的自我总结和自我悔恨。颜回好学本身构成需要省思的问题,因为就学本身言,应该是既要进得去,又要出得来。要走得进去,必须专一,心无旁骛;要走得出来,需要反观思维,需要质疑,需要有独立思考问题、不断发现问题和从不同角度审视问题的能力,形象地讲,需要具备"叩其两端"的认知方式和方法。颜回,有前一种品质,却缺乏后一种品质,所以只能陷入盲目崇拜的恍惚之中。从这个角度观,颜回以生命为代价的"喟然之叹",或可成为探讨和总结孔子"学而"理论和教育方法的入口。

第12章释义

子疾病,子路使门人为臣。

病间,曰:"久矣哉,由之行诈也! 无臣而为有臣,吾谁欺? 欺天乎? 且予与其死于臣之手也,毋宁死于二三子之手乎! 且予纵不得大葬,予死于道路乎!"

[注释]

子疾病:疾病,病情不断加重。指孔子病重不见转机。

子路使门人为臣:使,使唤,安排。门人,孔子的弟子。臣,大夫家臣,即管家。古代,大夫之丧,须由家臣治其礼。为臣,指子路安排同门按照大夫的规格为夫子预备葬礼,包括制作丧服及准备一切治丧用具等。

病间:在子路指挥同门为孔子准备丧事期间,孔子的病势逐渐减轻,开始好转。

大葬:依照大夫的礼制举行隆重葬礼。

[译文]

孔子的病不断加重。子路安排同门充当家臣,按照大夫规格为夫子准备后事。

在这过程中,孔子的病情竟意外地好转。孔子知道子路的所做所为后,说:"仲由啊,你做这种骗人的勾当应该很久了吧! 我本没有家臣侍奉却有了家臣。我欺瞒谁呢? 欺瞒天吗? 与其让'家臣'给我送终,还不如让你们这帮弟子给我送终。这样,我即使不能按大夫之礼得到隆重安葬,但因为有你们,我也不至于死于道路无人掩埋啊!"

[通解]

本章所记载事件,可能与上章内容有发生学意义上的关联性;如果上章内容是"颜子遗言",其后不久,颜回困学而亡。这给孔子带来巨大悲痛,或因此一病不起。于是就有了"子疾病,子路使门人为臣"的故事发生。

一

从内容观,本章所述似与《述而》第三十五章直接关联,或可说,合起来看,这两章内容刚好记载了一个完整的事件过程。并且,《述而》第三十五章记述的可能是孔子晚年这场死里逃生的疾病呈现无救态势的前一个环节(请祷),本章是其后一个环节,即在求神也无用的情况下,只有准备丧事。只是,《论语》编纂者为了突出夫子不语"怪力乱神"的主张和基本思想,才将子路祷于鬼神的内容置于《述而》篇。

此事应该发生在孔子晚年,或许是孔子"见麟"及颜回之死后。风烛残年的孔子因过度悲伤而病倒,众弟子闻讯从各地赶回守候于榻前,其病不仅不见好转,反而不断加重。在这种情况下,弟子们自然要考虑本已高寿的老师的后事。子路是孔门大师兄,且子路与孔子不仅是师徒,更有一层良师益友关系,加之子路实干能力强,做事有魄力,其威望和影响力是孔门其他师兄弟所不能及。操持夫子后事的掌舵人非子路莫属。更重要的是,子路是追随孔子最铁心的一人,对孔子的理想、思想、情感和内心世界比同门任何人都了解得真和深。孔子一生求仕无果,这是他终身遗憾,终身心病,唯子路深知,所以子路主持操办夫子后事,自然想到要为老师圆一场官梦,于是他吩咐同门按照大夫的礼制来准备老师后事。孔子一生都教弟子修仁习礼,子路追随孔子一生,都在修仁习礼,当然知道老师不过一介寒士,按照礼制,如其逝,丧葬只能按"士丧礼"临时指派人来司丧事,只有大夫死后,才有资格用"家臣"来治丧。子路这种明知而有意僭越礼制的行为,既表达对夫子无上崇敬和爱戴,更表达为夫子一生不遇明君、身怀济世之治才不见用深抱不平。所以在子路看来,孔子虽无大夫之实,但远有执国大夫才德,应该享有大夫的丧葬礼仪,这虽违人间礼制,却合天理和天礼。

二

孔子博才和大德,是弟子追随的根本所在。子贡应和时俗,称其圣人,但子路从不称孔子"圣",或许在子路眼中,孔子之才德以及体现出来的伟岸,是"圣人"概念不能包含的。换言之,子贡用语言表达对老师的崇敬和爱戴,子路则用行动表达对老师的崇敬和爱戴。因为**子贡之爱师,是学问和德性之爱;子路之爱师,是生命和灵魂之爱**。所以,**子路卒,而孔子逝**。

子路与孔子,是灵魂上的师徒。所以孔子病情逐渐好转之后,一生都以礼为准则的孔子并不真正责怪子路及众弟子,相反,而是从心底感动,为有这样的弟子心慰。但孔子是文道救世的理想主义者,是"以仁入礼"道路的开创者和探求者,执礼、守礼是他的君子生活方式,自然不同意子路及众弟子们如此僭越礼制为自己身后谋。因而,理与情,在这里发生了矛盾,孔子必须讲理而守情,但又不真伤热诚之情。于是,孔子以表面上责备但实质上调侃的方式表达了对子路和众弟子的感动和感激之情:

> 久矣哉,由之行诈也!无臣而为有臣,吾谁欺?欺天乎?且予与**其死于臣之手也,毋宁死于二三子之手乎!且予纵不得大葬,予死于道路乎!(第十二章)**

孔子这段话,表达了三层意思:首先是责备子路吩咐同门按大夫礼为自己准备身后事这种行为是胆大妄为地越制做假。孔子用了一个"欺"字来表达对子路的责备。但紧接着又收回了对子路的责备,将子路的越礼责任揽到自己身上:"吾谁欺?欺天乎?"这句的完整意思是:

> 是你子路欺骗我吗?不是,是我在欺骗。然而,我欺骗谁呢?是我欺骗天吗?不!是天欺骗我啊!是啊,既然天生我孔丘,赋予我文道救世的使命,促我终身以往,为什么又不给启用我的贤君明主和实施救世的舞台?

结合本篇五章"文王既没,文不在兹乎!天之将丧斯文也,后死者不得与于斯文也;天之未丧斯文也,匡人其如予何",不难理解"吾欺谁?欺天乎"的深层含义。其实,本章既在照应第二章,更在照应第五章和第九章:

在第五章中,孔子确信自己承天命,并且"天不欺我";第九章陈述孔子看待"天"的变化,即由坚信不疑到失望继而绝望:"凤鸟不至,河不出图,吾已矣夫。"本章"吾欺谁? 欺天乎?"则是孔子讲述对"天"的否定:"天欺我"。既然"天欺我"一生,那么我欺一次天(即采用不"唯天为大"而"唯人则之"的人间礼制来为自己预备一次葬礼),又算得了什么呢?

再往下,孔子表达了对众弟子的感激之情:"且予与其死于臣之手也,毋宁死于二三子之手乎!"我虽然终身未仕,临死白丁,但你们深知我想,理解我,在最后关头,你们以大夫之礼侍我,我孔丘甚是感激。有你们这份真情谊,我宁愿你们以弟子的本分送我,也不希望你们以臣子的身份送我。因为我与你们,原本是师生关系,而不是上下臣属关系。我与你们结成师生关系,这是天赐的自然缘分,本源于自然,终归于自然,这比什么官位官礼都根本和重要。孔子表达一种发自内心的宽慰:"弟子们啊,你们对我的挚诚孝敬和爱戴,使我可以无憾地离开人世,不担心死于道路无人掩埋了。"孔子以"且予纵不得大葬,予死于道路乎"表示自己虽然一生所求无得,但因以至诚心培养弟子而得到如此丰饶的回报而心慰甚:"我虽然终身求仕未得,这或许是我一生的遗憾,但我一生最大的得,却是有了你们,你们是我孔丘一生最大之得,也是我孔丘一生最大之幸,更是我孔丘一生最大之福!"

孔子的如此心态,彰显出平常和伟大,无怪乎子路以及众弟子愿意以如是违背礼制的方式表达对老师崇敬和热爱的赤诚之心。通过本章,更能够感受到:孔子之所以被视为伟大,得到当时和后世的仰慕和崇敬,**在于他始终把自己当成一个平凡的人,因为孔子深知,他无论作为一个人,还是作为一个受众弟子爱戴的夫子,都只是一个平常的人。平常蕴含伟大,平常彰显伟大。孔子的伟大源于两个方面:一是平凡的人生,并且认同和心安理得于这种平凡;二是对日常生活常识和经验的领悟和发现,创建起人伦主义的"思想范式"**①。

第 13 章释义

子贡曰:"有美玉于斯,韫椟而藏诸? 求善贾而沽诸?"
子曰:"沽之哉,沽之哉! 我待贾者也。"

---

① [德]雅斯贝尔斯:《大哲学家》,李雪涛主译,北京,社会科学文献出版社 2006 年版,第 127～136 页。

[注释]

韫椟:韫,收藏。椟,即匮、匣子。指将玉收藏在匣子中。

求善贾而沽诸:沽,卖、出卖。贾,价、价格、价钱。善贾,好价钱,指预期的价格。指等待识货的人出售自己。

[译文]

子贡说:"有一块美玉,是置于匣中藏起来呢,还是卖给识货人?"

孔子回答说:"卖出去吧! 卖出去吧! 我一直在等待识货的人!"

[通解]

孔子"十有五而志于学,三十而立"其文道救世之志,却一生求仕无果,以至晚年病危时,弟子只得以僭越礼制的方式为其准备后事,以为他圆从政之梦。如此才德的孔子为何落魄如此? 本章给出答案:只为"**求善贾而沽**"而错过所有机会。

一

子贡与孔子这番对话,大概发生在孔子中年人生阶段,或可说,这一对话事件可能发生在孔子带弟子游国求仕途中。编纂者之所以将这段对话安排在本篇第十二章之后,有其特别考虑,这即是孔子奔波一生,至死庶士一个的根本原因,是孔子这一文道救世的"奇玉"未得真的有识者。能够识得孔子这等天下"奇玉"的邦君,必须是如尧舜般"唯天为大"且"唯天则之"者。但是,孔子所生活的当世,却没有这样的至德邦君。因为,如果有这样的邦君出世,那一定有"凤鸟至"和"河出图",以为预告。所以,这一章虽然是孔子中年求仕途中与子贡的对话,或可用以理解孔子为何终身庶士:孔子始终不渝地坚持"求善贾而沽"则不得。

二

子贡与孔子这番对话,表明孔子一生求仕很难得幸。至少,在五十五岁前,孔子未仕。

孔子求仕不顺,不是无才,而是因为两个因素:一是以仁入礼的王道政治理想有些落后于时势;二是坚守自己的政治理想和准则,并将其视为终身"守死"的"善道":"如果孔子甘愿不讲任何条件地接受委任,他肯定是能够得到官位的。但这是他不愿意做的。"①

正是在如此窘迫状况下,孔子被迫离开母国游走异邦,以求有所机会。

---

① [美]顾立雅:《孔子与中国之道》(修订版),高专诚译,郑州,大象出版社 2014 年版,第 42 页。

但游国之路依然艰难,屡求不遇。故而子贡才有如此含蓄一问。子贡善问,是为有名。子贡善问,主要的是善于领悟所问之事的问题关键或内容实质,所以子贡善问,有知人知事之问的方法和智慧。子贡以玉为喻,既不引发夫子思维紧张,也是对夫子的真诚尊敬,并给夫子以绝对尊严感,同时也给自己的提问留下巨大回放的空间。美玉是世界奇宝,以美玉喻老师,孔子自然爱听。没有想到老师的回答是如此的直白。"沽之哉,沽之哉!我待贾者也。"这让子贡意外:没有想到老师如此坦率、坦诚。

孔子在子贡面前如此坦诚,坦白自己的所想所急,既体现孔子的真诚,不虚假、不虚伪,真正做到"子以诚待我,我必以诚待子",又体现孔子与子贡之亦师亦友的关系。

三

子贡以美玉喻人间奇才,问孔子身怀美玉,是藏之于椟,还是"求善贾而沽"? 对于子贡如此委婉试探之问,孔子毫不犹豫地告诉子贡应"沽之哉,沽之哉!",毫不掩饰地表达自己求仕的急切心情"我待贾者也"。不仅如此,"我待贾者也"一句,是孔子明确表达自己"求善贾而沽"的两全要求:首先,"善贾"对于孔子来讲,是不能随便出售自己,出售自己要有最好的价钱。比如孔子第一次适卫,卫灵公对他特别有好感,想给他官职,打算"致粟六万"为俸禄。其次,孔子自"求善贾而沽",不仅要有好价钱,而且还要有好报酬,即不仅要有议政权,更要有治事的实权和位子,这样才可实施文道救世的治邦安国理想。这表明孔子为人实在,坦诚,不假,是君子品行。

孔子讲君子"谋道不谋食",不是说君子不要"食",而是说君子不以谋食为目的,必须以谋道为目的。以谋道为目的而得到更丰厚的食和禄,不是耻辱,而是光荣,这就是"邦有道,谷。邦无道,谷,耻也"(《宪问》)。因为通过才德和贡献得来的俸禄和财富,才体现付出的当得。由此来看,"求善贾而沽"的思想,体现才德与贡献对等,付出、贡献与获得对等的思想。这一思想即使在今天,也值得普遍遵从。

第 14 章释义

子欲居九夷。

或曰:"陋,如之何?"

子曰:"君子居之,何陋之有?"

[注释]

子欲居九夷:居,居住、生活。九夷,泛指东方未开发的众多部族。

陋:偏僻,指没有文化、缺少文明的闭塞之地。

[译文]

孔子打算到边远的夷狄地区居住。

有人劝他说:"那些地方荒蛮又愚陋,你去了怎么居住?"

孔子回答说:"君子居住的地方,还会荒蛮和愚陋?"

[通解]

本章与上章既有时间上的关联,更有内容上的关联。就前者论,上章记述子贡与孔子的对话,可能发生在孔子一行游国之初。子贡以委婉方式探知老师出行的目的和打算,执着于理想的孔子真实地流露对游国前景的良好预期。本章内容可能发生在游国中后期,游国求仕屡遭挫折,致使孔子有些心灰意冷。在这种困厄状况下,孔子有退隐求仕江湖的消极想法。

一

阅读本章内容,可与《公冶长》第七章相联系:

> 子曰:"道不行,乘桴浮于海,从我者其由与?"子路闻之喜。子曰:
> "由也,好勇过我,无所取材。"(《公冶长》)

这两章内容可能是同一件事情展开过程中孔子与不同弟子之间的对话。孔子想要乘桴浮泛海这种想法,一定发生在游国途中,即经历一段时间的游历,求仕无果且年龄越来越大,所以偶然生发出退意。所谓"退意",相对孔子求仕实现自己文道救世抱负言,在经历了游国的奔波无果的状况下,想退出继续求仕的事功生活轨道,另寻一种闲逸的生活方式,即退出大争的热闹世界,隐于无人烟的山野。孔子的这一想法,虽然是偶然的情绪冲动,但也符合他"天下有道则见,无道则隐"(《泰伯》)的求仕准则,所以"道不行,乘桴浮于海"。

二

孔子这种退隐求仕江湖的冲动,毕竟只是一时,他知道不现实。如果是这样的话,跟随他的弟子可能散去,所以他才说"乘桴浮于海,从我者其由与"。孔子的意思非常明确,想以此考察众弟子如何态度。子路是孔子最忠实的追随者,所以最拥护老师这种选择,表示坚定不移地追随其左右;

或有另一种可能，即最崇敬夫子的子路，不愿意看到老师为求一个官位搞得如此辛苦和痛苦，老师自己能够从中解脱出来，对他来讲就是最快乐的事情，所以"闻之喜"。

孔子原本只是偶发感叹，并非真意。子路信以为真，所以遭到老师的批评："由也，好勇过我，无所取材。"其他弟子并不像子路那样头脑简单，太相信老师的话，但又不能说破，所以也以一种委婉的方式试探性地戏谑老师："老师啊，你到那样遥远荒蛮又愚陋的地方，能够居住下来生活吗？"孔子当然不能泄气，很机敏地回答说："君子所到之处，还会遥远和荒蛮？"

孔子的退隐冲动引发与弟子间的这种智力游戏，值得品味和深思。

孔子产生退隐冲动，为什么不效法伯夷、叔齐、泰伯等历史贤人，离开闹市，躲进山野过隐逸生活，却要选择"乘桴浮于海"？对弟子所提出的"陋，如之何"这一问题予以静态观照，或许没有什么特别意味。但联系孔子"君子居之，何陋之有"的回答，就能体会出特别的意义蕴含。孔子即使想退隐江湖，所要退隐的也是官场这个江湖，与之相对应的文化、文明这个江湖，他是不会退隐的。进一步讲，在孔子的人生理想中，文道救世的总方针是返本开新，总路线是"以仁入礼达乐"。其践履方案有两种：一种是培养君子，并与之一道出仕救世。如果这条道走不通，退而求其次的第二套方案是带领弟子进行返本开新的文化、文明传播，这就是"君子居之，何陋之有"的本质含义。君子所到之处，就是文化、文明传播开去之处；君子所居之处，更是文化和文明的生成开花结果之处。因为君子的使命和工作，是传播文化、传播文明，由此使"信而好古，述而不作"的视野更为开阔。

除此，乘桴浮泛于化外的蛮夷之地，君子居之必然播散文化、文明的种子，文化、文明的种子一旦播下，必然会生根、开花、结果。这表明孔子的另一种信念和认知：文化，就是以文化之；文明，就是以文明之。以文化之，是以文教化，使之懂得礼仪文明；以文明之，是通过文的教化而照亮荒蛮，使之获得人性的再造。孔子关于"君子居之，何陋之有"的反问，应该是最早的夷夏观。后来所谓的夷夏之辨，都没有获得孔子的视野和孔子的认知高度。夷夏之间，不存在根本的对立，只存在"化"与"明"的问题。"君子居之，何陋之有"所蕴含的**以文化夷**和**以文明夷**的思想，同样贯穿孔子"一以贯之"之道，就是反对暴力的文道，更是返本开新以仁入礼的中正救世之道。

第 15 章释义

子曰："吾自卫反鲁,然后乐正,《雅》《颂》各得其所。"

[注释]

乐正:乐、乐音、乐章。指正乐,包括正乐音和正乐章。

《雅》《颂》各得其所:将《雅》《颂》乐章予以结构顺序的适当调整,使之各归其正位。

[译文]

孔子说："我从卫国返回母国,因无事可做而与乐师挚演唱音乐,然后对那些需要校正的乐曲予以乐音的厘正,尤其对《雅》和《颂》的乐章做了结构性调整,使其各自回归本来的顺序。"

[通解]

上章内容发生的时间,大概是孔子游国中后期;本章内容发生的时间,是孔子晚年回鲁后的最初时期。同时,本章内容又与《泰伯》第十五章"师挚之始"相关,或可说本章与"师挚之始"章属于同一事件的不同片段或不同环节。

一

本章记述的内容有明确的时间:孔子自卫返鲁,是公元前 484 年。孔子返鲁获得优渥的待遇,执政大夫季康子和鲁哀公均以礼待孔子,不时请教政务,却不启用孔子,孔子自然无事可做。为了打发时光,生来就喜爱音乐的孔子,自然与鲁宫廷乐师挚凑在一起,他们弹唱宫廷音乐打发时光,"子曰:'师挚之始,《关雎》之乱,洋洋乎盈耳哉!'"(《泰伯》)。同时在弹唱过程中校正其乐音。这就是本章所讲的"然后乐正,《雅》《颂》各得其所"。

本章所述内容中最重要的是"然后"一语,它一定有"前缀",这个"前缀"或许就是孔子所讲的"师挚之始,《关雎》之乱,洋洋乎盈耳哉",即与乐师挚唱和,在唱和的过程中发现有些乐曲音不正,于是就有了"然后"正音活动的产生。这就是说,孔子正乐,是与师挚演唱乐曲的额外之举,并非目的性的工作。正因为如此,孔子所正之乐,可能既包括乐音,也包括乐章,而不涉及乐之化正内容,即诗(乐是对诗的配合)。这是因为《诗》中《风》《雅》《颂》一旦形成,就经历了对其宣扬的化正内容予以严格选择和考正,才会成为乐。

二

《诗》有《风》《雅》《颂》之编排结构体系,这一结构体系形成于两个因素:一是形成于《风》《雅》《颂》三类歌诗内容的不同来源;二是这些内容本身蕴含的化正性质与功能的差异性。

《风》乃从民间采集得来:"男年六十,女年五十,无子者,官衣食之,使之民间求诗。乡移于邑,邑移于国,国以闻于天子。故王者不出牖户,尽知天下所苦,不下堂而知四方。"(《公羊传·宣公十五年注》)

与《风》不同,《雅》《颂》源自宫廷:"故天子听政,使公卿至于列士献诗,瞽献曲,史献书,师箴,瞍赋,蒙诵,百工谏,庶人传语,近臣尽规,亲戚补察,瞽、史教诲,耆、艾修之,而后王斟酌焉,是以事行而不悖。"(《国语·周语上·邵公谏厉王弭谤》)《雅》《颂》亦如《风》一样,产生于"天子听政",以实现"行事不悖"的治理需要。

> 故诗有六义焉:一曰风,二曰赋,三曰比,四曰兴,五曰雅,六曰颂。上以风化下,下以风刺上,主文而谲谏,言之者无罪,闻之者足以戒,故曰风,至于王道衰,礼义废,政教失,国异政,家殊俗,而变风变雅作矣……是以一国之事,系一人之本,谓之风;言天下之事,形四方之风,谓之雅。雅者,正也,言王政之所由废兴也。政有大小,故有小雅焉,有大雅焉。颂者,美盛德之形容,以其成功告于神明者也。是谓四始,诗之至也。(《诗·大序》)

在《诗》之六义中,风、雅、颂是对采集得来的歌诗的归类方式:"昔正考父校商之名颂十二篇于周太师。"(《国语·鲁语下·闵马父笑子服景伯》)"修宪命,审诗商,禁淫声,以时顺修,使夷俗邪音不敢乱雅,大师之事也。"(《荀子·王制》)说明宫廷乐师的职责之一是对民间和"公卿至于列士"献来的歌诗予以风雅颂的归类整理。这种归类整理是以歌诗内容所能发挥的德正功能为准则。与此不同,赋、比、兴三者,却是从表现手法论:歌诗创作既需要比兴,也需要铺陈。从不同渠道采集得来的歌诗,经过乐师改造,不仅是音律的校正,更包括对言志抒情方式和内容铺陈程度的修正。但歌诗始终要通过演唱才能发挥功能,而演唱肯定要融进演唱者的个性和演唱的情境、境遇,所以,歌诗在演唱过程中其乐音会发生走调或偏移,故而经历一段时间演唱后需要重新正乐音。孔子正乐,使《雅》《颂》各得其所,就是使其各自恢复原初乐音状态,而《雅》《颂》各乐曲的乐章,都是经历严格校正之后达到纯化状态,不会因为演唱过程中乐音的偏差而有所偏差,同时也可能会因为年代的久远而使乐曲的结构顺序有所无意地打乱,所以孔子正乐,既正其乐音,也正其乐章。

三

本章内容进一步彰显一个史实,即孔子不仅博学,而且多艺。孔子多艺,不仅精通音乐韵律,还会唱歌,"子与人歌而善,必使反之,而后和之"(《述而》)。"孺悲欲见孔子,孔子辞以疾,将命者出户,取瑟而歌,使之闻之。"(《阳货》)

孔子精通音乐韵律,不仅有这方面的禀赋,更是后天热爱学而所成。孔子三十五岁时在齐闻《韶》,三月不知肉味,亦表明孔子学乐之投入,"不图为乐之至于斯也"(《述而》)。

第 16 章释义

子曰:"出则事公卿,入则事父兄,丧事不敢不勉,不为酒困,何有于我哉?"

[注释]

出则事公卿:出,出仕。事,敬事、服务。公,周代的封爵,是最高等级的也是最尊的爵位:"王者之制禄爵,公侯伯子男,凡五等。"(《礼记·王制》)卿,古代朝堂的高级行政长官:"千里之内以为卿。"(《礼记·王制》)周时,诸侯的上大夫称为卿,后演变成一种称谓。公卿,指古代"三公九卿"的简称,它始于夏,经历商而周沿袭之。春秋时,也泛指公室。"事公卿",指成年男性的社会责任是侍奉公卿、服务公室。

不为酒困:困,困扰、搅乱。指自我节制,不因为喝酒搅乱心性。

[译文]

孔子说:"出仕,就侍奉公卿,服务公室。在家,就孝父母,敬事兄长。办理丧事要尽全心竭全力,不会被酒所困乱心性,做好这些日用常行之事,对我有何困难呢?"

[通解]

本章是在讲述作为一个成年男人的基本职责,担当这些职责,就成为德。古代社会崇奉男权,男人入门立家,出门事公,并以此两个方面的担当体现本色。在古代社会,出仕做官只有男性,朝堂之上站立的都是男儿。

一

孔子陈述古代社会男人的日用常行有四:

一是在家侍奉父兄,必须尽心。

二是出仕侍奉公卿,必须尽责。

西周建立起来的封建社会结构中,王畿是诸侯的公室,侯国是大夫的公室,大夫之家是官吏的公室;由此形成诸侯是天子的家臣,大夫是诸侯的家臣,官吏是大夫的家臣。所以,男人出仕,最终侍奉的只是一个公室,这个公室不过是比血缘家庭更大的家而已。

三是办理丧事既要尽力更要尽心,这既是对死者的敬畏,对生命的敬重,更体现孝亲的至诚。因为人的一切都来源于血缘承传,办理丧事尽心尽力,意味人不忘其本,心系根、源。

四是男人为担当于私于公之责,必须节制。古代男人更具血性,在极其艰苦的生存环境里,养成豪爽好斗的性格和温酒乱性的习惯,于是,节制之于男人,成为成熟、理性、担当的代名词。

二

孔子陈述男人日用常行四要,并不限于叙事本身,而是通过叙事自表,这就是最后一句"何有于我哉?"。

"何有于我哉?"这个反问句,是相对前面四大日用常行论。如上四个方面我孔丘做得如何? 或者,这四个方面的日用常行,我孔丘做到了多少?

一个反问句,体现孔子在日用常行方面的自省,其自省结论自然不言而喻。在"出则事公卿,入则事父兄,丧事不敢不勉,不为酒困"这四个方面,对我孔丘来讲,做到它们有困难吗? 答案是否定的,只要给予机会,只要获得做的平台和条件,我都能一一做到。事实上,比如在家侍奉父兄必须尽心,不为酒困而搅乱心性,办理丧事竭尽全力等等,我孔丘都一一做到了。既然是都做到了,为什么还用"何有于我哉?"这样一个反问句呢? 这绝不是孔子故弄玄虚地玩文字游戏,而是意在于阐发一个根本的认知:人是一个未完成、待完成、需要终身努力不断谋求完成的生命展开过程。在这个过程中,其日用常行四要,任何男人都可以做到。关键的问题是,今天做到了的事情,不等于明天能够继续做到。比如,昨天没有酗酒乱性,甚至过去一直没有酗酒乱性,但谁能保证今天或明天以及今后一直不酗酒乱性呢? 谁也不敢保证,能够充分认识到这一点的孔子更不敢这样来打包票,所以他只能以反问的方式来自警自己。

以此来看,本章所述内容不是自表,而是自警。"何有于我哉"之反问,表达三层含义:首先,人之日用常行四要之于我孔丘,过去确实是做到了;其次,过去做到了这四个方面的日用常行,今后能保证完全做到吗? 孔子的自问自答是:不敢如此保证,因为未来存在太多的不确定性。最后,虽然不敢对未来做保证,但我孔丘一定会以此自励,如同过去一样,努力在未来做到,并且希望做得更好一些,再好一些。

第 17 章释义

子在川上曰:"逝者如斯夫,不舍昼夜。"

[注释]

川上:川,江河。指伫立于江岸或河岸上。

逝者如斯夫:逝,往,往而消失。逝者,消逝的东西。斯,指称代词,这,指奔流不息的江河水。如斯,像这样,指像这江河水一样。

不舍昼夜:舍,止,停止、休止。昼夜,白天和晚上。指江河水昼夜奔流不息。

[译文]

孔子在江岸上说:"世间所有的事物,都如同这滔滔江水日夜不息地奔流,消逝于远方。"

[通解]

上章可看成孔子与弟子讨论人修己成君子的基本职责,孔子将其概括为四个方面。本章可看成孔子游国途中涉江渡河时以江水为喻,教导弟子应善待生命、珍惜时光,也以此抒发求仕未果岁月飞逝人生易老的感叹。

一

孔子川上观水而发形上之感兴,应有特定的人生语境。

一般而言,人年轻时期,最富有的是时间,因而,最浪漫的是对未来的想象和期待。人过六十,时间意识逐渐浓烈起来,观物感兴才往往与时间相联系。以此推测,孔子发此感叹的特定语境,可能生发于游国中后期,其时孔子已逾六十。

二

时间,本原是生命的刻度,时间意识的形成,本质上是对生命的自我意识。在古代,刻画时间的具体方式,是沙漏、日晷等;刻画时间的宏观方式,是春夏秋冬四季变化。表述时间运动的物理参照系,就是江河流水。水,这种液态物质的本性是平潴而盈,卑下而居。江河水是万千水滴溪流汇聚所成,它始终遵循"平潴而盈,卑下而居"的本性向低洼的方向流动不息,并且永不复返,最终自我消逝于无限苍茫的远方,最终归宿大海。

液态的江河水的存在朝向、生存敞开和运动方式,只是所有存在物的存在朝向、生存敞开和运动方式的缩写。在浩瀚苍穹之下的物理世界,一切液态的存在物是如此,一切固态的存在物也是如此,就是人的存在和生命敞开亦如是,没有例外。生命之矢本质上是川水,过往的成为永远的过往,逝去的亦是永恒的逝去,机会和岁月,时光与生命,永远如此。

孔子伫立于江岸之上,观望奔流不息的江水,感悟江水"不舍昼夜"地向东奔流,自然引发横向联想,生发内在的生命觉解:自己"十有五而志于学,三十而立",为文道救世而求仕奔波不息,不就有如这奔流不息的江水而"逝者如斯夫"吗? 岁月和机会、时光与生命,还有就是理想和使命等之于我孔丘,不正如这"不舍昼夜"的江水吗? 逝去了的永远地逝去,未有得到的,已成为永恒的不可得,剩下来给予我的还有多少呢?

上章"何有于我哉"之问,在这里既变成答案,又构成更新的问题:"出则事公卿,入则事父兄,丧事不敢不勉,不为酒困"这些方面我孔丘都能做到,因为有做到这些方面的才德,但是,谁给我做到这些的机会呢? 奔流不已的岁月越是催人老,出仕的机会就如同奔流的江水那样,消逝得更遥远。

伫立于川上的孔子,虽然感慨生命如斯,岁月如斯,机会和可能性如斯,但有限生命的无限谋求,抑或有限机会的无限努力,仍然如奔流不息的江河水,汹涌而去,又汹涌而来。"斯者如斯,不舍昼夜"的感叹,必然生发更顽强的追求,以期谋得最后的机会。所以,生命不息,求仕不止,必然以"逝者如斯,不舍昼夜"为动力之源,矢志不移,一以贯之,并勇往直前,从不气馁,决不放弃。这种倔强向前的步态与后面"岁寒,然后知松柏之后凋也"的坚韧坚守互补,勾勒出孔子的顽强形象。

三

孔子川上观水,身旁必有弟子。其感兴之叹,或有可问,或有所记。只是《论语》编纂者未将其收录其中,而是经历辗转流传为荀子所收录:

> 孔子观于东流之水,子贡问于孔子曰:"君子之所以见大水必观焉者是何?"
>
> 孔子曰:"夫水,大偏与诸生而无为也,似德。其流也埤下,裾拘必循其理,似义。其洸洸乎不淈尽,似道。若有决行之,其应佚若声响,其赴百仞之谷不惧,似勇。主量必平,似法。盈不求概,似正。淖约微达,似察。以出以入,以就鲜洁,似善化。其万折也必东,似志。是故君子见大水必观焉。"(《荀子·宥坐》)

这段有关于孔子观水引发子贡之问的宏大对答,或经过了荀子的加工,但其根本内涵与"逝者如斯,不舍昼夜"相契合。

不舍昼夜的江水,乃尽其本性为之敞开,浩荡奔流,张扬江水之道。江水之道,乃一以贯之的持守之道,亦是不变中变化不息之道。概括二者,不过是**生生化育**之道。孔子对"逝者如斯,不舍昼夜"的江水的感兴与觉悟,实来源于"大小必观"的观察,然而,观察的逻辑起点是经验,包括物理经验、生活经验和历史经验。这种经验会通他"殷因于夏礼,所损益,可知也。周因于殷礼,所损益,可知也。其或继周者,虽百世,可知也"(《为政》)的历史发展观。历史如同江河,时代生活犹如江水,它仍然以"逝者如斯,不舍昼夜"的方式滚滚向前,留下的只是不断更新的水流。所以,"逝者如斯,不舍昼夜"不过是返本开新的历史发展观的更为抽象的形而上学表述。

孔子是一位经验主义者,他对所有问题的思考以及由此形成的所有思想,都是经验主义的。但是,经验是以常识为母,经验本身又构成思想之母,这是常识、经验、思想三者之间的生成关系,这一生成关系使孔子的经验之思以及对经验的表达,蕴含了丰富的形而上学的思想张力。"逝者如斯,不舍昼夜"的感兴,虽然起于经验的激活,但它表达出来的思想远远超越了经验本身而呈现形而上学的思想张力,时间的、生命的、历史的,以及命运的形而上学思想,均于此获得敞开之势。

第18章释义

子曰:"吾未见好德如好色者也。"

[注释]

好:喜欢,爱好。

德:道德或美德,是德性与德行的统一。

色:颜色,能引发视觉的特别关注,以此又指美色、美人。

[译文]

孔子说:"我从未见过像好色那样好德的人。"

[通解]

表面看,本章与上章在内容上没有任何关联,实际上并非如此。上章讲观察水这一"物"理,发现"逝者如斯,不舍昼夜"之水不可逆的本性和规律;本章讲观察"色"与"德"这一"人"理,发现好色之生物本性的敞开和好德的文明本性的敞开,亦如"逝者如斯,不舍昼夜"体现其不可逆性。

一

本章的主题论德与色,二者进入人的生活领域,哪一个更为人崇尚和追逐,以及二者达成统一有何种程度的可能性。孔子对此做出自己的判断。

第一,德与色是对立的。因为"色"体现人性中最原始的那部分内容,表述生物本性;与此不同,"德"是人节制利欲尤其是本性泛滥的约束方式,表述为人的文明取向及状态。

第二,基于德与色的对立性,形成人的好德与好色的不对称性,或不可等量性。因为好色是对生物本性的放纵,它具有强大的生命动力;好德是对放纵的利欲包括本性的节制,以实现自我限度,它的动力不是来自生命本身,而是人谋求互助生存的理智力量。

第三,对德的崇尚,永不可能有对色的追逐那样热忱,那样毫无阻碍。对人来讲,崇尚德是难的,节制色的纵欲更难。因为人们习惯于本能地选择好色,与此相反,好德却必须理性或理智地选择,其选择的前提是必须获得理智的能力和理性的力量。

二

由于好色发乎本性,好德源于理性(或理智),所以在一般情况下,或对一般人(常人、众人)言,难以约束好色之情来好德。人的生物本性鼓动肉体生命好色:好色满足肉体生命的需要,比如满足身体的感官需要,或者满足身体的荷尔蒙需要,它的原动力是生命本身。与此不同,人的文明本性鼓动精神生命好德:好德满足人的精神生命需要,比如满足人的心灵、情感、尊严、人格的需要。好德的原动力是精神、情感、心灵的自我修养。进一步讲,好色,是天赋的自然;好德,是后天修养所成。天赋的自然如江河水那样,汹涌奔流,永无停止;修养的功夫,如同洒扫那样,必须天天为之。

孔子对"未见好德如好色者"现象的描述,揭示人修养德性的艰难性和保持德行的艰巨性。这是孔子倡导"以仁入礼"最后才可达乐的人性洞察,因为好德既是礼,更是仁,但好德并不一定有乐。与此不同,好色可能弃礼,也可能去仁,但好色必然乐。所以,好色之乐往往与礼、仁冲突;并且,对好色的放纵必然会破坏礼,摧毁仁,使之无德行,当然无德政。所以好色既是为人的大忌,更是为政的大忌。为避免好色对人对政的腐蚀,唯一可行的方式是修仁成礼,以此引导乐,使好色之乐有节制。

孔子对"未见好德如好色者"的判断,彰显德与色相矛盾的普遍性,揭示利欲生存的世界里"得见君子"之难。孔子一生以君子为标榜,认为自己能够成为君子,是最大的成己,并以此为目标培养弟子为君子,亦是因为好色、好利的动力机制是"逝者如斯,不舍昼夜"的天赋人性,它构成学而修养德性和践履德行不可回避的劲敌。克制好色、好利的本性冲动,成为修养德性和践履德行的每日努力。这种每天努力实际构成人每天必须为自我拯救而不懈战斗,这种亦如"逝者如斯,不舍昼夜"的不懈战斗,却很少有人能天天坚持,这是成己成人之难,亦是真君子之可贵。同时也揭示孔子君子理论的根本局限:对"色"的节制和对"利"的约束,不是个人德性所能解决的,这既源于天赋"相近"的人性总是在后天的习染中"习相远",更因为人始终生活在群化的社会中,而德,无论是道德,还是美德,其本身就是一种限度,这种限度表征为它对人约束的有限性,尤其是色之类的生物本性和利之类于生存本性的约束的绝对有限性,而能够使其有限性发挥出来最大程度的功能的,不是德和德性,而是制度的刚性约束力和刑罚的惩戒。

第 19 章释义

子曰:"譬如为山,未成一篑,止,吾止也。譬如平地,虽覆一篑,进,吾往也。"

[注释]

篑:盛土的竹筐。

平:使平坦。

往:前行、前往。

[译文]

孔子说:"比如堆土造山,少一篑未堆成就停止作业了,这种功亏一篑的结果,却是自己造成的。又比如用土填坑平地面,虽然开始只倒进一筐土,那也是向前进了一步,但要继续下去使之达到平,还是要靠自己努力不止才可成功。"

[通解]

抑制好色的本性,使之有节制,必修仁习礼而好德。人好德之修,成败的关键在于**坚持**。这是本章与上章在主题上的关联性。

孔子以"垒山"和"平地"为喻来讲述人修养德性、践履德行的成己精神,即是持之以恒的自强不息精神,它蕴含三大成己为君子的生存哲理:

第一,**成败于己**。成己,乃人人所愿,但成败于己。客观地讲,每个人都有成己的愿望,但能否成己,当然要受环境、条件等因素的限制。然而,能否最终成己的决定性因素却是自己是否坚守自己,持之以恒,一以贯之。孔子告诉弟子:你想成为什么样的人,只要**不止而往**,必把自己成为这样的人。

第二,**祸福于己**。成己,其原动力是趋利避害,根本目的是避祸而福,但祸福于己。因为,你成己的努力,所得是祸是福,全由自己选择,也全由自己亲手铸成。为此,孔子提出避祸成福的成己法则,即是求仕法则和好德法则,前一个法则是"笃信好学,守死善道",他具体落实为三条行动选择原则,即"危邦不入,乱邦不居,天下有道则见,无道则隐。邦有道,贫且贱焉,耻也。邦无道,富且贵焉,耻也"(《泰伯》)。后一个法则是"好德如好色",即应该像好色那样好德,并在此基础上努力于好德甚于好色。

第三,**苦乐于己**。成己,是一个"不止而往"的努力过程,这个过程既是生命化的,也是人生化的。孔子以垒山和平土喻成己,是说人成己的过程,是自筑高山的过程,又是在自筑的高山上修建平坦、平原的生命过程。这其中,每一筐土,既是汗水,更是苦辛,乐与不乐,全在自己。以之为乐,每一筐土都是乐;以之为苦,每一筐土都是苦。孔子讲"饭疏食,饮水,曲肱而枕之,乐亦在其中矣"(《述而》),不过用日常生活、物质条件来具体地阐述苦乐由己的生活哲理而已。

第20章释义

子曰:"语之而不惰者,其回也与。"

[注释]

语之:语,说话、讲话、谈话、交谈。语之,有二解:一是听我讲话,或曰听我传授经验,听我讲道理;二是聆听。两解并存。

不惰:惰,懈怠。不惰,不倦怠。

[译文]

孔子说:"在众弟子中,聆听我说话从不倦怠的人,唯有颜回一人。"

[通解]

本章直接承上章论,其主题是君子成己。上章从一般论,讲君子成己,必须"不止而往";本章和下章举例来具体地说明君子如何"不止而往"地成己:一是学而修养德性,必须"不止而往";二是学而践履德行,必须"不止而往"。就前者言,孔子认为在自己众多弟子中,颜回做得最好。颜回学而修养德性"不止而往"做得好,集中体现在两个方面:一是"不止而深进",这就是下章所论"吾见其进也,未见其止也";二是"不止而聆听",这就是本章所论"语之而不惰"。

一

"语之而不惰"是一个陈述句。它陈述孔子与颜回论学的两种情境状态:首先,在与颜回相处的过程中,孔子无论讲什么,或讲"一以贯之"之道,或讲法理准则,甚至闲聊、拉家常,颜回都是不知疲倦地聆听,这是孔门中其他所有弟子都做不到的,颜回却做到了,这是孔子独爱颜回的原因。其次,颜回之所以听夫子之语从不知疲倦,是因为颜回始终以"仰之弥高,钻之弥坚,瞻之在前,忽焉在后"的崇敬心在聆听。

所谓聆听,是倾其生命本身而听取。所以聆听既是姿态,也是方式,更是关系,还是胸襟和智慧。

作为姿态,聆听是卑下,表现为自以为无知的谦卑。

作为方式,聆听是仰视,表现为直接面对始终仰望。

作为关系,聆听是"你—我"关系,表现为始终是你指向我,你要求我。

作为胸襟,聆听是无我,表现为将自己融入他者的话语洪流中沦为无语。

作为智慧,聆听是无知,表现为始终以言者为全智全能的人,从不质疑。

二

颜回的如上聆听品质,形成其"语之而不惰"精神。邢昺疏曰:"此章美颜回也……言余人不能心解,故有懈惰于孔子之语时。其语之而不懈惰者,其唯颜回也与,颜回解故也。"孔子所美者,乃颜回之如此聆听品质和"不惰"精神。然而,孔子并不尽美颜回:"子曰:'回也,非助我者也。于吾言无所不说。'"(《先进》)颜回虽然满足了孔子渴望弟子聆听和自己语而弟子"不惰"的需要,但孔子在理性状态下心中明白,颜回对自己没有帮助,不仅对自己教学相长没有帮助,而且对展开教学、提升众弟子的整体水平也没有帮助。所以,孔子美颜回,也仅美其以聆听方式"语之而不惰",这就是颜回式的"好学"。颜回卒,孔子悲之为"天丧予!天丧予"(《先进》),是因为从此以后,再也找不到颜回这样"语之而不惰"的聆听者了。

学问,始终是一种**主体间性**的活动进程。所谓主体间性,就是教者与学者互动敞开,互为发思、质疑、辩难,并在其互为发思、质疑、辩难进程中既互为教者又互为学者。以此观之,单向度聆听和单向度"不惰"的学习,本质上不是学习。在这个意义上,孔子的其他弟子正是因为没有做到颜回那样"语之而不惰",才有了孔门人才济济,以及孔子之后其学的繁荣和发展。试想,如果子贡如颜回,会成为"瑚琏"? 如果冉雍如颜回,会有"可使南面"之才德? 如果子张、子夏、子游、曾子等均如颜回,会有孔子之后"儒分为八"的播扬和发展? 所以,读《论语》,体味孔子美颜回之言,须有整体视野,并必要将其纳入孔子的整个思想框架中来理解,既看到孔子美颜回的有价值方面,也要看到孔子美颜回的人性弱点方面,因为孔子始终是一个生活中的平常人,他的思想的伟大并不能消解他作为与你我同的那种常人所有的偏爱、偏颇甚至局限。

第 21 章释义

子谓颜渊,曰:"惜乎! 吾见其进也,未见其止也。"

[注释]

谓:谓,谈论、讲到。指孔子说到颜回。

惜乎:《说文》释"惜,痛也",感叹颜回早死。

进:进步、进取、前进,亦可为进入、吸收、容纳。

止:停止、停顿。

[译文]

孔子讲到颜回,慨叹地说:"真可惜呀! 颜回死得太早了。我只看到他不断进取,从来没有见他有过停止。"

[通解]

本章紧承上章展开,可构成对上章内容的继续。或许,本章与上章讲述的内容,原本是同一个话语情境中敞开的连续性内容,因为不同人的记录而构成两章。《论语》编纂者将其安排于前后,以使之获得语境的还原。从本章内容所交代的时间看,应该是颜回死后,孔子极为悲伤,总是不断地说到颜回,因而所讲的全部是这个好学生的优点,并且这个优点往往由于爱之情切而被夸张性地完美。上章美颜回的学习态度和学习方式;本章进一步美颜回的学习方式:颜回学习,总是默默地吸收、吸纳、钻研,从来没有反观和质疑。

一

通过孔子所美,颜回的学习方式被概括为两个方面:

一是不倦聆听:"语之而不惰"。

二是进而不止:"吾见其进,未见其止"。

合将起来,这两个方面体现的共同特征,就是沿着老师的路子单向进取,包括单一地吸收,吸收,再吸收,从不停止,也没有停止。因为在颜回眼中,老师就是所有的知、所有的德;对老师所说的一切,只能仰望,仰望,再仰望。

颜回是以掏空自己后把自己完全交托给老师的那种绝对纯粹的谦卑之心,仰望和吸收。在仰望中吸收,在吸收中仰望。最后,老师和老师所讲的东西,逐渐地堆积起来膨胀地变成一座"仰之弥高,钻之弥坚,瞻之在前,忽焉在后"的大山,压垮了颜回。

颜回之死,是为这种"仰望-吸收"的畸形学习模式所困的最终结果。

二

客观论之,学的要义有三:

第一,学,不仅要仰望,更需要平视。

第二,学,不仅要不断吸收,更要不断地整合和更新。

第三.学,不仅要不断进取,更要适当地停止下来反观与质疑。

只有进,没有止的学习,既困死自己,也对别人无益,这就是孔子在无处不美颜回之余,何以还感叹"回也,非助我者也。于吾言无所不说"(《先进》)。孔子谈到早死的颜回而痛叹"惜乎"二字,或许本来就有特别意味。结合下章内容:孔子仅在叹颜回早逝吗?是否也流露出对颜回"进而不止"的学习方式的反思呢?因为这种以"语之而不惰"为取向的"进而不止"的学习方式,成为颜回自困死于学的真正秘密。

第 22 章释义

子曰:"苗而不秀者有矣夫,秀而不实者有矣夫!"

[注释]

苗而不秀:苗,谷物之始生状态。秀,谷物成长的开花状态。指谷物处于成长状态,但尚未抽穗扬花。

秀而不实：实，谷物成熟的结果状态。指谷物虽然抽穗扬花了，却还没有结籽成熟。

[译文]

孔子说："人的成长如同种庄稼一样，长成了苗，不一定能开花抽穗；能够开花抽穗，不一定能结出饱满果实。"

[通解]

从语义逻辑敞开言，本章可看成是顺前三章而来：第十九章论君子成己"不止而往"；第二十章和第二十一章，以颜回为例，讲述何为"不止而往"。本章可看成对颜回"不止而往"酿成的好学悲剧的反思性思考。君子成己"不止而往"达于成功，必不具有必然的规律，而是充满了或然性。何也？"苗而不秀者有矣夫，秀而不实者有矣夫。"

一

本章为深度理解前两章内容提供了另外一种反观思路，它启迪人们从反面观颜回"不止而往"的好学，其不仅没有成为"秀而实"者，而且还没达到"苗而秀"的成长状态，就夭折了，这是孔子所痛之处。孔子所痛者，是不是由颜回之学引发出来的反思，不得而知，但《论语》编纂者将本章置于孔子论"语之而不惰"和"吾见其进也，未见其止也"之后，很值得玩味。

仅从《论语》编纂者如是编辑形成的如是结构观，本章是对前两章内容的拓展。前两章以颜回为个案，讲人成己为君子，不仅仅是老师怎样教的问题，更为关键的是学生如何学的问题。学生如何学，既涉及学的态度，也涉及学的方式和方法。颜回"语之而不惰"的为学态度，是夫子最喜欢的，因为孔子最喜欢自己讲的东西有人听，自己说的话有人信，自己讲的道理、观点、思想，有人吸纳。孔子是平常人，自然具有平常的老师相同的被崇拜的渴望。颜回式的"进而不止"的为学方式和方法，是老师所欣赏的，因为，以师为职业的人大都本能地喜欢死读书的学生，尤其喜欢听话地学习的学生，孔子作为老师，**同样有**这种本能性嗜好。

孔子喜欢颜回如是为学方式和方法，本身不存在问题。问题是颜回这样好学的好学生为什么会英年早逝呢？难道真的是"天丧予"吗？孔子作为老师，与其他人不同的地方，可能在于他有很强的反观能力。或许，孔子之美颜回，潜在地构成了颜回之困；颜回之困最终促成颜回之死；颜回之死又变成孔子之困。或许，本章内容是孔子探求颜回之困的反思性呈现。

二

孔子认为，人成己为君子，如同庄稼的生长一样，诚然需要客观条件，比如土壤肥力、气候、水质、阳光等，也要农夫耕种、护养的勤奋、细心。然而，同一块稻田，农夫从耕地到播种再到施肥薅草除虫等，一切都相同，但生长出来的禾苗往往会出现粗细不同，高矮不同，苗壮程度有差异，开花的鲜活状态有差异，抽穗大小不同，最终结出果实也存在饱满或干瘪程度不一样。这就有了讲究，这种讲究不能追溯到客观条件上去，也不能追溯到耕耘经营的农夫身上去，而是生长者本身。比如作为种子的谷粒，每一粒都只是这一粒，它成为这一粒种子本身，就获得使自己成为何等程度的禾苗，以及成为何等状态的果粒的**先定性限度**。

用种子比人，或者用人比种子，人与种子都一样，客观地存在着"中以下"或"中以上"的区别。种子的这种先定性，亦是孔子所讲的"中人以下"或"中人以上"的先定性。种子被撒向同一块稻田，如同不同的人拜同一个人为师，这个老师就是这群弟子赖以生长的那块"稻田"。中等潜质以上的种子与中等潜质以下的种子，在同一块地里谋求生长的方式、方法自然会有差异。比如，中等潜质以上的种子，被播向田间，其自由生长的根须粗壮，伸展得开阔，吸收的营养丰富，生长速度快，由此所获得的生长空间大，长得苗壮，花开得茂盛，穗抽得饱满，籽结得结实。相反，中等以下潜质的种子入地之后的最初生长状态就是内敛性的，根须细短，始终不得伸展，所能吸收的营养自然匮乏，生长速度慢，由此所获得的生长空间很小，长得苗细叶瘦，自然难以开出茂盛的花朵，长出丰满的穗，当然不可能结出肥实的果来。对比孔子所讲的"中人以上"和"中人以下"的学习者、弟子，前者是"学而知之"者，他们主动地学、主动地求知，眼睛不是向下死死盯着脚下老师这块田，而是仰望稻田上的天空，努力向上升长，由此所得来的知，自然是开放性、拓展性和生成性的知；后者是"困而学之"者，他们往往被动地或被迫地学、被动地或被迫地求知，所学的动力完全来源于自己之外的力量的推动。这种方式的学，眼睛一直死死地盯着脚下的这块稻田，没有向上仰望天空的任何意识或冲动。所以，"中人以下"资质的"困而学之"者，最终只能成为"稻田"中的弱苗，难以盛开花、长实穗、结饱满果。

三

孔子以稻田禾苗的生长"苗而不秀"和"秀而不实"为喻，探讨人的成长的个性化和差异性形成的原因，不仅有客观环境，更重要的因素却是主观性的。其中，禀赋资质和方法是为根本。以此总结人的成长规律与学习、教育的内在关联性。

孔子认为,人的成长如同撒向稻田的谷种,一旦开始自己的生长之旅,必然经历苗、秀、实三个环节。这三个生长环节构成生成性的推进关系:谷苗的生长状态,取决于谷种本身的先定性;谷苗的生长状态,决定着"秀"的程度,即其开花抽穗是否苗壮,取决于苗本身的生长情况;最后,最终能否结出颗粒或能否结出饱满的果实,取决于其开花抽穗的苗壮状态。概括地讲,人的禀赋和资质先在地决定其生长及成己的可能性状况。因而,人的成长必须顺乎其禀赋和资质,如果违背其禀赋和资质,人为地拔高它,不是促人成长,而是害人,使其走向死亡。人为地拔高涉及两种情况:一种是人的自我拔高,即自己只有"中人以下"的禀赋和资质,却要盲目自信地将自己当成"中人以上"的天才来看待,并过高地自我赋予使命,其结果自然不妙。一种是被人为地拔高,这种被拔高的方式通常是由家庭父母或老师采取:当父母或老师主观意愿地拔高学生,其结果往往是悲剧性的,即推动人困死于学中。

人的成长无疑需要学习,学习自然需要教育。对人来讲,真正的学应该是**自然舒展**的学,而不是为外力所困的学。自然舒展的学,就是**眼睛从脚下的田野转向天空**的学。因而,自然舒展的学,学的不是知识,不是观念,而是视野和方法,即学如何开阔视野,学怎样探究方法。这种学的要义,就是发现、质疑、反思,最后形成自己的思想和方法。因而,自然舒展的学,所需要接受的教育引导,只能是**面向天空、面向大海、面向未来和未知**的引导,最忌讳将学生引向老师自己而使学生"语之而不惰"和"只知其进,而不知其止";自然舒展的学,是引导学生学而知进退自如:该进时,勇往直前;该退时,毫不犹豫地"退避三舍"。学而需进,是学而深入,钻研、吃透;学而需退,是学而退步,质疑、反省、重建。这是进退有序、进退自如和进退有道。

唯有做到顺其禀赋和资质,以自由舒展的方式展开进退相宜之学和进退相宜之教,人的成长才会达向"苗而秀"并"秀而实",成为各具个性的成己者。

第23章释义

子曰:"后生可畏。焉知来者之不如今也?四十、五十而无闻焉,斯亦不足畏也已。"

[注释]

后生可畏:后生,后来者,亦指年少者。畏,害怕、敬畏。

无闻:闻,听说。无闻,有二义:一是不闻道;二是不为人知。

[译文]

孔子说:"年轻人是值得敬畏的。何以知道年轻人将来的成就不如现在的我们呢?人'以道行之'四十、五十还不为人所知,就不值得敬畏了。"

[通解]

本章与上章直接关联。上章以稻田谷物生长为喻,讨论人成长的主体性条件和根本法则,首先揭示教人成己的逻辑起点只能是顺其禀赋和资质,其次揭示教人成己的基本方式只能是遵循进退相宜原则。本章则讨论教人成己的基本态度和重心。

一

孔子认为,教人成己,应该具备敬畏的姿态。其理由有二:首先,年轻人永远都是未来的希望。其次,年轻人将来的成就有可能会大于现在的我们。前一个判断蕴含生物学的理由,年轻人始终比我们年轻,年轻人成长正是我们的衰老,我们始终会先年轻人而去,我们去后的世界,只能是年轻人的世界。后一个判断蕴含社会进化论的理由,前人始终是后人的奠基石,后人始终在前人的肩膀上站立、起步、前进,所以后人比前人站得更高,看得更远,走得更正,前进的步子更快。

孔子敬畏年轻人的两个理由,合将起来就是他**返本开新的历史发展观的具体运用**。

孔子提出敬畏后生,是因为历史始终向前发展,社会永远在已有基础上开新。孔子"后生可畏"思想的认知基础,是其历史发展观。这一历史发展观镕铸进"后生可畏"的观念中,形成青年优胜论,或青年超越论:"殷因于夏礼,所损益,可知也。周因于殷礼,所损益,可知也。其或继周者,虽百世,可知也。"(《为政》)历史始终是人的历史,历史滚滚向前始终表征人的承前启后。从根本讲,孔子所讲的这种优胜论,是未来优胜过去的具体化,也是现在超越过去、未来超越现在的具体化。

二

这是基于历史发展观所形成的社会发展论平台上老年与青年的比较论,这种比较是基于一般不能说明具体时代以及具体时代中的个人,正如上章所讲的谷种撒向同一块稻田后,在同样的环境条件下,不同谷种长出的禾苗会各有差异,其开花抽穗的茂盛程度以及最终结粒饱满程度均各有不同。按照历史发展观,青年优胜老年,并且青年一定会超越老年;但按照个体成己的禀赋预定论和受教学习的进退相宜论,青年人值得老年人敬畏、尊崇的根本条件,是必须做到中年"有闻"。

孔子所讲的"有闻"，一指有人听闻，即有人知；一指闻道，即青年优胜论和青年超越论之正道，更准确地讲，是返本开新的历史发展之道、社会进步之道和文明前进之道。后世注疏或翻译，总是二者择其一，且往往持前解。实际上，孔子之"四十、五十而无闻，斯亦不足畏也"之"闻"，应该包含两层含义。孔子的意思并不是说，人到了四十、五十时还无人知晓，就不足畏；而是说即使人到了四十、五十而有人知晓，甚至为人知晓，如果没有"以道行之"，仍然不足畏。所以其完整表述是：唯有"以道行之"且到了四十、五十广为人知晓的年轻人，才值得敬畏。

以道行之，是以道为准则而行。以道为准则而行的前提是必须闻道。所谓闻道，是接受道的熏染、陶冶，获得道的正心正行。"无闻"，是没有得到道的熏染、陶冶。人如果没有得到道的熏染和陶冶，往往会成为好色好利的小人，难以把自己成就为君子。这是孔子说"四十、五十而无闻焉，斯亦不足畏也已"的理由，因为小人不足畏，虽然小人可以使人惧。唯有君子才可使人畏。

三

孔子关于人"无闻道而不足畏"的思想，引发出一个更为深刻的学而成己问题，即"学而求知"与"学而闻道"的问题：学而求知，是必须的，不可或缺；但是，学而闻道，才是根本的。唯有学而求知以闻道，且闻道以新知时，人到四十、五十必广为人知，且广为人敬畏。

从"学而求知"至于"学而闻道"，孔子还揭示"学而需教"的问题，表述以教什么为重心、为根本的问题。孔子认为，教的基本内容有二：一是知识，二是道、德。比较地看，最为根本的是道，因为道既生成德，又贯穿知，使所有知识为道服务，为德运用。

不仅如此，通过"四十、五十而无闻焉，斯亦不足畏也已"，还揭示"学而"与"成己"的关系：学而始终需要生命的投入，因而必须以生命为保证。以生命投入学而不已，其获得成己效应的正常时间大概是三十年，孔子将学而成己的时间描述为四十、五十，这是以他的经验测算出来的："吾十有五而志于学，三十而立，四十而不惑，五十而知天命，六十而耳顺，七十而从心所欲不逾矩。"（《为政》）基于经验，三十而立，四十而不惑，五十而知天命，这是人的成长规律。再往后，就是颐养天年了。所以，人既然三十必立，那么进入四十不惑之年，对于君子而言，其所不惑者就是闻道、得道。闻道、得道的实质体现，不是嘴上功夫，而是必须以道行之。以道行之，就是不惑，而且是根本的不惑。循此"不惑"开启"知天命"之路，则进入融道历程。所谓融道，是指携道而行无所不通，亦无所不在。这种无所不通、无所不在的状态,是道成为生命本身而无所不在其中。由是,后生可畏,亦是其学而闻道可进入融道之畏。反之,无闻而知,亦不可畏。

第 24 章释义

子曰:"法语之言,能无从乎? 改之为贵。巽与之言,能无说乎? 绎之为贵。说而不绎,从而不改,吾末如之何也已矣。"

[注释]

法语之言:法,法则,或礼法。法语,符合法则的言语。

巽与之言:巽,顺,通逊,即恭顺、恭从。与,赞誉。巽与,以恭顺之态与之。指以恭顺方式和语言婉言相劝。

绎之为贵:绎,分析、推求、辨析。贵,好。

末如之何:末,最后,结束,没有。如之何,怎么办。指不知怎么办。

[译文]

孔子说:"符合法理的规劝,能不听从吗? 有错则改,不值得珍重吗? 得到恭维和赞美,能不愉悦吗? 能从恭维和赞辞中辨别出真意所在,更是可贵的。对于那些听到恭维赞美的言辞只高兴不会辨析的人,以及那些面对过失只表示服从不改正的人,我不知道应该如何对待。"

[通解]

从主题论,本章与上章均论学而成己。从内容讲,上章讨论学而成己"必有所闻";本章讲学而成己"必循其则"。

一

关于学而成己,孔子有许多讲述。上章讲学而成己的目的,是"学有所闻"。孔子围绕"学有所闻"讨论了两个问题:

一是学必敬。

二是学必闻。

对第一个问题,孔子阐发了一个基本观点:**学必敬人**。首先是学必敬古人,这是《泰伯》篇中的一个分主题;其次是学必敬来者,这是本章的基本主张。学必敬古人,是文明的来源,亦是当世的基石;学必敬来者,是未来的希望,也是今天的动力。所以,学必敬古人与来者,是学之社会责任和文化担当。

对第二个问题,孔子也阐发了一个基本观点:**学必闻道**。孔子指出,唯有学必闻道,才可"以道行之";唯有学必闻道,才可致道以时;唯有致道必有时,超越性开拓才获得可能性。

对如上两个方面的阐述,凸显出第三个基本观点:面对古人和来者,人之学而均在返本开新的历史发展河流中展开,具体地讲,是在前有古人,后有来者(即"后生")的生存过程中展开学而成己的努力,必须有**全境的视域**和**古今未来的眼光**。在这样的宏观视域中,学而成己必须遵循两个具体原则:

首先,学而成己必须遵从**唯法理**原则,这就是"法语之言,能无从乎?改之为贵"。法理之所以必须学,是因为法则既是普遍的经验,也是普遍的常识,它蕴含道,体现德。法理原则之必须遵从,因为法则始终是约束、边界、规范,遵从它会带来正反两个方面的好处。一是可以此学会自我约束,做事有边界,行为有规范。二是可以此学会理性地评价、判断自己的行为,发现错误,主动改正。比较而言,后者最为可贵。

其次,学而成己必须遵从**辨伪求真**原则,这就是"巽与之言,能无说乎?绎之为贵"。辨伪求真,是自我克服人性弱点的原则,因为喜欢听恭维的话,乐意别人在自己面前恭顺,这是人自大、自贵的人性弱点。陷于这一人性弱点中,人会被利欲腐蚀而成为小人。学而成己,本质上是学会掌握这一克服人性弱点的原则,去发现任何恭维之态、赞美之辞、顺从之为,无论表面如何真诚,往往隐含不易让人觉察的用意。学而训练冷峻的理性眼光和深刻的辨析能力,从华美的谦恭言辞和恭顺的姿态与行为中发现其真实意图或隐逸含义,这既是可贵品质,也是可贵能力,包括敏锐能力、洞察能力和辨别能力。

二

学而成己,既需自为努力,更需他人助力,这就是教。在孔子看来,教育,是人基于成己要求而"学而求教、教而成学":人的成己要求自为地学,自为地学要求教,教则促成自为地学而成己。教虽然是学的辅助方式,却是必不可少的方式。对于人,要掌握学而成己的两个基本原则,同样需要教的发力。孔子认为,教的发力,只能用在**力可发**的范围内,超过力所发及的范围,教会失效,教一旦失效,教者应该主动地撤退,这就是"说而不绎,从而不改,吾末如之何也已矣",其表述的是教的限度原则,也可称为**教之自尊原则**。

孔子之教的限度原则告诫弟子:人"学而"成己是无限的人生过程,但教人"学而"成人却是有限的。这种限度性可以表现在许多方面,比如第二十二章"苗而不秀"和"秀而不实"背后的禀赋限度,第二十三章"四十、五十而无闻焉,斯亦不足畏也已"的学无闻道和学非致道所形成的限度等。本章列举另外两种更具普遍性的限度:一是"说而不绎"的限度,其根源于学者不愿意接受法理智识,只满足于人性的本能;二是"从而不改"的限度,其根源于学者承认过失却不愿意改正过失,内心缺乏成己的尊严。面对这两类自为限度的人而教之,只能是白白浪费时间、精力和生命;不仅如此,这是教者在自取屈辱,使教的尊严丧失。所以孔子说,面对这两类自设限度的人,没有任何办法教;无办法教的办法,是放弃教。

<h2 style="text-align:center">三</h2>

孔子之教的限度原则,并不与他的"有教无类"原则相冲突,因为有教无类原则建立在自为地学基础上。自为地学的根本是学必须"而"。在孔子的教育世界里,"而"由"学"所生发,"而"之于"学",是自为地践履。所以,学而成己,必须是学而践履。

孔子为教总结出如上限度原则,告知弟子两点:第一,教不能包揽一切,它只能在有限条件下的有限方面发挥作用。一旦突破其条件要求和有限的领域,是教之自辱。第二,教之能够促成人学而成己,在于学而求教时才发挥作用。这既是教的功能所在,也是教的边界所在,更是教的尊严与光荣所在。

孔子告诉弟子:**没有教的尊严,永不可能有教的成效**。教的尊严在于:它本身能够给予"学而"者以限度。或者,教的尊严,源于"学"者求教与践履两个方面形成的合力。

第 25 章释义

子曰:"主忠信,毋友不如己者,过则勿惮改。"

[注释]

主忠信:主,犹"亲",指亲近,亦为主导。由此形成两解:一是以忠、信为亲;二是以忠、信为主导、为准则。

毋友:毋,通"无",不要。指不要随意地结交朋友。

过则勿惮改:过,过错、错误、过失。惮,畏难。勿惮改,指害怕改过。

[译文]

孔子说:"为人处事既要忠诚,也要守信。交友更需要慎重,不要交不如自己的人;一旦有了过错,不要害怕改正。"

[通解]

本章与《学而》第八章相似:"子曰:'君子不重则不威,学则不固。主忠信,无友不如己者,过则勿惮改。'"(《学而》)两者内容呈重合性。《论语》编纂者重复此章内容,应该是有意为之。联系上下文语境看,《学而》第八章讲述人应该学哪些内容才可成己。孔子认为,自重、忠诚、守信和改过自新,此四者是人为成己而学的必备内容。本章再论忠、信、交友、改过,却是从原则论。由于其切入问题的角度不同,相同的内容所获得的思想意义自然不同。

本章承接上章内容,更为具体地阐述人学而成己的原则。上章紧承第二十三章提出学必成己的三个一般原则,即唯法理原则、辨伪求真原则和为教尊严原则;本章则从日用常行角度,讨论唯法理原则、辨伪求真原则和为教尊严原则如何具体运用。或可说,上章讲述学而成己原则的一般认知论,本章讲述学而成己原则的具体践履论。

孔子认为,根据返本开新的历史发展观和"以仁入礼"的文道救世路线,唯法理原则落实在个人的日用常行上,形成根本的践履原则有二:

一是忠信原则。

二是强友原则。

以忠信为主导的践履原则,是如何待人和怎样处事的原则,它规范人的为人处事必须有既定方向、有明确边界及自为约束,其立的依据是"己所不欲,勿施于人"和"己欲立而立人,己欲达而达人"。

交友必优于己的践履原则,是如何待己的原则,它的依据是"人必己师",即自己交结的朋友一定要在各方面或某些方面优秀于自己,能够成为学而成己的源泉。

孔子认为,人在学而成己的生活过程中,忠信和强友这两条原则能够践履于生活,需要一种自我激励,这就是过则勇改。过则勇改,是学而成己的反面激励原则;主忠信和交强友,是学而成己的正面规范原则。这正反两大原则的整合践履,构成人学而成己的道德力量。

第 26 章释义

子曰:"三军可夺帅也,匹夫不可夺志也。"

[注释]

三军:周代,诸侯大国可设三军:"凡制军,万有二千五百人为军,王六军,大国三军,次国二军,小国一军。"(《周礼·夏官·司马》)本章中的"三军"泛指军队。

匹夫:夫,成年男人。一男为夫,与之相对者,即是一女为妇,故有匹夫匹妇之谓。本章中"匹夫",指平民成年男人。

不可夺志:志,意志、志向。夺,剥夺、抢夺。指不可剥夺其意志、志向。

[译文]

孔子说:"三军统帅的权力,可以任意地剥夺;人成己的意志和成人的志向,却不可剥夺。"

[通解]

学而成己主忠信、交强友和过则勇改(第二十五章),必遵循法理和必辨伪求真(第二十四章),必闻道而行(第二十三章),必遵循禀赋的限度(第二十二章),进退相宜(第二十一章),必以德制色(第十八章),惜时而进(第十七章)等准则中,最根本的是立志,这是本章"三军可夺帅也,匹夫不可夺志"所强调的。

一

学而成己,莫先于立志。这是因为学而成己,必须确立主体、形成方向、获得边界、生成动力。然而,主体在己,方向在己,边界在己,动力在己。己之主体,由修仁确立;己之方向,由闻道和行而致道得到;己之边界,则习礼(亦可曰"德")形成;己之动力,由立志生成。

志,是立的成果。立志,是内在生命价值和意义的观照性显现。所以,立志是内生的,但需要反观性激励方可实现,这是立志可求之于教的最终依据。客观地讲,人立志,是将蕴含于生命深处的存在价值和生存意义予以个性化挖掘和人格化彰显。这一内在性的工作,可以由自己独立完成,也可以借助于他人的引导或激励而开启。前者如孔子本人,他基于"信而好古"方式"学而知之";后者如子路、冉雍、子贡、曾子等孔门弟子,都是在追随孔子学而的过程中接受夫子引导和启发形成自我之志;相反,颜回为学之所以不能做到进退相宜,不仅与禀赋和资质相关,可能也与他始终没有获得明朗坚定的"志"相关。

志之得立,虽可借人之力,但最终是己之所为。所以,人立志在己,且志成在己。通过自己或借助于他人将内蕴于生命之中的那个原动力彰显出来,表明可以使之得立,但要使被彰显出来的东西真正得以确立,却需要使彰显出来的这个东西获得应有的、不变的稳定方向,这就是志向。所谓

691

志向,是所确立起来的内在生命价值和意义被赋予不变朝向。朝向什么呢？就是孔子所讲的"志于道"。所谓"志于道",是使志朝向道、臣服道,以道为指南、以道为准则、以道为规范。唯有使己"志于道"扎根心底,才可真正做到"匹夫不可夺志"。

二

"三军可夺帅,匹夫不可夺志"的思想,是孔子学而成己的核心思想,也是孔子君子理论的灵魂。学而成己,是要把自己成就为君子,但根本前提是通过确立志向来铸成成己的内在灵魂和构筑成己的总法则,这就是士"志于道"。有了这个东西,人傲然挺立而有骨;也只有内生出这个东西,人才不辱。"子曰:'不降其志,不辱其身。'"（《微子》）人立于世,其身不辱的绝对前提是其志不降;其志不降的绝对前提是"志于道",安泰、稳定、恒在。反之,非朝向于道的"志",往往可降,自然难以达到安泰、稳定、恒在的状态,其志也会在这种非恒稳性中被解构掉。所以,人要使己志成为成己的总法则,必须使其融于道。志于道,是"匹夫不可夺志"的绝对前提。

孔子对君子学而成己之"志"注以如此厚重的内涵,是对自己对成己之"志于道"的日常坚守的反观性体认。孔子游国,第一次适卫,卫灵公准备给予大司寇的待遇,但因为卫灵公好色重于好德,毅然离开。第二次适卫,因为卫灵公傲慢"辟色",同样毫不犹豫地离开。孔子为何要如此？他自己做了最好的回答:第一,成己的君子,哪怕是匹夫,不可任其剥夺所坚守的"志道";第二,成己的君子,面对任何有辱于君子"志道"的场合,都会拒绝任何利欲和诱惑,使自己"不降其志,不辱其身"。

第 27 章释义

子曰:"衣敝缊袍,与衣狐貉者立,而不耻者,其由也与!""不忮不求,何用不臧?"

子路终身诵之。

子曰:"是道也,何足以臧?"

[注释]

衣敝缊袍:衣,穿衣。敝,本义为用棍子敲打"巾"上的尘灰,指"巾"破旧。缊,衣。袍,是絮。古代袍有两种,即茧袍和缊袍,前者用茧做成;后者由麻絮做成。缊袍,指复衣。古代衣分为三种:一是单衣,称为"禅衣";二是夹衣,称为"裌衣";三是絮衣,称为"复衣"。敝缊袍,指破旧的棉袍。

衣狐貉：狐貉，用狐貉皮制成的裘衣。指穿狐貉皮制成的裘衣。

其由也与：其，指代穿狐貉皮裘的人。与，给予，意为将其置于一起。夸子路品德。《檀弓》记载："子路曰：'伤哉贫也，一无以为养，死无以为礼也。'"《孔子家语》也记载了子路为亲负米的事迹。

不忮不求，何用不臧：此二句出自《诗》"百尔君子，不知德行。不忮不求，何用不臧"（《诗·邶风·雄雉》）。忮，害，嫉妒。求，贪。臧，善、好。指不嫉妒，不贪求，何为不善呢？

［译文］

孔子说："敢于穿古时旧棉袍与穿狐貉皮裘的人站在一起无羞愧感的人，大概只有子路。""不嫉妒，不贪求，何为而不善呢？"

子路听后，经常诵读"不忮不求，何用不臧"，并欲以此方式铭之终身。

孔子说："这是君子的日用常行之道啊，哪里值得为之称道呢？"

［通解］

上章讨论志对君子成己的根本性，因为"志"的确立本质上是道的确立，一个人，唯有所立之志指向道并会通道时，才可获得坚固的不可"夺"之"志"。本章讨论"志于道"者如何"以道行之"。

一

"述而不作"的孔子，阐述任何普遍性的真知、真理，总是通过日常生活常识来表述。本章中，孔子通过讲述具体的人的具体事，揭示"志于道"者"以道行之"何以可能。孔子说，穿着破旧棉袍敢于与穿狐貉皮裘的人站在一起，不觉得低人一等，不觉得惭愧，就是"以道行之"。

孔子以穿破旧棉袍和穿狐貉皮裘对立为喻，首先表达"志于道"的生活本质，在任何时候都"以道行之"，在任何情况下都坚守"道"。这个道，大而言之，是救世的准则；具体地讲，是生活的准则。作为生活的准则，是不以己贫而自贱，也不以人富而媚骨。其次指出君子"以道行之"，是志于以道引导行为，以道指导生活，这既容易，也不容易；既难，也不难。容易和不难是指"以道行之"不过是穿着破旧棉袍与穿狐貉皮裘的人站在一起，泰然处之，既无低人一等之感，也无嫉妒之情；不容易和困难指当穿着破旧棉袍的人与穿狐貉皮裘的人站在一起，既感到没有面子，也感到自卑，更心生嫉妒。所以，"以道行之"，不过是日常之为，做起来很简单，很不费力，也不劳神，可以说是举手之劳，任何人，只要愿意，都能做到。然而，生活的辩证法往往是，越是容易的事，越不容易做到；越是简单的事，做起来越困难。"以道行之"也是如此，比如敢于穿着破旧棉袍与穿狐貉皮裘的人站在一起不觉得为难或困窘的人,孔子认为在他的众弟子中,也只有子路一个人才能做到,甚至包括孔子本人也不一定能够做到。为什么呢?贪求和嫉妒,是天赋人性向谋求生存方向敞开过程中表现出来的两种普遍的利己倾向。欲望自己获得更多和嫉恨他人获得更多,本质上是匮乏引发生成的贪婪,这种匮乏性贪婪造成很少有人能够做到"不忮不求",这是孔子美子路的原因。

二

从上下语境观,本章内容的前半部分,应该是孔子的讲课内容,与弟子一道讨论如何"志于道"时,必然要涉及"志于道"的日常方式应该是怎样的。后半部分是子路的奇特行为表现和孔子对其行为表现的评价和引导。所以前后两部分内容,是在一个时间敞开的进程中生成出来的,并且前半部分内容发生之后,才有子路的行为表现,子路的行为表现展开很久时间之后,才有孔子对子路行为的评价及针对性的再引导。

仅前半部分言,孔子以"不忮不求,何足以臧"美子路,是要以榜样的方式训诫门下其他弟子应该如何以"以道行之"的方式去"志于道"。

子路得到老师的夸奖,很是兴奋,把老师引来赞美自己的那两句诗记下来经常诵读。这是因为,第一,从《论语》可以看到,子路是孔子最喜欢的大弟子,但也是孔子以最严厉方式对待的弟子。平时,孔子更多的是批评子路,所以子路对难以得到的一回表扬,自然兴奋。并且老师是引古人的话来夸奖自己,这在子路看来是他追随老师的人生过程中最大的一件事情,也是他平生最了不起、最值得纪念的事情,于是他经常诵读之,以体会老师的溢美之情的温暖,更是想以此鼓励自己在"不忮不求"方面做得更好。第二,揭示子路对孔子的崇敬之情远甚于颜回,颜回得孔子夸奖,如同每天饿了吃饭一样随便,他更多地勤奋钻研老师讲的话的深意何在,因而其生活陷于"仰之弥高,钻之弥坚,瞻之在前,忽焉在后"之中,很难得像子路那样时时处处为老师想,时时处处不忘老师的教导,将老师的夸奖、表扬视为最神圣、最不应该随便置之不惜的东西。所以,他经常诵读之,并要以终身为之。第三,孔子难得一次的表扬,成为子路这个经常遭受批评的大弟子最扬眉吐气的一件事,所以子路经常诵读老师对他的表扬,亦体现一种骄傲。正是因为如此,子路"终身诵之"的行为引来孔子的告诫。

孔子说,不贪求、不嫉妒,本来是君子"志于道"的日用常行内容,如饿了吃饭,困了睡觉,一切都自然而然,有什么好张扬的呢?孔子对子路的教导,揭示了士"志于道"的平常性。君子"以道求之"的生活化,既是"君子食无求饱,居无求安,敏于事而慎于言,就有道而正焉,可谓好学也已"(《学而》),也是"士志于道,而耻恶衣恶食者,未足与议也"(《里仁》)。

第 28 章释义

子曰:"岁寒,然后知松柏之后凋也。"

[注释]

岁寒:岁,年。岁寒,有二义:一是一年春夏秋冬四季中,冬季是寒冷季,指一年的冬季;二是一年中最寒冷的时段,即"小寒""大寒"这两个时段。

松柏之后凋:松柏,是四季常青不落叶之树。凋,通"彫",凋谢,凋零。后凋:凋谢于它物之后。松柏之后凋谢,后世皆注解其松柏凋谢于众木之后。这种注解却不通物理:松柏本乃四季葱郁之树,何来"凋于众木之后"呢?此其一,其二,如此注解也不符合义理,即不符合孔子以"松柏"喻之道理。所以,"松柏之后凋",应为松柏葱郁于众木凋谢之后。

[译文]

孔子说:"只有在岁末天寒地冻时节,才感知到松柏何以始终如一地在众木凋谢之后仍然葱葱郁郁地傲立于冰雪之中。"

[通解]

本章与前两章存在主题方面的拓展性关联。第二十六章讲述君子成己必立志,并且其所立之志必致于道;第二十七章讲述君子如何行所志之道;本章讨论君子在行所志之道的日常生活进程中如何守其道,尤其应如何在任何艰难的环境下不丧其志、不失其道。

一

本章中孔子如是说,应该有特定语境,并且,这一特定语境一定不是顺境,而是困境、窘境或危境。

孔子穷于陈蔡之间,七日不火食,藜羹不糁,颜色甚惫,而弦歌于室。

颜回择菜,子路、子贡相与言曰:"夫子再逐于鲁,削迹于卫,伐树于宋,穷于商周,围于陈蔡。杀夫子者无罪,藉夫子者无禁。弦歌鼓琴,未尝绝音,君子之无耻也若此乎?"

颜回无以应,入告孔子。孔子推琴,喟然而叹曰:"由与赐,细人也。召而来,吾语之。"

子路、子贡入。子路曰:"如此者,可谓穷矣!"

孔子曰:"是何言也!君子通于道之谓通,穷于道之谓穷。今丘抱仁义之道以遭乱世之患,其何穷之为?故内省而不穷于道,临难而不失其德。**天寒既至,霜雪既降,吾是以知松柏之茂也。**陈蔡之隘,于丘其幸乎。"

孔子削然反琴而弦歌,子路扢然执干而舞。子贡曰:"吾不知天之高也,地之下也。"古之得道者,穷亦乐,通亦乐,所乐非穷通也。道德于此,则穷通为寒暑风雨之序矣。故许由虞于颖阳,而共伯得乎共首。(《庄子·让王》)

应该说,《庄子》这段文字是完整的"岁寒,然后知松柏之后凋"的叙事。所叙之事发生在鲁哀公六年(前 489 年),这一年孔子六十三。在古代,六十三岁算是高龄了。如果人的一生也有春夏秋冬四季的话,那么六十三岁之于孔子,应是他人生年轮最后时节,即"岁寒"时节,即如他所自述的那样是从"六十而耳顺"到"七十而从心所欲不逾矩"(《为政》)的岁月。所谓"耳顺",郑玄注之曰"耳闻其言,而知其微旨";不仅于此,耳闻其声其雨其风其鸟兽虫鸣,而知天地变化之道。孔子厄于陈、蔡之途,"七日不火食,藜羹不糁,颜色甚惫",而门人怨言,然孔子却"弦歌于室"。何也?进入"耳顺"之年并达到"从心所欲不逾矩"之境的孔子,早已听其声而知其动静变化的走向与结果。

二

孔子讲君子求仕,应该危邦不入,乱邦不居。但本章又加了一条:危境不乱,或可曰**危境自安**。孔子何能做到在"七日不火食,藜羹不糁,颜色甚惫",门人生怨的危境下他泰然地"弦歌于室"? 这就涉及本章中"岁寒"和"松柏"两个隐喻。

"岁寒",既可喻"形容状态的贫贱、穷困",也可喻"实现志向或使命的艰难、困苦",还可喻"乱世"。所以这里的"岁寒"是"君子处其间,然后知所以不凋。处境济,人人可以做君子;处境艰险,君子、小人立辨。所以,这里指陈的也是通往'气节'一途的"[①]。本章中,"岁寒"实指厄于陈蔡之途的匡地危境。在这种危险处境中,孔子处而不惊、不乱,并泰然弦歌于囚禁之室,这是何等胆量! 这种胆量来于何处? 来源于胆识,具体地讲,既来源于远见卓识,更来源于对天命的领悟和对命运的把握:"子畏于匡,曰:'文王既没,文不在兹乎。天之将丧斯文也,后死者不得与于斯文也;天之未丧斯文也,匡人其如予何!'"(第五章)本章中孔子如是说,张其难得的胆识。但

---

① 金纲:《〈论语〉鼓吹:圣贤的光荣与漏洞》,天津,天津人民出版社 2007 年版,第 281 页。

其胆识又源于何处？来源于岁月磨砺，也源于"信而好古"对历史规律的领悟，更源于对人性复杂性和易变性及其化解的觉解。

孔子的"岁寒"之喻指向"松柏"，才构成完整的寓意。作为乔木植物，松柏与岁寒构成一对相克的矛盾；但松柏奇特于所有乔木植物之处，在它将与岁寒之间相克的矛盾化解为相生相依的存在关系。天寒地冻的世界，只有松柏为其装点绿色，使死寂般的岁寒获得盎然的生意；同时，唯有岁寒成就了松柏，使之四季常青。

三

孔子"弦歌于室"中所论"岁寒"中的松柏，不是论说松柏之后凋，因为大自然中松柏本身从不凋谢，而是论"天寒既至，霜雪既降，吾是以知松柏之茂也"。

如果岁寒喻"君子固穷"，那么松柏乃喻君子必在穷困处境中持守本己，不移其情，不改其志，不忘其道。

如果岁寒喻"实现志向或使命的艰难、困苦"，那么松柏乃喻君子心志坚毅，不畏艰难，不避困苦，专志于道，终行于道，勇往直前，义无反顾。

如果岁寒喻"乱世"，那么松柏乃喻君子遗世而立的希望，守正而待的光明。

"三军可夺帅也，匹夫不可夺志也"，岁寒是松柏生长的土壤、环境，亦是培育松柏傲然挺立的**生存场域**。与此对立，贫穷、困苦、乱世，亦是磨砺君子成己的三种环境，三种方式，三种正大光明的手段，唯有在贫穷、困苦、乱世中一以贯之地坚守本性，坚强志向，坚韧行道，不忮不求，才可真正成己，并最终走向成人。

岁寒，摧众木凋谢，唯松柏在众木凋谢之后仍然葱葱郁郁而构成天寒地冻的死寂世界中唯一充满勃勃生机的绿色风景，那不仅是一种生机勃勃、生意盎然的风景，更是寒尽春来的希望，大地将绿、万物将苏的使者。贫穷、困苦、乱世乃岁寒，君子如松柏，它珍奇，因为它是唯一；它傲然屹立，因为身负报春的使命；它始终葱葱郁郁，因为它持守本性、本志而一以贯之。这是君子在任何处境下都以道行之，"不降其志，不辱其身"（《微子》）**的真正体现。**

第 29 章释义

子曰："知者不惑，仁者不忧，勇者不惧。"

[注释]

知者不惑：知，同智。知者，指有智识的人。惑，迷惑、困惑。指通晓大道者不会为具体事物困惑。

仁者不忧：仁者，心中有人人的人。忧，忧虑、忧惧。指有仁爱之德的人不为得失忧虑。

勇者不惧：勇者，敢于面对和行动的人。惧，害怕、畏惧。指敢于担当而行的人不为逆境所惧怕。

[译文]

孔子说："通晓大道者，不为事物变化困惑；拥有仁德者，不为得失忧虑；敢于担当而行者，不为逆境惧怕。"

[通解]

孔子以岁寒喻当下处境（比如"穷于陈蔡"）、生存环境和大乱世道，以岁寒中葱郁挺拔的松柏喻坚守"志于道"并"以道行之"的君子，实质上是孔子自喻。本章则为之解释，君子能在众木凋谢的岁寒中如葱郁松柏那样自在傲立的秘密：君子具备知、仁、勇三德。

一

或许，本章中孔子言论所发生的情境原本是"穷厄于陈蔡之途"，是孔子面对门人相怨，以"岁寒，然后知松柏之后凋"鼓舞起大家的斗志之后，进一步展开励志引导。孔子向众弟子宣示：我等被困困于此，尔等相怨于危难之中，唯我仍鼓琴于因禁之室，是因为具备知、仁、勇三者。或往大处说，我等都生于这大乱之世，自然众人趋利，而唯我孔丘傲然屹立大道之途，如岁寒之松柏苍劲葱郁，靠的是知、仁、勇充溢于心，集聚于身，化之为行。孔子以此自表："君子道者三，我无能焉。仁者不忧，知者不惑，勇者不惧。"子贡曰："夫子自道也。"（《宪问》）

贫穷、困苦、乱世，是岁寒，处于贫穷、困苦、乱世之中仍"志于道"并"以道行之"的君子，其特立独行的本事，乃因具有"知而不惑、仁而不忧、勇而不惧"三德。

二

知之所以不惑，是因为知不仅是知识，而且是求真知、得真理。求真知是大智，得真理是大慧，大智通道，大慧融道。通融大道，必然万物皆备于我，见微知著，不会为事物困，更不会为变化惑。

真正的不惑之知，是求真知、得真理之知，这是超越任何具体事物、具体利害、具体得失的大有之知。所以，真正的不惑之知蕴含的必然是仁。所谓仁，小而言之，是心盛他人；大而言之，心所盛装的不仅是人，更包括事物、生命、天地及其循环往返之道。所以，有仁的前提是**大知**，有仁的体现是**万有**，有仁的方式是敞开胸怀，**物我一体，天人一体**。

知与仁,原本一体,自然勇而无惧。因为真正的勇,是知仁之勇。知仁之勇,是知之"内省"所得,亦为仁之自为敞开状态。所以,**勇的本体动力是知,勇的行为动力是仁**。

第30章释义

子曰:"可与共学,未可与适道;可与适道,未可与立;可与立,未可与权。"

[注释]

可与共学:与,与之,一起。学,问学。指可与之一起问学于道。

适道:适,赴,追随。指追随道,行志于道。

可与立:立,创立。指与之共同创业。

未可与权:权,称物之锤,指权衡,本章做变化讲。

[译文]

孔子说:"人与人,能共学问于道者,不一定能共志于道。能共志于道者,不一定能共同守道而立;能共同守道而立者,不一定能共同变化日新。"

[通解]

上章讨论君子生于贫穷、困苦、乱世中,之所以如松柏那样独御岁寒,是因为己具知、仁、勇三德。本章进一步讨论具备知、仁、勇三德者,仍然要不间断地修习和修德,才可成为真君子。

一

孔子指出,**人不是一种静态的存在,而是一种动态生成**:人要成为君子,始终是一个人生进程。在这一人生进程中,获得知、仁、勇,只表明通过艰苦的自为性努力而具备将自己成就为君子的主体条件,要保持知、仁、勇使之不断自我完善,却是一个更为艰难的跋涉进程。孔子将这一人生进程概括为**求道、适道、守道、用道**,这既是四个环节,也是四步阶梯。

追随道的人生阶梯,第一步是求道,其重心是闻,亦可谓"**闻道**";第二步是适道,其重心是志,亦可谓"**志于道**";第三步是守道,其重心是恒,亦可谓"**恒道**";第四步是用道,其重心是化,亦可谓"**化道**",或可谓孔子所讲的"从心所欲不逾矩",这个无论怎样做都不会逾越的"矩",就是灵活变化之"道"。

二

在上章中,孔子讲"知者不惑"之知,即是智,故知而不惑。孔子讲"德不孤,必有邻"(《里仁》)之德者,仁。故仁者,有人;因此有德者,必有邻。但有知有德并不必然勇,因为勇,体现面对和担当。只有勇通于知德,才可谓君子。勇通于知德,所面对者世也,所担当者道也:面对乱世而担当大道,就是勇。

勇往直前,君子必孤。因为,在面对乱世担当大道的起步阶梯上,求道者众;继续向前,适道者寡;再向前,守道者又寡;再继续前行,化道者寡之又寡,故而**君子必孤**。

孔子告诉弟子,君子之德,有同行者更根本的是仰慕者众,所以"德不孤";但君子之行展开为求、适、守、化的人生进程,则必孤,所以君子必孤,以行不断攀越的至高阶梯论。君子必孤,既是一种使命,也是一种天命:使命和天命,构成君子命运。在君子由"始"从者众到"终"立者孤这条道路上,每步阶梯都是对**知力、仁性、勇毅**千锤百炼的磨砺,能承受得住每锤敲打而始终"志道"如初"行道"始终者,才可登上灵活变化大道而达于"从心所欲不逾矩"之极境,成为超越时空的傲立于世者。孔子问弟子,你们当中能有多少人做得到并最终达道? 这是孔子对弟子的最高激励之道,这一激励之道构成孔门"苟日新,日日新,又日新"的内在源泉。

第 31 章释义

"唐棣之华,偏其反而。岂不尔思,是室远而。"
子曰:"未之思也。夫何远之有?"

[注释]

唐棣之华:唐棣,有二说:一是郁李。邢昺疏引陆玑《毛诗草木鸟兽虫鱼疏》疏本章曰:"(唐棣)奥李也。一名雀梅,亦曰车下李,所在山皆有。其华或白或赤;六月中熟,大如李子,可食。"奥李,就是郁李。二是白杨类落叶乔木,即枎栘,也称红枸子。《尔雅·释木》曰:"唐棣,栘。"郭璞注:"今白杨也,似白杨,江东呼夫栘。"华,花。

偏其反而:偏,翩。反,翻。

岂不尔思,是室远而:尔思,相信你。室,处所。"扶唐棣之华,偏其反而。岂不尔思,是室远而"是一首逸诗,它以"美丽的唐棣之花,随风翩翩"起兴,表达"想念而不得是乃相距太远"之情。

未之思也,夫何远之有:思,思念。远,遥远。真的思念,不会为距离阻隔。

[译文]

诗曰:"唐棣之花翩翩摇曳,难道不想念你吗? 不,只是离你距你太遥远了。"

孔子说:"恐怕不是真想念,真的想念本于心,以心相感且以心相通,会存在距离上的远吗?"

[通解]

本章与上章原本一章,朱熹《集注》将其分为两章。形式上分开,但内容仍然一体。上章承第二十九章讨论君子成己之道,结论是君子道孤。本章解释君子道孤的理由。

第二十九、三十两章,孔子论成己之要道有三:

首先,君子成己必须具备的主体条件,只能是知、仁、勇三德。

其次,君子成己的真正起步是问学道,继而适道、守道,最后达于化道。

最后,君子成己的最终标志是"可权",即随心所欲地权变大道,任其自由地运用大道而救世、治世。

综上,君子成己,同志同心同力同用者寡,所以,君子乃孤。或许,孔子的这个结论引来弟子的不同看法或争论,争论的焦点或许是"君子何孤?"或可曰"君子之路,何为从者寡?"。是知力不足? 或者仁爱不深广? 抑或勇毅不坚?

孔子引"唐棣之华,偏其反而。岂不尔思,是室远而"一诗起兴,告诉弟子:君子之道从者寡的根本原因,既不是知也不是仁更不是勇,因为一个人一旦成为知、仁、勇者,一定是"中人以上"者。君子之道从者寡,根源于人们"志于道不坚"。**志于道不坚,自然会适道不力、守道不坚。反之,问学于道,必要志于道;志于道,必然要求志适于道,即将志融贯于道中。**志融贯于道,不仅要意守,更要行守。意守不易,行守更难。唯有当意守与行守合一,使之为常,才可开启"可权"、"能权"和"善权"之路。

孔子将"君子之路,从者寡"的原因概括为"志于道不坚"。同时,孔子又将"君子必成之道"概括为"坚志于道"。孔子以浪漫的恋爱为喻:爱美失美的借口是"我不想念你吗? 不,这是因为你离我的距离太遥远了,使我爱之无力";反之,爱美而美的唯一方式是"只要你投身于她,她就迎你而来",或曰"我心于你,你必于我",这就是"未之思也,夫何远之有?"**坚志于道,道必贯尔**:一日坚志于道,一日道贯于尔;日日坚志于道,日日道贯于尔。一以贯之,守死善道,不仅是君子,而且必是随心所欲不逾矩者。

乡党第十

从《学而》开始,至于《乡党》,形成一个相对完整的宏观结构。这个结构蕴含其思想的逻辑起点——"君子":"述而不作,倍而好古"的孔子考信历史,发现盛大的周文明是借鉴夏商两代文明精华而塑造君子阶层进入创建文质彬彬的君子社会所成。因而,解决"道术将为天下裂"的乱世,重建社会秩序,最终不能通过战争,因为战争只能制造离乱,所以只能通过文道救世。因而,孔子基于文道救世的理想,以返本开新的方式开辟"以仁入礼"的重建道路,根本任务是培养拯救时世的君子。将人培养成君子,是构成孔子思想的核心。从第一篇《学而》到第十篇《乡党》,均围绕此论说展开。

如何将人培养成为文道救世的君子,孔子着重从三个方面展开思考:

一是何为君子的标准?
二是君子是做什么的?
三是人如何成为君子?

如上三者中最根本的是确立培养君子的标准,但最重要的问题却是怎样培养君子。《论语》编纂者从揭示"成君子的方式"入手,继而揭示"成君子的目标",然后揭示"成君子的标准",由此形成以《学而》为开篇,以《乡党》为结束的宏观结构。这个结构在《论语》开篇亦即《学而》第一章予以总概性展示:"学而时习之,不亦说乎? 有朋自远方来,不亦乐乎? 人不知而不愠,不亦君子乎?"从学知识、学知人(包括知己)、学做人这三个维度入手,探究性解答如上三大问题。所以"学而时习之"一章,实际上是孔子君子学说的总纲,但首先是《论语》第一篇到第十篇的结构性概括:

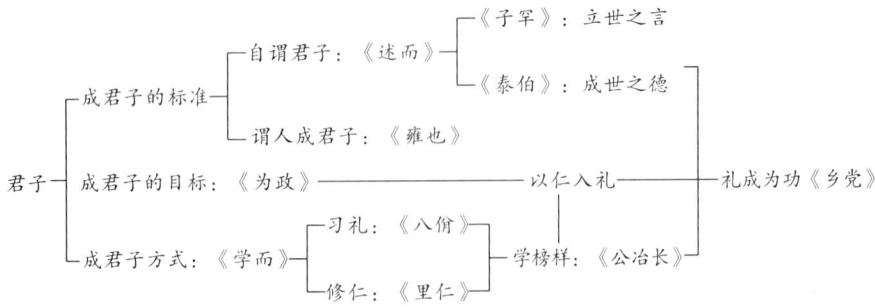

图 10-1 《论语》前十篇的逻辑结构

在孔子的君子学说中,人学而成己为君子的目标是为政,但基本路径是"以仁入礼"。以仁入礼,有两层含义:一是以仁习礼;二是以仁行礼。以仁习礼,养成德性;以仁行礼,践履德行。所以,以仁行礼才是人成为君子的基本标志,因为它贯穿仁与德,也将立世之言和成世之德统摄起来,指向君子事功。对于君子来讲,交友、治家、为政之功,均须行礼:礼成则功。

在如上结构框架下,第十篇《乡党》从进门和出门两个方面讲述君子如何礼成。

一

本篇讲述君子行礼,主要是孔子以自身说法来说明何为礼,其礼如何化为日用常行。

孔子以自身方式说法,重在行而非言,即以行为陈述礼法,陪同或伴随夫子的弟子记录下这些日用常行的礼,由此使本篇与前面诸篇在讲述方式上不同。另外,本篇内容所发生的时间,应该大多属于孔子从卫归鲁的晚年。孔子六十八岁时,执政大夫季康子以隆重礼节将其接回鲁国,给予大夫待遇。孔子因此过上安定优裕的晚年生活,同时也自然要时常接受邦君及执政大夫的召唤出入朝堂,接受国政咨询甚至陪君闲聊。于是有了出门行礼的三个维度,即入朝之礼、交友之礼和与人偶遇的平常之礼;更有富裕的居家生活的饮食之礼、服饰之礼以及寝居之礼等的记述。

二

第一章记述君子行礼必有场合要求。概述君子出门行礼的三种场合,形成三种不同的礼行,即乡邻礼、宗庙礼和朝堂礼。这三种礼行构建起君子交往的三种方式,即日常生活交往方式、神性的祭祀交往方式和严肃的政治交往方式。重点记录了朝堂的等秩之礼,重述言礼,即如何与人说话的技艺和礼。第二章记述朝堂中不同官职、不同地位、不同身份的人如何行礼得体,揭明朝堂之礼的两个基本要求:一是行礼必讲等序,不能逾越,不能轻慢,不能任意;二是成礼必呈品级姿态,这是学问修养大小和德性、德行高低的体现。第三章记述朝堂中邦国外交傧相之礼,重在于行,展示礼不过是日常生活的神圣仪式,它通过具体的礼行将日常生活神圣化,意在于突出人对人的重要性。

邦国外交礼仪由两部分构成:一是接待外国使臣之礼;二是出使国外之礼。将第三章和第五章联系起来,构成邦国外交之礼的完整画面:第三章记载接待外交使臣之礼;第五章记述出使邦国,怎样行外臣之礼。

第三、五章前面穿插着第四章,此章直接继第一、二章记述进见君主行礼的过程,通过这一过程的记述,展示一个生动且压抑的"朝见"场合,突出"君使臣以礼,臣事君以忠"的思想。

三

礼有公私之域,但无论公域之礼还是私域之礼,其言与行都必须以服饰穿戴为底色。第六章记述如何穿戴服饰才合身份。通过其记述,展示穿戴必然成为贫富的象征,也是精神、教养、道德的载体,更是社会规范、文明方式的呈现。同时也从侧面呈现孔子富裕的物质生活条件和富贵生活。

第七章记述私域领域家庭生活中的戒斋之礼,揭示这一特殊之礼的要义是"戒",戒的目的是正身心,戒的方式是改变日常生活方式,行短暂的素食生活和独处。第八章记述饮食之礼,揭示"礼之始,始诸饮食",因为它既是礼之日用常行的基本呈现,也是日用常行之礼的象征。第九章记述处理和享用祭品之礼,将礼与健康联系起来。第十章记述君子餐礼和寝礼:"食不语,寝不言",规定君子吃饭少说话,就寝不大声说话。

君子用餐,不仅要"食不语",而且应"必齐如"(第十一章)。这种每餐必敬的行为,既展示君子对食物来之不易的感恩,也展示君子对神灵护佑的敬畏。

君子居家生活行之以礼,一是服饰,二是饮食,三是坐卧。坐卧之礼分两章记述,即第十章"寝不言",记述君子卧礼;第十二章"席不正",记述君子坐礼。

四

从第六章到第十二章,记述君子私域生活之礼。从第十三章始,从不同方面记述君子出行于公域生活的敬人之礼。

第十三章"乡人饮酒,杖者出,斯出",记述君子对老者行敬礼。第十四章"乡人傩,朝服而立于阼阶",记述君子顺应民俗,行敬鬼神之礼。第十五章记述君子行托问之礼,强调君子谢他人为其劳己所不能之事,突出诚之于人,人之以诚,心以其敬,必以行回馈之。第十六章承之而记述君子如何致谢馈赠之礼。

第十七章以"厩焚"而先问人后问马,记述孔子怎样待家人和下人。第十八章记述孔子受邦君嘉奖如何行敬礼。第十九章继"康子馈药,拜而受之"(第十六章)之后,记述鲁哀公亲临孔府看望孔子疾病,孔子以"东首,加朝服,拖绅"方式行君礼,演绎"君使臣以礼,臣事君以忠"(《八佾》)的契约思想:孔子疾,鲁哀公登府看望,是"君使臣以礼";在这个前提下,"臣事君以忠"则展开为两个方面:一是孔子以"东首,加朝服,拖绅"的方式忠于礼(第十九章);二是孔子以"君命召,不俟驾行"的方式忠于事(第二十章)。

五

君子之为君子,就是为子孝,为臣忠,为友义。孝、忠、义,此三者皆有礼,并且是礼的三种类型。第二十二章承接第十五章"问人于他邦,再拜而送之"记述君子如何行为友之礼,展示朋友之礼的伦理本质是义,义的最高境界是悲天悯人,顺天敬命。第二十三章所记"朋友之馈,虽车马,非祭肉,不拜",揭明朋友之义的生存本质是平等,平等的主体性呈现是尊严。第二十四章与第十章内容联系:第十章讲"食不语,寝不言",接下来应该是"寝不尸,居不容",构成完整的语境:"食不语,寝不言",讲用餐和就寝应该有所约束,不要影响他人;"寝不尸,居不容",讲睡觉和居家生活如何使自己的身心更自由。

君子居家生活之礼应以身心自由、自在为准则,但君子出门之礼应以谨敬为准则,因为出门面对各色人等,必然谨敬。第二十五章以生活中四种特殊类型的人为例,说明如何谨敬地待人以礼,以突出孔子礼行于人的平等思想。

君子出门礼行,涉及两个方面:一是自我庄重威仪之礼,二是待人谨敬之礼。第二十五章讲君子出行如何行谨敬之礼;第二十六章记述君子出行如何做到自我庄重威仪之礼。

六

第二十七章可看成对全篇的总结,它抛开前面一以贯之的日常生活之礼的琐碎性,对日用常行之礼予以抽象的传述,采用"以事件为本体"的记述方式,通过人与鸟互动的三组动作的展开过程,隐喻孔子游国干政求与适、游与归的互动过程。对人与鸟互动过程的记述,孔子对自身说法的礼予以总结:礼之为礼,最终乃人之为人的行坐起止有度。礼化为君子之日用常行,是行止有疆,行止适宜。因而,君子之求,得之而居,不得而止。进一步讲,君子之求于世,功败垂成,既有天命,也有时运。进则须全力,勇而向前;无进则须果断,毅然返归其本。这就是雌雄"三嗅而作":大千世界,动物如此,人亦然,人理与物理相通,在于性本同。

第1章释义

孔子于乡党,恂恂如也,似不能言者。其在宗庙朝廷,便便言,唯谨尔。

[注释]

于乡党:于,在……地方。乡党,本义是古代社会底层的行政单位,按周制,五百家为党,一万二千五百家为乡。本篇指乡邻、乡亲。于乡党,指在乡邻面前。

恂恂如:恂恂,恭顺,王肃注为"温恭之貌",指表现出温和恭顺的样子。

宗庙朝廷:宗庙,行大礼之处;朝廷,举大政之所。

便便言:便便,辩,口齿伶俐。郑玄注为"虽辩而敬谨"。

唯谨尔:唯,唯有。谨,谨慎、庄敬。指在宗庙和朝廷这两个地方,唯当谨敬。

[译文]

孔子回到家乡,对乡邻温和恭顺,有些像不会说话的样子。一到宗庙,或朝廷,表达流畅清晰明白,只是很谨慎。

[通解]

本章内容可能是孔门弟子对老师生活的追述,以揭示何为君子之礼。"礼,履也,所以事神致福也。"(《说文》)君子之礼,要通过"履"来呈现;但所"履"之礼之于人,则铺开为日用常行。本章概述孔子如何"履"其礼。

一

君子行礼,必有场合的规范和要求。所谓场合,就是礼之所行的必要空间舞台。本章讲述孔子行礼的三种场合:第一种场合是乡邻,第二种场合是宗庙,第三种场合是朝堂。这三种场合构建起三种交往方式,即日常生活交往方式、神性的祭祀交往方式和严肃的政治交往方式。在这三种不同场合构建起来的不同交往方式中,所行之礼的内容、方式有所不同,但最终体现为行礼姿态的差异性。在与乡邻的交往中,孔子行礼的姿态是"恂恂如",即温和恭顺的姿态,表现出不会说话、不善说话的样子。进入神圣性的宗庙,或者到了威严性的朝堂,孔子虽然谨恭有佳,却说话流畅,表述清晰,达意明白。

何以会如此?

与乡邻往来,这是日常性交往,交流的不仅是礼仪、礼节、礼貌,更根本的是真实真诚的情感。情感的传递不需要过多的语言,即既不需要花言巧语,也不需要修辞与逻辑、层次和条理,最需要的是动作对情感的传导。因为,在与乡邻的日常性交往中,真实的、真诚的情感通过身体动作、面部表情的传导达到的交流效果,远远甚于任何有力的语言。这恰恰说明言说对真实情感和心灵的致意功能是有限的。

与此不同,宗庙之礼,是活人对死者之礼,行礼是实现人与灵的交流。在宗庙之礼中,身体动作面部表情只能起到交流的辅助作用,人与死者之灵交流沟通的主要方式是话语,所以说话必须清晰,表意必须明白,但动作表情必须谨敬。

朝堂,是邦国政务之所,交流的内容只能是邦国的政务,交流的内容规定了交流的方式和交流的姿态:在朝堂之上,交流的方式必须是上下对、问答式或间或的论辩式;交流的姿态,必须严肃、庄重、谨敬、有节。交流的基本要求,必须是声音洪亮、口齿清晰、表达有条理,而且思维严谨,有逻辑说服力。

二

君子行礼,无论在哪种场合,形式都很重要,但根本却是真心实意的情感。如何才能做到行礼真心实意?

基本的方式是将礼内化为自己的情感方式。

礼,作为人际(人与人、人与神、人与君)关系,在最初阶段可以是命令、强制,或者本身就是命令、强制,在这个阶段,"强迫的力量是很明显的,是可以触知的"。然而当通过修习内驻于心,"'礼'的广泛(而神圣)的力量运作却是不可见的,不可触知的。'礼'通过自发的协调而起作用,这种自发的协调则植根于虔敬的尊严之中。在神圣礼仪中的完美,既是精神性的,又是审美的"①。以此理解孔子之礼,它已不是一种形式,而是内在生命化的德行方式和审美化的精神状态。这种德行方式和精神状态,展示"人是一个礼仪性的存在(a ceremonial being)"②。

第 2 章释义

朝,与下大夫言,侃侃如也;与上大夫言,訚訚如也。君在,踧踖如也,与与如也。

----

① 〔美〕赫伯特·芬格莱特:《孔子:即凡而圣》,彭国翔、张华译,南京,江苏人民出版社 2002 年版,第 9 页。

② 〔美〕赫伯特·芬格莱特:《孔子:即凡而圣》,彭国翔、张华译,南京,江苏人民出版社 2002 年版,第 14 页。

[注释]

朝:上朝,指走上朝堂朝见君主或见同僚。

侃侃如:侃侃,和乐态。如,像……样子。指温和快乐的样子。

下大夫、上大夫:朝堂官职的称谓。周代"王者之制,公、侯、伯、子、男,凡五等,诸侯之上大夫卿,下大夫、上士、中士、下士,凡五等"(《礼记·王制》)。

誾誾如:言谈和悦中正的样子。

君在,踧踖如:在,在朝。君在,指君主视朝时。踧踖:恭敬的样子。

与与:威仪安详。

[译文]

君子上朝,与下大夫说话,语调显得温和而快乐;和上大夫说话,声音和悦中正,诚恳不阿;在邦君面前,恭恭敬敬,仪态安详。

[通解]

上章内容是弟子追述,本章内容是孔子讲述,听众可能是回来看望他的弟子。上章总述君子之礼的三种场合和三种行礼方式。本章具体讲述第三种场合第三种行礼要求。

一

礼,相对个体言,是行为规范方式;就社会论,构成社会规范体系。但无论对个体还是社会,礼的本质是**定等级,建秩序,设边界**。

在日常生活中,礼,是以两性和血缘辈分为依据所确立起来的上下**等序结构**;行礼,就是以具体的生活情境定义呈现这种上下等序结构。

宗庙之礼亦如是。不过宗庙之礼构建的等序是双重结构的,即人间的现世等序结构与神间的等序结构。这两种等序结构重合构建的依据,却是血脉。

在古代,社会等序结构相对简单,除了以血缘家庭为圆心拓展形成的家族、宗族和乡邻这两维社会关系外,就是以朝堂、官府为轴心的社会,并且后者往往构成真正意义上的"公共社会",这个公共社会的浓缩形态是朝堂。以朝堂为浓缩形态的"公共社会"构建起来的等序结构,呈权力中心论:它是以权力为依据构建起来的**官序结构**。礼之行为展开就是对这一套官序等级结构的感性化的日常呈现。

二

官员上朝,举手投足说话,必行礼。上朝行礼从两个方面展开:一是身体性的动作,表礼节;二是说话的声音与语调,表礼貌。相对而言,前者更多属于礼仪化的形式,后者才折射出实质性的情、意内容。这是孔子讲述君子上朝行礼何以重后者而略前者的根本原因。

君子上朝行礼,对下大夫是"侃侃如也",对上大夫是"訚訚如也",对邦君却是"踧踖如也,与与如也"。这不同的声音,不同的语调,表达不同的礼仪情意,这种礼仪情意虽然发自内心,却被严格等序化了。按周制,诸侯的朝堂,除邦君外,有两种官秩的人,即上大夫和下大夫。君子上朝,根据自己的官秩品级,其行礼有三种:一是臣对君之礼,二是上下大夫互行的不等秩之礼;三是同级的等秩之礼。孔子在这里着重介绍了前两种礼的所行要求:上大夫对下大夫说话,声音温和且语调快乐,显示上对下的亲近,这是主动示好,没有架子,给人和蔼可亲的印象。与此不同,下大夫对上大夫说话,声音和悦,因为这是下对上,既谨敬又庄重,显示出不卑不亢。无论上大夫或下大夫,面对邦君,却是必须恭恭敬敬,但又要表现出仪态端庄而安详,给君主以邦国栋梁之感。

孔子对朝堂之礼的讲述,表达出礼的两个基本理念:第一,行礼必讲等序和阶差,不能逾越,不能轻慢,不能任意。第二,成礼必呈品级姿态,这是学问修养的大小和德性、德行高低的体现。它涉及邦君的任用、上司的认同、下属间的亲疏。所以,朝堂行礼的讲究,不只是官序礼节,而是体现学问、修养和德性的礼态。这或许是孔子教人修习学问为何要选择"以仁入礼"路径的根本考虑。

第 3 章释义

> 君召使摈,色勃如也,足躩如也。揖所与立,左右手,衣前后,襜如也。趋进,翼如也。宾退,必复命,曰:"宾不顾矣。"

[注释]

使摈:摈,通"傧",接待宾客的傧相。

色勃如:色,脸色,古人称脸色为颜色。勃,即勃勃,意骤然改变。指脸色骤然改变。古人接待宾客,根据客人身份、地位以及见面的场合和气氛,不断改变容貌和颜色,使客人乐,且也自己乐。

足躩如:躩,快速。足躩,行走轻快的样子。

揖所与立,左右手:揖,拱手行礼。所与立,其他傧者与之并立。指向站于左边的人行礼,则移其手向左;向站于右边的人行礼,则移其手向右。

衣前后,襜如也:襜,状整齐貌。指拱手行礼必弯腰,身体一俯一仰,衣服前后摆动却保持整齐的样态。

趋进,翼如也:趋,向前。趋进,向前行走。翼,翼翼,敬慎貌。指向客人走去,要小心翼翼。

[译文]

　　邦君召见孔子安排做傧相,负责接见外客。孔子的表情骤然庄重,脚步也轻快起来。与并立者的其他傧相行礼揖拜,左右拱手,衣服前后整体地摆动。快步向前,其衣展如鸟翼,送走宾客后,回来向邦君报告,说:"客人已经走远了,不会回头了。"

[通解]

　　上章是孔子讲述上朝如何行等秩之礼,重言礼。本章孔子讲述官场如何行礼,以邦国外交傧相礼为例。

一

　　宾,古代重要的礼制之一,它构成邦国之间友好相处的重要桥梁。

　　本章是孔子以自己如何忠实地履行宾礼为实例,向弟子展示礼制如何成为邦国生活的神圣仪式,即通过具体的礼将邦国生活神圣化,意在于突出人对人的重要性。霍尔巴赫曾指出,人"为了使自己幸福,就必须为自己的幸福所需要的别人的幸福而工作,因为在所有的东西中间,人最需要的东西乃是人"①。礼就是通过使别人快乐和感到幸福的方式,来实现自己的快乐和幸福。因为人的快乐和幸福总是建立在别人同样感到快乐和幸福的基础上,并且只有当为别人快乐和幸福做出应有的努力时,自己才由此获得快乐和幸福。礼,就是这样一座桥梁。通过这座桥梁,人们相互出现在对方那里,在对方的感觉和行为中实现自己。

　　在人们相互出现在对方那里的过程中以给别人快乐和幸福的感觉来实现自己之礼,总是行为的意义大于语言,尤其是在宾礼之类的庄严交往礼仪中,细节化的礼仪行为才使人与人真诚相遇而心灵愉悦。

二

　　礼之行为之所以重于语言,礼之行为之所以总是化为细节,是因为礼的目标是要使相遇的对方愉悦从而实现自己的愉悦。最能够使相遇的对方愉悦的方式,就是以细节化的行为使相遇的对方感觉到自己的重要,或者特殊。从人性角度讲,人最爱的是自己,这一人性倾向使每个人几乎本

---

　　① 周辅成:《西方伦理学名著选辑》下卷,北京,商务印书馆1996年版,第89页。

能地渴望得到他人的特别尊重、敬重,获得在别人面前"自己才是最重要的"感觉。人间的行为之礼,就是通过细节化的行为本身使相遇的对象获得这样一种"自己最重要"的感觉,这是礼将日常生活神圣化的本质含义,也是行宾礼何以"色勃如也,足躩如也。揖所与立,左右手,衣前后,襜如也。趋进,翼如也"的理由,正是通过这每一个细节行为,才使客人感觉到自己的"最重要",才营造出日常生活的神圣化。或可说,通过礼,人们"相互出现在对方那里"之行为本身产生神圣性,即当人们以礼的方式"相互出现在对方那里",自然产生神圣性,人们由此相互成为神圣性的生活内容的有机部分。

礼之所以把人们"相互出现在对方那里"变成神圣性化的相遇,是因为礼的功能本质是谨敬。谨敬通过细节来实现。孔子接见宾客的行为细节的展开,呈现如何"谨敬"的过程。正是这个过程,受礼的宾客快乐着,施礼的傧相也因此快乐着。宾客"此刻出现在我的视野中"的日常生活因这一细节的礼仪行为被神圣化,作为傧相的孔子在"此刻出现在宾客的视野"中也因为他本人的施礼行为的展开而被神圣化。

由于礼之行为展开必要实现谨敬,因而,确保谨敬功能实现的基本要求,是礼宾的全过程必须始终如一,尤其是最终环节"宾退,必复命,曰:'宾不顾矣。'"则显得格外重要,呈现特别意义。这就是:谨敬的迎客之道,必须是"色勃如也",即改变自己的日常生活姿态、方式和容貌表情,以让宾客愉悦、快乐的仪式化的方式接待客人;谨敬的送客之道,必须是"宾不顾矣",即等到客人走远了,看不见了的时候,才离开,才结束谨敬之礼。

第 4 章释义

入公门,鞠躬如也,如不容。立不中门,行不履阈。过位,色勃如也,足躩如也,其言似不足者。摄齐升堂,鞠躬如也,屏气似不息者。出,降一等,逞颜色,怡怡如也。没阶,趋进,翼如也,复其位,踧踖如也。

[注释]

公门:进入朝堂拜见君王的大门。古代的宫廷,天子五门,即皋门、库门、雉门、应门、路门。朝天子入其中,"皋者,远也",皋门是王宫最外一重门;"应者,居此以应治",是治朝之门。所以进入天子朝堂的公门,应该是应门。而"诸侯三门库、雉、路,则以库门为大门,左宗庙,右社稷",所以进入诸侯朝堂的公门,应该是库门。

鞠躬如也,如不容:低头哈腰,显示恭敬谨慎的样子。如不容,指公门不容身。公门本高大,不可能不容,这里指自敛谨敬之至。

立不中门:《礼记·曲记》曰"为人子者,居不主奥,坐不中席,行不中道,立不中门"。立,站立。中门,大门的正中央。钱穆注:"门两边立长木,谓之枨。中央竖短木,谓之阑。门以向堂为正,东为阑右,西为阑左。东西各有中。出入之法,主由阑右,宾由阑左。礼,士大夫出入君门由阑右,诸侯西一门常掩,谓之宾门。臣统于君,故出入亦由东门,君行出入始中门,非尊者皆偏近阑而行,以避尊者。"(《论语新解》)

行不履阈:履,行。阈,门槛。指行须跨槛而过,如果脚踩门槛,则为其污。

过位:过,经过。位,君位。指经过君主的座位。

摄齐升堂:摄,抠。齐,裳下之缝。摄齐,提起衣裳下摆。堂,路寝之堂。指提起衣裳下摆到堂上去。

出,降一等:降,下。等,堂阶之级。指见过君王后,下堂降阶的第一级。

逞颜色:逞,释放个性的方式。指放任使身体及面部表情舒展。

[译文]

君子上朝进公门,仪容谨敬,走路像鞠躬一样,好像无处容身。站不立中门,过不踩门槛。从邦君的座位经过时,面色变得庄重,脚步也要加快,说话显得中气不足的样子。提起衣裳的下摆走上堂,一副谨慎恭敬的样子,屏住气如没有呼吸那样。礼毕出来,下了第一个台阶,面色才有所放松,恢复到一副怡然安适的状态。走完台阶,快步向前走,衣服展开如鸟儿展开翅膀。回到自己的座位上,又开始表现出局促不安的状态。

[通解]

第二章总论朝堂之礼,第三章述朝堂的外交礼仪。本章讲述进入朝堂进见君主之礼。

—

本章中,孔子讲述官员上朝必须遵守的礼制礼规过程,这一过程展示生动且压抑的"朝见"场面。透过这个"朝见"场面,理解孔子所讲的"君使臣以礼,臣事君以忠"。

臣事君以忠,首先不是做事上的。做事上的忠,是为把事情做好而尽力。臣事君以忠,首先体现在礼上。因而,臣事君以忠被纳入礼仪硬性的规范,使之构成一套"礼法"规定。臣事君以忠,首先是演习这套礼法,熟练这套礼法,然后表演这套礼法。所以,臣事君以忠,更多地属于表演性质,体现形式意味高于实质内容。

既然君臣之间行的这套礼法是人为制定的,多体现脸谱化的千篇一律性,缺少实质性真内容,但为何还需要这套东西呢?

如上章所述,礼,无论是日常生活之礼,或宾客之礼,以及朝堂之礼,都是将人们"相互出现在那里"的相遇神圣化。所谓神圣化,就是去日常化。所谓去日常化,就是去掉日常生活的平庸性或死水一潭化,使之陌生化和被高看待化。尤其是君臣朝见,是每天的例行公事,更容易平庸化和死水化。朝仪,就是使这一平庸化和死水化的朝见会面仪式超乎平常性,使君臣双方都相谨敬,以使双方都感觉到"我最重要"。在这套礼仪行为中,君主的"最重要"的感觉,来源于众臣的谨敬;臣子们的"我最重要"的感觉,亦是通过自己的礼敬而在君主那里得到"我亦重要"的突显,即我在君主面前"亦重要"的印象和感觉,是为臣的一切的来源。

二

正是基于君主"我最重要"之受纳要求和为臣者实现"我亦重要"之愿望,其行礼必须谨敬,谨敬的背后,却是尽心。

臣事君以忠,体现在做事上是尽力;体现在礼敬上,是尽心。只有尽心,才可模范遵循这一套严格的礼法规范;也唯有尽心,才可在入公门觐见君王的每个细节不出差错,表现得更好。概言之,古人如此重礼,君臣如此热衷于礼,是因为礼的展开过程,人们"相互出现在那里"的相遇最终以各自的方式实现自己的存在,因为"他们也不是自足、独立的个体灵魂,碰巧能与一种社会契约相一致。唯有当其原始冲动受到'礼'的形塑时,人们才成为真正意义上的人。'礼'是人的冲动的圆满实现,是人的冲动的文明表达——不是一种剥夺人性的或非人性化的形式主义。'礼'是人与人之间动态关系的具体的人性化形式"①。因为在本质上,"人是一个礼仪性的存在(a ceremonial beimg)"②。

---

① [美]赫伯特·芬格莱特:《孔子:即凡而圣》,彭国翔、张华译,南京,江苏人民出版社2002年版,第7页。

② [美]赫伯特·芬格莱特:《孔子:即凡而圣》,彭国翔、张华译,南京,江苏人民出版社2002年版,第14页。

第 5 章释义

执圭,鞠躬如也,如不胜。上如揖,下如授,勃如战色,足蹜蹜如有循。享礼,有容色。私觌,愉愉如也。

[注释]

执圭:圭,玉器,有二途:一是代表邦国的玉器,聘问邻国,必执君之圭以为信。二是一种礼器,天子、诸侯举行朝聘、祭祀、丧葬等仪式时使用的玉制礼器,作为身份、地位的象征,该礼器有不同形态和质料。日常的君臣朝见,臣执圭,成为朝仪,是使君臣日常朝见神圣化的有机部分。

战色:战战兢兢的样子。

蹜蹜:举足促狭,指小心地走路。

享礼:享,聘后之礼,实为献物。指使臣向朝聘邦君进献礼物的仪式。

私觌,愉愉也:觌,偷看,指私下相见。愉愉,轻松愉快的样子。

[译文]

君子受命做朝聘使者,手持邦君的圭,敛身谨敬,好像不胜其重的样子。执圭上举,如向人作揖一样;执圭向下,有如授物予人一般。神情庄严,像在战栗。脚步细而轻快,有如沿一条线走路。在敬献礼物的仪式中,容貌谨敬,神色肃然。其后便访(比如朋友)时,则显得轻松愉快的样子。

[通解]

本章讲述外交礼仪,与第三章构成完整的整体:外交礼仪由两个方面的内容构成:一是接待外国使臣之礼;二是出使国外之礼。第三章讲述接待外交使臣之礼,本章讲述出使邦国,怎样行施外臣之礼。

一

历来注解认定这是孔子作为鲁国外交使臣到他国公干,即为其君聘邻国之礼。但可信的典籍中没有这方面记载。孔子短暂的仕鲁经历,只是小官吏,绝无朝聘往来之事。钱穆以为此乃孔子"尝言其礼当如此,而弟子记之,非记孔子之行聘"(《论语新解》)。但更有可能的是,"信而好古"的孔子特别精通《礼》,包括周礼和殷商古礼,孔子是在以《礼》为依据向弟子讲授礼。

仅本章所记内容观,正好表明礼的功能不仅是人们"相互出现在对方那里",彰显"我最重要",而且成为促进邦国共同体之间理性交往的桥梁。在这个层面上,礼,成为邦国与邦国之间诉求平等、善意的仪式化方式。从根本讲,邦国与邦国之间本质上是利益关系,这种利益关系的缔结,以邦国的实力为准则。但实力并不能解决一切问题,于是有了邦交之礼。这是因为天下的基本结构是共互存在,在这一共互结构框架下,邦与邦之间在以实力为准则追逐利益的过程中,也要追求形式的善意、平等和公道,于是礼成为最简便而丰富的方式。这种方式一直保持到现在。

二

出使外交,既有公开的使命,也有隐秘的任务,还有个人的友谊。公开的使命的履行,所行的是严谨的朝堂外交礼仪。孔子讲述为国使臣行聘问之礼的朝堂过程结束了,但邦交使命并未结束,还须继续,这就是"私觌,愉愉如也"。这表明,在孔子生活的春秋晚期,邦与邦之间的朝聘之礼,已经形成堂上与堂下的结构关系,这可从一个"私"字透露出来。

《论语》中,"私"字只出现两次,第一次是:"子曰:'吾与回言终日,不违如愚。退而省其私,亦足以发。回也不愚。'"(《为政》)这里的"私"为私下,与"公开"相对。本章中的"私",却是与"公"相对之"私"。出使他国,代君行朝聘之礼,这是邦礼,是君与君之间的礼仪交往,必在朝堂,因而必是公事。当使"公"务本身作为纯粹的"公事"来履行,就会达到预设的目的,获得仪式化的平等、公正、公道。所以,"公"本身与"私"相对,不能混同,更不能二者兼顾。

古代文献中,"私"字并未在甲骨文出现,这表明"私"字或于周,是始于商末发展于西周井田制的产物:"雨我公田,遂及我私。"(《诗经·小雅·大田》)"私"乃形声兼会意字,徐中舒认为:"私是农具,从厶,象耒耜之耜形,是农夫用以耕作,作为自己私有的工具。"①农具乃耕种田地的工具,耕种田地的目的是收获粮食,生长中的"禾"则象征粮食和收成,所以《说文》释"私,禾也",段玉裁注曰"盖禾有名私者也"。后引申为私家之人,即人身为他人所有之人,这就是"私人之子,百僚是试"(《诗经·小雅·大东》)。毛传注此"私人,私家人也"。又如"王命傅御,迁其私人"(《诗经·小雅·崧高》)。毛传注:"私人,家臣也。"概言之,比如家臣、家奴(由丧失土地或由俘虏而来)。"私"意指人时,就是与王公、公侯、公家相对的家臣、农奴、奴隶。②

---

① 徐中舒主编:《甲骨文字典》,成都,四川辞书出版社1989年版,第72页。
② 先秦典籍中,"私"字在《尚书》中出现一次,即"民之乱,罔不中听狱之两辞,无或私家于狱之两辞"(《周书·吕刑》)。另外,"私"字在其他典籍中出现的频次不一样:《诗经》八次,《老子》三次,《论语》两次,《墨子》十三次,《庄子》五次,《孟子》十次,《荀子》四十次,《左传》八十九次,《韩非子》二百零三次。

正是"私"字的如上来源,形成"公""私"两语,在春秋之前指涉具体的人、物、事。春秋末期至战国,才逐渐突破其具体性而获得抽象语义,即"公"有了公平、公正、公道等内涵;与此相对应的"私"字也获得营私、奸邪、偏私等内涵。本章记述外交使臣在朝堂上献礼结束之后,还继续展开私下活动,表明邦国与邦国的礼尚往来,已经超出人们"相互出现在对方那里"之礼,开始失去其光明性,更多地体现权谋的性质,这是礼的衰落,也是文明在变迁。

第 6 章释义

君子不以绀緅饰,红紫不以为亵服。当暑,袗絺绤,必表而出之。缁衣羔裘,素衣麑裘,黄衣狐裘。亵裘长,短右袂。必有寝衣,长一身又半。狐貉之厚以居。去丧,无所不佩。非帷裳,必杀之。羔裘玄冠不以吊。吉月,必朝服而朝。

[注释]

君子不以绀緅饰:绀,天青色,深青透红的颜色。緅,青赤色,即黑中透红的颜色。饰,衣领与衣袖的边。指君子穿的衣服不用天青色和赤青色的布镶衣领衣袖的边。

亵服:平常在家里穿的衣服。

袗絺绤:袗,单衣。絺,细葛麻布。绤,粗葛麻布。指君子夏天居家穿的单衣,用细葛麻或粗葛麻布做成。

缁衣羔裘:缁衣,黑色的上衣。裘,袍。羔裘,用羔羊皮做的袍。指黑色的外衣配黑色的羔羊皮袍。古人穿裘,毛朝外,且其外套必须与裘毛色相当。

素衣麑裘:素,素色,即白色。素衣,白色的外套。麑,小鹿,毛呈白色。麑裘,用小鹿皮做成的裘衣。指白色的外套配白色的小鹿皮袍。

寝衣:有两说:一是与大被衾相对的小卧被,孔安国注其为"今之被也";二是有如今之睡衣。

狐貉之厚以居:居,坐。指用狐貉的厚毛皮做坐褥。

去丧,无所不佩:去丧,孔安国注:"去,除也。非丧则备佩所宜佩也。"指服丧期满,脱下丧服,穿戴什么都没有禁忌,可任意为之。

羔裘玄冠不以吊:孔安国注:"丧主素,吉主玄,吉凶主异服。"古礼要求。

吉月,必朝服而朝:吉月,即一年之始的正月,正月之始是初一。指正月初一上朝。

[译文]

君子的衣服不用暗红色和黑中带赤的布镶衣领和袖口,也不用红色、紫色的布料做内衣。夏天穿细葛麻布或粗葛麻布做的单衣。冬天外出,一定要穿外套。穿黑色衣,要配黑色羔羊皮袍;穿白色衣,要配白色的小鹿皮袍;穿黄色衣,要配狐裘袍。在家里,穿的皮裘较长些,右边的袖子要短些。一定要有睡衣,睡衣长一身半。用厚狐貉做坐褥。丧期结束后,可以佩戴各种饰物。朝祭所穿的衣裳,需要用整幅的布来缝制;除此之外,其他的衣裳都要剪裁。不能戴黑帽、穿羔羊皮袍去吊丧。每年正月初一,一定要穿戴朝服去上朝。

[通解]

礼有公私之域,私域包括居家和与乡邻相处;公域涉及内外的所有公务活动场域。但无论是私域之礼,还是公域之礼,其言与行都必须以服饰穿戴为底色。所以本章继第一至五章讲述穿戴之礼。

一

穿戴,必然是贫富的象征,但也是精神、教养、道德的载体,更是社会规范、文明方式的呈现。

在古代,穿戴讲礼,穿戴有礼,应该是所有阶层都注重的,因为吃饭穿衣是基本的生存,也是基本的文明和社会要求。所以,穿戴讲礼,穿戴有礼,穿戴是人人的存在问题和生活问题。只是不同阶层、不同身份和地位者,对穿戴之礼的要求不同。

贵族、官与民,在穿戴之礼的内容、方式方面有许多相同之处,但在穿戴之礼的水平、质量要求上则存在根本性差异。古代的士君子即使暂时没有官职,却有较高的社会地位,其穿戴之礼比照贵族和朝堂官员,比较讲究穿戴及其礼仪。《诗经·小雅·都人士》吟咏曰:"彼都人士,狐裘黄黄。其容不改,出言有章。行归于周,万民所望。"这是一首描写平王东迁时京都贵族和士君子的衣着、容貌和言语等的诗,从整体上体现其文质彬彬。孔子何以要强调君子必须是"文质彬彬"的人,不是空想,而是西周中期以来的君子社会所呈现出来的君子风貌,孔子的倡导不过是期望重建君子社会而已。君子形象是通过仪态服饰言语行为呈现出来的,其中服饰特别重要,古人讲"菩萨要金装,人要衣装",是说服饰赋予人精气神。正是因为如此,《周礼》《仪礼》《礼记》中都有对君子服饰的记载,因为在衣着上不注重修饰的人,心必会懈怠,行为及生活方式往往违背礼的要求而被社会忽视。所以,古代君子都注意修饰,包括穿戴的修饰和行为言语的修饰。正是这种修饰要求服饰本身变成君子修养的有机内容,成为重要的基本内容。这是《乡党》不厌其烦地从言语、行为、服饰三个方面述礼的根本考虑。

二

本篇从不同角度记述孔子的富贵生活。尤其是本章对四季尤其冬夏之季出门和家居在衣着及修饰方面的细致要求,呈现孔子的物质生活水准。孔子是殷商后裔,出身没落贵族家庭,至孔子时,已经是庶民家庭,孔子对"吾少也贱,故多能鄙事"(《子罕》)的生活经历刻骨铭心,并"十有五而志于学"且"发愤忘食,乐以忘忧"(《述而》),是因为"学也,禄在其中矣"(《卫灵公》)。这不仅在于"学而优则仕",也在于"仕而优则学"(《子张》)。

在孔子生活的当世,学是当官的必由之路,学也是当好官的必备方式。即使无官可当,学同样可以改变身份、地位和物质生活条件。孔子在物质生活条件方面的优裕富贵,主要不是当官得来。从真实的文献记载看,孔子一生也只当过很短一段时间的小官吏,孔子一生的主业是办学招生,即使五十五岁后游国,也是带着一帮弟子,并且一路不断招收新弟子。孔子的物质生活保障,来源于弟子及其良好的社会影响吸引来的捐助,这或许有些近似现代西方世界的社会捐助办学的风气。**孔子生活的时代,有对文化的崇敬,对士的推崇,对教育的热心的社会风尚**,官方也资助办学、读书。即使后来的战国时期,士子到各国游学,都是吃住免费,并且所到之处,官府必须接待且为之安排住宿并解决吃饭的问题。西周中期形成的君子社会,以及由此培育出来的崇学风尚及制度,才是孔子能够过上优裕富贵生活的社会条件。这是本章内容折射出来的时代背景。

三

孔子之对优裕物质生活做如此细腻的描述,是因为这种描述本身体现了孔子的基本思想:人之生,其贫富贵贱,不能由自己选择,但人之人生,却由自己塑造,追求富贵避免贫贱,这是人的本性的正当呈现。追求富贵是应该的、可欲的,只是追求富贵的方式、手段必须是正当的、合德的。孔子将追求富贵生活的方式和手段的正当性、合德性概括为两个准则:

第一个准则:富贵必义。基于这一准则,孔子反对"不义而富且贵",并且即使过"饭疏食,饮水,曲肱而枕之"(《述而》)的清贫日子,不求不义之富贵生活。

第二个准则:以道取舍富贵。基于这一准则,孔子既反对在无道中谋

求富贵,更反对在有道中沦为贫贱:"邦有道,贫且贱焉,耻也。邦无道,富且贵焉,耻也。"(《泰伯》)

孔子主张,以道和义为准则求得的富贵,应该光明正大地享受,这不仅是人的权利,更是人的光荣。这是孔子不厌其烦地细腻描述富裕而精美的服饰和穿戴的内在自信心和道德感的感性呈现。

第 7 章释义

齐,必有明衣,布。齐必变食。居必迁坐。

[注释]

齐:通"斋",戒斋,指古人祭祀前必斋。

明衣:古人戒斋期间沐浴后穿的干净内衣。

变食:改变常食,指戒斋期间不喝酒,不茹荤。

居必迁坐:居,居住,住宿。迁,移动。迁坐,改变居住的地方。古人居住有外寝与内寝之分,内寝是日常居室,外寝又称为正寝。所谓"正寝",乃正心诚意之室,专门于戒斋、疾病期间居住的房间。居必迁坐,指戒斋期间居住一定要从内室迁于外室。

[译文]

戒斋,一定要沐浴。沐浴后要穿麻布做的干净内衣。戒斋期间,一定要改变平常的饮食,不饮酒,不茹荤,居住要从内室迁至外室。

[通解]

在古代,公域之礼是职业之礼、工作之礼,有些近似于现在的职业道德。私域之礼又有日常之礼与特殊之礼的区分,前者如第一章所讲的"于乡党,恂恂如也"和上章所讲述的穿戴、服饰之礼。本章继之讲述私域生活中的戒斋这一特殊之礼。

一

孔子讲述斋礼,紧紧抓住其要义"戒"而展开。指出戒的目的是正身心,戒的方式是改变日常生活方式,包括素食和独处。

戒之正身,是净其身,即斋必沐浴。沐浴是将身体洗干净,穿干净的内衣,内衣必须是麻布做的,让身体回到粗糙、本朴、洁净状态。这是一种仪式,通过这种仪式,不仅起到净化身体的作用,也起到朴质制欲的效果。这种效果的获得,不过是为正心做"热身"运动。

真正的戒,是正心之戒。正身之戒,只是使身体回到本朴状态,享受物质的简单、粗朴而已。与此不同,正心之戒,却是戒食、戒性。合将起来,正心是制欲。戒食,是改变日常饮食:素食,不喝酒,不吃肉,这是戒食欲。戒性,是不娱乐,不与女人同房,不性交,其具体方式是迁居,从与妻妾同居的内室迁于外室一人独居,这是戒性欲。

总的来讲,戒斋,净身容易,净心难;禁酒禁荤容易,禁娱禁乐禁性难。正是因为如此,戒斋要"居必迁坐"。

二

戒斋,源于祭祀或丧葬,也是围绕祭祀或丧葬而展开的。

丧葬之于生活,乃属偶然发生的事件。祭祀则属于常态性的神性活动。在为公的层面,祀与戎,是邦国的两件根本大事。本章所述斋戒,可能包括邦国和家庭两个层面的祭祀活动涉及的戒斋。

戒斋,指祭祀前的准备。祭祀前必须准备好两个方面:一是祭祀所需的牺牲及其他必备的物质条件;二是参加祭祀的成年男人必须净化身心。按规制准备牺牲及祭祀需要的一切,意为对祭祀行为和祭祀对象(比如神、先祖)的诚敬;斋戒净化身心,是对祭祀行为和祭祀对象的庄敬。

原本不讲"怪力乱神"的孔子,何以如此看重祭祀,特别为祭祀而如此庄严守行斋礼?这是因为信念对秩序(包括心灵秩序和精神秩序)构建的根本性:"祭如在,祭神如神在"(《八佾》),即相信它,它就释放出意想不到的力量,构建起神与人、先祖与后代、古代与现在的秩序关系。这是跨越时空与生命的神性关系,这种神性关系构建起现实生活关系和人间秩序的真正基础,也成为人间现实生活关系和社会秩序的真正保障,或护佑力量。在更抽象的意义上,这种神性关系构成现实生活自由的最终源泉。从根本论,没有秩序的社会,自由是不可想象的;没有秩序的生活,追求或享受自由是根本不可能的。在古人看来,要获得神性力量护佑的秩序和自由,必须祭祀神和先祖;祭祀神和先祖,必须诚敬和庄敬。要做到诚敬和庄敬,必须制欲,制欲最难,故而必须沐浴戒斋,这既是诚敬和庄敬的方式,也是诚敬和庄敬的仪式。只有通过这种仪式,才可使戒斋神性化,欲望才可得到克制,戒的效果才会产生,庄严虔诚的敬畏之心之情才会油然而生。

三

在最终意义上,斋礼,既成为祭祀之礼的有机组成部分,也是祭祀的必需过程。并且,斋戒构成一种责任。它包括三个方面的内容:

一是为家方面的,斋戒的责任体现在唯有庄严虔诚的敬畏,才可通过祀而获得护佑家繁荣昌盛的神性力量。

二是为邦方面的,戒斋的责任体现在唯有庄严虔诚的敬畏,才可获得护佑国泰民安的神性力量。

三是个人方面的,戒斋构成个人成己的责任。君子成己的努力方式虽然是修养德性和践履德行,但修养和践履的实质功夫,却是自我克制欲望,自塑向善向美的人性。戒斋,既是自我净化身心实现向善的方式,也是自我净化身心努力向美的方式。

第 8 章释义

食不厌精,脍不厌细。食饐而餲,鱼馁而肉败,不食。色恶,不食。臭恶,不食。失饪,不食。不时,不食。割不正,不食。不得其酱,不食。肉虽多,不使胜食气。唯酒无量,不及乱。沽酒,市脯,不食。不撤姜食,不多食。

[注释]

食不厌精:厌,厌恶、嫌弃。精,指舂得很细的米。不厌精,指不厌食物的加工、烹饪精细。

脍不厌细:脍,生鱼片或生肉片。指细切的肉。

食饐而餲,鱼馁而肉败:饐,指米饭受潮变质。餲,形容食物变质发馊臭。鱼馁,鱼放久了质变腐坏。肉败,指牛肉、猪肉、羊肉等肉类食物腐坏。

失饪:饪,煮熟的食物。指不熟的食物,意为烹饪失当。

割不正:不正,指不合切割的常度常法,因古代先以割肉载于俎,吃的时候才自切,有如今天的西餐吃法。

不得其酱:酱,调料。指没有相配称的调料。

胜食气:食,主食、饭。气,通"饩"。指食肉多于饭。

唯酒无量,不及乱:乱,指因醉酒导致神志不清。指酒无限量,可随己所能饮用且以不醉乱为度。

沽酒,市脯:沽,同酤,买东西曰贾,买酒曰酤。脯,干肉。市脯,指买来的干肉。

不撤姜食,不多食:撤,去,餐毕撤去诸食,独留佐料姜之食物,因为姜有辛味而不熏,可用以解疲乏困倦。

[译文]

饮食尽量精致，肉类尽可能切得更细。变质的饭菜，不吃；腐坏的鱼肉，不吃；变色的食物，不吃；烹饪失当的食物，不吃。非吃饭的时间，不吃东西；所割的肉不得其法，不吃；没有相称调料的食物，不吃；肉类虽丰富，但食不能过量。酒虽不限量，自饮应以不醉为度；集市上买来的酒和肉，不吃；每餐必姜料食物，但同样不宜多吃。

[通解]

第六章讲穿戴，第七章以戒斋为例讲居住，本章紧承其上讲饮食，记述君子的饮食之礼。

一

礼具有神性取向。这种神性取向的礼不仅适用于朝堂、祭祀、戒斋，更运用于日常生活，构成日用常行的准则。

饮食之礼，是礼之日用常行的基本呈现。首先因为一日有三餐，其次因为饮食最能唤醒人的欲望。由此两个方面，饮食之礼，成为日用常行之礼的象征。这是"礼之初，始诸饮食"（《礼记·礼运》）的原因。

饮食之礼，必须以相对富裕的物质保障为前提。本章中孔子讲述的饮食之礼，以富贵生活为前提，没有富贵的物质生活，根本不可能有如此讲究的饮食之礼。

孔子之如此精细地描述饮食之礼，不仅展示其富裕生活条件，更要表达一个基本认知：在没有富裕物质生活保障的情况下，或者在食不果腹的窘境下，如上饮食之礼的许多内容是不适合的。陈蔡之厄是最好的例子：

> 孔丘穷于蔡、陈之间，藜羹不糁。十日，子路为享豚，孔丘不问肉之所由来而食；号人衣以酤酒，孔丘不问酒之所由来而饮。哀公迎孔子，席不端弗坐，割不正弗食。子路进，请曰："何其与陈、蔡反也？"孔丘曰："来，吾语女：曩与女为苟生，今与女为苟义。"夫饥约，则不辞妄取以活身；赢饱，则伪行以自饰。汙邪诈伪，孰大于此？（《墨子·非儒》）

君子之于饮食之礼，在正常的有保障的生活情况下，必须如此；一旦缺乏保障时，君子的饮食之礼亦可权变。权变的思想，即礼法运用实际生活境遇而求合宜的思想。

二

饮食的宜忌,为什么会是君子之礼?

这是因为,饮食宜忌的本质是制欲:克制过度的欲望,使之欲而适中。节制之于君子,既是德性修养的体现,也是生活践履的体现。君子对饮食的宜忌,既是修养方式,也为修养过程,一日三餐,无不训练,无不自制,无不自我检验是否符合君子成己要求。

另外,敬畏生命,敬重生命,是君子德性和德行的基本方面,对饮食的宜忌,不过是君子生命健康观和生命敬畏意识的一日三餐化。

第 9 章释义

祭于公,不宿肉。祭肉,不出三日,出三日,不食之矣。

[注释]

祭于公:祭,祭祀。公,与私家相对的公家,这里指邦国。

不宿肉:宿,住宿、夜。不宿,不过夜。指分到的祭肉不能留下来过夜。

祭肉:此"祭",指家祭。祭肉,指用于家祭的内容。

[译文]

参加邦国祭祀大典,分到的祭肉必须当天吃掉,不能留到第二天。用于祭祀先祖的祭肉,过了三天就不能食用。

[通解]

上章从食物的来源、质料保证和食用度量等三个方面讲述饮食之礼。第七章讲述祭祀前的准备,本章讲祭祀后对祭品的处理和享用要求。这也涉及礼,是君子享用祭品之礼。

古代祭祀时,所献的礼物,是牺牲,简称为(按礼制规范要求的)肉。对祭肉的处理,必须以礼为准则。因为祭祀涉及公私两个方面,其处理公祭肉和家祭肉也有礼的差异。

首先是公祭,在古代,有"助祭"的礼制。公祭有天子主祭和诸侯邦君主祭两类,天子主祭,助祭者是中央朝堂的大夫和各诸侯邦君;诸侯邦君主祭,助祭者是邦国大夫。按其礼制要求,参加助祭者要自己带肉参加祭典,并且所带的祭肉必须是祭祀当天宰杀牲畜所取。祭祀持续两天,当天祭后,其祭肉还保留到第二天"绎祭"(即再祭)后,再由天子或邦君将祭肉分给大家。由此，其祭肉已经过了夜，不能再放，所以诸侯或士大夫们分到的肉，不能再过夜，必须当天吃掉。其次看家祭，也是祭之当天杀牲畜以为祭礼，其祭肉，也不能过两个夜晚，所以才有"出三日，不食之矣"。

祭礼对祭肉如此处理的礼制规定，是基于两个方面的考虑。首先，祭肉是祭祀天地之神或先祖的牺牲，是献给神或先祖的享用物，通过祭祀活动，神或先祖在精神上已经享用了所献之礼，但在物质层面要解决祭品，必须借助祭者，所以，祭祀结束要食用祭肉，表明所献祭肉已完全为受祭者享用。如果隔夜，所祭的神或先祖早已离开，如隔夜食之，则有侮神灵，所以不能食。二是根据食物放久了不能吃的饮食之礼，过了两个夜晚的熟食已经发生质变，不能吃。这是基于健康考虑，体现古代礼制敬畏生命、珍爱生命的取向。

第 10 章释义

食不语，寝不言。

[注释]

食不语：食，吃饭。语，说话。指吃饭时不随便说话。

寝不言：寝，睡觉。言，说话。指睡觉时不大声说话。

[译文]

吃饭时不要随便说话，睡觉时不要大声说话。

[通解]

第八、九、十章的主题是吃当持何礼：第八章讲日常之吃，吃哪些东西和按怎样的规格、要求吃；第九章讲对于祭肉在什么时候吃掉为当；本章讲吃饭时必须注意什么，同时照应第七章：第七章讲祭祀前沐浴就寝的特别要求，本章讲日常就寝的基本要求。

一

"食不语，寝不言"，讲述的是日用常行。将其理解为"吃饭时不说话，睡觉时不说话"，既不合情理，也不合人性。

虽然通过礼的不同仪式来营造"人和人在一起"的神圣性，但必须符合生活本性。

古代，礼的仪式多种多样，但可归为两类，即特别的仪式或日常性的仪式。前者如上朝、祭祀等;后者如吃饭、睡觉等。但不管属于哪种类型的礼,仍然源于生活,是对生活本身的神圣性仪式,或者通过具体仪式使平淡的日常生活行为、活动神圣化,其服务于生活本身,使生活既有节制,又丰富多彩。基于礼对生活本身的这种要求性,将本章内容解读为"吃饭时不准说话,睡觉时不准说话",已经背离礼的本质。所以,本章内容应该理解为"吃饭时不能随便说话,睡觉时不要大声说话"。

二

古礼,按"上下有节,长幼有序,内外有别"的规则而制定,落实到家庭生活中的一日三餐,有父母在,有子女在,席间说话要有分寸和量度。这是"食不语"中的"不语"应该解作"不宜多说话"的理由。

人的日常生活有三:一是做事,二是吃饭,三是睡觉。人的日用常行之礼,主要从这三个方面训练,也主要从这三个方面体现。这是孔子论君子之礼时,必讲寝礼的原因。就寝时不能大声说话,其体现出来的伦理价值主要有四:一是睡觉时说话,有特定的主体与受体,这就是夫妻,睡觉时夫妇说话,往往是私生活话语,自然应该悄悄地说,不能大声表达之。这是君子修养与德性的体现:睡觉时不宜大声说话,体现夫妇生活的隐私性。二是睡觉时大声说话,会影响父母休息,有违孝道。三是睡觉时大声说话,影响孩子休息,会给孩子带来无节制、任性、我行我素的效仿性。四是睡觉时不大声说话,体现夫妇双方对对方的尊重、关爱。所以,睡觉时不宜大声说话,既是尽孝礼的一部分,也是行教礼的一部分,也是夫妻之礼的体现。

第 11 章释义

虽疏食、菜羹、瓜祭,必齐如也。

[注释]

疏食:粗糙的食物。

菜羹:以菜和米屑为原料制作成羹。

瓜祭:瓜,"必"之误;瓜祭,必祭。

齐如:齐,通"斋",斋戒。"吾食于少施氏而饱,少施氏食我以礼,吾祭,作而辞曰:'疏食不足祭也。'吾飧,作而辞曰:'疏食也,不敢以伤吾子。'"(《礼记·杂记》)

[译文]

即使是糙米饭，或菜羹，在吃饭之前，也一定要祭饮食之祖，并且要像斋戒那样虔诚恭敬。

[通解]

按照古礼，用餐之前，要将所吃的食物取一部分置于器皿之中，对发明该饮食的先人表达敬意。有如基督教徒用餐前向上帝祷告以感恩上帝赐给自己食物一样，表达对神的虔敬。

每餐必敬，是古人对食物来之不易的感恩方式，也是古人对神灵的敬畏方式。按今天的唯物质主义观念，此类行为不可理解，或以为是迷信，但在古代，却是基本的德。

古人在严酷的存在环境里能够不断开辟生存空间，不仅得益于勤奋和努力，更得益于天地的恩赐和万物之灵的护佑，因而，必须感恩食之不易，敬畏生之有灵，构成古代礼仪的源泉，也是古代学问的源泉。所以，感恩，是人间一切道德之源；敬畏，是一切学问之源。这是孔子"信而好古"的原因。从古人的智慧中发现永恒的、普遍的、不变的智慧，以返本开新的方式予以重塑，这是孔子的努力，也是他的使命。古人敬畏万物之灵和感恩天地之恩的礼，成为他以仁去返本开新的基本内容，这不是复古，是人类文明不断向前的常青之源。

《墨子·非儒》记载孔子由卫返鲁，"哀公迎孔子，席不端弗坐"。子路问故，孔子告知子路"今与女为苟义"，这里所为之捍卫的"义"，其实就是"礼"，鲁哀公不以礼相待，所以孔子以"弗坐"的方式抗议哀公不讲礼，也以此告知哀公必须讲礼。哀公之所以迎孔子而"席不端"，是因为礼的意识淡薄而未养成有礼的行为习惯。由此表明，日常生活行为讲礼，不过是人在日常生活站坐起居都应该有礼的意识和自我要求，才可修养得礼来，使之成为良好的生活习惯。一旦形成良好的生活习惯，既是德行，也有德性。

第 12 章释义

席不正，不坐。

[注释]

席不正：席，坐席。正，端正。指坐席摆设偏斜，未端正方向。

[译文]

坐席摆放的方向不正,则不坐。

[通解]

古人席地而坐,但要在地上铺坐席。

古人坐席有"礼"之等级规定,它从两个方面呈现:一是规定坐席的高度;二是规定坐席的方向。就前者言,其坐礼规定坐席天子五重,诸侯三重,大夫二重。重者,层,坐席每增添一层,地位身份就高一等,反之亦然。仅坐席摆放的方向论,端正的坐席方向有二:一是南北向,以西为上;二是东西向,以南为上。

孔子论"虽疏食、菜羹、瓜祭,必齐如也"和"席不正,不坐"等,是为强调如下三个方面:

第一,礼作为神圣性的秩序,虽然构建于庙堂之上,但其基石却在日常生活中。日常生活的良好习惯,才是秩序的根本。

第二,礼既是政治的规约,更是道德的规范。政治规约源于道德规范,但道德规范却源于日常生活的习惯性养成。

第三,日常生活行为的习惯性训练,是君子成己的基本方式。日常生活合于礼,成为良好习惯,是人将自己成就为君子的生活方式。

第 13 章释义

乡人饮酒,杖者出,斯出矣。

[注释]

乡人饮酒:乡人,乡亲。指乡饮酒礼。

杖者:拄拐杖的老者。

[译文]

(或蜡祭节)孔子与乡亲们饮酒,结束时,等老者都离席出去后,自己才离席。

[通解]

古代饮酒,不仅是避寒和消闲的娱乐方式,还是修德习礼的演练方式。乡饮酒礼,是酒礼的大众方式。它有四类:一,每三年举行的宾宴贤能者的乡饮酒会。二，乡大夫饮国中贤者之酒。三，州长习射饮酒，即地方官为荐贤举士而举行的射酒宴。^①古代礼制规定，每年春秋，各乡下属的州，都要会聚民众习射，以此遴选出德才兼备的学子，其习射前后，按礼都要安排燕饮。四，党正蜡祭饮酒。本章所记乃党正每年的蜡祭饮，此饮酒礼的主题是敬老。古代礼制规定："五十杖于家，六十杖于乡，七十杖于国，八十杖于朝。"（《礼记·王制》）

本章记述古代底层社会秩序构建和教化的重要方式——饮酒。"三个宾贤饮""乡大夫国中贤者饮"和"州长习射饮"，不仅是敬贤、选贤礼，还是育贤礼，即通过敬贤、选贤的方式激励人成贤，培养人成贤。而"乡党蜡祭饮"，却是敬老、重老和爱老的教化方式，一年一次，生生不息，人人得以知来从何处来，去将何处去，敬畏生命，崇敬老者，化育后来者，敬老爱老之礼仪教化承传不息。

本章内容所记，应该是在壮年阶段亲身经历之事。孔子当时参加乡党蜡祭饮酒会，到底以士君子身份，还是以地方官吏身份，这就要对"杖者出，斯出矣"中的"斯"这一指称代词的理解，如果"斯"指称孔子自己，有可能孔子其时在仕，是以官吏身份参加，并且应该是在任底层官吏期间，表明孔子不以官傲人，对老者心存敬意。这不仅体现孔子"敬"的思想和"敬"的品德，更体现敬老之礼首先是官德。孔子之盛赞"郁郁乎文哉，吾从周"，就不是简单的复古，而指对古代文明的崇敬，古代的文明到底有哪些内容。孔子从不同方面讲了很多，比如包括本章前面十几章记述的内容，都是古代文明的具体构成内容。本章揭示古代文明最基本的方面——敬老，这是人不忘其本之礼。如果"斯"指代参加蜡祭饮酒会的所有成员，包括乡党中的所有成年男人、地方官员，那就更表明敬老是一种普遍的自觉，是人人都做到的礼与德。

第14章释义

乡人傩，朝服而立于阼阶。

[注释]

乡人傩：傩，古代乡人为迎神而举行的驱鬼除邪风俗，多在腊日（腊月初八）前一天举行，将驱逐疫鬼（兼及无主之殇鬼）祭之于道上。

---

① 钱穆：《论语新解》，北京，生活·读书·新知三联书店2016年版，第237页。

朝服而立于阼阶：阼阶，大堂前东面的台阶，阼为主人之位。阼阶，指东西的台阶，是主人所立位置。

[译文]

逢腊八前，乡人举行迎神驱逐疫鬼的仪式，孔子穿上朝服，站立在家庙的台阶上。

[通解]

人类初始，均奉行自然神崇拜。自然神崇拜，讲的是万物有灵，是物皆神。

中华远古文明进程中，自然神崇拜的自然宗教并未上升为一神论的人文宗教。直至孔子时代，虽然"万物有灵，是物皆神"的自然神崇拜依然盛行，但已经褪去实质内涵，更多地是保有其仪式形式，这可从孔子本人不讲"怪力乱神"以窥之。但孔子仍然很敬重这种自然神崇拜的仪式，而且很是庄敬。孔子比常人更智慧的地方，就在他以"信而好古"的特有敏锐和深邃，发现诸如腊八前的驱鬼除邪的巫术仪式，真正具有生活秩序建构和文明承传的价值，这种价值体现为，此种驱鬼除邪的巫术仪式本身以超越非宗法、超越血缘的方式既构建起一种万民同庆的欢愉方式，也建构起一种万民敬畏的认知方式和秩序维护的生存方式。孔子一方面"不语怪力乱神"，另一方面又如此虔敬于鬼神，并不是内在矛盾或者人格的两面性，恰恰相反，孔子发现神的世界的不仅存在，而且人的世界需要神的存在来构建使世俗人伦生活获得神性魅力的根本智慧。同时，谦敬、敬畏这种绝不自傲但从不自卑的生存方式、处世方式，构筑起君子精神生活的蓝图。有关于此，梅光迪于二十世纪二十年代写的《孔子之风度》讲得最为贴切："《论语》中为今日所诟病者，莫如《乡党》一篇，实则此篇所记琐屑事迹，最能曲曲传出孔子之品性……孔子学说，虽严尊卑上下之分，然此为人情之全部组织而言。至其个人交际，固纯然超出分位思想而实行平等主义者也。'孔子于乡党，恂恂如也，似不能言者''乡人饮酒，杖者出，斯出矣''乡人傩，朝服而立于阼阶'。其对于不识不知之'老百姓'，一副真诚和蔼气象，实可为现代少年，以改良社会为名，于'老百姓'之一切生活，动辄加以非笑干涉者之对症药也。吾国贤士大夫之美德中，最可称述者，莫如乡村生活。往往显赫一时之达官贵人，一时退休，则与田夫野老把酒而话桑麻，脱尽仕宦习气，故居乡之法，著有成书。如不坐轿，不骑马，每为常守条例。

近代曾文正公深知此意……凡此皆孔子居乡法之遗泽,而与老庄之超然物质外,开隐逸之宗者固无涉也。"①

第15章释义

问人于他邦,再拜而送之。

[注释]

问人于他邦:问,访问、问候。他邦,他国,或居住在他国。指托人问候他邦友人。

再拜而送之:拜,向人一揖折腰。再拜,拜两次。送,送别、送行。送之,为所托之人送行。

[译文]

孔子托人问候他邦友人,对所托者行再拜之礼为谢,并为其送行。

[通解]

本章内容,有两解,但不同理解的关键是"问"。一是将"问"理解为访问,意指派人出使于他国,出发前要再拜送别。二是将"问"定义为问候,托往来于他国者向异国友人致以问候。前解不可信,因为孔子一生未做过有如此权能的大官。从后者解,可能本章所记之事,或为游国途中之为,更可能是晚年由卫回鲁后,有出使他国者,托其问候所去之邦的友人,是乃常情。

孔子所说的"友人",可能是游国期间帮助过他的人,也可能是有共同志趣者,还可能是自己的他国为政弟子,因为孔子将投奔他而来求学者称为"朋",还说过"有朋自远方来,不亦乐乎"。本章虽是平淡记事,却从一个侧面呈现孔子善与人交,其善交友的诀窍却是诚敬,虔敬于人。强调孔子重情讲义的君子德性:君子德性,必重情讲义。

不仅如此,本章讲述的是托问之礼。托人所事,必虔敬之。邢昺《论语正义》曰:"必再拜而送其使者,所以示敬也。"孔子一拜之后,再拜。再拜之后,还要亲自为其送行。可以感觉,孔子待人是何等挚诚,何等敬重,何等谦恭。可以想象,受托者无论如何不会忘记,不会轻慢所托,无论如何,都

---

① 梅光迪:《孔子之风度》,《国风》1932年第3号。

会尽其所能完成所托之事。这就是诚之于人，人之必诚，心以其敬，必以行回馈之。

第 16 章释义

康子馈药，拜而受之。曰："丘未达，不敢尝。"

[注释]

康子馈药：康子，季康子，鲁执政大夫。馈，赠送。馈药，向孔子赠送药物。

未达：不了解。

[译文]

孔子得了重病，季康子得知后，给他送来药物，孔子拜谢后收下药物。但对季康子说："我尚不解其药性，暂时不敢尝受。"

[通解]

上章讲如何谢他人为其劳己所不能之事。本章讲述人如何致谢馈赠之礼。

一

日常生活中，馈赠行为本身使馈赠者与受馈者之间关系变得不平等。这种不平等可能由两个因素构成：一是物质层面的丰匮性，馈赠者与受馈者之间实际上构成赠物的丰匮关系。二是地位身份不等同，馈赠者与受馈者之间呈地位身份的上下尊卑关系。这两类关系可以单独成立，也可能混合。季康子馈药于孔子，在物的层面，构成丰匮关系；在地位身份层面，构成上下关系，因为季康子是鲁国上卿，执政大夫，孔子虽天下名士，但毕竟是庶士，未得仕。按古礼，大人赐食物，必当面打开尝之后谢，以此方式真诚致谢送礼的人。但季康子馈赠的是治病的药物，自然不能马上尝，所以"拜而受之"，然后说明未敢尝的理由是"未达"。

"未达"这个理由有两层含义：一是说自己的身体状况到底怎么样，能否接受其药治，还需要斟酌；二是说送来之药的药性如何，还得了解。所以，孔子"拜而受之"，是为礼诚；表达"未敢尝"的理由，是为直诚。

二

交往是生活的学问，当然要依礼而行。但交往的学问的实质，不是礼仪、礼节方面的形式，而是要通过必要的礼仪、礼节传达真诚、虔敬、忠厚、和蔼的情感与品德。这是人得敬的根本。孔子是名播天下的大学问家和思想家,但其立身的根本却是德,它体现在修养与践履两个方面:修养的是仁,践履的是礼。孔子对季康子的馈赠"拜而受之"然后告之曰"丘未达,不敢尝",但这种谦敬与坦诚,既体现礼,更体现仁。尤其"丘未达,不敢尝"的坦诚,贯穿孔子一生所倡导的"直"。

率直,是坦诚的根本,更是礼与仁的根本。

三

本章记述孔子病,季康子馈药之事,可以作为研究孔子和孔学的难得信史材料。

季康子是鲁国执政大夫,亲自给一介庶士送药,首先说明孔子德高望重的影响力,这种影响力不仅来自其德,更重要的是源于其对孔子学问和能力的敬仰,包括谋政的能力,包括培养优秀从政人才的能力,比如季康子手下的冉求、樊迟、宰我等能才,都是从孔子培养出来的。

同时,透过季康子为孔子病馈赠药物之事,可窥孔子生活的时代崇学崇才崇德的社会风气。虽然在孔子眼中,其生活的当世文明已经衰败,谋利的小人越来越多,但君子价值观仍然是社会的基本观念,君子礼仪仍然是社会由上到下尊崇的礼仪。哪怕是权倾其国的季康子,仍然以国士国师之礼待孔子。透过季康子馈药这件事,或许可更多地了解真实的春秋社会,更多地了解孔子及其学问的真谛。

第17章释义

厩焚,子退朝,曰:"伤人乎?"不问马。

[注释]

厩焚:厩,养马房。有人以为是国厩,有人以为是私厩,但据"子退朝",应属私厩,即孔子自家的马厩。焚,烧毁。厩焚,指马房着火被烧毁。

子退朝:孔子从朝堂退(下班)而回家。

不问马:问,询问、问及。不问马,不是说没有关心马是否受伤害,而是指没有先问马(是否受伤害)。

[译文]

孔子家马厩发生火灾被烧掉了,孔子从朝堂回来,首先询问是否伤到了人,而不是先问马。

[通解]

本篇通论礼,从第一章到第十一章,讲"物"礼;第十二章始,讲"人"礼。第十二章讲敬客之礼"席必正";第十三章讲日常生活的敬老之礼"杖者出,斯出";第十四章讲敬神(神是人的自我完形的对象化)之礼"朝服而立于阼阶";第十五章讲托人办事诚谢之礼;第十六章讲受人馈赠真诚感谢之礼。本章继续讲述"人"礼,即如何待家人和下人。

一

本章记述之事简单明白,但后人颇有争论。其争论的焦点是"伤人乎?不问马"。只从字面理解,"伤到人了吗,不过问马是否也伤亡"。汉儒如是理解,一直延续到朱熹,他将前人的既定理解概括为圣人"贵人贱马"的思想,而且还认为这种思想"理当如此"。近人程树德提出不同看法,认为"圣人仁民爱物,虽有先后亲疏之别,而无贵贱之分"。程树德虽然能够质疑,但其质疑产生的矫正功能相当有限,因为后世儒者总是将孔子"圣人"化,在很多很平常的方面,用"圣人"观念来套,然后替孔子说出某种至高无上的观念或思想。程树德之说亦如是,更加完美化了而已:孔子作为圣人,不仅"仁民万物","无贵贱之别",只有"先后亲疏之别"。

实际上,孔子在世时从不承认自己是圣人,态度鲜明地表明圣人根本不存在。不仅在观念上,在生活方面,孔子言行体现的仁、礼、德,都不过是日用常行而已。马厩着火了,本能关心的对象必然是亲人,是人有无受到伤害;然后必然要关心财物的损失。马在春秋时期,既是重要的交通工具,更是重大的家庭财产:孔子生活时代的马,有如今天的小轿车,马厩失火好比车库被烧。如此重要的财产,孔子能不关心?孔子不是神,他只是凡人,有利的观念,有享受生活的愿望,马是交通工具,岂有不关心之理?只是马相对人来讲,人更重要,所以,问马必后于问人,问人之后必问马。不是孔子不过问马是否受伤害,而是不先问马的情况。所以,不是"人贵马贱",而是人贵马亦贵,只是在关心程度上,是人先马后,这符合人性。孔子的伟大,就是基于人性而提炼出日用常行,使之得到"普遍定义"而已,所以"人贵马亦贵"且"先人后马",也符合孔子本人的思想和行为选择模式。

二

本章所讲的"人",不是一般意义的人,而指家人。这里的"家人"指生活在这个家中的人,包括家庭亲人和专门为家庭服务的人。比如专门喂养马的马夫,虽然他只是人之小者,但也是人,是小人。

孔子生活的时代,民与人有严格区分:专门从事生产劳动者,是民,农民、商人、手工业制作者都是民。人是贵族、士大夫、官吏、士,还有就是以服务王公贵族、官、士的生活为专门职业的人。王公贵族、士大夫、官吏可统称为人；士君子，是庶人；以专门服务前两类为营生的人，是小人。

孔子退朝回来，得知家里马厩失火，第一反应是问人伤到没有，当然问的先是家里的亲人，然后是喂马的马夫，最后才问及马。所以，本章所指的"人"，特指自家亲人和服务其家的喂马人，这个"人"的观念不具现代意义，而体现血亲和等级。客观地讲，孔子持守的等级观，由地位、身份、阶级所形成，这不是孔子所独倡，而是历史和现实两个方面的规范共同构筑的。同时，孔子所持的等级主义，还包括年龄（比如"乡人饮酒，杖者出，斯出矣"）、天资（比如"中人以上，可以语上也。中人以下，不可以语上也"）等方面的观念，后者才是孔子对等级思想的发展内容。

孔子是现实生活世界中的一分子，对他予以诸如"人本主义""以人为本"之类的拔高，不是在美化他，而是在侮辱：不着地气地拔高一个人实质上是在矮化这个人。

第 18 章释义

君赐食，必正席先尝之。君赐腥，必熟而荐之。君赐生，必畜之。侍食于君，君祭，先饭。

[注释]
君赐食：君，指邦君。赐，赏赐。食，熟食。

君赐腥：腥，有腥味的生肉。邦君所赐生肉，要煮熟才能吃，所以不必尝之。

必熟而荐之：荐，进献、上供。指必先煮熟后再上供。

君赐生，必畜之：生，活的生物。畜，喂养。指君主赐予的活物，要喂养起来。

侍食于君，君祭，先饭：侍，陪伴、陪侍。侍食于君，指陪君主吃饭。君祭，君主在餐前祭礼时依礼为君主先尝一尝。

[译文]
邦君所赐食物，一定要摆正坐席先尝一尝。邦君赐予生肉，一定要煮熟后供奉祖先。邦君赐予活的生物，一定要很好地喂养起来。陪邦君吃饭，在邦君举行饭前祭礼时，一定会依礼先尝一尝。

[通解]

本章与上章所记述的,似均属孔子晚年生活的内容。因为孔子在有为的青壮年阶段,没有在朝为官的经历,只是到了晚年,季康子将其隆重迎接回国,给予大夫待遇,自然要不时地接受哀公和执政大夫季康子关于邦国政务方面的咨询,也包括必要的朝纲性质的礼节。所以,上章写孔子到朝堂接受咨询回来面对家中发生火灾的处理态度和方式,体现其以仁为礼之根本。本章写孔子上朝接受咨询而受到各种嘉奖(包括邦君留请与之一道共餐)应持如何态度和选择怎样的方式处理才得体的敬礼。

邦君乃一国主人,对臣赏赐以食物玩物,主要不是其治事有功,因为臣治事有功,自然有官秩条例,或升官,或增加俸禄。只有君对臣特别亲近或特别宠信时,才赏以食物或玩物。因此本章所述之事应发生于孔子晚年回鲁安居期间。

哀公经常赏赐孔子食物和其他物质,表明哀公对孔子特别亲近;哀公之所以对孔子特别亲近,既因其有特别的治邦之才,更在于他严谨地守礼和行礼。反之,孔子对邦君的赏赐亦视为特别的尊荣,必致忠诚的虔敬。所以,每当将邦君赏赐的熟食带回家,必先正席而尝之;每当将邦君赏赐的生肉带回家,煮熟后必然先供奉祖先。这充分体现孔子"君使臣以礼,臣事君以忠"(《八佾》)的基本政治主张。哀公经常赐孔子食与物,这是"君使臣以礼";孔子作为臣,自然事君要忠,孔子这样忠之于未居官职,更多地只是体现为忠于礼。

臣事君以忠,主要体现在两个方面:一是事功。孔子年高,不委以官职,却有国师之实,因而随时听从哀公和执政大夫季康子召唤,所问必答,所谋必策,这是孔子晚年侍君为政的特有事功方式。二是以礼事君。哀公赐食与物给孔子,孔子要么必"正席先尝之",要么必"熟而荐之",或者"侍食于君"时,"君祭"必为之"先饭",这亦是忠的方式,对孔子来讲还是根本方式。

第 19 章释义

疾,君视之,东首,加朝服,拖绅。

[注释]

君视之,东首:视,探视、看望。首,头。东首,头朝向东方。

加朝服,拖绅:加,增添。绅,束腰的带子。拖绅,拖着束腰的带子。

[译文]

孔子病重，鲁哀公来探望他。孔子面向东卧，身上加盖拖着束腰的大带子的朝服。

[通解]

本章记述之事，与第十六、十七、十八章相联系，从不同方面呈现孔子晚年回鲁享受到的特别礼遇，展示孔子与鲁哀公和执政大夫季康子的关系。尤其是第十六章与本章，可能记述的是一件事展开过程中的两个环节：孔子生病了，鲁哀公亲临孔府看望他；其后，病情加重，执政大夫季康子亲自送药物。从鲁哀公到孔府探视孔子到季康子亲自送药，表明孔子生病不仅是孔门的大事件，也是鲁国的大事件，从不同侧面呈现出古代君臣之礼的基本风貌。

首先，礼，作为社会规范，并不冰冷，而充满浓郁的人情味，体现真诚的人性关怀，哪怕君臣之间也是如此。或许正是因为礼本身具有人性光辉和人情味道，才使忠成为可能，或可说古代的忠以礼为前提条件和保障机制。礼的功能虽然是规范，本质却是神圣的人性，其润滑机制却是**必相照顾**的脉脉人情。至于"礼"成为"教"，成为"吃人"或"杀人"的工具，这种现象并未发生在孔子生活的时代，礼变成"吃人"和"杀人"的方式和工具，应该是秦汉以降的事。

其次，在孔子所处的时代，君臣之间的关系不是固化的权职关系、法律关系，也不是秦以降的那种被极端撕裂的指令与服从关系，而是充满人性光辉和人情取向的契约关系，凝聚这种契约关系的那个东西，就是礼。这与西方文化中的契约关系不同：西方文化中的契约关系，在古代通过神来达成，近代以来才转换成"法"。中国古代的契约关系，以礼来达成，但最终未向法的方向转换，而是将礼极端化为绝对指令与服从的权力。

本章和第十六章所述表明，在孔子生活的春秋晚期以及后来的战国，君臣关系的本质是契约，礼是这种契约关系保持完好运行的调节剂。所以，君主对臣以礼相待，才是构成臣事君以忠的保证。何谓"君使臣以礼"？本篇以记述鲁哀公经常给孔子馈赠食与物，孔子疾哀公亲自上府探视为例，说明"君使臣以礼"不仅是形式上的礼貌，还是君对臣的苦乐、健康、疾病的关怀。这种为君的人性关怀的政治土壤和运作机制，才是风烛残年的孔子生病了，执政大夫季康子馈药物、哀公亲自探望的真正前提。

孔子虽未正式被录入官秩系统，但他分别成为执政大夫季康子和鲁哀公的国师，并赋予虚职的大夫头衔，自然被赐予特别的官服以方便随时出入朝堂和宫廷,成为执政大夫和邦君的高级幕僚。所以,孔子生病,邦君亲自来府探视,既是"君使臣以礼"的基本政治要求和道德要求,也是哀公特别敬重孔子,是其特别的君臣情感的行为体现。对于"信而好古"的孔子来讲,自然深通古礼的精义和要求,自然按官礼接待其君:"君子之居恒当户,寝恒东首"(《礼记·玉藻》),并且,"疾病,外内皆埽。君大夫彻县,士去琴瑟。寝,东首于北牖下"(《礼记·玉藻》)。

第 20 章释义

君命召,不俟驾行矣。

[注释]

君命召:命,指令、使命。召,召唤、召见。指鲁哀公使命召见孔子。

不俟驾行:俟,等候。驾,车马。行,走、先行。

[译文]

鲁哀公召见孔子,孔子不等候备车马,先步行而去。

[通解]

按照"君使臣以礼,臣事君以忠"(《八佾》)的君臣契约,君以礼相待臣,臣必须忠敬于君。以"君使臣以礼"为前提,"臣事君以忠"的基本方式有二:一是尽忠以礼,二是尽忠以事。第十八、十九章从不同方面记述孔子事君如何尽忠于礼;本章则记述孔子事君如何尽忠以事。

孔子认为,有"君使臣以礼"的前提,才有"臣事君以忠"之忠,"忠于事",即通过忠于事来呈现对人之忠。孔子以"君命召,不俟驾行"为例说明:臣事君以忠,就是只要君召唤,就要以只争朝夕的方式应召,做好君主安排的任何事务。简单地讲,臣事君以忠,指君臣关系一旦构成并且只要处于继续保持状态下,臣尽忠以礼必使君悦,臣尽忠以事必使君放心。臣事君尽其事的本质,仍然是尽忠以礼:"诸侯召其臣,臣不俟驾,颠倒衣裳而走,礼也。《诗》曰:'颠之倒之,自公召之。'天子召诸侯,诸侯辇舆就马,礼也。《诗》曰:'我出我舆,于彼牧矣。自天子所,谓我来矣。'"(《荀子·大略》)

事功,讲庄;礼,讲敬。庄敬既构成"臣事君以忠"的基本规范,也构成"臣事君以忠"的基本要求。正是因为如此,使命召孔子,孔子才不等备车马而先行之。

第 21 章释义

入太庙,每事问。

[译文]

孔子进入太庙,凡事都要向人请教。

[通解]

本章内容与《八佾》第十五章"子入太庙,每事问"同。但也有不同:本章只是客观述事,孔子守礼必知明和守礼必慎、敬。《八佾》第十五章还解释了"子入太庙,每事问"的理由:"或曰:'孰谓鄹人之子知礼乎? 入太庙,每事问。'子闻之曰:'是礼也。'"

这是在记事基础上面对他人评价的自我辩护,即入太庙"每事问"之行为本身就是在讲礼,行礼,弘礼。其内容"通解"参见《八佾》第十五章释义。

第 22 章释义

朋友死,无所归,曰:"于我殡。"

[注释]

无所归:所,处所/居所。归,回归、归依。指没有回归本原的最终居所。

于我殡:殡,入殓、停枢、出殡、埋葬。指由我负责朋友的丧事。

[译文]

一个朋友不幸逝世,生前孤身一人,没有亲属为其殓葬。孔子说:"我来办理他的丧事吧。"

[通解]

第十六、十八、十九、二十共四章,记述孔子如何身体力行从不同方面行为臣之礼。本章则承接第十五章述孔子如何行为友之礼。

—

君子之为君子,就是为子孝,为臣忠,为友义。孝、忠、义,此三者皆为礼,是礼的三种方式。

孔子论孝,只立足于一般,从不联系自己,这是一个谜。因为一部《论语》,没有孔子孝亲方面的任何信息,也没有关于其父母方面的任何信息,当然还包括其家庭其他方面的信息,这是一个很奇怪的现象。或许,这一现象背后隐藏孔子、孔学方面不为人知的秘密。

与孝不同,孔子论忠与义,既有一般意义上的广泛讨论,更有联系自己的现身说法。前面几章集中记述孔子如何尽礼以忠和尽事以忠。本章记述如何自身说法待友以义。

《论语》中的"朋友",对孔子来讲,指涉范围较为广泛,包括拜他为师的弟子。而且,孔子的朋友多为弟子,或者通过弟子拓展开去形成开放性的朋友场域。客观地看,在孔子的人际世界里,弟子是其保持常态化交往的主体性群体,这就使他与弟子之间是"亦师亦友"的关系,这种关系的伦理意义既呈教化取向,更有情义取向。反之,孔子与朋友的关系,同样蕴含以情义为取向和以教化为取向的双重诉求。

二

朋友不幸逝世,没有亲属为之殓葬,孔子主动担负其安葬之责。这不仅劳神,更要破费钱财。这种破费是绝对无偿,但孔子主动为之,这至少表明两点:第一,由此可见孔子为何如常人般喜欢富贵,虽然"不义而富且贵,于我如浮云"(《述而》),因为贫穷始终是一种不幸。第二,孔子同样如常人一样珍视财物、财富,却可为义而舍利,更可为义而舍财。这是孔子对财与义两个方面的自身说法。

朋友故而"于我殡"这样的义举,恰恰以很朴实的方式彰显孔子的朋友观:所谓朋友,**是最需要的时候出现的人**,或者当他最需要的时候,你勇敢地出现;或者当你最需要扶助的时候,他出现在你面前,以竭其所能的方式为你解困。但对孔子来讲,这仅是"朋友"的浅层定义,朋友最需要你的时候,你出现在他面前,前提是朋友还活着。活着,始终心怀念想。当朋友什么都不需要,什么都不能需要的时候,你还为其提供需要,这才是大义、高义。朋友死了,无人安葬,孔子主动担当起安葬的全部责任,这是在为已无需要的朋友以完美,即将来于尘土的死者以纯粹(沐浴、更衣)的完美方式归于尘土,这是超越人间狭窄的义,上升到悲悯、慈悲之境,这种义是悲天悯人,顺天敬命。

《白虎通义》曰:"朋友之道有四焉,通财不在其中。近则正之,远则称之,乐则思之,患则死之。"孔子"朋友死,无所归而为之殡"的义行本身,构成一种超越时空的自身说法,最为实在地演绎成为一种教化方式,即朋友交往的行为方式构成教化,释放温润的魅力和永不可枯竭的影响力。以此考孔子之后,其弟子何以自发守孝三年方去,或许不仅仅是以师为父的孝礼,更在于孔子本人对弟子亦师亦友的方式和"朋友死,无所归而为之殡"的高义。孔子逝,与其说是弟子守孝三年,不如说是弟子为之**谢师义**三年。

第23章释义

朋友之馈,虽车马,非祭肉,不拜。

[注释]

馈:馈赠,这里作馈赠的礼物。

祭肉:祭祀时供奉的肉,祭祀结束后可分亲友享之。

[译文]

对朋友的馈赠,除非祭肉,即使是车马这样贵重的大礼,孔子也不拜谢。

[通解]

上章述朋友之礼的伦理本质是义,义的最高境界是悲天悯人,顺天敬命。本章记述朋友之义的生存本质是平等,平等的主体性呈现是超越利之尊严。

朋友日常交往,当然要礼尚往来,或者也需要必要的礼尚往来。但这种礼尚往来必须以平等为准则,它只属于"可以如此",并不"必须如此"或"应该如此"。由此,朋友之间的礼尚往来:第一,表达的只是纯粹的情,绝不能沾上利;第二,只能是单纯的情,体现对等的真诚。这是孔子之所以面对朋友的馈赠,哪怕在当时来讲很贵重的车马这样的礼物,也不拜谢的原因,因为拜与不拜,这是友情或非友情的分水岭。因为友情的伦理本质是义,义的生存本质是平等,朋友之间的礼尚往来重的是情义的轻重,而不是财物的薄厚。

这仅是一般。除此一般,还有特殊,那就是朋友与之分享的祭祀供品,一定要行拜礼。这是因为朋友馈送的祭肉,是其祖先馨飨的食物。拜谢朋友馈赠的祭肉,其所表达的不仅是情义的真诚,更是友情亲近和慎终追远的庄敬。

第24章释义

寝不尸,居不容。

[注释]

寝不尸:寝,睡觉。尸,同"屍",死人。人偃卧四体,展布手足,像死人的样子。指睡觉时不要像死人那样仰卧姿态。

居不容:居,居家。容,仪容、容貌。指家居生活不必像公共场合那样讲究庄重仪容。

[译文]

晚上睡觉不要仰卧,居家生活不要过于苛求仪容庄敬。

[通解]

从内容观,本章应与第十章直接关联。第十章讲"食不语,寝不言",接下来应该是"寝不尸,居不容",刚好构成一个完整的语境:"食不语,寝不言"讲吃饭和睡觉应该有所约束,不要影响他人;"寝不尸,居不容"讲睡觉和居家生活怎样才使身体更自由。

一

本章内容除与第十章构成完整语境外,还与《述而》第四章"子之燕居,申申如也,夭夭如也"相关联。或许,这三章内容原本是一个有关于以"君子如何居家"为主题的教学内容,被不同弟子所记载,后来编纂《论语》时因为表达主题的需要,被分置于《述而》与《乡党》之中,前者以孔子基本思想的自述为主题,因而君子居家生活的内容,构成孔子基本思想的有机部分。孔子的学说——无论道德哲学还是政治哲学,或者教育学说——的基本思想是自由,不仅精神自由,也需要身体自由。但无论精神自由还是身体自由,都有条件要求:身体和精神彻底自由的条件,就是家庭。家庭生活才是君子自由舒展精神和身体的最好地方。

第十章和本章内容之所以被置于《乡党》,是为了对比性表达关于君子之礼的基本理念:礼作为社会规范和生活神性仪式化的一种必须方式,也是有释放范围的。严格地讲,礼以及言行谨敬,主要是公共场合,在人与邦君、人与上司、人与朋友所构成的三维生活场域中,必须遵守严谨的礼法规范。相反,在自己的家中,应该随意和自由一些。

君子居家,为何可以不严格地遵守礼法规训?这是因为出门的社会和进门的家庭,是截然不同的两个世界:出门后的社会是公共世界,它以利为纽带,孔子讲"君子喻于义",只有"小人才喻于利",这是从生活目的和行为追求方面论。就生活世界本身讲,利才是其本质内容,无论君子还是小人,其日常生活都被卷进利害的漩涡,接受其权衡和选择,所不同的是,君子选择义,以义为准则来判断其利的当得或不当得、该谋取或需放弃:合利之义,必求;不合义之利,必放弃。但对君子来讲,放弃不合义之利的行为本身也是得利的,其所得到的是使之成为君子或使自己保持为君子之利,这是君子之为君子的最大的利。小人则始终直截了当地以物质性的实利为准则来判断利之当得或不当得,谋取或放弃。所以,无论对君子还是小人,出门后所进入的公共社会,是一个无时不充满利害博弈的世界,利欲的陷阱无处不在,稍有不慎或稍有放松,就会被利欲所吞噬。在这种原本就如此的生活境遇中,君子处世必须高度警惕,一刻也不能放松仁的修养和礼的自我约束,这是君子"博学于文,约之以礼"的真实生存论含义。与此不同,进门之后的家庭,却是一个只属于"我"的私人世界。在"家"这个私人世界里,家人之间可能也会产生矛盾或冲突,但这些可能产生的矛盾和冲突,却属于两性和血缘,是可通过两性情感和血缘亲情而化解的。以此来看,出门之后的公共社会,是君子成己的战场;与此不同,进门之后的家庭世界,却是君子润己的港湾。所以在家中,无论白天的生活,还是晚上的睡眠,都应该尽可能身心放松,使之自由、自在。

二

孔子论礼,始终与生死交道。人与君、人与官(或上司)、人与友的交道所要求的礼,不外乎是与生打交道的方式,讲的是如何生或怎样善待生的礼法。此外,孔子讲孝道,讲慎终追远、祭礼等,讲如何与死、死亡世界及其中的人打交道,怎样善待死者。孔子认为,与生交道,善待生之礼,必须谨敬;与死亡世界交道,善待死者,必须庄敬。孔子基于对生与死的思考,去梳理人们如何对待生与死的古礼,形成一种特有的唯有孔子本人才熟练运用的传述方式,是一般与个别的有机结合方式。具体地讲,是以自我说法来印证一般的传述方式。孔子讲述人之生礼是如此,讲述人之死礼同样是如此。只有获得这些基本认知,才可理解本章"寝不尸"三个字的深刻含义。

人是向死而生的。对于人的这一悲剧化的存在方式,孔子比任何人都觉解得透彻和深刻。信而好古的孔子,系统梳理古礼之后,特别强调两个方面:一是君子之生如何生得谨敬,二是君子之死如何死得庄敬。比如:"子疾病,子路请祷。子曰:'有诸?'子路对曰:'有之。《诔》曰:祷尔于上下神祇。'子曰:'丘之祷久矣。'"(《述而》)"子疾病,子路使门人为臣。病间,曰:'久矣哉,由之行诈也。无臣而为有臣,吾谁欺,欺天乎?且予与其死于臣之手也,毋宁死于二三子之手乎。且予纵不得大葬,予死于道路乎?'"(《子罕》)就是论其后者。谨敬生命,庄敬死亡。前者充盈爱,后者流溢畏。

因为庄敬死亡之畏，所以对生之睡眠方式予以生死形态学的区分，这种区分使孔子提炼出一种睡礼，即睡觉不能像死人那样仰身直卧，这是生之所畏者。

第 25 章释义

见齐衰者，虽狎必变。见冕者与瞽者，虽亵必以貌。凶服者式之，式负版者。有盛馔，必变色而作。迅雷风烈，必变。

[注释]

齐衰：齐，缝缉，缉衰之边者曰齐。衰，同缞，丧服。指用麻布做的丧服。

虽狎必变：狎，亲近。指见到穿丧服的人，不管平时多么熟悉或亲近，在此服丧的语境中也要变得面色严肃。

见冕者与瞽者，虽亵必以貌：冕，礼帽。瞽者，盲人。亵，亲密。指见到戴礼帽的人和盲人，都要示之以礼貌。

凶服者式之，式负版者：凶服，丧服或者戎服。式之，车前横木，乘车人以手俯身手持车前横木，以示礼。版，贩；负版，负贩。指身份低微的负贩者，当其身着凶服时，君子也要凭轼示意。

有盛馔，必变色而作：馔，饮食。盛馔，丰盛的食物。

[译文]

所谓君子，必日用常行于礼：碰见穿丧服的人，哪怕平时很亲近，也一定要收敛仪容神情庄重。碰见穿官服的人和盲人，哪怕平时很熟悉，也要改变仪容神情严肃。乘车途中，碰见穿丧服的人或者身份卑贱的负贩者，也应凭轼俯身以示善意。参加盛宴，一定会恭敬地站立以示谢意。偶有震雷或大风，必要为之动容，以对天的怒态表示敬畏。

[通解]

上章讲君子进门居家之礼，应以自由、自在为准则，从"寝不尸"和"居不容"两个方面举例说明居家生活如何才可做到身心自由、自在。本章讲述君子出门行走于公共世界之礼，面对各色人等，必然谨敬，以生活中五种特殊类型的人为例，说明如何谨敬地待人以礼。

——

本章与《子罕》第十章"子见齐衰者、冕衣裳者与瞽者，见之，虽少必作，过之,必趋"直接联系。或可说,这两章内容可能是孔子向弟子讲述君子如何出门以礼,不同的弟子予以不同记载。只是,《子罕》第十章记载简略,本章记载完整些。

综合这两章内容,孔子教弟子以待人之礼,往往以自身说法。他列举了齐衰者、冕者、瞽者、凶服者、负贩者五种特殊类型的人,还有就是赴宴的特殊交往形式以及如何对待震雷之类的自然现象的态度,教导弟子,在这五种与人交道以及与异常自然现象交道过程中,应该动容以示其礼。

孔子以自身说法的君子礼仪行为,揭明礼虽然是规范的神性仪式方式,但其本质仍然是平等,其情感诉求是善。碰见穿丧服的人,要收敛仪容而做到神情庄重;碰见穿官服的人和盲人,要改变仪容而做到神情严肃。乘车碰见穿丧服的人和负贩者,要凭轼俯身以示善意;参加盛宴,要恭敬地站起来以示谢意。表面看,这是在讲述遭遇不同的人应施之于何等细微差异之礼,实际上是在讲礼是超越等级、身份、地位的仪式化规范行为和规范方式。

二

严格地讲,由人组构起来的社会,始终是等级社会,因为等级是构筑社会使之成为秩序的基本方式,所以社会必然是等级的。但等级的本质是不平等,不平等的本质是剥夺,剥夺的本质却是压迫。正是由如上三者所规定,等级社会必然矛盾四起、冲突不断,斗争不已。消解这一日常性的矛盾、冲突、斗争有两种方式:一是法和法治,它可以将等级带来的不平等限制在最小范围内;二是礼,它可以引人超越等级构筑起来的不平等,获得人格、情感、尊严层面的平等。这就是碰见穿官服的人和盲人,以及身份地位低微的负贩者或凶服者,都要待之以礼的根本考虑。

人,同时存在于两个世界之中:一是制度法则取向的制度世界,二是自然法则取向的自然世界。孔子以自身说法教弟子以礼,必然涉及如何善待人和怎样善待自然,前者列举了五类人如何交道以说明之;后者列举了迅雷、烈风两种自然现象来说明。孔子指出,面对迅雷、烈风,君子亦必变仪容以表敬畏,这是孔子敬畏自然现象的自然流露。

敬畏自然,对于孔子来讲,既是对天的敬畏,更是对未知力量的敬畏。孔子虽然"不语怪力乱神",但他始终保持对自然世界的无言虔敬,对变化着的自然事物、自然现象的无言敬畏。敬畏自然世界,本质上是敬畏未知世界。因为从远古而来的先贤认为,人间的思想智慧和礼法,都源于神秘的自然,它构成人类思想的源头。对这一源头活水保持敬畏,在古人那里,或者在以"返本开新"为己任的孔子那里,不仅是一种礼,更是一种德,是恭天之礼和崇天之德。

第 26 章释义

升车,必正立执绥。

车中,不内顾,不疾言,不亲指。

[注释]

升车,必正立执绥:升,向上提。升车,上车。绥,供上车时手抓的短绳。执绥,手挽上车用的短绳。

车中:站立车的正中。

不内顾:顾,看。内顾,回头看。指不回头观看。

不疾言:疾言,大声说话。指不高声说话。

不亲指:亲指,手亲自指点。指不用手指点。

[译文]

君子乘车,一定要先站立端正,然后手挽短绳上车。

站立车正中,为防站立不稳而不回头看,为保持君子仪态和避免使驭马受惊而不大声说话,更不能手指指点点。

[通解]

君子出行之礼,涉及两个方面:一是自我庄重威仪,二是待人谨敬。上章讲君子出行如何行谨敬之礼;本章讲君子出行如何做到自我庄重威仪,孔子以乘车为例说法。

——

礼既然是日用常行的规训方式,自然无所不在。哪怕是乘车,也是有礼可循。这就是正立,不内顾,不疾言,不亲指。

正立,讲的是乘车必持端庄姿态,这是君子应有的仪态。反之,就会显得随意,有失君子风度。礼不仅在于规范,还在于通过规范使人获得仪式化的神性提升。这种仪式化的神性提升彰显出来的神态面貌,就是君子风度。以此观之,礼不过是使人有君子风度。哪怕是挑夫走卒,言行有礼,也呈君子风度。这是孔子讲君子上车前必正立的原因。

其实,孔子讲君子"升车,必正立",有些近似于今天乘公交车必排队依序而上,体现文明。究其实,文明之于个人言,是其言行站立音容笑貌之风度。

二

朱熹《四书集注》以为乘车内顾、疾言、亲指此"三者皆失容,且惑人"。金纲在《〈论语〉鼓吹:圣贤的光荣与漏洞》中认为,不内顾、不疾言、不亲指,此三者"表现了孔子传统贵族式的自制。贵族对自己的言行、仪容都很在意,孔子也不例外"①。

金纲之言有失偏颇,但很有道理。文明不是贵族的专利,但贵族的天职却是既开创文明,也传播文明,更捍卫文明。沃尔特·白芝浩在讨论英国宪政制度时指出,宪政制度作为现代社会文明,其得以建立的土壤和条件却是贵族。他指出贵族是由历史和文明孕育自然形成的。所以,真正的自然的贵族并不是邦国中某一特别的利益群体,也不是与邦国分离的利益阶层。贵族作为一个社会阶层,是任何公正地建立起来的社会大团体中的基本组成部分。真正的自然的贵族由一个具有一些合理预设的品质的阶层构成。就一般情形言,这些预设的品质必须被认为是真实的。

> 真正的自然的贵族是这样的阶层:在一个值得尊崇的环境中长大;从胎儿起就不曾耳濡目染任何下流、肮脏的东西;受到过如何自我尊重的教导;惯于接受公众的批评和监督;很早就知道关注公众舆论;站得高,看得远,对在广大的社会场景中涌现出来的、比比皆是的无限错综复杂的局面能够做到洞悉表里、从大处着眼;优游沉溺于读书沉思,切磋学问;由于品质不凡,不管出现在何处,都能引起富有智慧的饱学之士的关爱和注意;习惯于在军队中指挥士卒和服从上级;被教导在追求道义、履行职责时要无所畏惧、不避艰险;出现任何失误时都必然遭受惩罚,对微不足道的过错就可能招致最严重的毁灭性后果这样的事态中,能够表现出最大程度的警觉、先见之明和审慎;能够意识到自己在同胞们最为关切的问题上,是他们的指导者;能够意识到自己是作为神与人之间的调解人在行动,并在这样的责任感的驱使下,戒慎恐惧,严于律己;能够膺任法律和正义的执行者,并因此优先纳入人类第一拯救者的行列;是高深学问,或是自由性和开放性学术的研究者;位居富裕商人之列,由其成功可以推断他们机敏而充沛的智力,并具有勤劳肯干、讲究秩序、不屈不挠、条理分明等美德,还具有关注商业正义的素养和习惯。——正是这些品质构成了我所

---

① 金纲:《〈论语〉鼓吹:圣贤的光荣与漏洞》,天津,天津人民出版社 2007 年版,第 308 页。

说的自然的贵族(natural aristocracy)。没有这些人,就不会有民族和邦国。①

正是贵族阶层的存在,使英国成为承传古希腊政治文明和罗马政治文明最完整的邦国,更使英国成为谦恭的国度。在这个谦恭的国度里,"名义上的选民并不是真正的选民;广大的'十镑'②房户并不能形成自己的观点,也不能强迫他们的代表听从这种观点;他们做出判断时实际上受到了让他们更有教养的阶层的引导;他们倾心的是来自这些阶层的代表,给予他们更多的信任。如果一百个小店主奇迹般地走进了1832年的议会,他们在那里就会有异类之感。没有什么东西会比由选民中的一般群众充斥其间的议会更加不伦不类"③。

沃尔特·白芝浩所论述的虽然是英国贵族,但有普遍性。客观地看,中国古代社会的君子,亦是如此。孔子要以返本开新的方式培养新的君子阶层,就是以承传、捍卫和革新文明为使命的贵族阶层。这个阶层之所以能担当起如此重任,是因为他们不仅博学、有文化,有历史意识和再造文明的使命感,更有生活的责任心和引导生活的榜样力量。这种生活的责任心和榜样力量的生活敞开,就是日用常行的礼、日用常行的仁、日用常行的爱。《乡党》篇就是从不同方面讲述这一日用常行的礼、仁、爱,只可惜,孔子的努力没能成为现实,随诸子时代的结束,贵族和贵族阶层也由此消失了。

三

君子学而成己的这种日用常行的礼、仁、爱,总是体现在每日生活的言行之中,于是有了《乡党》篇每一则真实的生活记述,有了更为具体的本章内容:内顾、疾言、亲指,这是大众生活场景中其言行失容。从个人文明论,言行失容,是失礼,失礼的本质是失性。溯其根本,发生这类日常性言行失性的主体性原因,是心中无人。心中无人者必然无仁无爱;人若无仁无爱,自然言行张狂、失仪失态。

孔子以自身说法来说明乘车、坐车的言行,始终被置于公共视野之中,一定要注意仪态、风度、言行不失君子风度,不失文明风范。有如今天乘坐公交车,要排队上车,上车后不抢占座位,不高声喧哗,不在车中手舞足蹈一样。所以,孔子关于"必正立,不内顾,不疾言,不亲指"之乘车行为要求,

---

① [英]柏克:《自由与传统:柏克政治论文选》,蒋庆等译,北京,商务印书馆2001年版,第89~90页。
② 根据英国1867年的改革法,每年支付租金不少于十镑的城市房客有权选举(原文译注)。
③ [英]沃尔特·白芝浩:《英国宪法》,夏彦才译,北京,商务印书馆2005年版,第9页。

不仅是"传统贵族式的自制",而且是任何时代任何社会任何有教养能力、有文明观念的人必须具备的自制能力和自制行为。

本篇中,孔子从不同角度、不同侧面对君子言行提出礼的规范和要求,不断重复一个基本认知:文明既超越贵贱,更超越尊卑。它要求人的自我提升是普遍的、平等的,是必须通过尊严地自觉并化为日用常行才可真正实现。雅斯贝尔斯认为孔子创造出一种"思想范式",也如同苏格拉底一样,终身探求对生活世界的"普遍定义",就在于他以返本开新方式重建了君子文明的方式,他使日用常行之礼蕴含一种超越,一种普及,一种只要意识地愿行则人人都能为之的那种体现贵族诉求的文明。换言之,孔子以自身说法,演绎出无论古今,人人皆可为贵族的文明理路。

第 27 章释义

色斯举矣,翔而后集。曰:"山梁雌雉,时哉! 时哉!"

子路共之,三嗅而作。

[注释]

色斯举:色,本义为改变颜色、神色,意为恐惧。色斯,惊恐的样子。举,起。言野雉见人神态不善而举身飞去。

翔而后集:翔,飞翔。集,聚,此为停止义。指野雉起飞不远又栖止于树。

雌雉:雉,野鸡。指母野鸡。

时哉:知其时啊。

共:通"拱",指拱手以示敬意。

三嗅而作:嗅,臭。作,意为前面的"举",即起飞。指雉鸡见子路上拱其手,疑将篡己,故三嗅而起飞。

[译文]

孔子与子路野外散步,路边一群野雌鸡见有人来,惊恐地飞上半空,然后又飞回来停止于原来的地方。孔子感叹说:"你没有看到那雌鸡吗,它们也懂时宜呀! 也懂时宜呀!"

子路听后,肃然起敬地向雌鸡们拱拱手,然后撒下食物喂它们,但那群雌鸡嗅了几次,还是张开翅膀拍打几下飞走了。

[通解]

《乡党》通篇是孔子自身说法何为礼,以及如何将礼化为日用常行。唯有沿其主题继续前行,才可理解本章内容。

本章是《乡党》最后一章,历来视为"难解",因为以静态方式观。如果贯通地看,本章是对全篇的一个总结,它抛开前面一以贯之的日常生活之礼的琐碎性,予以日用常行的抽象传述,但仍然采用"以事件为本体"的方式展开。

——

本章虽然是述事,但其重心不在述事,而是所述之事的隐喻。子路(也许还有其他弟子)陪孔子野外散步,其中的"野外"或许喻天下,"散步"行为本身或许喻孔子带着弟子漫无目的地游国。在这一漫无止境的游国路途中,孔子与其追随者又如同野外几只既自由栖居又没有任何安全感和最终归宿的"野鸟"。

孔子游国,于公元前 497 年从鲁出发适卫,不仕。第二年离卫西行,经过匡地被围。解脱其困境后经蒲返卫,幸厚待,一住三年。公元前 493 年,卫灵公逝,孔子再度离开卫国,适陈。三年后,去陈适蔡,绝粮于陈、蔡之间。复见楚叶公,然后再度适卫,居四年。公元前 484 年,因冉求的努力,执政大夫季康子安排隆重礼仪迎接,孔子很体面地由卫返鲁。概观孔子游国十四年,其待在卫国时间长达九年,三适三离。大而言之,孔子游国,一是求仕不成必再求之,二是必须为安全计。具体地讲,孔子三适三离于卫,也是基于这两个方面的考虑,求仕无果,不安全感突显,只得考虑撤离。既使出仕无果,但有人提供优裕的生活条件和安全保障,亦可安居。孔子第一次适卫离卫,是卫灵公不给官做,虽然已经步入"知天命"之年,但孔子对自己的绝对自信形成的志在必得的刚烈血性,面对卫灵公的友好而"令色"赌气离卫,大有"天下谁人不识君"的气概。但孔子很快就明白了,天下不识君者还很多。孔子重新回到卫国,卫灵公虽未启用给予官职,但依然给他优厚的待遇,所以孔子一行一待就是三年。卫灵公逝,孔子感到依靠没了,不得不离开。几年之后,周游无果的孔子再度适卫,也许是传统,卫出公继承祖父遗志,同样给予孔子以优厚待遇,孔子一行在卫出公的庇护下定居于卫四年,直到季康子派人迎接孔子回国。孔子带着弟子三适三离卫国,是否有如野外的雄鸟"色斯举矣,翔而后集"? 或者孔子所述的那群雄鸟的"色斯举矣,翔而后集",不仅蕴含孔子游国途中三适三离卫国的经历;孔子面对"色斯举矣,翔而后集"的野雉"睹物思己"油然感叹说:"子路啊,你看那群野雉,不也正有些像我们,也是很懂得审时度势的呀! 也很是懂得审时度势的呀!"

孔子如此感叹,使子路对这群野雉顿生敬意,他向野雉们拱手示以善意,然后掏出食物撒在地上,但野雉很谨慎地做了几次试探之后,最后还是没有获得安全感,于是舒展翅膀拍打几下飞走了。这是本章述事的最后一个环节,也是最后一组动作,越发小心的野雉们很快战胜诱惑,毅然飞走了。明明有食物,为何不取?野雉们深知,这些表面看来可取用的食物,最终是陷阱,并不可取,还是干脆地撒吧,于是果敢地飞走了。这是不是隐喻孔子一行游国已久,诱饵无数,一无所获,最终醒悟,回国之心萌生。孔子的回国愿望传递给弟子冉求,冉求为之斡旋,终有所成。

二

本章所述之事,是人与鸟互动的过程,由三个互动的动作组成。这个过程隐喻了孔子游国求与适、游与归的互动过程。对这一互动过程的记述,或可说实现了对自身说法的礼予以最后总结:礼之为礼,最终不过是人之为人行坐起止有度。所以,礼之化为君子之日用常行,就是行止有疆,行止适宜。具体地讲,**君子之求,得之而居,不得而止**。

得之而居,不得而止,这既是君子之为君子的准则,也是君子之为君子的尊严,更是君子之为君子的风度。进一步讲,君子之求于世,功败垂成,既有天命,也有时运。因而,进则须全力,勇而向前;无进则须果断,毅然返归其本。这就是"三嗅而作":大千世界,动物如此,人亦然,人理与物理相通,在于性本同。

先进第十一

关于《先进》篇,邢昺正义曰:"前篇论夫子在乡党,圣人之行也。此篇论弟子贤人之行,圣贤相次,亦其宜也。"①抛开邢昺的"圣人"观念,《乡党》是夫子自述的进一步展开:《述而》是夫子自述修仁,《乡党》是夫子自述行礼,《先进》却是讲述弟子修习言行。在更为宏观的视域中,《先进》篇前后的《论语》内容所呈现出来的思想,客观地存在一般与特殊的区分。大而言之,前十篇所述的思想,多立足于一般;后十篇所述的思想,多立足于特殊。或可说,继续讨论前十篇呈现出来的一般思想如何具体地生成与敞开,由此突显《论语》思想的特殊性。仅此而言,《先进》表现得尤为突出。

就《论语》结构言,《先进》居于其中,乃为《论语》的结构枢纽,居于"腰"位。"腰"者,要也。"事在四方,要在中央;圣人执要,四方来效"(《韩非子·扬权》),为何?

首先谓上下。《论语》前十篇,主要以夫子为中心,阐述夫子的核心思想;后十篇以弟子为中心,阐述弟子对夫子思想的理解和发挥。这就是上下,它所表述的实质是**师承**关系,《先进》则开启"上下"之师承关系。

其次谓先后。这是对"学而"言:学而的主体是弟子。后十篇以弟子为中心,当然从学入门有先后之别。在孔子看来,入门有先后,不只是一个单纯的从师求学的时间起点问题,根本问题却是看待人生、社会理想及其生活践履方式的差异。孔子既然这样区分"先进""后进",《论语》的编纂也自然呈现这两个层面的差异。于是,后十篇必然要以《先进》为开篇。

一

黄克剑《论语疏解》中认为,"《先进》是对《公冶长》和《雍也》前十六章的承续,其二十六章无不在评说人物,而且所评的对象都是孔子的亲炙弟子"②。从具体内容观,《公冶长》《雍也》《先进》,都是孔子评价弟子,但问题是:《论语》编纂者为什么不将这些评价放在一起? 并且,这些评价有无侧重以及取向的不同?

回顾《公冶长》和《雍也》两篇,均直接承《里仁》的主题,讨论人"何以为君子":《公冶长》主要通过品评人物来讲述人要成为君子,必须**向榜样学习**;《雍也》则讲述人要成为君子必须"居仁""约礼"。本篇的讲述,主要以后进弟子为参照,突显先进弟子的特征与取向,采取类型学举例的方式来呈现。

"先进"这个概念,首先指"进出"的问题。进出相对"门""道""行"而

① (三国)何晏注,(北宋)邢昺疏:《论语注疏》,北京,中国致公出版社2016年版,第163页。
② 黄克剑:《论语疏解》,北京,中国人民大学2014年版,第239页。

论。所以"先进"的本义指先进门、先入道或先悟道、先入行。"先进"相对"进出"论,自然体现先后顺序、先后尊卑、先后等级等含义。因而,"先进"首先论述先后顺序、先后尊卑、先后等级。这些问题当然表征为"礼",但最终张扬的却是"德"。从本质讲,在"进出"的语义层面,"先进"所要表述的本质含义,是"德"与"礼"的关系如何正确定位,这是《先进》篇的**核心主题**。通过《先进》篇对这方面内容的阐述,以此表明孔子之"仁学"和"礼论"之间的内在生成关系;同时,孔子也以此阐明自己的仁学和礼论的本质,是先后、内外的等级与尊卑。等级与尊卑,是孔学的基本认知取向和价值取向。这是《论语》编纂者专辟一篇论"先进"的根本考虑。

从内容观,《先进》篇由孔子与其弟子的二十六条言论编辑而成,这二十六条言论围绕"先进弟子"这一话题而展开,主要讨论两个问题:一是程序问题;二是言行问题。

通过言行问题的讨论,孔子讲述一个基本主张,即"敏于事而慎于言",或可曰"先行其言而后从之"。对于程序问题,涉及的范围无所不包。但本篇选择为学、为人、为事、为政四个方面,集中表达一个基本观点:程序,既是法度问题,也是德性问题。无论为学、为人,还是为事、为政,都既要有法度,更应有德性。比如,颜回卒,其父颜路要求其师孔子卖其"专车"为颜回购椁,既不合法度,也不合德性。又如颜回好学,"于吾言无所不说",但与此同时却"非助我者也",为什么?好学,并不是人变成接受机器,既要悦纳,更要发问。这其中既蕴含**学的法度**,更体现**学的品德**。再比如子路"问事鬼神",孔子答之曰"未能事人,焉能事鬼",也体现一个事的先后程序,蕴含界限与品德于其中。本篇中有关于颜回卒,孔子"恸"以及纵容弟子违礼厚葬等行为与言论,均从不同方面呈现法度与品德之间的动态关系。正是这种动态关系,既呈现人性的复杂性,更敞开日常生活进程中德性与法度本身同样客观地存在一个程序问题,并且是最根本的程序问题。因为,德性是内容;法度是形式。或者说,德性的形式呈现是法度,法度的内在规范和本质表达是德性。

二

为更好地呈现如上主题,孔子首先概述生活的时代从政当官的基本要求;从政当官,必须学习礼乐。但学习礼乐与从政当官之间并不构成刻板的程序,可以先入仕当官后学礼乐,也可以先学好礼乐再入仕当官。一般地讲,先学习礼乐后入仕当官者,往往出身平民家庭;先从政再学习礼乐者,大多出身优裕或高贵家庭。所以,先学后仕者,多有明确的人生理想和社会目标;先仕后学者,更多属于为官之程序和法度所需,往往缺乏明确的人生理想和社会目标。这是孔子何以"如用之,则吾从先进"的理由。追随孔子的先进弟子,更多地有与己同样的文道救世理想和激情。正是这种理想和激情,先进弟子大都追随孔子游国求仕共甘苦与患难。第二章追述先进弟子与自己共患难的特殊经历,即陈蔡之围。

从第三章的内容,可看出《论语》编纂者以如上主题为基本判断方式和依据,把本门弟子分成先进后进,再以德才对先进弟子进行分类,列举德行、言语、政事、文学四种德才类型的典型代表,为本篇后面各章的讲述提供**类型学**框架。

第四、五章分别介绍德行的两位典型代表,他们是颜回和闵子骞。第四章介绍德行的首席代表颜回,其德行的杰出表现是"于吾言无所不说",也揭示颜回好学德行的两面性。第五章介绍德行的第二位典型代表闵子骞,其杰出德行是孝。第六章穿插对南容的介绍,可能此章为后来窜入。

论德行代表,《论语》编纂者以点面结合的方式展开。第四、五章内容侧重于"面";在此基础上,从第七章到第十一章却着重于"点",主要围绕颜回卒后诸多事件展开。首先,第七章孔子以答季康子之问的方式,对颜回予以盖棺定论:颜回"好学"举世无双,并甚为叹息其英年早逝。第八章追述颜回卒,孔子拒绝颜回之父违礼请求,呈现孔子对日常生活中的原则性问题予以情与理的清晰区分。第九章述孔子得到颜回卒的死讯,抒发痛问苍天的悲伤,这种痛失"好学"颜回的悲伤之情自然郁积于心,最终向外释放为"哭之恸"(第十章);接下来第十一章述弟子如何违礼厚葬颜回,结束整个治丧活动。

从第八章始至第十一章,共用四章内容来记述颜回死孔子的态度及情感表达方式,使颜回之死成为孔门大事件。尤其是第九、十两章,分别从两个环节、两个层面记述孔子之悲。孔子对颜回的最终态度和情感表达方式,决定孔门弟子安葬颜回的规格和方式,以及孔子对弟子违制安葬颜回的做法的真实认同和形式上的推责,真实地呈现生活中礼法与情感之间的张力。

三

第八章到第十一章,主题是活着的人怎样对待死者,以颜回为例,所以是具体地论死。或许正是颜回之死和颜回之葬这两件大事,引发子路对鬼神的思考和困惑,由是而问,形成第十二章内容,孔子从两个方面为子路解困:第一,侍奉鬼神的本质,是侍奉人,将人侍奉好了,就侍奉好了鬼神。第二,死是自然的,生才是人为的;死是必然,生具有可塑造性。并且,死是对生的结果显现,生是对死的不懈塑造。

颜回早死而厚葬,引发子路关注超验领域的鬼神,继而关注生死,这种关注或许本身成为预告。第十三章孔子以子路"行行如也"直觉到死亡对子路的逼近,情急之下脱口而出"若由也,不得其死然"。

从第四章到第十一章,重点介绍先进弟子的德性代表颜回,中间穿插了子路问鬼神(第十二章),紧接着马上回来再度介绍闵子骞,展现闵子骞平和持正的品德,突出闵子骞理性、独见的德才和能力(第十四章)。对德行代表的介绍告一段落,然后介绍政事代表子路。第十二章子路问鬼神,暗示悲剧隐然来临;第十三章孔子直告子路"死亡之神"将近。第十五章则介绍忠勇肝胆的子路蹩脚之艺。

四

阅读《论语》,可明确地感受到,孔门众多弟子中,最优秀、最受孔子看重者有仲弓、颜回、子路、子贡。其中,最有远见者当属子贡。第十六章孔子评价子张和子夏,是由子贡所问引发。子贡之如是询问老师,或许自有寓意,即关心夫子是否已经考虑过百年之后谁来弘扬光大夫子学问。因为子贡本人的判断,如果抛开自己,弘扬夫子大道学问的重任更可能寄托于夫子招收的后进弟子身上。而夫子的后进弟子中,子贡以为子张和子夏最为出色,因为子游早出仕,曾子不仅被夫子评价为"鲁",而且最具有判断力的子贡也认为曾子不具备这个资质和能力。所以,子贡关于子张子夏孰贤之问,其实是在了解老师是否已经明确其百年之后谁来挑起这副弘大师道学问的担子。这从一个角度突显出子贡的远虑。

冉求和子路,是孔门政事代表。介绍子路之后,自然要轮到冉求。但晚年的孔子因为反对季康子之"用田赋"改革,自然将愤怒发泄到季氏总管冉求身上,于是有了"非吾徒也,小子鸣鼓而攻之可也"的立论。

第十八章孔子对柴高、曾参、颛孙师、子路四人的性格予以整体性品评,着重指出柴高、曾子、子张、子路四人性格弱点。第十九章讲述弟子的能力特长,以子贡为例子,用颜回为参照,以对比突出孔子另外一个方面的思想,即孔子对比颜回和子贡这两个最好学的弟子的生存之道"屡空"和"屡中",似在反思何为学?何为真正的好学?何为学而知道?结合孔子"学而不思则罔,思而不学则殆"(《为政》)和"先行其言而后从之"(《为政》)的立论,学、思、行三者统一,才是真正造就成己成人立世的君子,且唯有学、思、行统一才可践履文道救世之道。

五

第二十章的主题是人如何才能成为善人。这一问题由子张与孔子之间的问答展开,但前提必须是正确理解"善人"。孔子讲善人,是以世界上没有圣人为前提。在人的世界里,人成己的最终目标是成为善人,人把自己成就为善人的法则是登堂入室。遵循登堂的法则,是模仿;遵循入室的法则,是创造。成就善人的道路,是从模仿到创造的道路,探索性开辟这条道路需要返本开新的智慧。

客观地看,孔子讲的善人,不过是君子的另一个说法。在一般层面,学而为君子,必须德性与德行统一,言行一致,利义一体,这是孔子的基本主张。虽然如此,孔子更强调行,强调在修养德性的基础上践履德,践履德的下手功夫,就是行礼。孔子讲返本开新,讲以仁入礼达乐,其落脚点是以礼为规范的"行"字上。第十九章比较"屡空"的颜回和"屡中"的子贡,不是"美颜回而励子贡",实是反思何为成己成人立世为君子的真谛。在孔子看来,成己成人立世为君子的真谛,不在修德,而是以德为指南的修行,并有所成就。第二十章讨论成为善人的关键,是恭行而学和学而恭行,真谛仍然是一"行"字。第二十一章更直截了当地指出"行"是衡量真君子的标准。第二十二章讨论"行"的基本要求:君子之行,不仅合于言,更要合于事、合于情、合于性;既需要勇往直前,更需要审慎有度。

孔子认为,君子既要有勇行的品格,也要具备审慎而行的能力,更应该具备行生情义的品德(第二十三章)。由此拓展开去,君子出仕从政尽忠必须讲道义,根本准则是"以道事君,不可则止"(第二十四章)。第二十五章接着讲君子"以道事君,不可则止"必须以学为原动力,由此可见孔子与子路之间关于学有不同看法。即向生活学习和向书本学习的区别:向书本学,学到的是知识,训练是思维、认知、思想;向生活学,学到的是能力,训练的是综合性的内容。二者并不能偏执,也不可偏废,最好是二者的会通。前者的典型例子是"好学"标兵颜回,最终为学所困而早逝。后者的典型个案是子贡。孔子并不赞同子路的"有民人焉,有社稷焉,何必读书,然后为学"(第二十五章)并批评子路"是故恶夫佞者",但最终从颜回和子贡二人之学各自对自己的塑造而真正理解了子路的为学理念的正确方面,即孔子说的"回也其庶乎。屡空。赐不受命,而货殖焉,亿则屡中"(第十八章)。

最后一章既应该是对第二十五章主题和内容的照应,也是对本篇的总结。孔子总结自己的弟子有先进后进之分,意不在于区别其进门先后,而在于先进与后进的人生理想与社会目标各异。孔子更欣赏先进弟子,在于先进弟子能与自己同志道,身怀救治乱世的情怀和理想。本篇在重点介绍和评价重要的先进弟子之后,以建议子路、曾晳、冉求、公西华各言其人生之志为结束,印证先进弟子除个别者外,都保持这种以文道救世为理想和目标的人生教诲。

第1章释义

子曰:"先进于礼乐,野人也。后进于礼乐,君子也。如用之,则吾从先进。"

[注释]

先进、后进:关于先进、后进,钱穆将前人之说概括归类为四种说法:"一说:先进指五帝,后进指三王,如《礼运》言大同,《表记》言四代优劣。然此义后起墨家道家始有,孔子时无有。一说:先进指殷以前,后进指周初,然孔子明言'周监于二代,郁郁乎文哉,吾从周'。则此说亦未当。一说:先进谓文王武王时,后进指春秋之世。孔子殆不以春秋僭乱与周初文武相拟,亦未是。另一说:先进后进,犹言前辈后辈,皆指孔子弟子。先进如颜、闵、仲弓、子路,下章前三科诸人。后进如下章后一科,子游、子夏。本章乃孔子分别其门弟子先后不同。说最近是。今从之。"包咸注为"仕进的先后"。邢昺从其后,疏之为"先进,后进,谓仕先后辈也"。但郑玄之注最为恰当,先进、后进,不过是**进学的先后**,即进入孔门求学问的先后,先进者如子路、仲弓等人,志于拨乱世者;后进者如子游、子张、子夏、公西华等人,志于致太平者。

野人、君子:主要指家庭出身言。春秋之前,君子专指贵族,小人就是民:"君子劳心,小人劳力,先王之制也。"(《左传·襄公九年》)"君子劳心,小人劳力,先王之训也。"(《国语·鲁语下》)进入春秋,身份指称亦有所变化,这种变化体现在《论语》中,"君子"既指有位有德者,也指无位而进德者。"小人"与人、民分开,指有位无德者,或有位无大德者,也指不务正业者,比如樊迟求问庄稼苗圃就被孔子指斥为"小人"。至于春秋,民已形成两类:一类是本民,即世世代代为民者;另一类由贵族而降落者,即庶民。本章中的"野人"和"君子",前者应指出身富裕的本民家庭的人和没落为庶民家庭的人;后者指出身贵族家庭的人。

礼乐:本章中讲的"礼乐"指古代大学的必修课程。古代,十五岁以下者进小学;十五岁以上者读大学。孔子招收的学生都是"年十五以上"的成年人,所以进入孔门的人,无论先后,都必须修习礼乐。因为孔子以文道救世为目标,教弟子修习礼乐,成为主要的学业内容。

[译文]

孔子说:"先学、习礼乐后入仕途者,往往出身平民家庭。先从政然后学、习礼乐者,往往出身高贵。如果让我来选用人才,我就选用先学、习礼乐的人,因为这些人身怀济世理想和治世才德。"

[通解]

本篇以介绍先进弟子的特征和取向为主题,第一章开篇以后进弟子为参照,概述先进弟子之于学、德、仕三者的生成关系。

一

本章所述内容,为了解孔子生活的当世之教育提供了确实信史。

一是展示学与仕的关系。春秋晚期,教育开门办学培养统治人才,学习的目的是从政当官。

二是展示教育的基本风貌。在春秋晚期,天子失官,学播民间,人皆可办,教育没有资格审查制度,也没有监管制度,只要有能力和兴趣,都可办学。所以,孔子之世的大学教育既可属于官方,更可属于民间,而且民间的办学比官方更有吸引力,因为民间的学府更灵活、更自由。

三是古代大学教育的基本课程内容是礼乐。学礼是为治事,即治邦治民;学乐是为治身,即颐养身心。所以,以乐修身,以礼治事,构成古代大学教育的基本任务。

四是春秋晚期,因为"天子失官,学在四夷",有资格接受大学教育的人,已不限于贵族子弟,而广播于民间,平民家庭出身的人,只要有相当的经济条件并愿意读书求仕者,都可能学习。这种平民亦可通过读书而改变命运的社会格局,恰恰源于两个社会条件的具备:一是王权下移,诸侯争雄,形成对人才需求的剧增;二是"天子失官"造成"学在四夷"的局面,私人办学兴起,自然是"有教无类"。

有教无类,应该不是孔子的独创,而是春秋晚期的基本教育特征,即任何一个教育者,要想持续地收到学生,或者要想收到更优质的生源,都必须有教无类,否则,就是自闭门户,没有任何竞争力。

五是春秋晚期,不仅读书学习礼乐成为改变出身,改变命运的最好方式,即使贵族出身者,哪怕已在官位,也需要读书修习礼乐,才能保住官位,并且,读书修习礼乐,也是官位升迁的主体性条件。这是因为王权下移,诸侯争雄,自然形成的用人准则不再唯出身,而是开放地以才能和德性为准则,这是世变也是势变。

孔子在本章中讲述了学与仕的关系。首先,学是为了仕:一是,学就是为了出仕,因而,学成为出仕当官的必由路径,或者说敲门砖。二是,学也是为保住仕(官位)或为了更好地仕(升官),所以学也是官位保持或升迁的必由路径,或者敲门砖。其次,由于如上两个方面的规定性,学与仕之间铺开两条路径:一是学而求官的路径,二是学而保官和升官的路径。前一条路径是"学而优则仕";后一条路径是"仕而优则学"(《子张》)。

二

"先进于礼乐,野人也;后进于礼乐,君子也",这是孔子对学与仕之关系事实的概括陈述。"如用之,则吾从先进",这是孔子对学与仕之间不同关系取向的判断,以此表明自己的立场、观点和看法。

孔子为什么在选拔官员的问题上特别看重"先进于礼乐"者而不看好"后进于礼乐"者?这当然蕴含孔子特有的阶级、出身的情感偏好和认知判断偏好,因为孔子是没落贵族后裔,是平民出身,自然体现出特殊的阶级身份意识和对"野人求仕"的同情心。但这只是浅表的语义理解,孔子之特别推崇"先进于礼乐"者,是因为平民出身的人,有非常明确的读书目的——读书是为改变平民出身,获得贵族地位和身份。以此为动力,"学而时习之"不遗余力,甚至以生命投入方式学,自然学得扎实、学得好,学到要义和精髓。此其一,其二,先进于礼乐的"野人",本身是一块白板,加上有必要学好的意愿和努力,自然学得最纯粹,获得也最纯粹,对礼乐的掌握和运用也最纯粹。所以具有如此纯粹资质的人去当官,自然会以礼乐为指南,把官当得更好,更能以纯粹的礼乐去治化民、人。

与"先进于礼乐"者不同,"后进于礼乐"者大多出身于贵族家庭,或者因为贵族出身已经当上官,为要有能力当好官,也需要学习礼乐。但这却不是本人的内在需要,而是大争之世的时势所迫,所以"后进于礼乐"者其学的动机没有"先进于礼乐者"纯粹,动力也没有"先进于礼乐"者大,学习掌握礼乐的真谛的程度可能远不及"先进于礼乐"者。因为,为时势所逼而学,自然是为保住官位或升迁官位,其心思更多地在保有和升迁上面,对礼乐的学习可能会流于形式。仅就从政为官的资质、能力、责任心等方面讲,"后进于礼乐"者往往不及"先进于礼乐"者,这是孔子说"如用之,则吾从先进"的道理所在。

三

本章记述的内容,可能是孔子晚年所说。"先进于礼乐,野人也;后进于礼乐,君子也",这既是从一般论,也是特殊论。孔子述事说理,总是基于具体、个别而蕴含一般、普遍。其先进后进论和野人君子论,亦是如此。比较真实的是,孔子关于先进后进、野人君子的一般论,最大可能来自其晚年对自己培养学生的努力的回顾,回头看自己培养出来的学生,确实存在先进后进的区别。仅从出身论,先进学而成己的弟子,比如颜无繇、子路、冉伯牛、漆雕开等先进弟子,大都属于"野人",他们未进孔门之前,不仅出身贫寒,而且无文化,具有质朴的天赋品质,是"质胜于文"者。与此不同,后进的许多弟子,往往是富家子弟,更多有君子气质,比如有子、子夏、曾子、子游、子张、公西华等均如此,体现"文胜于质"的特征。

此外,春秋晚期,大争推动时势也加速变化。在这种变化中,其先进弟子,大都有志于拨乱反正世道;后进弟子大多志于致太平。这也可能是孔子根据时势变化而在志业目标的引导上有改变和侧重。果如是,则孔子此番讲述就包含异常丰富的思想史信息。

第 2 章释义

子曰:"从我于陈、蔡者,皆不及门也。"

[注释]

从我于陈、蔡者:从我,指"从我者",根据上下文语义,指跟随孔子游国的弟子。陈、蔡,指孔子一行人被围困于陈国和蔡国之间的那个地方,也指被围困的那件事、那段经历。从我于陈、蔡者,指追随孔子经历被围困之难的弟子。这些弟子到底有哪些人,已无可确考,但从《论语》中其他相关记载看,似乎只有颜回、子路、子贡,或者还有宰予。子张、子夏、子游、曾子等均是孔子游国途中招收的后进弟子。

皆不及门:皆,都、全部。不及门,不在门下,意为不在身边。

[译文]

孔子说:"跟随我游国并一同经历陈、蔡之困的弟子,现在一个也不在身边了。"

[通解]

第一章中,孔子概述孔门弟子先进与后进的区别,指出先进弟子更多地具有与己相同的文道救世理想和激情,因而先进弟子大都追随自己游国求仕同甘苦共患难。本章则追述先进弟子与自己共患难的特殊经历,即陈、蔡之围。

一

本章记述一段真实的历史,即孔子带着弟子游国途中遭遇陈、蔡之困,但由于其记述的内容没有明确的具体时间,故而形成对"皆不及门"的多

解：一，认为"皆不及门"既指不及仕进之门（郑玄《论语注》），也指"门路"的
"门"："君子之厄于陈、蔡之间，无上下之交也。"（《孟子·尽心下》）"皆不及
门"是说弟子虽众，却没有在陈、蔡做官的弟子，所以找不到人打通关节的
门路。二，"孔子尝厄于陈、蔡之间，弟子多从之者，此时皆不在门"（朱熹
《四书集注》）。三，追随孔子经历陈、蔡之困的这些弟子都不在师门，即不
在孔子身边相陪伴。第三解似更合本义。

本章内容的语境可能是孔子由卫返鲁后的晚年，更有可能是颜回、子
路相继去世后，倍感孤独的孔子自然因回忆往事，生发感叹。因为一生招
收弟子众多，但最忠心追随自己的还是子路、子贡、颜回那批先进弟子。其
中最突出者有两个，一个是他始终表扬的颜回，另一个是他不断批评的子
路。前者以"失我"的方式崇拜夫子，总是默默跟随老师不离左右，借助老
师的光辉而生活；后者以最纯粹的方式景仰夫子，以己之力护卫夫子于左
右，哪怕是孔子要"桴浮于海"，子路也会快乐不已地跟从。

孔子心怀文道救世理想，希望将每个来求学的弟子都培养成治邦安国
的君子，所以自然希望弟子学成后离开自己进入仕途有所作为。颜回无此
能力，自然不能强求，故而颜回至死未离开过孔子。孔子言弟子"皆不及
门"，说明颜回已先离开孔子而去，孔子发此孤独感慨，应在颜回卒之后。
子路虽然以终身侍卫老师为使命，但其治政之才，其师固然不愿其浪费，故
鼓励其入仕。子路最初仕鲁，做季孙氏家宰，后来仕卫，任大夫孔悝宰。公
元前480年（卫庄公元年，亦即孔子由卫回鲁第五年），孔悝母亲伯姬与人
私谋立其弟蒉聩为君，胁迫孔悝弑卫出公，卫出公出逃。子路闻讯进城去
见蒉聩，蒉聩命石乞挥戈击落子路冠缨，子路大声道"君子死，冠不免"，其
在系帽缨时被杀。"孔子闻卫乱，曰：'柴也其来，由也死矣。'"（《左传·哀
公十五年》）或许，孔子为子路卒而悲，环顾四周，空无一人，故而叹曰"从我
于陈、蔡者，皆不及门也"。因为《论语》对陈、蔡之困的记载中表明子路和
颜回均在孔子身边。

二

孔子游国，遭遇陈、蔡之围。起因于何？相隔三百多年的司马迁做了
如是详细描述：

> 孔子迁于蔡三岁，吴伐陈。楚救陈，军于城父。闻孔子在陈蔡之
> 间，楚使人聘孔子。孔子将往拜礼，陈蔡大夫谋曰："孔子贤者，所刺讥
> 皆中诸侯之疾。今者久留陈蔡之间，诸大夫所设行皆非仲尼之意。今
> 楚，大国也，来聘孔子。孔子用于楚，则陈蔡用事大夫危矣。"于是乃相

与发徒役围孔子于野。不得行,绝粮。从者病,莫能兴。孔子讲诵弦歌不衰。子路愠见曰:"君子亦有穷乎?"孔子曰:"君子固穷,小人穷斯滥矣……于是使子贡至楚。楚昭王兴师迎孔子,然后得免。"(《史记·孔子世家》)

司马迁认为孔子一行遭遇陈、蔡之围是因为国争,即陈楚争夺孔子而造成孔子一行被围困。但司马迁的说法没有相应的史料证明,如此重大的事件,《左传》《国语》等典籍均不记载,或许是司马迁因儒家取向而杜撰的。下面几则材料亦可从不同方面佐证:

孔某穷于蔡、陈之间,藜羹不糂。十日,子路为享豚,孔某不问肉之所由来而食;号人衣以酤酒,孔某不问酒之所由来而饮。哀公迎孔某,席不端弗坐,割不正弗食。子路进请曰:"何其与陈、蔡反也?"孔某曰:"来,吾语女:曩与女为苟生,今与女为苟义。"夫饥约,则不辞妄取以活身;赢鲍,则伪行以自饰。污邪诈伪,孰大于此?(《墨子·非儒》)

孟子曰:"君子之厄于陈、蔡之间,无上下之交也。"(《孟子·尽心下》)

孔子穷于陈蔡之间,七日不火食,藜羹不糁,颜色甚惫,而弦歌于室。

颜回择菜,子路、子贡相与言曰:"夫子再逐于鲁,削迹于卫,伐树于宋,穷于商周,围于陈蔡。杀夫子者无罪,藉夫子者无禁。弦歌鼓琴,未尝绝音,君子之无耻也若此乎?"

颜回无以应,入告孔子。孔子推琴,喟然而叹曰:"由与赐,细人也。召而来,吾语之。"

子路、子贡入,子路曰:"如此者,可谓穷矣!"

孔子曰:"是何言也!君子通于道之谓通,穷于道之谓穷。今丘抱仁义之道以遭乱世之患,其何穷之为?故内省而不穷于道,临难而不失其德。天寒既至,霜雪既降,吾是以知松柏之茂也。陈蔡之隘,于丘其幸乎。"

孔子削然反琴而弦歌,子路扢然执干而舞。子贡曰:"吾不知天之高也,地之下也。"古之得道者,穷亦乐,通亦乐,所乐非穷通也。道德于此,则穷通为寒暑风雨之序矣。故许由虞于颍阳,而共伯得乎共首。(《庄子·让王》)

　　墨子、孟子、庄子,均早于司马迁,他们以不同方式记载了孔子陈、蔡之厄。表明孔子遭遇陈、蔡之厄是可确信的史实。但都没说明孔子遭遇陈、蔡之厄的原因,墨子、庄子可能因为学术思想取向的不同而故意避之,然而孟子却是崇孔的第一人,孔子作为那个时代的大国士被两国争夺而使之遭遇围困且最后圆满地被强大的楚国迎接,这样可歌可泣的大事件,为何孟子不记载?而且,以己为孔学正朔的荀子也没有任何这方面的记载,唯一可解释的真实情况是,当年孔子被围于陈、蔡之间,根本不是两国争夺人才造成的。孔子一生都未到过楚国,孔子游国,仅在鲁之周边几个小国家之间转悠。孔子厄于陈、蔡断粮的事件发生在公元前 489 年,时值六十三岁的孔子一行离开陈国前往蔡国时,被守城兵士所困,最后不得不返回卫国。所以此事既与楚国没有任何关联,孔子也没有去楚国的想法和愿望。

三

　　本章内容,应该是孔子晚年在孤独的生活处境中悼念已逝的弟子,回忆与弟子相处的快乐,从而悲叹眼下孤影相伴。真实的孔子,或许并不善言辞和交往,却喜欢过与人相处的热闹生活。天赐孔子以德才,使其一生有弟子相伴。一生大都生活在被弟子簇拥的热闹氛围中的孔子,晚年面对如此孤独状况,自然悲情袭来,故有此感叹,自然而然,别无微言大义。

第 3 章释义

　　德行:颜渊、闵子骞、冉伯牛、仲弓。言语:宰我、子贡。政事:冉有、季路。文学:子游、子夏。

[注释]

德行:道德践履,指以道德修养和品德践履日常生活见长者。

言语:说话,指以口才和外交能力见长者。

政事:政治事务,指以处理、治理事务见长者。

文学:文章学问,指以人文学术见长者。

[译文]

　　孔子弟子中,以德行见长者,有颜渊、闵子骞、冉伯牛、仲弓。以口才和外交见长者,有宰我、子贡。以处理政务见长者,有冉求、子路。以精通典章文献见长者,有子游、子夏。

[通解]

本章与第一章,分别从不同角度整体性评价和分类弟子。第一章以出身、治学态度和学而目标定位等方面审视先进弟子与后进弟子的差别。本章则从学业专长角度将弟子分为四类,并分别列举其优秀者。

一

本章与上章,历代的注疏家依据内容形成两种处理方式:一是将其合为一章,运用这种方式始于郑玄,朱熹《四书集注》承此,钱穆、李泽厚等亦承朱熹。二是将其分为两章,运用这种方式始自皇侃,后从者众。将两章合为一的主要依据是解决本章内容乃是孔子之言,以确定"孔门十哲"是孔子亲定。使之分别各为一章,不仅是"按《考文补遗》每云古本,皆以证其与皇本同也。今检皇氏本唯别分此为章,'子曰'字未尝有。其疏则云:'此章无子曰者,是记者所书,并从孔子印可而录在论中也。'二字之无尤确凿。物氏以彼国别藏写本谬称古本,未可援之实史记矣。孔子呼弟子皆名,此书字不名,亦可知非孔子语"①。从内容考量,其各自表达不同语义内容和情感取向:"从我于陈、蔡者,皆不及门也",是特定生活境遇中的情感抒发,虽然也陈述了"孤独生活"之事,但仅是情感发抒的附带呈现。后面则属客观叙事,体现一种分类学的判断,并无以情感为取向。将其糅为一章,显然情理不通。

将本章内容与上章内容分开,各自为章,所突显出来的话语归属权问题,只是形式问题,实质却指向这种划分的权威性及其依据何在?自汉始,均认定本章内容及其所体现出来的思想出自孔子本人。《史记·仲尼弟子列传》《后汉书·文苑传》《新序·杂事》等皆如是论,是为了确定两个方面的内容:一是孔子教育的分科思想,即孔门教育,已开始分科培养人才,这是对孔子的因材施教观的更为具体的阐述。二是本章中所列十人,被冠之以"孔门十哲"。孔子培养弟子众多,总应该有杰出人物,这杰出人物由谁来确定最具权威性,那当然是孔子本人。所以,将本章内容归之孔子之亲"言",于是使"孔门十哲"的说法成为体现权威的盖棺论定,并且可通过这"孔门十哲"而将孔子本人推向"圣人"道路。

仅本章内容言,其概括和分类均有偏颇性,比如有子、子张、公西华等人,在孔门弟子中都是非常优秀者,何以不在其列?又比如,被孔子称之为"瑚琏之器"的子贡,何以能用"语言"来涵盖?另外,如此的学业能力分类所体现出来的分科观,应该与孔子本人的教育思想相反,因为孔子教育主

---

① （清）翟灏:《四忆考异》,程树德:《论语集释》下册,北京,中华书局2017年版,第855～856页。

张"君子不器"(《为政》);孔子是通才教育思想家。孔子所注诸"文、行、忠、信",此乃孔子四教——"子以四教，文、行、忠、信"(《述而》)，或最该是孔子之教的"四科"。其施行通才教育，如果出了专才之果，那也不是孔子有意为之，而是弟子各自发挥禀赋，自然发展的结果。更何况，在孔子众多的弟子中，其才见长者远不止"四科"所能概括者，比如理财，应该是任何时代都不可忽视的，更何况被中国民间社会奉为财神的子贡，以及掌管孔子学府内务、后来成为季康子家宰并协助实施税制改革的冉求，都特别擅长理财。作为老师的孔子，决不会想不到这些，也决不会如此轻率地进行这种概括。所以，最有可能者，本章内容是后来窜入。

二

孔子办学，有明确的宗旨和使命。仅就宗旨言，是培养德才兼具的君子，仅就德与才言，孔子更强调德的根本性、奠基性。就使命论，是培养德行兼备的君子以实施文道救世，返本开新，再造文明。在孔子那里，肩负使命的主体前提是人必须成为君子；人成为君子的根本标志是有德：不仅要求有德性，更要有德行。所以，本章中将"德行"专门辟为一科予以标榜，显然与孔子本人的教育宗旨和培养目标不吻合。进而言之，将孔门的优秀弟子、杰出人才归纳分类为"德行""言语""政事""文学"四科，可能是不懂孔子教育和孔学思想的体现。应该说，在孔门中，优秀的弟子个个都是**才德兼具**的优秀践履者，而不是有的人德行优秀，有的人德行不优秀或平庸或根本不行。

政事，即政务，当然包括内政外交。政事者，指以从事政务为职业的人，通俗说法就是做官的人，当然包括主持一方政务的官，主持某个方面政务的官(比如冉求擅长于理财，做财税官)，包括以言语、思辨见长的言谏官、外交官，比如公西华就擅长于做傧相和外交。而谏官、外交官、地方行政长官，或者朝堂大夫，均属于政务者，是政务中的具体类型。以"政事"为科，同样存在问题，比如，被孔子称誉为"可使南面"的仲弓，却被归于"德行"；而以孔子之礼乐行一方之治使之"弦歌不绝于耳"的子游，却成为"文学"科的代表。这种划分的依据在哪里？

本章中所言的"文学"，应该是中国文化史中"文学"概念的最初出处。这里讲的"文学"，不是现代意义上的作为艺术之一门类的"文学"，而指"人文"之学，或者文献历史学，即凡是用文字语言有条理地记载社会生活事件、思想、见解的所有文章、典籍，都属于文学。这是从一般论，更具体地讲，本章所讲"文学"应该是与"言语"(言谏官、外交官)、"政事"(地方行政长官、部门主事、朝堂大夫等)等官职相对应的官职，即掌管人文学术、典章制度的官，比如史官、礼仪官。

从这个角度看，后人解读本章内容时冠之所谓的"四科"，实际上列举了孔门弟子最擅长担任的官职，大概有三类，即言谏官或外交官、行政长官、史官或礼仪官。这亦可从孔子向执政大夫季康子举荐人才得到旁证：

> 季康子问："仲由可使从政也与？"子曰："由也果，于从政乎何有！"曰："赐也可使从政也与？"曰："赐也达，于从政乎何有！"曰："求也可使从政也与？"曰："求也艺，于从政乎何有！"（《雍也》）

除此之外，还有一些人是全才，可使南面而治一国者，比如仲弓："子曰：'雍也，可使南面。'"（《雍也》）"仲弓问子桑伯子。子曰：'可也简。'仲弓曰：'居敬而行简，以临其民，不亦可乎？ 居简而行简，无乃太简乎？'子曰：'雍之言然。'"（《雍也》）孔子为什么说仲弓"可使南面"，仲弓本人回答说是"居敬而行简，以临其民"。颜渊、闵子骞、冉伯牛被认为是这类特殊人才，可能是后来的分类者误解"可使南面"的仲弓所讲的"居敬而行简"：颜渊、闵子骞、冉伯牛都有居敬的品质，但不一定有**为政居敬**的能力；颜渊、闵子骞、冉伯牛亦有生活"简朴"的品质，但并不一定有为政"行简"的能力。记写本章内容的人，将仲弓这样的治邦大才的"居敬而行简"的治邦品质和能力误解成生活做人"居敬而行简"，所以将颜渊、闵子骞、冉伯牛与仲弓并列，显然缺乏充分的理据。后世儒者解读本章内容时主观地将其定义为孔门"四科"，将"以德治邦"的"德行"作为培养的"科目"，不仅显得不可理解，亦显得荒唐。

第4章释义

子曰："回也，非助我者也。于吾言无所不说。"

[注释]

非助我者：助我，帮助我。指不是能够帮助自己进步的那类学生。

无所不说：说，通"悦"，内在的快乐，发自内心的愉悦。这里的"说"作"悦纳"讲，发自内心悦纳之。指内在的心理状态达到的愉悦境界，这种境界就是"知之者不如好之者，好之者不如乐之者"（《雍也》）。

[译文]

孔子说:"颜回呀,他对我无任何帮助,但我讲的一切,他都能发自内心悦纳。"

[通解]

以文道救世理想为目标培养治邦安国的君子人才,使孔子教育特别强调修仁习礼之德。从形式结构看,本章与上章有直接关联:上章讲孔门人才最突出者有四类,其中"德行"列于首位,其首席代表是颜回。本章承此论颜回好学呈现两面性。

—

在众弟子中,能够始终如一地得到孔子表扬和赞美的学生,可能只有颜回。颜回能得到有很高评判能力和鉴别水平的孔子的高度评价,在于他"于吾言无所不说"。这是孔子对颜回的最高评价,这一评价蕴含三层语义内容。

首先,在孔子看来,颜回是最好学的学生:"哀公问:'弟子孰为好学?'孔子对曰:'有颜回者好学,不迁怒,不贰过,不幸短命死矣! 今也则亡,未闻好学者也。'"(《雍也》)虽然这是孔子追念极甚而做出的情境性判断,但总体来讲,还是与颜回本人的好学相匹配的。

其次,孔子认为,颜回的好学首先体现在他能够始终如一地听取老师讲的每一句话,哪怕是重复之言,颜回也会以极其坚韧的毅力用心聆听:"子曰:'吾与回言终日,不违如愚。'"(《为政》)"子曰:'语之而不惰者,其回也与。'"(《子罕》)

最后,最让孔子欣赏的是颜回不仅在任何场景中对他所讲的任何东西都悉心聆听,而且将聆听进去的每句话,都用心体会,用生命领悟:"子曰:'吾与回言终日,不违如愚。退而省其私,亦足以发。回也不愚。'"(《为政》)"子谓子贡曰:'女与回也孰愈?'对曰:'赐也何敢望回。回也闻一以知十,赐也闻一以知二。'"(《公冶长》)正是这种内省的钻劲,使孔子特别感动,"子谓颜渊曰:惜乎! 吾见其进也,未见其止也"(《子罕》)。颜回将老师的话听进去后无止境地内省,希望从中体会出无穷尽的真知、真理来。颜回的努力,最后使自己陷入"仰之弥高,钻之弥坚,瞻之在前,忽焉在后"(《子罕》)的迷幻境界:这种"只见其进,不见其止"的迷幻境界,就是孔子讲的"于吾言无所不说"的最高境界。正是这种处于巅峰状态的"仰之弥高,钻之弥坚,瞻之在前,忽焉在后"的境界,使颜回最终未能坚持多久而早逝了。

对于颜回的英年早逝,王充有一诊断,认为他是被老师"无所不说"之类的褒奖之言所杀害:"颜渊困于学,以才自杀。"(《论衡·命义》)王充独具慧眼,识得颜回早死的原因。其实,司马迁早于王充在《史记·仲尼弟子列传》中说:"回年二十九,发尽白,蚤死。"司马迁和王充的这种判断,源自颜回的如下自白:"颜渊喟然叹曰:'仰之弥高,钻之弥坚,瞻之在前,忽焉在后。夫子循循然善诱人,博我以文,约我以礼。欲罢不能,既竭吾才,如有所立卓尔。虽欲从之,末由也已。'"(《子罕》)颜回的"喟然叹曰",揭露一种无法解脱的和无可奈何之情的学困。这种学困表现为,想钻研,进不去;想放弃,走不出来。唯有拼死硬撑,不仅迅速地白了少年头,更迎来死亡之神。客观地看,颜回的拼死硬撑,既是他本人努力的结果,夫子也有责任。如果夫子不那么过分地褒奖,可能颜回也能为孔子守孝三年,更可能有一番力所能及的作为。

二

颜回的早逝,源于学困。颜回之为学所困,既因为被为师者树为"好学"标兵,更因其天生的资质并不能肩负起"好学"标兵的重任而倍受困压。

> 子曰:"中人以上,可以语上也;中人以下,不可以语上也。"(《雍也》)
> 孔子曰:"生而知之者上也,学而知之者次也,困而学之,又其次也。困而不学,民斯为下矣。"(《季氏》)

只有联系这两段文字,才可理解孔子说"回也,非助我者也"的隐蔽含义。

孔子所讲的"助",指学生对问题的发现,由此形成对自己视野的开阔和认知的提升,并引发自己对思想的深度思考。在孔子看来,能够从如上方面有"助"于自己的有效方式,就是"问"。孔子非常准确地判断颜回在"学"方面存在二重性:首先,最让孔子喜欢和推崇的是颜回以"于吾言无所不说"的方式表现出自己的优点,这就是无一遗漏地悦纳老师所讲的一切并崇奉之。其次,最让孔子遗憾或者不满的是颜回就是一个聆听机器,很少发问,很难主动表达自己的疑问、见解、思考、思想。"回也,非助我者也"表达孔子的一个基本看法:颜回只有接受能力,没有发现和拓展能力。

然而,孔子为什么只夸颜回的优点、长处,却从不在缺点、不足方面提醒、指点、引导颜回呢?或许有两个方面的考虑:一是孔子办学需要这样一个一心一意接受型学习的榜样。二是孔子深知颜回的天资、禀赋只是"中人以下"者。从根本讲,人的天资和禀赋无法通过智慧的引导和教化而发生根本的改变,与其说徒劳,不如说遵从他自己喜欢的方式予以鼓励。这是孔子为什么一方面说"回也,非助我者也",同时又特别地褒奖颜回"于吾言无所不说"的真正考虑。孔子之于颜回,应该是其因材施教的最好案例,既可能是最成功的案例,也可能是最失败的案例。

三

仅学习论,其学业成功须具备两个条件:一是学,二是习。二者的统一,就是孔子所讲的"学而"。学的端正姿态是聆听,体会、领悟,达到"无所不说"之境,颜回在这方面做得很突出。与此同时,还要习,习的端正姿态是**质疑**,是"尽信师不如无师",在这个方面,颜回做得不好。

为学之所以要学与习兼顾,要悦纳和质疑并举,是因为人言、书籍、理论、思想,终有局限,终有遮蔽,尤其是人言。客观地看,以人言为教的教育,终有所失误,终有陷阱,如不能察,是谓不能独思,或可说因为不能独思,将终不能察;或察而不言,同样不能进入独思之境。

进一步讲,学问的本质不在学,而在问。学只是发问的起步方式,是求问的启搏器。问才是学的真正开始。或可说,只有问,才可促人蹿高于学,而达向思,开辟独思的道路,攀越不断向前的思想境界。

"颜回困于学"的根本原因,孔子非常清楚,但孔子更多从树"好学"的榜样考虑,既遗憾颜回"非助我者也",又满足于颜回"于吾言无所不说",由此造成颜回对自我"困学"的不堪重负。此外,颜回对老师的盲目崇敬和孔子对颜回的过度褒奖造成的这种遗憾,应该成为研究孔子教育的经典案例,也应该成为警示后学者如何为学的经典范例。

第 5 章释义

子曰:"'孝哉,闵子骞'。人不间于其父母昆弟之言。"

[注释]

闵子骞:闵损(公元前 536 年～?),字子骞。孔子弟子,小孔子十五岁。孔子称学生历来直呼其名,唯独这里称闵损字。对这一不合常理的地方有二:一是认为这是闵损的学生追记,而后编辑者"直取其所记而载之耳";二是认为"子曰"后面的"孝哉,闵子骞"一句是孔子转述时人对闵损的评介。后解似更合本意。

间:非难、非议。

昆弟:昆,兄,即兄弟。

[译文]

孔子说："闵子骞的父母兄弟都夸'闵子骞是一个真孝顺的人'。大家对其父母兄弟如此称赞闵子骞，没有任何怀疑。"

[通解]

上章是孔子表赞颜回的德行，是"于吾言无所不说"的好学。本章称赞闵子骞的德行是孝。

一

闵子骞者，其孝德于其后世广为流传，与欧阳询所编写的如下故事相关。

> 闵子骞之孝，广泛流传，成为孝行的教化典范，因为闵子骞之孝与众不同，其母是继母。"闵子骞兄弟二人，母死，其父更娶，复有二子。子骞为其父御车，失辔，父持其手，衣甚单，父则归，呼其后母儿，执其手，衣甚厚温。即谓其妇曰：'吾所以娶汝，乃为吾子，今汝欺我，去，无留！'子骞前曰：'母在，一子单；母去，四子寒。'其父默然。故曰：孝哉闵子骞，一言其母还，再言三子温。"（欧阳询《艺文类聚》）

欧阳询编写的这个故事，亦有《韩诗外传》为蓝本，即其继母悔改之后，至均平，遂成慈母。

这是后人对孔门弟子做分类时，将骞归为"德行"类，使之成典范的理由和依据。但问题是，如上故事却没有在最善于编故事的司马迁那里出现，司马迁写的《孔子世家》和《仲尼弟子列传》里都没有这样的记载。所以，欧阳询编写的这个闵子骞之孝行故事有"伪托"之嫌。清代学者崔述分析之后指出："大抵三代以上书缺实多，事难详考，后之好事者各自以其意附会之。然使其母果有是事，称之可也；倘原无是事，则是欲称闵子之孝反至大伤闵子之心，其失不亦大乎？孔子称闵子之孝而已。闵子之所以为孝，吾不得而知也。吾不知闵子之所以为孝，无害于闵子之为孝也。"（《洙泗考信余录》）

崔述之论要点有三：一是委婉地表达自己的证伪结果，即闵子骞"母在，一子单；母去，四子寒"的故事，并不真实，是后来的"好事者各自以其意附会之"的成果。其实是在批评欧阳询。当然，欧阳询完美地虚构这样一个感人至深的故事，也是其生活的时代所需要。二是指出孔子确实是赞美过弟子闵子骞孝，但这也仅仅指其孝而已。司马迁将孔子赞闵子骞孝与闵子骞辞官(《雍也》)一事联系起来:"孔子曰:'孝哉闵子骞! 人不间于其父母昆弟之言。'不仕大夫,不食污君之禄。'如有复我者,必在汶上矣。'"(《史记·仲尼弟子列传》)季氏派人来请闵子骞做费邑宰,闵子骞坚辞不去,其理由可能是"父母在,不远游",为事父母,连官都可以不做。孔子教弟子,就是希望他们能出仕,以文道救世的君子理想去施治。闵子骞因为亲事父母而放弃君子目标,这当然为其父母兄弟感动,也为孔子赞赏。这或许是崔述讲的"孔子称闵子之孝而已"。三是崔述关于"闵子之所以为孝,吾不得而知也。吾不知闵子之所以为孝,无害于闵子之为孝也"之说所要表达的真实意思是:我崔述考证了半天,最终还是不知道闵子骞何以孝。虽然我崔述不知道闵子骞是怎样孝的,却一点儿也不影响闵子骞孝的事实。进一步讲,既然考据家崔述都不知道闵子骞何以孝而相信闵子骞确实是孝,那么闵子骞之孝也就可以作为一个美好的故事而继续传播,发挥孝道的教化功能。因为人间需要孝道,闵子骞孝的美丽故事可以带动人间孝行。

二

孔子充分肯定闵子骞父母兄弟对其孝行的评价,是闵子骞的孝行符合孔子倡导的君子理想,更符合孔子教育的根本要求。人要成己为君子,就是成仁。成仁必须心中存人。心中必存的首要之人,是父母兄弟,因为他们是血缘至亲。其次是乡邻朋友,最后才可施仁于邦国。仁的表现,就是爱。孔子之爱强调差等,主张有序。至爱是亲。爱亲是仁爱的起点,更是仁爱的归宿。闵子骞之值得孔子肯定和赞赏,是因为闵子骞的修养达到融起点和终点于一体,以孝亲为一切的取舍准则。这种孝亲的仁爱,构成原动力,形成巨大的带动之势。这不,闵子骞的日常之孝,后世进行了最完美的修饰,演绎出"母在,一子单;母去,四子寒"的动人心魄的故事。这个故事最后演绎成为一个关于纯孝的故事编入《二十孝:单衣顺母周朝闵子骞》,感动着历史,也带动了社会。

闵子骞亲人遵其做人的(孝亲是本分)的孝行,却产生如此的**带动**,这表明心存仁爱的个人行为是可以带动他者甚至社会的。"**带动**"是一个很重要的概念,也是一种很重要的方式。人可以带动人,这不,闵子骞的行为首先带动其父母兄弟,其父母兄弟带动了乡邻,也由此带动了孔子,孔子又带动了历史。试想想,如果没有孔子对闵子骞之日常孝行的肯定和赞赏,会有闵子骞对历史的介入吗? 仁爱之人可以带动人仁爱,在于心可以带动心。心带动心的前提,却是共同的人性。人性的共同性,是人的日常孝行、善行,仁爱之心带动人的动力之源。因为共同的人性本质,是生命的亲生命性,这是人对人心存仁爱的根源,也是人孝行父母的本原性力量。孔子肯定和赞赏闵子骞的孝行，本质上是在弘扬人的亲生命性；人的亲生命本性敞开为对生命源头的庄敬，具体地讲，是**对血缘的庄敬**。

第 6 章释义

南容三复白圭，孔子以其兄之子妻之。

[注释]

南容三复白圭：南容，南宫适。复，重复。三复，三次重复，意为多次。白圭，是古代帝王、诸侯朝会或祭祀时用的玉制礼器。指南容再三诵读"白圭之玷，尚可磨也；斯言之玷，不可为也"（《诗经·大雅·抑》）这首诗。

以其兄之子妻之：兄之子，兄长的女儿。妻之，使动句，即"使之为妻"，指把兄长的女儿嫁给南宫适为妻。

[译文]

南宫适经常诵读《诗经·大雅·抑》"白圭之玷，尚可磨也；斯言之玷，不可为也"这首诗。孔子就把家兄的女儿嫁给他做妻子。

[通解]

颜回以"好学"为德，闵子骞以孝为德，南容以心地纯正和言行谨慎为德。这是第四、五、六章均承第二章"德行"展开的内在结构逻辑。

一

孔子自作主张，将侄女嫁给南宫适，涉及是否合情理与事理的问题：如果家兄在世，这不合情理也不合事理；如果家兄不在人世，那么孔子自然要担当起家兄的责任，为侄女的婚嫁操心。据《孔子家语》可知，孔子的兄长叫孟皮，孟皮不为其女主婚嫁，很可能已不在人世，故由孔子为之操持，是为情理事理皆合，亦表明孔子之重大家责任。

二

家兄不在，侄女亦为女，其责任重大，其婚嫁之事，绝不可随意和草率。

孔子不仅有很高的道德修养，广博的学问，高水平的判断评价能力，还有更为谨慎处事和谨慎行动的能力。绝不可能单凭南宫适时常诵读"白圭"诗，就轻率地将侄女嫁给他做妻子。如果这样的话，既不合情理，也不合事理。因而理解本章内容，需要联系《公冶长》第二章和《宪问》第五章的内容。

子谓南容:"邦有道,不废。邦无道,免于刑戮。"以其兄之子妻之。(《公冶长》)

南宫适问于孔子曰:"羿善射,奡荡舟,俱不得其死然。禹稷躬稼,而有天下。"夫子不答。南宫适出,子曰:"君子哉若人,尚德哉若人。"(《宪问》)

整合《论语》中有关于南宫适的三条信息,可以窥见南宫适其人概貌。

首先,南宫适是一位君子,并以君子之道为仕之准则,即"邦国处于依道治理状态,他能以德才勤勉政务而不被罢黜。邦国逆道而行时,他也能依其智慧使治域内的民、人免除刑罚和杀戮"。这种为仕准则和社会担当,极符合孔子的君子要求,所以孔子认为有这种君子准则和担当的人,女人是可以托付生活和终身。

其次,南宫适问"羿善射,奡荡舟"何以不得善终?而"禹稷躬稼"何以能够得天下?孔子虽不答,但其后却在弟子面前夸奖南宫适是真君子。孔子何以因南宫适之问而判断他是真君子?理由何在?这是因为"君子喻于义,小人喻于利",这是小人与君子的根本区别:小人的生活世界里只有一个"利"字,除此,绝不会关心其他。唯有君子的心中才盛满"义",无时不在拷问义利问题,澄清义利问题,以求守义。所以,南宫适之问对于南宫适本人言,其实已自有答案,南宫适之求要问孔子,只是想从孔子那里得到证明,或者,孔子当时已是天下名士,南宫适希望心中的答案能够得到名士的赞同,这其实是南宫适对自我思考的检验方式。孔子不答,其实是答。因为对于问题,有两种回答方式——有言的回答和无言的回答。有言的回答,是基于对方不懂之问,必须通过言说来回答,以释问者之疑之困;无言之答,是认为对方明知故问或者求问行为本身已经让问者获得答案,所以不为答。孔子不答,是因为知道南宫适已心存问题的答案。此外,孔子之不答,还因为他得知南宫适虽自知却仍然求问的谦逊,也表达问题探究的谨慎。所以,无论从君子之道论,还是从君子之德观,南宫适都是一个真君子。

最后,南宫适经常诵读"白圭"诗,以之警示自己说话要谨慎。为人谨慎,首要者是为言谨慎,只有为言谨慎,才可为事为行谨慎。孔子一生都强调谨慎,强调"先行其言而后从之"(《为政》)。南宫适时常以"白圭"诗自警,最能体现谨慎的君子品德。

由于此三者,孔子认为南宫适是一个真君子,更有可能是一个好丈夫,所以毅然决定将侄女嫁给他。这对孔子来讲,是谨慎考量后的理性选择。

三

孔子盛赞南宫适之慎言的品质,实际上是夸赞南宫适之慎言君子品质。孔子借南宫适之口,强调行事谨言是君子的必备品质。"白圭"诗以白圭为喻,揭示慎言可以促使人从三个方面成己。首先,慎言可以使人避免灾祸,更可以使自己减少或杜绝不必要的麻烦,因为事情做错了,做坏了,可以重新来过;话说错了,却收不回来,许多时候"祸从口出"。其次,慎言可以减少邪念,去掉戾气,纯正身心、纯洁品质,因为人总是生活在具体的利欲化的生活情境中,言多、多言使人的心性躁动。最后,慎言可以引导人慎行。因为慎言可以促使人理性地思考问题,多想,想对了,想好了再说。说出来了,就必须践履。所以慎言能够帮助人达到"言必行,行必果"。

由于慎言能够推进人获得如上方面的自我修养,慎言者不仅有德,慎言者还有力。所谓有力,就是有能力做好自己所说的事。有德有力者,不仅是真君子,而且凡事让人放心。或可这样讲,慎言者是使人放心的人。正是因为如此,孔子才主动将家兄的女儿嫁给南宫适为妻。

第7章释义

季康子问:"弟子孰为好学?"
孔子对曰:"有颜回者好学,不幸短命死矣。今也则亡。"

[注释]

季康子:鲁国上卿,执掌鲁政期间,经家宰冉求周旋,季康子安排以隆重礼节将孔子迎回鲁国,以国士礼待之,不时向孔子请教政务问题。所以季康子此问应发生在孔子晚年,更有可能发生在颜回死后。

短命死:孔子信命,认为命是天定。天定命的首要内容是生命的长度。按"吾十有五而志于学,三十而立,四十而不惑,五十而知天命,六十而耳顺,七十而从心所欲不逾矩"(《为政》)的说法,孔子认为人的寿命至少应该是七十岁,以此观之,颜回三十一岁(参见《为政》第九章"颜回"注释)就死了,应该不是颜回"命短",而是颜回"短命":命短,指上天赋予其人生命长度原本短;短命,指上天赋予其人寿命原本长,是他自我缩短天定的寿命。所以,"短命"指人自短其命,故被后人称为"英年早逝"。

今也则亡:今,现在,即季康子发问的当下。亡,消失而不再出现,没有。指颜回死后,好学的人没有了。

[译文]

季康子问孔子:"你的弟子中谁最好学?"

孔子说:"最好学的是颜回,可惜他已短命而死。现在再也找不到像他这样好学的人了。"

[通解]

第四章孔子赞颜回好学的品德,也表达出对颜回只学不问、只吸纳不发散谋求新知的遗憾。本章则正面盖棺论定颜回"好学"举世无双,哀叹其英年早逝。

一

孔子弟子中"孰好学"这个问题,不仅执政大夫季康子关心,鲁哀公也关心:"哀公问:'弟子孰为好学?'孔子对曰:'有颜回者好学,不迁怒,不贰过,不幸短命死矣!今也则亡,未闻好学者也'。"(《雍也》)季康子和鲁哀公的问题一样,但孔子回答的内容多少不同。相对季康子言,孔子回答哀公之问要详细些,这种针对不同人回答详略不同,可能有许多因素,比如,季康子虽是鲁之执政大夫,但哀公是邦君,其为君的特殊地位和身份,孔子的回答自然显得更庄敬些。这种更为庄敬,不仅表现在颜色面貌举止方面,更体现在认真的程度上,即尽量使对方满意,所以回答其问的内容自然要详细些。又比如,可能哀公问于前,季康子问于其后,同一个问题,不同人问,对孔子来讲可能存在其回答时"心在焉"的程度不同。相对来讲,初问初答,要用心得多;再问再答,就随便得多了。还比如,所问时,其与颜回短命而死的时间相距的远近有关,相距的时间越近,其情感越浓,回答也越详细;相反,离颜回之死的时间越久,孔子回答时其情感可能就更趋于平静些,情绪化的成分少一些,自然说得少一些。

二

季康子和哀公先后问孔子学府弟子中"孰好学",这里面或许有更丰富的内容。哀公为邦君第二年,季桓子卒,季康子执政,其时吴国强逼鲁国贡献"百牢",被季康子拒绝。后,哀公十一年,齐国侵鲁,季康子启用冉求等人,得以击退齐人,但国内矛盾更加突出。鲁哀公和执政大夫季康子意欲励精图治,正是在这种背景下,哀公十一年(公元前484年),季康子安排公西华、公宾、公林为使迎接孔子回国。孔子回国后,虽未正式拜官,但实际上受到哀公、季康子的特别礼遇,其目的是要孔子为鲁国富国强兵策划。所以有一段很短的时间里,哀公、季康子不断向孔子问政:

哀公问曰:"何为则民服?"孔子对曰:"举直错诸枉,则民服;举枉错诸直,则民不服。"(《为政》)

季康子问:"仲由可使从政也与?"子曰:"由也果,于从政乎何有!"曰:"赐也可使从政也与?"曰:"赐也达,于从政乎何有!"曰:"求也可使从政也与?"曰:"求也艺,于从政乎何有!"(《雍也》)

季康子问:"使民敬忠以劝,如之何?"子曰:"临之以庄则敬,孝慈则忠,举善而教不能则劝。"(《为政》)

季康子问政于孔子。孔子对曰:"政者,正也。子帅以正,孰敢不正。"(《颜渊》)

季康子患盗,问于孔子。孔子对曰:"苟子之不欲,虽赏之不窃。"(《颜渊》)

季康子问政于孔子曰:"如杀无道,以就有道,何如?"孔子对曰:"子为政,焉用杀。子欲善,而民善矣。君子之德风,小人之德草,草上之风,必偃。"(《颜渊》)

《论语》收录记载鲁哀公、季康子问政于孔子的内容共六次,其中哀公问政一次,季康子五次。哀公、季康子问政于孔子,是要孔子为其谋划迅速富国强国以免遭周边强国欺凌,所以不仅满腔热忱而且虔诚谦恭。但就孔子所答内容看,却令二位热情冷却,因为孔子陈述的那套东西,都不是**迅速富强邦国**的方策。在哀公、季康子问政于孔子的过程中,最快冷却下来的是鲁哀公:哀公问政于孔子,可能于孔子回国之初,哀公面临的巨大治理难题是民患,显然迫不及待地询问孔子,如何使民顺服官府。孔子的处方却是"举直错诸枉",将板子打到哀公屁股上,意思是民不顺服官府,是因为你用错了人,你现在解除那些邪恶和曲意奉承的官员,启用正直的人,民自然就顺服了。客观地讲,孔子的对策也有道理,甚至可能是治根的办法,因为民不顺服君,可能与官员的品行有关。但并不是所有官员都有品行问题,并且,即使所有官员都有从政之德,也不一定使民服。因为治民不只与官德有关。所以,孔子算是自己把盛名砸了,从此,哀公再也不向他请教政务了。孔子虽然成为哀公的座上宾,但更多是陪聊,或闲聊中无话找话询问你孔门弟子中"孰好学"之类的问题。

孔子是季康子请回来的,他自然对孔子的期待更殷厚,所以多向孔子问政,《论语》记录下其中的五次。其中最早一次问,在季康子迎孔子回鲁之前,派人到客居于卫的孔子那里询问其弟子中子路、子贡、冉求哪个可当大任,孔子一一做了推荐,但让孔子没想到的是,季康子却启用冉求。第二次问如何使民忠孝,孔子回答大体靠谱,即"临之以庄则敬,孝慈则忠,举善而教不能则劝"。其后三次问政,孔子的回答都没有满足求问者的应有期待。颇比哀公有耐心的季康子最终也只能问问其弟子好学或不好学的问题了。

三

哀公、季康子咨询孔子,由问政到问其弟子好学,这是孔子的文道救世理想与现实社会变革要求"力争"方能立于世之间的巨大反差,就鲁国现实言,弱小被欺凌的现状,要求必须解决国富兵强的问题,孔子却按照自己的君子正己以正人、正己以正国的思维模式来对应哀公、季康子面对的迫切问题,自然是越问相互之间距离越远。孔子于哀公十一年(公元前 484 年)被季康子迎回国,但哀公十二年(公元前 483 年),季康子改革税赋,实施"用田赋",加速推进了礼崩乐坏,这是应社会发展的必然大势,也是改变鲁国积弱的必须方式,但他却与孔子的理想完全相反,这可以从冉求作为季氏宰,职责所在必须为之推行"用田赋"新政,但孔子却狭隘地认为这是冉求在帮助季康子敛取民财,所以宣言与冉求断绝师生关系,鼓动孔门弟子可"鸣鼓而攻之"。由此可以想见,孔子回鲁后,哀公、季康子为何由热切期待变成客套;同时也可以从中窥视孔子游国以失败告终的真正原因。

第 8 章释义

颜渊死,颜路请子之车以为之椁。

子曰:"才不才,亦各言其子也。鲤也死,有棺而无椁。吾不徒行以为之椁。以吾从大夫之后,不可徒行也。"

[注释]

颜路:姓颜名路,字无繇,颜回父亲,与颜回同为孔子弟子,只是颜路先进,是孔子招收的第一批弟子;颜回后进,是孔子招收的第二批弟子。颜回死时,颜路六十七岁,孔子七十一岁。颜回死,其家贫,故其父请孔子卖掉官府配给他的专车为颜回买椁。

椁:古代套于棺外的大棺。

鲤:子鲤,**孔子的独子**,先于孔子四年卒,时年五十岁,孔子七十岁。

徒行:徒步而行。古礼规定"君子耆老不徒行"(《礼记·王制》)。

吾从大夫之后:孔子六十八岁时被朝廷隆重迎回母国,享大夫待遇,朝廷为之配有专车。孔子已是高龄名士,按古礼老年君子出门不能徒行。

[译文]

颜回不幸早死,其父颜路请求孔子卖掉他的专车给颜回置办外棺。

孔子说:"不论有才无才,都是儿子。我儿子孔鲤死了,葬时也只有棺无椁。我不能答应卖车给你儿子做椁,这是朝廷按大夫礼制给我配的专车,所以,我既不能徒步上朝,更不能徒步接受邦君的召唤。"

[通解]

上章应答季康子之问,正面评价颜回"好学",是在颜回卒之后。本章追述颜回卒,孔子以正当理由拒绝颜路的不当请求,呈现孔子在日常生活中如何区分情与礼。

一

本章内容应该是一则重要史料,它首先记载孔子晚年的优裕生活。季康子派使迎孔子回国,虽未给他实职,但给予了名分,获得邦国卿士的特别礼遇,予以大夫待遇,配有专车。当然,更可以想到,包括住房以及日常生活的安排,肯定是相当周到。奔波十几载之后的孔子,真正享受到优裕平静安宁祥和的生活。

然而,物质生活有保障了,政治待遇也上去了,生活稳定了,但其精神不断遭遇打击,情感不断遭遇折磨。首先是其子早死,然后是爱徒颜回早死,接下来是子路离开人世。这一系列打击最终将孔子击倒。由此可以看出,孔子一生始终在**颠簸**中度过,没有平静和稳定。这或许是孔子之命。

二

颜回死,其父颜路要求孔子卖车为其儿子置办外棺。颜路的要求可能基于两个方面的考虑:一是自己的儿子颜回是孔子的爱徒,颜路清楚,孔子爱颜回,实际上甚于其子:"颜渊死,子曰:'噫!天丧予!天丧予!'"(《先进》)"颜渊死,子哭之恸。从者曰:'子恸矣。'曰:'有恸乎?非夫人之为恸而谁为?'"(《先进》)颜路以此认为,让孔子卖车给儿子置办外棺,于情说得过去,孔子肯定会答应。二是在颜路看来,这车是朝廷配送的,卖了以后,以哀公和季康子对孔子的礼遇水平看,叫季康子或哀公再给买一辆,也不是太困难的事。

颜路的盘算或许如是,但他却白做一回孔子的学生,可能至死都不明白孔子一生所护卫的就是两个字:仁和礼,并且仁是为了实现礼。具体的生活情景中,可能什么都好说,唯有说到礼的时候,绝对没有商量的余地。

卫侯使孙良夫、石稷、宁相、向禽将侵齐,与齐师遇。石子欲还,孙子曰:"不可。以师伐人,遇其师而还,将谓君何? 若知不能,则如无出。今既遇矣,不如战也。"

石成子曰:"师败矣。子不少须,众惧尽。子丧师徒,何以复命?"皆不对。又曰:"子,国卿也。陨子,辱矣。子以众退,我此乃止。"且告车来甚众。齐师乃止,次于鞠居。新筑人仲叔于奚救孙桓子,桓子是以免。

既,卫人赏之以邑,辞。请曲县、繁缨以朝,许之。仲尼闻之曰:"惜也,不如多与之邑。唯器与名,不可以假人,君之所司也。名以出信,信以守器,器以藏礼,礼以行义,义以生利,利以平民,政之大节也。若以假人,与人政也。政亡,则国家从之,弗可止也已。"(《左传·成公二年》)

因为仲叔于奚救了孙桓子,卫侯赏赐仲叔于奚城邑以为谢,但仲叔于奚措辞不受,请求得到诸侯才可使用的乐器和用繁缨装饰马匹来朝见。卫侯答应其请。孔子听说后做如上的评价:谢恩可以赐更多的城邑,都不为过,但器物和名号却不能赐予他人,这是因为器物体现礼制,礼制却是用来推行道义,道义是用来生成利益,利益是用来治理民众。所以,妥善地保管器物和名号,慎重地使用器物和名号,这是治理邦国的大节,轻率地将其假借于人,就等于将政权恭送给别人。一旦政权不在,国家也就不存在了。

三

孔子不仅不能容忍颜路无礼,更不能容忍颜路无节。颜路是孔子的学生,在古代,师生如父子,这是基本的节。颜路为使儿子埋葬风光,异想天开地要求年迈的老师卖车来给自己的儿子置办外棺,颜路打的是张情感牌,即利用孔子深爱颜回的情感来要求孔子做违背礼的事。但这个算盘却打错了,孔子虽然很重情,但在孔子那里,再深厚执着的情感也不能取代礼、节和理。

颜路不讲礼,不讲节,不讲理。孔子就给颜路上了一堂何为礼和理的课,然后让颜路明白什么是节。

首先,孔子针对颜路的无礼请求说:颜路,你的儿子是儿子,我的儿子也是儿子。我的儿子死了,也只有内棺安葬,为什么你的儿子死了就要我为之卖车置办外棺呢? 难道你的儿子比我的儿子更特殊? 确实,你的儿子颜回在好学上显得比我的儿子强,更有才,但有才无才、才大才小是一回事,有礼有节是另一回事。在才与德这两个问题上,德才是成己的根本,没有德,有才又有何用? 如果颜回还活着,他是绝不同意这样做的。

其次,且不说你颜路是我弟子,仅年龄论,你虽六十七岁,但我已经七十一岁,已是古稀。按照礼制,人到我这种古稀的年龄,出门是不能徒行的,你作为我的学生,难道要我出门走路吗?

最后,这车即使是我想卖,也是不能卖和不敢卖。因为这是朝廷按礼制以大夫的待遇给我配的专车,你要把这本属于公家的车卖了给你儿子置办外棺,难道你要我徒步进出朝堂,这成何体统? 再有,如果邦君问起我,我该怎么交代? 更重要的是,我能够将朝廷赋予的器物变卖了给你的儿子也是我的弟子买外棺,天下有这样的规矩吗?

如上三者,是孔子回答颜路请求的三个要点。透过这三个要点,可以窥见孔子如何以理论礼、以理论节,更为具体地体会到孔子关于礼的思想何等具体与鲜明。有人认为这是孔子保守的体现,其实,这种评断应该是高蹈了生活本身。人间日常生活本身就是以等级结构为秩序的基石,不同等级阶梯上的人,其行为、要求、欲望、期待,都是有限度的。父子之间,师徒之间,君臣之间,无不因为既有的限度而获得秩序的稳定性,这种稳定的秩序后面,始终是普遍的理,这种理才构成礼和节的真正的思想基础。孔子所努力倡导和捍卫的,不过是这一普遍的礼和节,维护的是支撑其礼和节的理。这是雅斯贝尔斯称孔子为"思想范式"的创造者的原因。

第9章释义

颜渊死,子曰:"噫! 天丧予! 天丧予!"

[注释]

噫:表达强烈哀痛情感的感叹语。

天丧予:天,上天、苍天。丧,丧失、消亡。予,指称代词,我,孔子本人自谓。指上天要亡我啊。

[译文]

颜回死了,孔子异常悲痛地说:"哎! 老天啦,你这是要我的命啊! 老天啦,你这是要我的命啊!"

[通解]

上章、本章和第十、十一章,所述同一件事。从事件发生的顺序讲,颜回卒,孔子为之悲痛于前,其父颜路为之请求卖车置棺随后。将本章置于上章之后,是基于先理后情的逻辑。

一

孔子六十八岁回鲁,方才有安定的生活,不幸的事接踵而来:回鲁第二年,儿子孔鲤死。第三年,哀公狩猎获麟,刚从丧子悲痛中走出来的孔子往视之,顿感不祥,意识到天命将至。在这种无法抹去的心灵阴影笼罩下,同年颜回死。颜回之死,让孔子难以承受,悲痛不已。故而失态向苍天连发质问:苍天啦,难道你真要我的命吗? 难道你真要我的命吗?

后人解读本章内容,以为孔子悲颜回。确实如此,颜回是孔子最欣赏的好学弟子。孔子甚至认为,颜回死了,他的弟子中再也没有如此好学的人了,甚至整个世界上也找到如此好学的人了。

后人解读本章内容,以为孔子质问苍天,是因为颜回之死其道无传之悲。但这种猜测或许并不符合孔子本人的悲痛。对于颜回,无论其活着还是死去,孔子所赞者,唯其好学而已。颜回本身没有传道之志,或更准确地讲,颜回至死都没弄清楚自己崇拜的老师之道到底是什么,不妨看看颜回的临终遗言:

> 颜渊喟然叹曰:"仰之弥高,钻之弥坚,瞻之在前,忽焉在后。夫子循循然善诱人,博我以文,约我以礼。欲罢不能,既竭吾才,如有所立卓尔。虽欲从之,末由也已。"(《子罕》)

不妨再阅读下面一章内容,更可以体会颜回的平生志向:

> 颜渊、季路侍,子曰:"盍各言尔志?"子路曰:"愿车马,衣轻裘,与朋友共,敝之而无憾。"颜渊曰:"愿无伐善,无施劳。"子路曰:"愿闻子之志。"子曰:"老者安之,朋友信之,少者怀之。"(《公冶长》)

颜回自表其人生志向是"不夸耀自己的优点,不表白自己的劳绩",这是什么志向? 不自夸不表功,这不过是做人的起码本分,哪算得上"好学"者的志向呢? 颜回以"愿无伐善,无施劳"为志向,实际上是没有志向。仅这一点,作为老师的孔子非常清楚。所以,孔子反复表扬、夸奖颜回的也就只是"好学"而已,除此再无其他。并且,孔子眼中的颜回好学,也不过是听老师的话:老师讲,颜回认真聆听;老师的观念,颜回全盘接收。

颜回跻身于孔门中,没有志向和没有明确的志向,自然不能懂得夫子之道,又何来传道? 所以,孔子悲痛颜回之死是实,但要说孔子因为颜回死而质问苍天何以要断送其传道者,或为虚妄。孔子最终所悲者,己也。孔子质问苍天是否要丧自己,乃实情也。

二

公元前481年,孔子七十一岁,这对孔子来讲注定是"生死攸关"的一年。在这一年中,先是哀公获麟,紧接着是颜回卒。理解孔子为颜回卒而质问苍天的真实思想和情感,还需要联系哀公获麟来看。

"哀公获麟,孔子绝笔",这是后世神化孔子最完美的一笔。在这一笔中,哀公获麟是史实:"十四年春,西狩于大野,叔孙氏之车子锄商获麟,以为不祥,以赐虞人。仲尼观之,曰:'麟也。'然后取之。"(《左传·哀公十四年》)孔子因此绝笔,可能属于虚构。但"哀公获麟"的史实里面,还包含了如下重要信息:

哀公获麟,"以为不祥,以赐虞人"。因为麒麟是世上罕见的吉祥物,麒麟出没的地方,必然释放出巨大的祥瑞。反之,当麒麟被射死,意味着吉祥消失。在古人心中,麒麟既然是祥瑞的象征,这种想象性的美好观念自然会被扩张开去,赋予它更高水平的新义,即麒麟象征天地英明君主将出:麒麟出现,意味着英明君主出现,太平盛世到来;反之,则为不祥。麒麟之身死于猎手,意味着英明君主、太平盛世将不会再出现。正是因为如此,孔子才往观,"然后取之"。孔子取走死麒麟做什么呢?用句不好听的话,就是兔死狐悲的悼念。季康子却通过"用田赋"等改革,加速了礼崩乐坏,使孔子感到文道救世的无望,儿子早逝,继而颜回死,过往的一切努力都将成为过眼烟云,麒麟被射杀的事件,似乎使孔子产生更紧迫的绝望感,更为近距离地感受了理想的彻底破灭,生命也将为此终结,于是才有了如此失态的"苍天啦!你果真要亡我啊!"的苍天之问。

第10章释义

> 颜渊死,子哭之恸。
>
> 从者曰:"子恸矣!"
>
> 曰:"有恸乎?非夫人之为恸而谁为?"

[注释]

子哭之恸:子,对人的尊称,这里指孔子。恸,哀伤过度,或极度哀伤。指孔子极度哀伤。

从者:跟随的人,这里可能指孔子弟子。

非夫人之为恸而谁为:夫,指示代词,这。夫人,这个人。指颜回。

[译文]

颜渊死了,孔子悲痛不已。

身边的弟子说:"老师您太悲痛了。"

孔子说:"我悲痛太过了吗? 我不为这样的人悲痛,还能为谁如此悲痛?"

[通解]

从事件展开本身讲,颜回卒,孔子为之问天,可能是刚得到颜回死亡的消息。这种质问苍天的悲伤自然由外向内郁积到不可抑制时,就爆发出"哭之恸"。

一

颜回死,其父"请子之车以为之椁",孔子弗与,这是论理,捍卫礼与节。

孔子质问"天丧予",是发抒哀情,借以悲己。本章继之发抒其哀情,记述孔子痛惜颜回早逝。

孔子主张君子为仁,必止于礼。礼者,言行以及情感发抒皆有其度,即中道。子游将夫子这一君子为仁止于礼的中道思想,运用到丧礼上来形成"丧致乎哀而止"(《子张》)的思想。孔子哭颜回之死,完全超出礼的范畴,不能中止,真实表达孔子对颜回的至爱情深,不是亲人但甚如亲人。因为丧礼中,只有至亲对死者的情感表达才可超过礼的界限而达于无度状态,这种情感状态不是礼节的表达,而是生发于生命深处的哀痛。结合后来哀公和季康子问"弟子孰为好学"时孔子论唯颜回好学,其"不幸短命死矣,今也则亡"来理解孔子此处的悲伤痛惜之情,是何等至深。确实,像颜回那样能够"语之而不惰"的学生,不能再有。孤星流逝,至痛而悲,亦不可再有,这是孔子说"非夫人之为恸而谁为"的真实含义:我不为颜回悲痛,还为谁悲痛? 或者,除了颜回,还有谁的死值得我如此悲痛?

孔门,其实人才济济,比如,被孔子称赞"可为南面"的仲弓,"瑚琏之器"的子贡,甚至被孔子视为"鲁"的曾子,如不好学,哪能得孔子思想精神之精华而有所作为呢? 但在众门徒中,孔子独爱颜回,颜回生前死后均如此。并且,孔子在颜回生前死后发抒对颜回的独爱之情时,总是因其言过而无意伤害其他弟子,比如"孔子对曰:'有颜回者好学,不迁怒,不贰过,不幸短命死矣! 今也则亡,未闻好学者也'"(《雍也》)之类的言论,体现相当的主观性和独断性,但孔门弟子总是包容夫子的"言过",这是众弟子深爱老师,以至于孔子逝世,众弟子无一例外地守孝三年。由此或许可这样说:在孔门,孔子独爱颜回甚于子,众弟子却深爱孔子甚于父。这在孔门中是怎样的情感结构? 如果要研究**孔门情感学**,或许可以从这里入手。

二

孔子为颜回死而"哭之恸"，揭明情与礼之间的变动关系。在孔子世界里，礼，是理，但礼也是仁，因为礼要通过仁来获得，仁也须通过礼来实现。仁的本质是爱，爱的表达方式是情。所以，以仁入礼，这是从修行角度讲；从表达看，则是以仁融礼。所以，礼是情与理的融合方式，也是情与理的融合形态。

孔子强调言行止乎礼，实际上是要求言行既合理，也合情，其准则是理不伤情，情不害理。在这一辩证意义上，所谓礼，指理不伤情且情不害理，这就是度。所谓度，即是德；德者，中庸是也。"中庸之为德也，其至矣乎！"（《雍也》）

但这只是一面，是普遍性、一般性或者理想状态的一面，另一面却是境遇性、情境性，甚至包括私域性。在境遇性、情境性或私域性状态中，理与情，或者说礼节与情感之间并不完全对应。更具体地讲，情感并不一定接受礼节的限度，往往超越礼节规定的自身之域而"自行其是"。哪怕就是最讲礼的孔子，也会面对颜回之死而失礼态"哭之恸"。

何以会如此呢？情感是私有性的，它指向生命本身，满足生命的内在需求，给予心灵以慰藉。礼节是公有性（即使家庭这个私有性领域，也客观地存在着个人之私与家庭之公的空间区分性），它指向公共生活，实现己对他者（他人、群体、社会）的适应，努力实现其言行的节制。在一般情况下，人在公共场域中，其言其行表达出来的情必须服从理，情感必须接受礼的节制；但在某些特殊境遇的公共场域中，情感可以突破礼的约束任性宣泄，比如吊丧，或者特殊风俗的婚嫁，即可如此，并且唯有如此，才可表达真诚、深挚的情愫。孔子因为独爱颜回而为颜回之死"哭之恸"，是私我性情感的公域性表达，它不在于合不合公共指涉的礼，而在于满足私我性的内在生命需求和心灵慰藉。这种失态于礼的行为，在吊丧这种特殊境遇中，不仅被允许，而且被认为是特别值得珍视的人间真情，它不仅表达出真挚的师生之情，而且表达出不是父子甚似父子之爱。

《论语》记载孔子为颜回之死"哭之恸"的行为，在更深刻的层面上讲述了情与理，以及情与礼的关系：理，是普遍性的，它根源于人力之外的天，孔子将它称为"天命""道"；它落实在人间生活中，则表现为公共规则，古人将其称为礼，孔子亦如是称谓之。情，是个体性的，它根源于人的生命，内聚为精或神，外化为气与韵，或气韵、神韵、神情。理与情，或者礼与情，相对对方来讲，对方的优势就是己的局限，己的优势，则成为对方的局限。《论语》通过记述孔子为颜回之死"哭之恸"的生命事件，铺开理与情，或者礼与情之间的深层关系,在西方思想史上,至于十八世纪休谟才发现这个问题,并在其《人性论》中以"理性无力,情感无眼"的方式表达出来。

三

孔子为颜回之死"哭之恸",应该是重大的孔学事件。后人理解孔学思想,总以礼为灵魂。其实孔子学说的灵魂,不是礼,而是仁。仁的本质是爱,爱的本质是情,是发乎生命本身、负载天地人性之灵的情感。孔子失态于礼而"哭之恸"的情感奔泄,表达最真挚甚至最绝望的生命悲怆、生命悲情;孔子之于颜回,其情感何其长;颜回之于孔子,其生命何其短?生命短暂与情感永长之间形成两极,能够予以主观化消解这永不可弥合的悲怆、悲痛的唯一方式,就是悲绝之哭。悲绝之哭,是主观弥合阴阳两隔的生命智慧,因为它以这一"哭"的特有方式觉解生命的悲剧本质,激活生者关于生死的智慧,促使人在瞬间觉悟**向死而生**的悲剧存在,逝者已已,存者生生,其间唯可构架起来的则是谦卑而在,敬畏而生,这就是孔子所讲的"畏天命"。畏天命的本质,是敬畏生命的有限性。敬畏生命的有限性,是最深刻的生命悲剧意识:"所有哲学与所有宗教的个人的与情感的起点,就是在于这一种生命的悲剧意识。"[①]乌纳穆诺所言,其实早就为孔子的畏天命的敬畏学说所表达,更在孔子为颜回之死而悲绝痛苦中宣泄得淋漓尽致。

第11章释义

颜渊死,门人欲厚葬之。

子曰:"不可。"

门人厚葬之。

子曰:"回也视予犹父也,予不得视犹子也。非我也,夫二三子也。"

[注释]

门人欲厚葬之:门人,指孔门弟子。厚葬,指不惜财力隆重地安葬死者。指孔子弟子想不惜财力来办理颜回的丧葬。

夫二三子:夫,指称代词,你们,即孔门弟子。二三子,不定量词,指组织谋划厚葬颜回的那几个弟子。

---

① [西班牙]乌纳穆诺:《生命的悲剧意识》,段继承译,哈尔滨,北方文艺出版社1987年版,第38页。

[译文]

颜回死后,孔门弟子准备不惜财力物力厚葬他。

孔子阻止他们说:"不能这样做。"

孔门弟子没有听夫子的话,还是厚葬了颜回。

孔子说:"颜回呀,你将我视为父亲,我却没有把你当成儿子。这不是我要如此,而是他们这些小子自作主张干的啊。"

[通解]

人死,众亲友悲悼,直到下葬,整个治丧活动过程才结束。从第八章始至本章,共用四章内容记述颜回死后孔子的态度及情感表达方式,使颜回之死构成孔门的大事件。第九、十两章,从两个环节、两个层面记述孔子悲。孔子对颜回的最终态度和情感表达方式,决定了孔门弟子以如何规格和方式安葬颜回,以及孔子对弟子的违制做法的真实认同及其主观性逸责。

一

从第八章始至本章,前后四章内容围绕颜回的死而展开。第八章记述颜路请求孔子卖车为儿子置椁,孔子以三个理由拒绝,使颜路无以言对。接下来,孔子为颜回之死既质问苍天(第九章),又哭得悲痛欲绝(第十章),弟子们看在眼里,自然想在心里,尤其是被称为"瑚琏之器"的子贡、被称为"可使南面"的仲弓和最忠诚老师的子路,当然明白老师的心思:孔子断然拒绝颜路的请求,是因为颜路之请既不合礼制,更不合师礼,而且大有轻慢和侮辱老师的倾向。孔子断然拒绝颜路的请求,以讲礼的方式斥责颜路的无礼无规矩,但这并不等于说孔子不希望厚葬颜回,恰恰相反,孔子是希望厚葬颜回的,不过却不能由他本人提出,这是因为如下考虑。

首先,孔子明确拒绝颜路的请求时有一强硬的理由是:自己的儿子孔鲤死后也只是内棺埋藏而无外棺,因而不能卖自己的专车为颜回置办外棺。在这种情况下,如果由自己提出厚葬颜回,既是自己否定自己,又对不起九泉之下的儿子。

其次,颜回一介穷书生,没有官职,没有门第,没有名分,厚葬不合礼制。

最后,颜回家贫,这是孔门人人皆知。家贫者不惜财力厚葬死者,不合礼。孔鲤死而薄葬之,也是基于如上原因。虽然孔子将颜回视为子,同样要考虑合礼的问题。

既然孔子想厚葬颜回,又不能由他本人提出来。于是,就有了本章的内容,这是颜回之死如何安葬的正戏,前面几章只是序幕。

二

孔子独爱颜回并欲为之厚葬而又不能言的心思,早被个个都精明聪慧的弟子看明白了。于是他们很快拿出集体方案,为老师厚葬颜回。当然这个方案要向老师通报,希望得到老师的许可,但孔子肯定不同意如此做。其实,孔门本身是藏龙卧虎,孔子的反应或许之前弟子们已经预测到,弟子们并不需要老师同意,只是需要向老师通报。孔子也只是讲"不可",却不说"不可"的理由,也就等于说"我不管,你们看着办"。所以弟子们大张旗鼓不惜财力物力风风光光地厚葬了颜回。

在"我不管,你们看着办"的默许下,孔子厚葬颜回的心愿达成了,父亲爱儿子般的情感得到了满足,丧失"语之而不惰"的好学生的失落心灵得以暂时慰藉。孔子发自内心感激这批弟子,但他又不能明目张胆地表扬他们,说他们干得好。相反,还要弟子承担如下三个方面"无礼"的责任,同时也将薄葬儿子孔鲤与厚葬弟子颜回的这种情感的不公,或者说将厚礼葬弟子薄礼葬亲子形成的心理愧疚推给弟子们,于是就有了颜回故事的最终落幕,即孔子说"回也视予犹父也,予不得视犹子也。非我也,夫二三子也"。

三

颜回之死,对孔子来讲,是一个大事件。但颜回的安葬,对于孔门来讲,是一件特大的事件。孔子之后,弟子们编纂《论语》时何以要将颜回之死及安葬其的全过程记载下来,是因为围绕颜回死及其安葬,以叙事方式讲述孔子的思想,这就是礼,是礼在运用中与情的关系、与人的关系。第九章"颜渊死,子哭之恸",讲述礼与情的动态关系。本章侧重展示礼与人的动态关系。

礼本来是节制人与人之间的言行利欲,使之有限度而知他、合众,实现对秩序的维护。所以礼是一种公共性(家庭公共性或社会公共性)的规范,它既是普遍适用的,也是在同一阶层、同一等级上普遍平等的。然而,这种公共性的体现普遍平等诉求的礼,并不冰冷,它是一种有血有肉的规范形式,这就是为孔子改造了的返本开新的礼,这种礼需要通过仁的镕铸才能形成。如前所述,仁的本质是爱,爱的本质是情感,情感却是私有性取向的,它指向生命本身而诉诸心灵的慰藉,由此使原本客观的、具有普遍和平等取向的礼,在实际运用中可能会张扬私有性取向的情感。

礼的运用出现这种可能性的激励因素是什么呢?

孔子以默许的方式任弟子们违礼厚葬颜回的行为告诉人们:礼的运用中,使情感突破礼的严格规范而达于情感主导礼的激励因素,是人与人之间的**情感亲疏**取向。试想,如果不幸短命的不是颜回,而是其他弟子,比如说是宰我，或者子路（子路死，孔子并未如此悲痛，其实子路是最忠诚于夫子的人，但孔子厚颜回而薄子路，至少在情感上体现不公），或者哪怕就是被孔子认为最有大才的仲弓或子贡，他们若不幸死在孔子之前，孔子会如此悲痛，会以默许方式纵容弟子们越礼厚葬吗？孔子之以默许方式如此厚葬颜回，是因为孔子独爱颜回，不仅使孔子的个人情感表达失态于礼（因为孔子毕竟是老师，颜回毕竟是弟子），更可以破格（即突破礼的规范）厚葬。

孔子表面不同意但实际上默许厚葬颜回的行为，其实预演了孔学所宣扬的礼在实践功能发挥方面开辟"任人唯亲"和"任人唯用"的可能性。《子罕》第十二章"子疾病，子路使门人为臣"则是这种可能性的另一个鲜活的例子。这种"任人唯用"其礼的可能性，事实上在后世演绎成为一种现实性：这种"任人唯用"礼的正面呈现，就是礼亲爱亲；这种"任人唯用"礼的反面，就是所谓的"以礼杀人"。

第 12 章释义

季路问事鬼神。
子曰："未能事人，焉能事鬼？"
"敢问死。"
曰："未知生，焉知死？"

[注释]

问事鬼神：问，求问。事，服侍、侍奉。

未知生，焉知死：知，知道、知晓、懂得，这里作领悟、觉解讲。生，动词，意如何生。死，死亡，指死后之事。

[译文]

子路请教孔子，说："如何侍奉鬼神？"
孔子说："不能善待好人，又怎能侍奉鬼神？"
子路又说："死亡是怎么回事。"
孔子说："不懂得生，怎么可能理解死呢？"

[通解]

前面五章内容以颜回为例，讲述活着的人怎样对待死亡者，是其具体论死。本章是记述子路对鬼神的思考和困惑，属于一般论死。

一

子路问鬼神,可能发生于孔子为颜回死而"哭之恸"这件震撼人心的大事件之后,子路对人们如此看重丧葬以及颜回之死夫子表现出来的极端失态、失礼行为倍感困惑,于是有此问。

子路所问是两事,即鬼神和生死,实际上是一问,即人死后何可为鬼何可为神? 子路性急,直截了当地抛出鬼神的问题,却吃了闭门羹,孔子以"未能事人,焉能事鬼"为答,将子路的问题挡了回去。但子路不甘心,于是再问:既然老师你不喜欢鬼神,那我就问问生死,结果又被孔子以"未知生,焉知死"拒绝了。

后人一直以孔子不信鬼神,不谈论"怪、力、乱、神"为依据来看待他对子路的如上回答。其实如此理解本章内容有主观臆想的倾向。

祭如在,祭神如神在。子曰:"吾不与祭,如不祭。"(《八佾》)

子曰:"务民之义,敬鬼神而远之,可谓知矣。"(《雍也》)

子不语怪、力、乱、神。(《述而》)

子贡曰:"夫子之文章,可得而闻也。夫子之言性与天道,不可得而闻也。"(《公冶长》)

结合如上几章内容可以看出:

第一,孔子"不语"鬼神,并不能以此说他不相信鬼神。信与言,是两回事:信的事,可以不言;言的事,可以不信。

第二,孔子敬鬼神,重在行,而不在于言。不轻言鬼神,恰好表明对鬼神的敬畏。

第三,孔子敬畏鬼神,刚好表明鬼神是存在的,如果不存在,就不存在敬畏的问题。正是因为鬼神存在,人面对鬼神唯一能够做的就是用行为表达虔敬,用不言和敬而远之表达畏。

第四,鬼神与天道、天命之类,都是超越经验的。凡是超越经验的东西,未得验证,或得不到验证,没有客观的依据和标准,所以难以说清楚,最好是用自己的心去体悟,以生命去触觉,获得自知即可。孔子对于超出经验范畴而又没有标准和准则可以说得清楚的东西,都保持不言。因而,凡是超越经验的比如鬼神、天道、天命,不是不能说,而是不便说,或者没有必要说。保持沉默是对鬼神最好的"敬畏"和"远之";并且,保持沉默也是对超验的东西的客观领悟与生命化觉解的庄敬态度。

从常理讲,孔子是老师,面对学生子路的提问不应该以这种态度和方式拒绝解答，这样做不太合宜，或者至少与孔子自谓"学而不厌，诲人不倦"的为师准则相违背。但如此理解孔子对鬼神之类的超验内容的基本态度，或许释然。

二

从整体言，孔子是经验主义思想家，一部《论语》所展开的与弟子、时人之间的问答，展示他的所有思考都源于经验，包括历史经验和生活经验，是对历史经验和生活经验的概括、提炼，然后通过讲述具体的生活行为、方式、内容来呈现。但是，这些经验化的内容又总是包含普遍性，正是因为如此，《论语》中讲述的每个具体的内容都蕴含思想的深刻性，甚至其问答的方式本身也体现深刻的思想张力。以此看孔子对子路的回答，看似随意，更有搪塞的意味。但如果理解了孔子对待怪、力、乱、神的基本态度和方式，或许会发现孔子如此回答却体现出激励、启发的引导智慧。

孔子告诉子路，侍奉鬼神的问题，实际上是侍奉人的问题，将人侍奉好了，等于侍奉好了鬼神。孔子对子路做如此引导性回答，是因为他明白子路求问"事鬼神"的真正用意，是想弄清楚"人死后何可为鬼何可为神"的问题，更明白引发子路急切地关心这一问题的直接诱因是颜回死后的薄葬与厚葬之争，是不是薄葬可能使颜回成鬼？厚葬可能使颜回为神？孔子以"未能事人，焉能事鬼"的方式告诉子路，活着的时候，像颜回那样用心地侍奉好人，死了以后也会获得颜回般待遇，并可能实现你所期望的。

子路一时没有明白过来，于是再问，孔子再以此方式开导他"未知生，焉知死"：死属于自然，生才是人为；因而，死是必然，生却可塑造性。并且，死是对生的结果显现，生是对死的不懈塑造。你不理解你的师弟颜回何以生得如此平常，却死得如此隆重的道理，不就全在生死之间吗？

子路不再问。因为子路明白了老师的启发和教诲。结合其后所发生的事，或可得知子路是如何领悟老师的点化，用心体悟鬼神之事，以生命投入的方式去侍奉人，这就是在为死后成为神开凿道路。或许隆重地安葬颜回后，可能终因伤悲颜回而透支太多体力和精力，年事已高的孔子心力不济，最终倒下了。而且病重日益，在这种情况下，一直守在孔子身边的子路，首先是为孔子祈祷神灵以为之消灾去疾，"请祷"（《述而》）却不济，孔子病情更加严重，于是子路指挥同门破礼制规则，以隆重方式为孔子准备后事，"子疾病，子路使门人为臣"（《子罕》），以此使孔子大为感动。

三

孔子学问，是经验的学问。孔子教学生，也是以经验方式展开。然而，经验仅是孔子学问的呈现形态，因为孔子学问的真谛，却是超验领悟的。

只是,他对超验领悟得来的东西,往往不言,只是**心自了得**而已。因而,孔子教学生,也是以经验为敲门砖,引导学生激活经验,开启心智,自悟自解,最后达向心自了得。

由此两个方面,孔子不仅身体力行开启了一种思想方式,一种思考方式,也由此开启了一种教学方式和对人的身心开发的引导方式。这种思想、思考和教学、引导方式,被现代德国哲学家雅斯贝尔斯概括为"思想范式"。

经验的知识或方法,是反复践履过的东西,可以言。反之,未经验或待经验的东西,是未知或不可知的东西,所以不便言。由此形成对于不可知或未知或待知的事情,不讨论,不探索,仅以"敬而远之"的方式处之,或者启发"中人以上"者去自体悟或觉解之。但这样做来,在更多的时候却使更多的人始终滞留于经验状态,无以突破经验,自觉于达向超验之域,更无法启动先验天赋,从而满足于经验描述,缺乏真理探求,缺乏科学精神。换言之,经验描述与经验反省,是孔子学问的拿手功夫;但超验意识和先验激情,或是其缺憾,虽然孔子本人对超验的东西更多的心自了得,但因其不言而使更多弟子无以有入门之径。这或许是孔子学问方式和教学方式的缺憾,更有可能因为这种学问方式和教学方式使原本天资和禀赋只有"中人以下"的颜回最后"困学而亡"。幸好,被孔子千锤百炼地"批评"的子路,因其心胸开阔和性格豪爽,而对夫子的独特引导方式有所领悟,并能立竿见影地运用。这是子路之幸,更应该是孔子之幸。

第13章释义

闵子侍侧,訚訚如也。子路,行行如也。冉有、子贡,侃侃如也。子乐。"若由也,不得其死然。"

[注释]

闵子侍侧:闵子,即闵子骞;侍侧,指弟子侍于孔子旁,或坐或立。

訚訚如也:訚訚,说话持正不阿且和颜悦色。如,意指什么的样子。

行行:刚强。

侃侃:从容愉悦。

不得其死然:其,指天定的寿命。然,或然、可能。指可能不得以完其寿。这是孔子对子路的观相言,不想不久竟言中。

[译文]

闵子骞、子路、冉有、子贡侍立于孔子左右,闵子骞显出持正和悦的样子,子路显出刚强的神气。冉有、子贡流露出温和从容的神态。孔子很是高兴。但他却说:"像仲由这副样子,恐怕不得善终。"

[通解]

因为师弟颜回早死而厚葬,引发子路对超验领域鬼神的关注。自然涉及生与死的问题,但其实质却是生何所生与死何所死的问题。对这两个问题的困惑或关注本身而言,可能是生命将达及尽头的某种预感。这种预感,对子路本人言是如此,对一直将子路视为挚友的夫子亦是如此。于是,就有了本章中孔子对子路生之不多的预感和直言。

一

一部《论语》,显示孔子从不轻言怪、力、乱、神,更不轻言天道、天命,只是因为敬畏。但本章中孔子却破戒言超验的无法用经验验证的"命"。由此可推知孔子此言,应该是发生于子路临死前不久,时间大概是子路、仲弓、子贡等人负责操办隆重安葬颜回之后,闵子骞、子路、冉有、子贡几位弟子还留下来再多陪陪过度悲伤的老师,所以才有了闵子骞、子路、冉有、子贡"侍"的美好一幕,也于是才有了孔子之"乐"。

孔子所乐者之一,是弟子们都忙碌在外,但颜回之死,大家从不同的地方赶回来为同门吊丧,还破礼制隆重厚葬颜回。孔子所乐者之二,是颜回丧事结束后,大多数弟子匆匆离去,但闵子骞、子路、冉有、子贡这几位还继续留下来陪他,侍立他左右,这是过去才有的热闹场面,没想到孤独的晚年生活竟还可以享受如此美好的时光。

孔子之乐,不仅于此,更来源于侍立于身边的几位弟子和悦愉快的神情。但美中不足的是,这种快乐很快被子路刚强负气的神情冲淡。善于相面的孔子留意子路神情背后的生气,直感到不幸的事情又将发生。本能的急切促使孔子想阻止其不幸的发生,由是说出"由也,不得其死然"。最讲究说话方式的孔子没有婉转,没有曲折,没有隐晦,那样地直截了当,是要唤起子路的特别警惕、高度重视,厄运即将发生,或许人为努力可能避开。孔子之谓子路"不得其死然",不能以常人说法,认为这是流露出孔子对刚直的子路的不喜欢,恰恰相反,这是孔子对子路发自内心的关怀,这种急切的关怀流露出孔子直觉到子路未来人生结局的悲剧性。

二

上章中,子路向老师求问"鬼神"和"敢问死",是否子路经历师弟颜回之死极其隆重葬礼,已于冥冥之中感受到死神的降临,心中为之所困,故而求问以为释之。孔子之"未知生,焉知死",亦从一个方面得到印证:孔子是知道死亡的,这是因为知道生,所以知道人应该如何待人,更做到了怎样待人,《乡党》篇多记孔子如何待人和怎样待人。正是因为如此,孔子能知道死,这不,在情急之下,孔子道出了知生死。亦从反面说明孔子之"不言"怪、力、乱、神和"罕言"天道、天命,不是不知,而是知而不言。其后不久,居于鲁的孔子听到卫国内乱的消息则脱口而出:"'嗟乎,由死矣!'已而果死。"(《史记·仲尼弟子列传》)

在孔门中,遭受批评最多的是子路。所以后世有人认为孔子对性格爽直的子路有偏见。其实这是错怪了孔子。孔子之于"听话地好学"和"语之而不惰"的颜回,是情如父子;孔子之于性格爽直、忠勇、开朗、敢当敢为、真诚、执着的子路,其情如良师益友。在孔门中,敢于直接批评夫子的,只有子路。在孔门中,孔子向弟子认过错,并且有时还以发誓的方式认错,也唯有子路,其他皆无。孔子与子路,既是师生关系,更是诤友关系。在古代,师生关系可以上升到父子关系,更多靠听话、顺从和乖巧、精明;师生关系上升到朋友关系,不仅是天资、禀赋使然,更重要的是人格、性格和愿为之担当、责任,还有绝对的忠诚。游国途中,孔子时有退隐之心而曰:"'道不行,乘桴浮于海,从我者其由与!'子路闻之喜。子曰:'由也好勇过我,无所取材。'"(《公冶长》)孔子如此判断,并非一时心血来潮,而是对门下所有弟子的长期观察或者说考察得出的判断,即使是最为孔子夸赞的颜回,也不可能追随自己到任何地方,唯有子路能如此。子路听后,没有任何顾虑,欣然表示愿陪老师泛舟天涯海角,孔子更是感动,当然也自我感动自己判断正确。但孔子却不能表现其感动,而是对子路批评。孔子表面上是批评子路,但心里不知是多高兴。在孔门中,知子路者,唯有老师孔子;反之,在孔门中,知孔子者可能有两人:一是子贡,二是子路。但子贡知孔子,靠聪慧和察言观色;子路知孔子,却是心灵和忠诚。正是这种心心相通,孔子才能感观到子路即将来临的悲剧命运;也正是这种心心相通的执着情谊,孔子预感到子路悲剧厄运时才如此失态失礼地脱口而出"若由也,不得其死然"。

三

时人以及后人,都以为子路之死,死于刚直的性格,其判断的依据可能是本章中"子路,行行如也"。这种望文生义的理解方式,往往形成对本文的曲解。实际上,子路之死,是死在君子有礼上。

初，卫灵公有宠姬曰南子。灵公太子蒉聩得罪南子，惧诛出奔。及灵公卒而夫人欲立公子郢。郢不肯，曰："亡人太子之子辄在。"于是卫立辄为君，是为出公。出公立十二年，其父蒉聩居外，不得入。子路为卫大夫孔悝之邑宰。蒉聩乃与孔悝作乱，谋入孔悝家，遂与其徒袭攻出公。出公奔鲁，而蒉聩入立，是为庄公。方孔悝作乱，子路在外，闻之而驰往。遇子羔出卫城门，谓子路曰："出公去矣，而门已闭，子可还矣，毋空受其祸。"子路曰："食其食者不避其难。"子羔卒去。有使者入城，城门开，子路随而入。造蒉聩，蒉聩与孔悝登台。子路曰："君焉用孔悝？请得而杀之。"蒉聩弗听。于是子路欲燔台，蒉聩惧，乃下石乞、壶黡攻子路，击断子路之缨。子路曰："君子死而冠不免。"遂结缨而死。

孔子闻卫乱，曰："嗟乎，由死矣！"已而果死。故孔子曰："自吾得由，恶言不闻于耳。"（《史记·仲尼弟子列传》）

子路之死，或引来时人或门人的议论，或许有人认为子路死于性格刚直，孔子闻之，以为这是对子路的"恶言"，于是有了为子路正名曰"自吾得由，恶言不闻于耳"。孔子此语，还了子路清白，更道出孔子对子路之挚情，虽是师生，却甚于师生，而为挚友。这既是子路之幸，也是孔子之幸。孔子一生中，如果没有子路，孔子的历史甚至孔学的历史，许多方面要改写。

第 14 章释义

鲁人为长府。

闵子骞曰："仍旧贯，如之何？何必改作。"

子曰："夫人不言，言必有中。"

[注释]

鲁人为长府：鲁人，鲁国人。为，改为，翻修改造。府，古代专藏货物之所称府，但与仓、库有区别：仓，指屯粮之所；库，指藏兵器之所。长府，应该是藏粮、器械之外的其他较为贵重之物的地方。据《左传·昭公二十五年》记载，鲁昭公曾以长府为据点，讨伐季氏，失败后被迫出逃，三年后死于晋国。

仍旧贯：仍，因袭。旧贯，原来的样子。指保持原样。

夫人不言，言必有中：夫，指称代词，意指这、那。夫人，彼人，指闵子骞。中，中肯。

[译文]

鲁执政大夫季氏计划改建长府，闵子骞说："保持现在的样子，难道不好吗？何必一定要改建。"

孔子说："子骞这个人虽很少说话，但一说话，就会切中问题的要害。"

[通解]

本篇内容集中讲述孔门学府的"先进"。自第二章始至本章，主题是先进的德行代表，重点记述颜回，以闵子骞辅之。颜回丧葬结束，开始介绍闵子骞；第十三章介绍闵子骞，将其置于群像之中，总体描述其平和持正的品德；本章单体雕像闵子骞，突出其理性、独见的才能。

一

"鲁人为长府"一事，有三说：一说鲁昭公自己改造长府，以为讨伐季氏做准备，闵子骞知其力不足以制季氏，所以委婉劝阻之（刘宝楠《论语正义》）。二说昭公讨伐季氏败亡后，季氏怕鲁人指点，改造驱逐昭公起事之长府，是为抹去人们的记忆，闵子骞以此反对，理由是做了的事，不可更改（俞樾《湖楼笔谈》）。三说昭公出亡后，季氏为防止后继的君主再利用此地蓄发类似事件，所以想彻底改造长府，但闵子骞认为不妥（翟灏《四书考异》）。此三说都是围绕鲁昭公二十五年（公元前 517 年）发动的讨伐季氏失败出亡这一事件展开，由此可见本章所述内容发生的大致时间：如果改造长府是鲁昭公所想，那一定是在昭公二十五年（公元前 517 年）前一年，昭公二十五年（公元前 517 年），孔子三十五岁，闵子骞二十岁，如果是前一年，孔子不过三十四岁，闵子骞十九岁；若是前两年，孔子才三十三岁，闵子骞年仅十八年。年不满二十的年轻人，可能还未有如此见识。因而，鲁人改造长府的行为，更大可能是鲁定公登上邦君之位后，遂有发奋图强之意，季氏感觉到某种不安，为避免类似于昭公二十五年（公元前 517 年）那样的事件再发生，于是想到要改造长府，其时闵子骞大概三十岁左右，已才华初露。季氏曾派人请他出仕为官："季氏使闵子骞为费宰。闵子骞曰：'善为我辞焉。如有复我者，则吾必在汶上矣。'"（《雍也》）季氏虽被闵子骞所拒绝，却欣赏闵子骞，所以在是否改造长府的最终决策问题上，征求闵子骞的意见。闵子骞提出反对意见，建议季氏维持原状。

闵子骞的建议之所以得到孔子的特别褒奖，是因为闵子骞反对季氏改造长府的本意，是反对季氏对君主的控制，或可说反对季氏专权，反对大夫执国。这是因为在孔子看来，季氏专权的行为导致"礼崩乐坏"。闵子骞之所以"善为我辞焉。如有复我者，则吾必在汶上矣"的决然态度拒绝季氏之请当费宰,可能不是人们猜想的那样因为孝亲,而是不愿意与"乱臣贼子"同流合污。也正是在这个意义上,孔子才如此夸赞闵子骞。

二

一直主张慎言的孔子,以"夫人不言,言必有中"之语夸赞闵子骞,应该是对闵子骞的慎言品质和独特洞察能力的至高评价。因为一个人在日常生活中能达到"夫人不言,言必有中"的境界,很不容易。其实"夫人不言,言必有中",应该是孔子对君子成己在慎言深思方面的根本要求。要做到这些,必须具备三个方面的条件:

一是必须做到慎言,在任何场合下,不要随便言说。

二是必须做到深思,因为慎言的绝对前提是深思。所谓深思,是理性的思考,或者说是对问题本身的深度思虑,唯有将问题本身思虑清楚了,思想到位了,理解透彻了,才可言说切中问题的实质。

三是必须精确表述。对问题深入思虑,思想到位,想得透彻,并不一定要言说。唯有当需要言说的时候,才说。而说却是把思虑清楚的东西清晰地表达,这需要用语的精准并简洁明朗。所以,一旦要说,必须表意准确,言简意赅、明白易懂。唯有如此,才是真正的"言必有中"。

第15章释义

子曰:"由之瑟,奚为于丘之门?"
门人不敬子路。
子曰:"由也升堂矣,未入于室也。"

[注释]

由之瑟,奚为于丘之门:由,子路之名。瑟,动词,鼓瑟。奚,不定疑问代词,何、哪。丘之门,指我孔丘门下,即孔门。

升堂:从庭院顺阶而上到达外面的堂屋。

入于室:穿过堂屋进入内室。指技能达到一定水平,但还没有进入纯熟的至高境界。

[译文]

孔子说:"仲由鼓瑟,那声音哪里像出自我孔丘门下?"

孔门其他弟子听了夫子这话,开始对子路不敬。

孔子见此情形,又说:"子路的进德学问和鼓瑟技艺已经进入正大光明的'登堂'之境了,只是还未'入室'达到微妙精深之境。"

[通解]

颜回、闵子骞属于先进弟子的德性代表,按第三章的排序,"德行"代表之后应该介绍"语言"代表子贡,但因为子路作为"大弟子"在孔门中的特殊地位,所以颜回、闵子骞后,自然是子路。本章介绍忠勇肝胆的子路蹩脚的鼓瑟之艺,从侧面呈现"习相远"的复杂人性折射出来的人情冷暖。

一

本章所述内容,应该不会发生在孔子晚年,但《论语》编纂者将其置于"若由也,不得其死然"之后,或许是为进一步状写孔子与子路之间的这种言语无隔的性相投、心相通、言无忌。

子路为何要习学音乐?因为习学音乐是孔门的基本课程。孔子之将音乐作为基本课程,基于音乐在古代一直是君主听政以及官员治邦的必备才能。子路作为夫子先进弟子,自然要修习音乐。

子路性格爽直,更为粗犷,不善音乐。其主动习学音乐可能主要不是为了当官所用。或者因为老师精通音乐并热爱音乐,每日必歌。于是子路也想学会音乐,能够伴老师一齐弹唱,使老师快乐,自己也快乐。

子路学音乐,很有可能先在一边自己学习、训练,经过一段时间练习,或许以为自己可以弹奏给老师听了,但又没有绝对的自信和把握,于是就在老师居住的大门外鼓瑟起来。

孔子听后实话相告说,子路啊,你的瑟艺差得太远,有辱我孔门声誉了。孔子之所以如是说子路,是因为孔子与子路这师徒二人说话从来都直来直去,从不拐弯抹角,谁都不会介意谁的话说得重与轻。孔子之以"由之瑟,奚为于丘之门"的反问方式鞭策子路:你小子要想学会弹奏音乐,还早得很,给我老老实实多努力吧,达不到一个更高的水平,就不要到我门前来丢人现眼。

二

孔子对子路言语无忌,引来孔门其他弟子对子路这位大师兄的不敬。

孔子直率地评价子路的瑟技不行,为何会引来门人对子路的不敬?客观审视之,其原因有二:

首先,在门人看来,孔子如此评价子路的瑟技,是在斥责子路有辱门誉,孔子这种有违于自己"慎于言"的言说准则的话,自然引来门人的猜测:孔子为何会表现出对"慎于言"的放松?是直率地有什么说什么,还是子路太刚直,甚至在老师面前也不留情面的性格,使孔子对他一直抱有成见,只是平时没有暴露,今天终于找到机会爆发,狠狠地教训他。既然老师都不喜欢这个过刚过直的人,门人也就懒得恭敬这位大师兄了。

其次,门人因为孔子"由之瑟,奚为于丘之门"言论,而不敬子路的行为现象,暴露孔门教育存在的根本问题。如果再联系颜回在孔门中享有的独特地位,就可以发现孔门中这种以孔子本人的言行偏好为风向标和判断依据的风气,恰恰是门人不敬子路的深层原因。这又暴露孔子教育弟子的"礼"的根本缺陷:当"礼"的运用本身没有严格的量化(比如更为客观的可量化的"法")规范,而使它自己成为规范时,个人的意愿或偏好往往贯穿其中,礼就成为严格的等级、尊卑、权威的象征,谁拥有行礼或评判礼的话语权,谁就是一切。这种培养模式,最容易训练出听话的和"看人识货"的"聪明人"。颜回听话好学始终得到褒奖,或成为孔门弟子对此的正面仿效,颜回死而厚葬的完整过程放大了这种"正面仿效"的张力;子路被批评和指责,则成为孔门弟子们本能地"远之"的反面教材。所以,孔子一旦直截了当地说:"由之瑟,奚为于丘之门?"门人必不敬子路。

三

本章蕴含的第三个问题是:孔子延誉子路德才和瑟艺的深意何在?

孔子对子路瑟艺的直截了当评价引来门人对子路的轻慢,孔子自然看在眼里,也明白自己不"慎于言"带来的不好后果,为了弥补,孔子对子路做了正面评价。

这种重新评价的效果有二:一是改变门人的市侩心理,使子路重新在门人面前获得大师兄尊严。二是正面鼓励子路,使之有更大的动力去修习才德和音乐。

当然,孔子是否通过子路鼓瑟引发门人以老师的态度取人这一事件,反观自己培养弟子的得失,却不得而知。但本章揭示的这一事件本身却成为更为深入地研究孔学的难得材料。孔子的培养目标是塑造文道救世的君子,治邦安国、重建秩序,但这种已在门下形成的市侩倾向,或许为孔子之后儒学发展提供了土壤。

第16章释义

子贡问:"师与商也孰贤?"
子曰:"师也过,商也不及。"
曰:"然则师愈与?"
子曰:"过犹不及。"

[注释]

师:颛孙师(公元前504年~?),字子张,小孔子四十八岁。

商:卜商(公元前 507 年～?),字子夏,小孔子四十四岁。

贤:比较义,意为胜过、超过。

过:超出一定的度,这里指性格、个性过度。

过犹不及:过,超过限度,逾越边界。不及,没有达到。指过度或不及,都不好,二者在本质上没有区别。

[译文]

子贡请教孔子说:"子张与子夏,哪个更贤能?"

孔子说:"仅行事言,子张略显过,子夏略显不足。"

子贡继续问道:"子张是否比子夏更贤一些?"

孔子说:"行事过度或不及,并无本质的区别。"

[通解]

阅读《论语》,可明确地感受到,孔门众多弟子中,最优秀、最受孔子看重者四人:仲弓、颜回、子路、子贡。其中,最有远见者当属子贡。孔子评价子张和子夏,由子贡所问引发。子贡之如是询问老师,或许自有寓意。自有远见卓识的子贡,在有个问题上或许比孔子本人看得更为明白,那就是孔门先进弟子中,真正可以在夫子百年后弘扬光大其学问者,可能唯有自己,但子贡本人却兴趣于从政和经商。所以子贡看得非常明白,弘扬夫子大道学问的重任只能寄托于夫子的后进弟子身上。子贡也因此留意,在孔门后进弟子中,子张和子夏最为出色,因为子游早就出仕,曾子被夫子评价为"鲁",子贡也认为曾子不具备这个资质和能力,比如,曾子将夫子"一以贯之"之道理解为"忠恕",这在子贡看来可能是曾子"鲁"的原因,更可能使子贡发现其人资质并不高但又自视甚高,自以为是,这种自我放大的盲目性格不堪担当未来弘扬师学师道之大任。子贡问子张、子夏孰贤?其实是在了解老师是否已经明确其百年之后谁来挑起这副弘大师道学问担子。所以,本章内容从一个角度突显出子贡的远虑。

一

本章内容,是子贡问子张、子夏这两位小师弟哪一个更贤能?但孔子以具体的行事为依据作答,显得有些无的放矢。如果还原其问答的具体语境,则可能消除这种感觉。

子曰:"师尔过,而商也不及。子产犹众人之母也,能食之,不能教也。"子贡越席而对曰:"敢问将何以为此中者也?"子曰:"礼乎礼,夫礼所以制中也。"(《礼记·仲尼燕居》)

如果《礼记·仲尼燕居》这则材料真实,那么原来孔子对子张、子夏的如此评价,源于特定的情境性。《礼记》记载子张和子夏参加同一个丧礼,其结束后回到孔府,见孔子,子张哀痛而竭,弹琴成声,曰"不敢不及";子夏却哀痛未亡,弹琴不成声,曰"不敢过"。孔子以此窥二人性格和个性,由此做出如此判断。因为音乐(甚至声音本身)是一种言,而且是更高的言,它源于心志并达其心志,心志既蕴润人格、个性,更滋养胸襟、气质、境界。所以,人的性格、个性、气质、修养、胸襟,都可以透过音乐弹唱行为得到展现,无以掩饰,也不能掩饰。

子贡问子张、子夏孰更贤,本意就整体论才德,但才德始终没有抽象的形态,它始终附丽于具体言行才可得到呈现和彰显。所以,表面看,孔子的回答有些不对题,但实际上是在更为具体而深刻的维度上回答了所问。作为"瑚琏之器"的子贡自然领悟其中微妙。于是接下问第二个问题:过与不及,这其中哪种性格、个性、气质的人更贤能些。孔子予以回答,认为具有这两种性格、个性、气质的人,其贤能可能有程度的差异,但行事所达及的结果,没有区别,因而在本质上无差别。

二

过犹不及,是说凡事都有一个限度,这个限度并不由人来规定,而是由事物本身(的边界)所规定。人行事,前提是发现事物本身蕴含的限度和边界,然后留意这个限度,小心不突破这个限度和边界,在这个限度和边界内行事,就会把事情做得更好。

从礼的角度看,过犹不及,也是违礼的。孔子通过回答子贡的发问,评论子张和子夏哪个更贤,却是针对具体的事情论,即或就子张和子夏二人对待丧礼的情感态度引发出来的评价,由此道出孔子的方法论来。参加丧礼后的子夏和子张,回到夫子住所,两人都弹瑟。子张的瑟声显得快乐过头,子夏的瑟声显得余哀未尽,均被孔子批评为"违礼"。由于对礼的理解不同,表现出来的不是聪明过分就是聪明不足。对礼的正确理解,是"制中",既不表现快乐也不表现哀伤。

礼,不仅是规范,也体现德。从德的角度讲,过犹不及恰恰违背德。孔子认为,君子的性格、个性应该是既避免过又避免不及,达于中正状态,这种状态就是中庸。孔子通过对具体的人的处事方式的评述,指出过犹不及是对"中庸之为德"(《雍也》)的违背。从正面看,孔子通过评价子张、子夏行事的过犹不及,可看成其对"中庸之为德"的具体解释。所谓中庸之德,就是凡事有限度。这个限度是什么呢? 孔子在这里做了具体的阐述,就是既不过,也无不及;中庸之德,即既不过也无不及,其本义是道德,道德的本质是中正。

第 17 章释义

季氏富于周公,而求也为之聚敛而附益之。

子曰:"非吾徒也。小子鸣鼓而攻之可也。"

[注释]

季氏富于周公:季氏,季孙氏,鲁国上卿,这里指季康子。周公,周公旦长子封于鲁,其次子及后裔袭其公爵位而为周王朝之公,称为"周公"。富于周公,比周公富有。

求也为之聚敛而附益之:求,冉有。聚,通"骤"。聚敛,急于敛聚财富。附益,增加。

非吾徒:徒,弟子、学生。孔子说冉求不是自己的弟子。

小子鸣鼓而攻之:小子,孔子指自己的弟子。鸣鼓而攻之,大张旗鼓地讨伐冉求。

[译文]

季康子比周公还富有,但冉求还在为他搜刮钱财。

孔子说:"冉求这种行为已背叛师门,不再是我的弟子。孔门的弟子们,你们可以大张旗鼓地声讨他。"

[通解]

冉求和子路,是孔门政事代表。子路之后自然是冉求。第十二、十三、十五章中的子路,从整体上呈悲剧性色彩;本章中的冉求,在孔子的对待和言行中,是一个被矮化和被丑化的角色。

一

执政大夫季孙氏管家这个职位,子路和冉雍都曾做过。二人都是孔子最喜欢的弟子。被孔子评价为"可使南面"(《雍也》)的冉雍,做季氏宰时,向夫子请教如何才可做好,夫子耐心地指点他"先有司,赦小过,举贤才"(《子路》)。公元前 492 年,季康子执政,任用冉求接替仲弓做季氏宰。冉求为季康子总管,理财是其职责。孔子反对冉求为季康子敛聚财富,实际上冉求是执行季康子的新政。孔子不认冉求为徒,并不是出于个人恩怨,因为孔子得以回鲁安享晚年,完全是冉求努力的结果,而是因为政治主张不同。孔子反对冉求为季康子敛财,实际上反对按照新的"用田赋"制度征收赋税,进一步讲则是反对鲁国"用田赋"经济改革。

即鲁哀公二年（公元前 492 年），季康子接替季桓子为鲁执政大夫，平息了内乱外患后，为改变鲁贫弱状况，励图改革，其中一个重大举措就是改革田亩税赋制度。

> 季孙欲以田赋，使冉有访诸仲尼。仲尼曰："丘不识也。"三发，卒曰："子为国老，待子而行，若之何子之不言也？"仲尼不对。而私于冉有曰："君子之行也，度于礼，施取其厚，事举其中，敛从其薄。如是则以丘亦足矣。若不度于礼，而贪冒无厌，则虽以田赋，将又不足。且子季孙若欲行而法，则周公之典在。若欲苟而行，又何访焉？"（《左传·哀公十一年》）
> 十二年春王正月，用田赋。（《左传·哀公十二年》）

季康子在实施税赋改革之前，派冉求征求孔子意见，孔子反对。再三，孔子仍不支持，但季康子不放弃，于第二年正式推行"用田赋"，增加田亩税赋。用田赋制度的推行，加速了礼崩乐坏的进程。这是孔子反对季康子税赋改革的首要原因，也是孔子号召孔门弟子对冉求"鸣鼓而攻之"的根本原因，因为在这个问题上，冉求没有站在他一边形成反对季氏变革的统一战线，而是做了孔门的叛徒。

二

孔子培养弟子，期望他们都能当官从政，冉求做季氏宰，应该是很有出息的弟子了，但弟子的出息得到孔子认可的前提，是坚持"以德正位"的君子理念和操守。孔子鼓动门人"鸣鼓而攻之"，在孔子看来，是冉求放弃了"以德正位"的君子理念与操守。

孔子"以德正位"的君子理念与操守中有两条至为根本的准则："君子之行也，度于礼，施取其厚，事举其中，敛从其薄。"（《左传·哀公十一年》）首先是礼，这是唯一不能让步的，孔子以"吾不徒行以为之椁，以吾从大夫之后，不可徒行也"为由驳斥颜路的请求，表现为坚定不移地捍卫礼，这种坚定不移在本章中同样表现得淋漓尽致。其次是民生思想。孔子民生思想的核心内容是富民和教民。冉求执行季康子的税赋政策，是在帮季康子敛聚财富，这种敛聚财富的行为却是以民贫为代价。

冉求为季康子推行"用田赋"，是职责所在。冉求帮助季康子实施税赋改革，其基本理由是只有通过提高税赋来增强国家财政能力，才能够增强国家能力。这是大争之世的强国之法。孔子则站立在民生立场，认为民才是国家的根本，养民才是强大邦国的根本之策。在孔子看来，养民的根本方式是富民;孔子的这一思想源于对古代民本智慧的吸收。历史地看,富民是上古民生思想的核心内容。《尚书·盘庚下》曰:"朕不肩好货,敢恭生生,鞠人谋人之保居,叙钦。今我既羞告尔于朕志若否,罔有弗钦!无总于货宝,生生自庸。式敷民德,永肩一心。"盘庚将发展生产、富裕黎民生活作为德施于民的基本方式,将鼓励生产、使民丰衣足食作为衡量政德的基本标准。殷商的这一富民思想被周所继承,通过周公等人的努力获得进一步发挥:"小子唯一妹土,嗣尔股肱,纯其艺黍稷,奔走事厥考厥长。肇牵车牛,远服贾用,孝养厥父母。"(《尚书·酒诰》)"禹平水土,主名山川;稷降播种,农殖嘉谷。三后成功,唯殷于民。"(《尚书·吕刑》)春秋时太子晋将"民生有财用,而死有所葬"和"无夭、昏、札、瘥之忧,而无饥、寒、乏、匮之患"看作"故上下能相固"(《国语·周语·太子晋谏灵王壅谷水》)的根本条件。管仲以"凡治国之道,必先富民"(《管子·治国》)为治齐的指导思想,提出"仓廪实而知礼节,衣食足而知荣辱"(《管子·牧民》)的德政理论,以及殷周"藏富于民"的治邦思想和成功经验,为"信而好古"的孔子领悟并予以时代性再发展。

孔子对古代民本思想的吸收整合形成自己的富民思想。首先,孔子认为富民是固邦强国的基本条件:"百姓足,君孰与不足?百姓不足,君孰与足?"(《颜渊》)君王(抑或邦国)的贫富与否,取决于辅助君王治邦的贵族、百官的贫富;贵族、百官的贫富,取决于民的贫富:只有民富足了,百姓才富,君王才富,邦国才固和强。其次,孔子认为富民的基本方式是"因民之所利而利之,斯不亦惠而不费乎?择可劳而劳之,又谁怨"(《尧曰》)最后,孔子认为富民的根本方法是"敛从其薄"。孔子明确提出"薄赋敛则民富"(《说苑·政理》)的主张。当季氏"欲以田赋"增加税收时,孔子起而反对说"君子之行也,度于礼,施取其厚,事举其中,敛从其薄。如是则以丘亦足矣",向民敛赋"若不度于礼,而贪冒无厌,则虽以田赋,将又不足"(《左传·哀公十一年》)。孔子认为,表面看,对民"敛从其薄",确实使国库收入相当有限;但从根本讲,却是"守无穷之府,用无穷之财,而天下仰之之根本富强国策。"

以此观之,孔子号召门人"鸣鼓而攻之",自然显得偏激。但这种偏激背后的根本治邦理念,即以民为邦本、"敛从其薄"的思想,即使在今天,也仍然释放其固有光辉。

第 18 章释义

柴也愚,参也鲁,师也辟,由也喭。

[注释]

柴也愚:柴,高柴(公元前 521 年~?),字子羔,也称季羔,比孔子小三十岁,其人个子矮小,相貌丑陋,曾先后任鲁费宰、武城宰、成邑宰,后来适卫,在卫任士师,即秋官。在《周礼》中,秋官乃司寇之属官,专职禁令、狱讼、刑罚之事。愚,戆直。

参也鲁:参,曾参。鲁:迟钝。指曾子迟钝。

师也辟:师,颛孙师,字子张。辟,偏执。

由也喭:由,仲由,字子路。喭,鲁莽。

[译文]

孔子说:"仅性格和个性言,高柴戆直,曾参迟钝,子张偏执,子路鲁莽。"

[通解]

自此之前,均介绍先进弟子。从本章始,涉及对后进弟子的介绍。本章先介绍几位后进弟子,以先进弟子子路为参照,采取对比方式,展示各自的性格特点,突出**性格决定命运**。

一

本章内容前面虽没有"子曰",但所论四人都是直呼其名,应该是老师称呼弟子的口吻。所以,本章内容应该是孔子对高柴、曾子、子张、子路四位弟子性格和个性的品评。

高柴在《论语》中先后出现两次,还有一次是本篇第二十五章"子路使子羔为费宰"。在孔门弟子中,高柴不仅相貌丑陋,而且很笨,却很忠厚。正是因为如此,子路做季氏宰时,要派高柴去做费城宰,孔子表示反对,其反对理由是"贼夫人之子",意思是高柴这个人忠厚得过于愚笨,学而无及大道,没有做官的能力,如果要强行让他做官,是在害这个老实巴交的人。孔子何以对高柴做如此评价呢? 这是因为高柴"自见孔子,入户未尝越屦,往来过人不履影;开蛰不杀,方长不折;执亲之丧,未尝见齿"。孔子认为"高柴执亲之丧,则难能也;开蛰不杀,则天道也;方长不折,则恕也,恕则仁也。汤恭以恕,是以日跻也"(《大戴礼记·卫将军文子》)。后来的实践证明,高柴并不笨,出仕从政后还将一方治理得蛮好,不然,不会做到鲁费宰、武城宰和成邑宰,后来还在卫国做掌管禁令、狱讼和刑罚的司法官。

何以说曾子迟钝? 孔子没有说理由。《礼记》里有一则文字或许可间接表明其理由。

有子问于曾子曰："问丧于夫子乎？"曰："闻之矣：丧欲速贫，死欲速朽。"有子曰："是非君子之言也。"曾子曰："参也闻诸夫子也。"有子又曰："是非君子之言也。"曾子曰："参也与子游闻之。"有子曰："然，然则夫子有为言之也。"曾子以斯言告于子游。子游曰："甚哉，有子之言似夫子也。昔者夫子居于宋，见桓司马自为石椁，三年而不成。"夫子曰：'若是其靡也，死不如速朽之愈也。'死之欲速朽，为桓司马言之也。南宫敬叔反，必载宝而朝。夫子曰："若是其货也，丧不如速贫之愈也。'丧之欲速贫，为敬叔言之也。"曾子以子游之言告于有子，有子曰："然，吾固曰：非夫子之言也。"曾子曰："子何以知之？"有子曰："夫子制于中都，四寸之棺，五寸之椁，以斯知不欲速朽也。昔者夫子失鲁司寇，将之荆，盖先之以子夏，又申之以冉有，以斯知不欲速贫也。"（《礼记·檀公上》）

子张性格偏执，《论语》中孔子有两处提他，除此处，就是本篇第十六章孔子论"师也过"。孔子对子张的性格判断，有旁证支撑，一是"子游曰：'吾友张也，为难能也，然而未仁'"（《子张》）。二是"堂堂乎张也，难与并为仁矣"（《子张》）。《大戴礼记·卫将军文子》亦记载曰："业功不伐，贵位不善，不侮可侮，不佚可佚，不敖无告，是颛孙之行也。孔子言之曰：'其不伐则犹可能也，其不弊百姓者则仁也。诗云：恺弟君子，民之父母。'夫子以其仁为大也。学以深，厉以断，送迎必敬，上友下交，银手如断，是卜商之行也。"

二

本章所论四人中，高柴、子张、曾子皆是孔子游国途中招收的后进弟子，只有子路是先进弟子。本篇从第十章始至第十八章中，共有四章论子路。第十二章子路问鬼神和生死，关注人生死后荣辱；第十五章子路鼓瑟于"丘之门"，乃表子路执着和忠诚的性格。第十三章"若由也，不得其死然"和本章"由也喭"，通过与他人比较突出子路刚直、勇莽的性格。子路执着、忠诚的性格和品质，在"子曰：'道不行，乘桴浮于海，从我者其由与！'子路闻之喜。子曰：'由也好勇过我，无所取材'"（《公冶长》）中得到淋漓尽致的表达。关于子路刚直、勇莽的性格品质，更是在多处得到记述：

子谓颜渊曰："用之则行，舍之则藏，唯我与尔有是夫。"子路曰："子行三军，则谁与？"子曰："暴虎冯河，死而无悔者，吾不与也。必也临事而惧，好谋而成者也。"（《述而》）

子路曰："卫君待子而为政，子将奚先？"子曰："必也正名乎。"子路

曰:"有是哉,子之迂也。奚其正?"子曰:"野哉由也。君子于其所不知,盖阙如也。"(《子路》)

孔子在不同场合,针对不同事情,展示子路的性格品质,或许具有深意。第十三章孔子当着子路预言"若由也,不得其死然",至于本章,再论"由也嗲",是更为明确地突显出**性格决定命运**的主题。当听到孔子说出"由也嗲"时,似乎死神已经走近子路,子路的性格悲剧很快就要发生,谁可为之阻挡、谁能为之阻挡?

第 19 章释义

子曰:"回也其庶乎?屡空。赐不受命,而货殖焉,亿则屡中。"

[注释]

回也其庶:回,颜渊之字。庶:庶几、接近、差不多。

屡空:空,贫乏、穷困。指生活陷于贫乏穷困状态。

赐不受命:赐,端木赐,即子贡。命,有四解:一是天命;二是禄命;三是师命;四是受命于公家,因为古代商贾由公家主之。本章"不受命"的"命",应该包含如上四层语义。指不安于先在的安排,这种安排可能是天授的,比如天命;可能是人定的,比如师命。

货殖焉:货殖,其本义是货财自具生殖的功能,财货的生殖功能得以发挥的条件,就是使它进入流通领域。本章中,指经商牟利。

亿则屡中:亿,通"臆",意为测度、预测、制断。中,得。指预测物价贵贱且及时进出货物,使利源源不断入于屡中。

[译文]

孔子说:"颜回专注于德性学问的修养,要接近大道了,却陷入贫困之中。子贡不安于命,自行经商牟利,总是对商贾行情判断准确,所以财源滚滚。"

[通解]

上章讲述弟子的性格弱点,以高柴、曾子、子张、子路为例。本章讲述弟子的能力特长,以子贡为例子,借颜回做参照,以此对比突出孔子思想学说的另一个方面。

一

本章最具有意义。

孔子持文道救世理想,以培养治邦安国的君子为己任。由于他以返本开新为方法论,以"以仁入礼"为基本途径,更多讨论修仁以习礼,或者说修道以践德。由此给后人留下刻板印象,认为孔子只是满口仁礼之徒,自孟子以来,将其捧之为"圣人"。这样一来,一方面将孔子的功利主义思想尽量淡化或抹去,塑造成不求利或反对求利的圣人;另一方面又将孔子关于经济与社会、贫富与个人努力等方面的思考,予以曲解或置之不理。其实,孔子是平常人,是关于日用常行的思想家,人得以生存的基本方面,比如利益问题、贫富问题、经济问题等必然进入其视野,获得经验理性审查,然后又以具体方式讲述、传播。本章就属于这方面的内容。

本章的意义在于孔子以弟子的贫富生活做比较,被比较者恰恰是他成功塑造的"好学"标兵颜回和高徒子贡。在孔门中,颜回和子贡都是勤奋好学的学生。但两个人的生活境况完全不同,颜回过的是"一箪食,一瓢饮"的陋巷生活,终身以穷,死后其父请求孔子卖专车为之置办外棺,最后是同门为使夫子高兴才破其规格倾其财力为之办理丧葬,如果不是因为他受孔子独爱,可能死而无人为其葬身。与此不同,子贡好学,在学业、为政方面获得突出成就,更在理财经商方面成就卓著:"子贡好废举,与时转货资……家累千金。"(《史记·仲尼弟子列传》)这里的"废举"指贱买贵卖。"转货资"指随时预测贸易行情变化更换经营的内容(货物),以谋取更大利润。将其翻译则为:子贡随时预测行情变化,贱买贵卖从中获利,以成巨富。由于子贡在经商上大获成功,所以司马迁盛赞子贡对孔学播扬天下的独特贡献,是在于有强大的经济实力:"子赣(即子贡)既学于仲尼,退而仕于卫,废著鬻财于曹、鲁之间,七十子之徒,赐最为饶益。原宪不厌糟糠,匿于穷巷。子贡结驷连骑,束帛之币以聘享诸侯,所至,国君无不分庭与之抗礼。夫使孔子名布扬于天下者,子贡先后之也。此所谓得势而益彰者乎?"(《史记·货殖列传》)班固在重复司马迁《史记·货殖列传》中表赞子贡的内容后,还批评子贡:"子贡既学于仲尼,退而仕卫,发贮鬻财曹、鲁之间。七十子之徒,赐最为饶,而颜渊箪食瓢饮,在于陋巷。子贡结驷连骑,束帛之币聘享诸侯,所至,邦君无不分庭与之抗礼。然孔子贤颜渊而讥子贡,曰:'回也其庶乎,屡空。赐不受命,而货殖焉,意则屡中。'"(《汉书·货殖传》)

二

"孔子贤颜渊而讥子贡",是班固对孔子的批评,其依据是本章内容,即班固把孔子将颜渊与子贡对比的动机和所欲达到的目的理解成"贤颜渊而讥子贡"。班固的这一判断无意中促成后来庸见流行。其实,这是班固对孔子的最大误解,首先是对本章内容的根本性曲解。因为在本章中,孔子比较颜渊和子贡,其动机和目的不是"贤"或"讥",而是反思性思考。颜回与子贡两种不同的命运,并不是天赋,而是人为,具体地讲是己为。颜回与子贡,他们各自的作为方式落实在学而成君子方面,演绎出"死学"与"活学"的不同人生和命运。以此来看,要理解本章内容,应该回归其语境。

从整体看,本篇内容应该是晚年孔子对先进弟子的回顾与评价。其中讲得最多的是颜渊,从第四章开始至本章,谈论颜渊有第四、七、八、九、十、十一、十九共七章内容。这七章中有四章内容是记载颜渊死后孔子对他的情感以及门人为安抚夫子情感而筹资厚葬颜回。剩下的三章内容是孔子专论颜渊:

> 季康子问:"弟子孰为好学?"孔子对曰:"有颜回者好学,不幸短命死矣。今也则亡。"(第七章)
> 子曰:"回也,非助我者也。于吾言无所不说。"(第四章)
> 子曰:"回也其庶乎? 屡空。赐不受命,而货殖焉,亿则屡中。"(第十九章)

将孔子专论颜渊的这三章顺序略做调整,是基于事件发生的语境逻辑。根据本篇内容,应该是孔子晚年对自己印象最深刻或者最能干的弟子做的回顾性评价。这一回顾性评价应该是有弟子在场的情境下,通过交谈的展开而完成的。这个人很可能是本篇中未出面的仲弓。理由有三:第一,仲弓是先进弟子,在同门中有相当高的威望。第二,仲弓是唯一被孔子评价为"可使南面"的弟子,这表明孔子最器重仲弓,因为"可使南面"的人,一定具有特别强的能力,能虑事周全,且把握全局。第三,孔子逝世后,组织编纂《论语》的总负责人是仲弓。孔子回顾性评价本门优秀弟子,其时间可能是颜渊卒,门人为之厚葬结束后,孔子与仲弓之间可能有一次单独的交谈,这次交谈或者是仲弓有意安排的,因为夫子高龄,加之颜渊之死的悲怆已让仲弓明显感觉到夫子来日不多,于是"可使南面"的仲弓开始谋划夫子百年之后,将他的思想和事迹尽可能保留下来。于是,仲弓有在离开夫子之前与夫子好好聊聊的安排。在这种安排中,其交谈的重要内容之一,就是让夫子本人对弟子们尤其对那批最优秀的弟子做一评价,于是有了本篇(当然也还有分布在其他篇中)的内容。

当然,也有另外一种可能,即经历颜回之死的悲痛,孔子本人或许预感到来日不多,加之弟子们各奔前程在外,于今一别,不知是否有再见的可能。所以孔子特意叫来仲弓,给这位"可使南面"的弟子一些交代。至于交代了什么,现在没有这方面的史料,但至少有一点可以肯定,孔子将为自己料理身后的事托付给仲弓,不然,仲弓怎么会主动担当起《论语》编纂之责?因为就办这方面事情的具体能力言,最能干的应该是子贡。自然,在交代孔门和孔学及其未来的过程中,或许应仲弓询问,或许孔子主动,对主要的弟子做了番简明扼要的回顾和评价判断。

颜渊,是孔门中最受孔子青睐的,颜渊受到孔子的特别器重,因其有两个方面的能力为其他弟子所不及:一是会说。比如:"子畏于匡,颜渊后。子曰:'吾以女为死矣。'曰:'子在,回何敢死?'"(《先进》)颜回虽如是说,但事实上却抛弃夫子先行离开人间。以此可以窥见,表面上看来木讷不善言辞的颜渊,在老师面前是很会说话的,颜渊"言志"章可进一步佐证:"颜渊季路侍,子曰:'盍各言尔志?'子路曰:'愿车马,衣轻裘,与朋友共,敝之而无憾。'颜渊曰:'愿无伐善,无施劳。'"(《公冶长》)二是听话地学。比如:"子曰:'吾与回言终日,不违如愚,退而省其私,亦足以发。回也不愚。'"(《为政》)"子曰:'语之而不惰者,其回也与。'"(《子罕》)与颜渊不同,子贡好学出名,源于他善于发问,善于思考,善于解决问题。由于这两种不同方式和性质的好学,自然开出不同的人生方式,形成不同的人生命运:既听话又"好学"的颜回"其庶乎?屡空";以勤思好问方式好学的子贡则"不受命,而货殖焉,亿则屡中。"

三

"屡空"和"屡中",这是孔子对两个好学弟子的不同人生道路、不同人生结果的基本判断和评价。班固认为孔子的评价是"贤颜渊而讥子贡",从根本上曲解孔子对颜回"屡空"和子贡"屡中"的对比评价,这种曲解的依据是孔子乃"圣人",圣人是不求利而只求义的。所以将孔子说颜回"屡空"定义为求义,于是就成了"贤";将孔子评价子贡"屡中"定义为求利,于是只能是不贤,并且必为孔子所讥。但孔子本人却并不如此看,物质、经济是人存在和生存的先决条件,孔子也不例外。比如,孔子学府的日常开支从何而来?尤其是其后持续十四年的游国生涯,更是耗费大,这背后可能有子贡的"亿则屡中"在支持。孔子不会不明白,不会不对子贡心存感激。

更为根本的是,《论语》从不同方面记载孔子明确的利义观:只要"富而可求也,虽执鞭之士,吾亦为之,如不可求,从吾所好"(《述而》)。这个"可求"与"不可求"的依据、标准,是"义"与"不义":"不义而富且贵,于我如浮云。"(《述而》)判断其"义"与"不义"的依据却是孔子的君子之"道",即文道救世的中正之"道"。在孔子看来,凡是追求中正的君子之道或者帮助君子之道所求之利都是义;反之,则不义。本篇第十七章孔子号召孔门弟子对冉求"鸣鼓而攻之"的理由,是冉求在帮助季康子敛财,与君子之道不符。子贡却"不受官禄"而自行商贾,为夫子办学培养君子、传播君子文道救世理想提供经济保障,这不仅是义,而且应该是大义。所以,无论从哪个角度讲,孔子都不会讥"亿则屡中"的子贡来赞"其庶乎?屡空"的颜回。

四

孔子对比论颜回"屡空"和子贡"屡中",被何晏、邢昺注疏为"孔子美颜回,所以励赐也"(《论语注疏》),表面看,这比班固客观,即孔子承认子贡"亿则屡中"的合法性、合道性。何以为"美颜回"?因为"回庶几圣道,虽数空匮贫窭,而乐在其中"。孔子之要以此励子贡,是因为子贡虽能"亿则屡中",却"不受教命"和对"怀道深远,不虚心,不能知道"。说白了,表面看是孔子在承认子贡,实质上仍然是在批评子贡不如颜回之贤。《论语注疏》如是论,后世广为认同。在这里,何晏、邢昺二人如此判断孔子对比颜回"屡空"和子贡"屡中"的依据有二:一是"不受教命";二是"不知道"。

先看孔子的"教命"是什么。有关于孔子的"教命",《论语》保存了较丰富的内容,可以概括其要义有三:一是好学,目的是成为**成己成人立世**的君子;二是担当文道救世使命,具体地讲就是从政当官而立世,即成就当世之返本开新,秩序重建;三是富且贵也是君子所求,但必须以道为准则。以子贡"不受教命"来激励子贡,这种说法实在站不住脚。因为"颜回不接受官禄安排而安贫乐道,固然好;子贡不接受官禄安排而凭才智致富,也不坏,可见孔子并不反对做生意发财,只是没有正面提倡罢了"[①]。从整体把握,孔子在正面倡导君子可以富且贵,只要符合如上三方面的君子道义,富贵不是耻,而是荣。并且只要以君子之道谋求富贵,既可走官禄之道,也可走经商之道。这才是孔子将颜回"屡空"与子贡"屡中"对比的根本原因。

其次看"知道"与"不知道"的问题。在这里,"知"与"不知"的对象均是"道",这个道,对于孔学来讲,决不是"怪、力、乱、神"之道,而是君子以"以仁入礼"方式返本开新的文道救世之道。从听话地学这个角度讲,孔子确实特别推崇颜回,将其树为榜样,但从践履君子返本开新的文道救世之道角度讲,颜回与曾点一样,只是没有远见和理想、责任和担当的个人情怀,颜回死后,孔子从悲伤和主观的情感偏爱中苏醒过来,冷静地检视这些先

---

① 李泽厚:《论语今读》,北京,生活·读书·新知三联书店2012年版,第330页。

进弟子,似乎发现原来颜回好学与子贡好学的根本差异恰恰在于知道与不知道:颜回只知听话地学,结果为学所困死,对自己倡导的返本开新文道救世的君子之道没有一点益处,所以认真说来,真正不知道的是颜回。相反,在这两个最好学的弟子中,真正知道的是子贡,因为自己所教的一切都接受,并且发自内心认为自己的老师可以成为圣人:"太宰问于子贡曰:'夫子圣者与? 何其多能也。'子贡曰:'固天纵之将圣,又多能也。'"(《子罕》)"叔孙武叔毁仲尼,子贡曰:'无以为也。仲尼,不可毁也。他人之贤者,丘陵也,犹可逾也。仲尼,日月也,无得而逾焉。'"(《子张》)更重要的是,真正坚守住老师教导的君子之道,以君子之道为指南,灵活运用,为传播和弘扬文道救世的君子之道开辟新路,即"不受命,而货殖焉,亿则屡中"。

这或许是本章的真正意义所在。孔子通过两个最好学的弟子一个"屡空",一个"屡中"的不同生存之道的对比,似在反思性思考何为学? 何为真正的好学? 何为学而知道? 结合孔子所说"学而不思则罔,思而不学则殆"(《为政》)和"先行其言而后从之"(《为政》)来看,只有学、思、行三者统一,才是真正成己成人立世的君子;并且,也唯有学、思、行统一,才可践履返本开新的文道救世之道。以此观孔子对比颜回的"屡空"与子贡的"屡中",是要表达"贤颜回而讥子贡"或"美颜回而励赐"吗? 果如是,本章内容就失去了应有的意义。

第 20 章释义

> 子张问善人之道。
> 子曰:"不践迹,亦不入于室。"

[注释]

子张:颛孙师(公元前 504 年～?),字子张,孔子游国途中招收的弟子。《论语》中记载子张言论事迹共十六章。第十九篇以"子张"冠之。孔子之后,孔学一分为八,子张为其一。荀子在《非十二子》里面斥子张学派为"贱儒",既可见子张在孔子身后影响之大,也看出子张学派与孔子学说有很大区别。

善人之道:善人,德行高尚的人,也可称为仁人。道,作道理、法则、方法讲。指成为仁人的法则、方法。

不践迹:践,履也。(《说文》)从足,戋声,意为踩、践踏。迹,足迹。指踏着前人的足迹向前。

不入于室：室，居住的内室，要进入大门穿过院井登上堂屋后才可进入内室，这里指学问道理达到精微之境。

[译文]

子张向孔子求教如何成为德行高尚的人。

孔子告诉他："不吸收前人的经验和智慧，不向德行高尚的人学习，不可能达到精进学问的境界，成为德行高尚的人。"

[通解]

本篇论先进，共二十六章，单独论后进弟子者仅此一章。此章内容很有可能是《论语》修订时插入其中的。杨义在《论语还原》中考证了这种可能性。《论语》初次编纂是孔子逝世后其弟子三年庐墓守心孝之初，主持者是仲弓。三年庐墓守心孝结束前，由子张、子游、子夏按殷礼推举（形貌似孔子的）有若主持《论语》的修订，子张、子游、子夏协助之。

一

本章讨论的主题是如何成为善人。

正确理解子张与孔子的问答，是理解"善人"前提。孔子讲善人，是对比圣人和君子言：

> 子曰："圣人，吾不得而见之矣。得见君子者，斯可矣。"（《述而》）
> 子曰："善人，吾不得而见之矣。得见有恒者，斯可矣。亡而为有，虚而为盈，约而为泰，难乎有恒矣。"（《述而》）

在孔子的历史世界和现实世界里，没有完美无缺陷的圣人，即使尧舜也未达到这种境界。所以在本章中，不能将"不入于室"理解为"入于圣人之室"（朱熹《四书集注》），既然没有圣人，何来圣人之室？不仅如此，孔子在论及善人时，与"圣人"相对举，是明白地表达两个方面的意思：一是圣人不得见，同时善人也不得见。二是不得见的圣人，比不得见的善人处于更高层次。在这样的认知背景下，子张所问的善人，实际上是比圣人境界要低一个层次，但仍然是很难见到。"周有大赉，善人是富。虽有周亲，不如仁人。"（《尧曰》）善人如同圣人一样不得见，因为圣人是完美的人，所以难以达到；善人是德行高尚的人，但德行高尚却难以保持，因为保持意味着抗拒时间的腐蚀，这是最难做到的。孔子讲善人不得见，是说人一地一时一事或一段时间内德行高尚，可能做到，一直德行高尚难以做到。能够一直德行高尚的人之不得见的根本原因,还是"性相近,习相远"。只有理解此,才能理解孔子以"不践迹,亦不入于室"答子张之问体现的语言张力和深刻语义。

> 子曰:"善人为邦百年,亦可以胜残去杀矣。诚哉,是言也。"(《子路》)
> 子曰:"善人教民七年,亦可以即戎矣。"(《子路》)

在孔子看来,成为善人应该是文明需要的,是行返本开新的文道救世理想所需要的,也是君子成就自我(即成己成人立世)需要的,虽然求之很难,但是可能的,其根本前提是掌握成为善人的方法。所以,子张提出如何成为善人的问题,实是在探询成为善人的方法,包括法则、智慧、路径,而不是学问境界。朱熹将"善人"理解为"质美而未学者",不合子张与孔子问答形成的实际语境:根据其问答语境,成为善人的问题,不是文与质的统一问题,也不是死读书求学问的问题,而是**践履与修行**之道的问题。

二

子张发出善人之问,孔子为其提供善人之方,是"不践迹,亦不入于室"。孔子明白子张所问之实,于是对症处方,告诉子张,成为善人,必须学会掌握和运用两个必不可少的法则。

一是**恭行谦学法则**。

恭行谦学法则有两个要点:第一是**学以恭行**;第二是**恭行以学**。前一个要点是:成为善人,必须学,通过学来**带动**自己谦恭地践履。这一要点可以概括为以学为动力来践履生活。第二个要点是:谦恭地践履,并在践履过程中进一步学。这可以概括为以践履为学的动力,以学为践履的指南。合起来讲,恭行谦学,是以榜样为日用常行的准则,向德行高尚的人学习,以他们的言行方式为法则、为方法去实做。

以榜样为法则、以德行高尚者为指南,意味着从历史和现实两个方面努力,向古人和时人学习。因为,古代曾经有过德行高尚的人;现实生活中也不断地涌现德行高尚的人。所以,要成为善人,既应向古代学习,更应向现实学习。合而论之,无论古今,凡德行高尚者,都是学习的榜样。

二是**返本开新法则**。

孔子认为,善人是个性鲜明的人。要使自己成为善人,必须向德行高尚的古人和今人学习,谦恭地践履其法则、智慧、方法。但是,仅亦步亦趋地向榜样学习,完全无个性地踏着德行高尚者的足迹走,虽然可以学到形式、方法甚至法则,但要使这些东西完全融入生命和灵魂中成为自己的东西,必须在"践其迹"的基础上"超其迹"。孔子告诉子张,"不践迹,无以成善人";"践其迹,亦不入于室"。"不践迹,亦不入于室"中的"亦"字是关键,它表达孔子最深刻的成己思想。以德行高尚的人为榜样而恭行,这是成为善人的必须起步,但起步于善人之途,并不一定能成为善人。要真正使自己成为善人,必须在恭行于榜样之途中,**吸取榜样智慧的基础上超越榜样,自求善人法则,自成善人法则、智慧、路径和方法,唯有这样,才进入善人之室**。所以,践迹于榜样,这是登堂;超越榜样自探道路,这是入室。

要言之,成为善人的法则,是**登堂入室**的法则。遵循登堂的法则,这是模仿;探索入室的法则,这是创造。所以,成就善人的道路,是从模仿到创造的道路,其必然结出的是返本开新的智慧。

第 21 章释义

子曰:"论笃是与,君子者乎,色庄者乎?"

[注释]

论笃是与:笃,忠厚、忠诚。论,言论、主张、观点。论笃,有二解:一是言辞显得忠厚、老实;二是说话忠厚、老实的人。与,许与、赞同。

君子:指言行一致的人。

色庄者:色,颜色、面部表情,外表、表面。庄,庄重、庄严。指外表庄重且内心有别的人。

[译文]

孔子说:"赞许说话忠厚老实的人,或许应该;但能以此断定他是真君子吗?抑或其人仅仅在姿态神情方面善于表现庄重呢?"

[通解]

上章论善人,以子张发问引发。本章论君子,乃夫子自道。如果从孔子"一以贯之"的思想论,在孔子看来,善人的境界虽然难以达到,却可以追求。但向善人方向努力的路径,却是自觉于成己为君子。

——

本章可以看成对第三章主题内容的继续展开:第三章讲"德行""语言""政事""文学"四个方面,最有特色的先进弟子中有哪些人。但是,德行、语言、政事、文学,都只是人成己为君子的一个方面。将此四者合起来,就是孔子所讲的君子应该具有的基本德性与德行。

从第十九章始,一直在讨论那个对孔子来讲最根本的问题,即君子问题。有关于君子,孔子说得最多。本篇对先进的弟子评价,是以"君子"为依据或标准的。第十九章之前,围绕德性、性格展开;自第十九章始,从言行一致或者说德性德行并举论君子。第十九章对比论颜回"屡空"和子贡"屡中",实际上是在讨论德性与德行统一的问题,这个问题也是君子境界与君子事功的统一问题,更直截了当地讲,是利义如何一体的问题。孔子认为颜回虽然好学,却食而不化,不仅为学所困,而且在事功方面毫无建树,以至于穷困到要人周济,这是孔子最不愿意看到的,因为这不是有完整品质与能力的君子应该有的生存状况。孔子的君子理想,一定是德性与德行统一,修养境界与事功统一,利与义一体。在这个方面,孔子认为子贡做得很好,所以孔子赞许子贡"不受命,而货殖焉,亿则屡中"。第二十章孔子借子张之问,阐发成为君子的法则、要义。该章指出,要成为德行高尚的君子,不仅在于学(修养德性),也不仅在于行(践履德性,做出事功),更在于德行一致地坚持和自我超越,始终如一,即人要成为君子,必须言行一致。

二

本章虽然是对前两章主题的继续,但讨论的侧重不同:第十九章是个案分析,以现实中的人即颜回和子贡二人是否德性与德行统一、义与利统一,其所形成的人生命运与结局根本不同,以此强调德性与德行统一和义与利的统一对于人成为君子的根本性。第二十章讨论君子如何才能做到德性与德行的统一,既要以榜样为法则,又要返本开新,实现个性发展。本章侧重讨论在向榜样学习的过程中学会辨别,这就涉及辨别言行一致的问题。

孔子认为,解决这个问题应该持两种态度,分两步走。一是对人表现得好的任何方面,都应该赞许,哪怕就是人所表现出来的言,只要是诚实的、忠厚的,都应该赞许之,学习之。二是在此基础上一定要观其言是否合其行,或者观其行是否符合其言:只有言合于行或者行表现言者,才是真正意义的君子,才值得真赞美,真学习。

总之,所谓君子,就是言行一致者。言行一致,指言达于行,且言不逾行;行达于言,且行不缩水于言。

第 22 章释义

子路问:"闻斯行诸?"

子曰:"有父兄在,如之何其闻斯行之?"

冉有问:"闻斯行诸?"

子曰："闻斯行之。"

公西华曰："由也问：'闻斯行诸？'子曰：'有父兄在。'求也问：'闻斯行诸？'子曰：'闻斯行之。'赤也惑，敢问。"

子曰："求也退，故进之；由也兼人，故退之。"

[注释]

闻斯行诸：闻，听说、得到消息。斯，指称代词，指代对象不详。包咸注"斯"指代"赈穷救乏之事"（《论语注疏》），但没有信史依据。依据本章语境，"斯"指称的应属"道义"之类的事。行，行动、实行。诸，作"之乎"讲，语尾助词，表诘问之意。

有父兄在：《曲礼》记载："父母存，不许友以死，不有私财。"言其父母生年，必爱惜生命，不得聚财，一切皆为父母所驱。言父母之于子女，才是最大的义。在其血缘伦理（以及血缘政治）中，父母为大，父母为尊，父母为重，一切皆父母先。

求也退：求，冉求。退，退缩。指冉求自估不足，遇事退却："冉求曰：'非不说子之道，力不足也。'子曰：'力不足者，中道而废。今女画。'"（《雍也》）

由也兼人：由，子路。兼，兼具、超越。兼人，超过他人，意为勇敢倍于他人。指子路是勇气倍于他人的人："子路有闻，未之能行，唯恐有闻。"（《公冶长》）"季康子问：'仲由可使从政也与？'子曰：'由也果，于从政乎何有！'"（《雍也》）

[译文]

子路请教孔子说："得到一个道理或听到一件义事，应立即付诸行动吗？"

孔子回答说："有父兄在上，怎么能听到就马上行动呢？"

冉求请教孔子说："得到一个道理或听到一件义事，应立即付诸行动吗？"

孔子回答说："只要你听到了，就应该马上去行动。"

公西华困惑地问孔子说："子路问：'得到一个道理或听到一件义事，应立即付诸行动吗？'您告诉他：'有父兄在上，怎么能听到就马上行动呢？'冉求问：'得到一个道理或听到一件义事，应立即付诸行动吗？'您却鼓动他：'只要你听到了，应该马上去行动。'我很困惑，同样的一个问题，对不同的人却是两个答案，这因为什么？"

孔子说："冉求自信不足，遇事容易退缩，我那样说，是鼓励他勇敢向前。子路是凡事不顾一切向前的人，我那样说，是希望他凡事学会做退一步思考。"

[通解]

关于人学而为君子,孔子的基本主张是德性德行统一,言行一致,利义一体。虽然如此,但孔子更强调行,强调在修养德性的基础上践履。孔子讲返本开新,讲以仁入礼达乐,其落脚点都在"行"字上。第十九章比较"屡空"的颜回和"屡中"的子贡,不是"美颜回而励子贡",实是反思人何以能成己为君子的真谛。在孔子看来,人成己为君子的真谛,是以所修之德为指南修行并做出成就。第二十章讨论成为善人的关键,是恭行而学和学而恭行,真谛仍然是一"行"字。第二十一章更是直截了当地指出"行"是衡量是否真君子的标准。本章则讨论"行"的基本要求:君子之行,不仅合于言,更要合于事,合于情,合于性;既需要勇往直前,更需要审慎有度。

一

本章以"闻斯行诸"为话题,子路、冉求分别就同一个问题发问,孔子给出的建议完全不同。原因在于子路、冉求性格不同,遇事处事的态度和方法不同。面对同一件事,对于自信足、勇气卓越过人的子路,孔子建议他不要急于行动,退一步思考清楚后再行动。对于自信不足的冉求,孔子直截了当地鼓动他,凡合于道义的事,应马上去做。

孔子对勇敢过人的子路和勇敢不足的冉求,何以会如此建议?

第一,过于自信、勇气倍胜于人者,往往凡事凭勇气和自信心判断,难以冷静,更容易忽视理性思考,这种性格和气质的人易于急躁和盲目,可能并不一定把好事做好,或将好事办成坏事。反之,自信不足、勇气欠佳的人,遇事总是善于权衡和考虑得失,这种迟疑性格,遇事难决,往往会耽搁事情,甚至使好事东流。

第二,不同性格、个性的人,应该学会不同的处理事务的方式。勇武向前者,宜学会退步思考,理性审思;畏缩迟疑者,宜学会凡事行动,勇敢向前。

第三,鼓励自信不足者自信的基本方法,是直截了当将其推向行动;劝导克制过度勇武自信者的基本方式,应委婉,以不伤其自信和勇武性格为前提。具体地说,就是抓住其要害。孔子评价子路,一是忠勇,二是孝顺。所以孔子以"父兄在,勿轻率而行"为理由劝导其学会凡事退步思考。

二

本章的意义,尚不止于此。从"学而"论,这恰恰是最好的因材施教的个性培养方法。

因材施教,是孔子"学而时习之"的教育原理,蕴含的基本教学方法是**个性培养**。

孔子个性培养方法的要义是:抑其过而补不足。这一方法在对子路和冉求的指导上,就是对有太过性格、气质的子路,以委婉的方式指点他节奏慢一点,引导他凡事冷静,理性思考。反之,对性格、气质表现出自信不足、遇事不勇的冉求,则直截了当鼓动他节奏快一点,引导他学会凡事去除疑虑和顾虑,马上行动。所以,对冉求来讲,是不失时机地励其进;对子路来讲,是以最能接受的方法使其退。

进一步看,这种培养人之性格、勇气或抑制人的性格、勇气过度的方法,本质上是心理学方法。因而,陶冶人的心理,纯化人的心灵,完善人的心理结构,提升人的心理品质和外化行为的能力,既构成孔子教育的重要思想,也成为孔子关于人成己为君子的根本准则。

第 23 章释义

子畏于匡,颜渊后。
子曰:"吾以女为死矣。"
曰:"子在,回何敢死?"

[注释]

子畏于匡:子,是对孔子的尊称,这里指孔子一行人。匡,宋国境内邑名。畏,同"围",意指被围绕,也含有"险恶""可怕"之义,引申为遭厄。指孔子一行人在匡地被围困。

颜渊后:后,有两解:一是后来才赶上,意为孔子一行人在匡地被围困,突围之中人冲散,离散逃难之途,颜渊后来才赶上。二是断后,意指孔子一行在匡地被围,突围过程中,颜渊断后,所以最后才赶上孔子等众人。根据本章语境,以及伴孔子游国者有勇武过人的子路、机智多谋的子贡等人,即使突围断后,也不可能是文弱不堪的颜渊,应该是子路。所以"断后"一解,既不合本章语境,也不合跟随孔子游国的众弟子性格。

以女为死矣:女,同汝,指代颜渊。匡地突围,颜渊失群,孔子以为其与匡人斗亡,见之惊喜交集,故有此言。

子在,回何敢死:在,健在。回,颜渊自称。何敢,怎么敢。指老师您健在,我颜回哪里敢轻易先您老人家而去呢?

[译文]

孔子一行由卫至陈,途经匡地,被匡人围困。突围之中,颜回失散,其后赶上。孔子见之,惊喜交集地说:"我当你死了。"颜回说:"老师您尚健在,我颜回哪里敢轻易地死去?"

[通解]

上章讲君子既要有勇行的品格,也要具备审慎而行的能力,以对子路和冉求比较为例。本章继之展开讲述君子还应具备情义的品德,以颜回与孔子本人为例。

一

此事大概发生于鲁定公十三年(公元前 497 年),即孔子周游列国初年:孔子带领弟子在卫国住了十个月后,去陈国,在途中遭遇匡人。这一事件在《论语》中分几处记载,《子罕》第五章记载孔子面对匡人围困镇静如常,以"天之未丧斯文也,匡人其如予何"之语来说服稳定众弟子。本章记述匡地被围脱险后重聚。

一件事情,分两次记载,不是整个事件的过程,而是该事件中最精彩的两个环节,它有两个特写镜头。第一个特写镜头是被围困中,孔子发挥镇定人心的智慧,揭明孔子之能够成为众门徒之师,众门徒心甘情愿追随孔子,无论何种环境下都不离不弃,不仅在于孔子有人格魅力和智慧,更在于孔子身上散发出来那种文道救世的使命感和责任感,那种天命所赋的笃定与坚信。这不是什么迷信,而是文明前进的历史发展观形成返本开新的使命和责任总是要命运地降落在某些特殊的人身上。这些人就是人类文明的创造者和引路人。孔子意识地觉悟这一天赋的使命和责任,在其险恶处境中将这种天赋使命讲述出来,让弟子们齐心协力共渡厄境,无疑是比什么都重要和珍贵的力量。

第二个特写镜头是孔子带着弟子突出围困,脱险前行,颜渊失散。本以为颜回亡,结果失散而复聚,不仅孔子高兴,而且所有人都高兴,孔子惊喜交集,溢于言表,"吾以女为死矣"。为何独写颜回?第一,可能此次突围失散的只有颜回一人,或者突围之中大家都失散了,但很快聚集起来,唯颜回失散不见,以为他光荣牺牲了。第二,当继续前行的途中,颜回意外地赶上来,大家再相见,自然人人惊喜:人人以为已死的人原来没有死,这是何等的喜剧!第三,所有人的惊喜举动、惊喜言语都没有记载,或者有很多的记载,但编纂《论语》者唯独选夫子的惊喜之言,这符合君子之礼。

这精彩的一幕,表达的不仅是师生之情,更体现了孔门的师生、同门情深。

二

孔子能够使众多才俊追随自己,不仅其才德卓越,更根本的是其人格魅力,特别是待人至诚的性情。"子畏于匡"这两个片段展示最深刻维度的内容,应该是这种至诚的性情所涌现出来的无隙师生情感。或许,我们可能在本章中解读到孔子对颜回的特别关爱,但做一假设,如果匡地突围失散的不是颜回,是另外的人,在大家以为他已斗亡的情况下,其人却上气不接下气地赶上来,想想,大家是怎样的惊愕、意外、欣喜若狂?

本章最有意味的地方不在这里,而是颜回的回答:"子在,回何敢死?"颜回如此回答,即是对夫子的真情。但这种真情,应该说是孔门所有弟子对老师的最基本的情感。在这种语境中,如果换成其他人,可能会说出另外的话,但一定会表达出同样的情感。此其一,其二,颜回回答孔子"吾以女为死矣"之感慨,"老师您老人家健在,回哪敢先您而去",言下之意,我颜回生而成为您的学生,其肉体、生命、灵魂、情感等一切都是老师您的,您不叫我死,我哪敢自作主张地死呢? 结合《曲礼》"父母存,不许友以死,不有私财"的训诫,颜回表达的是儿子对父母的感情。这才是表面看来老实巴交的颜回最智慧的地方。

孔子说"论笃是与,君子者乎,色庄者乎",观其言,言善而可赞许,但言与行合,才是真君子。孔子视颜回甚于子,倾之以父爱,当然是颜回听话地学,但不要忽略颜回会说话。这应该是孔子特别喜欢他的第二个原因。在孔门中,最机敏、最了解人的心理活动、最懂孔子的应该是子贡,但即使子贡,离散后赶上也不会说出颜回这般使孔子最感温暖的话来。

然而可惜的是,颜回最终先孔子而去了,没有将"子在,回何敢死"坚守到最后,这对孔子来讲,确实可悲。这或许是颜回死,孔子何以如此悲绝的原因。

第 24 章释义

季子然问:"仲由、冉求,可谓大臣与?"

子曰:"吾以子为异之问,曾由与求之问。所谓大臣者,以道事君,不可则止。今由与求也,可谓具臣矣。"

曰:"然则从之者与?"

子曰:"弑父与君,亦不从也。"

[注释]

季子然:季,季孙氏。子然,季氏子弟。因季氏利用子路和冉求,且二人乃孔子高徒,故喜而有其问。

异之问:异,与常态相反的状态。指不同于此的其他的问题。

曾由与求之问:曾,乃,意谓乃问此二人,故意以轻子路和冉求二子以抑季子然。

以道事君,不可则止:道,孔子政治学所强调的治世之道,即以正为本质规定和根本要求的仁道、公道。事,侍奉,辅佐。不可,意指君不行仁道、公道。止,终止。具臣,具备一般要求的臣,即办事干练之臣,言其不具备"大臣"的资质。

从之者与:从,服从。与,给予、赋予。指完全服从一切指令。

[译文]

季子然询问孔子说:"您培养出来的得意门徒子路和冉求,他们可以做大臣吗?"

孔子回答说:"我以为你问其他的人呢,原来你是问子路和冉求啊。所谓大臣,应该是以仁道、公道为准则来辅佐君主。倘若仁道、公道不能推行,他们就会辞去官职。至于子路和冉求,只能算是办事干练的臣子而已。"

季子然又问:"那么,他们二位应该是听从任用者的安排吧?"

孔子说:"如果吩咐他们弑父弑君,他们肯定不会服从。"

[通解]

上章讲君子对人要重情义;本章讲君子出仕从政须忠道义,真正做到"以道事君,不可则止"。

————

本章中,孔子回答季子然之问,明显带有情绪。为人特别讲礼的孔子,并不彬彬有礼地应答季子然之问,肯定有其原因。这就需要了解此一事件发生的大致时间。根据文本语境,可推测此事可能发生在哀公七年(公元前 488 年)之后至十四年(公元前 481 年)之间,因哀公二年(公元前 493 年)季桓子逝,季康子继掌鲁政,哀公七年(公元前 488 年)季康子启用冉求为家宰;哀公十一年(公元前 484 年)季康子在冉求的周旋下派公西华、公宾、公林迎孔子回鲁,并执国师礼,配大夫专车,经常向孔子请教。此时的孔子应该是对如此礼遇他的季康子没有那么大成见,加之岁月不饶人,孔子也不那样看重出仕了。但此事何以可能发生在哀公七年到哀公十四年这一时间段呢? 这是因为季康子启用了冉求、公西华、樊迟等弟子,却把自己这个老师晾在一边,是可忍孰不可忍,此其一。其二,哀公十二年(公元前 483 年),季康子推行"用田赋"。在这期间,冉求却竭尽全力执行季康子"欲以田赋"增加税收的改革,这与孔子"赋从其薄"的思想相冲突,所以才有本篇第十七章孔子极端愤怒地宣布冉求"非吾徒也",号召孔门弟子对冉求"鸣鼓而攻之"。

这是理解本章内容的背景。这个背景或可表明,孔子对子路与冉求的评价,带有主观情绪,"季康子问:'仲由可使从政也与?'子曰:'由也果,于从政乎何有!'曰:'赐也可使从政也与?'曰:'赐也达,于从政乎何有!'曰:'求也可使从政也与?'曰:'求也艺,于从政乎何有!'"(《雍也》)这是哀公三年(公元前492年)季康子初执掌鲁政向孔子询问人才时,孔子对子路、冉求的评价。前后不过几年时间,孔子的评价截然不同。这种不同恰恰展示孔子的评价与子路、冉求本人的才德和能力不相符合。孔子的主观情绪或有意或无意,均很好地呈现出他的个性。唯有如此个性的展示,才让人们感受到真实的孔子,原来是一个有血有肉,有爱有恨,有正义也有偏激的平常人。

撇开孔子的情绪来看子路和冉求,其实他们具备大臣的资质,有大臣的能力,并且也做了大臣应做的事儿。在大夫执国的春秋晚期,或曰在大夫执国的鲁国,子路、冉求先后做过季氏宰,虽然没有大臣的名分,做的却是大臣的活儿,干的是大臣的工作。孔子在季子然面前贬损子路和冉求,不是基于对自家弟子的谦逊,而是发泄对季康子的不满。从孔子本人角度观,这种发泄可以理解,但从治邦选拔人才角度讲,季康子没有错,因为毕竟季康子执掌鲁政时,孔子已六十一岁高龄,季康子不可能用老人,这是他继用子路,启用冉求、公西华、樊迟等弟子的考虑。这种考虑既是时使然,也是势使然,因为鲁本来就弱小,并且处于齐国的强压之中。季康子启用年轻有为者,推行"用田赋"等改革,着眼于中兴弱鲁,乃为邦国计,无可厚非。

虽然孔子在季子然面前以贬损子路和冉求来发泄对季康子的不满,但贬损子路和冉求,也有限度,有原则。当季子然问子路和冉求是不是可能完全听从季氏的调遣时,孔子明确表达:我孔丘教出来的弟子无论怎样差,也是有底线的;违背其底线和准则的指令,绝对不会服从,这就是"弑父与君,亦不从也"。

二

本章最有意义的方面,是孔子再三强调自己的基本政治主张和思想,将其君臣道义主张和思想概括为"以道事君"四个字。

以道事君,这是孔子的政治主张、政治思想,落实为从政原则,就是"不可则止"。

孔子"以道事君"的政治主张和政治思想,在《八佾》中表述为"君使臣以礼,臣事君以忠",且在《颜渊》齐景公问政中概述为"君君,臣臣,父父,子子"。

这个"以道事君,不可则止"的为政原则,就是"邦有道,如矢,邦无道如矢","邦有道,则仕。邦无道,则可卷而怀之"(《卫灵公》),"邦有道,谷。邦无道,谷,耻也"(《宪问》)。

孔子的"以道事君,不可则止"之道,是什么呢?从治邦的对象言,是民生之道,即爱民护民之道;从治理方式、方法、准则讲,是中正的公道;从执政、从政主体讲,是中正的仁道。所以,孔子"以道事君,不可则止"之道,是一个体系,它由仁道、公道、民道三者构成,并且三者缺一不可,以中正贯穿其中,使之首尾相生。具体地讲,执政的仁道必须落实为治理的公道,治理的公道必须施之为普遍的民道,有关于此,《郭店楚简》可为由此三者构成的孔子"以道事君,不可则止"之道的时代性思想提供依据:

> 下之事上也,不从其所命,而从其所行。上好是物也,下必有甚焉者矣。(《郭店楚简·尊德义》)
>
> 究民爱,则子也;弗爱,则仇也。民五之方格,十之方争,百之而后服。(《郭店楚简·尊德义》)
>
> 上不以其道,民之从之也难。是以民可敬导也,而不可掩也;可御也,而不可牵也。故君子不贵庶物,而贵与民有同也。(《郭店楚简·成之闻之》)

"以道事君,不可则止",既是孔子的基本政治思想,也是孔子的根本为政原则,他对这一政治思想和为政原则做了两个方面的规定:

首先,以道事君规定君臣的关系,只能是道义关系:以道事君,就是以道义事君。以道义事君,是"君待臣以礼",然后"臣事君以忠";反之,君待臣不礼或无礼,臣事君既没有忠的责任,更没有忠的义务,唯一正确的选择,就是不可则止,挂冠而去。

其次,以道事君之道,是统合仁、公、爱三者于一体之道,可以将其概括为"以仁入礼"之道。以道事君,就是以仁礼之道事君。这必须从两个方面体现:第一,事君必须"以仁入礼";第二,所事之君必须做到"以仁入礼"。只有这两个方面同时做到,才可实现仁,体现公,做到予民以爱。

第25章释义

子路使子羔为费宰。

子曰:"贼夫人之子。"

子路曰:"有民人焉,有社稷焉。何必读书,然后为学。"

子曰:"是故恶夫佞者。"

[注释]

子羔:即本篇第十八章的高柴。

子路使子羔为费宰:使,举荐。费宰,费城邑长。

贼夫人之子:贼,害。夫人之子,因子路举荐子羔为费宰时,子羔尚年少,故称为"夫人之子"。本句意为害这个学之未成的小青年。

民人:民,劳力者,凡从事农工商职业劳动者,均为民。人,劳心者,指有身份、地位、权力、爵位者以及读书的士子,皆为人。所以,这里所讲的"民人",不是人民,而指以劳心为职业的人和以劳力为职业的民的统称。

社稷:社,土神。稷,谷神。二神被共祀一坛。

何必读书,然后为学:子路认为,为宰之要二事:一是治民,二是临祀事神。二者皆是学问,为之皆为学,何必只限于死读书。

恶夫佞者:恶,厌恶、痛恨。佞者,指巧言善辩的人。指厌恶或痛恨巧言善辩的人。

[译文]

子路做季氏宰时,举荐年少的师弟子羔做费城邑长。

孔子批评子路说:"你这是在害这个学业未成的年轻人啦!"

子路辩解说:"那里有民、人需要治理,有社稷神需要侍奉,诸事都可以学,何必认为只有读书,才算是学习。"

孔子气愤地说:"正是你这样不好好领会君子大义的人,才如此强词夺理地胡说八道。我厌恶那些徒逞口舌之能的人。"

[通解]

上章讲君子出仕为政,必遵守的准则是"以道事君,不可则止";本章论君子出仕为政,要能持守住"以道事君,不可则止"的准则,必须以学为原动力。由此形成子路对"学"的不同看法。

一

这个故事很有意思。

在孔门中,子路应是出仕较早者,大约于公元前498年做季氏宰。子路不仅忠爱其师,也特别照顾师门,这不,他做了季氏宰后,就想着举荐同门出仕当官。同门师兄弟人才济济,子路偏偏举荐子羔,想必矮且丑的子羔亦有特别才干,使子路相信子羔不仅能做费城宰,而且有可能比其他同门做得更好。但作为老师的孔子却不赞同子路的想法。客观地讲,耿介、中正、忠勇且实际上聪慧、有很强辨识力和判断力的子路,对子羔有相当的了解,才可这样举荐选择。但孔子却反对,其原因可能是孔子并不了解子羔:一是弟子太多;二是弟子中的能人太多,而子羔矮小丑陋,自然不被孔子注目。加之年龄太小,更让孔子觉得不过是未成年的孩子。

在孔门中,敢与孔子直面争辩的人,大概只有子路。不仅如此,子路还能直截了当地批评孔子,比如"子见南子"(《雍也》)这件事就是例子。通过本章内容,可大致感觉到子路与夫子之间发生争辩,是常事。由此可突显出三个方面的信息:

首先,子路与孔子之间的师徒关系,超过其他同门与老师的关系。比如颜回,因为善于听话地学而"语之而不惰",与夫子是父子式的师徒关系;子贡,因为机敏心灵善言,与夫子之间形成很高境界的思想认知的交往关系,这是孔子特别欣赏子贡,称其为"瑚琏"的原由。子路因为忠直勇为,孔子与之形成亦师亦友的关系。所以,孔子在子路面前说话或说子路时,历来都是直通通的,从不讲究。因为他们之间没有心灵、情感上的交往障碍或顾忌。

其次,细读《论语》,凡是涉及孔子与子路之争,或者凡涉及孔子对这个大弟子发表看法时,总是批评多,讥讽多,而且往往突显出孔子蛮不讲理的一面,因为许多时候是子路在理。这说明子路虽然表面看来有些粗糙,实际上很智慧和精细。人们更多的只看到他的忠勇直率,因此忽视或者说淡化其睿智和深邃,忽视其敏锐的洞察力和准确的判断力。本章中子路对老师的争辩以及孔子最后以师压人的说话方式,也体现这一点。

最后,通过子路,更可以看出孔子因人施教,广纳和容忍的伟大。读《论语》,可以感觉到孔子有时也小气,也任性,也记仇,也讲报复,在某些方面还耍小聪明,比如颜回死,按礼不能厚葬,但孔子爱之情切,内心希望厚葬颜回,又不便说,子贡、子路、仲弓等人自然明白老师的意思,因而大张旗鼓地厚葬颜回,但孔子却将其逾礼的行为推给弟子,由此才有"非我也,夫二三子也"(《先进》)之说。

二

在子路举荐子羔做费城宰这件事情上,子路与老师之争分两个环节:第一个环节,子路举荐子羔做费城宰,孔子反对,认为子路在害子羔,理由是子羔年轻,所学未成,还没有到出仕的时候。第二个环节,孔子与子路之间围绕举荐子羔而产生分歧的主要原因不来自子路,而来自孔子对子羔这个弟子的了解太少:一是对他的学问了解少,二是对他的能力了解少;

还有就是认为子羔太年轻。子路之所以敢举荐子羔,应该是从学问和能力两个方面对子羔的了解比孔子要多一些,因而,其对子羔的判断要客观些。

本来,老师对子羔出仕的学问、能力持怀疑态度以及人太过年轻的顾虑,子路应该有针对性地给老师解释子羔如何在这三个方面没有问题,能够胜任,但子路却将问题焦点引到另一个方面,这就是学而成己的内容和方式问题。子路提出学问成熟不成熟,不应该以读书为准则,实操锻炼也是学习,而且是更有针对性的学习,对于善于学习的人而言,可能学得更实在和扎实。

子路此说却让孔子大发脾气,气愤地给子路扣上"佞者"的帽子:子路被老师定性为巧言善辩之徒。其实这是孔子在以老师的权威压子路,显得有些蛮横无理。对子路来讲,这已是家常便饭,所以子路也不在意。因为往往遇到类似情况时,都以孔子不讲道理而宣告结束,此次子羔之争也是如此。

为什么孔子不纠正子路"有民人焉,有社稷焉。何必读书,然后为学"的胡说八道而予以耐心纠正,以开导子路呢?因为子路所说的是对的。孔子的君子之学,基于文道救世理想而行返本开新的"以仁入礼"道路,强调的是"以德取位"和"以德正位"。读书只是其起步方式,出仕为政治理,最终起作用的是经验,包括历史经验、生活经验和实践经验。在孔子的学而理论中,"学而时习之,不亦说乎"的重心是"习",落脚点也是"习"。子路追随孔子最早,也是最忠诚接受老师教诲者,自然精通老师学问的真谛,所以当孔子就子羔年少学业未成熟而过早地出仕是为"贼夫人之子"时,子路就以孔子教导他的理论和思想作为自我辩护的理由,自然,输理的只能是孔子本人。这是子路说出"有民人焉,有社稷焉。何必读书,然后为学"之后,孔子只能以"是故恶夫佞者"的评价来结束这场论争。

由此可以看出,真实生活中的孔子,既有为人师讲尊严和面子的时候,也有论理服输的理性。这相互矛盾的两个方面集中于以"是故恶夫佞者"的方式服输,认理。这是孔夫子心胸博大的体现。

第 26 章释义

子路、曾晳、冉有、公西华侍坐。

子曰:"以吾一日长乎尔,毋吾以也。居则曰:'不吾知也。'如或知尔,则何以哉?"

子路率尔而对曰:"千乘之国,摄乎大国之间,加之以师旅,因之以饥馑,由也为之,比及三年,可使有勇,且知方也。"夫子哂之。

"求,尔何如?"

对曰:"方六七十,如五六十,求也为之,比及三年,可使足民。如其礼乐,以俟君子。"

"赤,尔何如?"

对曰:"非曰能之,愿学焉。宗庙之事,如会同,端章甫,愿为小相焉。"

"点,尔何如?"

鼓瑟希,铿尔,舍瑟而作,对曰:"异乎三子者之撰。"

子曰:"何伤乎? 亦各言其志也。"

曰:"莫春者,春服既成,冠者五六人,童子六七人,浴乎沂,风乎舞雩,咏而归。"

夫子喟然叹曰:"吾与点也。"

三子者出,曾皙后。曾皙曰:"夫三子者之言何如?"

子曰:"亦各言其志也已矣。"

曰:"夫子何哂由也?"

曰:"为国以礼。其言不让,是故哂之。"

"唯求则非邦也与?"

"安见方六七十,如五六十,而非邦也者?"

"唯赤则非邦也与?"

"宗庙会同,非诸侯而何? 赤也为之小,孰能为之大!"

[注释]

曾皙:曾蒧,字皙,生卒年不详,鲁人,曾参的父亲。

侍坐:侍,侍奉。侍坐,陪着孔子坐。

以吾一日长乎尔,毋吾以也:吾,我。尔,指称子路、曾皙、冉求、公西华四人。长,年长。一日长乎尔,比你们几个人大一天,此为谦逊的说法,意为比你们年长。毋,不要、无须。以也,以之为虑也,不要以我比你们年长为而心生顾虑。

居:平常家居,意为动不动就说。

则何以哉:则,将。以,用、做、为。指将做些什么。

率尔而对:率,轻率、急切。率尔:急遽的样子。指子路急遽地回答。

摄乎大国之间:摄,迫遽。指夹处于大国之间的迫遽。

比及：等到、及至。

且知方也：方，与圆相对，意为规范、道理。知方，意为懂得道理、道义。

哂之：哂，微笑。哂之，致以微笑以见意，既表达欣赏其才与志，又欲引其进之但又忍之不言。

如五六十：如，犹如、和、与。五六十，言六七十里或五六十里的小国。

以俟君子：以，之。俟，等待。指礼乐教化等待其他人来完成。

宗庙之事，如会同：宗庙之事，指祭祀之事。如会同，古代诸侯朝见天子曰会同，亦指诸侯择时相见曰会，众人相聚曰同。

端章甫：端，玄端、礼服。章甫，周代礼帽。指穿礼服，戴礼帽。

愿为小相焉：相，相礼者。小相，傧相的谦称。

鼓瑟希，铿尔：希，通稀，意琴瑟稀落。铿，以手推瑟而起，其音铿然。

撰：讲述、描述。犹所言不如他者善美。

何伤：伤，无害，或曰妨碍。指没有什么妨碍。

莫春：莫，暮之古字。莫春，暮春，指农历三月末，其时天气方暖。

浴乎沂：在沂水边盥洗。

风乎舞雩，咏而归：风，迎风。舞雩，祭天祷雨的地方，有坛有树，祭祀有乐舞相伴，意为到祈雨的雩台上沐浴暖风。

吾与点：与，赞同、欣赏。指我欣赏曾点的志向。

曾皙后：后，后出，或曰最后离开。指曾皙最后离开，是要单独询问夫子，以求释惑。曾皙所惑者，自知其答并非其正，奈何老师反赞赏之。

[译文]

一天，子路、曾皙、冉有、公西华四人陪孔子坐。

孔子说："今天我们好好聊聊，我虽然比你们年长，但你们不要顾及这一点，抛开所有顾虑说真话。你们常说没有人理解你们的志向，如果有人理解你们并重用你们，你们最希望做什么呢？"

子路急切地说："一个有千乘兵车的中等国家，夹在几个大国之间，如果遭遇强敌侵犯，再加连年灾荒，在这种状况下，如果由我来治理，只需要三年时间，就可以使国人变得勇敢，而且懂礼仪文明。"孔子报以微笑。

孔子问冉求："求，你有何打算？"

冉求回答说："方圆六七十里，或者五六十里的地方，如果由我管理，三年后，可以使民丰衣足食，至于礼乐教化，只期待其他更贤明的君子来完成。"

孔子问公西华："赤，你有何志向？"

公西华回答说:"同样给我一个地方治理,我不敢说自己能把它治理好,但愿意从中不断学习典章文明。宗庙祭祀或者诸侯会盟时,我愿意穿着礼服、戴着礼帽,做一个傧相主持。"

孔子问曾点:"点,你有什么更高的志向?"

曾晳弹琴正接近尾声,他铿锵地收住曲子,站起来说:"我的想法与他们不同。"

孔子鼓动他说:"不妨说给大家听听,也只是各谈自己的志向而已。"

曾晳说:"暮春三月,穿上春服,邀五六个朋友,带六七个童子,结伴到沂水边沐浴,在祈雨的高台上沐浴春天的暖风,然后唱着歌回家。"

孔子听完曾晳的美好描述后长叹一声说:"我很欣赏曾点的情趣啊。"

子路、冉求、公西华三人走出孔子居室,曾晳故意落后。等三人出门后曾点困惑地问孔子:"老师,他们三人说的那些话如何?"

孔子回答说:"他们不过是各说了自己的志向罢了,没有什么别的。"

曾晳问道:"老师您刚才为何要对子路发笑?"

孔子说:"治邦要讲礼让,他的志向里没有体现出谦让的精神,所以笑笑。"

曾晳又问:"冉求讲的不是治邦吧?"

孔子回答说:"为什么说治理方圆六七十里或五六十里的地方,不是治邦呢?"

曾晳再问道:"难道公西华也是谈的治邦之志?"

孔子回答说:"祭祀和外交,不是诸侯国家的大事是什么呢? 如果公西华那样的人自称做小小的傧相主持,那谁能当卿相呢?"

[通解]

本章既是对上章的照应,也是对本篇的总结。孔子总结自己的弟子有先进后进之分,意不在于区别其进门先后,而在于先进与后进的人生理想与社会目标各异。孔子更欣赏先进弟子与自己一样,身怀救治乱世的情怀和理想。本章在介绍评价主要的弟子后,以建议子路、曾晳、冉求、公西华各言人生之志为结束,来印证其先进弟子除个别者外,都保持以文道救世为理想和目标的人生教诲,以为开篇"如用之,则吾从先进"做注。

一

以培养人才为职业,自然要关心弟子们的志向。与弟子一起讨论人生志向,或者时常听听弟子们的人生志向,无疑是及时调整教学目标、教学内容和教学方法的好方式。孔子很早就注意到志向培养的重要性,因而,经常与弟子论志向。虽然这方面的记载在《论语》里只有两条,但足以从中窥其特别的意义。

> 颜渊季路侍。
>
> 子曰:"盍各言尔志?"
>
> 子路曰:"愿车马,衣轻裘,与朋友共,敝之而无憾。"
>
> 颜渊曰:"愿无伐善,无施劳。"
>
> 子路曰:"愿闻子之志。"
>
> 子曰:"老者安之,朋友信之,少者怀之。"(《公冶长》)

理解本章内容,可以结合孔子与颜渊、子路论志向观。《论语》收录的这两章中关于孔子与弟子论志向的事件,可能发生在孔子办学的早年阶段,与孔子言志的都是先进弟子,这些弟子都还处于未出仕之前的在读生阶段。

比较而言,孔子与颜渊、子路讨论志向的时间,应该比孔子与子路、冉求、公西华、曾皙讨论志向的时间要早。因为这两场志向讨论,子路都是参与者,且都是最积极的表态者。这符合子路坦荡直率无忌的性格。细心品味这两场关于志向的讨论,子路的志向有很大的变化,这种变化体现在志向内容方面由个人向社会方向的转移,这种志向的转移,应该说有两个因素的促进:一是年龄的增长;二是学识的增进。当然更重要的是孔子对他的培养、点化与影响,因为子路一直对孔子敬爱有加,唯老师的言行是从。在子路以"车马轻裘,与朋友共"为志向时,孔子讲了自己的志向是使"老者安之,朋友信之,少者怀之",对子路影响甚大。或许正因为如此,当孔子又一次组织志向汇报会时,子路才迫不及待地抢先讲自己的志向是三年治好千乘之国,以此表达自己在老师的点化下,其志向再不是"车马轻裘,与朋友共",也是老师那样的治邦安国之志。子路言千乘之大的弱国,经自己三年之治则可使其国人勇敢且懂礼仪文明,这是非常了不起的治邦志向。从原来向往"车马轻裘,与朋友共"的子路嘴里说出来,且如此自信,真让孔子高兴,于是赢得孔子的微笑。

后人解读孔子之笑,认为是在讥笑子路,其实是未将其置于历史语境中来审视得出的主观看法。确实,其后曾皙之问"夫子何哂由也",孔子只说子路的志向表达缺乏谦让,或者更准确地讲,子路言志之语过于直白,呈现不善于在表达上体现出谦让。这应该是孔子对子路缺点的最真实的看法和表达。在孔子那里,甚至在所有人那里,子路的缺点就是他的优点,子路最有魅力的方面就是直率和不修饰,本真的做人,本真的讲话,本真的行事。正是这种本真,子路与孔子才有亦生亦友的关系。但这不是根本,根本的是子路的人生志向前后发生根本性改变,非常看重哥们义气的子路也有治邦理想和情怀了,这是孔子最感欣慰的方面,所以孔子要为此微笑。

二

在后人看来,本章的亮点,是孔子赞赏曾点那种公子少爷般的生活情趣。其实,这应该是后人对本章内容的误解。首先,孔子组织这场志向汇报会,是在检验自己的劳动成效。孔子的劳动成效是基于什么? 或可说孔子期待从弟子那里听到什么? 这两个问题才是理解本章内容的关键。

要弄清楚这两个问题,不得不谈及孔子的教育目标。孔子的教育目标非常明确:在"道术将为天下裂"的当世,要以古代文明为参照来重建当世文明,这必须走返本开新、以仁入礼文道救世的道路,培养文道救世的社会精英。这是孔子办教育、招收门徒的初衷,也是他一生理想的基本方面(此外是出仕当官,亲自治邦)。这是孔子"如用之,则吾从先进"(第一章)的理由。

以此来看孔子亲自设计的这场志向汇报会,子路、冉求、公西华三人都严肃以待,因为他们知道这是一场考试,这场考试也许关乎自己的命运和前途。唯有曾晳,当大家在严肃认真地向老师汇报志向时,他却在弹琴,这确实让人不可理解,曾晳是个什么样的弟子? 既不尊重老师,也不尊重同门,更不尊重这样严肃的志向座谈会、汇报会。最后当老师叫他讲时,他却故作超脱,说了一番游山玩水之事。如果是真超脱,也还是真性情,真值得佩服。但可惜的是,汇报会结束了,其他师兄弟都走了,曾晳却故意留下来不走,目的是什么呢? 是要打听孔子对三位同门的真实评价,曾晳为何要如此? 如此行为与他所表达的超脱相吻合吗?

其实,曾晳不值得一提。曾晳的傲慢、无礼,孔子容忍,最后唯有"喟然叹曰"。后世理解本章内容,忽略了孔子的"喟然之叹",过度地或者主观想象地解读了孔子"喟然叹曰"中的"曰"字。其实,要真正理解孔子对曾晳那番故作潇洒的表演的真实评价,需要先理解孔子"喟然叹曰"。孔子为何要叹? 孔子叹什么? 如果孔子希望弟子们的志向,就是曾晳般的放浪于山水,那孔子应该高兴地笑才是,怎么会"喟然叹曰"? 喟然叹,就是**长长地叹息**。孔子为什么要对曾晳的"汇报表演"长长地叹息呢? 其次,孔子对曾晳的评价是"吾与点也",后人理解是孔子赞同、欣赏曾晳的志向。游山玩水也是人生志向? 如果也是,那么这种性质的人生志向与孔子的教育理想、孔子文道救世的君子目标是相吻合还是格格不入? 孔子为什么要说"吾与点"呢？关键的问题不是孔子赞不赞同,而是赞同什么。其实,一直以来几乎所有的诠释都不到位,只有金纲在《〈论语〉鼓吹:圣贤的光荣与漏洞》中的翻译揭明孔子"喟然叹曰:'吾与点也'"的语义:"夫子感叹说:'我欣赏曾点的情趣。'"①准确! 曾皙"莫春者,春服既成,冠者五六人,童子六七人,浴乎沂,风乎舞雩,咏而归"的炫耀与表演,不是人生志向,而仅仅是**情趣**。孔子正是在这个意义上赞赏曾皙的**那点**个人情趣。试想想,孔子除了赞赏他的这点情趣外,还能赞赏他什么呢? 孔子为何要声明"我赞同曾点的情趣",这一是表达自己的容忍,二是纠正曾点的行为,即曾点,你说的只是个人情趣,而不是志向,与今天的志向汇报主题会没关系。三是给其他弟子一个交代或者说总体的评价,即这场志向汇报会,除了曾点只谈了自己的个人情趣外,你们三位都真实表达了自己的治邦志向,很好。

或许正是孔子声明"喟然叹曰'吾与点也'"的容忍态度和如此定位的评价,才使曾点心里不踏实,过后觉得自己的表现或者说表演太过分了,于是才有了故意后出而打听孔子对三位同门谈志向的看法,其真实的目的是想弄清楚老师刚才对自己的评价是真是假,即是真的赞同自己还是心里面另有看法。孔子对曾点关于三个同门的每一问,都认真回答了,这体现了孔子对这个混账弟子的最大克制。这可从孔子对曾点关于冉求、公西华的反问式回答体会出来。可惜,曾点却不知其耻。

三

一场志向汇报会,不知孔子因为什么缘由而展开,或许,孔子对曾点的不务正业、不受教益早已觉察,想以这种方式启发他,使他觉悟。不想曾点原本是一段朽木,在如此严肃的志向汇报会上,却表现得异常放纵。孔子对此大为失望,所以也就改变了再造他的想法,顺其自然吧。于是,就有了孔子的叹息和敷衍:孔子对曾点"喟然叹曰",是不断失望之后的绝望,即断了培养他使之改变的念想;"吾与点也",是孔子对曾点的敷衍,既然你表演你的情趣,我就表示一下,对你所表演的情趣点个赞,又有何妨呢?

但后世却将孔子的"吾与点也"大加想象化的阐发,由此形成如下奇谈怪论:

> 仲尼祖述尧、舜,宪章文、武,生值乱时而君不用。三子不能相时,志在为政。唯曾皙独能知时,志在澡身浴德,咏怀乐道,故夫子与之也。②

---

① 金纲:《〈论语〉鼓吹:圣贤的光荣与漏洞》,天津,天津人民出版社 2007 年版,第 336 页。
② (三国)何晏,(北宋)邢昺:《论语注疏》,北京,北京大学出版社 1999 年版,第 156 页。

孔子"与点",盖与圣人之志同,便是尧舜气象也,诚"异三子者之撰",特行有不掩焉耳,此所谓狂也。子路等所见者小,子路只为不达"为国以礼"道理,是以哂之;若知"为国以礼"若达,却便是这气象也。①

> 曾点见得事事物物上皆是天理流行,良辰美景,与几个好朋友行乐。他看那几个说底功名事业,都不是了。他看见日用之间,莫非天理,在在处处,莫非可乐。他自见得那"春服即成,冠者五六人,童子六七人,浴乎沂,风乎舞雩,咏而归"处,此是可乐天理。②

今人程树德在《论语集释》"凡例"中指出:

> 研究论语之法,汉儒与宋儒不同。汉儒所重者,名物之训诂,文字之异同;宋儒则否,一以大义微言为主。惜程朱一派好排斥异己,且专宣传孔氏所不言之理学,故所得殊希。陆王派虽无此病,然援儒入墨,其末流入于狂禅,亦非正轨。故论语一书,其中未发之覆正多……论语一书,言训诂者则攻宋儒,言义理者则攻汉学。平心论之,汉儒学有师承,言皆有本,自非宋儒师心自用者所及。《集注》为朱子一生精力所注,其精细亦断非汉儒所及。盖义理而不本于训诂,则谬说流传,贻误后学;训诂而不求之义理,则书自书,我自我,与不读同。③

以此观《论语》研究,汉学的训诂方式,重在于语言的形式语义诠释,这种方式一旦被推向极端,则热衷于考据"名物""制度""文字异同"而成为程树德所讲的"书自书,我自我,与不读同";宋学的义理方式,重在生存的语义阐发,但因其"师心自用"而达于极端时,就会出现观念先行与任性:"一部论语中,何尝有一个'理'字?而《集注》释天为即理也,释天道为天理;又遇《论语》凡有'斯'字或'之'字,悉以'理'字填实之,皆不免强人就我,圣人胸中何尝有此种理障耶?"④其实,将孔子"喟然叹曰"后对曾点表演的高雅情趣表示礼貌地赞同,阐发出如此"圣意"来,如果孔子本人看到这些文字时,不知该做何感想?

---

① (北宋)程颢、程颐:《二程集》卷十二,北京,中华书局1984年版,第136页。
② (南宋)朱熹:《朱子语类》卷四十,北京,中华书局1986年版,第1026页。
③ 程树德:《论语集释》上册,北京,中华书局2017年版,第4～5页。
④ 程树德:《论语集释》上册,北京,中华书局2017年版,第6～7页。

颜渊第十二

从根本讲,孔子的君子学说是成己成人立世的学说,但无论成己还是成人,君子所"成"的实质指向是修仁和行德。所以,君子成己成人立世的学说,亦是君子成仁的学说。君子成己之仁,是修养德性,内驻仁性、仁心、仁情、仁爱品德和精神;以此为前提,君子成人之仁的实践论展开为两个维度:一是以成己的才德去成仁于他人,其基本要求是成人之美;二是以成己的才德去立世,即以仁施治于邦国。本篇先讨论前者,再讨论后者。

一

第一章通过颜回与孔子问答何为仁,从三个方面阐述何为仁,指出"仁"是动态的由内向外生成的德性过程:向内,是修心养性;向外,是以仁行礼。因而,仁是礼的动机、动力,礼是仁的手段;并且,仁也是礼的目的。然后阐述"仁"之形成于"修治":修治向内,重心是克己;修治向外,重心于践礼。践礼修仁的日常要领是从视、听、言、行方面守礼。第二章通过仲弓问仁,继续讨论如何行仁。不同的是:上章颜回问仁,孔子应答,从个人如何成己为仁论:孔子告诉颜渊如何使自己仁,讨论的重心是**成己**为仁,重在自我实行力的培养。仲弓问仁,孔子应答,是引导"可使南面"的仲弓为政如何成人得仁论,指出待人以仁必须遵循**敬畏、推己及人和无怨恨这三个施仁原则**:善待人是仁,善待己也是仁,而且是根本的仁,是根源的仁。第三章继续问仁,但求问主体是性格急躁的落难贵族弟子司马牛,孔子告诉他行仁的首要任务是说话谨慎,表达迟缓,因为说话的实质是有理性,讲尊重。有理性,讲尊重,就是仁。既然行仁如此简单,于是司马牛问君子。

孔子学说中的君子,是以仁入礼达于乐的人。从主体建构讲,君子是修养德性的仁者;从践履讲,君子是行仁者。司马牛问仁,孔子从践履角度为其解;司马牛问君子,孔子从修养角度为其解。二者刚好互置,但形成互映。然而心智并不聪慧的司马牛两问而不得其解,自然失望转而求助于同门子夏:"人皆有兄弟,我独亡?"子夏用夫子"四海之内皆兄弟"予以开解,阐述两层含义:第一,人的死生、贫富、贵贱,命中决定,不由人的意愿为转移,人应该坦然面对和受纳一切;第二,既然死生、贫富、贵贱都由天定,那么血缘兄弟之情谊就不是唯一,除此之外还有一种兄弟情谊:只要像血缘兄弟那样有敬、有恭、有礼,所有的人都可以成为你的兄弟。

二

司马牛问仁、问君子、问兄弟,从不同方面揭示理性思考生活问题和生存困境的重要性,由此开启进一步探讨理性思考何以可能给人认知帮助。第六章子张问明,孔子告诉子张,所谓明,即看得清和看得远,无论认知事物还是认知人,达于明的基本方法是身处其远,居高临下。

明就是理性认知，理性认知即是站得高看得远，这是君子行仁的一般认知论。第七章照应第二章"仲弓问仁"，围绕治邦安国展开，揭示君子行仁达及明远必须遵循优先原则，这一选择的优先原则本身蕴含由表及里的认知准则。第八章以文质为例对"明"展开进一步讨论，批评君子文饰观和君子单质观的错误，主张文质相生，指出通过文质双修达于文质彬彬的君子状态、君子境界，必然指向于对生活的实行，就是行礼必彰仁，施仁必承礼。仁礼一体，所贯穿的是"君子不器"的整体生成观，照应上章君子行仁治邦，足食、足兵、民信此三者缺一不可的整体治理思想，同时表明子贡对夫子整体生成的践履思想和原则的坚守与运用。

第九章承上章继续讨论如何才达成"明"之正确认知，围绕如何解决饥荒问题展开，指出饥年治邦如何达到百姓与君"共足"。这种共足的实质是治邦者仁和治邦施仁必须有度。有度，表征为君、百姓、民三者共生；无度，必然造成三者相互撕扯邦将不邦。何以才可施治有度而达于仁？第十章着重讨论这个问题，提出君子为政治于仁，必须逐利有度。要做到逐利有度地施治于仁，就需要解决崇德和不惑的问题。第十一章继续向前推进，孔子应答齐景公问政，指出在崇德解惑的基础上，逐利有度地施治于仁，必须落实为"君君、臣臣、父父、子子"的担责：只有明确的担责，只有担当起己责，才可做到逐利有度地施治于仁。第十二章通过孔子褒奖子路"片言可以折狱"，指出为政施治于仁必须具备的担责能力中最根本的方面有三：一是为民无宿诺；二是忠直无虚妄；三是看问题客观明远，处理事务客观公正。第十三章继之讨论施治于仁的目标是实现仁，孔子以自己为例，讲述听讼折狱的目标不是正确，而是追求无讼，要实现的是施治于仁的大同。

三

第十二、十三两章从施治的实践层面讨论施治于仁必得"民信"的刑罚要求。只有刑罚客观、公正，才是取得民信的根本社会方式。第十四章讨论"民信"如何才可做到。孔子针对"子张问政"开出处方：一是精诚于本职，做到"居之无倦"；二是行之以忠公。孔子关于"居之无倦，行之以忠"的从政准则和为官要求，诠释了何为"为政以德"，即如何以德正己，然后怎样正己以正人、正己以正事、正己以正国。

为政施治于仁，要做到"居之不倦，行之以忠"，前提是为政者应该有文道救世的理想和"以仁入礼达乐"的境界追求，这需要修养和修习，原则是"博学于文，约之以礼"（第十五章）。

博学于文，约之以礼，是孔子论君子成己的自身说法。第十六章拓展开去讨论君子成己的目标是成人。孔子指出,成己的君子成人,应该做到"成人之美,不成人之恶":人要成为君子,必须**博学约礼,成人之美**。

孔子的君子学说,是成己成人立世学说,君子成己,是起步;君子成人,是展开方式,而立世,却构成君子目标。君子成人,需要从两个方面努力:一是成就个人,应以"成人之美,不成人之恶"为准则;二是成就社会大众而立世,必须从政施治以仁,根本方策是"子帅以正"(第十七章)。为政施治要真正"帅之以正"并达到"孰敢不正"的效果,根本前提是自灭贪欲。第十八章从"苟子之不欲,虽赏之不窃"来反面论证为政者施治为何必须自制其欲;第十九章讨论为政者自制己欲的内动力问题,指出节制己欲的内动力是心有其道,并谨守道和明用道。

从主题关联看,第二十章是对前两章主题的拓展讨论:第十八章讨论盗贼兴起与执政者利欲膨胀之间的变动关系:执政者贪欲膨胀,必然造成盗贼蜂起,揭示制己欲才是施治于仁的根本。第十九章围绕解决盗贼之类的社会不稳定因素,指出杀戮不能解决社会秩序的重建问题,唯有统治者节制己欲自正其德,才可引导民众有德。由此引出为政施治的位与德问题,这个问题的实质是名与实:君子为政施治于仁,必须名实合一。第二十一章通过应答樊迟之问,将做人之名实推向深度考察,提出崇德、修慝、辨惑三要。对崇德、修慝、辨惑三者的理解,就是知;对崇德、修慝、辨惑三者的实行,就是仁。所以樊迟三问,蕴含仁与知;孔子三答,开启仁与知(第二十二章)。

君子行仁,必知人、爱人;君子知人、爱人的基本方面,是爱友、知友。第二十三章具体讨论交友如何爱之知之有节有度,提出"忠告而善道之"和"不可则止,无自辱焉"的两个交友原则,或曰交友之道。但其交友之道相对曾子的"以文会友"(第二十四章)言,却构成一般与具体、原则与运用的关系:就交友论,子贡"问友",是交友的一般之问,孔子以此提出能够统摄交友方方面面的两个基本原则,突出忠诚原则和适度原则得以确立的前提,是义与平等。第二十四章曾子论友,却是立足具体,讲君子如何交友,突出君子交友的日常方式是以文会友,以友辅仁。曾子以友哺仁的思想,既是对孔子以友哺德思想的发展,也是对孔子以友哺德思想的萎缩,因为以友哺德既包含以友哺仁,更包含以友哺礼,并且二者相辅相成。由此个案可看出,孔门弟子在孔子身后传播其学问的过程中,已经对孔学思想做了不同程度的修正,包括拓展深化或压缩浅表化。

第 1 章释义

颜渊问仁。

子曰:"克己复礼为仁。一日克己复礼,天下归仁焉。为仁由己,而由人乎哉?"

颜渊曰:"请问其目。"

子曰:"非礼勿视,非礼勿听,非礼勿言,非礼勿动。"

颜渊曰:"回虽不敏,请事斯语矣。"

[注释]

克己复礼为仁:钱穆注"克,犹尅",意为约束、克制。克己,约束自己的身心情志欲望。复,反也,指反之己身而践之,但这只是抽掉时代性语境的一般理解。孔子讲"克己复礼为仁",是基于欲望横流、周礼沦丧、仁道消隐的当世现实,其克己复礼之"复",应该是恢复、复兴之义。为仁,即如是乃仁。克己复礼为仁,指约束身心,使其合于礼,如是即可实现对仁的践履。孔子主张克己复礼为仁,是借古人之语以赋新意:"仲尼曰:'古也有志,克己复礼,仁也。'"(《左传·昭公十二年》)"古也有志"之"志",意为记载,指克己复礼为仁,古书上有记载。孔子讲"克己复礼为仁",不过是传述古书上的成熟思想而已,但紧随其后之"一日克己复礼,天下归仁焉……"却是孔子在对传述古人思想的基础上再思考形成的新思想。所以,"克己复礼为仁。一日克己复礼,天下归仁焉"体现了返本开新的思想。

一日克己复礼,天下归仁:归,过去有二解:一是与也,意为一日克己复礼,天下莫不归与仁,极言克己复礼成效之大;二是称道,意为一日克己复礼,天下之人都会称许你是仁。但此二解均牵强,不能使本章内容前后贯通。结合语境,把握本意内容的语义逻辑,"克己复礼为仁"只相对个体言,个体做到了一日克己复礼,天下之仁可能归与你,天下之人也可能称道你是仁。这里的"天下归仁"的天下,是"一日克己复礼"者**眼中的**天下:当一个人一日克己复礼成功了,其心归仁德、仁道了,其所看到的世界,成为仁的世界。这是后一句"为仁由己"的解释依据,也是"为仁由己"对"一日克己复礼,天下归仁焉"的解释。

为仁由己,而由人乎哉:为,成为,或者作为。仁,凡事心中有人或心存众人。仁的构成内涵是性、心、情、意,即仁性、仁心、仁情、仁意。由,在于、取决于。指获得仁,成为仁者,全在于自己,不可能取决于他人。

请问其目:目,要目、条目,或者要点。指颜回请求夫子指示"克己复礼为仁"的实施要点。

非礼勿视,非礼勿听,非礼勿言,非礼勿动:非,与"是"相对,意为不属于,或与之相反的(东西)。勿,不要、不能、不必。此句中四个"勿"字,强调克己的功夫,需要从不同方面训练。

[译文]

颜回向孔子请教何为仁。

孔子告诉他说:"约束自己的身心包括言行,心无旁骛地复兴礼,就是仁。只要这样坚持不懈,你哪天做到了克己复礼,整个天下就会归于你的仁心之中。获得仁成为仁人,全在于你自己,怎么可能希望于别人呢?"

颜渊听后对孔子说:"老师,请您告诉我如何实施仁的要点。"

孔子告诉他说:"违礼的东西不看,违礼的话不听,违礼的传言不说,违礼的事情不做。"

颜回应道说:"老师,我记住了。回虽然不勤勉慧敏,但愿意按老师您的教导努力去做。"

[通解]

本章通过颜回与孔子问答,概述修仁应该采取何种方式和路径,重心落实于践礼,揭示践礼修仁的日常要领,是从视、听、言、行方面守礼。

一

仁,是孔学的核心范畴,《论语》中,"仁"的问题,孔子与学生讨论得最多,也是孔门弟子关注最热切的问题,因为孔子学说是君子学说,更因为孔子教育的目标是培养治邦安国的君子。人要成为治邦安国的君子,既须具备君子之德,更要有君子之才,前者靠修养得来,后者靠修行得来。修养的核心内容是成仁,修行的核心内容是循礼而行。人成为君子,必是从修养向修行方向进发。君子学说的建构,亦必须从修养向修行方向逻辑地生成,这是"仁"何以成为孔子孔论的核心范畴的原因。

孔子与弟子讨论仁,有两种基本方式:一种方式是孔子有计划、有目的地讲授;另一种方式是弟子发问夫子解惑。仅后者言,弟子问仁,应该是日常性的教-学方式。《论语》中弟子问仁的记载有七次,由此可见孔门弟子主动关心"仁"的热切程度。

孔门弟子热心于仁的问题,一是孔子的学问以仁为灵魂;二是社会生活中不仁的行为现象越来越突出。在这一双重背景下,孔门弟子热切地关注仁的问题,但仁并未得到确定性的解决。这是因为仁不仅是生活现实问题,更是个人主体问题,这两个方面规定了仁始终呈开放性,更具有生成性。这可以通过阅读《论语》感受到:

第一,孔子论仁,没有"一、二、三、四"的内涵归纳和条理呈示,而是相反,孔子在不同语境下论仁的内涵往往各不相同。

第二,即使弟子同问"仁"这个问题,孔子也总是因接受主体不同而做出内容完全不同的解答:比如仲弓问仁,孔子告诉他所谓仁不过是"出门如见大宾,使民如承大祭。己所不欲,勿施于人。在邦无怨,在家无怨"(《颜渊》)。这是因为接受主体是"可使南面"的仲弓,所以孔子按照诸侯、邦君之仁的要求告诉他什么是仁。司马牛问仁,孔子却说"仁者,其言也切"(《颜渊》),这是孔子针对"多言而躁"的司马牛,告诫他日常生活中与人言,尽可能少说、谨慎、迟缓,就是仁的体现。本章中颜渊问仁,孔子却对他耐心细致,循循善诱地道来,可能因为颜渊确实不敏,必须得一步一步道来,才可使之领悟到位;除此之外,虽然孔子曾称赞"语之而不惰者,其回也与"(《子罕》),但颜回可能缺少行动的热情和能力,甚至还缺乏实行的自信。基于这两个方面,孔子才如此从"克己复礼为仁"讲起,突出"一日克己复礼,天下归仁焉",特别强调"为仁由己,而由人乎哉"。上博楚简《君子为礼》中记载颜渊的文字或许可从另一个侧面说明孔子何以对"颜回问仁"做如此解答:"颜渊侍于夫子,夫子曰:'回,君子为礼,以依于仁。'颜渊作而答曰:'回不敏,弗能少居也。'夫子曰:'坐,吾语女。言之而不义,口勿言也。视之而不义,目勿视也。听之而不义,耳勿听也。动而不义,身勿动焉。'颜渊退,数日不出。[十十问]之曰:'吾子何其惰也?'曰:'然。吾亲闻言于夫子,欲行之不能,欲去之而不可,吾是以惰也。'"(上博楚简1-3)子张问仁,孔子却告知他"恭、宽、信、敏、惠。恭则不侮,宽则得众,信则人任焉,敏则有功,惠则足以使人"(《阳货》)。或许在孔子看来,就仁而言,子张所须努力的就是"行此五者"。

"仁"的开放性和生成性,不仅体现在不同主体的要求上,更体现为具体语境的要求性,因为,在关于仁的问题上,即使是同一个人,在不同语境中问仁,孔子为之解答的内涵也是完全不同的:

> 樊迟……问仁。曰:"仁者先难而后获,可谓仁矣。"(《雍也》)
>
> 樊迟问仁。子曰:"爱人。"(《颜渊》)
>
> 樊迟问仁。子曰:"居处恭,执事敬,与人忠,虽之夷狄,不可弃也。"(《子路》)

二

《论语》中的"仁"学之具有如此开放性和生成性特征,根本在于"仁"本身涉及主体性建构和践履两个维度。仁之于主体性建构言,是修养,体现涵摄的内聚性;仁之于主体性践履论,是修行,体现释放的表现性。前面列举仲弓、司马牛、子张、樊迟问仁,都属于**内在地建构仁**,包括仁性、仁心、仁情、仁意。本章中颜渊问仁,孔子所给予的思路却是**自信地实行仁**。

孔子为何从实行角度为颜渊解决仁的认知问题? 参照前面所引《君子为礼》篇内容,或许可知孔子对颜渊的了解:在孔子看来,修养仁之于颜渊,应该是很容易解决的问题,或可说颜渊已经解决了仁的主体性构建问题,却有待解决实行仁的问题,所以孔子为颜渊设计了实行仁的思路。

首先,孔子告知颜回,实行仁的总思路是"克己复礼为仁"。这一思路是由三个步骤连缀成的连续过程:首先是克己。在一般意义上,"克己"指向对利欲的克制,但在颜回这里,可能需要克制的不是利欲,因为颜渊安贫乐道,而是对实行的畏惧,根源可能是对实行的不自信。一旦克制住内心的畏惧和不自信,就可进入复礼环节,走向对礼的实行,一旦如实地实行,就达到第三个环节而获得仁。

其次,孔子告知颜回,实行仁虽然是一个过程,需要持续展开为三个环节,但要领只是"为仁由己,不由人"。只要自己愿意实行,仁就随你来了:"仁远乎哉? 我欲仁,斯仁至矣。"(《述而》)一旦获得仁,就拥有仁,你所看到的世界就成为仁。

最后,孔子的耐心点化给颜回以信心,让颜回感觉到实行仁并不难。于是继续询问,实行仁应该如何着手? 孔子告知颜回,实行仁的下手功夫,就是在视、听、言、动方面努力,做日常生活的日常之事,具体地讲,不该看的不看,不该听的不听,不该说的不说,不该做的不做。孔子如此一说,颜回一下子明白了,原来实行仁这么容易,对于本来就安贫乐道、善于察言观色,且总是克制自己少说不说的颜回来讲,这"四勿"太简单不过了。所以颜回高兴地对孔子说:"回虽然既不勤奋也不聪慧,但愿意按照老师您的指点努力实行仁。"

其实,颜回想得太简单了,"非礼勿视,非礼勿听,非礼勿言,非礼勿动"这"四勿"本身没有什么难度,任何人只要愿意努力,都可以在任何时候任何环境下一一做到。但最容易做到的事情往往是最难做到的事情,因为最容易做到的事情往往是日用常行之事,它不以空间为衡量标准,而是以时间为衡量准则。它要求人必须每天重复地做到同一类事情,或同一件事情,这种日用常行非常难以坚持。正是因为如此,孔子才说日用常行的道德"民鲜久矣"(《雍也》)。克己复礼,就是克制内心的惰性,恢复每天必为的"非礼勿视,非礼勿听,非礼勿言,非礼勿动",这容易吗?

把极不容易、极为困难的事情说得让缺乏实行自信和动力的颜回感到能够做到的自信,这是孔子说话的艺术和开导人心的智慧。

三

孔子的哲学是事件的本体论,而不是实体的本体论。了解人类事件并不需要求助于"质"、"属性"或"特性"。因此,孔子更关心的是特定环境中特定的人的活动,而不是作为抽象道德的善的根本性质。但这并不意味着他仅仅把目光从抽象的道德主体转向抽象的道德主体的活动。按照事件来刻画一个人,就不可能把**主体**和**行动**孤立起来考虑。道德主体既是自身行为的结果,又是自身行为的起因。[①]

"述而不作"的孔子总是以对具体的生活场景、生活事实、生活过程甚至生活细节的讲述,来阐发本体性的思想,往往使讲述的内容获得思想的具体指涉性与思想的抽象指涉性两个维度。由于编纂《论语》时各种因素的限制,几乎剔除了所有的具体语境,从而使后世解读更多的关注表层思想内涵的具体指涉性,而忽视对其表层思想内涵背后的本体性思想内容的理解和把握。如果有意识地还原其语境,尽可能透过其表层的具体思想内涵探究其本体性思想时,就会发现颜渊"问仁"与孔子"解仁"这四个来回的问答所展开的完整过程,为了解孔子之"仁"的丰富内涵提供了整全视野。

首先,指出"仁"的完整含义。

孔子告诉颜渊,"仁"是动态的由内而外**生成**的过程:向内,是修心养性;向外,是以仁行礼。修心养性,就是涵养仁性、仁意、仁心、仁情、仁爱,再造人性。只要这样做了,就会获得德性;一旦拥有如此内涵的德性,自然具备仁。行礼,就是行为彬彬有**礼**并呈现彬彬有**理**:彬彬有礼要求言行有限度和边界,符合人之为人、社会之为社会的规范;彬彬有理要求言行必须遵道扬理,即凡事须讲理。概括地讲,仁就是内修其德性,外习其礼仪。

这是"仁"的一般的静态性的理解,但真实的"仁"却是动态生成性的。所以孔子告诉颜渊:在"道术将为天下裂"的当世,仁就是向内克己,向外复礼。

一旦如是观,一个问题就被突显出来,即在利欲泛滥、礼乐崩坏的现实境遇中,克己复礼是否可能? 孔子对此持坚定的乐观态度,并通过为颜回解仁之惑而明确表达其基本判断:克己复礼是完全可能的。这种可能性建立在共同人性基础上:"性相近"的人性为克己复礼提供了土壤。就其本性

---

① [美]郝大维、安乐哲:《孔子哲学思微》,蒋弋为、李志林译,南京,江苏人民出版社 2012 年版,第 7 页。

言,人具有**向仁守礼**的基本意愿和**依礼而行**的生存能力。因为共同的人性才形成习俗与传统,也因为共同的人性才使人们遵守习俗与传统。所以,孔子讲"克己复礼",实际上是引导颜回关注传统和习俗:传统和习俗是一种整体的动力力量,它推动人最终走向自我克制,渴望仁,遵循礼,实现仁的欢乐。

其次,讲述清楚了仁与礼的关系。

仁与礼的关系,是动机、手段、目的的关系:首先,仁是礼的动机、动力;其次,礼是仁的手段。最后,仁是礼的目的。

仁由为己而生成,礼乃践行方可体现。"依'礼'而行就是完全向他人开放;因为礼仪是公共的、共享的和透明的;不依'礼'而行则是隐蔽的、暧昧的和邪恶的,或纯粹是专横的强迫。正是在这种与那些在终极的意义上类似于自己的他人的美好、庄严、共享以及公开的参与中,人才会获得自我的实现。"①进一步讲,仁既是主体建构的内容,也是主体释放的内容。主体建构仁,可以不依礼;主体释放仁,必须通过礼。仁之于主体的完整性,必须是建构与释放的互为响应,这需要"礼"来促成。所以,从仁的主体性建构到仁的主体性释放展开的完整过程,就是以仁入礼达乐,亦可表述为修仁习礼成仁,其"成仁"的感性状态,就是乐。

最后,阐述清楚了"仁"的形成过程。

孔子用通俗易懂的语言告诉颜渊,仁靠修炼而成。所谓修炼,就是克己,即克制、约束自己的利欲、畏惧、懒惰、不自信甚至泛滥的盲目、愚昧等。克己的根本动力来源于自己,克己修仁只能靠自己。首先要自己有仁的内在需要,然后才有对仁的外在要求,这是"为仁由己"而"不由人"的道理。

然后以此为依据讲述何以实现"仁"。孔子说"一日克己复礼,天下归仁焉":任何人,不管什么时候,只要你做到了克己复礼,天下就进入其仁心之中,会以仁满天下之心去善待天下,以仁满天下之力去感化天下。一人可以如此,人人均可以如此。当每个人都做到了克己复礼,整个天下不仅成为仁心观照的天下,也将变成仁的天下。

四

本章中,孔子通过为颜回解仁,强调一个基本思想:"为仁由己。"首先指**为仁由性**:为仁必须修性,使天赋人性获得仁的洗礼,成为仁性;其次指**为仁由心**:为仁必须修心,使本然之心获得仁的光照,成为仁心;再次指**为**

---

① [美]赫伯特·芬格莱特:《孔子:即凡而圣》,彭国翔、张华译,南京,江苏人民出版社2002年版,第15页。

仁由意：使蕴藏于生命底部的生命意志、自由意志接受仁的沐浴,使之成为仁意；最后指**为仁由情**：使本能驱动的冲动和情绪情感化,成为仁情,产生仁爱。如上四者是"为仁由己"的主体性方面；除此之外,为仁由己的客体性方面,是己与人之间形成的仁态关系,必须由己生发,由己送达,由己实现。

为仁由己思想的扩大,就形成克己复礼必须以仁为逻辑起点,以仁为动力,以仁为准则并最终以仁为实现的目标内容。所以,"克己复礼为仁",不仅体现返本开新的历史发展观,更突显出"以仁入礼"的实施路径。

> 我们必须这样开始,就是把孔子看作一个伟大的文化革新者,而不是一个彬彬有礼但对过去顽固留恋的辩护者。正如我们在别处已经注意到的,他转换了"礼"的概念,因此,现在我们必须注意的是,在"礼"概念的转换中,孔子也转换了人类社会的整个概念。他是一种新理想的创造者,而不是旧观念的辩护人。①

> 孔子谈论复兴古代社会的和谐图景,但其学说的实际意义,却是引导人们寻找诠释和更新一种地方性传统的新的方式,目的是要生成一种崭新而普遍的秩序,以取代当时的混乱与失序。②

孔子所要努力恢复的古代社会的和谐图景是什么呢？是规范的社会秩序,它必须以"礼"为引导,为此需要复兴"监于二代"的"郁郁乎"周礼。周礼是一套礼仪秩序,它用制度方式规范形成。这套礼仪秩序背后是以嫡长子继承制为灵魂的等级制度、伦理价值为导向的体系,其内在规定是德。在孔子所生活的时代,这套礼仪制度的形式尚存,其内在本质和灵魂却坏死了。复兴周礼,不过是借其形式,因为就当时的态势和已有经验两个方面看,尚找不到能够比"周礼"更完备、更好的形式规范体系,所以必须借用之。但孔子绝不可能一味地照搬周礼,因为他发现这既不符合规律,也不可能实现。他必须借其旧瓶来装进新酒,所以提出"克己复礼为仁"的革新主张。

在"克己复礼为仁"这一革新主张中,"为"字是一个以动词,即"以之为……"的意思。在"以之为……"句式中,"为"既作"成为"讲,也作"达到"讲。其完整语义表述是：克制自己的欲望,使行为本身符合礼仪,就实现了仁、达到了仁,并将自己成就为仁者。

---

① ［美］赫伯特·芬格莱特：《孔子：即凡而圣》,彭国翔、张华译,南京,江苏人民出版社2002年版,第60～61页。

② ［美］赫伯特·芬格莱特：《孔子：即凡而圣》,彭国翔、张华译,南京,江苏人民出版社2002年版,第61页。

　　"克己复礼为仁"这一革新主张蕴含三层含义：第一，强调礼是形式，是规范，是外在秩序呈现；仁是内容，是本质，是内在价值规范和外在价值导向。第二，指出以"克己复礼"方式重构和谐社会蓝图，不是以礼为目的，而是以礼为规范手段实现"仁"。第三，复礼成仁或复礼达仁的唯一正确途径，是克己。要言之，孔子"克己复礼为仁"的革新主张和划时代意义，体现为"复礼达仁"，即以复兴"监于二代"的周礼为形式规范，以实现仁德社会（或曰"道德社会"）为目标指向。所以，孔子复礼所实现的"仁"，决不是礼所规范的仁，而是克己意义上的仁，是仁性、仁意、仁心、仁情、仁爱意义上的仁，是对人性予以再造的仁。同时，孔子所要复兴的周礼，也不仅仅是形式规范的礼，而是以克己为动力、以仁为实质指向的礼。正是在这一全新意义上，孔子才说"一日克己复礼，天下归仁焉"。

　　"一日克己复礼，天下归仁"是全称判断。这个全称判断蕴含完整的逻辑推论：只要有一天（大家都）做到克己复礼，那么整个天下就回到仁，成为仁（德）的天下。由这一逻辑推论所形成的全称判断，体现孔子对自己的革新主张实施于社会、重建秩序的绝对自信。建立这种绝对自信的基础是什么呢？孔子告诉颜回：之所以能够以"一日克己复礼"的努力实现"天下归仁"的良好效果，是因为第一，仁源自己，其依据是"性相近"。第二，修仁是人的内在需要，这种内在需要推动自己去求仁、修仁的根本理由，是道德自律。当以人性为土壤、以修仁为内在生命需要去求仁，自然是仁到之日，就是天下归于仁心之日。

<h2 style="text-align:center">五</h2>

　　克己复礼，是孔子君子学说的思想轴心。他的仁学、礼论、学而、中庸道德等，都围绕此展开。

　　　　在《论语》中，孔子并不谈论社会和个体。孔子谈论的是做人意味着什么，并且，他发现人是一种独特的存在，具有一种独特的尊严和力量，这种尊严和力量源自于礼，同时也镶嵌在礼之中。[①]

　　克己复礼是以人为中心，围绕人如何成为"成己成人立世"的君子，实施的基本进路敞开为两条：一条由内而外；另一条由外而内。前一条进路敞开为修仁以行礼，其动力是求知，具体方式是学而；后一条进路敞开为循礼以成仁，其动力是克己，具体方式是不妄行。

---

　　① ［美］赫伯特·芬格莱特：《孔子：即凡而圣》，彭国翔、张华译，南京，江苏人民出版社2002年版，第75页。

就前一条进路讲,其敞开的宏观路径是以仁入礼达乐,其具体实施方式是学而"修德取位"和"以德正位";仅后一条进路论,其成仁的纲目是在视、听、言、行四个方面循守礼仪,做到一个"勿"字。

第 2 章释义

仲弓问仁。

子曰:"出门如见大宾,使民如承大祭。己所不欲,勿施于人。在邦无怨,在家无怨。"

仲弓曰:"雍虽不敏,请事斯语矣。"

[注释]

出门如见大宾:大宾,指公侯之宾。古代行政区域划分以王畿为核心,王畿之外的行政区域划分,以五百里为标准,由近及远划分为五个区域,即甸服、侯服、绥服、要服、荒服。居住在这些不同区域内的诸侯,其政治地位有所不同。按周礼制,要服以内的诸侯来朝觐天子,称为大宾,后来才泛指国宾,即国与国之间外交往来的使者,即国宾。

使民如承大祭:使,使用、役使。民,指从事农业耕种者、商业者、手工业者。使民,指遣用、役使劳力者。承,承担、担当。大祭,重要的祭典活动。指役使民力也应像承当重大祭祀活动那样慎重。

己所不欲,勿施于人:欲,欲求。施,施予,有单向强加义。指自己所不欲求的(事),不能强加给别人。

[译文]

仲弓向孔子请教何为仁。

孔子回答说:"做到出门像会见大宾那样庄重,役使劳力者如承当重大祭祀活动那样慎重。凡自己不欲求的事,一定不要强求别人。无论身处邦国中,还是在家族里,都不要有任何怨言。做好如上各方面,就称得上是有仁了。"

仲弓回答说:"谢老师的教诲,我虽不怎样勤勉聪敏,但愿意努力按照老师您的指点去做。"

[通解]

本章承上章主题展开,方式仍然是问答,重心是如何实行仁。不同的是：上章应答颜回问仁，是从个人如何**成己为仁**论；本章应答仲弓问仁，是从为政如何**成人得仁**论。

一

颜回问仁，孔子告诉他应如何使自己仁，即只要做到克己复礼，就成仁了。所讨论的重心是**成己**为仁，重在实行力的自我培养。仲弓问仁，孔子告诉他应如何待人以仁，重在培养从政的实操能力。

如何待人以仁的实质，是怎样施仁以人的问题，孔子为此提出三个施仁原则：

一是**敬畏原则**。孔子以出门庄重和使民慎重为例说明待人以仁必须遵从敬畏原则。庄重，不是对自己，而是对别人：庄重就是对人有敬有畏。使民慎重，慎重待民，既包含敬民，更体现畏民。

孔子不仅提出待人以仁的敬畏原则，还告诉仲弓践履敬畏之待人原则，以及应该怎样做。孔子以两类人为例：第一类是生活于社会高层有身份、地位的人，对待这类人应该像接见要服内的诸侯或外宾那样恭恭敬敬有礼貌，因为这类人是支撑邦国的栋梁。第二类是生活于社会底层的劳力者，对待这类人应该如承当重大祭祀那样心怀敬畏谨守规矩，因为这类人是邦国的基石。

二是**推己及人原则**。待人以仁的基本准则是以己待人。以己待人，指以己之好恶推及于人。孔子告诉仲弓如何实施待人以仁原则的方法：自己不欲求的事，不要强加于人；这是实施此一原则的反面方法。其正面方法是：自己所欲求的事，亦可鼓动别人欲求。

三是**无怨恨原则**。推己及人原则，也可以说是**恕人**原则，这一原则要求善待他人。无怨恨原则，也可以说是**宽厚**原则，这一原则要求善待自己。善待人是仁，善待己也是仁，而且是根本的仁，是根源的仁，因为待人以仁是从待己以仁生发出来的，没有待己之仁，何来待人之仁？孔子告诉仲弓，无怨恨原则实施的基本方法有二：第一，在邦无怨。根据孔子所生活于当世的文化语境，在邦无怨的自我要求有二：一是不怨母国，即出生在哪个邦国，就应该爱自己的母国；二是不怨所生活的邦国，即无论在哪个邦国生活，都应该善待和维护这个邦国，不对这个邦国妄加批评和指责。第二，在家无怨。家是每个人生命的来源，也是每个人存在的依据，生存的堡垒。无论贫富，它都属于自己、伴随自己，始终不渝地以自己的方式关爱着自己。所以，人必须待家以仁。待家以仁，这是待人以仁的土壤，也是待人以仁的加油站。孔子告知仲弓，待家以仁就是无怨，无怨的本质含义是多爱。因为只有心中多爱和行有多爱时，才可无怨。不仅对家如此，对邦国也是如此：无怨原则，就是多爱原则。

二

整体观待人以仁的三个原则,就会发现孔子所讲的"待人以仁"中的"人",涉及四个维度:

第一个维度的人,是具体的自己。无怨,首先是善待自己,然后才是善待邦国和家族。

第二个维度的人,是具体的他人。敬畏所施予的人,都是具体的,因为在存在世界和生存舞台上,人最需要的是人。

第三个维度的人,是以血缘为纽带组织起来的人群,即家庭和家族。这必须无怨,并且必须多爱。

第四个维度的人,是以宗法为纽带建立起的邦国,其既构成家庭、家族的存在舞台和保障力量,也构成每个人生存发展的空间平台和生活的最终保障方式。

待人以仁,必须将仁播及这四个方面。兼顾这四个方面,前提是心中有这四个方面,其行要维护这四个方面,就是完整意义的仁。在孔子看来,待人以仁,是实施并实现完整意义的仁。完整意义的仁,就是有己有人有家有邦;有己有人有家有邦,即仁。

三

在孔子看来,在待人以仁中,仁立中央地位的不是他人,不是家,也不是国,而是己。孔子教导仲弓要"在邦无怨,在家无怨"。这两个"无怨"的显性对象是家和邦,实质对象却是自己。只有无怨自己,自我善待变成现实时,才可做到无怨于家和无怨于邦。如何才能做到无怨自己?孔子说"人不知而不愠,不亦君子乎"(《学而》),无怨己的基本方法是"人不知而不愠",人的拓展形态是家和邦,无怨的拓展方法就是"家不知而不愠"和"邦不知而不愠"。

以自己为出发点行仁,最后的归宿仍然是自己,即通过行仁使自己最终收获仁。从己出发待人以仁,将敬畏、推己及人和无怨多爱的宽厚这三大仁爱原则贯穿起来形成一个生命整体的是恕,即恕己恕人恕家恕邦。所以,恕道才是孔子告诉仲弓待人以仁的根本智慧和方法。由恕己恕人恕家恕邦此四恕构成的恕道,表现为待人以仁的行为之道,本质上却是待人以仁的心理之道。将其"恕之"的行为之道和"恕之"的心理之道融汇贯通成一个东西的那种力量,那种方式,就是**推仁**方法,即以己为出发点,推己及人,然后推己及家,推己及邦。

孔子推仁方法的心理学依据是:自爱多于爱人,爱人的原动力是自爱。

孔子推仁方法的生存论依据是:自利多于利人,利人的原动力是自利。

孔子推仁方法的人性论依据是:性相近,习相远。天赋相近的人性,是产生推仁方法的土壤，亦使运用推仁方法成为可能，这是因为推仁的本质和归宿是实现仁己；此外，天赋人性在后天生存敞开中生利多争，运用推仁方法成为现实，因为推仁的实际努力是利人和爱人。

四

孔子向仲弓讲待人以仁的仁道，实际上是在向仲弓传授恕道。孔子的恕道统摄起敬畏原则、推己及人原则和宽厚多爱原则。孔子的恕道并不是孔子的发明，而是对传统的发挥。

信而好古的孔子深知，周制虽然崇尚繁复的礼乐，殷商的宽简仁政思想和传统并未消失，它仍然保持在繁富礼乐制度的约束之中，发挥着滋润与调节功能。

> 宋公疾，大子兹父固请曰："目夷长，且仁，君其立之。"公命子鱼，子鱼辞，曰："能以国让，仁孰大焉？臣不及也，且又不顺。"遂走而退。（《左传·僖公八年》）

仁，是立邦立国的根本。治邦安国必须遵循仁道的敬畏原则，这一原则不是孔子的发明，而是孔子对古人和前朝的治邦准则的开新。

> 初，臼季使，过冀，见冀缺耨，其妻馌之。敬，相待如宾。与之归，言诸文公曰："敬，德之聚也。能敬必有德，德以治民，君请用之。臣闻之，出门如宾，承事如祭，仁之则也。"（《左传·僖公三十三年》）

徐复观说："《左传》僖公三十三年晋臼季谓'出门如宾，承事如祭，仁之则也'，这是最先看到有道德意义的仁字，成为以后孔子以礼为仁的功夫之所本。"[①]从有文字记载的信史言，徐氏所言如是。但孔子崇尚仁，并以仁来履行礼，推行"以仁行礼"之道，而是对殷商宽简仁政的基本方策的深入了解，并在与繁富周礼的客观比较中做出的理性选择。孔子重复臼季之"敬，德之聚也。能敬必有德，德以治民，君请用之。臣闻之，出门如宾，承事如祭，仁之则也"的仁道思想，不仅想要以此来承载自己返本开新、以仁入礼的文道救世理想，更想要使之成为能够广泛推行的治邦智慧和方法，使这种推己及人、推己及家、推己及邦的推仁智慧和方法，成为一种社会方式，一种返本开新的制度，一种能够可普遍化的社会心理和情感表达方式。

---

① 徐复观：《中国人性论史·先秦篇》，上海，上海三联书店2001年版，第42页。

第3章释义

司马牛问仁。

子曰:"仁者,其言也讱。"

曰:"其言也讱,斯谓之仁已乎?"

子曰:"为之难,言之得无讱乎?"

[注释]

司马牛:司马耕(? ～公元前481年),字子牛,宋人。相传司马牛是宋国大夫司马桓魋之弟。鲁哀公三年(公元前492年),孔子一行途经宋国,险遭司马桓魋杀害。《左传·哀公十四年》记载,司马桓魋作乱,司马牛出奔,曾至齐国,然后到吴国,后又返回宋,最后死于鲁。由宋返鲁,看来是投奔孔子拜其为师。司马牛早孔子两年卒,看来拜孔子为师为学的时间并不长。此章内容记载的事情,大概发生于孔子晚年回国(公元前484年～公元前481年)这段时间。《史记·仲尼弟子列传》记载"牛多言而躁",其实应该反过来理解,司马迁这段记载实是根据本章内容即司马牛问仁而孔子解之以"仁者,其言也讱"而来。

仁者,其言也讱:仁,即仁性、仁心、仁情、仁爱的总称,或曰仁德。仁者,有二解:一是仁人,即有仁德的人;二是仁也。根据文本语境,应从后解。讱,训顿,意为说话应慎之又慎。

[译文]

司马牛向孔子请教什么是仁。

孔子告诉他说:"仁,就是说话谨慎,表达迟缓。"

司马牛又问:"说话谨慎表意迟缓,就能成为有仁德的人吗?"

孔子回答说:"知道它容易,做起来困难,说话能不迟缓吗?"

[通解]

本章承前两章,继续讨论实行仁。通过司马牛与孔子问答,指出行仁的首要任务是说话谨慎,表达迟缓,但实质是理性:说话有理性,讲尊重,就是仁。

——

仁的问题是人的问题,但人始终是个体,呈现个性,由此使仁必然呈现个体、个性的一面。本篇讨论仁,都是以弟子问仁而夫子为其解仁的方式展开。在这种问答式解仁过程中,孔子很好地贯穿了仁的个体性和个性化准则。

第一章是颜回问仁,颜回是善于听话地学的人,但主动践履的能力较差,由此形成生活的实行能力弱。孔子针对颜回这一缺陷,提出"克己复礼为仁",鼓励颜回只要"一日克己复礼,则天下归仁"。第二章是"可使南面"的仲弓问仁,孔子不是针对他的缺点解仁,而是从原则和方法方面告诉他如何行仁治邦。本章问仁的主体却是贵族弟子司马牛。作为贵族弟子的司马牛,优裕的生活环境使他养成说话随性而为的急躁性格,为使司马牛能改变这种性格,孔子告诉他说话谨慎、表达迟缓就是仁。司马牛对仁原来如此简单感到不理解,于是再问,做到说话谨慎、表述迟缓就可能成为仁者?孔子则继续开导他说,在认知的意义上确实很简单,但说话谨慎、表述迟缓,并不是简单的认知问题,它最终是日常生活不断展开的实行问题,所以实行起来,凡须说话时都做到谨慎、迟缓,就要艰难得多,需要每天有意识地克制,有意识地训练才可达到。

二

其言也讱,为何是仁?其言也讱者,为什么会成为仁者?反之,其言也不讱,为什么就不仁,就不能成为仁者?这就涉及其言讱与不讱的根本区别。

其言不讱,指说话急躁。说话急躁,大都不经思考,脱口而出,话虽然很多,往往主观情绪很浓,不仅多误事,而且多伤人。误事,则造成损失甚或难以挽回的代价;伤人,最终伤及的是人情人心。人情人心最容易伤,而且是最经不住伤。最容易伤,指人情人心最容量遭受语言、行为的伤害。最经不住伤,指人情人心一旦伤害了,很难恢复原状。所以,其言不讱,是为不仁,而且在许多语境中还成为最大的不仁。

人而求仁,或人要成为仁者,其起步功夫是学会说话,即学会"其言也讱"。其言也讱,表面看是说话谨慎、表达迟缓,本质上是理性地说话。理性地说话,指思考地说话,对欲表达的对象、内容思考成熟了才有条理地表达。思考成熟后再说话,即对欲要表达的对象内容,哪些该说,哪些不该说,该说的如何说,从哪个角度切入说,说多说少,都一一思虑在心。一旦这样,自然会达到说话不出差错。说话不出差错,就不伤害他者,这种性质的说话效果最佳。对于要说的话,知道了说什么,也知道了怎么说,接下来是说时表述要迟缓。说话迟缓之仁,首先表现在说话避免情绪化,避免激情,也等于避免对人的情感伤害。其次是说话迟缓可以使表意层次性、条理性更强,更容易使人理解,这是对听者的最大尊重,所以是仁。

孔子"其言也讱"之仁道,包含如此内涵的生活真谛。司马牛死脑筋,不能领悟其妙,其思维只在感觉层面,故而再问。孔子只有告诉他"为之难,言之得无讱乎",要司马牛慢慢体会。说话之仁,表面看是表达之仁,或可有或可无。但实质上,说话之仁是一切的起点,也是所有仁的中枢,不理解说话之仁,无力行说话之仁,就无法从根本层面进入仁,使自己成为仁者。这是孔子教导司马牛"为之难,言之得无讱乎"的深层语义表达。

第4章释义

司马牛问君子。

子曰:"君子不忧不惧。"

曰:"不忧不惧,斯谓之君子已乎?"

子曰:"内省不疚,夫何忧何惧?"

[注释]

君子不忧不惧:君子,在《论语》中有两个维度的语义内涵:在伦理意义上,君子指德性德行兼具者。所谓德性,指心始终有他人;所谓德行,指行始终有他人,即凡事想到他者,并凡事从他人角度思考。在政治学意义上,所谓君子,指"修德取位"和"以德正位"的人。忧,忧虑、焦虑。惧,忧惧、畏惧。指不忧惧的人可成为君子。

内省不疚:内省,内向地反省自己。疚,内愧不安。指凡事反省自己自然去掉内心的不安。

[译文]

司马牛向孔子请教人如何才能成为君子。

孔子对他说:"只要做到不忧虑不畏惧,就是君子。"

司马牛没有听懂夫子的话,再问:"做到了不忧虑不畏惧,就可以成为君子吗?"

孔子回答说:"只要学会自我反省,做到内心无愧,怎么会有忧虑畏惧呢?"

[通解]

孔子认为,君子是以仁入礼达于乐的人,或曰修仁习礼成乐者,即君子。从主体性建构讲,君子是仁者;从践履讲,君子是行仁者。司马牛问仁,孔子从践履角度为其解;司马牛问君子,孔子却从修养角度解。二者刚好互置,却形成互映。

一

本章是对上章的继续。或者，本章与上章记述的内容，可能是一个具体的对话情景展开过程中的两个环节：司马牛求问何为仁，得到的教诲是"其言也切"。司马牛不能理解，由此再问，孔子告之以"为之难，言之得无切乎"，司马牛越发糊涂了。猜想此情景，司马牛何等尴尬和苦恼地无语。孔子一贯的教学方法是"不愤不启，不悱不发，举一隅，不以三隅反，则不复也"（《述而》），既然司马牛不再问，也就不再教。虽然有关于仁的问答活动停止了，但在司马牛那里，问题却没有解决。于是沉默无语中的司马牛调整情绪，鼓起勇气又问。既然如何成为仁的问题被搅糊涂了，再问就需要转换话题问君子。

在孔子学问中，成为君子的问题同样是开放性的。孔子根据个体性、个性性原则，围绕司马牛的困惑而针对性地告诉他，所谓君子就是不忧不惧。但司马牛根本不明白不忧不惧怎么会是君子，于是对孔子的说法产生怀疑。孔子只能告诉他，忧惧根源于内心。学会凡事反省自己，内心做到无愧，忧惧自然会消失。

估计司马牛仍然没有明白。不明白的事，只要不暴露出来，就不成为问题。做老师的也就不管了。孔子教人的这个办法确实有效，即将原本很复杂的问题进行简单化的处理之后，就没有了问题。但也留下如颜回为学所困死般的许多潜在困境和危机。司马牛可能也是如此，内心的焦虑与困惑一旦深度化后，就没有可解的药。司马牛追随孔子没有多久的时间，却早孔子两年卒，或许与其心之郁结难解息息相关。现在看来，如果孔子"不愤不启，不悱不发，举一隅，不以三隅反，则不复也"的方法再灵活一点，颜回般"听话地学"的学困、司马牛的存在之困，或许可因为老师的耐心和细致开导得到更好的消解。

孔子作为一代人师，一代思想家，深知人的资质和禀赋，把人分为"生而知之""学而知之""困而知之""困而不知"几种类型，明确提出"中人以下"不可语和"中人以上"方可语的观点。其实，司马牛虽然出身贵族，但资质和禀赋也如颜回一样，只是困而学之者。面对如此倔强的困而学之者，孔子似乎应该更为主动地帮助他走出学而仍困的困境才是。

二

《论语》所描绘的君子，当然有德性有德行，但按照孔子的观点，君子的德性德行应该建立在健全的心理、健康的人格、率真和坦荡的性格基础上。在这些众多的因素中，率真、坦荡是其根本。

率真、坦荡地存在，率真、坦荡地生活，率真、坦荡面对一切。无论顺境或逆境,好事或坏事,都以率真、坦荡之心面对之,才无忧无惧。因为率真、坦荡,才内心无愧;内心无愧,才是真正的无忧无惧。

这是一般论。然而,司马牛问君子,是心有所结。其兄的贪婪和暴虐与自己心地善良之间,本应该泾渭分明,但其兄作乱不仅使国人惨遭横祸,也使自己四处逃生。由此使原本脑子并不聪慧的司马牛质疑仁、质疑君子,故而有此疑问。孔子要为其解开心结,就是要他抛弃心中忧虑、焦虑和恐惧,心无愧疚,重新恢复率真,生活坦荡。孔子本意是要将司马牛从心困中解脱出来,但其功夫只用一半就中止了。何也? 解司马牛心困,其基本方法是使其无忧无惧;要使其达到无忧无惧,必须使其学会内省无疚;要使司马牛做到内省无疚,还需要进一步使司马牛领悟到无忧无惧地存在并由此成为君子的根本或者本源,即要内省什么才可达到无愧? 但孔子却并不以此相告。孔子为何要"留这一手"? 可能考虑到司马牛的资质禀赋不够,那就是知命。命,不由自己掌握,是天赋的。内省所达之处,就是觉解天赋之命。通过内省而知命,既可抛开过去的沉重包袱,也可瞻望未来的清朗和光明,更可感受到现实的温暖,一个赤裸率真、坦然的自己就朗朗地呈现在自己面前,自然内心无愧。一个内心无愧的人,哪还会存在忧虑、焦虑和畏惧呢? 一个无愧地面对一切的人,一个面对过去、现在和未来既无忧虑更不畏惧的人,想不率真和坦荡起来都不可能。所以这样的人必然是君子。如果孔子能够多给予司马牛进一步觉解的机会和空间,或许,他会以最挚诚的敬爱成为夫子三年庐墓守孝人之一,而不会早夫子而去。

第5章释义

司马牛忧曰:"人皆有兄弟,我独亡。"

子夏曰:"商闻之矣:'死生有命,富贵在天。'君子敬而无失,与人恭而有礼。四海之内,皆兄弟也。君子何患乎无兄弟也?"

[注释]

人皆有兄弟,我独亡:人皆有兄弟,这是一特殊语境中的话,是司马牛说他所认识的人都有兄弟。亡,本义逃亡、死亡,此意为没有。

商闻之矣:商,即子夏,因名商,故自称之。闻,听。闻之,指从夫子那里听来。

死生有命,富贵在天:死生、富贵,此四者,均由己力之外的因素来决定。这些因素被人整体地感知为高悬于头顶的"天",是天之力量所成。

君子敬而无失,与人恭而有礼:敬,庄敬。无失,没有过失。恭,谦恭、恭谨。指君子以庄敬警策自己,努力使自己避免过失;对人恭敬并讲究礼让。

[译文]

司马牛忧伤地说:"别人都有兄弟,唯独我没有。"

子夏劝道:"我听夫子说过:'人的死生皆命定,人的富贵由天赋。'君子行事庄敬,待人彬彬有礼。一旦这样做到了,四海之内人人都可成为兄弟。君子怎么会忧虑没有兄弟呢?"

[通解]

第三、四、五章都是司马牛问。心地善良而遭遇厄运的司马牛慕名投师,希求解其心结。但并不聪慧的司马牛两问孔子而不得其解,自然以失望之心转而求助同门,于是有了司马牛向子夏发出的第三问:"人皆有兄弟,我独亡。"

———

"人皆有兄弟,我独亡",这是司马牛亲情丧失的孤独之困。司马牛的这一生存论困境源于特定的生活背景。

宋桓魋之宠,害于公。公使夫人骤请享焉,而将讨之。未及,魋先谋公,请以鞍易薄。公曰:"不可。薄,宗邑也。"乃益鞍七邑,而请享公焉。以日中为期,家备尽往。公知之,告皇野曰:"余长魋也,今将祸余,请即救。"司马子仲曰:"有臣不顺,神之所恶也,而况人乎? 敢不承命。不得左师不可,请以君命召之。"左师每食击钟。闻钟声,公曰:"夫子将食。"既食,又奏。公曰:"可矣。"以乘车往,曰:"迹人来告曰:'逢泽有介麇焉。'公曰:'虽魋未来,得左师,吾与之田,若何?'君惮告子。野曰:'尝私焉。'君欲速,故以乘车逆子。"与之乘,至,公告之故,拜,不能起。司马曰:"君与之言。"公曰:"所难子者,上有天,下有先君。"对曰:"魋之不共,宋之祸也,敢不唯命是听。"司马请瑞焉,以命其徒攻桓氏。其父兄故臣曰:"不可。"其新臣曰:"从吾君之命。"遂攻之。子顷骋而告桓司马。司马欲入,子车止之,曰:"不能事君,而又伐国,民不与也,只取死焉。"向魋遂入于曹以叛。六月,使左师巢伐之。欲质大夫以入焉。不能,亦入于曹,取质。魋曰:"不可。既不能事君,又得罪于民,将若之何?"乃舍之。民遂叛之。向魋奔卫。向巢来奔,宋公使止之,曰:"寡人与子有言矣,不可以绝向氏之祀。"辞曰:"臣之罪大,尽灭桓氏可也。若以先臣之故,而使有后,君之惠也。若臣,则不可以入矣。"

司马牛致其邑与珪焉而适齐。向魋出于卫地,公文氏攻之,求夏后氏之璜焉。与之他玉,而奔齐,陈成子使为次卿。司马牛又致其邑焉,而适吴。吴人恶之,而反。赵简子召之,陈成子亦召之。卒于鲁郭门之外,阬氏葬诸丘舆。(《左传·哀公十四年》)

司马牛为宋国贵族向氏成员。向氏是从宋桓公分出的一支,故称为桓氏,因初封于向,又称向氏,以世官称司马氏。宋国以右师、左师、司马、司徒、司城、司寇为六卿,向氏世居卿位,先后任左师、司马等职。哀公十四年(公元前481年),司马牛次兄司马桓魋作乱,整个家族受牵连,兄弟离散,至为孤独。正是在这种境遇下,司马牛才说出"人皆有兄弟,我独亡",指原来有兄弟,现在没有了,而且不可再获得了。针对司马牛这一独特的生存境遇,子夏才用夫子的话来劝慰他,以使其从苦痛和独孤中解脱出来,正常生活。

子夏用孔子的话来劝导司马牛,要表达两层意思:

第一,人的死生、贫富、贵贱,命中决定,不由人的意愿为转移,也不以人的意愿为有无。面对其命,人应该坦然接受。坦然接受命,既是内心无愧的源泉,也是无忧无惧的前提。

第二,兄弟的有无,并不以血缘为绝对依据。既然死生、贫富、贵贱,都由天定为命,那么血缘兄弟之情谊,也就不是唯一。除此之外,只要像血缘兄弟那样有敬、有恭、有礼,所有人都可以成为兄弟。所以,当你将所有人当成兄弟,当所有人因为你的敬、恭、礼而把你当成兄弟,就没有孤独了。

应该说,子夏的劝慰是一剂良药,但从司马牛两年后就离开人世来看,估计子夏的这剂良药也没能对他产生太多疗效。

二

子夏劝解司马牛的"死生有命,富贵在天",首先表明是从老师那里听到的。在本章中,子夏专门做一"商闻之矣"的交代,或是为了强调其所说的话的权威性,以让听者增加可信度。当然,根据《论语》的整体语境和孔子的基本思想观,"死生有命,富贵在天"这话是否孔子所说,或可存疑,但"死生有命,富贵在天"的思想出自孔子应该无疑。

孔子不相信神,甚至不相信天道,却坚信命。孔子有关于命的思想,不是来自形而上学的玄想,也不是来自于思想的逻辑推论,而是来自对历史经验和生活经历的内在体认。

钱穆在注"死生有命,富贵在天"时说,所谓"命者不由我主。如人之生,非己自欲生。死,亦非己自欲死。天者,在外之境遇。人孰不欲富贵,然不能尽富贵,此为境遇所限"①。生命为谁所孕育,生命的长度,生命本身的资质优劣、禀赋的聪愚,以及由此三者共生达到的生命高度,皆不由自己做主。命是外力造就,天乃生命敞开的境遇,既是先在的,也是后天生成的。所以,"天"还融进己之为与不为,以及为与不为的方式。

以此观所谓的命与天,其实客观存在:承认,它存在;不承认,它同样存在。但承认与不承认,人活的质量和水准会有所不同。坦然面对命与天,落在实处是坦然面对死生、贫富、贵贱。生时惜生,死当坦然就死;贫困时安然贫困,富贵时顺其自然,贫而不卑贱,富而不傲慢;健康当珍惜,疾病自面对,一切坦然,一切坦荡,没有放不下的东西,也没有拿不起的东西。能拿的东西必然拿起来,要放下的东西自然放下。如此态度,如此胸襟,如此气度,必然少却匮乏或贪欲,少却愧对与不安,洗尽忧患与畏惧。这,既是仁,仁者,也是君子。

如此面对己力不能把握、不能主宰的所有事物或变化,所收获的仁,所达到的君子境界,自然超越血缘亲情、家族、权力等而享有普遍性的爱与亲,这是"四海之内皆兄弟"的亲与爱。达到四海之内皆兄弟的君子之境,不仅血缘亲情、家族、权力、身份、地位等已变得"事小"起来,而且贫富之于人的重要程度也可以调节:"子曰:'饭疏食,饮水,曲肱而枕之,乐亦在其中矣。不义而富且贵,于我如浮云。'"(《述而》)哪怕就是死生,也可以为自己所把握:"引述这一章的人一般都把注意力集中在'天'字上,但这样一来就会失去这一章的要点。生和死对一个人来讲是相对无能为力的事情,我们可以尽力延年益寿,但死亡真的到来时,我们毕竟只能服从,并且有时还会说:'这是命定的。'孔子就是这么做的,而我们今天也不会做得更好。"②

第6章释义

子张问明。

子曰:"浸润之谮,肤受之愬,不行焉,可谓明也已矣。浸润之谮,肤受之愬,不行焉,可谓远也已矣。"

① 钱穆:《论语新解》,北京,生活·读书·新知三联书店2016年版,第278页。
② [美]顾立雅:《孔子与中国之道》(修订版),高专诚译,郑州,大象出版社2014年版,第127页。

[注释]

子张问明：明，明智、明达；"潜慝不行曰明；思虑果远曰明。"（《逸周书·谥法》）指对小人的行径看得明白、清楚。这是子张问什么才称得上是"明"智、"明"达。

浸润之谮：浸润，慢慢地渗透。潜，谗毁、诬陷。比喻像水慢慢浸润物那样一种谗言、诬陷。

肤受之愬：愬，诉之异体字，意为诉怨、诽谤。比喻如切肤之痛般感受那样的诽谤。

明、远：明，清楚、明朗。远，远见。本章中的"明"与"远"所指侧重不同：明，指对小人要看得真切、清楚；远，指对小人要尽可能躲得远些。

[译文]

子张问怎样才是明智的。

孔子回答说："如水慢慢渗透于物一般不易觉察的谣言冷语，可激起人切肤之痛般感受的那些让人不易辨别其真假的诽谤和诬陷，传到你这里行不通了，算得上是明智。同样地，这种性质的谗言、冷语以及诬陷传到你这里停止了，这就是看得远。"

[通解]

人要成为君子，必须修仁，但重在实行。无论成己的实行（第一章）还是成人的实行（第二章），都需要理性（即内省）思考。第三、四、五章，通过司马牛三问（问仁、问君子、问兄弟），从不同方面揭示理性思考生活问题或生存困境的重要性。本章继之讲述理性思考可以给人哪些方面的认知帮助。

一

子张问怎样才称得上明智。孔子告诉子张说，明智就是看得清和看得远。

何谓看得清和看得远？

孔子以潜愬为例来说明：潜，是冷言冷语或者可以使人信以为真的谣言，它以和风细雨那样的"浸润"方式发挥作用，影响人的判断，改变人的看法，不容易使人发觉。与此不同，愬，是一种可以使人轻易相信的诽谤和诬陷，它以一针见血的"肤受"方式发挥作用，影响人的判断，改变人的看法，同样不容易使人觉察。从整体讲，潜，使人在不知不觉中慢慢麻木而丧失判断力；愬，却给处于盲目状态中的人以刺激，激起人感觉本能的亢奋，使人在药物刺激般的亢奋状态中丧失判断力。

能够让浸润之潛和肤受之愬止于自身，就是明。简单地讲，止潛愬于己，是明。这是"谣言止于智者"的本义。

二

孔子以止潛愬于己的比喻方式讲述什么叫明，告诉子张，人要做到明，人要能明并真正成为明者，也有规律，有原则可循，并且有条件可讲。

要在事物面前使自己明，首先必须有客观审视的存疑姿态，即不能不分青红皂白地相信。这需要做到两个要点：一是客观审视，把要使自己明的事物作为对象看待，并且一定要使它处于与自己划出界线的客观状态，不能让审视对象融入自己，或使自己堕入审视对象。二是必须有存疑的基本态度，当对象进入自己的审视视野时，必须杜绝任何形式的先入之见，以归零的姿态展开认知。

其次，要在事物面前使自己明，需要努力使所需明的事物与自己相距更远，这是因为"近朱者赤，近墨者黑"。认知对象，其距离越远，越少主观性，越客观；越少主观性越客观地认知事物，其认知之明的可能性越大。所以，远者明，近者暗。

最后，要在事物面前使自己明，只有"远"还不行，还需要"高"，因为远只能带来距离感，可以避免主观性；但"明"的真正关键是对所欲明的事物看得清楚，理解得明白，这是处得远所不能达到的，必须站得高，这就需要居高临下。

概言之，认知事物（包括人）达于明的基本方法是**身处其远，居高临下**。所以，明智者，必须是**高远**者。有其高远，才可认得明白，看得清楚、清晰，形成清亮。

第7章释义

子贡问政。

子曰："足食，足兵，民信之矣。"

子贡曰："必不得已而去，于斯三者何先？"

曰："去兵。"

子贡曰："必不得已而去，于斯二者何先？"

曰："去食。自古皆有死，民无信不立。"

[注释]

子贡问政：问，询问、请教。政，政治治理，根据本章语境，应作治理邦国讲。

足食，足兵，民信：足，充足、丰足。足食，使粮食丰足，意为整个邦国民人丰衣足食。足兵，使兵源充足，意为邦国兵强马壮，武备充足。信，信用、信任。民信，信用于民，使民信任，意为邦国君民同德、官民同心。

必不得已而去，于斯三者何先：必不得已，意为遭遇其窘境，凡事不能周全而必有舍弃。去，去掉、舍弃。斯，指代食、兵、信。于斯三者何先，指对于食、兵、信此三者，先舍弃哪一个。

[译文]

子贡请教如何治理邦国。

孔子说："使邦国丰衣足食、武备强大、社会信用。"

子贡又问："如果出于不得已，要在此三者中去其一，应先去掉哪方面最为恰当？"

孔子说："去其武备。"

子贡再问："如果出于不得已，要在剩下的二者中去其一，先应去掉哪方面最为恰当？"

孔子回答说："去掉丰衣足食。因为人自古以来都是要死的，如果丧失了邦民信任，邦国就会灭亡。"

[通解]

围绕君子实行其仁应如何解决认知问题，上章讨论君子行仁的一般认知论，揭示理性认知如何给君子实行其仁带来明远；本章照应第二章"仲弓问仁"，以治邦安国如何遵循等级优先原则做实例分析，说明君子行仁知其明远的根本性。

一

子贡有大志向，向夫子请教如何治邦安国。

孔子有"使南面"之智德，从治邦安国的万千事务中提炼出三条，即足食、足兵、民信，指出此三者乃治邦之要，古今皆然。

足食，是治邦的首要问题，因为邦以民为本，民以食为天，解决食的问题，是解决邦本问题。

足兵，是治邦的保障问题，在天子王权下移，诸侯并争的大环境下，邦国独立、安全、强大的根本保障，是武备充足，军事强大。

民信，是治邦的基石问题。民为邦本，是从生产力论，民既是生产物质财富的生产力，更是生产劳动力的生产力；民为邦国的基石，是从向心力、凝聚力、创造力论，这个基石是信。

二

丰衣足食、武备强大、邦民信用,这是邦国治理的完美状态。这种完美状态可以想象,但邦国治理现实中要做到,需要花巨大努力才可如此周全和完美。冷静思考邦国治理的子贡自然清楚理想与现实的矛盾,所以当孔子提出此治邦三要时,他就将现实残缺的可能性问题突显出来:当此治邦三要不能周全时,如何取舍? 对这一取舍的问答,既显示出子贡作为政治实践家的冷静与高远,更显示出孔子作为政治思想家的理性与客观。

首先,子贡问足食、足兵、民信三者不能周全时,最先舍弃哪个? 孔子建议舍弃武备,理由很简单,邦国可以没有武备,可以没有强大军队,但不可能无粮食,更不可能没有君主对民人的信用与民人对君主的信任,因为这是邦国的根本与基石。

其次,子贡继续问,足食、民信两个方面不能两全,二者必择其一时,应该舍弃哪个方面? 孔子认为应该舍弃足食而保留民信。理由也很简单,人终有一死,仅有早死与晚死的差异,让更多的人早死不会亡国,但没有信用,得不到民人的信任时,邦国必然灭亡。

"民无信不立"中的"无信",指没有信任,或不相信,或无信用。"民无信"可做三解:一是民不相信;二是民丧失对君或邦的信任;三是民不讲信用。这三解里面,"民"既可作为行为主体,也可作为行为受体。民作为行为主体的信与不信,从根本上取决于邦君和服务于邦君的官吏对民的信与不信,这是一个锁链性的生成过程。所以,使邦"不立"的"民无信",其完整语义应该是:民不相信,一定是民不再信任君和官吏;民之所以不再信任君和官吏,一定是君和官吏对民不讲信用。一旦民不相信君和官吏,邦国因此丧失独立与强大的基石。立邦和强邦的基石没了,纵然有丰衣足食,也最终难以立足于世;即使有强大的武备,也会不战而溃亡。

三

孔子以"述而不作"的方式建构其君子学说,实际上展开为向上和向下两条路线。向上行,其君子学说展开为以正名为主题的知识论和"以仁入礼"为主题的道德哲学。向下行,其君子学说展开为两个维度:一是君子伦理,或可说君子德性学说;二是君子政治,或可说君子治邦论。按照其文道救世的君子理想,君子学说的落脚点是君子为政治邦。这是《论语》编纂者将《为政》列于君子《学而》之后,是基于孔子君子学说的内在路线而组织的。

《为政》篇从"为政"的一般准则、原理入手展开讨论,一直到第二十二章"子曰:'人而无信,不知其可也。大车无輗,小车无軏,其何以行之哉!'"

孔子针对邦君治邦、官员治民的问题讨论信用的重要性,指出信用如同大小车辆套牛马的横木活销,没有它,就寸步难行。针对子贡问政,孔子进一步阐发治邦治民的信用问题。

子贡求教治邦之方,根据历史经验及其所形成的传统,其核心应该是治民化民的方策。但聪慧的子贡并没有提出求教治的具体论题,而是要看老师应将治邦方策的重心放在哪里。所以,在没有具体针对性的情况下,孔子按照自己融通古今智谋求返本开新的文道救世理想,做出治邦策论:足食、足兵、民信,并将民信置于决定邦兴邦亡的根本地位来考虑,强调信用在邦国治理实践中的根本性和重要性。

孔子论信,从三个方面讨论:首先讨论治邦三要,表明足食、足兵、民信,此三者对于邦国独立和强大不可或缺。其次讨论在这治邦三要中,最重要的是民信。有关于"民信",后世一般理解为民的信用,这应该不是孔子考虑的重心;因为,本章是在讨论治邦方策的问题,治邦方策的确立,这是以邦君和服务邦君的大臣为思考主体,所以构成"民信"之"信"的关系双方,应该是邦君、大臣、官吏与民的关系,可简化为君与民的关系。在这一关系中,起决定性作用的是君的行为,即君的行为决定了民的态度和民心之向背,继而决定了民的行为选择。因而,"民信"的重心问题或者说根本问题,不是民对君的相信、信任问题,而是君对民的信用问题。唯有当君对民讲信、守信时,民才相信和信任君。

自古以来,君与民的关系始终处于张力状态。从根本论,这种张力状态的形成以及达及的紧张或缓和程度,不取决于民,而取决于君。因为民能否求到食,能否有丰衣足食的保障,主要靠民自己的劳动,自己的勤奋加上好的气候,风调雨顺。君与民之间的张力关系,来源于君对民之所取和君对民之所予:君对民之所取主要有二,一是纳粮交税,二是供给劳力。君对民所予,就是安全保障、维护公平、讲信用。最根本者是信用,因为这既涉及君对民的安全保障、公平维护能否落实,更涉及君取之于民是否有度。从根本论,在君与民的张力关系中,君对民讲信用是决定性的,是一切的前提,是君民关系张力紧张或缓和的实质,更是民信或不信的根本。所以,邦国治理的首要问题、根本问题,甚至永恒问题,是君主和服务于君主的政府官员对民的信用问题。君和官对民讲信用的实质性回报,就是民对君和官的相信、信任。这是理解孔子"民无信不立"的关键。

东汉王充曾针对孔子之"去食,民无信不立"提出反诘,他说:"使治国无食,民饿,弃礼义;礼义弃,信安所立?《传》曰:'仓廪实,知礼节;衣食足,知荣辱。让生于有余,争生于不足。'今言去食,信安得成……夫去信存食,虽不欲信,信自生矣;去食存信,虽欲为信,信不立矣。"(《论衡·问礼》)其实,王充此论完全误解孔子。孔子是在与子贡讨论治邦的根本方策,在足食、足兵、民信这三大方策中,孔子认为君取信于民才是最重要、最根本的,哪怕足食、足兵这些条件都没有了,只要邦国还存在,只要还想邦国强大,都不能舍弃对民讲信用。孔子"民无信不立"的治邦方策,表达出来的是民本立国的思想,绝对是超时空的一流政治智慧。

第8章释义

棘子成曰:"君子质而已矣,何以文为?"

子贡曰:"惜乎!夫子之说君子也。驷不及舌。文犹质也,质犹文也。虎豹之鞟,犹犬羊之鞟。"

[注释]

棘子成:卫国大夫。

君子质而已矣,何以文为:质,指内在本质。文,指外在修饰。这里的质与文,相对"君子"言,"质"指君子品质、德性;"文"指君子文采、才华。

驷不及舌:驷,古代一车配四马的马拉车。舌,说话必备的舌头,指说出的话,或曰人言。驷不及舌,指说出去不可收回,即使四马也追之不及。其文言表述是:一言既出,驷马难追,出自刘向《说宛·说丛》"一言而非,四马不能追;一言不急,驷马不能及"。

虎豹之鞟,犹犬羊之鞟:鞟,去毛后的皮、皮革。虎豹皮与犬羊皮的差别,不是其皮的差别,而是毛纹的差别,以此说明文质相依的关系。

[译文]

棘子成说:"君子具备品质、德性就够了,何必还要文(文采、文雅)呢?"

子贡回答说:"真可惜呀!夫子你竟然这样理解君子。你要为这话后悔的,因为一言既出,驷马难追。其实,文(文采、文雅)彰显质(品质、德性),质(品质、德性)蕴含文(文采、文雅)。如果只要质而放弃文,犹如只要皮而不要毛,如果这样的话,去毛的虎豹皮与去毛的犬羊皮,有何区别呢?"

[通解]

第六章子张问明,讨论君子行仁必须以认知为先导,因为认知可使行之明远。第七章以治邦安国论,揭示君子行仁达及明远必须遵循优先原则,这一选择的优先原则本身蕴含由表及里的认知准则。本章以文质为例展开讨论,贯穿"君子不器"的整体生成观,刚好照应上章君子行仁治邦必须足食、足兵、民信此三者缺一不可的整体治理思想,同时也表明子贡对夫子整体生成的践履思想和原则的坚守与运用。

一

这是一场关于"文质"关系的论辩。这场论辩有何起因,无可考究。但从棘子成反对君子求文的这一行为观,至少表明棘子成彰质舍文的做法背后,应该有其现实生活的取向或者思潮,这种取向或思潮可能就是过分强调或张扬文,追求文饰,夸大文采、文雅对君子的重要性或根本性,由此弱化君子对质即内在品质的建构和德性的修养。因为周之传统体现文饰主义,周之礼仪文明是以繁富甚至烦琐的文饰制度为基石和土壤。西周灭亡东周展开,其繁缛文饰制度铺张出来的礼仪文明,越来越沦为形式,诸侯、贵族、士大夫们更欣赏对这种文饰制度的夸大运用。文饰制度的无限度铺张,可使人们更加自由地释放利欲、意志,更为容易地成为伪君子,因为要成为既有内在品质和德性(即"质")又有丰富文采的君子是很难的;相反,要成为只有文饰,成为文采和文雅的伪君子就容易得多。

或许如上生活倾向或思潮,才是棘子成强调君子之质而否定君子有文的背景语义和真实动机。如果这一语义背景成立,棘子成关于"君子质而已矣,何以文为"的主张,有很强的现实意义,更体现子贡所生活的当世对君子回归正途的艰难呼唤。毕竟,具备内在品质、具备内聚德性修养,是人成为君子的根本。棘子成对回归君子正途的说法虽然正确,却偏颇,有违于孔子基于述说文道救世的理想培养返本开新、以仁入礼的新君子主张。这是子贡不赞成棘子成单质主义的君子主张,由此成为展开这场文质讨论的根本动机。

二

子贡与棘子成讨论君子文质问题的事件,可能发生在孔子逝世之后,因为孔子逝世,群雄兼并的战国时代拉开序幕,维系东周的繁缛礼仪制度,已经完全抛弃内在的价值功能与规范约束力量,只流于形式上的文饰。子贡与棘子成的文质论辩,可能是在这样的文化重构和价值重构的大环境中产生的。通过子贡与棘子成关于君子文质分离论和文质互生论的论辩,透露君子文质问题逐渐成为当时文化思想教育领域关注的重要问题,隐然呈现三种君子观念:

第一种是君子文饰观。可能是子贡与棘子成所生活的当世的主流取向,或可说,生活于战国初期的王公贵族、大臣官员甚至于士子们热衷的,就是这种君子文饰观。但这种观点遭到棘子成的反对,当然,也引来孔门的反对,子贡与棘子成的论辩,则表现出这种反对的立场。

第二种是君子单质观。这是棘子成的主张:衡量人是否为君子,只看有无德性德行即可,不必看有无"文"。这种单质主义的君子主张,今天只能从棘子成的这段话来了解,保存于今的典籍中找不到相关的记载。但是,棘子成的话绝不是孤立的,他所表达的这种单质君子论观点、思考和思想,在当时可能也是一种代表性的君子主张,并且,持有这种主张的人,可能也不少。

第三种是文质君子论。这一主张在子贡与棘子成的公开论辩中亮相,但这种思想的源头却在孔子那里。子贡不过是忠实地捍卫了夫子文质相生或者说文质彬彬的君子思想、君子理想而已。

三

在当时流行的这三种君子主张中,文饰君子论肯定是错误的,只追求文饰而放弃品质与德性,必然催生伪君子人格,造成精英文化的堕落。虽然文饰君子论是绝对错误,但它却最有市场。透过历史的长镜头而观今日,文饰君子论仍然活跃于市场。

在这三种君子主张中,单质君子论呈现出来的基本取向和总体方向应该是对的,但偏激。从美学观,文质问题,既不是内容与形式可以分离的问题,也不是可以任意地将其合拢来的两张皮。文质之间是内生、互生的关系。

最为客观正确的第三种君子观,即文质统一观。关于文质统一的经典阐述,是孔子的"质胜文则野,文胜质则史,文质彬彬,然后君子"(《雍也》)。文与质,是构成真君子的两个必备条件:君子成为君子,必须有不同于众人(常人、庸人)的品质与德性,包括理想和境界;但仅有此,还不能成为真君子,还必须具备文化、文采、文雅,这些都是人成为君子的必须修养。修养文化、文采、文雅的过程,也是人成己为君子的内在品质、德性、理想和境界的生成过程。从根本讲,文质互生:文彰质显,质是文的灵魂;质蕴含文,文是质的生命张力。二者共在合生,相互依赖,相互哺育,互不相胜,相胜则亡,相哺则生,且生生不息。这是孔子"质胜文则野,文胜质则史"的本质语义和根本规范。子贡对夫子的文质相生思想的理解所做的比喻,虽然不那样贴切,但道出孔子文质相生思想的本义和实质。

四

子贡以虎豹皮毛与犬羊皮毛这一并不贴切的比喻,道出孔子文质相生君子思想的相生本质。孔子之论君子文质,讲的是君子修养,其要义有二:一曰礼;二曰仁。

君子之文者,说到底是一礼。"君子博学于文,约之以礼,亦可以弗畔矣夫。"(《雍也》)孔子之如是论,才形成颜渊临终前的喟然之叹"夫子循循然善诱人,博我以文,约我以礼"(《子罕》)。孔子教弟子学《诗》《书》,修《礼》《乐》的实质,是培养弟子有文,有文就是有礼,因为在古代,礼是全部文化、文明的结晶。有礼,既是说话有文采,更是言行文雅。

君子之文的灵魂,是品质、德性,它源于君子理想的激励,展开为君子生活境界。品质、德性、理想、境界,构成君子之质。君子之质是修的结果。君子修质,其形式努力或者说基本途径,仍然是"博我于文",所修的形式内容是礼,所修的本体性内容却是仁。君子修养品质、德性、理想、境界的过程,是修仁的过程,所以,君子之质者,仁也。

人通过文质双修达于文质彬彬的君子状态、君子境界,必然指向于对生活的实行,是行礼必彰仁,施仁必承礼。仁礼一体,是君子。

第 9 章释义

哀公问于有若曰:"年饥,用不足,如之何?"

有若对曰:"盍彻乎?"

曰:"二,吾犹不足,如之何其彻也?"

对曰:"百姓足,君孰与不足? 百姓不足,君孰与足?"

[注释]

饥年:歉收的荒年。

盍彻乎:盍,何不。彻,截取、收取、征收,此乃周代田税制度的征税单位,税田十取其一,即彻。田税制度,自古而然:"夏后氏五十而贡,殷人七十而助,周人百亩而彻,其实皆什一也。"(《孟子·滕文公上》)

百姓足,君孰与不足:百姓,指贵族。足,丰足。孰,不定指称代词,哪个、谁、哪里。指百姓丰足了,邦君哪里会不富足呢?

[译文]

鲁哀公询问有若说:"荒年歉收,国库空虚,有何解决办法?"

有若回答说:"何不采取田税法,按十分之一的比例征收?"

鲁哀公说:"我已按十分之二的比例征税了,尚不够用,怎能改成十取其一呢?"

有若回答说:"百姓丰足了,你怎么会不富足? 百姓贫穷了,你哪来富足?"

[通解]

本章讨论如何解决饥荒的问题,涉及认知的正确选择。从这个角度看,本章直接承上章展开,强调施治的整体生成思想,其具体表述为百姓足与君足的关系如何有德地构成。从讨论的具体问题看,本章又承第七章:第七章讲治邦的整体方策设计与实施必须以整体生成的认知为指南;本章却讲饥年治邦如何解决百姓与君的"共足"问题,同样体现整体生成的思想。

——

理解本章的关键词是"百姓"。

"百姓"这个词相对"黎民"而言,是与"黎民"相对的概念,其原初语义是指一百个氏族。据史书记载:在四千多年前的氏族部落时代,生活在黄河流域的一百多个氏族为抗击入侵者而组织起来形成炎黄部落,打败南来的九黎族,战败的九黎族成为奴隶,被名之为"黎民";获得统治权的炎黄联盟组织,分别赋予组成该部落联盟的这一百多个氏族以姓氏,由此形成"百姓",以在称谓和地位上区别于"黎民"。所谓百姓,指统治黎民的贵族。①

邦国诞生后,只有贵族才有资格进出朝堂,所以在古代,百姓又称为"百官"。"百姓"作为"贵族""百官"的含义一直沿用到战国中后期才发生语义变迁,逐渐获得"民"的语义指涉。范文澜在《中国通史》中写道:自夏建国以来,"百姓是贵族",与此相对的"民",却是供养"百姓"的社会底层人群。范文澜还认为,作为指称贵族、百官的"百姓",其获得"平民"语义的时间,可能发生在春秋末期。② 徐朝华在《上古汉语词汇史》中也认为:"从表示等级地位来说,词义变化最大的是'百姓'。在奴隶制社会里,只有奴隶主贵族才有姓,只有有姓的人才能担任官职,所以在春秋中期以前,'百姓'是奴隶主贵族的通称,多指百官。春秋中期以后,在社会大变革中,阶级分化急剧地进行,姓已不能再作为贵族身份的标志,而只有别婚姻的作用了。所以从春秋后期起,'百姓'开始转变为表示民众的意思。"③两位史家的如上判断,有其文献依据。首先,金文中出现的"百姓"概念,正是表义"百官""贵族"④。其次,在《书》《经》中,"百姓"亦为百官、贵族义。比如《尚书·尧典》中的"平章百姓",就指百官,孔安国传曰:"百姓,百官也。"⑤《诗经·

---

① 谭文森:《"黎民""百姓"考》,《语文知识》1988年第2期。
② 范文澜:《中国通史》第1册,北京,人民出版社1978年版,第46~47页。
③ 徐朝华:《上古汉语词汇史》,北京,商务印书馆2003年版,第84页。
④ 陈初生:《金文常用字典》,西安,陕西人民出版社2004年版,第420页。
⑤ (清)阮元校刻:《十三经注疏·尚书正义》,北京,中华书局2008年版,第119页。

小雅·天保》之"群黎百姓,遍为尔德"中的"百姓",毛传亦释为"百姓,百官族姓也"①。在商周的时代,生活于底层的劳动者,均用"民"来指称,如"黎民""庶民""万民""王民"等即"中原有菽,庶民采之"(《诗经·小雅·小宛》),"弃,黎民阻饥"(《虞书·尧典》),"质尔人民,谨尔侯度,用戒不虞……子孙绳绳,万民靡不承"(《诗经·大雅·抑》),上古汉语中,"人民"的原意是"邦君之民",即"王民"。

"百姓"概念指称"民",应该是战国以降的事。因为战国时代,"百姓"一语主要用于指称百官、贵族。这可在子书中找到依据:"百姓"一语出现于《老子》四次、《墨子》八十九次、《孟子》十九次、《庄子》九次、《荀子》九十二次、《韩非子》三十三次。如上各子书中的"百姓",都表"百官"之义。不仅如此,在战国中已有成熟形态的医学典籍《黄帝内经》中的"百姓",亦指百官。比如:"黄帝问于岐伯曰:余子万民,养百姓而收其租税。"(《黄帝内经·灵枢·九针十二原》)该语中的"百姓"意指"百官",意思是"我虽以万民为子,但为养(协助我治天下的)百官,不得不(向万民)收税"。再如:"黄帝曰:余闻先师,有所心藏,弗著于方,余愿闻而藏之,则而行之,上以治民,下以治身,使百姓无病……岐伯曰:远乎哉问也! 夫治民与自治,治彼与治此,治小与治大,治邦与治家,未有逆而能治之也,夫唯顺而已矣。顺者非独阴阳脉,论气之逆顺也,百姓人民皆欲顺其志也。"(《黄帝内经·灵枢·师传》)这段文字中出现两个"百姓",一者出于黄帝之问,另一者出于岐伯之答。将"百姓"与"人民"对举,并在"百姓人民"后面用一"皆"字,以表明"顺其志"者非为一类人,而是百官、贵族和民两类人,都应该顺其志。

由此可以看出,范文澜和徐朝华两位史家之论,只讲对了一半:自夏建国以至春秋,"百姓"概念表意"贵族""百官",乃一脉相承,即使进入战国时代,"百姓"一语仍然指涉"百官""贵族"。在孔子生活的春秋晚期,"百姓"指有姓氏有田产的贵族,民是为拥有田产的贵族种植田地的劳力者,纳税是拥有田产的贵族向邦君和官府按田交粮,因为封地所有者是贵族,民只是为贵族种植的打工者,不存在纳税的问题。

这是理解本章内容的关键。

二

从内容主题看,本章与第七章关联,可看成对"足食"问题的进一步讨论。

在足食、足兵、民信三大治邦方策中,子贡设计了不周全状况下的方策选择何者优先的问题:在第一轮"三去其一"的选择设计中,孔子选择去"足

---

① (清)阮元校刻:《十三经注疏·尚书正义》,北京:中华书局 2008 年版,第 119 页。

兵",这是因为支撑邦国独立存在以及可发展的两块基石是物质和精神:足食代表物质基石,民信代表精神基石。在第二轮"二去其一"的选择设计中,孔子选择去"足食"。理由是封建贵族制度下,田地都是贵族的,足食是相对拥有田地的贵族言,民创造了物质财富,但所有的物质财富都属贵族所有,所以,贵族支撑起邦国,贵族的物质财富构成邦国的物质基石;但民却是贵族物质财富的生产者,构成贵族这一基石的基石,所以在二者必舍其一的情况下,孔子认为,君主治邦的正确思路是:**宁可舍弃贵族的富足,也要保住民对君主和邦国的信任**。

孔子如上治邦安国思想背后隐藏一个基本道理:在分封的制度框架和社会结构中,贵族虽然是支撑封国的基石,但这块基石必须为封国的君主服务,以此为绝对前提。在封国歉收的荒年,渡过难关的基本方式有二:一是节用;二是向贵族摊派或增加田赋。后者是以削贵族的"足食"来解决邦国荒政的必为之法。

以剥夺贵族即百姓的"足食"(即丰足)来解决歉收的饥荒难关,这是荒政的实质性内容。但这种剥夺一定要有限度,理由是:百姓是封国的基石,百姓丰足,是邦君丰足,或者更抽象地讲是邦国丰足的前提,也是邦国丰足的体现,因为邦君向每个百姓增加一份剥夺,百姓也会如法炮制向所辖下的民增加两份甚至更多份剥夺。在分封的制度框架和社会结构下,邦君、百姓(即贵族)、民三者之间构成利益链条,在这一利益链条中,要保持动态平衡的内在机制,就是使利益分配、占有或剥夺之间有限度。超越这个限度,无论对百姓(贵族),还是对民,都会造成基石的崩溃。这是有若说"百姓足,君孰与不足? 百姓不足,君孰与足"的二维辩证法:

即使在荒年,邦君有权向百姓(贵族们)征收田税,但必须有限度。这个限度是"百姓足":邦君以征收田税的方式向百姓剥夺物质财富以行荒政,必须不损百姓的丰足状态。不损百姓的丰足状态,就是"百姓足",百姓在被征收田税后仍然保持其"足"的状态,那么邦君也会丰足,邦君所统治的邦国也处于丰足状态。反之,邦君向百姓征收田税,超过其限度,就会损伤百姓的筋骨,或者破坏百姓的脏器。一旦如此,百姓可能由丰足状态转入匮乏状态,必然引发连锁反应,一是百姓们联合起来对抗邦君,抵制重赋;二是百姓们趁机向民剥夺,以求自我补偿。其带来的最终结果是:百姓不足,邦君何足? 所以,无限度掠夺财富的治邦方略导致的是三败俱伤,最后是邦国的衰败甚至灭亡。

如上则是有若论"百姓足,君孰与不足? 百姓不足,君孰与足"的深层政治学和治邦本体论。这一深层政治学和治邦本体论思想的活水源泉,却在孔子"足食,足兵,民信"三大治邦方策中。

第 10 章释义

子张问崇德、辨惑。

子曰："主忠信,徙义,崇德也。爱之欲其生,恶之欲其死。既欲其生,又欲其死,是惑也。'诚不以富,亦祇以异。'"

[注释]

崇德、辨惑:崇,推崇、崇尚。崇德,崇尚有德。辨,分辨、辨别。惑,迷惑、疑惑、困惑。指辨别困惑。

主忠信,徙义:主,主持、主导。忠,忠诚(于人、事)。信,信用、信任。主忠信,指以忠诚信用为心之主导。徙义,闻义,指见义而改变己意而信从之,即唯义是从。

诚不以富,亦祇以异:此两句引自《诗经·小雅·我行其野》,程颐认为:"此错简,当在第十六篇'齐景公有马千驷'之上。因此下文亦有齐景公字而误也。"(朱熹《四书集注》)实际上并非如此。诚,通成。以,因。富,富裕、富有,有增加义。异,不同,有转换、转移义。《诗经》曰:"并非因为她富裕,却是因为你心的变化。"孔子引此两诗句,是补充说明惑何以产生的根源。

[译文]

子张问如何才称得上崇尚德、辨别疑惑。

孔子说:"以忠信为宗旨,弘扬道义,是为推崇德。对一个人,爱他时渴望他长生,憎恨他时则期望他短命。这种既要他生,又要他死的想法,就是心灵迷惑,神思混乱。正如《诗经·小雅·我行其野》所说:'不念结发妻子情,硬要强行结新欢,并不是因为新欢富有,而是自己内心发生了变化。'"

[通解]

上章讨论治邦者仁和治邦施仁,必须有度。有度,表征为君、百姓、民三者共生;无度,必然造成三者共损,一旦如此,国将不国。何以才可施治有度而达于仁?这是本章要讨论的问题。

一

按照孔子的政治学说,君子为政治于仁,必须逐利有度。要做到逐利有度地施治于仁,需要解决两个问题:一是德的问题,二是惑的问题。即要逐利有度,施治于仁,必须既崇德又不惑。什么叫崇德不惑?怎样才可崇德不惑?子张就这两个问题向孔子请教。

从根本讲,子张提出的这两个问题都属于仁的范畴。崇尚德,是以德为施治的准则,它构成逐利有度、施治于仁的正面。辨别迷惑,是以明为施治的前提,它构成逐利有度、施治于仁的反面。既能崇德,又能辨惑,才真正做到逐利有度地施治于仁。对治邦者言,要真正做到逐利有度地施治于仁,必须具备真正意义的仁,拥有崇德和辨惑的能力。

二

崇德,指崇尚德性和崇尚德行。要做到逐利有限度地施治于仁,以德为准则,则是既要以德性为准则,又要以德行为准则。

以德性为准则,是指以忠信为指南。忠信,是忠诚和信用。就侧重言,忠诚指涉人事,既忠诚于人,又忠诚于事:忠诚于人的前提是平等地"君使臣以礼,臣事君以忠"(《八佾》)。忠诚于事的前提是尽心尽性。信用指涉信守诺言和信任:前者要求言行一致;后者要求平等尊重。

以德行为指南,就是徙义,即唯道义是从。义,既蕴含道,也蕴含则。前者指践履仁所必须开辟的途径;后者指践履仁所必须遵从的准则。以德行为指南,就是遵其路径,守其准则,这叫作唯道义是从。

三

崇尚德性德行的主体前提,是第六章所讲的"明"且"远",指要站得高和距离远。站得越高,看得越明;距离越远,观得越远。

明,是一种深邃。

远,是一种客观。

明与远的有机统一形成的认知,必定是不惑。

从根本论,人往往心向往德而不能崇德,是因为惑。人之所以惑,是因为身置其中,如苏轼所吟唱的"横看成岭侧成峰,远近高低各不同。不识庐山真面目,只缘身在此山中"(《题西林壁》)那样。

子张请教孔子何以才可辨惑。孔子却给他讲什么叫惑:所谓惑,就是"爱之欲其生,恶之欲其死。既欲其生,又欲其死"。孔子告诉子张,惑产生于两种情况:一种情况是爱之则欲其生,恶之则欲其死;另一种情况是"既欲其生,又欲其死"。这两种情况有如此的不同,但其惑的心理机制却相同。形成这两种"崇德之惑"的心理机制是什么呢?孔子引《诗经》来含蓄地表达之:

> 我行其野,蔽芾其樗。昏姻之故,言就尔居。
>
> 尔不我畜,复我邦家。
>
> 我行其野,言采其蓫。昏姻之故,言就尔宿。

尔不我畜,言归斯复。

我行其野,言采其薑。不思旧姻,求尔新特。

成不以富,亦祇以异。

——《诗经·小雅·我行其野》

后世往往不能理解本章孔子何以要引此诗,聪明的程颐将其断定为"错简",于是成为定论。其实这是注疏式解读造成的感觉主义的浅表理解。孔子引《诗经·小雅·我行其野》中这位弃妇对丈夫沉迷于新欢的原因探究:认为自己的丈夫不念结发之情另寻新欢,不是因为所寻求到的新欢比自己优越、好(即"富",当然还含有漂亮、贤惠等义,指许多方面比自己好),实在是丈夫对自己的心发生了变化。其所表达的意思是:家还是这个家,人还是这个人,环境还是这个环境,一切都没有改变,一切都没有增加或减少,改变的只是人心。

人心是主观的,主观化的人心一旦被利欲、本能、冲动所持,就完全丧失客观性,看待世界、认知事物、选择行为等,自然就惑了。

惑源于人心。辨惑的正确路径与方式,自然是正人心。怎样正人心呢?孔子没有说,但答案似乎已经蕴含在其讲述中。这就是**回到事物本身,回到人的本原处本身**,展开修习,进入修行。

第 11 章释义

齐景公问政于孔子。

孔子对曰:"君君,臣臣,父父,子子。"

公曰:"善哉!信如君不君,臣不臣,父不父,子不子,虽有粟,吾得而食诸?"

[注释]

齐景公问政于孔子:齐景公(? ~公元前 490 年),姜姓,名杵臼,齐灵公之子,继其兄齐庄公之后为齐君,在位五十八年。齐景公在位期间,国内政治相对稳定,有赖崔杼、庆封、晏婴、穰苴、梁丘据等大臣扶助。相传三十五岁的孔子适齐,闻《韶》三月不知肉味,齐景公问政,孔子对答,很得齐景公赏识,欲将尼溪田封给孔子并打算重用他,据说是晏婴在齐景公面前说了孔子坏话,齐景公因此放弃原来的打算。因为如此情景,孔子很快离开齐国。本章齐景公问政,大概是孔子这次齐国之行的杰作,因为此后其再也没有去过齐国。

君君，臣臣，父父，子子：这是四句话，同样的语序结构：每句的前一个词是名词，后一个词是名词动词化，构成"像……一样……"的表述结构，意为君要遵君道，担当君责；臣要守臣道，担当臣责；父要遵父道，担当父责；子要守子道，担当子责。

信如君不君，臣不臣，父不父，子不子，虽有粟，吾得而食诸：信如，假如、如果。不，不像、不是、不成。虽，虽然、即使。食，吃。诸，指称前面的"粟"。食诸，能吃到那些粮食吗？

[译文]

齐景公就如何治邦强国的问题询问孔子。

孔子回答说："君要遵君道，担当君责；臣要遵臣道，担当臣责；父要遵父道，担当父责；子要遵子道，担当子责。"

齐景公说："你讲得太好了！假如君不像君，臣不像臣，父不像父，子不像子，纵然有丰足的粮食，我能吃到吗？"

[通解]

第九章讲治邦施仁必须逐利有度；第十章揭示要做到逐利有度地施治于仁，前提是崇德解惑。本章在崇德解惑的基础上，讨论要逐利有度地施治于仁，必须落实为担责；只有明确的担责，只有担当起己责，才可做到逐利有度地施治于仁。

———————— 一 ————————

本章内容，后世争议最多。因为本章内容，孔子被戴上许多帽子。孔子学说也被做出甚至截然相反的不同定性。且不说近世以来的革命主义照妖镜照出妖魔鬼怪般的孔子，实事求是地看，后世对本章内容的许多解读，首先是抽空了具体的文本语境，其次是抛弃孔子生活的当世语境，最后是忽视孔子学说本身的思想语境。因而，正确理解本章内容，要尽可能还原孔子与齐景公对话的本义，尤其是其本义后面贯穿的孔子政治学思想。

汉代孔安国注此章内容说"当此之时，陈桓制齐，君不君，臣不臣，父不父，子不子，故以对"。齐景公年幼时在齐公室的权力争斗与杀戮中继位，继位后在其宫廷杀戮中战战兢兢，唯命是从地过了十六年傀儡君主生活，其后慢慢成熟，开始新一轮权力斗争，最后在血腥的杀戮中真正掌握君权。齐景公于鲁襄公二十六年（公元前547年）正式即位，孔子适齐是鲁昭公二十五年（公元前517年），应该是齐景公真正执掌国政后不久，意欲励精图治以恢复祖上齐桓公的光荣，所以才有齐景公向孔子问政的故事发生。孔子对齐国政治生态状态了如指掌,所以才一针见血地提出根本的治理方策(实际上可适应当世的所有邦国),即八字方针:君君,臣臣,父父,子子。

二

齐景公向孔子询问如何根治齐国内乱,应该是春秋时代诸侯国面临的共同问题。孔子针对这一普遍性的当世治政问题,提出可以施治内乱的根本方策。这一方策体现孔子君子政治学"为政以德"的核心主张。所谓"为政以德",落在实处就是构建良好秩序的人际关系,这种人际关系的整体显现是社会关系。

参见《为政》篇导论的"为政"详解:为政以德,是孔子政治学说的基本主张,其所表达的政治思想精髓有三:首先,政治是伦理的,所以为政必须求善,以实现善果。其次,政治的本质是正,所以为政必须求正。最后,为政就是正己以正人,正己以正事。为政能够做到此三者,可称为德政。在这种政治学思想指导下,孔子指出,以"为政以德"的方式建构良序的社会关系,应该从两个方面入手:

首先应该正定名实。所谓正定名实,就是名实相副。它有两个方面的自身规定:一是正定名分。《左传》记载:"既,卫人赏之以邑,辞。请曲县,繁缨以朝,许之。"孔子为此事大发卫侯非礼的议论:"惜也,不如多与之邑。唯器与名,不可以假人,君之所司也。名以出信,信以守器,器以藏礼,礼以行义,义以生利,利以平民,政之大节也。若以假人,与人政也。政亡,则国家从之,弗可止也已。"(《左传·成公二年》)在孔子看来,名(爵号)和器(车服)供给大夫使用,意味着亡政、亡国。因为名正言顺事成,名不正言不顺事不成,将名假以人,实际上是名失。所以,孔子才有"名不正则言不顺,言不顺则事不成,事不成则礼乐不兴,礼乐不兴则刑罚不中,刑罚不中则民无所措手足。故君子名之必可言也,言之必可行也。君子于其言,无所苟而已矣"(《子路》)。二是正定名实,即有其名分,必要有其名实。只有名分,没有名实,就是伪,就会在家乱人伦,在国乱秩序。这是孔子说"君君,臣臣,父父,子子"是治理邦国内乱的根本方策,因为只有名分,没有名实,或者只讲名分,不求名实的制度,必定是内乱的根源。

在孔子看来,正定名实的本质内容,是各遵其道,各正其位,各担其责。此三者,就是名分之实。有如此名分之实,必然内乱终止,秩序井然,邦国稳定。

要言之,孔子正名思想即是正定名分和正定名实。这种以正定名分和正定名实的正名思想,建构起名实相副的权责关系。本章内容,就是借齐景公之问,对这种以权责对等为本质内容要求的正名思想的具体陈述。

其次应该构建以权责对等为导向的等级秩序。在孔子看来，为政所构建起来的能够呈现良序的人际关系主要有君、臣、父、子四种。这四种关系的形成，是君必以臣为参照，臣必须以君为参照；父必以子为参照，子必须以父为参照。

第一个方面，君以臣为参照，形成"君—臣"关系。在这种关系中，"君君"是其本质规定，即只有君遵守君道，担当为君的职责，臣才可真守臣道，担当为臣的职责。

第二个方面，臣以君为参照，形成"臣—君"关系。在这种关系中，"臣臣"是其本质规定，即臣必须以君为榜样，平等地遵守臣道，担当臣之职权范围内的责任。

第三个方面，父以子为参照，形成"父—子"关系。在这种关系中，"父父"是其本质规定，即只有父遵守父道，担当为父的职责，子才可真守子道，担当为子的职责。

第四个方面，子以父为参照，形成"子—父"关系。在这种关系中，"子子"是其本质规定，即子必须以父为榜样，严格地遵守子道，担当为子的责任与义务。

孔子从历史经验和生活经验中提炼出来的这四种关系，既是血缘宗法关系，更超越血缘宗法的普遍化关系。并且，只要人种还存在，只要家庭还存在，只要邦国还存在，只要人类社会还存在，这四种普遍化的人际关系会一个不少地存在于任何性质和制度的社会中。这种普世主义的四种关系蕴含一个真理：在由"君君，臣臣，父父，子子"这四种人际关系构建起来的社会共同体中，**每个人各居其所**，**每种角色各得其位**，**每种事物各具其用**。

三

深入理解孔子"君君，臣臣，父父，子子"这四种关系背后的存在论本质和生存论意义，就在于"君君，臣臣，父父，子子"这四种**以权责为导向**的等级关系。从人类生存发展史和文明史看，这四种关系实际上构成四种普世关系，体现永恒的人伦社会的政治真理。其根本理由是它蕴含现代政治文明的"群己权界"思想，体现具有现代意义的政治自由主义及其规定的契约关系。

第一，"君君，臣臣，父父，子子"关系，是一种自由人的**契约关系**，这种自由人的契约关系的实质，是**权利**与**责任**。君臣、父子之间的权利和责任当然是不平等的，但君臣之间、父子之间必须有权利与责任，必须由权利和责任构成契约关系。所谓君臣间的契约关系，是指君主与臣子在权利与责任方面，虽然存在不平等性，但必须是相互的，即臣对君负有责任，君对臣也负有责任,并且首先是君对臣负有责任,担当起为君的责任,臣才可能对君负有责任,并为此担当起责任。这就是孔子强调的"君使臣以礼,臣事君以忠"(《八佾》)。反之,君在臣面前享有权利,臣在君面前同样享有权利,即君的权利构成他对臣的责任,即保护臣的责任和尊重臣的责任;臣的权利构成他对君的责任,即服务君的责任,这种权利与权利的相互依赖性,才构成真实的社会关系,形成真实的社会秩序,一旦这种相互依赖的权利责任关系松懈甚至解除,实质的社会关系就不会存在,社会秩序必然名存实亡。

第二,在"君君,臣臣,父父,子子"关系中,父子关系是血缘关系,其缔结遵循的是血缘律,或者说**自然律**,这种关系一旦形成,具有不可选择性。所以,父遵守父道,担当为父的责任,子遵守子道,担当为子的责任,体现**先天契约**性质,是**天职**责任。

与此不同,君臣关系是一种**后天契约**关系,其缔结遵循的是**社会律**,即社会的伦理原理和政治原理,这是**等级平等的权责原理**和**自由权界原理**。孔子强调君要像君,必须遵守君道,担当为君的责任,然后才是臣要像臣,必须遵守臣道,担当为臣的责任。**由此责任规定形成的缔结君臣关系的前提是"君使臣以礼",然后才有"臣事君以忠"。**并且,一旦君不像君,不守君道,自然会造成邦无道,在这种状况下,任何臣都可挂冠而去,即"邦无道如矢"(《卫灵公》)和"邦无道如矢"的实质表述,是"君无道如矢"。

第三,人成为人,是因为内具仁,外行礼。但仁与礼,对任何人言,都不是空洞抽象的说教,而是具体的。这种具体性就体现为如上四种关系。孔子告诉齐景公,人成为人,无论邦君还是臣子,或者父子,以及贫民,所有的仁和全部的礼都融贯在这四种关系中,并且这四种关系本身构成人成为人的生命:"我的生命不是维持这种关系的一种**手段**;这种关系就是我的生命,而不是某些外在于我的生命而让我为之服务的东西。我生活中每一种这样的关系,如果它确实是一种真正人性化的关系,那么它就会构成我的生命,因为正是通过生活在这么多的关系之中,我才获得一个更加完整的人的生命。正是通过做父亲、儿子、丈夫、大臣,甚或君主——通过合理得体地生活在这样一些人与人之间的关系之中——我的生活才成为真正的人的生活。"①

---

① [美]赫伯特·芬格莱特:《孔子:即凡而圣》,彭国翔、张华译,南京,江苏人民出版社 2002 年版,第 99～100 页。

第四,在这四种关系中,真正具有决定性的那种因素和力量,就是君君,即君主要像君主并且是君主:君主的行为要显示出臣民应该具有的那种礼仪关系、利义关系、道德关系,包括体现现代意义的刑赏(即法治)关系。孔子所讲的君主,首先是德性和德行的君主,然后才是权力和权威的君主。并且,德性和德行的君主,才是根本的。在这个意义上,"君君",意指"真正的君主不在于他的出身地位,而是根据他的道德品行;他能有君主之礼,行君主之道,使君主之义,便是真正的君主"[①]。这是孔子评价仲弓"可使南面"的理由。

第五,从根本上讲,每个人从生到死都存在于这四种关系中。权责观念、群己权界原理、自然主义思想,正是这些才构成这四种关系中的人的自由,你的自由以及对我来讲最为根本的"我的自由""我的生活""我的生命"。

我的生命,构成我的生活,我的生活实际上由各种具体的人际关系所构成。具体地讲,我的生活是由我与我的妻子、我与我的儿女、我与我的邻居、我与我的上司、我与我的同事、我与我的学生等所构建起来的人际化的生活。我的生活是我与他者共同构建,我的生活更是我与他者的共同生活。而且,我的生活是由我自己通过各种不同角色与他者发生直接或间接关联构建起来的;我的生活充满利害,但我与这诸多的他人之所以能够共同创建起实实在在的生活关系和生活内容,更重要的却是超越于利害之上的德。这种德的主体性表述,是心中要有仁,即心中要装有他人;这种德的客体性表达,是我的行为必须有限度、有共同遵守的规范与约束。这种德的整体性表述,就是我作为一个父亲,必须像一个父亲,行使父亲之道,担当父亲之责,讲求父亲之爱(慈爱)。抑或是我作为一个君主,或一个大臣,同样如做一个父亲那样遵君、臣之道,担君、臣之责,行君、臣之仁爱。孔子如此揭示现实生活中"君君,臣臣,父父,子子"这些具体的关系,都不过是平常的关系,"在所有这一切关系中,并没有形而上的神秘性。这只不过是说,没有脱离父子二人生活关系之外的'父亲';没有脱离百姓之中特定生活关系之外的'首相';同样,也没有脱离具体人与人之间关系的'儿子'、'妻子'和'朋友'。这是西方个人主义所否定的一个真理——脱离这些生活关系,就不存在真正意义上的人。如果你剥离我作为父亲、儿子、丈

---

① [美]赫伯特·芬格莱特:《孔子:即凡而圣》,彭国翔、张华译,南京,江苏人民出版社2002年版,第119页注释。

夫、公民、朋友、老师等等的生活,那么所剩下的'我'就只是一个抽象物,只是一个人的有机体,这个有机体只不过具有进入真正人的存在的潜质而已"①。

第 12 章释义

子曰:"片言可以折狱者,其由也与?"

子路无宿诺。

[注释]

片言可以折狱者:片言,指打官司过程中单面的说辞。古代打官司,原告和被告叫"两造",官员诉讼必须兼听两造之辞,这是基本的听讼准则:"以两造禁民讼""以两剂禁民狱"(《周礼·秋官·大司寇职》)。《四库全书》记载:以两造禁民讼,入束矢于朝,然后听之;以两剂禁民狱,入钧金,三日乃致于朝,然后听之。一面之辞叫"单辞",亦称"片言"。折,断也。狱,诉讼案件。折狱,指断案。

其由也与:由,子路。钱穆认为此句有二解:一是子路有明决能力,可仅凭片言断狱;二是子路忠信,决狱决无诬妄。钱穆从后说。但结合本章所述内容,应从前说更为客观,因为断狱虽与忠信有关联性,但更根本的却是依律断狱的能力。

子路无宿诺:宿,本义为一夜、一晚,"隔天",何晏注"宿"为"豫",通"预",即预告承诺。无宿,有二解:一是不留宿,即不过夜;二是不预先承诺。应两说皆通,且两种情况并适于子路:子路是一个严肃负责的人,凡许诺了,就必须及时承诺(实行);因此往往不轻易许诺,这不仅体现子路讲求信用的严肃态度,也体现他保证信用的严谨品质。

[译文]

孔子说:"可凭单方面的言辞就能断案,大概只有子路这样的人了?"

不仅于此,子路践履诺言不会隔夜。

---

① [美]赫伯特·芬格莱特:《孔子:即凡而圣》,彭国翔、张华译,南京,江苏人民出版社 2002 年版,第 100～101 页。

[通解]

上章是孔子承齐景公之问道根治邦国的方策,根本要求是**遵道担责**。本章孔子表彰子路才德,实述为官为人的根本要求:为官施治于仁必须具备担责之能。

一

本章内容是在评论人,表面看与前面诸章内容无关,实则不然。

第七章讨论治邦必做到"足食、足兵、民信"。在这治邦安国的三大方策中,"民信"最为根本。然而,如何才可做到"民信",第八章给出第一个方面的答案:"民信"的主体前提是必须有"文质彬彬"的君子治邦。第九章给出第二个方面的答案:"民信"必须做到取予有限度。第十章是对第八、九章内容予以补充和拓展,能够使"民信"的君子,必须具备崇德无惑的能力。这种以忠信为导向,以道义为准则的崇德和以客观、公正为导向的无惑能力,落实在治理过程中,从大的方面讲,从邦君到大臣以及各级官员"各履其职,各担其责",由此衔接起第十一章内容,其讨论"君君,臣臣,父父,子子",是为突出不平等中的平等契约与权责担当。从具体方面讲,能够使"民信"的日常治理,就是听讼断狱的无惑和公正,并且从政为官对民无宿诺,这是本章在内容与前面各章的内在联系。从第七章到本章的逻辑思路,是从一般到具体,从抽象的论理到具体的践履,以解决"民信"这一治邦的根本问题,贯穿从方策构建到官员施治全过程。

同时,从第七章到第十一章,从文本内容看,表面松散但实质上有内在的主题导向和逻辑推进关系,这两个方面的内容恰恰构成理解本章的背景语境。只有在其背景语境下,才可理解孔子对子路"片言折狱"的评价的基本取向,不是批评,而是褒奖。

二

孔子如此评价子路,可能是子路死后。因为在身前,孔子几乎从不褒奖子路,即使是褒奖,也是以批评的方式和口气表达,这是孔子对待唯一成为"亦弟子亦朋友"的子路的基本方式。子路死后,至为悲痛的孔子不时念想到这位老学生老朋友,也就改变其生前的严厉方式而恢复到客观之境,于是,子路在孔子世界里的形象得到了**最为耀眼**的突显。

孔子评价子路,不直接说如何有德怎样有才,而是以断狱为个案,这是孔子阐述普遍经验、一般道理采用的基本方法,即"以事件为本体"的方法。在断狱上,孔子从两个方面评价子路如何"有能"和"大才":一是评价子路断狱的独特,这种独特就是超越兼听"两造"的断狱规则,往往凭"片言"就可正确"折狱"。二是将子路这种"片言"可以正确"折狱"的方式置于整个邦国司法领域来做比较,得出一个结论,即能凭"片言"正确"折狱"者,只有子路一人。

由此不难看出,孔子言"片言可以折狱者,其由也与"的评价,是何其高!不仅孔门弟子,孔门之外也找不到这样的奇才。孔子如此高规格地评价子路,却是以非常平实的方式表达,不像孔子评价颜回那样高调:"有颜回者好学,不迁怒,不贰过,不幸短命死矣!今也则亡,未闻好学者也。"(《雍也》)为何会有如此区别?孔子对颜回之爱,有如父子之爱,流露出更多的私情。孔子对子路之爱,是老师对弟子和朋友对朋友之爱:老师对弟子的爱,更多地体现客观理性;朋友对朋友之爱,更多地体现平等。

三

本章中,孔子对子路如此评价蕴含的真正的问题是:子路凭什么可以"片言"正确地"折狱"?回答这个问题,自然想到的答案是子路有"片言"正确"折狱"的才能。这当然是必不可少的。但是,听讼断狱,涉及人的至深利害甚至死生的大事,双方当事人都可能为自己辩护,为自己争取,甚至为自己给对方设置各种陷阱或阻碍,"片言"正确"折狱"单凭能力还做不到,即使做到了,也不一定使当事人双方都服。这就必得考虑另外的因素。这一至为重要甚至根本的因素,就是君子崇德与无惑。

君子崇德,是以忠信为导向、以道义为准则。

君子无惑,是走出主观主义沦陷,使自己始终处于距离诉讼双方之外的客观高位,观得远看得明。

此两者在一个人的从政行为上持续地体现,就会得到高度的"民信"。为官得到普遍的"民信",就会使其为官公信力发生整体性的边际效应,这种整体性边际效应发生于听讼断狱上,就可以"片言"正确"折狱"并使双方折服。具体地讲,子路可以凭其"片言"正确"折狱",首先是为人忠直、勇于义,言行一致,不虚妄,加上思维敏捷、判断能力强等综合因素的整合运用,使诉讼双方都不敢诬妄陈词。

孔子如此评价子路,是要表达一个更普遍的道理,或者说孔子正是通过子路"片言"正确"折狱"这一"事件本体",来表达"民信"如何可以做到。

孔子对子路做如此高度的评价,一定有其特定的情境和语境。最有可能的情境是子路卒,为安慰乃师,众弟子们从不同地方赶回来陪侍夫子,其间自然绕不过子路,于是有了孔子评价子路"片言"正确"折狱",天下独一无二。弟子记载下乃师的这番评价,认为极为有理,完全符合子路其人,但为使后来者更加相信孔子对子路如此评价的绝对客观性,于是在后面增加了一句"子路无宿诺"。这既是一个评价,更是一个事实陈述,或者对"子路无宿诺"的信用评价,是建立在子路一生讲信用的日常作为上的。正是这附加于孔子评价之后的客观评价和事实陈述,才使孔子"片言可以折狱者,其由也与"更为可信;也正是这一客观评价和事实陈述,才进一步讲明白说清楚了为政当官施治何以才可真正做到"民信"的践履方法。这个使"民信"的践履方法之要有三:

第一,为民无宿诺。

第二,忠直无虚妄。

第三,看问题客观明远,处理事务客观公正。

第 13 章释义

子曰:"听讼,吾犹人也。必也使无讼乎。"

[注释]

听讼:听,听取。讼,诉讼。指听人告状,审理案件。

必也使无讼:必,必然,意为努力的目标。无讼,没有诉讼,意为自讼。使无讼,使天下无诉讼,即使天下自讼。

[译文]

孔子说:"审理诉讼案件,我与别人一样。但我所努力的是使天下不再有诉讼发生。"

[通解]

上章讲听讼折狱务必正确,以子路为例,说明审理诉讼案件正确的关键,不在于证据充不充分、确不确实,而是公不公道。本章是孔子以自己为例,讲述听讼折狱的目标,不是正确,而是追求无讼,这种追求的实现就是施治于仁的大同。

—

从主题关联性看,可将本章理解为承上章展开,但呈现一个根本的问题:如果本章是承续上章,那么是对上章内容的拓展深化,还是对上章内容的修正引导?《四书集注》引杨氏之言论,认为本章是对子路之为不知礼的纠正:"子路片言可以折狱,而不知以礼逊为国,则未能使民无讼者也。故又记孔子之言,以见圣人不以听讼为难,而以使民无讼为贵。"①按后世儒家的圣人观,此论至为可贵。

但问题是,孔子并非圣人,拔高他,造成的消极效果是使孔子变得虚假,也使孔子的真面貌真思想越来越被掩盖。比如,前一章内容,无论从背景语境还是从内容语境看,孔子都是以赞赏口气和方式评价子路"片言"正确"折狱"。一旦如是客观地理解上章内容,那么,本章表达的意思就没有针对子路断狱而论,也谈不上孔子批评子路"不知以礼逊为国"的问题,更不存在圣人以此纠正子路"片言折狱"的问题。

从语境和表达的内容观,本章内容应该是孔子中年时对刑赏之治和断狱本质的思考,《论语》编纂者将孔子此论置于子路"片言折狱"之后,是要进一步探讨听讼断狱的社会目的,从一个侧面呈现孔子法治思想的实质。

二

因为司马迁所著的《孔子世家》中,孔子有了做少司空、大司寇这样掌管刑狱的官职。但孔子一生中是否有这些经历,现有的先秦文献无考。孔子在未游国之前的中年人生中可能做过中都宰这样的小官,也办理过所辖范围的诉讼案件。所以,本章内容可能是孔子晚年对自己短暂听讼断狱经历的回顾性自述。这一自述分两部分。第一部分是听讼断狱的实践操作。孔子自表其听讼折狱也是按司法程序的共性模式操作,其做法与其他官员的做法没有什么两样,即在审理案件时与所有其他法官一样,以律法为准绳,对任何人没有什么区别,这就是"听讼,吾犹人"。孔子自己"听讼,吾犹人"的自述,不是目的,如果是目的,没有任何价值和意义。孔子自述"听讼,吾犹人",只是一个铺垫,做好这个铺垫,是为了突出所表达的第二部分内容,即"必也无讼"。"必也无讼",是孔子对刑法、诉讼之社会目的的思考。这一思考表达孔子听讼断狱的理想,即通过听讼断狱的实践操作而消除一切诉讼,这就是"必也使无讼"。

如何才能做到这一点,孔子没有讲。但可结合上章和本章内容,以及上章内容展开的背景语境(即第九章到第十一章内容)观,至少在孔子看来,能够做到"讼必息讼"的根本方法有四:一是邦君治国、官员从政,必须使民信,这是前提。二是听讼,要有如子路般"片言"可以正确"折狱"的能力。三是具备如子路般"片言"可以正确"折狱"的公信力,即使"民信"的能力,这种能力必须以忠信为导向,以道义为准则。四是教化,即教民知礼和

---

① (南宋)朱熹:《四书集注》,长沙,岳麓书院1995年版,第198页。

行为止于礼,这是孔子最看重的;使"民信"的根本前提,是使民知礼、使民止耻,只有民知礼、民止耻,民才有信的基本判断能力和道德能力。

但是,仅教民知和教民止,不能达到"讼必也无讼"之境,因为如果在实际诉讼过程中不能做到客观、公道、公正,或者官员听讼断狱随意、主观,甚至私利化,无论怎样行教化都不会培养起"民信"来。

三

本章是孔子难得的刑罚思想,过去,人们一直认为孔子只讲礼,只讲以礼德治邦,没有法治思想。这应该是后人对孔子思想的片面理解,也是对孔子及其思想的偏见。《论语》中明确呈现孔子的刑罚思想,比如:"子曰:道之以政,齐之以刑,民免而无耻。道之以德,齐之以礼,有耻且格。"(《为政》)讲以刑政为导向和以德政为导向的根本区别,强调以德政为主导,以刑政为辅助。**德主刑辅**的思想在孔子的正名思想中表现更为突出:"名不正则言不顺,言不顺则事不成,事不成则礼乐不兴,礼乐不兴则刑罚不中,刑罚不中则民无所措手足。"(《子路》)而且,在孔子看来,治理邦国,刑罚必不可少,强调君子治邦必须怀刑:"君子怀德,小人怀土。君子怀刑,小人怀惠。"(《里仁》)从根本讲,孔子不仅不反对刑治,而且主张治邦必要刑罚。孔子反对的只是片面、单一的刑治。他主张德刑互补,即以德政为主导,以刑政为辅助。

在如此取向的德政刑政互补框架下,孔子思考刑政实践的目的,是实现治理的无讼,达到生活息讼的社会目的。

诉讼必无讼的思想,或者断狱止讼、断狱息讼的思想,并非孔子独创,它既是历史治政的经验理想,也是现实治邦的根本需要,更是孔子之后其后来者致力探索的方向。并且,诉讼必无讼、断狱求自讼的思想,不分学派,是人类社会刑罚实践的共同追求,直到今天,人类律法治理国家或治理世界的根本目的,仍然是使刑罚无用。

从历史观,《尚书》记载,自夏建国以来,禹夏有夏刑,殷商有商刑,西周有周刑。就现有信史观,夏商周三代的刑罚都极为严酷,从《尚书》中记载的"五刑"就可以看出。但自殷商始,就制定了一条重要的刑罚审判原则,即"有旨无简,不听"(《礼记·王制》)原则,这一原则规定只有"犯意"而无具体可稽查的犯罪事实,一律不予司法受理,更不能审判。

春秋初期,管仲治齐之所以大成功,除其实施"通货积财""作内政而寄军令""富民、育民、敬神明"等改革措施之外,更为重要的动力与保障却是实施刑罚之治。但管仲推行刑罚之治的基本准则却是"**禁罚威严**"和"**刑省罚寡**"两条。这两条贯穿两个原则:一是实施刑治的重罚原则,使犯罪高成本化;二是刑省罚寡原则,这一原则所追求的目的,却是少刑和不刑:"故形势不得为非。则奸邪之人愿。禁罚威严,则简慢之人整齐,宪令著明,则蛮夷之人不敢犯;赏庆信必,则有功者劝;教训习俗者众,则君民化变而不自知也。是故明君在上位。刑省罚寡,非可刑而不刑,非可罪而不罪也。明君者闭其门,塞其途,弆其迹,使民毋由接于淫非之地,是以民之道正行善也若性然。故罪罚寡而民以治矣。"(《管子·八观篇》)

管仲作为先秦法家的创始者,其求**刑止**的思想就是法家的"**无讼**"理想,这一理想在最严酷的《商君法》中也有明文规定,"故圣人为法,必使之明白易知",务使"万民皆知所避就避祸造福;而皆以自治也。"(《商君书·定分》)。还根据这一成文法做出"刑用于将过"原则,即但凡产生犯罪意图却并未实施者,仍然不属于犯罪:"刑加于罪所终,则奸不去,赏施于民所义,则过不止。刑不能去奸而赏不能止过者,必乱。故王者刑用于将过,则大邪不生;赏施于告奸,则细过不失。治民能使大邪不生,细过不失,则国治,国治必强。"(《商君书·开塞》)这是王法用赏赐来禁止小过,以刑罚来鼓励守国法,基本方策是**用刑罚来消除刑罚**。法家的这一"刑用于将过"原则可解释为"**藉刑以去刑**"(《商君书·开塞》)的"无讼"原则。

孔子的断狱止于无讼的刑罚思想,在基本目标上与法家同,但具体的操作上却体现出比法家更柔性的一面,就是不仅要用听讼折狱的客观、公正来止讼,更重要的是要将教化贯穿于听讼折狱之中,这是刑政与德政有机互动机制,这一互动机制的有效展开,将更能达到听讼折狱止于无讼之境的社会目标。仅此而论,孔子的刑罚思想更具有人性、人道之爱的价值取向。

第 14 章释义

子张问政。

子曰:"居之无倦,行之以忠。"

[注释]

居之无倦:居,居于、处于、占居,指居官位。居之,指占居这个官位。倦,本义疲倦,这里指懈怠、马虎、应付。无倦,指不懈怠、不马虎。

行之以忠:行,相对"言"论,意为行动。之,既可指代事,也可指代民,前者指行之于事,后者指行之于民。忠,忠信,意为公心。

[译文]

子张问如何处理政务。

孔子说:"居其官位,不要懈怠其职责。施治于事,行之于民,必要忠诚和公心。"

[通解]

第十二、十三章从施治的实践层面讨论"民信"的刑罚方式,指出只有刑罚客观、公正,才是取得民信的根本社会方式,因为诉讼涉及当事人的根本利益。本章则讨论施治广得"民信"如何才可做到。

客观地看,第十二、十三章为本章内容提供了具体语境:"子张问政"的"政",应该理解为"政务处理"。当子张请教孔子处理政务的好方式、好方法是什么时,孔子给予两个方面的处方:

首先,必须精诚于本职,做到"居之无倦",这有三个方面的要求:

其一,居于什么官位,就担当什么职责。或曰:拥有多大行政权力,就要为此担当多少行政责任。

其二,不要把官当成官来做,应该把官当成事来做,或当成事业来做。所以,当官不在官位的高低,而是以所获得的官职本身为事业,去应付心态,去马虎方式,严肃、严诚地对待每一件政务,做好每一件政事。

其三,勤勉不息,只有以官职本身为事业,只有严肃、严诚地对待具体的政务,只有在任何时候都勤勉不止,才可能做到子路般的"无宿诺",真正赢得治下的"民信"。

其次,必须行之以忠公。

精诚于本职,是为政实践处理政务的态度和方法。持以如此严诚、勤勉态度,高效处理好一切政务的根本方法,是行之以忠公。为政行之以忠公,是指为政无论官位的高低或官职的大小,其行为和作为都要做到绝对忠诚和绝对公心。

绝对忠诚的基本要求有三:一是忠诚于邦国、邦君,其前提是邦有道,具体地讲是邦君成为"君君";二是忠诚于所辖下的民人,竭诚为他们服好分内之务;三是忠诚于必为之政事。在孔子生活的农牧时代,政事的核心内容是民事,所以忠诚于政事的实质所指,是忠诚于民事,这是使"民信"具体化。

绝对公心的基本要求有二:一是以邦国为公,凡事要维护邦国的利益,不能以私利损邦国利益;二是指处理政务客观公正。仅客观公正言,一是公心待民,二是公心处事。

孔子关于"居之无倦,行之以忠"的从政准则和为官要求,从精诚于本职和行之以忠公两个层面,诠释了何为"为政以德",即如何以德正己,然后怎样正己以正人,正己以正事和正己以正邦。

第15章释义

子曰:"博学于文,约之以礼,亦可以弗畔矣夫!"

[注释]

参见《雍也》第二十七章[注释]。

[译文]

孔子说:"我是以博古通古的方式研学《诗》《书》《礼》等典籍文章,并在日常生活中用礼来规范言行,这样坚持下来就能做到不违君子之道。"

[通解]

为政施治于仁,要做到"居之无倦,行之以忠",前提是为政者必须以为政为事业,更具体地讲,应该有文道救世的理想和以此实现"以仁入礼达乐"的人生追求,这需要修养和修习。其修养和修习的原则只能是"博学于文,约之以礼"。这是本章与上章在内容和主题上的内在关联。

一

在内容上本章与《雍也》第二十七章只存在多一个词和少一个词之差:"子曰:'**君子**博学于文,约之以礼,亦可以弗畔矣夫。'"(《雍也》)其他完全相同。对此种情况,后世有一致看法,认为是"重出",缘由可能是"当时弟子各记所闻,故重载之"(《论语注疏》)。但此类定论可能不符合《论语》编纂者本意,造成这种情况是后人一直没有考虑**具体的语境**而望文生义地理解。这种理解形成了对两个问题的遮蔽。

第一,《论语》经过几次编纂,修订者难道会对这样的"重出"视而不见、见而不去?修订者们之所以对这类"重出"的文字"视而不见"并"见而不去",那一定不是疏忽,肯定另有考虑。这种"另外考虑"的可能有二:或者出于本篇讨论的主题得以连续展开的需要,所以未去;或者这类表面看来语言表述结构相同、形式内容无区别,但由于所产生的特定语境不同,其内容的指涉性有根本的不同。

第二,"博学于文,约之以礼,亦可以弗畔矣夫"这句话,在《雍也》中有

"君子"一词,但在本章中却去掉了"君子"一词。这种看来没有区别的表述,难道真没有区别?试想想,孔子说"君子博学于文,约之以礼"和"博学于文,约之以礼"的指涉主体是一样的吗?

二

在"博学于文,约之以礼"前面冠以"君子"与没有"君子",其整个表意客观地存在如下区别:

首先,在没有"君子"冠首的表述中,"博学于文"的主体和"约之以礼"的受体,是特定的主体和受体。这个特定的主体和受体,不是别人,是说话者自己,具体地讲是孔子本人。孔子说:"我是以博古通古的方式研学《诗》《书》《礼》等典籍文章,并在日常生活中用礼来规范言行,这样坚持下来就做到了不违君子之道。"

反之,在"博学于文,约之以礼"前面冠上"君子",其"博学"的主体和被礼约束的受体,不是特指,而是泛指。具体地讲,这个主体不是孔子本人,而是孔子认知世界中所设定的君子,即将要成为君子的人和正在成为君子的人,都应该做到"博学于文,约之以礼"。

其次,"博学于文,约之以礼,亦可以弗畔矣夫"这番话,可能是在与弟子的交谈中,孔子交流自己的成长经验,由此强调博学与约礼对自己成长的重要性和根本性。如果这样的话,就近似于"吾十有五而志于学,三十而立,四十而不惑,五十而知天命,六十而耳顺,七十而从心所欲不逾矩"(《为政》),应该是孔子晚年的人生总结内容,即总结自己这一生中是怎样做到不违君子之道的。孔子总结两点:第一点,博学于文;第二点,约之以礼。

反之,孔子说"君子博学于文,约之以礼,亦可以弗畔矣夫"这番话的语境,似应该是孔子向弟子宣教:一个人何以才能使自己成为君子,具备君子之仁,或者是孔子与弟子讨论君子成仁的要义是什么。孔子就对此提出"博学"和"约礼"两个方面,指出只有不间断地学《诗》《书》《礼》《乐》并同时以礼来约束日常生活,才可成己成人为君子。

最后,《论语》编纂者将孔子的教导"君子博学于文,约之以礼,亦可以弗畔矣夫"置于《雍也》中,是为引导弟子。将"博学于文,约之以礼,亦可以弗畔矣夫"置于本篇,可能更多的是出于本篇主题持续展开的衔接需要。

第 16 章释义

子曰:"君子成人之美,不成人之恶。小人反是。"

[注释]

君子成人之美,不成人之恶:成,成就、帮助、助长。成人,成就他人。美,善、美好、美德。成人之美,有二解:一是成就他人实现美好愿望;二是成就他的美德。君子具有这两个方面的德性和德行。恶,行恶,做坏事。不成人之恶,亦有二解:一是不助长别人干坏事;二是不唆使别人不善。君子同样具有这两个方面的德性和德行。

小人反是:小人,与君子相对的那类人;君子主忠信,唯道义;小人主利害,唯得失。是,指代"君子成人之美,不成人之恶"。反是,指小人抑人之美,成人之恶。

[译文]

孔子说:"君子以成就别人为美,以不成就别人为恶。小人与此相反,以不成就别人为美,以成就别人为恶。"

[通解]

上章中,孔子以自己为例,讲君子如何通过"博学于文"和"约之以礼"而成己;本章则承之而论成己的君子应该如何成人。

一

为政治邦达于"足食、足兵"和"民信",无论听讼折狱,还是"居之无倦,行之以忠",最终还是得落实在人的德才兼备上来。进一步讲,为政者治邦,能否达及"片言"正确"折狱"和"居之无倦,行之以忠",实现"民信",主要看为政者是流氓还是君子。孔子认为,流氓始终在破坏"民信",导致食不足,兵不强,因为流氓不会自律,更不会守法和执法公正;只有君子才可开辟出"民信"的道路,实现邦国的富强。所以,"足食、足兵、民信"的关键,还是培养君子。本篇在讨论施治之后,还得回到治邦的本体上来,再讨论君子问题。

君子是孔子学说的主题,所以《论语》收录孔子论君子的言论最多,孔子在论君子德性修养时,往往与小人对举,以突出对君子品德的鲜明理解和把握:

> 子曰:"君子喻于义,小人喻于利。"(《里仁》)
> 子曰:"君子怀德,小人怀土。君子怀刑,小人怀惠。"(《里仁》)
> 子曰:"君子周而不比,小人比而不周。"(《为政》)
> 子曰:"君子而不仁者有矣夫,未有小人而仁者也。"(《宪问》)

本章内容也是采取对举方式来陈述君子与小人在生活中待人的区别。不仅如此,孔子还借用前人的言论来表达自己的思想:"《春秋》成人之美,不成人之恶。"(《谷梁传·隐公元年》)在成人的问题上,君子与小人存在四个方面的区别:

首先,君子具有成就别人的美德;小人具有陷害别人的恶习。

其次,君子乐意帮助别人实现美好的愿望或理想;小人阻止别人实现美好的愿望和理想。

再次,君子不助长或怂恿别人行不善;小人助长或怂恿别人行不善。

最后,君子不扬人恶,小人专扬人恶。

二

君子之于孔子学说,既是政治的,也是伦理的。作为政治学的君子,必须具备"以德取位"和"以德正位"的理想和能力,使自己成为治邦安国的精英。唯有这样的精英存在,邦国才可富强,社会才进步,未来才有希望。作为伦理学的君子,必须博学约礼,具备"成人之美,不成人之恶"。唯有具备如上两个方面的品质与德性、能力与德行,人才成为人。在孔子的世界中,君子就是担当。担当,不仅成就自己,根本上是成就别人。成就别人不仅体现在成人之美,更体现在尊重别人,同时也实现尊重自己。

对于孔子来讲,中心的问题是把君子看做一个典范——不是工具性的典范,而是圆满的典范,不仅是典范的父母或者大臣,更是典范的人本身。君子即意味着人性的圆满实现。从这种人性的角度来看,成为一个君子就是其本身的理由和本身的实现,对于这一点,如果有人要问我们日常生活的任务"我们所有人生的目标是什么?"如果有人说,人生的目标就是成为一个君子,那么,他就给出了孔子的回答。①

成为一个君子,就是**博学约礼,成人之美**。

第17章释义

季康子问政于孔子。

孔子对曰:"政者,正也。子帅以正,孰敢不正?"

---

① [美]赫伯特·芬格特:《孔子:即凡而圣》,彭国翔、张华译,南京,江苏人民出版社2002年版,第151~152页。

[注释]

季康子问政于孔子：本章及以下几章，季康子向孔子询问如何执政，应该是发生在孔子晚年回鲁生活期间。季康子是哀公二年（公元前 493 年）执政，其时孔子已届六十岁，八年后，季康子以隆重的礼仪将孔子迎回国，可能基于两个因素：一是季康子执掌朝政，需要一段时间来解决内政外交的问题和困境；二是弱小的鲁国需要振兴。季康子解决了内外交困的大事之后，开始转向邦国的变革治理。其治理重心的转移，自然急需人才，尤其需要谋划大方针、做大策划的人才，自然想到名声在外的孔子。于是将其隆重迎回国，致国师礼，享大夫待遇，并频繁地向孔子询问执政方策与要略。

政者，正也：政，政治。从实践讲，政即治邦。政者之"者"，有二解：一是作语气副词讲；二是从事政治的人，这里特指治邦者。正，结合本章语境观，应作中正、方正、正中、堂正讲。"子曰：'其身正，不令而行；其身不正，虽令不从'"（《子路》）亦可为之注。

子帅以正，孰敢不正：子，您，对季康子的尊称。帅，通率，领导、统领。孰，不定疑问代词，意为哪个、哪一个。孰敢不正，没有哪一个敢不端正。

[译文]

季康子向孔子咨询如何执政。

孔子回答他说："政治的本质是正，只要您做出自持中正的表率，没有哪个敢不向您看齐，以自为端正。"

[通解]

孔子所论君子，必须是成己成人者。君子成己，必博学约礼。成己的方向是成人，目标是立世；或曰，君子成己而立世，要通过成人来实现。君子成人，需要从两个方面努力：一是成就他人，必须"成人之美，不成人之恶"；二是成就社会大众，必须从政施治以仁，根本方策是"子帅以正"。

一

季康子向孔子请教如何执政。孔子给出执政的根本方策"子帅以正"，且对此做了两个方面的阐述：

首先，阐述"子帅以正"为何是执政的根本方策的道理："政者，正也。"

其次，阐述"子帅以正"的执政方策一旦实施所能达到的实际效果：一旦做出自正的表率，其他人"孰敢不正"。

二

先看"政者，正也"这一"子帅以正"的道理，实际上是对政治的理性认知。这一理性认知暴露出两个根本问题：

第一，孔子为什么要把"政治"理解为"正"？

第二，孔子为什么要将"正"看成执政的根本准则和基本方法？

这就涉及孔子对政治的基本理解。孔子认为，政治就是治邦，治邦就是"道之以德，齐之以礼"，以实现使民"有耻且格"（《为政》），更简单地讲，政治就是"为政以德"（《为政》）。对孔子的"为政以德"，不能粗暴地理解为"以德治邦"，而是指治邦必须以德做指南，以礼为标准。这就涉及对"德"的理解。孔子之"德"的核心内涵是仁：人仁立于心中，或使他人仁立心中，就是仁，也是德。所以，以德为指南、以礼为规范的政治，其本质规定是正，这是孔子"政者，正也"的真实含义。

政者，正也，不是讲"政""正"相通，或者"正""政"互释，而是指"正"是"政"的本质规定，"政"是"正"的实践方式。这就需要理解"政""正"的含义：从政治理论讲，"政"指"政治"；从政治实践讲，"政"指"治邦"或"为政"，即从事治理活动。"政"是对"正"的实践方式，是将政治置于"治邦"或"为政"的实践层面论。

"正"之所以构成政治的本质规定，是因为"正"指不偏不倚的中正、堂正。中正、堂正，只是正的行为表现，正的主体性构成，却是他人仁立于己心中，更准确地讲是他人仁立于己心的中央，这叫仁。正的本质构成是仁；仁向外释放的行为表现是正。在孔子君子学说中，正是最关键的概念，也是最核心的思想，因为它在实际上统摄君子伦理和君子政治，而作为君子伦理的主体性构建之正，是仁，形成仁德；作为君子政治的主体性践履之正，是"子帅以正"，形成公道。所以，孔子的仁德和公道的本质是正，孔子君子学说的灵魂是正。

"正"这个概念，相当于古希腊哲学中的"正义"概念，"政者，正也"这一思想，有些近似乎亚里士多德《政治学》中所讲的"城邦是一种善业"的思想。

三

既然政治的本质是正，政治实践即治理邦国，其基本努力是实现心中执仁，追求中正，也可表述为心怀仁德，实施公道。在春秋时代，治理邦国这个政治群体实际上分成三个层次，居于最高层的是执国者即诸侯邦君；其次是执政者，上卿；最后是各个层次的从政者，包括上卿领导的朝堂大夫群体以及各级地方官员。在这样一种权力结构和政治框架下,要使心怀仁德、实施公道的政治理念和基本诉求贯穿于为政的全过程,需要执政者的执"正"表率。孔子对季康子说,治理邦国的关键是执政者的表率,只要你表率其正,整个邦国治理机器上的所有官员、所有人,没有哪一个敢不自正其心和自正其行的,没有哪一个人敢不心怀仁德,实施公道。这样的治理所向披靡,这样治理的邦国无不强大。

孔子的"子帅以正,孰敢不正"的政治实践方策,得以实施并能达到良好效果的前提,是执政者本身有德并正德,其依据是执政者带头自正的表率行为,而不是制度、法律。由此形成孔子对政治的学理思考"政者,正也"和实践思考"子帅以正,孰敢不正",体现其整体把握的深刻和准确性,却难以具有不走样实施的普遍性。孔子关于心怀仁德,实施公道的思想,没有获得可行的路径,也没有为其注入更为具体的内容。形成这种情况的原因有很多,但最重要者有三:一是孔子本人不是政治家,只是政治哲学家。孔子君子学说的落脚点确实是政治,但思考的重心却不在政治学、政治哲学,而是把政治作为实现"公道-仁德"一体思想的方式。二是孔子虽然也花了很多精力来思考政治问题,但他对政治的思考重心却落实在伦理上,具体地讲落实在仁与礼两个方面。三是孔子既受当世的局限,更受历史的局限,对政治及其治理的思考重心是人,是有德的邦君、执政大夫,将邦国治理的希望寄托在社会精英即君子身上,这种人治主义的政治思考,构成孔子政治思想以及其整个君子学说的根本视域局限。

第 18 章释义

季康子患盗,问于孔子。孔子对曰:"苟子之不欲,虽赏之不窃。"

[注释]

患盗:患,忧虑、忧惧。指以盗贼猖獗为忧虑。

苟子之不欲,虽赏之不窃:苟,假如、如果。欲,利欲、贪婪。不欲,不生贪婪之欲,或不贪婪。虽,即使。赏,奖赏、鼓励。窃,盗窃。虽赏之不窃,意为即使奖励,也没有人去偷窃。

[译文]

季康子为解决盗贼蜂起的忧患,向孔子咨询施治之方。孔子对他说:"您如果不贪求财货,哪怕悬赏鼓动,也不会有人干偷盗之事。"

[通解]

上章讲君子施治于仁的根本方策和基本方法,是"子帅以正",但施治要做到"帅之以正"并达到"孰敢不正"的效果,其根本前提是自灭贪欲,它构成本章的主题。

一

季康子专权,与孔子复周的正统思想相冲突。

季康子顺应当世潮流,顺应天下变革,实施田赋改革,增加税赋,与孔子"赋从其薄"的思想相矛盾。

季康子安排将孔子隆重迎接回国,给予优厚待遇,但并未重用他,与孔子渴望施政以实现返本开新的人生抱负和文道救世的社会理想的期望值相去甚远。

季康子虽然不时向孔子做执政咨询,但孔子奉献的治邦方策往往得不到采纳。

由于如上各种因素的激发,形成种种情感以及情绪纠结,自然形成回鲁日久的孔子对季康子的成见越来越大,在季康子面前说话也越来越不客气,有时还直截了当地指斥季康子。这是客观理解本章内容的背景语境。由此既可感受到孔子独特的思想个性,更可感受到孔子所生活的时代,权贵与博学之士之间既平等自由又充满紧张的张力关系。

二

就主题内容言,本章可看成直接承续上章展开。在上章中,季康子求问如何执政。孔子给他的处方只一个字"正"。一个"正"字,既是政治的本质,也是执政的本质。本章沿着这个思路,讨论执政者应该首先带头己正。本着"事件的本体"的讲述原则,本章以季康子咨询怎样解决盗贼蜂起这一社会治安问题展开。

"事件的本体"的讲述方式,以对具体事件进行评述,阐发一般的道理。季康子询问解决盗贼之患,孔子则回答说:"如果您自己不贪婪,就是悬赏偷盗,也没有人愿意。"孔子这样回答季康子所提的问题,表面看牛头不对马嘴,但仔细一想,则豁然开朗:盗贼蜂起,是统治者贪婪造成的。解决盗贼蜂起导致的忧患的根本之法,是统治者放弃贪婪,停止搜刮民脂民膏。

孔子的回答,目光敏锐,抓住实质,一针见血。对季康子言,却异常尴尬,也根本不可能接受。因为,在原本没有权力制约机制的社会里,统治者不可能自我约束。所以季康子之问与孔子所答之间,形成根本的矛盾。正是这种矛盾的日益加深,季康子(包括鲁哀公)对孔子的期望越来越小,最后只有礼节和问学了。同样,孔子对季康子(包括鲁哀公)也越来越失望,说话火气更大,向权贵发泄的火力也更猛。

<h2 style="text-align:center">三</h2>

孔子针对季康子如何解决盗贼之忧开出"苟子之不欲,虽赏之不窃"处方,其诊断的依据是:

首先,定义偷盗的性质:孔子并不赞同偷盗,认为偷盗是一种恶,不仅是行为之恶,而且是人性之恶。

其次,偷盗虽然体现人性之恶,但偷盗不是人性造成的,理由是人性并非天赋其恶。因"性相近",习才使之人性"相远":人性的善恶取向,皆源于后天因素的激励。

再次,人愿意偷盗,既然没有人性的依据,表明人们偷盗并不出于本性,更不出于本心,而是出于无奈和被迫。是什么因素促成人们被迫偷盗呢?孔子认为是人所生活的环境:环境使人偷盗,环境将人们变成盗贼。

最后,人的生存的环境并不必然激励人偷盗,促成人偷盗的环境也是后天因素造成的。这个造成环境变恶的因素是什么?孔子认为是最高统治者的贪欲。

这是孔子对季康子的"盗贼之忧"所做的诊断:盗贼是民,盗贼之首,却是您季康子本人,因为有您的贪欲,偷盗了民的财富,偷盗了民无忧生活的生计和环境,所以民才蜂起为盗。

<h2 style="text-align:center">四</h2>

"苟子之不欲,虽赏之不窃"是对"盗贼之患"的诊断,也是从根本上解决"盗贼之患"的处方:您作为执政者,要解决盗贼忧患,就要从您自己做起,收起贪婪之欲,废止一切贪欲政策,走治邦大道,一切从简,让民休养生息。

孔子针对盗贼之患所做的诊断,所开出的根治方策蕴含三个根本的政治认知:

第一,"百姓有过,罪在一人"的治政思想。这一思想不是孔子的发明,而是对殷商宽简仁政思想的再发挥:商汤桑林祷雨,以身代牲,为民受罪的言行,呈现商汤的自罪思想。这一自罪思想恰恰继承了远古尧舜的宽简仁爱思想:

> 尧曰:"咨,尔舜,天之历数在尔躬,允执其中。四海困穷,天禄永终。"舜亦以命禹。曰:"予小子履,敢用玄牡,敢昭告于皇皇后帝,有罪不敢赦,帝臣不蔽,简在帝心。朕躬有罪,无以万方,万方有罪,罪在朕

躬。周有大赉,善人是富。虽有周亲,不如仁人。百姓有过,在予一人。谨权量,审法度,修废官,四方之政行焉。兴灭国,继绝世,举逸民,天下之民归心焉。所重:民、食、丧、祭。宽则得众,信则民任焉,敏则有功,公则说。"(《尧曰》)

第二,民犯罪,罪不在民,而在官,最终在最高统治者。盗贼蜂起,既是社会秩序遭受破坏,更是社会道德败坏,其表现在民,但根在统治者。要息盗患,重建社会秩序,重建社会道德,重修人性,其根治之功应在官府和最高统治者,必须修德正位。

第三,修德正位思想,是孔子治邦的根本思想。这一思想体现在对君子的培养上,是"修德取位";体现在君子为政上,是"以德正位";体现在最高统治者身上,只能是"德配其位"。

德不配位,必有灾殃(《朱子治家格言》)。德薄而位尊,知小而谋大;力小而任重,鲜不及矣(《周易·系辞下》)!

这是孔子对季康子说"苟子之不欲,虽赏之不窃"的潜台词:盗贼蜂起,是您季康子执政造成的灾殃,之所以造成这种状况,是因为您"德不配位"。改变的根本方策,不仅要停止一切搜刮民脂民膏的敛财政策,善待民众,更根本的是必须修德,使德厚而位尊。对统治者来讲,德之不修,何来大智?德不正位,何来大力? 修德配位的本质是自正其心,自正其情,自正其行。

抛开道德主义的极端认知来看孔子这一思想,应该是一种具有普世倾向的政治思想:任何时代任何邦国的统治者,都必须有德,都应该做到德位相配,否则就是灾难。并且,任何时代任何社会,民罪都根源于官、官府和执掌官府的最高统治者的绝对自由和无限度的任性,以及由此自由和任性激发出贪欲膨胀。但根本的问题,不在于这一深邃的普世思想,而在于使统治者包括从政者能德位相配的社会机制,孔子将建立如此社会机制的希望寄托于个人修养上,当然有道理,但仅将权力制约寄托于道德修养上,这本身是德不配位、灾难绵绵的认知根源。

第19章释义

季康子问政于孔子曰:"如杀无道,以就有道,何如?"

孔子对曰:"子为政,焉用杀? 子欲善,而民善矣。君子之德,风。小人之德,草。草,上之风,必偃。"

[注释]

杀无道,以就有道:杀,处死、消灭。道,道路,指礼法、规范、秩序。无道,不遵守礼法、规范的人。就,趋向、接近、实现、成就。以就有道,指通过杀无道的方式实现社会秩序。

子为政,焉用杀:为政,处理政务,治理邦国。杀,杀戮。指治理邦国哪里用得着杀戮?

君子之德,风。小人之德,草:君子,既指有德有位者,也指以德取位者。小人,指有位无德者,或有位无公德者。风,意指有德有位者其品质、德行产生的影响力如风,所向披靡,无可阻挡。草,意指有位无德者其不良品质和作为形成的影响,如草一般耐不住风的摧折、摧残。

草,上之风,必偃:上,或作尚;偃,仆倒。意为"风加草上,草必为之仆倒"(钱穆《论语新解》),或指大风所到之处,柔草必然被吹倒。

[译文]

季康子向孔子咨询政务处理方略:"以解决盗贼之类无道者来成就有道,这种方法可行吗?"

孔子回答说:"您执掌国政,为何要用杀戮这种方式?您凡事行善,其治下之民自然行善。君子的德行,如同劲风;民众的德行,如同弱草。劲风所到之处,弱草只能顺之而倒伏。"

[通解]

上章针对盗贼之患,讨论如何为政,由此提出为政者施治以仁的前提必须是自制己欲。己欲自制的内动力何在?这是本章所要昭示的:节制己欲的内动力是心有其道,并谨守道和明用道。

一

从内容看,本章与上章记述的似乎是同一时空语境中对同一个问题予以不同侧面的展开。季康子苦于盗贼之患,向孔子咨询解决之方,孔子从固有政治主张和治邦方策出发,指出盗贼兴起的根本原因是执政者自己的贪欲。根本之策是执政者自治贪婪。从长远看,孔子之策无疑正确,但平息盗贼之患的问题依然存在,这是执政者季康子绕不过的难题,必须寻求获得立竿见影的解决之方。所以,季康子在接受孔子那番"苟子之不欲,虽赏之不窃"的教训之后,仍然耐下心再向孔子请教如何解决盗贼之患。

其实,解决盗贼之患,季康子心中已经有打算,只是觉得这个方法实行起来有些残暴,可能效果不好会引起反弹,所以来征求孔子的意见,希望能从大师嘴里说出自己的想法,或得到孔子的认可。出于前一种考虑,季康子谦逊地向孔子请教有何方法解决盗贼之患。没有想到孔子以"苟子之不欲,虽赏之不窃"挞伐了自己一番。但为解决燃眉之急,季康子不得不忍气吞声地抛出自己"杀无道,以就有道,何如"的"预案"来征求意见,希望得到孔子赞同。但孔子却给他拨了回来:"子为政,焉用杀?"

孔子直截了当地表明坚决不同意以杀戮的方式解决问题,并道出不能用暴力解决盗贼之患的理由:

第一个理由以恭维季康子的形式来呈现:您执政,是不用杀伐的。这个理由有两层含义:一是为了缓和情绪,因为季康子毕竟是执政大夫,穷困潦倒的自己能够回到鲁国,也是季康子所为,自己回国的一切待遇和生活保障,完全由季康子安排。"苟子之不欲,虽赏之不窃"的指斥也实在太刚,不给人情面,所以必须缓和,于是有了"子为政,焉用杀"的恭维话。二是寄希望于季康子执政不用暴力或不滥用暴力。孔子清楚,治邦使用或不使用暴力,全在执政者的意念。执政者意念于善,会最大限度地不运用杀伐;反之,执政者意念不善,必然视杀伐为最简便快效的治邦方式。所以,"子为政,焉用杀"有诓骗季康子上"善"船的意味。

第二个理由是民有向善去恶的取向与动力机制。孔子指出,盗贼是一种恶,盗贼蜂起,是社会之恶。这种社会之恶具体表现为民乐意做恶、民之弃善趋恶的根源,不是人性,而是官、官府,最终是执掌邦国权力的人。由此形成邦国之民善恶取向的动力机制,却是官、官府和最高统治者的意念与作为。基于这一认识,孔子对季康子说,您是鲁国的执政者,只要唯善是举,凡事行善并向善的方向引导,民众一定会跟着您努力向善。您是执国政的君子,君子的德行如劲风,民众的德行如弱草。您的行为就是您的德行之风,向哪个方面吹动,如同弱草的民众就会向哪个方面倒伏。您说,治邦还用得着运用暴力来杀戮吗?

第三个理由是暴力不能治邦,也不是治邦的手段。孔子用"君子德风,小人德草"的形象比喻,表达其基本的政治主张和治邦思想:暴力可能夺取邦国政权,但暴力不能构筑有道,因为暴力不能消灭无道,用暴力来消灭无道,只能引发更大、更持久、更野蛮的暴力,造成统治者与民之间的相互仇恨和杀戮。孔子指出,使无道消失的正确办法,是执政者自正其道:执政者有道,其是有道;执政者无道,其是无道。孔子得出结论:治邦,根本不存在"杀无道,以就有道"的问题。孔子再三重申治邦之道:治邦之道,在于自正其道。

二

孔子劝季康子为政不用杀,讲的既是德政,也是王道,只有具备王道的人,才可为政,其为政才不用杀。

孔子这一治邦论思想,是其"为政以德"政治学思想的实践展开:治邦,是统治者的德正实现政德,即执政者、官府、官,应该以德行治民、以德行治事、以德行治邦。

孔子主张自正其德为基本导向来施政治邦治民,试图"道之以德,齐之以礼"。孔子敢于在季康子面前如此肆无忌惮,当然有自由主义的当世土壤和价值取向,有统治者、官府、官员们对士君子的崇敬和对学问知识敬畏的文化环境,但最根本的却是孔子本人虽然渴望并追求做官,却终身恪守"合道"的为政准则。这一准则的反面表述是"道不同,不相为谋"。孔子的治政之道,是"为政以德"并"道之以德,齐之以礼",落实为"修德取位"和"以德正位",也可具体表述为"修仁成礼"和"以仁正礼"。基于对这一为政之道的守护,与其道同者,则为之;与其道不相同者,则不为之。这是孔子五十岁之前在国内谋仕不遇、五十岁之后游国干政不成的最终原因。但孔子并不总结其失败原因,直到老年仍然不改,哪怕在有恩于他的执政大夫季康子面前,也是直通通地坚持自己的主张,没有丝毫改变。这既突出孔子的德政思想,更突出在当时来讲也是异常激进的善政政治理想,张扬其不畏权贵,不计后果的独立自由精神。

更重要的是,孔子关于统治者自正的德政的政治主义治邦理论,体现强烈的反暴力主张。反暴力,是孔子学说的基本主张。与稍晚的墨学相比,孔子反暴力的思想光辉更加耀眼,更具有超空间的普世价值。这是因为,墨子学说不反对暴力,而是反战,并且乐意于借用暴力来反对战争。从根本讲,墨子学说的反战,采取的是与现实政治共存亡的方式,即采取单一的积极作为的方式展开,形成以战争制止战争,以暴力阻止暴力。与此不同,孔子学说的反暴力,却采取与现实暴力政治拉开距离的方式,即以一种不合作的消极方式反对暴力。这是孔子政治学说的实践方法论,这种方法论体现全性保生的自然主义倾向。

以此来看孔子,绝不可能有掌握权柄后就大开杀戒的作为。基于其反暴力政治主张和自正修德政的治邦思想,孔子杀少正卯的历史事件只能是虚构的故事。因为记载"孔子为鲁司寇七日而诛少正卯"的最早文献是《说苑》,其次是《伊文子》《荀子·宥坐篇》《史记·孔子世家》。这些文献中的记载很可能是后人的附会,因为《论语》《孟子》《春秋》《国语》等典籍中均没有这方面的史信。按理,孔子任鲁司寇七日杀大夫少正卯这样的惊天大事件,如上经典不可能没有任何记载。唯一合理的解释是《说苑》《伊文子》《荀子·宥坐篇》《史记·孔子世家》中关于孔子杀少正卯的事件只是故事,而不是历史事实。

第 20 章释义

子张问:"士何如,斯可谓之达矣?"

子曰:"何哉,尔所谓达者?"

子张对曰:"在邦必闻,在家必闻。"

子曰:"是闻也,非达也。夫达也者,质直而好义,察言而观色,虑以下人。在邦必达,在家必达。夫闻也者,色取仁而行违,居之不疑。在邦必闻,在家必闻。"

[注释]

士何如,斯可谓之达:士,读书人。春秋时代,读书人有两种:一是有位的读书人;二是待位的读书人。结合本章内容,指待位的读书人。达,亨通、显达、通达。

在邦必闻,在家必闻:邦,周王分封的诸侯所经营的独立地盘,称为邦,相对周天子拥有的"天下",亦称为"邦国"。家,按周分封制,天子有天下,诸侯立国,大夫为家,本章指大夫家族。闻,听说、传闻。指名声传扬、名望于家族内外。

质直而好义,察言而观色,虑以下人:质,质朴。直,率真、正直。好义,崇尚道义。察,观察;观,观看;指察人之言观人之色,意为辨别外表与内心是否相合。虑,考虑,思想。下人,指地位、身份低下的人。虑以下人,想着将自己处于人下。

色取仁而行违,居之不疑:色取,在上面装点,意为做表面的修饰。"子曰:论笃是与,君子者乎? 色庄者乎?"(《先进》)违,悖离;行违,行为上悖离"色取仁"。居之不疑,意为伪饰外求,自以为是,安于虚伪。

[译文]

子张请教孔子:"一个士如何才称得上显达呢?"

孔子回答说:"你所讲的显达,主要由哪些内容构成?"

子张回答说:"在邦国内有名望,在家族中有名望。"

孔子说:"这只是名望,不是显达。所谓显达,是指品质正直,崇尚道义,善于察言观色,甘处人下。具有这些品质的人,一定会在邦国内显达,也会在大夫家显达。与此不同,那些名望的人,刻意修饰自己,表面上装得仁义,但行为上却与仁义相违背,并且往往自以为是,以仁义者自居而不疑。这就是你所讲的'在邦必闻,在家必闻'。"

[通解]

第十八章讨论盗贼兴起与执政者利欲膨胀之间的变动关系;第十九章围绕如何解决盗贼之类的问题,呈现社会极为不稳定,揭示构建或维护社会秩序的根本动力是统治者自正其德,才可引导民众有德,由此引出位与德的问题,这个问题亦是名与实的问题。本章子张与孔子之间的问答,正面讨论君子名实相生的问题。

一

从本质讲,位德问题,是统治者的名实问题。子张与夫子之间的问答,将前两章讨论的位、德问题推进到名、实层次展开讨论,且将所讨论的问题从狭窄的从政领域拓展到士的生存发展领域。

子张关心士达的问题,指出达就是在邦在家均有名声,有名望。子张关心一个士怎样才能做到"在邦必闻,在家必闻"。孔子却指出"在邦必闻,在家必闻"的人只是有名望,不是达,真正的亨通显达,一定是名实相副。所谓名,指无论家、邦都"有闻",而且有"广闻";但这种"有闻"和"广闻",不是修饰、装点所能达致的,也不是自封、自居所能促成的,而是要靠德的修炼来达成。这个能够使人亨通于家邦,显达于世间的德,孔子认为必备其四:一是品质必须质朴正直;二是言行必须崇尚道义;三是必须善于体察事物和把握对象变化规律的能力;四是自以为下、谦逊做人的生活方式。

名实问题,是孔子学说的核心内容,孔子的君子学说以及由此形成的君子理想,追求名实合一。名实合一体现在修养上,是仁与礼的统一,其实行的路径是"以仁入礼";名实一体体现在日用常行的生活和做人上,就是名望、名声与德性、德行的统一;名实一体体现在为政上,就是德与位相配。

二

子张关心名,忽视实。孔子发现后予以纠正,希望子张能够充分认知到此而做到名实合一,其实质努力是三合,即仁礼合一,名声与德性德行合一,德与位合一。但子张或许并未以此悟道。孔子之后,孔学一分为八,子张自立一派,或许过分地追求"在邦必闻,在家必闻",以至于遭到后学荀子的猛烈批评:"弟佗其冠,神禅其辞,禹行而舜趋:是子张氏之贱儒也。"(《荀子·非十二子》)

第 21 章释义

樊迟从游于舞雩之下,曰:"敢问崇德、修慝、辨惑。"

子曰:"善哉问! 先事后得,非崇德与? 攻其恶,无攻人之恶,非修慝与? 一朝之忿,忘其身,以及其亲,非惑与?"

[注释]

樊迟从游于舞雩之下:樊迟,樊须(公元前 515 年~?),字子迟。须字(字须),有等待之义;迟字,有缓慢之义。此二者集于樊迟,义正相应。樊迟因为向孔子请教如何耕种庄稼和苗圃,被孔子骂之为"小人",实际上樊迟好学,只是庄稼苗圃之学不属孔门学问范围,叱骂乃夫子怒其不求君子学而"为政以德"的正道。夫子叱骂,矫正樊迟学道,其后学而出仕,与冉求、公西华等同助季康子治鲁,亦有作为。舞雩,古代求神祷雨的地方,有坛有树,可游。

敢问崇德、修慝、辨惑:崇德,崇尚德。孔子所言之德,包括德性与德行两个方面,构成其德的基本内容是仁和礼。修,修养、修炼。慝,邪恶的念头。修慝,消除邪恶的念头,指如何专攻己恶,使之无所匿。辨,分辨。惑,困惑、迷惑,指消除困惑。

先事后得:事,做事。得,得到、收获。指先勤勉于事,然后自然有所收获。

[译文]

樊迟陪孔子在祈雨的高坛之下散步,趁机向孔子请教三个问题说:"请问老师,什么叫尊崇道、心正恶、辨是非?"

孔子高兴地回答说:"你问得好哇! 先勤勉地做事,后考虑所得,这不就是尊崇德吗? 凡事多发现自己的缺点,摈绝心中邪念,不去指责别人的过错,这不是正恶念吗? 因为一时怨怒就忘其本性,危及自身,更祸及亲人,这不是需要辨明的那种是非吗?"

[通解]

上章孔子论名实合一,指出一个人追求形式上的名声、名望相对容易,但做到有名有实不易。本章孔子借应答樊迟之问,将做人之实推向深度考察,提出崇德、修慝、辨惑三要。

一

孔子教人,始终遵循"不愤不启,不悱不发,举一隅,不以三隅反,则不复也"(《述而》)的引导原则。子张关于"在邦必闻,在家必闻"是否士"达"之问,源于片面理解而形成的名实之惑,孔子点化他如何辨名实之惑,由是阐述名声、名望应与品质、言行相合,以此期望子张真正克服"好恶过深,失去对人的理智判断"[1]的性格弱点。樊迟之问"崇德、修慝、辨惑",根源在此三者之外的两个方面:一是樊迟求知心切,且说干就干的行动能力强,而且勇敢过人,但其心性缺乏沉稳,表现为脾气躁,乏耐性。孔子为之解"崇德、修慝、辨惑"之问,重心落在引导樊迟扬长避短。扬其长,就是鼓励樊迟继续发挥特强的行动能力和求知欲。樊迟所应避其短者,孔子指出三个方面:一是凡事不要急于求成,学会"先事后得";二是学会凡事心存善念;三是学会凡事控制情绪、克制急躁。

二

孔子告诉樊迟,尊崇德,不是将德挂在嘴上,这只是"色取仁而行违"。尊崇德的第一要义,是行德,即将德本身变成日用常行的准则。第二,崇尚德的本质是勤勉地做且做好该做、必做和需要自己去做的一切事;崇德,就是凡事以做为先,以做好为要。第三,凡事以做为先,必须抱着以勤勉地做本身为目的,而不是抱着得到的目的而做。第四,凡事先勤勉地做,虽然不追求得到良好的结果,但必然能得到良好的结果,这是尊崇德的必须报酬。所以,尊崇德就是先事后得。

孔子告诉樊迟,以先事后得的方式尊崇德,仅仅是自我修养、做人求实的第一步,也是最容易的一步。相对尊崇德言,更为困难的是生活中心存善意,对人心存善念。这需要从对己和对人两个方面做:对己要严,对人要宽。要言之,就是严己宽人。先事后得之实,是发挥能力长处、优势;严己宽人,是克服人性劣势、局限。人性在实际的利欲生存中表现出来的最大劣势和局限,是苛刻地对待别人而宽容地放纵自己;苛刻地对待别人,是用完人的标准要求别人,这在本质上是对人心存恶念;宽容地放纵自己,是对自己的任性,让自己纵欲,本质上是在内心深处让自己放纵恶念。正是这两个方面恰恰容易使人走向伪道德主义。所谓伪道德主义,用孔子本人的话是"色庄者"(《先进》),或曰"色取仁而行违,居之不疑"者,也是追求"在邦必闻,在家必闻"的伪君子。伪道德主义者在做人方面是严重的名实分裂者。做人名实合一必须克服这种伪道德主义取向,发现自己的人性劣势

---

[1] 李零:《丧家狗:我读〈论语〉》,太原,山西人民出版社 2011 年版,第 231 页。

和局限，学会在日常生活中不间断地摒弃心中的邪念，克服、消解不断滋生出来的缺点，善待别人，更重要的是不攻人之恶，宽容别人的过错。

先事后得，几乎人人可以一时做到，坚持凡事做到，很艰难，但相对战胜内在魔性而严己宽人来讲，就容易得多。然而，克制内心魔性，严己宽人相对辨惑言，又容易得多。因为严己宽人，涉及改变"攻"的对象，亦由攻人变成攻己。无论攻人还是攻己，本质是利害。将攻人过错的人格缺陷变成攻己非分邪念的过程，是克制无度己欲而已。生活之惑，往往超越了利欲，它属于认知，更属于情绪，涉及本能，根在心灵。所以，一切形式的表面迷惑、困惑，最终都源于己心，是己心之惑。而生成己心之惑的原生动力，却是生物本能。正是因为如此，惑之于人，却是无处不在，无时不生。需要辨明的是非，均生发于斯。因而，辨明是非的下手功夫，却是宁静心灵、克制情绪，驾驭本能。这是解除各种迷惑、困惑的内在钥匙。

三

本章讨论了三个问题，揭示了人成己为君子的三个根本问题。

第一个问题是德与得的关系。孔子以"先事后得"来表述这种关系：第一，德与得是一体两面的东西。第二，得之于人有两种，一种是得而无德，或无德而得，这种得到可以通过盗取、抢夺、欺骗，或者伪道德主义方式谋取。另一种是行德而得，或者德行而得。孔子明确指出，君子之得只能是行德而得。第三，行德而得的方式是"先事后得"。第四，孔子还指出，凡事只要以德为准则去实做，最后都会有得，并且最后必然会得，哪怕你没有想到得，都会得到。第五，德的本质是得，这里的"得"即利益；反之，得到的本质必须是德，因为唯有如此之得，才是名实合一之得。

孔子"先事后得"的思想有三层含义：第一，先事后得，就是德；第二，对"先事后得"方式的遵守和推崇，就是对德的崇尚。第三，先事后得之所以是德，有两个理由：一是"先事后得"遵循的是天理，即人被弃于荒原世界的共生存在法则和天职劳动观念：人所欲求的资源没有现成，只有先付出劳动、创造、生产，然后才有物质、财富和分配。二是"先事后得"遵循"德""得"规则：不仅先劳动后索取，而且必须是劳动多少才可收获多少，付出多少才可索取多少。

第二个问题是人何以要心存善念。人要能"先事后得"，要成为"先事后得"的真君子，真正在行为上尊崇德，其主体前提必须修养善心，学会心存善念。

孔子指出，人心存善念有两个方面的紧要处：一是**不放纵自己，要严于克己**，所要克的基本内容，是对自己的长处、优势本能地放大，对自己的性

格

格、人格、品质、德性以及德行等方面的缺点本能地遮蔽。严于克己的功夫，就是反其习惯性体认，客观地不放大看待自己的优势、长处，苛刻地审查自己的缺点和毛病，努力克制和消解之。二是**善待他人，以宽广的胸怀包容别人的缺点和过失**，这就是"攻其恶，无攻人之恶"。因为任何人，只有权利和责任要求自己成为好人，成为善人，成为品德高尚的人；却没有权利和责任强求他人成为好人，成为善人，成为品德高尚的人。当然有义务以自己的好、善和品德影响他人、感化他人。

第三个更为根本的问题是人成为君子，必须成为名实合一的人。孔子指出，人要能够真正做到"先事后得"和"攻其恶，无攻人之恶"，必须回返自己，回返生命的本源，探讨生命的本质，发现本能的力量，予以理性的驾驭，这是根本，也是前提。缺乏对这个前提的意识，难以成为好、善者；失去对这个根本的驾驭，不可能真正尊崇德性德行，也不可能真正心正邪念，心存善意，严己宽人。

孔子告诉樊迟，一切认知的根源，都源于生命本身；一切困惑的根源，都源于生命的本能和由此产生的冲动，它可能与实际的利欲纠缠在一起，但它本身却超越具体的利欲。如何正视和驾驭它，构成人尊崇德、正邪念的前提性努力，但这恰恰是最难做到的。

第 22 章释义

樊迟问仁。

子曰："爱人。"

问知。子曰："知人。"

樊迟未达。

子曰："举直错诸枉，能使枉者直。"

樊迟退，见子夏。曰："乡也，吾见于夫子而问知，子曰：'举直错诸枉，能使枉者直。'何谓也？"

子夏曰："富哉言乎！舜有天下，选于众，举皋陶，不仁者远矣。汤有天下，选于众，举伊尹，不仁者远矣。"

[注释]

爱人：心中有人，或将人置于心中，凡事想到他人。

知人：认知、识别、理解人。

樊迟未达：达，意为明、通。未达，指未理解、不明白。

举直错诸枉,能使枉者直:举,推荐、提拔、起用。错,通"措",舍弃、置之勿用。直,正直。举直,举荐或起用正直的人。枉者,不正直或邪恶的人。

乡:通"向",亦可作"响",意为刚才。

皋陶:传说中与尧、舜、禹齐名的"上古四贤"之一,相传尧时,是掌管刑法的"士师";尧传之于舜,皋陶帮助舜制定刑法和教育,推行"五刑",并用独角兽獬豸治狱,坚持公正;实施"五教",普及父义、母慈、兄友、弟恭、子孝。由于刑教并举,使天下大治,被尊为上古伟大的政治思想家和教育家,并尊其为中国司法鼻祖。

伊尹:伊姓,名挚。生于公元前 1649 年,卒于公元前 1549 年或公元前 1450 年。相传其母居伊水之上,故以伊为氏。伊尹乃商初大臣,辅助成汤灭夏,整顿吏治,洞察民情,使商初政治清明,经济发展,国力强盛。伊尹在殷商政坛上历五十余年,辅佐成汤之后,又辅佐外丙、仲壬、太甲、沃丁四代君主,因其对殷商王朝贡献卓绝而被后人奉祀为"商元圣"。有关于伊尹《竹书纪年》(即《汲冢书》)记载"伊尹放逐帝太甲",一说是规劝太甲使之正位;一说伊尹欲自立为王而囚太甲于桐宫,后太甲潜逃出杀死伊尹夺回王权。《竹书纪年》所记,包括"舜囚尧,禹囚舜,汤放桀等等,与正统的史书记载的相佐,或可从另一个侧面印证孔子"成事不说,遂事不谏,既往不咎"(《八佾》)的道理何在,以及为何要提出并构建返本开新的历史发展观和以文道救世方式去重建文明秩序的思想精华所在。

[译文]

樊迟向孔子请教怎样才能成仁。

孔子告诉他说:"成仁者,须心中有人,且行之爱人。"

樊迟又问如何才有知。孔子回答说:"成知者,是真诚地认识人和理解人。"

樊迟没有真正理解老师的话。

孔子继续解释说:"举荐或启用正直的人,罢免或弃置那些邪痞的人,同时,用正直的人去引导和规训那些邪痞的人,使他们变得正直,这就是知人。"

樊迟困惑地退出来,见到子夏,说:"刚才我向老师请教什么是知,老师说:'举荐或启用正直的人,罢免或弃置邪痞的人。用正直的人引导和规训那些邪痞的人,使他们变得正直。'这是什么意思啊?"

子夏对樊迟说:"老师所讲的内容很丰富啊!舜得到天下,从民众中选拔治理人才,结果选出了皋陶,那些不仁之徒从此销声匿迹了。汤得到天下,也从民众中选出伊尹,不仁之徒同样从此销声匿迹了。"

[通解]

上章讲樊迟向夫子求教"崇德、修慝、辨惑"三者。实际上,对此三者的理解,就是知;对此三者的实行,就是仁。樊迟三问,蕴含仁与知;孔子三答,开启了仁与知。因樊迟虽敏学好问,其向内省思与领悟用力不够,故有本章之问"仁"问"知"。

一

樊迟实行能力强,也好学求知,却往往不得甚解。很多时候主观愿望上希望什么都知晓,凡事都求问一个为什么,但天赋的悟性能力并非特别强,不如子夏一点即通。但相比之下,樊迟比颜回强。颜回好学,也是悟性能力差,用他自我喟叹之言是"仰之弥高,钻之弥坚,瞻之在前,忽焉在后"(《子罕》)。颜回只是听话地学,其学的过程中很少产生问题,很少提出问题和主动解决问题。樊迟则不同,主动求知欲特强,总是什么都关心,凡事不懂就问,虽然没有一流水平的悟性,但"不耻下问"的品格和内动力,成为一种弥补。樊迟善求知、勤求知的行为和方式,告诉人们一个简单的道理:勤能补拙,主动求知、不厌其烦地求知,更能补拙。

二

樊迟所问,都是人的问题。樊迟所问之人,虽然是一般意义的人,却有具体的指涉关系,即从自己出发指涉任意对象而形成的"**己他关系**"。樊迟所讲的人,就是这种具体的"己他关系"中的人。孔子回答中的人,也是这种"己他关系"中的人。

孔子讲的这种"己他关系"中的"仁者爱人"的思想,最早可见于《国语·晋语四》:"《礼志》有之曰:'将有请于人,必先有入焉。欲人之爱己也,必先爱人。欲人之从己也,必先从人。无德于人,而求用于人,罪也。'"这与老子的"欲将取之,必先与之"的思想相通,讲的是生存论智慧,也是生存方法论。

人要生存,必爱人。

人要爱人,必心存人,必要有仁心。

仁心的根源在哪里?在于天赋相近的人性生存敞开呈现的性情中,人的这种性情蕴含一种善根善因。人的性情的善根善因又是什么呢?孔子将其归结到血缘亲情上来。有子将其概括为"君子务本,本立而道生。孝弟也者,其为仁之本与"(《学而》)。

三

樊迟问如何才可成仁,孔子为其解,是基于实行能力强、勇敢过人,且好学求知的樊迟有重己所长而恶人之短的认知倾向和性格取向,为矫正其性格和认知偏颇,孔子针对性地说,所谓仁,就是爱人。

孔子所讲的"爱人",是从一般论,但又针对樊迟问仁且自己要借此开导樊迟如何纠正看待人的某些偏颇而论,所以体现"泛爱众"的倾向,这种倾向与孔子在另一特定语境中讲"唯仁者能好人,能恶人"(《里仁》)一样,其泛爱众意义的"爱人"具有超越等级、阶层,甚至包括修养意义上的品级,获得宗教性质的博爱倾向,这也是西方一些现代学者何以将孔子的思想提升到宗教层面来理解的内在认知根源。

在孔子"以仁入礼"的君子学说中,仁,即爱。爱,是将人置于己心中使之伫立,或曰使"人伫立于己心中"。所谓"人伫立于己心中",指唯有当人站立在自己心灵世界的中央,才称得上是爱。正是在这个意义上,孔子之论爱人即仁,并不是在讲仁的本质,而是在讲仁的日用常行的表现。在孔子的认知世界里,爱人并不是仁的本质,它仅仅是仁的行为表达;仁的本质是正,是中正,是公道。唯有正、中正、公道,才是真正合于礼、达于乐的爱;唯有合于礼、达于礼的爱,才是公道的爱,才是仁正,才是仁爱。

为何如此理解?这种理解合于孔子的原意吗?

这需要续接前面对"爱人"的生存论本义,爱人是人伫立于自己心灵世界的中央。然而,人站立于自己心灵世界的中央,并不是己之外的他者强行撞入,而是己以谦恭的方式将人迎入心灵世界,将其恭敬地安置中央,使其获得正中和中正的地位。对人来讲,要做到这一点,必须先"知人"。

知人,通俗地理解为辨识人、理解人。但这种说法相当空洞。孔子对任何观念或思想的表达,都力求具体,通过具体的条件和语境生成来呈现,其知人也是如此,其前提是知己:知己构成知人的必由路径,这是孔子特别强调"内省"的认知根源。基于这一视角,孔子讲的"知人",是以理解自己的方式理解人,以辨识自己的方式辨识人,以包容自己的方式包容人,以待自己的方式待人。唯有基于这种方式和胸襟的知人,才可能走向"爱人"。

只有达到这个意义上的"知人",才可摒弃"攻人之恶",达于"攻己之恶"的善待。将这种善待携入"为政"领域,才可形成"举直错诸枉,能使枉者直"之境。孔子如此深奥的思维和如此大跨度的思路,樊迟一时难以真正领悟透彻,当属自然。樊迟不耻下问地再一次求教子夏,并通过子夏的举例解说,或许最终悟出乃师"爱人""知人"的真谛。

四

樊迟与孔子之间的问答展开两个来回,包含樊迟前后两问:

樊迟一问,孔子解问,有所针对性:仁,就是爱人。这种针对性不仅指仁与爱本身的内在生成性,而且针对樊迟性格方面的欠缺而发。

樊迟二问,孔子解答,则只有部分针对性,这是导致樊迟不理解的真正原因。何以如此说呢? 这是因为樊迟所问之"知",是一般意义的问题,属于一般认知论的内容;孔子解"知"为"知人",这是由特定指涉对象构成的论域。也就是说,樊迟所问之"知"远远大于孔子所答的"知人"之"知"。樊迟为此不解,孔子有些不耐烦了,于是再解,却用应对鲁哀公问政的答案来搪塞樊迟:

> 哀公问曰:"何为则民服?"孔子对曰:"举直错诸枉,则民服;举枉错诸直,则民不服。"(《为政》)

鲁哀公问政,孔子认为为政的紧要事务是用人。有关于用人,孔子认为最要紧的是"举直错诸枉,能使枉者直"。所以,"举直错诸枉,能使枉者直"是在讲如何用人、怎样安排官员,与樊迟所问"何以知"不沾边。正是这一不着边际的解答,使原本就存在理解的困惑更加困惑了。樊迟对乃师产生了失望,于是不再问,没有任何反应地"退"了出来。或许正是因为孔子未能很好地解答其惑,使樊迟心中产生对老师的疑问,可能就有了樊迟"问稼"。樊迟此问,可不可以看成弟子对老师的有意考察? 当然不可知。可能孔子当时也不怎么了解樊迟,于是才有了孔子对"樊迟,小人也"的粗暴评价。

第 23 章释义

子贡问友。
子曰:"忠告而善道之,不可则止,无自辱焉。"

[注释]

子贡问友:友,交友之道。

忠告而善道之:忠,忠诚。告,告知、劝告。忠告,包咸注之曰"以是非告之",告之以是非、曲直、善恶、真假,即忠告。善,善意、善良。道,通"导",引导、开导。善道,指善意的引导。

不可则止,无自辱焉:不可,指对"忠告而善道之"不听从,不接受。止,停止、中止。无,不要、不能。自辱,指对不善接受劝诫的朋友行忠告劝导之言不止,将会自取其辱。

[译文]

子贡请教交友之道。

孔子回答说:"若朋友有过错,必告之以是非、曲直、善恶、真假,同时得体地予以如何善为的开导。若是朋友不接受劝告和引导,应适可而止,不要自取其辱。"

[通解]

君子行仁,必知人、爱人;君子知人、爱人的基本方面,就是爱友、知友。上章从一般出发,讲君子如何爱人、知人;本章具体到交友,讲述朋友相交,如何爱之知之有节有度。因而,上章与本章的关系,是一般与个别、普遍与特殊的关系。

一

子贡向孔子求教正确的交友之道。孔子给予他两个原则:一是"忠告而善道之";二是"不可则止,无自辱焉"。

孔子为何首先提出"忠告而善道之"?

这是因为忠诚是交友的前提性原则,也是交友的起点原则。这一原则要求与朋友交必须忠诚。忠诚才有信,才会义。交友不忠不诚,既无信,也不可能有义。

忠诚,即忠实友谊,真诚相待,无虚假,无修饰,无做作。

忠诚的日常方式,是在其最需要的时候予以帮助。朋友最需要你的时候,主要有两个方面:一是生活出现困难时;二是认知、选择、处事、作为出现差错或错过而本人又无力觉察或更改时。孔子认为后者比前者更根本。理由可能是前一个方面的困境产生的影响往往是阶段性的,后一个方面的困境可能会影响未来一生。孔子特别强调后者,指出交友忠诚的关键方面,是当朋友出现过错而又不自知纠正或调整时,应该直截了当地告知其是非、曲直、善恶、真假,并予以如何善为的开导。

孔子何以还要提出"不可则止"?

这是因为适度原则是交友的**底线**原则。与人交而为友,是志同道合。志趣相同且道向相同,结下的是义。义,是情感,更是情怀,也是无约束的义务。无约束的义务与责任不同:责任是必为的担当,必须是约束的,任何人在责任面前必须既要接受约束,又要约束别人。比如守法,就不是义务而是责任,每个人都必须接受法的约束。与此相反,义务具有无约束性,既不约束人,也不接受人的约束,因为义务具有可为或不可为的选择空间。交友之道,本质上是义务之道,当你忠实真诚地表达关心的情怀、情感而不为接受时,应以此止步,不能再倔强向前,强行他人接受或采纳你的建言,因为这已经超出"无约束"的底线,一旦如此,就惹来朋友不快或反目,结果是自取其辱。这就是子游所言:"事君数,斯辱矣;朋友数,斯疏矣。"(《里仁》)子游以经验讲述的方式表达孔子的交友底线原则,忠告朋友,必须适可而止。并且,不仅是忠告,这一底线原则适合与朋友交的方方面面。

二

与朋友交,忠告而善道之,这是交友的至诚要求。

与朋友交,不可则止,这是交友的理性要求。

至诚地面对友的困境而为其求解之,这是情感,更是情怀。

理性地面对友的个性而自为地限度之,这是尊重,亦是道德。

因为无约束之友情,建基于双方的平等自愿。平等本质上要求尊重;自愿始终蕴含善待:尊重的是朋友,善待的是自己。因为尊重,使朋友尊严;因为善待,使自己尊严。交友的生存论本质,是相互增进其**尊严地生活**,这是"不可则止,无自辱焉"的深刻含义。

第 24 章释义

曾子曰:"君子以文会友,以友辅仁。"

[注释]

以文会友:文,文章或礼乐文献。会,交流。指以文章或礼乐文献的讲习方式与朋友交流。

以友辅仁:以,通过。辅,辅助,或"辅"通"哺",意为哺育、反哺。后一义更适合本章语境。

[译文]

曾子说:"君子以讲习礼乐文章的方式会合朋友,切磋交流;朋友之间通过会合、切磋、交流而哺育仁。"

[通解]

孔子之论"忠告而善道之"和"不可则止"的交友之道,实际上是其知人、爱人思想的领域性运用。但其交友之道相对"以文会友"言,构成一般与具体、原则与运用的关系。就交友论,上章讲基本原则,本章论具体方式。

一

子贡求教如何交友,是对交友的一般思考。针对交友的一般之问,孔子提出能够统摄交友方方面面的两个基本原则,突出忠诚原则和适度原则得以确立的前提,即义与平等。本章中,曾子立足具体,讲君子如何交友,也涉及交友的方方面面,但曾子同样抓住重点,突出君子交友的日常方式是以文会友,以友辅仁。

曾子所论"以文会友"和"以友辅仁"与孔子所言交友原则,这两件事可能并不发生在同一空间,其空间化的时间跨度可能很大:子贡向乃师请教如何交友,由此引发出来的两个交友原则,是孔子本人的思想。曾子论交友,从语境看,应该是孔子身后曾子自立门户讲学授徒过程中发生的事,或许是曾子给曾门弟子讲课的一个主题内容,为其弟子记载了下来,后来经过由曾门弟子主持对《论语》做第三次修订编纂时收入其中,并将其编排于孔子论交友之后,修订编纂者的目的可能是要突出曾子对孔子交友思想的发展。

二

曾子论君子交友的日常方式,是以文会友。

以文会友,既突出了君子特征,并揭明君子交友不同于众人交友:君子,无论有位无位,都是读书人,读书人交友的天然方式是以讲习礼乐文章为中介或桥梁。

以讲习礼乐文章的方式会合朋友,这是增进君子学问。相互增进学问,是君子交友的第一个任务。以文会友的日常方式还有第二个任务,就是提升德性。

曾子论君子交友,也体现两个原则,即唯学问原则和唯德性原则。君子交友需要接受这两个原则,否则,不属于君子交友,只是一般交友。

三

曾子之君子交友方式和交友原则,与孔子的交友原则和交友前提之间可以构成一般与特殊的关系。曾子的交友观应该在孔子的交友思想基础上展开,才可获得完整的理解;反之,孔子的交友思想,作为交友的一般认知、一般思想、一般原则,同样适合于对君子交友的指导。此其一。其二,相对孔子的交友思想言,曾子的交友思考,突出了两个方面的特点,体现出对孔子交友思想的发展。

首先,曾子提出以文会友的哺德思想。曾子认为,以文会友,可以从两个方面哺德:一是会同朋友讲习礼乐文章,这一过程其实是一个哺德的过程。二是通过礼乐文章的讲习与朋友交流切磋,同样是哺德的过程。这既可能是自我哺育德的过程,也有可能是己与友相互哺育德的过程。

其次,曾子将"以文会友""哺德"讲成是"哺仁"。孔安国注曰"友相切磋之道,所以辅成己之仁"①。曾子不言"以友辅德"而言"以友辅仁",是因为辅之重在"成己"。钱穆在《论语新解》中认为曾子"不言辅德而言辅仁,仁者人道,不止于自进己德而已"②,是言"辅"之"不止于自进己德",更在于促进友德。其论刚好与孔安国所论相反。客观来说,钱穆所论更为客观些,"以友辅仁",确实是相互生成的。但这不是曾子不言"辅德"而言"辅仁"的理由。

孔子所言君子修德,必是德性与德行双修、德性与德行并重:只有通过修养具备主体性的德性,才可于日常生活中修德行。德性与德行之间这一内在逻辑生成关系决定了人进德必须"以仁入礼"。曾子将君子相交可以通过礼乐文章的讲习和思想的切磋而哺德定义为"哺仁",突出地强调德性的重要性,却相对忽视礼乐文章的讲习与学问思想的交流与切磋,更可以"哺礼",即更可以促进、提高君子之间的德行品质和德行能力。所以,曾子"以友辅仁"之论,实际上大大地缩小了德的范围。

由此个案可以看出,孔门弟子在孔子身后传播其学问的过程中,已经对孔学思想本身做了不同程度的修正,包括拓展深化或压缩浅表化。因此,阅读《论语》,凡涉及弟子言论时,尤其要注意其区别。

---

① (三国)何晏注、(北宋)邢昺疏:《论语注疏》,北京,中国致公出版社 2016 年版,第 197 页。
② 钱穆:《论语新解》,北京,生活·读书·新知三联书店 2016 年版,第 295 页。

子路第十三

《先进》篇以弟子修习言行为主题,构成对《八佾》篇的丰富;《颜渊》篇以君子如何践履仁为主题,构成对《里仁》篇的充实;本篇以如何治邦安国为主题,可看成是对《为政》篇的具体化。

一

第一章子路问政,孔子教其"先之""劳之""无倦",此六字方针构成孔子为政之道的精髓:"先之",要求为政者必须"以身先之",它贯穿"成己成人"原则和"以德正位"原则;"劳之",要求为政者必须履行好自己的根本职责,其思想精髓是善民、励民、勤民;"无倦"要求"行此事上,无倦则可"。第二章承此治政的宏观方策,考察治理的实施之道,指出君子为政治理应做好"先有司,赦小过,举贤才"三要事。第三章孔子自述如果自己为政,需要干的第一件政务是订正名分,并阐明其理由,以此正面表达孔子的政治思想:为政以德,必须以订正名分为先决条件,因为正名是构建秩序,礼乐是教化引导信任秩序,刑罚是强制规范遵守秩序,此三者对于治邦不可或缺。

第一、二章论为政,着重于治事。第三章论为政,着重于治人正己,其要是订正名分方可行礼乐、正刑罚。第四章拓展开去讨论治民成己,必努力于好礼、好义、好信。第五章专论君子为政如何具备其才。为政之才之于君子,必以学为要,但根本是学而能"习",孔子以学《诗》用诗为例阐发君子为政必灵活"学而",了解历史,积累和具备历史经验和智慧。第六章从正反两个方面论为政之正:从正面讲,身正,不令而行;从反面讲,身不正,令而不从。由此展示孔子两个方面的政治学思想:一是为政者与政治的关系的思想。政令的通与不通,政治的清明与不清明,取决于为政者的作为。二是为政者的作为与为政的言行的关系的思想。为政者总是会有作为,但其作为产生的效应是正是负,取决于为政者的言行是否端正:为政者的言行端正,其作为产生的效应是正面的;反之,其作为产生的效应是负面的。

二

第一至第六章分别从不同方面讨论应该如何为政治邦,第七章以前面诸章勾勒的"应该如何"为判据来审视鲁卫两国为政治理状况"事实怎样",揭示鲁卫由强而弱的衰变历史,总结其成因于内乱。内乱的根源却是权力争夺造成世袭制度的坏死。暗示君子成己为政治邦救世的艰难,但并不是没有希望,第八章通过讲述卫公子荆善于经营家庭过日子且不贪自足的生活品德,暗示鲁卫复兴的文明根基仍在。第九章以孔子游国初入卫境直观卫国的蒸蒸人气,暗示卫国复兴文明和强盛有其根本即人口或曰生产力的基石。由此,孔子以"苟有用我者,朞月而已可也,三年有成"自表,揭示德才与配位的问题;孔子以为,自己德才如果能配其位,治一邦国,一年可初见成效,三年可大见成效。阐明治邦难易,在于德才格局大小。第十一章继续深入探讨德才与配位的问题,指出治邦在贤,但贤是天命的,治邦的持续展开,需要贤者相继。贤者能否相继,构成邦国之治能否久远的关键。孔子对此展开思考,得出初步的结论:邦国治理达于久远和昌盛,必须努力于"胜残去杀",要达到这样的文明之治,至少需要"善人为邦百年"。第十二章继续讨论"善人相继为邦"之后的治理,只能是"王者"以王道行治,但前提是治者身正,其自正,治人人正,治事事正,治邦国有道。强调的基本思想是为政者自正正人、自正正事、自正正邦,所重复的是"为政以德"(第十三章)。第十四章孔子针对冉求"有政"之答,指出为政者行王道治邦先正其身,应该从实做入手,并且实做必须,要堂堂正正,光明正大。第十五章进一步指出为政者要行王道治邦,必须言行一致,其言行必须符合邦道和王道。在孔子看来,为政者行王道治邦,还应有至高的远见和开放于天下的视野,这种远见和视野就是"近者说,远者来"(第十六章)。孔子指出,要成为"近者说,远者来"的富强邦国,必须解决为政速与达和为政利与远的问题:解决前者,应遵循"为政勿速"准则;解决后者,应遵循"无见小利"的原则(第十七章)。因为"欲速"违背为政规律,结果会导向社会对规律的忽视,对秩序的破坏;"见小利"必然带头败坏道德,刺激治下之民逐利不顾一切。孔子以反驳叶公"其父攘羊,而子证之"(第十八章)的行为如何违背直道,来证明父子互为告发的社会,人人自危,何以可能使"近者说,远者来"?

三

第十九章樊迟问仁,实际上是问如何行仁,孔子提出"居处恭,执事敬,与人忠"三条日常生活行为原则。联系"虽之夷狄,不可弃也",这三大行为原则具有普世性,既是人人须遵守的,也是每个民族、每种文明社会应该遵守的。

第二十章子贡问士,孔子做出类型学划分,指出士有三类:一类最高品级的国士是"行己有耻,使于四方,不辱君命";其次一品级的乡士,能够做到"宗族称孝焉,乡党称弟焉";再次一个品级是"言必信,行必果"的游士。在此基础上,第二十一章探讨士的性格类型学问题,孔子从交往入手,分类出中行者、狂者和狷者三种性格类型,揭示不同类型的性格特征:中行者品性端庄,行为中正,既不偏私,也不极端,最值得依赖。但现实生活中很难遇到。狂者性格偏向于左,行有过,但志高勇进,性格刚毅,意志坚强,积极乐观,不怕困难,不畏艰险,勇往直前,义无反顾。狷者性格偏向于右,行有不及,有很强的理性能力,是非、善恶、美丑观念特别强,不流时俗,不为欲望所持,洁身自好,但体现一定程度的消极性,这种消极性源于对事物本身拉开距离。所以狷者是有距离地生活者,与这类性格的人交,既可以推心置腹无防范,更可提升理性生活能力,洁身洁心。如上三类士君子,虽然性格类型不同,却内在地蕴含一种共同的持守其常的德操和精神:中行者所持和所守之常,是中正的行为处世之道;狂者所持所守之常,是正道而行,勇往直前,义无反顾之道;狷者所持所守之常,是不流于时俗利害的理性生活之道。第二十二章承此进一步阐述这种持常守常德操,认为它可通神灵。

君子成己为人,无论做事还是与人交,要持守德操。第二十三章以此为准则概述君子与小人的根本区别:君子"和而不同",小人"同而不和"。第二十四章进一步论如何辨别人的方法,指出以好人为好人的依据,以恶人为恶人的依据。第二十五章拓展视野,讨论如何识别上位者,指出针对不同德性和德行的上位者,到底是"以道事之"还是"不以道事之"。第二十六章可看成对第十八章到第二十五章内容的概括,指出作为为政主体的君子的总体德性要求是"泰而不骄"。君子"泰而不骄",小人"骄而不泰",二者虽截然对立,但潜伏着融通与转换的可能性。这种可能性是性格,因为性格与德性之间存在内在的通道:性格持中,则近仁;性格偏中,则远仁;一旦性格远离中正,缺乏仁的滋养,就易于滑向骄的方向,至于极端,是横。第二十七章论刚、毅、木、讷,近仁。性格的"近仁",不等于仁;接近仁,更不是仁。接近仁,首先是指与仁相近;其次指这些相近于仁的刚、毅、木、讷,可能促进仁,也可能偏离仁。所以,"近仁"的东西,总是存在着两可性。如何使刚、毅、木、讷的性格变成仁?孔子通过应答子路问士,指出根本方法是训练柔和。柔和是士君子最重要的品德,亦是为政不可或缺的能力。因为柔和的品德内蕴三条准则:一是待人诚恳真诚;二是严肃做事,从细节入手,以此相互勉励;三是与人和睦相处,并相互关爱(第十八章)。

士君子自我修行的目的,是为政施治;其基本努力是"庶之""富之",在富强邦国的基础上,教之以复兴文明。第二十九、三十章续其"教之",讨论如何教之于民而使邦国强大:第二十九章概述教民戎事的两个基本条件;第三十章讲教民戎事的重要与根本。孔子指出,能够担当起教民即戎的人,只能是具备大德才的为政者。因为有大德,才尊重生命,不会以草菅人命的方式教民。只有具备大德才的为政者,才具备根本的善。这种根本的善才是教会民从戎取胜的为战本领、技能所需要的根本智慧。由此两个方面可以窥见孔子的生命至上的思想和民生精神。

第 1 章释义

子路问政。

子曰:"先之,劳之。"

请益。子曰:"无倦。"

[注释]

先之,劳之:之,指称代词,前一个"之"指称属下吏员或属域中的百姓(即贵族);后一个"之"指称"民"。先,先于、带头。先之,做事身先于属员或百姓。劳,使……勤奋劳作。劳之,使治下之民勤奋劳动,或使民安居乐业。

请益:请,请求。益,增进、增加。子路问如何经营政务,孔子只给他说四个字,两件事。子路以为这两点还不够,于是再向老师请求,希望多给些指点。

无倦:倦,疲劳、厌倦。指不要疲倦、不能厌倦,意为坚持不懈,不要中止。

[译文]

子路问为政治理之道。

孔子告诉他说:"以身作则,表率属下。励民多劳,使其乐业安居。"

子路以为从政治理之道远不止此,请求老师多予教导。孔子说:"不要松懈地做好上面两件事。"

[通解]

在《先进》篇第三章中,以德才专长为依据,将孔门弟子归为德行、言语、政事、文学四类。子路属政事类的代表。子路擅长政事,其学自然偏重于此。《论语》虽然收录子路言论事迹属孔门弟子中最多者,但其中收录子路问政的内容,加上本章只有三条。

> 子路问事君,子曰:"勿欺也,而犯之。"(《宪问》)
> 子路曰:"卫君待子而为政,子将奚先?"子曰:"必也正名乎。"子路曰:"有是哉,子之迂也。奚其正?"子曰:"野哉由也。君子于其所不知,盖阙如也。名不正则言不顺,言不顺则事不成,事不成则礼乐不兴,礼乐不兴则刑罚不中,刑罚不中则民无所措手足。故君子名之必可言也,言之必可行也。君子于其言,无所苟而已矣。"(《子路》)

如上两条,属于子路间接问政,其直接问政的记载只有本章内容,在本章中,通过子路问政,从另一个方面展示孔子更为具体的为政思想。

一

根据子路与孔子对话的内容,可知子路请教从政之道这件事,大概发生于公元前498年,子路出仕任季氏宰,临行前向老师请教如何从政的法则。

孔子根据子路直率、忠勇的性格和实行能力强的特点,告诉他从政治理之道不过两个方面:一是身先士卒,以身作则;二是鼓励农耕,使民乐业安居。

孔子教子路从政之道,虽四字,却是为政之道的精髓。在孔子生活之世,社会阶层划分很简单,即劳心者与劳力者。劳心者治人,劳力者治于人。孔子教子路"先之""劳之",就是讲为政如何治这两个阶层的大法则。孔子指出,对于劳心者,当官必以表率为根本方法,自己带头做好,属下以及治域内的百姓(贵族),必以其所指为指,以其所行当行。对于劳力者,当官的根本职责是鼓励、奖励他们乐于耕种,勤于耕种,丰衣足食,乐其业,安其居。按照这两个法则将这两件事情做好了,就会实现政通人和。

子路认为老师讲得很对,但觉得从政为官之道还不止这些,所以希望老师教他更多,于是"请益"。孔子又针对子路性格急躁和好大喜功的缺点,告诫他"无倦"。孔安国注此为"无倦者,行此上事,无倦则可"。意思是说:不松懈、不疲劳、不厌倦地"先之,劳之",一切都将得治,一切会治得井井有条,真正实现长久地政通人和。

二

孔子的六字方针,却是为政大道。

为何说"先之""劳之""无倦"是为政大道呢?

首先看"先之",要求为政者必须"以身先之"。"以身先之"的思想是孔子政治哲学的核心思想,它贯穿一条政治学原理和两个政治学原则。

孔子的政治学原理是"为政以德"。这一原理强调为政者必须先自正其德,"先之"是自正其德的根本方式;"无倦"地"先之",是将自正其德贯穿于为政始终。

在"为政以德"政治学原理统摄下,第一条原则是"成己成人"和"正己正人":欲成人,必先成己;欲正人,必先正己。第二条原则是"以德正位":以自己的德性德行来保证自己的位置端正、方正、中正。这两个原则落实于日常践履上,就是"以身先之"。以身先之,是凡事先做,凡事带头做,凡事带头先做好,做出标准,做出榜样。这是以做来端正自己的位置;然后以做好来确立该怎样做的方式、方法、标准。这样,没有人敢不从,也没有人敢不忠于职守,做好本职。

其次看"劳之",要求为政者必须履行好自己的根本职责,"使民多劳"。孔子"使民多劳"的为政大道,贯穿于孔子独特的民生思想。"使民多劳"的"使",不是役使,而是"使之",即采取各种办法鼓励、奖励他们成为最优秀的子民。所以,"使民多劳"的要义有三:第一,引导民务本业、务正业;第二,鼓励民以耕种为业;第三,奖励民勤奋耕种、多耕种。做好这三个方面,民会丰衣足食。民丰衣足食了,其治下百姓(即贵族)就丰足了。百姓丰足了,官府自然丰足了。这就是"百姓足,君孰与不足? 百姓不足,君孰与足?"(《颜渊》)

从根本讲,"使民多劳"的"劳之"之道的思想精髓,是善民、励民、勤民。这一治民思想背后蕴含更深刻的认知:好逸恶劳,是民生祸乱的根源;励民勤劳,是根治民间祸乱的大法。同时也贯穿"劳者多食"的思想:鼓励劳者丰衣足食,鼓励劳者安居乐业。这是最大的治理方策,也是最优的治理方式,只有"说以先民",才可使"民忘其劳"(《易经》)。

最后看"无倦",要求"行此事上,无倦则可"(《论语注疏》)。"行此事上",是指你的一言一行都围绕"先之,劳之"展开,只要坚持不懈就可以了。不需要改弦易辙,不需要变换花样,不需要表演,更不需要图政绩,以"先之,劳之"为平常,将"先之,劳之"变成日常,这是最大的为政之道。孔子告诫子路,最拙劣的为政之道,就是"新官上任三把火";最恶劣的为政之道,就是表演政绩。

三

从孔子教子路为政"先之,劳之"和"无倦"六字方针,可以体会到孔子政治哲学思想的实践智慧。虽然他很少讲为政的法治方法,但他讲的却是为政治理的自然法则,即天理人道。"先之,劳之,无倦"的为政之道,既是为政的人道,更是为政的天理(即"自然之观")。

因为人的本性既可趋恶,更可趋善,为政者"以身先之",既体现为政之善,更是为人之善,以其善为导向,何人不愿从善? 使民多劳,就是通过励民和勤民而励民善,贯穿的是人性趋善。

"行此事上,无倦则可",揭示人性的弱点,不过懒、馋、贪。"无倦"地事于"先之,劳之",既是克制懒、馋、贪之人性弱点的根本方法,更是再造人性的大智慧,有什么比重复地坚持做同一件有意义、有价值的事情更有意义、更有价值呢? 因为"无倦"的存在本质是**恒**与**常**;"无倦"的生存本质是**日新**,坚持不懈地重复同一件有意义、有价值的事情,就是使之日新,且新之又新。

由此看来,孔子给予子路的六字"为政"真经,是孔子的政治哲学精华,他毫无保留地传授给子路,可见孔子对这位亦生亦师的大弟子寄托了何等希望和期待!

第 2 章释义

仲弓为季氏宰,问政。
子曰:"先有司,赦小过,举贤才。"
曰:"焉知贤才而举之?"
曰:"举尔所知,尔所不知,人其舍诸?"

[注释]

仲弓为季氏宰:季氏,执掌鲁国政的卿大夫季氏家族。季氏家族立于鲁国朝政,始于季友。鲁庄公姬同的小弟姬季友平定庆父之乱,其后裔子孙就以他的字命氏,称为季孙氏,世代执掌鲁国政。季友之孙季孙行父执政时期举贤任能,分财济贫,受国人爱戴,其后谥号季文子。其后季武子、季平子三代连续执掌鲁政,由于鲁邦君无能,故而出现鲁国人只知有季氏,而不知有君主的情况。孔子的弟子们从政于季氏,应该是季桓子和季康子执鲁国政期间。季氏宰,季氏的总管。孔子的弟子为季氏宰者先后有子路、仲弓、冉求三人。最早是子路为季氏宰,时间是鲁定公十二年(公元前498年),只一年,弃之而追随夫子游国。仲弓接替子路季氏宰之职,时间大约在鲁定公十三年(公元前497年)至鲁定公十四年(公元前492年)之间。公元前492年,季桓子卒,季康子执掌国政后,启用冉求替换仲弓,冉求任季氏宰的时间最长,直到孔子逝世之后。

先有司:司,执掌、掌管。有司,官署、官吏。"先有司",有二解:一是以择有司为先;二是身先于有司。根据本文语境,从第一解。

赦小过,举贤才:赦,赦免。小过,不严重的过失。指赦免不严重的过失。举,推荐、举荐。贤才,德才出众者,指举荐德才兼具的优秀者。

举尔所知,尔所不知,人其舍诸:尔,第二人称代词,指仲弓。所知,所了解、熟悉的人。人,他人。舍,舍弃。诸,不定代词,指那些不为你所知的贤才。指每个人都将举荐他熟知的贤才,你不熟知的贤才,难道别人会舍弃不举荐吗?

[译文]

仲弓出任季桓子总管,临行前向夫子请教为政之道。

孔子说:"明确有司职能,诸事责成各司其职;人人责任有归,赦免小的过错;不拘一格举荐贤才。"

仲弓又问:"如何知道哪些人是可举荐的贤才呢?"

孔子说:"只管举荐你了解的人,你不了解的贤才,难道别人不会举荐吗?"

[通解]

本章承上章"问政"主题,并且都是两弟子出仕前向夫子请教从政之道。上章孔子教子路从政必"先之,劳之,无倦",这一从政"三大道"属于治理邦国的宏观方策之道;本章孔子教仲弓从政必"先有司,赦小过,举贤才",这是从政"三要事"。这一从政三要事是属于治理的具体实施之道。孔子教二子不同的从政之道,只因二者性格差异,孔子乃因材施教而已。

一

有人认为本章内容属后来窜入,其理由有二:一是认为本章内容体现法家思想;二是认为孔子思想中没有法的观念,不主张甚至反对刑罚之治。

要辨别本章内容是否窜入,只要厘清孔子有无刑罚之治之思想。

因为孔子特别强调"为政以德",后世认为孔子没有刑罚之治之思想,更有甚者认为孔子反对刑罚之治。前者是片面的,后者属荒唐。因为孔子不反对刑罚之治,还认为刑罚是治邦必须的方式,只是他认为刑罚只能治表,不能治本:"道之以政,齐之以刑,民免而无耻"(《为政》)。孔子主张,刑罚之治必须与正德之治相结合,并且必须以正德之治引导刑罚之治,唯有如此,才可形成完整的治邦之方。孔子之如此认为的理由是:刑罚之治只能管住人们的行为,使之符合规范,却解决不了人们的心理、动机、欲望。所以他特别强调"为政以德",哪怕是法治,也需要为政当官者以身体力行的方式来治政、治民和治事。在孔子的政治学视野里,**刑罚之治,既必要,更必需,但不根本**,根本的是"为政以德"地**正己以正人,正己以正属下,正己以正百姓,正己以正民,但它必须以刑罚之治为保证**,这就是"刑罚不中则民无所措手足"(第三章)。

以此来看,本章内容应该是孔子与仲弓讨论为政之道的内容。本章表达的思想,应该是孔子"一以贯之"的政治学思想。并且,本章内容承上章而来,不仅从时间上,子路为季氏宰先,仲弓接替子路之职其后;在内容上也是因人施教:上章中问政的主角是直率、忠勇但嫉恶如仇且性子急躁的子路,孔子教之以从政之道,遵循扬长避短原则,教导子路从政必"先之,劳之",这是要他扬其身先士卒富于实行之长和嫉恶如仇的爱民之长。孔子教导子路以"无倦",是提醒和警示子路应该避免急躁和因急躁不能持之以恒以及好大喜功的弱点。对具有坚韧不拔的性格又有基本政事能力的子路来讲，只要能够扬其所长避其所短，一定能够做好季氏宰这个职位的分内事，成为一个优秀的治才。

与子路不同，仲弓是"可使南面"的人，他的宽厚性格，他的沉着稳重，他的远见，他的宏观调理能力等，做季氏宰绰绰有余。但仲弓临行前还是虚心向老师求教。孔子教给他从政务实的三大要事：先有司，赦小过，举贤才。

二

从表面看，孔子教仲弓从政三事，不如教子路从政三道。其实不然。教子路从政三道，是要子路遵循此三道，身体力行地做好这三个方面，目的是使他履行好职责，做一个合格的季氏宰。与此不同，孔子教仲弓从政三事，却是要他尽其所能、发挥其所长，做一个优秀的季氏宰。具体地讲，在季氏大总管这个位置上充分发挥以德正位的功能，建立各司其职、尽忠职守的行政管理体系和高效的运行体系，创建唯才是举的用人方式和先贤机制。这在孔子看来，子路是不能做到的，具有"可使南面"才德的仲弓，是完全可以做到的，故而以此相授。

要言之，孔子教子路为政三道，寄托他的基本政治学思想如何以简明扼要的准则方式践履；孔子教仲弓为政三事，不仅融进了自己的基本政治学思想如何以简明扼要的准则方式践履，而且寄托了他的社会政治理想。

三

孔子教仲弓从政三事，其实是从政三大要领。

第一大要领是要先有司。先有司，应该是为政治理管理的首要事宜。因为为政本质上不是个人行为，它涉及国家组织结构系统如何启动与运作。怎样做，全在为政者自己的头脑与才能，当然前提是为政的目的。尤其是季氏宰这个官职，更强调组织的头脑、协调的才能和有效地实施所要达到的目的。

孔子教仲弓应该"先有司"，首先希望仲弓做季氏宰要有革新鲁政的志向。其次要仲弓充分正视"有司"这一组织和结构系统的独特功能和潜力，希望他能以己之长充分发挥和释放"有司"本身的功能，其基本方法是要使"有司"各有其责，使"有司"者各归其位，即使职能部门、职能者均做到责有所归。具体地讲就是做到正反两个方面规矩与边界：一是"在其位，谋其政"；二是"不在其位，不谋其政"。所以，孔子教仲弓"先有司"，是要他既有效启动"有司"机构的能力，又充分发挥"有司者"即属官属吏的主体责任能力，释放为政之组织结构、系统的边界与限度功能。

孔子教仲弓在"先有司"的基础上,也就是在组织、结构有序运转、属官属吏各属其责的有序管理中,应充分尊重下属,善待下属,体谅下属,为下属担当。如何做?孔子举一例,人在工作中犯小失,这是常有的事,作为长官如何对待?是吹毛求疵,严厉苛责,还是给予空间和机会使其自行更改?前者是苛刻的做法,后者是仁爱的做法。孔子以此教仲弓如何尊重下属,善待下属,体谅下属,为下属担当,那就是"赦小过"。这是第二大要领。

孔子为何要教仲弓为官赦下属小过?其一,基于对人性的考量。人性本无善恶,如果有使人性趋善的环境,人性就向善;如果是使人性趋恶的环境,人性就变恶。赦下属小过,是营造使人性趋善的环境。这是孔子从相近的人"性"出发,如何使生活中"习相远"的人性能够更"相近"的一种为政的努力。同时还表明一个更为深刻的道理:使现实生活中"习相远"的人性更可能"相近"的最好努力方式,就是"为政以德"的方式。其二,基于"小过"所体现出来的两个准则:即,"小过"是不伤为政原则之过,也是不影响为政的整体方面,所以"小过"不会带来为政的巨大负面影响。孔子在这里严格地区分"小过"与"大过"的本质区别。其三,"小过"是无心之过,无意之过,没有犯过错的主观动机,这与有意之过有本质区别。孔子又区别了过之有意与无意的根本性质的不同:只有无意的小过,才可以赦免,有意之过,哪怕是小过,也不能赦免。其四,赦免下属的无意小过,是宽以待人。宽以待人,是仁。但宽以待人之仁,又必须纳入共守的礼之中来辨别或执行,这就是过错"无意"和过错事"小"。"无意"和"小"二者缺一不可则合于礼。其五,赦下属以小过,也凝聚人心,是获得为政凝聚力和向心力的基本方式。

第三大要领是孔子教仲弓在"行有司"和"赦小过"的同时,应该做好从政的根本大事,那就是"举贤才",这是孔子不拘一格,唯德才是举的政治思想的具体表述。

孔子教仲弓"举贤才",不是举贤才本身,而是如何举贤才的方法。孔子授予仲弓举贤才的方法有三:

首先,举贤才,要不拘一格,凡是德才兼者都应该举,都要在推举、提拔之列。

其次,举荐、提拔贤才,应该从自己做起。这要求为政者具备举荐、提拔贤才的远见、胸襟、气魄、魄力。举荐、提拔贤才,唯有从自己做起,才可做好表率,带领有司长官自觉地、主动地、热心地举荐、提拔贤才。

最后,举荐、提拔贤才还应该建立起"举尔所知,尔所不知,人其舍诸"的空间平台和运作机制,使所有的贤才都能够脱颖而出,使所有了解贤才的人,都不舍弃贤才。所以,"举尔所知,尔所不知,人其舍诸"讲的是:只要是贤才,应该一个都不能埋没。你必须举荐你熟悉的贤才,更应该提拔你不熟悉的贤才,包括被别人忽视的贤才。一旦如此,邦国治理就掌握在德才兼具的君子手中,文道救世的理想就会因此而不断地变成现实。

第3章释义

子路曰:"卫君待子而为政,子将奚先?"

子曰:"必也正名乎。"

子路曰:"有是哉,子之迂也。奚其正?"

子曰:"野哉,由也!君子于其所不知,盖阙如也。名不正,则言不顺;言不顺则事不成;事不成,则礼乐不兴;礼乐不兴,则刑罚不中;刑罚不中,则民无所措手足。故君子名之必可言也,言之必可行也。君子于其言,无所苟而已矣。"

[注释]

卫君:孔子游国十四年期间,曾两次事卫公,第一次是鲁定公十五年至鲁哀公二年(公元前 495 年～公元前 493 年),求事卫灵公,"子见南子,子路不说",孔子向子路发誓"予所否者,天厌之,天厌之"(《雍也》)。这两事就发生在这段时间。第二次是公元前 488 年至公元前 485 年,求事卫出公。一般认为这里的"卫君"指卫出公,子路与孔子的这段对话应该发生在鲁哀公七年(前 488 年)。卫出公名辄的父亲蒯聩因得罪卫灵公夫人南子,欲杀南子,结果消息被泄不果而不得不逃亡于外。卫灵公卒,卫人立辄为出公,辄之父蒯聩在外不得立,但晋执政大夫赵简子以为卫出公辄应该让位于父蒯聩,因而派人送蒯聩回卫就位,但辄却不以为然,由此出现父子争位。当时的情况是,孔子的弟子多仕于卫,实际上已形成一股不可小视的力量,卫出公亦希望孔子出而相助。于是就有了子路"卫君待子而为政,子将奚先?"之问和孔子"必也正名乎"之答。

必也正名乎:必,一定、必须。正,中正、端正,可理解为订正、匡正。指须先订正(或者说匡正)名分。

子之迂也:子,子路对孔子的尊称;迂,迂阔、迂腐,有大而不当、不切实际等含义,意为迂远而不切合事情本身。

野哉,由也!君子于其所不知,盖阙如也:野,粗野、粗鲁。阙,同"缺",意为缺少。阙如,像缺少(或没有、不具备)一样。此句意为:子路你也太放肆了!一点没有君子的样子,君子对自己不懂的东西,应该搁置不论。

正：一般理解为得当，但根据孔子"为政以德"和"政者，正也"的政治思想和本章的实际语境，"正"应作中正、公正讲。

名之必可言：确定名分，必须有道理的支撑。这里指"既有父子之名，则不可言以子拒父。蒯聩父而名以仇，名不正则不可信"（钱穆《论语新解》）。

[译文]

子路问孔子说："卫出公等待老师您去主持国政，您准备从何处入手？"

孔子说："那一定应该从订正名分入手。"

子路说："真是这样吗？老师您老人家也太过迂阔了，治理混乱的卫国，有多少大事要做，为何要先订正名分呢？"

孔子有些生气地说："太粗野了，仲由！有教养的人对不懂的事情，一般情况下应保持沉默。如果名分不正，说话不会顺理；说话不能顺理，事情难以办成；事情办不成，礼乐不能复兴；礼乐不能复兴，刑罚不会公正；刑罚不公正，民会惶惑不知如何去行动。所以，君子确定一个事物的命名，就一定能讲出何以如此的道理；讲出来的道理，一定会行得通。君子对于他说的话，不能含糊，更不能苟且。"

[通解]

本章贯之以第一、二章"从政"主题。第一、二章是孔子分别教导临仕前的两位弟子应如何从政的方策大要；本章则是孔子讲述如果自己为政，需要干的第一件政务是订正名分，并阐明其理由。以此正面表述其政治思想的核心内容。

—

本章是孔子正面完整地表述其政治思想核心内容的文字。孔子阐述自己政治哲学的核心思想虽是由子路之问引发出来，但实际上是针对卫国礼崩刑乱的动荡时局对邦国政治予以反思性思考形成的一般政治哲学思想。

孔子对卫国礼崩刑乱的动荡时局予以反思性思考，可能直接源于卫国发生的两件政治大事件。第一个政治大事件是"卫侯无礼"（《左传·成公二年》）：在一场卫齐战争中，新筑大夫仲叔于奚救了卫军统帅孙桓子。卫侯赏仲叔于奚采邑，仲叔于奚拒受所封采邑，要求卫侯允许他在朝见时使用诸侯所用的乐队和马饰。卫侯竟欣然同意。孔子知道后大发议论，认为卫侯非礼。并指出执国之道，名与器乃君所专属，不能假于人。如果随意假于人，等于将邦国拱手送给别人。第二件事情，就是卫出公辄与其父蒯聩争位，让孔子越发认为订正名分对邦国治理具有根本性。

卫灵公三十九年(公元前 496 年),时太子蒯聩与灵公宠姬南子夫人交恶,蒯聩密谋杀南子,结果被南子发现,以告灵公。太子蒯聩由此被迫出逃适宋,后又投晋于赵氏。卫灵公四十二年(公元前 493 年)夏,卫灵公卒,其夫人南子传遗命令郢即位,郢坚辞不受,然后推举蒯聩之子辄即位,是为卫出公。同年六月,晋执国大夫赵简子送蒯聩回卫,欲立之为卫君,但其子卫出公发兵击蒯聩,蒯聩不得入。卫出公与其父蒯聩的君位之争,构成孔子必须面对的现实问题:卫出公欲孔子为政,孔子主张应该首先解决"名正言顺"的问题,孔子认为这是涉及邦国根本的大问题,是卫国重新得治的前提。

子路却认为老师迂阔不堪,卫国乱而求治,乃是百废待兴,正名却是不着边际的事情。子路所言,是基于卫国当时的实情。孔子则对子路讲出一番大道理,以此表达自己事卫的前提条件,这个条件是订正卫出公父子之间的名位。由此可以看出,孔子一方面很想从政当官,却"一以贯之"地坚持原则。卫出公最终放弃启用孔子执国,大概与他并不欣赏孔子这番严正的名正言顺的治邦思路有关。

二

信而好古的孔子持一个基本的邦国观:自邦国诞生始,刑罚就作为治理的基本手段而得到运用。今人以为中国古代社会是德治而无法治,依据是汉以来入主统治意识形态的儒家思想反对法治而唯崇德治。其实这是后人的误会。本章内容应该是孔子自己还原其思想的重要文献,因为在本章中,孔子完整地正面表述了自己基本的政治思想,他认为治邦必须遵循缺一不可的三大准则,这就是**正名、礼乐、刑罚**。

孔子在这里阐述了治邦三大准则之间的关系,他认为订正名分,是治邦的首务。理由有二:第一,名不正,则言不顺;第二,言不顺,则事不成。

孔子的正名治邦准则里面包含两个宏观的治邦原则,即名正言顺原则和言顺事成原则。前一原则讲事出有名:为政治邦要有名。治邦有名,是指为政治邦必须堂堂正正。只有堂堂正正,才可信;也只有堂堂正正,为政治邦才可有仁(即有人)、有礼(即有边界和限度)。所以,唯有堂堂正正,为政治邦才会治出社会的公道、公正。治邦如此,做人亦是如此;或者,唯有当做人如此,为政治邦才会如此。后一个原则讲理到名正:名的得到可能容易,比如可通过谎言、欺骗、暴力甚至威胁或恐吓等方式手段,将名挂出来,强迫别人承认。但要所出之名正,必须有理的支撑。这个理,就是法理、天理。法理、天理源自人性、血缘;血缘、人性又源于自然。比如,卫出公辄与其父蒯聩的君位之争:两人即君位,都有名。卫出公是卫灵公夫人

（一国之母，即卫出公辄的祖母）推举且国人同意的；蒯聩是前太子，且又是卫出公之父。到底谁继君位最有理呢？这就需要订正。只有经过订正之后，才可恰当地处理好辄与其父蒯聩之间的血缘父子关系和君臣关系，否则，邦国的秩序始终是乱的。

孔子指出，正名不是目的，只是手段，而且仅仅是治邦的起步手段。正名的实质所指，是复兴礼乐。其理由亦有二：第一，订正名分，是事成的前提；第二，事成是复兴礼乐的前提。因而，订正名分是复兴礼乐的前提。从订正名分到复兴礼乐，这中间有一个**成事**的环节，即按照有法理、天理支撑的名来做事，就会顺理成章地将事情做好，顺理成章地做好事的实质，是有规则、有秩序、有边界，这种做成做好事的行为及方式的展开，构成实现礼乐复兴的过程。所以，为政治邦，必须遵循名正礼乐兴的准则和程序。

乐，之于个人，是自由的体现；之于邦国，是德治昌盛的体现。无论对个人还是邦国，乐之达成，既需要仁的实现，更需要礼的实现，其基本进路是"以仁入礼"。所以，礼乐的完整表述是"以仁入礼成乐"，简称为礼乐。礼乐的复兴，是礼乐的实现；礼乐的实现，才为刑罚公道、公正达到最佳社会效果提供保证。其理由有三：第一，名正事成；第二，事成礼乐复兴；第三，礼乐复兴刑罚中正。概言之，订正名分既构成刑罚中正的前提，也成为刑罚中正的最终依据和理由。从订正名分到刑罚中正，这中间有两个连续衔接的环节：名正促成事成，事成推动礼乐复兴，复兴的礼乐为刑罚公正提供保障。为什么？第一，乐是一种自由，是排除任性而得仁成仁的自由。正是这种性质的自由，才使乐为刑罚中正提供主体条件，即实施刑罚的为政者必须是心存仁性、仁心、仁情、仁爱的人。这样的人，心是正的，也是公道的。第二，礼是规范，是边界，是秩序，以共守的礼为规范、为边界、为秩序来实施刑罚，其刑罚自然会达到公正。

三

正名是构建秩序，礼乐是教化引导信任秩序，刑罚是强制规范遵守秩序，此三者对于治邦不可或缺。

孔子由正订名分推出刑罚公正，其假设前提是凡事皆有理，凡事皆有度，所以凡事皆有则。在孔子看来，名分之理，是法理、天理；成事之理，是仁理和礼理，即人必有仁，事必有序，行必有度；刑罚之理，是中正、公正。刑罚要中正、公正，既要以仁和礼为直接依据（理），更要以法理、天理为最终依据。孔子阐述此三理的生成关系，运用严谨的逻辑推论方法，创造出最早的逻辑学范式。

逻辑学,学术之工具,学术稍进,即有逻辑之产生。唯古代国际上影响绝少,学术多自由创,非其逻辑,亦各自有其特质,不可强同也。印度之因明,既殊于西洋之逻辑,我国诸子之正名,亦不与因明、逻辑同。近之学者,每喜以逻辑释正名,所得固不少,其附会亦多矣……学术以时代而演进,虽相反之二派,终必互受其影响,相因相革,学术乃能进步。正名之论,发自孔子,而发挥光大者,实为墨子、荀子。①

墨子、荀子而后,论正名者,有《韩非子》、《吕氏春秋》,惜皆袭取,而阐发鲜矣。及汉后,遂至中绝,惜哉!②

史学家杨宽所论,应是客观和公允的。

孔子的逻辑学思想之所以不被后人正视和重视,将古代逻辑学的开创桂冠戴在墨子头上,实是因为孔子的逻辑学总是淹没在《论语》记载的去掉具体语境的讲述之中,唯有本章完整的推论结构内容,是在阐述治邦的准则而非一般的逻辑学原理或准则:"诸子之论正名,盖欲以为政治之工具,非纯为学术也。《论语·子路篇》云'名不正则言不顺,言不顺,则事不成;事不成,则礼乐不兴;礼乐不兴,则刑罚不中;刑罚不中,则民无所措手足。故君子名之必可言也,言之必可行也。君子于其言,无所苟而已矣'。是孔子以治邦必先正名,盖以言为成事之工具,言则由名以组成也。若名实不合,则言必舛误,言即舛误,则事必谬乱,故必欲正之。"③

四

"正名"观念,既不是孔子的首倡,也不是孔子的发明。在孔子之前,正名思想已经流行。只是,将"正名"与"复兴礼乐""刑罚中正"联系起来,孔子乃始作俑者。

"正名"的基本要求,是**以理立名**。

"正名"的依据,本章中孔子没有直接讲,但间接表达清楚了:以礼乐为核心内容的制度,构成正名的依据。在孔子那里,为政治邦订正名分,必须借具体的制度作为根本标准。这个订正名分的依据,既是"周监于二代,郁郁乎文哉",又需要返本开新的西周制度。西周的制度,有广狭取义:广义的制度,即周礼;依周公所制定的典章以正名,就是"吾学周礼"。狭义的制度,即西周之政制,具体为文武方策。依文武之政以正名,就是"文武宪章"。

---

① 杨宽:《古史探微》,上海,上海人民出版社 2016 年版,第 801 页。
② 杨宽:《古史探微》,上海,上海人民出版社 2016 年版,第 803 页。
③ 杨宽:《古史探微》,上海,上海人民出版社 2016 年版,第 803 页。

从周正名，既是孔子政治思想的逻辑起点，也是孔子对政治制度的基本主张。

孔子正名之实指，是按照西周封建天下的制度，具体地讲是以嫡长子制度、分封制度和礼仪制度来调整君臣上下的权力边界与责任。"盖孔子生当周衰之后，封建政治与宗法社会均已崩坏，目睹天下秩序紊乱，推究其因，不得不归咎于周礼之废弃。故一生言行每致意于尊周室、敬主君、折贵族之奢侈，抑臣下之篡窃。责人不贷，律己亦严。"①要深入理解孔子的正名思想，必先理解孔子"知古即全知"的命题，才可明白地理解孔子的正名论。孔子所讲的名，不是一般的名实关系，是以早已肯定的古名作为判断现实的最高标准。有古名，就必须有呈现古名的实在，如果缺乏其实在，只有古名这个形式，就是名不正了。比如，现实发生了巨大变化，还继续运用古名来称谓，就是名不正了，一旦名不正，自然言不顺。

郝大维等在《先贤的民主》中指出时人——当然既包括外国的时人，也包括中国的时人——总是在两个层面上错误地理解《论语》和孔子："第一个错误在于没有人认识到儒家的'权威'思想包含着不可或缺的道德与美学内容。儒教从一开始形成就关注个人的自我教化，而且特别显著地关注君臣的教化。儒学的意识要求统治者以模范德行感召天下。只有在统治者自己是文化的产物而非文化的制造者的情况下，这一点才是可能的。第二个错误是没有认识到儒家'正名'学说的积极意义，儒学'正名'的学说旨在防止个人权威的滥用。一个行为不像父亲的人就不应被称为'父亲'，一个统治者行为不符合要求也就称不上是统治者。"②

从根本论，孔子"正名"学说的实质，是自我节制、自我约束，这种自我节制和约束的内在要求性，却是社会角色观念。社会角色观念，是人从动物中走出来，获得自我超越进入人的社会的一种社群观念，或者说公共观念。以此观之，孔子的正名思想，不仅是关于如何确立自我的思想，也获得民主、公正的价值取向。从订正名分的形式看，这种说法是在美化孔子。但从订正名分的实质观，这是在寻求对必须普遍化的为政法理、天理的确立。正是因为此，孔子的正名思想蕴含民主、公正的价值取向，似为可能。③

---

① 萧公权：《中国政治思想史》上册，北京，商务印书馆 2013 年版，第 64 页。

② ［美］郝大维、安乐哲：《先贤的民主：杜威、孔子与中国民主之希望》，何刚强译，南京，江苏人民出版社 2004 年版，第 89 页。

③ 唐代兴：《试论孔子的正名知识论》，《中国社会科学院大学学报》2021 年第 2 期。

第4章释义

樊迟请学稼。子曰:"吾不如老农。"

请学为圃。曰:"吾不如老圃。"

樊迟出,子曰:"小人哉!樊须也。上好礼,则民莫敢不敬;上好义,则民莫敢不服。上好信,则民莫敢不用情。夫如是,则四方之民襁负其子而至矣。焉用稼?"

[注释]

樊迟请学稼:请,请教、求问。稼,庄稼,或曰种田。学稼,学习种植庄稼的技艺、技术。

请学为圃:圃,种植蔬菜或花草的园地。为圃,学习种植蔬菜和花草的技艺、技术。

小人:小人,即人之小者,具体地讲,只以个人生活为目的,而无社会责任和承传使命诉求者。孔子所论小人有两类:一类有位无德者;另一类有德才而不务君子正业者。有德才的君子正业,是为政治邦安国,以实现文道救世。樊迟是孔子弟子,自然应自觉于训练为政德才,但他却兴趣种植庄稼或苗圃,这是不务君子正业,孔子恨铁不成钢,故情急之下骂他"小人"。

民莫敢不用情:民,劳力者。用情,以真诚之情相对待。

四方之民襁负其子而至:四方,以本国为中心辐射开去的东南西北各邦国,意指各邦国之民。襁,背负婴儿用的宽带子,亦指专门背负婴儿之衣。至,到达、来到。

[译文]

樊迟向孔子请教如何种庄稼。孔子说:"这方面的学问,我不如老农民。"

樊迟又请教怎样种蔬菜。孔子说:"这方面的学问,我不如老菜农。"

樊迟吃了个闭门羹,很是郁闷地退出。孔子对其他弟子说:"真是个小人啊,樊迟!要知道,居上位者以礼法为准则,民不敢不恭敬。居上位者重视道义,民不敢不服从。居上位者重视诚信,民不敢不以真情相对待。如果能做到礼、义、信三者,那么以种田为生的民就会背负孩子从四面八方来到你这里,哪里用得着你自己去耕种庄稼呢?"

[通解]

第一、二章论为政,着重于事,道为政"三大道"和施治"三要事"。第三章论为政,着重于治人正己,其要是订正名分,这是成事、复兴礼乐和中正刑罚的前提。本章继之讲治民成己,指出治民成己必努力于"三好",即好礼、好义、好信。

一

在孔门,好学且好问的弟子中,应该数子贡和樊迟为最。子贡头脑灵敏,最能察言观色,每问必得孔子高兴,师生皆受益。孔子夸赞他是"瑚琏之器",意为体透玲珑。樊迟虽好学好问,脑瓜子也够用,但就是性格太直,凡事以问题为中心,直通通地将问题抛将出来,不管对方能否接受。自然经常惹夫子生气,甚至有时使老师讨厌。稼圃之问,就属这类情况。

樊迟求问如何种植稼圃,可能有许多原因,但其中一个重要因素是:他以其质朴之心,看到在一个人人都有具体事务可做的社会,自己却与这样一批人搅在一起,天天将时间和生命耗费在"仁""礼""德""道"之类的空洞理论上,没有任何实质意义,所以他以为与其这样白度时光,倒还不如学稼学圃。结果反被老师臭骂为"小人"。樊迟质朴可敬,但他岂知老师开门授徒的高远志向? 这或许是樊迟与老师之间偶尔出现这类不合拍的尴尬的原因。

孔子骂樊迟为"小人",不是有位无德或有位无才而"喻于利"的小人,而是指学而不务**为政**正业的士君子为"小人",是夫子恨铁不成钢的怨怼,体现孔子爱之过甚,有些"痛心疾首"的味道。

孔子讲学而成己的士子之应务的正道正业,不是去劳力,成为劳力者中的一员,因为在孔子生活之世,成为劳力者根本不需要读书,只需要体力与勤奋即可。学而为士,是为出仕为政;出仕为政,是以仁礼乐治邦安国,实现返本开新,文道救世。正是基于这一基本理念,孔子关于"上好礼,则民莫敢不敬。上好义,则民莫敢不服。上好信,则民莫敢不用情。夫如是,则四方之民襁负其子而至矣。焉用稼"这番宏论才可理解。

二

理解本章内容,可结合《宪问》第四十一章"子曰:'上好礼,则民易使也'":居于上位的当政者如果能身体力行地推崇礼仪,民更容易接受教化的引导。在这一认知的基础上来解决"上好礼与民敬、上好义与民服、上好信与民真情"的关系。

结合樊迟问稼圃这一具体语境论,孔子关于"上好礼"这番宏大议论,其实只要表达一个基本观点:劳力者与劳心者的区别。劳力者种植庄稼和苗圃,为社会提供物质财富;劳心者修习礼、义、信方面的德才,为邦国秩序、公道提供服务。对于劳心者来讲,只要做好礼、义、信三个方面,有的是民为你种植庄稼和苗圃。

> 晋侯始入而教其民,二年,欲用之。子犯曰:"民未知义,未安其居。"于是乎出定襄王,入务利民,民怀生矣。将用之。子犯曰:"民未知信,未宣其用。"于是乎伐原以示之信。民易资者,不求丰焉,明征其辞。公曰:"可矣乎?"子犯曰:"民未知礼,未生其共。"于是乎大蒐以示之礼,作执秩以正其官,民听不惑,而后用之。出谷戍,释宋围,一战而霸,文之教也(《左传·僖公二十七年》)。

孔子关于"好礼""好义""好信"的治民思想,是对前人思想的运用和阐述而已。子犯引导晋侯教民知义、知信、知礼之事,是发生在僖公二十七年(公元前633年),其时孔子尚未出生,但教民以义、信、礼已成为劳心者为政治邦的基本责任。孔子承前人已经实践获得巨大成就的治邦思想而教弟子,不过是承传而已。但孔子讲劳心者治教于民,也有自己返本开新之处,那就是将知礼教礼作为首要责任和义务。在孔子看来,只有行为有礼,才可有义;只有获得义的品质,才可有信。礼、义、信,此三者之间具有内在生成的逻辑关系。

三

孔子阐述抽象的道理总是"以事件为本体"。孔子教弟子:第一,学而成己为君子,就是人成为上位者必须学会居礼,有义,有信。第二,学而成己为君子的社会使命,是为政治邦。第三,君子为政治邦的基本任务,是以礼、义、信为准则治事、教民,使"四方之民襁负其子而至",这是为政治邦成功的基本标志。

不仅如此,本章通过樊迟求问耕稼的告竣定义为"小人"之为的那番说理,还表达更为根本的思想,即君子要教给弟子一个基本的从业理念,就是劳心与劳力的社会分工理论。

樊迟一问如何耕种庄稼,孔子说"吾不如老农";二问如何种植蔬菜,孔子说"吾不如老圃",当然表达了孔子的诚实。孔子虽然因为家贫年少时做过许多"鄙事",但毕竟没有种植过庄稼和苗圃,孔子不懂种植庄稼和苗圃,这是实情。但孔子要表达的内容重心不在这里:"孔子的意思是,你问我种田,这不是我的本业,也不是我的专长,你该去问种地的、种菜的,你跟我学了这么久,你都不能理解人还有很多别的价值,这些方面不问,反而问种菜、种庄稼,这样的学生难道不令人遗憾吗?孔子的'小人也'是樊迟,不是那些种菜、种地的,何来歧视劳动人民?对孔、孟而言,农工商的价值是不言而喻的,不种地就没有吃的,不盖房子就无处住,这都是经验层面,还需要证明吗?可是士的价值不一样,孔、孟就要说服农工商,我们是什么人,我们为什么要存在,政府为什么要尊重我们,因为我们所做的使这个社会真正成为有意义的社会。一方面是为士开辟生存空间,另一方面是呈现经验世界之上的意义世界,所谓先知先觉的问题,而且,真正是通过身体力行把它创造出来。"①本章中,孔子指出社会分工是历史的必然,是社会的基本需要,是邦国治理的基本考量。基于对社会分工的清晰认知,孔子特别强调三个方面的内容:

第一,孔子告知弟子们,使之明确孔门教育的目标、理想和实质:孔门招收弟子,实施教育,不是要使教育民间化。孔子学府不是什么人都培养,具体地讲,不是培养农工商者,而是培养有道的君子,培养文道救世和治世的社会精英,使他们成为治邦安国的特殊人才。所以孔子告诉弟子,孔门教育不是民本化和民生化的生存技能教育,而是精英教育。

第二,孔子借此还告诉弟子,孔门教育强调社会各阶层必须有严格分工,这种严格社会分工才形成"业"。士农工商各为一业。学从其业,必守正道,必走正道。孔子批评樊迟,是指谪他不务正业,不走正道,不守正道,所以是"小人"。

第三,孔子通过使"四方之民襁负其子而至"的道理阐发,还强调士的独特社会作用,以及应该且必须发挥的社会功能:士的社会功能必须通过以身作则和以道化民的方式展开和实现。在孔子看来,身居上位者,唯有以身作则,才可有真正的教化,才可化民以德。所以在孔子那里:

以身作则,是修身以正人,修身以正民。

以道化民,是以仁道教化民,以礼道引导、规范民和激励民。

孔子的这两种教化方法,是为事至简、收效至速、成功至伟的治术。

第5章释义

子曰:"诵《诗》三百,授之以政,不达。使于四方,不能专对。虽多,亦奚以为?"

---

① 哈佛燕京学社、三联书店主编:《儒家与自由主义》,北京,生活·读书·新知三联书店2001年版,第86页。

[注释]

诵《诗》三百:诵,讽诵。《周礼》云:"倍文曰讽。以声节之曰诵。"《诗》,乃后世所谓《诗经》,由《国风》《雅》《颂》三部分组成。三百,言《诗》集成为三百首。

不达:达,通晓。指不通晓治理邦国的道理。

使于四方,不能专对:四方,指各诸侯邦国。使于四方,使之传播于诸侯各国。专,单独。对,应答。专对,指出使者随机应变,以己意对应。

[译文]

孔子说:"熟诵《诗》三百篇,教他去从政,却不能通晓治邦之道。教他出使外国,却不能灵活应对。这样的人,《诗》读得再多,又有何用?"

[通解]

本章仍然围绕"为政"主题展开。从君子为政德才并举角度论,上章以及第一、二、三章所论均体现德才兼具的观念,本章专论君子为政如何具备其才。为政之才,之于君子必以学为要,但根本却是学而能"习",能个性、灵活地习用。孔子以学《诗》用诗为例来阐发君子为政必灵活"学而",前提是了解历史,积累和具备历史经验和智慧。

——一——

本篇第一、二章为子路和仲弓问政,是在一般意义上讨论治邦之道。第三章孔子论正名分而遭子路嘲笑,是子路不懂其道理,根源在于子路不了解历史,缺乏必要的为政的历史经验。如何解决这种认知和视野的缺陷,孔子认为,弥补的方法就是读《书》诵《诗》。因为在当时的历史条件下,了解甚至精通历史的主要通道是读《书》《诗》,尤其是读《诗》,它是了解历史和治邦历史经验的"宝库",这正如邢昺疏曰:"(《诗》)皆言天子诸侯之政也。古者使适四方,有会同之事,皆赋《诗》以见意。"

但是,诵《诗》并不是炫耀有文,而在于灵活运用。如果仅仅是能诵,不能用,哪怕是将《诗》背诵得烂于心,也无济于事。这是本章要阐发的道理。本章承接前四章而来,讨论诵《诗》与用《诗》的关系,意在于指出,为政之道必须是返本开新其历史之道。返本开新其历史之道的第一步是深入了解历史,这就需要诵《诗》;第二步是发挥为政治邦的历史经验智慧,这就需要对所诵之《诗》中智慧和方法的灵活运用。

——二——

钱穆在注读本章内容时说"诗实西周一代之历史,其言治闺门之道者在二南。言农事富民之道在豳风。平天下,接诸侯,待君臣之道在大小雅。颂乃政成治定后始作。而得失治乱之情,则变风变雅悉之。故求通上下之情,制礼作乐以治国而安民者,其大纲要旨备于诗。诵此三百首,便当达于为政"(《论语新解》)。

钱穆所言甚是。《诗》,本身源于"天子听政"的需要,不断释放出治邦理政的智慧。阅读《左传》和《国语》,皆可随时感受到此。比如,《左传》引《诗》论政达一百九十多处;《国语》引《诗》论政三十八处。这是《诗》之所以被后人提升为"经",并使之成为《诗经》与《书》并称的原因。

《诗》虽然基于"天子听政"的需要,但它的内容来源是社会生活,包括底层生活和宫廷生活。

> 诗者,志之所之也。在心为志,发言为诗。情动于中而行于言,言之不足,故嗟叹之。嗟叹之不足,故永歌之。永歌之不足,不知手之舞之,足之蹈之也。(《诗·大序》)

> 孟春之月,群居者将散,行人振木铎徇于路,以采诗,献之大师。比其音律,以闻于天子。故曰王者不窥牖而知天下。(《汉书·食货志》)

> 男年六十,女年五十,无子者,官衣食之,使之民间求诗。乡移于邑,邑移于国,国以闻于天子。故王者不出牖户,尽知天下所苦,不下堂而知四方。(《公羊传·宣公十五年注》)

> 故天子听政,使公卿至于列士献诗,瞽献曲,史献书,师箴,瞍赋,蒙诵,百工谏,庶人传语,近臣尽规,亲戚补察,瞽、史教诲,耆、艾修之,而后王斟酌焉,是以事行而不悖。(《国语·周语上·邵公谏厉王弭谤》)

如上史料至少记载了如下诗实:

首先,《诗》产生于"天子听政",以为实现"行事不悖"的治理需要。

其次,为实现天子"听政"和"治政"的需要,形成一种献诗制度,这一制度规定,不仅**"公卿至于列士"**必须**"献诗"**,还以政府解决老来无子者"衣食"保障的方式安排他们到民间采诗。这说明《诗》的最初成果,主要源于民间。

再次,从民间采集到的诗,其原发形态应该是**有乐**的歌诗,即乐是诗的形式,诗是乐的内容,歌是乐化之诗的吟咏方式,这就是"诗言志,歌永言"(《尚书·舜典》):诗以表达心志为要务,却需要吟唱才可产生"言志"的效果。在民间采集到的歌诗,必须通过"移"的方式进入宫廷。所谓"移",就是原封不动地**以歌的**原生态方式将诗由下而上传送进宫廷。

最后,这种以歌的原生态方式"移"入宫廷的民间诗,必须经过宫廷音乐大师加工改造后才能献给天子欣赏，这就是"献之大师。比其音律，以闻于天子"。在这里，"比其音律"的"比"，其甲骨文形态，像两人从，反从为比，亦可写成双人，本义为密①，段玉裁注为"亲密"，但更蕴含接近、中正之意。"比其音律"，指宫廷乐师按照**中正平和**的德政理想和审美要求，将从民间采来的歌诗予以**正音正乐**后献给天子欣赏，以达到"听政"而"行事不悖"的效果。将对从民间献上的歌诗予以"比其音律"的过程，也是比兴方法运用、赋的限度调适，以及予以风、雅、颂的分类处理过程。这一过程赋予宫廷乐师三个基本职责：一是对"移"入宫廷的民间歌诗进行正音正乐；二是对正音正乐之歌诗予以风雅颂的归类整理；三是对归类整理的歌诗予以表达方面的审美修饰。具体地讲，风雅颂作为民间歌诗的分类准则，是以歌诗内容所能发挥的**德正**功能而论；与此不同，赋、比、兴三者，却着眼于表现手法：歌诗创作既需要比兴，也需要铺陈。从民间采集得来的歌诗经过乐师改造，不仅是音律的校正、内容的归类，更包括对言志抒情方式和内容铺陈程度的修正。

但是，无论是原发形态的民间之诗，还是经过采集而"移"入宫廷经乐师改造分类的诗，或者是**公卿至于列士所献之诗**，都是**"有歌有赋"**的诗。《诗》发挥行教化、正得失、美风俗以及包括外交往来、会盟等的"合类""合法"，往往通过歌来表达：

> 晋侯与诸侯宴于温，使诸大夫舞，曰："歌诗必类！"齐高厚之诗不类。荀偃怒，且曰："诸侯有异志矣！"使诸大夫盟高厚，高厚逃归。于是，叔孙豹、晋荀偃、宋向戌、卫宁殖、郑公孙虿、小邾之大夫盟曰："同讨不庭。"（《左传·襄公十六年》）

> 穆叔如晋，报知武子之聘也，晋侯享之。金奏《肆夏》之三，不拜。工歌《文王》之三，又不拜。歌《鹿鸣》之三，三拜。（《左传·襄公四年》）

三

阅读本章内容，还应清楚两个基本史实：一是《诗》在孔子之前已广泛流传，这个广泛流传的本子已基本得到确定，与今本没有多大差异。"根据春秋时期所存诗文与今本《诗经》的比较，可以有充分的理由说，今本《诗经》与春秋时期所存诗文之异，根本不存在文义上的差别，只有文字上的差

---

① 马如森：《殷墟甲骨文实用字典》，上海，上海大学出版社 2008 年版，第 195 页。

异,并且主要是通假造成的文字之异。所以,《诗经》是中国文化原典中历经数千年而最不失真的经典。"①二是孔子"删诗"的说法始于司马迁的《史记·孔子世家》,这虽然是司马迁基于造圣运动的想象性虚构,但后世盲目认同却使之变成"真实的信史"。揭露这个"真实的信史"的虚妄的最好方法是还原它的本来面目。本章中,孔子明白无误地说"《诗》三百",并且《为政》第二章孔子也如是曰:"《诗》三百篇,一言以蔽之,曰:'思无邪。'"表明孔子看到的《诗》就是三百首之《诗》,不存在司马迁所说的"古者《诗》千余首,至于孔子,去其重"的删诗说。

第6章释义

子曰:"其身正,不令而行;其身不正,虽令不从。"

[注释]

身正:身,身体。首先指身体在行动中端正、中正;其次指言行使身体端正、中正。合言之,指自身言行端正、中正。

不令而行:令,政令。行,行动。指即使不发指令,人们也会自觉地行动起来。

虽令不从:从,听从、服从。指即使下达了政令,属下也不会服从。

[译文]

孔子说:"为政者言行端正,即使不下达政令,下属都会主动去做。为政者言行不正,哪怕不断下达政令,下属也不会真心服从和执行。"

[通解]

君子为政,必须了解社会,明确社会分工;还必须理解历史,懂得政治的历史经验和智慧并灵活运用。孔子特别强调学《诗》,要求弟子诵《诗》,具备灵活运用《诗》的智慧来治政的同时,实现对思想和情感纯正的保持。没有杂质的纯正之《诗》,诵之必能正心,用之必能正言正行。正言正行,就是身正。这是本章与上章的内在联系。

——

从内容看,本章与上章记述的内容,可能是孔子连续教学的两堂课的

---

① 黄开国、唐赤蓉:《诸子百家兴起的前奏:春秋时期的思想文化》,成都,四川出版集团2004年版,第162页。

内容：与弟子讨论为政如何正的问题，最后由孔子本人做出为政者"言行正则身正"的总结。这个总结呈现正反两个方面的内容：

> 从正面讲，身正，不令而行。
> 从反面讲，身不正，令而不从。

这正反两个方面的总结，首先揭示为政者与政治的关系，指出政令的通与不通、政治的清明与不清明，取决于为政者的作为。其次揭示为政者的作为与为政的言行的关系：为政者总是会有作为，但其作为产生的效应是正是负，取决于为政者的言行是否端正。为政者言行端正，其作为产生的效应是正面的；反之，其作为产生的效应是负面的。孔子由此思考得出一个重要的为政思想：

> 子曰："政者，正也。子帅以正，孰敢不正？"（《颜渊》）

孔子的这一政治哲学思想，强调为政者的主体性、能动性。这是积极的一面。在孔子看来，为政者正与不正，不仅在于言，更在于行，在于行对言的承诺，在于行对言的践履不走样、不修正、不更改。否则，如果言大于行，或者行不履言，就是谎言，更是欺骗。谎言和欺骗不是政治，是对政治的亵渎。因为政治本身应该是正，是中正、公正。在孔子看来，能够使为政治理保持本原性的正、中正、公正的唯一方式，是为政者自身言行一致：言行一致就是身正。

二

孔子认为，为政者施治言行一致的身正的基本方法，是学而修习，以德正位。孔子强调为政者的德性，既有局限性，也有根本的积极意义。

仅前者言，人的德性要变成德行，在许多时候不是德性本身能够促成其实现的。孔子论政，特别强调"为政以德"，虽然讲到刑罚及其"执中"的重要性，但只看到刑罚对正德之治的辅助功能，没有看到刑罚如何规范、促进德性成为德行；更未意识到同样充满私欲的为政者要做到言行一致的身正，除了德的自我节制，最主要的是刑罚的规训和制度对权力的约束。

从后者论，孔子强调为政者身正，结合"政者，正也。子帅以正，孰敢不正"一章，不难理解孔子论"其身正，不令而行；其身不正，虽令不从"的正己以**正事正人**的思想，特别突出为政的主体能动性，强调为政者以身作则的表率作用。为政者必须是"先事后得"(《颜渊》)者,必须是"先行其言而后从之"(《为政》)者,必须成为言行一致的表率,通过身正成为社会道德的榜样。这是基本的政治真理,无论古今社会,一旦违背这一基本的政治真理,就没有本原意义上的政治可言。

何为本原意义上的政治?孔子为其总结指出:本原意义上的政治,就是正,是中正、公正的政治,它的本质是正、中正、公正,它所表现出来的是光明正大,它对为政者的最低要求,是必须有身正的道德,有约束和规训其身心使之必正的刑罚手段和方式,这是孔子所说的为政"名不正则言不顺,言不顺则事不成,事不成则礼乐不兴,礼乐不兴则刑罚不中,刑罚不中则民无所措手足"(第三章),只有这两个方面的统一,才是完整的政治。

第 7 章释义

子曰:"鲁卫之政,兄弟也。"

[注释]

鲁卫:鲁,鲁国,今山东曲阜之东一带。卫,卫国,其疆域跨今河南、河北、山东三省相交汇的大片土地。

兄弟:既指直接血缘关系的同辈人,古代称为手足;也指非血缘的但其情义如手足的朋友。本章中"兄弟"有两层含义:一是鲁卫的开国邦君是直系血缘兄弟:鲁是周公旦的封地,周公旦是周文王嫡第四子;卫是康叔的封地,康叔是周文王的嫡子,排行第九。二是指鲁卫两国的政治状况和时局,也如同手足一样,没有什么区别。

[译文]

孔子说:"鲁、卫两邦的政局如出一辙,真像一对难兄难弟啊!"

[通解]

本章与前面诸章在内容方面有内在关联:前面诸章分别从不同方面讨论如何为政治邦,包括为政的大方策、施治的要领,以及为政主体的德性德行能力;本章以前面诸章勾勒的"应该如何"为判据来审视鲁卫两国为政治理状况"事实怎样"。

——一——

鲁和卫,都是周王的封国。鲁是周公旦的封地奄。奄原是商末山东曲阜之东的一个小国,周初武庚和"三监"伙同叛乱,被摄政王周公东征消灭,然后成王将此地封周公旦。周公旦因辅佐年幼的周成王,不能赴封地居,派长子伯禽代赴任而建鲁国,仍都曲阜。鲁始时其"封土不过百里",后来陆续吞并周边小国才建成"方百里者五"的大国,其后继续拓展疆域,北至泰山,南达徐淮,东至黄海,西抵达定陶一带。鲁是周王朝控制东方广大疆域的重要邦国。鲁经三十四位君主历邦七百九十年,到鲁武公时因乱礼制开始衰弱,至鲁顷公二十四年(公元前256年)被楚所灭。卫是周文王嫡九子、周武王七弟康叔的封地,始以朝歌为都城,后迁都楚丘、帝丘、野王等地。卫在武公时最强盛,后逐渐衰败。春秋后期至战国,卫最为弱小,但其生存时间最长,其国历九百零七年,至公元前241年才被秦所灭。

包咸注本章曰:"鲁,是周公的土地;卫,是康叔的土地。周公、康叔是兄弟。既为兄弟,康叔睦于周公,其国之政,亦如兄弟。"突出孔子本章所论之一主题:鲁、卫两国具有亲血缘关系,兄弟之国,这是史事。孔子告知弟子这一史事,由于是血缘兄弟,其传统、文化、制度、礼仪等方面必具有共同性、同构性,或趋同性。孔子此论实有史料依据:《书》记载武王灭殷商后不久卒,年幼的周成王继位,不久发生"三监"之乱,康叔参与平叛,因其巨功而改封殷商故都朝歌一带封地,建卫国。康叔赴封地就任卫邦君时,其兄摄政王周公旦作《康诰》《酒诰》《梓材》,实乃周公旦赋康叔治封国的基本法则,其要求有三:一是告诫康叔治邦务必明德宽刑;二是告诫康叔治邦必须以爱护百姓为本;三是告诫康叔务必向其封地内殷商故地贤良豪强长者询问殷商兴亡之道。

孔子以"鲁卫之政,兄弟也"这一史实告诫弟子,真实了解鲁、卫两国政治之历史与现实必须具备如上视野。这也是孔子教弟子学习历史,了解传统,辨其异同的方法。

二

孔子生活的当世,鲁卫两国沦为弱国、小国。其由强到弱之变,根源于为政者内部的离乱。这种离乱,在鲁,始于鲁武公废长立幼。西周的基本制度有二:一是分封建国的血缘亲属拱卫制度;二是嫡长子世袭制度。前者是周之社会结构和王朝秩序制度,后者是周之世袭罔替的承传制度。从根本讲,封建制,构成周王朝的横向坐标;嫡长子制,构成周王朝的纵向坐标。以这一纵横坐标为基本框架,周公旦摄政才建立起宏大繁富的礼仪文明制度。所以,孔子所崇的"郁郁乎文哉"周文明的身躯骨架,是封建制;其内在灵魂,是嫡长子制度。西周衰败以至于灭亡,实是其制度灵魂被泯灭了。因为礼崩乐坏实质上始于废长立幼。邦国与周天子之间的臣属关系名存实亡,源于宗秩的颠倒与错乱;邦国内部的权力争斗,围绕君位继承而展开。鲁武公废长立幼,破坏了嫡长子制度,为王权争夺铺就道路。卫亦相似。卫国最强盛的时代是卫武公时代,他帮助东迁后的周平王平戎,由此壮大自己而成为诸侯首领之一。但卫武王之后内乱频繁,至于卫灵公,出现内宫女人干政。卫灵公之后,卫庄公蒯聩与卫出公辄父子争国的事件,不过是卫君权世袭制度遭受严重破坏的典型表征,这一父子相争君权的内乱,在深度和广度两个方面进一步加速了卫国衰败。

鲁卫两国相近似的状况,直接源于两国相近的政治格局。这种政治格局形成的历史之因和现实表现,就是兄弟相弱、兄弟相残,其动因是嫡长子继承制度的破坏,它如同一副多米诺骨牌,使整个邦国礼仪文明制度系统性崩溃。孔子在这里概括"鲁卫之政,兄弟也",实际上在探讨鲁卫由强及弱的相近历史原因,即礼仪文明制度崩坏,只是表现形式,真正的原因是周之礼仪文明制度得以建立的根与本的坏死。这个"本",是封建的拱卫制度分崩离析;这个"根",是嫡长子继承制度的或然化,或者说朝堂与内宫权力博弈化,这种博弈以权力和利益的野蛮膨胀为现实动力。

或许,孔子论"鲁卫之政,兄弟也"的原本语境可能是课堂教学,此乃属于课堂教学内容的结论或者概论。孔子以此为教学内容,可能让弟子通过鲁卫由强而弱的衰变历史的思考,总结其因,使弟子明白返本开新的文道救世的迫切、艰辛,告诫弟子成己为君子的任重道远。

第8章释义

> 子谓卫公子荆:"善居室,始有,曰:'苟合矣。'少有,曰:'苟完矣,富有,曰:'苟美矣。'"

[注释]

卫公子荆:公子荆,字南楚,是卫献公之子。当时很有"君子"之名,被吴公子季札称为卫国六君子之一。"吴公子……适卫,说蘧瑗、史狗、史鳅、公子荆、公叔发、公子朝,曰:'卫多君子,未有患也。'"(《左传·襄公十九年》)

善居室,始有,曰苟合:善,善于。室,古代指劳动力单位数,比如周礼曰"凡营国必计其室数";《诗》曰"百室盈止",《左传》亦有"夺室""兼室""赐五百室"。居室,指对财物器物的经营。善居室,指善于经营家庭财物器物,意为善理家室,或善居家生活。苟,将就、勉强、差不多。合,通"给"、足、足够。

少有,曰"苟完":少,少许、略为。少有,稍增。苟完,差不多完备。

富有,曰"苟美":富,多、丰富。富有,指继续增加。美,完美。苟美,差不多完美。

[译文]

孔子评论卫国的公子荆说:"他善于治家过日子,刚有点积蓄,他说:'凑合着过就可以了。'稍为多一点积蓄,他说:'这已经是够多了。'当积蓄更多一些,他说:'这算得上很完美了。'"

[通解]

上章评论鲁卫这对兄弟封国,由强而衰弱源于内乱。其内乱的根源却是权力争夺造成世袭制度的坏死,暗示君子成己为政治邦救世的艰难,但并不是没有希望,因为鲁卫毕竟是周文明的归藏之所。本章讲述卫公子荆善于经营家庭过日且不贪自足的生活品德,暗示鲁卫复兴的文明根基仍在。

一

孔子游国十四年间,前后三次适卫,在卫居住长达九年,卫似成为孔子第二故乡,自然对卫有更为深度的观察和理解。上章比较鲁卫这两个姬姓的兄弟封国,由强而弱皆因内乱所致,其内乱贫弱的根源是封建之制度灵魂的坏死,但其强大的驱动力却是权力争夺。卷入权力争夺的有位者们本应该是君子,沦为宵小。以孔子的观察,小人与君子的本质区别是"君子喻于义,小人喻于利"(《里仁》)。小人贪婪财富,必然争夺权力,因为权力是财富的来源。在孔子看来,改变鲁卫变乱积弱时政的根本方法,当然是消除权力的争夺与内耗,但真正的下手功夫,却是阻止有位者对财富的贪婪之欲,使有位者成为君子,这是孔子号召孔门弟子对帮助季康子敛财的冉求"鸣鼓而攻之"(《先进》)的深层动因,也是孔子直截了当地对季康子说"政者,正也。子帅以正,孰敢不正"(《颜渊》)的根本考量。

使有位者成为君子,就是使他们"谋道不谋食"(《卫灵公》)和"忧道不忧贫"。如何才能做到"谋道不谋食"和"忧道不忧贫"?孔子在这里列举一个现实生活中的个案来说明君子应该怎样生活。

二

君子与小人的区别,在人生追求上是"喻于义"与"喻于利"的区别。在日常生活中,君子与小人客观存在着对物质的不同看待:一是对物质生活的匮乏冲动;二是满足于已有的物质条件。不同的物质看待形成不同的生活想望方式和追求。善于以"事件为本体"方式来阐述抽象道理的孔子,通过评论卫国公子荆"善居室"的日常生活来说明君子何以能够做到"谋道不谋食"和"忧道不忧贫"。

在孔子看来,君子善于满足于已有物质条件,以已有物质条件为快乐之源。但满足于已有物质条件的第一个要求,是必须善于治理家室,杜绝浪费,节俭生活。第二个条件是在节俭生活中积累家财,使之生活需要的物质条件无忧。第三个条件是以有限的节俭性积累为幸福。公子荆从"苟合矣"到"苟完矣"再到"苟美矣"的三重物质生活境界,表达了这种节俭性生活和积累基本生活需要的家财在不同水平上的不同幸福内涵:

> 在节俭生活过程中,略有一点积累,是"苟合"的幸福。
> 在节俭生活过程中,其积蓄稍有增加,是"苟完"的幸福。
> 在节俭生活过程中,其积蓄继续有所增加,是"苟美"的幸福。

只要能够有饭吃,有衣穿,有房住,就是物质生活的满足;保证有饭吃、有衣穿、有房住的前提下,略有物质上的节余和积累,就是幸福。这就是君子生活。

孔子赞美的君子生活,并不是一定要贫穷、贫困;贫困、贫穷,不是孔子希望的。

> 子曰:"富与贵,是人之所欲也,不以其道得之,不处也。贫与贱,是人之所恶也,不以其道得之,不去也。君子去仁,恶乎成名? 君子无终食之间违仁,造次必于是,颠沛必于是。"(《里仁》)
> 子曰:"饭疏食,饮水,曲肱而枕之,乐亦在其中矣。不义而富且贵,于我如浮云。"(《述而》)
> 子曰:"邦有道,贫且贱焉,耻也。邦无道,富且贵焉,耻也。"(《泰伯》)

孔子的真实表达是:第一,君子不必贫困,也不需要追求贫困,只是在"邦无道"的状况下,君子贫困才是正当的,才可称道。在"邦有道"的环境里,贫困应该成为君子之耻。第二,君子不能以贫困为荣,但君子必须以奢侈为耻,应该以生活节俭为荣。孔子指出,生活节俭,与物质贫富没有直接因果关系,没有财富的人也可追求奢侈生活,富裕者仍然能够节俭生活。第三,君子必须以追求物质财富为生活动力和人生目标为耻。这是孔子赞美公子荆"苟合""苟完""苟美"生活的认知基础。

第 9 章释义

子适卫,冉有仆。

子曰:"庶矣哉。"

冉有曰:"既庶矣,又何加焉?"

曰:"富之。"

曰:"既富矣,又何加焉?"

曰:"教之。"

[注释]

子适卫,冉有仆:适,去、到。适卫,到卫国去。仆,为主人服务的仆役,这里指为孔子驾车的车夫。冉有,即冉求,陪孔子游国适卫,为夫子驾车。孔子游国,三次适卫,第一次是离鲁游国初入卫境(即卫灵三十八年,约公元前497年)。第二次去卫西行,经过匡地被围,又经蒲返卫,入住卫国。三年后,因卫灵公卒(即卫灵公四十二年,公元前493年)而去卫适陈。第三次由陈适卫(即卫出公五年,公元前489年),一直到鲁哀公十一年(公元前484年)离卫回鲁。在鲁,季桓子卒,季康子继之执鲁政,于鲁哀公三年(公元前492年)启用冉求接替仲弓季氏宰相之职,所以冉求为孔子游国驾车,应在任季氏宰之前的第一、二次适卫期间。根据本章内容,应该是孔子带弟子去鲁游国第一站适卫途中对卫国的最初观感。因为孔子去鲁游国求仕之始,心中全是绝对自信地憧憬的好心情与新奇。

庶:人口众多。

又何加焉:加,增加、增添。指卫国既然人口众多,那么还应该在哪个方面使之锦上添花。

富之:富,富裕、富足。富之,使之富足。

教之:教,教化。教之,使其受到教育。

[译文]

孔子带弟子去鲁至卫求仕,弟子冉求为其驾车。

进入卫境,众多的人口使孔子不由得感叹说:"卫国的人真多啊。"

冉求说:"这个邦国既然人口已经很多了,接下来该做什么呢?"

孔子说:"使他们富足。"

冉求再问:"他们富足起来后,又该做什么呢?"

孔子说:"那就教化他们。"

[通解]

上章与本章所记载之事,并不是发生在同一空间、同一时间,被《论语》编纂者编辑在一起,是因为这两章内容隐含深度关联性:上章讲述卫公子荆不贪而自足生活的君子德性和德行,成为卫国文明复兴和邦国强盛的精神土壤。本章则以孔子游国初入卫境见其蒸蒸人气所发感慨说明:卫国复兴文明和强盛有其根本的基石,这就是繁盛的人口。在孔子看来,如果有君子为其政,卫国一定会成为文道救世的成功试验园。

一

古代社会,衡量邦国强弱的基本指标有三:人口、财富和军队。

古代社会,衡量邦国文明程度的基本指标,除了人口、财富、军队外,还有教化。

在这四个条件中,人口最为根本,因为在生产力低下的生存时代,人口是绝对的生产力,是财富的来源,也是军队的来源。邦国要发展和强大的首要条件是人口众多。

在古代,人口多寡不仅决定着邦国强弱,更决定着邦国兴亡。正是因为人口多寡这可"一票否决"的根本条件,才形成古代社会的民本思想。从根本论,中国自上古以来至春秋战国,不断被强调和强化的民生思想,都源于人口乃邦国兴亡和强弱的决定因素。了解这一历史事实,才能理解本章中孔子一行入卫地观看到卫国人口稠密时何以会发出情不自禁感叹的原因。

孔子自感在母国难以获得出仕的机会,于是外向求取。之所以首选卫国,是因为卫与鲁是"兄弟"邦国,有相同的历史、文化、礼仪文明制度和风尚,这些因素在孔子看来可能是他求仕的一些优势条件。至于卫国到底怎样,他却一无所知。然而,一旦他进入卫国境内,观感到众多的人口时,就感到选择到卫国求仕算是对了。一个有众多人口的邦国是可以治理得富强的,这无疑给予孔子一个好兆头,更给他信心使他兴奋,于是发出感叹。这种感叹不仅表明为自己的选择得意,也为自己来卫可以大干一番打气。

二

孔子带弟子去鲁游国,是寻求出仕的机会和为政的舞台。当孔子至卫境发出"庶矣哉"的由衷感叹时,聪明的冉求已经知道老师的心思,于是马上问孔子:来到一个拥有众多人口的邦国,如果要治理它,应该从何处下手? 早已成竹在胸的孔子不经任何考虑地告诉冉求,让卫国的民人富裕起来,然后教化他们。

这是孔子治邦的基本思想:孔子治邦的基本思想是民生思想。

民生思想不是孔子的发明，因为在上古时代，以民为本一直是治理的根本国策。

> 无偏无陂，遵王之义；无有作好，遵王之道；无有作恶，尊王之路；无偏无党，王道荡荡；无党无偏，王道平平；无反无侧，王道正直会有其极，归有其极。曰：皇极之敷言，是彝是训，于帝于训。凡厥庶民，极之敷言，是训是行，以近天子之光。曰天子作民父母，以为天下王。（《尚书·洪范》）

> 皇祖有训，民可近，不可下，民唯邦本，本固邦宁。（《尚书·五子之歌》）

> 皋陶曰："都！在知人，在安民。"禹曰："吁！咸若时，唯帝其难之。知人则哲，能官人。安民则惠，黎民怀之。能哲而惠，何忧乎驩兜？（《尚书·皋陶谟》）

> 天聪明，自我民聪明。天明畏，自我民明威。达于上下，敬哉有土。（《尚书·皋陶谟》）

> 亶聪明，作元后，元后作民父母。天矜于民，民之所欲，天必从之。（《尚书·泰誓上》）

> 唯天惠民，唯辟奉天……天视自我民视，天听自我民听。（《尚书·泰誓中》）

> 今商王受，狎侮五常，荒怠弗敬。自绝于天，结怨于民。（《尚书·泰誓下》）

富民是上古民生思想的核心内容，它已经构成邦国治世的传统。这一治世传统在春秋战国时期得到最充分的释放和发挥，不仅孔子学说，比孔子学说更早产生的法家学说，比孔子学说稍晚些的墨子学说，都体现出对民生思想传统的个性张扬。

三

孔子民生思想的内涵很丰富，包括敬民、信民、宽民、富民、教民思想，但核心是富民和教民。本章针对治理人口众多的卫国，着重阐发其民生思想中的富民和教民思想。

从根本论，民生思想虽然自远古以来就形成传统，但明确的富民思想的形成却可直接追溯到管仲。管仲治齐成功，是以"尊王攘夷"为旗帜，以"富国强兵"为目标：为实现其"富国"目的，他推行"通货积财"的改革政策；为达到其"强兵"的目的，他实行"作内政以寄军令"的法令。为使二者能顺利实现,他提出治邦富民、育民和敬神明三大行动纲领。在管仲致力于实施的三大治邦行动纲领中,富民是核心,因为只有使民富,才可教化民;只有对民实行教化和民乐意接受教化,民才可敬神明。并且,也只有使民富裕起来,国才可能富裕起来;只有民和国均富裕了,兵才可能强,以霸称王才可成为现实。

凡治国之道,必先富民,民富则易治也,民贫则难治也。奚以知其然也?民富则安乡重家,安乡重家则敬上畏罪,敬上畏罪则易治也。民贫则危乡轻家,危乡轻家则敢陵上犯禁。陵上犯禁则难治也。是以善为国者,必民富先,然后治之。"(《管子·治国篇》)

国多财则远者来。地辟举则民留处。仓廪实则知礼节。衣食足则知荣辱。(《管子·牧民篇》)

足其所欲,瞻其所愿,则能用之耳。今使衣皮而冠角,食野草,饮野水,孰能用之?(《管子·侈靡篇》)

夫民必得其所欲,然后听上。听上然后政可善为也。(《管子·五辅篇》)

孔子在管仲富民思想的基础上发展出自己的富有个性的富民思想。孔子的富民思想主要敞开四个维度的内容。第一,富民是固邦强国的基本条件是"百姓足,君孰与不足?百姓不足,君孰与足?"(《颜渊》)其百姓(百官或贵族)足与不足,是以民足与不足为前提。第二,富民的基本方式是"因民之所利而利之,斯不亦惠而不费乎?择可劳而劳之,又谁怨?"(《尧曰》)第三,富民的根本方法是"敛从其薄"。孔子明确提出"薄赋敛则民富"(《说苑·政理》)的主张。当季氏"欲以田赋"增加税收时,孔子起而反对说:"君子之行也,度于礼,施取其厚,事举其中,敛从其薄。如是则以丘亦足矣。""若不度于礼,而贪冒无厌,则虽以田赋,将又不足。"(《左传·哀公十一年》)孔子认为,"敛从其薄"确实造成国库收入限制,但从长远和根本讲,却是"守无穷之府,用无穷之财"(《全上古三代秦汉三国六朝文》)的根本富强国策。第四,富民的根本保障是"节用而爱人,使民以时"(《学而》)。"节用",是对统治者的要求:无论君王还是百官,都必须节约用度,减少浪费和消费,因为浪费、奢侈必造成对民的横征暴敛。"使民以时"同样是对统治者的要求:首先,应少向民摊派徭役,民才有更多的时间生产劳动创造财富;其次,摊派徭役必须做到不误农时,即在生产、收割季节不能向民摊派徭役。

四

孔子民生思想的核心是富民和教民,这既是对管仲富民思想的发展,也是管仲育民和敬神明的思想的改造。就前者论,孔子全面发展了管仲治理成功的"富民富国"思想,即先富民后富国的思想:唯有民富足,国才会富足;反之,"富国富民"的思想不仅无助于民富,而且更使民穷,因为无论国怎样富、政府怎样富、官怎样富,民始终处于贫穷状况中。汉以来的治国,恰恰抛弃了先秦的"富民富国"之道,逆行其"富国富民"之道。

孔子对管仲的"富民"思想的发展从四个方面体现:首先,孔子赋予"富民"以两层含义:一是物质的富足;二是内心、精神、情感的富足,即民要有心灵和情感上的归依感。其次,以"藏富于民"为基本国策,在物质富足的前提下,使民心灵、精神、情感富足,这是藏富于民的深层含义。再次,解决富民与教民的关系,实际上是解决物质富裕与精神富足的逻辑关系。孔子指出,只有先使民获得物质上的富裕,然后才教之,以使民获得精神、心灵、情感方面的富足。这种富足就是德。最后,孔子的富民思想,成为反极权主义的先声,因为"先富后教,无形中成为与各种极权主义的大分水岭。极权主义者多是以控制人民的胃,使人民经常在半饥饿状态下以行其极权之教的"①。

就后者言,孔子提出"敬鬼神而远之",即形式上庄敬,但内心一定要远离鬼神。所以孔子将管仲教民敬神明的思想改造成教民,并赋予它三个方面的特别含义:一是教要善,即提出善教化民的思想:"季康子问:'使民敬、忠以劝,如之何?'子曰:'临之以庄,则敬;孝慈,则忠;举善而教不能,则劝。'"(《为政》)二是指出善教民的前提必须有善教的君子,这就是"善人教民七年,亦可以即戎矣。"(《子路》)三是教民有两个基本任务:第一个基本任务是使民有德,民风淳厚;第二个基本任务是使民不仅能耕,更能战,这同样需要君子的善教,因为"以不教民战,是谓弃之"(《子路》)。孔子之教民战,是使之有能力保家卫国,而不是扩张和侵略。因为孔子是一位坚定不移的反战主义者,是那个时代最坚决的文道救世主义者。

第10章释义

子曰:"苟有用我者,朞月而已可也,三年有成。"

---

① 徐复观:《徐复观全集·中国思想史论集》,北京,九州出版社2014年版,第266页。

[注释]

朞月:即期月,一周年。

三年有成:成,成效、成功。孔子自谓,如果有人启用他治邦,三年可以大见成效。

[译文]

孔子说:"如有人给我执政治理邦国的机会,只用一年,就可初见成效;三年之后,定能获得更大的成功。"

[通解]

上章记载孔子游国第一次进入卫境,畅谈治理卫国三部曲:庶之、富之、教之。孔子所论治邦之"庶""富""教"三步阶梯,确实可以一步一步做到,如是而行,卫国必强必文明。本章就是在这样清晰的治邦思路基础上做自我期许,如果哪个邦国(更具体地讲卫国)能给孔子机会执政治邦,一定可以在数年之内做出使其富强文明的实绩来。

一

本章内容表达孔子自许。

孔子如此自许,应该有其特殊语境。这个特殊语境,可能在时间上与上章有连续性关联。

孔子在母国谋求发展无果而游国寻求发展机会。孔子坚信国外一定有自己和弟子的用武之地,其实施游国求仕的行动,首选卫国,原本并不踏实,但进入卫境,看到众多的人口,第一感觉是治理和发展卫国有基础,于是信心百倍。所以才有途中的感叹,进而有与冉求的那一番如何治好卫国,使之富强的基本设想,这一基本设想就是重走管仲"**富民强国**"的道路,实施从物质和精神两个方面"藏富于民",并且分两步走,先富民,然后教民。按理,孔子的这一施治卫国的设计方案实在、可行。如果卫灵公真的重用孔子,启用孔子执政来实施这套"藏富于民"的"富民强国"方案,说不定卫国会重振自己成为中原大国和强国,但卫灵公却有眼无珠。

孔子在卫国遭受冷遇,是卫灵公不给他机会。所以,孔子带着被羞耻的愤恨心情很快离开卫国。然而,这样灰溜溜地离开兴冲冲满怀期望而来的卫国,不仅自己心里不好过,同时要给跟随他而来的弟子有个交代,还要给他们以信心和勇气,更重要的是要使这些弟子对他这个老师有信心,使他们始终追随他。于是,可能在准备离开卫国或者在离卫途中,孔子以其特定的方式,直截了当地表达出如上这番自许。

二

孔子如此自许，首先是给自己信心，人对自我的信心，在很多时候是要通过表达才能实现和增强的。孔子如此自许，更应该是对弟子的交代，通过这种交代使弟子对他继续充满信心，这是孔子所期待的。如果这两个方面都达到了，孔子的如此自许就可以实现第三个目标，那就是消除有些落荒而逃的尴尬和窘迫感，让一切重新恢复到常态，继续赶路，继续寻求，继续与弟子同甘共苦地生活。

孔子的如此自许，并不是孔子张狂，也不是孔子主观自信，而是有其依据。古代社会，邦国治理不外有三：一是农耕，二是教民，三是保卫邦国安全。保卫邦国安全必须以发展农耕和教民为基础和前提。从上章内容观，孔子设计治卫的基本方案就是先富民后教民。但富民的根本前提是民力充足，卫国恰恰具备这一条件。所以孔子才说"苟有用我者"，我将"朞月而已可也，三年有成"。孔子所讲"用我者"，或许指卫灵公：如果卫灵公能用我，我必将在一年内使卫国初见成效，三年后使卫国焕然一新，成为富足的邦国。这应该是办得到的。孔子之所以如此自许，是因为还有最为重要的条件，那就是孔子治邦有帮手，这就是追随他的弟子。在孔子看来，他的这批弟子应该个个都可以成为治邦的能臣干将。这是用团队经营邦国，可以无往不胜。可惜的是，天不假孔子以文道救世的实践舞台，为何？或许孔子最终都不会明白，但历史却在告诉后人，如果卫灵公或者鲁哀公以及其他邦君真的给孔子这样一个经营邦国的舞台，历史也不过多了一个政治家，但人类世界却缺少了一个创造"思想范式"的思想家。或许，这不是天不厚待仲尼，而是仲尼不知天何等厚爱仲尼！

第11章释义

子曰："'善人为邦百年，亦可以胜残去杀矣。'诚哉，是言也。"

[注释]

善人为邦百年：善人，贤人，大德才的君子，本章指大德才的诸侯。邦，诸侯封国。为邦，治理邦国。善人为邦，指有大德才的贤人相继治理邦国。

可以胜残去杀：胜，战胜、制服。残，残酷、残暴。胜残，制服残暴，化残暴为善。去，去掉、废除。杀，杀伐。治邦之杀伐的依据是刑，《墨子·尚同》中篇曰"唯作五杀之刑曰法"，结合本章语境，"杀"应作刑杀讲。去杀，意为废除刑杀，但不是指废除刑法，因为刑罚不可废：刑法与国家共存亡，国家存在一天，刑法就会存在一天。

[译文]

孔子说:"古人讲'有大德才的人相继治理邦国一百年,就可以化残暴为善,废除刑杀。'确实如此,这话讲得很对。"

[通解]

上章孔子自表德才与配位问题:孔子以为,自己德才如能配其位,治一邦国,一年可初见成效,三年可大见成效。阐明一个道理,治邦难易,因人而异:庸才治邦,自然大难;德才格局不达者,治邦格局也自然难以廓大。真正的大德才者治邦,亦如"烹小鲜"(老子《道德经》第六十章)。本章继续深入探讨德才与配位的问题,指出治邦在贤,但贤是天命的,治邦的持续展开,需要贤者相继。贤者能否相继,构成邦国之治能否久远的关键。孔子对此的思考,得出其初步结论:邦国治理达于久远和昌盛,是很难的。

一

邦国治理要达于久远和昌盛之所以难,是因为它需要许多特别的条件。其首要条件是要有相继为治的大贤。虽然有"江山代有人才出"的说法,但治邦大贤能够汇聚一国齐心协力,这就难。这里的治邦大贤指两个方面的贤人,一指邦君是大贤;二指辅助邦君治邦的栋梁即大臣是大贤。这两类大贤可能在一个时代出现,但很难在一国出现,或可说很难为一国所聚。这两个方面的大贤能够相聚一国,国将大治。但更难的是,邦国得治和昌盛久远,不是以年计,而是以"百年"计,百年,少则两三代人,长则四五代人,一国几代君主都是大贤,并且几代君主治理,都有大贤臣辅助,就更不容易。历史传说中出现过的尧舜禹,就创造了大贤人相继为治的局面,为后世敬仰和崇拜,但这更多属传说。孔子之后的战国中期,秦国自秦孝公以来出现了这种情况,于是才有了秦的大一统。

邦国能够"百年"相继为治之难的第二个条件,是"胜残去杀"。化暴虐为善,废除刑杀,这不仅要求治理必须一直保持丰衣足食,更在于政治清明代代相继,而且广教化代代深入。

二

"善人为邦百年,亦可以胜残去杀",这话是孔子对古人之言的转述。然后附以"诚哉,是言也"的评价。转述,是事实陈述,这个所陈述的事实是古人的言论。古人的言论,可能是经验的总结,也可能是治理事实的陈述。但无论属于哪种性质,"善人为邦百年,亦可以胜残去杀"这一经验事实或历史事实,在孔子看来值得转述,值得转述的理由是它有道理:如果属于经验事实,它本身就是道理;如果是历史事实,它包含了道理。这个道理有二:

第一,邦国得真治,必须以"百年"为期。

第二,邦国得真治,就是邦国得根治。邦国得根治的基本指标有二:一是胜残,即化暴虐为善良;二是去杀,即废除刑杀。

概括如上两条,善人相继根治邦国,至少需要百年时间,并且必须做到胜残去杀害。

这两个道理里面又包含两个更为根本的道理:

第一,邦国的根治是艰难的,其根治的成效是缓慢的。

第二,根治邦国,使之达到胜残去杀的基本理念是仁礼,换言之,能够胜残去杀的邦国之治,本质上是仁礼之治。"胜残",是化暴虐为善;"去杀",是去除杀戮的刑法,并不是去掉刑法和刑罚。因为刑法和刑罚,不可去掉,去掉了邦国则无可治。而"刑杀",是关于杀戮的刑法和刑罚,也就相当于今天所讲的"死刑罪"。孔子所言"去杀",就是废除死刑。废除死刑,是国家现代政治文明的标志,但在孔子之前的上古时代就已经提出来了。孔子讲"去杀",是指废除杀戮的酷刑酷法,但仍然要保持并继续发挥刑法和刑罚治理的功能。用现代文明的眼光看,衡量一个国家的现代文明程度,有许多指标,但一个根本性的指标是尊重人的生命权。一个国家在其法律体系中废除死刑罪种,这是全面尊重人的生命权的实质体现。所以或可说,废除或继续保持死刑罪种,标志国家之治进入呈现文明的程度。以此来审视孔子的"胜残去杀"思想,就可知道其深刻性和超前性,才可真正理解孔子的政治哲学对德法关系的准确把握,才可正确理解孔子在这里并不反对和否定法治,更不反对刑罚之治,而是指邦国治理由初级阶段达到高级阶段的努力进程,这个进程的根本一步,就是刑罚之治必须废除残暴的死刑。在孔子看来,以残暴的刑杀方式治理邦国,只是邦国治理的初级阶段的初级手段,邦国的根治必须超越残暴的刑杀之治,走向以仁礼为导向的刑罚之治。或可说,以非杀戮的刑罚为威慑方式,以"胜残去杀"的仁礼为引导方式的邦国治理,才是真正的根治方式。因为这样的治理最终是实现人人心存其仁,而行至于礼。所以,胜残去杀之治,本质上是仁爱礼仪为导向的刑赏之治,这种治理的努力方向,是使邦国实现人的自律。所以,胜残去杀之治,并不意味着对法律、刑罚治理方式的取消,而是人们自觉地遵守法律而使刑罚不用或无用,这就是孔子所讲的"听讼,吾犹人也,必也使无讼乎。"(《颜渊》)这是人类法治的真正追求,孔子早在两千多年前就意识到法治的走向、方式和前景,这是孔子在本章中所表达的最深刻的政治治理思想。

三

"善人为邦百年,亦可以胜残去杀"表达孔子一以贯之的反暴力思想。

残杀思想,既是一种暴力革命思想,也是一种暴力统治的思想。前者主要用暴力夺取政权,哪怕如武王灭商,其"血流漂杵"也在所不惜;后者指用暴力治理邦国,比如孔子之后的战国法家治邦,强调目的重要于人的生命。孔子反对这两种残杀方式和残杀刑罚,但他也清楚,邦国治理在初级阶段或者说在特定的时期,是不能抛弃残杀的暴力方式的。孔子思想的可贵在于,治理邦国的根本目的和基本努力,必须去残杀。去残杀,是其泛爱众思想对刑罚治理的真正考量:每个人都值得爱,每个生命都值得尊重。以去残杀为治理目标,这是孔子政治哲学思想的精华。在孔子培养弟子的教育过程中,这是一个基本主题,这个基本主题在《论语》中不断呈现。

> 季康子问政于孔子曰:"如杀无道,以就有道,何如?"孔子对曰:"子为政,焉用杀。子欲善,而民善矣。君子之德,风;小人之德,草。草,上之风,必偃。"(《颜渊》)
> 子张曰:"何谓四恶?"子曰:"不教而杀谓之虐,不戒视成谓之暴,慢令致期谓之贼,犹之与人也,出纳之吝,谓之有司。"(《尧曰》)
> 子曰:"善人教民七年,亦可以即戎矣。"(《子路》第二十九章)
> 子曰:"听讼,吾犹人也,必也使无讼乎!"(《颜渊》)

人类历史展开以及指向未来两个方面证明,无论邦国还是人类整体,其努力的基本方式,是反对暴力,实现和平;反对残杀,实现共同善良的生活。从这个角度看孔子的反战思想和"胜残去杀"的非暴力治理思想,在当时是何等的激进,又是体现怎样的超前性。

第 12 章释义

子曰:"如有王者,必世而后仁。"

[注释]

如有王者:王者,古有二解:一、孔安国注之曰"受命王者";二、皇疏注之曰"革命之王"。前者指受封得到王位,意为王者必须具备合法性;后者指武力争夺得来王位,意为王者的合法性就是实力。但不管是"受命之王"还是"革命之王",都将"王者"理解为"王"。今有三解:一、指"以王道治理天下的君主"(黄克剑);二,指"王者兴起"(钱穆);三,指"王道兴起"(金纲)。但根据本文语境和与前后各章内容联系看,本章"王者",应理解为运用王道治邦。

必世而后仁:世,古代的大时间尺度概念,一世为三十年。仁,使之成仁。

[译文]

孔子说:"假如有人愿意以王道治理邦国,至少也要经历三十年努力,才可使仁德风行。"

[通解]

上章讲治邦的文明境界,是"胜残去杀",要达到这样的文明之治,至少要"善人为邦百年"。本章继续讨论"善人相继为邦"之后的治理,是"王者"以王道行治。

一

联系起来看,自第九章始至于本章,实际地呈现一个具有逻辑推进性的整体。第九章讨论治邦三策,发展人口、发展经济,广施教化。第十章孔子以己之德才为基本尺度,讨论在满足人口条件的基础上,使民足食之治,一年可初见成效,三年可大见成效。第十一章孔子指出在治邦三策中,最难的是教化之治,因为行教化之治的前提条件必须丰衣足食;行教化之治的努力目标是胜残去杀,实现人人自律、社会自律的仁善境界,在时间上至少要一百年(第十一章),并且只有"善人相继为治"奠定起应有的基础时,才可出现王者行王道之治。换言之,"善人相继为治百年,胜残去杀"的治理方向,是行王道之治,目标是实现天下太平,而不是邦国强盛。

二

在孔子看来,"善人相继为邦百年,亦可以胜残去杀"之治,推行的是邦道之治。孔子立足于邦国,非常强调"邦有道",而将"季氏八佾舞于庭"之类的礼崩乐坏,视为"邦无道"(《公冶长》)。但"以仁入礼"的文道救世之治,最终要依据王道而治。因为邦道之治是治邦国,王道之治惠天下,引导天下,使天下成为礼乐文明的天下。这是孔子在讲述了"善人为邦百年,亦可以胜残去杀"之后,要讨论"如有王者,必世而后仁"的内在逻辑思路。这一思路呈现孔子的政治哲学本身敞开两个维度:邦国的邦道政治学和王者的王道政治学。

西周开朝者们建立起封建制度,这一制度以封国来拱卫中央王朝,形成中央王朝与地方封国两级结构,在这两级权力结构中,中央王朝的天子称为"王",封国邦君称之为"公"或"候""伯"。王,是天下共主,只能是周天子，邦国邦君称王，是战国之世强邦君主自封或用武力强迫周天子赐封。在孔子生活的春秋晚期，虽然周天子已没有多少实际威权，但在形式上还是天下共主，没有人可以公开不敬、否认或反对。因为西周灭商，周天子受命于天，具有最高的合法性。所以孔子从不议论周天子，孔子以周为正宗，周天子是权力合法性的象征，也是世界秩序的象征，更是天下之道的象征。所以这里的"王者"只能理解成"行王道"，可直译为"行商周之道"，具体讲，就是商的宽简仁政之道和周的礼仪文明之道。孔子将这二者合起来，就是返本开新的"以仁入礼"之道。所以，"如有王者，必世而后仁"，是说假如有人愿行"以仁入礼"的王道治策，也一定要经历至少三十年才可产生"仁"行之于社会的成效。

孔子说"如有王者，必世而后仁"，表面上看好像与前面"善人为邦百年，亦可以胜残去杀"相矛盾，其实不然。第一，"胜残去杀"，是一个社会目标，即化暴虐为善、废除刑杀的社会。在孔子的政治理想中，追求实现这样的社会并不是最高目的，其最高目的是以此为基础，立足邦国，放眼天下，努力向前行王道，以实现完全的仁礼自律的社会。这里的"必世而后仁"，是说至少经历三十年的王道之治，仁才可行之于社会。仁行之于社会，可以指"以仁入礼"的王道之治，才初见成效，但前提是必须实施"胜残去杀"之治，这样才能奠定王道之治的社会基础。第二，"胜残去杀"，是从治理方策讲；"必世而后仁"，是从治理效果论。这个效果有两个方面：一是"一世"的努力，可以初见"仁行于世"的成效；二是一旦经过"一世"治理就会获得治理的初步成效，这个初步成效是民心向善，民心求仁。这样就获得了"而后仁"的良好社会土壤、社会基础，产生不断扩张的"仁行于世"的边际效应，最终使整个天下社会全面进入仁的世界，这就是"必世"努力"而后仁"的含义。

另外，这里"善人为邦百年，亦可以胜残去杀"和"如有王者，必世而后仁"的议论，都是从治邦讲；在《颜渊》篇第一章中，孔子说"一日克己复礼，天下归仁焉"，却是从个人论，即对个人言，只要心中得仁，以仁观天下，天下自然成为仁的天下。更进一步看，"如有王者，必世而后仁"的"仁"这种效果自然落实在个体身上，就是个人获得仁心，产生仁行。因而，"一日克己复礼，天下归仁焉"，可以看成"如有王者，必世而后仁"的具体呈现。这恰好表明"为政以德"方面，或者说以王道治邦方面，没有一成不变的通行规则，没有适合于一切情况的规则。"在见识和取向方面，改造性的转换可以一瞬间就出现，然而这种转变的完全实现则可能需要经年累月，甚至终其一生。"①

① ［美］赫伯特·芬格莱特：《孔子：即凡而圣》，彭国翔、张华译，南京，江苏人民出版社2002年版，第162页。

三

孔子"如有王者,必世而后仁"的思想,后来被孟子演绎放大为仁政思想;其"如有王者"的思想,却被孟子想象为"王道律":"五百年必有王者兴,其间必有名世者,由周而来,七百有余岁矣。以其数则过矣,以其时考之则可矣。"(《孟子·公孙丑下》)

但有一点必须区别清楚:孟子喜欢谈王道,这可能是王道已经完全衰落的缘故。孔子却不谈王道而只讨论邦道,这可能是孔子生活的时代王道尚存,而邦道混乱,需要正本清源。时代不同,思想家们面对的当世问题各异。这种变化恰恰形成孟子在思想上发生与所崇拜的孔子思想的根本性分流的社会激励因素。

第13章释义

子曰:"苟正其身矣,于从政乎何有? 不能正其身,如正人何?"

[注释]

苟正其身:苟,假如。正,端正、中正。身,与"人"相对:人,指他人;身,指自己,具体指自我行为。苟正其身,指假如自己行为中正。

于从政乎何有:于,于是,意为以此,即以"自己行为中正"。从政,从事政治,或从事邦国治理。何有,有什么困难、阻碍。

如正人何:何,什么、哪些。指用什么去正人。

[译文]

孔子说:"当政者若行事中正,治理邦国会有何困难呢? 自己不能行事中正,又怎能要求别人行事中正呢?"

[通解]

本章可看成对上章主题的继续,讨论邦国之治,无论采取哪种方式,无论在哪个层次上实施其治,都必须解决治理者自己的问题,这个问题就是身正。所以,本章既是对上章的承续,也是对第九至第十二章的照应,更是对第八章主题的进一步展开。

一

第九章中,孔子提出邦国治理的基本方策是繁盛人口、发展经济、广施教化。在这三大方策中,人口是自然增长的,但需要以生存的安全和物质生活的保障为基本条件。因而,治邦的实质性努力,就是发展经济、广施教化。按照这三大治邦方策,其起步是解决丰衣足食的问题。孔子认为,在人口繁盛的卫国,只需要"朞月而已可也,三年有成"(第十章)。不过这只是邦国的初级治理,因为这只是物理治理,重心是解决邦国之民的吃饭、穿衣、居住问题,做到住有房屋食有余粮。以此为起步,邦国治理跨越第二步台阶,达到"胜残去杀",前提是"善人为邦百年"。善人相继经营至少百年实现"胜残去杀"的治理,这是由丰衣足食的物理治理达于超越物质生活的精神治理,即以不伤害的善良为导向的治理。这种治理相对丰衣足食的初级治理言,应该是一种高级治理,但不是最终目的的治理。最终目的是实现"必世而后仁"的治理。这种治理与前面两种治理不同的地方有二:第一,第十章所论的初级治理和第十一章所论的高级治理,都是以邦道为准则,行的是邦道;"必世而后仁"的治理是以王道为准则,行的是王道。第二,丰衣足食的初级治理,只需要三年可成;"胜残去杀"的善良治理,至少需要善人相继百年的努力;而"必世而后仁"的王道治理,则需要"一世"就可初步实现。

孔子的治邦三步阶梯论中,最重要的是"胜残去杀"之治,最根本的是"必世而后仁"之治。孔子指出,行王道之治的思想,有两个关节点:一是为政者治邦,有不同的方策,或霸道治邦,或蛮道治邦,或邦道治邦,或王道治邦。孔子指出,邦国治理应以行邦道为起步,以行王道为最高治理法则。二是讲行王道之治,必须以"胜残去杀"之治的成功为前提,以丰衣足食之治为奠基,并且必须以至少"一世"的时间为保障。孔子对行王道之治的"前提"和"奠基"的思考,较为客观,对"必世"而"后仁"的预设却太过乐观。这是孔子的理想主义表达出来的乐观主义。

然而,治邦的三步阶梯,按照其时间表,每一步的真正实现,都需要一个根本的前提条件,这就是为政者的自身条件。为政者治邦能够做到三年丰衣足食、相继百年胜残去杀、一世而"后仁",需要自正。孔子指出,为政者自正即"政者"必须"正":如果没有为政者的自正,既使行王道之治,也不可能达到"必世而后仁"的治理效果。

二

理解本章内容,应该结合"季康子问政于孔子。孔子对曰:'政者,正也。子帅以正,孰敢不正'"(《颜渊》)来理解。季康子问政,是在孔子晚年。晚年的孔子直截了当回答季康子,一是表达对季康子的不满,二是其思想达到完全成熟境界,因而表达更为直截了当、简易明朗,且采取第二人称的陈述句式。在本章中,其对为政的思考,可能是其中年。此其一,其二,"政者,正也",是孔子针对性的回答,所以要直截了当。本章内容,应该是对为政的一般思考,没有具体针对性,表达要委婉些,采取假设句式。而本章中其采取"不能正其身,如正人何"的正面阐述;在季康子问政中,孔子针对季康子之问,采取反面论证方法,这就是"子帅以正,孰敢不正"。

无论是针对性或非针对性、正面阐述或反面论证,其表达的主题是同一个:行王道之治必须治者身正,其自正,治人人正,治事事正,治邦国有道;反之,如治者自身不正,哪怕是行王道,也不会有王道行。其强调的基本思想是:自正正人,自正正事,自正正国,所重复的是"为政以德"。治邦之道,不过是人治之道;人治之道的本质是人自正,或者说人自治之正。治邦的根本问题,不是所治之国,也不是所治之事,而是治者本人如何得正、如何有德,治者自正、自德的本质表述是治者自治。孔子的这一政治学思想并没有错。但实行起来却有困难,根本的问题是,要使每个为政者都能做到自正自德,靠自我节制办不到。因为每个人都是一个欲望丛生的人,每种权力都有自扩张本性,具有欲望的人和有扩张本性的权力合成一处时,就可能使每个人都成为恶棍。这就是休谟所讲的,面对政治生活应该"把每个人都设想为无赖之徒"①。所以为政者自正自德是必须的,并且是根本的,但人的理性是有限的,有限理性形成人自正自德,自我克制也是相当有限的,并且,对这种有限理性的保持和强化,必须以外部强制力即法来助推和保障,这恰恰是孔子没考虑到的认知局限。

第 14 章释义

冉子退朝。

子曰:"何晏也?"

对曰:"有政。"

子曰:"其事也如有政,虽不吾以,吾其与闻之。"

[注释]

冉子退朝:子,是对冉求的尊称。冉,冉求,当时为季氏宰。朝,朝堂,古代朝堂有内外之分,即"自卿以下,合官职于外朝,合家事于内朝"(《国语·鲁语下》)。冉求是鲁执政大夫季康子家臣,按理应该是内朝;但根据上下文,似该是外朝堂;退朝,指散朝回家。

---

① [英]休谟:《休谟政治论文选》,张若衡译,北京,商务印书馆1993年版,第27页。

何晏：晏，晚、迟。指为何如此晚才回来。

有政：政，治邦政务。有政，讨论邦国政务。

不吾以：以，用。指不用我。

[译文]

冉求散朝后来看孔子。

孔子问他："为何这么晚才来？"

冉求回答说："有国政要事讨论。"

孔子说："真的讨论国政要事？恐怕是季康子的私事吧。如果是国政方面的事，虽然我不被所用，也要有预闻的。"

[通解]

上章论为政者自正，是继续围绕行王道"必世而后仁"展开，从一般论为政者自正的问题。本章却以冉求讨论国政大事为例，针对性地论为政者如何自正的问题。

一

冉求做季氏宰期间，退朝后就可以去拜见孔子以尽弟子孝顺，应该是孔子回鲁之后，所以本章记载的事情应该发生在孔子回鲁定居到逝世前这段时间。

孔子强调为政者应行王道之治，前提是必须己正。孔子晚年，鲁政由季康子把持。季康子推行田赋等变革，孔子认为是敛财之为，是身不正的体现。冉求为季氏宰，积极推行季康子路线，孔子认为冉求与季康子所干的这类事，都是私事，体现其身不正。

冉求很晚才去看他，引发孔子"何晏也"之问，可能应该有一个背景，这个背景大概是，孔子回鲁后，生活上有了很好的安顿，但毕竟弟子都不在身边了，可能冉求这几个在季氏手下做官的弟子，轮流地定时去陪伴孔子。恰恰这一天冉求去陪老师的时间晚了，所以才有孔子的随便一问。

"何晏也？"应该只是随意一问，本没有什么特别的意思，冉求也是老老实实地回答老师的问话，朝堂有国事讨论，所以来晚了。

一问一答，本很自然。但冉求的实话实说，却引来孔子猜疑。这种猜疑也有依据：依据之一，孔子被季康子隆重地迎接回国，是以大夫规格和礼节安顿的。孔子认为，既然是讨论国政事务，自己作为大夫，应该被告知。依据之二，季氏、哀公，都常以国政要事询问孔子本人，既然是国政事务，为何之前季氏、哀公没有询问。所以，孔子怀疑冉求以"有政"为由解释来晚了，一定是搪塞他，肯定是与季氏商量私活，不好说，故意以"有政"遮掩。

更有可能是还有一个方面,即孔子被迎接回国之初,鲁哀公、执政大夫季康子都常向他求教国事,但后来逐渐少了,以至于见了面也只问问健康与否或弟子学问之类的事。哀公、季康子对孔子的期待热情,因为孔子那套治邦方略不合时势而逐渐减退,孔子明显地感到被冷落。此刻冉求来晚的原因是"有政",自然勾起孔子受冷落的情绪,所以"其事也如有政,虽不吾以,吾其与闻之"的猜疑里面,流淌着丝丝酸楚的味道。

二

有人认为,本章内容是冉求的门人所记,论据是尊称冉求为"冉子";但有的又认为不是冉求门人所记,理由是本章的内容是孔子指责冉求。

冉求不仅有多方面的从政能力:"求也艺,于从政乎何有"(《雍也》);而且有广阔的胸襟和为事的坚定不移:"季氏富于周公,而求也为之聚敛而附益之。子曰:'非吾徒也。小子鸣鼓而攻之可也。'"(《先进》)更有对师"一以贯之"的崇敬和爱。冉求以其特有的果敢和才干,取得季康子的信任,所想到的第一件事,是游说季康子以最隆重的礼节将困顿窘迫的老师迎接回国安度晚年。因为职责所在而推行田赋改革制度,孔子宣言冉求"非吾徒",要他将赶出师门,还号召孔门弟子"鸣鼓而攻之",但冉求仍然一如既往,定期地看望陪伴老师,尽可能使他少孤独。所以,冉求既然能够忍受老师将他赶出师门之辱,又何在乎老师说点猜疑的话或者教训呢?

冉求记载下孔子这段经历、这个故事,是深知老师来日不多,其每一次音容笑貌都是珍贵的,尤其体现老师特别的个性、特别的性格的这些难得的生活片段,更值得记忆。后人亦从中感受到真实的孔子,他也就是一个平常人,有个性,还任性,有时候也会产生出太强的主观臆断,甚至还有蛮横不讲理的一面等。唯有如此呈现的孔子,才倍感亲切,才使他的思想更真实,更可信。

第 15 章释义

定公问:"一言而可以兴邦,有诸?"

孔子对曰:"言不可以若是,其几也。人之言曰:'为君难,为臣不易。'如知为君之难也,不几乎一言而兴邦乎?"

曰:"一言而丧邦,有诸?"

孔子对曰:"言不可以若是,其几也。人之言曰:'予无乐乎为君,唯其言而莫予违也。'如其善而莫之违也,不亦善乎? 如不善而莫之违也,不几乎一言而丧邦乎?"

[注释]

定公问:定公(公元前556年～公元前495年),鲁国第二十五任邦君,名宋,鲁昭公之弟,鲁哀公之父。指定公向孔子询问政事。

一言而可以兴邦:一言,不是指一句话,是一段话。兴邦,使邦国兴盛、强大。

言不可以若是其几:几,近、接近、差不多,意为期望。其几也,如此期望。

为君难,为臣不易:为君,当一邦之君。为君难,做邦君责任重大,做好任何一件事情都是难的。为臣,做邦国的臣子。为臣不易,在邦君手下做事更难。

予无乐乎为君,唯其言而莫予违也:无乐,没有快乐。莫,没有。违,违背、违抗。莫与违,没有人敢违抗。

[译文]

鲁定公问政于孔子说:"一段话可以使邦国振兴,有这种事吗?"

孔子回答说:"话虽然可以这样讲,但治理邦国却不可以做如此期待呀！比如有人说:'做君主难,做臣子不易。'如果因为这句话而懂得了'做君主责任重大,做好每件事情都是很难的'道理,就努力去做个好君主,这不就接近于一言兴邦吗?"

定公又问:"一段话可以使邦国丧亡,有这种事吗?"

孔子回答说:"话虽然不可以这样讲,但邦国的丧亡也确实可以得到概括。比如有人说:'我做君主没有别的什么乐趣,但是我说的话无人敢于违抗。'君主说的话正确,没有人违抗,自然是好的;如果主君说的话是错的,没有人敢违抗,不就等于一言可以亡国吗?"

[通解]

第十三章孔子提出为政者行王道治邦,必须先正其身。第十四章孔子针对冉求"有政"之答,指出为政者行王道治邦先正其身,应该从实做入手,并且实做必须堂堂正正,光明正大。本章进一步指出,为政者要行王道治邦,必须言行一致,并且言行必须符合邦道和王道。

一

孔子与定公这场对话,如同"定公问:'君使臣,臣事君,如之何?'孔子对曰:'君使臣以礼,臣事君以忠'"(《八佾》)一样。定公向孔子询问政事,可能发生在孔子中年:鲁定公在位十五年(公元前509年～公元前495

年),其在位期间刚好是孔子四十一岁到五十五岁之间,孔子离鲁游国是鲁定公卒前两年。

有人认为,本章记载的事件是发生在孔子做司寇期间,实际上,孔子做司寇以及大司寇之事并无真实依据,虽然《尹文子》《墨子》《荀子》《史记·孔子家语》《说苑》等均有如此记载。荀子之"孔子为鲁摄,朝七日而诛少正卯"(《荀子·宥坐》),很有可能是借此表孔子为政以德有方,厉行礼法以正世风。《左传·定公元年》有"秋七月癸巳,葬昭公于墓道南。孔子之为司寇也,沟而合诸墓",很可能是汉儒窜入。之所以如此判断,理由有三:首先,《论语》中除了记载定公问两则外,没有这方面的记载,孔子在鲁国真的做了大官,这是何等荣誉,《论语》不可能不收录这方面的信息。孔门弟子子路、仲弓、冉求做大夫家臣都有记载,更何况孔子做鲁国朝臣,中都宰、司寇、大司寇摄相事,岂有不记载收录之理? 其次,《左传》是详细地记载鲁国历史的史书,如果孔子真的做过司寇、大司寇,《左传》应该有相当完整的记载他的政治举措,而且孔子任大司寇七天杀大夫少正卯这样的朝政大事件,《左传》岂有不记载之理? 最后,《国语》中记载了孔子事迹两则,亦没有孔子做司寇、大司寇的记载。综此三者,孔子做鲁国司寇、大司寇之事更可能属于后世虚构。

二

定公问政于孔子之事,可能发生于定公继位之初。

定公继位之前,鲁因为昭公的任性,使邦国处于治乱之中,昭公与季氏之间的矛盾、斗争甚至是暴力冲突发生,尤其公元前 517 年发生斗鸡事件后,鲁昭公逃亡晋国,以至于客死晋之乾侯,鲁国人才由"三桓"共立昭公之弟公子宋为邦君,是为鲁定公,但其执政权却掌握在季氏手中。在这种处境中,定公欲夺回执政大权亲事国政,故而期望找到便捷的途径,于是急于向国内名士求执国方策。可能在这一背景下,其时中年但已大有名声的孔子自然受到定公的注意,急忙召来孔子以征求便捷的执国之方,于是有了定公求问孔子"一言可以兴邦"的治邦大策。

诚实的孔子不会阿谀奉承,老老实实地告诉定公,治邦没有捷径,带有教训定公的口气,要他应该如何做好一个邦君。这与定公的欲求不相吻合。定公欲要的有二:一是可以用简便方式将政权从季氏手中夺回来,掌握在自己手中;二是使整个朝堂围绕自己转,照邦君的意愿行事。定公欲要求得到的这两个方面,分前后两次向孔子求教。前一个欲求,即定公通过"一言而可以兴邦,有诸"表达出来;后一个欲求,定公通过"君使臣,臣事君,如之何"(《八佾》)表达出来。

面对定公的第一个询问,孔子回答:"言不可以若是,其几也。人之言曰:'为君难,为臣不易。'如知为君之难也,不几乎一言而兴邦乎?"面对定公的第二个询问,"孔子对曰:'君使臣以礼,臣事君以忠'"(《八佾》)。孔子的两个回答,不仅没有满足定公的期待和需要,还让定公看到了危险,按照孔子所说,自己一样都干不成。所以,定公从此**放弃**了孔子,使之不得入仕。这是孔子一直没能在定公期间入仕当官的根本原因。也是孔子最后断然离开鲁国的最终原因,时值五十五岁的孔子,再也没有时间等待,唯有出游至于国外寻求发展的机会。

三

孔子对定公的询问回答,清晰地表达了他对一个基本的政治哲学问题的思考,这就是言与行之于治邦的辩证关系。

首先,孔子指出,"一言兴邦""一言丧邦",这是危言耸听,不可信。

其次,孔子指出,"言"也确实能发挥兴邦或丧邦的功能,但必须同时具备两个条件:一是言本身的正确或错误,正确的言,构成兴邦的可能性因素;错误的言,构成丧邦的可能性动力。二是言的功能发挥,必须付之于行。当正确的言启发人懂得治邦的真理,然后践履之,则一言可以助其兴邦。反之,当错误的言被"人人不敢违抗"的方式全面贯彻,必然导致丧邦的结局。

最后,对于为政者言,其言指向行到底能发挥何种功能,表面看取决于言本身的正确或错误,实际上却取决于为政者对邦国、对治理邦国的基本看待,这就是"易与难"。将治邦看成是易事,意味着治邦可以完全凭邦君的意愿或意志行事,邦君的意愿或意志本身是治邦的规律、法则。将治邦看成困难,是因为治邦有人的意愿和意志之外的客观规律、法则。洞察其治邦的规律和法则,真正地理解和掌握它,然后付诸践履,这虽然很难,却是使国兴的正确方式。

由此不难发现,本章内容与第十三章和第十四章内容之间存在主题上的内在关联性。第十三章内容是,为政者治邦必须"身正",必须"正其身",才可使人正。第十四章内容是为政者要正,必须不能私,必须唯公;并且唯公的国政大事,都是可以公开的,并且也应该公开。本章则拓展开去,讲为政者治邦除了身正和唯公去私之外,还应该由对治邦规律、法则的理解、懂得和会运用。

第 16 章释义

叶公问政。

子曰:"近者说,远者来。"

[注释]

叶公问政:叶公,姓沈,名诸梁,字子高。楚国知名贵族,官为大夫,是楚邦君的亲戚,曾做过楚国左军统帅,指挥过无数次军事行动,为人正派,有很好的口碑。叶公问政,指叶公向孔子请教为政之道。

近者说,远者来:说,通"悦",愉悦,指内心的快乐;内心的快乐为说,外在的快乐为乐,比如"学而时习之,不亦说乎? 有朋自远方来,不亦乐乎"(《学而》)。来,到来,指由外而至此,即投奔。近者,邻近,根据本章语境,指邻国;远者,指不比邻的邦国。

[译文]

叶公向孔子咨询为政之道。

孔子说:"让邻国悦纳,使远国来朝。"

[通解]

在孔子看来,为政者行王道治邦,除自我身正,按照邦国治理三步阶梯脚踏实地实做和慎言外,还应有至高的远见和开放于天下的视野,这种远见和视野就是"近者说,远者来"。

———— 一 ————

孔子一生,虽被后世描述为周游列国,其实游国十四年主要在鲁国附近的陈卫之间打转。就孔子思想所体现出来的至高远见和天下视野,更可能得益于其"信而好古"和年轻时的齐国游历。

孔子虽年轻时到过齐国求仕,但对于遥远的楚国,孔子终身无缘涉足。但叶公问政的事《墨子》和《韩非子》都有记载:"叶公子高问政于孔子曰:'善为政者若之何?'仲尼对曰:善为政者,远者近之,而旧者新之"(《墨子·耕柱》);"叶公子高问政于仲尼,仲尼曰:'政在悦近而来远……仲尼曰:'叶都大而国小,民有背心,故曰:政在悦近而来远。'"(《韩非子·难三》)从内容看,其不过是《墨子》和《韩非子》对当时已广为流传的《论语》中这段文字记载的转述而已。《论语》收录的这段文字或由孔门弟子记下来,表明叶公问政孔子确有其事。但此事发生于何时、何地,无以核实。但至少可以推测:第一,叶公问政于孔子,决不在楚国,有可能是叶公作为外交使臣出使鲁国或陈卫时,慕孔子大名而拜访之。这次拜访,被在场的弟子记载下来,拜访谈论的问题,也因为弟子的关注或兴趣点不同,各自做了不同的内容记载,于是有了除本章之外的另外两则内容:

叶公问孔子于子路,子路不对。子曰:"汝奚不曰:其为人也,发愤忘食,乐以忘忧,不知老之将至云尔。"(《述而》)

叶公语孔子曰:"吾党有直躬者,其父攘羊,而子证之。"孔子曰:"吾党之直者异于是,父为子隐,子为父隐,直在其中矣。"(《子路》第十八章)

二

叶公特意拜访孔子,既是仰慕其名,也有可能想从孔子这位大名人那里获得治邦良策,或许,更有深意地是想为楚邦君考察人才。

孔子也为叶公的造访而异常重视。因为一直待仕的孔子总是睁着眼睛在寻求入仕的机会。叶公的造访,孔子自然心领神会。因而,当叶公问为政之道时,孔子应该是做了精心准备的。仅就"近者说,远者来"这六个字的记载,并不能说明叶公问政而孔子作答的全部内容,弟子记下"近者说,远者来"这六个字,可能是孔子对叶公献其治邦之策的总概括。

"近者悦,远者来"六字表达了两层含义:一是内心的渴望,期望叶公此次对自己的造访变成一次入仕的机会;二是提出为政的根本方针。这一根本方针确定的出发点是对外,不是对内。这是因为询问的对象是楚国外交使臣身份的叶公,所以,孔子是从邦国外交影响力和外交战略角度献为政的根本方针。

使邻国悦纳,使远国来朝,这是一个很宏大美好的政治文明蓝图。这个文明蓝图的核心是政治凝聚力和向心力,这两种力量会最终变成天下民心的向背。民心的向背,展开为两个方面:一是邻国及人民是否亲近悦纳其政治;二是远民是否投奔而来。

如何才使邻国悦纳?怎样才能使远国来朝?我们无从知晓,因为当时在场的弟子没有做记载,但这场宏大的为政之道的咨询谈话肯定会涉及。首先是当孔子提出"近者说,远者来"的为政方针时,叶公肯定会追问何以才能实现之,孔子也肯定会再回答如何实施,其答案可以设想:要实现"近者说,远者来",其正确方法是修内政。怎样修内政?其次是本篇第九章到第十五章所讨论的内容就是答案:第一,发展人口,使劳动力强大;发展经济,鼓励生产,使民丰衣足食;实施教化,使民德归厚。第二,为政者做到自正正人,自正正事,自正正国。第三,实施"善人为邦百年,胜残去杀",然后以王道为准则,实施王道之治战略。从这三个方面修内政,自然会达到"近者说,远者来"。

三

"近者说,远者来",既是孔子的富国强国战略,也是孔子的邦国政治文明的天下中心战略。

"近者说,远者来"的富国强国战略,核心主题是邦国和平发展,这个战略的基本任务有二:一是对外反对战争;二是对内实施富国强兵。其基本主张是富民教民,胜残去杀,实现人人自律之治。将其放入春秋晚期大背景下来看,有反战与争战两个阵营、两条战线:战争主义,是要通过富国强兵来强国,邦国的强盛是以强大的暴力武装为保障。反战主义如何应对?这是一个必须解决的问题,孔子提出**富民教民**而后强国,邦国强盛的保障不是暴力武装,而是"**胜残去杀**"的道德、人心,或者说"习相远"的人性回返于更"相近"的状态,这种状态就是人人自律、人人成仁行礼的美好生活状态。这种美好生活一定会使"近者说,远者来"。

理解"近者说,远者来"的邦国政治文明的天下中心战略,需要理解孔子所生活的当世背景:西周灭亡,建立东周,周王朝虽然有形式的存在,但已经没有实力来统摄诸侯。春秋初期,"尊王攘夷"的霸主建立起协调和平衡的机制,进入春秋晚期已经出现难以维系的状态,寻求新的天下平衡机制,是当世的根本性问题,具体地讲,就是寻求建立一种新的天下中心论来代替霸主中心论。在这样的大背景下看孔子之"近者说,远者来",实际上表达的是一种新的天下文明中心论思想,它是**以富民教民为基本进路,以胜残去杀为根本保障的强国方策**。从本质论,这种建立在以人性和道德为发展机制,以"胜残去杀"为根本保障的邦国天下文明中心论,就是要取代霸主中心论,这是从战争主义向非战主义方向努力建设和平世界的基本框架。这一和平世界框架虽然难以实现,却是可欲的。

第 17 章释义

子夏为莒父宰,问政。

子曰:"无欲速,无见小利。欲速则不达,见小利则大事不成。"

[注释]

子夏为莒父宰:莒父,鲁国城邑,今山东省莒县境内。宰,在鲁国,不仅称大夫家臣总管为宰,邑长也称宰。莒父宰,即莒邑的地方行政长官。

欲速则不达:欲速,加快进程,必然或忽视事物本性,或超越事物循序渐进之规律,所以欲速而失序。不达,达不到预设效果或应有境界。指想速见成效反而达不到目的。

见小利则大事不成:见,视、看见,指贪图、觅取、寻求。小利,眼前利益,亦可指不可取的实利。不成,不能成功。指贪图眼前实利必做不成大事。

[译文]

子夏做莒父地方长官,临行前向夫子请教为政之道。

孔子说:"不要求速成,更不要贪图小利。贪求速度,往往会达不到预设的目的;贪图眼前利益,就会忽视根本,做不成治理的大事。"

[通解]

上章使"近者说,远者来",是富强邦国的大方针,它体现至高的治邦远见和宏大的治邦视野。但这一富强邦国的大方针要落地生根,则是脚踏实地的治理。这是从上章的治邦整体论走向本章的治邦具体论的内在思路。

一

从主题论,本章承第十三、十四、十五、十六章而展开:第十三章讨论为政者之要,必须身正。第十四章讲为政必须求公杜私,包括自我之私和长官之私。第十五章讨论为政者必须厉行慎言。第十六章是对如上各章主张的概括和提炼,指出为政的基本任务是富民教民,胜残去杀,厉行王道;为政的根本目的是创建"近者说,远者来"的天下文明中心。本章讨论如何将这些为政大方策落实在一方之治上。由此提出为政必须解决的两个基本问题,即为政速与达的问题和为政利与远的问题。

如上仅是从《论语》编纂角度考量本章与前面各章的逻辑关联。从内容观,本章还涉及另一个动机,这即从子夏本人看,子夏是孔门后期弟子中的佼佼者,其人才思敏捷,常因独到见解而得夫子赞许,比如,子夏求问《诗》之"巧笑倩兮,美目盼兮,素以为绚兮",孔子答以"绘事后素",子夏能马上得出"礼后乎"的结论,孔子赞其"起予者,商也!始可以言《诗》已矣"(《八佾》)。但孔子也发现子夏性格方面的"不及",告诫他"女为君子儒,无为小人儒"(《雍也》)。因为君子与小人的根本区别是他们对人生关注的重心不同,这种不同即义与利的取向各别:"君子喻于义,小人喻于利。"(《里仁》)子夏入仕当官主政一方,孔子最不放心的就是在修仁为礼方面"不及",由此可能导致急功近利的追逐倾向而不能实施富民教民胜残去杀的为政大事。故而在子夏临行问政之际,特别告诫他"无欲速,无见小利",因为"欲速则不达,见小利则大事不成"。

二

子夏请教为政之道,孔子针对性地给子夏提出两个方面为政准则。

第一个准则是**为政勿速**。

为政勿速准则,体现两个基本的为政思想:第一,为政不要刻意地追求政绩;第二,为政不能追求升官发财。为政必须为公。为政为公,是为富于民,造福一方,所以,为政不是表现,不是表演,并且绝对不能表现,不能表演。

为政勿速准则强调为政的规律性。首先,为政是有规律的,这个规律就是为政的三步阶梯:一是发展人口,使民丰衣足食,教民崇德;二是相继施治百年,使之胜残去杀;三是行王道之治,使其"必世而后仁"。其次,为政的规律必须遵循。最后,遵循为政的基本规律必须循序渐进。只要做到这三个方面,才可为政而达;并且,此三者缺一不可,否则,则欲速不达。

第二个准则是**欲速不达**。

欲速不达,揭示为政超越常规,必然造成不良结果,其主要有三:首先,违背为政的基本规律,其主观的努力必然造成客观上的坏结果。其次,越是追求超越常规的为政,其形成的坏结果离主观设想的目标越遥远。最后,这种超越规律所造成的为政恶果,必然会产生巨大的边际效应,最后将可能导致为政不能为继。

由此不难理解,孔子教导子夏"无欲速,欲速则不达",是因为"欲速则不达"包含速与常的矛盾。速,是超常行动,主观努力;常,是常态、常态方式,客观规律。主观努力与客观规律之间形成的矛盾,在于人的主观努力本身;改变人的主观欲望和主观努力方式适应常态和规律,速与达的矛盾才可得到解决。

三

"欲速则不达"的矛盾,表面看来产生于人的主观意愿对客观规律的忽视,实质上却是人的求利之心太过浓烈到不能自已所致。孔子以其"信而好古"的历史经验和智慧敏锐地洞察到:为政欲速虽有千奇百怪的动机,但实可归纳为两种:一是通过欲速方式获得政绩,积累上升官阶的资本;二是通过欲速方式谋得更多己利。要解决欲速不达的问题,必须解决利的问题。这是孔子教子夏"欲速则不达"之后,马上告诫子夏"无见小利"。

"无见小利",指不要贪图眼前利益,更不要贪图小便利和私利。这是孔子给子夏为政提出的第二个忠告,并且告知其根本危害是"见小利则大事不成"。

"见小利则大事不成",蕴含一个政治规律:**为政之道,就是克小利成大事之道**。克小利成大事的为政准则,揭示小利与大事之间始终相矛盾,求小利与谋大事之间始终相冲突。要为政有方,要为政大绩,必须解决这一根本性矛盾和冲突,实施对大事的选择和对小利的摒弃,因为"好见小利,妨于政"(《大戴礼记·四代》)。从根本上讲,在为政上,小利始终体现私,哪怕是为地方谋小利,也是私字当头。所以小利是私,并且仅仅是利;与此不同,大事是公,并且大事不仅是利,还蕴含理,表彰义。所以,小利与大事,在为政的天平上不可兼在:"利不可两,忠不可兼。不去小利,则大利不得;不去小忠,则大忠不至。故小利,大利之残也;小忠,大忠之贼也。圣人去小取大。"(《吕氏春秋·慎大览·权勋》)

第18章释义

叶公语孔子曰:"吾党有直躬者,其父攘羊,而子证之。"

孔子曰:"吾党之直者异于是,父为子隐,子为父隐,直在其中矣。"

[注释]

叶公语孔子:语,对……说。指叶公对孔子说。

直躬者:直躬,有二解:一是"直人名弓"(郑玄注);二是"直身而行"(孔安国注)。后解更合本章语境,指以**直道立身**的人。

其父攘羊,而子证之:攘,偷盗、窃取。证,告发、揭发、检举。指这个以直道立身的人,其父亲偷窃了别人的羊,他就向有司告发之。

父为子隐,子为父隐,直在其中矣:隐,隐瞒、隐恶。直,正直、直道。直在其中,指"父为子隐,子为父隐"这种行为体现正直之道。

[译文]

叶公对孔子说:"我家乡有一个凡事正直的人,父亲偷了羊,他告发其父。"

孔子回答说:"我家乡的正直与此不同,父亲为儿子隐恶,儿子为父亲隐恶,正直之道蕴含其中。"

[通解]

上章中,孔子教导子夏如何为政,指出行王道之治,使"近者说,远者来",必须克服"欲速"和"见小利"。因为欲速必违背为政规律,结果是导向社会对规律的忽视,对秩序的破坏;"见小利"必带头败坏道德,刺激治下之民逐利不顾一切。本章则以反驳叶公"其父攘羊,而子证之"的行为如何违背直道,来证明"见小利"何以必然使"大事不成"。从思想展开的逻辑讲,本章内容恰恰构成对上章主题思想的证明:因为**父子互为告发的社会,人人自危**,何以可能使"近者说,远者来"?

973

一

本章记述的内容与第十六章"近者说,远者来"可能属于同一对话语境中的两个片段。其对话语境可能产生于叶公出使卫、陈,拜访刚好居于此的孔子,借此考察孔子是否名实相副。孔子应对叶公之问,从邦国的国际影响和地位如何形成的角度提出"近者说,远者来"的六字方针。当叶公进一步求问如何实现"近者说,远者来"时,孔子可能向叶公托出使民丰衣足食和教民崇德等内政之道,其落脚点是将邦国治理成"胜残去杀"的德化文明社会。于是,叶公为进一步了解孔子邦国政治文明天下中心论思想,假设了一个"吾党有直躬者,其父攘羊,而子证之"的个案,以考察孔子如何看待和评价,借此真正了解孔子的以德治邦国的精髓。

孔子却反其道对"直"进行了重新界定,认为"父为子隐,子为父隐"才是"直在其中"。为什么父为子隐恶、子为父隐恶会是"直在其中"呢? 何晏注之曰:"父苟有过,子为隐之,则孝也;子苟有过,父为隐之,则慈也。孝慈则忠,忠则直也。故曰直在其中矣。"何晏此解释说对了一半,父有恶,子为其隐,是孝;子有恶,父为之隐,是慈。孝和慈,均源于血缘。但血缘化的孝慈,与忠没有关系,忠与直也没有关系。因为,**孝慈源于血缘,忠源于事权,直源于性格**。血缘主义的孝慈,以本能为动力机制;以事权为中心的忠,以理智或理性为动力机制;源于性格之直,以气禀为动力机制。何晏以孝慈推出忠,以忠推出直,缺乏内在逻辑。

二

叶公与孔子围绕"其父攘羊"展开的论辩,涉及两个基本问题:一是该不该"隐"? 二是隐或不隐,何为"直"?

叶公认为:"其父攘羊,而子证之",是为"直躬"。

孔子认为:"其父攘羊,子隐之"或"其子攘羊,父隐之",是为"直躬"。

叶公以"其父攘羊,而子证之"为"直躬"的依据,是**法律或公共道德**。

孔子以"其父攘羊,子隐之"或"其子攘羊,父隐之"为"直躬"的依据,是**本能和人性**。

"其父攘羊,而子证之",是从法律和公德角度论。法讲公道;公道的依据是道德,即"你的就是你的,我的就是我的",不能随便侵犯。所以,德也要讲公道,或可说,德本身是公道,因为德与法在本质上同构。按照法律和公德两个方面的公道论,任何人都不能偷窃,偷窃行为既违法,也违德。持守公道,就是直。所谓直,就是正、中正、公道。"其父攘羊,子证之"乃"直躬"的本质含义,即中正、公道,这既是守法的表现,也是公德的行为。

"其父攘羊,而子隐之"或"其子攘羊,而父隐之",却是从血缘本能和自然人性角度论：从血缘本能讲，"父子相隐"具有情感的合理性，可以理解；从自然人性角度讲，"父子相隐"有人天生自私的依据。正是这种天生的自私，造成了孔子所讲的天赋"性相近"却始终"习相远"。天赋"相近"的人性"习相远"，却是人性在后天生存敞开中的异化。孔子选择"以仁入礼"的返本开新方式探索文道救世的君子道路，其所做的全部努力就是为使"习相远"的人性尽可能回返于更"相近"。孔子讲"父子相隐"，基于血缘本能并体现自然人性，与他倡导的"中庸之为德"的公道、公德和必须遵守的刑罚没有关系。

以此来看，孔子关于"父子相隐，直在其中"的说法，既没有问题，也存在问题。说没有问题，是说"父子相隐，直在其中"，是自然人性和血缘本能使然，体现常理，或者说天理。这种通常的天理，即使现代文明进程中的法治社会，也仍然给人们预留下体现天赋人性和血缘本能的可选择性空间，比如英美法系和大陆法系中，规定当事人"不自证其罪"和拥有"沉默权"以及"无罪推定"等，均以现代律法方式赋予自然人性和血缘本能以存在空间。说有问题，主要从两个方面讲：首先，从道德角度说，"父子相隐，直在其中"的说法，有违道德；其次，从法律角度讲，"父子相隐，直在其中"的说法，有违法律。

三

抛开自然人性、血缘本能、法律这些审视维度，从单纯的认知论角度看叶公与孔子之间的论辩，可发现这应该是一则有关于正名的最好例证。

从整体观，孔子的正名思想涉及的重要维度，就是君臣父子要名实相副。名实相副的具体规定，是享有其权必担有其责。落实在本章中，父子名实相副的体现是父为子担责和子为父担责。从这个角度看"父子相隐"，"隐"只是其行为方式，实质却是相互为之担责。从道德认知论，担责的本质是直，所以父子以相"隐"的方式互为担责，自然"直在其中"。理解这一点，才可理解为何要反驳叶公之"直"的理由，因为叶公倡导的"其父攘羊，而子证之"的做法，违背父子名实相副的原则。

其次，从名实相副的角度审视叶公之"直"和孔子之"直"，则呈现出矛盾：一是私德之直，父子可以相隐。二是公德之直，"其父攘羊，而子证之"，反之，"其子攘羊，而父证之"。前一种"直"维系着家庭的秩序、稳定，既贯穿"爱有差等"，也体现爱无边界。后一种"直"维系着社会的中正、公道和秩序，既贯穿"爱无差等"，更体现爱有边界。所以，叶公与孔子之"直"辩，既是公德与私德之辩，也是爱之无界与有界之辩。

四

通过叶公与孔子关于私德之直与公德之直的论辩,不仅明确德之公私界域,更清楚孔子伦理道德的重心及局限。这种局限表述为:

首先,父子是血缘关系,不是社会关系。因而,父子之德,是私德,私德以孝慈为诉求为核心。人与人之间一旦缔结成社会关系,就要受公德约束,公德却以公道为核心。

其次,叶公与孔子关于私德之直与公德之直的论辩,也是要正其"是非、正邪"标准,正是通过这种是非、正邪标准的辨别,体现另一个方面的认知局限:在私人生活领域,衡量是非、正邪的标准,是孝慈,因而,孝慈是直。在公共生活领域,衡量是非、正邪的标准,是中正、公道,因而,中正、公道是直。

不仅如此,孔子论及"父子相隐"时所持处世准则和私德标准也有鲜明的特点:第一,符合其一以贯之的忠恕之仁和规范之礼,也符合其历史经验和生活经验。第二,有其天赋的人性依据。第三,亦有现代法学依据。无论英美法系还是大陆法系,其司法制度里的"不自证其罪"和"沉默权"规定,是法治社会里为人情、亲情开辟出的一个尊崇人性和血缘本能的通道。第四,为道德判断开辟了内外境遇性的可能通道:正直是德性之标准,也是德性之体现。但在孔子看来,人的正直与否,必须在具体的生存境遇中来判断。具体的生存境遇之于人,却构成内外。内外的分水岭却是家庭、家族。家庭、家族之内与家庭、家族之外,所表现出来的正直内涵和正直取向有所不同,并且不能混淆。在家庭、家族之外,所遵循的正直之道是为其"证之",即检举、揭发干坏事的人,这是表达真正的基本方式;在家庭、家族之内,所遵循的正直之道是为其"隐之","父为子隐,子为父隐"是其正直的表达模式。孔子这一思想与《郭店楚简·六德》所论一致:"人有六德,三亲不断。门内之治恩掩义,门外之治义掩恩。"圣、智、仁、义、忠、信,是其六德,即六大社会公理;夫妇、父子、兄弟,乃三亲,即三大亲情。三亲不断六德,讲的是情大于理:亲情大于公理。第五,亲亲相隐,这是后人批评孔子的重要方面。但亲情与法律,是一对古老而常青的冲突。在这种冲突中,家庭与亲情,在孔子那里具有价值优先的考虑,因而形成亲亲相隐的伦理价值取向。这种伦理价值取向不是基于观念,而是基于经验。孔子的思想,是经验主义思想。孔子的全部经验论思想,都是建立在对人性本身的贴切体会与把握基础上的。他关于家庭与亲情的价值优先考虑,以及亲亲相隐的伦理取向,都是基于人性经验。第六,孔子宣扬"父子相隐,直在其中"的思想最为深刻的方面,就是反对父子相告。在人世间,人最亲近的关系是血缘中的父子关系,这是一种血浓于水的生命一体关系,是你中有我、我中有你的关系。如果这种生命一体关系都缺乏担当，都要相互告发，还有什么事情不可以做的？从这个角度讲，**不告密**，这是人生活在人间做人的底线，也是最低的直，或者说最低的担当。因为这是人在人世间获得最低安全的保障，如果父子相告，人与人之间的最低安全就没了。如果允许和鼓励父子相告，可以想见这样的生活世界一定会告密成风，任何人都没有存在的安全，人人都处于互危和自危状态中。一个人人自危和互危的社会，会使"近者说"和"远者来吗"？所以对孔子来讲，无论历史，还是现实，或者未来，这种父子相告的所谓"直"，或者说所谓的"道德"或"法律"，都将成为反人性、反文明的力量。这种父子相告的"道德"和"法律"，只能是人与人互为残杀的利器，只有专制主义才欣赏和需要。

第 19 章释义

樊迟问仁。

子曰："居处恭，执事敬，与人忠，虽之夷狄，不可弃也。"

[注释]

居处恭：居处，有二解：一是平日的仪容举止；二是一人独居。前解太泛，后者过窄。应为居家言行举止。恭，庄重谨慎。指居家生活言行谨慎举止庄重。

执事敬：执事，做事。敬，不懈怠、谨慎尽职。

虽之夷狄，不可弃：之，到。夷狄，古代对少数民族的称谓：将居住于东方的部族称为夷，将居住于北方的部族称为狄。后来泛指华夏族以外的各族。弃，放弃、抛弃。不可弃，指不可抛弃这些行事待人准则。

[译文]

樊迟向孔子请教何为仁。

孔子说："即使居家生活也要言行谨慎、举止庄重。做事谨慎尽责；与人交往应忠厚诚信。即使进入夷狄之邦，也要保持这些准则，不可抛弃。"

[通解]

宋代胡德辉怀疑本章樊迟"问仁"是"问行"之误。杨时在《杨龟山先生文集》中引胡德辉之问，然后予以否定。今人李零认为胡德辉的怀疑很有道理，不仅是本章樊迟所问的内容不是仁，而是行，而且与子张问行相似：

"子张问行。子曰：'言忠信，行笃敬，虽蛮貊之邦行矣。言不忠信，行不笃敬，虽州里行乎哉？立，则见其参于前也；在舆，则见其倚于衡也。夫然后行。'子张书诸绅。"（《卫灵公》）不仅于此，《论语》中另一处也有记载："**樊迟问仁。子曰：'爱人。'**"（《颜渊》）同一个问题，问两次，并且两次都收入《论语》中，这在《论语》中绝无仅有。所以，将本章中"樊迟问仁"看成"问行"之误，应该有客观的理由和依据。

一

樊迟问行，其实是问君子怎样为人处事。孔子给樊迟讲了三条原则：在家有礼，做事敬业，待人忠信。

家是自己的天地，完全可以任性而为。但孔子却教樊迟，有教养有德性的人，居家也要言行谨慎，举止庄重。在今天看来，孔子此教实在迂腐和拘谨。其实不然，孔子教樊迟"居处恭"很有道理。首先，家是由人组成的小社会，虽然它以血缘和两性为纽带，但只要是人组建起来的群体，每个个体都应该学会对生活在这个群体中的任何个人以尊重。在言行和举止上对家人放纵，同样是对人不敬，这种不敬同样体现无德和缺乏修养、文明。其次，人的修养和德性，表现出来的是言行谨慎、举止庄重文雅；人的言行谨慎、举止庄重文雅的修养和德性的养成，实际上始于家庭。因为人在家中生活的时间最长，家中出了错误，也可能得到纠正和原谅。所以家是人自我修养德性和训练德行的最好场所。最后，人的德性和德行品质与能力，是在日常生活中养成习惯而成为自然，家中没有养成良好的德性和德行的品质、能力和习惯，出门就有可能行为出丑。

孔子教樊迟做事敬业，其实是授之以劳动的天职观念及其行为准则。

"执事"这个概念有两层含义：一指做具体的事务；二指执掌事务。这两个方面都是君子必为。按照"君子劳心，民劳力"的社会劳动分工理论，孔子之"执事敬"是告诉樊迟：人因为阶层不同而分工不同，但都必须劳动，必须以劳动为天职。不管是劳力的劳动，还是劳心的劳动，都是天赋人生存的必须日常方式，对这种方式予以认知抽象，就形成劳动的天职观念和劳动的天职原则：劳动是**人成为人**的天赋方式，劳动也是**人成就人**的天赋方式。前者意谓着只有通过"生命不息，努力不止"的劳动，人才可摆脱动物的束缚而站立成人；后者指人也只有以不懈的日常劳动方式，才可成就别人。因为人要谋求生存或更好的生存，必须借他人之智-力，这使每个人的生存都以他人的付出为基本条件。他人为我们得生所做的付出之于我们，就是恩惠。所以，无论做任何事情，都必须敬，并要敬心敬性，唯有做到敬心敬性，才可达到谨慎敬责。唯有做到谨慎敬责，才可成己成人。

所以,君子做事,必须敬心尽责。或曰,做事敬心尽责,才是君子。

孔子教给樊迟的第三个行事原则,是忠信。忠信之于人,信是前提,忠是表现;或者信是忠的依据,忠是信的实现方式。"与人忠",讲为人之道,揭示为人的本质是信,其表现形式是忠,即唯有信,才可忠;不信,则无忠。

二

"居处恭,执事敬,与人忠",此三大行事准则之间有内在的生成关联:"居处恭",是君子言行的家居生活原则,这一原则强调言行的相对自由,哪怕是在自己家里,也要受相应的约束。孔子告诉樊迟,只要有人居住的地方,就有言行的边界;有言行的边界,就是相对自由。"执事敬",指君子必劳动,劳动必具备天职观念,凡事必敬,既需要敬心,更需要尽性。所以,执事敬,强调**敬事**的无限性。正是这种无限性的敬业行为,才拓展人的相对自由。但是,居家的相对自由是相对固定的,敬事的相对自由是相对开放的,以其敬事的程度决定相对自由的张力。人从家里走出来,必须面对人与事:面对人,必须建立起相互信任,以实现忠诚或保证忠诚,信却是基础;面对事,必须以天职方式接纳,然后敬而为之。以信为基础,实现忠诚和保证忠诚,恰恰构成"执事"敬的主体前提,具备这一主体前提而作为,必然拓展相对自由。这种以信为基础、以忠诚为前提的敬事品质和能力,又是居家生活训练形成的社会性展开,或者说,当居家生活养成信和忠,凡事敬而为,才可养成"执事敬"和"与人忠"的社会能力和品质。

正是因为如此,"居处恭,执事敬,与人忠"此三者之于君子成己成人缺一不可。在任何环境里,都必须执守这三大基本行事准则。孔子举了一个极端的例子,哪怕就是到没有开化的夷狄之邦,也应该遵守这三大行事准则,否则,就不是君子。

联系上下语,"虽之夷狄,不可弃也"表达了两个基本思想。首先,"居处恭,执事敬,与人忠"这三大行事准则,具有普世性,是人人须遵守的。其次,"居处恭,执事敬,与人忠"这三大行事准则之普遍性,不仅体现为每个人必须信守,也表现为每个民族、每个文明社会都必须遵守。即或是夷狄也是如此,因为夷夏虽殊却**同性同理**。正是因为如此,夷狄之邦也有君子,这是孔子论"夷狄之有君,不如诸夏之亡也"(《八佾》)的认知前提。

第 20 章释义

子贡问曰:"何如斯可谓之士矣?"

子曰:"行己有耻,使于四方,不辱君命,可谓士矣。"

曰："敢问其次。"

曰："宗族称孝焉，乡党称弟焉。"

曰："敢问其次。"

曰："言必信，行必果，硁硁然小人哉，抑亦可以为次矣。"

曰："今之从政者何如？"

子曰："噫！斗筲之人，何足算也。"

[注释]

行己有耻：行己，立身行事源于自己，或曰自己之立身行事。有耻，自知其耻，意为有知耻之心。指行事立身自有知耻之心，故而行事有边界，立身有准则。

使于四方，不辱君命：使，出使。四方，指各个邦国。辱，侮辱、辱没，意为辜负。命，使命。指出使外国，不辜负君主赋予的使命。

言必信，行必果：言，说话，指说出去的话。信，信用。果，良好的结果，成效。指说出的话必须践履；一旦行动，务必实现良好的结果。

硁硁然小人哉，抑亦可以为次矣：硁硁，击石声。硁硁然，浅陋固执的样子。小人，本章指有位无德者。抑，但、然而。

斗筲之人，何足算也：斗、筲，都是木制的度量粮食的容量，斗容十升，筲容五升。斗筲之人，形容才识浅短、气量狭小者。算，数，犹不足算数，指不值得一提。

[译文]

子贡请教夫子："如何才称得上真正的士？"

孔子说："行事立身有知耻之心，出使外国，不辜负使命，就可称为士。"

子贡又问："请问次一等的士是怎样的？"

孔子说："同宗族的称道其懂得孝道，同乡称赞其尊敬师长，这样的人也可称为士。"

子贡再问："请问再次一等的士是怎样的？"

孔子说："说出的话一定要践履，践履务必求结果，这样的人是最低品级的士。如果不问其他，其言出必行只执着于己利，遵守这种生存法则的人，必然会降落到浅陋的小人的位格上去了。"

子贡说："按照您老人家的如上划分，当今那些从政者属哪一类？"

子曰："噫！这些才识短浅、度量狭小的稻粮谋者，根本不值得一提。"

[通解]

从内容蕴含的主题观,本章承上章:上章通过樊迟与孔子问答,讨论何为行。但这个"行"的主体只是劳心者。在孔子生活的当世,劳心者主要由两部分人组成:一部分是有位者,他们是王公、大臣、官吏;另一部分是谋位和待位的读书人,他们被当世称为"士"。本章则讨论何为"士"以及"士"的品级(而不是等级,即做人为事体现出来的人格、德性、修养、责任、担当、能力的整合状态和取向)。

一

在古代,"士"是最低的贵族,它要服从大夫。所以,士向上行,成为大夫;士向下行,沦为庶人,这是从形式资格论。从实质上讲,贵族之成为贵族必须具备两个东西:一是权,即必须在朝廷里面做官,春秋之前,士"大抵皆有职之人"(顾炎武:《日知录》卷七"士何事"条)。二是财富,主要指土地和民,并且这种性质的财富主要靠分封得来。士向上,可以通过个人努力而成功,《诗经·大雅·文王》赞美士们的赫赫武功:"文王孙子,本支百世,凡周之士,不显亦世。世之不显,厥犹翼翼,思皇多士,生此王国。王国克生,维周之桢。济济多士,文王以宁。"周王室世世代代繁荣昌盛,也使士得到恩泽而繁衍,众多英俊的士生于繁荣昌盛的周王朝,成为周朝的栋梁,他们开辟出"文王以宁"的政治局面。《诗经·周颂·桓》歌颂了周士在武王时建立的功勋:"天命匪解,桓桓武王,保有厥士,于以四方,克定厥家。"其后,周公东征、北伐俨狁、南征荆楚以及铲除"三监"叛乱,士阶层发挥出重要作用。总的来讲,在战争时期,士阶层发挥出前所未有的作用,并由此获得发展的巨大空间。周公一路征伐,最终以分封制度宣告战争的结束。和平时代到来,极大地限制了士阶层的发展。即使所有的士都向上努力,但并不能人人成功;即使能够做到向上努力的成功,也不能与生育的自然力相竞赛。因为自然生育力的发展、人口的增长,把更多的士引向下行道路,即繁衍壮大的子孙使原本受封得来的有限财富资源被不断分化,几代之后,越来越多的士滑向庶人阶层。

所谓庶人,指有姓氏的人,这是它与民的根本区别:民是无姓氏的人。在上古时代,姓氏是政治身份和社会地位的标志。在夏或更早些时候,只有贵族才有姓氏。由殷而周,贵族阶层发生巨大的分化,一部分贵族没落而成为平民,这就是有姓氏的庶人。这可以从西周分封史中看出贵族的分化进程。西周时代经历三次分封:第一次是文王时期,在其邦畿内推行分封制,以促进周人扩展土地和疆域。① 周灭商后,实施第二次分封,具体地讲,武王不仅没有消灭殷商贵胄,而且予以分封,尤其是分纣王之子禄父(即武庚)于殷(原殷商王畿内的土地),然后命其弟管叔、霍叔、蔡叔做"三监"。武王之后,年幼的成王执政,武庚联合"三监"造反,摄政王周公东征平叛,再度灭殷,诛武庚和"三监",然后在更广大的征服领土内分封姬姓宗亲、功臣以及与姬姓联姻的姻戚,这就是第三次分封,也是历史所记载的"周公分封",它持续到康王时代才算完成。梁启超认为"真封建自周公始"②,亦有道理,因为这次分封才真正建立起完备的血缘宗法封建制度。这一制度完备建立的同时,也制造出了庶人这一类新民,即被周公政权消灭的殷商贵族沦为庶人。民从此形成两大类,无姓氏的民和有姓氏的民:前者是本民,后者是新民,即庶人。

平王东迁,结束西周而开启东周(公元前 770 年~公元前 256 年)历史,展开为春秋(公元前 770 年~公元前 476 年)和战国(公元前 475 年~公元前 221 年)前后两个阶段。进入春秋,社会阶层继续分化,至于孔子生活的春秋晚期,仍然保持贵族身份和地位的士,已经很少了。越来越多的士沦为庶人,但他们又不甘于民的生活,于是在周天子权威衰竭、诸侯争霸的自由社会舞台上,庶人们又开始重新向"士"进发。孔子的时代,士阶层很大一部分是殷周两朝的没落贵族,还有一部分是读书人,他们主要来源本民阶层中的富裕家庭,因为教育由宫廷向民间扩张,本民阶层中富裕家庭的子弟走上读书道路,从而汇聚形成新的士阶层。

孔子对士的界定,就基于如上历史背景和社会环境,但孔子所讲的士,不仅是读书人或能干政事的人,更要求有君子德性和德行。在孔子的认知世界里,只有具备德性和德行的读书人,才有资格成为士。这是理解本章子贡与孔子问答的文化背景和历史背景。

二

子贡问士,是要对士进行严格定义。一旦通过内涵的严格定义,就形成士的类型和品级。在孔子看来,士客观地存在三个品级:

最高品级的士,是"行己有耻,使于四方,不辱君命",这类士是国士。因为他们不仅有德,而且具有治邦卫国的能力,这种能力和德,蕴含明确的邦国理念甚至社会理想。

次一品级的士,是"宗族称孝焉,乡党称弟焉",这类士是乡士,即使不

① 傅筑夫:《中国经济史资料·先秦编》,北京,中国社会科学出版社 1990 年版,第 2 页。
② 梁启超:《先秦政治思想史》,北京,商务印书馆 2018 年版,第 44 页。

能出仕为政,但有治家誉乡(治理家族,美誉乡里)的德性与能力,这一德性的典型体现是孝弟。

再次一品级的士,是"言必信,行必果",这类士可以称为游士,所具有的基本品质和能力是言行一致。

孔子认为,这种具有"言必信,行必果"的品性和能力的士,如果只执着于己而无视他人的话,往往会沦为谋己利而不顾一切的人,这样的人,最容易走向士的反面而成为斗筲小人。孔子所说,不过是对他所生活的当世已涌现出来的为名利而游走的士群体的评价,同时也流露出担忧。

孔子对士的如此品阶分类,体现了动态观,士的类型与品级不是固定不变的。比如,"言必信,行必果"的行动方式一旦坚定不移地实行己意而不顾一切,就会沦为气量狭小和见识浅短的小人。这意味着这类士其人格、品质、德性,既可能向下滑,也有可能向上升。对个体言,其下滑或上升的驱动力是学而,其标志是不断变化的见识、视野、胸襟、气量、能力、担当。

士的人格、品质、德性、胸襟、气量、能力、担当的变大变小,动力于学而,学而的灵魂不是学,而是学引发的习。但"习"之于人,涉及内省和践履两个维度。向外践履,追求"言必行,行必信,信必果";向内是内省,追求"无忧无惧"。无忧无惧的真谛是知耻,唯有知耻,方可无忧无惧。要避免"言行必果"的坚强执行力滑向偏执为己方向的唯一正确方法,是自我培养或训练极强的知耻心和知耻能力,在"言行必果"的践履过程中做到自知其耻,这样,不仅可以避免降级为小人,更有可能上升为更高水准的士,甚至可以成为国士。

在这里,孔子提出更为根本的问题,即"信"并不是一个全德的概念,因为即使"小人",也是可以讲信的。这是"信"近于"义"的本质含义,因为"义"也同样如此,可能是普遍的,但作为德,可能只具有特殊性。小人可以讲信,流氓也可能行义或讲义。

三

本章中,孔子对在位者予以全盘否定,认为他们都不具备士的资格。这种判断要么体现孔子的偏激,要么是孔子生活当世的普遍政治状况。

如果"斗筲之人,何足算也"这一全称判断属于对事实的陈述,那就意味着孔子生活的当世其社会政治已处于非常糟糕的状况,变革和拯救,是为必然,更具体地讲,以文道救世,必然当行。

如果当世为政者阶层并不都是"斗筲之人",那么孔子将他们统统归类为"斗筲之人,何足算也",则表明孔子的偏激。理性地判断,后者可能更合当世政治状况,为政者群体中有斗筲之人,甚至所占的比例可能趋向增多,但也不是完全清一色都是，其中也有君子。这就呈现出一个问题，即如何理解孔子的如此偏激呢？这就涉及一个问题：孔子如此偏激是因为什么？是力图变革的激进，还是因为求仕四处碰壁的羞怒？均不得而知。但至少可以从孔子对"今之从政者"的全盘否定中感受到孔子的丰富性格和生活、思考的情境性意趣。

第21章释义

子曰："不得中行而与之，必也狂狷乎！狂者进取，狷者有所不为也。"

[注释]

不得中行而与之：中行，中道之行，指分寸合适的行为。之，指称代词，指代不定的"不得中行者"；与之，与他交往。

狂狷：狂，志高勇进者。狷，正直，不肯同流合污、洁身自好者。

[译文]

孔子说："如果不能幸遇并交往行为合中道的人，那一定要结交志高勇进的人和洁身自好的人。因为志高勇进的人乐于积极进取；洁身自好的人有所不为，不流时俗。"

[通解]

孔子所论的君子，指"修德取位"和"以德正位"者，前者是位君子，后者是士君子。第十九章讲君子之行应该遵守"居处恭，执事敬，与人忠"三个准则；第二十章论士的三种类型体现出来的三种品级，揭示辨别与判断人的三个原则，直接对应"执事敬"和"与人忠"，因为"执事"必然涉及人，"与人忠"却直接与人交道。无论间接与人交往（"执事敬"）还是直接与人交道（"与人忠"），都得了解、理解、辨别人。由此形成本章讨论如何与人交的问题。

一

如何与人交，既是一个认知问题，也是一个方法问题。解决这两个方面问题的实质性努力是区分人，确知自己的交往要求，选择交往类型。孔子指出，君子与人交往的过程，是学而自进的过程，因而，一定要与比自己优秀的人交往。基于这一交往准则，可与之交往的人有三类，即中行者、狂者和狷者。

孔子认为，最值得交往的人，是中行者。所谓中行者，是**行中正之道的**

人。这类人品性端庄，行为中正，既不偏私，也不极端，最值得依赖。由于中行者性格、品质完美，现实生活中少有，所以很难碰到。

除中行者外，其次值得交往的人是狂狷者。以中道为尺度，狂士性格偏向于左，行有过，志高勇进，性格刚毅，意志坚强，积极乐观，不怕困难，不畏艰险，勇往直前，义无反顾。所以狂士是不断进取者，与这类性格的人相交，可以获得力量，增强勇敢、增强动力。比较言之，狷士性格偏向于右，行有不及，但有很强的理性能力，是非、善恶、美丑观念特别强，不流时俗，不为欲望所持，洁身自好，体现一定程度的消极性，这种消极性源于对事物本身拉开距离。所以狷者是有距离的生活者，与这类性格的人交往，既可以推心置腹地无防范，更可增强理性生活能力，洁身洁心。

二

生活中，中行之士难见。狂士熟知。狷士鲜见。

中行之士难遇，是因为他更多属理想中的完美人格和性格，这种性格和人格完善的君子仅次于想象中的圣人："圣人，吾不得而见之矣，得见君子者斯可矣。"（《述而》）由此可见，孔子一生中也没有见到几个真正的中行之士。

狂者，人格、性格过于中道，积极、热情、勇敢，实行有余，但冷静、客观、理性、退让、折中，往往不足。在日常生活中，狂者或到处可见。狂者如果缺乏对其自然激情、勇敢的必要节制，容易滑向反面。一旦具有必要的自制力，志高勇进的狂者会成为最乐于为人所结交的人，因为志高勇进的狂者始终是恒者："子曰：'善人，吾不得而见之矣，得见有恒者，斯可矣。亡而为有，虚而为盈，约而为泰，难乎有恒矣。'"（《述而》）孔门中的子路，就是有恒的志高勇进者的典型代表。这是孔子凡事总是批评敲打子路的原因，这也是孔子特别喜爱子路，并视为不可或缺的挚友的根本原因。子路卒，孔子亦逝，二人前后继离世的现象或蕴含其人格、性格上形成内在生命相互支持的解释路径。因为志高勇进的狂者，只要方向正确、路径不变，就会勇往直前，义无反顾，从不止步，并且忠诚不贰。子路对孔子的忠勇，在孔门中找不出第二个人可与之相提并论，而孔子本人却是"一以贯之"终身不贰的大恒者。

志高勇进的狂士为人们所熟知，但有恒的狂士，却少见。与此相对应的却是狷士。狷士之少见，首先是因为狷士是生活的距离者，凡事拉开一定距离，故而形成消极生活姿态；其次是理性的生活者，凡事客观、理性审查。由于这两个方面，狷士往往在行为上体现"不及"。这种行为"不及"的日常生活表现是"有所不为"，体现为以下五个方面的特征：

一是不从众，体现独立思考、独立思想、独立判断，具有极强的独立人格。

二是不为现象所迷惑或诱惑，具备反求诸身、内省不疚、无忧无惧的精神。

三是不流于时俗，能在任何环境下超脱欲望，超越世俗利益，超越利害羁绊。

四是不盲从认知，具有很强的质疑心、怀疑精神和证伪精神。

五是不媚俗，不当应声虫，不做奴才和走狗，不受他人的精神或观念的奴役。

由于具有如上人格、品质和精神，狷士才成为"有所不为"的人。

有所不为，只是一个方面，另一方面也有所为。所以，狷士实际上是为当所为，不为当所不为者。孔门中，子贡可以称得上是狷士。子贡的"有所不为"就是不以从政为终身追求；子贡的"为所当为"就是经商理财伴其终身。子贡对"有所不为"和"有所为"的选择，源于他深刻的理性能力与智慧。

第 22 章释义

子曰："南人有言曰：'人而无恒，不可以作巫医。'善夫！"

"不恒其德，或承之羞。"

子曰："不占而已矣。"

[注释]

南人：孔安国注之为"南国人"，但上博简和郭店简的《缁衣》中作"宋人"，因为宋国在鲁的西南部，所以李零认为"南人"即宋人。根据本章内容和语境，此说有理。因为宋人是殷人后裔，殷人最热衷于卜筮。

人而无恒，不可以作巫医：恒，常。无恒，无常、无恒心，意为无恒常之德。巫，卜筮。医，治病。巫医，古代卜筮和医治不分，将卜筮作为诊断疾病甚至治疗疾病的方式。所以巫医指占星并兼用药物为人求福、祛灾、治病的人。

不恒其德，或承之羞：或，时常。承，续。此语出自《易经·恒卦·九三爻辞》意为如果没有恒心持守德操，必然常有羞辱承续其后。

不占而已矣：占，占卜、求卦。指不恒常持守德操的原因，是没有恒心而已。丧失了恒心，不用去占卜也能知道其结果。

[译文]

孔子说:"居住在南边的宋人流传一句话:'人若不恒常守德,是不可以做巫医的。'这话说得很对啊!"

《易》上说"没有恒心持守德操,必然常有羞辱承续其后。"

孔子说:"'不恒其德,或承之羞'这句话,不过告诉那些缺乏恒常之德的人,不必占卜求卦就能知道结果了。"

[通解]

持常和**守常**,是君子德操的基本特征。孔子特别强调人成己为君子,必须具备持常和守常的德操,认为这是君子之道,必须"一以贯之"。所以读《论语》中孔子论君子,总可感觉到这种持常和守常精神的舒卷流动。上章中,孔子论三种类型可交往的士君子,都内在地蕴含持常和守常的德操和精神:中行者所持和所守之常,是中正的行为处世之道;狂士所持所守之常,是正道而行,勇往直前,义无反顾之道;狷士所持所守之常,是不流于时俗和利害的理性生活之道。本章承上章进一步阐述这种持常和守常的德操,认为它可通神灵。

一

孔子"信而好古",不仅源于他对学问的探求需要,更重要的是他本人是殷人后裔。孔子对周之前的古代史,具体地讲,对禹夏和殷商的历史,抱有浓烈兴趣,更可能出于殷商后裔的血缘亲情。孔子讲:"夏礼吾能言之,杞不足征也。殷礼吾能言之,宋不足征也。文献不足故也。足,则吾能征之矣。"(《八佾》)可见孔子对殷商历史、文明、礼仪、存在态度、生存方式以及思维—认知的考索所下功夫之深。只是因为文献不足,虽能言之却"不足征"之。孔子对古代历史"不足征"的是材料,"能言之"的却是背后最隐秘的思想。

殷商文明的核心内容是信仰,其形上方式是崇神。殷人崇神的日常方式是巫医。在孔子看来,神秘的巫医的本质精神,不过是**恒德**而已。孔子这一判断并不是主观臆想,而有其依据,这就是《易经·恒卦》中所言的"不恒其德,或承之羞"。

一部《论语》,涉及《易经》内容的只有两处,除本章外,还有就是"加我数年,五十以学《易经》,可以无大过矣"(《述而》)。"五十以学《易》"一章内容,最大可能是后人窜入。本章内容引《易经》文字,说的乃是庸常之言,没有高深的义理,也与形而上学思维无关。或可更进一步表明:孔子有生之年,并没有学《易经》,孔子对《易经》的了解,是基于对历史生活的理解所涉及的内容。历史生活所呈现出来的那部分《易经》的内容，不过是"不恒其德，或承之羞"之类的内容。并且，孔子对《易经·恒卦》内容的引用，也不过是要借此表达日用常行之德。所以，孔子不探求象术之奥，只言于日用常行之道。

二

孔子将殷商的崇神活动及巫医的思想本质概括为德，而且是恒常之德，体现他一以贯之的道德主义取向。揭示巫医的灵验，在于有恒心守恒德，一旦丧失恒心，没有恒常的德操，巫医没有任何灵验功能。就个人言，期望通过巫医卜筮、求卦，同样需要守恒常心，有持守恒常德操，否则，卜筮、求卦也不起作用。因为对于一个没有恒常心、持守恒常德操的人来讲，没有卜筮、求卦之前答案就已经存在了。

孔子指出，崇神的本质是恒德。神灵验与否，在于德操本身，所以日常生活的祸福、贫富、贵贱，更在于德操本身的有无或精进的程度。孔子指出，对于人及日常生活言，有德操是重要的，但持守恒常德操才是根本。孔子强调"有恒"和"守常"，反感日用常行之德的随意性，反对行日用常行之德的半途而废，这是最值得珍视的。

有恒的思想是孔子一以贯之的基本思想，孔子尤其强调持常和守恒是君子必须具备的基本品质和能力，是衡量人成为君子的基本标准："子曰：'善人，吾不得而见之矣，得见有恒者，斯可矣。亡而为有，虚而为盈，约而为泰，难乎有恒矣。'"(《述而》)**生活、为事、做人，最难的是持常和守恒**，一旦有恒，获得恒心，具备恒常的德操，人就可成己为君子，继而不断地成人并立世。

第 23 章释义

子曰："君子和而不同，小人同而不和。"

[注释]

和而不同：和，和睦。不同，不一致、相异。指和睦相处但各持己见。

同而不和：同，共同的利益诉求。不和，指排除异己。

[译文]

孔子说："君子所求和睦相处，但各存己见；小人始终求认同，却不能与人和睦相处。"

[通解]

君子成己为人,无论做事还是与人交,要持守德操。德操的本质规定是中正。上章中,孔子指出中正德操贯通人神,缺乏以中正为灵魂的德操,神都会舍弃你。所以,以中正为本质规定的德操,构成区分君子与小人的准则,本章以此为准则区分君子与小人的为人取向。

一

为政有德,是孔子政治哲学的基本主题。自第十七章始,孔子指出为政要做到"无欲速"和"无见小利",应该具备哪些方面的德。第十八章以"其父攘羊"与叶公展开论辩,指出"为政以德"必有公私之域,并主张尊重血缘私德。第十九章论君子德行的基本准则"居处恭,执事敬,与人忠"。第二十章强调君子必须"行己有耻",且"孝弟"和"言行必果"。第二十一章讲完善人格、性格和品德的君子之德应该是"中行",退而求其次应该是志高勇进和洁身自好互补。第二十二章论持守恒常德操是神所意愿的。本章在如上各章基础上进一步拓展,采取对比方式讨论君子如何与人相处。

孔子认为,君子与人交的准则是"和而不同",小人与人交的准则是"同而不和"。孔子用小人"同而不和"的准则反衬君子"和而不同"准则的重要和根本。

和而不同与同而不和,其"不同"的交往准则是建立在"君子喻于义,小人喻于利"基础上的。小人为了牟取利益,可以在形式上达成认同,实质上却心存异己,行为上加以排斥,以实现排斥为快意。所以,小人之和始终是形式之和,是实利需要达成自我满足之和,本质上是异己,分离,离乱。与此不同,君子与人交,是基于义,所以追求共识且同时各存己见。以此对照,小人与人交,难以给人留下"自存"的空间;君子与人交,最终给人留下广阔的自由空间。

通过这种比较,孔子强调指出君子与人交的三个基本准则:

第一,**寻求共性,尊重个性**。君子与人和睦相处得以实现的前提是发现共性、拓展共性;在共性达成的基础上,保留各自的个性空间。这个共性平台上的个性张扬,体现容忍。尊重个性,本质上是容忍人,容忍不同的观念、见解、思想,甚至行为方式,求利或求义方式的独特性。

第二,**至诚**。君子与人交,无论和还是同,都以诚信为前提。所以,至心之诚构成君子"和而不同"和小人"同而不和"的分界线。

第三,**共同生活**。孔子"和而不同"揭示一个深刻思想:无论从来源讲,还是从存在敞开生存、生活本身言,人始终是他者性的。人的他者性,构成人与人之间的本原关联。基于这种本原关联,君子与人交,是为了共同存在,共同生活,即通过互助智—力的方式谋求更好的生活、更安全的存在。

更重要的是，君子致力于和而不同，是客观地承认：一是人的认知的有限性；二是人的认知的片面性；三是人的认知的有限性和片面性促成人的认知理性的产生，并得到不断发展。

二

"和而不同"思想，不是孔子独创，而是对前人思想的传述和发展。

> 齐侯至自田，晏子侍于遄台，子犹驰而造焉。公曰："唯据与我和夫。"晏子对曰："据亦同也，焉得为和？"公曰："和与同异乎？"对曰："异。和如羹焉，水、火、醯、醢、盐、梅，以烹鱼肉，燀之以薪，宰夫和之，齐之以味，济其不及，以泄其过。君子食之，以平其心。君臣亦然。君所谓可而有否焉，臣献其否以成其可。君所谓否而有可焉，臣献其可以去其否。是以政平而不干，民无争心。故《诗》曰：'亦有和羹，既戒既平。鬷嘏无言，时靡有争。'先王之济五味，和五声也，以平其心，成其政也。声亦如味，一气，二体，三类，四物，五声，六律，七音，八风，九歌，以相成也。清浊，小大，短长，疾徐，哀乐，刚柔，迟速，高下，出入，周疏，以相济也。君子听之，以平其心。心平，德和。故《诗》曰：'德音不瑕。'今据不然。君所谓可，据亦曰可；君所谓否，据亦曰否。若以水济水，谁能食之？若琴瑟之专一，谁能听之？'同'之不可也如是。"（《左传·昭公二十年》）

晏子批评齐景公对梁丘据的判断的这段精彩议论很深刻，不仅揭示"和而不同"的法则，而且指出这一法则原本属于自然，是自然的法则，是万物相生的法则："和"为五味的调和，八音的和谐，所以一定要有水、火、油、盐、酱、醋不同材料的互补才可制作美味佳肴；同理，一定要有高下、长短、疾徐等不同声音的互补才可制作出悦耳的音乐。如果只有一种材料，不可能制作出任何美味；假如只有一种声音，同样不能创造出美妙的音乐。所以晏子指出："君臣亦然。君所谓可而有否焉，臣献其否以成其可。君所谓否而有可焉，臣献其可以去其否。"晏子进而批评梁丘据："君所谓可，据亦曰可；君所谓否，据亦曰否。若以水济水，谁能食之？若琴瑟之专一，谁能听之？'同'之不可也如是。"由此可见，孔子所说"和而不同"，是要求为政者或有道德修养的人，要像高明的厨师和乐师那样，善于协调各种不同意见，最终形成大家都赞同的共识。所以，《国语·郑语》说："夫和实生物，同则不继。以它平它谓之和，故能丰长而物生之；若以同裨同，尽乃弃矣。"

第 24 章释义

子贡问曰:"乡人皆好之,何如?"

子曰:"未可也。"

"乡人皆恶之,何如?"

子曰:"未可也。不如乡人之善者好之,其不善者恶之。"

[注释]

乡人皆好之:乡人,乡党邻里。好,称赞、喜爱、善。好之,称赞他,认为他好。

未可也:可,可以、认可、赞同。未可,不认可,不赞同。

[译文]

子贡问孔子说:"乡党邻里都称赞其好,这样的人怎么样?"

孔子说:"这样的人不怎样。"

子贡又问:"乡党邻里都认为其坏,这样的人如何?"

孔子说:"也不怎么样。乡党邻里中的好人都认为好的人,一定是好人;乡党邻里中的那些不善的人都认为其坏,那就一定是坏人。"

[通解]

上章讲辨别人,以君子小人行为体现出来的诉求和取向不同,来揭示这两类人的根本区别是"和而不同"和"同而不合"。本章继之进一步讨论如何辨别人的方法。

一

古代是乡邻社会,人与人的关系主要是乡党邻里关系。一个人,乡党邻里说好就好,说不好就不好。乡党邻里的口碑构成民意;或者,一个人在乡党邻里中的口碑,构成判断其人的依据。子贡对这种习以为常的口碑评价模式质疑,所以才有"乡人皆好之"和"乡人皆恶之"之问。

孔子对子贡之问的回答,表明并不完全赞同时俗的口碑判断模式,乡党邻里都说好的人并不一定好,乡党邻里厌恶的人并不一定坏。在如此判断的基础上,孔子提出一个辨别人好恶的方法:一个人,乡党邻里中的好人都说他好时,他一定好;乡党邻里中不善者都厌恶他,说他坏,那一定不好。

二

子贡与孔子关于如何辨别人的讨论,既是政治学问题,也是社会学问题,从政治学观,即民意;从社会学讲,是日常生活的口碑。民意或口碑是否客观? 得出的结论是:评价、判断或辨别一个人,在一般意义上,民意或口碑只能作为参考。只有在**群分**意义上,口碑或民意才可信。

孔子的群分辨别方法,是建立在经验基础上的,物以类聚,人以群分,这本身是经验。并且,"物以类聚"的依据是生物本性;"人以群分"的依据是人性,对人的差别及判断的方式是本能。这种本能性的辨别和判断方法,是以自身为法则和依据的:你是善人,你用善意、善良的眼光去打量人,得出的结论自然符合你的善的依据。你是不善的人,你本能地用不善的、恶的眼光去打量人,得出的判断是"好",此人一定不善;得出的判断是"不好",此人一定有善。

辨别和判断人的群分方法,是孔子判断和辨别人好恶的基本方法,这一方法可获得正反两个方面运用:"乡人之善者好之",是其方法的正面运用;"不善者恶之",是其方法的反面运用。对于前者,孔子又表述为"唯仁者能好人,能恶人"(《里仁》)。用群分方法是,为善的人,既可以本身的善判断出谁是好人,也要以本身的善辨别出谁是恶人,如属于前者,就认同、亲近之;若属于后者,就厌恶、疏远之。同样,不善的人,既可以本身的不善判断出谁是不善的人,谁是善的人。这亦是如属前者就认同、亲近之;若属后者就厌恶、疏远之。

三

孔子关于"乡人皆好之"的人"未必好","乡人皆恶之"的人"未必恶"的判断,在"子曰:'众恶之,必察焉;众好之,必察焉'"(《卫灵公》)中有其更明确的表达:人人都说好的人,未必是好人;人人都说坏的人,未必是坏人。其基本理由有四:

第一,人并不天生是好人,也不天生是坏人。因为"性相近,习相远":天赋人的本性不存在好坏,人性变坏是后天"习"的结果。

第二,根据人性"性相近,习相远"的普遍性,现实生活中没有哪个人是十足的完人,也没有哪个人是十足的坏人。好与坏、好人与坏人、善良与邪恶,都是相对的,都是在具体的生活情景中发生和呈现的。

第三,口碑和民意,是感觉判断的产物。感觉判断是情景性、空间性的,并且往往呈现以偏概全的倾向。所以,口碑和民意既具有客观可信性一面,更具有非客观的欺骗性的一面。

第四,人虽然是理性的生物,但更多的时候凭感觉生活,依感觉认知。这种感觉主义方式,往往形成人们的从众心理态势。在这种从众心理态势裹持下,"乡人皆好之"或"乡人皆恶之"的口碑或民意,值得怀疑和"察之"。

第 25 章释义

子曰:"君子易事而难说也。说之不以其道,不说也。及其使人也,器之。小人难事而易说也。说之虽不以道,说之。及其使人也,求备焉。"

[注释]

易事而难说:易,容易。事,下奉上曰"事";上使下曰"使"。"事""使"同源,均从"吏"字分化而来,且"事""使"两者相对。难,困难、艰难、难以。说,旧注读为"悦",根据本章语境,应读为说话的"说",意为说服。

说之不以其道,不说也:前一个"说"是"说",指说服;后一个"说"通"悦",指高兴。

器之:器,器皿,指才能、能力。指以其才能运用。

求备:求,追求、求取。备,完备、完美。指求全责备。

[译文]

孔子说:"为有君子德性和德行的上位者做事比较容易,但要说服他们较困难,因为不以其道义说服他们,他们往往不高兴。当他们选用人才时,总是量才录用。为有小人德性和德行的上位者做事比较难,要说服他们相对容易。但使要他们高兴,就更容易。即使不以道义取悦他们,他们也高兴。但他们用人时,总是求全责备。"

[通解]

为政的重要任务是识人和用人。从第十七章始至本章,从不同方面或角度讨论如何识人。本章沿其上诸章继续拓展视野,讨论如何识别上司。

一

本章应该属于教学内容,是孔子教弟子如何识别上位者,因为在孔子看来,这应该是出仕为政的基本功夫。

本章讲的上位者,指身居高位者,既可以是邦君,也可以是朝堂大夫,更可以是地方行政长官。孔子认为身居高位的人,按其德性和德行,可归为君子和小人两类。在如此分类基础上,孔子从三个方面讨论君子与小人的区别:

第一个方面是"事"的区别:为有君子之德的上位者做事,很容易,因为他们对事有规则。为本是小人的上位者做事,则困难,因为小人对事无规则。

第二个方面是"理"的区别:向有君子之德的上位者说理,较困难,因为他们有自己的理性思维、逻辑思路和判断能力,且凡事求合事合法合德,所以必须以道义言之,方可得到认同。与之相反,向本是小人的上位者说理,比较容易,因为他们没有理性思维,缺乏逻辑思路和超越利害得失的理性判断能力;但凡涉及违理、无德、不法方面的内容,不管怎样说,他都会认同和高兴。

第三个方面是"用人"的区别:有君子德性和德行的上位者,选用人时,总是以德才为准则量才录用,这是因为他们选拔人才有客观标准,还有就是用人唯公。缺乏德性和德行的上位者,用人时总是对人求全责备,因为他们选拔人才没有客观标准,而是按照自己的意愿行事,以自己的意愿或偏好作为选择人才的标准,或者更有甚者,将选拔人才作为服务自己的"唯私"方式。

二

本章与上章的关联,都是讨论为政辨别人的方法和智慧。上章讨论为政辨别人之善恶。本章讨论为政辨别上位者,指出针对不同德性和德行的上位者,到底是"以道事之"还是"不以道事之"。

孔子认为,无论事君子上位者还是事小人上位者,都应该以道事之,才是君子之道。以道事君子上位者,既要以道"事",更应该以道悦君。以道悦君,是假借愉悦之道来引导君子上位者,使其更加完美。即或是小人上位者,仍然要以道事之,只要这种方法能悦服其君,就继续事之;如果不能继之其道,可以选择"去之"的方式。

第 26 章释义

子曰:"君子泰而不骄,小人骄而不泰。"

[注释]

君子泰而不骄:泰,舒,安泰、安舒,意为君子心安然坦荡,故常舒泰。骄,矜持、矜肆,意为君子无众寡、无大小、无敢慢,故而不骄。

小人骄而不泰:指小人矜己傲众,唯恐失尊,所以心戚戚于恒常,难以安泰地生活。

[译文]

孔子说:"君子为人处世坦荡泰然,从不愚妄骄狂。相反,小人为人处世愚妄骄狂,难以坦荡泰然地生活。"

[通解]

本章可看成对第十八章到第二十五章内容的概括性讲述,因为第十八章之前从不同方面讨论为政并突显出为政的主体建构。从第十八章始专门讨论为政主体应该是什么身份的人(即必须是士),必须具备哪些德性和德行方面的条件。本章在前面各种讨论的基础上,对为政主体即君子应该具备的德性和德行条件予以归纳概括,指出为政主体的君子的总体德性要求是"泰而不骄",并以小人为比较对象阐明之。

一

孔子与弟子讨论或分辨何为君子时,总是擅长于对比方法。本章亦如是,以"骄而不泰"与"泰而不骄"对比,突出君子形象。

孔子指出,小人总是骄而不泰,君子总是泰而不骄。君子为何能"泰而不骄"? 小人为何"骄而不泰"? 本章没有说明,但联系孔子的其他讲述,则呈现出完整的解释系统:

其一,君子求义,小人求利:"君子喻于义,小人喻于利。"(《里仁》)求义,心地坦荡;求利,心常戚戚。

其二,君子以德行天下,以礼法规范为准则,小人却恋家怀乡,以实惠为取舍:"君子怀德,小人怀土。君子怀刑,小人怀惠。"(《里仁》)君子怀德乃公道,怀刑有规范,故为人处世公正,自然心地坦荡泰然;小人怀土乃图私,怀惠必论得失,故心常戚戚。

其三,君子学而成己成人立世,小人学而成己用人谋私,所以"君子求诸己,小人求诸人"(《卫灵公》)。求诸己,既是善待自己,更是善待他人;求诸人,只是善待自己,完全地利用人或役使人。求诸己,指凡自己能做的事不要麻烦别人;求诸人,凡事总是想方设法役使别人为之完成。所以,求诸己,是把别人当人看;求诸人,是把别人当工具使用。

其四,君子为人处世讲忠信,小人为人处世论亲疏:"君子周而不比,小人比而不周。"(《为政》)以忠信为准则,不以亲疏论人论事,自然舒泰生活;抛弃忠信,以亲疏为准则,处世为人讲偏私,必然不能服众,自然难以舒泰生活。

其五,君子有所为而有所不为,有所争而有所不争:"君子矜而不争,群而不党。"(《卫灵公》)君子面对所当不为之事,必不争;面对所当为之,必也争:"君子无所争。必也射乎! 揖让而升,下而饮,其争也君子。"(《八佾》)小人总是凡有利之事必争,凡无利之事必不争。

其六,君子言行一致:"君子耻其言而过其行。"(《宪问》)并且,君子总是少言善行，恪守行先言后："子曰：'先行其言而后从之。'"（《为政》）小人则反是。

二

泰与骄，首先指两种不同的存在姿态、生活取向、心理定式。泰作为一种存在姿态、生活取向、心理定势，表现为从容自在，舒心安定，不矜夸骄肆。所以，泰体现人的自我存在性、生活主体化，心理取向的自我人格化。与此相反，骄作为一种存在姿态、生活取向、心理定式，表现出逞能逞欲、骄狂傲慢、心气浮荡。所以，骄体现人的非自我性、非主体化和非人格化，因为骄的资本是所逞之能之欲，骄的方式是以己所有去比对他人所无，自然居高自傲、无礼、无坦然安泰之姿和日常守恒之心。

泰与骄，也是两种不同的行为方式和生活方式，泰者，呈现一种平和的生活方式和谦卑的行为方式。君子之能泰，是领悟到存在的天道和生活的天理。有关于存在的天道，可表述为存在的自在性。世界上万事万物都是自存在者，都以自在方式相向展开自存在，因而，顺应相向自存在的天道而存在，自然安泰、舒泰。生活的天理，可表述为有限性，首先是存在的有限性，然后是生存的有限性，最后是日用常行的生活的有限性。这三种有限性的**相合相生**，构成人的有限性。人在有限中觉解有限性，必然滋生谦卑、谦恭和善待、尊重、敬畏。如此，心何来戚戚，行何来张狂？与此相反，骄呈现一种只有我、独我的生活方式和矜肆、张狂的行为方式。这种生活方式和行为方式的形成，根源于人心愚妄，不会仰望天空，难以觉悟天道天理。人，一旦远离天道天理，就难以领悟存在、生存、生活的有限性，无知于有限性，只知无限度地放大自己，自然骄狂无疆，言行无礼，为人处世唯利是求，只能成为常戚戚者，所以，没有自尊。

三

君子之"泰"，泰然、安泰，有独立人格，有成己成人立世的尊严。

小人之"骄"，矜肆、张狂，无独立人格，无成己成人立世的尊严。

第 27 章释义

子曰："刚、毅、木、讷，近仁。"

[注释]

刚：与"欲"相反，是无欲的结果：刚强。指不为欲望所动的不屈不挠之志。

毅：果敢、坚毅，指不为任何威胁或恶境所低头。

木：与令色、色庄相反；令色、色庄皆指表演，前者指装模作样；后者指故作深沉。木，指本色，即无夸饰、无表演的脸色和情态，形容面无表情，目光呆滞。此处指质朴、拙直，这是本朴的情态。

讷：言语迟钝，拙于表达。"讷"与"巧言"相反，后者指花言巧语，能说会道，孔子将其称为"佞"："或曰：'雍也，仁而不佞。'子曰：'焉用佞。御人以口给，屡憎于人，不知其仁。焉用佞？'"（《公冶长》）

[译文]

孔子说："刚强、坚毅、质朴、少言，这四种性格接近于仁。"

[通解]

上章讲君子"泰而不骄"、小人"骄而不泰"，二者虽截然对立，但潜伏着融通与转换的可能性。这种可能性是什么呢？应该是性格，因为性格与德性之间存在内在的通道：性格持中，则近仁；性格偏中，则远仁；一旦性格远离中，缺乏仁的滋养，就易于滑向骄的方向，至于极端，是横。本章论刚、毅、木、讷，近仁，与上章内容的内在关联性，或在于此。

一

孔子论仁，从未有定义，完全采取"以事件为本体"的讲述方式，针对具体的人、具体的对象、具体的情景展示仁的不同方面。在孔子的仁学世界里，仁既是一个开放性的视野，也是一种开放性的认知，更是一种开放的德性构建方式。

本章与上章一样，都不直接讲仁，而讲与"仁"相接近的方面有哪些。上一章通过君子小人的不同存在姿态和行为方式的比较，概括出"泰"与"骄"。"泰"恰恰接近仁，构成"仁"的一个方面的内容。本章讲刚、毅、木、讷，也是接近"仁"的不同方面的内容。

"近仁"，就是接近仁。接近仁，不等于仁；接近仁，更不是仁。接近仁，首先指与仁相近；其次指这些相近于仁的刚、毅、木、讷，可能促进仁，也可能偏离仁。所以，"近仁"的东西，总是存在着**两可性**。

二

刚、毅、木、讷，后世将其理解为四种品质，或四种品德。如果这样定位刚、毅、木、讷，就会造成本章内容在语义上的前后矛盾，因为孔子说"刚、毅、木、讷，近仁"。"近仁"指与仁相近，并不是说与仁同，也不是说是仁的构成内容。如果刚、毅、木、讷是四种品德、品质，那就不是"近仁"的问题，应该"是仁"的内容。所以，刚、毅、木、讷，只能是四种**性格**，这种性格与仁相接近。孔子对性格与品格、性格与品德之间的差异的辨别，应该说很细腻而且很深刻。

实事求是地讲，人的性格有成为品格、品德的可能性，这种可能性形成的前提条件，是人的性格要具有朝向品格、品德的不变定位，然后是依据品格、品德的要求获得自我舒张的限度。这是说，人的性格总是伴随人的行为活动释放自身，性格承其行为、活动的展开释放自身时接受限度，就成为品格、品德。品德是人的德性的内在形态，当性格的释放符合品德的要求且形成持续不变的朝向和定式时，它就构成仁的内容，而不是接近于仁。

以此看刚、毅、木、讷这四种性格，可以将其归为两组：刚与毅相接近，木与讷相接近。因而在许多时候可以忽视其差异性而连用为"刚毅""木讷"。刚毅虽然是好性格，如果过度，也会朝向反面，比如，刚之过度，就会形成刚愎自用；毅之过度也有可能会沦为独张己意的"硁硁小人"。同样，木讷有呆板义，孔子讨厌"巧言令色"（《学而》），以"木、讷"相对，主张先行少言，突出木、讷蕴含的本分、自然、本色、本质义。

第 28 章释义

子路问曰："何如斯可谓之士矣？"

子曰："切切、偲偲、怡怡如也，可谓士矣。朋友切切、偲偲，兄弟怡怡。"

[注释]

切切：真切、诚恳。

偲偲：详细、认真，相互勉励。

怡怡：和乐亲爱，安适自得。

[译文]

子路问孔子："怎样才是真正的士呢？"

孔子说："真挚真诚地待人、注重细节相互勉励、和睦相处至诚关爱，能做到这三个方面，就是真正的士了。朋友之间要诚恳真诚，兄弟之间要和睦亲爱。"

[通解]

在孔子的世界中,君子与小人虽截然相反,但并不绝对静止。今天的君子明天未必一定是君子,昨天的小人可能在今天这件事上成为君子。这是孔子讲**真君子难**的原因。君子的动态生成性,不仅与日常生活的各种因素的刺激或激励相关,更与内在的性格相关。性格既有天赋因素,也有后天性生成的因素。基于这两方面因素的制约性,性格近于仁的方面成为君子始终处于可塑状态的内推力。上章中,孔子概述近于仁的主要性格有哪些,为理解本章孔子应对子路之问提供了理解的入口。

一

子路问,人应该具备何种品质和德性才可称得上士君子。这一问题实际上在第二十章中已以"何如斯可谓之士矣"之问出现,但孔子对何为士的解说所形成的内容,却与第二十章完全不同:在第二十章中,子贡如是问士,孔子以"行己有耻,使于四方,不辱使命"应答之。这是因为子贡才思敏捷,有口才,凡事思虑周全,适合于做外交大臣,所以孔子从外交大臣的角度讲真正的士君子,应该具备知耻而行的品质、出使邦国的尊严和不辱君命的才干。本章是子路问士,孔子则根据子路忠勇率真的性格而欲使其更为完美,告知子路柔和是士君子最重要的品德,亦是为政所不可或缺的能力。

有关于柔和的品德,孔子向子路提出三条:一是对待人一定是诚恳真诚;二是严肃做事从细节入手,以此相互勉励;三是与人和睦相处,并相互关爱。并且,孔子特别向子路强调:善于与朋友、兄弟相处的人,才配称士君子。

二

子贡问士,孔子以外交大臣为例,从如何为事、怎样担当的角度论,士要"出使四方,不辱使命",但前提是必须具备"行己有耻"的品德。所以,士必须是品德与才能的统一。子路问士,孔子以朋友、亲兄弟为例,从要与人相处的角度论,士对待朋友要"切切、偲偲",对待兄弟应"怡怡"。

对朋友为何要"切切""偲偲"? 这是因为"朋友"属于社会关系,它展开为同窗、同事、同僚三个维度。所以朋友之间要敬,而"切切""偲偲"是表敬的古语。《广雅·释训》将"切切"列入表"敬"一类词表中,王念孙在《广雅疏证》中认为"切切""偲偲"均表"敬"义。朱熹《四书集注》中引胡氏之语曰:"切切,恳到也;偲偲,详勉也。"朱熹《朱子语类》中有弟子发问:"如何是'恳到、详勉'意思?"朱熹回答说:"古人多下联字去形容那事,亦难大段解说,想当时人必是晓得这般字。今人只是想象其声音,度其意是如此耳。

'切切偲偲'，胡氏说为当。'恳到'，有'苦切'之意。然一向如此苦切，而无侵灌意思，亦不可。又须着'详细相勉'，方有相亲之意。"朱熹这段文字，应是将"切切""偲偲"讲得很清楚："切切""偲偲"不仅表"敬"义，而"敬"却生于**切情**，所谓切情，即苦切详勉之情。以如此之情对待朋友，必然体现士之真切情感和胸襟气度。

与朋友不同，兄弟属于血缘关系，或同族、同辈者。故而对待兄弟应该"怡怡"，即亲爱和顺，安适自得。对待兄弟，必须有亲爱之心，焕发亲爱之情，才可形成兄弟之间的和顺生活关系，对这种和顺的生活关系的构建，才是人安适自得的前提。

三

孔子论"切切，偲偲，怡怡"之为士，是针对子路"兼人"的性格特点，即其争强好胜、性格直率、说话不顾及头尾而论。子路这种性格刚好是孔子在上章中所讲的"刚""毅"过度。刚、毅这两种性格虽然近仁，但其过度或不及，都会远离仁。子路性格刚、毅，更有过度的倾向，所以孔子在面对"何为士"之问时，有意引导子路，以"切切，偲偲，怡怡"告知士最应该具备柔和性格。除此之外，有关于士的一般要求有哪些，由于子路未问，孔子也不教。这是孔子因人而异和因材施教的教人方式，也体现子路与子贡在勤思好问方面体现的性格差异：子贡勤思好问，凡事总要求个贯通的思路、完整的答案、整体的思想，故而善问。子路性格之直也形成其求问之直，求问之直，就是**点式思考**，不求发散性、整体性、掘进性。正是基于此，孔子总是不失时机地引导子路突破其认知局限，以求促其弥补或改进，所以孔子在许多时候以批评的口吻或方式展开。

第29章释义

子曰："善人教民七年，亦可以即戎矣。"

[注释]

善人：贤人，有大德才的君子，这里指有德的为政者。

即戎：即，就。戎，兵、战争。指加入军队，开赴战场。

[译文]

孔子说："对于民，贤政者只要教化训练他们七年左右，就能具备军人的素质和能力，可以让他们从军打仗。"

[通解]

士君子自我修行的目的,是为政施治。为政施治的基本努力是"庶之""富之",然后在富强邦国的基础上,教之以复兴文明。本章续其"教之",讨论如何教之于民而使邦国强大。

一

祭祀、耕、战,是古代治邦三大要事。

祭祀,是建构秩序。秩序建构的实质,是进行社会结构和阶层等级序列的安排。无论古今,表征社会的秩序有三:一是生活秩序,二是结构秩序,三是心灵秩序。此三者的关系是:生活秩序,其实就是行为规范,具体落实为刑与礼;以刑与礼为规范的生活秩序建立在结构秩序基础上。结构秩序通过政体和制度而构建起来,它构成社会结构的基本方面。在孔子生活的当世,其结构秩序主要由两个东西构成,即嫡长子继承制和分封制。以政体和制度为内外表里双重规范的结构秩序得以支撑的深层结构,是其心灵秩序;信仰和祭祀,构成心灵秩序不可或缺的两个维度。仅祭祀论,它形成对心灵秩序的构建,也着眼于对心灵秩序的纯化和强化。

祭祀之所以成为治邦三要,是因为它是社会结构秩序和生活秩序的基石。与此相对,耕种是解决生计问题,它是邦国共同体得以维持、统治得以继续,社会的心灵秩序、结构秩序和生活秩序得以正常展开的基础。

与祭祀和耕种不同,战争却是保卫邦国或拓展、强大邦国的必须方式。因为心灵秩序、结构秩序、生活秩序得以建立和良好维护的绝对前提,是邦国处于独立、和平状态。所以,战争成为秩序生成和展开的必须保障方式。

祭祀、耕、战,此三者既然是治邦三要,对以培养治邦精英为己任,并期望自己也能将"治大国如烹小鲜"之才用于治邦实践的孔子来讲,自然三者不能缺少。《论语》似乎给人们的印象是孔子不关心耕、战,比如,骂问耕种稼圃的樊迟为小人,可视为不关心农耕的典型事例;激进地反对战争,可视为孔子排斥战争或不关心战争的根源。但实际上并非如此。孔子反战,并不等于战争就此消失;孔子反对战争,并不意味着治理邦国就可以忽视战争。孔子骂关心稼圃的樊迟为小人,并不等于孔子就痛恨耕种,不重视耕种,恰恰相反,孔子非常重视耕种和战争。

孔子重视耕种,不是探讨怎样耕种,那是农艺家的事。孔子关心耕种,是思考或者说培养弟子出仕从政,应该怎样引导民更好地从事耕种,使之丰衣足食,然后富国强教。孔子的治邦三大方针是"庶之""富之""教之"(《子路》):繁盛人口,增强劳动力;发展经济,使民富裕;然后广施教化,使民德归厚,这是治邦的根本方针。由此可见孔子对耕种的重视。

孔子重视战争,但从不讨论怎样打仗、如何取胜等问题,这是军事家的事。从《论语》看,孔子讨论战争方面的言论很少,但从已有的记载看,他却抓住了问题的核心,思考很精准。准确地讲,孔子关心的是使保家卫国的战争机器更强大,更具有战斗素质和能力。本章关于"戎"教的讨论,就围绕此展开。

二

在孔子看来,在诸侯兼并的春秋晚期,战争不可避免。战争取胜的根本性因素,是民从戎的资质和能力。这种资质和能力只能通过教化与训练来解决。然而,使民具备能戎的资质和能力的教化和训练的工作,并不是人人都可以担当的。孔子认为,唯有具备善良品德的贤君子才有资格担当此重任。为什么?孔子没有说,但结合下一章,可大致体会有两个方面的理由:一是教民戎,是引导民明白和懂得保家卫国人人有责之大义,只有善人才通晓大义;二是战争意味着对生命的屠戮,只有善人才深知生命的重要和根本,才可能教会民开赴战场后如何珍惜生命。前一个问题是本章讨论的重心;后一个问题是下一章讨论的主题。

民可戎,不仅涉及义,更涉及术,因为在战争中,义往往通过术得到张扬和保障。所以,善人教民战,还需要更为艰苦的术的训练,这种训练需要时间的保障,孔子认为至少需要七年时间。这"七年"之期有何依据?

孔子并不是主观臆想,或心血来潮,而是根据既定的礼制。《周礼》的"军礼"中有阅兵一项,而且《周礼·春官》"大宗伯"记载,军中之礼有五,即大师之礼、大均之礼、大田之礼、大役之礼、大封之礼。阅兵则属于"大田之礼"。《公羊传》桓公六年(公元前706年)记载其秋八月壬午,鲁国举行大阅兵。何休注之曰:"故比年简徒谓之蒐,三年简车谓之大阅,五年大简车徒谓之大蒐,存不忘亡,安不忘危。"(《春秋公羊传·桓公六年》)

三

本章与下章,蕴含真实的史信内容。通过《论语》得知,古代教民,不仅限于化民愚为孝、弟、忠、信,还包括耕、战。

古代治邦,还教民能戎,并且教民能戎,构成为政的基本政务,体现"全民皆兵"的思想,这一思想的实质是保家卫国人人有责任。这一思想一直延续到今天,成为邦国文明的普世性真理。

第30章释义

子曰:"以不教民战,是谓弃之。"

[注释]

以不教民战：教，教化和训练，教化的是观念、思想、信念；训练的是实战技能。民战，民从军打仗。指将未经过教化和训练的民投入战场。

弃之：弃，毁弃、舍弃，像丢废物那样丢弃。"鲁欲使慎子为将军，孟子曰：'不教民而用之，谓之殃民。殃民者不容于尧舜之世。'"（《孟子·告子下》）孟子之"不教民而用之，谓之殃民"的思想实源于孔子此论。

[译文]

孔子说："驱使没有经过教化和训练的民投入战场，是让他们去送死，这是草菅人命。"

[通解]

本章与上章的共同主题是教民戎事。上章概述教民戎事的两个基本条件，本章讲教民戎事的重要与根本。

一

教民戎事的思想，在孔子之前已普遍盛行。据《周礼》记载，教民戎事已纳入制度体系变成为政治理的常规化内容。教民戎事这一制度由西周始行，至春秋仍然普遍推行，并且构成德政的基本内容："晋侯始入而教其民，二年，欲用之。子犯曰：'民未知义，未安其居。'于是乎出定襄王，入务利民，民怀生矣，将用之。子犯曰：'民未知信，未宣其用。'于是乎伐原以示之信。民易资者不求丰焉，明征其辞。公曰：'可矣乎？'子犯曰：'民未知礼，未生其共。'于是乎大蒐以示之礼，作执秩以正其官，民听不惑而后用之。出谷戍，释宋围，一战而霸，文之教也。"（《左传·僖公二十七年》）

孔子论教民戎事，既是对教民戎事之历史思想的当世传述，也是对它的重新思考和发展。从整体观，本章与上章内容讨论的是一个问题，很可能是在一个特定的场合，比如孔子以治邦之戎事为主题展开教学，孔子发表自己的系统思考或者对教民于戎的系统思想，在场的不同弟子，记载下其中的不同内容，后来编纂《论语》时收录了两条记录编辑于此处，构成前后两章。从内容本身看，这两章可以合并成一章，而且表达的语义逻辑观，应该是本章内容于前，上章于后，其完整的话语表达和语义结构如下：

子曰："以不教民战，是谓弃之。善人教民七年，亦可以**即戎矣**。"

孔子教民戎事这一完整思想分两部分：第一部分讨论教民戎事的重要性和根本性；第二部分讨论教民戎事的目的、要求、条件。

二

将未经过教化和训练的民驱使上战场，是驱赶他们去送死，这种做法是草菅人命。孔子在讲述古代教民戎事的思想的同时，发展了古人的思想，首先体现在对教民戎事的更新意义的阐发：第一，教民戎事，是使战争以更少的牺牲换来更大的胜利。因为，战场上取胜的根本因素是战斗力，战斗力的核心力量有二：一是士气。二是必胜的精诚团结。从根本讲，战场上军队士气不仅来源于将帅的韬略和勇武为之注入的依赖感所形成的信心，更来源于士兵与士兵之间、官兵之间精诚团结。这种精诚团结却来源于邦国大义对人性、人心甚至包括身体潜能的唤醒与激扬。第二，体现为尊重生命，热爱生命，敬畏生命。教民于戎事，就是教化民明大义、懂纪律、讲团结、重友爱、互照顾，更是教民在戎过程中通过精诚团结、互相照顾而最大限度地减少无谓的牺牲，这是尊重生命、热爱生命的基本要求。第三，赋予军队平等的思想，战场上，官与兵、兵与兵之间必须恪守最高的义，那就是"同袍"，即换命兄弟。教民于戎事，就是教民如上根本的内容，使之通过教化和训练过程本身深入民的骨髓之中，其次才是战场上协调号令、团结、互助、杀敌取胜等技能、技术，这是保证生命更少无谓牺牲的必备技术和方法。

讨论了教民戎事的根本问题之后，才阐述教民戎事的目的、要求、条件。

教民戎事的根本目的，是使每个民都能根据邦国的需要即戎。即戎，不指单纯的从军，而指具备打仗和打胜仗的整体资质、能力、智慧和技术。所以，教民戎事，是将每个适龄之民培养成为合格的甚至是优秀的即战即胜的战士。

基于这一目的，教民戎事的根本要求，是时间。孔子认为至少需要七年，才可将民训练成有素质和战斗能力的士兵。

基于这一目的，教民戎事的首要条件，是对教者的选择。孔子指出，能够担当起教民即戎的人，只能是具备大德才的为政者，因为有大德才，才尊重生命，才不会以草菅人命的方式教民；只有具备大德才的为政者，才具备根本的善，这种根本的善才是教会民从戎取胜的为战本领、技能的根本智慧。

由此两个方面可以窥见孔子的生命至上思想和人本精神。

《论语》思想学说会通研究

（下册）

唐代兴　唐梵凌　著

厦门大学出版社
XIAMEN UNIVERSITY PRESS
国家一级出版社
全国百佳图书出版单位

下册目录

宪问第十四

第二篇《为政》论君子何以可能治邦安国:首先,孔子以朴素的历史经验和生活经验从不同方面解读政治的本质及目的,揭示政治的本质是"正"。正之于伦理,是善;正之于主体,是正直、堂正;正之于社会性行为和政治实践,是公正和公道。政治的社会目的,是"庶之"、"富之"和"教之"从而使"近者说,远者来"(《子路》);政治的人本目的,是"民可,使由之。不可,使知之"(《泰伯》)。所以,政治是一种善业,是一种通过**正己而正人**进而**正人而正己**的善业。其次指出政治作为一种善业,必需要特殊的人群、特殊的阶层来经营,来塑造,这个人群或者阶层就是"君子"。孔子基于对历史考信而坚定不移地认为,政治作为善业要变成社会现实,必须社会能滋养出君子和君子阶层。因为只有君子才可能以"学而时习"为快乐之源,也只有君子可才可能通过学而成己而成人,而肩负起治邦安国和化育民、人的文明责任与使命。本篇续之进一步探讨君子怎样才能具备治邦安国之德才。全篇共四十四章,可大致分为三部分:第一部分(第一到二十五章)论君子为政应具备的基本条件;第二部分(第二十六到三十九章)论君子为政的主体性建构及为世态度和选择方式;第三部分(第四十到四十四章)重新续接前二十五章主题,再论君子为政的相关问题。

一

第一章讨论耻和仁,围绕仕与不仕的正当性展开,指出士必要能知耻,知耻构成仕与不仕的主体前提,但知耻要以邦有道或无道为判断依据:邦有道而仕,不仅荣,而且士;跻身无道之邦而仕,不仅耻,而且非士。第二章拓展开去讨论士必须具备文道救世的理想并为之实行的意志和能力,不能恋家怀土。第三章讨论士与道的问题,指出在有道或无道的邦国环境里,士如何可能做到持守本色,做到直与言的统一。第四章讨论君子之德,首先明确德的本质内涵,然后讨论德与言的统一,揭示德与勇的辩证关系。第五章承德与勇展开,探讨仁德与勇敢之间的辩证关系,以仁与不仁的历史人物的作为与结局来印证"仁者必有勇,勇者不必有仁"。第六章以君子小人对举的方式讨论仁与不仁的问题,指出仁者是君子,不仁者是小人。第七章继之讨论"仁"敞开自身的两个基本方面,即爱与忠。爱所指涉的对象是人,范围大致于家或家族,在一般情况下,爱之,属家内之事;忠所指涉的对象既可是人,也可是事,其范围大致于家之外的公共社会或邦国,在一般情况下,忠焉,属邦国之事。要言之,仁的实际展开是爱于家族,忠于邦国。

君子必仁,为人必爱,为政必忠。忠之于君或上位者,必先忠之于事。第八章以郑国朝臣制作法令的严肃过程为实例说明君子为政何以为事尽忠。但忠必以仁为指南和规范,第九章以子产和管仲为例,来说明何为以仁为指南而施政,形成仁政。第十章由伯氏被夺封邑的生活态度引发出为仁与贫富的关系问题,揭示贫富对人的影响,以及君子对贫富生活的承受程度。

从第一章到第十一章,从不同角度讲君子为政必须具备仁,才可行仁政;并探讨君子行仁德应该具备哪些条件并必须从哪些方面入手践履。对君子言,仁德决定其境界的高低,才能决定其作为和贡献的大小,第十一章以孟公绰为例来阐明这个基本道理。第十二章继之讨论君子成人施治,必须知、廉、勇、艺兼备,这是一般的说理。第十三章以具体的人物为例来说明知、廉、勇、艺四者何以可能言行适宜,取之有度。第十四章以臧武仲为例,反面论证君子之知和廉。第十五、十六、十七章构成一整体,对历史人物的作为及方式予以评价,以此阐述仁的问题。第十五章以晋文公和齐桓公为对比,进一步证明知、廉、勇、艺和制欲、勇敢、守诺等品质的完整具备,对君子成人立世的重要和根本。第十六和第十七章直接承第十五章展开,评价齐桓公尊王能做到"正而不诡",是得益于佐臣管仲的智-力。同时也是对"善人为邦百年,亦可以胜残去杀"(《子路》)的诠释:有大德才的君主和辅国大臣相继治邦,邦国才可得真治而富强。齐桓公与管仲相默契,才创造了"九合诸侯,不以兵车"和"霸诸侯,一匡天下"的伟业。第十八章以公叔文子不论地位尊卑,以德才为准则举荐家臣同朝为官为例,说明君子为仁必舍个人小利和私欲,为邦国之治举贤不避亲疏、不讲尊卑的大义。邦国兴,在于为政者有仁德和治邦才能。仁德与治才集人一身,就是贤。贤人为政治邦,邦必安和兴。管仲治齐,有齐桓公贤君。卫灵公"无道",但有仲叔圉、祝鮀、王孙贾三位仁德治才兼备的贤人执掌邦政,故不亡(第十九章)。邦国兴衰的主体性条件是人,但关键之人是邦君。邦君的为仁为正之道实际地构成邦国的治道,并落实为言与行一致,或曰"先行其言而后从之"(第二十章)。

孔子从两个方面论邦有道无道:首先从君的角度观,邦之有道无道,在于君有道无道;其次从执政大夫角度讲,执掌国政的大夫有道无道,最终因为君之有道无道。第二十一章实承如上各章,以齐陈成子弑君,孔子请求发兵讨伐乱臣为例,从反面讲述事君之道,揭示无论为君还是为臣,其仁与贤均源于对道的持守,反之,则是对道的舍弃。第二十二章以子路与孔子问答,正面论说事君之道。第二十三章概括前两章主题,揭示小人、君子事君取向不同的根本动力机制:对君子言,其动力机制是向上追求义与正;对小人,其动力机制是向下追求欲与利。然而,无论君子上达于义和正,还是小人下达于欲与利,都是学的体现,只是前者"学而为己",后者"学而为人"(第二十四章)。第二十五章以讲述时贤蘧伯玉至老学而不止的事迹来阐明君子"学而为己"的努力方向是终身不止地"寡其过"。在孔子看来,君子所寡之过中,最重要的一个方面是为政的责任、权限和边界。一是君子为政应完全担当起权位所规定的责任。二是君子担当为政责任不应超出其权位所规定的边界。如果做不到前者,是为政"不及";做不到后者,是"过犹"。过犹或不及,都不应是君子所为:君子为政,必须中正。

二

如何做到为政既无"不及"也不"过犹"的中正?孔子指出,首先应该边界明确,权责统一:"不在其位,不谋其政"(第二十六章)。其次应该言行一致:"耻其言而过其行"(第二十七章)。人要做到"耻其言而过其行",必须具备"仁、知、勇"三德三能(第二十八章)。第二十九章以孔子评价子贡"方人"之贤来说明何为"仁者不忧,知者不惑,勇者不惧"。善于品评人物者须具备两个基本能力:一是知人和知事的能力,尤其是知史事史实的能力;二是知己。具备前一种能力,才可有的放矢;具备后一种能力,才可做到客观、无私、中正。比较言之,具备前一种能力是基础,具备后一种能力是根本。第三十章阐述君子具备这种能力的重要性,以及如何具备这种能力。

知之于君子,敞开为知己与知人两个扇面,并形成辩证关系。第三十一章承之而讨论知人,指出对人的非善意的猜测、怀疑、主观推断,既是不知,也是不仁。反之,心存其仁而知人,则可达到"不逆诈,不亿不信"而具有"先觉"之贤。第三十二章以微生亩怀疑孔子"栖栖者"而"无乃为佞"之主观猜测和推断,说明人要做到"不逆诈,不亿不信"很难,但很重要。第三十三章讨论力与德的一般问题,孔子以"骥"为喻,指出自己"栖栖"而不"为佞",是因为有返本开新文道救世的理想并将其化为一以贯之的人生追求,至死不渝。以此阐明君子之为君子,必须具备德与力。第三十四章讨论力与德的特殊问题,即怨与德的关系问题,提出"以直报怨"和"以德报德"的中正原则。第三十五章,孔子以自述方式,揭示"怨"如何产生于不仁不知。尤其是不知,因为不知才形成偏见;由于不仁,才不容忍。由此提出"天不知"的化怨方式,是下学上达。

孔子自述的"下学而上达",是一种学而方法论,揭示学而的最终努力以及能达及的最高境界,是对上天之道的领悟。能够领悟天道法则,是真正超越"不尤人"而达于"不怨天"的大慧之境的唯一路径。第三十六章以子路遭人谗言陷害的困境而提出解决的办法,以此揭露人道法则与天道法则的生成关系,指出人道法则是天道法则的人间形式。人存在于当世中,必须通过"学而"领悟天道法则,以此指导生活本身时,任何方式都是可行的,都符合人道和天道法则。

对任何时代,当人道法则与天道法则相分离,进而,当人道法则和天道法则均被抛弃时,必然成为乱世。孔子认为自己生活的当世就是这样的乱世。在乱世之中,君子开始分化,这种分化的基本呈现形式是人生道路和生活方式的选择,因而出现避世现象。第三十七章概括避世的四类贤者,指出他们各自所避的重心。第三十八章以子路"宿于石门"的事件为例展示乱世贤者求避的普遍性,同时揭示孔子在"辟地""辟色""辟言"中求变世而闻名的广阔程度。然而,孔子以文道救世,是"明知不可为而为之",虽志坚如磐,但其一以贯之的"为之"过程,其心不时生发出"难为""徒劳"和不被理解的郁积,以音乐自化之,故而有了"鄙哉,硁硁乎。莫己知也"独孤感叹,以展示礼崩乐坏的乱世的不可逆转性。(第三十九章)

三

本篇第二十六章之前,从不同角度和层面论为政。第二十六章是一转折,主题从君子为政转向君子主体性建构及方式选择。第二十六章的前一部分"不在其位,不谋其政",是对前面二十五章内容的小结;后一部分"君子思不出其位"是对第二十七章到第三十九章内容的开启。第四十章重新续接本篇第一到第二十五章内容,再论君子为政的相关问题,首先为政必须谨守血缘宗法之礼,即行孝。因为行孝既是感恩的过程,也是梳理自己如何为政的思绪和道理的过程。第四十一章讲君守礼与民行德的关系,揭示"上好礼,则民易使";第四十二章拓展开来讨论为政者如何处理为政与贵族的关系。

第四十三章孔子自述人到老年,应该回返童年般的身心状态,童心焕发,童言无忌,去过无蔽的游戏生活。第四十四章讲述人成长时应该学礼,言行守礼法,过礼仪生活。以乡党童子是否可培养为案例,揭示人能否成己为君子,重不在于天资,而是能做的才与能,根基却是德。而德的本质是仁,仁的行为表现是礼。礼的本质是克制欲望,表现在行为上,就是凡事有限度,这就是长幼有序、上下有节、行事有度、凡人皆敬。

第1章释义

宪问耻。

子曰:"邦有道,谷;邦无道,谷,耻也。"

"克、伐、怨、欲,不行焉,可以为仁矣?"

子曰:"可以为难矣。仁,则吾不知也。"

[注释]

宪问耻:宪,原宪,孔子弟子。《雍也》第五章"原思为之宰"中以字相称,本章以名称,故有人怀疑是原宪自记。耻,羞耻、耻辱。

邦有道,谷。邦无道,谷,耻也:邦,指诸侯的封地。道,指邦国治理的准则、依据,孔子以为,邦国治理之道即是中正的仁礼之道,或曰"仁德-公道"。邦无道,指邦国治理没有准则,缺少仁德-公道。谷,俸禄。

克、伐、怨、欲:克,喜欢出人头地,好胜。伐,自夸、自矜。"颜渊曰:'愿无伐善,无施劳。'"(《公冶长》)指不以自矜为善。怨,怨恨、牢骚。欲,贪欲、贪心。

可以为难矣:克、伐、怨、欲,乃心中贼,往往遏抑不发,很难根绝,故孔子谓之"难",如贼藏于家。

[译文]

原宪向孔子请教何谓耻辱。

孔子说:"邦国有道,应该出仕领取俸禄。邦国无道,仍然积极出仕做官领取俸禄,就是耻辱。"

原宪又问:"争强好胜、自矜自夸、怨恨他人、放纵贪欲,这四种毛病都克服了,能称得上仁吗?"

孔子说:"应该是难能可贵。至于是否仁,我却不知道。"

[通解]

对本章的理解,或可联系《雍也》第五章"原思为之宰,与之粟九百,辞。子曰,毋! 以与尔邻里乡党乎"来理解。或者此两章内容中所述之事原本就有"联系"。如果这种"联系"得成立,或可发现宪"问耻"是其"辞九百粟"俸禄的原因,宪"辞九百粟"是其"问耻"的结果。宪问耻,孔子举例告诉他"不该得而得"或"不当得而得",就是耻。宪接受夫子的观点(或教导)并运用于生活,其"为之宰"而得"粟九百",宪以耻其多而请辞。任何人面对任何事,为与不为,或者以何种方式为之,都须先有认知,然后才发生行为选择。对原宪来讲,正是因为有对耻的深刻认知,才宁贫也不愿接受不当得的俸禄,以至于后来为远离无道所带来的耻辱而过隐逸的荒野生活。

一

原宪问耻,在《论语》中仅此一章内容。并且,通览《论语》,只有原宪问过"耻"之类的问题。《论语》收录的弟子问,都是围绕仁、礼、德、政、君子、小人、士等展开。这些问题都是积极求上进的问题,只有原宪提出"什么是耻"这样的负面问题。

原宪问耻,表明原宪有很强的耻感心,且为其耻感困惑,于是有其问。孔子将耻与邦道、耻与士出仕联系起来回答,原宪不仅释其疑,而且将夫子关于耻与邦道关系的思想听进去了,于是有了"孔子卒,原宪遂亡在草泽中"的故事。

> 孔子卒,原宪遂亡在草泽中。子贡相卫,而结驷连骑,排藜藿入穷阎,过谢原宪。宪摄敝衣冠见子贡。子贡耻之,曰:"夫子岂病乎?"原宪曰:"吾闻之,无财者谓之贫,学道而不能行者谓之病。若宪,贫也,非病也。"子贡惭,不怿而去,终身耻其言之过也。(《史记·仲尼弟子列传》)

司马迁编的有关原宪的这两个故事,虽然多虚构,但也有历史性的依据,这个依据就是《论语》中本章"宪问耻"和《雍也》第五章"原思请辞粟"。尤其是本章记载宪问耻问仁,经过夫子点化,得知何为耻何为仁,于是以其认知来选择生活方式,就有了宁贫也不愿意于无道的当世做官。司马迁以原宪不愿做官的生活方式选择为依据虚构"孔子卒,原宪遂亡在草泽中"的故事和这个故事的续编,即子贡"结驷连骑,排藜藿入穷阎"探望原宪,原宪却"摄敝衣冠见子贡",并教训子贡而使子贡愧"不怿而去"和"终身耻其言之过"。司马迁编原宪的故事之所以要拉扯上子贡,可能原因有二:一是子贡与原宪是好友;二是子贡经商而富,这既不合历来的重农轻商观,也不合汉以来儒家君子求义而"小人求利"的价值模式和教化模式。不是吗,这么有主见的子贡仍然被原宪"无财者谓之贫,学道而不能行者谓之病。若宪,贫也,非病也。"教育得惭愧不已并"终身耻其言之过也"。

二

《史记·仲尼弟子列传》记载原宪的故事,不过以本章内容为真实的素材。在本章中,原宪之问,是耻与仁的问题,但实际上是"读书人如何成为士君子"这一问题的两个方面。原宪为成士与知耻所困惑,故有其问。这本来是个认知问题,孔子却从生活行为选择入手给他说法:孔子告诉原宪,"邦有道,谷。邦无道,谷,耻也。"

原宪聪慧,自然领悟老师说法。邦有道,仕而俸禄,这是士君子的道义和责任;邦无道,仕而俸禄,这既是喜于出人头地,也是自我矜夸,更是贪婪。所以,耻,不过是对"克、伐、怨、欲"的不知而行,如果对"克、伐、怨、欲"知而止之,就是知耻。知耻了,是不是士君子之仁呢? 所以,原宪问仁,是由问耻引发出来,是对问耻知耻的横向拓展之问。

原宪问耻,是困惑所逼,以求内心的澄清,所以孔子必须为之解惑。与之不同,原宪进而问仁,可能是明知故问,所以孔子很智慧地回答他:"一个人的行为要止其克、伐、怨、欲,这本身是很难得的事,能够做到此,已经很不错了,但这些行为到底是不是仁,我也不清楚。"孔子的言下之意是:止于克、伐、怨、欲到底是不是仁,需要你自己去理解判断。

三

原宪通过问"耻"而问"仁",思维展开是由"耻"而"仁",这表明耻与仁之间既存在直接的关联性,也存在互为促进的生成关系。从发生认知论,耻应该是仁的构成内涵,知耻才得仁;从行为表现观,心中有仁,其言行、为事、待人方得知耻。

原宪问耻而及仁,孔子却以邦有道、无道而应答,说明耻和仁一样,都与"利"关联。孔子告诉原宪:第一,利,不仅有多重内涵,而且有丰富的内容,比如物质之利、权力之利,以及精神之利等等。第二,利,不是一个坏东西。有利、无利,原本既不涉及价值,也不涉及善恶。价值、善恶是由利的**有度或无度**,以及由利的**当得与不当得**引发出来的。第三,衡量所求之利当得与不当得,或有度与无度的依据及其标准,是道。道,包括理(规则、准则、规律),也包含义(对利的超越性取向)。有道,就遵循道。遵循道的实质,是遵循道中之理和道中之义,遵循理义一体之道所求之利,是仁;反之,违背理义一体之道的求利,是耻。第四,对士君子言,所求或弃的根本之利,是仕与不仕。仕与不仕的根本依据,是邦有无道。邦有道而入仕求利(俸禄),是仁;邦无道而入仕求利(俸禄),则耻。

孔子将耻、仁、邦道、仕四者联系起来讨论,得出如上认知,是对其政治哲学思想的具体阐述,也是对君子入仕的政治实践内涵的进一步丰富。

第2章释义

子曰:"士而怀居,不足以为士矣。"

[注释]

士而怀居:士,有德未仕的读书人,也可是对有位的君子和待位的君子的总称谓。居,安居或故土。怀居,依恋安逸的居家生活或留恋故土。

不足以为士:足,足以,足够,够得上,匹配。指没有具备成为士的资质。

[译文]

孔子说:"一个士若依恋居家生活的安逸或留恋生养的故土,实际上不配做士。"

[通解]

在主题上,本章可看成对上章的拓展。上章讨论耻和仁,围绕仕与不仕的正当性展开,指出士必须能知耻,知耻构成仕与不仕的依据。因而,耻,不仅是仁的构成内容,而且构成人成己为士之一个方面的主体性条件。本章拓展开去,讨论士应该具备的另一个条件:士者,不能恋家怀土。

一

理解本章内容,需要结合"君子怀德,小人怀土;君子怀刑,小人怀惠"(《里仁》)。孔子认为,小人既怀居,也怀土。怀居,指依恋安逸自在的家庭生活;怀土,指留恋熟悉的生活环境。二者虽然均指对固定的、已有的、熟知的、可掌控的生活(内容、方式)的眷恋,但也有不同。怀居是怀土的具体化,侧重突出生活的安逸性和自在性;怀土是怀居的抽象说法,侧重突出生活环境的熟知性、可掌控性。

在这两章中,士与君子,只是称谓上的差别,实指**有德待位**的读书人。有德待位,指有为政的德才并具备积极从仕的想望和努力,与有德才但无为政的想望和努力的读书人相区别,比如原宪、颜渊、闵子骞,都是有德才却无待位诉求的读书人。

二

孔子如此激进地认为怀居和怀土者,不是士,不是君子,因为在孔子看来,对君子言,怀土,不是一个天然价值;怀居,不是一个血缘伦理价值。二者均体现社会政治价值。要理解此,涉及孔子对士、对君子的社会定位。

孔子对士、君子的社会定位,应该是中国古代对士、君子的定位。这种定位可简单地表述为:士、君子是天然地被赋予使命的一个特殊群体。他们的使命有二:一是承传和创新文明;二是改造时势,使之朝文明方向前进。将这两个方面合起来讲,叫作**担当**。所以,士、君子是天赋担当的人,这类人不能为自己的生活而奔波,虽然他们也要谋利,但只是为了解决基本的生存保障,使之无忧地担当其天赋责任和使命。仅春秋晚期言,孔子更是认为士君子的道义担当就是文道救世:一是返本开新地承传文明;二是重构社会秩序和再造当世文明。以此为准则,士就有了君子和小人的区分:"君子喻于义,小人喻于利。"

"君子喻于义"的根本动力,是天赋担当意识和使命;"小人喻于利",是为了个人享乐。孔子认为小人贪图享乐的重要方面,是怀居和怀土。前者表述为本章内容"士而怀居,不足以为士矣";后者表述为"君子怀德,小人怀土"。

三

孔子为什么说"士而怀居,不足以为士"? 这与"君子怀德,小人怀土;君子怀刑,小人怀惠"有何实质区别?

细细品读,孔子所讲的"小人怀土"可做二解:一是留恋故土。联系"小人怀惠"观,"小人怀土"不过是隐喻,即喻小人在自己可掌控的熟知环境里谋求最大实利。所以"怀土"与"怀惠"互义,故需要互释。二是指执着于土地,表现为对土地的热爱,以此形成对土地的专注激情,比如樊迟求问稼圃,实际上是执着热爱土地表现出来的学问之问。

孔子之所以认为"怀土"者是"小人",是因为"怀土"者原本不具备士、君子的资质,读书只是为谋实利而已。在本章中,孔子讲"士而怀居,不足以为士",是说当一个人成为有德之士之后,获得了安居的环境和舒适的生活条件,如果沉迷于享受这种安逸的生活而不再思对天赋责任的担当,其人就丧失了士的志向,抛弃了士的担当,所以不再是士了。从这个角度观,本章所论的主题是士的堕落。孔子认为,士的堕落,就是怀居。并且断言:士一旦怀居,必然堕落。何也?

士,始终是生活世界中的极少数,天赋他们拯救人世和引导文明的责任,他们生而为人,学而成己,必须用之成人而立世。当士获得安居的环境而留恋之,本质上是放弃"用之成人立世"的社会责任,这不是士应有的姿态和生活选择方式,而是士的堕落。在孔子看来,士必须担当天赋责任而"一以贯之",终身努力不辍。孔子五十五岁还雄心勃勃游国求仕,是因为他真正领悟到为士的天赋责任,孔子将这种天赋责任称为"君子之命"。

第3章释义

子曰:"邦有道,危言危行,邦无道,危行言孙。"

[注释]

危言危行：危，有三解：一，严厉、高峻，比如包咸训之为厉；郑玄注之为高；朱熹注之为高峻。二，端正、中正。三，直。《广雅·释诂一》训"危"为"正也"；《广雅疏证》卷一引此，亦以"危"为"正"。孔子说"邦有道如矢，邦无道如矢"（《卫灵公》），是以"矢"喻"直"。《汉书·贾捐之传》颜师古注和《后汉书·党锢列传》李贤注均将"危言"解释为"直言"，指直言直行。

危行言孙：孙，一般理解为通"逊"，指谦顺。根据本章语境，最好是"孙"之本义，意为如孙子那样不会说话、不说话，喻说话格外小心谨慎，指直行言慎。

[译文]

孔子说："邦国有道，就言所当言并行所当行。邦国无道，仍然要行为正直，但说话须特别小心谨慎。"

[通解]

本章进一步讨论士与道的问题，指出，在有道或无道的邦国环境里，士如何持守本分。

一

孔子立足于当世，概括士之生存境遇不过两类，一是有道的邦国境遇，二是无道的邦国境遇。孔子认为，在邦有道的顺境中，士必须直行，也必须直言；在邦无道的逆境中，士同样必须直行，但应该小心言说。

孔子揭明了士之成为士的品质和能力，是直。直，既是品质，更是能力。这种品质体现在它能够指导人的言行；这种能力表现为人的言行必须直，即直道而行并直道而言。

直，之所以是衡量士的根本标准，是因为直的本质是正，是中正，它通过人的言行张扬仁德和公道。

二

孔子将"言"置于邦有道无道的具体境遇中予以区分，由此敞开两个值得思考的问题：第一，在邦有道的环境里，士为何必须直行直言？第二，在邦无道的环境里，士为何仍要直行但却要慎言？

这两个问题涉及邦有道与无道的本质区分：邦有道无道的分水岭，是自由。孔子认为人人可以充分享有自由的社会，是有道的社会；反之，是无道的社会。

"邦有道"的社会是自由的社会，自由的社会的根本标志是思想自由和言论自由。对人来讲,既然思想可以自由,言论可以自由,那就一切都是可以自由的,一切都是自由的社会和人人都可以充分享有自由的社会,一定是有规范、有要求、有边界的,在这样的社会里,人人都应该直行直言,尤其天赋其担当使命的士这一精英群体,更应该率先做到直行直言。

反之,"邦无道"的社会的根本标志是绝对无自由。绝对不自由的社会一定是高度暴虐的社会。在这样的社会里,暴虐首先摧残思想自由和言论自由,因而,在思想和言论方面,应该避免因为这两个方面的不自由而做无谓的牺牲。所以,在"邦无道"的社会里,士为保存自己,必须说话小心谨慎。

说话小心谨慎,就是管住自己的嘴,少说或不说。管住自己的嘴的更好办法,就是像孙子一样不具备说话的能力。后世有人认为孔子"危行言孙"的做法很现实,很势利。其实,孔子可能看得更远,才如此教诲弟子在"邦无道"生活环境里应该如此这般做。孔子之所以这样做,是因为在他看来,在天下道术分裂且礼乐崩坏的当世,有德之士始终是极少数,这个由极少数人组成的特殊群体肩负拯救世道和文明的责任和使命,如果因为一时的言论自由而无谓地牺牲自己,不仅对自己不负责,更是对天赋的使命和责任的不负责任。

"言孙"是"邦无道"的社会里士保存自己的方式,"危行"却是"邦无道"的社会里士持守天赋责任,担当天赋使命而继续工作,继续战斗的方式。因为士是社会的希望和动力,**士之不倒,就是人间希望不灭,文明动力不失**。希望不灭,动力不失,无道的社会就只是暂时的。所以,士必须以直行方式树立社会的信心,传递希望之光,给出直面生存的勇气和力量。孔子据其"信而好古"的历史深邃眼光指出,"邦无道"社会更需要士之"危行",所以他才要求士必须学会保护自己,尽可能做到"言孙"。这是孔子"邦无道,危行言孙"的真实生存论含义,既体现士生存奋进的策略,也是士努力前行的方式。

三

面对战乱不断、礼乐崩坏的当世,孔子基于历史经验和现实的洞察告诉弟子,无论居处有道邦国,还是居处无道邦国,都应讲究的根本方法,就是灵活运用言行自由的智慧。

邦国有道或无道,完全从其治下的人民有无言行自由表现出来。邦国有道,其民言行自由;邦国无道,其民没有言行自由的权利。孔子的可贵,在于从直观经验上把握国家有无其道与人民言行是否自由的直接关系,并因此找到立身处事、言行以对的姿态、方式与方法。邦国有道,就危言危行;邦国无道,就危行言孙。但孔子却以此止步,未将问题引向深入而追寻自由。虽然如此,孔子毕竟从经验出发发现言行是否自由构成邦国有道无道的标志,由此可能引发人们进一步思考:

其一,言行自由的界限,是邦国的道。邦国有道,言行自由;邦国无道,言行不自由。

其二,邦国有道无道,直接源于邦国的政治治理,但原动力是邦君。邦君有无其道,决定邦国政治及治理有无其道;邦国政治及治理有无其道,决定邦国有道无道。

其三,孔子所讲的邦国之道,从表面看是治理之道,本质上是人性之道、人道。邦有道,是说邦君行人道,推行人性之道,重民爱人;邦无道,是邦君不行人道,蔑视、排斥人性之道,既不重民,也不爱人,只重权重利。

其四,邦君有无人道、是否推行人性之道,取决于邦君是否身正,是否仁,是否行善,是否善民。这就是孔子讲的"子为政,焉用杀? 子欲善,而民善矣"(《颜渊》)和"其身正,不令而行;其身不正,虽令不从"(《子路》)。

其五,人道、人性之道之于孔子,即是中正仁道,或"仁德-公道"。邦君行人道、人性之道,实质是治邦**行中正仁德,主中正公道**,其邦必然有道,自然"近者说,远者来"(《子路》);反之,则无道,只能使君子"卷而怀之"(《卫灵公》)。

第 4 章释义

子曰:"有德者必有言,有言者不必有德;仁者必有勇,勇者不必有仁。"

[注释]

有德者必有言:德,德性和德行。有德者,指具备"以仁入礼"德性和德行的君子;言,言论著述。

仁者必有勇:仁,既指恭、宽、信、敏、惠:"恭、宽、信、敏、惠。恭则不侮,宽则得众,信则人任焉,敏则有功,惠则足以使人"(《阳货》);也指温、良、恭、俭、让:"夫子温、良、恭、俭、让以得之。夫子之求之也,其诸异乎人之求之与"(《学而》)。仁者,指具备"恭、宽、信、敏、惠"和"温、良、恭、俭、让"等德性的人。勇,不惧、直行。

[译文]

孔子说:"有德的人一定有相应的言论;有言论的人并不一定有德。有仁德的人一定具有勇敢的品质;勇敢的人并不一定有仁德。"

[通解]

孔子认为,从生活践履言,其根本的德是直与言的统一,重心是解决直与言的统一在具体的境遇中运用。本章继之侧重讨论三个方面的问题:一是德的本质内涵;二是德与言的统一;三是德与勇的辩证关系。

一

直,是德的表现方式,但首先是德的构成要素。德的本质内涵是仁。从主体论,有仁,才可直。上章讨论作为德的构成要素之直与言的行动关系,本章立足于仁,考察德与言、德与勇的关系,这是比直与言更抽象、更具有普遍性的问题。

孔子指出,从理论上讲,德与言应该统一,但在实际生存境遇和生活过程中,德与言统一始终呈或然取向。这种或然性表现为:德对言的统一是必然的,即有德的人有相对应的言,应该树言;反之,言并不构成德的必然要求:有言论著述的人,可能有德,也可能无德。

同样,仁与勇也应该统一,但在实际的生活中,仁与勇的统一既可呈必然性,也存在或然性。其表现为:仁对勇的统一是必然的,有仁德的人必定勇敢;但勇敢的人可能是仁德者,也可能不具有仁德的品质和能力。

二

为什么有仁德者必有体现仁德的言论著述?

为什么有体现仁德之言论著述者并不必然有仁德?

这两个问题不仅涉及德与言的关系,更涉及德、言的本质。

以仁为本质规定的德,靠修养身心得来。它内聚为品质,表现为德性;外化为对人的行为的指导,表现为约束、节制和规范(即礼)。所以德的形成和展开,均体现真与诚:以仁为本质规定的德无伪。

言是表达的手段、方式和能力,它当然需要修养得来,但相对仁论,它有许多自身的特征,首先,言的能力更多通过阅读积淀所化得来;其次,言的功能和作用是修饰。言的修饰功能向内凝聚,既体现对心灵、思想、情感的明朗,也可能体现为对心灵、思想、情感的遮蔽。言的修饰功能向外展开,是使行为更得体,基于这一基本要求,言之于行为和行为表达的真实情感、思想以及倾向性等往往呈现伪装、表演、遮掩性,由此使言与德之间既有约束性的生成关系,更具有可分离的掩映关系。这种约束性的生成关系,来源于德对言的要求,其必然逻辑是德先于言,必然形成德对言的要求性,并按德本身的要求性而生成言:"法先王,顺礼义,党学者,然而不好言,不乐言,则必非诚士也。故君子之于言也,志好之,行安之,乐言之。故君子必辩。"(《荀子·非相》)这种可分离的掩映关系,却来源于言对德的要求,其必然逻辑是言先于德,即以言来取舍德,所以,有言者可能有德的要求,也可能无德的要求。这是孔子教导弟子"邦有道,危言危行;邦无道,危行言孙"的原因。

三

在孔子的生活世界中,有德,必有仁,因为仁既是德的内在构成,也是德的本质规定。德的内驻形式是恭、宽、信、敏、惠;德的行为呈现应是温、良、恭、俭、让。

以此来看勇,它既可是一种德,也可是一种性格。比如,"知者不惑,仁者不忧,勇者不惧"(《子罕》)之"勇",是性格意义的。

勇,作为一种性格,具有天赋性质,它是气禀使然;也属后天养成。天赋之勇,只是潜在的力量,要使之成为现实的力量,始终需要后天的激活、激发。这就是勇之后天养成。勇之后天养成有两种方式:一是顺其本性发育,其所形成之勇是自然之勇,这种勇体现野性和蛮悍的纯朴。二是为现实的利欲所激发,其所形成的勇体现暴烈甚至残忍性。荀子将这种性质的勇概括为三类:狗彘之勇、贾盗之勇和小人之勇,它与君子之勇有根本区别:

> 有狗彘之勇者,有贾盗之勇者,有小人之勇者,有士君子之勇者。争饮食,无廉耻,不知是非,不辟死伤,不畏众强,恈恈然唯利饮食之见,是狗彘之勇也。为事利,争货财,无辞让,果敢而振,猛贪而戾,恈恈然唯利之见,是贾盗之勇也。轻死而暴,是小人之勇也。义之所在,不倾于权,不顾其利,举国而与之不为改视,重死持义而不桡,是士君子之勇也。(《荀子·荣辱》)

要言之,性格之勇可能滑向无德或反德。与性格之勇完全不同的是第四种方式,即君子之勇。所谓君子之勇,是以仁为内在规定的德之勇,简称为**德勇**。孔子所讲的德勇,是对天赋之勇的性格德化所形成的勇敢品德、精神和力量。

> 子曰:"好勇不好学,其蔽也乱;好刚不好学,其蔽也狂。"(《阳货》)

子曰："君子有勇而无义为乱，小人有勇而无义为盗。"(《阳货》)

子曰："勇而无礼则乱，直而无礼则绞。"(《泰伯》)

子曰："好勇疾贫，乱也。"(《泰伯》)

德化天赋性格之勇的基本方式是好学，通过好学而使之内生三种东西，即义、礼、纳贫。学而注"义"于心所生成的性格之勇，使之获得道的引导性，即使勇有方向。学而注"礼"于心所生成的性格之勇，使之获规范，即使勇之言行有规矩、有边界。学而注"纳贫"于心生成的性格之勇，使之获得同情和怜悯，即使勇之言行有情、平等和善待。

所以，德勇不指蛮力之勇、强悍之勇、拼杀之勇，而指**不惧**之勇，面对逆境、绝境不气馁，仍勇往直前、义无反顾。比如"子畏于匡"途孔子的"文王既没，文不在兹乎。天之将丧斯文也，后死者不得与于斯文也；天之未丧斯文也，匡人其如予何"(《子罕》)昂扬言辞，表现出的就是大德之勇。

四

以此观仁与勇的关系，实际上是**德化**关系。体现义之大道、礼之边界、纳贫的同情和怜悯，就是有仁之勇；反之，则是无仁之勇。这是"仁者必有勇，勇者不必有仁"的道理。

仁者必有勇，因为仁者持义之大道、守礼之边界、纳贫之同情和怜悯。义、礼、贫对勇的德化，使勇呈现三种品德的行为要求：

第一是**担当**。勇接受义的引导，获得担当道义的品德和行为能力。

第二是**公道**。勇既要接受礼的规范，获得有边界的自由行为，又要纳贫。纳贫的道德本质是善待，善待的本质是同情和怜悯。但纳贫的政治本质是平等，把人当人看。所以，无论就道德本质言，还是就政治本质论，纳贫之勇必然追求公道，公道是正义的具体呈现。

第三是**完善自己**。孔子说"志士仁人，无求生以害仁，有杀身以成仁"(《卫灵公》)，不仅讲仁德之勇为道义无所畏惧，即使奉献生命也在所不惜。反观之，这种为人间道义而勇往直前、义无反顾的行为又完善了仁德之勇者。

第 5 章释义

南宫适问于孔子曰："羿善射，奡荡舟，俱不得其死然，禹稷躬稼，而有天下。"

夫子不答。

南宫适出，子曰："君子哉若人！尚德哉若人！"

[注释]

南宫适问于孔子:南宫适,即《公冶长》第二章中提到的南容。其为人谨小慎微,凡事不喜欢逞能,很受孔子欣赏。问,在古代有三层含义:一,请教。二,询问。三,说出自己的判断。本章之"问",属第三义。

羿善射,奡荡舟:羿,夏之有穷国的邦君,以善射得名。却因不修民事被其臣寒浞所杀:"《夏训》有之曰:'有穷后羿……'公曰:'后羿何如?'对曰:'昔有夏之方衰也,后羿自鉏迁于穷石,因夏民以代夏政。恃其射也,不修民事,而淫于原兽。弃武罗、伯因、熊髡、龙圉,而用寒浞。寒浞,伯明氏之谗子弟也。伯明后寒弃之,夷羿收之,信而使之,以为己相。浞行媚于内,而施赂于外,愚弄其民,而虞羿于田。树之诈慝,以取其国家,外内咸服。羿犹不悛,将归自田,家众杀而亨之,以食其子。其子不忍食诸,死于穷门。靡奔有鬲氏。浞因羿室,生浇及豷,恃其谗慝诈伪,而不德于民。使浇用师,灭斟灌及斟寻氏。处浇于过,处豷于戈。靡自有鬲氏,收二国之烬,以灭浞而立少康。少康灭浇于过,后杼灭豷于戈。有穷由是遂亡,失人故也。'"(《左传·襄公四年》)奡,又作浇,夏代有穷国寒浞之子,相传寒浞与后羿之妻通奸所生,其勇武过人,能陆地行舟。寒浞被灭后,浇退守于过,后来被少康所杀。《竹书纪年》和《楚辞·天问》均有记载。

俱不得其死然:指羿暴力颠覆夏代君主太康政权,奡以暴力割据夏代地方政权,与夏主少康分庭抗礼,二人均因以下反上而不得善终。

禹稷躬稼,而有天下:禹,姒姓,名文命。原为夏后氏部落的首领,奉舜命治理洪水,因有功,舜禅让其位与他,但《竹书纪年》的记载都表明"舜禅位禹"的故事只是后人编纂的美好传说。稷,相传为周之先祖,教民稼,被尊为谷神。

夫子不答:夫子,尊称,指称孔子。指孔子不回答南宫适之问。

若人:若,指称代词。指这个人。

[译文]

南宫适对孔子说:"羿善于射箭,奡长于荡舟,但二人都没有好结果,死于非命。禹、稷亲自耕种庄稼,反而获得天下,其道理何在?"

孔子听后沉默不语。

南宫适出。孔子对在场的其他弟子说:"这个人算是真君子啊!这个人道德高尚。"

[通解]

本章与上章都围绕"仁与勇"展开,探讨二者的辩证关系。上章从理论上阐述仁德与勇敢之间的辩证关系,本章以历史人物的作为与结局印证"仁者必有勇,勇者不必有仁"。

一

从内容看,可将本章和上章合起来看成一堂有关于德行的课,这堂课的上半堂讲德之于言行的一般认知;下半堂是实例分析和讨论。不同的听课者分别记下其课堂讨论和分析的核心内容。

德与言之辩证关系的实质,是仁与勇。所以可将德与言和仁与勇的问题,概括为德的言行问题,这是因为德展开为两个方面。一是德的主体性建构形成的德性,可用"仁"来概括,可用"仁德"来称谓;二是德的主体性践履形成的德行,具体敞开为言与行。有关于德行,上章首先揭示德行中德与言之间的或然性,探究形成这种或然性可能是德与言的体用性使然。其次揭示德行中仁与勇之间的或然性,探究形成其或然性的原因涉及"勇"的先天禀赋性与后天生成性这一双重因素。本章则承"仁者必有勇,勇者未必有仁"讨论"勇者未必有仁"和"仁者必有勇"的客观依据。

南宫适首先讲述了"羿善射,奡荡舟"的故事,这两个人各有特异才能,且均体现无人能及的勇。这种勇是天赋的,当天赋的勇未接受"学"的洗礼和义、礼的熏陶,自然会堕落为乱、狂:"子曰:'好勇不好学,其蔽也乱;好刚不好学,其蔽也狂。'"(《阳货》)"子曰:'君子有勇而无义为乱,小人有勇而无义为盗。'"(《阳货》)所以羿、奡的人生结局,只能是不得好死。羿凭天然之勇暴力颠覆太康政权,自然会有人效仿,当然不得好死;奡凭其天赋之勇乱夏政,结局与羿同样,即强梁者不得好死。

接下来,南宫适讲述的第二个故事是"禹稷躬稼,而有天下"。禹、稷乃从事耕种的农夫出身,得到天下凭借的不是蛮力之勇,而是"先事后得"(《颜渊》)的勤劳,还有不"疾贫",因为"好勇疾贫,乱也"(《泰伯》)。

二

南宫适讲述的两个历史故事,实际上是在用历史来证明孔子关于仁与勇既可统一又可分离的说法正确。"禹稷躬稼,而有天下",证明"仁者必有勇":不以其贫而耕稼不止,"先事后得",乃仁。仁之必播扬,此其勇,并因其以仁为勇,最终得到天下。"羿善射,奡荡舟,俱不得其死",证明"勇者未必仁";当其勇不仁时,自然是"俱不得其死"。

南宫适并不是无缘无故讲这两个历史故事,也不是为应和孔子"仁者必有勇,勇者未必有仁",而是要借此表达:第一,孔子的"仁者必有勇,勇者未必有仁"的观点是正确的；第二，自己坚决地反对暴力。南宫适反对暴力，不是反对历史上的暴力，而是反对所生活的当世的社会暴力。南宫适生活于春秋晚期，天子王权全面衰落，诸侯互为征战"以力争天下"。南宫适以古代史实来述当代之事，表达其反对暴力、反对战争和实行耕稼之治的主张。

当然，南宫适希望自己表述的基本观点，能够得到夫子赞同。但孔子对此一言不发。处事说话谨小慎微的南宫适见老师不发言，感觉有些透不过气来，于是走出屋子（或者说课堂）。孔子不评论南宫适的讲述和观点，可能是对南宫适的观点既有赞同又有保留。也可能是孔子一方面赞同南宫适反对暴力、反对逞强好胜、反对战争的观点，这与他本人的观点相吻合；另一方面可能对南宫适热衷于耕稼有所保留，孔子不反对禹稷这些古代贤人，但南宫适说"禹稷躬稼，而有天下"这话，就有些樊迟学稼圃的味道了。待南宫适走后，孔子一方面赞美南宫适有德，品德高尚；另一方面又保留对"躬稼而有天下"的看法，因为这种说法流露出无为而治的情调，这与孔子积极推行仁礼教化以救世的政治学主张相冲突。更有一个方面，羿、寒浞、奡都以下反上，南宫适指出这些"以下反上"方式夺去主子政权者最终"俱不得其死然"，一个"俱"字，不仅包括羿、寒浞、奡，更可指涉灭夏之成汤、灭商之武王。这恰恰是"信而好古"的孔子最赞赏南宫适的方面，孔子对"以下反上"一直持坚决的否定态度，尤其警觉通过暴力和流血来以下反上夺得天下的行为。这是孔子欣赏《韶》而说"尽美矣，又尽善也"，欣赏《武》而却说"尽美矣，未尽善也"（《八佾》）的原因。孔子对于采取暴力方式篡改历史的那些"历史"，总是遵循"成事不说，遂事不谏，既往不咎"的原则，这是孔子针对南宫适之问而"不答"的根本原因，也是南宫适出，孔子对南宫适大加赞赏而誉之为"君子"和"尚德"者的根本理由。

第 6 章释义

子曰："君子而不仁者有矣夫，未有小人而仁者也。"

[注释]

君子、小人：本章中的君子、小人，均指有位者，是孔子按照自己的道德标准对有位者进行的分类判断，二者的根本区分不是职位的高低或权力的大小，而是德的具备程度。君子有仁德，小人可能有常人之德，但绝无仁德和公道。

不仁者：不仁，指不合仁德要求，亦指做出不仁的事情。

仁者：具备仁德和公道的人。

[译文]

孔子说："君子可能会偶尔陷入不仁之中，却没有哪个小人可以成为仁德者。"

[通解]

从主题内容看，本章是第四、五两章的继续，进一步讨论仁与不仁的问题，指出仁者是君子，不仁者是小人。君子、小人对举，表明本章讨论的对象是有位者。

一

孔子对君子小人进行了严格区分。并且，孔子对君子小人的区分，是建立在对人与民的严格界定基础上的；民是劳力者，人是劳心者。劳心者又分为君子和小人，君子又分士君子和位君子。本章中所对举的君子、小人，更可能是有位者群体中的两种类型。在孔子看来，当世的为政者少君子，多小人。"（子贡）曰：'今之从政者何如？'子曰：'噫！斗筲之人，何足算也。'"（《子路》）论理，为政者的君子必须是仁者，实际上也有各种例外；为政者的小人必然是不仁者，没有另外的或然性。这是孔子对为政的君子和小人的基本判断。

二

孔子提出君子也可能"不仁"的命题，是特殊论：在特殊情况下，君子可能不仁。对这种"不仁"的可能性，后世往往只认为有一种情况，但结合本章内容以及孔子对人性的深邃洞察看，君子偶尔不仁应该有两种情况：一种是特殊情况下可能偶尔不仁；一种是在特殊情况下可能堕落成为不仁。对为政的君子言，什么情况才是特殊情况呢？这要分开来看，就偶尔不仁的可能性讲，这个特殊情况应该是不得已，即在不得不以不仁的方式来维护或保障更大的仁这种情况下，君子才不仁，这就是孔子所讲的"君子贞而不谅"（《卫灵公》）。这种情况下君子不仁，是可理解的。另一种特殊情况应该是利欲膨胀陷阱，一旦掉进这个陷阱，不仅可能一时不仁，而且将由此连续不仁或一直不仁。这种利欲膨胀陷阱所造成的不仁，往往会使君子从此堕落成小人。

君子偶尔不仁的这两种可能性，首先是情境不同，前一种不仁的情境是为政者不能仁利两全而被迫为之；后一种不仁的情境是为政者可以仁利两全而主动不仁。其次是动机不同,前一种不仁是以己之不仁而求为政大仁;后一种不仁是因己利的激活和得到而舍弃为政之仁。再次是取向不同,前一种不得已的不仁行为最终要回归于仁的常态;后一种不仁行为可能会成为使其滑向更加不仁的动力。

君子不仁的这两种可能性,既揭示君子为政成仁的动态性和艰难性,更揭示为政的君子也有堕落为小人的可能,这种可能就是君子为政的"**利欲陷阱**"。历史地看,这种利欲陷阱恰恰构成为政者的"政坛染缸"。

君子不仁,无论属于哪种可能,都只是君子为政的殊态,君子为政的常态,是为政必须以仁为基本要求,唯有如此才能达到公德。

为政者的另一类人是小人。小人为政没有仁可言,这是讲一般:小人成为小人,就在于他不仁。在这里,孔子对为政的小人做出如此绝然的断言,是基于人性判断:本性难移。"本性难移"的说法,可呈现主观激进和客观温和两种倾向,就前者言,本性难移,指本性不可改变,这不符合孔子本人的人性论思想和返本开新、以仁入礼的文道救世理想,因为虽然本性难以改变,但本性是可能改变的,且基于人和人"在一起"而必须改变。孔子一生的努力就是要使"习相远"的人性更"相近"一些。从这种角度讲,孔子关于"未有小人而仁者"的判断,显得片面和偏激,且这种片面与偏激无形中造成他的人性思想和"以仁入礼"伦理-政治思想的自相矛盾。仅后者言,本性难移蕴含两可性,是指本性既可改变,也无可改变。本性难移的两可性,至少揭示小人也有变成君子的可能,关键在于小人有无求改变的意愿、实行改变的方式,以及改之方法的得体与不得体,合规范还是不合规范。

三

理解孔子"君子而不仁者有矣夫,未有小人而仁者也"思想的深刻含义,还需要了解孔子此论的认知背景。

孔子认为,邦国之道,就是以仁入礼的中正之道,简称"中道"或"仁道"。为政者必要行仁,因为唯有行仁,才有公道。行不行仁道,是衡量为政者是君子还是小人的根本依据。

为政者要行仁,先是成为君子。这要求为政者具备仁性、仁心、仁情、仁爱,有此为仁的心性、情爱,才可内生恭、宽、信、敏、惠之仁德,然后才可以此为指南,为政行仁。然而,为政者尽管具备如上仁德并致力于行仁德,由于为政要面对方方面面的人事,并由这方方面面的复杂人事牵涉方方面面的关系、因素,也不可能时时事事做到有仁和行仁。

理解说此话的认知背景,才可进一步理解孔子所说背后隐藏的未说之言:一方面,君子为政,偶尔不能行仁,不能完全做到仁,是可理解、可原谅的。另一方面,君子为政的过程,也可能因为利欲陷阱而行不仁,更有可能因此滑向小人的道路。君子为政,一旦发现这种小人性质的不仁情况或行为,都不会原谅。

孔子没有说出来的这些潜在想法或思考,亦可根据他的成己成人、正己正德治邦的基本理念的领会,而可以理解。但如果把它放进法治框架中看,无论有仁德的君子还是无仁德的小人,在为政中做出违背道德的事情,都不能容忍,都应该追究,否则,就会使为政者丧失责任心和天职观念。

第 7 章释义

子曰:"爱之,能勿劳乎? 忠焉,能勿诲乎?"

[注释]

爱之,能勿劳:勿,不。劳,劝勉、勉励,也可做"忧"解,忧虑、忧心、操劳讲。勿劳,应该加以劝勉。爱之,是仁;劳之,是指为人尽力。

忠焉,能勿诲:诲,有二解:一,诱导、劝谏;二,谋虑、谋划。古代"谋"字,从口从母或从言从母,相当于"诲";《学而》"为人谋而不忠乎",与"忠焉,能勿诲乎"表达同一个意思。但根据本章语境和欲表达的主题,如上两解语义可并存。忠焉,指为人尽心。勿诲,指替人着想。

[译文]

孔子说:"爱他,能不为之忧心和劝勉吗? 忠诚他,能不为之尽心尽力谋虑和劝谏吗?"

[通解]

上章论君子仁或不仁的特殊性。本章继之,讨论"仁"通过践履而敞开为爱与忠两个扇面。

———

爱与忠,所指涉的对象领域有所不同。相对而论,爱指涉的对象是人,范围大致于家或家族。在一般情况下,爱之,属家内之事。忠指涉的对象既可是人,也可是事,并且往往围绕事而展开,其范围大致于家之外的公共社会或邦国。在一般情况下,忠焉,属邦国之事。

要言之,爱于家族,忠于邦国。

爱,不是口舌所能,而是行为方能实现。爱之于家,最终落实为爱之于家人。爱之于家人,是为家人有德有能和睦生存。为此,爱之于家,必须从两个基本方面入手尽心尽力。一是尽心尽力劝勉家人孝弟,"弟子入则孝,出则弟"(《学而》)。二是尽心尽力地劝勉家人勤奋、勤劳。

忠,同样必须用行为来证实。忠之于邦国涉及两个基本方面:一是忠于人。这个"人"必有具体语境规范,这个具体语境是"爱之,能勿劳乎? 忠焉,能勿诲乎?"。所以,这个所"忠"者,不是泛指意义的芸芸众生,而指与家相对的从政治邦者;其"忠焉"之"焉",指代邦君和为邦国服务的有位君子。

相对邦君言,"忠焉,能勿诲乎"有两层含义:一是指忠于邦君,能不为他尽心尽力地思虑、谋划吗? 二是指忠于邦君,能不尽心尽力地用正道劝谏其过失或过错吗? 虽然如此,也应有原则和限度,这个原则是"以道事君"(《先进》);这个限度是"不可则止"(《先进》)。合言之,忠于邦君的前提,是邦君必须是有道之君;并且,有道之君必须能受纳其尽心之忠,不具备这两个方面的条件,"忠焉"没有意义。

相对上位者言,其"忠焉,能勿诲乎"也有两层含义:一指忠于上位者,能不为他尽心尽力地思虑、谋划吗? 一指忠于上位者,能不尽心尽力地用正道劝谏其过失或过错吗? 虽然如此,但也应有原则和限度,这个原则是"道不同,不相为谋"(《卫灵公》)。这个限度就是君子与小人的分界线:所事的上位者一定是君子,因为只有君子才与君子同道,小人永远不会与君子同道。如所事的上位者是小人,根本没有必要尽心尽力地为之思虑、谋划,更没有必要用正道劝谏与引导。对小人"忠焉",自己必沦为小人,所以,"忠焉"之于小人,同样没有意义。

忠焉的第二个维度,是忠于事。人与事相辅相成,对人忠诚,可以用语言来表达,但只有语言,就会成为"巧言","巧言"之忠是伪忠,这是孔子极力反对的。孔子主张忠之于言,特别强调少言、慎言、寡言而励行。行就是做事,忠之于人最终要落实于事,无论忠于有道邦君,还是忠于同道上位者,都必须通过尽心尽力地谋事、做事而实现。

忠于事,仍然涉及邦君与上位者两个层次:无论忠于邦君之事,还是忠于上位者之事,都需要尽心尽力地思虑、谋划和尽心尽力地用正道劝谏,更要尽心尽力地推行、实行有道之事。

要言之,无论对邦君还是上位者,其"忠焉"的原则是"以道事之,不可则止";其"忠焉"的边界是"道不同,不相为谋"。

二

本章中,孔子先论"爱之",然后才讲"忠焉"。道出爱与忠之间的生成性序列。这个序列是:忠源于爱,爱生成忠。没有爱的土壤,不可能有忠的环境;缺乏爱的内生动力,不可能产生忠之热忱和真诚。

古代社会是一个血缘社会。血缘社会的政治从家族这块土壤里生长出来,爱恰恰是家族凝聚自身的基本方式和方法。家族的拓展形成血缘宗法社会,自然主义的爱必然暴露自身局限而不能完全解决各种社会问题,于是产生"忠"的思想,提出"忠"的说法。尤其是西周后期,天子与诸侯、诸侯与大夫,以及大夫与家臣之间的利益矛盾日趋复杂,"忠"的问题被不断放大,成为普遍的集权要求。孔子在认同血缘宗法社会结构和权力结构的前提下,接受忠的观念,进行由爱而忠的推演;爱一旦能够推演出忠,忠就一定可能回溯于爱,或者回归于爱。并且,爱必然指向忠,要求忠对爱的维护,忠也必然要求爱成为自身的保证。所以,爱之,必忠之;忠之,必爱之。爱与忠互为拱卫。

三

《孝经》言:"君子之事亲孝,故忠可移于君。事兄弟,故顺可移于长。居家理,故治可移于官。是以行成于内,而名立于后世矣。"(《孝经·广扬名章》)客观地看,《孝经》这段文章所论的思想源头,应该是本章内容。孔子所说的"**爱之,能勿劳乎？忠焉,能勿诲乎**"蕴含由爱而忠且因忠必爱的推演原则和方法。

从本质论,孔子所言之爱是血缘之爱,推之为血缘化的社会之爱,体现严格等级的价值取向,这就是"爱有差等"和"泛爱众"(《学而》)。从血缘之爱到社会化的等级之爱,需要用推己及人的方法来衔接,所以这种血缘泛化的爱和有差等的爱是**推己及人**的推演之爱,这种推演建立在经验基础上。从根本讲,孔子所倡导的爱源于经验,经验论的思想、视野和方法使孔子始终关注现世,关注当下,关注现世人际视域中的生活经验、人伦经验。孔子关于爱的语录,就是在现世人际视域中对实际生活经验的体悟与把握的真实表述。真实了解孔子之爱和关于这种爱的经验表述,对今天有现实意义。

首先,他让人们理解,什么爱才是最真实、最本原、最无欺的。

其次,他让人们理解,爱己与爱人何者更为根本。

再次,他让人们懂得,爱的道德,其实是由己而人、由近及远的道德;爱的力度与强度,也因此顺势而降或顺势而上,这是人性使然。

最后,他让人们明白:一切形式的爱、一切指向具体对象的爱,都必须是人性之爱,即灌注进人性的本质内容之爱,才是真实的,才是先益己后益人的。与此相反,一切形式的爱,都可能虚假,或是做秀。

第8章释义

子曰:"为命,裨谌草创之,世叔讨论之,行人子羽修饰之,东里子产润色之。"

[注释]

为命:为,作为,意为制定、创制。命,法令、政令。指创制政令或法令。

裨谌草创之:裨谌,又名裨灶,郑国大夫,他对郑国都以外的乡村很了解,善于为治理国家出谋划策,所以,裨谌负责文件的起草。草创之,指先写政令、法令的初稿。

世叔讨论之:世叔,即游吉,字子大叔。郑国大夫,富有文采。讨,寻究,指寻根究底。论,讲论。讨论之,指细致探究法令、政令的初稿内容。

行人子羽修饰之:行人,掌管出使外交事务的官员。子羽,即公孙挥,字子羽,善于辞令。

东里子产润色之:东里,地名,子产所居之地。子产,姓公孙,名侨,字子产、子美,谥号成。郑穆公之孙,公元前354年为卿,次年执掌国政,先后辅佐郑简公和郑定公两任君主,卒于公元前520年。子产当政,有四位贤臣襄助,即冯简子、子大叔、公孙挥和子羽。润色,指对所拟定的政令、法令赋予文采。

[译文]

孔子说:"郑国制作政令、法令,先由裨谌起草,世叔审阅内容探究文理,再由掌管外交的大臣子羽增损修饰,然后由居住在东里的执政大夫子产做最后润色定稿。"

[通解]

君子必仁,为人必爱,为政必忠。忠于君或上位者,必先忠于事。本章以郑国朝臣制作法令的过程为实例来说明君子为政何以为事尽忠。

———

子产执掌郑国政时,孔子才八岁。子产逝世时,孔子刚好三十岁。本章可看成孔子以"子产为政"作为案例给弟子讲课的内容,弟子记下孔子所

讲内容的要点。其实,孔子讲的内容,史书《左传》上有记载,孔子不过是将史书的内容搬上讲台,使之作为教学内容而已:

> 子产之从政也,择能而使之。冯简子能断大事,子大叔美秀而文,公孙挥能知四国之为,而辨于其大夫之族姓、班位、贵贱、能否,而又善为辞令。裨谌能谋,谋于野则获,谋于邑则否。郑国将有诸侯之事,子产乃问四国之为于子羽,且使多为辞令。与裨谌乘以适野,使谋可否;而告冯简子使断之。事成,乃授子大叔使行之,以应对宾客。是以鲜有败事。(《左传·襄公三十一年》)

二

本章讲述郑国对制定政令、法令的高度重视,尤其强调政治理性:法令、政令的制定,必须有道理的支撑,其支撑法令、政令的道理本身应该合法。这是孔子从郑国制定法令这一事件中看到的最宝贵的东西,也是孔子对法的基本看待。孔子以之作为教学内容讲给弟子听,意图很明显,是要告知弟子:为政以德是根本的,但国家治理需要法令。孔子还告知弟子,治理国家的根本问题,不是要不要法令、需不需要刑赏之治的问题,而是需要什么样的法令的问题,这就涉及法令的制定。孔子认为,制定法令,一定不能草率,必须严肃、郑重和谨慎,必须有理和有据,必须尽可能少漏洞,以避免造成不必要的伤害。孔子认为,在这方面,郑国是其表率。

制定法令的目的,是要达到普遍遵从的效果,为此必须有政治理性。

什么叫政治理性?孔子没有讲,但孔子概括郑国制定法令的过程本身彰显出一个基本的思想:制定出来的法令,必须要有理,有合理性。这个合理性,指法令必须体现合法性。在孔子看来,这个合法性必须要合符仁德与公道。孔子的仁德与公道是以人性为基础,所以其法令的制定和颁布必须符合人性的基本要求,唯有如此,制定出来的法令,才可体现仁德与公道。在孔子看来,郑国的法令制定和实施体现了这一点:子产反对毁乡校(《左传·襄公三十一年》)是最好的说明。孔子如此教学,不仅是在告知弟子,而且让弟子学习和思考,这是他们今后服务国家,从事政治治理应该借鉴的。

孔子讲述郑国制定法令的史事,要表达或希望弟子们领会的东西是政治理性。政治理性,不是单纯的法治或德治的问题,它首先指无论法治还是德治都必须有充分理由,这个理由必须体现普遍的人性。其次,政治理性还体现在国家治理既不是单一的德治,也不是片面的法治,必须是法治与德治的综合运用。

政治理性的实质,是德与法互补的整合运用,但前提是德治为法治提供治的合理性理由、道理;德治所能够为法治提供的合理性理由、道理能否确立得起来,还得看其合理性理由是否具有其合法性,这种合法性在孔子那里,不可能是自然法则,只能是人性原理。

第9章释义

或问子产,子曰:"惠人也。"

问子西,曰:"彼哉! 彼哉!"

问管仲,曰:"人也。夺伯氏骈邑三百,饭疏食,没齿无怨言。"

[注释]

或问:或,有人,根据本章语境,所问者应该是孔子弟子,可能属于课堂上弟子提问。

惠人:惠,利、实利、恩惠。人,百姓。指施恩惠于百姓。

子西:楚国公子申,字子西,楚平王庶长子,楚昭王的异母兄,楚昭王时任令尹。子西是吴军入楚后,辅佐昭王复国的大功臣,曾两度让政,很有令名。但因不听叶公之劝,引发白公之乱而死于难。

彼哉:彼,指称代词,指称子西。指子西那个人,有藐视、不足以提及的意思。

伯氏骈邑三百:伯氏,齐国大夫。伯氏的食邑在骈。

没齿无怨言:齿,训"年"。没齿,指到了没有牙齿时为止,意为终身。

[译文]

有人向孔子询问子产是怎样的人,孔子说:"这是一个宽厚仁慈施惠于百姓的人。"

又问子西是怎样的人,孔子说:"他呀? 他呀!"

又问管仲是怎样的人,孔子说:"管仲是个人才啊! 伯氏在骈邑的三百里封地被齐桓公夺去赏赐了管仲,伯氏穷得吃粗食住陋房,却心服管仲,至死没有怨言。"

[通解]

上章讲仁政需要法的保障,法能保障仁政的前提,是创制法令必须慎重、严谨,最重要的是必须贯穿政治理性。本章以子产和管仲为例,来说明何为施政于仁,形成仁政。

一

从主题和内容两个方面看本章与上章可能是弟子对同一课堂教学环节中不同内容的记录。"或问",最有可能是课堂教学过程中有弟子提问,孔子作答。

弟子三问,孔子三答。问的对象不同,答的内容自然不同。

问子产,孔子评价他是宽厚仁慈的人,能够以造福百姓、为民创造实惠为要的执政者。

问子西,孔子并未对他的政绩进行评价,而是以轻蔑的口气表达对子西的否定性看待。

问管仲,孔子没有正面评价管仲的政绩,而是讲述一个故事,伯氏因为管仲而丢失封地过着贫困生活,却发自内心地佩服管仲且终身无怨于管仲。孔子从侧面评价管仲之政,高度肯定管仲治齐的功绩。

二

本章通过问答的讲述方式,评价了三个邦国中的三位政界人物。孔子评价三位政界前辈的政绩和功劳,突出仁政。子产执掌郑国,政绩颇多:"子谓子产:'有君子之道四焉。其行己也恭,其事上也敬,其养民也惠,其使民也义。'"(《公冶长》)但此处讲子产推行仁政,在于"惠人"。惠人,指施政惠及百姓。如果仅仅是政惠百姓,还不算仁。子产执政,还注重维护民权。《左传》记载子产惠民最著名的一例是子产反对毁乡校:

> 郑人游于乡校,以论执政。然明谓子产曰:"毁乡校,何如?"
>
> 子产曰:"何为? 夫人朝夕退而游焉,以议执政之善否。其所善者,吾则行之。其所恶者,吾则改之。是吾师也,若之何毁之? 我闻忠善以损怨,不闻作威以防怨。岂不遽止,然犹防川,大决所犯,伤人必多,吾不克救也。不如小决使道。不如吾闻而药之也。"
>
> 然明曰:"蔑也今而后知吾子之信可事也。小人实不才,若果行此,其郑国实赖之,岂唯二三臣?"
>
> 仲尼闻是语也,曰:"以是观之,人谓子产不仁,吾不信也。"(《左传·襄公三十一年》)

对照解读很有意思。邦国治理有良序,需要解决的核心问题有二:一是百姓(即贵族)的利益,这是邦国的根基;二是民的利益,这是邦国的土壤。子产执掌郑国之所以被后世称颂,或者之所以为孔子高度赞扬,是因为他较好地解决了这两个方面的利益矛盾。但是,子产解决百姓与民之间的利益矛盾的天平是向百姓倾斜的,所以才有"子产不仁"的议论和看法。孔子恰恰从子产不毁乡校来证明子产"仁政",是因为他也注意到了对民的利益的维护。但本章中孔子评价子产仁政,是基于他施惠于郑国贵族阶层从而使郑国政治稳定这个角度入手的。由此可以看出,古代封国社会治理的重心是民,但利益考量和平衡的重心却在百姓,即追求获得贵族阶层自身的稳定和向心性。

孔子评价管仲是从侧面展开的:伯氏因为管仲而终身贫穷但至死无怨的生活态度和生存行为本身,既表达对管仲治齐之公之仁的衷心拥护,也表达孔子对管仲仁政的一贯的肯定性评价:"桓公九合诸侯,不以兵车,管仲之力也。如其仁,如其仁。"(《宪问》)《荀子·大略》曰"子谓子产惠人也,不如管仲"。子产之有"不仁"恶名,是因为他执政的总体取向是维护贵族利益,执政的基本线路是百姓(贵族)主义,虽然也考虑到民的利益和权益,却远不及管仲。管仲治齐的基本国策是称霸必强兵,强兵必先富国,富国必先富民:

> 凡治国之道,必先富民,民富则易治也,民贫则难治也。奚以知其然也? 民富则安乡、重家。安乡重家则敬上畏罪,敬上畏罪,则易治也。民贫则危乡轻家,危乡轻家则敢陵上犯禁,陵上犯禁则难治也。是以善为国者,必先富民,然后治之。(《管仲·治国》)

富民的前提是充分尊重民欲,充分释放民欲:

> 足其所欲,赡其所愿,则能用之耳。今使衣皮而冠角,食野草,饮野水,孰能用之?(《管仲·侈靡》)
>
> 夫民必得其所欲,然后听上。听上然后政可善为也。(《管仲·五辅》)

管仲的政治学是民生政治学,管仲治邦的主线是"民生主义",富民是治邦强国的首要任务,一切治理措施都围绕此展开。正是因为如此,管仲治邦强调的法器是刑赏(即以法为准则的治理),刑赏的本质是公正。这是管仲仁政的本质。正是在这个意义上,管仲之仁大于子产之仁,子产之仁不如管仲之仁。这是本章中孔子评价管仲和子产时,其不同措辞背后的不同看待,也从一个侧面体现孔子对刑罚之治的肯定。

三

孔子对人物的评价,总体讲较为客观理性,但也存在主观情绪化倾向。比如对子西,更多地表达主观的爱憎情感,而不是着眼于子西政绩的得失。其实,子西也是大有政绩的楚国能大夫。他帮助昭王复国,两度让政,都不同程度地行仁政,但孔子对子西持否定态度,原因是孔子对子西的印象不好。相传孔子六十三岁时,楚昭王慕其名,备厚礼准备邀请孔子入楚,打算将七百里的书社地封给孔子,但遭到令尹子西的竭力反对,最终作罢。孔子对子西很不满意。

孔子对子西以"彼哉!彼哉"蔑视口吻表达出"这个人不值得一提"的态度和情绪,表明孔子也记仇,也有恩怨。孔子逝世后,弟子编纂《论语》之所以不润饰文字,是要给后世留下真实性格的有血有肉有爱有恨、有博大弘远也有狭隘小气的形象。因为孔子不是神,不是圣,而是人,是有承传革新文明思想的使命意识和文道救世的理想与责任感的凡人。这才是真实的孔子,真实的孔子,比后世圣化了的孔子更值得崇敬。

第 10 章释义

子曰:"贫而无怨,难,富而无骄,易。"

[注释]

贫而无怨:贫,贫困、贫穷。怨,抱怨、怨恨、怨天尤人。

富而无骄:富,富裕、富贵。骄,骄傲、骄矜、骄横。

[译文]

孔子说:"身处贫困、贫穷的境况中,做到不怨天尤人相当困难;居于富裕、富贵的环境里,不骄矜则相对容易些。"

[通解]

本章与上章在内容上的联系,是贫富。上章中,孔子评价管仲,言齐桓公将贵族伯氏的封地剥夺然后封赏给管仲,按理,伯氏将终身恨管仲,但他却过贫困生活而至死不怨恨管仲。以此评价管仲治齐之得人心,同时也表明伯氏人格和境界高尚。或许,因为伯氏的事迹,才引发孔子关于贫难富易的议论,由此形成本章主题,比较贫富对人的影响程度,以及人们对贫富生活的承受程度。

一

贫与富,是两个相对立的概念,也是两相对立的生活境况,它可塑造出两种不同的生存态度。

贫,有两层含义:一是贫穷。贫穷,在一般意义上是物资匮乏到不能保障人的最低生存。二是贫困,不仅物资匮乏到不能保障人的最低生存,而且还引来心灵、认知和心理情感的困顿。贫困还指贫穷生活过程中不断出现各种意想不到的新灾难,在物质或精神层面产生使人雪上加霜的磨难。所以,贫穷,只是外在的物质窘迫;贫困却是内外窘迫。从根本讲,贫困是贫穷的极端形式。孔子讲贫而不怨,很难做到,当然既指贫穷不怨、难,更指贫困而不怨,难。而且可能主要指后者。

与贫相对的是富。富也有两个层次,形成两个层级上的取向。一是富裕,这主要指对物质财富的占有远远超过日常用度。二是富贵,不仅大量占有物质财富,还有不同于常人的政治身份、社会地位。孔子所说的富,应该指涉这两个层面。根据孔子生活的当世言,拥有富贵生活的人不骄矜,比只单纯拥有富裕生活的人不骄矜更容易些。理由是,孔子生活的时代,贵族阶层依然存在,贵族的基本教养是富不骄矜。秦以降,中国的贵族阶层彻底消失了,有的只是豪强、土霸。豪强、土霸与贵族的根本区别是:贵族有文化、有文明、有德性和德行,有再造文明的责任和使命;豪强、土霸所缺乏的是文化、文明、德性和德行。

二

在贫困生活中无怨恨,心地平静地受纳和接待,与此相伴并仍然快乐地度过每一天,这是最难做到的。之所以最难做到,是因为贫困有两个东西打破人的生存底线:一是没有物质生活资源的最终保障底线,生存在无物质生活保障的状况下,吃饭问题,甚至穿衣问题和住房问题,成为每天必须面对的困境之最;二是贫穷中不断遭遇新的灾难、新的困境,打破了人的存在安全的最终底线,生活一直处于动荡不安的境况中。由此两个方面,贫困而无怨恨,相当难。

在孔子看来,虽然贫困而无怨难,但并不等于身处贫困就不能做到无怨恨,相反,贫困而无怨恨,既可能做到,也可以做到,这不,齐国的贵族伯氏就是最好的证明。但能够做到"贫而无怨"的人一定很优秀,这类人是真正领悟到人存在于天地之间的奥妙者。

富而不骄矜相对容易,是因为富裕不仅解决了物质生存的问题,还解决了使物质生活更优裕的问题;居于比富裕更高水准线上的富贵,不仅使优裕的物质生活获得多元保障,还享有较高的或者很高的政治地位和身份。这两类人要富而不骄矜，只要做到有德就行。有了德性，富者完全可以追求简朴、平易、善待他者的生活方式。

孔子之论"贫而无怨，难，富而无骄，易"，并不宣扬安贫乐道，相反，孔子认同和追求富贵生活："富与贵，是人之所欲也，不以其道得之，不处也。贫与贱，是人之所恶也，不以其道得之，不去也。"（《里仁》）追求富贵，避免贫困，是人的本性。更重要的是，生活避免贫困，追求富贵，是人的尊严所在。只是孔子坚决主张：避免贫困、追求富贵一定要有道；不合其道，即使摆脱了贫困而颠沛的生活，也不值得过。所以，孔子在这里只陈述两个生存事实以及蕴含的两个生存经验。

两个生存事实是：贫困是普遍存在的，富贵也是普遍存在的。

两个生存的事实蕴含的生活经验是：处于贫困中的人，其生活无怨恨，很难做到，但只要自己愿意和努力，也是能够做到的；生活在富贵状态中的人，如果愿意不骄矜，相对容易做到；反之，没有这方面的意愿和行为努力，也难以做到。

同时，孔子通过这样两种生存事实和两种生活经验的陈述，为弟子提供一种生存论的启示：人生展开，不贫就富，或不富就贫。无论处于哪种状况，都要学会适应，保持平常的安泰。如此地面对和生活，或许会给自己生存的转机。这个转机成为可能的普遍法则是：贫困不是天定的，富贵也不是天定的。贫与富，二者可能转化，也可以转化。虽然这种转化需要人力之外的各种条件和环境的具备，但人自己才是根本的动力。

第11章释义

子曰："孟公绰，为赵、魏老则优，不可以为滕、薛大夫。"

[注释]

孟公绰：鲁国大夫，属孟氏一族，此人事迹可见于《左传·襄公二十五年》（即公元前548年），其时孔子四岁。孟公绰属于孔子称道的前贤。

为赵、魏老则优：赵，赵氏。魏，魏氏。老，是周之家臣制度；在周之封建制度中，卿大夫是一个重要的阶层。世袭的卿大夫世袭封土和采邑，世代担任重要官职，操纵邦国的政权和兵权，他们不仅在自己的封土内立有宗庙，还筑有城邑和拥有军队。为了处理复杂的事务，卿大夫以宗族组织为基础建立起完整的家臣制度。在家臣制度中，帮助卿大夫掌管内务的家臣称"老"，包括"室老"和"宗老"；帮助卿大夫统治封土内民的家臣是"宰"，包括"家宰"和"邑宰";帮助卿大夫管理封土内奴隶的官是"圉人",即奴隶总管。这里的"老",是对负责管理卿大夫内务的头领的尊称。优,多,有余力,宽绰有裕。指孟公绰到赵国或魏国做卿大夫的家老,其能力绰绰有余。

[译文]

孔子说:"孟公绰如果做晋国赵氏、魏氏的家臣之长,能力绰绰有余。但不能任滕、薛这样的小国的大夫,因为力不从心。"

[通解]

第一章到第十章,从不同角度讲君子为政必须具备仁德,才可行仁政。但具备仁德仅仅是君子为政施治的主体前提,或者说只是君子为政施治的一个方面,只有同时具备另一个条件,君子为政才可真仁。这个条件就是才能。对君子言,仁德决定境界的高低,才能决定作为和贡献的大小,这是本章中孔子要阐明的基本道理。

一

孔子说:"不患人之不己知,患不知人也。"(《学而》)在孔子看来,人为君子的两大才能,是有德和知人。有德,是为政的主体条件的具备;知人,是为政的基本能力的具备。因为为政不外有三:一是用人,二是富民、人,三是教化民。此三者中,用人是根本,因为正确地用人,既是富民、人的前提,也是教化民的根本保证。但用人的前提是知人。本章以实例说明知人才能善用的重要性和根本性。

二

孟公绰是鲁国大夫,也是孔子尊敬的前贤。但孔子客观评价他不是做大夫的材料,虽然他是鲁国大夫,却并不称职。理由是孟公绰廉静寡欲,才智平平。然而孔子不好明说,故而采取以晋和滕、薛为例的间接方式来表达:晋是大国,孟公绰到晋国给赵氏或孟氏做家臣之长绰绰有余,因为"公绰性寡欲,赵、魏贪贤,家老无职,故优"。但孟公绰到滕、薛这样的小国去做大夫却不称职,因为"滕、薛小国,大夫职烦,故不可为"(孔安国注)。鲁比晋小,但比滕、薛大。孟公绰既然做滕、薛小国的大夫都力不能胜,他现在做鲁国大夫就更加不能胜任了。

这是孔子对孟公绰的曲评。为何不直评呢?一者孟公绰是孔子敬重的前贤;二者孟公绰是本国孟氏家族的成员。

孔子曲说孟公绰,是要以此表达两个方面的政治思考。

一是显明方面的政治思考。孔子认为,为政治邦,用人当先。用人之要,在于知人。唯有知人,才可善用;唯有善用,才可有政绩。因为,在制度、法令整饬明确的前提下,治理实绩取决于人。人的才能与职位是否相吻合,成为关键。

二是潜在方面的政治思考。孔子认为,孟公绰这样才智平平的人之所以能做鲁大夫,形成才不配位的现象,恰恰体现家族专权,任人唯亲,这种格局必然阻断贤人的进路,自然形成政乱国弱。孔子由此潜在地批评鲁国之弱,弱不在国,而弱在于政;政弱则因为家族专权。

第 12 章释义

子路问成人。

子曰:"若臧武仲之知,公绰之不欲,卞庄子之勇,冉求之艺,文之以礼乐,亦可以为成人矣。"

曰:"今之成人者何必然?见利思义,见危授命,久要不忘平生之言,亦可以为成人矣。"

[注释]

成人:成,动词,使之……人,德才兼具的人,或者说理想意义上的完人。

臧武仲:即臧孙纥,臧孙,姓氏,名纥,排行仲,谥号武,是鲁国大夫。此人很明智,在齐国时,曾预言齐庄公将被杀,所以设法辞去齐庄公给他的封地,以此避免了牵连。

公绰之不欲:公绰,就是上章提及的孟公绰。指具备孟公绰的清心寡欲。

卞庄子:鲁国大夫,其人以能力著称。春秋末期至于战国时代,有关于卞庄子的传说颇多,比如"齐侯围郕,孟孺子速徼之。齐侯曰:'是好勇,去之以为之名。'"(《左传·襄公十六年》),又如"齐人欲伐鲁,忌卞庄子,不敢过卞。"(《荀子·大略》)。

冉求之艺:求,冉求,多才多艺,擅长政事。后为季康子家宰。

文之以礼乐:文,文化、文饰、文明,意为文化修养以至于文明。指用礼乐来修养自己,使涵养文明。

久要:久,长时间为久;要,约言、约定。

[译文]

子路向孔子请教如何才可成为德才兼备的人。

孔子说:"如果能具备臧武仲的聪敏才能、孟公绰的清廉寡欲、卞庄子的勇敢无畏和冉求的多才多艺,再用礼乐来熏陶以增加其修养,使之文质彬彬,这样的人可称得上德才兼备。"

子路说:"在世风日下的今天,又何必如此要求人具备上面那样的条件呢?能够做到在利益面前不忘道义,面对危难时能奋不顾身,与人约定,即使时间过了再久也不忘记践履其诺言,应该可以称得上是德才兼备的人了。"

[通解]

为政治邦,根本任务是成人。不仅需要仁德,更需要才能。仅从后者论,为政成人需要哪些方面的才能?孔子应答子路之问,指出君子成人之才的内容是多元的,但其主要者有四——知、廉、勇、艺。

一

子路提出如何使人具备成人的德行这个问题,恰恰是孔子终身思考的核心问题之一。

孔子学说可用一个"成"字概括:孔学是"成"的学问。这一成的学问展开为两个方面:一是成己;二是成人。成己,是把自己成就为人,即君子。成人,指以成己之能去成就别人,将别人成就为人:对于百姓,通过自己的表率作用,引导或规训他们成为君子;对于民,要通过教化使之成为良民。从成己到成人,必有一条路径,一个通道:这条路径是"以仁入礼";这个通道是"学而"。孔子"学而"的具体展开方式是从学到习,或者从学到践履。践履展开为内在方面和外在方面,内在的方面是学而内省,这既是思想生成、心灵净化、情感纯化的过程,更是修德的过程,这一双重过程所实现的是德性。所以,学而内省也可以理解为学而涵养见识和德性。外在方面是践履德性,即是行德。由于人既是家庭、家族的人,也是社会的人,行德必然展开为居家和行走于社会两个维度:居家肩负家庭、家族治理之责,成就家庭、家族,当然首先是成就家人。对家人的成就所形成的整体性结果,是对家庭、家族的成就。行走于社会,是对社会的成就。在孔子看来,个人成就社会的基本通道是从政为官,治理邦国的具体努力,就是以己之德才去成就百姓和民,使社会文明,或可说以成人的方式"立世"。

如上,是理解孔子回答子路关于人如何才能成人的认知出发点。

二

成人的前提是成己。成己是使自己成为德才兼备的士君子。孔子认为,对士君子来讲,德才兼备即是知、廉、勇、艺:"言兼此四子之长,则知足以穷理,廉足以养心,勇足以力行,艺足以泛应。"(《四书集注》)朱熹对本章内容的领悟很是到位。

知、廉、勇、艺,此四者如此排序,很有考究。知,是认知、明理、聪慧。唯有认知,才可明理,唯有不断地明理,才会聪慧;唯有聪慧,才会敏锐,才有预见,才具整体把握的能力和协调处理事务的方法。同时,认知、明理、聪慧的过程,又是修养心性、涵养德性、养成自律,具备节制利欲的品质和内力,清廉寡欲才有认知、心性、情感、意志的基础。勇,原本属天赋,但勇而有度,行所当行,则既需要自律与节制来规训,更需要认知、明理、聪慧来涵化与调理。唯有充分释放知、廉、勇之潜力,加之以广泛践履,才可养成多才多艺之能。

要言之,孔子教子路,德才兼备就是知、廉、勇、艺四者有机整合。这种整合可以使人近乎完人,但孔子始终不认为这个世界上有完人,因为完人是没有任何局限的圣人。孔子所讲知、廉、勇、艺缺一不可,也不过是真正的德才兼备的士。所以孔子才告诫子路说,即使具备这四个条件,也算不上德才兼备的士君子。因为德才兼备的士君子,必须有能将知、廉、勇、艺贯通起来使之获得生意和灵性的灵魂,这个灵魂就是仁。

使知、廉、勇、艺内注仁,获得仁性、仁心、仁情、仁爱的基本方式,是修之以礼乐。用礼乐来熏陶以增加其修养,使之文质彬彬,这样才算是真正做到德才兼备。只有具备如上内涵、品质、精神和能力的人,才可去成人。

三

孔子说"圣人,吾不得而见之矣,得见君子者斯可矣"(《述而》),在孔子的理想世界里,真正的君子必须同时具备知、廉、勇、艺,而且必须以仁来统摄和涵化。然而如上五者却是很高要求,这个要求连孔子本人也没有达到,所以他才如此自谓人生能"得见君子者斯可矣"。达到如此内涵要求的君子,既成为孔子本人的人生理想和追求,也构成孔子培养社会精英的具体目标。一般人很难做到,也很难理解。一向比较注重于从现实角度看问题的子路,对老师这番宏论所标榜出来的君子理想也有异议:"今之成人者何必然?见利思义,见危授命,久要不忘平生之言,亦可以为成人矣。"

后世解读子路这番议论,认为是孔子继续说的话。理由是这段议论前面只有一个"曰",没有标出是谁"曰"的,所以就以对字面的感觉理解将此段言论判给孔子。但仔细理解其语义内容,则发现这段议论所表达的意思与孔子所讲的内容有很大不同。如果将其理解为孔子"又曰",就会使本章内容前后矛盾,具体地讲是后面的主张否定前面的主张。这样的话,就不符合孔子"一以贯之"的君子主张、君子精神,因为后面所讲的三个方面内容,是稍加努力就可能做到的。并且,"今之成人者何必然?见利思义,见危授命,久要不忘平生之言,亦可以为成人矣"如是孔子所言,孔子就不会认为成己为君子相当艰难,更不会说出"圣人,吾不得而见之矣,得见君子者斯可矣"的断言来。所以,这段话应该是子路从现实能做到德才兼备的角度发表自己的看法,这一看法实际上修正了孔子的君子要求。

子路对人何以可能具备成人的德行有自己的理解,他认为士君子可以成人的主体性条件有三,即只要具备制欲、勇敢、守诺三者就可成己为君子而去践履成人。

首先是**制欲**。子路认为这是士君子必须具备的首要品质、德性。制欲的本质是节制,这是子路领悟孔子"克己"精神的个性化表述。克己制欲的行为表现,是"见利思义"。在利益面前始终想到义,始终保持对道义的警觉,始终以道义为利益权衡与引导的准则,这应该是孔子君子理想的思想核心。

其次是**勇敢**。子路理解的勇与孔子教导的勇相吻合。子路用"见危授命"来表达孔子教导的"勇",揭示勇的本质是担当,勇的行动表现是勇往直前、义无反顾、毫不退缩,其实现形态是忠。在这一方面,子路践履得最出色:在孔门中,子路以忠勇著称无人能比。

再次是**信诺**,这也是孔子君子理想的基本思想,子路用他的个性语言做了另一番表述,这就是"久要不忘平生之言"。

其实,子路的克己制欲、见利思义的主体前提,仍然是认知,没有认知,难以明理,不明理,又何能克己与制欲?所以,知与制欲,二者之间存在源头与结果的内在关联。孔子讲知,论的是克己制欲的源头智慧;子路讲克己制欲,侧重于表达认知、明理、聪慧如何指导人的选择与行动。知、廉、勇,此三者都与信诺关联。一个人只有具备知、廉、勇的认知、品质、德性,才可"久要不忘平生之言"。

由此看来,论君子成人的主体要求,即在人如何成己为德才兼备的君子这个问题上,孔子侧重于讲主体性构成,子路从践履角度进行了个性化理解,子路的个性化理解,为孔子德才兼备的君子思想,做出了践履方面的补充,由此构成德性与德行一体的完整形态。

第13章释义

子问公叔文子于公明贾,曰:"信乎? 夫子不言,不笑,不取乎?"

公明贾对曰:"以告者过也,夫子时然后言;人不厌其言。乐然后笑,人不厌其笑。义然后取,人不厌其取。"

子曰:"其然? 岂其然乎?"

[注释]

公叔文子:公叔,是姓氏,名发(又做"拔"),文子是其谥。公叔文子是卫献公之孙,卫国大夫,也是吴国公子季札所称卫国六君子之一。"适卫,说蘧瑗、史狗、史鰌,公子荆、公叔发、公子朝,曰:'卫多君子,未有患也。'"(《左传·襄公二十九年》)

公明贾:姓公明,名贾。卫人,卫臣。

夫子:对公叔文子的尊称。

人不厌其言:人,不定代词,意为他人。厌,钱穆解为"苦其多而恶之",甚为精当。不厌,不讨厌、不厌恶。言,言论。指他人不讨厌他有言。

时然后言:时,时候、时机、当时。言,说话。指该说话的时候才说话。

[译文]

孔子向公明贾询问公叔文子,说:"真是这样吗? 公叔文子这位先生平时不说话、不苟言笑、不取予于人?"

公明贾回答孔子说:"这是告诉您这个事的人说得过分了。公叔先生该说话的时候才说,所以别人从不讨厌他的言论;快乐的时候才笑,所以人们不讨厌他的欢乐。该取时才取于人,所以人不讨厌他的索取。"

孔子说:"是这样吗? 真的是这样吗?"

[通解]

上章子路与孔子问答,指出君子成人,必知、廉、勇、艺兼备。这是一般的说理。本章则以具体的人物为例来说明知、廉、勇、艺四者何以可能言行适宜,取之有度。

——

本章记录的事可能发生于孔子游国适卫期间,拜访卫臣公明贾,打听卫国六君子之一卫大夫公叔文子的行状和性格。

公叔文子是卫国的贤达,此人生卒不详,但孔子适卫时,估计公叔文子或已过世。《左传》记载卫灵公三十一年(公元前504年),鲁定公侵犯郑国,欲占取其匡地,去时不向卫国借路,返回时阳虎却要让鲁军过卫都中,卫灵公甚是愤怒,派弥子瑕追赶鲁军。当时已告老的公叔文子坐车去见灵公,劝灵公不要效法阳虎,卫灵公乃止。所以,孔子向公明贾打听公叔文子,是慕其贤达之名。

孔子向公明贾打听公叔文子,重心放在他的性格上,如此贤达者竟有**"不言,不笑,不取"**的怪性格。孔子不相信贤达名士有这种性格,因为性格有些近乎神人。孔子不信有圣人,自然更不信有神人,因而要求其实,故有一问。

公明贾告知孔子,这是别人言过其实,真实的公叔文子是"时然后言,人不厌其言。乐然后笑,人不厌其笑。义然后取,人不厌其取"。但孔子仍然不完全相信,因为虽然这符合孔子的君子慎言、有度和取之有道的要求,但他仍然将信将疑。所以才有孔子发出"其然?岂其然乎"的疑问。

二

本章中,孔子与公明贾的对话,表达两个方面的基本思想。

首先,通过公明贾讲述公叔文子的言行,突出**中正**的思想。中正的思想,具体为两个方面:第一是时中的思想,即说话合时。说话合时,就是当说才说,不当说就不说,这是慎言的基本要求。第二是适度的思想。公明贾讲公叔文子三个"不厌",从三个侧面突出公叔文子的适度生活方式和处事方式,这种适度思想刚好吻合孔子克己节制的限度思想。

其次,通过孔子问及公明贾所言,突出孔子**质疑的**精神,这是"信而好古"的孔子的考信精神的内核:质疑精神的核心思想是耳听为虚,眼见为实。由于公叔文子已不可见,只有通过第三者来求证。这种求证最终虽然未得确证,但孔子的这种质疑求实的行为、做法和精神却为弟子赞赏,所以记录下来,最终被遴选进入《论语》。

第14章释义

子曰:"臧武仲以防求为后于鲁,虽曰不要君,吾不信也。"

[注释]

防:地名,是臧武仲的私邑,在今天的山东费县东北。《左传·襄公二十三年》有记载。

求为后于鲁:求,要求。为,作为,意为确立。后,后继。为后,确立为后继。

[译文]

孔子说:"臧武仲以私邑防地为依凭,要求鲁国邦君立他的后代为大夫。虽然说这样做不是要挟君主,我却不相信。"

[通解]

本章内容是孔子继续采用"以事件为本体"的方式,进一步讲述其考信精神。孔子考信精神的基本内涵有二:一是质疑;一是求证。

一

臧氏是鲁国三桓之外的另一个重要家族。臧武仲是臧宣叔继室所生的幼子。宣叔废长立幼,所以臧武仲继其位不合周制。同时,臧武仲又参与了季氏的废长立幼,这样既得罪了季氏长子一族,又得罪了孟氏一族。在季氏与孟氏两大家族的矛盾斗争中,臧武仲丧失立足的空间,遭受来自两个方面的围攻和诬陷,最后只有出逃于邻国邾,然后由邾国回到其封邑防。其以封邑为交换条件,派人向鲁君要求立自己被废之兄回来继承臧氏。得到鲁君的允许后,臧才由防邑逃到齐国。

> 臧孙如防,使来告曰:"纥非能害也,知不足也。非敢私请!苟守先祀,无废二勋,敢不辟邑。"乃立臧为。臧纥致防而奔齐……齐侯将为臧纥田。臧孙闻之,见齐侯,与之言伐晋,对曰:"多则多矣!抑君似鼠。夫鼠昼伏夜动,不穴于寝庙,畏人故也。今君闻晋之乱而后作焉。宁将事之,非鼠如何?"乃弗与田。
>
> 仲尼曰:"知之难也。有臧武仲之知,而不容于鲁国,抑有由也。作不顺而施不恕也。《夏书》曰:'念兹在兹。'顺事、恕施也。"(《左传·襄公二十三年》)

二

孔子考信评价臧武仲,认为这个人很聪明,却不容于鲁,是因为他的作为既不合礼,也无仁。首先,废长立幼,属于"作不顺";其次,得罪被废之人,其行为是"施不恕";最后,以封地为条件要求立家族弟子为大夫,带有以下要挟上的成分。由此三者,造成其逃亡生涯,其实是自取其罪。

进一步讲,聪明,可能说明有才。因而聪明、有才可以做事,但仅是聪明、有才，可能把事情做坏或做坏事。臧武仲的行为和结局说明：聪明、有才者，往往大胆，可能释放出潜在的勇敢，但缺乏仁的滋养，缺少德的规训与引导，就会将自己推向绝境。

通过考信臧武仲之"知"所造成的人生动荡和悲剧性结局，孔子指出（或者告诫弟子），"知"一定要接受"德"的引导，才可充分释放出成己成人的智慧。进一步讲，有知者只有接受德的规训，其行为才可上正途，才可做到子路所讲的"见利思义""见危授命"和"久要不忘平生之言"。所以，德引导才，德才兼备才可克己制欲、勇为当为和终身诚信守诺。

这或许是本章中孔子所要表达的基本思想，这一基本思想诠释了知、廉、勇、艺四者兼备，才可使人成己成人立世。否则，只片面地释放其中某方面的能力，却不能成己，即使为人，则可能害人；如果为政，则可能害政甚至害国。

第15章释义

子曰："晋文公谲而不正，齐桓公正而不谲。"

[注释]

晋文公谲而不正：晋文公，姓姬，名重耳，晋国邦君，春秋五霸之一。谲，诡变、诡诈、奇异。正，中正、正直、正道。

齐桓公：姓姜，名小白，齐国邦君，齐僖公第三子，齐襄公之弟。春秋五霸中第一霸。

[译文]

孔子说："晋文公行事诡异而不遵正道，齐桓公行事中正而不诡异。"

[通解]

孔子学说，可概括为成己成人而立世的君子学说。君子成己是起步，也是手段；君子成人，是努力的方向；君子立世，构成人生奋斗的目标。第十二章讲述君子成人必须具备的基本条件是主体资质和践履能力，从主体资质言，即是孔子所论知、廉、勇、艺四者兼具；仅践履能力论，乃子路之制欲、勇敢和守诺三大实行能力。第十三章求证公叔文子和第十四章评价臧武仲，从正反两个方面阐述知、廉、勇、艺和制欲、勇敢、守诺必须统一于自身，才可以成人立世；反之，则害己害人、害家族和邦国。本章则继之，比较春秋时代曾先后驰骋于霸主舞台的两个邦国君主,晋文公和齐桓公,他们不同国际形象的形成,并不源于才能的大小,而在于德的正与不正。以此进一步证明知、廉、勇、艺和制欲、勇敢、守诺的完整具备,对君子成人成天下(即"立世")的重要和根本。

一

西周灭亡,平王东迁,开启东周,是为春秋。

东周面临两大问题,形成两个时代主题。一是周天子王权衰落,诸侯纷争。二是周边夷族大量入侵。天子王权衰落,诸侯纷争,导致"尊王"的问题,这就是如何维护周天子的权威和尊严。客观地看,尊王问题的出现,本身说明周天子在诸侯面前已经没有权威,只存在尊严问题。周边夷族大量入侵,形成"攘夷"主题。这两个问题构成诸侯纷争合法性取胜的依据和标志。然而,解决这两个问题要靠实力,所以春秋是"凭力气争于朝"的时代,由此出现诸侯争霸的局面。诸侯争霸的合法性旗号是"尊王"和"攘夷"。

在"尊王""攘夷"的旗号下,春秋早期出现五霸,亦称春秋五伯。伯,是古代封爵之名,又称州伯、方伯,乃诸侯之长,由"伯"字音转为"霸"。霸的基本职责是会(联系、联络)诸侯、朝天子。因为周王室权力衰竭,无法控制日益膨胀的诸侯势力,所以权威不在,王权下移,霸,在实际上变成挟天子以令诸侯的合法方式。

关于春秋五霸,有许多说法,比如:

清之《辞通》:齐桓公、晋文公、秦穆公、楚庄王、郑庄公。

清之《鲒埼亭集外编》:齐桓公、晋文公、晋襄公、晋景公、晋悼公。

唐之《史记索隐》:齐桓公、晋文公、秦穆公、楚庄王、宋襄公。

汉之《四子讲德论》:齐桓公、晋文公、秦穆公、楚庄王、越王勾践。

汉之《白虎通·号篇》:齐桓公、晋文公、秦穆公、楚庄王、吴王阖闾。

汉之《汉书·诸侯王表》:齐桓公、晋文公、秦穆公、宋襄公、吴王夫差。

战国之《荀子·王霸》:齐桓公、晋文公、楚庄王、吴王阖闾、越王勾践。

应该说,战国时的《荀子》罗列者更为确信些。这不仅在于生活于战国的荀子与春秋五霸时代最近,而且荀子论五霸是以"信"为基本判断,而信恰恰是春秋社会的基本价值尺度:

德虽未至也，义虽未济也，然而天下之理略奏矣，刑赏已、诺，信乎天下矣，臣下晓然皆知其可要也。政令已陈，虽睹利败，不欺其民；约结已定，虽睹利败，不欺其与。如是，则兵劲城固，敌国畏之；国一綦明，与国信之；虽在僻陋之国，威动天下，五伯是也。非本政教也，非致隆高也，非綦文理也，非服人之心也，乡方略，审劳佚，谨畜积，修战备，齺然上下相信，而天下莫之敢当。故齐桓、晋文、楚庄、吴阖闾、越勾践，是皆僻陋之国也，威动天下，强殆中国，无它故焉，略信也。是所谓信立而霸也。(《荀子·王霸》)

信立而霸，这是孔子评价齐桓公和晋文公之"正""谲"的根本依据和基本尺度。

二

孔子评价齐桓公和晋文公之"正""谲"的价值判断依据是"信"；孔子评价齐桓公和晋文公之"正""谲"的事实依据是"城濮之战"和"召陵之役"。

"城濮之战"是晋文公获得霸主地位的标志。城濮之战是晋文公伐楚，先使诡诈，讨伐楚之盟国卫，引楚救卫，当楚出兵参战，晋文公又诡异地设计"退避三舍"的，最后楚军大败。此役使晋之国威大震，然后在郑国河滨的践土西郊高筑土坛，邀请各诸侯会盟，诡诈地召周天子也来"会盟"。《左传·僖公二十八年》记载了城濮之战后晋文公邀请诸侯和召请周天子会盟河阳的事件。孔子对晋文公这种诡异的"尊王"方式表示不赞同，其理由是："是会也，晋侯召王，以诸侯见，且使王狩。仲尼曰：'以臣召君，不可以训。'故书曰：'天王狩于河阳'，言非其地也，且明德也。"(《左传·僖公二十八年》)

春秋第一个霸主是齐桓公，其功绩是九合诸侯，不用兵车，实现尊王。比如召陵之役，是齐兴师责问楚国为何在两件事上不尊王：一是责问楚国为何不向周王贡献"苞茅"？因为不贡献"苞茅"，周王祭祀时就不能"缩酒"（将酒倒在苞茅上，使其渗化开去，就等于鬼神享用了祭酒）。二是周昭王南巡至于楚而船沉，使"昭王南征而不复"是怎么回事？孔子赞赏齐桓公，是因为他尊王攘夷，将霸置于王下，不仅形式上完全合法，而且实质上也体现正，这就是"正而不谲"。在孔子看来，晋文公却相反，其尊王存在"挟天子以令诸侯"的嫌疑，并且为达霸的目的，不惜行诡道，所以是"谲而不正"。

三

孔子对两个历史人物的评价，意在于宣扬合德的邦交政治思想，即正道思想。在孔子的思想中，正道即是中正之道，或者公正之道。其基本理由是:既然诸侯的邦国都是周之封国,各邦国君都是周之封臣,尊王是天经地义的责任。尊王就是协调、促使、带领各诸侯维护共主周王的尊严和权威,确保天下秩序和安全。这要求必须行中正、公正之道,不能行诡异之道。孔子以为,只有行中正、公正之道,才是真正的尊王;反之,凡是行诡异之道者,是假尊王,实别有野心。

孔子评价齐桓公和晋文公的"正""谲"之道,更在陈述历史事实:自周公分封建制以来,通过不懈的文道和礼制建设,周逐渐成为君子社会,这个社会的基本价值观是中正、忠信。虽然东周天子王权衰落,但整个社会的价值体系还继续发挥维系社会秩序的功能。所以,中正、忠信,构成孔子评价齐桓公和晋文公的最终依据。

第16章释义

子路曰:"桓公杀公子纠,召忽死之,管仲不死。曰:未仁乎?"
子曰:"桓公九合诸侯,不以兵车,管仲之力也。如其仁,如其仁!"

[注释]

公子纠:齐桓公的庶弟。齐襄公卒,公子小白(后来的齐桓公)与公子纠争夺君位,公子小白逼鲁杀死其弟公子纠。

召忽:公子纠的家臣,公子纠被鲁所杀,其自杀殉主以为诚。

管仲不死:管仲,姬姓,管氏,名夷吾,字仲,谥敬,颍上人(今安徽颍上),周穆王后代。桓公元年(公元前685年),管仲任齐相,大兴富国强兵改革,帮助齐桓公成为春秋第一位"诸侯长"。管仲不死,指齐僖公三十三年(公元前698年),管仲成为公子纠家臣,与召忽一道辅助公子纠。召忽自杀殉主,管仲则归服公子小白,被齐桓公拜为相国。

九合诸侯:九,不定量词,形容多次,《左传》记载管仲辅助齐桓公会合诸侯共十四次,《谷梁传》记载管仲辅助齐桓公会合诸侯十一次。合,会合然后协调。指多次将天下诸侯召集在一起协调尊王和攘夷事宜以及解决诸侯之间的利益纷争。

[译文]

子路说:"齐桓公与其弟夺君位而杀死了公子纠,其家臣召忽自杀殉主,但同是家臣的管仲不仅不死,反倒做了旧主仇人的相国。老师你说,这管仲还能算是仁吗?"

孔子说:"齐桓公先后多次会合诸侯,不用武力,这都是管仲的功劳。这就是仁! 这就是仁了!"

[通解]

本章直接承上章"齐桓公正而不谲"展开,评价齐桓公尊王做到"正而不谲",是得益于佐臣管仲之智力。同时,也是对"善人为邦百年,亦可以胜残去杀矣。诚哉,是言也"(《子路》)的诠释:有大德才的君主和辅邦大臣相继治邦,邦国才可得真治而富强。齐桓公与管仲相默契,才创造"九合诸侯,不以兵车"(第十六章)和"霸诸侯,一匡天下"(第十七章)的伟业。

一

本章内容是史论结合,首先是讲述史事:

齐僖公有三个儿子,长子诸儿,次子纠和小白。鲁恒公十四年(公元前698年)齐僖公卒,长子诸儿继位,是为齐襄公。齐襄公荒淫无道,政令不常。纠和小白兄弟二人为避免杀身之祸逃亡国外。鲁庄公八年(公元前686年),公子纠在管仲、召忽陪护下奔鲁;其弟小白在鲍叔牙保护下逃于莒国。公元前686年,齐襄公被连称、管至父、公孙无知等人所杀,公孙无知自立为君。次年,雍廪人袭杀公孙无知,商议重新确立邦君。齐之高、国两家暗地通知小白回国,鲁得消息后亦赶忙发兵护送公子纠回国,并先派管仲带兵堵住莒至于齐的道口,管仲射中小白带钩,小白倒地装死,管仲派人报捷。护送公子纠的军队于是缓慢前进,公子小白却日夜兼程赶回齐国,被高俟拥立为邦君,是为桓公。齐桓公以鲁护送公子纠回国是入侵为借口伐鲁,鲁为解除齐入侵忧患,在笙渎处死了公子纠,并按照齐桓公要报一箭之仇的要求,将管仲押送齐国。齐桓公得管仲,然后拜管仲为相。管仲为相,才有齐国富国强兵的变革,随后齐桓公成为春秋第一霸,更有了几十年的天下无战事的和平、秩序和安宁。这是孔子所讲的齐桓公"九合诸侯,不以兵车,管仲之力也"。

其次是对管仲易主不忠的行为是否仁,做出评价。

这个问题由子路提出,一贯忠勇的子路自然不能理解管仲的行为,所以才有管仲背旧主而事新主是否仁之问。子路的质问基于两个理由:首先,管仲是公子纠的老师,管仲的行为有违师生之义。其次,管仲又是公子纠的家臣,同为家臣的召忽殉主有节,管仲却苟且偷生结新主,这种行为有违主仆之忠。其不义不忠行为算是仁吗? 子路的疑问和困惑,根源于传统的并且也是现实的价值判断方式,这一价值判断方式源于西周建立起来的价值体系,这套价值判断体系又恰恰是孔子传导给他们并在他们的精神世界扎下根来的。

孔子的回答却使子路意外,他并不赞同子路的质疑性看法,并且要打消子路的质疑,为之提出的理由是:管仲之仁,仁在"桓公九合诸侯,不以兵车",全在于管仲的智-力。

二

孔子对管仲之"仁"的评价,与子路心目中的"仁"形成对立。这种对立并不是仁本身的对立,而是仁的内涵的差异。在对待管仲是否仁的评价上,子路关注的仁,是小仁;孔子关注的仁,是大仁。所谓小仁,是人对人的仁,具体到管仲言,是管仲对学生以及作为臣对主子公子纠的仁,当公子纠被杀,行小仁的行为应该是召忽式的。子路质疑和批评管仲不仁,应该成立。因为小仁是基本的人伦,是人人应该做到的日用常行。与此不同,孔子赞赏管仲的仁,是大仁。所谓大仁,是人对邦国、天下、生民的仁,落实到管仲,是帮助齐桓公"尊王"和"攘夷",以实现天下无战事的和平之仁。

管仲的大仁主要体现在两个方面,本章讲了管仲之仁的第一个方面,即为天下太平做出贡献——"桓公九合诸侯,不以兵车",皆因为管仲的努力。由于管仲的努力,天下赢得几十年没有战争的和平。在下一章中,孔子讲述了管仲之仁的第二个方面,即"微管仲,吾其被发左衽矣"。

仅就第一个方面言,孔子为什么认为管仲的努力使天下减少杀戮意义如此重大?不妨看看《春秋》记载二百四十二年间弑君三十六人,亡国五十二个,后期战争规模越来越大。齐国称霸是顺应时势,它的称霸相应地减少了战争与纷乱,让民、人得到安宁。

孔子之所以反对战争,主张文道救世,是因为从根本讲,战争既是摧毁性的暴力,也是泯灭人性的野蛮,更是消解甚至消灭文明的最残酷的也是最直接的方式。孔子基于反战主义和和平主义的基本社会理想,认为管仲治齐赢得天下无战事,探索出可以通过和平方式解决天下纠纷和诸侯争夺的社会方式,这种贡献自然是无与伦比的仁。

第 17 章释义

子贡曰:"管仲非仁者与?桓公杀公子纠,不能死,又相之。"

子曰:"管仲相桓公,霸诸侯,一匡天下,民到于今受其赐。微管仲,吾其被发左衽矣。岂若匹夫匹妇之为谅也,自经于沟渎,而莫之知也。"

[注释]

霸诸侯：霸，是"伯"字的音转；霸诸侯，指成为天下诸侯之长。

一匡天下：匡，本义为方正形态的盛饭器具，有将东西归整起来，使之有形正的功能，由此获得正、匡正的含义。"一匡天下"有二解：一，匡正天下；二，匡天下为一，通俗地讲，是纳天下于一匡之内。根据上下文以及春秋社会史看，前解更确切些。

民到于今受其赐：到于今，指从管仲治齐到孔子生活的当世，其间一百多年（管仲生卒约公元前723年～公元前645年，其治齐四十余年；孔子生卒为公元前551年～公元前479年）。受，接受、享受。赐，给予、赏赐，意指恩惠。受其赐，指享受其恩惠。

微管仲：微，不，没有。意为要不是管仲。

被发左衽：被发，编发为辫。衽，衣襟，指编发左襟，此乃夷狄习俗，意指处于未开化的野蛮生活状况。

匹夫匹妇之为谅：谅，信用。指匹夫匹妇之间的信用是小信用。

自经于沟渎：经，缢。自经，自缢。沟，小水渠。渎，小沟渠。指自缢于沟渎。

[译文]

子贡说："管仲算得上仁者吗？齐桓公借鲁国之手杀其兄公子纠，管仲不为主殉节，反而接受齐桓公拜相。"

孔子说："管仲辅佐齐桓公，统领诸侯，匡正天下，天下之民直到今天还在享受他的恩惠。如果没有管仲，恐怕我们这些人现在都成为夷狄的贱民，依从夷狄的习俗，披散着头发，穿着左襟衣裳。难道管仲就应该拘泥于匹夫匹妇，为可怜的个人小信用而自杀于荒野不为人知吗？"

[通解]

本章与第十五章、第十六章是一个整体，对历史人物的作为及方式予以评价，以此阐述仁的问题。若大胆设想，这三章内容可能分属同一个语境中展开的不同环节。如果属于这种情况，那么孔子讲述此三章内容或有两种可能性：或可能是孔子对弟子一次教学内容的展开，主题可能是修养仁德如何成己、成人、成邦国、成天下，由此涉及齐桓公、晋文公、管仲等人物；也可能是孔子以管仲为典型案例来讨论仁的问题，由此牵涉出晋文公、齐桓公。

概括第十五、十六、十七三章内容，仁的问题，从内涵讲，涉及正、义、忠,但本质上是"惠"。从功能发挥论,涉及人与人、人与邦国、人与天下三个维度。人践履仁指向具体的个人,是小仁;人践履仁指向邦国、天下,是大仁。子贡与孔子问答是子路与孔子问答的继续,它围绕管仲这一历史人物的仁与不仁展开论辩的实质所指,是小仁与大仁的问题。

一

子贡认为,人对人忠、义,就是仁。以此为准则看管仲,其背叛作为学生和主子的公子纠而侍新主的行为,既是不义,也是不忠,这并不应该是仁者所为。孔子反驳他:一个可能对邦国和天下做出大贡献、对文明做出大推进的人,不应该像匹夫匹妇那样为一己之小信义而自缢于沟渎,应该为大仁而舍小仁。管仲之仁,就在于他能舍小仁而行大仁。

孔子之所以认为管仲是舍小仁成就大仁的仁者,因为管仲顺应时代要求,为解决时代社会的根本存在危机和困境奉献出自己特别的智-力,改变了天下的格局和文明的进程。

"信而好古"的孔子非常了解管仲生活的当世面临的危机和困境;这个危机是周天子王权衰落,诸侯忙于兼并、扩大地盘,四周的夷狄民族逐渐强大起来开始入侵华夏,华夏文明面临被灭绝的危险。这个困境是诸侯之间战争不断,兼并之势形成。化解这一当世危机的基本方式是"攘夷";解决这一当世困境的基本方式是"尊王"。这两个方面都需要借助于一个强有力的邦国来实现。齐国,就是因为管仲的辅佐甚至可以说是经过管仲的培养而成为这样的邦国,具体地讲,通过管仲对齐桓公的培养,齐桓公获得当世责任和天下使命意识,自觉地肩负起对外攘夷、对内尊王的责任,而且成功地开辟出一条可行的道路。孔子就是在这样的历史背景和文明发展的双重维度上评价管仲作为之仁的。

上章中,孔子针对子路之问,从管仲如何辅佐齐桓公实现"尊王",维持周天子尊严和天下秩序,消除战争的功劳角度,评价管仲仁。因为这种功劳无论从维护周天子尊严讲,还是从维护天下和平讲,或者是减少天下生灵涂炭论,都体现大仁。本章则从"攘夷"方面讲管仲的大仁:如果不是管仲辅佐齐桓公攘夷,那么整个华夏文明世界将被四周蛮夷蹂躏,文明将全面倒退,所有的人都将沉沦于"被发左衽"的野蛮生活状态。

西周晚期,周王室衰弱,不仅丧失对诸侯的控制,更对周边蛮夷之族扩张和侵扰无能为力,最终为犬戎灭亡。东周在这种状况下重建起来,已经没有应对四周强悍夷狄民族侵扰的能力。

东方曰夷,被发文身,有不火食者矣。南方曰蛮,雕题交趾,有不火食者矣。西方曰戎,被发衣皮,有不粒食者矣。北方曰狄,衣羽毛穴居,有不粒食者矣。中国、夷、蛮、戎、狄,皆有安居、和味、宜服、利用、备器,五方之民,言语不通,嗜欲不同。达其志,通其欲:东方曰寄,南方曰象,西方曰狄鞮,北方曰译。(《礼记·王制》)

据《左传》等史料记载,东夷主要分布于今山东、安徽、江苏一带;南蛮主要分布在今东南沿海以及湖北、湖南、四川、陕西汉中一带;西戎分布在今天陕西、甘肃、山西、河南一带;北狄主要分布在今山西、河北、山东一带。西周灭亡,东周衰弱,犬戎大举进攻。春秋初期这一生存状况,史伯回答郑桓公的问话做了很明确的表达:荆、蛮、戎、狄遍布于以雒邑为中心地带的华夏民族周围,形成残酷的领土争夺和财物抢掠:

桓公为司徒,甚得周众与东土之人,问于史伯曰:“王室多故,余惧及焉,其何所可以逃死?”史伯对曰:“王室将卑,戎、狄必昌,不可逼也。当成周者,南有荆蛮、申、吕、应、邓、陈、蔡、随、唐;北有卫、燕、狄、鲜虞、潞、洛、泉、徐、蒲;西有虞、虢、晋、隗、霍、杨、魏、芮;东有齐、鲁、曹、宋、滕、薛、邹、莒;是非王之支子母弟甥舅也,则皆蛮、荆、戎、狄之人也。非亲则顽,不可入也。其济、洛、河、颍之间乎!是其子男之国,虢、郐为大,虢叔恃势,郐仲恃险,是皆有骄侈怠慢之心,而加之以贪冒……周乱而弊,是骄而贪,必将背君,君若以成周之众,奉辞伐罪,无不克矣。”(《国语·郑语》)

西周在这种状况下灭亡,原废太子宜臼被诸侯拥立为王,建立起柔弱不堪的东周,既没有能力解决日益猖獗的夷敌之患,更没有实质的天子权威,攘夷尊王成为春秋诸侯争夺霸主(即诸侯之长)的两大主题,管仲相齐而使齐桓公“九合诸侯,不以兵车”,成为春秋第一霸主,就是自觉肩负起攘夷尊王两大任务,交出两份很好的答卷。这两份答卷书写出一个巨大的“仁”字。

二

孔子盛赞管仲仁,是因为在他看来,大动荡之世,凡能使天下太平的人,能使文明保存和发展的人,都应该是仁人。管仲使天下太平,使文明保存和发展,自然是“如其仁,如其仁”的仁人。《孟子·告子章句下》中发挥孔子对管仲的这一评价:

葵丘之会,诸侯束牲,载书而不歃血。初命曰,诛不孝,无易树子,无以妾为妻。再命曰,尊贤育才,以彰有德。三命曰,敬老慈幼,无忘宾旅。四命曰,士无世官,官事无摄,取士必得,无专杀大夫。五命曰,无曲防,无遏籴,无有封而不告。曰,凡我同盟之人,既盟之后,言归于好。今之诸侯皆犯此五禁,故曰,今之诸侯,五霸之罪人也。(《孟子·告子章句下》)

更重要的是,"管仲既任政相齐,以区区之齐在海滨,通货积财,富国强兵,与俗同好恶……俗之所欲,因而予之;俗之所否,因而去之"①。管仲从自然主义人性论入手,探求富国强兵、保存文明和维护天下正道的正确道路,是富民教民。管仲以此提出"富民,教民,敬神明"三大治邦方针,应该是中国历史上最激进的民生主义治邦方针。这一治邦方针包含了,不仅在孔子看来,即使在今天仍然具有巨大价值的三大思想:一是"**藏富于民**"的民生民权思想,这一思想的政治实践路径是:欲强其兵,必先富国;欲富其国,必先富民;欲富其民,必须实施"与俗同好恶",即"俗之所欲,因而予之;俗之所否,因而去之"。二是"**刑省罚寡**"的育民思想,即刑罚的目的不是惩罚,不是统治和管制,而是育民化愚的不得已方式和手段,是教民"仓廪实而知礼节,衣食足而知荣辱"的辅助方式。所以,刑罚必重而达到"禁罚威严"的治理效果,但实施是"刑必须省,罚必须寡"。三是有"**信仰地生存**"的思想,即在富民、育民基础上,引导民获得信仰,这就是"敬神明"。两千多年前的管仲,通过审问天赋的人性,深彻体悟到信仰对文明保存发展、社会秩序建构及其恒久展开的根本作用。没有信仰的社会,终不可享有持久的富裕与平和;没有信仰的文明,终不可久远。

如上三者,是管仲辅佐齐桓公实现尊王和攘夷的邦国治理所体现出来的属于那个时代最激进、最前沿、最先进、最具有继承和发展空间的思想、理想和实践成就。这一伟大的思想、理想和成就,整体地构成管仲之大仁,是那个时代任何人都无法比拟的伟大。这就是孔子对管仲何以如此以"仁"赞不绝口的历史原因,也是孔子盛赞管仲"如其仁,如其仁"的真正原因。

第 18 章释义

公叔文子之臣大夫僎,与文子同升诸公。

子闻之曰:"可以为'文'矣。"

---

① [西汉]司马迁:《史记》,上海,上海古籍出版社 2015 年版,第 189～190 页。

[注释]

公叔文子之臣大夫僎：公叔文子之"文"，是谥号。臣，指公叔文子的家臣，其名为僎。大夫僎，指经公叔文子引荐而成为卫国大夫。

与文子同升诸公：升，晋升。公，公朝。指原为家臣的僎与主人公叔文子同在卫朝堂做官。

[译文]

公叔文子的家臣僎，因为公叔文子引荐，做了卫国大夫，与公叔文子同朝为官，平起平坐。

孔子听说这件事后说："公叔文子这个人确实可以配得上'文'的谥号。"

[通解]

表面看，本章与前面诸章无关联，究其实，仍然是在讨论君子之仁。第十七、十八章从为政者**治邦经世**角度讲如何为仁，以管仲舍小义成就大义为例。本章以公叔文子不论地位尊卑，以德才为准则举荐家臣同朝为官为例，说明仁是舍个人小利（包括名誉、身份等）和私欲，邦国之治举贤不避亲疏、不讲尊卑的大义，亦是仁。

一

人死后，赋其"谥"号，以示对死者生前某个方面的突出才能、贡献或卓越品质的追认。谥法，据说出于周公《谥法解》："唯周公旦、太公望开嗣王业，建功于牧野，终将葬，乃制谥，遂叙谥法。"但根据"谥法解"其名，谥法的产生可能更久远，亦是远古先民所发明。《谥法解》曰"谥者，行之迹也；号者，功之表也；车服者，位之章也。古者有大功，则赐之善号以为称也。是以大行受大名，细行受细名。行出于己，名生于人。名谓号谥同上。"这是对从政者一生的最后工作，即为他生前所做的一切做盖棺定论，使之依序进入历史。所以，君王或大臣死后，新主都要会朝议给予一个谥号。谥号要符合死者的实际，虽也有过分夸誉或有意贬损者，但这毕竟属个别，就整体言，谥号之于死者，大体切合实际。

按周礼制，无论周天子、邦君以及大臣，死后都需定谥号，这是古代朝政固化的日常工作，没有必要特别关注。但孔子偏偏对公叔文子的谥号产生兴趣，一定别有考量。

　　子贡问曰:"孔文子何以谓之文也?"子曰:"敏而好学,不耻下问,是以谓之文也。"(《公冶长》)

　　谥法是古礼,周又形成定制。自然成为士君子学礼必须了解的内容。于是有了善于发问的子贡问谥。子贡问谥,不是立于一般,是对具体对象之"谥"的质问而展开。子贡问卫国大夫孔圉死后何以被谥之为"文"? 信古好礼的孔子自然给出正确的解答:孔圉生前勤勉好学,不以向年轻人或身份比自己低的人请教为耻,不断提高自己文质彬彬的修养和德性。所以被谥之为文。

　　从这里可以看出,"文"之谥号与文德相关。但本章中孔子考信卫大夫公叔发被谥为"文"是否名实相符的依据,是公叔发引荐家臣与自己同朝为官,与自己进出朝堂平起平坐,不记己推贤之功,孔子认为这是君子美德。

　　表面看,孔圉之谥"文"与公叔发之谥"文",二者之间似乎没有同构性。但其实不然。敏而好学、不耻下问,是自觉修养,修养的是德性,德性的内涵却是仁。仁的敞开,既是情感,更是认知,但首先是视野广阔和胸襟廓大,能容人容物。公叔发引荐家臣同朝做官,同为大夫,进出朝堂,平起平坐。既需要视野,更需要胸襟,但首先是认知和服务邦国的公心,因为,为政的基本职责之一是发现、举荐人才,使国中人尽其才。这是孔子为政的基本思想,公叔发引荐家臣同朝为官的行为以及将此视为本职、不以为功的姿态,恰恰符合孔子的标准。所以,赢得孔子的认同。

二

　　孔子对公叔文子举荐家臣同朝为官的行为,不仅在于考信或求证公叔发谥号为"文"是否名副其实,或许在于表达如下思考:

　　首先,为官不仅要廉,更要公,这就是公而忘己。

　　其次,为官公而忘己的实际性努力,是克己。克己面临的最艰难的方面不是利欲,而是面子、身份、地位。孔子从公叔发引荐家臣同朝为官的行为,表面看来容易,其实很难,没有大胸襟,没有超强的公心驱动的克己力量,不能做到;即使做到了,没有强大的内在修养和德性、理想和人格,让家臣在朝堂上与自己平起平坐,共论朝政,也是难以处好其平等关系和情感的。

　　以此观之,本章在最深刻的维度上突出的主题,与前面诸章同:在孔子看来,公而忘己是古往今来一切贤臣、所有真君子必备的品质、胸襟、理想、视野、德性智慧和德行力量。公叔发举荐家臣同朝为官,忘己推贤之功,管仲为解决时代危机和社会生存困境背负背叛旧主、图取功名的恶名,这是更难做到的事。或许,《论语》编纂者将此章附于孔子与子贡论辩管仲仁否之后,则获得反衬与突出管仲大仁之难能可贵的效果。

第 19 章释义

子言卫灵公之无道也。

康子曰:"夫如是,奚而不丧?"

孔子曰:"仲叔圉治宾客,祝鮀治宗庙,王孙贾治军旅,夫如是,奚其丧?"

[注释]

康子:鲁国大夫季康子。

夫如是,奚而不丧:如,假如、既然。夫如是,既然是这样。奚,为什么。丧,丧失、沦丧,指丧失国政、败亡国家。

仲叔圉治宾客:仲叔圉,孔文子,卫国大夫,有外交才能,擅长接待宾客而主外交政务。

祝鮀治宗庙:祝鮀,字子鱼,卫国大夫,精通礼仪,擅长于宗庙祭祀,是卫灵公的太祝。"子曰:'不有祝鮀之佞,而有宋朝之美,难乎免于今之世矣。'"(《雍也》)

王孙贾治军旅:王孙贾,卫国大夫,擅长于军事。

[译文]

孔子与季康子谈及卫灵公时,说卫灵公昏昧不行正道。

季康子说:"既然这样,卫国为什么没有败亡呢?"

孔子说:"因为卫国有三位贤臣总理国政。大夫仲叔圉负责外交政务,接待宾客;大夫祝鮀管理宗庙,负责祭祀方面政务;王孙贾负责治军,统帅军队。有如此贤臣治邦,卫国怎么会败亡呢?"

[通解]

邦国兴亡,在于为政者有仁德和治邦才能。仁德与治才集于一身,就是贤。贤人为政治国,国必安和兴。管仲治齐,有齐桓公贤君。卫灵公"无道",有仲叔圉、祝鮀、王孙贾等仁德治才兼备者执掌政务,故不亡。以此说明邦国兴衰的主体性条件,是人。这是第十七章至于本章的基本主题,同时也构成本篇的主题。

一

从时间讲,孔子与季康子品评卫灵公的事件,应该发生在孔子从卫回鲁之初季康子问政。由于卫与鲁相邻,雄心勃勃欲振兴弱鲁的季康子自然关心卫国朝政,孔子前后在卫国居住了近九年,自然了解卫国。孔子为人谨言慎行,并有一条规则,不言所居国家朝政。但孔子已是暮年,估计自己也不可能机会再到卫国了,并且卫灵公已死好几年了,所以才无所顾忌地评价卫灵公"无道"。康子反问他两个问题:第一,既然卫灵公无道,为什么没有人反对他? 他还继续在位。第二,既然卫灵公无道,为什么卫国不败亡? 孔子说那是有贤臣扶助。然后指出卫国有仲叔圉主外交,祝鮀主内政,王孙贾治军旅。这三驾马车协调运作,卫灵公虽然无道,但国家机器运转却正常。

孔子之答,呈现古代邦国政治的基本框架和政务运作模式。

邦国政治的基本框架,由外交、内政、军旅三大部分构成。只要这三个方面有贤人治理,且此三位大臣能无私奉公,协调配合,国家会秩序井然,健康运转。

邦国运作的模式是邦国朝政方式,对邦君言其具有相对独立性,这种相对的独立性来源于周王朝的封建体制:这种体制的关节点有二:一是邦国由天子赐封,所封之邦与君,既可世袭,也可被中央王朝即天子剥夺;二是封国治理的大夫需由天子直接任命,由此形成大夫执国政的相对独立性,这种相对独立性形成天子对封国监控的有效方式。在周天子王权日趋衰弱的情况下,大夫执国政的相对独立性不仅得到保持,而且更有强化倾向。在这种运作模式下,邦君贤、大臣也贤,就形成最强大的邦国势力,推动邦国迅速壮大发展,齐国成为春秋初期第一霸主国,就是齐桓公与管仲结成这种强强联手的运作模式。但只有邦政的运作仍然掌握在执政者(相国、上卿)手中,才能充分发挥其功能。如果君主昏庸或荒淫,只要执政大臣及统领朝政官员强,朝政运作的三驾马车步调一致,国家照样正常,只是缺少宏图远志。只有当君主昏庸、荒淫且大臣也贪婪自私时,国家才生内乱,且必然败亡。

孔子之如此总结卫国不败亡的秘密,其实是为季康子执政鲁国提供一经验性参考,同时他也以一种潜在的方式告诫季康子:要想将鲁国治理好,必须选择好外交、内政、军旅这三驾马车的主事大臣。除此之外,是不是借此还对季康子有所期待,可能也不排除。孔子一生追求入仕实现自己文道救世的理想,虽然按常人看来其年事已高,但对于思想家孔子自己来讲,并不认为为邦国效力存在年龄障碍,然而季康子以及鲁哀公,毕竟只是常人,并不理解孔子的心思和期待。

二

本章最重要的一个维度,是孔子对卫灵公的评价,也体现一定程度的主观性。孔子回答季康子之问,认为卫灵公不被赶下台、卫国没有败亡的原因是有"仲叔圉治宾客,祝鮀治宗庙,王孙贾治军旅"。但这个答案本身潜伏一个问题:仲叔圉、祝鮀、王孙贾这三大贤臣是由谁挑选出来的? 是由谁任用的? 如果卫灵公真的昏庸、荒淫,这三位贤臣为什么不顺应国人要求将其赶下台? 或者卫国国人为什么容忍卫灵公继续在位置上祸害邦国? 要知道,封建制度本身使国人(邦国贵族)对邦君具有很大的制约权力,在孔子生活的当世,邦君被国人驱赶下治台或驱赶出境的情况经常发生,卫灵公为何能被国人容忍他一直"无道"?

当这样来思考时,可能会发现孔子如此评价卫灵公有些主观片面,或者带有某种个人情绪。回返到孔子去鲁国,第一站是卫国。可能不仅因为卫与鲁比邻,因为卫与鲁之间还有曹的间隔,真正最近的邻国是曹国,孔子为什么不选择曹而选择卫? 孔子进入卫地而感叹卫国"庶矣"(《子路》)是在赞美卫灵公执政有方。一个国家,邦君执政有没有方,首先是人口兴不兴旺。在春秋时期,人口众多是国家富裕和强盛的基础,人口兴旺,表明经济发展。经济发展,与政策相关,与制度相关,与社会秩序相关。以此来看,卫灵公并不是不行正道的君主,至少不是完全无道。

另外,在孔子游国生涯中,卫灵公是对孔子最好的邦君,孔子第一站是卫国,一到卫国,卫灵公就准备以卫国大司寇的待遇聘用他,但因为卫灵公与南子夫人同车招摇过市,让孔子的车驾随后,孔子为此感到羞耻,于是自己收拾行装走了,并且还给卫灵公戴上一顶"好色"的帽子。其实,孔子为何不从另外的角度看,这是卫灵公对他的特别礼遇。孔子由于本人的问题放弃大好的前程,匆匆离开卫国。一年后孔子再度到卫国,卫灵公兴奋得亲自到郊外迎接"卫灵公闻孔子来,喜,郊迎"(《史记·孔子世家》)。卫灵公虽然没有给孔子正式官职,却给了他很好的安顿,一住就是三年,直到卫灵公卒,孔子因避卫内乱之祸才不得不离开。

以此观卫灵公,其为邦君并非完全无道。当然,从古礼角度讲,卫灵公与南子夫人同车,却让孔子随后的做法,确实是有违礼道。除此,孔子以无道评价卫灵公,似有点发泄卫灵公不用他的情绪。从这个角度看,孔子有礼、求实是一方面,但也时有其情境性的个性和偏颇。《论语》编纂者将这些真实的材料收录,可能正是要为后人留下最真实的孔子:真实的孔子是立体的、开放性的,也是有个性和局限的。

第20章释义

子曰:"其言之不怍,则为之也难。"

[注释]

言之不怍:言,说话。怍,惭愧、说大话。言之不怍,即大言不惭。"夫轻诺者,必寡信;多易,必多难。"(《老子》第六十二章)

为之也难:为,行为、作为,意为做事。难,不易。指难以做到言行一致。

[译文]

孔子说:"说话大言不惭的人,往往难以做到言行相合。"

[通解]

本章与上章,在内容和主题上存在着一种隐蔽的关联性。本章的内容很可能是孔子评价卫灵公"无道"时引发出来的。邦君之道是治道。邦君主一国治道,落到实处时,同样要从言行两个方面展开。所以言与行一致,或者"先行其言而后从之",同样构成有道无道的判断依据。

一

对思想者言,思想始终存在于常识和生活之中,对生活和常识从不疲倦地省思,就是思想的生成。对于经验主义思想家孔子言,日常生活和常识,成为他创造开放性的"思想范式"的不竭源泉。

孔子说卫灵公无道,可能不仅在于他好色,更在于他言行不一。因为孔子第一次适卫,卫灵公许以他大司寇待遇。但因为卫灵公"好色"的缘故,孔子离开卫国。不到一年的时间,孔子又回到卫国,虽然卫灵公亲自到郊外迎接,但孔子在卫一住三年,却不再提大司寇待遇之事了,也没有得到启用。孔子可能为之不能释怀,言与行的问题总是成为他不断省思的对象。这,或许是本章与上章内容的隐秘关联。

二

孔子从生活经验和生活旁观两个方面省思言与行,提出许多有关言行的严肃思想。"言之不怍,为之也难",揭示说话与做事的反向关系:从正面讲,"先行其言而后从之"(《为政》),自然能做到言行一致;从反面讲,擅长说话,且不惭于大言,往往难以成功实行。

"言之不怍"其"为之也难",表现为两个层面。一指擅长于说大话的人,实行能力较差,往往难以做成必为之事,所以言之不怍者往往是空想家。二指喜欢说大话不脸红的人,本质上不知耻,这种类型的人很难与之交往,因为这类人只知说得好听,不顾能否践履,从根本上缺乏信诺。从这个角度讲,言之不怍者往往是寡信者。

进一步理解,孔子关于"言之不怍,为之也难"的判断,包含两个很重要的基本思想,即从言到行、从说话到践履,能否达成内在的一致性,涉及两个根本的人德问题:一是耻,二是信。言之能行,言之行成,其根本的主体性条件,一是要知耻;二是要讲信诺。反之,养成"言之不怍,为之也难"的性格和行为方式,自然缺乏知耻之心,没有信诺的意识与自我要求。

作为普通人,形成"言之不怍,为之也难"的性格和行为方式,其影响有限,且遭受危害最大的是自己,然后是与之交往者。对为政者言,其影响和危险却涉及一个地方或整个邦国。从根本讲,为政者如果"言之不怍,为之也难",就是一种政治败坏,他直接造成公信力丧失,会像传染病那样带动整个社会不耻、无耻和不信。这是孔子说卫灵公无道的深度理由:对为政者言,"言之不怍,为之也难"本身就是一种无道方式,而且在孔子看来是根本的无道。

第21章释义

陈成子弑简公。
孔子沐浴而朝,告于哀公曰:"陈恒弑其君,请讨之。"
公曰:"告夫三子。"
孔子曰:"以吾从大夫之后,不敢不告也。君曰'告夫三子'者。"
之三子告,不可。
孔子曰:"以吾从大夫之后,不敢不告也。"

[注释]

陈成子弑简公:陈成子,名恒,齐国大夫,齐贵族陈僖子的儿子。简公,齐简公。

告夫三子:告,汇报、报告。三子,指执掌鲁国朝政的季孙氏、孟孙氏和叔孙氏。具体地讲,从年代推算,此三者应该是孟懿子、叔孙武叔和季康子。

从大夫之后:从,有二解:一,从前,以前;二,随从,跟随。如做前解,意为从前做过大夫；如做后解，忝列大夫之后。根据已有信史，孔子游国之前未在鲁国朝堂做过官，所以从后解更合史实。

[译文]

齐国大夫陈成子杀死齐简公。

孔子得知此事后，沐浴斋戒上朝，向鲁哀公报告说："齐国大夫陈恒杀害了他的邦君，请求派兵讨伐他。"

哀公说："你向孟懿子、叔孙武叔和季康子三位大夫报告吧。"

孔子退出对人说："因为我忝列为大夫，所以不敢不向邦君报告。邦君却说：'向三位大夫报告去吧。'"

孔子只好向孟懿子、叔孙武叔和季康子三位大夫报告，但他们都不同意发兵。

孔子说："因为我忝列为大夫，不得不向你们报告。"

[通解]

孔子论邦有道无道，从两个方面讲：首先，从君的角度观，邦之有道无道，在于君有道无道；其次，从执政大夫角度讲，执掌国政的大夫有道无道，最终因为君之有道无道。所以，邦君有无治道，才是根本。齐简公私亲大臣，惹来杀身之祸，这是无道之应得结果；执政大夫陈成子因争宠弑君，更是大逆不道。守正统周礼的孔子，自然选择捍卫无道的齐简公而公开提倡讨伐弑君的陈成子。本章实际上承如上各章，揭示无论为君还是为臣，其仁与贤，均源于对道的持守，反之，则是对道的舍弃。

——

陈成子弑其君事，发生在鲁哀公十四年（公元前481年）。

> 甲午，齐陈恒弑其君壬于舒州。孔丘三日齐，而请伐齐三。公曰："鲁为齐弱久矣，子之伐之，将若之何?"对曰："陈恒弑其君，民之不与者半。以鲁之众，加齐之半，可克也。"公曰："子告季孙。"孔子辞。退而告人曰："吾以从大夫之后也，故不敢不言。"（《左传·哀公十四年》）

陈成子弑君，当然是邦国重大政治事件，但这是内政，他国不得干涉。但同时也是一重大人伦事件，因为天下诸侯都是周天子所封，其封对象大都是姬姓子弟，具有血缘关联。所以周天子与诸侯之间的关系，既是政治上的从属关系，又是血缘关系。按周礼法，周王室册封的诸侯国中，如有弑君行为,各诸侯可人人得而讨伐之。这是孔子之所以请求鲁哀公讨伐齐国陈成子的弑君暴行的根本依据。当然,孔子执着地请求鲁哀公发兵讨伐之,还是因为职责所在:孔子晚年被季康子迎接回国,不仅给予很高待遇,可能考虑他年高而没有给予他实职,却给了他大夫虚职,还配有大夫专车(《先进》),这是孔子反复讲"以吾从大夫之后,不敢不告也"的理由。

然而,在春秋晚期,臣弑君已是见怪不惊之事,谁也不会在意,并且谁也不会因为要伸张人伦正义而损耗国力。这是鲁哀公不愿意为的事,也是孟懿子、叔孙武叔和季康子不愿意为的事。由此呈现孔子的理想主义和鲁之持国之君及执国大臣的现实主义之间的矛盾。

二

孔子一生有两个目标,一是追求以返本开新为方法,以"以仁入礼"为路径,探求文道救世,以实现"习相远"的人性更"相近";二是希望通过出仕当官实现前一个理想。所以出仕做官施治邦家,是他一生的梦想,也是一生的窘迫,更是他一生的遗恨,因为他一生都没有正式当过官。年轻时在鲁国没有这个机会,中年游国,十四年奔波同样没有获得机会,六十八岁回母国,获得国士礼遇,享受大夫身份、地位和待遇。这既给孔子尊严,也算是对孔子学问人格的敬重。一生梦想当官且一生没有当成官的孔子,却很严肃地看待这个荣誉的虚衔,一方面体现孔子对官职的重视,另一方面体现孔子凡事认真的德性。

孔子得知陈成子弑君的消息,沐浴斋戒上朝,以表明对此事的看法,认为天下最大的事件,是必须要对弑君者予以严惩不贷。由此可以看出孔子维护礼法的强劲心理动力,更可体会到孔子坚决守护既定社会秩序使之免遭破坏的决心。他以为自己的想法和行动、要求和建议,一定会引来朝野重视,但令他沮丧的是:首先在哀公那里吃了闭门羹,哀公将此事诿推给三大夫。孔子满腔的人伦正义全没了,只说出"以吾从大夫之后,不敢不告也"。本来是绝对的积极主动,在这里变成了"不得不告"的被动。孔子所没有想到的是,自己这个没有任何实权的"大夫"原来根本不是那么回事,所以面对哀公的闭门羹而很不自信地说出那句"不敢不告也",除了暴露出迂腐,还有就是从一个侧面展示孔子在具体情境中的过分谨慎与木讷。

当然,最重要的是孔子本人不识时务:春秋晚期,天子失官,学在四夷,陪臣执国,这正在成为基本的政治格局。正是这种政治格局才导致弑君弑父的行为被视为正常。但具体地看,鲁国的国政并未掌握在哀公手中,而是在大夫手中。孔子要哀公发兵,哀公即使想如孔子所愿,也无发兵的决定权。孔子重复要求哀公做出决定,是为幼稚。

另外,鲁哀公也聪明,叫孔子向三大夫汇报,以此看看自己这三位大臣如何反应,如果接受孔子的建议,说明他们还有基本的人伦意识和君臣观念,如果他们不赞同孔子的建议,那表明自己的"三大夫"也可能是陈成子一路货色。三大夫当然没有想到这是在接受考试,本能地拒绝了孔子的要求,孔子当然没有想到,三大夫之认为"不可"的真实想法或许是:邦君就应该听执政大夫的,如果不从,废除或消灭掉他是理所当然的事。

本章或许蕴含更深刻的思考:一个时代,其变是必然的,并且,变化一旦发生,就不可逆转。孔子以纯朴的文明方式捍卫分崩离析的社会秩序和权力结构,是为徒劳。或许,孔子通过此事深刻地意识到这种徒劳,最终耗尽了心血,熄灭了平生所有的期望,只能遗憾地离开人世。

第 22 章释义

子路问事君。

子曰:"勿欺也,而犯之。"

[注释]

事君:事,侍奉、服务、对待。指服务君主。

勿欺:欺,欺瞒、欺骗。指不要欺瞒。

犯之:犯,侵犯、冒犯。指犯颜规劝,或冒犯直谏。

[译文]

子路求教怎样对待邦君。

孔子说:"对待邦君,不要欺骗,但可犯颜直谏。"

[通解]

本章与上章主题相贯通,上章以齐陈成子弒君,孔子请求发兵讨伐乱臣为例,从反面讲述事君之道。本章则以子路与孔子问答,正面说事君之道。

一

子路问如何事君,孔子回答虽简单,却明白地表达了君子的事君之道有二:一是坦诚真实;二是坚持原则。

坦诚真实,指凡事不要隐瞒,不要欺骗,据实相告。陈成子弒君,孔子以"吾从大夫之后,不敢不告也"的方式,体现真实真诚的事君原则。在孔子看来,不据实相告,就是欺君。欺君是有违人臣之道,是为不忠。

坚持原则,是以事实为准则,以具有普遍的、共守的道理、真理为指南。

事君坦诚"勿欺",是要使邦君了解、知道真相,知道事情的本来,使邦君治邦得以全面把握、正确判断,为决策避错。

事君坚持原则"而犯之",是要使君主避免错误、避免过失,也是为帮助君主克己节制,凡事有限度,行为有规范,事事成榜样。

二

孔子提出"勿欺""犯之"的事君之道,可概括为忠诚之道,也可说事君之道是对邦君的忠诚之道:"勿欺"即是诚;"犯之"则是忠。

但是,孔子以坦诚真实和坚持原则为基本规范和要求的事君之道,并不是无原则、无边界、无规范要求,因为孔子"勿欺"和"犯之"的事君之道建立在**君臣道义**这一政治框架基础上。如果君臣之间是一种臣属关系,而不是道义关系,根本不可能做到事君"勿欺"和"犯之"。

以此来看,孔子所讲对邦君忠诚,不是愚忠,是有绝对条件要求的忠诚:首先,只有"君使臣以礼",才有"臣事君以忠"(《八佾》)。其次,邦君必须是有道邦君。所谓有道邦君,就是必须明白事君"勿欺"和"犯之"为贤臣的正确事君之道。如果邦君是无道邦君,其"犯之",亦有边界,那就是"不可则止"(《先进》);进而,可"卷而怀之"(《卫灵公》)。所以孔子倡导为政忠诚于邦君,是以邦君有道为基础的。

第 23 章释义

子曰:"君子上达,小人下达。"

[注释]

上达:向上通达,意为追求高雅、高明、高尚。

下达:向下追求,意为汇入俗行、庸俗、下流。

[译文]

孔子说:"君子向上追求仁德和公道,高明和高尚;与此相反,小人向下追求利欲与满足、俗行与庸俗。"

[通解]

从主题关联性观,本章是对前两章的拓展和深化:第二十一章讲小人为政,以利欲为准则,为达到私己目的,可以弑君弑父;第二十二章对比讲君子为政,以道为准则,事君必"勿欺"和"犯之"。本章则概括上两章主题,揭明小人、君子事君取向不同的根本动力机制。

一

孔子论君子,从不同方面讲了很多,但可以归纳为两个层面:一般君子论和政治君子论。一般意义上的君子,以**义**为导向;政治意义上的君子,以**正**为导向。

以义为导向,君子上达,是追求仁德,探求真知。

以正为导向,君子上达,是追求中正,探求公道。

君子追求仁德,实现成己;君子追求公道,实现成人。君子上达,是通过成己从而成人,这一向上探求的过程,既是领悟人理与天理统一的过程,也是获得高雅、高明、高尚的过程。与此相反,小人下达,没有分类学的意义,就是以利为目的,以欲为动力,追求私利最大化。因而,小人追求感觉快乐和物质占有,追求利欲满足和无止境的渴望。所以,小人下达的必然方式是俗行,这种俗行越是向下求,就越会陷入庸俗甚至下流不齿。

二

"君子上达,小人下达"之"达",即到达,亦有指向、诉求等含义。这里的"上""下"均是动词,意"向上""向下":"上达",指向上诉求或达到;"向下",指向下诉求或达到。

君子和小人是两类人,其区别不是阶级、阶层的区别,也不是身份、地位或学问方面的区别。在孔子的世界里,小人与君子一样,往往同处一个阶级或一个阶层,都有身份、地位和学问,其区别是人格、品阶方面的。孔子从人格、品阶入手,对君子和小人的人生目标和生存诉求两个方面予以价值取向的判断,指出"上达"是君子关注的,"下达"是小人关注的。这里以比较方式突出君子的独特性:孔子用"上达"与"下达"来比较君子小人在取向上的根本不同,呈现孔子理解君子的深刻性。这种深刻性恰恰在于由此揭示形成君子人格、品阶的德性——比如"仁德""公道"——的动力机制是什么。孔子认为,君子与小人在如上方面的根本区别,不涉及智商高低的问题,但从根本上涉及认知,涉及思维,因为人的思维和认知的本质内涵是其思想和价值取向。虽然这些方面的内容孔子没有具体讲,但根据整体语境看,其"上达"与"下达"涉及的内容,应该包括思维、认知、价值诉求等方面。君子上达,指君子的思维—认知视野和思想—价值取向是向上的,即向上追求道;反之,小人的思维—认知视野和思想—价值取向是向下的,即向下追求利。

三

孔子认为,人可能生而知之,但他认为自己只是学而知之。学而知之的认知论思想,呈现对人的存在敞开的基本看待:人在原本上是一生物存在者,以此出发到成为人,实际上是从无知到有知、从无知之物到能知之人的过程,进而再向前敞开,则是从小人到大人或者说从小人到君子,再继续上升可达至神性的人这样一个由下而上的求"达"过程。结合其后"下学而上达"一章内容看,君子上达还蕴含更为深刻的一层含义,即君子上达以致其道,亦不能忽视下学,因为君子追求上达之道,是从"下学"而来:唯有下学,才可上达。并且,下学的功夫越深,上达致其道的可能性越大。

> 古之教人必以学,学必教之以道,道有上下,其形而上者,道也;其形而下者,器也。君子上达,知其道也;小人下达,得其器也。上达者,不私于我,不役于物,故曰君子学道则爱人。下达者,知义之不可犯,礼之不可过,故曰小人学道则易使也。(苏辙《论语拾遗》)

苏辙所论深悟孔子的"达""学"思想。从思维-认知视野和思想-价值取向看,君子与小人的区别,不在于单纯的向下或向上的区别,而是小人只注目于下,单一地追求下达,缺乏由下而上的提升;君子之成为君子,不是不下达,而是从下达起步追求上达,或可说从形下起步追求形上。并且,君子并不是无私,不是不利己。因为有私、利己是人之本性,也是生命存在的必须条件。小人沉醉于私与己,以私与己为目的,并无限度、无节制。君子以利己为起步,有限度和节制地有私,这种限度和节制的必须要求其求利符合道,用孔子本人的话讲,"富与贵,是人之所欲也,不以其道得之,不处也。贫与贱,是人之所恶也,不以其道得之,不去也"(《里仁》)。有私必有道,利己要达道。这个道之于个人生活践履层面,是道义;之于社会或者说政治践履层面,是仁德-公道。之于思想、精神层面,即是物理、人理、命理。王夫之在《俟解》中将君子如此丰富内涵的由下而上之达概括为"**明伦、察物、居仁、由义**"[1]。王夫之这一关于君子必达的进路,是在形下层面论,也可以说是从君子生活这个层面立论的,如果从形下向形上方向展开,则应该是居仁、由义、察物、明伦、求进、弘道。具体地讲,君子居仁是起点,由是拓展,体现由己之义,或者推己及人,然后再拓展开去,察物、明伦。察物,是超越生活功利了解物理;明伦是觉悟人物之理、人天之理、人与命之理,

---

① (清)王夫之:《船山全书》第 12 册,长沙,岳麓书社 2011 年版,第 478 页。

这就由形下上升到形上,以此求进,再向前就是弘道。向上求进,必成高明,必得博雅,必获悠远;君子每日求进高明、博雅、悠远的过程,就是弘道的生命进程。

第 24 章释义

子曰:"古之学者为己,今之学者为人。"

[注释]

学者:学,探求不知、未知。指探求不知、未知的人。

为己:为,作为、运用。指使自己有所作为,或运用于自己使之获得改变。

为人:人,他人。指对他人有所作为,或作用于他人使之改变看法、态度。

[译文]

孔子说:"在古代,人们求知是为将所获之智、所明之理、所悟之道用来改变自己,提升德性和德行。但进入当世,人们求知是为将所学用于炫耀、取悦于人。"

[通解]

与民相对的劳心者,无论君子还是小人,都要求"达"。求达之于人,存在上下取向。这种区别源于人的自我类分,它与学-习相关:后天之学-习的实际动机与取向,构成人"上达"或"下达"的根本动力。从这个角度讲,君子、小人,都是学仁之所铸和习礼之所成。这是本章与上章之间的根本语义关联。

———

《论语》开篇是"学而",这种编排并非随意,恰恰是编纂者精心考量的有序安排的呈现。由此道出"学而"之于人、之于社会、之于文明的重要和根本,也道出孔子学说的真正精髓:学,是人的天命。孔子对这种天命的完整表述是:

> 生而知之者上也,学而知之者次也,困而学之,又其次也。困而不学,民斯为下矣。(《季氏》)
>
> 我非生而知之者,好古,敏以求之者也。(《述而》)

学而时习之,不亦说乎? 有朋自远方来,不亦乐乎? 人不知而不愠,不亦君子乎? (《学而》)

人的群化存在,既有等级,也有品级。但无论等级还是品级,都与学直接关联。孔子甚至认为,学铸造了人的等级,也铸造了人的品级,前者体现为人与民的区别——"困而不学,民斯为下矣":民之所以终身为民,祖祖辈辈为民,是因为困而不学。后者体现为君子与小人的区别:小人之学,一是学而为人,二是学而向下,抑或向下而学;与小人不同,君子之学,一是学而为己,二是学而上达。

二

在这一认知背景下看孔子讲述"古之学者为己,今之学者为人",意在于告诫弟子:

第一,学与不学,区分并决定了人的等级;为什么而学,既区分人的等级,又决定着人的品级。

第二,要澄清为什么而学的问题,实质是"为己"还是"为人"。针对这个问题,孔子考信"学"的历史和拷问"学"的现实而做出判断:学而"为人"还是"为己",构成古今之学的分水岭。然后孔子明确自己的态度:他反对"学而为人",主张"学而为己",理由有二。一是古代的经验:"古之学者为己";二是学而为己,是改变、提高自己,使之由下而上、由小而大,由居仁、由义、察物、明伦到求进、弘道,成为光明正大的君子。反之,学而为人,是将所学炫耀于人、取悦于人,使自己沦为俗行、庸俗、下流的小人。孔子指出,古代社会之所以是君子社会,是因为"古之学者为己";当世之所以礼崩乐坏,是因为君子阶层在迅速解体,君子阶层之所以迅速解体,是因为"今之学者为人"。

"今之学者为人"为何会造成君子这一精英阶层的解体?

这需要理解"今之学者为人"中的"为人",不指为了人而学,而是指将学和学得的东西作为炫耀、提高自己在他人眼中的身份、地位的资本,具体地讲学是为了加深别人对自己的印象或者是为了得到他人的认可、赞赏、盲目崇拜,以使自己高高在上和捞取到更多。所以,"今之学者为人",体现一种实利主义,将求知学问当成达到私欲目的的工具、手段或者说敲门砖。孔子不屑于这种学的姿态,在于孔子认为求知学问永远是充实自己、提升自己,使自己知明达理,行无过,求知学问是自我修炼而将自己成就为不断居仁、由义、察物、明伦、求进、弘道的君子的必为功夫。

"古之学者为己"的历史经验和"今之学者为人"的当世状况,从正反两个方面激励孔子倡导回到"古之学者为己"，认为只有重建"学而为己"的社会认知，才可使今之学者学而为己；只有当"今之学者学而为己"，才可能重建君子社会，实现文道救世的社会理想。

孔子提出"今之学者"应该向古人学习，确立"学而为己"的求知态度、认知方式、学习方法，必须明确界定如何才算是"学而为己"。为此，孔子提出"学而为己"的三大指南：

第一，"志于道，据于德，依于仁，游于艺。"（《述而》）
第二，"兴于《诗》，立于礼，成于乐。"（《泰伯》）
第三，"不怨天，不尤人，下学而上达。"（第三十五章）

第 25 章释义

蘧伯玉使人于孔子。
孔子与之坐而问焉，曰："夫子何为？"
对曰："夫子欲寡其过而未能也。"
使者出，子曰："使乎！使乎！"

[注释]
蘧伯玉：姓蘧，名瑗，字伯玉（约公元前 585 年～公元前 484 年），卫国大夫，也是卫国六君子之一。鲁襄公二十九年（公元前 544 年），吴国公子季札出使卫国，盛赞"卫多君子，未有患也"（《左传·襄公二十九年》）。
使人：支使、使唤。指安排人、派人。
夫子：对年长的蘧伯玉的尊称。

[译文]
蘧伯玉安排人前去问候孔子。
孔子请来者坐下，然后问来者，说："蘧老夫子现在忙什么？"
使者回答说："老夫子每天都在努力减少自己的过失，但做不到。"
使者走后，孔子说："多好一位使者啊！多好一位使者啊！"

[通解]
上章孔子围绕"学而何为？"讲理，指出"古之学者为己"，创造出君子社会；"今之学者为人"，导致君子阶层解体而礼乐崩坏。虽然如此，今之"学

而为己"仍然有土壤,还有时贤的榜样激励。这是本章要表达的基本观点,通过讲述时贤蘧伯玉至老学而不止的事迹来说明此。

一

蘧伯玉之所以被吴国公子季札认定为"卫国六君子"之首,不在于他年长,而在于他的德行与才能。蘧伯玉自幼聪颖过人,饱读经书,能言善辩,性格外宽内直,为人坦诚忠恕,是卫国贤大夫,先后侍奉卫献公、卫殇公和卫灵公三代邦君。

蘧伯玉入仕于卫献公,在卫献公中期成为贤大夫。孔子盛赞蘧伯玉,因其治邦的基本主张和思想与孔子同,他主张为政以德,践履以为政者本人的己正行为去正人和育民。他与孔子有相同的民生思想,为政生涯中始终体恤民生。卫国几经战乱、内讧而仍然立于大国之间,体现"庶矣"的繁荣景象,在于蘧伯玉等大臣的努力。蘧伯玉不仅贤,而且美德。

> 周卫蘧瑗,字伯玉。年五十,知四十九年之非。灵公与夫人南子夜坐,闻车声辚辚,至阙而止。南子曰:此蘧伯玉也。公曰:何以知之?南子曰:礼,下公门,式路马,所以广敬也。君子不以冥冥堕行。伯玉,贤大夫也,敬以事上,此其人必不以暗昧废礼。公使问之,果伯玉也。(《二十礼》)

二

蘧伯玉约比孔子大三十岁,应该算是孔子的长辈。孔子游国由卫回鲁,蘧伯玉已近百岁。但蘧伯玉惜孔子大贤大才,还专门派使者到鲁国来看望孔子。

孔子对来使异常热忱且礼数周到。先给使者让座,然后问寒问暖。重心是关心这位年长的老朋友现在还能做什么。没有想到使者告诉他,他的主人每天都在"欲寡其过"。"寡其过",就是修身;年近百岁的老人,还坚持修身,这让孔子敬仰。但最让孔子感动的是,这位长者不仅"欲寡其过",而且还始终觉得自己"而未能也",这是对自己的高要求。

"寡其过",是有意识地修己,将修己作为生活的内容;"而未能也",是在修己的过程中不断提出新要求。这两个方面均符合孔子君子理想。

另外,使者能够用"欲寡其过而未能也"回答孔子之问,表明来者对蘧伯玉有深刻的了解和理解。来人以低调方式表达主人修己进德不已的君子形象,使孔子对来使称美不已:"使乎! 使乎!"孔子如此称美使者,不仅是使者之智,更是使者之贤,然而使者之智贤,却是主人居仁、由义、察物、明伦、求进、弘道以身作则教化与引导之功。所以,孔子称美使者,最终是称美其主人大贤。

孔子称美来使,是表达一个基本思想:一个人的行为总是在无形中影响着他人,并由此扩展开去,形成更为广泛的边际效应。具体地讲,人的行为,无论是善美行为,还是恶劣行为,总是最先影响他身边的人,使他身边的人的人格、品质、精神、才德受到无意识的塑造。从这个角度观之,人可以改变人,这种改变不是通过说什么、说多说少来实现,而是通过行为本身来感化和影响。

人的行为影响、感化或改变他人,想要获得善美效果,前提是改变自己。改变自己使之善美的不可逆方向,是努力以进向上达,如蘧伯玉那样修身进德不止。

人的言行影响别人,不是刻意追求能达到的,这是孔子批评"今之学者为人"的根本理由。以"学而为人"或者"行而为人"的刻意姿态和刻意方式去影响人,只能适得其反。所以,自然的行为方式才是真正影响人善美的方式,这种自然的行为方式,是"学而为己"和"行而为己"的方式,即以本性本心的姿态和日用常行的方式居仁、由义、察物、明伦、求进、弘道。这或许是《论语》编纂者将孔子讲述自己与蘧伯玉友情的这一善美故事编排于本篇中的此处的深层次的考量。

第 26 章释义

子曰:"不在其位,不谋其政。"
曾子曰:"君子思不出其位。"

[注释]

不在其位:位,职位、官位,包括官阶和品阶两个方面。指不在其官位。
政:政务。
思不出其位:思,思想、思考。指思想、思考不超出位(即身份、职位、地位)的权限。

[译文]

孔子说:"不在其官位上,就不能谋划那个官位所属的政务活动。"
曾子说:"君子的思想、思考不能超出他的身份和职位。"

[通解]

君子必"寡其过"。但在孔子看来,君子寡过的重要方面应该是为政的责任、权限和边界,具体讲有二:第一,君子为政是否完全担当起为官的权位规定的责任? 第二,君子担当为政责任是否超出其权位规定的边界? 如果没有做到前者,是为政"不及";如果是后者,是为政"过犹"。过犹或不及,都不是君子所为:君子为政,必须中正。这是本章与上章的内在联系。

一

孔子之"不在其位,不谋其政"和曾子之"君子思不出其位",几乎所有版本都将其分为两章,但这样划分可能并不尊重最后的编辑者本意。本著之将孔子所言与曾子之言合并为一章,是要理会二者的联系和区别,揭示编辑者编辑的初衷,同时揭示曾子之论与孔子思想的根本不同。

本章记录孔子所论"不在其位,不谋其政",是对《泰伯》第十四章一字不差的重复。将这种重复与曾子所言结合起来看,或可表明两点:

第一,很明显,本章内容应是《论语》在其后修订中增加进去的。按照杨义《论语还原》的考证,《论语》第一次编纂是仲弓主事,时间是"孔子既卒"而众弟子按照殷商古礼庐墓守心孝之初期。第二次修订是在孔门弟子三年庐墓守心孝即将结束前夕,由众弟子推举有若主持完成,然后人抄一本各自散去。第三次修订时间在曾子卒(鲁悼公三十五年,即公元前432年)之后,曾门弟子重修《论语》,此次修订主要增加曾子的许多言论,以"强化曾子传道的当然性"①。可以推定,本章内容应该是《论语》经曾门弟子再修订时加进去的。

第二,孔子论"不在其位,不谋其政"和曾子言"君子思不出其位",原本应该是一个整体,只是后世研究《论语》做章节划分时,才将二者分离为两章。这是因为曾门弟子第三次修订《论语》时,**重复孔子"不在其位,不谋其政",意在于比较地突出**曾子对孔子"不在其位,不谋其政"思想的发展。

本章中对孔子论和曾子言的对比,显出特别的意义来。在本章中,"不在其位,不谋其政"一语并非单纯重复,而是在新的语境中呈现新义。也就是说,本章的"孔子论"和"曾子言"**本身构成特定语境**。这一特定语境敞开对君子从政为官的认知以及由此认知形成的思想的演进,这种演进又以潜在方式无形地影响着后世。

二

孔子所论"不在其位,不谋其政"与曾子之言"君子思不出其位",表面

---

① 杨义:《论语还原》,北京,中华书局 2016 年版,第 10 页。

看是共同论域,二者之间有承传与发展关系。但从实际论,二者的**论域完全不同**。先看孔子所论"不在其位,不谋其政"的论域与重心。

第一,孔子所论的论域是政治哲学之实践论,具体地讲,其论域是君子出仕后应该怎样从政当官。

第二,孔子所论的重心和落脚点是"政",即谋划、实施、完成其"权-位"规定的政务,所以,这"政"也相当于职责,即为官的职务责任。

第三,"不在其位,不谋其政"讲的是为官之道。君子出仕当官应该遵循怎样的为官之道?进而言之,应该怎样作为才是一个合格的官或者好官?孔子指出,为官之道,本质上是**权限之道**,因为每个官位都设定了绝对的权限。**这权限既规定你必须做什么,也规定你不能做什么。**所以,为官的权限之道是"位"与"政"的统一之道,或可说是"位"与"政"的合生之道。一个人的所在官位,决定了你只能做(即"谋")官位权限内的政务,并且必须做好官位权限内的政务。做到这一点并做好这一点,就算是合格的官。做不到或做不好这一点,就违背为官之道,不是一个合格的官。

以此观孔子所讲的为官之道,其凸显两个要点:一是**位决定政**:官位的权限规定了"谋其政"的权限;二是**政实现位**:所"谋"之"政"必须要实现和突出所居之"位"。这是位、政一体和位、政相合相生。

为什么"不在其位,不谋其政"能够实现位、政相合相生?这是因为:为官之"位"象征权,为官所谋之"政"象征责;"不在其位,不谋其政",讲的是**权责统一,权责对等**。为官者,做到权责对等,自然相合相生。

第四,孔子对"不在其位,不谋其政"的为官之道的表述,其实源于对官道历史的深刻领会与理性总结。孔子提出"不在其位,不谋其政",意在于揭示历史上乱政现象形成的内在根源有两个:一是"在其位,不谋其政",这是放任的为官之道,它形成**权力大于责任**,导致权力追逐利益、轻慢责任甚至放弃责任。二是"不在其位,谋其政",这是一种野心主义的为官之道,即**利用手中权力去追逐权力,拓展权位的权力边界,扩张权位之外的权力**。这两种方式都造成乱政,所不同的是:前者以对政务的不作为方式造成乱政,即使政务搁置,或使政务瘫痪;后者以对政务的逾度作为方式造成乱政,即使政出多门,或政序混乱。

三

其次看曾子之言的论域与重心。

其一,曾子所言的论域是生存论的,具体地讲是君子如何成为君子。

这里要区分君子。在孔子世界中,君子应该是治邦安国的社会精英,所以君子的人生目标是当官,社会目标是实现治邦安国。孔子的君子线路是从士君子到位君子。在士君子阶段,重在修德以取位;在位君子阶段,重在以德正位。孔子讲"不在其位,不谋其政"的为官之道,本质上是为官之德,亦属于君子"以德正位"的范畴。

与此不同,本章中曾子所言的"君子",不专指位君子,而包括士君子和位君子在内的一般意义的"君子",但更侧重于士君子。

其二,曾子所言的落脚点是"位"。

孔子所言的"位",是官位,即官职所必有的权位。与此不同,曾子所言之"位"不是官位,而指身份、地位以及由此形成的品位、品阶。

其三,曾子的基本观点是:君子的思想以及君子对问题的思考,不应该超出自己的身份和身份本身所表现出来的品位。

很明显,曾子的"君子思不出其位"的主体是一般意义上的君子,或士君子,或位君子;孔子所论"不在其位,不谋其政"的主体是出仕的官,专指有位、在位的君子。曾子的"君子思不出其位"讨论的是**认知的范围和认知的权限**问题;孔子的"不在其位,不谋其政"讲的是为政当官理政的权限问题。所以,孔子所论**是从政实践论**,曾子所论是**生存认知论**。

其四,孔子所论的"不在其位,不谋其政",意在于强调为官言行的限度性,但并不主张思想、认知的限度性和禁锢性,因为孔子不仅是自由主义者,而且还是激进的自由主义者,比如"雍也,可使南面"或可说明此。曾子所宣扬的"君子思不出其位",是在为认知、思想划出明确的范围,规定明确的边界,分出了权限:思想要符合身份、地位;思考不能超出品位、品阶。这样一来,**给思考和思想套上笼头,形成禁锢,思考和思想也由此丧失了自由**。丧失了自由的思考和思想,或者说符合身份、地位、品位的思考和思想,自然会沦为时俗,与切身的利害同行;在认知和思想领域,追逐势利以及实利之风,也会自然盛行,并历史化地蔓延。

仅从这一点可以看出,曾子的"君子思不出其位"并不是对孔子"不在其位,不谋其政"的为官之道的发展,而与孔子的为官之道思想毫无关联。更重要的是,**他的"君子思不出其位"修正了孔子的自由主义思想,将思想和思考套上"位"的笼头。这应该是对孔子的政治哲学的精髓和为政以德的"中正"灵魂的无形解构**,这种无形解构为汉以来的意识形态专制以及思想罪、文字狱提供了思想源泉和认知依据。这也可能是汉唐以降之风行的**道学崇曾子**的深层次根源。

第 27 章释义

子曰:"君子耻其言而过其行。"

[注释]

耻其言：耻，羞耻、耻辱，这里做动词，以之为耻。

过其行：过，过度、超出、越过。行，行动、作为，或做出实绩。指所说超出所做。

[译文]

孔子说："君子以之为羞耻的，就是所说溢出所做，言过其实。"

[通解]

《论语》编纂者将本章内容置于"思不出其位"之后，可能是为突出曾子"思不出其位"对孔子"不在其位，不谋其政"思想的发展，提供"慎言其行"的依据。但是，曾子"思不出其位"所论的是对思考以及思想的范围规定，要求人的思考、思想不能超出身份、地位、角色，这是规范思维和限制思想的自由。与此不同，孔子"慎言"思想却在强调言说的正确与可实行性，或更准确地讲，是强调正确的言说与行为的一致性。所以，曾子的"君子思不出其位"与孔子的"君子耻其言而过其行"是完全不同的两个论域。本章的内容刚好从另一个侧面**揭示曾子"思不出其位"观念对孔子自由思想的倒退性**。

一

言行，是孔子终身不辍地思考的问题。因为言行涉及君子学说的灵魂，它既构成君子与小人的根本区别，也成为君子"修德取位"和"以德正位"能否成立和实现的依据。君子"修德取位"和"以德正位"能否成立，决定君子"修德取位"和"以德正位"能否实现；君子"修德取位"和"以德正位"能否实现，表征为君子在日用常行中能否真正做到言行相合相生。

言行相合相生之所以构成孔子君子学说的灵魂，是因为君子学说是思考人如何成己为君子的学说。人成己为君子，并不是静态的，也不是可一次完成的，而是基于人是未完成、待完成和不断完成的生存敞开过程。君子也是动态地生成的：人把自己成就为君子，实际上也是一个未完成、待完成和需要不断努力去完成的动态生成的生命进程。君子作为一种活动着的行为和进程，其敞开本身构成一种存在方式、一种生活方法。君子作为一种存在方式和生活方法，所面临解决的根本问题是言与行相合相生。并且，这种相合相生既体现开放性，更体现未完成性。所谓"开放性和未完成性"，指在具体时空点上，每一个行为都是可完成的；但人的存在渗入时间的空间化敞开进程中，任何一个具体行为的完成都打开未完成和需要继续去完成的空间要求性和时间可能性。具体地讲，一个人，在某个时间点上，以及在某个具体的事件作为上，能够成为君子，因为他可能在这一时空点上言行相合相生地做好所必为的这件事。但在下一个时空点上，他能否继续做到言与行相合相生，就不敢主观地先在性肯定，因为那需要此一语境和此件事情中的君子能够成为彼一语境和彼类事情中的君子，必须在坚韧地保持已有的君子德行的同时坚韧地实行，使之在新的语境与条件下继续做到言与行相合相生。对任何人来讲，这是非常困难的。所以，言行问题成为最难解决的问题，或可说，言行问题成为一个不可一劳永逸地解决的问题，只能是一个每时每刻都面临解决的问题。

二

孔子发现言行问题并思考言行如何才可相合相生，不仅基于生活经验，更源于历史理性："古者言之不出，耻躬之不逮也。"（《里仁》）正是基于历史与现实的双重考量，孔子认为言行相合相生的问题，是一个需要每时每刻谋求解决的**常青**问题；并且在孔子看来，导致言行本身成为一个日用常行的常青问题的根本原因，是**言易行难**。

言之所以易，是因为虽然言的生发点、源头也是客观事实，但言的产生和表达，更多地呈现主观性。主观性的言能否与客观性的事实相符合，取决于具有主观性的言以何种方式得来。体现主观性的言得以产生的机制有三：一是感觉偏好；二是理智偏好；三是理性审度。一般地讲，感觉偏好以个性、性情为导向；理智偏好以经验或实利最大化为导向；理性审度以吻合存在本体为导向。由此可看出，无论感觉偏好之言，还是理智偏好之言，往往与其行存在不可弥合的差距，这种差距表征为言过其行或言不及行。只有理性审度之言，才可能最大程度地弥合与行的差距，形成言行相合相生。

进一步看，言与行的关系，实际地构成三种常态性关系，即言过其行、言不及行和言行一致。

言过其行，指言辞大于行动，形成所说超过所做。

言不及行，指言辞小于所行之事的要求，形成所做达不到必做本身的水准。

言行一致，指言辞与行动相合，形成所说与所做相生。

言行一致，是言行相合相生，这是孔子倡导的言行方式；言不及行和言过其行，是孔子一再否定的言行方式，尤其是言过其行，是孔子痛恨的言行方式。

三

如何改变言过其行和言不及行的方式,使言行相合相生,这是孔子长期思考的问题,本章蕴含他寻求到的解决之道。

孔子认为,解决言过其行或言不及行的根本方法,是知耻。在孔子看来,言不及行,是怯懦,怯懦的本质是**自卑**;言过其行,是**虚夸**,虚夸的本质是**妄**、是不诚。无论怯懦的自卑,还是虚夸的妄或不诚,都是君子不齿的东西。当君子以怯懦的自卑为耻,以虚夸的妄或非诚为耻,就可能做到凡事"先行其言而后从之"(《为政》)。

孔子之论"君子耻其言而过其行",不仅包含如上深刻丰富的思想,而且蕴含两个基本的言行相合相生原则。

一是**言行一致**原则。这是言行相合相生的正面原则。言行一致原则的本质规定是言行相合相生。人要成为君子,必须做到言行一致。只有做到言行一致,才配称君子。进而,今天做到言行一致,今天是君子;明天做到言行一致,明天也是君子。在这件事情上不能做到言行一致,那么在这件事情上不是君子。

二是**言行知耻**原则。这是言行相合相生的反面原则。这一原则要求做人必须以言不及行和言过其行为耻辱。凡事能以言不及行和言过其行为耻辱,就可成为君子;凡是在言不及行和言过其行面前不以为耻的人,哪怕他过去是君子,现在也不是君子,而是小人。

第28章释义

子曰:"君子道者三,我无能焉。仁者不忧,知者不惑,勇者不惧。"
子贡曰:"夫子自道也。"

[注释]

君子道者三:道,有二解:一,训由;二,标准、尺度。按前解,"君子道者三"是指人由"不忧""不惑""不惧"三者成就为君子;按后解,"君子道者三",指"不忧""不惑""不惧"是衡量君子的三个标准。根据本章语境,两解同时蕴含。

仁者不忧:仁者,有爱性、爱心、爱情、爱行的人,具体地讲,有恭敬、宽厚、信义、灵敏、惠施德性和德行的人,就是仁者。忧,忧虑、忧怨,指居仁的人不生忧怨。

知者不惑:知者,智者,有独立认知、知识、思想的人。惑,迷惘、困惑。指有独立认知、知识、思想的人不会陷入困惑。

勇者不惧：勇者，勇敢的人。惧，畏惧、恐惧、害怕。指勇敢的人无所惧怕。

自道："自道"之"道"有三解：一，开导、教导；二，目标、准则、尺度；三、表达。根据本章语境，宜从第二、三解，既指成己的目标，也指自我表彰。

[译文]

孔子说："君子有三条标准，我自己也未达到。居仁不生忧怨，明智免于困惑，勇敢无所畏惧。"

子贡说："这是夫子在讲述自己呢。"

[通解]

人要成为君子，必须"耻其言而过其行"。要做到"耻其言而过其行"，必须具备仁、知、勇三德、三能。这是本章与上章在思考主题上的关联性，也蕴含思想生成的内在逻辑。

一

孔子论君子，讲三德目，即仁、知、勇。

仁，讲德性。孔子在这方面讲得最多，但精髓是恭敬、宽厚、信义、灵敏、惠施："子张问仁于孔子，孔子曰：'能行五者于天下，为仁矣。'请问之。曰：'恭、宽、信、敏、惠。恭则不侮，宽则得众，信则人任焉，敏则有功，惠则足以使人。'"（《阳货》）

勇，讲德行。指内在德性释放为外在行为，实现对德性的践履，做到言行相合相生。

知，讲认知。这是知识生成、思想得来的基本方式，也是探求知识、获得思想的基本路径，更是德的认知源泉和动力，也是德性达于德行的桥梁、德性践履德行的指南。

关于"仁、知、勇"，孔子本人有两种排序，第一种排序是知、仁、勇："子曰：'知者不惑，仁者不忧，勇者不惧。'"（《子罕》）这一排序遵循知识、德性、德行三者之间的生成逻辑。人，先有认知、体认，获得成己成人的知识，才可内生品德，获得德性；具有认知、知识、德性，才可驾驭天赋之勇指向行为，实现德行。本章是第二种排序，即仁、知、勇。这种排序与第一种排序不同，在于调换了仁与知的位置，将"仁"置于"知"之前，意在突出"仁"对知、勇的涵化、导向、规范功能。

孔子为何要如此调整序位？这是因为不同语境下所论的出发点、侧重点和落脚点不同:"知者不惑,仁者不忧,勇者不惧"的序位结构,是从认知出发,侧重强调认知对仁、勇的生成性;从生成建构角度讲,知对仁和勇都能发挥其巨大功能。

因为,只有修己以得仁,并且修己以成仁,才可去忧、无忧;只有修己以知,且达到"知之为知之,不知为不知,是知也"(《为政》)的认知境界,才可真正知;只有通过修己达到真正的知,才可最终去掉所有的困惑、迷惑。从根本讲,人之困惑、迷惑不仅源于思维和认知本身,更源于利欲的鼓动,真正地去困惑、迷惑,必须去过度的利欲。所以,从根本上去掉私欲、私利,才进入真正的知,也是真正的智。知者无惑,亦即智者无惑。在孔子看来,使人不惑的核心之"知"有三个方面至关紧要,即知命、知礼和知言,因为"不知命,无以为君子也;不知礼,无以立也;不知言,无以知人也"(《尧曰》)。

反之,仁与勇对知的生成建构功能,就显得很弱。"仁者不忧,知者不惑,勇者不惧"的序位,却是就此三者对君子功能的发挥角度论,侧重强调仁的涵化性导向和知对仁、勇的生成性贯穿。

二

本章是孔子概论关于君子何以为君子。君子何以为君子的问题涉及两个方面:一是君子成为君子的构成条件;二是君子成为君子的评价标准。孔子认为君子的构成条件就是评价、衡量君子的标准,衡量、评价君子的标准也就是君子的构成条件。使之合二为一的那个东西,就是仁、知、勇。只要具备这三者,就是君子。只要用这三者去衡量人,就能辨别其人是否君子,其事合不合于君子。

从衡量君子的标准角度,孔子说自己还没达到君子要求。所以"君子道者三,我无能焉",既是孔子自谦,也是实情。

所谓自谦,是因为孔子是大智者,并拥有博大仁性、仁心、仁爱,不然,不会有"其为人也,发愤忘食,乐以忘忧,不知老之将至云尔"(《述而》)的自我评价。关于勇,"子畏于匡"的泰然自若最能表现之(《子罕》)。

所谓实情,是说孔子一直将君子视为未完成、待完成、需要每日努力去不断完成的人生过程。在这一过程中,昨天做到君子,今天不一定是君子。在这件事情上展现出君子品德、君子风采,并不等于在所有的事情上都能展示出君子的高明、高雅、高尚。孔子说"君子道者三,我无能焉",就是基于此的自知之明,体现孔子对人性的深刻认知,对变动不居的生活和变化无穷的利欲的精微体认。

三

在孔门中,最崇敬和忠诚于孔子的是子路,最了解孔子的是子贡。

当孔子完整地阐述"君子"构成和"君子"标准后,聪慧的子贡说,这就是老师您的自白。

子贡之言"夫子自道也"有三层意思。

首先,子贡指出,"仁者不忧,知者不惑,勇者不惧"是老师一生的追求。或曰,老师一生努力都在追求成为"仁者不忧,知者不惑,勇者不惧"的君子。子贡还告诉人们:"仁者不忧,知者不惑,勇者不惧"构成孔子"一以贯之"之道。

其次,子贡说,我们的老师已经达到"仁者不忧,知者不惑,勇者不惧"的君子标准,进入了君子境界,成为君子的楷模。"太宰问于子贡曰:'夫子圣者与?何其多能也。'子贡曰:'固天纵之将圣,又多能也。'"(《子罕》)

再次,子贡对孔子自道为"仁者不忧,知者不惑,勇者不惧"甚是赞同,由衷地赞赏,所以才如是说"夫子自道也"!

第 29 章释义

子贡方人。

子曰:"赐也贤乎哉?夫我则不暇。"

[注释]

方人:方,有二解:一,诽谤、讥评;二,比方人物,较其短长,近似批评义。《论语》中的子贡,有开朗的性格、空阔的视野、灵机的思维,不应有诽谤的恶习,所以将"方"理解为诽谤自然不合孔子本义。子贡是孔门最优秀的弟子之一,其"学而"深得孔子喜欢,而且子贡不仅善于发现问题、善于提问,更善于对人的了解,其心商、情商、智商都属一流,这样的人不会随便与人计较,更不会随便与人争高低、比长短。孔子问子贡其与颜渊孰好学孰聪慧,子贡答曰:"赐也何敢望回。回也闻一以知十,赐也闻一以知二。"(《公冶长》)由此可为一证。孔子之后,世人以为他超越了孔子,子贡总是不断阐发其师孔子的"日月之辉"是世人难以企及的(《子张》),这更能说明子贡的心胸的博大、广阔、高远,远胜过孔门其他同门。以此观之,第二解也不合孔子说此话的本义。方,应做比较、评价、品评讲。方人,指品评人物。

不暇:暇,闲暇、空闲。不暇,本义为没有空闲。本章喻不及或无法企及。

[译文]

子贡喜欢品评人物。

孔子说:"赐啊,真是很贤能。在有些方面是我所不及的。"

[通解]

上章讲"君子道者三",本章承之以"我则不暇"的比较方式评价子贡"方人"之贤,来说明何为"仁者不忧,知者不惑,勇者不惧"。

一

邢昺疏曰"'子贡方人',谓比方人也。子贡多言,尝举其人伦以相比方"。故"此章抑子贡也"(《论语注疏》)。其后,朱熹将此观点推向极端:"比方人物而较其短长,虽亦穷理之事,然专务为此,则心驰于外,而所以自治者疏矣。故褒之而疑其辞,复自贬以深抑之。"(《四书集注》)朱子之论的本意是崇孔子,但其解孔子"赐也贤乎哉?夫我则不暇"语是"故褒之而疑其辞,复自贬以深抑之"的评判,恰恰是贬损了孔子,在朱子笔下,孔子的人格显得如此的卑琐,心胸如此狭窄。

钱穆注"赐也贤乎哉?夫我则不暇"时有一问:"一部《论语》,孔子方人之言多矣,何以曰夫我则不暇?"钱穆此问之问得极好在于:第一,孔子"方人"无数,为何要反感他最欣赏的弟子子贡"方人"呢?按"物以类聚,人以群分"的自然法则,在方人这一点上,孔子与子贡,真是师生"相得益彰"啊。孔子何以要通过"自贬以深抑"弟子子贡呢?第二,后人(包括钱穆本人)将孔子"赐也贤乎哉?夫我则不暇"之"暇"理解为"闲暇""空暇",这种阐释导致孔子之"赐也贤乎哉"与"夫我则不暇"在语义和逻辑上的深刻矛盾和对立,朱熹以"故褒之而疑其辞,复自贬以深抑之"的义理解释,恰恰凸显出这一内在逻辑矛盾和语义对立。

二

本章的本义应该是:第一,孔子讲述了一个关于自己最喜欢的弟子子贡的众多才能中的一大才能,即善于"方人"的才能。这种才能在孔门中,除了夫子本人具备外,就只有子贡具备,除此再无第三者。因此,孔子为有这样的弟子骄傲。联系孔子评价子贡是"瑚琏之器"来看,孔子用"赐也贤乎哉"来高度赞美子贡,是怎样发自内心的骄傲和光荣!第二,孔子通过讲述子贡善"方人"来评价子贡贤,不仅仅因为子贡能"方人",更在于子贡多才多艺和有德,前者体现在子贡不仅擅长于语言,擅长于外交,擅长处理广泛的人际关系,还擅长于理财;就后者论,子贡传播夫子学说、捍卫夫子尊严等方面,都是一马当先、挺身而出。正是因为子贡的有德和多才,孔子才由衷地称美"赐也贤乎哉",并情不自禁地与自己比较了起来,并客观地表述这一比较"夫我则不暇"!"不暇"的本义是没有闲暇。没有闲暇意味着本可以做或做好却因为无时间而没有做或没有做好,做不到。所以,"不暇"可引申为"本该达到而没有达到"或"本该达到而无力达到"。孔子实事求是地说,在某些才能方面,自己是达不到子贡的水平的,比如巧言、擅外交,又比如擅长理财,等等,都是孔子无法达到的,也没有时间和精力去训练达到。

孔子称美子贡,并对比自己之短来扬子贡之长,恰恰体现孔子之贤又远远超出子贡之贤。这是为什么说邢昺、朱熹等人之论是在贬损、矮化孔子人格、德性、精神的原因所在。

三

孔子伟大,当然在于思想,但如果撇开人格、德性这一维度,就会大打折扣。孔子伟大,在于他对返本开新的文道救世理想和学说的一以贯之的践履而终身不止、终身不悔,灵魂却是伟大的人格和德性。以此来看《论语》编纂者将本章内容置于"子曰:'君子道者三……'"之后,则颇有深意。孔子说,真正的君子必须是仁、知、勇相合相生,因为真正的君子不忧、不惑、不惧。只有当君子居仁才不忧、明知才不惑、勇往才不惧。子贡说:"老师啊,只有你才符合这三个条件。所以,老师,这是您在做自我评价呀!"

或许,这前后两章原本就产生于一个特定的语境。比如,当子贡说"夫子自道也",则引来众弟子的赞同,大家你一言我一语,不知谁说:"原来子贡和老师一样,也擅长于品评人物。"或许,弟子们的无意之说,竟引发孔子对子贡的重新发现,原来这位"瑚琏"弟子也如自己一样喜欢品评人物得失,子贡的这个能力一下凸显出来获得照亮,于是,孔子生发出感叹之言:"赐也贤乎哉?夫我则不暇。"于是,在场弟子中的有心人将这后两个精彩评价子贡的话语记载了下来,就形成了本章的完整内容。

当然,这种语境还原性设想是否成立,可以存疑,但本章与上章在内容上存在着内在的关联。孔子讲君子成己的第一个条件是"仁者不忧"。孔子发自内心地称美弟子"赐也贤乎哉?夫我则不暇",恰恰体现了孔子大仁,没有患得患失的忧虑、忧怨。无论何人,能够真心称美他人的优点、长处,不仅体现其包容心,更体现仁,因为仁原本就是心存他人。孔子讲君子成己的第二个条件是"知者不惑",孔子称美子贡贤并认为某些方面自愧不如,恰恰体现孔子大知不惑,正是这种大知不惑,才赢得如子贡这样一流人才汇聚在他的周围,而且忠心不渝。孔子说君子成己的第三个要求是"勇者不惧",孔子称美子贡贤并公开表达自己一些方面不如子贡,这是克服心理障碍、战胜人性弱点的最大勇敢,这种大勇是一般人不能达到的。

所以,本章是孔子以"赐也贤乎哉? 夫我则不暇"的方式,来辩证何为"仁者不忧,知者不惑,勇者不惧"。

第 30 章释义

子曰:"不患人之不己知,患其不能也。"

[注释]

患:担心、忧虑。

不己知:指不知己,意为他人不了解自己。

不能:能,能力、才能。指不具备做事的才能。

[译文]

孔子说:"不要忧虑别人不知晓自己,应该常问自己具不具有担当与作为的能力。"

[通解]

善于品评人物,必须具备两个基本能力:一是知人和知事的能力,尤其是知史事史实的能力;二是知己。具备前一种能力,才可有的放矢;具备后一种能力,才可做到客观、无私、中正。比较言之,在品评人物方面,具备前一种能力是基础,具备后一种能力是根本。本章则讲具备这种能力的重要性,以及如何具备这种能力。

———

《论语》中,与本章内容或表述方式相近的有如下四章:

> 子曰:"不患人之不己知,患不知人也。"(《学而》)
> 子曰:"不患无位,患所以立。不患莫己知,求为可知也。"(《里仁》)
> 子曰:"学而时习之,不亦说乎? 有朋自远方来,不亦乐乎? 人不知而不愠,不亦君子乎?"(《学而》)
> 子曰:"君子病无能焉,不病人之不己知也。"(《卫灵公》)

从表面看,《学而》第十六章"子曰:'不患人之不己知,患不知人也。'"在表述方式上与本章相同,内容也与本章相近。但仔细阅读,其表达主题的切入角度、落脚点和重心均不同。前者的切入点是学而成己,后者的切入点是进入社会成人。前者重心落在以"不知人"为患,其基本进路是从"人不知己"到"己不知人";后者重心落在以己"不能"为患,其基本进路是从"人不知己"到"己不知己"。以此比较这两章内容,是从"不患人之不己知"出发,分别讨论两个问题,《学而》第十六章考量"己不知人"比"人不知己"遮蔽更多,危害更大。所以,孔子强调人不知己没有关系,根本是己必须知人。因为,唯有知人,才能识人,才能待人,最后才会与人打交道,才会为政用人。本章则指出,人成己为君子,知人是重要的,但知己才是根本。知己有很多方面,孔子从"仁者不忧,知者不惑,勇者不惧"角度强调知己的核心问题是"知己之能",具体地讲,就是要知道自己在仁、知、勇三个方面有没有能,有多大能,这才是比"人不知己"更根本的成己为君子的问题。

要言之,人不知己,是别人的问题,不是自己的问题。把别人的问题当成自己的问题来患得患失,这不是君子所求,也不是君子所要。相反,己不知人和己不知己,却是自己的问题,并且是必须要解决的根本问题,所以,人要成为君子,必须解决"己不知人"和"己不知己"的问题。

二

本章内容还与《学而》第一章"人不知而不愠,不亦君子乎?"(《学而》)相近。人所患的"人不知而不愠"的"知",既包括知识,也包括知人,更包括知己。所以,其所患的"不知"是一全称判断,要表达的基本思想是:从"知者不惑"角度看,唯有做到知识、知人、知己时,才可称得上是君子,也唯有做到知识、知人、知己,才可达到"知者不惑"境界;唯有达到"知者不惑"境界时,才可促进其居仁,推动其行勇。与此不同,本章强调的仅仅是"知己",并且知己的重心和落脚点放在"知己能"上。以此来看《卫灵公》第十九章"君子病无能焉,不病人之不己知也",主题完全与本章相同,只是表述的方式和语序有所变化,这可能是不同语境所致。

从本章与《卫灵公》第十九章表达的相同主题和内容观,可以说明两点:

在知识、知人、知己三者中,知己才是落脚点,因此《学而》从第一章"学而时习之"到第十六章"不患人之不己知,患不知人也"形成一个从知识("学而时习之,不亦说乎")到知人("有朋自远方来,不亦乐乎")再到知己("人不知而不愠,不亦君子乎")的进路,揭示君子之知的根本问题,是知己;根本的"知者不惑",是知己不惑。但知己的真正前提是知识和知人。

从知识到知人再到知己的最终落脚点是知己之能,简称为"知能"。知能是知己的本质内容,也是人成为君子的主体前提。

既然知能才是人成为君子的主体前提,那么这个"知己之能"的"能"有哪些内涵?"能"字是一个开放性的概念,在孔子的君子学说中亦是,它涉及人成为君子的方方面面,具体表现为人的生活内容有多宽广,君子之能就有多少内涵和构成要素。但孔子将其主要的或者说根本的内容归类为三个方面,即"不忧""不惑""不惧"之能,是人成为君子的根本之能。孔子认为,"不忧""不惑""不惧"之能之于人,需要通过修仁、求知、知耻来养成:人只有不间断地修仁、求知、知耻,才可达到"居仁不忧"、"明知不惑"和"内勇不惧"。

由此不难得知,本章内容与前面第二十八章和第二十九章形成内容的生成性关联。

第31章释义

子曰:"不逆诈,不亿不信,抑亦先觉者,是贤乎!"

[注释]

不逆诈:逆,迎着、预料,意事未至而迎之。诈,欺诈。指不猜测别人行欺诈。

不亿不信:亿,通"臆",揣度、臆想。信,相信、信用。指不主观揣测别人不诚信。

抑亦先觉者:抑,可是、但是。觉,觉察、察觉。指如果人有欺诈、非诚等方面的问题,也能及早察觉到。

[译文]

孔子说:"不主观推测别人欺诈,也不怀疑别人失信,如果临事有人欺诈或失信,也能预先察觉到,这不就是贤人吗?"

[通解]

知己与知人,是"知"的两个扇面,并形成一对辩证关系。上章讲知己之于人成己为君子的根本性,本章则承之讨论知人。对人的非善意的猜测、怀疑、推断,既是不知,也是不仁。反之,心存其仁而知人,则可达到"不逆诈,不亿不信"而具有"先觉"之贤。

一

孔子讲君子之道是仁之不忧、知之不惑、勇之不惧,三者兼备,即为贤。

以此三者为标准,事先推测人将欺诈或失信不诚,既是不知,也是不仁,更是乏勇。反之,不主观推测他人欺诈,不事先怀疑他人失信不诚,就是贤。孔子讲"不逆诈,不亿不信"的坦荡之贤,蕴含如下两个问题。

其一,孔子认为人不能揣测他人欺诈和怀疑他人失信不诚的认知基础是什么呢?

其二,孔子提出人不要主观揣测他人欺诈和怀疑他人失信不诚的生存论态度是什么呢?

要言之,人不能事先揣测他人欺诈或怀疑他人失信不诚的认知基础,是对人性的正确看待。孔子认为,天赋人性在存在论意义上,既不善也不恶,唯有当人性被置于生存境遇中,才产生"相远"的可能性。所以,基于天赋人性非善非恶的中立性,不能事先任意揣测他人作恶,怀疑他人作伪,因为如果是这样的话,就是事先认定人性是恶的。当然,孔子也承认,人因其个体性和谋求生存资源的现实性等条件限制,有可能在后天生存展开的具体生活情境中出现人性"习相远"的情况,产生临事欺诈或失信不诚。一旦如此,这种人性之恶也会在具体的生活情景中得到暴露而被知者提前发现。换句话讲,**居仁、明知、勇行**的人之所以贤,是因为他们具备两方面的能力:一是坦然相信每个人的能力,凡事不事先揣测和怀疑;二是及时发现变动生活关系中欺诈和作伪行为的能力。

二

天赋人性"相近"在生存敞开进程中"习相远"这种现象,揭示人在本原意义上并不是一种确定性存在,而是一种可能性存在。人作为一种可能性存在,可能敞开多种维度,人性向善、向恶,或不善不恶,或亦善亦恶,或且善且恶,或既善既恶……人作为可能性存在,既不能用一种方式来指涉,更不能用一种定义来框架。事先揣度他人欺诈或怀疑他人失信不诚的实质,是以一种先在定论或定义的方式来框架人,这必将构成对人的最大伤害。孔子主张待人"不逆诈,不亿不信",是要弟子明白一个基本道理:凡事承认人作为可能性存在者的各种可能性。

更重要的是,如果按照自己的主观臆想将可能性存在的人强行定义为确定性存在的人,就有可能将人驱赶到恶与失信不诚的道路。因为,根据人"性相近"的存在论朝向和"习相远"的生存论敞开,每一个人都将客观地存在着对人的状态、态度的动态取势,这种动态取势可以概括为:你以什么姿态和方式待人,人会以什么姿态和方式待你。事先主观揣度他人作恶和伪,这种怀疑和不信,也会导致他人对你的怀疑和不信。这种互以为恶、互相怀疑、互不信任的态度和方式,本身表明其人不可能有贤的德性和德行。因而,人要成为君子,难;人沦为小人,易。对社会来讲,这种主观猜测的怀疑态度必然导致每个角落充满互不信任。

这是孔子将"不逆诈,不亿不信"作为辨别人贤与否的方法或者说原则的根本道理所在。

第 32 章释义

微生亩谓孔子曰:"丘何为是栖栖者与？无乃为佞乎?"

孔子曰:"非敢为佞也,疾固也。"

[注释]

微生亩:姓微生,名亩,生卒不详,《汉书·古今人表》作"尾生畮"(畮,古亩字),孔安国注"微生亩"为尾生高。

栖栖:忙碌不安的样子。

佞:善言辞、逞口才。

疾固:疾,憾;固,固执、顽固。

[译文]

微生亩对孔子说:"孔丘,你为何忙碌地四处奔波游说呢？这样岂不成了巧言取媚的人吗?"

孔子回答说:"我哪敢巧言取媚,只是痛恨世俗的固守鄙陋,欲改变它才不得不如此啊。"

[通解]

"不逆诈,不亿不信",既是君子之知,也是君子之仁。因为知之可仁,仁者信人。本章则以微生亩怀疑孔子"栖栖者"而"无乃为佞"之主观猜测和推断,来说明人要做到"不逆诈,不亿不信"虽然很困难,但特别重要。

——一

微生亩大约是春秋晚期的隐士。从他直呼孔子名并且言辞甚倨看,其人应年长于孔子。

在古代,隐士往往看透了社会,痛感时世甚至人类的无可救药而隐退。隐士的隐退行为及其生存方式,既有自保的一面,更求本归根(即自然)而自在生存。春秋当世,与隐士相反的是显士,包括文的显士和武的显士,分别以文(思想)和剑而扬名于世,既有逐功名的一面,更有求改变动荡、颓败社会的诉求。这是微生亩责问孔子而孔子却高调回答的生活背景和认知背景,二人针锋相对的言辞、观点显出来的是不同的存在观和社会观。

春秋的隐士往往是"得道"高人,隐士们本人也自认为是"得道"高人,他们以"世人皆浊我独清"的姿态看待那些奔走江湖的各色显士,往往以居高临下的方式和鄙视的口气与世人交谈,这是隐士们的基本风格。理解这一点,才可理解《论语》中诸如仪封人、石门的晨门、荷蒉者、长沮、荷蓧老人、微生亩等人对孔子的批评和评价。

二

微生亩毫不客气地责问孔子,你这样如丧家之犬忙碌地四处奔波,到底为了什么? 是要通过一张嘴捞取一官半职? 如果是这样的话,你就成了巧言取媚的人。

孔子同样毫不客气地回敬微生亩,我如此奔波不息,并非为了巧言取媚,不过是为改变这个固塞鄙陋的社会而寻求机会和舞台。

隐士是孔子生活当世的"得道"高人,在这些"得道"高人看来,显士们都是俗人。表面看,确实如此,并且很有道理。如果理性审视,则并非如此。隐士们有两个认知取向:一是存在的原子主义取向,这种认知取向是将个人从社会中剥离出来,过一种超越社会的隐逸生活。以此观之,春秋时代的隐士应该是最早的原子主义者。二是生存的利己主义取向,这种认知取向是建立在原子主义认知基础上的,将个人的逍遥自在作为唯一标准和最高价值,如果要探讨利己主义的渊源,不能忽略春秋时代的隐士。

由于如上两个方面的取向,春秋晚期的隐士又是当时认知社会、思考历史、反思人类本性最深刻的一群人。但由于他们的原子主义认知方式和姿态,自然形成对同时代显士的批评过于武断、尖刻,甚至偏激和片面,但也在许多方面触及显士们身上的痼疾。比如,微生亩说孔子忙碌奔波,最终不过成为以巧言取媚于世的人,当然太过偏激,但如果观孔子一生努力,尤其是游国的整个经历,又确实夹杂着这样一些成分。以此看孔子之外的显士群体,可能确实存在着不少人属于"为佞"者,其实《论语》从不同方面记载了孔子本人对这类人的严厉批评和谴责,并将这类人归为"小人"。孔子对人之"小"者的归类,并以不同方式严格地区分君子与小人,却是片面、偏激甚至有些狭隘的隐士们不愿意看到的,所以自然不能真正理解孔子之道以及终身以往"一以贯之"的意义和价值。

第33章释义

子曰:"骥不称其力,称其德也。"

[注释]

骥:善马名,即骏马,能日行千里,称骥,又曰千里马。

称:称谓、称道、称扬。

德:德性,指骏马的德性。

[译文]

孔子说:"千里马值得称道的不是它的力气,而是它的德性。"

[通解]

《论语》编纂者将本章内容编辑于上章之后,表面看没有内容上的任何关联,实际上却是在深层语义层面形成宏观解释。这种编辑确实很微妙且精心:从本章内容观,可以看成孔子以"骥"为喻,对自己何以"栖栖"而不"为佞"予以更理性的回答。我孔丘之不同于所有类型的"为佞"小人,是因为有返本开新文道救世的理想并将其化为一以贯之的人生追求,至死不渝。

一

上章中,隐士微生亩责问孔子四处奔波忙碌,仅凭一张嘴游说,是以巧言取媚于社会。言下之意是:你孔丘无论多么富有魅力地花言巧语,都无法改变这个以力相争夺的社会。本章却借骏马之喻予以反驳。

对于骏马,在常人眼里,值得称道的是它能日行千里,并且认为骏马能日行千里,是因为它天生的力气。孔子却认为这种看法只是表象:骏马之所以为骏马,不在于它日行千里之力,而在于它日行千里之德。

骏马虽然是骏马,毕竟只是畜牲,何德之有?并且,骏马即使有德,其德又是什么呢?郑玄以为,骏马之德就是其"调良"。邢昺疏之曰"骥是古之善马名,人不称其任重致远之力,但称其调良之德也。马尚如是,人亦宜然"(《论语注疏》)。何谓调良?就是训练使之按照主人意愿尽性尽力。以是思路观之,骏马之德体现在两个方面:一是能接受主人的训练,并按照主人的意愿方式改变、提高自己;二是以尽性尽力方式为主人服务,即将以日行千里的方式为主人服务作为自己的存在理由和生存方式。

二

"马如是,人亦然",孔子言骏马之德以喻人。在本原意义上,人也不过如骏马一样乃自然之一物。人本于自然,实为一生物,其天赋的本性所释放出来的野性,如骏马没经过训练一样。由未经过教化和文明滋养的自然人组成人以力与堕落的社会相搏,也不过如一群没有接受训练的野马一般呈现有力却无德的盲目。反之,人之成为人,能仁爱相亲地存在,所凭借的不只是力,而是德。在孔子看来,德,无论对于马来讲,还是对人来讲,都是后天训练的成果。天赋有日行千里资质的野马,要成为骏马,必须接受人的训练;天赋有互搏资质的野人,要成为人,同样需要接受训练,这个训练就是教化。教化野性的人,使之从互搏中走出来仁爱相亲地生活,这不是力所能解决的,而需要文明和思想来化育才可实现。微生亩对孔子的责问,在这里丧失了意义与价值:用准确的言去传播文明和思想,使之发挥化育的功能,有何"佞"可言呢?

孔子之喻的重心尚不在这里,在于通过骏马有德之喻来阐明人何以可能成为君子的根本道理,这就是力与德的关系内蕴的存在之道和生存之理。

力,既指天赋蛮力,也指智力。德,是仁、爱、责的合生力量。孔子认为,人人天生有其力,但力并不意味着对人完全有用,相反,有时候,力反而成为害。要将人之所拥有的力变成无害的益,需要对力加以调节,即训练或教化,使之获得仁、爱、责的滋养,让力朝着无害有益的方向尽性释放,这是力与德的一体。

三

孔子所喻人之马,不是一般的马,而是千里马。孔子以千里马喻人,不是以千里马喻常人,而是喻王公贵族大臣这一类资质天赋优异的群体。以千里马喻王公贵族大臣,是要表达什么呢?这需要理解千里马。所谓千里马,一是指天赋其马有日行千里之脚力;二是指能够完成日行千里之劳动。因而,以千里马喻王公贵族大臣,是说具有引导和主宰社会资质的王公贵族大臣,要担负起引导和造福社会的责任,并愿意尽性尽心尽力地为之劳动和贡献,需要驭者对他们予以德的感化与训练。

孔子以千里马喻王公贵族大臣,以千里马"不称其力"而"称其德",来隐喻化解社会矛盾、解决礼乐崩坏以及转变"以力搏胜"的社会方式,应该放弃"以力服人""以力施治"的模式,探求"以德服力""以德施治"的思想,体现孔子反对暴力、反对战争"为政以德"这"一以贯之"的追求。这种追求可表述为孔子自谓驭"骥"者:孔子一生"栖栖"然之努力,不过是寻求"驭骥"的舞台而不知疲倦,不知"老之将至矣"。

第34章释义

或曰:"以德报怨,何如?"

子曰:"何以报德? 以直报怨,以德报德。"

[注释]

或:有的,指有的人。

怨:怨恨、仇怨。

报:回报、报答。

直:正直,本章中指对等的方式。

[译文]

有人说:"用恩德来报答仇怨,如何?"

孔子说:"为何要以恩德报仇怨呢? 应该以正直回报怨恨,以恩德报答恩德。"

[通解]

上章讲德与力,指出力既可是天赋的体力,更可是后天开发的智力。但无论哪种力,只有接受德的化育与牵引,其释放才可产生无尽的"益"。因为力象征天然、象征强力、象征野性与暴虐;德象征教化,象征文明,象征仁、爱、责的合生。由此使力与德既可分离,更可合一,其前提条件是教化。本章拓展开来,讲德与怨。怨即是怨恨、仇恨、仇怨,是力之不达形成的异化诉求。所以,怨是力自然释放被迫扭曲的个体性情感认知及价值诉求态势。以此观之,上章讨论力与德的一般问题,本章讨论力与德的特殊问题。

一

怨与德,是相反对的范畴。从自然角度讲,怨属于"力";从道德角度观,怨属于"恶"。以此观之,怨与德的上位范畴是力与德;怨与德的下位范围是恶与德。

1092

如何看待怨与德，本质上是如何看待恶与德。这是理解本章内容的关键，也是理解孔子何以要采取如此方式处理怨与德的关键。

如何看待怨与德，孔子指出至少有两种看法：一种是流行的看法，一种是自己的看法。

孔子概括流行的看法，是用恩德回报怨恨。孔子虽然只以"或曰"方式表述，就思想史观，这种观点可能属于老子的思想。"大小多少，报怨以德"（《老子》第六十三章），"善者，吾善之。不善者，吾亦善之"（《老子》第四十九章）。孔子不赞同这种怨德互动模式。他亮出自己的观点，认为正确对待怨德的方式有两种：一种是以正直回报怨恨；一种是以恩德回报恩德。

孔子为什么不赞同"以德报怨"这一对待怨德的方式？他没有说，但根据上下文可以理解到，以德报怨，表面看是在扬德，或者以恩德感化怨恨，但实质却是放纵怨恨，让怨恨合理化。这种做法造成的可能结果是怨恨横行。因为怨恨本质上是恶的具体表现形式，让怨恨横行实际上是让恶横行。由于恶释放的是无限度的利欲，恶的横行必然造成德的萎缩和羸弱。社会最后被野性张狂的力所主宰，秩序必然加速崩解，礼乐必然消亡。这或许是孔子反对以德报怨的根本考虑。

孔子主张以德报德、以直报怨。这里的"直"，指不弯曲、不倾斜、中正、对等。以直报怨，就是以**对等方式**回报怨恨。这里的"对等"，既包括施予与回报的方法、手段相同，也包括内容、数量、程度、结果等方面的对等，比如施予与回报造成的伤害对等。所以，无论以德报德，还是以直报怨，都在**突出对等性**。这种对等折射出来的基本诉求是中正、平等、公道。

在孔子看来，只有中正、平等、公道的"报"——无论用恩德报答恩德，还是用怨恨回报怨恨——才可能发挥敬德、崇德的效应，形成和强化敬德、崇德的价值取向。所不同的是，以德报德，是以报恩的方式引导人们敬德、崇德，产生敬德、崇德效应；以直报怨，是以惩罚怨恨、仇恨的方式规劝人敬德、崇德，同样产生敬德、崇德效应。

二

孔子主张以德报德和以直报怨，具有不同实践功能。

以德报德，是以恩德的方式报答恩德，这种德报方式，是**美德**的德报方式。美德的德报方式，是既无限度也无规范的德报方式，对被报者来讲，也没有要求性，完全是报者自己的意愿与自由。

与此不同，以直报怨，是以子之矛还子之盾的回报方式，这种回报方式的本质是惩罚，是规训，是使伤害别人的行为主体受到同样伤害的教化方式，所以是以恶制恶。这种以直报怨的方式虽然是必须的，但必须有限度、有规范,有严格的量与度的要求。如果其回报在方式、量、度方面超出怨恨者造成的伤害,那就不是规训、惩戒的德,而是新的恶。所以,只有在如此严格意义上,以直报怨才算是德。并且,以直报怨,只能是道德。

仅一般论,美德可以无边界。道德必须有严格的边界。这个边界是"中庸",即中正、公道。本章中,这个边界是"直"。从内涵讲,这个"直"是中,是正,是对等、平等、公道;从边界讲,这个"直"是度。美德无度,道德有度,这是因为美德不需要容忍,道德却需要容忍,容忍始终有限度。从根本论,道德容忍的限度,就是道德的边界:从正面讲,是直;从反面讲,是怨。所以,以直报怨揭示人间道德的限度。从容忍限度角度讲,孔子"以直报怨"不仅是一种道德行为方式,更是一种道德行为原则。孔子对待阳货的态度和方式,就是他践履"以直报怨"原则的典型案例:"阳货欲见孔子,孔子不见,归孔子豚,孔子时其亡也而往拜之,遇诸途。"(《阳货》)孔子拒绝见孺悲,也应该是以如此的"以直报怨"的做法:"孺悲欲见孔子,孔子辞以疾,将命者出户,取瑟而歌,使之闻之。"(《阳货》)当然,遵循"以直报怨"的原则,有限度地运用"以直报怨"方式去惩罚恶行,也可以起到和解的作用。因为,以直报怨,就是按照规则、法则来报怨,不是以仇恨报仇恨,是消解仇恨的一种方式。

第 35 章释义

子曰:"莫我知也夫!"

子贡曰:"何为其莫知子也?"

子曰:"不怨天,不尤人,下学而上达,知我者其天乎!"

[注释]

莫我知:莫,不。知,认知、了解、理解。莫我知,即莫知我,指没有人理解我。

不怨天,不尤人:怨,怨恨、报怨。尤,埋怨、责备。

下学而上达:下,地上、人间。下学,指通人事之学。上,天上。上达,通达天道之学。

[译文]

孔子说:"有谁能理解我? 没有人理解我啊!"

子贡说:"怎么没有人理解您呢? 您在什么意义上说没有人理解您呀?"

孔子说："不抱怨天，也不责备人，精通人间正道的智识，并从中领悟天命、达于天道的至深道理，了解我这些方面智慧及其努力者，大概唯有高高在上的天了！"

[通解]

上章讲德怨关系，提出"以直报怨"和"以德报德"的中正原则。本章则以自述方式，揭示"怨"何以产生。孔子告诉子贡，怨产生于不仁不知；尤其是不知，因为不知才形成偏见；由于不仁，才不容忍。《学而》第十六章"不患人之不己知，患不知人也"，实际上是处理"人不知"的化怨方式；本章论"不怨恨"的同时却提出处理"天不知"的化怨方式。

一

以德报德，以直报怨，既是人间法则，也是天道法则。领悟人间法则，不责备人；领悟天道法则，不报怨天。但孔子的这些领悟没有人了解、理解，所以孔子不得不感叹。

孔子如此感叹，应该是其晚年对人生领悟或生存心境的表达：孔子晚年不断遭遇死亡的折磨，首先是独子孔鲤本没有突出才能，已令他失望，但晚年孤独最需要陪伴时却先他而去（《先进》）；其次是他精心树立起来的听话好学的典范颜回也随之亡故（《先进》）。也是这一年（公元前481年），另一个弟子司马牛死于悲惨境地①；次年（公元前480年），子路亦死于非命②，应验了孔子关于子路"短命"的预言（《子路》）。

孔子回顾自己的一生，自认为收效甚微，改进鲁国的政治几乎无任何建树，也从未有过如自己所愿那样塑造过一国成就，最好的弟子已死，在世的弟子没有任何一个有异乎寻常的前程，"他既无望他的诸多思想观念能被实实在在地传给后人，也无望这些思想在现实中能得到有力的推进"③。他面对最信任的弟子子贡表达自己如此失望的心迹，没有人怀疑其真实性。

---

① 司马牛致其邑与珪焉而适齐。向魋出于卫地，公文氏攻之，求夏后氏之璜焉。与之他玉，而奔齐。陈成子使为次卿。司马牛又致其邑焉，而适吴。吴人恶之，而反。赵简子召之，陈成子亦召之。卒于鲁郭门之外，阬氏葬诸丘舆。（《左传·哀公十四年》）

② 季子将入，遇子羔将出，曰："门已闭矣。"季子曰："吾姑至焉。"子羔曰："弗及，不践其难。"季子曰："食焉，不辟其难。"子羔遂出。子路入，及门，公孙敢门焉，曰："无入为也。"季子曰："是公孙也，求利焉而逃其难。由不然，利其禄，必救其患。"有使者出，乃入。曰："大子焉用孔悝？虽杀之，必或继之。"且曰："大子无勇，若燔台，半，必舍孔叔。"大子闻之，惧，下石乞、盂黡敌子路。以戈击之，断缨。子路曰："君子死，冠不免。"结缨而死。（《左传·哀公十五年》）

③ ［美］顾立雅：《孔子与中国之道》（修订版），高专诚译，郑州，大象出版社2014年版，第61页。

二

本章内容语义丰富且深奥悠远。因为孔子在本章中所述，或许是他晚年对自己的思想自传的总结。在这一思想的自我总结中，最重要的一个方面，是孔子自道学问智慧得来的秘密。孔子在自道其秘密时亦流露出一种自得，并把这种自得感神秘化："知我者其天乎"，只有天才知道我的学问、德性、智慧、才华如何得来，也只有天才知道我的学问、德性、智慧、才华形成的方法，以及这种得到与方法运用之间的内在关系。

孔子自道其学问、德性、智慧、才华得来的方法，是"下学而上达"。要理解这一方法，须先理解孔子在这种方法中讲的"下"与"上"的含义及关系。

这里的"上""下"皆相对认知的对象言。在现象层面，本章之"上""下"，是指天上、人间；在实体层面，其"下"乃"形下"之"器"；"上"乃"形上"之"道"。"上"与"下"的关系，是认知中的"道""器"关系。客观论之，人类认知的对象，均存在于"道"与"器"构成的开放生成关系之中。凡物皆有依据自身本性并以此为规范的具体物体、形象，这就是所谓的"器"；与此同时，凡物皆有以自身本性为抽象对象的规范所赋予的意义，即"道"。所以，"道"与"器"皆蕴含于事物之中，构成其内外表里。

"下学而上达"，是孔子总结自身"学而"的方法论，是从事物的具体规范以及依于该规范构成的现象中，体察其抽象的规范以及依此抽象规范所赋予的规律、法则（即义理）。孔子"下学而上达"的学而方法论，运用于"信而好古，述而不作"中，就是**"事件的本体论"**方法，这一方法的运用性敞开，就构成两种具体方法，即"下学"方法和"上达"方法。

"下学"方法是认知对象时通过物体、实体、现象把握而形成该物体、实体、现象的规范的方法，这一方法的展开是感知、观察、归纳而形成经验。

"上达"方法是在"下学"基础上通过具体规范抽象出其中蕴含的普遍法则、规律、原理，它的具体展开方式即是在重新感受基础上体验、领悟而形成（对法则、规律、原理）直观把握。

"下学而上达"方法体现人固有的思维规律和认知方向：人的感官总是向外，人的心官却向内。人的思维-认知往往通过感官进入心官，形成思维—认知由外而内，由表及里，由物象到抽象，由现象到本质，由具体、个别、局部到整体、一般。孔子的"下学而上达"体现这样一种思维-认知上升之路的学而方法论，既是常识的、经验的，也是超验的、普遍的；并且，这一学而方法论既是面向现实、脚踏大地、着眼于日常生活而"不耻下问"，又是抬起头颅、仰望天空、超越日常生活之"器"的羁绊和时空限制，达向融人物天地于一体的"道"境的努力方式。这在当时来讲,一般人很难理解。也许正是这种难理解性,才形成人们"学而时习之"的艰难性。

三

孔子自道其学而方法论,自有其特定语境。第一,一个人能够明晰地总结出自己的学而方法论时,至少表明他的学问已臻于成熟,他的思想已基本定型。从这个角度看,孔子如此自道,至少是在人生中年或更稍后一些,并且更有可能是从卫返鲁的晚年。第二,孔子自道其学而方法论,是以"莫我知"为话题敞开的。"莫我知",就是"没有人知道我":在孔子看来,与他同世的人们普遍不理解他,更不理解他的理想、他的思想和他的追求;孔子甚至认为,他的弟子也普遍地不理解。尤其是弟子的不理解,才使孔子感到孤独、困惑甚至茫然,故感慨之。第三,夫子自道,并不是在教学过程中产生,更有可能是在一次个别的自由交谈中引发出来的,其特定的聆听对象是子贡。

子贡是孔子最器重的弟子之一,孔子之所以特别器重子贡,不只是因为子贡善于理财,对孔门事业贡献最大,而且在于子贡心性空灵、敏锐、勤学、善问,能够给予他很多方面的思考及思想的激励。仅实际论,最受孔子喜欢的弟子是颜渊,因为他听话;最交心的弟子是子路,因为他忠勇;最能领受思想激励的快乐和办事最放心的弟子是子贡,因为他最懂孔子及其思想。但孔子为何偏偏要当着子贡说"莫我知也夫""知我者其天乎"! 这是因为子贡说过"夫子之文章,可得而闻也,夫子之言性与天道,不可得而闻也"(《公冶长》)。

或许,孔子说"莫我知也夫"是由子贡"夫子之言性与天道,不可得而闻也"而来。或许,这两章内容原本就是一个语境过程中的两个思想片段而已。如这种推测如果成立,那么孔子发此感叹,就有了情感和思想的来源。这是孔子针对子贡言"夫子之言性与天道,不可得而闻也"而发表的感叹:"子贡啊,有关于性与天道,不是我没有言和不能言,而是我言得太多,只是你没有理解我的缘故啊。"聪慧的子贡感到困惑了,于是问道:老师您何以这样说我不了解您的思想呢? 孔子说"不怨天,不尤人,下学而上达",你理解吗? 你不理解。并且你也不可理解,能够理解的只有上天啊!

四

孔子以"莫我知也夫"和"知我者其天乎"的方式说子贡,以此贬子贡的天赋和智商,虽然显得太过,但也是有缘由的。

在孔子看来,天与人,既有其本性,也有其法则。怨天,是不懂天道法则;尤人,是不懂得人道法则。不怨天,不尤人,是既懂天道法则又通人道法则。将天道法则与人道法则贯穿起来,使之形成合生共生的那个内在东西是什么呢?孔子告诉弟子说:是"性"。性之于天,是天性;性之于人,是人性。天道法则通向人道法则之"性",是由天而人,这是孔子所讲的"性相近"。性相近,在人间,被天然地理解为人与人在本性上相近,为什么?是因为人性源于天赋,人性的本原形态是天性,天性的降落形态是人性,这就是"性相近"。下学,是精通人道法则,对人道法则的精通,可用以指导存在和生活而"不尤人";上学,是领悟天道法则,对天道法则的领悟,是用以指导存在和生活而"不怨天"。从下学到上学,实是从精通人道法则向领悟天道法则的真正起点,是对人性的"习相远"的正视,然后以此为出发点,努力使"习相远"的人性更"相近",其路径是以返本开新方式开辟"以仁入礼达乐"路径。

这就是孔子在讲述"不怨天,不尤人"之后继续说"下学而上达","知我者其天乎"的原因,也是对子贡"何为其莫知子也"的答复与解释。聪颖的子贡或许马上明白了,老师对自己的批评是对的,自己关于"夫子之文章,可得而闻也,夫子之言性与天道,不可得而闻也",确实是根本不理解老师博大精深的思想。

后世多以为,孔子的思想没有形而上学,表面看有道理,从实质论并非如此。孔子的思想**蕴含了**深刻的形而上学,只是他没有系统地阐述,而是零散于"以事件为本体"的讲述之中,不太为人们所注意和发掘而已。从这个角度看,发掘孔子的形而上学思想和方法,应该是对《论语》这一思想富矿的深度开发。①

第36章释义

公伯寮愬子路于季孙。

子服景伯以告,曰:"夫子固有惑志于公伯寮,吾力犹能肆诸市朝。"

子曰:"道之将行也与,命也;道之将废也与,命也。公伯寮其如命何!"

[注释]

公伯寮:姓公伯,名寮,字子周,鲁人。或言为孔子弟子,但无考。

愬:通"诉",诽谤、诋毁、进谗言。

---

① 唐代兴:《孔子天道思想的形而上学敞开特征》,《中国文化论坛》2022 年第 3 期。

子服景伯:鲁国大夫。子服,是姓氏;伯,是排行;景,是谥。子服氏属于仲孙氏的一个分支。

惑志:惑,迷惑。指疑心或迷惑心志。

肆诸市朝:肆,陈尸。市,市场。朝,朝堂。市朝,指古代行刑的公共场所,泛指街市。

[译文]

公伯寮向季康子进谗言诋毁子路。

鲁大夫子服景伯以此相告孔子,说:"季康子一定会被公伯寮的谗言迷惑而失去判断力,不过我有能力让季康子辨明是非,让他杀了公伯寮,将他陈尸街头。"

孔子说:"天道法则之得以推行,是由天命决定的。天道法则若不能得到推行,也是由天命决定的。公伯寮又能在天命面前如何呢?"

[通解]

上章孔子自述"下学而上达"的学而方法论,揭示学而的最终努力以及所能达及的最高境界,是对上天之道的领悟;能够领悟天道法则,是真正超越"不尤人"而达于"不怨天"的大慧之境的唯一路径。因而,理解本章内容必须具备上章的基本认知。

一

本章记述的事件是子路遭人谗言陷害可能处于危机之中。本章讲述的重心,不是子路遭受谗言所面临的危机本身,而是揭露进谗言陷害子路的人竟是鲁国大夫公伯寮。更喜剧的是,公伯寮这个朝堂大夫进谗言的事又被另一个朝堂大夫子服景伯悄悄告诉孔子,并向他提出解决这一危机的办法。孔子由此发出"道之将行也与,命也;道之将废也与,命也。公伯寮其如命何"的言说。

本章内容记述的事件发生的语境虽不可考,但根据如上梳理,可以推断此事发生在孔子晚年回鲁定居期间。理由有三:一是这段时间子路在季康子手下做事;二是谗言者和告密者都是鲁国朝堂大夫;三是谗言者的进谗马上通过告密者告诉了孔子,如果不是孔子回鲁定居的话,子服景伯是不可为此事专程到国外寻找孔子以通报。

另外,本章内容分为两部分,前部分是叙事,后部分是宏论。叙事由子服景伯完成,宏论由孔子本人抒发。叙事部分告知了子路临死前经历了一段被人谗言的危机过程;宏论部分在思想内容上与上章内在地衔接,即下学上达领悟到的天道法则如何下降为人道法则,落实于个体生命之中就构成**命**。

二

人的命,既是由个人决定,最终由天决定。

这是因为,人并不存在于一个独立的世界,他始终与其他人共处一个世界之中。这一存在的本原性境况决定了人的存在和生活,必须接受人道法则的规范,人道法则既构成人存在于世中和生活于群中的基本指南,也构成人存在于世中和生活于群中的根本规范。这种存在指南和生活规范的合生构成了人的命。由于人道法则只是天道法则的下降形式,人的命最终由天确定而形成天命。所以人违背人道法则的实质,是违背天道法则;违背天道法则就是违背了天命。理解这一思路,才可理解孔子关于"道之将行也与,命也;道之将废也与,命也"的宏论,以及孔子同意子服景伯的建议的理由。

孔子讲,人道法则和天道法则不可违背,因为它们并不为具体的个人(大而言之,具体的社会)所左右。人道法则和天道法则按自身方式运作而引导和规范人间,任何人都不可违背它,违背它就必然接受命运的制裁。公伯寮滥进谗言陷害他人,这是从根本上违背了人道法则和天道法则,所以,他必须接受命的制裁,这是公伯寮本人无力也无法改变的。这就是你(子服景伯)有能力使他"肆诸市朝"的正当理由。当然,也有一种情况可以使公伯寮免除进谗陷害的天命惩罚,那就是"道之将废"情况的发生。但事实上,道是不可能废除的,既不可被人所废,更不可能自废。人道法则和天道法则永远按照自己的方式自在地运动。这就是"直"何以可能产生的最终依据,更是子服景伯为何要将公伯寮进谗言陷害子路的阴谋告知孔子,并表示自己有能力使执政者季康子免于被迷惑的理由,更有能力使公伯寮陈尸街头的根本理由,因为这是遵循人道法则的行动原则,即"以直报怨"原则。

第 37 章释义

子曰:"贤者辟世,其次辟地,其次辟色,其次辟言。"

子曰:"作者七人矣。"

[注释]

辟世:辟,通"避",避免、躲避。指避开污浊之世隐居生活,即天下无道而隐。

辟地：地，地方，本章指邦国。指离开原来生活的地方到另一个地方生活，意"乱邦不居，危邦不入"。

辟色：色，颜色，意为人的脸色。指避开无礼者的脸色，意为远离无礼无道者。

辟言：言，说话，指言论。指避开难听的言论，意为远离佞者。

作者七人：作，同"做"，意为选择。作者，做这种选择的人。指选择这种"四辟"生活的人已经有七个了。

[译文]

孔子说："贤德者避世有四种方式，一是避世的方式，即躲避浑浊的社会隐居生活；二是避地的方式，即躲避动荡不安的环境到有道的地方生活；三是避色的方式，即远离那些无礼无道的人；四是避言的方式，即远离那些难听的言论。"

孔子说："选择这种'辟世''辟地''辟色''辟言'生活的人已有七个了。"

[通解]

上章中，孔子揭露人道法则与天道法则的生成关系，指出人道法则是天道法则的人间形式，人存在当世，必须通过"学而"领悟天道法则，且以此指导生活本身，以任何方式都是可行的，都符合人道和天道法则。

——

有人认为，从本章开始到"子击磬于卫"章，反映的都是道家思想，这些都是《论语》在传播过程中被插入的内容，还包括《季氏》第十六章"隐居以求其志"、《阳货》第十七章"予欲无言"和《微子》第十五章"楚狂接舆"到"逸民"章，都是反映道家思想。① 这样的判断表面看有道理，但具体分析，会发现并非如此。

首先，一个人的思想，第一，并不处于静止状态，因为人的生活是流动的。思想最终源于生活本身的激励，这种激励有时是有意识的呈现，有时是无意识的展开。第二，思想总是在流动中生成，这种生成性的实质是思想本身的自我扬弃和吸纳。以扬弃和吸纳方式展开的生成性思想运动，也是无意识地敞开的。以此看孔子的思想，同样应该如此。孔子并不是自我封闭和故步自封的人，他既谦逊，又思想开放，有广纳百川的胸襟。从孔子

———————————

① ［美］顾立雅：《孔子与中国之道》(修订版)，高专诚译，郑州，大象出版社 2014 年版，第 295 页。

对管仲的评价,可以看出这一点;孔子的"攻乎异端,斯害也已"(《为政》)的说法更体现这一点。孔子坚决反对自我封闭、故步自封地将不同于自己看法的一切见解、思想、看法定性为"异端",指出那些形形色色要将"异端"消灭干净的态度和做法,是极端有害的,并且绝对不可取。

其次,本章思考的对象是贤人,讨论的是贤人的处世方式。所谓贤人,是孔子君子理想中的君子精英,他们追求完美的人格和品德,其立身处事,自然有独特性。

再次,从表述方式讲,孔子只是在讲述一个生存事实:春秋晚期礼乐加速崩坏、诸侯争夺与兼并更为频繁,整个世界进入乱世。乱世之中,贤人开始出现分化,有的仍然积极探求拯救之道,有的更为深刻地洞察到乱世更加混乱不可逆转、不可拯救,于是贤人寻求避世的现象出现了,而且已经有七人:长沮、桀溺、荷蓧丈人、石门、荷蒉、仪封人、楚狂接舆等。孔子痛感乱世汹涌,文道救世更为艰难,并未赞同这些避世求生的方式就一定是好的,或者就一定是坏的。孔子是抱着理解的同情在讲述身处乱世之中,不同的人形成不同生存选择,哪怕社会的精英分子贤人也不例外。

二

孔子将乱世求辟的贤人予以归类,即辟世贤人、辟地贤人、辟色贤人、辟言贤人。

辟世贤人,避开社会而隐居者,春秋时代的隐士属于此类。

辟地贤人,指因邦国祸乱而躲到别的邦国去生活的人。

辟色贤人,指努力远离那些无道无礼的横行而自在生活的人。

辟言贤人,指避开难听的恶言而自在生活的人,或可说是夫子所讲的"人不知而不愠"的君子。

孔子认为,这四辟贤人中,最高的境界是辟世。其实,孔子关注乱世求辟的生存方式,应该是当时每个贤人都不同程度地做了选择。比如,孔子本人也是在求辟。客观地看,孔子只是做到了辟言、辟色、辟地,始终没有做到最高层次的"辟世"。孔子第一次离开卫国,就是因为辟言,一是求见南子,引来子路的看法,为此,孔子在子路面前发誓:"予所否者,天厌之,天厌之!"(《雍也》)可能还是没有消解子路的成见,或许,子路的看法也是当时追随孔子的弟子们的基本看法,为了得到弟子的完全信任,孔子决定离开卫国。二是卫灵公带着南子夫人招摇过市,安排孔子的车随后,为了避免人们的闲言,孔子干脆匆匆离开卫国。孔子第二次离开卫国,是因为辟色,即卫灵公与他说话时头望着天空,不把他放在眼里。孔子无法接受卫灵公傲慢的脸色,于是起而离去。孔子生活的当世,战乱频仍,孔子也辟地,他以"乱邦不居"和"危邦不入"作为自己游国和生活的基本准则:"笃信好学,守死善道。危邦不入,乱邦不居,天下有道则见,无道则隐。邦有道,贫且贱焉,耻也。邦无道,富且贵焉,耻也"(《泰伯》)。所以,孔子也是求辟的贤人,是辟地、辟色、辟言的贤人,却不是辟世贤人,这也是孔子评价自己不是圣人的根本理由,因为他明白自己连贤人的最高境界都没有达到,又怎敢担当"圣人"之名呢? 后世崇孔子为圣人,不是因为孔子本人,或可能"崇者"们更多地为了自己。

第38章释义

子路宿于石门。晨门曰:"奚自?"

子路曰:"自孔氏。"

曰:"是知其不可而为之者与?"

[注释]

子路宿于石门:宿,旅客求宿、住宿。石门,地名,鲁都城的外郭门,《春秋》有此记载。

晨门:专职于晨开夜闭城门的小吏。

奚自:奚,何也。自,从。指从何处来。

[译文]

子路行至石门而投宿。看门人问他说:"你从哪里来?"

子路说:"从孔子学府来。"

看门人说:"是那个明知做不到却还要坚持做的人吗?"

[通解]

本章在内容上承上章,在主题上拓展上章。上章中,孔子对求辟乱世的贤人予以分类,表明孔子关注乱世求辟。积极奔走于乱世之中寻求治变之道的孔子,之所以关注乱世求避,不仅因为无法回避乱世求辟现象而感叹之,更在于其是一个普遍现象使孔子不得不关注。本章则揭示孔子在辟地、辟色、辟言中求变世而闻名于世的广阔程度。

一

本章记述的事件,是子路投宿中与晨门之间的简单问答,虽然很平常,但对了解孔子和孔子学说有特别的意义。

子路与晨门之间的问答,首先证实了一个事实:孔子虽然也求辟,但他决不辟世,而是要**变世**,即要以返本开新的文道来救世。

其次,子路与晨门的问答,传递了三个重要信息。一是孔子已成为天下名士。这说明子路与晨门对话的时间,至少发生在孔子游国期间或游国结束的晚年。二是孔子奔赴四方谋求变世的舞台,几乎天下皆知。一个以开闭城门为职业的普通人都知道的事,那一定广为人知。三是天下皆知孔子谋求变世的努力根本做不到,这既揭示了乱世之乱的不可逆性,更揭示了乱世之乱的难以医治性。

最后,子路与晨门之间的简单问答所展开的主题,是贤人纷纷求辟的大势下,孔子却挺身而出四方奔走,传播变世理想,谋求变世舞台,探求变世路径,虽然艰难,但从不放弃,一以贯之,坚守终身。孔子如此努力,天下人都看在眼里,天下人都明白,天下人为其做了最精辟的概括,那就是"知其不可而为之"者。

二

"知其不可而为之",这是晨门对孔子践履变世的概括,也是天下对孔子英雄壮举的概括。但"知其不可而为之"对于孔子本人来说,既不存在"知其不可",也不是"知其必可",而是无论"可"还是"不可",都必须一路做去,并终身以往,这不仅是责任和使命,而且更是天命:"子畏于匡,曰:'文王既没,文不在兹乎? 天之将丧斯文也,后死者不得与于斯文也;天之未丧斯文也,匡人其如予何!'"(《子罕》)

人生活在天地之间,必要面对"为"。一般人之"为"体现两种取向:一是为与自己利益相关之事;二是为与自己相关的可为和能为之事。所以一般人之为,均与自己无关的事和不可为之事无关。孔子之不同于常人,就在于他意识其为乃天命所使,是在于他所为者,一是与自己的利益无关,但与文明承传和再造息息相关;二是这个与文明承传和再造息息相关之事,却是不可为之事。所以,孔子所"为"者,在常人看来是绝"不可为"者。并且,孔子对所为的"不可为"之事,不是不知,而是明知,并且是刻骨铭心地深知。对明知"不可为"者而为,是勇,但勇并不一定好。刻骨铭心地深知"不可为"而为之,则是大勇,更是善勇,是获得永恒定格之勇。正是这种性质和品位的勇,才值得天下人敬。后世将本章内容理解为道家思想的窜入,主观地推出晨门所言"知其不可而为之者"是讥孔子,其实是孤立地看问题,为什么不可以理解为是对孔子的崇敬和赞美呢?

晨门之问不仅表达出他本人对孔子的崇敬和赞美,通过晨门这个普通人之口而表达天下人对孔子"明知不可为而为之"的英雄壮举的崇敬和赞美,也是有依据的。子路投宿,晨门问其"奚自",这是职业习惯的问话。子路回答"自孔氏"。子路的这一作答,很是怪异。因为他是答非所问,晨门问的是"你从哪个地方来",子路自然该回答自己来自哪个地方,但子路偏偏答之曰"自孔氏"。"孔氏",可以理解为"孔子",一般人将其翻译成"从孔子那里来",显然是文意不通。如果将"孔氏"理解为"孔子学府"或"孔府",本章的上下文意就畅通了。然而,"孔子学府"或"孔府"不是一个地名,它能够代替地名,那一定很出名。孔子学府或孔府很出名,这是可理解的。但是,如果孔子"明知不可为而为之"的行为为天下所不齿,甚至臭名昭著,恐避之都来不及,子路还会主动提及吗?子路之所以答非所问地以"孔府"或"孔子学府"替代地名,不仅因为它远近闻名,更在于孔子本人"知其不可而为之"的行为不仅为天下人所知,更为天下人所敬,所以子路才以炫耀的心态回答晨门自己"自孔氏"。晨门一听,很是崇敬地说:"哦,原来您是明知不可做而偏为之不懈的那个人的弟子!"

第 39 章释义

子击磬于卫,有荷蒉而过孔氏之门者,曰:"有心哉,击磬乎!"
既而曰:"鄙哉,硁硁乎。莫己知也,斯己而已矣。深则厉,浅则揭。"
子曰:"果哉,末之难矣。"

[注释]
击磬:击,敲打。磬,古代一种用玉、石制成的打击乐器,形状如曲尺。
荷蒉:荷,肩挑手扛;蒉,用草编织的筐,盛土器具。
鄙哉,硁硁乎:鄙,鄙视、轻看、瞧不起,意指俗气。硁硁,石头撞击的声音,这里指敲击磬器的声音。
深则厉,浅则揭:此句出自《诗·邶风·匏有苦叶》"匏有苦叶,济有深涉。深则厉,浅则揭"。厉,有二解:一,"厉"字作"砅",指履石渡水;二,以衣涉水。宜从后解,指穿着衣服过河。揭,掀开、撩起,指撩起衣裳过河。
果哉,末之难矣:果,果断、决然。末,无、没有。难,为难、驳难。

[译文]
孔子生活在卫国的日子里,有一天在家里敲击磬器,一个挑着草筐的人从门前经过,驻足听磬。说:"这个击磬的人真有心思啊。"
过了一会儿,又说:"这个人真庸俗啊,这铿铿的磬声,像是在说没有人理解自己，没有人理解自己，那就自己安顿自己吧。犹如过河，河水深，就穿着衣服淌过；河水浅，就撩起衣裳走。"

孔子说："你这个人，话说得如此果决，我也无话可说了。"

[通解]

孔子探求文道救世，是"明知不可为而为之"，虽志坚如磐，但其一以贯之的"为之"过程，其心不时生发出"难为""徒劳"和不被理解的郁积，常以音乐自化之，故而有了"鄙哉，硁硁乎。莫己知也"独孤感叹，却被荷蒉者识破。所以，本章内容不仅照应上章，而且还照应第三十五章"不怨天，不尤人"和第三十六章"道之将行也与，命也；道之将废也与，命也"。

一

音乐不仅是治邦的大方法，也是个人心志和情感表达的方式。所谓乐为心声，指音乐是借助乐器传达心声的方式。所以，音乐是一种可以进入超验或先验领域发抒生命本真之情的高雅方式。音乐所传达出来的心志、情感、思绪，是赤裸的真实。

精通音乐，不仅是君子修养的必须方式，也是君子生活的必须方式。孔子一心出仕，四处求而不得，郁郁结乎心，无所事事而寄之音乐，无论借助什么乐器，其"不得志"之情自然成为音乐旋律中的本色调。

孔子对"不得志"的自我体认，最终归结到世人、世界"莫我知"。以此观之，本篇第三十五章中孔子发抒"莫我知也夫"的感叹甚至泄愤，其实并不是针对子贡，而是针对这个乱世或天下言，所以才有"知我者其天乎"的高调自慰。

孔子以乱世天下"莫我知也夫"，唯有"知我者其天乎"，但知之者"天"却并不愿意给他提供解困之方，所以孔子唯有将其"不得志"的"莫我知"产生的全部困顿、痛苦以及挣扎寄托于音乐，于是音乐构成孔子游国困顿生存中最好的精神支柱。然而，音乐永远都是超越现实的浪漫方式，并且这种内在生命化的浪漫方式犹如一种鸦片，吸得越多，依赖性越强，其所带来的情绪越浓。音乐使快乐者更快乐，痛苦者更痛苦，悠远者更悠远，泄愤者更激愤，绝望者更绝望。这就是孔子击磬，何以荷蒉者能知其心律跳动的原因。

二

荷蒉者能听出孔子击磬中的心声，表明荷蒉者不是纯粹的民，而是有文化、有教养的民。后世异口同声地将其理解为"隐者"，也就是第三十七章中孔子所归纳的避乱世而谋生的"贤人"。当然可以这样理解，但却不能绝对,或许荷蒉者原本就是一个民。理由之一,周灭殷商,殷商贵族沦为遗民,但这些原本是贵族的遗民,仍然世代相习古礼,包括教育后代修习君子礼仪,并培养其音乐等艺术才能。理由之二,周之封建,经历数百年之后,贵族内部发生巨大变化,原来许多低层贵族(甚至包括部分中高层贵族)已沦为庶民而自食其力,这些沦为庶民的贵族,同样保有对文化、礼仪、艺术的敬畏和修习,孔子本人精通音乐就是这方面的最好例子。概言之,春秋晚期,民实际上由三类人组成,一是殷商遗民;二是由周之贵族降落的庶民;三是本民,即世世代代都是民的民。真正没有文化、不懂得艺术和音乐的是本民,遗民和庶民中很多懂音乐和艺术,而这些民恰恰又是自食其力者。以此来看,本章中的荷蒉者,很可能不是求辟的贤人,而是懂音乐和艺术的民,或遗民,或庶民。这种理解也有如下理由的支撑。

凡经历了变乱、贫富降落、生活苦难,不仅是物质层面的生活苦难,比如由四体不勤、五谷不分到自食其力,更重要的是经历这种物质贫富的巨变所带来的精神、情感和心灵巨变的人,最终在绝望中挣扎过来,才真正知道怎样以最好的方式处理最复杂的生存问题,包括情感、心灵、精神问题。这就是荷蒉者引用《诗》之"深则厉,浅则揭"来表达如何生存的道理。生活之于人,始终由艰难困苦连缀,而艰难困苦本身就确如一条条深浅不同的河。然而,这些大大小小的河,无论深浅,当必过时必须得淌过。如何淌过,正确的办法只能是深者穿着衣服游过,浅者撩起衣裳走过,如此而已。荷蒉者所言,是最质朴的生活经验,也是最坚韧执着的生活信念。这样的经验和信念,是那些从没有经历过生死磨难的"贤人""隐士"不能获得的。只有既能够保持贵族血统、精神、信念而又安于本分地自食其力的遗民、庶民,才可内生出如此的生存智慧。

孔子虽然也是遗民之后,但由于经历"鄙"的磨砺而成为人师,从此成为"四体不勤、五谷不分"的新精神贵族,虽然有特别丰富而精深的民生思想,那是立足于政治国家角度论,而从人的阶层性角度看,至少在精神、情感、看待层面显得有些居高临下地对待民了,包括遗民和庶民。所以,当荷蒉者偶然听到他击磬,弹奏音乐,领会到其心思和思想情感中那些最隐秘的内容,毫不客气地向他提出不同看法的批评时,孔子那种近乎本能的高人一等的姿态就表现出来,并说出显得有些无赖的话来:"果哉,末之难矣。"

三

"果哉,末之难矣"这句话,有些理屈词穷的味道。为什么呢? 第一,荷黄者通过磬声,所听出的郁闷、无奈等情绪、思想,都是孔子击磬声音本身蕴含的,或者说是孔子本人击磬所排泄的。所以,面对荷蒉者的点评,孔子无话可说。第二,荷蒉者批评孔子只知道说"莫我知也夫""知我者其天乎",却不知道怎样走出这种困境。孔子知道荷蒉者的批评是对的,所以同样无话可说。

根本的问题不在这里。荷蒉者在批评孔子的同时,给孔子指出了消解这种自设的高高在上的即"知我者其天乎"困境的方法,这个方法就是"深则厉,浅则揭"。但孔子不能接受,因为将自己置于这种自设的天命式的理想中,是孔子生命的灵魂、内在的精神支柱。试想,如果孔子也愿意行动于"深则厉,浅则揭",他还是孔子吗?

然而,面对荷蒉者批评和指点,孔子又找不出光明正大的方式来表述自己固执和坚守的理想,只能以近乎不讲道理的无礼方式"果哉!末之难矣",将荷蒉者拒之甚远。这亦可从另一个侧面了解真实的孔子:真实的孔子始终是有血有肉的。

第 40 章释义

子张曰:"《书》云:高宗谅阴,三年不言。何谓也?"

子曰:"何必高宗,古之人皆然。君薨,百官总己以听于冢宰,三年。"

[注释]

高宗谅阴,三年不言:此语出自《尚书·无逸》:"其在高宗,时旧劳于外,爱暨小人。作其即位,乃或亮阴,三年不言;其唯不言,言乃雍。"高宗,殷商王小乙之子,殷代第十一世贤王武丁。谅阴,作"谅闇"(《礼记·丧服四制》)或"梁闇"(《尚书大传》),有二解:一,训"谅""信",读"闇"为"暗",意为守信不言;二,读"谅"为"凉",读"闇"为"庵",意为孝子丧服所居之处,即遮凉的草庵。三年不言,指守丧三年不说话。

薨:卒,古代君主之死,称为薨。至于周,因封建,行天子与诸侯两极,故诸侯之死称薨,天子之死曰"崩"。"天子死曰崩,诸侯曰薨,大夫曰卒,士曰不禄,庶人曰死。"(《礼记·曲礼下》)

百官总己以听于冢宰:百官,对朝堂大小官员的总称。总己,总摄己职。冢宰,太宰,周代官名,乃六卿之首。

[译文]

子张请教孔子，说："《书》上说'殷高宗守孝，三年不说话'。这是什么意思？"

孔子说："不只是殷高宗，古人都是这样的，君主死，百官总摄己职都听命于太宰，新君三年不得过问政事。"

[通解]

本篇第二十六章之前，是从不同角度和层面论为政。第二十六章是一转折，主题从君子为政转向君子主体性建构及为世态度和选择方式。第二十六章前部分"不在其位，不谋其政"，是对前面二十五章内容的小结；后部分"君子思不出其位"是对第二十七章到第三十九章内容的开启。本章又重新续接本篇第一到第二十五章内容，再论君子为政的相关问题。本章论依据血缘宗法之礼，为政的前提是行孝。行孝的过程既是感恩的过程，也是清理自己如何为政的思绪和道理的过程。

一

这是《书》记载殷商朝政的习惯法，新君"谅阴三年"，即结庐守孝三年，三年不理政事，其间的朝政大事均由太宰总理。在这样的特殊时期，总理百官的太宰相当于摄政王。古代是血缘宗法的家天下制度，君王与百官是两个系统，君王是天下的主人，百官不过是服务于君王的家臣。君王与百官之间，始终存在内外的矛盾张力，天下兴乱取决于两个因素：一是君王本身的贤能；二是百官尤其是总理百官的首辅的贤能。殷商王朝这种新王守孝三年太宰总理朝政的习惯法，存在着巨大朝政风险。但为什么还要如此沿袭下来呢？这就涉及旧君薨，新君立而守孝三年不问朝政的习惯法，不仅是守孝的问题。守孝，不过是新君，甚至是整个王室对百官的漫长考核，以及对国政状况予以局外方式的客观考察。前者，是要考查朝政首辅及百官的忠诚度；后者是对所要统治和经营的天下的整体了解和全权把握。

基于这样两个目的，守孝三年的新君，往往少言。尤其特别贤能的君主比如武丁这样的贤主则可做到三年不言，因为越是说得少，就越是听得多、看得多，对朝堂班底就了解得更深刻，对自己要去统治和经营的天下更熟悉。尤其是不言，就更厉害。因为当一个人不言时，你根本不知道他在想什么，在做什么，他将怎样想和如何做。所以，新君三年越是不言，朝堂百官越是不敢乱说乱动。这就是"高宗谅阴，三年不言"的秘密。

二

子张比孔子小四十七岁,可能拜孔子为师为时不长,论及历史时,因为这方面的智识欠缺,故有其问。

子张所问,有具体针对性,即殷高宗为何"守孝三年不言"。孔子解答,讲的却是一个普遍性的习惯法则:"何必高宗,古之人皆然"。

孔子所讲的"古",是周之前的殷夏。孔子所讲的"古之人",是专指君王。古代的君王都是这样做的,初继其位,必须守孝三年不亲政,朝政由首辅大臣总理。古代君王之敢放心大胆地这样做,虽然存在着风险,但在一般情况下,也有决胜的保险系数。因为周之前的殷商时代,是崇神的时代,并且是神王合一。人能继王位,那是神赋其权位,它本身具有神圣不可怀疑性。其次,军队不是由朝堂大臣掌握,而是由神权掌握。还有就是王室的力量始终是最强大的力量,当王位继承人以合法程序被推举出来,崇拜神的王室必然拥戴。

孔子回答子张之问,既表彰其对历史文化的精通,同时也是对古代孝礼与政权接替和牢固掌握之间的隐秘关系的揭示,也可能是对分崩离析的周政弊病形成的本质根源的探求。孔子特别强调克己复礼,后世学者理解孔子所言的"复礼",更多地停留于周礼,实际上,"信而好古"的孔子心目中所欲复之礼的最重要一部分,应该是他所崇信的"殷礼"和"夏礼":"子曰:'夏礼吾能言之,杞不足征也。殷礼吾能言之,宋不足征也。文献不足故也。足,则吾能征之矣。'"(《八佾》)孔子最为惋惜的是,其崇尚的殷夏古礼多不可考了。孔子讲克己,可能也与古礼相关:古人克己的最好方式是守孝;古代克己的根本依据,是其内在的神性意识。孔子不信神,但孔子非常强调祭祀,强调"敬鬼神而远之"。因为,只有"敬鬼神",人才有内在的神性信仰的力量,这种力量才是克己的内在源泉。在孔子看来,敬鬼神之所以重要和根本,是因为通过这种方式可以获得内在的神性,生成克己的内在力量。但是,敬鬼神不是把自己交给鬼神,而是要把自己交给有德的生活:人敬鬼神是为自己更好地生活,而不是为鬼神而存在,所以,敬鬼神,必须"远之"。唯有如此,人才成己为有德的人,过人的生活。

第 41 章释义

子曰:"上好礼,则民易使也。"

［注释］

上好礼：上，居于上位的当政者，本章专指邦国之君。好，喜好、爱好，指推崇或身体力行。好礼，身体力行地推崇礼仪。

民易使：民，劳力者，包括遗民、庶民和本民。本民，指世代劳力者；庶民，指低级贵族降落为劳力者；遗民，指周灭商后，殷商贵族被迫沦为民，最终走向自食其力的生活道路。使，役使、使唤、安排。易使，根据上下文意贯通要求，应解为"容易接受教化"。

［译文］

孔子说："居于上位的当政者若能身体力行地推崇礼仪，邦国之民更容易接受教化。"

［通解］

道德与法，无论古今，都是两大治邦方式。由于古代是血缘宗法社会，其"法"被赋予礼法和刑罚两个方面的内容。礼法（简称为"礼"）与刑罚的治理功能差异，主要在于治理范围的区别：生民之治讲刑罚与道德；百姓或曰贵族之治讲礼法与道德。古代社会的礼法主义，根源于对血缘宗法的特别看重，由此形成礼法既统摄刑罚，也统摄道德。这种统摄的基本方式是孝。孝，在法的层面，是礼；在德的层面，是德之本体。上章讲述为政者必礼，并且必从亲政前守孝始，就是这个道理。新主亲政前必守孝，这是论礼的具体形式；本章从一般论礼，讲君守礼与民行德的关系。

一

上章以"高宗谅阴，三年不言"为例讲孝，本质上是讲述古代新君如何更好亲政的必要准备和自我修炼，从一个侧面揭示武丁之能中兴殷商，开辟"武丁盛世"的根本之法。本章讲礼，是孔子从历史经验中总结当政者与民之间的良性互动关系如何可能构成的条件与规律。因而，要理解孔子如上总结，需要联系《子路》第四章内容。

> 樊迟请学稼，子曰："吾不如老农。"请学为圃，曰："吾不如老圃。"樊迟出，子曰："小人哉，樊须也。上好礼，则民莫敢不敬；上好义，则民莫敢不服；上好信，则民莫敢不用情。夫如是，则四方之民，襁负其子而至矣。焉用稼？"（《子路》）

孔子将兴趣于问稼圃的樊迟斥为"小人"，然后说出一番樊迟为何是小人的宏大理由。孔子所论之宏大理由，表面看是在讲社会分工，实际上是在论上位者与平民之间形成良性互动关系的依据和规律。以此观之，孔子就樊迟学稼圃抒发的宏大议论，可以看成是在本章内容基础上的进一步思考和拓展。或者，可以假定本章内容与《子路》第四章内容之间构成一种思想生成的关系和思考时间上的关联，或可大胆猜测本章思考在前，《子路》第四章内容是发散性拓展于后。孔子思考历史、总结经验是从"上好礼"与"民易使"入手，然后才进一步拓展到"上好礼"与"民敬"、"上好义"与"民服"、"上好信"与"民用情"三个维度，形成对"上"与"民"之间良性互动生成关系及其规律把握的体系性思考。

二

孔子讲"上好礼"则"民易使"，是对历史经验的总结。

首先，孔子总结上位者与民之间的变动关系：居于上位的当政者如何做，居于下位的民就如何做。二者之间形成的变动关系或者说规律，即是**"上行下效"**。

居于上位的当政者如何做，并不在言说，而在于实行。孔子历来反对只言不行、多言少行以及先言后行，而是强调言行相合相生，并且特别推崇"先行其言而后从之"（《为政》）。

孔子指出，居于上位的当政者所"行"与民之所"行"应构成对应关系，这一对应关系要求上位者的所行必须接受规范，这个规范就是"礼"。一旦居于上位的当政者做到了以礼规范自己的行为，民就愿意甚至乐意接受规范，自觉约束自己的行为。反之，居于上位的当政者不能做到身体力行地接受规范，不能够身体力行地推崇礼仪文明，民也可能"难使"，具体地讲，民不可能甘心情愿地接受教化。

其次，孔子对上位者与民之间的良性变动关系的总结里面蕴含一个具有普遍意义的政治原则，即表率或榜样原则，这一原则贯穿于践履活动就构成**上行下效**原则。君王怎样做，百官就怎样做；君王和百官怎样做，众民就怎样做。居于上位的当政者，无论一国之君，还是主政一方或一个方面的从政者（即官），一旦走上从政或执政的道路，就获得社会角色效应：你向好的方面做，就对邦民产生好的影响；你往坏的方面做，就对邦民产生坏的影响。

上位者的榜样原则或上行下效原则，揭示一个更深刻的政治哲学道理或者国家治理规律，那就是**国家的治乱，根本不在民，而在官，并且最终在一国之君**。因而，治邦的重心也不在民，而在官和君。这是孔子提出"为政以德"（《为政》），强调"政者，正也。子帅以正，**孰敢不正**"（《颜渊》）的理由。

政治,本质上是**正治**,君与官以自身之正从事政治,政治就成为正治;或者,君和官以自身之正来正国和正民,国和民何敢不正? 以己正来正治其国与民的基本方法是什么呢? 孔子将其概括为"上好礼""上好义"和"上好信",君和官都能做到礼、义、信三者,都身体力行地推崇礼、义、信三者,民自然自觉于礼,为人讲义,做事讲信。

应该说,孔子总结的这一上与民的良性变动关系,以及其关系中蕴含的国家治乱的原则、规律与方法,都是对的,并且都具有普遍性。孔子的局限在于,他没有看到最为根本的问题是如何才能激励和保证君与官都愿意并必须严格做到"好礼""好义""好信"。当然,孔子不是没有思考这个问题,也不是没有提出解决方案,而是看到了这个问题,并提出了解决这个问题的基本思路,是个人的修养,是学而成己。孔子的这一思维也是对的,并且是可普遍实施的,但这仅是从人性的积极方面论;从人性的消极方面论,将君与官身体力行地推崇礼、义、信来引导或激励国民自觉于礼、义、信的根本保障寄托在个人的修养德性上,这是一种天真。因为天赋相近的人性始终处于"习相远"的状态,要使"习相远"的人性更"相近"的**根本**社会教化方式,既不是教育,也不是道德,而是普遍、严格的和体现高成本支付的刑罚机制和"一切断于一法"的法律制度、政体制度。

第 42 章释义

子路问君子。

子曰:"修己以敬。"

曰:"如斯而已乎?"

曰:"修己以安人。"

曰:"如斯而已乎?"

曰:"修己以安百姓。修己以安百姓,尧舜其犹病诸。"

[注释]

君子:修德取位和以德正位者,本章指"以德正位"者,即具有较高政治地位且其德性和德行皆可称道者。

敬:礼的一个方面,以自觉约束的行为表现出对人的彬彬有礼。

安人:使人安心,让人安顿。这里的"人"是特指意义的,结合上下文,指"邦君"。在孔子的认知世界里,"人"有三个层面含义:一特指邦君;二指贵族,即百姓;三指小人。

百姓:古代当然包括孔子生活的当世,百姓不是民,指居于民之上的统治阶级,即贵族阶层。

尧舜其犹病诸:病,重症者。病者,指身体需要的某些营养不足,从而形成身体机能严重失调,以此引申为"欠缺""不足"。指尧舜在"修己以安百姓"方面也没有完全做到。

[译文]

子路请教孔子,当政者如何才能成为一个君子。

孔子说:"修养身心,对人恭敬谨慎。"

子路又问:"做到这些就可成为君子吗?"

孔子说:"修养身心,使每个百姓得到安顿。"

子路又问:"做到这些就是君子了吗?"

孔子说:"是的,修养身心使每个百姓得到安顿。但是,修养身心,使每个百姓得到安顿,仅这一方面,恐怕尧舜也没有能力做到。"

[通解]

仅主题言,本章是对上章的拓展:上章"上好礼,民易使",专门讨论君与民的关系;本章拓展开来讨论为政者如何处理为政与贵族的关系。

——

理解本章内容,需要联系《雍也》第三十章来进行。

> 子贡曰:"如有博施于民而能济众,何如?可谓仁乎?"
>
> 子曰:"何事于仁,必也圣乎!尧舜其犹病诸!夫仁者,己欲立而立人,己欲达而达人。能近取譬,可谓仁之方也已。"(《雍也》)

孔子讲,"博施于民而能济众"者是"圣",即使尧舜也没有做到,或者,"即使尧舜也做不到"所表达的是一个全称判断的政治认知:任何人都不可能做到"博施于民,而能济众"。基于这一认识,孔子认为人可以做到的"仁",最大程度是"己欲立而立人,己欲达而达人"。比"仁"更容易做到的是什么呢?子贡没有再问,孔子也不说。但在本章中,孔子却说了出来,比仁更容易做到的,或者说比仁要求更低一些的是"敬"。

本章是从最容易做到的说起,一步一步向上攀登,形成一个三级境界,即敬民、安君、安百姓。

二

孔子对子路说,为政当官要成为君子,不能一步到位,只能是不断向前推进的过程,这个过程由敬民、安君、安百姓三步阶梯构成,但每一步阶梯的攀登,都必须修己。所以,修己是为官者成己为君子的基本方式。

为什么为官者要成己为君子必须修己?这个问题孔子没有讲。如果理解孔子"性相近,习相远"的人性论思想,理解孔子的"克己复礼为仁",再联系敬民、安君、安百姓来观照,就可自行解答:敬与安,都是服务,都是使所敬与所安者受益,前提是心中要有敬与安的对象,说通俗点就是心中要有人,心中有人,就是仁。要做到心中有人而仁,必须克己。克己的根本方式是修己。

接下来的问题是:为官者怎样修仁才可成为君子?按照孔子的思考,修己的必为之路是学,因而修己必须从三个方面努力:一是学,即求知。在孔子看来,最重要的求知是学历史、文化、典章制度;二是内习,即反求诸身的内省;三是外习,即践履,做到"先事后得"(《颜渊》)。概括地讲,学而求知,是不断提高其"知"的过程;"习"而内省,是不断提高其"仁"德的方式;内省是修养德性;"习"而践履,是不断地增强能力的过程,也是增强德行和德性的方式。所以,修己的过程,实质上是获得和不断提升知、仁、勇品质和能力的过程,这一过程被孔子概括为"君子道者三,我无能焉。仁者不忧,知者不惑,勇者不惧"(第二十八章)。

三

修己,既是成己,也是成人。但修己首先是成己。成己是使自己成为知、仁、勇合生的君子;在此基础上运用自己的知、仁、勇之德才去成人。本章就是在这一成己而成人的框架下讨论如何可能成人。

成己基础上如何可以成人的问题,实际上是遵循怎样的逻辑和规律去成人的问题。孔子认为,以成己的方式成人,其起步是敬民;通过敬,使民获得成为民的地位和尊严感,从而更好地劳动,更好地为邦国的秩序与稳定以及富裕创造财富。这是基础,是最需要做的,也是最容易做到的。因为敬民,只需要放下身段,做到善待和"使民以时",就可以达到最好的效果。

从敬民起步登上第二步阶梯,就是安君。这需要诚与忠,但前提是"君使臣以礼",才可能使"臣事君以忠"(《八佾》)。忠诚的基本方式是"敬事",忠诚"敬事"的利益考量原则是"先事后得"(《颜渊》);忠诚"敬事"的基本进路是使邦"庶之""富之""教之"(《子路》)。

君是邦国之主,君能主政邦国的根基是由血缘宗族子弟组成的"百姓",所以"修己以安人"的最终努力是"修己以安百姓",使他们得到安顿。唯有百姓安顿,他们心才安;百姓心安,邦国就祥和安泰。

但孔子认为,修己以安百姓是最难的。因为百姓人人有地盘,人人有权力,人人有大胃口,有对财富和权力的最大渴望。要使每个百姓都能得到安顿,就是满足每一个百姓的欲望和渴求,使人人心安,这在事实上做不到。正是基于对此种状况的正视,孔子才如是说"修己以安百姓,尧舜其犹病诸"。然而,虽不能之,却必向往之。政治就是既给人现实,也给人想望。君子为政,既要创造现实,也要创造想望,不然就没有希望和动力。没有希望和动力的为政者,难以成为君子。

第43章释义

原壤夷俟。

子曰:"幼而不孙弟,长而无述焉,老而不死,是为贼。"以杖叩其胫。

[注释]

原壤夷俟:原壤,生卒不详,鲁国人。鲁有原氏,其人与原宪同氏。夷,蹲踞。俟,等待。夷俟,蹲踞着等待。《礼记·檀弓下》记载:原壤乃孔子故人,其母过世,却放歌如常,自外于礼法。见孔子来,蹲踞以待。皇疏曰:原壤是"方外之圣人也,不拘礼教";孔子是"方内圣人,恒以礼教为事"。看来原壤是个放浪形骸、不拘礼节者。

幼而不孙弟:幼,小的时候。孙弟,即逊弟,敬顺长者。指原壤小时候不敬顺长者,无礼。

长而无述:长,长大成年。述,讲述、称道。无述,没有可称道的事。

是为贼:贼,偷盗,这里指偷生。

以杖叩其胫:叩,轻轻地敲击。胫,膝盖之上曰股,膝盖之下曰胫,即小腿。因原壤踞蹲于地,孔子用手杖轻轻敲击他的小腿,孔子此一行为不过为相亲狎之意,并非真挞之。

[译文]

原壤踞蹲着等待孔子到来。

孔子对蹲着迎接他的原壤说:"你小的时候就无礼,不懂敬顺长者,长大成人到现在,也没有做出什么可称道的事,只是这样老不死,如同人生中的一个贼。"孔子用手杖轻轻地敲打原壤的小腿。

[通解]

本篇前四十二章都是很严肃的内容,讲为政,论为政的修养。本章却例外,脱离全篇语境,自述自己晚年与发小"随心所欲不逾矩"的快乐中的一个情节,既可窥见孔子的晚年生活状况,也可感受到孔子原本是怎样的一个真性情的人。

一

本章讲述的事件,应该是孔子晚年的事。因为其时孔子走路已经需要手杖了。此其一,其二,孔子游国十四年期间从未回鲁,肯定没有时间来看这位野性生长且不争气的发小。其三,唯有结束游国奔波生涯,回到鲁国,生活有了安顿,物质有了保障,出仕的欲望激情淡化后,孔子才如此闲暇来看望并不一定值得看的故人。

孔子来看望原壤,原壤却事先踞蹲着等待,表明原壤事先知道孔子要来看望他。原壤何以知道呢?有约。这说明晚年的孔子看望这位故人,已经不是一次。至少在与这位故人联系上以后相约这一天再去看望他。于是就有原壤对如期而来的孔子的等待,并且以一种独特的极不礼貌的踞蹲方式等待孔子,迎接孔子。

原壤以如此方式迎接孔子,不是他以自然的或者说本性的方式迎接孔子,而是以一种特意的方式迎接孔子。后于《论语》的《礼记·檀弓下》记载原壤的事迹,比如其母逝而放歌等,不过是根据本章内容的附会,以为原壤是"方外之圣人"和孔子是"方内圣人"的胡诌提供依据。后世将本章内容理解为原壤不懂礼,也不过是依据原壤"方外之圣人"和孔子"方内圣人"之类的胡诌所做出的臆断。

二

原壤为什么要以这种方式迎接孔子?不能以懂礼不懂礼来品评。原壤与孔子是发小,两个发小到了七十高龄还继续活着,并且还能相见,可以经常走到一起,这是怎样的快事! 这又是何等的幸福感!

人们常说老小,人老了,就小;小,就是无知,就是调皮,就是富于想象的无拘无束、无规无矩。按照孔子讲的"七十而从心所欲不逾矩"(《为政》),以致于古稀的原壤踞蹲着等老朋友,这是很自然的事。孔子以此大声吆喝原壤,也是很自然的事,这两位在当时来讲都是高寿的发小经历岁月腐蚀之后,还童心未改,是多么美好的画面!

孔子是极讲礼的人,按照孔子讲礼的准则,虽然原壤对他无礼,他也不可能呕喝原壤,更不可能用手杖打原壤。并且,按常理来理解,一个国士,一个老了还能享受鲁国"大夫"待遇的人,对一个生存于生活底层的人呕喝,而且还动手打人,被打的原壤会心甘情愿地让他打吗?会不告官吗?这一切都没有发生,原壤真的心甘情愿地让孔子骂,心甘情愿地让孔子打,唯一可通的解释是这两位已为迟暮老人的发小,焕发"童年无忌"的打闹。

所以,本章没有什么微言大义,有的是孔子返老还童的单纯、质朴、快乐。

当然,也由此暗示孔子老年孤独无依,独子去世,弟子们大都各忙自己的功业,虽然不时回来陪伴他,但更多的时光还是一个人过,于是就找到这位儿时的伙伴,重过童年生活,在这种生活里,没有等级,没有礼仪,没有成年人的生活世界中需要的规矩与修饰,有的只是童心无忌、童言无忌、童行无忌,而不是什么"方外圣人"或"方内圣人"。

第 44 章释义

阙党童子将命,或问之曰:"益者与?"

子曰:"吾见其居于位也,见其与先生并行也,非求益者也,欲速成者也。"

[注释]

阙党童子将命:阙,阙里,孔子所居之地。"(仲尼)居于阙党,阙党之子弟罔不分,有亲者取多,孝弟以化之也。"(《荀子・儒效》)阙党,阙里的乡党组织。童子,对未及冠者的称谓。将命,传话,指传达宾主的辞命。

益者与:益,长进、进益,意为见童子与宾客传话,年虽小却敏慧,因而有此问辞。

居于位:居,住,这里做坐讲。指坐在席位上。按古代之礼,童子当隅坐,无席位。言此传话的童子不知让,无礼貌,与长者并居于位。

与先生并行:先生,有德才学问的人,这里指长辈。并行,并肩而行。按礼,童子,当然还指晚辈、后进,不能与长辈、先生并肩行,要后半步而陪行,以示对长者或有学问者的真诚尊敬。

欲速成:欲,想。速,加快、提前。指此童子心中无求长益之意,只想尽快成为大人。

[译文]

孔子家乡乡党一童子常往来为宾主传话。有人问孔子："这个孩子可望长进吗？"

孔子说："我看见他坐在成年人的席位上，还看见他与长辈并肩而行。那孩子并不想求长进，倒是只想尽快成为大人。"

[通解]

人的一生呈两极，也展开为两个方向：人年幼，其展开人生的方向是前进，即成长；人至老年，其展开人生的方向是后退，即返老还童。上章与本章则分别讲述人生这两极呈现的两个方向应该怎样展开。上章孔子自述人到老年，应该回返童年般的身心状态，童心焕发、童言无忌，去过一种无蔽的游戏生活。本章则讲述人成长时应该学礼，言行守礼法，去过一种礼仪生活。

一

在乡党中，能够成为往来于宾主之间传话的童子，多为聪明伶俐者，这样的少年往往也是乡党培养的对象。孔子是阙里走出去的大学问家和道德学家，乡党主事者自然要向他征求后备人才遴选的意见。询问这个为之往来传话的童子是否具备培养的资质和可能性。因为这涉及乡党行政组织建设的问题，也涉及乡党生活幸福的问题，所以孔子实事求是回告对这一童子的客观评价，指出这个聪明伶俐的少年不值得培养的根本原因，是他本人不愿意正常地成长，只求快速成为大人。因而，不能将这个少年作为乡党未来主事者的后备对象来培养。

孔子的这一判断，自有其依据，这个依据是为人之礼和为政以德的要求。

从为人有礼角度看，这个原本聪明伶俐的少年不愿意习礼，所以才有了"居于位"和"与先生并行"的无礼行为。这种既目无尊长，又不自知的人，长大成人也会成为一个无礼者，一个乡党如果叫一个无礼者把握，乡党的风气必会大变，无德将会盛行。

乡党组织是古代社会的基层行政组织，它构成邦国的基石，耕种、税赋、兵戎等，都建基于乡党建设。乡党首领虽然地位最低，却是政之根基。从"为政以德"角度讲，"居于位"，是不讲秩序，不讲规矩；"与先生并行"，是不敬长，不敬学问。其"不讲"和"不敬"，恰恰不合君子要求。更重要的是，此童子只"欲速成"，恰恰表现出一种内在的贪婪性渴望，这种贪婪性渴望一旦有能力释放，就会变成掠夺性占有。所以，要培养如此"欲速成"的人成为有礼有德的乡党领袖，是特别困难。

二

乡党童子是否可培养，只是一个案例。通过这个案例，展示孔子相人的能力。此其一，其二，指出培养人，重不在于天资，不在于聪明伶俐，而在于能做的才与能，根基是德。

德的本质是仁，就是具备凡事心中有人；仁的行为表现是礼。礼的本质是克制欲望，表现为行为是凡事有限度，具体地讲，就是长幼有序、上下有节、行事有度、凡人皆敬。

卫灵公第十五

孔子的君子学说,基于当世、立足传统而至于未来。基于当世,内驻责任;立足传统,是为深厚;至于未来,是为悠远。由此形成孔子君子学说面对当世和指向未来的双重主题,前者乃文道救世;后者即弘大返本开新的中正仁礼之道,简称为弘道。以文道救世为主题展开的实践路径是为政。《子路》和《宪问》两篇分别从君子救世何以可能和君子如何救世两个方面拓展《为政》。《卫灵公》侧重承《里仁》篇,突出返本开新的弘道主题,较为系统地阐述君子在救世的同时,如何肩负起返本开新地弘大中正仁礼之道的使命。

一

孔子一生,最重要的人生阶段是游国十四年,这应该是孔子思想和学说形成和发展的重要时期。孔子游国十四年,约有九年在卫国度过。这是孔子人生中最珍贵的一段生活,他的思想和学说与卫国结下不解之缘。孔子一行居卫,经历卫灵公和卫出公两朝,但对孔子生活、思想和学说发展产生更大影响的是卫灵公时期。这或许是《论语》编纂者以"卫灵公问"为第十五篇开篇的深层原因。

第一章卫灵公问陈于孔子,孔子不能应答而自行离卫,表现孔子的君子尊严和骨气。第二章讲述陈蔡缺粮,突出君子在逆境中坚守己道的品德:"君子固穷"而不自失,理由是"君子之学,非为通也,为穷而不困,忧而意不衰也,知祸福终始而心不惑也"(《荀子·宥坐》)。第三章继而论人成己为君子,根本不在博学多识,而在能够将其博学多识得来的东西予以思想精神的一以贯之。然而,孔子"一以贯之"的思想并不为弟子们真知。这是因为孔子的思想和学问呈开放性的立体结构,但基本部分是德的思想和学问。弟子不知夫子"一以贯之"的思想和学问的灵魂,自然对其主张的德的思想和理论也知之甚少。所以孔子才发出:"知德者鲜矣"的感叹(第四章)。第五章以舜为例说明君子为政,真正解决其"知德之难"的方法只能是持之以往。在孔子看来,士君子只要做到凡事以"忠、信、笃、敬"为准则,每日以"忠、信、笃、敬"为要求,就形成德性,成为德行君子(第六章)。第七章进而讨论"言忠信,行笃敬"的依据和准则,只能是"直":以直为忠之准则,不会愚忠;以直为信之准则,不会盲信;以直为笃之准则,才会真厚道;以直为敬之准则,才可诚谦逊。

面对有道或无道的邦国,选择事或不事的准则,是行中正之道之"直"。以直道为准则的君子为政必须慎言,慎言的基本要求是既不"失言",更不"失人"(第八章)。第九章从另一个方面论君子为政,必须成为志士仁人。第十章承之拓展开来讨论为政治邦,必须以仁为准则。第十一章颜渊与孔子问答"为邦",重点突出为政治邦必须以礼为依据。将上下两章合起来则发现孔子的治邦思想是为政治邦,必须仁礼兼具,更需要具备瞻前性远见。第十二章孔子论"人无远虑,必有近忧",是基于对历史经验和生活经验的反思所做的理性总结,体现普遍涵摄性,且蕴含只可意会而难以言及的至高真理而历久弥新。

存远见,除近忧,必要好德。因为德就是持守中正。持守中正,必须在任何环境和情景下克己,所以难。持守中正的为政之难,首先难在好德不如好色那样自觉,那样发乎本性的渴望和生命的内在需要(第十三章);其次难在为政可以无德或弃德:为政者因好色而弃德,只是一种形式;为政者因妒贤嫉能而弃德,是另一种形式(第十四章)。为政者要持守中正之德,首先应该"躬自厚而薄责于人"(第十五章)。第十六章讲君子要持守"躬自厚"和"薄责于人"的行事准则,需要省问所为之事,但前提是要省问所为之事本身该不该为,其实质是正不正当和义与不义(第十七章)。第十八章承其"义"展开,概述君子必"以义为质"。第十九章阐述以道义为准则,君子应该立足现实具备担当能力。第二十章则放眼未来论君子之能。

二

君子始终是一个不断精进的过程,君子有道,君子守义,君子循礼,始终是动态生成性的,这是第二十一章照应第十五、第十六、第十七和第十八章的内在思路。并且,君子之道、义、礼、仁四者构筑起君子的担当和能力,不间断地作为以实现其道、义、礼、仁,必然为后世积累起"名称"的资本。所以,君子必须不断开阔胸襟、宏大气魄、提高远见、掘进卓识。君子要具备更高水平的担当和更大作为的能力,开辟"没世而名称"的人生道路,更应该有"不争"的卓越能力和"不党"的超拔品德(第二十二章)

君子行德为政,必须做到"不以言举人"和"不以人废言"(第二十三章),既揭明言与行、言与德之可分离性,也发现言与行、言与德的**合生**性。使言与行、言与德合生的根本方法是"恕",这是"一言立身"的准则(第二十四章)。第二十五章讨论言的功能以及如何有限度地发挥其功能,揭示"言"的褒贬功能必须遵循的原则和必须具备的精神。第二十六章讨论书面言说如何遵循"恕"的客观中正原则和自由精神。第二十七章考察"言"所行和"言"之立,揭示不遵循"恕"的准则可能带来的恶劣后果。

三

本篇第二十三章至第二十六章,内容和思维呈双主题。仅后者言,是理性辨识精神和辨识能力。这一内隐主题获得形式显现,强调君子具备避免巧言这一理性辨识能力的重要和根本,因为从大的方面讲,巧言乱德;具体地看,巧言乱德的人,必然是"小不忍"者,自然会"乱大谋",于己于人,皆如是。第二十八章突出这种理性辨识能力,指出巧言佞行可以使"众恶之",亦能使"众好之",面对此,君子应具备"必察焉"的理性能力,担当起辨别善恶,矫正巧言,引导世风的社会功能。第二十九章承之讲述君子必须以理性辨识能力起弘大中正仁道,提高社会认知,引导文道治世的作用,具备极强的纠错能力。第三十章承此概述"过而不改"的危害。

有"过"能否自"改",既需要自明,更需要克己,但要借助学来实现。所以,君子弘道的过程,不仅是克己自明的过程,更是不断阅读典籍和向人学问的过程(第三十一章)。这一学思互励始终彰显为"忧道不忧贫"的过程(第三十二章),因为"学也,禄在其中"。君子一旦享受到"禄",就应担当起守护道和弘大道的责任,即对道的"守之""敬之"和"礼之"(第三十三章)。为此,君子必须大知,才可大受而肩负起弘大道的责任(第三十四章)。

第二十九章讲君子"弘道",第三十至第三十四章分论君子弘道应该具备的主体性条件,第三十五章继之论当世之所以需要君子弘道,是因为道已失落于人间,民无德已成为普遍现象,只有以弘道方式才可拯救时世。第三十六章承之论君子为拯救时世而弘道,必须勇往直前、义无反顾,做到"当仁,不让于师"。第三十七章既是对前一章主题的继续,也是对第三十四章内容的照应:君子"不可小知,而可大受"的主体前提,是君子"仁"。君子一旦以仁道为准则,必须持守"当仁不让"的原则,践履这一原则的具体方式是"君子贞而不谅",它构成君子持守仁道的方法。

君子弘道,前提有三:一是君子必"当仁不让";第二,君子必"贞而不谅";第三,君子必"敬其事"而"后其食"。做到此三者,施之以教,恢复民仁才成现实(第三十八章)。其广泛的社会努力方式是无区别地教化,使人人归于纯厚(第三十九章)。因为教,可消解人的社会地位、等级的差别性和缩小人之智愚、贤不肖的距离,但教更助长其个性与选择能力的生成与提升。正是因为"有教无类"的双重功能,才造就"道不同,不相为谋"的多元性(第四十章)。第四十一章继之自我总结以"述而不作"方式弘道的基本准则:弘大返本开新、以仁入礼的中正仁道,不需要追求"文",只需要做到"辞达而已"。第四十二章讨论弘道的基本方式是日用常行的为人之道。孔子以扶助盲人乐师为例说明返本开新、以仁入礼的中正仁道之所以值得弘大、弘扬,是因为它本身不仅为畅明邦政所需要,更为人人日用常行的生活所需要。

第 1 章释义

卫灵公问陈于孔子。

孔子对曰:"俎豆之事,则尝闻之矣,军旅之事,未之学也。"

明日遂行。

[注释]

卫灵公:卫灵公(公元前 540 年~公元前 493 年),姬姓,名元,卫国第二十八代邦君。

问陈:问,请教、询问。陈,"阵"的古体字,先秦两汉"阵"皆作"陈",隋唐才开始由"陈"而"阵",意为布阵、列阵,指行军打仗。问陈,指询问兵戎之事。"孔文子之将攻大叔也,访于仲尼。仲尼曰:'胡簋之事,则尝学之矣。甲兵之事,未之闻也。'退,命驾而行,曰:'鸟则择木,木岂能择鸟?'文子遽止之,曰:'圉岂敢度其私,访卫国之难也。'将止。"(《左传·哀公十一年》)

俎豆之事:俎豆,古代祭器。俎,古代祭祀、宴飨时盛牺牲的礼器;豆,羹酱的器具,两种器物,可由木制成,也可是铜制的。俎豆之事,指礼仪事宜。

军旅:古代军队编制,古人以"卒伍"代指底层编制,以"军旅"代指高层编制。这里泛指统领军队布阵打仗。

[译文]

卫灵公以兵戎之事询问孔子。

孔子回答说:"礼仪文明方面的学问,我曾经听说过,但领军布阵打仗的学问,我从未学过。"

孔子第二天带着弟子离开了卫国。

[通解]

孔子游国,主要周旋于卫陈之间,客居卫国时间最长,经历卫灵公和卫出公两朝,居卫的这段经历对孔子思想学说的形成和发展产生很大影响。这或许是本篇以"卫灵公问"开篇的深层原因。

——

孔子在卫国度过九年时光,其间有四年时间在卫灵公庇护下生活,直到卫灵公逝世才离开卫国,但很快又返回卫国。几年后回鲁,对卫灵公评价不好,认为他"无道",但当季康子反问他既然卫灵公无道,为何其政不亡,孔子勉强说出算不得真理由的理由(《宪问》第十九章)。孔子对卫灵公的恶劣评价,可能更多属于主观性因素。要尽可能客观了解孔子对卫灵公评价的真实度以及正确理解本章内容,需要对卫灵公有一个大概了解。

《左传》记录卫灵公出生于鲁昭公二年(公元前 540 年),其名元,因为其兄孟絷患有"恶疾"不良于行,执政大夫孔成子与史朝借梦见卫国始祖康叔命令他们拥立元为太子:

> 卫襄公夫人姜氏无子,嬖人婤姶生孟絷。孔成子梦康叔谓己:"立元,余使羁之孙圉与史苟相之。"史朝亦梦康叔谓己:"余将命而子苟与孔丞鉏之曾孙圉相元。"史朝见成子,告之梦,梦协。晋韩宣子为政聘于诸侯之岁,婤姶生子☰,名之曰元。孟絷之足不良能行。孔成子以《周易》筮之,曰:"元尚享卫国,主其社稷。"遇《屯》☷。又曰:"余尚立絷,尚克嘉之。"遇《屯》☷之《比》☷。以示史朝。史朝曰:"元亨,又何疑焉?"成子曰:"非长之谓乎?"对曰:"康叔名之,可谓长矣。孟非人也,将不列于宗,不可谓长。且其繇曰'利建侯'。嗣吉,何建?建非嗣也。二卦皆云,子其建之。康叔命之,二卦告之,筮袭于梦,武王所用也,弗从何为?弱足者居,侯主社稷,临祭祀,奉民人,事鬼神,从会朝,又焉得居?各以所利,不亦可乎?"故孔成子立灵公。十二月癸亥,葬卫襄公(《左传·昭公七年》)

卫襄公卒,孔成子等人拥立六岁的姬元为君,是为卫灵公。卫灵公在位四十一年(公元前 534 年~公元前 493 年),虽生性猜忌、暴躁,却睿智,既有胆识,也有果断国政和各种危机的能力。前者如鲁昭公十二年(公元前 528 年),年仅十二岁的卫灵公不顾国内危机四伏,果断以邦君身份"如晋",贺晋顷公登基。第二年与晋、鲁、宋、郑等诸侯会于平丘,跨出建立良好邦交关系的第一步。后者如鲁昭公二十年(公元前 522 年),卫齐豹、北宫喜、褚师圃、公子朝四大家族叛乱,卫灵公果断出击,两日内平息叛乱,使卫国回归秩序轨道,其在世期间卫国再无内乱。不仅如此,卫灵公更擅于识人,并知人善任,尤其是提拔仲叔圉、祝鮀、王孙贾三位大臣协调总理国政,这是卫灵公主政期间卫国不衰的真正原因。

根据《左传》记录,卫灵公应是春秋晚期诸侯之中的佼佼者。《孔子家语》也记录卫灵公任人唯贤:

哀公问于孔子曰:"当今之君,孰为最贤?"

孔子对曰:"丘未之见也,抑有卫灵公乎?"

公曰:"吾闻其闺门之内无别,而子次之贤,何也?"

孔子曰:"臣语其朝廷行事,不论其私家之际也。"

公曰:"其事何如?"

孔子对曰:"灵公之弟曰公子渠牟,其智足以治千乘,其信足以守之,灵公爱而任之。又有士曰林国者,见贤必进之,而退与分其禄,是以灵公无游放之士,灵公贤而尊之。又有士曰庆足者,卫国有大事,则必起而治之;国无事,则退而容贤,灵公悦而敬之。又有大夫史鳅,以道去卫。而灵公郊舍三日,琴瑟不御,必待史鳅之入,而后敢入。臣以此取之,虽次之贤,不亦可乎。"(《孔子家语·贤君》)

以此审视孔子晚年说"卫灵公无道",可能属于情绪之辞。本章内容或可从一个侧面提供理解孔子何以有如此情绪的路径。

二

"卫灵公问陈于孔子"之事,应该是发生在孔子初次适卫。擅长识人、知人善任的邦君,往往都爱慕和敬重人才。孔子在鲁虽不得用,但已声名远播。孔子去鲁第一站选择卫国,可能也有过考察,一是卫国在卫灵公治理下有序发展、人口繁荣,卫灵公也是贤君且敬重人才。确实,孔子适卫,得到卫灵公的赏识,准备要给他大司寇待遇,还专门携南子夫人一道陪同孔子在大街上游行,以与国人共同庆祝卫国得遇大贤。卫灵公携夫人陪孔子与国人见面,这是对孔子的至高礼遇,但孔子却恼其"好色"(见第十三章)。然而,卫灵公如此高规格地礼遇孔子,是闻其名。求贤爱才的卫灵公既然想用孔子,必然要做实际考察,即向孔子询问国家政务。对于雄心勃勃的卫灵公来讲,国家安定和有序发展进程中的最大政务,就是如何强兵。于是,卫灵公就兵戎之事询问孔子。哪知孔子平生所学不过文道治邦那一套,既不懂农桑,也不懂军旅和兵戎。

当然,孔子不懂得具体的军旅和兵戎,并不等于说孔子不懂得治邦必须治军的道理:"子贡问政,子曰:'足食,足兵,民信之矣。'"(《颜渊》)"子之所慎:齐、战、疾。"(《述而》)治理军旅和兵戎,只是治邦之具体方面。孔子所学者,乃治邦大道;但卫灵公所问者,乃治邦的具体之道。孔子不懂,自在情理之中。心怀治邦大道的孔子,本来对卫灵公抱有莫大希望,但因此感到失望,所以卫灵公之问,孔子虽然以自谦方式作答,却感到无地自容,因而毅然决定离开卫国。孔子毅然离卫,可能基于两个因素:一是孔子无法面对卫灵公,这是自尊使然;二是估计卫灵公也不会用自己,或者说自己所学不是卫灵公所需。孔子由此判断如果继续待在卫国,肯定没有希望,于是兴冲冲适卫,旋即沮丧离卫。

卫灵公问孔子军旅之事而使孔子游国第一站颜面扫地,这对孔子来讲,是心灵的永恒之痛,一旦唤醒这种痛时,对卫灵公的看法或评价,可能就会主观情绪化一些。

三

本章内容算是解答了《宪问》第三十八章晨门说孔子是一个"知其不可而为之者"的道理。孔子所生活的当世,由霸主作为周天子与诸侯之间的协调者的"尊王""攘夷"结构模式正全面丧失其运作功能,诸侯争利的兼并结构模式正在形成。在这样两种社会结构运作模式处于交接的历史进程中,孔子的文道救世理想必然成为"不可为之"的东西而被所有诸侯邦君弃置,因为几乎每个诸侯邦君主要考虑的问题都是富国强兵,卫灵公准备擢用孔子,以军旅事相询问,恰恰表明那个时代的基本取向。

在这样一种社会潮流中,孔子明明"知其不可而为之",其结局自然终身不得出仕。当然,孔子如果能改弦易辙,仍然可得大用,问题是孔子却异常地坚韧,哪怕终身固穷,也要对自己坚持之道"一以贯之"。从功利、功名论,孔子是悲剧,但从思想、精神论,孔子却是文化和思想的英雄。因为超越实利的文化和普世性的思想,始终是永恒的存在。

第2章释义

在陈绝粮,从者病,莫能兴。

子路愠见,曰:"君子亦有穷乎?"

子曰:"君子固穷,小人穷斯滥矣。"

[注释]

在陈绝粮:陈,陈国;绝粮,粮食断绝,意为物质生活的来源中断。指孔子一行去陈适蔡,在陈、蔡之间断粮。

从者病,莫能兴:从者,跟随孔子一道游国的弟子。病,生病。兴,起,意为振作。莫能兴,没有人能振作,形容严重"绝粮"引发深度焦虑和忧惧。

子路愠见:愠,心躁而乏冷静,指生气。见,有二解:一,通"现",显现;二,求见。愠见,做前解,指子路心中动气表现于脸面;做后解,指子路生气见孔子。子路是一个性急直率的人，如此遭遇肯定生气，一生气必然愠意流动，气冲冲见孔子肯定脸色难看。

君子固穷：固，固然、即使。穷，遭遇穷困。固穷，指即使遭遇贫穷。

小人穷斯滥：小人，与君子对，这里指没有使命和理想的人，因为使命和理想才使人成为君子而讲究道义、坚守道义。滥，溢，如盛于器皿之水四溢，既言其过度，又言其自然横流，漫无边际。指没有使命和理想铸成道义的小人，必然因为穷而失其坚守。

[译文]

孔子一行陈国断粮，跟随的弟子都为此苦恼，有的还生病了，没有人能振作。

子路心怀怨怼地来见孔子说："君子也有穷困的时候吗？"

孔子说："君子固然有穷困，也要坚守君子之道；小人如有穷困，就会自暴自弃无所不为。"

[通解]

上章卫灵公问陈于孔子，孔子不能应答而自行离卫，表现君子尊严和骨气。本章讲述陈蔡缺粮，突出君子在逆境中坚守己道的品德。

一

朱熹将本章与上章内容合为一章，钱穆也如此，但实为牵强。

首先，从时间讲，卫灵公问陈于孔子，应该是鲁定公十四年（公元前496年）。但也有另一种看法，认为是鲁哀公元年（公元前494年），这在时间上不对，因为孔子第二次适卫是鲁定公十五年（公元前495年），并在卫住三年，直到卫灵公卒（鲁哀公二年，公元前493年），孔子才离开卫国适陈，三年后（鲁哀公六年，公元前489年）去陈适蔡。"在陈绝粮"，应该指孔子去陈适蔡途中。

其次，卫灵公问陈于孔子和孔子在陈断粮之间有内容上的关联，但主题完全不同。卫灵公问陈于孔子，孔子无以对，然后毅然离开卫国。《论语》编纂者之所以要将孔子这一窘境生活情节保存下来，是因为要留下真实的孔子形象，包括他的局限以及应对局限体现出来的人格、尊严和品德。一是体现孔子的谦逊和诚实，卫灵公问陈，孔子不懂，据实回答，而且很是谦逊"俎豆之事，则尝闻之矣；军旅之事，未之学也"，体现孔子本人的一贯主张，"知之为知之，不知为不知，是知也"（《为政》）。二是因不能答卫灵公兵戎之问，于是"明日遂行"，既体现孔子自知之明，更体现孔子的自我尊严。

"卫灵公问陈",孔子是因为暴露出谋断治邦的能力局限形成的自造窘境,为摆脱这种自造窘境,而选择捍卫尊严,毅然离卫。与此不同,"在陈断粮"却是外部力量造成的生存危境,为摆脱这种生存危境,首先需要自稳阵脚,有能化解危境的愿景和信念,然后才想法解决其困境。孔子以解答子路之问的方式区别君子小人处理危境的不同态度和方式,以此给弟子信心,强调坚守本身是能够解决危境的主体前提,也是解决危机的根本方法。

二

孔子一行在陈绝粮,因此"从者病,莫能兴"。造成这种危境的原因是什么,没有交代。根据语境分析,可能是迷路了。绝粮,既表明断粮时间长,长时间没有饭吃的饥饿,导致疾病产生,甚至还有的坐下来就不能起身再行走了。同时更突出整体的状况,大家都为能否突破这一难关而焦虑,没有人能精神振作。正是在这种状况和氛围下,才发生性格直率的子路之问和孔子之答。

"君子也有穷困的时候吗?"子路之问,问出了做君子的根本问题。在人们看来,或者至少在子路看来,人之所以愿意做君子,是因为君子高尚,至少不应该穷困。如果穷困谁愿意来做君子?这是子路之问的假设前提。这个假设的前提又是建立在另一个假设前提的基础上,即按照孔子的教导,君子不仅有学问、才能,更是堂堂正正的有德者,也是光明正大的行德者。一句话,君子是好人,是善人,是贤人,好人、善人、贤人不应该遭受穷困。然而,你(孔子)作为君子,为什么还要遭受穷困呢?我们为何要跟随你遭受穷困呢?子路之问,实际上涉及善恶与生活的幸与不幸是否对应的问题。善的、德的一定有幸、有福吗?如果没有这种对应关系,为什么?如果缺乏这种对应关系,谁愿意有德、行善?如果缺乏这种对应关系,谁愿意来做君子?

针对子路之问,孔子必须回答,因为子路之问既是一普遍之问、根本之问,也是探求化解当前危机、振奋大家精神、使大家有勇气面对窘境、走出窘境的方法之问。作为人师的孔子自然明白子路之问的要害所在,所以他首先承认君子也会遭遇穷困,然后指出,穷困是一种普遍的存在现象,任何人都有可能遭遇它。接下来,孔子告诉子路,在穷困的处境面前,君子和小人有其根本不同。君子虽然身处穷困之中,仍然能够坚守君子人格、君子理想、君子德性,最终能战胜穷困,所以君子始终是君子。小人则不同,如果遭遇穷困,会因此丧失做人底线,丧失人格,自暴自弃,为了达到目的,什么事都可以干。

"从者病，莫能兴"，这是追随孔子的孔门精英对君子追求的思想、精神及信仰的动摇，子路之问，更是对孔子宣扬的君子理想、君子精神和君子道路的深深怀疑，孔子关于穷困中君子与小人区别的阐述，是否对解除这次团队危机产生直接作用，不可得知，但孔子带领的弟子继续追随他游国这一事实本身却从侧面表明"君子固穷，小人穷斯滥矣"这一思想成为精神资源，一直影响后世意欲成为君子的人在困境中自我坚守。

三

孔子"厄于陈蔡"的"绝粮"事件，是对孔门的一次考验，也是孔子对孔门包括对自己的君子理想学说的一次拯救。但从文化史和思想史角度观，孔子"厄于陈蔡"之途的绝粮，既是一个历史事件，也是一个文化事件，更是一个思想事件，它表达孔子君子学说的灵魂，即"一以贯之"之道，体现其后所形成的中华文化的自我坚守精神。正是因为如此，从《庄子》《荀子》到《孔子家语》，都充分挖掘这个"素材"蕴含的不同意义来重塑这个故事。其中《荀子》对孔子游国的平常事件予以文化学和思想精神史的塑造，更为生动形象。

> 孔子南适楚，厄于陈、蔡之间，七日不火食，藜羹不糁，弟子皆有饥色。子路进而问之曰："由闻之：为善者天报之以福，为不善者天报之以祸。今夫子累德、积义、怀美，行之日久矣，奚居之隐也？"孔子曰："由不识，吾语女。女以知者为必用邪？王子比干不见剖心乎！女以忠者为必用邪？关龙逢不见刑乎！女以谏者为必用邪？吴子胥不磔姑苏东门外乎！夫遇不遇者，时也；贤不肖者，材也。君子博学深谋不遇时者多矣。由是观之，不遇世者众矣，何独丘也哉！且夫芷兰生于深林，非以无人而不芳。君子之学，非为通也，为穷而不困，忧而意不衰也，知祸福终始而心不惑也。夫贤不肖者，材也；为不为者，人也；遇不遇者，时也；死生者，命也。今有其人不遇其时，虽贤，其能行乎？苟遇其时，何难之有！故君子博学深谋，修身、端行以俟其时。"孔子曰："由！居！吾语女。昔晋公子重耳霸心生于曹，越王句践霸心生于会稽，齐桓公小白霸心生于莒。故居不隐者思不远，身不佚者志不广。女庸安知吾不得之桑落之下？"(《荀子·宥坐》)

在子路甚至可能包括大多孔门弟子看来，君子所学，即使不是为了亨通，也是为生活的平安、高雅和幸福。孔子告诉子路以及追随的弟子，君子所学，不是为了亨通显贵，而是为了"在不得志的时候心中不至于困窘，碰到忧患的时候意志不至于颓废,懂得祸福始终心里不至于迷惑。贤良还是不贤良,在于资质;做还是不做,在于自己;起用还是不起用,在于时运;是死还是生,在于天命"①。这是孔子给予人们经营**存在的尊严**的智慧和方法。

第3章释义

子曰:"赐也,女以予为多学而识之者与?"

对曰:"然。非与?"

曰:"非也。予一以贯之。"

[注释]

多学而识:多学,即是广览博闻。识,有二解:一,记忆,通"志";二,认识。人们多理解为记忆,其实二义具存,而且更强调认知,因为认知才是更深刻的记忆方式。并且,如果将"识"仅仅理解为记忆,必浅化孔子的思想。

一以贯之:贯,穿、联系。指一个东西贯穿始终。

[译文]

孔子说:"子贡啊,你以为我是那种广览博闻和强记的人吗?"

子贡说:"当然。难道不是这样?"

孔子说:"并非这样。我不过把所有的学问和思考用一个基本思想贯穿始终而已。"

[通解]

上章讲"君子固穷"而不自失,理由是"君子之学,非为通也,为穷而不困,忧而意不衰,知祸福终始而心不惑"。本章继而论人成己为君子,并不在其博学多识,而在于能够将博学多识得来的东西予以思想的一以贯之。

一

孔子与子贡的这段对话缘于什么场景,已无可考,但从孔子对子贡的提问,可以看出这一定是孔子的基本思想遭到弟子误解,这才是他自我澄清的原发动机。

---

① 金纲:《〈论语〉鼓吹:圣贤的光荣与漏洞》,天津,天津人民出版社2007年版,第475页。

本章对话,是孔子直面子贡误解自己的思想而进行的自我澄清,所以他提出问题,然后澄清问题。

孔子问子贡,你认为我的求知之道仅仅是学了许多东西并记住它们吗?子贡按照自己对老师的理解,认为学问不过是学与记。他以夫子曾经的言论为旁证材料:"子曰:'盖有不知而作之者,我无是也。多闻,择其善者而从之,多见而识之,知之次也。'"(《述而》)但孔子认为子贡对自己学问的最大误解在于"博闻多识"。确实,有人曾经认为孔子是"不知能作"的天才时,孔子予以否定,认为自己不是"不知而作之者",他告诉问者,自己之所以能作,首先是博学多闻,其次是对所学到的东西强记,最后才是对所学所记的东西深刻认识和理解。孔子认为,自己的能作,是闻、识、知三者融会贯通,其中,最根本的是知,不经由博闻强记得到的东西的真正的知,是不可能有作的。所以,孔子指出,子贡你仅仅将我的学问直浅地理解为博学强记,就大错特错了。求知的真正目的是获得能够将所有学得的东西都贯穿起来的那个原理,或者说法则、方法。

这个原理、法则、方法是什么呢?

> 子曰:"参乎,吾道一以贯之。"
> 曾子曰:"唯。"
> 子出,门人问曰:"何谓也?"
> 曾子曰:"夫子之道,忠恕而已矣。"(《里仁》)

曾子自以为聪明地将老师的"一以贯之"概括为"忠恕",后世皆以为然。其实,这是对孔子思想和学问的最大误解。孔子以澄清子贡之误解为由,最终是为了澄清曾子的误解。孔子说,自己学问的根本不是博闻强记,而是贯穿博闻强记于始终的那个思想,这一思想可从孔子的如下论述中找到:

> 子张问:"十世可知也?"子曰:"殷因于夏礼,所损益,可知也。周因于殷礼,所损益,可知也。其或继周者,虽百世,可知也。"(《为政》)
> 颜渊问仁。子曰:"克己复礼为仁。一日克己复礼,天下归仁焉。为仁由己,而由人乎哉?"颜渊曰:"请问其目。"子曰:"非礼勿视,非礼勿听,非礼勿言,非礼勿动。"颜渊曰:"回虽不敏,请事斯语矣。"(《颜渊》)

由此不难理解,孔子"一以贯之"的思想,并不是"忠恕",因为"忠恕"只属于伦理方面的内容,并且仅仅是伦理规范方面的内容,还不包括伦理的主体性建构方面的内容;或者说,忠恕,只是孔子所论之"礼"的基本内容之一部分,孔子之礼的基本内容的另一部分,即与忠恕并列的孝弟;孔子之礼却要由"仁"来规定,作为礼之下位概念的"忠""恕",当然不包括"仁",即人成为君子的德性,更不包括"乐",即人成为君子的幸福问题。这只是具体论,从整体看,孔子的思想和学说,不止于伦理学,除其伦理思想外,还有政治哲学、道德哲学、人性论、教育学、知识论、心理学等方面的内容,"忠恕"不能统摄孔子学问整体,自然不能概括孔子学问精义。根据如上所引可以发现,能够贯通孔子学问始终的是其返本开新"以仁入礼"的文道救世思想。这一思想形成的奠基法则,是"性相近,习相远"的人性法则;这一思想形成的认知论,是历史发展观:"**周监于二代,郁郁乎文哉,吾从周。**"(《八佾》)孔子之返本开新的历史哲学思想拱卫的认知论和方法论,是"殷因于夏礼,所损益,可知也"的返本开新,它内在地蕴含历史发展观,即历史无论怎样曲折,它始终向前发展,是不可逆的。这个思想展开的行动原理,是"以仁入礼"原理。

二

以返本开新为导向实施"以仁入礼"的文道救世理想,是孔子"一以贯之"的思想,这一思想贯之于孔子学问的方方面面。比如,孔子论诗时说:"《诗》三百,一言以蔽之,曰:'思无邪。'"(《为政》)其一以贯之的,构成返本开新的那个最为内核的或者神圣性的东西,却是"思无邪"的纯粹,这是历史可以返本可以开新的根本精神源泉,因为"无邪"的纯粹就是仁,以仁去引导和规训礼,所欲求得的不也是纯粹本身吗? 又比如孔子言礼时说:"礼,与其奢也,宁俭。"(《八佾》)礼的本质当然是规范、规训、限度,但规范、规训、限度的本质是仁,而仁,永远扎根于人性之中。

一以贯之的思想,始终是处于"变中不变"状态进程中的思想,这一贯通返本开新的历史发展观的以仁入礼思想,在不同领域呈现不同的表达式。

返本开新地以仁入礼思想"一以贯之"的人性论表达,是天赋相近的人性在后天敞开中"习相远",基于对这一人性状况的洞察,人性向善始终是境遇的;并且,人性向善必须学而、规训与引导:"生而知之者",不得见;"学而知之者",是自求;"困而学之者",要引导;"困而不学者",要教化。(《季氏》)

返本开新地以仁入礼思想"一以贯之"的知识论表达,是名正言顺:"君子于其所不知,盖阙如也。名不正则言不顺,言不顺则事不成,事不成则礼乐不兴,礼乐不兴则刑罚不中,刑罚不中则民无所措手足。故君子名之必可言也,言之必可行也。君子于其言,无所苟而已矣。"(《子路》)

返本开新地以仁入礼思想"一以贯之"的伦理学表达,是中庸道德:"子曰:中庸之为德也,其至矣乎!民鲜久矣。"(《雍也》)中庸道德的行为准则,是"己所不欲,勿施于人"(《颜渊》);中庸道德的超越方式,是"己欲立而立人,己欲达而达人"(《雍也》),忠、恕,仅是中庸道德的具体实践规范和行为定义。

返本开新地以仁入礼思想"一以贯之"的教育学表达,是"学而时习之,不亦说乎? 有朋自远方来,不亦乐乎? 人不知而不愠,不亦君子乎"(《学而》)。这一学而成己的思想和学而成君子的准则,就是任何"一个不同寻常的年轻人,在适宜的环境下接受教育,并深信自己注定要成大器,这才能使自己避免成为小人"①。

第 4 章释义

子曰:"由,知德者鲜矣。"

[注释]

由:仲由,子路之名。

知德:知,理解、知晓、觉解。

鲜:新鲜,指稀少、少有。

[译文]

孔子说:"子路,我告诉你,真正知晓并觉解德的人太少了。"

[通解]

上章孔子向子贡做自我澄清,是因为其思想和学问遭受误解,以此表达一个基本事实:即使孔门弟子,也对夫子的思想和学问不知。孔子思想和学问呈现开放性的立体结构,但基本部分是德的思想和学问。弟子对自己"一以贯之"的思想和学问的灵魂都不知,自然对自己主张的"德"也知之甚少,所以孔子才如此感叹"知德者鲜矣"。

---

① 〔美〕顾立雅:《孔子与中国之道》(修订版),高专诚译,郑州,大象出版社 2014 年版,第 186 页。

一

孔子认为真正知晓和觉解德的人难得,也很少见到。形成这种状况的首要原因,在于"德"本身的复杂性。德的复杂性呈现为方方面面,但主要者有三:

第一,德的土壤是人性。人性虽然天赋,但却"习相远"。德并不产生于天赋人性的"相近",**而是生发于人性的"习相远"**,德的建构的根本目的,是使"习相远"的人性回返于"相近"。这就不仅涉及需要、利欲,更涉及限度。或者说,德不过是基于"习相远"的人性如何恢复到更"相近"而需要人人遵守的公义以及相互遵守其公义的必要行为限度,这种限度本质上是对个体需要、利欲的克制。这使人们很难理解德的人性根源:德的人性根源,是节制人性的野性释放,落实在具体生活情境中,是节制私欲私利然后与人共生。所以,德是对人对生活中的私欲、私利的战斗,但人们往往不愿意承认人性敞开为"习相远"的实质是私欲、私利的膨胀。

第二,德不过是人与人和平共处、共同生活的方式,更通俗地讲,德既是人与人"在一起"的努力方式,也是人与人"在一起"的生存状态。这是孔子之曰"德不孤,必有邻"(《里仁》)的深刻语义所在。进一步讲,所谓德,不过是人有人。人有人的前提是人对人的需要,即人要能够继续存在和有保障地生存,单凭自己的能力、力量无法做到,人必须走向他人,走近他人,走近他人而结成互助伙伴共同存在,共同生存。这就是霍尔巴赫所讲的人"为了使自己幸福,就必须为自己的幸福所需要的别人的幸福而工作;因为在所有的东西中间,人最需要的东西乃是人"①。并且,人也唯有通过他人,才获得自己的存在定位,才产生价值,获得荣辱,并创造出生活和存在的意义。所以,人不仅是己的手段,人本身是己的目的。但现实生活中往往很少有人能够觉解到此,自然造成"知德者鲜矣"的状况。

第三,德,只有人才可享有的一种高贵的东西,且唯有通过"劳"才可获得。这是孔子强调"先事后得"的原因。孔子指出,君子崇德的实际行为体现,是"先事后得"(《颜渊》),德的本质是"得",但"得"的本质是"劳";"劳"的达成,必须互助;互助,必须规范、规训。所以,德,必须是仁;仁,必须是礼。由此不难发现,不仅德与得相通,而且德必须以劳、仁、礼为根本要求和规范。

由于如上三个方面的要求和规定,德必须正,必须中正,必须公道。这是孔子之曰"中庸之为德也,其至矣乎! 民鲜久矣"(《雍也》)的道理所

---

① 周辅成:《西方伦理学名著选辑》下册,北京,商务印书馆 1996 年版,第 89 页。

在。中庸（即正、中正、公道）构成德的行为准则，这一行为准则的日常规范是"己所不欲，勿施于人"（《颜渊》）和"己欲立而立人，己欲达而达人"（《雍也》）。

二

知晓、觉解德之难，更难在另外三个方面：

第一，德落实于日常生活，成为日用常行的基本要求，不仅展开为道德的维度，也敞开为美德的维度。德是道德和美德的统称。在知晓、觉解的层面，区别道德和美德是困难的。不仅在孔子所生活的时代如此，即使在今天，人们也难以有充分的能力来分辨道德和美德的个性特征、功能取向以及价值坐标系的差异性等问题。

第二，无论道德或美德，都涉及修养和修行两个方面的问题。前者即德性的涵养；后者是德行的敞开。

由于德性是通过修养、涵养所得，理解德（包括道德和美德）的构成内涵，成为必须。孔子从不同角度论德的构成内容，主要围绕仁展开。然而，孔子论"仁"却始终不定义，因为"仁"是开放性生成的体系，所以一般人往往难以理解和把握。

第三，围绕"仁"来修养德，使之获得内在德性，很难，但更困难的是践履德。因为践履德必须节制需要和利欲，这种节制展开为日常生活，需要接受"礼"的规训，做到"非礼勿视，非礼勿听，非礼勿言，非礼勿动"（《颜渊》）。所以，人践履德，可以一时做到，难以天天做到，更难一生做到。这不仅涉及修仁不止，更涉及对人性的认知不止，正是在这个意义上，践履德比修养德更难。

基于如上各方面的考察，孔子得出"知德者鲜矣"的结论，这个结论恰恰是对生活的反观和对历史经验的总结，它本身体现普遍性。这种普遍性的思考蕴含普世性的思想，即人成为君子是艰难的。这种艰难表现为人认识自己困难，节制自己更困难。

第5章释义

子曰："无为而治者，其舜也与？夫何为哉？恭己正南面而已矣。"

[注释]

无为而治：为，作为、亲为。无为，不作为、不亲为。指"任官得人，己不亲劳于事"（钱穆《论语新解》）。

恭己正南面：恭，谦恭。己，克制自己。恭己，谦恭地律己。南面，古人认为坐北朝南方向最好，故以向南坐为最尊贵，意为邦君听政之位。因而，"南面"也专指对"君主"的简称。正，端正、正位，确正名分。正南面，指确正君主名分以求"君君"之序。

[译文]

孔子说："观览古今，能做到不亲为而达于治理境界的君主，大概只有舜吧！他何以能做到如此？不过是恭正君主名分，端坐南面天子之位而已。"

[通解]

上章讲"知德者鲜矣"，既是一般论，也是专门论。从一般论，知德对于每个人来讲都相当困难，正是因为如此，孔子才发出"中庸之为德也，其至矣乎！民鲜久矣"(《雍也》)的慨叹。从专门论，知德对于君子，尤其是对于为政的君子，亦为困难。孔子之特别强调"学而时习之"，是要解决君子知德难的问题；孔子之特别强调"名正言顺""先事后得"以及"不在其位，不谋其政"和"君使臣以礼，臣事君以忠"等，是从不同方面讲如何在践履层面解决"知德之难"的问题。本章以舜为例说明君子为政如何解决"知德之难"的实践难题。

一

在中国思想史上，人们认为"无为"的思想源发于老子，是老庄的思想。其实，这种看法只是来源对其思想所做的浅表的形态学理解，即将"无为"简单地理解为"不亲为"而可达到预想的结果，只是突出其实践操作的意义，在存在的和本体的层面，"无为"应该指顺其律令、法则、规律而在，或曰顺其律令、法则而为。这是因为存在世界有存在世界的律令、法则、规律，具体的存在者、事物，其存在必要遵循存在的律令、法则、规律，比如生命的向死而生，水往低处流，高山必起于平地，动物、植物不仅需要得生的土壤，适度的温度、阳光、水，更需要四季循环的气候。社会亦有社会存在的律令、法则、规律、气候，并且社会存在的律令、法则、规律、气候不过是世界存在的律令、法则、规律、气候的人间化。比如，从根本论，人类文明不过是其手臂的延长和脚力的提升。然而，人延长手臂和增强脚力，并不能任意为之，而要遵循存在世界的律令、法则、规律，更具体地讲是遵循事物存在的律令、法则、规律。比如，人要渡河，其延长手臂和提升脚力的方式，是打造渡河工具，无论木筏、木板船，还是大型动力机械船、航空母舰，都不过是对河中鱼类生物游弋法则的发现和人性化运用,但鱼的游弋法则要遵循水的浮力定律。以此观天上飞行的所有飞行器,都与鸟类的翱翔原理直接相关,但最终要遵循宇宙力学定律。

人生活在群中,并因为人的求群、适群、合群需要而组建起社会,建立起邦国或天下的秩序。这些秩序的建立当然可以遵循强力原则,但更需要遵循人性法则。其实无论强力原则还是人性法则,都来自自然界,比如人间强力原则的源泉不过是自然世界的丛林法则;人性始终属于天赋:天赋人以本性,是平等的,是相通的,是可变化的,这些构成了人性的内在需求性。正是人性的这些内在要求性,使人与人之间交往成为可能,也使人所组成的社会变得复杂,更成为邦国可治和得治的人本依据。

以此来看,无为而治的思想,其实是一种普遍的、基本的思想,人间社会治理的最高境界,就是遵循普遍存在的律令、法则、规律而治。这一普遍的律令、法则、规律,就是名实一体:名是实的形态呈现,实是名的内在规定、本体方式。名实一体具体到治理上,就是言行符合自己的权位。具体地讲,如果是天子、邦君,其言行必须符合君位,体现君位,正大君位;如果是臣,其言行必须符合官位,体现官位,正大官位。言行符合权位的基本做法是什么?孔子告诉人们,是"为政以德",具体地讲是自正正人,自正正事,自正正国,自正正天下,这种自正而正之的方式,就是无为而治的方式。

二

简单地讲,所谓无为而治,不过是遵循存在律令、生存法则和权责规律而治。孔子以返本开新方式重构以仁入礼的君子学说,培养"修德取位"和"以德正位"的君子去践履君子之德,因为德的本质是得,得的本质是正。以此来看,孔子所说的"为政以德",不过是"以德为政"。以德为政的实质是**以正为政**。以正为政,就是无为而治,即遵循存在律令、生存法则和权责规律而治。孔子认为,这种无为而治的方法是"政者,正也。子帅以正,孰敢不正"(《颜渊》)。以正为政的前提,是修己;以正为政的基本方式,是"好礼"。好礼,是崇尚规矩、法则、规律,简称崇德。崇德的基本要求是"修己以敬""修己以安人""修己以安百姓",即以好礼为准则来修己,达到敬与安。以此观之,无为而治思想的灵魂是正,核心是敬和安:敬,则民易使;安,则百姓易顺。天下之治,不过**易使易顺**而已。

无为而治的思想,并不由老子创建,而是"信而好古"的孔子对前人思想的当世诠释。"不显唯德,百辟其刑之"(《诗·周颂·烈文》)。为君者不夸耀自己的恩德,百官自然会效法你。后来的《中庸》将此概括为"是故君子笃恭而天下平",不过重申孔子无为而治的两个基本条件:一是执政做到唯中唯正的道德境界，这是孔子反复讲的"修德取位"和"以德正位"；二是民的唯中唯正的道德境界，就是"中庸之为德也，其至矣乎"（《雍也》）的立论基础。孔子讲"知德者鲜矣"和"中庸之为德……民鲜久矣"，亦在这个意义上立论。如果大家都知德，人人都谨守中庸之道，天下会不治而安。君有德，就是好礼；官有德，就是"先事后得"和"攻其恶，无攻人之恶"（《颜渊》）；民有德，就是孝、弟、忠、信。概言之，孔子所论之知，即"为政以德"和"民德"两个方面，这是《论语》反复讲述的两个条件性理念。这两个条件性理念，被后来的《大学》概括为"絜矩之道"。絜者，绳；矩者，尺，"絜矩之道"即是度量之道，讲言行必有规矩，必达到垂范作用，做到这两个方面就是治。

第6章释义

子张问行。

子曰："言忠信，行笃敬，虽蛮貊之邦行矣。言不忠信，行不笃敬，虽州里行乎哉？立，则见其参于前也；在舆，则见其倚于衡也。夫然后行。"

子张书诸绅。

[注释]

问行：问，请教、求问。行，出行、行走。指求问君子怎样才能行走顺畅。

行笃敬：笃，厚实。敬，谦恭。

蛮貊之邦：蛮貊，指异族，蛮南貊北。

参于前：参，钱穆认为"参"或训"直"，有罗列、并立之义。指直于前。

在舆：舆，车厢。指站立于车中。

倚于衡：倚，凭借、依靠。衡，车前横轭。指凭靠于车辕前端的横木上。

书诸绅：书，写。诸，之于。绅，腰间大带的下垂。书诸绅，将文字写在束于腰间的大带上。

[译文]

子张问如何才可畅通无阻行走于世。

孔子说："说话忠诚，行为守信，即使到了蛮夷之地，也能行得通畅。如果说话诡诈无信，行为不笃无敬，即使在中原本土乡里，能行得通吗？站立的时候，'忠、信、笃、敬'这几个字好像矗立于面前；坐车的时候，'忠、信、笃、敬'这几个字好像写在车辕前端的横木上。能够记住这几个字,到哪里都可以畅行无阻了。"

子张将老师的话写在腰带上。

[通解]

亚里士多德在《尼各马科伦理学》中讨论伦理问题时聚焦于德,认为德由知德与行德两部分构成,由此形成理智的德性和伦理的德性。比亚里士多德早一百六十多年的孔子,讲述伦理问题也集中于德,认为德包括德性和德行两个方面,指出德性通过"知"之修养达成,德行通过"事"之践履实现。进而,孔子还认为,知德之难在于**反求诸身**,行德之难在于**持之不已**。这是第四章先论"知德"之难,然后才于第五章讨论行德虽然更难,但只要持之以往,是可以做到的。孔子指出,对德知之而行之不止,不仅历史上的贤君舜可以做到,士君子同样可以做到。在孔子看来,士君子只要做到凡事以"忠、信、笃、敬"为准则,每日以"忠、信、笃、敬"为要求,就实现了德性,成为有德行的君子。

一

子张是孔门最小的弟子,孔子返鲁时,子张才二十岁。子张问答之事,可能发生于孔子晚年,抑或子张出道前拜别老师时的求教。

子张求教孔子如何才可行得远,走得畅,体现子张深得老师教诲和激励已形成弘扬和发展师学的远景与信心。孔子亦知其所问之意蕴所在,所以倾囊相教概括为四个字:忠、信、笃、敬。

忠、信、笃、敬,这是君子践履的看家本领,是君子行而得立的四个基本要求。

忠者,不贰、唯一。所以,忠之本质要求是尽己之性,尽己之心,尽己之力,对此"三尽",亦可概括为尽己。忠之于人的真正达成,需要从三个尽己努力:一是对己要尽己,即学而不息,修身不止;二是对人要尽己,即"不违仁",做到仁德公道;三是对上要尽己,即忠诚事君,做到"事君,能致其身"(《学而》)。

信者,言行合生,这既是理性交往的准则,也是利益交换的准则。忠,讲不贰;信,讲不欺。不欺己,不欺人,不欺上,此乃信的三个方面。做到此"三不",就是信者,也是君子;做不到,或有意不做,就是小人。从根本讲,**信的本质仍然是尽己**。

笃者,既有"非常""很""格外"等表程度的含义,也有"一心一意"的意思,更指"厚实""厚重""敦厚"。"忠"讲如何"事","信"讲怎样言行,最终都是尽己；"笃"却讲如何待人，怎样厚人；君子唯有通过厚人来实现厚己。

敬者，庄重、庄敬，同样讲待人。待人厚道，就是笃；待人有礼，即是敬。但这只是敬的形式，敬的本质是诚，唯有诚之以礼，才为敬。所以，敬乃礼与诚的合生，表现为自我庄敬，实现的是自我敦厚。

二

子张所问，行之何远。孔子教以"言忠信，行笃敬"，这就是"孔子四教"："子以四教：文、行、忠、信。"（《述而》）"文"，即文质彬彬，文质彬彬者，厚重、敦厚；而行之则必敬。

孔子教子张以"言忠信，行笃敬"，他告诉子张，将此六字作为日用常行的准则，无论走到哪里，都会畅通无阻；反之，则寸步难行。然后以"立，则见其参于前也；在舆，则见其倚于衡也"教导子张化"忠、信、笃、敬"为日用常行的准则。

为何"言忠信，行笃敬"就可以畅行无阻？

这是基于人性要求：天赋的人性"相近"。人性相近有两个方面的基本内容，一是求生，即求生本性；二是平等，即不受伤害、得到同等善待的本性。这两个方面的本性形成人的基本行事准则，别人以什么方式待你，你就以什么方式待人。反过来讲，你以什么方式待人，人就以什么方式待你。"言忠信，行笃敬"，讲的是"我必须以这种方式待人"，然后赢得别人以同样的方式待我，哪怕就是到蛮夷之地，也会畅行无阻。这其中根本的道理是：即使是在蛮夷之地，生活于其中的人，同样具有天赋的人性要求。

由此看来，君子"言忠信，行笃敬"，不过是尊重人性而已。

第7章释义

子曰："直哉，史鱼！邦有道，如矢；邦无道，如矢。君子哉，蘧伯玉！邦有道，则仕；邦无道，则可卷而怀之。"

[注释]

史鱼：史鰌，或曰史鰍，字子鱼，卫国大夫。

蘧伯玉：姓蘧，名瑗，字伯玉，卫国大夫，亦是卫国六君子之一。见《宪问》第二十五章"**蘧伯玉使人于孔子**"。

如矢：像射出去的箭一样直行无迂回。

卷而怀之：卷，收。怀，藏。指收而藏之。

［译文］

孔子说：“真正的刚直啊，史鱼。邦国有道，他像射出去的箭直行不迂；邦国无道，他也像射出去的箭直行不迂。真正的君子啊，蘧伯玉。邦国有道，他出仕做官以实现抱负；邦国无道，他退而过一种藏而不露的隐居生活。”

［通解］

上章讲“言忠信，行笃敬”是君子行之必远和行之必畅的准则。本章进而讨论“言忠信，行笃敬”的依据和准则只能是“直”：以直为忠之准则，不会愚忠；以直为信之准则，不会盲信；以直为笃之准则，才会真厚道；以直为敬之准则，才可诚之以谦逊。

一

本章所述内容可能与“邦有道，危言危行；邦无道，危行言孙”（《宪问》）章内容相关，或许这两章内容属于同一语境，二者之间可构成具体与抽象的关系，即先评价史鱼和蘧伯玉，然后对邦道政治予以一般性思考，提炼出其**中正**政治哲学思想。

本章讲的史鱼和蘧伯玉，都是卫国名臣，历事卫献公、卫殇公以及逃亡而复归的卫献公、卫灵公。二人皆因邦无道而“卷而怀之”：

> 卫献公使子鲜为复，辞。敬姒强命之。对曰：“君无信，臣惧不免。”敬姒曰：“虽然，以吾故也。”许诺。初，献公使与宁喜言，宁喜曰：“必子鲜在，不然，必败。”故公使子鲜。子鲜不获命于敬姒，以公命与宁喜言，曰：“苟反，政由宁氏，祭则寡人。”宁喜告蘧伯玉，伯玉曰：“瑗不得闻君之出，敢闻其入？”遂行，从近关出。（《左传·襄公二十六年》）

二

上章孔子借子张问行阐发君子行必“言忠信，行笃敬”。但忠不等于盲目，信不等于无准则，笃与敬也不是无条件要求。比如，不能对一个恶棍“行笃敬”，更不能向一个暴君行忠信。“言忠信，行笃敬”必贯穿一个准则，这个准则就是“直”，即正直、刚直。直的本质规定是正。言忠信，行笃敬必须遵循中正之道，简称为中道。言忠信，行笃敬必须以直为准则，以中道为规范。

“直”相对什么言？叶公以其父偷盗为例问直于孔子。孔子回答说：“吾党之直者异于是，父为子隐，子为父隐，直在其中矣。”（《子路》）孔子讲的是私德之直。在私德领域,"父为子隐,子为父隐"是合人伦的。但在公德领域,其直与不直,一定要合"道",这个道就是邦国形成良序的依据、标准。

评价邦国良序的标准是什么呢,是仁与公,即仁德与公道。缺乏仁德与公道的邦国,是无道的邦国。这是理解史鱼"邦有道,如矢;邦无道,如矢"和说蘧伯玉"邦有道,则仕;邦无道,则可卷而怀之"的关键:唯有当邦国丧失仁德废除公道时,其如矢的言行才创造出特别的意义,其"卷而怀之"才有特别的意义。

在孔子看来,邦国有道无道,在于有无仁与公,在于有无以仁德和公道为准则。如果有,邦国必有道;如果无,邦国必无道。以此看孔子所言之"道",并不是哲学意义上的,而是政治哲学意义上的"治邦之道"。治邦有无道,是说治邦有无法则可循,有无秩序可依;更具体地讲,指邦国治理有无共守的规范,邦国治理行为有无边界,邦国治理是否体现公道。邦国治理的有道无道,决定了言论的自由或不自由。邦国有道,有言论自由;邦国无道,没有言论自由。反过来看,有言论自由的邦国,是有道的邦国;没有言论自由的邦国,是无道的邦国。

三

一般人以为本章内容是孔子在讲处世哲学。这样的理解有些歪曲孔子思想。孔子在这里讨论的并不是处世的问题,而是讨论人与邦国的关系,具体说是君子与朝堂的关系。

首先讨论人(君子、官)与邦国(或政府、君主)关系的建立和维系,应该以什么为准则。孔子认为,君子与邦国、君子与朝堂、君子与君主的关系建立和维系的准则,只能是道,即必须以仁德和公道为准则。

其次揭示,在这样一种关系框架中,君子应该享有两种自由选择的权利。

一是"直"的权利。君子必须享有评价社会,尤其可以"如矢"那样地评价邦国和批评朝堂的权利。

二是不服从、不合作的权利。当邦国丧失仁德与公道准则,或者当朝堂上为政者在整体上丧失仁德公道能力时,个人可以不服从来自朝堂、君主的任何方面的规范和要求,有自主地行使自由选择的权利和自由规避无道的权利。

第8章释义

子曰:"可与言而不与之言,失人;不可与言而与之言,失言。知者不失人,亦不失言。"

[注释]

失人：失，丧失、错过。指失去言说的对象，引申为"错过人才"。

失言：出言失当，造成损失。

[译文]

孔子说："碰到可与之说话的人不说，既会失去说话的对象，也将错过能言的人才。向不可与之说话的人言说，是言语不当。智者既不会丧失与之交谈的对象，也不会言语失当。"

[通解]

面对有道或无道的邦国，选择事或不事的准则是直，即行中正之道。同样，可否与人言或交的判断依据和选择准则，仍然是直。

———— 一 ————

本章是孔子教弟子说话。

孔子告诉弟子，说话很有讲究，但也有规律可循。这个规律就是**恰当**，它构成说话的基本准则。说话恰当的准则的正面表述，是该说时就说；说话恰当的准则的反面表达，是不该说时就不说。

说话"恰当"，既指对象恰当，也指时机恰当，更指内容恰当。

对象"恰当"，指可与之说的对象。什么叫可与之说的对象？用今天的话来讲，是指说者与听者之间能构成实际的**主体间性关系**。所谓说话的主体间性，指说者与听者均以平等姿态相待，从而使之构成一种平等的交谈关系，形成互动的交谈方式。

时机的恰当，因为所欲说者与愿听者之间有能够交谈的资质和诉求，但这仅仅是一种可能性，要将这种可能性变成现实性，还需要恰当的话题和展开其话题的语境。

内容要恰当，一个人与另一个人之间构成可与之言的主体间性关系是有边界的，因为每个人都是个体，任何个体在思维、视野、认知、思想、观念、方法、价值观、情感方式等方面都存在差异和个性色彩。正是这种差异和个性色彩决定了人与人"可与言"始终存在范围和边界，超越这个范围和边界，则"不可与言"。

由此看来，对象、时机、内容，此三者构成衡量说话"恰当"与否的指标体系。以此为评价的指标体系来判断对象是"可与言"者还是"不可与言"者。如果属于前者"而不与之言"，就会失人。失人，也可以理解为"使人失"，"可与言而不与之言"，会丧失他人对你的信任，因为该与他人交谈而不与他人交谈，这是隐瞒。隐瞒的本质有二：一是掩盖事情的真相；二是不信任。但无论属于哪种情况，都会失信于人。失信于人，使人不信任的实质，是错过人，包括错过交谈的对象，错过人才，更根本的是由此丧失别人对你的信任。如果属于后者而"与之言"，就会无的放矢，造成言之不当。言之不当，不仅表现为急躁，更体现出盲目、轻信，缺乏判断力和理解力；更重要的是体现出对人的失察。对人失察造成的言之不当，可能造成"失事"，比如，丧失对事物的准确判断和把握，可能由此造成不必要的损失或危害。

二

孔子教弟子说话，应该"当言者与之言"和"不当与之言者不能言"，所贯穿的说话准则是恰当，如何来判断说话恰当与否，这就涉及权衡或判断"说话是否恰当"的依据问题。

一旦追问"说话恰当"的依据问题，本章内容便与上章发生联系。说话恰当，是该说的就说，不该说的不说。前者贯穿"直"。直是不隐瞒，不隐瞒首先指该告知的对象，就一定要告知他；其次是该说的内容，一定要一一说给他听。反之，对"不可与言"的对象，其言就该隐，隐也是一种直，是保持不失其"事之道"的一种直。

孔子告知弟子，"可与言而言之"和"不可与言而不言"，就是直。如第七章所言，直的本质规定是正，直要达到的效果是仁与公，直遵循的基本准则是仁德与公道。所以，当以直为言与不言的判断准则，必然要获得依据的规范。这个能够规范直的依据就是"道"：以直为本质规定，以仁和公为价值诉求的"道"，构成"可与言而言之"和"不可与言而不言"的最终依据，同时也是最高准则。

只有以直为准则，以道为依据，才可理解孔子所做到"可与言而言之"和"不可与言而不言"的是知者：知者"不失人，亦不失言"。

说话体现知，因为说话不仅涉及识人、辨言，也涉及明事、通理。首先，说话必须识人，识人需要从"文、行、忠、信"或者"忠、信、笃、敬"这两方面入手，如此识人，必须生知，且必成知者。其次，说话必须辨言，辨言的实质是辨别所欲表达的内容哪些可说，哪些不可说；即使是可说之言，应该怎样说，这都体现内在的辨的方式和辨的过程。最后，说话必须明事，因为辨言的过程就是明事的过程，"可与之言"而"言之"的过程，是明事的过程，辨其"不可与言"而"不言"的过程，同样是明事的过程。所以，"可与言而言之"和"不可与言而不言"之知，既是"不失人，亦不失言"之知，更是"不失事"之知。

第 9 章释义

子曰:"志士仁人,无求生以害仁,有杀身以成仁。"

[注释]

志士仁人:志,理想、道。志士,有理想且有道引导其践行立身的人。仁人,有仁性、仁心、仁情、仁爱的人。所谓"志士仁人",指有仁德的人,有文道救世使命和责任的人。这样的人是肩负返本开新文明传统和文道救世理想的君子。

求生以害仁:求生,贪求生命。害,损害、伤害。害仁,伤害仁德。指贪生必然以伤害仁德为代价。

杀身以成仁:杀,夺取生命。杀身,杀死身体,喻牺牲生命。成,成就。成仁,成就仁德。

[译文]

孔子说:"拥有文道理想和仁德的人,不会以贪生方式损害仁,如需要,必会以牺牲生命的方式成全仁。"

[通解]

第七章孔子讲君子必直,以邦道为依据选择仕与不仕。但同时要求以直道为准则的君子为政必须慎言,慎言的基本要求是既不"失言"更不"失人"(第八章)。本章从另一个方面论君子为政必须有理想,必须是理想的存在者,必须成为志士仁人。

一

《论语》记载了许多孔子的中道言论,讲谨慎,讲慎言。从不同方面展示孔子本人行事谨慎、多虑、多疑,甚至过分自尊的性格。但在第七章和本章中,孔子却呈现出刚决、凌厉的一面。

第七章中,孔子赞美史鱼"邦有道,如矢;邦无道,如矢"和蘧伯玉"邦有道,则仕;邦无道,则可卷而怀之",虽然态度很坚决,但语气尚温和,给人圆滑的处世哲学味道,因为在邦无道的境况下,如矢也好,卷而怀之也罢,都以保住生命为前提,哪怕"邦无道,则可卷而怀之",亦体现决不合作的鲜明态度。本章中,孔子明确提出"无求生以害仁"和"杀身以成仁",指出这是志士仁人的必备要求、必为准则,将其君子理想、君子学说推向最高境界,使其获得至高无上的道德境界。读《论语》，随处都可以感受到孔子对生命的热爱，决不轻言玩命。然而，在孔子看来，生命诚可贵，但仁和公的价值更高。

二

本章涉及生与死的问题。在孔子看来，从自然角度讲，生非我所为，死非我所愿，生死皆有命。但从人的价值和生命的意义角度讲，人虽然不能决定生与不生，却可以选择怎样生；人虽然不能避免死，却可以选择如何死。怎样生和如何死，就是意义和价值问题。

孔子提出有意义和价值的人生，并不以珍惜生命为准则来经营生和面对死，也不以追求生命长度为目标，而是强调生命的存在和展开有仁，体现仁，为维护或捍卫仁的纯洁性而付出本己。孔子指出，没有仁的生命存在无意义；贪图生命而损害仁，或者说以放弃仁、仁德来保全性命，更是反价值。孔子主张"杀身成仁"。

杀身成仁，指为维护、捍卫仁，在紧要关头即使牺牲生命也在所不惜。

为什么为了仁可以杀身以许呢？这要从客观和主观两个方面讲。

仅一般论，仁，实际上包括主体性和客体性两方面。从主体方面讲，仁，是驻入人生命之中的那种仁爱本性、仁爱本心、仁爱本情，它涵摄凝聚为道德主体的构成内容，就是恭、宽、信、敏、惠，整体性呈现即是仁德。从客体方面讲，这种主体化的仁德的践履形态，就是"忠、信、笃、敬"。人的践履的基本方式是言行，言行合生的行为展开方式是"言忠信，行笃敬"。以"言忠信，行笃敬"方式展开实际的生活行为以及所达及的最终结果，务必呈现公，实现公道。公的本质是仁爱；公道的根本成就是仁德。所以，仁，从主体角度讲是仁德；从主体的客体性实现角度论，是公道。从主体间性言，仁即是"仁德-公道"。"无求生以害仁"，讲的是不能贪图生命而放弃仁德-公道；"有杀身以成仁"，指为了捍卫世间的仁德-公道，哪怕需要以生命为代价，也在所不惜。

在孔子学说中，从"仁"出发建构起主体指向客体的"仁德-公道"，已构成超越个体的社会价值体系，这套价值体系恰恰是衡量社会(狭义地讲"邦国")有道无道的评价体系。孔子认为，在礼乐崩坏的当世，以返本开新方式开辟以仁入礼路径，探索文道救世的可能性和现实性，其首要任务是重建价值体系，这套价值体系就是仁德-公道。君子践履，是以身体力行方式去播种、维护和捍卫仁德-公道价值体系。在孔子看来，君子以身体力行方式播种、维护、捍卫仁德-公道价值体系，客观上要满足三个层次的要求：

第一个层次是"邦有道,则仕",并且"邦有道,如矢"。在这里,"仕"和"如矢",均体现对仁德-公道的播种、传播、弘扬。

第二个层次是"邦无道,如矢",并且"邦无道,则可卷而怀之"。在这里,面对无道,仍然直行以维护仁德-公道;确实不行,那就不服从、不合作,这是"卷而怀之",是更严厉地维护仁德-公道价值体系。

第三个层次是"杀身成仁",这是面对"邦无道",为捍卫仁德-公道价值体系,不能贪生怕死,必须以身成仁。

三

过去,人们将孔子"无求生以害仁,有杀身以成仁"看成"气节""节操"。确实,"杀身成仁"体现气节、节操。但"杀身成仁",绝不仅仅是气节、节操的问题。气节、节操,只是主体性问题,杀身成仁涉及主体之外的价值体系建构问题:杀身成仁,是对仁德-公道价值体系的捍卫,这种捍卫实现个人的气节、节操。所以,个人的气节、节操,不是杀身成仁以追求的东西,只是杀身成仁的行为的附加值。

杀身成仁维护、捍卫的仁德-公道价值体系,象征孔子返本开新的新文道、新文明,因为它不仅蕴含更新的伦理真理,更蕴含重建的政治真理。孔子重建这种返本开新的伦理真理、政治真理内含两个原则:一是仁德-公道价值原则:仁德-公道的价值超过生命的价值,是比生命价值更高的政治真理和伦理真理;二是对违背仁德-公道的绝对不服从原则,为了捍卫仁德-公道的需要,必须杀身以成就之:以抛弃生命的方式捍卫仁德-公道,这是最高的不服从方式,直接张扬孔子的自由精神,即为伦理真理、政治真理献身在所不惜的自由选择精神、自由成就精神。

第 10 章释义

子贡问为仁。

子曰:"工欲善其事,必先利其器。居是邦也,事其大夫之贤者,友其士之仁者。"

[注释]

工欲善其事:工,工匠。善,完成、完善、精美。事,活计。指工匠要将欲制作的器具制作得更精美。

事其大夫之贤者:事,侍奉、学习。指侍奉大夫中的贤者,向他们学习。

友其士之仁者:友,以其为朋友,意为交往、结交。指与士中品德高尚的人交往,以他们为榜样。

[译文]

子贡向孔子请教如何才可实现仁,具备仁德和公道。

孔子说:"工匠要做好手中的活儿,须先磨砺好手中的工具。人生活在具体的邦国,应师法该邦大夫中品德高尚的人,以他们为榜样;还要与其邦国士君子中有仁德的人交往,结成朋友。"

[通解]

从第七章到第九章,从不同角度讨论仁,第七章讲仁必须"直",必须有"道";第八章论仁,就是做到"可与言而言之"和"不可与言而不言";第九章讲当仁遭遇被损害或被抛弃的危险时,为捍卫它,即使牺牲生命也在所不惜。此三章内容分别从不同方面表达三层意思:首先,仁有不同表现方式和形态。其次,以这些不同方式表现出来的仁,体现最高价值,具有不可损害性。最后,以这些不同方式表现出来的仁,张扬伦理真理和政治真理。本章承上拓展开来,讨论个体如何修得有至高价值的仁。

一

孔子应答子贡之问的内容分为两部分。

第一部分"工欲善其事,必先利其器",从形式语义讲,是比喻,以为后面说理铺垫。但在更深层次上借工匠"善其事"而"先利其器"的说法,揭示君子成仁的条件,这个必备条件就是修仁。"工欲善其事",比喻成仁;"必先利其器",比喻修仁。成仁与修仁之间构成辩证的**生成**关系。

孔子以此比喻揭示成仁与修仁之间的生成关系,以纠正子贡的提问:子贡问的是人如何成仁的问题,孔子却认为如何成仁对人来讲不是根本的问题,根本的问题是人如何修仁。在孔子看来,一个人唯有通过修仁,具备仁德之后,才可行仁德达公道而实现成仁。所以,第二部分内容是孔子按照自己的思维逻辑讲述如何修仁。从形态学讲,子贡之问落空了;但就最终意义言,子贡之问亦获得间接的回答:只要一个人虔诚修习仁德,成仁只是一个践履的生活过程,人生过程。

二

有关于人如何成仁的问题,孔子讲了很多。比如颜渊问仁,子路问仁,樊迟问仁,司马牛问仁,仲弓问仁,等等,孔子一一从不同方面讲述修仁的内容以及修仁的方法。本章中子贡问仁,孔子却以"居是邦也,事其大夫之贤者,友其士之仁者"告之如何修仁。孔子可能觉察到子贡因其聪慧、空灵、灵敏、善思、善言等突出优点而有些自视其高,或者担心其自视其高而忽视向人学习,故以此解答,以警示子贡。

孔子告诫子贡,以你现在的基础和思维,以及认知达到的程度,学习修仁,必须解决三个根本的认知问题。首先,人无论达到何种程度,都需要学习,都需要修仁,修仁是个终身问题,它既体现为终身事业,更是伴与终身的生活方式。其次,修仁可在任何地方进行,因为任何地方都有高水准的仁德者,他们或可成为你修仁的老师,或可成为你修仁的至友好朋。最后,无论你向何处行走,居于是国,就应该向这个国家的仁德者学习。

在此基础上,孔子告诫子贡,修仁的主要方式有二:一是师法居是国的贤大夫;二是交是国的贤士。居是国,师法是国的贤大夫,以他们为榜样,学习他们如何学而自修高尚的品德;交是国的贤士,是与他们为友,学习和揣摩这些贤士如何习仁。孔子指出,子贡啊,对你来讲,只要从这两个方面努力,一定会在更高水准上修得仁德,并成就仁德,践履公道。

第 11 章释义

颜渊问为邦。

子曰:"行夏之时,乘殷之辂,服周之冕,乐则《韶》舞。放郑声,远佞人。郑声淫,佞人殆。"

[注释]

行夏之时:行,使用。时,时令、历法。夏之时,夏代历法,即今天的农历,因为它合于农时。古代有"三正"的说法,即夏正建寅,即孟春正月;殷正建丑,即季冬十二月;周正建子,即仲冬十一月。春秋时代,晋用夏正,鲁用周正。

乘殷之辂:乘,乘坐。殷之辂,殷代一种高级的车,它以木为材质,坚实朴素。

服周之冕:服,穿戴。冕,帽子。

乐则《韶》舞:乐,古代之"乐"是声乐、乐器、舞蹈三者合一。《韶》,相传舜时的音乐。"子谓《韶》:'尽美矣,又尽善也。'"(《八佾》)

放郑声:放,放弃、抛弃。郑声,郑国之乐。按"乐以正得失"和春秋时君子审美标准,郑国音乐体现流俗大众化倾向,所以应该抛弃,使音乐本身向上体现纯正无邪性。

[译文]

颜渊向孔子请教怎样治理邦国政务。

孔子说:"使用夏代的历法,乘坐殷代的车辆,戴周人的礼帽,演奏《韶》之类的高雅乐舞,抛弃郑国式的流俗乐曲,远离夸夸其谈、巧言谄媚的人。因为经常听郑国式的流俗音乐会将人引向沉沦,夸夸其谈、巧言谄媚的人,不仅使人坏德,更可能将国家引向危险。"

[通解]

上章子贡问怎样成仁,可能是出仕他国之前向老师请教,所以孔子特别告诫子贡到他国做官(即"居是邦")只要特别做到两点就可以不断修得仁。子贡与孔子问答,表面上讲修仁,实际上揭示为政治邦必须以仁为准则,修仁是从主体方面纯化、提高和强化仁的践履准则。本章颜渊与孔子问答"为邦",却重点突出为政治邦必须以礼为依据。将两章合起来则发现孔子的治邦思想是为政治邦,必须仁礼兼具。

一

《论语》记录颜渊为学之问有二:一是问仁;二是问政。

颜渊问仁。孔子答之曰"克己复礼为仁",并认为"一日克己复礼,天下归仁焉。为仁由己,而由人乎哉";颜渊又问如何才可做到"克己复礼为仁",孔子告诉他只要做到"非礼勿视,非礼勿听,非礼勿言,非礼勿动"(《颜渊》)。本章记录颜渊问如何治理邦国,孔子告诉他应该从三个方面做:一是"行夏之时,乘殷之辂,服周之冕,乐则《韶》舞";二是"放郑声";三是"远佞人"。

颜渊问仁,重在修己。修己重在制欲与慎行两个方面。本章问邦,重在于制礼,目的在于治人。制礼,重在于推本于虞、夏、商、周四代;治人,落实于弃淫声、远佞人。

二

表面看,颜渊问何以治邦,孔子却答非所问:使用夏代历法,乘坐殷代车辆,戴周人礼帽,演奏《韶》乐,怎能算是治邦之策呢?如果联系"克己复礼为仁"和"殷因于夏礼,所损益,可知也。周因于殷礼,所损益,可知也。其或继周者,虽百世,可知也"(《为政》),则可理解其中奥妙。

孔子的政治理想是文道救世,文道救世的基本理路是返本开新、以仁入礼。返本,指回到虞、夏、商、周,挖掘其思想资源和治理资源。概其要,孔子推本于虞、夏、商、周,所能够挖掘出来的思想资源有二:一是虞、夏至于殷商的宽简仁政及其仁爱思想;二是始兴于虞、成熟于周的礼仪文明思想。开新,是发挥古代的思想来重建政治文明和伦理文明,孔子对推本于古代之仁和礼这两种思想资源予以当世重构,形成"以仁入礼"。以仁入礼,指用殷商的宽简仁爱来重塑繁富的周礼,抽象地讲,是以仁德-公道的伦理思想为指南来塑造政治理想,其根本方法是"损益"。

三

"行夏之时,乘殷之辂,服周之冕,乐则《韶》舞",此四者乃制礼乐。古代为何将制礼乐视为基本的治邦方策?孔子为何如此强调制礼乐?这是因为制礼乐的本质,是在制定**限度**和**规则**,通过限度和规则的制定来实现国家治理的价值导向系统的定格。以此看孔子以"行夏之时,乘殷之辂,服周之冕,乐则《韶》舞"作答,实质上解答了颜渊之问。

首先,"行夏之时",讲治邦要用夏历。为什么治邦需用夏历呢?因为夏历符合农时,至于今天,夏历仍然构成家庭生活的指南。进一步看,治邦用夏历,体现邦国治理的两个政治原则:一是规律原则,即治理邦国必须尊重自然规律;二是民力原则,即治理邦国必须按照时令来调用民力。

其次,"乘殷之辂",讲治邦必须从俭,强调必须确立俭朴的政治思想和以俭治邦的实践原则,这一思想和原则首先落实为朝堂大臣和官员们的车辆制度。殷辂,是一种简朴的木质大车,与此不同,周时的大车却要镀金镶银,体现其豪奢。孔子主张简朴,并且从君臣配用车辆的简朴入手,形成主张简朴的朝堂和官场,这是最大限度地节约财富,是富民富国的治邦之策。

再次,"服周之冕",讲治邦必须持平。周冕是一种前后镶有流苏的礼帽,它不仅华而不靡、费而不奢:"周冕有五,祭服之冠也。冠上有覆,前后有旒。黄帝以来,盖已有之,而制度仪等,至周始备。然其为物小,而加于众体之上,故虽华而不为靡,虽费而不及奢。夫子取之,盖亦以为文而得其中也。"(朱熹《四书集注》)而且还有"平"的意思。"服周之冕"不仅强调治邦在于治人,治人在于使人杜奢华,更要使治以之平,不仅要求君主持平临朝,更要求百官持平治事。

最后,"乐则《韶》舞",讲治邦需要纯化之乐。邦国之治的基础是人口与生活,邦国之治的保障是军旅兵戎;此二者能够得治而强的前提是民,所以邦国之治的根本是育民。"乐则《韶》舞"之所以是邦国之治的重要方策,在于"《韶》舞"的"尽美尽善"体现强大的教化功能,这种教化只有通过君主和官吏思想品质、心灵情感的纯化才达成对民的化育。

第12章释义

子曰:"人无远虑,必有近忧。"

[注释]

远虑:远,长远、高远。虑,思虑、考虑、忧虑。远虑,有二义:一,长远的谋划;二,思虑的高远。二义同在,前者相对时间论,后者相对空间言。

近忧:近,当下、眼前。忧,忧虑、忧患、忧惧。指当下的祸患使人忧惧。

[译文]

孔子说:"人若无高远的思虑,必然会为眼前的得失或祸患所忧惧。"

[通解]

君子为政治邦,不仅要以仁为准则、以礼为规范,更要有前瞻性远见。这是本章与前面两章内容的直接关联。本章中,孔子所论并不局限于君子为政治邦,也适宜于君子指导生活和谋求生存发展。因为孔子是言,是基于对历史经验和生活经验的反思所做出的理性总结,体现普遍涵摄性。并且,"人无远虑,必有近忧"因其普遍地涵摄了个人和社会两个方面的真理而成为有固定语义的成语,这一成语蕴含只可意会而难以言及的至高真理,由此使它历久弥新。

一

在"人无远虑,必有近忧"中,其"远"与"近",既相对空间言,也相对时间而言,空间上的远、近,讲所处距离,揭示视野的狭窄或空阔;时间上的远、近,讲经历的深度,揭示认知的深浅。

从空间言,人如果没有长远的谋划,必然要遭遇当前的忧患,这是因为缺乏长远考量,更多以当前利害作为考量的依据,必然忽视长远利益,这样一来,必然追求当前实利,形成边际因素层累性生成,日趋明显地影响到一个又一个具体的"明天",因为每个明天都与今天最近。这种"无远虑"本身制造出来的"近忧",其实是历史性的普遍现象。

从时间论,人如果缺乏高远的思虑,必然造成连绵不已的近忧。这是因为正确的、有远见的谋划、决策和行为,都建立在正确的思想和方法基础上,以正确的思想和方法为指南。然而,正确的思想和方法始终得益于高远的认知。任何高远的认知都是有深度意义的,具体地讲,任何高远的认知都涵摄了历史和传统对现实的要求、未来对现实的召唤和当下对未来的指向这样三个维度,并是对此三个维度的整体把握和深度领悟,从而获得正确的历史观来指导自己对现实的谋划、设计必然超脱当下实利的阻碍指向悠远的未来。

无远虑者,就在于既摒弃了历史和传统的维度,更看不见未来对现实的决定性诉求,只将眼睛投放于目前,将当下的利益诉求无限度地放大,使之成为唯一。这种做法既失去历史的土壤和历史经验教训的支撑,又缺乏未来的召唤和导航。只能以眼前的实利为驱动力、法则,由此形成今天的每一分努力都有可能铸成明天的困境或祸患。

二

"人无远虑,必有近忧"的正面表述是:"人有远虑,必杜近忧",这是个人生存的行动法则,也是邦国发展的行动法则。

就个人言,"人有远虑,必杜近忧",是个人生存的前人经验;反之,"人无远虑,必有近忧",是个人生存教训的总结,亦即个人生存的反面经验。这一正反两个方面的经验或教训,从正反两个方面揭示个人生存必须具备三个方面的智识:一是对历史的智识,只能通过学得来。所以,人有远虑方杜近忧的前提,是学,向前人学,向古人学,向历史学。二是对未来的期待,要明白最需要什么,自己的未来应该是个什么样子,就需要在学的基础上思,因为思既需要以经验为基础,更需要理性的方式和反省的能力。三是对现实的清醒,才可能形成客观的判断、理性的选择和正确的方法。唯有这三个方面形成合力,才会面向未来形成明确的理想、正确的期待和可行的目标设计。

就社会或者邦国言,"人有远虑,必杜近忧",是治理邦国的历史经验;"人无远虑,必有近忧",是治理邦国的历史教训。这一正反两个方面的经验或教训,也从正反两个方面揭示邦国治理的三个原则:一是**以史为镜**;二是**以事为镜**;三是**以人为镜**。以史为镜,可以正得失;以已经发生的史事为镜,可以正善恶;以前人为镜,可以正衣冠。

第13章释义

子曰:"已矣乎! 吾未见好德如好色者也。"

[注释]

已矣乎:已矣,完了、算了。乎,表语气。指算了吧。

吾未见好德如好色者也:此句同时出现于《子罕》第十八章,构成第十八章内容。好,既做喜好、喜爱讲,也做崇尚讲。好德,即是崇尚德。好色,即是喜爱色。

[译文]

孔子说:"还是算了吧!我没有见到过有像爱好美色那样崇尚美德的人。"

[通解]

存远见,除近忧,必要好德。因为德就是持守中正(《雍也》)。持守中正,必须在任何环境和情景下克己,所以很难,难得不仅"民鲜久矣",就是有位者或待位者也未必能如"好色"般地自觉做到好德。这就是本章与上章在思想内容方面的内在关联。

一

本章内容与"子曰,吾未见好德如好色者也"(《子罕》)相同,只是在前面多一句感叹"已矣乎"。可能是同一语境中同一番言论,被不同弟子记录。同一内容的不同记录在《论语》编纂过程中不简化,不应该简单以"重复"论,而是编纂者有特别考虑。

首先,有关于德与色的关系,孔子讲得很少。或许因为如此,不同弟子做了记录。将"吾未见好德如好色者也"置于《子罕》篇,重在表达孔子对德与色的关系的一般考察。将本章内容置于《卫灵公》中,可能具有针对性,即或相对卫灵公携南子夫人陪孔子游大街与国人见面的事件言。

其次,与《子罕》第十八章内容比,本章多了一句"已矣乎",这不应该是泛泛的感叹,因为感叹总是发于特殊的对象和情景,有其特殊的语境和针对性,这个针对性的对象或有可能是卫灵公。

说话总有其特定语境,孔子对德与色的比较看法和说法,同样有其特定语境。这个语境极可能与孔子适卫的经历有关。

孔子带弟子游国第一次适卫,寄住子路妻子的兄长颜浊邹家中,很快得到卫灵公的接见,卫灵公很欣赏孔子之德才,所以特别优遇之:"卫灵公问孔子:'居鲁得禄几何?'对曰:'奉粟六万。'卫人亦致粟六万。"(《孔子世家》)不管故事大王司马迁之说有几分属实,但很快,卫灵公以治邦之要事请教孔子,孔子因无以回答卫灵公"问陈"而羞愧离去。但去卫西行经陈匡地受阻,只好重新折回卫国,寄住在卫大夫蘧伯玉家里。于是就有孔子私见卫灵公夫人南子,以求通融。虽然此事惹来子路不高兴,但或许因为南子夫人,卫灵公召见孔子并仍然特别优待孔子。卫灵公似乎并不介意孔子不辞而别并又很快回返卫国的这种折腾,对孔子仍然礼敬有佳。于是就有卫灵公那场精心安排孔子与国人见面的场景,即卫灵公与南子同车,让孔子随驾其后,招摇过市。这可能是卫灵公以外宾礼节待孔子,以提高孔子在卫国的地位,这应该是准备启用孔子的事先安排,但孔子因为对女子有偏见,加之在此之前,子路对自己私见南子的责备,因而"丑之",才由此说"已矣乎!吾未见好德如好色者也。"这样的丧气话来。此话不仅明确表达出孔子认定卫灵公无德,这是因为卫灵公好色;卫灵公好色强于好德。并且,孔子还以此方式表达对卫灵公的失望:在此之前,孔子对卫灵公所闻者,贤君也;如今孔子亲见,不过一好色之徒耳。按孔子的君子标准,好色之徒不可能真正启用贤才,也不可能治理好国家。

二

孔子以君子理想的实现为志业,自然要求自己的言行符合君子,因而养成不仅"言忠信、行笃敬"的性格,而且对女性也特别敬而远之。据司马迁《孔子世家》记录,孔子曾在五十二岁那年出仕做官,为中都宰,其后晋升为司寇、大司寇,治理有大绩。齐国畏鲁因孔子之治而强,故采纳黎鉏的美人计,选了八十位能歌善舞的美女和一百二十匹骏马,送给鲁定公,鲁定公由此不朝。孔子备受鲁定公冷落,于是辞官游国,谋求异国发展。司马迁之说是否可信,可不去考证。但孔子对女性拘谨并且看法保守,却可无疑。孔子对卫灵公携夫人南子同车而要自己驾车随后的做法深感羞耻,加之先前鲁定公的重美色而忘国政,于是新恨旧绪,发出"吾未见好德如好色者也"的感叹。

孔子发此议论肯定有所指,或直接针对卫灵公好色慢士。在孔子生活的时代,好色慢士的行为为君子不齿,这种好色行为往往抛弃德;或可间接指鲁定公好色忘政;在春秋时代,好色慢政的做法仍然为君子不齿,同样属于好色弃德。但是,孔子一个"吾未见",将原本就事论事的好色慢德行为上升为普遍性思考。孔子不仅是"信而好古"者,更是生活世界的善观者,广阅历善观览的孔子从来没有见过的事,那一定具有普遍性。对这种"吾未见"的普遍性之"好德如好色"者来讲,所蕴含的是什么样的普遍性定义,或者说规律呢?

这就是好德与好色不可同日而语,更不可等量观之。因为好德基于节制利欲,矫正本性的放纵,使之有度。好色是对本性的放纵,而且是对本性中最强劲的、最具有衍生性的生物主义性欲的放纵。所以,好德与好色截然对立,虽然好色可能向好德方向转化,但这种转化异常艰难,因为它要与人的生命中最深刻维度的生物本能做斗争。

第14章释义

子曰:"臧文仲,其窃位者与? 知柳下惠之贤,而不与立也。"

[注释]

窃位者:窃,盗取、抢夺。位,官位。指窃取官位的人。

知柳下惠之贤:柳下惠,姓展,名获,字禽,又字季。柳下,或谓其食邑,或谓其居处。惠,乃为谥号。柳下惠是鲁国大夫,官职士师,掌管贵族狱讼。

[译文]

孔子说:"臧文仲,他不是一个窃取官位的人吗? 明知柳下惠是贤才,却不推荐他与自己同立朝堂。"

[通解]

为政无德,在于为政弃德。为政弃德有很多形式,也由许多动因促成。上章讲述为政者好色弃德,本章则讲为政者因嫉贤妒能而弃德。

——

臧文仲早孔子百余年,是春秋中期鲁国公族大夫。关于臧文仲的记载见于《左传·庄公十一年》,当时他已是辅国重臣。这一年宋国发生大水灾,鲁庄公派臧文仲出使宋国吊问水灾。"秋,宋大水。公使吊焉,曰:'天作淫雨,害于粢盛,若之何不吊?'对曰:'孤实不敬,天降之灾,又以为君忧,拜命之辱。'臧文仲曰:'宋其兴乎。禹、汤罪己,其兴也悖焉;桀、纣罪人,其亡也忽焉。且列国有凶,称孤,礼也。言惧而名礼,其庶乎。'既而闻之曰公子御说之辞也。臧孙达曰:'是宜为君,有恤民之心。'"(《左传·庄公十一年》)

臧文仲躬辅鲁政四十余年,历事庄、闵、僖、文四代君主,是春秋时期鲁国著名的政治家。这得益于他思想开明,富有智慧,务实辅政,注重民生。比如鲁庄公二十八年(公元前666年),鲁国发生大饥荒,"大无麦、禾",举国饿殍遍野。为度过此难关,"臧孙辰告籴于齐"(《左传·庄公二十八年》),建议庄公向齐借粮并主动请命出使齐国,说服鲁庄公以象征国家主权和尊严的鬯圭玉磬等"名器"为抵押向齐国借粮:"贤者急病而让夷,居官者当事不避难,在位者恤民之患,是以国家无违。今我不如齐,非急病也。在上不恤下,居官而惰,非事君也。"(《国语·鲁语》)臧文仲一方面向齐桓公介绍鲁国"饥馑荐降,民羸几卒",另一方面又阐述齐、鲁两国共同承担"周公、太公之命祀"的历史重任,巧妙道出齐、鲁两国的历史渊源,以情以理促成齐桓公不仅爽快借粮于鲁,而且还不收其抵押物即鲁之"名器"。臧文仲此举,体现其"忠君"和"恤民"的担当和情怀。

臧文仲辅鲁,在内政和外交两个方面多有建树。对外,他周旋于齐、晋等大国之间,努力维护鲁国的利益和尊严;对内,他积极推行内政改革,促进社会经济发展,由此形成忠君、恤民的执政理念以及为政格言,被后人奉为圭臬。

比如"天欲杀之,则如勿生",讲述鲁僖公二十一年(公元前639年),鲁遭大旱,鲁僖公受人蛊惑,打算烧死那些巫、尪畸人,以祈求天雨。臧文仲劝诫僖公曰:"非旱备也。修城郭,贬食省用、务穑劝分,此其务也。巫尪何为?天欲杀之,则如勿生,若能为旱,焚之滋甚。"(《左传·僖公二十一年》)鲁僖公听从其建议,动员国人自救抗灾,是年鲁国"饥而不害"。又如"宋其兴乎!禹、汤罪己,其兴也悖焉;桀、纣罪人,其亡也忽焉"(《左传·庄公十一年》)是说庄公十一年(公元前683年)秋,宋发大水,灾害严重,宋闵公以此自责罪己,臧文仲对此发表如上评论,意在总结治邦经验与教训,指出国家兴衰存亡取决于邦君贤明与否。再如"以欲从人则可,以人从欲鲜济"(《左传·文公四年》),是言宋闵公卒,宋襄公继位,欲仿效齐桓公建霸业,召集诸侯会盟。臧文仲对此提出如上批评:所谓"以欲从人",是指推己所欲以从人,使人同得所欲;所谓"以人从欲",指逞一时之能强迫他人顺从己欲。臧文仲以此预见宋襄公必将因一己私欲招杀身之祸,次年果然应验,宋襄公在会盟诸侯于盂时被楚人羁押,宋国也受到楚国攻击。

二

臧文仲作为先贤,虽广受赞誉,但作为后贤的孔子却对他大加贬损,并评判臧文仲有"三不仁"和"三不知":

> 君子以为失礼:礼无不顺。祀,国之大事也,而逆之,可谓礼乎?子虽齐圣,不先父食久矣。故禹不先鲧,汤不先契,文、武不先不窋。宋祖帝乙,郑祖厉王,犹上祖也。是以《鲁颂》曰:"春秋匪解,享祀不

忒,皇皇后帝,皇祖后稷。"君子曰"礼",谓其后稷亲而先帝也。《诗》曰:"问我诸姑,遂及伯姊。"君子曰"礼",谓其姊亲而先姑也。

仲尼曰:"臧文仲,其不仁者三,不知者三。下展禽,废六关,妾织蒲,三不仁也。作虚器,纵逆祀,祀爰居,三不知也。"(《左传·文公二年》)

鲁文公二年即公元前625年,孔子生于公元前551年,他怎能在自己出生之前的七十四年对当时的大贤做出如上评价呢?这可看出,孔子论臧文仲"三不仁""三不知"的话,肯定是后人窜入无疑。

后人以孔子名义指责臧文仲"不仁""不知"六件事情中,"下展禽,废六关,妾织蒲",指臧文仲不举荐柳下惠并列为官,这是压制贤才之不仁;从事内政改革,设立六个征税赋关隘,向民征税,这是巧取强夺民财之不仁;为发展鲁国经济,鼓励农桑,号召国人发展工商业,自己家带头,叫小妾从事编织,这既是搅乱上下尊卑的礼制,更是鼓励举国上下趋向利欲,这是不仁之三。后人以孔子名义批评臧文仲有三不仁,实际上是利用孔子的理想政治主张去框架臧文仲利国利民的国家治理与变革发展,带有很强的主观色彩。换言之,无论就当时的历史本身言,还是就今天观,臧文仲如上修内政举措,不是不仁,应该是大仁的体现。至于柳下惠不能任更重要的职务,可能并不如孔子讲的那样,因为具有如此丰富辅政经验、务实智慧和任于忠君、恤民的臧文仲,应该有荐人的胸襟和识人的智慧。柳下惠之不被重用,会不会是柳下惠本身的原因?比如其才德不堪大任。

孔子批评臧文仲"作虚器,纵逆祀,祀爰居"是"不知",其实也是后人以孔子名义对这位鲁国前贤上纲上线扣帽子。给一个大乌龟盖一间大房子把它养起来,这不过是臧文仲个人的情趣爱好,就如同孔子本人喜爱音乐,没事就弹奏高歌,以此颐养性情一样,不过是颐养性情的方式不同罢了。纵容夏父弗忌举行不合顺序的祭祀,以及让国人祭祀海鸟,其实这些私人生活行为与爱好,不属于朝政治理的范畴。臧文仲纵容或放纵其民自为,乃是宽民与善民,这种不轻易搅民和扰民的表现,恰恰是臧文仲"恤民"的具体做法,真正体现孔子之"民可,使由之",且只有"(民)不可,使知之"(《泰伯》)。或许,臧文仲认为柳下惠不堪重任,不具备辅政大才,就在于其凡事管制民的治民思想与自己宽厚善待的"恤民"思想格格不入。进一步讲,或许是臧文仲认为,柳下惠要如此激烈地整治民,以及如此激进地限制人的个性生活方式和生活爱好的偏激想法和做法,根本不适合辅政,因为它从根本上呈现不恤民、不宽民、不善民的恶政取向,也与孔子本人主张"民可,使由之。不可,使知之"的民生思想和自由精神根本地抵触。由此看来,此章内容应该是后人窜入的。这种窜入恰恰是以在《左传》上动手脚为先决条件,大致可推知,这种通过窜入的方式来窜改和歪曲孔子基本思想和核心精神的做法,应该是出于秦汉之际服务于大一统意识形态的需要。

第 15 章释义

子曰:"躬自厚而薄责于人,则远怨矣。"

[注释]

躬自厚:躬,身,指自己、自身。躬自厚,"躬自厚责"的省言,指严于律己甚于责人。

薄责于人:薄,与"厚"对,意为轻微。薄责,轻微批评或责罚。指宽心待人;或者,相对严于律己言,放宽对他人的要求。

远怨:远,远距离、遥远。怨,忧怨、怨恨、仇怨。指怨恨会离自己很遥远。或者,使怨恨远离自己。

[译文]

孔子说:"凡事严于律己、宽以待人,可以远离怨恨。"

[通解]

为政者好色,必然弃德;为政者嫉贤妒能,也会弃德。同样,为政者宽待己严苛人,同样是弃德。本章承前两章内容,讲述为政者避免失德的基本方式是"躬自厚而薄责于人"。

一

严于律己、宽以待人的思想,出于此。

严于律己、宽以待人,是君子成己成人的基本准则。

严于律己的准则,是躬自厚责。所谓躬自厚责,指凡事多检讨自己,凡事自我检讨,凡事"攻其恶,无攻人之恶"(《颜渊》)。从根本讲,躬自厚责的准则,即是崇德的准则。因为,躬自厚责的内在动力,是崇德;躬自厚责的目标指向,是实现对德的崇尚。

宽以待人的准则,是薄责于人。所谓薄责于人,就是"无攻人之恶"(《颜渊》)。薄责于人的内在动力和目标指向,也与"躬自厚责"一样,是崇德。

严于律己、宽以待人的思想,有其人性论的依据。

孔子讲,人"性相近,习相远"。严于律己,是基于人性"习相远",唯有躬自厚责,才可能使"习相远"的人性更"相近"些,因为人性的"习相远"源自每个人对自己的利欲或本能的放纵,躬自厚责,是自我收敛放纵的利欲和本能之心,做到"性相近"。并且,孔子深知,要使"习相远"的人性回归于"相近"的状态,不是靠外力促进或强迫,哪怕是教化,也不过是催化剂,只能催化人内生克己的意识、能力,而不能直接使"习相远"的人性达于"相近"。这是孔子提出"躬自厚责"而"薄责于人"的人性理由。

与此相反,"薄责于人"的人性论依据是人"性相近"。孔子坚信,天赋相近的人性,总是会使人在成己的学而修德或成人的教化过程中,实现人性的觉悟而获得"躬自厚责"的意识与能力。这是孔子反复讲述这两个基本观点的理由:一个观点是学而成己。学而成己的核心任务,是修德,修德所要实现的是两个方面,即"修德取位"和出仕之后要"以德正位"。另一个观点是为政育民,目的是使民德归厚。民德归厚的实质是**利欲有度**。

二

做人"躬自厚责"和"薄责于人"是一种仁人精神,这种精神的实质,是"攻己之恶"而"无攻人之恶"。通俗地讲,是决不容忍自己的过失和错误,但可根据性质或程度而容忍别人的过失和错误。一旦从正反两个方面为人处事,必然产生"远怨"的效果,使一切形式的怨怒、怨恨、仇怨都远离自己。

这是孔子认为"躬自厚责"和"薄责于人"作为两种修己的方法,可以使自己达到理想的生活状态。但现实生活可能并不如此。因为"躬自厚责"是绝对必须的,是无条件的自我要求、自我规范。"薄责于人"应该是有条件的,同时也应该是有限度要求的。尤其是个人走向社会,从自然人成为为政者这样一种社会角色的转换,并以此担当起必为的邦国治理责务时,"薄责于人"是必须的,但必须有条件要求。如果无条件规范,就是纵容。个人对个人的纵容,产生的负面影响和危害只涉及直接的相关者,当然也可能波及其他人。对于为政者言,如果无条件地将"薄责于人"作为为人处事准则,就会成为和稀泥的准则,这种准则一旦付诸为政或执政行为,带来的负面影响或危害,往往累及整个邦国。

所以,孔子"薄责于人"的思想,要获得普遍的文明指向性,还需要明确的限度和具体规范的思想的滋养,具体地讲,需要严谨的制度设计和规整的刑罚规范。

第16章释义

子曰:"不曰'如之何? 如之何'者,吾末如之何也已矣。"

[注释]

如之何:如,假如。何,如何、怎样。指假如遇事不严肃考量应该"怎么做"。

末:末尾,指最后、最终。

[译文]

孔子说:"遇事从不说'应该如何做、应该如何做'的人,即使求助于我,我最终也不知道该为他提供怎样的建议和帮助。"

[通解]

上章从正面讲述为政待己待人的准则,本章从反面讲为政应具备理性面对事物和处理问题的能力,如果不具备这种理性,也会弃德或失德。

一

无论做人还是为政,其基本准则是"躬自厚责"和"薄责于人"。但待人必须通过具体的人和事来展开,因而,对"躬自厚责"和"薄责于人"的具体践履方式,是"先事后得"(《颜渊》)。先事后得,贯穿**"凡事担责"**的行事准则。

凡事担责,既是君子为人的基本准则,也是君子为政的基本准则。前者指做人要对自己负责,然后才可对别人负责:为己负责构成为人负责的必为前提,因为,一个对自己不负责的人,不可能对别人负责。后者指为政必须为权位负责:为权位负责的反面表述是"不在其位,不谋其政";为权位负责的正面表述是"在其位,必谋其政"。只有如此,才可对自己负责。因为,为政者如果不对自己的职位负责,根本不可能为自己负责。

二

为事担责,必有明确的担责意识和要求,这是前提。但仅有此,还不能担当起所事之责任。这要求君子为事担责,必须以担责意识和要求为动力,具备能够自如地践履其担责的能力和方法。这就需要对所事和所事之责有真实认知和深刻理解。这种理解的重要方式,是凡事必问:"如之何?如之何?"

表面看,对所为之事省问"如之何",是探求"怎么办"最好,但实质性的一步是省问所为之事本身,即所为之事是什么性质的事,是该不该为、必不必为之事。如果是不该为之事,该怎么办? 如果是该为之事,该怎么办? 如果是必为之事,又该怎么办?

只有省思清楚、明白了如上问题,才可进一步省思如何做的方式、方法,怎样解决为之必成,甚至为之必好善的条件和要求。

<h2 style="text-align:center">三</h2>

孔子言"不曰'如之何? 如之何'者,吾末如之何也已矣",应该有其特定语境,这个语境很可能是孔子教学或与弟子讨论君子为己为人为事的问题时提出一个具体观点,指出为事担责的前提,是自我省问清楚事情本身,找到正确为事的方式和方法,如果要在这两个方面求诸他人,他人是很难为你提供实在有用的指点和帮助的。

凡事担责的行事准则,要求省思。孔子指出,一个人在任何所为之事面前,如果不去不断地自问"怎么办",那就不知道怎么办才好。

孔子关于"不曰'如之何? 如之何'者,吾末如之何也已矣"的说法,揭明君子为事的基本要求,凡欲所为之事必须问几个"如之何",这是自我追问,也是自我反思,更是自我责难、自我发现和自我教育。它是对"学而时习之"的具体落实。因为"通过教育和自律,并持守着中庸之道,我们可以从迷茫和不安达到沉静和自由。只要我们活着,我们真正拥有的种种道德力量就要担负着把它们运用到实际生活之中的相应义务,并在每种新的具体情势下做出选择,而这种情势是存在于向我们敞开着的各种行动路线之间的"①。

第17章释义

子曰:"群居终日,言不及义,好行小慧,难矣哉!"

[注释]

群居终日:居,居住、住所、聚集。群居,扎堆,或者聚集成群。指一群人一天到晚聚集在一起。

言不及义:言,说话、言论。义,道义、仁义、正义、公义。指言谈不涉及道义、仁义、正义、公义。

好行小慧:好,喜欢、崇尚,或热衷于。慧,智慧、聪明。小慧,小聪明。

---

① ［美］顾立雅:《孔子与中国之道》(修订版),高专诚译,郑州,大象出版社 2014 年版,第 148 页。

［译文］

孔子说:"相聚群居,终日不散,言谈不涉及道义,崇尚小聪明,热衷于小恩小惠,这类人要行君子之道相当困难。"

［通解］

第十五章论君子行事必"躬自厚责"和"薄责于人";第十六章讲君子要持守"躬自厚责"和"薄责于人"的行事准则,需要对所为之事省问"如之何",但前提是要省问所为之事本身该不该为,本质上是其所为之事正不正当。在这个意义上,本章内容与上章主题之间有内在关联性。

一

在孔子的认知世界里,人(而不是民)分君子和小人两类。对人来讲,不是君子就是小人;反之,不是小人就是君子。在孔子那里,君子小人始终对举,所以孔子论君子,即使未提小人,背后仍然以小人为参照;反之,孔子论小人,背后有君子为依据。本章内容亦如是:"群居终日,言不及义,好行小慧"的人,"难矣哉"。与民相区别的人,本该成为君子,当难以成为君子时,自然沦为小人。

《论语》中,孔子以对举方式论君子小人者十几章,都是高度抽象的概括。本章论小人,从日常生活行为入手,其列举并不全面,结合《阳货》第二十二章内容,小人的日常生活方式就有整体呈现。

子曰:"饱食终日,无所用心,难矣哉! 不有博弈者乎? 为之犹贤乎已。"(《阳货》)

小人的生活方式、行为特征体现在两个方面:一是群处的方式,一是独处的方式。小人独处,就是"饱食终日,无所用心",因为君子始终求"先事后得"。由于其"饱食终日,无所用心",独处自然显得无聊,解决这种无聊的独处方式就是扎堆,于是有了小人热衷于群处的行为取向。

小人以扎堆的方式群处,体现三个特征:一是喜欢终日不散;二是言不及义;三是好行小慧。这个"好行小慧"至少有两层含义:一是小人扎堆能够终日不散,且又言不及道义,那就是天南海北甚至无中生有地吹嘘,以显示自己见多识广的聪明、智慧。二是喜于扎堆的小人,也不是完全"无所用心",而是始终在为自己的私利、私事用心,其方式方法是施小恩小惠,以笼络人心、网结关系,谋求最大实利。

二

孔子通过对小人日常生活行为方式、特征予以概括,展示物以类聚、人以群分的状态。小人与君子之分群,主要体现在四个方面:

一是小人追求"饱食终日,无所用心"的生活;君子崇尚做,遵循"先事后得"的原则。

二是小人热衷于扎堆,终日不散,乐此不疲;君子崇尚独处,修心养性。

三是小人扎堆人群,所言从不涉及仁义、正义、公义,更多地热衷于"攻人之恶";君子也要交往,但交往是从对方那里吸收有价值的信息,这个价值围绕义展开,具体地讲是"攻其恶"而"无攻人之恶"。

四是小人扎堆人群是为了求利,即"好行小慧";反之,君子交往为了求义。

第 18 章释义

子曰:"君子义以为质,礼以行之,孙以出之,信以成之。君子哉!"

[注释]

义以为质:义,与"利"相对,指超出"利"的价值诉求、精神取向。质,实质、本质。指以义为根本,或以义为本质规定。

礼以行之:礼,礼制、礼仪、礼貌,意为礼法规范。行,行为、出行,结合语境,做推行讲。礼以行之,含义二解,一,以礼为行为的规范;二,以礼推行义。

孙以出之:孙,通"逊",谦逊、谦恭。出,出去,结合前面"礼以行之",应为言从口出。指说话时言辞表达以谦逊为要。

信以成之:信,相信、信任、诚信。成,成事、成就。指成事则在诚信。

[译文]

孔子说:"君子言行以义为根本,然后以礼推行它,以谦逊方式表达它,以诚信方式成就它。这些方面都做到了,就是君子。"

[通解]

上章讲小人"群居终日,言不及义",本章承其"义"展开,概述君子必"义以为质"。

一

义是利的对立面,指义气或道义。孔子所论义,主要不指义气,因为义气相对个体与个体言,它在友朋的层面产生价值。并且,友朋之间如果仅是义气,就缺少道义的灌注,也会沦为小人之义。在本章中,孔子所论"义",是道义之义,仁义、正义、公义等是其基本含义。比如,对人讲仁,论事求正,是义;在利害得失面前立公,亦是义。

首先,"君子义以为质"规定了义的所属性:义为君子所属,或曰,只有君子才配称义,也只有君子才拥有义。所以,义构成君子对小人的根本区别。

其次,"君子义以为质"定义了义对君子的要求性:君子必须以义为内在规定性,或可说,义是君子之为君子的内稳器,指南针。

最后,"君子义以为质"揭示"义"蕴含于心,所以"义"属于"质"的范畴。具体地讲,义是人之质,是君子对自己之质的要求。在孔子那里,义被看作是人成为君子的自然条件,它如人的五官一样发端于所有人心中的自然特性。孔子关于义的自然条件性这一思想,后来分别为孟子和荀子所发展。

至于心,独无所同然乎? 心之所同然者何也? 谓理也,义也。(《孟子·告子上》)

水火有气而无生,草木有生而无知,禽兽有知而无义;人有气、有生、有知,亦且有义,故最为天下贵也。(《荀子·王制》)

二

既然义是君子之内在规定和根本诉求,那么义如何呈现呢?

义如何呈现的问题,指义以何种方式由内向外发挥行为功能的问题。孔子指出,义作为君子之质,不能单独发挥功能,必须凭借其他因素才可能成就自己。孔子认为发挥义之行为功能的手段有三:礼、敬、信。由此使本章内容与本篇第六章"言忠信,行笃敬"相关联。

一是看礼,它是推行义的基本方式。为什么要以礼来推行义?因为义与利相反对,是对利的超越。在现实生活中,超越利,这是很难做到的,因为利是对欲的满足方式,也是激活利的最好方式。人要超越利而达于义,既要自我克制其欲,更要自我限制其利,这就要借助于礼。第一,礼的形式表达是礼仪、礼貌,礼仪、礼貌的实质是敬,所以礼表达敬。第二,礼的实质是限度、规范。基于这两个方面的规定性,礼成为推行义的最好工具。

二是看敬,敬在孔子的君子学说中有内外两个方面的含义要求。内在地讲,敬讲虔诚;向外而言,敬要求言行谦恭。除了敬本身的原因外,还有一个因素,即敬是礼的要求,或者礼的自身要求使它获得的达成形式是敬。

孔子在这里讲"孙以出之"，表面意思是君子说话要以谦逊的方式表达，内在的要求却是言说必须虔敬，因为只有内在的虔敬，才可使言辞表达自然谦逊。

三是看信，它的自身规定是诚，行为方式是忠，即忠实地践履所言所约。说话要逊，做事要信，将二者联系起来看，说话要用谦逊的言辞，不仅指说的姿态，更指说的内容，真正的谦逊、虔敬，不是言辞的修饰，而是事实的真，即有一说一，有二说二，该说的才说。有一说一，有二说二，这基于事实本身，也是尊重事实本身，不虚夸，不言谎，不造假，这才是本质的"孙以出之"。该说的才说，不该说的不说。这个"该"与"不该"，不仅是性质方面的，更指能否成为现实的问题：能够变成现实的或已经构成事实的话就说，反之则不说，即或要说，也要尽可能少说慎言，这是"孙以出之"的另一层含义。正是在后一层意义上，"信以成之"才获得意义，即"孙以出之"的话，必须以诚信的方式实现它：用诚信的方式将"孙以出之"的话变成事实，使之产生良好或善美的效果。

要言之，人要把自己成就为君子，既应以义为根本要求，也要以义为生活指南；但要使心中之义变成德行，需要以礼、敬、信为规范，即是用礼来推行信，用虔敬和谦逊来表达义，用诚信的行为来实现义。人之成为君子，如是而已。

第 19 章释义

子曰："君子病无能焉，不病人之不己知也。"

[注释]

病：重疾，这里指深重的忧虑，不可消解的担忧。

不己知：不知己，指他人不解自己。

[译文]

孔子说："君子深为忧虑的是自己无能力担当，不是担忧别人不了解自己。"

[通解]

第十七章从反面论君子必具备道义，第十八章从正面论君子必具备道义。本章承之而论君子应该具备的道义具体落实为担当和能力，唯有具备担当和能力，才有道义，因为道义始终要通过行为来呈现。

一

君子病不能,不病不知己,这是孔子反复强调的基本思想。对于这一基本思想,孔子在不同场合、不同语境中予以多元表述:

> 不患莫己知,求为可知也。(《里仁》)
>
> 人不知而不愠,不亦君子乎?(《学而》)
>
> 不患人之不己知,患其不能也。(《宪问》)

如上各章虽然表述形式有所差异,但基本思想是一个君子应以无己能为病。

为什么君子要以无己能为病?

这涉及孔子对君子的理想和对君子的要求。

君子的理想是文道救世。要实现这一君子理想,必须有救世的担当和能力。君子文道救世的理想,落实到具体的人生过程中,是通过"修德取位"实现"以德正位"。所以,君子的理想是治邦安国。治邦安国之要有三:一曰"庶之";二曰"富之";三曰"教之"(《子路》)。君子之能,就是具有使邦国"庶之""富之"和"教之"的能力。以此为基本要求,君子之能包括两个方面:一是德能;二是才能。德能担当,故能服众;才能驭事,故成功利。

君子所病者实际有四:或既无德能,又无才能,或唯有德能无才能,或者仅有才能无德能。

二

孔子以"君子病无能焉,不病人之不己知"之讲述,揭明能与知的关系。

首先是己能与人知的问题。孔子认为,对君子言,己能与人知的关系,既是或然的,也可是必然的。仅前者言,能力始终是自己的,其根本问题是有没有、有多有少或有高有低、有强有弱的问题。有能力,而且能力越强、能力水平越高,君子实现成己成人立世的可能性越大;反之,君子实现成己成人立世的可能越小。人知己,当然与自己有关联,尤其与自己的作为有关联,但这种关系是或然的。人知不知己,主要在人,比如人愿不愿知己、人能不能知己,这都在人,不在己。以人不知己而病,这不是君子所为,只是小人所为:"君子坦荡荡,小人长戚戚。"(《述而》)

其次是己能与人知之间又构成动态生成的必然性取向:君子越有能力,越能获得释放其能力的空间。进而,君子一旦释放自己的能力,必然因为能力展开形成的"先事后得",赢得更多人的了解。因为能力要通过做事来展开:能力使事成。能力越强,行为努力成就的事功会越善美;越是善美的事功或成就,越能被他人了解。反之,能力越弱,使他人了解的可能越小。

从这个方面看,人知己,也在己。人之不知己,可能有人的原因,但主要原因是自己,其中最主要的有两个方面,一是因为己之无能、少能或弱能,可能导致不知己;二是己能展开的方式,导致别人的不理解,这说明即使有更强己能且又愿意能,但也需要善能。善能,不仅是方式、方法的问题,也是对善其事的路径、手段的选择问题,但最为根本的是其能之展开必合道。

再次是己能之强弱,亦在于己,既在于己之"学",也在于己之"习"。就前者言,在于己之"学而为己"还是"学而为人",如果"学而为人",学则成为表演或修饰而最终无所学,学无所成,这是人之不知己的重要原因。如果是"学而为己",根本用不着"病人之不己知",因为既然为己而学,人知与不知,已不重要。就后者论,己能的强弱、高低,在于己习之功。具体地讲,在于对所学的自我省思和领悟,这是基础,只有自己把自己想明白了,认知清楚了,才可走向行动去习事习人。习事,是成就所事,凡君子所事的一切,都能够以己之力而成就之,使之善美,何患人之不知己?习人,是忠诚和信用,具备忠诚和信用的德能和才能,又何患人之不知己?

第 20 章释义

子曰:"君子疾没世而名不称焉。"

[注释]

君子疾:疾,身体有恙。君子以"没世而名不称"而忧虑。

没世:世,一生。指其生之没,即终生。

名不称焉:称,举,使之凸显,意为称述、称颂、传扬。

[译文]

孔子说:"君子所深为忧虑的,是其身后声名不得传扬。"

[通解]

上章讲君子"病无能",本章讲君子"病无能"的理由,亦可说揭示君子"无能"带来的深远影响。因而,上章立足现实论君子之能,本章立足未来论君子之能。

一

表面看来,本章内容与上章内容相矛盾,也与"不患莫己知,求为可知也"(《里仁》)、"人不知而不愠,不亦君子乎"(《学而》)和"不患人之不己知,患其不能也"(《宪问》)相矛盾,因为如上各章都表达一个明确的思想:君子所重者,能与为也,而不是人知。人知不知,甚至人理不理解,都不重要。但本章表达与此相反的思想,君子最忧的是自己不被知,不仅深为忧虑不被人知,更深为忧虑不为世知,包括不为当世和后世所知。

这不是孔子在"人知"思考上出现思想的内在矛盾,而是在两个层面上论人知时使人的思维和理解滞后造成的困惑。孔子指出,君子在世,人知与不知,不重要。重要的是自己的能与为。君子无能,自然无为;反之,君子能为,自然有能。君子有能有为,自然为人所知。反面地讲,人不知,除了人不愿知、不能知等因素外,最主要的还是己有没有能力作为,有多大作为。己有为,人必得知;己有大为,必广为人知。反之,君子没世,不能为人所称述和传扬,等于宣布自己的人生无价值无意义。

君子要避免"没世而名不称焉",前提是在世要有作为和担当,包括言行、事功、立身。在世没有作为和担当,没世必然"名"无所称焉。孔子讲君子以"没世而名不称"为忧,仍然是在说忧在世己之无能或己之低能,因为己之无能或低能,最终造就无为无担当,无为无担当有何为后世所称述、传扬?

二

孔子此说,应该是其晚年之语,更有可能是晚年回鲁定居后对自己十几年游历生活"一事无成"的沉重总结,孔子一生都追求功名,而且这种功名与一般人不同。一般人只要有建功立名的机会,会抓住不放,充分利用,发挥到极致;孔子却不这样,他要将自己的功名建立在返本开新、以仁入礼的文道救世理想之上,这一"一以贯之"的求仕准则,造成孔子在鲁不得志于仕途,游国仍然没有寻得发挥德才的空间舞台,晚年幸得落叶归根,回顾自己游国经历及整个一生,不免感慨万千,说出如此愧对"没世"的话来。

孔子以"君子疾没世而名不称焉"的方式自我总结,被几百年后的司马迁以丰富的想象予以补充,使之获得表意的完整性:"弗乎弗乎,君子病没世而名不称焉。吾道不行矣,吾何以自见于后世哉?"(《史记·孔子世家》)对晚年的孔子来讲,最痛心疾首的是自己的救世之道没有得到实施,因而忧虑自己的不世英名无法流传。

不仅如此,孔子非常清楚:己入暮年的自己出仕当官已不可能,留言才是"没世而称"的根本方式,这是孔子晚年特别注重讲述生活(比如《乡党》《述而》)、总结经验以及思考人生的深层动因。

三

在孔子看来,名之于人生,是绝对的重要和根本。

孔子的名声观,实质上是他的人生观。孔子的人生观,既是生存的过程观,更是人生的未来观。对于孔子来说,生前的全部努力,都是为了身后留名千秋。当将上章"君子病无能焉,不病人之不己知也"和本章"君子疾没世而名不称焉"联系起来理解,孔子的这一努力于当世是为了留名于后世的人生观,则被凸显了出来。

孔子的这一思想,并不是孔子的发明,而是孔子对古代思想的挖掘和承传:

> 二十四年春,穆叔如晋。范宣子逆之,问焉,曰:"古人有言曰:'死而不朽',何谓也?"穆叔未对。宣子曰:"昔匄之祖,自虞以上,为陶唐氏,在夏为御龙氏,在商为豕韦氏,在周为唐杜氏,晋主夏盟为范氏,其是之谓乎?"穆叔曰:"以豹所闻,此之谓世禄,非不朽也。鲁有先大夫曰臧文仲,既没,其言立,其是之谓乎!豹闻之,'大上有立德,其次有立功,其次有立言',虽久不废,此之谓不朽。若夫保姓受氏,以守宗祊,世不绝祀,无国无之,禄之大者,不可谓不朽。"(《左传·襄公二十四年》)

正是因为立德、立功、立言可以不朽,晚年的孔子才如此痛感"君子疾没世而名不称焉",才有其晚年知其"吾道不行矣,吾何以自见于后世哉"的痛苦,才有了后世儒者为消解其痛苦而给他附会上删《诗》修《春秋》做《易》的发奋努力。司马迁论曰:"余读孔氏书,想见其为人。适鲁,观仲尼庙堂车服礼器,诸生以时习礼其家,余祇回留之不能去云。天下君王至于贤人众矣,当时则荣,没则已焉。孔子布衣,传十余世,学者宗之。自天子王侯,中国言《六艺》者折中于夫子,可谓至圣矣!"(《孔子世家》)

第 21 章释义

子曰:"君子求诸己,小人求诸人。"

[注释]

求诸己:求,责求,寻找原因。指责求自己,在自己身上找原因。

求诸人:责求别人,在他人身上找原因。

[译文]

孔子曰:"君子严于律己,凡事从自己身上找原因;小人宽以待己,凡事从别人身上找原因。"

[通解]

在孔子君子学说中,君子始终展开为不断精进的人生过程。君子有道,君子守义,君子循礼,始终是动态生成性的,这是本章照应第十五、第十六、第十七和第十八章的内在思路。道、义、礼、仁四者构筑起君子的担当和能力,不间断地作为以实现其道、义、礼、仁,必然为后世积累起"名称"的资本。所以君子不断开阔胸襟、宏大气魄、提升远见、掘进卓识去承其更高水平的担当,发挥更多效应的作为,才是根本。自我训练这一"根本"的根本方式,只能是"求诸己"。

一

本章主题与前两章有直接关联。第十九章讲在世"不病人之不己知",就怕"己无能";第二十章接着讲君子之所以怕"己无能",是因为怕造成"没世而名不称"的悲剧性人生结局。本章则说如何解决这两种人生之"疾"。孔子认为,首先应诊断其"疾"因。诊断"疾"因的正确态度是立足自身,从自己出发,因为"无能"之疾和"没世而名不称"之疾,都是从自己身上产生出来的,因而其次,消解其"疾"的动力和方法也一定在自己身上,这就是"君子求诸己"。

孔子论"君子求诸己"的思想,被荀子借曾子之口阐发得很到位:"曾子曰:'同游而不见爱者,吾必不仁也;交而不见敬者,吾必不长也;临财而不见信者,吾必不信也。三者在身,曷怨人! 怨人者穷,怨天者无识。失之己而反诸人,岂不亦迂哉!'"(《荀子·法行》)

君子求诸己,是从自己身上找问题、找原因、找动力、找方法。所以"君子求诸己"的说法包含自我归因和自我教育两个原则。

所谓自我归因,是将发生在自己身上的问题、毛病、挫败等进行原因探究,最终必然归结到自己这里来,哪怕有再多的外部因素,自己才是其总根源,原动力因。这种严于责己的态度、原则和方法,正是源于对"习相远"的人性弱点的深刻认识。在孔子看来,天赋"相近"的人性"习相远",首先不发生在别人身上,最先发生在自己身上,尽可能杜绝人性"习相远"的扩散,尽可能使"习相远"的人性回归于"相近",其基本努力是责己,严于责己的基本原则是自我归因。

自我归因,是使自己在今后的生活和行动中避免犯相同的过失。自我要求克服人性的弱点,改进思考、言说或行为的方式,提高能力,增强作为,使之至于完善、完美是自我教育。所以,在"君子求诸己"思想中,自我归因是"反求诸身"的手段原则,自我教育是"反求诸身"的目标原则。

从根本讲,自我教育的目的是克服人性弱点。所谓人性弱点,不过是现实生存利欲对天赋人性的绑架。克服人性弱点的正确方式,是为被后天生成所扭曲的人性松绑。为人性松绑的基本方法,是制欲。这是孔子讲"己所不欲,勿施于人"的认识背景:制欲,是控制、节制欲望。由于欲望的本质是利益,制欲的实质努力是对利的节制,这需要"舍得"。舍得来自各方面的利,坚守自认为最为根本的利益诉求,人才会"刚"起来,刚强、刚毅地坚守不该放弃的、最该坚守的,自己就成为动力的源泉、力量的源泉、智慧的源泉。因为只有制欲,才舍得;唯有舍得,才凡事不怨。

> 仁者如射,射者正己而后发,发而不中,不怨胜己者,反求诸己而已矣。(《孟子·公孙丑下》)
>
> 在上位不陵下,在下位不援上,正己而不求于人则无怨。上不怨天,下不尤人。(《中庸》)

以此观之,"君子求诸己",可能仍然属于孔子晚年对人生经验和智慧的总结。纵观孔子一生,不过"求诸己"而已。孔子自觉"求诸己"的一生留给后世的,也是最值得后人珍视的,是他克制来自各方面的欲望,包括求仕当官的欲望,**不断成就其"一以贯之"的舍得与坚守精神**。如果没有这种精神,可能不会有中国文化思想史上的孔子。

二

"君子求诸己",应该是孔子晚年对自己人生最深刻的总结,这种总结消解了他"疾没世而名不称焉"的忧虑和痛苦,坦然发现自己一生努力虽然在事功上一事无成,但在理想和德操上"一以贯之"的坚守,使之获得人格精神(德)与言(思想)的称世。所以,"君子求诸己"原则蕴含更为丰富深刻的思想内涵。

首先,"君子求诸己"是在进一步思考"古之学者为己,今之学者为人"(《宪问》),总结君子学而成己成人,小人学而成己用人。在"君子求诸己,小人求诸人"中,求诸己,既是严于律己,也是善于待己;既要学会善待自己,更必凡事善待他人。求诸人,只是善待自己,完全地利用人或役使人。

其次,君子求诸己,指君子无所求,凡自己能做的事不要麻烦别人;小人求诸人,指小人凡事皆求,哪怕自己能做的事,也要别人为之完成。所以,君子求诸己,是把别人当人看;小人求诸人,是把别人当工具使用。

第22章释义

子曰:"君子矜而不争,群而不党。"

[注释]

矜而不争:矜,矜勉,指庄敬自持、庄重自勉。争,竞争、争夺。

群而不党:群,求群、适群、合群。党,阿私、偏袒。不党,不徇私结党。

[译文]

孔子说:"君子庄敬自勉而不强争,并且求群、适群、合群而不徇私结党。"

[通解]

君子要具备更高水平的担当和更大作为的能力,开辟"没世而名称"的人生道路,除具备"求诸己"的自我精进精神,遵从自我精进的原则,更应该有"不争"的卓越能力和"不党"的超拔品德。因为凡事自我归因,必然克己修仁合礼,并"一以贯之"地坚守;从不懈怠的自我教育,必然养成庄敬自勉、合群不党。

一

"君子矜而不争,群而不党"的思想,是建构独立人格使之立身处世的思想。这一思想或许孔子在世时就开始流行,至少,孔子身后不久就流行开来:

> 小人不遑人于忍,君子不遑人于礼。津梁争舟,其先也不若其后也。言语较之,其胜也不若其已矣。(《郭店楚简·成之闻之》)

小人不会向人炫耀他的残忍,君子不会向人显示他的彬彬有礼。在渡口争先上船,后上者一定比先上者有德;言论之争,得胜者不如放弃者有德。

> 欲生于性,虑生于欲,倍生于虑,争生于倍,党生于争。(《郭店楚简·语丛》)

天性滋生欲望，欲望滋生谋虑，谋虑制造出背叛，背叛孕育出争夺，争夺创造了结党营私。《语丛》此论以其严谨的逻辑方式推演孔子天赋相近的"人性""习相远"的**异化逻辑**。

孔子正是基于人性的沉沦而探求拯救之道，以为必须从人性再造入手。再造人性的实质是再造人，再造人的首要任务是再造治邦安国的社会精英，然后通过这一精英阶层实施治邦安国来再造民和小人。

孔子以为，再造社会精英阶层的根本使命是重塑君子；重塑君子之一基本任务是培养起君子"矜而不争、群而不党"的独立人格和精神境界，因为"矜是庄重，群是合群，庄重合群，不争不喧，就是君子境界。义正辞严，是因为持己自重，有所虔敬；合群，是因为公道仁爱，和气处世；不争，是因为寄托广大，不屑俗利；不党，是因为独立自足，无须比附"①。

二

"君子矜而不争，群而不党"思想，虽然是孔子反复思考的基本思想，但并不是孔子所创造的，因为孔子之前就已经流行：

> 周公旦曰："君子力如牛，不与牛争力；走如马，不与马争走；知如士，不与士争知。"（《荀子·尧问》）
>
> 郤至曰："不可。至闻之，武人不乱，智人不诈，仁人不党。夫利君之富，富以聚党，利党以危君，君之杀我也后矣。且众何罪，钧之死也，不若听君之命。"（《国语·晋语六》）

孔子"君子矜而不争，群而不党"思想具体展开为两个方面，即"不争"和"不党"。

孔子之论君子"不争"，赋予条件和范围的规定性："子曰：'君子无所争。必也射乎！揖让而升，下而饮，其争也君子。'"（《八佾》）君子不争是相对的：相对眼前的实利和表面的名声，君子绝对不能争，因为争利、争名实是名利之徒，名利之徒是小人。为什么争利争名者是小人呢？因为争利争名者，必然因为实利和虚名而不正不直不刚，不正不直不刚，自然消解了做人的尊严，个人尊严是建立在独立人格基础上的，尊严丧失的前提是独立人格不在。没有独立人格、缺乏做人尊严的人，只能沦为小人。

不争实利、不争虚名，只是君子一个方面的品德。孔子指出，仅有不争实利、不争虚名还不能成为一个君子，因为仅仅不争实利和虚名，可以做到

① 金纲：《〈论语〉鼓吹：圣贤的光荣与漏洞》，天津，天津人民出版社 2007 年版，第 499 页。

与世无争,也不过一个老好人。凡事不争的老好人,算不得君子。君子不争的独立人格和尊严并不能通过明哲保身来实现,而是要通过维护仁德,持守公道,传扬正义、公义来实现。所以,在仁德、公道、正义、公义等方面,君子必争。而且这种争本身就是坚守,就是"一以贯之"而"死守善道"。这是"君子矜而不争"的"矜":矜的表面语义是庄敬自勉。庄敬什么?自勉什么?这才是实质。孔子认为,庄敬的是独立人格和尊严,自勉的是使人格独立、使做人的尊严得到保持的那种理想,那种精神,那种准则,那种道义,这些是君子终身以守的东西。这些终身相守、死而后已的理想、精神、准则、道义,构成君子必争的内容,因为唯有争,才得到守护;也唯有争,才得到传扬。

君子争与不争是相对的,但君子"不党"是无条件的。人在任何时候都需要群,因为人在本原上是他者性的,人的他者性,使人之存在敞开生存的必须前提,是求群、适群、合群,这是人的本性使然,更是人完整存在和健康生存的必须条件。但求群、适群、合群的人,决不能在任何情况下结党。因为结党动因于私欲,结党的目的是徇私。由于结党的私欲动机和徇私目的,决定了结党始终是分裂行为,即分裂群,破坏人善意地求群、适群、合群的基本规则,挑拨人与人之间相争相斗。所以,君子决"不党"。在孔子看来,结不结"党",党与不党,是君子与小人的根本区别,这一根本区别是君子小人在存在和生存两个方面的分水岭,这即是"君子群而不党,小人党而不群"。

第 23 章释义

子曰:"君子不以言举人,不以人废言。"

[注释]

不以言举人:言,言论。举,将其抬起来使之凸显,意为推举、举荐。

不以人废言:废,废弃、消解,使之无用。废言,判断人言的无用。

[译文]

孔子说:"君子既不以言论为准则推举人,也不以人的地位尊卑或得失而废弃其有理的言论。"

[通解]

"求诸己"，是君子必备；"不争""不党"，亦是君子必备，但具备"求诸己"和"不争""不党"的德性和能力，还不能成为君子。因为此三者生成建构起来的君子德性，必须践履于生活，才形成君子德行。君子行德为政，必须做到"不以言举人"和"不以人废言"。

一

君子矜而不争，面对的是私利私欲；君子矜而必争，面对的是公利、正义、道义、仁德。如何辨别公与私，孔子提出一个准则和一把尺子，这个准则是"己所不欲，勿施于人"；这把尺子是"中庸之德"。中庸道德为何可以作为判断公私的尺度呢？因为中庸的本质是中，是中正、堂正、公正：中正，是不偏倚；堂正，是公开、透明；公正，是"得其所得"。这一准则和尺子运用于对"言"的判断上，就是"不以言举人，不以人废言"。"不以言举人，不以人废言"者，是君子；反之，"以言举人，以人废言"者，为小人。

孔子如是说，亦能如是做。比如，年轻的孔子到齐国求官，齐景公准备把尼溪封给孔子，由于重臣晏婴反对，此事不成。但后来谈及晏婴时，孔子仍然予以很高评价："晏平仲善与人交，久而敬之。"（《公冶长》）

二

孔子关于"君子不以言举人，不以人废言"的说法，涉及言与人的关系。在孔子那里，言与人之间的关联性，实际敞开德和行两个维度，但孔子更注重并强调前者。在特定意义上，孔子讲言与人的关系，实在论言与德的关系。

在论述"君子不以言举人，不以人废言"时，孔子首先指出人的言与德可分：有言不必有德，有德也不一定有言。以此为认知基础得出结论性的判断：识人，并不能简单粗暴地以言为准则。既不能以言来判断人有德无德，也不能以言来辨别人有能无能。片面地以言举人，是错误的识人方法。

孔子还指出，既然不能"以言举人"，自然不能"以人废言"。

君子不能"以言举人"，基于"言"是思想的直接呈现，德却是行动的直接呈现。从"言"到"德"，必须"行"来保证。没有"行"的验证，言与德分离。君子不能"以人废言"，因为"言"是思想的结果，人却受环境和条件的制约，身处贫穷、贫困生活中，其人可能有思想；同样，地位卑下，也可能是思想者。反之，地位优渥、位高权重者或者富贵横溢者，也可能是思想的氓民。此其一。其二，践履其思想，以之为准则去实做，既要受认识局限，更可能受环境、条件的制约，由此两个方面往往造成人为事行为的得失。所以，人生过程中行为的得失，并不表明思想随行为得失而改变。

要言之,孔子不"以人废言"的思想蕴含两个具有普遍性的问题:首先,"言"与"行"是非对应的,这决定了君子识人不能"以言举人"。其次,"言"与"位"是非对应的,这决定了君子识人更不能"以人废言"。

更重要的是,君子之不能"以人废言",还因为言作为人的思想的现实成果,一旦说出来为人们所接受,它就获得了自身的相对独立,成为思想的"客体",不再与创造他的主体发生直接关联。或者说,人作为思想创造的主体,一旦创造出思想并用"言"传达出来,"言"必然脱离创造者成为有位格的"思想的事实",并以客观性方式进入传播领域,生生不息地衍生自己,这是君子不能"以人废言"的最终认知秘密,孔子揭示了这个秘密。

三

孔子"不以言举人,不以人废言"的君子思想,在更深刻层次上折射出他的"名实"观。

在孔子的君子学说中,言与德,是名与实的具体呈现方式:"言",即是名,正名通过正言来实现;"德",即是实,有德是通过正行(践履)做出实绩。正名最终指向是由"言"向"行"的践履和"行"对"言"的兑现。

言与人的问题同样是名与实的具体呈现方式:言由心声,哪怕是"佞人"的巧言,也从"佞人"心中生发出来。对人而言,言行可能分离,由此形成言与德不相符,但由于言与人是一体的,其人所言必合其人之所思所欲;其所思所欲之人发声出来的言,必承载其思与欲,或直截了当,或委婉含蓄,无一例外。所以,言与人之间构成名实相生;而言与行,或言与德,可能名实相生,也可能名实相离。

第24章释义

子贡问曰:"有一言而可以终身行之者乎?"

子曰:"其恕乎!己所不欲,勿施于人。"

[注释]

一言:一字,古人以一字为一言,因为汉字的原初造字法是摹比象物之形,一个字就是一个词,一个词摹比的就是一幅图景,或一个场面、一种行为,或一种观念、一种想象,无论抽象的还是具体的,仅呈现表意的完整性。

可以终身行之:可以,可以之……。行之,以它(即"一言")为行之准则,或指南。

其恕乎:恕,推己及人。指大概是"恕"字吧。

[译文]

子贡请教孔子说:"是否有一个词可以为之奉行终身?"

孔子说:"如果一定要找出这样一词的话,大概是'恕'吧!它的意思是凡自己不愿为者,不要强求别人。"

[通解]

孔子之论君子"不以言举人,不以人废言",既揭示言与行、言与德的可分离性,也发现言与行、言与德的合生性。如何才可使言与行、言与德达于合生状态?子贡之问,为孔子解决这个问题提供了契机,也为其解决这个问题启开思路、探求方法。在孔子看来,解决言与行、言与德相合生的根本方法,可以是"恕"。

一

关于孔子对"恕"的思考和言说,《论语》收录了两条语录,除本章外,另外就是《颜渊》第二章:

> 仲弓问仁。子曰:"出门如见大宾,使民如承大祭。己所不欲,勿施于人。在邦无怨,在家无怨。"仲弓曰:"雍虽不敏,请事斯语矣。"(《颜渊》)

子贡问是否有"一言"可以作为指导行的终身准则,孔子以"恕"字相勉,并对"恕"加以解释:"恕"乃"己所不欲,勿施于人"。仲弓问仁,孔子从外交、役民、待人、出行或居家四个方面讲如何才是仁,其中讲待人之仁,就是"己所不欲,勿施于人"。

由此不难发现,孔子论"恕",分别从仁与礼两个维度切入:从仁入手论"恕",强调"恕"之主体性建构,突出"恕"之爱:恕即是爱,己所不欲,勿施于人,就是爱人。从礼入手论"恕",强调对践履的指南性,或者说规范性,突出"恕"之善待,或曰宽容、理解:己所不欲,勿施于人,指对人的同情的理解。

二

恕,即是同情、理解、爱。这种体认性情感从自己出发指向他人,以己待人,其认知基础是天赋"相近"和"习相远"的人性。由于"性相近",以己待人才有主体前提和客观可能性;因为"习相远",以己待人才成为必要,甚至迫切。唯有如此,才可从"习相远"回返"性相近"。

以同情、理解、爱为基本内涵规定的"恕",既是待人原则,也是待人方法。作为原则,是指"恕"之于内,内聚同情、理解、爱的心理状态,形成一种心理趋势,这是**推己及人之心**。作为方法,是指"恕"之于外,是彰显同情、理解、爱的行为方式,这是**推己及人之行**。聪慧过人的子贡将孔子这一待人的黄金法则以自己的方式表述为"我不欲人之加诸我也,吾亦欲无加诸人"(《公冶长》)。荀子将孔子的"己所不欲,勿施于人"予以具体诠释,转引孔子之言曰:"君子有三恕:有君不能事,有臣而求其使,非恕也;有亲不能报,有子而求其孝,非恕也;有兄不能敬,有弟而求其听令,非恕也。士明于此三恕,则可以端身矣!"(《荀子·法行》)

进而,孔子"己所不欲,勿施于人"的待人原则贯穿两种精神:一是**客观中正精神**,既然自己都不愿为的事,根据人同此心、心同此理的人性原则,别人也可能不愿为之,因而,客观的态度和中正的方式是不要强求或诱导别人为自己不愿为之事。二是**自由主义精神**,它贯穿孔子君子学说及政治理论之中,构成内在灵魂。孔子的自由主义精神,可具体表述为平等善待的限度原则和不损害原则。用现代表述方式则为:你的自由的边界是他的自由。更具体地讲,自己希望自由的方面,也考虑别人有同样的自由;反之,自己不愿意为之或者自己都反对的事情,同样不强求别人为之,或尊重别人的反对,这就是己所不欲,勿施于人的"恕"。

第25章释义

子曰:"吾之于人也,谁毁谁誉? 如有所誉者,其有所试矣。斯民也,三代之所以直道而行也。"

[注释]

吾之于人:之于,与之,对于。指与我同生之人,或我对同生之人。

谁毁谁誉:誉,称赞、赞誉。毁,与"誉"相对,诽谤、诬蔑,本章做批评讲。谁毁谁誉,有两解:一是不加毁誉;二是毁之当毁,誉之当誉。根据本章语境及孔子曲直相生的性格,二解均蕴含其中,以彰显本章内容的丰富性。

试:应验、考信、考评。

斯民:斯,指称代词,指称"三代"。指三代之民。

三代之所以直道而行:三代,夏、商、周。直道,中正之道。行,行走、行动,指流行。直道而行,指在中正大道上行走。

[译文]

孔子说:"与我孔丘同世的人,我批评了谁?又称誉了谁?如果对人有所称誉或批评,一定是得到了人们的认同。握有褒贬尺度的夏、商、周三代之民,才使三代能够在中正的大道上向前推行。"

[通解]

君子之于孔子,是一个常态的话题。从《论语》观,孔子对君子的思考,是日常生活化的。本篇的主题是论君子,从第二十三章开始,专门讨论君子之言,即君子如何说话。第二十三章讨论言与人、言与行、言与德的关系;第二十四章提炼"一言立身"的准则。本章则拓展开去讨论言的功能以及有限度地发挥其功能。

一

上章中,孔子认为"恕"可为立身之"言",并以"己所不欲,勿施于人"为注,揭明"恕"字贯穿客观中正精神和自由主义精神。这两种精神分别从两个方面规定"言"的功能发挥所必须遵循的准则和必须恪守的边界。

本章继之论言的毁誉功能,孔子以自己为例,指出自己发挥"言"的功能称誉或批评人,必有其根据,没有主观任意。由此拓展开去,揭示"言"的贬誉如何可以发挥政治治理功能,正兴天下,以三代"直道而行"来证明其普遍性,从而证明了"恕"的准则何以可能为君子"终身行之"。

二

"恕"构成言之功能发挥,所必须遵守的准则,在于"恕"本身体现客观中正。"恕"不是装老好人,也不是说无原则的宽容、理解,更不是指容纳没有边界。相反,"恕"既有原则更有边界,这个原则是客观和中正:凡是违背客观中正原则的人、事、行为,不可"恕";反之,在客观中正范围内的人、事、行为,必得"恕"。比如,自己不违法,当然也要求别人守法,理由是如果自己守法,别人可以任性于法律,就有可能不知什么时候自己也会遭遇违法行为的侵犯。所以,"己所不欲,勿施于人"既有条件要求,也有原则规范,更有边界限度。只有在客观中正精神和原则规范下,自由才成为可能,因为"自由是做法律所许可的一切事情的权利;如果一个公民能够做法律所禁止的事情,他就不再有自由了,因为其他人也同样会有这个权利"①。

孔子认为,发挥其立身之"言"的功能,必须贯穿客观中正原则和自由精神。为让弟子真正理解其真谛,孔子列举两个例子来证明。

---

① [法]孟德斯鸠:《论法的精神》下册,张雁深译,北京,商务印书馆2004年版,第183页。

首先以自己为例。孔子采取自问自答的方式：我称誉过人吗？是的，但是，无论我称誉人，还是贬损人，从不随意，而是有充分的依据。这个依据是什么呢？是"其有所试矣"的实践验证，凡我所称誉过的人，或者我贬损过的人，都得到我之外的人们以及社会的认同。

孔子以自己称誉或批评人达到他者或社会认同的效果为论据，采用的是推己及人的方法这就是"己所不欲，勿施于人"的"恕"道方法：我之称誉的，也是人们想称誉的；我之贬损的，也是人之欲批评的。什么叫客观？什么叫中正？对一个人事行为，大家都赞同或反对、称誉或批评，就是客观，也是中正。

其次以三代流行的"直道"来证明：三代所奉行的治理之道之所以流行不止，是因为它得到三代之民的认同；能够得到三代之民认同的治理之道，就是中正之道，也是自由之道。

<h3 style="text-align:center">三</h3>

孔子论言之褒贬必遵"恕"道所列举的这两个例子，一为个人，一乃历史，二者聚合，构成现实与历史、个体与社会的双重坐标。在这一双重坐标中，个人的例子重在阐明"言"之功能发挥必须遵守的客观中正的依据，只能是人们的普遍认同。"三代"历史这个例子重在阐明"言"之功能发挥必须遵守的客观中正的依据，必须是民众的自愿追随。夏、商、周三代，有文化、精神、道德、行为规范等方面的共同要求，正是这种共同要求的实践呈现，使夏、商、周三代之间生成建构起文化、精神、道德、行为规范和价值取向的承传关系。这种承传关系必须有其共享的东西。这个为"三代共之"（《孟子·滕文公上》）的东西是什么呢？孔子认为是"恕"，是"己所不欲，勿施于人"这一推己及人的方法，是这种推己及人方法中蕴含的客观中正原则和自由精神。

孔子以自己为例和以历史为例来讲述"言"发挥自身功能，必须从主观认同与客观行动两个方面来检视：认同是主观判断，追随是客观行动。主观判断与客观行动的统一，构成完整意义的客观中正，也构成完整意义的自由。

第 26 章释义

子曰："吾犹及史之阙文也，有马者借人乘之，今亡矣夫！"

[注释]

史之阙文：史，史者，其有两说：一指史官；二指掌书之史。文，文字。

阙文,即缺文:有两解:一是史官记录有疑之处;二是掌书之吏不识待问之字。

有马者借人乘之:借,有二义:一是借予;二是凭借。如做借予,意为有马的人将马供给别人使用;如做凭借,意为借别人之力驯服其马。

[译文]

孔子说:"我还看到过古代文献中表意残缺的材料和存疑的文字,比如'有马的人借人乘用'。这类现象现在没有了。"

[通解]

上章泛论发挥"言"之褒贬功能必须遵循的原则和必须具备的精神;本章专门讨论书面言说如何遵循"恕"之客观中正原则和自由精神。

一

本章内容,后世多不能解,包咸《论语章句》和皇侃《论语义疏》均将"史之阙文"和"有马者借人乘之"看成毫不相关的两件事。朱熹《论语集注》引胡氏之言曰"此章义疑,不可强解"。杨伯峻《论语译注》亦重复前人之言:"'史之阙文'和'有马者借人乘之',其间有什么关联,很难理解。"宋人叶梦得在《石林燕语》中根据《汉书·文艺志》的引文没有"有马"等七字而疑本章"有马者借人乘之"是衍文。因而李泽厚在《论语今读》的本章之"记"中认为"原文疑有错漏,解说甚多,都不通顺。其实不必妄解,此处按字面译出而已,并无意义"。如上说法,都只停留于字面理解;如果透过字面语义结合语境观,本章内容是可解的。

本章的主题仍然是"言",言之表达方式有二:一为说话,二为书写。以说话的方式表达"言"的功能,需要遵循客观中正原则而自由言说。换句话讲,言说的自由,必须以客观中正为准则,为边界规范;以书面方式记录或表达其"言"的功能,同样应如此。

以此观之,孔子讲述"史之阙文",不是说年代久远的古代文献,绳编容易脱落,重新整理容易造成错简或脱简现,而是指出古代文献的记录者,比如史官,**基于职责,对历史事件的秉笔直书与权力者的意志强求之间形成不相容性,当这种不相容体现绝对不可妥协的状况下,往往以曲"言"表达**,比如有意空缺文字或错乱文字以为后世存疑。尽管如此,但其行曲折地"言"亦必须遵循其"恕"的客观中正准则,同时也含蓄地体现其必为的历史责任。

二

孔子"信而好古",而且"敏而好求"。他在考信古代历史和文明的过程中,其敏而好求的质疑能力和求真精神获得完全自由的释放,这种释放行为促使他在古代文献中发现最有趣的两个现象:一是史官记录"有疑则阙"的现象;二是"有马者借人乘之"之类的"脱文"或"错简"现象。后一个现象是指古代文献的保存、使用时绳编断脱或竹简上文字模糊重新刻写时出现错漏等等。"有马者借人乘之"即属于此类,这是一种无意形成的现象。前一种现象可能是有意为之的产物,书写者刻意给后人留下疑问、发问甚至纠错的空间,委婉地表达其秉笔直书的困境性或艰难性。

对信而好古的孔子来讲,这一发现不仅使他感到古代文献保存之不易,更感到文字记录中的古代文明,也是经过各种方式修饰的,这种修饰曲曲折折地呈现出权力的边界要求。但更让他诧异的是"史之阙文"和"有马者借人乘之"的现象在被重新整理过的新本"古代文献"中已经完全没有了。"有马者借人乘之"之类的"脱文""错简""脱简"现象,应该而且必须通过整理而得到消除。而"史之阙文"的这种"曲笔"纪实的现象被清除了,则意味着一种刻意的清洗。比如,周之灭商,是残暴的"血流漂杵"。史官可能留下了某些"曲笔"性的"阙文",但在后来的史籍整理中被完全清扫光了,使之干净和纯正。所以,孔子用一个"今亡矣夫"之"亡",**道尽无限的感叹与无言的深思。"子谓《韶》:'尽美矣,又尽善也。'谓《武》:'尽美矣,未尽善也。'"(《八佾》)沉淀了幽深的历史,蕴含考信历史真相、历史真知的艰难与曲折。**

三

孔子所讲的"史之阙文"之"史",应该是周之前的殷商史或禹夏史。因为在孔子看来,刚刚过去的周,当然是史,但只是如今天人们所讲的"近代史",只有殷商以及更早的夏,才称得上"古",其历史才有资格称"古代史"。

纪实夏或殷商时代的文献,难以通过官府而保存。这是因为,为创造"周革殷命"的替天行道,必须对文字记载的历史予以**重新书写**。作为殷商遗民后代的孔子,所能看到的夏商时代的历史文献,可能是经过殷商遗民之手而流落于民间的文本。孔子得到这些难得的珍贵遗物而与官府(经过重新书写)保存的文献相对照,远古历史的真实记录与官府存档的历史记录之间出现许多的非对应性,这种非对应性恰恰展示古代真实历史在现存文献中的空白化。"殷革夏命"和"周革殷命",在孔子时代的历史文献(比如《诗》《书》)中得到大书特书,体现"奉天承运"的绝对合法性和"拯救黎民苍生"的绝对正当性。但实际上,"史之阙文"现象却暗示后人,当然也包括暗示能够看到古代文献的孔子,**呈现给后世的历史文献所记录的并非完全的历史真实**,历史的真相被隐藏在"史之阙文"中,但是,让孔子惊诧的是,呈现在他面前的历史文献已经完全看不出"史之阙文"了,因而,**历史的真相永远地随着"史之阙文"的被清除而消失了**。所以孔子发出绝不可追的"今亡矣夫"之悲叹。

然而,文献中"有马者借人乘之"这一具体事例的记录,却使孔子从中窥见古代的基本社会精神风貌,更具体地讲是古代社会的君子德行。只要联系子路"愿车马,衣轻裘,与朋友共,敝之而无憾"(《公冶长》)就能得到理解。

在孔子的历史考信中,西周之前的殷商社会是崇尚宽简仁德的,这种宽简仁政的社会必然为有位者和有学者成为有德者,或者成为君子提供了良好的土壤。在这种土壤里成长和生活的君子,一个方面有福共享(当然包括有难同当),这就是义。义才使人在富的时候求贵,这就是子路所讲的"愿车马,衣轻裘,与朋友共,敝之而无憾"的仁义思想,其在古代普遍存在。这就是将"有马者借人乘之"错简理顺为"有马者人借乘之",其意是有马者借马人乘,有车者借车人坐,衣轻裘者,与人共之。另一方面,如钱穆所言,"借人之能以服习己马也"。在"有马者借人乘之"之"马"或可喻人之天然本性。人要成为君子,必须驾驭自己的天然本性,使之"不纵"和"有度",对一般人言,单靠自己不能做到,还需借人之智力来驯服己之天然本性,由此形成"学而"教育的重要性和根本性。即使孔子本人,也不能完全凭己之力驭其天然的生命本性,或许正因为如此,子路之直,才成为孔子生活中克己完善不可缺少的动力。这也是孔子反复说"圣人,吾不得而见之矣,得见君子者,斯可矣"的深层人性根源。

四

概括上面的内容,孔子讲述了"吾犹及史之阙文也,有马者借人乘之,今亡矣夫"的三重发现,并以此三重发现作为教学内容来教育弟子,自然呈现出特别的意义。因为这种教学、教育和培养,既是历史学的,也是政治学的,更是"学而时习"不止的教育学的,将此三者统摄起来所呈现出来的意义,恰恰是伦理学的。

第 27 章释义

子曰:"巧言乱德,小不忍则乱大谋。"

[注释]

巧言乱德：巧言，花言巧语。乱，混乱、搅乱、败坏。德，德性和德行。乱德，搅乱人的心智、败坏其德性与德行。

小不忍则乱大谋：忍，忍耐、容忍。谋，策划、规划。大谋，宏大的或整体的谋划。

[译文]

孔子说："花言巧语总会搅乱人的心智，败坏人的德性和德行。小事不能忍耐，会破坏对大事的正确谋划。"

[通解]

第二十三章论言与人的关系，从"言与行"和"言与德"两个方面展开。第二十四章讲"言"之立行必以"恕"为准则，这一准则的内在灵魂是客观中正原则和自由精神。第二十五章以现实和历史为双重坐标，实例证明"言"之所立或"言"之所行必须接受客观中正原则的规范和自由精神的激励。第二十六章特别讨论古代之"言"如何或直或曲地体现这种准则和精神。本章则从现实角度抽象出"言"所行和"言"之立，揭示不遵循"恕"的准则可能造成的恶劣后果。

——

"恕"讲宽容、理解，通俗地说是"忍耐""容忍"。但它必须接受客观中正规则并体现自由精神。所以，"恕"这种推己及人的忍耐、容忍态度或方式，客观地存在着限度和边界。这种限度和边界，相对个人言，就是"你自由""我自由"，或者，你在我面前自由的同时，我在你面前也自由。这种限度和边界相对事（物）讲，是"不损"。从根本讲，人与人在同一语境中面对同一事物或行为，能做到相互自由，也是不损。以此观之，"恕"之无限度，也是损，因为无限度的"恕"侵犯他者的自由；反之，"恕"之不足同样是自损，且可能造成更为严重的损他后果。这种"恕之不足"的现象，是孔子所讲的"小不忍"。

孔子指出，"恕"之不足的"小不忍"，会导致意想不到的"乱大谋"的结果。

"小不忍"行为何以会导致"乱大谋"的结果呢？孔子在另一个语境中通过回答樊迟"敢问崇德修慝辨惑"，为之提供了解释。

樊迟从游于舞雩之下，曰："敢问崇德、修慝、辨惑。"子曰："善哉

问。先事后得，非崇德与？攻其恶，无攻人之恶，非修慝与？一朝之忿，忘其身以及其亲，非惑与？"（《颜渊》）

孔子指出，"小不忍"之所以导致"乱大谋"，是因为人之"小不忍"源于三种私欲冲动，总会或这或那地消解人能成大谋的主体条件。一是不"崇德"，其行为表现是不"先事后得"，而是"先得后事"或"先得不事"。二是不"修慝"，即不修养德性自制邪恶，具体讲就是不"攻己恶"而"专攻人之恶"；三是"不辨惑"，即任其"一朝之忿，忘其身以及其亲"。具这三种性格或品质的人，一方面往往会在具体语境中逞"匹夫之勇"，不能忍小；另一方面往往会在具体语境中表现"妇人之仁"，不能忍小。所以，有"匹夫之勇"和"妇人之仁"的人，必然因为"小不忍"而"乱大谋"，有这类性格和品质的人，总是成事不足而败事有余。

二

"小不忍"则"乱大谋"，揭示"恕"与"事"的关系："恕"是"成事"的主体前提。在孔子看来，"恕"要构成"成事"的前提，必须足。这个"足"指满足成事的那种"完满"但又不溢的状态，因为"溢"之则过，不满是为"不足"。所以，"恕"的实质是忍之到位，既不溢，也不置空。

孔子讲"小不忍则乱大谋"的道理时，却在前面加"巧言乱德"这一范围的界定，强调"小不忍则乱大谋"相对"言"而论。这是说，谋划大事时，必须学会忍耐，具体讲，就是慎言，即少说，少炫耀，少放大炮。这是孔子对言的一贯准则，即"先行其言而后从之"（《为政》）。事情还在谋划中，不宜虚张声势、夸夸其谈。谋划的事变成脚踏实地的行，最后获得预想的结果与成效，这中间有许多变数，面对各种变的可能性，保持沉默是最好的方法，热衷于说，可能败坏所谋之事。

什么样的人才可成为"小不忍则乱大谋"者？孔子认为这样的人一定是"巧言"者，孔子在另一个地方将其称为"佞人"（第十一章）。佞人具备"巧言"和"令色"两个方面的能力，但巧言和令色都是败坏德的方式，所以有巧言本事和令色本领的人，必然是败坏德性和德行的人。这类人因为擅长"巧言"，自然本能地成为"小不忍者"，所以"乱大谋"者往往是这类善于巧言的"小不忍"者。

第28章释义

子曰："众恶之，必察焉。众好之，必察焉。"

[注释]

众恶之,必察焉:恶,讨厌,也可做批评、反对、否定讲,意为不好的评价或否定性地看待。察,考察、审察、检视。

众好:好,与"恶"相对,喜欢、肯定、称赞,意为良好的评价或肯定的看待。

[译文]

孔子说:"凡众人所厌恶的(人或事),一定要仔细辨别。众人所称誉的(人或事),更要严肃地审察。"

[通解]

本篇从第二十三章始至于第二十六章,呈现双主题,即内容主题和思维主题。仅就后者言,就是理性辨识精神和辨识能力。尤其是第二十六章这一条内隐的主题获得形式显现,强调避免巧言或辨别巧言的这种理性辨识能力。本章继之而进一步突出这种理性辨识能力,探讨君子具备理性辨识能力对生活或为政的重要性。

一

对于言,孔子特别敏感,因此形成特别的深度和广度思考。究其缘由,可能有二,一是言与行、言与德之间的非对应性,自然形成言与德之关系生成的各种可能性,使言本身变得使人敬畏。孔子反复强调慎言,都是从不同角度表达对言的敬畏,甚至是畏惧。二是言与行、德形成并不完全吻合的非对应的各种可能性,可能更主要地源于这样两个因素:第一,"言"本身作为能指的工具,与所指之间原本是非对应的。这种非对应性造就了言与行、言与德之间的非对应性。第二,所指的对象始终是客观实在,能指的"言"往往体现主观取向,因为"言"是由人创造出来的,最终在具体的语境中由人来支配和运用,这种支配和运用为达到支配和运用者的预设性目的,必然获得修饰的功能,所以"言"始终呈修饰性取向。正是这种修饰性取向,使"言"既可获得"质"性而体现"直",也可成为纯粹的"形式"而求"巧",如果倾向于后一种可能性,言便成为"巧言"。

巧言,是脱离存在事实或远离、遮蔽存在事实使之成为巧妙取悦于人的一种方式。在感觉化生存的层面,巧言可以驾驭人的思维、架空人的认知,形成盲从。因为巧言本质上是谎言,任何性质或者形式的谎言,都是针对人性的弱点在思维和认知上的表达,其表达的是感官化生存的信息。进一步讲,巧言是巧言者根据人性弱点重新编织非真的事实,目的在于获得他人或众人之信。孔子正是基于巧言的主观目的以及实际能够达到致谎为真的效果,特别提醒弟子学会辨别巧言。

二

巧言是对存在事实的重新编织。

巧言能重新编织的存在事实,可能是人,可能是事,也可能是融通人和事的行为,更可能是历史。巧言的功能,是使巧言者将自己所恶之人、事、行为或者历史,变成众人恶之的内容,使自己好之的人、事、行为,成为众人好之的内容。面对生活中"众口一词"的"好""恶"状况,孔子特别敏感,他直观到这种一边倒的状况一定是"伪"的。所以对弟子提出忠告:凡遭遇到这种情况,无论是"众恶之"还是"众好之",都"必察焉"。

这个"察"字,不是一般意义的考察,而是重新认真、仔细、严肃地审察、辨别,以揭露事实真相,突现存在事实本身,达到去伪扬真的目的。

如何审察?怎样辨别?结合"子曰:'唯仁者能好人,能恶人。'"(《里仁》)和"子贡问曰:'乡人皆好之,何如?'子曰:'未可也。''乡人皆恶之,何如?'子曰:'未可也。不如乡人之善者好之,其不善者恶之。'"(《子路》)不难发现,孔子为之提供审察和辨别的两种基本方法。

第一种基本方法是仁者的方法,即找仁者来鉴别其"众恶之"或"众好之"的言行。因为仁者修习得有客观中正的德性和智慧,既能够以客观中正为准则辨识出好人,也能够以客观中正为准则识别出恶人。

第二个基本方法是乡人的方法,即乡人中善者称美善,乡人中恶人厌恶恶。因为"乡人之善者好之"遵循了"物以类聚,人以群分"的人性法则,善人必扬善者;"其不善者恶之"则是遵循了"习相远"的人性求"相近"的本能法则,恶人在本能上也有求善的渴望,只是因为沉陷私欲而不能在行为上自拔,但在本性渴望上表现出向善。恶人始终不承认自己是恶,也讨厌恶,所以恶人也厌恶恶人、恶事、恶行。

第29章释义

子曰:"人能弘道,非道弘人。"

[注释]

人:与"小人"相对的君子,包括士君子和位君子,或"修德取位"的君子和"以德正位"的君子。

弘:光大,可理解为使之弘扬、弘大、壮大。

道：人文之道，具体地讲，是孔子一生宣扬和践履的返本开新的"以仁入礼"的救世文道，简称为以中正为导向的仁德-公道，或曰"中道"。

[译文]

孔子说："只能由人来弘大人文之道，不能由人文之道来弘大人。"

[通解]

上章指巧言佞行可以使"众恶之"，亦能使"众好之"。面对这两种状况，君子应该具备"必察焉"的理性能力，担当起辨别善恶、矫正巧言、引导世风的社会责任。本章承之讲述君子必须以理性辨识能力弘大人文之道，以提高社会认知、引导文道治世。

一

本章所讲的"人"，是孔子君子学说的专门概念，专指君子，既与"民"相对，也与"小人"相对：君子与民相对，是社会阶层、阶级意义上的相对；君子与小人相对，是同一社会阶层、阶级内部的品级的相对。

首先，君子是劳心者，民是劳力者。

其次，君子是"修德取位"者和"以德正位"者的统称；小人则是有位无德者或有学无德者。有位无德者，是人之小者；有学无德者，是士之小者。

孔子所讲的"道"，是人文之道，这是因为孔子学说并不涉及自然和天道，虽然他也讲天命。孔子的人文之道，可以简称为"文道"，它与"武道"相对，因为孔子是当世的反战主义者，是坚定不移的文道救世者。所以，孔子的人文救世之道涵摄四个方面的内容：

一是返本开新的历史发展观，其中包括重建文明的"损益"认知论和方法论。

二是以仁入礼的文道救世路径，其中包括**中正**导向的"仁德-公道"的公理体系。

三是"修德取位"和"以德正位"的君子理论，其中包括成己成人的"学而"方法。

四是"一以贯之"的坚守精神，其中包括客观中正原则和自由主义精神。

概括如上四者，亦可表述为返本开新、以仁入礼的救世文道，或曰仁德-公道。

二

孔子讲"人能弘道"，首先指君子使命。君子来到这个世界上的责任，是辨善恶、正世风、导人心。其使命是弘大人文之道，当务之急是探索、践履文道救世,唯有通过探索文道救世之路,实现文道救世的理想,弘大人文之道的使命才得以完成。其次揭示君子的独特性,君子的如上责任和使命,是其他阶层的人不能替代的。唯有君子,才可弘道;唯有君子,才能弘道。这是孔子实施文道救世,必须以培养君子这一社会精英阶层为重心的根本考虑。

人能弘道,但道不能弘人,这是因为文道是客观的,是普遍的,是历史存在的,是不以人的意愿为转移的,是永恒的存在者。与此不同,君子却是个体的,也是短暂的,君子是存在的个体化与在世的短暂性的结合体。更重要的是,普遍的、历史的、永恒存在的文道,却是自在的、非作为的,要使它从自在性获得它在性,从非作为性产生作为性,需要君子这个主体的介入,即需要君子这个主体对它的启动。君子启动自在的文道,就是传扬、弘大文道的行为。即使如此,文道自身仍然是自在的。所以,人与道的关系,是人对道的**求用**关系,而非道对人的**应和**关系。

第30章释义

子曰:"过而不改,是谓过矣。"

[注释]

过而不改,是谓过:第一个"过",指过错、过失、错误;第二个"过",是比"过而不改"之"过"更严重的过错,亦可理解为罪过。

[译文]

孔子说:"有过错而不改正,这是性质更严重的罪过。"

[通解]

人弘道,不是一时之为,而是终身以往。在弘道这一人生过程中,会遭遇许多曲折、许多考验,甚至失误或过错,要继续勇往直前,需要具备极强的纠错能力。本章则承前而概述"过而不改"的危害。

一

君子弘道,必须身体力行地使之融入日用生活,形成日用常行的弘道方式。在这一日用常行的弘道过程中,君子必然要有克己的修为:一是克制自己的欲望,使其行为合君子之道;二是如果不慎发生失误或过错,有自我警醒和纠错的能力,克制自己的任性或散漫。以此观之,孔子讲君子"过"而能否自"改"的问题,实际上是能否自觉克己的问题。

"过"而能否自"改",是君子日常生活中能否克己的问题,这一问题往往引来人们的严肃思考。信而好古的孔子对"过"能否自"改"的思考,自然吸取了前贤的智慧。

> 季文子相宣、成,无衣帛之妾,无食粟之马。仲孙它谏曰:"子为鲁上卿,相二君矣,妾不衣帛,马不食粟,人其以子为爱,且不华国乎!"文子曰:"吾亦愿之。然吾观国人,其父兄之食粗而衣恶者犹多矣,吾是以不敢。人之父兄食粗衣恶,而我美妾与马,无乃非相人者乎!且吾闻以德荣为国华,不闻以妾与马。"
>
> 文子以告孟献子,献子囚之七日。自是,子服之妾衣不过七升之布,马饩不过稂莠。文子闻之曰:"过而能改者,民之上也。"使为上大夫。(《国语·鲁语上》)

执政大夫季文子是辅佐鲁宣公、鲁成公的两朝元老,但其妾不穿绢帛,马不吃粮食。孟献子(?～公元前554年,鲁之孟孙氏第五代宗主,姬姓,名蔑,世称仲孙蔑,谥献)的儿子仲孙它却劝诫他"不要吝啬布帛和粮食,而给鲁国带来不光彩"。季文子向仲孙它讲了不让妾穿绢帛、不给马喂粮食的原因。其后又将此事告知孟献子,孟献子将其子囚禁七天使其反省。自此以后,仲孙它的妻妾的衣服不过中档水平,以杂草为马饲料。季文子知道后,说:"一个人的行为有错而能改正,是人中佼佼者。"于是便擢升仲孙它做鲁国大夫。

季文子何以认为仲孙它如此改一小过就是"人中佼者",并提拔他为朝中大夫?这是因为人改正过错是异常艰难的事,没有非常之志者,不可能做到。

> 晋灵公不君:厚敛以雕墙;从台上弹人,而观其辟丸也;宰夫胹熊蹯不熟,杀之,置诸畚,使妇人载以过朝。赵盾、士季见其手,问其故,而患之。将谏,士季曰:"谏而不入,则莫之继也。会请先,不入则子继之。"三进,及溜,而后视之。曰:"吾知所过矣,将改之。"稽首而对曰:"人谁无过?过而能改,善莫大焉。《诗》曰:'靡不有初,鲜克有终。'夫如是,则能补过者鲜矣。君能有终,则社稷之固也,岂唯群臣赖之。又曰:'衮职有阙,唯仲山甫补之。'能补过也。君能补过,衮不废矣。"犹不改。宣子骤谏,公患之,使锄麑贼之。晨往,寝门辟矣,盛服将朝,尚

早,坐而假寐。麑退,叹而言曰:"不忘恭敬,民之主也。贼民之主,不忠。弃君之命,不信。有一于此,不如死也。"触槐而死。(《左传·宣公二年》)

晋灵公的知错屡犯,而且口是心非,源于他生性残暴。这从另一个角度揭示"过而能改"的条件性,有过能改的人,一定是心存善良仁爱的人。仲孙它因禁之中反省七日而能改过,是因为他有向善成仁之心,晋灵公所以作恶不止最终为暴所除,是因为他满心是恶。

<h2 style="text-align:center">二</h2>

士季劝诫晋灵公"人谁无过?过而能改,善莫大焉"是从正面论;《谷梁传》曰:"过而不改,又之,是谓之过,襄公之谓也。"(《谷梁传·僖公二十二年》)是从反面论。孔子所言"过而不改,是谓过矣",不过是对前贤思想的复述。这种复述可能是基于给弟子讲课作为引证材料而运用,弟子记下这段话,将思想创造权赋予孔子。

当然,孔子复述前贤的思想,同样赋予其新意。

> 过而不改,又之,是谓之过。
> 过而不改,是谓过矣。

《谷梁传》评宋襄公泓之战失败根源于宋襄公接二连三地犯错误,所以说错而又犯,是最大的错。孔子却赋予"过而不改,是谓过"的性质,认为只要是"过而不改",就是最大的错。

孔子关于"过而不改,是谓过矣"的创造性复述,打开了子贡的思维,本性空灵敏锐的子贡予以进一步发挥,指出"君子之过也,如日月之食焉。过也,人皆见之;更也,人皆仰之"(《子张》)。子贡阐发过错对人的实际影响,它如日月之食完全遮蔽日月的光辉那样,消解人的所有为善有德的努力,使人堕入完全的黑暗状态。这是因为,人的相近人性冲动要求人无过,任何人无论有意还是无意,犯下的过错都会进入他人的审视视野,无所逃遁。相反,因为"习相远"的人性,人们改正过错很是艰难,所以任何更改过错的行为,都将得到人们的赞赏和景仰。

由于孔子对前贤关于"过"而能否自"改"的思想予以当世讲述,使它重新获得生命力,加之子贡的深化拓展,有关于"过而能改"的思想,构成孔子君子弘道理想的有机组成内容而得到后世弘扬:

人情莫不有过,过而改之,是不过也。(《大戴礼记·盛德》)

凡夫之过多矣,能改之者犹无过也。唯识趣污下之人,其改之为最难,故其过最甚。(《二程粹言》)

过而能改,则复于无过。唯不改则其过遂成,而将不及改矣。(朱熹《四书集注》)

第31章释义

子曰:"吾尝终日不食,终夜不寝,以思,无益,不如学也。"

[注释]

尝:尝试。

终日不食:终日,整个白天。不食,不吃饭。

终夜不寝:终夜,整个晚上。不寝,不睡觉。

以思:以,用以。指用从早到晚的时间思考。

学:求知。求知有多种方式,阅读《诗》《书》,或向人请教讨论问题等,均是学。

[译文]

孔子说:"我曾经尝试一天到晚不吃不睡地思考,结果无所收获,还不如阅读或向人学问。"

[通解]

有"过"能否自"改",既需要自明,更需要克己。孟献子囚禁子七日而使之反省,就是要其自明。唯有自明,才可克己。但无论自明还是克己,都需借助学来实现。所以,君子弘道的过程,不仅是自明、克己的过程,更是不断阅读典籍和向人学问的过程。

一

孔子倡导"思"不如"学",是针对"思而不学"的现象所发。《为政》中,孔子讲述"学而不思则罔,思而不学则殆",本章是在重复强调"思而不学则殆".孔子以自己的经历为例,指出思而不学给人带来的危害,是"不学而思"不仅不能增进思维、纯正思想,反而会怠惰思维、沉没思想。所以孔子强调"学",指出与其"终日不食终夜不寝以思",还不如学而有益。

孔子在这里虽然强调学，并不意味着可以忽视思。学，指自己阅读或向他人学问；思即是思索，或深思，或分析，或推演等。学而不思则迷惘，思而不学则怠惰。孔子对学的强调，是针对"终日不食终夜不寝以思"这一极端的只"思"不"学"现象言。孔子要表达的本意，不是学比思重要，而是强调学与思并重。

二

《论语》中，孔子论"思"者二十六处，论"学"者六十六处，有人以此判断孔子更强调"学"。这种数量统计得来的数据，或可做参考，不能以之为判断的依据。其实，在孔子的学而思想体系中，学与思的逻辑关系体现在两个方面：

首先，"思"之于"学"，始终体现深度掘进性，但它必须以学为前提；"学"之于"思"，始终具有逻辑上的在先，但要继续维持或不断向深度或广度拓展，必以思为内动力。

其次，在本章语境中，孔子将"学"置于"思"之上，因为"学"必先吸收、消化然后承传，无论向书本（即《诗》《书》）学，还是向古贤或时贤学问，学的都是已有；反之，"思"体现创造、革新。抽象地看，在孔子学而思想世界里，其学、思关系的实质是返本开新：返本，需要学；或者，学，就是返本；反之，开新，必须思；或者，思，就是追求开新。以此来看，要开新地思，必须返本地学；反之，返本之学要于今有用，必须借助思，即分析、判断、推演以发现其思想生成的内在关联性。所以，孔子强调学，是在强调传统之于思的掘进的奠基性。孔子坚信：传统文明不仅是培养德才兼备的君子的必要条件，而且既是培养人正确地思考的前提，更是引导人生成或提升正确的和深刻的思想的前提。

虽然如此，但孔子并不认为"思"不重要。恰恰相反，孔子认为以学为前提的思更根本，因为，思不仅对接受到的思想予以重新审视和评价，更在于思本身具有追求把握学——习的条件、意义和目的的功能。**学在先于思，思根本于学**，这是孔子对于学与思的基本思想定位。正是在这一思想定位基础上，孔子提出"九思"的观点，指出"君子有九思：视思明、听思聪、色思温、貌思恭、言思忠、事思敬、疑思问、忿思难、见得思义"（《季氏》）。由此可以看出孔子对"思"的重视：学，可以吸收；思，才将吸收得来的东西消化。学，指向的是已有；思，却指向未有，是将已有的选择构筑成未来。所以，如果将孔子定义为保守主义者或复古主义者，可以定位他的"学"重于"思"；如果对孔子本人予以尽可能地还原，那么返本之于孔子始终不是目的，开新才是他所孜孜追求的，所以，在孔子的认知和思想世界里，**思比学更根本**。

第 32 章释义

子曰:"君子谋道不谋食。耕也,馁在其中矣;学也,禄在其中矣。君子忧道不忧贫。"

[注释]

耕也:与"君子"对举,指劳力者,即种植庄稼的民。

馁在其中:馁,饥饿、饥馑,亦有困境之意。馁在其中,指耕以谋食的民,始终要承受饥馑之患。

禄:禄位、俸禄。

君子忧道不忧贫:忧,忧虑、担忧。贫,贫穷、贫困。君子只为弘扬治世之道而忧虑,却不为贫穷而忧患。

[译文]

孔子说:"君子以探求救世之道为己任,不会将才智用于谋求衣食财货。耕田者,也常遭受饥饿威胁。反之,学习治世之道,俸禄就在其中。所以,君子只为弘大治世之道忧虑,不为贫穷忧患。"

[通解]

君子学、思,既有基本冲动,更有根本目的,前者即是解决衣食问题,使之没有"耕也,馁在其中"的忧患;后者却是肩负弘大治世之道使命。这是上章内容与本章主题关联的内在思路。

一

根据具体语境,可以窥视本章内容是孔子与弟子讨论问题时引发出来的感慨和思考。讨论什么问题呢? 联系第二十九章"人能弘道,非道弘人"看,可能是由"君子弘道"的讨论引出来的,即君子弘道必须解决基本的生计问题。孔子认为,君子为弘道而学与思本身,就是在解决生计问题,这即是"耕也,馁在其中矣;学也,禄在其中矣"。

孔子的思想,是从生活常识中来,最后要回归生活常识。他所说的"君子谋道不谋食"同样是常识智慧的展现。孔子以通俗的语言表述这一常识智慧,却阐发了三个基本思想:学与禄的关系思想,道与贫的关系思想,道与食的关系思想。

二

首先看学与禄的关系。

孔子告诉弟子:学,本身是一种工作,这种工作做好了,也是能创造财富的。因为学这种工作是把人成就为君子,人一旦成为君子,具备为官从政的全部本事,就能当官。当官治民、治人最终落实为治事,对国家来讲,最为基本的要务是创造财富。创造财富有两种形式,一种是开源,一种是节流。君子当官治邦,创造社会财富的基本方式是节流。这应该是"学也,禄在其中矣"的第一层含义,第二层含义指学这种工作,也如同农民耕种土地那样,其劳动本身意味着解决生计问题。

在学可以解决生计问题这个层面上,孔子采用对比方式说明学这种工作对解决生计问题的优越性。孔子说,耕田种地是专门解决吃饭问题的职业,但并不能彻底地解决饥饿的问题,从事耕种也可能存在饥饿,造成这种饥饿的可能性因素是天,比如干旱或洪灾,或者其他自然灾害;也可能来源于暴政,比如历史上的"苛政猛于虎"。学也同样如此,可能得食,也可能不得食,这涉及智商、情商的高低,也涉及运气,更涉及社会环境、条件。所以孔子所论存在逻辑上的漏洞,解决这一逻辑漏洞的具体表述应该是:

耕也,食在其中矣;学也,禄在其中矣。
耕也,馁在其中矣;学也,贫在其中矣。

这样才可与下面"君子忧道不忧贫"衔接。

三

其次看道与贫的关系。

孔子讲:"耕也,食在其中矣;学也,禄在其中矣。"是说既然学可以获得"禄"的保障,就没有"贫"的可能性。没有"贫"何来"忧贫"? 孔子提出君子"忧道不忧贫",表明"学,禄在其中",只是一种可能,另一个可能或许是"学,贫在其中"。孔子盛赞颜回"一箪食,一瓢饮,在陋巷。人不堪其忧,回也不改其乐"(《雍也》)的生活,就是以贫困为底色的,这恰好表明君子学而并不能保障"禄"的问题,即君子之学可以使人不贫困,也可以使人陷入贫困。生活贫困与对贫困的忧虑,这应该是两个维度的事:生活贫困,这是实然的存在事实;对贫困生活忧不忧虑,这是人的主观看待。但这只是一般论,具体地看,还应理解"忧"与"不忧"的含义。所谓"忧"者,指一个人被迫卷入客观上不安的境遇之中并不得不对其予以回应所表现出来的那种挥之不去的生存状况,这种状况可能会造成不好的结果。所谓"不忧",指面

　　什么是小知？要理解"小知"，应先明确"知"，它分别有动词和名词两层含义：作为动词，知即认知；作为名词，知即知识。在名词意义上，"知"通"智"。"小知"的"知"有三层含义。在动词意义上，"小知"首先指热衷于认知具体事物；其次指热衷于认知日常生活之事；再次指热衷于细节认知。在名词意义上，"小知"指通过热衷于"小知"的认知，获得具体知识、日常生活知识和关于事物细节的知识。与"小知"相对应的是"小受"。本章中孔子没有提到大知，这是因为本篇一直在从不同方面、不同层次讲述"大知"的学问。孔子所说的"大知"，可一言以蔽之，就是本篇第二十九章"人能弘道，非道弘人"中的"道"。对应"小知"的"大知"，就是"知道"。所谓知道，是认知道并获得道的真理、智慧。具体地讲，这个为君子所知的"道"，是君子所弘之道。

　　在本章中，无论表彰出来的"小知"或隐含的"大知"，都相对"受"而言。知是认知的和主体构成的，"受"却是实践的和行动的。在论"知"时，孔子只彰显"小知"而隐含"大知"；相反，在论"受"时，孔子只论"大受"而隐含"小受"。这是基于表达求语言的简洁。但在理解时，我们必须清晰地呈现"小知"与"大知"、"小受"与"大受"之间的明确对应关系。

　　孔子所论"知"与"受"，采取一一对应方式："小知"对应"小受"、"大知"对应"大受"。反之，大受者必大知，小受者乃小知。并且，"小知"者只有"小受"的能力和品德；"大知"者才有"大受"的德才和智慧，并且"大知"者必备"大受"的德性和智慧。以此看"小受""大受"，也是相反对的：小受者小人，大受者君子。

二

　　君子与小人的区别，是"大知""大受"与"小知""小受"的区分。这种区分是一种事实陈述，不是一种价值判断。君子是"大知"者，应该成为"大受"者；小人热衷于"小知"，具有"小受"的特别才能。孔子在这里没有区别"小知"与"大知"的优劣，也没有揭示"小受"与"大受"的价值大小，而是客观地指出：

　　第一，不同类型的人，应该有不同的认知兴趣、智识结构和社会能力。

　　第二，君子是社会精英分子，必须求大知担大任；否则，就是放弃天命，不担当责任，无德。然而，天下国家社会，是由各种类型的人构成，也由大大小小的事情和作为组成，所以，天下社会，甚至于邦国治理，也需要小知，更需要做小事的人。正是在这个意义上，孔子才如是认为，小人虽然无能无德担当大任，却能成为做小事的干才。所以也需要举荐小人去做小事，更应该尊重和欣赏小人的"小知"和"小受"。

结合上章内容看,君子追求"大知",目的在于担当大任。君子担当大任,是实施所领悟之道,并用它来治理邦国,要实现此,担当大任的君子必须"仁之""庄之"和"礼之"。以生命投入方式守护道,以庄敬之心对待道,以庄严方式实施道,以礼法规训道的实施,是君子践履"大受"的必经步骤和完整方法。

第 35 章释义

子曰:"民之于仁也,甚于水火。水火,吾见蹈而死者矣,未见蹈仁而死者也。"

[注释]

民之于仁:民,劳力者。之,指称代词,他们。之于,(民)对于……。仁,仁德、仁爱,具体指"恭、宽、信、敏、惠"。

甚于水火:甚,甚至。甚于,超过、超出。水火,日常生活不可或缺的两种基本资源,以此形容民对水火的应然态度。

蹈:践、踏。

[译文]

孔子说:"当今,民对待仁的情势,比不相融的水火更为严重。有关于水火,我曾看见有为践踏它丧命的人,但从未见民践踏仁而遭至死亡惩罚的情况发生。"

[通解]

第二十九章讲君子"弘道",第三十至第三十四章分别从不同方面讲君子弘道应该具备哪些主体性条件,本章继之论君子弘道的理由。在孔子看来,当世之所以需要君子弘道,是因为道已失落于人间,民无德已成为普遍现象,这就是"水火,吾见蹈而死者矣,未见蹈仁而死者也"。

———— 一 ————

马融认为"水火及仁,故民所仰而生者,仁最为甚。蹈水火或时杀人,蹈仁未尝杀人"①。朱熹亦持此说:"民之于水火,所赖以生,不可一日无。其于仁也亦然。但水火外物,而仁在己。无水火,不过害人之身,而不仁则

---

① (三国)何晏注,(北宋)邢昺疏:《论语注疏》,北京,中国致公出版社 2016 年版,第 256 页。

失其心。是仁有甚于水火,而尤不可以一日无者也。况水火或有时而杀人,仁则未尝杀人,亦何惮而不为哉?"(《四书集注》)仁如水和火那样,是民赖以为生不可或缺的东西,虽然如此,人跳入水中会被淹死,跳进火中会被烧死,但"跳入仁中",人不仅不会死,反而产生沐浴其中的良好感觉。孔子以水火为喻来表达民对仁的依赖的绝对性。由于有马融开其先,朱熹大加阐发,民与仁的关系构成绝对依赖的关系,成为经典定义性解释,后世均沿此理解。尤其是钱穆,又在朱熹基础上进一步阐发:"此章勉人为仁语。人生有赖于仁,尤甚于其赖水火。蹈水火,有时可以杀人,然未有蹈仁道而陷于死者,则人何惮而不为仁,或疑杀身成仁,此非蹈仁而死乎? 不知此乃正命而死,非仁有杀身之道也。庄周讥以身殉名,此则唯生之见,而不知生之有赖于仁矣。"[1]然而,如上看法并不是孔子所要表达的本义。

首先,孔子对当世生活的社会道德状况有两个基本判断:一,子曰:"由,知德者鲜矣。"(第四章)二,子曰:"中庸之为德也,其至矣乎! 民鲜久矣。"(《雍也》)孔子对什么是道德有明确的定义:道德即是中庸,中庸乃道德;认为中庸道德具有至高性。为什么? 因为"中庸之德"是人人必须遵守的。在如此定义和判断基础上,孔子用"中庸"为尺度判断现实生活的道德状况:"民鲜久矣",是指民远离中庸道德已经很久了,或者中庸道德很久以前就消失了。所以,将本章"民之于仁也,甚于水火"理解为民对仁的依赖超过对水火的需求,有违于孔子生活的当世语境和孔子说此话、做此判断的主题语境。

其次,水与火,是自然界两种相克的物质,用水火来喻民对仁的需求和依赖性,实乃牵强附会。

最后,如果以水火喻民对仁的依赖有甚于民对水和火的需求,那么认为春秋晚期是一个礼乐崩坏的时代,就不切实际。重要的是,如果民求"仁"需要远远超出对水或火的需求,说明孔子生活的时代是一个有很高道德水平的时代,因为民都具有自觉而高的道德水准,更何况君主、官员和百姓呢? 那么,孔子关于"知德者鲜矣"和"中庸之为德也,其至矣乎! 民鲜久矣"的判断就属于瞎说。更为重要的是,既然孔子生活的当世是一个具有如此高道德水准的世界,还用得着孔子去文道救世吗?

所以,李零的判断可以得到肯定,他认为本章内容"并不是表达人民对仁的依赖有甚于水火,而是说人民避仁唯恐不及,有甚于水火。这话表达

① 钱穆:《论语新解》,北京,生活·读书·新知三联书店 2016 年版,第 379 页。

了失望。孔子不仅对统治者失望,对老百姓也失望。他的意思是,老百姓对他的'仁'都是躲着走,绕着走,如避水火"①。

二

本章内容仍然属于论君子的范畴。

在上章中,孔子对君子与小人在求知的兴趣领域、增智的性质,以及能力释放与发挥等方面予以区别,指出君子修学必求大知、践行必"大受",这个君子应该担当起来的大受,就是治邦安国。治邦安国中堪称大事者有三:一是使国庶;二是使民富,三是民得教。此三者中,最为根本的,也属于长治久安的却是用"仁""庄""礼"去教民有德。

为什么"教民有德"成为君子"大受"中的重中之重?因为民是社会的基石,德是民的生活底线。但现实恰恰是民丧失了德这个生存的底线,孔子从两个方面概述了民无德的基本状况。

首先,孔子概述民德不在的状况,指出这种状况的普遍性和历时性。这就是"中庸之为德也,其至矣乎!民鲜久矣"(《雍也》)。民不守中庸道德,不仅普遍,而且这种普遍的状况已经历了很长时间,已构成一种历史事实。

其次,德的本质是仁。当世之民失德集中表现在对仁的逃离和躲避,形成民与仁的关系,如同水与火的关系,完全对立。

结合上面两个方面看,孔子指出,民丧失中庸之德,只是行为表现,但其失德的主体前提,却是民失仁。唯有当民丧失仁时,才可在行为上表现为不守中庸道德。

失仁是失德的根源,失德,比如不讲礼法,可以通过行为来觉察。但由于仁是主体性的东西,丧失仁往往难以为人们所觉察。孔子用水火来比喻德,失德有如水的流动或火的燃烧,人跳进水或火之中,或因水流太急或火焰太大而使之丧身,人在**行为上**不守礼法,也有如跳进激流或跳入火坑那样。但因为仁是主体性的东西,失仁,或者远离仁属于心理、情感、认知、思想活动,它不会给人马上造成危害,所以人往往难以觉察,在不知不觉中失仁,逃避仁,对立仁。但从本质看,失仁的危害远大于失德的危害,因为失德的内在动力是人、人心、人情丧失了仁的本质内涵和诉求。正是在这个意义上,孔子才提出"克己复礼为仁",并指出"一日克己复礼,天下归仁焉",因为"为仁由己,而由人乎哉"(《颜渊》)。教民有德的重心,不是教民讲礼法,而是教民恢复仁心、仁情,重新获得仁爱的德性与能力。

① 李零:《丧家狗:我读〈论语〉》,太原,山西人民出版社2011年版,第281页。

第36章释义

子曰:"当仁,不让于师。"

[注释]

当仁:当,任、担当。当仁,以仁为己任,或担当复仁之道。

不让于师:让,谦让、礼让。不让,不推让。于师,对于老师。指即使在老师面前,也不要推让。

[译文]

孔子说:"以弘大中正仁道为己任,哪怕在老师面前也不谦让。"

[通解]

上章讲述君子"弘道"的社会原因,是以弘道的方式拯救时世,使民恢复其仁、德。本章承之论为拯救时世而弘道,必须勇往直前、义无反顾。

一

孔子致力于宣扬的道,不是自然之道,是人文之道具体地讲是以中正为导向的仁德-公道。

孔子终身探求和宏大的人文之道,其本体内容是仁;仁的敞开形态或者说实践方式是礼法,规范尺度是公道。

孔子的人文之道,具有普遍性,并体现人文真理,这是因为人文之道的内核是仁,是以人性为根,以人心为本,以人情即爱为呈现形态。并且,基于"性相近"和"习相远"这两方面的要求,仁在本质上倾向平等。从个体角度观,基于这种平等倾向,仁能开出公道的内在路径,也是君子"当仁,不让于师"的人性基石和认知基础。

二

"当仁,不让于师",可能是孔子对弟子的讲课内容,或者更可能是最紧要的师门教诲,或师门训导,有如现在学校校训。

孔子提出"当仁,不让于师",有丰富的思想内涵。

首先,"当仁,不让于师"概括了孔子孜孜追求返本开新的人文之道的精髓:仁。

其次,"当仁,不让于师"蕴含了孔子孜孜追求返本开新的人文之道的灵魂:平等和自由。这种平等和自由不仅体现为"雍也,可使南面",也不仅体现为"君使臣以礼,臣事君以忠",更体现为弟子与老师"当仁不让"。"当仁不让",是指在担当传播、弘大仁道大任面前,弟子与老师是平等的。"不让",就是平等。不仅如此,"当仁不让"还指在担当传播、弘大中正仁道大任面前,弟子与老师之间相互自由:你可按照你的方式传播和弘大中正仁道,我可按照我的方式传播和弘大中正仁道。孔子"当仁不让"表达的这种自由源于平等,这种平等创造了自由。所以,"当仁,不让于师",是孔子平等思想和自由思想在具体语境中的自然呈现。

再次,由于"仁"以人性为基石,以人心为土壤,以爱为行为诉求,也因为"仁"的本质是平等,灵魂是自由,所以"仁"构成人文世界的普遍真理,达向行为世界则构成公道。并且,从仁达向公,构成公道的必需中介是中庸。中庸成为日用常行之中正、堂正、公正。**正是如此丰富的语义内涵,使"当仁,不让于师"思想不仅可与亚里士多德"吾爱吾师,吾更爱真理"相媲美,而且更高格。**因为亚里士多德"吾爱吾师,吾更爱真理",是自警,也是自励。孔子关于"当仁,不让于师",是从己指向他,是对弟子的教导,更是对弟子的要求和鼓动。**弟子们,我孔丘作为你们的老师,你们可以敬我、爱我,但是,在担当传播中正仁道、弘大中正仁道这一伟大使命上,你们一定要尽己之力,勇往直前、义无反顾,哪怕超过我孔丘,哪怕将我孔丘远远抛在后面,你们也不要回头来照顾我。**孔子之"当仁,不让于师"是何等的气魄!是怎样的高远!

第 37 章释义

子曰:"君子贞而不谅。"

[注释]

贞:《广雅·释法》训"正"。孔注·皇疏训正。李零考释:贞,古文文字本是假"鼎"字为之,在古书中经常假为"定"字,后来加卜于上,用作表示卜问之义。卜辞命常用"贞"字引出待定之事。待定之事与待问之事并不矛盾,而相通。"定"字从宀正声、又与"正"通。故"贞"字有中正、方正,持己不变,引申为诚正守信,此处做"大信"讲。

谅:信。与"贞"对举,贞为大信,谅为小信。

[译文]

孔子说:"君子持守中正之道,崇大节而不固守小信。"

[通解]

本章可看成对上章内容的继续,也可视为是对第三十四章内容的照应。君子"不可小知,而可大受"的主体前提是君子"仁"。君子一旦以中正仁道为准则,必须持守"当仁不让"的实践原则,践履这一原则的具体方式是"君子贞而不谅"。"当仁不让",讲君子为何"不可小知,而可大受"的理由和准则;"贞而不谅",讲君子应该怎样持守仁道。

一

在"贞而不谅"中,"贞"与"谅",都做"信"讲,但贞表大信,谅表小信。何谓大信? 以仁为准则的中正之信,是大信,或者,遵守普遍性原则之信,是大信。用现代汉语表述,社会公共之信,是大信。

何谓小信?

> (子曰:)"言必信,行必果,硁硁然小人哉,抑亦可以为次矣。"(《子路》)
>
> 子贡曰:"管仲非仁者与? 桓公杀公子纠,不能死,又相之。"子曰:"管仲相桓公,霸诸侯,一匡天下,民到于今受其赐。微管仲,吾其被发左衽矣。岂若匹夫匹妇之为谅也,自经于沟渎,而莫之知也。"(《宪问》)

孔子对小信做了两个方面的界定:一指"匹夫匹妇"之信;二指"小人"之信。但无论匹夫匹妇之信,还是小人之信,都以"小知"为认知基础,并着眼于当前和小利。所以,小信既是眼前小利之信,也是追求个人利益之信,这种信遵守"言必信,行必果"的固化模式。与此相对的大信,是"大知""大受"的追求并体现未来、长远和大众利益之信。

衡量"信"之大小,孔子提出两个原则:一是中正仁道原则,即大信必须是对中正仁道的坚守和崇信,凡事以中正之仁为准则。二是"大受"原则,必须是对重任的践履和推行。

以此两个原则为指南,大信与小信的根本区别是方法:小信固守僵化的信诺与践履模式,不知权变与选择;大信可因"仁道"与"大受"的需要,而权变和灵活应对。

二

孔子讲"君子贞而不谅",并不是说君子只讲大信,不讲小信;而是说君子也必然要从日常生活之信做起,讲人与人之间交往诚信。除此之外,君子还必须讲大信。尤其是在大信与小信发生冲突不能两全时,君子必须舍小信而卫大信，这是孔子盛赞管仲的原因。管仲舍成全个人名节的小信，求成就"桓公九合诸侯，不以兵车"的大信。

孔子关于"君子贞而不谅"的思想，是在特殊境遇下论君子如何选择"大受"的思想。孔子的这一思想后来被孟子修正性地表述为："大人者，言不必信，行不必果，唯义所在。"（《孟子·离娄下》）后人用孟子之论来解读孔子"君子贞而不谅"，必会修正或曲解孔子的思想。孟子将孔子的"君子"修正为"大人"："大人"指居于高位的人；君子并不一定是身居高位的人，衡量"君子"的根本指标是德，而不是位。在孔子那里，人成为君子有两个条件：一是有仁德，也可说知德；二是行公道，或曰行德。另外，孟子之论中强调的是"义"，根本不同于孔子主仁，义只是其仁的一个方面，仅是"近仁"的一个方面。孔子论"君子贞而不谅"的依据和准则是中正之仁，而不是义。由此两个方面，孟子关于"大人""言不必信，行不必果"的观点，是对孔子"君子贞而不谅"的客观思想的主观性修正，这种修正将具有普遍性、客观性的仁道思想变成体现非普遍性的具有很强个体取向的"义"的思想。

孟子将孔子"君子贞而不谅"思想予以主观化解读，缩小了孔子关于诚信的思想内涵。但形成这种认知解读的根源却是孔子的"贞而不谅"。客观地看，孔子关于"贞"与"谅"的诚信类型划分，以及"贞而不谅"的诚信理念体现出来的灵活应对思想，体现巨大的主体间性和实践张力，但也极容易滑向对诚信伦理结构和伦理精神的瓦解，因为"贞而不谅"的信用观要获得良好的实施效果，对主体提出很高要求，但这种高要求又缺乏较为严谨的评价准则，体现太强的主观性。所以，"贞而不谅"信用思想一旦走向实践，往往会留下"失道"或"无礼法"规范的任性空间。比如孟子以"义"替换"仁"，然后以"大人"之"义"作为"信"或"不信"的依据，必然会造成失道的情况发生，形成权力就是真理的悲剧。

第 38 章释义

子曰："事君，敬其事而后其食。"

[注释]

事君：事，侍奉、服务。指臣服务君主。

敬其事：敬，恭敬、虔敬。事，职事，即职位所属的事务、政务。指持虔敬之心做好职位分内的事务。

后其食：后，其后、然后。其，指称"敬其事"之"事"。食，食物。指"敬其事"应该得到的俸禄。

[译文]

孔子说："侍奉君主、服务邦国，必须先考虑虔敬地做好职位要求的政务，然后再考虑俸禄的事。"

[通解]

君子弘道，根源于民失其仁。君子弘道，其基本使命是恢复民仁。前提有三：第一，君子必"当仁不让"；第二，君子必"贞而不谅"；第三，君子必"敬其事"而"后其食"。做到此三者，施之以教，恢复民仁才成现实。

一

君子作为"大受"者，其"贞而不谅"的价值取向落实在为政实践中，是必须做到"敬其事而后其食"。

孔子"君子贞而不谅"的主张，指日常生活之信与为政治邦之信，或中正仁政之信与个人情义之信间发生冲突不可统一时，君子必须舍后者而张前者。但"君子贞而不谅"只是讲了一个价值取向和行为选择的抽象准则，由此凸显如何为"贞"如何为"谅"的问题。本章则为之提供解决之方：君子之"贞"，是"事君"必"敬其事"。君子"敬其事"，既是信，更是忠。孔子主张，在"君使臣以礼"的前提下，"臣事君以忠"。孔子将事君以忠概括为三要，即"敬事而信，节用而爱人，使民以时"（《学而》）。在事君必忠三要中，信排第一位。孔子认为，事君必以信为首务，信的落实的准则是"贞而不谅"；信的落实的基本行为方式是"敬其事而后其食"。

二

"敬其事"，只是"君子贞而不谅"的一个方面。另一方面是君子先"敬其事"而"后其食"，这是君子"贞而不谅"的更高要求。

先"敬其事而后其食"贯穿孔子君子为政的两个基本思想：

第一个基本思想是君子崇德。君子之为君子，就是崇德。君子崇德的基本准则，是"先事后得"。"樊迟从游于舞雩之下，曰：'敢问崇德、修慝、辨惑？'子曰：'善哉问。先事后得，非崇德与？'"（《颜渊》）依照"先事后得"原则，君子事君，只能将做事放在第一位，将俸禄放在第二位。因为根据"先事后得"的**人间法**，只有劳动，才有财富；只有劳动了、付出了、贡献了，才有资格接受财富分配，才有权利谋取劳动应得的报酬。

第二个基本思想是"君子谋道不谋食。耕也,馁在其中矣;学也,禄在其中矣。君子忧道不忧贫"(第三十二章)。君子求大信,第一是谋道;第二是忧道。这里所谋所忧之道,即是中正仁道,具体地讲是主体性建构的仁德和客观践行的公道。君子谋道,就是选择、确定仁德-公道的方向;君子忧道,就是践履、实施仁德-公道的路径和方法。从对仁德-公道之"谋"到"忧"这一过程,是"敬其事"的过程。做好"敬其事"这一过程,既实现对君主的忠信,又实现俸禄。换言之,孔子讲君子"禄在其中",不仅指禄在"学中",最终指禄在"敬其事中"。君子从"学"到"敬其事"的过程,是君子主体修养到客观践履的过程,在这一过程中,"禄在学中"只是预设性的;"禄在敬其事中"却是真正的"得",并且是"得德一体"的真正实现。

第 39 章释义

子曰:"有教无类。"

[注释]

有教:"教"相对"学"才获得实际内涵。有教的前提是有求学者。有求学者,必为之教。这是孔子所讲的"自行束脩以上,吾未尝无诲焉"(《述而》)。

无类:类,类别、类型,这里既指阶层、阶级形成的贫富、贵贱;也指禀赋、天资、修养形成的智愚、贵贱。

[译文]

孔子说:"凡是来此求学者,我必无区别地引导培养。凡是为政育民,同样无区别地引导教化"

[通解]

君子弘道,既以"当仁不让"为准则,也以"贞而不谅"为方法去"敬其事",重心是恢复民仁,方式是无区别地教化,使人人归于纯厚。

———

孔子提出"有教无类"思想的社会前提是"天子失官,学在四夷"(《左传·昭公十七年》)。

孔子提出"有教无类"思想,是以"学在官府"的社会格局被打破为前提和社会条件。学在官府的社会格局是有教有类:教必须以类为平台,教是实现更为明确的类分。所以,有教无类打破的是"有教有类"的传统。

在人类教育史上,有教有类的前提是:人是有类分的。人的类分,根源于血缘,兴盛于种族、宗族。所以,有教有类制度是建立在血缘宗法制度基础上的;有教无类也是如此,但在无形中突破了血缘宗教制度的硬茧。

进一步讲,孔子"有教无类"的思想,是以"有教有类"为前提。这里的"有类",既指血缘宗法等级,也包括智力天赋差别。有教有类的"类",既是不平等,也属智、愚、贤、不肖等差别。有教无类,是说教之目的是消解或缩小其差别,使之成为同类,这是孔子"有教无类"思想的实质和精义所在。

"有教无类"中的"有",是一个助动词,如英语中的"have"一样,表示动作已经完成或具有。"有"作为助动词,在先秦文献中已经出现,如:

> 子兴视夜,明星有烂。(《诗经·国风·女曰鸡鸣》)
> 女子有行,远父母兄弟。(《诗经·国风·泉水》)

"有"作为助动词,也可在《论语》中找到,比如:

> 子路有闻,未之能行,唯恐有闻。(《公冶长》)
> 有恸乎? 非夫人之为恸而谁为!(《颜渊》)

以此理解"有教无类"就是人一旦接受了教育,既不存在智愚的差异,也不存在贤不肖的差异,更不存在阶层、阶级的差异。人由天资、环境、出身带来的差异,可以通过"教"而使之消解、消失。这是孔子说"雍也,可使南面"的根本理由。

二

后人认为这是孔子的教学原则,如此亦无不可,但降低了"有教无类"思想的层次,将其等同于"因材施教"。

因材施教,是教学原则;有教无类,是教育思想,而且是孔子根本的教育思想。

孔子"有教无类"思想强调教育对人的根本性:教育改变人的命运。

首先,教育改变人的智愚状况。通过智愚的改变,而改变人的阶级类分,改变人的生存阶层。皇侃注疏曰:"人乃有贵贱,同宜资教,不可以其种类庶鄙而不教之也。教之则善,本无类也。"(《论语集解义疏》)教育可以改变人的天赋,使愚者智,使不肖者贤,使无德者有德,使恶者善。依据是人间"生而知之"者寡,"学而知之"和"困而知之"者众。人是靠学而知而智者。不仅如此,人性原本天赋,没有善恶,使人性变恶是后天的利欲;使"习相远"的人性能够重新"相近"的社会方式,是教育。教育可引导人性向善:既可引导人改变习惯,改变习俗,杜恶向善,更可使人学会既不过,也无不及。

其次,"有教无类"思想突出孔子一以贯之的平等思想、自由思想和学而成己成人的社会精英思想。平等,是孔子的一贯主张。平等的社会政治思想,落实在教育上是教育平等;教育平等落实在日常教学行为和教学引导上来,既是"当仁,不让于师",更是"不愤不启,不悱不发。举一隅,不以三隅反,则不复也"(《述而》)。老师与学生平等;教与学平等;担负传播和弘大文道救世的责任和使命同样平等。并且,在平等的平台上,学与教,是自由的。愿意求学的,必须无类别地教;反之,不愿意再学的,亦可以自行离开,愿意终身而学的,同样可以自由地留下。"南郭惠子问于子贡曰:'夫子之门何其杂也?'子贡曰:'君子正身以俟,欲来者不拒,欲去者不止。且夫良医之门多病人,隐栝之侧多枉木,是以杂也。'"(《荀子·法行》)荀子这则记录从一个方面凸显出孔子"有教无类"思想的精髓所在:正视人的出身、天资、贤不肖的差异性而施之以教的平等思想中,贯彻个体尊重、个性尊重的自由精神。《吕氏春秋·劝学》解释"有教无类"曰:"故师之教也,不争轻重尊卑贫富,而争于道。其人苟可,其事无不可。"这应该是对孔子"有教无类"思想如何具体落实为"当仁,不让于师"的逻辑的贯穿。

再次,"有教无类"教育思想之所以宣扬平等、自由,是因为孔子基于天赋"相近"的人性和"习相远"的利欲取向这两个方面,发现人的可教性。在西方教育思想史上,发现人皆有可教的潜能并提出人皆可教的思想,是十七世纪捷克斯洛伐克教育思想家夸美纽斯:"我们已经知道,知识、德行与虔信的种子是天生在我们身上的;但是实际的知识、德行与虔信却没有这样给我们。这是应该从祈祷,从教育,从行动去取得的。有人说,人是一个'可教的动物',这是一个不坏的定义。实际上,只有受过恰当的教育之后,人才能成为一个人。"[①]由此可以看出孔子"有教无类"思想的现代性张力。

第40章释义

子曰:"道不同,不相为谋。"

---

① [捷克]夸美纽斯:《大教学论》,傅任敢译,北京,人民教育出版社1984年版,第24页。

[注释]

道:道路,这里指关于历史、文明社会、人生的根本主张。

不相为谋:相,相互,指共同。谋,筹划、谋虑。指共同谋虑。

[译文]

孔子说:"人与人之间所循之道不同,必不可能相互谋虑。"

[通解]

教,可消解人的社会地位、等级的差别性和缩小人之智愚、贤不肖的差异性,助长个性与选择能力。正是因为"有教无类"的这一双重功能,才造就了"道不同,不相为谋"的多元性。

一

基于人皆可教的人本事实,孔子提出只要人愿求学,就无条件地予以教育,进行培养。这是平等主义。平等的教育,意在于缩小或消除阶层、阶级、智愚、贤不肖等方面的差异,但并不是削平,更不是弱化或消灭个性,恰恰相反,有教无类的平等教育思想贯穿自由。自由本身是独立、个性、人格。平等而自由的教育,是培养人独立、个性、人格的教育。这种教育落实在对人的培育上,还特别尊重受教育者对道路的自由选择。正是在这样的教育理念和认知背景下,孔子关于"道不同,不相为谋"的思想主张,首先体现为对这样一个基本主张和事实的陈述。

不仅如此,"道不同,不相为谋"似应该是孔子晚年的人生感怀和经验总结。自己雄心勃勃八方奔走以求实施文道救世的广阔平台,最终穷途末路,探求失败之因,既不是自己德才不够,也不是这个世界不需要人才,而是己道与人道的不同。既然己道与人道根本不同,自然难以搭建起相互商谋的平台。这才是孔子一生仕途失意的真正社会根源。

二

孔子讲"士志于道",表明道的选择或者建构,对于士的重要性,也揭示士之为士必须有道可持,或者说必须持道。在孔子看来,只有持道者,才有资格称士。

孔子"士志于道"的"道",不是为官之道,也不是发财之道,更不是享乐之道,而是历史文明和社会人生之道。

孔子讲的历史文明和社会人生之"道",其实指根本的法则。人生的根本法则,并不是主观臆想所成,而是立足于社会,对历史和文明的重新审视与选择。孔子讲之"道",是以返本开新方式和以仁入礼路径展示的救世文道,亦可简要地表述为由仁而公的中正仁-礼之道。持守如此之道,在孔子生活于"凭力气争于朝"的当世,自然难以找到如此的识君者。

更为重要的是,孔子对"道不同,不相为谋"的表述,并不仅在于对人生经历和社会阅历的经验总结,而是通过这种总结阐述平等、自由的人生哲学和政治思想理念。

"道不同,不相为谋",展示人既是自主的,更是自由的,人对根本人生法则与道路的选择,属于他自己的自由。正是这种自由,使每个人拥有属于他自己的价值。这种自由存在和自由选择本身,使价值走向多元共存,使人平等尊重,使生活享有独立和个性。

第41章释义

子曰:"辞,达而已矣。"

[注释]

辞:话语、言辞、文辞。
达:到达,指将想表达的东西说清楚。

[译文]

孔子说:"说话或记述,应以将己意表达清楚为准则。"

[通解]

"道不同,不相为谋",既揭示实施"有教无类"思想何以可能产生个性自由与选择的根本机制,也是总结自己奔波一生寻求践履文道救世理想的政治舞台最终无果的根本社会原因。然而,出仕为政只是孔子人生理想的一部分,以"述而不作"方式弘大古代文明之大道,则是孔子人生理想的另一部分。将此两部分人生理想有机结合起来,就是他开门招徒,培养为政和弘道的君子人才的根本动力。本章继上章总结自己以"述而不作"方式弘道的基本准则:弘大返本开新、以仁入礼之人文大道,不需要追求"文",只要求做到"辞达而已"。

一

言,有几种形式,蕴含于心中没说出来的是言语,它构成思维的内容。

言语向外有序宣泄的行为叫言说,俗称说话。言说的成果是话语,它有两种形式,一是口头话语,一是书面话语,前者的典雅称谓叫言辞,后者的典雅称谓叫文辞。孔子所说的辞,应该既包括言辞,也包括文辞。

言辞和文辞,是交流的两种形式。相对地讲,言辞才是基本的交流形式,尤其在古代,文辞只属于特殊职业者的专利,比如史官。信而好古的孔子之所以"述而不作",不仅是个人的习惯和爱好,更是时代使然。口头话语即言辞,又有场合之分,比如日常生活交流,或者"事君,敬其事"的政务展开与实施,或者邦交活动等。孔子所讲"辞,达而已矣",应属于对如上方面的表达交流必须遵循的共同准则和要求的一种归纳提炼。

二

说话,无论日常生活的说话,或者朝堂敬其政事的说话,或者受命邦交的辞令,均有基本的共同要求,这就是信、达、雅。

说话讲信,这是交流的基础,一切形式的说话之可以顺利展开并能够有序和完整,必以互信为前提。

说话求达,这是交流的直接目的,一切形式的说话,都是为将想表达的内容(思想、观点、要求、指令、建议,或者情感)说清楚,以使对方听明白,能掌握,会落实或善运用。

说话求雅,这是交流的间接目的,或者说附加目的,即一切形式的说话,在表达清楚的前提下,也尽可能使之表达得善美,即有文采。

对于说话的这三个要求,孔子认为,说话讲信,是必须的。没有信,不可交流,即使交流了,也达不到交流的目的。说话必以信为基础和前提,但有大信和小信的区别:日常生活交流,必守的信是小信;政务活动、外交使命,需要小信服从大信,并可在特殊的语境或情景中因为求大信或保持大信而抛弃小信。另外,说话求雅,是可为亦可不为之事。虽然孔子强调"文质彬彬"的完美境界,但在实际交流中,说话求雅可根据具体内容、具体场合而定,既可为之,也可不为。说话求达,这是必为的要求,因为这涉及说话的目的能否实现。所以,无论在哪种情况下,无论涉及什么内容或基于什么目的,凡说话,必须表达清楚。这是说话的共性要求,也是说话的根本要求,达不到这个要求,说话会失败。

三

说话,达与不达,不只是措辞用语的问题,因为它涉及思维,更涉及思想。只有正视这两个方面,才可真正理解孔子为何如此强调"辞达"。

一般地讲,说话能清楚地表达要说的东西,必然涉及怎样才可将想说的内容说清楚。解决这个问题涉及两个方面,一是思想,二是思维。

思维之于要表达的内容言,是如何使要表达的内容有条理地呈现。这涉及从什么角度切入表达,然后将要表达的内容予以排序,即先说什么,然后说什么,最后说什么。思维对表达内容的条理化,是表达清楚的必须工作。

对表达内容的条理,并不是凭己意确定一个角度,然后按照自己的想法将内容予以先后的安排。从根本讲,表达的条理,在于有序;有序的要求,在于被条理化为前后序列的具体内容之间必须呈现生成性的逻辑关联或推进关系。唯有呈现逻辑地生成的条理内容,才是真正能达之"辞"。

要做到使表达的内容不仅呈条理性,而且呈逻辑地生成需要对想表达的内容思考到位,获得思想性。换句话讲,一切形式的有条理的并呈现逻辑生成性的表达内容,都是深度思考达于思想之境的内容。所以,辞达的问题,表面看是措辞问题,实际上是思维的训练和思想的磨砺问题。这是孔子特别强调"思"的原因,"思"在孔子那里,既是思维,更是思想。因为,只有具备思想,才有思维;运作思维,就是生成思想。辞达,是指通过思想的透彻和思维的条理表现出来的言辞或文辞,必然呈现逻辑的生成。细细品读《论语》中孔子说的每一句话,虽然往往只是无头无尾的结论式语录,但其中贯穿了严谨的可以再还原的逻辑地生成的思路,一旦将这一逻辑地生成的思路呈现出来,孔子所说的每句话都蕴含其有条理的思维和透彻的思想。

第 42 章释义

师冕见。

及阶,子曰:"阶也。"及席,子曰:"席也。"皆坐,子告之曰:"某在斯,某在斯。"

师冕出,子张问曰:"与师言之,道与?"

子曰:"然。固相师之道也。"

[注释]

师冕:师,乐师。古代,乐师的分工很细,并且形成不同水准和等级称谓。《周礼·春官》中有乐师、大师、少师、磬师、钟师等记录。并且,古代乐师通常为盲人。冕,乐师之名。指鲁国一位名为冕的乐师,他是一位盲人。

某在斯:某,某个人。斯,这里,指某人在这里。这是孔子向盲者师冕一一介绍室中在座者的姓名和就座的方位。

相师:相,扶助。指扶助乐师。

[译文]

宫中乐师冕来见孔子。

师冕走近台阶时,孔子告诉说:"这是台阶。"走到座席前,孔子说:"这是您的座席。"大家都坐下来后,孔子告诉师冕:"某人坐在这里,某人坐在那里。"

师冕走后,子张问孔子:"老师您与师冕说这些,也是道吗?"

孔子说:"是的,这本是扶助盲人之道啊。"

[通解]

上章讲君子弘大道,求辞达即可。本章承之继续讨论弘大道的方式多种多样,其中最基本的方式是日用常行的为人之道。孔子以扶助盲人乐师为例说明返本开新、以仁入礼的人文大道之所以值得弘大、弘扬,是因为它本身不仅为畅明邦政所需要,更是人人日用常行的生活所需。

一

孔子讲,与人交流"辞达而已"。如何才是"辞达"? 本章中孔子扶助盲人乐师的细节行为为之提供一个鲜活的诠释。盲人乐师冕见孔子,孔子扶助冕的用语,不在多,不在华美,不在修辞,只在以表达清楚其扶助之意为准则。

辞达的前提是信,信的本质含义是敬。孔子以"阶也""席也""某在斯"等简明扼要的言辞表达诚挚的扶助之意,源于心中对乐师、对盲人的敬重:"子见齐衰者、冕衣裳者与瞽者,见之,虽少,必作,过之,必趋。"(《子罕》)

说话的目的是达意,达意的前提是对所说的内容思维条理化,其实质性努力是对所说的内容做到思想透彻。孔子对盲人乐师冕的扶助,来源于敬,敬却来源于仁,即仁性、仁心、仁爱。对人之仁的日常生活情境表达,是礼,即依礼而敬。这是孔子所讲的"固相师之道"的本质含义。

二

从整体观,本篇大致以君子为主题。

本章作为本篇之末,仍然以突出君子主题为要务。君子要义有二:一是修养仁德,二是行彰礼法。从修养仁德到行彰礼法,其中有一个中介,就是"信"。信在孔子的思想世界里,有日常生活之信和为政之信。前者被孔子称为"谅",即小信,它是人人成为人,包括成为君子、成为小人、成为庶民、成为民等不同阶层的人都必须具备的,不然,无法立身于生活。后者被孔子称为"贞",即大信,这是君子为政所必须具备的,但只是在不得已的情景才可为之。对于君子来讲,当在为政过程中"谅"与"贞"发生冲突时,必须以确保"贞"为考量准则。本章却记录了孔子如何身体力行在日常生活中践履小信。

孔子讲:"君子不可小知,而可大受也。"(第三十四章)那是相对君子为政大任而言;在日常生活中,君子亦必"小知"。孔子对师冕的"相师之道",亦体现君子在日常生活中行"小知"而践履君子之道。

君子之道是中正仁道,也是中正礼道:中正仁道,讲爱与敬;中正礼道,讲"信"与"逊"。合而言之,君子之道是爱、敬、信、逊之道。孔子的"相师之道"表达出来的是君子如何爱、敬、逊。孔子讲"固相师之道",蕴含"当仁不让"的思想:唯有当仁不让时,才有真诚的"相师之道"。孔子身体力行弘扬固有的"相师之道",不仅表现其"当仁不让"的精神和品质,更是以生活实例本身验证只有"人能弘道",绝"非道弘人"。

季氏第十六

第十五篇《卫灵公》承《里仁》传述如何弘大返本开新的中正仁道；本篇却侧重承《八佾》传述怎样以仁来再造返本开新的有理有则的礼道。

一

孔子的核心思想是以仁入礼。以仁入礼之于人，构成其成己成人立世的必由路径；以仁入礼之于治理邦国，构成其必需的方策。第一章以孔子教训冉求、子路为何不阻止"季氏伐颛臾"的策划，是因为季康子将伐颛臾，是使"远人不服而不能来也，邦分崩离析而不能守也，而谋动干戈于邦内"；以此阐述何以采取以仁入礼方式治理邦国，使之"均""安""服""来"。这是孔子政治学的核心思想，它集中表达孔子对内实行仁与公，对外"修文德以来之"的文道强国方策。第二章孔子为反对季氏伐颛臾提供了强有力的依据：季康子将伐颛臾的打算是"邦无道"的体现，而"邦无道"的规律之于大夫执政，不超过五代就会丢失政权。这是以抽象的历史叙事方式表述"邦有道"和"邦无道"的几种形式。第三章以具体叙事方式讲述鲁国如何"邦无道"的历史，以佐证"邦无道"。

从第一章到第三章，讲鲁政历史、鲁政状况，预测鲁及天下变乱的态势。这种状况和态势即是邦无道。邦无道，表面讲是国无道、政无道，本质上是人无道。在邦无道的当世，作为个体，每天将面临对有道无道的人的辨别与选择，这是孔子从前面的宏大历史叙事转换到具体择友叙事的内在思路：与什么类型的人交，实际上是选择有道无道的问题。第四章讲述君子必以德才兼备为准则的交友之道，围绕"主忠信"展开，指出交友的三益三损。第五章深化开去，讲君子交友要得"三益"拒"三损"，必须有求"益"避"损"的价值取向和品行基础。孔子将其概括为"乐"，指出君子对成己有益的爱好有"乐节礼乐，乐道人之善，乐多贤友"三种；反之，对成己有损的爱好也有三种："乐骄乐，乐佚游，乐宴乐"。君子成己，就是养成前三种爱好，避免后三种恶习。第六章选择如何与有德的上位者交往的个案，阐述理性交往的具体情景方法。

第四章论为友的理性交往原则，第五章论理性交往的主体要求；第六章承第四章内容，从反面讲理性交往需要克服易犯的错误；第七章承第五章内容，从正面讲理性交往的主体建构必须警戒的事项，即少之时"戒之在色"，年壮时"戒之在斗"，年老时"戒之在得"。第八章讨论"三戒"之行的内动力，指出人生三必戒的动力在人自己，具体讲是人心，因为心能生其畏。畏者，人；畏之所指，人、事、物，以及抽象无形的存在。孔子从中挑出天命、大人、圣人之言这三种东西，认为此三者值得畏的理由是：天命非人力所能把持的自然力量，大人非己力所能左右的特权力量，圣人之言非己知所可及的智德力量。畏的本质是敬,它既使君子向上仰望,又促使君子向下谦恭。向上仰望与向下谦恭,构成"畏"的完整精神向度。

二

从第四章始论君子,先正面讲君子应求三友三乐;然后从反面讲君子应避免"三愆",不犯"三戒",做到"三畏"。要从正反两个维度做到如上五个方面,必须有知并求知"道"。第九章继之阐述知"道"的类型和知"道"的三种方式。排除"生而知之"者,其他三种知的类型与学对应。以此观之,知与学都涉及思,由此进入第十章专论思,提出"九思"理论。

孔子学而理论的关键词或者说核心思想是学、思、行:学是起步,但学要达于知,必须思;唯有思之确确(即深刻和正确),才可行之坦坦(即产生无阻碍的良好效果)。第十一章概括君子学而践履的世俗生活取向和隐逸取向,认为"见善如不及,见不善如探汤"和"隐居以求其志,行义以达其道"构成隐逸生活取向的两种类型。第十二章以齐景公与伯夷叔齐对比来说明如何更为推崇"隐居以求其志,行义以达其道",以此说明人们对君子的尊崇,不是他们的权力,也不是财富,而是德性德行。第十三章揭示能够为人们所称颂不已的君子德性德行的实质内涵是:一要会言善言,二要懂礼行礼,三要不私厚。君子不私厚,不仅指不要凡事谋私利,更指不要凡事自以为大。第十四章以古礼中邦君及妻之称谓为例来说明何为不自以为大的谦恭之礼。

第1章释义

季氏将伐颛臾。

冉有季路见于孔子曰："季氏将有事于颛臾。"

孔子曰："求！无乃尔是过与？夫颛臾，昔者先王以为东蒙主，且在邦域之中矣，是社稷之臣也，何以伐为？"

冉有曰："夫子欲之，吾二臣者，皆不欲也。"

孔子曰："求！周任有言曰：'陈力就列，不能者止。'危而不持，颠而不扶，则将焉用彼相矣？且尔言过矣。虎兕出于柙，龟玉毁于椟中，是谁之过与？"

冉有曰："今夫颛臾，固而近于费，今不取，后世必为子孙忧。"

孔子曰："求！君子疾夫舍曰欲之，而必为之辞。丘也闻有国有家者，不患寡而患不均，不患贫而患不安，盖均无贫，和无寡，安无倾。夫如是，故远人不服，则修文德以来之。既来之，则安之。今由与求也，相夫子，远人不服而不能来也，邦分崩离析而不能守也，而谋动干戈于邦内，吾恐季孙之忧，不在颛臾，而在萧墙之内也。"

[注释]

季氏将伐颛臾：季氏，以及后面所讲的"季孙氏"，是同一个人，即季康子。伐，攻击、讨伐。其不同于"征"："伐"与"征"虽然都指以武力解决纷争或问题的简单方式，但"征"是上对下以武力解决问题的方式，一般是天子对蛮夷或诸侯的武力讨伐；"伐"是身份、地位平等者之间用武力解决问题的简单方式。颛臾，风姓古国，今山东平邑县东北。山东古国多出于东夷系统，尤其是风、嬴二姓。风、嬴二姓古国比鲁历史悠久，相传风姓古国出于太昊，嬴姓古国出于少昊。"任、宿、须句、颛臾，风姓也。实司大皞与有济之祀，以服事诸夏。邾人灭须句，须句子来奔，因成风也。成风为之言于公曰：'崇明祀，保小寡，周礼也；蛮夷猾夏，周祸也。若封须句，是崇皞、济而修祀，纾祸也。'"（《左传·僖公二十一年》）任、宿、须句、颛臾这四个小国都在鲁周围：任居鲁西南，宿、须句居鲁西北，颛臾在鲁东偏南。孔子时，风、嬴二姓古国均先后沦为鲁国的附庸国。季氏在三桓四分鲁公室后，有其二，因而势力最大，且颛臾在季氏封邑的西北，离费（今山东费县西北）只有八十里，季氏欲吞掉颛臾，故准备发动对颛臾的吞并战争。

有事：事，指国之大事。"国之大事，在祀与戎。"（《左传·成公十三年》）这里兵戎之事，即季氏准备向颛臾发动战争。

无乃尔是过：尔，指称冉求和子路，他们同为季氏家臣，尤其是冉求，更得季康子重用。过，错过、罪过。意思是你们这样做，未免太过分了。

夫颛臾，昔者先王以为东蒙主：先王，指周天子。东蒙，位于鲁之东的蒙山。蒙山有祠，是后世祭祀此山的祠庙。早先由颛臾负责祭祀，故称为"东蒙主"。

邦域之中：邦域，疆土。指颛臾在鲁国的疆域之中。

社稷之臣：社稷，国家。臣，以臣事之。指颛臾以附庸的身份臣事于鲁。

夫子：对季康子的尊称。

周任：人名，古代史官，年代不详，《左传》有记载："周任有言曰：'为国家者，见恶如农夫之务去草焉，芟夷蕴崇之，绝其本根，勿使能殖，则善者信矣。'"（《左传·隐公六年》）

陈力就列，不能者止：陈，施展。列，位、职位、职务。意为当面布陈其才力，度己所能以就位，不能胜任则自止。

焉用彼相：彼，指称代词，指冉求、子路。相，指扶盲人走路的人，比喻助手。指怎么用你们这样的人做助手。

虎兕出于柙，龟玉毁于椟中：虎，老虎。兕，野牛。柙，兽笼，指关老虎、野牛的笼子。出，逸柙而出。龟，古代占卜的龟壳、龟板。椟，装龟玉等宝物的盒子。

今夫颛臾，固而近于费：固，指城郭完固。费，季康子的私邑。

君子疾夫舍曰欲之，而必为之辞：疾，病，指痛恨。舍曰，不肯说出来。辞，言辞，说辞。指君子痛恨那为隐瞒真相寻找托辞的人。

不患寡而患不均，不患贫而患不安：患，担忧。寡，少。安，安顿、安稳。意为不担忧贫穷，而担忧财富分配不均。不担心人口稀少，而担心人得不到安顿。

远人不服：远人，居住于边远之人，指他邦民、人；服，相信、信服。

萧墙：萧，肃也。萧墙，遮蔽人的视野的短墙。古代邦君于宫门入口处设屏帷，臣入宫室至于屏而更加肃敬，故曰"萧墙"。

[译文]

季康子准备兴兵攻打颛臾。

季康子家臣冉求和子路为此询问夫子，告知说："季康子要攻打颛臾了。"

孔子说："冉求啊，应该是你们的过失吧！那颛臾，从前先王封它为东蒙山之主，现在鲁邦域之中，是鲁的社稷臣属，为什么要攻打他？"

冉求说:"这是季康子的计划,我们两人不想这样。"

孔子说:"冉求啊,古代的良史周任说过这样的话:'量己之力来谋求与之相适的职位,如果自度其力不能胜任,就应当辞去它。'比如扶助盲人的人,盲人处于危急时不扶助,盲人跌倒时不搀扶,他要你这个助手做什么呢?而且,你的话确实错了。老虎和野牛从槛中逸出,龟和玉在椟里毁了。这是谁的错过?不是你们这些典守者的过错吗?"

冉求说:"颛臾的城墙坚固,且与季康子领地很近,现在若不拿下它,将来会成为季氏子孙的后患。"

孔子说:"冉求,君子最痛恨用谎言掩盖真实目的的人。我听说有邦有家者,不忧患人少而忧患不均,不忧患贫穷而担心不得安顿。因为做到公平,就消灭了贫穷;人人能够和睦相处,就无人有少的感觉或无安全的忧惧。如果这样,居于边远地方的异族们不信服,就用文明的仁招徕他们。既然招徕了他们,就要想办法使他们安顿下来。冉求、子路,你们现在以这种方式扶助季康子,边远之人不服,却又不能招徕他们。这样下去,邦国将面临分崩离析不能自我保全,反而谋划着在邦内发动战争,我担心,季康子的危险不在颛臾,而在邦国的内部。"

[通解]

孔子的核心思想是以仁入礼。以仁入礼之于人,是成己成人立世的必由路径;以仁入礼之于治理邦国,是必需的方策。本章以孔子教训冉求、子路为何不阻止"季氏伐颛臾"的策划,阐述何以采取以仁入礼方式治理邦国,使之"均""安""服""来"。

一

本章是《论语》文字最长的一篇,也是集中表达孔子核心思想的一篇,它很有名,但有人认为本章内容属后人伪造窜入其中,故而其思想不能成立。尤其是清代古辨伪学家崔述在《洙泗考信录》指出:"其非孔氏之徒所记甚明,虽于义无大害,然其事未必有。且不欲子路受诬于百世,故不载。"崔述为此诊断提出如下五个方面的论据:

一是其文不类:《论语》所记孔子之言皆简而直,唯此章独繁而曲。

二是其时不合:子路为季氏宰,是定公时;冉求做季氏宰,是哀公时。

三是其理不似:子路曾主张"堕三都",且性格刚直,在本章中却阿谀季氏。

四是其事无征：季氏伐颛臾之事却不见于《经传》。

五是其说不同：《传》记颛臾为太昊有济之祀，不为东蒙主，也不言为鲁臣。

关于如何说话，孔子有非常精深的思考，并将其从不同方面阐发如何说话的思考作为基本教学内容教弟子，其中最要紧的有三个方面：

一是说话与行为的关系，孔子强调言要合于行，并且主张"先行其言而后从之"。

二是说话与诚信的关系，孔子从生活与从政两个方面提出不同要求：对于日常生活，孔子主张无信不立；对于从政，孔子主张"贞而不谅"。

三是说话之文质关系，孔子主张"辞达而已"，反对刻意追求华美的文雅。仅就后者论，对于问题讨论，话说得多与少，均以**辞达**为准，即以达意为准则。

本章中孔子反对季康子伐颛臾，涉及说理，并且必须既要说服冉求和子路，更要通过冉求和子路去说服季康子，因而话必然说得多一些。所以，以话说得多少判断本章内容是否孔子所言，缺乏说服力。

本章所记载的内容发生的时间，应该是孔子晚年。孔子有三个弟子先后做季氏宰，第一个是子路，任季氏宰一年，因为孔子去鲁，子路弃官追随夫子游国。接替他的是仲弓，直到季康子执掌鲁国政后，起用冉求替换仲弓。本章所述事件，应该是发生在子路陪孔子返鲁安居至子路卒于卫之前这段时间，季康子用子路，子路侍鲁。随后子路弃鲁而侍卫，可能与"季氏将伐颛臾"事有关，即可能因为此事受老师"陈力就列，不能则止"的批评和教诲而辞官，然后适卫被卫所用。

鲁哀公二年（公元前 493 年），季桓子卒，季康子继正卿，执掌鲁国政，其时鲁已弱小，遭受四面强国欺凌。哀公七年（公元前 488 年），吴国强逼鲁贡献"百牢"，被季康子拒绝；继而，吴太宰嚭召季康子朝，亦被季康子所拒。哀公十一年（公元前 484 年），齐入侵鲁，季康子任用冉求击退齐军，其后联合吴人艾陵大败齐。季康子深知，要摆脱周边强国进犯和欺凌，必须肃清内耗，发展经济强国。经过一年准备，哀公十二年（公元前 483 年），季康子推行"用田赋"，改革税赋，同时着手于疆域拓展。也正是在这种时势背景下，季康子接受冉求建议，隆重迎回孔子，期望德高望重的孔子能够为他变革新政、强大鲁国助一臂之力，但季康子没有想到孔子文道救世的经国思想与他发展经济、强兵强国的思想完全不同。客观地看，在孔子晚年，礼乐崩坏的社会进程进一步加速，各个诸侯邦国或主动或被动卷进弱肉强食的兼并之中,执政大夫季康子要使鲁国自存自强,必须顺应革新图强的潮流。正是在这样的时势进程中,冉求和子路才认同季康子对内推行经济改革,对外拓展疆域,这既是壮大自己、又是削弱周边强国的基本方略。推行"用田赋",孔子反对;拓展疆土,季康子希望得到孔子的支持,于是派他的两个弟子来询问。

"季氏将伐颛臾",史书之所以不载,是因为这只是"将伐"。这种"将伐"的打算,因为孔子的反对,可能既使冉求动摇,也使子路辞官去卫,所以季康子的"将伐"最后无果。无果之事,史不记载,属于正常。

"堕三都"的故事,是附在孔子为鲁司寇、大司寇并摄相事的大故事中的。孔子为鲁司寇、大司寇摄相事以及这期间"堕三都",都属于当时的国家大事,鲁史《左传》最该记载却没有记载,这表明其事不实,因为孔子为鲁司寇、大司寇并摄相事的记载仅见于几百年后司马迁所著《孔子世家》。崔述以想象不实的"堕三都"为依据来证伪本章内容,实属牵强。

概括上述,本章内容为"后人伪造窜入"的可能性不大,根据内容以及内容表达的基本主张及思想看。第一,其事发生的可能性很大;第二,其所表达的基本主张和思想,与孔子的政治主张和思想相吻合;第三,此事虽然因为孔子激烈反对而使冉求和子路不敢支持季康子,导致季康子因为缺乏强有力的支持和执行者而作罢,但此事却对子路和冉求影响甚大,为此或各自均对此事件有详细的记载,孔子卒,弟子编纂《论语》时,或冉求、子路将此记载奉献了出来,因为所记载的内容较为完整地表达了夫子的政治学主张和思想,成为难得的文献而被弟子选录其中,编辑于《季氏》篇首。

二

季氏将伐颛臾这一打算,突现孔子晚年的社会状况和时代走向:孔子晚年即春秋末,由春秋早期形成的"尊王攘夷"的社会秩序框架已完全解体,诸侯兼并开始向并吞方向展开,已成为不可逆之势,在这一大势下,孔子仍然坚守文道救世的主张,反对并吞,反对消灭邦国。恰恰贯穿了孔子一贯的反战的和平主义思想。孔子反对战争,主张和平的思想,是他文道救世理想的基本组成部分。在孔子看来,历史是前进的,文明是发展的。前进的历史和发展的文明的方式,决不是战争,而是文道的弘大、弘扬。这一基本思想和主张,孔子至于晚年未有改变,这就是他的"一以贯之"之道。

孔子"一以贯之"的文道救世方策,不仅是反对战争、追求和平,更在于教与养。并在教与养基础上,对内实现仁与公,对外实行"修文德以来之"。

在孔子的文道救世方策中,通过教与养来推行仁与公,落在实处是"均"与"安":"闻有国有家者,不患寡而患不均,不患贫而患不安,盖均无贫,和无寡,安无倾。"孔子在这里所讲的"均",应该不是平均的均,而是指公道、公平。"不患寡而患不均",指国家所忧惧的多少,是不公道、不公平的程度。这里的不公道、不公平,不是指经济制度意义的,而是伦理意义上的。伦理意义的公道、公平,指按照人们的名分进行生活、分配和消费。名分之名,是指人们在伦理关系中的地位、身份;名分之分,指与其地位相对应的权利责任义务。孔子正名,就是明确地位和权利责任义务,因为这是公道、公平的前提。孔子讲邦和家所为之忧患的,就是名分意义上的不公道、不公平。唯有在这个意义上达到公道、公平了,社会就有秩序了,邦与家,当然更包括人与民,都各得其所地得到安顿。

后人以孔子言其"闻有国有家者,不患寡而患不均,不患贫而患不安,盖均无贫,和无寡,安无倾",认为是孔子阐发经济思想的一章。这种理解过于主观化。因为无论从内容看,还是从动机讲,本章都不讨论经济问题,更与经济无关。本章是针对"季氏将伐颛臾"这一具体情况而论。颛臾是一个风姓小国,季氏准备去攻打消灭它,他派冉求和子路去征求孔子的意见。孔子明显地表示反对,并阐发其反对的理由。

理由之一:颛臾虽然是小邦,但仍然是周天子封的"社稷之臣",取之不义。孔子这一观点背后,持守的是"普天之下,莫非王土;率土之滨,莫非王臣"的大一统思想。在这种大一统思想规范下,诸侯之间是平等的兄弟关系,而不是征伐关系。

理由之二:邦国的强盛,并不一定通过战争得来;相反,战争可以夺得土地,掠得人民,但却不能使被征服者心服。在孔子看来,邦国真正的强盛,是靠修文德以实现"远者来"。

对内实行仁与公,对外"修文德以来之",这是治邦的内外方策。在本章中,孔子阐述了文道强国的对外方策,它是环环相扣的三部曲:

第一步"修文德";
第二步"招远人来";
第三步"使之得安"。

修文德,就是加强文化建设、广施教化、使之文明泱泱。这是基础,也是邦国的魅力所在。有了这一基础,具备了这种魅力,远人自然相慕而来,这就是"修文德以来之"。来之"则安之",即使其安顿,并使之安居乐业。远人相慕而来安居乐业,邦国不强大也不可能,又何用战争?

孔子的反战思想、和平主义,是建立在发展文德可以强大国家柔性实力这一认知基础上的；修文德可以强大国家柔性实力而使远者来，来者安，是因为有其"相近"的人性土壤。人性相近，使人与人可以共居共生；修文德之所以可以强大国家，是因为修文德可以使"习相远"的人性最终回归于"相近"的天赋状态，人们自然走来，共同生存。

第2章释义

孔子曰："天下有道，则礼乐征伐自天子出。天下无道，则礼乐征伐自诸侯出。自诸侯出，盖十世希不失矣。自大夫出，五世希不失矣。陪臣执国命，三世希不失矣。天下有道，则政不在大夫。天下有道，则庶人不议。"

[注释]

天下有道：天下，周天子名义下的疆土。道，为孔子宣扬的救世文道，即返本开新以仁入礼的中正之道，它以"仁德-公道"为基本框架构成社会规范。

礼乐征伐：礼乐，象征天子对内的权力；征伐，象征天子对外的权力。具体地讲，指关于礼乐征伐的各种政令；抽象地讲，指对内外发布的各种政令。这些政令是由天子发出，还是由诸侯、大夫或者大夫的家臣发出，可以反映政治权力的更替走向、过程及结果。

希不失：希，通"稀"，鲜、少。

陪臣执国命：陪臣，卿大夫的家臣。执，掌握、掌控。命，命脉。国命，国家的命脉，国家的命脉即是号令邦国的政令。

庶人不议：庶人，有姓氏但没有官职的低级贵族，即"国人"，狭义的"国人"指居住于国都中的低级贵族；广义的"国人"还包括国都城郊外的"野人"和"鄙人"。议，谤政。不议，不谤政。庶人不议有两解：一指处于统治阶级底层的国人没有谤政的权利；二指处于统治阶级底层的国人无政事可谤，即失去谤政的机会。根据语境，后解更合孔子本义，形容政治清明，文德天下，公道人间，无政可谤。

[译文]

孔子说："天下有道，有关于礼乐征伐的各种政令都由天子颁布。天下无道，有关于礼乐征伐的各种政令由诸侯颁布。礼乐征伐的各种政令从诸侯发出，其政权很少有经历十代还继续保持的。礼乐征伐的各种政令从大夫发出,其政权很少有五代不丢失的。如果大夫的家臣执掌邦国政令,政权很难保持三代而不丢失。天下有道,其实权和政令不会被大夫所掌控。天下有道,则国人不会私议时政。"

[通解]

孔子之所以严厉批评冉求和子路"危而不持,颠而不扶,则将焉用彼相矣",是因为孔子看到季康子将伐颛臾,是使"远人不服而不能来也,邦分崩离析而不能守也,而谋动干戈于邦内,吾恐季孙之忧,不在颛臾,而在萧墙之内也"。孔子如此判断有何依据? 本章提供了一种依据:季康子将伐颛臾的打算定义为"邦无道"的体现,而"邦无道"的实质,是大夫执邦政;大夫执邦政,不超过五代,就会丢失政权。

一

本章中,孔子以高度抽象方式讲述礼乐征伐出自诸侯、大夫、陪臣所造成的不同后果。从内容观,可能本章与上章原本是同一事件展开过程中不同环节的内容:针对"季氏将伐颛臾"一事,孔子先讲不能征伐的道理、理由(第一章);然后讲征伐的根本后果,就是祸起"萧墙",这不是抽象的假设,而是历史的验证,这一经验构成不能攻伐颛臾的认知依据和理论依据。所以,本章内容表面看来是在说理,实际上是客观叙事。这一客观叙事恰恰成为孔子专门对两位从政弟子上的一堂历史课。或许正是通过这一堂历史课,子路才辞官事卫,冉求才消极不为,致使季氏伐颛臾的计划落空。

本章中所讲的"世",是古代的大尺度记时单位,一世为三十年。孔子说礼乐征伐"自诸侯出,盖十世希不失矣"。一世三十年,十世三百年。这里的"十世"应指周天子之"世",而不是指诸侯之"世"。自周平王建东周(公元前 770 年)到孔子逝(公元前 479 年),共二百九十一年,其间周经历十三个王。其礼乐征伐自诸侯出,则始于齐桓公;从齐桓公到孔子逝这期间,周王经历了僖、惠、襄、顷、匡、定、简、灵、景、敬,这十个王或许就是孔子所讲的"十世"。

礼乐征伐"自大夫出,五世希不失矣"。平王东迁之后,天下各诸侯邦国均先后出现强族的大臣执掌国政的局面,就鲁国言,季氏执掌鲁国政,正好经历文子、武子、平子、桓子、康子五世。

礼乐征伐自陪臣出,就形成"陪臣执国命,三世希不失矣"。比如鲁之阳货和公山弗扰,就属执国之陪臣的动乱,按孔子的判断,陪臣执国不过三世,这经受历史事实本身的验证,比如阳货执掌季氏之政,刚好经历平、桓、康、武子,或可对应孔子所说的"三世"。

二

在由人组成的群化世界里,个体能安居乐业,前提是天下有秩序。天下有秩序的根本前提,是各种政令出自最高机关。在孔子生活的当世,使天下有序、民人安居乐业的最高政令机关,是周王朝堂,最高号令者是周天子。天下秩序、民人安居乐业的根本依据,是礼乐征伐的政令来自天子,周天子成为礼乐征伐以及其他所有事物的裁决者。周天子一旦丧失号令天下政令的实际权力,就会造成秩序混乱和解体。孔子在这里讲述的不仅是历史,而且是普遍的事实和真理:不管其最高机关是怎样构建的,也不管其礼乐征伐的政令内容和性质是什么,但确定天下秩序、民人安居乐业的政令出于最高机关,却是不可缺少的。顾颉刚曾认为这是孔子在宣扬极权主义、极力复兴周天子的权力,赞同帝国独裁,是封建主义卫兵。①

顾颉刚所做的是**价值判断**,孔子所做的是**事实陈述**,属于**事实判断**。事实判断所依据的是事实本身;价值判断所依据的是判断者主观选择或持守的价值观。所以,不能以顾颉刚的价值判断来取代孔子的事实判断。因为价值判断是**可超越**历史的,事实判断**只能尊重**历史。孔子所做的历史陈述而形成的事实判断,体现对历史本身的尊重,虽然这种尊重体现孔子如下认知局限和政治思想局限:

第一,本章中,孔子明确地表述自己为政之道的内涵。孔子所讲的为政之道,是礼乐征伐出自天子的王道。孔子认为,王道才是根本的为政之道,诸侯、大夫、陪臣,必须遵守王道。

第二,孔子在这里明确地认可古代的金字塔权力结构。在这一权力结构中,天子、诸侯、大夫、庶人,各有其责。如果各自的职责不清或混乱不堪,秩序则被解体;没有秩序的实质,是天下没有规范。孔子针对"季氏将伐颛臾"而论:季氏将伐颛臾,这是礼乐征伐出自大夫的典型案例,它表明天下无道。天下无道,是政在大夫,庶人议政。反之,天下有道,政不在大夫,庶人无政可议。

孔子在这里所讲的天下"有道""无道"的"道",不是指天地法则、自然规律,也不能简单地理解为是周之礼乐制度,而是指被孔子改造了的社会规范,即以仁入礼的社会规范,以仁入礼的实质,是由仁而公,由仁德而公道,即仁德-公道,可简称为中道。以此观之,孔子讲的天下无道,是相对如上内涵规定和价值指涉的"道"而言。具体地讲,孔子将不仁不礼的社会化现象看成"天下无道",把灭礼僭乐的人和礼崩乐坏的事,看成"天下无道";

---

① 顾颉刚:《孔子的政治主张及其背景》,《古史辨》第七册,上海,上海书店 1941 年版,第 45~47 页。

并认为"天下有道,则政不在大夫。天下有道,则庶人不议"。孔子在这里设计出一幅什么是"**好政治**"的蓝图。在孔子看来,衡量和评价好政治的标准有二:一是政不在大夫;二是庶人不议。

三

"政不在大夫"之"政",指政权,具体地讲,是诸侯的德政权力。其德政权力的具体方式是治理邦国的政令。"政不在大夫",指邦国的政权和治理邦国的政令权不应该落实在大夫手中,必须为有德才的邦君亲自掌握,孔子讲述两个事实:一是有道的邦国政治,一定是**好人政治**。二是有道的邦国政治,必须是**集权的**,因为唯有集权才符合血缘宗法制度。

"庶人不议"的庶人,泛指无官爵的百姓,即史书中所说的"国人",他们属于贵族,是血缘宗法社会的基础。周代统治者族居住在国中(都城内)及国郊,因而有了"国"与"野"的区分。"制国为二十一乡,士乡十五"(《国语·齐语》)。居住在都城之中的国人有上下层之分,上层为卿、大夫、士,下层为庶人。大部分庶人居于城郊,耕种贵族分给的土地,享有贵族给予的政治军事权力。如参加国人大会,参与军事活动,充当徒卒等。但他们也承担沉重的义务,如庶人服兵役,缴纳军赋。此外,青年庶人还负担一定的劳役。庶人还包括具有自由身份的劳动者及被免除人身依附关系的奴隶。

概括地讲,居住于国(都城)中的庶人,称为国人,国人主要指以士为主的族人。国人虽然不直接议族政,但他们却是左右族政的重要力量。所以在春秋时代,有作为的卿大夫往往要收买国人来谋取权力。居住在国(都城)外的庶人是在野的庶人,在野庶人又分为两类:一是居住在城郊区的庶人,被称之为"野人";二是居住在相距城很远的边远乡村的庶人,就称为"鄙人"。但无论是"在国"或"在野"的庶人,都是有姓无官爵的百姓。庶人是居于官爵和民之间的特别阶层。首先,从来源讲,庶人都是王室或贵族的后裔。《左传》记载"三后之姓,于今为庶"(《昭公三十二年》),即夏商周三代帝王宗族的后代,经历时世的变迁,最后沦为庶人。庶人的另一个来源,是奴隶可以因被"免"而获得庶人资格,即优秀的、忠诚的奴隶,被主人免除奴隶身份并赐姓而获得庶人资格者。庶人虽然没有议政权,但他们拥有姓氏,这是他们与民的最大区别。

庶人被接受两种规定:一是必须按要求服劳役,比如诗曰"庶民攻之,不日成之"(《诗经·灵台》),《国语·晋语》云"工商食官",《国语·齐语》云"处工就官府,处商就市井",等等,均言庶人服役。二是不能见诸侯。不能见诸侯,是指庶人不能议论朝政,没有议政权,否则,就是不义。孔子"庶人不议"的思想,是孔子对已有封建制度规范的传述。孔子之所以要传述此一历史化的政治思想,是因为他认为这一政治思想在当世仍然有用。因为"庶人不议"讲述社会结构分层与分工的事实,呈现古人社会分工的思想,即议政不是庶人和民的事,术有专攻。庶人与民的专攻,是经营田地、耕种庄稼或进行商贾。议政者是精英阶层的事。这既符合社会分层理论,也体现国家治理的严肃性和专业性。依孔子生活当世的判断标准,如果庶人有违制度规定而感兴趣于议论朝政,说明朝政已经混乱不堪,或者执政者本人没有执政的正当性、合法性,或者丧失其执政的正当性、合法性,庶人议政恰恰是天下无道的表现。

概言之,孔子所述"政不在大夫,庶人不议",表达的是对邦国政治、政权、政令的畅通问题的思考,讨论的是执政者的正当与合法问题。

第3章释义

孔子曰:"禄之去公室五世矣。政逮于大夫四世矣。故夫三桓之子孙微矣。"

[注释]

禄之去公室五世:禄,俸禄,这里指爵禄赏罚授予的权力。去,离开,这里做丧失、丢失讲。公室,周代诸侯的家族,是邦君的家庭成员。五世,五代,即鲁宣公、成公、襄公、昭公、定公五朝。指鲁邦君国丧失爵禄赏罚授予的权力已经五代了。

政逮于大夫四世:政,朝政、政令。逮,及、到。四世,即季氏文子、武子、平子、桓子四代。指鲁国政被大夫把握已经四代了。

三桓之子孙微:三桓,把持鲁国权力的三大家族,即孟孙氏、叔孙氏和季孙氏,它们都是鲁桓公后代,故称为"三桓"。微,小、弱,意为衰落。指孟孙氏、叔孙氏和季孙氏这三大家族到了鲁定公时开始衰落。"乙亥,阳虎因季桓子及公父文伯,而逐仲梁怀。冬十月丁亥,杀公何貌。己丑,盟桓子于稷门之内。庚寅,大诅,逐公父歜及秦遄,皆奔齐。"(《左传·定公五年》)"齐人归郓、阳关,阳虎居之以为政。"(《左传·定公七年》)

[译文]

孔子说:"鲁国公室丧失爵禄赏罚等国政实权已五代了。邦国政权及治理政令权降落于大夫之手已四世了。桓公的后裔孟孙氏、叔孙氏和季孙氏也开始走向衰微。"

[通解]

上章以抽象方式叙事，表述"天下有道"和"天下无道"的几种形式。本章继之具体叙事，讲述鲁国如何"天下无道"的历史，这是对宏观叙事的具体案例呈现，以作为对"天下无道"的佐证。

一

"禄之去公室五世""政逮于大夫四世"和"三桓之子孙微"，这是孔子对鲁国每况愈下的历史叙事：

鲁国，自鲁宣公失政以来，经历成公、襄公、昭公、定公五朝。并且，自季武子（鲁国正卿，公元前 568 年—公元前 535 年执掌鲁国政权）开始大夫专政，经历季文子、季武子、季平子、季桓子，已有四世，孔子认为接下来，鲁国将进入陪臣执国政的时期了。果然，其后季孙氏家臣阳虎执政鲁国，开鲁国"陪臣执国"之先，同时也开启三桓子孙衰亡的进程。

二

从"禄之去公室五世"到"政逮于大夫四世"再到"三桓之子孙微"，这是对历史走向和天下大势的预测：

鲁国是天下的缩影。孔子以鲁之失政由来已久，预判其末世未来，实际上是在预言周之将亡。因为世道的变迁，按孔子的十世、五世观论，今天大夫执政已为四世，正好说明周朝的政治只剩下三十年了。天下无道已成为事实。在这里，孔子表达了对复周前景的悲观。

孔子对复周前景的悲观判断，自有更宏大的历史依据。清人顾栋高在《春秋大事表》中统计典籍中出现的春秋列国共一百四十七个，另一位清代学者姚彦渠在《春秋会要》中言春秋列国一百四十二个，顾德融、朱顺龙合著的《春秋史》整合《左传》和《国语》等典籍，统计春秋列国有一百五十多个，但众列国在春秋兼并中大都被七国消灭。所以司马迁才如此说："《春秋》之中，弑君三十六，亡国五十三，诸侯奔走不得保社稷者不可胜数。"（《史记·太史公传》）在如此失政乱序的过程中，"周之子孙，日失其序"（《左传·隐公十一年》）。今人翦伯赞指出："《春秋》所记，在二百五十余年的春秋时代中，言'侵'者六十次，言'伐'者二百一十二次，言'围'者四十次，言'师'者三次，言'战'者二十三次，言'入'者二十七次，言'进'者二次，言'袭'者一次，言'取'言'灭'者，更不可胜计。"[①]

如此普遍的失政状况，必然迅速导致天下大乱。孔子的如上预测很快得到验证，这就是他逝去后的战国兴起，且推动东周在战乱中灭亡。

---

① 翦伯赞：《中国史纲》第 1 卷，北京，商务印书馆 2010 年版，第 323 页。

第4章释义

孔子曰:"益者三友,损者三友。友直,友谅,友多闻,益矣。友便辟,友善柔,友便佞,损矣。"

[注释]

益者三友,损者三友:益,有益,受益。损,损失、伤害。三友,三种朋友。指使自己受益的朋友有三种,使自己受害的朋友也有三种。

友直,友谅,友多闻:直,正直。谅,守信。多闻,见多识广。

友便辟,友善柔,友便佞:辟,如"僻"。便辟,致力于饰外而内少真诚,巧于谄媚事上、拍马逢迎。善柔,花言巧语,工于媚悦,且表面恭顺,却口是心非,并笑里藏刀。便佞,指能说会道,巧言谄媚逢迎。

[译文]

孔子说:"有三种朋友可使自己受益,有三种朋友总是使自己受损害。以正直的人为友,以诚实守信的人为友,以见多识广的人交友,会不断受益。反之,与谄媚迎上者交朋友,与曲意奉承者交朋友,与巧言令色者交朋友,必然会带来无穷的伤害。"

[通解]

从第一章到第三章,讲鲁政历史、鲁政状况,预测鲁及天下变乱态势。这种状况和态势,一言以蔽之:天下无道。天下无道,表面讲邦无道、政无道,本质上讲人无道。因而,在天下无道的当世,作为个体,每天将面临对有道无道的人的辨别与选择,这是孔子从宏大历史叙事转换到具体择友叙事的内在思路:与什么类型的人交,已经不是个人生活的问题,实际上是选择有道无道的问题。

一

本章可看成孔子给弟子讲君子交友之道的总结性提炼。

孔子认为,君子交友,必以德才兼备为准则。但对德才做比较,孔子更强调德。有德有才,是完美的;有才无德,或无德无才,均不可交;反之,交之有害。

以此为准则,孔子将朋友分为两大类:交之受益的类型和交之有损的类型。进而将交之受益的朋友分为三种,同时也将交之受损的朋友归纳为三种。形成两类六种朋友。由此建立起第一个交友分类体系,形成最早的交友类型学初型。

二

孔子认为，交友的目的，不是使自己受损，而是使自己受益。

能够使自己受益的朋友，就是直、谅、多闻。

正直的人之所以值得交，是因为正直的德性建立在判断是非、善恶能力基础上，并且正直之人必有坚守做人、生活和行事的底线。

诚实守信的人之所以值得交，是因为诚实的人拒绝虚假、虚伪，守信的人追求知行相合、言行不二，注重于践履诺言。

多闻的人之所以值得交，是因为多闻的人有很强求知欲，热衷新知、追求新知。不仅见多识广，而且有远见、高见、深见，凡事能做出真实判断，临危不慌，处事不乱，行事有条理。

反之，使自己受损的朋友，就是便辟、善柔、便佞。

便辟乃巧言令色。巧言令色的人之所以交之有害，是因为巧言令色者擅长于修饰外表，却无真诚之心；巧于谄媚事上，拍马逢迎，却无真做实干之能；即使有真做实干能力，也不愿意脚踏实地为之，心思集中于如何投机取巧。

善柔的人之所以交之有害，是因为善柔者如便辟者一样工于媚悦，因而表面恭顺，但却笑里藏刀，口是心非。

便佞就是能说会道、谄媚逢迎。能说会道、谄媚逢迎的人之所以交之有害，是因为便佞者既无忠诚之心，更无诚实信义。

三

孔子的交友之道，是他的君子之道在与人交方面的落实。君子交友的准则有正反两面，其正面准则是交君子：交君子，是使自己成就为君子的简便方法。从经济学角度讲，交君子，是人成己为君子的人生过程中成本支付最小的方式。其反面准则是不交小人：交小人，可能是使自己成就为小人的方法，从经济学角度讲，交小人，是人成己为君子的人生过程中成本支付最大化的方式。

> 子曰："君子不重则不威，学则不固。主忠信，无友不如己者，过则勿惮改。"（《学而》）
>
> 子曰："主忠信，毋友不如己者，过则勿惮改。"（《子罕》）

孔子特别强调"毋友不如己者"，是因为交友的目的，是以朋友为镜去发现自己的短处、弱点、错误、局限，以求更改之；而不是让朋友夸大、膨胀自己的长处、优势，遮蔽自己的短处、错误、过失、局限，以拒绝改之。与正直、诚信、多闻的人做朋友,实质上使自己获得"过而能改"的三面镜子;与巧言令色、谄媚悦上、口是心非、笑里藏刀的人交朋友,必然形成自我遮蔽、自我满足甚至自我傲慢而至于"过而不改",最终不仅不能将自己成就为君子,反而会使自己沦落为小人。

第5章释义

孔子曰:"益者三乐,损者三乐。乐节礼乐,乐道人之善,乐多贤友,益矣。乐骄乐,乐佚游,乐宴乐,损矣。"

[注释]

益者三乐,损者三乐:乐,快乐、高兴,此处做"喜欢""爱好"讲。

节礼乐:节,贵有度。礼,致中。乐,贵和。有度、致中、贵和,此三者以节制为内在规定。

道人之善:道,称道。善,善意、善良、善行。指称道他人之善意、善良、善行。

骄乐:骄,不知节制,恣意放纵。指以无节制地恣意放纵为乐。

乐佚游:佚游,出入无度,惰佚游憩。指以纵情惰佚游憩为乐。

乐宴乐:宴乐,宴饮觅欢之乐。指以宴饮觅欢为快乐。

[译文]

孔子说:"有益的爱好有三种,有害的爱好也有三种。爱好用礼乐来节制己行己为,爱好称道他人善举,爱好广结贤友,都对成己有益处。反之,爱好恣意放纵,爱好游手好闲,爱好宴饮之乐,都对成己有损害。"

[通解]

上章讲君子交友,围绕"主忠信"展开,指出交友有三益三损。本章深化开来,讲君子交友要能得"三益"拒"三损",必须有求"益"避"损"的价值取向和品行基础。孔子将价值取向和品行基础概括为"乐",即爱好。孔子以丰富的历史经验和生活经验总结出:君子对成己有益的爱好有三种,"乐节礼乐,乐道人之善,乐多贤友";反之,对成己有损的爱好也有三种,"乐骄乐,乐佚游,乐宴乐"。君子成己,就是养成前三种爱好,避免后三种恶习。

——

孔子讲君子成己求三益,分别从己、人、群三个层面论。

"乐节礼乐",是从如何待己论,要求君子成己,必须养成自我节制。孔子指出,君子自我节制训练可从三个方面展开,一是**有度**。有度的准则是"主忠信",基本要求是"直"和言与行合,要做到"先行其言而后从之"(《为政》)。二是**致中正**。其前提是真诚,日常方式是行礼有节,不能习于威仪,致饰于外而败絮于内。三是**贵和**。概括此三者,即如钱穆所说"以得礼乐之节而不失于中和为乐,则有益"(《论语新解》)。

"乐道人之善",是论如何待人论。君子待人而成己,有正反两个准则:其反面准则是"攻其恶,无攻人之恶"(《颜渊》),即以揭露"己恶"为前提地"容人之恶";其正面准则是"严于律己、宽以待人"的准则。只有遵守这一准则并具备"严于律己,宽以待人"的品质,才可能主动去践履和维护"乐道人之善"的正面准则。乐道人之善举的行为,直接带来两个方面的益处,首先是使自己心地光明,坚信他人是善者,不断发现他人的善意、善良、善行的行为努力,就是给自己注入成善得善的能量。其次是促进、推动他人更为主动、自觉或者更高水平地行善、扬善。因为"乐道人之善"的行为,会使他人不断发现行善的好处、乐趣,就是得到他人的认同、赞赏、奖掖。

"乐多贤友",是如何与群相处论。君子成己,不仅要严于律己和宽以待人,更应该乐于和群。君子乐于和群的准则是"主忠信",即可与之群者,必然是具有"主忠信"品质和价值诉求的人。从根本讲,君子乐于和群的前提是和道,君子乐于和群的具体要求是以贤者为友,即凡是贤者,都可与之为友,不论贫富,不讲贵贱,不求才识的高低。所以,孔子"乐多贤友"的思想灵魂,却是平等、自由和合道。

二

孔子指出,君子成己,不仅要求三益,更要避三损。求三益,是君子成己的正面方法;避三损,是君子成己的反面方法。并且,君子成己求三益,必然要求避三损;君子成己要避三损,必须以求三益为规范要求。

君子成己避三损的实质,是除三恶,即自我消除最容易染上的"乐骄乐,乐佚游,乐宴乐"三种恶习。

君子成己必要摒弃和消除的第一大恶习是"乐骄乐",这种无自我节制和无自我限度的放纵任性,恰恰消解"严于律己"的君子品格,所以必须摒弃或根除。

如果说自我"骄乐"是性格的缺陷,那么"乐佚游"就是品质的缺陷。因为喜好纵情娱乐、惰佚游荡,既不知于日所有损而自律,更不知散漫怠惰而宽以待人。摒弃和消除"乐佚游"的品质缺陷,是严于律己和宽以待人的前提,亦是人成己为君子的必备行为努力和品德基石。

骄乐是性格缺陷,佚游是品质缺陷,而以宴饮觅欢之乐为乐,却是人格缺陷,因为以"宴乐"为乐,或追求"宴乐"为生活或人生的快乐,其实质是自我放纵贪婪之欲。放纵贪婪之欲的人,往往从"饮宴之乐"开始。从本质讲,"饮宴之乐"乃肠胃之乐,食欲之乐,或者说是生物之乐。人只要沉醉于满足肠胃和食欲的快乐,必然内生出对财货的贪婪;为了占有更多的财货以满足肠胃和食欲之乐,需要获得更多或更大的权力,因为权力是牟取财货的最便捷的或者说成本最小的方式,所以,贪婪财货者必贪婪权力。以此来看,"乐宴乐"成为巨大的动力,推动人对"佚游"之乐和"骄乐"之乐的追求。所以,"乐宴乐",是人自我堕落的原动力,也是阻止人成己为君子的元凶。只有摒弃和根除"乐宴乐"爱好,人才可自觉杜绝"佚游"之乐和"骄乐"之乐,自我成就"乐节礼乐,乐道人之善,乐多贤友"者。

第6章释义

孔子曰:"侍于君子有三愆:言未及之而言,谓之躁。言及之而不言,谓之隐。未见颜色而言,谓之瞽。"

[注释]

侍于君子有三愆:侍,陪侍。君子,指有德有位者,或有德的上者。愆,错误、过失。三愆,三种不得体的行为。

言未及之而言,谓之躁:言,话。言未及之而言,指不该说话的时候说话。躁,急躁、不安静。

隐:隐藏、隐匿,即该尽实情而不尽者,谓之隐。

未见颜色而言,谓之瞽:颜色,指君子的脸色,意谓说话唐突,不知避其厌恶。瞽,无目者,指有如眼瞎而不能察言观色。

[译文]

孔子说:"陪侍有德的上位者说话,要注意克服三种易犯的过失。不到该说的时候说话,是为急躁。该说的时候不说,是为隐瞒。不察君子神色而贸然说话,是为睁眼瞎。"

[通解]

本章与第四章、第五章之间存在主题及思想有生成的关联性。第四章讲论交友,其主题是交友必须有理性;第五章讲述交友的主体性要求,探讨怎样才可具备交往理性。本章选择讲述与有德的上位者交往的个案,来阐述理性交往的具体情景方法。

一

对于理性交往,孔子选择个案陈述,除了本章外,还有《卫灵公》第八章:"子曰:'可与言而不与之言,失人;不可与言而与之言,失言。知者不失人,亦不失言。'"这是立足于一般讨论日常交往理性;本章则注目于特殊的政治交往理性,即如何与有德的上位者交往为个案,来阐述政治交往理性应该克服的致命弱点。

二

本章所讲的政治交往理性,主要指下对上的交往关系中做到说话有时、有度、有节。

陪上位君子说话,第一是要有时。避免"言未及之而言",做到该说的时候说该说的话。有两个层面的要求:一是与上位君子交谈时,该说时才说,不该说时一定不要说;并且,需要你说的时候一定要说。二是需要你说话时,一定是有话题要求,因此,需要你说话时,你一定要围绕话题来说,说到点子上,突出主题。反之,如果该你说话的时机未到抢先说了,是急躁;如果到时要你说而没有说到点子上,是没有想清楚随便说,也是急躁。所以,陪上位君子说话,必须忌急躁的毛病。孔子认为,克服这一毛病,应从如上两个方面努力。

陪上位君子说话,第二是要有度。所谓有度,就是做到中正,有中正之道,既不过,也不无及。说话太过,不仅无节制,而且有僭越之嫌。说话不及,该说时不说,就是隐瞒。隐瞒是不忠,也是不诚。所以,说话有时,是对性格完善和思维敏锐的要求,"言未及而言"之急躁,体现性格的毛病;"言及之而不言"的隐瞒,表现出来的不忠不诚,却是人格、品质的毛病。所以,说话有度,是对人的人格、品质完善的要求。

陪上位君子说话,第三是要有节。这里的有节指说话讲礼。下对上,少对老,一旦在实际的交往情境中构成具体的言说关系,必然涉及礼,必然要进入礼的文明程序,形成下对上、少对老的"见颜色而言"。"见颜色而言"指"看脸色行事",这是一种交往礼节,这种礼节一方面体现说话者的谦逊、谦恭,另一方面体现对长者、上者的敬、恭敬。孔子讲陪君子说话一定要避免"未见颜色而言"的睁眼瞎毛病,这是从谦逊与恭敬两个方面讲,强调说话不仅要有时、有度,还要有修养,体现彬彬有礼,而不是要人在上位者面前做奴才。

说话有节要求人"见颜色而言",没有客观的可供操作的边界规范,完全靠个人的修养、思想、敏锐和内在的直观能力,也需要人格力量来保证。当这些主体性条件不具备,或在某些方面不具备时,"见颜色而言"也可能滑向为一己之私谄媚讨好,形成奴才人格。

阅读本章内容需要注意的是:孔子讲陪有德的上位者交谈,要有时、有度、有节,其主体前提是君子,即陪有德的上位者交谈,应克服媚上的毛病。所以(下位者的)君子对(上位者的)君子的交往是理性展开的,不存在鼓励人成为"见人说人话""见鬼说鬼话"的奴才。因为,在孔子生活的当世,君子为政的前提是"君使臣以礼,臣事君以忠",上下级关系构成及维系的依据是"道义",而不是"权力"。所以,孔子所讲的"侍于君子有三愆"的前提,恰恰是"君臣道义"的政治框架,具体地讲是"君使臣以礼,臣事君以忠"。

第 7 章释义

孔子曰:"君子有三戒:少之时,血气未定,戒之在色;及其壮也,血气方刚,戒之在斗;及其老也,血气既衰,戒之在得。"

[注释]

君子三戒:君子,指德才兼备者,可能是有位者,也可能是无位者。戒,警戒、戒除。

血气:支持人体健康运行的内在力量,人们将其称为气血:气者表阳,血者表阴,所以,血气实质上指支持人体健康运动的阴阳之气。

戒之在色:色,好色,指依恋女色。年少需要戒除对女色的眷恋,对性欲的节制。

刚:旺盛。

戒之在斗:斗,好斗,指好斗的性格。中年需要戒除争强好胜的性格。

戒之在得:得,得到,指贪求利益。老年需要戒除贪婪之心。

[译文]

孔子说:"君子需要戒除三个方面的本能性欲望:年轻时,血气未定,当戒除好色之欲;年壮时,血气方刚,当戒除争强好胜之欲;到了老年,血气开始衰弱,必当戒除贪婪之欲。"

[通解]

第四章论理性交往,第五章讲理性交往的主体性要求。第六章承第四章内容,从反面讲理性交往需要克服易犯的错误;本章承接第五章内容,从反面讲理性交往的主体性建构必须自警戒除的事项。

一

在孔子看来,源于天赋的生命有呈现自身本性的力量,这种力量自发动生命勇往直前地存在,而且生生不息地爆发式向前。没有限度,没有节制的生命力量,就是生命勇力。这种生命勇力之于人,如果能有限地释放,会推动人朝向生;如果无限地释放,会推动人朝向死。孔子指出,君子与人交往,最需要自我警戒和调控**生命的勇力**,这是做到以有时、有度、有节与人交往的主体前提。

孔子将内驻于人体的生命的勇力称为血气。朱熹曾注:"血气,形之所待以生者,血阴而气阳也。"(《四书集注》)是说血气乃灌注于人体之中的阴阳之气。这种解释源于我国古代的医学理念:中国古代医学就是气血论,这种气血论是根据阴阳五行理论来解释人体运行的内在机制,认为人体运行仍然如自然世界那样,是阴阳之气的有序运作。支撑人体健康运作的阴阳之所,是以血为阴,以气为阳。但孔子讲的血气,可能源自"相近"的天赋人性所内生形成的性情,它构成人格的母体,其内在灵魂应该是生命的自由意志。只有在这个意义上,才可理解孔子将"血气"与君子联系起来讲,认为这是人成己为君子必须节制的原因。因为按照孔子的说法,不能很好地自我节制本性化的"血气",任其自在运动,会将人引向远离君子的自我堕落。

二

孔子说的"气血"之所以与君子人格相联系,因为它是天赋的生命意志。天赋的生命意志,指生命成为生命,以及生命维持生命、生命强化生命的内在动力之源,从哲学讲,指内聚生命和发散生命的自由意志。从物理学讲,指维持和强化生命存在敞开的内在勇力,即生命勇往直前的内动力量。这种生命勇力的内聚形式是人格,其外化的感性形态却是性情。

人的生命勇力虽然是天赋的,但却不是完成性的,而是处于未完成并趋向不断完成的进程之中。人的生命勇力的这一未完成、待完成并需要不断完成的生成性,使它本身成为人的身心成长的发动机。正是在这个意义上,孔子才提出应该有意识地警戒和调控生命勇力,这是人成己为君子的基本努力。

孔子认为,既然人的生命勇力是生长性的,在不同年龄阶段人调控内驻于身心之中的生命勇力,必然会获得阶段性的倾向性。孔子指出,在年少时,人的生命勇力没有得到**人文力量**的规训,它很大程度上还处于天赋状态,因而在这个阶段最需要警戒的是对生命勇力的本能化宣泄。孔子认为人的天赋生命勇力的本能化宣泄,主要表现为性欲,克制性欲的泛滥,成为年少阶段需要重点警戒的内容,因为任随性欲泛滥,将会养成动物人格。人从年少而进入成熟的壮年,其生命勇力完全可以由人文力量掌控,在这种情况下,最需要克制的却是人调动运行于身心中的生命勇力来争强好胜,因为争强好胜的性格,不过是其生命勇力的无限度释放,实质是好斗。这种好斗最容易形成剥夺性、占有性人格,使人沦为小人,所以必须戒除。人一旦进入老年,其生命勇力开始衰弱,其向外扩张的方向由此转换成向内凝聚。这一内聚过程很容易生成**匮乏性**人格,它表现为贪婪。戒除贪婪,成为人老年成己为君子的必为前提。

总的来讲,孔子提出对生命勇力的警戒和节制,必须做好三戒,即在年少时代戒色,在壮年阶段戒斗,在老年阶段戒得,唯有持此三戒,才可有限度地释放生命勇力,使之发挥温润性情、健全人格的功能,真正成己为君子。

第8章释义

孔子曰:“君子有三畏:畏天命,畏大人,畏圣人之言。小人不知天命,而不畏也。狎大人。侮圣人之言。”

[注释]

畏:敬畏。畏,与敬相近,与惧相远。

畏天命:天命,不指上天的意旨或命令,是指处于人事之外的、非人力所能支配的力量。畏天命,指敬畏非人力所能支配的外在于人的自然力量。

畏大人:大人,泛指德高位重者,专指身居高位、临众之上者。

畏圣人之言:圣人,古代的积德才为人所尊的先哲;言,语言、文论、文章。

小人:有位无德者。

狎:惯见而轻视之,指过于亲昵、不尊重。

侮:轻蔑、侮辱。

[译文]

孔子说:“君子当敬畏者有三个方面:敬畏非人力所及的天命,敬畏众人祸福所系的大人,敬畏积为人尊的先圣言论。无德的人,因不能领悟天命故不生敬畏。不懂大人乃众人祸福所系,故不生敬畏。不知积为人尊的先圣言论,故不敬畏。"

[通解]

上章讲君子必戒色、戒斗、戒得。三戒所行,动力何在?为解决这个问题的思考,构成本章的内容。孔子指出,人生三必戒的动力却在人,在人心。人心能够成为三戒的内动力,在于心生其畏。

一

孔子论君子三戒的内动力是三畏。畏者,人;畏之所指,人、事、物,以及抽象无形的存在。孔子从中挑出三种东西,即天命、大人、圣人之言,认为此三者最值得畏。理由是,天命是非人力所能把持的自然力量,大人是非己力所能左右的权位力量,圣人之言是非己知所可及的智德力量。

从根本论,畏的本质是敬。它既使君子向上仰望,又促君子向下谦恭。向上仰望与向下谦恭,构成"畏"的完整精神向度。克尔凯郭尔说:"人并非仅由灵魂和肉体组成:人是在把灵魂和肉体连接起来的某种东西上形成的,这种东西就是精神;一个人越是作为精神,他就越是处在畏惧之中。"①因为"畏"体现人自觉于有限性的认知所形成的虔诚的谦卑、谦恭、虔敬。但这仅仅是第一步,因为畏之于人,除了敬,还需要守。敬是姿态,即以仰望的姿态和谦卑的方式面对;守是行动,即以无违的方式去守护所敬的存在使之无损。然而,"敬"和"守"都需要"诚","君子无终食之间违仁,造次必于是,颠沛必于是"(《论语·里仁》)。这既是无违,也是诚,是以心诚无违。

二

后世学者,喜于用《中庸》中的"天命之谓性"来解释孔子的"天命"观,认为孔子的天命讲的是自然之性。其实应该颠倒过来,《中庸》的"天命"观应该是对孔子天命思想的间接承传和发展。孔子的"天命"思想渊源于周,是对周之"天道"观的改造。西周的天道观是"自上而下"的,孔子的天命却体现"自下而上"性,即从人的观点来仰观天,谈论"天命",由此产生"畏"。

在《论语》中,"天命"一语共出现三次,除本章出现两次外,还有一次出现在"为政"第四章"吾十有五而志于学,三十而立,四十而不惑,五十而知天命"。是讲学而得知,三十可以独立,包括独立认知,独立判断,独立思想;四十知而不惑,人获得无所不能的自信;但到五十岁时,才发现人的认

---

① [法]让·华尔:《存在哲学》,翁绍军译,北京,生活·读书·新知三联书店1987年版,第173页。

知有限,人力之外许多事物、许多东西、许多存在是不可认知的。孔子从十五有志于学到五十而知天命,还揭示认知是一个从具体到抽象、从个别到一般的过程,在具体的、个别的事物的认知层面,我们可以达到无所不知,但从具体、个别达向抽象与一般的进程中,人的认知的有限性就暴露出来了:人力所及的事物或存在可以认知,人力不可及的事物或存在不可认识。或可推测,本章所论的"畏天命"和"五十而知天命",可能处于同一时期。

本章中的"天命"一语,同样蕴含"知天命"一章中对生命和存在的极限之思,并释放出孔子对生命极限(或存在极限)之觉解的智慧;觉解生命的极限,不仅是智慧,而且是内在宇宙人生的大智慧。然而,有关生命极限的智慧,却存在层次问题。在基本层次上,觉解到的是生命的有限性,这源于生命本身的极限性。在提升层次上,觉解到生命的极限由人力之外的力量所安排,这种力量到底是什么,孔子没有说,可能也说不出来。这留给后人更大的言说空间。

由于人的认知的有限性,形成人的认知所及之外的事物、存在和世界的不可知,这种不可知进入认知者的内心世界,必然产生敬畏之心。与此不同,大人之所以需要敬畏,是因为大人比君子具有更高位格。人成为君子,需要超越以利为目的的生存观、存在观,具有以道义为准则和取向的价值观。处于君子位格之上的大人,却要心系众人祸福,更要担当邦国兴亡之责,其德其才其能必为众人拥戴,与君子比较,大人必有超越众君子的特别德才、特别勇力、特别使命,所以君子畏之。

君子畏天命,是觉悟认知的有限性,少却张狂造成的无知,多一份认知的虔敬。君子畏大人,是觉悟大人的榜样力量,以大人为师,多一份"学而时习"的谦恭。君子畏圣人之言,却是领悟继往开来的责任和返本开新的使命:文明的前进必由历史垒筑,智慧的生成需要以前贤的思想为源泉。

三

君子所戒,必以心为动力,心之动力源却是"畏天命、畏大人、畏圣人之言"。此三畏,分别从存在、人、历史三个维度揭示认知的有限性,揭示君子立足有限性之**绝对律**而开启认知的无限性。

本章中表述的有关认知有限性和可不断开启新的认知的无限可能性的思想,应该是孔子本人的思想,虽然如此,但本章内容更可能是孔子的再传弟子的手记,是《论语》再修订时加上的,因为孔子本人一直反对"圣人"观,并认为无论今天还是古代,没有出现过"圣人",只见过"君子"和"贤人"。所以本章中"畏圣人之言"的"圣人"观,与孔子本人的思想不相合。或有可能是《论语》在传播过程中,将"贤人"误抄所致。

本章内容还揭示另一个基本思想:君子与小人的区别,虽然孔子在其他方面谈了许多,但在本章中仍然以对比方式道出:君子与小人的区别,在于对"色""斗""得"戒与不戒的区别,但形成这种戒或不戒的根本差异,却是心存不存有敬畏:对天命、大人、圣人(准确地讲"贤人")之言心存敬畏,就会有知,且知而有止;如果对天命、大人、圣人之言心不存敬畏,就处于无知狂妄状态,妄而无有所止。

孔子关于君子小人的根本区别在于其心是否存敬畏的思想,是很具创发空间的心学思想,正是这一心学思想,构成后来思孟心理主义的认知起点和思想源泉。

第9章释义

孔子曰:"生而知之者。上也。学而知之者,次也。困而学之,又其次也。困而不学,民斯为下矣。"

[注释]

生而:生,诞生、降生、生来。指天赋所成。

知之:知,认知、理解、知道。之,指"知"的内容。指知"道",即"知"对象本身存在的法则或规律。所以,知之,指认知或把握对象存在的法则或规律。

学:求知,对不知、未知的主动了解。

困:困惑、困境。

[译文]

孔子说:"生下来就知'道'的人,拥有上等的智慧。通过学而知'道'的人,拥有次等的智慧。经历困惑或困境的磨砺而知'道'的人,具备又次一等的智慧。经历困惑或困境而不欲求知其'道'的人,则如民那样只具最低的智慧。"

[通解]

从第四章始论君子,先正面讲君子应求三友三乐;然后从反面讲君子应避免"三愆",不犯"三戒",做到"三畏"。要从正反两个维度做到如上五个方面,必须有知并求知"道"。本章继之阐述知"道"者类型和知"道"的方式。

一

孔子讲人的认知是有限的,意识到认知的有限性,必然开启无限认知的可能性。这种可能性要变成现实性的唯一路径,就是学,因为学才可知并知"道"。

一部《论语》,讲德的内容最多。除此,就是讲才,然后讲才知,形成**才知等级论**。

人是有等级的,等级构成社会的基本结构。孔子之前的等级论,是血统论,是权力论,是血统权力论:社会等级通过血统和权力来划分。孔子生活的当世,由于"天子失官,学在四夷",为改变血统权力等级论提供了可能;对这种可能性予以认知论探讨,并努力于践履者,是孔子及其门徒。

孔子认为,人的社会等级在于人本身的等级性。人本身的等级性应该由**才知**(即"才智")来划分:"子曰:'中人以上,可以语上也,中人以下,不可以语上也。'"(《雍也》)以才知划分,人客观地存在着"上人""中人""下人"三个层次。既然要以才知作为依据和标准划分人的等级,就需要正视才知的来源。

孔子指出,人的才知生成有两个来源,即天赋,学或不学。

孔子认为,天赋人人都有,但因为人是个体,加之来源不同、环境不同、地域不同、气候不同以及生物基因差异、文化基因差异等,形成人的天赋有差异。这种差异造成资质的差异,这种差异表现在才知上,客观地存在高低优劣。其次,天赋造成的资质差异不易改变,但却可以改善。改善天赋造成的资质差异的根本方法,是**"学而"增"知"**:"子曰:'学如不及,犹恐失之。'"(《泰伯》)所以,天赋决定人的资质与才知在多大程度上"及或不及"或"失与不失"。

既然学才是解决或缩小天赋造成的资质与才知差异的根本方式,所以学之于人,则变得异常重要和根本。孔子指出,学虽然具有弥补天赋资质不足的功能,但学与不学,以什么姿态投入学,才是真正解决天赋造成资质差异和才知不足的关键。所以孔子进一步揭示学的三种情况:主动求学,困而求学,困而不学。

孔子指出,主动求学,其才知形成虽然不及天赋而知者,但却是学之成就才知的最高者,这是因为主动求学,超越利害得失羁绊,这是发自内心的喜爱,是所学没有范围规定的整体的、全面的博学。博学才可广见识,勤思考,深思想。其次才是困而学之,在才知增长上不及主动求学者,其根本在于困而学之是基于生存利害得失的需要,所学的内容仅限所困的领域或方面,所困一旦解决,学则可能停止,缺乏长远性、整体性、长统性、持久性。

才知居于最低水准线上者却是困而不学,属于盲目求生者,其思想、认知仅仅围绕眼前的吃饭穿衣而展开,吃饭穿衣之外的其他事情不愿关心,更有甚者,连怎样使饭吃得更好一些、衣穿得更好一些这样的问题都不会去思考。这样的才知水平是最下等的。

孔子陈述"困而不学,民斯为下矣",并不是鄙视民,也不是宣扬精英主义,而是在陈述一个经验事实:民之所以处于社会最低层,不仅仅因为血统和权力,**更在于民困而不学**。困而不学者,始终对知无动于衷,以无知为有知。波普尔在《反对大词:一封最初未想发表的信》中指出:"永远不要忘记我们的无知,这十分重要。因此,我们决不应当佯装知道任何事情,我们决不应当使用大词。"[1]因为正是意识到人的无知,才尽可能去避免错误:"当然,只要可能就避免错误,它仍然是我们的职责。但是,正是为着避免它们,我们必须首先意识到避免它们何其困难,没有人完全取得了成功。"[2]

二

在孔子的认知世界里,学是再造人性、改变人的存在命运和方式,消灭血统权力等级论的唯一方式和根本力量;并且,为孔子特别强调的君子之德也是通过"学而"实现的。以此可以理解,孔门弟子编纂《论语》为何要以《学而》开篇,并以"不知命,无以为君子也;不知礼,无以立也;不知言,无以知人也"(《尧曰》)结束的理由。

在《论语》中,"学"字出现六十六次,其中最重要者却是本章和《学而》第一章:

> 子曰:"学而时习之,不亦悦乎? 有朋自远方来,不亦乐乎? 人不知而不愠,不亦君子乎?"(《学而》)

《学而》第一讲学与人生幸福(乐)的关系:学造就人生幸福,因为学可以知事知物知人知己,还可以学会怎样做人,做到"人不知而不愠";更为根本的是学可以缩小天赋造成的资质差异,成为人的才知增长的唯一方式。联系"学而时习之"一章看,本章内容应该是孔子关于"学而成才"课程体系中的重要内容,而且可能是关于"学而成才"的基本认知教育,它很有可能

---

① [美]卡尔·波普尔:《通过知识获得解决》,范景中等译,北京,中央美术学院出版社1996年版,第120页。

② [美]卡尔·波普尔:《通过知识获得解决》,范景中等译,北京,中央美术学院出版社1996年版,第235页。

与《学而》第一章内容构成"学而成才"的基础单元,是继《学而》第一章之后的第二课教学内容。

假如"学而"第一章是"学而成才"的第一课,其主题是讲"学、知、乐"的关系;接下来第二堂课讲授的主题,也就是本章内容,讲"生、知、学"的关系。孔子讲"生、知、学"的关系,从三个方面展开。

首先进行知的分类学考察,归纳出人知不过两种类型:第一类属于生而知之,是**生知者**;第二类属于学而知之,是**学知者**。

孔子认为,生知者是上知者,当然也是上等人,是后世讲的"圣人",因为生而知者是上苍对他们的特别眷顾,所以生知者只能是极少数人。孔子认为自己不是生知者,不是圣人,表明孔子既不赞成天赋的"生而知之"者,不赞成天生的上等人;更不赞成有圣人的存在:"子曰:'圣人,吾不得而见之矣,得见君子者斯可矣。'"(《述而》)孔子始终否定自己是圣人,其认知前提是人不是"生而知之"者,只能是"学而知之"者:学,才使人成为人。所以孔子直截了当地将自己定位为"学而知之者":"子曰:'我非生而知之者,好古,敏以求之者也。'"(《述而》)孔子认为,人,只能是学知者。所以,孔子教弟子知的重点是**如何学知**。

首先,在学知问题上,孔子认为学而知之有三种情况:第一种情况是主动学知;第二种情况是困而学知。孔子指出,假如有"生而知之者"的话,那么主动学知,虽然比不上生知,但却是仅次于生知者的最高知者;比较言之,困而学知者,当然比主动学知者要差一截。

其次,讨论智与愚的关系。孔子认为,抛开生知不讲,人的智与愚,全在于学与不学,学者生智,不学者愚。

最后,讨论民智的问题。与学知的士比较言,民属于非知者,处于愚的状态,因为民既不主动学知,也不困而学知。这只是一般意义上的比较论,具体地讲,孔子认为民中也有"学而知之"或"困而学之"者,但是,能够主动学知和困而学知的民,已经不是民了,而是从民中走出来的求学者,进而成为学知者。在这里,孔子提出一个基本观点,民与士的根本区别是学。**学,可以改变身份,改变地位,当然也改变人的责任和使命。**

这虽然是在一般意义上讨论"学"对人的作用,通过这种讨论也折射出孔子对学生的基本期待,当然也包括孔子收学生的基本标准,要成为他的学生,或者说他希望学生既然来拜他为师,必须具备渴望学的态度和执著于学的精神。同时他还暗示弟子们,他作为老师,最大的失望是"困而不学"。对于来求学的人,困而不学,比民知还要低一个等级。

第 10 章释义

孔子曰:"君子有九思:视思明,听思聪,色思温,貌思恭,言思忠,事思敬,疑思问,忿思难,见得思义。"

[注释]

九思:思,考虑、考究、思考。九思,九个方面的考虑。

视思明,听思聪:明、聪,做清楚、清晰讲,意为眼睛看得清楚,耳朵听得清楚。

色思温,貌思恭:温,温和。恭,恭谨庄重。指表情温和,容貌庄敬。

言思忠,事思敬:忠,忠诚有信;敬,敬业;指说话守忠信,做事必敬业。

疑思问:疑,疑惑、疑难。问,探求、请教。面对疑难时应考虑如何向人请教。

忿思难:忿,激愤、愤怒。难,祸患。燃烧起愤怒的情感时一定要考虑应有的后患。

见得思义:得,利益、好处。义,道义。指见到可得之利时,要审慎辨别是否符合道义。

[译文]

孔子说:"君子有九个方面的事情需要审慎考量:观察事物,是不是看明白了;倾听人言,是不是清楚了;脸色容貌,是不是体现了和蔼;体态神情,是不是表现得恭顺庄重;说话,是否诚实有信;办事,是不是严肃认真;产生了疑问,该考虑向谁请教;生气发怒时,要考虑有无后患;有机会得到时,要审辨是否合于道义。"

[通解]

上章讲知的四种类型和学的三种类型。排除"生而知之"者,其他三种知的类型与学对应。以此观之,知与学,都涉及思。由此进入本章专论思。

一

孔子论学与思,都属于学而范畴。在学而大框架下,学与思之间的本原性生成关系得到凸显:学,逻辑地先在于思,所以学必是思的前提,"吾尝终日不食,终夜不寝,以思,无益,不如学也"(《卫灵公》)。虽然如此,但思比学更根本:思根本于学,在于思深化、拓展甚至矫正学,使学得成效,学成智慧,学成能力。这主要体现在五个方面:

首先，视因为思而明，听因为思而聪，色因为思而和，貌因为思而恭。"五事：一曰貌，二曰言，三曰视，四曰听，五曰思。貌曰恭，言曰从，视曰明，听曰聪，思曰睿。恭作肃，从作乂，明作哲，聪作谋，睿作圣。"（《周书·洪范》）"君子所贵乎道者三：动容貌，斯远暴慢矣；正颜色，斯近信矣；出辞气，斯远鄙倍矣。"（《泰伯》）

其次，言因为思而忠信，事因为思而敬业："子张问行。子曰：'言忠信，行笃敬，虽蛮貊之邦行矣。言不忠信，行不笃敬，虽州里行乎哉？'"（《卫灵公》）

再次，疑问因为思求得解决之道。"天下国有俊士，世有贤人。迷者不问路，溺者不问遂，亡人好独。《诗》曰：'我言维服，勿用为笑。先民有言，询于刍荛。'言博问也。"（《荀子·大略》）

复次，忿因为思预想到最坏的后果。"一朝之忿，忘其身以及其亲，非惑与？"（《颜渊》）

最后，有利可图时因为思而不废道义。"今之成人者何必然。见利思义，见危授命，久要不忘平生之言，亦可以为成人矣。"（《宪问》）"子张曰：'士见危致命，见得思义，祭思敬，丧思哀，其可已矣。'"（《子张》）

二

生而知之是天才，即后世讲的"圣人"。信而好古的孔子深研历史得出一个基本结论，天才（圣人）不得见。学而知之是人才，但其必要条件是思。孔子特别强调学思，"学而不思则罔"（《为政》）。思对学的功能，不仅体现在思可以明确地理解和掌握学的内容，使之化为思想和才智，更可以帮助人做事先明确目标及其后果与影响。思，是学与做通达到最佳效果的必为方式。正是因为思的如此重要的功能与作用，孔子才向弟子们提出"九思"理论。

孔子"九思"理论的精义是默识：思，就是默识。所谓默识，是**反思性内观而会通**。通过反思性内观，以求达**会通感觉与经验、感性与理性、技与道**。

在孔子的"九思"理论中，视、听、色、貌，属于感觉的东西；言、事、疑、忿、见得，属于经验的东西。这两个方面的东西与物质外界接触，需要凭借天赋的心官。天赋的心官生成"九思"范畴，即思明、思聪、思温、思恭、思忠、思敬、思问、思难和思义：明、聪、温、恭、忠、敬、问、难、义，此九者脱离个体而存在的却是先于个体而存在的九大精神范畴，通过学而启动"思"，使之获得个体性演绎和生成，最后形成君子的才智与德性。所以，在孔子这里，默识、近思，都不纯粹是理智，而是理智与情感的统一。

第 11 章释义

孔子曰:"'见善如不及,见不善如探汤。'吾见其人矣,吾闻其语矣。'隐居以求其志,行义以达其道。'吾闻其语矣,吾未见其人也。"

[注释]

如不及:如,如同。不及,达不到,赶不上。指如同追赶那样唯恐追不上。

如探汤:探,探,试探。汤,沸水。探汤,以手遮挡沸水。指如同用手试探沸水般迅速离开,否则手将被烫伤。

隐居以求其志:隐居,离开闹市到荒无人烟的地方生活。志,人生志节。以求其志,以(隐居方式)保全自己洁净的志节。

行义以达其道:行义,依礼义而行。达,显扬、贯彻。以达其道,以(依礼义而行的方式)贯彻自己信奉的志道。

[译文]

孔子说:"'见到善举,就努力效仿,唯恐赶不上;见到不善行为,躲避不及,如同以手试沸水那样迅速缩回来。'我见到过这样的人,也听到过这样的说法。'将自己隐居起来不问世事变化,依礼义而行,以求实现自己的志道。依礼义而行以贯彻自己信奉的志道。'我听到过这样的说法,却没有见到这样的人。"

[通解]

孔子学而理论的关键词或者说核心思想是**学、思、行**。此三者具有内生成关系:人生而知者,世不得见,唯见学而知之和困而学之。学是起步,但学要达于知,必须思;唯有思之确确(即深刻和正确),才可行之坦坦(即产生无阻碍的良好效果)。第九章讨论清楚何以要学之后,必然指向学之得知必须有思。由学而思的最终指向,是引导自己践履所学,这是本章与前面诸章的内在关联。

——

上章讲君子学而必思,强调思之于学而成己的根本性,提出"九思"理论。本章讲君子学而践履。概括君子学而践履的两类取向:一类积极投入世俗生活者,以君子理想和德才变革社会,推进文道救世。这一类人如孔子及弟子者流。另一类人是隐者,以消极方式躲避世俗生活,以保全君子高名和纯节。本章着重讨论消极处世这类君子,即隐者。

孔子以广见闻的经验，将隐者概括为两类人，一类人"见善如不及，见不善如探汤"；一类人"隐居以求其志，行义以达其道"。这两类人有一个共同特点：善其善，且恶其恶。其善善恶恶，均出其诚。所以这两类人都心存其仁，是仁人，只是不愿求志达道而已，属于真君子。孔子本人虽然并不喜欢这样的隐者，因为他们与自己属于"道不同，不相为谋"的两路人，但孔子仍然对这两类人表示真诚的敬重。

二

对于这两类隐者，孔子更赞赏后者。这是因为：追慕"善举"唯恐不及，躲避"恶行"唯恐不及的人，信而好古、博闻强识的孔子听说过，也见到过。因为这样洁身自好，做起来并不是特别困难。对于远离功名富贵的世俗世界，依礼义而隐居，专意于独立精神和自由人格的践履者，信而好古、博闻强识的孔子认为他"闻其语"而"未见其人"。这表明后一类隐者体现出来的独立人格和自由精神，不仅世俗世界的人难以企及，即使是隐逸世界中也少有人达到，因为这类隐者在隐居中坚守自己的信念，尽一切可能推行自己的主张和志道。

孔子对于"隐居以求其志，行义以达其道"者，从"未见其人"，但却"闻其语"，是因为史书曾经有过此类"高人"的记载：

> 伊尹耕于有莘之野，而乐尧舜之道焉。非其义也，非其道也，禄之以天下，弗顾也；系马千驷，弗视也。非其义也，非其道也，一介不以与人，一介不以取诸人。汤使人以币聘之，嚣嚣然曰："我何以汤之聘币为哉？我岂若处畎亩之中，由是以乐尧舜之道哉？"汤三使往聘之，既而幡然改曰："与我处畎亩之中，由是以乐尧舜之道，吾岂若使是君为尧舜之君哉？吾岂若使是民为尧舜之民哉？吾岂若于吾身亲见之哉？天之生此民也，使先知觉后知，使先觉觉后觉也。予，天民之先觉者也；予将以斯道觉斯民也。非予觉之，而谁也？"思天下之民匹夫匹妇有不被尧舜之泽者，若己推而内之沟中。其自任天下之重如此，故就汤而说之以伐夏救民。（《孟子·万章上》）

历史上这类传说中的高洁之士，未必可信，但也不敢否认这类隐居之士的存在。比如孔子特别推崇的伯夷、叔齐，就属此类人。孔子的目的不在于实证，而是通过对这两类隐居之士的客观评价既表达自己对君子理想的基本看待更强调自己对君子的一贯主张：真正的君子，无论选择消极隐居的方式,还是选择积极变革世事的方式,都应该做到**善其善,恶其恶**;持有"隐居以求其志,行义以达其道"的独立人格和自由精神。这才是君子践履的根本和"一以贯之"的大道。

第 12 章释义

　　齐景公有马千驷,死之日,民无德而称焉。伯夷、叔齐,饿于首阳之下,民到于今称之,其斯之谓与?

[注释]

　　齐景公有马千驷:驷,古代套四匹披甲战马的战车为一驷。千驷,四千匹马。齐景公有马千驷,指齐景公时,齐国已成为"千乘之国",是大国。

　　民无德而称焉:民,生活于社会底层的劳力者。德,本为"得",本章做"得"讲。称,肯定、称道,赞许。指邦民找不到称颂他的德性。

　　首阳:首阳山,也称雷首山,今山西水济县西南的蒲州镇。相传殷商时古孤竹邦君的两个儿子伯夷、叔齐因让国而逃,又因目睹周灭殷"血流漂杵"的残暴而不愿接受周武王召,再逃至首阳山,靠吃野豌豆过活,其间一女人告诉他们说,你们不食周粟,但地里的一草一木不也是周朝的吗? 于是二人绝食,最后饿死于首阳山下。

　　其斯之谓与:斯,指称代词,指代前面的"德"字,世之称颂伯夷、叔齐之高义。

[译文]

　　(孔子说:)"齐景公是拥有千乘战车的大国邦君,但死后却没有留下什么德行可为邦国之民称道。伯夷和叔齐虽饿死于首阳山下,人们至今仍称述他们的德行。这不就是以德称于后世的人吗?"

[通解]

　　本章可看成上章内容的拓展,或有可能,本章和上章内容原本是一个叙述整体:孔子与弟子讨论隐士与高义,前面概括地讲理,后面以案例说明;也可能是前面讲述和分析个案事件,后面予以总结概念表述普遍的理。参与讨论的弟子,根据各自的兴趣关注不同的内容,于是有了这样两个片段内容的记述。

一

上章中,孔子概括性评价两类隐士,"见善如不及,见不善如探汤"者,是既"闻其语",也"见其人";"隐居以求其志,行义以达其道"者,却"未见其人"而只"闻其语"。本章则以殷末周初伯夷、叔齐如何"隐居以求其志,行义以达其道"来说明这类"未见其人"而"闻其语"的隐士的纯洁道义。

伯夷、叔齐隐居于荒野,不问世事以求达于自己的志向,践履道义维护公道以实现自己的理想,其纯备的道德和高义却为民、人世代景仰。与此相反,齐景公虽然是权倾当世的大国之君,但死后却没有任何德行可为人称述。两相对比,孔子深为感慨,于是发出"我所听说的不就是这种以德称后世的人吗"的感叹。

二

要进步一步理解本章内容,应结合《颜渊》第十章进行:

> 子张问崇德、辨惑。子曰:"主忠信,徙义,崇德也。爱之欲其生,恶之欲其死。既欲其生,又欲其死,是惑也。'诚不以富,亦抵以异。'"(《颜渊》)

子张请教孔子怎样崇德,孔子先抽象说理,崇德就是"主忠信,徙义",然后引《诗》之"**诚不以富,亦抵以异**"来证明何谓忠信与义。

从上章始,论述重点从君子求"知"转向君子"崇德"。孔子论君子崇德,与《颜渊》第十章比较,角度有所更新,即从隐士角度入手,讨论隐居的君子如何崇德。孔子概括自己对隐士之"见"之"闻"两个方面,指出隐居的君子崇德,就是"善善恶恶",即坚守"善其善,恶其恶"之道。有关隐居的君子持守的"善善恶恶"之道,孔子最推崇的是"隐居以求其志,行义以达其道"。然后对比齐景公和伯夷叔齐,揭示一个具有普遍性的道理:富贵而无功德,死后无名;生前即使贫困但有德,死后留名千古。齐景公与伯夷叔齐之生前死后的悬殊,正好说明这个问题。

> 齐景公问政于孔子。孔子对曰:"君君,臣臣,父父,子子。"
> 公曰:"善哉!信如君不君,臣不臣,父不父,子不子,虽有粟,吾得而食诸?"(《颜渊》)

如果结合孔子三十五岁适齐时曾与齐景公讨论问政之事,可从另一个侧面说明其道理。君子有德,并不在于意识上明白,认知上清楚,嘴上说得好，根本在于行动上做到；无论在哪样的环境里，都在于**行动的坚守**，哪怕是"隐居"生活，也要"以求其志"，并且"行义以达其道"。齐景公明白"信如君不君，臣不臣，父不父，子不子，虽有粟，吾得而食诸"的道理，但在生活行动上却放纵自己贪图享乐，死后无德行可称述；反之，伯夷、叔齐哪怕饿死于首阳山，也不改其对志念的信从、对道义的坚守。

第 13 章释义

陈亢问于伯鱼曰："子亦有异闻乎？"

对曰："未也。尝独立，鲤趋而过庭，曰：'学《诗》乎？'对曰：'未也。''不学《诗》，无以言。'鲤退而学《诗》。他日，又独立，鲤趋而过庭，曰：'学《礼》乎？'对曰：'未也。''不学《礼》，无以立。'鲤退而学《礼》。闻斯二者。"

陈亢退而喜曰："问一得三：闻《诗》，闻《礼》，又闻君子之远其子也。"

[注释]

陈亢：字子禽（公元前 511 年～？），陈国人，应为贵族出身。《礼记》记载陈亢的兄长："陈子车死于卫，其妻与其家大夫谋以殉葬，定而后陈子亢至。以告曰：'夫子疾，莫养于下，请以殉葬。'子亢曰：'以殉葬非礼也。虽然，则彼疾当养者，孰若妻与宰？得已，则吾欲已。不得已，则吾欲以二子者之为之也。'于是弗果用。"（《礼记·檀弓下》）陈亢小孔子四十岁，后世以为是子贡弟子，理由有二。一是《仲尼弟子列传》将其列于"子贡"条目下。二是《论语》中陈亢出现过三次，除本章内容外，其他两处都是陈亢问于子贡。还有就是《学而》第十章有："子禽问于子贡曰：'夫子至于是邦也，必闻其政。求之与？抑与之与？'子贡曰：'夫子温良恭俭让以得之。夫子求之也，其诸异乎人之求之与？'"（《学而》）这是一处，另一处是"陈子禽谓子贡曰：'子为恭也，仲尼岂贤于子乎？'子贡曰：'君子一言以为知，一言以为不知，言不可不慎也。夫子之不可及也，犹天之不可阶而升也。夫子之得邦家者，所谓立之斯立，道之斯行，绥之斯来，动之斯和。其生也荣，其死也哀。如之何其可及也？'"（《子张》）。以此记述看，陈亢肯定不是孔子弟子，但也不应该是子贡弟子，或者，陈亢即使是子贡弟子，也应该在孔子之后。此章内容表明，很可能陈亢居住在孔子学府旁边，才有如此机会经常向子贡或者其他孔门弟子打听孔子的情况，也才可能有如本章中记述的与孔鲤交往和对话。

伯鱼：孔鲤，孔子儿子。

异闻:不同于孔子弟子平日所闻。孔鲤是孔子唯一的儿子,陈亢怀疑孔子在学问上可能私厚其子,所以特寻机会询问之,以求到孔子的真学问。

尝独立:指孔子独自站立,左右无人。

趋而过庭:趋,快步走。庭,中庭院。指孔子独立在堂上,孔鲤快步从堂下中庭走过。

又闻君子之远其子:君子,是陈亢对孔子的尊称。远,疏远,这里做不私厚。指孔子在教人做人和学问上,没有私厚其子。

[译文]

陈亢问孔鲤说:"你学到了不同于其他人的特别学问没有?"

孔鲤回答说:"没有。有一天,家父独自伫立于中庭院,我快步从庭院走过,家父问我:'学《诗》了吗?'我回答说:'没有。'家父对我说:'不学《诗》,不懂得怎样说话。'于是其后开始学《诗》。另外有一天,家父又独自一人站在庭院中,我快步从庭院走过,家父问我,'学《礼》了吗?'我回答说:'没有。'家父说:'不学《礼》,不能自立。'于是其后开始学《礼》。我就只听到这样两次。"

陈亢回去高兴地(对人)说:"我只问了一个问题,却得到三个方面的收获:知道了学《诗》的重要,懂得了学《礼》的重要,又明白了君子不偏心于自己儿子的道理。"

[通解]

君子不仅要学而增"知",更要崇德。第十一、十二章通过分别叙述史事来表明君子崇德的重要和根本,能够为人们称颂不已的君子德性和德行的实质内涵是什么呢?本章通过陈亢与孔鲤的问答予以展示。

——

孔子认为,君子德性德行的实质内涵有三:言、礼和无私厚。但首要内容是言。并且,君子德性德行之言,需要通过学《诗》领悟得来,这是教诲鲤"不学诗,无以言"的道理。

这里的"言"指什么?

首先指严格区别于"巧言"的雅言:"子所雅言:《诗》《书》,执礼,皆雅言也。"(《述而》)其次指"文言"。所谓"文言",即书面语言,李泽厚曾如是说:"中国的书面语言并非口头语言的记录或保存,它本身有独立的起源,大概源出于结绳记事。所以六书中应以'指事第一'为原则。它本为远古巫师—君主—贵族所掌握,神圣而神秘;其后由于传授经验、历史事实和祖先功业而与口头语言结合,但又始终和而不同,仍然保持其相对独立性格。中国书面语言对口头语言有支配、统率、范导功能,是文字(汉字)而不是语言(口头语言)成为组合社会和统一群体的重要工具,这是中国文化一大特征,它是'太初有为'的直接记录和表现,影响甚至决定了中国思想的基本面貌,极为重要。重形而不重音,极灵活而又有规范,中国语文之不可能拼音化,不可以西方语法强加于上,亦以此故。"①

真正的雅言通过"文言"方式传递下来,释放陶冶人的心志和情感的功能。最能够陶冶人的心志和情感的文言,就是《诗》,"古者诸侯、卿大夫交接邻国,以微言相感,当揖让之时,必称《诗》以谕其志,盖以别贤不肖而观盛衰焉。故孔子曰'不学诗,无以言'也。春秋之后,周道浸坏。聘问歌咏不行于列国。学《诗》之士,逸在布衣,而贤人失志之赋作矣。大儒孙卿及楚臣屈原离谗忧国,皆作赋以风,咸有恻隐古诗之义"(《汉书·文艺志·诗赋略》)。

《诗》之具有不学则不会讲话的功能。首先是《诗》有比兴,答对酬酢,"子谓伯鱼曰:'汝为《周南》《召南》矣乎?人而不为《周南》《召南》,其犹正墙面而立也与?"(《阳货》)二是《诗》言志而内容纯正:"子曰:《诗》三百,一言以蔽之,曰:'思无邪。'"(《为政》)在分封建制的西周时代,诗既是"天子听政"的方式,也是正教化、美风俗的方式,更是贤人走向庙堂以及贵族以德才立于庙堂的基本功夫。

二

孔子告诉孔鲤,人要成为君子,具有德性德行,除了学《诗》有言外,还必须学《礼》,理由是"不学礼,无以立"。

何以这样讲?人首先是自由的存在个体,或可说是求自由的存在个体;并且,人同时也是求群、适群、合群的人。这两个方面贯穿"相近"的人性。不仅如此,人还需要吃穿住行等方面的资源保障,并且人所需要的这些生存资源没有现成的,需要付出才能获得。由于这两个方面的限制和要求性,"相近"的人性最终在后天之习过程中变得"相远",这就是人性自私。解决人性自私,保障人人自由的必为方式,是在求生求利的过程中人人互为克制、节欲,于是产生礼。礼是人类早年的普遍的法,所以可称为礼法。学《礼》,就是懂礼法,明行为规范,知利欲边界,生活有限度而求相对自由。

---

① 李泽厚:《论语今读》,北京,生活·读书·新知三联书店 2012 年版,第 222 页。

唯有如此，人与人才可在一起和平相处，互不伤害。人能够做到和平相处、互不伤害的"在一起"生活，就可站立起来成为人。

这是"不学《礼》，无以立"的道理。

三

君子德性德行之所以为人们所崇，因其**无私厚**。

无私与有私，是相对的范畴。无私始终相对有私言；反之，有私也相对无私言。从根本讲，人是有私的存在者，人不有私，无以存在和生存，因为人是需要资源来滋养的个体生命，滋养生命的资源需要付出体力、时间甚至生命本身。所以，人无私必须有条件：人只有在特殊的语境、特殊的存在境况中才可讲无私，行无私并实现无私。私，是生命本性使然；私，更是得存在之必须，也是人与人"在一起"的前提。虽然如此，但人不能私厚。私厚，指无限制、无限度、无边界地私。私厚必伤害他者，私厚必造成人与人分离，更造成人与人相竞争，最终使人不成其为人。所以，人要能与人"在一起"，人要成己为君子，必须在任何时候做到"无私厚"。

无私厚，不仅指私有限度，有边界，有节制，也指不能私而厚此薄彼。孔子的"无私厚"思想告诉人们，有私是普遍存在的，求私是无可厚非的，但私的平台、准则、机制应该平等。没有平等的平台、准则、机制，必然出现私厚的情况。所以，在一般意义上，无私，就是无私厚。

人成己为君子，其根本不在于有私无私，而在于无私厚。因为私厚要论其亲疏、讲其尊卑，别其好恶，即亲者、尊者、好者，厚之；远者、卑者、厌恶者，薄之。反之，无私厚，指不别亲疏、不论尊卑、不讲好恶。

孔子教人做君子，不仅引导人学《诗》，教人学《礼》，而且更是身体力行一视同仁地对待每个学生，教每个学生，尤其是对唯一的儿子，在培养教育的内容和方法等方面，也没有亲疏厚薄之分。这就是无私厚。

相对无私厚来讲，学《诗》善言，学《礼》能立，都是形式的、表面的，人学会言，学会有限度的礼，只是崇德的初步，只是成君子的表面功夫，真正的、本质的崇德和根本的有限度，才是君子的根本功夫。人要成己为君子，必须达于无私厚。因为无私厚才是根本的礼，才是本质的仁。这是陈亢特别地关注孔子并考察孔子其人其学问是否真君子的理由，也是陈亢最终心悦诚服地称孔子为"君子"的内在依据。

第14章释义

邦君之妻，君称之曰"夫人"，夫人自称曰"小童"，邦人称之曰"君夫人"，称诸异邦曰"寡小君"，异邦人称之亦曰"君夫人"。

[注释]

邦君之妻：邦君，一国之君。指邦国君主的妻子。

君称之曰"夫人"：邦君称其妻为"夫人"。

邦人：国人。

小童、寡小君：皆为邦国君主夫人的谦称，在邦内，其自称为"小童"，指没有成年者；至于异邦，则自称为"寡小君"，这是男权社会邦君夫人必须以邦君为大，自然为小地自称"寡小君"。

[译文]

邦国君主的妻子，邦君称之为"夫人"，夫人自称为"小童"，国人称她为"君夫人"，在外邦人面前却自称为"寡小君"，但外邦人也称她作"君夫人"。

[通解]

上章讲人成己为君子，一要会言善言，二要懂礼行礼，三要不私厚。君子不私厚，不仅指不要凡事谋私利，更指不要凡事自以为大。前者是克己之仁，后者乃谦敬之礼。本章则从邦君及妻之称谓为例来说明何为**不自为大**之礼。

一

本章内容，有人认为是毫不相干的插入。梁启超认为这是后人在竹简空白处记下的礼制称呼，但这种看法并未得到更多的认同。李泽厚以为本章内容与孔子的语录无关。

并且，本章内容为何人所说，不详。朱熹《四书集注》引杨氏言，认为："这章可能也是孔子所言，却遗落了'子曰'两字。"此说并不确切，本章内容也可能是孔子弟子所言。"所言论内容不过为礼制称呼，属于礼法常识，或为孔子教学内容，为弟子所记录；或为弟子记录礼制古本；但属于《论语》或可决定。《论语》可疑处或有，但本章并不可疑。"①金纲所言，亦有道理。在内容上，本章与上章有承续关联。上章通过陈亢问于孔鲤，通过孔鲤与其父的对话，表达君子崇德必须从学《诗》、学《礼》和无私厚三个方面努力。而其中，将"言"和"无私厚"的日常之行贯穿和统一起来的却是"礼"。本章内容却是接上章之"礼"而论其称呼：人的称呼，亦有其严格的礼制规范。

二

本章何以要以称呼的规范为主题内容？这是因为称呼的规范，不仅体

① 金纲：《〈论语〉鼓吹：圣贤的光荣与漏洞》，天津，天津人民出版社2007年版，第539页。

现礼,更融入言:称呼之礼要通过言来规范和呈现。关于不同身份地位者称谓的礼制规范,在周代应该是复杂的命名体系,但本章只以邦国的君主夫人称谓为例,列举出她的五种不同称呼,这五种不同称呼都有明确的书写记载:

> 女,在其国称女,在涂称妇,入国称夫人。(《公羊传·隐公二年》)
> 天子之妃曰"后",诸侯曰"夫人"、大夫曰"孺人",士曰"妇人",庶人曰"妻"。公侯有夫人,有世妇,有妻,有妾。夫人自称于天子,曰"老妇";自称于诸侯,曰"寡小君";自称于其君,曰"小童"。自世妇以下,自称曰"婢子"。(《礼记·曲礼下》)

本章讲述称谓之礼,为何只言邦君夫人?这是一个很奇怪的问题。邢昺认为本章内容是正夫人之名称,理由是"以当此之时,诸侯嫡妾不正,称号不审,故孔子正言其礼也"(《论语注疏》)。此或为其一说。

邦君夫人,在邦国之中是一特殊身份,也居其特殊地位。以邦国夫人的称谓为例来进一步说明君子学而知礼得立,君子得立必须知礼,君子知礼的具体要求,是明确定义上下和内外:上下有度、内外有节,就是礼。既或是简单的称谓,也是如此。并且,真正使君子得立而必须知、懂、会行之礼,也不过是如称谓那样的日常生活之礼:礼在生活中,礼在于对生活小事和细节的经营中,有意识地经营于细节、小事和日常生活而明上下,分内外,就是礼,就得立,就成己为君子。

阳货第十七

孔子论《学而》,目的在于《为政》,这是受《八佾》展露出来的礼崩乐坏的激发。君子为政的目的,是通过治邦安国修复礼崩乐坏、重建当世文明,必为努力是《里仁》,即以返本开新的方式抉发殷商宽简仁爱思想来激活繁复的周礼。所以,唯有开辟"以仁入礼"的路径,才可实现文道救世,重建当世文明。然而,现实异常残酷,孔子以一生的准备、一生的努力,寻求救世舞台的希望最终破灭:在礼乐征伐自诸侯出,至于大夫执政最后沦为"陪臣执国命"的境遇下,孔子亦欲追随阳货、公山弗扰以及佛肸之类的反叛者"以为其东周",最后仍不得于行。这促使孔子对当世进行深度反思,最后发现世道颓败、人心坏死,文明大厦将倾是必然,不可逆转。在孔子看来,当世礼崩乐坏不是某个人或某些人不作为或乱作为造成,实际上是整个社会各阶层自发至于自觉放弃礼法约束,背离道德作为所共同造成的。这是《论语》编纂者何以将孔子对春秋晚期礼崩乐坏的深度审查所形成的基本归因判断集中于本篇,使之形成一个整体的内在考虑。对于当世,"予欲无言",更"不愿见"其芸芸众小人。对孔子来讲,唯一可能努力的或许是弘大中正仁礼之道。从这个角度观,本篇应该是对第十五篇《卫灵公》和第十六篇《季氏》的照应,即为如上两篇如何传述弘大中正仁礼之道,提供一个(孔子所生活的)当世社会学的解释依据。

一

孔子身怀文道救世理想,自许有定邦安国德才,并孜孜不倦地寻求为政舞台,但却始终处于"怀其宝而迷其邦"和"好从事而亟失时"的困境之中,究其原因,最重要者莫过于其一以贯之的返本开新、以仁入礼之道的内在矛盾。第一章通过阳货与孔子答问,从一个侧面展示出这一内在矛盾:孔子不愿见阳虎,是怕背上以下反上的恶名。但孔子"遇诸涂",却经不住阳虎三问而答应阳货"吾将仕",这是从治邦之道考虑。由此使第一章与第二章之间形成隐秘关联:通过阳虎三问,孔子首先发现阳虎也是治邦之才,并且有施志乱世的雄心和壮志;其次发现阳虎也反对世袭特权制度,并且持治邦安国唯德才者是崇的观念。孔子和阳虎二人虽然有其会合的历史性机缘,却最终缺乏会合共治其鲁的人性取向和价值同构,故而必不可真正走到一起(第二章)。天赋相近的人性总因为后天生存的利欲诉求个性和差异性,生成出不同的朝向。但导致人性"习相远"的根本之因,却是天赋人的心智:心智构成人在具体生活情景中对利欲的感受或把握的千差万别,推动人性"习相远"(第三章)。第四章秉承"唯上知与下愚为不移"思路,具体讨论如何通过教化引导使人改变心智,使"习相远"的人性重新回复到"相近"的非利欲状态。第五章"公山弗扰以费畔"与第一章内容相似,并为第二章"性相近，习相远"提供了案例。孔子愿意接受公山弗扰之邀而欲以下反上，是基于践履"吾其为东周"，所张扬的根本政治思想是"雍也，可使南面"的唯德才事邦的思想。

人性天赋相近，却习相甚远，源于心智作祟。心智鼓动人性朝不同方向敞开，最终因为利欲推动。孔子欲事阳虎和公山弗扰，其驱动力同样是利欲。在这一点上，孔子与常人没有区别；但孔子又不同于常人，这种不同表现出来的根本方面，是其欲望出仕从政是要实现"文道救世"的大仁。这是本篇从第一章展开至于第七章的主题关联和逻辑进路。第七章记述"佛肸召，子欲往"，在性质上与第一章和第五章同。整体理解此三章内容，可以窥见孔子生活的当世是怎样"天下无道"：从礼乐征伐出自诸侯，至于"政在大夫"，最后演变成"陪臣执国命"，这是鲁国无道乱象，晋国同样如此，或许鲁、晋无道是天下乱象的缩影。天下无道乱象既使孔子发现正常的求仕途径被阻断，也使孔子看到新的机会不断涌现。原本以维护正统和公室权威为正道的孔子，开始跃跃欲试走由下而上的野路子，以实现其"为东周"的政治梦想，但梦想对于孔子言，始终只是梦想。如上梦想的成真，孔子将不再是孔子。这是孔子所谓的"天命"。

二

第八章变换讨论的主题，但它被安排在第七章之后，隐含内在转换的关联：第五章和第七章，子路反对和阻止孔子欲往助公山弗扰和佛肸反叛所暴露出来的过于直、刚、勇等性格之蔽，需要为师的提点。所以，孔子教子路"六言六蔽"，成为孔子因人施教的典型案例，展示孔子对子路的特别教诲。

学既然可以帮助人避免愚、荡、贼、绞、乱、狂六种人格、品德方面的缺陷，使人修养成仁、知、信、直、勇、刚六种健全人格和品德，那么学什么和怎样学才可达到如上正反两个方面的效果呢？孔子从《诗》的化育功能入手，引导弟子明知。孔子指出，以兴、观、群、怨、识方式学《诗》，可达到健全人格和完善品德的境界（第九章）。第十章继之论学《诗》应该如何着手，指出学《诗》必始于《周南》和《召南》，因为《周南》《召南》乃"正始之道，王化之基"，阅读《周南》《召南》而进入《诗》，实际上是说唯有先奠定起"正始之道，王化之基"，才可继续前行，习成礼，获得乐。第十一章论学《诗》何以需要习礼达乐，揭示礼乐对人的作用不在于外在修饰和形式的完美，而是内在修养。第十二章以具体实例予以说明礼乐之"理"如何"在理"：礼乐不只是一种普遍的形式，它必须走向个体对行为的完成，真正达到敦教化、美风俗的效果，必然要求人行礼乐必敬之于心并之于行，否则，即使以礼乐装潢自己,仍然不过是"色厉内荏"的"穿窬之盗"。第十三章揭露"乡愿"这一类投其所好的小人,本质上是盗取道德外衣的小偷而已。

追求礼乐的形式,却放弃礼乐的德性精神和德行品质,是比公开抛弃道德和反对道德更坏的伪道德。这类伪道德者首先是"色厉内荏"者,他们是最卑劣的"穿窬之盗"(第十二章);其次是"乡愿"者,他们是最阴暗的"德之贼"(第十三章)。第三类是"道听涂说"者,他们属于弃德的轻信者(第十四章)。第四种类型的败德者是"鄙夫",他们在形式上遵从礼法、礼乐,实际上是目光浅短、患得患失的反德或弃德者(第十五章)。

从第十二章到第十五章,孔子揭露出四类道德败坏者,描绘出当世"洪洞县里无好人"的人格图画。弄清这幅当世人格图画,才可理解第十六章三种人格缺陷的古今对比,揭示当世礼乐崩坏,根源于人的社会化堕落;结论是**今不如昔**。在孔子看来,要使今之如昔和今之胜昔,必须文道救世,返本开新,以仁入礼。

三

第十七章"巧言令色,鲜矣仁"完全重复《学而》第三章内容。但从章篇的语义逻辑贯穿言,本章之所以重复,是续接本篇第十二章至第十六章的主题:古代文明的当代衰落,是因为人的堕落,根源是利欲的任性泛滥。改变这种状况的基本方策,是返本开新,以仁入礼。落在实处是重新培养君子阶层,下手功夫是引导人言与行合一;言行合一的简单方法是直言,即剔除掉所有修饰,让真实的话语与真实的想法一致,可去掉任何形式的取悦、谄媚、奉上,回归真诚,滋养内在的仁。孔子认为,引导人直言为仁的前提性努力是恶巧言,正雅乐,树正色(第十八章)。然而,面对如上各章所呈现的礼崩乐坏乱象,孔子非常清楚这所有种种反思性批判的言说甚至呼喊,于这个每况愈下的堕落世道毫无作用。故而深感无奈,无力,无言,并如此悲怆地道出"予欲无言"。

第十九章孔子自道"予欲无言",第二十章孔子断然拒"不见"。无言,是因为世道颓败,无可挽救;不见,是因为小人充斥,君子消隐,已无人可见:"子曰:'圣人,吾不得而见之矣,得见君子者斯可矣。'子曰:'善人,吾不得而见之矣,得见有恒者,斯可矣。'"(《述而》)这或许是孔子既拒孺悲于门外,又"取瑟而歌"的根本原因。

四

礼是维持人伦关系和社会秩序的必需方式。它是共性的,但也呈现个性。因为共性,人人必须循礼、行礼、守礼;因为个性,人们也可能弃礼不顾。第二十章记述在什么情景下对什么人才可以任性无礼,孔子以自己如何无礼拒见孺悲为例予以说明;第二十一章以批评宰我欲去三年丧礼,表明共性之礼人不可废。

宰我提出废除三年守孝制度,被孔子判为"不仁"。孔子一贯主张:人之成仁,源于"学而"。宰我不仁,从根源讲是缺乏"学而",证据是宰我"昼寝"。大白天睡懒觉,是吃饱了无所用心的表现。《论语》编纂者将这两件毫不关联的事编辑在一起,生成出第二十二章的潜在语义:孔子关于"饱食终日,无所用心"之论,或许针对宰我睡懒觉之类的行为而发,但它讲述出来的言论却有普遍的意义:人"饱食终日,无所用心"时,最好进行诸如博弈之类有益的心智训练,如此以往,亦可成己为君子。第二十三章继之论具有勇敢性格的人,亦可通过诸如博弈之为的"学而"领悟君子道义并践履之。第二十四章通过子贡与孔子问答,归纳君子所恶的七类小人行径和德性。这是站立在高处、远距离审查小人,第二十五章则立足日常生活、近距离审查小人,发现君子所恶的各类小人,均有其"近之则不孙,远之则怨"的共性。孔子采取对比方式,发现小人虽然可能有学问、有权位、有身份,但却与女人的品性没有本质区别。

在孔子的认知和生活世界里,小人是君子的死敌。君子出仕立世,最难纠缠、最难防范的是小人,如同回到家里,最难应对的是母亲和妻女等女人。这是因为君子文质彬彬,凡事讲规矩和章程;小人野蛮任性,凡事可任意胡为。孔子感叹,在天下无道的当世,无论求仕于官场,或者居家生活,君子总是受人挤对。人生的规律或许是:人如果至于四十还在遭受排斥,则意味着其一生不可能有太大作为(第二十六章)。

第 1 章释义

> 阳货欲见孔子,孔子不见,归孔子豚。
>
> 孔子时其亡也,而往拜之。
>
> 遇诸涂,谓孔子曰:"来,予与尔言。"曰:"怀其宝而迷其邦,可谓仁乎?"
>
> 曰:"不可。"
>
> "好从事而亟失时,可谓知乎?"
>
> 曰:"不可。"
>
> "日月逝矣,岁不我与。"
>
> 孔子曰:"诺。吾将仕矣。"

[注释]

阳货:又名阳虎,"货"和"虎",可能其中一为名,一为字,只是何为字,何为名,因无明确记载,无法分辨清楚,因为《论语》中此人仅见于本章。阳货是鲁国大夫季孙氏家臣,《季氏》第二章"陪臣执国命,三世希不失矣"中的"陪臣"即指阳货,曾历事季平子、季桓子。定公五年(公元前 505 年),季平子卒。阳虎囚季桓子。定公七年,阳虎执鲁政,开"陪臣执国命"之先。定公九年,季桓子联合三桓将阳虎赶走,阳虎逃离鲁,先奔齐,后适晋,最后投靠赵简子。

归孔子豚:归,通"馈",赠送。豚,蒸熟的小猪。阳虎赠送孔子一只蒸熟的小猪,是为让孔子依当时礼节登门回谢,借此见孔子,并邀其出仕。

孔子时其亡也,而往拜之:亡,同"无"。时其亡,指伺阳虎不在家时回拜他,指孔子不想见阳虎。往拜,前往拜见,因阳虎拜见孔子在先,孔子"往拜",是依礼回拜。

遇诸涂:遇,遭遇,两者相遇。诸,之于。涂,通途,道路、路途。指孔子在往拜阳虎途中碰见阳虎。

怀其宝而迷其邦:怀,藏。宝,训"道",指治邦之道。怀其宝,指孔子身怀治邦之道的本领、德才。迷,迷失,迷乱。迷其邦,指任邦国处于无方向无秩序的混乱之中。

好从事而亟失时:好,喜好,热衷。事,政事、政治。好从事,指有热衷于从政的愿望。亟,屡次。失时,错过时机。指多次错过机会。

可谓知乎:"知"通"智",智慧、理智,指是不是智者。

日月逝矣,岁不我与:逝,去、离开、消逝。岁,时间、光阴。与,等待。指岁月消失,再不与我。谓年老当急仕。

[译文]

阳虎拜见孔子,孔子避之不见。阳虎送孔子一只蒸熟的小猪,想让孔子回谢。

孔子瞅准阳虎不在家时回谢他,但却在前往回谢的路上碰见了阳虎。

阳虎说:"你过来,我有话对你说。"孔子走过去,阳虎对他说:"身怀宝贵的治邦本领,却听凭母邦处于混乱之中,这称得上仁吗?"

孔子回答说:"不能。"

阳虎又说:"热衷于从政的理想,却一次又一次错过好机会,这可称得上智吗?"

孔子回答说:"不能。"

阳虎说:"时光流逝,岁月不会等待我们的呀。"

孔子说:"好吧。我应该出仕了。"

[通解]

孔子身怀文道救世理想,自许有定邦安国德才,孜孜不倦地寻求为政舞台,却始终处于"怀其宝而迷其邦"和"好从事而亟失时"的困境之中,究其原因,最重要者,是其执守一以贯之的返本开新、以仁入礼之道的内在矛盾。本章通过阳货与孔子答问,从侧面展示这一内在矛盾及实质。

一

阳虎拜见孔子,是要请孔子出仕,助他执政鲁国。

阳虎本为季孙氏家臣,事季平子。鲁定公五年(公元前505年),季平子卒,阳虎趁其子季桓子继位未稳,把持季氏政事,进而囚禁季桓子,迫使季桓子与之达成协议后才释放之。鲁定公七年(公元前503年),阳虎联络三桓家臣,驱三桓,号令鲁政局,开春秋史上"陪臣执国命"之先:"齐人归郓、阳关,阳虎居之以为政。"(《左传·定公七年》)

阳虎拜见孔子的事件就发生于这样的背景下。阳虎拜见孔子,是来请孔子出仕助他治理鲁国。阳虎选择孔子,其理由有四。第一,阳虎虽然是季氏家臣,但有治邦的头脑,清楚治其一国,必以人才为先。第二,阳虎了解孔子,知其有治邦大才。第三,阳虎知道孔子有从政治邦的理想和热望。第四,阳虎知道,孔子门下的弟子中有众多治才,如果孔子能助其治邦,就获得精英团队,其治必然成功。

孔子明知阳虎此来之意,故意躲避不见阳虎,于是才有阳虎赠送小猪,以及孔子依礼"时其亡"回谢和"遇诸涂"的事件发生。

二

孔子不愿见阳虎,有两种说法,一种说法是阳虎曾经数次得罪过孔子,故而孔子不愿与之交。其中最重要的一件事是孔子年少时受过阳虎侮辱,此事发生在孔子年少时期,其时孔子家贫,相传孔子年少时嘴馋,尤爱吃乳猪肉,所以凡是有吃的机会都会欣然前往。

> 孔子要绖,季氏飨士,孔子与往。阳虎绌曰:"季氏飨士,非敢飨子也。"孔子由是退。(《孔子世家》)

孔子十七岁这年,季孙氏宴请名士,孔子自然也不放过"可吃"的机会,但不幸的是,当他来季孙氏府,却遭其家臣阳虎阻拦,不准其进。孔子只得屈辱地退回。阳虎对孔子说"季氏飨士,非敢飨子也"中的这个"敢"字,体现浓厚的轻蔑感,由此后人为孔子抱不平,以此作为孔子"见辱于阳虎"的证据。司马迁描述的这个很生动的故事,同时也见诸《孔子家语》,描绘更形象动人:"孔子有母之丧,既练,阳虎吊焉,私于孔子曰:'今季氏将大飨境内之士,子闻诸?'孔子答曰:'丘弗闻也。若闻之,虽在衰绖,亦欲与往。'阳虎曰:'子谓不然乎,季氏飨士,不及子也。'"这或许从一个侧面说明:第一,将《孔子家语》和《孔子世家》这两段文字合起来看,阳虎的恶意是明显的,诱之于先,辱之于后。并且,对"诱之"的记载详细,对"辱之"的记载简略。但根据顾颉刚的"层累说",越是年代久远的记载越简朴,越是靠近的记载内容越繁富。这样来看,《孔子家语》详细记载阳虎诱惑孔子之事的真实性值得质疑,并或可表明《孔子家语》的这段文字更晚于《孔子世家》。第二,阳虎侮辱孔子的记载最早见于司马迁的《孔子世家》,之前再也找不到相关的文字,表明此故事更多属于汉人的想象创作,而非孔子本人的经历。故事的创造者主观上是为完美孔子,描绘由贫贱而成圣的成长的艰难,实际上却起到矮化孔子的作用,因为如上说辞均从不同角度反映出孔子心胸狭隘,"圣人"竟如此心胸狭小地记年少的"口福"之仇。

另一个故事是孔子游国生涯中的"围于陈蔡"。孔子遭遇陈蔡之厄,完全因为孔子貌似阳虎,陈蔡之厄差点让孔子丢了性命。司马迁在《孔子世家》中缩写了这个故事:阳虎擅自带兵过匡境去郑,由此得罪匡人。孔子游国期间去卫西行至于匡时,被匡人误认为阳虎,"拘焉五日"。后经反复努力消除误会,孔子一行才"得去"。陈蔡之厄,孔门徒子徒孙们自然算到阳虎头上——"曾参投杼疑慈母,阳虎招尤误圣人"(清代佚名之著《隔帘花影》)。但孔子"陈蔡之厄"发生在鲁定公十四年(公元前496年),阳虎拜访孔子却是约早于"陈蔡之厄"的公元前 504 年前后。说孔子拒绝见阳虎是因为"陈蔡之厄"的旧忌,实为牵强附会。

三

阳虎拜请孔子出仕,孔子不愿见,其根本原因应该不是私忌,而是基本立场的不同。

孔子的基本立场,是克己复礼以为仁。

复礼,是用仁改造周礼,使之重新具备维护社会秩序和安定人心的功能。

重建社会新秩序,是消除"天下无道,则礼乐征伐自诸侯出"或自"大夫出""陪臣出",孔子认为这违反文明的历史发展规律,必须消除这种状况而恢复"天下有道,则礼乐征伐自天子出"和"天下有道,则政不在大夫。天下有道,则庶人不议"(《季氏》)的政治生态。阳虎作为季氏家臣挟持主子执掌鲁国政大权,与孔子的基本政治立场相悖,所以当知阳虎来拜访,故意不见,以避其谋反之嫌。

聪明的阳虎明知孔子故意不见,所以赠送孔子礼物,因为他深知孔子懂礼,赠送其礼物,孔子必然回访,以此可得见之而游说孔子出仕助他。孔子知道这是阳虎的圈套,但礼数不能破坏,不然就有失君子风度。所以孔子伺其不在家时去回访,哪知孔子与阳虎之间命中注定有其缘分,不幸在路途中相遇,阳虎抓紧机会游说孔子。

阳虎确实不是一介莽夫,而是智者,他对孔子的几问,竟然打动孔子,孔子答应出仕。

当然,从更深层次讲,孔子所虑者,不是阳虎以下反上,而是奴反主,这是不义。这种被普遍认同的"不义"一旦沾上,会影响自己今后出仕,而阳虎劝说孔子的几个"问曰",讲的却是君子大道,君子大道是安定邦国天下之道。主张"君子贞而不谅"(《卫灵公》)的孔子,在小义与大道面前,自然赞同大道,于是他答应出仕。

孔子准备出仕,但并不一定出仕。"诺,吾将仕矣。""将"字,只是表态,表明可能做打算,或有此打算。从打算到行动,还有一个过程,或者说还有很长一段心理、认知、思想的道路要走,这当然包括静观阳虎的动作、作为能否可持续。孔子客观理智静观时变,只可惜,阳虎最终没有折腾几年,被强大的三桓驱赶出鲁国。于是,孔子的"将仕",也仅仅成为历史性的打算。

孔子"将仕"的打算,如果变成立即的行动,结果会怎么样?因为孔子有经国大才,更重要的是孔子一旦应阳虎之邀立即带领孔门团队参加阳虎博弈三桓的战斗,会写出另外一种历史,因为阳虎毕竟不是一介莽夫,而是一个头脑清醒有治邦之才的人。《韩非子·外储说左下》记载阳虎事败逃到赵国后与赵简子的一次对话："简主问曰:'吾闻子善树人。'虎曰:'臣居鲁,树三人,皆为令尹。及虎抵罪于鲁,皆搜索于虎也。臣居齐,荐三人。一人得近王,一人为县令,一人为候吏。及臣得罪,近王者不见臣,县令者迎臣执缚,候吏者追臣至境上,不及而止。虎不善树人。'"只可惜的是,虽然阳虎有能,也有势(鲁国内乱,需要秩序),却缺乏雄厚的力。如果孔子能及时与阳虎合作,或许鲁国可成为孔子文道救世理想得以实施的舞台。

第 2 章释义

子曰:"性相近也,习相远也。"

[注释]

性相近:性,人性。近,接近。指人的本性天赋,故而相接近。

习相远:习,习染。远,差异、距离。指天赋的人性在后天习染中表现出取向的差异。

[译文]

孔子说:"天赋人的本性相近,只是生活习染使之表现出不同的利欲取向。"

[通解]

孔子不愿见阳虎,是怕背以下反上的恶名,更多从眼前利害得失考虑。孔子"遇诸涂",经不住阳虎三问,答应阳虎"吾将仕",是从治邦之道考虑。由于这两个方面,蕴含本章与上章的隐秘关联:第一,通过阳虎三问,孔子发现阳虎与自己一样,是治邦之才,都有施志乱世的雄心和壮志。第二,通过阳虎三问,孔子发现阳虎与自己一样,都反对世袭特权制度,都持安邦治邦唯德才者是从的理念:孔子赞扬"雍也,可使南面",阳虎直截了当地取代季氏而执掌鲁政,二者的区别,只是一个尚停留于认知,一个已作为于行动。二人如此不同,除外部条件等因素的影响或制约外,可能更在于二人对传统或者"礼"的看法和持守程度有差异。从本性角度审视,孔子和阳虎二人虽然有其会合的历史性机缘,却最终缺乏会合共治其鲁的人性基石和价值同构,故而必不可真正走到一起。

一

在中国思想史上,有关人性的源头思想,人们似乎更乐意将此殊荣赋予孟子,而不是孔子。这种状况的出现,很可能与子贡所说"夫子之文章,可得而闻也。夫子之言性与天道,不可得而闻也"(《公冶长》)相关。也许子贡说的是实情,子贡讲此话之前,孔子未直接讨论过人性;或许,子贡之说,引发孔子对人性的言说,于是说出"性相近也,习相远也"这一人性史上的旷世名言。

客观地看,任何一个人,其思想的形成总是先于其对思想的言说,孔子的人性思想更是如此。子贡所讲的"可得而闻之"的"夫子之文章",自始至终贯穿了他对人性的思考,因为信而好古的孔子的所有讲述,都是建立在对历史上的人性论思想的总结和现实人性异化的反思基础上的,并由此开辟出返本开新的历史发展观和"以仁入礼"的人性重建思路。孔子提出"克己复礼以为仁",以仁为利器来开辟克制己欲、重建礼仪文明道路的实质性努力,就是对"习相远"的人性予以时代性再造以使之更"相近"。所以,孔子关于"性相近,习相远"六字言说,既是对古代人性论思想的精辟总结与概括,又是对当世人性状况的深度反思,由此开出人性重建的蓝图。

二

"性相近",这是孔子对古代先贤关于人性思考的思想总结。这一总结的要义有二:首先,人性乃天赋的观念,表明古代先贤的人性思想是自然主义的;其次,天赋的人性相近表明,人性之于人是共同的。

《尚书》是孔子之前就存在的典籍,其中虽未出现"人性"一语,但"天性""性"却先后出现五次,除去出现在伪古文《汤诰》《太甲上》《旅獒》所载的三次外,其余两次录于下:

> 西伯既戡黎,祖伊恐,奔告于王曰:"天子! 天既讫我殷命。格人元龟,罔敢知吉。非先王不相我后人,唯王淫戏用自绝。故天弃我,不有康食。不虞天性,不迪率典。"(《商书·西伯戡黎》)
>
> 王先服殷御事,比介于我有周御事,节性唯日其迈。王敬作所,不可不敬德。(《周书·召诰》)

第一段文字是纣大臣祖伊劝诫并批评纣王的天命观念时发表的一段议论:周文王发动战争势如破竹,打败黎国,恰恰在于大王你不揣度上天的本性,不讲律法,淫荡嬉戏自绝于天,是上天抛弃、惩罚我们的体现。其中,"不虞天性"的"性",指恒常不变的本性。第二段文字"节性唯日其迈"中的

"性",却做欲望讲,因为人的本性一旦落实在生存领域,就具象化为欲望。节性,只是由敬德而形成的个人节欲。

进一步看,这两处"性"包含丰富的潜在语义。首先,性即天性、本性:万物的物性和人的人性都受之于天,上天的天性即是德。其次,这一受之于天的人"性"向生存领域敞开,就生成为鲜活的欲望。其三,以欲望为基本内容的人"性"客观地存在着"度":在其度内是生;超过这个度会走向自毁。这个"度"即上天之性对人的要求,它表现在政治治理上,就是节欲而敬德。其四,对以"节欲敬德"为旨归的人"性"的体认,是源于"民"的现实要求性,即权力争夺、王权更替的生存事实,迫使统治者必须考虑如何稳定政权和怎样治民的问题,这一思考最终要落实为对民性(人性)的探索,以此寻求解释王权的最终依据。这一人性观在《诗经》和《左传》中展示得更清晰:

> 伴奂尔游矣,优游尔休矣。岂弟君子,俾尔弥尔性,似先公酋矣。
>
> 尔土宇昄章,亦孔之厚矣。岂弟君子,俾尔弥尔性,百神尔主矣。
>
> 尔受命长矣,茀禄尔康矣。岂弟君子,俾尔弥尔性,纯嘏尔常矣。
>
> ——《诗经·大雅·卷阿》
>
> 天生烝民,有物有则。民之秉彝,好是懿德。
>
> ——《诗经·大雅·烝民》

周王通过武功消灭殷商政权后展开文治,建立分封建制的庞大帝国。在这个疆域辽阔的帝国里,周王膺受天命,恩泽遍于海内,既长且久,福禄安康,样样齐备,因而能够尽情娱游,闲暇自得。这些称颂归结为"俾尔弥尔性",即祝周王长命百岁,以成为百神的祭主,永远享受天赐洪福。一句话,君主之性即是生,生乃合德、扬德、泽德;唯有如此,民才能秉承常道。

《烝民》中的"彝"字,据古义乃法也,常也,周初时多作"常法"讲。"秉彝"就是"守常法"或者说"守常理",即是"礼"①。《毛传》释"秉彝"乃"执持常道",并解"好是懿德"乃"莫为好有美德之人"②。"有物有则",指人与物皆由天所生:天生一物,必赋予该物以法则;天生人,同样赋予人以法则,这个法则是人执持的常道。这个常道是人的本性。一旦人循其天赋的本性,以此为常道而执守之,必然形成美德,成为美德的人。

---

① 徐复观:《中国人性论史——先秦篇》,上海,上海三联书店2001年版,第50页。

② (清)阮元校刻:《十三经注疏·毛诗正义》,北京,中华书局2008年版,第558页。

　　天生民而立之君,使司牧之,勿使失性。有君而为之贰,使师保之,勿使过度。是故天子有公,诸侯有卿,卿置侧室,大夫有贰宗,士有朋友,庶人、工、商、皂、隶、牧、圉皆有亲昵,以相辅佐也。善则赏之,过则匡之,患则救之,失则革之……天之爱民甚矣。岂其使一人肆于民上,以从其淫而弃天地之性? 必不然矣。(《左传·襄公十四年》)

　　徐复观认为师旷所论的勿使"失性"与"过度",都指人生而即有的欲望①,但结合上下文看则不然,"失性"与"过度"都指人的本性:"勿使失性",意即不要使民的本性丧失;"勿使过度",意即不使君的本性膨胀超过应有限度。理解此,须先解"牧"字:"牧"之本义是"饲养牲畜",引申为"治民",即治民应该像饲养牲畜那样,既要让他们吃饱,又要使他们顺从听话地过有秩序的生活。在这一根本的治民方略和框架下,民"失性"只源于两种情况:一是当其基本需要和欲望得不到保证时,民可能丧失本性;二是其需要和欲望得不到规范或规范不到位时,民也可能因此丧失本性。要从这两个方面"勿使失性",关键在君的**文饰**和**节制**要到家:"吾闻之,民受天地之中以生,所谓命也。是以有动作礼义威仪之则,以定命也。能者养之以福,不能者败以取祸。是故君子勤礼,小人尽力。勤礼莫如致敬,尽力莫如敦笃。敬在养神,笃在守业。国之大事,在祀与戎,祀有执膰,戎有受脤,神之大节也。今成子惰,弃其命矣,其不反乎?"(《左传·成公十三年》)这是刘康公与成公的一段对话,讨论春秋时代礼与性的关系。徐复观认为,在春秋时期促成"礼"的主要因素有二:一是"文饰";二是"节制"。文饰讲求铺张,节制讲求收敛,将方向相反的文饰与节制要求予以折衷,就形成"中":中是礼所要达到的目的。礼是人间道德的实在方式,所以礼才需要文饰和节制来展开自己,更需要以折衷方式实现自己。礼在这两个方面的自我规定与要求,由天地本性规定:"夫礼,天之经也,地之义也,民之行也。天地之经,而民实则之。则天之明,因地之性,生其六气,用其五行。气为五味,发为五色,章为五声,淫则昏乱,民失其性。是故为礼以奉之。"(《左传·昭公二十五年》)礼乃天地之性,性却由天所命,即定命而成性。君子定命成性在于勤礼致敬,勤礼致敬而养神;民定命成性在于尽力敦笃,尽力敦笃而守业。但二者要分别达到"养神"和"守业"的道德状态,均要借助节制来实施文饰:民之节制是"勿使失性";君子的节制却是"勿使过度"。

　　由是观之,夏、商、周三代孕育初成的人性观,由四个方面的内涵构成:

---

　　① 徐复观:《中国人性论史——先秦篇》,上海,上海三联书店 2001 年版,第 50~51 页。

一是道德主义:人性最终表述为礼。二是天命主义:人性是上天赋予所有物和一切生命的本性,其生存论表达是欲望。三是民道主义:天赋民以本。四是君道主义:上天赋予君以引导民"勿使失性"和引导自己"勿使过度"的本性,由此两个方面形成**正德厚性**的思想观念。

> 夫人性,陵上者也,不可盖也。(《国语·周语中》)
>
> 先王之于民也,懋正其德而厚其性,阜其财求而利其器用,明利害之乡,以文修之,使务利而避害,怀德而畏威,故能保世以滋大。(《国语·周语上》)
>
> 利器明德,以厚民性。(《国语·晋语四》)
>
> 夫膏粱之性难正也,故使惇惠者教之,使文敏者导之,使果敢者谂之,使镇静者修之。(《国语·晋语七》)

《国语》论及的人性,已荡尽天地之性的痕迹,表征为人所具有的基本欲求,正视人所具有的人性,才是安顿民心的根本方法。所以,欲要称王天下者,必先安民;要安民,需正视和尊重民的本性,只有**顺民足性**,才可导民乐生。要做到此,需要王天下者节制自我本性之欲,"勿使过度",根本方法是"正其德而厚其性"。正其德,其首要任务是自我修养而德正,这是"勿使过度"的根本途径;其次是教化和规训民使其德淳正,但前提是厚其性,顺民性,足民欲,最终使民生且生生不息,这是君王最大的和最根本的利。在"正其德厚其性"这一治邦方略中:正其德,是主体修养方法,亦即治邦的前提方法;厚其性,是实施的行动方法,亦即治邦的基本方法。二者整合生成为治邦的根本法宝,是"利器明德,以厚民性"。

要言之,在前孔子时代初成的人性观中,《尚书》和《诗经》中所论之"性",体现自然主义倾向;《左传》中所论之"性",更多宣扬天命主义;《国语》里面所论之"性",却喧哗民道主义价值取向。这种融自然、天命、民道于一体的人性论观念得以生成的根基是天命主义,这种天命主义思想从天上降落于人间生活,就是自然主义人性论,它以天性主义、欲望主义、生机主义和适度主义为内涵构成其价值取向。这一以天性主义、欲望主义、生机主义和适度主义为取向的自然主义人性论思想,为孔子的人性体认提供了认知视域和思想土壤。

三

在思想史传统中,人们多认为孔子在人性认知方面没有什么建树。形成这种偏见的原因可能有三:一是因为记载孔子思想的《论语》关于人性的表述只有两处:一处是子贡评价老师的学问领域没有涉及人性问题;一处是孔子自表人性思考。二是子贡说"夫子不言性与天道"。三是孔子对人性唯一一次正面表述太过简略,以至于使后世认为孔子的六字人性论表述没有具体的语义内涵,没有真知灼见。实际上相反,孔子之论是先秦时代最深刻的人性认知,并体现后世无法超越的思想高度。

第一,"性相近,习相远"清晰地表达了孔子对人性的基本主张:第一,人性是普遍的,共通的。第二,孔子未说出"性相近"的原因与理由,是因为他认为没有必要说。因为人性源于天赋的思想,自上古形成,至孔子时代已成为常识。这是孔子只道"性相近",而不论其何以"相近"的依据的真正理由。

第二,孔子传述古人"性相近"之经验的根本目的,是探求弥合"习相远"的生存困境。

要理解孔子弥合人性"习相远"面临的生存困境,须真正理解孔子"性相近"的丰富含义。孔子传述"性相近"这一历史经验,至少蕴含三层含义:第一,人性乃天地所成,非人力所为。在《论语注疏》中,何晏注曰:"性者,人之所受以生也。"邢昺进一步疏道:"言人感自然而生,有贤愚吉凶,或仁或义,若天之付命遣使之然,其实自然天性,故云:'性者,人之所受以生也。'"第二,由天地所成的人性,是普遍的、共通的,《论语注疏》云:"性,谓人所禀受,以生而静者也,未为外物所感,则人皆相似,是近也。"第三,由天地所成的共通人性,既是不变的也是可变的:人性的不变性,源于它是天地所成,与生俱来;人性的可变性,来源于它要接受环境的浸染,更受个体和社会所影响。

第三,人性,既简单也复杂:人性的简单性,根源于人性天赋的"相近";人性的复杂性,在其受环境浸染的可变性;但人性的可变性,最终源于人本身之"习"。"性相近,习相远"中之"习"字,人们往往以后人的观念来解读之,比如《性自命出》和《孟子》都将"习"理解为"习养":"养性者,习也;长性者,道也。"[1]"存其心,养其性,所以事天也。"(《孟子·尽心上》)但这些均是"习"之后起义,并不符合孔子原意。

> 子曰:"学而时习之,不亦说乎?有朋自远方来,不亦乐乎?人不知而不愠,不亦君子乎?"(《论语·学而》)

---

① 李零:《郭店楚简校读记》,北京,北京大学出版社2002年版,第118页。

《论语》二十篇,以"学而"冠首,并以"学而时习之"开篇,其意味深长源于"学而"。概括地讲,"学而"乃**学而且习**:学,意即对不知、未知的关注和探求;**习**,意在于对所学的东西的内在消化而后践履。所以"习"有两层含义:首先是将学得的共性知识内容内化为个性人格化的智慧能量、思维内容或认知、理解、判断、思想的能力,这一意义的"习",是温故知新;其次是运用这种内在化的思维、智慧、能力来指导自己的生活行动,即实做、践履。

第四,"习"无论指向内省思或体验,还是指向外实做与践履,必涉及利害。天地所成的人性在向生存领域敞开自身的过程中产生出来的巨大差异性,最终源于其生存的利害冲动或利害权衡。因为在实际的生存论域中,共通的人性总是要具象化为个体的生存需要和欲望,这一人性朝向生成的直接动力,恰恰是生命保存自身的资源需要冲动,因为一切滋养个体生命的资源都是有限的,都需要付出劳动和代价才能换取。所以,人性的敞开,必然以需要和欲望的方式呈现;人的存在,必然以利害权衡的方式敞开:获得滋养生命的资源,就是利;为滋养生命而付出劳动和代价,就是害。趋利避害,避苦求乐,或者趋害避利、避乐求苦,使人性在具体的境遇性存在中变得可能,这就是"习相远"。

四

在"性相近也,习相远也"这句完整表述中,"性相近"这前半句是孔子对历史上的自然主义人性思想的个性化传述;"习相远"这后半句才是孔子对人性的再发现,这一重新发现揭示"人性"如下三个方面的内容:

首先,"习相远"揭示一个基本的人性事实:作为天赋的人性,不仅具有相对稳定的不变性,还是动态生变的。由此呈现人性的整体状貌:人性在不变中生变,并在变中保持不变。变中不变的人性,源于人性天赋,天赋的人性必有其不变的内在规定性以及敞开朝向;不变中生变的人性,来源于人的存在本身的未完成、待完成和需要不断完成性。人的未完成、待完成和需要不断完成性,源于三个因素的合力:一是人的身体始终处于成长、变化的过程中,其生命不息,身体变化不止;二是人的心灵、情感、认知始终处于成长、变化的过程中,其心灵、情感、认知变化不止;三是人的需要和欲望始终处于变化的过程中,同样是生命不息,需要和欲望不止。

其次,"习相远"的人性表现出来的生存倾向、价值诉求及行为结果,有可能相去很远。孔子对这种"习相远"的人性取向做了多元层次描述:比如,"子曰:君子周而不比,小人比而不周"(《学而》)。又如,"子曰:"赐也,尔爱其羊,我爱其礼"(《八佾》)。再如,"子曰:君子怀德,小人怀土。君子怀刑,小人怀惠"(《里仁》)。还如,"子曰:君子喻于义,小人喻于利"(《里仁》)。等等。

其三,孔子对"习相远"的生存状态的揭示,还隐含一个未道出来的东西,这就是天赋相近的人性向生存领域释放自身的过程中,必然要接受利欲的习染。利欲对人性的习染,必然使原本"相近"的人性获得不同价值取向的改变。

概括如上内容,孔子在个性化传述人性认知的历史经验的同时,发现并把握了人性向生存领域敞开的动态变化的复杂性。孔子关于学而教育、关于文道救世的伦理和政治、关于正名知识论、关于中庸道德等方面的思考,都是建立在他对动态生变的人性认知所形成的思想基础上的。首先,普遍而共通的人性可以在后天习染中得到塑造这一经验事实,构成孔子"以仁入礼"的君子教育思想和君子伦理—政治思想的奠基石;其次,孔子基于人性是普遍而共通的这一事实,寻求和构建引导人去重塑共通人性的道路、途径与方法,构成孔子终身求索"以仁入礼"的君子理论的根本动力。

在对君子思想和君子实践道路、途径、方法的探索中,孔子认为,在人的实际生存领域,要使"习相远"的人性重新回复其"性相近"的本原状态,其正确的社会途径是从教育、伦理、政治等方面入手,对人进行"以仁入礼"的引导、规训,使之**成仁行礼**。

从整体看,孔子的人性思想内蕴存在论、生存论和实践论三维语义。对孔子来讲,其存在论层面的人性内容是"性相近":人性是天赋的,普遍的,共通的,这是孔子对人性的原发性思考,高度概括出古代人性思想的精髓,并予以个性化的传述,开出"命""天命"和"畏""敬"的体认及其形上倾向。其生存论层面的人性内容是"习相远":后天的人为和环境均可以改变人性,推动这种改变的强大力量是永无可满足的需要和欲望,它源于人的荒原性存在事实和匮乏性生存处境。所以,"习相远"既表述人的生存困境,也造就了人和社会的生存困境。这一双重人性生存困境必然引发孔子对人性的继发性思考,这种继发性思考的重心,是面对"习相远"的人性困境而再造人性,使人性重新复归于普遍、共通的本原性状态,这是从根本上解决因为人性分裂而带来生存困境的方式。所以,孔子对人性的继发性思考,必然促使他开辟出再造人性的实践论认知与开放性思考的道路,这一思考的实质性表述,就是为人性的复归设计和再造人性的社会实施方案,其可简要地表述为**"博学内省—敬德修业—以仁入礼—持礼成乐"**:"博学内省"需要以"学而"为准则的教育;"敬德修业"构建血缘宗法伦理;"以仁入礼"开辟从仁德走向公道的政治治理道路;"持礼成乐"是如上三者所达成的整合性社会生存状态和个体人生境界的抽象表述。

孔子对人性的继发性思考所形成的人性思想的具体内涵,就是"仁"与"礼"。在其道德人性论中,礼与仁的关系,既是"手段—目的"关系,也是行为规范与主体条件关系。前者表述为仁是礼所要达及的目的,礼是实现仁的途径与手段;后者表述为礼是行为的规范,仁是获得行为规范的主体能力。

孔子的"礼"是继周崇周的"别尊卑、明贵贱"的等级之礼,它具体呈现为血缘宗法内部"不下庶人"的行为规范。在孔子那里,"礼"是血缘宗法的纽带,也是君王权力与臣民关系的纽带。孔子将其系统化,从而探求出一种可普遍实施的践履方式与途径,即以"忠""恕""孝""弟"为基本内容的实践论之仁:从治邦角度讲,主体德性的"仁"指向对践履的规范,就是"忠""恕";从齐家角度讲,主体德性的"仁"指向践履的规范,只能是"孝""弟"。孔子把家(家族)和邦(邦国)作为整体来把握:"齐家"和"治邦"是修仁成礼的两个缺一不可的人生责任,完成这两个人生责任,首要条件是"修身",即以"礼"为目标获得"仁"以达成"礼"。

孔子终其一生努力构建以"以仁入礼"为基本进路的人性再造思想,不仅为孟子的性善论和荀子的性恶论提供了理论依据,也为他的以仁学和礼论为核心内容的君子理论在其身后被拥戴为统治意识形态,奠定了认知基石。

第 3 章释义

子曰:"唯上知与下愚不移。"

[注释]

上知:知,通智。指上等心智,或上等智力。

下愚:愚,愚钝。指心智特别低下。

不移:移,挪动,移动,做改变讲。指不可改变。

[译文]

孔子说:"唯有不可改变的是天赋的上等心智与下等心智之间的差距。"(即天赋的上等心智不可能降落到下等心智,天赋的下等心智不可能上升到上等心智)

[通解]

天赋相近的人性因为后天生存的利欲诉求的个性化和差异性,生成人性朝向的相异。然而,导致天赋相近人性"习相远"的根本之因,不是利欲诉求本身,而是人对利欲诉求的把握,包括其把握程度和把握方式。在人的存在敞开生存的生命进程中,人对天赋人性向生存领域敞开的利欲诉求的把握程度和把握方式,必然涉及人自身的心智问题:心智构成人在具体的生活情景中对利欲的感受和把握的千差万别,这种千差万别就是相近人性的"习相远"。

一

何晏注、邢昺疏的《论语注疏》将本章和上章合为一章。其理由是人性与心智不分。将人性与心智分开来讲,其理由是人性与心智虽有密切关联,但毕竟属于两个不同的东西。

人性是生命的本性,它向内凝聚,生成生命的内在规定,或可说人性是生命的本质内涵和本体形态;它向外敞开,构成生命的固有求生朝向。人性是天赋的,它随着人的存在敞开,形成人生存的原动力量,即欲望,这是人性"习相远"的**生命逻辑起点**。

心智,是人对待世界的天赋潜能,它实际上由心和智两部分构成:心,即心志;智,即智力。心志,即是心灵意志以及由此生成的心灵空间。心灵意志,包括三个方面的内涵,一是生命意志,完整表述是生命的自由意志,它构成心灵意志的底座和原动力,康德所讲的"意志自由",是人的自由意志的方向性呈现形态;二是灵魂,它是心灵意志向上敞开,通连天宇,向神而在;三是生命激情,它是心灵意志向下敞开,启动本能和利欲的生命机制。

人的生命的完整形态由身体、精神、心灵三部分构成。身体构成心灵和精神的载体,心灵是心志的居所;与心志相对应的是智力,它的居所是精神。居于精神世界中的智力,或可表述为思维和认知的天赋潜能,它直接受心志鼓动。由此形成何等水平的心志,必有何等水平的智力潜能。因为,居于心灵世界的心灵意志的方向性敞开,生成实际的心灵空间,这一心灵空间既为天赋智力设定了域度,也为天赋智力设定了空阔、灵敏程度。所以,在人的心智构成中,心灵意志、心灵空间是其天赋智力的本体,人的天赋智力不过是其心志意志、心灵空间的呈现形态。

这是理解本章内容需要明晰的"知"之内涵构成。

二

从内容看,本章可看成对上章主题的拓展。因为这两章内容都是论人的天赋。人生于天地之间,所秉承的天赋内容相当丰富,但最为根本和紧要的内容不过两方面,即**人性**和**心智**:人性构成人之**善恶**的原发动力;心智却构成人之**聪愚**的生命机制。或者,人性与心智,分别构成人的德、才的原发动力、原发机制。作为人,能否有德、能够德到何种程度,在于对天赋人性的内省。作为人,是否有才,达到怎样的水平,既在于天赋于个体以何等心智,也在于个体的人对天赋心智的开发程度。这是孔子在言说了人性天赋"相近"及后天敞开"习相远"取向之后,接着言说天赋人知的聪愚框架的根本原因。

从本原讲,人性与心智不可互通与转换,这在于:天赋人性,是相近的;或可说,人人拥有的天赋人性,没有区分和差异,所以没有转换的必要性:人性只是人性,并且也只有人性。与此相反,天赋人的心智,却是个体性的,它是天赋于人以区别和差异,不同的个体生命客观地存在着不同等级和水平的心智。

何以会出现人性的普遍性、共同性和心智的个体性、特殊性之间的差异呢? 这是因为天赋人性,是生物本性,或者说是生物基因的遗传;天赋心智,是人文本性,或者说是文化基因的遗传。这就是人性必要通过制欲来使之**避恶趋善**,心智却要通过"学而"来使之**降愚增慧**的理由。

天赋的人性不可改变,能够改变的是人性释放的方式、朝向。在这一绝对意义上,人性对心智无能为力,心智也不可改变天赋人性,可改变的只是"习相远"的人性表现,即心智可以使人性保持"相近",也可能使人性"习相远",还可能使"习相远"的人性重归于"相近"。孔子之特别注意"知"并特别强调"学而",是因为"学而"可以改变"知","知"可以调节人性的释放方式和方向。

三

从"天赋"主题言,本章承续上章而论。上章讲了两个方面的内容:一是人性的历史传述;二是人性的最新发现。本章则接着人性的最新发现论,具体讲习相远的人性如何敞开。

习相远的人性如何敞开,既可更"相远",也可更"相近"。其"相远"或"相近"都可有多种呈现形态或方式。但孔子认为最紧要也是最根本的却是心智。从心理学角度讲,心智是天赋心灵商数和智力商数的统合,经历后天开发其形成的是智慧。简言之,智慧是心志和智力的共生成果,它以超越方式向上展开,就是远见卓识;以沉降方式向下展开,就是浅陋愚见,这种浅陋愚见的整体呈现是愚。愚既可做愚昧、愚蠢讲,也可做不开化、生物性、本能等含义讲。

智与愚,是两相对立,它可以呈现和释放人性的两极状态。在孔子看来,人性相近,即是中,因为天赋人性没有善恶,没有真假,没有优劣,它是它自身的中正,也是它中正的自身。根据"性相近"的自然事实,大多数人都是"中人",习相远才使人获得智与愚的呈现形态。或更准确地讲,只有不同的心智,才造就智人和愚人:前者是心智聪慧的人,后者是心智愚钝的人。心智聪慧和心智愚钝,将天赋中正的人性开出善与恶的不同朝向。但在现实世界里,心智聪慧的人和心智愚钝的人,都是少数。并且这两类人是朝着两个极端方向展开谋求生存,始终不改变其相反生存的方向,这就是孔子所讲"上知与下愚不移":不移,指不能改变其方向,更不能消灭其相向而在的差距。

四

人性本来天赋相近,使其相远的根本力量,从大处讲,是人后天习染使然;具体而言,是人的心智运动所造成。

相对人而言,天赋的心智差异较大,即心智相远。天赋相远的心智通过后天的学而可以缩小其"远距",但最终不能彻底改变其上智与下智的根本差别。何以会如此呢?

一是源于个体的文化基因遗传所形成的心智格局不可改变,正如绝不可能以一幢平房的框架结构来建造出一幢楼房来一样。

二是由于心智格局和框架的天赋限制,人生来就客观地存在着上智、中智、下智的区分,这种区别只有在特定范围内产生可改变性。这个特定范围就是孔子所讲的"中人":"中人以上,可以语上也;中人以下,不可以语上也。"(《雍也》)中人,是指中等心智的人。唯有天赋中等心智的人,其才智既可向上发展,也可向下降落。向上发展,可能接近上智者;反向降落,必然成为下智者。

孔子指出,中智者避免向下降落的唯一可能性方式,是"学而"。孔子之热衷于教化和培育,根本的前提性认知是:天赋上智和下智的人都是少数,天赋中智者是多数,所以多数人可以通过教化和培育而改变,接近或达到上智。

除了中人因为具有天赋中智可以改变外,上智与下智之间不具有通约性:既不可由上智变成下智,也不可由下智变成上智。孔子这一智识观既是一种天赋心智观,也是一种智识等级观。这种智识等级主义是客观存在的,不可抹杀。

三是孔子讲上智与下智不移,虽然道出天赋下智者要达到天赋上智的水平根本不可能,但却指出天赋中智者可以"语上"。中智者可以"语上",不仅表明中智者可以向上努力接近上智者,更表明任何下一级的存在均有向上一级存在进发的可能性。比如天赋下智者,虽然根本不可能达向上智的水平,但也有向中智方向展开的权利和可能性。这是孔子"唯上知与下愚不移"包含的潜在语义,这个"唯"字就此显现出这种潜在语义,即只有上智与下智之间不可通约,不可互相改变,除此之外,中智与上智之间有可相互改变的空间,下智与中智之间也可有相互改变的空间。孔子这一"唯"的思想,也在"中人以上,可以语上也;中人以下,不可以语上也"中得到体现:中人以下,不可语上;但中人以下,却可语中。同时也可在"生而知之者上也,学而知之者次也,困而学之,又其次也。困而不学,民斯为下矣"(《季氏》)中得到体现:下智者不可达向上智而成为上智者,这是不可更改的宿命;但下智者却可改变自己向中智方向努力而成为中智者,进一步讲,下智者不可改变自己向中智方向努力,却不是天赋的宿命,而是人"困而不学"使然。人"困而不学",是人性堕落使然,而不是天赋使然。

第 4 章释义

子之武城,闻弦歌之声。

夫子莞尔而笑曰:"割鸡焉用牛刀?"

子游对曰:"昔者偃也闻诸夫子曰:'君子学道则爱人,小人学道则易使也。'"

子曰:"二三子,偃之言是也。前言戏之耳。"

[注释]

子之武城:子,对孔子的尊称;之,到、来到。武城,鲁城邑,今山东平邑南魏庄乡,当时子游为武城宰。

弦歌之声:弦,琴瑟。孔门弟子习礼乐,从政治邦有鼓瑟歌诗之教,这里指子游在武邑以礼乐为教,邑人皆弦歌。

莞尔而笑:莞,通"苋",本义为山羊细角,人微笑时两眉微垂,其状貌与山羊角相似。莞尔,微笑的状貌。

君子学道则爱人:君子,有德有位者。学,修习而懂得、掌握。学道,修习、掌握治世之道。爱人,以仁爱之心待人。

小人学道则易使:小人,有位无德者。易使,容易指挥、役使他人。

二三子:指相陪孔子到武城的众弟子。

[译文]

孔子来到子游的治邑武城,整个城邑都是弹琴唱歌的声音。

孔子微微一笑说:"杀鸡哪用得着宰牛的刀?"

子游回答说：“从前我听老师您说过：‘有位的君子学道，懂得如何以仁爱之心待人，小人学道，是为了更容易地役使他人。’”

孔子说：“诸位，子游说得很对，我刚才是在开玩笑。”

[通解]

上章讲天赋心智，客观地存在上智与下智之间不可通约，在这一命定的框架下，得以改变的可能性有二：一是中智向上智进发或上智向中智降落；二是下智向中智进发或中智向下智降落。这种改变的驱动力是学或不学。本章秉承如上思路，具体讨论如何通过教化引导人改变心智，使“习相远”的人性重新回复到“相近”的非利欲状态。

一

“学而”改变天赋心智使之向上，客观地存在主动和被动两种情况，前者是自觉提升心智水平而学，后者是被迫为解困而改变心智地学。这是从个体讲，从社会看，学又存在着以自己为动力而学，也存在以社会为驱动力的学，后者就是教化。

教化分三种形式：一是家庭教化，二是拜师受教，三是官教，即从政为官者肩负教化治下之民、人的责任义务。

在古代，官教的最好方式不是知识的灌输，也不是抽象的道德或刑罚理念强行向民、人推行和灌输，而是歌诗的熏染。这是因为歌诗纯粹，更在于歌诗弹唱的形式诉诸人情和人心，通过心灵、情感的陶冶改变心智。所以歌诗最易于让人在无形中获得教育，完成改变。这是孔子教人何以特别重《礼》《乐》的原因。当然，孔子教人特别重《礼》《乐》，又在于古代歌诗之教的深厚传统使然。

二

子游做武城的行政长官，实实在在地贯彻孔子歌诗教化治理的思想，所以孔子来武城考察弟子从政情况，老远听到飘来的音乐。孔子以为这样小的地方，是不需要歌诗教化治理的，所以才笑着说出“割鸡焉用牛刀”的话来。子游用孔子的教导来为之辩护，认为治理的理念和方法不应该因地方的大小而不同。孔子自觉失言，赶忙以“二三子，偃之言是也，前言戏之耳”自我纠正。

子游自我辩护的成功，不仅在于他“以子之矛攻子之盾”，更在于他所用以辩护的“君子学道则爱人，小人学道则易使也”的真理性。

一般人将这句话理解为孔子强调尊卑等级的不容侵犯。实际上，孔子此论与他的尊卑等级观没有关联。这里的“君子”对应的是“小人”，而不是

"民"。如果是指"民"，则是宣扬尊卑等级不容侵犯。孔子此论的大意是：君子学道是为了**爱**同类，小人学道是为了**役使**同类。这里的"使"不是指被动词，而是主动词，即役使、支配。

子游重复孔子"君子学道则爱人，小人学道则易使"的治邦理念，以此为理由和依据，为自己的歌诗教化治理方法辩护。君子和小人的根本差异，与"君子与民"的差异根本不同：君子与民的差异，主要是天赋心智的差异，这种差异不仅体现为"上智与下智不移"，更体现为"困而不学"。所以，君子与民之间表现在"习相远"方面的人性差异，也是因为心智差异造成的，或者是心智差异构成其人性**表现**差异的根本动力。与此相反，君子与小人之间的根本差异，不是天赋心智的差异，而是"习相远"的差异。这种差异体现在学上，即君子小人都愿意学，都能学，但根本的区别是君子"学道则爱人"，小人"学道则易使"。这是学的动机和目的不同：君子学道，是从政化民，服务他人和社会；小人学道，是为更好地役使他者为自己服务。这是孔子"君子学道则爱人，小人学道则易使"的基本思想，但孔子嘲笑子游对这一思想实践推行的理由，是武城这个地方太小，用不着歌诗教化治理。子游却认为，只要是君子，学了歌诗教化治理之道，无论所治的地方和区域大小，同样可以使用得上。更深一层的反驳则是，如果君子所学之道不用在为政治理上，不也成了小人学道则易使吗？子游的反驳，虽然用的是孔子的原话，但却赋予更新的含义：衡量学道是否爱人，是看他无论在什么地方从政为官，能不能用于治理，能不能用于化民，能用，就是真爱人，也是真君子，不愿用，不用，就是不爱人，也会沦为伪君子，成为小人。这是孔子何以马上知错认错的深层原因。

第5章释义

> 公山弗扰以费畔，召，子欲往。
>
> 子路不说。曰："末之也已，何必公山氏之之也！"
>
> 子曰："夫召我者，而岂徒哉！如有用我者，吾其为东周乎！"

[注释]

公山弗扰以费畔：公山弗扰，即公山不扰，鲁国大夫季氏家臣。费，季氏私邑，公山弗扰是季氏的费邑宰，鲁定公六年（公元前504年），参与阳虎废黜三桓的政变，其事最终败后，阳虎奔晋继而适越，公山弗扰仍旧留在鲁国。畔，通"叛"，指反叛季氏。

召，子欲往：召，召请、邀请。子欲往，指孔子打算应召前往。

末之也已：末，无。之，指"到什么地方"。末之，无处可往。已，感叹词，意为止。指既然无处去，就哪儿也不去。

之之：第一个"之"助词，第二个"之"动词，指到达。

而岂徒哉：徒，即空；意为既然公山弗扰召请我，肯定是有意于我，岂能空召请。

吾其为东周：为，作为。为东周，有二解：一是振兴东周；二是振兴周道于东方，直言之，指在鲁振兴周道。根据孔子文道救世理想和实际处境、条件，后解更为贴切。

[译文]

公山弗扰准备反叛季氏，为此来召请孔子，孔子准备前往。

子路反对夫子此想法，很不高兴地说："既然没地方去，就哪儿也不去，何必要追随公山弗扰呢？"

孔子说："他既然召请我，一定对我有诚意，不可能只做做样子吧！如果真有人重用我，我一定会在东方的鲁国振兴周道！"

[通解]

本章与第一章内容相似，贯穿相同的主题，又为第二章"性相近，习相远"提供案例。进一步表达孔子愿意接受阳虎、公山弗扰之类的小人物之邀，以下反上，是基于实现"吾其为东周"，也是急于践履"吾其为东周"，所张扬的根本政治思想是"雍也，可使南面"的唯德才事邦的思想。

一

公山弗扰，其人《左传》没有相关记载。相反，《左传》记载了与此名相近的人公山不狃。后世研究者多认为公山弗扰即公山不狃。但也有反对者，比如，元初陈天祥所著《四书辨疑》认为公山弗扰、公山不狃各为其人。如果联系《左传》记载"季寤、公锄极、公山不狃皆不得志于季氏"，其人并在后来接受阳虎的联络而共谋反叛看，本章所论公山弗扰应该是《左传》中的公山不狃。

关于公山弗扰欲反叛季氏而召请孔子，孔子欲往这件事，是否为真的问题，清代考古辨伪学家崔述对此提出疑问，认为本章内容是后人伪托以污孔子。但如果结合孔子身怀治世之志寻求施展屡不可得的具体生存处境观，本章内容应该是孔子求仕经历中的真实生活片段，它从一个侧面展示孔子真形象。

鲁定公六年(公元前 504 年),季氏家臣阳虎囚初继卿位的季桓子,鲁定公八年(公元前 502 年),阳虎欲去三桓,联络季桓下属即费邑宰公山弗扰。公山弗扰本就心怀不被重用的忌愤,自然利用此时机谋自己的打算。于是他准备以费邑为据点反叛季氏。公山弗扰也如阳虎一样,为使反叛成功,积极联络各方力量和名士,自然想到孔子,不仅因为孔子是名士,更因为孔子有一个学府,其门人就是一支治邦安国的队伍。这是阳虎和公山弗扰都要联络孔子的根本考虑。

二

阳虎和公山弗扰来召请孔子,孔子的反应并不热忱。阳虎亲自来请孔子,孔子不见,或因为拿不准局势,所以审慎;或可能基于抬高身份的考虑。不然,如果孔子真拒绝阳虎,也不会拘泥于礼节做回访。如果是那样的话,就没有了后来阳虎追问孔子何为"仁"何为"智"的事,更不会有孔子答应出仕的考虑。

孔子虽然答应阳虎,但最终未有成行,可能还是因为时势未明而犹豫时,阳虎已经通过囚禁季桓子的方式强行其签约承认阳虎为代理执鲁政者,要不就是孔子变得不重要了,孔子答应出仕的想法最终因为没有马上行动而落空了。正是这一落空的教训,当两年之后公山弗扰来召请时,孔子甚至毫不犹豫地答应了。因为孔子有机不可失,失不再来的迫切感。由此可以感受到孔子的出仕欲望。

孔子之所以在公山弗扰召请时竟毫不犹豫,是因为他经过阳虎召请落空的事,想明白了一个问题:春秋晚期已经礼乐崩坏,仅鲁国就已进入彻底的乱局:卿大夫凌邦君,陪臣凌大夫,彼此无序的三角关系表明:诸侯、卿大夫、陪臣,此三家坏蛋算是一物降一物。邦国公室弱,根本问题不在君主,而在臣。"孔子的原则是维护公室。他要出来做事,只有两个选择:一种是自上而下,支持权臣,打击陪臣,维护公室;一种是自下而上,支持陪臣,打击权臣,维护公室。"①孔子原来希望走前一条路,但他发现这条路几乎没有向他开放的可能性;"陪臣执国命"的势头在鲁国日益嚣张,他似乎感觉到后一种选择对他来讲更为现实。所以,他说出了不管是什么人,只要愿意用他,他都可以为之所用。目的是获得一个发挥自己才能的平台,以实现他的文道救世理想,即振兴周道于东方。这是孔子失去应阳虎相邀的机会之后,突然来了公山弗扰的机会,想毫不犹豫地抓住它的原因。

三

孔子如此想,却遭到子路的反对。

---

① 李零:《丧家犬:我读〈论语〉》,太原,山西人民出版社 2011 年版,第 299 页。

阳虎来请,子路并未反对。为何公山弗扰召请,子路要反对呢?

首先,阳虎是亲自来拜请孔子出仕,公山弗扰却是派人来召请孔子,在子路看来,这是老师的身份掉价了,不值得。

其次,阳虎与公山弗扰虽然都是季氏家臣,但地位身份大不相同。阳虎是季氏府总管,直接为执掌国政的上卿办事,身处权力中心;与此相反,公山弗扰只是季氏私邑的邑宰,远在地方,身处权力边缘。依子路判断,阳虎反叛,可能会成功;公山弗扰反叛,定然不会成功。

基于如上两个方面因素,子路才说出"末之也已,何必公山氏之之也",在子路看来,在鲁国,孔子实际上已经没有去处。在大智慧的子路看来,一个人既然没有真正值得去的地方,那就干脆待在原地不动,等待新的时机。这样急急忙忙什么都不分辨地跟着像公山弗扰这样的人瞎跑,那真是不值得,更重要的是败坏自己的名声,今后无法收场。

或许因为子路的反对,孔子虽然自我辩解"如有用我者,吾其为东周乎",最终还是未成行。因为,虽然孔子经常批评子路,但却在许多时候或者说一些重要的或关键性的问题上非常看重子路的看法和判断。从《论语》中可以窥见,在一些关键性的事情上,因为子路而使孔子避免了失足。在某些方面,子路的智慧和明智成就了孔子。在后人的眼里,一直因为孔子经常批评他而以为子路只是性直而没有敏锐,没有远见,没有独立正确的判断。这恰恰是后人感觉判断的失误。可以这样讲,在孔门中,大智慧者群中,子贡或可排第一,子路或可列第二。

第6章释义

子张问仁于孔子。

孔子曰:"能行五者于天下,为仁矣。"

请问之。

曰:"恭、宽、信、敏、惠。恭则不侮,宽则得众,信则人任焉,敏则有功,惠则足以使人。"

[注释]

恭则不侮:恭,恭敬、庄敬。侮,轻慢、侮慢。指待人恭敬者不会受到轻慢或侮辱。

宽则得众:宽,开阔,宽容、宽厚。得众,得到众人认同、拥戴。指心胸开阔能容人容物者,可得众人拥戴。

信则人任:信,诚实、守信。任,信任。指诚实守信的人能得到人信任。

敏则有功:敏,疾速、敏捷、勤敏。有功,成事。指头脑敏锐的人总能成就事物。

惠则足以使人:惠,恩惠、慈惠。使人,指挥、役使人。心存慈善而恩惠人者总是能够使人为其所用。

[译文]

子张向孔子请教何为仁。

孔子说:"能够将五种品德践履天下,就是仁了。"

子张说:"请问是哪五种?"

孔子说:"庄敬、宽厚、诚信、勤敏、慈惠。庄敬避免侮辱,宽厚得到拥戴,诚实守信受到信任,勤敏于事获得成功,慈惠使人任其所用。"

[通解]

人性天赋相近,却习相甚远,源于心智作祟。心智将人性鼓动朝不同方向敞开,最终因为利欲推动。孔子欲事阳虎和公山弗扰,其驱动力同样是利欲。在这一点上,孔子与常人没有区别;但孔子又不同于常人,这种不同表现出来的根本方面,是其欲望出仕从政不是因为实利,也不仅停留于常人之仁,而是要实现"文道救世"的大仁。这是本篇从第一章展开至于本章的主题关联和逻辑进路。

——

仁是孔子思想的精髓,也是孔子"学而"教育的基本主题。关于"仁"字,《论语》共出现一百零九次。孔门弟子问仁,一共九次。其中,樊迟三次,子贡二次,颜渊、仲弓、司马牛、子张各一次。孔子每次回答都不相同。

(樊迟)问仁。曰:"仁者先难而后获,可谓仁矣。"(《雍也》)

其仁大致接近于本章的"勤敏"。

樊迟问仁。子曰:"爱人。"(《颜渊》)

其仁大致接近于本章的"宽厚"。

樊迟问仁。子曰:"居处恭,执事敬,与人忠,虽之夷狄,不可弃也。"(《子路》)

其仁大致接近于本章的"庄敬"。

子贡曰:"如有博施于民,而能济众,何如? 可谓仁乎?"子曰:"何事于仁,必也圣乎! 尧舜其犹病诸! 夫仁者己欲立而立人,己欲达而达人。能近取譬,可谓仁之方也已。"(《雍也》)

其仁大致接近本章的"慈惠"。

子贡问为仁。子曰:"工欲善其事,必先利其器。居是邦也,事其大夫之贤者,友其士之仁者。"(《卫灵公》)

其仁大致接近于本章的诚信和勤敏。

司马牛问仁。子曰:"仁者其言也讱。"曰:"其言也讱,斯谓之仁已乎?"子曰:"为之难,言之,得无讱乎?"(《颜渊》)

仲弓问仁。子曰:"出门如见大宾,使民如承大祭,己所不欲,勿施于人,在邦无怨,在家无怨。"(《颜渊》)

其仁大致接近于本章的"恭"与"信"。

由此可知孔子"仁"的思想内涵的丰富性。由于"仁"的思想内涵的丰富性,才形成孔子应答弟子问仁之方式和答案的多样性。并且,孔子因人施教,遵循"不愤不启,不悱不发,举一隅,不以三隅反,则不复也"(《述而》)原则,不同的人问同一个问题,都是基于问者本人在现实生活中遭遇不同问题或困惑得不到解答时的认知求助,因而不同的求问者期待得到解答疑问或困惑的意向不同,这种不同意向造成孔子解答同一个问题总是从特定角度切入,形成"以事件为本体"[①]的思考方式,生成仁的思想内涵的丰富性和开放性。仁的思想内涵的丰富性,根源于"仁"之主体的德性本身;仁的思想内涵的开放性,根源于仁本身的生活化和个体人格化取向。

———————————

① [美]郝大维、安乐哲:《孔子哲学思微》,蒋弋为、李志林译,南京,江苏人民出版社2012年版,第7页。

二

仁,是主体性建构的品德内容。品德建构的深层动机和目的虽然于己,但行为指向却是人。正是因为如此,孔子关于由恭、宽、信、敏、惠五者所构成的仁,其内在的主题是己如何善待人的问题。

恭,指对人庄敬、恭敬。孔子指出,唯有对人庄敬、恭敬,才可"不侮",即不侮人,也己不受侮。从根本讲,人受侮的根本原因是己侮人,所以"恭则不侮"里面包含一个为人、待人的辩证法:己不侮人,人不侮己;反之,己若侮人,人必侮己。在人的生活世界里,善待或恶待,其实是相互的。

宽,指对人宽厚。孔子指出,唯有心胸开阔、凡事凡人相容,就能得众。宽厚之于己,必以心的博大、眼界的开阔、站得高看得远为前提。所以宽厚的实质是人成己的厚重。厚重者,才使人深信不疑,才可使人有靠得住的直觉。更为根本的是,宽大、宽厚、厚重的实质是谦让。容纳的本质是让,让的本质是忍心;宽者,是既能忍又能让的人。忍与让的实质是敬重他人,这是"宽则得众"的根本缘由。由此可以看出,"宽则得众"讲的仍然是善待。

恭与宽,虽然都讲善待,但善待人的指向不同:恭,善待人,注重的是人的精神、人格,庄敬、恭敬的是人的精神和人格;宽,善待人,注重的是利害。

信,指对人诚实和守信,揭示言行协调一致的根本性。"信则人任"仍然讲己与人的互动性、互生性:你如何对人,人如何对你;你信人,人才信你;反之,你诈人,人将诈你。这是"信则人任"的辩证法。

敏,指做事勤敏。勤敏于事,事则成;反之,懒怠于事,事则难成。这是事与劳的辩证法,其实质仍然是人与人的互动问题。因为人与人交往总是要落实到具体的事,勤敏于事的实质是对与其事相关的所有的人的恭、宽、信。所以,"敏则有功"的实质是"敏则有人":有人则事功。以此观之,人与事的辩证法最终是人与人的辩证法。

惠,指恩惠。惠直接承"敏"而来:勤敏则事功,事功则生利。通过勤奋达及的事功之利如何处置,涉及"仁"的问题:所利全部归于己有,还是首先考虑相关的他者? 这个问题将"敏则事功"背后的"敏则有人"和"事功则成于人"的本质突显出来。"敏则事功"的"功"既然是人做出来的,那么真实的或者真诚的仁,必然是感恩。感恩的基本方式是给予人以恩惠。一但如此,人们总是愿意与你相处,愿意与你共同做事,甚至愿意接受你的调遣,或愿意为你服务,且乐此不疲。这是"惠则足以使人"的辩证法。

概言之,恭、宽、信、敏、惠的辩证法,是**善待**的**辩证法**。善待的辩证法,本质上是**利益取予**的辩证法。对这一辩证法的践履和推行,既是仁,也是德。若此做进一步探究则会发现:孔子"恭则不侮,宽则得众,信则人任焉,敏则有功,惠则足以使人"的仁学思想里面贯穿**"德-得"相通**和**"德-得"相生**的利益伦理精神。

第 7 章释义

佛肸召,子欲往。

子路曰:"昔者由也闻诸夫子曰:'亲于其身为不善者,君子不入也。'佛肸以中牟畔,子之往也如之何?"

子曰:"然。有是言也。不曰坚乎,磨而不磷;不曰白乎,涅而不缁。吾其匏瓜也哉?焉能系而不食?"

[注释]

佛肸:晋国大夫赵简子的私邑宰。

以中牟畔:中牟,赵简子私邑。畔,通"叛"。指佛肸以中牟为据点反叛主子赵简子。

磨而不磷:磷,薄。指坚硬的东西不论怎样打磨也不使其薄。

涅而不缁:涅,矾石,一种黑色染料。缁,黑色的帛。指真正洁白的东西无论怎样染也不会使其染黑。

匏瓜:一种果实比葫芦大的草本植物,其果味苦,人所不食,但其果老熟后可剖制成器具。

系而不食:系,捆、挂。不食,不能吃,指匏瓜因味苦而不能食,所以收获悬挂之而无所用处,这里是孔子喻自己不能像味苦不能食的匏瓜那样,系而无用。

[译文]

佛肸召请孔子,孔子打算前往。

子路说:"曾记得老师你以前说过:'亲自做了坏事的人,君子是不能入其党的。'佛肸占据中牟反叛他的主人,老师您却要前往助他,这是什么道理?"

孔子说:"对的,我确实是说过这话。但是,难道你没有听说过吗?真正坚硬的东西,不论怎样磨也不会变薄;真正洁白的东西,无论如何染也不会变黑。我难道只是一只苦匏瓜吗?怎么能空空地悬挂在那里,不期望有人来采食呢?"

[通解]

本章记述的内容,虽与第一章和第五章有所不同,但却存在背景和主题方面的关联性。或者,整合三章内容,可以窥见孔子生活的当世,是怎样"天下无道":不仅礼乐征伐出自诸侯,而且"政在大夫"最后演变成为"陪臣执国命"。鲁国这种无道乱象,在晋国也出现,或许鲁、晋的无道是天下乱象的缩影。这种天下无道的乱象既使孔子感到正常的求仕途径被阻断,也使孔子看到新的机会不断涌现。原本维护正统和公室权威为正道的孔子,也开始跃跃欲试走由下而上的路子,即愿意投靠反叛者,以为实现"为东周"的政治梦想。结合第五章来体会子路与孔子的对话,展示孔子一以贯之的正统大道与时变思想的矛盾:在第五章和本章中,孔子对子路的说服,本质上是自己以"为东周"的时变实践思想对一以贯之的"以仁入礼"文道救世理想的说服,这种自我说服的实质,是改变由上而下的正统出仕路径,跃跃欲试自下而上的为政路径。

一

鲁定公十二年(公元前498年),晋国执政大夫赵简子(? ～公元前476年)因为向赵午索取"卫贡五百家",不给,借此杀了赵午,引发中行氏和范氏联合讨伐赵简子,赵简子不能挡,从国都绛(今山西翼城东南)退守晋阳(今山西太原西南)。当此时,因挟嫌争权,知氏、韩氏、魏氏三家又联合讨伐范氏和中行氏,迫使范氏、中行氏出奔朝歌(今河南淇县)。赵简子由此得以重新回国都复位,并率晋军围攻朝歌。鲁定公十五年(公元前509年～公元前495年),赵鞅与范氏、中行氏决战,赵鞅获全胜。次年,范氏、中行氏逃奔邯郸,后至中牟(今河南省鹤壁市西),中牟本是赵简子私邑,其邑宰佛肸亦赵鞅家臣,但却投靠范氏和中行氏,占据中牟,反叛赵鞅,并派人召请孔子,孔子欲往,却又遭到子路反对。

子路此次反对孔子欲往的理由,与几年前反对孔子欲往助公山弗扰不同:子路反对孔子前往助公山弗扰,是觉得孔子掉价而往不是明智之举:"末之也已,何必公山氏之之也?"认为智者的理性做法应该静观其变,不能随便去助一个不可成功的反叛者。本章中,子路反对孔子欲前去晋助佛肸这样一个反叛主人的邑宰,是因为这违背了孔子自己的基本立场,这就是:"昔者由也闻诸夫子曰:'亲于其身为不善者,君子不入也。'佛肸以中牟畔,子之往也如之何?"

应该说,子路的质问和反对是理性的。但孔子却不以为然,他也针对性地提出了反驳子路的理由,但这个理由相对几年前反驳子路不同意他助公山弗扰的理由一样,没有力气:在欲往助公山弗扰反叛这件事上,孔子反驳子路阻止的理由有二：一是认为我孔子是大名士，公山弗扰派人来召请我，肯定是有绝对的诚意，"夫召我者，而岂徒哉"？二是实现自己的政治抱负时不我待："如有用我者，吾其为东周乎"。本章中，孔子反驳子路的理由也有两个：首先，针对子路所说"亲于其身为不善者，君子不入也"，孔子先承认自己确实说过此话，认为自己的话至今没有错，仍然有效，但孔子告诉子路，自己选择与自己基本立场相反的方式去帮助一个干过坏事的人，是因为自己品质坚定、德性高尚，不会被坏人腐蚀，相反，自己会以其"磨而不磷"的坚硬和"涅而不缁"的本色去感化和改变恶人。其次，孔子告诉子路，自己来到这个世界上的使命是拯救时世，所以自己必须有所作为。孔子还告诉子路，自己肩负使命要有所作为，前提是必须为人所用，否则就会像味苦的匏瓜那样"系而不食"。孔子明白地表示，自己决不做系而不用的匏瓜："吾其匏瓜也哉？焉能系而不食？"

二

读《论语》，会发现孔子总是在子路面前强词夺理，此次也不例外。从阳货到公山弗扰再到佛肸，孔子一而再，再而三地欲往助家臣反叛主子，是因为孔子越来越清楚地看到：自己所处的时代，诸侯背叛周室，已成为不可逆转的事实；大夫背叛诸侯，是不断发生的事件；家臣背叛大夫，也成为争先恐后的潮流。这种多发的逆生和倒退时局，给予孔子两个方面的强烈冲击：一是在这种乱象环生的时代，出仕于正道的可能性越来越小。二是自己文道救世的理想付诸实践越来越迫切。或者，在孔子看来，诸侯背叛周室、大夫背叛诸侯、家臣背叛大夫的种种乱象，表明文道救世的紧迫性；要迅速实现文道救世的政治抱负，手段选择已经不重要，重要的是目的本身。这是孔子驳斥子路反对的理由"然。有是言也：不曰坚乎，磨而不磷；不曰白乎，涅而不缁"的真正内涵。原因之二是孔子反问子路"吾其匏瓜也哉？焉能系而不食"，随着年龄的增长，孔子越发感觉到时不待我的焦躁，甚于非理性的渴望。

虽然如此，孔子仍如欲往于阳货、公山弗扰那样，最终只是"欲往"而已。这从一个侧面展现出一个真实的孔子，在利欲面前表现出感性与理性的博弈。正是通过这种博弈，呈现出鲜活的面貌，一方面有常人的那种面对巨大利欲、好处而勃发的感性冲动，同样强烈；另一方面又具有超越常人的思想家的特有定力，这是孔子三番五次"欲往"助叛，最后只是说说而已最终并未成行的根本原因。

更重要的是，在不断出现的诱惑面前，面对弟子子路的批评和阻止，一方面展示了子路的敏捷、睿智和对老师的忠诚，另一方面更展示了孔子"错而能改"的品质与德性。人,都是有局限的,从不犯错,永远正确,唯有神才可做到,除了神,万物都是有限的,更何况人。有限,意味着可能犯错,孔子仍然是一个普通人,存在普通人的生存、认知、判断和理解等局限,自然有可能犯错。人的错误,有认知的、思想的,也有行为及其结果的。孔子之超越常人的地方在于,他的许多错误,都如同欲往于阳货、公山弗扰、佛肸助叛那样,只有想法,没有行动,或者是可以感性地冲动,最终始终是理性地抉择行动,那就是面对诱惑而不作为。

第8章释义

子曰:"由也,女闻六言六蔽矣乎?"

对曰:"未也。"

"居,吾语女。好仁不好学,其蔽也愚;好知不好学,其蔽也荡;好信不好学,其蔽也贼;好直不好学,其蔽也绞;好勇不好学,其蔽也乱;好刚不好学,其蔽也狂。"

[注释]

六言六蔽:六言,指后面所讲的仁、知、信、直、勇、刚六种德性。六蔽,指后面所讲的愚、荡、贼、绞、乱、狂六种弊害。

居:坐,这里指坐下来。古代,对长者问,必侍立聆听,孔子叫其还坐而告之。

好仁不好学,其蔽也愚:好,喜好、热爱。好仁,笃爱仁。蔽,通"弊",弊端、弊病。愚,愚笨、迟钝。指只笃爱仁而不爱好学的人,必然自害于愚笨。

好知不好学,其蔽也荡:知,通"智"。好知,笃爱智慧。荡,动荡、游侠、不安静。指笃爱智慧却不好学的人,其心必然飘动难以有归之宁静。

好信不好学,其蔽也贼:信,诚信。好信,笃爱诚信。贼,伤害。

好直不好学,其蔽也绞:直,正直。绞,急切,指偏激。笃爱正直而不学的人,往往易于偏激。

好勇不好学,其蔽也乱:勇,直面不惧。乱,犯上违背礼法,横暴。笃爱勇敢而不好学的人,易于横暴犯上。

好刚不好学,其蔽也狂:刚,不曲,刚正。狂,骄纵。笃爱刚正不阿的人如不学,容易自我骄纵。

［译文］

孔子说："仲由,你听说过六种品德六种弊害吗?"

子路回答说："没有。"

孔子说："那你坐下,我告诉你。笃爱仁却不好学,自害于愚笨;笃爱智慧却不好学,自害于心不归宁;笃爱诚信却不好学,自害于伤害;笃爱正直而不好学,自害于偏激;笃爱勇敢而不好学,自害于横暴;笃爱刚正而不好学,自害于骄纵。"

［通解］

表面看,本章与上章没有关联性。但《论语》编纂者将本章置于上章之后,必有特别的考量。这种考量可能在于子路几次阻止夫子"欲往"从政打算所暴露出来的特别直、刚、勇等性格之蔽,需要为师的提点。所以,本章构成孔子因人施教的典型案例,展示孔子对子路的特别教诲。

一

孔子如此特别教诲子路,是因为子路的基本性格倾向是行动,并不热衷于读死书,也相对淡漠空洞的观念之学,比如"子路使子羔为费宰,子曰:'贼夫人之子。'子路曰:'有民人焉,有社稷焉。何必读书,然后为学'",子路这种公开反对读死书的说法,被孔子骂之为"是故恶夫佞者"(《先进》)。不仅如此,子路三番五次反对孔子的想法和欲望,虽然在最终理由上是理性的、可成立的,但也暴露出子路智、直、刚、勇等性格缺陷,孔子教以"六言六蔽",是为其能用所长而补其短。

孔子之"六言六蔽",不仅教诲特别,而且体现普世性。联系第二章"性相近,习相远"和第三章"唯上知与下愚为不移",心智虽然是天赋的,但可以部分地改变和提升,唯有努力地改变和提升心智,才可使人性更相近。改变和提升心智的基本方式,是学。在孔子看来,学之于人不仅重要,而且根本。因为"学"能为社会性的个人提供共同的世界,包括共同的认知世界、共同的情感世界、共同的生活世界。只有进入这一共同的世界之中,人与人之间才能够相互接触与交流。能进入这个共同世界的前提条件,不仅能学,更要"好学"。

二

在孔子看来,人所以要好学,因为好学可以避免愚、荡、贼、绞、乱、狂六种人格、品德方面的缺陷,使仁、知、信、直、勇、刚六种人格和品德达于适中而避免任何形式的片面或偏激。

孔子告诉子路,仁是君子的基本品德,笃爱仁是人成己成人的必需,但笃爱仁是有条件的,需要辨别,否则,就会沦为愚笨,造成愚蠢。好学则可使之明其仁的边界、理解仁爱的前提和条件,好学可以使人具备正确的判断能力,判断具体生活情景中的行为、做法到底仁与否。概言之,笃爱仁须以智为主体条件,智始终是学的结果。

因为仁而笃爱智,成为必须。但由于智始终是学的结果,仅仅笃爱智而不好学,所造成的自害结果必是心无归宁而行为放荡,这是因为智可能给人注入勇敢,将人引向外而热衷于行动的偏好,却不屑于向内凝聚驻守。从根本讲,智慧的表现必须通过行为,包括言说这种特殊的行为;但智慧的真正形成,却需要扎于心底,需要在心底沉淀、打磨,使之空灵、圆润、柔和。如此之知才能使人归于宁静,行为中正。但要具备如此之知,唯有通过学本身来打磨。所以,笃爱智者必须好学;具备好学之知,人心才获得归宿,获得宁静感,形成廓大感,产生包容性。

君子之知,必有信。然而,诚信、信用之于君子,应该“贞而不谅”(《卫灵公》)。君子之信有大小之别:小信(“谅”),乃人人日常生活必守之信,君子亦不例外;但在为政治邦领域,君子可以为其“贞”之大信而失其小信。如果不问青红皂白地讲信,最终不仅伤害自己,也会伤害别人。如何辨别信之大小,这不是诚信本身能解决的主体性问题,必须通过学而获得。好信不好学的人,往往思维僵化、头脑简单,不知变化,比如尾生高与女子“期于梁下,女子不来,水至不去,抱梁而死”(《庄子·盗跖》)之信,是既害自己也害人的愚蠢。

从这个角度看,不仅好仁不好学是愚蠢,好信不好学也是愚蠢。同样,好直不好学,更是愚蠢,这种愚蠢表现为刻薄和偏激。刻薄和偏激,当然伤害他人,但最终伤害自己。孔子与叶公关于“直”之论辩,最能说明“好直不好学”造成的刻薄与偏激,可以达到六亲不认的地步。孔子反对叶公式的六亲不认的“直”,主张“父为子隐,子为父隐,直在其中”(《子路》),其根本道理在于人性。但如何懂得人性,学是唯一路径。所以,直者必要好学,才可使直的品德避免偏激、刻薄而达于中正。

直者往往勇。勇者,面对任何人事均不惧。勇者有定力,但却易于无视法度、沦为横暴。直者可以避免如此无边界、无限度而行有礼法的真正方式,是好学,通过学本身来化其太过有棱角的性格,使达于平和中正。所以,好勇不好学的人,反而会使勇的性格推向极端而使之成为害。勇的性格是天赋的,使勇之有度,则是后天文化思想陶冶磨合的体现。

直能够成为一种无害而有益的品格、德性,必然经历学的磨砺。缺乏学的磨砺,任其禀赋之直自然敞开,就会朝着无度的勇和无度的刚方向膨胀,其结果是自我骄狂,凡事逞一时之勇,逞一时之能,使自己沦陷于进退难适的艰难处境。所以,刚的性格要成为良好的品格和德性,唯有通过好学而自磨,使其刚柔相济、伸缩有度。

第9章释义

子曰:"小子何莫学夫《诗》?《诗》,可以兴,可以观,可以群,可以怨。迩之事父,远之事君。多识于鸟兽草木之名。"

[注释]

小子何莫学夫《诗》:小子,不定指称代词,是孔子对弟子的称呼,意指你们这些人。夫,那,指称其后的《诗》。夫《诗》,复指用语,意在于对前面所"学"内容《诗》的强调。

《诗》,可以兴,可以观,可以群,可以怨:诗,指学《诗》。兴,兴起、激发。观,观赏、观察。群,使之适群、合群。怨,忧怨、讽刺。

迩之事父,远之事君:迩,近。事,侍奉。远,相对"迩"言,有进门出门的意思,即进门以侍奉父母为天职,出门以侍奉君主为责任。

多识于鸟兽草木之名:识,认知、熟悉。名,名称、称谓。此句相对学《诗》可以兴、观、群、怨论:诗崇尚比兴,比兴往往以眼前事物的感发而起兴,达于比类相通。所以,学于诗可对天地之间鸟兽草木之名多能熟识。大而言之,学之于诗,就眼前事物感发,可达于俯仰之间对万物的化境体悟。孔子教人学《诗》,多识于鸟兽草木之名,实乃引导人以廓大心胸,开阔眼界,通达大仁。

[译文]

孔子说:"你们这帮小子,为何不学《诗》呢?学《诗》可以感发内隐的情志,学会如何考见得失,可以懂得怎样合群地生存,更能帮助人排遣生活的忧怨。学《诗》,从近处讲,懂得如何侍父母;从远处讲,懂得怎样事君主。还有,学《诗》可以更多地知道一些鸟兽草木的名字,以广见识,开胸襟,得思想,澈仁心。"

[通解]

学既然可以帮助人避免愚、荡、贼、绞、乱、狂六种人格、品德方面的缺陷,使人修养成仁、知、信、直、勇、刚六种健全人格和品德,那么学什么和怎样学才可达到如上正反两个方面的效果呢?孔子从《诗》的化育功能入手,引导弟子明知:以兴、观、群、怨、识的方式学《诗》,就可达到如此境界,获得如此效果。

一

孔子认为,人成己为君子,是天赋和后天作为两方面因素的合生。首先,人要成为君子,必须以天赋为起步。天赋于人的根本因素是人性和心智:天赋的释放决定人的德与非德,或善与恶,人性趋向于近,就创造出善美;人性趋向于远,就形成丑恶。将天赋人性弄出善恶来的不是利欲本身,而是对利欲的看待和运作。具体地讲,是无限度地释放利欲还是有限度地释放利欲。看待和运作利欲的主体性能力,是知,它的来源和依据是天赋的心智。天赋的心智虽然客观地存在"上""下"两个极端,其大多数个体却可通过后天努力得到改变和提升,这就是"学"的功能:学,能改变人的天赋心智,提升人的心智能力,使人性趋近。这是人成己为君子的根本方法。

在这一认知背景下理解上章与本章之间的语义关联,会一目了然:上章讲学与不学的根本区别,它在事实上形成人格、品格、德性等方面的差异。这种差异表现为两极对立:好学可以使人的仁、知、信、直、勇、刚达于中正,既不过(偏激与骄纵)也无不及;反之,不好学则使人滑向愚、荡、贼、绞、乱、狂。从根本讲,上章讨论好学与不好学所形成的对立人格、品格取向,实际上展露天赋人性趋近与趋远的两极。所以,上章讨论好学对人性的塑造,使"习相远"的人性达于"相近",其表现形态是个人的人格、品格修养达于中正。本章则是在上章基础上讨论另一个天赋问题,即心智的改变和提高如何学的问题,或者,上章是反面论不好学对人格、品格的消极塑造,最终将人性引向相远(即恶)的方向;本章却从正面论好学提升人的心智可以从哪些方面实现。

二

既然好学有如此多的好处,那该学什么呢?孔子告诉弟子,从改变心智、提升才能角度讲,最需要学的是《诗》。

为什么改变心智和提高才能必须要学《诗》呢?

孔子把《诗》作为课程,有三个目的。首先,《诗》是文化价值的载体,包含了大量有关文化传统的宝贵资料,为现代社会提供了根和源,成为社会的稳定因素。其次,《诗》作为一部艺术作品,展示出精美的品性。它是词汇的宝库,能用来改善人们口头和书面的表达技巧,为组织和表达人类的经验提供了一种丰富的媒介。最后,在春秋时期令人眼花缭乱的政治斗争中,《诗》又是一部以隐晦方式触及敏感问题的重要著作,对任何外交官或者未来的政治家而言,熟谙《诗》中的兴、比方式,都是很重要的。[1]

仅从学《诗》可以改变人的心智、提升人的才能角度讲,孔子说得非常明白,学《诗》获得三个层面的自我培养:

第一个方面,学《诗》可以开启心智,培养起兴、观、群、怨的才能。兴,是内在情志的自我调节方式;观,是生活得失的自我矫正方式;群,是与人协调相处的基本方法;怨,是得体排遣消极情绪和健康生活的有效方式。概括地讲,学《诗》可以兴观群怨的实质,是学《诗》成为自我调养心、志、情、思,使之达于中道状态的好方法,亦是人的主体能力养成和提升的好方式。

第二个方面,学《诗》可以培养起两种基本的生活能力:一是自我培养侍奉父母的能力;二是自我培养起忠诚事君的能力。这是人成己为人和人成己为君子所必备的基本才能,这两种基本才能的养成和释放均融进德。

第三个方面,学《诗》可以促进人打开视野,广见识。因为学《诗》可以引导人"多识鸟兽草木"的实质,是促发人广泛地了解和认识物理世界,这是存在于天地之间的人不可缺少的认知能力,正是对物理世界的了解和认知的不断拓展真正打开了人心智的天空,生活的才能不断提高才有后续的动力。

第 10 章释义

子谓伯鱼曰:"女为《周南》《召南》矣乎? 人而不为《周南》《召南》,其犹正墙面而立也与?"

[注释]

《周南》《召南》:《周南》《召南》是《国风》中的两篇,简称为"二南"。今之《诗》分类为国风、大小雅、颂,国风在雅、颂之前;但十五国风却以"二南"为首。"南"相对"夏"言,指成周以南的楚、郑等国;"周南"和"召南"则是周公、召公分治的南国。古代,《诗》是谱乐唱颂,即为**歌诗**,所以《仪礼》称"二南"为《诗》之"正歌"。但《周南》排于《召南》前,共十一篇,即《关雎》《葛覃》《卷耳》《樛木》《螽斯》《桃夭》《兔罝》《芣苢》《汉广》《汝坟》《麟之趾》。《召

---

[1] [美]郝大维、安乐哲:《孔子哲学思微》,蒋戈为、李志林译,南京,江苏人民出版社 2012 年版,第 42 页。

南》共十四篇,即《鹊巢》《采蘩》《草虫》《采蘋》《甘棠》《行露》《羔羊》《殷其雷》《摽有梅》《小星》《江有汜》《野有死麕》《何彼襛矣》《驺虞》。

正墙面而立:正,对着。正墙面,指脸正对墙壁站立,喻无法看见任何事物,自然无法向前一步。这里是说《周南》《召南》之于《诗》,犹如一堵墙壁,要学《诗》,必从《周南》《召南》始,如果不先学《周南》《召南》,就如同正面对着一堵墙壁,无法向前推进。

[译文]

孔子对伯鱼说:"你学过《周南》《召南》了吗?一个人学《诗》而不读《周南》《召南》,就如同面对墙壁站立,既不见一物,也无法前进。"

[通解]

第八章讲学之于完善健全人格和品德的重要和根本,第九章讲为健全人格和完善品德而学,最好是学《诗》。本章则继之论学《诗》应该如何着手。

一

本章通过孔子询问其子伯鱼是否学《诗》,而告知伯鱼学《诗》之要:要学好《诗》,养成"迩之事父,远之事君"的德性德行和"多识鸟兽草木"的认识能力,必须先读《周南》《召南》,这不仅因为《周南》《召南》乃国风之始,而在于《周南》《召南》是学《诗》的起点:"然则《关雎》《麟之趾》之化,王者之风,故系之周公。南,言化自北而南也。《鹊巢》《驺虞》之德,诸侯之风也,先王之所以教,故系之召公。《周南》《召南》,正始之道,王化之基。"(《毛诗故训传·关雎序》)只有先学《周南》《召南》,才可打开《诗》门而入内。

为什么学《诗》必要先学《周南》《召南》呢?

钱穆先生在注本章时说:"二南之诗,用于乡乐,众人合唱。人若不能歌二南,将一人独默,虽在人群中,正犹面对墙壁而孤立。或说,《周南》十一篇,言夫妇男女者九。《召南》十四篇,言夫妇男女者十一。二南皆言夫妇之道,人若并此而不知,将在最近之地而一物不可见,一步不可行。"(《论语新解》)钱穆所言中的。但要理解钱穆所言,需要弄清楚两个问题:

第一,为什么言"夫妇之道"的《周南》《召南》是"正始之道,王化之基"?

第二,为什么言"夫妇之道"的《周南》《召南》是学《诗》的入门,抑或成为理解《诗》的逻辑起点呢?

二

要解决如上疑问,需要理解古代的文化和礼制。

人类文化是以民族为基本单位和主体,一个民族有属于自己的文化。并且,任何一种文化,其初创阶段都赋予了它一种本体论思想和宇宙生成论的观念,中国古代文化也是如此。仅从目前所存的典籍观,记载中国古代最初的历史、文化和思想的典籍,除《书》《诗》外,就是《易经》。而《易经》则为我们提供了理解孔子"人而不为《周南》《召南》,其犹正墙面而立"的密码:

> 曰:"有天地,然后有万物生焉,盈天地间者唯万物……有天地,然后有万物;有万物,然后有男女;有男女,然后有夫妇;有夫妇,然后有父子;有父子,然后有君臣;有君臣,然后有上下;有上下,然后礼义有所错。夫妇之道,不可以不久也,故受之以恒;恒者久也。"(《易经·序卦序》)

混沌的太极是宇宙世界万物的本原,天地日月是世界万物的根本;世界万物却是充盈天地日月的具体生命内容。并且,宇宙世界万物的生成,是按照一定次序逐渐实现的,即先生成天地日月,然后由天地日月生成风雷、山泽、水火,再由天地日月和风雷、山泽、水火生成万物,最后再生成出人(男女),由人(男女)生成出新人(子女),由新人生成出父子,由父子生成出君臣,由君臣生成出人间礼仪秩序。将此宇宙人间的生成论逻辑予以简图呈示如图 17-1。

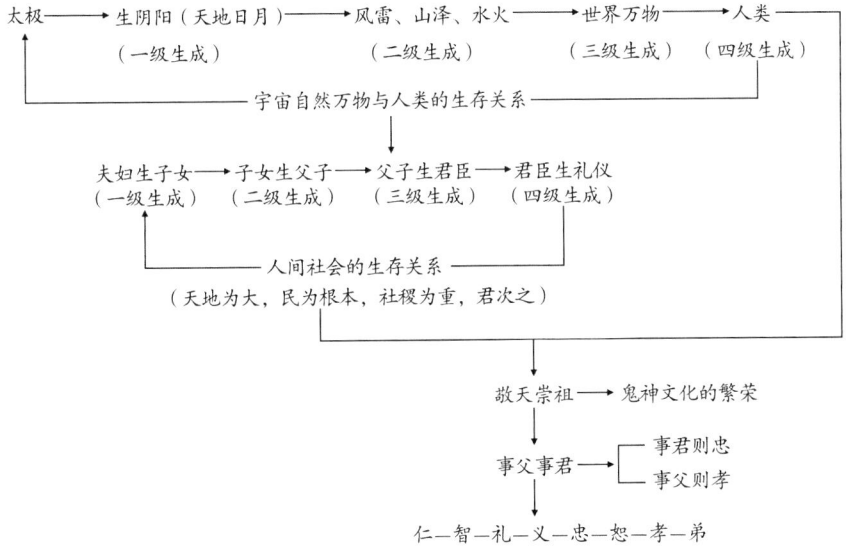

图 17-1　宇宙自然律向人文律和社会律生成的逻辑体系

品味图 17-1 的逻辑生成结构,则可理解钱穆对本章的注释:上古人制定礼和礼制的逻辑起点是夫妇,《周南》《召南》既是《国风》的开篇,也是整部《诗》的开篇,或者说《诗》的编纂者之所以将《周南》《召南》置于其首,作为《诗》之"正歌",是因为二十五篇《周南》《召南》,有二十篇言男女之事、夫妇之道,这是人的起源、血缘的起源、家庭的起源、天下邦国的起源,社会结构和秩序的基石,更是文化、思想、精神和人伦道德、政治治理的源泉。学《诗》先学《周南》《召南》,是了解、认知、体悟这一起源、基石、源泉。所以,**它是起步,也是入门。**

第 11 章释义

子曰:"礼云礼云,玉帛云乎哉? 乐云乐云,钟鼓云乎哉?"

[注释]

玉帛:玉器和丝绸,是古代礼仪常用的礼物,后来亦成为书写礼制的载体,有如今天的纸张。

钟鼓:两种打击乐器:钟,用金(青铜)所制;鼓,用(皮革)所制。既指完成礼制的乐器,也指礼器。

[译文]

孔子说:"礼呀礼呀,难道只是书写礼制的玉帛文献吗? 乐呀乐呀,难道仅仅是敲击钟鼓的声音吗?"

[通解]

《周南》《召南》乃"正始之道,王化之基",阅读《周南》《召南》而进入《诗》,实际上是奠定"正始之道,王化之基",才可继续前行,习成礼,获得乐。这是本章与上章的关联,亦是理解本章内容的内在理路。

—

君子好学,乃矫正人性,训练德性和才智。

基于矫正人性,训练德性和才智的成己要求和成人目标,好学不仅是学《诗》《书》,培养品格,建构德性;同时也要学礼,以规范行为,建构德行能力。本章内容,似应是孔子教弟子以礼的内容,让弟子讨论礼乐的作用。

首先,礼乐需要载体。制定礼制的载体是玉帛,所以玉帛,乃礼之所用者;完成或者实现礼制的载体是钟鼓,所以钟鼓,是乐之所成者。

其次,礼乐不仅是礼器,或者礼物,礼乐的内涵、礼乐所应有的精神以及发挥出来的陶冶、引导、规训功能,比其所依托的物质形式玉帛和钟鼓更为重要。这是理解本章中孔子以"玉帛云乎哉?"和"钟鼓云乎哉"设问的潜在思想。

孔子连用两个反问句设问,首先是为表达和强调礼乐的本体内涵比礼乐的形式更重要、更根本;其次是要以此引发弟子们思考。礼,不只是记载礼制的玉帛文献,或者礼仪场合所使用的那些玉器;乐,也不只是一种乐器,或者使用乐器所拨弄出来的美好声音。礼通过玉帛书写而得到制定,制定礼必存敬心而后才书之以玉帛;乐通过钟鼓才可完成礼并实现乐,完成礼实现乐必先生和气才可发之于钟鼓。所以,礼乐,始之于人的心情的纯化,形之于玉帛和钟鼓,却成之于人的行为方式、生活方式的构建,这种行为方式和生活方式建构的实质,却是人的心灵方式、情感方式和精神方式的社会性构筑。

二

礼乐始之于人心,是从主体角度讲。礼乐的主体构建的前提,却是德性的生成,这是学《诗》功夫的精诚所在。《诗》可以兴、可以观、可以群、可以怨,是从自发到自觉地建构礼乐所需的主体德性。或更准确地讲,通过学《诗》而兴、观、群、怨,不过是"学而"内省的方法,通过这些内在省思的方式,人才可生发礼乐所需要的"敬心"和"和气"。通过兴、观、群、怨所内生的"敬心"和"和气"必然会付诸行为,指导日常生活,就是"迩之事父,远之事君"。君子学《诗》首在成己,但最终目的是在成人。因而,学《诗》养成"迩之事父,远之事君"的行为和方式要能够于己而人,需要将其"敬心"和"和气"的行为方式秩序化、规范化、普遍化,于是,就有了对礼乐的制定,然后通过玉帛和钟鼓等载体,引导人们习礼习乐,以实现治民安上。治民安上,是美教化、移风俗。礼乐之于美教化、移风俗,在于日常和欣赏;礼之行,努力于日用常行;乐之成,通过娱乐而纯粹心灵和情感。

从根本讲,礼制这个载体以及礼器这些媒介,只是礼之末,曰"铺筵席,陈尊俎,列笾豆,以升降为礼者,礼之末节也"(《礼记·乐记》)。礼之始乃心,礼之成乃行;同样,乐之始于"和气",乐之成于心灵和情感的纯化:"乐者,非黄钟大吕弦歌干扬也,乐之末节也,故童者舞之。"(《礼记·乐记》)但礼与乐又各有别:礼之彰异(个性)而求同(共性);乐则求同(共性)而扬异(个性):

乐以治内而为同，礼以修外而为异。同则和亲，异则畏敬。和亲则无怨，畏敬则不争。揖让而天下治者，礼乐之谓也。二者并行，合为一体。畏敬之意难见，则著之于享献辞受登降跪拜；和亲之说难形，则发之于诗歌咏言钟石管弦。盖嘉其敬意而不及其财贿，美其欢心而不流其声音。故孔子曰："礼云礼云，玉帛云乎哉？乐云乐云，钟鼓云乎哉？"此礼乐之本也。（《汉书·礼乐志》）

第 12 章释义

子曰："色厉而内荏，譬诸小人，其犹穿窬之盗也与！"

[注释]

色厉而内荏：色，颜色、面部表情。厉，威严、严厉。荏，软弱、怯懦。

穿窬之盗：穿，凿洞。窬，通"逾"，爬墙头。

[译文]

孔子说："表面威严而内心怯懦者，即使在小人群中，大概也只属于那种穿壁爬墙的行窃之徒。"

[通解]

礼乐对人的作用，不在外在修饰和形式的完美，而是内在修养。上章讲述为何如此之"理"，本章以具体实例说明其"理"如何"在理"。

一

礼乐，就是敦教化、美风俗。

敦教化、美风俗之日用常行方式，就是"迩之事父，远之事君"。

"迩之事父"，在于心诚其孝敬，而不是能养："今之孝者，是谓能养，至于犬马，皆能有养，不敬，何以别乎？"（《为政》）"远之事君"，必是诚之以礼，方可事之以忠："君使臣以礼，臣事君以忠。"（《八佾》）

礼乐不只是普遍的形式，它必须走向个体对行为的完成，真正达到敦教化、美风俗的效果，必然要求人对行礼乐必敬之于心，和之于行，否则，只成为"色厉内荏"的小人行径，礼乐也只沦为表演的道具。

二

礼乐的制定者，是上位者。礼乐的完成者，同样首先是上位者。上位者以何种姿态和方式行礼乐，决定着下位者怎样仿效，因为"上有所好,下必趋之",但最终却决定整个邦国社会能否"敦教化,美风俗"。如果上位者以礼乐装点表面的威严,行为上却怯于推行礼乐,实质上是小人德性。

在孔子看来,小人也有分:有光明正大的小人,有偷偷摸摸的小人。"色厉内荏"者,表面上将自己修饰或装点成君子,行为上却与君子背道而驰。这样的表面君子实际是小人,并且是小人中最卑劣的那类人。小人中最卑劣的那类人,就是凿洞爬墙行窃之徒。当这类"穿窬之盗"把握国政,乃国之不幸,更是民之不幸。

> 孔子见多识广,洞察人心。几乎所有的僭主和暴君都是色厉内荏的。他们的暴政往往源于内心的极度恐惧、忧惧。这就是为什么僭主和暴君往往不能光明治理的心理原因。孔子有识于此,所以并不畏惧执政,坚持"以道事君"。①

孔子用"穿窬之盗"来比喻"色厉内荏"的上位者,更有一层深意:小人执掌国政的前提,是小人行窃国政。小人以凿洞爬墙的行窃方式盗取国政之后,穿上礼法的道具,装模作样地满嘴仁道礼法梦想,实际上满嘴谎言,大行暴政。所以色厉内荏的人窃国时,规规矩矩,并且满嘴的仁义道德,八面讨好,满天许诺;然而,一旦窃国成功,就一方面谎言不断,一方面暴政加码。所以色厉内荏者当政,只是国贼;并且凡是国贼,都是色厉内荏者。谎言和暴政构成国贼的真实形象:谎言,重在表现其色厉;暴政,重在暴露其内荏。孔子之对当世小人执政邦国的真实嘴脸的刻画,可谓入木三分。也正是这种入木三分的洞察,才使他不妥协、不苟合,坚持一以贯之,以道事君。哪怕终身固穷,也义无反顾。

第 13 章释义

子曰:"乡原,德之贼也。"

[注释]

乡原:乡,有二义:一,与"城"相对,指乡里;二,做类型讲,指其群鄙俗。原,通"愿",谨慎敦厚。指一乡之中貌似忠厚并以其"忠厚"假象取悦于众

---

① 金纲:《〈论语〉鼓吹:圣贤的光荣与漏洞》,天津,天津人民出版社 2007 年版,第 566 页。

的老好人，表面厚道，实质上是"与流俗合污的伪善者"（黄克剑语），所以它是道德之贼。

德之贼：贼，窃他人之物为己有者，其行为体现对礼法的破坏，更呈现对道德的败坏。指窃取有德者之位的人。

[译文]

孔子说："以表面敦厚取悦于众的老好人，是人间道德的败坏者。"

[通解]

礼乐对人的作用在于实质，而非形式，只追求形式，纵然能够在表面上施行礼乐，也不过是小人行径。上章分析"色厉内荏"者，指出这类小人最拙劣，不过属于"穿窬之盗"。本章揭示"乡愿"这一类投其所好的小人，本质上是披上道德外衣盗取道德之名的小偷而已。

一

行礼乐，敦教化，美风俗，原发于两种力量推动。

一种力量是邦国上位者，即邦君。邦君应该是礼乐推行的原发力量，成为礼法和道德的榜样，这是敦教化、美风俗的根本保障。如果一国之上位者由色厉内荏者所窃，就成为国贼持国。国贼持国，整个邦国必会沦为"凿墙穿壁之徒"的天堂。

如果上位者诚敬礼法，表率道德，但要真正实现敦教化、美风俗，还需要一个中间环节运动起来与之配合。这个中间环节就是由卿大夫所统领的为政阶层，如果这批人沦为乡愿者，那么敦教化、美风俗的社会建构仍然会落空。因为邦国的为政者一旦因私利而沦为"取悦于乡人"的乡愿者，必然抛弃礼乐教化和道德的表率建设，成为礼乐和道德的破坏者，沦为堕落教化和污染风俗的罪魁祸首。

二

孔子对政治的睿智，体现在很多方面，但对时政弊病以及生成根源的深刻洞观，构成最重要的一个方面。上位者的色厉内荏，为政者的乡愿主义，应该说构成了孔子生活的当世邦国政治的基本特色。邦君横行，以谎言和暴政治邦；为政者沦为乡愿者，以取悦上下为要务，从中牟取己利。由此形成世道浑浑，孔子欲以文道拯救此浑浑乱世，必要揭露国贼和乡愿，使其无所躲藏。

但在孔子看来，为政者的乡愿取向，比色厉内荏的暴君对邦国社会的危害更大。因为为政者介于君主与民之间，实际上构筑起一道过滤墙。如果为政者由担当邦国道义的坦荡君子构成，敦教化、美风俗的社会治理同样可以贯彻于始终；反之，如果为政者大多沦为乡愿者，即使上位者是堂堂君子，其直接达于民的力量相当微弱甚至成为不可能。正是在这一双重意义上，孔子才如是说"乡原，德之贼也"。

三

孔子提出"乡愿"概念，但并未具体界定什么叫乡愿，只是揭示乡愿者造成的巨大危害甚至有过于"色厉内荏"者。要理解孔子的话，有必要理解什么叫乡愿。

有关于何为乡愿，后世《孟子》将"乡愿"者称为原人：

> 孔子曰："过我门而不入我室，我不憾焉者，其唯乡原乎！乡原，德之贼也。"
>
> 曰："何如斯可谓之乡原矣？"
>
> 曰："何以是嘐嘐也？言不顾行，行不顾言，则曰：'古之人，古之人。行何为踽踽凉凉？生斯世也，为斯世也，善斯可矣。'阉然媚于世也者，是乡原也。"
>
> 万子曰："一乡皆称原人焉，无所往而不为原人，孔子以为德之贼，何哉？"
>
> 曰："非之无举也，刺之无刺也，同乎流俗，合乎污世，居之似忠信，行之似廉絜，众皆悦之，自以为是，而不可与入尧舜之道，故曰'德之贼'也。孔子曰：恶似而非者：恶莠，恐其乱苗也；恶佞，恐其乱义也；恶利口，恐其乱信也；恶郑声，恐其乱乐也；恶紫，恐其乱朱也；恶乡原，恐其乱德也。君子反经而已矣。经正，则庶民兴；庶民兴，斯无邪慝矣。"（《孟子·尽心下》）

乡愿，小人之愿；乡愿者，小人，它与"君子"相对。与"小人"相对，君子是仁者，仁者有两方面取向和努力：一是"苟志于仁矣，无恶也"（《里仁》）。二是"唯仁者能好人，能恶人"（《里仁》）。反之，与"君子"相对的小人，忽视甚至蔑视对仁的修养，在行为上表现为只"能好人"，不"能恶人"。这种人，你想要批评他，却找不出具体的事例来证明；你想要指责他，却觉得没有可指责的。因为这种人与流行的习俗以及污浊的社会同流合污，行为似乎廉洁，表现得也很忠厚，受人人喜欢，而且他自我感觉也很好：乡愿者自认为讲礼法合道德，但如果与之讲仁德、公道，就会暴露出马脚来。所以，孔子认为这类人是破坏礼乐、践踏道德的恶人。简单地讲，只"能好人"不"能恶人"的人,是"德之贼"。这样的人一旦盘踞于为政舞台,或者整个为政舞台为这类人把持,敦教化、美风俗的社会治理就会落空。如果为政者尽取"乡愿",而一国上位者又属"色厉内荏"者,那么"凿壁爬墙"的窃国之徒与"德之贼"的乡愿者同流合污,必然使整个社会礼崩乐坏。孔子对"色厉而内荏,譬诸小人,其犹穿窬之盗"和"乡原,德之贼"的揭示,正是基于对礼崩乐坏的政治现实何以形成的直接根源的挖掘。

第 14 章释义

子曰:"道听而涂说,德之弃也。"

[注释]

道听而涂说:道,道路。涂,通"途"。道听,从道路上听来传言;涂说,在途中得到的说法。

德之弃:弃,放弃、背弃、背离。指抛弃而背离道德。

[译文]

孔子说:"热衷于道听途说,轻信传言,是弃德不为。"

[通解]

追求礼乐的形式,却放弃礼乐的德性精神和德行品质,是比公开抛弃道德和反对道德更坏的伪道德。这种以礼乐形式来修饰其反德或无德的行为方式多种多样。孔子首先揭露的第一种"色厉内荏"者,是最卑劣的"穿窬之盗";第二种"乡愿"者,是最阴暗的"德之贼"。本章继之揭露第三种"道听涂说"者,属于弃德的轻信者。

——

在孔子看来,当世的礼崩乐坏不是某个人或某些人不作为或乱作为造成,而是整个社会各阶层从自发至于自觉放弃礼法约束、背离道德作为所共同铸成的。这是《论语》编纂者将孔子对春秋晚期礼崩乐坏的深度审查所形成的基本归因判断集中于本篇形成整体之思的内在考虑。

在第九、十章中,孔子讲学诗,要解决的核心问题是德性,即爱好仁、知、信、直、勇、刚如何避免愚、荡、贼、绞、乱、狂等偏激和骄狂,使之中正。第十一章讲学礼乐必不能只注目于形式、礼制、器物,要抓住礼乐如何形成行为规范、行为方式、秩序结构、人文精神和普遍的价值取向,唯有立足其根本,才可自为地训练德行能力。孔子指出,不从学诗和学礼乐两个方面努力,使之成为日常训练方式,很容易沦为道德主体的自我解构和礼法、道德的破坏者。在此基础上,孔子更为具体地聚焦当世礼崩乐坏的社会状况,揭露形成这种社会状况的根本原因——本该学诗习礼肩负敦教化、美风俗的贵族阶层自我堕落,这种堕落促成本该接受敦厚教化而获得美化风俗熏染的民众堕落。前一个阶层的堕落,源于居上位者不过是"凿壁穿墙"的窃国之徒,由此带动为政的官僚集团沦为破坏礼法和道德的乡愿之徒。正是这一个阶层的胡作非为,导致敦教化、美风俗的落空,将民驱赶上"道听涂说"的道路,沦为弃德不为的传播谣言的轻信者。

二

什么叫道听涂说?《荀子》认为,所谓道听涂说,就是"无稽之言,不见之行,不闻之谋",所以建议"君子慎之"(《荀子·正名》)。因为道听涂说是没有来头,没有依据,不可证实的"无稽之言",热衷于道听涂说,其实是轻信传言,轻信谣言。

道听涂说为什么是对道德的背离或抛弃呢?对于没有来源、没有依据、不可实证的"无稽之言"的轻信,要么是没有理智能力,缺乏判断的体现,或者不愿意理智地看待,不想做理性判断。这两种情况的轻信性质不一样:前一种轻信表明民众没有对"无稽之言"的基本辨别和判断能力,这意味着"敦教化、美风俗"的社会治理停止了,民众不能因此形成独立的理解、辨别和判断力。后一种情况表明,民众有一定的理解、辨别和判断力,但却愿意"道听涂说",主动放弃对任何"无稽之谈"的理解、辨别和判断,任性地轻信它就是事实,就是真言。形成这种状况的直接原因恰恰是民众普遍对社会失去希望,对上位者和为政者治理的邦国社会丧失信任。但最终根源却是上位者属于窃国之徒,为政者成为乡愿集团,这又怎么可能指望民众相信他们,所以,凡是涉及关于为政者和上位者的各种传言、谣言,民众们都轻信,都相信,因为为政者和上位者所言所行,都是假的;人们更相信,上位者和为政者所掌控和把持的渠道之外的所有传言必然是真的。

窃国之徒的上位者和乡愿之徒的为政集团共同经营的邦国社会除了暴政,剩下的就是谎言。民众与其相信为政者和上位者散布的谎言,还不如相信来自民间的传言,这样或许可以从中获得一些真消息,或许可以发泄一下不满的怨愤。

孔子对"色厉内荏"的窃国之徒充满愤慨,对为政不为的乡愿之徒同样充满愤恨,但对热衷于"道听涂说"而"弃德"生活的民众,却坚执怒其不争的同情。所以,他批评"道听涂说"只是"德之弃也",并且几乎是无能为力地感叹"中庸之为德矣,其至矣乎,民鲜久矣"(《雍也》)。

第 15 章释义

子曰:"鄙夫可与事君也与哉? 其未得之也,患得之;既得之,患失之。苟患失之,无所不至矣。"

[注释]

鄙夫:鄙,本义指都县一类次级城邑的乡下。所谓鄙夫,指居住远离都县所辖的乡下人,因居住环境的限制,目光浅短,且患得患失,故用"鄙夫"指称那种患得患失的人。

得:得到、占有。

患:害怕,忧惧,担心。

[译文]

孔子说:"对于那些卑鄙庸俗之人,可与他们共同事君吗? 这些人,没有得到想得到的东西时,害怕得不到;一旦得到了,又害怕丧失。一旦害怕失去得到的东西,他们就会不择手段,做坏事无所不能。"

[通解]

本章承上章继续拓展审查的对象,发现第四种败德者,是形式上遵从礼法和礼乐,但实际上却是反德或弃德的人,这类就是目光浅短、患得患失的鄙夫。

———

君子文道救世,光明磊落。所以君子必须"以道事君"。

以道事君,不仅是君子对自己提出高标准的要求,也向君主提出高标准的要求:第一"君使臣以礼"(《八佾》);第二,必须"君君"(《颜渊》),即君主必须具备君主的德性和德行,担当君主的责任,决不能"君不君",这是孔子为何将"色厉内荏"的君主定性为"凿壁穿墙"的窃国之徒的根本理由。

君子以道事君的自我要求是忠诚。忠诚事君是君子的品格。

君子要实现忠诚事君,需要客观的环境保障,即所有事君的人都应该是君子,唯有如此,才构筑起忠诚事君的环境。正是基于如此环境要求,孔子认为，不仅"乡愿"者不能与之共同事君，患得患失的鄙夫也不能与之共同事君，因为与这类人共事其君，只能有害无益。

二

为更好地理解本章内容，可参照后来者荀子对本章内容的想象性完善：

> 子路问于孔子曰："君子亦有忧乎?"孔子曰："君子，其未得也，则乐其意；既已得之，又乐其治。是以有终身之乐，无一日之忧。小人者，其未得也，则忧不得；既已得之，又恐失之。是以有终身之忧，无一日之乐也。"（《荀子·子道》）

首先，孔子所讲的鄙夫，不是乡巴佬，而是指有位的为政者。虽然他们有位，却无德，因而，不是君子，而是小人；鄙夫，小人也。

其次，"君子喻于义"（《里仁》），所以君子求道，努力于忠诚事君，敦教化、美风俗，故能以乐涵化得失，这就是"其未得也，则乐其意；既已得之，又乐其治"。君子以乐涵化得失，自然是"有终身之乐，无一日之忧"。与此不同，"小人喻于利"（《里仁》），所以小人求利，虽然表现老实敦厚，但做的尽是患得患失之事，事事处处忧患得失，这就是"其未得也，则忧不得；既已得之，又恐失之"，自然是"有终身之忧，无一日之乐也"。

君子向上是事君，必忠诚；君子向下事民，必敦教化、美风俗。与此不同，小人向上，基于为己而谄媚迎奉；小人向下，还是为己而乡愿四溢。君子与这样的人共事其君，必然误其事而污其名。所以，君子绝不能与小人共事其君，这是孔子"鄙夫，可与事君也与哉"表达出来的坚决态度。

第16章释义

子曰："古者民有三疾，今也或是之亡也。古之狂也肆，今之狂也荡；古之矜也廉，今之矜也忿戾；古之愚也直，今之愚也诈而已矣。"

[注释]

古者民有三疾：古者，古代。民，劳力者，包括农、工、商。疾，气失之和乃疾，是较严重的病，这里指体现普遍性的坏毛病，或不良习俗。

狂：人之性格，推之极端，即为人格。狂有两种取向：一种是志愿高，表现为肆意自恣，即自由自在，无拘无束，这是"狂也肆"。所谓"肆"，指肆意自恣,不拘小节,但也不伤大雅,因为此种肆意自恣之狂,自有高志向的内在约束。另一种狂乃是无志之狂,这种缺乏内在约束力的无志之狂,本质上是一种本能膨胀的猜想之狂或者狂妄之狂,表现为无法无天,孔子称为"狂也荡",指以自我放纵方式骄横于事、骄横于人。

矜:是另一种类型的性格,推向极端也成一种人格类型。矜,既有庄敬、谨敬义,也有急躁、急切义。矜之性格取向前者,是"矜也廉":廉,即棱角,钱穆释为"陷厉难近",很贴切。"矜也廉",意为矜者持守严厉。矜之性格取向于急躁、急切义,就是"矜也忿戾":忿戾,指多怒好争,这种多怒好争的性格表面看是"矜",实质上失其矜只有"躁"。

愚:既做暗昧不明讲,也可做挟私欺诳讲,前者是真愚,后者属假愚。真"愚也直",即直率、天真;假"愚也诈",即狡诈无赖。

[译文]

孔子说:"古代的民有狂、矜、愚三种毛病,至于今人,这些毛病也许已不存在。古人之狂,肆意自恣其志,无所拘束;今人之狂,却放荡不羁、恣意妄为。古人矜持,有棱有角,严于守正;今人矜持,却骄矜自大、蛮横乖戾。古人之愚,直率天真、迂直诚实;今人之愚,却狡诈无赖、挟私行骗。"

[通解]

本篇从第十二章"色厉内荏"的窃国之徒,到第十三章"德之贼"的乡愿者,再到第十四章弃德的"道听涂说"而至第十五章患得患失的"鄙夫",孔子勾勒出所生活的当世小人的人格谱系图。弄清这幅当世小人人格谱系图,才可理解古今对比的本章内容,揭示当世礼乐崩坏根源于人的社会化堕落:结论是今不如昔。在孔子看来,要使今之如昔和今之胜昔,必须文道救世,返本开新,以仁入礼。

一

本章中,孔子着重讲古人的三种性格毛病,以此对比出今人的三种人格缺陷。

性格,在很大程度上属天赋,与此相关联的人格,却是对性格的再塑造,它体现后天的人文努力。当将天赋性格的优秀部分弱化或者清洗掉而将其缺陷方面予以扩张,或者将这些缺陷推向极端,就形成偏执甚至反德的野蛮人格。孔子对古人的志高之狂如何降落为无志之狂、古人的刚正之矜怎样降落为恶蛮之矜、古人的率真之愚如何降落为今人的狡诈之愚的思考,更进一步展示春秋晚期礼崩乐坏,不仅是礼仪文明的衰落,也不仅是政治的野性,礼法的失灵,道德的破坏和沦丧,更为严重的却是整个社会人格的全面堕落。

二

通过古今对比,孔子对当世做出令人悲叹的基本判断:今不如昔。

"今不如昔"的基本判断,只是对当世生存状况的判断,这种判断来源于古今对比。这种对比还包括"古之学者为己,今之学者为人"(《宪问》)。结合本章内容,今不如昔,根本上表现在人身上。在孔子看来,人的今不如昔在于人从古到今本应该走向进化,但恰恰相反地沦为退化,这种退化表现为虚假和恶蛮。虚假,是今人失去自己,所以才打着"学而为人"的幌子,不择手段地干患得患失的任何事情,最终导致人格的偏执与堕落。

在这一基本判断基础上,孔子将目光转向古代,形成"信而好古"(《述而》)的热忱,探求古代文明的奥秘,发掘古代文明精神要义和思想智慧,以为返本开新的源泉,并从殷商宽简的仁政中挖掘仁爱思想的富矿,确定"以仁入礼达乐"的文道救世路线,期望以鲜活生命的仁去"重振古代之声",重建古代文化使之焕发新光辉。

所以,孔子关于"今不如昔"的基本判断,并不是复古主义,而是锐意以古代思想资源来重建堕落的当世的革新主义。

第 17 章释义

子曰:"巧言令色,鲜矣仁。"

[通解]

本章内容与《学而》第三章内容完全相同,其注释和译文均见《学而》第三。

本章与《学而》第三章重复,并不是《论语》编纂时的疏忽所致,应该是其编纂有意为之。通观《论语》,其开篇是《学而》。《学而》的主题是讲君子如何"学"进而怎样"习"。基于这一基本主题,《学而》第三章"巧言令色,鲜矣仁",是在强调学而必须有正确态度并明确学而所必须达及的目的:君子学而,不仅不需要巧言令色,更应该严禁巧言令色,君子学而必须是而且只能具备老老实实、脚踏实地的态度,因为君子学而是修仁习礼,最后要成仁行礼。所以,君子学而必须心存仁心,弘大仁性,取得仁爱。基于如此要求,孔子告诫弟子们,以哗众取宠的态度、花言巧语的方式来学而,必然不能进入学的世界,更不能进入仁的世界,自然谈不上有礼、有德。

本章之重复"巧言令色,鲜矣仁",是要续接本篇第十二章至第十六章的主题:古代文明的当世衰落,是因为人的堕落;人的堕落是因为利欲导致人格的野性与虚假。改变这种状况的基本方策,是返本开新,以仁入礼。但落在实处却是重建君子理想,重新培养君子阶层。重新培养君子阶层的实质性努力,或者说上手方式,是引导其言与行合一;言行合一的简单方法,是直言,即剔除掉所有的修饰,让真实的话语与真实的想法一致,这样就可以去掉任何形式的取悦、谄媚、奉上,回归真诚,滋养内在的仁。或者,只有心存仁性,仁爱,才能直言。

第 18 章释义

子曰:"恶紫之夺朱也,恶郑声之乱雅乐也,恶利口之覆家邦者。"

[注释]

恶紫之夺朱:恶,讨厌、厌恶。紫,间色。朱,正色。讨厌紫色抢夺朱色的地位,因为春秋晚期,紫衣为君服,但在过去,君服为正色。

恶郑声之乱雅乐:郑声,郑国的音乐,当时郑国的音乐体现大众倾向,因而非常流行,被视为是鄙俗的流行音乐。雅乐,即是古乐。指郑国的流行音乐扰乱了雅正的古典音乐。

恶利口之覆家邦:利口,即佞言。所谓"佞言",指言是为非、言非为是、言贤为不肖、言不肖为贤的放言,往往邦君偏信之。覆,颠覆。家邦,家族和邦国。

[译文]

孔子说:"我厌恶紫色取代红色,厌恶郑国的流行音乐扰乱雅正的古乐,厌恶巧言机辩颠覆家族和邦国。"

[通解]

孔子认为,改变今不如昔的状况,必须再造人性和新人,其基本努力是引导人直言为仁,其起步工作,是**恶巧言,正雅乐,树正色**。

一

孔子返本开新、以仁入礼的文道救世政治,是以仁为本体,以公为规范的政治。

以仁为本体,追求直;以公为规范,宣扬正。

直,所对的是曲,以仁为本体,必须杜绝曲。在孔子看来,最根本的、最普遍的、最具有颠覆性的曲,是巧言,所谓巧言,即是谎言。这是孔子特别厌恶"利口"的原因,因为以巧言为基本方式的"利口",可以解体家族,更可以颠覆国家。追溯形成这种状况的根源,恰恰是人性的弱点:人性的利己冲动往往使人们最容易也最轻易地相信甚至特别信任巧言;巧言之成为"利口",是因为它充分释放出人性的弱点,将谎言变成暴力,并以谎言为暴力,而为自己任性于政治舞台开辟广阔的市场空间。

正,所对的是非正的歪斜。正之为正,在于己纯,无杂质;非正根源于不纯、杂质化。当不纯的东西或者当杂质兴起时,必然使纯而无杂质的正面临冲击,如果这种情况得不到阻止,最后使正丧失。所以孔子对这种状况特别敏感,由此特别讨厌郑声和紫色。因为紫色作为不纯的间色,已经取代大红的正色,紫衣成为君服,不仅是穿戴的形式问题,实际上象征当世邦国君主已在事实上丧失其纯正的意识和以此纯正的公道去治理邦国的努力。郑国的音乐之大为流行,不仅在于它扰乱雅正的古乐,更在于它象征着一种颓废的、利欲的、杂质的或者说低劣欣赏风气和审美趣味的兴起,它所征服的不仅仅是人的感官,更是人最隐秘的情感和心灵,这才是古代文明面临危机的根本呈现。

二

本章中,孔子直截了当地连用三个"恶"字,表达其激烈坚决的态度,也表达其与之决不妥协、必须为之一战的坚强决心。在这里,孔子的斗士形象得到淋漓尽致的展现。

孔子面对如上现象之表现出嫉恶如仇的态度,是因为在孔子看来,朱色被紫色取代,雅乐被郑声扰乱,利口被邦君崇信,不是几个简单的现象,此三者已在事实上整合形成一种态势:紫色取代朱色,意味着杂质替代纯正,邪恶抑制了公道,窃邦之徒的产生,乡愿者的比比皆是,道听涂说的满天飞,则是紫色取代正色的立体呈现。郑声流行,意味着利欲社会化膨胀,物欲主义和感官享乐盛行,低俗、邪恶不断滋生,并正在一点一点侵蚀质朴、典雅、文明。在这样的膨胀利欲、充斥感官刺激、追求享乐的世界里,巧言和令色获得广阔的市场。孔子身后不久的战国,辩士、游士盛行于世,巧言机辩颠覆秩序、颠覆家邦成为常态。孔子认为,这是文明的倒退,因而必须阻止,所以孔子公开地向"恶"挑战,指出"恶似而非者:恶莠,恐其乱苗也;恶佞,恐其乱义也;恶利口,恐其乱信也;恶郑声,恐其乱乐也;恶紫,恐其乱朱也;恶乡原,恐其乱德也。君子反经而已矣。经正,则庶民兴;庶民兴,斯无邪慝矣"(《孟子·尽心下》)。他提出明确的抵制低俗、恢复质朴、保护雅正的文道正世方案:"放郑声,远佞人。郑声淫,佞人殆。"(《卫灵公》)

第 19 章释义

子曰:"予欲无言。"

子贡曰:"子如不言,则小子何述焉?"

子曰:"天何言哉。四时行焉,百物生焉。天何言哉?"

[注释]

予欲无言:欲:欲望,打算,想法。无言,没有话说。指我不想说什么,或我已经没有什么话可说,意为该说的已经说完了。

小子何述:小子,子贡自谦之语,意为我们这些弟子。述,讲述、传述。

天何言哉:天何曾说过什么,这里是孔子以天自喻。

[译文]

孔子说:"还能再说什么呢? 我已无话可说了。"

子贡说:"老师您若不再有所言说,我们后辈小子有何东西可传述呢?"

孔子说:"天何曾说过什么? 天不说话,但四季自行运行,百物照样生生不息,天何曾说过什么呢?"

[通解]

上章可看成对第十二章至第十七章共六章内容的概括,指出正是因为色厉内荏、乡愿、道听涂说、鄙夫、巧言令色以及"狂也荡""矜也忿戾""愚也诈"者比比皆是,才形成"紫夺朱""乱雅正""利口之覆家邦"的天下乱象。面对这一失德乱序、礼乐崩坏的天下乱象,孔子怨愤地痛斥"三恶"。但孔子清楚,自己这种种反思性批判的言说甚至呼喊,于这个每况愈下的堕落世道毫无作用。孔子为此感到无奈,无力,无言,所以才如此悲怆地道出"予欲无言",不仅如此,而且"天何言哉"?

一

孔子说"予欲无言"事,应该发生在晚年。

孔子之"予欲无言",应该是切身感受并发自内心的体会,表达孔子对时世的失望和悲观。这种近乎绝望的悲观,源于两个方面的挤压:

在社会文化层面,不仅"紫之夺朱""郑声乱雅""利口覆家邦"(第十八章),而且巧言令色盛行,仁已不在;更重要的是,古人的淳朴、率真的民风民俗,"今也或是之亡也"(第十六章)。

在邦国政治层面,社会精英集体堕落:小人窃国,上位者"色厉内荏"(第十二章);为政者心怀"乡愿",这些几乎掏空社会道德,解构社会礼法秩序;更为重要的是社会的基础百姓和民却热衷于"道听涂说",放弃道德(第十四章),形成"中庸之为德也,其至矣乎,民鲜久矣"(《雍也》)的整体堕落状况。

面对这种时局和社会状况,孔子一路说来,已经精疲力竭,即使再有想法、思考甚至思想,也没有力气了。并且,孔子一路说来,该说的似乎已经说完了,似乎再也找不到要说什么,还有什么可需要再言说的了。**这种言说已尽的状况最终源于心死。**

对孔子来讲,这种已濒于死亡之心,是什么心呢?是文道救世之心。因为孔子非常清楚,如此混乱不堪、倒行逆施的社会状况,仅停留于说是没有用的,必须有改变的行动。然而,要对如此社会状况有所改变,必须有可改变它的平台、条件、权力,具体地讲,必须能够为政。但最令孔子失望甚至是绝望的,恰恰是自己始终未获得实施文道救世的理想和抱负的舞台。既然上天不给自己这样的机会,再继续说又有什么用?与其说,还不如不说,这是孔子之"予欲无言"的现实境遇。

二

孔子发出"予欲无言"的悲怆诉说,实属自然。子贡为此震惊,自己最了解的如此倔强坚守、始终"一以贯之"的老师怎么会如此颓废和自暴自弃呢?于是急切地问道:"子如不言,则小子何述焉"?子贡之问,促使孔子将泄愤性的生存感受提升到超越现实和超越现象的层面,获得本体性觉醒,由"予欲无言"开出"天何言哉"的形上道路。

梁漱溟在论及孔子时曾说:"在孔子主要的,只是他老老实实的生活,没有别的学问。说他的学问是知识、技能、艺术或其他,都不对。因为他没想发明许多理论供给人听,比较着可以说是哲学,但哲学也仅是他生活中的副产物。所以本着哲学的意思去讲孔子,准讲不到孔子的真面目上去。因为他的道理是在他的生活上,不了解他的生活,怎能了解他的道理。"[①] 梁漱溟所言甚是,如果无"予欲无言"的生活困境和对社会状况认知的窘迫,不可能生发出"天何言哉,四时行焉,百物生焉"的形上体悟。

"天何言哉",首先体现孔子对本体世界及其本体言说的敬畏。

"予欲无言",想说而不说,想说而找不到什么可说,这是因为什么?因为天道运行、四季变化、万物消长,生命生生不息的过程本身就在言说,就

---

① 李渊庭、阎秉华编:《梁漱溟先生讲孔孟》,桂林,广西师范大学出版社2003年版,第14~15页。

是言说。所以,对"天何言哉?"的追问,揭开存在**自言**的真相,万物**生言**的真相,四季**行言**的真相,总而言之,孔子对"天何言哉"之悟,悟出**大道坦言**的真相:大道以**自在**方式坦言着,何须人言?

从"予欲无言"到"天何言哉",孔子从现实的痛苦和悲怆中超拔出来:根本的问题不是以"予欲无言"而苦恼,不是言,而是敞开心胸,敞开身体,敞开生命,聆听四季行言、万物生言、大道坦言,聆听"维天之命,於穆不已"(《诗经·周颂·维天之命》),聆听"鸢飞戾天,鱼跃于渊"(《诗经·大雅·文王之什·旱麓》)。因为譬如"鸢飞戾天,鱼跃于渊",既是鸢、鱼在自言其生存活动进程,也是在自言其生存状态呈现出来的境界,更是鸢、鱼在自为地表达自己本身就是世界的本体方式,就是存在的本体形式。当你自觉于生命,举手投足都闪耀形而上的光芒:"饥来食,困则眠。热取凉,寒向火。平常心即是自自然然,一无造作,了无是非取舍,只管行住坐卧,应机接物。"①

"天何言哉"之"言",乃言说、表达、自道之意。它首先指"天"能言、可言,或者说天可自道;其次指能言、能道的天,它不道,不言。

"天何言哉"之"天",有广狭含义:狭义的"天"指天空、天宇;广义的"天",指囊括地球和宇宙的自然。本章所讲的"天"是广义的自然。但本章所言之"天",并不指泛泛而论的自然,而指自然之性,即生命的本性与宇宙的律令、自然的法则,简称为天道。"天何言哉?",意指天道怎么可以言说呢,或者说天道能够言说吗。

孔子以反问方式应答子贡"子如不言,则小子何述焉"之问,让子贡思考,子贡被问得一头雾水,摸不着头脑,不知如何应对。在这种思维和认知困境下,孔子才正面回答它。但孔子对子贡的回答可分两个方面的内容:一是无声的回答;二是有声的回答。

首先是无声的回答:在孔子"天何言哉"的觉悟中,天道乃自然的本质,自然的本体,也是生命的本质,生命的本体,它蕴含在自然和生命之中,通过自然和生命本身彰显。对人来讲,既不能言,也不需要言,更是不可言,只有遵从。孔子告诉子贡,性与天道,不在于说,而在于**悟**。然而,真正开辟的却是**守**的道路:**悟在于能守和会守**。从悟而守,能守和会守,这是**崇性循道**。因为自然流行是依自身方式展开,它本身就是言说,就是大言,作为个体生命,生存于其中,无时无刻不在接受其大言的教导,还用得着人"鹦鹉学舌"的说吗?

---

① 新文丰出版影印卍续藏经编:《卍续藏》第 82 册,台北,新文丰出版公司 1994 年影印版,第 56 页。

其次是有声的回答。天道之所以不需要说、不能说、不可说,是因为天道会遵其本性而自说之。天道是以何种方式言说呢?孔子告诉子贡,它是通过春夏秋冬四季循环、万物顺时序生长的方式自在言说,是借助于诸如"鸢飞戾天,鱼跃于渊"的方式自在言说。

天道自然自行自言的敞开方式是什么呢?在孔子看来,是仁。基于这一觉悟,孔子以"天何言哉……天何言哉"的重复方式表达对天道大仁的最高含义的领悟,那就是"疾敬德"和"祈天承命":不言天道,就是敬德;领悟天道而守之,是祈天承命。

孟子讲尽心知性知天,存心养性事天,不过是对孔子的持守天道,顺纳时变的大道大德思想的细心领悟与具体阐发而已。持守天道,是尽人事;遵"四时行焉,百物生焉"而顺纳时变,是祈天承命,即听天命。

第20章释义

孺悲欲见孔子,孔子辞以疾。将命者出户,取瑟而歌,使之闻之。

[注释]

孺悲欲见孔子:孺悲,鲁国人,生卒不详,前人或以孺悲为孔子弟子,是基于《礼记》一段文字记载:"恤由之丧,鲁哀公使孺悲之孔子,学士丧礼。"(《礼记·杂记》)但此说亦无确信。

辞以疾:辞,推辞。以,借以、假借。孔子以生病为借口拒绝见孺悲。

[译文]

孺悲求见孔子。孔子以有病为借口拒绝孺悲求见。传话的刚出门,孔子就取出瑟弹唱起来,是要让孺悲听见。

[通解]

上章孔子自道"予欲无言",本章孔子断然拒而"不见"。无言,是因为世道颓败,无可挽救;不见,是因为小人充斥,君子消隐,已无人可见:"子曰:'圣人,吾不得而见之矣,得见君子者斯可矣。'子曰:'善人,吾不得而见之矣,得见有恒者,斯可矣。'"(《述而》)孔子拒孺悲于门外则"取瑟而歌"的方式,油然可知。

— —

孺悲何许人,现已无考。孔子待孺悲,采取很无礼的方式,对凡事讲礼的孔子来讲,如此行为显得不可思议。到底什么原因使孔子采取如此方式对待孺悲,已无可考。但孺悲求见孔子,孔子拒见这一行为本身说明:第一,孔子是认识孺悲并且对孺悲有了解。第二,孔子拒见孺悲,如果不是因为鲁哀公推荐,或者说孺悲如果与鲁哀公无关,与朝堂无关,那一定属于小人,因为孔子一生中最痛恨小人。如果孺悲是君子,哪怕持有不同思想、不同观念、不同政见,孔子也是会见的。不仅因为孔子最懂古礼,以礼待人是孔子一贯倡导的;更因为孔子秉持"攻乎异端,斯害也已"(《为政》)的广纳和慎取态度。反之,如果孺悲真如《礼记》中记载那样,"鲁哀公使孺悲之孔子,学士丧礼"是真实,那么至少表明孔子拒见孺悲:

第一,此事应该发生在孔子晚年,而非更早,并且表现出对鲁哀公的彻底失望,因为孔子晚年,鲁哀公与季康子一样,与孔子经历了很短暂的一阵子政治热恋后,当熟知孔子的政治主张与自己的治邦想法根本不同时,开始冷落孔子,即使偶尔见见,也是问问"弟子孰好学"之类不着边际的话,或请孔子吃饭,或送东西给孔子之类(参见《乡党》篇相关内容),以为应酬。孔子也从内心深处反感鲁哀公,在相互排斥的这种情况下,哀公推荐人来向孔子求教,孔子自然气不打一处来,拒见。但又不好直接拒绝,故以生病不方便见为由。但孔子非常清楚,如果仅以生病不方便为辞见理由,孺悲肯定会过一段时间再来。为了打消孺悲再求见的念头,所以孔子要起最不该要的小聪明,鼓瑟唱歌,让孺悲听见,告知孺悲,自己不是生病不能见,而是不愿意见。

第二,假如是哀公使孺悲来从孔子学士礼,孔子拒见,不是因为孺悲的原因,而是因为哀公的原因。这至少表明:孺悲可能是朝堂官员,也可能是哀公家族成员,更可能是哀公关系密切的亲近之人。所以,《礼记》记载"鲁哀公使孺悲之孔子,学士丧礼"如果属实,表明后人认为孺悲是孔子弟子的说法,实属牵强附会。

二

孔子拒见孺悲之事,应该真实无疑。《论语》编纂者将孔子拒见孺悲的真经历收录其中,并非要表达什么微言大义,是为尽可能全面地保存孔子的真实面貌。因为,无论孺悲属于哪种来路,孔子之以如此方式拒见,本身就体现戏剧性。这种戏剧性真实地呈现孔子的真个性、真性情。而这种真个性、真性情却又折射出孔子生活时代的基本特征,**自由、质朴、率直**,也曲折地折射出孔子的处境,以及对这种处境的并不逆来顺受,而是以自己的方式抗拒。比如,假如孺悲是小人,小人求见孔子,孔子始终不与小人交往、不向小人妥协的刚直性格,以如此聚焦的方式呈现出来。如果孺悲属于哀公推荐而来,孔子以如此方式拒绝,更清楚表达出孔子对鲁哀公的不妥协、不曲从、不阿谀奉承的个性和方式,以此表达出自己的文道救世理想被冷落、不受待见的极端不满的发泄。从这个角度看,孔子以如此方式拒见孺悲的做法,真正体现"以直报怨,以德报德"(《宪问》)的待人准则。不妨对照孔子对待蘧伯玉的使者,可以感受到孔子如此对待孺悲表现出来的冷酷性:

> 蘧伯玉使人于孔子,孔子与之坐而问焉,曰:"夫子何为?"对曰:"夫子欲寡其过而未能也。"使者出,子曰:"使乎使乎!"(《宪问》)

孔子接待蘧伯玉的使者,先给其人让座,然后问寒问暖。因为,第一,卫国对孔子不薄。第二,孔子两次返回卫国,都是先住在蘧伯玉家,是蘧伯玉给予诸多照顾和方便。

第21章释义

宰我问:"三年之丧,期已久矣。君子三年不为礼,礼必坏;三年不为乐,乐必崩。旧谷既没,新谷既升,钻燧改火,期可已矣。"

子曰:"食夫稻,衣夫锦,于女安乎?"

曰:"安。"

"女安则为之。夫君子之居丧,食旨不甘,闻乐不乐,居处不安,故不为也。今女安,则为之。"

宰我出。子曰:"予之不仁也。子生三年,然后免于父母之怀。夫三年之丧,天下之通丧也。予也,有三年之爱于其父母乎?"

[注释]

三年丧:丧,守丧,伴守逝去的父母。指父母死,为之守丧三年。

期:即"苟有用我者,朞月而已可也,三年有成"(《子路》)中的"朞",指从什么时间到什么时间的这个阶段,即一周年。

旧谷既没,新谷既升:旧谷,相对"新谷"论,指当年新谷出来时计算,储存时间超过一年的谷物为旧谷。没,没有,指吃完了。升,登、上,接替。新谷既升,指每年新粮入库的"登"礼仪式。

钻燧改火:钻燧,指燧石取火和钻木取火。用燧石取火,是两石用力摩擦碰撞生火,后改用钻木取火,古代以特制的铜镜反射阳光聚焦于木燃烧取火,这种铜镜叫"阳镜"。改火,是指根据月令对四时用不同的木材取火有不同的具体规定,即春取榆柳,夏取枣杏,秋取柞楢,冬取槐檀。《周礼》记载"司爟掌行火之政令,四时变国火,以救时疾"(《周礼·夏官·司爟》)。古代帝王在四季用不同的树木取火(称为"国火"),以驱除疾病。

食旨不甘:旨,美味。甘,香甜。指吃美味佳肴也不觉得香甜。

闻乐不乐:闻,听,欣赏。闻乐,欣赏雅正的音乐。不乐,不快乐。指即使听典雅的音乐也不能感受到快乐。

[译文]

宰我请教孔子说:"父母逝,为之守丧三年这个规定已实行很久了。君子三年不行礼,礼必崩坏;三年不行乐,乐必荒疏。陈年的稻谷已经吃完,新谷也上打谷场,取火用的燧木已轮换一遍,守丧满一周年,也就够了。"

孔子说:"父母去世不满三年,就吃米饭,穿锦衣,你心安吗?"

宰我说:"心安。"

孔子说:"只要你能心安,那就这样做吧。君子守丧,吃美味佳肴不觉得香甜,听美妙音乐不觉得快乐,居住在平日的住宅里一直感到不安,所以才不那样做。你现在觉得心安,那你就那样做吧。"

宰我出去后,孔子对其他弟子说:"宰我真是不仁啊!婴儿生下来三年后才能离开父母的怀抱。三年,是天下通行的丧期。宰我,难道你没有得到父母三年的怀抱之爱吗?"

[通解]

礼是维持人伦关系和社会秩序的必要方式。它是共性的,但也是个性的。因为共性,人人必须循礼、行礼、守礼;因为个性,人们也可以根据特殊境遇、特殊对象而放弃礼。上章讲如何有个性地对待礼,孔子以自己如何无礼地拒见孺悲为例予以说明;本章则以宰我欲去三年丧礼之事,来表明共性之礼人不可废。

一

宰我,字子我,生卒不详,鲁国人。《大成通志·先圣列传》记载说他比孔子小二十九岁。其人最突出的个性有三:第一,好辩;第二,好问;第三,胆大。

一是好问。凡好奇之事、不懂之事,宰我皆问之,比如宰我问五帝之德。好问,是好学的表现。这符合孔子一贯的"好学"主张。

一是胆大。所谓胆大,是指思考和发问无顾忌,既体现率真性格,也暴露出不善用脑子思考问题,贸然发问,往往胆大;因为深思熟虑之后,发问始终体现谨慎。

　　宰我问曰:"仁者虽告之曰,井有仁焉,其从之也。"子曰:"何为其然也。君子可逝也,不可陷也,可欺也,不可罔也。"(《雍也》)

　　孔子批评宰我头脑简单,遇事不自己先想想,随随便便地提问。一个人提问冒失大胆,往往表现出说话没有遮拦,比如宰我应答"哀公问社",就是最好的例子:"哀公问社于宰我。宰我对曰:'夏后氏以松,殷人以柏,周人以栗。曰:'使民战栗。'子闻之曰:'成事不说,遂事不谏,既往不咎。'"(《八佾》)

　　三是好辩。本章中宰我与夫子关于三年服丧的辩论,不仅体现好辩,更体现无拘无束的大胆。

二

　　丧礼用于处理死亡事宜。"夫礼始于冠,本于昏,重于丧、祭,尊于朝、聘,和于射、乡,此礼之大体也。"(《礼记·昏义》)可见丧在生活中的重要性,丧礼在众礼中的重要地位。荀子在论及丧礼的意义时说:"礼者,谨于治生死者也。生,人之始也;死,人之终也。终始俱善,人道毕矣。故君子敬始而慎终,终始如一,是君子之道,礼义之文也。"(《荀子·礼论》)

　　人生之偶然却死之必然,且人生之难而死之慎,故形成古代对丧的特别重视,制定出隆重的丧礼。父母亡,为之守孝三年,不是孔子的主张,而是古代通行的礼制,并且实施当世,是普遍的孝礼,既有制度的规定,也成为人人遵守的习俗。孔子不过是尊重这种血缘之孝的伦理传统,自觉守护它而已。

　　宰我提出孝礼不宜过长的看法,应该有特定语境的激发,这个语境很可能是孔子向弟子讲习孝,刚好是守孝这一节内容时,宰我提出不同的想法,于是产生了与夫子的孝礼之辩。

　　宰我对夫子宣扬古已有之的三年服丧制度的主张提出不同看法,基于两个理由:

　　服丧三年,不习礼、不练乐,会导致礼乐崩坏,这样一来,人就懒怠,君子也因此难以成己。

　　三年服丧而不劳作,吃什么?

　　宰我的前一个理由,侧重于精神层面考虑:三年丧礼,有可能造成社会精神秩序的崩坏,具体地讲,就是礼乐不兴。宰我如此思考,应该说是基于孔子兴礼乐的一贯主张。

　　宰我的第二个理由,属于现实的物质生存考虑。确实,对王公大臣、贵族来讲,他们不劳而获,养尊处优,三年之丧不存在物质生活之忧,而民却存在这个问题,父母逝,守孝三年,三年不做,土地荒芜、粮仓空虚,确实面临何以度日的问题。统治者们制定三年丧礼,从物的层面,适合于王公大臣、贵族;但在精神层面,礼乐之兴,在于这帮王公大臣、贵族、百姓,行三年丧礼,王公、贵族、百姓也存在废礼乐的可能性。由此看来,宰我提出废除三年丧礼,实行一年丧礼制度,既考虑到王公大臣、贵族、百姓,也考虑到生民这两个层次上的人的不同问题。宰我提出这两个问题,在当时来讲应该有现实价值,值得考虑。

　　孔子针对宰我提出的问题做出不同的反应,也有两个理由:

　　第一,人出生后经历了三年父母之怀的爱,才开始学着站立,走路,独立。所以,父母逝,为之服丧三年,这是回报父母三年之怀的简便方式。

　　第二,服丧三年是天下共守的准则,而且经历岁月的检验,已经从古代行至于现在,是通畅的,这表明三年丧礼制度是可继续通行的制度。

三

　　孔子陈说自己的理由,采取先退后进,先承认然后反驳的方式。这种方式之于孔子与宰我之间的师生关系论,显得有些别扭。这种别扭的形成之因是什么呢?细品味,可能有两个方面:一是孔子气愤宰我提出这样的问题,但作为老师又不得不克制住发火的情绪。二是可能源于孔子对宰我两条废除三年服丧制度的反驳理由并不充分。所以孔子采取迂回战术。这种迂回战术首先表现在孔子问宰我,实现一年孝丧,你自己能不能心安?没有想到宰我毫不犹豫地回答"能心安"。孔子赌气地说,既然你觉得心安,那你就按自己的想法去做得了,何必问我?我仍然要遵守古制,并且讲了自己遵守古制的理由。

　　自然,二人话不投机,谈崩了。唯一的方式是宰我知趣地离开课堂。此事本应该结束,但孔子却不能结束,他不能让宰我的错误观念影响其他弟子,更不能让宰我的错误观念流传,于是,他才继续给听课的弟子正面讲述为什么不能废除三年孝礼的理由。

　　孔子按照自己的逻辑展开讲述,却不针对宰我的辩护理由进行。或者,孔子完全抛弃宰我反对三年丧服制度的两个强有力的理由而展开讲述。孔子讲述两个理由,并没有回应宰我的问题,更没有驳倒宰我提出的三年服丧可导致"礼乐崩坏"和"食从何来"的问题。由此,孔子的驳理显得强词夺理,这体现在孔子以"天下之通丧"做理由,以历史为权威内容来做证据,不仅强词夺理,更有些以势压人。如果宰我在场,可能会引来新一轮论辩,因为宰我这个人本来就大胆得无所顾忌。或许正是因为考虑到尽量不要与大胆直率的宰我产生正面冲突,孔子等宰我出去后才阐述自己的反驳理由,这不失为一种论辩的策略,即使对手不在场的独辩策略,这种策略为后世特别发挥成一种专断的霸道。更重要的是,孔子以"天下之通丧"为论据来反驳宰我的理由,又恰恰与他本人倡导的返本开新的历史发展观不合拍。

四

宰我与孔子关于丧礼到底继续保持三年还是一年的论辩,实际上不是单纯的丧礼问题,它涉及对古代礼制、古代文明与传统的承传与看待这一问题。这个问题自宰我提出来后,在孔门引起轩然大波。或许,如下各章内容都可能是这场论辩中的具体内容:

> 子游问孝。子曰:"今之孝者,是谓能养。至于犬马,皆能有养;不敬,何以别乎?"(《为政》)
>
> 曾子曰:"吾闻诸夫子:'孟庄子之孝也,其他可能也,其不改父之臣与父之政,是难能也。'"(《子张》)
>
> 子曰:"父在,观其志;父没,观其行;三年无改于父之道,可谓孝矣。"(《学而》)

如上内容是不是发生在同一语境中? 从内容观,有可能是:孔子教弟子孝礼,涉及三年守丧制度,宰我从精神生产和物质生产两个方面考虑,提出改变这一制度的设想,被孔子判之为"不仁"。可能为了正人心,孔子展开了孝礼的讨论。弟子们从不同角度记载了这次讨论的内容,而《论语》编纂者选择了如上内容。如果这种推测成立,则体现《论语》编辑者的良苦用心,一方面要记载下这场具有思想史意义的辩论(至少,这场辩论赢得了一些弟子对宰我观念的认同,即使不赞同,也可能认为辩论确实可以引人思考),另一方面又要维护老师的尊严,为师者讳,所以将这场辩论的内容分拆开去置于前后不同的篇章中。

如果能进行这种语境还原,并且还原后的语境属实,则可在更广阔背景和视野中重新审视孔子的思想和孔子的性格。

第 22 章释义

子曰:"饱食终日,无所用心,难矣哉! 不有博弈者乎,为之犹贤乎已。"

[注释]

难矣哉：难，困难，难受，指人吃饱了无事可做、心无所用地活着是困难的。

博弈：博与弈，是古代两种棋艺：博，是一种棋戏，名"六博"，双方各著六子，共十二棋，先掷者，视其彩(骰子)以行棋。战国时此棋艺在秦地广泛流行。弈，即围棋，古弈用二百八十九道，今弈三百六十一道。这两种棋艺发明于何时，至今不清楚。《左传·襄公二十九年》提及"弈棋"，却未提及"博戏"。或许这是于"博""弈"两种棋艺的最早记载。

贤：这里做"超过""胜过"或"好一点"讲。

[译文]

孔子说："饱食终日而心无所用，是很难受的生活状态。即使玩玩六博或下下弈棋，也比什么都不做要好些。"

[通解]

本章中孔子所言，显得无头无尾，既无语境，也没有针对性，表达何意，甚是不明。但如果采取联系的观点，运用整合的方法，可发现本章与上章内容仍然具有内在关联性：宰我提出废除三年守孝制度，被孔子判之为"不仁"。孔子一贯主张：人之成仁，源于"学而"。宰我不仁，从根源讲是缺乏"学而"，证据是宰我"昼寝"。大白天睡懒觉，是吃饱了无所用心的表现。《论语》编纂者将这两件毫不关联的事编辑在一起，就生成出潜在的语义内涵。

一

上章内容，是孔子给弟子讲丧礼：子女为父母守孝三年，是古制。孔子心仪这一礼制，在不同场合阐发这一丧礼制度的重要和根本。比如，孟懿子问孝，孔子给予具体解答："生，事之以礼；死，葬之以礼，祭之以礼。"(《为政》)丧礼是孝的表达，而且是最真诚的表达方式。尤其通过潜心守孝来体会和报答父母"三年之怀"的爱，这是人的必为之事，宰我却反对之，虽然道理可以成立，但由于根深蒂固的孝道情感使孔子难以接受，所以才做出"予之不仁也"的评价。很不幸的是，已经"不仁"的宰我大白天睡懒觉又被老师发现了。在孔子眼中，宰我不仅"不仁"，而且不可救药：

宰予昼寝，子曰："朽木，不可雕也，粪土之墙，不可圬也。于予与何诛?"(《公冶长》)

宰我大白天睡大觉,孔子为此指斥为"朽木"和"粪土";朽木不可雕刻,粪土不可上墙。你一个只知睡懒觉的人,不好学习,既不懂历史、文明,也不懂生命、伦理,只知凭感觉大放厥词,胡说什么"君子三年不为礼,礼必坏;三年不为乐,乐必崩"。不仅如此,孔子由此引发开去,再发新论:饱食终日,无所用心,也不能大白天睡大觉啊,哪怕是玩玩六博戏,或者下下弈棋,也比成天闷声睡大觉好哇。

上章、本章与"宰予昼寝"一章,此三章或许原本就存在同一生活语境的关联性,把握这一生成关联,或可理解本章内容的具体语境。

二

有关于此章内容,金纲在《〈论语〉鼓吹:圣贤的光荣与漏洞》中以为,饱食终日,无所用心,不是具体指对弟子的批评,"可能是在说某些孔门之外的人物,最大的可能是在说养尊处优的君王公侯们"①。史华兹则认为,这是孔子在描述一种人生的知性努力,即把心用在象棋这类的娱乐上,也优于无所事事地浪费时光。② 在史华兹看来,"心"这个概念本身即为意志、情感、欲望和知性(既包括理性,也包括直觉)的"相互关系的讨论中",又"成为激烈争辩的中心"③。

金纲的说法,是发散性想象,但似乎不合孔子的言说习惯。从《论语》记载孔子的全部言论看,孔子是典型的经验主义思想家,他的所有言论都源自经验的启发,孔子讲"不愤不启,不悱不发,举一隅,不以三隅反,则不复也"(《述而》)。并且《论语》编纂者将其安置于本篇中,是有深意的。这不仅是如何教弟子学习和思考的方法,而且首先是自己发问和思考、质疑和探究的方法。如果没有具体的生活情境,没有具体的语境生成具体的话题或问题源,孔子往往不会自言自语,更不会无中生有。所以金纲以为"饱食终日,无所用心"指孔门之外人物,似有些牵强,这种牵强可能源于孔子是圣人,圣人门下无懒人的美圣观念。其实,孔子名扬天下,慕名而来的求学者众,其中也不乏"南郭先生",在弟子众多的孔门学府中,有人白天睡睡懒觉,比如宰我,也是正常的;有贵族弟子慕师名之光而又不想学习而"饱食终日,无所用心"者,也属正常,这并不影响孔门学府的声誉,更不影响孔子的形象,不必为之"遮瑕"美化。

---

① 金纲:《〈论语〉鼓吹:圣贤的光荣与漏洞》,天津,天津人民出版社 2007 年版,第 578 页。

② [美]本杰明·史华兹:《古代中国的思想世界》,程钢译,南京,江苏人民出版社 2004 年版,第 191 页。

③ [美]本杰明·史华兹:《古代中国的思想世界》,程钢译,南京,江苏人民出版社 2004 年版,第 192 页。

史华兹的看法倒是发现孔子说此话原本是针对具体的人和具体的现象论,但具体的现象总是内在地蕴含其普遍性,这是因为天赋"相近"的人性,决定人在任何事情上的作为或不作为,以及作为或不作为的方式、方法,都有可能内生出某种普遍性的内涵来。个别的甚至具体的个人"饱食终日,无所用心,难矣哉"这种现象,也体现普遍性法则:人不仅是能吃和必吃的动物,更是有情感需要抒发、有思维需要活动的生命存在物,人吃饱了什么都不做、什么都不想,是将人回复到动物状态,即使是动物,当解决了饥饿之后,还会以自己的方式娱乐。更何况是人,人是有知性的生命存在者,当吃饱后没有其他事情可干时,他的心、他的思维也不会停止,仍会按自己的方式运动。因而,在这种状况下,最有益的方式是做智力训练,不能让心、思维荒芜,更不让人的认知功能停止。在孔子看来,在饱食终日而又无所用心的情况下,最好的娱乐方式是弹奏和演唱音乐;最好的智力训练方式,似应该是六博棋戏和弈棋。

孔子关于"饱食终日,无所用心"之论,或许针对比如宰我睡懒觉之类的行为而发,但它所讲述出来的思考和言论,却有普遍的意义:

第一,揭示人与动物的根本区别,人心或者说人的思维、头脑、认知始终是运动的,无论在什么情况下,都不能抑制或停止它的自身运动。

第二,当人在特殊生活语境中无所事事时,仍然可以通过诸如博、弈之类的棋艺来提升自己的心智、思维或认知水平,使自己的心智和情感始终处于活跃状态。

第三,人类的技艺分两类,一类是实用于物理条件开发和改变的技艺,是为解决生计、生存而不断探究、设计或革新;一类是超越物理层面的精神、情感、心灵、思维、认知训练或陶冶的娱乐性技艺,这类技艺的开发是为解决"饱食终日,无所用心"时的娱乐。人类文明和历史的向前,社会的进步,从这两个层面展开,或者说,生存与娱乐,竞斗与游戏,构成人类文明同时并举的两种动力源。孔子关于"饱食终日,无所用心,难矣哉!不有博弈者乎,为之犹贤乎已"的生存论和文化学意义,或许可从这两个方面去理解。

第 23 章释义

子路曰:"君子尚勇乎?"

子曰:"君子义以为上,君子有勇而无义为乱,小人有勇而无义为盗。"

[注释]

尚勇：尚，以什么为上。指以勇敢为上。

义以为上：义，道义。指君子应以追求和弘大人间道义为上。

乱：作乱，横暴、乱德。

盗：古人将侵犯他人财产的行为称之为"盗"，有偷窃、抢劫等具体形式。

[译文]

子路请教孔子说："君子崇尚勇敢吗？"

孔子说："君子应该崇尚道义，因为君子勇敢而缺乏道义，容易乱德；小人勇敢而缺少道义，将沦为强盗。"

[通解]

上章讲当人"饱食终日，无所用心"时，最好的方式是做博弈之类有益的心智训练，如此以往，亦可成己为君子。本章则继之论具有勇敢性格的人，亦可通过学习而领悟君子道义并践履之。

一

子路有大智，但因其直率和勇敢，敢担当，尤其最后为保持君子庄严而被乱箭射死，更是将其勇推向完美。所以人们更多地看到其勇，而言子路必称其勇者。

子路尚勇，自然最关心勇敢之类的问题。所以才有本章的问君子之勇。

子路问君子是不是应该以勇为上，其实问题早存于子路心中，因为子路为人就勇，且以其勇敢自豪。子路之问孔子，是欲其心中所想能够得到老师的认肯，但孔子回答并不完全符合子路的期待。孔子告诉子路，勇敢之于君子是必备的，但勇敢者要成就君子，必须道义的引导和规范。否则，只有勇敢反而会坏事。

二

子路以为君子应该尚勇，孔子却认为君子之勇必须接受道义的引导和规范，才可使勇敢构成君子德性。为何这样讲呢？

"勇"，既不是德性的内容，也不是人格类型，它首先是一种性格类型。从起源讲，性格始终属于天赋，所以性格的原初状态并不具有伦理内涵，只有当性格为后天习染才获得伦理内涵，上升为人格类型，成为伦理德目。在性格类型层面，"勇"指人在面对困难的事物，尤其是面对危险的事物或情境时，由其本性爆发出来的意志、情感、性格取向，这种意志、情感、性格取向获得人格定位和伦理诉求，然后才指人们面对具体的利害权衡与选择情境中激发出来的这种意志、情感、人格、性格取向彰显的伦理要求，形成孔子所讲的"仁、知、勇"三德目。

如是理解"勇"，是有理据的。《论语》中有十二章内容专论勇敢，但其中有六章内容却是在意志、情感、性格类型意义上讨论勇敢。

> 子曰："由也好勇过我，无所取材。"（《公冶长》）
>
> 勇而无礼则乱，直而无礼则绞。（《泰伯》）
>
> 好勇疾贫，乱也。（《泰伯》）
>
> 好勇不好学，其蔽也乱。（《阳货》）
>
> 君子义以为上，君子有勇而无义为乱，小人有勇而无义为盗。"（《阳货》）

如上各章之"勇"，都指意志和情感化的性格类型。孔子认为，体现独立意志和情感的性格类型的人，其行为表现出来的勇敢，本不属于德的范畴，因为它属于天赋之勇。天赋之勇以自身方式显发和运作，在许多生活情境定义中反而乱德。具有这种勇敢性格类型的人，如果不予以教化引导，就会遮蔽天性和善，产生巨大的危害，这既是"好勇不好学，其蔽也乱"，也是"君子有勇而无义为乱，小人有勇而无义为盗"。

天赋之勇，以及天赋勇敢的意志、情感、性格取向，一旦接受伦理意愿的熏染，获得伦理意愿和信念的规范、引导或激励，就会在行动上表现为德行。这里的伦理意愿和信念，孔子用"义"来指涉：用道义引导和规范天赋之"勇"，是使之成为具有伦理诉求的人格类型和德目的先决条件和主体前提。"勇"成为人格德目，并不以此使它消失本原性的意志、情感、人格、性格倾向含义，而且这两者仍然可以在一个人身上并存，且可以单独发挥不同的功能。"子曰：'仁者必有勇，勇者不必有仁。'"（《宪问》）就是这个理：勇敢的人，并不一定是有仁德的人，勇敢的行为也不一定体现仁德。但具有仁德的人，一定是勇敢的，因为具有仁德的人，在行为上必然体现必为或应为的节制和限度，这种凡事自我节制和讲求限度，是真正的勇敢。所以，在"仁者必有勇"中之"勇"，以及"见义不为，无勇也"（《为政》），"知者不惑，仁者不忧，勇者不惧"（《子罕》）中之"勇"，属于德的范畴，体现鲜明的人格取向。

三

只有在获得如上认知基础上,才可理解孔子为什么要矫正子路的看法,告诉子路"勇"者必须有"义","勇"必须接受"义"的规训和引导。孔子以此提出正反两个方面的理由来展开论证。

从正面论证,君子有勇无义,必然在行为上任性,这种以性使勇,可因具体情境的触发将天赋的勇敢予以无度发挥,最后形成横暴、搅乱事物或秩序,造成伤害,最后使勇乱德或无德。所以,为使天赋之勇始终体现有德的人格力量,必修养道义,以道义涵化天赋之勇,使之成为德。

从反面论证,小人有勇无义,往往会沦为强盗。因为小人与君子不同:君子求义,如果缺乏道义指引,往往使其求义蜕变为单纯的义气。所以,为义气而勇,易造成横暴、乱德,虽然这种乱德不是刻意追求的,但客观上造成反伦理的结果。与此不同,小人求利,其行为本身远离道义,也不愿意求道义。因其明确的甚至唯一的求利冲动,往往使自己沦陷于对利益抢夺之中成为盗,或小偷小摸的盗贼,或大抢大夺的强盗,比如第十二章所说"色厉内荏"的窃国之贼,就是其为盗的极端形式。

第 24 章释义

子贡曰:"君子亦有恶乎?"

子曰:"有恶。恶称人之恶者,恶居下流而讪上者,恶勇而无礼者,恶果敢而窒者。"

曰:"赐也亦有恶乎?"

"恶徼以为知者,恶不孙以为勇者,恶讦以为直者。"

[注释]

君子亦有恶:恶,与"好"相对:"好"指喜欢、爱好;"恶"指厌恶、憎恶。指君子也有好恶之情而憎恶人。

恶居下流而讪上者:居下流,即居下位。讪,讥笑、诽谤。

窒:有二解:一指壅塞;二指忿戾。

徼:剽窃、抄袭。

孙:通"逊",谦让。

讦:指当面攻人之短、揭露人阴私。

[译文]

子贡请教孔子说:"君子也会憎恶吗?"

孔子说:"君子有憎恶之情。憎恶那些说别人坏话讲别人缺点的人,憎恶那些身居下位而诽谤上位的人,憎恶勇敢而缺少礼义的人,憎恶行事果敢但不通情达理的人。"

孔子回头也问子贡说:"赐啊,你也有憎恶之情吗?"

子贡回答说:"有啊。厌恶以剽窃为智慧的人,厌恶以不谦逊为勇敢的人,厌恶以告密为直率的人。"

[通解]

上章子路问君子尚勇,孔子告之勇必以道义涵化才可使之有德。道义是人之行为真假、善恶的判断尺度。君子道义,不仅有德,而且更有爱憎之情。本章通过子贡与孔子问答,从不同角度阐述爱憎之情的多元化和生变性。

一

子贡提出两个问题:

第一个问题:人有没有好恶之情?

第二个问题:君子有没有憎恶之情?

第二个问题以直接方式提出来,第一个问题以间接方式呈现出来。具体地讲,第一个问题是由第二个问题呈现出来的,要理解第二个问题,必须先理解第一个问题。

面对子贡之问,孔子直截了当地回答"有恶"。

孔子的"有恶",同时回答了如上两个问题:

首先,在孔子看来,人是有好恶之情的,并且,好恶之情人皆有之。人的好恶之情源于人有天赋的思维能力和情感能力,这种能力使人学会思考对象和反思自己,具备理解事物和判断问题的能力。并且,人的天赋的思维能力和情感能力来源于相近的人性:天赋"相近"而又"习相远"的人性,构成人的情感抒发,以及是非、善恶、真假甚至美丑判断的依据。

其次,既然好恶之情人皆有之,那么君子也有好恶之情。因为君子首先是人,最终还是人。在好恶之情上,君子与普通人的区别大致在于:普通人的好恶之情,更多以自我为中心,即以自己的得失为动机和目的;君子的好恶之情,更多的时候超越自我中心论,从事情本身出发,以事物本身存在的完整性或无伤害性为目的。

君子因为有好恶之情,当然就有憎恶的情感取向。

二

君子能憎恶人,但君子只憎恶值得憎恶的恶人,孔子认为可憎恶的恶人有如下四类:

第一类是喜欢指责别人并传播别人缺点的人。孔子认为,喜欢指责别人的人,既目光向外,也自以为完美,更苛刻要求别人,但却总是宽大地善待自己。这类人可恶,恶在只要求别人,不要求自己。喜欢传播别人缺点的人,是孔子讲的"修慝"者,从不"攻己之恶"而专"攻人之恶"(《颜渊》)。如果喜欢指责别人的人往往把自己之外的所有人看成有缺点的人,远不如自己,那么,喜欢传播别人缺点的人,却把自己之外的所有人都看成敌人,自己才是正义的化身。这两种人的共同特征是**人不如己、己胜于人**。

第二类是身居下位而诽谤上位的人。这类人之可恶,恶在嫉妒。嫉妒产生的认知前提是:人远不如己,但却比己运气好,这是不公。其嫉妒所欲达及的目的,是搞臭或搞垮居于自己之上的人,让自己来取代他们。其嫉妒实现目的的手段或方法,是无中生有的诽谤。从动机、目的、手段三个方面整合,这类人特别阴恶,最不应该存在,但却又往往最有生活的市场空间。原因是人天生具有道听途说的爱好,尤其是在"色厉内荏"的窃国者和"乡愿者"主政的社会环境里,这种"爱好"更为浓烈。进一步考察,人的生存,在劳动之余有许多空闲时间,在众多的空闲时间里,即处于"饱食终日,无所用心"的状态时,喜爱"道听途说"成为消磨时光的最好方式,也为无中生有诽谤他者提供了广阔的市场。

第三类是具恃强能力而无礼者,也即是第二十三章中的"君子有勇而无义为乱"者。勇是天赋的性格,没有道义的约束与规训,恃勇而行,必然任性无度,表现为强横,害人且最终伤己。这类人往往是好心(比如讲单纯的义气,或单纯地表现勇敢,或无限度地伸张正义等)做出坏事情,所以可恶。

第四类是不通事理且独断专行的人。这类人既自以为是,也自以为大,凡事以自己为准则,一切凭权力说话。这类人行事待人有两个不变准则,第一个准则:"我才是真理",我之外的所有人都是弱智,都是奴才。第二个准则:"权力才是一切",所以权力才是我所信奉的,除此之外,一切人都应该为我所役使,一切物都应该为我所调度。

三

孔子道出可恶的人有四类,子贡以为值得憎恶的人有三类。

第一类是把侥幸得手当成聪明的人。这类人确实聪明,只是其聪明与君子格格不入,第一是谋私利,将谋求私利最大化作为聪明的试金石。第二是钻空子。通过钻空子来实现私利最大化。这类人之所以可恶，在于将聪明和智慧用错了地方，成为典型的实利主义。可以说，子贡对"徼以为知者"的类型概括，应是对实利主义的最早概括。

第二类是将傲慢当成勇敢的人。傲慢者，是有值得傲慢的资本的人，但凡傲慢者，其所使其傲慢的资本不外乎家世、权力、身份、地位、学问，或者还包括居住的环境、地域等与他者相比较体现出来的优越感。傲慢者表现出来的行为是瞧不起人，自以为大。这类人与孔子讲的不通事理的独断专行者不同，独断专行者是不顾其余地强制推行自己的意志，傲慢者只是表现自己的优越性，以求高人一等。

第三类是以告密为正直的人。这类人的广阔市场就是邦无道，当邦无道时，告密成为一种职业。孔子所讲的邦无道，不外是诸侯僭越，强盗窃国，大夫擅政，陪臣执国命，如上各种类型的小人当道，自然远离仁德和公道而扩张私利之道。一旦这种情况出现，当道当政的小人希望有更多的人为之效力，尤其需要有人将不满意、对抗无道的人揪出来，于是鼓励攻人之私，鼓励告密，并将告密视为对自己忠诚而予以奖赏，给予地位、身份、权力、财富。所以，小人们自然踊跃前去，充当告密者、攻人之私者，并将此行为视为是正直和有德，因为效忠就是忠诚，就是正直。小人的评价准则就是如此：谁当权，谁就是真理；效忠谁，其行为都是正直的。

四

君子所恶者，一定有一个标准，这就是君子所好者：君子恶人的反面是君子好人。以此观孔子所恶与子贡所恶的区别性和取向性：

首先看孔子的四恶：

一，君子"恶称人之恶者"，追求"成人之美"。

二，君子"恶居下流而讪上者"，敢于仗道义而"犯颜"。

三，君子"恶勇而无礼者"，生活追求"温、良、恭、俭、让"。

四，君子"恶果敢而窒者"，出仕为政践履"谨而信"。

其次看子贡的三恶：

一，君子"恶徼以为知者"，坚持"直道而行"。

二，君子"恶不孙以为勇者"，崇尚"文质彬彬"。

三，君子"恶讦以为直者"，主张"和而不同"。

孔子与子贡,二人对恶人的不同归类,表达出来的并不是价值观、人生观的不同,而是关注点的差异,这种差异是由他们各自所处的地位、身份以及世界变化如何影响人的关注重心不同所形成。从这个角度看,子贡提出的三类君子所"恶",应该是对孔子的君子所"恶"的类型的补充和完善,由此形成那个时代完整的君子所"恶"的谱系图画。

另外,子贡之问君子之恶的对象,是与君子相对的"小人"言。本章描绘的君子之"恶"人的类型谱系图,应该是在政治学领域展开,整体地勾勒出其生活当世为政者阶层中的小人群像图。通过这一为政领域的小人群像图,可以了解孔子和子贡生活的当世之政治生态状况,对这一政治生态状况,可以用"群魔乱舞"一词来概括。

第 25 章释义

子曰:"唯女子与小人为难养也。近之则不孙,远之则怨。"

[注释]

唯女子与小人为难养:女子,今将其理解为"家中的仆妾",可能是为了避免使孔子背上"歧视妇女"的罪名,基于如此美圣考虑,确实有辱孔子本人。但如果尊重孔子本人的思想,这里的"女子"实指女人。小人,朱熹释此为"仆隶下人",即"仆隶",但结合春秋阶层划分及称谓,王公大臣、贵族中的仆隶,称为庶民或庶人。在孔子的认知世界里,"小人"始终与"君子"相对,此处亦然,指与"君子"相对的有位无德者。养,调教,泛指应对、对付。

近之则不孙,远之则怨:近、远,均指君子与之相处的距离言,既指空间距离,也指情感距离。孙,通"逊",谦逊、庄敬。怨,抱怨、埋怨、怨恨。

[译文]

孔子说:"唯有女人最难调教,唯有小人最难相处。处之以近,他们无视礼节;处之以远,他们又心生怨恨。"

[通解]

上章子贡与孔子问答,归纳出君子所恶的七类小人行径和德性。这是站立在高处、远距离地审查小人;本章则立足日常生活,近距离审查小人,发现君子所恶的各类小人,均有其"近之则不孙,远之则怨"的共性。进而,孔子采取对比方式,发现小人虽然可能有学问、有权位、有身份,但却与女人的品性没有本质区别。

一

孔子说此话,最大可能是在晚年,孔子闲来无事回顾自己的人生经历,其中,对自己一生影响最大的两类人和两个因素,就是女人和小人。

汉代司马迁在《孔子世家》和《仲尼弟子列传》中想象化书写孔子之圣人历史时,为之构设了孔子在鲁国当官一路顺风顺水、然而却因为女人而毅然放弃高官厚禄,带着弟子游国以谋求新的出仕机会。因为司马迁的功劳,人们理解孔子本章内容时,自然会想起司马迁为孔子制造的那段从鲁政的历史:时间是鲁定公九年(公元前 501 年),时年五十一岁的孔子出仕做中都宰;第二年(公元前 500 年),五十二岁的孔子当上司空,继而擢升为大司寇;又二年(公元前 498 年),时年五十四岁的孔子再官升一级,大司寇摄相事。但不幸的是,第二年(公元前 497 年),时年五十五岁的孔子主动放弃大好前程,带着几个弟子游国,结果一事无成。起因是什么呢? 司马迁编了一个好故事:圣人孔子由大司寇理国相职务做了两件大事:一是堕三都,二是诛杀少正卯。由此使鲁国正气上升,马上为齐国察觉,为阻止鲁国发展,最有效的办法是不让孔子继续执政,如何解决这个问题,齐国一个叫黎鉏的人向齐君献上一计,"请先尝沮之;沮之而不可则致也,庸迟乎!"(《孔子世家》)于是,齐君挑选了八十位月容花貌、能歌善舞的女子,外加一百二十匹装饰美丽的骏马,送给鲁君,执政大夫季桓子将这些礼物先安置在鲁城南面馆舍里,然后鼓动鲁定公与自己一齐泡在酒色之中,不理国政,孔子由此气愤挂冠而去周游列国。

司马迁编的故事,也不是完全没有依据,他编孔子辞去大司寇摄相事一职的事,后来有好事者编了一个故事原型塞入《论语》篇中:"齐人归女乐,季桓子受之,三日不朝,孔子行。"(《微子》)

几千年君王专制的中国历史中,君王不上朝的事,应该比比皆是,但没有一个大臣以君王不上朝而辞官者,因为获得官位并不那样容易,谁愿意因主子任性偶尔不上班而放弃厚禄呢? 比如孔子,获得官位也不容易,即使如司马迁编的故事言,孔子也是到了五十一岁才入仕途:从三十五岁到齐国求仕到五十五岁,其间用了二十年时间好不容易获得代理宰相的官位,岂肯轻易主动辞去? 并且,以文道强国救世为人生使命的孔子,邦君和执政大夫都泡于"酒色"坛子里不理国政,不正好遂了孔子心愿可以无阻碍地在鲁国大搞文道强国,全面实现自己的梦想吗? 怎么会为邦君和执政大夫不理朝政,愤而离职去鲁呢? 这应该不是孔子脑子出了问题,应该是司马迁思维不正常。其实,司马迁本人哪怕遭受宫刑之辱,还以死撑方式勤谨于小小的史官职位,不肯撒手,更何况有文道救世理想的孔子,岂肯轻易撒手大司寇摄相事之职位?

在鲁国,孔子因为女人而主动辞去大司寇摄相事,而后在游国途中又因为女人丢掉了可以得手的大好前程:孔子雄心勃勃游国求仕,并不顺畅。所以时年五十八岁的孔子于鲁哀公元年(公元前 494 年)二度适卫,也学着走门子,即孔子私下拜见最受卫灵公宠爱的南子夫人,并因为南子夫人的举荐,卫灵公特别优待孔子:"卫灵公问孔子:'居鲁得禄几何?'对曰:'奉粟六万。'卫人亦致粟六万。"(《孔子世家》)很不幸的是,一个月以后,卫灵公与南子同车,让孔子随驾,招摇过市,孔子愤然。其实,一直深研周礼的孔子却忘记了这是卫灵公采用贵宾之礼待他,借此来提高孔子在卫的地位,然后好给他安排一个高位。但孔子因为对女子有偏见,加之此前子路曾责备他私见南子,因而主观地认为卫灵公好色,司马迁说孔子为此而"丑之",然后毅然离开卫国。

如上故事,有几分可信,姑且不言。但孔子卫道,性格为人有古板一面,也有偏执一面。从《论语》可知,他一生对"色"和"言"最为敏感,对"言",他一直持谨慎态度,在弟子面前反复强调"慎言",并将其视为衡量君子与否的标准。孔子对"色"的看法更为激进,一直持敌意性情绪,往往将色与德对立地看待。比如"已矣乎!吾未见好德如好色者也"(《卫灵公》),可能因为卫灵公携夫人南子招摇过市,但更可能在某种特殊的生活境遇中,女人使他遭遇了特别的难堪,或因此受到太过伤害的强烈刺激,才使孔子生发出对"色"的如此厌恶和敌对情绪。

二

孔子是位经验主义者。作为一个经验主义思想家,他的经验不外乎来源于两个方面:一是历史;二是现实生活。但是,历史和生活给思想家提供的经验范围和经验内容不相同。对思想家来讲,历史给他提供的经验是共性的、普遍性的。这种共性的和普遍性的经验不外乎三个方面:一是文化方面的经验;二是伦理道德方面的经验;三是政治生活的经验。这三个方面的经验往往又通过方法得到贯穿。对于思想家来讲,现实生活给人提供的经验主要来自两个方面:一是家庭;二是社会。

孔子所生活的当世,是很简单的社会,无论人的性格,文化,物质生活,还是社会结构、政治结构,都相对简单。在这样相对简单的时代里,对个体言,无论民还是贵族、庶人还是官或者人君,家庭是根本的生活场所。因而,家庭给予人的生活经验最多,也最丰富。

细心阅读《论语》,也许会发现一个很隐秘的现象,即一部《论语》涉及孔子生活的方方面面,却缺乏家庭生活的内容。《论语》中除本篇第十章孔子直接问儿子学过《周南》《召南》和《季氏》第十三章伯鱼向陈亢言夫子教其学外,却只字未涉及家庭,比如其父母,其妻子,其仆人等等。在人的一生中,女人的影响是巨大的,第一个对自己影响巨大的女人是生母,第二个对自己影响巨大的女人是妻子,当然,在一夫多妻制的古代,还包括其妾。然而,孔子对自己影响巨大的女人们无任何感言,而且成天与弟子在一起,甚至游国十四年不归家。可以猜想,孔子与家庭的关系如何? 进而,孔子与家庭的这种关系的形成,是否与影响他一生的两个女人有关? 即孔子与家庭的特殊关系到底是怎样的? 在这种特殊的关系中,他与生母、妻子的关系到底是怎样的? 这些与形成他对色、对女人的特殊看待之间有无内在关联?

追问这些不为人关注的问题,或许成为理解孔子之言"唯女子与小人为难养"的真正钥匙。或可以做一大胆假设,孔子一生对"色"的警觉,对女人的戒备和无好感,甚至在特殊语境中体现出来的敌意,会不会与他承受来自母亲和妻子两个方面的影响相关? 或者再大胆一点,孔子之得出"唯女人难养"的偏激看法和说法,有没有可能源于他在家里没有或者说无力处理好与母亲的关系或者与妻子的关系,以及难以或无力调解婆媳之间的关系,并且一直为其无能为力而苦恼,以至于晚年回顾时才有如此的感叹与激愤。

三

人对现实生活经验的得来与积累的第二个主要来源,是人从家庭走出来进入社会与人打交道所形成。

就孔子言,他的社交活动,就其主要者言不外乎两个方面:一是与弟子的交往,这是常态的,并且比较单纯。二是为进仕途而与官场或准官场的各色人等交往形成的不定的开放性的交际圈。在这个交际圈中,孔子遭遇了更多的事件,可能经历了如上章所言"称人之恶者,居下流而讪上者,勇而无礼者,果敢而窒者"这些类型的小人。孔子求仕屡遭挫折,且最终不得其愿,既可能与自己所持的主张有关系,比如与自己知识和学问结构的残缺有关,孔子自己说"君子不器",而且也还自得为多才,但实际上孔子本人懂王道之治,却不懂得军事甚至包括经济,并在谋求官职的过程中,因两次不懂强兵而使有可能谋得的官职泡汤。又比如返本开新的文道救世理想,却因为其生在"凭力气争于朝"的大走势中,显得不合时宜。除了这些因素外,最大的一个因素可能是遭受各色小人的暗算,这是孔子为何特别痛恨"称人之恶""居下流而讪上""勇而无礼""果敢而窒"这四类人的原因。

概言之,在家庭里,最难对付的事务来自女人,主要是母亲与妻妾,而不是仆隶(包括女仆),因为仆隶不过是打工者,尤其在等级明朗、礼制森严的古代社会,家中仆隶唯有服从和听话的责任,没有说话和参与家庭事务的权利。朱熹说家庭中的仆隶"难养",至少是不了解历史和礼制伦理的体现。在社会上,最难对付的是小人,因为社会与家庭不同:家庭是以血缘亲情为准则和导向的场所,在这个场所里,适合于"理"的空间极其有限,或可说,血缘宗法家庭原本是一个不讲理的地方("家庭往往成为一个不讲理的地方"的这种存在方式和生存取向其实仍然保存在中国人的现代生活中)。与此不同,社会是一个纯粹的名利场所,以利害为准则和导向。在这个名利场里,小人得势或不得势,取决于整个邦国有无其道:有道的邦国,小人的生存空间很窄小;邦国无道,小人有广阔的争夺名利的空间。在这种状况下,君子的日子就不好过,即必然随时遭遇各种类型的小人挤兑。由此观之,孔子关于"唯女子与小人为难养"的感叹甚至愤怒,也不过是其家庭和社会两个方面的生存困境使然。

第 26 章释义

子曰:"年四十而见恶焉,其终也已。"

[注释]

见恶:见,被。指被厌恶。

终也已:终,整个,一生。也已,结束。言人整个一生完了。

[译文]

孔子说:"人到四十时还被人厌恶,也就没有多少人生指望了。"

[通解]

孔子认为,君子的死敌是小人。君子出仕立世,最难纠缠、最难防范的是小人,这是因为君子文质彬彬,凡事讲规矩和章程;小人野蛮任性,凡事可任意胡为。孔子感叹,在天下无道的当世,无论求仕,或者官场,君子总是遭受人挤兑。或许在回顾自己人生经历中发现一个规律:凡君子,如果至于四十还在遭受排斥,则意味着一生不可能有太大作为。

一

古代社会,因为生存的自然环境、物质条件以及医疗卫生条件的限制,人的寿命相对短。所以,人到三十应该独立。在以血缘宗法为基本结构的古代,人生活在大家族、大家庭中,"三十而立",主要不指经济的独立,而指人的成长走向成熟,具有担当责任的能力,人格和精神的独立,尤其是具备成年人必须具备的礼法规范、伦理意识、道德能力。正是在这个意义上,人到四十时还处于恶人包围或被恶的状况,表明本应该三十而立的人,四十时还不具备成年人的基本品质,自然丧失自造化的可能性,这是孔子"年四十而见恶焉,其终也已"判断的基本认知依据。

仅认知言,人的认知成熟与人的生理成熟,以及与人的成年担当,具有时间上的差异性。这是孔子讲"三十而立,四十而不惑"的道理。孔子认为,在认知上,人要到四十时,才达到凡事不惑的理性境界。以此来看,如果人到四十岁时,还被人厌恶,或者同时也在厌恶人,表明其人的认知还没有达到"不惑"之境,所以,"见恶",是人的心智和认知极不成熟的体现,或者说是低心智的体现。这样心智低下的人不可能有发展张力,所以孔子由此判断"年四十而见恶焉,其终也已"。

二

孔子为师教人,也相人。

孔子相人,自有一套方法。这套方法是"见恶"。

"见恶",就是被恶。但孔子"年四十而见恶"之"见恶"的语义重心,不是"被恶",而是谁"见恶"或"见恶"谁。由此使"见恶"一词获得不同的两种注解:一种注解为"己被人恶",即被人所憎恶;一种注解为"人被己恶",憎恶人,讨厌人。

读《论语》,最重要的感受,是孔子所讲的许多话中的核心语词或概念,往往发散性地呈多维向度。"见恶"同样如此,它蕴含如上两种涵义。整合地看,它构成孔子相人方法的两个具体方面。

人,虽然来源于他者,也生存在群中。但人的生命存在的个体性和人的生命本性的天赋性以及天赋本性的相近性,决定人是从自己出发来看待世界、来确立人生方位,来选择人生道路,来与人与事打交道。以此观人的"见恶",呈现出一条不可逆的路线,这就是由己及人,再反过来由人而己。具体地讲,人的"见恶",首先因为人的心智不健全或不成熟,不管这种不健全或不成熟缘发于什么,比如缘发于本能,缘发于利害等等,其表现出来的首先是恶人。己恶人,可能因为动机不同,体现各种方法,或者采用各种手段,但无论怎样,其恶人达到的结果唯有一个,即让人讨厌,使人憎恶。所以,人被恶,其根源于己,即一旦当己恶人,如成习惯,所积累起来的成果就是人恶己。并且,己恶人,是个人对不定的多人、众人。人恶己,却是多人、众人恶己一人。

对任何个人言,己恶人,是己之一人向多人或众人为敌;反之,当人恶己,是多人或众人与己之一人为敌。所以,仅个人言,如果人年到四十,还处于这种"敌众己寡"的持久生活状态和人生进程中,则完全可能判定,不管你有多能、有多大本事,其后半生都将休矣。

这是孔子相人的基本方法,简称为己之于人法和人之于己法,只有这两种方法的互用,才生成"见恶"的完整相人方法系统。

微子第十八

《阳货》和《微子》两篇,可谓直接照应《卫灵公》和《季氏》,为如何从为政救世转向弘大中正仁道提供解释依据。所不同的是,《阳货》篇是孔子本人从求仕为政失败于上(期待邦君或执政者启用)下(或欲助反叛者以"其为东周")出发,来审察当世之世道颓败、人心坏死,大厦将倾不可阻止。《微子》篇却是孔子跳出个人情怀,以乱世隐逸为视角,客观审察世道颓败、人心坏死,大厦将倾不可阻止。在这样的大势下,拯救当世已不可能,以返本开新方式拯救古代文明,既为迫切,亦为可行。并且,《微子》开篇以"微子去之,箕子为之奴"的历史叙事为隐喻,孔子表彰自己之最终不会走自食其力的隐逸之路,是要效仿微子和箕子,为古代文明的返本开新承传和弘大而努力,即使忍受来自诸如隐士等各个方面的误解、曲解或嘲笑,也会为此生命不息努力不止。这恰恰与《学而》开篇"人不知而不愠,不亦君子乎"相呼应。从形式观,从《学而》到《微子》,《论语》获得自身结构的完整性;从内容论,从《学而》到《微子》,《论语》亦达到了言满意圆。

一

本篇从乱世隐逸切入,反思社会动乱的根源。第一章以三个人物的命运揭示商末暴政之下其仁何以得存;通过对商末比干、箕子、微子三臣的行事方式和人生遭遇的传述与评价,通论何为"仁"、何为"仁人"。隐喻世乱政亡,但文明却可因为仁人志士的努力而承传不息。

孔子之论仁人,必是忠、知、勇三者俱备者。贯穿忠、知、勇三者使之生成为仁者,是信。第一章总论仁,第二章以柳下惠为例从正面专论忠、直;第三章以齐景公为例从反面专论信。

第四章既与第三章关联,更可看成是对第二章主题的拓展:柳下惠"直道事人"和"直道忠父母之邦",是因为柳下惠已在官位,而且邦君并不昏庸,所以虽然几上几下,则始终立足于朝堂。第四章记述孔子本人何以要离开"父母之邦"到异国求仕,却是因为邦君依恋女乐不上朝愤然弃官而去:"齐人归女乐,季桓子受之,三日不朝,孔子行。"与柳下惠比较,其内容的真实性或可存疑。

二

第二章到第四章,孔子以沉重的方式讲述了世道何等衰败。第五章借楚狂接舆之口讲述这个衰败的当世已经没有拯救的任何可能性。

乱世隐逸,是春秋晚期贤者的人生选择方式,但并不消极,而是隐逸贤人们以各自独特方式拯救自己和世道。比如,接舆奔走于闹市之中,却是为了要引渡如孔子这样的"凤鸟"归隐正道。第六章传述隐士长沮和桀溺如何躬耕于荒野之中以避乱世,并劝说子路走自食其力的新生活道路,表达一个基本的救世观：救世需要先救己。救己的最好方式是自食其力，成为自食其力的人。这种自食其力的救世方式能否普遍推行？第七章讲述子路遭遇丈人的意外"事件"，从一个侧面做了间接回答：老人主动留子路宿，并且为子路杀鸡煮饭，同时还叫两个儿子与之相见。意在表达：第一，自食其力，有家，有温暖；第二，自食其力，生活富裕；第三，自食其力，儿孙满堂，老有所养，而且生活幸福。

从第五到第八章表述的基本主题是乱世隐逸者的生活方式和社会观。采取点面结合方式：第五、六、七章分别重点传述接舆、长沮、桀溺、丈人不同的方式"隐居以求其志，行义以达其道"。第八章整体概述不同类型逸民的特征和取向，然后对比分析自己作为逸民群体中的一员，所持有的不同于其他任何人的灵活权变的行世准则，是"无可无不可"。

第一章到第八章讲隐逸之士，从一个侧面展示从历史到现实的社会败坏状况，这是从一般论天下无道情况下志士何为。第九章具体论当世之乱，目光聚焦在鲁国宫廷乐官的鸟兽散悲凉状况，正面展示邦无道情况下人心所向。整体观之，第一至八章概述天下无道的广度，第九章论天下无道的深度。其后两章承此探讨具有如此深厚文明的周天下何以如此衰败的原因。第十章以讲述伯禽往封国赴任前周公告诫他治邦四戒，揭示鲁国变乱到宫廷乐师都无法生存的根本原因，是其祖训即治邦四戒被人为地抛弃：从根本讲，周王朝能够持续近八百年，靠的是"亲""近""隐"三字；同时，维持近八百年历史的周王朝最后也被"亲""近""隐"三字腐蚀而崩解、灭亡。第十一章总结周王朝必将败亡的另一个根本原因是君子阶层的消隐和崩解：周原本是商王朝敕封的边陲小邦，但却自行发展强大灭商以自继近八百年，将华夏文明推向一个高峰，其成功的根本秘密，孔子为之归纳出两条：第一条是"君子不施其亲，不使大臣怨乎不以。故旧无大故，则不弃也。无求备于一人"之治世"四戒"，遵循它则可创建和维护秩序；第二条是名士也即是君子哺政，有了他们，才可美化和淳厚社会。

第1章释义

微子去之,箕子为之奴,比干谏而死。孔子曰:"殷有三仁焉。"

[注释]

微子去之:微子,商王纣长兄,名启,封国于微,其爵为子,故名之"微子"。纣王暴虐而多次劝诫,不为所纳,不得已离去。公元前1122年,周灭商,周武王封纣王之子武庚管理商朝旧都朝歌,为防止武庚反叛,在朝歌周边东南北分设卫、鄘、邶三国,使管叔由管徙封卫,使蔡叔由蔡徙封鄘和使霍叔自霍徙封邶,共同监视武庚,是为"三监"。武王卒,成王继位,武庚伙同"三监"反周,周公平"三监之乱",武庚兵败被杀。其后,周公使微子为殷族首领,封于宋,微子由是成为宋国始祖。孔子讲"夏礼吾能言之,杞不足征也。殷礼吾能言之,宋不足征也。文献不足故也。足,则吾能征之矣。"(《八佾》)殷礼之被宋人保持,因为宋是殷商遗民的集中居地,即周统治者将灭国后的殷商遗民强制迁于宋地以便于监管。去,离开。去之,放弃当朝为官,离开都城朝歌,以避祸乱。

箕子为之奴:箕子,名胥余,纣王叔叔,纣封其国于箕地,故为箕子。亦因反复劝诫纣王收敛暴虐,纣王不听,于是披发佯狂,纣王以为真疯,将其囚禁起来以为奴隶。奴,使之为奴,指箕子装疯而被纣王囚之为奴隶。

比干谏而死:比干,纣王叔叔,殷商王室重臣,二十岁时以太师高位辅佐帝辛纣王,受托孤之重辅殷政,纣王时官拜少师(即丞相)。因无休止地规劝纣王收敛暴行,被纣王剖心处死。周灭商,武王不仅释箕子并官复其原职,还为比干修整墓地,封比干为国神。

[译文]

纣王无道,微子因避祸而逃离,箕子为避祸而佯装疯狂,比干因为强谏而死。孔子说:"殷末有三位仁人。"

[通解]

本篇品评古今人物,以反思社会动乱之根源。本章作为开篇,以三个人物的命运揭示商末暴政下,其仁何以得以幸存。

——

本章内容既述史,也品评历史人物。但品评人物是在述史基础上展开。

首先,讲述了殷之末微子、箕子、比干三人不同命运。

微子启是商德王帝乙的长子,与其二弟中衍、三弟受德为同母所生,但因为母生启和中衍时还是妾,后为王后时才生下三弟受德,太史依据"不可立妾之子做太子"的法典,三弟受德立为太子,后来继王位,即纣王帝辛。

纣王无道,微子多次劝诫,但不听。微子见"纣终不可谏",便与太师箕子、少师比干商量:"太师若曰:'王子,天笃下灾亡殷国,乃毋畏畏,不用老长。今殷民乃陋淫神祇之祀。今诚得治国,国治身死不恨。为死,终不得治,不如去。'"(《史记·宋微子世家第八》)比干继续强谏纣王而遭剖心之害。微子出逃避祸。不久,周灭商,微子持祭器到周武王军门,肉袒面缚,左牵羊,右把茅,膝行而前,向武王说明"去纣"的原因,周武王为之感动,亲释其缚,复其卿士官位。武庚联合"三监"反周失败,被周公处死,为招抚殷商遗民(即殷商王公大臣和贵族),周成王将殷商旧都朝歌(商丘)封微子,名宋,授之公爵,特许用天子礼乐奉商朝宗祀。

箕子和比干,均纣王叔,箕子官拜太师,比干官拜少师。纣王无道,三人知殷商气数已尽,商议何去何从。箕子提出"为国有后治"而"不如去",但真正如是而行的只有微子,箕子所以不去,是因为他认为"为人臣,谏不听而去,是彰君之恶而自说于民,吾不忍为也"。比干强谏而被剖心处死,箕子割发装疯,鼓琴自悲,曲以发泄殷商六百年基业将亡的悲愤。纣王以箕子真疯,于是将其囚禁并贬为奴隶。殷商末年(公元前1124年),周武王伐纣。决战牧野,纣王兵败自焚。在商周变易之际,箕子得以趁乱逃脱,隐于箕子山。周灭商,乃以下颠覆其上,所以新朝建立,一方面急需治理大才,一方面也笼络人心,周武王亲自于箕子山拜请箕子官复原职,箕子不从,周武王向箕子询问商亡原因,箕子不言,因为箕子不愿说自己故国的坏话。武王自觉失言,改问怎样顺应天道治理国家,箕子便给周武王讲授古代治邦大法《洪范》九畴。

二

微子、箕子、比干,殷末三臣,微子乃纣王长兄,是王子,身份最尊,且命运和结局最好。箕子和比干,乃纣王叔,分别官拜太师、少师,地位最高。他们竭尽所能维持祖上创下的王朝不至于坍塌,但已无能为力。面对王朝将倾、无力回天的现实,他们三人做出了不同选择:微子以退隐方式等待时机,周一旦灭商,他就投奔新朝。箕子选择用装疯卖傻的方式逃避,但却绝不做亡国奴才:"商其沦丧,我罔为臣仆。"(《尚书·微子》)商灭后,箕子逃出朝歌,隐于山中,被周武王搜寻到,亲自迎请,拒绝,后怕武王再来搅扰,率领弟子和遗老故旧迅速撤离箕子山向东方而去,然后投奔海外朝鲜,践行不事二主、不做亡国奴才之志。比干走的却是另一条路，那就是继续坚守，以直道殉道。

孔子评价微子、箕子、比干这殷末三臣均是仁，既可理解，也不可理解。这是因为，孔子很少用"仁"来评价人，因为在孔子的认知世界里，"仁"是很高的那种境界，很少有人能够达到而成为仁人。"子贡曰：'如有博施于民，而能济众，何如？可谓仁乎？'子曰：'何事于仁，必也圣乎！尧舜其犹病诸！夫仁者己欲立而立人，己欲达而达人。能近取譬，可谓仁之方也已。'"（《雍也》）在孔子看来，哪怕为自己称道不已的尧舜，也没有达到"仁"境，还存在着缺陷。因为有资格称之为"仁人"者，一定是"仁、知、勇"俱备。

比干忠心卫国，以直道殉道，体现无与伦比的忠勇和刚烈，这可配为仁人。但是，如果与微子和箕子比较，比干以身殉道，是为不智。但在孔子看来，"知其不可为而为之"的坚守，以至于付出生命的代价，这是忠勇兼备中的"大知"，即"杀身成仁"。

箕子在天下将倾的前夜，已知劝谏无用，虽然他劝微子和比干"去之"以求保存，自己却"披发佯狂"，或期望以此唤醒纣王，或者以此与殷商共存亡。但无论如何，将决不做新朝的亡国奴才的坚定不移心志付诸行动：第一，不愿在周武王面前说己朝得失；第二，拒绝接受周武王的高官厚禄；第三，不愿意在周王朝统治的封地上苟活。其忠，其义，可比于伯夷叔齐，其志其行，真正体现孔子所讲"隐居以求其志，行义以达其道"（《季氏》）。实乃"仁、知、勇"俱备，可谓"仁人"。

比干、箕子乃殷之"仁"者，可谓名副其实。然而，孔子称微子为"仁"，似有些不可理解。因为微子的行为明显有着不敢担当的逃跑主义和主动卖主求荣的势利主义，这样的人的这般行为，为何孔子也称之为"仁"人呢？

首先，微子出走，因为对纣王和商王朝有客观的判断："微子若曰：'父师、少师，殷其弗或乱正四方。我祖厎遂陈于上；我用沈酗于酒，用乱败厥德于下。殷罔不小大，好草窃奸宄，卿士师师非度，凡有辜罪，乃罔恒获。小民方兴，相为敌雠。今殷其沦丧，若涉大水，其无津涯。殷遂丧，越至于今。'"（《尚书·微子》）因为纣王的淫乱与暴虐，商已无救了，到底是继续留下来等死还是离开，微子拿不定主意，征求两位王叔意见，父师比干劝微子离开，指出微子和箕子不离开，商真的就灭亡了："商今其有灾，我兴受其败。商其沦丧，我罔为臣仆。诏王子出迪，我旧云刻子；王子弗出，我乃颠隮。自靖，人自献于先王，我不顾行遁。"（《尚书·微子》）

其次，箕子佯狂，微子出走，都是按比干的计划行事，即"人自献于先王"，每个人以自己的方式对先王做出贡献，或者，每个人以自己的方式对即将崩溃的王朝做出贡献。比干自己决意不走,是为国家存亡之当下放手一搏,比干劝微子和箕子出走,是为国家的未来做考虑。商亡后,微子和箕子都采取不合作主义,箕子的不合作主义,是彻底的不合作主义,体现在不在周统治的大地上生活,投身海外,重建国家,保留并发展了殷商文明。微子的不合作主义,是相对的不合作主义,即形式上的合作而实质上的不合作:其形式上的合作,表现为,周灭商后,微子马上出来,向新主示好,赢得周武王信任,官复原职;武庚反周失败后,微子又受封于宋。其实质上的不合作,主要体现在三个方面:第一,周灭商,微子马上持商之祭器,肉袒面缚,左牵羊,右把茅,膝行而前告周武王,以求武王存商之祀。第二,周公平武庚和"三监"之叛后,封微子于宋,微子受封的前提是获得祭祀商祖的权利,所以周成王特许宋可以用天子礼乐奉商朝宗祀。第三,微子只接受封国,却不接受周成王封其为"公爵"。接受封国,这是因为周统治的封地原本就属殷商,所以,这是管理自己的封地;"公爵"这一封爵,却是周朝的:微子受封国,是在做殷商的王;微子不受封爵,是在拒绝接受做周代的官。所以微子终身不称"公",而只自称"微子"。这种气节为其弟所续接:微子卒,立其弟中衍即位宋,自称"微仲",以示承传其兄微子之意志,只是到了微仲卒,其子稽继位,才始称"宋公","宋公",这是周封殷商遗民领袖的爵位。

由此可以理解孔子何以称微子"仁",认为他是殷末三大仁人之一的理由了。

三

孔子自谓"信而好古"。人们以此认为孔子是复古主义者。其实,孔子好古,一是从古代文明寻求重建当世文明的文化资源和思想源泉,比如,他从殷商文明的"宽简仁政"中发掘出一"仁"来,为已僵化的周"礼"注入鲜活的生命活力。更根本的是从古代的仁人中发掘出矢志不移的智慧、气节与意志,以注入周之将亡,何以救之的明智、勇敢和斗志,这叫做**"以古喻志"**。

孔子之要以"仁"来救"礼",因为孔子本人是殷商遗民后裔,骨子里面流淌的仍然是殷商文明和精神的血液。这是孔子好古的本质理由。孔子好古的根本信念,是发掘殷商的仁爱文明来拯救周代礼制文明,其实是在告喻后世:殷商的灭亡,是因为纣王无道的灭亡,而不是殷商文明所致。在孔子看来,从本质讲,殷商文明高于周代文明,因为殷商文明的精神核心是以知、勇、爱为实质内涵的仁,周代文明却是更注重形式的或可说是更注重于行为的共性规范之礼。

孔子之要以古喻志,因为殷商遗民领袖的那种既不做新主的亡国奴才,又要保存本族文明的承传权利,更要为本族的生存繁衍争取空间条件而采取既不合作又合作的智慧方式,始终不改其本的志气和节操,恰恰为孔子所崇敬,更为孔子所发扬。

人生于乱世,即是处于战场。《孔子兵法》的战、和、降、走,亦适合于哪怕文弱书生的人生选择方式。孔子之盛赞微子、箕子、比干为殷末三大仁人,是因为比干死谏并事实上谏死,这是面对纣王无道而选择战。箕子面对无救的纣王和无救的商王朝,选择避,即披发佯狂的方式避难;微子选择逃。箕子和微子,无论面对自己的王即纣王,还是面对异邦的王即侵略者的周王,他们都采取不合作,或如箕子那样绝对的不合作主义,或如微子那样相对的不合作主义,抑或谓形式的合作而本质上拒绝合作。这两种方式,都是孔子讲的"知其不可而为之"(《宪问》)的不同方式。孔子认同先人的这些方式,而在当世无道、施殷商文明以救周文明之衰的努力过程中,孔子尝试运用古人智慧,实行"曲线救世",比如答应阳货邀请,或打算服务公山弗扰等,其实都可从中窥到孔子作为殷商遗民对先人相对不合作主义的知、勇的仿效,只可惜没有获得最终的成行。孔子始终不与"无道"合作的那种绝对的拒绝主义,却变成他"一以贯之"的终身坚守之志,如果懂得孔子的**"以古喻志"**,不能不体察到孔子作为殷商后裔,对先祖们的那种大知大勇的崇敬、效仿与践履。这是孔子为何盛赞微子、箕子、比干为"仁人"的最终理由,亦是孔子为何如此同情和理解遗民和隐逸者的真正原因。后世将《论语》中关于隐逸的思想看成道家思想的窜入,如果理解孔子是殷商遗民后裔,理解孔子对箕子的崇敬,可能就不会出现这种理解的"误会"。

第 2 章释义

> 柳下惠为士师,三黜。
>
> 人曰:"子未可以去乎?"
>
> 曰:"直道而事人,焉往而不三黜;枉道而事人,何必去父母之邦。"

[注释]

柳下惠为士师:柳下惠(公元前 720 年~公元前 621 年),鲁国贤大夫,官职士师,掌管贵族狱讼。

三黜:黜,罢免、废黜。三,言"多"。三黜,多次被罢黜官职。

去:逃离、离开。

直道而事人:直道,正道。人,人主,指一国之君。事人,侍奉邦国君主。

枉道:枉,不正、歪曲。指邪曲之道。

[译文]

柳下惠任鲁国士师,曾多次被罢黜。

有人问他:"你为何不离开鲁国他投呢?"

柳下惠说:"坚守正道而辅佐邦君,到哪里都可能会遭受罢免;以邪曲之道事邦君,同样可以免除被罢免的遭遇,又何必要离开自己的国家呢?"

[通解]

上章讲述商末比干、箕子、微子三臣行事方式和人生遭遇,孔子评价其为"仁人"。本章以柳下惠为例,讨论怎样才可做到仁并成为仁人。

一

信而好古,是孔子作为殷商后裔承传和弘大殷商文明的自觉呈现;探讨古代逸民精神及其类型,是孔子作为殷商后裔的文化使命。

上章中,孔子赞微子、箕子、比干为仁人,但却更赞赏箕子和微子:箕子更多快意情仇,因为他一次性解决了忠祖(即先王)和爱国的问题;微子却将自己的人生全部付诸既不快意但却需要矢志坚守其"亡国之仇"的艰难道路。微子之情,随着岁月的流逝而坚守如初,更需要坚韧、执着、忠诚和尽心,所以,微子忠祖和爱国之情,比箕子和比干更深,更浓,更烈。因为微子的亡国之仇,是既要共天但却又不戴天之仇,既要与灭国的仇人共处其地,又不与仇人同流合污。具体地讲,微子既要受封国,又不受封爵,这是与灭国仇人共天而不与之戴天的困境,在这种困境中谋生存,是何等艰难和智勇?所以,箕子和微子,虽然都是殷商逸民中的仁人,却代表两类逸民,体现两种逸民方式。

柳下惠却是孔子表彰的另一种"逸民":坚守正道,忠于职守和君主,热爱自己的国家,生活无论升降沉沦,还是顺境逆境,都往而如初,从不弱其志,从不曲其道,从不改其行。因而,柳下惠从不放弃和削减原则,反对圆滑,反对逃避,反对逃跑。其操行特别为孔子敬佩。但孔子却并不仿效他,因为孔子在鲁仕途不遇,率众游国求仕就是"去父母之邦"。对于原则,孔子比柳下惠要灵活;对于母邦之爱,孔子没有柳下惠浓烈,可能是孔子与柳下惠之间的根本区别在邦国情感上的体现:柳下惠是鲁之一士一官,心中有的只是鲁国,孔子是天下之一士一思想家,心中不仅有鲁国,还有"有道"或"无道"的天下。即使孔子能做官,也不专为一人一邦做官,而是为以文道救世的天下做官。

二

在孔子的"人"物榜上，仁人处于最高境界，其次是贤人，然后是君子，最次是"小人"。孔子称柳下惠为"贤人"，应该是很高的评价。

孔子对柳下惠如此高的评价，是在于自己没有做到的方面，柳下惠做到了。首先是无论在何种处境中都"不去父母之邦"；其次是无论君主贤愚，都忠诚事之，从不改换门庭。掌管贵族狱讼的士师，既是最得罪人的官职，也是最容易接受贿赂的官职："士师之职，掌国之五禁之法以左右刑罚，一曰宫禁，二曰官禁，三曰国禁，四曰野禁，五曰军禁；皆以木铎徇之于朝，书而县于门间。以五戒先后刑罚……掌官中之政令，察狱讼之辞，以诏司寇断狱弊讼，致邦令。"（《周礼·秋官·士师》）柳下惠基于为人为官的基本信念，坚持走"直道事人"和"直道忠父母之邦"的道路。

本来，"直道事人"和"直道忠父母之邦"，是为官事人（君）事父母之邦的应然要求，是应做到的，但利欲驱动往往鼓动更多的人们放弃其应为之事，孔子认为邦国处于这种状况，是深度的"邦无道"。正是在这种伦理的、道德的或者人格的"邦无道"的大背景下，才出现政治上的、权力上的邦无道。孔子这一认知从另一个角度表明：第一，作为士群体，其对基本的君子信念，对"直道"及其"父母之邦"的坚守程度，从根本上决定着政治、权力有无其道。第二，正是士君子集体放逐的大环境下，柳下惠谨守"直道事人"和"直道忠父母之邦"的方式和行为，放射出异常的光辉，与箕子尤其微子在亡国处境下仍然以"直道事祖"和"直道忠父母之邦"一样可贵。这就是连自己也做不到的孔子"虽不能之"却"心向往之"的纯朴之美。也是《论语》编纂者将柳下惠一章置于"微子"之后的根本考虑。

第 3 章释义

齐景公待孔子。曰："若季氏，则吾不能"，以季、孟间待之。
曰："吾老矣，不能用也。"
孔子行。

[注释]

待：此字之训诂义有二：一是留止；二是待遇。"齐景公待孔子"之"待"，做"留止"讲，以"以季、孟间待之"之"待"做"待遇"讲。

季、孟之间：鲁国三卿，以季孙氏最尊，为上卿，其次孟孙氏，其三叔孙氏。指齐景公准备以鲁国上卿季氏和鲁国大夫孟氏之间的待遇给孔子。

用：任用、聘用。

[译文]

齐景公欲留用孔子,说:"给你如鲁国上卿季氏的待遇,我可能做不到;给你鲁国大夫孟氏的待遇,又有些亏待你;最好给你介于季氏、孟氏之间的待遇。"

其后,齐景公对人说:"我已老了,不能任用孔子了。"

孔子听到此言后,当即离开了齐国。

[通解]

仁者,忠、知、勇三者俱备。贯穿忠、知、勇者,信。第一章总论仁,第二章以柳下惠为例从正面专论忠直;本章以齐景公为例从反面专论信。

——一——

孔子一生,大概只到过齐国一次。即鲁昭公二十五年至二十六年孔子(公元前517年~公元前516年)在齐逗留两年,学《韶》乐三月不知肉味;其间也接受了齐景公召见。根据本章记载,孔子在齐学《韶》乐在前,接受齐景公接见后,因为孔子得知齐景公不用,就离开了齐国。

根据司马迁所编的故事,齐景公最终不用孔子,是晏婴嫉妒,在背后向齐景公说了孔子坏话,齐景公听信了谗言而不用孔子,但司马迁的故事并不可信。首先,齐景公年少继位,在位五十八年,孔子比齐景公小二十岁,适齐时,齐景公五十五岁,做齐邦君已四十五年,作为邦君,已经很资深;作为年龄,并不见老。齐景公自言其老,是为托词。为何推托? 可能是不理政事任性享乐的齐景公本人随意而为而已。司马迁编晏婴谗言故事的蓝本有可能出自《墨子》:

> 齐景公问晏子曰:"孔子为人何如?"晏子不对。公又复问,不对。景公曰:"以孔某语寡人者众矣,俱以贤人也,今寡人问之,而子不对,何也?"
> 晏子对曰:婴不肖,不足以知贤人。虽然,婴闻所谓贤人者,入人之国,必务合其君臣之亲,而弭其上下之怨。孔某之荆,知白公之谋,而奉之以石乞,君身几灭,而白公僇。婴闻贤人得上不虚,得下不危,言听于君必利人,教行下必于上,是以言明而易知也,行明而易从也。行义可明乎民,谋虑可通乎君臣。今孔某深虑同谋以奉贼,劳思尽知以行邪,劝下乱上,教臣杀君,非贤人之行也。入人之国,而与人之贼,非义之类也。知人不忠,趣之为乱,非仁义之也。逃人而后谋,避人而后言,行义不可明于民,谋虑不可通于君臣,婴不知孔某之有异于白公也,是以不对。"

1353

景公曰："呜乎！觌寡人者众矣，非夫子，则吾终身不知孔某之与白公同也。"(《墨子·非儒下》)

根据《墨子》记载，齐景公改变想法不用孔子，是因为得知孔子参与了白公之乱。但客观的史实是：楚国的白公之乱发生在哀公十六年，即楚惠王十年(公元前479年)，这一年孔子刚好逝世，一个逝世之人，怎么可能去参加楚国的白公之乱呢？晏婴谗言的理由根本不存在，那么，晏婴谗言孔子之事，并不一定有，这可从孔子客观评价"晏平仲善与人交，久而敬之"(《公冶长》)得到旁证：首先，孔子一生痛恨小人，达到绝对无情的地步：孺悲欲见孔子，不仅"辞以疾"，而且还以"将命者出户，取瑟而歌，使之闻之"(《阳货》)的极端方式来羞辱之。其次，孔子秉持"以直报怨，以德报德"(《宪问》)的德、怨观。如果晏婴谗言而使之失之辅佐齐景公的大好机会，按孔子的性格和君子准则及伦理理念，可以想见他会怎样对待晏婴。最后，齐景公不用孔子，不一定是齐景公听信"谗言"所致，更有可能出在孔子本人政治思想和治邦方策方面。

二

齐景公何以不用孔子，涉及齐景公与孔子之间的交往所构成的实质关系。《论语》记载了孔子与齐景公的两次交往，另外记载了孔子对齐景公的基本评价。

首先看孔子对齐景公的评价：

孔子曰："齐景公有马千驷，死之日，民无而称焉。伯夷叔齐，饿于首阳之下，民到于今称之，其斯之谓与？"(《季氏》)

孔子这段对齐景公的评价，是评价"伯夷叔齐"忠于父母之邦和高义之德，对比齐景公无德。孔子对齐景公的评价，符合齐景公其人：齐景公生前拥有大国财富和权力，但"死之日，民无而称焉"，却是基本的历史事实，孔子无法编造，也无需编造。

这样一个无德的和不得民心的君主，你能指望他可以识得人才？你能指望他能够起用人才？答案显然是否定的。只有从这个角度看齐景公问政，其隐蔽的语义内容才会突显出来：

齐景公问政于孔子。孔子对曰："君君，臣臣，父父，子子。"公曰："善哉！信如君不君，臣不臣，父不父，子不子，虽有粟，吾得而食诸？"(《颜渊》)

齐景公无能问政,也无心问政,但他还得装样子。春秋时,邪曲的邦君装样子的基本方式之一是慕名士,然后以此为自己装点门面。不理国政,随心所欲、任性而为的齐景公见孔子,可能基于这种慕名好玩的心理。一心求仕的孔子却显得特别赤诚,因而将自己的看家本领(即最根本的政治主张和治理方策)毫无保留地抛出来:"君君,臣臣,父父,子子。"孔子所言,是那个时代邦国的治本方策,因为孔子所处的是人治时代,人治时代治好邦国的根本原动力,是邦君本人的素质、克己能力和抱负、作为,所以孔子认为,要治好国家,君主必须有节制、有担当、有道义、有责任。这不正说到齐景公这个好逸恶劳、淫乐成性的君主的痛处了吗?但聪明的齐景公之所以在位五十八年无作为,却又得到贤臣竭力的辅佐,应该与他言行二致有关系,即行为上任性胡为,但话却在不同场合说得得体和受人听,逗人喜欢。这不,当孔子抛出"君君,臣臣,父父,子子"的治邦大方策时,齐景公马上迎合叫好称道:"善哉!信如君不君,臣不臣,父不父,子不子,虽有粟,吾得而食诸?"其后呢?齐景公肯定恨死孔子了,但善于权变和言变的齐景公肯定不会表现出来,而且还要继续表演下去,于是就出现了"齐景公待孔子"和"吾老矣"两幕戏剧。

客观地看,"齐景公问政于孔子"和"齐景公待孔子"这两章内容应该是齐景公接见孔子过程中的两个环节:孔子在齐,见齐景公仅此一次。在这次召见过程中,"齐景公问政"是第一个环节。接下来是第二环节:既然齐景公当面盛赞孔子的治邦方策,那就意味着齐景公特别欣赏孔子,所以聪明的齐景公也要马上表现出要特别重用孔子的具体想法,这就是如何给孔子定待遇,因为待遇就是官职。所以齐景公既信口开河又模棱两可:"若季氏则吾不能,以季、孟间待之。"吃喝玩乐几十年,善于在众贤臣面前玩把戏、逗众臣开心并使之愿意为己效命的齐景公,当然要逗一逗孔子,吊一吊孔子的胃口,让孔子知道以"君君,臣臣,父父,子子"这样不知天高地厚方式教训我齐景公的人应该享受怎样的"画饼"之苦。

齐景公开出低于上卿又高于大夫的待遇给孔子,可能让孔子兴奋得不得了。会见就如此美好地收场了,齐景公让孔子获得特别的幸运和特别期待的幸福感,以为遇到了明主。但是,孔子的明主梦可能才刚刚开了个头,宫里面就传来齐景公驱赶孔子的话来:

吾老矣,不能用也。

孔子知道自己上当受骗了,但又能怎样?唯一的选择,只能按齐景公的意旨离开齐国,这就是"孔子行":行得窝囊,也行得痛苦。这份窝囊和痛苦虽然是齐景公给的,但却是孔子不知而自造的。第一,孔子到齐国求仕,不了解齐国国政状况,是其不知。第二,孔子不察齐景公为人,亦是其不知。第三,孔子观其颜不察其色,听其言不审其意,这是第三不知。年轻气盛的孔子适齐见齐景公获得的三不知教训,使他终身受益,这或许与孔子不断强调观言察色、主张言行一致、痛恨"巧言令色"分不开。

第4章释义

齐人归女乐,季桓子受之,三日不朝,孔子行。

[注释]

齐人归女乐:齐人,指齐邦君。归,与《阳货》第一章"归孔子豚"中之"归"同,通"馈",意为赠送。女乐,歌舞妓。齐君赠送鲁定公歌舞妓女。

季桓子受之:季桓子,鲁定公时执政大夫。受,接受。指季桓子代鲁定公接受齐君送来的这份礼物。

三日不朝,孔子行:朝,动词,上朝堂。三日不朝,指鲁定公连续三天不上朝堂打理邦国政务。行,离开,指孔子因此离开鲁国。

[译文]

齐邦君赠送鲁定公歌舞妓女,执政大夫季桓子代为受其馈赠。定公和季桓子君臣娱于歌舞连续三天不上朝理政,孔子因此离开鲁国。

[通解]

本章既与上章有关联,也可看成对第二章主题的拓展:第二章中孔子盛赞柳下惠"直道事人"和"直道忠父母之邦",因为柳下惠已在官场,而且邦君并不昏庸,所以还能几上几下,始终立足于朝堂。本章却是记述孔子本人离开"父母之邦"到异国求仕的原因:孔子是以邦君不上朝为由弃官离邦,与柳下惠比较,本章内容是在美孔子,还是贬孔子?

一

本章讲了一个很奇妙的故事,意在于告诉人们:孔子为何原因离鲁游国求仕的:孔子离开鲁国,是鲁定公和季桓子君臣连续三日不上朝理政。这只是表面的原因,根本的原因是鲁定公和季桓子陷入了齐国的阴谋,要以此来将孔子排挤掉,因为孔子在朝,使齐国惧鲁。

然而,孔子官于鲁,齐国何惧之有？司马迁给予后世一个更为有想象性的故事。

> 定公十四年,孔子年五十六,由大司寇行摄相事,有喜色。
>
> 门人曰:"闻君子祸至不惧,福至不喜。"
>
> 孔子曰:"有是言也。不曰'乐其以贵下人'乎?"
>
> 于是诛鲁大夫乱政者少正卯。与闻国政三月,粥羔豚者弗饰贾;男女行者别于涂;涂不拾遗;四方之客至乎邑者不求有司,皆予之以归。
>
> 齐人闻而惧,曰:"孔子为政必霸,霸则吾地近焉,我之为先并矣。盍致地焉?"
>
> 黎鉏曰:"请先尝沮之;沮之而不可则致地,庸迟乎!"
>
> 于是选齐国中女子好者八十人,皆衣文衣而舞康乐,文马三十驷,遗鲁君。陈女乐文马于鲁城南高门外,季桓子微服往观再三,将受,乃语鲁君为周道游,往观终日,怠于政事。
>
> 子路曰:"夫子可以行矣。"
>
> 孔子曰:"鲁今且郊,如致膰乎大夫,则吾犹可以止。"桓子卒受齐女乐,三日不听政;郊,又不致膰俎于大夫。孔子遂行,宿乎屯。而师己送,曰:"夫子则非罪。"孔子曰:"吾歌可夫?"歌曰:"彼妇之口,可以出走;彼妇之谒,可以死败。盖优哉游哉,维以卒岁!"师己反,桓子曰:"孔子亦何言?"师己以实告。桓子喟然叹曰:"夫子罪我以群婢故也夫!"(《史记·孔子世家》)

司马迁讲述的这个曲折的引人入胜的故事,却并不靠谱。

第一,作为鲁史的《左传》,定公十四年未记载孔子为大司寇摄相事,这样大的事件,史书何为不记载？只是定公十年《传》里面描述说:"夏,公会齐侯于祝其,实夹谷。孔丘相。"(《左传·定公十年》)这里所讲的"相",应该作为宾相讲,而不是"摄相事"的"相"。更何况定公十年的《经》里面没有关于孔子的任何信息。

第二,孔子一上任大司寇摄相事,马上将大夫少正卯杀了。果真如此,是何等轰动朝政的大事？史官何有不记之理？

第三,孔子做大司寇摄相事,仅用三个月时间,就使鲁国焕然一新,路不拾遗、夜不闭户:"**与闻国政三月,粥羔豚者弗饰贾;男女行者别于涂;涂不拾遗;四方之客至乎邑者不求有司,皆予之以归**",这可能吗？哪怕是经营一个效益不好的小商店,三个月也不可能如此天翻地覆地彻底旧貌换新颜。更何况,孔子也仅仅是一个大司寇摄相事,执掌国政的大权还掌握在季桓子手中。即或孔子掌握了鲁国所有的权力,能够任意调动整个邦国机器和资源,也不可能在短短三个月内做到,能够在如此短暂的时间如此做到的只有一种方式,就是编,或如司马迁编故事,或将编的故事搬上戏曲舞台。

第四,孔子如此神力,自然使"齐国为之惧",所以齐国才想出这条美人计来腐蚀鲁定公和季桓子,使他们耽于淫乐而不上朝,以此气走孔子。孔子真的就上当了。孔子的如此"上当",这是在说孔子有知(即"智"),还是嘲笑孔子**弱知**?有知的人一看,如果孔子真是因为鲁定公和季桓子"三日不朝"挂冠而去,那孔子一定是弱知,而不是知者。试想想,一心想当大官的孔子,一心要文道救世的孔子,好不容易在人生已半百的晚年得到了这样大的官位,做梦都想利用这个官职治理鲁国,以实现"如有用我者,吾其为东周乎"(《阳货》)的文道救世理想。鲁定公和季桓子因为乐于女色而不理朝政,这不正合雄心勃勃的孔子之意,可按照自己的主张大干一场吗?他怎么会弃官不干呢?

二

孔子离鲁游国的真正动机可能并不如此。并且,孔子去鲁游国,有可能是他发现自己在鲁根本没有出仕为政的机会了,经过反复权衡,最后在进入"知天命"之年痛下决心离开父母之邦,到异邦寻求入仕机会。根本不可能是已经当上朝廷大官后,只为君主耽于娱乐而放弃高位四处游荡,这既不合情理,也不合事理,更不合孔子的基本的邦国观。

结合第二章内容,孔子意在表明,如果鲁君或执政的季桓子也给他一个为母国效力的机会,哪怕如柳下惠那样承受多次罢官,他也会如柳下惠一样始终效忠"父母之邦"。可惜的是,鲁国没有给他这样的机会,孔子等了五十多年,感受到再也没有时间和岁月等待时,才不得不离开父母之邦。

第5章释义

楚狂接舆歌而过孔子曰:"凤兮!凤兮!何德之衰?往者不可谏,来者犹可追。已而!已而!今之从政者殆而。"

孔子下,欲与之言,趋而辟之,不得与之言。

[注释]

楚狂接舆:狂,佯狂,即佯装疯癫,其方法各异,或用油漆涂抹身体,或披头散发,或剃光头发等等。比如箕子,就是披头散发不断唱"箕子操"。接舆,春秋时楚国贤人。指楚国贤人接舆以佯狂方式逃避乱世。

歌而过孔子:歌,唱歌。过,经过。过孔子,从孔子的车旁边经过。

凤兮凤兮,何德之衰:凤,凤鸟,古代的祥瑞物。相传世有道,则凤鸟见;世无道,则凤鸟隐。接舆以凤喻孔子,当世无道而凤之不隐,表明德衰。

往者不可谏,来者犹可追:往者,已经过去了的。谏,劝诫,做匡正讲。来者,尚未来到的。追,赶上,补上,意为补救。犹可追,还可以弥补。

已而! 已而:已,已经,完成,结束,作"止"讲。而,语气助词,犹如"罢了"。

殆:危险,指使之陷于危险的人。

孔子下:下,下车。指孔子从车上下来。

趋而辟之:趋,加快速度向前。辟之,指接舆有意避开孔子。

[译文]

楚国狂贤接舆从孔子的车旁走过,唱道:"凤鸟啊! 凤鸟啊! 你的德性为何如此衰败? 过去了的已不可挽回,未来的尚可补救。算了吧! 算了吧,现在的从政者哪个不是制造危险的人?"

孔子下车,想与这位歌者说话,但接舆却加快脚步向前了,孔子没能与他说话。

[通解]

柳下惠,虽然几起几落,但邦君不昏庸,朝政也不昏暗。孔子却没有柳下惠幸运,没有获得"直道事人"和"为父母之邦"的立身发展空间。从第二章到第四章,孔子以沉重方式讲述了世道何等衰败。本章则借楚国狂贤接舆之口讲述这个衰败的当世已经无拯救的任何可能性。

一

本篇讲乱世隐逸。

隐逸者生于乱世之中,与以血腥暴力抢夺政权者或把持暴政的小人采取绝对不合作的态度,但又能成为"隐居以求其志,行义以达其道"(《季氏》)的君子、贤人。这批人在孔子看来是乱世中最有良知和道德的人,是最值得敬重和崇敬的人。这类人,不仅古代有之,当世也有。在孔子看来,乱世隐逸,不仅是生存方式,也是不与暴政、乱政、愚政合作的方式,更以此张扬一种精神，体现一种承传。这是孔子关注古往今来隐逸者的缘由，也是激励自己的方式，更是为自己的行为选择寻求历史理由和精神依据的方法。

孔子论隐逸者，也是在讲述乱世隐逸的类型与人格。

第一章讲述箕子和微子，这是两种类型的隐逸避世者：箕子以快意情仇的方式隐逸避世，这是彻底的避世方式，也是身心皆避乱世的方式。微子以担负更大责任的方式避世，这是身在乱世并且身迎乱世而心避乱世的方式，但其心避乱世的持守却是隐蔽的。第二章柳下惠以"直道事人"和"直道忠于父母之邦"的方式隐逸避世，也是身处乱世之中迎着乱世上，但心却避乱世。柳下惠与微子不同的地方在于，其心避乱世是公开的，所以才有"三黜"，才有"直道而事人，焉往而不三黜"的泰然和"枉道而事人，何必去父母之邦？"的通达。

第四章是孔子门人道其师如何隐逸避乱世，这应该是第四种方式，也是第四种类型，那就是孔子类型的乱世隐逸，其方式是用之则心忠人事，不用则去之泰然。孔子举了两个实例来说明自己这种乱世隐逸的方式：一是年轻时的齐国之行，自己以至诚心和大治之志全盘托出，齐景公不识其才志，不用，孔子毅然去之。第二个例子是人到壮年，更为成熟的孔子对效忠母国希望破灭之后，同样毅然去鲁。第三、四章两个"孔子行"，既表达孔子的决然与泰然，更表达门人对老师这种身处乱世、迎着乱世上而心始终处于隐逸避世之中的崇敬与赞美。

二

本章讲述第五种隐逸避乱世的贤人，那就是狂贤接舆。他身处乱世之中，不仅自己避世，而且以自己的方式拯救更多的人避乱世，具体地讲，就是以超脱功利的避世心态，奔波于乱世之中，去救济乱世中的迷茫者、失路者。

对接舆言，在乱世中隐逸避世，已经不是避免乱世危险的方式，而是引渡人回归正道、回归人生家园的方式。接舆的行为，以及接舆行为表现出来的积极意义，是一种存在论的家园意义：在本原意义上，人的世界是无争无伪无正无邪的世界，这是大道大德的世界。世界之所以乱，就是因为争和伪，因为争和伪引发正与邪较量。隐逸避乱世，就是跳出这种争、伪以及正与邪的划分，这是接舆批评孔子"凤兮！凤兮！何德之衰"的依据，也是接舆劝诫或者启发孔子应该迷途知返的正确方式："往者不可谏，来者犹可追"，抛弃过去那种执着救世的愚蠢理想吧，以回归正道和家园的姿态面向未来，人生还可以再补救。

后人在论及隐逸避世时,都将其说成是道家思想,要么认为与孔子思想格格不入,或者认为这是后人恶意窜入。抛开表面的感觉思维来看接舆穿梭乱世中引渡孔子般的"凤鸟",其实是孔子所讲的"君子""贤人",孔子不遗余力地在乱世中培养正邦君子,使之成为贤人;接舆不遗余力引渡"君子""贤人",二者有本质上的区别吗? 这或许是一个值得思考的问题。

第6章释义

长沮、桀溺耦而耕,孔子过之,使子路问津焉。

长沮曰:"夫执舆者为谁?"

子路曰:"为孔丘。"

曰:"是鲁孔丘与?"

曰:"是也。"

曰:"是知津矣。"

问于桀溺,桀溺曰:"子为谁?"

曰:"为仲由。"

曰:"是鲁孔丘之徒与?"

对曰:"然。"

曰:"滔滔者天下皆是也,而谁以易之? 且而,与其从辟人之士也,岂若从辟世之士哉?"耰而不辍。

子路行以告。

夫子怃然曰:"鸟兽不可与同群,吾非斯人之徒与而谁与? 天下有道,丘不与易也。"

[注释]

长沮桀溺耦而耕:长沮、桀溺,两位隐逸者,姓名不传。耦而耕,即是耦耕,两人并耜而耕的耕种方式。指长沮桀溺两人并头而耕。

问津:津,济渡口岸,指询问过河渡口。

执舆:舆,古代的车。执舆,执辔,即手拉马缰绳。

谁以易之:谁,哪个。以,可以、能够。易,变化,做改变讲。指哪个可能改变这个乱世。

辟人之士:辟,通"避"。指避开无道君主的人。

耰而不辍:耰,一种农具,用于耕种之后覆土盖种,使种子深入土中,避免鸟啄,以待时雨之至。

怃然:怃,怅然若失的样子。

斯人:斯,指称代词,这、这个。指这个人。

[译文]

长沮和桀溺并耦耕种庄稼,孔子一行路过此地,子路过去向他们打听过河渡口。

长沮问道:"那个坐在车上拉着马缰绳的人是谁?"

子路说:"是孔丘。"

长沮说:"是鲁国的那个孔丘吗?"

子路说:"是啊。"

长沮说:"那他一定知道渡口在哪里。"

子路又问桀溺,桀溺说:"你是谁?"

子路说:"我是仲由。"

桀溺说:"你是鲁国孔丘的门徒吗?"

子路回答说:"是的。"

桀溺说:"现在像洪水泛滥的腐败暴政遍天下,谁能改变它。你与其追随孔子那样避乱世的人,还不如跟随我们做个自食其力避乱世的人?"桀溺一边说,一边不停地播种覆种。

子路折身回来将长沮和桀溺的话告诉孔子。

孔子怅然若失长久,感叹地说:"鸟和兽不可以同群,我不与世间的人在一起,又与什么在一起呢?总不能像他们那样遁迹山林与鸟兽为伍吧?如果天下太平,我用不着和你们一道去改变它了。"

[通解]

上章讲隐士接舆奔走于闹市之中引渡如孔子这样的"凤鸟"归隐正道;本章继续讲另一类隐士长沮和桀溺如何躬耕于荒野以避乱世,并劝说子路走自食其力的新生活道路。

一

隐逸避世之道,是乱世贤人的必然生存方式。避世,就是避开腐败的暴政。在古代,贤士避开腐败暴政的方式多种多样,但却可归为两类:一类是以改变乱世的方式避世,这是孔子的方式,推展开去更宽泛地看,也包括诸如管仲、子产、柳下惠等迎着乱世而上的人,都属于这类以改变乱世的努力方式避世,甚至包括比干也属于这种类型,微子亦是属于这种类型。另一类是以退让不为的方式避世,比如楚狂接舆和本章中的长沮和桀溺,以及下一章中的丈人,就属于此类。

但长沮和桀溺却又不同于接舆。接舆穿梭于乱世中布"隐逸避乱世"之道,目的于引导迷途者返正道回归宿;长沮和桀溺的隐逸避世方式,却是躬耕于荒野,自食其力。

隐逸避世者,也要吃饭。伯夷叔齐因为不受暴政之食而饿死首阳山下,这种隐逸虽然高义,但在长沮和桀溺看来毫无价值。因为真正的避世,是不依赖乱世而生存。不依赖乱世而生存的基本方式,不仅不当暴政官,而且还不吃暴政食,不穿暴政衣,不住暴政房。如何做到呢?唯一的方式是自食其力,一切全凭自己劳动得来。所以,真正的避世者,是避开暴政的热闹世界,自己劳动,自己养活自己,自己成为自己劳动成果的享受者。

以此看长沮和桀溺这样的隐逸避世者,应该属于第六种贤人。这种避世贤人虽然没有如微子、柳下惠、孔子那样的家国情怀,却有朴实的高尚和美德,即自己劳动养活自己、自己服务自己和自己实现自己的高尚和美德,这同样是在践履"隐居以求其志,行义以达其道"(《季氏》)。这种践履"隐居以求其志,行义以达其道",表面看是小道,但却是更深刻的,甚至更高境界的大道。或许正因为如此,面对长沮和桀溺的自食其力,孔子怅然若失。

二

本章的形式主题是问渡。由问渡引发两组对话:一组是子路与长沮的对话;一组是子路与桀溺的对话。

问渡,指欲过河而询问其渡口何处。这本是现实的物理层面的问题,却因为三个人的两组对话而上升为抽象的生存论的精神问题。所以问渡在本章中获得象征含义。

在子路与长沮的对话中,由物理性质的问渡转换成抽象的问渡:子路向长沮询问过河的渡口在何处,长沮却告诉他,这该去问孔子,他应该知道过河的渡口在哪里。

在物理世界,河流阻断道路,这是由河水对陆地的切割所形成的,续接的方式是造船摆渡或者修架桥梁。当无力修架桥梁的情况下,最简便的方式是用船摆渡人过河。在人的世界里,战争或贪婪的暴政亦变成阻断社会道路和人间道路的"野性的河流",这是由泛滥的欲望和权力对秩序的切割所形成的,续接的方式同样是摆渡。在物理世界,孔子行于道路,面对横阻眼前的江流,需要寻求过河的渡口,于是孔子使子路询问于长沮。在人的现实世界,战争与暴政构筑起来的"乱世河流",就是孔子带着弟子游国的目的,即寻求救世的机会和舞台,这亦是渡口,以引渡社会。所以在长沮看来,一个心怀救世理想奔走于世的人,一定知道渡口在哪里,何须向他人询问过河的渡口呢?这是长沮的"知津矣"的表面语义;其深层语义是什么呢？坐在车上那位既然是为救世而生的鲁国孔丘，他连摆渡自己的船只和渡口在何处都不知道，哪还有本事去渡世呢？

长沮"是知津矣"的回答，为后面桀溺策反子路提供了依据。

子路问路于长沮而不得，转而询问桀溺。当桀溺弄清楚子路是孔丘之徒，首先向子路阐发了一番天下大势：当今天下已经罪恶滔滔，谁也没有能力来改变它。桀溺说这话的潜台词是：已经罪恶滔滔的天下，其继续滔滔罪恶已不可逆，面对这种无可逆的罪恶的天下，任何人都不可能改变它。既然任何人都无法改变它，那么，意欲以救世为职业理想的孔丘，按照他那一套想法也是没有能力做到的。面对如此无法改变的罪恶天下，能力绝对有限的个人却可以做一件事，那就是改变自己。接下来桀溺展开对子路的策反：改变自己，才是救世的正确方法。如何改变自己？桀溺对子路说：避开整个人世，隐遁于自然世界，自食其力，这是改变自己的最好方式。试想想，每个人都自食其力，每个人都将想望、才能、智力、力气用在自食其力地劳动、耕种上，自己养活自己，这个世界就会自然得救了，还用得着专门需要一批人去救世吗？这个世界之所以滋生出贪欲的洪流，之所以有腐败和暴政，是因为有太多以救世为职业的人，天子、王公大臣，还有诸如孔丘，那样专门培训救世君子的人。所以桀溺对子路说，真正的救世者是我们这些与世无争、自食其力的人，你与其跟着孔丘去做没有前途的专职救世者，不如加入我们的行列，因为我们这种避开人世自食其力的救世方式，才大有前途。

面对桀溺，子路无语。

<h2 style="text-align:center">三</h2>

子路受师命向长沮和桀溺打听渡口何处，长沮却告诉他，渡口在自己心中，摆渡者是自己。子路不知领悟，转而问桀溺，桀溺则直截了当地告诉他，抱着救世的目的去寻求渡口，不会有结果，因为根本没有专设的救世渡口，也根本没有专职救世的摆渡人。孔子带着你们去做救世的摆渡人的想法是空洞的，也没有舞台使你们实现。人不能救世，世也不需救。需要救的是人自己，人自己救自己的渡口，就在脚下，方式就是自己劳动养活自己。所以，自己是自己的渡口，自己是自己的摆渡者，自己也是自己的拯救者和得救者。

实际上，长沮和桀溺分别回应子路的问渡，但子路还是没有明白，只得失望地回到孔子身边，告诉他与长沮、桀溺的对话。孔子听后怅然若失，这是因为：第一，明白长沮和桀溺所说的每句话都是实话实情；第二，清楚长沮和桀溺所讲的甚至包括对子路的策反，都是对的；但是，第三，孔子却不愿意走长沮和桀溺的以救己的方式救世的道路,因为这条道路意味着默默无闻一生,辛苦劳动一生,与泥土打交道一生,与鸟兽相伴一生。所以,孔子才如此无奈地说:"鸟兽不可与同群,吾非斯人之徒与而谁与?"此话虽然出于无奈,却真切真诚。后面那句"天下有道,丘不与易也",虽然高尚与道义,但却显得苍白无力,因为按照长沮和桀溺的说法,天下无道,根源于将世玩弄于股掌之中的人太多。天下有道,就是放弃争相救世,人人自食其力。

第 7 章释义

子路从而后,遇丈人,以杖荷蓧。

子路问曰:"子见夫子乎?"

丈人曰:"四体不勤,五谷不分,孰为夫子?"植其杖而芸。

子路拱而立。

止子路宿,杀鸡为黍而食之,见其二子焉。

明日,子路行以告。

子曰:"隐者也。"使子路反见之,至,则行矣。

子路曰:"不仕无义。长幼之节,不可废也。君臣之义,如之何其废之。欲洁其身,而乱大伦。君子之仕也,行其义也,道之不行,已知之矣。"

[注释]

子路从而后:从,跟从。而后,随后相失。指子路跟从孔子行,相失在后。

遇丈人:遇,不期相面。丈人,老者。

以杖荷蓧:杖,手杖。荷,钱穆释为"担揭",指用手杖揭箩筐。蓧,一种田中除草的竹器工具。以杖荷蓧,指用手杖揭一竹编的除草工具。

四体不勤,五谷不分:四体,指双手双脚。五谷,指稻、黍、稷、麦、菽。指不勤劳四体以播种五谷。

植其杖而芸:植,竖。植其杖,将手杖插在田间。芸,除田草。

拱而立:拱,叉手。在古代,叉手而立以为恭敬。

止子路宿:止,阻止,劝说。宿,住宿。天色将暮,老人阻止子路前行,使宿其家。

见其二子:见,见面,这里做"介绍"。指向子路介绍自己两个儿子。

明日,子路行以告:明日,第二天。行,追赶上孔子与之同行。以告,将昨天遇丈人宿其家之事告诉孔子。

至,则行矣:到,返回到。行,已经出行。

乱大伦:大伦,君臣之伦。指乱君臣之伦。

[译文]

子路陪孔子出行,落后于道路,碰见一老人,用手杖着一个竹编的除草农具。

子路上前询问,说:"请问您老人家见过我老师吗?"

老人说:"像你这样既四体不勤劳,又分不清五谷的人,还有人当你的老师?"老人将手杖插入田间,然后除草。

子路叉手恭敬地站立在一边。

天色将暮,老人留子路住宿,杀鸡煮饭给子路吃,然后让两个儿子与其相见。

第二天,子路告别老人,匆匆赶上孔子,告诉昨天发生的事。

孔子说:"你遇到的肯定是隐士。"叫子路返回再见老人,到了老人家,他却出门了。

子路说:"拒绝出仕是不道义的。长幼礼节不可废除;君臣大义又如何可能置之不顾呢?想洁身自好,却破坏了君臣之间的大伦。君子出仕,只是为了履行人间道义,然而道义早已不可行了,这是早该知道的事了。"

[通解]

本章继续讲述隐逸避世者。上章讲述长沮和桀溺这类躬耕荒野、自食其力的隐居者,通过子路与他们的对话,表达救世的基本观念:救世需要先救己。救己的最好方式是自食其力。这种自食其力的救世方式能否普遍推行?本章以子路遭遇丈人的意外"事件",从侧面间接回答。

———— 一 ————

子路与老者的故事,记述子路一段奇遇。当子路将这段奇遇告知夫子时,孔子马上判断子路所遇见的一定是隐士。

孔子做如此判断的依据是什么呢?

一是老者对子路所讲的那番"四体不勤,五谷不分,孰为夫子?"的话,不是一个种田人能说出来的,一定是一个有学问、有思想的人才可讲出来的话。所以孔子断定子路碰见的一定是一个长年隐居于荒野躬耕的大隐士。

二是这个有家有两个儿子的老人,却没有休闲养老,还在田间劳动。

如此有家有子的老人还坚持劳动,不仅与上章长沮、桀溺一样自食其力,而且将自食其力贯穿终生。以自食其力为准则,如果说长沮、桀溺是中年隐士,那么老人则是年老了的隐士,是长沮、桀溺的前辈。如果长沮、桀溺值得孔子尊敬,那么老者更值得孔子尊敬。这是孔子为何要叫子路回返再见老人的原因。

二

"四体不勤,五谷不分,孰为夫子"这句话,表达多重含义。

首先,当子路向老人询问是否见过自己的老师时,老人一眼就判断出子路是一个不事劳动的人,因而尖锐地批评子路:像你这样四体不勤、五谷不分的人,还有人愿意当你的老师? 这是此语的表面语义,其所要真正表达的意思是:愿意当你这样"四体不勤、五谷不分"的老师的那个人,也一定是一个四体不勤、五谷不分的人。

其次,老人的批评蕴含更深刻的语义内容:人需要自食其力,只有自食其力的人,才是有用的人。像你这样四体不勤、五谷不分,不过是靠别人的劳动才可活下来,实际上是无用的人。你是一个无用的人,做你的老师的人,更是无用的人。

其三,世道的混乱、天下的暴政、人间的贪婪、社会的腐败,源于一批批靠别人劳动而生活的人。他们既不劳动,又要想比劳动的人生活得好,必然要生贪婪,必然要贪腐,这些人要实现贪婪,维护贪腐,必然要滥用暴力,由是出现腐败的暴政,造成天下大乱。所以,腐败的暴政滔滔于天下,是因为像你这样"四体不勤,五谷不分"的人太多造成的。

你看,这位老人对天下、人间的看法,是不是桀溺的思路? 不仅如此,其实比桀溺的思想更深刻。在思想深刻性方面,桀溺不过是这位老人的学生辈,所以孔子才匆匆忙忙叫子路再回去探望老人。

三

上章中,有个"耰而不辍"的细节,即桀溺一边与子路说话,一边忙碌着播种不停。本章中,也有一个"植其杖而芸"的细节,即老人一边和子路说话,一边除草。

这两个细节表明什么?

自食其力的人,时刻不忘劳动。与之反衬,成天想着救世的人,时刻奔波于名利之途。这两种忙碌暗示了两条道路,两种可能性和结局,那就是桀溺所说的"滔滔者天下皆是也,而谁以易之? 且而,与其从辟人之士也,岂若从辟世之士哉"。奔波于名利之途者,乃"辟人之士也",这是没有前途的奔波,因为"四体不勤、五谷不分"者们的努力,将制造或培养出更多四体不勤、五谷不分者,天下势必永不可干净、清洁,唯有更加混浊,更多罪恶。

忙碌于田间耕种者,就是"辟世之士",他们的前途在于他们首先靠自己的劳动养活着自己,活得实在、踏实,当然也有尊严,不依赖于他人,少却了或者消除了不应有的非分之念。并且,更多的人,甚至所有人都能如此自食其力,天下将不治而自愈,自好,自善美,自幸福。

老人主动留子路宿,为子路杀鸡煮饭,同时还叫两个儿子与之相见。确实太有深意:第一,自食其力,有家,有温暖;第二,自食其力,生活富裕,如果生活贫困,既不可主动留宿不相识之人,更不可能为之杀鸡煮饭。第三,自食其力,儿孙满堂,老有所养,而且生活幸福。

本章之所以要特别地写老人留宿子路的情节,意在于对比性表达:奔波于名利之途的"辟人之士",第一,无家,没有温暖。比如孔子本人,忙碌一生,唯一的家庭财富就是独子一个,何也?长期在外过无家的生活,何以可能再有子?第二,生活贫富依靠别人或官府,颜渊被孔子誉为天下独有的"好学"者,最后却穷困得死后买棺材的钱都没有。这是"四体不勤、五谷不分"的人如此热衷仕途的原因,因为获得一官半职,就解决食住等所有的生活问题。第三,生活的苦乐以及人生的幸福或不幸福,都寄托在官位上。无官,如丧家之犬;丢官,比丧家之犬更难过。即使有位,也是苦多于乐,因为无时不面临政务、人际等方面的烦恼,甚至还有钩心斗角带来的苦恼。所以,奔波于名利之途的"辟人之士"远不及自食其力于田间的"辟世之士"生活充实和幸福。

这或许是老人主动留宿子路的原因,直截了当地讲,老人留宿子路的动机以及所欲达到的目的是什么呢?是策反子路抛弃奔波名利之途的苦辛,加入他们的劳动致自由、劳动致幸福的阵营中来。由此可以明白,老人的行为与桀溺的努力目标一致:为自己的自食其力阵营招兵买马。只是,桀溺用嘴巴游说子路,老人用行动感化子路,仅就此言,姜始终是老的辣。

四

经孔子点破,子路知道自己遭遇隐士,而且与隐士同宿一晚。孔子叫子路返而回见老人,但子路扑空了。子路在返回来的路上或许想通许多问题。于是发那篇宏论。子路宏论的要点,是一语道破隐士的特点:第一,隐士洁身自好;第二,乱君臣大义。

然而,子路之思并不止于此。当他总结出隐士洁身自好和乱君臣大义的特点之后,提出两个问题:一是洁身自好好不好?二是滔滔罪恶的天下到底可不可救?

以君子标准看,洁身自好,固然不好。因为君子的责任就是仕,君子之仕的责任是行道义,使道行于天下。从现实看,道之不行,已经是世人皆知的事,但子路以前却不明白,现在真正明白了:既然明白了无道已久的天下,不可能推行道义,那么君子推行道义就没有了意义。推行道义一旦失去意义,洁身自好就由不好变成了好。

虽然子路原本聪慧,而且也可能想得到,但子路不可能说出来此番大言,更可能是编述本章内容的作者特意借子路之口来表达隐逸之士的基本政治观、伦理观或者说生存论思考。

第8章释义

逸民:伯夷、叔齐、虞仲、夷逸、朱张、柳下惠、少连。
子曰:"不降其志,不辱其身,伯夷、叔齐与?"
谓柳下惠、少连:"降志辱身矣。言中伦,行中虑,其斯而已矣。"
谓虞仲、夷逸:"隐居放言,身中清,废中权。"
"我则异于是,无可无不可。"

[注释]
逸民:有公室背景或仕途背景而遁世隐居的人,他们不肯出仕做官。逸民有两类来源:一类是前朝遗老遗少,比如周成王封微子于宋,就将殷商王公大臣、贵族百姓全部遣送到宋地,便于集中管制,所以宋实际上是殷商遗民的集中居住地。另一类是当世有识之士对现实世界彻底失望然后选择洁身自好生存方式的那些人。

伯夷、叔齐:其人事迹分别见《公冶长》第二十三章、《述而》第十四章和《季氏》第十二章。

虞仲、夷逸:虞仲,虞国的仲雍。夷逸,事迹不详,亦有疑非人名,以为虞仲逸于夷,故曰夷逸。

少连:指东夷之子,孔子称其善居丧。

不降其志,不辱其身:降,降落、降低,或改变,指不改变自己固有志向。辱,辱没、屈辱。身,身份、气节、名誉。指不辱没自己身份和名节。

言中伦,行中虑:伦,伦理。言中伦,言语合于伦理。虑,考虑、顾虑。指行为符合谋虑。

身中清,废中权:身,处置身体,指隐忧独善,其身合于道之清。废,废除、消解。指自废放言,合于道之权。

[译文]
逸民:伯夷、叔齐、虞仲、夷逸、朱张、柳下惠、少连。

孔子说：“不降低固有理想，不改变固有志向，不使自己的身份、名节遭受屈辱，大概伯夷和叔齐做到了这两个方面。”

孔子评价柳下惠、少连说：“降低自己的理想志向，也使自己的身份名节遭受了屈辱，但说话符合伦常，行动经过思虑，他们也只能做到这些了。”

孔子评价虞仲、夷逸说：“他们隐居起来，不论世事，自由放言，做到自身清白，言行合符情理。”

孔子自我评价说：“我与他们不同，不拘泥于这样或那样的抽象准则，无可无不可。”

[通解]

从第五章到第八章，都是讲述逸民之事。采取点面结合的方式：第五、六、七章分别重点叙述接舆、长沮、桀溺、丈人；本章则整体概述不同类型逸民的特征和取向，然后是孔子对比分析自己作为逸民群体中的一员，与如上各类遗民的根本的不同，就是持有灵活权变的行世准则，这个准则即是"无可无不可"。

一

孔子评价伯夷、叔齐、虞仲、夷逸、朱张、柳下惠、少连等逸民，是以"隐居以求其志，行义以达其道"（《季氏》）为标准。

以此标准看伯夷、叔齐，将他们与大邦君主齐景公比，之所以受到比君主更高的赞扬，成为人们永恒记忆的内容，是因为伯夷和叔齐不仅最终达到仁，而且以生命为代价坚守仁，守护仁。"不降其志"，是坚守仁；"不辱其身"，是守护仁，使心中之"仁"纯洁。

孔子评论伯夷、叔齐，是以此隐喻方式表述君子之为君子，必须终生"一以贯之"。这个"一以贯之"的东西，就是仁，它成为生命不息，修仁不辍和行仁不止的日常方式。

保持志向和理想，以此"一以贯之"，终身坚守，致死不渝，唯有如此才不会使自己的清白、名节、身份遭受玷辱，这才是最高境界、最高品德的隐士。尤其如伯夷、叔齐那样的隐逸之士，之所以得到孔子的最高推崇，还在于伯夷叔齐反对暴力，以孱弱之躯担当起天下大义的托命精神，实乃孔子思想和理想的写照。

再有一种类型是柳下惠这样的"辟人之士"，与伯夷叔齐比，其理想志向当然有所降低，而且也遭遇"三黜"之类的经历而使自己的身份名节遭受损害，但能够"言语合于伦理，行为体现理智"，与伯夷、叔齐之仁相比虽然次一等，但也还有真隐士的品格。至于如虞仲那样的让位和清高，虽然并不如伯夷、叔齐那样自觉自愿,但能够真正做到了洁身自好,也是相当不易。

二

孔子论逸民,目的并不在逸民,而以逸民为参照,展示自己的立场、观点,以及自己执着追求所达及的境界。

首先,孔子自我评价说:"我则异于是"有两层语义内涵;一是认为自己与伯夷、叔齐、虞仲、夷逸、朱张、柳下惠、少连这些人都不相同;二是宣示自己与众隐逸者的差异,不过是在其"隐居以求其志,行义以达其道"的共同标准下道路选择的差异,追求方式的差异,其潜台词是:我孔子本来就是遗民的后代,也可以做隐士。我若是做隐士,定会坚守"隐居以求其志,行义以达其道"的准则,但在其隐士境界以及追求方式、方法方面,却与伯夷、叔齐、虞仲、夷逸、朱张、柳下惠、少连这些人不同。

其次,孔子指出自己"异于是"的根本准则、根本方式,是"无可无不可"。

"无可无不可"揭示孔子的准则:决不拘泥于抽象不变的规则或一成不变的形式,**相时而行**:既不与贪腐的暴政或乱政合作,也绝不拒绝出来做事的任何机会。这是阳货来请,他答应前往,公山弗扰派人来邀,他也准备前行的根本原因。

概括上述,孔子的"无可无不可"推衍出两个方面:一是"无可",指无论如何不能放弃,并且无论如何不能做,这就是"隐居以求其志,行义以达其道",更具体地讲,就是他返本开新、以仁入礼的文道救世理想,构成他的善道而必须一以贯之,即使终身固穷也必须"守死"不懈。二是"无不可",这是指为实现其返本开新、以仁入礼的文道救世理想,可以因时因环境而灵活权变。所以,孔子之"无可无不可"的思想最终落实为人生的行为准则:"无可",是这一行为准则的本体、灵魂;"无不可",是这一行为准则的运用方式和方法。因为后者,使"无可无不可"的行为准则体现巨大灵活性的空间张力。但这种灵活性的空间张力必须以"隐居以求其志,行义以达其道"为边界和规范。概言之,是"求志""行义""达道",此三者缺一不可。首先,求志是起点,行义是方向,达道是目的。对此三者的整合表述,就是除天下贪腐暴政以正仁德和公道,实现人生之志。

基于"求志"—"行义"—"达道"之准则,凡是有损于实现此三者的所有方面都坚决反对,都绝不合作;反之,凡是有利于推行和实施此三者,即或是危险甚至如协助阳货、公山弗扰等"陪臣执国命",也可以。

孔子的"无可无不可"充满灵活性,指自觉地和自由地决定"可与不可"的主动权,如果掌握得不当,比如当人丧失志向和理想,没有道义的目标为准则,就有可能沦为"只讲目的,不讲手段"或"为达目的,不择手段"的实利主义。

第9章释义

　　大师挚适齐,亚饭干适楚,三饭缭适蔡,四饭缺适秦,鼓方叔入于河,播鼗武入于汉,少师阳、击磬襄入于海。

[注释]

大师挚适齐:大师,宫廷的乐官首长。大师挚,即《泰伯》第十五章中的师挚,鲁国乐官之长。"大师掌六律,六同以合阴阳之声。阳声:黄钟、大蔟、姑洗、蕤宾、夷则、无射。阴声:大吕、应钟、南吕、函钟、小吕、夹钟。皆文之以五声:宫、商、角、徵、羽;皆播之以八音:金、石、土、革、丝、木、匏、竹。"(《周礼·春官·宗伯第三》)适,去,到。适齐,指大师挚去了齐国。

亚饭:亚,次。饭,侑食,用餐以音乐助兴。亚饭,以乐侑食之官。古代天子、诸侯用餐皆要奏乐相伴:"天子食,日举以乐"(《礼记·王制》),何也?"王者食,所以有乐何?乐食天下之太平,富积之饶也。明天子至尊,非功不食,非德不饱。"(班固《白虎通·礼乐》)为天子、诸侯一次用饭奏乐者,必乐官之长;其后,为二次用饭奏乐的乐师,称亚饭;为三次、四次用餐时奏乐的乐师,分别为称三饭、四饭。

干、缭、缺:分别指鲁乐官名,即亚饭乐官名干,三饭乐官名缭,四饭乐官名缺,这三个乐官分别去了楚国、蔡国和秦国。

鼓方叔入于河:鼓,司鼓的乐官:"鼓人掌教六鼓四金之音声,以节声乐,以和军旅,以正田役。"(《周礼·地官·鼓人》)方叔,乐师名。河,大河。指司鼓的乐师方叔去了大河滨。

播鼗武入于汉:播鼗,操播鼗的乐师。武,乐师名。汉,汉水。

少师阳、击磬襄入于海:少师,乐官之佐,佐即副手,指乐官副首长。阳,少师名。击磬,击磬的乐师。襄,击磬的乐师名。海,大海边。

[译文]

　　鲁国宫廷乐官大师挚去了齐国,亚饭乐师干去了楚国,三饭乐师缭去了蔡国,四饭乐师缺去了秦国,司鼓乐师方叔去了黄河之滨的诸侯国家,操播鼗的乐师武去了汉水之涯的诸侯国,乐师副首长阳,还有击磬的乐师襄,流落到了海外。

[通解]

第一章到第八章讲隐逸之士,从侧面展示从历史到现实的社会败坏状况,这是一般论天下无道情况下志士何为。本章转向具体的宫廷论,目光聚焦在鲁国宫廷乐官的鸟兽散状况,正面展示邦无道情况下人心所向。前面第五、第六、第七、第八章是从广度论邦无道;本章是从深度论邦无道。

一

从第一章到第八章点面结合地讲述隐逸避世之徒,分别概括出他们的类型、品位以及信仰与理念、志向与坚守。通过如上内容的讲述,展示如下三个方面的当世状况与态势:

首先展示春秋晚期社会动荡加剧,其突出标志是贪腐暴政横行,东周大厦将倾,成为不可逆转之势,无人有能力可以扭转乾坤。

正是在这种大势下,智识阶层、上流社会开始大分化并形成两个最大的潮流,一是越来越多的人在其乱世之中趁机顺势而为,谋求更多的名与利。这种潮流很快汇聚成为即将到来的战国时代的主流意识形态。二是越来越多有识之士的头脑开始清醒做出选择,纷纷踏上隐逸逃避之路。后者又分出两类,一类如柳下惠、孔子等"辟人之士";一类是"辟世之士",本篇中所讲的长沮、桀溺、荷蓧老人等即属于此类。

最为重要也是最为隐秘的方面是:虽然这是贪腐暴政的时代,但也是思想辈出的时代,各种思想碰撞、交汇,孔子带领弟子行于道路,不断遇上隐逸之士,他们都以自己的特有方式,表达出各自独立的当世思考和较为深刻的生存论思想。所以,本篇不仅为孔子的言行、主张、目标、努力提供了宏大的社会背景舞台,也为孔子的思想生成、演变、发展,提供了真实的场景、环境,即孔子的思想、方法,并不是他与门徒关起门来自娱自乐形成的,而有其肥沃的社会土壤和广阔的时代舞台。

正是在这种碰撞、交流中,孔子始终保持吸收姿态和谦敬心态,甚至在别人说得正确、深刻的时候,显出无可奈何的窘迫。然而,在与这些思想的碰撞中,孔子的思想不断成熟,这种成熟的真正标志,就是志向更为坚定、理想更为执着,方法更为灵活。比如,第六章"鸟兽不可与同群,吾非斯人之徒与而谁与?天下有道,丘不与易也"所表达的话语,虽然柔弱,但其意志却决然地更加坚定"天下有道,我孔丘不会去谋求改变它";但"天下无道,我孔丘一定要去改变它,使它成为有道"。再比如,"我则异于是,无可无不可",明确地宣示自己的准则和方式:我孔丘决不死守任何教条,哪怕前人的经验,即使我最崇敬的历史人物,比如伯夷、叔齐,或者箕子、微子,我只崇敬他们的信念、精神、人格、高义,但决不向他们亦步亦趋。我是要按照自己的准则、自己的方式来应对这个剧变的世界，寻求救治的舞台，把握救治的机会，探索救治的方式。

二

前面八章内容从隐逸避世角度侧面展示天下无道的大势，本章却着眼于具体，正面展示天下无道是如何加速地推进。本章选择的这个视角是音乐，它构成社会秩序和礼仪文明感性呈现的基本方式，或者说风向标。从事音乐的特殊人才最为集中地集聚在宫廷里面，他们过着优渥的生活，世界变化对这批人来讲影响最小。只有到了整个社会变乱得不可收拾时，这批人的生活秩序才可能被迫打破。本章讲述鲁这一周之礼乐文明象征的邦国，其宫廷中的乐师们却已经鸟兽散，呈现天下大乱、大厦将倾前夕的状况。

终身与《论语》相伴的周作人，在读到这一章时，认为这是"特别狠"的一章："不晓得什么缘故，我在小时候读《论语》读到这一章，很感到一种悲凉之气，仿佛大观园末期，贾母死后，一班女人都风流云散了的样子。这回重读，仍旧有那么样的一种印象。"（《论语小记》）

礼乐是秩序的灵魂，亦是邦国朝廷的气象。当一国乐师如鸟兽般散去后，整个宫廷也丧失生气、生意，变成死寂。接下来只能是什么呢？

本章通过讲述鲁国宫廷大师、少师、亚饭、三饭、四饭、鼓师、磬师的先后出走，以力透纸背的方式展示鲁国礼乐破坏的惨状，这既是周王朝全面衰落的缩影，也是周王朝加速衰亡的进程表征。

第 10 章释义

> 周公谓鲁公曰："君子不施其亲，不使大臣怨乎不以。故旧无大故，则不弃也。无求备于一人。"

[注释]

周公谓鲁公：周公，名旦，周武王之弟，因助武王灭商且其后辅助成王平定天下而受封于鲁，爵位公，所以周公是鲁之封国始祖。但为辅助未成年的成王不能居封国，故以长子伯禽代为赴任，建立鲁国。这是伯禽往鲁赴任建国时周公对他的告诫。伯禽，周公旦长子，代父创建封国鲁，并承其父"公"爵位，故称鲁公。所以，伯禽是鲁国的开邦君主。

不施其亲：施，通"驰"，松懈、怠慢、疏远。指不要怠慢和疏远亲戚。这种"唯亲为大"的思想，其后《礼记·中庸》予以发挥，将其与仁挂钩起来形成"仁者，人也，亲亲为大"，定义"亲亲则诸父昆弟不怨"。

不使大臣怨乎不以：使，让，使之产生。怨，抱怨、怨恨。以，任用，重用。指不要使大臣心生不被任用或不被信任的怨恨。

故旧无大故,则不弃：故旧，老臣故友。故，事故、恶行。大故，大的恶逆、恶行。弃，放弃、抛弃。

无求备于一人：备，完备，无缺陷、无过错。求备，求全责备。指不要求全责备任何一个人。

[译文]

周公告诫鲁公说："君子不疏远亲戚，不使大臣抱怨不被重用。不要抛弃无大过的老臣旧友。不要求全责备任何人。"

[通解]

本篇从第一章到第九章以逸民为主题，展示天下（尤其鲁国）变乱衰败的大势。本章与下章探讨具有如此深厚文明的周天下何以如此衰败。本章以讲述伯禽往封国赴任前周公告诫他治邦四戒，揭示鲁国变乱到宫廷乐师都无法生存的根本原因，是其祖训即治邦四戒被人为地抛弃。

一

这是周王朝从社会结构到意识形态到礼乐制度的实际设计者、创建者周公旦命其长子代己治鲁而在临行前的训导与诫命，称为命辞。《左传》祝佗之言提到周封伯禽的命辞叫《伯禽》："子鱼曰：'以先王观之，则尚德也。昔武王克商，成王定之，选建明德，以藩屏周。故周公相王室，以尹天下，于周为睦。分鲁公以大路，大旂，夏后氏之璜，封父之繁弱，殷民六族，条氏、徐氏、萧氏、索氏、长勺氏、尾勺氏，使帅其宗氏，辑其分族，将其类丑，以法则周公，用即命于周。是使之职事于鲁，以昭周公之明德。分之土田陪敦，祝、宗、卜、史，备物、典策，官司、彝器。因商奄之民，命以《伯禽》而封于少皞之虚。"（《左传·定公四年》）但如上所论不见于《书》。本章命辞，可能就是《伯禽》的遗文。

周公旦的命辞，虽然只有四句话，却是周之血缘宗法王朝治理的宝典，其全部政治智慧的精华浓缩于此四句话中，也构成二千多年古代王朝如何保江山的最高政治智慧，至今仍释放出大用的光辉。

二

周公旦训导伯禽治邦的法宝，其实可概括为一个词："治人"。

治邦的要义是治人。只有治好人，才可治好民。所以，治人是**上游**功夫，治民是**下游**活儿。只有上游的功夫做到家了，下游才会水清鱼现。

治人的本质是"**用人**"。用好人,就是治好人;治好人,则可治好事。用人不当,治人亦不当,治事其成往往会经历许多曲折,甚至失败。

用人当与不当,关键在于**得体**,或者说得法。

什么叫得法? 所谓得法,就是符合人的本性欲望。人的本性欲望呈开放性的场态,内涵丰富无限,并且无限滋生。但最重要和根本的欲望有四:一是**血缘关系中相求求亲亲**的欲望;二是**君臣关系中为臣求得亲睐**的欲望;三是**故旧关系中人求亲近**的欲望;四是**人身处错过之中而祈求恕饶**的欲望。

治人的法则,是得体地处理好这四种欲望,使之形成**向己**的合力,而不是离己的分解力。

三

周公告诫伯禽,治人的首要任务,是用好自己的亲戚,这是由分封建制的血缘宗法社会结构决定的。根据人的本性,最亲自己的是血亲,依次扩散,呈递减态势。所以,要治好国家,用好亲戚,就能构建起坚固的邦政堡垒的核心结构。这个核心结构越稳定,整个社会结构则更稳定,反之亦然。

这是周公要伯禽牢记"君子不施其亲"的治邦道理。

在解决了用人的核心问题后,按其重要性程度,排列其后的必然是"不使大臣怨乎不以"。稳固社会,要靠亲戚;但治理和发展国家,必须靠大臣。要让每个大臣都能感觉到自己在受重用,要使每个大臣都以为自己是主子最离不开的人,用人就获得了第二个方面的成功。

让人感觉到自己最受重用,与人实际上受重用,可能一致,也可能不一致。怎样才做到实际上不一致但却让人觉得是一致呢? 这就需要用好第三条和第四条。

第三条用人法则是"故旧不遗"。不遗故旧,是让老而无用或无治邦之才的老臣和友人都**感觉到**自己仍然是被重用。怎样做到这一点呢? 这是考察一邦之主的智慧的方面,比如,实权与虚职的分设,或者给予更高名分、提升更高待遇来换取实权位置以使治臣结构体系获得新陈代谢等等,或许就是如何做到"故旧不遗"所需要不断探索的方法。还有就是无论亲戚或者大臣、故旧,犯了过错甚至逆行,只要不伤及根本的统治利益,应和稀泥抹平过去,这样就能做到一团和气,皆大欢喜。

四

周公的治邦法典,实质是用人法典。周公的用人法典中没有法的含义,只有血缘宗法的价值取向,它只讲求三个字:一是"**亲**",二是"**近**",三是"**隐**":**亲其亲,近其臣,隐其过**。周公围绕这三个字做文章,制定出完备灿烂的礼制。原本是用暴力和血腥建立起来的王朝,通过这三个字的**润滑与打磨**,最后变成一个文质彬彬的王朝。

更为根本的是,周王朝能够持续近八百年,靠的就是"亲""近""隐"三字;同时,维持近八百年历史的周王朝,最后也被"亲""近""隐"三个字腐蚀而崩解、灭亡。此章内容,不知是孔子门人所述,还是孔门之外其他学派的思想被孔门后人吸收记载了下来,但最后被编纂入《论语》,是要作为治邦经验希望播扬呢,还是以此引发后人反省以自警? 这不得而知。今日读来,或许可以作为新视角来理解孔子的思想,比如,孔子讲"父为子隐""子为父隐"的主张,以及"子曰:'君子易事而难说也。说之不以道,不说也;及其使人也,器之。小人难事而易说也。说之虽不以道,说也;及其使人也,求备焉'"(《子路》)等具体说法,如果从周之"亲""近""隐"治理三字方针和政治智慧及其伦理精要来理解,或许可以平和地对待之,既不需要拔高的证明,也不需要抹黑的批判。因为,**思想,永远是当世的思想,它进入历史,仍然不能抹去其当世的烙印**。比如,孔子一方面强调血缘的根本性,另一方面却主张唯德才是举;一方面主张恢复周道,另一方面又强调必须以仁来再造周礼;因为"周礼"是以血缘为依据和纽带,而仁却是个人的修为前提,以中正为指南,以文质彬彬为整体诉求。这些都体现了返本开新。

第 11 章释义

周有八士:伯达、伯适、仲突、仲忽、叔夜、叔夏、季随、季騧。

[注释]

周有八士:周,周代。士,名士。八士:八位值得称颂的名士。

[译文]

周代有八位值得称颂的名士:他们分别是伯达、伯适、仲突、仲忽、叔夜、叔夏、季随、季騧。

[通解]

周原是商王朝的边陲小邦,但却自行发展强大灭商以自继近八百年,将华夏文明推向新的高峰,其成功背后自然有其秘密。这个秘密孔子总结了两条:第一条是上章所讲的治世"四戒",遵循它则可创建和维护秩序;第二条就是本章所讲的名士,或可称之为君子,有了他们,才可美化和淳厚社会。

一

本章所讲的"八士",现不可考。

至于这八士立于何时? 为何者所立,也说法不一。比如,《国语》说八士乃周文王时代的人:"询于'八虞',而谘于'二虢',度于闳夭,而谋于南宫。"(《国语·晋语四》)

但《逸周书》中的《和寤》和《武寤》都说是武王灭商,有"尹氏八士"相助。当然,《逸周书·克殷》里有"南公百达"和"南宫忽",但另外六人却没有记载,因而也不实。

本章记载的"八士",其"伯""仲""叔""季"各二,因而,后人附会为"一母四乳"的兄弟。因"伯""仲""叔""季"均属于字辈,李零说,"如果说,他们是出于两支,分别有伯、仲、叔、季各二,还可理解"。李零的假设或许更具可理解性。

二

本章内容,表面看是孤立的,如果从语境关联方式理解,它与上章有主题上的内在联系。

在上章中,周公训导伯禽,治邦在于治人,治人在于用人,用人不仅要唯亲亲,更要亲近故旧,不要随意地疏远或抛弃他们。为什么呢? 本章以个案方式答:周之得天下,主要靠姬姓和姜姓两大宗族集聚社会上的各路人士打来的。这些人也构成王朝得以建立的基础,不仅出于感恩角度讲,不能忘记故旧,而且从治理和维护打来的天下讲,也还需要这些人以及他们的家族相互交汇形成的力量。

除此之外,本章可能是孔子所言,也可能并非孔子之言,至于是与否,现已不可知。但《论语》编纂者将它纳入其中,必然获得所指的意义。

孔子对先贤一直称颂不已,读《论语》行至此,完全能够强烈地感受到这一点。

孔子称颂先贤,是因为先贤仁和义,即德性举仁而德行扬义。仁德道义,这是孔子所标举的,也是孔子以一生努力去探求的。尤其本章被编排于本篇之末,就更有意味:本篇的基本主题是隐逸避世,在这样一种面对来自各方面、各种形式的隐逸避世思潮,甚至面临其他隐逸避世者对孔门弟子的策反活动,孔子仍然坚定不移地坚持自己的主张和救世理想,身体力行不辍,"鸟兽不可与同群,吾非斯人之徒与而谁与? 天下有道,丘不与易也",要从古代文明中吸取使之更坚强的智慧和力量,更具体地讲,就是从古代先贤身上吸取"从一而终"的精神和斗志,这或许是本章的寓意之一。

寓意之二,是通过对先贤的称颂与讲述,鼓励和奖掖弟子"不降其志,不辱其身","言中伦,行中虑"(第八章)。因为,长沮、桀溺以言(第六章)和以杖荷蓧老人以行(第七章)策反子路的现象,表明在众说纷纭的异端思潮涌起的环境里,采取"攻乎异端"的方式阻止弟子们接受来自各方面的新思想、新说法,不仅不明智,而且有大害(《为政》)。在孔子看来,堵塞的方式是最坏的方式,引导的方式才是真正使人清醒正确地辨别、取舍的好方式。引导的最好方法,或者最有说服力的方法,是让弟子们真实了解古代的历史、古代的文明,古代的先贤如何高瞻远瞩地选择、坚守,"不降其志,不辱其身"和"言中伦,行中虑"的品质、精神、能力,以使他们发自内心地自我坚固志向,坚固理想,不怀疑、不松懈、不停止地向前走。这或许是本章内容被《论语》编纂者所选择,并将其置于篇末以为总结的深层考虑。

子张第十九

钱穆在《论语新解》中指出：《子张》篇"皆记门弟子之言。盖自孔子殁后，述遗教以诱后学，以及同门相切磋，以其能发明圣义，故编者集为一篇，以置《论语》之后。无颜渊、子路诸人语，以其殁在前。"①钱穆此言乃是在陈述一历史事实：《子张》篇内容既产生于孔子之后，也产生于颜渊、子路等先进弟子殁之后。因而，《子张》篇是后来再次对《论语》进行修订时加入的。这就涉及何人加入和何时加入的问题。这些问题既构成客观理解本篇内容的前提，也构成能客观理解《论语》中孔子思想与弟子思想的差异的一个路径。

一

按杨义《论语还原》的《论语》三次编纂说，本篇应该是第三次编纂时增添的内容。

> 最初编纂在"夫子既卒"，众弟子按殷礼庐墓守心孝之时（鲁哀公十六年，公元前479年），突出郑玄所指认的主持者仲弓诸人，《古论语》篇章顺序上，《雍也》紧跟《学而》，《里仁》排在第三……《论语》第二次编纂在庐墓守心孝三年期满（实际为二十五月，鲁哀公十八年，公元前477年），子张、子游、子夏按殷礼推举有若来主事，因人事变动而修纂《论语》，于是称有若为"有子"，后面还增加了篇章逻辑上非常突兀的《子张篇》……《论语》最后一次编纂，是曾子卒（鲁悼公三十二年，公元前435年）后曾门重修，强化曾子传道的当然性，虽然保留了第一次编纂时《先进篇》的"参也鲁"，但也增加了"曾子曰"在《学而篇》者二，在《里仁篇》者一、《泰伯篇》者三、《颜渊篇》者一、《宪问篇》者一、《子张篇》者四。其中《泰伯篇》的"曾子有疾"二章，年代最晚，为曾门弟子忆述无疑。所增篇幅仅占全书的百分之三，却最终形成承传孔子之道的颜回、曾子路线。尤其是所增的"吾日三省吾身""慎终追远，民德归厚矣""吾道一以贯之""士不可以不弘毅……仁以为己任"诸章，使曾子路线得以形成。②

杨义认为《子张》篇是第二次编纂所增加的，从形式讲可以成立，但从内容观，似不成立。本篇共二十五章，按子张（第一到三章）—子夏（第四到十三章）—子游（第十二、十三、十四、十五章）—曾子（第十六至十九章）—子贡（第二十至二十五章）顺序展开。本篇以子张始，继之子夏，展示二者

---

① 钱穆：《论语新解》，北京，生活·读书·新知三联书店2016年版，第435页。

② 杨义：《论语还原》上册，北京，中华书局2016年版，第10～11页。

继承和传述孔子思想的区别,以子夏求贤之要求"不及"来突出子张求贤的标准"太过":

> 子贡问:"师与商也孰贤?"子曰:"师也过,商也不及。"曰:"然则师愈与?"子曰:"过犹不及。"(《先进》)

这样的安排,是要将子张作为靶子树立起来,然后为子游、曾子提供批评的对象。子游对子张的批评是温和的,既称子张为"吾友"即志同道合的同门,也仅仅指出子张这种高标准要求其贤,是自己也没有达到的境界。与子游比较,曾子的批评呈绝对的严厉:"堂堂乎张也,难与并为仁矣"。子张在曾子眼中不过是一个伪君子形象。为什么曾子对子张如此严厉?回顾孔子在世时对曾子和子张的评价:"参也鲁,师也辟"(《先进》),孔子在世时,最看好的后进弟子不是曾子,而是子张和子夏,但相对来讲,子张更有力些,子夏力稍有不足,这是仅就求贤的要求、标准和力度言,"师也过,商也不及"。智商平平,但心却弘大的曾子要实现"士不可以不弘毅……仁以为己任",使自己成为孔子学说的正宗传人,子张是最大的障碍。只有批倒子张,才可真正张扬起今人杨义所讲的"曾子路线"。所以从整体观,"曾子路线"在《子张》篇中得以真正确立,恰恰是孔门分宗立派的**初步**呈现。客观地看,**孔门分宗立派**,是需要时间来孕育的。而孔子卒,门人三年庐墓守心孝结束时,根本不可能形成门派之争,而且第二次大家推举有若主持修订编纂事宜,也不可能让"曾子路线"明确地在文本上确立。所以,《子张》篇更有可能是曾门弟子遵曾子遗嘱做第三次修订编纂时增加的。这也正好吻合了钱穆先生关于"《论语》编集孔子言行,至《微子》篇已讫"的判断,即在曾子门人重新修订《论语》之前,《论语》只有十八篇,既无《尧曰》,也无《子张》。

二

本篇集中记述孔子身后其弟子言论,以子张"见危致命,见得思义,祭思敬,丧思哀"为开篇,概述士应该具备哪些基本条件。

第一章子张主张,士不仅要修养德性,更要践履德性。子张认为士践履德性,必须努力做到"见危致命,见得思义,祭思敬,丧思哀"。第二章承此"四要"扩展开来,讲述德性与德行如何统一,认为只要做到执德必弘和信道必笃,就能实现了德性与德行的统一。

子张认为,执德必弘,即是弘大仁德;信道必笃,就是践行公道。但"弘仁德"和"行公道"都是士之践履。践履总是指涉人和事两个方面,所以无论弘仁德还是行公道，都将由己而人。由己而人的弘仁德、行公道的前提性要求，是学会与人交往，由此使交往成为士弘仁德、行公道的必备主体能力。

三

从第一章到第三章，集中介绍子张的基本思想，主题是子张论士如何德，突出子张思想的个性特征与取向：首先，子张的思想是对夫子思想的传述，但又予以提升和弘扬；其次，子张的思想体现纯正夫子思想的严要求。从这个角度看，第一至第三章的主题是子张张夫子之德，强调仁德公道的统一，分别从个人作为（善、义、孝）、社会责任（弘仁德和行公道）、交往之道三个方面确立君子要求。自第四章始，则从论学入手讨论人如何可能成为君子。

第四章至于第十一章，是子夏论士如何"知"。第四章从辨别"小知"与"大知"入手。指出知大知小形成大智小智。第五章拓展开去论知大知小与学的直接关联，讨论如何学才真正从小知走向大知，并辨别小知和大知。子夏指出，真正的好学是"日知其所亡，月无忘其所能"，并以此建构起返本开新的学道方法论（第五章）。运用这一方法论学好的基本方式是"博学而笃志"和"切问而近思"（第六章）。第七章继而讨论"博学而笃志，切问而近思"的努力方向和所必须要达到境界："博学笃志，切问近思"地学，必须达到仁道本身。

从第四章到第七章，是子夏论学，贯穿"学而"目的论和境界论。从第八章始阐述"致其道"的"学而"目的论和达于"仁"的"学而"境界。第八章从"小人之过也，必文"反面讨论要达到学而致其道的目的，必须做到"过则勿惮改"；第九章继之从正面阐述学以致其道所应该达到的境界，即君子行仁德于日常生活，形象庄严威仪、待人温和平易、说话准确犀利。第十章讲述君子励行公道于从政生活，应该以信为前提。强调"无信不立"和"无信不行"的治邦思想。第十一章综合前两章内容，概述无论日常生活还是从政，君子德行必有边界，强调君子德行必有其基本准则。第十二章通过子夏反驳子游关于教学的言论来表述自己的教人法则与进路。子夏认为，教人成己为君子，应立足日常生活，从浅显易做入手，主张"学而致其道"必先致其行，强调能力为自己服务，能力为别人服务，揭示学而致其道，应贯注于洒扫应对进退之类的日常生活劳动、日常生活礼仪及待人接物的服务之中，意在于培养人能力服务的意识、品质和能力服务的能力；其深刻寓意还在于突出学而致其道的根本目的，是弘大仁德和践履公道。第十三章是子夏对学而致其道必先致其行的思想的进一步注解。

四

从第四章到第十三章,共十章内容,集中介绍子夏的"为学"思想,既来源于夫子为学思想,又发展了夫子的学而思想。从本章始,介绍子游的思想。

第十四章介绍子游的丧礼理论。子游提出"丧止于哀"的主张,这一主张包含两个基本思想:一是办理丧事宜简,主张返璞归真,反对铺张奢靡;二是主张丧至于真情,但应"止于哀",即不伤身心。"丧止于哀",是为论礼,但致丧之礼的内容和本质是情,情以致哀,始终蕴含仁。这即是前面诸章的论礼转向仁,讨论仁,强调"至"与"全"。

以此看子游对子张的批评,与孔子看待"仁"与"未仁"的思路不相同,在孔子看来,"仁"始终在路上,所以仁只属于想象中的"圣人",但只要鼓志而"言忠信,行笃敬"不止,其过程本身就是仁。子游论仁,却忽视孔子的过程观和动态生成论思想,所以其批评子张"然而未仁"的静态思维判断,显得有些太过,这种"过"源于子游对夫子之"仁"的思想的灵魂即**动态生成观**和**过程观**的不知;以此看子张对于"士"的高要求,恰恰是基于对夫子君子理论和仁道思想本质的真切领悟而体现发展的倾向。

五

自十六章开始到第十九章是曾子论。子游从论礼到论仁,针对子张言;曾子论仁,也是针对子张言。由此可见子张在夫子逝世后的影响力。

在第十四、第十五章中,子游批评子张"未仁",既以间接方式又以直接方式。曾子却一抛对同门的温和,以近乎敌对的姿态向子张开火,甚至不惜人格上的侮辱:在曾子看来,子张表现出气宇堂堂,但实际上心胸狭窄、行为怪僻,难以与他同道行仁。

曾子对子张予以道德和人格上的双重否定后,转而批评子张之仁与孔子之仁相违,标榜自己之所以不能与子张"并为仁",是因为自己所承者才是正宗的夫子之仁。

第十六、十七章两章,曾子从道德、人格、仁道三个维度彻底否定子张之后,开始正面阐述和确立自己的"曾子思想"。

第十八章假借孔子之言,从人的真实情感欲望宣泄角度证明孝对仁的本质规定和本体功能。在其所确立的仁孝主张基础上,阐述孝的实质是"不改父之臣与父之政"。曾子的这一仁孝观,抛弃了孔子"三年不改于父之道"的变化观、发展观和革新观,体现封闭、僵化、墨守成规的认知取向和伦理诉求。

整体观之,第十八章是曾子以论理的方式讲何为真孝,第十九章则以叙事的方式讲怎样行善。

六

本篇第一、二、三章子张论执德、信道之高标；第四至第十三章，子夏论知、学；第十四、十五章子游论礼、仁；第十六至第十九章，曾子论孝、善。接下来集中介绍子贡如何对待和发展孔子的思想。

第二十章，首先介绍子贡的历史观，突出子贡的理性主义精神和慎思独见能力。这一章中，子贡从历史入手，以为纣王去污名为主题，讨论如何客观看待有错的历史和有错的甚至有罪的历史人物。第二十一章承"是以君子恶居下流，天下之恶皆归焉"，审视现实生活，以日月相喻，讨论人应该如何对待生活中的过错，以及有了过错如何能够自省改正之。这就涉及学，提升学问的整体水平是其基本方式。第二十二章从根本上讨论学问，揭示学问的本质是思想，学问的价值在于思想。言论对人的有用性以及有用性的大小，仍然是思想使然。

第二十二章论学，以孔子为主角，陈述孔子学从何来，贤从何来。第二十三章继之讲述孔子之学之贤之学德，世间人所不及。联系地看，第二十二章是子贡**为夫子正学**；第二十三章是子贡**为夫子正名**，第二十四章继之正面阐述时人对孔子的诽谤是徒劳的，这是因为：第一，孔子是诽谤不了的。因为孔子乃当世天下奇贤，世上有不少贤人，但这些贤人与孔子相比，不过是丘陵与日月的差别。第二，孔子是不能诽谤的。孔子一生致力于培养君子，他首先是君子中的君子，是大君子，如果说君子是日月的光辉，君子犯过错，如同日月之食遮蔽了日月的光辉，那么，孔子就是日月本身，因为他才放射出光辉，给大地以光明和温暖；因为他才赋予君子以光辉，给世界以治与安的智慧和力量。这样的人，能诽谤得了吗？

从第二十一章到二十四章，围绕孔子之贤不及子贡，子贡以此不断申辩，为孔子正名。第二十四章以日月喻孔子，言孔子不能毁和不可毁，第二十五章论孔子的伟大，是以天喻孔子，言常人永不可及，反证孔子的伟大和孔子思想学说的永恒。

历史地看，本篇是难得的孔门思想史料。首先，它是研究孔子思想学说与其弟子思想学说之间的差异性难得的史料。其次，它为后世客观地了解孔子之后，其思想学说经由弟子传播发展所形成的不同取向的最可信的史料。其三，它为后世了解孔子之后，其弟子在弘扬为师学说的相竞进程中，各自的理想、信念及认知、格局，甚至包括个人的动机与诉求的根本目的，提供了最真实的一手材料。最后，本篇所释放出来的最耀眼的人格，应该是子贡的人格。孔子生前和生后，子贡都表里如一地崇敬其师。孔子殁，唯子贡为之庐墓守心孝六年。而后，几乎有作为的同门都在烦忙于自立门户而相竞，而唯有子贡却始终在为维护师道尊严而努力。所以，认真说来，**孔子一学所开创的真正的孔门人格，不是孔颜人格，而是孔赐人格。**

第1章释义

子张曰："士见危致命,见得思义,祭思敬,丧思哀,其可已矣。"

[注释]

士见危致命:士,君子。见,面临、遭遇。致,奉献、献出。致命,犹如"授命"。指面临危险奉献生命。

见得思义:得,利益。义,道义。指面对利益想到道义。

祭思敬,丧思哀:祭,祭祀。敬,虔敬。丧,服丧。哀,哀伤。

[译文]

子张说:"人要成为士,遇见危险愿献出生命,面对利益首先考量道义,祭祀时思虑虔敬,服丧时思虑哀伤,能做到这些方面就可以了。"

[通解]

本篇集中记述孔子弟子言论,以子张"见危致命,见得思义,祭思敬,丧思哀"为开篇,概述士应该具备哪些基本条件。

一

"见危致命,见得思义,祭思敬,丧思哀",虽由子张说出,但并不是子张创见,它是对孔子如下言论的综合提炼:

> 孔子曰:"君子有九思:视思明,听思聪,色思温,貌思恭,言思忠,事思敬,疑思问,忿思难,见得思义。"(《季氏》)
>
> 子路问成人。子曰:"若臧武仲之知,公绰之不欲,卞庄子之勇,冉求之艺,文之以礼乐,亦可以为成人矣。"曰:"今之成人者何必然。见利思义,见危授命,久要不忘平生之言,亦可以为成人矣。"(《宪问》)
>
> 子曰:"居上不宽,为礼不敬,临丧不哀。吾何以观之哉!"(《八佾》)
>
> 祭如在,祭神如神在。子曰:"吾不与祭,如不祭。"(《八佾》)

子张将平日里接受老师教导的思想做一番躬行体悟之后提炼出来,汇聚成这四句为士"**四要**"真言。

孔子思想的主线是"以仁入礼":仁是德性的构建,礼是德行的展开,即对所建构起来的德性的践履。子张提出士君子德行"四要",属于对礼的践履,是为强调礼的实质,而不在礼的形式,遵循的准则亦是孔子之"俭":"林放问礼之本。子曰:'大哉问! 礼,与其奢也,宁俭,与其易也,宁戚。'"(《八佾》)

二

在子张看来,君子所行必遵的"四要"是有序的,这种"序"还接受多重逻辑的规范。

首先是由生到死的逻辑,这是从"见危致命,见得思义"到"祭思敬,丧思哀"的逻辑。对人来讲,生比死更根本,因为生之于前,死之随后;并且,有其生,才可能有其死。这既是生命的逻辑:生命是向死而生,并且由生而死;也是生存的逻辑:生的展开是生存,死是生存的结束。正是因为如此,死比生更重要:**生是日常,死是典礼**。

其次是从生命到利益的逻辑,这是从"见危致命"到"见得思义"的逻辑。在生之日常中,最重要的两个方面是生命安全存在和利益获取。在生命与利益之间,固然生命是根本,虽然利益之于生存特别重要。所以,将生命排在第一位,随之是利益,这符合人的本性要求,因为一切存在以及一切得失,均以生命存在为前提:生命是人生甚至是世界之"1",它代表元,是本原,其他一切都是"0",它象征继生。一切继生的东西,都寄生于本原。

基于如此关于生命与利益关系的直观体认,才形成"见危致命,见得思义"的序位。衡量一个人是否士,首先看他是将生命看得更重,还是将利益看得更重。将生命看得比利益更重,是士君子;反之,将利益看得比生命更重,可能属于小人。其次,在对待生命的问题上,是将自己生命看得比他人生命更重,还是将他人生命看得比自己生命更重,这又是衡量君子小人的方面。子张主张,君子的做法应该是:遇见别人处于危险之中,应该以挽救他人生命为己责,哪怕牺牲自己的生命也在所不惜。当然,一个见危授命的君子,在利益面前一定会想到道义,并以道义为准则来权衡和取舍利益。

其三是慎终追远的逻辑,这是从"祭思敬"到"丧思哀"的逻辑。人必有一死,这是人的宿命。活着的人对死的看待,实际上折射出人对自己未来(即死亡)遭遇的预期。这种自我预期可以概述为两个方面:第一,自己能够尊严地甚至光荣地离开人间,去那遥远的地方。第二,自己死后,无论时间多么久远,都能够为后人记忆和追思。前一种预期,形成活着的人们为死者服丧的礼仪和制度;后一种预期,形成活着的人们追思先祖的祭祀礼仪和制度。

对死者的服丧和对先祖的祭祀,二者之中最不容易忘记、最不容易忽视和最不容易轻慢的是对死者的致丧,因为人刚去,躺在那里,活着的人必须对死者予以隆重送别,才可能得到乡邻的理解,也才可能回到正常生活。然而,祭祀逝去已久的先祖,却没有这方面的"外部监督"和"自身压力"而可能忘记、忽视或轻慢。所以,祭祀先祖需要内在自觉。以此,祭祀的根本性体现了出来。祭祀排列于服丧之前,强调祭祀的根本性,还在于先祖是血缘的根,新逝的父母只是其根上的藤;或者,一代又一代先祖,生长成为一棵血脉大树,新逝的父母仅仅是这大树上的一叶一花一果。所以,祭祀的根本逻辑是服丧的逻辑,服丧的逻辑却是血脉承传的逻辑。

扩展开去,个人源于父母,父母源于父母的父母,父母的父母源于父母的父母的父母……以此类推,天下所有人都是兄弟姊妹,其共同的父母却是造人主和造物主,祭祀的最终对象是神,祭礼的最高意义是活着的人因为祭礼获得了神性,这是服丧所不能获得的。

其四是由形式而本质的逻辑,这是"见危致命,见得思义"强调"行"和"祭思敬,丧思哀"注重于"心"的逻辑。见危致命,见得思义,强调行为的做到;但行为做到的前提,是必须诚,即诚意诚心。所以,行为做到本质上是尽心尽性,只有尽心尽性时,人才诚,人诚,才可见危致命,见得思义。

第 2 章释义

子张曰:"执德不弘,信道不笃,焉能为有,焉能为亡?"

[注释]

执德不弘:执,持守、执着。德,仁德。弘,大,蕴含扩充、弘大含义。指信守仁德不能弘扬它。

信道不笃:信,相信。道,公道。笃,专一、忠诚。

焉能为有,焉能为亡:焉,指称代词,哪里。有,存在。无,不存在。

[译文]

子张说:"坚守仁德而不弘扬它,相信公道而不'一以贯之',这样的人多一个不算多,少一个也不算少。"

[通解]

上章讲践履德性"四要",可概括为三个方面,即在生活中如何对待生命,怎样处理利义,如何慎终追远。强调唯诚唯心。本章紧承上章主题扩展开来,讲述德性与德行如何统一。

一

子张关于统一德性与德行的思考,同样源于对夫子教导的体认消化后所做的个性化转述和提升。

子张所执的"执德不弘……焉能为有？焉能为无"的观念,从反面讲述孔子"弘仁于行"的思想;与此不同,曾子从正面表述孔子"弘仁于行"的思想:"士不可以不弘毅,任重而道远。仁以为己任,不亦重乎？死而后已,不亦远乎?"(《泰伯》)。子张讲的"信道不笃,焉能为有？焉能为亡",不过是对孔子"笃信好学,守死善道。危邦不入,乱邦不居,天下有道则见,无道则隐。邦有道,贫且贱焉,耻也。邦无道,富且贵焉,耻也"(《泰伯》)的反向思考所成。

孔子讲德,基本面向是德性建构与德性践履,建构德性的基本方式是修养,核心内容是"仁、知、勇",目标是形成仁德。这就是子张"执德不弘"之"德"的内涵。德性践履的基本方式是凡事讲规矩,行之有礼,具体讲是"非礼勿视,非礼勿听,非礼勿言,非礼勿动"(《颜渊》),核心内容是"克己、复礼、达乐",践履德性要达及的目标是形成公道,这就是子张"信道不笃"之"道"的内涵。

本章中,子张将"德""道"对举:与仁德对举的"道",只能是"公道",而不是体现自然属性的天道,更不是抽象的"大道",或者过于狭窄的"道义"。在孔子思想中,"道义"概念要接受"公道"的指涉和规范:"公道"指涉社会,指对社会的规范或评价准则;"道义"指涉"个人",是个人面对具体对象所进行的伦理选择,这种选择准则是"义",但"义"有"义气"与"道义"之分,体现普遍价值取向的"义",一定要受"道"的规范,这个"道"就是作为人间法的"公道"。

二

子张将孔子关于德性与德行方面丰富深刻的思想内容内化体认后简化表述为"执德必弘"和"信道必笃"。然后将此二者作为缺一不可的完整判断尺度来衡量人,区分君子与小人。

子张认为,执德必弘和信道必笃的统一,就是君子;二者分裂,就是小人。人要做到执德必弘和信道必笃,一是在执守仁德中弘大仁德;二是相信公道必须在行为上"一以贯之"。客观地讲,对仁德的执守,是德性;对所执守的德性的弘大,是践履仁德;同样,对公道的相信,表现为德性;将所相信的公道"一以贯之"于日常生活行为,是德行。所以,只有执德必弘,才可能做到信道必笃;只有弘其"执德"并笃其"信道",德性与德行才统一于人,人才成为君子。君子必须是"仁德-公道"者,一个人能在主观上坚守仁德,如不能在行为上践履,也等于无德。同样,一个人相信公道,但却不能在行为上一以贯之,同样没有公道。

人活着,无价值,是件悲绝的事。子张之"执德不弘,信道不笃,焉能为有,焉能为亡"的主张,以价值为准则划分君子、小子,其语气坚定、态度决绝,比其师孔子多几分刚烈:在子张这里,君子与小人,界线绝对分明,其间没有转换的可能性。

第3章释义

子夏之门人问交于子张。

子张曰:"子夏云何?"

对曰:"子夏曰:'可者与之,其不可者拒之。'"

子张曰:"异乎吾所闻。君子尊贤而容众,嘉善而矜不能。我之大贤与,于人何所不容;我之不贤与,人将拒我,如之何其拒人也?"

[注释]

子夏之门人:子夏(公元前507年~?),卫国人,比孔子小四十四岁。子夏长于文学(即学术),他是孔门弟子中对后世学术影响最大者。孔子死后,子夏居于西河专事教授,培养出大批有作为的弟子,其中包括魏文侯、田子方、李克、段干木、吴起、禽滑离、公羊高、谷梁赤、高行子等,都是其门徒。子夏讲学,以《诗》和《春秋》为基本教材,所以与汉代经学关系最大。门人,古时称其弟子为门人。

问交:问,询问、求教。交,交往、交流。指求教交往的法则。

云何:云,说话;指讲了什么。

可者与之,其不可者拒之:可,值得。与,相与,指与之交往。拒,排斥、拒绝;拒之,与之划清界限,不交往。

尊贤而容众,嘉善而矜不能:尊,尊敬、推崇、崇尚。容,容纳、包容、容忍。嘉,赞誉、赞美。矜,怜悯。

[译文]

子夏的弟子向子张请教交往之道。

子张问他说:"你老师子夏是怎么给你们讲的?"

其弟子回答说:"我的老师说:'值得交往的人就与之交往,不值得交往的人就拒绝之。'"

子张说:"我从夫子那里听到的交往之道与子夏所说不同。君子崇尚贤人并且也能容纳众人,赞誉有德才的人同时也怜悯弱者。我是个大贤人吗?如果不是,那么什么人不能容忍?我是一个不贤的人吗?如果不是,那么我又怎么能拒绝别人呢?"

[通解]

子张认为，执德必弘，即是弘大仁德；信道必笃，就是践行公道。但"弘仁德"和"行公道"都是士之践履，践履总是指涉人和事两个方面。所以，无论弘仁德还是行公道，都将由己而人。由己而人地弘仁德、行公道的前提，是学会与人交往，由此使交往成为士弘仁德、行公道的必备主体能力。这是本章与上章的逻辑关联及其思想的隐含生成关系。

一

君子与人交往的法则，既体现仁德，更体现公道。前者表征为对人的基本认知以及待人的胸襟、气度和远见；后者表征为对人的基本态度和行为方式、方法。子张与子夏之交往观的区别，主要体现在这两个方面。

子夏的交往之道是"可者与之，其不可者拒之"，其衡量"可"与"不可"的依据和准则，是自己，即我认为或我感觉得"可"，就与之交往；我认为或我感觉"不可"，就拒绝交往。在子夏那里，交往之道成为以我为标准的符合之道。

与此不同，子张的交往之道是"君子尊贤而容众，嘉善而矜不能"，其衡量的依据和准则是尊贤容众和嘉善矜不能。凡是能尊贤容众的人，与之交往；凡是嘉善矜不能的人，同样与之交往。理由是：自己既非大贤，也非不贤。因为自己不是大贤，所以自己必须与贤者交往；由于自己还处慕贤、尚贤状态，又有什么资格去拒绝与别人交往呢？

二

子夏与子张的交往之道，其实都来自老师孔子。

子夏"可者与之，其不可者拒之"的交往之道，来自孔子的"主忠信，无友不如己者，过则勿惮改"（《学而》）。孔子这一交往之道的思想，可能来自西周："周公旦曰：'不如吾者，吾不与处，累我者也；与我齐者，吾不与处，无益我者也。'唯贤者必与贤于己者处。"（《吕氏春秋·先识览·观世》）这是对周人交往之道思想的简化表述。

孔子讲"无友不如己"，指交友以他人贤不贤于自己为标准，具体地讲，在主忠信方面贤于自己的人，就可交且必交；在主忠信方面不如自己的人，则可不交，且没有必要。理由是交友必须能促进自己或帮助自己"过则勿惮改"，所以，改进自己、提升自己、完善自己构成与人交的准则。

子夏对孔子"无友不如己者"的交往之道自化为"可者与之，其不可者拒之"，实质上是将孔子交往之道的目标指向变换成交往之道的准则。在孔子那里，交往的准则是：所交之友必（在主忠信方面）贤于自己；其交往的目标是，能够促进自己改错、提升、完善。在子夏这里，交往的准则是：自己的判断,只要自己觉得可以,就交往之;自己觉得不可以,就拒绝交往。交往的目的是:符合自己,即符合自己的要求就交往,不符合自己的要求就拒绝交往。子夏对孔子"主忠信,无友不如己者,过则勿惮改"的交往之道的发挥形成"可者与之,其不可者拒之"的交往之道,体现两个特点:一是非伦理判断性,即"可"与"不可"的判断,既可能是伦理的价值判断,也可能是非伦理的价值判断,甚至可以是无价值判断。二是主观性取向,即交往可以不需要客观标准,只要觉得"可"即可,觉得"不可"即不可。这样,交往可以滑向任性,也可能滑向实利主义或势利方向。

三

子张不赞同子夏的交往之道,首先表明自己主张的交往之道是有来源的,这个来源就是"所闻"。这个"所闻"就是孔子的讲道:子张的交往之道也源于对孔子交往思想的发挥。

子张将孔子的交往之道思想概括为"君子尊贤而容众,嘉善而矜不能",是对孔子的"无友不如己者"的个性化表述:子张的"尊贤"和"嘉善",指以比自己"贤"和比自己"善"者为交的对象,目的是以此为镜子来改进自己和提高自己。但子张不是孔子思想的传声筒,而是丰富了夫子的思想:在子张看来,与之交往的人必须是"尊贤"而"容众"者,"嘉善"而"矜不能"者,这就提升了孔子"无友不如己者"的交往之道。这很符合子张在第二章中宣扬的君子之道:君子成为君子,在于能"弘大"所执之德和一以贯之地践履所信之道。

有人指责子张讲述"君子尊贤而容众,嘉善而矜不能"时说"有所闻"是在自为地标榜正统,可能属于门户之见。子张言自己的交往之道是对老师思想的传扬,不过是实情而已,同时也揭示子夏的交往之道如何抛弃夫子关于"主忠信"之"贤"的交往思想精华。

子张和子夏是孔门两个后起之秀,而且各有特长,特别耀眼,同时因为二者个性、性格各异,常有意见相左,且年少气盛,各不相让。所以聪慧的子贡专门就此二人询问孔子:

> 子贡问:"师与商也孰贤?"子曰:"师也过,商也不及。"曰:"然则师愈与?"子曰:"过犹不及。"(《先进》)

孔子说子张"过"而子夏"不及"。子贡之问是以"贤"为标准,在孔子看来,仅就贤而言,子张要强于子夏一些,子夏要弱于子张一点。这里的"过"与"不及",指对"贤"的执念和要求言,子张对"贤"者的要求和标准要高一些,这既可从本篇第二章"执德不弘,信道不笃,焉能为有,焉能为亡"对君子的价值定位以及划分君子小人的界线分明中感受到子张对"贤"的高标准;也可从本章"君子尊贤而容众,嘉善而矜不能"的严格的交往之道中体会到子张对"贤"的高要求。与此相反,在"贤"的要求上,子夏确实显得"不及"子张,这同样可以从"可则与之,其不可者拒之"的交往之道中看出这种"不及"。

由此或可看出,这不是子张自我标榜正统。曾子评价子张"堂堂乎张也,难与并为仁矣"(第十四章)以及子游批评子张"吾友张也,为难能也,然而未仁"(第十五章)或可属门户之见。因为孔子谢世之后,孔门争夺话语主导权和思想正统者的纷争兴起,才华异常、学术功底特别深厚的子张可能成为众者抑制的对象,子张严守老师思想高标的努力,或许成为众人非议的"把柄"。

第 4 章释义

子夏曰:"虽小道,必有可观者焉。致远恐泥,是以君子不为也。"

[注释]

小道:指相对孔子所讲的救世和经世大道而言的生活之道,比如农、圃、医、卜等百家众技,属于生活的技艺,或可称为小道。

可观:观,观赏、探究。可观,有可探取的东西。

致远恐泥:致,致力于。远,远见、远大。泥,阻滞、拘泥。

[译文]

子夏说:"即使生存的技艺之道,也必定蕴含可探究撷取的东西。要至于远大志业,这些小道可能会给你带来妨碍。所以君子不会热衷于小道。"

[通解]

第一至第三章是子张论士如何德。自第四章始至于第十一章,是子夏论士怎样知,并从辨别"小知"与"大知"入手。第四章,子夏从论学入手讨论人如何知才使自己成为君子。

汉代经学家们认为,本章内容虽出自子夏之口,不过是子夏对孔子思想的传述,这种理解可以成立,因为子夏讲述"小道"与"致远"的关系,亦即小道与大道的关系,这一关系是孔子给弟子反复辩说的基本问题。子夏简明分析孔子关于小道与大道以及君子之于小道与大道的取舍关系:小道与大道的关系,是"小道"与"致远"的关系。这种关系为:热衷于小道人生,完全可以在其中探究到许多益己益人的东西来;但要致力于大道,必须抛弃小道专一"致远"。

读《论语》可知,无论孔子,还是接闻于夫子思想的子夏,对小道的思考,必须以大道为参照,才可得到正确定位与理解。

客观地讲,孔子所讲的大道,是救世和经世之道。作为救世之道,指返本开新、以仁入礼之道;作为经世之道,指以"仁德-公道"为准则的治世之道。前者是后者的来源和依据,后者是前者的实施与验证。从操作层面讲,孔子的大道就是其经世之"仁德-公道"。

相对其经世之"仁德-公道"言,小道既可能是农、圃、医、卜等生存技艺,也可能是强兵阵战之道,因为在孔子看来,强兵阵战之道相对文道救世和"仁德-公道"经世来讲,只能是末道,当然也是小道。相对个人言,小道也可能是个人情趣生活的玩物之道。对于以学术著称的子夏来讲,无论属于哪个方面的小道,其实都是学问,都可以探究和钻研,并可从中探求到有用有益的东西来。但是,即使再有益有用于人的小道知识、小道智慧、小道方法,相对"致远"的大道来讲,都有可能成为情感、视野、胸襟、认知、思想等方面的遮蔽物。所以子夏才提出,凡是致远的人,或者按照夫子的教导,凡志愿立足于乱世之中,致力于文道救世和仁德-公道经世为人生理想的人应该超拔小道,一心一意地致远大道。

子夏为何强调小道与大道的区分,突出小道与致远的对立,揭示二者只能取其一? 这是因为:小道智慧,是生活的智慧,并且只属于个人;大道的智慧,是救世和经世的智慧,这种智慧既属于社会,也属于历史和未来。还有,小道注目于眼前,大道致力于长远;小道收获于当下,大道收获于未来;小道益己,大道益人、益社会、益邦国;小道可能使人富足、幸福,大道却可能使人高贵、高尚;小道可能带来羡慕和追逐,大道却创造仰慕和崇敬。

第 5 章释义

子夏曰:"日知其所亡,月无忘其所能,可谓好学也已矣。"

[注释]

日知其所亡:日,白天,指每天。亡,消失,不存在,指"无"。

月无忘其所能:指忘记。能,为己所掌握的东西。

[译文]

子夏说:"每天都能学到未知的新东西,每月都能反省已知的东西。能够做到这两方面,可称为好学了。"

[通解]

上章讲知,知大知小形成大智小智。本章拓展开去考察知大知小与学的直接关联,讨论如何学才真正从小知走向大知,辨别小知和大知。

——

子夏论"小道"与"致远",虽然接闻于夫子思想,却是对夫子思想的开新,通过这种开新建构起**学道**的方法论:要致力于**致远之学**,必须精诚专一,无窥于小道之知。以此致力于致远之学的方法论为导向,讨论如何才可真正地"好学"。

怎样才称得上"好学",孔子曾经因为鲁哀公和季康子之问,指出孔门真正好学的标兵是颜回,认为颜回死后,再也找不到第二个好学的人了。

> 季康子问:"弟子孰为好学?"孔子对曰:"有颜回者好学,不幸短命死矣。今也则亡。"(《先进》)
> 哀公问:"弟子孰为好学?"孔子对曰:"有颜回者好学,不迁怒,不贰过,不幸短命死矣! 今也则亡,未闻好学者也。"(《雍也》)

孔子之谓颜回好学,是因为颜回学之"不迁怒,不贰过"。除此之外,还有更重要的两个方面:

> 子曰:吾与回言终日,不违如愚,退而省其私,亦足以发。回也不愚。(《为政》)
> 子曰:"语之而不惰者,其回也与。"(《子罕》)

这是孔子对颜回的看法。但颜回的自我评价却相反:

> 颜渊喟然叹曰:"仰之弥高,钻之弥坚,瞻之在前,忽焉在后。夫子循循然善诱人,博我以文,约我以礼。欲罢不能,既竭吾才,如有所立卓尔。虽欲从之,末由也已。"(《子罕》)

颜回反而比孔子清醒:自己之一天到晚听夫子说教也不会表现出厌

倦,努力保持热情,是因为理解力太差,听不懂,理解不了。但又不敢如子贡、子路那样好问,只能憋在心里,暗地里努力,希望能搞清楚,弄明白,但最终发现自己竭尽全部力气,还是不能真正理解老师思想的真谛,它始终飘忽在"仰之弥高,钻之弥坚,瞻之在前,忽焉在后"的状况中,这种状态持久僵持,最后耗尽自信和内力,"既竭吾才,如有所立卓尔。虽欲从之,末由也已"。颜回为学所困,最终不幸英年早逝。

子夏或许从颜回师兄那里获得启发,颜回为学,是以师之所讲为学。说得更明白点,颜回之学,是为老师在学;颜回之好学,是讨好老师之学。长此以往,必然思维僵化,视野狭窄,日无新知,月无新见,原因在于两个方面:一是无求己之"所亡"的内在要求和行动;二是无求省思己之"所能"的意识和热忱。或可进一步讲,子夏是在纠正夫子关于颜回"好学"的基本理念,指出真正的好学不是颜回式的好学,颜回式的好学,除了培养出没有自己思维个性和独立思想能力的应声虫或书呆子外,不能培养出致远之学和致远的学者来。

二

子夏主张,真正的好学需要从两个方面努力:

一是**日求新知**。

二是**月有新见**。

新知,是相对无知、未知言,对无知、未知的突破或消解,就是新知。子夏指出,追求新知,应该是君子每天的工作。一个人要想成为有知的君子,一个致力于"致远"的人,必须成为"日知其所亡"的人,必须自我训练和提升"日知其所亡"并由此使自己成为"日知其所亡"的人。

新见,是相对已见言,具体地讲,是相对已有的知识、已有的观念、已有的认知、已有的思想言,是对已有的知识、观念、见解、思想的重新思考,并通过其重新思考的活动和过程,产生新知识、新观念、新见解和新思想。

所以,子夏主张"日知其所亡"和"月无忘其所能",是"学"的两个层面的要求。真正的好学,必须既是求新知识的学,更是求新思想的学:求新知识之学,使学面向外部世界呈开放性,一切未知、不知的领域、事物、东西,都可能成为学的对象,都可以变成新知的内容。求新思想之学,使学面向内心世界,将已经储存于思维、认知、思想世界中的知识、见解、观念、思想重新翻挖出来,予以内省、反思,使已有的认知思想化,进而使已有的思想系统化,体系化。这是"月无忘其所能"之学的深层语义蕴含。

子夏讲"日知其所亡,月无忘其所能",并不只是说求新知是每天的工作,求新见是每月的任务,而指求新知、求新见是**好学的日常方式**,必不中断。唯有如此，人才可形成"致远"之学。或者，真正的"致远"之学，只能是"日知其所亡，月无忘其所能"之学；"致远"之学的方法论，只有最终化为"日知其所亡，月无忘其所能"的日常方法时，才获得真实的价值。

以此看子夏之"日知其所亡，月无忘其所能"，可感知到他已不是在接闻夫子之言了，而是在"弘大"夫子"学而时习之，不亦乐乎"之道，所体现出来的现代价值张力，亦为可知。

第 6 章释义

子夏曰："博学而笃志，切问而近思，仁在其中矣。"

[注释]

博学而笃志：博，大、广阔。博学，广阔地学，或无边界、无限制地开放性地学。笃，真诚、忠实、专一，心无旁骛地一心一意。志，志向、理想。笃志，志向、理想精诚专一。

切问而近思：切，恳切。切问，真诚地提出问题。近，接近。

[译文]

子夏说："广泛求知，必须坚守不移其志向；恳切求教，必须以激励深思形成更新思想为目标。一旦朝这两方面努力，仁道必然在己学中。"

[通解]

上章讲何为真正好学，本章继而论如何才是好学。

一

子夏所说"日知其所亡，月无忘其所能"，既定义真正的好学，又指出好学的目的，更蕴含好学的认知论和方法论。为怎样学和如何实现好学铺平认知道路，提供方法论。

关于好学的问题，子夏首先讲"博学而笃志"，其中的"博学"是承接上章的"日知其所亡"："日知其所亡"，不仅强调日求新知乃学的基本任务，成为"致远"之学者的每日工作，更暗含学之必博的思想，因为"日知其所亡"没有边界，且"日知其所亡"者主要不是书本，而是开放性的生活世界、存在世界。

好学的问题，也是"切问而近思"的问题，其承接上章"月无忘其所能"：将已知变成新见的源泉，这一日常之学方式不过是在已知中发现问题，然后予以真诚内省或严肃反思,这就是"切问而近思",且只有对已知进行"切问而近思",才可从已知中开出新知识、新见解、新思想或新方法。

二

博学思想,是孔子学而理论中的核心思想之一。

子曰:"君子博学于文,约之以礼,亦可以弗畔矣夫。"(《雍也》)

孔子论博学,强调与礼的关系:博学可以"约礼",反之,人要学会"约礼",亦需要"博学"。孔子讲博学,不仅强调"文"即古典文献的重要性,更强调"闻"和"见",主张"多闻"和"多见"。子曰:"盖有不知而作之者,我无是也。多闻,择其善者而从之,多见而识之,知之次也。"(《述而》)

子夏论"博学",就视野、对象、范围论,未超出孔子,是对孔子博学思想的"跟着讲"。但子夏论博学的重心,不在博学本身,而在**笃志**。这是孔子论"博学"所没有讲到的,所以,博学而"笃志",是子夏对夫子思想的"接着讲",即发展。

子夏的"博学而笃志"意在于揭明博学的动力问题,这就回到第四章"致远恐泥"。子夏是要在好学的问题上解决"致远恐泥"的问题。博学必须具备两个前提:第一,志向远大,**要有"致远"的理想**。用子张的话来讲,就是要有必"弘"其德、必"践"其道的志向。第二,**必须以"致远"为方向、为动力**。

同样,子夏论切问,是对孔子切问思想的"跟着讲":孔子教学,最讲求弟子提出问题,然后他来解决问题。孔子解决学生问题的过程,就是他展开教学的过程。孔子之所以特别欣赏子贡,是因为他特别好问和善问。提问之于孔子特别重要,因为它激发孔子产生思想。所以孔子特别地告诉弟子,自己教人的根本方法是"不愤不启,不悱不发,举一隅,不以三隅反,则不复也"(《述而》)。或许正因为此,孔子对"好学标兵"颜回也从根本上不满意,因为他从不知道怎样提问,以至于导致他不能在颜回那里获得任何东西;孔子的教与学互动,教与学的知识、方法、思想互生的链条,在颜回那里被无情地割断了,所以孔子才如是曰"回也,非助我者也。于吾言无所不说"(《先进》)。

孔子所论"不愤不启,不悱不发,举一隅,不以三隅反",就是切问近思:"不愤不启,不悱不发"是切问;"举一隅,以三隅反"是近思。子夏的贡献,是将夫子如此繁复的教育教学和学习**生知**的思想,直截了当地用"切问而近思"的语言表达出来,更简略,更易于理解和记忆,更便于操作和运用。

另外，孔子讲博学、讲切问近思，只是从学与知、学与思角度论，却不将博学、切问、近思的方式和行为本身看作追求仁道的过程。这是子夏"弘道"的又一具体呈现。

第 7 章释义

子夏曰："百工居肆以成其事，君子学以致其道。"

[注释]

百工居肆以成其事：工，工匠。百工，指各种工匠。肆，有三解：一是官府造作之所，即官办作坊；二是市中陈列器物之所，即销售产品的店铺；三是前店后厂的作坊。

君子学以致其道：致，求得、达到。道，对孔子言，即是中正的仁德-公道，简称中正之道。

[译文]

子夏说："百工们在作坊里成就他们的制作技艺，君子在学习中达致中正的仁德-公道。"

[通解]

上章讲如何学，本章论"博学而笃志，切问而近思"的努力方向和所要达到的境界，"博学笃志，切问近思"地学，必须达到中正的仁德-公道本身。

一

本章内容明白易懂：君子通过学而获得中正之道。中正之道是君子致学的目的，致学是达道的手段。如此简单的语义内容和如此简洁通俗的表达方式，根本不需要第一句话"百工居肆以成其事"。如此看来，这句话似乎是多余的废话。但子夏为何要这样说呢？这需要揭明"百工居肆以成其事"与"君子学以致其道"之间的隐蔽关联。在后世的解读中，形成"百工居肆以成其事"之于"君子学以致其道"的"比兴说""类比说""比喻说"等说法，这些说法都是从语言表述角度论。实际上，子夏如是言，可能并不如此考虑。

古代的工匠，其技艺是完全个体化的手工操作，其技艺形成要经过长期的训练和打磨，在不断积累起来的经验基础上精益求精。这种精益求精的技艺没有上限,因为手工技艺是个体的,是个性的,是人格的,是工匠本人用汗水、心血、灵魂、生命浇注形成,而且生命不息,磨技不止。工匠的技艺从形成到精湛,讲究精细,精细的背后是心细,是手与心、情感、个性、人格、荣辱、尊严、骄傲以及自求辛苦和自得其乐等的生命一体化。这就是古代的工匠精神。子夏讲"百工居肆以成其事",实际上包含"百工居肆""以成其事"的专注、刻苦、奉献、精细、精心、精深的工匠精神:对任何工匠来讲,只有自我炼成这种精神,才可"以成其事"。

另一方面,古代百工制作各种器物,特点是高度专业化,因为技艺始终蕴含个体生成的个性、人格、生命。但古代百工制作各种器物,又需要高度的分工协作,而且这种分工协作所要达及的精密度,并没有任何仪器监测,更没有任何器械辅助,完全靠百工精湛细腻的工艺技术和生息相通的协作精神的生命一体化。这是古代工匠精神的第二个方面。

只有整合发挥如上内涵的工匠精神,才可生产出所需要的高质量高水平的产品,才可在已有基础上的技术开新。这是今人认为越是远古遗存下来的器物越具有审美价值的原因,也是子夏讲"百工居肆以成其事"的深刻寓意。

二

古代,人类解决存在安全和生活保障所凭借的技术,是简单的手工技术,手工技术决定器物制作的手工化,也形成手工技术对技艺的精湛(精心)要求,由此形成手工化的精湛制作技艺呈现人格化、人生化、生命化的特征。所以,工匠不仅成为专门的职业,也成为事业,其职业和事业的结合形成的高要求,并没有止境,需要工匠付出一生,用一生的生命、一生的理想、一生的热忱和精细来打磨。表面看,工匠打磨的是技艺;但本质讲,工匠打磨的是人生。以此来看子夏所说"百工居肆以成其事",不是简单的或浅表的比喻、类比,而是要告诉其弟子如下为学的道理:

第一,君子为学,如同百工那样,是社会的一种职业。工匠职业,是生产各种器物,为人们提供物质生活所需要;君子为学职业,是生产知识、思想、精神和方法,为经世治邦所需要。所以,君子为学,并不是爱好和兴趣,而是一种**天职责任**。当然,人入学之初,其选择可能基于爱好和兴趣,入学之后专门从学,必须将这种爱好和兴趣转化提升为天职责任。子夏在本章中表意非常清楚:君子为学,必须像工匠那样,将其作为职业,或者说人生事业,只有具备明确的职业意识和事业精神,才可养成一种为学的天职责任观、天职责任态度。

第二,工匠成物的前提是必须以天职责任观来自我成就工匠精神,以生命投入方式来从事自己的工匠职业。同样,君子为学也必须以生命投入来从事自己的为学事业,以天职责任心来自我成就为学的"工匠精神",即孔子所概括的**"学而"精神**。

第三,工匠能够充分释放其工匠精神的必备条件,是工匠之间生息相通的合作观念、协调精神。唯有如此,百工居肆才可成其事;同样,君子为学,也需要心与心相交通、生命与生命相呼吸的协作能力、合作精神,这既是子贡与孔子对话中所言"如切如磋,如琢如磨"(《学而》),也是孔子所说"不愤不启,不悱不发"(《述而》),亦是子夏所说的"切问而近思"。

总之,在子夏看来,君子学而"致其道"的目的是重要的,因为这是学之动力所在。但仅有此还不够,首先应该具备能够"学以致其道"的正确态度和方法。这个正确态度就是**学的天职观念**;这个正确方法就是以生命投入的精心、精细、精湛的"工匠式精神",即学而精神。

第8章释义

子夏曰:"小人之过也,必文。"

[注释]

小人:与君子相对者,以求道为己任者君子,以求利为己任者小人。

过:过失、错误。

文:文饰,指以巧言掩饰其过失或错误。

[译文]

子夏说:"以求利为目的的小人一旦有错过,总是要想法掩饰。"

[通解]

从第四章到第七章,是子夏论学,贯穿学而"致其道"的目的论和学而"达于仁"的境界论,从本章开始正面阐述学而目的和学而境界。

一

君子之为君子,是有小人为参照,也必以小人为参照。

君子与小人的区别,孔子讲得最多。但子夏体会夫子的君子小人思想,以为最要紧的一个方面是"学以致其道",必然"过则勿惮改";反之,小人也要学,也为学,并且往往也会学,但却是"学而致其利",因而必然"过而必文"。换一个角度讲,君子要真正成就自己"学以致其道",必须做到"过则勿惮改"；否则，哪怕努力于"学以致其道"，最终也会无所成就；反之，小人因为"学以致其利"，一旦出现过错，就要想法掩饰、掩盖。

二

子夏讲君子学必"致其道"，必须具备工匠般的天职责任和"工匠精神"般的学而精神。在本章中，子夏却又指出，学而"致其道"，以及具备天职观念和学而精神，虽然是必须的，但不是唯一的，因为小人为学也可以具备天职观念和学而精神，比如将求利作为天职并发奋学而不止，且还有人性依据：孔子讲人性相近，因而人性也相通。以天职观念和工匠般的精神来为学，可能"致其道"，也可能"致其利"。无论古今，学而"致其利"者比学而"致其道"者要多。子夏正是基于学而"致其道"和学而"致其利"并存的现象，才提出辨别君子之学与小人之学的方法。

子夏指出，君子学以"致其道"，是成就中正之道，指出德性品德完善和德行能力提升构成人的日常生活过程和人生过程。对人来讲，无论其德行能力，还是德性品德，具备"过则勿惮改"的能力，是君子为学"致其道"并最终"成其道"的实质性标志，因为"过则勿惮改"，是自我完善的必为方式。试想，不愿"过则勿惮改"的人，何以能自我完善？不能自觉于朝自我完善方向努力的人，如何可能真正"致其道"呢？所以，"过则勿惮改"与"过而必文"，构成君子为学与小人为学的分水岭。

"过则勿惮改"和"文过饰非"何以成为辨别君子与小人的分水岭呢？

这是因为君子学而致其道的过程，可能会出现过失、错误，但这种过失或错误可能因为认知的局限，也可能源于人性的局限，"过则勿惮改"，就是为了克服认知或人性的局限，使其获得认知超越或人性再塑，使"习相远"的人性更"相近"。与之相反，小人学而致其利的过程，必然会犯过失或错误，这些过失或错误即或有认知或人性方面的局限，更可能由谋求己利最大化所造成。所以，基于对利益的最大化谋求，小人必须人为地掩饰其过错，由此形成小人求利"文过饰非"的做法。

第9章释义

子夏曰："君子有三变：望之俨然，即之也温，听其言也厉。"

[注释]

三变：三，虚指代词，言其"多"。指多种变化。

望之俨然：望，远看。俨然，容貌庄严的样子。

即之也温：即,接近,与"望"相对应,指走近看。温,温和平易的样子。

听其言也厉：听,聆听。言,说话。厉,准确、犀利。

[译文]

子夏说："君子给人的印象有多种变化:远远望去,显得庄严且令人心生敬畏;与之接触,感到温和而平易;听他说话,既表达准确、言辞犀利又逻辑清晰、一丝不苟。"

[通解]

第八章"小人之过也,必文",是从反面切入讨论君子要达到学而致其道的目的,必须做到"过则勿惮改";第九章从正面展开阐述君子学以致其道应达到"三变"境界。

一

君子学以致其道,是目标;君子学以成其道,是目标的个体实现。

君子学以成其道,在日常生活行为上表现为仁德;在经世处事上体现为公道。

君子之于日常生活所体现出来的仁德,子夏将其概括为三个方面:

远观:庄严威仪。君子是立得起来的人。

相处:温和平易。君子是仁心慈爱的人。

表达:准确犀利。君子是思想清晰的人。

二

子夏此论,不过是对孔子关于君子言行的诸多思考和表述予以内化体认后的简化说法,以便于理解、传述和记诵。

君子学以致其道的真正目的,是以所得之道指导行为。君子以所得仁德来指导日常生活行为,表现出来的"三变"仍然根源于中正之道本身。

首先,君子给人的感觉视野何以显得庄严威仪?实际上是说君子何以能成为一个站立得起来的人?这需要内力,也需要精神。君子要站立为人,其必须的内力是仁,即有仁性、仁心、仁情、仁爱。君子要站立为人,其必须的精神是中正精神,即为道、为公、为义、为人的精神,而不是为利、为欲、为己的想望。因为心中有仁性、仁心、仁情、仁爱的想望,人显得庄严;由于心存为道、为公、为义、为人的精神,人会焕发出威仪。这是小人所不能,因为小人求利、私欲,心中萎缩,自然表现在言行神态上站立不起来。

其次,当人们与君子近距离接触或相处时,何以感觉到他是有仁慈之爱的人?子夏真正体悟透彻了孔子的君子待人法则:

仲弓问仁。子曰："出门如见大宾，使民如承大祭，己所不欲，勿施于人，在邦无怨，在家无怨。"（《颜渊》）

子曰："何事于仁，必也圣乎！尧舜其犹病诸！夫仁者己欲立而立人，己欲达而达人。能近取譬，可谓仁之方也已。"（《雍也》）

君子仁德，乃君子人德。

君子人德的依据是人性。人性的他人观，是"性相近"；人性的社会生存观，是"习相远"；人性的自我观，是人最爱的是自己，最利的也是自己。人性的他人观，为人德生成提供了可能性；人性的社会生存观，为人德的实施提供了方式和路径；人性的自我观，为人德的建构提供了原则和方法：这个原则，就是**以己度人**；这个方法，就是**推己及人**。

根据以己度人的原则，所谓仁，就是心中有他人；所谓行仁，就是以待己方式待人。

根据推己及人的方法，就是"己所不欲，勿施于人"和"己欲立而人，己欲达而达人"。前者是推己及人的一般方法；后者是推己及人的拓展方式，或者说提升方法。

君子行仁德于日常生活，就是遵循"以己度人"原则，实施"推己及人"方法来待人。所以接近君子，与君子相处，你就感觉到君子的温和平易。待人温和平易，实际上是待人以敬的体现。一个人，唯有待人以敬时，他才得到人敬，他的庄严威仪才可产生，他才成为可以站立的人。

其三，为什么君子不说则已，一说话就表现出准确犀利的清晰逻辑和思想呢？这是因为子夏深度地觉悟夫子言行理论的精髓：君子必慎言，是说其言必精准成行。君子慎言，既必须"先行其言而后从之"，又必须坚决杜绝"巧言"和"令色"，决不"文饰"。由此三个方面要求，君子"慎言"之言必是直截了当、明明白白、干干净净的实话、真言。这种实话、真言一旦要表达出来，还要达于准确、清晰、明白，能够突出表达的主题和重心。这一切都基于君子学以致其道和学以得其道：道之于人，就是干干净净、简简单单、直截了当、明明白白地呈现自身。君子行其道，就是在生活中以道的自身方式呈现道。君子以道的自身方式呈现道，就是子夏所悟得的君子"言也厉"。

以此可以理解子夏思想的精细和缜密。曾有人批评子夏过细，认为这既是优点，也是缺点。就子夏本人言，他虽属孔门后进弟子，却是孔门中精深于学问的后起之秀。子夏这种缜密严谨的研究方式和研究精神，是学术的应有传统。从这个角度观，后世学者尤其是汉代经学家们以为汉代经学与子夏之间有重大关系,或因为他的这种缜密严谨的学术方法和学术思想。

第10章释义

子夏曰:"君子信,而后劳其民;未信,则以为厉己也。信,而后谏;未信,则以为谤己也。"

[注释]

君子信,而后劳其民:信,使动词,使之相信、使之信任;劳,使动词,使民服劳役。

未信,则以为厉己:未信,没有取得信任;厉,受动词,遭受虐待、损害。

信,而后谏;未信,则以为谤己:谏,劝谏。谤,诽谤。

[译文]

子夏说:"君子从政,只有取信于民,才可役民;没有取得民信任就役民,民会以为你在虐待他们。同样,作为下属只有取得上级信任时,才可行劝谏之责;没有得到信任而行劝谏,上级会以为你在行诽谤。"

[通解]

上章论君子行仁德于日常生活,要形象庄严威仪、待人温和平易、说话准确犀利。本章则继之述君子行公道于从政生活,应该以信为前提,强调"无信不立"和"无信不行"的治邦思想。

一

孔子的君子理论,包括德性和德行两部分内容。信,是孔子君子德行理论的核心理念,这一核心理念可表述为"无信不立"和"无信不行",围绕这一核心理论,孔子做了许多不同语境的思考,比如:

子以四教:文、行、忠、信。(《述而》)

子曰:人而无信,不知其可也。大车无輗,小车无軏,其何以行之哉!(《为政》)

子曰:"笃信好学,守死善道。"(《泰伯》)

子曰:道千乘之国,敬事而信,节用而爱人,使民以时。(《学而》)

子贡问政,子曰:"足食,足兵,民信之矣。"子贡曰:"必不得已而去，于斯三者何先?"曰:"去兵。"子贡曰:"必不得已而去，于斯二者何先?"曰:"去食。自古皆有死，民无信不立。"(《颜渊》)

子曰:"上好礼，则民莫敢不敬;上好义，则民莫敢不服;上好信，则民莫敢不用情。夫如是，则四方之民，襁负其子而至矣。焉用稼?"(《子路》)

孔子教人"文"为之"行";孔子教人"行"之必"忠"，且"忠"之必"信"。"信"是孔子"四教"的最后一项，也是孔子"四教"之于"行"的首要一项。从个人言，"信"既有如大车的"輗"、小车的"軏"，"人无信不行";更是持守仁德-公道使之得以"一以贯之"的内稳器，这是孔子所讲的"笃信好学"与"守死善道"之间的生成关系。从社会言，"信"构成为政治邦的首要条件:"敬事"必以信为要，且信方可爱人和使民;"信"，更是邦国兴亡的基石，"食""兵""信"乃立邦强国三要，如果必不得已而去之只存其一，则可去"食"去"兵"而存之以"信"。这是因为"信"具有强大的凝聚力、感染力、号召力和排除任何阻碍的创发力量，这是"上好信，则民莫敢不用情"。

子夏将孔子关于"信"的思想整合成君子从政弘大仁德、践履公道的前提条件，可谓得"信"之于经世治邦的真谛。

二

君子胸怀"学以致道"的目的，必然要结出"学以得道"之果实。君子将"学以得道"的果实作为种子播之于生活，就是行仁德;播之于经世治邦的从政之途，就是公道。

君子在经世治邦的从政之途行公道，必以信为前提。这是因为君子从政行公道，处理的具体政务可能是事，但根本对象是人。君子从政，本质上与人打交道;与人打交道，信是前提，或可说信是人与人交往的"敲门砖"。如是理解"信"，基于两个具体理由。

君子从政治邦，推行政务，最后要指向民，民作为一切资源的来源，要能够使他们真心听从安排和调遣，获得他们的信任是前提条件。使民信任的正确方式，是善待。尊民、爱民、敬民，就是善待民。善待生成信任，信任推行政务，实施公道。

君子从政治邦，推行政务，必须接受并执行上级的指令，其指令可能正确，可能不正确。面对不正确的指令，就面临劝谏。无论上级是官还是君主，要使劝谏成功，前提仍然是信:取得上级信任，是下劝谏上的绝对前提。要取得上之信任，根本方法是忠，唯有当其上感觉得你是在忠于职守、忠于邦国、忠于官长时，他才相信你。唯有当其上相信你时，你才可以某种得体方式表达你为公的和正确的劝谏之言，并可收到预期效果。

第 11 章释义

子夏曰:"大德不逾闲,小德出入,可也。"

[注释]

大德、小德:德,节操,即人的行为合于德性、品德本身,就是节操。大德,大节操;小德,小节操。

不逾闲:逾,超出既定边界、范围。闲,栅栏,喻指界线、规范。

出入,可也:出入,相对既定的界限、规范言:"出"者,过也;"入"者,不及。可,可以如此。

[译文]

子夏说:"君子德行,在大处抑或原则性方面,决不可逾越界限;在小处抑或非原则性方面,可以灵活变通。"

[通解]

第九章讲述君子行仁德于日常生活应该掌握如何做的要点,第十章论君子行公道必然怎样的前提。本章则综合前两章内容,概述无论日常生活还是从政,君子德行必有边界。

——

子夏论君子德行边界的基本准则是:**善道必守死,践履有变通**。

善道必守死,践履有变通,这是孔子的基本思想。

在孔子那里,需要守死的善道有三个层面的内涵:从君子理想论言,这个善道是文道救世之道;在君子认知层面,这个善道是返本开新、以仁入礼之道;在君子实践层面,这个善道就是以中正为本质规定的仁德-公道。它贯穿君子所学所为,其文道救世理想和以仁入礼认知表现为中正"仁德-公道"。君子守死善道的基本方式是"一以贯之",不能更改。子夏将其简要地概括为"大德不逾闲":不可逾越的大德,就是融贯如上三个维度内涵的"一以贯之"的中正大道。

在守死善道的大前提下,践履善道的过程中可以灵活变通。这一灵活变通思想在孔子那里呈现多方面的敞开态势。

第一是成仁与尊师。比如,"当仁不让于师"(《卫灵公》)。这是孔子对成仁与尊师的辩证思考的名言。孔子认为,尊师与崇仁的关系,是"小德"

与"大德"的关系。孔子非常强调师道尊严,因为崇师的本质是崇敬学问、崇敬知识、崇敬古代文明和人间智慧。但孔子更认为,在必须守死的善道之本质之仁面前,即仁德方面,崇师必须让位于崇仁。

第二是大信与小信。孔子对大信与小信的精辟表述是:"君子贞而不谅。"(《卫灵公》)孔子明确指出,当经世治邦之大信与日常生活之小信发生冲突时,一定要维护其大信,并可因此而失其小信。

第三是邦国兴亡与个人名声。孔子坚决反对天下无道,旗帜鲜明地指出"天下有道,则礼乐征伐自天子出";严厉谴责"天下无道,则礼乐征伐自诸侯出。自诸侯出,盖十世希不失矣。自大夫出,五世希不失矣。陪臣执国命,三世希不失矣"(《季氏》)。因为这是天下兴亡的"大道"。但在家臣阳货反叛季氏,邀请孔子辅佐时,孔子却答应"诺。吾将仕矣"(《阳货》)。其后,季氏私邑宰公山弗扰使人来召,孔子亦愿往,其理由是"夫召我者而岂徒哉!如有用我者,吾其为东周乎"(《阳货》)!孔子两次打算虽未成行,但其跃跃欲试的理由和依据,仍然是他"善道必守死"但"践履可变通"的德行准则:在孔子看来,只要有谁给他提供一个实现"在鲁国振兴周道"的平台和条件,哪怕背上"以下反上"的诬名,他也愿意。

第四在讨论逸民时,孔子更为直截了当地表达"善道必守死,践履有变通"的德行准则:"我则异于是,无可无不可。"(《微子》)孔子提出的这种"无可"与"无不可"的"善道必守死,践履有变通"的君子德行,实是古代仁人经验的总结和提炼。这也是孔子特别推崇微子的理由,因为微子式的公开合作和不公开的不合作的方式,就是遵循"善道必守死,践履有变通"的准则。

第五是小事图私可逾节,大事为公必守节。在"善道必守死,践履有变通"方面做得最成功的,并影响社会进程的历史人物当数管仲。所有人都认为管仲是不义之人,是变节者,不仅在于不忠于前主,更在于经商少劳而谋求多得,打仗总是阵前逃跑得最快。但孔子却盛赞其大仁,理由是"管仲九合诸侯,不以兵车,管仲之力也"(《宪问》)。并且"管仲相桓公,霸诸侯,一匡天下,民到于今受其赐。微管仲,吾其被发左衽矣。岂若匹夫匹妇之为谅也,自经于沟渎,而莫之知也"(《宪问》)。

二

子夏将孔子丰富深广的"善道必守死,践履有变通"的君子德行思想,简明扼要地概括为"大德不踰闲,小德出入可也",确实精妙。

子夏讲的大德,就是孔子说的"道"。大德不踰闲,是指君子在任何处境下都不能放弃文道救世理想,不能放弃返本开新的历史发展观,更不放弃以仁入礼的文明重建目的,不能违背以中正为指南的仁德-公道准则。

子夏所论的小德，有两层含义：一是相对经世治邦公道言，经世治邦的公道是"大德"，以此为参照，个人生活的仁德只能是"小德"。子夏认为，为维护和实现社会公道的"大德"，个人生活的仁德应该为其做出让步，这就是"君子贞而不谅"。二是相对日常生活言，君子德行必须守大节，这是不能突破的君子准则。以此为准则，日常生活不必计较小节，子夏所论的小德可"出入"，实际上是周公训导伯禽治邦四法则中的最后一条："无求备于一人。"（《微子》）在日常生活细节、小事方面，对人不要求全责备。这是君子"大德不踰闲，小德出入"最为深刻的价值所在。因为作为肉体凡胎的君子，也有认知的局限，更有人性的弱点，还有变化无常的利欲冲动及其尺度把握的非确定性因素，不拘泥于小节，是君子成为真实的人的基本方式。

第 12 章释义

子游曰："子夏之门人小子，当洒扫应对进退，则可矣。抑末也，本之则无，如之何？"

子夏闻之曰："噫，言游过矣！君子之道，孰先传焉，孰后倦焉。譬诸草木，区以别矣。君子之道，焉可诬也。有始有卒者，其唯圣人乎？"

[注释]

门人小子：门人，弟子。小子，指门人；反之，门人亦称为小子。门人小子，谦称。

洒扫应对进退：洒，指以水挥地，使不扬尘。洒扫，洒水扫地，清洁房屋或场院。应，指唯诺。对，答话。应对，指接待宾客一问一答说话得体。进退，指接待宾客一进一退动作得体。洒扫应对进退，是接待宾客的应有礼仪，在古代，人皆自幼教之习之。

抑末也，本之则无：抑，不过。末，细枝末节。本，指礼乐文章。本之则无，指子夏教弟子以洒扫应对进退，这些都是末事，却忘记了教人礼乐文章，这才是教学的根本。

孰先传焉，孰后倦焉：孰，谁。传，传授、传播。倦，教诲。

譬诸草木，区以别矣：区，区分，指分类。别，类别。指如同草木，要一一分类，这需要从细节差异入手。

有始有卒：始，开始。卒，结束。指君子教人有序。

[译文]

子游说:"子夏的门人弟子,只能做些洒水扫地、应答酬对、接送宾客之类的事情。这都在于老师只教他们一些末节之事,忘记教礼乐文章这些根本性内容,这怎么能行呢?"

子夏听到后说:"哎,子游所言真是错啊!君子之道,先教什么?后教什么?这好比培植草木,先需要区分别类。君子之道,怎么可以随便诬妄呢?能够将最初的内容和最后的内容、入门的内容和远大的内容、浅显的内容和高深的内容同时传播给弟子,大概只有圣人才可做到吧?"

[通解]

从第四章始到第十一章,皆子夏论。集中简要讲述子夏自为研习夫子学问所得真言,简明扼要、通俗明白,却涵义深厚。具体言之,上章论君子德行的基本准则,本章通过子夏反驳子游关于教学的错误言论来表述自己的教人法则与进路。

一

子游批评子夏教弟子,只注重于洒扫应对进退之类的礼仪末节而忽视礼仪之根本,其结果自然是忽视对弟子予以礼乐文章的教育。所以子游担心,子夏这样教下去,会忘记夫子之道,也会远离夫子之道。子夏却针对子游的批评提出如下反驳。

第一,子夏首先对子游的批评做出一明确判断:子游的这番话是绝对错误的。然后指出子游言论错误的理由:君子教弟子,就是传夫子之道。我子夏如此教弟子,也是在传夫子之道,不是如你子游所讲的是弃道、离道或背道。

第二,传夫子之道,应该有内容、方法等方面的先后顺序,先传授什么,后传授什么,有规律可循。这如同培植草木一样,需要对这些规律细加辨别,然后别类,最后才可依序而教。

第三,基于如上规律,子夏做出另一个判断,即子游你的说法不仅是随意诽谤人,也是在妄论和诬蔑夫子之道。这是因为,将最初的内容和最后的内容、入门的内容和远大的内容、浅显的内容和高深的内容同时传授给弟子,是君子所不能的,即或圣人,也难以做到。

子夏对子游的反驳可以成立。其可成立的依据,是子夏的思路清楚,符合他本人关于君子"博学而笃志,切问而近思"和"其言也厉"的标准,更符合夫子"学而"之道本身。

二

本章与第三章,分别从不同方面记载孔子逝世后,其弟子走向分宗立派的史实。

子游与子夏在培养弟子的理念、思路、方法等方面体现出来的差异、对立,以及由此形成的矛盾和冲突,铺开了孔子之后孔学何以被分裂的原由。

其中最重要的原因,可能是分门立宗的急切,它涉及谁为孔门正统的问题,这一问题的实质是实实在在的师道话语权,在争夺师道话语权的过程中,有的人专务于夫子思想的系统总结、提炼,使之深化,同时也使之更容易传播。本篇第四章始至本章,子夏的每段独立言论都体现了这种努力。有的开始无意地走向了孔子所竭力阻止的自立正统的"攻乎异端,斯害也已"(《为政》)道路,自发或自觉地运用孔子严厉批评的"攻人之恶"(《颜渊》)。子游在这方面表现出这种倾向,因为子游与子夏均是夫子同门,即使子夏教人、内容、方法、目标等方面存在问题,有失夫子师道,作为同门,可以且应直截了当地提出,而不是在背后说。根据"子夏之门人小子,当洒扫应对进退,则可矣。抑末也,本之则无,如之何"这一语境,有可能是在自己弟子面前如是说子夏,或者在其他同门面前如是说子夏,这种方法和说法,本身就可能造成孔门分裂,所产生的影响极坏。这也是子夏如此严厉地反驳和批评子游错误的原因。

孔子之后,孔门弟子开始走向分裂,与孔子教人方式方法有关:孔子教人,总是因语境、角度、对象甚至具体的话语情境而论,哪怕是同一个问题,也说法不一。这是一方面,另一方面,各自理解夫子思想的方式、角度、处境不同,以及天资与才情的差异,或关注兴趣点的不同,即使是同一场合中同一话题同一内容,各自记载下来的东西也不同。正是这些因素,形成孔子身后本门弟子对其思想的理解、取舍、把握的差异,由此形成教授弟子的方式、方法以及内容选择和先后顺序安排各有不同。

在这种大背景下看**子游与子夏**二人培养弟子、教授内容及方式的差异:子游视野宏大,着眼于君子之道的理论的根本,以传授礼乐文章为要务。子夏基础扎实,着眼于君子之道的生活的根本,以传授日用常行之道,渐进宏远,最后至于高深。

应该说,孔子之道,无论是返本开新、以仁入礼的文道救世之道,还是践履德行的仁德-公道之道,都基于经历和经验,包括历史经验和生活经验、社会经验和个人经验,但其起步与终点,都是日用常行。从这个角度观,君子之道蕴含在洒扫应对进退之中。子夏之教或许更接地气,更体现培养君子的真实情况。

第13章释义

子夏曰:"仕而优则学,学而优则仕。"

[注释]

仕而优则学:仕,入官当职,即当官。优,富裕、宽绰,指有余力。

学而优则仕:优,卓越出众者。指学而德才卓越,应该出仕。

[译文]

子夏说:"当官做好本职尚有余力,应该加强学习;为学德才出众,应该入仕当官。"

[通解]

子夏教育立足日常生活,从浅显易做入手,主张"学而致其道"必先致其行,强调"能力服务",即既强调人以自我养成的能力为自己服务,也强调人以自我养成的能力为别人服务,揭示学而所致其道,不是高高在上于生活,而是在洒扫应对进退之类的日常生活劳动、日常生活礼仪及其待人接物的服务之中。子夏将"学而致其道"植入日常生活,贯穿于洒扫应对进退之中,培养"能力服务"的意识和"能力服务"的能力,其深刻寓意还在于:学而致其道的根本目的是弘大仁德和践履公道。本章内容,或许是子夏对其学而致其道**必先**致其行的思想的进一步注解。

一

子夏"仕而优则学,学而优则仕"的思想,历来遭受批评。但实际上不过是子夏以大白话方式总结出一种传统。这种传统是孔子办学、广纳门徒的真实社会目的:为拯救当世的堕落、重建当世文明培养社会精英。所谓社会精英,指承传文明,服务社会、治理邦国、造福民众的知识精英。这虽然是孔子的基本思想,但在孔子之前就已成传统,到春秋时代,这个传统才被撕裂,并发生断裂。形成这种状况的重要原因是培育这个传统的土壤没有了,具体地讲,就是"天子失官,学在四夷"。孔子以其"明知不可为而为之"的全部努力是重新培育这个传统的土壤,然后再造这个传统。子夏将夫子为此所做的一生努力,概括为"仕而优则学,学而优则仕"。

客观地看,在两千多年来的中国社会运动史中,孔子学说之所以"九死一生"而终不死的真正秘密,在于他在不断努力**阻止**传统的土壤被破坏的进程中重新培育这个传统的土壤,在培育这个传统土壤的艰难努力中再造这个传统,这是孔子之后中国文明无论遭遇怎样的厄运和洗劫,都始终充满活力的根本原因。

要理解这一点,首先需要理解孔子对"社会精英"的定义:第一,必须是当世中的知识卓越者,这批知识的卓越者必须是博学多识者,他们是有独见、有远见、有思想的士、文化人;第二,必须有志于愿服务社会、治理邦国、造福民众的热忱、德才。在古代,学在官府,培育这样的社会精英成为国家的基本任务;春秋晚期,"天子失官,学在四夷",原来由官府担任培育社会精英的专职工作也降于民间,社会上的有识之士开始自发继而自觉担当起培育社会精英的责任。孔子也如同当世其他有识之士一样,招收门徒,全力培养社会精英,以实现文道救世、重建当世文明。孔子再造培育社会精神传统的这一努力在后世开出了花朵。放眼人类文明史和教育史,即使教育大众化的今天,教育仍然肩负培养具有卓越知识和意愿于服务社会、治理国家、造福民众的社会精英。

只有在这样宏大的背景中理解子夏的"仕而优则学,学而优则仕",才可理解子夏:精准概括夫子学而教育理想的意义和正面弘大孔子再造传统的历史意义。

二

"仕而优则学,学而优则仕"虽是大白话,但语义丰厚,需要理解其所蕴含的两个要点。

一是两个"优"字有不同语义内涵:前一个"优",指时间或精力的宽绰、富余。时间和精力的宽绰和富余,是相对"仕"之本职工作论,即当官做好自己职权范围内的政务,没事干了,还有富余的精力和宽绰的时间,怎么办?子夏告诉你:不要把这些时间浪费在悠闲的娱乐或物质生活的享受中,应该用来学习。与此不同,第二个"优"相对"学"而论,指德才的出众、卓越。学就是培养出众的、卓越的德才,培养出众的、卓越的德才的目的,是服务社会,治理国家,造福民众,以实现自己的价值。因而,学必须德才出众、卓越,德才出众和超越者,要能够发挥出对社会和文明的最大贡献的最好方式,在先秦时代,就是入仕当官。

二是"仕而优则学"与"学而优则仕"的逻辑关系。按照"学"与"仕"之间的本原逻辑生成关系,应该是先"学而优则仕",然后才是"仕而优则学"。但子夏却反向表述,其意何在?

这是因为,学而优,乃士之日常:为士者必须通过学而优,并因其优而仕。但"仕而学",却不多见。殊见"仕而学"者,表明"仕而不学"的现象比较普遍,并且人们可能已经将"当官后不学习"视为常理。所形成的不好后果有二:一是"仕而不学",当官时间久了,见识陈旧了,思维老化了,抱残守缺的态度和习惯滋生,最后没有热情与动力做好本职政务。这样一来,官场就会变成堕落场所。二是将学习本身变成手段、工具,过了河就可以拆掉的"桥",学习和教育自然地沦为实利主义的方式。

子夏将"仕而优则学"置于"学而优则仕"前面,可能是针对如上状况和风气,意欲在认知上、教育上改变,也是为了弥补夫子关于"学"与"仕"的思想的局限,因为孔子多强调"学而优则仕",几乎不谈"仕而优则学"的问题。以此来看,子夏提出"仕而优则学"的主张,是对夫子思想的弘大。子夏强调"仕而优则学"的重要性,突出仕之于学的根本性,同时打通"仕—学—仕"反复相因、互动循环的进程,构建起"仕"与"学"互为目的-手段的动力机制,深化和丰富了夫子的"学而"思想。

第 14 章释义

子游曰:"丧,致乎哀而止。"

[注释]
丧:丧礼,悼丧。
致乎哀:致,极至;哀,与"恸"相对,意为淡淡的悲伤。指尽于哀。

[译文]
子游说:"悼丧,悲伤触发出哀痛感情时,则需要内止。"

[通解]
从第四章到第十三章,共十章内容,集中介绍子夏的"为学"思想,既是对夫子为学思想的讲述,又发展了夫子的为学思想。从本章始,转而介绍子游的思想。

一

人,生死之事为大。死者已已,但生者却哀哀。为表达这种生死之大的情感,也是为了自己未来之死有**"隆重地来"**并**"隆重地去"**的好结尾。人类基于生与死的敬畏,制定了表达人的文明的丧礼,人们依礼操办丧事。

礼之形者,乃一套规范行为的程序,实质却是行为的限度和边界,它指涉两个方面的内容,一是利欲;二是情感。丧礼亦如此,超越利欲的限度与边界,就可能奢侈、铺张,甚至以此敛财结党营私;超越情感的限度与边界,就有可能毁坏身体、泯灭人性。因此,丧礼亦需要"有止"。

以此观子游提出的"丧止于哀",应该是对夫子丧礼思想的完善,也是对丧礼边界的明确规范。

子游"丧止于哀"的主张,体现两个具体思想;一是办理丧事宜简,这或是针对春秋晚期致丧风俗日趋奢华,从而引来墨家激烈批评的正面回应,反对铺张丧事,主张致丧返璞归真。致丧返璞归真,是形式上从简,内容上至于真情。二是悼丧,抒发对死者的伤悲之情,其目的有二:一是无论丧主还是亲友,都应以发抒悲伤之情的方式表达对死者的感恩;二是以此伤悲的情感聚集在一起隆重送死者最后一程。因而,悼丧要以不伤生者为边界。基于这两个方面的要求,"丧止于哀"的第二层含义是指:悼丧不能伤身,更不能扭曲或毁坏人性。

二

子游主张"丧止于哀",指悼丧,其悲痛的情感唤起达到淡淡的悲伤就可以了。但子游的这种主张只是基于一般论,并不适合于所有。因为悼丧,既涉及丧主与死者的关系性质和关系程度,比如:情感深浅程度,也涉及参加悼念的亲朋好友与死者、与丧主之间的关系性质、关系程度。不同关系性质、不同关系程度的人,悼丧过程中其悲伤情感表达方式和悲伤情感表达程度会有差异,不能千篇一律。比如,"颜渊死,子哭之恸。从者曰:'子恸矣!'曰:'有恸乎?非夫人之为恸而谁为?'"(《先进》)孔子之悲伤过度,源于他对颜渊的情感超出师生的情感关系,上升到父子情感的程度,父丧子,是白发者送黑发人,其伤痛情感不可能控制得到"止于哀"的状况。所以,面对这种类似情况,子游主张"丧止于哀",就不合适。子游提出"丧止于哀"主张的最大价值,在于主张丧礼返璞归真的简朴,不需要文饰,这是完全可以做到的。

第15章释义

子游曰:"吾友张也,为难能也,然而未仁。"

[注释]

吾友张:友,朋友。朋友,乃志同道合者。在古代,能够从四面八方汇聚在一起,拜同一个人为师,接受同一个人的培养和教诲,因为有共同的志道,所以同门之间可互称为"友"。张,指子张。

为难能也,然而未仁:难,勤勉。未仁,没有达到仁。

[译文]

子游说:"我的同门子张,继承夫子之业虽然很勤勉,但还称不上仁。"

[通解]

"丧止于哀",是为论礼,但致丧之礼的内容和本质是情,情以致哀,始终蕴含仁。这是由上章论礼转向本章论仁,强调仁之"至"与"全"的内在思想逻辑。

一

子游主张"丧止于哀",既可能与丧礼日趋崇尚铺张、奢侈相关,也可能与子张提出"士见危致命,见得思义,祭思敬,丧思哀"(第一章)的主张有关。第一,子张为人勇武,其提出"士见危致命",是尚勇的自我推崇;第二,子张提出"见利(得)思义",自我张扬其清澈不媚俗的个性和性情;第三,祭和丧,是远祖与近父的关系,远者敬而近者哀。子张的如上思想,完全是对夫子主张的传播。但子游却认为子张之"丧思哀"有两个方面的局限:一是哀的情感,是自然而然从内心深处生长,然后在特定境遇中直观爆发出来,而不是"思"出来的。二是丧礼之哀,应该有所节制,不能伤身伤性,子张的"丧思哀"却没有这方面的限度意思。所以,子游提出"丧止于哀",以区别子张,当然也包括区别夫子的"哀丧"思想。

如果说上章是子游对子张的间接批评,本章则是子游对子张的直接批评。这是承夫子对子张子夏的批评而来,其底气却是孔子对子张的批评和对子游本人的评价。

> 子贡问:"师与商也孰贤?"子曰:"师也过,商也不及。"曰:"然则师愈与?"子曰:"过犹不及。"(《先进》)
>
> 子之武城,闻弦歌之声,夫子莞尔而笑曰:"割鸡焉用牛刀。"子游对曰:"昔者偃也闻诸夫子曰:'君子学道则爱人,小人学道则易使也。'"子曰:"二三子,偃之言是也。前言戏之耳。"(《阳货》)

孔子批评子张和子夏,是针对子贡所问而言。子贡之如是问孔子,或许自有寓意。在孔门后进弟子中,子张和子夏最出色(子游早就出仕),此问或是关注夫子百年之后,子张、子夏这两个最为优秀的后进弟子中谁能担负起弘大师道学问的重任。孔子回答子贡的问题,是围绕子张与子夏孰贤而展开。孔子来了个对半开:子张对贤的追求太"过",这种"过"表现在纯粹、清高、不俗,或者在子张那里,"贤"不应该有瑕疵;而至于子夏,其"贤"之相对"不足",即达到"贤"还欠点火候,这主要体现在太过平和容易。依孔子的主张,"贤"者应该中道,既不偏激,也无不及。

子游批评子张"为难能也,然而未仁",前半句"为难能也",指子张按照孔子的标准追求德业勤勉努力,甚至达到"过"的程度,但效果并不好,所以后半句"然而未仁",既是对子张努力的惋惜,也是对子张不可能成仁的定论。

子游如此评价子张的底气,是基于孔子对子游的好评,这就是武城弦歌,子游对夫子否定自己武城政绩和做法予以据理力争,却得到孔子的褒奖。这在子游看来,等于老师认同了自己传播和弘大师道的"子游路线"。所以,当孔子逝世后,子游自然觉得自己践履的而且在老师生前就得到过认同的"子游路线",应该是孔门的正传路线。所以,无论批评子夏还是批评子张,子游都自觉不自觉地体现"当仁不让"的正传者自居意识。

二

在孔门后进弟子中,子张和子夏都优秀,但二人继承和弘大孔子德业的侧重不同,子夏侧重孔子"学而致其道"的学问。所以,子夏的思考和对老师的思想总结、提炼都是围绕学问本身展开。与此不同,子张更感兴趣于孔子"学而致其道"的功业。这可体现在孔子在世时,子张对从政的思考最勤,其问政的内容也最多。

> 子张问:"十世可知也?"子曰:"殷因于夏礼,所损益,可知也。周因于殷礼,所损益,可知也。其或继周者,虽百世,可知也。"(《为政》)
> 子张学干禄。子曰:"多闻阙疑,慎言其余,则寡尤。多见阙殆,慎行其余,则寡悔。言寡尤,行寡悔,禄在其中矣。(《为政》)
> 子张问曰:"令尹子文三仕为令尹,无喜色。三已之,无愠色。旧令尹之政,必以告新令尹。何如?"子曰:"忠矣!"曰:"仁矣乎?"曰:"未知。焉得仁?""崔子弑齐君,陈文子有马十乘,弃而违之。至于他邦,则曰:'犹吾大夫崔子也。'违之,至一邦,则又曰:'犹吾大夫崔子也。'违之。何如?"子曰:"清矣。"曰:"仁矣乎?"曰:"未知。焉得仁?"(《公冶长》)
> 子张问善人之道。子曰:"不践迹,亦不入于室。"(《先进》)

> 子张问明。子曰："浸润之谮,肤受之愬,不行焉,可谓明也已矣。
> 浸润之谮,肤受之愬,不行焉,可谓远也已矣。"(《颜渊》)

> 子张问崇德辨惑。子曰："主忠信,徙义,崇德也。爱之欲其生,恶
> 之欲其死。既欲其生,又欲其死,是惑也。'诚不以富,亦祇以异。'"
> (《颜渊》)

> 子张问政。子曰："居之无倦,行之以忠。"(《颜渊》)

> 子张问:"士何如,斯可谓之达矣。"子曰:"何哉,尔所谓达者?"子
> 张对曰:"在邦必闻,在家必闻。"子曰:"是闻也,非达也。夫达也者,质
> 直而好义,察言而观色,虑以下人。在邦必达,在家必达。夫闻也者,
> 色取仁而行违,居之不疑,在邦必闻,在家必闻。"(《颜渊》)

不仅如此,而且子张好问、勤思,也最为赤诚,对老师的重要教诲还写
在衣摆上,以为每日诵记和自我警示:

> 子张问行。子曰:"言忠信,行笃敬,虽蛮貊之邦行矣。言不忠信,
> 行不笃敬,虽州里行乎哉? 立,则见其参于前也;在舆,则见其倚于衡
> 也。夫然后行。"子张书诸绅。(《卫灵公》)

按照孔子的教诲,一个真君子做到"言忠信,行笃敬",既可称为"贤",
也可以称得上仁。子张以此为努力目标,但"仁"始终是动态生成的。所
以,真正的仁需要一生去践履,哪怕最为孔子推崇的尧舜,也达不到这种
境界:

> 子贡曰:"如有博施于民,而能济众,何如? 可谓仁乎?"子曰:"何
> 事于仁,必也圣乎! 尧舜其犹病诸! 夫仁者己欲立而立人,己欲达而
> 达人。能近取譬,可谓仁之方也已。"(《雍也》)

以此看子游对子张的批评,与孔子看待"仁"与"未仁"的思路不相同,
在孔子看来,"仁"不是静态的想象中的完满、完美,或者说"圣",**仁始终在
路上**,只要鼓志而"言忠信,行笃敬"不止这一过程本身就是仁。但子游论
仁,却失去夫子的过程观和动态生成论思想,所以他批评子张"然而未仁"
的这种静态思维判断,显得有些太过而不当。

第 16 章释义

曾子曰:"堂堂乎张也,难与并为仁矣。"

[注释]

堂堂乎:高大开阔之貌,也可理解为相貌堂堂。

难与并为仁:难,困难、难以。并,并肩、并列。为仁,成为仁。并为仁,同行于仁。

[译文]

曾子说:"看起来气象堂堂的子张,我却难以与他共同践行仁德啊。"

[通解]

第十四、十五两章是子游论。从本章开始是曾子论。子游从论礼到论仁,针对子张言;曾子论仁,也是针对子张言。由此可见,孔子之后,子张的影响力何以为同门所特别关注,以及怎样成为同门的批评对象。

一

《论语》编纂者编辑本篇别具匠心,以子张言论开始,次之子夏,然后展开对二人的批评。批评以子夏为第一个对象,然后以子张为重点。这是因为子夏与子张是孔门后进弟子中的佼佼者,在为"贤"的性格上,一个"不及",一个有"过"。"过犹不及",乃孔子评说。相对而言,"不及"者更容易为人所包容,"过"者更难以被包容,这或许是讲求中庸文化人格所形成的特殊情感倾向。

前一章是子游直接批评子张"未仁"。曾子接过这一批评的武器向子张开火,更是严厉甚至不惜予以人格侮辱:在曾子看来,子张表面看来气宇堂堂,实际上心胸狭窄、行为怪癖,难以与他同道行仁。

相对地讲,子游对子张的批评虽然有主观情绪色彩,但毕竟还认其为同门好友,只是指出子张虽然想努力成为行夫子德业的弘大者,但尚未达到仁。曾子批评子张不像子夏那样温和文雅,而是采取批斗的方式。首先,在曾子看来,子张表现出来的气度、品格与实际上的心胸、人格完全不吻合,简直是伪君子、小人,所以说"堂堂乎子张"。然后指责子张言行怪僻乖张,没有教养,简直连小人都不是。最后下结论:没有人愿意与他同道行仁,这有些近似于孔子鼓动门人驱逐冉求"小子鸣鼓而攻之可也"那样向子张下达驱逐令,要将子张从孔门阵营中驱逐出去。"堂堂乎张也,难与并为仁矣",曾子说这话时,俨然以孔门掌门人自居。

二

曾子如此批评子张的依据何在？客观地看，曾子如此批评子张，有两个方面的依据：

首先，曾子指责子张，有子游批评子张相同的依据，即"子贡问：'师与商也孰贤？'子曰：'师也过，商也不及。'曰：'然则师愈与？'子曰：'过犹不及'（《先进》）。孔子因子贡之问引发夫子对比评价子张和子夏：在为"贤"表现出来的意志、决心、态度、行为追求等方面言，子夏"不及"，子张有"过"。朱熹注之为"子张才高意广，而好为苟难，故常过中。子夏笃信谨守，而规模狭隘，故常不及。"因朱熹此注，其后从之者众，几成定论。客观地讲，朱熹如上论是抛开孔子本人原话原义而自言之，孔子论子张与子夏"过犹不及"是针对子贡之问"师与商也孰贤"，怎么可能将其理解为"才高意广"呢？其实，孔子说子张之求贤偏"过"，是将贤推至极端，没有回旋婉转的余地，子张本人关于"见危致命""执德不弘，信道不笃，焉能为有？焉能为亡"的言行，就体现这种追求"至"之"过"。这种"过"恰恰是孔子所讲的"刚毅木讷"的"刚"和"毅"。然而，孔子却认为"刚毅木讷，近仁"（《子路》）。孔子为什么要说"刚毅木讷，近仁"呢？这是因为孔子"宁外不足而内有余，庶可以为仁矣"①。由此看来曾子对子张的批评，如同子游对子张的批评一样，是以**己意**来理解孔子对子张的评价，然后又以此为依据。所以，就其实质论，曾子与子游同，均以己意为判断的依据来评价子张甚至于刻意将子张作为己之"异端"来予以讨伐。

其次，孔子曾经对高柴、曾参、子张、子路四弟子的性格做过一次对比评价。孔子直截了当地指出"高柴戆直，曾参迟钝，子张偏激，子路鲁莽"。孔子对子张的评价应该前后一致。子张求贤之刚毅、高格、清纯，其实与他偏激的性格相关；或者，对贤之追求的高格、刚毅、清纯努力，锻造了他偏于激烈的性格。朱熹却对"师也辟"做出了两种不同的注解：一是将"辟"解为"偏"，偏者，怪也；说子张性格偏激。二是将"辟"注为"便辟"，意为邪僻。然后，朱熹对于"便辟"又先后做过两种解释：一是解释为"谓习于容止，少诚实也"；二是解释为"谓习于威仪而不直"。概括这两种解释，其意思是"善逢迎谄媚而不诚实"。照此看，"师也辟"，指子张是一个不诚实的人。

其实，朱熹所注，并不是朱熹主观所为，而是有其依据，这个依据就是本章中曾子的"堂堂乎张也，难与并为仁矣"。曾子指斥子张表面上堂堂正正，内心却邪辟的这种判断，又恰恰源于他对孔子评价的"师也辟"之"辟"

---

① 李泽厚：《论语今读》，北京，生活·读书·新知三联书店 2012 年版，第 554 页。

字做"不诚实"的理解,朱熹转弯抹角的注解,不过是在重复曾子的理解的偏见。朱熹的这种"偏见",很大程度根源于对曾子的推崇,这种推崇与他打造从孔子到曾子再到思孟然后传递二程和自己的这条道统路线有关;而曾子的这种"偏见",却体现一种自为孔学正宗传人或自为孔学"正统"的蓄谋和故意。

三

曾子如此持"故意的偏见"来理解孔子所论"师也辟",又以此为依据来批评子张的言行表象与内心人格的分离,认为这样的人根本不可能成为他的求仁同道者,这既可能有历史原因,也可能有现实因素。或者说其现实原因形成对历史原因的突出。

柴也愚,参也鲁,师也辟,由也喭。(《先进》)

孔子在世时,评价高柴、曾子、子张、子路四人的性格,应该说最差者是曾子。"参也鲁",曾子思维不敏捷、反应迟钝,显得有些愚笨。在孔子看来,自己游国途中招收的这批后进弟子中,曾子并没有可圈可点的突出之处,在孔子的眼中,曾子平庸。面对老师的评价,曾子知道了自己的位置:自己与高柴一样不优秀;子路是大师兄,是孔子最欣赏的人,无法望其项背;仲弓、颜回、子贡等师兄,都不是他所能及的。然而子张却与自己一样,属于后进弟子,但子张在夫子面前显露出特别的才华,已经受到老师的特别重视,表面上看来"鲁"实际上很精并且又内藏雄心的曾子,是不愿意正视这一点的。

孔子逝世后,孔门弟子开始分门立派,曾子也当仁不让地要在这一大好时机中成为孔门正宗传人。而在这一展开的历史进程中,最早追随孔子的那批弟子大都相继离去,争雄孔门传人的大戏自然地落在后进弟子们身上。孔子在世时,后进弟子中已经崭露头角的子夏、子张自然成为关注的对象,但子夏性格柔和为"学而致其道"(即求贤)之"不及",反而使得曾子、子游放松对他的警惕,这或许是子夏能发展得好的重要因素。与此相反,刚毅、高格或者高调"学而致其道"和高调求仁的子张,自然成为孔门中那些想成为正宗传人者们特别关注的对象,子游才会批评子张"为难能也,然而未仁",曾子才会给子张予以人格、品德、为人等层面的矮化批判。

整体地看,子游与曾子对子张的批评有很大差别,这种差别很大程度上不是性格差别,而是力与勇的差别,这种差别较大的力与勇,或许描绘出孔子逝世后孔门争夺正宗传人的两条路线,即子游路线和曾子路线,前者是心向往之而自感力不足,所以,其批评显得平和许多,这种平和离客观性的距离要近得多;后者是心向往之而必得之,其内力要自足得多,对子张的批评的力度更强,展示曾子为夺得孔门正宗传人桂冠,可以不惜对同门大加挞伐,不遗余力。或许,可以从本章中窥见孔子在世时坚决反对的"攻乎异端"之战,很快在自己的教门内正式展开,其后,"攻乎异端"成为秦以降的儒家传统,曾子也成为使"思孟"成为后世主流传统的关键人物,这不仅在于曾子刚好存在于从孔子到思孟之间,是链接道统这一统绪的关键链环,更在于他为后世"思孟"传统得以确立、发展、壮大提供了"攻乎异端"的传统。

第 17 章释义

曾子曰:"吾闻诸夫子:'人未有自致者也,必也亲丧乎?'"

[注释]

吾闻诸夫子:闻,听、听到。闻诸,听之于,指从老师那里听到。

自致:自,自己。致,尽其极。指尽己之力使之达到极境。

亲丧:亲,至亲,指生养自己的父母。亲丧,父母去世谓"亲丧"。

[译文]

曾子说:"我曾听夫子说过:'在平日里,人很难得尽情表露自己的真实情感;唯有在父母离开人世时,真实情感才会表露无遗。'"

[通解]

本章与上章在内容方面有其内在逻辑的推进性。上章中,曾子不遗余力地批判子张是"难与并为仁"者,理由是子张只是一个"堂堂乎"者,即表面上装出气象堂堂,实际上内心不诚。内心不诚,没有诚实品德的人,怎么能够与人并行于仁呢?虽然如此,曾子也不能否定子张也在行仁,只是其所行之仁与自己所行之仁完全不同道,所以绝不能与之并行。本章承续上章展开,是曾子讲子张所行之仁为何与自己所行之仁不一样,不能同道,不可并行。

曾子说话,很有艺术讲究。他告诉人们自己所行之仁与子张完全不同道,根本不可能并行,不是因为自己不愿意,而是因为子张推行的仁是虚假的仁,不是夫子所讲的仁,是背叛夫子的仁德-公道的仁。

曾子要证明自己说法正确,必须有证据,但又不能以自话为证据。对曾子来讲,最有说服的证据当然是孔子的话,所以曾子首先抬出权威证据来:"吾闻诸夫子:'人未有自致者也,必也亲丧乎'。"曾子所引的"夫子之言",到底孔子说过此话没有,他也不敢言之凿凿,只能以"吾闻诸"的方式来制造假象:曾子只是"听说"。听说可以不求证实,并且"听说"可以变成事实,因为在生活世界里,存在"谎言被不断地重复,就会变成真理"的逻辑。而且,"听说"也可以不与早已编纂的《论语》对簿公堂,因为《论语》并未提供这方面的内容。《论语》里记载颜渊卒而"夫子恸"的事件,只间接表明人的情感的内在生成流动与外在宣泄表达之间存在差异。

曾子以"闻诸夫子"之言的方式,为批判子张外在的言行表现与内心人格品质相分离提供了心理学依据,即在平日里,其言行总是或自发或自觉地隐藏真实的情感或欲望,而在行为上却做出符合理智或理性的修饰,这种做法就是孔子所讲的"文饰",在曾子的批判中,子张"堂堂乎"的言行气象与内在人格、品德之间的不一致,就是如此。

进一步看,曾子以"闻诸夫子"之言的方式,表明自己之所以绝不能与子张所行之仁同道,在于子张所行之仁偏离夫子之仁。曾子借孔子说只有面对亲丧,人才解除自我防卫的铠甲,坦露出真实的自己,宣泄真实的情感,是想借此表明,夫子的仁是以孝为核心的仁,因为"仁"者,就是心中真有他人,并可无遮蔽地对待他人,这种状况只有经历亲丧时才会呈现,所以孝乃仁的本质、本体。

概括地讲,曾子推崇的"仁",是以孝弟为本体的仁,但将孝定义为仁之本体的,是有子,而不是孔子之仁,孔子之仁既是统摄学、知之仁,也是统摄礼、乐之仁,更是统摄道、德之仁。在具体层面,孔子之仁由德性与德行两个方面构成:其德性之仁,或者说仁之主体性建构,是恭、宽、信、敏、惠;其德行之仁,或者说仁的践履的方式,是孝、弟、忠、恕。子张所执之德、所信之道,就是孔子之如上本质规定和内涵之德、道,子张所言之"祭""丧"之礼或者"孝",亦是在如上思想学说体系框架中定位其意义的。以此比较,曾子为何说他"难与并为仁"? 原来曾子所推行的仁,是将孔子的以"仁"为灵魂的体系性的思想学说降格为忠恕、孝弟,将孔子的统摄学与知礼与乐、道与德、德性与德性于一体的"仁"降格为忠恕孝弟,将孔子的统摄学与知、礼与乐、道与德、德性与德行于一体的"仁"降格为思想孝弟之"仁"。因而,曾子将孔子之道,浅薄地理解为忠恕之道,将孔子的仁学思想,定义为仁孝,具体地讲,就是以孝定义仁,以孝统摄仁。

第 18 章释义

曾子曰：“吾闻诸夫子：‘孟庄子之孝也，其他可能也，其不改父之臣与父之政，是难能也。’”

[注释]

孟庄子：人名，仲孙速，孔子前辈，鲁襄公时大夫，是当时有名的孝子。其父孟献子，即仲孙蔑，是贤德之士。

不改父之臣与父之政：臣，家臣。父之臣，父亲在世聘用的家臣。不改父之臣，指其父死后，不解聘父生前所用之家臣。政，家政。父之政，父亲制定的家政方略。

[译文]

曾子说：“我听夫子说过：‘孟庄子的孝行，其他方面别人都能做到，但不更换父亲聘用的家臣，不改变父亲制定的家规，这是别人很难做到的。’”

[通解]

从第十六章到第十七章，曾子从道德、人格、仁道三个维度彻底否定子张之后，正面阐述和确立自己的“曾子思想”。本章紧承上章展开，阐述仁孝的本质内容。

一

上章借孔子之言，发表自己的仁孝主张，认为仁以孝为本体，并提出心理学依据。与有子关于“孝弟也者，其为仁之本与”的论证不同：有子论孝为仁之本体，从人不犯上作乱反推出来，曾子是从人的真实情感欲望宣泄角度证明孝对仁的本质规定和本体功能。本章是在确立其以孝统仁的仁孝主张基础上，阐述孝的实质是什么。

曾子论孝的实质，仍然采用“闻诸夫子”的方式来表述。读《论语》，找不到孔子论“孟庄子之孝”这类事，因为曾子也只是“闻诸”而已。所谓“闻诸”也可能是**道听途说**。虽然如此，但孔子以如下方式论过孝：

子曰：“父在观其志，父没观其行，三年无改于父之道，可谓孝矣。”（《学而》）

子游问孝。子曰：“今之孝者，是谓能养，至于犬马，皆能有养，不敬，何以别乎？”（《为政》）

孟武伯问孝。子曰：“父母，唯其疾之忧。”（《为政》）

孔子指出，考察人是否真正地孝有三个指标：一是有无行孝的志向、志愿。如果有，是发自内心的真诚；如果没有，有可能不是真孝。二是有无行孝。孔子对行孝有其具体要求：行孝不在于"能养"，因为犬马也"能养"，而在于"父母，唯其疾之忧"。三是"三年无改于父之道"。

曾子讲述孔子之论孝，去掉"观其志"和"唯其疾之忧"之孝行，尤其是"父没观其行"，只强调"不改父之政"；另外还加一条"不改父之臣"。

二

由此可观，曾子的仁孝主张是对孔子孝的思想传述，但首先是对孔子之孝的思想的**修正**。它修正掉了父在生前行孝的全部内容，包括"父在，观其志"和"父没，观其行"，即如何行孝，只将孝规定为不改父在时的规矩。

曾子的仁孝主张，与孔子之孝的思想有根本区别，在于孔子之孝的思想蕴含**变化、发展**观念，这表现在"三年无改于父之道"。这个"三年"，可能是实指，也可能是虚指，但无论实指还是虚指，都体现一种**可以变、需要变、并且随着时间**的推移**必须变**的思想。孔子之所以提出孝的**时变**思想，可能基于两个考虑：一是其父是否德才兼具者，如果是，其制定的家规，有更多的合理内容需要久远地承传，使之生生不息。如果其父本身缺德或有德无才或有才无德，所制定的家规可能有更多的内容不合礼法，不合人性，但其父新丧，不宜急变。尤其是孔子坚持古代守孝三年的传统，所以在守孝期间，哪怕父之道不合礼法，缺少人性，也要等到守孝届满时才改。二是时世的变化，社会的变迁，也需要移风易俗，家庭也需要与时俱进。所以，父亲制定的家规，仍然需要据其社会发展的时变和家庭的发展而变化。

这是孔子"三年无改于父之道"主张中蕴含的变化观，这种变化观既贯穿其返本开新的历史发展观，或可说是其返本开新历史发展观对家庭仁孝的规范与引导，同时也贯穿孔子的革新思想，哪怕家庭也面临不断的革新，才可生生不息地繁衍与发展、富裕和仁孝。在孔子看来，家庭与社会一样，不顾一切的变革，难以有秩序，因为这样做是抛弃传统的滋养；反之，一味墨守成规，也会使家庭死水一潭，最后只能萎缩而走向死亡。

以孔子的孝的思想来对比曾子的仁孝主张，或许能够清晰地辨别出曾子仁孝主张的特点：首先，其孝的内涵浅表，孝的范围狭窄；其次，其孝的观念固化保守，缺乏善恶准则，比如，假如父亲原本是一个恶棍，一直"不改父之政"，这个家庭还有希望吗？又比如父亲留下的家臣，原本就品行不端，继续留在家里，合适吗？所以，孔子的孝观念、孝思想比曾子的更合人性、更合扬善除恶，更有利家庭的生存繁衍发展，尤其是"三年无改于父之道"的承传、发展、时变思想，更合仁本身。从这个角度看，曾子的仁孝思想体现了对乃师孔子的孝思想的理论的**倒退**。

第 19 章释义

孟氏使阳肤为士师,问于曾子。

曾子曰:"上失其道,民散久矣。如得其情,则哀矜而勿喜。"

[注释]

孟氏:鲁国权臣孟敬子。

使阳肤为士师:使,推举、安排、任命。阳肤,曾门七弟子之一。士师,典狱官。

问于曾子:问,求教。指阳肤出仕前向曾子求教。

哀矜而勿喜:矜,通"怜"。哀矜,即哀怜、同情。

[译文]

孟敬子推举阳肤做典狱官,阳肤为此向曾子请教如何为官。

曾子对他说:"当前,执政者已放弃了仁政之道,民心散乱由来已久。你主政刑狱,应尽力了解案子的真相,要怜悯他们,不要因为判案有功而沾沾自喜。"

[通解]

本章和上章是从不同角度论仁。上章以论理的方式讲何为真孝,本章以叙事的方式讲怎样行善。

一

孟敬子,鲁国的三桓之一,比孔子小四十六岁,与曾子同年。《泰伯》第四章提到"曾子有疾,孟敬子问之"。孟敬子推举阳肤为士师一职,当在问病之后。阳肤即任前请教其师如何做好这个典狱官。曾子首先告诫他出仕当官,应该清楚时世状况,应该对所要面对的社会状况有一客观判断,这是当好官的前提。曾子告诉阳肤,其出仕面对的是"上失其道,民散久矣"的崩溃时代。

"上失其道",表明在曾子生活的时代,邦国已完全地沦为无道状态。邦无道的基本特征有二:一是执政者没有法度,有法度的治邦传统已荡然无存;二是统治者的无度造成民心涣散,"民散久矣"表明邦国已经丧失应有的社会基础。民心涣散主要表现在两个方面:一是民德消解;二是民之罹法,或不得已,或无所知。但民之如此状况的形成,其过在政。郑汝谐

《论语意原》曰:"古之刑民,罪在民也;后之刑民,罪不在民矣。"因为政失其道,强横乱世,民之罹法,更多时候是出于无奈。另一方面,政失其道,必然放松甚至是放弃对民的礼法引导,其行为失度,许多是因为无知。但无论哪种情况,犯罪在民,但罪责却不在民,而在政。这是曾子告诫阳肤"如得其情,则哀矜而勿喜"的缘由。

在邦国失道、民心涣散的社会状况下,做好官不容易,做好刑法官更不容易。因为上失道的必然结果是政失律。政失律,必然豪强横行;豪强横行,自然冤假错案比比皆是。在这种情况下出仕做刑法官,曾子特别不看好,所以告诫阳肤:"如得其情,则哀矜而勿喜。"

二

曾子之"如得其情,则哀矜而勿喜",实际上是对即将出任刑法官的阳肤的两个职业教诲:

首先,曾子以"如得其情"方式告诫阳肤,虽然当世已失道失政,但作为刑法官,手中掌管着人命祸福,接手办理任何案子,都不能草菅人命,必要尽最大努力查清案件真相,使之无冤假错案。

在上失其道、政失其律的社会风气下,曾子对阳肤提出的"如得其情"的主张,其实呈现很高要求。由此可以看出曾子的治世思想。

其次,"哀矜而勿喜"。喜,即是为办案成功而庆祝、祝贺。哀矜,就是怜悯和同情诉讼当事人。办案成功为何不能"喜"而需要"哀矜"呢?这是因为在上失道、政失律、豪强横行的世道里,民获罪或因为无知,或因为无奈,均是无辜和不幸;民蒙冤昭雪,更是无辜和不幸,面对各种无辜和不幸,有何功可言,有何庆可言?

曾子说"如得其情,则哀矜而勿喜",有两层含义:第一,作为司法官,主持正义、惩罚真正的罪犯、为民蒙冤昭雪,是其本职。勤谨于本职,是守本分。尽本职守本分,要有平常心,不能好大喜功。因为,作为刑法官,好大喜功是将自己的快乐、幸福、升迁建立在无数人的痛苦基础上,这既是不仁,更是不德。第二,心存同情,行于悲悯,是做人的基本善,也是为官的基本仁。尤其是在上失道、政失律和豪强横行的世道里,作为司法官,心存同情,行于悲悯,是对无道的和民心散失的社会的最好滋润,虽然微不足道,但却不可缺少。

以此可观,相对其关于孝的狭隘主张言,曾子的仁爱格局要阔大得多。

第20章释义

子贡曰："纣之不善，不如是之甚也。是以君子恶居下流，天下之恶皆归焉。"

[注释]

纣之不善：纣，殷商最后一位王，即纣王帝辛（约公元前1105年～公元前1046年），子姓，名受德，殷商第三十任商王帝乙的少子，谥号为纣，世称殷纣王、商纣王。帝辛天资聪颖，闻见甚敏，才力过人，深得帝乙欢心。帝辛继王位时，殷商经历"九世之乱"后，已是积重难返，纣王对内励精图治，对外开疆拓土，先后将江淮一带、山东、安徽、江苏、浙江、福建沿海纳入殷商版图。本在振兴之途的殷商王朝，被自己统治下的西部姬姓诸侯周所灭，殷纣王命人放火，自焚于鹿台。善，与恶相对，不善即是恶。

不如是之甚：如，像。是，指称代词，指代关于纣王无道的传说。甚，超过，形容严重。

君子恶居下流：恶，厌恶、畏惧，这里作"警惕"讲。居，居住，指处于。下流，本义指地势卑下，水流所积之处，这里喻那种众恶所归的位置，指人身有被污贱之实，于是恶名所聚。

天下之恶皆归焉：恶，恶名，或不善之污名。

[译文]

子贡说："殷纣王无道，并不像传说中那么严重。以此为镜，君子也要警惕处于像纣王那样的下流地位，一旦有污点，人们就会将所有坏事都附会到你身上。"

[通解]

本篇第一、二、三章子张论执德、信道之高标；第四至第十三章，子夏论知、学；第十四、十五章子游论礼、仁；第十六至第十九章，曾子论孝、善。接下来集中介绍子贡如何对待和发展孔子的思想，本章首先介绍子贡的历史观，突出子贡的理性精神和慎思独见能力。

——

殷商之政，重在宽简。其宽简政德，表征为仁爱。周革殷命，乃在纣之失道。纣之失道，集中体现在放逐了由成汤开创的宽简仁爱的政德。《商书·微子》:"微子告曰:'……殷罔不小大好草窃奸宄。卿士师,师非度,凡有辜罪,乃罔恒获。小民方兴,相为敌仇。'"又曰:"父师若曰:'王子!天毒降灾荒殷邦,方兴沈酗于酒。'"其实,《微子》这篇文献的真实性有多少,**本身是一个问题**。

子贡在这里为殷纣王去污,认为"殷纣王无道"是后世加予的恶名。当然,子贡承认殷纣王也干得有坏事,作出了许多的恶。但是,凡人都有可能干坏事,更何况殷纣王,天下权力集于一身,干出坏事来不可避免。子贡所关注的问题是:后世将天下**所有的恶**集于殷纣王一身,**极言其无道**,这就不仅仅是夸张和传说,而是**歪曲历史**。子贡提出不要污名殷纣王,希望还原客观的、真实的殷纣王,政绩和罪恶,以及罪恶是哪些,有多少,都要本着事实本身,既不添加,也不减少,原原本本,这就是孔子倡导的实事求是的考信原则,即可概括"有一分事实,说一分实话"。通过此,子贡如是说的真实意图,**或许更是希望有一个真实的殷商的历史**。因为从根本讲,污名殷纣王的实质,是在污名一朝历史和一代文明。

有关于殷商的历史和文明,孔子最为心仪,因而最深为孔子痛惜的是:"夏礼吾能言之,杞不足征也。殷礼吾能言之,宋不足征也。文献不足故也。足,则吾能征之矣。"(《八佾》)孔子如此痛惜,是有原因的。现代考古学已经证明,至少殷商中期就有文字。有了文字,就一定有社会生活、政治、经济、文化、祭祀、兵戎、庆典、王位变迁、军国大事等相应的记载,更有对逝去不久的夏代文明的追述。然而,周灭商后,拥有近六百年文明史的殷商王朝信史完全消失,这种消失应该不是时间的腐蚀所造成的,更不应该是殷商文明的自动所为,而是人力所为。只是近代以来的考古事业的兴起,地下文明才不断被发掘,殷商文明才一点一点地透露出来,且仍然是零零星星,缺乏整体性。这至少表明:**周灭商后,经历了一场对殷商文化和殷商文明的清洗运动**。信而好古的孔子深知这一点,但基于他希望以殷商的宽简仁政来重塑繁复的周之礼仪文明的考虑,他不好明说此事,只能以曲笔表达之。这就是他为何指出"文献不足"而"不足征"的问题。孔子想要证明殷礼存在并且殷礼(《乡党》篇讲的几乎是殷礼,这是代代相袭而来)比周礼更为文明,但却因"文献不足"而难以考证。文献为何不足?孔子认为这是周灭商后做了文献销毁,因为这里面涉及大量的于周不利的证据。

子贡为殷纣王去污名的思想,很有可能直接来源于孔子。孔子是"信而好古,述而不作"的思想家,信而好古,指他考证历史,不仅要弄清历史和文明的来龙去脉,更要搞清楚被销毁、被隐瞒、被歪曲了的历史和文明。述而不作,是指孔子不用笔书写,而是用嘴向弟子们讲述那些鲜为人知的历史、文明、悲剧、真相,耳濡目染,形成子贡的质疑精神,有了子贡为历史去污名化的努力。只可惜,除了本章内容,《论语》以及所存的其他文献,再也没有子贡这方面的记载。这或许还涉及秦以降对那些残存的殷商信史的更进一步清扫。孔子之"吾犹及史之阙文也,有马者,借人乘之,今亡矣夫"(《卫灵公》)恰恰最为曲折地传达了这一信息。

二

子贡在本章中提出一个重大的史实问题,这个问题也为后世理解本章内容开启了更多的可能性。

第一,不能将本章看成孤立的内容,更不能将子贡之说看成他一时心血来潮。透过此章内容,可以肯定,慎思的子贡对当世已有的文献和相关的历史传说,应该有其自成系统的质疑和思考,本章只是其思考中的一点具体内容。其他的思考或言论或许有记载,只是未得保存而已,或者保存下来的东西后来又被再度清洗掉了。

第二,子贡的质疑和去纣王污名的努力,是为还殷商文明和历史一个真相。这种努力应该得益于孔子的教诲甚至默许和鼓励。这或许是孔子所想为而未为的事情。这可以从如下两件事中窥视到这种意愿性努力。

第一件事,三十五岁的孔子到齐国求仕,求仕未成,但有幸听到《韶乐》,而且"三月不知肉味",还对比《韶》《武》,指出:"子谓《韶》:'尽美矣,又尽善也。'谓《武》:'尽美矣,未尽善也。'"(《八佾》)这种对比,表面看,在讲音乐的"尽善尽美"和"尽美不尽善";实际上,却是在比较舜帝与武王,或者舜与周之功过得失:舜从尧那里继承联盟首领的帝位,靠尽心尽力协助尧治天下,化人伦,行五美。所以,歌颂《舜》之《韶》尽美又尽善。周是殷商王朝的小邦,却以下反王,为夺得王朝政权不惜杀戮成性,其王朝建立在"血流漂杵"基础上,其"周革殷命"**并非**什么"替天行道"的正义。

第二件事,伯夷叔齐饿死于首阳山。孔子以此方式曲折表达歌颂周之盛世的《武》乐之所以"尽美"而不"尽善"的真实原因,掩盖历史和真相的任何做法都是拙劣的,都会暴露出破绽,《武》乐也是如此。精通音律的孔子,从中听到周灭殷商的残暴杀伐,也由此感受到"血流漂杵"的悲惨状况。孔子反复向弟子讲述伯夷叔齐的故事,所表达的或许就是这一挥之不去的沉默:伯夷叔齐饿死于首阳山下。孔子生前以不同方式、从不同角度讲述,甚至与弟子们讨论。《论语》对伯夷叔齐的故事做了四次不同的记载,这绝非随意和偶然:

子曰："伯夷叔齐，不念旧恶，怨是用希。"（《公冶长》）

冉有曰："夫子为卫君乎?"子贡曰："诺，吾将问之。"入曰："伯夷叔齐，何人也?"曰："古之贤人也。"曰："怨乎?"曰："求仁而得仁，又何怨?"出曰："夫子不为也。"（《述而》）

孔子曰："见善如不及，见不善如探汤。吾见其人矣，吾闻其语矣。隐居以求其志，行义以达其道，吾闻其语矣，未见其人也。齐景公有马千驷，死之日，民无德而称焉。伯夷叔齐，饿于首阳之下，民到于今称之，其斯之谓与?"（《季氏》）

逸民：伯夷、叔齐、虞仲、夷逸、朱张、柳下惠、少连。子曰："不降其志，不辱其身，伯夷、叔齐与?"（《微子》）

伯夷叔齐出现的频率如此之高，而且都由孔子之口讲述，对于既不是帝王，也不是贤臣的草民伯夷、叔齐，得到孔子如此重视，显示出特别的隐含意义：伯夷、叔齐不愿继任君位，双双逃亡周地，是其义；伯夷、叔齐逃亡于周，目睹周为篡夺殷商王朝而不惜天下民生民命大兴杀伐，挺身而出极力阻止周武王"以臣弑君"的暴虐，二人扣武王之马而行谏阻，是其礼；其后，伯夷、叔齐反对周武王以"血流漂杵"的杀戮来夺取天下，以及以天下崇周为耻，以食周粟为耻，最后以饿死于首阳山来表达对暴周的至死反抗。作为殷商遗民后代的孔子向弟子们反复讲述伯夷、叔齐的故事，所曲折表达的或许就是子贡所直截了当表述出来的：**殷商的历史是被污化的，周王朝的建立是不光彩的，虽然后来周修文崇礼，但为自己私欲私利而销毁历史及其文献的做法始终不为孔子所认同。**

三

本章中子贡所论，实际上讲述三个方面的内容。

一是客观地看待殷纣王。这涉及如何客观看待殷商灭亡和西周建立的历史。

就这一点，子贡大胆提出为殷纣王去污正名，期望恢复殷商灭亡和周之兴起的客观历史面貌，但这种期望只能落空。这正如孔子感叹的那样，有史的殷商文明、文化、文献、档案，被刻意地销毁和清洗了。销毁了的东西永不可找回，清洗掉了的东西再也不存在，即使考古发掘，也仅能找到有限的器物，它可以呈现文化的局部，以及更多文明的碎片，却无济于呈现历史及其完整的过程本身。

二是看待历史的更替。子贡通过为纣王去污正名，揭示中国上古政治的一个特点，这个特点至少在周时已形成较成熟的思维认知方式和行动模式,那就是周取代殷商后的重要任务,就是妖魔化殷商王朝,以此证明旧朝的非法性和新朝的合法性,并且赋予"为民请命""替天行道"的合法性依据:

> 惟天地万物父母,惟人万物之灵。亶聪明,作元后,元后作民父母。今商王受,弗敬上天,降灾下民。沈湎冒色,敢行暴虐,罪人以族,官人以世,惟宫室、台榭、陂池、侈服,以残害于尔万姓。焚炙忠良,刳剔孕妇。皇天震怒,命我文考,肃将天威,大勋未集。肆予小子发,以尔友邦冢君,观政于商。惟受罔有悛心,乃夷居,弗事上帝神祇,遗厥先宗庙弗祀。牺牲粢盛,既于凶盗。乃曰:"吾有民有命!"罔惩其侮。天佑下民,作之君,作之师,惟其克相上帝,宠绥四方。有罪无罪,予曷敢有越厥志?同力,度德;同德,度义。受有臣亿万,惟亿万心;予有臣三千,惟一心。商罪贯盈,天命诛之。予弗顺天,厥罪惟钧。予小子夙夜祗惧,受命文考,类于上帝,宜于冢土,以尔有众,底天之罚。天矜于民,民之所欲,天必从之。(《尚书·周书·泰誓上》)
>
> 王曰:"呜呼!我西土君子。天有显道,厥类惟彰。今商王受,狎侮五常,荒怠弗敬。自绝于天,结怨于民。斫朝涉之胫,剖贤人之心,作威杀戮,毒痡四海。崇信奸回,放黜师保,屏弃典刑,囚奴正士,郊社不修,宗庙不享,作奇技淫巧以悦妇人。上帝弗顺,祝降时丧。尔其孜孜,奉予一人,恭行天罚。古人有言曰:'抚我则后,虐我则仇。'独夫受洪惟作威,乃汝世仇。树德务滋,除恶务本,肆予小子诞以尔众士,殄歼乃仇。尔众士其尚迪果毅,以登乃辟。功多有厚赏,不迪有显戮。呜呼!惟我文考若日月之照临,光于四方,显于西土。惟我有周诞受多方。予克受,非予武,惟朕文考无罪;受克予,非朕文考有罪,惟予小子无良。"(《尚书·周书·泰誓下》)

周之如上做法,实际地构成其后王朝更迭的基本方法。这一基本方法,也成为理解中国古代历史运动及其善恶消长的基本规律。**在中国古代,新兴起的王朝自我美化的基本方式是妖魔化被推翻的旧王朝及其历史,这是合法证明的最好方式。**

三是对殷纣王被污名的反思。子贡通过"纣之不善,不如是之甚也。是以君子恶居下流,天下之恶皆归焉"的质疑性思考,提出客观评价人的问题,认为即使评价殷纣王,也应该跳出以偏概全、人云亦云的认知怪圈。

子贡指出,以偏概全的认知方式体现三个要点:

第一,坏人什么都坏,好人一切都好。

第二,一个人如果干了一件或一些坏事,往往被认定为是一个坏人。

第三,一个人一旦被认定为坏人时,天下所有的坏事都会向你堆积过来,这就是"君子恶居下流,天下之恶皆归焉"。

人云亦云的认知方式,造成"听到风就是雨"的感觉主义。这种认知方式也有几个特点:

第一,信权威。在古代,权威来源于官府,官府来源于邦君、天子、皇帝。

第二,凡是人君或官说了的,都是真实的,都是真理,所以,中国皇帝之言必是"圣旨"。什么是圣旨?就是必须贯彻执行不能有任何改变或修正的重要指示,它被定义为神圣律令。

第三,凡是从人君和官府流出来的任何话,都是绝对可信的话,所以,传之无误。

历史上的"周革殷命"和纣王无道,均是从周天子的宫廷里制造出来的,经过官府有目的的传播而流于民间,构成具有广泛坚信度的和真理性质的伟大传说。这表明古代的王权政治具有极其强大的颠覆功能,这种颠覆功能得以发挥的基本工具是暴力的武装和语言,尤其是后者对肢解、歪曲甚至消灭历史和虚构历史,具有绝对的不可阻挡性。

子贡以此警示君子要特别地警惕,特别地小心,尽可能地避免被污名化。要做到此的实质性努力就是生活行为自检。

第 21 章释义

子贡曰:"君子之过也,如日月之食焉。过也,人皆见之;更也,人皆仰之。"

[注释]

过:错过、错误、失误、恶行。

日月之食:食,通"蚀",作腐蚀讲。指日食和月食。日食即日蚀,指月球运动至于太阳和地球中间,三者形成一条直线时,月球就会挡住太阳射向地球的光,月球身后的黑影正好落到地球上,由此发生日食现象。月食即月蚀,指月球运行至于地球阴影部分时,二者之间的区域会因为太阳光被地球遮蔽,月球看起来缺了一块,故称为月食。

更也,人皆仰之:更,改、改变。仰,仰看。

［译文］

子贡说："君子的缺点，如同日蚀月蚀，一旦产生，就会被人人看见。一旦改正它，人人会心生敬仰。"

［通解］

本章承上章"是以君子恶居下流，天下之恶皆归焉"而展开：上章讲述看待历史的得失和历史人物的功过；本章回到现实生活，讲人对待生活中的过错。

一

子贡说，人是要犯过错的，君子也会犯过错。在犯过错的问题上，与平民和小人比较，君子有自身特征，因为君子是自觉修养德性并践履德行的人，自然成为社会德性和德行的表率，人们自然而然会用完美的目光看待君子，君子无形中成为聚光对象，君子犯错，就如同日食月食那样，被全社会所有人发现，无可逃遁。因而，君子犯了过错，必须迅速自省而改正。子贡还指出，君子改错也如犯错一样，是在众目睽睽下完成，其影响所产生的边际效应不会比犯过错产生的边际效应小。所以，君子犯过错，可怕；君子改过错，会获得人们的尊重和景仰。

子贡的君子犯错改错的主张，源于夫子的教诲：

> 子曰：君子不重则不威，学则不固。主忠信，无友不如己者，过则勿惮改。（《学而》）
> 子曰："人之过也，各于其党。观过，斯知仁矣！"（《里仁》）
> 子曰："已矣乎！吾未见能见其过而内自讼者也。"（《公冶长》）
> 子曰："主忠信，毋友不如己者，过则勿惮改。"（《子罕》）
> 仲弓为季氏宰，问政。子曰："先有司，赦小过，举贤才。"（《子路》）
> 子曰："过而不改，是谓过矣。"（《卫灵公》）

孔子十分关心人犯过错的问题，对过错问题予以日常性思考，从不同角度审视过错现象，力图揭示人犯过错的性质、原因、表现以及改与不改的影响。他指出人之容易犯过错主要有两个原因，一是自我放纵，缺乏内在约束，这是人缺乏"内自讼"的内省意识和节制要求。二是基于私利而"各结其党"。孔子认为结党营私是人易犯过错的日常动机。他同时指出犯过错不可怕，可怕的是"过而不改"，这是更大的过错；或可说"过而不改"才是真正的过错。孔子认为人要避免犯错，或者能够错而能改，需要有"主忠信"的日常要求和求仁观过的反省意识。并且,孔子思考过错现象,不仅基于客观的观察,更有可能来自对己过的内省,这就是孔子说的"丘也幸,苟有过,人必知之"(《述而》)。

二

子贡对过错问题的思考虽然源于夫子,却是接着讲,体现在如下三个方面:

首先,孔子论过错,是基于一般,即相对所有人言;子贡论过错,专门针对君子,即论社会精英的过错问题。因为社会精英群体的过错不仅影响自己,更主要地影响国家治理、社会风尚,更影响文明进程。所以,孔子论过错,是立足人的成长论;子贡论过错,是从社会发展、邦国治理、文明再造角度着眼,视野更开阔,认知更宏大些。

其次,孔子讲人犯过错不可避免,犯了过错需要改正,指出"过而不改"的性质是"过上加过"。子贡沿着其思路继续深化,指出即使是社会精英分子,也可能犯过错,然后指出君子犯过错的巨大社会影响和负面效应:君子犯过错,有可能使整个天下无光明,成为黑暗世界。这是从反面揭示君子之于社会、国家、文明的根本作用和重要程度,它是时代、社会、文明的光源。所以,君子一旦犯过错,就如日食月食那样,将人们带入黑暗。子贡指出,君子作为人,可能犯过错,但由于君子的社会地位、文明作用所致,君子不能犯过错。

其三,孔子论过错,源于前人的思想,指出人犯了过错能够改正,就是从善了。这是从自身修养言,却没有从他人、社会论。因为人不是一个原子式的存在者,他来源于他者,生存在群中,所以人犯过错以及犯了过错改与不改,不仅对自己有影响,更影响他人、家庭,甚至社会。子贡将君子置于苍穹之下,审视君子犯过错和改正过错的不同边际效应:君子不小心或不得已犯过错,就如同日食月食那样使世界黑暗一片;反之,君子能够迅速地自我改正过错,也仍然如日食月食迅速逝去,苍穹之下重新获得光明,而且其日月之光更加明亮、更加纯洁,这就是"过也,人皆见之;更也,人皆仰之",君子改正过错所重新焕发出来的光辉,让世界恢复光明,使世人皆生仰慕。

子贡对君子过错及其改正的生存论思考所达及的广阔度和深邃度,应该说是孔子之过错思想所不及的。这恰好体现思想的承传行为,本身是思想的弘大过程。

第22章释义

卫公孙朝问于子贡曰:"仲尼焉学?"

子贡曰:"文武之道,未坠于地,在人。贤者识其大者,不贤者识其小者,莫不有文武之道焉。夫子焉不学?而亦何常师之有?"

[注释]

卫公孙朝问于子贡:公孙朝,卫国大夫,卒年不详。仅在此处出现一次。但《左传》记载中有两个公孙朝,一为鲁国大夫(《左传·昭公二十六年》),一为楚国大夫(《左传·哀公十七年》)。本章的公孙朝前面加一"卫"字,以区别鲁、楚之公孙朝。问于子贡,指向子贡打听。

仲尼焉学:仲,指排行;尼,既是孔子之字,也是孔子身后之谥。因为孔子殁,鲁哀公为之诔时,称孔子为"尼父"。表明所述内容乃孔子死后。焉,疑问代词,有哪里、谁、什么等义。

文武之道,未坠于地:文,指周文王。武,指周武王。文武之道,指周文王周武王的经国之道。周文王的经邦之道是内强,即以德经营周邦,既是使周内部团结的根本方法,也是使周不断强大的根本标志,孔子讲述文王"三分天下有其二"(《泰伯》),是说周文王以蚕食的柔和渐进的方式将殷商三分之二的地盘归为己有。周武王的经邦之道是外强,即以力经营周邦,开疆拓土,使之外强,最后消灭殷商,使天下归周。坠,沉重的东西迅速下垂,指降落、衰落。

贤者识其大者,不贤者识其小者:贤者、不贤者,二者对举,指君子、小人。识,记忆、认识。大者、小者,即大、小,既可指观察和体察历史、世事、趋势的视野的大小,也指认知格局的大小,更可指大道或小道。

何常师之有:常,恒常,指固定的、不变化的。常师,固定的老师。

[译文]

卫国大夫公孙朝向子贡打听孔子学问的来源,他说:"孔子的学问从哪里得来?"

子贡回答说:"周文王周武王之道,并没有失传,仍然散落于不同人身上。贤人从中悟得邦国治理的大道,不贤的人只能从中获得生存求利的小道。天地之间文武之道莫不流溢其中,夫子怎么不可随时随处而学,何须只有常师?"

[通解]

第二十章,从历史入手,以为纣王去污名为主题,指出客观看待有错的历史和有错甚至有罪的历史人物。第二十一章阐述客观看待过错的理由,因为过错之于人类生活以及个人不可避免，关键是过而能改，个人如此，社会、历史更应如此。本章继之讨论尽可能避免过错，或者，人有了过错如何自省而改正。

一

本章内容记载了一个孔学事件。

一位名叫公孙朝的卫国大夫向子贡打听孔子学问的来路，或有可能来自流言，因为孔子游国求仕，名声日大，但往往求仕不得，于是就有了许多关于孔子的议论，这些议论中也有可能涉及孔子学问师出何处，于是产生了许多猜测或流言。公孙朝为求证哪种猜测是正确的，于是向子贡打听。当然，也有另一种可能，即卫国大夫公孙朝异常仰慕孔子的道德学问，于是向子贡打听其师从学何方高人，因为在公孙朝看来，大道德学问家，一定有大师相教。或许，公孙朝打听明白了，也想拜师一学。

公孙朝向子贡打听孔子学从何处，不论其动机如何，至少表明两点：第一，孔子的道德学问已成为当世的高峰，因而引来人们对他的关注，对其学问来源的关注也成为当时的话题。第二，在春秋晚期，士行走于江湖，讲学历、讲师门，开始成为学术风气。这种风气在孔子逝世后的战国表现得特别突出。所以，本章内容成为一条信史，它为研究中国文明史中的师门文化、师承文化、学统文化的生成、演变，提供了一种信息。因为它可能是最早涉及**师承**和**学脉**抑或**学统**问题的信史。

二

子贡被孔子称为"瑚琏"，却是名副其实。人们一般认为子贡善言，其实善言的背后，既是思维清晰、认知到位，更是思想的独立和深刻。这是子贡善言的根本所在。正是在这个意义上，本章内容与前面第二十章和第二十一章之间生成内在关联性，这种关联性即是从不同角度表彰子贡独立、深邃的思想：第二十章子贡为历史盖棺定论的殷纣王翻案，认为其恶名更多是被污的结果。后世之要污纣王名，是新朝为自己寻求合法性。如此明目张胆为殷商王朝和殷纣王翻案，直到今天也很少人敢做，但两千多年前子贡敢做，源于自有其胆量、其勇敢，由自足而深邃的思想所支撑。如果没有独立深邃的思想作为底气，不可能为历史和历史中的"恶人"正名的。第二十一章更是精彩。谈论过错，孔子讲得最多，这说明过错问题已是孔门广为知晓的老生常谈，但子贡却不避讳地从提出了竟使夫子过错思想失色的新角度、新见解、新思想，更重要的是，子贡以日月喻君子，一下子将孔子终身不倦地塑造君子的思想提高到无以复加的高度。以君子犯过错如同日食月食那样使整个世界变色，揭示君子独一无二的社会功能、治邦安国功能、文明再造功能,这是一生倡导君子社会和一生致力于培养君子的孔子对君子的认识都没有达到的高度。更为根本的是,子贡提出君子主动改正过错的正面影响力以及社会对君子有错能改的殷切期待与崇敬之情,通过"人皆仰之"表达得淋漓尽致。试想,没有独立深邃的思想,何以可能达到这种程度的理解。

子贡的如上言论和思考表明:**学问的本质是思想,学问的价值在于思想**。言论对人的有用性以及有用性的大小,本质上是思想使然。

本章记述公孙朝打听孔子师从何处,子贡亦以其特有前独立思想能力展示出具有巨大张力的智慧。

首先,子贡告诉公孙朝,自己的老师的道德学问,不是一般的学问,是文武之道,是治邦安国的大道德、大学问。这是一般人的道德学问不能比拟的。

其次,子贡告诉公孙朝,治邦安国的大道德、大学问,是不可能从哪一个老师那里学到的,普天之下任何一个名师,都不可能教给人这样的大道德大学问。这样的大道德大学问,只能来源于整个政治道德文化文明的历史,是其政治道德文化文明的历史向贤人的敞开与汇聚。

再次,子贡告诉公孙朝,自己的老师的道德学问就来源于此。从近处讲,来源于文武之道:周文王之道向夫子会聚,形成夫子治邦安国的道德;周武王之道向夫子会聚,形成夫子治邦安国的学问。

最后,历史和文明,具体地讲文武之道是普世之道,它并不因为周王朝的衰弱而衰落,而是如日月之于苍穹之下,润泽世间,能够吸纳其大道精华的只能是具有治邦安国使命的贤人、君子,不贤的人,非君子的小人,只能鼠目寸光地吸纳到利欲之求的小智慧。子贡告诉公孙朝,我的老师是肩负了特殊使命的人,所以自然能够在天地之间的任何地方学到文武之道的大知大慧。这就是子贡所说的其师孔子"何常师之有"的大道理。这番大道理,孔门无人能出其右,恐怕孔子本人也不会如此想如此说。

三

在孔门中,最值得研究的似乎应该是子贡。子贡之值得研究,至少有这样几个方面:

第一,对孔子的绝对忠诚,可与子路媲美。子贡对孔子的绝对忠诚,不仅体现为无限的崇拜,更体现在对孔子名誉的坚决捍卫和对孔子形象、思想的大胆播扬。

> 太宰问于子贡曰:"夫子圣者与?何其多能也。"子贡曰:"固天纵之将圣,又多能也。"(《子罕》)

叔孙武叔语大夫于朝曰:"子贡贤于仲尼。"子服景伯以告子贡,子贡曰:"譬之宫墙。赐之墙也及肩,窥见室家之好。夫子之墙数仞,不得其门而入,不见宗庙之美,百官之富。得其门者或寡矣。夫子之云,不亦宜乎?"(《子张》)

叔孙武叔毁仲尼,子贡曰:"无以为也。仲尼,不可毁也。他人之贤者,丘陵也,犹可踰也;仲尼,日月也,无得而踰焉。人虽欲自绝,其何伤于日月乎? 多见其不知量也。"(《子张》)

陈子禽谓子贡曰:"子为恭也,仲尼岂贤于子乎?"子贡曰:"君子一言以为知,一言以为不知,言不可不慎也。夫子之不可及也,犹天之不可阶而升也。夫子之得邦家者,所谓立之斯立,道之斯行,绥之斯来,动之斯和。其生也荣,其死也哀。如之何其可及也?"(《子张》)

第二,子贡善言,实质是善思。因为其善思,所以往往思而独见,思而思想深邃、厚重,具有创发性的智慧张力。比如本章及前两章内容,都体现这一点。子贡善于经营外交和经济事务。但善于外交,善于料理经济的背后,仍然是善于认知,善于动态地、整体地、历史地分析问题,善于思想。

第三,子贡的善言、善行体现出大智慧的方法。这种大智慧的本质,是对人的认知和理解。孔子讲君子学而为己而成人,其思想要点有二,一是学而为己就是学而成己,学而成己的核心,是学而认知自己、了解自己、把握自己,做自己言行的主人,孔子一生都强调慎言谨行,主张"先行其言而后从之",其实讲如何学而成己。二是学而成人,必须通过成己来实现。孔子强调成人的基本方式是出仕。孔子称子贡为"瑚琏",因为子贡心灵空阔而剔透玲珑,凡事凡言最易悟其实质,把握其本体,抓住其要领。孔子的学而成己成人的思想,被子贡化为日常的待己待人的方法,这就是所有的人都要理解自己,更要理解别人。只有理解自己,才可理解别人,理由和依据是孔子的"性相近,习相远"。人与人能够始终相近,在于以己之心体察人之心,以己之情体察人之情,以己之思体察人之思。并且,唯有将自己作为客观的己,以此出发去真正理解人,才可能真正知道怎样说话,如何处事,怎样辨别,如何应对。子贡之能够得到几乎所有同门的信赖,就在这里。孔子特别喜欢与子贡交谈,原因也在这里。子贡之所以在任何时候都维护老师的尊严、人格、形象,原因同样在这里。在子贡看来,任何时候都学会善意地理解自己和理解别人,从别人角度考虑问题,使之达到周虑,才是真正的"知"的功用所在。

其实,子贡关于己、人的如上方法,最终还是从夫子孔子那里学来的。因为在子贡看来,夫子之所以了不起,在于他将所有的人看成自己的老师,"三人行,必有吾师焉",哪怕是反对嘲笑他的那些隐逸者,他都要尽可能从中学到一些什么。不仅如此,孔子还说"当仁不让于师"。**孔子给子贡摊开的是关于历史、关于社会和人的大书。子贡从老师为其摊开的这本有关于历史、社会、人的大书中,读懂了比同门更多的东西。其中最重要、最根本的精华,就是将自己作为一个客观的存在,以此为理解的出发点,去理解别人和由别人连缀起来的事物、世界以及历史。**

第 23 章释义

叔孙武叔语大夫于朝曰:"子贡贤于仲尼。"

子服景伯以告子贡。

子贡曰:"譬之宫墙。赐之墙也及肩,窥见室家之好。夫子之墙数仞,不得其门而入,不见宗庙之美,百官之富。得其门者或寡矣。夫子之云,不亦宜乎?"

[注释]

叔孙武叔语大夫于朝:叔孙武叔,姓叔孙,名州仇,谥武,亦称武叔懿子,鲁国大夫。语,说话。朝,朝堂。语大夫于朝,在朝堂中向大夫说。

宫墙:宫,亦墙,指殿的四周围墙。宫墙,即殿之围墙。

数仞:仞,度量单位,一仞七尺。数仞,形容宫墙的高度。

宗庙之美,百官之富:美,壮美。官,通"馆"。百馆,指百官居住的房室如馆舍豪华。古代,家室与宗庙相连。盖以宗庙、百官喻孔子之道美而弘富。

[译文]

鲁国大夫叔孙武叔在朝堂上对大夫们说:"子贡之贤胜于孔子。"

大夫子服景伯将此话转告子贡。

子贡说:"用围墙来做比喻。我家居住的围墙只高及人的肩膀,站于墙外,可以窥见家屋的美好。夫子家的墙高达数仞,如果不能从大门进去,看不见里面宗庙的美轮美奂,以及房屋之内的富丽堂皇。能够进得去夫子大门的人实在极少,那位叔孙先生说出这样的话,也就不奇怪了。"

[通解]

上章陈述孔子学从何来和贤从何来,本章讲孔子之学之贤之学德,世间人所不及。上章是子贡**为夫子正学**,本章是子贡**为夫子正名**。

一

上章和本章记述内容,可能发生在孔子逝世之后。这样的事件之所以发生,应该有其特殊背景。这需要从两个方面看。

首先,孔子游国十余年,最终经冉求努力,晚年才得以回鲁,得到哀公和季康子特别礼遇,而且给予大夫名分和待遇,配有专车,由此可能使朝堂一些官员有看法,因为孔子虽然盛名于鲁国内外,但未从政,也没在鲁国做出实绩来,更重要的是,游国十四年,一无所获。这些都可能让鲁之朝堂中的一些官员产生看法。这种看法来源于对孔子的不了解。

其次,子贡可能为许多人所了解,因为子贡善于外交,善于经营财货,自然要与各方面打交道,包括与官方的往来。不仅于此,子贡更有治邦理政才能,孔子逝世后,曾先后执过鲁、卫相事。由此使一些人产生印象,子贡比他的老师强。于是,才有了鲁大夫叔孙武孙在朝堂中发布"子贡贤于仲尼"的信息。

叔孙武叔说子贡贤于孔子,应该出于对孔子得到如此厚待的不满。这种不满又根源于对孔子不了解;与此同时,又有可能对子贡有所了解和理解。于是叔孙武叔就按照他的理解在朝会上公开表明:子贡贤于孔子,孔子不如子贡贤。其意主要还不是发泄对孔子的不满,而有可能是对哀公和季康子不识人的不满。

二

叔孙武叔的言论虽然公开于朝堂,但相信他说法的人可能并不多,人们并不认同他抬高子贡来贬抑孔子的言行。所以才有子服景伯马上将此事告诉子贡。当然,也可能是子服景伯想以此从侧面了解子贡的为人处事,或希望以此来判断鲁之朝堂上的官员们对真实的子贡有多大程度的了解。

子贡并不以叔孙武叔抬高自己而高兴,相反,他反驳。其反驳并不直接,而是采取比喻的形象方式,其一是为了使所表达的意思更深刻,更有穿透性,其二是体现文雅和含蓄,因为对方毕竟是朝堂官员,要给人以台阶和自省的空间。

子贡以自己家比及肩的围墙与孔子家数仞之高的围墙为喻,来比较得出自己与夫子之间的差距之巨大,以此反驳叔孙武叔之言荒谬。

子贡之喻,在子服景伯和叔孙武叔面前,既体现君子的谦逊,更体现对老师的深切理解和崇敬。子贡时时处处维护夫子名誉。孔子生前死后的荣誉很大程度得益于子贡不遗余力的传播。

太宰问于子贡曰:"夫子圣者与? 何其多能也。"子贡曰:"固天纵之将圣,又多能也。"(《子罕》)

陈子禽谓子贡曰:"子为恭也,仲尼岂贤于子乎?"子贡曰:"君子一言以为知,一言以为不知,言不可不慎也。夫子之不可及也,犹天之不可阶而升也。夫子之得邦家者,所谓立之斯立,道之斯行,绥之斯来,动之斯和。其生也荣,其死也哀。如之何其可及也?"(《子张》)

崔述评价子贡说:"子贡之推崇孔子至矣,则孔子之道所以昌明于世者,大率由于子贡,其功不可没也……圣道之显,多由子贡;圣道之传,多由曾子。子贡之功在当时;曾子之功在后世。"(《洙泗考信余录》)此言之有理,亦有据。

第24章释义

叔孙武叔毁仲尼。

子贡曰:"无以为也。仲尼,不可毁也。他人之贤者,丘陵也,犹可踰也。仲尼,日月也,无得而踰焉。人虽欲自绝,其何伤于日月乎? 多见其不知量也。"

[注释]

毁:诽谤,说人坏话。

无以为:以,这样,如此。作,作为。指不要这样做。

丘陵:丘,土垒的高地。陵,大阜。喻人之才智虽高于他人,也不过是丘陵与平原的区别。

无得而踰焉:无得,无法得到,指没有办法。踰:超越,跨越。指没有办法超越日月。

多见其不知量:多,只,正好。不知量,不自知其分量。

[译文]

叔孙武叔诽谤孔子。

子贡说:"何必要这样做呢? 孔子是不可诽谤的。其他的贤人有如丘陵,人尚可以超越其上;孔子,如同日月,无法超越其上。一个人如果想自绝于日月,其行为对日月有什么损害呢?只正好表明他自不量力而已。"

[通解]

本章承接上章,或者本章与上章属一个事件的两个环节:叔孙武叔对孔子不善,先以"子贡贤于仲尼"的言论贬低孔子,这属于间接诽谤,相比本章直截了当地"毁"而言,手法要含蓄些。想以这种含蓄的方式,既贬低孔子,也挑起孔门内部矛盾,即当"子贡贤于仲尼"被子贡所默认时,或者子贡为此沾沾自喜时,将会引来同门对他的敌视或讨伐。但子贡识破了叔孙武叔的阴谋,为捍卫老师的尊严,他通过子服景伯义正词严地以宫墙之喻驳斥叔孙武叔,批评他连进入孔子大门的资格都没有,在对孔子没有任何了解的情况下胡说八道,起不了什么作用。或许子服景伯在朝会上将子贡之言告诉大家,引来叔孙武叔的愤恨,于是才有了本章对孔子的诽谤。

一

子贡针对叔孙氏对夫子的诽谤,首先指出:叔孙氏你不能这样干,这样干是愚蠢的,因为你对夫子的诽谤没有价值,起不了任何作用,是徒劳的。这是对叔孙氏诽谤的定性,并从性质方面予以否定。然后说出叔孙氏的诽谤为何无价值,为何徒劳。

第一,孔子是诽谤不了的。因为孔子是当世天下奇贤:世上有不少贤人,但这些贤人与孔子相比,是丘陵与日月的差别。丘陵根源于平原,人们可以从平原起步登上丘陵,所以丘陵之于人,既可以攀登,也可以超越;日月高悬于苍穹,任何人都不可攀登,不可超越。丘陵与日月的差距,就是世上一般贤人与孔子的差距。面对日月般的孔子及其德性和学问,你诽谤得了吗?

第二,孔子是不能诽谤的。在第二十一章中,子贡用日月喻君子,指出君子之于社会、邦国、天下的功能和作用有如日月的光辉。本章再度用日月喻孔子,有更大的象征意义。在孔子的君子思想中,君子仅次于"圣人",但孔子认为古往今来没有圣人出现,所以他说"圣人,吾不得而见之矣,得见君子者斯可矣"(《述而》)。孔子一生致力于培养君子,前提是他首先是君子中的君子,是大君子,如果说君子是日月的光辉,君子犯过错,如同日月之食遮蔽日月的光辉。孔子就是日月本身,因为他才放射出光辉,给大地以光明和温暖;因为他才赋予君子以光辉,给世界以治与安的智慧和力量。这样的人,能诽谤得了吗?

第三,有如日月的孔子,既不能诽谤,也诽谤不得。诽谤孔子是天地不容,如果强为之,也只能自寻死路。在日月面前自寻死路,对日月本身不会造成任何损害。这是叔孙氏"毁仲尼"徒劳、无价值的原因。

二

叔孙武叔诽谤孔子出于何因?今天已无从知晓。但总是有其原因,或者因为私人恩怨,或者因为不了解,或者纯粹源于对孔子声誉、威望、德才的嫉妒,或者是孔子的思想本身不能被接受,或者根本地反感孔子的礼恭谦让或返本开新的文道救思想……或许这一切均有可能。这些众多的可能性谱写出孔子的丰富性和复杂性。这种丰富性、复杂性不仅为后世所不断认知,而且在孔子当世就已经产生了。

孔子是一个毁誉并存的人。

孔子是不念旧恶毁誉并存的形象。

隐逸者的批评,叔孙氏的诽谤,开启了非议和讨伐孔子的先河。

子贡对老师形象、声誉和尊严的捍卫,应该是孔子保卫战历史的开端。

或许,正是这种毁誉并存的方式,才开启了孔子的历史,才有了孔学的光辉,才谱写出以孔子命名的后世儒学传统和文明传统。

第25章释义

陈子禽谓子贡曰:"子为恭也,仲尼岂贤于子乎?"

子贡曰:"君子一言以为知,一言以为不知,言不可不慎也。夫子之不可及也,犹天之不可阶而升也。夫子之得邦家者,所谓立之斯立,道之斯行,绥之斯来,动之斯和。其生也荣,其死也哀。如之何其可及也?"

[注释]

陈子禽:陈亢,子禽是其名,见《学而》第十章中出现的"子禽"。

子为恭也:恭,恭敬、谦逊。也,同"邪"。

知:智。

不可及:及,达到。指不可达到。

天之不可阶而升:阶,梯。升,攀升。指天无梯可上。

得邦家:邦,天子的封国。家,卿大夫的采邑食地。得邦家,指得邦诸侯得家大夫。

立之斯立：立，前一个"立"为确立，后一个"立"为站立。斯，就。

道：导，引导。

绥：安抚。

动：鼓动、鼓舞。

[译文]

陈子禽对子贡说："你这是谦逊吧，孔子之贤哪能比得上你呀？"

子贡说："君子说话，一句话可能体现明智，也可能表现不明智。所以说话不可不慎重啊。孔子的德才是人不可及的，他犹如高悬于头顶的天，是无梯可攀登的。他如果有机会当诸侯之政，行卿大夫职权，就能做到像人们常说的那样：人人确立于世，人人就会立足于世；用大道引导人，人们就向前行；以文德安抚远方的民人，远方的民人就会投奔而来；用音乐鼓舞百姓，百姓就会同心合力。这样的人，生，有尊荣；死，引发人们哀痛。他怎么会是我们这些常人所能企及的呢？"

[通解]

从第二十一章到第二十四章，子贡围绕"孔子之贤不及子贡"的言论而展开不断的申辩，为孔子正名。上章以日月喻孔子，言孔子不能毁和不可毁，本章以天喻孔子，言常人永不可及。

一

从第二十三章叔孙武叔之论"子贡贤于仲尼"，到第二十五章陈子禽曰"子为恭也，仲尼岂贤于子乎"，大致可以窥见关于"子贡贤于孔子"这种看法，在当时可能不止于叔孙氏和陈子禽所持有，或许是当时广为流传的意见，或者说思潮，正如隐逸者嘲笑孔子不能"迷途知返"那样。

子贡被当世一些人认为其贤超过孔子，这不是空穴来风，应该有客观缘由。

第一，子贡是孔门弟子中最能者之一。这种"最能"主要有三：一是最能言。二是最有才，孔子在世时，誉其为"瑚琏"之器；而且季康子接季桓子执政于鲁时，向孔子征求子路、子贡、冉求三者何人可堪大用时，孔子给三位做的推荐评语分别是"由也果""求也艺"而"赐也达"(《雍也》)，所谓"达"就是**通达事理**。通达事理的能力体现在实际的操作方式和方法上，就是能高屋建瓴，把握全局和整体。子贡的这个"达"的优点，既是从事经济、外交必须具备的不可或缺的基本能力，也是执政治国不可或缺的基本能力。应该说，子贡这种务实能力，比孔子那种仁礼大道不离口的治邦理念甚至空想要切合实际得多。三是最会得体地处理事务(当然包括人际事务),因为子贡深谙以己为客观对象去理解人的艺术。

第二,子贡实干多才。子贡不仅善言,而且善思,更重要的是善于将其善言和善思运用于生活中处理实际问题,孔门能够维持和发展且可以度过许多危难,都有子贡之功。尤其是经济上的支撑,很大程度上得力于子贡。孔子虽然并不完全满意子贡将其为政之大才用于经营经济,但仍然发自内心为之赞赏:"回也其庶乎,屡空。赐不受命而货殖焉,亿则屡中。"(《先进》)孔子的感叹表明:颜回的修养德性虽然已达到相当境界,但却穷得不能自我养活,其实也是无用。与此对比,子贡不受命运摆布,却财源滚滚。

第三,孔子对子贡的很高评价有二:"瑚琏"之器和"赐也达"。前者言子贡具备能够成大才的内质,后者言子贡具备能够成大才的能力。这两者汇聚于子贡一身,应该是孔门中**唯一**达到孔子所说的"君子不器"标准的通才者。确实,子贡不负其师所望,孔子身后,子贡先后任卫相和鲁相,因而名震诸国,这是孔子生前未实现的梦想,却被子贡实现了。或许因为此,自然会引来社会上一些人对孔子与子贡的对比议论,产生叔孙氏、陈子禽等人关于"子贡贤于仲尼"的言论,尤其是叔孙氏其言过激,导致子贡认为这是在诽谤孔子。

二

子贡反驳叔孙氏以及对陈子禽的批评,既体现子贡对夫子生前死后"一以贯之"的爱戴和崇敬,"一以贯之"地维护夫子的尊严并传播和放大老师的光荣;另一方面也呈现子贡煞费苦心地避嫌。

子贡煞费苦心所避之嫌,主要不是来自社会,而是来自同门。孔子生前在论先进时说的那段话,应该是研究孔门的一把钥匙:

> 子曰:"先进于礼乐,野人也。后进于礼乐,君子也。如用之,则吾从先进。"(《先进》)

从时间讲,孔门弟子大致有三批:第一批是孔子三十五岁以前入门的,比如秦商、子路、冉耕、闵子骞等;三十六岁自齐返鲁招收的冉雍、冉求、宰予、颜回、子贡等人,是第二批弟子;第三批弟子是孔子游国途中陆续入门的,如子张、子夏、子游、曾子等。从总体讲,第一、二批弟子应该是入孔门的先进弟子,第三批弟子属于后进弟子,先进弟子大都来自贫民家庭,更多属于深刻维度上的志同者。孔子去鲁游国,已负盛名,所以第三批弟子大都是慕名而来。这些慕名而来的求学者,可能是为了"学以致其道",也可能是为了"学以致其名"。在史料缺乏的情况下,通过《论语》本身(尤其是本篇内容),可以明显地感受到,孔子身后其门中弟子分立门庭,出现论争孔学正宗传人的行为,以及为此相互攻讦的现象,没有在孔子招收的第一批和第二批弟子中出现,或曰,至少目前的史料表明,孔门第一、二批弟子未参与这种"师门传人"的争与论,比如,无论资格、德才,对孔门的贡献、影响力等方面,子贡、冉雍、冉求等人都比第三批入门的那些师弟更具有优势,然而恰恰相反,孔子身后,参与其争与论者主要是第三批弟子,比如子游、子张、曾子,尤其是曾子。这或许是孔门很有趣的现象,或许正是孔门内部的这种争与论的风气的呈现,极为聪慧的子贡在世人流传自己比师贤时,不得不为避嫌而努力,以免同门内部的争论更加火上浇油。

子贡避嫌的方式看似笨拙,其实也是最好方式,就是神化其师孔子。从第二十三章子贡的宫墙之比,到第二十四章子贡以日月比喻孔子,再到本章子贡以天的高不可及喻孔子,到最后描述孔子具备无所不能的神力:"夫子之得邦家者,所谓立之斯立,道之斯行,绥之斯来,动之斯和。其生也荣,其死也哀",完成了对孔子的神化。这种神化孔子的良苦用心,是以矮化自己的方式来避免嫌疑。子贡如此做法所形成的后果,或许他当时并未真正考虑过。因为,真实的孔子并不这样:"子贡之言,甚而言之也。孔子固学于人而后为孔子。"(《宋元学案》卷一《安定学案》)胡瑗此论极为重要:孔子首先是现实生活中的人,所以是有局限的;孔子的道德、学问、思想、智慧也是有限的。子贡之言"过"了,这种有意之"过",恰恰是子贡违背自己的客观理性之论的:"君子之过也,如日月之食焉。"

三

子贡基于自身考虑**美其师而言过之**,自然是美中不足。但子贡对孔子的判断又特别准确和深刻:"夫子之不可及也,犹天之不可阶而升也。"因而,夫子"**其生也荣,其死也哀**"。雅斯贝尔斯在《大哲学家》中将孔子与苏格拉底、佛陀、耶稣四人并论为人类"思想范式"的创造者,极力展示孔子"其生也荣,其死也哀"。学贯中西的思想家胡适在《说儒》如此说道,同样在称颂孔子"其生也荣,其死也哀":"殷商民族亡国后有一个'五百年必有王者兴'的预言;孔子在当时被人认为应运而生的圣者。"也认为孔子的"大贡献"有二:一是"把殷商民族的部落性的儒扩大到'仁以为己任'的儒";二是"把柔儒的儒改变到刚毅进取的儒"①。

---

① 欧阳哲生主编:《胡适文集》第5卷,北京,北京大学出版社1998年版,第3页。

尧曰第二十

对《尧曰》篇,历来有不同看法,其中,以为后人窜入和是为《论语》"后序"者,看似相矛盾,实可同时并存。钱穆在《论语新解》中认为:"《论语》编集孔子言行,至《微子》篇已讫。《子张》篇记门弟子之言,而以子贡之称道孔子四章殿其后,《论语》之书,可谓至此已竟。本篇历叙尧、舜、禹、汤、武王所以治天下之大端,而又以孔子之言继之,自谨权量审法度以下,汉儒即以为是孔子之言,陈后王之法,因说此篇乃《论语》之后序,犹《孟子》之书亦以历叙尧、舜、汤、文、孔子之相承作全书之后序也。然此章全不著子曰字,是否孔子语,尚不可知……《论语》只言'用我者我其为东周乎',又曰'郁郁乎文哉吾从周'。可证孔子生时,其心中仅欲复兴周道,未尝有继尧、舜、禹、汤、文、武以新王自任之意。其弟子门人,亦从未以王者视孔子,此证之《论语》而可知。故疑此章乃战国末年人意见。上承荀子尊孔子为后王而来,又慕效《孟子》书末章而以己意附此于《论语》之末。或疑此章多有脱佚,似亦不然。盖此章既非孔子之言,又非其门弟子之语,而自尧、舜、禹、汤而至武王,终以孔子,其次序有条不紊,其为全书后序而出于编订者某一人或某几人之手,殆可无疑。"[①]从整体观,钱穆先生所论似更合史实。

一

从孔子思想视域及内涵结构和发展脉络观,本篇第一章内容属于后附,但从本篇宣扬王道主义及其谱系、并赋孔子"素王"角色这一主题观,似不属于战国末期或"荀卿之徒"所为,更有可能是汉儒之作,即以其"后序"明王道谱系为尊孔子"圣王"张目。

基于如此目的,本篇三章内容虽然"自尧、舜、禹、汤而至于武王,终以孔子,其次序有条不紊",但第一章似属"后序"者创作,第二、三章可能原本属于《子张》篇两末章内容,被"后序"制作者剥离出来置于第一章之后组成本篇"有条不紊"的结构。《子张》篇以子张倡"四要"始,孔子教子张"尊五美,屏四恶"终,形成此篇之自洽逻辑结构。《子张》篇作为《论语》末篇,肩负统摄和照应全书的功能,因而,"子曰:'不知命,无以为君子也;不知礼,无以立也;不知言,无以知人也'"既在整体上突出了孔子君子理论主题,又在内容上照应了"以仁入礼",更在结构上应和《学而》开篇之"学而时习之,不亦说乎? 有朋自远方来,不亦乐乎? 人不知而不愠,不亦君子乎?"

当将《子张》篇两末章内容剥离出来置于《尧曰》之中,这样做虽然使结尾的照应功能得到保持,但却改变了《子张》篇的内在结构,同时也破坏了《论语》全篇的主旨,使《论语》被赋予以道统论和圣王论的主题,《论语》的本原性真实被大打折扣。

---

① 钱穆:《论语新解》,北京,生活·读书·新知三联书店 2016 年版,第 459 页。

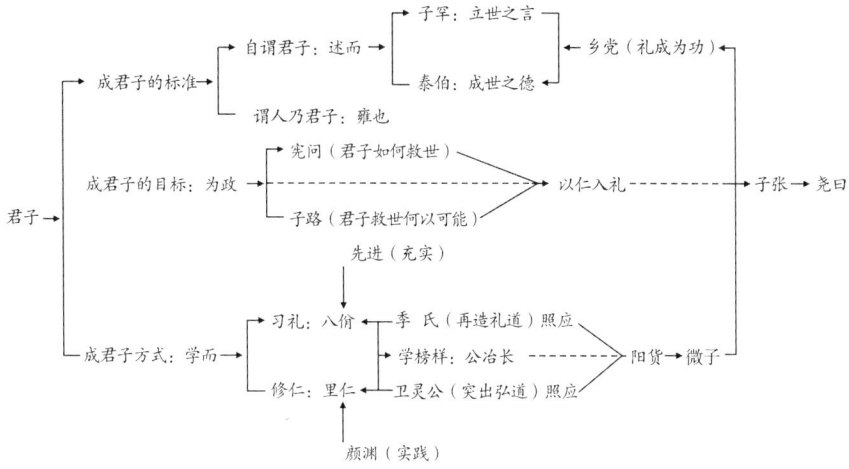

图 20-1 《论语》"论君子论"的文本结构与逻辑

二

《尧曰》第一章可视为上古王道治政简史,简述尧舜禹和夏商周三代宽简仁政如何承传,重心陈述其承传不息的宽简仁政要点:**承天、自律、担责、民本、中正、公道**。如上内容均附着在王道仁政这一主题上并清晰地勾勒出王道主义传道统绪,由此使本章构成最早的道统谱系。但这一王道谱系思想并不属于孔子本人的思想,因为孔子本人并未形成如此思想。

第一章追溯上古历史,勾勒王道仁政蓝图和道统谱系,以此为参照,第二章论现实。或者,第一章梳理尧、舜、禹夏、商、周五代大义,揭示"天下为公"的政治文明应该为当世崇奉,因为它可成为解决礼崩乐坏,重建当世文明的依据和指南。第二章通过子张之问讨论重建"天下为公"的政治文明。从具体内容观,第一章讲五代大义,最后落实为政所重的"民、食、丧、祭",要解决"民、食、丧、祭",须从宽、信、敏、公四个方面努力,这为第二章论何以可能为政提供路径。第二章以子张与孔子问答,从正反两个方面讨论何以为政:方式是正面论仁政,反面论恶政。重建"天下为公"的政治文明,即是去恶政而扬仁政;扬仁政,必须续接五代重民的宽、信、敏、公传统。

第二章讲具备怎样的资质和条件才有资格从政治邦。孔子开出"尊五美,屏四恶"的清单,但其核心内容却是恭、宽、信、敏、惠。由是形成与第三章的内在联系:恭、宽、信、敏、惠,是人的主体性建构内容,唯有自我建构起恭、宽、信、敏、惠的德性,具备"惠而不费,劳而不怨,欲而不贪,泰而不骄,威而不猛"的能力,才有资格成为从政治邦的君子;但要达到此,其起步必须是"知",成为有"知"的人。这就是"知命""知礼""知言",但核心问题是"知人",下手的关键功夫也是"知人"。

第1章释义

尧曰:"咨,尔舜! 天之历数在尔躬,允执其中。四海困穷,天禄永终。"舜亦以命禹。

曰:"予小子履,敢用玄牡,敢昭告于皇皇后帝,有罪不敢赦,帝臣不蔽,简在帝心。朕躬有罪,无以万方,万方有罪,罪在朕躬。"

周有大赉,善人是富。"虽有周亲,不如仁人。百姓有过,在予一人。"

谨权量,审法度,修废官,四方之政行焉。

兴灭国,继绝世,举逸民,天下之民归心焉。

所重:民、食、丧、祭。

宽则得众,信则民任焉,敏则有功,公则说。

[注释]

尧曰:尧帝说。指"尧曰"以下的内容,是尧禅让帝位给舜时的命辞。

咨:唤叫人的声音,犹如今日之"喂"。

天之历数在尔躬:历,次,历数,即帝王相继的次第,古人相信帝王是代天料理人间事务,因而,帝王都是上天依序安排的。尔躬,你的身上。上天安排料理人间事务的重担搁在你的身上。

允执其中:允,信,诚实。执,掌握、把握。中,中正、堂正。

天禄永终:禄,俸薪,指福禄。天禄,天赐的福禄。永终,永远终结。

舜亦以命禹:舜禅让帝位给禹时,同样用尧命己辞以命于禹。

予小子履:履,商汤的名。以下为商汤祷雨的祷辞。

敢用玄牡:敢,大胆地、冒昧地。玄,黑色。玄牡,黑色公牛。

敢昭告于皇皇后帝:昭,明;皇皇后帝,即光明伟大的天帝。

有罪不敢赦:有罪,有罪者。赦,赦免、免除。

帝臣不蔽,简在帝心:蔽,遮蔽,作隐瞒讲。简,选择、鉴别。

朕躬有罪,无以万方,万方有罪,罪在朕躬:朕,第一人称代词,做"我"讲,上古,人人可自称为"朕",始皇帝之后,才作为帝王专用自称语。万方,所有方面,指天下。

周有大赉,善人是富:周,周代。赉,赠送、赏赐。善人,德才兼具的人,即贤人。

虽有周亲,不如仁人:周亲,至亲,即姬姓亲戚。仁人,有仁德的人。"虽有周亲,不如仁人"的思想,明显是后人附上的,因为它并不符合周之基本治理思想："周公谓鲁公曰：'君子不施其亲，不使大臣怨乎不以。故旧无大故，则不弃也。无求备于一人。'"(《微子》)作为周的创建者和周文明设计者的周公给予其子伯禽治鲁的命辞说得很清楚，周之治天下，靠的不是"仁"，而是"亲"：血亲，亲属和亲近故旧，以维护其利益为根本治理方针。

百姓有过，在予一人：百姓，指所有的贵族。予，第一人称代词，即"我"。

谨权量：谨，谨慎、严谨。权，称物之重量的秤。量，量谷物多少的斗、斛等量具。

审法度：审，审慎订立。法，法令，其具体形态是条律，作为衡量行为的准则。度，制度，其具体形态是社会稳定的内在结构，作为规范行为的公共边界。

修废官：修复，恢复。官，官制。废官，被废除了的官制。

兴灭国：兴，恢复、复兴。灭国，被消灭了的邦国。

继绝世：继，继承、继续、延续。世，有禄位的世家。绝世，断绝了禄位的世家。

举逸民：举，起用、举荐。民，自食其力生存的劳力者。逸民，被时变或时代所遗落的有德才的人。

天下之民归心：天下之民，所有的民，包括本民和遗民：本民，指世代相袭的劳力者；遗民，指旧朝的统治阶层成员，随着旧朝被推翻或消灭，这些人要继续存在下去，必然沦为自食其力的劳动者。

所重：民、食、丧、祭：所重，所应该看重。民，生民。食，粮食、食物。丧，丧礼。祭，祭祀。

宽则得众，信则民任焉，敏则有功，公则说：宽，宽大、宽容。得众，得到众人。信，信任。民任，信服。敏，勤敏恭谨。功，实绩、政绩、功劳。公，公道。说，通"悦"，快乐、愉悦。

[译文]

尧说："好啊！你这个舜。依上天的安排，代天治理人间的使命就降临到你身上了。你要继承好帝位，诚实地把握好中正之道。如果天下人都陷入贫困之中，那么你的福禄地位也就永远地结束了。"

舜禅让帝位给禹时，也用尧的命辞告诫他。

商汤说："我这个叫'履'的小子冒昧地使用黑公牛做牺牲，谨慎地昭告至高无上光明伟大的上帝：人间一切罪恶，我决不赦免；你的臣仆所有善恶行为,我绝不隐瞒。你无所不知,鉴别和选择取决于你的旨意。如果我有罪,请你不要连累天下的人;如果天下的人有罪,请把罪责归结在我身上。"

周得到天下,就大封诸侯,使所有贤德的人都成为富者。周武王曾说:"即使是我的宗属至亲,都不如有仁德的人。要是百姓犯有过错,其责在我一人。"

谨慎地核查称物量谷的度量,严谨地订立法令和制度,恢复建立公正的官员考核制度,使政令畅行天下。

复兴被灭绝了的诸侯国家,延续那些断绝了禄位的世家,举荐和提拔被隐逸埋没的贤人,天下之民就会真心归服。

治理的重心有四:人民、粮食、丧礼、祭祀。

博大宽厚,会得到民众的拥戴;真诚守信,必然赢得民众的信任;恭谨勤敏,就能取得良好的政绩;中正公道,则使民人心悦诚服。

[通解]

这是一篇上古治政简史,简述尧舜禹三代和夏商周三代的宽简仁政如何承传,重在陈述其承传不息的宽简王道治政要点:承天、自律、担责、民本、中正、公道。

一

本章由三部分内容构成。

第一部分由两节内容组成。述尧舜禅让、新旧交替时老帝对新帝的命辞,内容源自《书》之《尧典》《舜典》《大禹谟》。

首先讲述尧禅让帝位给舜时,对舜的命辞:"天之历数在尔躬,允执其中。四海困穷,天禄永终。"尧告诫舜四点:第一,帝位不是谁想要就可得到的,它是上天依**德序**安排所成;第二,上天安排你依序继承帝位的依据是中正公道;第三,上天安排你继承帝位的责任是使民富裕;第四,如果你管理的天下穷困,那你享受天赐福禄的日子必然永远地结束。

其次讲述舜亦以如此方式禅让帝位给禹,并以尧对他的命辞告诫禹。

这节内容比较简略,讲述上古从尧至舜到禹,权力的禅让机制:尧命舜、舜命禹,均是遵从上天的德序安排运转,主动禅让权力和被动受纳权力,权力的交接是和平的,不流血的。权力交接的依据是上帝的意志、意愿;权力交接的思想基础是天下为公;权力交接的准则是"允执其中",即中正公道。

二

第二部分讲述禹夏、商汤、周三朝权力交替是如何完成的。这部分由两节组成。

首先，是商汤自述。内容源于古本《商书》之《汤誓》和《汤诰》。主题是担责罪己:《汤誓》是汤伐桀时祷告天下的檄文;《汤诰》是汤伐桀成功后向天下诸侯的通告。表达的基本意思有二:一是向天祷告,伐桀是接受上天的召唤,伐桀成功,接管桀所统治的天下;二是按照皇天上帝的旨意而行事,即代为管理天下,一切接受上帝的安排和监督,不敢专私,不敢揽功。一切功劳归皇天上帝,一切责任由自己承担。具体地讲,就是天下民人所犯的一切罪过,完全归结到自己身上,全由自己一人承担,理由是自己没有代皇天上帝管理好人间,化育好万民。

其次,讲述周得到天下和天下如何遵循上天诫命。内容的基本来源是《书》之《武成》和《泰誓》。主要讲述三个要点:一是周武王以天下为公,得天下就大封诸侯,广泛地赏赐有德才的贤人。二是周武王遵从"皇天无亲"的准则,只亲仁人:"虽有周亲,不如仁人。天视自我民视,天听自我民听。"(《泰誓》)三是继承商汤的担责传统:"百姓有过,在予一人。"

第一部分内容的重点是权力交接时,禅让者对受让者应该遵循什么规矩和如何做的命辞、告诫,指出不如此做的后果。没有自我意愿,没有自我表彰,只能被动承纳和接受上天意志,按上天的旨意行为。第二部分则不同,无论商汤还是周武王,在上天、上帝面前都是反客为主,向上天自罪自表、向天下自表自罪。因为他们得到天下,并不是上天的安排,而是主动用武力谋取的,因而,通过**以此自罪方式强求上天承认其合法性**。所以,这部分内容中**商汤和周武王所自表出来的"天下为公",实际上是"天下为私",原因是靠抢夺得来的天下,无论怎样也不会成为"公"有的,更不会改变其抢夺的性质。**

第一二部分内容讲历史,讲历史的演变是沿着**由天及人**、天下的治理**由德及力**的方向展开。它为第三部分内容的形成和表述提供了背景和舞台。

三

第三部分内容讲述理想。由于生产这个"理想"的并不是孔子本人,是后人强加给孔子的,必须以孔子之名来表述,所以这部分内容里面自然夹杂一些孔子的思想。

这部分由四节内容组成:

第一节论**修政**。修政就是重建国政体制,最重要的三个方面是谨权量,审法度,修废官:对称物和量物的度量工具的审订,是要建立起最基本的社会公平机制,解决治民必要行公平的问题;审慎地修订法令和制度,是要建立起稳固的国家秩序和社会结构,确定国家社会的行为边界和各个阶层、行业必须遵守的行为规范;恢复被废除的官员考核制度,是建构有序的为政治理天下国家的奖罚体系。做好这三个方面,就可以使政令畅通天下。

第二节论**凝聚人心**。这是在第一节基础上进一步重建精神情感机制。涉及三个重要方面,即兴灭国、继绝世、举逸民。古代争夺天下,最简单的亦即最粗暴的方式是灭绝式杀戮,不仅要消灭种族,更要消灭种族的精神来源,即宗教、文化、语言。面对庞大的地域,多种族组成的天下,这种简单粗暴野蛮的方式最终不能再使用,必须重新探索种族共存、宗教共存、文化共存、语言共存的方式。于是采取"杀小留大"的策略,优待被征服民族的贵族及其后裔,采取以夷制夷的方针,这就是"兴灭国、继绝世、举逸民"的总方策:兴灭国,是恢复被消灭的邦国;继绝世,是续接它们的祭统;举逸民,是重用它的遗臣。一旦如此做,天下之民自然归服。孔子之特别看重周制的重要理由,就是西周"柔远能迩",将具有近六百年根基和深厚文明的殷商遗民予以最终的化解。

建立公道的天下制度和运行体制,构建起"柔远能迩"的社会机制,接下来是明确治邦的重心所在和核心任务,它涉及三个方面,即生民的繁衍、粮食的丰沛、慎终追远的礼制构建和完善。这三个方面构成第三节的内容。

第四节论推行仁德与公道。宽则得众,信则民任焉,敏则有功,其实是对孔子思想的复述:"子张问仁于孔子,孔子曰:'能行五者于天下,为仁矣。'请问之。曰:'恭、宽、信、敏、惠。恭则不侮,宽则得众,信则人任焉,敏则有功,惠则足以使人。'"(《阳货》)一旦将仁德付诸行为,就会践履公道,仁德公道行于社会,天下自然愉悦。

四

本章讲述采取史论结合的方法,陈述了历史上自尧至于商周,已经形成"大道所行,天下为公"的"政治-伦理"框架。这一宏大"政治-伦理"框架的基本主题是**敬天-得民**:敬天的目的,是为了得民;为了得民,必须敬天。

基于"敬天-得民"的价值取向,统治者必须成为仁慈的化身。统治者仁慈,必须做到三个方面:第一是博大无私,第二是为上天担责,第三是勇于罪己。

这种以"敬天-得民"为价值取向的"政治-伦理"框架,何以能够建立起来?

本章首先考察并梳理出历史:从尧到舜、从舜至禹,再至于商汤和西周,历代历朝都是在如此框架下展开王朝更替,哪怕更替的方式有禅让或抢夺的不同,但最高统治者们的最初动机和最终目的都是践履这一政治-伦理价值。

从尧禅让于舜禹:历数至,可以作帝王,但必须警惕"四海困穷,天禄永终"。

商汤求告上帝:"有罪不敢赦,帝臣不蔽,简在帝心";并且"朕躬有罪,无以万方,万方有罪,罪在朕躬"。

周王亦向上帝自表:"周有大赉,善人是富";并且"虽有周亲,不如仁人。百姓有过,在予一人"。

然后是考察这样完善的政治-伦理框架是怎样建立起来的,本章的后半部分就为此提供了如下的思路和构想:

第一步修政,具体举措是谨权量,审法度,修废官,使四方之政行焉。

第二步凝聚人心,具体举措是兴灭国,继绝世,举逸民,使天下之民归心焉。

第三步解决基础问题,具体举措是繁衍人口,发展经济,完善慎终追远的丧礼制度。

第四步行公道,具体举措是宽则得众,信则民任焉,敏则有功,使天下大公,天下则可大悦。

第 2 章释义

子张问于孔子曰:"何如斯可以从政矣?"

子曰:"尊五美,屏四恶,斯可以从政矣。"

子张曰:"何谓五美?"

子曰:"君子惠而不费,劳而不怨,欲而不贪,泰而不骄,威而不猛。"

子张曰:"何谓惠而不费?"

子曰:"因民之所利而利之,斯不亦惠而不费乎? 择可劳而劳之,又谁怨? 欲仁而得仁,又焉贪? 君子无众寡、无小大、无敢慢,斯不亦泰而不骄乎? 君子正其衣冠,尊其瞻视,俨然人望而畏之,斯不亦威而不猛乎?"

子张曰:"何谓四恶?"

子曰:"不教而杀谓之虐,不戒视成谓之暴,慢令致期谓之贼,犹之与人也,出纳之吝谓之有司。"

[注释]

何如斯：如何，怎样。

尊五美，屏四恶：尊，崇尚；五美，指"惠而不费，劳而不怨，欲而不贪，泰而不骄，威而不猛"。屏，屏除、抛弃。四恶，指不教而杀、不戒视成、慢令致期和出纳之吝。

惠而不费：惠，实惠、恩惠，作施惠讲。费，耗费、损失。

劳而不怨：劳，劳动、劳作。怨，怨言、怨恨。

欲而不贪：欲，欲望、欲求。贪，超过需求限度的欲望，即贪婪。

泰而不骄：泰，舒适、安宁、安详。骄，骄傲、骄横。

威而不猛：威，庄重、严谨。猛，强暴、凶悍。"子温而厉，威而不猛，恭而安。"(《述而》)

不教而杀谓之虐：教，引导、教化。虐，虐待、暴虐。

不戒视成谓之暴：戒，告诫、提醒、警示。视，审察。成，成效。暴，暴戾。

慢令致期谓之贼：慢，松懈的、无节奏的。令，指令、政令。慢令，指迟缓的政令。致期，限期。贼，危害。

出纳之吝谓之有司：出纳，拿出钱物予以赏赐。吝，吝啬。有司，专职办事的官吏，指处理事物强于斟酌、计较，以此喻做事格局小、气量窄。

[译文]

子张请教孔子说："怎样磨炼才可自我培养起从政的德才？"

孔子说："只要做到崇尚五美，屏除四恶，就可以从政了。"

子张说："何谓五美？"

孔子说："君子施惠于民而又不糜费财力，役使民又不使民心生怨气，激发人们追求利益却又能使其抑制贪婪之欲，泰然处事而不骄横傲慢，保持庄严的威信却不给人强悍凶狠之感。"

子张说："什么叫惠而不费？"

孔子说："顺应民的利益要求，引导民去做有利于自己的事情，这不是给民实惠而不劳费吗？选择适宜于服劳役的时机役使民去勤于劳动，谁又会心生怨恨呢？君子本于行仁道而得到仁道，难道还有什么更多的贪求吗？君子待人，无论身份高低、年龄大小，做到不卑不亢地尊重，这不就是泰然近人而无骄横自大恶习吗？君子衣冠整洁，注重仪表，仪态端庄，让人人见之心生敬畏，不就是保持无凶恶之态的威信吗？"

子张说："何谓四恶？"

孔子说：“平时不善加引导和教化，粗暴采用杀戮方式推行政令，是为酷虐。在不事先告诫的情况下审察成效，是为暴戾。命令下达迟缓或缺乏明确的时间要求，却又要限期论处，是为故意害人。按功应该赏赐时，却出手吝啬，是为气量狭小。”

[通解]

《尧曰》篇的制作者将原本属于《子张》篇的“子张问政”强行割裂而置于此篇第一章之后，使之承上章而展开，目的是要贯通“上章讲历史，本章讲现实”的逻辑：上章梳理尧、舜、禹夏、商、周五代大义，指出“天下为公”的政治文明，应该为当世所崇奉，因为它可成为解决礼崩乐坏、重建当世政治文明的依据和指南。依据此一逻辑，本章通过赋予子张之问，“政”以重建“天下为公”的政治文明的宏大叙事框架。上章讲六大义，最后落实为政之所重“民、食、丧、祭”。要很好地解决“民、食、丧、祭”问题，必须从宽、信、敏、公这四方面努力。本章论政，从正反两个方面展开：正面论仁政；反面论恶政。重建“天下为公”的政治文明，就是去恶政而扬仁政；扬仁政，就是续接五代重民的宽、信、敏、公传统。

一

如何续接五代以民为重的宽、信、敏、公传统？本章通过子张问政而展开讨论。

子张请教应该具备怎样的资格才可从政。孔子告诉他“行五美，屏四恶”：行五美，就是行仁政，屏四恶，就是去恶政。孔子之论行五美，与《阳货》第六章“子张问仁”的内容相同，这或可表明：第一，本章内容如果是后人窜入，很可能袭“子张问仁”章而来；第二，本章内容如果是孔子本人问答子张而来，那就是对“子张问仁”一章内容的拓展论述。

> 子张问仁于孔子。
> 孔子曰：“能行五者于天下，为仁矣。”
> “请问之。”
> 曰：“恭宽信敏惠。恭则不侮，宽则得众，信则人任焉，敏则有功，惠则足以使人。”（《阳货》）

虽然本章承“子张问仁”而来，但又有所变化，赋予相应的新义。

惠而不费：重点不是讲“惠则足以使人”，而是说怎样地惠，才最大程度地减少成本，即以最少成本或无成本地施惠于民。要做到这一点，其实很容易，就是看什么对民有好处，就给他们什么好处；或者看民希望得到什么,就出政策鼓励他们去求得,这就是"因民之所利而利之,斯不亦惠而不费乎"。所以,"惠而不费"讲的是**为政必"惠"**,并且,为政应遵从"民之所否,因而去之。民之所欲,因而与之"的方式去**惠**之。

劳而不怨:要让民竭其力而毫无怨悔、怨言、怨恨,一是不强制役民,二是选择使民可以胜任且既无伤害也有利的事役民,这就是"择可劳而劳之,又谁怨",其"择可劳而劳之"讲的是**为政必"宽"**。

欲而不贪:基本准则是"遂民其愿而不使贪"。这是一个限度的把握,最能考量为政者的能力:遂其愿,是指尽其努力满足民的正常需求;不使贪,是指尽其努力使民知道需求有边界,利有仁与不仁,引导民求得仁之利,去不仁之利。所以,"欲而不贪"讲的是**为政必"敏"**。

泰而不骄:勤勉为事,是指为政事无大小,俱不怠慢;泰然待人,是说为政应该人无尊卑、群无大小,皆平等处之。所以,"泰而不骄"讲的是**为政必"恭"**,其中蕴含的准则是"平等"。

威而不猛:衣着整洁、仪态端庄,言行方正,令人肃然起敬且又有亲近之感。所以,"威而不猛"讲的是**为政必"信"**,唯有仪态言行使人信,人才心生敬畏和愿接近之情。

孔子论"仁",是恭、宽、信、敏、惠。

孔子论"仁政",是惠、宽、敏、恭、信。

这不同的排序,其实很有讲究:子张问何为仁,问的是怎样得到仁,或曰如何修得仁,这是有关于人如何成为君子的主体性建构问题,所以孔子以"恭"始,以"惠"结束,展开为自我内在地求仁到最后切实地施仁的过程。子张问何以为政,这是修得仁德的君子应该怎样去践履其仁德的问题,所以孔子从如何"惠"民开始,到最后怎样得"信"结束,其中贯穿为政实践的逻辑:为政就是要以惠民为己责,但惠民的目的是得到民的充分信任,使自己在民面前"威而不骄"。

二

为政要行仁政,行仁政就是用修得"恭、宽、信、敏、惠"五仁为指导而行"惠而不费,劳而不怨,欲而不贪,泰而不骄,威而不猛",前提是去"四恶":不去"四恶",则不能行仁政,这是因为"四恶"乃为政之恶,不去恶,焉得仁?

"四恶"构成恶政。恶政之恶,恶在为政者"与民为敌,向民抢钱":与民为敌,是指为政者将民假想为敌人,为政就是以行管制、控制民为基本任务,因而将治邦定义为治民。向民抢钱,是指为政者将"压榨民"和"剥取民利"作为为政的另一个基本任务,以实现官富民弱。官富民弱,才是最好的治民前提,因为弱民最好治,而强民最难治。

"四恶"之首恶,是"不教而杀",具体地讲是以杀戮的暴虐方式强制推行政令。这种为政方式之所以是恶政之首要体现,是在于"不教而杀"的为政理念是不把民当人,民是只可利用不可怜悯的劳动工具,它生来就贱如牛马,供其驱使,其生死均可漠然视之。这种不把民当人看的"不教而杀"方式,是一种极恶的酷虐为政方式。

如果说"不教而杀"是罪大恶极的酷虐恶政方式,那么"不戒视成"却是根本的暴虐恶政。这是因为没有要求、不讲条件、不论差异,只求结果,只以结果论处的暴虐为政方式,实际上是不顾民的死活,本质上仍然是不把民当人。这种不把民当人的暴虐方式,贯穿了一条恶政准则,那就是对待民"只讲目的,不讲手段",进而"为达目的,不择手段"地压榨性剥取。

除"不教而杀"和"不戒视成"外,"慢令致期"是恶政的基本方式,即为政者可以为所欲为,可以任意地发号施令,可以任性地改变政令的要求,包括施行的方式和期限。概括地讲,这种"任性督办,刻期以求"的为政方式,是坑害民于权力的股掌之中的恶政方式,其实质仍然是不把民当人。

恶政之恶在于一个"苛"字,表现为治民以苛。治民以苛的认知前提是:民不是人,民只是可供任意驱使的活的劳动工具,活的生产财富的工具,因而,民不应该有自己的欲望、需求、意志、好恶、苦乐,更不准民有思维、头脑、想法、思想、个性、自由,只有为主子服劳役、供驱使的身体、体力和技能。治民以苛的基本方式,是赏罚不明,或者赏罚无度,赏罚任性。"不教而杀""不戒视成""慢令致期",从三个方面讲述恶政的"苛酷乱罚";"出纳之吝"却讲述恶政的"苛酷吝奖",表现为有功不赏,或者赏而不配其功。

三

为政有两种取向,一为以个体的人为本体的仁政,一为以个体的人为工具的恶政。孔子主张行仁政,但仁与恶始终相对立,行仁政必须去恶政;并且,去恶政的过程本身才是行仁政的过程。展开这一过程面临一个根本问题,如何去恶政以及如何行仁政的依据、准则、规范是什么?孔子认为是"仁"。以"仁"为依据、准则、规范来为政、去恶政和行"仁政",就是"德治"。所以,"尊五美,屏四恶"体现的是"德治"思想。

德治确实可以成为政治治理的方式,但德治绝不可能是政治治理的最好方式。这是因为德治实施的前提和所能够达到的效果的基础,是体现主观倾向的个体的德性与德行能力,具体地讲,德治以人君的德性品质和德行能力为绝对前提。人君的德性品质和德行能力如何保证?这只能靠人君自己的修养,人君要自我修养,面临两个东西不能完全自控地把握,一是享乐的欲望,二是无上的权力。在没有任何权力约束机制和欲望节制机制的环境下,寄希望于英明君主的德治,存在着天然的人性漏洞,并且这一人性漏洞无法通过德治本身来解决。所以,在人所组织起来的世界里,德治可能成为政治治理的方式,而不是最好的治理方式。最好的治理方式仍然是法治。这是孔子的思想视野中始终保持明确的刑罚的思想的根本理由,但他却更强调德对邦国治理的主导功能,而突出礼法之治,将刑法之治视为德治的辅助方式,这应该是孔子政治思想的局限,这种局限被后世无限制地放大,形成了道德治邦论。

严格说来,道德是不能用以**单独治邦**的,或更准确地讲,道德是不能单独发挥治邦功能的。道德是治人的,更具体更准确地讲,道德是治人之心和治人之行的,它能够解决个体与个体之间的利害关系,却不能解决个人与群体、个体与社会、个体与邦国之间的利害关系,个人的德性和德行要能对群体、社会、邦国发挥作用,或进一步讲,个人的德性和德行能力要能够发挥政治治理功能,必须将其纳入客观的、公共的规范体系中,这个客观的、公共的规范体系只能是法律,其保障方式是制度,其护卫基石是政体。唯有在法权政体和法权制度保障下的法律治理体系和实施机制下,个人(国家首脑、官吏)的道德才可发挥治理功能。这是"德治可能单独成为政治治理的一种方式"的条件限定。

从这个角度看,孔子"尊五美,屏四恶"的德治思想的整体指向,是实现其人为政之"公",即公正、公道,因为他非常清楚,政治治理只有达到公正、公道的境界时,社会才是体现"礼"洋溢"乐"的社会,这就是上章讲的"公则说"。由此不难发现,孔子由仁及公、由德性及德行、由仁德而公道的路径,实际上已**潜在地开启了法治之门**,这就是"名不正则言不顺,言不顺则事不成,事不成则礼乐不兴,**礼乐不兴则刑罚不中,刑罚不中则民无所措手足**"(《子路》)。只是基于传统和认知的双重局限,孔子虽然也有目的地朝这个方向努力而提出刑法治理的三步阶梯论,但他却更强调礼法治人和德化育民的重要性,以至于给人留下了片面德治论的想象空间,而后世又有意识地回避或者更准确地讲是人为地堵塞了向法治社会这个方面努力的所有道路。

第3章释义

子曰:"不知命,无以为君子也。不知礼,无以立也。不知言,无以知人也。"

[注释]

知:一为动词,意为认识、理解;二为名词,即智,作思想、智慧讲。据本章内容,取名词义最当。

命:有三解:一是"天",知命就是知天;二是"天命之为性"之"命",这是用后来的《中庸》思想释"命";三是外力灌注于人生命之中的命运,此解更合孔子思想本义。

礼:行为的训导和规范方式及规训系统。

言:内生于心而发之于声的论辩明晰是非得失之语。

[译文]

孔子说:"无觉解命运之知,不可能成为君子。无通晓礼法之知,无法使自己站立于人世;无领悟语言之知,亦不能了解自己和他人。"

[通解]

上章讲具备怎样资质和条件才有资格从政当官治邦。孔子开出的清单是"尊五美,屏四恶",但其核心内容却是恭、宽、信、敏、惠。由是形成与本章的内在联系:恭、宽、信、敏、惠是人的主体性建构的内容,唯有自我建构起恭、宽、信、敏、惠的德性,具备"惠而不费,劳而不怨,欲而不贪,泰而不骄,威而不猛"的能力,才有资格成为从政当官治邦的君子;但要达到此,其起步必须"知",真正成为有"知"(即"智识")的人。

一

《论语》记录孔子论"知"的内容多达六十七章。孔子论"知",涉及动词和名词各方面的使用,比较观之,其所论之"知"更多属动词,做认知、知晓、理解或者领悟、觉解讲;只有在特殊的语境中,其"知"通"智",获得名词的意义,可理解为思想、智识、智慧或理智、明智、理性讲。

子曰:"宁武子,邦有道,则知,邦无道,则愚。其知可及也,其愚不可及也。"(《公冶长》)

樊迟问知。子曰:"务民之义,敬鬼神而远之,可谓知矣。"(《雍也》)

子曰:"知者乐水,仁者乐山;知者动,仁者静;知者乐,仁者寿。"(《雍也》)

子曰:"知者不惑,仁者不忧,勇者不惧。"(《子罕》)

子曰:"君子不可小知,而可大受也。小人不可大受,而可小知也。"(《卫灵公》)

子曰："居，吾语女。好仁不好学，其蔽也愚；好知不好学，其蔽也荡；好信不好学，其蔽也贼；好直不好学，其蔽也绞；好勇不好学，其蔽也乱；好刚不好学，其蔽也狂。"（《阳货》）

"知"既是知，也通智。"知"与"智"之间构成生成关系：只有通过"知"，才能生成"智"。"智"既是"知"要达及的目的，也是"知"展开获得的成果；"知"，既是追求"智"的展开过程，也是获得"智"的必为方式。比如，"温故而知新，可以为师矣"（《为政》）。获得新见识、新思想或新智慧，既应以"温故"为动力，也要以"温故"为实现"知新"的方式，而"温故"的过程，就是了解、认知、懂得、知晓历史、社会、生活、人性的过程。又如，"由，诲女知之乎！知之为知之，不知为不知，是知也"（《为政》）。所谓"知之"者，指有独见、有远见、有思想、有智慧的人，这样的人既好学更谦逊，其日常求知表现为：知晓了就是知晓，不懂时就是不懂得。讲的是真"知"与真"智"的关系：只有真"知"，才有真"智"。

二

孔子论知命、知礼、知言三大问题，贯穿其中的根本问题却是"知"，所以，知命、知礼、知言，此三者首先涉及"知"的问题，然后才是一个知命、知礼、知言的问题，因为知命、知礼、知言是知的具体呈现；知，才是知命、知礼、知言的一般问题，它是知本身的问题，也是知的一般问题。从这个角度审视，孔子论"知"涉及"知"与"智"之间的内在生成关系，实际上揭露出由"知"生"智"的三个一般问题来：

一是由知而智何以可能？

二是由知而智的限度何在？

三是由知而智的基本方式有哪些？

首先，"由知而智何以可能"这一问题，敞开为两个具体面向：

人为什么要求知得智？

人求知得智的依据何在？

对于第一个问题，孔子认为有两种机制推动人求知得智，一是生存超越机制，即改变生存状况的冲动和激情，促进人求知得智。孔子曾以自己为例来说明："太宰问于子贡曰：'夫子圣者与？何其多能也。'子贡曰：'固天纵之将圣，又多能也。'子闻之，曰：'太宰知我乎。吾少也贱，故多能鄙事。君子多乎哉？不多也。'"（《子罕》）二是成长超越机制，即生命接受天地化育启示而自觉于内在成长的提升，孔子亦以自己为个案予以说明："吾十有五而志于学，三十而立，四十而不惑，五十而知天命，六十而耳顺，七十而从心所欲不逾矩。"（《为政》）

对于第二个问题,孔子认为其根源有二:一是天赋人求知得智的潜力。"子曰:'我非生而知之者,好古,敏以求之者也。'"(《述而》)孔子表明自己所得到的智识,都是后天学成的。但是,孔子之如此自表蕴含一个前设条件,即世界上有"生而知之者":"孔子曰:'生而知之者上也,学而知之者次也,困而学之,又其次也。困而不学,民斯为下矣。'"(《季氏》)表明人生来不是一块白板,有求知的天赋潜力,否则,求知得智不可能产生。二是嵌入人的生命之中的生存进化机制。"子曰:'由也,女闻六言六蔽矣乎?'对曰:'未也。''居,吾语女。好仁不好学,其蔽也愚;好知不好学,其蔽也荡;好信不好学,其蔽也贼;好直不好学,其蔽也绞;好勇不好学,其蔽也乱;好刚不好学,其蔽也狂。'"(《阳货》)孔子主动教导子路"六言六蔽",从生存进化角度讲,以求知得智为指向的好学,实际上是人这个动物按照生存进化法则,使自己的天赋人性、禀赋、气质以及由此形成的生物性性格朝向文化人、文明人方向进化的必为方式。

其次,虽然由知而智有人本依据和人性动力,但对人来讲,无论自发还是自觉求知得智,其努力都有限度。这种限度何以形成,成为孔子终身不已的探求。

概括地讲,形成人求知得智的有限性因素很多,比如,人的个体性存在本身使求知增智有限。又比如,存在世界的广阔性必然形成人的有限性意识:"君子有三畏:畏天命,畏大人,畏圣人之言。小人不知天命而不畏也,狎大人,侮圣人之言。"(《季氏》)孔子讲述的"天命",在更为广阔的意义上表征为人力不能通达的天宇、自然世界、自然力量;孔子讲述的"大人",实为"人的世界的象征";孔子所说的"圣人之言",却象征无限深广的历史。自然世界、人的世界、历史世界,此三者既形成人求知增智的三维视域,又构成人求知增智的三维限制。再如,人性在后天生存展开中的可变化性以及人的生存欲望、需求的无限滋生性,都从不同方面形成人求知增智的有限性。

孔子正是基于对这多种因素形成的有限性的深刻意识和不间断地体验,才提出人求知增智必须学会保持"知之为知之,不知为不知,是知也"(《为政》)的客观态度和虚空心灵、谦逊以进的求知增智精神:"子曰:'吾有知乎哉?无知也。有鄙夫问于我,空空如也,我叩其两端而竭焉。'"(《子罕》),才提出求知增智乃是其生活方式和人生过程的"发愤忘食,乐以忘忧,不知老之将至云尔"(《述而》)。对任何人来讲,知都是有限的,解决其知之有限性的唯一方式,就是无限度地求知增智。

其三,基于求知增智的有限性,以求知增智为生活方式和人生过程的基本方式只能是"学而"。孔子讲"学而",就是学而内省然后践履。孔子论求知增智的方式"学而",说得最多,概括其精要,就是求知增智的方法主要有三:一是学而必广博,有关于此,《学而》开篇做了最精彩的表述,"学而时习之,不亦说乎? 有朋自远方来,不亦乐乎? 人不知而不愠,不亦君子乎"(《学而》)。二是"食无求饱,居无求安。敏于事而慎于言,就有道而正焉。可谓好学也已"(《学而》)。三是"学以致用"和"用以致学"并举。

三

通过"学而"求知增智,到底基于什么目的? 最通俗的解释是**致用**。对孔子"学而"求知增智的致用思想,一般地理解为用事、用功,即致用于人事,致用于功业。后世儒者将其概括为"外王"。这种理解和概括并没有问题,一部《论语》,从《学而》篇始到《子张》篇结束,是从讲求知增智必须始于学而,并且要学而不息,其实际努力目标是如何"为政"。然而,《学而》篇的主题是单向度的;而《子张》篇的主题却是多重奏的:在《子张》篇中,除了子张的问政,还有子夏论学术、曾子论仁孝、子贡对夫子的思想的捍卫与传播,当然还贯穿了子贡的经济与商业。然而,所有这些方面要得到很好的践行,对于践履主体来讲必须有智,并且必须有大智。何谓大智? 就是能够融会贯通所学之智,孔子将这种智概括为关于"知命""知礼""知言"的整合。

首先,孔子论君子必"知命"。

孔子说,人"不知命,无以为君子也";或曰,不知命者,不能将自己成就为君子。

孔子以"知命"为准则判断君子与否,显得很独特,也很独断。这种独特性,可以理解,也不可理解。但这种独断性能否成立,恰恰涉及可理解或不可理解的关键。

这需先理解孔子对"命"的理解。孔子曾经讲过"畏天命"和"知天命"(《季氏》),但孔子认为,人"畏天命",必须以"知天命"为前提。孔子还指出,人知天命,是人生经历和阅历的层累性增智达到一定高度和境界时,才可意识得到的。关于这一点,孔子认为知天命应该是人生过半以后才可逐渐得到的智慧:"子曰:吾十有五而志于学,三十而立,四十而不惑,五十而知天命,六十而耳顺,七十而从心所欲不逾矩。"(《为政》)理由是,人在五十之前的生活向外,更关注外部世界,谋求事功;人到五十以后,开始由外转向内,侧重关注内在精神世界。内在精神恰恰是**人天相生**的世界和**人史相合**的世界。只有当人由外而内转向人天相生和人史相合的心灵世界、精神世界,觉悟其大智大慧时,才可心生敬畏,包括对命、对人、对言的敬畏。"君子有三畏:畏天命,畏大人,畏圣人之言。小人不知天命而不畏也,狎大人,侮圣人之言。"(《季氏》)小人之所以不知"知"和不知"畏",是因为小人始终滞留于事功的世界中求利。

在孔子的思想中,"天命"概念实际上是"天"与"命"概念的合成,而且合成"天命"之后,"命"是中心词,"天"用以说明"命"。

因而,理解"天命"的关键,是先理解孔子所讲的"命"是什么。《论语》中,孔子赋予"命"以两种含义:一是生命的极限,即通常讲的"寿命",如"有颜回者好学,不迁怒,不贰过,不幸短命死矣!"(《雍也》)言颜渊本人的生命极限本来不该这样短,但结果却意外地短了一截。又如"伯牛有疾,子问之,自牖执其手,曰'亡之,命矣夫! 斯人也,而有斯疾也'"(《雍也》),是说人有生必有死,人的生命从生到死是有极限的,这个生命的极限就是你这个生命降生时**被赋予的**。

由于人的生命的极限即"寿命"是由自己之外的力量决定的,所以孔子将这种不能由自己决定生死的生命的极限看成由高高在上的天(今天人们将其理解为"自然力")这种力量来决定。于是有"天命"一说。所谓"天命",指决定人的生命极限的那种自然力量,它高悬于人的头顶,决定着人的生死。

"天命"的第二种含义,是一种具有特殊指涉性的自我觉解,这是将后天形成的人生志向、志业予以内在心灵直观,从而领悟到自己所"一以贯之"地坚守的美好志向、志业的先在形式,即自己之外的神性力量赋予自己有限人生的无限使命,这是孔子所讲的"天命",比如"天生德于予,桓魋其如予何"(《述而》);又如:"子畏于匡,曰:'文王既没,文不在兹乎。天之将丧斯文也,后死者不得与于斯文也;天之未丧斯文也,匡人其如予何?'"(《子罕》)

本章中,孔子将之作为准则来判断人是否君子的"天命",采用的是第二层含义,即能不能觉悟到其文道救世的使命,是衡量当世之士是不是君子的试金石。

其次,孔子论君子立而必"知礼"。

孔子所讲之礼,即礼法。

所谓礼法,按今天的说法,应该是道德和法律的简称。然而在孔子时代,虽然有法家的出现,治邦也要讲刑罚,但真正说来,还是**以礼**(即**道德**)**治理百姓**而**以刑罚治理民**的社会。在孔子生活的时代,社会的主体不是作为劳力者的民,而是百姓,它是由有姓氏的低级贵族和高级贵族组成的特殊阶层。治理国家的基本任务是治理百姓,治理百姓的基本方式是道德,即礼,即使涉及刑罚处罚方面的事务,也往往用道德的方式来处理,作为道德的礼,同时具有法的功能。所以,礼(即道德)实际上是礼法(即道德对法的取代。但这种取代主要限于统治阶级内部,即统治阶级内部的治理主要是以礼为法;在治民方面,主要是刑罚,当然也辅之以道德治理)。

礼的本质是**利益**,但它的形态是**等级**、**序位**:礼以等级和序位的方式来安排利益,由此使礼有内外两个方面的功能:礼的外在功能是构建社会结构和秩序体系,包括丧与祭的结构和秩序体系;礼的内在功能是构建个人的心灵结构和秩序,其最终的内在形态是品德和人格的形成。

礼也有先在性,这就是天赋的人性。人性被天赋予"相近"取向,构成礼的最终解释依据;人性被后天生存所激活敞开"相远"倾向,成为礼得以建立和规范的动力机制。

礼之于邦国或者天下,是其根本保障体系。邦国和天下的保障体系有二:一是军队,一是礼。相对地讲,军队比礼更重要,但礼比军队更根本,因为强大的军队不仅需要精良的武装,更需要精神、信仰、行为规范和边界即"礼"的武装。所以,礼又成为军队精神力量的源泉和最终的保障机制。

礼之于个人,通过"学而"即修养而内生为品德、德性,指向生活的践履则敞开德行。因而,人生活要有礼,必须修养德性和践履德行。但有礼并不能成为君子,因为在现实生活中,小人也要讲礼,不讲礼则寸步难行。小人与君子的根本区别,是能不能够通过日常生活之礼而使自己站立起来成为大人。能够,就是君子;不能够,就是小人。君子能够站立为人的根本能力,就是"知礼",即获得有关于礼的思想、智慧、方法、限度和边界具体地讲,就是获得有关礼的如上方面的基本认知和思想,只有具备关于礼的认知和思想、智慧和方法、限度和边界,才可真正得体运用礼来齐家治邦安国,这是君子"不礼,无知识、立"的道理所在。

其三,孔子论君子知人必"知言"。

在《论语》中,"言",即指言说,说话,也指言论、典章、文献。概言之,孔子论"言",涉及两个最重要的方面:一是指"恰当"地说话,关于这方面,孔子讲得最多,并反复强调"言"与"行"和"言"与"信"的关系。二是指言论。在《论语》中,言论与说话有根本区别:说话是空间性的,并且凡人之言都是"说话";但言论不仅呈空间性,更体现时间取向,即只有当空间性的言说进入时间之域,获得**时间的保存**然后又通过文章、文献、典章的方式不断地再现出来,才可称之为"言论"。所以,言论具有三个方面的自身规定和要求:第一,必须是进入历史的言说、话语;第二,其言论的主体必须是"知命""知礼"者;第三,凡言论,必须具备超越时空限制的历史功能。

概括本章中的"知言",也有两层含义:首先,在"恰当地说话"层面,知言,是指具备怎样恰当说话的智慧、方法;唯有具备说话的智慧和方法,才可能在生活中恰当地说话。但恰当说话的智慧和方法的实质,是对"说话"的深刻思想。其次,在超越时空的"言论"层面,所谓"知言",指了解历史、认知历史、觉解古人和前贤的思想,理解其历史、思想如何形成、怎样展开、如何演变的规律、原理、法则。比如颜渊问仁。孔子告之曰:"克己复礼为仁。一日克己复礼,天下归仁焉"(《颜渊》),这是信而好古的孔子以"不作"方式讲述殷商宽简仁政如何演化为周的繁复"礼制",由此形成礼崩乐坏的历史进程中,又将如何可能新生出以古代宽简"仁爱"来化解和重塑周代的繁复之礼,使之再造活力。孔子以如此方式促进人们觉悟"殷因于夏礼,所损益,可知也。周因于殷礼,所损益,可知也。其或继周者,虽百世,可知也"(《为政》)。孔子"信而好古",因为只有用这种方式才能获得**由古而今**的"言论"之智。这是孔子创造返本开新"思想范式"的奠基认知和知识,这一奠基认知和知识蕴含深幽广博的言论之智,并由此开出返本开新的历史发展观和"以仁入礼"的文道救世道路,系统讲述警醒未来的旷世新"言",即《论语》。

孔子"不知言,无以知人"是从两个方面讲:首先,孔子指出,缺乏如何"恰当说话"的思想、智慧和方法,根本不可能了解当世,原因是无法了解每天与之打交道的任何个体。对任何人来讲,一旦既不了解个体,也不了解当世,根本不能成为一个真正意义的君子,既无法交往,也无法从政。其次,如果缺乏对历史性的言论的智慧,自然无法了解古人,不能了解古人,怎能了解历史;不能了解历史,何能建设当世?孔子提出返本开新、以仁入礼的文道救世理想,以及如何实施"仁德-公道"的施治社会方案,恰恰是从历史和当世两个层面深刻地"知言"所形成的思想成就。

四

初步理解孔子"不知命,无以为君子也。不知礼,无以立也。不知言,无以知人也"的有限智识论思想,则可体会孔子"知命""知人""知言"思想对日常生活的作用。

首先,孔子的"知命"之智,落实在生存现实中,就是**边界观,限度观**;体现在修德取位和以德正位方面,就是**什么事该做,什么事不该做**。其次,孔子的"知礼"之智,指在知道了什么事该做、什么事不该做的前提下,知道不该做的事应该以何种方式不作为;该做的事必须以什么方式去做才可做得最好。孔子的"知言"之智则告知人们两个方面的智慧:一指什么该说、什么不该说;二指该说的应该怎样说,该说多少,说轻说重应该怎样权衡。

进一步讲,孔子的"知命"思想,表面看是关于人力之外的自然力量方面的智慧，但究其实，却是关于怎样在根本上知己的智慧。知己之智，不仅是知天之智，也是知人之智，更是知言之智；对知天之智、知人之智、知言之智的整合生成，则形成知己之智，也是知命之智。人要获得知命或者知己之智，不仅要以知人之智的获得为前提，更要以对知言之智的获得为基础、土壤。本章作为《论语》最后一章，意在强调觉悟知言是获得知人之智的根本前提。何也？**言，涉及名，名涉及位，位涉及立，立却涉及存在的大地和头顶的天空，还有就是无限拓展和延伸的时空（即历史）。**人者，要立，必须站立在自然和历史的双重大地之上，才可真正明确其位；要明确其位，须正其位；正其位，须通过言来实现，即只有通过言来命名和正名。所以，知其言，构成对人的全面认知、全面了解、全面确立的必需思想基础、智慧基础和方法基础。"不知言，无以知人也"，讲的是知人须知言，知言即知人；不仅如此，知言还**既是正名的过程，也是立人的过程。**这个过程恰恰是**人与己的互动**；正是这个互动过程，才生成出主体间性的交流方法。对话理解方法，它落实到教学上来，就是教学相长。在这种对话理解过程中，无论人还是己，所获得的不仅是知识视野的开阔，情感的唤醒，德性的提升，更是乐的达成。因而，**"有朋自远方来，不亦乐乎"蕴含对"兴于诗，立于礼，成于乐"的生成性。**

参考文献

一

(清)阮元校刻:《十三经注疏》,北京,中华书局 2008 年版。

国学整理社:《诸子集成》,北京,中华书局 2012 年版。

中华书局编辑:《新编诸子集成》,北京,中华书局 1990 年版。

四川大学古籍整理研究所:《诸子集成补编》,成都,四川人民出版社 1997 年版。

(汉)伏胜撰:《尚书大全》,(东汉)郑玄注,(清)陈寿祺辑校,上海,商务印书馆 1937 年版。

(清)王夫之:《尚书引义》,王孝鱼校,北京,中华书局 1977 年版。

(汉)何休注:《春秋公羊传注疏》,(唐)徐彦疏,上海,上海古籍出版社 2014 年版。

(晋)范宁注:《春秋穀梁传》,(唐)杨士勋疏,上海,上海古籍出版社 1990 年版。

(晋)杜预注:《春秋左传集解》,上海,上海人民出版社 1977 年版。

(晋)杜预注:《春秋左传正义》,(唐)孔颖达正义,北京,中华书局 1983 年版。

童书业:《春秋左传研究》,上海,上海人民出版社 1980 年版。

(东汉)毛亨撰:《毛诗正义》,(东汉)郑玄注,(唐)孔颖达正义,上海,上海古籍出版社 1990 年版。

(战国)左丘明:《国语》,(三国)韦昭注,上海,上海古籍出版社 2015 年版。

徐元诰:《国语集解》,王树民、沈长云点校,北京,中华书局 2002 年版。

黄怀信等:《逸周书汇校集注》,李学勤审定,上海,上海古籍出版社 2007 年版。

方诗铭、王修龄:《古本竹书纪年辑证》,上海,上海古籍出版社 2005 年版。

张富祥:《〈竹书纪年〉与夏商周年代研究》,北京,中华书局 2013 年版。

[美]倪德卫:《〈竹书纪年〉解谜》,邵东方、魏可钦等译,上海,上海古籍出版社 2015 年版。

(东周)老子:《老子本意》(《诸子集成》本),(清)魏源注,上海,上海书店 1986 年版。

(东周)管子:《管子》,(清)戴望注,上海,上海书店 1986 年版。

(东周)管子:《管子》,(唐)房玄龄注,(明)刘绩补注,刘晓艺校点,上海,上海古籍出版社 2015 年版。

(东周)晏婴:《晏子春秋集译》(《新编诸子集成》),吴则虞撰,北京,中华书局 1962 年版。

(东周)晏婴:《墨子间诂》(《新编诸子集成》),孙诒让撰,北京,中华书局 1986 年版。

(东周)孟子:《孟子正义》,(清)焦循撰,北京,中华书局 2006 年版。

(东周)庄子:《庄子集解》(《新编诸子集成》),(清)王先谦撰,北京,中华书局 1987 年版。

（清）朱文熊：《庄子新义》，上海，华东师范大学出版社 2011 年版。

（东周）吕不韦主编：《吕氏春秋校译》，陈奇猷校译，上海，学林出版社 1984 年版。

（东周）吕不韦主编：《吕氏春秋》（《二十二子》本），（东汉）高诱注，上海，上海古籍出版社 1986 年版。

（东周）荀子：《荀子集解》，（清）王先谦撰，北京，中华书局 1988 年版。

（东周）韩非子：《韩非子集解》，（清）王先慎撰，北京，中华书局 2006 年版。

（东周）韩非：《韩子浅解》，梁启雄解，北京，中华书局 1960 年版。

（东周）商鞅：《商君书》，（清）严可均校，上海，上海书店 1986 年版。

（东周）列御寇：《列子译注》，严北溟译注，上海，上海古籍出版社 1986 年版。

（汉）郑玄注：《礼记正义》（《十三经注疏》本），（唐）孔颖达正义，北京，中华书局 1980 年版。

（元）陈澔注：《礼记集说》（《四书五经》本），天津，天津古籍书店影印 1988 年版。

（汉）郑玄注：《仪礼注疏》（《十三经注疏》本），（唐）贾公彦疏，北京，中华书局 1980 年版。

（汉）郑玄注《周礼注疏》（《十三经注疏》本），（唐）贾公彦疏，北京，中华书局 1980 年版。

（唐）李隆基注：《孝经注疏》（《十三经注疏》本），（宋）邢昺疏，北京，中华书局 1980 年版。

（汉）戴德撰：《大戴礼记》（《丛书集成》本），（北周）庐辩注，北京，商务印书馆 1938 年版。

（汉）刘向：《说苑疏证》，赵善诒疏证，上海，华东师范大学出版社 1985 年版。

（汉）刘安：《淮南子注》（《诸子集成》本），（东汉）高诱注，上海，上海书店 1986 年版。

（汉）王符：《潜夫论笺校正》（《诸子集成》），（清）汪继培校正，上海，上海书店 1986 年版。

（汉）扬雄：《法言义疏》（《诸子集成》本），汪荣宝撰，北京，中华书局 1987 年版。

（汉）王充：《论衡》（《诸子集成》本），上海，上海书店 1986 年版。

（汉）贾谊：《贾谊集》，上海图书馆校点，上海，上海人民出版社 1976 年版。

（汉）贾谊：《新书》（《百子全书》本），杭州，浙江人民出版社 1984 年版。

（汉）贾谊：《新语校注》（《新编诸子集成》本），王立器注，北京，中华书局 1986 年版。

（汉）董仲舒：《春秋繁露》，北京，中华书局 2016 年版。

（汉）韩婴：《韩诗外传》，许维遹校释，北京，中华书局 1980 年版。

（晋）葛洪：《抱朴子》（《诸子集成》本），上海，上海书店 1986 年版。

（清）顾栋高：《春秋大事表》，吴树平注，北京，中华书局 1993 年版。

姚彦渠：《春秋会要》，北京，中华书局 1955 年版。

章书业：《春秋史》，上海，上海古籍出版社 2003 年版。

(清)崔述:《夏考信录》(《丛书集成》本),北京,商务印书馆1938年版。

(清)崔述:《丰镐考信录》(《丛书集成》本),北京,商务印书馆1938年版。

(清)崔述:《洙泗考信录》(《丛书集成》本),北京,商务印书馆1938年版。

钱穆:《先秦诸子系年》,北京,商务印书馆2001年版。

[日]家井真:《〈诗经〉原意研究》,陆越译,南京,江苏人民出版社2012年版。

(清)方玉润:《诗经原始》,北京,中华书局1986年版。

张丰乾:《〈诗经〉与先秦哲学》,北京,北京大学出版社2009年版。

二

李启谦等编:《孔子资料汇编》,济南,山东友谊出版社1991年版。

李启谦等编:《孔子弟子资料汇编》,济南,山东友谊出版社1991年版。

李启谦等编:《孔志·洙泗考信录·孔门实录》,济南,山东友谊出版社1990年版。

(三国)何晏注:《论语注疏》,(宋)邢昺疏,上海,上海古籍出版社1990年版。

(三国)何晏集解:《论语集解义疏》,(南朝)皇侃疏,北京,中华书局1985年版。

(梁)皇侃撰:《论语义疏》,高尚榘整理,北京,中华书局2013年版。

(宋)朱熹集注:《四书集注》,长沙,岳麓书社1995年版。

(宋)郑汝谐:《论语意原》,北京,商务印书馆1938年版。

(宋)江声:《论语竢质》,北京,商务印书馆1938年版。

(宋)赵良猷注:《论语注参》,北京,商务印书馆1938年版。

(宋)周梦溪:《质孔说》,北京,商务印书馆1938年版。

(元)程复心编:《孔子论语年谱》,北京,商务印书馆1960年版。

(清)刘宝楠:《论语正义》,上海,上海古籍出版社1993年版。

(清)冯登府:《论语异文考证》,上海,上海古籍出版社1996年版。

(清)宋翔凤:《论语说义》,北京,华夏出版社2018年版。

(清)吕留良:《四书讲义》,北京,中华书局2017年版。

(清)崔述:《论语余说》,上海,上海古籍出版社1983年版。

康有为:《论语注》,北京,中华书局1984年版。

程树德:《论语集释》,北京,中华书局2013年版。

钱穆:《论语新解》,北京,生活·读书·新知三联书店2012年版。

王靖之:《论语通议》,台北,三民书局1977年版。

杨伯峻:《论语译注》,北京,中华书局1980年版。

黄克剑:《论语疏解》,北京,中国人民大学2014年版。

杨义:《论语还原》,北京,中华书局2016年版。

李泽厚:《论语今读》,北京,生活·读书·新知三联书店2012年版。

李零:《丧家狗:我读〈论语〉》,太原,山西人民出版社2011年版。

金纲:《〈论语〉鼓吹:圣贤的光荣与漏洞》,天津,天津人民出版社2007年版。

伍晓明:《吾道一以贯之:重读孔子》,北京,北京大学出版社2013年版。

黄俊杰:《中日四书诠释传统初探》,台北,台湾大学出版中心2004年版。

黄俊杰:《东亚儒者的四书诠释》,台北,台湾大学出版中心2005年版。

〔日〕松川健二:《论语思想史》,林庆彰等译,台北,万卷楼图书股份有限公司 2006年版。

唐明贵:《论语学史》,北京,中国社会科学出版社 2009 年版。

单承彬:《论语源流考述》,长春,吉林人民出版社 2002 年版。

蒋鸿青:《汉代至北宋〈论语〉学史考论》,北京,社会科学文献出版社 2017 年版。

闫春新:《魏晋南北朝论语学研究》,北京,中国社会科学出版社 2012 年版。

宋钢:《六朝论语学研究》,北京,中华书局 2007 年版。

廖云仙:《元代论语学考述》,台北,新文丰出版股份有限公司 2005 年版。

朱华忠:《清代论语学》,成都,巴蜀书社 2008 年版。

张清泉:《清代〈论语〉学》,新北市,花木兰文化出版社 2008 年版。

(宋)程颐、程颢:《二程集》,北京,中华书局 2006 年版。

(宋)朱熹:《朱子语类》,北京,中华书局 1986 年版。

(清)顾炎武:《日知录集释》,黄汝成集释,上海,上海古籍出版社 2006 年版。

(宋)陆九渊:《象山语录》,济南,山东友谊出版社 2001 年版。

(宋)陆九渊:《陆九渊集》,北京,中华书局 1981 年版。

(宋)朱熹等编:《近思录》,济南,山东友谊出版社 2001 年版。

(明)王阳明:《传习录》,沈顺葵译注,广州,广州出版社 2004 年版。

(清)王夫之:《思问录·俟解》,王伯祥校点,北京,中华书局 1956 年版。

康有为:《大同书二种》,上海,上海三联书店 1998 年版。

倪世和:《论语:人性与伦理道德》,南昌,江西人民出版社 2018 年版。

唐德先:《孔子伦理政治哲学》,长春,吉林教育出版社 2003 年版。

王世明:《孔子伦理思想发微》,济南,齐鲁出版社 2004 年版。

胡晓地:《论语贯通:孔子政治哲学刍议》,北京,中国社会科学出版社 2019 年版。

林存光:《孔子政治哲学研究》,北京,学习出版社 2019 年版。

日知:《孔子的政治学》,长春,东北师范大学出版社 1990 年版。

三

(汉)司马迁:《史记》,北京,中华书局 1975 年版。

(汉)班固:《汉书》,(唐)颜师古注,北京,中华书局 1962 年版。

吴锐:《中国思想的起源》,济南,山东教育出版社 2003 年版。

侯外庐、赵纪彬、杜国庠:《中国思想通史》,北京,人民出版社 2004 年版。

萧公权:《中国政治思想史》,北京,商务印书馆 2013 年版。

梁启超:《先秦政治思想史》,天津,天津古籍出版社 2003 年版。

韦政通:《中国思想史》,上海,上海书店 2003 年版。

徐复观:《中国人性论史:先秦篇》,上海,上海三联书店 2001 年版。

顾颉刚:《古史辨》第 1 册,上海,上海古籍出版社 1982 年版。

余英时:《现代危机与思想人物》,北京,生活·读书·新知三联书店 2013 年版。

余英时:《士与中国文化》,上海,上海人民出版社 2014 年版。

成中英:《中国文化的现代化与世界化》,北京,中国和平出版社 1988 年版。

徐复观：《中国学术精神》，上海，华东师范大学出版社2004年版。

（东汉）许慎：《说文解字》，长沙，岳麓书社2006年版。

曾宪通主编：《古文字与汉语史论集》，广州，中山大学出版社2012年版。

段玉裁：《说文解字注》，上海，上海古籍出版社1981年影印版。

朱骏声：《说文通训定声》，北京，中华书局1984年版。

马如森：《殷墟甲骨文实用字典》，上海，上海大学出版社2008年版。

徐朝华：《上古汉语词汇史》，北京，商务印书馆2003年版。

陈初生：《金文常用字典》，西安，陕西人民出版社2004年版。

梁漱溟：《东西文化及其哲学》，上海，商务印书馆1933年版。

唐君毅：《中国文化之精神价值》，台北，正中书局1984年版。

唐君毅：《中华人文与当今世界》，桂林，广西师范大学出版社2005年版。

唐君毅：《中华人文与当今世界补编》，桂林，广西师范大学出版社2005年版。

四

［英］安东尼·肯尼：《牛津西方哲学史：第一卷·古代哲学》，长春，吉林出版集团有限责任公司2012年版。

［德］黑格尔：《哲学史演讲录》，贺麟、王太庆译，北京，商务印书馆1983年版。

［古希腊］亚里士多德：《政治学》，吴寿彭译，北京，商务印书馆1983年版。

［古希腊］亚里士多德：《尼各马科伦理学》，苗力田译，北京，中国社会科学出版社1999年版。

［古希腊］色诺芬：《回忆苏格拉底》，吴永泉译，北京，商务印书馆2007年版。

［英］休谟：《人性论》，关文运译，北京，商务印书馆1983年版。

［英］休谟：《休谟政治论文选》，张若衡、关文运译，上海，商务印书馆1933年版。

［法］罗什福科：《道德箴言录》，何怀宏译，北京，生活·读书·新知三联书店1987年版。

［美］E.希尔斯：《论传统》，上海，上海人民出版社1991年版。

［法］帕斯卡尔：《思想录》，何兆武译，北京，商务印书馆1997年版。

［法］孟德斯鸠：《论法的精神》，张雁深译，北京，商务印书馆1982年版。

［法］托克维尔：《论美国的民主》，董果良译，北京，商务印书馆1993年版。

［英］阿克顿：《自由与权力》，侯健、范亚峰等译，北京，商务印书馆2001年版。

［英］埃德蒙·柏克：《自由与传统》，蒋庆等译，北京，商务印书馆2001年版。

［法］贡斯当：《古代人的自由与现代人的自由》，阎可文等译，北京，商务印书馆1999年版。

［奥］哈耶克：《通往奴役之路》，王明毅译，北京，中国社会科学出版社1997年版。

［英］卡尔·波普尔：《开放社会及其敌人》，陆衡译，北京，中国社会科学出版社1999年版。

［英］卡尔·波普尔：《历史决定论的贫困》，杜汝楫等译，北京，华夏出版社1987年版。

[意]马基雅维里:《君王论》,惠泉译,长沙,湖南人民出版社1987年版。

[法]古斯塔夫·勒庞:《乌合之众:大众心理研究》,冯克利译,北京,中央编译出版社2000年版。

[法]塞奇·莫斯科维奇:《群氓的时代》,许列民等译,南京,江苏人民出版社2003年版。

[西]米格尔·德·乌纳穆诺:《生命的悲剧意识》,段继承译,上海,上海人民出版社2019年版。

[瑞士]古斯塔夫·荣格:《寻求灵魂的现代人》,张敦福等译,北京,国际文化出版公司2001年版。

[美]卡伦·霍妮:《我们内心的冲突》,王作虹译,贵阳,贵州人民出版社2004年版。

[美]塞缪尔·亨廷顿:《文明的冲突与世界秩序的重建》,周琪等译,北京,新华出版社2002年版。

[德]雅斯贝尔斯:《大哲学家》,李雪涛主译,北京,社会科学文献出版社2006年版。

[美]本杰明·史华兹:《古代中国的思想世界》,程钢译,南京,江苏人民出版社2014年版。

[美]赫伯特·芬格莱特:《孔子:即凡而圣》,彭国翔、张华译,南京,江苏人民出版社2002年版。

[美]郝大维、安乐哲:《通过孔子而思》,何金俐译,北京,北京大学出版社2005年版。

[美]郝大维、安乐哲《孔子哲学思微》,蒋弋为、李志林译,南京,江苏人民出版社2004年版。

[美]郝大维、安乐哲:《先贤的民主:杜威、孔子与中国民主之希望》,何刚强译,南京,江苏人民出版社2004年版。

[美]顾立雅:《孔子与中国之道》,高专诚译,郑州,大象出版社2000年版。

[美]狄百瑞:《儒家的困境》,黄水婴译,北京,北京大学出版社2009年版。

[美]倪德卫著、万白安编:《儒家之道:中国哲学之探讨》,周炽成译,南京,江苏人民出版社2006年版。

[美]孟旦:《中国早期人的观念》,丁栋、张光东译,北京,北京大学出版社2009年版。

[美]牟复礼:《中国思想之渊源》,王立刚译,北京,北京大学出版社2009年版。

[美]杜维明:《〈中庸〉洞见》,段德智、林同奇译,北京,人民出版社2008年版。

[美]安乐哲、郝大维:《〈中庸〉的新诠与新译》,彭国翔译,北京,中国社会科学出版社2011年版。

[美]余纪元:《德性之镜:孔子与亚里士多德的伦理学》,北京,中国人民大学出版社2009年版。

附录 1　孔子"吾道一以贯之"新解

雅斯贝尔斯在《大哲学家》中将孔子定义为"思想范式的创造者"①,认为他与苏格拉底、耶稣、佛陀共同创构人类"强大的哲学思想运动的基石"②。雅斯贝尔斯如是论断,为重新理解孔子思想学说真谛打开一扇门窗,要能推开这扇门窗领略到孔子博大厚重的思想学说,需要突破千百年来的"圣人"观念和浅表的注疏模式,放弃后证方法,回归《论语》语境,做**抓纲举目**的奠基功夫,即重新审问孔子的"吾道一以贯之",因为它构成孔子之"思想范式"的认知基石。

一、孔子发问"一以贯之"的潜在动机

孔子学说尽在《论语》中。一部《论语》,"一以贯之"一语出现两次,并且都由孔子本人提出:

> 子曰:"参乎,吾道一以贯之。"曾子曰:"唯。"子出,门人问曰:"何谓也?"曾子曰:"夫子之道,忠恕而已矣。"(《里仁》)
>
> 子曰:"赐也,女以予为多学而识之者与?"对曰:"然。非与?"曰:"非也。予一以贯之。"(《卫灵公》)

孔子主动询问弟子是否理解自己"一以贯之"的学问之道,《论语》虽然只记载两次,实际上可能远不止,被询问者可能也不止于曾子和子贡。由此或可表明:第一,孔子主动询问弟子是否理解其"一以贯之"之道,应是孔门学问的大事件。第二,孔子发现自己"一以贯之"的学问之道,并不为弟子真正理解:不仅孔门中原本就"鲁"的曾子将其认定为"忠恕";就是被誉为"瑚琏"之器的子贡,也仅仅认为夫子"一以贯之"之道是"博学多识"。这一"鲁"一"慧"的两种回答,折射出孔门弟子无知夫子之道的普遍性。

向弟子询问是否真理解己道,这对孔子来讲应属"反常"行为,因为孔子自设的为教原则和方法是"不愤不启,不悱不发,举一隅,不以三隅反,则

---

① ［德］雅斯贝尔斯:《大哲学家》,李雪涛主译,北京,社会科学文献出版社 2006 年版,第 43 页。
② ［德］雅斯贝尔斯:《大哲学家》,李雪涛主译,北京,社会科学文献出版社 2006 年版,第 13 页。

不复也"(《述而》)。当学生未达到对问题的心愤求通状态,不予以启发;当学生的思想没有陷入欲求表达而无以语的困境,不予以开导;当学生对问题的思考或讨论没有达到举一隅而类推其三的状态,决不会提点。哪怕是对"最好学"的颜回,也是如此:正是基于这一为教准则和方法,孔子才有"回也,非助我者也。于吾言无所不说"(《先进》)的失望。以此观之,孔子主动询问弟子知与不知己道的潜在动机,确实是感到弟子不知或误知己道的严重后果,甚至预感到了某种危机。这种危机何以被预感到,已无可确考,但通过《论语》,仍然有如下"踪迹"可寻。

首先,引发孔子之曾子问的**潜在诱因**,可能源于子贡问"礼":

> 子贡问曰:"有一言而可以终身行之者乎?"子曰:"其恕乎!己所不欲,勿施于人。"(《卫灵公》)

子贡向夫子请教,能不能用一个词来概括终身奉行的行为准则?孔子毫不犹豫地告诉子贡,能够概括人终身奉行的准则的那个词是"恕",并指出"恕"不过是"凡自己不欲为之事,不要鼓动或强求别人为之"。

孔子关于对"恕"的思考和言说,实际上可能不少,但《论语》只收录了两条,除子贡问外,还有仲弓问:

> 仲弓问仁。子曰:"出门如见大宾,使民如承大祭。己所不欲,勿施于人。在邦无怨,在家无怨。"仲弓曰:"雍虽不敏,请事斯语矣。"(《颜渊》)

子贡问是否"有一言而可以终身行之",实际上是问"礼"何可落实于日用常行的生活,孔子以"恕"字相勉,并定义什么是"恕"。仲弓问仁,孔子同样用"恕"作答,但重心是告知仲弓为政应该**怎样才能做到**恕,孔子告知仲弓,为政只要从外交、役民、待人、出行或居家这四个方面做到了恕,就是仁。

孔子论"恕",有仁与礼两个不同角度:从仁入手论"恕",重在揭示作为德性的仁落实于君子成己成人的日用常行,就是无怨恨之爱:恕者,爱也。己所不欲,勿施于人,就是爱人。从礼入手论"恕",重在强调作为普遍社会规则的礼落实为个人行为就是边界约束和规范,突出"恕"之善待,或曰对人的**同情的理解**。

以同情、理解、爱为内涵规定的"恕",既是待人原则,也是待人方法。

作为原则,是指"恕"之于内,生成同情、理解、爱的心理品质和德性,这就是要有**推己及人之心**。作为方法,是指"恕"之于外,是彰显同情、理解、爱的行为方式,这就是**推己及人之行**。不仅如此,"己所不欲,勿施于人"这一行为准则还贯穿两种精神:**客观中正精神和自由精神**,前者强调:根据人同此心、心同此理的人性原则,处事的客观态度和中正方式是,不强求或诱惑别人去为自己不愿为之事。后者强调:根据平等的原则,为人的正常方式是:自己希望自由的方面,也考虑别人有同样的自由期待。

"恕"的思想,既是对仁的践履的思想,也是对礼的践履的思想,或曰"恕"即是主体之"仁"和客观之"礼"如何落实为个人日用常行的生活方法和行动准则,所以"恕"来源于仁和礼,但又不是仁和礼本身。然而,孔门弟子中可能有人并不理解这种区别,或误以恕就是仁,或误以为恕也是礼。弟子受教所形成的这种误解,为孔子所察知,于是就有了"参乎,吾道一以贯之"之问。

其次,引发孔子之问子贡的潜在诱因,可能源于孔子总是无失时机地强调博学多识的重要性:

> 子曰:"学而时习之,不亦悦乎?"(《学而》)
>
> 子曰:"君子博学与于文,约之以礼,亦可以弗畔矣夫。"(《雍也》)
>
> 子曰:"博学于文,约之以礼,亦可以弗畔矣夫。"(《颜渊》)
>
> 子曰:"笃信好学,守死善道。"(《泰伯》)
>
> 子曰:"吾尝终日不食,终夜不寝,以思,无益,不如学也。"(《卫灵公》)
>
> 子曰:"三人行,必有我师焉,择其善者而从之,其不善者而改之。"(《述而》)
>
> 子曰:"汝奚不曰:其为人也,发愤忘食,乐以忘忧,不知老之将至云尔。"(《述而》)
>
> 子曰:"小子,何莫学夫诗?诗可以兴,可以观,可以群,可以怨。迩之事父,远之事君。多识于鸟兽草木之名。"(《阳货》)

孔子总是向弟子灌输博学多识的重要性,由此可能造成弟子误以为夫子之道应该是博学多识之道。孔子以"女以予为多学而识之者与"问子贡,子贡如实回答"就是",孔子认为这是子贡对自己学问的最大误解。确实,有人曾经认为孔子是"不知而作"的天才时,孔子予以否定:"盖有不知而作之者,我无是也。多闻择其善者而从之,多见而识之,知之次也。"(《述而》)孔子告诉问者,自己之所以能"不知而作",首先是博学多闻,其次对所学到的东西强记,最后才对所学所记的东西深刻认识和理解。所以,"不知而作"不过是闻、识、知三者融会贯通,其中最根本的是知,没有对博学多识的"东西"予以真正的知,是不可能有作的。所以孔子指出,求知的真正目的是获得能够将所有学得的东西都贯穿起来的那个原理,或者说法则、方法。这个原理(或法则、方法)是曾子所讲的"忠恕"吗?如果是忠恕,曾子之言成立;如果不是,曾子之言不能成立。

二、"忠恕"的本义及在孔子学说中的位置

"忠恕"的本义 孔子问曾参:"我的学问之道贯穿于我的言行和教学始终的,你懂吗?"曾参回答"唯"。既然曾参"唯"了,孔子以其一贯的"不愤不启,不悱不发,举一隅,不以三隅反,则不复也"的为教准则,也不再问了。然而,竟让孔子想不到的是,曾参的这一"唯",从根本上修正了他的思想学说之道,将其终身"守死"的"一以贯之"之道浅表化为"忠恕",从而导致孔子一以贯之的思想学说一直处于迷雾之中。明代贺复征曾指出:"吾道一以贯之,千百年间未有明摘其蕴者。"[①]清代刘宝楠也认为孔子的"吾道一以贯之"一语"自汉以来不得其解"[②];台湾大学黄俊杰教授亦指出:2000年来,东亚儒者对孔子"吾道一以贯之"所做的疏解文字,犹如夏夜繁星,虽难以计数,但却不得其要。[③]

千百年来形成这种状况,可能既与孔门中有未能进入夫子思想学说之门者有关,更有后世一些儒者的主观作为有关。

仅就前者言,孔子总是分述"忠""恕"这两种行为准则。《论语》中关于"恕"的两条语录,虽然分别从仁和礼来定义"恕",但其基本观念、思想相同:"恕"是一种如何待人的行为准则和方法,其基本伦理诉求是对人的同情、理解、爱,形成此一伦理诉求的内在依据是天赋的人性;一旦将这一待人的行为准则用于应对具体的生活情境,就变成一种灵动的推己及人方法,这种方法不仅体现中正的精神,也体现相对自由的精神和边界约束原则,即自我自由但也不损他人自由的精神和边界约束原则,构成"恕"这一伦理行为准则的内在灵魂。

与"恕"不同,"忠"在《论语》中共出现十八次,凡内容十六章。所以,"忠"指涉的范围远远大于"恕":恕,只相对人言,即对人应该持怎样的态度

---

① 贺复征:《文章辨体汇选》,第590卷,台北,台湾商务印书馆1983年版,第13~14页。

② 刘宝楠:《论语正义》,上册,北京,中华书局1990年版,第152页。

③ 黄俊杰:《德川时代日本儒者对孔子"吾道一以贯之"的诠释:东亚比较思想史的视野》,《文史哲》2003年第1期。

并在行为上应该采用什么样的方式,才是合伦理的,才是有德的。"忠"字却既指涉人,也指涉事,但就其语义内容言,"忠"主要指忠诚和诚实。

就忠诚言,忠既指涉人,也指涉事。指涉事,是指人必须忠诚于事。在孔子看来,当你该为、必为之事或者需要你为之的任何正当之事,都必须忠诚对待,忠于职守,比如子张问"令尹子文三仕为令尹,无喜色。三已之,无愠色。旧令尹之政,必以告新令尹。何如?"时,孔子以"忠矣"(《公冶长》),回答。令尹子文"三仕"无喜色和"三已"无愠色,并且"旧令尹之政,以告新令尹"的这种"忠",不是忠君,而是忠"令尹之政",或曰忠邦政、国事。同样,曾子传述孔子之"吾日三省乎吾身。为人谋而不忠乎?"(《学而》)之忠,仍然是指忠诚于事,即检讨自己为人所谋之事是否做到了忠诚。

在孔子"忠"的思想中,忠诚于事,是"忠"之普遍意义,忠诚于君,是"忠"之特指义,理由是:为事,是每个人天天面对的,它构成生活的基本内容;对人来讲,为事忠诚与否,构成人的生活的基本成色,也是君子与小人的分水岭。相反,事君,只是特殊人群的特殊人生经历。所以,孔子关于忠君的记载,《论语》只收录了"君使臣以礼,臣事君以忠"(《八佾》)一章。表述"忠君"的严格的条件界定,即唯有当"君使臣以礼"时,"臣事君以忠"才是合伦理的,才是道德的。孔子如此严格规定"忠君"的思想,本质上体现**人格平等**的道义观和**以事为准则**的契约观,因为在孔子看来,忠诚君主必须围绕所为之"事"展开,即只有以忠诚于事为准则,"君使臣以礼,臣事君以忠"才成立。孔子关于以事为准则、以人格平等的道义为条件规范的忠君思想,亦有旁证:当鲁执政大夫季康子咨询"使民敬忠以劝,如之何?"时,孔子马上纠正他的错误观念,指出只有执政者"临之以庄",民才敬;唯有当执政者"孝慈"时,民才忠。(《为政》)在孔子看来,世界上绝对没有无条件的忠君。哪怕是民,要使他们忠君,也必须要求君主必须首先具备"临之以庄"和"孝慈"等德性品质和德行能力。

《论语》中收录"忠"的十六章文字内容,表达的第二个方面的意思是对人对事诚实、质朴、直待。从《论语》看,孔子只言"恕",从不言"忠恕",但却三次言"忠信":

> 子曰:君子不重则不威,学则不固。主忠信,无友不如己者,过则勿惮改。(《学而》)
> 子曰:"主忠信,毋友不如己者,过则勿惮改。"(《子罕》)
> 子曰:"十室之邑,必有忠信如丘者焉,不如丘之好学也。"(《公冶长》)

孔子认为,具有普遍指涉功能的"忠"字,其语义内涵是诚,是实,是直,是朴。唯有当在言行和为人处事各个方面体现人性本真的直、朴、实、诚时,才可产生信,才可得人信。这是孔子连用"忠""信"的认知基础。正是在这一认知基础上,孔子才以"文、行、忠、信"为"四教"（《述而》）,特别强调"忠"作为人成己为君子的根本性:"**樊迟问仁。子曰:'居处恭,执事敬,与人忠,虽之夷狄,不可弃也。'**"（《子路》）"子张问行。子曰:'言忠信,行笃敬,虽蛮貊之邦行矣。言不忠信,行不笃敬,虽州里行乎哉?'"（《卫灵公》）其根本目的是培养弟子成己成人立世的基本伦理能力,即"居之无倦,行之以忠"（《颜渊》）能力。

剖开文字表面的语义纠缠,孔子之"恕",讲**爱人**,是君子日用常行的爱人原则,强调为己的有限性和待人的平等性,突出相对自由;孔子之"忠",讲**诚事**,是君子日用常行的诚事原则,强调唯诚于事,才可忠于人,也唯诚于事,才可得信于人。在孔子看来,"恕"之于人,是有限的;但"忠"之于事,却呈现为无限可能性。

"忠""恕"在孔子学说中的位置　曾参是孔子游国途中招收的后进弟子之一,小孔子四十六岁,孔子向曾参言"吾道一以贯之",是要激发人去参悟何为"一以贯之"之道,也可能是以此考察曾参的资质具有多大程度的可培养性。天资并不高的曾参却并没有领悟到夫子真意,自信满满地将平日里学到的"恕"与"忠"观念予以感觉组合,然后向门人信口开河:"夫子之道,忠恕而已矣。"曾参的如此行状,自然在夫子的考察中不及格,于是才有了孔子"**参也鲁**"（《先进》）的评价:"鲁"者,反应迟钝,脑子不灵活,缺乏独立思想能力,问题思考浅表化,甚至感觉主义。

曾参平庸,表现在心智上只属于"不可语上"而只能"语下"者（《雍也》）,但曾参却自视甚高,将其心智的平庸自化为聪明的行为方式,就是以自我良好的感觉方式将别人的思想"削足适履"为自己的理解。对于曾参如此平庸的做法,孔子采取"有教无类"的包容心,让其能接受多少就是多少。只是孔子没有想到的是,这位本来平庸的弟子却在他身后做出不平庸的努力:在孔子身后,曾参不仅自立门户、自创门派,与同门争夫子思想正统:"堂堂乎张也,难与并为仁矣"（《子张》）,并以夫子思想学说正宗传人自居,而且还授意弟子在其身后再次编辑《论语》,以全面确立"曾子"路线:

既然《论语》已经过仲弓时期、有若时期的两度编纂,曾子弟子面对旧籍、重编《论语》时,会采取何种编纂原则? 从今存《论语》的篇章学分析,曾子弟子对固有《论语》总体结构的"大盘子",没有进行根本性的改动。由仲弓、子游、子夏、有若、子张相继编成的《论语》原本,在儒门众弟子中已几乎是人手一册,若做根本性改动,难免篡改之嫌。与仲弓期的"搭框架"、有若期的"改框架"不同,曾门编纂具有"因框架"的内在性……然而这番不动框架的内在性编纂不可小觑,它改变了《论语》道统的方向和特质。质言之,其内在性取向,无非就是输入曾门价值观,强化曾门最知真孔子,最能承传孔子道统的材料证明和价值认同。前两次编纂在庐墓守心孝,或孝期届满重新任事之时,最是讲究恪守殷礼;曾门第三次编纂,离孔子丧期已远,孔门主要弟子多已离散,罕有存世者,这就可以集中精力于道统传承上。这是最后一次编纂与前两次编纂的根本性差异。①

　　《论语》最后一次编纂,是曾子卒后曾门重修,强化曾子传道的当然性,虽然保留第一次编纂时《先进篇》的"参也鲁",但也增加"曾子曰"在《学而篇》者二、在《里仁篇》者一、《泰伯篇》者三、《颜渊篇》者一、《宪问篇》者一、《子张篇》者四。其中《泰伯篇》的"曾子有疾"二章,年代最晚,为曾门弟子忆述无疑。所增篇幅仅占全书的百分之三,却最终形成传承孔子之道的颜回、曾子路线。尤其是所增的"吾日三省吾身"、"慎终追远,民德归厚矣"、"吾道一以贯之"、"士不可以不弘毅……仁以为己任"诸章,使曾子路线得以形成。②

　　或可说,曾参之"夫子之道,忠恕而已"一章,在第一、二次编纂的版本中都没有,而是由曾门弟子主持第三次编纂时加进去的,被加进去的这一章既构成"曾子路线"的纲领,也构成"曾子路线"的灵魂,它将孔子为东方世界创造的"思想范式"改变成为一种具体的伦理行为准则,孔子的思想学说由此被掐头去尾地压缩成为道德规范学说。

　　曾门弟子第三次编纂《论语》所贯彻的"曾子路线",本可通过严谨的学术探讨而得到辨别,但千百年来却得不到有效辨别,应与宋代程朱道学有关。

　　曾子之学,诚笃而已。圣门学者,聪明才辩,不为不多,而卒传其道,乃质鲁之人尔。故学以诚实为贵也。③
　　程子曰:"以己及物,仁也,推己及物,恕也。'违道不远'是也。忠

---

① 杨义:《论语还原》上册,北京,中华书局 2016 年版,第 268～269 页。
② 杨义:《论语还原》上册,北京,中华书局 2016 年版,第 10～11 页。
③ (北宋)程颢、(北宋)程颐:《二程集》第 3 册,北京,中华书局 1981 年版,第 327 页。

恕一以贯之,忠者天道,恕者人道,忠者无妄,恕者所以行乎忠也,忠者体,恕者用,大本达道也。"……又曰:"圣人教人,各因其才,'吾道一以贯之',惟曾子为能达此,孔子所以告之也。曾子告门人曰:'夫子之道,忠恕而已矣';亦犹夫子之告曾子也。"①

程朱将他们心中的"圣人"孔子的思想学说之全体削减为曾参的"忠恕",并不顾及孔子在世时对曾参"鲁"的客观判断,并将孔子考察曾参要他**去参悟**"吾道一以贯之"改写成孔子向曾参**传授**其"一以贯之"的"忠恕"之道。清代最善质疑的崔述也跟着吹拍:"盖曾子于孔门,年最少而学最纯,故孔子既殁,后学多宗曾子者。圣道之显,多由子贡;圣学之传,多由曾子。子贡之功在当时,曾子之功在后世。"②崔述的瞎吹,依据于程朱;程朱抬高曾子,表面上有《论语》中的"曾子路线"为依据,但根本的动机却是程朱是要续接"思孟"主义道统链条:"孔子没,传孔子之道者曾子而已。曾子传之子思,子思传之孟子。"③孟子之后是谁呢? 自然不是汉代经学家们,更不是提出"道统"概念并首倡道统的韩愈,而是程朱们自己。这是心智、智识远远高出曾参的二程和朱熹,完全可以通过研习《论语》而辨别出孔子"一以贯之"的思想学问之道绝不是"忠恕",但却要偏偏相信曾参的信口雌黄的根本动机和学术信念。

从根本讲,曾门弟子对《论语》的第三次编纂,增加了曾子言论 14 篇,虽然增加的篇幅不大,但却在思想、观念、学说等内在性方面确立起"颜回、曾子路线"。这一路线的确立将《论语》予以了内在性撕裂,使孔子思想学说以及贯穿其思想学说的"夫子之道"人为地割裂成为两个,即被曾门弟子篡改了的"夫子之道"和孔子本人的思想学说之道,前者是"忠恕"之道,后者是以返本开新的历史发展观为认知论和方法论,以"以仁入礼"为路径、以文道救世为目标的中正之道,它统摄孔子的历史哲学、伦理学、政治学、知识论、"学而"教育学、人性论为一体的思想学说体系。在这个开放性生成建构的学说体系中,"忠"和"恕",仅仅是其伦理学说中指导个人生活的道德规则。

---

① (南宋)朱熹:《四书章句集注》,长沙,岳麓书社 1995 年版,第 102 页。

② 顾颉刚编订:《崔东壁遗书·洙泗考信余录卷之一》,上海,上海古籍出版社 1983 年版,第 373 页。

③ (南宋)朱熹:《四书章句集注》,北京,中华书局 1983 年版,第 127 页。

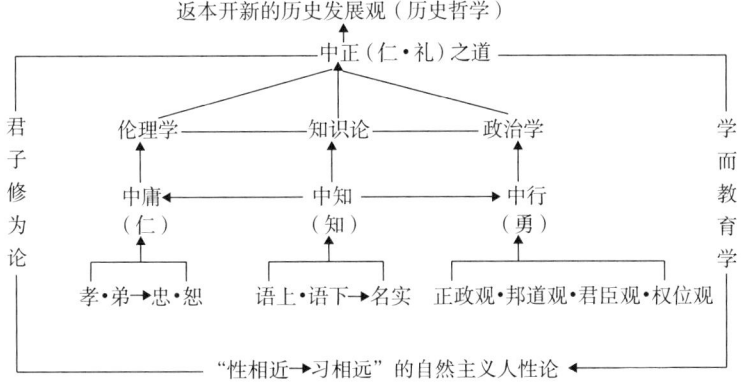

图附录-1　"中庸"在孔子思想学说中的位置

三、孔子"一以贯之"的中正之道

图附录 1 所示,孝、弟、忠、恕,只是孔子之伦理学的实践论,它由"中庸"统摄,但本质规定却是"中":中的思想不仅贯穿孔子的伦理学,构成"中庸之德",而且贯穿孔子的知识论和政治学,形成中知论和中行论;而"中"又被"正"所书写,形成中正之道,它才构成孔子"一以贯之"之道。孔子的"一以贯之"之道,不仅有其自然主义人性论的土壤,更有其历史哲学的认知基础。

一以贯之:返本开新的历史发展观　《论语》作为一本言行录,最大特点是每条语录都没有相应的背景知识和何以如此说话的语境信息,这是千百年来研究《论语》也只是在注疏模式中打转的根本原因。虽然如此,但《论语》本身又为能还原语境、续补关联理解的背景知识提供许多潜在可能性。比如,如果将《里仁》第十五章"吾道一以贯之"、《卫灵公》第三章"多学而识"和第二十四章"一言可以终身行之"、《宪问》第十八章"参也鲁"以及《颜渊》第二章"仲弓问仁"等联系起来研读,或可发现孔子平时教弟子"恕"与"忠",其实与"孝""弟"二者同为君子日用常行规范,都属于**形下**方面的实践知识,天资本属"不可语上"的曾参,自然可通过多闻强记而烂熟于心。当孔子欲其体悟"一以贯之"之道,他也就很自然地按照自己的方式将其形上问题予以形下对接,将识记于心的"忠""恕"合并使之变成夫子的"一以贯之"之道。曾参将夫子"一以贯之"之道定义为"忠恕",然后向门人宣讲,使孔子哭笑不得,只能叹息"参也鲁"。但曾参对夫子之道的误传,可能引发同门对师道的错乱理解:比如,可能有的信曾参所言,有的可能更相信夫子之"多学而识之"。

孔子答"仲弓问仁"，或可能出于破曾参"夫子之道，忠恕而已"谬论，所以重心不是强调"己所不欲，勿施于人"是"仁"，而是告诉仲弓如何在日用常行中做到"恕"，意在于强调"恕"的行为规则性，揭示"恕"作为行为规则只是在日常生活中如何待人的原则，它与"忠"没有必然关联，因为"恕"以"人"为中心，无条件要求，即凡"己所不欲"，必须"勿施于人"；与此不同，"忠"却以"事"为中心，辐射开去无论指向具体的事、人或特定的君主以及不定的他人，都必须有明确的条件要求。此其一。其二，"恕"之于人，是同情的理解和爱；"忠"之于人，却是以"诚""朴""直"为主体前提，以"信"为效果要求。

孔子以"多学而识"问子贡，是为化解博学多识为"一以贯之"之道这一错误观念。所以孔子针对子贡之"然"而直截了当地指出："赐啊，你的判断大错特错了。我的学问的根本所在不是博学多识，而是贯穿博学多识于始终的那个**根本的思想**。"这一"根本的思想"是什么呢？需要理解孔子应答"子张问"和"颜渊问"：

> 子张问："十世可知也？"子曰："殷因于夏礼，所损益，可知也。周因于殷礼，所损益，可知也。其或继周者，虽百世，可知也。"（《为政》）
> 颜渊问仁。子曰："克己复礼为仁。一日克己复礼，天下归仁焉。为仁由己，而由人乎哉？"颜渊曰："请问其目。"子曰："非礼勿视，非礼勿听，非礼勿言，非礼勿动。"颜渊曰："回虽不敏，请事斯语矣。"（《颜渊》）

子张问"礼"能否久远承传，孔子首先肯定地回答，礼仪制度、道德规范不仅可以承传十世，即使承传百世也可以推知。然后再阐述何以能如此的理由：文明始终是生成、承传、因革、损益地向前发展。在孔子看来，礼这种政治文明是夏商周三代承传所生成。孔子如此说法，虽然是一历史陈述，但却彰显出两个明确坚定的判断：第一，只有文明传统才需要承传；第二，承传本身是生成的。子张以静态方式审视传统，担心它不能传之久远，孔子却以动态的眼光考察历史，敏锐地捕捉到传统自身的生成性本质却是**损益**：礼之所以能世世代代生生不息地传递，是因为它被承传的过程始终充满了自我保持和自我更新。礼之自我保持，是它的本质的不变性；礼之自我更新，在于它必须适应当世要求与变化而自我革掉不适应其要求与变化的那些因素。基于这一基本的历史认知，孔子很自信地告诉子张：殷商的政治文明延续了夏朝的礼仪制度，根据传统承传的生成性原理，这种延续有所因革，但其所废除或增加的内容都是可以知道的；同样，周朝的政治文明延续了殷商的礼仪制度,根据传统承传的生成性原理,这种延续同样有所因革,并且其所废除或增加的内容也是可知的。时代在变化,但传统不可中断,并且传统始终在当世因革中保持常新。以此观当世,虽然群雄争霸,天下道术分裂,但最终会回归正道而重建秩序,其政治文明的传统仍然会继续,弘扬夏商文明的周代礼仪制度必然会为当世所承传,并且同样是遵循传统自身的生成论原理而有所损益。所以,只要明白政治文明是建立在传统基础上,充分认识到传统需要承传,真正懂得了传统承传的自生成性规律,掌握了传统承传的损益原理,其礼仪制度的承传不仅十世可知,而且百世亦可推知。

客观地看,孔子答"子张问"确实很精彩:对未来世界的知与不知,不在于所知的对象和知的行为本身,而是取决于我们求知的基本姿态。能够求知未来的正确姿态是什么呢?孔子没有说,但孔子却通过言说"虽百世而可知"的结果和达于可知的求知原理,表达出真正的求知应该具备"变中不变"和"不变中变"的整合姿态。唯有持"变中不变"的姿态,才会把握事物保持自身区别于他者而独立存在的不变因素,发现流动不居的世界背后隐藏着的亘古不变的法则。同时,唯有持"不变中变"的姿态,才会发现自然、生命、事物生生不息的规律,领悟天下万事万物何以使自己常在的根本法则。"变中不变"和"不变中变",是自然宇宙、生命世界的总法则,理解、把握并运用这一总法则来指导人的认知,就构成认知的"因革"和"损益"原理:孔子论"损益",是从遵循"变中不变"和"不变中变"法则必然产生某种良好结果这一角度入手;孔子论"因革",却是从遵循"变中不变"和"不变中变"法则所展开的行为本身切入。因而,求知事物和世界之未来可能性的根本原理,应该是整合其结果论和行为论,并使之融为一体所形成的"因革-损益"原理。

孔子通过应答"子张问"而阐述了传统的因革规律和损益原理,然而对于传统言,需要承传和增益的是什么?需要革新和抛弃的又是什么呢?为此需要体悟孔子的"从周"论:

子曰:"周监于二代。郁郁乎文哉,吾从周。"(《八佾》)

理解孔子"从周论",须理解两个关键词:首先是"监"字,孔安国注为"视",邢昺为之详细疏解,后人多从孔、邢之说。但"监"更通"鉴"(《隶释》),指镜子,有甄别、选择、借鉴义。根据其语境,应为借鉴"二代之礼而损益之"。其次是"从周"之"周",一般译成"周代",但却属望文生义,根据其语境,所遵从的应是"监于二代之周"。所以孔子说:"周代以禹夏和殷商两代为镜,并借鉴两代治理经验和吸纳两代礼法精华发展成昌盛的文明,我主张遵从返本开新的周道。"从根本讲,孔子"从周",是因为"周监于二代",但"从周"的这一理由却是建基于他对历史严肃考辨所得出的三个史学结论:

第一,历史是连续性的,文明是承传发展的。由于这一规律,社会的变革虽所有破坏,但本质上却推动了历史进步、文明承传和革新。

第二,由夏而商至周,这是文明发展的过程。在这一过程中,周在继承夏商全部优秀文明成果的基础上,实现了更高水准的发展。所以,相对夏商言,周文明是最高文明,再造文明传统,必须从周文明始。

第三,"信而好古"的孔子在考信历史的过程中被迫面对一个历史事实:即复殷复夏均不可能,其根本原因有二:首先,夏殷二代的文化历史制度已不可考,是因为文献"不足征"(《八佾》);其次,周是对夏殷的继续和发展,从周,实际上是对禹夏殷商之古代文明的推崇。

孔子主张通过"从周"方式再造古代文明传统,揭示了传统与现实的关系,指出现实发展必须正视传统,必须以传统为基础并应充分释放传统的魅力,这是历史的必然,也是文明对现实的要求,任何主观想象和个人偏好都不可能改变。以此观之,孔子在"周监于二代"认知基础上的"从周"主张,其实是对再造文明的历史规律的**发现**:再造当世文明虽然必须从周文明始,但并不是照搬周文明,而是要做**返本开新**的功夫。对孔子来讲,做这一返本开新功夫所必须遵循的基本准则却是**损益**:"损益"之"损",就是革除、抛弃;"损益"之"益",就是保留、运用、发挥、发展。"损益",是历史、传统、文明得以承传发展的根本法则:只有能够促进发展的历史内容,才是可承传和必承传的;反之,凡是阻碍发展的历史内容,就是需要抛弃并且必须抛弃的。孔子认为,只有掌握了这一法则,既可以反观历史的经验与教训,也可以瞻望和预知未来,更可以准确地把握现实。这就是"殷因于夏礼"和"周因于殷礼"的"损益"可知论所蕴含的深邃思想。

一以贯之:以仁入礼的"克己复礼"路径   孔子之所以采取"损益"方式再造古代文明,是基于两个理由:首先,周尚文,典章制度粲然大备。其次,历史始终向前,文明总需发展,传统必须适应历史向前的步伐和文明发展的需要,这是孔子"克己复礼为仁"主张的深刻寓意所在,即"克己复礼为仁"必然敞开"以仁入礼"路径。孔子所致力于开辟的以仁入礼路径,不仅因为历史的发展规律和文明的前进规律,还因为殷商文明的不同取向所形成的特色,孔子就是要通过"以仁入礼"方式,实现对古代文明的当世再造。具体地讲,周文明崇尚典章文物,殷文明崇尚宽简仁爱,前者重形式,后者重内容。以仁入礼,就是启用宽简的殷仁来激活和焕发繁富的周礼,使之重放当世文明的光辉。所以,以仁入礼,既是孔子返本开新历史发展观的当世落实,更是其再造当世文明之"克己复礼为仁"方案的实施路径。所以,无论理解"以仁入礼",还是理解"克己复礼为仁",都需要从"仁"入手。

孔子之"仁",涉及主体性建构和践履两个维度。仁之于主体性建构言,是修养,体现涵摄的内聚性;仁之于主体性践履论,是修行,体现行为释放的表现性。在《论语》中,仲弓、司马牛、子张、樊迟等人问仁,都属于如何**内在地建构仁**;颜渊问仁,孔子却告诉他应该如何**自信地实行仁**。

在孔子看来,仁之于个体,既是需要涵养的德性问题,更是需要践履的德行问题;仁之于社会,却始终是开放性生成的问题,只能根据具体对象、具体情景、具体问题的整合把握才可理解。

> 颜渊问仁。子曰:"克己复礼为仁。一日克己复礼,天下归仁焉。为仁由己,而由人乎哉?"颜渊曰:"请问其目。"子曰:"非礼勿视,非礼勿听,非礼勿言,非礼勿动。"颜渊曰:"回虽不敏,请事斯语矣。"(《颜渊》)

仅从前者言,孔子认为涵养仁,颜渊应该很容易做到,但如何有成效地实行仁,才是颜渊面临的困难,所以孔子为颜渊设计了如何实行仁的思路。首先,孔子告知颜回,实行仁的总思路是"克己复礼为仁",它展开为三个步骤:第一是克己,在一般意义上,"克己"指对利欲的克制,但对安贫乐道的颜回来讲,需要克制的却是对实行的畏惧,根源可能是对实行的不自信;第二是一旦克制住内心的畏惧和不自信,就可进入"复礼"环节,走向对礼的实行;第三是一旦如实地实行,就会获得仁。其次,孔子告知颜回,实行仁虽然是由三个环节组成的过程,但**要领**只是"**为仁由己,不由人**":只要自己愿意实行,仁就随你来了;并且,你一旦获得了仁,就拥有了仁,你所看到的世界就成为仁。其三,孔子的耐心点化给了颜回以信心,让颜回感觉到实行仁并不难,并愿意付诸再简单不过的"四勿"行动。

就后者言,"述而不作"的孔子总是善于建构"事件的本体论,而不是实体的本体论"①,即总是通过对具体的生活场景、生活事实、生活过程甚至生活细节的讲述,来阐发本体性的思想,往往使所讲述的内容获得了思想的具体指涉性与思想的抽象指涉性两个维度。仅颜渊"问仁"和孔子"解

---

① [美]郝大维、安乐哲:《孔子哲学思微》,蒋弋为、李志林译,南京,江苏人民出版社 2012 年版,第 7 页。

仁"言,如果有意识地还原其语境,尽可能透过其表层的具体内涵探究其本体性思想时,就会发现颜渊"问仁"和孔子"解仁"的这四个来回对答所展开的完整过程,为了解孔子之"仁"提供了如下三个维度的整全视野。

首先,指出"仁"的完整含义是什么。

孔子告诉颜渊,"仁"是由内而外生成的过程:向内,是修心养性;向外,是以仁行礼。修心养性,就是涵养仁性、仁意、仁心、仁情、仁爱,再造人性。只要这样做了,就会获得德性;一旦拥有如此内涵的德性,自然具备了仁。行礼,就是行为彬彬有礼和彬彬有理:彬彬有礼要求言行有限度和边界,符合人之为人、社会之为社会的规范;彬彬有理要求言行必须遵道扬理,即凡事须讲理。概括地讲,仁就是内修其德性,外习其礼仪。

这是对"仁"的静态性理解,但真实的"仁"却是动态生成性的。所以孔子告诉颜渊:在"道术将为天下裂"的当世,仁就是向内克己,向外复礼。一旦如是观,一个问题被突显出来:在利欲泛滥、礼乐崩坏的现实境遇中,克己复礼是否可能?孔子对此持坚定的乐观态度,并通过为颜回解仁之惑而明确表达其基本判断:克己复礼是完全可能的,这种可能性建立在共同人性基础上,即天赋"相近"的人性为克己复礼提供了土壤。就其本性言,人具有**向仁守礼**的基本意愿和**依礼而行**的生存能力。因为共同的人性才形成习俗与传统,也因为共同的人性才使人们遵守习俗与传统。所以,孔子讲"克己复礼",实际上是引导颜回关注传统和习俗:传统和习俗是一种整体的动力力量,它推动人最终走向自我克制,渴望仁,遵循礼,实现仁的欢乐。

其次,清楚讲述了仁与礼的关系。

仁与礼的关系,是动机、手段、目的的关系:首先,仁是礼的动机、动力;其次,礼是仁的手段;第三,仁是礼的目的。

仁由为己而生成,礼乃践行方可体现。"依'礼'而行就是完全向他人开放;因为礼仪是公共的、共享的和透明的;不依'礼'而行则是隐蔽的、暧昧的和邪恶的,或纯粹是专横的强迫。正是在这种与那些在终极的意义上类似于自己的他人的美好、庄严、共享以及公开的参与中,人才会获得自我的实现。"①进一步讲,仁既是主体建构的内容,也是主体释放的内容。主体建构仁,**可以不依礼**;主体释放仁,**必须通过礼**。仁之于主体的完整性,必须是建构与释放的互为响应,这需要"礼"的促成。所以,从仁的主体性建构到仁的主体性释放所展开的完整过程,就是**以仁入礼达乐**,亦可表述为**修仁习礼成仁**,而"成仁"的感性状态,就是乐。

---

① [美]赫伯特·芬格莱特:《孔子:即凡而圣》,彭国翔、张华译,南京,江苏人民出版社2002年版,第15页。

最后,阐述清楚了"仁"怎样形成。

孔子用通俗易懂的语言告诉颜渊,仁靠修炼而成。所谓修炼,就是克己,即克制、约束自己的利欲、畏惧、懒惰、不自信甚至盲目、愚昧等。克己的根本动力来源于自己,克己修仁只能靠自己。首先自己要有仁的内在需要,然后才有对仁的外在要求,这是"为仁由己"而"不由人"的道理。

然后以此为依据讲述何以实现"仁"。孔子说,任何人,不管什么时候,只要你做到了克己复礼,天下就进入了你的仁心之中,你就会以仁满天下之心去善待天下,以仁满天下之力去感化天下。一人可以如此,人人均可如此。当每个人都做到了克己复礼,整个天下不仅成为仁心观照的天下,也将变成仁的天下。

孔子通过为颜回解仁,强调"为仁由己"。"为仁由己"这一基本思想,首先指**为仁由性**:为仁必须修性,使天赋人性获得仁的洗礼,成为仁性;其次指**为仁由心**:为仁必须修心,使本然之心获得仁的光照,成为仁心;其三指**为仁由意**:使蕴藏于生命底部的生命意志、自由意志接受仁的沐浴,使之成为仁意、恒意;其四指**为仁由情**:使本能驱动的冲动和情绪化为仁情,产生仁爱。如上四者是"为仁由己"的主体性方面;除此,为仁由己的客体性方面,是己与人之间形成的仁态关系,必须**由己生发,由己送达,由己实现**。

"为仁由己"思想一旦从如上两个方面扩大,就形成"克己复礼"必须以"仁"为逻辑起点、以"仁"为动力、以"仁"为准则并最终以"仁"为实现的目标内容。所以,"克己复礼为仁",不仅体现返本开新的历史发展观,更突显出"以仁入礼"的实施路径。

一以贯之:由仁而公的中正之道   孔子返本开新的历史发展观,其历史性表述就是运用殷商的仁爱思想来损益繁富的周礼,使之焕发拯救当世的文明功能;其当世的实践论表述就是以修仁为动力,通过"克己复礼"来实现当世之仁(即乐)。这就出现两个问题:

第一,何为仁? 何为礼?
第二,判断何为仁、何为礼的依据或标准是什么?

关于前一个问题,孔子以三种不同的方式予以表述:首先,"恭、宽、信、敏、惠"是仁,因为"恭则不侮,宽则得众,信则人任焉,敏则有功,惠则足以使人"(《阳货》)。其次,"温、良、恭、俭、让"(《学而》)是礼。其三,对"恭、宽、信、敏、惠"和"温、良、恭、俭、让"的整合抽象,就是"仁、知、礼",知注之于"仁"而释之为礼,必然生成为乐,这就是以仁入礼达乐。

关于第二个问题,孔子认为,判断是否仁或礼的标准、尺度必须是同一的,如果判断的尺度或标准不一,就会出现仁者可能无礼,礼者可能不仁。在孔子看来,这个能够衡量和判断是否仁和礼的同一标准、尺度一定是既不过也不无及:

> 子贡曰:"如有博施于民,而能济众,何如? 可谓仁乎?"子曰:"何事于仁,必也圣乎! 尧舜其犹病诸! 夫仁者己欲立而立人,己欲达而达人。能近取譬,可谓仁之方也已。"(《雍也》)

子贡问,做到"博施于民,而能济众"就是"仁"吗? 孔子告诉他,第一,这是仁之过。第二,超过仁的行为是"圣",但"圣"却古今不得见。第三,真正的仁,是"己欲立而立人,己欲达而达人",因为人在本性上是利己的,将利己限制在不偏私的状态,就是仁。这种不偏私的利己状态,就是"自己想有所成就时也帮助别人有所成就,自己想得到利益也帮助别人得到利益"之"中"立状态,这种凡事求"中"立的状态的本质规定却是"正",即凡事唯有持正时,才可达于中,因为正是中的内在规定,中是正的形态呈现。所以,衡量人为仁的修养是否仁,看其是否中正;修中正之仁而习礼,其所行之礼必中正。

中正作为"以仁入礼达乐"的标准、尺度的思想,贯穿孔子的所有思想,比如,孔子讲正名知识论、讲天赋的心智论,都强调中正思想:前者如"名不正则言不顺,言不顺则事不成,事不成则礼乐不兴,礼乐不兴则刑罚不中,刑罚不中则民无所措手足。故君子名之必可言也,言之必可行也。君子于其言,无所苟而已矣"(《子路》);后者如"中人以上,可以语上也,中人以下,不可以语上也"(《雍也》)。从根本讲,孔子的正名思想和天赋心智论思想,是以中正为本质规定。

同样,孔子的道德哲学,同样以中正为根本规范,这是孔子倡导"中庸之为德也,其至矣乎"(《雍也》)的理由:道德作为日用常行的行为规范和准则,之所以体现至高要求性,是因为它在本质上是中的,是正的。并且,正是因为中正对道德的本质规定,才有作为道德规范之具体形态的"恕"和"忠"同样必须接受中正的规范和约束。

不仅如此,孔子的政治哲学更是强调中正思想。孔子政治哲学的基本思想是"为政以德"(《为政》):在过去,人们一直将其理解为"以德为政",其实有违孔子的本义。对于"譬如北辰,居其所,而众星共之"的"为政以德"之"政",孔子在回答季康子问政时,做了明确的定义和解释:"政者,正也。子帅以正,孰敢不正!"(《颜渊》)政治,就是**正治**,即**以己正正人、以己正正事、以己正正邦**。孔子的这一中正政治哲学思想,贯穿于他的邦国治理实践设想及方法之中,比如"以道事君,不可则止"(《先进》),"不在其位,不谋其政"(《宪问》)等等,都贯穿中正思想。

中正构成孔子一以贯之的大道。孔子认为,遵循中正之道来修仁,就会养成仁德的德性;遵循中正之道来习礼,就会践履公道的德行。所以,孔子"一以贯之"的中正之道的完整表述,是中正的仁德-公道之道,简称为中正之道或中道。

附录 2 孔子返本开新的历史发展观

　　中国文化以儒学为主干,儒学以孔子学说为主要来源,因为孔子学说集"三代"精华而自任之。然而由于《论语》留下孔子"信而好古""克己复礼"等诸多言论,经历激进者们的诠释,形成其"保守主义""复古主义"之类误读,这类误读往往成为无形发酵剂,诱导人们对孔子思想学说做支离破碎的曲解或误解。面对这种现象,要客观理解孔子思想学说,需要重新审视他的历史观。

一、澄清理解孔子历史观的基本问题

　　探讨孔子的历史观,需做前提性观念澄清,但应以区分历史、编年史、历史观为认知起步。

　　历史属**存在**范畴,它指已逝的以民族国家为基本单位的社群生活及过程,主要由日常生活内容(或曰"生活细节")及重要生活事件组成;历史观属**价值**范畴,它是人对已逝社群生活及过程的基本看待或判断。已逝的社群生活内容被称为**历史内容**,网结这些日常生活内容的重要生活事件,被称为"**历史事件**"。以时间本身为序,记述这些已逝的重要生活事件,就形成**编年史**;对这些已逝生活内容及重要生活事件予以认知判断,就形成**历史观**;以其历史观为准则来评价这些已逝生活内容及重要生活事件,就产生**历史思想**;如果对它予以系统研究,就形成**历史理论**和**学说**。史学家们将与编年史相对应的历史判断、历史评价、历史研究等活动概括为"历史"。近代史之父兰克认为"历史……仅仅要求表达出事情曾经真正地是什么样子"[①]。兰克对历史与编年史的区分,被克罗齐表述得更明确:"编年史与历史之得以区别开来并非因为它们是两种互相补充的历史形式,也不是因为这一种从属于那一种,而是因为它们是两种不同的精神态度。历史是活的编年史,编年史是死的历史;历史是当前的历史,编年史是过去的历史;历史主要是一种思想活动,编年史主要是一种意志活动。一切历史当其不再是思想而只是用抽象的字句记录下来时,它就变成了编年史,尽

　　[①]　陈艺宁:《历史的影响与推动因素》,北京,光明日报出版社 2016 年版,第 21 页。

管那些字句一度是具体的和有表现力的。"①简言之,关注历史内容、历史
事件本身,并对其予以客观记录,就形成编年史。这是阿克顿认为史学就
是"收集历史资料的艺术"②、傅斯年认为"史学即史料学"③的根本理由。
而"历史却是关于已认定为真实的事实的叙述"④,它虽要以关注历史内容
和历史事件为起步,但最终必以对它做出客观判断、严肃评价和系统研究
为目的。

述而不作,信而好古　对编年史和历史的区分,是理解孔子历史观的
认知前提。孔子的历史观,通过他本人自述而呈现:

子曰:"述而不作,信而好古,窃比于我老彭。"(《述而》)

孔子这一自我评价,既给秦汉儒者想象"仲尼祖述尧舜,宪章文武"
(《中庸》)开启方便之门,也为近世以来激进者定义孔子"复古""保守"提供
路径。但这些附会的内容,都难以从"述而不作,信而好古"中生发出来。

钱大昕曾说:"读经易,读史难。读史而谈褒贬易,读史而证同异
难。"⑤此论或可间接地表达孔子及其思想学说被曲解或误解的历史遭遇。
清理其曲解和误解,来理解孔子此一自我评价,关键是还原"述"和"信"的
本义。

关于"述",古人注解为"传述"。比如,朱熹注为"传旧而已",后人亦沿
其说。今人如杨伯峻、李泽厚等均理解成"阐述"。就《论语》内容观,"述"
有陈述、讲述、概述三种方式。但不管哪种方式的"述",都不是单纯的"传
旧",因为单纯的"传旧",不过是编年史家的功夫,孔子是思想家,其"传述"
的主要不是已逝的生活内容和历史事件,而是如伏尔泰所讲的被"认定为
真实的"的历史"事实的叙述";即使是单纯的"传旧",也面临**选择**哪些"旧"
来"传"的问题,这就涉及选择的动机和目的。

孔子的"述而不作"向来为后世所论。然而"述"与"作"到底有何

---

①　[意]贝奈戴托·克罗齐:《历史学的理论和实际》,傅任敢译,北京,商务印书馆 2017 年
版,第 8 页。

②　[美]W.J.汤普森:《历史著作史》下卷(第 3 分册),孙秉莹、谢德风译,北京,商务印书馆
1992 年版,第 457 页。

③　傅斯年:《历史语言研究所工作之旨趣》,岳玉玺等编:《傅斯年选集》,天津,天津人民出版
社 1996 年版,第 174 页。

④　朱本源:《历史哲学与方法》,北京,人民出版社 2007 年版,第 4 页。

⑤　钱大昕:《〈元史本证〉序》,(清)汪辉祖:《元史本证》,北京,中华书局 2004 年版,第 1 页。

更深层的意思？仅仅是如前人所说的"记述"与"创作"之间的差异吗？显然并非如此。实际上，"述"是一个"**继**"的过程，而"作"是"**独**"之确立与彰显。但是,那么为什么孔子要舍"独"而求"继"呢？孔子之"独"真的会因为"述而不作"而被隐藏与遮蔽了吗？显然不是。相反,"独"的价值在于"继"中呈现,**"独"绝非孤立的,而是永远承续着传统。**(引者加粗)①

孔子之"述"的动机和目的是"**继**",这算是抓住问题的实质:因为"继"而"述",就不能走编年史的路子,而是通过严肃的历史考信来讲述(或陈述、概述)历史真相、历史真知、历史真理,其表达的语义内容既尊重史实,又超出史实本身而获得价值判断或意义赋予。比如,"性相近也,习相远也"(《阳货》),是孔子对古代人性思想的概述,也是自己对人性思考的概述;"子曰:父在,观其志。父没,观其行。三年无改于父之道,可谓孝矣"(《学而》)却属于应然性质的陈述。在孔子那里,陈述的是道理,讲述的往往是事实,但同样融入独特思考并赋予具体思想或义理表达。比如"子曰:吾十有五而志于学,三十而立,四十而不惑,五十而知天命,六十而耳顺,七十而从心所欲不逾矩"(《为政》)和"孔子谓季氏,八佾舞于庭,是可忍也,孰不可忍也"(《八佾》),前者是孔子晚年讲述自己**学而成己**的人生经历,算是最简单的自传,揭明君子**成己成人立世**的人生,不仅是"一以贯之""守死善道"的人生,亦是**返本开新**的生命过程;后者讲述鲁国贵族越制违礼的事实,表达对其僭越礼制行为的愤慨,宣示恢复返本开新的**周道**的坚毅态度。

由此不难发现,孔子为"继"而"述"本身隐含两个问题:一是"继"什么?二是如何选择所"述"内容以实现其"继"? 这是理解孔子自言"述而不作,信而好古"的关键。破解"信而好古",关键是对"**信**"字本义的理解。有关于"信",注家大多忽视它,只有何晏解之为"忠信"②。今人则译其为"相信",由此将"信而好古"译成"相信而热爱古代"③或"以相信的态度热爱古代文化"④之类,显然文意不通,因为"相信"可能引发认同,但难以激发出"热爱"。

人们历来将"述而不作,信而好古"理解为简单的述事,没有认识到孔

① 俞莆慧:《儒家"慎独"思想的延拓及其精神关怀:兼论孔子的历史观》,《中国哲学史》2013年第1期。

② (南朝)皇侃:《论语义疏》,高尚渠校点,北京,中华书局2017年版,第153页。

③ 李泽厚:《论语今读》,北京,生活·读书·新知三联书店2012年版,第205页。

④ 杨伯峻译注:《论语译注》,北京,中华书局2004年版,第66页。

子作为"思想范式的创造者"①,晚年自述一生的最大事功和根本作为,是要以此总结自己终身坚守的历史观。因而,其"述"所"继"的恰恰是对杂芜的历史内容予以严肃考信而呈现出来的古代真知和真理,即雅斯贝尔斯所指出的"孔子则宣告了古代之声。对于古代的自我尊崇,阻止了傲慢自大,可以从渺小的自我之中提出很高的要求"②。所谓孔子的"信而好古"之"信",不指"相信",而是**考辨确信**;"信而好古"之"**好**",不是"热爱",而是"**追求**""**挖掘**"。"好古"之于孔子,不是"热爱古代(文化)",而是**严肃地考信历史,挖掘杂陈于历史生活中的远古真知、真理,然后以传述的方式来教化弟子,培养文道救世的社会精英**。这就是"述而不作,信而好古"的基本内涵,它集中敞开孔子坚守终身的历史观,即**返本开新的历史发展观**。

"天命"与"天道"　历史观是后人对已逝社会生活(包括重大事件)所持有的基本态度。这一基本态度的形成始终以人为中心,因为人伫立于社会生活的中心,既必须脚踏大地,又只能头顶天空。并且,人所依赖的大地和天空,既有自在方式和运行轨道,更有自我运作力量。这些必须由人去被动承受的力量,被称为**天道;运用这种天道观念来观照或比附己之生存,就形成天命观**;被人所"觉悟"的这些天道或天命观念,总会以或这或那的方式影响人们,形成具体性质定位的历史观。

以"信而好古"方式形成的历史观,能超越上古的神道观,剔去殷人"天命玄鸟,降而生商,宅殷土茫茫"(《诗经·商颂·玄鸟》)和"赫赫姜嫄,其德不回,上帝是依,无灾无害,弥月不迟,是生后稷"(《诗经·鲁颂·閟宫》)的崇神历史观,将地球和宇宙的运动看成客观的自然存在,形成"巍巍乎,唯天为大,唯尧则之"(《泰伯》)和"天何言哉?四时行焉,百物生焉,天何言哉"(《阳货》)的观念。诚如子贡所说,夫子不言"性与天道",在孔子看来,天道乃自然的本体,也是生命的本质,它通过自然和生命本身彰显。对人来讲,既不能言,也不需要言,更不可言,只有遵从。孔子告诉子贡,性与天道,不在于说,而在于**悟**。并且,真正的**悟**开辟的是**守**的道路:**悟在于能守和会守**。从悟而守,能守和会守,这是崇性循道。自然流行是依其自身方式展开,它本身就是言说,也是大言,作为个体生命,生存于其中,无时不在接受其大言的教导,还用得着人"鹦鹉学舌"般的言说吗?

孔子将天看成自然,自然的天道可能影响人的存在,但却不决定人的存在,因为人的存在**既以人为主体,也以人道为主导**,孔子终身"述而不作,

---

①　[德]雅斯贝尔斯:《大哲学家》,李雪涛主译,北京,社会科学文献出版社 2006 年版,第 43 页。
②　[德]雅斯贝尔斯:《大哲学家》,李雪涛主译,北京,社会科学文献出版社 2006 年版,第 79 页。

1497

信而好古"，就是探索发现引导人的生活的历史真知和真理，既是"子不语怪，力，乱，神"（《述而》）的思想基础，也是"未能事人，焉能事鬼"和"未知生，焉知死"（《先进》）的思想来源。

孔子的自然天道观注入对历史的考信之中，必然赋予其历史观以**客观主义取向**，同时赋予其天命观以**客观主义定性**。

> 子曰："吾十有五而志于学，三十而立，四十而不惑，五十而知天命，六十而耳顺，七十而从心所欲不逾矩。"（《为政》）
> 孔子曰："君子有三畏：畏天命，畏大人，畏圣人之言。小人不知天命而不畏也，狎大人，侮圣人之言。"（《季氏》）

《论语》收录孔子论"天命"的内容仅两章。在这两章中，"天命"出现三次，意指人力不及的自然力量，它既构成个体生命的长度，也可赋予人降临人间的具体使命。人可以领悟它，顺应它，按其指引而践履它，孔子言自己"五十而知天命"，于五十之后毅然游国求仕并传播救世之道，这是顺应"天命"的体现。孔子言"知天命"，是说天道自然的力量可以领悟，也可以为其所用，但却不能僭越和违背，只能心怀敬畏之心，才可真知天命并真顺天道而用之。以此观之，自然主义天道观为其返本开新历史观烙上**客观主义精神印记**，自然主义天命观却为其返本开新历史观注入**经验主义的有限理性精神**。

"唯尧则之"与"雍也，可使南面" 一种完整的历史观，必要探索历史的本原，形成本原思想，因为历史本原于何者的思想为历史观的形成提供解释依据。有关历史本原的思想，可归纳为三种：一是历史本原于神道，如基督教经典《圣经·创世纪》宣称：上帝耶和华创造了世界，也创造了人；中国古代神话中各种创世说法，都体现历史神道论。二是历史本原于天道，比如老子"道生一，一生二，二生三，三生万物"（《道德经》第42章）的天道观，认为违背或抛弃其天道规律张扬人伦对生活和社会的主导时，必然导致历史的倒退，所以主张通过"去圣弱智"和"小国寡民"的方式复归其自然天道。三是历史本原于人道，即历史产生于人的诞生，人的进化形成历史的朝向必然是发展。这一历史本原于人道的思想，即是历史本原于人伦之道的思想，构成孔子体现客观主义精神和经验主义有限理性精神的历史观的最终解释因素。

> 子曰："禹，吾无间然矣。菲饮食而致孝乎鬼神，恶衣服而致美乎黻冕，卑宫室而尽力乎沟洫。禹，吾无间然矣。"（《泰伯》）

子曰："无为而治者,其舜也与? 夫何为哉? 恭己正南面而已矣。"
(《卫灵公》)

子曰："大哉尧之为君也! 巍巍乎! 唯天为大,唯尧则之。荡荡乎! 民无能名焉。巍巍乎其有成功也,焕乎其有文章!"(《泰伯》)

由此不难看出,孔子人伦主义的历史观,是**英雄创造历史**的英雄史观,其思想渊源是周人的"天命自图"论:《墨子》记载召公奭"且! 政哉,无天命! 维予二人,而无造言,不自降天之哉得之"(《墨子·非命》)。"不自降天"而自"得之"的观念,道出周之"大命"不能靠天,只能靠人。这个"人"不是今天所说的"人民",而是指文王、武王、召公、周公,也泛指变乱天下的那些"强力"者,或治理天下推动文明前进的那些社会精英。透过《论语》可以感受到:孔子与弟子及时人"相与言"过程中,对创造历史的各个层次的英雄(君子,贤人)予以多方面推崇和介绍,但"信而好古"的孔子最终也只说到尧,虽然也推崇禹、舜,但只说事功,不评价其德性。在孔子看来,真正既创造出伟大事功,又具纯备德性,创造出光明正大的文明者,只尧一人,因为他"唯天为大"而自唯"则之",更在于他以天道为准则创造了人伦。由此两个方面,尧成为舜、禹、文王、武王、周公等历史英雄的本原性楷模。

孔子论历史本原于英雄,只讲到尧,至少表明五点:第一,历史是人为的,所以历史是人的历史,不是神的历史,也不是天的历史。第二,历史由英雄创造。第三,由英雄创造的历史,是经验主义的,这是"子不语:怪、力、乱、神"(《述而》)的根本理由。第四,后人对历史的了解有限,面对有限的历史了解,只能是**有一分事实说一分话**:"夏礼,吾能言之,杞不足征也;殷礼,吾能言之,宋不足征也。文献不足故也。足,则吾能征之矣。"(《八佾》)对于遥远的历史起源,如同无法征信的夏礼、殷礼一样,与其作没有依据的推测或臆断,不如存而不论或者付诸阙如,这就是"知之为知之,不知为不知,是知也"(《为政》)。第五,英雄始终由时代塑造,历史也总是通过时代获得向前的推动力。从尧至于舜再至于禹、汤、文王、武王、周公,尽管改变或治理天下的方式或手段各不相同,却同样是英雄。孔子决不纠缠舜囚困尧而最终迫其禅让的问题,也不会指责禹如何享受禅让的恩惠而自己却消灭禅让制度将帝位传给儿子启,还赞美商纣王的臣子姬昌(即文王)以各种方式使"三分天下有其二",但因为他还继续"以服事殷",所以誉之为"周之德,其可谓至德也已矣"(《泰伯》)。孔子之如此认为,是基于人伦本原论思想形成的历史发展观。也正是因为如此,孔子才认为那个"犁牛之子"(《雍也》)出身的冉雍,也因其德才兼备而有资格"可使南面"(《雍也》)。

二、孔子历史观的性质定位与内涵规定

孔子的历史观是一种发展的历史观念。孔子之发展历史观表达了文明为何可能向前的三个基本主张:第一,历史的发展必须以返本开新的方式展开;第二,以返本开新的方式展开的历史,必须以损益为认知论和方法论;第三,推动历史以返本开新方式展开的真正力量,只能是社会精英,是"喻于文明之大义"的君子,因为只有社会精英才有能力洞察历史的兴衰,把握历史向前的规律,具备推动历史朝着返本开新方向前进的根本知识、存在智慧和理性的方法。

返本开新的历史发展观 孔子的历史观集中蕴含在如下概述中:

> 子曰:"周监于二代。郁郁乎文哉,吾从周。"(《八佾》)

理解此章内容如何呈现孔子的历史观,需要抓住两个关键点。一是"监"之本义。孔安国最早注"监"为"视",邢昺承此而做更详细的疏解,后世多从孔、邢之说。但"监"通"鉴"(《隶释》),本义为镜子,有甄别、选择、借鉴义。根据上下文语境,"周监于二代"当读为"周**鉴**于二代"。朱熹《集注》"言其视二代之礼而损益之",程树德释"从周者,即监二代之义,谓将因周礼而损益之也"(《论语集释》)。"周监于二代"乃极言周文明是**以夏商两代为镜**而发展起来的。二是理解和把握本章的表述结构和语义逻辑。本章由三句话组成,其间蕴含的严谨语义生成逻辑,是由夏商至于周再到孔子之道路选择的**历史逻辑**:夏商两代文明构成周文明发展的历史土壤,周文明既吸取夏商两代文明的精华,又反思夏商两代的教训而发展起来,形成超过夏商两代的盛大礼仪文明,这一历史进程本身构成孔子意愿于选择周道探求当世返本开新的真正动力:在孔子看来,没有夏商两代文明的奠基,不可能有"郁郁乎"周文明;没有对夏商两代文明的返本开新,也不可有周之"郁郁乎文哉";没有"郁郁乎"周文明,孔子亦不能遵从周道。孔子遵从周道的根本理由是:**周道本质上是返本开新之道**。所以,本章内容的完整语译如下:

> 孔子说:"周代以禹夏和殷商两代为镜,并借鉴两代治理经验和吸纳两代礼法精华发展成昌盛的文明,我主张遵从返本开新的**周道**。"

孔子立足礼崩乐坏的当世状况,基于未来,考信历史,确立"以仁入礼"

（即"克己复礼为仁"）的文道救世方案,依据是返本开新的历史发展观。孔子从"殷政宽简之中,发明一仁爱之原则"来弘大繁富的周礼①,要以遵从返本开新的周道入手的根本理由,在于周之盛大礼法文明是对夏殷两代文明传统的"损益"所成,其最终依据却是建基于他对历史严肃考辨得出的三个历史规律:首先,历史是连续性的,文明是承传发展的。由于这一规律,社会的变革——比如"殷革夏命"和"周革殷命"——即使所有破坏,本质上仍在推动历史进步和文明的革新。其次,相对夏商及以前的整个文明史言,周文明是"鉴于二代"的最高文明,再造文明传统,不仅要从周文明始,更应该遵从返本开新的周道。其三,作为殷遗民之后的孔子,在考信历史中被迫面对其历史事实,即复殷不可能,复夏更不可能,一是夏殷的文化历史制度已不可考,文献"不足征"（《八佾》）;二是周乃对夏商的继续和发展,遵从周道,就是对禹夏殷商之古代文明的推崇。同样,复周已不可能,凡过去了的永远过去,不可恢复,唯一可做和能做的是遵从规律和法则。所以,孔子之言"从周",不是"遵从周代"②③,也不是"主张周朝"④,更不是"遵从周的礼乐之制"⑤,而是"**遵从返本开新的周道**"。

孔子主张"遵从返本开新的周道"来再造古代文明传统,揭示传统与当世的关系:当世发展必须正视传统,以传统为基础,充分释放传统的魅力,这是历史的必然,也是文明对现实的要求。"信而好古"的孔子在充分考信"周监于二代"的基础上发现再造文明的历史规律,这就是**返本开新的历史发展规律**,它通过"周监于二代,郁郁乎文哉,吾从周"而得到正面表达。

"损益"的返本开新方法论 孔子严肃考信历史以探求古代的历史真相、历史真知、历史真理,最终发现"周监于二代,郁郁乎文哉"之返本开新的历史观,提出再造当世文明必须遵从返本开新的周道,必然要探求如何展开返本开新之道。

> 子张问:"十世可知也?"子曰:"殷因于夏礼,所损益,可知也;周因于殷礼,所损益,可知也;其或继周者,虽百世可知也。"（《为政》）

子张问礼制能否承传十世,孔子做肯定性应答:礼不仅可以承传十世,

---

① 萧公权:《中国政治思想史》上册,北京,商务印书馆 2013 年版,第 68 页。
② 钱穆:《论语新解》,北京,生活·读书·新知三联书店 2012 年版,第 63 页。
③ 李泽厚:《论语今读》,北京,生活·读书·新知三联书店 2012 年版,第 102 页。
④ 杨伯峻译注:《论语译注》,北京,中华书局 2004 年版,第 28 页。
⑤ 黄克剑:《论语疏解》,北京,中国人民大学出版社 2014 年版,第 48 页。

即使百世也可预先推知。礼之所以承传世代不衰，因为文明始终是生成、承传、因革、损益地向前发展。孔子如此说法，集中表达两个明确坚定的判断：

第一，只有文明传统才需要承传。
第二，承传本身是创新性生成的。

孔子以动态的眼光，敏锐捕捉到传统自身的**生成性本质**，即是**损益**：礼之能世世代代承传不息，因为它被承传的过程始终充满自我保持和自我更新。礼之自我保持，源于本质的不变性；礼之自我更新，在于它必须适应时代要求与变化而革新自身。具体地讲，殷朝的政治文明承袭夏朝的礼仪制度，但其承袭必有所损益，其所损（废除）益（增添）的内容是可知道的；同样，周朝的政治文明承袭殷商的礼仪制度，其承袭也有所损益，其所损益的内容同样是可知道的。时代在变化，传统不仅不可中断，还始终**在时代性损益中保持常新**。以此推论，礼仪制度的承传不仅十世可知，百世亦可推知。

孔子指出，推知未来，或者对未来世界的知与不知，取决于求知的基本姿态。能够求知未来的正确姿态是什么呢？孔子通过言说"虽百世而可知"的结果和达于可知的"损益"原理，展示真诚的求知必须具备"变中不变"和"不变中变"的整合姿态。唯有持**"变中不变"**的姿态，才把握事物保持自身区别于他者独立存在的不变因素，发现流动不居的世界背后隐藏亘古不变的法则。同时，唯有持**"不变中变"**的姿态，才发现自然、生命、事物生生不息的规律，领悟天下万事万物何以使自己**常在**的根本法则。"变中不变"和"不变中变"，是自然宇宙、生命世界的总法则，理解、把握并运用这一总法则来指导认知，必构建起认知的**"损益"原理**，它蕴含**"因革"**的方法。孔子论"损益"，从遵循"变中不变"和"不变中变"法则必然产生某种良好结果入手；孔子论"因革"，却从遵循"变中不变"和"不变中变"法则展开的行为本身观。因而，求知事物和世界之未来可能性的根本原理，应该是整合其结果论和行为论，使之融为一体形成返本开新的认知原理——"因革-损益"原理。

孔子之返本开新的认知原理所蕴含的首要认知原则是视域原则：求知事物的未来可能性，必以未来为立足点来审查现在应该怎样做，在这一视域原则规范下，遵循发现原则来审查事物本身。发现原则要求，认知的过程首先是发现使该一事物始终保持独立存在个性和特征的那些不变的恒定因素，然后去发现该事物蕴含的不适应或阻碍自己继续存在发展的因素。完成这一步之后,需要遵循因革原则:把标示事物独立存在个性和特征的那些因素保持下来,使之继续发挥功能,就是"因";将蕴含于事物中那些不适应或阻碍自身存在发展的因素消除掉,使之机能健康,就是"革"。因革事物所达到的最后结果,是使事物本身获得损益:"损",就是把一切不利于事物健康存在发展的因素都消解干净;"益",就是强化事物自身的不变因素,并从中吸纳充满活力的新因素,然后将其不变因素与所吸纳的新因素整合,使之发挥创生性功能。

孔子回答子张的提问与质疑的基本思路,是从具体到抽象,即先讲述"殷因于夏礼"和"周因于殷礼"之历史事实,然后从中抽象出"所损益,可知也"的认知原理,并以该一认知原理为方法预测未来,这就是"其或继周者,虽百世可知也"。这种以事实、历史为依据对未来的预测,让人可信;这种从事实和历史的张力中挖掘、提炼、抽象出具有普遍功能的认知原理,让人理服。因为,孔子关于礼仪制度的时代性损益理论,既领悟到世界和事物的存在本质,也把握住事物生变驻留的时代性特征,更把握事物弃旧图新的不可逆性。孔子返本开新的"因革-损益"认知理论,不仅给后人提供认知传统和有选择地发展传统的认知路径,也为由特定历史内容构成的传统如何以返本开新方式向当代转换,提供了宏观操作方法。

三、孔子返本开新历史发展观的理论框架

孔子通过对"周监于二代,郁郁乎文哉"和"殷因于夏礼,所损益,可知也……"的两维历史考信,发现返本开新的历史观,然后从不同方面展开再思考,形成体系性的历史哲学框架。

返本开新的认知视野　无论"周监于二代"还是"殷因于夏礼",都体现立足现实审视过去朝向未来的三维视野。这一三维视野构成孔子返本开新历史观的宏观方法,即融统历史、现实、未来的**共生方法**。

首先,孔子借对历史人物、历史事件的评价呈现返本开新的历史视野。在《泰伯》中,孔子讲述尧、舜、禹、文王、武王,实际上从三个方面入手表达返本开新历史观:一是通过赞美尧"唯天为大,唯尧则之",揭示返本开新历史观是建立在天道(即自然法则)基础上的,遵从返本开新历史观再造当世文明,不能违背自然规律,必须以天道为依据。孔子之言"天何言哉。四时行焉,百物生焉。天何言哉"(《阳货》),进一步表达遵从自然规律的认知。二是特别赞美尧舜,是因为尧遵循"天下为公"的天道法则,创立禅让制,舜也承尧美德,将帝位禅让给禹,这是继承,或曰返本。尧所返之本,是"唯天为大";舜所返之本,不仅"唯天为大",而且"唯尧遵之"。开新之于尧,是创

造禅让制；开新之于舜，不仅创立"慎徽五典，五典克从"的五伦常，还建立"象以典刑，流宥五刑，鞭作官刑，扑作教刑，金作赎刑。眚灾肆赦，怙终贼刑"（《夏书·舜典》）的刑法制度和刑罚体系。三是无论夏禹，还是文王、武王，在文明的事功层面，仍然体现返本开新的努力。

其次，孔子返本开新的历史观体现在他对历史走向、历史人物的德才功绩的严肃考信与评价的直曲显隐的褒贬取向，比如，孔子在齐"闻《韶》，三月不知肉味"（《雍也》），不是单纯欣赏纯美的古乐，而是借欣赏古乐阐发其返本开新历史观：在孔子看来，一切善美、真知、真理的东西都可超越时空而走进当世生活，发挥美教化的功能，因为历史上一切善美、真知、真理的内容，都能在任何时代性"变"中保持"不变"地释放属于历史和传统之中的"本体性"那部分东西；反之，即使形式华美无比的那些内容，仍然不能产生这种永恒的魅力。孔子"闻《韶》，三月不知肉味"表达了前者；孔子以"子谓《韶》：'尽美矣，又尽善也。'谓《武》：'尽美矣，未尽善也。'"（《八佾》）之正反对比表达了后者：《韶》尽美也尽善，是因为尧躬行在前，和平天下，德行昭著；《武》虽尽美，却不尽善，因为以力得天下，总是要以"血流漂杵"为代价。

最后，孔子对当世生活中许多经历、事件和问题的陈述，呈现在现实维度上对返本开新历史观的思考。这些思考很多，仅举三个方面以说明之：

一是孔子评价"雍也，可使南面"（《雍也》）。孔子生活的春秋晚期，仍然是贵族世袭制度，在这种制度框架和政治生态中，孔子如此激进地认为"犁牛之子"般的仲弓也有资格做邦国之君，是要打破世袭罔替的贵族制度，以德才为准则。孔子此论并非情境性冲动或信口开河，而是以非常理性的以返本开新的历史观为认知基础和依据：在孔子看来，始终向前的历史推动"周监于二代"创造出"郁郁乎"盛大礼仪文明，因而，遵从返本开新的周道去再造当世文明，必然要以"唯德才是举"为安邦治国的根本准则。不仅如此，德才兼具的准则还应该贯穿生活各个领域，所以，孔子因为公冶长贤，"以其子妻之"；也因为南容贤，"以其兄之子妻之"（《公冶长》）。

二是与孔子同时的季氏家臣阳货、公山弗扰和晋大夫范式家臣佛肸，以下反上，先后召请孔子相佐，孔子均应允准备前往，虽然究竟因何最终未成行，并不重要，重要的是：急骤变化的时势使非常强调礼的孔子也改变"由上至下"的求仕思路，接受"自下而上"的治邦经世认知方式，这不是孔子想急切从政的问题，而是春秋晚期"礼乐征伐自天子出"到"自诸侯出"再到"大夫篡政"至于"陪臣执国命"，其世风发生根本变化；时变，必然推动道变，这是孔子发出"人能弘道，非道弘人"（《卫灵公》）的真正认知动因。正是因为道不能弘人,只能由人去弘道,那么返本开新的历史之道,也应该在由"大夫篡政"向"陪臣执国命"的变世进程中,由人去灵活地弘大它。以此观之,孔子应允阳货等人之邀,与其主张"雍也,可使南面"一样;在巨变之世,再造新文明的使命必然降落在德才兼备且志于以文道拯救颓败当世的社会精英身上,这是"文王既没"但"天之未丧斯文也,匡人其如予何!"(《子罕》)的使命。肩负天赋的文道救世使命,在正常的社会轨道里必须按正常方式展开,在乱世中则需走出迂腐,探求"夫召我者岂徒哉! 如有用我者,吾其为东周乎"(《阳货》)。孔子之"吾其为东周"的认知依据,仍然是其返本开新的历史观;在孔子看来,只要遵从返本开新的历史观,实现文明的当世再造,何惧抛弃迂腐的形式,不是吗? 作为纣王之臣的姬昌(即文王)夺取了殷商"三分天下有其二",但因他"以服事殷",不仅是"周之德",而且是"至德"(《泰伯》)。

三是孔子对于出仕、事功及立世扬名非常看重,因为在他看来,君子的最大人生遗恨是"疾没世而名不称焉"(《卫灵公》)。虽然如此,孔子在功名利禄面前始终坚守"天下有道,丘不与易也"(《雍也》)这一准则。并且这一立身准则仍然深深地扎根于他的返本开新的历史观中:返本开新,既是历史之至道,更是天下之大道,遵从返本开新的周道,终身不会改变。并且,只要坚守这一返本开新的历史至道和天下大道,那么"吾岂匏瓜也哉? 焉能系而不食"(《阳货》)。

其四,历史指向现实,是因为现实的困境和危机;解决现实困境和危机,不仅需要从历史中寻找依据和智慧,更需要对未来的意识和关注。对未来的执着关注,构成孔子返本开新的未来观。这一未来观体现在认知、行动、反思三个层面:

在认知层面,孔子从"周监于二代"和"殷因于夏礼,所损益,可知也"两个方面陈述返本开新思想,本身就以朝向为未来为目标。

在行动层面,孔子三十五岁适齐求仕未果,回鲁等待实践返本开新周道的机会落空后,经历"五十而知天命"的觉悟,带领弟子开启长达十六年的游国长征,寻求真正的机会去践履"吾其为东周"之志。

在反思层面,孔子觉解返本开新周道的使命,接受"文王既没……天之未丧斯文也"(《子罕》)的召唤和世人"天下之无道也久矣,天将以夫子为木铎"(《八佾》)的期待,在东方复兴周道构成孔子的宿命,至死不放弃;通读《微子》,可以更深入理解孔子如何以返本开新为准则,冷静审查礼崩乐坏的当世状况及其走向,深刻反思各种可能性,掌握"齐一变,至于鲁;鲁一变,至于道"(《雍也》)的天下大势,生成"逝者如斯夫,不舍昼夜"(《子罕》)的紧迫感,展示践履返本开新周道的不可迟疑性。

返本开新的主体论思想 在过去、现在、未来三维认知框架下,孔子探索返本开新的主体问题,形成返本开新的主体论思想。万文武、王学川在《历史哲学》中指出:"如果就人类的整体来说,人和历史主体却应该是同一的,人的形成即历史主体的出现。"[①]孔子返本开新的主体,既是历史主体,也是当世之人。

孔子讲述历史主体,没有抽象的类观念,始终是具体的人。但他所讲述的人,不是泛众意义的,而是指君子、贤人或曰仁人这一特殊群体,孔子严格区分民、小人、百姓,是要突出君子、贤人或曰仁人作为历史创造主体如何推动历史的发展。

孔子讲述历史主体,从历史和当世两个维度着手。

从历史着手,孔子主要讲述了两类人,一类是历史上的贤君,另一类是贤臣。就前者言,孔子追溯尧、舜、禹、文王、武王,分别讲述他们的事功和至德,其中最推崇尧(分析见前);就后者论,《论语》收录了几十位,孔子采取点面结合方式,特别评价了管仲和子产的治世之功。管仲的不世之功,一是"桓公九合诸侯,不以兵车,管仲之力也。如其仁,如其仁"(《宪问》);二是"管仲相桓公,霸诸侯,一匡天下,民到于今受其赐。微管仲,吾其被发左衽矣。岂若匹夫匹妇之为谅也,自经于沟渎,而莫之知也"(《宪问》)。

管仲辅助齐桓公,以"尊王"和"攘夷"为双重目标,探索"以刑入礼"的返本开新治策,开创春秋早期天下和平的局面,将文明向前大大推进一步,既是至伟的事功,也是至高的仁德。晚于管仲的子产,在天下纷争的大舞台上辅助郑简公、郑定公,顺应天下巨变的大势,为实现社会转型而为田洫,作丘赋、铸刑书、成文法,开创郑国的中兴局面。孔子评价他不仅是郑国贤臣,也是返本开新周道的贤君子,认为他从"其行己也恭,其事上也敬,其养民也惠,其使民也义"(《公冶长》)四个方面成就了君子之道。不仅如此,子产如此努力的事功和德性本身,构成郑国返本开新于未来的基石:"子产于是行也,足以为国基矣。"(《左传·昭公十三年》)

就"礼崩乐坏"的当世言,孔子认为最需要遵从返本开新的周道去培养君子、建设社会的精英阶层,所以他遵从返本开新的历史观,开门授徒,运用损益方法论去培养"以仁入礼"的社会精英,将文道救世、再造文明的希望寄托在一代新人身上,《论语》从不同角度呈现孔子的弟子群像,展示孔子之如上寄托的现实和深远。

返本开新的弘道思想 孔子论历史主体,是以"人能弘道,非道弘人"

---

① 万文武、王学川:《历史哲学》,北京,社会科学文献出版社 2008 年版,第 178~179 页。

(《卫灵公》)为标准,它由两个方面构成:一是主观方面的努力"弘"。"弘"者,作为之意,指推动社会变化、进步、前进。二是客观方面的依据"道",即返本开新的周道。"弘"对"道"的开启和"道"由"弘"而展开,就是历史。马克思指出"历史不过是追求着自己目的的人的活动而已"①。以此观孔子关于"人能弘道,非道弘人"的主体所遵从、守护、弘大的"道",是人文救世之道,它的根本内涵有四:一是返本开新的历史观,包括重建文明的"损益"认知论和"因革"方法论;二是"以仁入礼"的文道救世路径,包括以**中正**为导向的"仁德-公道"的体系;三是"修德取位"和"以德正位"的君子理论,包括成己成人的"学而时习"方法;四是"一以贯之"的坚守精神,包括客观中正原则和自由精神。要言之,孔子以返本开新为认知指南,以"以仁入礼"为基本路径的人文救世之道,就是中正仁道,或曰仁德-公道。

孔子讲"人能弘道",首先指君子使命。在孔子看来,君子责任是辨善恶、正世风、导人心,其使命是弘大返本开新的发展之道。其次揭示君子的责任和使命不能随意替代,即唯有君子,才可弘道;也唯有君子,才能弘道。这是孔子终身致力于培养君子,再造社会精英阶层的根本考虑。

在孔子看来,遵从返本开新之道始终是客观、普遍的,是不以人的意愿为转移的历史存在,它要发挥再造当世的功能,需要君子这一社会主体来启动,其行为呈现是传扬、弘大"以仁入礼"的文道来拯救"道术分裂"的乱世,重建社会秩序。所以,人与道的关系,是人遵从返本开新规律对道的求用关系。返本开新之道,只有人才可弘,但人弘道的主体前提有二,一是"志于道"(《述而》),做到"三军可夺帅也,匹夫不可夺志也"(《子罕》);二是需要"一以贯之"地"守死善道"(《泰伯》)。

返本开新的认知论思想 孔子之返本开新历史观,蕴含"变中不变"和"不变中变"的认知论思想,这一思想的实践敞开即是**古今互变规律**,具体讲,就是"变中不变"与"不变中变"互为推动规律:在返本开新的历史观中,"变中不变"的是历史本体、是传统本质、是根本的道,可简称为"古";"不变中变"的是历史的现象,是传统的变数,是历史指向现实的运动,以及朝向未来的可能性,可简称为"今"。古与今的互动,是传统向现实的新生,更是本体对现象的矫正,也是"变"对"不变"的弘大。所以,当子张问"十世可知也"时,孔子却自信十足地应对"殷因于夏礼,所损益,可知也;周因于殷礼,所损益,可知也"的规律揭明"其或继周者,虽百世,可知也"。孔子总结夏商周三代呈现出来的返本开新的历史**更替规律**,即是"变中不变"与"不变

---

① 《马克思恩格斯全集》第 2 卷,北京,人民出版社 1957 年版,第 118~119 页。

中变"的互动和共生,构成最为真实的历史本体、传统本质和返本开新的历史发展观的内在原则。

内驻于返本开新历史观中的"变中不变"和"不变中变"思想,不仅构成其主导自身的内在原则,也生成古今互变的动力机制。这一动力机制的抽象形态,就是可以引导时代社会的**大"道"**;这一动力机制的个体主体化呈现形式,就是基于经验和理性整合所生成的**"弘"力**。这种弘大返本开新之道的力量之于历史主体,既靠修养和修行得来,更需要修养和修行来纯化和提升。修养之于弘道的历史主体言,就是博**"学"**;修行之于弘道的历史主体言,就是**践履**。孔子以"博学于文,约之以礼"表述之,但却要用"仁"来贯穿,使其"一以贯之"。关于这方面,《论语》有大量的讲述,比如"志于道,据于德,依于仁,游于艺"(《述而》);"兴于诗,立于礼,成于乐"(《泰伯》);"君子去仁,恶乎成名? 君子无终食之间违仁,造次必于是,颠沛必于是"(《里仁》);以及子张言曰"执德不弘,信道不笃,焉能为有,焉能为亡?"(《子张》)和"士不可以不弘毅,任重而道远。仁以为己任,不亦重乎? 死而后已,不亦远乎"(《泰伯》)等,从不同维度领悟返本开新的古今互变动力规律,这种领悟实际地推进人之成己和成人的主体性修炼。这一主体性修炼必然涉及**政治限度论**和**伦理规训论**两个方面:孔子主张"为政以德,譬如北辰,居其所而众星共之"(《为政》),认为"道之以政,齐之以刑,民免而无耻;道之以德,齐之以礼,有耻且格"(《为政》),但根本前提却是"政者,正也。子帅以正,孰敢不正"(《颜渊》)。为政就是正己以正人,正己以正事,正己以正邦,它既体现为政者的仁德,更张扬为政者的公道。遵从返本开新之道,守护和弘大历史发展之道,对于历史主体来讲,不过是以日常方式践履仁德-公道。

音序索引

会通

跋

　　人类思想史上有两位创造"思想范式"①的思想家——孔子和苏格拉底,他们创造"思想范式"均是从"人成为人何以可能"角度切入。整体地理解孔子的思想学说,从伦理入手,把握他的伦理学说大要,应是一较贴切的方式。

一、构成孔子伦理学说的基本概念

　　理解孔子如何创造出**伦理地生活**的思想范式,须以《论语》为蓝本。从梳理其基本概念入手。

　　《论语》是"孔子应答弟子、时人及弟子相与言,而接闻于夫子之语"②的语录汇编。表面看来,这些各自独立的语录互不相干,实际上却蕴含多维向度的语境关联;使这些互不相联的语言构成潜藏丰富语境内涵的要素,恰恰是组成《论语》内容的那些基本语词。杨伯峻曾在《论语译注》附录中以笔画为序罗列出《论语》1 584个词,这就是说,两万余字《论语》主要由1 584个语词构成。但除去那些表地名和表人名的名词、副词、数词、量词、动词、形容词,真正构成孔子思想学说的基本概念,却只是其中很少一部分,如择其主要者,有如下几组概念:

　　第一组概念:人:阶级与品阶的类分体系　　伦理,无论西语"ethics"之"气禀、品性、习惯和风俗"等语义,还是汉语"伦理"之"血缘、辈分、类聚"等语义,都是围绕"人"这个主体展开,因为伦理始终以人为起点,也以人为归宿。孔子创造如何伦理生活的"思想范式"的逻辑起点,是对人做类分,然后予以类分设计。

　　孔子对人的分类方式有三种:第一种社会学方式,以社会劳动分工为分类准则,将"人"类分出劳心与劳力两个阶层,由此形成统治和被统治两个阶级,前者由有姓氏的"百姓"组成;后者由无姓氏的"民"组成,这些民包括耕种贵族封地的农民、手工业者和商人。第二种伦理学方式,是在对人做出"民"和"百姓"的阶级类分基础上,对作为统治阶级的"百姓"进行分

---

　　①　[德]雅斯贝尔斯:《大哲学家》,李雪涛主译,北京,社会科学文献出版社2006年版,第43页。
　　②　(三国)何晏注,(北宋)邢昺疏:《论语注疏》,北京,中国致公出版社2016年版,第1页。

类;将以求利为生之目标者类归为小人;反之,凡以求义为生之目标者类归为君子。第三种品阶方式,是对以求义为生之目标的君子予以"志道-据德"的品阶划分:处于"志道-据德"之最高品阶上的是圣人君子,其次是善人君子,再次是贤人君子。孔子认为,最高品阶的圣人君子很难出现,哪怕尧也不能达到如此境:"子贡曰:'如有博施于民,而能济众,何如? 可谓仁乎?'子曰:'何事于仁,必也圣乎? 尧舜其犹病诸!'"(《雍也》)在孔子看来,圣人君子,不仅古代未得见,现在和未来也不得见。孔子还认为,不仅圣人古今不得见,而在"志道-据德"上次于圣人的善人君子也难得见,唯可见的只是贤人君子:

> 子曰:"圣人,吾不得而见之矣,得见君子者,斯可矣。"(《述而》)
> 子曰:"善人,吾不得而见之矣,得见有恒者,斯可矣。亡而为有,虚而为盈,约而为泰,难乎有恒矣。"(《述而》)

孔子为何在断言"圣人不得见"和"善人不得见"的基础上,很不自信地说"得见君子者,斯可矣"? 孔子此话蕴含两个层次的思考:第一,自己在有生之年能够见贤人君子就心满意足了。第二,自己有生之年能够成为贤人君子,就不枉为此生了。在孔子看来,在最低程度上,君子之为君子,就在一个"贤"字,它具体为"志于道,据于德,依于仁,游于艺"(《述而》)。志道、据德、依仁、游艺,此四者全于一身,已是很不容易,能够始终保持此四者则更艰难;或曰,人可一时一事做到志道、据德、依仁、游艺,但天天或者终身做到志道、据德、依仁、游艺,则更为艰难。所以,在孔子看来,志道、据德、依仁、游艺之贤常驻于己,只能且必须求助一个"恒"字,即贤人君子,就是有恒者。何谓"有恒"? 孔子对它做了明确的定义,那就是"一以贯之"(《卫灵公》)地"笃信好学,守死善道。危邦不入,乱邦不居,天下有道则见,无道则隐。邦有道,贫且贱焉,耻也。邦无道,富且贵焉,耻也"(《泰伯》)。

从根本讲,伦理是一种蕴含利害取向的人际关系,伦理学就是探讨如何权衡和取舍利害的人际关系的学问。伦理学所关注的主体是群化生存的人,并且其所关注的重心是群化生存中的人如何面对、选择、取舍具体人际关系中的利害。孔子志力于创造如何伦理生活的"思想范式"的实质性表述,就是基于历史经验和生活经验提炼出如何**伦理地生活**的认知-规范和操作-方法。为此,他必须首先关注人,然后立足人的阶层或者说阶级类分这一社会存在事实,对居于社会主导地位的人群予以伦理意义的"利"

1515

"义"分类和品阶分类,通过这一双重标准的分类,确立起创造伦理地生活的"思想范式"的主体类型学框架,给予伦理地生活的边界约束。

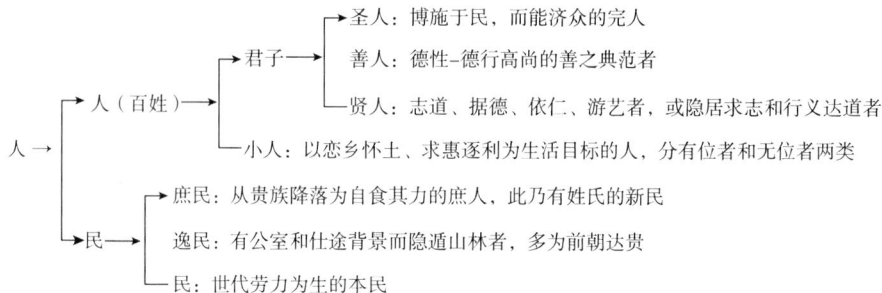

图跋-1 "人"的类分体系

第二组概念:仁、礼、乐:君子的伦理构成 孔子的伦理学说,当然是社会的伦理学说,但孔子所设定的社会,不是苏格拉底所面对的城邦市民社会,而是封建结构框架的君子社会,由此形成的伦理学说只能是君子伦理学说。基于这一定位,人如何成己为君子,构成孔子创造伦理地生活的"思想范式"的主题。对这一主题的认知落实,就产生人如何成己为君子的伦理诉求和伦理结构关系。

在孔子的思想世界里,"君子"作为君子伦理学说的原初概念呈现开放性视域,即作为圣人的君子、作为善人的君子和作为贤人的君子。孔子基于人尽其性并尽其力的可能性,将人如何成为贤人君子作为探讨的重心。孔子认为,人要将自己成就为贤君子,必须言行合于仁、礼、乐,或者,唯有当接受仁、礼、乐之三维引导和规范生活的人,才可成己为君子。

仁,是赋予人成己为君子的第一要素。仁者,多人、众人也,**意心存他人而生活**,就是仁。人因心存他人而生成的仁,包括仁性、仁心、仁情、仁爱,此四者构成人把自己成就为君子的德性。孔子认为,人只有获得以仁为内在规定的德性时,才有资格和能力向君子进发。

仁是人成己为君子的内生要素,它靠**个性地修为**而生成。与此不同,礼却是人成己为君子的外生要素,它靠**规范的习守**而形成。因为礼是一套先在于个体并超越个体的社会行为规训体系,个体德性的养成,需要生活和行为接受规训,使之成为自律性的行为习惯。从主体看,仁是通过个人的**修养而生成德性**品质、品德,礼却是通过个人的**遵循而建构德行**方式、方法。

如果说仁是人成己为君子的修养,礼是人成己为君子的规范,那么,乐则是人成己为君子所敞开的**生活境界**,它是仁和礼、德性与德行的**合生**成人的精神状态和生活面貌。

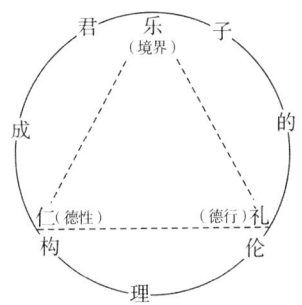

图跋-2 君子的伦理构成内涵

第三组概念:君子修行:学、思、行与克己、坚守、恒常 仁、礼、乐,此三者构成君子伦理的宏观框架。人要成己为君子,必须仁,必须礼,必须乐。但仁、礼、乐此三者之于人,只是后天努力所成。这个后天努力所成的功夫,只能是"学而时习之"。孔子的"学而时习之"强调的是人成己为君子的修行之道,它蕴含四个准则:

首先,君子修行,必须围绕修仁、习礼、达乐展开,做到个性修养和依则行动的共生,这就是德性与德行的统一,构成君子日用常行的生活准则。

其次,君子修行,必须"学之不厌"并"习而不倦",做到学与习互为推进。因而,学之不厌,首先强调学是人成己为君子的生活方式,其次强调人要成己为君子必须学之广博,学而无疆。对任何人来讲,学必须推动习,才有收效。学之不厌的最终呈现是习而不倦,意指一定要将所学得的任何东西予以反求诸身的内省、反思、领悟、觉解,然后才能指导自己依照君子准则生活和行动。君子修行,必须遵循**学、思、行**互为推进的准则。

再次,"学而时习之"的灵魂,却是这个"**时**"字,意指君子修行以学促习、以习促行必须抓紧时间、不失时机,更为根本的含义却是"**恒**"和"**守**":时者,恒也,守也。前者要求将"学而习之"变成恒常,使之成为一种生活方式、人生方式;后者揭示"学而习之"能"恒"的关键,是**克己坚守**。克己坚守,是恒的源泉;恒是"学而习之"的动力;"学而习之"是人修行成君子的根本方式和最终保障。**克己、坚守、恒常**,此三者既构成君子修习仁、礼、乐而达于文质彬彬,也推动君子无论在"有道"或"无道"的生存环境中均能达于"安"然存在和安心生活。

最后,君子修行必须"学而时习之",不仅在于自我训练"笃信好学,守

1517

死善道"(《泰伯》)之克己坚守的君子意志和君子恒心,更重要的是训练人成己为君子之知,包括知性,知天,知命,知"知"(即天赋的心智),知贫、知富,知贱、知贵和知耻、知荣,知过去和未来:"子张问:'十世可知也?'子曰:'殷因于夏礼,所损益,可知也。周因于殷礼,所损益,可知也。其或继周者,虽百世,可知也。'"(《为政》)更包括知人,和通过知人来成就自己为君子的使命和责任。

第四组概念:君子伦理能力:孝、弟、忠、恕和中、中庸、中行 君子伦理能力,是对人修行成己成人所必须具备的德力(即德性能力和德行能力的简称),它包括"己所不欲,勿施于人"(《卫灵公》)之道德能力和"己欲立而立人,己欲达而达人"(《雍也》)之美德能力。君子伦理能力的形成,既要以"学而时习之"为根本方式,更要以"学而时习之"为动力机制,还要以"仁、礼、乐"为伦理框架。

从道德角度考量,人成己为君子所必须具备的基本道德能力,一是孝、弟能力;二是忠、恕能力。前者是血缘宗族伦理,是人如何居家生活的私德能力;后者是社会公共伦理,是人如何应对公共生活的公德能力,它主要涉及两个方面:一是事事的道德,主要涉及"忠";二是事人的道德,主要涉及"恕"。但事人都要通过事事来实现,所以事人的道德和事事的道德本质相通。

在孔子生活的当世,孝、弟和忠、恕,是人成己为君子的基本道德能力,必须接受"中庸"的规范:"中庸之为德也,其至矣乎!民鲜久矣。"(《雍也》)中庸是人成己为君子的**根本道德能力**,正是其根本规范;以正为根本规范之德行,即是中行:中行是人成己为君子的**基本道德能力**。

无论是中庸还是中行,都强调一个"中"字。在孔子的伦理学说(包括其政治哲学)中,"中"既不能解释为"折中""调和",更不能理解为"无过,也无不及"[1],因为这些都不是"中"之本义。《说文》释"中"为"内也。从囗、丨,上下通也",意为巫通于天人。王筠在《文字蒙求》中解"中","以囗象四方,以丨界其中央"。唐兰认为"中"乃为氏族社会中的徽帜:在氏族社会,凡遇大事则建"中"以集众(《殷虚文字记》)。甲骨文字"中",乃独体象物字,其"'囗'标示中间。本义是旗帜,借为中,方位名词"。其卜辞义主要有二:"1.中日,表时间中午。'……中日至郭分启'(甲547)。2.借用作商第十一位王名,中丁。'癸丑卜,贞:王宾中丁爽妣癸,彡中亡尤。'"[2]胡念耕根

甲骨文"中"

---

① 杨伯峻译注:《论语译注》,北京,中华书局1980年版,第54页。

② 马如森:《殷墟甲骨文实用字典》,上海,上海大学出版社2008年版,第20页。

据河南汲县山彪镇战国墓出土的水陆攻战纹铜鉴上所铸的旗鼓形状,以证实《殷虚书契前编》六、二、三篇中所摹甲骨"中"字,乃古战场中王公将帅用以指挥作战的旗鼓合体物之象形:"古时每逢大事,君王必建旗击鼓致民,而君王必立'中'位以号令指挥,久而久之,推而广之,'中'就表示一切之中,就象征君位所在。"①所以,"中",表中间、位中,正中,中正、正等义。并且,从文字形态结构观,"中"字如同"庸"字,亦象物之形,本义指物(旗帜),但同样既表方位、取向,也表抽象的精神、力量、信念,包括地位、权力,象征至高无上。但无论表征什么,其本质语义却是**正**,即**正处中央**(中间)的**正位、正中、中正**。《论语》"尔舜,天之历数在尔躬,允执其中"(《尧曰》)和"政者正也,子帅以正,孰敢不正"(《颜渊》),应该是对"中"的内在本质的准确诠释。

由于"正"构成"中"的本义,中庸、中行之伦理能力指向日常的孝、弟生活和事事、事人之忠、恕领域,必须以中正为准则;中庸、中行之伦理能力运用于邦国治理,必然生成仁德和公道。

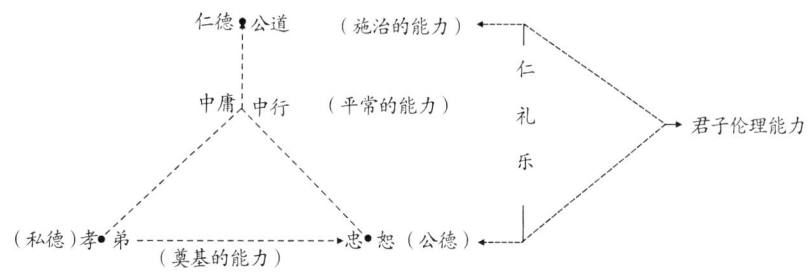

图跋-3　君子修行的伦理能力

二、孔子伦理的君子学说内涵

曾任美国哲学学会主席的赫伯特·芬格莱特在《孔子:即凡而圣》序文开篇说:"初读孔子时,我觉得他是一个平常而偏狭的道德说教者。对我来说,他的言论集——《论语》,也似乎是一件陈旧的不相干之物。后来,随着逐渐增强的力量,我发现,孔子是一位具有深刻洞见与高远视域的思想家,其思想堂奥的辉煌壮观足可与我所知的任何一位思想家媲美。渐渐地,我已然确信,孔子能够成为我们今天的一位人师——也就是一位饱经人世沧桑、饱含人生智慧的思想导师,而不只是给我们一种早已流行的、稍具异国

---

① 　胡念耕:《孔子"中庸"新解》,《社会科学战线》1997 年第 1 期。

情调的思想景象。孔子所告诉我们的，**不是在别处正被言说着的东西，而是正需要被言说的东西。**他的谆谆教诲会令我耳目一新。"①芬格莱特所言极是，孔子学说是一种成己成人的哲学。这种哲学是建立在经验基础上的。这里的经验，既是历史的，也是生活的，它具有普遍性。更准确地讲，孔子以抉发历史生活和当世生活中的普遍经验来构筑一种如何成己成人的哲学。就一般而言，经验始终以**常识**为基础，常识总是以**本性**为源泉。由此形成的孔子哲学既要诉求返本开新，更要拷问本性的"相近"与"习远"；诉求返本开新，孔子"述而不作，信而好古"（《述而》）；拷问本性的"相近"与"习远"，需要借助"事件的本体"的方法：

> 孔子的哲学是事件的本体论，而不是实体的本体论。了解人类事件并不需要求助于"质"、"属性"或"特性"。因此，孔子更关心的是特定环境中特定的人的活动，而不是作为抽象道德的善的根本性质。但这并不意味着他仅仅把目光从道德主体转向道德主体的活动。按照事件来刻画一个人，就不可能把主体和行动孤立起来考虑。道德主体既是自身行为的结果，又是自身行为的起因。②

对孔子来讲，信而好古，是指严谨地考辨历史，并从历史的迷雾中发现真相、真知和真理，既使之成为知识和方法的源泉，也以此指导日常庸行如何成己、怎样成人。基于这一要求，将严肃考辨历史得来的真相、真知和真理，并用以指导成己成人的最好方法，不是写作，而是传述（即讲述、阐述）。所以，"述而不作"的孔子总是以对具体的生活场景、生活事实、生活过程甚至生活细节的讲述，来阐发本体性的思想，这就是"事件的本体论"，它使所讲述的内容获得了思想的具体指涉性与思想的抽象指涉性两个维度。对其思想的具体指涉维度的敞开，开出君子学说；对其思想的抽象维度的敞开，则开出道德哲学。要言之，孔子以人的本性为基石、以常识为基础，以经验为方法所创建起来的成己成人的哲学，向下，形成君子学说，向上，生成道德哲学。

孔子伦理的基本面是君子伦理学说，考察其君子伦理学说的认知起步，是聚焦"人成己为君子何以可能"。它敞开为三个维度：

---

① ［美］赫伯特·芬格莱特：《孔子：即凡而圣》，彭国翔、张华译，南京，江苏人民出版社2002年版，第1页。

② ［美］郝大维、安乐哲：《孔子哲学思微》，蒋弋为、李志林译，南京，江苏人民出版社2012年版，第7页。

一是人何以需要将自己成就为君子？

二是人成己为君子的基本路径是什么？

三是人成己为君子的正确方式是什么？

人何以需要将自己成就为君子？　人何以需要将自己成就为君子？这首先是一个社会存在论的问题，具体地讲，是上古血缘宗法社会何以维系和发展的问题。要厘清这个问题，需要从人类进化入手。人类从动物进化为人，由动物社会进入人的社会，经历了漫长的历史进程，在这一进程中，人类社会的最高形态是国家。从发生学讲，国家社会从诞生始，就呈现城邦社会和血缘宗法社会两种模式，前者开出法治的方式，后者开出人治的方式。城邦社会模式之所以能开出法治的方式，是因为城邦社会将国家看成生存于其中所有个体的智、力、利、欲、期望和梦想的集合体，并且以天赋契约的方式凝聚。与此不同，血缘宗法模式之所以只能开出人治的方式，是因为血缘宗法社会将国家看成血缘家族或者宗族权力的扩大，它集中凝聚了血缘家族、宗族首长和宗法成员的智、力、利、欲、期望和梦想的等差序列，并以等差递进空间的展开和等差递进的历史交接方式凝聚。

中国社会自上古创建国家始，就选择了血缘宗法模式，这就注定其走人治的路子，必须解决人治的先决条件问题，即人治者的权威问题。人治者的权威，当然可以通过暴力和谎言来定义，但暴力和谎言不能使国家社会处于正常状态。正常状态的国家社会之治理威权，需要从两个方面来定义：一是能力，二是德。所以，无论人君还是官员，德能才是权威的底气和源泉。但只有德没有能或者低能，也不能产生权威。权威来自德能兼具；德能兼具者，就是君子，它成为权威的象征，也是社会得治和天下美好的象征。

孔子主张君子社会，就是倡导精英治理邦国。孔子致力于君子学说的构建，既是他"信而好古"得出的结论，更是他文道救世的当世方案。就前者言，孔子严肃地考信历史，发现天下得治于精英，而精英就是德与能统一于人身。并且特别地发现"监于二代"而创造出盛大礼仪文明的西周，就在于统治者以"天命自图"的方式创造出了一个真实的君子社会。这可以从"君子"概念的产生和使用的社会化进程来看：汉字大致产生于殷商中期的甲骨卜辞，但检索考古发掘出来的甲骨卜辞，没有"君子"一语，而且《虞书》《夏书》《商书》均不得见。"君子"概念最早出现于《尚书·周书》（共出现六次），其后在《诗》《左传》《国语》等典籍中大量出现。这一现象或许表明"君子"概念乃周人发明，其君子观念亦诞生于周并流行于周。周人创造"君子"话语,时兴君子观念,并不是出于文化的"维新",而是基于政治的'维新',它是周人在政治治理上革除夏商神治观,重新创建一种"自图天命"的人治信仰、观念、思想和方法的努力。这种"自图天命"的人治努力,实质上是将统治者培养成为社会文化、思想、教养和作为方面的精英,即贵族阶层。这可从成文于西周初年的《酒诰》《召诰》和《无逸》三篇中窥见周初统治者的最初努力。

《周书·酒诰》是摄政者周公命其弟康叔在封国颁布禁酒的诰词,以杜绝官员酗酒误政。康叔的封国卫地是殷人故居,表面看,《酒诰》是周公锐意改造恶俗,以防止殷人再生反叛;但其深层动机却是实施其"自图天命"的精英治国思想,具体地讲,就是通过禁酒将彪悍野性的贵族阶级塑造成理性、节制、勤政的君子阶层。《周书·召诰》是周公勉励亲政的成王行德政爱百姓,发扬光大文王和武王开创的基业。王国维认为"此篇乃召公之言,而史佚书之以诰天下,文、武、周公所以治天下之精义大法,胥在于此"①。因为《召诰》集中阐发了"天命不常"的道理和唯自图天命的方式:"肆惟王其疾敬德。王其德之用,祈天永命。"②《周书·无逸》是周公告诫亲政的成王:一个合格的王必须是一个君子,这需要从两个方面做好:一是要"所其无逸。先知稼穑之艰难,乃逸,则知小人之依",因为"自时厥后,立王生则逸;生则逸,不知稼穑之艰难,不闻小人之劳,惟耽乐之从";二是必须"无淫于观、于逸、于游、于田"③。

从成文于周初的三篇诰词可窥周初统治者"自图天命"的人治精神。周文明的缔造者周公、召公,将这种"自图天命"的人治精神定格为"君子":君子之治的十字法则是:**敬德、节性、勤政、爱民、重行**。

周初统治者基于"自图天命"的理性,做出以君子为导向缔造周文明的努力,结下"成康之治"之果。对于成康之治,实质上是"昔武王克殷,成王靖四方,康王息民,并建母弟,以蕃屏周"④的精图励治"自图天命"过程,这个过程初步建成君子社会的信仰系统、价值体系、精神准则和行为方式,它具体表征为三个方面:一是勤政惠民;二是礼乐教化;三是明俊刑赏。勤政惠民,奠定起君子社会的基础;礼乐教化,培育起君子社会的土壤;明俊刑赏,建立起君子社会保障系统。成康之治的成就,不仅《诗》所有记载,"不

---

① 王国维:《工国维手定观堂集林》,杭州,浙江教育出版社2014年版,第259页。
② (清)阮元校刻:《十三经注疏》,北京,中华书局2008年影印版,第213页。
③ (清)阮元校刻:《十三经注疏》,北京,中华书局2008年影印版,第221~222页。
④ 郭丹、程小青、李彬源译注:《左传》下册,北京,中华书局2016年版,第2002页。

显成康,上帝是皇。自彼成康,奄有四方,斤斤其明"(《诗·周颂·执竞》)①,《竹书纪年》也赞誉"成康之际,天下安宁,刑措四十余年不用"。

客观地看,周初统治者精图励治创建起来的君子信仰、精神、准则和风尚,不仅直接构成昭、穆时代对外扩张并强化其统治力度的强劲社会动力,也成为其后召公(穆公虎)和周公(周定公)共和以及宣王复兴的精神源泉。这体现为召公周公共和和宣王复兴,首先光复君子精神和精英治国理想,然后以此为动力恢复国力,收复周边失地。《诗》对于这一时期精英政治中的君子的信仰和精神、君子的准则和风采有大量的描述和吟咏。据统计,《诗》中六十一首描绘君子的诗中,仅"君子"一语就出现一百八十三次。而且《诗》中还用人称代词"彼"和"其"指称"君子",前者共三百零六次,后者达五百二十次,从不同方面称颂人君、贵族和大臣勤政务、得民心、明是非、尽忠诚的君子言行,君子作为和君子风采。

周统治者精图励治地培养君子,以君子治天下的这种美好愿景和努力,最终还是自我破产了,西周被犬戎所灭亡后,诸侯们虽然拥立废太子宜臼为王建立起东周,但却从一开始就处于风雨飘摇之中,孟子将这种状况归因于:"尧舜既没,圣人之道衰。暴君代作,坏宫室以为汙池,民无所安息;弃田以为园囿,使民不得衣食。邪说暴行以作。"②庄子却从思想发展史角度认为:"内圣外王之道,暗而不明,郁而不发,天下之人各为其所欲焉以自为方。悲夫!百家往而不反,必不合矣!后世之学者,不幸不见天地之纯,古人之大体。道术将为天下裂。"③史学家却认为源于"天子失官,学在四夷"(《左传·昭公十七年》)。但孔子却认为如上分裂状况根源于君子阶层的解体,君子理想的沦丧,并继而认为造成这一切的总根源却是人性的堕落,即天赋"相近"的人性沦为"习相远"。

基于如上判断,孔子认为解决天下道术分裂和"礼乐征伐自诸侯出"甚至"政在大夫""陪臣执国命"(《季氏》)乱象的根本社会方案,是重建君子社会。重建君子社会的根本努力是重新培养君子,使治邦安国者成为德能兼备的君子。所以,孔子的君子主张是其立于当世的一种社会重建主张;孔子所致力的君子学说,在他看来是从根本上解决道术被天下所分裂状况的社会拯救方案,这就是君子**文道救世**方案。

人成己为君子的基本路径是什么? 孔子自负重建君子社会的使命,其根本努力是培养君子。如何来培养君子?怎样才可使接受培养的人自

---

① (清)阮元校刻:《十三经注疏》,北京,中华书局 2008 年影印版,第 589 页。
② 《诸子集成·孟子正义》,北京,中华书局 2006 年版,第 264 页。
③ (清)朱文熊:《庄子新义》,李花蕾点校,上海,华东师范大学出版社 2011 年版,第 339 页。

觉肩负起文道救世的君子使命和责任,道路的选择异常重要,它既要有历史的土壤,更要有现实的可能性。基于这两个方面的要求,孔子从作为和操作两个方面做出如下思考:

首先,人成己为君子的基本作为,就是成己、成人、立世,它构成君子人生作为的三步阶梯:

第一步阶梯:成己。成己,是人将自己成就为君子。孔子认为,人将自己成就为君子,就是修养德性。人修养德性的总体目标要求是志道、据德、依仁、游艺;根本的品质是中正,或曰"中庸";日常庸行的品德,是恭敬、宽厚、信义、灵敏、惠施,因为"恭则不侮,宽则得众,信则人任焉,敏则有功,惠则足以使人"(《阳货》)。其伦理底线是"富与贵,是人之所欲也,不以其道得之,不处也。贫与贱,是人之所恶也,不以其道得之,不去也。君子去仁,恶乎成名? 君子无终食之间违仁,造次必于是,颠沛必于是"(《里仁》)和"贫而无怨,富而无骄"(《宪问》)。

第二步阶梯:成人。成人,是人通过成就自己的方式成就他人,或者在成就自己的基础上成就他人。人成就自己的基本准则,是"克己复礼为仁";人成就他人的基本准则,是"己所不欲,勿施于人"和"己欲立而立人,己欲达而达人":前者是从自己出发成就他人的否定性准则,后者是从自己出发成就他人的肯定性准则。对这两个准则的综合运用,构成完整的成人原则。以此为依据和判断尺度,成人的基本路径有三:一是成就家,包括家庭和家族,其行为方式是孝和弟;二是成就友,包括学友和朋友,其行为准则是直、信、义;三是成就邦国,其基本方式是仕,具体地讲就是"为政以德",即己正正事、己正正人和己正正邦。

人以己之德才成就邦国应遵循的根本准则有三:一是"以道事君,不可则止"(《先进》);二是"君使臣以礼,臣事君以忠"(《八佾》);三是"笃信好学,守死善道。危邦不入,乱邦不居,天下有道则见,无道则隐。邦有道,贫且贱焉,耻也。邦无道,富且贵焉,耻也"(《泰伯》)。

第三步阶梯:立世。立世的基本准则是中行。所谓中行,就是持守中正之道而行事、行政、行仁德和公道。立世的基本任务,是治邦安国必须"庶之","富之"和"教之"(《子路》);立世的根本使命是"必也使无讼"(《颜渊》)和"胜残去杀"(《子路》);立世的最终目标是扬名后世:"君子疾没世而名不称焉。"(《卫灵公》)

其次,人成己为君子的基本路径,就是以仁入礼达乐。以仁入礼达乐,由仁、礼、乐三者构成。在此三者中,仁表征君子成己的主体修为;礼体现君子成人的主体践履;乐象征君子通过成己成人而达于立世的精神境界。

因而,从仁至礼而乐,铺就起人走向君子之三步阶梯的路标,即从修仁起步(成己),努力于习礼(成人)不止,最终才可达于(立世)人生乐境。

这是从个体言,从社会文明敞开的必为方向与不可逆进程言,以仁入礼达乐,成为返本开新的历史发展观的主体性赋形,即运用殷商宽简的仁爱思想注入繁富的周礼之中,使之重新获得规范、引导、激励和再造文明的功能,使社会重新成为君子的社会。关于这一点,政治思想史家萧公权谈得最到位,他说,孔子再造君子、重建君子社会理想的思想资源有二:一是殷商宽简的仁;二是西周繁富的礼。但孔子所执意抉发的主要思想资源是前者,并运用前者来重塑后者,因为"今存比较可信之古籍记载周政者,鲜为仁义之言,如《诗》雅、颂称周先王之德,绝无'仁'字。《尚书》'今文'诸篇亦不言仁。'古文'篇中间或有之,而亦不过三五见。若就《周书》、《周礼》等观之,则周人所注重而擅长者为官制、礼乐、刑法、农业、教育诸事。封建天下之典章文物,至周始粲然大备"①。而《尚书·舜典》记载殷之先祖契为舜司徒,"敬敷五教,在宽";《微子之命》亦谓"乃祖成汤","抚民以宽"。《史记·殷本纪》记载:"汤出,见野张网四面,祝曰:'自天下四方皆入吾网。'汤曰:'嘻,尽之矣!'乃去其三面,祝曰:'欲左,左。欲右,右。不用命,乃入吾网。'诸侯闻之,曰:'汤德至矣,及禽兽。'"②殷商之"仁"不仅施于人,也惠及禽兽。这种宽厚仁政,好古敏求的孔子必然深晓:"周政尚文,制度虽备,而究不能久远维持,至春秋而有瓦解之势,孔子或深睹徒法不能自行之理,又有取于周之完密而思有以补救之。故于殷政宽简之中发明一仁爱之原则,乃以合之周礼,而成一体用兼备具之系统,于是从周之主张始得一深远之意义,而孔子全部政治思想之最后归宿与目的,亦于是成立。此最后目的之仁,即由孔子述其所自得于殷道而创设,故仁言始盛于孔门。"③

人成己为君子的正确方式是什么? 孔子认为,人成为君子的正确方式,只能以"学而"为生活方式。

《论语》二十篇,首篇是"学而",并且,首章是"学而时习之,不亦悦乎?"(《学而》),结束是"不知命,无以为君子;不知礼,无以立也;不知言,无以知人也"(《尧曰》)。这样的结构安排注入一个宏大的象征体系:无论从个人成己成人立世为君子言,还是以返本开新为认知指南、以"以仁入礼"为路径来重建君子社会和再造当世文明观,必须将"学而"贯穿始终。因为在孔子看来,文明,不过是对"习相远"的人性的再造,使之回归天赋的"相近"。

---

① 萧公权:《中国政治思想史》上册,北京,商务印书馆 2013 年版,第 67～68 页。
② (西汉)司马迁:《史记》,长沙,岳麓书社 1988 年版,第 15 页。
③ 萧公权:《中国政治思想史》上册,北京,商务印书馆 2013 年版,第 68～69 页。

再造人性，就是基于已有、立足传统而谋求返本开新。然而，以返本开新为指南，通过再造人性来再造当世文明，其入手功夫只能是"学而时习之"（简称为"学而"），它不仅是返本开新地再造当世文明所**必务之本**，首先是人要成己成人立世为君子所必务之本。

"学而"何以会成为人成己为君子的必务之本呢？孔子指出，学而既是学文，也是学德，更是修道，也是修业。要言之，"学而"之于人，就是博学内省、修德进业，这是人成己成人立世为君子的基本功夫，也是重建君子社会、再造当世文明的社会学方法。

"学而"何以会有如此功能呢？在孔子那里，"学而"的完整语义是"学"而且"习"：学是指对未知或不知的了解、认知，多为主动谋求；习却是指对所学内容予以**消化**然后**践履**。所以，对于人来讲，学仅是获知，习却才是将所获知的内容变成"智"和"用"。"习"作为"学"之后续方式，既是**学智**，也是**学用**，使之变成运用的智慧和方法。由此来看，孔子所论"学而"，展开为**由学而习**的过程，这一过程生成一种**存用关系**："温故而知新"即温古知新。温古知新，就是存；传而习之，就是用。孔子的"学而时习之"思想，首先强调"学"的重要性，它构成一切形式之"知"的来源。虽然，但却唯有"学"达向"温古"之途并实现"知新"之境，才是真正的学。所以，由学而习，是学必须经由的**入门阶梯**，也是人人"登高必自"的道理：学，是起步，为其所学而习，是登高。**学而登高，必习而不止**。其次指出由"学"所敞开的"习"之所以根本，是因为习涵摄了思与行：因学而习，首先指内省和反思，然后通过内省而反思地生成思想、建构方法，指导践履，正道而行。整合言之，"学而"包含了学知、学思、学行三步，或者，学知、学思、学行构成孔子"学而"三步阶梯。在第一步骤上，人因其成己成人立世而**学知**，必要博广、博远、博大、博厚；迈上学思（即内省）的第二步阶梯，需要着力训练其审问、慎思、明辨的品质和能力。唯有做好这一功夫，才可迈向第三步阶梯**学行**，即运用学到的东西指导生活，其基本方式是笃行。所谓笃行，就是在家必孝、弟，始终如一，出门为人处事必直道、信义、忠恕；出仕为政必"守死善道"：一是必须"以道事君，不可则止"（《先进》）；二是必须"在其位，谋其政"，并且"不在其政，不谋其政"（《宪问》）；三是必须致力于"庶""富"邦国之治并教"民德归厚"；四是必须努力"必也使无讼"（《颜渊》）和"胜残去杀"（《子路》）。

三、孔子伦理学说的体系框架

孔子是经验主义思想家，其展开思想所依据的经验，既来源于生活，更来源于历史。将历史经验和生活经验整合生成为更具普遍指涉性的新经验的是**存在常识**,包括存在世界的自然常识和存在世界的人文常识。经验的这一自身规定,决定了经验主义思想既始终注目于脚下的大地而滋养生存,又可能激发人偶尔仰望天空而开启形上意味的经验性神思。以此观孔子对伦理地生活的"思想范式"的创造,同样体现这一双重倾向,并由此创造性地构筑起他的一体两维的伦理思想及理论体系,它由君子学说和道德哲学两部分构成。

孔子的君子学说体系　综上,孔子致力于解决君子学说的三个问题,第一个问题关涉君子学说建立的历史土壤和社会呼求是否具备,即人成己为君子的双重可能性。第二个问题揭示人成己为君子的个人路径和社会路径的实际存在:前者敞开为"成己—成人—立世"三步阶梯;后者敞开为"修仁—习礼—和乐"三步阶梯;此双重阶梯通过"以仁入礼达乐"而合一,这种合二为一构成人成己为君子的必然性。第三个问题却展示了人成己为君子的现实性。

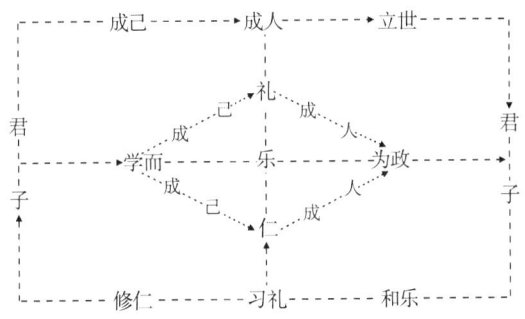

图跋-4　人"以仁入礼"的修行路径

人"成己—成人—立世"的基本路径是以仁入礼;人"修仁—习礼—和乐"的路径也是以仁入礼;或可说,以"以仁入礼"为路径,人"成己—成人—立世"通过"修仁—习礼—和乐"来呈现。所以,人要将自己成就为君子,必须接受教育或自我教育,并且将"学而时习之"变成生命不息、学而不止的人生过程。人学而不已的过程,敞开为内外两个维度:一是向内学而不已,就是成己为仁,或者说成己得仁,具备德性品质;二是向外学而不已,就是成己有礼,或曰成己得礼,具备德行能力。以德性品质为自我规范,发挥行德能力去成人,其基本的立世方式是为政。为政,是人经由成己成人的通道而立世为君子的必需舞台。整合观之,孔子之"以仁入礼"为路径,展开修仁成己、习礼成人、立世和乐的人生过程,就是将自己成就为君子的过程,对这一过程的经验总结和理性提炼,就形成完整的君子学说。如上性质和内涵的君子学说,又实质性地开出了社会-历史学、道德学、政治学和教育学。直言之,孔子的君子学说,是由社会-历史学、道德学、政治学和教育学构成。

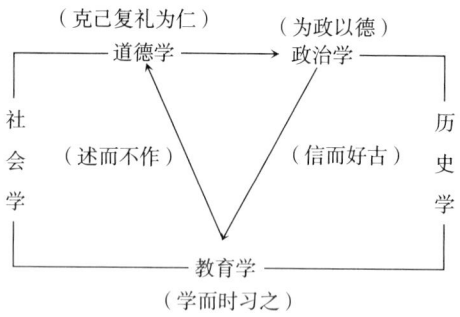

图跋-5　君子伦理学说构成体系

孔子的道德哲学体系　在孔子哲学中,其君子学说和道德哲学之间构成生成关系。孔子作为经验主义者,其以历史为土壤、以社会为视域,以"以仁入礼"为路径所建构起来的以教育学、道德学、政治学为核心内容的君子学说体系,体现经验主义认知论和方法论;而在其君子学说基础上建立起来的道德哲学,却突破经验达于理性之思的形上努力,具体展开为如下几个方面。

首先,对人成己成人立世的"以仁入礼"路径予以经验突破展开道德哲学审视,需要解决的一个基本问题是:将人成己成人立世为君子的路径设计为"以仁入礼"何以可能?

"仁"和"礼"是两种思想资源:礼,是指繁富的周代礼仪体系和礼乐制度,象征"今",因为对于生活于春秋晚期的孔子来讲,刚刚逝去的西周不过如"昨天";仁,是指殷商宽简的仁政思想和仁爱情感,象征"古",对于孔子来讲,殷商及其以往,才是真正的"古"代。所以,在孔子的思想世界里,以仁入礼,意味着**以古入今**。"以仁入礼作为人成己成人立世为君子何以可能"的问题,实质上是"以古入今"何以可能。解决这个问题,必须得正视两个方面。一是必须正视"仁"和"礼"之于伦理建构的双重功能与作用:仁,既意味个体主体的修养、品德生成、德性建构,也指社会所需要的仁德;同样地,礼既表征为对个体行为的边界确定和规范,标志个体德行能力的具备,更指对社会行为的边界设限,这种边界设限恰恰构成公道的必须保障。

二是孔子所生活的当世,其"礼乐征伐自诸侯出",甚至出现"政在大夫"和"陪臣执国命"的政治乱象,根本地源于社会精英消失,君子沦丧,解决这一社会状况的根本努力是恢复礼对行为约束的边界功能,发挥礼的公道作用,但前提是重新培养君子,再造社会精英,而古代的仁政、仁爱恰恰成为培养君子和恢复礼的实质功能的思想资源。怎样运用这一思想资源来再造社会精英、恢复对行为约束的边界功能,成为孔子必须解决的难题。信而好古的孔子通过考信历史,发现历史的根本规律是返本开新,这一规律本身蕴含返本开新的历史发展观:历史始终在向前发展,无论这种发展怎样曲折,甚至有可能出现一时的停滞或倒退,都不能阻止历史始终向前发展的整体方向和大势。返本开新的历史发展观从根本上解释了"以古入今"何以可能的依据和以怎样的方式"以古入今"的方法。这一方式和方法为殷商宽简仁政、仁爱思想何以可能用来恢复周礼,使之释放当世文明重建的功能,提供了历史哲学的依据和认知论,也为"以仁入礼"为路径来培养社会精英、重建当世文明提供了方法论。

其次,以"以仁入礼"为路径来治邦安国,实现仁德和公道,主体前提是治邦安国者必须是君子;而人成己为君子的前提是必须以"以仁入礼"为路径来成己成人,其基本方式和根本方法是"学而时习之",但"学而时习之"无论之于人,还是之于社会,都是一个复杂的问题。就前者言,学而成己、成人、立世,并不具有完全的必然性,往往体现各种可能性。因为学而成己、成人、立世,不仅涉及天赋人心智的差异性,更涉及名实是否相生。对前者的探讨,比如对"我非生而知之者,好古,敏以求之者也"(《述而》)、"生而知之者上也,学而知之者次也,困而学之,又其次也"(《季氏》)以及"中人以上,可以语上也,中人以下,不可以语上也"(《雍也》)等等问题的探讨,就形成**心理学**和**认知论**;对后者的探讨,比如对"名不正则言不顺,言不顺则事不成,事不成则礼乐不兴,礼乐不兴则刑罚不中,刑罚不中则民无所措手足。故君子名之必可言也,言之必可行也。君子于其言,无所苟而已矣"(《子路》)等问题的探讨,就形成**正名学说**。

其三,以返本开新的历史发展观为认知指南和方法论,以"以仁入礼"为路径,培养人努力于成己成人,如何可能成为真君子,最终需要一个什么样的社会平台和政治舞台? 这是孔子用力最多的一方面,自然开出"为政以德"的**政治哲学**,它涉及对政治的根本理解和定义:"政者,正也,子帅以正,孰敢不正!"(《颜渊》)然而,以"正"为"政"的道德基础,是"中庸";以"正"为"政"的价值体系是"仁德-公道";以"正"为"政"的根本动力,是利义,即"君子喻于义,小人喻于利"(《里仁》);"无欲速,无见小利,欲速则不达,见小利则大事不成"(《子路》);"因民之所利而利之,斯不亦惠而不费乎?择可劳而劳之,又谁怨?欲仁得仁,又焉贪?君子无众寡、无小大、无敢慢,斯不亦泰而不骄乎"(《尧曰》)。

其四,统摄如上各方面内容,使之构成孔子道德哲学整体的是"仁、知、勇":仁,是主体修养;知,是主体认知;勇,是主体能力。此三者为君子道义、信义和"因民之所利而利之"所鼓动,而构成其直接的动力。然而,无论是君子追求道义,还是君子为民谋利,其最终的认知基石和依据,却是"相近""习远"互为推动的人性。

综上,孔子的道德哲学,是以自然主义人性论为依据,以天赋的心智主义心理学为基石,以返本开新的历史哲学为认知论,以正名知识论为方法论,以中正为价值导向,以仁学、礼论和政治哲学为核心内容。

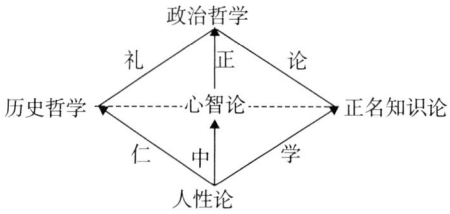

图跋-6 孔子道德哲学构成体系

概言之,孔子的伦理思想学说,是以君子成己成人立世为动力,以修仁、习礼、和乐为路径,以中正为指南、以仁德-公正为规范统摄其形下君子理论和形上道德哲学于一体的学说体系。

后 记

本著结束之时,想起德国哲学史家爱德华·策勒的一段教言可以为本著撰写的基本准则和努力依据。

> 任何人阐述一个哲学体系,都必须将它的作者所持有的各种理论再现于它们在这位作者的思想所具有的关联之中。这一点我们只能从有关这些哲学家本人的证言中、从其他人针对他们学说的陈述中获知。但是,在对比这些证言时,在审查它们的真实性和可信性时,在通过各种推论和综合完善它们时,我们必须认真记住两件事:首先,使我们超出直接证言的归纳在各种情况下都必须建立在我们所拥有的全部证据的基础上;当一种哲学理论在我们看来似乎要求一些进一步的理论时,我们必须总是考察是否这位作者体系的其他部分——在他看来是同样重要的——没有构成障碍。其次,当假定我们正在考察的这位哲学家曾经向他自己提出过我们正在向他提出的问题,向自己给出过我们从他的其他命题中得出的答案,或者本人做出过在我们看来是必然的推论时,我们必须探询我们是否有充分的理由。怀着这一科学审慎的精神前行一直都是我自己所致力的目标。①

一

本著从开笔到交出版稿,前后经历十六载。其间,对《论语》原文的逐章疏注与翻译部分由唐梵凌完成,"通解"部分内容主要由本人完成,然后对换阅读,互提修改意见,最后本人统稿和通改,唐梵凌通校。

本著撰写之做如此分工,是为取长补短:唐梵凌是学中国哲学的,有一定的专业基础,可补我非中国哲学专业背景之短;我的主要志业方向是致思并创建本土化的当代哲学,尝试建构起生态理性哲学思想和实践理性方法,这是本著能够以语境还原方式会通《论语》中孔子思想学说的主体性前提和思想方法基础。

---

① ［德］爱德华·策勒:《古希腊哲学史》第1卷上,聂敏里、詹文杰、余友辉、吕纯山译,北京,人民出版社2020年版,第2～3页。

二

　　客观地讲,缺乏中国哲学基础的我之与孔子有缘,实源于早年贫困的农村生活中意外与《论语》结伴。生于农民家庭的我,在读到小学三年级时逢学校"停课闹革命",于是成为专职的割草劳动力(那时是人民公社化时代,耕牛和生猪等均由生产队集体喂养,也为小孩子提供了一种劳动职业,即割草喂牛。我们这些小孩子可以割草挣工分,一百斤草可以挣十分,一个成年劳动力劳动一天记十分。十分折算成八分钱。年终生产队按每个家庭全年劳动挣到的钱来折算可以分到多少"口粮"——即可填肚子使之避免饥饿的粮食。家庭的贫富主要是分粮的多少,分粮多少的依据是年终结算你全家一年的出工劳动挣了多少钱)。1970年,全国农村小学步调一致地创办起附设初中,于是已于1966年停学的小六六级、小六七级、小六八级、小六九级四个年级的学生又一哄而上读上了初中,记得我们乡最初是十六个班,到了三年级淘汰得只剩下四个班。三年初中学习毕业后,四个班近两百个学生获得了八个人推荐到县城中学读高中的名额,作为农民孩子的我等自然不可能获得这样继续接受"精英"教育的机会,于是重新务农,当然不是再操旧业割草,而是正式地成为生产队的社员,与成年人一道日出日落地以"敲钟"为号出工、收工,出工、收工。只是相对同年伙伴言,我所幸运者是在这种日复一日的生活中还能够读到一些书(这得益于当老师的大哥和在县广播站工作的二哥,能在史无前例的"破四旧"焚书运动中收藏了许多书籍悄悄地弄回家来),其中一本就是《论语》。对这本一则一则表面上没有任何关联性的语录虽然从来没有真正读懂过,但每读它时都能给我一些朦胧的感受甚至心灵和情感的冲击,于是经常翻阅,从中获得许多慰藉以消解极度穷困和贫乏。1976年走出农村,以至于今天,《论语》这本言行录始终成为枕边读物,每日洗漱后翻阅几页方能入睡。这种在物质和精神极度贫困和贫乏的农村生活中形成的陋习未有抛弃,一直保持。日积月累,岁月与文字相交织敞开生成的过程,却生发出一种意外的收获,即从少年时代始的那些渐进生发出来的朦胧感受以及心灵触摸却日渐清晰日渐连缀,于是,就有了断断续续的文字记录。《论语》文字**蕴含**了传统的注疏模式所不能触及的内容,表面上毫不相关的语录之间隐蔽着**深度的语义关联生成的逻辑和思想的结构**,雅斯贝尔斯认为孔子创造的那种"思想的范式"潜伏在这种逻辑和结构之中可呼之欲出。孔子**既非"儒家"**也非"保守主义者"的真正的体系性的思想、学说和方法将在语境还原中得到**整体呈现**的可能性日渐清晰。这是尝试以"通解"的方式会通孔子思想学说的内在认知冲动和情感基础。

三

中华文明薪火承传构筑起既前后相续的两个传统,即秦以降构筑起来的新传统(或曰"小传统")和春秋战国时代诸子们返本开新于夏商周"三代"所构筑起来的大传统(或曰"源头传统"),也即是诸子传统,它孕育生长出中华文明和思想之**命脉**。

诸子时代,亦即雅斯贝尔斯所讲的"轴心时代",**诸子们构筑起与古希腊哲学相媲美且真正并驾齐驱的另一座高峰,诸子思想呈现出与古希腊思想同样的高度、同样的广阔、同样的厚重、同样的无限可能性。**

诸子思想中,最具有开放的生成性和广纳与慎取的**会通功能**的,是**孔子学说**。因为孔子学说既在人性、礼、法、民生等方面与管仲思想构成承传性,也在根与本两个方面与老子思想相通络,更具有开启墨学的思想张力。其后来者诸如庄子、杨朱、韩非、孟子、荀子等莫不直接或间接地从中吸取其营养。所以,孔子学说实可成为诸子学说能够提纲挈领之"纲"。**考察中华文明和思想的命脉,从孔子学说入手似可成为正确的途径和便捷的方式。**

四

亚里士多德曾说,"古往到今人们开始哲理探索,都应起于对自然万物的惊异",但要将这种对"惊异"的关注作为一种生活的志业,其必要具备的前提有三:一是要有"好奇心",二是要有"闲暇",三是要有相应的物质保障和环境条件。因为"探求哲理只是为脱出愚蠢,显然,他们为求知而从事学术,并无任何实用的目的。这可由事实为之证明:这类学术研究的开始,都在人生的必需品以及使人快乐安适的种种事物几乎全部获得了以后。这样,显然,我们不为任何其他利益而寻找智慧;只因人本自由,为自己的生存而生存,不为别人的生存而生存,所以我们认取哲学为唯一的自由学术而深加探索,这正是为学术自身而创立的唯一的学术"①。但在物质主义生存进程中,为解决生存问题而**烦忙**和**烦盲**得使几乎所有的学术都沉沦于为**实利化**的"科研"场域中,能够使人与汹涌的物质主义奋斗、名利竞争拉开一些距离而诉求一种毕达戈拉斯所讲的"竞技场的旁观者"和"沉思者"时,所面临的具体环境就是家庭,它**或可是鼓动之源,或可是阻碍之源**。我所幸运者是有这样一个始终安然于清贫和节俭的生活的求知家庭,这得益

---

① [古希腊]亚里士多德:《形而上学》,吴寿彭译,北京,商务印书馆1959年版,第5页。

于夫人万德珍女士所持守的**以知识引导生活**、**以悲悯引渡生命**的人生观和**创造才幸福家庭**的家庭观，并以此来经营对社会来讲小得可以被忽略但对我们来讲却异常地大的家，使我能面对外界各种实利诱惑及其引发的苦恼而不断地学会安顿心身，专务尽力所能及的"人生之一事"。本著能够以如此方式和面貌呈现在读者面前，不仅融进了夫人勤勉持家的全部辛劳，更融进了她作为第一个读者和批评者的独特见解、批评和生存智慧。

五

孔子之所以成为人类"创造思想范式"的思想家，是因为他的思想学说敞开"上天入地"的图景，是**会通天慧与地灵**的杰作，既呈现阳春白雪的不倦神情和文思，更舒卷下里巴人的魅人灵性和质朴。因为孔子既是殷商贵族的后裔，又是饱历贫穷与困顿的普通人。这是《论语》老少皆宜，达官显贵和挑夫走卒皆能读，皆能以自己的人生经历阅历和生活的甘苦经验去理解，皆能从中悟其所悟而不断开新精神存在和情感生活的真正秘密。

本著能够避免许多错误，减小不少局限而呈现较为开阔的眼界，实源于诸多学友的指正，尤其感谢熊明川、曹艳、邓有根、钮鹏松、王丹丹、柯锦川、刘维琴、康晓兰、汪倩、陈灿、高博浩等诸多学友在繁忙的工作和学习之余挤时间阅读初稿，提出许多颇富启发性的阅读感受、开阔性的理解和矫正性的意见。特别是曹艳和钮鹏松花费了很多时间分别阅读了全稿，特别致以感谢。另外，曹艳在这些年来几乎担负起我的所有出版书稿的排版工作。尤其感激曹艳与其先生鲁良成律师夫妇以及邓有根和昌小红夫妇、王丹丹和王飞飞夫妇、苏丽娟和王肖建夫妇、赵勋和何文华夫妇等一直以来对我们的照顾和关怀，此情此谊，铭存于心。更感谢杨兴玉教授、蒲儒贵老师、杨元建老师、王华美老师、张华教授和袁建军教授、张丽苹博士、黄各博士、朱亚辉博士、唐大凤老师给我的学术帮助和激励。

本著作为国家后期资助成果，融进了不知姓名的诸位评审专家的专业批评的智慧和修改建议的深邃思想，借此特致真挚的谢意。

此书能得以顺利地并有个性风采地出版，得益于厦门大学出版社诸位编辑以其独特的学术远见、纯正责任、敬业精神和博古通今的智识予以矫正和提点，使本著减少了诸多粗糙，杜绝了许多错误并以此克服了许多疏漏和局限，并使表述大为增色。在此深致鞠躬以为拜谢！

体量过大的本著，能得以全貌出版，有赖于我所在学校的发展规划与学科建设处和中华传统文化学院予以慷慨的出版资助，特致感谢。更感谢一直以来真诚关心、扶持、帮助我的亲人、领导、朋友和同事。尤其致谢汪必琴教授、陈佑松教授和雷勇教授的挚诚扶助。更感谢肖柯研究员的质朴关怀和照顾、温暖和友谊，且日久弥新。

最后，谨以此著献给生养我的那块贫瘠而富饶的土地、生活和历史本身。

二〇二二年六月十一日于狮山之巅